Personen- en familierecht

Tekst & Commentaar

TEKST & COMMENTAAR

De tekst van de wetboeken en andere belangrijke wetgeving, voorzien van commentaar

Personen- en familierecht

TEKST & COMMENTAAR

De tekst van Boek 1 van het BW, verwante regelgeving en IPR voorzien van commentaar

Onder redactie van:

M.J.C. Koens
voormalig vice-president gerechtshof te 's-Hertogenbosch

A.P.M.J. Vonken
voormalig universitair hoofddocent bij de vaksectie internationaal privaatrecht Radboud Universiteit, Nijmegen

Twaalfde druk

Wolters Kluwer

Deventer 2022

Citeerwijze: 'Auteursnaam', in: *T&C Personen- en familierecht*, art. 1 [citeertitel wet], aant. 1

Ontwerp omslag: Bert Arts BNO

ISBN 9789013166651
NUR 822/214

Onze klantenservice kunt u bereiken via: www.wolterskluwer.nl/klantenservice.

Redactie, auteurs en uitgever houden zich aanbevolen voor opmerkingen en suggesties van gebruikers. Men kan die sturen naar de uitgever, Postbus 23, 7400 GA Deventer, of mailen naar TekstCommentaar@wolterskluwer.com.

WOORD VOORAF

Bij de twaalfde druk

Het Burgerlijk Wetboek is er niet alleen voor de generalist, maar bepaald ook voor de specialist. Op verzoek van vele gebruikers van Tekst & Commentaar Burgerlijk Wetboek zijn daarom voor de specialist op specifieke terreinen binnen het BW ook thematische delen verschenen, waaronder dit deel over het Personen- en familierecht. In het BW-deel vindt de generalist het volledige Burgerlijk Wetboek, voorzien van commentaar. Dit thematische deel bevat voor de specialist Boek 1 BW Personen- en familierecht, op ruime schaal aangevuld met aanverwante wet- en regelgeving en waar nodig voorzien van commentaar.

In deze twaalfde druk van Tekst & Commentaar Personen- en familierecht is behalve de belangrijkste rechtspraak dit keer wederom nieuwe en (concept) wet- en regelgeving van commentaar voorzien. In Boek 1 BW betreft het onder meer: het naamrecht, wijziging geslachtsvermelding, het tegengaan van huwelijkse gevangenschap en van rechtswege gezamenlijk gezag bij erkenning van een kind. Daarnaast zijn er wijzigingen van de Jeugdwet becommentarieerd.

Voorts wordt in dit thematische deel ruime aandacht besteed aan belangrijke internationaal privaatrechtelijke regelingen op het terrein van het personen- en familierecht. Deze IPR-regelingen, die voor de praktijkjurist steeds belangrijker worden, zijn op een aantal punten geactualiseerd. In deze twaalfde druk komt onder meer aan de orde een aantal Algemene Bepalingen van IPR, die zijn neergelegd in Titel 1 (de art. 10:1-17 BW) van het op 1 januari 2012 in werking getreden Boek 10 BW. Voorts worden behandeld de overige onderwerpen van internationaal personen- en familierecht, die zijn vervat in de Titels 2-7 van Boek 10 BW. Ook wordt besproken een aantal niet in Boek 10 BW neergelegde onderwerpen van internationaal personen- en familierecht, die zijn geregeld in EU-verordeningen en Haagse verdragen. Nieuw is de Verordening (EU) 2019/1111 van de Raad van 25 juni 2019 betreffende de bevoegdheid, de erkenning en tenuitvoerlegging van de beslissingen in huwelijkszaken en inzake de ouderlijke verantwoordelijkheid, en betreffende internationale kinderontvoering (Brussel II-ter). Deze Verordening is op 1 augustus 2022 van kracht geworden en vervangt vanaf dit tijdstip de Verordening (EG) nr. 2201/2003 van de Raad van 27 november 2003 betreffende de bevoegdheid en de erkenning en tenuitvoerlegging van beslissingen in huwelijkszaken en inzake de ouderlijke verantwoordelijkheid (Brussel II-bis). Uit de regel van overgangsrecht van art. 100 Brussel II-ter volgt dat de nieuwe verordening geldt, voor zover van belang, voor gerechtelijke procedures die zijn ingeleid op of na 1 augustus 2022. Is de procedure daarvoor ingeleid, dan blijft Brussel II-bis van toepassing, ook wanneer de procedure in eerste aanleg of in hoger beroep voortduurt na 1 augustus 2022. Uitvoerige aandacht wordt ook besteed aan de onderwerpen van het Nederlanderschap en de mensenrechten, het EVRM en het Handvest van de grondrechten van de Europese Unie

De vele wijzigingen in bestaande teksten en een gestaag groeiend aantal nieuwe regelgevingen hebben er in 2014 toe geleid dat de uitgave in één boek vanwege de omvang niet langer wenselijk was. Daarom is gekozen voor een verdeling over twee banden: een boek met het nationale personen- en familierecht (Boek 1 BW en aanverwante regelingen) en een boek waarin de regelingen van het internationale personen- en familierecht (IPR en mensenrechtenverdragen) en het nationaliteitsrecht zijn opgenomen.
Tot onze grote droefenis is Barbara Reinhartz recentelijk overleden. Helaas heeft zij het verschijnen van deze nieuwe druk van T&C Personen- en familierecht niet meer mogen meemaken. Barbara was jarenlang een zeer toegewijde auteur van dit deel van de serie Tekst & Commentaar.

Deze editie gaat wat betreft wetgeving, rechtspraak en vakliteratuur uit van de stand van zaken per 1 augustus 2022. Daarnaast is de publicatie online beschikbaar en wordt deze tussentijds geactualiseerd.

Hoewel aan deze uitgave grote zorg is besteed, kunnen bij het gebruik daarvan mogelijk fouten en/of tekortkomingen aan het licht komen. Redactie en uitgever stellen het zeer op prijs indien de gebruiker hen van gebleken onnauwkeurigheden op de hoogte brengt. Ook overigens houden zij zich aanbevolen voor suggesties die de bruikbaarheid van deze uitgave kunnen verhogen. U kunt schrijven naar de uitgever, Postbus 23, 7400 GA Deventer, of mailen naar TekstCommentaar@wolterskluwer.com.

Breda/Malden, augustus 2022

M.J.C. Koens
A.P.M.J. Vonken

AUTEURS

Mr. R.J. Bloemberg
coördinerend beleidsadviseur bij het Ministerie van Volksgezondheid, Welzijn en Sport

Prof. mr. C.G. Breedveld-de Voogd
hoogleraar burgerlijk recht Universiteit Leiden

Mr. A.M.L. Broekhuijsen-Molenaar
zakelijk mediator, arbiter en bindend adviseur te Amsterdam, raadsheer-plaatsvervanger gerechtshof te Amsterdam

Prof. mr. drs. M.R. Bruning
hoogleraar jeugdrecht Universiteit Leiden

Mr. dr. S.L. Detrick
juridisch adviseur Defence for Children - ECPAT Nederland

Mr. J. van Duijvendijk-Brand
advocaat te 's-Gravenhage

Mr. E.N. Frohn
senior Legal Counsel bij het Internationaal Juridisch Instituut, 's-Gravenhage

Mr. M.L.H. Gelauff
coördinerend beleidsadviseur bij het Ministerie van Justitie en Veiligheid

Mr. T. de Haan
pensioenjurist bij PGGM, Zeist

Mr. J.H.M. ter Haar
universitair docent notarieel Recht Rijksuniversiteit Groningen

Mr. J.F. de Heer
senior-juridisch adviseur rechtbank Rotterdam

Prof. mr. F. Ibili
raadsheer gerechtshof Den Haag en hoogleraar personen-, familie- en jeugdrecht Rijksuniversiteit Groningen

Mr. J.L.M. Janse
hoofd Juridische en Internationale Zaken bij het Directoraat-Generaal Straffen en Beschermen van het Ministerie van Justitie en Veiligheid

Mr. L.E. Kalkman-Bogerd
gezondheidsrechtjurist

Mr. M.J.C. Koens
voormalig vice-president gerechtshof te 's-Hertogenbosch

Mr. M.L.C.C. Lückers
AG bij de Hoge Raad

Prof. mr. T.J. Mellema-Kranenburg
notaris te Katwijk en emeritus hoogleraar familievermogensrecht Universiteit Leiden

Mr. drs. R.Y. Nauta
senior legal counsel ING Bank N.V. Amsterdam

Dr. A.E. Oderkerk
universitair hoofddocent internationaal privaatrecht en rechtsvergelijking Universiteit van Amsterdam

Mr. dr. L.Th.L.G. Pellis
Hof Amsterdam (Insolventiekamer); tevens freelance onderzoeker/docent IPR en voorzitter diverse GGZ-klachtencommissies

Mr. E.C.C. Punselie
freelance docent/onderzoeker personen- en familierecht en raadsheer-plaatsvervanger Gerechtshof Den Haag

Prof. mr. B.E. Reinhartz
hoogleraar personen- en familierecht, in het bijzonder het familievermogensrecht Universiteit van Amsterdam

Prof. mr. S.W.E. Rutten
bijzonder hoogleraar Islamitisch familierecht in een Europese context en universitair hoofddocent internationaal privaatrecht Universiteit Maastricht

Mr. dr. V.M. Smits
(kinder)rechter Rechtbank Oost Brabant

Mr. dr. M.P. Sombroek-van Doorm
universitair hoofddocent gezondheidsrecht Universiteit Leiden

Prof. mr. C.J.J.M. Stolker
emeritus hoogleraar burgerlijk recht Universiteit Leiden

Prof. mr. dr. I. Sumner
hoogleraar Familierecht en Internationaal Privaatrecht, Tilburg University, rechter-plaatsvervanger rechtbank Overijssel, locatie Almelo en eigenaar Voorts Juridische Diensten, Dordrecht

Prof. mr. P. Vlaardingerbroek
emeritus hoogleraar familie- en jeugdrecht Universiteit van Tilburg

Mr. A.P.M.J. Vonken
voormalig universitair hoofddocent bij de vaksectie internationaal privaatrecht Radboud Universiteit, Nijmegen

Register:
H.D. Konijnenbelt

In geval van vermelding in de voetregel van '*Auteursnaam 1 / Auteursnaam 2*' is eerstgenoemde de vorige auteur van het commentaar en is de bewerking daarvan overgenomen door laatstgenoemde. In geval gebruik wordt gemaakt van een "&" (dus '*Auteursnaam 1 & Auteursnaam 2*') werken de auteurs samen.

VERKORTE INHOUDSOPGAVE

(* met commentaar)

Eerste band - Burgerlijk Wetboek en aanverwante regelingen

Burgerlijk Wetboek Boek 1* 1

Bijlagen 973

NAAM, ADELDOM, BURGERLIJKE STAND 975

Besluit geslachtsnaamswijziging 977
Regelen betreffende verzoeken tot naamswijziging en tot naamsvaststelling 983
Wet op de adeldom* 985
Besluit burgerlijke stand 1994 991
Besluit aanwijzing deskundigen transgenders 1015
Protocol deskundigen transgenders (artikel 28a van Boek 1 van het Burgerlijk Wetboek) 1017
Regeling papier en schrijfmiddelen voor de burgerlijke stand 1994 1021
Centraal kantmeldingenregister 1023
Besluit bijzondere akten van de burgerlijke stand 1025
Wet basisregistratie personen 1031
Besluit basisregistratie personen 1079

HUWELIJK 1125

De wettelijke gemeenschap van goederen (huwelijken gesloten voor 1 januari 2018)* 1127
Burgerlijk Wetboek Boek 3 Titel 7 Gemeenschap* 1159
Besluit Huwelijksgoederenregister 1969 1195

PENSIOENVEREVENING 1199

Wet verevening pensioenrechten bij scheiding* 1201

VOOGDIJ, BESCHERMING, HULPVERLENING 1267

Besluit gezagsregisters 1269
Organisatiebesluit raad voor de kinderbescherming 2015 1273
Handelingsprotocol gezag, contact/omgang en hulp na partnerdoding waarbij minderjarige kinderen zijn betrokken 1275
Besluit klachtadviescommissie raad voor de kinderbescherming 1281

Wet tijdelijk huisverbod 1285
Besluit tijdelijk huisverbod* 1309
Jeugdwet* 1315
Besluit Jeugdwet 1563
Regeling Jeugdwet 1589
Regeling justitiële keteninformatisering Jeugdwet 1631
Beginselenwet justitiële jeugdinrichtingen 1653
Reglement justitiële jeugdinrichtingen 1705
Wet op de jeugdverblijven* 1735
Besluit op de jeugdverblijven 1747
Besluit kwaliteitseisen curatoren, beschermingsbewindvoerders en mentoren 1751
Regeling beloning curatoren, bewindvoerders en mentoren 1761
Aanbevelingen curatele 2021 1771
Aanbevelingen meerderjarigenbewind 1779
Aanbevelingen mentorschap 2019 1797
Wet verplichte geestelijke gezondheidszorg* 1805
Wet zorg en dwang psychogeriatrische en verstandelijk gehandicapte cliënten* 2059
Wet forensische zorg* 2247
Burgerlijk Wetboek Boek 7 Titel 7 (Relevante artikelen) (Overeenkomst inzake geneeskundige behandeling)* 2275
Wet donorgegevens kunstmatige bevruchting* 2329
Besluit donorgegevens kunstmatige bevruchting 2357
Embryowet* 2359

FAMILIEPROCESRECHT 2399

Wetboek van Burgerlijke Rechtsvordering (Relevante artikelen)* 2401

Trefwoordenregister Reg - 1

Tweede band - IPR en Mensenrechten

NEDERLANDERSCHAP 2549

Rijkswet op het Nederlanderschap* 2551
Wijzigingsrijkswet Rijkswet op het Nederlanderschap (verkrijging, verlening en verlies van het Nederlanderschap)* 2629
Paspoortwet* 2633
Besluit bericht omtrent toelating 2673
Besluit naturalisatietoets 2675
Besluit verkrijging en verlies Nederlanderschap 2681
Besluit optie- en naturalisatiegelden 2002 2715
Regeling verkrijging en verlies Nederlanderschap 2721
Regeling naturalisatietoets Nederland 2729

Regeling naturalisatietoets Aruba 2011 2739
Besluit DNA-onderzoek vaderschap 2747

IPR PERSONEN- EN FAMILIERECHT 2749

BOEK 10 BW EN INTERNATIONALE REGELINGEN 2751

Burgerlijk Wetboek Boek 10 (Relevante artikelen)*, Inleidende opmerkingen Boek 10 2753

ALGEMENE BEPALINGEN 2759

Burgerlijk Wetboek Boek 10 (Relevante artikelen)*, Titel 1 en art. 10:1-10:17 2761

IPR NAAM 2825

Burgerlijk Wetboek Boek 10 (Relevante artikelen)*, Inleidende opmerkingen Titel 2 en art. 10:18-10:26 2827
Overeenkomst inzake veranderingen van geslachtsnamen en voornamen* 2845
Overeenkomst betreffende de afgifte van een verklaring van verscheidenheid van familienamen* 2851
Overeenkomst inzake het recht dat van toepassing is op geslachtsnamen en voornamen 2861

HET HUWELIJK 2865

Burgerlijk Wetboek Boek 10 (Relevante artikelen)*, Inleidende opmerkingen Titel 3 Afdeling 1 en art. 10:27-10:34 2867
Verdrag inzake de voltrekking en de erkenning van de geldigheid van huwelijken 2887
Burgerlijk Wetboek Boek 10 (Relevante artikelen)*, Inleidende opmerkingen Titel 3 Afdeling 2 en art. 10:34a-10:41 2895
Burgerlijk Wetboek Boek 10 (Relevante artikelen)*, Inleidende opmerkingen Titel 3 Afdeling 3 en art. 10:42 2909
Verdrag inzake het recht dat van toepassing is op het huwelijksvermogensregime 2915
Burgerlijk Wetboek Boek 10 (Relevante artikelen)*, art. 10:43-10:53 2943
Verdrag betreffende de wetsconflicten met betrekking tot de gevolgen van het huwelijk ten opzichte van de rechten en verplichtingen der echtgenooten in hunne persoonlijke betrekkingen en ten opzichte van hunne goederen* 2957
Verordening (EU) 2016/1103 tot uitvoering van de nauwere samenwerking op het gebied van de bevoegdheid, het toepasselijke recht en de erkenning en tenuitvoerlegging van beslissingen op het gebied van huwelijksvermogensstelsels (Verordening huwelijksvermogensstelsels)* 2963
Uitvoeringswet Verordening huwelijksvermogensstelsels en Verordening vermogensrechtelijke gevolgen geregistreerde partnerschappen* 3017

ONTBINDING VAN HET HUWELIJK 3023

Burgerlijk Wetboek Boek 10 (Relevante artikelen)*, Inleidende opmerkingen Titel 3 Afdeling 4 3025
Verordening (EG) Nr. 2201/2003 betreffende de bevoegdheid en de erkenning en tenuitvoerlegging van beslissingen in huwelijkszaken en inzake de ouderlijke verantwoordelijkheid, en tot intrekking van Verordening (EG) nr. 1347/2000 (Verordening Brussel II-bis)* 3029
Verordening (EU) 2019/1111 betreffende de bevoegdheid, de erkenning en tenuitvoerlegging van beslissingen in huwelijkszaken en inzake de ouderlijke verantwoordelijkheid en betreffende internationale kinderontvoering (Verordening Brussel II-ter)* 3135
Burgerlijk Wetboek Boek 10 (Relevante artikelen)*, art. 10:54-10:59 3337

HET GEREGISTREERD PARTNERSCHAP 3351

Burgerlijk Wetboek Boek 10 (Relevante artikelen)*, Inleidende opmerkingen Titel 4 en art. 10:60-10:91 3353
Verordening (EU) 2016/1104 tot uitvoering van de nauwere samenwerking op het gebied van de bevoegdheid, het toepasselijke recht en de erkenning en tenuitvoerlegging van beslissingen op het gebied van de vermogensrechtelijke gevolgen van geregistreerde partnerschappen (Verordening geregistreerde partnerschappen)* 3375

AFSTAMMING 3423

Burgerlijk Wetboek Boek 10 (Relevante artikelen)*, Inleidende opmerkingen Titel 5 en art. 10:92-10:102 3425
Overeenkomst inzake wettiging door huwelijk* 3461

ADOPTIE 3473

Burgerlijk Wetboek Boek 10 (Relevante artikelen)*, Titel 6, art. 10:103-10:112 3475
Verdrag inzake de bescherming van kinderen en de samenwerking op het gebied van de interlandelijke adoptie* 3493
Uitvoeringswet Verdrag inzake de bescherming van kinderen en de samenwerking op het gebied van de interlandelijke adoptie 3531
Wet opneming buitenlandse kinderen ter adoptie* 3537
Besluit opneming buitenlandse kinderen ter adoptie* 3581
Besluit inzake het onderzoek naar buitenlandse contacten van aspirantadoptiefouders* 3591
Richtlijnen opneming buitenlandse kinderen ter adoptie 2000* 3595
Besluit klachtencommissie vergunninghouders interlandelijke adoptie* 3601

OUDERLIJKE VERANTWOORDELIJKHEID EN BESCHERMING VAN KINDEREN 3605

Burgerlijk Wetboek Boek 10 (Relevante artikelen)*, Titel 7 Afdeling 1 en art. 10:113 3607
Verdrag inzake de bevoegdheid, het toepasselijke recht, de erkenning, de tenuitvoerlegging en de samenwerking op het gebied van ouderlijke verantwoordelijkheid en maatregelen ter bescherming van kinderen (Haags kinderbeschermingsverdrag 1996)* 3613
Uitvoeringswet internationale kinderbescherming* 3691

INTERNATIONALE ONTVOERING VAN KINDEREN 3731

Burgerlijk Wetboek Boek 10 (Relevante artikelen)*, Inleidende opmerkingen Titel 7 Afdeling 2 en art. 10:114 3733
Verdrag betreffende de burgerrechtelijke aspecten van internationale ontvoering van kinderen* 3737
Europees Verdrag betreffende de erkenning en de tenuitvoerlegging van beslissingen inzake het gezag over kinderen en betreffende het herstel van het gezag over kinderen* 3803
Uitvoeringswet internationale kinderontvoering* 3827

MEERDERJARIGHEID 3847

Burgerlijk Wetboek Boek 10 (Relevante artikelen)*, Inleidende opmerkingen Titel 7 Afdeling 3 (gereserveerd (voor art. 10:115)) 3849
Verdrag inzake de internationale bescherming van volwassenen* 3853
Verordening (EU) nr. 606/2013 betreffende de wederzijdse erkenning van beschermingsmaatregelen in burgerlijke zaken* 3893
Uitvoeringswet verordening wederzijdse erkenning van beschermingsmaatregelen in burgerlijke zaken* 3927

LEVENSONDERHOUD 3937

Burgerlijk Wetboek Boek 10 (Relevante artikelen)*, Titel 7 Afdeling 4 en art. 10:116 3939
Verordening (EG) nr. 4/2009 betreffende de bevoegdheid, het toepasselijke recht, de erkenning en de tenuitvoerlegging van beslissingen, en de samenwerking op het gebied van onderhoudsverplichtingen* 3941
Protocol inzake het recht dat van toepassing is op onderhoudsverplichtingen* 4067
Verdrag inzake de internationale inning van levensonderhoud voor kinderen en andere familieleden* 4093
Uitvoeringswet internationale inning levensonderhoud 4141
Verdrag inzake het verhaal in het buitenland van uitkeringen tot onderhoud* 4147

Verdrag tussen het Koninkrijk der Nederlanden en de Verenigde Staten van Amerika inzake de geldendmaking van verplichtingen tot levensonderhoud* 4163

MENSENRECHTEN 4175

Europees Verdrag tot bescherming van de rechten van de mens en de fundamentele vrijheden* 4177
Handvest van de grondrechten van de Europese Unie* 4261
Verdrag inzake de rechten van het kind* 4281

Trefwoordenregister Reg - 1

INHOUD

	Woord vooraf	V
	Auteurs	VII
	Verkorte inhoudsopgave	XI
	Lijst van afkortingen	XLIII
	Burgerlijk Wetboek Boek 1	1
Boek 1	Personen- en familierecht	3
Titel 1	Algemene bepalingen (art. 1-3)	3
Titel 2	Het recht op de naam (art. 4-9)	9
Titel 3	Woonplaats (art. 10-15)	29
Titel 4	Burgerlijke stand (art. 16-29f)	35
Afdeling 1	De ambtenaar van de burgerlijke stand	37
Afdeling 2	De registers van de burgerlijke stand en de bewaring daarvan	41
Afdeling 3	Akten van de burgerlijke stand en partijen bij deze akten	42
Afdeling 4	De akten van geboorte, van overlijden en de akten houdende attestaties de vita	48
Afdeling 5	Latere vermeldingen	62
Afdeling 6	Akten van inschrijving van bepaalde rechterlijke uitspraken	67
Afdeling 7	De bewijskracht van akten van de burgerlijke stand alsmede van afschriften en uittreksels	68
Afdeling 8	De openbaarheid van de akten van de burgerlijke stand	69
Afdeling 9	De aanvulling van de registers van de burgerlijke stand en de verbetering van de daarin voorkomende akten en latere vermeldingen	72
Afdeling 10	Inschrijving van buitenlandse akten en de rechterlijke last tot het opmaken van een vervangende akte van geboorte	75
Afdeling 11	De verklaring voor recht omtrent de rechtsgeldigheid in Nederland van een buitenlandse akte of uitspraak	84
Afdeling 12	Voorziening tegen de weigering tot het opmaken van een akte van de burgerlijke stand of tot een andere verrichting	88
Afdeling 13	Wijziging van de vermelding van het geslacht in de akte van geboorte	90
Afdeling 14	De Commissie van advies voor de zaken betreffende de burgerlijke staat en de nationaliteit	97
Titel 5	Het huwelijk (art. 30-80)	101

Afdeling 1	Vereisten tot het aangaan van een huwelijk	103
Afdeling 2	Formaliteiten die aan de voltrekking van het huwelijk moeten voorafgaan	109
Afdeling 3	Stuiting van het huwelijk	117
Afdeling 4	De voltrekking van het huwelijk	122
Afdeling 5	Nietigverklaring van een huwelijk	127
Afdeling 6	Bewijs van het bestaan van het huwelijk	136
Titel 5A	Het geregistreerd partnerschap (art. 80a-80g)	139
Titel 6	Rechten en verplichtingen van echtgenoten (art. 81-92a)	153
Titel 7	De wettelijke gemeenschap van goederen (art. 93-113)	189
Afdeling 1	Algemene bepalingen	190
Afdeling 2	Het bestuur van de gemeenschap	215
Afdeling 3	Ontbinding van de gemeenschap	217
Afdeling 4	Opheffing van de gemeenschap bij beschikking	240
Titel 8	Huwelijkse voorwaarden (art. 114-148)	243
Afdeling 1	Huwelijkse voorwaarden in het algemeen	247
Afdeling 2	Verrekenbedingen	267
§ 1	Algemene regels voor verrekenbedingen	269
§ 2	Periodieke verrekenbedingen	290
§ 3	Finale verrekenbedingen	299
Afdeling 3		303
Titel 9	Ontbinding van het huwelijk (art. 149-167)	305
Afdeling 1	Ontbinding van het huwelijk in het algemeen	305
Afdeling 2	Echtscheiding	307
Titel 10	Scheiding van tafel en bed en ontbinding van het huwelijk na scheiding van tafel en bed (art. 168-196)	349
Afdeling 1	Scheiding van tafel en bed	350
Afdeling 2	Ontbinding van het huwelijk na scheiding van tafel en bed	356
Titel 11	Afstamming (art. 197-226)	361
Afdeling 1	Algemeen	369
Afdeling 2	Ontkenning van het door huwelijk of geregistreerd partnerschap ontstane vaderschap	377
Afdeling 2A	Ontkenning van het door huwelijk of geregistreerd partnerschap ontstane moederschap	386
Afdeling 3	Erkenning	388
Afdeling 4	Gerechtelijke vaststelling van het ouderschap	409
Afdeling 5	Inroeping of betwisting van staat	418
Afdeling 6	De bijzondere curator	422
Titel 12	Adoptie (art. 227-232)	425
Titel 13	Minderjarigheid (art. 223-244)	449
Afdeling 1	Algemene bepalingen	449
Afdeling 2	Handlichting	454
Afdeling 3	De raad voor de kinderbescherming	457
Afdeling 4	Registers betreffende het over minderjarigen uitgeoefende gezag	475
Titel 14	Het gezag over minderjarige kinderen (art. 245-377)	477

Afdeling 1	Algemeen	483
Afdeling 2	Ouderlijk gezag	503
§ 1	Het gezamenlijk gezag van ouders binnen en buiten huwelijk en het gezag van één ouder na scheiding	503
§ 1A	Het gezamenlijk gezag van ouders binnen een geregistreerd partnerschap	517
§ 2	Het gezag van ouders anders dan na scheiding	519
§ 2A	Gezag na meerderjarigverklaring	529
§ 3	Het bewind van de ouders	531
Afdeling 3	Gemeenschappelijke bepalingen betreffende de gezagsuitoefening door de ouders en de gezagsuitoefening door één van hen	540
Afdeling 3A	Gezamenlijk gezag van een ouder tezamen met een ander dan een ouder	550
§ 1	Het gezamenlijk gezag van rechtswege van een ouder tezamen met een ander dan een ouder	552
§ 2	Het gezamenlijk gezag van een ouder tezamen met een ander dan een ouder krachtens rechterlijke beslissing	554
§ 3	Gemeenschappelijke bepalingen inzake het gezamenlijk gezag van een ouder tezamen met een ander dan een ouder	561
Afdeling 3B	(Vervallen.)	564
Afdeling 4	Ondertoezichtstelling van minderjarigen	564
Afdeling 5	Beëindiging van het ouderlijk gezag	668
Afdeling 6	Voogdij	690
§ 1	Voogdij in het algemeen	693
§ 2	Voogdij door een der ouders opgedragen	701
§ 3	Voogdij door de rechter opgedragen	703
§ 4	Voogdij van rechtspersonen	710
§ 5	Ontslag van de voogdij	714
§ 6	Onbevoegdheid tot de voogdij	716
§ 7	Ondertoezichtstelling van onder voogdij staande minderjarigen	717
§ 8	Beëindiging van voogdij	718
§ 9	Het toezicht van de voogd over de persoon van de minderjarige	727
§ 10	Het bewind van de voogd	729
§ 11	De rekening en verantwoording bij het einde van de voogdij	758
Titel 15	Omgang en informatie (art. 377a-377h)	763
Titel 16	Curatele (art. 378-391)	791
Titel 17	Levensonderhoud (art. 392-408)	823
Afdeling 1	Algemene bepalingen	826
Afdeling 2	Voorziening in de kosten van verzorging en opvoeding van minderjarige kinderen en stiefkinderen	853
Titel 18	Afwezigheid, vermissing en vaststelling van overlijden in bepaalde gevallen (art. 409-430)	865

Afdeling 1 Onderbewindstelling in geval van afwezigheid 867
Afdeling 2 Personen wier bestaan onzeker is 872
Afdeling 3 Vaststelling van overlijden in bepaalde gevallen 887
Titel 19 Onderbewindstelling ter bescherming van meerderjarigen (art. 431-449) 891
Titel 20 Mentorschap ten behoeve van meerderjarigen (art. 450-462) 945

BIJLAGEN 973

ADELDOMNAAM, ADELDOM, BURGERLIJKE STAND 975

Besluit geslachtsnaamswijziging 977

Regelen betreffende verzoeken tot naamswijziging en tot naamsvaststelling 983

Wet op de adeldom 985

Besluit burgerlijke stand 1994 991

Besluit aanwijzing deskundigen transgenders 1015

Protocol deskundigen transgenders (artikel 28a van Boek 1 van het Burgerlijk Wetboek) 1017

Regeling papier en schrijfmiddelen voor de burgerlijke stand 1994 1021

Centraal kantmeldingenregister 1023

Besluit bijzondere akten van de burgerlijke stand 1025

Wet basisregistratie personen 1031

Besluit basisregistratie personen 1079

HUWELIJK 1125

De wettelijke gemeenschap van goederen (huwelijken gesloten vóór 1 januari 2018) 1127
Titel 7 De wettelijke gemeenschap van goederen (art. 93-96b en art. 100) 1127
Afdeling 1 Algemene bepalingen 1129
Afdeling 3 Ontbinding van de gemeenschap 1147
Titel 8 Huwelijkse voorwaarden (art. 130) 1157

Afdeling 1	Huwelijkse voorwaarden in het algemeen	1157
	Burgerlijk Wetboek Boek 3 Titel 7 Gemeenschap	1159
Titel 7	Gemeenschap (art. 166-200)	1159
Afdeling 1	Algemene bepalingen	1160
Afdeling 2	Enige bijzondere gemeenschappen	1185
Afdeling 3	Nietige en vernietigbare verdelingen	1190
	Besluit Huwelijksgoederenregister 1969	1195
	PENSIOENVEREVENING	1199
	Wet verevening pensioenrechten bij scheiding	1201
	VOOGDIJ, BESCHERMING, HULPVERLENING	1267
	Besluit gezagsregisters	1269
	Organisatiebesluit raad voor de kinderbescherming 2015	1273
	Handelingsprotocol gezag, contact/omgang en hulp na partnerdoding waarbij minderjarige kinderen zijn betrokken	1275
	Besluit klachtadviescommissie raad voor de kinderbescherming	1281
	Wet tijdelijk huisverbod	1285
	Besluit tijdelijk huisverbod	1309
	Jeugdwet	1315
Hoofdstuk 1	Begripsbepalingen en reikwijdte (art. 1.1-1.3)	1320
Hoofdstuk 1A	Landelijke voorzieningen (art. 1a.1-1a.2)	1337
Hoofdstuk 2	Gemeente (art. 2.1-2.15)	1340
Hoofdstuk 3	Gecertificeerde instellingen (art. 3.1-3.6)	1375
Hoofdstuk 4	Eisen aan jeugdhulpaanbieders en gecertificeerde instellingen (art. 4.0.1-4.3.2)	1383
§ 4.0	Toetreding nieuwe jeugdhulpaanbieders	1384
§ 4.1	Kwaliteit jeugdhulpaanbieders en gecertificeerde instellingen	1386
§ 4.2	Rechtspositie jeugdigen en ouders	1399
§ 4.2.A	Klachtrecht	1399
§ 4.2.B	Medezeggenschap	1405

§ 4.3	Maatschappelijke verantwoording	1407
Hoofdstuk 5	Pleegzorg (art. 5.1-5.4)	1409
Hoofdstuk 6	Gesloten jeugdhulp bij ernstige opgroei- en opvoedingsproblemen (art. 6.1.1-6.5.3)	1415
§ 6.1	Machtiging	1416
§ 6.2	Tenuitvoerlegging van de machtiging	1446
§ 6.3	Vrijheidsbeperkende maatregelen	1450
§ 6.4	Verlof	1462
§ 6.5	Klachtrecht bij vrijheidsbeperkende maatregelen	1464
Hoofdstuk 7	Gegevensverwerking, privacy en toestemming (art. 7.1.1.1-7.4.5)	1470
§ 7.1	Verwijsindex	1470
§ 7.1.1	Algemene bepalingen	1470
§ 7.1.2	Inrichting, beheer en verantwoordelijkheid	1472
§ 7.1.3	Gebruik van de verwijsindex	1477
§ 7.1.4	Melding aan de verwijsindex	1479
§ 7.1.5	Informatieverstrekking aan en rechten van de betrokkene	1484
§ 7.2	Burgerservicenummer	1485
§ 7.3	Toestemming, dossier en privacy	1492
§ 7.4	Gegevensverwerking ten behoeve van de uitvoering van de wet en ten behoeve van beleidsinformatie	1511
Hoofdstuk 8	Financiën en verantwoording (art. 8.1.1-8.4.4)	1520
§ 8.1	Algemeen	1520
§ 8.2	Betaal-, onderzoeks- en informatieplicht	1529
§ 8.3	Financiële verantwoording	1531
§ 8.4	Verwerking van persoonsgegevens	1532
Hoofdstuk 9	Toezicht en handhaving (art. 9.1-9.10)	1533
Hoofdstuk 10	Overgangsrecht (art. 10.0-10.12)	1553
Hoofdstuk 11	Wijziging van andere wetten (art. 11.1-11.8)	1555
Hoofdstuk 12	Slotbepalingen (art. 12.1-12.8)	1557
	Besluit Jeugdwet	1563
Hoofdstuk 1	Begripsbepalingen en reikwijdte (art. 1.1-1.2)	1564
Hoofdstuk 2	De gemeente (art. 2.1-2.2)	1565
Hoofdstuk 3	De certificering (art. 3.1.1-3.2.3)	1565
§ 3.1	De certificerende instelling	1565
§ 3.2	Het certificaat	1567
Hoofdstuk 4	Verplichtingen voor jeugdhulpaanbieders, gecertificeerde instellingen en het college (art. 4.0.1-4.2.5)	1568
§ 4.0	Uitzondering op de meldplicht voor jeugdhulpaanbieders	1568
§ 4.1	De vertrouwenspersoon	1568
§ 4.2	Uitvoering van kinderbeschermingsmaatregelen en jeugdreclassering door de gecertificeerde instellingen	1569
Hoofdstuk 5	Professionalisering (art. 5.1.1-5.5.4)	1571

§ 5.1	Geregistreerde professionals	1571
§ 5.2	Erkenning als kwaliteitsregister jeugd	1572
§ 5.3	Het bestuur en de organen van de registerstichting	1573
§ 5.4	Het beroepsregister	1573
§ 5.5	Overige bepalingen	1574
Hoofdstuk 6	Gesloten jeugdhulp bij ernstige opgroei- en opvoedingsproblemen (art. 6.1.1-6.2.3)	1576
§ 6.1	Eisen aan gesloten accommodaties	1576
§ 6.2	Klachtrecht bij vrijheidsbeperkende maatregelen	1576
Hoofdstuk 7	Verwijsindex en beleidsinformatie (art. 7.1.1-7.5.4)	1577
§ 7.1	Categorieën van instanties en functionarissen	1577
§ 7.2	Inrichting en beheer van de verwijsindex	1578
§ 7.3	Verwijsindexservicenummer	1579
§ 7.4	Gebruik burgerservicenummer	1580
Subparagraaf 7.4.1	De autorisatielijst	1580
Subparagraaf 7.4.2	Toegangsmiddelen SBV-Z	1581
§ 7.5	Beleidsinformatie	1582
Hoofdstuk 8	Financiën en verantwoording (art. 8.1.1-8.3)	1583
§ 8.1	(Vervallen.)	1583
§ 8.2	Financiële verantwoording	1583
§ 8.3	Overige bepalingen	1584
Hoofdstuk 9	Wijziging in andere algemene maatregel en van bestuur (art. 9.1-9.25)	1584
Hoofdstuk 10	Slotbepalingen (art. 10.1-10.6)	1587
	Regeling Jeugdwet	1589
§ 1	Begripsbepalingen (art. 1)	1589
§ 1A	Betaal-, onderzoeks- en informatieplicht gemeente	1591
§ 2	Gekwalificeerde gedragswetenschapper (art. 2)	1591
§ 3	Cliëntervaringsonderzoek (art. 3)	1591
§ 4	Melding en verantwoording (art. 4.0-4.4)	1592
§ 5	Basisbedragen en toeslagen pleegvergoeding (art. 5.1-5.5)	1594
§ 6	Beveiligingseisen gegevensverwerking (art. 6)	1595
§ 6a	Verwerking persoonsgegevens ten behoeve van bekostiging (art. 6a.1-6a.8)	1596
§ 6b	Verwerking persoonsgegevens ten behoeve van materiele controle en fraudebestrijding (art. 6b.1-6b.7)	1598
§ 6c	Beperking uitvoeringslasten Jeugdwet (art. 6c.1-6c.2)	1601
§ 7	Beleidsinformatie (art. 7)	1601
§ 8	Persoonsgebonden budget (art. 8-8e)	1601
§ 9	Slotbepalingen (art. 9.1-9.3)	1607
	Regeling justitiële keteninformatisering Jeugdwet	1631

	Beginselenwet justitiële jeugdinrichtingen	1653
Hoofdstuk I	Begripsbepalingen (art. 1)	1653
Hoofdstuk II	Doelstelling, beheer en toezicht (art. 2-7a)	1654
§ 1	Doelstelling	1654
§ 2	Beheer	1657
§ 3	Toezicht	1658
Hoofdstuk III	De inrichting (art. 8-10)	1659
Hoofdstuk IV	Plaatsing en plaatsingsprocedure (art. 11-19)	1661
§ 1	Plaatsing en overplaatsing	1661
§ 2	Bezwaar- en verzoekschriftprocedure	1664
Hoofdstuk IVA	Vervoer (art. 19a-19b)	1665
Hoofdstuk V	Perspectiefplan (art. 20-21)	1666
Hoofdstuk VI	Bewegingsvrijheid (art. 22-31)	1666
§ 1	Bewegingsvrijheid binnen de inrichting	1666
§ 2	Ordemaatregelen	1669
§ 3	Verlaten van de inrichting	1671
Hoofdstuk VII	Controle en geweldgebruik (art. 32-40)	1673
Hoofdstuk VIII	Contact met de buitenwereld (art. 41-45)	1676
Hoofdstuk IX	Verzorging, onderwijs en andere activiteiten (art. 46-53)	1680
§ 1	Verzorging	1680
§ 1A	Verblijf in een bijzondere zorgafdeling in verband met de geestelijke gezondheidstoestand	1682
§ 2	Onderwijs en andere activiteiten	1685
Hoofdstuk X	Disciplinaire straffen (art. 54-59)	1685
Hoofdstuk XI	Informatie, hoor- en mededelingsplicht en dossier (art. 60-63)	1688
Hoofdstuk XII	Bemiddeling (art. 64)	1691
Hoofdstuk XIII	Beklag (art. 65-73)	1691
Hoofdstuk XIIIA	Beklag inzake vervoer (art. 73a-73b)	1696
Hoofdstuk XIV	Beroep tegen de uitspraak van de beklagcommissie (art. 74-76)	1697
Hoofdstuk XIVA	Beroep inzake vervoer (art. 76a)	1698
Hoofdstuk XIVB	Beroep tegen medisch handelen (art. 76b-76f)	1698
Hoofdstuk XV	Beroep inzake plaatsing, overplaatsing, verlof, deelname aan een scholings- en trainingsprogramma en strafonderbreking (art. 77-78)	1700
Hoofdstuk XVI	Medezeggenschap en vertegenwoordiging (art. 79-80)	1702
Hoofdstuk XVIA	Experimenten (art. 80a-80b)	1702
Hoofdstuk XVII	Overgangs- en slotbepalingen (art. 81-91)	1703
	Reglement justitiële jeugdinrichtingen	1705
Hoofdstuk 1	Begripsbepalingen (art. 1)	1706
Hoofdstuk 2	Scholings- en trainingsprogramma (art. 2-13)	1706
Hoofdstuk 3	Commissie van toezicht en beklagcommissie (art. 14-23)	1711

Hoofdstuk 3a	Commissie van toezicht en beklagcommissie voor het vervoer (art. 23a-23b)	1715
Hoofdstuk 4	De inrichting (art. 24)	1715
Hoofdstuk 5	Het perspectiefplan (art. 25-30)	1716
Hoofdstuk 6	Verlof (art. 31-40)	1717
Hoofdstuk 7	(Vervallen.) (art. 41-47)	1720
Hoofdstuk 8	(Onvrijwillige) geneeskundige behandeling (art. 48-50)	1721
Hoofdstuk 8a	Toezicht op telefoongesprekken (art. 50a)	1725
Hoofdstuk 9	Geestelijke verzorging (art. 51-54)	1725
Hoofdstuk 10	(Vervallen.) (art. 55-61)	1726
Hoofdstuk 11	Onderwijs en pedagogische activiteiten (art. 62-65)	1726
Hoofdstuk 12	Dossiers van jeugdigen (art. 66-71)	1728
Hoofdstuk 13	Aanwijzing van particuliere inrichtingen (art. 72-74)	1730
Hoofdstuk 14	Opperbeheer rijksinrichtingen (art. 75-76)	1731
Hoofdstuk 15	Kwaliteit (art. 77-80)	1731
Hoofdstuk 16	Vergoedingen beklag- en beroepsprocedures (art. 81)	1732
Hoofdstuk 17	Aansprakelijkheid directeur (art. 82)	1732
Hoofdstuk 18	Wijziging andere regelgeving (art. 83-86)	1733
Hoofdstuk 19	Slotbepalingen (art. 87-91)	1733
	Wet op de jeugdverblijven	1735
	Besluit op de jeugdverblijven	1747
	Besluit kwaliteitseisen curatoren, beschermingsbewindvoerders en mentoren	1751
Hoofdstuk 1	Algemeen (art. 1)	1751
Hoofdstuk 2	Kwaliteitseisen (art. 2-10)	1752
Hoofdstuk 3	Verklaring en verslag van de accountant en de deskundige (art. 11-13)	1757
Hoofdstuk 4	Slotbepalingen (art. 14-15)	1759
	Regeling beloning curatoren, bewindvoerders en mentoren	1761
	Aanbevelingen curatele 2021	1771
	Aanbevelingen meerderjarigenbewind	1779
	Aanbevelingen mentorschap 2019	1797
	Wet verplichte geestelijke gezondheidszorg	1805
Hoofdstuk 1	Algemene bepalingen (art. 1:1-1:8)	1815
Hoofdstuk 2	Algemene uitgangspunten (art. 2:1-2:4)	1837
Hoofdstuk 3	Criteria voor en doelen van verplichte zorg (art. 3:1-3:4)	1849

Hoofdstuk 4	De zelfbindingsverklaring (art. 4:1-4:3)	1859
Hoofdstuk 5	Voorbereiden zorgmachtiging (art. 5:1-5:19)	1864
§ 1	Melding en aanvraag voorbereiding zorgmachtiging	1867
§ 2	Voorbereiding zorgmachtiging	1871
§ 3	De medische verklaring	1877
§ 4	De zorgkaart en het zorgplan	1883
§ 5	Beslissing officier van justitie	1891
§ 6	De toepassing van artikel 2.3 van de Wet forensische zorg.	1896
Hoofdstuk 6	Zorgmachtiging (art. 6:1-6:6)	1898
Hoofdstuk 7	Crisismaatregel, machtiging tot voortzetting daarvan en aansluitend verzoek voor een zorgmachtiging (art. 7:1-7:11)	1916
§ 1	Crisismaatregel door de burgemeester	1918
§ 2	Tijdelijke verplichte zorg voorafgaand aan een crisismaatregel	1926
§ 3	Geldigheidsduur	1929
§ 4	Beroep	1930
§ 5	Verlenging crisismaatregel	1933
§ 6	Verzoek zorgmachtiging aansluitend op verlenging crisismaatregel	1938
Hoofdstuk 8	Rechten en plichten bij de tenuitvoerlegging en uitvoering van de crisismaatregel, machtiging tot voortzetting van de crisismaatregel en zorgmachtiging (art. 8:1-8:34)	1940
§ 1	Tenuitvoerlegging en uitvoering van de crisismaatregel, machtiging tot voortzetting crisismaatregel en zorgmachtiging	1942
§ 2	Uitvoering van de crisismaatregel, machtiging tot voortzetting crisismaatregel en zorgmachtiging	1945
§ 3	Tijdelijke verplichte zorg in noodsituaties	1955
§ 4	Veiligheidsonderzoek en huisregels	1962
§ 5	Overplaatsing, tijdelijke onderbreking en beëindiging	1964
§ 6	Gegevensverwerking	1980
Hoofdstuk 9	Bijzondere bepalingen ten aanzien van personen met een strafrechtelijke titel (art. 9:1-9:11)	1996
§ 1	Personen met een strafrechtelijke titel die worden geplaatst in een accommodatie	1996
§ 2	Vaststellen identiteit forensische patiënten	2011
Hoofdstuk 10	Klachtenprocedure en schadevergoeding (art. 10:1-10:13)	2013
§ 1	Instelling en taakomschrijving van de klachtencommissie	2014
§ 2	De klachtprocedure	2016
§ 3	Beroep	2021
§ 4	Schadevergoeding	2024
§ 5	Geheimhouding	2026
Hoofdstuk 11	Patiëntenvertrouwenspersoon (art. 11:1-11:5)	2027

Hoofdstuk 12	Familievertrouwenspersoon (art. 12:1-12:4)	2031
Hoofdstuk 13	Toezicht en handhaving (art. 13:1-13:6)	2035
§ 1	Toezicht	2037
§ 2	Bestuursrechtelijke handhaving	2045
§ 3	Strafrechtelijke handhaving	2049
Hoofdstuk 14	Aanpassing andere wetgeving (art. 14:1-14:29)	2051
Hoofdstuk 15	Overgangsbepalingen (art. 15:1-15:2)	2054
Hoofdstuk 16	Slotbepalingen (art. 16:1-16:4)	2056
	Wet zorg en dwang psychogeriatrische en verstandelijk gehandicapte cliënten	2059
Hoofdstuk 1	Begripsbepaling en reikwijdte (art. 1-4b)	2069
Hoofdstuk 2	Zorg door een zorgaanbieder (art. 5-20)	2098
§ 2.1	Opstellen van het zorgplan	2098
§ 2.2	Heroverweging van het zorgplan	2104
§ 2.3	Onvrijwillige zorg in het zorgplan	2108
§ 2.4	Uitvoeren van het zorgplan	2118
§ 2.5	Zorg in onvoorziene situaties	2122
§ 2.6	Administratieve voorschriften en verplichtingen tot het verstrekken van gegevens	2124
Hoofdstuk 3	Opname en verblijf in een accommodatie (art. 21-48)	2141
§ 1	Opname en verblijf zonder rechterlijke machtiging	2141
§ 2	Onvrijwillige opname en verblijf	2148
§ 2.1	De reguliere onvrijwillige opname en verblijf of voortgezet verblijf	2148
§ 2.2	De aanvraag	2152
§ 2.3	Het verzoek	2155
§ 2.3A	Voorwaardelijke machtiging jongvolwassenen	2163
§ 2.4	De toepassing van artikel 2.3 van de Wet forensische zorg	2171
§ 2.5	Opname en verblijf in crisissituaties	2176
§ 2.6	De rechterlijke machtiging	2187
§ 2.7	Schadevergoeding	2198
§ 3	Administratieve voorschriften bij opname en verblijf	2200
§ 4	Verlof en ontslag	2201
Hoofdstuk 3A	Cliënten voor wie Onze Minister van Veiligheid en Justitie medeverantwoordelijkheid draagt (art. 49-51a)	2210
Hoofdstuk 4	Klachtenprocedure en schadevergoeding (art. 52-56h)	2216
§ 4.1	Instelling en taakomschrijving van de klachtencommissie	2217
§ 4.2	De klachtprocedure	2219
§ 4.3	Beroep	2223
§ 4.4	Schadevergoeding	2228
§ 4.5	Geheimhouding	2229
Hoofdstuk 4A	Cliëntenvertrouwenspersoon (art. 57-59)	2229
Hoofdstuk 5	Toezicht en handhaving (art. 60-64)	2234

§ 1	Toezicht	2234
§ 2	Bestuursrechtelijke handhaving	2237
§ 3	Strafrechtelijke handhaving	2240
§ 4	Evaluatie	2242
Hoofdstuk 6	Wijzigingsbepalingen andere wetten (Vervallen.) (art. 65-73)	2242
Hoofdstuk 7	Overgangs- en slotbepalingen (art. 76-80)	2242
	Wet forensische zorg	2247
Hoofdstuk 1	Begripsbepalingen (art. 1.1)	2257
Hoofdstuk 2	Doelstelling, reikwijdte en zorgcontinuïteit en algemene bepalingen (art. 2.1-2.7)	2258
Hoofdstuk 3	Instellingen (art. 3.1-3.5)	2261
Hoofdstuk 4	Inkoop (art. 4.1-4.2)	2264
Hoofdstuk 5	Indicatiestelling (art. 5.1-5.3)	2264
Hoofdstuk 6	Plaatsing, overplaatsing en overbrenging (art. 6.1-6.11)	2265
Hoofdstuk 7	Wijzigingen in andere wetten (art. 7.1-7.21)	2270
§ 1	Justitie	2270
§ 2	Volksgezondheid, Welzijn en Sport	2271
§ 3	Sociale Zaken en Werkgelegenheid	2272
§ 4	Onderwijs, Cultuur en Wetenschap	2272
Hoofdstuk 8	Overgangs- en slotbepalingen (art. 8.1-8.3)	2273
	Burgerlijk Wetboek Boek 7 Titel 7 (Relevante artikelen) (Overeenkomst inzake geneeskundige behandeling)	2275
Afdeling 5	De overeenkomst inzake geneeskundige behandeling (art. 446-468)	2275
	Wet donorgegevens kunstmatige bevruchting	2329
§ 1	Algemene bepalingen (art. 1)	2334
§ 2	Bewaring en verstrekking van gegevens van de donor (art. 2-3a)	2336
§ 3	De Stichting donorgegevens kunstmatige bevruchting (art. 4-9)	2347
§ 4	Naleving en strafbepaling (art. 10-11)	2351
§ 5	Overgangs- en slotbepalingen (art. 12-15)	2352
	Besluit donorgegevens kunstmatige bevruchting	2357
	Embryowet	2359
§ 1	Algemene bepalingen (art. 1-4)	2365
§ 2	Regels betreffende de zeggenschap over geslachtscellen en embryo's (art. 5-9a)	2370

§ 3	Regels betreffende wetenschappelijk onderzoek met embryo's buiten het menselijk lichaam waarmee geen zwangerschap tot stand wordt gebracht (art. 10-15)	2378
§ 4	Regels betreffende wetenschappelijk onderzoek met embryo's buiten het menselijk lichaam waarmee wordt beoogd een zwangerschap tot stand te brengen (art. 16-18)	2381
§ 5	Regels betreffende wetenschappelijk onderzoek met foetussen (art. 19-23)	2384
§ 6	Verboden handelingen met geslachtscellen en embryo's (art. 24-27)	2389
§ 7	Strafbepalingen (art. 28)	2395
§ 8	Slotbepalingen (art. 29-34)	2395
	FAMILIEPROCESRECHT	2399
	Wetboek van Burgerlijke Rechtsvordering (Relevante artikelen)	2401
Zesde Titel	Rechtspleging in zaken betreffende het personen- en familierecht (art. 798-832)	2401
Eerste afdeling	Rechtspleging in andere zaken dan scheidingszaken (art. 798-813)	2408
Tweede afdeling	Rechtspleging in scheidingszaken (art. 814-832)	2471
§ 1	Echtscheiding, scheiding van tafel en bed en ontbinding van het huwelijk na scheiding van tafel en bed	2478
§ 2	Voorlopige voorzieningen	2515
§ 3	Nevenvoorzieningen	2532
§ 4	Ontbinding van een geregistreerd partnerschap	2546
	Trefwoordenregister	Reg-1
	Tweede band - IPR en Mensenrechten	
	NEDERLANDERSCHAP	2549
	Rijkswet op het Nederlanderschap	2551
Hoofdstuk 1	Algemene bepalingen (art. 1-2)	2555
Hoofdstuk 2	Verkrijging van het Nederlanderschap van rechtswege (art. 3-5c)	2560
Hoofdstuk 3	Verkrijging van het Nederlanderschap door optie (art. 6-6a)	2570
Hoofdstuk 4	Verlening van het Nederlanderschap (art. 7-13)	2582
Hoofdstuk 5	Verlies van het Nederlanderschap (art. 14-16A)	2598
Hoofdstuk 6	Vaststelling van het Nederlanderschap (art. 17-20)	2614

Hoofdstuk 7	Verklaringen en registers (art. 21-22)	2616
Hoofdstuk 7A	Rechtsbescherming (art. 22A-22C)	2617
Hoofdstuk 7B	Persoonsgegevens (art. 22b)	2620
Hoofdstuk 8	Slotbepalingen (art. 23-24)	2621
Hoofdstuk 9	Overgangsbepalingen (art. 25-29)	2623
	Wijzigingsrijkswet Rijkswet op het Nederlanderschap (verkrijging, verlening en verlies van het Nederlanderschap)	2629
	Paspoortwet	2633
Hoofdstuk I	Algemene bepalingen (art. 1-8)	2634
§ 1	Definities en reikwijdte	2634
§ 2	Gegevens ten behoeve van reisdocumenten	2636
§ 3	Het basisregister reisdocumenten	2638
§ 4	Overige algemene bepalingen	2640
Hoofdstuk II	Aanspraken op reisdocumenten (art. 9-17)	2642
§ 1	Paspoorten voor Nederlanders	2642
§ 2	Reisdocumenten voor niet-Nederlanders	2642
§ 3	Nooddocumenten en andere reisdocumenten	2643
§ 3A	Nederlandse identiteitskaart	2643
Hoofdstuk III	Gronden tot weigering of vervallenverklaring (art. 18-25)	2644
§ 1	De gronden	2644
§ 2	Registratie	2647
Hoofdstuk IV	Aanvraag (art. 26-39)	2648
§ 1	Algemeen	2648
§ 2	Aanvragen door of ten behoeve van handelingsonbekwamen	2650
Hoofdstuk V	Verstrekking, wijziging en uitreiking (art. 40-43)	2659
Hoofdstuk VI	Weigering of vervallenverklaring (art. 44-46b)	2661
Hoofdstuk VII	Verval van rechtswege (art. 47-50a)	2664
§ 1	Algemeen	2664
§ 2	Reisdocumenten van handelingsonbekwamen	2665
Hoofdstuk VIII	Inhouding en inlevering (art. 50b-57)	2668
Hoofdstuk IX	Toezicht (art. 58-59)	2670
Hoofdstuk X	Strafbepalingen (art. 60-63)	2671
Hoofdstuk XI	Administratieve rechtsbescherming in Aruba, Curaçao en Sint Maarten (art. 64)	2672
Hoofdstuk XII	Overgangs- en slotbepalingen (art. 65-68)	2672
	Besluit bericht omtrent toelating	2673
	Besluit naturalisatietoets	2675
	Besluit verkrijging en verlies Nederlanderschap	2681

	Besluit optie- en naturalisatiegelden 2002	2715
	Regeling verkrijging en verlies Nederlanderschap	2721
	Regeling naturalisatietoets Nederland	2729
	Regeling naturalisatietoets Aruba 2011	2739
	Besluit DNA-onderzoek vaderschap	2747
	IPR PERSONEN- EN FAMILIERECHT	2749
	BOEK 10 BW EN INTERNATIONALE REGELINGEN	2751
	Burgerlijk Wetboek Boek 10 (Relevante artikelen)	2753
Boek 10	Internationaal privaatrecht	2753
	ALGEMENE BEPALINGEN	2759
	Burgerlijk Wetboek Boek 10 (Relevante artikelen)	2761
Titel 1	Algemene bepalingen (art. 1-17)	2761
	IPR NAAM	2825
	Burgerlijk Wetboek Boek 10 (Relevante artikelen)	2827
Titel 2	De naam (art. 18-26)	2827
	Overeenkomst inzake veranderingen van geslachtsnamen en voornamen	2845
	Overeenkomst betreffende de afgifte van een verklaring van verscheidenheid van familienamen	2851
	Overeenkomst inzake het recht dat van toepassing is op geslachtsnamen en voornamen	2861
	HET HUWELIJK	2865
	Burgerlijk Wetboek Boek 10 (Relevante artikelen)	2867
Titel 3	Het huwelijk (art. 27-34)	2867
Afdeling 1	Voltrekking en erkenning van de geldigheid van huwelijken	2869

	Verdrag inzake de voltrekking en de erkenning van de geldigheid van huwelijken	2887
Hoofdstuk I	De voltrekking van het huwelijk (art. 1-6)	2887
Hoofdstuk II	De erkenning van de geldigheid van het huwelijk (art. 7-15)	2888
Hoofdstuk III	Algemene bepalingen (art. 16-23)	2890
Hoofdstuk IV	Slotbepalingen (art. 24-31)	2891
	Burgerlijk Wetboek Boek 10 (Relevante artikelen)	2895
Afdeling 2	Rechtsbetrekkingen tussen de echtgenoten (art. 34a-41)	2895
	Burgerlijk Wetboek Boek 10 (Relevante artikelen)	2909
Afdeling 3	Enkele bepalingen inzake het huwelijksvermogensregime (art. 42)	2909
	Verdrag inzake het recht dat van toepassing is op het huwelijksvermogensregime	2915
Hoofdstuk I	Toepassingsgebied van het Verdrag (art. 1-2)	2916
Hoofdstuk II	Toepasselijk recht (art. 3-14)	2917
Hoofdstuk III	Diverse bepalingen (art. 15-21)	2932
Hoofdstuk IV	Slotbepalingen (art. 22-31)	2938
	Burgerlijk Wetboek Boek 10 (Relevante artikelen) (art. 43-53)	2943
	Verdrag betreffende de wetsconflicten met betrekking tot de gevolgen van het huwelijk ten opzichte van de rechten en verplichtingen der echtgenooten in hunne persoonlijke betrekkingen en ten opzichte van hunne goederen	2957
	Verordening (EU) 2016/1103 tot uitvoering van de nauwere samenwerking op het gebied van de bevoegdheid, het toepasselijke recht en de erkenning en tenuitvoerlegging van beslissingen op het gebied van huwelijksvermogensstelsels (Verordening huwelijksvermogensstelsels)	2963
Hoofdstuk I	Toepassingsgebied en definities (art. 1-3)	2977
Hoofdstuk II	Bevoegdheid (art. 4-19)	2980
Hoofdstuk III	Toepasselijk recht (art. 20-35)	2990
Hoofdstuk IV	Erkenning, uitvoerbaarheid en tenuitvoerlegging van beslissingen (art. 36-57)	3002

Hoofdstuk V	Authentieke akten en gerechtelijke schikkingen (art. 58-60)	3010
Hoofdstuk VI	Algemene bepalingen en slotbepalingen (art. 61-70)	3011
	Uitvoeringswet Verordening huwelijksvermogensstelsels en Verordening vermogensrechtelijke gevolgen geregistreerde partnerschappen	3017
	ONTBINDING VAN HET HUWELIJK	3023
	Burgerlijk Wetboek Boek 10 (Relevante artikelen)	3025
Afdeling 4	Ontbinding van het huwelijk en scheiding van tafel en bed	3025
	Verordening (EG) Nr. 2201/2003 betreffende de bevoegdheid en de erkenning en tenuitvoerlegging van beslissingen in huwelijkszaken en inzake de ouderlijke verantwoordelijkheid, en tot intrekking van Verordening Brussel (EG) nr. 1347/2000 (Verordening Brussel II-bis)	3029
Hoofdstuk I	Toepassingsgebied en definities (art. 1-2)	3038
Hoofdstuk II	Bevoegdheid (art. 3-20)	3045
Afdeling 1	Echtscheiding, scheiding van tafel en bed en nietigverklaring van het huwelijk	3045
Afdeling 2	Ouderlijke verantwoordelijkheid	3054
Afdeling 3	Gemeenschappelijke bepalingen	3078
Hoofdstuk III	Erkenning en tenuitvoerlegging (art. 21-52)	3086
Afdeling 1	Erkenning	3086
Afdeling 2	Verzoek om uitvoerbaarverklaring	3095
Afdeling 3	Gemeenschappelijke bepalingen van de afdelingen 1 en 2	3102
Afdeling 4	Uitvoerbaarheid van bepaalde beslissingen omtrent het omgangsrecht en bepaalde beslissingen die de terugkeer van het kind met zich brengen	3104
Afdeling 5	Authentieke akten en overeenkomsten	3108
Afdeling 6	Overige bepalingen	3109
Hoofdstuk IV	Samenwerking tussen centrale autoriteiten inzake ouderlijke verantwoordelijkheid (art. 53-58)	3113
Hoofdstuk V	Verhouding tot andere instrumenten (art. 59-63)	3118
Hoofdstuk VI	Overgangsbepalingen (art. 64)	3122
Hoofdstuk VII	Slotbepalingen (art. 65-72)	3123

	Verordening (EU) 2019/1111 betreffende de bevoegdheid, de erkenning en tenuitvoerlegging van beslissingen in huwelijkszaken en inzake de ouderlijke verantwoordelijkheid, en betreffende internationale kinderontvoering (Verordening Brussel II-ter)	3135
Hoofdstuk I	Toepassingsgebied en definities (art. 1-2)	3164
Hoofdstuk II	Bevoegdheid in huwelijkszaken en inzake ouderlijke verantwoordelijkheid (art. 3-21)	3172
Afdeling 1	Echtscheiding, scheiding van tafel en bed en nietigverklaring van het huwelijk	3172
Afdeling 2	Ouderlijke verantwoordelijkheid	3180
Afdeling 3	Gemeenschappelijke bepalingen	3198
Hoofdstuk III	Internationale kinderontvoering (art. 22-29)	3204
Hoofdstuk IV	Erkenning en tenuitvoerlegging (art. 30-75)	3216
Afdeling 1	Algemene bepalingen inzake erkenning en tenuitvoerlegging	3216
Onderafdeling 1	Erkenning	3216
Onderafdeling 2	Uitvoerbaarheid en tenuitvoerlegging	3219
Onderafdeling 3	Certificaat	3222
Onderafdeling 4	Weigering van erkenning en tenuitvoerlegging	3224
Afdeling 2	Erkenning en tenuitvoerlegging van bepaalde geprivilegieerde beslissingen	3230
Onderafdeling 1	Erkenning	3231
Onderafdeling 2	Uitvoerbaarheid en tenuitvoerlegging	3233
Onderafdeling 3	Certificaat voor geprivilegieerde beslissingen	3235
Onderafdeling 4	Weigering van erkenning en tenuitvoerlegging	3239
Afdeling 3	Gemeenschappelijke bepalingen inzake tenuitvoerlegging	3240
Onderafdeling 1	Tenuitvoerlegging	3240
Onderafdeling 2	Schorsing van tenuitvoerleggingsprocedures en weigering van tenuitvoerlegging	3245
Afdeling 4	Authentieke akten en overeenkomsten	3253
Afdeling 5	Overige bepalingen	3257
Hoofdstuk V	Samenwerking inzake ouderlijke verantwoordelijkheid (art. 76-84)	3260
Hoofdstuk VI	Algemene bepalingen (art. 85-91)	3270
Hoofdstuk VII	Gedelegeerde handelingen (art. 92-93)	3273
Hoofdstuk VIII	Verhouding tot andere instrumenten (art. 94-99)	3274
Hoofdstuk IX	Slotbepalingen (art. 100-105)	3280
	Burgerlijk Wetboek Boek 10 (Relevante artikelen)	3337
Titel 3	Het Huwelijk	3337
Afdeling 4	Ontbinding van het huwelijk en scheiding van tafel en bed (art. 54-59)	3337

	HET GEREGISTREERD PARTNERSCHAP	3351
	Burgerlijk Wetboek Boek 10 (Relevante artikelen)	3353
Titel 4	Het geregistreerd partnerschap (art. 60-91)	3353
Afdeling 1	Het aangaan van een geregistreerd partnerschap in Nederland	3356
Afdeling 2	De erkenning van een buiten Nederland aangegaan geregistreerd partnerschap	3356
Afdeling 3	Rechtsbetrekkingen tussen de geregistreerde partners	3360
Afdeling 4	Enkele bepalingen inzake het partnerschapsvermogensregime	3363
Afdeling 5	Beëindiging in Nederland van een geregistreerd partnerschap	3369
Afdeling 6	Erkenning van een buiten Nederland tot stand gekomen beëindiging van een geregistreerd partnerschap	3371
Afdeling 7	Levensonderhoud	3372
Afdeling 8	Overgangsrecht	3373
	Verordening (EU) 2016/1104 tot uitvoering van de nauwere samenwerking op het gebied van de bevoegdheid, het toepasselijke recht en de erkenning en tenuitvoerlegging van beslissingen op het gebied van de vermogensrechtelijke gevolgen van geregistreerde partnerschappen (Verordening geregistreerde partnerschappen)	3375
Hoofdstuk I	Toepassingsgebied en definities (art. 1-3)	3389
Hoofdstuk II	Bevoegdheid (art. 4-19)	3392
Hoofdstuk III	Toepasselijk recht	3400
Hoofdstuk IV	Erkenning, uitvoerbaarheid en tenuitvoerlegging van beslissingen (art. 36-57)	3409
Hoofdstuk V	Authentieke akten en gerechtelijke schikkingen (art. 58-60)	3417
Hoofdstuk VI	Algemene bepalingen en slotbepalingen (art. 61-70)	3419
	AFSTAMMING	3423
	Burgerlijk Wetboek Boek 10 (Relevante artikelen)	3425
Titel 5	Afstamming (art. 92-102)	3425
Afdeling 1	Familierechtelijke betrekkingen door geboorte	3429
Afdeling 2	Familierechtelijke betrekkingen door erkenning of gerechtelijke vaststelling van het vaderschap	3439
Afdeling 3	Familierechtelijke betrekkingen door wettiging	3446
Afdeling 4	De inhoud van familierechtelijke betrekkingen uit hoofde van afstamming	3448

Afdeling 5	Erkenning van buitenlands tot stand gekomen rechterlijke beslissingen en rechtsfeiten	3449
Afdeling 6	Overgangsrecht	3457
	Overeenkomst inzake wettiging door huwelijk	3461
Titel I	(art. 1-6)	3462
Titel II	(art. 7-9)	3467
Titel III	(art. 10-17)	3469
	ADOPTIE	3473
	Burgerlijk Wetboek Boek 10 (Relevante artikelen)	3475
Titel 6	Adoptie (art. 103-112)	3475
Afdeling 1	Algemene bepalingen	3477
Afdeling 2	De in Nederland uit te spreken adoptie	3479
Afdeling 3	Erkenning van een buitenlandse adoptie	3482
Afdeling 4	Overgangsrecht	3491
	Verdrag inzake de bescherming van kinderen en de samenwerking op het gebied van de interlandelijke adoptie	3493
Hoofdstuk I	Toepassingsgebied van het Verdrag (art. 1-3)	3497
Hoofdstuk II	Vereisten voor interlandelijke adopties (art. 4-5)	3501
Hoofdstuk III	Centrale autoriteiten en vergunninghoudende instellingen (art. 6-13)	3504
Hoofdstuk IV	Procedurele vereisten voor interlandelijke adoptie (art. 14-22)	3508
Hoofdstuk V	Erkenning en gevolgen van de adoptie (art. 23-27)	3517
Hoofdstuk VI	Algemene bepalingen (art. 28-42)	3523
Hoofdstuk VII	Slotbepalingen (art. 43-48)	3529
	Uitvoeringswet Verdrag inzake de bescherming van kinderen en de samenwerking op het gebied van de interlandelijke adoptie	3531
Hoofdstuk 1	Algemene bepalingen (art. 1)	3531
Hoofdstuk 2	Taak en bevoegdheden van de centrale autoriteit en de vergunninghoudende instellingen (art. 2-4)	3532
Hoofdstuk 3	Procedure in geval van interlandelijke adoptie door personen die hun gewone verblijfplaats in Nederland hebben (art. 5-11)	3532
Hoofdstuk 4	Procedure in geval van interlandelijke adoptie van een kind dat zijn gewone verblijfplaats in Nederland heeft (art. 12-17)	3534

	Wet opneming buitenlandse kinderen ter adoptie	3537
Hoofdstuk 1	Begripsbepalingen (art. 1)	3540
Hoofdstuk 2	De beginseltoestemming (art. 2-7a)	3542
Hoofdstuk 3	Het buitenlandse kind en zijn opneming (art. 8-9)	3554
Hoofdstuk 3A	Tegemoetkoming kosten (art. 9a-10)	3557
Hoofdstuk 4	Het gezinsonderzoek na binnenkomst in Nederland van een tijdens gewoon verblijf in het buitenland opgenomen buitenlands kind (art. 11-14)	3560
Hoofdstuk 5	De vergunning en de werkzaamheden van vergunninghouders (art. 15-24)	3562
Hoofdstuk 5A	De klachtencommissie (art. 24a)	3575
Hoofdstuk 6	Toezicht en strafbepalingen (art. 25-28)	3576
Hoofdstuk 7	Slotbepalingen (art. 29-34)	3578
	Besluit opneming buitenlandse kinderen ter adoptie	3581
Afdeling 1	Aanwijzing van de rechtspersoon belast met het verstrekken van algemene voorlichting (art. 1-3)	3582
Afdeling 2	Organisatie en bekostiging van de verstrekking van algemene voorlichting (art. 4-10)	3584
Afdeling 3	De inhoud van de voorlichting (art. 11)	3587
Afdeling 4	Organisatie, toerusting en taak van vergunninghouders (art. 12-19)	3588
	Besluit inzake het onderzoek naar buitenlandse contacten van aspirant-adoptiefouders	3591
	Richtlijnen opneming buitenlandse kinderen ter adoptie 2000	3595
	Besluit klachtencommissie vergunninghouders interlandelijke adoptie	3601
	OUDERLIJKE VERANTWOORDELIJKHEID EN BESCHERMING VAN KINDEREN	3605
	Burgerlijk Wetboek Boek 10 (Relevante artikelen)	3607
Afdeling 1	Ouderlijke verantwoordelijkheid en bescherming van kinderen (art. 113)	3607

	Verdrag inzake de bevoegdheid, het toepasselijke recht, de erkenning, de tenuitvoerlegging en de samenwerking op het gebied van ouderlijke verantwoordelijkheid en maatregelen ter bescherming van kinderen	3613
Hoofdstuk I	Toepassingsgebied van het Verdrag (art. 1-4)	3618
Hoofdstuk II	Bevoegdheid (art. 5-14)	3626
Hoofdstuk III	Toepasselijk recht (art. 15-22)	3649
Hoofdstuk IV	Erkenning en tenuitvoerlegging (art. 23-28)	3660
Hoofdstuk V	Samenwerking (art. 29-39)	3667
Hoofdstuk VI	Algemene bepalingen (art. 40-56)	3676
Hoofdstuk VII	Slotbepalingen (art. 57-63)	3686
	Uitvoeringswet internationale kinderbescherming	3691
Hoofdstuk 1	Algemene bepalingen (art. 1-3)	3694
Hoofdstuk 2	Taak en bevoegdheden van de centrale autoriteit (art. 4-8)	3697
Hoofdstuk 3	Procedure in geval van plaatsing van een kind vanuit Nederland in een andere staat en in geval van plaatsing van een kind vanuit een andere staat in Nederland (art. 9-11)	3701
Hoofdstuk 4	Rechtspleging ter zake van ouderlijke verantwoordelijkheid en maatregelen ter bescherming van kinderen (art. 12-14)	3705
Hoofdstuk 5	Erkenning, niet-erkenning en tenuitvoerlegging van beslissingen op grond van het verdrag (art. 15-17)	3708
Hoofdstuk 6	Erkenning, niet-erkenning en tenuitvoerlegging van beslissingen op grond van de verordening (art. 18-23a)	3712
Hoofdstuk 7	Internationale samenwerking van gerechten (art. 24)	3722
Hoofdstuk 8	Verklaring inzake ouderlijke verantwoordelijkheid (art. 25)	3724
Hoofdstuk 9	Samenloop met andere internationale regelingen (art. 26)	3725
Hoofdstuk 10	Wijziging van andere wetten (art. 27-29)	3725
Hoofdstuk 11	Slotbepalingen (art. 30-32)	3726
	INTERNATIONALE ONTVOERING VAN KINDEREN	3731
	Burgerlijk Wetboek Boek 10 (Relevante artikelen)	3733
Afdeling 2	Internationale ontvoering van kinderen (art. 114)	3733

	Verdrag betreffende de burgerrechtelijke aspecten van internationale ontvoering van kinderen	3737
Hoofdstuk I	Toepassingsgebied van het verdrag (art. 1-5)	3741
Hoofdstuk II	Centrale autoriteiten (art. 6-7)	3756
Hoofdstuk III	Terugkeer van het kind (art. 8-20)	3759
Hoofdstuk IV	Omgangsrecht (art. 21)	3788
Hoofdstuk V	Algemene bepalingen (art. 22-36)	3790
Hoofdstuk VI	Slotbepalingen (art. 37-45)	3798
	Europees Verdrag betreffende de erkenning en tenuitvoerlegging van beslissingen inzake het gezag over kinderen en betreffende het herstel van het gezag over kinderen	3803
Titel I	Centrale autoriteiten (art. 2-6)	3807
Titel II	Erkenning en tenuitvoerlegging van beslissingen en herstel van het gezag over kinderen (art. 7-12)	3311
Titel III	Procedure (art. 13-16)	3318
Titel IV	Voorbehouden (art. 17-18)	3321
Titel V	Andere akten (art. 19-20)	3322
Titel VI	Slotbepalingen (art. 21-30)	3323
	Uitvoeringswet internationale kinderontvoering	3327
Titel 1	Algemene bepalingen (art. 1-3)	3329
Titel 2	Taak en bevoegdheden van de centrale autoriteit (art. 4-10)	3331
Titel 3	Rechtspleging in verband met internationale ontvoering van kinderen en het omgangsrecht (art. 11-16)	3336
Titel 4	Internationale samenwerking van gerechten (art. 16a)	3345
Titel 5	Slotbepalingen (art. 17-19)	3345
	MEERDERJARIGHEID	3847
	Burgerlijk Wetboek Boek 10 (Relevante artikelen)	3349
Afdeling 3	(gereserveerd)	3349
	Verdrag inzake de internationale bescherming van volwassenen (Haags meerderjarigheidsverdrag 2000)	3853
Hoofdstuk I	Toepassingsgebied van het verdrag (art. 1-4)	3856
Hoofdstuk II	Bevoegdheid (art. 5-12)	3861
Hoofdstuk III	Toepasselijk recht (art. 13-21)	3870
Hoofdstuk IV	Erkenning en tenuitvoerlegging (art. 22-27)	3877
Hoofdstuk V	Samenwerking (art. 28-37)	3882

Hoofdstuk VI	Algemene bepalingen (art. 38-52)	3885
Hoofdstuk VII	Slotbepalingen (art. 53-59)	3889
	Verordening (EU) nr. 606/2013 betreffende de wederzijdse erkenning van beschermingsmaatregelen in burgerlijke zaken	3893
Hoofdstuk I	Onderwerp, toepassingsgebied en definities (art. 1-3)	3904
Hoofdstuk II	Erkenning en tenuitvoerlegging van beschermingsmaatregelen (art. 4-14)	3910
Hoofdstuk III	Algemene bepalingen en slotbepalingen (art. 15-22)	3921
	Uitvoeringswet verordening wederzijdse erkenning van beschermingsmaatregelen in burgerlijke zaken	3927
	LEVENSONDERHOUD	3937
	Burgerlijk Wetboek Boek 10 (Relevante artikelen)	3939
Afdeling 4	Levensonderhoud (art. 116)	3939
	Verordening (EG) nr. 4/2009 betreffende de bevoegdheid, het toepasselijke recht, de erkenning en de tenuitvoerlegging van beslissingen, en de samenwerking op het gebied van onderhoudsverplichtingen	3941
Hoofdstuk I	Toepassingsgebied en definities (art. 1-2)	3949
Hoofdstuk II	Bevoegdheid (art. 3-14)	3954
Hoofdstuk III	Toepasselijk recht (art. 15)	3966
Hoofdstuk IV	Erkenning, uitvoerbaarheid en tenuitvoerlegging van beslissingen (art. 16-43)	3967
Afdeling 1	Beslissingen gegeven in lidstaten die door het Haagse Protocol van 2007 gebonden zijn	3968
Afdeling 2	Beslissingen gegeven in een niet door het Haagse Protocol van 2007 gebonden lidstaat	3973
Afdeling 3	Gemeenschappelijke bepalingen	3986
Hoofdstuk V	Toegang tot de rechter (art. 44-47)	3989
Hoofdstuk VI	Gerechtelijke schikkingen en authentieke akten (art. 48)	3994
Hoofdstuk VII	Samenwerking tussen centrale autoriteiten (art. 49-63)	3995
Hoofdstuk VIII	Openbare lichamen (art. 64)	4009
Hoofdstuk IX	Algemene bepalingen en slotbepalingen (art. 65-76)	4010
	Protocol inzake het recht dat van toepassing is op onderhoudsverplichtingen	4067

	Verdrag inzake de internationale inning van levensonderhoud voor kinderen en andere familieleden (Haags alimentatieverdrag 2007)	4093
Hoofdstuk I	Doelstelling, toepassingsgebied en begripsomschrijvingen (art. 1-3)	4094
Hoofdstuk II	Administratieve samenwerking (art. 4-8)	4097
Hoofdstuk III	Verzoeken via centrale autoriteiten (art. 9-17)	4099
Hoofdstuk IV	Beperkingen ten aanzien van het instellen van procedures (art. 18)	4105
Hoofdstuk V	Erkenning en tenuitvoerlegging (art. 19-31)	4106
Hoofdstuk VI	Tenuitvoerlegging door de aangezochte staat (art. 32-35)	4117
Hoofdstuk VII	Overheidslichamen (art. 36)	4119
Hoofdstuk VIII	Algemene bepalingen (art. 37-57)	4120
Hoofdstuk IX	Slotbepalingen (art. 58-65)	4130
	Uitvoeringswet internationale inning levensonderhoud	4141
§ 1	Algemene bepalingen (art. 1-4)	4141
§ 2	Erkenning en tenuitvoerlegging op grond van het verdrag (art. 5-6)	4142
§ 3	Erkenning en tenuitvoerlegging op grond van de verordening (art. 7-9)	4143
§ 4	Wijzigingen in andere wetten (art. 10-11)	4144
§ 5	Slotbepalingen (art. 12-13)	4145
	Verdrag inzake het verhaal in het buitenland van uitkeringen tot onderhoud (New York)	4147
	Verdrag tussen het Koninkrijk der Nederlanden en de Verenigde Staten van Amerika inzake de geldendmaking van verplichtingen tot levensonderhoud (Washington 2001)	4163
	MENSENRECHTEN	4175
	Europees Verdrag tot bescherming van de rechten van de mens en de fundamentele vrijheden (EVRM)	4177
Titel I	Rechten en vrijheden (art. 2-18)	4185
Titel II	Europees Hof voor de Rechten van de Mens (art. 19-51)	4226
Titel III	Diverse bepalingen (art. 52-66)	4256

	Handvest van de grondrechten van de Europese Unie	4261
Titel I	Waardigheid (art. 1-5)	4264
Titel II	Vrijheden (art. 6-19)	4265
Titel III	Gelijkheid (art. 20-26)	4269
Titel IV	Solidariteit (art. 27-38)	4272
Titel V	Burgerschap (art. 39-46)	4274
Titel VI	Rechtspleging (art. 47-50)	4276
Titel VII	Algemene bepalingen betreffende de uitlegging en de toepassing van het Handvest (art. 51-54)	4277
	Verdrag inzake de rechten van het kind	4281
Deel I	(art. 1-41)	4286
Deel II	(art. 42-45)	4326
Deel III	(art. 46-54)	4329
	Trefwoordenregister	Reg-1

LIJST VAN AFKORTINGEN

Aanbev. kantonrechters curatele, bewind en mentorschap	Aanbevelingen kantonrechters curatele, bewind en mentorschap
BBABS	Besluit bijz. akten burgerlijke stand
BBS 1994	Besluit burgerlijke stand 1994
Besl. beloning van curatoren, bewindvoerders en mentoren	Besluit beloning van curatoren, bewindvoerders en mentoren
BJJ	Beginselenwet justitiële jeugdinrichtingen
BN	Besluit naturalisatietoets
Bobka	Besluit opneming buitenlandse kinderen ter adoptie
Bopz	Bijzondere opnemingen in psychiatrische ziekenhuizen
BOT	Besluit bericht omtrent toelating
Brp	Basisregistratie personen
Brussel I-bis	zie: Verordening Brussel I-bis
Brussel II-bis	zie: Verordening Brussel II-bis
Brussel II-ter	zie: Verordening Brussel II-ter
Bth	Besluit tijdelijk huisverbod
CIEC	Commission Internationale de l'Etat Civil/ Internationale Commissie voor de Burgerlijke Stand
CIEC Namenverdrag Den Haag 1982	zie: Overeenkomst afgifte verklaring verscheidenheid familienamen 1982
CIEC Namenverdrag München 1980	zie: Overeenkomst toepasselijk recht op namen 1980
EHRM	Europees Hof voor de rechten van de mens
Europees Adoptieverdrag 2008	Verdrag (RvE) inzake de adoptie van kinderen (herzien), Straatsburg 27 november 2008
Europese Alimentatieverordening	Verordening (EG) 4/2009 van de Raad van 18 december 2008 betreffende de bevoegdheid, het toepasselijk recht, de erkenning en de tenuitvoerlegging van beslissingen, en de samenwerking op het gebied van onderhoudsverplichtingen
Europees kinderontvoeringsverdrag	Verdrag (RvE) betreffende de erkenning en de tenuitvoerlegging van beslissingen inzake het gezag over kinderen en betreffende het herstel van het gezag over kinderen, Luxemburg 20 mei 1980

Europees Verdrag voor de Rechten van de Mens of EVRM	Verdrag (RvE) tot bescherming van de rechten van de mens en de fundamentele vrijheden, Rome 4 november 1950
EU Werkingsverdrag of VWEU	Verdrag (EU) betreffende de werking van de Europese Unie (geconsolideerde versie), Lissabon 13 december 2007
GBA	gemeentelijke basisadministratie
Haags Adoptieverdrag 1965	Verdrag (HC) inzake de bevoegdheid, het toepasselijk recht en de erkenning van beslissingen betreffende adoptie, 's-Gravenhage 15 november 1965
Haags Adoptieverdrag 1993	Verdrag (HC) inzake de bescherming van kinderen en de samenwerking op het gebied van interlandelijke adoptie, 's-Gravenhage 29 mei 1993
Haags Alimentatie-executieverdrag 1973	Verdrag (HC) inzake de erkenning en de tenuitvoerlegging van beslissingen over onderhoudsverplichtingen, 's-Gravenhage 2 oktober 1973
Haags Alimentatieprotocol 2007	Protocol (HC) inzake het recht dat van toepassing is op onderhoudsverplichtingen, 's-Gravenhage 23 november 2007
Haags Alimentatieverdrag 1973	Verdrag (HC) inzake de wet die van toepassing is op onderhoudsverplichtingen, 's-Gravenhage 2 oktober 1973
Haags Alimentatieverdrag 2007	Verdrag (HC) inzake de internationale inning van levensonderhoud voor kinderen en andere familieleden, 's-Gravenhage 23 november 2007
Haags Echtscheidingsverdrag 1970	Verdrag (HC) inzake de erkenning van echtscheidingen en scheidingen van tafel en bed, 's-Gravenhage 1 juni 1970
Haags Huwelijksgevolgenverdrag 1905 of HHGV	Verdrag (HC) betreffende de wetsconflicten met betrekking tot de gevolgen van het huwelijk ten opzichte van de rechten en verplichtingen der echtgenoten in hun persoonlijke betrekkingen en ten opzichte van hun goederen, 's-Gravenhage 17 juli 1905
Haags Huwelijksverdrag 1978 of HVV	Verdrag (HC) inzake de voltrekking en de erkenning van de geldigheid van huwelijken, 's-Gravenhage 14 maart 1978
Haags Huwelijksvermogensverdrag 1978	Verdrag (HC) inzake het recht dat van toepassing is op het huwelijksvermogensregime, 's-Gravenhage 14 maart 1978

Haags Kinderbeschermingsverdrag 1961	Verdrag (HC) betreffende de bevoegdheid der autoriteiten en de toepasselijke wet inzake de bescherming van minderjarigen; 's-Gravenhage 5 oktober 1961
Haags Kinderbeschermingsverdrag 1996 of HKV 1996	Verdrag (HC) inzake de bevoegdheid, het toepasselijke recht, de erkenning, de tenuitvoerlegging en de samenwerking op het gebied van ouderlijke verantwoordelijkheid en maatregelen ter bescherming van kinderen, 's-Gravenhage 19 oktober 1996
Haags Kinderontvoeringsverdrag 1980 of HKOV 1980	Verdrag (HC) betreffende de burgerrechtelijke aspecten van internationale ontvoering van kinderen, 's-Gravenhage 25 oktober 1980
Haags Volwassenbeschermingsverdrag 2000 of HVV	Verdrag (HC) inzake de internationale bescherming van volwassenen, 's-Gravenhage 13 juni 2000
HvJ EG/EU	Hof van Justitie van de Europese Gemeenschappen/Europese Unie
IND	Immigratie- en Naturalisatiedienst
Internationale Commissie voor de Burgerlijke Stand	zie: CIEC
IVRK	Verdrag (VN) inzake de rechten van het kind, New York 20 november 1989
i.w.tr.	inwerkingtreding
Jw	Jeugdwet
LBIO	Landelijk Bureau Inning Onderhoudsbijdragen
Levensonderhoudsverdrag Nederland-VS of Nederlands-Amerikaans alimentatie-executieverdrag 2001	Overeenkomst tussen de Regering van het Koninkrijk der Nederlanden en de Verenigde Staten van Amerika inzake de geldendmaking van verplichtingen tot levensonderhoud, Washington 30 mei 2001
NIPR	Nederlands Internationaal Privaatrecht
n.n.b.	nog niet bekend
Overeenkomst afgifte verklaring verscheidenheid familienamen 1982	Overeenkomst (ICES) betreffende de afgifte van een verklaring van verscheidenheid van familienamen, 's-Gravenhage 8 september 1982
Overeenkomst naamsveranderingen	Overeenkomst (ICES) inzake de verandering van geslachtsnamen en voornamen, Istanbul 4 september 1958
Overeenkomst toepasselijk recht op namen 1980	Overeenkomst (ICES) inzake het recht dat van toepassing is op geslachtsnamen en voornamen, München 5 september 1980
Overeenkomst vaststelling familierechtelijke betrekkingen onwettig kind en zijn moeder 1962	Overeenkomst (ICES) betreffende de vaststelling van de familierechtelijke betrekkingen tussen het onwettige kind en zijn moeder, Brussel 12 september 1962

Overeenkomst verklaring van huwelijksbevoegdheid 1980	Overeenkomst (ICBS) betreffende de afgifte van een verklaring van huwelijksbevoegdheid, München 5 september 1980
Overeenkomst wettiging door huwelijk 1970	Overeenkomst (ICBS) inzake de wettiging door huwelijk, Rome 10 september 1970
PbEG	Publicatieblad Europese Gemeenschappen
PbEU	Publicatieblad Europese Unie
Protocol status van vluchtelingen	Protocol betreffende de status van vluchtelingen
Richtlijnen adoptie 2000	Richtlijnen opneming buitenlandse kinderen ter adoptie 2000
Richtlijn obka	Richtlijn opneming buitenlandse kinderen ter adoptie
RVVN	Regeling verkrijging en verlies Nederlanderschap
RWN	Rijkswet op het Nederlanderschap
UW	Uitvoeringswet
VB 2000	Vreemdelingenbesluit 2000
VC 2000	Vreemdelingencirculaire 2000
Verdrag erkenning beslissingen huwelijksband 1967	Verdrag (ICBS) inzake de erkenning van beslissingen betreffende de huwelijksband, Luxemburg 8 september 1967
Verdrag betreffende de status van staatlozen	Verdrag (VN) betreffende de status van staatlozen, New York 28 september 1954
Verdrag onderhoudsverhaal buitenland 1956	Verdrag (VN) inzake het verhaal in het buitenland van uitkeringen tot onderhoud, New York 20 juni 1956
Verordening Brussel I-bis	Verordening (EU) nr. 1215/2012 betreffende rechterlijke bevoegdheid, erkenning en tenuitvoerlegging van beslissingen in burgerlijke en handelszaken
Verordening Brussel II-bis	Verordening (EG) nr. 2201/2003 van de Raad van 27 november 2003 betreffende de bevoegdheid en de erkenning en tenuitvoerlegging van beslissingen in huwelijkszaken en inzake ouderlijke verantwoordelijkheid
Verordening Brussel II-ter	Verordening (EU) 2019/1111 van de Raad van 25 juni 2019 betreffende de bevoegdheid, de erkenning en tenuitvoerlegging van beslissingen in huwelijkszaken en inzake de ouderlijke verantwoordelijkheid, en betreffende internationale kinderontvoering (herschikking)

Verordening geregistreerde partnerschappen	Verordening (EU) 2016/1104 tot uitvoering van de nauwere samenwerking op het gebied van de bevoegdheid, het toepasselijke recht en de erkenning en tenuitvoerlegging van beslissingen op het gebied van de vermogensrechtelijke gevolgen van geregistreerde partnerschappen
Verordening huwelijksvermogensstelsels	Verordening (EU) 2016/1103 tot uitvoering van de nauwere samenwerking op het gebied van de bevoegdheid, het toepasselijke recht en de erkenning en tenuitvoerlegging van beslissingen op het gebied van huwelijksvermogensstelsels
Verordening Rome III	Verordening (EG) nr. 1259/2010 van de Raad van 20 december 2010 tot nauwere samenwerking op het gebied van het toepasselijke recht inzake echtscheiding en scheiding van tafel en bed
Vluchtelingenverdrag 1951	Verdrag (VN) betreffende de status van vluchtelingen, Genève 28 juli 1958; en Protocol betreffende de status van vluchtelingen, New York 31 januari 1967
VV	Voorlopig Verslag
VW 2000	Vreemdelingenwet 2000
WAA	Wet aanpassing arbeidsduur
Waadi	Wet allocatie arbeidskrachten door intermediairs
Waga	Wet arbeidsvoorwaarden grensoverschrijdende arbeid
WAO	Wet op de Arbeidsongeschiktheidsverzekering
WAV	Wet arbeid vreemdelingen
WAZO	Wet arbeid en zorg
Wbp	Wet bescherming persoonsgegevens
Wcad	Wet conflictenrecht adoptie
WCE	Wet conflictenrecht inzake ontbinding huwelijk en scheiding van tafel en bed
Wcgp	Wet conflictenrecht geregistreerd partnerschap
WCH	Wet conflictenrecht huwelijk
WCHb	Wet conflictenrecht huwelijksbetrekkingen
WCHr	Wet conflictenrecht huwelijksvermogensregime
WCN	Wet conflictenrecht namen
WCRM	Wet College voor de rechten van de mens
WDGKB	Wet donorgegevens kunstmatige bevruchting
WED	Wet op de economische delicten

Wet AVV	Wet op het algemeen verbindend en het onverbindend verklaren van bepalingen van collectieve arbeidsovereenkomsten
Wet BO	Wet op de bedrijfsorganisatie(s)
Wet Brp	Wet basisregistratie personen
Wet CAO	Wet op de collectieve arbeidsovereenkomst
Wet EOR	Wet op de Europese ondernemingsraden
Wet LV	Wet op de loonvorming
Wet SER	Wet op de Sociaal Economische Raad
Wet SUWI	Wet Structuur uitvoeringsorganisatie werk en inkomen
Wft	Wet op het financieel toezicht
Wfw	Wet flexibel werken
Wfz	Wet forensische zorg
WGB	Wet gelijke behandeling van mannen en vrouwen
WGBH/CZ	Wet gelijke behandeling op grond van handicap of chronische ziekte
WGBL	Wet gelijke behandeling op grond van leeftijd bij de arbeid
Wgbo	Wet op de geneeskundige behandelingsovereenkomst
WIA	Wet werk en inkomen naar arbeidsvermogen
Wjz	Wet op de Jeugdzorg
WMCO	Wet melding collectief ontslag
WML	Wet minimumloon en minimumvakantiebijslag
WMO	Wet maatschappelijke ondersteuning
WNT	Wet normering bezoldiging topfunctionarissen publieke en semipublieke sector
Wobka	Wet opneming buitenlandse kinderen ter adoptie
WOR	Wet op de ondernemingsraden
Wth	Wet tijdelijk huisverbod
Wvggz	Wet verplichte geestelijke gezondheidszorg
Wvps	Wet verevening pensioenrechten bij scheiding
WW	Werkloosheidswet
WWZ	Wet werk en zekerheid
Wzd	Wet zorg en dwang psychogeriatrische en verstandelijk gehandicapte clienten
ZW	Ziektewet

NEDERLANDERSCHAP

Rijkswet op het Nederlanderschap

Rijkswet van 19 december 1984, houdende vaststelling van nieuwe, algemene bepalingen omtrent het Nederlanderschap ter vervanging van de Wet van 12 december 1892, Stb. 268 op het Nederlanderschap en het ingezetenschap, Stb. 1984, 628, zoals laatstelijk gewijzigd op 17 november 2021, Stb. 2021, 572 (i.w.tr. 01-04-2022)

Wij Beatrix, bij de gratie Gods, Koningin der Nederlanden, Prinses van Oranje-Nassau, enz. enz. enz.
Allen, die deze zullen zien of horen lezen, saluut! doen te weten:
Alzo Wij in overweging genomen hebben, dat er mede in verband met de bekrachtiging van het op 30 augustus 1961 te New York tot stand gekomen Verdrag tot beperking der staatloosheid (*Trb.* 1967, 124), het op 6 mei 1963 te Straatsburg tot stand gekomen Verdrag betreffende beperking van gevallen van meervoudige nationaliteit en betreffende de militaire verplichtingen in geval van meervoudige nationaliteit (*Trb.* 1964, 4) en de op 13 september 1973 te Bern tot stand gekomen Overeenkomst inzake beperking van het aantal gevallen van staatloosheid (*Trb.* 1974, 32), aanleiding bestaat de Wet van 12 december 1892, *Stb.* 268 op het Nederlanderschap en het ingezetenschap aan een algehele herziening te onderwerpen en ter vervanging van die wet nieuwe, algemene bepalingen omtrent het Nederlanderschap vast te stellen;
Zo is het, dat Wij, de Raad van State van het Koninkrijk gehoord, en met gemeen overleg der Staten-Generaal, de bepalingen van het Statuut voor het Koninkrijk in acht genomen zijnde, hebben goedgevonden en verstaan, gelijk Wij goedvinden en verstaan bij deze:

[Inleidende opmerkingen]

1. Inhoud. De Rijkswet op het Nederlanderschap bevat regels waarnaar beoordeeld moet worden welke personen de Nederlandse nationaliteit hebben, de voorwaarden waarop die Nederlandse nationaliteit kan worden verkregen en kan worden verloren. Tevens is in deze wet geregeld op welke wijze het Nederlanderschap kan worden vastgesteld. Voor de beantwoording van de vraag of iemand de Nederlandse nationaliteit bezit of heeft bezeten, moet veelal niet alleen gekeken worden naar de actuele wet- en regelgeving, maar zal meestal (ook) gekeken moeten worden naar de wet- en regelgeving zoals die gold op het moment van relevante rechtsfeiten (geboorte, huwelijk e.d.). In aant. 2 wordt daarom kort de wetsgeschiedenis van de Rijkswet op het Nederlanderschap weergegeven. De Hoge Raad heeft op prejudiciële vragen geantwoord dat er geen temporele begrenzing geldt bij de betwisting van het Nederlanderschap door de autoriteiten (ECLI:NL:HR:2022:331).

2. Wetsgeschiedenis. De eerste wet op het Nederlanderschap was de wet van 12 december 1892, *Stb.* 268. Deze wet is ingrijpend veranderd bij de Rijkswet op het Nederlanderschap van 19 december 1984, *Stb.* 628 en 629, in werking getreden op 1 januari 1985 en voor zover het betreft de vaststelling van het Nederlanderschap (art. 17-20) op 1 oktober 1986. In verband met de status aparte van Aruba is deze Rijkswet nog gewijzigd bij rijkswet van 12 december 1985, *Stb.* 660. Bij rijkswet van 22 december 1993, *Stb.* 692, is de Rijkswet aangepast in verband met de invoering van de Algemene wet bestuursrecht. Vervolgens is de Rijkswet bij rijkswet van 14 mei 1998, *Stb.* 303 aangepast in verband met de ratificatie van het Haags adoptieverdrag van 1993. **Ingrijpende wijziging.** Bij rijkswetten van 21 december 2000, *Stb.* 618 en 18 april 2002, *Stb.* 222, heeft een ingrijpende wijziging plaatsgevonden. Deze is op 1 april 2003 in werking getreden. Met ingang van genoemde datum is eveneens een aantal op de Rijkswet gebaseerde algemene maatregelen van rijksbestuur in werking getreden. Het betreffen: het Besluit naturalisatietoets, het Besluit verkrijging en verlies Nederlanderschap, het Besluit optie- en naturalisatiegelden 2002 en het Besluit bericht omtrent toelating. Verder is een tweetal ministeriële regelingen op 1 april 2003 in werking getreden, namelijk de Regeling verkrijging en verlies Nederlanderschap en de Regeling naturalisatietoets Nederland. Deze besluiten en regelingen zijn hierna achter de tekst van de Rijkswet op het Nederlanderschap opgenomen. Eveneens zijn nadien in werking getreden het Besluit DNA-onderzoek vaderschap, Regeling naturalisatietoets Aruba 2011, Regeling naturalisatietoets Curaçao 2011, Regeling naturalisatietoets Sint Maarten 2011 en Regeling naturalisatietoets openbare lichamen Bonaire, Sint Eustatius en Saba 2011. **Andere wijzigingen.** Bij rijkswetten van 3 juli 2003, *Stb.* 284, en 6 juli 2004, *Stb.* 335, heeft nog een aantal wijzigingen plaatsgevonden in verband met de inwerkingtreding van de Wet conflictenrecht adoptie en de Wet conflictenrecht geregistreerd partnerschap op 1 januari 2004 respectievelijk 1 januari 2005. Op 1 maart 2009 is een wijziging van de Rijkswet in werking getreden in verband met de invoering van de verklaring van verbondenheid en een wijziging in verband met de verkrijging van het Nederlanderschap na erkenning. Op 1 oktober 2010 is de 'Wijziging van de Rijkswet op het Nederlanderschap met betrekking tot meervoudige nationaliteit en andere nationaliteitsrechtelijke kwesties' in werking getreden. Hierdoor zijn de regels met betrekking tot het afstand doen van de nationaliteit van het land van herkomst aangepast. Daarnaast zijn de regels met betrekking tot het verlies van het Nederlanderschap aangevuld; het Nederlanderschap kan ontnomen worden na een onherroepelijke veroordeling wegens een misdrijf waarbij de essentiële belangen van het Koninkrijk of een van zijn landen zijn geschaad, bijvoorbeeld na een veroordeling voor een terroristisch misdrijf. Verder is een voorziening opgenomen voor de verkrijging van het Nederlanderschap door kinderen (en hun kinderen) die voor 1 januari 1985 als kind van een Nederlandse moeder en niet-Nederlandse vader zijn geboren. Op 10 oktober 2010 is de Rijkswet nog aangepast in verband met de nieuwe staatkundige verhoudingen in het Koninkrijk. Sinds 1 januari 2011 is bovendien bij naturalisatie op Aruba, Curaçao, Sint Maarten en de openbare lichamen Bonaire, Sint Eustatius en Saba kennis van de Nederlandse taal verplicht gesteld. Op 20 januari 2014 is een technische wijziging in verband met wijziging van de Paspoortwet in werking getreden. Vervolgens is op 1 april 2014 een wijziging in werking getreden in verband met de wijziging van Boek 1 BW in verband met het ontstaan van het juridisch ouderschap van de vrouwelijke partner van de moeder anders dan door adoptie. Door deze wijziging van Boek 1 BW kan de *duomoeder juridisch ouder* worden buiten de rechter om: van rechtswege door huwelijk of door erkenning. Daarnaast kan zij het juridisch ouderschap verkrijgen door gerechtelijke vaststelling van het ouderschap. De duomoeder die het ouderschap van rechtswege door huwelijk, door erkenning of door gerechtelijke vaststelling van het ouderschap verkrijgt, kan het Nederlanderschap doorgeven aan haar kind. **Laatste wijzigingen** Op 31 maart 2016 is in werking getreden de rijkswet tot wijziging van de Rijkswet op het Nederlanderschap ter verruiming van de mogelijkheden voor het ontnemen van het Nederlanderschap bij terroristische misdrijven. Op grond van deze wijziging kan het Nederlanderschap worden ingetrokken van een persoon die onherroepelijk is veroordeeld op grond van art. 134a Sr of voor equivalente misdrijven in een van de Caribische landen van het Koninkrijk. Het gaat hierbij om gevallen waarin sprake is van hulp bij het plegen van terroristische activiteiten of bij de voorbereiding van dergelijke activiteiten. Op 1 maart 2017 is in werking getreden een wijziging die het mogelijk maakt het Nederlanderschap in te trekken in het belang van de nationale veiligheid wegens deelname aan 'een terroristische organisatie'. Hiervoor is geen voorafgaande strafrechtelijke veroordeling vereist. Tevens is op 1 maart 2017 in werking getreden een technische wijziging die samenhangt met het uitreisverbod zoals opgenomen in de Tijdelijke wet maatregelen terrorismebestrijding. Verder is op 1 augustus 2018 in werking getreden een wijziging in art. 14 in verband met de goedkeuring van een wijziging van het Statuut van Rome inzake het Internationaal Strafhof. En op 1 april 2020 is in werking getreden de Reparatierijkswet Justitie en Veiligheid 2019. Daarmee is een aantal aanpassingen van technische aard doorgevoerd. Met ingang van 28 februari 2022 is in art. 14 lid 4 de leeftijdsgrens verhoogd naar achttien jaar en is de horizonbepaling bij die bepaling verlengd tot 1 maart 2027. Op 1 april 2022 is een wijziging in werking getreden waarmee uitvoering wordt gegeven aan het zogenoemde *Tjebbes*-arrest (ECLI:EU:C:2019:189). Daarmee is voorzien in een wettelijke basis om, na verlies van het Unieburgerschap door verlies van rechtswege van het Nederlanderschap, in concrete gevallen aan het evenredigheidsbeginsel te kunnen toetsen. Dit kan leiden tot herkrijging van het Nederlanderschap en daarmee het Unieburgerschap. Tevens is de in art. 15 lid 1 aanhef en onder c opgenomen verliestermijn verlengd van tien naar dertien jaar. **Aanhangige wetsvoorstellen.** Bij de Tweede Kamer is een wetsvoorstel ingediend waarmee een procedure tot vaststelling van staatloosheid wordt ingevoerd (*Kamerstukken II* 2020-2021, 35 687). In verband daarmee wordt ook deze Rijkswet aangepast. Zo wordt een nieuwe optiegrond voor niet rechtmatig verblijvende kinderen en jongvolwassenen voorgesteld (*Kamerstukken II* 2020-2021, 35 688). Ook wordt voorgesteld twee voorbehouden in te trekken die het Koninkrijk der Nederlanden maakte bij het Verdrag betreffende de status van staatlozen in verband met de vaststelling van staatloosheid. Verder is in de Tweede Kamer aanhangig een initiatiefwetsvoorstel van de (voormalig) Tweede Kamerleden Sjoerdsma en Marcouch (*Kamerstukken II* 2016/17, 34 632). Zij hebben voorgesteld om het Verdrag van Straatsburg betreffende de beperking van gevallen van meervoudige nationaliteit en betreffende militaire verplichtingen in geval van meervoudige nationaliteit en het daarbij behorende zogenoemde Tweede Protocol op te zeggen. Tevens hebben zij voorgesteld de afstandsverplichtingen bij verkrijging van het Nederlanderschap en de verliesbepalingen bij verkrijging van een vreemde nationaliteit uit de Rijkswet te schrappen. Het wetsvoorstel 'Wijziging van de Rijkswet op het Nederlanderschap ter verlenging van de termijnen voor verlening van het Nederlanderschap en enige andere wijzigingen' (*Kamerstukken I* 2015/16, 33 852) is op 3 oktober 2017 door de Eerste Kamer verworpen. In dit wetsvoorstel werden wijzigingen voorgesteld van verschillende naturalisatietermijnen en een wijziging met betrekking tot de openbare ordetoets. Tot slot verdient opmerking dat op 30 juni 2020 het voorstel van Rijkswet tot inperking gevolgen Brexit door de Eerste Kamer is aangenomen. Het voorstel is ter bekrachtiging voorgedragen. Er is echter geen inwerkingtredingsbesluit genomen, omdat een terugtrekkingsakkoord tot stand is gekomen waarmee de burgerrechten van Nederlanders in het Verenigd Koninkrijk zijn gewaarborgd (*Kamerstukken I* 2020/21, 35 130, L en M).

3. Mensenrechtenverdragen. Voor het nationaliteitsrecht zijn ook belangrijke bepalingen in mensenrechtenverdragen opgenomen. Zo bepaalt art. 3 Protocol 4 EVRM dat niemand mag worden verwijderd van het grondgebied waarvan hij onderdaan is en dat aan niemand het recht ontnomen mag worden het grondgebied te betreden van de staat waarvan hij onderdaan is. In art. 15 UVRM is opgenomen dat ieder mens recht heeft op een nationaliteit. Het recht van elk kind om een nationaliteit te verwerven is nader uitgewerkt in art. 24 lid 3 BuPo-verdrag (*Trb.* 1978, 177) en art. 7 en 8 IVRK (*Trb.* 1990, 170). De Hoge Raad heeft geoordeeld dat aan geen enkele bepaling van het EVRM een recht op een *bepaalde* nationaliteit kan worden ontleend (HR 1 februari 2008, *LJN* BC1847 en HR 25 mei 2012, *LJN* BV9435). Het Europese Hof voor de Rechten van de Mens heeft vastgesteld dat (toegang tot) de nationaliteit onder de bescherming van het EVRM valt als onderdeel van de sociale identiteit van een persoon, die op haar beurt deel uitmaakt van het privé-leven (private life) en dat bij toegang tot de nationaliteit niet gediscrimineerd mag worden (EHRM 11 oktober 2011, *EHRC* 2012/12 (*Genovese*)). Prof. mr. G.R. de Groot stelt in zijn noot bij het arrest dat deze uitspraak noopt tot wijziging van de nationaliteitswetgeving in diverse landen, waaronder Nederland. Zie in dit verband echter ook Rb. Den Haag 25 februari 2016, ECLI:NL:RBDHA:2016:2305.

4. Toescheidingsovereenkomst Suriname. Bij het onafhankelijk worden van Suriname zijn bepalingen over de verkrijging van de Nederlandse nationaliteit opgenomen in de met Suriname gesloten Toescheidingsovereenkomst van 25 november 1975 (*Trb.* 1975, 132). Hierin zijn nog wijzigingen gebracht bij het te Paramaribo tot stand gekomen protocol van 14 november 1994 (*Trb.* 1994, 280).

5. Verdrag van Straatsburg van 6 mei 1963 (Trb. 1964, 4). Nederland is partij bij het in het kader van de Raad van Europa tot stand gekomen Verdrag betreffende beperking van gevallen van meervoudige nationaliteit en betreffende militaire verplichtingen in geval van meervoudige nationaliteit. Het verdrag bepaalt dat indien een onderdaan van een verdragsland onderdaan van een ander verdragsland wordt, de oorspronkelijke nationaliteit verloren gaat. Op 2 februari 1993 is het zogenoemde Tweede Protocol bij dit verdrag tot stand gekomen (*Trb.* 1994, 265). In afwijking van het verdrag mogen landen die partij zijn bij het Tweede Protocol bepalen dat geen verlies van de nationaliteit intreedt, indien de nationaliteit wordt verkregen van de echtgenoot, één van de ouders of het land waar men als kind is opgegroeid (tweede generatie migranten). Dit protocol heeft echter geen werking meer, omdat alleen Nederland nog partij is.

6. Europees Nationaliteitsverdrag van 6 november 1997 (Trb. 1998, 10). Dit verdrag is eveneens tot stand gekomen in het kader van de Raad van Europa en is in werking getreden op 1 maart 2000. Nederland is op 1 juli 2001 partij bij dit verdrag geworden. Het verdrag omvat regels en beginselen van het nationaliteitsrecht. Het verdrag stelt zich, anders dan het Verdrag van Straatsburg van 6 mei 1963, neutraal op ten aanzien van meervoudige nationaliteit.

7. EU-recht en ipr-aspecten. Het Europees burgerschap is gekoppeld aan het bezit van de nationaliteit van een lidstaat (art. 20 lid 1 en 21 lid 1 VWEU). De EU heeft echter geen bevoegdheid om regelend op te treden voor wat betreft de verkrijging van het verlies van de nationaliteit van de afzonderlijke lidstaten; lidstaten zijn zelf bevoegd om hun nationaliteitsrecht in te richten (zie ook de uitspraak van het Europese Hof van Justitie in de zaak *Rottmann*, HvJ EU 2 maart 2010, C-135/08). Wel moeten lidstaten bij de uitoefening van hun bevoegdheid het Unierecht respecteren en bekijken of wijzigingen in de nationaliteitswetgeving betekenis hebben voor de door de rechtsorde van de Unie verleende en beschermde rechten, in het bijzonder het Unieburgerschap, en het Europese evenredigheidsbeginsel toepassen (zie ook ECLI:EU:C:2019:189). Het Europese Hof van Justitie van de Europese Gemeenschappen heeft bovendien geoordeeld dat lidstaten niet meer in alle gevallen de traditionele regel mogen toepassen dat een staat zijn onderdanen kan behandelen als zouden zij alleen zijn nationaliteit bezitten; lidstaten kunnen het bezit van de nationaliteit van een andere lidstaat niet meer negeren in het kader van het internationaal privaatrecht (ipr). Uit jurisprudentie van het Europese Hof van Justitie van de Europese Gemeenschappen blijkt namelijk dat automatische toepassing van het eigen recht (de lex fori) of het toepassen van een effectiviteitstoets (om te bepalen met welke nationaliteit betrokkene de sterkste band heeft) in het ipr niet altijd wordt toegestaan wegens strijd met het recht op vrij verkeer (HvJ EU 22 mei 2003, C-148/02 (*Garcia Avello*) en HvJ EU 16 juli 2009, C-168/08 (*Hadidi*)). Het Europese Hof geeft hiermee aan dat lidstaten het EU-burgerschap in elk geval mee moeten nemen in hun overwegingen.

HOOFDSTUK 1
Algemene bepalingen

Artikel 1

1. In deze Rijkswet en de daarop berustende bepalingen wordt verstaan onder:

a. Onze Minister: Onze Minister van Justitie en Veiligheid in zijn hoedanigheid van minister van het Koninkrijk;

b. meerderjarige: hij die de leeftijd van achttien jaren heeft bereikt of voordien in het huwelijk is getreden;

c. moeder: de vrouw tot wie het kind, anders dan door adoptie, in de eerste graad in opgaande lijn in familierechtelijke betrekking staat;

d. vader: de man tot wie het kind, anders dan door adoptie, in de eerste graad in opgaande lijn in familierechtelijke betrekking staat;

e. vreemdeling: hij die de Nederlandse nationaliteit niet bezit;

f. staatloze: een persoon die door geen enkele staat, krachtens diens wetgeving, als onderdaan wordt beschouwd;

g. toelating: instemming door het bevoegd gezag met het bestendig verblijf van de vreemdeling in het Europese deel van Nederland, Aruba, Curaçao, Sint Maarten of de openbare lichamen Bonaire, Sint Eustatius en Saba;

h. hoofdverblijf: de plaats waar een persoon zijn feitelijke woonstede heeft.

2. Behoudens voor de toepassing van artikel 15A, onder a, van deze rijkswet wordt mede verstaan onder:

a. echtgenoot: de partner in een in Nederland geregistreerd partnerschap alsmede de partner in een buiten Nederland geregistreerd partnerschap dat op grond van de artikelen 61 en 62 van Boek 10 van het Burgerlijk Wetboek wordt erkend, en

b. **huwelijk: het in Nederland geregistreerd partnerschap alsmede het buiten Nederland geregistreerd partnerschap dat op grond van de artikelen 61 en 62 van Boek 10 van het Burgerlijk Wetboek wordt erkend.**
[23-02-2022, Stb. 84, i.w.tr. 28-02-2022/kamerstukken 35934]

[Begripsbepalingen]

1. Onze Minister (onderdeel a). De taken en bevoegdheden voortvloeiend uit de Rijkswet op het Nederlanderschap en de daarbij behorende lagere regelgeving, worden uitgeoefend door de Minister van Justitie en Veiligheid. Overigens is het Nederlanderschap op grond van art. 3 van het Statuut van het Koninkrijk der Nederlanden een Koninkrijksaangelegenheid.

2. Meerderjarige (onderdeel b). De definitie van meerderjarige stemt overeen met de meerderjarigheidsgrens in het Nederlandse civiele recht zoals die kan worden afgeleid uit art. 1:233 BW. De meerderjarigheid is onder meer vereist voor het indienen van een naturalisatieverzoek (art. 8 lid 1 onderdeel a RWN). Het Gemeenschappelijk Hof van Justitie heeft geoordeeld dat het feit dat de meerderjarigheidsgrens op de (toenmalige) Nederlandse Antillen destijds nog 21 jaar was, niet relevant is (ECLI:NL:OGHACMB:2016:13).

3. Moeder (onderdeel c). De vrouw die het kind ter wereld brengt, is moeder in de zin van de nationaliteitswet. Dit geldt ook als de eicel, zoals bij in vitro fertilisatie bij de draagmoeder, afkomstig is van een andere vrouw. Onder 'moeder' wordt ook begrepen de duomoeder wier ouderschap tot stand is gekomen door huwelijk, erkenning of gerechtelijke vaststelling. Verkrijgt een Nederlandse vrouw het moederschap naar buitenlands recht, dan geeft zij het Nederlanderschap niet zonder meer door aan het kind op grond van de Rijkswet op het Nederlanderschap. Bepalend is of het moederschap van deze vrouw op grond van regels van het internationaal privaatrecht voor erkenning in aanmerking komt in Nederland, Aruba, Curaçao, Sint Maarten of de BES. Als dat voor erkenning in aanmerking komt, zal zij het Nederlanderschap kunnen doorgeven op grond van de Rijkswet op het Nederlanderschap. **Adoptie.** De vrouw die rechtsgeldig een kind heeft geadopteerd, is geen moeder in de zin van deze wet. De nationaliteitsrechtelijke gevolgen van adoptie zijn afzonderlijk geregeld in art. 5-5c, art. 6, art. 8 lid 2, art. 11 lid 8 en art. 16 RWN. **Familierechtelijke betrekking.** De geboorte is voldoende voor het moederschap in de zin van deze wet. Niet vereist is dat er tussen kind en moeder ook een familierechtelijke betrekking bestaat.

4. Vader (onderdeel d). Het vaderschap in de nationaliteitsrechtelijke betekenis is gekoppeld aan de familierechtelijke betrekking tussen man en kind. Of er juridisch vaderschap bestaat tussen hen wordt bepaald door het toepasselijke familierecht. **Adoptie.** Ook hier geldt dat een uitzondering wordt gemaakt voor de man die rechtsgeldig een kind heeft geadopteerd. De nationaliteitsrechtelijke gevolgen van die adoptie zijn geregeld in de art. 5-5c, art. 6, art. 8 lid 2, art. 11 lid 8 en art. 16 RWN.

5. Vreemdeling (onderdeel e). Als vreemdeling in het nationaliteitsrecht geldt de persoon die niet de Nederlandse nationaliteit heeft. Dit kan een persoon zijn die alleen een vreemde nationaliteit bezit, maar ook een persoon die in het geheel geen national teit bezit (zie aant. 6).

6. Staatloze (onderdeel f). Een persoon die geen enkele nationaliteit heeft, is staatloos. De nationaliteit moet worden bezien aan de hand van nationaliteitsrechtelijke regels van het land waarvan de betrokkene, bijvoorbeeld door geboorte, de nationaliteit zou kunnen hebben. De formulering sluit aan bij het Verdrag van New York van 28 september 1954, betreffende de status van staatlozen (*Trb.* 1957, 22). Onder omstandigheden mag van een staatloze worden verwacht dat hij meewerkt aan de vaststelling dat hij al dan niet een bepaalde nationaliteit bezit.

7. Toelating (onderdeel g). Toelating. Toelating ziet op legaal bestendig verblijf in één van de landen van het Koninkrijk. **Bevoegd gezag.** Wie het bevoegd gezag ter zake van de toelating van vreemdelingen uitoefent, wordt in elk van de landen zelfstandig geregeld. Of er sprake van toelating is moet naar landsrecht worden beantwoord. Voor het nationaliteitsrecht is van belang dat een verklaring van toelating wordt afgegeven: de materiële en formele vereisten waaraan de verklaring in elk van de landen moet voldoen, zijn bij het Besluit bericht omtrent toelating (*Stb.* 2003, 119) vastgesteld.

8. Hoofdverblijf (onderdeel h). Het begrip hoofdverblijf heeft een strikt feitelijke inhoud. Het begrip komt in belangrijke mate overeen met het begrip – woonplaats of werkelijk verblijf – zoals gehanteerd in de Rijkswet op het Nederlanderschap vóór de inwerkingtreding van de rijkswet van 21 december 2000, *Stb.* 618.

9. Gelijkstelling geregistreerd partnerschap met huwelijk (lid 2). Hoofdregel Het geregistreerd partnerschap is in het nationaliteitsrecht gelijkgesteld met het huwelijk. Ook een buiten Nederland geregistreerd partnerschap dat op grond van de art. 10:61 en 10:62 BW wordt erkend, wordt gelijkgesteld met het huwelijk. **Uitzondering: toepassing van art. 15A.** Voor wat betreft de toepassing van art. 15A wordt het geregistreerd partnerschap niet gelijkgesteld met het huwelijk.

Artikel 2

1. Tenzij de wet anders bepaalt, hebben de verkrijging en het verlies van het Nederlanderschap geen terugwerkende kracht.
2. Behoudens in de bij algemene maatregel van rijksbestuur te bepalen gevallen worden verklaringen en verzoeken in persoon afgelegd en ingediend.
3. Tenzij anders bepaald, worden verklaringen en verzoeken van minderjarigen door hun wettelijke vertegenwoordigers afgelegd en ingediend.
4. Het kind, mits het de leeftijd van 12 jaar heeft bereikt en zijn wettelijke vertegenwoordiger worden op hun verzoek in de gelegenheid gesteld hun zienswijze naar voren te brengen omtrent de verkrijging of medeverkrijging, of verlening of medeverlening van het Nederlanderschap. Indien de vertegenwoordiging van het kind van rechtswege is opgedragen aan één der ouders kan de andere ouder eenzelfde verzoek doen. Indien het kind dat de leeftijd van zestien jaar heeft bereikt bedenkingen heeft tegen de verkrijging of medeverkrijging, of tegen de verlening of medeverlening, of indien zowel het kind als zijn wettelijk vertegenwoordiger of de in dit lid bedoelde andere

ouder bedenkingen hebben tegen de medeverkrijging of medeverlening, deelt het kind daarin niet.

5. De verklaring van verbondenheid wordt door minderjarigen van zestien jaar en ouder zelfstandig afgelegd. Tenzij anders bepaald kunnen zij daarin niet worden vertegenwoordigd.

[27-06-2008, Stb. 270, i.w.tr. 01-03-2009/kamerstukken 30584]

[Geen terugwerkende kracht; verklaringen en verzoeken in persoon; verklaringen en verzoeken van minderjarigen; hoorrecht van minderjarigen]

1. Geen terugwerkende kracht (lid 1). De verkrijging en het verlies van het Nederlanderschap werken ex nunc en hebben geen terugwerkende kracht. **Uitzondering.** In drie bepalingen, namelijk art. 14 lid 1, 28 en V lid 1, wordt wel terugwerkende kracht toegekend bij het intrekken respectievelijk het weer verkrijgen van de Nederlandse nationaliteit (zie het commentaar op art. 14 lid 1, 28 en V van de rijkswet van 21 december 2000, *Stb.* 618, zoals laatstelijk gewijzigd door de rijkswet van 6 juli 2004, *Stb.* 335).

2. Verklaringen en verzoeken worden in persoon afgelegd en ingediend (lid 2). Om een zo groot mogelijke zekerheid te kunnen hebben omtrent de identiteit van de betrokken persoon moet deze zijn optieverklaring, verklaring van afstand van het Nederlanderschap dan wel naturalisatieverzoek in persoon afleggen voor de autoriteit die deze verklaringen en verzoeken in ontvangst neemt. **Uitzondering.** Indien om zwaarwegende redenen niet van betrokkene kan worden verlangd dat hij zijn verklaring of verzoek in persoon aflegt of indient, kan hij deze of dit laten afleggen of indienen door een daartoe schriftelijk gemachtigde (zie art. 3 lid 2 Besluit verkrijging en verlies Nederlanderschap).

3. Verklaringen en verzoeken van minderjarigen worden in het algemeen door hun wettelijk vertegenwoordiger afgelegd of ingediend (lid 3). Minderjarigen worden in procedures tot verkrijging van het Nederlanderschap vertegenwoordigd door hun wettelijk vertegenwoordiger. Uitzondering op dit uitgangspunt zijn: het afleggen van de verklaring van verbondenheid en de bereidverklaring tot het afleggen daartoe door 16- en 17-jarigen (art. 2 lid 5) en de verklaring van afstand van het Nederlanderschap (art. 16 lid 1). Overigens dient de minderjarige als optant te worden aangemerkt, ook als hij door zijn wettelijk vertegenwoordiger wordt vertegenwoordigd. Dit is van belang bij de beoordeling welke instantie bevoegd is tot inontvangstneming van de optie (zie Besluit verkrijging en verlies Nederlanderschap, hierna opgenomen. Zie ook uitspraak Raad van State van 31 juli 2013, ECLI:NL:RVS:2013:574). **Minderjarige.** Minderjarig is diegene die de leeftijd van achttien jaren nog niet heeft bereikt en niet voordien in het huwelijk is getreden (art. 1 lid 1 onderdeel b). **Wettelijk vertegenwoordiger.** Wie wettelijk vertegenwoordiger is wordt bepaald door het Nederlandse recht met inbegrip van het internationaal privaatrecht.

4. Hoorrecht (lid 4). De wettelijk vertegenwoordiger en het kind vanaf twaalf jaren hebben het recht hun mening omtrent de (mede-)verkrijging of (mede-)verlening van het Nederlanderschap kenbaar te maken bij de autoriteit die de gronden van de optie of naturalisatie onderzoekt. Indien het kind jonger is dan 12 jaar wordt alleen de wettelijk vertegenwoordiger gehoord. **Wettelijk vertegenwoordiger.** Wie wettelijk vertegenwoordiger is wordt bepaald door het Nederlandse recht met inbegrip van het internationaal privaatrecht. **Vertegenwoordiging opgedragen aan één van de ouders.** In gevallen waarin slechts één van de ouders van rechtswege vertegenwoordigingsbevoegd is, heeft de andere ouder in het kader van het nationaliteitsrecht toch zeggenschap. Voorbeeld: naar Marokkaans recht is alleen de vader vertegenwoordigingsbevoegd. In het kader van de (mede-)verkrijging of medeverlening van het Nederlanderschap wordt echter ook de moeder gehoord. Indien de vertegenwoordigingsbevoegdheid ingevolge een rechterlijke uitspraak toekomt aan slechts één van de ouders, komt aan de andere ouder in het nationaliteitsrecht géén zeggenschap toe. **Bedenkingen.** Kinderen boven de 16 jaar krijgen het Nederlanderschap niet als zij daartegen bezwaar hebben. Kinderen tussen de 12 en 16 jaar delen evenmin tegen hun wil in de verkrijging van of verlening aan één of beide ouders, indien ook de wettelijk vertegenwoordiger of andere ouder hiertegen bezwaar heeft. Indien alleen het kind of de wettelijk vertegenwoordiger c.q. andere ouder zich tegen de medeverkrijging of -verlening verzet, beslist de autoriteit die de gronden van de optie of naturalisatie onderzoekt, onder afweging van de gehoorde argumenten en met inachtneming in het bijzonder van het belang van het kind. Is het kind jonger dan 12 jaar en heeft de wettelijk vertegenwoordiger of andere ouder bezwaar tegen de medeverkrijging of -verlening van het Nederlanderschap ook dan beslist de genoemde autoriteit onder afweging van de gehoorde argumenten en met inachtneming van het belang van het kind (NnavV, *Kamerstukken II* 1998/99, 25891 (R1609), 5, p. 8).

5. Verklaring van verbondenheid (lid 5). Per 1 maart 2009 dienen naturalisandi en optanten als onderdeel van de verkrijging van het Nederlanderschap een verklaring van verbondenheid af te leggen. Bij de inontvangstneming van een optieverklaring en een naturalisatieverzoek wordt daarom aan betrokkenen gevraagd zich bereid te verklaren bij de verkrijging van het Nederlanderschap deze verklaring van verbondenheid af te leggen. De verklaring van verbondenheid is een essentiële voorwaarde voor de verkrijging van het Nederlanderschap; van het afleggen van de verklaring kan alleen vrijstelling worden gegeven als het afleggen van de verklaring van verbondenheid redelijkerwijs niet gevraagd kan worden, bijvoorbeeld in geval van optanten of naturalisandi die niet in staat zijn hun wil te bepalen of deze niet kunnen uiten (zie art. 60a lid 5 en 6 en art. 60b lid 5 en 6 van het Besluit verkrijging en verlies Nederlanderschap, opgenomen als bijlage hierachter). Wordt de verklaring van verbondenheid niet afgelegd dan kan het besluit tot bevestiging van de (mede)verkrijging of (mede)verlening niet worden uitgereikt en wordt het Nederlanderschap niet verkregen. De verplichting tot het afleggen van de verklaring van verbondenheid geldt ook voor minderjarige naturalisandi en optanten van zestien jaar en ouder, ongeacht of zij zelfstandig om verkrijging of verlening van het Nederlanderschap verzoeken dan wel verzocht wordt hen te laten delen in de verkrijging of verlening van het Nederlanderschap van een ouder. Vanwege het persoonlijke karakter van de verklaring kan de minderjarige hierin niet worden vertegenwoordigd. In alle gevallen geldt de leeftijd op het tijdstip waarop de optieverklaring wordt afgelegd dan wel het verzoek om naturalisatie wordt ingediend.

HOOFDSTUK 2
Verkrijging van het Nederlanderschap van rechtswege

Artikel 3
1. Nederlander is het kind waarvan ten tijde van zijn geboorte de vader of de moeder Nederlander is, alsmede het kind van een Nederlander die voordien is overleden.
2. Het op het grondgebied van Nederland, onderscheidenlijk Aruba, Curaçao of Sint Maarten, of aan boord van een in Nederland, Aruba, Curaçao of Sint Maarten te boek gesteld zeeschip of luchtvaartuig, gevonden kind wordt aangemerkt als het kind van een Nederlander tenzij binnen vijf jaren, te rekenen vanaf de dag waarop het is gevonden, blijkt dat het kind door geboorte een vreemde nationaliteit bezit.
3. Nederlander is het kind van een vader of moeder die ten tijde van de geboorte van het kind zijn of haar hoofdverblijf heeft in Nederland, Aruba, Curaçao of Sint Maarten en die zelf geboren is als kind van een vader of moeder die ten tijde van zijn of haar geboorte in een van die landen hoofdverblijf had, mits het kind ten tijde van zijn geboorte zijn hoofdverblijf heeft in Nederland, Aruba, Curaçao of Sint Maarten.
[07-07-2010, Stb. 339, i.w.tr. 10-10-2010/kamerstukken 32186]

[Verkrijging van het Nederlanderschap van rechtswege]

1. Nederlanderschap door geboorte (lid 1). Door de geboorte krijgt een kind de Nederlandse nationaliteit als op dat tijdstip zijn vader of moeder het Nederlanderschap bezit. Bij beschikking van 10 december 2009 oordeelde de Rb. Den Haag op de voet van art. 1:209 BW dat een kind dat naar uiterlijke omstandigheden als ware het een wettig kind van zijn (Nederlandse) vader aan het maatschappelijk verkeer deelneemt en altijd heeft deelgenomen, en waarvan ook in de geboorteakte is vermeld dat het een kind van die vader is, de staat van wettigheid niet door een derde kan worden betwist en derhalve door geboorte het Nederlanderschap heeft verkregen (Rb. Den Haag, 10 december 2009, 277374/HA RK 06-1186, niet gepubliceerd). Vermeldenswaard is ook de uitspraak van de Rb. Den Haag van 7 juni 2013. In casu waren twee kinderen geboren uit een bigaam gesloten huwelijk. Na de geboorte werd het eerder gesloten huwelijk naar Nederlands recht rechtsgeldig ontbonden. De rechtbank overwoog dat het tweede huwelijk, waaruit de kinderen geboren waren, wegens strijd met Nederlandse fundamentele rechtsbeginselen pas kan worden erkend nadat het huwelijk met de eerste echtgenote was ontbonden. Daaruit volgt dat de man niet kan worden aangemerkt als de juridische vader van de kinderen ten tijde van hun geboorte, ook niet indien het huwelijk met terugwerkende kracht zou worden erkend; de man was ten tijde van de geboorte niet de juridische vader van de kinderen en zij verkregen daarom niet het Nederlanderschap op grond van art. 3 RWN (Rb. Den Haag 7 juni 2013, ECLI:NL:RBDHA:2013:BZ5084). Dit oordeel heeft de Hoge Raad in antwoord op prejudiciële vragen van de Rechtbank Den Haag onderschreven (ECLI:NL:HR:2017:942). Zie ook ECLI:NL:HR:2020:1858. **Bipatridie.** Ook als het kind bij de geboorte reeds een vreemde nationaliteit verkrijgt door geboorte op het grondgebied van het geboorteland of deze ontleent aan een ouder of aan beide ouders, verkrijgt het daarnaast ook de Nederlandse nationaliteit van de Nederlandse ouder. **Voordien overleden ouders.** Als de Nederlandse ouder van het kind overlijdt vóór de geboorte, verkrijgt het kind toch het Nederlanderschap. Ingeval van een huwelijk gaat het dan om een geboorte binnen 306 dagen na ontbinding van het huwelijk door overlijden (art. 1:199 onderdeel b BW).

2. Nederlanderschap bij vondelingen (lid 2). Hoofdregel. De binnen het grondgebied van het Koninkrijk of aan boord van Nederlandse luchtvaartuigen en schepen gevonden kinderen hebben de Nederlandse nationaliteit. **Uitzondering.** Een uitzondering wordt gemaakt voor vondelingen waarvan binnen vijf jaren vanaf de datum waarop zij zijn gevonden blijkt dat ze door geboorte een vreemde nationaliteit bezitten. Dit doet zich bijvoorbeeld voor als twee jaren na het aantreffen van het kind blijkt dat dit een ongehuwde Duitse moeder heeft en door de geboorte de Duitse nationaliteit heeft verkregen. Bij beschikking van 10 december 2009 oordeelde de Rb. Den Haag dat ook in geval het kind in een ziekenhuis is geboren, maar nadien door de moeder is achtergelaten zonder dat er zekerheid omtrent haar identiteit kan worden verkregen, art. 3 lid 2 van toepassing kan zijn (Rb. Den Haag 10 december 2009, 321109/HA RK 08-1011, niet gepubliceerd).

3. Geboorte op tijdstip dat vader of moeder in het Koninkrijk wonen (lid 3). Strekking. De strekking van deze bepaling is dat vestiging in het Koninkrijk gedurende twee geslachten voor het derde geslacht automatisch verkrijging van het Nederlanderschap oplevert. **Vereisten.** Nodig voor deze verkrijging is dat minstens een van beide ouders ten tijde van de geboorte van het kind hoofdverblijf heeft in het Koninkrijk en dat een van beide grootouders van het kind bij de geboorte van zijn vader of moeder ook in een van deze landen hoofdverblijf had. **Geboorteplaats van het kind.** Niet vereist is dat het kind zelf in het Koninkrijk wordt geboren. Voldoende is dat de vader of moeder van het kind en het kind zelf ten tijde van zijn geboorte in het buitenland hoofdverblijf in het Koninkrijk hebben. **Hoofdverblijf van het kind.** Hebben beide ouders hoofdverblijf in het Koninkrijk, dan heeft het kind eveneens hoofdverblijf in het Koninkrijk, ongeacht de plaats van geboorte. Hebben de ouders ieder een andere verblijfplaats, dan heeft het kind zijn hoofdverblijf bij de ouder die het verzorgt (NV II, *Kamerstukken II* 1998/99, 25891, 5, p. 9). **Geen keuze tussen grootouders.** Het moet gaan om de grootouder van de ouder die ten tijde van de geboorte van het kind in het Koninkrijk hoofdverblijf had. **Erkenning.** Erkenning zal in de regel slechts nationaliteitsrechtelijke gevolgen ex art. 3 lid 3 hebben, indien het kind vóór de geboorte (als ongeboren vrucht) is erkend, omdat in dat geval het kind direct bij geboorte een vader zal hebben. In bijzondere gevallen kan het Nederlanderschap evenwel ook worden verkregen als de erkenning na de geboorte van het kind heeft plaatsgevonden (Rb. Den Haag 8 april 2008, ECLI:NL:RBSGR:BE8783). Zie in dit verband ook Rb. Den Haag 20 november 2014, ECLI:NL:RBDHA:2014:16640. In deze zaak oordeelde de rechtbank dat indien een kind op of na 1 april 2003 en voor 1 maart 2009 postnataal is erkend of gewettigd door een niet-Nederlandse man, welke man voldoet aan de voorwaarden van art. 3 lid 3, niet het Nederlanderschap verkrijgt op grond van deze bepaling. Ratio: een postnatale erkenning gedaan in genoemde periode door een Nederlandse man had ook niet van rechtswege de verkrijging van het Nederlanderschap tot gevolg. In deze periode kon op grond van het toen geldende art. 6 onder voorwaarden door optie het Nederlanderschap worden verkregen. Nu heeft erkenning – onder voorwaarden – wel nationaliteitsgevolg (zie art. 4 lid 2 RWN). De rechtbank gaat ervan uit dat de wetgever er bewust voor heeft gekozen de wetgeving niet aan te passen voor kinderen die zijn erkend door een (niet-)Nederlander in voormelde periode. Zij dienen nog steeds te opteren voor het Nederlanderschap.

4. Overgangsrecht. Overgangsrecht 1985. Voor kinderen geboren voor 1 januari 1985 geldt voor wat betreft de erkenning art. 1 onderdeel a Wet op het Nederlanderschap en het ingezetenschap. Voor lid 2 en 3 is geen uitdrukkelijke overgangsbepaling gemaakt. Zie ook art. 4, aant. 7. **Overgangsrecht 2003.** Tot 1 april 2003 kwam in het kader van lid 3 alleen betekenis toe aan de woonplaats van de grootmoeder. Met de inwerkingtreding van de rijkswet van 21 december 2000 tot wijziging van de Rijkswet op het Nederlanderschap met betrekking tot de verkrijging, de verlening en het verlies van het Nederlanderschap (*Stb.* 2000, 618) is de ongelijke behandeling van de grootvader opgeheven. Het herziene lid 3 is van toepassing op kinderen die ná die inwerkingtreding zijn geboren (zie art. 27 lid 2).

Artikel 4

1. In afwijking van artikel 3 wordt Nederlander het kind van een persoon van wie het ouderschap gerechtelijk wordt vastgesteld, indien het kind op de dag van de uitspraak in eerste aanleg minderjarig was en de ouder op de in de volgende zin bedoelde dag Nederlander is, of, indien deze is overleden, op de dag van overlijden Nederlander was. Betreft het een Nederlandse uitspraak dan verkrijgt het kind het Nederlanderschap op de eerste dag na een periode van drie maanden, te rekenen van de dag van de uitspraak in eerste aanleg of, indien binnen deze periode hoger beroep is ingesteld, van drie maanden, te rekenen van de dag van de uitspraak in hoger beroep, dan wel, indien binnen deze laatste periode beroep in cassatie is ingesteld, op de dag van de uitspraak in cassatie. Betreft het een buitenlandse rechterlijke uitspraak dan verkrijgt het kind het Nederlanderschap op de dag waarop deze uitspraak kracht van gewijsde heeft gekregen.

2. Nederlander wordt de minderjarige vreemdeling die na zijn geboorte en voor de leeftijd van zeven jaar door een Nederlander wordt erkend.

3. Nederlander wordt de minderjarige vreemdeling die zonder erkenning door wettiging het kind wordt van een Nederlander.

4. Door erkenning wordt ook Nederlander de minderjarige vreemdeling die na zijn geboorte wordt erkend door een Nederlander, die zijn biologische ouderschap bij of binnen de termijn van één jaar na de erkenning aantoont.

5. Kinderen van de minderjarige vreemdeling die op grond van het eerste, derde of vierde lid het Nederlanderschap verkrijgt, delen in die verkrijging.

6. Bij of krachtens algemene maatregel van rijksbestuur kunnen nadere regels worden gesteld met betrekking tot het in het vierde lid bedoelde bewijs.

[25-11-2013, Stb. 481, i.w.tr. 01-04-2014/kamerstukken 33514]

[Gerechtelijke vaststelling van het ouderschap, erkenning en wettiging]

1. Gerechtelijke vaststelling ouderschap (lid 1). Minderjarigheid. Alleen het kind dat op de dag van de uitspraak in eerste aanleg minderjarig (zie art. 1 lid 1 onderdeel b) was, verkrijgt de Nederlandse nationaliteit. **Ouder is Nederlander.** Het kind verkrijgt de Nederlandse nationaliteit alleen als de ouder Nederlander is op de eerste dag nadat de uitspraak, in het algemeen, onherroepelijk is geworden of, indien de ouder is overleden, op de dag van overlijden Nederlander was. Nederlandse rechterlijke uitspraken in dit onderdeel van het familierecht kennen geen kracht van gewijsde. In het algemeen is een uitspraak onherroepelijk op de eerste dag na een periode van drie maanden, te rekenen van de dag van de uitspraak in eerste aanleg. Indien binnen deze periode hoger beroep is ingesteld, is dat op de eerste dag na een periode van drie maanden, te rekenen van de dag van de uitspraak in hoger beroep. Indien binnen deze laatste periode beroep in cassatie is ingesteld, is dat op de dag van de uitspraak in cassatie. **Gerechtelijke vaststelling ouderschap in het buitenland.** Ook een gerechtelijke vaststelling van het ouderschap van een Nederlander in het buitenland heeft nationaliteitsrechtelijk gevolg indien de vaststelling van het ouderschap conform de regels van internationaal privaatrecht kan worden erkend in Nederland, Aruba, Curaçao, Sint Maarten of de BES (bijv. art. 10:101 BW). Betreft het een buitenlandse rechterlijke uitspraak dan dient de ouder Nederlander te zijn op de dag waarop deze uitspraak kracht van gewijsde heeft gekregen. **Datum verkrijging Nederlanderschap.** Het kind verkrijgt het Nederlanderschap op de dag waarop de uitspraak tot vaststelling van het ouderschap, in het algemeen, onherroepelijk is geworden (zie hierboven) of, indien het een buitenlandse uitspraak betreft, op de dag waarop de uitspraak kracht van gewijsde heeft gekregen. **Geen terugwerkende kracht.** Hoewel de gerechtelijke vaststelling van het ouderschap ingevolge art. 1:207 lid 5 BW terugwerkende kracht tot geboorte heeft, werkt de verkrijging van het Nederlanderschap door vaststelling van het ouderschap ex nunc en heeft geen terugwerkende kracht (zie art. 2, aant. 1).

2. Erkenning kind jonger dan zeven jaar (lid 2). Het kind dat erkend wordt door een Nederlander voordat het de leeftijd van zeven jaar heeft bereikt, krijgt van rechtswege het Nederlanderschap, ongeacht of de erkenner de verwekker is of niet. Het Nederlanderschap wordt verkregen vanaf de datum van erkenning. Zie voor de voorwaarden voor erkenning naar Nederlands recht art. 1:203-206 BW. Zie voor de nationaliteitsrechtelijke gevolgen van een erkenning door een bigaam gehuwde Nederlander ABRvS 7 april 2021, ECLI:NL:RVS:2021:721. Erkenningen die in het buitenland tot stand zijn gekomen, kunnen alleen dan tot verkrijging van het Nederlanderschap leiden als deze voor erkenning in aanmerking komen op grond van de regels van internationaal privaatrecht van Nederland, Aruba, Curaçao, Sint Maarten of de BES (bijv. art. 10:101 BW). Of een buitenlandse erkenning voor erkenning in aanmerking komt, is in de eerste plaats ter beoordeling van de ambtenaar bij wie om die erkenning gevraagd wordt, zoals de gemeenteambtenaar of de consulaire ambtenaar. Overigens dienen de gevolgen van de erkenning voor de verkrijging van het Nederlanderschap te worden beoordeeld naar het tijdstip waarop die erkenning plaatsvindt (HR 19 januari 2018, *NJ* 2018/227). Zie voor verkrijging van het Nederlanderschap als een geslaagd beroep op bezit van staat wordt gedaan dan wel bij bekrachtiging van de erkenning op de voet van de artikelen 3:58 en 3:59 BW HR 30 januari 2015, *NJ* 2015/106 en HR 20 december 2019, *NJ* 2020/99. Deze verkrijgingsgrond geldt voor wat betreft erkenning door een man vanaf 1 maart 2009. Voor kinderen die – voordat zij zeven jaar werden – erkend zijn tussen 1 april 2003 en 1 maart 2009 geldt deze verkrijgingsgrond niet. Zij kunnen gebruik maken van de optiemogelijkheden van art. II lid 1 onderdeel a Rijkswet van 27 juni 2008 (*Stb.* 2008, 270) (zie aant. 7). Voor kinderen erkend voor 1 april 2003 zie aant. 7. Met ingang van 1 april 2014 is het naar Nederlands recht ook mogelijk dat een kind erkend wordt door een vrouw, zie art. 1:203-206 BW.

3. Wettiging minderjarige (lid 3). Het minderjarige kind dat door wettiging zonder erkenning in een familierechtelijke betrekking met een Nederlander – ongeacht of deze de verwekker is of niet – komt te staan, krijgt van rechtswege het Nederlanderschap.

Het Nederlanderschap wordt verkregen vanaf de datum van wettiging. Het Nederlandse afstammingsrecht kent de rechtsfiguur wettiging niet meer. Maar een wettiging zonder erkenning in het buitenland dient in Nederland ingevolge de op 31 juli 1977 voor Nederland in werking getreden CIEC-Overeenkomst van Rome van 10 september 1970, *Trb.* 1976, 6, te worden erkend. Deze verkrijgingsgrond geldt met ingang van 1 maart 2009. Voor kinderen die gewettigd zijn tijdens hun minderjarigheid tussen 1 april 2003 en 1 maart 2009 geldt deze verkrijgingsgrond niet. Zij kunnen gebruikmaken van de optiemogelijkheden van art. II lid 1 onderdeel c Rijkswet van 27 juni 2008 (*Stb.* 2008, 270) (zie aant. 7). Voor kinderen gewettigd voor 1 april 2003 zie aant. 7.

4. Erkenning minderjarige ouder dan zeven jaar (lid 4). De minderjarige die door een Nederlander wordt erkend als hij zeven jaar of ouder is, verkrijgt het Nederlanderschap als de Nederlandse erkenner zijn biologisch ouderschap bij of binnen een jaar na erkenning aantoont via een DNA-test van een laboratorium genoemd in het Besluit DNA-onderzoek vaderschap (opgenomen als bijlage). Onder ouderschap wordt zowel vader- als moederschap begrepen. Dit betekent dat een vrouw die een kind van zeven jaar of ouder erkent, haar Nederlanderschap doorgeeft aan het kind als zij aantoont dat zij zijn biologische moeder is. Dit zal – zoals in de memorie van toelichting bij de betreffende wetswijziging opgemerkt – niet vaak voorkomen. Het is niet voor de hand liggend dat een vrouw haar eicel doneert en vervolgens het juridisch ouderschap pas tot stand brengt als het kind zeven jaar of ouder is. Toch is het theoretisch niet uit te sluiten. In de RWN is daarom in een regeling voorzien die wettelijke gelijkstelling tussen man en vrouw op dit punt bewerkstelligt (*Kamerstukken II* 2012/13, 33514, 3, p. 3). De erkenner moet Nederlander zijn op het moment van erkenning (zie ook uitspraak Rb. Den Haag 27 juni 2011, *LJN* BT2334). Het Nederlanderschap wordt verkregen vanaf de datum van erkenning. Onder omstandigheden kan het bewijs van biologisch ouderschap dus ook tijdens de meerderjarigheid van het kind geleverd worden. Dit kan betekenen dat een kind pas als het meerderjarig is, verneemt van de bevoegde instantie dat het het Nederlanderschap heeft verkregen. Bij uitspraak van 17 november 2011 oordeelde de Rb. Den Haag dat religieuze bezwaren tegen DNA-onderzoek voor rekening komen van betrokkene; een beroep op art. 9 EVRM leidt er niet toe dat bewijslevering achterwege kan blijven (*LJN* BU6712). Erkenningen die in het buitenland tot stand zijn gekomen, kunnen alleen dan tot verkrijging van het Nederlanderschap leiden als deze voor erkenning in aanmerking komen op grond van de regels van internationaal privaatrecht van Nederland, Aruba, Curaçao, Sint Maarten of de BES (bijv. art. 10:101 BW). Of een buitenlandse erkenning voor erkenning in aanmerking komt, is in de eerste plaats ter beoordeling van de ambtenaar bij wie om die erkenning gevraagd wordt, zoals de gemeenteambtenaar of de consulaire ambtenaar. Overigens dienen de gevolgen van de erkenning voor de verkrijging van het Nederlanderschap te worden beoordeeld naar het tijdstip waarop die erkenning plaatsvindt (zie HR 19 januari 2018, *NJ* 2018/227). Zie voor de nationaliteitsrechtelijke gevolgen van een erkenning door een bigaam gehuwde Nederlander, ABRvS 7 april 2021, ECLI:NL:RVS:2021:721. Zie voor verkrijging van het Nederlanderschap als een geslaagd beroep op bezit van staat wordt gedaan dan wel bij een beroep op bekrachtiging van de erkenning op de voet van de artikelen 3:58 en 3:59 BW (HR 30 januari 2015, *NJ* 2015/106, HR 20 december 2019, *NJ* 2020/99 en HR 25 juni 2021, ECLI:NL:HR:2021:1007). Voor kinderen die – als minderjarige van zeven jaar of ouder – erkend zijn tussen 1 april 2003 en 1 maart 2009 geldt deze verkrijgingsgrond niet. Zij kunnen gebruikmaken van de optiemogelijkheden van art. II lid 1 onderdeel b Rijkswet van 27 juni 2008 (*Stb.* 2008, 270) (zie aant. 7). Voor kinderen erkend voor 1 april 2003 zie aant. 7. In de zaak die ten grondslag lag aan de uitspraak van 31 maart 2017 van de Hoge Raad stond de vraag centraal of de eis dat de erkenner binnen een jaar na erkenning met een DNA-test moet aantonen dat hij de biologische ouder is, houdbaar is in het licht van de uitspraak van het Europese Hof voor de Rechten van de Mens in de zaak *Genovese* (EHRM 11 oktober 2011, *EHRC* 2012/12). De Hoge Raad oordeelde dat het onderscheid tussen de vereisten voor nationaliteitsverkrijging naar gelang de leeftijd (tussen kinderen die voor hun 7e erkend worden en kinderen die ten tijde van de erkenning 7 jaar of ouder zijn) gelet op de de ratio van de bepaling (tegengaan van schijnerkenningen) te rechtvaardigen, niet discriminatoir en niet strijdig met art. 14 EVRM is. Voor wat betreft de termijn van één jaar waarbinnen het bewijs van biologisch vaderschap moet zijn geleverd, oordeelde de Hoge Raad hetzelfde; deze termijn houdt er verband mee dat het Nederlanderschap als ingangsdatum heeft de datum van de erkenning. Indien pas (veel) later de biologische afstamming wordt aangetoond, resulteert dit in een lange(re) periode van onzekerheid over het Nederlanderschap, hetgeen onwenselijk wordt geacht (ECLI:NL:HR:2017:570).

5. Afgeleide verkrijging van het Nederlanderschap (lid 5). Wanneer het minderjarige kind, dat door de vaststelling van het ouderschap, erkenning of wettiging het Nederlanderschap verkrijgt, reeds zelf een kind heeft, dan verkrijgt ook dit kind de Nederlandse nationaliteit.

6. Besluit DNA-onderzoek vaderschap (lid 6). De in het zesde lid bedoelde amvb betreft het Besluit DNA-onderzoek vaderschap (*Stb.* 2008, 417) en is als bijlage hierachter opgenomen.

7. Oud recht en overgangsrecht. Tot de inwerkingtreding van de rijkswet van 21 december 2000, *Stb.* 618, luidde art. 4: 1. Nederlander wordt de minderjarige vreemdeling die door een Nederlander wordt erkend. 2. Nederlander wordt de minderjarige vreemdeling die zonder erkenning door wettiging het kind wordt van een Nederlander. 3. Het kind van degene die door erkenning of door wettiging het Nederlanderschap verkrijgt, deelt in die verkrijging. Deze bepaling is van toepassing op erkenningen die in de periode van 1 januari 1985 tot 1 april 2003 rechtsgeldig tot stand zijn gekomen. De erkenning van een minderjarig kind door een Nederlander had dus rechtstreeks nationaliteitsgevolg. In geval van erkenning van kinderen vóór 1 januari 1985 gold art. 1 onderdeel a Wet op het Nederlanderschap en het ingezetenschap. Kinderen die tussen 1 april 2003 en 1 maart 2009 als minderjarige erkend of gewettigd zijn kunnen gebruikmaken van de optiemogelijkheden van art. II lid 1 onder b van de rijkswet van 27 juni 2008 (*Stb.* 2008, 270). Deze bepaling luidt: Artikel II 1. Na het afleggen van een daartoe strekkende schriftelijke verklaring verkrijgt het Nederlanderschap door een bevestiging als bedoeld in artikel 6, tweede lid, van de Rijkswet op het Nederlanderschap a. de vreemdeling die vóór de inwerkingtreding van deze Rijkswet maar op of na 1 april 2003, vóór de leeftijd van zeven jaar is erkend door een Nederlander, b. de vreemdeling die als minderjarige vóór de inwerkingtreding van deze Rijkswet maar op of na 1 april 2003, op de leeftijd van zeven jaar of ouder door een Nederlander is erkend, indien hij bij het afleggen van de verklaring aantoont dat de erkenner zijn biologische vader is, c. de vreemdeling die als minderjarige vóór de inwerkingtreding van deze Rijkswet maar op of na 1 april 2003 door wettiging het kind is geworden van een Nederlander. 2. Artikel 6, derde tot en met negende lid, van de Rijkswet op het Nederlanderschap is van overeenkomstige toepassing op de in het eerste lid genoemde erkende of gewettigde personen, met dien verstande, dat op de in het achtste lid bedoelde minderjarige niet het vereiste van toelating en hoofdverblijf in Nederland, de Nederlandse Antillen of Aruba van toepassing is en hij niet gehouden is de bereidverklaring en de verklaring van verbondenheid af te leggen. 3. Bij of krachtens algemene maatregel van rijksbestuur kunnen nadere regelen worden gesteld met betrekking tot het in het eerste lid onder b bedoelde bewijs. 4. Voor de toepassing van artikel 14, zesde lid, van de Rijkswet op het Nederlanderschap wordt onder familierechtelijke betrekking mede gerekend de erkenning en wettiging. Zie De Groot, *WPNR* 2009, p. 442 e.v. voor een uitvoerige en kritische beschouwing over de wijziging van 1 maart 2009.

Artikel 5

Nederlander wordt het kind dat in Nederland, Aruba, Curaçao of Sint Maarten bij rechterlijke uitspraak is geadopteerd, indien het kind op de dag van de uitspraak in eerste aanleg minderjarig was en ten minste één der adoptiefouders op de in de volgende zin bedoelde dag Nederlander is. Het kind verkrijgt het Nederlanderschap op de eerste dag na een periode van drie maanden, te rekenen van de dag van de uitspraak in eerste aanleg of, indien binnen deze periode hoger beroep is ingesteld, van drie maanden, te rekenen van de dag van de uitspraak in hoger beroep, dan wel, indien binnen deze laatste periode beroep in cassatie is ingesteld, op de dag van de uitspraak in cassatie.
[07-07-2010, Stb. 339, i.w.tr. 10-10-2010/kamerstukken 32186]

[Nederlanderschap door adoptie]

1. Adoptie in het Koninkrijk. Hoofdregel. Alleen een adoptie bij rechterlijke uitspraak in Nederland, Aruba, Curaçao of Sint Maarten door een Nederlandse adoptiefouder heeft nationaliteitsrechtelijk gevolg voor het geadopteerde kind. **Uitzondering.** Op de hoofdregel gelden twee uitzonderingen. 1. Een adoptie die in het buitenland in overeenstemming met het Haags Adoptieverdrag van 29 mei 1993 tot stand is gekomen heeft onder bepaalde voorwaarden ook nationaliteitsgevolg (zie art. 5a). 2. Verder kan een adoptie die niet in overeenstemming met het Haags Adoptieverdrag tot stand is gekomen, maar wel op grond van de Wet conflictenrecht adoptie voor erkenning in aanmerking komt, onder bepaalde voorwaarden nationaliteitsgevolg hebben (zie art. 5b). **Minderjarigheid.** Alleen het kind dat op de dag van de uitspraak in eerste aanleg minderjarig was, verkrijgt de Nederlandse nationaliteit. **Adoptiefouder is Nederlander.** Het kind verkrijgt de Nederlandse nationaliteit slechts als de adoptiefouder Nederlander is op de eerste dag nadat de uitspraak, in het algemeen, onherroepelijk is geworden. Nederlandse rechterlijke uitspraken in dit onderdeel van het familierecht kennen geen kracht van gewijsde. In het algemeen is een uitspraak onherroepelijk op de eerste dag na een periode van drie maanden te rekenen van de dag van de uitspraak in eerste aanleg. Indien binnen deze periode hoger beroep is ingesteld, is dat op de eerste dag na een periode van drie maanden te rekenen van de dag van de uitspraak in hoger beroep. Indien binnen deze laatste periode beroep in cassatie is ingesteld, is dat op de dag van de uitspraak in cassatie. **Adoptievereisten.** De wettelijke voorwaarden die aan een adoptie in Nederland worden gesteld zijn opgenomen in titel 12 Boek 1 BW.

2. Oud recht. Voor kinderen die geadopteerd zijn vóór 1 januari 1985 geldt art. 1 bis Wet op het Nederlanderschap en het ingezetenschap. Voor kinderen die vóór 1 januari 1985 zijn geadopteerd door een Nederlandse vrouw, gold bovendien de overgangsbepaling van art. 27 Rw Ned (oud) en thans art. 6 lid 1 onderdeel j. Voor kinderen die geadopteerd zijn tussen 1 januari 1985 en 1 oktober 1998 geldt dat de adoptie alleen nationaliteitsgevolg heeft indien de adoptie bij rechterlijke uitspraak in Nederland, Aruba, Curaçao of Sint Maarten tot stand is gekomen.

Artikel 5a

1. Nederlander wordt ook het kind dat in het buitenland bij uitspraak van een ter plaatse bevoegde autoriteit wordt geadopteerd in overeenstemming met het op 29 mei 1993 te 's-Gravenhage tot stand gekomen verdrag inzake de bescherming van kinderen en de samenwerking op het gebied van de interlandelijke adoptie, indien en op het tijdstip waarop aan de volgende voorwaarden is voldaan:

a. de adoptie is in overeenstemming met het voornoemde verdrag tot stand gekomen, en

b. die adoptie heeft tot gevolg dat de voordien bestaande familierechtelijke betrekkingen worden verbroken, en

c. ten minste één der adoptiefouders is Nederlander op de dag dat de uitspraak kracht van gewijsde heeft gekregen, en

d. het kind was op de dag van de uitspraak in eerste aanleg minderjarig.

2. Nederlander wordt voorts het kind dat in het buitenland in overeenstemming met het op 29 mei 1993 te 's-Gravenhage tot stand gekomen verdrag inzake de bescherming van kinderen en de samenwerking op het gebied van de interlandelijke adoptie is geadopteerd bij een adoptie die niet tot gevolg heeft dat de voordien bestaande familierechtelijke betrekkingen worden verbroken, welke adoptie in Nederland, Aruba, Curaçao of Sint Maarten bij rechterlijke uitspraak in overeenstemming met artikel 27 van voornoemd verdrag wordt omgezet in een adoptie naar het recht van Nederland, Aruba, Curaçao of Sint Maarten, indien en op het tijdstip waarop aan de volgende voorwaarden is voldaan:

a. de adoptie is in overeenstemming met het voornoemde verdrag tot stand gekomen; en

b. ten minste één der adoptiefouders is Nederlander op de dag nadat drie maanden, te rekenen van de dag van de uitspraak houdende omzetting in eerste aanleg of in hoger beroep, zijn verstreken zonder dat daartegen hoger beroep of beroep in cassatie is ingesteld, dan wel, indien beroep in cassatie is ingesteld, op de dag van de uitspraak in cassatie, en

c. het kind was op de dag van de uitspraak houdende omzetting in eerste aanleg minderjarig.

[07-07-2010, Stb. 339, i.w.tr. 10-10-2010/kamerstukken 32186]

[Verdragsadoptie in buitenland]

1. Sterke adoptie overeenkomstig Haags Adoptieverdrag. Een kind dat in het buitenland wordt geadopteerd door een Nederlandse adoptiefouder conform de bepalingen van het Haags Adoptieverdrag van 29 mei 1993, verkrijgt de Nederlandse nationaliteit. **Vereisten.** ***a. Sterke adoptie.*** Vereist is dat de bestaande familierechtelijke betrekkingen tussen het kind en de ouder(s) in het land van herkomst zijn verbroken. Is dit niet het geval en betreft het een zwakke adoptie, dan is lid 2 van toepassing. ***b. Adoptiefouder is Nederlander.*** Het kind verkrijgt de Nederlandse nationaliteit slechts als de adoptiefouder Nederlander is op de dag dat de adoptie-uitspraak kracht van gewijsde heeft gekregen. ***c. Minderjarigheid.*** Alleen het kind dat op de dag van de uitspraak in eerste aanleg minderjarig was, verkrijgt de Nederlandse nationaliteit.

2. Zwakke adoptie overeenkomstig Haags Adoptieverdrag (lid 2). Een zwakke adoptie die in het buitenland tot stand is gekomen conform de bepalingen van het Haags Adoptieverdrag van 29 mei 1993, heeft geen rechtstreeks nationaliteitsgevolg. **Omzetting zwakke adoptie in een sterke adoptie.** Indien de zwakke adoptie bij rechterlijke uitspraak in Nederland, Aruba, Curaçao of Sint Maarten conform art. 27 van het verdrag wordt omgezet in een adoptie naar het recht van Nederland, Aruba, Curaçao of Sint Maarten verkrijgt het kind de Nederlandse nationaliteit. **Vereisten. *a. Adoptiefouder is Nederlander.*** Het kind verkrijgt de Nederlandse nationaliteit slechts als de adoptiefouder Nederlander is op de dag nadat drie maanden, te rekenen van de dag van de uitspraak houdende omzetting in eerste aanleg of in hoger beroep, zijn verstreken zonder dat daartegen een rechtsmiddel is ingesteld. Als beroep in cassatie is ingesteld, dient de adoptiefouder Nederlander te zijn op de dag van de uitspraak in cassatie. ***b. Minderjarigheid.*** Alleen het kind dat op de dag van de uitspraak houdende omzetting in eerste aanleg minderjarig was, verkrijgt de Nederlandse nationaliteit.

Artikel 5b

1. Nederlander wordt ook het kind dat in het buitenland bij uitspraak van een ter plaatse bevoegde autoriteit wordt geadopteerd, indien en op het tijdstip waarop aan de volgende voorwaarden is voldaan:

a. de adoptie voldoet aan de voorwaarden voor erkenning in Nederland van artikel 108 of artikel 109 van Boek 10 van het Burgerlijk Wetboek, en

b. de adoptie heeft tot gevolg dat de voordien bestaande familierechtelijke betrekkingen worden verbroken, en

c. ten minste een der adoptiefouders is Nederlander op de dag dat de uitspraak kracht van gewijsde heeft gekregen, en

d. het kind was op de dag van de uitspraak in eerste aanleg minderjarig.

2. Nederlander wordt voorts het kind dat in het buitenland is geadopteerd bij een adoptie die niet tot gevolg heeft dat de voordien bestaande familierechtelijke betrekkingen worden verbroken, welke adoptie in Nederland bij rechterlijke uitspraak in overeenstemming met artikel 111 van Boek 10 van het Burgerlijk Wetboek wordt omgezet in een adoptie naar Nederlands recht, indien en op het tijdstip waarop aan de volgende voorwaarden is voldaan:

a. de adoptie voldoet aan de voorwaarden voor erkenning in Nederland van artikel 108 of artikel 109 van Boek 10 van het Burgerlijk Wetboek, en

b. ten minste een der adoptiefouders is Nederlander op de dag nadat drie maanden te rekenen van de dag van de uitspraak houdende omzetting in eerste aanleg of in hoger beroep zijn verstreken zonder dat daartegen hoger beroep of beroep in cassatie is ingesteld, dan wel, indien beroep in cassatie is ingesteld, op de dag van de uitspraak in cassatie; en

c. het kind was op de dag van de uitspraak houdende omzetting in eerste aanleg minderjarig.

[18-12-2019, Stb. 1, i.w.tr. 01-04-2020/kamerstukken 35206]

[Adoptie in buitenland; overige gevallen]

1. Sterke adoptie overeenkomstig Boek 10 van het Burgerlijk Wetboek. Als een kind dat in het buitenland wordt geadopteerd door een Nederlandse adoptiefouder en deze adoptie wordt erkend op grond van art. 10:108 of 10:109 BW verkrijgt het de Nederlandse nationaliteit. **Vereisten.** ***a. Uitspraak bevoegde autoriteit.*** De adoptie dient in het buitenland te zijn uitgesproken door een ter plaatse bevoegde autoriteit. ***b. Sterke adoptie.*** Vereist is dat de bestaande familierechtelijke betrekkingen tussen het kind en de ouder(s) in het land van herkomst zijn verbroken. Is dit niet het geval en betreft het een zwakke adoptie dan is lid 2 van toepassing. ***c. Adoptiefouder is Nederlander.*** Het kind verkrijgt de Nederlandse nationaliteit slechts als de adoptiefouder Nederlander is op de dag dat de adoptie-uitspraak kracht van gewijsde heeft gekregen. ***d. Minderjarigheid.*** Alleen het kind dat op de dag van de uitspraak in eerste aanleg minderjarig was, verkrijgt de Nederlandse nationaliteit.

2. Zwakke adoptie overeenkomstig Boek 10 van het Burgerlijk Wetboek (lid 2). Een zwakke adoptie die in het buitenland tot stand is gekomen en die wordt erkend op grond van art. 10:108 en 10:109 BW, heeft geen rechtstreeks nationaliteitsgevolg. **Omzetting zwakke adoptie in een sterke adoptie.** Indien de zwakke adoptie bij rechterlijke uitspraak in Nederland conform art. 10:111 BW wordt omgezet in een adoptie naar Nederlands recht verkrijgt het kind de Nederlandse nationaliteit. **Vereisten.** ***a. Erkenning op grond van art. 10:108 of 10:109 BW.*** De buitenlandse adoptie moet voldoen aan de voorwaarden voor erkenning in Nederland op grond van art. 10:108 of 10:109 BW. ***b. Adoptiefouder is Nederlander.*** Het kind verkrijgt de Nederlandse nationaliteit slechts als de adoptiefouder Nederlander is op de dag nadat drie maanden, te rekenen van de dag van de uitspraak houdende omzetting in eerste aanleg of in hoger beroep, zijn verstreken zonder dat daartegen een rechtsmiddel is ingesteld. Als beroep in cassatie is ingesteld, dient de adoptiefouder Nederlander te zijn op de dag van de uitspraak in cassatie. ***c. Minderjarigheid.*** Alleen het kind dat op de dag van de uitspraak houdende omzetting in eerste aanleg minderjarig was, verkrijgt de Nederlandse nationaliteit.

Artikel 5c

Het kind van degene die door adoptie het Nederlanderschap verkrijgt deelt in die verkrijging.

[03-07-2003, Stb. 284, i.w.tr. 01-01-2004/kamerstukken 28458]

[Kind deelt in verkrijging]

Afgeleide verkrijging. Als de geadopteerde zelf reeds een kind heeft, dan deelt dat kind in de verkrijging van de Nederlandse nationaliteit van zijn ouder.

HOOFDSTUK 3
Verkrijging van het Nederlanderschap door optie

Artikel 6

1. Na het afleggen van een daartoe strekkende schriftelijke verklaring verkrijgt door een bevestiging als bedoeld in het derde lid het Nederlanderschap:

a. de toegelaten meerderjarige vreemdeling die in het Europese deel van Nederland, Aruba, Curaçao, Sint Maarten of de openbare lichamen Bonaire, Sint Eustatius en Saba, is geboren en aldaar sedert zijn geboorte hoofdverblijf heeft;

b. de vreemdeling die in het Europese deel van Nederland, Aruba, Curaçao, Sint Maarten of de openbare lichamen Bonaire, Sint Eustatius en Saba, is geboren, aldaar gedurende een onafgebroken periode van tenminste drie jaren toelating en hoofdverblijf heeft en sedert zijn geboorte staatloos is;

c. de minderjarige vreemdeling die door een Nederlander is erkend en die niet op grond van de artikelen 3 of 4 Nederlander is of is geworden, indien hij onmiddellijk voorafgaand aan de verklaring gedurende een onafgebroken periode van ten minste drie jaren verzorging en opvoeding heeft genoten van de Nederlander door wie hij is erkend;

d. de minderjarige vreemdeling die krachtens Nederlandse rechterlijke beslissing of bij zijn geboorte van rechtwege (*red.*: lees: rechtswege) onder het gezamenlijk gezag is komen te staan van een niet-Nederlandse vader of moeder en een ander die Nederlander is, indien hij na het instellen van dat gezag gedurende een onafgebroken periode van tenminste drie jaren verzorging en opvoeding heeft genoten van deze Nederlander, en hij zijn hoofdverblijf niet heeft in het land waarvan hij onderdaan is. Op de minderjarige die ten tijde van het afleggen van de verklaring de leeftijd van zestien jaar nog niet heeft bereikt, is het vierde lid van dit artikel niet van toepassing;

e. de meerderjarige vreemdeling die sedert het bereiken van de leeftijd van vier jaar toelating en hoofdverblijf heeft in het Europese deel van Nederland, Aruba, Curaçao, Sint Maarten of de openbare lichamen Bonaire, Sint Eustatius en Saba;

f. de meerderjarige vreemdeling die te eniger tijd het Nederlanderschap of de staat van Nederlands onderdaan-niet-Nederlander heeft bezeten en in het Europese deel van Nederland, Aruba, Curaçao, Sint Maarten of de openbare lichamen Bonaire, Sint Eustatius en Saba tenminste één jaar toelating voor onbepaalde tijd en hoofdverblijf heeft tenzij hij het Nederlanderschap heeft verloren op grond van artikel 15, eerste lid, onder d of e;

g. de vreemdeling die gedurende tenminste drie jaren de echtgenoot is van een Nederlander en gedurende een onafgebroken periode van tenminste vijftien jaren toelating en hoofdverblijf heeft in het Europese deel van Nederland, Aruba, Curaçao, Sint Maarten of de openbare lichamen Bonaire, Sint Eustatius en Saba;

h. de vreemdeling die de leeftijd van vijf en zestig jaar heeft bereikt en gedurende een onafgebroken periode van tenminste vijftien jaren toelating en hoofdverblijf heeft in het Europese deel van Nederland, Aruba, Curaçao, Sint Maarten of de openbare lichamen Bonaire, Sint Eustatius en Saba;

i. de vreemdeling die vóór 1 januari 1985 is geboren uit een moeder die ten tijde van zijn geboorte Nederlander was, terwijl de vader ten tijde van die geboorte niet-Nederlander was;

j. het vóór 1 januari 1985 in het Europese deel van Nederland, Aruba, Curaçao, Sint Maarten of de openbare lichamen Bonaire, Sint Eustatius en Saba bij rechterlijke uitspraak geadopteerde niet-Nederlandse kind van een vrouw die op de dag dat de uitspraak kracht van gewijsde heeft gekregen Nederlander was, indien het kind op de dag van de uitspraak in eerste aanleg minderjarig was;
k. de vreemdeling die is geboren als kind van één van de in de onderdelen i of j bedoelde personen die het Nederlanderschap heeft verkregen dan wel voor die verkrijging is overleden;
l. de vreemdeling die voor de leeftijd van zeven jaar is erkend door één van de in de onderdelen i of j bedoelde personen die het Nederlanderschap heeft verkregen dan wel voor die verkrijging is overleden;
m. de vreemdeling die door één van de in de onderdelen i of j bedoelde personen die het Nederlanderschap heeft verkregen dan wel voor die verkrijging is overleden, tijdens zijn minderjarigheid is erkend, terwijl hij aangetoond heeft dat die persoon de biologische vader is;
n. de vreemdeling die door een gerechtelijke vaststelling van het ouderschap kind is van één van de in de onderdelen i of j bedoelde personen die het Nederlanderschap heeft verkregen dan wel voor die verkrijging is overleden, indien hij op de dag van de uitspraak in eerste aanleg minderjarig was;
o. het in het Europese deel van Nederland, Aruba, Curaçao, Sint Maarten of de openbare lichamen Bonaire, Sint Eustatius en Saba bij rechterlijke uitspraak geadopteerde kind van één van de in de onderdelen i of j bedoelde personen die het Nederlanderschap heeft verkregen dan wel voor die verkrijging is overleden, indien hij op de dag van de uitspraak in eerste aanleg minderjarig was;
p. de vreemdeling die het Nederlanderschap van rechtswege heeft verloren, indien met dat verlies het Unieburgerschap verloren ging en op dat moment redelijkerwijs voorzienbaar was dat dit tot onevenredige gevolgen uit het oogpunt van het Unierecht zou leiden. De herkrijging geschiedt met terugwerkende kracht tot en met het moment waarop het Nederlanderschap verloren ging. Het tweede lid is niet van toepassing.

2. Bij het afleggen van de verklaring tot verkrijging van het Nederlanderschap verklaart de meerderjarige vreemdeling en de minderjarige vreemdeling die de leeftijd van zestien jaar heeft bereikt tevens bereid te zijn bij de verkrijging van het Nederlanderschap een verklaring van verbondenheid af te leggen. Het besluit tot bevestiging wordt niet bekend gemaakt dan nadat de verklaring van verbondenheid daadwerkelijk is afgelegd.

3. De autoriteit die de verklaring in ontvangst neemt, beoordeelt aan de hand van de haar overgelegde stukken de gronden waarop de verklaring berust. Indien de verklaring strekt tot herkrijging van het Nederlanderschap als bedoeld in het eerste lid, onder p, vraagt de autoriteit advies aan Onze Minister. Indien aan de vereisten is voldaan, bevestigt zij schriftelijk de verkrijging van het Nederlanderschap.

4. Zij weigert de bevestiging indien op grond van het gedrag van de persoon, die de verklaring betreft, ernstige vermoedens bestaan dat hij gevaar oplevert voor de openbare orde, de goede zeden of de veiligheid van het Koninkrijk, tenzij volkenrechtelijke verplichtingen zich daartegen verzetten.

5. Zij beslist binnen dertien weken na de inontvangstneming van de verklaring; deze termijn kan éénmaal met ten hoogste dertien weken worden verlengd.

6. Indien een persoon op wie de verklaring betrekking heeft, geen geslachtsnaam of voornaam heeft of indien de juiste spelling daarvan niet vaststaat, wordt deze in overleg met hem vastgesteld en in de bevestiging vermeld; zijn naam wordt daarin zonodig in de in het Koninkrijk gebruikelijke lettertekens overgebracht.
7. Voor de toepassing van het eerste lid, aanhef en onder a en b, wordt geboorte aan boord van een in het Europese deel van Nederland, Aruba, Curaçao, Sint Maarten of de openbare lichamen Bonaire, Sint Eustatius en Saba te boek gesteld zeeschip of luchtvaartuig gelijk gesteld met geboorte in Nederland, de Nederlandse Antillen of Aruba.
8. Het minderjarige niet-Nederlandse kind van de vader, moeder of adoptiefouder als bedoeld in artikel 11, achtste lid, die een verklaring tot verkrijging van het Nederlanderschap aflegt, deelt in die verkrijging indien het in de verklaring tot dat doel is vermeld en het, behoudens in de gevallen waarin de verklaring wordt afgelegd op grond van het eerste lid, onder c, d of p, sedert het tijdstip van het afleggen van de verklaring toelating en hoofdverblijf heeft in het Europese deel van Nederland, Aruba, Curaçao, Sint Maarten of de openbare lichamen Bonaire, Sint Eustatius en Saba. Kinderen van een kind dat in de verkrijging deelt, delen onder dezelfde voorwaarden in die verkrijging. Een kind dat ten tijde van het afleggen van de bereidverklaring de leeftijd van zestien jaar heeft bereikt, deelt slechts in de verkrijging indien het daarmee uitdrukkelijk instemt, de in het tweede lid bedoelde bereidverklaring, alsmede de verklaring zelf aflegt en jegens hem geen vermoedens bestaan als in het vierde lid bedoeld. Het besluit tot bevestiging wordt niet bekend gemaakt dan nadat de verklaring van verbondenheid daadwerkelijk is afgelegd. Indien de bevestiging strekt tot herkrijging van het Nederlanderschap als bedoeld in het eerste lid, onder p, geschiedt die herkrijging met terugwerkende kracht en behoeft geen verklaring van verbondenheid te worden afgelegd.
9. Aan de vreemdeling die te eniger tijd het Nederlanderschap door optie heeft verkregen, staan van de in het eerste lid genoemde mogelijkheden alleen die, bedoeld onder f en p, open.
[17-11-2021, Stb. 572, i.w.tr. 01-04-2022/kamerstukken 35859]

[Nederlanderschap door optie]

1. Algemeen. In dit artikel is geregeld welke vreemdelingen door het afleggen van een optieverklaring het Nederlanderschap kunnen verkrijgen. In lid 1 worden de categorieën genoemd die voor optie in aanmerking komen. Als aan de voorwaarden van lid 1 is voldaan, zijn daarnaast met name van belang de bepalingen van lid 2 (verklaring van verbondenheid, zie aant. 18), lid 4 (openbare orde-toets, zie aant. 20) en lid 9 (optie door oud-Nederlanders, zie aant. 25). **Terugwerkende kracht.** De optieverklaring werkt ex nunc en heeft geen terugwerkende kracht (zie art. 2 lid 1). Uitzondering: de optieverklaring op grond van lid 1 onderdeel p werkt wel terug, namelijk tot en met het moment waarop het Nederlanderschap verloren ging.

2. In het Koninkrijk geboren personen (lid 1 onderdeel a). Buitenlandse kinderen die in het Koninkrijk geboren zijn, kunnen opteren voor het Nederlanderschap als zij daar sedert hun geboorte hoofdverblijf hebben (zie art. 1, aant. 7). **Toelating.** De vreemdeling moet op het tijdstip van het afleggen van de optieverklaring toelating in het Koninkrijk (zie art. 1, aant. 6) hebben. **Meerderjarigheid.** Alleen meerderjarige vreemdelingen kunnen van dit optierecht gebruik maken (zie art. 1 onderdeel b).

3. Staatlozen (lid 1 onderdeel b). Personen die in het Koninkrijk zijn geboren en sedert hun geboorte staatloos zijn, kunnen door optie het Nederlanderschap verkrijgen als zij minimaal drie jaren aaneengesloten aldaar toelating en hoofdverblijf (zie art. 1, aant. 6 en 7) hebben. **Minderjarigheid.** Als de staatloze persoon nog minderjarig is, kan de optieverklaring door de wettelijke vertegenwoordiger worden afgelegd (zie art. 1 onderdeel b en art. 2 lid 3). **Samenhang met lid 1 onderdeel a.** Het optierecht van lid 1 onderdeel a geldt ook voor staatloze in het Koninkrijk geboren personen. Daarnaast hebben zij echter nog het extra optierecht van lid 1 onderdeel b. **Wetsvoorstel.** Bij de Tweede Kamer is een wetsvoorstel ingediend in verband met het invoeren van een procedure tot vaststelling van staatloosheid (*Kamerstukken II* 2020-2021, 35 687). In verband daarmee wordt onder andere ook voorgesteld om een optierecht in te voeren voor niet rechtmatig verblijvende kinderen en jongvolwassenen (*Kamerstukken II* 2020-2021, 35 688 (R2151)).

4. Erkende kinderen (lid 1 onderdeel c). Minderjarige kinderen die door een Nederlander zijn erkend en die niet op grond van art. 3 of 4 Nederlander zijn geworden, kunnen door optie het Nederlanderschap verkrijgen als zij onmiddellijk voorafgaand aan de optie minimaal drie jaren aaneengesloten zijn verzorgd en opgevoed door die Nederlander. Van verzorging en opvoeding zal sprake zijn indien wordt samengeleefd in gezinsverband. Van verzorging en opvoeding kan ook sprake zijn in situaties waarin slechts gedeeltelijk sprake is (geweest) van samenleving in gezinsverband van ouder en kind, bijvoorbeeld doordat de relatie tussen de ouder en de moeder van het kind is verbroken maar waarin de andere ouder wel intensief betrokken is bij de opvoeding en verzorging van het kind. Intensieve betrokkenheid kan worden afgeleid uit het feit dat daadwerkelijk invulling is gegeven aan een door een (rechterlijke) instantie vastgestelde omgangsregeling gedurende drie onafgebroken jaren (minimaal twee volledige dagen omgang per twee weken), de ouder gedurende de gehele periode van drie jaar een voor hem substantiële bijdrage heeft geleverd in de kosten van levensonderhoud van het kind en de ouder gedurende de gehele periode van drie jaar nauw betrokken is geweest bij belangrijke beslissingen ten aanzien van het kind (bijvoorbeeld beslissingen ten aanzien van medische ingrepen, schoolkeuze(n) en opvoedmethoden). In perioden waarin niet in gezinsverband kon worden samengeleefd in verband met de opname van de ouder of het kind in een ziekenhuis of instelling, wordt eveneens aangenomen dat sprake is geweest van verzorging en opvoeding, mits – voor zover redelijkerwijs mogelijk – tijdens deze opname sprake is geweest van contact tussen de ouder en het kind. **Minderjarigheid.** Alleen als het kind ten tijde van de erkenning nog minderjarig is, kan het door optie het Nederlanderschap verkrijgen (zie art. 1 onderdeel b). Erkenning door een Nederlander van een meerderjarige leidt derhalve niet tot een optierecht. Is het kind niet minimaal drie jaar tijdens zijn minderjarigheid verzorgd en opgevoed door de erkenner, dan kan het evenmin door optie Nederlander worden. Wel geldt in die gevallen een enigszins vereenvoudigde naturalisatie (zie art. 8, aant. 10). **Erkenning in het buitenland.** Erkenningen die in het buitenland tot stand zijn gekomen, kunnen alleen dan tot verkrijging van het Nederlanderschap leiden als deze voor erkenning in aanmerking komen op grond van het de regels van internationaal privaatrecht van Nederland, Aruba, Curaçao of de BES (bijvoorbeeld op grond van Titel 5 Boek 10 BW, zie bijlage). Of een buitenlandse erkenning voor erkenning in aanmerking komt, is in de eerste plaats ter beoordeling van de ambtenaar bij wie om die erkenning gevraagd wordt, zoals de gemeenteambtenaar of de consulaire ambtenaar. **Schijnerkenning.** Indien de ambtenaar van de burgerlijke stand gegronde aanwijzingen heeft dat de erkenning wordt misbruikt – bijvoorbeeld om minderjarige buitenlandse meisjes hier te werk te stellen in de prostitutie – kan hij een nader onderzoek instellen en weigeren de erkenningsakte op te maken (art. 1:18 lid 2 jo. 1:18b BW) of de verklaring tot bevestiging weigeren (lid 2).

5. Gezamenlijk gezag (lid 1 onderdeel d). Minderjarige kinderen die bij een Nederlandse rechterlijke uitspraak of bij geboorte van rechtswege onder het gezamenlijk gezag zijn komen te staan van een Nederlander, kunnen door optie het Nederlanderschap verkrijgen als zij na het instellen van het gezag minimaal drie jaren aaneengesloten zijn verzorgd en opgevoed door die Nederlander. **Minderjarigheid.** Alleen als het kind tijdens zijn minderjarigheid minimaal drie jaar verzorgd en opgevoed is door de met gezag belaste Nederlander, kan het door optie Nederlander worden (zie art. 1 onderdeel b). **Hoofdverblijf in het buitenland.** Ook indien het kind hoofdverblijf in het buitenland heeft, kan het door optie Nederlander worden, mits het niet woont in het land waarvan het de nationaliteit bezit.

6. Vanaf vierjarige leeftijd in het Koninkrijk verblijvende personen (lid 1 onderdeel e). Personen die vanaf hun vierde jaar in het Europese deel van Nederland, Aruba, Curaçao of Sint Maarten of de openbare lichamen Bonaire, Sint Eustatius en Saba onafgebroken toelating en hoofdverblijf (zie art. 1, aant. 6 en 7) hebben, kunnen door optie Nederlander worden.

7. Oud-Nederlanders en oud-Nederlands onderdaan-niet-Nederlanders (lid 1 onderdeel f). Personen die ooit Nederlander zijn geweest, kunnen door optie Nederlander worden als zij tenminste één jaar toelating voor onbepaalde tijd en hoofdverblijf (zie art. 1, aant. 6 en 7) hebben in het Europese deel van Nederland, Aruba, Curaçao of Sint Maarten of de openbare lichamen Bonaire, Sint Eustatius en Saba. Dit geldt ook voor personen die de hoedanigheid van Nederlands onderdaan-niet-Nederlander hebben gehad. Dit zijn zij die vóór 27 december 1949 in voormalig Nederlands-Indië, Suriname of in de voormalige Nederlandse Antillen zijn geboren en niet het Nederlanderschap hadden en die tussen 27 december 1949 en 1 oktober 1962 in het voormalig Nederlands Nieuw Guinea zijn geboren en geen Nederlander zijn. De staat van Nederlands-onderdaan-niet-Nederlander berust op de wet van 10 februari 1910, *Stb.* 55. **Meerderjarigheid.** Alleen meerderjarige vreemdelingen kunnen van dit optierecht gebruik maken (zie art. 1 onderdeel b). **Art. 15 lid 1 onderdeel d en e.** Als de oud-Nederlander het Nederlanderschap heeft verloren, omdat hij geen afstand heeft gedaan van zijn oorspronkelijke nationaliteit en om die reden Nederlanderschap is kwijtgeraakt, kan hij niet de Nederlandse nationaliteit terugkrijgen door optie krachtens art. 6 lid 1 onderdeel f (zie ook art. 8 lid 2 en art. II lid 2).

8. Echtgenoten van Nederlanders (lid 1 onderdeel g). Personen die ten minste drie jaar *onafgebroken getrouwd* zijn met een en dezelfde Nederlander kunnen door optie Nederlander worden als zij minimaal vijftien jaar aaneengesloten toelating en hoofdverblijf (zie art. 1, aant. 6 en 7) hebben in het Europese deel van Nederland, Aruba, Curaçao of Sint Maarten of de openbare lichamen Bonaire, Sint Eustatius en Saba (zie ook art. 8 lid 2).

9. Personen van vijfenzestig jaar of ouder (lid 1 onderdeel h). Personen van vijfenzestig jaar en ouder kunnen door optie Nederlander worden, als zij minimaal vijftien jaar aaneengesloten toelating en hoofdverblijf (zie art. 1, aant. 6 en 7) hebben in het Europese deel van Nederland, Aruba, Curaçao of Sint Maarten of de openbare lichamen Bonaire, Sint Eustatius en Saba. De periode van vijftien jaar behoeft niet te zijn voltooid vóór het bereiken van de leeftijd van vijfenzestig jaar.

10. Voor 1 januari 1985 uit Nederlandse moeder geboren kind (lid 1 onderdeel i). Een persoon die a) vóór 1 januari 1985 geboren is uit b) een vrouw die op zijn geboortedag de Nederlandse nationaliteit bezat kan door optie het Nederlanderschap verkrijgen, mits zijn (juridische) vader niet-Nederlander was ten tijde van zijn geboorte.

11. Voor 1 januari 1985 door Nederlandse vrouw geadopteerd kind (lid 1 onderdeel j). Een persoon die: a) vóór 1 januari 1985 geadopteerd is bij onherroepelijke rechterlijke uitspraak binnen het Koninkrijk; en b) minderjarig was op het moment van de adoptieuitspraak in eerste aanleg; en c) wiens adoptiefmoeder de Nederlandse nationaliteit bezat op het moment dat de adoptieuitspraak onherroepelijk werd, kan door optie het Nederlanderschap verkrijgen.

12. Kinderen van één van de in de onderdelen i of j bedoelde personen (lid 1 onderdeel k). Een persoon wiens vader of moeder door de optie bedoeld in onderdeel i of j het Nederlanderschap heeft verkregen of had kunnen verkrijgen – indien hij of zij niet was overleden – kan het Nederlanderschap door optie verkrijgen. Overigens kan een minderjarige ook delen in de optie van de persoon (ouder), bedoeld in art. 6 lid 1 aanhef en onderdeel i en j, indien hij toelating en hoofdverblijf heeft in het Koninkrijk (lid 8).

13. Kind erkend door persoon bedoeld onder i of j (lid 1 onderdeel l). Een persoon die a) voordat hij zeven jaar werd b) erkend is door een man c) die door de optie bedoeld in onderdeel i of j het Nederlanderschap heeft verkregen of had kunnen verkrijgen – indien deze niet was overleden –, kan door optie het Nederlanderschap verkrijgen.

14. Kind ouder dan zeven jaar erkend door persoon bedoeld onder i of j (lid 1 onderdeel m). Een persoon die a) nadat hij zeven jaar werd, maar voordat hij 18 jaar werd b) postnataal erkend is door een man c) die door de optie bedoeld in onderdeel i of j het Nederlanderschap heeft verkregen of had kunnen verkrijgen – indien deze niet was overleden – kan door optie het Nederlanderschap verkrijgen, mits d) de erkenner de biologische vader is en dit is bewezen met DNA-bewijs dat voldoet aan de vereisten van het Besluit DNA-onderzoek vaderschap (opgenomen als bijlage) of met gerechtelijk bewijs van vaderschap.

15. Gerechtelijke vaststelling ouderschap van persoon bedoeld onder i of j (lid 1 onderdeel n). Een persoon die a) door gerechtelijke vaststelling van het ouderschap b) kind is geworden van een man of vrouw die door de optie bedoeld in onderdeel i of j het Nederlanderschap heeft verkregen of had kunnen verkrijgen – indien hij of zij niet was overleden –, kan het Nederlanderschap door optie verkrijgen, mits hij c) op de dag van de uitspraak in eerste aanleg minderjarig was.

16. Geadopteerd kind door persoon bedoeld onder i of j (lid 1 onderdeel o). Een persoon die: a) geadopteerd is bij onherroepelijke rechterlijke uitspraak binnen het huidig Koninkrijk; b) minderjarig was op de dag van de adoptieuitspraak in eerste aanleg; en c) wiens adoptiefvader of adoptiefmoeder door de optie bedoeld in onderdeel i of j het Nederlanderschap heeft verkregen of had kunnen verkrijgen – indien hij of zij niet was overleden –, kan door optie het Nederlanderschap verkrijgen.

17. Unieburgerschap verloren (lid 1 onderdeel p). Een persoon die: a) van rechtswege het Nederlanderschap heeft verloren; en b) daarmee ook het Unieburgerschap heeft verloren, kan door optie het Nederlanderschap herkrijgen; mits c) op het moment van verlies voorzienbaar was; dat d) dit verlies tot onevenredige gevolgen uit het oogpunt van het Unierecht zou leiden. **Terugwerkende kracht.** De herkrijging werkt terug tot en met het moment van verlies van het Nederlanderschap. **Toetsing.** Getoetst moet worden of het verlies van het Nederlanderschap gevolgen heeft gehad die de normale ontwikkeling van het gezins- en beroepsleven uit het oogpunt van het Unierecht aantasten op een manier die onevenredig is aan de doelstelling die wordt nagestreefd door de RWN. Het moet gaan om concrete en aantoonbare gevolgen die in de sfeer van het Unierecht liggen (bijv. verlies van het recht van vrij verkeer en verblijf op het grondgebied van de lidstaten, het recht daar beroepsactiviteiten te verrichten en te verblijven, het recht op eerbiediging van het familie- en gezinsleven, of het recht op consulaire bescherming bij verblijf op het grondgebied van een derde staat (art. 20, tweede lid, aanhef en onder c, van het VWEU). Niet direct op het Unierecht betrekking hebbende omstandigheden blijven buiten beschouwing. Als toetsingsmoment geldt het moment waarop het Nederlanderschap verloren ging. Het gaat om gevolgen van het verlies van het Unieburgerschap die zich op dat moment al hebben voorgedaan maar ook om gevolgen die op dat moment redelijkerwijs voorzienbaar waren. Het is aan de optant om het bestaan van relevante omstandigheden te vermelden en aannemelijk te maken. Zie voor een geval waarin betrokkene door het verlies van de Nederlandse nationaliteit – en daarmee het verlies van het burgerschap van de Unie en de daaruit voortvloeiende rechten – onevenredig was getroffen ECLI:NL:RBDHA:2021:4678. De evenredigheidstoets moet ook kunnen worden uitgevoerd als betrokkene op het moment van verlies weliswaar nog de Britse nationaliteit had, maar in de aanloop naar de Brexit het Nederlanderschap heeft verloren (ECLI:NL:RBDHA:2021:6375). Met dit optierecht wordt uitvoering gegeven aan het zogenoemde *Tjebbes*-arrest (ECLI:EU:C:2019:189); dit optierecht biedt een exclusieve procedure om de in het arrest bedoelde toetsing aan het evenredigheidsbeginsel te verrichten en het Nederlanderschap in voorkomende gevallen met terugwerkende kracht te herkrijgen. Het Hof heeft de werking van zijn arrest niet in tijd beperkt. Dat betekent dat iedereen die van rechtswege het Nederlanderschap heeft verloren op of na 1 november 1993 (inwerkingtreding van het Verdrag van Maastricht waarbij het Unieburgerschap is ingevoerd) een beroep kan doen op het nieuwe optierecht. Daarbij kan worden gedacht aan verlies van het Nederlanderschap ingetreden op grond van art. 15 lid 1 aanhef en onder a en c, en art. 16 lid 1 aanhef en onder a, c en d. Ook kan worden gedacht aan art. 15 aanhef en onder c en art. 16 lid 1 aanhef en onder b en c, zoals deze bepalingen luidden voor 1 april 2003.

18. Verklaring van verbondenheid (lid 2 en 8). Per 1 maart 2009 dienen naturalisandi en optanten als onderdeel van de verkrijging van het Nederlanderschap een verklaring van verbondenheid af te leggen. Bij de inontvangstneming van een optieverklaring wordt daarom aan betrokkenen gevraagd zich bereid te verklaren bij de verkrijging van het Nederlanderschap deze verklaring van verbondenheid af te leggen. De verklaring van verbondenheid is een essentiële voorwaarde voor de verkrijging van het Nederlanderschap; van het afleggen van de verklaring kan alleen vrijstelling worden gegeven als het afleggen van de verklaring van verbondenheid redelijkerwijs niet gevraagd kan worden, bijvoorbeeld als de optant niet in staat is zijn wil te bepalen of deze niet kan uiten (zie art. 60a lid 5 en 6 Besluit verkrijging en verlies Nederlanderschap, opgenomen als bijlage hierachter). Wordt de verklaring van verbondenheid niet afgelegd dan kan het besluit tot bevestiging van de (mede)verkrijging niet worden uitgereikt en wordt het Nederlanderschap niet verkregen. De verplichting tot het afleggen van de verklaring van verbondenheid geldt voor meerderjarige optanten en voor minderjarige optanten die op het tijdstip waarop de optieverklaring wordt afgegeven zestien jaar of ouder zijn, ongeacht of zij zelfstandig opteren dan wel verzocht is hen te laten delen in de verkrijging van het Nederlanderschap van een ouder. Vanwege het persoonlijke karakter van de verklaring kan de minderjarige hierin niet worden vertegenwoordigd. De verplichting tot het afleggen van de verklaring van verbondenheid geldt niet bij een optieverklaring op grond van lid 1 onderdeel p.

19. Beoordeling en bevestiging (lid 3). Aan de hand van de overgelegde stukken (bijvoorbeeld geboorteakte, huwelijksakte e.d.) beoordeelt de bevoegde autoriteit (zie art. 21 en art. 2 Besluit verkrijging en verlies Nederlanderschap) of de optant aan de gestelde voorwaarden voldoet. Indien dat het geval is, geeft die autoriteit een bevestiging van de verkrijging van het Nederlanderschap af. De optant verkrijgt de Nederlandse nationaliteit op het tijdstip van afgifte van de bevestiging. Gaat het om een optieverklaring op grond van lid 1 onderdeel p, dan vraagt de bevoegde autoriteit voordat hij beslist eerst advies aan de Minister van Justitie en Veiligheid, in diens hoedanigheid van Minister van het Koninkrijk. Dit advies is niet bindend, maar beoogt te bevorderen dat de verschillende bevoegde autoriteiten een eenduidige beoordeling hanteren inzake de toetsing aan het evenredigheidsbeginsel. Als de bevoegde autoriteit de herkrijging van het Nederlanderschap bevestigt, herkrijgt de optant de Nederlandse nationaliteit met terugwerkende kracht tot en met het moment van verlies van het Nederlanderschap.

20. Weigeringsgronden (lid 4). Ten aanzien van het gedrag van de vreemdeling die opteert voor het Nederlanderschap, worden bepaalde minimale eisen van aanvaardbaar gedrag aangehouden. Deze eisen zijn dezelfde als die bij naturalisatie gelden. **Ernstige vermoedens.** Gelet op het gedrag van de vreemdeling moeten er feiten en omstandigheden zijn die de conclusie kunnen dragen dat hij een gevaar oplevert voor de openbare orde, goede zeden of veiligheid van het Koninkrijk. **Gevaar.** Bij de beoordeling van het gevaar moet worden bezien of dit zich ook in de toekomst zal voordoen. Daarbij wordt gekeken hoe de vreemdeling zich ten tijde van de optieprocedure gedraagt en moet een inschatting gemaakt worden hoe hij zich in de toekomst zal gedragen. Zodanig gevaar kan worden afgeleid uit een of meerdere strafrechtelijke veroordelingen van de vreemdeling. Enerzijds hoeft een veroordeling op zich nog niet te betekenen dat er daarna ook nog gevaar bestaat voor de openbare orde. Anderzijds kan er ook reeds sprake zijn van gevaar voor de openbare orde als er nog geen onherroepelijke strafrechtelijke veroordeling is, maar de vreemdeling bijvoorbeeld op goede gronden in voorlopige hechtenis is genomen omdat hij wordt verdacht van een ernstig misdrijf. Uit de rechtspraak blijkt dat sprake moet zijn van een persoonlijk gedrag dat een actuele bedreiging vormt voor de openbare orde. In geval van onzekerheid kan de beslissing op het verzoek worden aangehouden (zie aant. 21). **Samenhang met het vreemdelingenrecht.** Strafbaar gedrag kan ook leiden tot intrekking of niet verlenging van de geldigheidsduur van de verblijfstitel (zie art. 19 jo. 18, 22, 32 en 35 Vreemdelingenwet 2000). **Volkenrechtelijke verplichtingen.** De openbare orde-toets geldt niet voor de in Nederland geboren staatlozen (en als de optant minderjarig is) en door een Nederlander erkende kinderen (lid 1 onderdeel b en c). Art. 6 lid 2 onderdeel b en lid 1 onderdeel a Europees Nationaliteitsverdrag (*Trb.* 1998, 10) en art. 1 lid 2 onderdeel c Verdrag van New York tot beperking van staatloosheid (*Trb.* 1967, 124) verzetten zich tegen een dergelijke toets voor staatlozen respectievelijk erkende kinderen.

21. Beslistermijn (lid 5). Hoofdregel. Uitgangspunt van de wetgever is dat binnen dertien weken na het afleggen van optieverklaring de bevestiging of de weigering van de bevestiging wordt afgegeven. Indien de optant nadere stukken moet overleggen, vangt de termijn pas aan op het moment dat die stukken feitelijk aan de autoriteit zijn overgelegd. **Uitzondering.** Er kunnen goede redenen zijn om niet binnen dertien weken te beslissen. Dit doet zich bijvoorbeeld voor als tegen de vreemdeling nog een strafrechtelijke procedure loopt. In zo'n geval kan de beslissing echter slechts één keer dertien weken worden aangehouden. **Bezwaar en beroep.** Als niet binnen de wettelijke termijn wordt beslist, is er géén sprake van een stilzwijgende bevestiging. De optant kan wel krachtens de Algemene wet bestuursrecht een bezwaarschrift indienen en vervolgens in beroep gaan bij de bestuursrechter.

22. Naamsvaststelling (lid 6). Vaststelling van geslachtsnaam of voornaam is blijkens dit artikellid mogelijk indien de verzoeker geen geslachtsnaam of voornaam heeft of als de juiste spelling daarvan niet bekend is. **Beleidsregels.** Vaststelling van de naam vindt uitsluitend plaats indien er geen onderscheid bestaat tussen voornamen en geslachtsnaam en indien in documenten van gelijke rangorde de namen op uiteenlopende wijze worden gespeld. **Overleg.** De naamsvaststelling kan niet zonder overleg met de betrokkene geschieden. **Vorm.** De naamsvaststelling geschiedt in de bevestiging. **Overbrenging in gebruikelijke lettertekens.** Een naam uit een alfabet met voor Nederland ongebruikelijke lettertekens, zoals bijvoorbeeld het Grieks alfabet, wordt als dit nodig is getranslitteerd in de bij ons gebruikelijke lettertekens. **Toestemming.** Dit artikellid schrijft niet voor dat verzoeker voor de translitteratie toestemming moet geven. Overleg met verzoeker is echter wel gewenst om strijd met art. 52 VWEU te voorkomen. Dit artikel moet blijkens een uitspraak van het Hof van Justitie van de Europese Gemeenschappen (C-168/91: *C. Konstantinidis/Stadt Altensteig e.a.*) aldus worden uitgelegd dat het zich ertegen verzet dat een Grieks onderdaan door de toepasselijke nationale wetgeving wordt gedwongen in de uitoefening van zijn beroep een zodanige schrijfwijze van zijn naam te gebruiken dat de uitspraak ervan wordt vervalst en dat de daaruit voortvloeiende vervorming hem blootstelt aan het gevaar van persoonsverwisseling bij zijn potentiële clientèle.

23. Geboorte aan boord van in Koninkrijk te boek gesteld zeeschip of luchtvaartuig (lid 7). Voor wat betreft het optierecht van in het Koninkrijk geboren vreemdelingen en staatloze personen als bedoeld in lid 1 onderdeel a en b wordt een geboorte aan boord van een in het Europese deel van Nederland, Aruba, Curaçao of Sint Maarten of de openbare lichamen Bonaire, Sint Eustatius en Saba te boek gesteld zeeschip of luchtvaartuig gelijk gesteld aan een geboorte in het Koninkrijk. Deze bepaling is een uitwerking van art. 3 Verdrag van New York van 30 augustus 1961 tot beperking van de staatloosheid (*Trb.* 1967, 124).

24. Kinderen van optanten (lid 8). Als de optant zelf minderjarige (adoptief)kinderen heeft, delen deze in de verkrijging van het Nederlanderschap, mits zij vanaf het moment waarop de optieverklaring is afgelegd toelating en hoofdverblijf (zie art. 1, aant. 6 en 7) hebben in het Europese deel van Nederland, Aruba, Curaçao of Sint Maarten of de openbare lichamen Bonaire, Sint Eustatius en Saba. De voorwaarde van toelating en hoofdverblijf geldt niet voor kinderen van een minderjarige die een optie aflegt op grond van lid 1 onderdeel c, d of p. Bovendien moeten de kinderen in de optieverklaring met name genoemd zijn. Wanneer het minderjarige kind dat in de optie deelt, reeds zelf een kind heeft, dan verkrijgt ook dit kind de Nederlandse nationaliteit. Voorwaarde is wel dat ook het kleinkind op het moment waarop de optieverklaring is afgelegd toelating en hoofdverblijf (zie art. 1, aant. 6 en 7) heeft in het Europese deel van Nederland, Aruba, Curaçao of Sint Maarten of de openbare lichamen Bonaire, Sint Eustatius en Saba en in de optieverklaring met name is genoemd. De voorwaarde van toelating en hoofdverblijf geldt evenmin voor kleinkinderen van een minderjarige die een optie aflegt op grond van lid 1 onderdeel c, d of p. **Kinderen van 16 en 17 jaar.** Kinderen van 16 en 17 jaar delen niet tegen hun wil in de verkrijging van de Nederlandse nationaliteit. Bovendien geldt voor hen de openbare orde-toets (zie aant. 20). Zie voor het vereiste van het afleggen van een verklaring van verbondenheid, aant. 18.

25. Oud-Nederlanders (lid 9). Oud-Nederlanders die het Nederlanderschap door optie hadden verkregen en vervolgens verloren zijn, kunnen het Nederlanderschap alleen terugkrijgen door een optie op grond van lid 1 onderdeel f of p. Daarnaast staat voor hen de mogelijkheid open om door naturalisatie het Nederlanderschap te herkrijgen (zie art. 8, aant. 7).

26. Oud recht en overgangsrecht. Sinds 1 april 2003 zijn de mogelijkheden tot verkrijging van het Nederlanderschap door optie uitgebreid. Tot die datum konden op grond van art. 6 alleen vreemdelingen die in het Koninkrijk zijn geboren en daar steeds hebben gewoond of als staatloze persoon een aantal jaren in het Koninkrijk hebben gewoond of verbleven, door optie het Nederlanderschap krijgen. Minderjarige kinderen die vóór de inwerkingtreding van voornoemde Rijkswet door een Nederlander zijn erkend verkregen van rechtswege de Nederlandse nationaliteit (zie art. 4, aant. 7). Tot 1 april 2003 was het afleggen van een optieverklaring een vormvrije procedure en deelden minderjarige kinderen van de optant niet in de verkrijging van het Nederlanderschap. Zie voor hoofdverblijf in de voormalige Nederlandse Antillen art. 29; op grond van deze bepaling telt de periode van hoofdverblijf die voor 10 oktober 2010 is doorgebracht in de voormalige Nederlandse Antillen mee voor de vereiste termijn van hoofdverblijf in Aruba, Curaçao, Sint Maarten en de openbare lichamen Bonaire, Sint Eustatius of Saba.

Artikel 6a

1. De in artikel 6, derde lid, bedoelde bevestiging wordt geweigerd indien de vreemdeling als bedoeld in artikel 6, eerste lid, onder e, een andere nationaliteit bezit en niet het mogelijke heeft gedaan om die nationaliteit te verliezen dan wel niet bereid is het mogelijke te zullen doen om, na de totstandkoming van de bevestiging, die nationaliteit te verliezen, tenzij dit redelijkerwijs niet kan worden verlangd.

2. Het eerste lid is niet van toepassing op

a. de vreemdeling die onderdaan is van een Staat die Partij is bij het op 2 februari 1993 te Straatsburg tot stand gekomen Tweede Protocol tot wijziging van het Verdrag betreffende de beperking van gevallen van meervoudige nationaliteit en betreffende militaire verplichtingen in geval van meervoudige nationaliteit (*Trb.* 1994, 265);

b. de vreemdeling die in Nederland, Aruba, Curaçao of Sint Maarten is geboren en daar ten tijde van de verklaring tot verkrijging van het Nederlanderschap zijn hoofdverblijf heeft;

c. de vreemdeling die gehuwd is met een Nederlander;

d. de vreemdeling die in Nederland, Aruba, Curaçao of Sint Maarten erkend is als vluchteling.

3. De autoriteit, bedoeld in artikel 6, derde lid, beoordeelt of de vreemdeling heeft voldaan aan het vereiste, genoemd in het eerste lid, of dat de vreemdeling een beroep toekomt op een van de uitzonderingen, genoemd in het tweede lid. Indien dit het geval is en ook aan de overige vereisten is voldaan, bevestigt zij schriftelijk de verkrijging van het Nederlanderschap.

4. De autoriteit vraagt advies aan Onze Minister indien de vreemdeling stelt dat afstand van zijn andere nationaliteit redelijkerwijs niet kan worden verlangd. De autoriteit deelt de vreemdeling mee dat Onze Minister om advies is verzocht en binnen welke termijn op de optie zal worden besloten.

5. De autoriteit besluit na de ontvangst van het advies van Onze Minister schriftelijk op de verkrijging van het Nederlanderschap.

6. De beslistermijn als bedoeld in artikel 6, vijfde lid, wordt met vier weken verlengd, indien de autoriteit Onze Minister verzoekt om advies, bedoeld in het vierde lid.

[18-12-2019, Stb. 1, i.w.tr. 01-04-2020/kamerstukken 35206]

[Meervoudige nationaliteit]

1. Afstandsverplichting (lid 1). Optanten hoeven geen afstand te doen van hun oorspronkelijke nationaliteit(en). Hierop is een uitzondering; de optant die het Nederlanderschap wil verkrijgen op grond van het feit dat hij sinds zijn vierde jaar toelating en hoofdverblijf heeft in het Koninkrijk (art. 6 lid 1 onderdeel e), moet – als hij door de verkrijging van het Nederlanderschap niet van rechtswege de oorspronkelijke nationaliteit verliest – al het mogelijke doen om afstand te doen van zijn nationaliteit(en). **Uitzondering.** Het afstandsvereiste geldt niet voor de optant van wie redelijkerwijze niet kan worden verlangd dat hij zijn oorspronkelijke nationaliteit(en) prijsgeeft. Deze gevallen zijn beschreven in lid 2 (zie aant. 2) en art. 6 Regeling verkrijging en verlies Nederlanderschap (opgenomen achter deze bijlage; de Regeling is weliswaar nog niet aangepast aan de invoering van art. 6a van de Rijkswet, maar aangenomen mag worden dat art. 6 van de Regeling die ziet op gevallen waarin om naturalisatie is verzocht van overeenkomstige toepassing is in gevallen waarin een optie wordt afgelegd). N.B. Het kan zijn dat personen krachtens de Rijkswet geen afstand behoeven te doen van hun oorspronkelijke nationaliteit, maar die nationaliteit toch verliezen op grond van de regelgeving van het land van herkomst. Ingevolge het Verdrag van 's-Gravenhage van 12 april 1930 nopens nationaliteit (*Trb.* 1967, 73) is immers elke staat exclusief bevoegd om te bepalen wie zijn onderdanen zijn. **IVRK.** In de memorie van toelichting is verwezen naar het Internationaal Verdrag inzake de rechten van het kind (IVRK). In art. 8 lid 1 IVRK is bepaald dat de Staten die partij zijn bij dit verdrag zich verbinden tot eerbiediging van het recht van het kind zijn of haar identiteit te behouden, met inbegrip van nationaliteit, naam en familiebetrekkingen, zonder onrechtmatige inmenging. In de memorie van toelichting wordt gesteld dat deze bepaling ruim geformuleerd is. De invulling van de verplichting geschiedt aan de hand van uitleg van de bepaling in het concrete geval. De afstandseis kan blijkens de memorie van toelichting niet als onrechtmatige inmenging worden gekwalificeerd. Het kabinet zag in art. 8 IVRK evenwel een aanknopingspunt om de identiteit van de minderjarige verdergaand te beschermen en geen afstand te eisen in het geval van optie (*Kamerstukken II* 2008/09, 31813 (R1873), 3).

2. Uitzondering op de afstandsverplichting (lid 2). Het afstandsvereiste geldt niet voor de volgende categorieën personen. a. Onderdanen van lidstaten van het Tweede Protocol bij het Verdrag van Straatsburg (lid 2 onderdeel a). De optant die onderdaan is van een Staat die partij is bij Tweede Protocol tot wijziging van het Verdrag betreffende de beperking van gevallen van meervoudige nationaliteit en betreffende militaire verplichtingen in geval van meervoudige nationaliteit (*Trb.* 1994, 265) behoeft geen afstand te doen van zijn oorspronkelijke nationaliteit, omdat de optant bij de verkrijging van het Nederlanderschap zijn nationaliteit automatisch verliest op grond van het Verdrag, tenzij de eigen wetgeving het behoud toestaat (en dat kan alleen in de gevallen die genoemd zijn in het Tweede Protocol). N.B. Dit Protocol heeft geen werking meer, omdat alleen Nederland nog partij is en zal door Nederland worden opgezegd. b. Personen geboren in het koninkrijk (lid 2 onderdeel b). Personen die in Nederland, Aruba, Curaçao of Sint Maarten zijn geboren en daar ten tijde van de optie hoofdverblijf (zie art. 1, aant. 7) hebben, behoeven geen afstand te doen van hun oorspronkelijke nationaliteit. c. Echtgenoten van Nederlanders (lid 2 onderdeel c). De man of vrouw die gehuwd is met een Nederlander behoeft geen afstand te doen van de oorspronkelijke nationaliteit. Niet vereist is dat het huwelijk reeds een bepaalde periode in stand is. Ook de man of vrouw die in Nederland een geregistreerd partnerschap is aangegaan met een Nederlander behoeft geen afstand te doen (zie art. 1, aant. 8). d. Erkende vluchtelingen (lid 2 onderdeel d) In het Koninkrijk erkende vluchtelingen behoeven geen afstand te doen van hun oorspronkelijke nationaliteit. De reden van deze uitzondering is dat van deze categorie personen niet kan worden verlangd dat zij in contact treden met de autoriteiten van het land van hun oorspronkelijke nationaliteit.

3. Beoordeling afstandsverplichting (lid 3). De autoriteit die de optieverklaring in ontvangst neemt, beoordeelt of de optant a. al het mogelijke heeft gedaan om de andere nationaliteit te verliezen of bereid is al het mogelijke te doen om deze te verliezen na verkrijging van het Nederlanderschap; of b. dat dit redelijkerwijs niet van hem kan worden verlangd; of c. dat hij een beroep kan doen op een van de uitzonderingen van lid 2. Als de optant heeft voldaan aan de afstandsverplichting of hem een beroep op een uitzondering toekomt en ook aan de overige voorwaarden voor de optie is voldaan, bevestigt zij schriftelijk de verkrijging van het Nederlanderschap. De optiebevestiging van een optieverklaring geschiedt door de bevoegde autoriteit.

4. Advies minister (lid 4). Als de optant stelt dat van hem redelijkerwijs niet kan worden verlangd dat hij afstand doet van zijn oorspronkelijke nationaliteit, maar hij geen beroep kan doen op een van de in lid 2 genoemde uitzonderingen, moet de autoriteit die de optie moet beoordelen aan de minister (zie art. 1, aant. 1) advies vragen over de vraag of afstand redelijkerwijs kan worden verlangd. De betreffende autoriteit moet aan de optant meedelen dat advies is gevraagd en laten weten binnen welke termijn op de optie zal worden beslist. Voor een advies is gekozen om te bevorderen dat de verschillende bevoegde autoriteiten een eenduidig beleid hanteren inzake de uitzonderingen op de afstandsverplichting. De minister heeft bovendien reeds ervaring met de afstandsverplichting bij naturalisatie en op basis daarvan beleid ontwikkeld.

5. Beslissing (lid 5). Na ontvangst van het advies van de minister (lid 4) besluit de bevoegde autoriteit schriftelijk of hij de optie bevestigt of niet. Het advies van de minister is een advies als bedoeld in afdeling 3.3 Algemene wet bestuursrecht (Awb) en wordt gemotiveerd. Het advies is geen besluit in de zin van de Awb waartegen bezwaar of beroep openstaat. De optant kan wél bezwaar en beroep aantekenen tegen het besluit van de tot bevestiging van de optie bevoegde autoriteit. Het advies van de minister is ook niet bindend voor de tot bevestiging van de optie bevoegde autoriteit. Indien de autoriteit afwijkt van het advies van de minister, dient zij dit wel te motiveren in het besluit tot bevestiging dan wel tot afwijzing van de bevestiging (art. 3:50 Awb). Indien de autoriteit het advies van de minister aan haar besluit ten grondslag legt, kan zij ter motivering van dit besluit volstaan met een verwijzing naar het advies (art. 3:49 Awb).

6. Verlenging beslistermijn (lid 6). Als de minister om advies wordt gevraagd, dan wordt de termijn waarbinnen op de optie dient te worden beslist (de termijn van 13 weken of, indien de termijn is verlengd, 26 weken), met vier weken verlengd (dus 13 weken plus 4 weken of 26 weken plus 4 weken). Dit wordt schriftelijk door de autoriteit aan de optant meegedeeld, zodra het advies aan de minister is gevraagd (lid 4).

HOOFDSTUK 4
Verlening van het Nederlanderschap

Artikel 7

1. Met inachtneming van de bepalingen van dit Hoofdstuk verlenen Wij op voordracht van Onze Minister het Nederlanderschap aan vreemdelingen die daarom verzoeken.
2. Ten aanzien van hen die hun hoofdverblijf hebben in Aruba, Curaçao of Sint Maarten, adviseert Onze Minister van Justitie van Aruba, van Curaçao, onderscheidenlijk van Sint Maarten, omtrent het verzoek.
[07-07-2010, Stb. 339, i.w.tr. 10-10-2010/kamerstukken 32186]

[Verlening van het Nederlanderschap]

1. Op verzoek. Het Nederlanderschap wordt alleen verleend op verzoek van de vreemdeling. **Op voordracht.** Vereist voor de naturalisatie is een voordracht van de minister. Zie art. 1 onderdeel a. **Bij koninklijk besluit.** Om het belang van de opneming in staatsverband tot uiting te laten komen, geschiedt de naturalisatie bij koninklijk besluit. **Voorwaarden.** De voorwaarden voor naturalisatie zijn opgenomen in art. 8-13. **Naturalisatieprocedure.** Het verzoekschrift moet bij de burgemeester van de woonplaats worden ingediend. Deze stelt een onderzoek in of de naturalisandus voldoet aan de voorwaarden voor naturalisatie. Naar aanleiding van het onderzoek wordt een dossier samengesteld. Vervolgens wordt het dossier doorgezonden aan de minister. Binnen een jaar na indiening van het verzoek moet in beginsel op het naturalisatieverzoek worden beslist (art. 9 lid 4, en art. 9, aant. 6)

2. Hoofdverblijf in Nederland, Aruba, Curaçao of Sint Maarten (lid 2). Indien de verzoeker hoofdverblijf heeft in Aruba, Curaçao of Sint Maarten heeft de Minister van Justitie van respectievelijk Aruba, Curaçao of Sint Maarten een adviserende stem ten aanzien van de naturalisatie.

Artikel 8

1. Voor verlening van het Nederlanderschap overeenkomstig artikel 7 komt slechts in aanmerking de verzoeker

a. die meerderjarig is;

b. tegen wiens verblijf voor onbepaalde tijd in het Europese deel van Nederland, Aruba, Curaçao, Sint Maarten of de openbare lichamen Bonaire, Sint Eustatius en Saba, geen bedenkingen bestaan;

c. die tenminste sedert vijf jaren onmiddellijk voorafgaande aan het verzoek in het Europese deel van Nederland, Aruba, Curaçao, Sint Maarten of de openbare lichamen Bonaire, Sint Eustatius en Saba, toelating en hoofdverblijf heeft;

d. die in het Koninkrijk en het land van ingezetenschap als ingeburgerd kan worden beschouwd op grond van het feit dat hij beschikt over een bij algemene maatregel van rijksbestuur te bepalen mate van kennis van de Nederlandse taal en – indien hij in Aruba, Curaçao, Sint Maarten of de openbare lichamen Bonaire, Sint Eustatius en Saba hoofdverblijf heeft –de taal die op het eiland van het hoofdverblijf gangbaar is, alsmede van de staatsinrichting en maatschappij van het Europese deel van Nederland, Aruba, Curaçao, Sint Maarten of de openbare lichamen Bonaire, Sint Eustatius en Saba, en hij zich ook overigens in een van deze samenlevingen heeft doen opnemen; en

e. die verklaart bereid te zijn bij de verkrijging van het Nederlanderschap een verklaring van verbondenheid af te leggen. Het besluit tot verlening wordt niet bekend gemaakt dan nadat de verklaring daadwerkelijk is afgelegd.

2. Het eerste lid, onder c, geldt niet met betrekking tot de verzoeker die hetzij te eniger tijd het Nederlanderschap of de staat van Nederlands onderdaan-niet-Nederlander heeft bezeten, hetzij sedert tenminste drie jaren de echtgenoot is van en samenwoont met een Nederlander, hetzij tijdens zijn meerderjarigheid in Nederland, Aruba, Curaçao of Sint Maarten is geadopteerd door ouders van wie in elk geval één het Nederlanderschap bezit.

3. De termijn bedoeld in het eerste lid, onder c, wordt op twee jaren gesteld voor degene die in totaal ten minste tien jaren in het Europese deel van Nederland, Aruba, Curaçao, Sint Maarten of de openbare lichamen Bonaire, Sint Eustatius en Saba toelating en hoofdverblijf heeft gehad.
4. De termijn bedoeld in het eerste lid, onder c, wordt op drie jaren gesteld voor de verzoeker die hetzij ongehuwd tenminste drie jaren onafgebroken met een ongehuwde Nederlander in een duurzame relatie anders dan het huwelijk samenleeft, hetzij staatloos is.
5. De termijn bedoeld in het eerste lid, onder c, wordt eveneens op drie jaren gesteld voor de verzoeker die door erkenning of wettiging zonder erkenning het kind van een Nederlander is geworden. Voor de verzoeker die tijdens zijn minderjarigheid is erkend of gewettigd wordt de termijn van drie jaren verminderd met de onafgebroken periode gedurende welke hij onmiddellijk voorafgaande aan zijn meerderjarigheid na de erkenning of wettiging zonder erkenning, verzorging en opvoeding heeft genoten van de Nederlander door wie hij is erkend of wiens kind hij door wettiging zonder erkenning is geworden.
6. Een krachtens het eerste lid, onder d, vastgestelde algemene maatregel van rijksbestuur treedt niet eerder in werking dan vier weken na de datum van uitgifte van het *Staatsblad* waarin hij is geplaatst. Van de plaatsing wordt onverwijld mededeling gedaan aan beide kamers der Staten-Generaal.
[17-06-2010, Stb. 242 jo. Stb. 339, i.w.tr. 01-01-2011/kamerstukken 31813]

[Naturalisatievoorwaarden]

1. Algemeen. Naturalisatie is een recht van de vreemdeling die enerzijds voldoet aan de voorwaarden van dit artikel en ten aanzien van wie anderzijds de afwijzingsgronden van art. 9 niet van toepassing zijn (MvT, *Kamerstukken II*, 16947 (R1181), 3, p. 1 en 2). **Uitzondering.** In bijzondere gevallen kan van bepaalde naturalisatievoorwaarden worden afgeweken (zie art. 10, aant. 2).

2. Meerderjarigheid (lid 1 onderdeel a). Alleen meerderjarige verzoekers komen voor naturalisatie in aanmerking. Meerderjarig betekent achttien jaar of ouder of eerder gehuwd zijn of eerder in Nederland een geregistreerd partnerschap zijn aangegaan (art. 1 onderdeel b). **Tijdstip.** De meerderjarigheid is vereist ten tijde van het indienen van het verzoek. **Uitzondering.** In bijzondere gevallen kan krachtens art. 10 een uitzondering op deze voorwaarden worden gemaakt.

3. Geen bedenkingen tegen verblijf voor onbepaalde tijd in het Koninkrijk (lid 1 onderdeel b). Aan dit vereiste wordt wat betreft verblijf in Nederland voldaan door een vreemdeling die krachtens de regels van het vreemdelingenrecht in Nederland voor onbepaalde tijd is toegelaten. **Verblijfsvergunning voor onbepaalde tijd.** De Vreemdelingenwet 2000 kent als verblijfstitels voor onbepaalde tijd: de verblijfsvergunning asiel voor onbepaalde tijd (art. 33 VW 2000) en de verblijfsvergunning regulier voor onbepaalde tijd (art. 20 VW 2000). (N.B. de verblijfsvergunning asiel voor onbepaalde tijd volgt na drie jaar op een verblijfsvergunning asiel voor bepaalde tijd.) Daarnaast kent de Vreemdelingenwet 2000 de verblijfsvergunning regulier voor bepaalde tijd, waarbij het kan gaan om een verblijfsrecht van tijdelijke aard en niet-tijdelijke aard (in art. 3.5

Vreemdelingenbesluit 2000 is aangegeven welke verblijfsrechten van tijdelijke aard en welke verblijfsrechten van niet-tijdelijke aard zijn). Tegen het verblijf voor onbepaalde tijd van de vreemdeling die beschikt over een verblijfsvergunning voor een specifiek, naar zijn aard tijdelijk doel, zoals bijvoorbeeld studie of medische behandeling, bestaan bedenkingen. **Verblijf in Aruba, Curaçao, Sint Maarten of de openbare lichamen Bonaire, Sint Eustatius en Saba.** Voor wat betreft de bedenkingen tegen verblijf voor onbepaalde duur in Aruba, Curaçao, Sint Maarten of de openbare lichamen Bonaire, Sint Eustatius en Saba gelden de toelatingsregels van respectievelijk de Aruba, Curaçao of Sint Maarten of de openbare lichamen Bonaire, Sint Eustatius en Saba.

4. Vijf jaar toelating en hoofdverblijf in het Koninkrijk (lid 1 onderdeel c). Hoofdregel. Als hoofdregel geldt dat diegene die om naturalisatie verzoekt ten minste sedert vijf jaren onmiddellijk voorafgaand aan het verzoek in het Koninkrijk ononderbroken toelating en hoofdverblijf (zie art. 1, aant. 6 en 7) moet hebben gehad. Het woord 'sedert' duidt erop dat het vereiste van ononderbroken toelating en hoofdverblijf eveneens geldt voor de periode vanaf het moment van indiening van het verzoek tot en met de beslissing op het verzoek. **Illegaal.** Illegaal verblijf telt niet mee. **Toelating en hoofdverblijf in het Koninkrijk.** Het moet gaan om toelating en hoofdverblijf in Nederland, Aruba, Curaçao, Sint Maarten en de openbare lichamen Bonaire, Sint Eustatius en Saba van tezamen minstens vijf aaneengesloten jaren direct voorafgaand aan het verzoek. Zie voor hoofdverblijf in de voormalige Nederlandse Antillen art. 29; op grond van deze bepaling telt de periode van hoofdverblijf die voor 10 oktober 2010 is doorgebracht in de voormalige Nederlandse Antillen mee voor de vereiste termijn van hoofdverblijf in Aruba, Curaçao, Sint Maarten en de openbare lichamen Bonaire, Sint Eustatius of Saba. **Uitzonderingen.** Een verkorte verblijfstermijn voor bepaalde categorieën verzoekers is opgenomen in lid 2, 3, 4 en 5. Daarnaast kan ook op grond van art. 10 in bijzondere gevallen van de termijn van vijf jaren worden afgeweken.

5. Inburgeringvereiste (lid 1 onderdeel d). De verzoeker moet in de Nederlandse samenleving of – als hij in Aruba, Curaçao, Sint Maarten, Bonaire, Sint Eustatius of Saba hoofdverblijf heeft – in de samenleving aldaar als ingeburgerd kunnen worden beschouwd. Of hieraan is voldaan wordt beoordeeld aan de hand van drie vereisten. **a. Kennis van de taal.** Van de vreemdeling wordt verwacht dat hij ten minste een eenvoudig gesprek over gewone dingen in de Nederlandse taal kan voeren. Tevens dient hij eenvoudige teksten in het Nederlands te kunnen lezen en schrijven. Heeft de verzoeker hoofdverblijf in Aruba, Curaçao, Sint Maarten, Bonaire, Sint Eustatius of Saba dan dient hij tevens kennis te hebben van de taal die op het eiland van inwoning naast het Nederlands gangbaar is. Op de benedenwindse eilanden is dit het Papiamento en op de bovenwindse eilanden is dit het Engels. **b. Kennis van de staatsinrichting en maatschappij.** Van de vreemdeling wordt naast de taalkennis verwacht dat hij enige kennis van de Nederlandse staatsinrichting en maatschappij heeft. Heeft de verzoeker hoofdverblijf in Aruba, Curaçao, Sint Maarten, Bonaire, Sint Eustatius of Saba dan dient hij enige kennis te hebben van de staatsinrichting en maatschappij van het eiland van hoofdverblijf. **c. Zich overigens hebben doen opnemen in de samenleving.** Naast het taalvereiste en kennis van de staatsinrichting en maatschappij zal de vreemdeling moeten aantonen dat hij zich ook overigens heeft doen opnemen in de Nederlandse samenleving of – als hij in Aruba, Curaçao, Sint Maarten, Bonaire, Sint Eustatius of Saba hoofdverblijf heeft – in de samenleving aldaar. Het gaat daarbij om een zekere mate van deelname aan die samenleving, bijvoorbeeld door contacten met andere personen. ***Algemene maatregel van rijksbestuur.*** De mate en wijze van toetsing van de kennis van de taal, staatsinrichting en maatschappij is nader uitgewerkt in het Besluit naturalisatietoets. ***Minderjarige kinderen.*** De inburgeringseis geldt niet voor minderjarige kinderen die worden medegenaturaliseerd (zie art. 11 lid 2 en 3). ***Polygamie.*** Een vreemdeling die met meerdere vrouwen is gehuwd, wordt als niet in het Koninkrijk ingeburgerd beschouwd gelet op de betekenis die in het Koninkrijk wordt toegekend aan het beginsel van monogamie (ARRvS 10 november 1993, 02.92 5610).

6. Verklaring van verbondenheid (lid 1 onderdeel e). Per 1 maart 2009 dienen naturalisandi als onderdeel van de verkrijging van het Nederlanderschap een verklaring van verbondenheid af te leggen. Bij de inontvangstneming van een naturalisatieverzoek wordt daarom aan betrokkenen gevraagd zich bereid te verklaren bij de verkrijging van het Nederlanderschap deze verklaring van verbondenheid af te leggen. De verklaring van verbondenheid is een essentiële voorwaarde voor de verkrijging van het Nederlanderschap; van het afleggen van de verklaring kan alleen vrijstelling worden gegeven als het afleggen van de verklaring van verbondenheid redelijkerwijs niet gevraagd kan worden, bijvoorbeeld als de naturalisandus niet in staat is zijn wil te bepalen of deze niet kan uiten (zie art. 60b lid 5 en 6 Besluit verkrijging en verlies Nederlanderschap). Wordt de verklaring van verbondenheid niet afgelegd dan kan het besluit tot bevestiging van de verlening niet worden uitgereikt en wordt het Nederlanderschap niet verkregen.

7. Geen verblijfsvereiste (lid 2). Voor een aantal categorieën van personen geldt bij naturalisatie niet het vereiste dat zij gedurende ten minste vijf jaren onmiddellijk voorafgaand aan het verzoek in Nederland, Aruba, Curaçao of Sint Maarten toelating en hoofdverblijf (zie art. 1, aant. 6 en 7) moeten hebben gehad. Deze personen kunnen derhalve ook als ze woonachtig zijn in het buitenland een naturalisatieverzoek indienen. Daarbij geldt wel dat naturalisatie niet mogelijk is als ze wonen in het land waarvan zij de nationaliteit hebben (zie art. 9 lid 1 onderdeel c; zie echter ook art. 10 dat weer een uitzondering hierop mogelijk maakt). De verblijfseis geldt niet voor de volgende categorieën. **a. Oud-Nederlanders.** Voor oud-Nederlanders wordt bij naturalisatie geen termijn van toelating en hoofdverblijf in het Koninkrijk gesteld. Van het stellen van dat vereiste is afgezien omdat een aantal oud-Nederlanders toch nog wel een bepaalde band met het Koninkrijk zal hebben. De overige algemene naturalisatievoorwaarden blijven echter onverminderd van kracht voor deze categorie van personen. Indien de oud-Nederlander ten minste één jaar toelating voor onbepaalde tijd en hoofdverblijf (zie art. 1, aant. 6 en 7) in het Koninkrijk heeft, kan ook hij door optie het Nederlanderschap verkrijgen (art. 6 lid 1 onderdeel f). **b. Oud-Nederlands onderdanen-niet-Nederlanders.** Personen die de hoedanigheid van Nederlands onderdaan-niet-Nederlander hebben, zijn zij die vóór 27 december 1949 in voormalig Nederlands-Indië, Suriname of in de voormalige Nederlandse Antillen zijn geboren en niet het Nederlanderschap hadden en die tussen 27 december 1949 en 1 oktober 1962 in het voormalig Nederlands Nieuw Guinea zijn geboren en geen Nederlander zijn. De staat van Nederlands-onderdaan-niet-Nederlander berust op de wet van 10 februari 1910, *Stb.* 55. Indien de oud-Nederlands onderdaan-niet-Nederlander ten minste één jaar toelating voor onbepaalde tijd en hoofdverblijf (zie art. 1, aant. 6 en 7) in het Koninkrijk heeft, kan ook hij door optie het Nederlanderschap verkrijgen (art. 6 lid 1 onderdeel f). **c. Echtgenoten van Nederlanders.** Diegene die drie jaar onafgebroken getrouwd is en samenwoont met één-en-dezelfde Nederlander behoeft bij naturalisatie niet meer te voldoen aan de verblijfseis. Dit geldt gelijkelijk voor de met een Nederlander gehuwde man of vrouw (zie ook art. 6 lid 1 onderdeel g). Niet vereist is dat de Nederlander de Nederlandse nationaliteit bezit gedurende de volledige drie jaren. Voldoende is dat ten tijde van het naturalisatieverzoek sprake is van drie jaren huwelijk en een Nederlandse echtgenoot. Indien betrokkenen voorafgaand aan het huwelijk hebben samengewoond in het Koninkrijk, mag de periode van samenwoning in mindering worden gebracht op de huwelijkstermijn. ***Geregistreerd partnerschap.*** Het in Nederland geregistreerde partnerschap wordt gelijkgesteld met een huwelijk (zie art. 1, aant. 8). ***Ongehuwd samenwonenden.*** Voor ongehuwd samenwonenden geldt een vergelijkbare regeling (zie aant. 9). **d. Meerderjarige geadopteerde kinderen.** De verblijfseis is niet van toepassing op naturalisatie van kinderen die tijdens hun meerderjarigheid zijn geadopteerd door ouders, van wie in elk geval een het Nederlanderschap bezit. De verblijfseis bij naturalisatie vervalt alleen bij adoptie in Nederland, Aruba, Curaçao of Sint Maarten en niet bij adoptie van het meerderjarige kind in het buitenland. Voor adoptie naar Nederlands recht geldt de eis dat het kind op de dag van het eerste verzoek minderjarig moet zijn (art. 1:228 lid 1 onderdeel a BW).

8. Toelating en hoofdverblijf van twee jaren (lid 3). Voor diegenen die in het totaal ten minste tien jaren in het Koninkrijk toelating en hoofdverblijf (zie art. 1, aant. 6 en 7) hebben gehad, geldt een gemitigeerde verblijfseis van twee jaren bij naturalisatie. Niet vereist is dat de voorgaande tien jaren een aaneengesloten periode hebben betroffen. Zie voor hoofdverblijf in de voormalige Nederlandse Antillen art. 29; op grond van deze bepaling telt de periode van hoofdverblijf die voor 10 oktober 2010 is doorgebracht in de voormalige Nederlandse Antillen mee voor de vereiste termijn van hoofdverblijf in Aruba, Curaçao, Sint Maarten en de openbare lichamen Bonaire, Sint Eustatius of Saba.

9. Ongehuwd samenwonenden en staatlozen (lid 4). Ongehuwden. Een partner die drie jaar aaneengesloten samenwoont met één-en-dezelfde Nederlander op grond van een homofiele of heterofiele relatie kan na drie jaren toelating en hoofdverblijf in het Koninkrijk naturalisatie aanvragen. Vereist is dat die samenwoning in het kader van die ongehuwde samenlevingsrelatie gedurende drie jaren in het Koninkrijk plaatsvindt. **Geregistreerde partners.** Het in Nederland geregistreerde partnerschap wordt gelijkgesteld met een huwelijk (zie art. 1, aant. 6 onder c en art. 1, aant. 8). **Staatlozen.** Staatlozen kunnen na drie jaren toelating en hoofdverblijf in het Koninkrijk naturalisatie aanvragen. Dit is een uitwerking van art. 32 Verdrag van New York van 28 september 1954 betreffende de status van staatlozen (*Trb.* 1057, 22). Deze bepaling schrijft voor dat verdragsluitende staten, voor zover mogelijk, de naturalisatie van staatlozen zullen vergemakkelijken.

10. Erkende en gewettigde kinderen (lid 5). Alleen tijdens hun minderjarigheid door een Nederlander erkende of gewettigde kinderen kunnen van rechtswege of door optie de Nederlandse nationaliteit krijgen (zie art. 3, art. 4 lid 2-4 en art. 6 lid 1 onderdeel c, l en m). **Erkenning of wettiging tijdens meerderjarigheid.** Bij erkenning of wettiging door een Nederlander tijdens de meerderjarigheid kan het kind niet van rechtswege of door optie, maar wel door naturalisatie het Nederlanderschap verkrijgen, mits het drie jaar toelating en hoofdverblijf (zie art. 1, aant. 6 en 7) in het Koninkrijk heeft. **Erkenning of wettiging tijdens minderjarigheid zonder drie jaar verzorging en opvoeding.** Is het kind wel tijdens de minderjarigheid erkend of gewettigd, maar niet minimaal drie jaar tijdens zijn minderjarigheid verzorgd en opgevoed door de erkenner, dan kan het na meerderjarigheid eveneens alleen door naturalisatie Nederlander worden. Ook dan geldt dat het kind drie jaar toelating en hoofdverblijf in het Koninkrijk moet hebben. Op deze periode mag in mindering worden gebracht de aaneengesloten periode dat het kind onmiddellijk voorafgaand aan zijn 18e verjaardag door de Nederlandse erkenner is verzorgd en opgevoed.

11. Voorhangprocedure (lid 6). Voor de algemene maatregel van rijksbestuur waarin de mate en wijze van toetsing van de kennis van de taal, staatsinrichting en maatschappij wordt vastgelegd (zie aant. 5), geldt de zogenoemde voorhangprocedure. Deze algemene maatregel van rijksbestuur kan pas in werking treden nadat de Eerste en Tweede Kamer in de gelegenheid zijn gesteld hun zienswijze hierover kenbaar te maken.

12. Vluchtelingen. Art. 34 van het Verdrag van Genève van 28 juli 1951 betreffende de rechtspositie van vluchtelingen (*Trb.* 1954, 88) schrijft voor dat verdragsluitende staten, voor zover mogelijk, de naturalisatieprocedure van vluchtelingen zullen vergemakkelijken. Een uitwerking van deze verdragsbepaling is niet terug te vinden in het hierboven besproken art. 8. Echter op grond van de Vreemdelingenwet 2000 verwerven alle asielgerechtigden na drie jaar een zo sterk verblijfsrecht dat zij daarmee een verblijfsrechtelijke positie in Nederland verwerven die vergelijkbaar is met de geborgenheid welke het verdrag vluchtelingen door naturalisatie beoogt te verschaffen (NvW2, *Kamerstukken II*, 25891 (R1609), 8, p. 6).

Artikel 9

1. Het verzoek van een vreemdeling die voldoet aan de artikelen 7 en 8 wordt niettemin afgewezen, indien

a. op grond van het gedrag van de verzoeker ernstige vermoedens bestaan dat hij gevaar oplevert voor de openbare orde, de goede zeden, of de veiligheid van het Koninkrijk;

b. de verzoeker die een andere nationaliteit bezit, niet het mogelijke heeft gedaan om die nationaliteit te verliezen dan wel niet bereid is het mogelijke te zullen doen om, na de totstandkoming van de naturalisatie, die nationaliteit te verliezen, tenzij dit redelijkerwijs niet kan worden verlangd;

c. de verzoeker op wie een van de uitzonderingen van artikel 8, tweede lid, van toepassing is, zijn hoofdverblijf heeft in het land waarvan hij onderdaan is.

2. Indien de verzoeker het Nederlanderschap heeft verloren ingevolge artikel 16, eerste lid, kan het verzoek op de grond bedoeld in het eerste lid, onder a, alleen worden afgewezen, indien hij binnen een periode van tien jaren voorafgaande aan het verzoek veroordeeld is wegens een strafbaar feit tegen de veiligheid van het Koninkrijk of is veroordeeld tot een gevangenisstraf van tenminste vijf jaren wegens een ander strafbaar feit.

3. Het eerste lid, aanhef en onder b, is niet van toepassing op

a. de verzoeker die onderdaan is van een Staat die Partij is bij het op 2 februari 1993 te Straatsburg tot stand gekomen Tweede Protocol tot wijziging van het Verdrag betreffende de beperking van gevallen van meervoudige nationaliteit en betref-

fende militaire verplichtingen in geval van meervoudige nationaliteit (*Trb.* 1994, 265);

b. de verzoeker die in Nederland, Aruba, Curaçao of Sint Maarten is geboren en daar ten tijde van het verzoek zijn hoofdverblijf heeft;

c. de verzoeker die gehuwd is met een Nederlander;

d. de verzoeker die in Nederland, Aruba, Curaçao of Sint Maarten erkend is als vluchteling.

4. Op het verzoek wordt beslist binnen één jaar na de betaling van het verschuldigde recht, bedoeld in artikel 13 of na de beslissing tot algehele ontheffing van die betaling, dan wel na de ontvangst van de gevraagde aanvulling van het verzoek, noodzakelijk voor de beoordeling daarvan. De beslissing kan ten hoogste tweemaal zes maanden worden aangehouden.

5. Beslissingen tot afwijzing of aanhouding van verzoeken tot verlening van het Nederlanderschap kunnen door Onze Minister worden genomen.

[18-12-2019, Stb. 1, i.w.tr. 01-04-2020/kamerstukken 35206]

[Afwijzing naturalisatietoets]

1. Gedrag van verzoeker (lid 1 onderdeel a). Ten aanzien van het gedrag van de vreemdeling die naturalisatie verzoekt, worden bepaalde minimale eisen van aanvaardbaar gedrag aangehouden. Deze eisen zijn dezelfde als die bij optie gelden (art. 6 lid 4). **Ernstige vermoedens.** Gelet op het gedrag van de vreemdeling moeten er feiten en omstandigheden zijn die de conclusie kunnen dragen dat hij een gevaar oplevert voor de openbare orde, goede zeden of veiligheid van het Koninkrijk. **Gevaar.** Bij de beoordeling van het gevaar moet worden bezien of dit zich ook in de toekomst zal voordoen. Daarbij wordt gekeken hoe de vreemdeling zich ten tijde van het naturalisatieverzoek gedraagt en moet een inschatting gemaakt worden hoe hij zich in de toekomst zal gedragen. Zodanig gevaar kan worden afgeleid uit een of meerdere strafrechtelijke veroordelingen van de vreemdeling. Enerzijds hoeft een veroordeling op zich nog niet te betekenen dat er daarna ook nog gevaar bestaat voor de openbare orde. Anderzijds kan reeds sprake zijn van gevaar voor de openbare orde als er nog geen onherroepelijke strafrechtelijke veroordeling is, maar de vreemdeling bijvoorbeeld op goede gronden in voorlopige hechtenis is genomen omdat hij wordt verdacht van een ernstig misdrijf. Uit de rechtspraak blijkt dat sprake moet zijn van een persoonlijk gedrag dat een actuele bedreiging vormt voor de openbare orde. In geval van onzekerheid kan de beslissing op het verzoek worden aangehouden (zie aant. 6). **Samenhang met het vreemdelingenrecht.** Strafbaar gedrag kan ook leiden tot intrekking of niet-verlenging van de geldigheidsduur van de verblijfstitel (zie art. 19 jo. 18, 22, 32 en 35 VW 2000). **Bijzondere regeling.** Betreft de naturalisatie een persoon die het Nederlanderschap heeft verloren krachtens art. 16 lid 1 dan geldt een afwijkende eis betreffende het gevaar voor de openbare orde (zie aant. 4).

2. Dreigende dubbele nationaliteit (lid 1 onderdeel b). Hoofdregel. Uitgangspunt van de wetgever bij naturalisatie is dat verzoeker – in het geval door de naturalisatie niet van rechtswege de oorspronkelijke nationaliteit wordt verloren – al het mogelijke moet doen om bipatridie – het hebben van meer dan een nationaliteit – te voorkomen. **Kritiek.** Naar aanleiding van herhaaldelijke bedenkingen tegen die afstandseis in het parlement, besloot de ministerraad van het Koninkrijk in november 1991 de afstandseis met onmiddellijke ingang niet meer te handhaven. In 1997 is dit echter – na kritiek in de Eerste Kamer op het laten vervallen van die afstandseis – weer teruggedraaid. **Uitzondering.** Het afstandsvereiste geldt niet voor personen van wie redelijkerwijze niet kan worden verlangd dat zij hun oorspronkelijke nationaliteit prijsgeven. Deze gevallen zijn beschreven in lid 3 (zie aant. 5) en art. 6 Regeling verkrijging en verlies Nederlanderschap. N.B. Het kan zijn dat personen krachtens de Rijkswet geen afstand behoeven te doen van hun oorspronkelijke nationaliteit, maar die nationaliteit toch verliezen op grond van de regelgeving van het land van herkomst. Ingevolge het Verdrag van 's-Gravenhage van 12 april 1930 nopens nationaliteit (*Trb.* 1967, 73) is immers elke staat exclusief bevoegd om te bepalen wie zijn onderdanen zijn.

3. Woonplaats in land verzoeker (lid 1 onderdeel c). Personen die niet behoeven te voldoen aan de verblijfseis (zie art. 8, aant. 6) en die derhalve ook kunnen worden genaturaliseerd als ze in het buitenland woonachtig zijn, komen niet voor naturalisatie in aanmerking als ze wonen in het land waarvan zij onderdaan zijn. Deze eis is in de wet opgenomen omdat het hier om een ongeschreven regel van volkenrecht zou gaan. Dit laatste is echter zeer de vraag volgens Jessurun d'Oliveira (*NJB* 1983, p. 1307 en 1308). In bijzondere gevallen kan langs de weg van art. 10 in deze situaties toch nog tot naturalisatie worden overgegaan.

4. Afzwakking afwijzingsgrond openbare orde (lid 2). Indien een persoon tijdens zijn minderjarigheid krachtens art. 16 lid 1 het Nederlanderschap heeft verloren, bijvoorbeeld door erkenning, wettiging of adoptie door een vreemdeling, gelden voor de afwijzing van het naturalisatieverzoek met betrekking tot de bescherming van de openbare orde minder strenge eisen dan in de gevallen bedoeld in lid 1 van dit artikel. Strafrechtelijke veroordelingen tellen dan alleen mee als ze vallen binnen de periode van tien jaar voorafgaand aan het naturalisatieverzoek en het een veroordeling betreft wegens een strafbaar feit tegen de veiligheid van het Koninkrijk. Daarnaast telt mee een veroordeling tot een gevangenisstraf van minstens vijf jaren wegens een ander strafbaar feit. Deze afzwakking is een uitwerking van art. 5 lid 2 Verdrag van New York tot beperking van staatloosheid.

5. Uitzondering afstandsverplichting (lid 3). Het afstandsvereiste geldt niet voor de volgende categorieën personen. **a. Onderdanen van lidstaten van het Tweede Protocol bij het Verdrag van Straatsburg (lid 3 onderdeel a).** De verzoeker die onderdaan is van een Staat die partij is bij Tweede Protocol tot wijziging van het Verdrag betreffende de beperking van gevallen van meervoudige nationaliteit en betreffende militaire verplichtingen in geval van meervoudige nationaliteit (*Trb.* 1994, 265) behoeft geen afstand te doen van zijn oorspronkelijke nationaliteit. N.B. Dit protocol heeft geen werking meer, omdat alleen Nederland nog partij is en zal door Nederland worden opgezegd. **b. Personen geboren in het Koninkrijk (lid 3 onderdeel b).** Personen die in Nederland, Aruba, Curaçao of Sint Maarten zijn geboren en daar ten tijde van het naturalisatieverzoek hoofdverblijf (zie art. 1, aant. 7) hebben, behoeven geen afstand te doen van hun oorspronkelijke nationaliteit. **c. Echtgenoten van Nederlanders (lid 3 onderdeel c).** De man of vrouw die gehuwd is met een Nederlander behoeft geen afstand te doen van de oorspronkelijke nationaliteit. Niet vereist is dat het huwelijk reeds een bepaalde periode in stand is. Ook de man of vrouw die in Nederland een geregistreerd partnerschap is aangegaan met een Nederlander behoeft geen afstand te doen (zie art. 1, aant. 8).

d. Erkende vluchtelingen (lid 3 onderdeel d). In het Koninkrijk erkende vluchtelingen behoeven geen afstand te doen van hun oorspronkelijke nationaliteit. De reden van deze uitzondering is dat van deze categorie personen niet kan worden verlangd dat zij in contact treden met de autoriteiten van het land van hun oorspronkelijke nationaliteit.

6. Aanhouding van het verzoek (lid 4). Hoofdregel. Uitgangspunt van de wetgever is dat binnen een jaar na indiening van het naturalisatieverzoek daarop wordt beslist. **Uitzondering.** Er kunnen goede redenen zijn om niet binnen een jaar te beslissen. In zo'n geval kan de beslissing echter slechts maximaal twee keer gedurende zes maanden worden aangehouden. **Bezwaar en beroep.** Als niet binnen de wettelijke termijn wordt beslist, kan de naturalisandus krachtens de Algemene wet bestuursrecht een bezwaarschrift indienen en vervolgens in beroep gaan bij de bestuursrechter.

7. Beslissende instantie (lid 5). De minister (zie art. 1 lid 1 onderdeel a) beslist tot afwijzing of aanhouding van het naturalisatieverzoek.

Artikel 10

Wij kunnen, de Raad van State van het Koninkrijk gehoord, in bijzondere gevallen het Nederlanderschap verlenen met afwijking van artikel 8, eerste lid, aanhef en onder *a*, *c* en *d*, artikel 9, eerste lid, aanhef en onder *c*, en de termijn genoemd in artikel 11, derde, vierde en vijfde lid.

[21-12-2000, Stb. 618, i.w.tr. 01-04-2003/kamerstukken 25891]

[Bijzondere gevallen van naturalisatie]

1. Algemeen. In uitzonderlijke gevallen waarin sprake is van staatsbelang of andere gewichtige economische of culturele belangen van Nederland, Aruba, Curaçao of Sint Maarten kan worden afgeweken van bepaalde wettelijke naturalisatievereisten (MvT, *Kamerstukken II*, 16947 (R1181), 3, p. 16 en MvA, 7, p. 28). Daarbij kan bijvoorbeeld worden gedacht aan een belangrijke functie waarvoor het Nederlanderschap is vereist.

2. Mogelijkheden tot afwijking. Bij toepassing van dit artikel kan worden afgeweken van de in art. 8 genoemde naturalisatievereisten betreffende de meerderjarigheid, het vereiste van toelating en hoofdverblijf en het inburgeringsvereiste. Voorts is afwijking mogelijk van het vereiste dat de persoon die naturalisatie verzoekt en op wie een van de uitzonderingen van art. 8 lid 2 van toepassing is (zie art. 8, aant. 7), woont in het land waarvan hij onderdaan is. Dit kan zich bijvoorbeeld voordoen bij de echtgenote die de nationaliteit heeft van het land waar haar man als Nederlandse ambassadeur werkzaam is. Tot slot is afwijking mogelijk van de in art. 11 lid 3, 4 en 5 vereiste termijn van toelating en hoofdverblijf.

3. Geen dispensatiemogelijkheden. Dit artikel maakt naturalisatie niet mogelijk indien niet voldaan is aan een of meer van de overige naturalisatievoorwaarden van art. 8, 9 en 11. Het gaat dan om de bedenkingen tegen verblijf voor onbepaalde tijd in het Koninkrijk (art. 8 lid 1 onderdeel b, zie ook art. 8, aant. 3), ernstige vermoedens over slecht gedrag (art. 9 lid 1 onderdeel a, zie ook art. 9, aant. 1, en art. 11 lid 3, 4 en 5 en art. 11, aant. 3, 4 en 5), de anti-bipatridie bepaling (art. 9 lid 1 onderdeel b, zie ook art. 9, aant. 2) en het vereiste van instemming van het minderjarige kind van zestien jaar of ouder (art. 11 lid 3 en 4 en ook art. 11, aant. 3 en 4).

Artikel 11

1. Het minderjarige niet-Nederlandse kind van een vader of moeder aan wie het Nederlanderschap is verleend, deelt in deze verlening, indien dit in het besluit uitdrukkelijk is bepaald. Het verzoek tot medeverlening wordt bij het verzoek tot verlening ingediend.
2. Een verzoek van de vader of moeder tot medeverlening van het Nederlanderschap aan een kind beneden de leeftijd van 16 jaar wordt ingewilligd indien het kind sedert het tijdstip van het verzoek in het Europese deel van Nederland, Aruba, Curaçao, Sint Maarten of de openbare lichamen Bonaire, Sint Eustatius en Saba, toelating voor onbepaalde tijd en hoofdverblijf heeft.
3. Een verzoek van de vader of moeder tot medeverlening van het Nederlanderschap aan een kind dat ten tijde van het verzoek de leeftijd van 16 jaar heeft bereikt wordt ingewilligd indien het kind in het Europese deel van Nederland, Aruba, Curaçao, Sint Maarten of de openbare lichamen Bonaire, Sint Eustatius en Saba een onafgebroken periode van ten minste drie jaren onmiddellijk voorafgaand aan het verzoek toelating en hoofdverblijf en, sedert het tijdstip van het verzoek, toelating voor onbepaalde tijd en hoofdverblijf heeft. Het Nederlanderschap wordt slechts verleend, indien het kind daarmee uitdrukkelijk instemt, hij bereid is bij de verkrijging van het Nederlanderschap een verklaring van verbondenheid af te leggen en op hem geen van de afwijzingsgronden van artikel 9, eerste lid, aanhef en onder a, met inbegrip van het tweede lid van dat artikel, van toepassing is. Het besluit tot verlening wordt niet bekend gemaakt dan nadat de verklaring van verbondenheid daadwerkelijk is afgelegd.
4. Aan het minderjarige niet-Nederlandse kind van een vader of moeder die het Nederlanderschap door optie verkregen heeft of aan wie dat is verleend, dat in deze verkrijging of verlening niet deelde, wordt op zijn verzoek het Nederlanderschap verleend, indien het een onafgebroken periode van tenminste drie jaren onmiddellijk voorafgaand aan het verzoek toelating en hoofdverblijf en, sedert het tijdstip van het verzoek, toelating voor onbepaalde tijd en hoofdverblijf in het Europese deel van Nederland, Aruba, Curaçao, Sint Maarten of de openbare lichamen Bonaire, Sint Eustatius en Saba heeft. De termijn van toelating en hoofdverblijf is niet van toepassing op het kind dat geboren is nadat zijn ouder de verklaring bedoeld in artikel 6, eerste lid, of het verzoek, bedoeld in artikel 7, eerste lid, heeft ingediend. Aan een kind dat ten tijde van het verzoek de leeftijd van zestien jaar heeft bereikt, wordt het Nederlanderschap slechts verleend, indien het daarmee uitdrukkelijk instemt, hij bereid is bij de verkrijging van het Nederlanderschap een verklaring van verbondenheid af te leggen en op hem geen van de afwijzingsgronden van artikel 9, aanhef en onder a, met inbegrip van het tweede lid van dat artikel, van toepassing is. Het besluit tot verlening wordt niet bekend gemaakt dan nadat de verklaring van verbondenheid daadwerkelijk is afgelegd.
5. Aan het niet-Nederlandse kind van een vader of moeder die het Nederlanderschap door optie verkregen heeft of aan wie zulks is verleend, dat minderjarig was op het tijdstip van de verklaring of het verzoek van die ouder, en dat in deze verkrijging of verlening niet deelde wegens het bereiken van de meerderjarigheid, wordt het Nederlanderschap op zijn verzoek verleend:

a. indien hij een onafgebroken periode van ten minste drie jaren onmiddellijk voorafgaand aan het verzoek en aanvangende vóór het bereiken van de meerderjarigheid toelating en hoofdverblijf en, sedert het tijdstip van het verzoek, toelating voor onbepaalde tijd en hoofdverblijf in het Europese deel van Nederland, Aruba, Curaçao, Sint Maarten of de openbare lichamen Bonaire, Sint Eustatius en Saba heeft,

b. indien hij bereid is bij de verkrijging van het Nederlanderschap een verklaring van verbondenheid af te leggen en

c. ten aanzien van hem geen van de afwijzingsgronden van artikel 9, eerste lid, aanhef en onder a, met inbegrip van het tweede lid van dat artikel, van toepassing is.

Het besluit tot verlening wordt niet bekend gemaakt dan nadat de verklaring van verbondenheid daadwerkelijk is afgelegd.

6. De vereisten van toelating en van hoofdverblijf van het tweede en derde lid zijn niet van toepassing op het minderjarige kind van een vader of moeder die hoofdverblijf heeft in het buitenland en die met toepassing van het tweede lid van artikel 8 het Nederlanderschap verkrijgt, mits het kind feitelijk tot het gezin van deze ouder behoort en zijn hoofdverblijf niet heeft in het land waarvan hij onderdaan is.

7. Kinderen van een kind dat in de verlening deelt, delen onder dezelfde voorwaarden in die verlening.

8. Voor de toepassing van dit artikel wordt onder vader of moeder mede verstaan de adoptiefouder, indien de adoptie tot stand is gekomen in overeenstemming met de regelen van Nederlands internationaal privaatrecht en de adoptie tot gevolg heeft gehad dat de voordien bestaande familierechtelijke betrekkingen zijn verbroken.

[07-07-2010, Stb. 339, i.w.tr. 10-10-2010/kamerstukken 32186]

[Naturalisatie minderjarige kinderen]

1. Medenaturalisatie (lid 1). In de regel delen kinderen die ten tijde van de naturalisatie van hun vader en/of moeder minderjarig zijn in die naturalisatie. Voorwaarde is dat in het naturalisatiebesluit uitdrukkelijk is bepaald dat het desbetreffende kind is meegenaturaliseerd. Het verzoek om medenaturalisatie dient gelijktijdig met het naturalisatieverzoek van de ouder(s) te worden ingediend. Het vereiste van minderjarigheid tijdens de naturalisatie geldt ook als het naturalisatiebesluit later is genomen dan wettelijk is toegestaan (HR 2 november 1990, *NJ* 1991/294). De medenaturalisatie heeft altijd betrekking op minderjarige kinderen geboren vóór de indiening van het naturalisatieverzoek van hun vader of moeder. Voor kinderen die zijn geboren ná de indiening van het naturalisatieverzoek van hun vader of moeder geldt een afzonderlijke bepaling (aant. 4). De rechtbank Den Haag heeft geoordeeld dat onthouding van het Nederlanderschap aan minderjarige kinderen niet in strijd is met het beginsel van non-discriminatie van onderdanen, zoals bedoeld in art. 5 EVN (Rb. Den Haag 26 juni 2014, niet gepubliceerd). **Het belang van de minderjarige.** Niet in alle gevallen zal het belang van het kind gediend zijn met medenaturalisatie. Teneinde dit belang te kunnen beoordelen, is er een wettelijk hoorrecht van de wettelijk vertegenwoordiger of andere ouder en de minderjarige kinderen van twaalf jaar en ouder. Kinderen vanaf zestien jaar hebben zelfs een veto-recht (zie art. 2 lid 4, aant. 4).

2. Medenaturalisatie kinderen jonger dan 16 jaar (lid 2). Indien het kind op het tijdstip van indiening van het naturalisatieverzoek jonger dan zestien jaar is, is voor medenaturalisatie vereist dat het kind sinds het moment van indiening van het naturalisatieverzoek toelating voor onbepaalde tijd en hoofdverblijf (zie art. 1, aant. 6 en 7) in het Koninkrijk heeft (zie ook aant. 6).

3. Medenaturalisatie kinderen van 16 of 17 jaar (lid 3). Indien het kind op het tijdstip van indiening van het naturalisatieverzoek zestien of zeventien jaar oud is, is voor medenaturalisatie vereist dat het kind onmiddellijk voorafgaand aan het naturalisatieverzoek onafgebroken drie jaar toelating en hoofdverblijf en, vanaf het tijdstip van het indienen van het verzoek, toelating voor onbepaalde tijd en hoofdverblijf (zie art. 1, aant. 6 en 7) in het Koninkrijk heeft (zie ook aant. 6). Daarnaast mogen er geen ernstige vermoedens over slecht gedrag zijn (art. 9, lid 1 onderdeel a en lid 2 art. 9, aant. 1 en 4). Verder dient het kind uitdrukkelijk in te stemmen met de medeverkrijging. Kinderen die ten tijde van het naturalisatieverzoek zestien of zeventien jaar oud zijn dienen ook een verklaring van verbondenheid af te leggen. Bij de inontvangstneming van het naturalisatieverzoek wordt daarom aan hen gevraagd zich bereid te verklaren bij de verkrijging van het Nederlanderschap deze verklaring van verbondenheid af te leggen. De verklaring van verbondenheid is een essentiële voorwaarde voor de verkrijging van het Nederlanderschap; van het afleggen van de verklaring kan alleen vrijstelling worden gegeven als het afleggen van de verklaring van verbondenheid redelijkerwijs niet gevraagd kan worden, bijvoorbeeld in geval van naturalisandi die niet in staat zijn hun wil te bepalen of deze niet kunnen uiten (zie art. 60b lid 5 en 6 Besluit verkrijging en verlies Nederlanderschap). Wordt de verklaring van verbondenheid niet afgelegd dan kan het besluit tot bevestiging van de verlening niet worden uitgereikt en wordt het Nederlanderschap niet verkregen. Vanwege het persoonlijke karakter van de verklaring kan de minderjarige hierin niet worden vertegenwoordigd.

4. Na-naturalisatie minderjarige kinderen (lid 4). Indien het kind niet heeft gedeeld in de optie van de ouder(s) of niet is meegenaturaliseerd, kan het zelfstandig worden genaturaliseerd. Dit kan zich bijvoorbeeld voordoen als het kind ten tijde van het afleggen van de optieverklaring of het indienen van het naturalisatieverzoek van de ouder(s) niet in het Koninkrijk verbleef. Het naturalisatieverzoek dient te worden ingediend door de wettelijke vertegenwoordiger (zie art. 2 lid 3). Voorwaarde is dat het kind onmiddellijk voorafgaand aan het naturalisatieverzoek drie jaar onafgebroken toelating en hoofdverblijf en, vanaf het tijdstip van het indienen van het verzoek, toelating voor onbepaalde tijd en hoofdverblijf (zie art. 1, aant. 6 en 7) in het Koninkrijk heeft. Kinderen die ten tijde van het naturalisatieverzoek zestien of zeventien jaar oud zijn dienen ook een verklaring van verbondenheid af te leggen. Bij de inontvangstneming van het naturalisatieverzoek wordt daarom aan hen gevraagd zich bereid te verklaren bij de verkrijging van het Nederlanderschap deze verklaring van verbondenheid af te leggen. De verklaring van verbondenheid is een essentiële voorwaarde voor de verkrijging van het Nederlanderschap; van het afleggen van de verklaring kan alleen vrijstelling worden gegeven als het afleggen van de verklaring van verbondenheid redelijkerwijs niet gevraagd kan worden, bijvoorbeeld in geval van naturalisandi die niet in staat zijn hun wil te bepalen of deze niet kunnen uiten (zie art. 60b lid 5 en 6 Besluit verkrijging en verlies Nederlanderschap). Wordt de verklaring van verbondenheid niet afgelegd dan kan het besluit tot bevestiging van de verlening niet worden uitgereikt en wordt het Nederlanderschap niet verkregen. Vanwege het persoonlijke karakter van de verklaring kan de minderjarige hierin niet worden vertegenwoordigd. **Kinderen geboren ná optieverklaring of naturalisatieverzoek.** De periode van toelating en hoofdverblijf geldt niet voor kinderen die zijn geboren nadat hun ouders de optieverklaring hebben afgelegd of het naturalisatieverzoek hebben ingediend. Is het kind geboren nadat de optie is bevestigd of nadat het Nederlanderschap aan zijn ouder(s) is verleend, dan verkrijgt het op grond van art. 3 lid 1 de Nederlandse nationaliteit. **Instemming en openbare orde.** Indien het kind op het tijdstip van indiening van het naturalisatieverzoek zestien of zeventien jaar oud is, dient het uitdrukkelijk in te stemmen met de verkrijging en mogen er geen ernstige vermoedens over slecht gedrag zijn (art. 9 lid 1 onderdeel a en lid 2 en art. 9, aant. 1 en 4).

5. Tijdens de procedure meerderjarig geworden kinderen (lid 5). Kinderen die niet hebben gedeeld in de optie van hun ouder(s) of niet zijn meegenaturaliseerd, omdat zij ná het afleggen van de optieverklaring of het indienen van het naturalisatieverzoek van de ouder(s) en vóór de bevestiging of verlening van het Nederlanderschap meerderjarig (art. 1 lid 1 onderdeel b) zijn geworden, kunnen zelfstandig worden genaturaliseerd. Voorwaarde is dat het kind onmiddellijk voorafgaand aan het naturalisatieverzoek drie jaar onafgebroken toelating en hoofdverblijf en, vanaf het tijdstip van het indienen van het verzoek, toelating voor onbepaalde tijd en hoofdverblijf (zie art. 1, aant. 6 en 7) in het Koninkrijk heeft. De periode van toelating en hoofdverblijf moet aangevangen zijn vóór het bereiken van de meerderjarigheid. Verder moet het kind een verklaring van verbondenheid afleggen. Bij de inontvangstneming van het naturalisatieverzoek wordt daarom aan betrokkene gevraagd zich bereid te verklaren bij de verkrijging van het Nederlanderschap deze verklaring van verbondenheid af te leggen. De verklaring van verbondenheid is een essentiële voorwaarde voor de verkrijging van het Nederlanderschap; van het afleggen van de verklaring kan alleen vrijstelling worden gegeven als het afleggen van de verklaring van verbondenheid redelijkerwijs niet gevraagd kan worden, bijvoorbeeld als het kind niet in staat is zijn wil te bepalen of deze niet kan uiten (zie art. 60b lid 5 en 6 Besluit verkrijging en verlies Nederlanderschap). Wordt de verklaring van verbondenheid niet afgelegd dan kan het besluit tot verlening niet worden uitgereikt en wordt het Nederlanderschap niet verkregen. Daarnaast mogen er geen ernstige vermoedens over slecht gedrag zijn (art. 9 lid 1 onderdeel a en lid 2 en art. 9, aant. 1 en 4).

6. Medenaturalisatie van in het buitenland verblijvende kinderen (lid 6). Minderjarige kinderen van ouders die hoofdverblijf hebben in het buitenland en genaturaliseerd worden op grond van art. 8 lid 2, delen in die naturalisatie. Voor hen geldt de voorwaarde van toelating en van hoofdverblijf in het Koninkrijk (lid 2 en 3) niet. **Vereisten.** Het kind dient feitelijk tot het gezin te behoren en mag niet wonen in het land waarvan het de nationaliteit heeft. Voor kinderen van zestien en zeventien jaar geldt daarnaast dat er geen ernstige vermoedens over slecht gedrag mogen zijn (art. 9 lid 1 onderdeel a en lid 2 en art. 9, aant. 1 en 4) en dat zij uitdrukkelijk dienen in te stemmen met de medeverkrijging.

7. Afgeleide verkrijging van het Nederlanderschap (lid 7). Wanneer het minderjarige kind, dat door medenaturalisatie het Nederlanderschap verkrijgt, reeds zelf een kind heeft, dan verkrijgt ook dit kleinkind onder dezelfde voorwaarden als het kind de Nederlandse nationaliteit.

8. Adoptie (lid 8). Indien de adoptiefouder door naturalisatie het Nederlanderschap verkrijgt, delen de minderjarige geadopteerde kinderen in die naturalisatie. Dit geldt echter alleen als die adoptieconform de regels van het Nederlands internationaal privaatrecht tot stand is gekomen en tussen het kind en de adoptanten door die adoptie familierechtelijke betrekkingen zijn ontstaan. Wanneer sprake is van de zogenaamde zwakke adoptie, dat wil zeggen een adoptie met slechts beperkte rechtsgevolgen bijvoorbeeld alleen voor wat betreft het gezag over het kind, verkrijgt het geadopteerde kind niet door medenaturalisatie de Nederlandse nationaliteit.

9. Oud recht en overgangsrecht. Tot 1 april 2003 werd in het naturalisatiebesluit van de ouder(s) niet uitdrukkelijk bepaald welke minderjarige kinderen werden meegenaturaliseerd. Uitgangspunt was dat minderjarige kinderen werden meegenaturaliseerd, tenzij in het naturalisatiebesluit van de ouder(s) ten aanzien van het desbetreffende minderjarige kind een voorbehoud was gemaakt. Ten aanzien van minderjarige kinderen aan wie geen verblijf voor onbepaalde tijd in Nederland of de voormalige Nederlandse Antillen of Aruba was toegestaan werd steeds een algemeen voorbehoud gemaakt. Volgens HR13 oktober 1995, *LJN* ZC1844 was een dergelijk algemeen voorbehoud rechtsgeldig (zie tevens HR 28 februari 1997, *LJN* ZC2304). In de periode tot medio april 1991 werden geen algemene, maar individuele voorbehouden gemaakt; als bekend was dat de te naturaliseren ouder(s) een minderjarig kind had(den) dat niet in het Koninkrijk verbleef, of indien het kind twaalf jaar of ouder was en had meegedeeld niet meegenaturaliseerd te willen worden. Als geen individueel voorbehoud in het naturalisatiebesluit was opgenomen, gold het kind als meegenaturaliseerd met zijn ouders, ook al woonde het ten tijde van het verzoek in het buitenland (Rb. Den Haag 5 februari 2009, 304100/HA RK 08-1421, niet gepubliceerd). **Verblijf in de voormalige Nederlandse Antillen.** Zie art. 29; op grond van deze bepaling telt de periode van hoofdverblijf die voor 10 oktober 2010 is doorgebracht in de voormalige Nederlandse Antillen mee voor de vereiste termijn van hoofdverblijf in Aruba, Curaçao, Sint Maarten en de openbare lichamen Bonaire, Sint Eustatius of Saba.

Artikel 12

1. Indien de verzoeker geen geslachtsnaam of voornaam heeft of indien de juiste spelling daarvan niet vaststaat, zullen deze in overleg met hem worden vastgesteld bij het besluit waarbij het Nederlanderschap wordt verleend.
2. De naam van de verzoeker wordt zonodig in de in het Koninkrijk gebruikelijke lettertekens overgebracht en kan, indien dit voor de inburgering van belang is, met toestemming van de verzoeker bij het besluit tot verlening van het Nederlanderschap worden gewijzigd.
[19-12-1984, Stb. 628, i.w.tr. 01-01-1985/kamerstukken 16947]

[Geslachts- en voornaam]

1. Naamsvaststelling (lid 1). Vaststelling van geslachtsnaam of voornaam is blijkens dit artikellid mogelijk indien de verzoeker geen geslachtsnaam of voornaam heeft of als de *juiste spelling* daarvan niet bekend is. **Overleg.** De naamsvaststelling kan niet zonder overleg met de betrokkene geschieden. **Vorm.** De naamsvaststelling geschiedt in het desbetreffende naturalisatiebesluit.

2. Naamswijziging (lid 2). Naam. Niet in de wetsbepaling is opgenomen of de wijziging betrekking kan hebben op de geslachtsnaam of voornaam of beiden. Uit de circulaire 'Handleiding voor de toepassing van de Rijkswet op het Nederlanderschap 2003' blijkt dat voor wijziging van uitsluitend de voornaam in de naturalisatieprocedure geen ruimte bestaat. Zo'n uitsluitende voornaamswijziging kan alleen worden gerealiseerd door middel van de daarvoor bestemde rechtbankprocedure (art. 1:4 lid 4 BW). Naamswijziging bij naturalisatie is blijkens de Handleiding alleen mogelijk als verzoeker een samengestelde geslachtsnaam heeft, als de vrouw door huwelijk de naam van haar echtgenoot heeft verkregen, als de vrouw een verbogen geslachtsnaam heeft of als de geslachts- en voornamen moeilijk uitspreekbaar zijn. **Toestemming.** Naamswijziging is alleen mogelijk met toestemming van de verzoeker. **Inburgering.** Alleen als die naamswijziging van belang is voor de inburgering is deze bij naturalisatie mogelijk. Men denke in dat verband bijvoorbeeld aan voor Nederlanders moeilijk uitspreekbare namen. **Overbrenging in gebruikelijke lettertekens.** Een naam uit een alfabet met voor Nederland ongebruikelijke lettertekens, zoals bijvoorbeeld het Grieks alfabet, wordt als dit nodig is getranslitteerd in de bij ons gebruikelijke lettertekens. **Toestemming.** Dit artikellid schrijft niet voor dat verzoeker voor de translitteratie toestemming moet geven. Overleg met verzoeker is echter wel gewenst om strijd met art. 52 VWEU te voorkomen. Dit artikel moet blijkens een uitspraak van het Hof van Justitie van de Europese Gemeenschappen (C-168/91: *C. Konstantinidis/Stadt Altensteig e.a.*) aldus worden uitgelegd dat het zich ertegen verzet dat een Grieks onderdaan door de toepasselijke nationale wetgeving wordt gedwongen in de uitoefening van zijn beroep een zodanige schrijfwijze van zijn naam te gebruiken dat de uitspraak ervan wordt vervalst en dat de daaruit voortvloeiende vervorming hem blootstelt aan het gevaar van persoonsverwisseling bij zijn potentiële clientèle.

Artikel 13

1. Bij algemene maatregel van rijksbestuur worden regelen gesteld betreffende het recht dat verschuldigd is voor het afleggen en de behandeling van de verklaring van optie en van het verzoek tot verlening van het Nederlanderschap, de gevallen en de mate waarin daarvan ontheffing kan worden verleend en de wijze waarop het moet worden voldaan.
2. Bij algemene maatregel van rijksbestuur worden regelen gesteld betreffende het bewijs van toelating tot één van de landen van het Koninkrijk.
[21-12-2000, Stb. 618, i.w.tr. 01-04-2003/kamerstukken 25891]

[Verschuldigd recht]

1. Leges (lid 1). In het Besluit optie- en naturalisatiegelden 2002 is geregeld welk bedrag aan leges betaald moet worden voor naturalisatie en optie.

2. Bewijs van toelating (lid 2). In het Besluit bericht omtrent toelating is het bewijs van toelating nader geregeld.

HOOFDSTUK 5
Verlies van het Nederlanderschap

Artikel 14

1. Onze Minister kan de verkrijging of verlening van het Nederlanderschap intrekken, indien zij berust op een door de betrokken persoon gegeven valse verklaring of bedrog, dan wel op het verzwijgen van enig voor de verkrijging of verlening relevant feit. De intrekking werkt terug tot het tijdstip van verkrijging of verlening van het Nederlanderschap. De intrekking is niet mogelijk indien sedert de verkrijging of verlening een periode van twaalf jaar is verstreken. De derde volzin is niet van toepassing indien de betrokken persoon is veroordeeld voor een van de misdrijven, omschreven in de artikelen 6, 7, 8 en 8 bis van het op 17 juli 1998 te Rome tot stand gekomen Statuut van Rome inzake het Internationale Strafhof (*Trb.* 2000, 120 en *Trb.* 2011, 73).

2. Onze Minister kan het Nederlanderschap intrekken van de persoon die onherroepelijk is veroordeeld wegens:

a. een misdrijf omschreven in de titels I tot en met IV van het Tweede Boek van het Nederlandse Wetboek van Strafrecht, waarop naar de wettelijke omschrijving een gevangenisstraf van acht jaar of meer is gesteld;
b. een misdrijf als bedoeld in de artikelen 83, 134a of 205 van het Nederlandse Wetboek van Strafrecht;
c. een misdrijf dat soortgelijk is aan de misdrijven bedoeld onder a waarop naar de wettelijke omschrijving in de strafwet van een van de landen van het Koninkrijk een gevangenisstraf van acht jaar of meer is gesteld, danwel een misdrijf dat naar de wettelijke omschrijving in de strafwet van een van de landen van het Koninkrijk soortgelijk is aan de misdrijven bedoeld onder b;
d. een misdrijf omschreven in de artikelen 6, 7, 8 en 8 bis van het op 17 juli 1998 te Rome tot stand gekomen Statuut van Rome inzake het Internationale Strafhof (*Trb.* 2000, 120 en *Trb.* 2011, 73).

3. Onze Minister kan het Nederlanderschap intrekken van de persoon die de leeftijd van zestien jaar heeft bereikt en die zich vrijwillig in vreemde krijgsdienst begeeft van een staat die betrokken is bij gevechtshandelingen tegen het Koninkrijk dan wel tegen een bondgenootschap waarvan het Koninkrijk lid is.

4. Onze Minister kan in het belang van de nationale veiligheid het Nederlanderschap intrekken van een persoon die de leeftijd van achttien jaar heeft bereikt en die zich buiten het Koninkrijk bevindt, indien uit zijn gedragingen blijkt dat hij zich heeft aangesloten bij een organisatie die door Onze Minister, in overeenstemming met het gevoelen van de Rijksministerraad, is geplaatst op een lijst van organisaties die deelnemen aan een nationaal of internationaal gewapend conflict en een bedreiging vormen voor de nationale veiligheid.

5. De persoon die de Nederlandse nationaliteit heeft verloren op grond van het tweede, derde of vierde lid kan de Nederlandse nationaliteit niet herkrijgen. Wij kunnen, de Raad van State van het Koninkrijk gehoord, in bijzondere gevallen van de eerste zin afwijken, indien ten minste vijf jaren zijn verstreken sedert het verlies van de Nederlandse nationaliteit.

6. Het Nederlanderschap wordt door een minderjarige verloren door het vervallen van de familierechtelijke betrekking waaraan het wordt ontleend ingevolge artikel 3, 4, 5, 5a, 5b, 5c, of 6, eerste lid, aanhef en onder c, alsmede ingevolge artikel 4 zoals dit luidde tot de inwerkingtreding van de Rijkswet tot wijziging van de Rijkswet op het Nederlanderschap met betrekking tot de verkrijging, de verlening en het verlies van het Nederlanderschap van 21 december 2000, *Stb.* 618 en ingevolge artikel 5 zoals dat luidde tot de inwerkingtreding van de Rijkswet van 3 juli 2003 tot wijziging van de Rijkswet op het Nederlanderschap in verband met de totstandkoming van de Wet conflictenrecht adoptie (*Stb.* 284). Het verlies bedoeld in de eerste zin treedt niet in indien de andere ouder op het tijdstip van het vervallen van die betrekking Nederlander is of dat was ten tijde van zijn overlijden. Het verlies treedt evenmin in indien het Nederlanderschap ook kan worden ontleend aan artikel 3, derde lid, of aan artikel 2, onder a, van de Wet van 12 december 1892 op het Nederlanderschap en het ingezetenschap (*Stb.* 268).

7. Het Nederlanderschap wordt niet verloren dan krachtens een van de bepalingen van dit hoofdstuk.

8. Met uitzondering van het geval, bedoeld in het eerste lid, heeft geen verlies van het Nederlanderschap plaats indien staatloosheid daarvan het gevolg zou zijn.

9. De in het vierde lid bedoelde lijst wordt na vaststelling of wijziging toegezonden aan de Tweede Kamer der Staten-Generaal, aan de Staten van Aruba, aan die van Curaçao en aan die van Sint Maarten en wordt gepubliceerd in de *Staatscourant*, in het *Afkondigingsblad van Aruba*, in het *Publicatieblad van Curaçao* en in het *Afkondigingsblad van Sint Maarten*.

10. Bij of krachtens algemene maatregel van rijksbestuur worden nadere regels gesteld omtrent de elementen die betrokken worden bij de belangenafweging inzake een beslissing omtrent intrekking van het Nederlanderschap op grond van het eerste, tweede, derde of vierde lid.

[23-02-2022, Stb. 84, i.w.tr. 28-02-2022/kamerstukken 35934]

[Verlies van het Nederlanderschap]

1. Algemeen. In dit artikel zijn de gevallen opgesomd waarin het Nederlanderschap kan worden verloren. **Terugwerkende kracht.** Het verlies van het Nederlanderschap werkt, met uitzondering van verlies door intrekking van het Nederlanderschap in geval van fraude (zie aant. 2), niet terug (art. 2, aant. 1).

2. Intrekking Nederlanderschap wegens fraude (lid 1). Indien een persoon door frauduleus handelen het Nederlanderschap heeft verkregen, kan de minister (zie art. 1, aant. 1) de verkrijging of verlening van het Nederlanderschap intrekken. Onder frauduleus handelen wordt begrepen het verstrekken van onjuiste informatie of het verzwijgen van informatie die voor de verkrijging of verlening van het Nederlanderschap relevant is. In beginsel is niet relevant of de onjuiste gegevens zijn aangevoerd door de al dan niet meerderjarige betrokkene zelf of namens hem door een derde, bijvoorbeeld de wettelijk vertegenwoordiger of de gemachtigde. Het gaat erom dat de fraude de betrokkene kan worden toegerekend (NV, *Kamerstukken II* 1998/99, 25891, 5, p. 23). Deze bepaling is ingevoegd bij Rijkswet van 21 december 2000, *Stb.* 2000, 618. **Discretionaire bevoegdheid.** Uitgangspunt is dat bij geconstateerde fraude tot intrekking wordt overgegaan, maar in een voorkomend geval kan sprake zijn van bijzondere individuele omstandigheden op grond waarvan van intrekking wordt afgezien, te denken valt aan overheidsfouten die mede tot de onterechte verlening hebben geleid (NV II, *Kamerstukken II* 1998/99, 25891,

5, p. 23). In de afweging om tot intrekking over te gaan, zal worden meegewogen: a. de aard en ernst van het bedrog, de valse verklaring of de verzwijging; b. de eventuele staatloosheid na intrekking; c. de tijdsduur die sinds de verkrijging of verlening is verlopen; en d. overige relevante factoren (zie art. 68 lid 1 BvvN). **Terugwerkende kracht.** De intrekking werkt terug tot het moment van verkrijging of verlening van het Nederlanderschap. Een uitzondering geldt voor de gevallen waarin het Nederlanderschap is verleend vóór 1 april 2003. In die gevallen werkt de intrekking terug tot die datum (zie art. II bij de Rijkswet van 21 december 2000, *Stb.* 618, deze overgangsbepaling is achter deze Rijkswet opgenomen). **Vervaltermijn.** Heeft de verkrijging of verlening van het Nederlanderschap twaalf jaar of langer geleden plaatsgevonden dan is intrekking niet meer mogelijk. Uitzondering: géén vervaltermijn geldt in de gevallen waarin de betrokken persoon is veroordeeld voor een van de misdrijven omschreven in art. 6, 7, 8 en 8 bis van het Statuut van het Internationaal Strafhof (*Trb.* 2000, 120 en *Trb.* 2011, 73). Het betreft genocide, misdrijven tegen de menselijkheid, oorlogsmisdrijven en het misdrijf agressie. **Staatloosheid.** Intrekking krachtens lid 1 is ook mogelijk indien dit staatloosheid tot gevolg heeft (zie aant. 9). **Procedure.** Gezien het belang van het bezit van het Nederlanderschap, in het bijzonder als het verlies daarvan zou leiden tot staatloosheid, is de procedure tot intrekking wegens fraude omgeven met bijzondere waarborgen. De procedure is beschreven in art. 66-70 BvvN (opgenomen als bijlage). De procedure biedt de rechtstreeks betrokken personen en autoriteiten de mogelijkheid tot het inbrengen van bedenkingen, waardoor de minister (zie art. 1, aant. 1) zoveel mogelijk argumenten pro en contra de intrekking van het Nederlanderschap tegen elkaar kan afwegen. In dit verband is ook van belang het arrest van het Hof van Justitie van de Europese Unie (HvJ EU 2 maart 2010, ECLI:EU:C:2010:104 (*Rottmann/Freistaat Bayern*)). Het HvJ EU oordeelde dat het op zichzelf is toegestaan om de nationaliteit in te trekken als deze door bedrog is verkregen, maar dat de intrekking wel moet voldoen aan het evenredigheidsbeginsel. Dit impliceert dat er een individuele belangenafweging moet plaatsvinden alvorens de nationaliteit verloren gaat. Nagegaan moet worden of dit verlies gerechtvaardigd is in het licht van de ernst van de door de betrokkene gepleegde inbreuk, het tijdsverloop tussen de naturalisatie en het intrekkingsbesluit en de mogelijkheid voor de betrokkene om zijn vroegere nationaliteit terug te krijgen. Tevens moeten de algemene beginselen van behoorlijk bestuur in acht worden genomen (ABRvS, ECLI:NL:RVS:2020:2980). Volgens art. 69 BvvN dient de minister een besluit tot intrekking op grond van art. 14 lid 1 uiterlijk te nemen binnen zestien weken nadat hij mededeling van zijn voornemen tot intrekking heeft gedaan. De Rechtbank Rotterdam heeft evenwel geoordeeld dat dit een niet fatale termijn betreft (Rb. Rotterdam 13 november 2009, AWB 09/1733, niet gepubliceerd). Tegen de beslissing tot intrekking van het Nederlanderschap kan krachtens de Algemene wet bestuursrecht een bezwaarschrift worden ingediend en vervolgens beroep worden ingesteld bij de bestuursrechter. **Naturalisatie onder valse naam.** Vóór 1 april 2003 konden reeds maatregelen worden getroffen als een vreemdeling door overlegging van valse papieren op een valse naam genaturaliseerd was. De frauduleuze vreemdeling werd dan in het algemeen geacht nooit te zijn genaturaliseerd. Immers het naturalisatiebesluit heeft geen betrekking op zijn persoon maar op een persoon met een andere naam en identiteit. De persoon met de andere naam en identiteit wordt evenmin geacht te zijn genaturaliseerd, omdat aan het naturalisatiebesluit geen verzoek tot naturalisatie zijnerzijds ten grondslag ligt (Rb. Den Haag 4 januari 1989, 88/5641, niet gepubliceerd). Bij uitspraak van 11 november 2005 heeft de Hoge Raad bevestigd dat een naturalisatiebesluit waarin valse of fictieve persoonsgegevens zijn opgenomen – behoudens bijzondere omstandigheden – betrokkene niet identificeert en daarom geen rechtsgevolg heeft. Er is dus geen besluit nodig waarbij het Nederlanderschap wordt ingetrokken (ECLI:NL:HR:2005:AT7542). De brief waarbij door de minister (zie art. 1, aant. 1) aan betrokkene wordt meegedeeld dat het naturalisatiebesluit te zijnen aanzien geen rechtsgevolg heeft, is geen beschikking in de zin van de Algemene wet bestuursrecht. Voor betrokkene staat de verzoekschriftenprocedure van art. 17 RWN open (Rb. Rotterdam 30 oktober 2008, AWB 07/3026, niet gepubliceerd). In dit kader is ook van belang dat een persoon alleen mogelijke bescherming van het EU-verdrag (zie de Inleidende opmerkingen, aant. 7) toekomt indien deze (eerder) onderdaan is (geweest) van een lidstaat van de EU; als betrokkene geacht moet worden nimmer door naturalisatie het Nederlanderschap te hebben verkregen en nooit een andere EU-nationaliteit heeft gehad, is daarvan geen sprake (Rb. Breda 15 juli 2011, 11/1380 RWNL, niet gepubliceerd). Bij uitspraak van 30 juni 2006 (*LJN* AV0054) heeft de Hoge Raad vervolgens geoordeeld dat een ná 1 april 2003 verleend naturalisatiebesluit wél rechtsgevolg heeft zolang het niet met toepassing van art. 14 lid 1 RWN is ingetrokken. Dit geldt (ook) in gevallen waarin de aanvrager weliswaar zijn personalia niet juist heeft opgegeven en het besluit hem derhalve niet met de juiste personalia aanduidt, maar niet in twijfel is dat het op deze persoon betrekking heeft. In het voorliggende geval betrof het echter een vóór 1 april 2003 verleend naturalisatiebesluit, zodat de regel zoals geformuleerd in de uitspraak van 11 november 2005 van toepassing was, namelijk dat het besluit enig rechtsgevolg ontbeert behoudens bijzondere omstandigheden. Voor een beroep op bijzondere omstandigheden is nodig dat omtrent de ware identiteit van de aanvrager bij de instanties die de aanvraag moeten onderzoeken en beoordelen een zodanige duidelijkheid heeft bestaan dat niet gezegd kan worden dat de onjuistheid van de persoonsgegevens hun onderzoek en beoordeling belemmerd heeft.

3. Intrekking Nederlanderschap wegens onherroepelijke veroordeling (lid 2). De minister kan het Nederlanderschap intrekken van degene die onherroepelijk veroordeeld is voor een misdrijf dat zich richt tegen de essentiële belangen van het Koninkrijk. **Welke misdrijven.** ***Onderdeel a.*** Het moet gaan om een onherroepelijke veroordeling wegens een misdrijf tegen de veiligheid van de staat (Wetboek van Strafrecht, Boek II, titel I), een misdrijf tegen de koninklijke waardigheid (Wetboek van Strafrecht, Boek II, titel II), een misdrijf tegen hoofden van bevriende staten en andere internationaal beschermde personen (Wetboek van Strafrecht, Boek II, titel III), een misdrijf betreffende de uitoefening van staatsplichten en staatsrechten (Wetboek van Strafrecht, Boek II, titel IV). ***Onderdeel b.*** Intrekking is ook mogelijk als het gaat om een onherroepelijke veroordeling wegens een terroristisch misdrijf (art. 83 Sr). In art. 83 van het Nederlandse Wetboek van Strafrecht worden de misdrijven opgesomd die, indien zij zijn begaan met een terroristisch oogmerk, gelden als terroristisch misdrijf. Onder terroristisch oogmerk wordt volgens art. 83a Sr verstaan: het oogmerk om de bevolking of een deel van de bevolking van een land ernstige vrees aan te jagen, dan wel een overheid of internationale organisatie wederrechtelijk te dwingen iets te doen, niet te doen of te dulden, dan wel de fundamentele politieke, constitutionele, economische of sociale structuren van een land of een internationale organisatie ernstig te ontwrichten of te vernietigen. Verder kan het Nederlanderschap worden ingetrokken van een persoon die onherroepelijk is veroordeeld op grond van art. 134a Sr. Het gaat hierbij om gevallen waarin sprake is van hulp bij het plegen van terroristische activiteiten of bij de voorbereiding van dergelijke activiteiten. Tot slot is intrekking mogelijk als er sprake is van een onherroepelijke veroordeling op grond van art. 205 Sr; het zonder toestemming van de Koning(in) werven van personen voor een vreemde krijgsdienst of gewapende strijd, welke strijd tegen het Koninkrijk is gericht. ***Onderdeel c.*** Intrekking van het Nederlanderschap is ook mogelijk na onherroepelijke veroordeling voor equivalente misdrijven in een van de Caribische landen van het Koninkrijk. ***Onderdeel d.*** Intrekking van het Nederlanderschap is ook mogelijk na onherroepelijke veroordeling wegens een van de misdrijven bedoeld in art. 6, 7, 8 en 8 bis van het Statuut van het Internationaal Strafhof (genocide, misdrijven tegen de menselijkheid, oorlogsmisdrijven en het misdrijf agressie). **Commune misdrijven.** Commune misdrijven, hoe ernstig ook, kunnen niet leiden tot intrekking van het Nederlanderschap. Zie in dit verband ook art. 7 Europees Verdrag inzake nationaliteit. **Geen verlies van rechtswege.** Uit de onherroepelijke veroordeling blijkt reeds dat betrokkene de essentiële belangen van het Koninkrijk heeft geschaad, maar aan die veroordeling is niet automatisch het verlies van het Nederlanderschap verbonden. De minister beoordeelt of de schending van de essentiële belangen van het Koninkrijk zo ernstig is dat de intrekking van het Nederlanderschap hiervan het gevolg dient te zijn. Tegen het besluit van de minister staat bestuursrechtelijke rechtsbescherming open. Belanghebbenden kunnen bezwaar maken waarna beroep bij de bestuursrechter mogelijk is. De procedure van intrekking van het Nederlanderschap is beschreven in art. 66-70 BvvN (opgenomen als bijlage). Voordat de beslissing tot intrekking wordt genomen, wordt het voornemen tot intrekking van het Nederlanderschap met redenen omkleed schriftelijk aan de betrokken persoon kenbaar gemaakt. Tegen dit voornemen kan betrokkene bedenkingen inbrengen, waarbij onder meer individuele feiten en omstandigheden naar voren kunnen worden gebracht. De ABRvS heeft geoordeeld dat intrekking moet worden gezien als een bestuursrechtelijke ordemaatregel en niet als een punitieve sanctie. Bovendien is de maatregel niet discriminatoir te achten (ECLI:NL:RVS:2020:3045). **Pleegdatum.** Intrekking is mogelijk als een dergelijk misdrijf gepleegd is nadat het Nederlanderschap is verkregen. Intrekking op grond van lid 1 is alleen mogelijk als er sprake is van misdrijven of (buitenlandse) veroordelingen die een afwijzingsgrond zouden kunnen vormen voor optie of naturalisatie en die hebben plaatsgehad voorafgaand aan de naturalisatie of optie en die zijn verzwegen in de procedure. **Overgangsrecht.** Op grond van art. II lid 3 Rijkswet van 17 juni 2010 (*Stb.* 2010, 242) is intrekking van het Nederlanderschap ingevolge lid 2 wegens het plegen van een misdrijf als bedoeld in art. 83 of 205 Sr alleen mogelijk als het misdrijf gepleegd is na 1 oktober 2010. De tekst van dit art. II lid 3 luidt: "3. De in artikel I, onderdeel G, subonderdeel 2, genoemde wijziging (van art. 14 lid 2; *red.*) is niet van toepassing op misdrijven gepleegd voor de datum van inwerkingtreding van dit subonderdeel van deze Rijkswet." Op grond van art. II Rijkswet van 5 maart 2016 (*Stb.* 2016, 121) is intrekking van het Nederlanderschap ingevolge lid 2 wegens het plegen van een misdrijf als bedoeld in art. 134a Sr niet mogelijk als de veroordeling onherroepelijk is geworden voor 31 maart 2016. De tekst van dit art. II luidt: "Artikel II. Het intrekken van het Nederlanderschap op grond van artikel 14, tweede lid, onderdeel b, wegens een misdrijf als bedoeld in artikel 134a van het Nederlandse Wetboek van Strafrecht is niet toegestaan in geval van een veroordeling wegens dit misdrijf, die onherroepelijk is geworden voor het tijdstip van inwerkingtreding van deze Rijkswet."

4. Intrekking Nederlanderschap wegens het treden in vreemde krijgsdienst (lid 3). De minister kan het Nederlanderschap intrekken als een persoon vrijwillig in vreemde krijgsdienst treedt. Vereisten: 1. betrokkene moet de leeftijd van zestien jaar hebben bereikt; 2. het moet gaan om een krijgsdienst van een staat die betrokken is bij gevechtshandelingen tegen het Koninkrijk dan wel tegen een bondgenootschap waarvan het Koninkrijk lid is. Bij gevechtshandelingen tegen een bondgenootschap waarvan het Koninkrijk lid is, kan worden gedacht aan gevechtshandelingen tegen de NAVO of WEU. Tot 1 maart 2017 leidden deze omstandigheden van rechtswege tot verlies van het Nederlanderschap (art. 15 lid 1 onderdeel e (oud)).

5. Intrekking van het Nederlanderschap in het belang van de nationale veiligheid (lid 4). De minister kan het Nederlanderschap intrekken in het belang van de nationale veiligheid. Vereisten: 1. betrokkene moet de leeftijd van achttien jaar hebben bereikt; 2. hij moet zich buiten het Koninkrijk bevinden; 3. uit diens gedragingen moet blijken dat hij zich heeft aangesloten bij een organisatie die deelneemt aan een nationaal of internationaal gewapend conflict en een bedreiging vormt voor de nationale veiligheid. Of sprake is van 'aansluiting' wordt beoordeeld aan de hand van een de combinatie van feitelijke handelingen en de intentie zoals deze uit de gedragingen van betrokkene kenbaar worden; 4. die organisatie moet door de minister, in overeenstemming met het gevoelen van de Rijksministerraad, zijn geplaatst op een daartoe bestemde lijst. De lijst wordt na vaststelling of wijziging gestuurd aan de Tweede Kamer, de Staten van Aruba, aan die van Curaçao en aan die van Sint Maarten en wordt gepubliceerd in de *Staatscourant*, in het Afkondigingsblad van Aruba, in het Publicatieblad van Curaçao en in het Afkondigingsblad van Sint Maarten (zie lid 9). Een voorafgaande strafrechtelijke veroordeling is niet vereist. Evenmin is vereist dat betrokkene zelf geweld heeft gebruikt *(Kamerstukken II* 2015/16, 34356, 3, p. 7*)*. Per geval moet de minister een individuele afweging maken waarbij onder meer rekening wordt gehouden met de proportionaliteit, het eventuele belang van opsporing, vervolging en berechting, gevolgen van verlies van het Unieburgerschap en zeer bijzondere persoonlijke omstandigheden (zie ook art. 68c BvvN). Zie voor de specifieke procedure in het kader van rechtsbescherming art. 22A-22C. Na intrekking wordt betrokkene ongewenst vreemdeling verklaard. ECLI:NL:HR:2010:BM4087. **Horizonbepaling.** Op grond van art. IA van de Rijkswet van 10 februari 2017 (*Stb.* 2017, 52), dat op 1 maart 2017 in werking is getreden en bij Rijkswet van 23 februari 2022 (*Stb.* 2022, 84) is gewijzigd, vervalt art. 14 lid 4 tien jaar na inwerkingtreding (1 maart 2027). De maatregel van lid 4 wordt zo ingrijpend geacht dat uitdrukkelijke bezinning over de wenselijkheid van de maatregel over tien jaar gewenst werd geacht.

6. Geen herkrijging Nederlanderschap (lid 5). De persoon die het Nederlanderschap heeft verloren op grond van lid 2, 3 of 4 kan het Nederlanderschap niet meer herkrijgen. Door ontneming van het Nederlanderschap is de band met het Koninkrijk definitief verbroken. **Uitzondering.** In bijzondere gevallen kan – als het Nederlanderschap langer dan vijf jaren geleden is ingetrokken – na advies van de Raad van State van het Koninkrijk het Nederlanderschap toch worden herkregen.

7. Vervallen van familierechtelijke betrekking (lid 6). Als een persoon het Nederlanderschap heeft verkregen op grond van de familierechtelijke betrekking met zijn ouder, zoals bedoeld in art. 3, 4, 5, 5a, 5b, 5c en 6 lid 1 onderdeel c, art. 4 zoals dit luidde tot 1 april 2003 (zie art. 4, aant. 3) en art. 5 zoals dit luidde tot 1 januari 2004 (geboorte, gerechtelijke vaststelling van het vaderschap, adoptie, erkenning en wettiging), verliest het dat weer als de familierechtelijke betrekking later weer komt te vervallen. Men denke in dit verband aan bijvoorbeeld de ontkenning van het vaderschap na de geboorte, de vernietiging van de erkenning of de herroeping van de adoptie. **Minderjarigheid.** Alleen indien het kind op het tijdstip van het vervallen van de familierechtelijke betrekking minderjarig was, treedt verlies van het Nederlanderschap in. **Uitzondering.** Van verlies van het Nederlanderschap door het vervallen van de familierechtelijke betrekking waaraan het Nederlanderschap werd ontleend, is geen sprake als de andere ouder van het kind op het tijdstip van het vervallen van de familierechtelijke betrekking Nederlander is of, als deze inmiddels is overleden, Nederlander was bij zijn overlijden. Evenmin is sprake van verlies van het Nederlanderschap als het kind ook, via de andere ouder, voldoet aan de voorwaarden van het grootouder-artikel ex art. 3 lid 3 RWN of art. 2 onderdeel a W Ned (zie art. 3, aant. 3). Ook als staatloosheid het gevolg zou zijn van dit verlies, wordt het Nederlanderschap niet verloren (zie aant. 9).

8. Verlies op grond van hoofdstuk 5 (lid 7). Behalve door het intrekken van het Nederlanderschap en het vervallen van de familierechtelijke betrekking als in aant. 2-5 en 7 beschreven, kan verlies van het Nederlanderschap zich alleen voordoen in de gevallen van art. 15 en 15A (verlies door een meerderjarige) en art. 16 en 16A (verlies door een minderjarige).

9. Geen verlies bij staatloosheid (lid 8). Verlies van het Nederlanderschap treedt nooit in als staatloosheid daarvan het gevolg zou zijn. Hiermee wordt recht gedaan aan de strekking en inhoud van het Verdrag van New York tot beperking van de staatloosheid (*Trb.* 1967, 124). Een beslissing tot intrekking van het Nederlanderschap heeft geen rechtsgevolg indien staatloosheid daarvan het gevolg zou zijn (Rb. Den Haag 18 augustus 2011, *LJN* BT2338). **Uitzondering.** In geval van frauduleuze verkrijging van het Nederlanderschap kan het Nederlanderschap ook worden ingetrokken indien staatloosheid het gevolg is. Art. 8 Verdrag van New York tot beperking van de staatloosheid staat ontneming van de nationaliteit in dit geval toe, ook als staatloosheid daarvan het gevolg is.

10. Nadere regels bij amvb (lid 10). In het Besluit verkrijging en verlies Nederlanderschap is opgenomen met welke omstandigheden de minister onder meer rekening houdt bij intrekking van het Nederlanderschap op grond van lid 2-4 (zie art. 68a-68c BvvN).

11. Oud recht. Tot 1 april 2003 was er geen expliciete bepaling opgenomen in de Rijkswet met betrekking tot intrekking van het Nederlanderschap in geval van frauduleus handelen. In enkele gevallen waarin een vreemdeling door overlegging van valse papieren op een valse naam genaturaliseerd was, konden al maatregelen worden genomen (zie aant. 2). In art. II Rijkswet van 21 december 2000, *Stb.* 2000, 618 is een overgangsbepaling opgenomen voor de gevallen waarin wordt overgegaan tot intrekking van het Nederlanderschap dat voor 1 april 2003 is verleend. Krachtens art. III van genoemde Rijkswet is aan de verliesbepaling van lid 2 terugwerkende kracht tot 1 januari 1985 verleend. Deze overgangsbepaling is achter deze Rijkswet opgenomen. Zie ook aant. 2.

Artikel 15

1. Het Nederlanderschap gaat voor een meerderjarige verloren:
a. door het vrijwillig verkrijgen van een andere nationaliteit;
b. door het afleggen van een verklaring van afstand;
c. indien hij tevens een vreemde nationaliteit bezit en tijdens zijn meerderjarigheid gedurende een ononderbroken periode van dertien jaar in het bezit van beide nationaliteiten zijn hoofdverblijf heeft buiten Nederland, Aruba, Curaçao en Sint Maarten, en buiten de gebieden waarop het Verdrag betreffende de Europese Unie van toepassing is, anders dan in een dienstverband met Nederland, Aruba, Curaçao of Sint Maarten dan wel met een internationaal orgaan waarin het Koninkrijk is vertegenwoordigd, of als echtgenoot van of als ongehuwde in een duurzame relatie samenlevend met een persoon in een zodanig dienstverband;
d. door intrekking door Onze Minister van het besluit waarbij het Nederlanderschap is verleend, welke kan plaatsvinden, indien de betrokkene heeft nagelaten na de totstandkoming van zijn naturalisatie al het mogelijke te doen om zijn oorspronkelijke nationaliteit te verliezen;
e. door intrekking door Onze Minister van het besluit waarbij de verkrijging van het Nederlanderschap is bevestigd, welke kan plaatsvinden, indien de vreemdeling als bedoeld in artikel 6, eerste lid, onder e, heeft nagelaten na de verkrijging van het Nederlanderschap het mogelijke te doen om zijn oorspronkelijke nationaliteit te verliezen.

2. Het eerste lid, aanhef en onder a, is niet van toepassing op de verkrijger
a. die in het land van die andere nationaliteit is geboren en daar ten tijde van de verkrijging zijn hoofdverblijf heeft;
b. die voor het bereiken van de meerderjarige leeftijd gedurende een onafgebroken periode van tenminste vijf jaren in het land van die andere nationaliteit zijn hoofdverblijf heeft gehad; of
c. die gehuwd is met een persoon die die andere nationaliteit bezit.

3. De periode bedoeld in het eerste lid, onder c, wordt geacht niet te zijn onderbroken indien de betrokkene gedurende een periode korter dan één jaar zijn hoofdverblijf in Nederland, Aruba, Curaçao of Sint Maarten heeft, dan wel in de gebieden waarop het Verdrag betreffende de Europese Unie van toepassing is.

4. De periode, bedoeld in het eerste lid, onder c, wordt gestuit door de verstrekking van een verklaring omtrent het bezit van het Nederlanderschap dan wel van een reisdocument, Nederlandse identiteitskaart of vervangende Nederlandse identiteitskaart in de zin van de Paspoortwet. Vanaf de dag der verstrekking begint een nieuwe periode van dertien jaren te lopen. Indien het Nederlanderschap is herkregen op grond van artikel 6, eerste lid, aanhef en onder p, begint de periode te lopen op de dag dat de optie is bevestigd.

[17-11-2021, Stb. 572, i.w.tr. 01-04-2022/kamerstukken 35859]

[Verlies door een meerderjarige]

1. Algemeen. Dit artikel regelt, evenals art. 15A, het verlies van het Nederlanderschap door een meerderjarige. Verlies van het Nederlanderschap door een minderjarige is afzonderlijk geregeld in art. 16 en 16A. Door een meerderjarige wordt het Nederlanderschap verloren in de navolgende gevallen.

2. Door het vrijwillig verkrijgen van een andere nationaliteit (lid 1 onderdeel a). Alleen indien de wil van betrokkene in vrijheid gericht is geweest op verkrijging van de vreemde nationaliteit, leidt die verkrijging tot verlies van rechtswege van het Nederlanderschap. Daarvan is bijvoorbeeld geen sprake als een Nederlander door huwelijk van rechtswege een andere nationaliteit verkrijgt. Niet iedere verkrijging door uitdrukkelijke wilsverklaring is een vrijwillig verkrijgen van een andere nationaliteit. Rb. Den Haag oordeelde dat indien betrokkene minderjarig was op het moment van het aanvragen van de andere nationaliteit, maar meerderjarig op het moment dat de andere nationaliteit daadwerkelijk wordt toegekend, de minderjarige het Nederlanderschap niet verliest. De rechtbank achtte het onwenselijk dat een ten overstaan van de autoriteiten van de te verkrijgen nationaliteit door een minderjarige afgelegde verklaring afhankelijk van de snelheid waarmee die autoriteiten op een verzoek tot erkenning van de betreffende nationaliteit beslissen, althans afhankelijk van het tijdvak dat de minderjarige nog resteert tot zijn meerderjarigheid, tot verschillende rechtsgevolgen kan leiden (Rb. Den Haag 1 juni 2011, *LJN* BR6201). In een zaak waarin betrokkene een vreemde nationaliteit had aangevraagd om in aanmerking te komen voor een aanzienlijke bijdrage in de kosten voor een operatie in verband met een levensbedreigende ziekte oordeelde Rb. Den Haag dat er evenmin sprake was van vrijwillige verkrijging van een vreemde nationaliteit (Rb. Den Haag 30 juli 2013, ECLI:NL:RBDHA:2013:9480). Zo ook in een zaak waarin betrokkene zijn geboorteakte had laten registreren in de Dominicaanse Republiek en een cédula had aangevraagd om een bakkerij te kunnen opstarten. De rechtbank oordeelde dat de wil van betrokkene niet gericht was op het verkrijgen van de nationaliteit van de Dominicaanse Republiek en derhalve was er geen sprake van vrijwillige verkrijging van een vreemde nationaliteit (Rb. Den Haag 15 augustus 2013, ECLI:NL:RBDHA:2013:10468). **Uitzondering.** In de in lid 2 genoemde gevallen is deze verliesbepaling niet van toepassing (zie aant. 7).

3. Door het afleggen van een afstandsverklaring (lid 1 onderdeel b). Iedere Nederlander die van het Nederlanderschap af wil, kan dat in beginsel doen door het afleggen van een afstandsverklaring. **Uitzondering.** Een afstandsverklaring is niet mogelijk als men uitsluitend het Nederlanderschap bezit omdat daarvan het onaanvaardbare gevolg zou zijn dat betrokkene staatloos wordt (art. 14 lid 4).

4. Door ononderbroken hoofdverblijf te hebben in het buitenland (lid 1 onderdeel c). **Vereisten voor verlies.** Het hebben gedurende een ononderbroken periode van hoofdverblijf (zie art. 1, aant. 7) in het buitenland leidt alleen dan tot verlies van de Nederlandse nationaliteit als is voldaan aan de volgende voorwaarden: a. Periode van dertien jaar. Het moet gaan om een aaneengesloten periode van dertien jaar (zie ook aant. 8 en 9). b. Hoofdverblijf buiten het Koninkrijk en buiten de EU. Alleen als de persoon in kwestie in die tijd hoofdverblijf heeft gehad buiten het Koninkrijk en buiten de Europese Unie, leidt dit tot verlies van het Nederlanderschap. Niet vereist is dat betrokken persoon aaneengesloten in een en hetzelfde land hoofdverblijf heeft gehad. c. Vreemde nationaliteit. De derde voorwaarde voor verlies is dat betrokkene gedurende de aaneengesloten periode van tien jaar naast het Nederlanderschap in bezit moet zijn geweest van een en dezelfde vreemde nationaliteit. d. Meerderjarigheid. Die onafgebroken periode begint pas te lopen na het bereiken van de meerderjarigheid door betrokkene. **Van rechtswege.** Indien aan de hiervoor onder a-d vermelde vereisten is voldaan, betekent dit in de regel van rechtswege verlies van de Nederlandse nationaliteit. **Buiten de EU.** De rechtbank

Den Haag heeft geoordeeld dat de Overeenkomst tussen de Europese Gemeenschap en haar lidstaten enerzijds, en de Zwitserse Bondsstaat anderzijds over het vrije verkeer van personen en wijziging van de Vreemdelingenwet (de Overeenkomst tussen de EU en Zwitserland) niet met zich brengt dat Zwitserland in het kader van deze bepaling moet worden aangemerkt als behorende tot de gebieden waarop het EU-Verdrag van toepassing is (zie Rb. Den Haag 2 april 2015, ECLI:NL:RBDHA:2015:5110). **Uitzondering.** Een uitzondering wordt echter gemaakt voor personen die een dienstverband hebben met Nederland, Aruba, Curaçao of Sint Maarten of met een internationaal orgaan waarin het Koninkrijk is vertegenwoordigd of die de echtgenoot of ongehuwde partner zijn van een persoon met zo'n dienstverband. Daarnaast kan verlies van het Nederlanderschap worden gestuit (zie aant. 9). **Overgangsrecht.** De termijn van dertien jaar gaat in het algemeen pas in op of na 1 april 2003 (zie art. IV lid 1). Zie voor een uitzondering art. IV lid 2 en 3 Rijkswet van 21 december 2000, *Stb.* 618. **Komend recht.** In het Coalitieakkoord 2021-2025 van het Kabinet-Rutte IV (Omzien naar elkaar, vooruitkijken naar de toekomst) is vermeld dat het automatisme waarbij Nederlanders met een meervoudige nationaliteit buiten het EU-grondgebied (na – inmiddels – dertien jaar) hun Nederlanderschap verliezen, wordt herzien. Ook is daarin vermeld dat het voor deze Nederlanders makkelijker moet worden om het Nederlanderschap te behouden naast hun andere nationaliteit of, voor degenen die het na 1 april 2003 verloren, te herkrijgen.

5. Door intrekking van het naturalisatiebesluit (lid 1 onderdeel d). De minister kan het naturalisatiebesluit intrekken als de betrokken persoon niet al het mogelijke heeft gedaan om de oorspronkelijke nationaliteit te verliezen. **Bezwaar en beroep.** Tegen de beslissing tot intrekking van het naturalisatiebesluit kan krachtens de Algemene wet bestuursrecht een bezwaarschrift worden ingediend en vervolgens beroep worden ingesteld bij de bestuursrechter.

6. Door intrekking van de bevestiging van de optie (lid 1 onderdeel e). De minister kan het besluit waarbij de optie is bevestigd intrekken als de betrokken persoon niet al het mogelijke heeft gedaan om de oorspronkelijke nationaliteit te verliezen. Het betreft optanten die op grond van art. 6 lid 1 onderdeel e hebben geopteerd en die op grond van art. 6a afstand behoren te doen van hun oorspronkelijke nationaliteit. **Bezwaar en beroep.** Tegen de beslissing tot intrekking van het naturalisatiebesluit kan krachtens de Algemene wet bestuursrecht een bezwaarschrift worden ingediend en vervolgens beroep worden ingesteld bij de bestuursrechter.

7. Gevallen waarin zich geen verlies voordoet door het vrijwillig verkrijgen van een andere nationaliteit (lid 2). De volgende categorieën personen verliezen, in afwijking van het bepaalde in lid 1 onderdeel a, niet het Nederlanderschap door het vrijwillig verkrijgen van een vreemde nationaliteit: a. personen geboren in het land waarvan zij de nationaliteit verkrijgen (lid 2 onderdeel a). Personen die in het land waarvan zij de nationaliteit verkrijgen zijn geboren en die daar ten tijde van de verkrijging hoofdverblijf (zie art. 1, aant. 7) hebben, verliezen het Nederlanderschap niet door vrijwillige verkrijging van een andere nationaliteit. De Hoge Raad heeft zich in zijn uitspraak van 26 juni 2015 (ECLI:NL:HR:2015:1749) uitgelaten over wat verstaan moet worden onder de woorden 'het land van die andere nationaliteit'. In deze zaak betrof het de verkrijging van de Surinaamse nationaliteit door een persoon die voor de onafhankelijkheid van Suriname aldaar geboren is. Volgens de HR is art. 15 lid 2, gelet op de ratio ervan (bevorderen integratie van (tweede generatie) immigranten die een speciale band, blijkend uit de onder a-c genoemde omstandigheden, hebben met het land waarvan de nationaliteit wordt verkregen) ook van toepassing als een meerderjarige Nederlander vrijwillig de nationaliteit van een nieuwe soevereine staat verkrijgt en op het grondgebied van die staat is geboren voordat het een zelfstandige en soevereine staat werd, en ten tijde van zijn naturalisatie zijn hoofdverblijf in die nieuwe soevereine staat heeft (het geval bedoeld in art. 15 lid 2 aanhef en onderdeel a) dan wel als minderjarige gedurende een onafgebroken periode van ten minste vijf jaren zijn hoofdverblijf heeft gehad op het grondgebied van die staat voordat het een zelfstandige en soevereine staat werd (het geval bedoeld in art. 15 lid 2 aanhef en onderdeel b). Zie ook ECLI:NL:HR:2020:593; b. personen die gedurende hun minderjarigheid in het land waarvan zij de nationaliteit verkrijgen hebben gewoond (lid 2 onderdeel b). Personen die gedurende hun minderjarigheid ten minste een aaneengesloten periode van vijf jaar in het land waarvan zij de nationaliteit verkrijgen hoofdverblijf (zie art. 1, aant. 7) hebben gehad, verliezen het Nederlanderschap niet door vrijwillige verkrijging van een andere nationaliteit; c. echtgenoten (lid 2 onderdeel c). De man of vrouw die de nationaliteit van zijn of haar echtgenoot verkrijgt, verliest het Nederlanderschap niet door vrijwillige verkrijging van een andere nationaliteit. Niet vereist is dat het huwelijk reeds een bepaalde periode in stand is. **Uitzondering.** In de in art. 15A genoemde gevallen verliezen de hiervoor genoemde categorieën personen toch het Nederlanderschap.

8. Onderbreking termijn dertien jaar (lid 3). Eerst indien betrokkene langer dan één jaar hoofdverblijf (zie art. 1, aant. 7) in het Koninkrijk of in de EU heeft, wordt de termijn van dertien jaar bedoeld in lid 1 onderdeel c onderbroken.

9. Stuiting termijn dertien jaar (lid 4). Verlies van het Nederlanderschap krachtens lid 1 onderdeel c kan worden voorkomen. Door de verstrekking van een reisdocument, Nederlandse identiteitskaart of vervangende Nederlandse identiteitskaart in de zin van de Paspoortwet of een verklaring omtrent het bezit van het Nederlanderschap wordt de termijn van dertien jaar bedoeld in lid 1 onderdeel c gestuit. Op de dag dat het reisdocument, (vervangende) identiteitskaart of bewijs van Nederlanderschap is verstrekt, begint een nieuwe verliestermijn van dertien jaar te lopen. Zie ook art. 61 Besluit verkrijging en verlies Nederlanderschap (BvvN). Als het Nederlanderschap op grond van de optiemogelijkheid van artikel 6 lid 1 onder p is herkregen, begint de termijn te lopen op de dag dat de optie is bevestigd. De Hoge Raad heeft geoordeeld dat art. 61 lid 1 BvvN een limitatieve opsomming bevat van documenten welke worden beschouwd als een 'verklaring omtrent het bezit van het Nederlanderschap', namelijk: een onherroepelijke rechterlijke beschikking waarbij het Nederlanderschap is vastgesteld, een uittreksel uit de Basisregistratie Personen (BRP) waaruit blijkt dat betrokkene als Nederlander is aangemerkt en een dergelijke verklaring van de Minister van Buitenlandse Zaken c.q. gemandateerde functionaris bij een Regionale Service Organisatie (RSO). De Hoge Raad oordeelde dat uitsluitend door de verstrekking van zo'n verklaring omtrent het bezit van het Nederlanderschap of door de verstrekking van een Nederlands reisdocument of verstrekking van een Nederlandse identiteitskaart, de verliestermijn van art. 15 lid 1 onderdeel c wordt gestuit en een nieuwe verliestermijn begint te lopen. Een brief van de IND, waarin staat dat men op enig moment het Nederlanderschap heeft verkregen (kopie KB-brief/bewijs van naturalisatie) leidt niet tot stuiting van de verliestermijn (HR 27 maart 2015, ECLI:NL:HR:2015:766).

10. Oud recht en overgangsrecht. Krachtens art. 15 onderdeel c zoals dit luidde tot 1 april 2003 verloren Nederlanders het Nederlanderschap indien zij na hun meerderjarigheid tien jaar ononderbroken hadden gewoond in het land waarin zij zijn geboren en waarvan zij de nationaliteit bezitten. Onderbreking van de verliestermijn was alleen mogelijk door in een ander land dan het geboorteland te gaan wonen of afstand te doen van de nationaliteit van het geboorteland. Voor Nederlanders op wie deze verliesbepaling van toepassing was en die vanaf 1 april 2003 vallen onder de verliesbepaling van art. 15 lid 1 onderdeel c, is een overgangsbepaling opgenomen (zie art. IV lid 2 en 3 Rijkswet van 21 december 2000, *Stb.* 618). Tevens is een overgangsbepaling opgenomen voor personen die vóór die datum het Nederlanderschap al hebben verloren krachtens art. 15 onderdeel c (oud) (zie art. V van genoemde Rijkswet). In de periode van 1 januari 1985 tot 1 april 2003 leidde het in vreemde krijgsdienst treden niet tot verlies van het Nederlanderschap. Verder is lid 1 onderdeel f niet van toepassing op optieverklaringen die zijn afgelegd voor 1 oktober 2010 (zie art. II Rijkswet van 29 juni 2010 (*Stb.* 2010, 242)).

Artikel 15A

Voorts gaat het Nederlanderschap voor een meerderjarige verloren:

a. indien hij ten gevolge van een uitdrukkelijke wilsverklaring door naturalisatie, optie of herstel daarin de nationaliteit verkrijgt van een Staat die Partij is bij het op 6 mei 1963 te Straatsburg gesloten Verdrag betreffende beperking van gevallen van meervoudige nationaliteit en betreffende militaire verplichtingen in geval van meervoudige nationaliteit (*Trb.* 1964, nr. 4) en dit Verdrag dat verlies meebrengt. Het voorgaande is echter niet van toepassing indien die Staat tevens Partij is bij het Tweede Protocol tot wijziging van dat Verdrag (*Trb.* 1994, nr. 265) en de betrokkene behoort tot een van de categorieën, genoemd in artikel 15, tweede lid;

b. indien hij ingevolge de op 25 november 1975 te Paramaribo gesloten Toescheidingsovereenkomst inzake nationaliteiten tussen het Koninkrijk der Nederlanden en de Republiek Suriname (*Trb.* 1975, nr. 132) de Surinaamse nationaliteit verkrijgt.

[21-12-2000, Stb. 618, i.w.tr. 01-04-2003/kamerstukken 25891]

[Verlies door een meerderjarige]

1. Algemeen. Art. 15A is opgenomen om te voorkomen dat art. 15 lid 2 in strijd komt met de volkenrechtelijke verplichtingen die Nederland heeft ten aanzien van bepaalde staten. Het gaat hierbij om de verplichtingen die voortvloeien uit het Verdrag van Straatsburg betreffende beperking van gevallen van meervoudige nationaliteit en betreffende militaire verplichtingen in geval van meervoudige nationaliteit (*Trb.* 1964, 4) en de Toescheidingsovereenkomst inzake nationaliteiten tussen het Koninkrijk der Nederlanden en de Republiek Suriname (*Trb.* 1975, 132).

2. Verlies van het Nederlanderschap op grond van verdragen. Door het vrijwillig verkrijgen van een vreemde nationaliteit verliest een meerderjarige Nederlander het Nederlanderschap (art. 15 lid 1 onderdeel a). Op deze regel geldt een aantal uitzonderingen (art. 15 lid 2). Ook al valt betrokkene onder een van deze uitzonderingscategorieën, dan verliest hij toch het Nederlanderschap in de volgende twee gevallen. a. Verdrag van Straatsburg Als hij de nationaliteit verkrijgt van een Staat die Partij is bij Verdrag van Straatsburg en dit Verdrag dat verlies meebrengt. *Uitzondering.* Als die Staat tevens Partij is bij het Tweede Protocol tot wijziging van dat Verdrag en de betrokkene behoort tot een van de categorieën genoemd in art. 15 lid 2, dan verliest hij niet het Nederlanderschap. b. Toescheidingsovereenkomst met Suriname Als hij krachtens de Toescheidingsovereenkomst met Suriname de Surinaamse nationaliteit verkrijgt (zie de Inleidende opmerkingen, aant. 4).

Artikel 16

1. Het Nederlanderschap gaat voor een minderjarige verloren:
a. door gerechtelijke vaststelling van het ouderschap, erkenning, wettiging of adoptie door een vreemdeling, indien hij diens nationaliteit daardoor verkrijgt, of deze reeds bezit;
b. door het afleggen van een verklaring van afstand, indien hij de nationaliteit bezit van zijn vader, moeder of adoptiefouder als bedoeld in artikel 11, achtste lid;
c. indien zijn vader of moeder vrijwillig een andere nationaliteit verkrijgt en hij in deze verkrijging deelt of deze nationaliteit reeds bezit;
d. indien zijn vader of moeder het Nederlanderschap verliest ingevolge artikel 15, eerste lid, onder b, c of d, of ingevolge artikel 15A;
e. indien hij zelfstandig dezelfde nationaliteit verkrijgt als zijn vader of moeder.
Voor de toepassing van de onderdelen c, d en e wordt onder vader of moeder mede verstaan de adoptiefouder aan wie de minderjarige het Nederlanderschap ontleent, en de persoon die mede het gezamenlijk gezag over de minderjarige uitoefent en aan wie hij het Nederlanderschap ontleent. De in onderdeel b bedoelde verklaring van afstand heeft geen rechtsgevolg dan nadat de minderjarige die de leeftijd van twaalf jaar heeft bereikt en, op diens verzoek, de ouder die geen wettelijk vertegenwoordiger is, daarover zijn gehoord. Geen afstand is mogelijk indien het kind en die ouder daartegen bedenkingen hebben. De minderjarige die de leeftijd van zestien jaar heeft bereikt, legt de verklaring van afstand zelfstandig af en kan daarin niet worden vertegenwoordigd.
2. Het verlies van het Nederlanderschap, bedoeld in het eerste lid treedt niet in:
a. indien en zolang een ouder het Nederlanderschap bezit;
b. door het overlijden van een ouder na het tijdstip waarop krachtens het eerste lid het verlies van het Nederlanderschap zou intreden;
c. indien een ouder als Nederlander is overleden vóór het tijdstip waarop krachtens het eerste lid het verlies van het Nederlanderschap zou intreden;
d. indien de minderjarige voldoet aan artikel 3, derde lid, of artikel 2, onder a, van de wet van 12 december 1892 op het Nederlanderschap en het ingezetenschap (*Stb.* 268), behoudens in het geval bedoeld in het eerste lid onder b;
e. indien de minderjarige in het land van de door hem verkregen nationaliteit is geboren en daar ten tijde van de verkrijging zijn hoofdverblijf heeft, behoudens in het geval bedoeld in het eerste lid onder b;
f. indien de minderjarige gedurende een onafgebroken periode van tenminste vijf jaren in het land van de door hem verkregen nationaliteit zijn hoofdverblijf heeft of gehad heeft, behoudens in het geval bedoeld in het eerste lid onder b; of

g. indien in het geval in het eerste lid, onder e, bedoeld een ouder op het tijdstip van de verkrijging Nederlander is.

Voor de toepassing van de onderdelen a, b, c en g wordt onder een ouder mede verstaan de adoptiefouder als bedoeld in artikel 11, achtste lid, en de persoon die mede het gezamenlijk gezag over de minderjarige uitoefent en aan wie hij het Nederlanderschap ontleent.

[25-11-2013, Stb. 481, i.w.tr. 01-04-2014/kamerstukken 33514]

[Verlies van het Nederlanderschap door de minderjarige]

1. Algemeen. In dit artikel zijn de gronden opgenomen ten aanzien van het verlies van de Nederlandse nationaliteit door een minderjarige. Behalve in de gevallen zoals bepaald in dit artikel, kan een minderjarige ook op grond van art. 14, 16A en, als het een vondeling betreft, ook op grond van art. 3 lid 2 het Nederlanderschap verliezen.

2. Verlies door gerechtelijke vaststelling van het ouderschap, erkenning, wettiging of adoptie (lid 1 onderdeel a). Gerechtelijke vaststelling van het ouderschap, erkenning, wettiging of adoptie van een Nederlands kind van of door een vreemdeling leidt tot verlies van de Nederlandse nationaliteit van de minderjarige indien de Nederlandse minderjarige daardoor de nationaliteit van die desbetreffende (adoptief)ouder krijgt of reeds bezit. Deze hoofdregel hangt samen met art. 5 lid 1 Verdrag van New York tot beperking van staatloosheid. Ingevolge deze verdragsbepaling mag verlies van de nationaliteit door wijziging in de burgerlijke staat slechts intreden indien de betrokkene een andere nationaliteit bezat of deze door de wijziging in de burgerlijke staat verkrijgt. Gelet op deze samenhang zou verlies van het Nederlanderschap niet gekoppeld moeten zijn aan een zwakke adoptie nu deze geen wijziging brengt in de oorspronkelijke familierechtelijke betrekkingen van het kind. **Uitzonderingen.** Het verlies van het Nederlanderschap doet zich niet voor in de in lid 2 genoemde gevallen (zie aant. 7).

3. Verlies door het doen van afstand (lid 1 onderdeel b). Indien de minderjarige naast de Nederlandse nationaliteit tevens dezelfde vreemde nationaliteit van zijn ouder(s) bezit, kan hij afstand doen van het Nederlanderschap. De afstandsverklaring dient voor minderjarigen tot zestien jaar te worden afgelegd door de wettelijke vertegenwoordiger (zie art. 2 lid 3). Is de minderjarige tussen de twaalf en zestien jaar oud dan moet hij gehoord worden over de verklaring van afstand. Ook de andere ouder die geen wettelijk vertegenwoordiger is, wordt op diens verzoek gehoord. Als deze ouder te kennen geeft niet gehoord te willen worden of niet reageert op een uitnodiging daartoe, dan wordt deze geacht geen bedenkingen te hebben tegen het verlies van de Nederlandse nationaliteit van het kind. Als het kind en deze ouder beiden bedenkingen hebben tegen de afstand van het Nederlanderschap, dan heeft de verklaring van afstand afgelegd door de wettelijk vertegenwoordiger geen rechtsgevolg. Is de minderjarige zestien jaar of ouder dan wordt deze geacht zelfstandig te kunnen beslissen over het verlies van het Nederlanderschap door een verklaring van afstand. Hij moet zelf de verklaring van afstand afleggen en kan bij die rechtshandeling niet worden vertegenwoordigd door zijn wettelijke vertegenwoordiger. **Uitzondering.** In de in lid 2 onderdeel a, b en c genoemde gevallen treedt geen verlies op (zie aant. 7).

4. Verlies door naturalisatie of optie (lid 1 onderdeel c). Als de minderjarige deelt in de vrijwillige verkrijging van een andere nationaliteit door zijn vader of moeder, verliest hij daardoor de Nederlandse nationaliteit. **Vrijwillige verkrijging.** Onder vrijwillige verkrijging valt zowel naturalisatie als optie (MvT, *Kamerstukken II* 16947 (R1181), p. 19 en 20). Zodanig verlies treedt ook op als de minderjarige de desbetreffende vreemde nationaliteit – bijvoorbeeld bij geboorte op het grondgebied – reeds bezat. **Uitzondering.** Ook hier geldt dat verlies niet optreedt in de in lid 2 genoemde gevallen (zie aant. 7).

5. Verlies doordat vader of moeder het Nederlanderschap verliest (lid 1 onderdeel d). Deze verliesgrond is gekoppeld aan het verlies van de Nederlandse nationaliteit door de vader of moeder doordat deze een afstandsverklaring aflegt, de Nederlandse nationaliteit verliest door dertien jaren onafgebroken verblijf in het buitenland, diens naturalisatiebesluit wordt ingetrokken ofwel de Nederlandse nationaliteit verliest krachtens het Verdrag van Straatsburg of de Toescheidingsovereenkomst met Suriname (zie art. 15, aant. 3-5 en art. 15A, aant. 1 en 2). Overigens wordt hier per abuis (nog) niet verwezen naar de verliesgrond van art. 15 lid 1 onderdeel e. Er is geen wettelijke verplichting om de minderjarige of andere juridische ouder te horen (Rb. Den Haag 30 maart 2017 (niet gepubliceerd)). Het gaat hierbij om van rechtswege verlies van het Nederlanderschap. **Uitzondering.** Ook hier geldt dat geen verlies van het Nederlanderschap optreedt in de in lid 2 genoemde gevallen (zie aant. 7).

6. Verlies bij zelfstandige verkrijging van de nationaliteit van de ouder(s) (lid 1 onderdeel e). Als de minderjarige zelf – al dan niet met tussenkomst van de wettelijke vertegenwoordiger – de vreemde nationaliteit van een van zijn ouders verkrijgt, verliest hij daardoor de Nederlandse nationaliteit. Het gaat hier dan om de verkrijging van die vreemde nationaliteit door naturalisatie of optie. **Uitzondering.** Ook hier geldt weer dat geen verlies van Nederlanderschap intreedt in de lid 2 genoemde gevallen (zie aant. 7).

7. Uitzonderingen (lid 2). In afwijking van het bepaalde in lid 1 doet zich geen verlies van het Nederlanderschap voor in de volgende gevallen (zie echter ook art. 16A). a. Een ouder heeft het Nederlanderschap (lid 2 onderdeel a). De minderjarige verliest de Nederlandse nationaliteit niet indien en zolang een ouder het Nederlanderschap bezit. Onder een ouder wordt mede verstaan de adoptiefouder als bedoeld in art. 11 lid 8, en de persoon die mede het gezamenlijk gezag over de minderjarige uitoefent en aan wie hij het Nederlanderschap ontleent. b. Overleden ouder was Nederlander (lid 2 onderdeel b en c). De Nederlandse nationaliteit gaat voor de minderjarige evenmin verloren indien een ouder overlijdt of reeds is overleden en ten tijde van zijn overlijden Nederlander was. Onder een ouder wordt mede verstaan de adoptiefouder als bedoeld in art. 11 lid 8, en de persoon die mede het gezamenlijk gezag over de minderjarige uitoefent en aan wie hij het Nederlanderschap ontleent. c. Grootouder-artikel is van toepassing (lid 2 onderdeel d). Ook verliest de minderjarige het Nederlanderschap niet indien hij voldoet aan de vereisten van het grootouder-artikel ex art. 3 lid 3 Rw Ned of art. 2 onderdeel a Wet op het Nederlanderschap en het ingezetenschap (zie art. 3, aant. 3). Deze uitzondering geldt echter niet als namens de minderjarige een verklaring van afstand wordt afgelegd (lid 1 onderdeel b). d. Kind is in het land van de andere nationaliteit geboren (lid 2 onderdeel e). Het kind dat in het land, waarvan het de nationaliteit verkrijgt, is geboren en dat daar ten tijde van de verkrijging hoofdverblijf (zie art. 1, aant. 7) heeft, verliest het Nederlanderschap ook niet. Deze uitzondering geldt echter niet als namens de minderjarige een verklaring van afstand wordt afgelegd (lid 1 onderdeel b). e. Kind heeft vijf jaar in het land van de andere nationaliteit hoofdverblijf gehad (lid 2 onderdeel f). Het Nederlanderschap gaat ook niet verloren als het kind bij de verkrijging van de vreemde nationaliteit tenminste een aaneengesloten periode van vijf jaar in het land, waarvan het de nationaliteit verkrijgt, hoofdverblijf (zie art. 1, aant. 7) heeft of heeft gehad. Deze uitzondering geldt echter niet als namens de minderjarige een verklaring van afstand wordt afgelegd (lid 1 onderdeel b). f. Bij zelfstandige verkrijging is een ouder Nederlander (lid 2 onderdeel g). Als het kind zelfstandig de vreemde nationaliteit van een van zijn ouders verkrijgt, verliest het niet de Nederlandse nationaliteit als een ouder op het tijdstip van die zelfstandige verkrijging Nederlander is. Onder een ouder wordt mede verstaan de adoptiefouder als bedoeld in art. 11 lid 8, en de persoon die mede het gezamenlijk gezag over de minderjarige uitoefent en aan wie hij het Nederlanderschap ontleent.

8. Oud recht. De in lid 2 onderdeel b-g genoemde uitzonderingen zijn bij de Rijkswet van 21 december 2000, *Stb.* 618, ingevoegd. Deze toevoeging strekte ertoe te corrigeren hetgeen als een lacune in de wet werd aangemerkt. (MvT, *Kamerstukken II* 25 891 (R1609), 3, p. 19). Krachtens art. III Rijkswet van 21 december 2000, *Stb.* 618 is aan de uitzonderingen van lid 2 onderdeel a-d terugwerkende kracht tot 1 januari 1985 verleend.

Artikel 16A

Voorts gaat het Nederlanderschap voor een minderjarige verloren indien hij ten gevolge van een uitdrukkelijke wilsverklaring door naturalisatie, optie of herstel daarin de nationaliteit verkrijgt van een Staat die Partij is bij het op 6 mei 1963 te Straatsburg gesloten Verdrag betreffende beperking van gevallen van meervoudige nationaliteit en betreffende militaire verplichtingen in geval van meervoudige nationaliteit (*Trb.* 1964, nr. 4) en dit Verdrag dat verlies meebrengt. Het voorgaande is niet van toepassing indien die Staat tevens Partij is bij het Tweede Protocol tot wijziging van dat Verdrag (*Trb.* 1994, nr. 265), en de betrokkene behoort tot een van de categorieën, genoemd in artikel 16, tweede lid, onder *e*, *f* en g.

[21-12-2000, Stb. 618, i.w.tr. 01-04-2003/kamerstukken 25891]

[Verlies van Nederlanderschap voor minderjarigen; overige gevallen]

1. Algemeen. Art. 16A is opgenomen om te voorkomen dat art. 16 lid 2 in strijd komt met de volkenrechtelijke verplichtingen die Nederland thans heeft ten aanzien van bepaalde staten. Het gaat hierbij om de verplichtingen die voortvloeien uit het Verdrag van Straatsburg betreffende beperking van gevallen van meervoudige nationaliteit en betreffende militaire verplichtingen in geval van meervoudige nationaliteit (*Trb.* 1964, 4).

2. Betekenis. De minderjarige die door een uitdrukkelijke wilsverklaring een vreemde nationaliteit verkrijgt, verliest het Nederlanderschap (art. 16 lid 1 onderdeel d), tenzij zich een van de uitzonderingen van art. 16 lid 2 voordoet. Ook al valt betrokkene onder een van de uitzonderingscategorieën van art. 16 lid 2, dan verliest hij desalniettemin het Nederlanderschap als hij de nationaliteit verkrijgt van een Staat die Partij is bij Verdrag van Straatsburg en dit Verdrag dat verlies meebrengt. **Uitzondering.** Als die Staat tevens Partij is bij het Tweede Protocol tot wijziging van dat Verdrag en de betrokkene behoort tot een van de categorieën genoemd in art. 16 lid 2 onderdeel e, f of g, dan verliest hij niet het Nederlanderschap.

HOOFDSTUK 6
Vaststelling van het Nederlanderschap

Artikel 17

1. Een ieder die, buiten een bij enige in een der delen van het Koninkrijk gevestigde rechterlijke instantie of een in administratief beroep aanhangige zaak, daarbij onmiddellijk belang heeft, kan bij de rechtbank Den Haag of, indien hij in Aruba, Curaçao, Sint Maarten of de openbare lichamen Bonaire, Sint Eustatius of Saba woonachtig is, bij het Gemeenschappelijk Hof van Justitie van Aruba, Curaçao, Sint Maarten en van Bonaire, Sint Eustatius en Saba een verzoek indienen tot vaststelling van zijn Nederlanderschap of tot vaststelling dat hij het Nederlanderschap niet bezit. Het verzoek kan ook strekken tot de vaststelling dat de betrokkene op een bepaald tijdstip het Nederlanderschap al dan niet bezat.
2. Een verzoek als in het vorige lid bedoeld kan ook ten aanzien van een overledene worden gedaan.
[18-12-2019, Stb. 1, i.w.tr. 01-04-2020/kamerstukken 35206]

[Vaststellingsprocedure]

1. Verzoek (lid 1). Het verzoek kan betrekking hebben op de vaststelling van het Nederlanderschap, de vaststelling dat verzoeker niet het Nederlanderschap bezit of dat betrokkene op een bepaald tijdstip het Nederlanderschap al dan niet bezat. Het verzoek kan niet strekken tot vaststelling van een vreemde nationaliteit. **Bevoegde rechter.** Het verzoek moet worden ingediend bij de rechtbank te Den Haag of als de verzoeker woonachtig is in Aruba, Curaçao, Sint Maarten, Bonaire, Sint Eustatius of Saba bij het Gemeenschappelijk Hof van Justitie van Aruba, Curaçao, Sint Maarten en van Bonaire, Sint Eustatius en Saba. **Onmiddellijk belang.** De verzoeker moet een onmiddellijk belang hebben bij zodanig verzoek. Verzoeker zal dit belang zelf moeten stellen in het verzoekschrift, maar in de regel zal aan dit vereiste zijn voldaan als omtrent zijn Nederlandse nationaliteit twijfel bestaat (HR 4 maart 1988, *LJN* AB8704). **Niet-ontvankelijkheid.** Het verzoek is niet ontvankelijk indien de vraag betreffende het al dan niet bezitten van de Nederlandse nationaliteit reeds aanhangig is bij een andere rechterlijke instantie of administratieve beroepsinstantie in het Koninkrijk. De Afdeling bestuursrechtspraak van de Raad van State heeft geoordeeld dat uit art. 17 lid 1, gelezen in verbinding met art. 9 Ppw, volgt dat bij beslissing op de aanvraag om een paspoort mede dient te worden vastgesteld of de aanvrager het Nederlanderschap bezit en dat het niet de exclusieve bevoegdheid van de burgerlijke rechter is om het Nederlanderschap vast te stellen (ECLI:NL:RVS:2014:4053). **Schorsende werking.** De verzoeker mag de beslissing op het ingediende verzoek in Nederland respectievelijk Aruba, Curaçao, Sint Maarten, Bonaire, Sint Eustatius of Saba afwachten tot daarop onherroepelijk is beslist tenzij diens stelling dat hij Nederlander is kennelijk van elke grond ontbloot is (NEV, 19139, 5).

2. Overledene (lid 2). Ook ten aanzien van een persoon die overleden is, kan zo'n verzoek nog worden ingediend. Vaststelling van diens nationaliteit kan gevolgen hebben voor de nationaliteit van diens kinderen.

Artikel 18

1. Omtrent verzoeken als bedoeld in het vorige artikel hoort de rechtbank, onderscheidenlijk het Hof van Justitie, het openbaar ministerie.
2. Voor de belanghebbenden staat van de beschikking uitsluitend beroep in cassatie open.
[17-06-2010, Stb. 242, i.w.tr. 01-10-2010/kamerstukken 31813]

[Openbaar Ministerie en cassatie]

1. Horen openbaar ministerie (lid 1). Door het horen van het openbaar ministerie over het verzoek dwingend voor te schrijven, is verzekerd dat zo nodig het oordeel van de administratie tot gelding kan komen (MvA, *Kamerstukken II*, 16 947 (R1181), nr. 7, p. 33).
Belanghebbende. Los van het hoorrecht van het openbaar ministerie moet de staat zelf in deze procedure worden aangemerkt als belanghebbende (HR 4 maart 1988, *LJN* AB8705).
Toepasselijke procedureregels. De regels met betrekking tot de verzoekschriftenprocedure (art. 261-291 Wetboek van Burgerlijke Rechtsvordering) zijn van toepassing.

2. Beroep in cassatie (lid 2). Voor iedere belanghebbende – waaronder ook de Nederlandse staat zelf valt (zie aant. 1) – staat van de beslissing in eerste aanleg uitsluitend beroep in cassatie open.

Artikel 19

Aan een onherroepelijk geworden beschikking, gegeven met toepassing van artikel 17, is elk met de uitvoering van enige wettelijke regeling belast orgaan gebonden.
[19-12-1984, Stb. 628, i.w.tr. 01-10-1986/kamerstukken 16947]

[Onherroepelijk geworden beslissing]

1. Gebondenheid van de administratie. De administratie is gebonden aan onherroepelijke rechterlijke beschikkingen tot vaststelling van het Nederlanderschap.

2. Gebondenheid andere rechterlijke instanties. Andere rechterlijke instanties zijn niet gehouden het oordeel over het Nederlanderschap over te nemen (MvA, *Kamerstukken II*, 16947 (R 1181), 7, p. 33). Zie in dit verband ook de uitspraak van de Rechtbank Den Haag *waarbij de rechtbank* oordeelde op grond van art. 19 RWN niet gebonden te zijn aan eerdere uitspraken van de Hoge Raad en van de rechtbank (ECLI:NL:RBDHA:2017:7307).
Herziening. Als later blijkt dat een onherroepelijke beslissing tot vaststelling van het Nederlanderschap was gebaseerd op achteraf gebleken onjuiste feiten, kent de wet geen mogelijkheid voor de staat om herziening te vragen.

Artikel 20

1. Indien in enige voor een rechterlijke instantie in Nederland, onderscheidenlijk Aruba, Curaçao of Sint Maarten, aanhangige zaak onzeker is of een bij de zaak belangheb-

bende al dan niet het Nederlanderschap bezit of op een vroeger tijdstip bezat, kan de rechter terzake het advies van Onze Minister, onderscheidenlijk van Onze Minister van Justitie van Aruba, van Curaçao, onderscheidenlijk van Sint Maarten, vragen.
2. Indien in enig administratief beroep in Nederland, onderscheidenlijk Aruba, Curaçao en Sint Maarten, ingesteld een in het vorige lid bedoelde onzekerheid bestaat, houdt die instantie de behandeling van de zaak aan en vraagt zij terzake het advies van Onze Minister, onderscheidenlijk van Onze Minister van Justitie van Aruba, van Curaçao, onderscheidenlijk van Sint Maarten.
3. De behandeling van de zaak wordt terstond hervat zodra het in de vorige leden bedoelde advies is ontvangen.
[07-07-2010, Stb. 339, i.w.tr. 10-10-2010/kamerstukken 32186]

[Advies van de minister aan een rechterlijke instantie]

1. Facultatief advies (lid 1). Als de vraag of een bij de zaak belanghebbende het Nederlanderschap bezit of vroeger heeft gehad tijdens de procedure voor een rechter in het Koninkrijk naar voren komt, heeft de rechter de mogelijkheid om daaromtrent advies te vragen aan de desbetreffende minister. **Aanhouding.** Als advies wordt gevraagd zal in zo'n geval de behandeling van de zaak worden aangehouden tot het advies ontvangen is.

2. Verplicht advies (lid 2). Als de vraag betreffende het Nederlanderschap opkomt in enig administratief beroep in het Koninkrijk, is de behandelende instantie verplicht hieromtrent advies in te winnen bij de betreffende minister. **Aanhouding.** De behandeling van de zaak moet dan worden aangehouden voor het vragen van dit advies. **Niet bindend advies.** Ook hier geldt dat het advies niet bindend is voor de behandelende instantie.

3. Hervatting (lid 3). Als het advies van de betreffende minister is ontvangen, hervat de behandelende instantie terstond de zaak.

4. Gebondenheid administratie aan beslissing van (rechterlijke) instantie. De uitspraken die krachtens dit artikel worden gedaan in de desbetreffende procedures zijn niet bindend voor de overheid. Deze zal er zich echter doorgaans wel aan houden.

HOOFDSTUK 7
Verklaringen en registers

Artikel 21

Bij algemene maatregel van rijksbestuur worden de autoriteiten en ambtenaren aangewezen die bevoegd zijn tot het in ontvangst nemen van verzoeken om verlening en verklaringen tot verkrijging van het Nederlanderschap, en van verklaringen van afstand daarvan en kunnen nadere voorschriften worden gesteld betreffende de wijze van inontvangstneming van de verklaringen en de verzoeken, de bevestigingen, bedoeld in artikel 6, alsmede de verdere administratieve behandeling van verkrijging en verlening van het Nederlanderschap.
[21-12-2000, Stb. 618, i.w.tr. 01-04-2003/kamerstukken 25891]

[Bevoegde instanties tot in ontvangst nemen van verklaringen en procedurevoorschriften]

1. Betekenis. In dit artikel wordt aangegeven dat bij algemene maatregel van rijksbestuur wordt geregeld welke autoriteiten en ambtenaren bevoegd zijn om optie- en afstandverklaringen en naturalisatieverzoeken in ontvangst te nemen. Daarbij kunnen tevens nadere procedurevoorschriften worden gesteld. Dit is gebeurd in het Besluit verkrijging en verlies Nederlanderschap. Dit besluit is achter deze Rijkswet opgenomen (zie bijlage).

2. Doorzendplicht. Aangenomen wordt dat krachtens de Algemene wet bestuursrecht verklaringen gericht aan niet bevoegde overheidsinstanties doorgezonden moeten worden naar de wel bevoegde autoriteiten.

Artikel 22

1. Onze Minister houdt een openbaar register van:
a. de verklaringen tot verkrijging en afstand van het Nederlanderschap;
b. de bevestigingen, bedoeld in het derde lid van artikel 6 en in artikel 28;
c. de verlening van het Nederlanderschap;
d. de intrekkingen, bedoeld in het eerste lid van artikel 14, en artikel 15, eerste lid, onder *d*.
2. Onze Ministers van Justitie van Aruba, van Curaçao en van Sint Maarten houden een openbaar register van de in het eerste lid bedoelde akten welke betrekking hebben op personen die in hun land woonachtig zijn.
[07-07-2010, Stb. 339, i.w.tr. 10-10-2010/kamerstukken 32185]

[Het houden van openbare registers]

Betekenis. In openbare registers die worden bijgehouden door de minister (zie art. 1 lid 1 onder a) wordt aantekening gehouden van afstandsverklaringen, bevestigingen, verleningen van het Nederlanderschap, de intrekkingen van de verkrijging of verlening van het Nederlanderschap als betrokkene door fraude het Nederlanderschap heeft verkregen en de intrekkingen van het naturalisatiebesluit als betrokkene heeft nagelaten na de naturalisatie al het mogelijke te doen om zijn oorspronkelijke nationaliteit te verliezen. **Personen woonachtig in Aruba, Curaçao of Sint Maarten.** Van de verklaringen van deze personen wordt ook in hun land door de betrokken minister een openbaar register gehouden.

HOOFDSTUK 7A
Rechtsbescherming

[Inleidende opmerkingen]

Betekenis. Art. 22a-22c voorzien in een aparte procedure in geval van intrekking van het Nederlanderschap in het belang van de nationale veiligheid (zie art. 14 lid 4). **Horizonbepaling.** Op grond van art. IA van de Rijkswet van 10 februari 2017 (*Stb.* 2017, 52), gewijzigd bij Rijkswet van 23 februari 2022 (*Stb.* 2022, 84), vervallen art. 14 lid 4 en hoofdstuk 7A en 7B tien jaar na inwerkingtreding (1 maart 2027). De maatregel van lid

4 wordt zo ingrijpend geacht dat uitdrukkelijke bezinning over de wenselijkheid van de maatregel gewenst werd geacht.

Artikel 22A

1. Tegen een besluit tot intrekking van het Nederlanderschap als bedoeld in artikel 14, vierde lid, staat rechtstreeks beroep open bij de rechtbank Den Haag of, indien degene die het betreft in Aruba, Curaçao, Sint Maarten of de openbare lichamen Bonaire, Sint Eustatius of Saba woonachtig was, bij het Gerecht van eerste aanleg van het Gemeenschappelijk Hof van Justitie van Aruba, Curaçao, Sint Maarten en van Bonaire, Sint Eustatius en Saba.

2. De termijn voor het indienen van een beroepsschrift bedraagt vier weken.

3. Uiterlijk op de achtentwintigste dag na de bekendmaking van een besluit tot intrekking van het Nederlanderschap als bedoeld in artikel 14, vierde lid, stelt Onze Minister de rechtbank of het Gerecht van eerste aanleg van het Gemeenschappelijk Hof van Justitie van Aruba, Curaçao, Sint Maarten en van Bonaire, Sint Eustatius en Saba hiervan in kennis, tenzij degene die het betreft voordien zelf beroep heeft ingesteld. Zodra de rechtbank onderscheidenlijk het Gerecht van eerste aanleg de kennisgeving heeft ontvangen, wordt degene die het betreft geacht beroep te hebben ingesteld tegen het besluit tot intrekking van het Nederlanderschap.

4. Tegen de uitspraak van de rechtbank, bedoeld in het eerste lid, kan hoger beroep worden ingesteld bij de Afdeling bestuursrechtspraak van de Raad van State. Tegen de uitspraak van het Gerecht van eerste aanleg, bedoeld in het eerste lid, kan hoger beroep worden ingesteld bij het Gemeenschappelijk Hof van Justitie van Aruba, Curaçao, Sint Maarten en van Bonaire, Sint Eustatius en Saba.

5. Indien de ingevolge het eerste lid bevoegde rechtbank bij het beroep van oordeel is dat het besluit tot intrekking van het Nederlanderschap, bedoeld in artikel 14, vierde lid, in strijd is met de wet dan wel bij afweging van alle daarbij betrokken belangen in redelijkheid niet gerechtvaardigd is, verklaart zij het beroep gegrond.

6. Er wordt door de griffier van de ingevolge het eerste lid bevoegde rechtbank, door de griffier van het Gerecht van eerste aanleg van het Gemeenschappelijk Hof van Justitie, door de griffier van het Gemeenschappelijk Hof van Justitie en door de griffier van de Afdeling bestuursrechtspraak van de Raad van State geen griffierecht geheven.

7. Beroep tegen het besluit tot intrekking van het Nederlanderschap, bedoeld in artikel 14, vierde lid, wordt geacht tevens beroep tegen het besluit tot ongewenstverklaring, bedoeld in artikel 67 van de Vreemdelingenwet 2000, artikel 16d van de Wet toelating en uitzetting BES, dan wel overeenkomstige artikelen uit de wetgeving van de andere landen, te omvatten.

[18-12-2019, Stb. 1, i.w.tr. 01-04-2020/kamerstukken 35206]

[Beroep bij intrekking Nederlanderschap in het belang van de nationale veiligheid]

1. Bevoegde instantie. Voor Nederlanders die de laatste woonplaats hebben gehad in Nederland staat rechtstreeks beroep open bij de rechtbank in Den Haag. Voor Nederlanders die de laatste woonplaats hebben gehad in het Caribische deel van het Koninkrijk (landen: Aruba, Curaçao, Sint Maarten, Bonaire, Sint Eustatius of Saba) is bevoegd het Gerecht van eerste aanleg van het Gemeenschappelijk Hof van Justitie.

2. Fictief beroep (lid 3). Het intrekkingsbesluit wordt bekendgemaakt in de *Staatscourant*. Indien het een Nederlander betreft die woonachtig was in een van de Caribische landen van het Koninkrijk, wordt het intrekkingsbesluit tevens gepubliceerd in het Afkondigingsblad van Aruba, het Publicatieblad van Curaçao of het Afkondigingsblad van Sint Maarten. Als betrokkene geen beroep instelt tegen het intrekkingsbesluit, stelt de minister uiterlijk de 28e dag na de bekendmaking hiervan in kennis de rechtbank in Den Haag dan wel – als betrokkene woonachtig was op Aruba, Curaçao, Sint Maarten, Bonaire, Sint Eustatius of Saba – het Gerecht van eerste aanleg van het Gemeenschappelijk Hof van Justitie. Zodra de kennisgeving door genoemde instantie ontvangen is, wordt betrokkene geacht beroep te hebben ingesteld tegen het besluit tot intrekking.

3. Hoger beroep (lid 4). Tegen de uitspraak van de rechtbank respectievelijk het Gerecht van eerste aanleg staat hoger beroep open bij de Afdeling bestuursrechtspraak van de Raad van State dan wel het Gemeenschappelijk Hof van Justitie.

4. Gelijktijdige behandeling beroep tegen besluit tot ongewenstverklaring (lid 7). Het beroep tegen het besluit tot intrekking wordt geacht tevens een beroep te zijn tegen het besluit tot ongewenstverklaring. Zo kan de bevoegde rechter beide besluiten tegelijkertijd beoordelen.

Artikel 22B

1. De belanghebbende is steeds bevoegd een of meer raadslieden te kiezen.
2. Daartoe is ook zijn wettige vertegenwoordiger of zijn bijzondere gemachtigde bevoegd.
3. Kan de belanghebbende zijn wil te dien aanzien niet doen blijken en heeft hij geen wettelijke vertegenwoordiger of bijzondere gemachtigde, dan is zijn echtgenoot of de meest gerede van zijn in het Koninkrijk verblijvende bloed- of aanverwanten, tot de vierde graad ingesloten, tot die keuze bevoegd.
4. De ingevolge het tweede of derde lid gekozen raadsman treedt af zodra de belanghebbende zelf een raadsman heeft gekozen.
5. Voor zover deze Rijkswet niet op andere wijze in de toevoeging voorziet, voegt een bij algemene maatregel van rijksbestuur te bepalen bevoegd orgaan aan de vreemdeling een raadsman toe.
[10-02-2017, Stb. 52, i.w.tr. 01-03-2017/kamerstukken 34356]

[Rechtsbijstand]

Betekenis. Dit artikel bevat een regeling inzake het kiezen respectievelijk toevoegen van een raadsman.

Artikel 22C

1. Bevoegd tot het geven van een last tot toevoeging aan het bevoegde orgaan, bedoeld in artikel 22B, vijfde lid, is de rechtbank respectievelijk het Gerecht van eerste aanleg, bedoeld in artikel 22A, eerste lid. Ingeval hoger beroep is ingesteld op grond van artikel 22A, vierde lid, is de voorzitter van de Afdeling bestuursrechtspraak van de Raad van State, dan wel de voorzitter van het Gemeenschappelijk Hof van Justitie van Aruba,

Curaçao, Sint Maarten en van Bonaire, Sint Eustatius en Saba bevoegd tot het geven van de last tot toevoeging.
2. Bij of krachtens algemene maatregel van rijksbestuur kunnen nadere regels worden gesteld omtrent uitvoering van de artikelen 22A, 22B en 22C en de beloning van toegevoegde raadslieden en de vergoeding van hun onkosten.
[10-02-2017, Stb. 52, i.w.tr. 01-03-2017/kamerstukken 34356]

[Last tot toevoeging]

Betekenis. Dit artikel bevat een regeling voor het geven van een last tot toevoeging.

HOOFDSTUK 7B
Persoonsgegevens

Artikel 22d
1. Onze Minister kan gegevens waaruit politieke opvattingen, religieuze of levensbeschouwelijke overtuigingen blijken en gegevens over gezondheid als bedoeld in paragraaf 3.1 van de Uitvoeringswet Algemene verordening gegevensbescherming verwerken, voor zover dat noodzakelijk is ten behoeve van het nemen van een beslissing als bedoeld in artikel 14, vierde lid, van deze rijkswet.
2. Onze Minister kan persoonsgegevens van strafrechtelijke aard als bedoeld in paragraaf 3.2 van de Uitvoeringswet Algemene verordening gegevensbescherming verwerken, voor zover dat noodzakelijk is ten behoeve van het nemen van een beslissing als bedoeld in artikel 14, vierde lid, van deze rijkswet.
[23-02-2022, Stb. 84, i.w.tr. 28-02-2022/kamerstukken 35934]

[Verwerking van bijzondere categorieën persoonsgegevens]

1. Algemeen. Voor de (voorbereiding van een besluit tot) intrekking van het Nederlanderschap op grond van art. 14 lid 4 RWN kan het nodig zijn om bepaalde bijzondere categorieën van persoonsgegevens of persoonsgegevens van strafrechtelijke aard te verwerken. De verwerking van deze persoonsgegevens wordt noodzakelijk geacht om redenen van een zwaarwegend algemeen belang: de bescherming van de nationale veiligheid. Mede gelet op de Algemene Verordening Gegevensbescherming (AVG) is voor de verwerking van deze persoonsgegevens een wettelijke grondslag vereist (zie met name de art. 9 en 10 AVG). Art. 22d voorziet in die wettelijke grondslag.

2. Bijzondere categorieën van persoonsgegevens (lid 1). De Minister van Justitie en Veiligheid mag in dit kader gegevens verwerken waaruit politieke, religieuze of levensbeschouwelijke overtuigingen blijken en gegevens over gezondheid. Dat is bijvoorbeeld het geval als de informatie die aan het besluit tot intrekking ten grondslag ligt gegevens bevat over de religie van een persoon. Dergelijke gegevens kunnen vaak worden afgeleid uit het feit dat een betrokkene zich heeft aangesloten bij een terroristische organisatie met een bepaalde (jihadistische) overtuiging. Gegevens omtrent gezondheid kunnen in een concreet geval en onder zeer bijzondere omstandigheden aanleiding zijn om van intrekking af te zien.

3. Persoonsgegevens van strafrechtelijke aard (lid 2). Ook worden bij de voorbereiding van een besluit tot intrekking van het Nederlanderschap in voorkomende gevallen persoonsgegevens van strafrechtelijke aard verwerkt. Dat is het geval als aan een beschikking tot intrekking van het Nederlanderschap een uitspraak van een strafrechter ten grondslag ligt of als informatie beschikbaar is dat de betrokkene eerder onderwerp is geweest van een strafrechtelijk onderzoek. Art. 22d bevat daarvoor de benodigde wettelijke grondslag.

4. Horizonbepaling. Op grond van art. IA van de Rijkswet van 10 februari 2017 (*Stb.* 2017, 52), gewijzigd bij Rijkswet van 23 februari 2022 (*Stb.* 2022, 84), vervallen art. 14 lid 4 en hoofdstuk 7A en 7B tien jaar na inwerkingtreding (1 maart 2027). De maatregel van lid 4 wordt zo ingrijpend geacht dat uitdrukkelijke bezinning over de wenselijkheid van de maatregel gewenst werd geacht.

HOOFDSTUK 8
Slotbepalingen

Artikel 23

1. Bij of krachtens algemene maatregel van rijksbestuur kunnen nadere regelen worden gesteld ter uitvoering van deze Rijkswet.
2. De verklaring van verbondenheid, bedoeld in artikel 6, tweede lid, artikel 8, eerste lid onder e en artikel 11, derde, vierde en vijfde lid, wordt afgelegd met de volgende woorden: Ik zweer (verklaar) dat ik de grondwettelijke orde van het Koninkrijk der Nederlanden, haar vrijheden en rechten respecteer en zweer (beloof) de plichten die het staatsburgerschap met zich meebrengt getrouw te vervullen. Degene die de verklaring aflegt voegt daar ter bevestiging aan toe: Zo waarlijk helpe mij God almachtig, of: Dat verklaar en beloof ik.
3. De gevallen waarin het afleggen van de verklaring, in afwijking van artikel 6, tweede lid, 6 achtste lid, 8, eerste lid onder e, 11, derde, vierde lid, 11 vijfde lid onder b, 26, derde lid en 28, derde lid, niet gevraagd zal worden of redelijkerwijs niet gevraagd kan worden en de wijze waarop deze verklaring kan worden afgelegd, worden bij of krachtens algemene maatregel van bestuur vastgesteld.
[17-06-2010, Stb. 242, i.w.tr. 01-10-2010/kamerstukken 31813]

[Nadere regelen bij AMvRB]

1. Algemene maatregelen van rijksbestuur (lid 1). Deze bepaling biedt de mogelijkheid om bij of krachtens algemene maatregel van rijksbestuur ter uitvoering van de Rijkswet op het Nederlanderschap nadere regels te stellen. Ter uitvoering van de Rijkswet zijn de volgende algemene maatregelen van rijksbestuur en ministeriële regelingen tot stand gekomen: het Besluit naturalisatietoets, het Besluit verkrijging en verlies Nederlanderschap, het Besluit optie- en naturalisatiegelden 2002, het Besluit bericht omtrent toelating, het Besluit DNA-onderzoek vaderschap, de Regeling verkrijging en verlies Nederlanderschap, Regeling naturalisatietoets Nederland, Regeling naturalisatietoets Aruba 2011, Regeling naturalisatietoets Curaçao 2011, Regeling naturalisatietoets Sint Maarten 2011 en Regeling naturalisatietoets openbare lichamen Bonaire, Sint Eustatius en Saba 2011. Deze besluiten en enkele regelingen zijn hierna achter deze bijlage opgenomen.

2. Verklaring van verbondenheid (lid 2). De verklaring van verbondenheid wordt in de regel in persoon op een naturalisatieceremonie, mondeling en zonder uitzondering in het Nederlands afgelegd. De verklaring van verbondenheid wordt bevestigd met de woorden 'Zo waarlijk helpe mij God almachtig' of 'Dat verklaar en beloof ik'. De keuze voor de eerste of tweede variant van de bevestiging van de verklaring van verbondenheid ligt bij betrokkene. Zowel de tekst van de verklaring van verbondenheid als die van de bevestiging staan wettelijk vast en van deze tekst kan niet worden afgeweken.

3. Uitzondering afleggen verklaring van verbondenheid (lid 3). De in dit lid bedoelde algemene maatregel van bestuur is het Besluit verkrijging en verlies Nederlanderschap (opgenomen als bijlage hierachter). In art. 60a en 60b van dit besluit is de wijze van afleggen van de verklaring van verbondenheid vastgesteld. Daarnaast is in voornoemde artikelen bepaald de gevallen waarin het afleggen van de verklaring niet wordt gevraagd of om redenen van redelijkheid niet gevraagd kan worden. Verder is opgenomen dat de bevoegde autoriteit kan bepalen dat de betrokkene de verklaring van verbondenheid schriftelijk aflegt, indien van hem redelijkerwijs niet kan worden verlangd dat hij deze mondeling aflegt. Dit geldt in elk geval voor de gevallen die in het besluit genoemd zijn als de gevallen waarin niet kan worden verlangd dat men de ceremonie bijwoont, maar het kan ook gaan om gevallen waarin de persoon in kwestie wel in staat is om de ceremonie bij te wonen, maar niet in staat is om de verklaring uit te spreken. Dan kan de verklaring van verbondenheid schriftelijk worden afgelegd, door het ondertekenen van de tekst van de verklaring. Ten slotte is in het besluit opgenomen dat indien betrokkene vanwege zijn fysieke of psychische toestand niet in staat is om de verklaring van verbondenheid op de voorgeschreven wijze af te leggen, de bevestiging van verkrijging van het Nederlanderschap of het uittreksel van verlening van het Nederlanderschap bekend wordt gemaakt zonder dat de verklaring is afgelegd. Het gaat hier om zeer bijzondere omstandigheden, gelegen in de fysieke of psychische omstandigheden van deze persoon.

Artikel 24

1. Deze Rijkswet kan worden aangehaald als 'Rijkswet op het Nederlanderschap'. Zij treedt in werking op een door Ons te bepalen tijdstip. Wij kunnen een ander tijdstip vaststellen waarop hoofdstuk 6 in werking treedt.
2. De wet van 12 december 1892, *Stb.* 268, op het Nederlanderschap en het ingezetenschap, wordt ingetrokken.
[19-12-1984, Stb. 628, i.w.tr. 01-01-1985/kamerstukken 16947]

[Tijdstip inwerkingtreding wet]

Betekenis. De art. 1-16 en 25-28, zoals vastgesteld bij Rijkswet van 19 december 1984, zijn in werking getreden op 1 januari 1985 (KB 20 december 1984, Stb. 655). Bijna twee jaren later, en wel op 1 oktober 1986 zijn de art. 17 tot en met 20 in werking getreden (KB 23 augustus 1986, Stb. 436).

HOOFDSTUK 9
Overgangsbepalingen

Artikel 25
Nederlanders in de zin van deze Rijkswet zijn mede zij, die bij haar inwerkingtreding het Nederlanderschap bezitten.
[19-12-1984, Stb. 628, i.w.tr. 01-01-1985/kamerstukken 16947]

[Nederlanderschap ten tijde van inwerkingtreding Rijkswet]

Betekenis. Dit artikel geeft aan dat op 1 januari 1985 alle personen die volgens de tot dan geldende regelingen het Nederlanderschap hadden, vanaf die datum worden aangemerkt als diegenen die ook ingevolge de nieuwe Rijkswet als Nederlander worden aangemerkt.

Artikel 26
1. Het vereiste van toelating en hoofdverblijf, bedoeld in artikel 6, eerste lid, onder *f*, is niet van toepassing op de vreemdeling die nadat hij meerderjarig is geworden het Nederlanderschap heeft verloren als gevolg van verkrijging van een andere nationaliteit op grond van artikel 5 (oud) zoals dit luidde tot 1 maart 1964, en artikel 7, aanhef en ten eerste of ten derde, van de Wet van 12 december 1892, *Stb.* 268, op het Nederlanderschap en het ingezetenschap, dan wel dit heeft verloren op grond van artikel 15, aanhef en onder *a*, indien de persoon:
a. in het land van die andere nationaliteit is geboren en daar ten tijde van de verkrijging zijn hoofdverblijf heeft gehad;
b. voor het bereiken van de meerderjarige leeftijd gedurende een onafgebroken periode van tenminste vijf jaren in het land van die andere nationaliteit zijn hoofdverblijf heeft gehad; of
c. ten tijde van de verkrijging van die andere nationaliteit gehuwd was met een persoon van die andere nationaliteit.
2. Het eerste lid is niet van toepassing op de vreemdeling die na de inwerkingtreding van deze bepaling gedurende een periode van tenminste tien jaren onderdaan is van de Staat van de andere nationaliteit.
3. Het minderjarige niet-Nederlandse kind van de vader of moeder, die de vreemdeling is, bedoeld in het eerste lid, deelt in diens verkrijging van het Nederlanderschap, indien hij in de verklaring tot dat doel is vermeld. Kinderen van een kind dat in de verkrijging deelt, delen onder dezelfde voorwaarden in die verkrijging. Een kind dat ten tijde van het afleggen van de verklaring de leeftijd van zestien jaar heeft bereikt, deelt in de verkrijging indien het daarmee uitdrukkelijk instemt, de in het tweede lid van artikel 6 bedoelde bereidverklaring daadwerkelijk aflegt en jegens hem geen vermoedens bestaan als bedoeld in het vierde lid van dat artikel. Het besluit tot bevestiging wordt niet bekend gemaakt dan nadat de verklaring van verbondenheid daadwerkelijk is afgelegd. Artikel 11, achtste lid, is van overeenkomstige toepassing.
[27-06-2008, Stb. 270, i.w.tr. 01-03-2009/kamerstukken 30584]

[Uitzonderingen op vereiste toelating en hoofdverblijf bij optie voor oud-Nederlanders]

1. Betekenis. Krachtens art. 6 lid 1 onderdeel f kunnen oud-Nederlanders door optie de Nederlandse nationaliteit terugkrijgen, mits zij één jaar toelating voor onbepaalde tijd en hoofdverblijf hebben in het Koninkrijk (zie art. 6, aant. 7). Het vereiste van toelating en hoofdverblijf geldt niet voor de vrouw die krachtens art. 5 (oud) van de Wet op het Nederlanderschap en het ingezetenschap, zoals dit luidde tot 1 maart 1964, door haar huwelijk met een vreemdeling het Nederlanderschap heeft verloren. Het vereiste geldt ook niet voor de oud-Nederlander die door het vrijwillig verkrijgen van een vreemde nationaliteit het Nederlanderschap heeft verloren. Zie voor hoofdverblijf in de voormalige Nederlandse Antillen art. 29. Op grond van deze bepaling telt de periode van hoofdverblijf die voor 10 oktober 2010 is doorgebracht in de voormalige Nederlandse Antillen mee voor de vereiste termijn van hoofdverblijf in Aruba, Curaçao, Sint Maarten en de openbare lichamen Bonaire, Sint Eustatius of Saba. **Voorwaarde.** De uitzondering is alleen van toepassing op de oud-Nederlander die in het land van die andere nationaliteit is geboren en daar ten tijde van de verkrijging zijn hoofdverblijf (zie art. 1, aant. 7) had, of voor het bereiken van de meerderjarige leeftijd gedurende een aaneengesloten periode van tenminste vijf jaren in het land van die andere nationaliteit zijn hoofdverblijf (zie art. 1, aant. 7) heeft gehad, ofwel ten tijde van de verkrijging van die andere nationaliteit gehuwd was met een persoon van die andere nationaliteit.

2. Termijn (lid 2). De oud-Nederlander die voldoet aan de in lid 1 gestelde voorwaarden, kan van deze bepaling gebruik maken uiterlijk tot en met 31 maart 2013.

3. Kinderen (lid 3). Als de oud-Nederlander zelf minderjarige (adoptief)kinderen heeft, delen deze in de herkrijging van het Nederlanderschap, mits zij in de optieverklaring met name zijn genoemd. Wanneer het minderjarige (adoptief)kind dat in de optie deelt, reeds zelf een kind heeft, dan verkrijgt ook dit kind de Nederlandse nationaliteit. Voorwaarde is wel dat ook het kleinkind in de optieverklaring met name is genoemd. **Kinderen van 16 en 17 jaar.** Kinderen van 16 en 17 jaar delen niet tegen hun wil in de verkrijging van de Nederlandse nationaliteit. Bovendien geldt voor hen de openbare orde-toets (zie art. 6, aant. 11). Ook moeten zij zich bereid verklaren bij de verkrijging van het Nederlanderschap de verklaring van verbondenheid af te leggen (zie art. 6, aant. 10).

Artikel 27

1. Artikel 3 van deze Rijkswet is alleen van toepassing op kinderen geboren na de inwerkingtreding van deze Rijkswet.
2. Artikel 3, derde lid, als gewijzigd bij Rijkswet van 21 december 2000 tot wijziging van de Rijkswet op het Nederlanderschap met betrekking tot de verkrijging, de verlening en het verlies van het Nederlanderschap (*Stb.* 618), is alleen van toepassing op kinderen geboren na de inwerkingtreding van die Rijkswet.
[06-07-2004, Stb. 335, i.w.tr. 01-01-2005/kamerstukken 28836]

[Optie tot 1 januari 1988 voor kinderen van Nederlandse moeders]

1. Betekenis. Art. 3 lid 1 en 2 zijn van toepassing op kinderen die geboren zijn op of na 1 januari 1985. Art. 3 lid 3 (grootouderartikel), zoals dit vanaf 1 april 2003 luidt, is alleen van toepassing op kinderen geboren op of na 1 april 2003 (zie ook art. 3, aant. 4).

2. Oud recht. Tot 1 april 2003 luidde art. 27 lid 2: Het niet-Nederlandse kind – daaronder begrepen het in Nederland, de Nederlandse Antillen of Aruba geadopteerde kind – van een vrouw die Nederlander is of – indien zij is overleden – ten tijde van het overlijden Nederlander was, verkrijgt, indien het op het tijdstip van inwerkingtreding van deze Rijkswet de leeftijd van 21 jaar nog niet heeft bereikt en niet gehuwd of gehuwd geweest is, het Nederlanderschap door het afleggen van een daartoe strekkende verklaring. Voor hen die de leeftijd van 18 jaar nog niet hebben bereikt moet de verklaring worden afgelegd door de moeder of – indien deze is overleden – door de wettelijke vertegenwoordiger. Deze verklaring moet worden afgelegd binnen drie jaar na de inwerkingtreding van deze Rijkswet. Deze bepaling bood niet-Nederlandse kinderen die geboren zijn vóór 1 januari 1985 de mogelijkheid het Nederlanderschap te verkrijgen door het afleggen van een verklaring. Een zodanige verklaring moest echter worden afgelegd vóór 1 januari 1988. Op 1 oktober 2010 is weer een voorziening opgenomen voor de verkrijging van het Nederlanderschap door kinderen die voor 1 januari 1985 als kind van een Nederlandse moeder en niet Nederlandse vader zijn geboren (zie art. 6 lid 1 onderdeel i-o) en voor de kinderen van deze kinderen.

Artikel 28

1. De vrouw die het Nederlanderschap heeft verloren door of in verband met haar vóór de inwerkingtreding van deze Rijkswet gesloten huwelijk, verkrijgt het Nederlanderschap door het afleggen van een daartoe strekkende schriftelijke en door een bevestiging gevolgde verklaring, welke moet worden afgelegd binnen een jaar na de ontbinding van dat huwelijk of binnen een jaar nadat zij van die ontbinding heeft kunnen kennis nemen. Deze verkrijging werkt terug tot de datum van ontbinding van het huwelijk.

2. Artikel 6, derde tot en met zesde lid, is van overeenkomstige toepassing.

3. Het minderjarige niet-Nederlandse kind van de in het eerste lid genoemde persoon die moeder of adoptiefouder als bedoeld in artikel 11, achtste lid, van dit kind is deelt in die verkrijging, indien het in de verklaring tot dat doel is vermeld. Kinderen van een kind dat in de verkrijging deelt, delen onder dezelfde voorwaarden in die verkrijging. Een kind dat ten tijde van het afleggen van de verklaring de leeftijd van zestien jaar heeft bereikt, deelt in de verkrijging indien het daarmee uitdrukkelijk instemt, de in het tweede lid van artikel 6 bedoelde bereidverklaring aflegt en jegens hem geen vermoedens bestaan als bedoeld in het vierde lid van dat artikel. Het besluit tot bevestiging wordt met betrekking tot hem niet bekend gemaakt dan nadat de verklaring van verbondenheid daadwerkelijk is afgelegd.

[27-06-2008, Stb. 270, i.w.tr. 01-03-2009/kamerstukken 30584]

[Optie vrouw die Nederlanderschap door of in verband met huwelijk voor 1 januari 1985 verloor]

1. Betekenis. Deze overgangsbepaling is van belang voor vrouwen die een huwelijk hebben gesloten vóór 1 januari 1985 en die daardoor of in verband daarmee het Nederlanderschap hebben verloren. Als hun huwelijk wordt ontbonden, hebben zij de mogelijkheid door optie het Nederlanderschap weer terug te krijgen. **Termijn.** De optieverklaring moet worden gedaan binnen een jaar na ontbinding van het huwelijk of binnen een jaar nadat de vrouw van de huwelijksontbinding heeft kunnen kennisnemen. **Terugwerkende kracht.** De verkrijging van het Nederlanderschap door optieverklaring werkt terug tot de datum van ontbinding van het huwelijk. Dit is gedaan met het oog op de rechten van de vrouw op pensioenuitkeringen.

2. Procedureregels (lid 2). De algemene procedureregels bij het uitbrengen van een optie zijn van overeenkomstige toepassing (zie art. 6, aant. 10-13).

3. Kinderen (lid 3). Minderjarige (adoptief)kinderen van vrouwen die door optie ingevolge dit artikel het Nederlanderschap verwerven, delen in die verkrijging, mits zij in de optieverklaring met name zijn genoemd. Wanneer het minderjarige kind dat in de optie deelt, reeds zelf een kind heeft, dan verkrijgt ook dit kind de Nederlandse nationaliteit. Voorwaarde is wel dat ook het kleinkind in de optieverklaring met name is genoemd. **Kinderen van 16 en 17 jaar.** Kinderen van 16 en 17 jaar delen niet tegen hun wil in de verkrijging van de Nederlandse nationaliteit. Bovendien geldt voor hen de openbare ordetoets (zie art. 6, aant. 12). Ook moeten zij bereid zijn een verklaring van verbondenheid af te leggen (zie art. 6, aant. 10). Uit de tekst van dit artikellid volgt dat het vereiste van uitdrukkelijke instemming van het minderjarige kind en de bereidverklaring tot het afleggen van de verklaring van verbondenheid slechts geldt indien het een kind betreft dat op het moment van het afleggen van de optieverklaring zestien jaar of ouder is. Als het kind in de loop van de optieprocedure zestien jaar of ouder wordt, hoeft het zich niet alsnog bereid te verklaren om de verklaring van verbondenheid af te leggen en hoeft het niet alsnog uitdrukkelijk in te stemmen voordat het kan delen in de verkrijging van het Nederlanderschap. Als dit kind echter al vóór het bereiken van de zestienjarige leeftijd een zienswijze omtrent medeverkrijging van het Nederlanderschap naar voren heeft gebracht en het kind heeft daarbij te kennen gegeven geen prijs te stellen op medeverkrijging, dan wordt de bevestiging van het Nederlanderschap ten aanzien van dit kind geweigerd. De bevestiging wordt ten aanzien van het kind ook geweigerd indien het zich niet bereid verklaart om bij de verkrijging van het Nederlanderschap de verklaring van verbondenheid af te leggen.

Artikel 29

Voor de toepassing van de Rijkswet op het Nederlanderschap en de daarop rustende bepalingen worden de tijdvakken van hoofdverblijf die voor de inwerkingtreding van de Rijkswet aanpassing rijkswetten aan de oprichting van de nieuwe landen zijn doorgebracht in de Nederlandse Antillen in aanmerking genomen als waren zij doorgebracht in Aruba, Curaçao, Sint Maarten of de openbare lichamen Bonaire, Saba en Sint Eustatius.

[07-07-2010, Stb. 339, i.w.tr. 10-10-2010/kamerstukken 32186]

[Nederlandse Antillen]

Hoofdverblijf in de voormalige Nederlandse Antillen. Op grond van deze bepaling telt de periode van hoofdverblijf die voor 10 oktober 2010 is doorgebracht in de voormalige Nederlandse Antillen mee voor de vereiste termijn van hoofdverblijf in Aruba, Curaçao, Sint Maarten en de openbare lichamen Bonaire, Sint Eustatius of Saba. Overigens is de formulering 'tijdvakken van hoofdverblijf' gehanteerd, waar bedoeld is 'tijdvakken van toelating en hoofdverblijf'. Deze omissie wordt hersteld bij wetsvoorstel 'Wijziging van de Rijkswet op het Nederlanderschap ter verlenging van de termijnen voor verlening van het Nederlanderschap en enige andere wijzigingen' (*Kamerstukken II* 2013/14, 33852 (R2023)).

Wijzigingsrijkswet Rijkswet op het Nederlanderschap (verkrijging, verlening en verlies van het Nederlanderschap)

Rijkswet van 21 december 2000, tot wijziging van de Rijkswet op het Nederlanderschap met betrekking tot de verkrijging, de verlening en het verlies van het Nederlanderschap, Stb. 2000, 618, zoals laatstelijk gewijzigd op 6 juli 2004, Stb. 2004, 335 (i.w.tr. 01-01-2005)

Wij Beatrix, bij de gratie Gods, Koningin der Nederlanden, Prinses van Oranje-Nassau, enz. enz. enz.

Allen, die deze zullen zien of horen lezen, saluut! doen te weten:

Alzo Wij in overweging genomen hebben, dat het wenselijk is de Rijkswet op het Nederlanderschap te wijzigen, in het bijzonder op het punt van de bepalingen betreffende de verkrijging, de verlening en het verlies van het Nederlanderschap;

Zo is het, dat Wij, de Raad van State van het Koninkrijk gehoord, en met gemeen overleg der Staten-Generaal, de bepalingen van het Statuut voor het Koninkrijk in acht genomen zijnde, hebben goedgevonden en verstaan, gelijk Wij goedvinden en verstaan bij deze:

Artikel I

(Bevat wijzigingen in de Rijkswet op het Nederlanderschap.)
[21-12-2000, Stb. 618, i.w.tr. 01-04-2003/kamerstukken 25891]

Artikel IA

(Bevat wijzigingen in de Vreemdelingenwet 2000.)
[21-12-2000, Stb. 618, i.w.tr. 01-04-2003/kamerstukken 25891]

Artikel IB

(Bevat wijzigingen in de Wet conflictenrecht namen.)
[21-12-2000, Stb. 618, i.w.tr. 01-04-2003/kamerstukken 25891]

Artikel IC

(Bevat wijzigingen in de Wet betreffende de positie van Molukkers.)
[21-12-2000, Stb. 618, i.w.tr. 01-04-2003/kamerstukken 25891]

Artikel II

1. De intrekking van het Nederlanderschap op grond van artikel 14, eerste lid, werkt niet verder terug dan tot het tijdstip van inwerkingtreding van deze Rijkswet, indien het Nederlanderschap voor dat tijdstip is verleend.

2. Voor de toepassing van artikel 6, eerste lid, onder *f*, en artikel 8, tweede lid, wordt hij wiens Nederlanderschap is ingetrokken op grond van artikel 14, eerste lid, juncto het eerste lid van dit artikel, niet geacht het Nederlanderschap te hebben bezeten.
[21-12-2000, Stb. 618, i.w.tr. 01-04-2003/kamerstukken 25891]

[Terugwerkende kracht art. 14]

Betekenis. Deze bepaling is ingevoegd bij Rijkswet van 21 december 2000 (*Stb.* 618). Krachtens art. 14 lid 1 kan het Nederlanderschap worden ingetrokken, indien het door fraude is verkregen (zie art. 14, aant. 2). De intrekking werkt terug tot het moment van verkrijging of verlening van het Nederlanderschap. Een uitzondering geldt voor de gevallen waarin het Nederlanderschap is verleend vóór 1 april 2003. In die gevallen werkt de intrekking terug tot die datum en dat heeft tot gevolg dat betrokkene oud-Nederlander is. Voor oud-Nederlanders geldt een aantal speciale voorzieningen in het kader van de herkrijging van het Nederlanderschap. Om te voorkomen dat de frauduleuze oud-Nederlander gebruik kan maken van die voorzieningen (art. 6 lid 1 onderdeel f en art. 8 lid 2), is bepaald dat hij voor de toepassing van de desbetreffende bepalingen niet wordt aangemerkt als oud-Nederlander.

Artikel III
De artikelen 14, lid 2, en 16, tweede lid, onder *a*, *b*, *c* en *d*, van de Rijkswet op het Nederlanderschap zoals zij op grond van deze Rijkswet komen te luiden, hebben terugwerkende kracht tot en met het tijdstip waarop de Rijkswet op het Nederlanderschap in werking is getreden.
[21-12-2000, Stb. 618, i.w.tr. 01-04-2003/kamerstukken 25891]

[Terugwerkende kracht art. 14 lid 2 en 16 lid 2 onderdeel a, b, c en d]

Betekenis. Deze bepaling is ingevoegd bij Rijkswet van 21 december 2000, *Stb.* 618. Bij die Rijkswet zijn de bepalingen van art. 14 lid 2 en 16 lid 2 aangepast. Deze aanpassingen strekken ertoe te corrigeren hetgeen als een lacune in de wet werd aangemerkt (MvT, *Kamerstukken II* 25891 (R 1609), 3, p. 19) en werken terug tot 1 januari 1985.

Artikel IV
De in artikel 15, eerste lid, onder *c*, genoemde periode vangt niet eerder aan dan op het tijdstip van inwerkingtreding van deze Rijkswet.
[06-07-2004, Stb. 335, i.w.tr. 01-01-2005/kamerstukken 28836]

[Aanvang termijn art. 15 lid 1 onderdeel c]

1. Algemeen. Deze bepaling is ingevoegd bij Rijkswet van 21 december 2000, *Stb.* 618. Overigens is de verliestermijn van art. 15 lid 1 onderdeel c RWN met ingang van 1 april 2022 gewijzigd van tien naar dertien jaar.

2. Aanvang termijn art. 15 lid 1 onderdeel c (lid 1). De termijn van art. 15 lid 1 onderdeel c RWN gaat niet eerder in dan op 1 april 2003. Voor personen op wie tot 1 april 2003 art. 15 aanhef en onderdeel c RWN, zoals dat luidde vóór 1 april 2003, van toepassing was en die aansluitend ook voldeden aan de voorwaarden van het nieuwe art. 15 l d 1 onderdeel c RWN, begon op 1 april 2003 een nieuwe termijn te lopen.

Artikel V

1. De meerderjarige die vóór het tijdstip van de inwerkingtreding van deze Rijkswet op grond van of, als minderjarige, wegens artikel 15, aanhef en onder *c*, van de Rijkswet op het Nederlanderschap zijn Nederlanderschap heeft verloren, herkrijgt het Nederlanderschap door het afleggen van een daartoe strekkende schriftelijke verklaring binnen een termijn van twee jaar na de inwerkingtreding van deze Rijkswet. Deze herkrijging werkt terug tot het moment van verlies. Artikel 6, tweede en vierde lid, zijn van overeenkomstige toepassing. Het minderjarige niet-Nederlandse kind van de vader, moeder of adoptiefouder als bedoeld in artikel 11, achtste lid, die een verklaring tot herkrijging van het Nederlanderschap aflegt, deelt in die verkrijging, indien het in de verklaring tot dat doel is vermeld. Kinderen van een kind dat in die verkrijging deelt, delen onder dezelfde voorwaarden in die verkrijging. Een kind dat ten tijde van het afleggen van de verklaring de leeftijd van 16 jaar heeft bereikt, deelt slechts in de verkrijging, indien het daarmee uitdrukkelijk instemt. De in artikel 15, eerste lid, aanhef en onder *c*, genoemde periode vangt aan op de dag van de bevestiging als bedoeld in artikel 6, tweede lid.

2. Hij die op grond van artikel 15, aanhef en onder *c*, van de Rijkswet op het Nederlanderschap, zoals dat luidde voor de inwerkingtreding van deze Rijkswet, zijn Nederlanderschap heeft verloren en aan wie na 1 januari 1990 een verklaring omtrent het bezit van het Nederlanderschap dan wel een reisdocument in de zin van de Paspoortwet is verstrekt, wordt geacht het Nederlanderschap niet te hebben verloren

[06-07-2004, Stb. 335, i.w.tr. 01-01-2005/kamerstukken 28836]

[Reparatiebepaling art. 15 onderdeel c]

1. Algemeen. Krachtens art. 15 onderdeel c zoals dit luidde tot 1 april 2003 verloren Nederlanders het Nederlanderschap indien zij na hun meerderjarigheid tien jaar ononderbroken hadden gewoond in het land waarin zij zijn geboren en waarvan zij de nationaliteit bezitten. Oud-Nederlanders die het Nederlanderschap hebben verloren op grond van deze bepaling, kunnen het Nederlanderschap terugkrijgen (lid 1) en in sommige gevallen worden zij geacht het Nederlanderschap nooit verloren te hebben (lid 2).

2. Optie (lid 1). De oud-Nederlander die het Nederlanderschap heeft verloren krachtens art. 15 onderdeel c (oud), kan in de periode van 1 april 2003 tot en met 31 maart 2005 het Nederlanderschap door optie terugkrijgen. Deze mogelijkheid geldt zowel voor personen die zelfstandig het Nederlanderschap hebben verloren krachtens art. 15 onderdeel c, als voor personen die als kind hebben gedeeld in het verlies op grond van art. 15 onderdeel c van hun ouders. **Terugwerkende kracht.** De herkrijging van het Nederlanderschap werkt terug tot het moment van verlies van het Nederlanderschap. **Procedureregels.** De procedureregels van art. 6 lid 2 en 4 zijn van overeenkomstige toepassing (zie art. 6, aant. 11 en 13). **Kinderen.** Als de oud-Nederlander zelf minderjarige (adoptief)kinderen heeft, delen deze in de herkrijging van het Nederlanderschap, mits zij in de optieverklaring met name zijn genoemd. Wanneer het minderjarige kind dat in de optie deelt, reeds zelf een kind heeft, dan verkrijgt ook dit kind de Nederlandse nationaliteit. Voorwaarde is wel dat ook het kleinkind in de optieverklaring met name is genoemd. **Kinderen van 16 en 17 jaar.** Kinderen van 16 en 17 jaar delen niet tegen hun wil in de verkrijging van de Nederlandse nationaliteit. **Aanvang nieuwe verliestermijn.** Indien de optant valt onder de werking van art. 15 lid 1 onderdeel c, begint op de dag van de bevestiging van de optie een nieuwe verliestermijn van tien jaar te lopen. Zie voor de mogelijkheid tot onderbreking of stuiting van de verliestermijn art. 15, aant. 8 en 9.

3. Paspoort of bewijs van Nederlanderschap (lid 2). De oud-Nederlander die het Nederlanderschap heeft verloren krachtens art. 15 onderdeel c en aan wie ná 1 januari 1990 een geldig Nederlands paspoort of een bewijs van Nederlanderschap is verstrekt, wordt hij geacht nooit het Nederlanderschap te hebben verloren. Lid 2 is in werking getreden op 1 februari 2001 (*Stb.* 2001, 2). **Aanvang nieuwe verliestermijn.** Indien die persoon valt onder de werking van art. 15 lid 1 onderdeel c, begint op 1 april 2003 een nieuwe verliestermijn van tien jaar te lopen.

Artikel VI

De Rijkswet van 14 november 1963, *Stb.* 467, houdende wijziging van de Wet op het Nederlanderschap en het ingezetenschap (*Stb.* 1892, 268) in verband met het huwelijk wordt ingetrokken.

[21-12-2000, Stb. 618, i.w.tr. 01-04-2003/kamerstukken 25891]

Artikel VII

1. De artikelen van deze Rijkswet treden in werking op een bij koninklijk besluit te bepalen tijdstip, dat voor de verschillende artikelen of onderdelen daarvan verschillend kan worden vastgesteld.

2. De onderdelen *c* en *d* van artikel 8, eerste lid, zoals deze komen te luiden ingevolge artikel I, onderdeel J van deze rijkswet zijn niet van toepassing op verzoeken ingediend voor de datum van de inwerkingtreding van dit onderdeel.

[18-04-2002, Stb. 222, i.w.tr. 01-04-2003/kamerstukken 28039]

[Inwerkingtreding]

Betekenis. De Rijkswet van 21 december 2000, *Stb.* 618, is op 1 april 2003 in werking getreden. **Uitzondering.** Art. V lid 2 is reeds op 1 februari 2001 in werking getreden. Ten aanzien van naturalisatieverzoeken ingediend vóór 1 april 2003 geldt niet de voorwaarde van vijf jaar toelating en hoofdverblijf en evenmin het vereiste van het afleggen van een naturalisatietoets. Op deze verzoeken blijft de oorspronkelijke tekst van art. 8 lid 1 onderdeel c en d van toepassing (vijf jaar feitelijk verblijf en toetsing van inburgering aan de hand van een inburgeringsgesprek). Deze vereisten gelden evenmin als de naturalisandus voor 1 april 2003 zijn voornemen tot naturalisatie kenbaar heeft gemaakt, maar vanwege het door de gemeente gehanteerde afsprakensysteem vóór die datum geen verzoek heeft kunnen indienen.

Paspoortwet

Rijkswet van 26 september 1991, houdende het stellen van regelen betreffende de verstrekking van reisdocumenten, Stb. 1991, 498, zoals laatstelijk gewijzigd op 14 juli 2021, Stb. 2021, 351 (i.w.tr. 02-08-2021)

Wij Beatrix, bij de gratie Gods, Koningin der Nederlanden, Prinses van Oranje-Nassau, enz. enz. enz.

Allen, die deze zullen zien of horen lezen, saluut! doen te weten:

Alzo Wij in overweging genomen hebben, dat in verband met het recht het land te verlaten, zoals neergelegd in voor het Koninkrijk geldende verdragen, in verband met artikel 2, vierde lid, van de Grondwet en gelet op artikel 3, eerste lid, onder *b*, van het Statuut voor het Koninkrijk der Nederlanden, bij rijkswet regelen dienen te worden gesteld met betrekking tot de aanspraken op paspoorten en andere reisdocumenten en de beperkingen van deze aanspraken;

Zo is het, dat Wij, de Raad van State van het Koninkrijk gehoord, en met gemeen overleg der Staten-Generaal, de bepalingen van het Statuut voor het Koninkrijk in acht genomen zijnde, hebben goedgevonden en verstaan, gelijk Wij goedvinden en verstaan bij deze:

[Inleidende opmerkingen]

1. Algemeen. De Paspoortwet van 26 september 1991, die regels bevat over de verstrekking van reisdocumenten, is op 1 januari 1992 (*Stb.* 1991, 498) in werking getreden en sedertdien enige keren gewijzigd (laatstelijk op 14 juli 2021, *Stb.* 2021, 351). Deze wet regelt de aanspraken van Nederlanders en vreemdelingen op een Nederlands reisdocument. **Reisdocument.** "Vanouds wordt het reisdocument beschouwd als een verzoek van de staat aan buitenlandse autoriteiten om de houder ervan 'vrije doortocht te verlenen en zo nodig hulp en bijstand te verschaffen'. De belangrijkste functie van het reisdocument is dan ook de houder ervan het reizen van en naar het buitenland, alsmede diens verblijf aldaar te vergemakkelijken. Door de verstrekking van het reisdocument stelt de Staat zich immers in volkenrechtelijke zin garant voor de houder" (MvT, *Kamerstukken II*, 1987/88, 20393 (R 1343), nr. 3, p. 19). **Soorten reisdocumenten.** In artikel 2 van de wet worden de reisdocumenten van het Koninkrijk der Nederlanden opgesomd. Het gaat om: een paspoort, een reisdocument voor vluchtelingen, voor vreemdelingen, een nooddocument (art. 2 lid 1 sub a-f Paspoortwet). Ook andere reisdocumenten kunnen door de minister worden vastgesteld (art. 2 lid 1 sub g Paspoortwet). Hetgeen is bepaald ten aanzien van die reisdocumenten is van overeenkomstige toepassing op de Nederlandse identiteitskaart (art. 2, lid 2 Paspoortwet). De Nederlandse identiteitskaart is dus tevens een reisdocument en die is alleen geldig voor lidstaten van de Raad voor Europa (zie ook de Inleidende opmerkingen bij hoofdstuk IV Aanvraag § 2 Aanvragen door of ten behoeve van handelingsonbekwamen; de artikelen 34 tot en met 39 Paspoortwet)

2. Minderjarigen en onder curatele gestelden. Voor minderjarigen en onder curatele gestelden gelden met betrekking tot het reisdocument bijzondere bepalingen (zie met name: hoofdstuk IV Aanvraag § 2 Aanvragen door of ten behoeve van handelingsonbekwamen: de artikelen 34 tot en met 39 Paspoortwet). Alleen deze bepalingen worden hierna van een commentaar voorzien. Het betreft de artikelen 16a, 34 tot en met 39 en 48 t/m 50 Paspoortwet.

HOOFDSTUK I
Algemene bepalingen

§ 1
Definities en reikwijdte

Artikel 1

In deze wet en de daarop berustende bepalingen wordt verstaan onder:

a. aanvraag: het verzoek tot verstrekking van een reisdocument of tot wijziging van gegevens vermeld in een eerder verstrekt reisdocument;

b. aanvrager: degene die een aanvraag als bedoeld in onderdeel a indient of op wie een dergelijke aanvraag betrekking heeft;

c. weigering: de afwijzende beslissing op de aanvraag, die in behandeling is genomen;

d. verstrekking: de beslissing tot uitreiking van een nieuw reisdocument;

e. uitreiking: het feitelijk ter beschikking van de aanvrager stellen van het op zijn naam gesteld reisdocument;

f. houder: degene op wiens naam het reisdocument is gesteld en ten behoeve van wie het is uitgereikt;

g. wijziging: het in overeenstemming met het bij of krachtens deze wet bepaalde aanbrengen van een of meer aantekeningen in een reisdocument, strekkende tot verandering dan wel aanvulling van daarin vermelde gegevens;

h. inhouding: het feitelijk aan de beschikking van de houder onttrekken van een op zijn naam gesteld reisdocument;

i. vervallen of vervallenverklaring: het ongeldig worden of de beslissing tot het ongeldig verklaren van een reisdocument;

j. definitief aan het verkeer onttrekken: het deugdelijk vernietigen, dan wel het geheel of gedeeltelijk onbruikbaar maken en aan de houder teruggeven van het reisdocument;

k. vermissing: ieder geval waarin de houder niet meer de feitelijke beschikking heeft over een op zijn naam gesteld reisdocument, anders dan door of ten behoeve van handelingen van een daartoe bevoegde autoriteit;

l. Onze Minister: Onze Minister van Binnenlandse Zaken en Koninkrijksrelaties in zijn hoedanigheid van Minister van het Koninkrijk;

m. Onze Minister die het aangaat: Onze Minister in Nederland, Aruba, Curaçao of Sint Maarten die het aangaat;

n. Gouverneur: Gouverneur van Aruba, Curaçao of Sint Maarten;

o. openbaar lichaam: openbaar lichaam Bonaire, Sint Eustatius of Saba;

p. reisdocument: een document als bedoeld in artikel 2, eerste lid;

q. burgerservicenummer: het nummer, bedoeld in artikel 1, onder b, van de Wet algemene bepalingen burgerservicenummer;

r. publiek identificatiemiddel: een van rijkswege uitgegeven en aan een natuurlijk persoon verstrekt elektronisch middel dat persoonsidentificatiegegevens bevat en wordt gebruikt voor de authenticatie van een natuurlijke persoon die toegang wenst tot elektronische dienstverlening;

s. elektronische dienstverlening: verlening van elektronische diensten aan natuurlijke personen, ondernemingen of rechtspersonen ter uitoefening van een publieke taak, in het algemeen belang of waarbij het burgerservicenummer wordt verwerkt, door een bestuursorgaan als bedoeld in artikel 1:1, eerste lid, onderdeel a, van de Algemene wet bestuursrecht of een bij of krachtens de Wet digitale overheid aangewezen organisatie, waarvoor authenticatie op betrouwbaarheidsniveau substantieel of hoog als bedoeld in de Wet digitale overheid is vereist;

t. tot signalering bevoegd orgaan: een autoriteit of orgaan als bedoeld in een van de artikelen 18 tot en met 24 van deze wet.

[06-03-2020, Stb. 104, i.w.tr. 01-01-2021/kamerstukken 35047]

Artikel 2

1. Reisdocumenten van het Koninkrijk der Nederlanden zijn

a. nationaal paspoort;

b. diplomatiek paspoort;

c. dienstpaspoort;

d. reisdocument voor vluchtelingen;

e. reisdocument voor vreemdelingen;

f. nooddocument: laissez-passer of noodpaspoort;

g. andere reisdocumenten, bij of krachtens algemene maatregel van rijksbestuur vast te stellen.

2. Identiteitskaarten van het Europese deel van Nederland zijn de Nederlandse identiteitskaart en de vervangende Nederlandse identiteitskaart. Hetgeen bij of krachtens deze wet is bepaald ten aanzien van reisdocumenten is van overeenkomstige toepassing op de Nederlandse identiteitskaart en de vervangende Nederlandse identiteitskaart, tenzij anders is bepaald.

3. Bij of krachtens algemene maatregel van rijksbestuur wordt van de in het eerste en tweede lid bedoelde documenten de geldigheidsduur en het model vastgesteld. Van de in het eerste lid bedoelde reisdocumenten wordt bij algemene maatregel van rijksbestuur tevens de territoriale geldigheid vastgesteld.

4. Onze Minister draagt zorg voor de vervaardiging van de in het eerste en tweede lid bedoelde documenten.

5. Elk reisdocument blijft na uitreiking rijkseigendom. Onze Minister oefent het eigendomsrecht uit.

[14-07-2021, Stb. 351, i.w.tr. 02-08-2021/kamerstukken 35552]

§ 2
Gegevens ten behoeve van reisdocumenten

Artikel 3

1. Elk reisdocument vermeldt de volgende persoonsgegevens van de houder: geslachtsnaam, voornamen, geboortedatum, geboorteplaats, geslacht, woonplaats, adres en lengte. Bij of krachtens algemene maatregel van rijksbestuur kan worden bepaald in welke gevallen wordt afgezien van vermelding van respectievelijk geboorteplaats, woonplaats, adres en lengte.
2. Een reisdocument is voorzien van de gezichtsopname, twee vingerafdrukken en de handtekening van de houder volgens nader bij regeling van Onze Minister te stellen regels. De vervangende Nederlandse identiteitskaart is niet voorzien van vingerafdrukken.
3. Bij of krachtens algemene maatregel van rijksbestuur kunnen reisdocumenten worden aangewezen die niet worden voorzien van een of meer van de in het tweede lid genoemde gegevens en kunnen regels worden gesteld over de gevallen waarin kan worden afgezien van het opnemen van de gezichtsopname, vingerafdrukken of de handtekening in het aangevraagde reisdocument indien deze gegevens niet van de houder kunnen worden verkregen.
4. In bij of krachtens algemene maatregel van rijksbestuur te bepalen gevallen wordt in een reisdocument het burgerservicenummer van de houder vermeld.
5. Elk reisdocument vermeldt het documentnummer, de autoriteit die het document heeft verstrekt, de datum van verstrekking en het einde van de geldigheidsduur, alsmede de territoriale geldigheid. De territoriale geldigheid wordt niet vermeld in een Nederlandse identiteitskaart.
6. In reisdocumenten die aan Nederlanders worden verstrekt, wordt de Nederlandse nationaliteit vermeld. In reisdocumenten voor vluchtelingen en in reisdocumenten die aan staatlozen worden verstrekt, wordt de status van de houder vermeld.
7. Op verzoek van de houder kan in diens reisdocument tevens de geslachtsnaam worden vermeld van de echtgenoot, echtgenote of geregistreerde partner, dan wel, indien de houder geen echtgenoot, echtgenote of geregistreerde partner meer heeft, de geslachtsnaam van de gewezen echtgenoot, echtgenote of geregistreerde partner met wie het huwelijk of het geregistreerd partnerschap laatstelijk is geëindigd, voor zover het model van het reisdocument daartoe voldoende ruimte bevat. Onze Minister stelt nadere regels met betrekking tot de wijze waarop de naamsvermelding plaatsvindt.
8. De tot uitreiking bevoegde autoriteiten voeren een reisdocumentenadministratie ten behoeve van de aanvraag, verstrekking en uitreiking van reisdocumenten. De administratie bevat de gegevens bedoeld in het eerste, tweede, vierde, vijfde, zesde en zevende lid, alsmede andere gegevens die bij de aanvraag zijn overgelegd. De administratie is zowel op naam als op documentnummer toegankelijk. Bij of krachtens algemene maatregel van rijksbestuur worden regels gesteld met betrekking tot de verwerking van gegevens in de administratie.
9. De bij de aanvraag van een reisdocument opgenomen vingerafdrukken worden bewaard totdat de uitreiking van het aangevraagde reisdocument, dan wel de reden voor het niet uitreiken daarvan, in de administratie, bedoeld in het achtste lid,

is geregistreerd en gedurende die periode uitsluitend verwerkt ten behoeve van de verstrekking en de uitreiking van het reisdocument.
[14-07-2021, Stb. 351, i.w.tr. 02-08-2021/kamerstukken 35552]

Artikel 3a

1. Bij algemene maatregel van rijksbestuur kunnen documenten als bedoeld in artikel 2 worden aangewezen waar het publiek identificatiemiddel op wordt geplaatst.
2. Het publiek identificatiemiddel dat krachtens het eerste lid op het document is geplaatst, bevat de bij algemene maatregel van rijksbestuur vast te stellen gegevens.
3. Gebruik van het publiek identificatiemiddel is alleen mogelijk indien de houder van het document beschikt over een burgerservicenummer.
4. Bij of krachtens algemene maatregel van rijksbestuur worden regels gesteld omtrent de technische en organisatorische inrichting van de voorzieningen die noodzakelijk zijn voor de vervaardiging en het kunnen gebruiken van het publiek identificatiemiddel en de daarmee samenhangende verwerking van gegevens.
5. Bij of krachtens algemene maatregel van rijksbestuur worden regels gesteld omtrent de kosten die ten laste worden gebracht voor vervaardiging en verstrekking van een publiek identificatiemiddel en voor de handelingen die door Onze Minister worden verricht voor het gebruik kunnen maken van dit middel.
[06-03-2020, Stb. 104, i.w.tr. 01-01-2021/kamerstukken 35047]

Artikel 4

(Vervallen.)
[06-03-2020, Stb. 104, i.w.tr. 01-01-2021/kamerstukken 35047]

Artikel 4a

1. Er is een register vermiste of vervallen reisdocumenten. Onze Minister is verantwoordelijk voor de verwerking van gegevens in dit register.
2. Het register heeft tot doel het voorkomen en bestrijden van fraude met en misbruik van reisdocumenten door het vastleggen van gegevens met betrekking tot de in het derde lid bedoelde documenten en de verstrekking van die gegevens aan daartoe ingevolge deze wet bevoegde autoriteiten en derden.
3. In het register worden gegevens opgenomen met betrekking tot reisdocumenten, bedoeld in artikel 2, die:
zijn ontvreemd of anderszins als vermist zijn opgegeven;
ingevolge artikel 47, eerste lid, onder a, b, c, e, f, h, i of j, van rechtswege zijn vervallen.
4. De in het register op te nemen gegevens, bedoeld in het derde lid, worden verstrekt door de autoriteiten, belast met de uitvoering van deze wet.
5. In het register kunnen in verband met een reisdocument de volgende gegevens worden vermeld:

a. de persoonsgegevens, bedoeld in artikel 3, eerste, vierde en zesde lid;
b. het administratienummer waarmee de houder van een reisdocument is vermeld in de basisregistratie personen in het Europese deel van Nederland of in de bevolkingsadministratie van een openbaar lichaam, Aruba, Curaçao of Sint Maarten;
c. het soort reisdocument, het documentnummer en de andere documentgegevens, bedoeld in artikel 3, vijfde lid;

d. de reden van de opneming van gegevens met betrekking tot het reisdocument in het register, de datum waarop het reisdocument is ontvreemd, anderszins is vermist of van rechtswege is vervallen, de autoriteit die de gegevens heeft verstrekt en de datum waarop de gegevens zijn verstrekt;
e. andere bij regeling van Onze Minister te bepalen administratieve gegevens die noodzakelijk zijn voor de gegevensverwerking in het register.

6. De in het register opgenomen gegevens worden verstrekt aan instellingen en personen, belast met een publiekrechtelijke taak, voor zover de gegevens noodzakelijk zijn voor de vervulling van hun taak.
7. Onze Minister kan andere instellingen en personen aanwijzen die een gerechtvaardigd belang hebben bij verstrekking van gegevens uit het register. De gegevensverstrekking beperkt zich in dat geval uitsluitend tot de mededeling of in het register gegevens zijn opgenomen met betrekking tot een reisdocument, waarvan de instelling of persoon het documentnummer heeft opgegeven.
8. Bij regeling van Onze Minister worden nadere regels gesteld met betrekking tot de in het register op te nemen gegevens, de vastlegging van gegevens in het register, de verwijdering van gegevens uit het register en de verstrekking van gegevens.
9. Onze Minister treft maatregelen met betrekking tot het beheer en de beveiliging van het register.
[06-03-2020, Stb. 104, i.w.tr. 01-01-2021/kamerstukken 35047]

Artikel 4b

(Vervallen.)
[06-03-2020, Stb. 104/kamerstukken 35047]

§ 3
Het basisregister reisdocumenten

Artikel 4c

1. Er is een basisregister reisdocumenten. Onze Minister is verantwoordelijk voor de gegevensverwerkingen in dit register.
2. Het basisregister reisdocumenten heeft tot doel de autoriteiten, instellingen en personen bedoeld in artikel 4e te voorzien van de in het basisregister reisdocumenten opgenomen gegevens voor zover deze gegevens noodzakelijk zijn voor de vervulling van hun taken en werkzaamheden bedoeld in dat artikel. Het basisregister reisdocumenten heeft mede tot doel om organen en instellingen te voorzien van de in het register opgenomen gegevens in overige bij algemene maatregel van rijkbestuur aan te wijzen gevallen.
3. Onze Minister stelt regels over het beheer, de beveiliging en de betrouwbaarheid van het register.
[06-03-2020, Stb. 104, i.w.tr. 01-01-2021/kamerstukken 35047]

Artikel 4d

1. In het basisregister reisdocumenten worden uitsluitend de volgende gegevens opgenomen:
a. gegevens als bedoeld in artikel 3, eerste, vierde, vijfde, zesde en zevende lid;

b. gegevens die bij de aanvraag zijn overgelegd, niet zijnde de gezichtsopname, handtekening dan wel vingerafdruk van de aanvrager, en gegevens die betrekking hebben op de status van een reisdocument, alsmede de autoriteit die de gegevens heeft verstrekt en de datum waarop de gegevens zijn verstrekt;
c. gegevens met betrekking tot de status van het reisdocument als publiek identificatiemiddel.

2. De autoriteiten, belast met de uitvoering van deze wet, en de bestuursorganen en aangewezen organisaties bedoeld in de Wet digitale overheid verstrekken de in het basisregister reisdocumenten op te nemen gegevens aan Onze Minister.

3. Bij of krachtens algemene maatregel van rijksbestuur kunnen andere organen, instellingen en personen voor verstrekking worden aangewezen die bij de uitoefening van hun wettelijke taak over gegevens komen te beschikken die van belang zijn voor de bijhouding van het basisregister reisdocumenten.

4. Bij of krachtens algemene maatregel van rijksbestuur worden nadere regels gesteld omtrent de gegevensverwerking in het basisregister reisdocumenten, alsmede de bewaartermijn, de verwijdering en de vernietiging van de in het basisregister reisdocumenten opgenomen gegevens.

[06-03-2020, Stb. 104, i.w.tr. 01-01-2021/kamerstukken 35047]

Artikel 4e

1. De gegevens uit het basisregister reisdocumenten kunnen worden verstrekt ten behoeve van de volgende taken of werkzaamheden aan de daarmee belaste organen en instellingen:
a. voor het in ontvangst nemen van aanvragen en het uitreiken, verstrekken, weigeren, wijzigen, vervallen verklaren, inhouden, dan wel definitief aan het verkeer onttrekken van documenten als bedoeld in artikel 2 van deze wet: de autoriteiten die belast zijn met deze taken;
b. voor het uitvoeren van artikel 25 van deze wet: Onze Minister, de Gouverneurs en de tot signalering bevoegde organen;
c. voor het laten functioneren van de voorzieningen ten behoeve van elektronisch berichtenverkeer, elektronische informatieverschaffing en elektronische authenticatie: Onze Minister van Binnenlandse Zaken en Koninkrijksrelaties;
d. ter voorkoming en bestrijding van misbruik van of fraude met reisdocumenten: de organen, instellingen en personen met een wettelijke verplichting of een gerechtvaardigd belang daartoe;
e. voor de taken in het belang van de nationale veiligheid: de Algemene Inlichtingen- en Veiligheidsdienst en de Militaire Inlichtingen- en Veiligheidsdienst;
f. voor opsporing of voor toezicht op naleving van wettelijke voorschriften: organen en personen met een publiekrechtelijke opsporingstaak, onderscheidenlijk met een toezichthoudende taak;
g. ter identificatie van slachtoffers als gevolg van rampen of strafbare feiten: organen en personen die op grond van een wettelijk voorschrift zijn belast met deze taak
h. ter uitvoering van de Rijkswet op het Nederlanderschap: Onze Minister van Justitie en Veiligheid;
i. ter uitvoerlegging van strafvonnissen: Onze Minister die het aangaat.

2. De gegevens uit het basisregister reisdocumenten kunnen ook worden verstrekt ten behoeve van aanvullende bij algemene maatregel van rijksbestuur aan te wijzen gevallen.
3. Ten aanzien van de verstrekkingen bedoeld in het eerste lid, onderdeel a, van dit artikel wordt bij of krachtens algemene maatregel van rijksbestuur bepaald welke gegevens worden verstrekt en op welke wijze deze verstrekkingen plaatsvinden.
4. Alle overige verstrekkingen uit het basisregister reisdocumenten vinden plaats op grond van een besluit van Onze Minister naar aanleiding van een daartoe in te dienen aanvraag. In dit besluit wordt bepaald welke gegevens worden verstrekt en de wijze waarop deze gegevens worden verstrekt. Van dit besluit wordt mededeling gedaan op een voor eenieder kenbare wijze.
[06-03-2020, Stb. 104, i.w.tr. 01-01-2021/kamerstukken 35047]

§ 4
Overige algemene bepalingen

Artikel 5

Een ieder die, anders dan voor ambtelijke doeleinden of ter voldoening aan een wettelijk voorschrift, in het bezit is van een reisdocument waarvan hij niet de houder is, draagt zorg dat het onverwijld ter beschikking komt van een ingevolge deze wet tot inhouding bevoegde autoriteit.
[08-03-2001, Stb. 132, i.w.tr. 01-04-2001/kamerstukken 26977]

Artikel 5a

De houder wiens reisdocument is vermist of mogelijk voorwerp is van fraude, kan dat op een bij ministeriële regeling te bepalen wijze melden.
[17-05-2017, Stb. 217, i.w.tr. 01-10-2017/kamerstukken 34519]

Artikel 6

Een ieder die betrokken is bij de uitvoering van deze wet in een openbaar lichaam en in Aruba, Curaçao en Sint Maarten en daarbij de beschikking krijgt over gegevens waarvan hij het vertrouwelijk karakter kent of redelijkerwijs moet vermoeden, en voor wie niet reeds uit hoofde van ambt, beroep of wettelijk voorschrift ter zake van die gegevens een geheimhoudingsplicht geldt, is verplicht tot geheimhouding daarvan, behoudens voor zover enig wettelijk voorschrift hem tot bekendmaking verplicht of uit zijn taak bij de uitvoering van deze wet de noodzaak tot bekendmaking voortvloeit.
[07-07-2010, Stb. 339, i.w.tr. 10-10-2010/kamerstukken 32186]

Artikel 7

1. Bij of krachtens algemene maatregel van rijksbestuur worden regels vastgesteld omtrent:
a. de door een gemeente, een openbaar lichaam, Aruba, Curaçao of Sint Maarten ter zake van reisdocumenten aan het Rijk verschuldigde kosten, de afdracht daarvan en de wijze waarop deze dient te geschieden, indien de aanvraag is ingediend bij de burgemeester, de gezaghebben dan wel de daartoe door de gouverneur aangewezen autoriteit;

b. de door de aanvrager aan het Rijk verschuldigde rechten en de wijze waarop deze moeten worden voldaan, wegens handelingen ten behoeve van de aanvraag van reisdocumenten indien de aanvraag bij een andere daartoe bevoegde autoriteit dan die, bedoeld onder a is ingediend;
c. de gevallen waarin van de plicht tot betaling van de kosten, bedoeld in onderdeel a, onderscheidenlijk van de rechten bedoeld in onderdeel b, geheel of gedeeltelijk ontheffing kan worden verleend.

2. Voor het verrichten van handelingen door de burgemeester van een gemeente of de gezaghebber van een openbaar lichaam ten behoeve van de aanvraag van een reisdocument kunnen rechten worden geheven. Voor die handelingen kunnen geen andere dan deze rechten worden geheven. Het tarief van de rechten kan verschillen al naar gelang de leeftijd van de aanvrager, het feit of deze in de basisregistratie personen als ingezetene is ingeschreven, de soort en de geldigheidsduur van het reisdocument en de snelheid en de wijze van uitreiking.

3. Bij of krachtens algemene maatregel van rijksbestuur kan met betrekking tot een in Nederland aangevraagd reisdocument worden bepaald dat de door de aanvrager bij de aanvraag aan het Rijk, een gemeente of een openbaar lichaam verschuldigde rechten of leges een in of krachtens die algemene maatregel van rijksbestuur te bepalen bedrag niet te boven gaan.

4. Indien de aanvraag wordt gedaan bij de burgemeester van een gemeente worden de in het tweede lid bedoelde rechten aangemerkt als gemeentelijke belastingen. Hoofdstuk XV, paragraaf 1 en 4, van de Gemeentewet is van toepassing. De artikelen 229b en 229c van de Gemeentewet zijn van overeenkomstige toepassing.

5. Indien de aanvraag wordt gedaan bij de gezaghebber van een openbaar lichaam worden de in het tweede lid bedoelde rechten aangemerkt als eilandbelastingen. Hoofdstuk IV, paragraaf 1 en 4, van de Wet financiën openbare lichamen Bonaire, Sint Eustatius en Saba is van toepassing. De artikelen 64 en 65 van de Wet financiën openbare lichamen Bonaire, Sint Eustatius en Saba zijn van overeenkomstige toepassing.

6. Hetgeen krachtens het eerste tot en met vijfde lid bij of krachtens algemene maatregel van rijksbestuur, gemeentelijke verordening of eilandsraadsverordening is geregeld voor de Nederlandse identiteitskaart met een geldigheidsduur van vijf jaren is mede van toepassing op de vervangende Nederlandse identiteitskaart, tenzij krachtens dat eerste tot en met vijfde lid bij of krachtens algemene maatregel van rijksbestuur, bij gemeentelijke verordening of bij eilandsraadsverordening anders is bepaald.

[06-03-2020, Stb. 104, i.w.tr. 01-01-2021/kamerstukken 35047]

Artikel 8

Onze Minister kan in overeenstemming met Onze Minister van Buitenlandse Zaken in bijzondere omstandigheden voor de uitoefening van bevoegdheden ingevolge deze wet, mandaat verlenen aan autoriteiten van met het Koninkrijk bevriende mogendheden. Het desbetreffende besluit vermeldt de redenen van deze bevoegdheidsverlening en de termijn waarvoor zij geldt. Onze Minister stelt nadere regels omtrent de uitoefening van de bevoegdheden, waarbij het bepaalde in deze wet zoveel mogelijk van overeenkomstige toepassing is.

[18-12-2013, Stb. 10, i.w.tr. 09-03-2014/kamerstukken 33440]

HOOFDSTUK II
Aanspraken op reisdocumenten

§ 1
Paspoorten voor Nederlanders

Artikel 9

1. Iedere Nederlander heeft binnen de grenzen bij deze wet bepaald, recht op een nationaal paspoort, geldig voor tien jaren en voor alle landen.
2. In afwijking van het eerste lid heeft een Nederlander die de leeftijd van achttien jaar nog niet heeft bereikt, recht op een nationaal paspoort geldig voor vijf jaren en voor alle landen.
[18-12-2013, Stb. 10, i.w.tr. 09-03-2014/kamerstukken 33440]

Artikel 10

Aan Nederlanders die zich ten behoeve van het Koninkrijk of een der landen van het Koninkrijk naar het buitenland begeven wordt, binnen de grenzen bij deze wet bepaald, een diplomatiek paspoort dan wel een dienstpaspoort verstrekt indien en voor zolang Onze Minister van Buitenlandse Zaken zulks noodzakelijk acht.
[26-09-1991, Stb. 498, i.w.tr. 01-01-1992/kamerstukken 20393]

§ 2
Reisdocumenten voor niet-Nederlanders

Artikel 11

1. Iedere vreemdeling die ingevolge artikel 33 van de Vreemdelingenwet 2000 tot het Europese deel van Nederland dan wel iedere vluchteling die als zodanig tot een openbaar lichaam, Aruba, Curaçao of Sint Maarten is toegelaten, heeft binnen de grenzen bij deze wet bepaald, recht op een reisdocument voor vluchtelingen, geldig voor vijf jaren.
2. Iedere vreemdeling die ingevolge artikel 28 van de Vreemdelingenwet 2000 tot het Europese deel van Nederland is toegelaten, heeft binnen de grenzen bij deze wet bepaald, recht op een reisdocument voor vluchtelingen, geldig voor ten minste een jaar en ten hoogste drie jaren.
[07-07-2010, Stb. 339, i.w.tr. 10-10-2010/kamerstukken 32186]

Artikel 12

Aan de erkende vluchteling die niet als zodanig tot een openbaar lichaam, Aruba, Curaçao of Sint Maarten is toegelaten, kan binnen de grenzen bij deze wet bepaald, een reisdocument voor vluchtelingen worden verstrekt.
[07-07-2010, Stb. 339, i.w.tr. 10-10-2010/kamerstukken 32186]

Artikel 13

Iedere vreemdeling die als staatloze tot het Europese of Caribische deel van Nederland, dan wel Aruba, Curaçao of Sint Maarten is toegelaten, heeft binnen de grenzen bij deze wet bepaald, recht op een reisdocument voor vreemdelingen, geldig voor ten minste drie maanden en voor alle landen.
[07-07-2010, Stb. 339, i.w.tr. 10-10-2010/kamerstukken 32186]

Artikel 14

Aan andere in het Europese of Caribische deel van Nederland, dan wel Aruba, Curaçao of Sint Maarten toegelaten vreemdelingen dan bedoeld in de artikelen 11, 12 en 13, die geen reisdocument van een ander land kunnen verkrijgen dan wel die kunnen aantonen dat van hen redelijkerwijs niet kan worden gevergd dat zij van een ander land een reisdocument aanvragen, kan binnen de grenzen bij deze wet bepaald, een reisdocument voor vreemdelingen worden verstrekt.

[07-07-2010, Stb. 339, i.w.tr. 10-10-2010/kamerstukken 32186]

Artikel 15

1. In bijzondere gevallen kan een reisdocument als bedoeld in de artikelen 11 tot en met 14 worden verstrekt aan een tot het Europese of Caribische deel van Nederland, dan wel Aruba, Curaçao of Sint Maarten toegelaten vreemdeling, die tijdelijk buiten het Europese of Caribische deel van Nederland, dan wel Aruba, Curaçao of Sint Maarten verblijft.

2. In bijzondere gevallen kan aan een vreemdeling die zich tijdelijk op het grondgebied van het Europese of Caribische deel van Nederland, dan wel Aruba, Curaçao of Sint Maarten mag bevinden en niet in aanmerking komt voor verstrekking van een reisdocument op grond van artikel 14, een nooddocument dan wel een reisdocument voor vreemdelingen worden verstrekt.

[07-07-2010, Stb. 339, i.w.tr. 10-10-2010/kamerstukken 32186]

§ 3
Nooddocumenten en andere reisdocumenten

Artikel 16

1. Aan degene die ingevolge deze wet recht heeft op een nationaal paspoort, een reisdocument voor vluchtelingen of een reisdocument voor vreemdelingen en op het moment van vertrek niet in het bezit blijkt van een geldig of voor de reis bruikbaar reisdocument, wordt indien hij aantoont zwaarwegende belangen te hebben bij de reis, na een daartoe strekkende aanvraag binnen de grenzen bij deze wet bepaald een nooddocument verstrekt met een zodanige tijdelijke en territoriale geldigheid als daarvoor vereist is.

2. Ten aanzien van elke categorie van reisdocumenten als bedoeld in artikel 2, eerste lid, onder g, wordt bij of krachtens algemene maatregel van rijksbestuur bepaald aan wie en onder welke voorwaarden deze documenten kunnen worden verstrekt.

[06-03-2020, Stb. 104, i.w.tr. 01-01-2021/kamerstukken 35047]

§ 3A
Nederlandse identiteitskaart

Artikel 16a

1. Iedere Nederlander die in de basisregistratie personen is ingeschreven of die woonachtig is buiten het Koninkrijk heeft, binnen de grenzen bij deze wet bepaald, recht op een Nederlandse identiteitskaart, geldig voor tien jaren

2. **In afwijking van het eerste lid heeft een Nederlander als bedoeld in het eerste lid, die de leeftijd van achttien jaar nog niet heeft bereikt, recht op een Nederlandse identiteitskaart geldig voor vijf jaren.**
[06-03-2020, Stb. 104, i.w.tr. 01-01-2021/kamerstukken 35047]

[Recht op Nederlandse identiteitskaart]

1. Vereisten verstrekking (lid 1). Voorwaarde voor de verstrekking van een Nederlandse identiteitskaart is het Nederlanderschap en de inschrijving als ingezetene in de basisregistratie personen. **Andere lidstaat of aangewezen land buiten Europese Unie.** Ook de Nederlander die staat ingeschreven of die in een andere lidstaat van de Europese Unie woont, heeft recht op verstrekking van een Nederlandse identiteitskaart. Hetzelfde geldt voor de Nederlander die staat ingeschreven of woont in een bij regeling van de Minister van Justitie en Veiligheid in overeenstemming met de Minister van Buitenlandse Zaken aangewezen land buiten de Europese Unie. **Geldigheidsduur.** De Nederlandse identiteitskaart heeft een geldigheidsduur van tien jaren. Een uitzondering wordt in dit opzicht gemaakt voor minderjarige Nederlanders (zie aantekening 2 hierna).

2. Nederlanders onder de achttien jaar (lid 2). Ook Nederlanders beneden de leeftijd van achttien hebben recht op verstrekking van een Nederlandse identiteitskaart, maar die heeft een kortere geldigheidsduur, namelijk vijf jaren.

Artikel 17

1. **Aan een Nederlander als bedoeld in artikel 16a, eerste lid, aan wie een verbod is opgelegd als bedoeld in artikel 3 van de Tijdelijke wet bestuurlijke maatregelen terrorismebestrijding wordt na een daartoe strekkende aanvraag binnen de grenzen van deze wet bepaald een vervangende Nederlandse identiteitskaart verstrekt geldig voor de duur van vijf jaren.**
2. **Het eerste lid is niet van toepassing op de persoon die verblijft in een land, tot welke het verbod, bedoeld in artikel 3 van de Tijdelijke wet bestuurlijke maatregelen terrorismebestrijding, zich uitstrekt.**
[10-02-2017, Stb. 53, i.w.tr. 01-03-2017/kamerstukken 34358]

HOOFDSTUK III
Gronden tot weigering of vervallenverklaring

§ 1
De gronden

Artikel 18

Weigering of vervallenverklaring kan geschieden op verzoek van het openbaar ministerie, indien het gegronde vermoeden bestaat dat een persoon,

a. **die wordt verdacht van het plegen van een strafbaar feit waarvoor een bevel tot voorlopige hechtenis is toegelaten, of**
b. **die onherroepelijk veroordeeld is tot:**
   1° **een vrijheidsstraf of vrijheidsbenemende maatregel van vier maanden of meer, of**

2° een geldboete in het Europese deel van Nederland van meer dan het bedrag dat ten hoogste kan worden opgelegd voor een feit van de tweede categorie, als bedoeld in artikel 23, vierde lid, van het Wetboek van Strafrecht, of tot betaling van een daarmee overeenkomend geldbedrag op grond van artikel 36e of artikel 36f van het Wetboek van Strafrecht, of een met dat bedrag overeenkomende geldelijke sanctie in een openbaar lichaam, Aruba, Curaçao of Sint Maarten, of

c. die de bijzondere voorwaarden verbonden aan een voorwaardelijke veroordeling, een terbeschikkingstelling met voorwaarden of een voorwaardelijke gratieverlening niet naleeft,

zich door verblijf buiten de grenzen van een der landen van het Koninkrijk aan vervolging dan wel tenuitvoerlegging van de straf zal onttrekken.

[18-12-2013, Stb. 10, i.w.tr. 20-01-2014/kamerstukken 33440]

Artikel 19

Weigering of vervallenverklaring kan geschieden op verzoek van de rechter-commissaris, indien de betrokken persoon in staat van faillissement verkeert dan wel op hem het bepaalde in artikel 106 van de Faillissementswet (*Stb.* 1893, 140) of een overeenkomstige regeling in een openbaar lichaam, Aruba, Curaçao of Sint Maarten van toepassing is.

[07-07-2010, Stb. 339, i.w.tr. 10-10-2010/kamerstukken 32186]

Artikel 20

Weigering of vervallenverklaring kan geschieden op verzoek van Onze Minister die het aangaat, indien het gegronde vermoeden bestaat dat de betrokken persoon zich door verblijf buiten het Koninkrijk zal onttrekken aan zijn militaire verplichtingen, dan wel zijn vervangende dienstplicht.

[26-09-1991, Stb. 498, i.w.tr. 01-01-1992/kamerstukken 20393]

Artikel 21

Weigering of vervallenverklaring kan geschieden op verzoek van Onze Minister die het aangaat, indien het gegronde vermoeden bestaat dat een persoon ten aanzien van wie in buitengewone omstandigheden krachtens de wet of landsverordening een verbod geldt het land te verlaten, dit verbod zal overtreden.

[26-09-1991, Stb. 498, i.w.tr. 01-01-1992/kamerstukken 20393]

Artikel 22

Weigering of vervallenverklaring kan geschieden op verzoek van Onze Minister die het aangaat, onderscheidenlijk het college van burgemeester en wethouders, gedeputeerde staten, het bestuurscollege dan wel een ander tot invordering bevoegd orgaan van een rechtspersoon die krachtens publiekrecht is ingesteld, dat het aangaat, indien het gegronde vermoeden bestaat dat een persoon,

a. die nalatig is in het nakomen van zijn verplichting tot betaling van in een der landen van het Koninkrijk verschuldigde belastingen of premies inzake sociale verzekeringen, of

b. die nalatig is in het nakomen van zijn verplichting tot terugbetaling van door de overheid aan hem verstrekte geldleningen, subsidies of renteloze voorschotten, of
c. die nalatig is in het nakomen van een wettelijk op hem rustende dan wel bij uitspraak van een rechter in het Koninkrijk vastgestelde verplichting tot betaling van op hem verhaalbare uitkeringen, door de overheid gemaakte, op hem verhaalbare kosten, dan wel voorgefinancierde of anderszins verstrekte gelden, of
d. die nalatig is in het nakomen van een wettelijk op hem rustende onderhoudsverplichting dan wel een bij uitspraak van een rechter in het Koninkrijk vastgestelde onderhoudsverplichting,

zich door verblijf buiten de grenzen van een der landen van het Koninkrijk aan de wettelijke mogelijkheden tot invordering van de verschuldigde gelden zal onttrekken.
[07-07-2010, Stb. 339, i.w.tr. 10-10-2010/kamerstukken 32186]

Artikel 23

Weigering of vervallenverklaring kan geschieden op verzoek van Onze Minister die het aangaat, indien het gegronde vermoeden bestaat dat de betrokken persoon buiten het Koninkrijk handelingen zal verrichten, die een bedreiging vormen voor de veiligheid en andere gewichtige belangen van het Koninkrijk of een of meerdere landen van het Koninkrijk dan wel de veiligheid van met het Koninkrijk bevriende mogendheden.
[26-09-1991, Stb. 498, i.w.tr. 01-01-1992/kamerstukken 20393]

Artikel 23a

Weigering of vervallenverklaring kan geschieden op verzoek van Onze Minister die het aangaat, indien naar aanleiding van een daarop betrekking hebbende kennisgeving door een bevoegde autoriteit van een met het Koninkrijk bevriende mogendheid het gegronde vermoeden bestaat dat de betrokken persoon zich in dat land zal onttrekken aan een tegen hem ingestelde strafvervolging of tenuitvoerlegging van een hem opgelegde straf of maatregel in verband met gedragingen die naar het recht van een van de landen binnen het Koninkrijk een misdrijf opleveren waarvoor een vrijheidsstraf van een jaar of van langere duur kan worden opgelegd.
[28-10-2010, Stb. 756, i.w.tr. 01-01-2011]

Artikel 23b

Weigering geschiedt op verzoek van Onze Minister die het aangaat, indien de betrokken persoon een verbod is opgelegd als bedoeld in artikel 3 van de Tijdelijke wet bestuurlijke maatregelen terrorismebestrijding.
[10-02-2017, Stb. 53, i.w.tr. 01-03-2017/kamerstukken 34358]

Artikel 24

Weigering of vervallenverklaring kan geschieden op verzoek van Onze Minister die het aangaat, onderscheidenlijk een met de uitvoering van deze wet belaste autoriteit die het aangaat, indien:
a. het gegronde vermoeden bestaat dat de betrokken persoon zich schuldig zal maken aan gedragingen welke naar het recht geldend in Nederland, Aruba, Curaçao of Sint Maarten misdrijven opleveren en tot de strafbaarstelling waarvan een het Koninkrijk bindend verdrag verplicht en hij binnen of buiten het Koninkrijk

in de voorafgaande tien jaar wegens zodanige gedragingen of medeplichtigheid daaraan onherroepelijk is veroordeeld;

b. het gegronde vermoeden bestaat dat de betrokken persoon handelingen heeft verricht of zal verrichten met of met betrekking tot reisdocumenten die het vertrouwen in reisdocumenten hebben geschaad of zullen schaden dan wel opzettelijk een ander in de gelegenheid heeft gesteld of zal stellen om zulke handelingen te verrichten met of met betrekking tot een aan de betrokken persoon verstrekt reisdocument.

[07-07-2010, Stb. 339, i.w.tr. 10-10-2010/kamerstukken 32186]

§ 2
Registratie

Artikel 25

1. De autoriteiten, bedoeld in de artikelen 18 tot en met 24, richten het verzoek tot weigering onderscheidenlijk vervallenverklaring onder vermelding van de bezwaren die tegen een persoon bestaan en de gronden die hebben geleid tot het vermoeden, bedoeld in de artikelen 18, 20 tot en met 23a en 24, aan Onze Minister, onderscheidenlijk de Gouverneur.

2. Indien deze gronden zijn vervallen, geeft de autoriteit die een verzoek als bedoeld in het eerste lid heeft gedaan Onze Minister, onderscheidenlijk de Gouverneur, daarvan onverwijld kennis. De Gouverneur draagt zorg, dat de aan hem gedane mededeling dat de gronden zijn vervallen, onverwijld ter kennis komt van Onze Minister.

3. Onze Minister onderscheidenlijk de Gouverneur vermeldt, indien een verzoek als bedoeld in het eerste lid voldoet aan de voorwaarden van een van de artikelen 18 tot en met 24, de persoon op wie het verzoek betrekking heeft dan wel de persoon ten aanzien van wie bij hem, onderscheidenlijk de Gouverneur, gronden tot weigering of vervallenverklaring bestaan, in een door Onze Minister bij te houden register. In dat geval vermeldt dit register geen andere gegevens van de betrokken persoon dan die, bedoeld in artikel 3, vanwege welke autoriteit, krachtens welke bepaling van paragraaf 1 van dit hoofdstuk en om welke reden de betrokken persoon in het register is vermeld, alsmede de datum van vermelding in het register.

4. Onze Minister, onderscheidenlijk de Gouverneur, deelt de autoriteiten die bevoegd zijn een reisdocument te verstrekken dan wel in te houden mede, aan welke personen die ingevolge het bepaalde in het derde lid in het register zijn vermeld, een reisdocument kan worden geweigerd, moet worden geweigerd, dan wel van wie het reisdocument moet worden ingehouden. De autoriteiten die bevoegd zijn een reisdocument te verstrekken dan wel in te houden, houden een administratie bij van de mededelingen die zij op grond van de vorige volzin ontvangen.

5. Onze Minister verwijdert onverwijld een vermelding als bedoeld in het derde lid uit het register, indien hij een kennisgeving als bedoeld in het tweede lid heeft ontvangen of indien twee jaar nadat een verzoek als bedoeld in het eerste lid is gedaan een zodanige kennisgeving niet is ontvangen, dan wel zodra de gronden ten aanzien van de betrokken personen bij Onze Minister onderscheidenlijk de Gouverneur niet meer bestaan. Hij geeft daarvan terstond kennis aan de autoriteiten aan wie hij de mededeling als bedoeld in het vierde lid heeft gedaan. Deze autoriteiten verwijderen

terstond nadat zij een kennisgeving als bedoeld in de vorige volzin hebben ontvangen de vermelding uit de administratie, bedoeld in het vierde lid.
[10-02-2017, Stb. 53, i.w.tr. 01-03-2017/kamerstukken 34358]

HOOFDSTUK IV
Aanvraag

§ 1
Algemeen

Artikel 26
1. Bevoegd tot het in ontvangst nemen van aanvragen voor nationale paspoorten, reisdocumenten voor vluchtelingen en reisdocumenten voor vreemdelingen zijn:
a. in het Europese deel van Nederland: de burgemeester, voor zover het personen betreft die als ingezetene in de basisregistratie personen zijn ingeschreven met een adres in zijn gemeente;
b. in Aruba, Curaçao en Sint Maarten: de Gouverneur en, voor zover het personen betreft die in de bevolkingsadministratie van Aruba, Curaçao of Sint Maarten zijn opgenomen, de door de Gouverneur na overleg met Onze Minister daartoe aangewezen autoriteiten;
c. in een openbaar lichaam: de gezaghebber, voor zover het personen betreft die in de bevolkingsadministratie van het openbaar lichaam zijn opgenomen, en in bij of krachtens algemene maatregel van rijksbestuur te bepalen gevallen;
d. in het buitenland: Onze Minister van Buitenlandse Zaken, voor zover het personen betreft die zich buiten het Koninkrijk bevinden;
e. in bijzondere gevallen: de bij of krachtens algemene maatregel van rijksbestuur daartoe aangewezen autoriteiten en de door de Gouverneur na overleg met Onze Minister daartoe aangewezen autoriteiten.

2. Bevoegd tot het in ontvangst nemen van aanvragen voor diplomatieke paspoorten en voor dienstpaspoorten is Onze Minister van Buitenlandse Zaken en in bijzondere gevallen de bij of krachtens algemene maatregel van rijksbestuur daartoe aangewezen autoriteiten.

3. Bevoegd tot het in ontvangst nemen van aanvragen voor reisdocumenten als bedoeld in artikel 2, eerste lid, onder f en g, zijn:
a. In Aruba, Curaçao en Sint Maarten: de Gouverneur en de door hem na overleg met Onze Minister daartoe aangewezen autoriteiten;
b. In het buitenland: Onze Minister van Buitenlandse Zaken voor zover het personen betreft die zich buiten het Koninkrijk bevinden;
c. In overige gevallen: De bij of krachtens algemene maatregel van rijksbestuur daartoe aangewezen autoriteiten.

4. Bevoegd tot het in ontvangst nemen van aanvragen voor Nederlandse identiteitskaarten en vervangende Nederlandse identiteitskaarten zijn de daartoe bij of krachtens het eerste lid onder a, c, d en e aangewezen autoriteiten.
[06-03-2020, Stb. 104, i.w.tr. 01-01-2021/kamerstukken 35047]

Artikel 27

1. Een reisdocument kan slechts worden verstrekt, nadat een aanvraag is ingediend bij een in artikel 26 bedoelde autoriteit.
2. Een aanvraag ingediend bij een in artikel 26 bedoelde autoriteit in een openbaar lichaam, Aruba, Curaçao of Sint Maarten wordt slechts in behandeling genomen als is voldaan aan het in of krachtens dit hoofdstuk bepaalde. De aanvrager wordt van het niet in behandeling nemen van de aanvraag terstond op de hoogte gesteld.
[06-03-2020, Stb. 104, i.w.tr. 01-01-2021/kamerstukken 35047]

Artikel 28

1. De in artikel 26 bedoelde autoriteit verschaft zich de nodige zekerheid over de identiteit en de nationaliteit van de aanvrager, en indien deze geen Nederlander is, tevens met betrekking tot diens verblijfstitel.
2. De aanvrager kan worden verzocht in verband met het in het eerste lid bedoelde onderzoek de nodige bewijsstukken over te leggen.
3. De aanvrager dient persoonlijk voor de bovenbedoelde autoriteit te verschijnen, tenzij zulks om zwaarwegende redenen niet van hem kan worden gevergd, de aanvrager geen Nederlandse identiteitskaart aanvraagt en de betreffende autoriteit van oordeel is dat op andere wijze voldoende zekerheid kan worden verkregen over de identiteit, de nationaliteit en de verblijfstitel van de aanvrager.
4. Bij of krachtens algemene maatregel van rijksbestuur worden regels gesteld over de gegevens die in de aanvraag worden opgenomen en de wijze waarop dit gebeurt, over de door de betrokkene in het kader van het aanvraag- en uitgifteproces van reisdocumenten over te leggen bescheiden en de beoordeling daarvan, alsmede over de beveiliging van dit proces.
[14-07-2021, Stb. 351, i.w.tr. 02-08-2021/kamerstukken 35552]

Artikel 29

1. De aanvrager dient bij zijn aanvraag alle Nederlandse of buitenlandse reisdocumenten die op zijn naam zijn gesteld ter inzage over te leggen, ongeacht of hun geldigheidsduur is verstreken.
2. De aanvrager die in een buitenlands reisdocument staat vermeld, doet hiervan bij zijn aanvraag mededeling.
[08-03-2012, Stb. 107, i.w.tr. 26-06-2012/kamerstukken 32860]

Artikel 30

1. De aanvrager die houder wenst te blijven van een geldig Nederlands reisdocument naast het aangevraagde reisdocument, kan daartoe een verzoek doen aan de autoriteit die bevoegd is de aanvraag in ontvangst te nemen. Deze autoriteit beslist op het verzoek volgens nader door Onze Minister in overeenstemming met Onze Minister van Buitenlandse Zaken te stellen regelen.
2. Een verzoek als bedoeld in het eerste lid behoeft niet te worden gedaan, indien hetzij het aangevraagde document hetzij het geldig Nederlands document waarvan de aanvrager houder wenst te blijven, een Nederlandse identiteitskaart is.
3. Een verzoek als bedoeld in het eerste lid wordt in ieder geval afgewezen, indien:
a. zowel het aangevraagde document als het geldig Nederlands document waarvan de aanvrager houder wenst te blijven, een Nederlandse identiteitskaart is;

b. het geldig Nederlands document waarvan de aanvrager houder wenst te blijven een vervangende Nederlandse identiteitskaart is.

[10-02-2017, Stb. 53, i.w.tr. 01-03-2017/kamerstukken 34358]

Artikel 31

1. De aanvrager wiens eerder uitgereikt reisdocument is vermist of mogelijk voorwerp is van fraude, meldt dat op de krachtens artikel 5a bepaalde wijze.

2. De aanvrager wiens eerder uitgereikt reisdocument is ingenomen door een daartoe bevoegde autoriteit, legt bij het indienen van zijn aanvraag een door de desbetreffende autoriteit afgegeven schriftelijke verklaring over omtrent de inname.

[17-05-2017, Stb. 217, i.w.tr. 01-10-2017/kamerstukken 34519]

Artikel 32

1. De aanvrager dient alle Nederlandse reisdocumenten die op zijn naam zijn gesteld in te leveren, tenzij artikel 30 of 31 van toepassing is.

2. De inlevering als bedoeld in het eerste lid dient te geschieden bij de uitreiking.

[26-09-1991, Stb. 498, i.w.tr. 01-01-1992/kamerstukken 20393]

Artikel 33

De rechten die verschuldigd zijn of worden geheven in verband met handelingen ten behoeve van de aanvraag van een reisdocument, worden bij de indiening van de aanvraag voldaan.

[18-12-2013, Stb. 10, i.w.tr. 09-03-2014/kamerstukken 33440]

§ 2

Aanvragen door of ten behoeve van handelingsonbekwamen

[Inleidende opmerkingen]

1. Algemeen. De Paspoortwet van 26 september 1991, die regels bevat over de verstrekking van reisdocumenten, is op 1 januari 1992 (*Stb.* 1991, 498) in werking getreden en sedertdien enige keren gewijzigd (laatstelijk op 14 juli 2021, *Stb.* 2021, 351). Deze wet regelt de aanspraken van Nederlanders en vreemdelingen op een Nederlands reisdocument. **Reisdocument.** "Vanouds wordt het reisdocument beschouwd als een verzoek van de staat aan buitenlandse autoriteiten om de houder ervan vrije doortocht te verlenen en zo nodig hulp en bijstand te verschaffen. De belangrijkste functie van het reisdocument is dan ook de houder ervan het reizen van en naar het buitenland, alsmede diens verblijf aldaar te vergemakkelijken. Door de verstrekking van het reisdocument stelt de Staat zich immers in volkenrechtelijke zin garant voor de houder" (MvT, *Kamerstukken II*, 1987/88, 20393 (R 1343), nr. 3, p. 19). **Soorten reisdocumenten.** In artikel 2 van de wet worden de reisdocumenten van het Koninkrijk der Nederlanden opgesomd. Het gaat om: een paspoort, een reisdocument voor vluchtelingen, voor vreemdelingen, een nooddocument (art. 2 lid 1 sub a-f Paspoortwet). Ook andere reisdocumenten kunnen door de minister worden vastgesteld (art. 2 lid 1 sub g Paspoortwet). Hetgeen is bepaald ten aanzien van die reisdocumenten is van overeenkomstige toepassing op de Nederlandse identiteitskaart (art. 2, lid 2 Paspoortwet). De Nederlandse identiteitskaart is dus tevens een reisdocument. De Nederlandse identiteitskaart is alleen geldig voor de lidstaten van de

Raad voor Europa: Andorra, België, Bosnië-Herzegovina, Bulgarije, Cyprus, Denemarken, Duitsland, Estland, Finland, Frankrijk, Griekenland, Groot-Brittannië en Noord Ierland, Hongarije, Ierland, IJsland, Italië, Kroatië, Letland, Liechtenstein, Litouwen, Luxemburg, Noord-Macedonië, Malta, Monaco, Noorwegen, Oostenrijk, Polen, Portugal (inclusief Madeira en de Azoren), Roemenië, San Marino, Servië, Slovenië, Slowakije, Spanje (inclusief de Canarische Eilanden), Tsjechië, Turkije, Zweden en Zwitserland.

2. Identiteitsbewijs. De Nederlandse identiteitskaart voorziet tevens in de behoefte aan een gemakkelijk verkrijgbaar identiteitsdocument voor Nederlanders naast het paspoort en rijbewijs, waarmee de houder zich kan identificeren in de gevallen genoemd in de Wet op de identificatieplicht (MvT, *Kamerstukken II* 1999/2000, 26977, 3, p. 2).

3. Handelingsonbekwamen. De wet bevat een afzonderlijke paragraaf (hoofdstuk IV, paragraaf 2, artikelen 34 tot en met 39 Paspoortwet) over de verstrekking van reisdocumenten aan handelingsonbekwamen. Het gaat dan om reisdocumenten voor minderjarigen en onder curatele gestelden. Uitgangspunt van de wet is dat ieder – ook een minderjarige – het recht heeft een eigen reisdocument aan te vragen (MvT, *Kamerstukken II* 1987/88, 20393 (R 1343), 3, p. 22). Vervallen is de mogelijkheid om kinderen over wie de houder van het reisdocument het gezag uitoefent, te laten bijschrijven op diens reisdocument. De minderjarige heeft dus voor het reizen buiten Nederland een eigen reisdocument nodig.

Artikel 34

1. Bij een aanvraag door of ten behoeve van een minderjarige wordt een verklaring van toestemming overgelegd van iedere persoon die het gezag uitoefent. Indien de minderjarige onder voorlopige voogdij is geplaatst van een gecertificeerde instelling als bedoeld in artikel 1.1 van de Jeugdwet in het Europese deel van Nederland onderscheidenlijk voorlopig is toevertrouwd aan een Voogdijraad in een openbaar lichaam, Aruba, Curaçao of Sint Maarten, wordt evenwel een verklaring van toestemming van de desbetreffende gecertificeerde instelling dan wel van de desbetreffende Voogdijraad overgelegd.

2. Indien bij gezamenlijke gezagsuitoefening een van de personen die het gezag uitoefenen, weigert een verklaring van toestemming als bedoeld in het eerste lid, af te geven, kan deze op verzoek van de andere persoon die het gezag uitoefent, worden vervangen door een verklaring van de bevoegde rechter, die alvorens te beslissen een vergelijk tussen de beide personen beproeft.

3. Indien een persoon die het gezag uitoefent, de desbetreffende gecertificeerde instelling of de desbetreffende Voogdijraad een verklaring van toestemming als bedoeld in het eerste lid weigert, kan deze op verzoek van de minderjarige van twaalf jaren of ouder worden vervangen door een verklaring van de bevoegde rechter.

4. Indien bij gezamenlijke gezagsuitoefening het als gevolg van oorlog, oproer, natuurrampen of daaraan verwante dan wel daarmee samenhangende omstandigheden feitelijk onmogelijk is een verklaring van toestemming als bedoeld in het eerste lid, te verkrijgen van de andere persoon die het gezag uitoefent, kan deze in afwijking van het eerste lid worden vervangen door een verklaring van de bevoegde rechter.

5. De rechter geeft in de in het tweede, derde en vierde lid bedoelde gevallen een zodanige beslissing als hem in het belang van het kind wenselijk voorkomt. Daarbij kan

als voorwaarde worden gesteld dat de geldigheidsduur of de territoriale geldigheid van het aangevraagde reisdocument wordt beperkt.
6. Een verklaring van toestemming als bedoeld in het eerste lid, behoeft niet te worden overgelegd bij de aanvraag van een Nederlandse identiteitskaart of een vervangende Nederlandse identiteitskaart door of ten behoeve van een minderjarige die de leeftijd van twaalf jaren heeft bereikt.
[17-05-2017, Stb. 217, i.w.tr. 01-10-2017/kamerstukken 34519]

[Verklaring van toestemming]

1. Aanvraag (lid 1). De aanvraag voor een reisdocument kan gedaan worden door de minderjarige zelf of door diegene die het gezag over hem uitoefent. **Leeftijd minderjarige.** Er is niet – zoals bij de vervangende toestemming in het derde lid (zie aantekening 3) – een bepaalde minimumleeftijd van de minderjarige vereist om zelf een aanvraag te kunnen doen voor een reisdocument. **Geen aanvraag door minderjarige zonder toestemming.** Er is van afgezien om een minderjarige vanaf een bepaalde leeftijd zonder toestemming een reisdocument aan te laten vragen. Dit is gedaan omdat aan de verstrekking van een reisdocument aan de minderjarige dermate vergaande consequenties zijn verbonden dat deze inbreuk op het gezag over de minderjarige onaanvaardbaar moet worden geacht (MvT, *Kamerstukken II* 1987/88, 20393 (R 1343), 3, p. 56). **Aanvraag door gezagsouder.** Behalve de minderjarige zelf kan ook diegene die het gezag uitoefent over hem de aanvraag voor een reisdocument doen. De ouder die niet het gezag heeft, kan niet zelf ten behoeve van de minderjarige een reisdocument aanvragen (zie ook Rb. Amsterdam 12 april 2019, ECLI:NL:RBAMS:2019:2658). **Verklaring van toestemming.** Iedere persoon die het gezag over de minderjarige uitoefent, moet schriftelijk toestemming geven. Bij gezamenlijk ouderlijk gezag moeten dus beide ouders toestemming geven. Wanneer het gezag wordt uitgeoefend door een derde, natuurlijke voogd (zie art. 1:280 e.v. BW) of rechtspersoon (gecertificeerde instelling: zie art. 1:302 e.v. BW), moet de verklaring van toestemming door de voogd(es) worden gegeven. Die schriftelijke verklaring van toestemming moet worden overgelegd bij de aanvraag door of namens de minderjarige. **Voorlopige voogdij.** Als de minderjarige onder voorlopige voogdij van een gecertificeerde instelling is geplaatst (zie art. 1:241 BW) moet bij de aanvraag een verklaring van toestemming van die instelling worden overgelegd. **Voorlopige toevertrouwing aan de Voogdijraad.** Gaat het om een minderjarige die in Aruba, Curaçao of Sint Maarten voorlopig is toevertrouwd aan de Voogdijraad dan moet bij de aanvraag een verklaring van toestemming van die Voogdijraad worden overgelegd. **Uitzondering.** Een verklaring van toestemming is niet nodig als het gaat om de aanvraag van een identiteitskaart en de aanvrager twaalf jaar of ouder is (zie aant. 6 hierna). Dit geldt alleen voor de aanvraag van een identiteitskaart en niet voor de aanvraag van een paspoort. **Internationale context.** Bij de toepassing van art. 34 lid 1 Paspoortwet kan zich de vraag aandienen of de persoon die een verklaring van toestemming dient te overleggen, het gezag over de minderjarige heeft, c.q. uitoefent. Deze gezagskwestie kan ook rijzen in een internationale context, bijvoorbeeld als een van de betrokken partijen zijn/haar gewone verblijfplaats in een ander land heeft. Er dient zich dan een vraag van internationaal privaatrecht aan: welk rechtsstelsel is van toepassing op deze kwestie van gezag? Aangenomen dient te worden dat het onderwerp van het bestaan/uitoefenen van het gezag valt binnen de materiële reikwijdte van art. 3 van het Haagse Kinderbeschermingsverdrag 1996 (HKV 1996), en dat dan ingevolge art. 16 en 17 HKV 1996, in beginsel, het recht van de Staat van de gewone verblijfplaats van het kind op deze gezagskwestie van toepassing is. Zie nader *Asser/Vonken 10-II* 2016/411-412 en 452-457.

2. Vervangende verklaring door de rechter bij gezamenlijk gezag (lid 2). In het tweede lid is geregeld dat bij gezamenlijk ouderlijk gezag indien een van beide ouders weigert de vereiste verklaring van toestemming te geven deze vervangen kan worden door de verklaring van toestemming door de rechter. **Ratio.** De ratio van het vereiste van toestemming van beide ouders is in het bijzonder gelegen in beperking van het risico dat een van beide ouders het kind ontvoert (MvT, *Kamerstukken II* 1987/88, 20393 (R 1343), 3, p. 55). **Verzoeker.** Als een van de ouders weigert de verklaring van toestemming te geven, kan het verzoek worden ingediend door de andere ouder. **Bevoegde rechter.** In het Europese deel van Nederland is bevoegd de kinderrechter en in een openbaar lichaam, Aruba, Curaçao en Sint Maarten is dat de rechter in eerste aanleg (artikel 38 lid 2 Paspoortwet; zie ook de aantekeningen bij dat artikel hierna). **Vergelijk beproeven.** Voordat de rechter een beslissing geeft, probeert hij eerst om met partijen samen tot een oplossing van het probleem te komen. Indien dit lukt kan een inhoudelijke rechterlijke beslissing van het geschil achterwege blijven. Het eerst beproeven van een vergelijk tussen partijen is ook terug te vinden in artikel 1:253a lid 5 BW dat van toepassing is als ouders een geschil over de gezamenlijke uitoefening van het gezag aan de rechter willen voorleggen. **Paspoort naast Nederlandse identiteitskaart.** Een minderjarige die buiten Nederland in Europa woont, kan er belang bij hebben om naast een Nederlandse identiteitskaart ook te kunnen beschikken over een eigen paspoort, bijvoorbeeld om met school een reis buiten Europa te kunnen maken (zie Hof 's-Hertogenbosch 21 februari 2019, ECLI:NL:GHSHE:2019:605). **Internationale bevoegdheid rechter.** Uit art. 34 lid 2 Paspoortwet volgt dat, indien een van de personen die het gezag uitoefenen een verklaring van toestemming weigert af te geven, een verzoek om vervangende toestemming voor de afgifte van een reisdocument ten behoeve van een minderjarige aan de bevoegde rechter kan worden gedaan. De vraag of, en zo ja, welke rechter bevoegd is kan zich ook in een internationale context afspelen. Aangenomen dient te worden dat deze vervangende toestemming door de rechter een beslissing inzake de beperking dan wel toekenning van de ouderlijke verantwoordelijkheid in de zin van art. 1 Brussel II-bis betreft (zie HvJ EU 21 oktober 2015, C-215/15, *NJ* 2016/242) of van art. 3 HKV 1996 (zie HR 31 oktober 2014, *NJ* 2015/285). De vraag welke rechter internationaal bevoegd is, dient dan te worden beantwoord aan de hand van de bevoegdheidsregeling van art. 8 Brussel II-bis of de bevoegdheidsregeling van art. 5 HKV 1996. Zie nader Oderkerk, *T&C Personen- en Familierecht*, Verordening (EG) nr. 2201/2003 huwelijkszaken en ouderlijke verantwoordelijkheid, art. 1 aant. 5 en art. 8 aant. 1 e.v.; *Asser/Vonken 10-II* 2016/411 en 418 e.v.

3. Vervangende rechterlijke verklaring bij eenhoofdig gezag of voorlopige voogdij dan wel voorlopige toevertrouwing (lid 3). Eenhoofdig gezag. Indien slechts één ouder het gezag over de minderjarige uitoefent en die weigert om een verklaring van toestemming voor de afgifte van het reisdocument af te geven, dan kan een vervangende verklaring door de rechter worden afgegeven. **Uitsluitend op verzoek van minderjarige van twaalf jaar of ouder zelf.** Zo'n vervangende verklaring kan uitsluitend op verzoek van de minderjarige zelf worden afgegeven en alleen als die minderjarige twaalf jaar of ouder is. Dat een minderjarige van deze leeftijd in dit opzicht handelingsbekwaam is, is ook nog eens uitdrukkelijk bepaald in artikel 38, zevende lid Paspoortwet (zie de aantekeningen aldaar). De ouder die niet het gezag heeft kan derhalve niet zelf om zo'n vervangende rechterlijke verklaring verzoeken. Voor minderjarigen die nog geen twaalf jaar oud zijn, bestaat er dus niet de mogelijkheid om langs deze weg om een vervangende rechterlijke verklaring te verzoeken **Voorlopige voogdij.** Als de minderjarige onder voorlopige voogdij staat in Nederland of in een openbaar lichaam, Aruba, Curaçao of Sint Maarten voorlopig is toevertrouwd aan de voogdij moet respectievelijk de gecertificeerde instelling of de desbetreffende Voogdijraad de verklaring van toestemming afgeven. Doet die dat niet dan kan ook hier uitsluitend de minderjarige van twaalf jaar en ouder de rechter verzoeken een vervangende verklaring te geven. De ouder die het gezag niet heeft kan daar dus niet om verzoeken. Hetzelfde geldt voor minderjarigen die nog geen twaalf jaar oud zijn. **Bevoegde rechter.** In het Europese deel van Nederland is bevoegd de kinderrechter en in een openbaar lichaam, Aruba, Curaçao en Sint Maarten is dat de rechter in eerste aanleg (artikel 38 lid 2 Paspoortwet; zie ook de aantekeningen bij dat artikel hierna). **Ondertoezichtgestelde minderjarigen.** Voor minderjarigen die onder toezicht zijn gesteld, geldt tevens de bijzondere regeling van artikel 36 Paspoortwet (zie de aantekeningen hierna bij artikel 36 Paspoortwet).

4. Feitelijke onmogelijkheid om verklaring van toestemming te verkrijgen (lid 4). Gezamenlijk gezag. De voorziening in dit lid is bedoeld wanneer het bij gezamenlijk ouderlijk gezag feitelijk onmogelijk is om van de andere persoon die nog steeds het gezag uitoefent diens verklaring van toestemming te verkrijgen. **Omstandigheden.** Het moet dan gaan om een situatie van oorlog, oproer, natuurrampen of daaraan verwante dan wel daarmee samenhangende omstandigheden die maken dat het feitelijk onmogelijk is de betreffende gezagsouder te bereiken. **Onmogelijkheid tot uitoefening gezag.** Van een feitelijke onmogelijkheid is geen sprake als het gaat om het niet kunnen uitoefenen van het gezag doordat de desbetreffende persoon daartoe onbevoegd is, al dan niet tijdelijk in de onmogelijkheid verkeert het gezag uit te oefenen of het bestaan of verblijf van die persoon onbekend is (MvT, *Kamerstukken II* 1999/2000, 26977 (R1644), nr. 3, p. 28). De oplossing ligt dan in het alleen uitoefenen van het gezag door de andere ouder (art. 1:253q en art. 1:253r BW). Dat geldt ook als het gaat om gezamenlijke uitoefening van het gezag door de ouder en diens partner (art. 1:253v, eerste lid BW) en bij gezamenlijke voogdij (art. 1:297, vierde lid BW). **Bevoegde rechter.** In het Europese deel van Nederland is bevoegd de kinderrechter en in een openbaar lichaam, Aruba, Curaçao en Sint Maarten is dat de rechter in eerste aanleg (artikel 38 lid 2 Paspoortwet; zie ook de aantekeningen bij dat artikel hierna).

5. Beslissing in het belang van het kind (lid 5). Bij Rijkswet van 8 maart 2001 (*Stb.* 2001, 132) is dit criterium uitdrukkelijk in dit vijfde lid opgenomen. Het is hetzelfde criterium dat ook in bijvoorbeeld artikel 1:253a, eerste lid BW is opgenomen. Hetzelfde criterium is ook opgenomen in het tweede lid van artikel 36 Paspoortwet. **Beperking geldigheidsduur of territoriale geldigheid.** De rechter heeft de mogelijkheid om bij de beslissing als voorwaarde te stellen dat de geldigheidsduur of de territoriale geldigheid van het aangevraagde reisdocument wordt beperkt. De rechter is daardoor niet gebonden aan de inhoud van de voorliggende aanvraag en kan beter inspelen op de bijzonderheden van de zaak (MvT, *Kamerstukken II* 1999/2000, 26977 (R1644), nr. 3, p. 29).

6. Geen verklaring van toestemming bij identiteitskaart (lid 6). Bij een aanvraag van (vervangende) Nederlandse identiteitskaart ten behoeve van een minderjarige van twaalf jaar of ouder hoeft geen verklaring van toestemming van iedere persoon die het gezag uitoefent, te worden overgelegd. Het overleggen bij de aanvraag van een reisdocument door of ten behoeve van een minderjarige van een verklaring van toestemming van degenen die met het gezag zijn belast, werd voor het gebruik als identiteitskaart als een te vergaande beperking beschouwd (MvT, *Kamerstukken II* 1992/93, 22973 (R1456), nr. 3, p. 4). Aan allerlei identificatieplichten en in het bijzonder die ter bestrijding van het zwartrijden en het voetbalvandalisme en die ter verbetering van de uitvoering van de sociale zekerheid zullen immers ook minderjarigen kunnen worden onderworpen. Om die reden wordt het toestemmingsvereiste met betrekking tot de Europese identiteitskaart beperkt tot minderjarigen die de leeftijd van twaalf jaar nog niet hebben bereikt (MvT, *Kamerstukken II* 1992/93, 22973 (R1456), nr. 3, p. 4). De leeftijd van twaalf jaar is gekozen, omdat iemand niet kan worden vervolgd voor een strafbaar feit dat hij voor zijn twaalfde jaar heeft gepleegd (art. 77a Sr) (MvT, *Kamerstukken II* 1992/93, 22973 (R1456), 3, p. 4). Voor minderjarigen beneden de leeftijd van twaalf jaar diende de verkrijging van een reisdocument afhankelijk te blijven van diegenen die het gezag over hen uitoefenen.

Artikel 35

Aan de minderjarige die in werkelijke militaire dienst is, wordt een reisdocument verstrekt indien en voor zolang de daartoe aangewezen militaire autoriteit verklaart, dat zulks in het belang van de dienst is. Dit reisdocument geldt uiterlijk tot het tijdstip waarop de dienst wordt verlaten.

[26-09-1991, Stb. 498, i.w.tr. 01-01-1992/kamerstukken 20393]

[Militaire dienst]

Minderjarige in werkelijke militaire dienst. Uitsluitend voor minderjarigen die daadwerkelijk in militaire dienst zijn is er deze aparte regeling. Zij kunnen in het belang van de uitoefening van de militaire dienst een reisdocument nodig hebben. **Verklaring militaire autoriteit.** Vereist is een verklaring van een militaire autoriteit die inhoudt dat de afgifte van het reisdocument in het belang van de dienst is. **Geldigheid.** De geldigheid van het reisdocument vervalt automatisch op het moment waarop de betrokkene uit militaire dienst gaat.

Artikel 36

1. Bij een aanvraag ten behoeve van een minderjarige die onder toezicht is gesteld en jonger is dan zestien jaar, kan, indien één of beide personen die het gezag over de minderjarige uitoefenen, weigeren een verklaring van toestemming als bedoeld in artikel 34, eerste lid, af te geven, in plaats van die verklaring een verklaring van toestemming van de bevoegde rechter worden overgelegd.

2. Onverminderd artikel 34, derde lid, kan de rechter een verklaring van toestemming afgeven op verzoek van een gecertificeerde instelling als bedoeld in artikel 1.1 van de Jeugdwet of een gezinsvoogdij-instelling in een openbaar lichaam, Aruba, Curaçao of Sint-Maarten. De rechter geeft een zodanige beslissing als hem in het belang van het kind wenselijk voorkomt. Daarbij kan als voorwaarde worden gesteld dat de

geldigheidsduur of de territoriale geldigheid van het aangevraagde reisdocument wordt beperkt.
[17-05-2017, Stb. 217, i.w.tr. 01-10-2017/kamerstukken 34519]

[Ondertoezichtstelling]

1. Algemeen. Dit artikel is bij wetswijziging van 28 juni 2006 (*Stb.* 2006, 352) in de wet gekomen. Artikel 36 (oud) Paspoortwet, dat regelde dat bij elke aanvraag van een reisdocument voor een minderjarige een verklaring van de rechter moest worden overgelegd, was vervallen op 1 april 2001 (*Stb.* 2001, 132) omdat was gebleken dat een dergelijke rechterlijke controle te arbeidsintensief was (MvT, *Kamerstukken II* 2005/06, 30381 (R 1804), 3, p. 2). Het gevolg was echter dat in het geval de ouderlijke toestemming voor een reisdocument voor de onder toezicht gestelde minderjarige werd geweigerd, er geen reisdocument kon worden afgegeven. Dit artikel beoogt dit probleem op te lossen door de mogelijkheid van vervangende rechterlijke toestemming mogelijk te maken. **Ondertoezichtstelling.** Het artikel is alleen van toepassing bij een ondertoezichtstelling van de minderjarige. Het betreft hier de lichtste maatregel van kinderbescherming (zie hierover de aantekeningen bij afdeling 4 Ondertoezichtstelling van minderjarigen Inleidende opmerkingen en artikel 1:254 e.v. BW). Veelal gaat het om situaties waarin pleegouders met het uit huis geplaatst kind op vakantie naar het buitenland willen gaan maar het pleegkind geen reisdocument kan aanvragen omdat door de gezagsouder(s) toestemming wordt geweigerd (MvT, *Kamerstukken II* 2005/06, 30381 (R 1804), 3, p. 2).

2. Minderjarigen jonger dan zestien jaar (lid 1). De mogelijkheid voor vervangende rechterlijke toestemming geldt alleen voor minderjarigen jonger dan zestien jaar. Minderjarigen van zestien jaar en ouder kunnen zelf op grond van artikel 34 lid 3 Paspoortwet een verzoek tot vervangende rechterlijke toestemming indienen. Hetzelfde geldt overigens thans ook voor minderjarigen in de leeftijd van twaalf tot zestien jaar (zie artikel 34 lid 3 Paspoortwet).

3. Weigering verklaring van toestemming (lid 1). Het moet gaan om een weigering van een of beide personen die het gezag uitoefenen. Veelal zullen dat de ouders of een van hen zijn. Het kan echter ook een derde zijn die de voogdij uitoefent.

4. Verzoek gecertificeerde instelling of gezinsvoogdij-instelling (lid 2). De rechter kan de vervangende verklaring van toestemming afgeven op verzoek van de gecertificeerde instelling (in Nederland) of de gezinsvoogdij-instelling in Aruba, Curaçao of Sint Maarten. Deze zal een verzoek kunnen indienen als een of beide gezagsouders weigeren om zelf toestemming te verlenen. Dit kan zich bijvoorbeeld voordoen als de pleegouders of gezinshuisouders met hun gezin waartoe ook de onder toezicht gestelde minderjarige behoort naar het buitenland op vakantie willen (zie bijvoorbeeld een uitspraak van Rb. Zeeland-West-Brabant van 2 april 2019, ECLI:NL:RBZWB:2019:2449).

5. Belang van het kind (lid 2). Het criterium voor de rechter is ook hier net als bij artikel 34, vijfde lid Paspoortwet dat de beslissing hem in het belang van het kind wenselijk voorkomt.

6. Voorwaarden over geldigheidsduur en territoriale geldigheid (lid 2). Voor rechters bestaat er de mogelijkheid om het reisdocument aan een bepaalde geldigheidsduur of een territoriale geldigheid te binden en daardoor beter in te spelen op de bijzonderheden van de zaak (MvT, *Kamerstukken II*, 2005/06, 30381 (R 1804), nr. 3, p. 3).

7. Bevoegde rechter. De bevoegde rechter in Nederland is de kinderrechter en in Aruba, Curaçao en Sint Maarten is dat de rechter in eerste aanleg (zie art. 38 lid 2 Paspoortwet).

Artikel 37

1. Bij een aanvraag door of ten behoeve van een onder curatele gestelde, wordt een verklaring van toestemming van de curator overgelegd.
2. Een verklaring van toestemming als bedoeld in het eerste lid behoeft niet te worden overgelegd bij de aanvraag van een Nederlandse identiteitskaart of een vervangende Nederlandse identiteitskaart.
3. Indien de curator weigert een verklaring van toestemming als bedoeld in het eerste lid, af te geven, kan deze op verzoek van de onder curatele gestelde worden vervangen door een verklaring van de bevoegde rechter. Deze neemt een zodanige beslissing als hem in het belang van de onder curatele gestelde wenselijk voorkomt. Daarbij kan als voorwaarde worden gesteld dat de geldigheidsduur of de territoriale geldigheid van het aangevraagde reisdocument wordt beperkt.
[10-02-2017, Stb. 53, i.w.tr. 01-03-2017/kamerstukken 34358]

[Verklaring van toestemming: curatele]

1. Verklaring van toestemming curator (lid 1). Een onder curatele gestelde, ook wel curandus genoemd, is handelingsonbekwaam (zie de aantekeningen bij artikel 1:381 BW) en kan niet zelfstandig een reisdocument aanvragen. Benodigd is een verklaring van toestemming van diens curator (zie over de curatele en de curator de aantekeningen bij Titel 16 Boek 1 BW). Dit geldt alleen niet als het een (vervangende) Nederlandse identiteitskaart betreft (zie aantekening bij lid 2).

2. Aanvraag Nederlandse identiteitskaart (lid 2). De curandus heeft geen verklaring van toestemming van de curator nodig voor de aanvraag van een (vervangende) Nederlandse identiteitskaart. Hier geldt dezelfde regeling als voor minderjarigen (zie aantekening 6 bij artikel 34 Paspoortwet).

3. Weigering verklaring van toestemming (lid 3). Indien de curator weigert een verklaring van toestemming te geven, bestaat de mogelijkheid van een vervangende verklaring van toestemming door de rechter. De curandus kan zelf een verzoek bij de rechter indienen om een vervangende verklaring van toestemming. Het belang van de onder curatele gestelde is hier richting gevend voor de beslissing van de rechter. Ook hier geldt – net als bij minderjarigen (zie aantekening 5 bij artikel 34 en aantekening 6 bij artikel 36 Paspoortwet) – dat als voorwaarde kan worden gesteld dat de geldigheidsduur van het document of de territoriale geldigheid daarvan wordt beperkt.

Artikel 38

1. Op de procedure ingevolge de artikelen 34, 36 en 37 is in het Europese deel van Nederland de derde titel van het Eerste Boek van het Wetboek van Burgerlijke Rechtsvordering, met uitzondering van artikel 278, derde lid, van toepassing.
2. De bevoegde rechter, genoemd in artikel 34, tweede, derde en vierde lid, en in artikel 36, is in het Europese deel van Nederland de kinderrechter, in een openbaar lichaam, Aruba, Curaçao en Sint Maarten de rechter in eerste aanleg.
3. (Vervallen.)
4. De bevoegde rechter, genoemd in artikel 37, derde lid, is in het Europese deel van Nederland de kantonrechter, in een openbaar lichaam, Aruba, Curaçao en Sint Maarten de rechter in eerste aanleg.
5. De rechter beslist met de meeste spoed.
6. Bij een aanvraag ten behoeve van een handelingsonbekwame wordt deze als aanvrager beschouwd.
7. De minderjarige, bedoeld in artikel 34, derde lid, en de onder curatele gestelde zijn bekwaam in rechte op te treden en tegen een uitspraak beroep in te stellen.
[07-07-2010, Stb. 339, i.w.tr. 10-10-2010/kamerstukken 32186]

[Procesrecht]

1. Verzoekschriftprocedure (lid 1). Op de procedures aangegeven in de artikelen 34, 36 en 37 Paspoortwet omtrent de vervangende verklaring van toestemming door de rechter, zijn de bepalingen over de verzoekschriftprocedures in het eerste Boek van het Wetboek van Burgerlijke Rechtsvordering van toepassing. **Uitzondering.** Niet van toepassing verklaard is artikel 378, derde lid Wetboek van Burgerlijke Rechtsvordering waardoor een ondertekening door een advocaat van het verzoekschrift niet vereist is.

2. Bevoegde rechter (lid 2). Minderjarige. Als het gaat om vervangende toestemming voor een reisdocument voor een minderjarige is in Nederland de kinderrechter bevoegd en in een openbaar lichaam, Aruba, Curaçao en Sint Maarten is dat de rechter in eerste aanleg. **Curatele.** Betreft het een reisdocument voor een onder curatele gestelde dan geldt het vierde lid van dit artikel (zie aantekening 3).

3. Curatele (lid 4). Als een onder curatele gestelde een reisdocument nodig heeft en inschakeling van een rechter nodig is, is in Nederland de kantonrechter bevoegd. In een openbaar lichaam, Aruba, Curaçao of Sint Maarten is dan de rechter in eerste aanleg bevoegd.

4. Met de meeste spoed (lid 5). De rechter dient de beslissing met de meeste spoed te geven. Een reisdocument zal nogal eens op korte termijn nodig zijn en dan is een snelle beslissing van de rechter nodig. Mocht dit toch nog te lang duren dan biedt artikel 39 in bepaalde gevallen nog de mogelijkheid van de afgifte van een nooddocument (zie de aantekening bij artikel 39 hierna).

5. Aanvraag ten behoeve van handelingsonbekwame (lid 6). Als niet de handelingsonbekwame zelf de aanvraag voor een reisdocument doet maar een ander die daartoe bevoegd is, bijvoorbeeld een ouder of de curator, dan geldt toch de handelingsonbekwame zelf als de aanvrager.

6. Beperkte handelingsbekwaamheid (lid 7). De minderjarige van twaalf jaar en ouder als bedoeld in artikel 34, derde lid Paspoortwet en de onder curatele gestelde zijn ondanks hun algemene handelingsonbekwaamheid wel bekwaam om zelf in rechte op te treden en zelf hoger beroep in te stellen tegen de beschikking van de rechter in eerste aanleg.

Artikel 39

Aan de handelingsonbekwame die zich buiten het Koninkrijk bevindt en bij wiens aanvraag geen verklaring van toestemming kan worden overgelegd als bedoeld in artikel 34, eerste lid, onderscheidenlijk artikel 37, eerste lid, kan vooruitlopend op een rechterlijke uitspraak of beschikking ter zake van een vervangende verklaring van toestemming, in bijzondere gevallen een reisdocument als bedoeld in artikel 2, eerste lid, onder *f*, worden verstrekt.

[26-09-1991, Stb. 498, i.w.tr. 01-01-1992/kamerstukken 20393]

[Verstrekking nooddocument]

Nooddocument voor handelingsonbekwamen buiten het Koninkrijk. Het kan zijn dat de tijd die nodig is om een verklaring van toestemming (als bedoeld in artikel 34, eerste lid of artikel 37, eerste lid Paspoortwet) te verkrijgen te lang is. Aan de handelingsonbekwame (minderjarige of onder curatele gestelde) die zich buiten het Koninkrijk bevindt, kan dan een nooddocument (zie artikel 2, eerste lid onder f Paspoortwet) worden verstrekt in afwachting van de vervangende toestemming door de rechter. **Bijzondere gevallen.** Dit kan alleen in bijzondere gevallen, waarbij met name gedacht moet worden aan een situatie waarin de verstrekkende autoriteit gegronde redenen heeft om aan te nemen dat het verzoek om vervangende toestemming door de rechter zal worden gehonoreerd (MvT, *Kamerstukken II* 1987/88, 20393 (R 1343), nr. 3, p. 57 en 58).

HOOFDSTUK V

Verstrekking, wijziging en uitreiking

Artikel 40

1. Bevoegd tot het verstrekken van nationale paspoorten, reisdocumenten voor vluchtelingen en reisdocumenten voor vreemdelingen, zijn:

a. in het Europese deel van Nederland: de burgemeester, voor zover het personen betreft die als ingezetene in de basisregistratie personen zijn ingeschreven met een adres in zijn gemeente;

b. in Aruba, Curaçao en Sint Maarten: de Gouverneur en, voor zover het om verstrekking van nationale paspoorten gaat aan personen die in de bevolkingsadministratie van Aruba, Curaçao of Sint Maarten zijn opgenomen, de door de Gouverneur na overleg met Onze Minister daartoe aangewezen autoriteiten;

c. in een openbaar lichaam: de gezaghebber, voor zover het personen betreft die in de bevolkingsadministratie van het openbaar lichaam zijn opgenomen, en in bij of krachtens algemene maatregel van rijksbestuur te bepalen gevallen;

d. in het buitenland: Onze Minister van Buitenlandse Zaken, voor zover het personen betreft die zich buiten het Koninkrijk bevinden;
e. in bijzondere gevallen: de bij of krachtens algemene maatregel van rijksbestuur daartoe aangewezen autoriteiten en de door de Gouverneur na overleg met Onze Minister daartoe aangewezen autoriteiten.

2. Bevoegd tot het verstrekken van diplomatieke paspoorten en dienstpaspoorten is Onze Minister van Buitenlandse Zaken en in bijzondere gevallen de bij of krachtens algemene maatregel van rijksbestuur daartoe aangewezen autoriteiten.

3. Bevoegd tot het verstrekken van reisdocumenten als bedoeld in artikel 2, eerste lid, onder f en g, zijn:
a. In Aruba, Curaçao en Sint Maarten: de Gouverneur en de door hem na overleg met Onze Minister daartoe aangewezen autoriteiten;
b. In het buitenland: Onze Minister van Buitenlandse Zaken voor zover het personen betreft die zich buiten het Koninkrijk bevinden;
c. In overige gevallen: De bij of krachtens algemene maatregel van rijksbestuur daartoe aangewezen autoriteiten.

4. Bevoegd tot verstrekken van Nederlandse identiteitskaarten en vervangende Nederlandse identiteitskaarten zijn de daartoe bij of krachtens het eerste lid onder a, c, d en e aangewezen autoriteiten.

5. Verstrekking van een reisdocument op grond van artikel 14 of 15 aan een persoon die in het Europese deel van Nederland is toegelaten, vindt slechts plaats nadat Onze Minister van Justitie in overeenstemming met Onze Minister van Buitenlandse Zaken heeft vastgesteld dat aan de voorwaarden voor een aanspraak in de genoemde artikelen is voldaan.

6. Verstrekking van een reisdocument op grond van artikel 12, 14 of 15 aan een persoon die in een openbaar lichaam is toegelaten, vindt slechts plaats nadat Onze Minister van Justitie in overeenstemming met Onze Minister van Buitenlandse Zaken heeft vastgesteld dat aan de voorwaarden voor een aanspraak in de genoemde artikelen is voldaan.

7. Verstrekking van een reisdocument op grond van de artikelen 11 tot en met 15 aan een persoon die in Aruba, Curaçao of Sint Maarten is toegelaten, vindt slechts plaats nadat door de Gouverneur is vastgesteld dat aan de daar geldende voorwaarden voor een aanspraak op grond van de artikelen 11 tot en met 15 is voldaan.

8. Bij regeling van Onze Minister in overeenstemming met Onze Minister van Justitie en met Onze Minister van Buitenlandse Zaken kunnen regels worden gesteld over de verstrekking van reisdocumenten op grond van de artikelen 12, 14 of 15 aan personen die in Aruba, Curaçao of Sint Maarten zijn toegelaten.

[06-03-2020, Stb. 104, i.w.tr. 01-01-2021/kamerstukken 35047]

Artikel 41

1. De in artikel 40 bedoelde autoriteiten verstrekken het aangevraagde reisdocument zo spoedig mogelijk, doch uiterlijk binnen vier weken na de dag van de aanvraag, tenzij de aanvraag een persoon betreft op wie een mededeling als bedoeld in artikel 25, vierde lid, van toepassing is.

2. De termijn genoemd in het eerste lid, kan in bijzondere gevallen met hoogstens vier weken worden verlengd. De aanvrager wordt daarvan zo spoedig mogelijk doch in ieder geval voor de afloop van de eerste termijn, schriftelijk in kennis gesteld.

3. Indien de aanvraag een persoon betreft op wie een mededeling als bedoeld in artikel 25, vierde lid, van toepassing is en de autoriteit in een openbaar lichaam, Aruba, Curaçao of Sint Maarten die de aanvraag in ontvangst heeft genomen niet tevens de ingevolge artikel 40 tot verstrekking bevoegde autoriteit is, legt hij de aanvraag onverwijld voor aan de tot verstrekking van dat reisdocument bevoegde autoriteit. Van de voorlegging wordt de aanvrager terstond in kennis gesteld.
4. Bij of krachtens algemene maatregel van rijksbestuur kunnen nadere regels worden gesteld over de termijnen van of de procedures ten aanzien van de verstrekking van reisdocumenten.
[06-03-2020, Stb. 104, i.w.tr. 01-01-2021/kamerstukken 35047]

Artikel 42

1. Bevoegd tot uitreiking van reisdocumenten zijn de autoriteiten, die ingevolge artikel 26 bevoegd zijn de aanvragen daarvoor in ontvangst te nemen.
2. De uitreiking volgt in het Koninkrijk uiterlijk binnen twee weken, buiten het Koninkrijk uiterlijk binnen vier weken na de verstrekking.
3. Uitreiking van het reisdocument vindt niet plaats, indien:
a. de aanvrager niet, ingevolge het bepaalde in artikel 32, tweede lid, alle Nederlandse reisdocumenten die op zijn naam zijn gesteld inlevert bij de uitreiking;
b. de tot uitreiking bevoegde autoriteit een mededeling heeft ontvangen tot inhouding als bedoeld in artikel 25, vierde lid;
c. ten aanzien van de aanvrager van het uit te reiken reisdocument zich een omstandigheid als bedoeld in artikel 47, eerste lid, onder a, b, c, e, f, h of i, blijkt voor te doen.
4. Het reisdocument dat niet binnen drie maanden nadat het voor uitreiking beschikbaar is gesteld, door de aanvrager in ontvangst is genomen, wordt door de daartoe bevoegde autoriteit definitief aan het verkeer onttrokken.
5. Bij of krachtens algemene maatregel van rijksbestuur kunnen nadere regels worden gesteld over de termijnen van of de procedures ten aanzien van de uitreiking van reisdocumenten.
[06-03-2020, Stb. 104, i.w.tr. 01-01-2021/kamerstukken 35047]

Artikel 43

De autoriteiten, bedoeld in artikel 42, eerste lid, alsmede andere door Onze Minister daartoe aangewezen autoriteiten zijn, volgens bij of krachtens algemene maatregel van rijksbestuur vast te stellen regels, bevoegd tot wijziging van reisdocumenten
[06-03-2020, Stb. 104, i.w.tr. 01-01-2021/kamerstukken 35047]

HOOFDSTUK VI
Weigering of vervallenverklaring

Artikel 44

1. Bevoegd tot weigering of vervallenverklaring van reisdocumenten op de gronden genoemd in hoofdstuk III zijn de autoriteiten bedoeld in artikel 40.
2. De tot weigering of vervallenverklaring bevoegde autoriteit die een aanvraag in behandeling neemt betreffende een persoon ten aanzien van wie een mededeling als bedoeld in artikel 25, vierde lid, is gedaan, of die een ingevolge artikel 52 of 53 inge-

houden reisdocument heeft ontvangen, overtuigt zich er terstond van of de gronden tot weigering of vervallenverklaring ten aanzien van betrokkene nog bestaan.
3. Op verzoek van de tot weigering of vervallenverklaring bevoegde autoriteit zendt Onze Minister onderscheidenlijk de Gouverneur aan deze de in het register opgenomen gegevens van de betrokkene toe.
4. Indien de gronden tot weigering of vervallenverklaring nog blijken te bestaan, deelt de tot weigering of vervallenverklaring bevoegde autoriteit de aanvrager respectievelijk de houder terstond doch in ieder geval binnen vier weken na de aanvraag onderscheidenlijk de inhouding mede dat hij voornemens is de verstrekking van het aangevraagde reisdocument te weigeren dan wel het ingehouden reisdocument vervallen te verklaren, tenzij de aanvrager respectievelijk de houder hem binnen twee weken verzoekt de beslissing gedurende acht weken aan te houden, ten einde met de autoriteit bij wie de gronden bestaan een zodanige overeenstemming te bereiken dat tot verstrekking van het aangevraagde reisdocument of teruggave van het ingehouden reisdocument dan wel verstrekking van een reisdocument, waarvan de geldigheidsduur onderscheidenlijk de territoriale geldigheid beperkter is dan de bij of krachtens de wet vastgestelde, kan worden overgegaan.
[06-03-2020, Stb. 104, i.w.tr. 01-01-2021/kamerstukken 35047]

Artikel 45

1. Indien binnen de periode van acht weken, bedoeld in artikel 44, vierde lid, door de autoriteit bij wie de gronden tot weigering of vervallenverklaring bestaan aan de tot weigering of vervallenverklaring bevoegde autoriteit wordt medegedeeld, dat overeenstemming is bereikt met de aanvrager respectievelijk de houder, dan wel indien de gronden bij de tot weigering of vervallenverklaring bevoegde autoriteit zelf bestaan, door deze een dergelijke overeenstemming is bereikt, wordt zo spoedig mogelijk doch uiterlijk binnen vier weken overeenkomstig de bereikte overeenstemming het aangevraagde reisdocument verstrekt of het ingehouden reisdocument teruggegeven dan wel het reisdocument, waarvan de geldigheidsduur onderscheidenlijk de territoriale geldigheid beperkter is dan de bij of krachtens de wet vastgestelde, verstrekt.
2. Indien binnen de periode van acht weken, bedoeld in artikel 44, vierde lid, geen mededeling wordt gedaan als bedoeld in het eerste lid, dan wel de aanvrager respectievelijk de houder geen verzoek doet als bedoeld in artikel 44, vierde lid, gaat de tot weigering of vervallenverklaring bevoegde autoriteit tot weigering of vervallenverklaring over, tenzij hij van oordeel is dat de aanvrager respectievelijk de houder door deze beslissing onevenredig zou worden benadeeld. In dat geval verstrekt de tot weigering of vervallenverklaring bevoegde autoriteit na overleg met de autoriteit bij wie de gronden tot weigering of vervallenverklaring bestaan het aangevraagde reisdocument of geeft hij het ingehouden reisdocument terug dan wel verstrekt hij een reisdocument, waarvan de geldigheidsduur onderscheidenlijk de territoriale geldigheid beperkter is dan de bij of krachtens de wet vastgestelde.
3. De tot weigering of vervallenverklaring bevoegde autoriteit doet van zijn beslissing, bedoeld in het tweede lid, onverwijld mededeling aan Onze Minister onderscheidenlijk de Gouverneur. Bij deze mededeling vermeldt hij het oordeel van de autoriteit bij wie de gronden tot weigering of vervallenverklaring bestaan. De Gouverneur draagt

zorg dat de aan hem gedane mededeling ter kennis komt van Onze Minister. Onze Minister neemt deze mededeling op in het register, bedoeld in artikel 25, derde lid.
[08-03-2001, Stb. 132, i.w.tr. 01-04-2001/kamerstukken 26977]

Artikel 46

1. De beschikking tot weigering of vervallenverklaring wordt zo spoedig mogelijk doch uiterlijk binnen vier weken na het verstrijken van de termijn, bedoeld in artikel 45, tweede lid, gegeven. In de openbare lichamen, Aruba, Curaçao en Sint Maarten wordt de beschikking schriftelijk aan de aanvrager, onderscheidenlijk de houder bekendgemaakt.
2. Aan de Nederlander buiten het Koninkrijk die voornemens is zich naar het Koninkrijk te begeven en aan wie de verstrekking van een reisdocument moet worden geweigerd respectievelijk wiens ingehouden reisdocument moet worden vervallen verklaard op grond van de voorgaande bepalingen, kan een reisdocument worden verstrekt als bedoeld in artikel 2, eerste lid, onder *f*, met een zodanige tijdelijke en territoriale geldigheid als vereist is voor een rechtstreekse reis naar zijn land in het Koninkrijk. Voor de toepassing van de eerste volzin worden het Europese deel van Nederland en een openbaar lichaam als aparte landen beschouwd.
3. Het bepaalde in het tweede lid is van overeenkomstige toepassing op de vreemdelingen aan wie op grond van de artikelen 11 tot en met 15 een Nederlands reisdocument is verstrekt, voor zover zij nog beschikken over een geldige titel tot verblijf in een der landen van het Koninkrijk.
[07-07-2010, Stb. 339, i.w.tr. 10-10-2010/kamerstukken 32186]

Artikel 46a0

1. De artikelen 44, vierde lid, 45 en 46 zijn niet van toepassing indien de weigering geschiedt op de grond, genoemd in artikel 23b.
2. Aan de Nederlander aan wie ontheffing is verleend van het uitreisverbod, bedoeld in artikel 3 van de Tijdelijke wet bestuurlijke maatregelen terrorismebestrijding, maar aan wie de verstrekking van een reisdocument moet worden geweigerd op grond van artikel 23b, kan een reisdocument worden verstrekt als bedoeld in artikel 2, eerste lid, onder a of onder f, met een zodanige beperkte tijdelijke en territoriale geldigheid als de ontheffing vereist.
[10-02-2017, Stb. 53, i.w.tr. 01-03-2017/kamerstukken 34358]

Artikel 46a

1. Een Nederlandse identiteitskaart kan niet vervallen worden verklaard en kan uitsluitend worden geweigerd op de grond, genoemd in artikel 23b.
2. Een vervangende Nederlandse identiteitskaart kan niet worden geweigerd of vervallen verklaard.
[10-02-2017, Stb. 53, i.w.tr. 01-03-2017/kamerstukken 34358]

Artikel 46b

Bij of krachtens algemene maatregel van rijksbestuur kunnen nadere regels worden gesteld over de termijnen of de procedures ten aanzien van de weigering of vervallenverklaring van reisdocumenten.
[06-03-2020, Stb. 104, i.w.tr. 01-01-2021/kamerstukken 35047]

HOOFDSTUK VII
Verval van rechtswege

§ 1
Algemeen

Artikel 47

1. Een reisdocument vervalt van rechtswege, indien:
a. de houder van het reisdocument, waarin staat vermeld dat deze de Nederlandse nationaliteit bezit, het Nederlanderschap heeft verloren;
b. de houder van het reisdocument voor vluchtelingen of van het reisdocument voor vreemdelingen niet meer beschikt over de status of verblijfstitel op grond waarvan hem het reisdocument is verstrekt, het Nederlanderschap dan wel de nationaliteit van een ander land heeft verkregen of, houder zijnde van een reisdocument als bedoeld in artikel 12, 14 of 15, door een ander land van een reisdocument is voorzien;
c. de redenen die tot de verstrekking van het diplomatiek paspoort, het dienstpaspoort of het reisdocument als bedoeld in artikel 2, eerste lid, onder f en g, hebben geleid, zijn vervallen;
d. de geldigheidsduur daarvan is verstreken;
e. de geslachtsnaam, de voornamen, de geboortedatum, het geslacht of het burgerservicenummer van de houder zijn gewijzigd;
f. de houder is overleden;
g. ingevolge artikel 31 schriftelijk is verklaard dat het door een daartoe bevoegde autoriteit is ingenomen;
h. door een met de uitvoering van deze wet belaste autoriteit is vastgesteld dat bij de aanvraag gebruik is gemaakt van onjuiste gegevens, die hebben geleid tot het verstrekken van het reisdocument;
i. aan de houder van het reisdocument een verbod is opgelegd als bedoeld in artikel 3 van de Tijdelijke wet bestuurlijke maatregelen terrorismebestrijding en dat reisdocument geen vervangende Nederlandse identiteitskaart is;
j. de houder op de krachtens artikel 5a bepaalde wijze heeft verklaard dat het reisdocument is vermist of mogelijk voorwerp is van fraude.

2. Onze Minister onderscheidenlijk de Gouverneur kan, al dan niet op verzoek van een met de uitvoering van deze wet belaste autoriteit die het aangaat, besluiten dat de houder van een reisdocument dat op grond van het bepaalde in het eerste lid, onder a, b, c, e, g, h, i of j, van rechtswege is vervallen, wordt vermeld in het register, bedoeld in artikel 25, derde lid. Deze vermelding kan geen andere gegevens van de betrokken persoon omvatten dan die, bedoeld in artikel 3. Artikel 25, vierde lid, is van overeenkomstige toepassing. De Gouverneur geeft van zijn besluit dat tot vermelding moet worden overgegaan onverwijld kennis aan Onze Minister.

3. Onze Minister draagt zorg voor de vermelding, bedoeld in het tweede lid, alsmede voor de verwijdering daarvan, zodra het desbetreffende reisdocument door hem, de Gouverneur dan wel de met de uitvoering van deze wet belaste autoriteit die het verzoek tot de vermelding, bedoeld in het derde lid, heeft gedaan, is ontvangen of ingehouden. De Gouverneur dan wel de autoriteit die het verzoek tot vermelding,

bedoeld in het derde lid, heeft gedaan, geeft van de ontvangst of de inhouding van het reisdocument onverwijld kennis aan Onze Minister.
4. Bij of krachtens algemene maatregel van rijksbestuur kunnen nadere regels worden gesteld over de vermelding bedoeld in het tweede lid, alsmede over de verwijdering daarvan.
[06-03-2020, Stb. 104, i.w.tr. 01-01-2021/kamerstukken 35047]

§ 2
Reisdocumenten van handelingsonbekwamen

Artikel 48

1. Degene, die de verklaring van toestemming als bedoeld in de artikelen 34, eerste lid en 37, eerste lid, intrekt, geeft hiervan onverwijld schriftelijk kennis aan de ten aanzien van de houder tot verstrekking bevoegde autoriteit dan wel, indien deze autoriteit niet bekend is, aan Onze Minister, onderscheidenlijk de Gouverneur.
2. De in het eerste lid bedoelde autoriteit deelt de houder of diens wettelijke vertegenwoordiger schriftelijk mede dat het reisdocument wegens intrekking van de verklaring van toestemming van rechtswege vervalt, indien:
a. de houder of diens wettelijke vertegenwoordiger niet binnen vier weken na deze mededeling gebruik heeft gemaakt van de bevoegdheid tot het doen van het verzoek om een vervangende verklaring van toestemming ingevolge artikel 34, tweede of derde lid, of artikel 37, derde lid, en hem daarvan schriftelijke mededeling heeft gedaan, dan wel indien geen verzoek als bedoeld in artikel 36, eerste lid, is gedaan;
b. de houder of diens wettelijke vertegenwoordiger het verzoek tot het verkrijgen van een vervangende verklaring van toestemming als bedoeld onder *a*, intrekt dan wel de afwijzende beschikking van de rechter op dit verzoek in kracht van gewijsde is gegaan.
[28-06-2006, Stb. 352, i.w.tr. 02-08-2006/kamerstukken 30381]

[Verval van rechtswege bij handelingsonbekwamen]

1. Algemeen. In de artikelen 48 tot en met 50 is voorzien in een procedure waarmee voorkomen kan worden dat een reisdocument van een handelingsonbekwame direct van rechtswege vervalt (MvT, *Kamerstukken II* 1987/88, 20393 (R 1343), nr. 3, p. 68). **Handelingsonbekwamen.** Hieronder vallen minderjarigen (zie artikel 34, eerste lid Paspoortwet) en onder curatele gestelden (zie artikel 37, eerste lid Paspoortwet). **Verval van rechtswege.** Er is sprake van verval van rechtswege van een reisdocument van een minderjarige of onder curatele gestelde als de vereiste toestemming wordt ingetrokken en er geen vervangende verklaring van toestemming is verzocht (tweede lid sub a; zie aantekening 2 hierna) of de beschikking van de bevoegde rechter op dit verzoek onherroepelijk is (zie het tweede lid onder b; zie aantekening 2 hierna).

2. Onverwijlde schriftelijke kennisgeving (lid 1). Als een eerder gegeven verklaring van toestemming wordt ingetrokken, dient diegene die dit doet onmiddellijk hiervan schriftelijk de tot verstrekking bevoegde autoriteit in kennis te stellen. **Intrekking.** De intrekking van een verklaring van toestemming kan geschieden door iedere persoon die het gezag over de minderjarige uitoefent of door de instelling die de voorlopige voogdij uitoefent over de minderjarige (art. 34, eerste lid Paspoortwet). In geval van curatele kan de verklaring van toestemming door de curator worden ingetrokken (art. 37, eerste lid Paspoortwet). **Bevoegde autoriteit niet bekend.** Als de bevoegde autoriteit niet bekend is, dient de schriftelijke kennisgeving onverwijld te worden gedaan aan de Minister van Justitie en Veiligheid of als de Gouverneur van Aruba, Curaçao of Sint Maarten bevoegd is tot verstrekking van het reisdocument aan die Gouverneur.

3. Verval van rechtswege (lid 2). Als de verklaring van toestemming wordt ingetrokken, dan deelt de bevoegde aan de houder (minderjarige of onder curatele gestelde) of diens wettelijk vertegenwoordiger mede dat het reisdocument vervalt wegens intrekking van de verklaring van toestemming. Er is dus in beginsel sprake van automatisch verval van het reisdocument van de minderjarige of onder curatele gestelde. **Geen verzoek vervangende toestemming binnen vier weken (lid 2 sub a).** Er is alleen sprake van automatisch verval van het reisdocument als de minderjarige of onder curatele gestelde dan wel hun wettelijk vertegenwoordiger niet binnen vier weken een verzoek bij de rechter indient voor een vervangende verklaring van toestemming (zie artikel 34, tweede of derde lid, respectievelijk artikel 37, derde lid Paspoortwet). De bevoegde autoriteit moet van zo'n verzoek tot vervangende toestemming schriftelijk op de hoogte worden gesteld door de houder of diens wettelijk vertegenwoordiger. **Ondertoezichtstelling.** Gaat het om een onder toezicht gestelde minderjarige dan vervalt het reisdocument van rechtswege als geen verzoek tot een vervangende verklaring van toestemming is ingediend bij de rechter (zie artikel 36, eerste lid Paspoortwet). Intrekking verzoek vervangende verklaring of onherroepelijke afwijzende beslissing op dit verzoek (lid 2 sub b). Als er een verzoek tot vervangende toestemming als bedoeld onder sub a hierboven is ingediend en dit daarna wordt ingetrokken vervalt het reisdocument wegens de intrekking van de verklaring van toestemming van rechtswege. Datzelfde geldt indien de afwijzende beslissing van de rechter op het verzoek tot het verkrijgen van een vervangende toestemming als bedoeld in het eerste lid van dit artikel in kracht van gewijsde is gegaan.

Artikel 49

1. Bij de mededeling, bedoeld in artikel 48, tweede lid, wijst de in artikel 48, eerste lid, bedoelde autoriteit de houder of diens wettelijke vertegenwoordiger erop, dat deze verplicht is het reisdocument bij hem in te leveren.
2. Indien de houder een minderjarige is van twaalf jaren of ouder, dan wel een onder curatele gestelde, kan de in artikel 48, eerste lid, bedoelde autoriteit in bijzondere gevallen bepalen, dat het reisdocument in afwachting van de rechterlijke uitspraak of beschikking terzake, niet ingeleverd behoeft te worden.
3. De in artikel 48, eerste lid, bedoelde autoriteit draagt zorg dat de houder wiens reisdocument ingevolge het eerste lid moet worden ingeleverd onverwijld in het register, bedoeld in artikel 25, derde lid, wordt vermeld. Deze vermelding kan geen andere gegevens van de betrokken persoon omvatten dan die, bedoeld in artikel 3. Artikel 25, vierde lid, is van overeenkomstige toepassing.
4. Onze Minister, onderscheidenlijk de Gouverneur, draagt zorg dat het ingevolge artikel 53 ingehouden reisdocument onverwijld wordt toegezonden aan de in artikel 48, eerste lid, bedoelde autoriteit.
[17-05-2017, Stb. 217, i.w.tr. 01-10-2017/kamerstukken 34519]

[Inleveren reisdocument]

1. Mededeling verplichting tot inlevering reisdocument (lid 1). Reisdocumenten die van rechtswege zijn vervallen, moeten ingeleverd worden. Op deze inleververplichting wordt gewezen door de tot verstrekking bevoegde autoriteit in diens schriftelijke mededeling aan de houder of diens wettelijk vertegenwoordiger dat het reisdocument wegens intrekking van de verklaring van toestemming van rechtswege vervalt (zie artikel 48, tweede lid Paspoortwet). Het reisdocument moet ingeleverd worden bij die bevoegde autoriteit.

2. Geen inleververplichting in bijzondere gevallen (lid 2). Vooruitlopend op een beslissing ten principale kan de autoriteit die bevoegd is tot verstrekking van het reisdocument bepalen dat ondanks dat de verklaring van toestemming is ingetrokken, de minderjarige of onder curatele gestelde toch in het bezit blijft van het reisdocument. Dit kan nodig zijn als de houder zich bijvoorbeeld in het buitenland bevindt (MvT, *Kamerstukken II* 1987/88, 20393 (R1343), nr. 3, p. 69). Deze mogelijkheid geldt niet voor alle minderjarige houders van een reisdocument, maar alleen voor minderjarigen die twaalf jaar of ouder zijn. In zo'n geval hoeft het reisdocument dus niet te worden ingeleverd.

3. Vermelding in het register (lid 3). Indien het reisdocument moet worden ingeleverd, draagt de bevoegde autoriteit (zie artikel 48, eerste lid Paspoortwet) er zorg voor dat de minderjarige houder of onder curatele gestelde houder van dat reisdocument wordt vermeld in het register dat krachtens artikel 25, derde lid Paspoortwet wordt bijgehouden door de Minister van Buitenlandse zaken onderscheidenlijk de Gouverneur. **Gegevens betrokken persoon.** Het register vermeldt uitsluitend gegevens van de betrokken minderjarige of onder curatele gestelde houder van het reisdocument. **Mededeling aan de tot verstrekking bevoegde autoriteiten.** De Minister onderscheidenlijk de Gouverneur deelt de tot verstrekking bevoegde autoriteiten mede aan welke minderjarige of onder curatele gestelde personen een reisdocument kan of moet worden geweigerd dan wel van wie het reisdocument moet worden ingehouden. **Administratie.** Van de mededelingen die de bevoegde autoriteiten ontvangen van de Minister of Gouverneur moeten zij een administratie bijhouden (zie artikel 25, vierde lid Paspoortwet dat hier van overeenkomstige toepassing is).

4. Onverwijlde doorzending ingehouden reisdocument (lid 4). Als een reisdocument van een minderjarige of onder curatele gestelde houder is ingehouden conform artikel 53 Paspoortwet, zorgt de Minister of Gouverneur ervoor dat dit reisdocument onmiddellijk wordt doorgezonden naar de autoriteit die bevoegd is tot verstrekking daarvan.

Artikel 50

1. Zodra de vervangende verklaring van toestemming op de wijze, bedoeld in artikel 48, tweede lid, onder *a*, wordt overgelegd, wordt het reisdocument indien dit ingevolge artikel 49, eerste lid, is ingeleverd, dan wel ingevolge artikel 53 is ingehouden, aan de houder teruggegeven.

2. Indien het eerder uitgereikte reisdocument buiten schuld van de houder niet is ingeleverd of ingehouden, wordt hem met inachtneming van het bepaalde in het

eerste lid op zijn aanvraag een nieuw reisdocument verstrekt. Het eerder uitgereikte reisdocument vervalt in dat geval van rechtswege.
3. De in artikel 48, eerste lid, bedoelde autoriteit draagt zorg voor de verwijdering van de vermelding van de houder uit het daarbedoelde register, zodra ingevolge het eerste lid het reisdocument aan de houder is teruggegeven, dan wel ingevolge het tweede lid aan de houder een nieuw reisdocument is verstrekt en het eerder uitgereikt reisdocument door hem is ontvangen. Artikel 25, vijfde lid, tweede volzin, is van overeenkomstige toepassing.
[08-03-2001, Stb. 132, i.w.tr. 01-04-2001/kamerstukken 26977]

[Teruggave reisdocument]

1. Overleggen vervangende verklaring van toestemming (lid 1). Als het reisdocument is ingeleverd of ingehouden op grond van respectievelijk artikel 49, eerste lid dan wel artikel 53 Paspoortwet, krijgt de minderjarige of onder curatele gestelde houder dit terug zodra de vervangende verklaring (zie artikel 48, tweede lid Paspoortwet) wordt overgelegd.

2. Nieuw reisdocument (lid 2). Indien buiten de schuld van de minderjarige of onder curatele gestelde houder diens reisdocument niet is ingeleverd of ingehouden, bijvoorbeeld omdat een ouder die het in bezit heeft, weigert dit in te leveren, krijgt deze houder op aanvraag een nieuw reisdocument. **Verval van rechtswege.** Door de verstrekking van het nieuwe reisdocument aan de minderjarige of onder curatele gestelde vervalt van rechtswege het eerder uitgereikte reisdocument.

3. Doorhaling in register (lid 3). Indien het reisdocument wordt teruggegeven aan de minderjarige of onder curatele gestelde of als deze een nieuw reisdocument krijgt, wordt de eerdere vermelding van weigering of vervallenverklaring van het reisdocument in het register (zie over dit register: artikel 25 Paspoortwet) verwijderd. De bevoegde autoriteit draagt daar zorg voor.

Artikel 50a

Bij of krachtens algemene maatregel van rijksbestuur kunnen nadere regels worden gesteld over de procedures ten aanzien van het vervallen van rechtswege van reisdocumenten van handelingsonbekwamen.
[06-03-2020, Stb. 104, i.w.tr. 01-01-2021/kamerstukken 35047]

HOOFDSTUK VIII
Inhouding en inlevering

Artikel 50b

Bevoegd tot het inhouden van reisdocumenten zijn:
- **a.** **de autoriteiten, die bevoegd zijn tot het in ontvangst nemen van een aanvraag voor reisdocumenten;**
- **b.** **de autoriteiten belast met de grensbewaking, de politie en de ambtenaren belast met het toezicht op vreemdelingen;**

c. de autoriteiten, bedoeld in de artikelen 18 en 19, in de situatie bedoeld in artikel 52.

[06-03-2020, Stb. 104, i.w.tr. 01-01-2021/kamerstukken 35047]

Artikel 51

1. Een reisdocument kan worden ingehouden door Onze Minister van Buitenlandse Zaken onderscheidenlijk de Gouverneur, die aan de houder een geldlening heeft verstrekt of ten behoeve van de houder kosten heeft gemaakt. De houder wordt hiervan terstond in kennis gesteld. Het reisdocument wordt teruggegeven wanneer de betrokken houder in zijn woonplaats is teruggekeerd.

2. Aan de houder wordt een reisdocument als bedoeld in artikel 2, eerste lid, onder f, verstrekt met een zodanige tijdelijke en territoriale geldigheid als vereist is voor een rechtstreekse reis naar zijn woonplaats.

[18-12-2013, Stb. 10, i.w.tr. 09-03-2014/kamerstukken 33440]

Artikel 52

Een reisdocument kan worden ingehouden door de autoriteiten, bedoeld in de artikelen 18 en 19 op het moment dat zij het verzoek doen ingevolge artikel 25, eerste lid. Het ingehouden reisdocument wordt uiterlijk binnen twee weken toegezonden aan de tot vervallenverklaring bevoegde autoriteit, dan wel aan de houder teruggegeven. Van de doorzending wordt de houder terstond in kennis gesteld.

[22-12-1993, Stb. 692, i.w.tr. 01-01-1994/kamerstukken 23252]

Artikel 53

1. Een reisdocument dat vervallen kan worden verklaard, wordt door de tot inhouding bevoegde autoriteiten ingehouden, indien zij van Onze Minister een mededeling hebben ontvangen als bedoeld in artikel 25, vierde lid. Indien de autoriteit die het reisdocument heeft ingehouden niet tevens de tot vervallenverklaring bevoegde autoriteit is, zendt hij het ingehouden reisdocument onverwijld aan laatstgenoemde autoriteit toe. De houder wordt hiervan terstond in kennis gesteld.

2. Het bepaalde in artikel 46, tweede en derde lid, is van overeenkomstige toepassing.

[08-03-2001, Stb. 132, i.w.tr. 01-04-2001/kamerstukken 26977]

Artikel 54

1. Een reisdocument wordt ingehouden, indien:

a. het van rechtswege is vervallen ingevolge artikel 47 of 48;

b. het zodanig is beschadigd dat daarin opgenomen beveiligingskenmerken zijn aangetast, gegevens niet meer leesbaar zijn of een deel ervan ontbreekt;

c. in of aan het document wijzigingen zijn aangebracht of aantekeningen zijn gesteld door een onbevoegde;

d. de gezichtsopname van de houder niet langer voldoende gelijkenis vertoont;

e. blijkt dat daarin abusievelijk verkeerde gegevens zijn vermeld dan wel anderszins fouten zijn gemaakt bij de vervaardiging van het reisdocument.

2. De houder van een reisdocument dat van rechtswege is vervallen ingevolge het bepaalde in artikel 47, eerste lid, onder a, b, c, e, h of i, wordt hiervan op het moment van de inhouding in kennis gesteld door de tot inhouding van het reisdocument bevoegde autoriteit.

3. De daartoe bevoegde autoriteit onttrekt het ingehouden reisdocument definitief aan het verkeer, tenzij nog een beroepstermijn openstaat, een beroepsprocedure aanhangig is of het reisdocument anderszins in een gerechtelijke procedure nodig is.
4. Indien de autoriteit die het reisdocument heeft ingehouden, niet bevoegd is tot definitieve onttrekking van reisdocumenten aan het verkeer, zendt hij het ingehouden reisdocument onverwijld aan een daartoe wel bevoegde autoriteit. De houder wordt hiervan terstond in kennis gesteld.
5. Indien het van rechtswege vervallen reisdocument is ingehouden naar aanleiding van een mededeling van Onze Minister als bedoeld in artikel 25, vierde lid, wordt Onze Minister van de inhouding onverwijld in kennis gesteld.
6. Bij of krachtens algemene maatregel van rijksbestuur kunnen nadere regels worden gesteld over de procedures ten aanzien van de inhouding van reisdocumenten.
[06-03-2020, Stb. 104, i.w.tr. 01-01-2021/kamerstukken 35047]

Artikel 55

(Vervallen.)
[06-03-2020, Stb. 104, i.w.tr. 01-01-2021/kamerstukken 35047]

Artikel 56

De houder van een reisdocument levert dit zo spoedig mogelijk in bij een tot inhouding bevoegde autoriteit, indien het reisdocument van rechtswege is vervallen dan wel deze autoriteit om inlevering daarvan ter inhouding als bedoeld in de artikelen 49, 51, 52, 53 en 54 verzoekt.
[08-03-2012, Stb. 107, i.w.tr. 26-06-2012/kamerstukken 32860]

Artikel 57

Bevoegd tot het definitief aan het verkeer onttrekken van reisdocumenten zijn de autoriteiten die bevoegd zijn tot verstrekking, weigering of vervallenverklaring van reisdocumenten. Bij of krachtens algemene maatregel van rijksbestuur worden regels gesteld over de gronden voor en de wijze van het onttrekken aan het verkeer.
[06-03-2020, Stb. 104, i.w.tr. 01-01-2021/kamerstukken 35047]

HOOFDSTUK IX
Toezicht

Artikel 58

Het toezicht op de uitvoering van deze wet berust bij Onze Minister. Aan hem en aan door hem aangewezen ambtenaren worden door de autoriteiten belast met de uitvoering van deze wet alle inlichtingen verstrekt welke zij in verband met de uitoefening van hun taak nodig hebben en wordt inzage verleend in alle bescheiden die verband houden met de uitvoering van deze wet.
[26-09-1991, Stb. 498, i.w.tr. 01-01-1992/kamerstukken 20393]

Artikel 59

1. Bij of krachtens algemene maatregel van rijksbestuur kunnen nadere regels worden gesteld over het aanvraag- en uitgifteproces en over verwerking van gegevens in het kader daarvan.

2. Onze Minister kan regels vaststellen voor de nadere uitwerking van de procedures betreffende het aanvraag- en uitgifteproces van reisdocumenten, alsmede over de technische uitwerking en de beveiliging van dit proces.
[06-03-2020, Stb. 104, i.w.tr. 01-01-2021/kamerstukken 35047]

HOOFDSTUK X
Strafbepalingen

Artikel 60
1. Het is een ieder verboden een reisdocument valselijk op te maken of te vervalsen, of een zodanig stuk op grond van valse gegevens te doen verstrekken dan wel een aan hem of een ander verstrekt reisdocument ter beschikking te stellen van derden, met het oogmerk het door dezen te doen gebruiken als ware het aan hen verstrekt.
2. Het is een ieder verboden:
a. een reisdocument af te leveren of voorhanden te hebben waarvan hij weet of redelijkerwijs moet vermoeden, dat het vals of vervalst is, dan wel opzettelijk gebruik te maken van een vals of vervalst reisdocument;
b. opzettelijk en wederrechtelijk gebruik te maken van een bij het bevoegd gezag als vermist opgegeven reisdocument;
c. opzettelijk en wederrechtelijk gebruik te maken van een niet op zijn naam gesteld reisdocument.
[17-05-2017, Stb. 217, i.w.tr. 01-10-2017/kamerstukken 34519]

Artikel 61
Het is een ieder verboden drukwerken of andere voorwerpen in een vorm die ze op reisdocumenten doet gelijken, te vervaardigen, te verspreiden of ter verspreiding in voorraad te hebben.
[26-09-1991, Stb. 498, i.w.tr. 01-01-1992/kamerstukken 20393]

Artikel 62
Ieder is verplicht een reisdocument dat hij voorhanden heeft, maar waarvan hij niet de houder is, of dat ingevolge het bepaalde in artikel 56 moet worden ingeleverd, terstond wanneer hem dit mondeling door een tot inhouding bevoegde ambtenaar is bevolen, dan wel binnen veertien dagen, nadat hem dit bij aangetekend schrijven in persoon is medegedeeld, in te leveren.
[17-05-2017, Stb. 217, i.w.tr. 01-10-2017/kamerstukken 34519]

Artikel 63
Bij wet onderscheidenlijk bij landsverordening wordt overtreding van het in de artikelen 60, 61 en 62 bepaalde strafbaar gesteld.
[26-09-1991, Stb. 498, i.w.tr. 01-01-1992/kamerstukken 20393]

HOOFDSTUK XI
Administratieve rechtsbescherming in Aruba, Curaçao en Sint Maarten

Artikel 64
Bij landsverordening wordt geregeld de mogelijkheid voorziening te vragen tegen de op grond van deze wet genomen beschikkingen.
[06-11-1997, Stb. 511, i.w.tr. 01-01-1998/kamerstukken 25319]

HOOFDSTUK XII
Overgangs- en slotbepalingen

Artikel 65-66
(Vervallen.)
[06-03-2020, Stb. 104, i.w.tr. 01-01-2021/kamerstukken 35047]

Artikel 66a
1. Nationale paspoorten en Nederlandse identiteitskaarten, verstrekt vóór de datum van inwerkingtreding van artikel I, onderdeel F, respectievelijk artikel I, onderdeel G van de Wijziging van de Paspoortwet in verband met onder meer de status van de Nederlandse identiteitskaart, behouden de geldigheid die daarin is vermeld.
2. Op Nederlandse identiteitskaarten, verstrekt vóór de datum van inwerkingtreding van artikel I, onderdeel B, van de Wijziging van de Paspoortwet in verband met onder meer de status van de Nederlandse identiteitskaart, zijn artikel 2, tweede lid, artikel 3, tweede en vijfde lid en artikel 65 van toepassing zoals deze luidden voor die datum.
[18-12-2013, Stb. 10, i.w.tr. 18-01-2014/kamerstukken 33440]

Artikel 67
Deze rijkswet treedt in werking op een bij koninklijk besluit te bepalen tijdstip. Bij koninklijk besluit kunnen verschillende tijdstippen worden vastgesteld, waarop artikel 3, eerste lid, voor zover het betreft de vermelding van het geslacht als persoonsgegeven van de houder, respectievelijk artikel 56, voor zover het betreft de inlevering van reisdocumenten die ingevolge artikel 47, eerste lid, onder *d*, van rechtswege zijn vervallen, in werking treden.
[26-09-1991, Stb. 498, i.w.tr. 01-01-1992/kamerstukken 20393]

Artikel 68
Deze rijkswet kan worden aangehaald als ‘Paspoortwet’.
[26-09-1991, Stb. 498, i.w.tr. 01-01-1992/kamerstukken 20393]

Besluit bericht omtrent toelating

Besluitvan 20 maart 2003, Stb. 2003, 119, zoals laatstelijk gewijzigd op 20 augustus 2010, Stb. 2010, 343 (i.w.tr. 10-10-2010)

Wij Beatrix, bij de gratie Gods, Koningin der Nederlanden, Prinses van Oranje-Nassau, enz. enz. enz.

Op de voordracht van Onze Minister voor Vreemdelingenzaken en Integratie van 12 september 2002, Directie Wetgeving, nr. 5184659/02/6;

Gelet op de artikelen 13, tweede lid, en 23 van de Rijkswet op het Nederlanderschap;

De Raad van State van het Koninkrijk gehoord (advies van 12 november 2002, nr. W03.02 0403/I/K);

Gezien het nader rapport van Onze Minister voor Vreemdelingenzaken en Integratie van 13 maart 2003, Directie Wetgeving, nr. 5215755/03/6;

De bepalingen van het Statuut voor het Koninkrijk in acht genomen zijnde:

Hebben goedgevonden en verstaan:

Artikel 1

In dit besluit wordt verstaan onder:

***Onze Minister:* Onze Minister van Justitie in zijn hoedanigheid van minister van het Koninkrijk;**

***openbaar lichaam:* de openbare lichamen Bonaire, Sint Eustatius en Saba.**

[20-08-2010, Stb. 343, i.w.tr. 10-10-2010]

Artikel 2

1. Onze Minister, Onze Minister van Justitie van Aruba, Onze Minister van Justitie van Curaçao en Onze Minister van Justitie van Sint Maarten wijzen, elk in hun gebied, de autoriteiten en ambtenaren aan, bevoegd tot het afgeven van berichten omtrent toelating.

2. Onze Minister van Justitie van Aruba, Onze Minister van Justitie van Curaçao en Onze Minister van Justitie van Sint Maarten berichten Onze Minister over de door hen aangewezen autoriteiten en ambtenaren.

[20-08-2010, Stb. 343, i.w.tr. 10-10-2010]

Artikel 3

Het bericht omtrent toelating informeert omtrent de periode gedurende welke een persoon tot het Europese deel van Nederland, Aruba, Curacao, Sint Maarten of de openbare lichamen is toegelaten.

[20-08-2010, Stb. 343, i.w.tr. 10-10-2010]

Artikel 4

1. De ingevolge artikel 2, eerste lid, aangewezen autoriteiten en ambtenaren geven op verzoek van de autoriteiten en ambtenaren, die bevoegd zijn tot het in ontvangst nemen van verzoeken om verlening en verklaringen tot verkrijging van het Nederlanderschap, aan hen berichten omtrent toelating af betreffende de in het verzoek genoemde personen.

2. De berichten betreffen de door de verzoekende autoriteiten en ambtenaren aangegeven periode.

[20-03-2003, Stb. 119, i.w.tr. 01-04-2003]

Artikel 5

1. Het bericht omtrent toelating vermeldt, zo mogelijk:

a. de geslachtsnaam en voornaam of voornamen, onderscheidenlijk naam of namen, de geboortedatum, geboorteplaats en geboorteland, adres, geslacht, en nationaliteit(en) van de persoon wiens toelating het betreft;

b. de omschrijving en datum van verlening van de huidige verblijfstitel, alsmede de datum van verstrijken van de geldigheid ervan, dan wel de datum waarop het verblijfsrecht van deze persoon van rechtswege is ontstaan;

c. de periode of perioden van ononderbroken toelating van deze persoon in het Europese deel van Nederland, Aruba, Curaçao, Sint Maarten of de openbare lichamen, binnen de in artikel 4 bedoelde periode,

d. indien daarom is verzocht: de omschrijving van de verblijfstitel of verblijftitels die deze persoon in de periode van één jaar onmiddellijk voorafgaande aan de datum van afgifte van dit bericht omtrent toelating heeft bezeten.

2. Het bericht omtrent toelating wordt voorzien van de datum van afgifte, de handtekening van de behandelend ambtenaar en het dienststempel.

[20-08-2010, Stb. 343, i.w.tr. 10-10-2010]

Artikel 6

1. Onze Minister kan nadere regels stellen met betrekking tot de gevallen waarin een bericht omtrent toelating kan worden verzocht alsmede met betrekking tot de inhoud en de vorm van het verzoek.

2. Over de inhoud en de vorm van verzoeken tot afgifte van berichten omtrent toelating overlegt hij met Onze Minister van Justitie van Aruba, Onze Minister van Justitie van Curaçao respectievelijk Onze Minister van Justitie van Sint Maarten.

[20-08-2010, Stb. 343, i.w.tr. 10-10-2010]

Artikel 7

1. Dit besluit treedt in werking op het tijdstip waarop het Besluit verkrijging en verlies Nederlanderschap in werking treedt.

2. Dit besluit wordt aangehaald als: Besluit bericht omtrent toelating.

[20-03-2003, Stb. 119, i.w.tr. 01-04-2003]

Besluit naturalisatietoets

Besluit van 15 april 2002 houdende regels ter uitvoering van artikel 8, eerste lid, aanhef en onder d, van de Rijkswet op het Nederlanderschap, Stb. 2002, 197, zoals laatstelijk gewijzigd op 10 maart 2022, Stb. 2022, 115 (i.w.tr. 26-05-2022)

Wij Beatrix, bij de gratie Gods, Koningin der Nederlanden, Prinses van Oranje-Nassau, enz. enz. enz.
Op voordracht van de Staatssecretaris van Justitie van 31 januari 2002, Directie Wetgeving, nr. 5140649/01/6;
Gelet op artikel 8, eerste lid, aanhef en onder d, en artikel 23 van de Rijkswet op het Nederlanderschap;
De Raad van State van het Koninkrijk gehoord (advies van 8 maart 2002, nr. W03.02.0053/I/K);
Gezien het nader rapport van de Staatssecretaris van Justitie van 9 april 2002, Directie Wetgeving, nr. 5157553/02/6;
De bepalingen van het Statuut voor het Koninkrijk in acht genomen zijnde;
Hebben goedgevonden en verstaan:

Artikel 1

In dit besluit wordt verstaan onder:

a. Onze Minister: Onze Minister van Justitie en Veiligheid in zijn hoedanigheid van minister van het Koninkrijk;

b. verzoeker: vreemdeling die op grond van de Rijkswet op het Nederlanderschap verzoekt om verlening van het Nederlanderschap;

c. de naturalisatietoets: de toets, genoemd in artikel 2, tweede lid;

d. *openbaar lichaam:* de openbare lichamen Bonaire, Sint Eustatius en Saba.

[10-03-2022, Stb. 115, i.w.tr. 26-05-2022]

Artikel 2

1. Een verzoeker beschikt over voldoende kennis van de taal alsmede van de staatsinrichting en maatschappij als bedoeld in artikel 8, eerste lid, aanhef en onder d, van de Rijkswet op het Nederlanderschap, indien hij beschikt over een zodanige mate van kennis van de taal alsmede van de staatsinrichting en maatschappij, dat hij zelfstandig in de samenleving van Nederland, Aruba, Curaçao, Sint Maarten of van de openbare lichamen Bonaire, Sint Eustatius en Saba kan functioneren.

2. Of hij beschikt over de mate van kennis van de taal alsmede van de staatsinrichting en maatschappij, bedoeld in het eerste lid, wordt vastgesteld aan de hand van een door Onze Minister op te stellen naturalisatietoets. Onze Minister stelt de naturalisatietoets voor Aruba, Curaçao en Sint Maarten vast na overleg met de Minister van Justitie van het betrokken land.

3. De toets van de kennis van de taal omvat een onderzoek naar:
a. spreekvaardigheid;
b. luistervaardigheid;
c. schrijfvaardigheid; en
d. leesvaardigheid.

4. Onze Minister wijst de ambtenaren, autoriteiten of instellingen aan die de naturalisatietoets afnemen. Indien de plaatselijke omstandigheden daartoe aanleiding geven, kan Onze Minister in overeenstemming met de Minister die het aangaat de beoordeling of de verzoeker beschikt over de mate van kennis van de taal alsmede van de staatsinrichting en maatschappij, bedoeld in het eerste lid, opdragen aan de autoriteit of ambtenaar die het verzoek om verlening van het Nederlanderschap in ontvangst neemt.
[25-10-2012, Stb. 521, i.w.tr. 01-01-2013]

Artikel 3

1. Van het afleggen van een naturalisatietoets is vrijgesteld de verzoeker die kan aantonen dat:
a. hij valt onder de Wet van 9 september 1976 (*Stb.* 1976, 468) betreffende de positie van Molukkers;
b. hij, na onderwijs te hebben gevolgd in de Nederlandse taal, dan wel – indien de verzoeker in een openbaar lichaam, Aruba, Curaçao of Sint Maarten hoofdverblijf heeft – in de taal die op het eiland van hoofdverblijf naast het Nederlands gangbaar is, in het bezit is gesteld van een op wettelijke basis uitgereikt diploma of getuigschrift van afronding van een opleiding van wetenschappelijk onderwijs, hoger onderwijs, algemeen voortgezet onderwijs, beroepsonderwijs of leerlingwezen. De verzoeker, bedoeld in de voorgaande zin, die in de taal die op het eiland van hoofdverblijf naast het Nederlands gangbaar is onderwijs heeft gevolgd, toont tevens aan dat hij in een vak Nederlandse taal is onderwezen en voor dat vak een voldoende heeft behaald;
c. hij in het bezit is van een diploma staatsexamen Nederlands als Tweede taal, programma I dan wel programma II als bedoeld in artikel 7.3.1 van de Wet educatie en beroepsonderwijs;
d. hij in het bezit is van een certificaat als bedoeld in artikel 13, tweede lid, van de Wet inburgering nieuwkomers, indien uit de vermelding daarop blijkt dat tenminste de volgende niveaus zijn behaald:
   1° voor de onderdelen ‘Luisteren’, ‘Spreken’ en ‘Lezen’ en ‘Schrijven’ van de eindtermen Referentiekader Nederlands als Tweede Taal: niveau 2:
   2° voor het onderdeel ‘Maatschappij Oriëntatie’: het niveau van artikel 11, eerste lid, onderdeel b, van die wet;
e. met toepassing van artikel 5, tweede lid, van de Wet inburgering nieuwkomers ten aanzien van hem is besloten het vaststellen van een inburgeringsprogramma achterwege te laten, omdat tijdens het inburgeringsonderzoek aannemelijk is geworden dat hij de kennis, het inzicht en de vaardigheden die hij door het deelnemen aan een inburgeringsprogramma zou kunnen verwerven, reeds in voldoende mate op een andere wijze heeft verworven;
f. hij een toets als bedoeld in artikel 5, vierde lid, van de Wet inburgering nieuwkomers met goed gevolg heeft afgelegd, als gevolg waarvan hij beschikt over

een besluit, inhoudende dat de vaststelling van een inburgeringsprogramma achterwege wordt gelaten;

g. hij met toepassing van artikel 3, derde lid, onder a, van de Wet inburgering nieuwkomers wegens psychische of lichamelijke redenen voor onbepaalde duur is ontheven van de verplichting een inburgeringsprogramma te volgen;

h. hij in het bezit is van:
   1° het diploma bedoeld in artikel 8, eerste lid, onderdeel g, van de Wet inburgering, zoals die wet luidde onmiddellijk voorafgaand aan het tijdstip waarop de Wet inburgering 2021 in werking treedt'; of
   2° het inburgeringsdiploma, bedoeld in artikel 14, tweede lid, van de Wet inburgering zoals die wet luidde voor de inwerkingtreding van de wet van 13 september 2012 tot wijziging van de Wet inburgering en enkele andere wetten in verband met de versterking van de eigen verantwoordelijkheid van de inburgeringsplichtige (*Stb.* 2012, 430) met daarop de vermelding dat de vaardigheden in de Nederlandse taal op het niveau A2 van het Europees Raamwerk voor Moderne Vreemde Talen zijn verworven;

i. hij in het bezit is van het document, bedoeld in artikel 2.7, tweede lid, van het Besluit inburgering, zoals dat besluit luidde voor de inwerkingtreding van het besluit van 25 september 2012 tot wijziging van het Besluit inburgering en enkele andere besluiten in verband met de versterking van de eigen verantwoordelijkheid van de inburgeringsplichtige (*Stb.* 2012, 432);

j. hij ten minste acht jaren tijdens de leerplichtige leeftijd in het Europese deel van Nederland heeft verbleven als bedoeld in artikel 5, eerste lid, onderdeel b, van de Wet inburgering, zoals die wet luidde onmiddellijk voorafgaand aan het tijdstip waarop de Wet inburgering 2021 in werking treedt;

k. hij in het bezit is van een met een van de in onderdeel b genoemde diploma's of getuigschriften vergelijkbaar diploma of een ander document, behaald in het Nederlandstalig onderwijs in België, mits een voldoende is behaald voor het vak Nederlandse taal;

l. hij in het bezit is van een met een van de in onderdeel b genoemde diploma's of getuigschriften vergelijkbaar diploma of een ander document, behaald in het Nederlandstalig onderwijs in Suriname, mits een voldoende is behaald voor het vak Nederlands;

m. hij in het bezit is van het diploma van het Europees baccalaureaat van de Europese school (*Trb.* 1957, 246), voorzover dat baccalaureaat het vak Nederlands als eerste of tweede taal omvat en voor dat vak een voldoende is behaald; of

n. hij in het bezit is van het getuigschrift Internationaal Baccalaureate Middle Years Certificate, International General Certificate of Secondary Education of Internationaal Baccalaureaat, indien daartoe een cursus Engels-Nederlandstalig onderwijs of een cursus Internationaal Baccalaureaat met daarin het vak Nederlands is gevolgd en voor dat vak een voldoende is behaald.

2. Bij een certificaat als bedoeld in het eerste lid, onder d, legt de verzoeker de verklaring over van het Regionaal Opleidingencentrum op grond waarvan het certificaat is afgegeven.

3. Bij ministeriële regeling kan worden voorzien in gedeeltelijke vrijstelling van de naturalisatietoets op grond van andere diploma's, certificaten of documenten dan genoemd in het eerste en het tweede lid.
[10-03-2022, Stb. 115, i.w.tr. 26-05-2022]

Artikel 4

1. Het verzoek wordt niet afgewezen om de reden dat de naturalisatietoets niet is behaald, indien ten genoegen van Onze Minister is aangetoond dat:

a. de verzoeker door een psychische of lichamelijke belemmering, dan wel een verstandelijke handicap, niet binnen vijf jaar in staat is de naturalisatietoets te behalen; of
b. het op grond van door de verzoeker geleverde inspanningen voor hem redelijkerwijs niet mogelijk is de naturalisatietoets te behalen.

[03-01-2007, Stb. 15, i.w.tr. 01-10-2007]

Artikel 5

1. Indien de verzoeker de naturalisatietoets met goed gevolg heeft afgelegd, wordt hem in het Europese deel van Nederland uitgereikt het diploma, bedoeld in artikel 8, eerste lid, onderdeel g, van de Wet inburgering, zoals die wet luidde onmiddellijk voorafgaand aan het tijdstip waarop de Wet inburgering 2021 in werking treedt dan wel het inburgeringsdiploma, bedoeld in artikel 14, tweede lid, van de Wet inburgering zoals die wet luidde voor de inwerkingtreding van de wet van 13 september 2012 tot wijziging van de Wet inburgering en enkele andere wetten in verband met de versterking van de eigen verantwoordelijkheid van de inburgeringsplichtige (*Stb.* 2012, 430) met daarop de vermelding dat de vaardigheden in de Nederlandse taal op het niveau A2 van het Europees Raamwerk voor Moderne Vreemde Talen zijn verworven, en in een openbaar lichaam, Aruba, Curaçao of Sint Maarten een certificaat.
2. Het in het eerste lid bedoelde diploma alsmede het certificaat met de aantekening dat de verzoeker beschikt over de vereiste kennis van de Nederlandse taal worden in het kader van een verzoek om naturalisatie in het gehele Koninkrijk erkend.
3. Het certificaat met de aantekening dat de verzoeker beschikt over de vereiste kennis van de Engelse of Papiamentse taal wordt in het kader van zijn verzoek om naturalisatie alleen erkend op de eilanden waar die taal naast het Nederlands gangbaar is.
[10-03-2022, Stb. 115, i.w.tr. 26-05-2022]

Artikel 6

Bij ministeriële regeling kunnen, de Ministers van Justitie van Aruba, Curaçao en Sint Maarten gehoord, ter uitvoering van dit besluit nadere regels worden gesteld.
[20-08-2010, Stb. 343, i.w.tr. 10-10-2010]

Artikel 7

Dit besluit is van toepassing op verzoeken om verlening van het Nederlanderschap die op of na de datum van inwerkingtreding van dit besluit zijn ingediend.
[15-04-2002, Stb. 197, i.w.tr. 01-10-2007]

Artikel 8

De artikelen van dit besluit treden in werking op een bij koninklijk besluit te bepalen tijdstip, dat voor de verschillende artikelen of onderdelen daarvan en voor elk van de landen van het Koninkrijk verschillend kan worden vastgesteld. Dit besluit treedt niet eerder in werking dan de bij Rijkswet van 21 december 2000 (*Stb.* 618) gewijzigde artikelen 8, eerste lid, aanhef en onder *d*, en 23 van de Rijkswet op het Nederlanderschap.
[15-04-2002, Stb. 197, i.w.tr. 01-10-2007]

Artikel 9

Dit besluit wordt aangehaald als: Besluit naturalisatietoets.
[15-04-2002, Stb. 197, i.w.tr. 01-10-2007]

Besluit verkrijging en verlies Nederlanderschap

Besluit van 15 april 2002 tot uitvoering van de artikelen 21 en 23 van de Rijkswet op het Nederlanderschap, Stb. 2002, 231, zoals laatstelijk gewijzigd op 10 februari 2017, Stb. 2017, 67 (i.w.tr. 01-03-2017)

Wij Beatrix, bij de gratie Gods, Koningin der Nederlanden, Prinses van Oranje-Nassau, enz. enz. enz.

Op de voordracht van de Staatssecretaris van Justitie van 17 december 2001, Directie Wetgeving, nr. 5139778/01/6;

Gelet op de artikelen 21 en 23 van de Rijkswet op het Nederlanderschap;

Gelet op artikel 1 van de Consulaire Wet;

De Raad van State van het Koninkrijk gehoord (advies van 7 maart 2002, nr. W03.01.0682/I/K);

Gezien het nader rapport van de Staatssecretaris van Justitie van 9 april 2002, Directie Wetgeving, nr. 5156838/02/6;

De bepalingen van het Statuut voor het Koninkrijk in acht genomen zijnde;

Hebben goedgevonden en verstaan:

HOOFDSTUK I
Algemene bepalingen

Artikel 1

In dit besluit wordt verstaan onder:

a. Onze Minister: Onze Minister van Justitie in zijn hoedanigheid van minister van het Koninkrijk;
b. Rijkswet: de Rijkswet op het Nederlanderschap;
c. optie: verkrijging van het Nederlanderschap, als bedoeld in hoofdstuk 3 en in artikel 28 van de Rijkswet op het Nederlanderschap, alsmede in artikel V, eerste lid van de Rijkswet van 21 december 2000, *Stb.* 618, tot wijziging van de Rijkswet op het Nederlanderschap;
d. naturalisatie: verlening van het Nederlanderschap, als bedoeld in hoofdstuk 4 van de Rijkswet op het Nederlanderschap;
e. intrekking: intrekking van het Nederlanderschap, als bedoeld in hoofdstuk 5 van de Rijkswet op het Nederlanderschap;
f. *basisadministratie:*
   1° de basisregistratie personen, bedoeld in de Wet basisregistratie personen,
   2° de bij Wet basisadministratie persoonsgegevens BES ingestelde basisadministratie persoonsgegevens, of
   3° de bij landsverordening in Aruba, Curaçao of Sint Maarten ingestelde basisadministratie persoonsgegevens;

g. ingezetene: hij die als zodanig is ingeschreven in de basisadministratie;
h. *openbaar lichaam:* de openbare lichamen Bonaire, Sint Eustatius en Saba.
[28-11-2013, Stb. 496, i.w.tr. 06-01-2014]

Artikel 2

Tot het in ontvangst nemen van optieverklaringen en naturalisatieverzoeken en tot het uitreiken van uittreksels van naturalisatiebesluiten zijn bevoegd

a. in het Europese deel van Nederland: de burgemeesters;
b. in de openbare lichamen: Onze Minister en, tot het uitreiken van uittreksels van naturalisatiebesluiten en van de bevestiging van de verkrijging van het Nederlanderschap als bedoeld in artikel 60a, eerste lid, de gezaghebbers;
c. in Aruba, Curaçao en Sint Maarten: de Gouverneur van Aruba, van Curaçao onderscheidenlijk van Sint Maarten;
d. in het buitenland: de Minister van Buitenlandse Zaken.

[04-12-2014, Stb. 490, i.w.tr. 01-01-2015]

Artikel 3

1. Optieverklaringen, naturalisatieverzoeken en verklaringen van afstand van het Nederlanderschap worden in persoon afgelegd of ingediend.
2. Indien om zwaarwegende redenen van de optant of de verzoeker, dan wel van de persoon die afstand van het Nederlanderschap wil doen, niet kan worden verlangd dat hij de verklaring of het verzoek in persoon aflegt of indient, kan hij deze of dit laten afleggen of indienen door een daartoe schriftelijk gemachtigde meerderjarige persoon, mits voldoende zekerheid kan worden verkregen over de identiteit van de optant of de verzoeker dan wel de persoon die afstand doet, en van de gemachtigde. Onder zwaarwegende redenen worden in ieder geval gerekend de fysieke of psychische onmogelijkheid in persoon te verschijnen voor het afleggen van de verklaring of het indienen van het verzoek.
3. De verklaring of het verzoek wordt op schrift gesteld en door de betrokkene of, in voorkomend geval, door zijn wettelijke vertegenwoordiger of gemachtigde ondertekend.
[15-04-2002, Stb. 231, i.w.tr. 01-04-2003]

Artikel 4

1. Het bedrag van de voor de behandeling van de optie of naturalisatie verschuldigde leges wordt bepaald overeenkomstig het Besluit optie- en naturalisatiegelden 2002.
2. Indien de optieverklaring of het naturalisatieverzoek wegens niet- of niet tijdige betaling van het verschuldigde bedrag buiten behandeling wordt gesteld, wordt daarvan aan de betrokkene schriftelijk kennis gegeven.
[15-04-2002, Stb. 231, i.w.tr. 01-04-2003]

Artikel 5

De in artikel 2 genoemde autoriteiten verstrekken op de bij ministeriële regeling te bepalen wijze en tijdstippen inlichtingen omtrent de behandeling van de optieverklaringen die voor hen zijn afgelegd.
[15-04-2002, Stb. 231, i.w.tr. 01-04-2003]

HOOFDSTUK II
Administratieve behandeling van optieverklaringen

§ 1
Optieverklaringen - algemene bepalingen

Artikel 6

1. Bij het afleggen van een optieverklaring verstrekt de optant betreffende zichzelf, voorzoveel mogelijk, gegevens met betrekking tot:
a. geslachtsnaam en voornaam of voornamen, onderscheidenlijk naam of namen;
b. geboortedatum, geboorteplaats en geboorteland;
c. adres, postcode en woonplaats;
d. geslacht;
e. nationaliteit of nationaliteiten;
f. tegenwoordige en, voor zoveel nodig, eerdere verblijfsrechtelijke status;
g. duur van huidige toegelaten verblijf in het Koninkrijk en, indien van toepassing, duur van eerder toegelaten verblijf in het Koninkrijk;
h. indien van toepassing, bestaan en duur van het huwelijk of geregistreerd partnerschap, dan wel de ontbinding daarvan, alsmede ten aanzien van de echtgenoot of partner de gegevens hierboven bedoeld onder a tot en met e;
i. indien van toepassing, betreffende de minderjarige kinderen van de optant, de gegevens hierboven bedoeld onder a tot en met e, en onder g;
j. indien van toepassing, betreffende de ouders of grootouders van de optant, de gegevens bedoeld in de onderdelen a tot en met g. Voor de toepassing van artikel 6, eerste lid, onder i tot en met o, van de Rijkswet kunnen onder de gegevens bedoeld in onderdeel e mede worden begrepen de historische gegevens betreffende de nationaliteit van de ouders of grootouders van de optant;
k. indien het een minderjarige betreft over wie gezag wordt uitgeoefend, de gegevens bedoeld in de onderdelen a tot en met e van degene of degenen die dit gezag uitoefenen;
l. de overige gegevens die naar het oordeel van de tot het in ontvangst nemen van de verklaring bevoegde autoriteit nodig zijn voor de beoordeling van het geval.

2. In de optieverklaring vermeldt de optant de minderjarige kinderen en kindskinderen die hij in zijn optie wenst te betrekken. Hij verstrekt over hen, voorzoveel mogelijk, de gegevens bedoeld in het eerste lid.

3. Betrekt de optant in zijn optieverklaring mede een kind dat de leeftijd van zestien jaar heeft bereikt, dan is vereist dat het kind op de wijze bepaald in artikel 3 verklaart in te stemmen met de optie.

4. De optant legt een schriftelijke en ondertekende verklaring over dat de gevraagde gegevens naar waarheid zijn verstrekt en dat geen relevante gegevens zijn verzwegen. Behoudens in de gevallen waarin toelating niet is vereist, verklaart hij op dezelfde wijze dat in het kader van de verkrijging en het behoud van de verblijfsvergunning van hemzelf en de overige in de optieverklaring genoemde personen de gevraagde gegevens naar waarheid zijn verstrekt en dat geen relevante gegevens zijn verzwegen.

5. De autoriteit die de optieverklaring in ontvangst neemt, kan verlangen dat de optant de juistheid van de verstrekte gegevens bewijst door middel van zo nodig gelegaliseerde en eventueel inhoudelijk geverifieerde documenten. Hij kan tevens verlangen dat die aanvullende gegevens worden verstrekt indien dit naar zijn oordeel nodig is voor de beoordeling van het geval.

6. Heeft de optant een of meer nationaliteiten waarvan hij verplicht is afstand te doen, dan legt hij een verklaring over houdende dat hij bereid is het mogelijke te zullen doen om bij of na de verkrijging van het Nederlanderschap zijn andere nationaliteit of nationaliteiten te verliezen.

[24-07-2010, Stb. 310, i.w.tr. 01-10-2010]

§ 2

Administratieve behandeling van optieverklaringen in het Europese deel van Nederland

Artikel 7

1. De burgemeester neemt de optieverklaringen in ontvangst van optanten die als ingezetenen van zijn gemeente zijn ingeschreven in de basisregistratie personen.

2. Hij neemt tevens in ontvangst de optieverklaringen van optanten die ingevolge wettelijke voorschriften niet voor inschrijving als ingezetene in de basisregistratie personen in aanmerking komen, indien zij hoofdverblijf hebben in zijn gemeente.

3. Hij neemt bovendien in ontvangst de optieverklaringen van optanten die in zijn gemeente verblijf hebben en nergens ter wereld hun hoofdverblijf.

4. De in het eerste tot en met het derde lid bedoelde optanten ontvangen een afschrift van hun optieverklaring.

5. De burgemeester neemt geen optieverklaringen in behandeling van anderen dan die genoemd in het eerste, tweede en derde lid.

6. Optieverklaringen worden bij ontvangst voorzien van een datum en een dienststempel.

[28-11-2013, Stb. 496, i.w.tr. 06-01-2014]

Artikel 8

1. Alvorens de optieverklaring in behandeling te nemen onderzoekt de burgemeester de betalingsverplichting van de optant overeenkomstig het Besluit optie- en naturalisatiegelden 2002. Tenzij de optant voor vrijstelling of gehele ontheffing in aanmerking komt, betaalt hij bij het afleggen van zijn optieverklaring het volgens het Besluit optie- en naturalisatiegelden 2002 verschuldigde optiegeld.

2. Na de betaling van het verschuldigde optiegeld, of na de beslissing tot ontheffing van die betaling neemt de burgemeester de optieverklaring in behandeling en beoordeelt hij deze op haar volledigheid. Zo nodig verzoekt hij om aanvulling van de gegevens.

[15-04-2002, Stb. 231, i.w.tr. 01-04-2003]

Artikel 9

1. Nadat hij de optieverklaring in behandeling heeft genomen, toetst de burgemeester de door de optant verstrekte gegevens aan de gegevens die in de basisregistratie personen zijn opgenomen.

2. Met betrekking tot personen die in de optieverklaring zijn genoemd en die geen ingezetenen zijn van zijn gemeente verzoekt hij zo nodig, al naar gelang de plaats waar zij volgens de basisadministratie als ingezetene zijn ingeschreven, aan de burgemeester van de betreffende gemeente om binnen vier weken, of aan de gezaghebber van het betreffende openbaar lichaam, dan wel aan Onze Minister van Algemene Zaken van Aruba, Curaçao of Sint Maarten om binnen tien weken de hem verstrekte gegevens te toetsen.

3. Met betrekking tot personen die in de optieverklaring zijn genoemd en die geen hoofdverblijf hebben in het Koninkrijk, verzoekt hij, zo nodig, Onze Minister van Buitenlandse Zaken de hem verstrekte gegevens zo mogelijk binnen tien weken te toetsen.

4. Hij verzoekt Onze Minister van Buitenlandse Zaken de gegevens van personen, bedoeld in artikel 7, tweede lid, binnen vier weken te toetsen aan de gegevens die zijn opgenomen in het door deze gehouden register.

5. Hij onderzoekt, voor zover mogelijk, de juistheid van de gegevens die niet op de in het eerste tot en met het vierde lid aangegeven wijze kunnen worden getoetst.

6. De in het tweede tot en met het vierde lid genoemde autoriteiten zijn verplicht de genoemde medewerking te verlenen.

[04-12-2014, Stb. 490, i.w.tr. 01-01-2015]

Artikel 10

1. Behoudens in de gevallen waarin toelating niet vereist is, onderzoekt de burgemeester de verblijfsrechtelijke status van de optant en van de personen die tot medeverkrijging in de optieverklaring zijn genoemd. Zo nodig verwijst hij de optant voor een bewijs van toelating naar de daartoe bevoegde instanties.

2. Behoudens in de gevallen, bedoeld in artikel 6, eerste lid, aanhef en onder b en c van de Rijkswet en waar dit overigens is bepaald, onderzoekt de burgemeester of er ernstige vermoedens bestaan als bedoeld in artikel 6, vierde lid van de Rijkswet, jegens de optant of de personen die tot medeverkrijging in de optieverklaring zijn genoemd, indien zij ouder zijn dan zestien jaar.

3. In de gevallen, bedoeld in het zesde lid van artikel 6 van de Rijkswet, treedt hij met de optant in overleg over de vaststelling en de spelling van geslachtsnaam en voornaam of voornamen van de personen die in de optieverklaring zijn genoemd, en over de in het Koninkrijk gebruikelijke lettertekens waarin de namen van de optant en van de personen die hij in zijn optie wenst te betrekken, zullen worden overgebracht.

4. Hij stelt de andere in de optieverklaring genoemde personen, die de leeftijd van twaalf jaar hebben bereikt, alsook de wettelijke vertegenwoordiger en de in het vierde lid van artikel 2 van de Rijkswet bedoelde andere ouder van deze personen op hun verzoek in de gelegenheid hun zienswijze inzake de optie alsook inzake de naamsvaststelling kenbaar te maken.

[04-12-2014, Stb. 490, i.w.tr. 01-01-2015]

Artikel 11

1. Nadat de burgemeester heeft vastgesteld dat is voldaan aan de vereisten, die aan de optie zijn gesteld, bericht hij de optant schriftelijk de wijze waarop de bevestiging van de verkrijging van het Nederlanderschap bekendgemaakt zal worden onder vermelding van de namen van de personen die in deze bekendmaking betrokken zullen zijn. Hij bericht gelijktijdig ten aanzien van welke personen hij de bevestiging weigert onder vermelding van de termijn waarbinnen tegen zijn besluit bezwaar gemaakt kan worden.

2. De bevestiging vermeldt de naam, woonplaats en geboortedatum van de optant en van de personen die in de verkrijging delen.
3. De bekendmaking van de bevestiging geschiedt overeenkomstig hoofdstuk IIIA.
4. Bij regeling van Onze Minister kunnen nadere regels worden gesteld betreffende de wijze waarop de bevestiging van de verkrijging van het Nederlanderschap aan de optant wordt bekendgemaakt alsook betreffende de inname van de door de bevoegde autoriteiten in het Koninkrijk afgegeven verblijfsdocumenten van de optant en van de personen die in de verkrijging delen.
[20-08-2010, Stb. 343, i.w.tr. 10-10-2010]

Artikel 12

1. De burgemeester zendt de optieverklaring, de afgelegde waarheidsverklaringen, bedoeld in artikel 6, vierde lid, de verklaring, bedoeld in artikel 6, zesde lid, de gegevens betreffende de toelating en de bevestiging van de verkrijging van het Nederlanderschap in afschrift aan Onze Minister.
2. Hij archiveert de optieverklaringen en de daarbij behorende documenten, alsmede afschriften van de bevestigingen gedurende tenminste twaalf jaar na de bekendmaking.
[24-07-2010, Stb. 310, i.w.tr. 01-10-2010]

§ 3
Administratieve behandeling van optieverklaringen in de openbare lichamen Bonaire, Sint Eustatius en Saba

Artikel 13

1. Onze Minister neemt de optieverklaringen in ontvangst van optanten die als ingezetenen zijn ingeschreven in de basisadministratie van het betreffende openbare lichaam.
2. Hij neemt tevens in ontvangst de optieverklaringen van optanten die ingevolge de ter plaatse geldende voorschriften omtrent de basisadministratie niet voor inschrijving als ingezetene in de basisadministratie in aanmerking komen, indien zij hoofdverblijf hebben in het betreffende openbare lichaam.
3. Hij neemt bovendien in ontvangst de optieverklaringen van optanten die in het betreffende openbare lichaam verblijf hebben en nergens ter wereld hoofdverblijf hebben.
4. De in het eerste tot en met het derde lid bedoelde optanten ontvangen een afschrift van hun optieverklaring.
5. Onze Minister neemt geen optieverklaringen in behandeling van anderen dan die genoemd in het eerste, tweede en derde lid.
6. Optieverklaringen worden bij ontvangst voorzien van een datum en een dienststempel.
[28-11-2013, Stb. 496, i.w.tr. 06-01-2014]

Artikel 14

1. Alvorens de optieverklaring in behandeling te nemen onderzoekt Onze Minister de betalingsverplichting van de optant overeenkomstig het Besluit optie- en naturalisatiegelden 2002. Tenzij de optant voor vrijstelling of gehele ontheffing in aanmer-

king komt, betaalt hij bij het afleggen van zijn optieverklaring het volgens het Besluit optie- en naturalisatiegelden 2002 verschuldigde optiegeld.
2. Na de betaling van het verschuldigde optiegeld, of na de beslissing tot ontheffing van die betaling, neemt Onze Minister de optieverklaring in behandeling en beoordeelt hij deze op haar volledigheid. Zo nodig verzoekt hij om aanvulling van de gegevens.
[28-11-2013, Stb. 496, i.w.tr. 06-01-2014]

Artikel 15

1. Nadat hij de optieverklaring in behandeling heeft genomen, toetst Onze Minister de door de optant verstrekte gegevens aan de gegevens die in de basisadministratie zijn opgenomen.
2. Met betrekking tot personen die in de optieverklaring zijn genoemd en die geen hoofdverblijf hebben in zijn openbaar lichaam verzoekt hij zo nodig, al naar gelang de plaats waar zij volgens de basisadministratie als ingezetene zijn ingeschreven, de gezaghebber van het betreffende openbaar lichaam om binnen vier weken, en Onze Minister van Algemene Zaken van Aruba, Curaçao onderscheidenlijk Sint Maarten of de burgemeester van de gemeente om binnen tien weken de hem verstrekte gegevens te toetsen.
3. Met betrekking tot personen die in de optieverklaring zijn genoemd en die geen hoofdverblijf hebben in het Koninkrijk, verzoekt hij, zo nodig, Onze Minister van Buitenlandse Zaken de hem verstrekte gegevens zo mogelijk binnen tien weken te toetsen.
4. Hij verzoekt in het voorkomende geval Onze Minister van Buitenlandse Zaken de gegevens van personen, bedoeld in artikel 13, tweede lid, binnen vier weken te toetsen aan de gegevens die zijn opgenomen in het door deze gehouden register.
5. Hij onderzoekt, voor zover mogelijk, de juistheid van de gegevens die niet op de in het eerste tot en met het vierde lid aangegeven wijze kunnen worden getoetst.
6. De in het tweede tot en met het vierde lid genoemde autoriteiten zijn verplicht de genoemde medewerking te verlenen.
[04-12-2014, Stb. 490, i.w.tr. 01-01-2015]

Artikel 16

1. Behoudens in de gevallen waarin toelating niet vereist is, onderzoekt Onze Minister de verblijfsrechtelijke status van de optant en van de personen die tot medeverkrijging in de optieverklaring zijn genoemd. Zo nodig verwijst hij de optant voor een bewijs van toelating naar de daartoe bevoegde instanties.
2. Behoudens in de gevallen genoemd in artikel 6, eerste lid, aanhef en onder b en c van de Rijkswet en waar dit overigens is bepaald, onderzoekt Onze Minister of er ernstige vermoedens bestaan als bedoeld in artikel 6, vierde lid, van de Rijkswet, jegens de optant of de personen die tot medeverkrijging in de optieverklaring zijn genoemd indien zij ouder zijn dan zestien jaar.
3. In de gevallen, bedoeld in het zesde lid van artikel 6 van de Rijkswet, treedt hij met de optant in overleg over de vaststelling en de spelling van geslachtsnaam en voornaam of voornamen van de personen die in de optieverklaring zijn genoemd, en over de in het Koninkrijk gebruikelijke lettertekens waarin de namen van de optant en van de personen die hij in zijn optie wenst te betrekken, zullen worden overgebracht.
4. Hij stelt de andere in de optieverklaring genoemde personen, die de leeftijd van twaalf jaar hebben bereikt, alsook de wettelijke vertegenwoordiger en de in het vierde

lid van artikel 2 van de Rijkswet bedoelde andere ouder van deze personen op hun verzoek in de gelegenheid hun zienswijze inzake de optie alsook inzake de naamsvaststelling kenbaar te maken.
[04-12-2014, Stb. 490, i.w.tr. 01-01-2015]

Artikel 17

1. Nadat Onze Minister heeft vastgesteld dat voldaan is aan de vereisten, die aan de optie zijn gesteld, bericht hij de optant schriftelijk de wijze waarop de bevestiging van de verkrijging van het Nederlanderschap bekendgemaakt zal worden onder vermelding van de namen van de personen die in deze bekendmaking betrokken zullen zijn. Hij bericht gelijktijdig ten aanzien van welke personen hij de bevestiging weigert onder vermelding van de termijn waarbinnen tegen zijn besluit bezwaar gemaakt kan worden.
2. De bevestiging vermeldt de naam, woonplaats en geboortedatum van de optant en van de personen die in de verkrijging delen.
3. De bekendmaking van de bevestiging geschiedt overeenkomstig hoofdstuk IIIA.
4. Bij regeling van Onze Minister kunnen, de gezaghebber gehoord, nadere regels worden gesteld betreffende de wijze waarop de bevestiging van de verkrijging van het Nederlanderschap aan de optant wordt bekendgemaakt, alsook betreffende de inname van de door de bevoegde autoriteiten in het Koninkrijk afgegeven verblijfsdocumenten van de optant en van de personen die in de verkrijging delen.
[20-08-2010, Stb. 343, i.w.tr. 10-10-2010]

Artikel 18

(Vervallen.)
[20-08-2010, Stb. 343, i.w.tr. 10-10-2010]

§ 4
Administratieve behandeling van optieverklaringen in Aruba, Curaçao en Sint Maarten

Artikel 19

1. De Gouverneur neemt de optieverklaringen in ontvangst van optanten die als ingezetenen zijn ingeschreven in de basisadministratie van Aruba, Curaçao onderscheidenlijk Sint Maarten.
2. Hij neemt tevens in ontvangst de optieverklaringen van optanten die ingevolge de ter plaatse geldende voorschriften omtrent de basisadministratie niet voor inschrijving als ingezetene in de basisadministratie in aanmerking komen, indien zij hoofdverblijf hebben in Aruba, Curaçao onderscheidenlijk Sint Maarten.
3. Hij neemt bovendien in ontvangst de optieverklaringen van optanten die in Aruba, Curaçao onderscheidenlijk Sint Maarten verblijf hebben en nergens ter wereld hoofdverblijf.
4. De in de in (*red.:* lees: in) het eerste, tweede en derde lid bedoelde optanten ontvangen een afschrift van hun optieverklaring.
5. De Gouverneur neemt geen optieverklaringen in behandeling van anderen dan die genoemd in het eerste, tweede en derde lid.

6. Optieverklaringen worden bij ontvangst voorzien van een datum en een dienststempel.
[20-08-2010, Stb. 343, i.w.tr. 10-10-2010]

Artikel 20

1. Alvorens de optieverklaring in behandeling te nemen onderzoekt de Gouverneur de betalingsverplichting van de optant overeenkomstig het Besluit optie- en naturalisatiegelden 2002. Tenzij de optant voor vrijstelling of gehele ontheffing in aanmerking komt, betaalt hij bij het afleggen van zijn optieverklaring het volgens het Besluit optie- en naturalisatiegelden 2002 verschuldigde optiegeld.
2. Na de betaling van het verschuldigde optiegeld, of na de beslissing tot ontheffing van die betaling, neemt de Gouverneur de optieverklaring in behandeling en beoordeelt hij deze op haar volledigheid. Zo nodig verzoekt hij om aanvulling van de gegevens.
[15-04-2002, Stb. 231, i.w.tr. 01-04-2003]

Artikel 21

1. Nadat hij de optieverklaring in behandeling heeft genomen, verzoekt de Gouverneur Onze Minister van Algemene Zaken die het aangaat de door de optant verstrekte gegevens te toetsen aan de gegevens die in de basisadministratie zijn opgenomen.
2. Met betrekking tot personen die in de optieverklaring zijn genoemd en die geen hoofdverblijf hebben in Aruba, Curaçao onderscheidenlijk Sint Maarten verzoekt hij zo nodig, al naar gelang de plaats waar zij volgens de basisadministratie als ingezetene zijn ingeschreven, aan de burgemeester van de gemeente of de gezaghebber van het betrokken openbaar lichaam om binnen tien weken de hem verstrekte gegevens te toetsen.
3. Met betrekking tot personen die in de optieverklaring zijn genoemd en die geen hoofdverblijf hebben in het Koninkrijk, verzoekt hij, zo nodig, Onze Minister van Buitenlandse Zaken de hem verstrekte gegevens zo mogelijk binnen tien weken te toetsen.
4. Hij verzoekt in het voorkomende geval Onze Minister van Buitenlandse Zaken de gegevens van personen, bedoeld in artikel 19, tweede lid, binnen vier weken te toetsen aan de gegevens die zijn opgenomen in het door deze gehouden register.
5. Hij onderzoekt, voor zover mogelijk, de juistheid van de gegevens die niet op de in het eerste tot en met het vierde lid aangegeven wijze kunnen worden getoetst.
6. De in het tweede tot en met het vierde lid genoemde autoriteiten zijn verplicht de genoemde medewerking te verlenen.
[04-12-2014, Stb. 490, i.w.tr. 01-01-2015]

Artikel 22

1. Behoudens in de gevallen waarin toelating niet is vereist, onderzoekt de Gouverneur de verblijfsrechtelijke status van de optant en van de personen die in de optieverklaring zijn genoemd. Zo nodig verwijst hij de optant voor een bewijs van toelating naar de daartoe bevoegde instanties.
2. Behoudens in de gevallen genoemd in artikel 6, eerste lid, aanhef en onder b en c van de Rijkswet en waar dit overigens is bepaald, laat de Gouverneur onderzoeken of er ernstige vermoedens bestaan als bedoeld in artikel 6, vierde lid, van de Rijkswet, jegens de optant of de personen die tot medeverkrijging in de optieverklaring zijn genoemd, indien zij ouder zijn dan zestien jaar.

3. In de gevallen bedoeld in het zesde lid van artikel 6 van de Rijkswet treedt hij met de optant in overleg over de vaststelling en de spelling van geslachtsnaam en voornaam of voornamen van de personen die in de optieverklaring zijn genoemd, en over de in het Koninkrijk gebruikelijke lettertekens waarin de namen van de optant en van de personen die hij in zijn optie wenst te betrekken, zullen worden overgebracht.
4. Hij stelt de andere in de optieverklaring genoemde personen, die de leeftijd van twaalf jaar hebben bereikt, alsook de wettelijke vertegenwoordiger en de in het vierde lid van artikel 2 van de Rijkswet bedoelde andere ouder van deze personen op hun verzoek in de gelegenheid hun zienswijze inzake de optie alsook inzake de naamsvaststelling kenbaar te maken.
[04-12-2014, Stb. 490, i.w.tr. 01-01-2015]

Artikel 23

1. Nadat de Gouverneur heeft vastgesteld dat voldaan is aan de vereisten, die aan de optie zijn gesteld, bericht hij de optant schriftelijk de wijze waarop de bevestiging van de verkrijging van het Nederlanderschap bekendgemaakt zal worden onder vermelding van de namen van de personen die in deze bekendmaking betrokken zullen zijn. Hij bericht gelijktijdig ten aanzien van welke personen hij de bevestiging weigert onder vermelding van de termijn waarbinnen tegen zijn besluit bezwaar gemaakt kan worden.
2. De bevestiging vermeldt de naam, woonplaats en geboortedatum van de optant en van de personen die in de verkrijging delen.
3. De bekendmaking van de bevestiging geschiedt overeenkomstig hoofdstuk IIIA.
4. Bij regeling van Onze Minister kunnen, de Gouverneurs gehoord en indien het hen betreft na overleg met de Ministers van Justitie van Aruba, Curaçao en Sint Maarten, nadere regels worden gesteld betreffende de wijze waarop de bevestiging van de verkrijging van het Nederlanderschap aan de optant wordt bekendgemaakt, alsook betreffende de inname van de door de bevoegde autoriteiten in het Koninkrijk afgegeven verblijfsdocumenten van de optant en van de personen die in de verkrijging delen.
[20-08-2010, Stb. 343, i.w.tr. 10-10-2010]

Artikel 24

1. De Gouverneur zendt de optieverklaring, de waarheidsverklaringen, bedoeld in artikel 6, vierde lid,de verklaring, bedoeld in artikel 6, zesde lid, de gegevens betreffende de toelating en de bevestiging van de verkrijging van het Nederlanderschap in afschrift aan Onze Minister. Hij zendt tevens een afschrift van de optieverklaring en van de bevestiging van de verkrijging van het Nederlanderschap aan de Ministers van Algemene Zaken van Aruba, Curaçao onderscheidenlijk Sint Maarten.
2. Hij archiveert de optieverklaringen en de daarbij behorende documenten alsmede afschriften van de bevestigingen gedurende tenminste twaalf jaar na de bekendmaking.
[20-08-2010, Stb. 343, i.w.tr. 10-10-2010]

§ 5
Administratieve behandeling van optieverklaringen in het buitenland

Artikel 25
1. Onze Minister van Buitenlandse Zaken neemt de optieverklaringen in ontvangst op de diplomatieke of consulaire post in het ressort waar de optant zijn hoofdverblijf heeft.
2. Hij neemt eveneens de optieverklaringen in ontvangst van optanten die verblijf hebben in het buitenland en nergens ter wereld hun hoofdverblijf hebben.
3. De in het eerste en tweede lid bedoelde optanten ontvangen een afschrift van hun optieverklaring.
4. Onze Minister van Buitenlandse Zaken neemt geen optieverklaringen in behandeling van anderen dan die genoemd in het eerste, tweede en derde lid.
5. Optieverklaringen worden bij ontvangst voorzien van een datum en een dienststempel.
[04-12-2014, Stb. 490, i.w.tr. 01-01-2015]

Artikel 26
1. Alvorens de optieverklaring in behandeling te nemen onderzoekt Onze Minister van Buitenlandse Zaken de betalingsverplichting van de optant overeenkomstig het Besluit optie- en naturalisatiegelden 2002. Tenzij de optant voor vrijstelling of gehele ontheffing in aanmerking komt, betaalt hij bij het afleggen van zijn optieverklaring het volgens het Besluit optie- en naturalisatiegelden 2002 verschuldigde optiegeld.
2. Na de betaling van het verschuldigde optiegeld, of na de beslissing tot ontheffing van die betaling, neemt Onze Minister van Buitenlandse Zaken de optieverklaring in behandeling en beoordeelt hij deze op haar volledigheid. Zo nodig verzoekt hij om aanvulling van de gegevens.
[04-12-2014, Stb. 490, i.w.tr. 01-01-2015]

Artikel 27
1. Nadat hij de optieverklaring in behandeling heeft genomen, toetst Onze Minister van Buitenlandse Zaken de door de optant verstrekte gegevens aan de gegevens die in zijn administratie zijn opgenomen.
2. Met betrekking tot personen die in de optieverklaring zijn genoemd en die hoofdverblijf hebben binnen het Koninkrijk verzoekt hij zo nodig, al naar gelang de plaats waar zij volgens de basisadministratie als ingezetene zijn ingeschreven, aan de burgemeester van de gemeente of de gezaghebber van het betrokken openbaar lichaam, dan wel Onze Minister van Algemene Zaken van Aruba, Curaçao onderscheidenlijk Sint Maarten, om de hem verstrekte gegevens binnen tien weken te toetsen.
3. (Vervallen.)
4. Hij onderzoekt, voor zover mogelijk, de juistheid van de gegevens welke niet op de in het eerste en tweede lid aangegeven wijze kunnen worden getoetst.
5. De in het tweede lid genoemde autoriteiten zijn verplicht de genoemde medewerking te verlenen.
[04-12-2014, Stb. 490, i.w.tr. 01-01-2015]

Artikel 28

1. Behoudens in de gevallen genoemd in artikel 6, eerste lid, aanhef en onder b en c van de Rijkswet en waar dit overigens bepaald is, onderzoekt Onze Minister van Buitenlandse Zaken of er ernstige vermoedens bestaan als bedoeld in artikel 6, vierde lid, van de Rijkswet, jegens de optant en de personen die tot medeverkrijging in de optieverklaring zijn genoemd, indien zij ouder zijn dan zestien jaar.
2. In de gevallen bedoeld in artikel 6, zesde lid, van de Rijkswet treedt hij met de optant in overleg over de vaststelling en de spelling van geslachtsnaam en voornaam of voornamen van de personen die in de optieverklaring zijn genoemd, en over de in het Koninkrijk gebruikelijke lettertekens waarin de namen van de optant en van de personen die hij in zijn optie wenst te betrekken, zullen worden overgebracht.
3. Hij stelt de andere in de optieverklaring genoemde personen, die de leeftijd van twaalf jaar hebben bereikt, alsook de wettelijke vertegenwoordiger en de in het vierde lid van artikel 2 van de Rijkswet bedoelde andere ouder van deze personen op hun verzoek in de gelegenheid hun zienswijze inzake de optie alsook inzake de naamsvaststelling kenbaar te maken.
[04-12-2014, Stb. 490, i.w.tr. 01-01-2015]

Artikel 29

1. Nadat Onze Minister van Buitenlandse Zaken heeft vastgesteld dat voldaan is aan de vereisten, die aan de optie zijn gesteld, bericht hij de optant schriftelijk de wijze waarop de bevestiging van de verkrijging van het Nederlanderschap bekendgemaakt zal worden onder vermelding van de namen van de personen die in deze bekendmaking betrokken zullen zijn. Hij bericht gelijktijdig ten aanzien van welke personen hij de bevestiging weigert onder vermelding van de termijn waarbinnen tegen zijn besluit bezwaar gemaakt kan worden.
2. De bevestiging vermeldt de naam, woonplaats en geboortedatum van de optant en van de personen die in de verkrijging delen.
3. Bij regeling van Onze Minister worden, na overleg met Onze Minister van Buitenlandse Zaken, regels gesteld betreffende de wijze waarop de bevestiging van de verkrijging van het Nederlanderschap aan de optant wordt bekendgemaakt, en kunnen regels gesteld worden betreffende de inname van de door de bevoegde autoriteiten in het Koninkrijk afgegeven verblijfsdocumenten van de optant en van de personen die in de verkrijging delen.
4. Indien de bekendmaking van de bevestiging door uitreiking geschiedt, is daarop hoofdstuk IIIA, met uitzondering van het gestelde in artikel 60a, vierde lid, van toepassing.
[04-12-2014, Stb. 490, i.w.tr. 01-01-2015]

Artikel 30

1. Onze Minister van Buitenlandse Zaken zendt de optieverklaring, de afgelegde waarheidsverklaringen, bedoeld in artikel 6, vierde lid, de verklaring, bedoeld in artikel 6, zesde lid, en de bevestiging van de verkrijging van het Nederlanderschap in afschrift aan Onze Minister.

2. Onze Minister van Buitenlandse Zaken archiveert de optieverklaringen en de daarbij behorende documenten alsmede de afschriften van de bevestigingen op een door hem nader vast te stellen wijze.
[04-12-2014, Stb. 490, i.w.tr. 01-01-2015]

§ 6
Administratieve handelingen inzake de afstandsverplichting

Artikel 30a
Bij ministeriële regeling kan na overleg met de Ministers van Algemene Zaken van Aruba, Curaçao en Sint Maarten worden bepaald in welke gevallen het doen van afstand, als bedoeld in artikel 6a, eerste lid, niet zal worden verlangd.
[24-07-2010, Stb. 310, i.w.tr. 10-10-2010]

Artikel 30b
1. Indien een optant verplicht is om na de totstandkoming van de optie het mogelijke te zullen doen om zijn andere nationaliteit of nationaliteiten te verliezen, wordt hem na de optie door Onze Minister bericht dat hij binnen een termijn van drie maanden een verzoek moet doen tot afstand van die andere nationaliteit of nationaliteiten. Van dit bericht wordt een afschrift gezonden aan de autoriteit die de optieverklaring in ontvangst heeft genomen.
2. Heeft de optant het verzoek tot afstand dan wel een verklaring van afstand bij de autoriteiten van het land of de landen van zijn andere nationaliteit of nationaliteiten ingediend of aangeboden en is daarover door deze nog geen beslissing genomen, dan verzoekt Onze Minister na zes maanden de betrokkene hem te informeren over de stand van zaken met betrekking tot het verlies van de andere nationaliteit of nationaliteiten.
3. Verlenen de autoriteiten van het land van de andere nationaliteit geen of onvoldoende medewerking aan het verzoek of de verklaring van afstand, dan beslist Onze Minister over de gevolgen daarvan voor de afstandsverplichting.
[24-07-2010, Stb. 310, i.w.tr. 01-10-2010]

Artikel 30c
1. Wordt Onze Minister het bewijs overgelegd dat de andere nationaliteit of een der andere nationaliteiten is verloren, dan zendt hij een gewaarmerkt afschrift daarvan aan de autoriteit die de optieverklaring in ontvangst heeft genomen.
2. De autoriteit die de optieverklaring in ontvangst heeft genomen, aan wie het bewijs van het verlies van een andere nationaliteit wordt overgelegd, zendt een gewaarmerkt afschrift daarvan aan Onze Minister.
3. Onze Minister dan wel de in het tweede lid bedoelde autoriteit zendt tevens een gewaarmerkt afschrift aan de autoriteit die verantwoordelijk is voor het bijhouden in de basisadministratie van de gegevens over de persoon wiens verlies van die andere nationaliteit het betreft.
4. De in het derde lid bedoelde autoriteit bevordert, voor zover van toepassing, dat het verlies van de andere nationaliteit of nationaliteiten in de desbetreffende basisadministratie wordt verwerkt.
[28-11-2013, Stb. 496, i.w.tr. 06-01-2014]

Artikel 30d

Tenzij hij wegens de omstandigheden van het geval anders beslist, gaat Onze Minister na verloop van de in het eerste lid van artikel 30b bepaalde termijn over tot de intrekking van het besluit waarbij het Nederlanderschap is verkregen.
[24-07-2010, Stb. 310, i.w.tr. 01-10-2010]

HOOFDSTUK III
Administratieve behandeling van naturalisatieverzoeken

§ 1
Indiening van naturalisatieverzoeken – algemene bepalingen

Artikel 31

1. Bij de indiening van een naturalisatieverzoek verstrekt de verzoeker betreffende zichzelf, voorzoveel mogelijk, gegevens met betrekking tot:
a. geslachtsnaam en voornaam of voornamen, onderscheidenlijk naam of namen;
b. geboortedatum, geboorteplaats en geboorteland;
c. adres, postcode en woonplaats;
d. geslacht;
e. nationaliteit of nationaliteiten;
f. tegenwoordige en, voorzoveel nodig, eerdere verblijfsrechtelijke status;
g. duur van huidige toegelaten verblijf in het Koninkrijk en, indien van toepassing, duur van eerder toegelaten verblijf in het Koninkrijk;
h. indien van toepassing, bestaan en duur van het huwelijk of geregistreerd partnerschap, dan wel ontbinding daarvan, alsmede ten aanzien van de echtgenoot of partner de gegevens bedoeld onder a tot en met e;
i. geslachtsnaam en voornamen, plaats en datum van geboorte en van huwelijk van de ouders van de verzoeker;
j. indien van toepassing, de kinderen tot wie hij in familierechtelijke betrekking staat;
k. indien van toepassing, bestaan, duur en plaats van samenleving met een Nederlander;
l. de overige gegevens die naar het oordeel van Onze Minister nodig zijn voor de beoordeling van het geval.

2. In zijn verzoek vermeldt de verzoeker de minderjarige kinderen en kindskinderen die hij in zijn naturalisatie wenst te betrekken. Hij verstrekt over hen, voorzoveel mogelijk, de gegevens genoemd in het eerste lid.

3. Betrekt de verzoeker in zijn verzoek mede een kind dat de leeftijd van zestien jaar heeft bereikt, dan is vereist dat het kind op de wijze bepaald in artikel 3 verklaart in te stemmen met de naturalisatie.

4. De verzoeker en ieder minderjarig kind dat de leeftijd van zestien jaar heeft bereikt legt een schriftelijke en ondertekende verklaring over dat de gevraagde gegevens naar waarheid zijn verstrekt en dat geen relevante gegevens zijn verzwegen. Behoudens in de gevallen waarin toelating niet is vereist, verklaart hij op dezelfde wijze dat in het kader van de verkrijging en het behoud van de verblijfsvergunning van hemzelf en de overige in het naturalisatieverzoek genoemde personen van 15 jaar of jonger

de gevraagde gegevens naar waarheid zijn verstrekt en dat geen relevante gegevens zijn verzwegen.
5. De autoriteit die het naturalisatieverzoek in ontvangst neemt, alsook Onze Minister, kan verlangen dat de verzoeker de juistheid van de verstrekte gegevens bewijst door middel van zo nodig gelegaliseerde en eventueel inhoudelijk geverifieerde documenten. Hij kan tevens verlangen dat die aanvullende gegevens worden verstrekt indien dit naar zijn oordeel nodig is voor de beoordeling van het geval.
[11-02-2012, Stb. 123, i.w.tr. 28-03-2012]

Artikel 32

Heeft de verzoeker een of meer nationaliteiten waarvan hij verplicht is afstand te doen, dan legt hij een verklaring over houdende dat hij bereid is het mogelijke te zullen doen om bij of na de totstandkoming van de naturalisatie zijn andere nationaliteit of nationaliteiten te verliezen.
[15-04-2002, Stb. 231, i.w.tr. 01-04-2003]

§ 2
Administratieve behandeling van naturalisatieverzoeken in het Europese deel van Nederland

Artikel 33

1. De burgemeester neemt naturalisatieverzoeken in ontvangst van personen die als ingezetenen van zijn gemeente zijn ingeschreven in de basisregistratie personen.
2. Hij neemt tevens in ontvangst naturalisatieverzoeken van verzoekers die ingevolge wettelijke voorschriften niet voor inschrijving als ingezetene in de basisregistratie personen in aanmerking komen, indien zij hoofdverblijf hebben in zijn gemeente.
3. Hij neemt bovendien in ontvangst naturalisatieverzoeken van personen die in zijn gemeente verblijf hebben en nergens ter wereld hun hoofdverblijf.
4. De in het eerste, tweede en derde lid genoemde personen ontvangen een afschrift van hun naturalisatieverzoek.
5. Naturalisatieverzoeken van andere personen dan die genoemd in het eerste, tweede en derde lid worden door hem niet in ontvangst genomen.
6. Naturalisatieverzoeken worden bij ontvangst voorzien van een datum en een dienststempel.
[28-11-2013, Stb. 496, i.w.tr. 06-01-2014]

Artikel 34

1. De verzoeker legt bij zijn verzoek het in artikel 5, eerste lid, van het Besluit naturalisatietoets, bedoelde inburgeringsdiploma of certificaat over, tenzij artikel 3 of 4 van het Besluit naturalisatietoets van toepassing is.
2. Alvorens het naturalisatieverzoek in behandeling genomen wordt, onderzoekt de burgemeester de betalingsverplichting van de verzoeker overeenkomstig het Besluit optie- en naturalisatiegelden 2002. Tenzij de verzoeker voor vrijstelling of gehele ontheffing in aanmerking komt, betaalt hij bij de indiening van zijn verzoek het volgens het Besluit optie- en naturalisatiegelden 2002 verschuldigde naturalisatiegeld.
[03-01-2007, Stb. 15, i.w.tr. 01-04-2007]

Artikel 35

1. Nadat hij het verzoek tot naturalisatie in behandeling genomen heeft, toetst de burgemeester de door de verzoeker verstrekte gegevens aan de gegevens die in de basisregistratie personen zijn opgenomen.

2. Met betrekking tot personen die in het naturalisatieverzoek zijn genoemd en die geen ingezetenen zijn van zijn gemeente verzoekt hij zo nodig, al naar gelang de plaats waar zij volgens de basisadministratie als ingezetene zijn ingeschreven, aan de burgemeester van de betreffende gemeente om binnen vier weken, en aan de gezaghebber van het betrokken openbaar lichaam dan wel aan Onze Minister van Algemene Zaken van Aruba, Curaçao onderscheidenlijk Sint Maarten om binnen tien weken de hem verstrekte gegevens te toetsen.

3. Met betrekking tot personen die in het naturalisatieverzoek zijn genoemd en die geen hoofdverblijf hebben in het Koninkrijk verzoekt hij, zo nodig, Onze Minister van Buitenlandse Zaken de hem verstrekte gegevens zo mogelijk binnen tien weken te toetsen.

4. Hij verzoekt Onze Minister van Buitenlandse Zaken de gegevens van personen, bedoeld in artikel 33, tweede lid, binnen vier weken te toetsen aan de gegevens die zijn opgenomen in het door deze gehouden register.

5. Hij onderzoekt, voor zover mogelijk, de juistheid van de gegevens die niet op de in het eerste tot en met het vierde lid aangegeven wijze kunnen worden getoetst.

[04-12-2014, Stb. 490, i.w.tr. 01-01-2015]

Artikel 36

1. De burgemeester onderzoekt de verblijfsrechtelijke status van de verzoeker en de personen om wier medeverlening wordt verzocht. Zo nodig verwijst hij de verzoeker voor een bewijs van toelating naar de daartoe bevoegde instanties.

2. Hij informeert de verzoeker over de wijze waarop Onze Minister toetst of ernstige vermoedens bestaan als bedoeld in artikel 9, eerste lid, aanhef en onder a, van de Rijkswet jegens de verzoeker of de minderjarige personen die tot medeverlening van het Nederlanderschap in het naturalisatieverzoek zijn genoemd, indien zij ouder zijn dan zestien jaar

3. Hij onderzoekt eveneens of deze personen aan de overige voor hun naturalisatie gestelde voorwaarden voldoen.

4. In de gevallen bedoeld in artikel 12 van de Rijkswet overlegt de burgemeester met de verzoeker over de vaststelling en de spelling van de geslachtsnaam en voornaam of voornamen van de verzoeker alsmede van de personen om wier medeverlening is verzocht, en over de in het Koninkrijk gebruikelijke lettertekens waarin de namen van de verzoeker en van de personen om wier medeverlening wordt verzocht, zullen worden overgebracht. Hij vraagt, zo nodig, de toestemming van de verzoeker tot wijziging van de naam.

5. De burgemeester stelt de andere in het verzoek genoemde personen, die de leeftijd van twaalf jaar hebben bereikt, alsook de wettelijke vertegenwoordiger en de in het vierde lid van artikel 2 van de Rijkswet bedoelde andere ouder van deze personen op hun verzoek in de gelegenheid hun zienswijze inzake de naturalisatie alsook inzake de naamswijziging en naamsvaststelling kenbaar te maken.

6. Nadat de burgemeester de handelingen bedoeld in de voorgaande artikelen van deze paragraaf heeft verricht, brengt hij over het naturalisatieverzoek en de eventuele naamsvaststelling en naamswijziging advies uit aan Onze Minister.
[11-02-2012, Stb. 123, i.w.tr. 28-03-2012]

Artikel 37

1. De burgemeester zendt zijn advies met het verzoek en de daarop betrekking hebbende gegevens, documenten en verklaringen aan Onze Minister.
2. Onze Minister bevestigt de ontvangst daarvan zonder uitstel aan de burgemeester.
[15-04-2002, Stb. 231, i.w.tr. 01-04-2003]

Artikel 38

1. Onze Minister zendt de uittreksels van het besluit tot verlening van het Nederlanderschap onverwijld ter bekendmaking toe aan de autoriteit van de woonplaats van de verzoeker. Hij zendt het besluit tot gehele of gedeeltelijke afwijzing van het verzoek toe aan de verzoeker onder vermelding van de termijn waarbinnen tegen het besluit bezwaar gemaakt kan worden. Hij bericht een en ander gelijktijdig aan de burgemeester die het naturalisatieverzoek in ontvangst genomen heeft.
2. De bekendmaking van het besluit tot verlening van het Nederlanderschap geschiedt overeenkomstig het bepaalde in hoofdstuk IIIA.
3. Bij regeling van Onze Minister kunnen nadere regels worden gesteld betreffende de wijze van bekendmaking van de verlening van het Nederlanderschap alsook betreffende de inname van de door de bevoegde autoriteiten in het Koninkrijk afgegeven verblijfsdocumenten van de verzoeker en van de personen die in de naturalisatie delen.
[20-08-2010, Stb. 343, i.w.tr. 10-10-2010]

§ 3
Administratieve behandeling van naturalisatieverzoeken in de openbare lichamen Bonaire, Sint Eustatius en Saba

Artikel 39

1. Onze Minister neemt naturalisatieverzoeken in behandeling van personen die als ingezetenen zijn ingeschreven in de basisadministratie van het betreffende openbare lichaam.
2. Hij neemt tevens in behandeling naturalisatieverzoeken van personen die ingevolge wettelijke voorschriften niet voor inschrijving als ingezetene in de basisadministratie in aanmerking komen, indien zij hoofdverblijf hebben in het betreffende openbare lichaam.
3. Hij neemt bovendien in ontvangst naturalisatieverzoeken van personen die in het betreffende openbare lichaam verblijf hebben en nergens ter wereld hun hoofdverblijf.
4. De in het eerste, tweede en derde lid bedoelde personen ontvangen een afschrift van hun naturalisatieverzoek.
5. Naturalisatieverzoeken van andere personen dan die genoemd in het eerste, tweede en derde lid worden door hem niet in behandeling genomen.
6. Naturalisatieverzoeken worden bij ontvangst voorzien van een datum en een dienststempel.
[20-08-2010, Stb. 343, i.w.tr. 10-10-2010]

Artikel 40

1. De verzoeker legt bij zijn verzoek het in artikel 5, eerste lid, van het Besluit naturalisatietoets, bedoelde inburgeringsdiploma of certificaat over, tenzij artikel 3 of 4 van het Besluit naturalisatietoets van toepassing is.
2. Alvorens het verzoek in behandeling genomen wordt, onderzoekt Onze Minister de betalingsverplichting van de verzoeker overeenkomstig het Besluit optie- en naturalisatiegelden 2002. Tenzij de verzoeker voor vrijstelling of gehele ontheffing in aanmerking komt, betaalt hij ter gelegenheid van de indiening van zijn verzoek het volgens het Besluit optie- en naturalisatiegelden 2002 verschuldigde naturalisatiegeld.
[20-08-2010, Stb. 343, i.w.tr. 10-10-2010]

Artikel 41

1. Nadat hij het verzoek tot naturalisatie in behandeling genomen heeft, toetst Onze Minister de door de verzoeker verstrekte gegevens aan de gegevens die in de basisadministratie zijn opgenomen.
2. Met betrekking tot personen die in het naturalisatieverzoek zijn genoemd en die geen ingezetene zijn van zijn openbaar lichaam verzoekt hij zo nodig, al naar gelang de plaats waar zij volgens de basisadministratie als ingezetene zijn ingeschreven, aan de gezaghebber van het betreffende openbaar lichaam om binnen vier weken, en aan de burgemeester van de gemeente of aan Onze Minister van Algemene Zaken van Aruba, Curaçao onderscheidenlijk Sint Maarten om binnen tien weken de hem verstrekte gegevens te toetsen.
3. Met betrekking tot personen die in het naturalisatieverzoek zijn genoemd en die geen hoofdverblijf hebben in het Koninkrijk verzoekt hij, zo nodig, Onze Minister van Buitenlandse Zaken de hem verstrekte gegevens zo mogelijk binnen tien weken te toetsen.
4. Hij verzoekt Onze Minister van Buitenlandse Zaken de gegevens van personen, bedoeld in artikel 39, tweede lid, binnen vier weken te toetsen aan de gegevens die zijn opgenomen in het door deze gehouden register.
5. Hij onderzoekt, voor zover mogelijk, de juistheid van de gegevens die niet op de in het eerste tot en met het vierde lid aangegeven wijze kunnen worden getoetst.
[04-12-2014, Stb. 490, i.w.tr. 01-01-2015]

Artikel 42

1. Onze Minister onderzoekt de verblijfsrechtelijke status van de verzoeker en de personen om wier medeverlening wordt verzocht, alsmede of er ernstige vermoedens bestaan als bedoeld in artikel 9, eerste lid, aanhef en onder a, van de Rijkswet jegens de verzoeker of de personen die tot medeverkrijging van het Nederlanderschap in het naturalisatieverzoek zijn genoemd, indien zij ouder zijn dan zestien jaar. Zo nodig verwijst hij de verzoeker voor een bewijs van toelating naar de daartoe bevoegde instanties.
2. Hij onderzoekt eveneens of deze personen aan de overige voor hun naturalisatie gestelde voorwaarden voldoen.
3. In de gevallen bedoeld in artikel 12 van de Rijkswet overlegt Onze Minister met de verzoeker over de vaststelling en de spelling van geslachtsnaam en voornaam of voornamen van de verzoeker alsmede van de personen om wier medeverlening is verzocht, en over de in het Koninkrijk gebruikelijke lettertekens waarin de namen

van de verzoeker en van de personen om wier medeverlening wordt verzocht, zullen worden overgebracht. Hij vraagt, zo nodig, de toestemming van de verzoeker tot wijziging van de naam.

4. Onze Minister stelt de andere in het verzoek genoemde personen, die de leeftijd van twaalf jaar hebben bereikt, alsook de wettelijke vertegenwoordiger en de in het vierde lid van artikel 2 van de Rijkswet bedoelde andere ouder van deze personen op hun verzoek in de gelegenheid hun zienswijze inzake de naturalisatie alsook inzake de naamswijziging en naamsvaststelling kenbaar te maken.

[20-08-2010, Stb. 343, i.w.tr. 10-10-2010]

Artikel 43

(Vervallen.)

[20-08-2010, Stb. 343, i.w.tr. 10-10-2010]

Artikel 44

1. Onze Minister zendt de uittreksels van het besluit tot verlening van het Nederlanderschap onverwijld ter bekendmaking toe aan de autoriteit van de woonplaats van de verzoeker. Hij zendt het besluit tot gehele of gedeeltelijke afwijzing van het verzoek toe aan de verzoeker onder vermelding van de termijn waarbinnen tegen het besluit bezwaar gemaakt kan worden.

2. De bekendmaking van het besluit tot verlening van het Nederlanderschap geschiedt overeenkomstig het bepaalde in hoofdstuk IIIA.

3. Bij regeling van Onze Minister kunnen nadere regels worden gesteld betreffende de wijze van bekendmaking van de verlening van het Nederlanderschap alsook betreffende de inname van de door de bevoegde autoriteiten in het Koninkrijk afgegeven verblijfsdocumenten van de verzoeker en van de personen die in de naturalisatie delen.

[20-08-2010, Stb. 343, i.w.tr. 10-10-2010]

§ 4
Administratieve behandeling van naturalisatieverzoeken in Aruba, Curaçao en Sint Maarten

Artikel 45

1. De Gouverneur neemt naturalisatieverzoeken in behandeling van personen die als ingezetenen zijn ingeschreven in de basisadministratie van Aruba, Curaçao onderscheidenlijk Sint Maarten.

2. Hij neemt tevens in behandeling naturalisatieverzoeken van personen die ingevolge wettelijke voorschriften niet voor inschrijving als ingezetene in de basisadministratie in aanmerking komen, indien zij hoofdverblijf hebben in Aruba, Curaçao onderscheidenlijk Sint Maarten.

3. Hij neemt bovendien in ontvangst naturalisatieverzoeken van personen die in Aruba, Curaçao onderscheidenlijk Sint Maarten verblijf hebben en nergens ter wereld hun hoofdverblijf.

4. De in het eerste, tweede en derde lid genoemde personen ontvangen een afschrift van hun naturalisatieverzoek.

5. Naturalisatieverzoeken van andere personen dan die, genoemd in het eerste, tweede en derde lid, worden door hem niet in behandeling genomen.

6. Naturalisatieverzoeken worden bij ontvangst voorzien van een datum en een dienststempel.
[20-08-2010, Stb. 343, i.w.tr. 10-10-2010]

Artikel 46

1. De verzoeker legt bij zijn verzoek het in artikel 5, eerste lid, van het Besluit naturalisatietoets, bedoelde inburgeringsdiploma of certificaat over, tenzij artikel 3 of 4 van het Besluit naturalisatietoets van toepassing is.
2. Alvorens het verzoek in behandeling genomen wordt, onderzoekt de Gouverneur de betalingsverplichting van de verzoeker overeenkomstig het Besluit optie- en naturalisatiegelden 2002. Tenzij de verzoeker voor vrijstelling of gehele ontheffing in aanmerking komt, betaalt hij ter gelegenheid van de indiening van zijn verzoek het volgens het Besluit optie- en naturalisatiegelden 2002 verschuldigde naturalisatiegeld.
[03-01-2007, Stb. 15, i.w.tr. 01-04-2007]

Artikel 47

1. Nadat hij het verzoek tot naturalisatie in behandeling genomen heeft, verzoekt de Gouverneur Onze Minister van Algemene Zaken die het aangaat de door de verzoeker verstrekte gegevens te toetsen aan de gegevens die in de basisadministratie zijn opgenomen.
2. Met betrekking tot personen die in het naturalisatieverzoek zijn genoemd en die geen ingezetene zijn van Aruba, Curaçao onderscheidenlijk Sint Maarten verzoekt hij zo nodig, al naar gelang de plaats waar zij volgens de basisadministratie als ingezetene zijn ingeschreven, aan de burgemeester van de betreffende gemeente of aan de gezaghebber van het betrokken openbaar lichaam de hem verstrekte gegevens binnen tien weken te toetsen.
3. Met betrekking tot personen die in het naturalisatieverzoek zijn genoemd en die geen hoofdverblijf hebben in het Koninkrijk verzoekt hij, zo nodig, Onze Minister van Buitenlandse Zaken de hem verstrekte gegevens zo mogelijk binnen tien weken te toetsen.
4. Hij verzoekt Onze Minister van Buitenlandse Zaken de gegevens van personen, bedoeld in artikel 45, tweede lid, binnen vier weken te toetsen aan de gegevens die zijn opgenomen in het door deze gehouden register.
5. Hij onderzoekt, voor zover mogelijk, de juistheid van de gegevens die niet op de in het eerste tot en met het vierde lid aangegeven wijze kunnen worden getoetst.
[04-12-2014, Stb. 490, i.w.tr. 01-01-2015]

Artikel 48

1. De Gouverneur onderzoekt de verblijfsrechtelijke status van de verzoeker en de personen om wier medeverlening wordt verzocht, alsmede laat hij het bestaan onderzoeken van ernstige vermoedens als bedoeld in artikel 9, eerste lid, aanhef en onder a, van de Rijkswet jegens de verzoeker of de personen die tot medeverkrijging van het Nederlanderschap in het naturalisatieverzoek zijn genoemd, indien zij ouder zijn dan zestien jaar. Zo nodig verwijst hij de verzoeker voor een bewijs van toelating naar de daartoe bevoegde instanties.
2. Hij onderzoekt eveneens of deze personen aan de overige voor hun naturalisatie gestelde voorwaarden voldoen.

3. In de gevallen bedoeld in artikel 12 van de Rijkswet overlegt de Gouverneur met de verzoeker over de vaststelling en de spelling van geslachtsnaam en voornaam of voornamen van de verzoeker alsmede van de personen om wier medeverlening is verzocht, en over de in het Koninkrijk gebruikelijke lettertekens waarin de namen van de verzoeker en van de personen om wier medeverlening wordt verzocht, zullen worden overgebracht. Hij vraagt, zo nodig, de toestemming van de verzoeker tot wijziging van de naam.
4. De Gouverneur stelt de andere in het verzoek genoemde personen, die de leeftijd van twaalf jaar hebben bereikt, alsook de wettelijke vertegenwoordiger en de in het vierde lid van artikel 2 van de Rijkswet bedoelde andere ouder van deze personen op hun verzoek in de gelegenheid hun zienswijze inzake de naturalisatie alsook inzake de naamswijziging en naamsvaststelling kenbaar te maken.
5. Nadat de Gouverneur de handelingen bedoeld in de voorgaande artikelen van deze paragraaf heeft verricht, brengt hij over het naturalisatieverzoek en de eventuele naamsvaststelling en naamswijziging advies uit aan Onze Minister.
[15-04-2002, Stb. 231, i.w.tr. 01-04-2003]

Artikel 49

1. De Gouverneur zendt zijn advies met het verzoek en de daarop betrekking hebbende gegevens, documenten en verklaringen door tussenkomst van de Minister van Justitie van Aruba, Curaçao onderscheidenlijk Sint Maarten aan Onze Minister.
2. De Minister van Justitie van Aruba, Curaçao onderscheidenlijk Sint Maarten voegt zijn advies betreffende het verzoek toe aan dit dossier.
3. Onze Minister bevestigt de ontvangst daarvan zonder uitstel aan de Gouverneur en aan de Minister van Justitie van Aruba, Curaçao onderscheidenlijk Sint Maarten.
[20-08-2010, Stb. 343, i.w.tr. 10-10-2010]

Artikel 50

1. Onze Minister zendt de uittreksels van het besluit tot verlening van het Nederlanderschap onverwijld ter bekendmaking toe aan de autoriteit van de woonplaats van de verzoeker. Hij zendt het besluit tot gehele of gedeeltelijke afwijzing van het verzoek toe aan de verzoeker onder vermelding van de termijn waarbinnen tegen het besluit bezwaar gemaakt kan worden. Hij bericht een en ander gelijktijdig aan de Gouverneur en aan de Minister van Justitie van Aruba, Curaçao onderscheidenlijk Sint Maarten
2. De bekendmaking van het besluit tot verlening van het Nederlanderschap geschiedt overeenkomstig het bepaalde in hoofdstuk IIIA.
3. Bij regeling van Onze Minister kunnen nadere regels worden gesteld betreffende de wijze van bekendmaking van de verlenging van het Nederlanderschap alsook, na overleg met de Ministers van Justitie van Aruba, Curaçao en Sint Maarten, betreffende de inname van de door de bevoegde autoriteiten in het Koninkrijk afgegeven verblijfsdocumenten van de verzoeker en van de personen die in de naturalisatie delen.
[20-08-2010, Stb. 343, i.w.tr. 10-10-2010]

§ 5
Administratieve behandeling van naturalisatieverzoeken in het buitenland

Artikel 51

1. Onze Minister van Buitenlandse Zaken neemt naturalisatieverzoeken in ontvangst op de diplomatieke of consulaire post in het ressort waar de verzoeker om naturalisatie zijn hoofdverblijf heeft.
2. Hij neemt eveneens de naturalisatieverzoeken in behandeling van personen die verblijf hebben in het buitenland en nergens ter wereld hun hoofdverblijf hebben.
3. De in het eerste en tweede lid bedoelde personen ontvangen een afschrift van hun naturalisatieverzoek.
4. Naturalisatieverzoeken van andere personen dan die genoemd in het eerste en tweede lid worden door hem niet in behandeling genomen.
5. Naturalisatieverzoeken worden bij ontvangst voorzien van een datum en een dienststempel.
[04-12-2014, Stb. 490, i.w.tr. 01-01-2015]

Artikel 52

1. De verzoeker legt bij zijn verzoek het in artikel 5, eerste lid, van het Besluit naturalisatietoets, bedoelde inburgeringsdiploma of certificaat over, tenzij artikel 3 of 4 van het Besluit naturalisatietoets van toepassing is.
2. Alvorens het verzoek in behandeling genomen wordt, onderzoekt de Minister van Buitenlandse Zaken de betalingsverplichting van de verzoeker overeenkomstig het Besluit optie- en naturalisatiegelden 2002. Tenzij de verzoeker voor vrijstelling of gehele ontheffing in aanmerking komt, betaalt hij bij de indiening van zijn verzoek het volgens het Besluit optie- en naturalisatiegelden 2002 verschuldigde naturalisatiegeld.
[04-12-2014, Stb. 490, i.w.tr. 01-01-2015]

Artikel 53

1. Nadat hij het verzoek tot naturalisatie in behandeling genomen heeft, toetst Onze Minister van Buitenlandse Zaken de door de verzoeker verstrekte gegevens aan de gegevens die in de administratie zijn opgenomen.
2. Met betrekking tot personen die in het naturalisatieverzoek zijn genoemd en die hoofdverblijf hebben binnen het Koninkrijk verzoekt hij zo nodig, al naar gelang de plaats waar zij volgens de basisadministratie als ingezetene zijn ingeschreven, aan de burgemeester van de betreffende gemeente, aan de gezaghebber van het betrokken openbaar lichaam of aan Onze Minister van Algemene Zaken van Aruba, Curaçao onderscheidenlijk Sint Maarten de hem verstrekte gegevens binnen tien weken te toetsen.
3. Hij onderzoekt, voor zover mogelijk, de juistheid van de gegevens welke niet op de in het eerste of tweede lid van dit artikel aangegeven wijze kunnen worden getoetst.
[04-12-2014, Stb. 490, i.w.tr. 01-01-2015]

Artikel 54

1. Onze Minister van Buitenlandse Zaken onderzoekt of er ernstige vermoedens bestaan als bedoeld in artikel 9, eerste lid, aanhef en onder a, van de Rijkswet, jegens de

verzoeker en de personen die tot medeverkrijging van het Nederlanderschap in het naturalisatieverzoek zijn genoemd, indien zij ouder zijn dan zestien jaar.
2. Hij onderzoekt eveneens of deze personen aan de overige voor hun naturalisatie gestelde voorwaarden voldoen.
3. In de gevallen, bedoeld in artikel 12 van de Rijkswet, overlegt hij met de verzoeker over de vaststelling en de spelling van geslachtsnaam en voornaam of voornamen van de verzoeker alsmede van de personen om wier medeverlening is verzocht, en over de in het Koninkrijk gebruikelijke lettertekens waarin de namen van de verzoeker en van de personen om wier medeverlening wordt verzocht, zullen worden overgebracht. Hij vraagt, zo nodig, toestemming van de verzoeker tot wijziging van de naam.
4. Hij stelt de andere in het verzoek genoemde personen, die de leeftijd van twaalf jaar hebben bereikt, alsook de wettelijke vertegenwoordiger en de in het vierde lid van artikel 2 van de Rijkswet bedoelde andere ouder van deze personen op hun verzoek in de gelegenheid hun zienswijze inzake de naturalisatie alsook inzake de naamswijziging en naamsvaststelling kenbaar te maken.
5. Nadat Onze Minister van Buitenlandse Zaken de handelingen bedoeld in de voorgaande artikelen van deze paragraaf heeft verricht, brengt hij over het naturalisatieverzoek en de eventuele naamsvaststelling en naamswijziging advies uit aan Onze Minister.
[04-12-2014, Stb. 490, i.w.tr. 01-01-2015]

Artikel 55

Onze Minister van Buitenlandse Zaken zendt het naturalisatieverzoek, tezamen met zijn advies en daarop betrekking hebbende gegevens, documenten en verklaringen aan Onze Minister.
[04-12-2014, Stb. 490, i.w.tr. 01-01-2015]

Artikel 56

1. Onze Minister zendt de uittreksels van het besluit tot verlening van het Nederlanderschap onverwijld ter bekendmaking toe aan de autoriteit van de woonplaats van de verzoeker. Hij zendt het besluit tot gehele of gedeeltelijke afwijzing van het verzoek toe aan de verzoeker onder vermelding van de termijn waarbinnen tegen het besluit bezwaar gemaakt kan worden. Hij bericht een en ander gelijktijdig aan Onze Minister van Buitenlandse Zaken.
2. Bij regeling van Onze Minister kunnen na overleg met Onze Minister van Buitenlandse Zaken regels worden gesteld betreffende de wijze van bekendmaking van de verlening van het Nederlanderschap en kunnen regels gesteld worden betreffende de inname van de door de bevoegde autoriteiten in het Koninkrijk afgegeven verblijfsdocumenten van de verzoeker en van de personen die in de naturalisatie delen.
3. Indien de bekendmaking van het besluit tot verlening van het Nederlanderschap door uitreiking geschiedt, is daarop het bepaalde in hoofdstuk IIIA, met uitzondering van de tijdsbepalingen in artikel 60b, tweede en vierde lid, van toepassing.
[04-12-2014, Stb. 490, i.w.tr. 01-01-2015]

§ 6
Administratieve handelingen inzake de afstandsverplichting

Artikel 57

Bij ministeriële regeling kan na overleg met Onze Ministers van Algemene Zaken van Aruba, Curaçao en Sint Maarten worden bepaald in welke gevallen het doen van afstand, als bedoeld in artikel 9, eerste lid, aanhef en onder b, niet zal worden verlangd.
[04-12-2014, Stb. 490, i.w.tr. 01-01-2015]

Artikel 58

1. Indien een verzoeker verplicht is om na de totstandkoming van de naturalisatie het mogelijke te zullen doen om zijn andere nationaliteit of nationaliteiten te verliezen, wordt hem na de naturalisatie door Onze Minister bericht dat hij binnen een termijn van drie maanden een verzoek moet doen tot afstand van die andere nationaliteit of nationaliteiten. Van dit bericht wordt een afschrift gezonden aan de autoriteit, die het naturalisatieverzoek in ontvangst genomen heeft.
2. Heeft de verzoeker het verzoek tot afstand dan wel een verklaring van afstand bij de autoriteiten van het land of de landen van zijn andere nationaliteit of nationaliteiten ingediend of aangeboden en is daarover door deze nog geen beslissing genomen, dan verzoekt Onze Minister na zes maanden de betrokkene hem te informeren over de stand van zaken met betrekking tot het verlies van de andere nationaliteit of nationaliteiten.
3. Verlenen de autoriteiten van het land van de andere nationaliteit geen of onvoldoende medewerking aan het verzoek of de verklaring van afstand, dan beslist Onze Minister over de gevolgen daarvan voor de afstandsverplichting.
[15-04-2002, Stb. 231, i.w.tr. 01-04-2003]

Artikel 59

1. Wordt Onze Minister het bewijs overgelegd dat de andere nationaliteit of een der andere nationaliteiten is verloren, dan zendt hij een gewaarmerkt afschrift daarvan aan de autoriteit die het naturalisatieverzoek in ontvangst genomen heeft.
2. De autoriteit, bedoeld in artikel 2, aan wie het bewijs van het verlies van een andere nationaliteit wordt overgelegd, zendt een gewaarmerkt afschrift daarvan aan Onze Minister.
3. Onze Minister dan wel de in het tweede lid bedoelde autoriteit zendt tevens een gewaarmerkt afschrift aan de autoriteit die verantwoordelijk is voor het bijhouden in de basisadministratie van de gegevens over de persoon wiens verlies van die andere nationaliteit het betreft.
4. De in het derde lid bedoelde autoriteit bevordert, voor zover van toepassing, dat het verlies van de andere nationaliteit of nationaliteiten in de desbetreffende basisadministratie wordt verwerkt.
[28-11-2013, Stb. 496, i.w.tr. 06-01-2014]

Artikel 60
Tenzij hij wegens de omstandigheden van het geval anders beslist, gaat Onze Minister na verloop van de in het eerste lid van artikel 58 bepaalde termijn over tot de intrekking van het besluit waarbij het Nederlanderschap is verleend.
[15-04-2002, Stb. 231, i.w.tr. 01-04-2003]

HOOFDSTUK IIIA
Bekendmaking van de verkrijging van het Nederlanderschap

Artikel 60a
1. Tenzij anders bepaald, treedt de bevestiging van de verkrijging van het Nederlanderschap als bedoeld in de artikelen 11, 17, 23 en 29, in werking door de uitreiking ervan aan de optant door of namens de tot bevestiging bevoegde autoriteit. De bevestiging werkt terug tot de dag van de dagtekening.
2. De in het eerste lid genoemde autoriteit roept de optant tezamen met de personen die in de verkrijging zullen delen en die ten tijde van het afleggen van de optieverklaring zestien jaar of ouder waren, tijdig voor de uitreiking op te verschijnen. Was de optant ten tijde van het afleggen van de optieverklaring jonger dan zestien jaar dan wordt zijn wettelijke vertegenwoordiger opgeroepen te verschijnen.
3. Indien de optant en de personen die in de verkrijging delen, verplicht zijn voorafgaand aan de uitreiking van de bevestiging een verklaring af te leggen, vindt de uitreiking niet plaats dan nadat deze verklaring is afgelegd. Indien niet alle in de bevestiging genoemde personen die een verklaring dienen af te leggen, daartoe bereid of in staat zijn, wordt de uitreiking aangehouden.
4. Degene aan wie de bevestiging van de verkrijging van het Nederlanderschap in persoon wordt uitgereikt en de minderjarige vreemdeling die de bereidverklaring als bedoeld in artikel 6, tweede lid, van de Rijkswet op het Nederlanderschap heeft afgelegd, legt de verklaring van verbondenheid mondeling af op een door de in het eerste lid genoemde autoriteit te bepalen wijze.
5. De in het eerste lid genoemde autoriteit kan bepalen dat de betrokkene de verklaring van verbondenheid schriftelijk aflegt, indien van hem redelijkerwijs niet kan worden verlangd dat hij deze mondeling aflegt.
6. Indien betrokkene vanwege zijn fysieke of psychische toestand niet in staat is om de verklaring van verbondenheid op de in het vierde of vijfde lid bedoelde wijze af te leggen, wordt de bevestiging bekendgemaakt zonder dat de verklaring van verbondenheid is afgelegd.
7. De uitreiking vindt plaats binnen negen weken nadat is vastgesteld dat de optant heeft voldaan aan de vereisten, die aan de optie zijn gesteld. Wegens bijzondere omstandigheden kan deze termijn met een redelijke periode worden verlengd.
8. De bevestiging wordt aan de optant in persoon of, indien hij ten tijde van het afleggen van de optieverklaring jonger dan zestien jaar is, aan zijn wettelijke vertegenwoordiger uitgereikt.
9. Indien om zwaarwegende redenen van een op grond van het tweede lid opgeroepen persoon niet kan worden verlangd dat hij de bevestiging in persoon in ontvangst neemt, kan hij zich laten vertegenwoordigen door een daartoe schriftelijk gemachtigde meerderjarige persoon. Onder zwaarwegende redenen wordt in ieder geval gerekend de fysieke of psychische onmogelijkheid te verschijnen. Om dezelfde redenen kan

de in het eerste lid genoemde autoriteit tot een andere wijze van bekendmaking of verklaring besluiten.

10. Indien de op grond van het tweede lid opgeroepen personen bij de uitreiking niet aanwezig zijn, worden zij opnieuw opgeroepen. Zo nodig wordt de oproeping vervolgens eenmaal bij aangetekende brief herhaald.

11. De bevestiging die niet binnen een jaar na de dag waarop zij is gedagtekend aan de optant is bekendgemaakt, vervalt ten aanzien van de erin genoemde personen. Indien tegen het besluit omtrent de wijze van afleggen van de verklaring van verbondenheid of de wijze van bekendmaking van de bevestiging bezwaar wordt gemaakt of beroep wordt ingesteld, wordt deze termijn opgeschort totdat op het bezwaar onderscheidenlijk het beroep onherroepelijk is beslist.

12. De autoriteit die de bevestiging heeft bekendgemaakt, zendt daarvan onverwijld bericht aan Onze Minister en deelt daarin mede of en op welke wijze de verklaring van verbondenheid is afgelegd.

[06-01-2009, Stb. 2, i.w.tr. 01-03-2009]

Artikel 60b

1. Tenzij anders bepaald, treedt het besluit tot verlening van het Nederlanderschap voor een daarin genoemde persoon in werking door de uitreiking aan hem van het hem betreffend uittreksel van het besluit. Het besluit werkt terug tot de dag van de dagtekening.

2. Binnen zes weken na de dag van dagtekening van het naturalisatiebesluit en tijdig voor de uitreiking roept de autoriteit van de woonplaats van de betrokken persoon die ten tijde van de indiening van het verzoek tot naturalisatie zestien jaar of ouder was, deze op te verschijnen. Was de betrokkene ten tijde van de indiening van het verzoek tot naturalisatie jonger dan zestien jaar dan wordt zijn wettelijke vertegenwoordiger opgeroepen te verschijnen. Wegens bijzondere omstandigheden kan deze termijn met een redelijke periode worden verlengd.

3. Indien de opgeroepen persoon verplicht is voorafgaand aan de uitreiking een verklaring af te leggen, vindt de uitreiking van het uittreksel van het besluit niet plaats dan nadat deze verklaring is afgelegd.

4. Degene aan wie het uittreksel van het besluit tot verlening van het Nederlanderschap in persoon wordt uitgereikt, legt de verklaring van verbondenheid mondeling af op een door de bevoegde autoriteit te bepalen wijze.

5. De bevoegde autoriteit kan bepalen dat de betrokkene de verklaring van verbondenheid schriftelijk aflegt, indien van hem redelijkerwijs niet kan worden verlangd dat hij deze mondeling aflegt.

6. Indien betrokkene vanwege zijn fysieke of psychische toestand niet in staat is om de verklaring van verbondenheid op de in het vierde of vijfde lid bedoelde wijze af te leggen, wordt het uittreksel van het besluit tot verlening van het Nederlanderschap bekendgemaakt zonder dat de verklaring is afgelegd.

7. De uitreiking vindt door of namens de autoriteit, die de betrokkene heeft opgeroepen, plaats binnen zes weken na de verzending van de oproeping.

8. Het hem betreffend uittreksel van het besluit wordt aan de betrokkene in persoon of, indien hij ten tijde van de indiening van het verzoek tot naturalisatie jonger dan zestien jaar is, aan zijn wettelijke vertegenwoordiger uitgereikt.

9. Indien om zwaarwegende redenen van een op grond van het tweede lid opgeroepen persoon niet kan worden verlangd dat hij het hem betreffende uittreksel van het besluit in persoon in ontvangst neemt, kan hij zich laten vertegenwoordigen door een daartoe schriftelijk gemachtigde meerderjarige persoon. Onder zwaarwegende redenen wordt in ieder geval gerekend de fysieke of psychische onmogelijkheid te verschijnen. Om dezelfde redenen kan de in het tweede lid genoemde autoriteit tot een andere wijze van bekendmaking of verklaring besluiten.
10. Indien de betrokkene bij de in het zevende lid bedoelde uitreiking niet aanwezig is, wordt hij opnieuw opgeroepen. Zo nodig wordt de oproeping vervolgens eenmaal bij aangetekende brief herhaald.
11. Het besluit tot verlening van het Nederlanderschap vervalt ten aanzien van een erin genoemd persoon indien het hem betreffend uittreksel van dit besluit niet binnen een jaar na de dag waarop het besluit is gedagtekend aan hem is bekendgemaakt. Indien tegen het besluit omtrent de wijze van afleggen van de verklaring van verbondenheid of de wijze van bekendmaking van het uittreksel van het besluit tot verlening van het Nederlanderschap bezwaar wordt gemaakt of beroep wordt ingesteld, wordt deze termijn opgeschort totdat op het bezwaar onderscheidenlijk het beroep onherroepelijk is beslist.
12. De autoriteit die het uittreksel van het besluit tot verlening van het Nederlanderschap heeft bekendgemaakt, zendt daarvan onverwijld een bericht aan Onze Minister. Hij bericht ook of en op welke wijze de verklaring van verbondenheid is afgelegd en welke uittreksels hij na herhaalde oproepingen niet heeft kunnen uitreiken. Hij zendt de uittreksels betreffende de personen voor wie een besluit is vervallen, terug aan Onze Minister.
[06-01-2009, Stb. 2, i.w.tr. 01-03-2009]

HOOFDSTUK IV
Bewijs van Nederlanderschap

Artikel 61

1. Als verklaring omtrent het bezit van het Nederlanderschap, bedoeld in artikel 15, vierde lid van de Rijkswet en in artikel V, tweede lid van de Rijkswet van 21 december 2000, *Stb.* 618, tot wijziging van de Rijkswet op het Nederlanderschap met betrekking tot de verkrijging, de verlening en het verlies van het Nederlanderschap, geldt:
a. de onherroepelijke rechterlijke beschikking waarbij het Nederlanderschap is vastgesteld;
b. een uittreksel uit de basisadministratie, waaruit blijkt dat de betrokkene als Nederlander is aangemerkt; of
c. een verklaring afgegeven door Onze Minister van Buitenlandse Zaken, waaruit blijkt dat de betrokkene Nederlander is.
2. Een verklaring omtrent het bezit van het Nederlanderschap wordt alleen op aanvraag van de betrokken persoon verstrekt.
3. De documenten genoemd onder b en c van het eerste lid dienen de woorden te bevatten: Verklaring omtrent het bezit van het Nederlanderschap, en van een datum van verstrekking en een dienststempel te zijn voorzien.

4. Bij ministeriële regeling kan worden bepaald welke andere documenten als verklaring omtrent het bezit van het Nederlanderschap kunnen dienen.
[04-12-2014, Stb. 490, i.w.tr. 01-01-2015]

HOOFDSTUK V
Verlies van het Nederlanderschap

§ 1
Verlies door een verklaring van afstand

Artikel 62

1. Een verklaring van afstand van het Nederlanderschap als bedoeld in artikel 15, eerste lid, aanhef en onder b, of als bedoeld in artikel 16, eerste lid, aanhef en onder b, van de Rijkswet wordt schriftelijk afgelegd. De verklaring vermeldt dat de persoon die de verklaring aflegt, bekend is met artikel 16, eerste lid, aanhef en onder d, en tweede lid van de Rijkswet.
2. Aan de verklaring van afstand wordt zo nodig een bewijs toegevoegd dat de verklarende persoon en, in voorkomend geval, de minderjarige personen die in zijn afstand delen een andere nationaliteit bezitten.
3. Indien de verklaring een minderjarige betreft, wordt zo nodig tevens een bewijs van de nationaliteit van de vader en moeder of adoptiefouder toegevoegd.
[15-04-2002, Stb. 231, i.w.tr. 01-04-2003]

Artikel 63

1. Een verklaring van afstand van het Nederlanderschap wordt afgelegd:
a. in het Europese deel van Nederland: voor de burgemeester;
b. in een openbaar lichaam: voor Onze Minister;
c. in Aruba, Curaçao en Sint Maarten: voor de Gouverneur;
d. in het buitenland: voor Onze Minister van Buitenlandse Zaken.

2. Alvorens de verklaring in ontvangst te nemen stelt de autoriteit ten overstaan van wie deze wordt afgelegd de identiteit vast van de persoon die de verklaring aflegt. Hij bepaalt tevens, voor zover mogelijk, welke andere personen door deze afstand hun Nederlanderschap zullen verliezen.
3. De persoon die in overeenstemming met artikel 3 een verklaring van afstand heeft afgelegd, ontvangt daarvan onverwijld een bevestiging, die tevens, voor zoveel mogelijk, de namen vermeldt van de personen die door deze afstand hun Nederlanderschap hebben verloren.
[04-12-2014, Stb. 490, i.w.tr. 01-01-2015]

Artikel 64

1. De in het tweede lid van artikel 63 genoemde autoriteit, niet zijnde Onze Minister, zendt de verklaring van afstand alsmede een afschrift van de bevestiging toe aan Onze Minister; hij behoudt een afschrift daarvan.
2. Hij zendt bovendien een afschrift van de bevestiging aan de autoriteit die verantwoordelijk is voor het bijhouden in de basisadministratie van de gegevens over de persoon die de afstand betreft. Met betrekking tot personen die in hun land woonachtig

zijn, zendt hij tevens een afschrift van de verklaring van afstand en van de bevestiging aan de Minister van Justitie van Aruba, Curaçao en Sint Maarten.
3. Voorzoveel van toepassing bevordert de autoriteit ten overstaan van wie een verklaring van afstand is afgelegd, alsmede de in het voorgaande lid bedoelde autoriteit die een afschrift van de bevestiging bedoeld in het derde lid van artikel 63 heeft ontvangen, dat

a. de verklaring van afstand van het Nederlanderschap in de basisadministratie wordt verwerkt;
b. de Nederlandse reisdocumenten die waren uitgereikt aan de personen die door of als gevolg van de afstand het Nederlanderschap hebben verloren, overeenkomstig de Paspoortwet worden ingenomen;
c. indien van toepassing: de betrokkenen worden verwezen naar de Vreemdelingendienst van de politie.

[28-11-2013, Stb. 496, i.w.tr. 06-01-2014]

§ 2
Verlies door intrekking van het Nederlanderschap

Artikel 65
De autoriteiten en ambtenaren bevoegd tot het in ontvangst nemen van optieverklaringen en naturalisatieverzoeken die in de uitoefening van hun ambt kennis krijgen van valse verklaringen of bedrog, dan wel van de verzwijging van enig relevant feit dat geleid heeft tot de verkrijging of verlening van het Nederlanderschap, melden dit onverwijld aan Onze Minister, zo nodig onder medezending van afschriften van op de zaak betrekkelijke stukken.
[15-04-2002, Stb. 231, i.w.tr. 01-04-2003]

§ 3
Procedure van intrekking van het Nederlanderschap

Artikel 66
1. Indien Onze Minister het voornemen heeft een besluit te nemen tot intrekking van het besluit waarbij het Nederlanderschap is verkregen of verleend, als bedoeld in artikel 14, eerste lid, van de Rijkswet, doet hij daarvan schriftelijk mededeling aan de bij de intrekking rechtstreeks betrokken persoon of personen alsmede aan de autoriteit die de optieverklaring of het naturalisatieverzoek in ontvangst genomen heeft. Indien Onze Minister het voornemen heeft een besluit te nemen tot intrekking van het Nederlanderschap, als bedoeld in artikel 14, tweede of derde lid, van de Rijkswet, doet hij daarvan schriftelijk mededeling aan de bij de intrekking rechtstreeks betrokken persoon of personen.
2. Heeft de betrokken persoon een bekende woon- of verblijfplaats, dan wordt de mededeling aan dat adres gezonden; heeft hij geen bekende woon- of verblijfplaats, dan wordt de mededeling gezonden aan zijn laatst bekende adres in het Europese deel van Nederland, Aruba, Curaçao of Sint Maarten dan wel de openbare lichamen Bonaire, Sint Eustatius of Saba of door tussenkomst van het Ministerie van Buitenlandse Zaken aan zijn laatst bekende adres in het buitenland.

3. Indien Onze Minister zulks noodzakelijk acht, geeft hij van zijn voornemen kennis door uitreiking van de in het eerste lid bedoelde mededeling.
4. Indien Onze Minister zulks noodzakelijk acht, geeft hij van zijn voornemen tevens kennis in een of meer van de lokale bladen van de vermoedelijke verblijfplaats van betrokkenen of in de daarvoor bestemde officiële publicatiebladen, al naar gelang die verblijfplaats.
5. Onder rechtstreeks betrokken persoon wordt in dit artikel verstaan de Nederlander op wie het in het eerste lid bedoelde voornemen betrekking heeft, alsmede, voor zover zij bij het voornemen een rechtstreeks belang hebben, zijn kinderen en adoptiefkinderen, alsmede zijn echtgenoot of geregistreerde partner. Bij ministeriële regeling kunnen andere personen als betrokken worden aangemerkt.
6. In de in het eerste lid bedoelde mededelingen vermeldt Onze Minister ten minste
a. de zakelijke inhoud en korte redengeving van zijn voorgenomen besluit,
b. de mogelijkheid voor betrokkenen of de genoemde autoriteiten om hun bedenkingen tegen dit voornemen in te brengen, en op welke wijze en binnen welke termijn dit kan geschieden,
c. dat degene die schriftelijke bedenkingen inbrengt, kan verzoeken dat zijn persoonlijke gegevens niet worden vermeld.

[10-02-2017, Stb. 67, i.w.tr. 01-03-2017]

Artikel 67
Onze Minister zendt van de ingebrachte bedenkingen een afschrift aan de in het eerste lid van artikel 66 genoemde personen en indien van toepassing autoriteit.
[24-07-2010, Stb. 310, i.w.tr. 01-10-2010]

Artikel 68
Bij zijn besluit tot intrekking van het Nederlanderschap op grond van artikel 14, eerste lid, van de Rijkswet houdt Onze Minister onder meer rekening met de aard en ernst van de valse verklaring, het bedrog of de verzwijging, de mogelijke staatloosheid van betrokkene na de intrekking, alsook met de tijdsduur die sinds de verkrijging of verlening verlopen is, de gevolgen van het verlies van Unieburgerschap, indien dit ten gevolge van de intrekking van het Nederlanderschap optreedt en de overige relevante factoren.
[10-02-2017, Stb. 67, i.w.tr. 01-03-2017]

Artikel 68a
Bij zijn besluit tot intrekking van het Nederlanderschap op grond van artikel 14, tweede lid, van de Rijkswet houdt Onze Minister onder meer rekening met:
a. de gevolgen van het verlies van Unieburgerschap, indien dit ten gevolge van de intrekking van het Nederlanderschap optreedt;
b. zeer bijzondere persoonlijke omstandigheden van de betrokkene, voor zover deze relevant zijn voor het besluit tot intrekking van het Nederlanderschap.

[10-02-2017, Stb. 67, i.w.tr. 01-03-2017]

Artikel 68b
Bij zijn besluit tot intrekking van het Nederlanderschap op grond van artikel 14, derde lid, van de Rijkswet houdt Onze Minister rekening met:

a. de gevolgen van het verlies van Unieburgerschap, indien dit ten gevolge van de intrekking van het Nederlanderschap optreedt;
b. de eventuele minderjarigheid van betrokkene en zeer bijzondere persoonlijke omstandigheden van de betrokkene, voor zover deze relevant zijn voor het besluit tot intrekking van het Nederlanderschap.

[10-02-2017, Stb. 67, i.w.tr. 01-03-2017]

Artikel 68c

1. Bij zijn besluit tot intrekking van het Nederlanderschap op grond van artikel 14, vierde lid, van de Rijkswet houdt Onze Minister onder meer rekening met:
a. de proportionaliteit van de maatregel, mede gelet op de rol die betrokkene vervult bij de in artikel 14, vierde lid, van de Rijkswet bedoelde organisatie en de daarmee samenhangende mate van dreiging voor de nationale veiligheid die van betrokkene uitgaat;
b. het eventuele belang van opsporing, vervolging en berechting van betrokkene en de mogelijkheid van tenuitvoerlegging van een vrijheidsstraf;
c. de gevolgen van het verlies van Unieburgerschap, indien dit ten gevolge van de intrekking van het Nederlanderschap optreedt; en
d. de eventuele minderjarigheid van betrokkene en zeer bijzondere persoonlijke omstandigheden van betrokkene, voor zover deze relevant zijn voor het besluit tot intrekking van het Nederlanderschap.

2. Intrekking van het Nederlanderschap vindt niet plaats indien de met de intrekking verband houdende ongewenstverklaring in strijd zou zijn met artikel 8 van het Verdrag tot bescherming van de rechten van de mens en de fundamentele vrijheden.

[10-02-2017, Stb. 67, i.w.tr. 01-03-2017]

Artikel 69

1. Onze Minister neemt een besluit tot intrekking op grond van artikel 14, eerste, tweede of derde lid, van de Rijkswet uiterlijk binnen zestien weken nadat hij de in het eerste lid van artikel 66 bedoelde mededeling gedaan heeft.

2. Het besluit tot intrekking als bedoeld in artikel 14, eerste tot en met vierde lid, van de Rijkswet vermeldt de personen wier Nederlanderschap is ingetrokken.

[10-02-2017, Stb. 67, i.w.tr. 01-03-2017]

Artikel 70

1. Nadat Onze Minister op grond van artikel 14, eerste tot en met vierde lid, of artikel 15, eerste lid, aanhef en onder d of e, van de Rijkswet een besluit tot intrekking heeft genomen, zendt hij een afschrift van het besluit aan de persoon wiens Nederlanderschap is ingetrokken, aan de autoriteit die verantwoordelijk is voor het bijhouden in de basisadministratie van de gegevens over de desbetreffende persoon of aan Onze Minister van Buitenlandse Zaken. Indien de intrekking is gebaseerd op artikel 14, eerste lid, of artikel 15, eerste lid, aanhef en onder d of e, wordt tevens een afschrift gezonden aan de autoriteit die de optieverklaring of het naturalisatieverzoek in ontvangst heeft genomen. Hij zendt, zo nodig, een afschrift aan andere betrokken instanties. Het tweede, derde en vierde lid van artikel 66 zijn van overeenkomstige toepassing.

2. Voorzoveel van toepassing, bevordert de autoriteit die dit afschrift heeft ontvangen, dat

a. het besluit tot intrekking van het Nederlanderschap in de basisadministratie wordt verwerkt;
b. de Nederlandse reisdocumenten die waren uitgereikt aan de personen die het Nederlanderschap hebben verloren, overeenkomstig de Paspoortwet worden ingenomen;
c. de betrokkenen worden verwezen naar de Vreemdelingendienst van de politie;
d. de daarvoor in aanmerking komende akten van de burgerlijke stand worden gewijzigd.

3. Nadat Onze Minister van Buitenlandse Zaken in kennis is gesteld van het besluit tot intrekking bevordert hij dat de handelingen genoemd in het tweede lid, onder b en d, worden verricht.

4. Nadat Onze Minister op grond van artikel 14, vierde lid, van de Rijkswet een besluit tot intrekking heeft genomen, draagt hij er zorg voor dat betrokkene onderscheidenlijk zijn reisdocument wordt geregistreerd in het Schengen informatiesysteem II en de Stolen and Lost Travel Documents database.

[10-02-2017, Stb. 67, i.w.tr. 01-03-2017]

Artikel 70a

Het bevoegd orgaan, bedoeld in artikel 22B, vijfde lid, van de Rijkswet is:
a. *in het Europese deel van Nederland:* het bestuur van de raad voor rechtsbijstand;
b. *in een openbaar lichaam:* de Minister van Veiligheid en Justitie van Nederland;
c. *in Aruba:* de Minister van Sociale zaken, Jeugd en Arbeid;
d. *in Curaçao:* de Minister van Sociale Ontwikkeling, Arbeid en Welzijn;
e. *in Sint Maarten:* de Minister van Volksgezondheid, Sociale Ontwikkeling en Arbeid.

[10-02-2017, Stb. 67, i.w.tr. 01-03-2017]

HOOFDSTUK VI

Overgangs- en slotbepalingen

Artikel 71

(Bevat wijzigingen in het Consulair besluit.)

[15-04-2002, Stb. 231, i.w.tr. 01-04-2003]

Artikel 72

Bij ministeriële regeling kunnen nadere regels worden gesteld ter uitvoering van dit besluit.

[15-04-2002, Stb. 231, i.w.tr. 01-04-2003]

Artikel 73

1. Dit besluit is niet van toepassing op optieverklaringen en verzoeken om naturalisatie, alsmede op verklaringen van afstand ingediend vóór de datum van inwerkingtreding van dit besluit.

2. Verklaringen bedoeld als bewijs van het bezit van het Nederlanderschap te dienen, die zijn afgegeven voor de datum van inwerkingtreding van dit besluit, worden als zodanig aanvaard, indien zij zijn verstrekt door een Nederlandse, Nederlands-Antilliaanse of Arubaanse autoriteit.

[15-04-2002, Stb. 231, i.w.tr. 01-04-2003]

Artikel 74

1. Dit besluit treedt in werking op een bij koninklijk besluit te bepalen tijdstip, dat voor de verschillende artikelen of onderdelen daarvan verschillend kan worden vastgesteld.
2. Dit besluit wordt aangehaald als: Besluit verkrijging en verlies Nederlanderschap.
[15-04-2002, Stb. 231, i.w.tr. 01-04-2003]

Besluit optie- en naturalisatiegelden 2002

Besluit van 17 juni 2002 tot uitvoering van artikel 13 van de Rijkswet op het Nederlanderschap, zoals gewijzigd bij Rijkswet van 21 december 2000 (Stb. 2000, 618), Stb. 2002, 325, zoals laatstelijk gewijzigd op 13 december 2010, Stb. 2010, 854 (i.w.tr. 01-01-2011)

Wij Beatrix, bij de gratie Gods, Koningin der Nederlanden, Prinses van Oranje-Nassau, enz. enz. enz.

Op de voordracht van de Staatssecretaris van Justitie van 31 januari 2002, Directie Wetgeving, Nr. 5140648/01/6;

Gelet op artikel 13 van de Rijkswet op het Nederlanderschap;

De Raad van State van het Koninkrijk gehoord (advies van 7 maart 2002, nr. W03.02.C051/I/K);

Gezien het nader rapport van de Minister van Justitie van 10 juni 2002, Directie Wetgeving, Nr. 5160434/02/6;

De bepalingen van het Statuut voor het Koninkrijk in acht genomen zijnde;

Hebben goedgevonden en verstaan:

Artikel 1

In dit besluit wordt verstaan onder:

a. Onze Minister: Onze Minister van Justitie in zijn hoedanigheid van minister van het Koninkrijk;

b. optie: verkrijging van het Nederlanderschap als bedoeld in hoofdstuk 3 en artikel 28 van de Rijkswet op het Nederlanderschap, artikel V, eerste lid, van de Rijkswet van 21 december 2000 tot wijziging van de Rijkswet op het Nederlanderschap met betrekking tot de verkrijging, de verlening en het verlies van het Nederlanderschap (*Stb.* 618) en artikel II, eerste lid, van de Rijkswet van 27 juni 2008 tot wijziging van de Rijkswet op het Nederlanderschap ter invoering van een verklaring van verbondenheid, en tot aanpassing van de regeling van de verkrijging van het Nederlanderschap na erkenning (*Stb.* 270).

c. naturalisatie: verlening van het Nederlanderschap als bedoeld in hoofdstuk 4 van de Rijkswet op het Nederlanderschap;

d. *openbaar lichaam:* de openbare lichamen Bonaire, Sint Eustatius en Saba.

[20-08-2010, Stb. 343, i.w.tr. 10-10-2010]

Artikel 2

1. Voor de behandeling van een verklaring van optie is in het Europese deel van Nederland een bedrag van 168 euro verschuldigd, in Curaçao en Sint Maarten een bedrag van 373 Nederlands-Antilliaanse gulden, in een openbaar lichaam een bedrag van 207 USD en in Aruba een bedrag van 373 Arubaanse florin.

2. In geval van gelijktijdige verklaringen van optie van twee met elkaar gehuwde personen, van twee geregistreerde partners of van twee ongehuwden die in een duurzame relatie anders dan het huwelijk of geregistreerd partnerschap samenleven, is voor de behandeling van de verzoeken in het Europese deel van Nederland een bedrag van 286 euro verschuldigd, in Curaçao en Sint Maarten een bedrag van 634 Nederlands-Antilliaanse gulden, in een openbaar lichaam een bedrag van 353 USD en in Aruba een bedrag van 634 Arubaanse florin.
3. Indien bij behandeling van een verklaring van optie als bedoeld in het eerste of tweede lid beoogd wordt een minderjarige te laten delen in de verkrijging van het Nederlanderschap als bedoeld in artikel 6, achtste lid, van de Rijkswet op het Nederlanderschap, wordt het verschuldigde bedrag in het Europese deel van Nederland vermeerderd met een bedrag van 20 euro per kind, in Curaçao en Sint Maarten een bedrag van 44 Nederlandse-Antilliaanse gulden, in een openbaar lichaam een bedrag van 25 USD en in Aruba een bedrag van 44 Arubaanse florin.
[13-12-2010, Stb. 854, i.w.tr. 01-01-2011]

Artikel 3

1. Voor de behandeling van het verzoek tot naturalisatie is in het Europese deel van Nederland een bedrag van 789 euro verschuldigd, in Curaçao en Sint Maarten een bedrag van 1749 Nederlandse-Antilliaanse gulden, in een openbaar lichaam een bedrag van 973 USD en in Aruba een bedrag van 1749 Arubaanse florin.
2. Voor de behandeling van het verzoek tot naturalisatie van de meerderjarige vreemdeling die staatloos is of houder is van een verblijfsvergunning als bedoeld in artikel 28 of artikel 33 van de Vreemdelingenwet 2000 of een vergelijkbare verblijfsvergunning heeft in Curaçao, Sint Maarten, een openbaar lichaam, of Aruba, is in het Europese deel van Nederland een bedrag van 587 euro verschuldigd, in Curaçao of Sint Maarten een bedrag van 1302 Nederlands-Antilliaanse gulden, in een openbaar lichaam een bedrag van 724 USD en in Aruba een bedrag van 1302 Arubaanse florin.
3. In geval van gelijktijdige verzoeken tot naturalisatie van twee met elkaar gehuwde personen, van twee geregistreerde partners of van twee ongehuwden die in een duurzame relatie anders dan het huwelijk of geregistreerd partnerschap samenleven, is voor de behandeling van de verzoeken in het Europese deel van Nederland een bedrag van 1008 euro verschuldigd, in Curaçao en Sint Maarten een bedrag van 2235 Nederlands-Antilliaanse gulden, in een openbaar lichaam een bedrag van 1243 USD en in Aruba een bedrag van 2235 Arubaanse florin. Indien ten minste één van deze personen een vreemdeling is als bedoeld in het tweede lid, is voor de behandeling van de verzoeken tot naturalisatie respectievelijk 806 euro, 1787 Nederlands-Antilliaanse gulden, 994 USD of 1787 Arubaanse florin verschuldigd.
4. Voor de behandeling van een verzoek tot medeverlening als bedoeld in artikel 11, eerste lid, van de Rijkswet op het Nederlanderschap, is in het Europese deel van Nederland een bedrag van 116 euro per kind verschuldigd, in Curaçao en Sint Maarten een bedrag van 257 Nederlandse-Antilliaanse gulden, in een openbaar lichaam een bedrag van 143 USD en in Aruba een bedrag van 257 Arubaanse florin.
[13-12-2010, Stb. 854, i.w.tr. 01-01-2011]

Artikel 4

1. Geen betaling is verschuldigd indien het betreft de verklaring van optie of het verzoek tot naturalisatie van een persoon die ingevolge de Wet betreffende de positie van Molukkers als Nederlander wordt behandeld.
2. Onze Minister kan ontheffing verlenen van de verplichting tot betaling van het verschuldigde bedrag, indien het betreft het verzoek tot naturalisatie:
a. van een minderjarige die zelfstandig een verzoek indient;
b. van een persoon die ingevolge een administratieve vergissing reeds meer dan een jaar als Nederlander is aangemerkt;
c. van een persoon die op grond van het staatsbelang of van zijn verdiensten voor de staat genaturaliseerd wordt.
3. Het tweede lid, aanhef en onder a en b, is van overeenkomstige toepassing op de behandeling van een verklaring van optie.
4. Geen ontheffing wordt verleend indien de vergissing, bedoeld in het tweede lid, onder b, het gevolg is van frauduleus of onzorgvuldig handelen van de verzoeker.
5. Onze Minister kan de bevoegdheid, bedoeld in het tweede en derde lid, mandateren aan degene bij wie de verklaring van optie moet worden afgelegd of het verzoek tot naturalisatie moet worden ingediend. Met betrekking tot buiten het Koninkrijk afgelegde verklaringen van optie en ingediende verzoeken tot naturalisatie, kan Onze Minister in overeenstemming met Onze Minister van Buitenlandse Zaken de bevoegdheid, bedoeld in het tweede en derde lid, mandateren aan de hoofden van de diplomatieke en consulaire posten.
[13-12-2010, Stb. 854, i.w.tr. 01-01-2011]

Artikel 5

1. Indien de verklaring van optie wordt afgelegd of het verzoek tot naturalisatie wordt ingediend in het Europese deel van Nederland, wordt het bedrag, bedoeld in artikel 2 en 3, voldaan aan de burgemeester van de gemeente waar de betrokkene zijn verklaring van optie aflegt of verzoek tot naturalisatie indient.
2. Indien de verklaring van optie wordt afgelegd of het verzoek tot naturalisatie wordt ingediend in een openbaar lichaam, wordt het bedrag, bedoeld in artikel 2 en 3, voldaan aan Onze Minister.
3. Indien de verklaring van optie wordt afgelegd of het verzoek tot naturalisatie wordt ingediend in Aruba, Curaçao onderscheidenlijk Sint Maarten wordt het bedrag, bedoeld in artikel 2 en 3, voldaan aan de Gouverneur van Aruba, Curaçao respectievelijk Sint Maarten.
4. Indien de verklaring van optie wordt afgelegd of het verzoek tot naturalisatie wordt ingediend buiten het Koninkrijk, wordt het bedrag, bedoeld in artikel 2 en 3, voldaan bij het daartoe door Onze Minister van Buitenlandse Zaken aangewezen hoofd van de diplomatieke of consulaire post.
5. Het verschuldigde bedrag wordt ineens voldaan.
[20-08-2010, Stb. 343, i.w.tr. 10-10-2010]

Artikel 6

Vindt de betaling van het verschuldigde bedrag niet plaats binnen een periode van zes weken na de ontvangst van de verklaring van optie of het verzoek tot naturalisatie, dan wordt de verklaring of het verzoek buiten behandeling gesteld. Indien wordt ver-

zocht om ontheffing van de verplichting tot betaling als bedoeld in artikel 4, tweede of derde lid, wordt deze termijn opgeschort tot de dag waarop op deze verklaring of dit verzoek is beslist.
[17-06-2002, Stb. 325, i.w.tr. 01-04-2003]

Artikel 7

1. De burgemeester en de Gouverneur van Aruba, Curaçao onderscheidenlijk Sint Maarten, behouden de wegens de verklaring van optie ontvangen gelden ter vergoeding van de gemaakte kosten. Het hoofd van de diplomatieke of consulaire post draagt de gelden, bedoeld in de eerste zin, af aan de Minister van Buitenlandse Zaken op de door deze daartoe bepaalde wijze en tijdstippen.
2. Met betrekking tot de verklaringen van optie, bedoeld in artikel 4, derde lid, kan Onze Minister de burgemeester, de Gouverneur van Aruba, Curaçao onderscheidenlijk Sint Maarten of het hoofd van de diplomatieke of consulaire post op hun verzoek een vergoeding toekennen. Het hoofd van de diplomatieke of consulaire post dient het verzoek om een vergoeding in door tussenkomst van Onze Minister van Buitenlandse Zaken.
[20-08-2010, Stb. 343, i.w.tr. 10-10-2010]

Artikel 8

1. De burgemeester en de Gouverneur van Aruba, Curaçao onderscheidenlijk Sint Maarten, dragen de wegens de verzoeken tot naturalisatie ontvangen gelden onder aftrek van het bedrag, genoemd in het tweede lid, op de door Onze Minister daartoe bepaalde wijze en tijdstippen aan Onze Minister af. Het hoofd van de diplomatieke of consulaire post draagt de gelden, bedoeld in de eerste zin, op de door Onze Minister daartoe bepaalde wijze en tijdstippen af aan Onze Minister door tussenkomst van Onze Minister van Buitenlandse Zaken.
2. De afdrachtplichtige ontvangt voor verzoeken tot naturalisatie als bedoeld in artikel 3, eerste en tweede lid, een vergoeding van 168 euro, 373 Nederlands-Antilliaanse gulden, 207 USD dan wel 373 Arubaanse florin. Voor verzoeken tot naturalisatie als bedoeld in artikel 3, derde lid, ontvangt de afdrachtplichtige een vergoeding van 286 euro, 634 Nederlands-Antilliaanse gulden, 353 USD dan wel 634 Arubaanse florin. Met betrekking tot de verzoeken, bedoeld in artikel 4, eerste lid, vindt geen vergoeding plaats. Met betrekking tot de verzoeken, bedoeld in artikel 4, tweede lid, kan Onze Minister de afdrachtplichtige op zijn verzoek een vergoeding toekennen. Het hoofd van de diplomatieke of consulaire post dient een verzoek om een vergoeding in door tussenkomst van Onze Minister van Buitenlandse Zaken.
3. Ingeval van een behandeling van een verzoek tot medeverlening als bedoeld in artikel 3, vierde lid, worden de ontvangsten voor de afdrachtplichtige vermeerderd met een bedrag van 20 euro, 44 Nederlands-Antilliaanse gulden, 25 USD dan wel 44 Arubaanse florin per kind.
4. De afdracht, bedoeld in het eerste lid, geschiedt onder overlegging van een lijst met de namen van de personen, die een verzoek tot naturalisatie hebben ingediend.
5. Onze Minister regelt bij ministeriële regeling de wijze waarop de juistheid van de afgedragen bedragen wordt vastgesteld.
[13-12-2010, Stb. 854, i.w.tr. 01-01-2011]

Artikel 9

1. De bedragen in euro, genoemd in de artikelen 2, 3 en 8, worden jaarlijks per 1 januari gewijzigd met een door Onze Minister vast te stellen percentage, dat overeenkomt met het procentuele verschil tussen het indexcijfer van de cao-lonen per maand, inclusief bijzondere uitkeringen, van volwassenen, zoals dat wordt berekend door het Centraal Bureau voor de Statistiek naar de stand op 30 juni van het voorafgaande jaar en voor de eerste maal, al dan niet voorlopig, wordt bekend gemaakt door het Centraal Bureau voor de Statistiek en het overeenkomstige indexcijfer in het voorafgaande jaar. De bedragen in Nederlands-Antilliaanse gulden, USD en Arubaanse florin, genoemd in de artikelen 2, 3 en 8, worden jaarlijks per 1 januari gewijzigd, na indexering als bedoeld in de eerste volzin, aan de hand van de koers tussen de euro en de Nederlands Antilliaanse gulden, USD en de Arubaanse florin op 1 juli van het voorafgaande jaar.
2. Het wijzigingspercentage wordt afgerond op tienden van een procent. Daarbij vindt, indien van het in het eerste lid bedoelde procentuele verschil het tweede of een volgend cijfer achter de komma vijf of hoger bedraagt, voor wat betreft die cijfers afronding naar boven plaats.
3. De overeenkomstig het eerste lid gewijzigde bedragen worden afgerond op hele euro's, Nederlands-Antilliaanse guldens, USD's dan wel Arubaanse florin, waarbij bedragen eindigend op 50 cent of meer naar boven worden afgerond.
4. Het percentage, bedoeld in het eerste lid, en de bedragen, bedoeld in het derde lid, worden door Onze Minister bekend gemaakt in daartoe bestemde officiële publicatiebladen.
[13-12-2010, Stb. 854, i.w.tr. 01-01-2011]

Artikel 10

1. Het Besluit naturalisatiegelden 1997 wordt ingetrokken.
2. Op naturalisatieverzoeken die voor de datum van inwerkingtreding van dit besluit zijn ingediend, blijft het in het eerste lid genoemde besluit van toepassing.
[17-06-2002, Stb. 325, i.w.tr. 01-04-2003]

Artikel 11

Dit besluit wordt aangehaald als: Besluit optie- en naturalisatiegelden 2002.
[17-06-2002, Stb. 325, i.w.tr. 01-04-2003]

Artikel 12

Dit besluit treedt in werking op een bij koninklijk besluit te bepalen tijdstip, dat voor elk van de landen van het Koninkrijk verschillend kan worden vastgesteld.
[17-06-2002, Stb. 325, i.w.tr. 01-04-2003]

Regeling verkrijging en verlies Nederlanderschap

Regeling van 13 maart 2003, ter uitvoering van het Besluit verkrijging en verlies Nederlanderschap, het Besluit optie- en naturalisatiegelden 2002 en het Besluit bewijs omtrent toelating, Stcrt. 2003, 54, zoals laatstelijk gewijzigd op 21 september 2010, Stcrt. 2010, 15215 (i.w.tr. 10-10-2010)

De Minister voor Vreemdelingenzaken en Integratie,
Gelet op de artikelen 5, 11, 17, 23, 29, 57, 61, 68 en 71 van het Besluit verkrijging en verlies Nederlanderschap, de artikelen 4, vijfde lid, en 8, eerste lid, van het Besluit optie- en naturalisatiegelden 2002 en artikel 6, eerste lid van het Besluit bericht omtrent toelating;
Besluit:

HOOFDSTUK I
Algemene bepalingen

Artikel 1

In deze regeling wordt verstaan onder:

a. *Rijkswet:* de Rijkswet op het Nederlanderschap;
b. *De Minister:* de Minister van Justitie;
c. *Uitvoeringsautoriteit:* de in artikel 2 van het Besluit verkrijging en verlies Nederlanderschap genoemde autoriteit of ambtenaar;
d. *Handleiding:* Handleiding voor de toepassing van de Rijkswet op het Nederlanderschap, die van kracht is in het desbetreffende Rijksdeel.

[05-11-2009, Stcrt. 17664, i.w.tr. 01-01-2010/regelingnummer 5618363/09]

Artikel 2

Tenzij in deze regeling anders is bepaald, oefent de uitvoeringsautoriteit de hem in het Besluit verkrijging en verlies Nederlanderschap, het Besluit optie- en naturalisatiegelden 2002 en het Besluit bericht omtrent toelating opgedragen werkzaamheden uit in overeenstemming met de Handleiding, alsmede met de nadere instructies terzake die in het betreffende Rijksdeel gelden.
Hoofden van diplomatieke en consulaire posten oefenen deze werkzaamheden uit in overeenstemming met de Handleiding en de nadere instructies, die in Nederland van kracht zijn, met inachtneming van de bijzondere regels die de Minister van Buitenlandse Zaken daarbij heeft vastgesteld.

[13-03-2003, Stcrt. 54, i.w.tr. 01-04-2003/regelingnummer 5213867/03/6]

HOOFDSTUK II

Voorschriften met betrekking tot het Besluit verkrijging en verlies van het Nederlanderschap

AFDELING I

Inlichtingen omtrent de behandeling van optieverklaringen en naturalisatieverzoeken

Artikel 3

1. De uitvoeringsautoriteit zendt de in het eerste lid van artikel 12, respectievelijk van artikel 24 en artikel 30 van het Besluit verkrijging en verlies Nederlanderschap genoemde afschriften van de door hem ontvangen optieverklaringen, van de in deze artikelen genoemde documenten en van de bevestigingen van de verkrijging van het Nederlanderschap aan de Minister op de door het hoofd van de Immigratie- en Naturalisatiedienst aan te geven wijze. Op het afschrift van de bevestiging van de verkrijging van het Nederlanderschap vermeldt de uitvoeringsautoriteit de datum waarop de bevestiging ingevolge artikel 29, derde lid dan wel artikel 60a Besluit verkrijging en verlies Nederlanderschap is bekendgemaakt.

2. De uitvoeringsautoriteiten gevestigd op Aruba, Curaçao of Sint Maarten zenden tevens onverwijld afschriften van de optieverklaringen en de bevestigingen van de verkrijging van het Nederlanderschap aan de Minister van Justitie van Aruba, de Minister van Justitie van Curaçao of de Minister van Justitie van Sint Maarten op de door deze aan te geven wijze.

3. De burgemeesters zenden de naturalisatieadviezen bedoeld in het eerste lid van artikel 37 van het Besluit verkrijging en verlies Nederlanderschap alsmede van de daarbij behorende documenten aan de Minister op de door het hoofd van de Immigratie- en Naturalisatiedienst aan te geven wijze.

4. De uitvoeringsautoriteiten gevestigd op Aruba, Curaçao of Sint Maarten zenden de naturalisatieadviezen bedoeld in het eerste lid van artikel 49 van het Besluit verkrijging en verlies Nederlanderschap alsmede van de daarbij behorende documenten aan de Minister van Justitie van Aruba, de Minister van Justitie van Curaçao of de Minister van Justitie van Sint Maarten.

5. Het hoofd van de Immigratie- en Naturalisatiedienst onderzoekt regelmatig de wijze van afdoening van de optieverklaringen. De uitvoeringsautoriteiten verlenen daaraan medewerking.

[21-09-2010, Stcrt. 15215, i.w.tr. 10-10-2010/regelingnummer 5666917/10]

AFDELING II

Bekendmaking van optiebevestigingen en verleningen van het Nederlanderschap

Artikel 4

1. De uitvoeringsautoriteit bedoeld in artikel 2, onder c, van het Besluit verkrijging en verlies Nederlanderschap, bij wie een optieverklaring wordt ingediend, reikt binnen gerede tijd de bevestiging van de optieverklaring aan de optant uit of verzenden deze binnen gerede tijd per post aan de optant.

2. De gezaghebber van het openbaar lichaam bedoeld in artikel 2, onder b, van het Besluit verkrijging en verlies Nederlanderschap reikt binnen gerede tijd de bevestiging van de optieverklaring aan de optant uit of verzendt deze binnen gerede tijd per post aan de optant. Hij stuurt een afschrift van de bevestiging van de verkrijging van het Nederlanderschap aan de Minister op de door het hoofd van de Immigratie- en Naturalisatiedienst aan te geven wijze. Op het afschrift van de bevestiging van de verkrijging van het Nederlanderschap vermeldt de gezaghebber de datum waarop de bevestiging ingevolge artikel 60a Besluit verkrijging en verlies Nederlanderschap is bekendgemaakt. Tevens vermeldt de gezaghebber ingevolge artikel 60a, twaalfde lid, van het Besluit verkrijging en verlies Nederlanderschap of en op welke wijze de verklaring van verbondenheid is afgelegd.

3. De bevestigingen van optieverklaringen namens een minderjarige door zijn wettelijke vertegenwoordiger afgelegd, worden verzonden naar het adres van deze vertegenwoordiger, tenzij sprake is van een uitreiking op grond van artikel 60a Besluit verkrijging en verlies Nederlanderschap.

4. Gehele of gedeeltelijke weigering van de optieverklaring maakt de uitvoeringsautoriteit bedoeld in artikel 2 Besluit verkrijging en verlies Nederlanderschap bekend door uitreiking in persoon van het besluit of door toezending daarvan per aangetekende post.

5. De bevestiging wordt opgesteld overeenkomstig het daarvoor vastgestelde modelformulier en de overige daarvoor door de Minister gestelde regels betreffende de vormgeving van dit formulier.

[21-09-2010, Stcrt. 15215, i.w.tr. 10-10-2010/regelingnummer 5666917/10]

Artikel 5

1. De uitvoeringsautoriteit bedoeld in artikel 2, onder a of c, van het Besluit verkrijging en verlies Nederlanderschap die een optieverklaring heeft bevestigd aan de persoon, die bij hem een optieverklaring heeft afgelegd, of aan wie de verlening van het Nederlanderschap aan een persoon, die door zijn tussenkomst is genaturaliseerd, is medegedeeld, nodigt de betrokken persoon uit voor een bijeenkomst waarin deze verkrijging of verlening op ceremoniële wijze wordt gevierd en waarbij de optiebevestiging of het uittreksel van het besluit tot verlening van het Nederlanderschap wordt uitgereikt op de in de artikelen 60a en 60b Besluit verkrijging en verlies Nederlanderschap voorgeschreven wijze. Uitgenodigd voor de ceremonie wordt in ieder geval de persoon aan wie een besluit tot verkrijging of verlening dan wel een besluit tot medeverlening moet worden uitgereikt.

2. De gezaghebber van het openbaar lichaam nodigt de betrokken persoon uit voor een bijeenkomst waarin de verkrijging of verlening van het Nederlanderschap op ceremoniële wijze wordt gevierd en waarbij de optiebevestiging of het uittreksel van het besluit tot verlening van het Nederlanderschap wordt uitgereikt op de in de artikelen 60a of 60b Besluit verkrijging en verlies Nederlanderschap voorgeschreven wijze. Uitgenodigd voor de ceremonie wordt in ieder geval de persoon aan wie een besluit tot verkrijging of verlening dan wel een besluit tot medeverlening moet worden uitgereikt.

3. De in het vorige lid bedoelde ceremoniële bijeenkomst wordt ten minste op 15 december gehouden. Indien 15 december op een zaterdag of een zondag valt, vindt de bijeenkomst plaats op de eerstvolgende werkdag.

4. Burgemeesters van naburige gemeenten kunnen tot een gemeenschappelijke bijeenkomst beslissen.

5. a. De uitvoeringsautoriteit bedoeld in artikel 2, onder d Besluit verkrijging en verlies Nederlanderschap die een optieverklaring heeft bevestigd aan de persoon, die bij hem een optieverklaring heeft afgelegd, of aan wie de verlening van het Nederlanderschap aan een persoon, die door zijn tussenkomst is genaturaliseerd, is medegedeeld, nodigt in beginsel de betrokken persoon uit voor een bijeenkomst waarin deze verkrijging of verlening op ceremoniële wijze wordt gevierd en waarbij de optiebevestiging of het uittreksel van het besluit tot verlening van het Nederlanderschap wordt uitgereikt op de in de artikelen 60a en 60b Besluit verkrijging en verlies Nederlanderschap voorgeschreven wijze.
b. Uitgenodigd voor de ceremonie wordt in ieder geval de persoon aan wie een besluit tot verkrijging of verlening dan wel een besluit tot medeverlening moet worden uitgereikt.
c. Indien om zwaarwegende redenen van een voor uitreiking op te roepen of reeds opgeroepen persoon niet kan worden verwacht dat deze de bevestiging van de verkrijging van het Nederlanderschap dan wel het uittreksel uit het naturalisatiebesluit in persoon wordt uitgereikt, kan een andere wijze van bekendmaking worden gekozen. Onder zwaarwegende redenen wordt in ieder geval gerekend de fysieke of psychische onmogelijkheid te verschijnen; alsmede een voor de op te roepen persoon af te leggen reisafstand, die in redelijkheid niet van hem kan worden verlangd.
d. Wegens bijzondere aan de personele omvang van de diplomatieke of consulaire post gerelateerde omstandigheden kan het hoofd komen tot een andere wijze van bekendmaking dan uitreiking in persoon.
e. Een bekendmaking per post geschiedt in beginsel onmiddellijk na de vaststelling van de optiebevestiging dan wel onmiddellijk na de ontvangst van het uittreksel van het naturalisatiebesluit doch uiterlijk binnen één week daarna.
6. a. Van een ingevolge artikel 60b, achtste lid, Besluit verkrijging en verlies Nederlanderschap vervallen besluit tot verlening van het Nederlanderschap zendt de uitvoeringsautoriteit het uittreksel van het besluit aan het hoofd van de Immigratie- en Naturalisatiedienst, met de vermelding dat het besluit niet inwerking is getreden.
b. De uitvoeringsautoriteit laat de onder a. bedoelde inzending achterwege tot het moment dat over het besluit omtrent de wijze van bekendmaking van het besluit tot verlening van het Nederlanderschap onherroepelijk in bezwaar of beroep is beslist.
7. Van een ingevolge artikel 60b, elfde lid, Besluit verkrijging en verlies Nederlanderschap vervallen besluit tot verlening van het Nederlanderschap zendt de gezaghebber van het openbaar lichaam het uittreksel van het besluit aan de Minister, met de vermelding dat het besluit niet inwerking is getreden.
8. De gezaghebber van het openbaar lichaam laat de in het zevende lid bedoelde inzending achterwege tot het moment dat over het besluit omtrent de wijze van bekendmaking van het besluit tot verlening van het Nederlanderschap onherroepelijk in bezwaar of beroep is beslist.
[21-09-2010, Stcrt. 15215, i.w.tr. 10-10-2010/regelingnummer 5666917/10]

AFDELING III
Vrijstellingen van de afstandsverplichting

Artikel 6

1. Het doen van afstand als bedoeld in artikel 9, eerste lid, aanhef en onder *b*, van de Rijkswet zal met inachtneming van artikel 9, derde lid, niet worden verlangd, indien:

a. de verzoeker de nationaliteit bezit van een Staat in wiens wetgeving de verkrijging van het Nederlanderschap leidt tot het verlies van die nationaliteit,
b. de verzoeker de nationaliteit bezit van een Staat wiens wetgeving of rechtspraktijk geen afstand van nationaliteit toestaat,
c. de verzoeker eerst na de verkrijging van het Nederlanderschap afstand kan doen,
d. de verzoeker aantoont, dat hij voor het doen van afstand een betaling moet doen van zodanige hoogte dat hij daardoor een substantieel financieel nadeel zal lijden,
e. de verzoeker aantoont, dat hij door het doen van afstand zodanige vermogensrechtelijke rechten, waaronder erfrechtelijke aanspraken, die hij thans in het land van oorsprong bezit, zal verliezen dat hij daardoor een substantieel financieel nadeel zal lijden,
f. de verzoeker aantoont, dat hij slechts afstand van zijn oorspronkelijke nationaliteit zal kunnen doen nadat hij aldaar zijn militaire dienstplicht heeft vervuld of deze heeft afgekocht,
g. van de verzoeker niet verlangd kan worden dat hij contact opneemt met de autoriteiten van de Staat waarvan hij de nationaliteit bezit,
h. de verzoeker onderdaan is van een Staat die door Nederland niet wordt erkend.

2. Indien de verzoeker aantoont, dat hij andere bijzondere en objectief waardeerbare redenen heeft om geen afstand te doen van zijn oorspronkelijke nationaliteit, dan legt na ontvangst van het naturalisatieverzoek het hoofd van de Immigratie- en Naturalisatiedienst die redenen aan de Minister ter beoordeling voor.

3. Bij de bepaling dat een Staat een wetgeving of rechtspraktijk heeft als bedoeld in het eerste lid, aanhef en onder *a*, *b* en *c*, wordt gebruik gemaakt van de in de Handleiding en nadere instructies gegeven landeninformatie terzake.

4. Indien het betreft een geval als bedoeld in het eerste lid, aanhef en onder *c*, dient de verzoeker zich bij zijn verzoek tot naturalisatie bereid te verklaren om na de totstandkoming van de naturalisatie het mogelijke te zullen doen om zijn andere nationaliteit of nationaliteiten te verliezen, tenzij op hem een der andere in het eerste lid genoemde gevallen van toepassing is.

[16-08-2006, Stcrt. 167, i.w.tr. 01-10-2006/regelingnummer 5434284]

AFDELING IV
Voorschriften met betrekking tot verlies van het Nederlanderschap

Artikel 7

1. Het voornemen tot een besluit tot intrekking van het Nederlanderschap als bedoeld in artikel 14, tweede lid, van de Rijkswet wordt ter beoordeling voorgelegd door het hoofd van de Immigratie- en Naturalisatiedienst aan de Minister.

2. Onder rechtstreeks betrokken persoon als bedoeld in artikel 66, vijfde lid, Besluit verkrijging en verlies Nederlanderschap wordt eveneens verstaan, voor zover zij daarbij een rechtstreeks belang hebben, degene die met de persoon op wie het voorne-

men tot intrekking rechtstreeks betrekking heeft, een duurzame relatie heeft en bij hem duurzaam inwonend is, als ook de bij deze persoon inwonende minderjarige stiefkinderen.
[21-09-2010, Stcrt. 15215, i.w.tr. 01-10-2010/regelingnummer 5666917/10]

HOOFDSTUK III
Voorschriften met betrekking tot het Besluit optie en naturalisatiegelden 2002

Artikel 8
1. De uitvoeringsautoriteiten bij wie een optieverklaring of naturalisatieverzoek wordt ingediend, zijn gemandateerd om, voor zover een wettelijk voorschrift of de aard van de bevoegdheid zich daartegen niet verzet, namens de Minister alle beslissingen te nemen, stukken af te doen en brieven te tekenen ten aanzien van de aangelegenheden voortvloeiend uit de artikelen 2, 3, 4, 5 en 6 van het Besluit optie- en naturalisatiegelden 2002.
Tot deze aangelegenheden wordt tevens gerekend de buitenbehandelingstelling van een optieverklaring of naturalisatieverzoek wegens de niet-betaling van de verschuldigde gelden.
2. De uitvoeringsautoriteiten houden aantekening van de gevallen waarin ontheffing is verleend.
[13-03-2003, Stcrt. 54, i.w.tr. 01-04-2003/regelingnummer 5213867/03/6]

Artikel 9
De uitvoeringsautoriteit kan van de in het voorgaande artikel bedoelde bevoegdheden ondermandaat verlenen aan onder hem ressorterende functionarissen, voor zover dat in overeenstemming is met de aard van de werkzaamheden van die functionarissen en de aard van de bevoegdheid zich daartegen niet verzet.
[13-03-2003, Stcrt. 54, i.w.tr. 01-04-2003/regelingnummer 5213867/03/6]

Artikel 10-12
(Vervallen.)
[05-11-2009, Stcrt. 17664, i.w.tr. 01-01-2010/regelingnummer 5618363/09]

Artikel 13
1. Met uitzondering van de hoofden van de diplomatieke en consulaire posten dragen de uitvoeringsautoriteiten de in artikel 8, eerste lid, van het Besluit optie- en naturalisatiegelden 2002 bedoelde geldbedragen uiterlijk op de eerste werkdag van de tweede maand na de dag van inning af door overboeking op een door het hoofd van de Immigratie- en Naturalisatiedienst aan te geven bankrekening. Hij meldt de afdrachtplichtige de ontvangst en geeft, na controle van de juistheid van deze bedragen, daarvan kwijting.
2. De hoofden van de diplomatieke en consulaire posten dragen de in artikel 8, eerste lid, van het Besluit optie- en naturalisatiegelden 2002 bedoelde geldbedragen uiterlijk op de eerste werkdag van de tweede maand na de dag van inning af aan de Minister van Buitenlandse Zaken ter overboeking op een door het hoofd van de Immigratie- en Naturalisatiedienst aan te geven bankrekening.

3. Het hoofd van de Immigratie- en Naturalisatiedienst kan op verzoek van een uitvoeringsautoriteit met hem andere tijdstippen en perioden van afdracht overeenkomen.
[13-03-2003, Stcrt. 54, i.w.tr. 01-04-2003/regelingnummer 5213867/03/6]

HOOFDSTUK IV
Voorschriften met betrekking tot het Besluit bericht omtrent toelating

Artikel 14

1. Tot het afgeven van berichten omtrent toelating is in het Europese deel van Nederland alsmede in de openbare lichamen bevoegd het hoofd van de Immigratie- en Naturalisatiedienst.
2. Tot het afgeven van berichten omtrent toelating is in Aruba, Curaçao of Sint Maarten bevoegd de directeur van de met de uitvoering van de Landsverordening toelating en uitzetting belaste dienst.
3. Een tijdvak van toelating in de Nederlandse Antillen, gelegen voor inwerkingtreding van de Rijkswet aanpassing rijkswetten aan de oprichting van de nieuwe landen, wordt in aanmerking genomen als ware het toelating in Curaçao, Sint Maarten of de openbare lichamen Bonaire, Sint Eustatius en Saba.
[21-09-2010, Stcrt. 15215, i.w.tr. 10-10-2010/regelingnummer 5666917/10]

Artikel 15

De uitvoeringautoriteiten (*red.*: lees: uitvoeringsautoriteiten) dienen verzoeken om een bericht omtrent toelating in met gebruikmaking van de modelformulieren die daarvoor in de bijlage bij de Handleiding zijn gegeven.
[13-03-2003, Stcrt. 54, i.w.tr. 01-04-2003/regelingnummer 5213867/03/6]

Slotbepalingen

Artikel 16

De Machtigingsregeling naturalisatie en naturalisatiegelden 1998 vervalt.
[13-03-2003, Stcrt. 54, i.w.tr. 01-04-2003/regelingnummer 5213867/03/6]

Artikel 17

1. Deze regeling wordt met de toelichting in de *Staatscourant*, het *Publicatieblad van de Nederlandse Antillen* en het *Afkondigingsblad van Aruba* geplaatst.
2. Deze regeling treedt, met uitzondering van artikel 12 en artikel 14, derde lid, in werking met ingang van 1 april 2003; artikel 6 is slechts van toepassing op Nederland en de Nederlandse Antillen.
3. Deze regeling wordt aangehaald als Regeling verkrijging en verlies Nederlanderschap.
[13-03-2003, Stcrt. 54, i.w.tr. 01-04-2003/regelingnummer 5213867/03/6]

Regeling naturalisatietoets Nederland

Regeling van 16 januari 2007, ter uitvoering van het Besluit naturalisatietoets voor Nederland, Stcrt. 2007, 16, zoals laatstelijk gewijzigd op 1 oktober 2020, Stcrt. 2020, 52659 (i.w.tr. 10-10-2020)

De Minister voor Integratie, Jeugdbescherming, Preventie en Reclassering,
Gelet op artikel 6 van het Besluit naturalisatietoets;
Besluit:

§ 1
Begripsbepalingen

Artikel 1

In deze regeling wordt verstaan onder:

a. de naturalisatietoets: de toets, genoemd in artikel 2, tweede lid van het Besluit naturalisatietoets;
b. verzoeker: de meerderjarige vreemdeling die, woonachtig in het Europese deel van Nederland of buiten het Koninkrijk, op grond van de Rijkswet op het Nederlanderschap verzoekt om verlening van het Nederlanderschap;
c. de burgemeester: de burgemeester door wie het verzoek om naturalisatie in ontvangst wordt genomen;
d. het besluit: het Besluit naturalisatietoets;
e. cursus Nederlands als tweede taal: door een cursusinstelling aangeboden cursus die de verzoeker in staat stelt mondelinge en schriftelijke vaardigheden in de Nederlandse taal te verwerven, teneinde het staatsexamen Nederlands als tweede taal te behalen;
f. inburgeringscursus: een door een cursusinstelling aangeboden cursus die opleidt tot de in artikel 7, tweede lid, onderdelen b en c, van de Wet inburgering bedoelde onderdelen van het inburgeringsexamen.

[19-06-2018, Stcrt. 36224, i.w.tr. 01-07-2018/regelingnummer 2278009]

§ 2
Naturalisatietoets

Artikel 2

1. De verzoeker heeft de naturalisatietoets, *bedoeld in artikel 2, tweede lid, van het besluit* behaald indien hij het inburgeringsexamen, bedoeld in *artikel 7, tweede lid, van de Wet inburgering* met goed gevolg heeft afgelegd.

2. Tenzij in deze regeling anders is bepaald zijn voor de toepassing van het eerste lid de krachtens artikel 8, eerste lid, onderdelen b tot en met g, van de Wet inburgering bij of krachtens het Besluit inburgering vastgestelde regels van toepassing.
3. In afwijking van het eerste lid, heeft de verzoeker de naturalisatietoets, bedoeld in artikel 2, tweede lid, van het besluit, behaald, indien hij voor 1 januari 2015 het inburgeringsexamen, bedoeld in artikel 13, eerste lid, van de Wet inburgering zoals deze wet luidde op 31 december 2012 met goed gevolg heeft afgelegd, met dien verstande dat de in artikel 2, derde lid van het besluit genoemde taalvaardigheden op niveau A2 van het Europees Raamwerk voor Moderne Vreemde Talen zijn behaald.
4. Tenzij in deze regeling anders is bepaald, zijn voor de toepassing van het derde lid de bepalingen van hoofdstuk 4 van de Wet inburgering, de artikelen 2.7, derde lid, aanhef en onderdeel a, 2.9, eerste lid, en 2.10, eerste lid, en hoofdstuk 3, van het Besluit inburgering en hoofdstuk 3 van de Regeling inburgering van toepassing zoals deze luidden op 31 december 2012, met dien verstande dat artikel 15, vijfde lid van de Wet inburgering, artikel 3.8 van het Besluit inburgering en artikel 3.7 van de Regeling inburgering zoals deze luidden op 31 december 2012 niet van toepassing zijn.
[27-09-2017, Stcrt. 55853, i.w.tr. 01-10-2017/regelingnummer 2129147]

Artikel 3

1. De verzoeker die buiten het Koninkrijk hoofdverblijf heeft, legt naar keuze de naturalisatietoets af bij het hoofd van de diplomatieke en consulaire post, die namens de Minister van Buitenlandse Zaken bevoegd is een naturalisatieverzoek in ontvangst te nemen en de naturalisatietoets af te nemen, dan wel in Nederland.
2. In afwijking van artikel 2, eerste en derde lid, heeft de verzoeker die de naturalisatietoets bij een Nederlandse diplomatieke of consulaire vertegenwoordiging aflegt, de naturalisatietoets behaald, indien hij:
a. voor wat betreft de examinering van de mondelinge en schriftelijke vaardigheden in de Nederlandse taal de onderdelen, bedoeld in artikel 3.9, tweede lid, van het Besluit inburgering met goed gevolg heeft afgelegd; en
b. voor wat betreft de examinering van de kennis van de Nederlandse samenleving het onderdeel kennis van de Nederlandse maatschappij, bedoeld in artikel 3.9, derde lid, onder a, van het Besluit inburgering met goed gevolg heeft afgelegd.

3. Voor 1 juli 2019 behaalde examenonderdelen gelden als behaald voor de overeenkomstige onderdelen van de vanaf 1 juli 2019 afgenomen naturalisatietoets.
4. De verzoeker, woonachtig buiten het Koninkrijk, identificeert zich bij de deelname aan het examen door middel van een geldig nationaal paspoort.
5. Het in het eerste lid genoemde hoofd van de post neemt de naturalisatietoets overeenkomstig het in de bijlage van deze Regeling opgenomen examenreglement naturalisatietoets buitenland af.
6. Aan de in het tweede lid genoemde verzoeker wordt het inburgeringsdiploma, bedoeld in artikel 8, eerste lid, onder g, van de Wet inburgering, ten bewijze waarvan het inburgeringsexamen is behaald, uitgereikt door het in het eerste lid genoemde hoofd van de post.
7. Aan het afleggen van de naturalisatietoets op de Nederlandse diplomatieke en consulaire vertegenwoordigingen in het buitenland zijn kosten verbonden die door de verzoeker voorafgaande aan de examinering voldaan dienen te worden.

8. Het examengeld, bedoeld in het zevende lid, bedraagt voor de verzoeker, bedoeld in het tweede lid:
a. € 70,– voor elk van de examenonderdelen leesvaardigheid, luistervaardigheid en schrijfvaardigheid;
b. € 80,– voor het examenonderdeel spreekvaardigheid;
c. € 60,– voor het examenonderdeel kennis van de Nederlandse maatschappij.
[20-05-2019, Stcrt. 29649, i.w.tr. 01-07-2019/regelingnummer 2568897]

§ 3
Gedeeltelijke vrijstellingen

Artikel 4

1. Van het afleggen van de onderdelen van het inburgeringsexamen, bedoeld in artikel 3.9, tweede lid, onderdelen a tot en met d, van het Besluit inburgering dan wel van het praktijkdeel als bedoeld in artikel 3.7 van het Besluit inburgering zoals dit luidde op 31 december 2012 alsmede van het elektronisch praktijkexamen en de toets gesproken Nederlands, bedoeld in artikel 3.9, eerste lid, van het Besluit inburgering zoals dit luidde op 31 december 2012, is vrijgesteld de verzoeker die het certificaat overlegt, als bedoeld in de Regeling certificaat inburgering oudkomers, met daarop de aantekening dat voor de onderdelen Lezen, Luisteren, Schrijven en Spreken is behaald ten minste het niveau 2 van het referentiekader NT2.
2. Bij het certificaat, bedoeld in het eerste lid legt de verzoeker de hem door het college van burgemeester en wethouders afgegeven, gewaarmerkte kopie over van de verklaring van de onderwijsinstelling waar de NT2-profieltoets is afgelegd.
3. Van het afleggen van het onderdeel van het inburgeringsexamen kennis van de Nederlandse maatschappij, bedoeld in artikel 3.9, derde lid, onderdeel a, van het Besluit inburgering dan wel bedoeld in artikel 3.9, eerste lid, onderdeel c, van het Besluit inburgering zoals dit luidde op 31 december 2012 is vrijgesteld de verzoeker die kan aantonen dat hij het onderdeel kennis van de staatsinrichting en maatschappij van de naturalisatietoets, bedoeld in artikel 2 van de Regeling naturalisatietoets zoals dit luidde op 31 maart 2007 heeft behaald.
4. Van het afleggen van het onderdeel van het inburgeringsexamen kennis van de Nederlandse maatschappij, bedoeld in artikel 3.9, derde lid, onderdeel a, van het Besluit inburgering dan wel bedoeld in artikel 3.9, eerste lid, onderdeel c, van het Besluit inburgering zoals dit luidde op 31 december 2012 is vrijgesteld de verzoeker die een certificaat overlegt als bedoeld in artikel 13, tweede lid, van de Wet inburgering nieuwkomers zoals deze luidde op 31 december 2006, indien uit de vermelding daarop, of anders uit de bijbehorende verklaring van het Regionaal Opleidingencentrum, blijkt dat voor het onderdeel Maatschappij Oriëntatie is behaald het niveau van artikel 11, eerste lid, onderdeel b, van de Wet inburgering nieuwkomers zoals deze luidde op 31 december 2006. Bij het in dit lid bedoelde certificaat legt de verzoeker tevens de verklaring over van het Regionaal Opleidingencentrum op grond waarvan het certificaat is afgegeven.
5. Van het afleggen van de onderdelen van het inburgeringsexamen, bedoeld in artikel 3.9, tweede lid, onderdelen a tot en met d, van het Besluit inburgering dan wel van het praktijkdeel als bedoeld in artikel 3.7 van het Besluit inburgering zoals dit luidde op 31 december 2012 alsmede van het elektronisch praktijkexamen en de toets gespro-

ken Nederlands, bedoeld in artikel 3.9, eerste lid, onderdelen a en b, van het Besluit inburgering zoals dit luidde op 31 december 2012, is vrijgesteld de verzoeker die een certificaat overlegt als bedoeld in artikel 13, tweede lid, van de Wet inburgering nieuwkomers zoals deze luidde op 31 december 2006, indien uit de vermelding daarop, of anders uit de bijbehorende verklaring van het Regionaal Opleidingencentrum, blijkt dat voor het onderdeel Nederlands als tweede taal bij de onderdelen Lezen, Luisteren, Schrijven en Spreken ten minste niveau 2 van de eindtermen Referentiekader Nederlands als Tweede Taal, dan wel ten minste niveau A2 van het Europees Raamwerk voor Moderne Vreemde Talen, zijn behaald. Bij het in dit lid bedoelde certificaat legt de verzoeker tevens de verklaring over van het Regionaal Opleidingencentrum op grond waarvan het certificaat is afgegeven.

6. Van het afleggen van de onderdelen van het inburgeringsexamen, bedoeld in artikel 3.9, tweede lid, onderdelen a tot en met d, van het Besluit inburgering dan wel van het praktijkdeel als bedoeld in artikel 3.7 van het Besluit inburgering zoals dit luidde op 31 december 2012 alsmede van het elektronisch praktijkexamen en de toets gesproken Nederlands, bedoeld in artikel 3.9, eerste lid, onderdelen a en b, van het Besluit inburgering zoals dit luidde op 31 december 2012, is vrijgesteld de verzoeker die een originele verklaring overlegt van het Regionaal Opleidingencentrum, afgegeven op basis van de resultaten van een voor 1 januari 2007 afgelegde toets ter afronding van een NT2-taaltraject, indien uit de verklaring blijkt dat voor het onderdeel Nederlands als tweede taal bij de onderdelen Lezen, Luisteren, Schrijven en Spreken ten minste niveau 2 van de eindtermen Referentiekader Nederlands als Tweede Taal, dan wel ten minste niveau A2 van het Europees Raamwerk voor Moderne Vreemde Talen, zijn behaald. Om tot vrijstelling te kunnen leiden, dient de verklaring de volgende gegevens te bevatten:

a. de naam van het document;
b. de naam en handtekening van de verantwoordelijke van het regionaal opleidingencentrum;
c. de echtheidskenmerken van het regionaal opleidingencentrum;
d. de naam en geboortedatum van de deelnemer aan het NT2-taaltraject die overeenkomen met de naam en geboortedatum zoals vermeld op zijn identiteitsdocument;
e. de behaalde taalniveaus uitgesplitst naar de vier taalvaardigheden Lezen, Luisteren, Schrijven en Spreken;
f. de datum waarop de toetsresultaten zijn behaald.

7. Van het afleggen van de onderdelen van het inburgeringsexamen, bedoeld in artikel 3.9, tweede lid, onderdelen a tot en met d, van het Besluit inburgering dan wel van het praktijkdeel, bedoeld in artikel 3.7 van het Besluit inburgering zoals dit luidde op 31 december 2012 alsmede van het elektronisch praktijkexamen en de toets gesproken Nederlands, bedoeld in artikel 3.9, eerste lid, van het Besluit inburgering zoals dit luidde op 31 december 2012, is vrijgesteld de verzoeker die beschikt over één van de volgende certificaten van het Certificaat Nederlands als Vreemde Taal:

a. Certificaat Profiel Toeristische en Informele Taalvaardigheid (ERK-niveau A2);
b. Certificaat Profiel Taalvaardigheid Praktische Beroepen (ERK-niveau A2);
c. Certificaat Profiel Maatschappelijke Taalvaardigheid (ERK-niveau B1),
d. Certificaat Profiel Professionele Taalvaardigheid (ERK-niveau B2),
e. Certificaat Profiel Taalvaardigheid Hoger Onderwijs (ERK-niveau B2), of

f. Certificaat Profiel Academische Taalvaardigheid (ERK-niveau C1).

8. Van het afleggen van het onderdeel van het inburgeringsexamen oriëntatie op de Nederlandse arbeidsmarkt, bedoeld in de artikelen 2.10, eerste lid, onderdeel b, en 3.9, derde lid, onderdeel b, van het Besluit inburgering, zijn vrijgesteld:

a. de verzoeker die de pensioengerechtigde leeftijd, bedoeld in artikel 7a, eerste lid, van de Algemene Ouderdomswet, heeft bereikt;

b. de verzoeker die zich voor 1 januari 2015 bij de Dienst Uitvoering Onderwijs (DUO) van het Ministerie van Onderwijs, Cultuur en Wetenschap heeft aangemeld voor de naturalisatietoets of een onderdeel van die toets en van wie DUO voor 1 februari 2015 het verschuldigde examengeld heeft ontvangen;

c. de verzoeker die in een periode van twaalf maanden voorafgaande aan het verzoek tot vrijstelling:

1° in ten minste zes maanden minimaal 48 uur per maand werkzaamheden in loondienst heeft verricht;

2° winst uit een onderneming, bedoeld in artikel 3.8 van de Wet inkomstenbelasting 2001, had die ten minste gelijk was aan (L / 40) * 48 * 6, waarbij L staat voor het minimumloon, bedoeld in artikel 8, eerste lid, onderdeel b, van de Wet minimumloon en minimumvakantiebijslag, met inbegrip van de vakantiebijslag, bedoeld in artikel 15 van die wet; of

3° in ten minste zes maanden bijstand ontving op grond van artikel 2, eerste of tweede lid, van het Besluit bijstandverlening zelfstandigen 2004.

9. Van het afleggen van het onderdeel van het inburgeringsexamen genaamd het participatieverklaringstraject, bedoeld in artikel 7, tweede lid, onderdeel a, van de Wet inburgering, is vrijgesteld de verzoeker die niet op grond van de Wet inburgering inburgeringsplichtig is.

[01-10-2020, Stcrt. 52659, i.w.tr. 10-10-2020/regelingnummer 3027597]

§ 4
Belemmeringen

Artikel 5

1. De in artikel 4, aanhef en onder a, van het besluit bedoelde psychische of lichamelijke belemmering dan wel verstandelijke handicap toont verzoeker, die woonachtig is in Nederland, aan door overlegging van een medisch advies van een arts, bedoeld in artikel 2.8, eerste lid, van het Besluit inburgering, dat op de dag van indiening van het naturalisatieverzoek niet ouder is dan zes maanden en inhoudende dat sprake is van een belemmering of een handicap.

2. De arts, bedoeld in het vorige lid, stelt het advies op conform het protocol dat is opgenomen in bijlage 4 bij de Regeling inburgering.

3. De in artikel 4, aanhef en onder a, van het besluit bedoelde psychische of lichamelijke belemmering dan wel verstandelijke handicap toont verzoeker, die woonachtig is in Nederland, tevens aan door overlegging van een beschikking van het college van burgemeesters en wethouders op grond van artikel 6 van de Wet inburgering, zoals die wet luidde op 31 december 2012, inhoudende de ontheffing van de inburgeringsplicht, die op de dag van indiening van het naturalisatieverzoek niet ouder is dan drie jaar.

4. De in artikel 4, aanhef en onder a, van het besluit bedoelde psychische of lichamelijke belemmering dan wel verstandelijke handicap toont verzoeker, die woonachtig is in Nederland, tevens aan door overlegging van een beschikking van de Minister voor Immigratie, Integratie en Asiel op grond van artikel 6, eerste lid, aanhef en onder a, van de Wet inburgering, zoals deze wet luidde op 30 september 2017, inhoudende ontheffing van de inburgeringsplicht, die op de dag van indiening van het naturalisatieverzoek niet ouder is dan drie jaar.

5. De in artikel 4, eerste lid, aanhef en onder a, van het besluit bedoelde psychische of lichamelijke belemmering dan wel verstandelijke handicap toont verzoeker, die woonachtig is in Nederland, tevens aan door overlegging van een beschikking van de Minister van Sociale Zaken en Werkgelegenheid op grond van artikel 6, eerste lid, van de Wet inburgering, inhoudende ontheffing van de inburgeringsplicht, die op de dag van indiening van het naturalisatieverzoek niet ouder is dan drie jaar.

6. De in artikel 4, aanhef en onder a, van het besluit bedoelde psychische of lichamelijke belemmering dan wel verstandelijke handicap toont verzoeker, die woonachtig is buiten het Koninkrijk, aan door overlegging van een verklaring van een arts of deskundige, gespecialiseerd in de desbetreffende aandoening, dat op de dag van indiening van het naturalisatieverzoek niet ouder is dan zes maanden en inhoudende dat sprake is van een psychische of lichamelijke belemmering dan wel verstandelijke handicap.

[27-09-2017, Stcrt. 55853, i.w.tr. 01-10-2017/regelingnummer 2129147]

Artikel 6

1. Geen verplichting tot het afleggen van de onderdelen van het inburgeringsexamen genaamd de examinering van mondelinge en schriftelijke vaardigheden in de Nederlandse taal op ten minste het niveau A2 van het Europees Raamwerk voor Moderne Vreemde talen en de examinering van de kennis van de Nederlandse samenleving, bedoeld in artikel 7, tweede lid, onderdelen b en c, van de Wet inburgering, heeft op grond van artikel 4, eerste lid, aanhef en onder b, van het besluit, de verzoeker die een beschikking van de Minister van Sociale Zaken en Werkgelegenheid overlegt, waaruit blijkt dat hij op grond van artikel 6, tweede lid, van de Wet inburgering wegens aangetoonde geleverde inspanningen van die onderdelen van het inburgeringsexamen is ontheven.

2. Geen verplichting tot het afleggen van de naturalisatietoets op grond van artikel 4, aanhef en onder b, van het besluit, heeft de verzoeker die een beschikking van de minister van Sociale Zaken en Werkgelegenheid overlegt waaruit blijkt dat hij op grond van artikel 6, eerste lid, aanhef en onder b, van de Wet inburgering, zoals deze wet luidde op 30 september 2017, is ontheven van de inburgeringsplicht wegens aantoonbaar geleverde inspanningen om aan die plicht te voldoen.

3. Geen verplichting tot het afleggen van de naturalisatietoets op grond van artikel 4, aanhef en onder b, van het besluit, heeft de verzoeker die een advies van de Dienst Uitvoering Onderwijs (DUO) van het Ministerie van Onderwijs, Cultuur en Wetenschap overlegt inhoudende dat ondanks aantoonbaar geleverde inspanningen van hem niet kan worden verwacht dat hij de naturalisatietoets met succes aflegt.

4. DUO geeft het in het derde lid bedoelde advies in ieder geval op diens verzoek af aan de vreemdeling die:

a. ten minste 600 uur heeft deelgenomen aan een inburgeringscursus, een cursus Nederlands als tweede taal of een combinatie daarvan bij een cursusinstelling met het Blik op Werk Keurmerk en ten minste viermaal heeft deelgenomen aan de niet behaalde onderdelen van de naturalisatietoets, waarvan ten hoogste twee van de examenpogingen de overeenkomstige onderdelen van het Staatsexamen Nederlands als tweede taal betreffen;

b. ten minste 600 uur heeft deelgenomen aan een alfabetiseringscursus bij een cursusinstelling met het Blik op Werk Keurmerk en uit een door DUO afgenomen toets blijkt dat de vreemdeling niet het leervermogen heeft om de naturalisatietoets te halen; of

c. ten minste 600 uur heeft deelgenomen aan een alfabetiseringscursus en een daaropvolgende inburgeringscursus, beide aan een cursusinstelling met het Blik op Werk Keurmerk, waarvan ten minste 300 uur besteed is aan de alfabetiseringscursus, en uit een door DUO afgenomen toets blijkt dat de vreemdeling niet het leervermogen heeft om de naturalisatietoets te halen.

5. Ter zake van de door DUO afgenomen toets, bedoeld in het vierde lid, onder b en c, is de vreemdeling aan DUO een bedrag van € 150 verschuldigd.

6. Geen verplichting tot het afleggen van de naturalisatietoets op grond van artikel 4, eerste lid, aanhef en onder b, van het besluit, heeft de verzoeker, die ongeletterd is in de eigen en de Nederlandse taal en die in het bezit is van een verklaring en een advies van het Regionaal Opleidingen Centrum van Amsterdam te Amsterdam, dat op de dag van indiening van het naturalisatieverzoek niet ouder is dan vijf jaar, inhoudende dat niettegenstaande de aantoonbaar geleverde inspanningen om zich te alfabetiseren in de Nederlandse taal van verzoeker niet meer kan worden verwacht dat hij binnen een tijdsbestek van vijf jaar de schriftelijke vaardigheden in het Nederlands zal beheersen op het in deze Regeling gewenste niveau en die het onderdeel spreekvaardigheid van het inburgeringsexamen, bedoeld in artikel 3.9, eerste lid onderdeel d, van het Besluit inburgering, zoals dit luidde op 30 september 2017, met succes heeft afgelegd.

7. Het derde tot en met vijfde lid is niet van toepassing op vreemdelingen die op grond van de Wet inburgering nog inburgeringsplichtig zijn voor het onderdeel genaamd het participatieverklaringstraject.

[19-06-2018, Stcrt. 36224, i.w.tr. 01-07-2018/regelingnummer 2278009]

§ 5

Overgangs- en slotbepalingen

Artikel 7

(Vervallen.)

[03-12-2012, Stcrt. 26085, i.w.tr. 01-01-2013/regelingnummer 2012-0000703808]

Artikel 8

De Regeling naturalisatietoets wordt ingetrokken.

[16-01-2007, Stcrt. 16, i.w.tr. 01-04-2007/regelingnummer 5459170]

Artikel 9

Deze regeling treedt in werking met ingang van 1 april 2007.

[16-01-2007, Stcrt. 16, i.w.tr. 01-04-2007/regelingnummer 5459170]

Artikel 10

Deze regeling wordt aangehaald als: Regeling naturalisatietoets Nederland.

[16-01-2007, Stcrt. 16, i.w.tr. 01-04-2007/regelingnummer 5459170]

BIJLAGE

Examenreglement naturalisatietoets buitenland

Bijlage als bedoeld in artikel 3, vijfde lid Regeling naturalisatietoets Nederland

Artikel 1. Algemeen

1. In dit reglement wordt verstaan onder:

a. naturalisatietoets: de toets, genoemd in artikel 2, tweede lid van het Besluit naturalisatietoets;
b. deelnemer: de vreemdeling die zich voor de naturalisatietoets heeft aangemeld;
c. hoofd: het hoofd van de Nederlandse diplomatieke of consulaire vertegenwoordiging waar de naturalisatietoets wordt afgenomen;
d. toezichthouder: de door het hoofd aangewezen ambtenaar, medewerker, autoriteit of instelling, onder wiens toezicht de naturalisatietoets wordt afgelegd.

2. Voor zover uit een wettelijk voorschrift niet anders voortvloeit, worden de bevoegdheden genoemd in dit reglement uitgeoefend namens Onze Minister. Bij de uitoefening van deze bevoegdheden worden de algemene en bijzondere aanwijzingen van Onze Minister in acht genomen.

Artikel 2. Aanmelding voor de naturalisatietoets

1. De vreemdeling die aan de naturalisatietoets wenst deel te nemen, meldt zich daartoe aan door het indienen bij het hoofd van het ingevulde aanmeldformulier, waarvan het model als bijlage bij dit reglement is gevoegd, en het betalen van het examengeld.

2. Na aanmelding maakt het hoofd zo spoedig mogelijk de examenlocatie, de datum en het tijdstip waarop de naturalisatietoets kan worden afgelegd bekend.

Artikel 3. Gang van zaken voor en tijdens het examen

1. De deelnemer meldt zich ten minste vijftien minuten voor aanvang van de naturalisatietoets op de door het hoofd aangegeven examenlocatie.

2. Voor aanvang van de naturalisatietoets draagt de toezichthouder zorg voor:

a. de controle van het identiteitsdocument;
b. het maken van een scan of kopie van het identiteitsdocument.

3. Voor de aanvang van de naturalisatietoets ontvangt de deelnemer instructies van de toezichthouder. Deze instructies hebben in ieder geval betrekking op:

a. het gebruik van de apparatuur tijdens de naturalisatietoets;
b. de wijze waarop de examenonderdelen van de naturalisatietoets worden getoetst;
c. de materialen en hulpmiddelen waarvan het gebruik of bezit tijdens de naturalisatietoets niet is toegestaan;
d. de maatregelen die kunnen worden getroffen in geval van onregelmatigheden of ordeverstoring.

4. Tijdens de naturalisatietoets behandelt de deelnemer de examenonderdelen van de naturalisatietoets volgens de gegeven instructies.

5. De deelnemer die de naturalisatietoets gereed heeft, meldt dit aan de toezichthouder. De toezichthouder controleert of alle examenonderdelen van de naturalisatietoets zijn voltooid.

6. De toezichthouder houdt van het verloop van de naturalisatietoets een proces-verbaal bij.

Artikel 4. Ordemaatregelen

1. Gedurende de afname van de naturalisatietoets worden aan de deelnemer geen mededelingen, van welke aard dan ook, aangaande de exameninhoud gedaan.

2. Gedurende de afname van de naturalisatietoets is het de deelnemer niet toegestaan:

a. zonder toestemming van de toezichthouder zijn plaats of de examenlocatie te verlaten;

b. andere dan volgens de instructie van de toezichthouder toegestane materialen of hulpmiddelen te gebruiken of in het bezit te hebben.

3. Na afloop van de naturalisatietoets is het de deelnemer niet toegestaan andere documenten of zaken uit de examenruimte mee te nemen, dan volgens de instructie van de toezichthouder is toegestaan of om op enigerlei wijze mededeling te doen aan anderen over de inhoud van de naturalisatietoets.

4. Het hoofd kan aanvullende maatregelen stellen om onregelmatigheden en ordeverstoring tijdens de naturalisatietoets te voorkomen.

Artikel 5. Maatregelen in het geval van onregelmatigheden

1. Indien de toezichthouder voor of tijdens de afname van de naturalisatietoets constateert dat een deelnemer enige regel ter voorkomen van onregelmatigheden of ordeverstoring overtreedt of heeft overtreden, treft hij de maatregelen die hem passend voorkomen. Hij kan daartoe:

a. de deelnemer voor aanvang van de naturalisatietoets de toegang tot de examenruimte ontzeggen;

b. voor de duur van de naturalisatietoets andere dan volgens de instructie toegestane materialen of hulpmiddelen tijdelijk in bewaring nemen;

c. de afname van de naturalisatietoets voortijdig afbreken en de deelnemer verdere deelname aan de naturalisatietoets ontzeggen;

d. de deelnemer uit de examenruimte verwijderen.

2. Bij constatering van fraude zullen, op voordracht van het hoofd, de resultaten van de naturalisatietoets met terugwerkende kracht ongeldig worden verklaard. Hiervan zal melding worden gemaakt aan de Dienst Uitvoering Onderwijs.

3. Bij constatering van fraude of ordeverstoring kan het hoofd de deelnemer voor een periode van maximaal één jaar van toekomstige deelname aan de naturalisatietoets uitsluiten.

Artikel 6. Uitslag

1. De Dienst Uitvoering Onderwijs stelt de uitslag van de naturalisatietoets vast en maakt deze bekend aan de examenkandidaat.

2. Het diploma inburgering of de negatieve resultatenbrief wordt door de Dienst Uitvoering Onderwijs aan de examenkandidaat uitgereikt door tussenkomst van het hoofd of aan de examenkandidaat toegezonden.

Artikel 7. Inwerkingtreding

Dit reglement treedt in werking op 1 april 2007.

Artikel 8.

Dit reglement wordt aangehaald als: Examenreglement naturalisatietoets buitenland.
[20-05-2019, Stcrt. 29649, i.w.tr. 01-07-2019/regelingnummer 2568897]

Regeling naturalisatietoets Aruba 2011

Regeling van 15 december 2010, tot vaststelling van de Regeling naturalisatietoets Aruba 2011, Stcrt. 2010, 20943, zoals laatstelijk gewijzigd op 21 februari 2022, Stcrt. 2022, 6611 (i.w.tr. 01-04-2022)

De Minister van Binnenlandse Zaken en Koninkrijksrelaties,
Gelet op artikel 23 van de Rijkswet op het Nederlanderschap en artikel 6 van het Besluit naturalisatietoets;
Besluit:

§ 1
Begripsbepalingen

Artikel 1
In deze regeling wordt verstaan onder:
a. *de naturalisatietoets:* de toets, genoemd in artikel 2, tweede lid, van het Besluit naturalisatietoets;
b. *verzoeker:* degene die op grond van de Rijkswet op het Nederlanderschap verzoekt om verlening van het Nederlanderschap;
c. *de Gouverneur:* de Gouverneur van Aruba;
d. *het Examenbureau Aruba:* een organisatorische eenheid van de Directie Onderwijs in Aruba;
e. *onderdeel van de naturalisatietoets:* een van de drie in artikel 2, eerste lid genoemde onderdelen van de naturalisatietoets.

[15-12-2010, Stcrt. 20943, i.w.tr. 01-01-2011/regelingnummer 5677863/10]

§ 2
Naturalisatietoets en afname

Artikel 2
1. De naturalisatietoets bestaat uit een onderdeel dat kennis van de staatsinrichting en maatschappij toetst, een onderdeel dat de mate van kennis van de Papiamentse taal toetst en een onderdeel dat de mate van kennis van de Nederlandse taal toetst. Ieder taalexamen examineert vier taalvaardigheden. Gebruik van een woordenboek is bij de naturalisatietoets niet toegestaan.
2. Het onderdeel dat de kennis van de staatsinrichting en maatschappij toetst, wordt afgenomen en beantwoord in de Papiamentse taal.
3. Het onderdeel dat de kennis van de staatsinrichting en maatschappij toetst, bevat vragen met betrekking tot de in de bijlage 1 bij deze regeling genoemde thema's van bevraging. De vragen richten zich naar de gestelde eindtermen.

4. Om te slagen voor de naturalisatietoets dient het niveau van taalbeheersing bij alle onderdelen aantoonbaar op ten minste niveau A2 van het Europees Raamwerk voor moderne vreemde talen te zijn afgelegd.
[15-12-2010, Stcrt. 20943, i.w.tr. 01-01-2011/regelingnummer 5677863/10]

Artikel 3
Het Examenbureau Aruba is bevoegd tot het afnemen van de naturalisatietoets alsmede tot het vaststellen van de uitslag daarvan.
[15-12-2010, Stcrt. 20943, i.w.tr. 01-01-2011/regelingnummer 5677863/10]

Artikel 4
Behoudens in het voorkomende geval van computergestuurde beoordeling worden de resultaten van overige onderdelen standaard door twee correctoren beoordeeld. Er vindt geen nadere inhoudelijke beoordeling plaats.
[15-12-2010, Stcrt. 20943, i.w.tr. 01-01-2011/regelingnummer 5677863/10]

§ 3
Certificaat

Artikel 5
1. De directeur van de Directie Onderwijs in Aruba geeft aan de verzoeker die de naturalisatietoets met succes heeft afgelegd het Certificaat naturalisatietoets.
2. Het modelcertificaat, bedoeld in artikel 5, eerste lid, van het Besluit naturalisatietoets, is het model als opgenomen in de bijlage 2 bij deze regeling.
[14-03-2016, Stcrt. 14284, i.w.tr. 17-03-2016/regelingnummer 719696]

§ 4
Gedeeltelijke vrijstellingen

Artikel 6
Van het afleggen van het onderdeel dat de mate van kennis van de Nederlandse taal toetst, is vrijgesteld de verzoeker die beschikt over één van de volgende Certificaten van het Certificaat Nederlands als Vreemde Taal:
a. Certificaat Profiel Toeristische en Informele Taalvaardigheid (niveau A2);
b. Certificaat Profiel Taalvaardigheid Praktische Beroepen (niveau A2);
c. Certificaat Profiel Maatschappelijke Taalvaardigheid (niveau B1);
d. Certificaat Profiel Professionele Taalvaardigheid (niveau B2);
e. Certificaat Profiel Taalvaardigheid Hoger Onderwijs (niveau B2);
f. Certificaat Profiel Academische Taalvaardigheid (niveau C1).
[15-12-2010, Stcrt. 20943, i.w.tr. 01-01-2011/regelingnummer 5677863/10]

Artikel 7
Van het afleggen van het onderdeel dat de kennis van de staatsinrichting en maatschappij toetst alsmede van het onderdeel dat de beheersing van de betreffende taal toetst, is vrijgesteld de verzoeker die beschikt over een Certificaat Naturalisatietoets Aruba, dat is uitgereikt voor 1 januari 2011. Vermeldt het Certificaat Naturalisatietoets Aruba dat de naturalisatietoets is afgelegd in de Papiamentse taal dan is verzoeker

vrijgesteld van het onderdeel beheersing van de Papiamentse taal. Vermeldt het Certificaat Naturalisatietoets Aruba dat de naturalisatietoets is afgelegd in de Nederlandse taal dan is verzoeker vrijgesteld van het onderdeel beheersing van de Nederlandse taal.
[15-12-2010, Stcrt. 20943, i.w.tr. 01-01-2011/regelingnummer 5677863/10]

Artikel 8

1. Van het afleggen van het onderdeel dat de kennis van de staatsinrichting en maatschappij toetst, is vrijgesteld de verzoeker die in het bezit is van een bewijs van slagen voor deel 1 (maatschappij- en staatkundige kennis), afgelegd voor 1 januari 2011 in de Papiamentse taal.
2. Tot 1 januari 2013 is vrijgesteld van het onderdeel dat de kennis van de staatsinrichting en maatschappij toetst de verzoeker die in het bezit is van een bewijs van slagen voor deel 1 (maatschappij- en staatkundige kennis), afgelegd voor 1 januari 2011 in de Nederlandse taal.
[15-12-2010, Stcrt. 20943, i.w.tr. 01-01-2011/regelingnummer 5677863/10]

Artikel 9

1. Aan de verzoeker die in aanmerking komt voor vrijstelling van een onderdeel van de naturalisatietoets als in deze paragraaf bedoeld, geeft het hoofd van het Examenbureau Aruba een Certificaat naturalisatietoets waarop is aangetekend welk onderdeel of welke onderdelen de verzoeker niet heeft afgelegd.
2. De aantekening geschiedt alleen op verzoek van degene aan wie het Certificaat wordt afgegeven.
3. Het Examenbureau treedt niet in een beoordeling of de verzoeker terecht afziet van het afleggen van een onderdeel van de naturalisatietoets.
4. Bij de indiening van het naturalisatieverzoek legt de verzoeker aan de Gouverneur het bewijsstuk dan wel de bewijsstukken over op grond waarvan hij de gedeeltelijke vrijstelling heeft.
[15-12-2010, Stcrt. 20943, i.w.tr. 01-01-2011/regelingnummer 5677863/10]

§ 5
Ontheffing

Artikel 10

1. Indien de verzoeker zich beroept op ontheffing van de naturalisatietoets wegens omstandigheden als bedoeld in artikel 4, aanhef en onder a, van het Besluit naturalisatietoets, wordt omtrent het beroep op ontheffing geadviseerd door de hiervoor door de Gouverneur aangewezen instantie.
2. De in artikel 4, aanhef en onder a, van het Besluit naturalisatietoets bedoelde psychische of lichamelijke belemmering dan wel verstandelijke handicap toont verzoeker aan door overlegging van een medisch advies van de ingevolge het eerste lid aangewezen instantie, dat op de dag van indiening van het naturalisatieverzoek niet ouder is dan zes maanden en inhoudende dat sprake is van een belemmering of een handicap.
3. De kosten die de aangewezen instantie in rekening brengt, komen ten laste van de verzoeker.
[21-02-2022, Stcrt. 6611, i.w.tr. 01-04-2022/regelingnummer 3827774]

Artikel 11

1. Indien de verzoeker zich beroept op ontheffing van de naturalisatietoets wegens de omstandigheid bedoeld in artikel 4, aanhef en onder b, van het Besluit naturalisatietoets, wordt omtrent het beroep op ontheffing geadviseerd door het Examenbureau Aruba.

2. Het Examenbureau Aruba geeft het advies, bedoeld in het eerste lid, uitsluitend af indien de verzoeker ten minste 600 uur heeft deelgenomen aan een alfabetiseringscursus.

3. Aan de advisering door het Examenbureau Aruba zijn kosten verbonden die door de verzoeker voorafgaande aan de advisering aan het Examenbureau Aruba voldaan dienen te worden.

4. Verzoeker legt bij de indiening van het naturalisatieverzoek een advies van het Examenbureau Aruba over dat op de dag van indiening van het naturalisatieverzoek niet ouder is dan zes maanden.

5. In afwijking van het eerste en tweede lid vervalt de verplichting tot advisering indien de verzoeker ongeletterd is, ten minste 65 jaar is en aantoont dat hij ten minste 600 uur heeft deelgenomen aan een alfabetiseringscursus.

[21-02-2022, Stcrt. 6611, i.w.tr. 01-04-2022/regelingnummer 3827774]

Artikel 12

(Vervallen.)

[21-02-2022, Stcrt. 6611, i.w.tr. 01-04-2022/regelingnummer 3827774]

§ 6

Examengeld

Artikel 13

1. Aan het afleggen en beoordelen van de resultaten van de naturalisatietoets alsmede aan het opnieuw afleggen en het beoordelen van de resultaten van niet gehaalde toetsonderdelen zijn kosten verbonden die door de verzoeker worden betaald op het moment van inschrijving voor de examinering van het betreffende onderdeel of taalvaardigheid in geval van een herkansing.

2. De in het eerste lid bedoelde examengelden zijn voor het afleggen of het herkansen van deel III: Afl. 150.

3. De in het eerste lid bedoelde examengelden zijn voor het herkansen van een onderdeel van deel III: Afl. 50.

4. Het in het eerste lid bedoelde examengeld wordt betaald door storting van het verschuldigde bedrag op de daarvoor door het Examenbureau Aruba aangehouden bankrekening.

[15-12-2010, Stcrt. 20943, i.w.tr. 01-01-2011/regelingnummer 5677863/10]

Artikel 14

Het jaarverslag van het Examenbureau met betrekking tot de naturalisatietoets wordt tevens gezonden aan de Gouverneur van Aruba alsmede aan de in artikel 1, eerste lid, aanhef en onder a van de Rijkswet op het Nederlanderschap bedoelde Minister.

[15-12-2010, Stcrt. 20943, i.w.tr. 01-01-2011/regelingnummer 5677863/10]

Artikel 15
De Regeling naturalisatietoets Aruba wordt ingetrokken.
[15-12-2010, Stcrt. 20943, i.w.tr. 01-01-2011/regelingnummer 5677863/10]

Artikel 16
Deze regeling treedt in werking met ingang van 1 januari 2011.
[15-12-2010, Stcrt. 20943, i.w.tr. 01-01-2011/regelingnummer 5677863/10]

Artikel 17
Deze regeling wordt aangehaald als: Regeling naturalisatietoets Aruba 2011.
[15-12-2010, Stcrt. 20943, i.w.tr. 01-01-2011/regelingnummer 5677863/10]

BIJLAGE 1

behorend bij artikel 2, derde lid, van de Regeling naturalisatietoets Aruba 2011

Thema's van bevraging
Vragen van het examen 'Kennis van de staatsinrichting en samenleving' worden uitsluitend gesteld over de thema's:
1. werk en inkomen;
2. omgangsvormen, waarden en normen;
3. wonen;
4. gezondheid en gezondheidszorg;
5. geschiedenis en geografie;
6. instanties;
7. staatsinrichting en rechtsstaat;
8. onderwijs en opvoeding.

Eindtermen
De volgende eindtermen gelden:
- werk en inkomen De kandidaat is in staat stappen te zetten om werk te zoeken, te behouden en in eigen onderhoud te voorzien.
- omgangsvormen, waarden en normen De kandidaat is in staat om te gaan met algemeen geldende omgangsvormen, waarden en normen.
- wonen De kandidaat is in staat passende huisvesting te vinden en nutsvoorzieningen te regelen. Hij draagt zorg voor de veiligheid in de woning en voor milieu en schone leefomgeving.
- gezondheid en gezondheidszorg De kandidaat is in staat om gebruik te maken van de aanwezige gezondheidszorg.
- geschiedenis en geografie De kandidaat is in staat om, door kennis van geschiedenis en geografie, betrokken te zijn bij het Koninkrijk der Nederlanden en de samenlevingen op de Caribische eilanden die deel uitmaken van het Koninkrijk.
- instanties De kandidaat is op de hoogte van de dienstverlening van de lokale overheid, de belastingdienst, politie en instanties voor sociale en juridische dienstverlening.

- staatsinrichting en rechtsstaat De kandidaat is in staat om, door kennis van de staatkundige inrichting van het Koninkrijk der Nederlanden en de daarvan deeluitmakende Caribische landen, betrokken te zijn bij de samenleving waarin hij woont.
- onderwijs en opvoeding De kandidaat kent het onderwijsstelsel, onderkent het belang van onderwijs in de samenleving en acht schoolgang van minderjarigen van groot belang.

[15-12-2010, Stcrt. 20943, i.w.tr. 01-01-2011/regelingnummer 5677863/10]

BIJLAGE 2

behorend bij artikel 5, tweede lid, van de Regeling naturalisatietoets Aruba 2011

Certificaat Naturalisatietoets

Bedoeld in artikel 5 van het besluit van 15 april 2002 (Besluit Naturalisatietoets)

Ondergetekende, verklaart hierbij dat

Naam examenkandidaat ....

Voorna(a)m(en) ....

Geboortedatum en -plaats / -Land ....

Adres ....

Woonplaats ....

de naturalisatietoets bestaande uit de onderdelen:

(bij A of B aankruisen hetgeen van toepassing is)

A ☐

deel 1
Staatsinrichting en maatschappij

deel 2
Taalbeheersing Papiaments of Engels

deel 3
Taalexamen Nederlands

heeft afgelegd en de hierboven genoemde onderdelen met goed gevolg heeft afgesloten.

B ☐

(aankruisen hetgeen niet is afgelegd)

In afwijking van A zijn niet alle delen van de naturalisatietoets afgelegd. Ik verklaar hierbij dat niet is afgelegd:

☐ deel 1
Staatsinrichting en maatschappij

☐ deel 2
Taalbeheersing Papiaments of Engels

☐ deel 3
Taalexamen Nederlands

De toets is afgenomen te (plaatsnaam) ....

Registratienummer ....

Plaats en datum ....

Organisatie/dienst ....

Functie ....

Naam ondertekenaar ....

Handtekening ....

[15-12-2010, Stcrt. 20943, i.w.tr. 01-01-2011/regelingnummer 5677863/10]

Besluit DNA-onderzoek vaderschap

Besluit van 20 oktober 2008, houdende de vereisten gesteld aan het vaderschapsonderzoek in verband met erkenning bedoeld in artikel 4, vierde lid, Rijkswet op het Nederlanderschap en van artikel II, eerste lid, onder b, van de rijkswet van 27 juni 2008, houdende wijziging van de Rijkswet op het Nederlanderschap ter invoering van een verklaring van verbondenheid, en tot aanpassing van de regeling van de verkrijging van het Nederlanderschap na erkenning (Stb. 270), Stb. 2008, 417, zoals laatstelijk gewijzigd op 28 november 2013, Stb. 2013, 496 (i.w.tr. 06-01-2014)

Wij Beatrix, bij de gratie Gods, Koningin der Nederlanden, Prinses van Oranje-Nassau, enz. enz. enz.
Op de voordracht van Onze Minister van Justitie van 29 juli 2008, Directie Wetgeving, nr. 5553785/08/6;
Gelet op artikel 4, zesde lid, Rijkswet op het Nederlanderschap en artikel II, derde lid, van de rijkswet van 27 juni 2008, houdende wijziging van de Rijkswet op het Nederlanderschap ter invoering van een verklaring van verbondenheid, en tot aanpassing van de regeling van de verkrijging van het Nederlanderschap na erkenning (*Stb.* 270);
De Raad van State van het Koninkrijk gehoord (advies van 27 augustus 2008, nr. W03.08.0364/II/K);
Gezien het nader rapport van de Minister van Justitie van 13 oktober 2008, Directie Wetgeving, nr. 5566748/08/6;
De bepalingen van het Statuut voor het Koninkrijk in acht genomen zijnde;
Hebben goedgevonden en verstaan:

Artikel 1

1. De Nederlander die een minderjarige vreemdeling erkent of heeft erkend toont het biologisch vaderschap, bedoeld in artikel 4, vierde lid, Rijkswet op het Nederlanderschap, aan door middel van DNA-onderzoek.
2. De vreemdeling, bedoeld in artikel II, eerste lid, onder b, van de rijkswet van 27 juni 2008, houdende wijziging van de Rijkswet op het Nederlanderschap ter invoering van een verklaring van verbondenheid, en tot aanpassing van de regeling van de verkrijging van het Nederlanderschap na erkenning (*Stb.* 270) toont het biologisch vaderschap van zijn erkenner aan door middel van DNA-onderzoek.
3. Het DNA-bewijs, bedoeld in het eerste en tweede lid, wordt geleverd door middel van een als zodanig herkenbaar en ondertekend rapport van een laboratorium als bedoeld in het zesde lid.
4. Het DNA-bewijs, bedoeld in het eerste lid, wordt overgelegd aan de bevoegde autoriteit, die verantwoordelijk is voor de basisadministratie, bedoeld in artikel 1, onder f, van het Besluit verkrijging en verlies Nederlanderschap, of, in het buitenland, aan het hoofd van de diplomatieke of consulaire post.

5. Het DNA-bewijs, bedoeld in het tweede lid, wordt overgelegd aan de autoriteit die bevoegd is tot bevestiging van de verkrijging van het Nederlanderschap.
6. DNA-onderzoek wordt verricht in een laboratorium:
a. dat door de Raad voor Accreditatie is geaccrediteerd aan de hand van de criteria genoemd in de NEN-EN ISO/IEC 17025 of de NEN-EN ISO/IEC 15189 en de aanbevelingen van de Paternity Testing Commission van de International Society of Forensic Genetics (FSI 2007);
b. dat is gevestigd in het buitenland en door een met de Raad voor Accreditatie vergelijkbare instantie of door een bevoegde autoriteit is geaccrediteerd aan de hand van de criteria genoemd in de NEN-EN ISO/IEC 17025 of de NEN-EN ISO/IEC 15189 en de aanbevelingen van de Paternity Testing Commission van de International Society of Forensic Genetics (FSI 2007).
7. Bij ministeriële regeling kunnen nadere eisen worden gesteld met betrekking tot de in het zesde lid bedoelde laboratoria.
[28-11-2013, Stb. 496, i.w.tr. 06-01-2014]

Artikel 2
Dit besluit treedt in werking op de dag waarop de rijkswet van 27 juni 2008, houdende wijziging van de Rijkswet op het Nederlanderschap ter invoering van een verklaring van verbondenheid, en tot aanpassing van de regeling van de verkrijging van het Nederlanderschap na erkenning (*Stb.* 270) in werking treedt.
[20-10-2008, Stb. 417, i.w.tr. 01-03-2009]

Artikel 3
Dit besluit wordt aangehaald als: Besluit DNA-onderzoek vaderschap.
[20-10-2008, Stb. 417, i.w.tr. 01-03-2009]

IPR PERSONEN- EN FAMILIERECHT

BOEK 10 BW EN INTERNATIONALE REGELINGEN

Burgerlijk Wetboek Boek 10 (Relevante artikelen)

BOEK 10
Internationaal privaatrecht

[Inleidende opmerkingen]

1. Invoering Boek 10. Het op 18 september 2009 bij de Tweede Kamer ingediende wetsvoorstel tot vaststelling en invoering van Boek 10 (Internationaal privaatrecht) (MvT, *Kamerstukken II* 2009/10, 32137, 3 e.v.) is op 1 januari 2012 in werking getreden, *Stb.* 2011, 272. In dit Boek 10 is een aantal regelingen van materieel internationaal privaatrecht, ook wel aangeduid met de term conflictenrecht, opgenomen. Hierin staat de vraag centraal welk (nationaal) rechtsstelsel moet worden toegepast op een privaatrechtelijke rechtsbetrekking, die wordt gekenmerkt door relevante raakpunten met een of meer andere staten, bijv. omdat partijen in verschillende landen hun gewone verblijfplaats hebben, of een verschillende nationaliteit bezitten, of omdat het rechtsfeit (bijv. een verkeersongeval) in het buitenland heeft plaats gevonden, anders gezegd: een rechtsverhouding met een internationale dimensie. De rechtsregels waaruit het conflictenrecht is samengesteld, plegen wij verwijzings- of conflictregels te noemen. Zie met betrekking tot de voorgeschiedenis van dit Boek 10: MvT, p. 1-2. Opmerking verdient hier vooreerst dat de Nederlandse IPR-wetgever de afgelopen 30 jaar heeft gekozen voor een beleid van 'stapsgewijze' regelgeving, in die zin dat telkens deelonderwerpen van het IPR in – 15 – deelwetten zijn opgenomen. Het beginpunt vormde de Wet conflictenrecht echtscheiding (WCE) van 1981 en de eindstreep werd gehaald met de Wet conflictenrecht goederenrecht (WCG) van 2008. Al deze afzonderlijke regelingen van conflictenrecht zijn in de Titels 2-15 van Boek 10 'geconsolideerd', anders gezegd: samengebracht, met op enige punten een aanpassing of wijziging van meestal redactionele aard. Boek 10 beoogt daarentegen niet een fundamentele herziening van deze afzonderlijke nationale wetten tot stand te brengen. Het gaat in hoofdzaak erom, zo leert de MvT, p. 2, deze wetten op elkaar en op de algemene bepalingen, die in Titel 1 zijn neergelegd, af te stemmen. Slechts op enkele punten wordt naar aanleiding van ontwikkelingen in de praktijk en van nieuwe inzichten in rechtspraak en literatuur een wijziging van materiële aard voorgesteld. Dit betekent evenwel niet, zo wordt door de wetgever benadrukt, dat thans een eindpunt is bereikt; zoals ook bij andere recente wetgeving het geval is, geeft Boek 10 juist door het daarin neergelegde stramien een gemakkelijke mogelijkheid van aanbouw-wetgeving. Het (enige) voorbeeld van een ingrijpende wijziging van materiële aard biedt de facultatieve verwijzingsregeling inzake het op de echtscheiding toepasselijke recht van art. 10:56 BW, dat in de plaats is getreden van art. 1 WCE (zie nader art. 10:56 BW). Bij de invoering van Boek 10 zijn deze afzonderlijke deelwetten ingetrokken (zie nader aant.

5). Zie nader met betrekking tot deze consolidatie van Boek 10, en met betrekking tot andere rechtsbronnen *Asser/Vonken 10-I* 2018/68-102.

2. De in Boek 10 opgenomen regels van conflictenrechtelijke aard. Boek 10 bevat in de eerste plaats een aantal algemene bepalingen op het terrein van het conflictenrecht. Deze bepalingen zijn vervat in art. 10:1-17 van titel 1. Voor deze algemene bepalingen heeft de wetgever sterk geleund op een in 2002 door de Staatscommissie voor het IPR uitgebracht advies, *Rapport aan de Minister van Justitie, Algemene Bepalingen Wet internationaal privaatrecht*, 's-Gravenhage, 1 juni 2002. Naast enkele bepalingen van meer technische of procesrechtelijke aard (art. 10:1-3), wordt een regeling gegeven voor de voorvraag (art. 10:4), het renvoi (art. 10:5), de openbare orde (art. 10:6), de voorrangsregels (art. 10:7), een exceptieclausule (art. 10:8) en een fait accompli-exceptie (art. 10:9). Voorts treffen wij in titel 1 enkele klassieke verwijzingsregels aan met betrekking tot de algemene kwesties van de minderjarigheid en de handelingsbekwaamheid (art. 10:11), de vorm (art. 10:12) en een (beperkte) regeling inzake de rechtsfiguur van de rechtskeuze (art. 10:10). Deze algemene bepalingen, zo leert de MvT, p. 2, vormen de uitgangspunten die in de daaropvolgende afzonderlijke titels doorwerken. Waar een titel voor een bepaald onderwerp een eigen algemene bepaling kent, gaat deze vóór op de regel die is neergelegd in Titel 1. Deze algemene leerstukken waren tot nu toe door de doctrine en de rechtspraak ingevuld en hiervoor bestond doorgaans nog geen geschreven regeling. Voorts bestrijken titel 2-15 van Boek 10 een aantal verwijzingsregels die voor een groot deel betrekking hebben op het terrein van het personen- en familierecht. Hierin treffen wij achtereenvolgens aan regels inzake naam (art. 10:18-26), het huwelijk (art. 10:27-34), de rechtsbetrekkingen tussen de echtgenoten (art. 10:35-41), het huwelijksvermogensregime (art. 10:42-53), de echtscheiding (art. 10:54-59), het geregistreerd partnerschap (art. 10:60-91), afstamming (art. 10:92-102), en adoptie (art. 10:103-112). Verwijzingsregels vinden wij voorts op het terrein van de corporaties (art. 10:117-124), het goederenrecht (art. 10:126-131), het erfrecht (art. 10:145-152) en voorts enkele bepalingen met betrekking tot het zeerecht, het binnenvaartrecht en het luchtrecht (art. 10:160-165). Ingevolge de Wet van 2 juni 2014 tot wijziging van Boek 3, Boek 6 en Boek 10 van het Burgerlijk Wetboek en het Vierde Boek van het Wetboek van Burgerlijke Rechtsvordering in verband met de modernisering van het Arbitragerecht (*Stb.* 2014, 200) is in Boek 10 BW een nieuwe zestiende titel 'Arbitrage' ingevoegd, waarin zijn opgenomen art. 10:166 BW inzake het toepasselijke recht op de overeenkomst tot arbitrage en art. 10:167 BW over het beroep van een staatsonderneming op het bestaan van een bepaling waarin arbitrage ten aanzien van een bepaald geschil is uitgesloten. Verder dient er hier op geattendeerd te worden, dat de overige onderwerpen van het personen- en familierecht – zoals de ouderlijke verantwoordelijkheid en bescherming van kinderen, de internationale ontvoering van kinderen en het levensonderhoud, alsook de vermogensrechtelijke onderwerpen van de vertegenwoordiging, het trustrecht, verbintenissen uit overeenkomst en verbintenissen uit andere bron dan overeenkomst – niet integraal worden geregeld in Boek 10. Voor deze onderwerpen wordt via zogenoemde globale of incidentele verwijzingen de rechtstoepasser er op gewezen dat voor bedoelde onderwerpen voor Nederland geldende internationale regelingen (zoals verdragen en verordeningen) van toepassing kunnen zijn (zie nader aant. 4 en art. 10:1). Boek 10 bevat ook enkele bepalingen die ertoe strekken om een internationale regeling van overeenkomstige toepassing te doen verklaren met betrekking tot onderwerpen die buiten het materiële toepassingsgebied van de desbetreffende internationale regeling vallen. Zo bepaalt bijvoorbeeld art. 10:154, dat op verbintenissen die buiten de werkingssfeer van Rome I en de ter zake geldende verdragen vallen en die als verbintenissen uit overeenkomst kunnen worden aangemerkt, de bepalingen van Rome I van overeenkomstige toepassing zijn (zie ook art. 10:159).

3. Boek 10 bevat ook enkele onderwerpen van internationaal procesrecht. Het internationaal procesrecht, ook wel aangeduid met de term formeel internationaal privaatrecht – zoals kwesties van de internationale bevoegdheid van de Nederlandse rechter, de erkenning en tenuitvoerlegging in Nederland van buitenlandse rechterlijke beslissingen en van andere elders tot stand gekomen rechtsfeiten en akten, alsook andere procesrechtelijke onderwerpen zoals de betekening van stukken en de bewijsverkrijging in het buitenland – hebben daarentegen geen plaats gekregen in Boek 10. Het (internationale) procesrecht is – zij het slechts ten dele – vernieuwd bij het op 1 januari 2002 in werking getreden Wetboek van Burgerlijke Rechtsvordering: in art. 1-14 Rv is een op de Brussel I-verordening van 2000 gebaseerde regeling inzake de internationale bevoegdheid van de Nederlandse rechter opgenomen. Wat betreft de regeling inzake de erkenning en tenuitvoerlegging van buitenlandse beslissingen – die slechts gebrekkig is geregeld in art. 431 Rv en art. 985-994 Rv, en bij de uitleg waarvan de Nederlandse rechter en doctrine de rol van 'pseudowetgever' op zich hebben genomen, maakt de wetgever nog geen aanstalten om deze (grotendeels ongeschreven) regeling te herzien. De wetgever geeft ter onderbouwing van deze door hem zelf opgelegde beperking het argument (MvT, p. 3), dat daarmee is gekozen voor een opzet die de internationaal privaatrechtelijke regels onderbrengt in de internrechtelijke rechtssfeer waarmee zij verband houden, en niet voor één alomvattende regeling van het internationaal privaatrecht. Het gaat hier om een keuze tussen twee mogelijke benaderingen waarbij uiteindelijk overwegingen van doelmatigheid en praktische bruikbaarheid de doorslag hebben gegeven. Dit betekent overigens niet dat regels van formeel internationaal privaatrecht geheel ontbreken. Genoemd kan in dit verband worden art. 10:2 – ambtshalve toepassing van de regels van IPR en het door deze regels aangewezen recht, art. 10:3 – de wijze van procederen ten overstaan van de Nederlandse rechter wordt beheerst door het Nederlandse recht (de lex fori). Genoemd kan voorts worden art. 10:55, dat bepaalt dat de ontbinding van het huwelijk en de scheiding van tafel en bed uitsluitend kunnen worden uitgesproken door de Nederlandse rechter. Ook bevat de wet een aantal (procesrechtelijke) erkenningsregels inzake in het buitenland tot stand gekomen rechterlijke beslissingen en van andere rechtsfeiten en rechtshandelingen – bijvoorbeeld inzake de naam (art. 10:24), het huwelijk (art. 10:31), echtscheiding (art. 10:57), verstoting (art. 10:58), geregistreerd partnerschap (art. 10:61), een buiten Nederland tot stand gekomen beëindiging geregistreerd partnerschap (art. 10:88), afstamming (art. 10:100-101) en adoptie (art. 10:107-110).

4. De niet in Boek 10 neergelegde regelingen. Vooropgesteld dient te worden, dat de wetgever er weloverwogen van heeft afgezien in Boek 10 bij ieder onderwerp alle mogelijk toepasselijke internationale (Haagse en EU-)regelingen in de wet te incorporeren. Van een (complete) opsomming in Boek 10 van deze regelingen is eveneens afgezien. Een dergelijke opsomming zou slechts nut hebben wanneer zij juist en volledig zou zijn. Dit zou nopen tot een frequente aanpassing van de wet, waarbij onnauwkeurigheden niet geheel uitgesloten zijn. **De techniek van de globale en incidentele verwijzingen.**

Deze door de wetgever gekozen benadering leidt ertoe, dat Boek 10 voornamelijk conflictenrechtelijke regelgeving van nationale herkomst bestrijkt. Wat de verhouding van deze nationale regels tot internationale regelingen (verdragen) betreft hebben, zo volgt uit art. 94 Gw, deze laatste voorrang boven de regels van nationaal recht, terwijl, wat de Europese regelingen betreft, deze voorrang voortvloeit uit het Unierecht, zoals uitgelegd door het Hof van Justitie van de EU (zie nader art. 10:1). In dit opzicht bezien moge, strikt genomen, art. 10:1 juridisch overbodig zijn. Deze bepaling houdt in, dat de in dit boek en andere wettelijke regelingen vervatte regels van internationaal privaatrecht de werking van voor Nederland bindende internationale en EU-regelingen onverlet laat. Voor de rechtstoepasser kan deze bepaling wel een nuttige signaalfunctie hebben. Om de rechtstoepasser verder van dienst te zijn bij het hem attenderen op bestaande internationale regelgeving hanteert de wetgever, op de daarvoor in aanmerking komende plaatsen, de techniek van de zogenoemde incidentele en globale verwijzingen. Zo is door de wetgever in bepaalde gevallen gekozen voor een formulering die inhoudt dat een titel of afdeling (mede) uitvoering geeft aan een bepaald verdrag of verordening (zie bijv. art. 10:18, 10:27 en 10:54) of voor een definitiebepaling (zie bijv. art. 10:42 en 10:103). Dit uitgangspunt is evenwel niet in alle gevallen gehandhaafd: in een aantal gevallen waarin geen nationale regels ter uitwerking of uitvoering van een verdrag zijn gegeven, maar het niettemin in verband met het belang van het onderwerp voor de praktijk wenselijk is geoordeeld de wetstoepasser te wijzen op de toepasselijkheid van dat verdrag, is volstaan met een bepaling die – globaal – verwijst naar een verdrag of verordening dat het toepasselijke recht aanwijst. Zie voor voorbeelden in Boek 10 art. 10:113 (inzake bescherming van kinderen), art. 10:116 (inzake levensonderhoud) en art. 10:125 (inzake vertegenwoordiging). In dit verband kan nog worden gewezen op art. 10:145 lid 1 dat verwijst naar de Europese erfrechtverordening. Op deze wijze wordt de rechtszekerheid en de toegankelijkheid van de voor Nederland gelden internationale en EU-regelingen vergroot. Voor de bespreking van deze regelingen zal bij de behandeling van de in Boek 10 opgenomen artikelen telkens worden verwezen naar de Bijzondere Delen van Tekst & Commentaar. De aandacht verdient verder, dat de wetgever er voor heeft gekozen om uitsluitend de in de Boeken 1-8 BW vervatte onderwerpen een plaats te bieden in Boek 10. Zo is het insolventierecht waar het betreft kwesties van insolventie met een internationale dimensie heden ten dage geregeld in de herziene Insolventieverordening (herschikking) van 2015. Deze verordening bevat, naast de klassieke onderwerpen van formeel IPR, in art. 7-18 een uitvoerige conflictenrechtelijke regeling. Een incidentele verwijzing in een aparte afdeling van Boek 10 ontbreekt echter. Ten slotte dient de rechtstoepasser zich steeds voor ogen te houden, dat in Boek 10 ook niet is opgenomen een reeks bepalingen uit Boek 1-8 BW, die een internationaal element hebben én, daarenboven, een meer of minder conflictenrechtelijk karakter hebben. Genoemd kan in dit verband worden een aantal bepalingen van zogenoemd registerrecht (bijvoorbeeld art. 1:20b, 1:21, 1:25, 1:25a-25f, 1:28, 1:29c en 1:49a BW). Tot deze categorie behoort ook de regeling inzake het schijnhuwelijk (art. 1:44 lid 1 onderdeel k, art. 1:53 lid 3, art. 1:58 lid 3 en art. 1:71a BW). Verder kunnen genoemd worden enkele zogenoemde materiële regels van IPR, bijvoorbeeld art. 2:86, 2:196, 2:333b-333e en 3:31 BW, alsook art. 3:305c BW. Ook is er door de wetgever van afgezien om een aantal, ter uitvoering van Europese richtlijnen, verbrokkeld in het BW geïmplementeerde regelingen van onder meer consumenten- en werknemersbescherming in Boek 10 op te nemen. Deze regelingen bevatten vaak een geschreven scope rule, die de reikwijdte van de in deze richtlijnen vervatte materie in een internationaal geval afbakenen (zie bijvoorbeeld art. 6:247, art. 7:6 lid 3, art. 7:46j lid 3 en art. 7:48g lid 2 BW). Zie *WPNR* 2010, waarin 'als rode draad' een aantal afzonderlijke bijdragen in de serie 'Boek 10 BW (IPR)' is opgenomen. Zie ook het themanummer Voorstel Boek 10 BW, in: *NIPR* 2010, p. 397 met hierin een aantal – deels kritische – bijdragen van Vonken, Rutten, Van der Plas, Ten Wolde, Oderkerk en Maclaine Pont; zie voorts A.V.M. Struycken, 'Boek 10 BW – een grote stap in de codificatie van het ipr', *VrA* 2011, p. 3-40; Vlas, *IPR en BW (Mon. BW nr. A27)* 2015/1 e.v. **Geen regels van Nederlands interregionaal privaatrecht.** Het interregionaal privaatrecht geeft een regeling voor geschillen wanneer binnen een staat met een meervoudig rechtsstelsel verschillend recht geldt per gebiedsdeel (deelstaat, provincie of kanton). Ook het Koninkrijk der Nederlanden kent een dergelijk meervoudig rechtsstelsel, in die zin dat vanaf 10 oktober 2010 het Koninkrijk bestaat uit de (zelfstandige) landen Nederland (als land in Europa), Aruba, Curaçao en Sint Maarten. Daarentegen maken Bonaire, Sint Eustatius en Saba elk deel uit van het staatsbestel van Nederland. Uit de MvT, p. 3 volgt expliciet dat interregionale gevallen die niet internationaal zijn, maar alleen Nederlands-interregionaal – met andere woorden: de interregionale intrakoninkrijksgevallen – niet zijn geregeld in Boek 10. In de MvT, p. 3 wordt in dit verband volstaan met de opmerking, dat met betrekking tot kwesties van Nederlands interregionaal privaatrecht, dat grotendeels ongeschreven recht is, in een concreet geval de bepalingen van Boek 10 – en derhalve ook art. 10:15 – voor analogische toepassing in aanmerking kunnen komen. Zie onder meer HR 25 november 1988, *NJ* 1989/421 en HR 11 juli 2008, *NJ* 2008/721. Benadrukt dient in dit verband te worden dat de kwestie van de interregionale gevallen voor buitenlandse meervoudige rechtsstelsels wel wordt behandeld in art. 10:15 (zie nader het commentaar op art. 10:15).

5. Overgangsrecht. De tot voor kort gegolden hebbende nationale regelingen van conflictenrecht zijn, zo is in aant. 1 reeds geconstateerd, zonder ingrijpende wijzigingen overgenomen in de overeenkomstige regelingen van de Titels 2-6, 8, 10-12 en 15 van Boek 10. De ten aanzien van die nationale regelingen geldende bepalingen van overgangsrecht zijn doorgaans zonder materiële wijzigingen in de desbetreffende titels opgenomen (zie art. 10:26, 10:34, 10:52, 10:53, 10:91, 10:112 en 10:152); gezien de opzet en structuur van Boek 10 blijven die bepalingen van overgangsrecht immers ongemoeid bij de inwerkingtreding van Boek 10. De aandacht verdient voorts dat de wetgever voor de in Titel 1 van Boek 10 opgenomen Algemene Bepalingen geen regel van overgangsrecht heeft geformuleerd; in de MvT, *Kamerstukken II* 32137, 3, p. 95 wordt dit onderbouwd met het argument, dat de in Titel 1 opgenomen bepalingen een codificatie van het huidige ongeschreven recht behelzen. Dit komt er derhalve op neer dat de aan de in Titel 1 vervatte regels terugwerkende kracht kan worden verleend met betrekking tot het voorheen geldende recht ter zake. Dit laatste geldt echter niet voor art. 10:8 (algemene exceptieclausule) en art. 10:9 (fait accompli-exceptie). Deze beide bepalingen maken immers geen deel uit van het vóór 1 januari gegolden hebbende Nederlandse commune IPR. Opmerking verdient verder dat voor de 'nieuwe' facultatieve verwijzingsregel van art. 10:56, waarin het toepasselijke recht wordt aangewezen inzake kwesties van echtscheiding, een regel van overgangsrecht niet is geformuleerd in afdeling 4 van Titel 3 (het huwelijk), maar in art. 270 Overgangswet NBW. Uit dit art. 270 Overgangswet NBW volgt, dat de verwijzingsregel van art. 10:56 slechts van toepassing is op ontbinding van het huwelijk of scheiding van tafel en bed die is verzocht na het tijdstip van inwerkingtreding (namelijk 1 januari 2012) van Boek 10. Dit betekent dat verzoeken tot echtscheiding die vóór dit tijdstip worden ingediend, dienen te worden beoordeeld volgens de 'oude' verwijzingsregel van art. 1 WCE. Overigens ontbreekt in afdeling 4 van Titel 3 de in art. 4 WCE gegeven overgangsrechtelijke regeling inzake de elders tot stand gekomen echtscheiding (op grond van art. 10:57). De aandacht dient er hier ten slotte nog op te worden gevestigd, dat met de inwerkingtreding van Boek 10 art. 6 Wet AB (personeel statuut) en art. 10 Wet AB (vormstatuut) van de Wet van 15 mei 1829, *Stb.* 28, houdende algemene bepalingen der wetgeving van het Koninkrijk komen te vervallen (zie art. III). Voorts zijn vanaf dit tijdstip de in aant. 1 bedoelde afzonderlijke wetten van conflictenrecht ingetrokken (zie voor een volledige opsomming van deze wetten, art. IV, onderdeel a-p).

ALGEMENE BEPALINGEN

Burgerlijk Wetboek Boek 10 (Relevante artikelen)

TITEL 1
Algemene bepalingen

Artikel 1

De in dit Boek en andere wettelijke regelingen vervatte regels van internationaal privaatrecht laten de werking van voor Nederland bindende internationale en communautaire regelingen onverlet.

[19-05-2011, Stb. 272, i.w.tr. 01-01-2012/kamerstukken 32137]

[Voorrang van internationale en Europese regelingen]

Betekenis. De afgelopen decennia worden gekenmerkt door een voortschrijdende internationalisering en met name europeanisering van het internationaal privaatrecht. Dit heeft geleid, zo is in de Inleidende opmerkingen bij Boek 10 reeds geconstateerd, tot een grote verscheidenheid van rechtsbronnen. Behalve in nationale regelingen is het internationaal privaatrecht vervat in internationale regelingen van met name de Haagse Conferentie voor Internationaal Privaatrecht en in regelingen van de Europese Unie. Wat betreft deze verdragsregelingen op het gebied van het internationaal privaatrecht gaat het doorgaans om een ieder verbindende bepalingen, waarvan de voorrang boven nationale regels reeds volgt uit art. 94 Gw. Wat de Europese regelingen betreft, vloeit deze voorrang voort uit het beginsel van het primaat van het Unierecht. Hoewel er geen uitdrukkelijke bepaling is, die dit beginsel in het Unierecht verankert, heeft het HvJ EU vanaf 1964, in een constante reeks uitspraken, dit beginsel bekrachtigd (zie onder meer HvJ EG 15 juli 1964, C-6/64, ECLI:EU:C:1064:66 (*Costa/ENEL*)); HvJ EU 8 september 2010, C-409/06, *NJ* 2010/646 (*Winner Wetten/Bergheim*), punten 53-56; HvJ EU 6 maart 2018, C-284/16, ECLI:EU:C:2018:158 (*Slowaakse Republiek/Achmea*), punt 33. Dit beginsel heeft tot gevolg dat iedere nationale bepaling die met het Unierecht in strijd is van rechtswege buiten toepassing wordt gelaten. In dit opzicht bezien is, strikt genomen, art. 10:1 juridisch overbodig. Dit belet niet dat de bepaling voor de rechtstoepasser wel een nuttige signaalfunctie kan hebben. Uit de bepaling volgt overigens expliciet dat bedoelde internationale en Europese regelingen niet alleen voorrang hebben op de in Boek 10 opgenomen internationaal privaatrechtelijke bepalingen, maar ook bepalingen die in andere nationale wettelijke regels, die zoals in de Inleidende opmerkingen bij Boek 10 reeds is opgemerkt, niet naar Boek 10 zijn overgeheveld. Zie nader *Asser/Vonken 10-I* 2018/101-102.

Artikel 2

De regels van internationaal privaatrecht en het door die regels aangewezen recht worden ambtshalve toegepast.

[19-05-2011, Stb. 272, i.w.tr. 01-01-2012/kamerstukken 32137]

[Ambtshalve toepassing van recht]

1. Algemeen. In de bepaling zijn twee procesrechtelijke regels van dezelfde strekking opgenomen: de rechtstoepasser dient zowel de regels van internationaal privaatrecht – meer concreet: regels van conflictenrecht of verwijzingsregels – als het door deze regels aangewezen buitenlandse recht ambtshalve toe te passen. Dit betekent dat onafhankelijk van de door de betrokken partijen gegeven rechtsbeschouwingen de Nederlandse rechtstoepasser uit hoofde van zijn ambt dat (conflicten)recht dient toe te passen, waaraan naar zijn inziens de aan hem voorgelegde zaak is onderworpen. Hoewel hetzelfde reeds volgt uit art. 25 Rv heeft de wetgever, om reden van duidelijkheid, een uitdrukkelijke bepaling omtrent deze beide procesrechtelijke kwesties wenselijk geacht. Benadrukt dient hier voorts te worden, dat de bepaling niet alleen gericht is tot de rechter, maar ook tot andere rechtstoepassers – al dan niet buiten rechte –, zoals de notaris of de ambtenaar van de burgerlijke stand. De aandacht verdient ten slotte dat de bepaling heeft te gelden voor zowel een gewone (bodem)procedure als in een kort geding procedure. Zie nader met betrekking tot art. 10:2, *Asser/Vonken 10-I* 2018/395-407. **Beperking ambtshalve toepassing in rechte op grond van regels van procesrecht.** Op grond van regels van procesrecht is de ambtshalve toepassing in rechte aan bepaalde grenzen gebonden. Zo brengt het grievenstelsel in hoger beroep mee dat het door de appellant aan de appelrechter voorgelegde geschil beperkt is tot de tegen het vonnis van de lagere rechter aangevoerde grieven. Wanneer de rechtbank zich heeft uitgelaten over het toepasselijke recht, is het hof aan dit oordeel van de rechtbank gebonden, wanneer hiertegen geen grief is gericht. Het hof mag in dit geval derhalve niet ambtshalve het toepasselijke recht vaststellen (zie bijv. HR 31 mei 2002, *NJ* 2003/344). Hetzelfde geldt voor het middelenstelsel in cassatie: bij gebreke van een cassatieklacht tegen het door de lagere rechter vastgestelde recht kan de Hoge Raad niet ambtshalve het toepasselijke recht vaststellen (zie bijv. HR 23 februari 2001, *NJ* 2001/431). Voorts wordt in art. 79 RO uitdrukkelijk de mogelijkheid uitgesloten om in cassatie te klagen over schending van het recht van vreemde staten. De toepassing van de eigen regels van conflictenrecht (verwijzingsregels) kunnen daarentegen wel ter toetsing in cassatie komen, aangezien deze regels onderdeel vormen van het Nederlandse recht. Voorts verdient opmerking, dat ook al strekt de cassatiecontrole, zoals gezegd, zich niet uit tot de toepassing van buitenlands recht, de Hoge Raad zich wel bevoegd acht tot cassatie, indien de toepassing van het buitenlandse recht gebrekkig of onbegrijpelijk is gemotiveerd. Dit volgt bijvoorbeeld uit HR 31 mei 1985, *NJ* 1985/717; HR 3 maart 1989, *NJ* 1990/688 en HR 13 juli 2001, *NJ* 2002/215.

2. De ambtshalve toepassing van regels van conflictenrecht. Met betrekking tot de toepassing van het conflictenrecht is de heersende leer in Nederland, dat de rechter (en andere rechtstoepassers) de verwijzingsregels ambtshalve dien(t)(en) toe te passen. Deze leer is in overeenstemming met art. 25 Rv. In deze bepaling is een van de belangrijkste beginselen van het Nederlandse procesrecht neergelegd, te weten de ambtshalve aanvulling van rechtsgronden, en de daaraan door de rechtspraak gegeven uitleg. Zie Mostermans, *De processuele behandeling van het conflictenrecht* 1996, p. 34-37 en HR 4 juni *1915, NJ 1915, p. 865*, HR 8 april 1927, *NJ* 1927, p. 1110 en HR 20 maart 1931, *NJ* 1931, p. 890; HR 15 april 1983, *NJ* 1983/698; HR 3 september 1999, *NJ* 2001/405; HR 22 februari 2002, *NJ* 2003/483; HR 19 december 2010, *NJ* 2011/8. Opmerking verdient hier in de eerste plaats dat met de bepaling door de wetgever, weloverwogen, de zogenoemde leer van het facultatieve conflictenrecht is geblokkeerd De wetgever heeft in die zin uitdrukkelijk stelling genomen in de MvT, *Kamerstukken II*, 32137, 3, p. 8. Deze leer komt erop neer dat de rechter het conflictenrecht slechts toepast, wanneer één van de partijen zich op de toepassing van buitenlands recht beroept. Wanneer dit niet gebeurt, past de rechter de lex fori toe. De enige bepaling die (uitdrukkelijk) is gebaseerd op deze leer van het facultatieve conflictenrecht is art. 10:56, waarin het op de echtscheiding toepasselijke recht wordt aangewezen. Dit laatste artikel vormt aldus een inbreuk op de procesrechtelijke regel van art. 10:2. Voorts verdient de aandacht dat niet alleen het geschreven conflictenrecht, maar ook het ongeschreven conflictenrecht (bijv. rechtspraak) ambtshalve moet worden toegepast. Het is dus niet noodzakelijk dat de verwijzingsregel in een internationaal instrument (bijv. verdrag of verordening) of een wet is neergelegd. Gewezen dient in dit verband nog te worden op de mogelijkheid van de zogenoemde processuele rechtskeuze, in die zin dat partijen tijdens de procedure zich nog kunnen uitlaten over het krachtens de verwijzingsregel als toepasselijk aangewezen recht. Ten slotte dient er in dit verband op te worden gewezen dat de ambtshalve toepassing van regels van conflictenrecht ook heeft te gelden voor de in art. 10:6 neergelegde openbare orde-exceptie en de in art. 10:8 neergelegde algemene exceptieclausule.

3. De ambtshalve vaststelling van de inhoud van het toepasselijke buitenlandse recht. a. Algemeen. Met betrekking tot het vaststellen van de inhoud van het buitenlandse recht geldt volgens het huidige Nederlandse recht, dat de (lagere) rechter ook de inhoud van het buitenlandse recht waarnaar de verwijzingsregel verwijst, ambtshalve dient vast te stellen. Ook in dit opzicht kan worden verwezen naar de eerdergenoemde uitspraak HR 4 juni 1915, *NJ* 1915, p. 865, HR 3 april 1927, *NJ* 1927, p. 1110, HR 3 september 1999, *NJ* 2001/405 en HR 22 februari 2002, *NJ* 2003/483; HR 6 april 2012, *NJ* 2013/235. De rechter zal zich derhalve uit eigen beweging en onafhankelijk van de standpunten van partijen moeten vergewissen van de inhoud van het buitenlandse recht. Het adagium 'ius curia novit' geldt in deze opvatting niet alleen voor het eigen interne recht, maar ook voor het buitenlandse recht. Dit impliceert dat de rechter in principe zelf onderzoek moet verrichten en dat hij het buitenlandse recht niet als feit door partijen, getuigen of deskundigen mag laten bewijzen. Dit betekent echter niet dat de rechter bij de vaststelling van de inhoud van buitenlands recht zich niet mag laten voorlichten door of de hulp mag inroepen van de procespartijen. Met andere woorden: het staat de rechter wel vrij om de procespartijen (en getuigen en deskundigen) in te schakelen om zich te doen voorlichten over het betreffende buitenlandse recht, zij het dat hun verklaringen geen enkele procesrechtelijke status hebben en de rechter derhalve er aan voorbij kan gaan. Wat betreft de interpretatie van het toepasselijke buitenlandse recht verdient de aandacht dat dit toepasselijke buitenlandse recht op dezelfde wijze moet worden toegepast als dit in het betrokken land gebeurt, dat wil zeggen met inbegrip van bijvoorbeeld rechtspraak en literatuur en van de aldaar geldende opvattingen omtrent vraagstukken als de wijze van wetsinterpretatie. In gelijke zin Rapport Staatscommissie 2002, nr. 35. Aangezien de ambtshalve vaststelling van de inhoud van het door de verwijzingsregel aangewezen buitenlandse recht in het verlengde ligt van de ambtshalve toepassing van het conflictenrecht, ligt het in de rede dat voor beide procesrechtelijke kwesties is gekozen voor dezelfde oplossing. **b. De toegankelijkheid van buitenlands recht.** Het buitenlandse recht is in bepaalde gevallen niet altijd in dezelfde mate toegankelijk als het Nederlandse recht. De rechtstoepasser beschikt evenwel over een aantal informatiekanalen via welke hij kennis en inzicht kan krijgen van buitenlands recht. Men kan bijvoorbeeld gespecialiseerde bibliotheken (zoals die van het Vredespaleis) of instellingen (Internationaal Juridisch Instituut of het Asser Instituut) of – voor het notariaat – bij de eigen beroepsorganisatie (KNB) raadplegen. De rechterlijke macht heeft bovendien de mogelijkheid informatie over buitenlands materieel recht te verkrijgen met behulp van het op reciprociteit gebaseerde Europese Verdrag inzake inlichtingen over buitenlands recht van 1968. Door individuele advocatenkantoren worden netwerken opgezet waarbij samenwerking wordt gezocht met buitenlandse kantoren. Voorts zijn er losbladige uitgaven die overzichten per land geven over bepaalde deelonderwerpen. Bekende publicaties zijn: Bergmann, Ferid e.a. *Internationales Ehe- und Kinderschaftsrecht* (Frankfurt am Main – verlag für Standesamtswesen); Ferid, Firsching, e.a. *Internationales Erbrecht: Quellensammlung mit systematischen Darstellungen des materiellen Erbrechts sowie des Kollisonsrecht der wichtigsten Staaten* (München-Beck); Klein, e.a. *Juris classeur de droit comparé*, Parijs: Editions technique. Tegenwoordig speelt ook het internet een belangrijke rol (databanken e.d.). **c. Toepassing van surrogaatrecht.** Ondanks de beschikbaarheid van de hierboven genoemde informatiebronnen is het niet uitgesloten dat in bepaalde gevallen de rechter de inhoud van het door de verwijzingsregel aangewezen buitenlandse recht niet kan achterhalen dan wel de inhoud ervan niet met voldoende zekerheid kan vaststellen. De rechter kan dan niet de in de verwijzingsregel besloten liggende opdracht om een bepaald recht toe te passen vervullen. De rechter ziet zich dan soms genoodzaakt om een ander, zogenoemd surrogaatrecht toe te passen. In de MvT, p. 9 wordt een opsomming gegeven van in de doctrine algemeen aanvaarde surrogaatoplossingen. Mogelijke benaderingen kunnen bijvoorbeeld zijn de toepassing van eenvormig recht en algemene rechtsbeginselen, toepassing van een, wel te achterhalen, verwant rechtsstelsel (wanneer bijvoorbeeld als toepasselijk wordt aangewezen het recht van een voormalige kolonie, welk recht ontleend is aan en (nog) gelijkenis vertoont met het recht van het moederland), of toepassing van de lex fori. Zie ook art. 10:23 waarin is bepaald dat wanneer de ambtenaar van de burgerlijke stand in de onmogelijkheid verkeert om het recht te kiezen dat op de vaststelling van de naam toepasselijk is, hij bij wijze van voorlopige beslissing zijn nationale recht – het Nederlandse recht dus – toepast. **d. Het verbod op met de goede procesorde strijdige verrassingsbeslissingen.** In de MvT, p. 10 wordt in dit verband benadrukt, dat de rechter partijen niet mag confronteren met verrassingsbeslissingen. Ter voldoening hieraan kan de rechter bij ambtshalve toepassing een tussenvonnis wijzen, waarin hij aandacht besteedt aan het conflictenrecht en eventueel ook aan de inhoud van het volgens hem toepasselijke recht, en partijen de gelegenheid wordt gegeven zich zo nodig over de inhoud van dit recht uit te laten en hun feitelijke stellingen daaraan aan te passen. Ook kan de rechter de kwestie van het toepasselijke recht tijdens die zitting ambtshalve aan de orde stellen. Wanneer geen van de partijen hieraan echter aandacht heeft besteed, kan via een tussenvonnis of een aanhouding partijen alsnog de gelegenheid worden geboden zich over het toepasselijke recht uit te laten.

4. De procedure in kort geding. Volgens de in Nederlands heersende leer geldt de ambtshalve toepassing van regels van conflictenrecht en van buitenlands recht, in beginsel, ook voor een procedure in kort geding. Wat betreft de ambtshalve toepassing van het conflictenrecht pleit hiervoor het argument van de nauwe band die bestaat tussen de voorziening in kort geding en een mogelijk daarop volgende bodemprocedure. Het lijkt in dat verband dan ook onjuist om voor het kort geding een fundamenteel ander standpunt in te nemen dan voor een bodemprocedure; de rechtseenheid en de rechtszekerheid zouden daarmee niet zijn gebaat. Bovendien zouden de partijverwachtingen kunnen worden gefrustreerd, wanneer in de kort geding procedure als gevolg van het buiten toepassing laten van het conflictenrecht een ander recht zou worden toegepast dan in de bodemprocedure. Hetzelfde geldt, in beginsel, eveneens voor de ambtshalve toepassing van het vreemde recht in het geval dit door de verwijzingsregel wordt aangewezen. Benadrukt dient in dit verband te worden dat het karakter van het kort geding bij de ambtshalve toepassing wel een aantal bijzonderheden met zich brengt. Gewezen kan in dit verband worden op de verruimde plicht van partijen (met name de eiser) om de rechter te informeren over het toepasselijke recht, de minder verstrekkende vaststellingsplicht van de kort geding- rechter, in die zin dat hij genoegen mag nemen met een zekere mate van waarschijnlijkheid omtrent de inhoud van het buitenlandse recht, de mogelijkheid om in het midden te laten welk recht van toepassing is, of verwijzing van de zaak naar de bodemprocedure, of toepassing van een vervangend recht (in het bijzonder de lex fori), wanneer het toepasselijke recht niet binnen de beschikbare tijd met voldoende zekerheid kan worden opgespoord. In die zin Kramer, *Het kort geding in internationaal perspectief* (2001), p. 320 e.v. **Het kort geding als ordemaatregel.** Speciale vermelding verdient dat in kort geding zich gevallen kunnen voordoen, waarin op (zeer) korte termijn bij wijze van ordemaatregel een beslissing moet worden gegeven. Deze ordemaatregel is niet (primair) bedoeld om, ook al is deze voorlopig, een oordeel te geven over de juridische positie van partijen, maar louter om orde te scheppen in de feitelijke verhoudingen van partijen. In dergelijke gevallen, zo wordt in de MvT, p. 10 opgemerkt, kan het praktisch onuitvoerbaar zijn om binnen een redelijke termijn de inhoud van het toepasselijke vreemde recht met de vereiste nauwkeurigheid vast te stellen. Ook al wordt onderkend dat in kort geding minder strenge motiveringsvereisten gelden dan in een bodemprocedure, toch kunnen zich gevallen voordoen waarin er niet aan valt te ontkomen dat de belangen die gediend worden door de toepassing van het aangewezen vreemde recht, moeten wijken voor het belang van een onverwijlde voorziening. Dit heeft tot gevolg dat de rechter de lex fori (derhalve het Nederlands recht) toepast.

Artikel 3

Op de wijze van procederen ten overstaan van de Nederlandse rechter is het Nederlandse recht van toepassing.

[19-05-2011, Stb. 272, i.w.tr. 01-01-2012/kamerstukken 32137]

[De wijze van procederen]

1. Algemeen. Uit de bepaling volgt, dat op de wijze van procederen ten overstaan van de Nederlandse rechter de lex fori van toepassing is. Deze zogenoemde lex fori processusregel omvat onder meer de kwesties van de bevoegdheid van de Nederlandse rechter, het aanhangig maken van een geschil bij verzoekschrift of dagvaarding, de rechtsmiddelen en de termijnen (hun aanvang, duur en einde), de mededeling/betekening van stukken, de bewijsvergaring, de erkenning en de tenuitvoerlegging van vonnissen en akten en geldt ook voor voorlopige maatregelen. Hierbij dient echter te worden aangetekend, dat heden ten dage enkele van deze procesrechtelijke kwesties (grensoverschrijdende betekening, bewijsvergaring en de erkenning/ten uitvoerlegging van buitenlandse vonnissen) worden bestreken door verdragen en verordeningen, die ingevolge art. 10:1 voorrang hebben op nationale regels van procesrecht. Voorts verdient de aandacht dat de bepaling uitsluitend betrekking heeft, zo wordt nogmaals benadrukt in de MvT, *Kamerstukken II* 2009/10, 32137, 3, p. 11, op een procedure voor de Nederlandse rechter, aangezien de Nederlandse wetgever uiteraard een buitenlandse rechter niet kan voorschrijven welk procesrecht deze in een bij hem aanhangige procedure dient toe te passen. Voor het geval in een Nederlandse procedure de vraag zich aandient welk procesrecht in een buitenlandse procedure van toepassing is, ligt het in de rede dat ook de buitenlandse rechter zijn nationale procesrecht toepast. De in de bepaling neergelegde lex fori processus-regel geldt overigens niet alleen voor de Nederlandse rechter, maar, zo volgt uit de MvT, p. 11, ook voor andere ambtsdragers die een taak te vervullen hebben in het privaatrechtelijke verkeer, zoals de notaris, de ambtenaar van de burgerlijke stand, de deurwaarder, de raad voor de kinderbescherming en de centrale autoriteiten die in het leven zijn geroepen op grond van Haagse verdragen en EU-regelingen. Ook deze ambtsdragers hebben zich, als uitgangspunt, te houden aan de Nederlandse regels van procesrechtelijke aard. Deze regels worden ook wel aangeduid als het registerrecht. Zie nader *Asser/Vonken 10-I* 2018/38-44.

2. Enkele afbakeningsproblemen. Bij de beantwoording van de vraag welk recht van toepassing is op een internationale rechtsvraag dient met betrekking tot bepaalde onderwerpen een onderscheid te worden aangebracht tussen procesrechtelijke en materieelrechtelijke elementen. Zo moet een dergelijk onderscheid worden gemaakt tussen kwesties van formeel en materieel bewijsrecht. Op vragen van formeel bewijsrecht is het procesrecht van de rechter (lex fori) van toepassing, terwijl vragen van materieel bewijsrecht worden beheerst door het recht dat op de materiële rechtsverhouding van partijen van toepassing is (lex causae). Dit tweede – materiële – aspect is geregeld in art. 10:13. Zie nader het commentaar op art. 10:13. Ook dient de vraag of de rechter de mogelijkheid heeft een grensoverschrijdende voorziening op te leggen te worden gekwalificeerd als een procesrechtelijke vraag, die dus op grond van de lex fori processus-regel dient te worden bepaald aan de hand van het Nederlandse (internationaal) burgerlijk procesrecht; de vraag welke sanctie kan worden opgelegd – bijv. nakoming, ontbinding of schadevergoeding – is daarentegen een vraag van materieel recht (de lex causae). Wat betreft de voorlopige maatregelen wordt doorgaans aangenomen dat de vraag onder welke voorwaarden een maatregel kan worden gevraagd een kwestie van procesrechtelijke aard is; de vraag aan welke vereisten moet zijn voldaan – wanneer is er bijvoorbeeld sprake van spoedeisendheid en wat is de strekking van de voorlopigheid van de voorziening – dient derhalve te worden beantwoord aan de hand van het interne recht van de geadieerde rechter. Ook het soort maatregelen dat kan worden getroffen, wordt beheerst door de lex fori. Zie nader Kramer, *Het kort geding in internationaal perspectief* (2001), p. 291. Het onderwerp van de verjaring en het verval wordt doorgaans gekwalificeerd als een kwestie van materieelrechtelijke aard, die derhalve wordt beheerst door het op de rechtsverhouding toepasselijke recht (lex causae). Zie nader het commentaar op art. 10:14. **Versoepeling van de eigen Nederlandse lex fori.** Het eigen (Nederlandse) procesrecht is doorgaans afgestemd op het normale, meest voorkomende geval van toepasselijkheid van het eigen Nederlandse materiële recht. Wanneer nu de Nederlandse rechter (of andere ambtsdragers) een buitenlands recht dient toe te passen, zal hij de grenzen van zijn (rechterlijke) taken ruim dienen te trekken. Het conflictenrecht veronderstelt immers een ruime toekenning van bevoegdheid aan de Nederlandse rechtstoepasser. Zo is de omstandigheid dat de verzochte beslissing naar vreemd recht hier te lande onbekend is (bijv. een wijzigingsbevoegdheid om de doelstellingen van een trust te wijzigen volgens Engels trustrecht), geen doorslaggevend argument voor de Nederlandse rechter om het door de verwijzingsregel aangewezen buitenlandse recht niet toe te passen. Dit laatste doet evenmin opgeld in de omstandigheid dat de verzochte beslissing naar vreemd recht niet past binnen ons stelsel van procesrecht; regels van procesrecht dienen, zo mogelijk, dienstbaar te zijn aan het materiële – ook het buitenlandse – recht. In dit kader is van belang of de betreffende werkzaamheid past binnen de taak van de Nederlandse rechter. Het gaat hier om een bevoegdheid die past bij het wezen, de kern van het (rechterlijke) ambt: vereist is dat de werkzaamheid naar vreemd recht zijn grondslag vindt in het eigen recht. Voorts dient de gevraagde werkzaamheid te passen binnen de functie die de aangezochte rechtstoepasser in zijn staatsbestel heeft. Kortom: de dienende functie van de rechtspleging ten opzichte van de goede orde in het nationale en internationale rechtsverkeer brengt mede dat de oplossing moet worden gezocht in een versoepeling van de eigen lex fori/lex magistratus. Deze regels van procesrecht moeten naar hun redelijke zin in verband met de toepasselijkheid van vreemd materieel recht worden toegepast, casu quo worden aangepast. Zie over dit leerstuk van de zogenoemde 'wesenseigene Zuständigkeit', Van der Plas, *De taak van de rechter en het IPR* (2005), p. 53 e.v.

Artikel 4

Indien de vraag welke rechtsgevolgen aan een feit toekomen bij wijze van voorvraag in verband met een andere, aan vreemd recht onderworpen vraag moet worden beantwoord, wordt de voorvraag beschouwd als een zelfstandige vraag.

[19-05-2011, Stb. 272, i.w.tr. 01-01-2012/kamerstukken 32137]

[Voorvraag]

1. Algemeen. Wanneer volgens een van onze verwijzingsregels een bepaald rechtsstelsel op een internationale rechtsverhouding van toepassing is, is in sommige gevallen de conflictenrechtelijke vraag nog niet geheel opgelost. Dit laatste is namelijk niet het geval, indien materiële regels uit dat aangewezen buitenlandse recht toegepast moeten worden en in dit kader een prealabele vraag of 'voorvraag' moet worden beantwoord, die op haar beurt een internationale rechtsvraag/rechtsverhouding betreft. Zo kan bij de afwikkeling van een nalatenschap de prealabele vraag zich aandienen, of degene die pretendeert de echtgenoot te zijn dit inderdaad is. Ook kan bij de vaststelling van een alimentatie de voorvraag beantwoording behoeven of tussen de alimentatiegerechtigde en de alimentatieplichtige een familierechtelijke betrekking bestaat, en in het kader van een vordering op grond van onrechtmatige daad wegens zaaksbeschading kan de vraag rijzen, of de eiser wel eigenaar van de beschadigde zaak is en als zodanig als rechthebbende schadevergoeding kan vorderen. Het vraagstuk van de voorvraag wordt, ruwweg geschetst, door twee met elkaar strijdige opvattingen beheerst: de zelfstandige en de afhankelijke (of onzelfstandige) aanknoping van de voorvraag. Heden ten dage is echter geen sprake meer van een tegenstelling, in die zin dat beide opvattingen voor speciale gevallen een aantal uitzonderingen accepteren. Volgens de zelfstandige aanknoping dient de voorvraag te worden beantwoord door het conflictenrecht van het eigen forum, dus door ons Nederlandse conflictenrecht. De Nederlandse rechtstoepasser zal het onderwerp van de voorvraag dan steeds op dezelfde wijze beantwoorden, ongeacht de context – dus als voorvraag dan wel als hoofdvraag – waarin de rechtsvraag zich aandient. Volgens de afhankelijke aanknoping is op de voorvraag het conflictenrecht van het als toepasselijk aangewezen buitenlandse rechtsstelsel, dat de hoofdvraag beheerst, van toepassing; het door onze verwijzingsregel aangewezen buitenlandse recht heeft als het ware onze verwijzingsregel inzake de voorvraag geabsorbeerd. Zie nader met betrekking tot art. 10:4, *Asser/Vonken 10-I* 2018/567-582. **Een voorbeeld.** Een Egyptische man en vrouw (van wie de vrouw tevens de Nederlandse nationaliteit heeft), die beiden in Nederland woonachtig zijn, hebben volgens Moslimrites een huwelijk gesloten op het Egyptische consulaat te Rotterdam. Wanneer een jaar later uit deze relatie een kind wordt geboren dient de vraag zich aan met welke staat dan het kind in zijn geboorteakte moet worden beschreven? Wanneer wij aannemen dat naar het Nederlandse conflictenrecht (art. 10:92 lid 1) deze afstammingsvraag – de hoofdvraag – dient te worden beoordeeld naar het Egyptische recht, rijst in dit verband de voorvraag van de geldigheid van dit consulaire huwelijk. Welk conflictenrecht is nu op de voorvraag van dit huwelijk van toepassing? Wanneer deze voorvraag zelfstandig wordt aangeknoopt aan het eigen recht van de rechtstoepasser (dus de lex fori), dient aan de hand van de Nederlandse verwijzingsregel inzake het huwelijk (art. 10:30) te worden bepaald of dit huwelijk, wat betreft de vorm, rechtsgeldig is; ingevolge dit art. 10:30 is het huwelijk nietig. Het kind zal dan als buitenechtelijk moeten worden aangemerkt. Wanneer de voorvraag van dit huwelijk daarentegen afhankelijk wordt aangeknoopt aan het conflictenrecht dat de hoofdvraag beheerst (dus de buitenlandse lex causae) – hier: Egyptisch recht – zal het huwelijk als rechtsgeldig kunnen worden beschouwd en kan het kind dan als wettig in zijn geboorteakte worden beschreven.

2. Het 'probleem' van de voorvraag. a. Algemeen. Het 'probleem' van de voorvraag doet zich uitsluitend voor, wanneer de rechtstoepasser een keuze moet doen tussen de zelfstandige aanknoping van de voorvraag en de afhankelijke aanknoping ervan. In bepaalde situaties komt een keuze tussen beide voornoemde opvattingen niet aan de orde of is zonder belang, omdat beide opvattingen tot het zelfde resultaat leiden. Een keuze tussen de zelfstandige en afhankelijke aanknoping van de voorvraag is, zo wordt doorgaans aangenomen, slechts noodzakelijk indien aan de volgende vereisten, cumulatief, is voldaan. Een eerste vereiste is dat de hoofdvraag volgens de verwijzingsregel van de lex fori moet worden beheerst door een buitenlands materieel recht (lex causae); anders valt immers het conflictenrecht van de lex fori en dat van de buitenlandse lex causae samen. Wanneer zich een voorvraag in het kader van het krachtens onze verwijzingsregel toepasselijke Nederlandse materiële recht aandient – de hoofdvraag – hebben wij weliswaar van doen met een voorvraag, maar niet met het 'probleem' van de voorvraag. Wanneer wij deze voorvraag zelfstandig aanknopen, dient het Nederlandse conflictenrecht immers te worden toegepast. Wanneer wij dezelfde voorvraag daarentegen afhankelijk aanknopen, dient ditzelfde Nederlandse conflictenrecht ons de oplossing te geven, aangezien ook de hoofdvraag door Nederlands recht wordt beheerst. In beide situaties wordt derhalve het op de voorvraag toepasselijke recht bepaald door het Nederlandse conflictenrecht. Een tweede vereiste is dat de verwijzingsregel van de lex fori de voorvraag, afzonderlijk beschouwd, aan een ander rechtsstelsel dient te onderwerpen dan de verwijzingsregel van de buitenlandse lex causae. Wanneer de beide verwijzingsregels naar hetzelfde rechtsstelsel verwijzen, doet zich immers geen conflict van verwijzingsregels voor en derhalve rijst evenmin het 'probleem' van de voorvraag. Een derde vereiste is, dat in het geval de verwijzingsregel van de lex fori en de buitenlandse lex causae een verschillend rechtsstelsel aanwijzen, de materiële regels van deze beide in aanmerking komende rechtsstelsels ook wat betreft inhoud van elkaar dienen af te wijken, dat wil zeggen tot een verschillend verwijzingsresultaat leiden. Benadrukt dient in dit verband te worden, dat een (familierechtelijke) voorvraag zich ook kan aandienen in de context van een Nederlandse publiekrechtelijke regeling op bijvoorbeeld het terrein van het sociaal zekerheidsrecht en het vreemdelingenrecht. Weliswaar is dan geen sprake van een 'probleem' van de voorvraag, omdat de hoofdvraag – de publiekrechtelijke aanspraak – wordt beheerst door Nederlands recht. Er kan echter geen misverstand over bestaan, dat op de in dit verband rijzende voorvragen het Nederlandse conflictenrecht dient te worden toegepast, en niet het Nederlandse interne recht. **b. De prealabele vraag/voorvraag in het kader van een erkenningsregeling.** De prealabele vraag van de rechtsgeldigheid van een in het buitenland tot stand gekomen rechtsverhouding of rechtsfeit – bijvoorbeeld de vraag van de rechtsgeldigheid van een in het buitenland gesloten huwelijk – kan ook aan de orde komen in de context van de toepassing van een erkenningsregeling ter zake van een in het buitenland tot stand gekomen rechterlijke beslissing of rechtsfeit. De vraag is dan of deze prealabele vraag als een klassieke voorvraag moet worden aangemerkt en aldus het leerstuk van de conflictenrechtelijke voorvraag kan worden toegepast. Meer concreet: moet deze prealabele vraag, als voorvraag – in casu de geldigheid van huwelijk – worden beantwoord aan de hand van het Nederlandse conflictenrecht (de zelfstandige aanknoping van de voorvraag) op grond van art. 10:4 en art. 10:33 BW of aan de hand van het buitenlandse conflictenrecht (de afhankelijke aanknoping van de voorvraag)? De onderhavige kwestie was aan de orde in HR 19 mei 2017, *NJ* 2017/435. In dit geval diende de Hoge Raad vast te stellen of bij de beoordeling van de vraag of een in het buitenland vastgestelde familierechtelijke betrekking kan worden erkend in de zin van art. 10:100 en art. 10:101 BW, eerst de 'voorvraag' diende te worden gesteld of de daaraan ten grondslag liggende rechtsverhouding (in casu het huwelijk van de ouders) in Nederland kon worden erkend. De Hoge Raad is echter van oordeel dat hier van het leerstuk van de voorvraag geen sprake is. Hij komt tot dit standpunt op grond van de overweging, dat bij de erkenning van de in de (in casu Marokkaanse) akte neergelegde familierechtelijke betrekking ingevolge art. 10:101 lid 1 jo. art. 10:101 lid 2 BW een conflictenrechtelijke toets niet plaatsvindt, dat wil zeggen: de buitenlandse afstamming behoeft niet in overeenstemming te zijn met het door onze verwijzingsregel inzake de afstamming aangewezen recht. Indien in het kader van de weigeringsgrond van de openbare orde als bedoeld in art. 10:101 lid 1 en 2 BW in verbinding met art. 10:100 lid 1 onderdeel c BW de vraag rijst of sprake is van een rechtsgeldig huwelijk, moet deze vraag derhalve niet worden beantwoord door toepassing te geven aan art. 10:4 en art. 10:33 BW (r.o. 3.6.2). De achterliggende gedachte is kennelijk dat nu het Nederlandse conflictenrecht als gevolg van het verbod van de conflictenrechtelijke toets is uitgeschakeld om het toepasselijke recht op de hoofdvraag (de geldigheid van de familierechtelijke betrekking tussen de vader en de minderjarige) aan te wijzen, het Nederlandse conflictenrecht zich evenmin kan aandienen om het toepasselijke recht op de voorvraag (de geldigheid van het huwelijk waaruit de minderjarige is geboren) aan te wijzen. Anders gezegd: wanneer (uitdrukkelijk) afstand is gedaan van de conflictenrechtelijke toets bij de erkenningsregeling, zou het in strijd zijn met de strekking van deze regeling om deze conflictenrechtelijke toets dan wel toe te passen bij een in deze context rijzende prealabele vraag. Zie Strikwerda, in zijn noot (nr. 7) onder HR 19 mei 2017, *NJ* 2017/435. Deze opvatting leidt tot de conclusie dat bij de beantwoording van de prealabele vraag van de rechtsgeldigheid van een rechtsfeit dat is vastgesteld bij een buitenlandse rechterlijke beslissing of dat is neergelegd in een buitenlandse akte in het kader van een erkenningsregeling – én bij welke erkenningsregeling de conflictenrechtelijke toets is terzijde gesteld – het leerstuk van de voorvraag niet mag worden toegepast. De Hoge Raad komt dan tot de conclusie (r.o. 3.6.5), dat indien een buitenlands tot stand gekomen rechtsfeit of rechtshandeling waarbij familierechtelijke betrekkingen zijn vastgesteld of gewijzigd, voortvloeit uit een buiten Nederland gesloten huwelijk waaraan erkenning wordt onthouden wegens kennelijke onverenigbaarheid met de openbare orde in de zin van art. 10:32 BW, (ook) de erkenning van dat rechtsfeit of die rechtshandeling afstuit op de weigeringsgrond van de openbare orde als bedoeld in art. 10:101 leden 1 en 2 BW in verbinding met art. 10:100 lid 1, onderdeel c, BW. Aan de openbare orde-exceptie van art. 10:100 en art. 10:101 BW wordt aldus invulling gegeven met behulp van de openbare orde-bepaling van art. 10:32 BW. Dogmatisch juister is echter de oplossing die de beantwoording van de onderhavige vraag oplost via het leerstuk van de 'Erstfrage', die dient te worden onderscheiden van het leerstuk van de voorvraag; zie nader *Asser/Vonken 10-I* 2018/571. In bepaalde gevallen wordt in de wijzigingscategorie (het onderwerp) van de eigen (Nederlandse) verwijzingsregel of erkenningsregeling gerefereerd aan een prealabele rechtsverhouding/rechtsfeit; het al dan niet bestaan van deze (rechtsgeldige) rechtsverhouding/rechtsfeit is hier een bestanddeel van deze verwijzings- of erkenningsregel. Deze prealabele vraag met betrekking tot deze rechtsverhouding/rechtsbegrip dient nu eerst te worden opgelost alvorens men de Nederlandse verwijzingsregel/erkenningsregel kan toepassen. Anders gezegd: deze 'Erstfrage' wordt steeds door het conflictenrecht van het eigen (Nederlandse) forum opgeworpen en dient bijgevolg te worden beantwoord voordat de (buitenlandse) lex causae, die de hoofdvraag beheerst, kan worden vastgesteld. Zo veronderstelt de vraag welk recht van toepassing is op het huwelijksvermogensregime van de echtgenoten (op grond van bijvoorbeeld art. 4 en 5 Haags Huwelijksvermogensverdrag 1978) of welk recht de echtscheiding van partijen beheerst (op grond van art. 10:56 BW) dat een rechtsgeldig huwelijk bestaat. De vraag of een in het buitenland vastgestelde familierechtelijke betrekking in Nederland kan worden erkend in de zin van art. 10:100 en 10:101 BW veronderstelt dat aan deze rechtsbetrekking een andere rechtsverhouding (bijvoorbeeld een huwelijk) ten grondslag ligt. In tegenstelling tot de voorvraag, die eerst pas kan opduiken nadat het door de verwijzingsregel met betrekking tot de op de hoofdvraag toepasselijke (buitenlandse) lex causae is aangewezen, gaat de 'Erstfrage' logisch vooraf aan de toepassing van de verwijzingsregel/erkenningsregel die voor de hoofdvraag geldt. Wat betreft deze 'Erstfrage' kan zich het 'probleem van de voorvraag' dus niet voordoen; immers een buitenlandse lex causae met betrekking tot de hoofdvraag is nog niet vastgesteld. De 'Erstfrage' kan dan ook uitsluitend aan de hand van het eigen (Nederlandse) conflictenrecht worden opgelost; met andere woorden: de lex fori en de lex causae zijn hier steeds dezelfde. De 'Erstfrage' dient daarom steeds zelfstandig te worden aangeknoopt. Deze oplossing, via de weg van de 'Erstfrage', betekent dat de (prealabele) vraag *of sprake* is van een rechtsgeldig huwelijk steeds, en uitsluitend, dient te worden beantwoord aan de hand van het eigen (Nederlandse) IPR, in casu art. 10:33 BW jo. art. 10:31

en 10:32 BW, waartoe dus ook kan worden gerekend de weigeringsgrond van de openbare orde van art. 10:32 BW. Zie ook *T&C BW*, art. 10:101 BW, aant. 3.

3. Enkele voor- en nadelen van de afhankelijke aanknoping van de voorvraag. Als een voordeel van de afhankelijke aanknoping wordt in de eerste plaats genoemd dat in dat geval de internationale beslissingsharmonie kan worden bevorderd. Zowel de rechter van de lex fori als de rechter van de buitenlandse lex causae zullen dan de kwestie van de voorvraag immers op dezelfde wijze oplossen, dat wil zeggen: aan de hand van de verwijzingsregel van deze lex causae, met als gevolg dat dan het verwijzingsresultaat in beide staten gelijk is. Een hinkende rechtsverhouding wordt aldus voorkomen. Tegen een afhankelijke aanknoping van de voorvraag pleit de hanteerbaarheid en de proceseconomie. Vooreerst geeft de afhankelijke aanknoping aanleiding tot complicaties bij de toepassing ervan; zo zal de Nederlandse rechtstoepasser telkens het buitenlandse – hem vaak onbekende – conflictenrecht dienen op te sporen en toe te passen. Vanuit proceseconomisch gezichtspunt verdient de aandacht, dat wanneer bijvoorbeeld de kwestie van het huwelijk (als voorvraag) zich aandient in de context van een erfopvolging, en deze voorvraag afhankelijk wordt aangeknoopt, nog steeds, op een later tijdstip, voor de Nederlandse rechter kan worden verzocht om over de rechtsgeldigheid van dit zelfde huwelijk te oordelen met, mogelijkerwijze, een tegengesteld resultaat.

4. Enkele voordelen van de zelfstandige aanknoping van de voorvraag. Voor de zelfstandige aanknoping pleit in de eerste plaats dat vele rechtsvragen hetzij als hoofdvraag hetzij als voorvraag kunnen spelen. Zo kan de afstammingsvraag (zoals het in aant. 1 gegeven voorbeeld) als hoofdvraag rijzen, maar kan zich, uit haar aard, ook aandienen als voorvraag in kader van nader vast te stellen rechtsgevolgen ervan, zoals de naam, het levensonderhoud, allerhande gezagskwesties en de erfrechtelijke vraag. Voor al deze rechtsgevolgen gelden, wanneer zij als hoofdvraag optreden, onderscheiden verwijzingsregels en derhalve, mogelijkerwijs, verschillende toepasselijke rechtsstelsels. Wanneer bijvoorbeeld de voorvraag van het (consulaire) huwelijk als voorvraag afhankelijk zou worden aangeknoopt aan telkens de buitenlandse lex causae die de hoofdvraag beheerst, dan zou dit kunnen leiden tot een tegenstrijdige beoordeling met betrekking tot de vraag of dit rechtsfeit geldig is: erkenning van het huwelijk in de ene context, niet-erkenning ervan in de andere context. Wanneer nu deze voorvragen zelfstandig worden aangeknoopt, kunnen dergelijke tegenstrijdigheden met betrekking tot dezelfde rechtsvraag binnen één rechtssysteem worden voorkomen, aangezien dan de rechtsvraag die het onderwerp van de voorvraag vormt door de (Nederlandse) rechtstoepasser steeds op dezelfde wijze zal worden beoordeeld, ongeacht in welk verband die rechtsvraag aan de orde komt. In voornoemd voorbeeld betekent dit, dat bij een zelfstandige aanknoping van de voorvraag van het Egyptische consulaire huwelijk, dit huwelijk naar Nederlands conflictenrecht (art. 10:30) niet rechtsgeldig is, noch wanneer de kwestie van het huwelijk als hoofdvraag zich aandient, noch wanneer deze kwestie als voorvraag beoordeeld dient te worden in het kader van een erfrechtelijke kwestie. Op deze wijze wordt aldus recht gedaan aan de interne beslissingsharmonie. Een tweede argument is van rechtspsychologische aard. Voor de niet juridische geschoolde rechtsgenoot is het bijvoorbeeld niet of nauwelijks te begrijpen dat hij enerzijds wel wordt geacht een rechtsgeldig huwelijk te hebben gesloten, maar anderzijds geen levensonderhoud kan verkrijgen, omdat in deze context het huwelijk (als voorvraag) niet rechtsgeldig wordt geacht, of dat, vaststelling van het vaderschap in het ene verband, niet-vaststelling van ditzelfde vaderschap in het andere verband plaatsvindt; een dergelijk 'deelvaderschap' doet afbreuk aan het belang van de eenheid van het vaderschap. Ten slotte wijst ook de rechtszekerheid in de richting van een zelfstandige aanknoping van de voorvraag. Dit belang verlangt immers continuïteit; de eenmaal – via bijvoorbeeld een rechterlijke beslissing of vermelding in een geboorteakte – vastgestelde staat dient een stabiel karakter te hebben, in die zin dat deze ook doorwerkt op later te beoordelen rechtsvragen.

5. Hoofdregel: zelfstandige aanknoping op de voorvraag. Overeenkomstig de heersende opvatting in de Nederlandse rechtspraak en literatuur is in de onderhavige bepaling door de wetgever, als hoofdregel, gekozen voor de leer van de zelfstandige aanknoping van de voorvraag (MvT, *Kamerstukken II* 32 137, nr. 3, p. 12). Deze opvatting is ook in lijn met de rechtsvergelijking, die doorgaans ook de zelfstandige aanknoping van de voorvraag vooropstelt. Uitgangspunt is derhalve dat een conflictenrechtelijke rechtsvraag, in welk verband deze zich ook aandient, door het eigen Nederlandse conflictenrecht wordt beheerst, dus zelfstandig dient te worden aangeknoopt. Deze van de hoofdvraag geabstraheerde, zelfstandige aanknoping doet aldus, bezien vanuit het land van het forum, recht aan de interne beslissingsharmonie: iedere beslissing die over een bepaalde vraag wordt gegeven dient in harmonie te zijn met andere beslissingen – met andere woorden: op dezelfde wijze te worden beoordeeld – die over deze zelfde vraag zijn of worden gegeven, zowel wanneer deze vraag wordt opgeworpen als hoofdvraag, als wanneer die aan de orde komt als voorvraag in de juridische context van andere hoofdvragen.

6. Uitzonderingen op de zelfstandige aanknoping van de voorvraag. a. Algemeen. Gezien het bijzondere karakter van bepaalde onderwerpen ligt een zelfstandige aanknoping van de voorvraag minder voor de hand. Dit geldt voor de voorvraag in het kader van het vaststellen van de nationaliteit van een persoon (onder b) en voor sommige onderwerpen die in internationale regelingen zijn vervat (onder c). Ook poogt de wetgever soms zelf het probleem van de voorvraag te neutraliseren door een eigen, specifieke regeling voor de voorvraag te treffen (onder d). **b. De voorvraag in verband met een buitenlandse nationaliteit.** Op grond van een regel van volkenrecht dient de vraag of een persoon de nationaliteit van een bepaalde staat bezit, te worden beoordeeld naar het nationaliteitsrecht van deze staat. Een staat kan nu eenmaal geen onderdanen tegen zijn zin worden opgedrongen. Een staat kan het recht om de nationaliteit van deze staat te bezitten bijvoorbeeld ook verlenen aan de echtgenoot van zijn eigen onderdanen; in de context van de verlening van de nationaliteit van betrokkene is de vraag van de rechtsgeldigheid van dit huwelijk dan een voorvraag. Vanwege dit – min of meer publiekrechtelijke – argument, ligt het in de rede om ook deze voorvraag aan de hand van ditzelfde nationaliteitsrecht te beantwoorden; iedere staat moet aldus zelf bepalen, of voldaan is aan de voorwaarden waaruit kan worden afgeleid dat een persoon de nationaliteit van deze staat bezit. Dit betekent dus, dat wanneer de verkrijging of het verlies van de nationaliteit afhankelijk is van een bepaalde rechtsverhouding – bijv. een huwelijk of afstammingsbetrekking – deze rechtsvraag afhankelijk dient te worden aangeknoopt aan het conflictenrecht van de staat, welks nationaliteitsrecht het betreft. **c. Enkele in *internationale* regelingen vervatte uitzonderingen op de zelfstandige aanknoping van de voorvraag.** ***Het huwelijk.*** Uit art. 10:33 volgt, dat het in het buitenland gesloten huwelijk steeds dient te worden getoetst aan de in art. 10:31 en 10:32 neergelegde erkenningsregeling inzake de geldigheid van huwelijken, ongeacht de juridische context waarin de vraag zich kan voordoen. Op deze wijze wordt uitdrukking gegeven aan de gedachte van een ondeelbare huwelijkse staat; een persoon die in één opzicht als gehuwd wordt beschouwd, wordt ook in andere opzichten als zodanig aangemerkt. Deze bepaling kiest aldus, als uitgangspunt, voor een zelfstandige aanknoping van de voorvraag. De complicerende factor doet zich nu echter voor, dat art. 12 lid 2 Verdrag 1978 toestaat – niet dwingt – om van de hoofdregel van art. 12 lid 1 Verdrag 1978 (art. 10:33) af te wijken. Deze bepaling houdt in, dat in het geval de hoofdvraag door het recht van een niet-verdragsstaat wordt beheerst, de voorvraag afhankelijk kan worden aangeknoopt. De verdragsregeling inzake de voorvraag wijkt hiermee dus af van art. 10:33. Aangezien ingevolge art. 1 het verdrag voorrang heeft boven bepalingen van nationaal recht, kan de rechtstoepasser dus een van art. 10:33 afwijkende beslissing nemen op grond van art. 12 lid 2 Verdrag 1978, dat wil zeggen de voorvraag afhankelijk aanknopen mits de hoofdvraag beheerst wordt door het recht van een niet-verdragsstaat. Zie nader het commentaar op art. 10:33. ***Naam.*** Uit art. 1 lid tweede volzin CIEC, Namenverdrag van 1980, – een regel die praktisch woordelijk wordt herhaald in art. 10:19 lid 1, slotzin – volgt, dat de omstandigheden waarvan de geslachtsnamen en voornamen afhangen worden beoordeeld volgens het recht van de staat waarvan de betrokken persoon onderdaan is; dezelfde bepalingen bevatten nog de beperkende toevoeging, dat deze afhankelijke aanknoping van de voorvraag 'uitsluitend' hiervoor – dat wil zeggen de bepaling van de naam – wordt toegepast. Deze regeling kiest aldus voor een afhankelijke aanknoping van de voorvraag. Zie nader art. 10:19. **d. Een eigen bijzondere regeling van de voorvraag.** Een andere benadering is, dat het 'probleem' van de voorvraag soms wordt geneutraliseerd door de kwestie van de voorvraag op een speciale wijze te regelen. In sommige internationale regelingen wordt de voorvraag op uniforme wijze geregeld. Zo biedt art. 2 Haagse Kinderbeschermingsverdrag van 1996 een zogenoemde materiële regel van IPR. Dit artikel bepaalt dat het verdrag van toepassing is op kinderen vanaf het tijdstip van hun geboorte totdat zij de leeftijd van 18 jaar hebben bereikt. Vergelijk ook art. 3 Haags Adoptieverdrag 1993. Een andere aanknopingstechniek voor de kwestie van de voorvraag biedt art. 12 van het Haags Kinderbeschermingsverdrag 1961, dat met betrekking tot de minderjarigheidsvraag de voorkeur geeft aan een cumulatieve aanknoping: voor de toepassing van dit verdrag wordt onder 'minderjarige' verstaan elke persoon die deze hoedanigheid zowel volgens de interne wet van de staat waarvan hij onderdaan is als volgens de interne wet van zijn gewone verblijfplaats heeft.

Artikel 5

Onder de toepassing van het recht van een staat wordt verstaan de toepassing van de rechtsregels die in die staat gelden met uitzondering van het internationaal privaatrecht.

[19-05-2011, Stb. 272, i.w.tr. 01-01-2012/kamerstukken 32137]

[Renvoi]

1. Algemeen. In de bepaling is de regel neergelegd dat het Nederlandse internationaal privaatrecht uitgaat van afwijzing van het renvoi. Renvoi (herverwijzing) komt hierop neer, dat wanneer onze eigen (forale) verwijzingsregel een internationale rechtsverhouding naar het buitenlandse recht van land A verwijst, terwijl volgens het internationaal privaatrecht van land A niet het materiële recht A toepasselijk is (omdat dit recht A de verwijzingsregel van onze lex fori niet aanvaardt), maar een ander recht. Dit andere recht kan dan hetzij ons forale recht zijn (terugverwijzing), hetzij het recht van een derde land B (verderverwijzing). En dit recht B kan dan op zijn beurt weer verder verwijzen naar het recht van land C. Zie nader met betrekking tot art. 10:5, *Asser/Vonken 10-I* 2018/532-537. **Een voorbeeld.** Een man van Britse nationaliteit, die in Nederland 'domicile' heeft volgens Britse begrippen, heeft een kind verwekt bij een Britse vrouw. Beide partijen moeten worden gerekend te behoren tot de bevolking van Engeland. Aangezien de Engelse verwekker het kind niet wenst te erkennen, dient de Engelse moeder voor de Nederlandse rechter een verzoek in tot gerechtelijke vaststelling van het ouderschap van de Engelse man. Volgens art. 10:97 lid 1 is dan op dit verzoek tot gerechtelijke vaststelling van het ouderschap het Engelse recht, als het gemeenschappelijke nationale recht van partijen, toepasselijk. Volgens het Engelse internationaal privaatrecht is op dit verzoek echter het Nederlandse recht, als het recht van het land waar de verwekker 'domicile' heeft, toepasselijk. Het Engelse internationaal privaatrecht verwijst de rechtsvraag dus terug naar het Nederlandse recht. Dit voorbeeld maakt duidelijk dat bij het leerstuk van het renvoi steeds een botsing plaatsvindt tussen ons eigen internationaal privaatrecht en het internationaal privaatrecht van het buitenlandse recht dat wij als toepasselijk aanwijzen. In ons voorbeeld rijst een conflict tussen de verwijzingsregel van de Nederlandse lex fori (art. 10:97 lid 1), die verwijst naar het Engelse recht, en de verwijzingsregel van de buitenlandse Engelse lex causae, die verwijst naar het Nederlandse recht. Het gevolg van dit conflict van internationaal-privaatrechtstelsels is, dat zich hier een negatief wetsconflict voordoet: volgens de Nederlandse verwijzingsregel pretendeert het Nederlandse recht geen toepassing, terwijl volgens de Engelse verwijzingsregel het Engelse recht geen toepassing verlangt.

2. Enkele nadelen van het renvoi. Als praktisch bezwaar tegen dit, enigszins theoretische, voorbeeld kan worden genoemd, dat aanvaarding van renvoi, zo wordt in de MvT, *Kamerstukken II* 32 137, nr. 3, p. 13, opgemerkt, leidt tot rechtsonzekerheid en mogelijk ook tot een zware belasting van de Nederlandse rechter en van de advocaten van partijen, te meer wanneer men bedenkt dat in lang niet alle gevallen geschreven regels van internationaal privaatrecht voorhanden zijn. Een doorslaggevend argument tegen aanvaarding van renvoi is dat als uitgangspunt geldt, dat het recht wordt aangewezen waarmee de rechtsverhouding de 'sterkste betrokkenheid' heeft. Aangenomen dient te worden dat de aanknopingsfactor die verwijst naar dit sterkst betrokken recht, moet worden bepaald door middel van allerlei conflictenrechtelijke én, tot op zekere hoogte, materieelrechtelijke belangen. Wanneer na een zorgvuldige waardering én afweging van al deze belangen de 'meest passende' aanknoping is vastgesteld, die op haar beurt naar een buitenlands recht verwijst, heeft de wetgever bedoeld om juist dit buitenlandse interne recht toepassing te verlenen. Kortom: terug- of verderverwijzing kan het opsporen van het meest passende recht in gevaar brengen.

3. De praktische betekenis van renvoi is beperkt. De aandacht dient in de eerste plaats erop te worden gevestigd, dat het Nederlandse internationaal privaatrecht een niet gering *aantal bepalingen kent, die* toepassing van het Nederlandse recht voorschrijven (vergelijk bijv. art. 10:95 lid 2 inzake de erkenning door een Nederlandse gehuwde man en art. 10:95 lid 4, derde zin inzake de toestemming van de Nederlandse moeder tot erkenning, art. 10:30 inzake de vorm van huwelijkssluiting in Nederland, art. 10:105 lid 1 inzake adoptie in Nederland). Bij deze (eenzijdige) verwijzingsregels kan renvoi geen rol meer spelen. Voorts bevat Boek 10 een aantal zogenoemde materiële regels van IPR (bijv. de regel inzake Näherberechtigung en verrekening op het terrein van het huwelijksvermogens- en erfrecht (art. 10:47 en art. 10:147)). Bij dit type regels kan het renvoiprobleem zich evenmin voordoen. Dit laatste geldt ook in het geval van een rechtskeuze door partijen: partijen beogen immers doorgaans om de bepalingen van het materiële recht als toepasselijk aan te wijzen. Bovendien is de rechtskeuze met betrekking tot een aantal onderwerpen op het terrein van het personen- en familierecht niet onbeperkt, maar kan slechts een keuze voor bepaalde rechtsstelsels worden gedaan; met het aanvaarden van het renvoi in geval van rechtskeuze zou dan het aantal te kiezen rechtsstelsels onaanvaardbaar worden uitgebreid. Het renvoi dient voorts ook te worden verworpen bij allerhande op het beschermings- en begunstigingsbeginsel gebaseerde functionele, respectievelijk alternatieve aanknopingen. Aanvaarding van het renvoi zou hier immers het rechtspolitieke doel dat aan dit type verwijzingsregels ten grondslag ligt, kunnen doorkruisen.

4. Hoofdregel: afwijzing van het renvoi. Gezien de hierboven genoemde bezwaren tegen aanvaarding van het renvoi en de nog slechts geringe betekenis ervan voor het huidige Nederlandse internationaal privaatrecht, lag het voor de hand dat het renvoi, als uitgangspunt, door de wetgever is afgewezen. Dit uitgangspunt is neergelegd in art. 10:5: Onder de toepassing van het recht van een staat wordt verstaan de toepassing van de rechtsregels die in die staat gelden met uitzondering van het internationaal privaatrecht. Hoewel dit niet in de wetsbepaling zelf is opgenomen, dient te worden aangenomen, dat dit uitgangspunt niet geldt, voor zover uit een internationale regeling verdrag/verordening of uit de wet iets anders voortvloeit (vergelijk art. 10:1). Met de woorden 'internationaal privaatrecht' heeft de wetgever tot uitdrukking beogen te brengen, dat bedoeld wordt de verwijzingsregels van het aangewezen recht. Deze renvoi-vijandige gezindheid is geheel in lijn met de tendens in de Nederlandse rechtspraak om het renvoi zoveel mogelijk uit te sluiten. Voor zover in de rechtspraak, het renvoi wordt toegepast, gebeurt dit om een minder passend verwijzingsresultaat te corrigeren; zie bijv. Hof Arnhem 1 juli 2003, te kennen uit: HR 1 oktober 2004, *NJ* 2004/622. Ook wordt in praktisch alle door Nederland geratificeerde IPR-verdragen, alsook in de meeste EU-Verordeningen, het renvoi uitgesloten. In sommige ervan gebeurt dit expliciet, in die zin dat het toepasselijke recht wordt voorgeschreven 'met uitsluiting' van het internationaal privaatrecht (zie bijv. art. 20 Rome I, art. 24 Rome II, art. 17 Haags Trustverdrag 1985 en art. 21 HKV 1996). In andere regelingen gebeurt dit impliciet door te refereren aan het 'interne' recht van het toepasselijk verklaarde rechtsstelsel (zie bijv. het Haagse Verkeersongevallenverdrag 1971 en het Haagse Vertegenwoordigingsverdrag 1978). De rechtsvergelijking leert dat heden ten dage (nog) een aantal buitenlandse nationale IPR-codificaties – van vooral continentaal-Europese landen – het renvoi in de variant van terugverwijzing en soms ook de verderverwijzing in meer of mindere mate accepteren. Zie bijv. art. 4 van de Duitse EGBGB, art. 14 van de Zwitserse IPR-wet, en § 5 van de Oostenrijkse IPR-wet.

5. Uitzonderingen op de afwijzing van het renvoi. De uitzonderingen die uit internationale regelingen en/of uit de wet voortvloeien zijn gering. Zo wordt het renvoi onder meer aanvaard in art. 10:31 lid 3 betreffende de erkenning van buiten Nederland gesloten huwelijken en art. 10:19 lid 1, dat het op de naam van een vreemdeling toepasselijke recht aanwijst. Vergelijk ook art. 3 lid 1 onderdeel a Haags Kinderontvoeringsverdrag 1980. Enkele internationale regelingen kennen het geval van het renvoi in de variant van de verder- of doorverwijzing. Een voorbeeld van deze op het zogenoemde 'afstemmingsbeginsel' gebaseerde regeling biedt art. 4 van het op 19 november 2014 (*Stb.* 2014, 468) door Nederland opgezegde Haags erfopvolgingsverdrag: Indien het ingevolge art. 3 Haags erfopvolgingsverdrag toepasselijke recht het recht van een niet-verdragsluitende staat is, en indien het internationaal privaatrecht van die staat ten aanzien van het geheel of een gedeelte van de nalatenschap verwijst naar het recht van een andere niet-verdragsluitende staat die zijn eigen recht zou toepassen, is het recht van die andere staat van toepassing. De bepaling komt er dus concreet op neer dat wanneer – vanuit Nederlandse invalshoek bezien – de verwijzingsregel van art. 3 Haags erfopvolgingsverdrag het recht van Duitsland (een niet-verdragsstaat) als toepasselijk aanwijst, terwijl het internationaal privaatrecht van Duitsland echter het recht van Zwitserland (eveneens een niet-verdragsstaat) als toepasselijk aanwijst, en het Zwitserse internationaal privaatrecht eveneens het Zwitserse recht toepasselijk acht, de tussen Duitsland en Zwitserland bestaande beslissingsharmonie niet mag worden verstoord; eenheid van beslissing – in casu toepasselijkheid van het Zwitserse recht – die bestaat tussen de rechtsstelsels van de bij het concrete geval naast-betrokken niet-verdragsstaten wordt aldus verkregen. Via deze verdragsregeling wordt aldus bereikt, dat de objectieve verdragsverwijzingsregel van art. 3 Haags erfopvolgingsverdrag wordt prijsgegeven en wordt afgestemd op het internationaal privaatrecht van de twee meest betrokken niet-verdragsstaten, zij het onder de voorwaarde dat deze naastbetrokken niet-verdragsstaten het met betrekking tot het verwijzingsresultaat onderling eens zijn. Op deze wijze wordt ook de beslissingsharmonie met de niet-verdragsstaten als een belang onderkend, waarmee rekening moet worden gehouden. Een identieke op dit afstemmingsbeginsel gebaseerde regeling treffen wij aan in art. 21 lid 2 HKV 1996. Vergelijk voor een soortgelijk afstemmingsregeling art. 4 lid 2 Haags huwelijksvermogensverdrag 1978. Een dergelijke bepaling is ook neergelegd in art. 10:120 dat ziet op de zetelverplaatsing. Vermelding verdient hier ten slotte dat ook rekening kan worden gehouden met buitenlands internationaal privaatrecht in het kader van de voorvraag (zie art. 10:4) en van de fait accompli-exceptie (zie art. 10:9).

Artikel 6

Vreemd recht wordt niet toegepast, voor zover de toepassing ervan kennelijk onverenigbaar is met de openbare orde.

[19-05-2011, Stb. 272, i.w.tr. 01-01-2012/kamerstukken 32137]

[De openbare orde-exceptie]

1. Algemeen. a. De functie van de openbare orde. Wanneer krachtens een verwijzingsregel een bepaalde rechtsverhouding wordt beheerst door een buitenlands recht, dient dit recht te worden toegepast, ook wanneer dit recht niet identiek is aan ons eigen recht. Bedacht dient echter te worden dat dit respect voor buitenlands recht grenzen kent. Een grens dient daar te worden getrokken, waar het volgens een onzer verwijzingsregels toepasselijke buitenlandse recht in strijd komt met materieelrechtelijke beginselen van juridische, sociale en morele aard, die in onze eigen rechtsgemeenschap voor fundamenteel worden gehouden. Toepassing van naar onze Nederlandse rechtsopvattingen niet te tolereren buitenlands recht dient dan te worden terzijde gesteld wegens onverenigbaarheid met de openbare orde in internationaal privaatrechtelijke zin. Het betreft hier een exceptie of uitzondering op de normale toepassing van de verwijzingsregel. In zoverre spreekt men van de openbare orde in negatieve zin of van de openbare orde-exceptie, in tegenstelling tot de openbare orde in positieve zin (zie onder b). Uit de bepaling volgt, dat de openbare orde-exceptie in werking kan treden bij de toepassing van buitenlands recht, met andere woorden: indien inbreuk wordt gemaakt op materieelrechtelijke beginselen van het eigen recht. Voorts kan de in art. 10:6 neergelegde openbare orde-exceptie ook worden gehanteerd, wanneer de vraag aan de orde is, of een elders tot stand gekomen rechtsfeit, rechtshandeling of beslissing – stel: een eenzijdige rechtshandeling tot huwelijksontbinding (verstoting) die alleen de man toekomt – in strijd is met het materieelrechtelijke gelijkheidsbeginsel van man en vrouw, en tevens of in bijvoorbeeld een buitenlandse echtscheidings- of afstammingsprocedure inbreuk is gemaakt op het procesrechtelijke beginsel van fair trial (zie art. 10:59 en art. 10:100 lid 2). Het begrip openbare orde in internationaal privaatrechtelijke zin dient scherp te worden onderscheiden van het openbare orde begrip dat in het interne recht op onder meer het terrein van het privaatrecht (zie bijv. art. 1:71a, 3:40 BW), het rechtspersonenrecht, het procesrecht en het strafrecht, alsook in het unierecht en het volkenrecht wordt gehanteerd. Zie nader met betrekking tot art. 10:6, *Asser/Vonken 10-I* 2018/485-529. **b. De openbare orde in negatieve en positieve zin.** Aan de openbare orde in internationaal privaatrechtelijke zin wordt doorgaans zowel een negatieve als een positieve functie toegekend. In het geval de openbare orde een negatieve functie wordt toegekend, worden regels van het volgens de verwijzingsregel aangewezen buitenlandse recht terzijde gesteld. De toepasselijke buitenlandse rechtsregel mag niet binnen de eigen rechtsorde van het forum doorwerken, indien deze regel op grond van zijn inhoud en strekking onverenigbaar is met fundamentele beginselen van de eigen rechtsorde. De functie van deze openbare orde in negatieve zin impliceert derhalve, dat uitsluitend het toepasselijke buitenlandse recht en niet het eigen (Nederlandse) recht van het forum terzijde kan worden gesteld. Deze negatieve functie van de openbare orde is neergelegd in de bepaling. In het geval aan de openbare orde een positieve functie wordt verleend, betreft het de toepassing en de doorzetting van materiële regels van de eigen (Nederlandse) rechtsorde. Aan deze regels, die wij vooral aantreffen op het terrein van het internationale familierecht, wordt een zo bijzondere betekenis of rechtspolitieke lading toegekend, dat van toepassing van de in aanmerking komende verwijzingsregels en van het onderzoek van het daardoor aangewezen recht bij voorbaat wordt afgezien. Als voorbeeld kan dienen het in art. 10:30 neergelegde huwelijksmonopolie van de ambtenaar van de burgerlijke stand. Zie ook art. 10:95 lid 2 en art. 10:60 geregistreerd partnerschap. Vergelijk voorts HR 31 oktober 1986, *NJ* 1987/924, waar de regel dat in Nederland een huwelijk – afgezien van overlijden en vermissing – uitsluitend kan worden ontbonden door een uitspraak van de Nederlandse rechter, gevolgd door inschrijving van die uitspraak in de registers van de burgerlijke stand, werd aangemerkt als een rechtsregel 'van openbare orde'. Heden ten dage wordt het vanuit rechtstheoretisch oogpunt juister geacht om bedoelde regels van positieve openbare orde te bestempelen als voorrangsregels, die derhalve dienen te worden gerangschikt onder art. 10:7, waarin het leerstuk van de voorrangsregels is vervat. Deze bepaling stelt onder meer de doorzetting van bepaalde voorrangsregels van Nederlands recht veilig, ongeacht het door de verwijzingsregel aangewezen recht. Onder deze categorie voorrangsregels worden doorgaans gerangschikt regels die, ongeacht of zij tot het publiek- of privaatrecht worden gerekend, door hun oriëntatie op het algemeen belang, mede een (semi-)publiekrechtelijke inslag hebben. Deze voorrangsregels betreffen niet alleen regels van sociaal-economisch ordeningsrecht, maar ook een aantal beginselen en waarden op het terrein van het familierecht, die in onze rechtsorde voor fundamenteel worden gehouden. In onderstaande aantekeningen komt daarom de zogenaamde positieve functie van de openbare orde niet meer aan de orde, maar zal voornamelijk de openbare orde in negatieve zin – de openbare orde-exceptie – worden besproken.

2. Toetsingsvoorwaarden met betrekking tot de openbare orde-exceptie. a. Resultaat in concreto. De openbare orde-exceptie richt zich niet tegen de toepasselijke buitenlandse rechtsregel als zodanig, en evenmin tegen de verwijzingsregel zelf, maar slechts tegen hun toepassing in het concrete geval. Het gaat om het resultaat dat in concreto met de toepassing van het buitenlandse recht wordt bereikt, dat in strijd met de openbare orde dient te zijn. Dat derhalve geen waardeoordeel mag worden uitgesproken over de inhoud van het buitenlandse recht als zodanig, impliceert, dat niet is toegestaan om op voorhand de met bijvoorbeeld het gelijkheidsbeginsel van man en vrouw strijdige rechtsfiguur van de verstoting of het polygame huwelijk naar islamitisch recht in strijd met de openbare orde te achten. **b. Betrokkenheidscriterium.** Een tweede voorwaarde is, dat het geval een voldoende sterke betrokkenheid ('Binnenbeziehung', 'Inlandsbeziehung') met de Nederlandse rechtsorde heeft. De forumstaat moet er een belang bij hebben dat de eigen fundamentele rechtsbeginselen niet worden geschonden. Dit belang is echter slechts aanwezig, wanneer het geval een zekere relevante betrokkenheid met de rechtsorde van deze forumstaat vertoont. Wanneer een rechtsfeit of rechtsverhouding in het buitenland naar het aldaar geldende recht is tot stand gekomen, zonder dat de eigen (Nederlandse) rechtsorde wordt geraakt – bijvoorbeeld een erkenning van een Frans kind in Spanje door een Spaanse gehuwde man – dient vanuit het gezichtspunt van het betrokkenheidscriterium een beroep op de openbare orde niet te slagen. Naarmate de betrokkenheid met de eigen Nederlandse rechtsorde groter is, zal doorgaans eerder strijd met de Nederlandse openbare orde ontstaan: hoe meer de Nederlandse rechtsorde met de casus is betrokken, des te eerder zullen fundamentele Nederlandse beginselen tot gelding behoren te komen, en omgekeerd: hoe geringer de Nederlandse betrokkenheid is, des te kleiner is de behoefte om het buitenlandse recht te weren. Dit verklaart bijvoorbeeld, dat geen verstoting in Nederland kan plaatsvinden, maar wel een elders – stel in Marokko – uitgesproken verstoting, althans als die aan de voorwaarden van art. 10:58 voldoet. Zie ook HR 19 november 2021, ECLI:NL:HR:2021:1721, r.o. 3.2. ***Vaststelling van het betrokkenheidscriterium.*** De betrokkenheid zal telkens op grond van de omstandigheden van het geval dienen te worden vastgesteld. Hierbij kan in de eerste plaats gebruik worden gemaakt van een aantal objectief-geografische en personele aanknopingselementen, die ook als aanknopingsfactor in de verwijzingsregels worden gehanteerd – bijvoorbeeld de nationaliteit, de gewone verblijfplaats, de locus van de (rechts-)handeling, de plaats van de huwelijkssluiting, de plaats waar het rechtsfeit tot stand komt. Het onderscheid met de verwijzingsregel is slechts, dat daar de aanknopingsfactor vooraf en in abstracto wordt vastgesteld, terwijl bij de invulling van het betrokkenheidscriterium de aanknopingsfactor(en) achteraf en ad hoc dienen te worden gevonden. Het feit dat de rechter rechtsmacht toekomt is, los van andere aanknopingselementen die in dezelfde richting wijzen, niet toereikend om betrokkenheid in het kader van de openbare orde-exceptie te kunnen aannemen. Bij de invulling van het betrokkenheidscriterium kunnen verder ook bepaalde conflictenrechtelijke belangen (zoals dat van de internationale beslissingsharmonie en dat van de gerechtvaardigde verwachtingen van partijen) en andere te respecteren (materieelrechtelijke) belangen in aanmerking worden genomen. Bij wijze van voorbeeld kan in dit verband worden genoemd art. 10:58. Ingevolge deze bepaling kan een verstoting die buiten Nederland tot stand is gekomen onder bepaalde omstandigheden hier te lande worden erkend. Wanneer wij de aanvaardbaarheid van deze in het buitenland uitgesproken verstoting uitsluitend toetsen aan het betrokkenheidscriterium in objectief-geografische zin, dan zal deze verstoting – die een forse inbreuk betekent op het gelijkheidsbeginsel van man en vrouw – in bepaalde situaties in Nederland niet kunnen worden erkend. Ondanks de vreemde nationaliteit van de man, de plaats van de verstoting elders en de instemming of berusting van de vrouw, kan immers onze rechtsorde zeer nauw bij deze vorm van huwelijksontbinding betrokken zijn, bijvoorbeeld in het geval dat beide echtgenoten in Nederland wonen en de vrouw de Nederlandse nationaliteit heeft. Het feit dat deze verstoting ingevolge art. 10:58 hier te lande toch dient te worden erkend, kan worden onderbouwd met het argument dat niet-erkenning van deze verstoting tot een hinkende rechtsverhouding zou leiden – hier is de internationale beslissingsharmonie in het geding – en dat partijen alsdan gedwongen zouden worden om alsnog een rechterlijke echtscheiding in Nederland te verkrijgen. **c. Het exceptionele karakter van de openbare orde-exceptie.** Uitgangspunt is dat de grote verscheidenheid aan waarden en normen in de verschillende rechtsstelsels, zoveel mogelijk, dient te worden gerespecteerd. Dit uitgangspunt leidt er toe, dat de openbare orde-exceptie slechts in uitzonderlijke gevallen mag worden ingezet tegen toepasselijk buitenlands recht. Dit ultimum remedium-karakter van de openbare orde wordt in de bepaling tot uitdrukking gebracht door de woorden 'kennelijk onverenigbaar'. Aansluiting is aldus gezocht bij de in een aantal internationale regelingen van onder meer de Haagse Conferentie voor IPR en de Europese Unie gehanteerde formuleringen, 'kennelijk onverenigbaar' of 'klaarblijkelijk onverenigbaar' (*'manifestement contraire à l'ordre public'* en *'manifestly contrary to public policy'*). Het bijwoord 'kennelijk' is een waarschuwing dat een beroep op de openbare orde-exceptie niet lichtvaardig mag slagen. Dit uitzonderingskarakter van de openbare orde leidt er in de eerste plaats toe, dat ook wanneer het als toepasselijk aangewezen buitenlandse rechtsstelsel in aanmerkelijke mate van het eigen recht afwijkt, dit nog niet voldoende grond is om een beroep op de openbare orde te doen slagen. De openbare orde-exceptie moet gereserveerd blijven voor sprekende gevallen waarin het buitenlandse recht op essentiële punten ingrijpend afwijkt van het Nederlandse. Zo is een buitenlands (in casu Argentijns) rechtsstelsel, dat een – naar de huidige Nederlandse rechtsopvattingen – excessief hoge proceskostenveroordeling kent, als gevolg van de (in casu Argentijnse) monetaire wetgeving, niet kennelijk in strijd met fundamentele beginselen van onze eigen rechtsorde (zie HR 10 september 1999, *NJ* 2001/41), r.o. 3.14. Daarentegen wordt doorgaans de in onder meer het Anglo-Amerikaanse recht bestaande rechtsfiguur van de 'punitive damages' – die een bovenmatige schadevergoeding inhoudt tot een hoogte die volledig in strijd is met de compensatoire functie van het Nederlandse aansprakelijkheidsrecht – in strijd geoordeeld met de fundamentele beginselen van onze rechtsorde. Genoemd kan in dit verband ook worden een buitenlands aansprakelijkheidsrecht dat niet is gebaseerd op het restitutio in integrum-beginsel, in die zin dat de door de gelaedeerde geleden schade slechts gedeeltelijk wordt vergoed; de vraag of het op dit punt toepasselijke buitenlandse recht in strijd met de openbare orde is, zal mijns inziens van geval tot geval moeten worden beoordeeld. Op het terrein van het familierecht kan in dit verband gedacht worden aan kinderhuwelijken, gedwongen huwelijken en huwelijken die voorafgaande toestemming van de overheid behoeven. Deze exceptie is daarentegen niet bedoeld om het in concreto meest billijke resultaat te bereiken. Een dergelijke 'better law-approach' in het kader van de openbare orde-exceptie verdraagt zich niet met de specifieke functie van deze exceptie.

3. Nadere invulling van de openbare orde. De openbare orde verwijst naar een reeks van waarden en normen van de eigen rechtsgemeenschap, die in meer of mindere mate onaantastbaar zijn voor die rechtsgemeenschap. Dit bestand van waarden en normen ontwikkelt zich niet alleen voortdurend op nationaal niveau, maar is ook onderhevig aan verandering vanwege de doorwerking van fundamentele beginselen die zijn neergelegd in internationale en Europese regelingen. Tot de fundamentele waarden en beginselen van de Nederlandse rechtsorde kunnen ook worden gerekend de mensenrechten/grondrechten zoals deze verankerd zijn in onder meer het EVRM en het EU-Handvest van de grondrechten van 2009. Wanneer (het resultaat van) het door de verwijzingsregel aangewezen buitenlandse recht in strijd komt met de door het EVRM of EU-Handvest van de grondrechten gewaarborgde rechten, wordt het buitenlandse recht buiten toepassing gelaten, hetzij – rechtstreeks – op grond van het EVRM/EU-Handvest dan wel – indirect op grond van het leerstuk van de openbare orde. Zie nader *Asser/Vonken 10-I* 2018/501-504. In het licht van deze evoluerende werking die dit bestand van rechtsbeginselen in zich bergt, zal iedere nauwkeurige definitie van het openbare orde-begrip praktisch onmogelijk zijn. Dit verklaart dat de Nederlandse wetgever in de bepaling ervan heeft afgezien om het begrip openbare orde nader te omschrijven. Een dergelijke onbepaaldheid heeft het voordeel, dat de exceptie van de openbare orde een flexibel karakter behoudt. Hieronder wordt volstaan met de volgende kanttekeningen. Opmerking behoeft in de eerste plaats, dat de internationaal privaatrechtelijke openbare orde niet samenvalt met het geheel van regels van dwingend recht uit een bepaald rechtsstelsel; onder deze regels van dwingend recht kan dan worden verstaan bepalingen waarvan niet bij overeenkomst kan worden afgeweken. Dit impliceert evenwel geenszins, dat in internationale gevallen al deze dwingende regels van openbare orde kunnen worden geacht; in dit laatste geval zal steeds onderscheid moeten worden gemaakt tussen het gewone 'dwingende recht' en 'zeer dwingend recht'; uitsluitend onder deze laatste categorie vallen fundamentele waarden en normen die derhalve de internationaal privaatrechtelijke openbare orde nader inhoud geven. Benadrukt dient in dit verband te worden, dat de regels van openbare orde dienen te worden onderscheiden van een speciaal type regels van 'zeer dwingend recht', te weten de voorrangsregels (zie nader art. 10:7). Voorts verdient de aandacht dat uit het feit dat het eigen (Nederlandse) recht een bepaalde regeling of rechtsfiguur niet kent, niet mag worden afgeleid dat derhalve deze toepasselijke buitenlandse regeling in strijd met onze openbare orde is. Zie HR 3 december 2004, *NJ* 2005/562 met verwijzing naar Hof Amsterdam, met betrekking tot de in het Nederlandse recht niet bekende rechtsfiguur van de meerderjarigenadoptie. Vergelijk voorts HR 23 oktober 1987, *NJ* 1988/842 (*Sorensen/Aramco*), met betrekking tot de in het Nederlandse recht onbekende bevoegdheid van de werkgever (naar Texaans recht) om de werknemer 'naar believen' te ontslaan. Voorts verdient opmerking dat fundamentele beginselen en waarden, temporeel gezien, geen statisch karakter hebben, maar juist dynamisch van aard zijn. Hetgeen tot de fundamentele beginselen van de Nederlandse rechtsorde valt te rekenen is onderhevig aan veranderingen in de tijd door gewijzigde rechtsopvattingen. In dit verband wordt doorgaans gesproken van de relativiteit van de openbare orde in de tijd. De bij de invulling van de openbare orde te hanteren beoordelingsmaatstaf kan uitsluitend worden ontleend aan de regels en beginselen die gelden ten tijde van de uitspraak. Zo zal heden ten dage de erkenning van een in overspel verwekt kind niet meer als strijdig met de openbare orde worden beschouwd. Evenzo kan heden ten dage een in het buitenland gesloten homohuwelijk hier te lande niet meer worden geweerd met een beroep op de openbare orde, nu sinds de inwerkingtreding van de Wet openstelling huwelijk op 1 april 2001 (*Stb.* 2001, 9) de gelijke behandeling van homo- en heteroseksuele partners binnen het rechtsinstituut van het huwelijk wettelijk gestalte heeft gekregen. Dit impliceert dat de (rechts)opvattingen nopens de openbare orde op het tijdstip dat het geschil dient te worden beslist – dus het tijdstip dat de openbare orde-exceptie wordt ingeroepen – maatgevend zijn en niet de (rechts)opvattingen op het moment dat de – volgens het toepasselijke buitenlandse recht – in te roepen rechtsgevolgen ontstonden. Zie bijvoorbeeld HR 19 januari 2018, *NJ* 2018/227, waarin het de (temporele) vraag betrof, met ingang van welk tijdstip de erkenning van een kind door een Nederlandse gehuwde man, die is gedaan vóór 1 april 2014, in Nederland kan worden erkend. Zie nader met betrekking tot deze (temporele) vraag *T&C BW*, art. 10:102 BW, aant. 2. De aandacht verdient, ten slotte, dat het begrip openbare orde in de bepaling niet is beperkt tot de eigen Nederlandse openbare orde. Dit begrip is heden ten dage niet louter nationaal georiënteerd, maar hieraan wordt ook nadere invulling gegeven met behulp van in internationale en Europese regelingen neergelegde rechtsbeginselen. Zie nader *Asser/Vonken 10-I* 2018/507-518.

4. De vaststelling van de gevolgen van strijd met de openbare orde. a. Algemeen. De bepaling geeft geen antwoord op de vraag welke gevolgen intreden, indien een buitenlandse regel of regeling in strijd met de openbare orde wordt geacht. Het betreft hier met name de vraag of, en op welke wijze, de door de ingreep van de openbare orde veroorzaakte leemte in het verwijzingsresultaat dient te worden opgevuld. De ingreep van de openbare orde mag er immers niet toe leiden dat de rechter ermee volstaat om het verzoek of de vordering af te wijzen. Uit de bepaling volgt slechts dat het buitenlandse recht niet mag worden toegepast 'voor zover de toepassing ervan kennelijk onverenigbaar is met de openbare orde'. De bepaling bewerkt derhalve geen gehele terzijdestelling van het buitenlandse recht, maar beoogt alleen die onderdelen van het buitenlandse recht terzijde te stellen, die kennelijk onverenigbaar met de openbare orde zijn. De wetgever heeft zich aldus rekenschap gegeven van het feit, dat niet in alle gevallen hetzelfde gevolg behoeft in te treden, wanneer de rechter deze leemte dient in te vullen. Bij deze invulling ervan zal de rechter steeds rekening dienen te houden met de concrete omstandigheden van het geval. Dit impliceert ook dat, zo is in aant. 2 opgemerkt, de openbare orde-exceptie slechts in uitzonderlijke gevallen mag worden ingezet tegen toepasselijk buitenlands recht dat niet door de openbare orde-beugel kan. De inbreuk op de toepasselijkheid van het aangewezen buitenlandse recht dient zoveel mogelijk te worden beperkt. **b. Toepasselijkheid van het gereduceerde buitenlandse recht.** Een eerste oplossing is, dat de openbare orde-exceptie slechts een bepaalde regel of regeling van het toepasselijke buitenlandse rechtsstelsel buiten werking stelt, zonder dat dit ertoe behoeft te leiden, dat het aldus – gereduceerde – buitenlandse recht niet meer zinvol kan worden toegepast. Het buitenlandse recht is dan, met uitzondering van de uitgesloten regel of regeling, toepasselijk. In dit geval behoeft de leemte dan niet te worden opgevuld en blijft de rechtsverhouding aan het eenmaal vastgestelde toepasselijke recht onderworpen. Gedacht kan in dit verband worden aan het buiten toepassing laten van een verbodsbepaling (bijv. een huwelijksverbod of het verbod van erkenning van een in overspel verwekt kind), of van een exoneratieclausule of concurrentiebeding. **c. Wijziging van het buitenlandse recht.** In sommige gevallen zal de openbare orde-exceptie dienen te leiden tot terzijdestelling van het gehele toepasselijke buitenlandse recht of een (wezenlijk) onderdeel ervan, met als gevolg dat het gereduceerde buitenlandse recht niet meer bevredigend kan worden toegepast. In dat geval zal de leemte in het verwijzingsresultaat moeten worden opgevuld. In het licht van de hierboven verdedigde opvatting dat de inbreuk op de toepasselijkheid van het buitenlandse recht zo beperkt mogelijk dient te worden gehouden, dient eerst te worden onderzocht of de 'gediskwalificeerde' regel van het buitenlandse rechtsstelsel kan worden gewijzigd of aangevuld. Daarbij kan de rechter ofwel op andere rechtsregels, dan wel rechtsbeginselen van het desbetreffende buitenlandse rechtsstelsel teruggrijpen, ofwel dit buitenlandse rechtsstelsel, al naar gelang de omstandigheden van het geval, ombuigen. ***Een voorbeeld.*** Een buitenlandse regel van erfrecht, die in overspel verwekte kinderen uitsluit van de nalatenschap van de vader, is onmiskenbaar in strijd met onze openbare orde. Verdedigbaar is nu, om dit kind de rechtspositie toe te kennen, die dit toepasselijke buitenlandse recht aan een buitenechtelijk kind in andere gevallen toekent, bijvoorbeeld in verhouding tot wettige kinderen, een geringere erfportie. **d. Een 'surrogaatrecht'.** Wanneer uit de inhoud en de strekking van het toepasselijke buitenlandse recht volgt, dat dit recht in het concrete geval zich niet leent voor een zodanige wijziging of aanvulling, dient te worden teruggegrepen op een zogenoemd 'surrogaatrecht'. Zo brengt bijvoorbeeld de religieuze achtergrond van de rechtsfiguur van de verstoting mee, dat alleen de man de bevoegdheid tot verstoting toekomt en dat dit wezenlijke kenmerk van de verstoting zich niet door wijziging ervan laat terzijde stellen; in dit geval zou sprake zijn van een zekere 'denaturering' van het islamitische recht, indien ook de vrouw zou worden toegestaan om verstoting van de man te verzoeken op dezelfde gronden die de buitenlands lex causae de man toestaat verstoting te verzoeken. Dit 'surrogaatrecht' dient niet noodzakelijkerwijze steeds de lex fori te zijn. Indachtig het uitgangspunt dat de inbreuk op de toepasselijkheid van het toepasselijke buitenlandse recht zo beperkt mogelijk moet worden gehouden (zie onder a), dient alvorens de lex fori als 'surrogaatrecht' voor toepassing in aanmerking komt, eerst te worden onderzocht of op de rechtsverhouding een ander, sterker betrokken recht voor toepassing in aanmerking komt. Zie ook art. 10:2 BW, aant. 3 onder c. **e. De lex fori.** In de doctrine en rechtspraak wordt ook wel de opvatting verdedigd, dat wanneer sprake is van een leemte die door de openbare orde-ingreep ontstaat, deze leemte direct dient te worden opgevuld door de lex fori, althans door een regel die recht doet aan de waarden en beginselen van de lex fori. Wanneer het buitenlandse recht op een concreet punt in conflict komt met de aan ons eigen recht ten grondslag liggende beginselen, herneemt de lex fori haar heerschappij, omdat de verwijzing naar buitenlands recht faalt. De regel van de lex fori treedt, aldus beschouwd, niet in de plaats van de gediskwalificeerde regel van buitenlands recht, maar behoudt haar toepasselijkheid. Deze opvatting miskent echter de functie van de openbare orde-exceptie. Deze functie berust immers niet op de rechtsgrond om het eigen materiële recht toe te passen, maar is slechts een 'spelbreker' van de verwijzingsregel waaraan, anders gezegd, slechts een uitzonderingskarakter toekomt. Zie in dit verband HR 9 november 2001, *NJ* 2002/279.

In deze uitspraak besliste de Hoge Raad, dat het buiten toepassing laten van het Marokkaanse recht wegens strijd met de openbare orde, niet zonder meer tot afwijzing van het verzoek om echtscheiding diende te leiden. Aangezien het hof strijdigheid van het Marokkaanse recht met de Nederlandse openbare orde had vastgesteld, diende art. 1 lid 1 onderdeel a WCE (oud) buiten toepassing te blijven en had het hof het Nederlandse echtscheidingsrecht als het recht van de rechter voor wie het geding aanhangig is, moeten toepassen. De Hoge Raad lijkt hiermee voor de opvatting te kiezen om rechtstreeks tot toepassing van de lex fori over te gaan. Hierbij zij evenwel aangetekend, dat uit deze beslissing niet zonder meer kan worden afgeleid voor welke opvatting de Hoge Raad kiest, nu de terzijde gestelde (Marokkaanse) regeling zich niet leende voor wijziging of aanpassing (de opties c of d).

Artikel 7

1. Bepalingen van bijzonder dwingend recht zijn bepalingen aan de inachtneming waarvan een staat zo veel belang hecht voor de handhaving van zijn openbare belangen, zoals zijn politieke, sociale of economische organisatie, dat zij moeten worden toegepast op elk geval dat onder de werkingssfeer ervan valt, ongeacht welk recht overigens van toepassing is.

2. De toepassing van het recht waarnaar een verwijzingsregel verwijst, blijft achterwege, voor zover in het gegeven geval bepalingen van Nederlands bijzonder dwingend recht toepasselijk zijn.

3. Bij de toepassing van het recht waarnaar een verwijzingsregel verwijst, kan gevolg worden toegekend aan bepalingen van bijzonder dwingend recht van een vreemde staat waarmee het geval nauw is verbonden. Bij de beslissing of aan deze bepalingen gevolg moet worden toegekend, wordt rekening gehouden met hun aard en strekking alsmede met de gevolgen die uit het toepassen of het niet toepassen van deze bepalingen zouden voortvloeien.

[19-05-2011, Stb. 272, i.w.tr. 01-01-2012/kamerstukken 32137]

[Voorrangsregels]

1. Algemeen. De bepaling behandelt het leerstuk van de voorrangsregels. Deze voorrangsregels worden ook wel aangeduid met de term 'bepalingen van bijzonder dwingend recht'. In lid 1 is een omschrijving opgenomen welke regels als voorrangsregel kunnen gelden; het moet betreffen bepalingen aan de inachtneming waarvan een land veel belang hecht voor de handhaving van zijn openbare belangen, zoals zijn politieke, sociale of economische organisatie (zie nader aant. 4). Lid 2 bestrijkt de zogenoemde eerste-lands of forale voorrangsregels, dat wil zeggen voorrangsregels van de geadieerde (Nederlandse) rechter (zie nader aant. 5). Lid 3 ziet in de eerste plaats op de zogenoemde derde-lands voorrangsregels. Dit zijn de voorrangsregels die afkomstig zijn uit buitenlandse rechtsstelsels die met de rechtsverhouding (de casus) verbonden zijn, maar die noch behoren tot het op de rechtsverhouding toepasselijke recht (de lex causae) noch tot de lex fori. Voorts heeft dit lid 3 betrekking op voorrangsregels die tot de lex causae behoren, doorgaans aangeduid als tweede-lands voorrangsregels. Ingevolge dit lid 3 kan gevolg worden toegekend aan de bepalingen van bijzonder dwingend recht van een vreemde staat waarmee het geval nauw is verbonden. Daarbij wordt rekening gehouden met de aard en de strekking van deze bepalingen, alsmede met de gevolgen die uit het toepassen of niet toepassen van deze bepalingen kunnen voortvloeien (zie nader aant. 6 en 7). In de Nederlandse wettelijke regeling wordt aldus een onderscheid gemaakt tussen forale en buitenlandse voorrangsregels. Een dergelijk onderscheid wordt ook gemaakt in onder meer de Zwitserse IPR-wet van 1988 (art. 18 en 19) en in de Belgische IPR-wet van 2004 (art. 20). Voorts bestaat er in het verdrags- en verordeningsrecht op vooral het terrein van het vermogensrecht een aantal bepalingen ten aanzien van de voorrangsregels. Zie onder meer art. 9 Rome I. Evenals de bepaling van art. 10:7 maakt dit art. 9 Rome I een onderscheid tussen forale en buitenlandse voorrangsregels. Speciale aandacht verdient, dat art. 16 Rome II daarentegen uitsluitend ziet op eerste-lands (forale) voorrangsregels. Een soortgelijke regeling als art. 9 Rome I kent ook art. 16 Haags Trustverdrag 1985; ook in bedoeld art. 16 Haags Trustverdrag 1985 wordt een onderscheid gemaakt tussen voorrangsregels van de lex fori en buitenlandse voorrangsregels; voor de laatste geldt als bijzonder vereiste voor toepasselijkheid, dat tussen de staat van herkomst van de voorrangsregel en het voorwerp van het geschil 'een voldoende nauw verband' bestaat (lid 2). Verder kan worden genoemd art. 7 Haags Verkeersongevallenverdrag (verkeers- en veiligheidsvoorschriften), art. 9 Haags produktenaansprakelijkheidsverdrag (veiligheidsvoorschriften) en art. 17 Rome II (veiligheidsvoorschriften en gedragsregels). Zie met betrekking tot art. 10:7, *Asser/Vonken 10-I* 2018/589-652.

2. Het verschijnsel van de voorrangsregels. De meeste in de internationale en nationale IPR-regelgeving neergelegde verwijzingsregels zijn gebaseerd op de klassieke verwijzingsmethode. De vraag naar de toepasselijkheid van zuiver – dwingende én aanvullende – privaatrechtelijke regels wordt opgelost aan de hand van de gewone (meerzijdige) verwijzingsregels. De rechtsbetrekking – bijvoorbeeld de overeenkomst tussen partijen – is hier het voorwerp van de verwijzingsregel en de aanwijzing van het daarop toepasselijke recht vormt het eindresultaat. Het leerstuk van de voorrangsregels ziet daarentegen op de voor de beslechting van de casus relevante materiële rechtsnorm, met als eindresultaat de vaststelling dat die norm, gelet op zijn inhoud en strekking, in het concrete geval al dan niet toepassing verlangt. Daarbij speelt de functie en de inhoud van het semi-publiekrechtelijke voorschrift een cruciale rol en is irrelevant of het voorschrift al dan niet deel uitmaakt van het door de normale verwijzingsregel als toepasselijk aangewezen recht. Anders gezegd: de voorrangsregel zal in het concrete geval, ongeacht de verwijzingsregel, op grond van zijn inhoud en functie in relatie tot de feitelijke omstandigheden van het geval, toepassing moeten kunnen afdwingen. Beide benaderingen – te weten: de klassieke verwijzingsmethode en de methode van de voorrangsregels – staan dus in het conflictenrecht min of meer naast elkaar. Dit leidt ertoe dat het conflictenrecht in feite een 'tweesporig karakter' heeft. Hierbij is niet uitgesloten dat beide sporen in concreto niet parallel aan elkaar lopen. Dit laatste doet op zijn beurt de vraag rijzen wanneer de ene dan wel de andere methode dient te worden toegepast. Het antwoord op deze vraag hangt (mede) af van de inhoud die aan het begrip voorrangsregel wordt gegeven (zie nader aant. 4).

3. De scope rule of reikwijdteregel. De vraag of een voorrangsregel in een internationaal geval toepassing kan verlangen, wordt doorgaans bepaald aan de hand van de bij de desbetreffende voorrangsregel behorende speciale scope rule of reikwijdteregel. Deze scope rule – in feite een eenzijdige verwijzingsregel – die het territoriale of personele toepassingsbereik van de voorrangsregel afbakent, kan een 'geschreven' bepaling zijn, dat wil zeggen: door de wetgever zelf zijn geformuleerd. Wanneer de wetgever, daarentegen, al dan niet doelbewust, heeft afgezien van een expliciete afbakening van de internationale reikwijdte van dit semi-publiekrechtelijk voorschrift, zal de rechtstoepasser eerst dienen te onderzoeken of het desbetreffende voorschrift als een voorrangsregel kan worden beschouwd, en zo ja, op welke wijze de specifieke scope rule, die is afgestemd op de desbetreffende voorrangsregel, dient te worden geformuleerd. Een voorbeeld van een geschreven scope rule biedt art. 6:247 lid 1 BW: op een overeenkomst tussen partijen die handelen in de uitoefening van een beroep of bedrijf en die beide in Nederland gevestigd zijn, is afdeling 3 van titel 5 van Boek 6 BW (art. 6:231-246 BW) steeds van toepassing, ongeacht het recht dat de overeenkomst beheerst. Een voorbeeld van een ongeschreven, door de rechtspraak en de doctrine nader ingevulde, scope rule doet zich voor bij art. 6 BBA 1945. Waar het betreft een scope rule die door de Nederlandse wetgever is geformuleerd bij een door deze tot stand gebrachte voorrangsregel, ligt het voor de hand dat de Nederlandse rechter aan deze scope rule is gebonden. De Nederlandse rechter zal de regeling inzake de algemene voorwaarden (afdeling 3 van titel 5 van Boek 6 BW) dus dienen toe te passen, indien en voor zover het geval valt binnen het door de scope rule van art. 6:247 lid 1 BW afgebakende toepassingsgebied – dat wil zeggen: indien de beide partijen (bedrijven) in Nederland zijn gevestigd, ook al is een buitenlands recht volgens de gewone verwijzingsregel inzake koopovereenkomsten op de overeenkomst van toepassing. Het spiegelbeeldgeval kan zich ook voordoen: zo dient de regeling inzake de algemene voorwaarden van afdeling 3 van titel 5 van Boek 6 BW buiten toepassing te blijven, indien het geval buiten het door de scope rule afgebakende toepassingsgebied valt – dus beide of één van deze partijen niet in Nederland zijn gevestigd (zie art. 6:247 lid 2). Dit voorbeeld illustreert nogmaals het hierboven in aant. 2 opgemerkte, dat het internationaal privaatrecht een tweesporig karakter heeft: het toepasselijke gewone (dwingende en aanvullende) privaatrecht dient aan de hand van de klassieke verwijzingsregels te worden gevonden, terwijl de vraag of een als voorrangsregel aan te merken regeling van toepassing is, 'autonoom' – dus aan de hand van zijn eigen scope rule – moet bewijzen dat er grond is voor toepassing. De betekenis van een buitenlandse scope rule is daarentegen beperkter van aard. Deze bepaalt slechts welke territoriale reikwijdte de buitenlandse wetgever aan zijn eigen voorrangsregels beoogt te geven. De Nederlandse rechter is aan deze buitenlandse scope rule echter niet gebonden, maar hij zal zelfstandig dienen te toetsen of het buitenlandse voorschrift, naar zijn inhoud en strekking bezien, kan worden toegepast in de eigen rechtsorde. Immers, niet de vreemde scope rule, maar het Nederlandse conflictenrecht bepaalt uiteindelijk of, en zo ja in hoeverre, de buitenlandse voorrangsregel door de Nederlandse rechter moet worden toegepast. Buitenlandse scope rules bieden de Nederlandse rechter daarentegen wel een duidelijke indicatie omtrent de reikwijdte die de buitenlandse wetgever aan zijn eigen semi-publiekrechtelijke voorschriften wenst toe te kennen. De aandacht verdient hier ten slotte, dat in de MvT, *Kamerstukken II* 2009/10, 32137, 3 wordt benadrukt, dat een onderzoek of de regel waarop de scope rule betrekking heeft als een voorrangsregel moet worden aangemerkt, in een dergelijke situatie niet meer aan de orde is, evenmin als een onderzoek van de vraag tot welk resultaat toepassing van de verwijzingsregel zou hebben geleid.

4. Omschrijving van de voorrangsregel (lid 1). a. Algemeen. Aangenomen wordt algemeen dat de status van voorrangsregel kan worden toegekend aan bepalingen die

gerekend kunnen worden tot het terrein van het semi-publiekrecht. Een scherpe grens tussen dit rechtsgebied enerzijds en het 'zuivere' privaat- en publiekrecht anderzijds valt echter moeilijk te trekken. De term voorrangsregels dekt in ieder geval de categorie voorschriften die ingrijpen in privaatrechtelijke verhoudingen ter wille van zwaarwegende sociaal-economische, culturele of politieke belangen; belangen die groter zijn dan die van de direct daarbij betrokken rechtssubjecten. Anders gezegd: de regels die, ongeacht of zij tot het publiekrecht of het privaatrecht kunnen worden gerekend, door hun oriëntatie op het algemeen belang mede een publiekrechtelijke inslag hebben. Deze voorrangsregels vinden in de eerste plaats toepassing in het sociaal-economisch handelsverkeer in ruime zin, bijvoorbeeld prijs- en deviezenvoorschriften, in- en exportbeperkingen, allerhande verkeers- en veiligheidsvoorschriften en wetgeving ter regulering van de arbeidsmarkt (bijvoorbeeld art. 6 jo. 9 BBA, dat met het in werking treden van het nieuwe ontslagrecht op 1 juli 2015, grotendeels zijn belang heeft verloren, de Arbeidsomstandighedenwet, de Arbeidstijdenwet en de Wet minimumloon en minimumvakantietoeslag). Voorts treffen wij ook steeds meer voorrangsregels aan buiten het terrein van het commerciële verkeer, bijvoorbeeld milieuwetgeving en regelingen tot het behoud van het nationaal cultuurbezit (cultureel erfgoed). Minder internationale eenstemmigheid bestaat er ten aanzien van een aantal regelingen die, op het eerste gezicht, een privaatrechtelijke karakter hebben, maar zich op grond van hun aard en functie toch onderscheiden van 'zuiver' privaatrecht. Het betreft hier regels waarmee de wetgever structureel zwakkeren zoals consumenten, werknemers, huurders, de borg, de handelsagent of kinderen heeft willen beschermen. Niet uit te sluiten is op voorhand (zie echter het onder b opgemerkte), dat de voorschriften van deze laatste categorie – ook al wordt daarbij niet rechtstreeks een rol toegedacht aan een of ander overheidsorgaan – als voorrangsregels kunnen worden aangemerkt voor zover zij een gemeenschapsbeschermend karakter hebben; de gedachte is dan dat misbruik van de zwakkere partij de rechtsgemeenschap als geheel bedreigt.
b. Het Arblade-criterium. Om tot een uniforme uitleg van het begrip van de voorrangsregel te komen is voor de onderhavige definitievraag aansluiting heeft gezocht bij de formulering die is gebezigd in het arrest van het HvJ EG 23 november 1999, gevoegde zaken C-369/96 en C-376/96, *Jur.* 1999, p. I-8453 (*Arblade*), die vervolgens is neergelegd in art. 9 lid 1 Rome I. In deze bepaling wordt een voorrangsregel – of in de terminologie van dit eerste lid 'bepalingen van bijzonder dwingend recht' – omschreven als: bepalingen aan de inachtneming waarvan een staat zo veel belang hecht voor de handhaving van zijn openbare belangen zoals zijn politieke, sociale of economische organisatie, dat zij moeten worden toegepast op elk geval dat onder de werkingssfeer ervan valt, ongeacht welk recht overigens van toepassing is. Deze omschrijving moet aldus worden verstaan, dat zij eerst en vooral ziet op publiekrechtelijke voorschriften met een privaatrechtelijk gevolg (de eerste categorie). Echter ook privaatrechtelijke beschermingsregels die de structureel zwakkere partij beogen te beschermen (de tweede categorie), kunnen onder omstandigheden, zo wordt vrij algemeen aangenomen, onder deze definitie worden gebracht. Verschillende argumenten pleiten er echter voor om de categorie van de voorrangsregels in zekere mate te beperken. In de eerste plaats verdient de aandacht dat het hedendaagse conflictenrecht een vergaande mate van rechtsverfijning laat zien. Achter (al te) ruime aanknopingscategorieën gaat een aantal subcategorieën schuil. Aldus zijn een aantal bijzondere verwijzingsregels geformuleerd, waarbij in zekere mate wordt ingespeeld op de specifieke (conflictenrechtelijke en materieelrechtelijke) belangen van de betrokken partijen. Een voorbeeld van deze rechtsverfijning biedt de op het

beschermingsbeginsel gebaseerde verwijzingsregels. Als voorbeeld kan hier worden gewezen op de bijzondere verwijzingsregels van art. 6 Rome I (consumentenovereenkomst) en art. 8 Rome I (arbeidsovereenkomst). De keuze van de aanknopingsfactor (de gewone verblijfplaats van de consument en de werknemer) is hier (mede) bepaald door de functie van de consument respectievelijk de werknemer beschermende materiële regels. Dit heeft ertoe geleid dat de belangen van deze sociaal-economisch zwakker geachte partijen reeds in de bijzondere verwijzingsregels van art. 6 Rome I respectievelijk art. 8 Rome I zijn meegewogen en ingebed. Wat betreft deze specifieke onderwerpen is er dan geen ruimte meer om via het leerstuk van de voorrangsregels alsnog rekening te houden met beschermende, semi-publiekrechtelijke voorschriften van andere bij de rechtsverhouding (in casu de overeenkomst) betrokken rechtsstelsels. Voorts dient er op te worden gewezen, dat wanneer de categorie van beschermende privaatrechtelijke voorschriften al te snel als voorrangsregel wordt bestempeld het gevaar bestaat dat het gehele klassieke, meerzijdige verwijzingssysteem wordt uitgehold. Via de voorrangsregel-constructie kunnen immers niet alleen de objectieve verwijzingsregels terzijde worden gesteld, maar — aangezien de voorrangsregel 'keuzebestendig' is — ook de aan partijen geboden rechtskeuze. Dit zou in het bijzonder op het terrein van het overeenkomstenrecht kunnen leiden tot een onaanvaardbare verstoring van het internationale rechtsverkeer, in die zin dat — via de weg van de voorrangsregels — al te makkelijk allerhande beschermende voorschriften van het eigen forale recht van toepassing kunnen worden verklaard. **c. Voorrangsregels van Europese oorsprong.** De EU-wetgever heeft de afgelopen decennia een aantal richtlijnen op vooral het terrein van het contractenrecht tot stand gebracht, die dwingende bepalingen van geharmoniseerd privaatrecht bevatten. Deze richtlijnen hebben betrekking op onder meer algemene voorwaarden, colportage, timeshare, pakketreizen, arbeidsrechtelijke onderwerpen en productaansprakelijkheid. De EU-wetgever heeft deze richtlijnen (mede) geconstrueerd met het oog op belangen die voor de werking van de interne markt relevant zijn, zoals het vrije verkeer van personen, goederen, diensten en kapitaal en de vrije mededinging. Aangezien dit Europese privaatrecht niet alleen puur privaatrechtelijke belangen van partijen beoogt te beschermen — zoals bijvoorbeeld de bescherming van consumenten, werknemers of handelsagenten — maar ook is gericht op het bevorderen van een of meer voornoemde publieke belangen van het vrije verkeer en het tegengaan van oneerlijke concurrentie (handelspraktijken), lijkt de vraag gerechtvaardigd of deze dwingende bepalingen van Europese origine als voorrangsregels dienen te worden aangemerkt. In het licht van de in aant. 4 onder b genoemde argumenten, dient te worden aangenomen dat enige terughoudendheid is geboden bij het aanmerken van de in deze richtlijnen opgenomen bepalingen van geharmoniseerd privaatrecht als voorrangsregel. Dit laatste is slechts anders, indien de in het nationale (Nederlandse) recht geïncorporeerde regelingen een geschreven scope rule bevatten, zoals art. 6:247 lid 1-4 BW, art. 7:6 lid 3 BW, art. 7:50i lid 3 BW en art. 7:73 lid 3 BW. Zie nader *Asser/Vonken 10-I* 2018/641-652.

5. Nederlandse voorrangsregels en hun scope rule (lid 2). Art. 10:7 lid 2 geeft voorrang aan 'bepalingen van Nederlands bijzonder dwingend recht'. Met de vooropstelling dat de toepassing van het recht waarnaar een verwijzingsregel verwijst, 'achterwege blijft', wordt benadrukt dat de voorrangsregel autonoom moet waarmaken dat er een grond is voor toepassing. De redactie van art. 10:7 lid 2 wijkt in aanzienlijke mate af van het corresponderende art. 9 lid 2 Rome I, en wel in zoverre, dat art. 10:7 minder imperatief is geformuleerd; zo bouwt art. 10:7 enkele restricties in, bijvoorbeeld 'voor zover' en 'in het gegeven geval', terwijl art. 9 lid 2 Rome I onvoorwaardelijk bepaalt dat niets in deze verordening de toepassing van de bepalingen van bijzonder dwingend recht van de rechter bij wie de zaak aanhangig is beperkt. Uit deze restricties volgt reeds, dat wanneer de rechter eenmaal heeft geconstateerd dat een voorschrift als een voorrangsregel dient te worden bestempeld, hij deze eigen voorrangsregel niet automatisch mag toepassen. Uit deze relativerende termen volgt onmiskenbaar, dat de rechter een zekere speelruimte toekomt om te beoordelen of in de concrete omstandigheden van het internationaal geval de voorrangsregel geldingspretentie heeft. Zo zal de rechter – wanneer een geschreven scope rule ontbreekt – telkens dienen te toetsen of het semi-publiekrechtelijke voorschrift van het forum een zwaarwegend sociaal-economisch belang (de eerste categorie) of een beschermende functie (de tweede categorie) heeft. Het ligt voor de hand, dat hoe zwaarder het publiekrechtelijke element weegt, des te meer de desbetreffende voorrangsregel aanspraak op toepassing kan maken. Een tweede toetsingscriterium is, of het geval (de rechtsverhouding), waarin dit voorschrift wordt toegepast, nauw is verbonden met de eigen (Nederlandse) staat die het voorschrift heeft uitgevaardigd. Bij de invulling van dit 'nauwe band'-criterium kan men in de eerste plaats denken aan allerhande objectief-geografische factoren, bijvoorbeeld de gewone verblijfplaats van beide of een der partijen, de plaats waar de werkzaamheden dienen te worden verricht, de ligging van het onroerend goed, of de vestigingsplaats van de onderneming. Voorts kunnen ook typische conflictenrechtelijke belangen in dit afwegingsproces worden meegewogen, bijvoorbeeld het belang van de internationale beslissingsharmonie, in die zin dat terughoudendheid dient te worden betracht bij het te vlug toepassen van eigen voorrangsregels; aldus kan rekening worden gehouden met het voorkomen van hinkende rechtsverhoudingen, of dat juist de geldingspretentie van de eigen voorrangsregel wordt afgewogen tegenover voor toepassing in aanmerking komende vreemde semi-publiekrechtelijke regels. Voorts kan in dit verband genoemd worden het belang van de gerechtvaardigde verwachtingen van partijen. Zie bijvoorbeeld HR 23 oktober 1987, *NJ* 1988/842 (*Sorensen/Aramco*), waarin de Hoge Raad bij de concretisering van de scope rule die behoort bij art. 6 BBA (oud) als vereiste stelde dat 'ter zake enkel beslissend is wat, gegeven alle omstandigheden van het geval, ten tijde van de ontslagaanzegging naar objectieve maatstaven viel te verwachten'. De ratio van dit vereiste was dat de werkgever voorafgaande aan de ontslagaanzegging op redelijke wijze moet weten of hij daarvoor de bedoelde toestemming nodig heeft.

6. Buitenlandse voorrangsregels (lid 3). a. Algemeen. Een aantal verordeningen en verdragen, alsook nationale codificaties kent, naast een bepaling voor eigen (forale) voorrangsregels ook een bepaling die voorschrijft dat, onder bepaalde voorwaarden, gevolg kan worden toegekend aan voorrangsregels van een vreemde staat waarmee het geval nauw is verbonden, ongeacht het recht dat op het geval van toepassing is. In de meeste van deze IPR-regelingen wordt evenwel het primaat toegekend aan de forale voorrangsregels boven buitenlandse (derde- en tweede-lands) voorrangsregels. Met andere woorden: buitenlandse voorrangsregels worden doorgaans niet op voet van gelijkwaardigheid behandeld met voorrangsregels van het eigen forum. Art. 10:7 lid 3 biedt een veralgemening van art. 7 lid 1 EVO, dat op zijn beurt is geïnspireerd door het *Alnati*-arrest: HR 13 mei 1966, *NJ* 1967/3. In dit arrest aanvaardde de Hoge Raad expliciet dat voorrangsregels, die niet tot de lex causae behoren, toch toepasselijk kunnen zijn, ook wanneer zij afkomstig zijn van een buitenlandse wetgever. Ingevolge dit art. 10:7

lid 3 kan gevolg worden toegekend aan de bepalingen van bijzonder dwingend recht van een vreemde staat waarmee het geval nauw is verbonden. Daarbij wordt rekening gehouden met de aard en de strekking van deze bepalingen alsmede met de gevolgen die uit het toepassen of het niet toepassen van deze bepalingen zouden voortvloeien. Door te verwijzen naar de voorrangsregels ('de dwingende bepalingen') van het recht van een vreemde staat, is onmiskenbaar dat hier bedoeld zijn zowel voorrangsregels die tot de lex causae behoren, als voorrangsregels van een andere, nauw met het geval verbonden staat. **b. Enkele toetsingscriteria.** Uit art. 10:7 lid 3 eerste zin volgt dat de rechter ten aanzien van de vraag van toepasselijkheid van vreemde voorrangsregels een discretionaire bevoegdheid heeft; hij kan aan buitenlandse voorrangsregels onder omstandigheden gevolg toekennen. Hij moet dit echter niet doen, zelfs als aan alle hier genoemde criteria is voldaan. Gesignaleerd dient hier te worden, dat in art. 10:7 lid 3, tweede zin, zowel wordt gesproken van 'gevolg toekennen', als van 'rekening houden met' en 'het toepassen of het niet toepassen'. Toepassing van art. 10:7 vooronderstelt dat, de voornoemde criteria steeds in onderling verband en samenhang dienen te worden getoetst. Toetsing van deze criteria leidt er overigens toe dat, anders dan bij de traditionele verwijzingsmethode, hier steeds een onderzoek naar de materiële inhoud en de aard en functie van het vreemde voorschrift noodzakelijk is alvorens kan worden beoordeeld of dit vreemde voorschrift toepassing kan verlangen. **c. Voorbeelden van buitenlandse voorrangsregels.** De Nederlandse rechtspraak biedt slechts enkele gevallen waarin de vraag aan de orde was of een buitenlandse voorrangsregel gelding kon verlangen. In de meeste van deze gevallen werd de desbetreffende voorrangsregel niet toegepast. Zie onder meer HR 12 januari 1979, *NJ* 1980/526 (*Surinaams deviezenrecht*); Hof Amsterdam 11 april 1991, *NIPR* 1991/389 (*Indonesische deviezenwetgeving*); HR 23 februari 1996, *NJ* 1997/276 (*beslagmaatregel Libanese autoriteiten*); Rb. Den Haag (pres.) 17 september 1982, *KG* 1982/167 (*Amerikaans exportverbod*); Rb. Rotterdam 4 februari 1999, *NIPR* 1999/159 (*Cypriotisch exportverbod*).

7. Voorrangsregels uit de lex causae (lid 3). Bespreking verdient ten slotte de vraag of ook zogenoemde tweede-lands voorrangsregels onder art. 10:7 lid 3 vallen, dat wil zeggen de voorschriften van de staat waarvan het recht op het geval toepasselijk is (de lex causae) krachtens een gewone verwijzingsregel. Opmerking verdient hier vooreerst, dat art. 7 lid 1 EVO op dit punt een opmerkelijke lacune vertoonde, dat naar zijn bewoordingen alleen betrekking had op derde-lands voorrangsregels, met andere woorden regels die deel uitmaken van noch de lex fori noch de lex causae. In de buitenlandse en Nederlandse doctrine en rechtspraak was en is er nog steeds een stroming die de opvatting huldigt, dat deze tweede-lands voorrangsregels als onderdeel van de lex causae 'automatisch' van toepassing zijn en niet autonoom op hun toepasselijkheid dienen te worden getoetst. Deze opvatting miskent echter het eigen en specifieke karakter van een voorrangsregel. Door hun bijzondere inhoud en functie hebben deze voorrangsregels vaak een beperkte territoriale reikwijdte die rechtvaardigt, dat deze reikwijdte niet met behulp van een normale verwijzingsregel wordt bepaald, maar door middel van een bijzonder aanknopingsprocédé (zie ook hieromtrent aant. 1). Deze ontkoppeling dient niet alleen plaats te vinden met betrekking tot derde-lands voorrangsregels, maar heeft ook te gelden voor voorrangsregels die afkomstig zijn uit de lex causae. Door in art. 10:7 lid 3 uitdrukkelijk te refereren aan het recht van een 'vreemde' staat heeft de Nederlandse wetgever beoogd elke twijfel weg te nemen, dat ook tweede-lands voorrangsregels onder deze bepaling dienen te worden gerangschikt. Zie ook de MvT, *Kamerstukken II* 2009/10, 32137, 3, p. 16.

Artikel 8

1. Het recht dat is aangewezen door een wettelijke regel die berust op een verondersteide nauwe band met dat recht, blijft bij uitzondering buiten toepassing, indien, gelet op alle omstandigheden van het geval, kennelijk de in die regel veronderstelde nauwe band slechts in zeer geringe mate bestaat, en met een ander recht een veel nauwere band bestaat. In dat geval wordt dat andere recht toegepast.
2. Lid 1 is niet van toepassing in geval van een geldige rechtskeuze van partijen.
[19-05-2011, Stb. 272, i.w.tr. 01-01-2012/kamerstukken 32137]

[De algemene exceptieclausule]

1. Algemeen. a. De strekking van de exceptie. Wanneer de abstracte verwijzingsregel niet resulteert in de toepassing op de rechtsverhouding van het 'sterkst betrokken' recht, dient de rechtstoepasser in uitzonderlijke gevallen de gelegenheid te hebben om een ander recht toe te passen, waarmee deze rechtsverhouding een sterkere band heeft. Voor een dergelijke – conflictenrechtelijke – exceptie bestaan goede gronden. In Boek 10 wordt een belangrijke plaats toegekend aan het (Savigniaanse) uitgangspunt dat op de betreffende rechtsverhouding het sterkst verbonden recht toepasselijk is. Erkend moet echter worden, dat een vooraf vastgestelde, abstracte aanknopingsfactor niet steeds bevredigend alle feitenconstellaties kan onderbrengen bij dit 'sterkst betrokken' recht en dat bijgevolg alleszins verdedigbaar is in uitzonderingsgevallen het starre aanknopingsmechanisme te doorbreken. Een exceptieclausule kan hier dan uitkomst brengen. Zie nader met betrekking tot art. 10:8, *Asser/Vonken 10-I* 2018/422-445. **b. Algemene en bijzondere exceptieclausules.** In de bepaling is een zogenoemde algemene exceptieclausule neergelegd. Deze heeft niet betrekking op een bepaald onderwerp, maar geldt als algemene uitzonderingsregel voor, in beginsel, alle in Boek 10 opgenomen nationale verwijzingsregels. Een dergelijke algemene exceptieclausule treffen wij ook aan in art. 15 Zwitserse IPR-wet en art. 19 Belgische Wetboek van Internationaal Privaatrecht. Een bijzondere exceptieclausule, daarentegen, heeft betrekking op een bepaald onderwerp waarvoor een bijzondere verwijzingsregel geldt, en die doorgaans is ingebouwd in de wettelijke bepaling waarin dit onderwerp is geregeld. In aant. 2 worden enkele bijzondere exceptieclausules besproken, terwijl in aant. 3 en 4 de algemene exceptieclausule aan de orde komt. ***De conflictenrechtelijke functie van de exceptie.*** De in het artikel neergelegde algemene exceptieclausule, alsook de voornoemde bijzondere exceptieclausule zijn zogenoemde conflictenrechtelijke excepties of excepties in enge zin. De functie van deze excepties is, dat zij de in de verwijzingsregel gehanteerde aanknopingsfactor kunnen corrigeren, doch uitsluitend in het geval dit leidt tot een betere 'lokalisering' van de rechtsverhouding, anders gezegd: tot het opsporen van het 'sterkst betrokken recht'. De inhoud van het aangewezen recht en het beoogde concrete, materiële resultaat dienen buiten beschouwing te blijven. Van deze exceptieclausule in conflictenrechtelijke enge zin dient te worden onderscheiden de exceptie in materieelrechtelijke ruime zin. Deze clausule kan niet alleen de in de verwijzingsregel opgenomen aanknopingsfactor, maar daarnaast ook het verwijzingsresultaat corrigeren, wanneer dat resultaat in het concrete geval naar maatstaven van redelijkheid en billijkheid niet acceptabel is. In MvT, *Kamer-*

stukken II 2009/10, 3, p. 17, is door de wetgever benadrukt, dat aan de exceptieclausule van het artikel geen dergelijke materieelrechtelijke functie mag worden toegekend. Als belangrijkste bezwaren worden in dit verband genoemd, dat de keuze van het aanknopingspunt niet afhankelijk mag worden van belangen en beginselen die ten dele zijn ontleend aan de rechtsorde van het forum. Voorts zou toepassing van een dergelijke exceptie kunnen leiden tot een 'better law approach'. Ook de rechtszekerheid kan dan in gevaar komen.

2. Enkele bijzondere exceptieclausules. De realiteitstoets. Als voorbeeld van deze bijzondere exceptieclausule kan worden genoemd de zogenaamde realiteitstoets in het kader van de nationaliteitsaanknoping. In de MvT, 3, p. 17 wordt in dit verband opgemerkt, dat deze realiteitstoets naar zijn aard kan worden beschouwd als een toepassing voor specifieke gevallen, van de aan art. 10:8 ten grondslag liggende gedachtegang. Deze realiteitstoets komt op het volgende neer. Wanneer volgens de verwijzingsregel het (gemeenschappelijke) nationale recht van de betrokkene(n) van toepassing is, kan zich de situatie voordoen, dat de nationaliteit vanaf het begin van de verkrijging een louter formeel karakter heeft gehad (bijv. van rechtswege verkregen door huwelijk) of de nationaliteit met het verstrijken van de tijd (bijv. door emigratie naar een ander land) is verwaterd. De nationaliteit heeft alsdan in het concrete geval geen reële aanknopingswaarde en is derhalve geen 'passende' aanknopingsfactor. De vraag is dan of in dat geval toch het nationale recht van betrokkene(n) dient te worden toegepast, ook wanneer, gezien de concrete omstandigheden van het geval, evident is dat de betrokkene geen werkelijke maatschappelijke band (meer) heeft met het land van zijn nationaliteit. Of dient in een dergelijk geval, waarin de nationaliteit zijn realiteitswaarde heeft verloren, de formele (papieren) nationaliteit terzijde te worden gesteld, in die zin dat wordt overgestapt op (doorgaans) de gewone verblijfplaats van betrokkene. In de rechtspraak is reeds gedurende de laatste decennia van de vorige eeuw met betrekking tot bepaalde onderwerpen van het personen- en familierecht ervoor gekozen om de nationaliteit van betrokkene(n) op zijn realiteitswaarde te toetsen. Zie bijvoorbeeld HR 9 februari 1979, *NJ* 1979/546 (*Portugese echtscheiding*). Deze zogenoemde realiteitstoets bij de nationaliteitsaanknoping heeft onder meer wettelijk vorm gekregen in art. 1 lid 2 (voormalige) WCE. Dit art. 1 lid 2 bepaalde, dat met het ontbreken van een gemeenschappelijk nationaal recht gelijkgesteld wordt het geval dat voor een van de partijen een werkelijke maatschappelijke band met het land der gemeenschappelijke nationaliteit kennelijk ontbreekt. In het huidige Nederlandse conflictenrecht treffen wij deze realiteitstoets aan in art. 10:56 lid 2 in het kader van het op de echtscheiding toepasselijke recht: wanneer de rechtskeuze van een echtgenoot door de ander wordt weersproken, is de rechtskeuze toch geldig, indien beide echtgenoten een werkelijke maatschappelijke band hebben met het land van de gemeenschappelijke vreemde nationaliteit. Dit betekent dat wanneer voor een van de echtgenoten deze maatschappelijke band te zwak is, van een rechtsgeldige rechtskeuze geen sprake is en ingevolge art. 10:56 lid 1 het Nederlandse recht – als lex fori – toepasselijk is. Wat betreft het criterium of voor een partij al dan niet een werkelijke maatschappelijke band met het land van zijn nationaliteit (kennelijk) ontbreekt wordt bepaald door alle omstandigheden van het geval, daaronder begrepen de factoren die de betrokkene aan een ander land binden (HR 9 juni 1995, *NJ* 1995/617). Als voorbeelden van een bijzondere exceptieclausule kunnen voorts genoemd worden art. 4 lid 3 en art. 8 lid 4 Rome I, die betrekking hebben op overeenkomsten resp. individuele arbeidsovereenkomsten. Uit dit art. 4 lid 3 Rome I volgt, dat, indien uit alle omstandigheden blijkt dat de overeenkomst een kennelijk nauwere band heeft met een ander land dan het in het lid 1 of lid 2 bedoelde land, het recht van dat andere land van toepassing is. In Rome II is een soortgelijke exceptieclausule op de algemene verwijzingsregels opgenomen in art. 4 lid 3 Rome II. Voorts kan hier genoemd worden art. 21 lid 2 Europese erfrechtverordening. **De accessoire aanknoping.** Als voorbeeld van een bijzondere exceptieclausule kan ook worden genoemd de techniek van de accessoire aanknoping. Deze aanknopingstechniek kan zich voordoen, wanneer tussen verschillende rechtsverhoudingen een nauwe samenhang bestaat. Er kan dan grond zijn om op deze rechtsverhoudingen hetzelfde recht toe te passen, ook al zouden zij bij een afzonderlijke aanknoping door verschillend recht worden beheerst. Wanneer bijvoorbeeld tussen dader en benadeelde van een onrechtmatige daad tevens een andersoortige rechtsverhouding bestaat – stel een vervoerovereenkomst of arbeidsovereenkomst – kan een conflictenrechtelijke natrekking wenselijk zijn, in die zin dat de onrechtmatige daad wordt geabsorbeerd door het recht dat de andere, aan de onrechtmatige daad voorafgaande, rechtsverhouding beheerst. Deze aanknopingstechniek – of zo men wil: dit specifieke correctiemechanisme – wordt doorgaans accessoire aanknoping genoemd. Een voorbeeld van deze techniek biedt art. 4 lid 3 tweede zin Rome II, dat luidt: “Een kennelijk nauwere band met een ander land zou met name kunnen berusten op een reeds bestaande, nauw met de onrechtmatige daad samenhangende betrekking tussen de partijen, zoals een overeenkomst.” Zie nader met betrekking tot de accessoire aanknoping, *Asser/Vonken 10-I* 2018/453-463.

3. De algemene exceptieclausule (lid 1). a. Nadere afbakening van de exceptieclausule. Wat betreft de algemene exceptieclausules van art. 10:8 spreekt voor zich, dat deze clausule niet van toepassing is op verwijzingsregels in voor Nederland bindende verdragsregels, aangezien deze verdragsregels voorrang hebben boven nationale wettelijke regels. Evenmin kan deze exceptieclausule verwijzingsregels uit EU-regelingen corrigeren, aangezien de voorrang van EU-regelingen (mede) voortvloeit uit het unierecht. Dit volgt expliciet uit art. 10:1, waarin is bepaald dat de in deze wet vervatte regels van internationaal privaatrecht de werking van voor Nederland bindende internationale en Europese regelingen onverlet laten. Uit de bepaling volgt, met zoveel woorden, dat de exceptie alleen het recht dat is aangewezen door een wettelijke regel terzijde kan stellen. Dit betekent dat in beginsel alleen het verwijzingsresultaat van de reguliere (meerzijdige) verwijzingsregels kan worden gecorrigeerd. De bepaling is bijgevolg niet van toepassing op zogenoemde materiële regels van IPR, dat wil zeggen op materieelrechtelijke bepalingen die voor internationale rechtsverhoudingen gelden. Uit de bepaling volgt voorts uitdrukkelijk, dat de exceptie uitsluitend van toepassing is, indien een verwijzingsregel uit Boek 10 ter discussie staat, anders gezegd: de exceptie kan alleen het recht corrigeren dat is aangewezen door een in Boek 10 neergelegde wettelijke verwijzingsregel. Deze formulering is evenwel te eng, in zoverre de clausule van art. 10:8 ook andere in Nederland geldende speciale (nationale) wettelijke regelingen dient te bestrijken, alsook Nederlandse ongeschreven verwijzingsregels. **b. Restrictieve uitleg van de exceptieclausule.** Uit de bewoordingen van de bepaling volgt onmiskenbaar dat de exceptie slechts ‘bij uitzondering’ kan worden ingeroepen om het normaal toepasselijke recht uit te schakelen; het moet immers ‘kennelijk’ blijken, ‘gelet op alle omstandigheden van het geval’, dat sprake is van een nauwe band die ‘slechts in zeer geringe mate bestaat’ met het normaal aangewezen recht en ‘een veel nauwere band’ met een ander recht. Uitsluitend in dat geval dient dat andere recht te worden toegepast. De strekking van deze cumulatieve beperking is om aldus het uitzonderingskarakter van de exceptieclausule te benadrukken, in die zin, dat, wanneer met verschillende rechtsstelsels een meer of mindere nauwere band bestaat, de exceptieclausule niet mag worden toegepast in het geval slechts een licht aanknopingsoverwicht met het rechtsstelsel van dat andere land bestaat. Kortom: de in de wet vervatte verwijzingsregels zijn in beginsel verbindend en beperken zich niet tot gemakkelijk weerlegbare vermoedens. De clausule mag derhalve slechts een 'uitlaatklep' voor exceptionele gevallen zijn. In het geval de exceptieclausule te flexibel – dat wil zeggen meer extensief – wordt toegepast, zou in te sterke mate afbreuk worden gedaan aan de rechtszekerheid. **c. De grondslag van de verwijzingsregel en de exceptieclausule.** Het ligt voor de hand, dat de exceptieclausule van art. 10:8 kan worden toegepast op al die verwijzingsregels welke op het vinden van het 'sterkst betrokken' recht zijn gericht. Onder deze categorie dienen ook verwijzingsregels te worden gerangschikt, die op het beschermingsbeginsel zijn gebaseerd, daar ook bij dit type regel met een zogenoemd functionele aanknoping steeds het opsporen van het sterkst betrokken recht centraal staat. Een voorbeeld van een functionele aanknoping met een exceptieclausule van het onderhavige type biedt art. 8 lid 4 Rome I. De onderhavige exceptieclausule mag daarentegen niet worden toegepast bij op het begunstigingsbeginsel gebaseerde verwijzingsregels; de wetgever tracht hier, in de overtuiging dat een bepaald materieel resultaat wenselijk is, dit resultaat bij voorbaat te bevorderen door verschillende wetten subsidiair of alternatief aan te wijzen. In dit type regels wordt aldus beoogd een wet toepasselijk te verklaren, die een bepaalde partij het materieel meest gunstige resultaat verschaft. Dit impliceert dat de exceptieclausule, die is gericht op het vinden van een recht waarmee de rechtsverhouding een veel sterkere band heeft, per definitie niet geschikt is om verwijzingsregels te corrigeren, die een vooraf wenselijk geacht resultaat beogen veilig te stellen; deze clausule zou dan immers de strekking van dit type regels kunnen frustreren. Anders gezegd: de functie van de conflictenrechtelijke exceptieclausule verdraagt zich niet met de grondslag van op het begunstigingsbeginsel gebaseerde verwijzingsregels. De exceptieclausule mag voorts evenmin worden toegepast op eenzijdige verwijzingsregels, die uitsluitend betrekking hebben op het internationale geldingsbereik van het eigen recht (hier: het Nederlandse recht), en niet de vraag betreffen van de eventuele toepasselijkheid van buitenlandse rechtsstelsels. Deze eenzijdige regels worden doorgaans gehanteerd voor rechtsregels die vanwege hun maatschappelijke functie of hun rechtspolitieke lading niet terzijde kunnen worden gesteld (zie bijvoorbeeld art. 10:30 en art. 10:95 lid 2). Aangezien de strekking, die ten grondslag ligt aan dit type eenzijdige verwijzingsregels, is dat de wetgever de eigen nationale belangen door de eigen lex fori beter beschermd acht dan door het anders toepasselijke buitenlandse recht, en deze regels aldus niet behoeven te resulteren in de toepasselijkheid van het sterkst betrokken recht, komt dit type eenzijdige regels derhalve niet voor correctie via de exceptieclausule in aanmerking. ***Rechtskeuze.*** Aangenomen dient voorts te worden dat ook een rechtskeuze niet door de clausule opzij gezet mag worden. Dit volgt expliciet uit lid 2 van de bepaling. Wanneer Boek 10 een dergelijke rechtskeuze toestaat, is evident dat partijen niet beogen het sterkst betrokken recht aan te wijzen, maar het materiële recht dat partijen het meest geschikt, dan wel het gunstigst achten om hun rechtsverhouding te beheersen. In dit licht lijkt het dan niet opportuun dat met een beroep op de clausule het gekozen recht mag worden uitgeschakeld. De aandacht dient er hier ten slotte op te worden gevestigd dat de exceptieclausule niet mag worden gehanteerd om telkens de *lex fori* toe te passen, wanneer toepassing van het buitenlandse recht op onoverkomelijke problemen stuit, bijvoorbeeld niet snel genoeg of in het geheel niet kan worden vastgesteld. De clausule verdient daarentegen toepassing te vinden zowel ten gunste als ten nadele van de lex fori.

4. Factoren en belangen bij de vaststelling van het 'sterker betrokken' recht. a. Algemeen. De vraag verdient vervolgens beantwoording, welke factoren en belangen een rol kunnen spelen bij de nadere invulling van de algemene exceptieclausule van art. 8 en van de bijzondere exceptieclausules. Een algemene voorwaarde voor afwijking van de abstracte verwijzingsregel is dat in het concrete geval, met het normaal toepasselijke recht kennelijk slechts in zeer geringe mate een nauwe band bestaat en met een ander recht een veel nauwere band. Deze cumulatieve restrictie biedt echter slechts een vage richtsnoer. De rechtstoepasser dienen derhalve nadere criteria te worden geboden, aan de hand waarvan hij kan oordelen of correctie van de abstracte verwijzingsregel gerechtvaardigd is. De (vooraf) vastgestelde verwijzingsregel wordt gevormd aan de hand van een reeks objectief-geografische factoren, alsmede een aantal conflictenrechtelijke en materieelrechtelijke belangen. Het ligt dan in de rede dat dezelfde factoren en belangen in aanmerking komen bij de concretisering van het voornoemde vage criterium. **b. Objectief-geografische factoren.** Wat betreft de vraag of er nu een veel sterkere betrokkenheid met een ander rechtsstelsel bestaat (of beter: met het rechtsstelsel van een andere staat) kunnen in de eerste plaats een aantal objectief-geografische factoren in aanmerking worden genomen zoals de nationaliteit, woonplaats, vestigingsplaats, de plaats waar de schade plaatsvindt of wordt veroorzaakt en de plaats van handeling. Wat betreft deze factoren kan aansluiting worden gezocht bij de wijze waarop de realiteitstoets van art. 1 lid 2 WCE (oud) wordt ingevuld: of voor een partij een werkelijk maatschappelijke band met het land van de gemeenschappelijke nationaliteit kennelijk ontbreekt, wordt bepaald door alle omstandigheden van het geval, daaronder begrepen de factoren die de betrokken echtgenoot aan een ander land binden (HR 9 juni 1995, *NJ* 1995/617). Verschillende factoren kunnen in aanmerking komen die, ruwweg, in drie categorieën kunnen worden ingedeeld: a. objectieve factoren, zoals een langdurig verblijf van de betrokkenen in Nederland, de geboorteplaats en de woonplaats van de kinderen in Nederland, het hier te lande werken, het bezit van onroerend goed; b. subjectieve factoren, zoals de wens van de betrokken partijen om niet meer terug naar zijn (hun) vaderland te gaan; en c. sociale factoren, zoals het spreken van de Nederlandse taal, het lid zijn van een vereniging. Kortom: het participeren van de betrokken partij(en) aan het maatschappelijke leven in Nederland. Daarnaast blijft als vereiste gelden dat met het normaal aangewezen recht nog slechts een zeer zwakke band bestaat. **c. De interne beslissingsharmonie.** Een ander criterium dat kan worden gebruikt bij het opsporen van dit sterker betrokken recht is dat van de interne beslissingsharmonie. Dit belang kan onder meer worden bevorderd via de techniek van de accessoire aanknoping, waarbij, in het geval verschillende rechtsverhoudingen sterk met elkaar verweven zijn, hetzelfde recht wordt toegepast, ook al zouden zij bij een afzonderlijke aanknoping onder de werking van verschillende verwijzingsregels vallen, en dus mogelijk, door verschillend recht worden beheerst Zie met betrekking tot het correctiemechanisme van de accessoire aanknoping, aant. 2. **d. De gerechtvaardigde verwachtingen van partijen.** Een ander belang dat afwijking van de abstracte verwijzingsregel in bijzondere omstandigheden kan rechtvaardigen is dat van de gerechtvaardigde verwachtingen van partijen. Dit belang verlangt dat op een rechtsverhouding het recht toepasselijk is, waarop partijen in goed vertrouwen mochten of zelfs moesten afgaan, of – negatief geformuleerd – dat een recht buiten toepasselijk wordt gelaten waarmee zij juist geen rekening konden of behoefden te houden. Het betreft hier niet de subjectieve verwachtingen van partijen, maar verwachtingen die op een of andere wijze geobjectiveerd moeten worden. Wanneer partijen nu kunnen aantonen, aan de hand van objectieve gegevens – zoals een ingewonnen juridisch advies of een koopakte –, dat zij een andere verwachting hebben gekoesterd, en dit mochten doen omtrent het naar het eigen (of buitenlands) IPR normaal toepasselijke recht, dan kan een beroep op de exceptieclausule slagen – zij het binnen de restricties die de bepaling stelt. Een beroep op dit belang kan onder meer worden gedaan in het geval van een onvoorziene wijziging van de aanknoping in de tijd (conflit mobile) of in het geval van de toepassing van een (ongeschreven) verwijzingsregel waarop partijen niet bedacht hoefden te zijn. Zie in dit verband ook de clausule van art. 3 lid 2 tweede zin Haags erfopvolgingsverdrag, waarin onder het begrip 'uitzonderlijke omstandigheden' dient te worden verstaan, zo blijkt uit de ontstaansgeschiedenis, omstandigheden die 'buiten het normale verwachtingspatroon' van de erflater vallen. **e. Ambtshalve toepassing van de exceptieclausule.** Aangenomen dient te worden, dat evenals voor de andere regels van conflictenrecht, de in de bepaling vervatte exceptieclausule ambtshalve moet worden toegepast. Verwezen kan hier worden naar hetgeen bij art. 10:2 is opgemerkt. De omstandigheid dat het hier een exceptieclausule betreft, biedt onvoldoende grond voor een andere opvatting op dit punt. Dit verhindert echter niet, zo wordt in de MvT, *Kamerstukken II* 32137, 3, p. 18 opgemerkt, dat door partijen voldoende feiten moeten worden gesteld die tot toepassing van de exceptieclausule kunnen leiden, bijvoorbeeld feiten waaruit kan volgen dat met een bepaald rechtsstelsel een veel nauwere band bestaat dan met een ander rechtsstelsel of dat partijen gerechtvaardigd hebben vertrouwd dat een ander recht toepasselijk was dan het rechtstelsel dat op grond van de abstracte verwijzingsregel toepasselijk was. Daarbij zal de rechter moeten waken voor verrassingsbeslissingen. Dit kan in concreto ertoe te leiden, dat wanneer de rechter toepassing van dit artikel mocht overwegen hij partijen de gelegenheid moet geven zich daarover uit te laten.

5. Niet toepasselijkheid in geval van een rechtskeuze (lid 2). Uit lid 2 van de bepaling volgt dat het door partijen aangewezen recht niet door de exceptieclausule van lid 1 terzijde mag worden gesteld. Zie hieromtrent nader het opgemerkte in aant. 3 onder c. Zie nader over de exceptieclausule van art. 10:8 BW in verband met de in art. 10:118 BW neergelegde incorporatieleer, A.P.M.J. Vonken & L.A.H.T. Vonken, *Ondernemingsrecht* 2019/95, p. 532-541.

Artikel 9

Aan een feit waaraan rechtsgevolgen toekomen naar het recht dat toepasselijk is volgens het internationaal privaatrecht van een betrokken vreemde staat, kunnen, ook in afwijking van het naar Nederlands internationaal privaatrecht toepasselijke recht, in Nederland dezelfde rechtsgevolgen worden toegekend voor zover de niet-toekenning van zodanige gevolgen een onaanvaardbare schending zou zijn van het bij partijen levende gerechtvaardigde vertrouwen of van de rechtszekerheid.

[19-05-2011, Stb. 272, i.w.tr. 01-01-2012/kamerstukken 32137]

[De fait accompli-exceptie]

1. Algemeen. a. De strekking van de fait accompli-exceptie. De bepaling biedt een bijzondere regeling voor het leerstuk van het *fait accompli*, ook wel bestempeld als het leerstuk inzake de erkenning van verkregen rechten. Dit leerstuk komt erop neer, dat wanneer aan een in het buitenland tot stand gekomen rechtsverhouding of rechtsfeit rechtsgevolgen kunnen worden verbonden volgens het rechtsstelsel dat toepasselijk is ingevolge het conflictenrecht van die buitenlandse staat, deze rechtsgevolgen moeten worden erkend in de andere staat (stel: Nederland), ook indien deze rechtsgevolgen volgens het rechtsstelsel dat ingevolge dit andere (Nederlandse) conflictenrecht toepasselijk is niet aan deze rechtsverhouding of rechtshandeling kunnen worden verbonden. Het betreft hier dus een geval van een 'conflict van verwijzingsregels': het Nederlandse en het buitenlandse conflictenrecht wijzen verschillende rechtsstelsels aan, die ook verschillende rechtsgevolgen aan een rechtsverhouding of rechtsfeit toekennen. De vraag is dan of, en zo ja, in hoeverre de Nederlandse verwijzingsregel moet terugtreden voor de buitenlandse verwijzingsregel. In art. 10:9 is dit fait accompli-beginsel in de vorm van een exceptieclausule geformuleerd. Deze exceptie kan worden toegepast wanneer het verwijzingsresultaat van een Nederlandse verwijzingsregel in een concreet geval onaanvaardbaar is omdat de bij dat geval betrokken partijen vertrouwden op een buitenlandse verwijzingsregel die een ander recht als toepasselijk aanwijst. Het betreft dan de vraag of aan een rechtsfeit of rechtshandeling de rechtsgevolgen kunnen worden toegekend overeenkomstig het door een buitenlandse verwijzingsregel als toepasselijk aangewezen rechtsstelsel, ook indien die rechtsgevolgen daaraan niet kunnen worden verbonden ingevolge het rechtsstelsel dat toepasselijk is op grond van de Nederlandse verwijzingsregel. De bepaling vereist voorts dat het vertrouwen van de betrokken partijen 'gerechtvaardigd' is (dan wel dat de rechtszekerheid in het geding is) en de schending van dit vertrouwen dan wel de rechtszekerheid 'onaanvaardbaar' zou zijn. Zie nader met betrekking tot art. 10:9, *Asser/Vonken 10-I* 2018/464-473. **b. De aard van de feiten waaraan rechtsgevolgen toekomen.** Beantwoording behoeft in de eerste plaats wat de aard van de feiten is, die door de exceptieclausule van art. 10:9 worden bestreken. De bepaling spreekt in algemene zin van rechtsgevolgen die aan een feit toekomen. Dit zou kunnen duiden op een ruim begrip (verkregen) rechten. In de MvT, *Kamerstukken II* 32 137, nr. 3, p. 19 wordt evenwel de term gebezigd van het 'fait accompli'. Aangenomen dient te worden, dat sprake moet zijn van rechtsverhoudingen en rechtsposities met een meer of minder duurzaam karakter zoals allerhande staatkwesties, huwelijksvermogens- en erfrecht, huurrecht, arbeidsrecht en goederenrechtelijke kwesties. In het kader van de bepaling pleit voor deze uitleg, dat naarmate een rechtsverhouding langer voortduurt, de kans groter is, dat zij zich op een later tijdstip van het ene naar het andere land verplaatst, met als gevolg dat deze rechtsverhouding binnen de reikwijdte van het aldaar geldende conflictenrecht komt te vallen, en aldus een ander rechtsstelsel dan vóór de verplaatsing toepasselijk is. **c. Voorrang van internationale en Europese regelingen.** Aangenomen dient te worden dat art. 10:9 een bepaling van Nederlands commuun internationaal privaatrecht is. Deze bepaling kan daarom slechts toepassing vinden in gevallen die niet worden bestreken door een verdrag of EU-verordening, of voor zover toepassing in een concreet geval verenigbaar is met een toepasselijk verdrag of een toepasselijke EU-verordening. Zie nader *T&C BW*, commentaar op art. 10:1 BW en (recentelijk) HR 17 januari 2020, *NJ* 2020/52, r.o. 3.2.

2. Vier – cumulatieve – vereisten. a. Algemeen. De exceptieclausule van de bepaling kan alleen worden toegepast, indien aan een viertal vereisten, cumulatief, is voldaan. Vereist is in de eerste plaats dat de rechtsgevolgen moeten zijn toegekend door het conflictenrecht van een betrokken vreemde staat (onder b). In de tweede plaats dienen het Nederlandse en het buitenlandse conflictenrecht verschillende rechtsstelsels aan te wijzen (onder c). In de derde plaats moeten de betrokken partijen – gerechtvaardigd – hebben vertrouwd, dat hun rechtspositie wordt bepaald door het door de verwijzingsregel van de betrokken vreemde staat als toepasselijk aangewezen recht (dan wel dat de rechtszekerheid in het geding is) (onder d). Ten slotte dient sprake te zijn van een onaanvaardbare schending van dat gerechtvaardigde vertrouwen of van de rechtszekerheid (onder e). Een voorbeeld van de onderhavige exceptieclausule biedt HR 26 september 2008, *NJ* 2009/317. **b. Een betrokken vreemde staat.** De desbetreffende rechtsgevolgen moeten zijn toegekend door het rechtsstelsel dat toepasselijk is volgens het conflictenrecht van een betrokken vreemde staat, anders gezegd: waarmee partijen of het rechtsfeit ten tijde van het ontstaan ervan voldoende nauw waren verbonden. Uit welke omstandigheden die betrokkenheid moet blijken en op welk moment die moet bestaan, laat zich niet in algemene zin beantwoorden, maar moet in elk concreet geval, zo leert de MvT, p. 19, naar de omstandigheden worden beoordeeld, waarbij uitgangspunt moet zijn dat het feit en/of de partijen een zekere verbondenheid hebben met die staat. Niet vereist is dat het feit zich in die vreemde staat heeft voorgedaan, bijvoorbeeld de staat van hun gemeenschappelijke nationaliteit of hun gewone verblijfplaats. Om nu te voorkomen dat deze objectief-geografische factoren te weinig solide zijn, kan als extra eis worden gesteld, dat op het tijdstip dat elders, in een vreemde staat, de rechtsverhouding/rechtsfeit tot stand kwam, deze aanknopingsfactor voldoende lokaliserend vermogen, anders gezegd: 'realiteitswaarde' had, en dus niet als exorbitant kan worden beschouwd. Zo is er te weinig betrokkenheid van het buitenlandse conflictenrecht in de zin van de bepaling in het *Hong Kong*-arrest (HR 16 september 1994, *NJ* 1995/169), waarin partijen (Nederlandse man en staatloze vrouw) vóór hun huwelijk acht maanden in Hong Kong met elkaar hebben samengeleefd en drie weken na het huwelijk naar Nederland zijn afgereisd, en zij zich hier definitief hebben gevestigd. Van voldoende betrokkenheid van een vreemde staat is daarentegen wel sprake in het *Zimbabwe*-arrest (HR 19 maart 1993, *NJ* 1994/187): het betrof hier een Nederlands echtpaar dat in 1965 was gehuwd in het voormalige Rhodesië (thans Zimbabwe), waar zij reeds vóór de huwelijkssluiting woonden. In 1976 emigreerden zij naar Zuid-Afrika en in 1980 keerden de echtgenoten terug naar Nederland, waar in 1984 in de echtscheidingsprocedure de vraag aan de orde was in welk huwelijksvermogensregime partijen waren gehuwd. **c. Het Nederlandse en het buitenlandse conflictenrecht dienen verschillende rechtsstelsels aan te wijzen.** Toepassing van de exceptieclausule van de bepaling vereist voorts, dat de eigen Nederlandse verwijzingsregel dient te verwijzen naar een ander rechtsstelsel dan de verwijzingsregel van een betrokken vreemde staat doet. Indien de eigen èn vreemde verwijzingsregel naar hetzelfde toepasselijke recht verwijzen, en aldus tot hetzelfde materiële resultaat leiden, mist de exceptieclausule toepassing. In dit geval is er immers geen conflict van verwijzingsregels. De exceptie komt evenmin voor toepassing in aanmerking, indien het toepasselijke recht waarop partijen zich beroepen, voortvloeit uit een vroegere, inmiddels vervangen (ongeschreven) verwijzingsregel uit het eigen (Nederlandse) conflictenrecht: de bepaling spreekt immers van het conflictenrecht van een betrokken vreemde staat. Uit de bepaling volgt voorts uitdrukkelijk, dat er een conflict dient te bestaan tussen het toepasselijke recht dat wordt aangewezen door het betrokken vreemde internationaal privaatrecht en het naar Nederlands internationaal privaatrecht toepasselijke recht. Tot deze laatste categorie kan ook een Nederlandse erkenningsregeling worden gerekend, zoals art. 10:57, 10:58, 10:100 en 10:101. **d. Een gerechtvaardigd vertrouwen van partijen.** De bepaling stelt als derde vereiste dat bij de betrokken partijen het gerechtvaardigde vertrouwen dient te bestaan – anders gezegd: zij redelijkerwijze de verwachting mochten koesteren –, dat hun rechtspositie wordt bepaald door het door de verwijzingsregel van de betrokken vreemde staat als toepasselijk aangewezen recht. Het gaat hier niet om de subjectieve partijverwachtingen/vertrouwen. Dit vertrouwen van partijen op elders geldende bepalingen van buitenlands conflictenrecht is slechts dan gerechtvaardigd, indien dit vertrouwen door partijen kan worden gestaafd aan de hand van objectieve criteria, zoals een juridisch advies dat partijen hebben ingewonnen. Voorts kan ook een notariële (koop)akte of huwelijkse voorwaarden een objectieve indicatie verschaffen van de partijverwachtingen. Ook feitelijke constateringen, dat partijen zich 'gedurende een lange reeks van jaren steeds en consequent hebben gedragen' naar het recht dat volgens hun perceptie op hun huwelijksvermogensregime van toepassing was (zie het *Zimbabwe*-arrest) of, als negatieve partijverwachting geformuleerd, in de bewoordingen van het *Chelouche*-arrest: 'dat de algehele gemeenschap niet bekend is in enig rechtssysteem waarmee partijen, voor hun huwelijk waren verbonden'. **e. Onaanvaardbare schending van het gerechtvaardigde vertrouwen of van de rechtszekerheid.** In de bepaling wordt tenslotte gesteld, dat de exceptieclausule uitsluitend voor toepassing in aanmerking komt, voor zover de niet-toekenning van de desbetreffende rechtsgevolgen een 'onaanvaardbare schending' zou zijn van het bij partijen levende gerechtvaardigde vertrouwen of van de rechtszekerheid. Met de in de bepaling gebezigde woorden 'onaanvaardbare schending' wordt bedoeld, zo leert de MvT, *Kamerstukken II* 32137, 3, p. 19, dat de clausule slechts in uitzonderlijke gevallen kan worden toegepast. Deze woorden mogen echter niet in die zin worden uitgelegd, dat de clausule een materieelrechtelijk karakter heeft; de clausule mag er aldus niet toe dienen om het verwijzingsresultaat te corrigeren, wanneer dat resultaat in het concrete geval naar maatstaven van redelijkheid en billijkheid niet acceptabel is. De in de bepaling vervatte exceptieclausule betreft daarentegen, zo dient te worden aangenomen, een verbijzondering van een conflictenrechtelijke exceptie, in die zin dat de twee conflictenrechtelijke belangen van de gerechtvaardigde verwachtingen van partijen en van de rechtszekerheid uitdrukkelijk worden genoemd als rechtsgrond voor correctie van het rechtsstelsel dat toepasselijk is ingevolge de eigen Nederlandse verwijzingsregel.

Artikel 10

Voor zover een rechtskeuze is toegelaten, dient deze uitdrukkelijk te zijn gedaan of anderszins voldoende duidelijk te blijken.

[19-05-2011, Stb. 272, i.w.tr. 01-01-2012/kamerstukken 32137]

[Rechtskeuze]

1. Algemeen. *De rechtsfiguur* van de partijautonomie of rechtskeuzebevoegdheid heeft de afgelopen decennia sterk aan belang gewonnen in het conflictenrecht. Deze rechtskeuze doet niet alleen opgeld op het terrein van het overeenkomstenrecht. Ook op andere terreinen van het vermogensrecht en op bepaalde terreinen van het familierecht heeft deze rechtskeuze vaste grond gekregen. Opmerking verdient hier vooreerst dat de in de meeste van Boek 10 opgenomen rechtskeuze-regels, alsook in de internationale regelingen, een zogenoemde conflictenrechtelijke of primaire rechtskeuze is. Hieronder wordt verstaan dat partijen niet alleen de bevoegdheid hebben het aanvullende recht van het objectief toepasselijke recht terzijde te stellen, maar ook het dwingende recht daarvan. Het gekozen recht vervangt dus in zijn geheel het zonder een dergelijke rechtskeuze gedane toepasselijke recht. Daartegenover staat de zogenoemde materieelrechtelijke of secundaire rechtskeuze. Deze houdt in, dat partijen alleen de bevoegdheid hebben het aanvullende recht, maar niet het dwingende recht van het objectief toepasselijke recht uit te schakelen. Deze laatste rechtskeuzemodaliteit komt erop neer, dat eerst via de objectieve verwijzingsregel het toepasselijke recht dient te worden vastgesteld en dat vervolgens binnen het kader van dit toepasselijke recht partijen de bevoegdheid wordt verleend af te wijken van de aanvullende bepalingen van deze kaderwet. Deze materiaalrechtelijke rechtskeuze wordt onder meer aangetroffen in art. 3 lid 3 Rome I, art. 6 lid 2 Rome I (met betrekking tot consumentenovereenkomsten), en art. 8 lid 1 Rome I (met betrekking tot arbeidsovereenkomsten). In de bepaling is een regel inzake deze rechtskeuze opgenomen. Hierin wordt expliciet bepaald, dat voor zover een rechtskeuze is toegestaan, deze uitdrukkelijk dient te zijn gedaan of anderszins voldoende duidelijk dient te blijken. Met andere woorden: er moet sprake zijn van een uitdrukkelijke of stilzwijgende rechtskeuze. Naast dit (formele) vereiste dienen bij het doen van een rechtskeuze aan een aantal andere vereisten te worden voldaan, die hier tevens worden besproken (aant. 2). Ten slotte zullen enkele beperkingen die aan de rechtskeuze worden gesteld aan de orde komen (aant. 3). Opmerking verdient hier vooraf nog, dat de bepaling van weinig praktisch belang is. Zo volgt uit art. 10:154 en 10:159, dat Rome I en Rome II overeenkomstig dienen te worden toegepast op gevallen die buiten de materiële reikwijdte van beide verordeningen vallen en geldt voor enkele familierechtelijke onderwerpen een bijzondere regeling, zoals bijv. art. 10:35 inzake de rechtsbetrekkingen tussen de echtgenoten, art. 10:56 lid 3 inzake echtscheidingen en art. 10:75 en 10:77 inzake het partnerschapsvermogensregime. Voorts komt men aan de rechtskeuze van art. 10:10 niet toe ten aanzien van een aantal onderwerpen van familierecht, omdat die niet ter dispositie van partijen staan, zoals het huwelijk, de afstamming, de adoptie en de minderjarigheid/handelingsbekwaamheid. Zie met betrekking tot de rechtsfiguur van de rechtskeuze, *Asser/Vonken 10-I* 2018/253-299. Zie met betrekking tot de rechtskeuzemogelijkheid voor regels van eenvormig privaatrecht en ander niet-statelijk recht, *Asser/Vonken 10-I* 2018/285-295.

2. Enkele vereisten met betrekking tot het recht dat partijen kunnen kiezen. a. **Uitdrukkelijk of stilzwijgende rechtskeuze.** Uit de bepaling volgt, dat de rechtskeuze uitdrukkelijk moet zijn gedaan of anderszins voldoende (duidelijk) moet blijken (uit de omstandigheden van het geval). Deze voorwaarde treft men bijvoorbeeld aan in art. 3 lid 1 Rome I, art. 14 lid 1 Rome II, art. 6 lid 1 Haags Trustverdrag 1985, art. 5 lid 2 Haags vertegenwoordigingsverdrag en art. 11 Haags huwelijksvermogensverdrag 1978. Zie ook art. 10:56 lid 3 met betrekking tot het op de echtscheiding toepasselijke recht. Vooropgesteld dient te worden, dat een werkelijke, concrete wilsverklaring van partijen aan het gekozen statuut ten grondslag dient te liggen. Een veronderstelde ('hypothetische') rechtskeuze, dat wil zeggen: een keuze van een bepaald rechtsstelsel die enkel is gebaseerd op de veronderstelling dat partijen voor dat recht zouden hebben gekozen als zij de vraag van het toepasselijke recht onder ogen zouden hebben gezien is, zo volgt uit de MvT, *Kamerstukken II* 32137, 3, p. 20, niet toereikend. Dit vereiste komt erop neer, dat de rechter zich er telkens van zal moeten vergewissen, óf partijen de conflictenrechtelijke probleemstelling hebben onderkend en zo ja, of zij ook werkelijk hebben beoogd een keuze te doen voor een bepaald recht – vaak de eigen lex fori – en niet slechts op grond van een onjuiste voorstelling van het recht (IPR) hun rechtsverhouding op een bepaald recht baseerden. Partijen kunnen in de eerste plaats een uitdrukkelijke rechtskeuze doen. Dit kan gebeuren via bijvoorbeeld een daartoe strekkende clausule in het contract of de algemene voorwaarden. De rechtszekerheid is ermee gebaat, dat deze rechtskeuze schriftelijk tot stand komt. Een mondeling geuite wilsverklaring geldt echter ook als een uitdrukkelijk gedane rechtskeuze, zij het dat in dat geval gemakkelijk bewijsproblemen kunnen rijzen. Voor het aannemen van een stilzwijgende rechtskeuze wordt doorgaans als vereiste gesteld dat de keuze voldoende duidelijk (moet) blijken uit de omstandigheden van het geval. Aangenomen dient te worden dat de stilzwijgende rechtskeuze slechts met een zekere terughoudendheid kan worden aanvaard. Benadrukt zij hier nogmaals dat het moet gaan om een echte rechtskeuze en om een ondubbelzinnig blijken ervan. Vage aanwijzingen zijn dus niet voldoende om een stilzwijgende rechtskeuze aan te nemen. Slechts die concrete omstandigheden en factoren komen in aanmerking, waaruit – vaak in onderlinge samenhang bezien – met voldoende zekerheid kan worden afgeleid dat partijen daadwerkelijk een rechtskeuze hebben beoogd tot stand te brengen. Voor een uitvoerige beschouwing met betrekking tot de omstandigheden en factoren waaruit een stilzwijgende rechtskeuze kan blijken, wordt verwezen naar de bespreking van afzonderlijke onderwerpen. Hier wordt volstaan met de volgende opmerkingen. Het gegeven dat partijen een forumkeuzebeding hebben gemaakt, lijkt een sterke aanwijzing dat partijen daadwerkelijk het recht van de rechter hebben willen kiezen. Voor deze gevolgtrekking pleit, dat partijen doorgaans zullen (mogen) verwachten, dat de rechter van het gekozen forum (vaak de lex fori) het meest vertrouwd is met zijn eigen recht en toepassing van dit recht de rechter en partijen tijd en aanzienlijke kosten bespaart. Algemeen wordt echter de opvatting gehuldigd, dat het forumkeuzebeding geen onweerlegbaar vermoeden is, maar een min of meer sterke aanwijzing geeft waaruit, tezamen met andere omstandigheden, kan blijken dat partijen de reële intentie hebben gehad tevens het recht van de rechter op hun rechtsverhouding van toepassing te verklaren. Zie in dit verband ook Overweging 12 van Rome I. Het geval doet zich vaak voor, dat partijen geen uitdrukkelijke rechtskeuze hebben gedaan en in een latere procedure voor de – stel: Nederlandse – rechter uitsluitend hun procesvoering afstemmen op het materiële – Nederlandse – recht. Uit de proceshouding van partijen mag slechts een impliciete rechtskeuze worden afgeleid, indien partijen voorafgaande aan of tijdens de procedure eenduidig hebben kenbaar gemaakt dat zij hun rechtsgeschil willen oplossen aan de hand van een bepaald toepasselijk recht. Ontbreekt deze, dan kan iedere partij zijn verklaring eenzijdig wijzigen. Wanneer de rechter twijfelt over de precieze betekenis van de proceshouding van partijen, verdient het aanbeveling dat de rechter, bijvoorbeeld in het kader van een inlichtingencomparitie, partijen verzoekt zich omtrent het toepasselijke recht nader uit te laten. Het gebruik van juridisch-technische clausules is ook een aanwijzing dat partijen het recht hebben willen kiezen, waarop deze clausules zijn afgestemd. Dit geldt speciaal wanneer bepaalde rechtsbegrippen of typische clausules worden gebezigd die ontleend zijn aan een bepaald recht. Evenzo kan een verwijzing door partijen naar specifieke bepalingen van een bepaald recht doorgaans worden uitgelegd als een stilzwijgende rechtskeuze. **b. Het bestaan en de materiële geldigheid van de rechtskeuze.** Bij de beantwoording van de vraag of een rechtskeuze rechtsgeldig is, dient voorts ook steeds te worden vastgesteld welk recht van toepassing is op de vraag of het geheel van de feiten en omstandigheden de conclusie kan dragen dat partijen hebben beoogd een bepaald recht als toepasselijk aan te wijzen. Anders gezegd: welk recht is toepasselijk op de vraag of tussen partijen overeenstemming is tot stand gekomen over de keuze van het toepasselijke recht, en of deze overeenstemming geldig is. Deze vraag kan zich bijvoorbeeld aandienen, indien een partij zich erop beroept dat hij bij het doen van de rechtskeuze heeft gedwaald of door misleiding of bedrog met de rechtskeuze heeft ingestemd. Het betreft hier de vraag naar het bestaan en de materiële geldigheid van de rechtskeuze. Aangenomen dient te worden dat deze kwestie (uitsluitend) dient te worden beheerst door het (beweerdelijk) gekozen recht (lex causae), met of zonder de rechtsverfijning dat een partij die stelt dat er bij de totstandkoming van de overeenkomst/rechtshandeling geen wilsovereenstemming was en hij niet heeft ingestemd met een bepaalde rechtskeuze zich onder omstandigheden kan beroepen op het recht van het land waar hij zijn gewone verblijfplaats heeft. Zie bijvoorbeeld art. 3 lid 5 jo. art. 10 lid 2 Rome I, art. 10 Haags huwelijksvermogensverdrag 1978. **c. De formele geldigheid van de rechtskeuze.** Wat betreft de kwestie aan welke vormvereisten een toegestane rechtskeuze moet voldoen – de vraag naar de formele geldigheid van de rechtskeuze – is het recht van toepassing dat – behoudens een afwijkende bepaling – op grond van art. 10:12 wordt aangewezen: dus hetzij de vormvoorschriften van het gekozen recht (lex causae), hetzij het recht van de staat waar de rechtskeuze is gedaan (lex loci actus). Speciale aandacht verdient dat een rechtskeuze op het terrein van de (meeste) internationale contractuele en niet-contractuele verbintenissen die worden bestreken door Rome I of Rome II in beginsel vormvrij kan worden gedaan. Bijzondere vormvoorschriften worden daarentegen wel gesteld met betrekking tot sommige familierechtelijke onderwerpen. Zie bijvoorbeeld art. 13, eerste zin Haags huwelijksvermogensverdrag 1978, waaruit volgt, dat een uitdrukkelijke rechtskeuze, wat de vorm betreft, dient plaats te vinden in de vorm die voor huwelijkse voorwaarden is voorgeschreven, hetzij door het aangewezen interne recht, hetzij door het interne recht van de plaats waar die aanwijzing geschiedt. In art. 13, slotzin, Haags huwelijksvermogensverdrag 1978 is vervolgens een materiële regel van IPR opgenomen, die erop neerkomt dat de rechtskeuze in elk geval dient te worden neergelegd in een gedagtekend en door beide echtgenoten ondertekend schriftelijk stuk. Een stilzwijgende rechtskeuze, die (ondubbelzinnig) uit huwelijkse voorwaarden moet voortvloeien, valt, zo dient uit systematisch oogpunt te worden aangenomen, wat de vorm betreft, onder het bereik van art. 12 Haags huwelijksvermogensverdrag 1978, waarin een identieke verwijzingsregel is geformuleerd voor de vereisten met betrekking tot huwelijkse voorwaarden. Zie ook art. 8 lid 2 Haags alimentatieprotocol 2007, waaruit volgt dat de rechtskeuze in een overeenkomst dient te worden vastgelegd, schriftelijk of op een medium waarvan de inhoud toegankelijk is zodat er later naar kan worden verwezen en door beide partijen wordt ondertekend. **d. Een al dan niet 'betrokken' rechtsstelsel.** Een andere kwestie is of een aan partijen toegestane rechtskeuze onbeperkt is, in die zin dat zij elk willekeurig recht kunnen aanwijzen of dat slechts een rechtskeuze ten gunste van een recht kan worden uitgebracht waarmee de partijen een zekere mate van betrokkenheid hebben, bijvoorbeeld het recht van het land van de nationaliteit of van de gewone verblijfplaats van (een der) partijen. Met betrekking tot een aantal onderwerpen op het terrein van het familierecht is de rechtskeuze beperkt. Zo volgt uit art. 3 lid 2 en art. 6 lid 2 Haags huwelijksvermogensverdrag 1978, dat vóór de huwelijkssluiting partijen als het recht dat hun huwelijksvermogensregime beheerst slechts mogen aanwijzen, zo volgt uit art. 3 lid 2 Haags huwelijksvermogensverdrag 1978: a. het recht van een staat waarvan een van hen ten tijde van de rechtsaanwijzing onderdaan is; of b. het recht van de staat waar een van hen ten tijde van de rechtsaanwijzing zijn gewone verblijfplaats heeft; of c. het recht van de eerste staat waar een van hen na de huwelijkssluiting een nieuwe gewone verblijfplaats vestigt. Voor een rechtskeuze staande huwelijk mogen partijen, zo leert art. 6 lid 2 Haags huwelijksvermogensverdrag 1978, uitsluitend de eerste twee alternatieven kiezen. Zie ook art. 3 lid 4 en art. 6 lid 4 Haags huwelijksvermogensverdrag 1978, waaruit volgt dat de echtgenoten ook de mogelijkheid hebben om voor onroerende zaken het recht van de plaats waar die goederen gelegen zijn aan te wijzen (de lex rei sitae). Een soortgelijk betrokkenheidsvereiste wordt ook gesteld in art. 22 lid 1 Europese erfrechtverordening en art. 8 lid 1 onderdeel a-d Haags alimentatieprotocol 2007. Zie ook art. 10:35 lid 2 inzake het op de huwelijksbetrekkingen toepasselijke recht waaruit volgt dat de echtgenoten slechts kunnen kiezen voor: a. het recht van de staat van een gemeenschappelijke nationaliteit van de echtgenoten; of b. het recht van de staat waar zij elk hun gewone verblijfplaats hebben. Op het terrein van het contractenrecht kunnen partijen ieder recht dat hun goed dunkt aanwijzen, ook het recht dat geen enkel geografisch, economisch of juridisch raakpunt met de overeenkomst heeft (zie art. 3 lid 1 Rome I). In het kader van deze verordening mag derhalve ook het recht van een niet EU-lidstaat worden gekozen. Noch de vraag naar de hen moverende reden om een bepaald recht te kiezen noch de vraag of de rechtskeuze een redelijk belang dient, mag derhalve door de rechter worden getoetst. Wat betreft internationale contracten treffen wij, daarentegen, alleen een beperkte rechtskeuze aan in art. 5 lid 1 onderdeel a-e Rome I inzake vervoerovereenkomsten en in art. 7 lid 3 onderdeel a-e Rome I inzake verzekeringsovereenkomsten. Eenzelfde onbeperkte rechtskeuzebevoegdheid ontmoeten wij op het terrein van de niet-contractuele verbintenissen (art. 14 Rome II) en art. 6 lid 1 Haags Trustverdrag 1985. **e. Bescherming van de zwakker geachte partij.** Vooral op het terrein van het overeenkomstenrecht bestaat het gevaar dat de overeenstemming van partijen niet op een gemeenschappelijke reële wilsverklaring berust welk recht het beste kan worden toegepast, maar dat de sterkere contractspartij de keuzevrijheid misbruikt om eenzijdig zijn belangen aan de wederpartij op te dringen. Ter bescherming van deze zwakker geachte partij – de passagier, de consument, de verzekeringnemer en de werknemer – wordt daarom in art. 5-8 Rome I deze keuzevrijheid beperkt, in die zin dat in bepaalde gevallen een rechtskeuze geen afbreuk kan doen aan de dwingende bepalingen van het recht van het land waarin deze wederpartij zijn gewone verblijfplaats heeft, respectievelijk van het recht dat op grond van de objectieve verwijzingsregel van toepassing is. Zie ook art. 14 lid 1 onderdeel b Rome II, waarin een tweetal beperkingen worden gesteld aan een rechtskeuze vooraf met betrekking tot het op de niet-contractuele verbintenissen toepasselijke recht om de zwakkere partij te beschermen. **f. Bescherming van derden.** Ook de rechten van derden dienen te worden beschermd. In sommige IPR-regelingen gebeurt dit door de toelaatbaarheid van de rechtskeuze slechts toe te staan onder het voorbehoud dat de rechtskeuze geen afbreuk doet aan de rechten van derden. Zie bijvoorbeeld art. 3 lid 2, slotzin Rome I. Zie ook art. 14 lid 1, slotzin Rome II. Ook is het mogelijk dat – onafhankelijk van de rechtskeuze – ter bescherming van de derde – bijzondere verwijzingsregels gelden. Zie bijvoorbeeld art. 10:45-46, waarin een speciale regeling ten gunste van de derden is neergelegd, die hebben gehandeld met een echtgenoot wiens huwelijksvermogensregime wordt beheerst door een buitenlands recht: indien de derde een overeenkomst sluit (of andere rechtshandeling verricht) met een van de echtgenoten, kan hij voor de uit deze rechtshandeling voortvloeiende schuld verhaal nemen alsof naar Nederlands recht algehele gemeenschap van goederen bestond, ook al hebben de echtgenoten voor een ander rechtsstelsel gekozen. Dit is het geval indien: a. zowel de derde als beide echtgenoten in Nederland hun gewone verblijfplaats hebben ten tijde van de rechtshandeling; b. de derde niet op de hoogte was of behoorde te zijn van het feit dat het huwelijksvermogensregime van de echtgenoten door een ander recht dan het Nederlandse wet beheerst. Zie nader het commentaar op art. 10:45 en 10:46. **g. Rechtskeuze in 'zuiver interne' gevallen.** Het is denkbaar dat partijen in een puur intern geval een rechtskeuze doen voor een buitenlands rechtsstelsel. Dit aanvankelijk interne geval wordt dan door middel van een dergelijke rechtskeuze in een internationaal geval getransformeerd. Deze rechtskeuze heeft aldus een internationaliserende werking. Een aantal IPR-regelingen brengt op dit uitgangspunt echter een belangrijke restrictie aan, in die zin, dat indien alle overige op het tijdstip van de rechtskeuze bestaande aanknopingspunten zich bevinden in een ander land dan het land waarvan het recht is gekozen, de door de partijen gedane rechtskeuze de toepassing van het dwingende recht van dat andere land onverlet laat. Dit komt er dus op neer dat de conflictenrechtelijke rechtskeuze wordt gereduceerd tot een materieelrechtelijke rechtskeuze. Zie bijvoorbeeld art. 3 lid 3 Rome I en art. 14 lid 2 Rome II. **h. Rechtskeuze in zuiver Europese gevallen.** De situatie kan zich ook voordoen, dat de rechtsverhouding uitsluitend raakpunten heeft met meer dan een EU-lidstaat, met andere woorden: een rechtsverhouding met een puur Europees karakter. Wanneer partijen nu een rechtskeuze willen doen voor het recht van een niet EU-lidstaat, brengen sommige IPR-regelingen hierop een beperking aan, in die zin, dat indien alle overige op het tijdstip van de keuze bestaande aanknopingspunten zich in een of meer lidstaten bevinden, de keuze door de partijen van het recht van een niet-lidstaat de toepassing van de bepalingen van het unierecht waarvan niet bij overeenkomst kan worden afgeweken, in voorkomend geval zoals deze in de lidstaat van de rechter zijn geïmplementeerd, onverlet laat. Zie ook bijvoorbeeld art. 3 lid 4 Rome I en art. 14 lid 3 Rome II.

Artikel 11

1. Of een natuurlijke persoon minderjarig is en in hoeverre hij bekwaam is rechtshandelingen te verrichten, wordt bepaald door zijn nationale recht. Indien de betrokken persoon de nationaliteit van meer dan een staat bezit en hij in een van deze staten zijn gewone verblijfplaats heeft, geldt het recht van die staat als zijn nationale recht. Heeft hij zijn gewone verblijfplaats niet in een van deze staten, dan geldt als zijn nationale recht het recht van de staat van zijn nationaliteit, waarmee hij alle omstandigheden in aanmerking genomen het nauwst verbonden is.

2. Ten aanzien van een meerzijdige rechtshandeling die valt buiten het toepassingsgebied van de Verordening (EG) Nr. 593/2008 van het Europees Parlement en de Raad van 17 juni 2008 inzake het recht dat van toepassing is op verbintenissen uit overeenkomst (Rome I) (*PbEU* L 177) is artikel 13 van die Verordening van overeenkomstige toepassing op het beroep op handelingsonbekwaamheid of handelingsonbevoegdheid van een natuurlijk persoon die partij is bij die rechtshandeling.

[19-05-2011, Stb. 272, i.w.tr. 01-01-2012/kamerstukken 32137]

[Minderjarigheid en handelingsbekwaamheid]

1. Algemeen. In lid 1 van de bepaling zijn geregeld de kwestie van de minderjarigheid en het belangrijkste rechtsgevolg van de minderjarigheid, de handelingsonbekwaamheid, terwijl in lid 2 de kwestie van de bescherming van het internationale rechtsverkeer tegen een handelingsonbekwame persoon wordt behandeld. De bepaling is grotendeels in harmonie met het voorheen geldende (ongeschreven) Nederlandse internationaal privaatrecht en ook in lijn met buitenlandse verwijzingsregels hieromtrent. Zie nader met betrekking tot art. 10:11, *Asser/Vonken 10-I* 2018/168-182.

2. Minderjarigheid (lid 1). a. Hoofdregel: het nationale recht van betrokkene (lid 1, eerste zin). Uit art. 10:11 lid 1, eerste zin van de bepaling volgt, dat de vraag of een persoon minderjarig is, moet worden beantwoord naar het recht van de nationaliteit van die persoon. Opmerking verdient vooreerst dat het onderwerp van de minderjarigheid steeds dient te worden afgesplitst van het recht dat op de hoofdvraag zelf (de adoptie, de gezagsvoorziening, de overeenkomst) van toepassing is en afzonderlijk dient te worden aangeknoopt aan de nationaliteit respectievelijk gewone verblijfplaats van de betrokken persoon. ***Enkele uitzonderingen op de hoofdregel.*** Op de hoofdregel van art. 10:11 lid 1, eerste zin brengt het verdragenrecht enkele uitzonderingen aan. De oplossing is hier gezocht in een regel die de (prealabele) vraag van de minderjarigheid op uniforme wijze regelt. Wanneer deze vraag immers zou worden geregeld door de nationale IPR-stelsels, kan dit leiden, zo is geredeneerd, tot tegenstrijdige beslissingen inzake de minderjarigheidsvraag, die op hun beurt de door bedoelde verdragen beoogde internationale beslissingsharmonie kunnen schaden. Gekozen wordt daarom vaak voor een zogenoemde materiële regel van IPR. Zo volgt uit art. 2 HKV 1996, dat dit verdrag van toepassing is op kinderen vanaf het tijdstip van hun geboorte totdat zij de leeftijd van 18 jaar hebben bereikt. Een soortgelijke regeling treffen wij aan in art. 2 Haags Volwassenenbeschermingsverdrag 2000. Zie ook art. 3 Haags adoptieverdrag 1993. Het Haags Kinderbeschermingsverdrag 1961 geeft met betrekking tot de minderjarigheidsvraag de voorkeur aan een cumulatieve aanknoping: voor de toepassing van dit verdrag, zo bepaalt art. 12, wordt onder 'minderjarige' verstaan elke persoon die deze hoedanigheid zowel volgens de interne wet van de staat waarvan hij onderdaan is als volgens de interne wet van zijn gewone verblijfplaats heeft. Naast de inbreuken op de verwijzingsregel inzake minderjarigheid, die voortvloeien uit het verdragenrecht, kan hier het bijzondere (nationale) voorschrift genoemd worden van art. 10:29 lid 1 onderdeel a. Deze bepaling bepaalt dat hier te lande geen huwelijk kan worden voltrokken, indien de aanstaande echtgenoten de leeftijd van vijftien jaren niet hebben bereikt. **b. De meervoudige nationaliteit (lid 1, tweede en laatste zin).** De aanknoping aan de nationaliteit van betrokkene kan problemen doen rijzen in het geval deze persoon een meervoudige nationaliteit heeft. Uit art. 10:11 lid 1, tweede zin volgt dat dan als uitgangspunt geldt, dat het recht van de gewone verblijfplaats van betrokkene beslissend is, indien dat ook het recht is van een van de nationaliteiten van deze persoon; een cumulatie van beide aanknopingselementen maakt het dan aannemelijk dat betrokkene met het recht van dat land een voldoende sterke betrokkenheid heeft. Deze regel geldt, zo leert de MvT, *Kamerstukken II* 32137, 3, p. 20, ongeacht of het gaat om een gewone verblijfplaats in Nederland of in een andere staat en ongeacht of de Nederlandse nationaliteit behoort tot de nationaliteiten van deze betrokkene. Wanneer deze persoon daarentegen zijn gewone verblijfplaats niet in een van deze staten heeft dient, zo volgt uit lid 1, laatste zin, een effectiviteitstoets te worden aangelegd: toepasselijk is dan het recht van de staat van zijn nationaliteit, waarmee hij alle omstandigheden in aanmerking genomen het nauwst is verbonden. ***De realiteitswaarde van de nationaliteit.*** Wanneer de betrokkene met het land van zijn nationaliteit geen werkelijke maatschappelijke band (meer) heeft, dient te worden aangenomen dat deze formele (verwaterde) nationaliteit niet als aanknopingsfactor mag worden gehanteerd. **c. De prealabele vraag.** Het onderwerp van de minderjarigheid kan zich, uit zijn aard, vaak als prealabele vraag aandienen in de context van allerhande rechtsvragen. Het ligt dan voor de hand om deze kwestie – indien men deze als een voorvraag beschouwt – zelfstandig aan te knopen, dus aan het IPR van het eigen forum; slechts op deze wijze kan eenheid van oordeel met betrekking tot deze kwestie worden bereikt; aldus kan worden vermeden dat betrokkene in het verband van de ene hoofdvraag meerderjarig, maar van de andere minderjarig is. Deze opvatting wordt ook (impliciet) gehuldigd in de MvT, p. 20 en is ook in lijn met art. 10:4. **d. Wijziging van de aanknopingsfactor in de tijd.** De verwijzingsregel inzake minderjarigheid hanteert bij het opsporen van het toepasselijke recht in beginsel de aanknopingsfactor van de nationaliteit. In deze aanknoping kan verandering optreden, bijvoorbeeld door naturalisatie. Dezelfde verwijzingsregel verwijst dan naar een ander recht. Het (tijds-) probleem rijst dan, of – en in hoeverre – de 'nieuwe' wet toepasselijk wordt op de vraag van de minderjarigheid dan wel of de 'oude' wet toepasselijk blijft op deze vraag. Dit probleem van de zogenoemde conflit mobile of Statutenwechsel wordt hier besproken voor de minderjarigheid. Mutatis mutandis geldt hetzelfde voor de handelingsbekwaamheid. Wanneer iemand de nationaliteit van een staat verkrijgt, volgens welk recht hij eerder meerderjarig wordt dan naar zijn voormalige nationale recht, wordt hij aldus eerder meerderjarig. De 17-jarige Argentijn die Nederlander wordt, wordt meerderjarig met 18 jaar (art. 1:233 BW) en niet pas met 21 jaar, waar de meerderjarigheidsgrens volgens Argentijns recht ligt. Wanneer een betrokkene volgens zijn oorspronkelijke nationale recht meerderjarig is en hij volgens zijn nieuwe nationale recht nog niet meerderjarig is, rijst de vraag, of hij dan weer als minderjarig moet worden beschouwd. Algemeen wordt aangenomen, dat dit niet doelmatig zou zijn, noch voor de betrokkene zelf, noch voor derden (het rechtsverkeer) die zich op de eenmaal bereikte meerderjarigheid hebben georiënteerd. Het belang van de continuïteit en dat van het rechtsverkeer (favor negotii) worden hier terecht doorslaggevend geacht. Hier geldt het adagium 'semel maior, semper maior'. Zo blijft bijvoorbeeld een 18-jarige Nederlander meerderjarig, die met verlies van de Nederlandse nationaliteit de Argentijnse nationaliteit verkrijgt, alsook een 18-jarige Fransman, die Argentijn wordt.

3. De handelingsbekwaamheid (lid 1). a. De hoofdregel: het nationale recht van betrokkene. Uit art. 10:11 lid 1, eerste zin volgt voorts dat de vraag of iemand bekwaam is rechtshandelingen te verrichten, evenals de vraag van de minderjarigheid (zie aant. 2), wordt beheerst door het nationale recht van betrokkene. Hierbij zij overigens opgemerkt, dat handelingsonbekwaamheid – althans naar Nederlands recht – niet alleen een rechtsgevolg is van minderjarigheid, maar ook van ondercuratelestelling van de betrokkene; in zoverre heeft deze verwijzingsregel derhalve een ruimere reikwijdte. Op de vraag van de handelingsbekwaamheid is dus niet van toepassing de lex causae die de hoofdvraag beheerst. Deze vraag wordt daarentegen, juist afgesplitst van de lex causae, aangeknoopt. De kwestie van de handelingsbekwaamheid dient zich doorgaans niet als 'voorvraag' aan, zoals die van de minderjarigheid, maar als 'deelvraag'. Wanneer bijvoorbeeld de vraag rijst van de rechtsgeldigheid van een overeenkomst, dient deze vraag te worden opgesplitst in een vraag van handelingsbekwaamheid, een vraag van materiële geldigheid en een van formele geldigheid. Deze verschillende deelvragen zijn echter geen voorvragen, maar rijzen alle tegelijkertijd, zonder dat de ene afhangt van de oplossing die voor de andere wordt gegeven. Voor de algemene onderwerpen inzake de meervoudige nationaliteit, de realiteitstoets van de enkelvoudige nationaliteit en de kwestie van de wijziging van het aanknopingspunt in de tijd gelden dezelfde oplossingen als zijn besproken in aant. 2 bij de kwestie van de minderjarigheid. **b. Invulling van de rechtsfiguur van de handelingsbekwaamheid.** Onder de aanknopingscategorie van de handelingsbekwaamheid vallen in de eerste plaats de voorwaarden van de volledige of beperkte handelingsbekwaamheid. Gedacht kan hier worden aan de regel dat een minderjarige bekwaam is om rechtshandelingen te verrichten, onder voorwaarde dat hij handelt met toestemming van zijn wettelijke vertegenwoordiger (vergelijk art. 1:234 lid 1 BW). Voorts valt onder de aanknopingscategorie van de handelingsbekwaamheid de rechtsfiguur van de handlichting (vergelijk art. 1:235-237 BW), waarbij aan de minderjarige, die de leeftijd van 16 jaar moet hebben bereikt, bepaalde bevoegdheden van een meerderjarige worden toegekend door de kantonrechter. Binnen de werkingssfeer van deze categorie vallen ook buitenlandse rechtsfiguren die, wat betreft aard en strekking, min of meer gelijk zijn aan de voornoemde Nederlandse rechtsfiguren. Genoemd kunnen in dit verband worden de in een aantal buitenlandse rechtsstelsels bestaande 'Geschäftsfähigkeitsstufen', waarbij aan de hand van in de wet vastgestelde leeftijdsgrenzen een minderjarige (beperkt) handelingsbekwaam wordt om (bepaalde) rechtshandelingen zelf te verrichten. Verder worden ook de rechtsgevolgen van een ondercuratelestelling en andere vergelijkbare rechtsfiguren op de handelingsbekwaamheid door deze categorie bestreken. Al deze rechtsfiguren hebben gemeenschappelijk, dat zij hetzij op grond van een rechterlijke uitspraak hetzij op grond van de wet een bestaande bijzondere juridische status betreffen. Dit leidt er toe dat de wilsgebreken – zoals dwang, dwaling, bedrog en misbruik van omstandigheden – die slechts incidenteel een juiste wilsvorming bij een in algemene zin bekwaam persoon hebben verstoord, niet onder de categorie van de handelingsbekwaamheid vallen, maar worden bestreken door de lex causae van bijvoorbeeld het contractsstatuut.

4. Bescherming van het internationale rechtsverkeer (lid 2). a. Algemeen. Het internationale rechtsverkeer in het land waar een handelingsonbekwame persoon met zijn wederpartij heeft gehandeld kan op onaanvaardbare wijze worden verstoord, wanneer deze persoon aldaar een geslaagd beroep zou kunnen doen op handelingsonbekwaamheid, waarmee deze wederpartij niet bekend was, noch had moeten zijn. Deze beschermingsgedachte vindt zijn wortels in een befaamde uitspraak van de Franse Cour de cassation uit de negentiende eeuw (de zaak *Lizardi*). De strekking van deze regel is dat de (contracts-) partij die volgens zijn personele wet handelingsonbekwaam of handelingsonbevoegd is, zich daarop niet kan beroepen, wanneer zij handelt buiten de beslotenheid van de eigen rechtskring en de wederpartij van die handelingsonbekwaamheid of handelingsonbevoegdheid niet op de hoogte was noch behoorde te zijn. Deze Lizardi-regel treft men in veel IPR-stelsels in verschillende varianten aan. Ook heeft dit beginsel ingang gevonden in een aantal internationale regelingen, zoals art. 13 Rome I, dat inhoudt dat bij een overeenkomst die is gesloten tussen personen die zich in eenzelfde land bevinden, een natuurlijke persoon die volgens het recht van dat land handelingsbekwaam en handelingsbevoegd is, zich slechts kan beroepen op het feit dat hij volgens het recht van een ander land handelingsonbekwaam en handelingsonbevoegd is, indien de wederpartij ten tijde van de sluiting van de overeenkomst deze onbekwaamheid of onbevoegdheid kende of door nalatigheid niet kende. Deze beschermingsgedachte heeft ook zijn neerslag gevonden in art. 10:11 lid 2, waarin ten aanzien van een meerzijdige rechtshandeling die valt buiten het toepassingsgebied van de Rome I-Verordening, art. 13 Rome I van overeenkomstige toepassing wordt verklaard op het beroep op handelingsonbekwaamheid of handelingsonbevoegdheid van een natuurlijk persoon die partij is bij die rechtshandeling. Vanwege het feit dat in art. 10:11 lid 2, art. 13 Rome I van overeenkomstige toepassing wordt verklaard is deze regeling niet alleen van toepassing op gevallen van handelingsonbekwaamheid, maar ook op gevallen van handelingsonbevoegdheid. Wat betreft het personele toepassingsgebied volgt uit lid 2 expliciet, dat de partij wiens handelingsonbekwaamheid respectievelijk handelingsonbevoegdheid in het geding is, slechts een natuurlijk persoon kan zijn. Dit sluit echter niet uit, zo volgt ook uit de MvT, p. 21, dat deze beschermingsregeling in voorkomende gevallen ook van overeenkomstige toepassing kan zijn op de handelingsbevoegdheid van een rechtspersoon (of een overheidsorganisatie). In die zin ook HR 28 januari 2005, *NJ* 2006/469. De regeling van lid 2 is voorts analogisch van toepassing op eenzijdige rechtshandelingen. Het feit dat in lid 2 slechts wordt gesproken van meerzijdige rechtshandelingen vindt zijn grond hierin, dat in deze bepaling art. 13 Rome I van overeenkomstige toepassing wordt verklaard, en aldus nauw aansluiting is gezocht bij de bewoordingen van deze verordening. Vermelding verdient in dit verband verder, dat de in lid 2 bedoelde rechtshandelingen niet alleen van vermogensrechtelijke aard kunnen zijn, maar ook rechtshandelingen kunnen betreffen op het terrein van het familierecht (bijvoorbeeld alimentatieovereenkomsten) en het erfrecht (bijvoorbeeld overeenkomsten inzake erfopvolging). **b. Enkele vereisten met betrekking tot de beschermingsregeling.** De regeling beoogt in de eerste plaats om diegenen die aan het rechtsverkeer in Nederland deelnemen te beschermen – niet alleen Nederlanders, maar ook buitenlanders. Niet alleen het rechtsverkeer in Nederland behoeft echter bescherming, maar ook dat in andere landen, zelfs wanneer het een daar verrichtte rechtshandeling van een handelingsonbekwame Nederlander betreft. Dit betekent, dat een rechtshandeling die een handelingsonbekwame Nederlander in het buitenland verricht, terwijl hij naar dat buitenlandse recht handelingsbekwaam is, in Nederland rechtsgeldig kan zijn. Verder geldt als vereiste dat de partij die een beroep doet op zijn handelingsonbekwaamheid, voor handelingsbekwaam moet worden gehouden volgens het recht van de plaats waar de rechtshandeling is tot stand gebracht. Alleen in dat geval kan de wederpartij zich immers op een schijn van handelingsbekwaamheid beroepen. Voorts geldt als vereiste dat ten tijde van het verrichten van de rechtshandeling, beide partijen zich in hetzelfde land bevinden. Niet is echter vereist dat partijen bij het sluiten van bijvoorbeeld een overeenkomst ook persoonlijk aanwezig zijn. Het vereiste dat partijen zich in dezelfde staat bevinden dient ruim te worden uitgelegd, in die zin dat hier ook een min of meer terloops verblijf met het oog op het verrichten van de rechtshandeling toereikend is, bijvoorbeeld het geval dat partijen elkaar op een luchthaven ontmoeten. De persoon die zich op zijn handelingsonbekwaamheid respectievelijk handelingsonbevoegdheid beroept, kan dit doen volgens zijn personele wet. Wat betreft een natuurlijk persoon kan dit zijn nationale recht zijn, maar ook een (buitenlands) domiciliair recht, bijvoorbeeld een vluchteling (zie art. 10:17) of staatloze (zie art. 10:16), die naar het recht van zijn (buitenlandse) gewone verblijfplaats minderjarig is. In het geval van een rechtspersoon dient deze handelingsonbevoegdheid te worden bepaald volgens het incorporatierecht – de wet volgens welke de rechtspersoon is opgericht. De beschermingsregel kan ook een beroep op handelingsonbekwaamheid of handelingsonbevoegdheid blokkeren in het geval de personele wet respectievelijk het incorporatierecht waaruit die onbekwaamheid of onbevoegdheid voortvloeit, een dwingend karakter heeft. In die zin HR 28 januari 2005, *NJ* 2006/469. **c. Onbekendheid met de ontbrekende handelingsbekwaamheid of handelingsbevoegdheid.** De bescherming die door de personele wet aan de handelingsonbekwame of handelingsonbevoegd persoon wordt geboden, moet wijken voor de eisen van het rechtsverkeer. Dit laatste zal echter niet het geval zijn, indien de wederpartij ten tijde van het tot stand brengen van de rechtshandeling 'deze onbekwaamheid of onbevoegdheid kende of door nalatigheid niet kende' in de formulering van art. 13 Rome I, of anders gezegd: de wederpartij op de hoogte was of behoorde te zijn van deze handelingsonbekwaamheid. Dit vereiste houdt in dat van de partij die zich op bescherming beroept, mag worden gevergd, dat zij zich afhankelijk van de omstandigheden van het geval een zekere inspanning heeft getroost om zich te vergewissen van de bekwaamheid/bevoegdheid van deze persoon. Wie onnadenkend of lichtzinnig deze persoon voor bekwaam heeft gehouden, hoewel hij bij enig onderzoek of oplettendheid zijn onbekwaamheid had kunnen en moeten kennen wordt niet beschermd. Deze restrictie laat ruimte om een onderscheid te maken tussen de meer gewone en de meer ingrijpende handelingen van het rechtsverkeer; zo kan de mate van oplettendheid die van de wederpartij mag worden verlangd, afhangen van het belang van de transactie die hij sluit, bijvoorbeeld de koop van goederen in een winkel en die van een onroerende zaak. Van een bank mag men eerder dan van een particulier vergen, dat deze zich van het buitenlandse recht vergewist. Verder kan de plaats van de rechtshandeling, bijvoorbeeld een grensstreek, ook van belang zijn. Dat een wederpartij nalatig is geweest, volgt niet reeds uit het feit dat de wederpartij weet heeft gehad dat hij te maken had met een buitenlander. Het ligt voor de hand dat de bewijslast op de handelingsonbekwame rust. Deze zal moeten bewijzen dat zijn wederpartij de onbekwaamheid kende of had behoren te kennen.

Artikel 12

1. Een rechtshandeling is wat de vorm betreft geldig indien zij voldoet aan de vormvereisten van het recht dat op de rechtshandeling zelf van toepassing is, of van het recht van de staat waar de rechtshandeling is verricht.

2. Een rechtshandeling die is verricht tussen personen die zich in verschillende staten bevinden, is wat de vorm betreft geldig indien zij voldoet aan de vormvereisten van het recht dat op de rechtshandeling zelf van toepassing is, of van het recht van een van die staten, of van het recht van de staat waar een van die personen zijn gewone verblijfplaats heeft.

3. Indien de rechtshandeling is verricht door een vertegenwoordiger, wordt onder een staat als bedoeld in de leden 1 en 2, verstaan de staat waar de vertegenwoordiger zich ten tijde van het verrichten van de rechtshandeling bevindt, of waar deze op dat tijdstip zijn gewone verblijfplaats heeft.

[19-05-2011, Stb. 272, i.w.tr. 01-01-2012/kamerstukken 32137]

[Vormvoorschriften]

1. Algemeen. De bepaling bevat enkele algemene regels met betrekking tot de vorm – de formele geldigheid – van rechtshandelingen. Het spreekt voor zich dat deze algemene regeling niet of niet volledig toepasselijk is in de gevallen, waarin het gaat om rechtshandelingen waarvoor bijzondere conflictenrechtelijke regels met betrekking tot de vorm gelden. Deze bijzondere regels prevaleren uiteraard boven de algemene regels van de bepaling (zie nader aant. 5), evenals, zo volgt uit art. 1, de regelingen inzake de vorm uit internationale regelingen. Zie nader *Asser/Vonken 10-I* 2018/133-187.

2. Het begrip vormvoorschriften. Als vormvereisten kunnen worden beschouwd elke uiterlijke gedraging, die is voorgeschreven voor degene die de wilsuiting doet, en zonder welke gedrag aan die wilsuiting geen volledige rechtsgevolgen kunnen worden toegekend. Vooropgesteld zij, dat de vraag welke regelingen kunnen worden gekwalificeerd als een kwestie van de vorm/formele geldigheid, doorgaans worden beantwoord aan de hand van de lex fori. Hieronder vallen onder meer vormvereisten die voor de geldigheid van een rechtshandeling het gebruik van de schriftelijke of authentieke akte voorschrijven of die een notariële akte vereisen met (eventueel) de inschrijving daarvan in een openbaar register als constitutief vereiste. Ook kan genoemd worden de verplichting om een cessie aan de debitor cassus mede te delen, voordat jegens deze een beroep op de cessie kan worden gedaan. **De functie van de vormvereisten.** De functie van de vormvoorschriften kan verschillend van aard zijn. Sommige hebben een beschermende functie, in die zin dat zij de handelende personen willen behoeden voor overijling of voor de machtspositie van de wederpartij. Andere vormvereisten beogen vooral de rechtszekerheid te bevorderen en strekken ertoe om rechtshandelingen aan betrokken derden kenbaar te maken. Vormvereisten kunnen als materiële bewijsregels ook een bewijsfunctie vervullen, zij het dat het bewijsrecht als zodanig niet dient te worden gerekend tot de formele geldigheid van de rechtshandeling.

3. Uitgangspunt: alternatieve aanknoping inzake vormvoorschriften. In het conflictenrecht wordt doorgaans een onderscheid gemaakt tussen het recht dat van toepassing is op de materiële geldigheid van rechtshandelingen en het recht dat hun formele geldigheid beheerst. De materiële geldigheid wordt beheerst door het recht dat volgens de gewone verwijzingsregel op de rechtshandeling van toepassing is (lex causae). De formele geldigheid van de rechtshandeling werd tot voor kort geregeld in art. 10 Wet AB. Uit deze bepaling volgt, dat de vorm van alle handelingen wordt beoordeeld naar de wetten van het land of de plaats alwaar die handelingen zijn verricht (lex loci actus). De strekking van deze verwijzingsregel, te weten de vergemakkelijking van het internationale rechtsverkeer, brengt mee dat de regel niet dwingt tot een exclusieve toepassing van de lex loci actus, doch dat aan de regel een facultatieve strekking wordt toegekend. Anders gezegd: als alternatief voor de lex loci actus geldt de lex causae: een rechtshandeling is ook dan formeel geldig indien zij voldoet aan de vormvoorschriften van het recht dat deze rechtshandeling materieel beheerst. Wat betreft deze lex causae moet om een vicieuze cirkel te voorkomen, worden verondersteld dat de rechtshandeling formeel geldig zou zijn geweest. In HR 2 april 1942, *NJ* 1942/468 (*Jurgens/Van Heesch*), heeft de Hoge Raad deze facultatieve strekking van art. 10 Wet AB bevestigd. Speciale vermelding verdient in dit verband dat uit deze beslissing kan worden afgeleid – vooral uit de woorden met name – dat de lex causae niet de enige alternatief toepasselijke wet is. Ook andere bij de rechtshandeling betrokken rechtsstelsels, zoals het gemeenschappelijke nationale of domiciliaire recht van partijen kunnen aan de rechtshandeling formele geldigheid verlenen. In de bepaling van art. 12 is deze alternatieve aanknopingsvariant gevolgd in lid 1-3. De in deze leden alternatief voor toepassing in aanmerking komende rechtsstelsels gelden dus gelijkwaardig. In de MvT, *Kamerstukken II*, p. 22 wordt in dit verband door de wetgever benadrukt dat de bepaling aldus moet worden uitgelegd, – met een beroep op de in het voornoemde arrest van de Hoge Raad van 1952 gebruikte woorden 'met name' – dat de in de bepaling gehanteerde aanknopingsfactoren niet exclusief zijn, maar dat ook het in acht nemen van de vormvoorschriften van bepaalde andere rechtsstelsels tot een wat de vorm betreft geldige rechtshandeling kunnen leiden. Opmerking verdient hier ten slotte, dat de bepaling overeenkomt met de voor overeenkomsten geldende art. 11 lid 1-3 Rome I-Verordening. Deze laatste bepaling heeft echter, als algemene bepaling, een ruimere strekking. Het geldt in beginsel voor alle eenzijdige en meerzijdige rechtshandelingen, zij het dat voor overeenkomsten de Rome I-Verordening voorrang heeft. Voor overeenkomsten is de bepaling dus slechts van belang voor zover zij buiten het materiële toepassingsgebied van de Rome I-Verordening vallen, waarbij overigens het resultaat hetzelfde is.

4. Partijen bevinden zich in dezelfde staat ten tijde van het verrichten van de rechtshandeling (lid 1). In lid 1 is de in aant. 2 beschreven alternatieve verwijzingsregel geformuleerd voor het geval dat het gaat om een eenzijdige rechtshandeling of om een meerzijdige rechtshandeling die is verricht door personen die zich in eenzelfde staat bevinden. De rechtshandeling is wat de vorm betreft geldig, indien deze voldoet aan de vormvereisten van het recht dat ingevolge de verwijzingsregel op de rechtshandeling van toepassing is (de lex causae) of van de staat waar de rechtshandeling is verricht (de lex loci actus). Voldoende is derhalve, dat de vormvereisten van een van beide – alternatief aangewezen – rechtsstelsels in acht zijn genomen.

5. Partijen bevinden zich niet in dezelfde staat ten tijde van het verrichten van de rechtshandeling (lid 2). Lid 2 ziet op het geval van de meerzijdige rechtshandeling, die is tot stand gekomen tussen personen die zich in verschillende staten bevinden ten tijde van het verrichten van de rechtshandeling. Met de moderne communicatietechnieken (fax, e-mail en internet) komt deze situatie steeds vaker voor. De wetgever heeft in dit tweede lid, in lijn met art. 11 lid 2 Rome I-Verordening, voor de meest ruime oplossing gekozen: de rechtshandeling is, wat de vorm betreft, geldig, indien – alternatief – is voldaan aan de formele vereisten van hetzij de lex causae, hetzij het recht van één van de staten waar de personen zich bevinden, hetzij van het recht van de staat waar een van die personen zijn gewone verblijfplaats heeft. Toereikend is dan dat aan de vormvereisten van een van deze vijf – alternatief aangewezen – rechtsstelsels is voldaan.

6. De door een vertegenwoordiger verrichte rechtshandeling (lid 3). Wanneer er voor één of beide partijen een vertegenwoordiger optreedt, dan geldt als staat waar een partij zich bevindt of haar gewone verblijfplaats heeft, de staat waar de vertegenwoordiger zich bevindt op het tijdstip waarop hij optreedt of waar deze op dat tijdstip zijn gewone verblijfplaats heeft. Dat betekent dat wanneer partijen zich in verschillende landen bevinden, maar een van de partijen is vertegenwoordigd door een derde, die zich, op het tijdstip dat hij optreedt, in hetzelfde land bevindt respectievelijk gewone verblijfplaats heeft, als de andere partij, de verwijzingsregel van het eerste lid van toepassing is en niet van het tweede lid. In dat geval moet er derhalve zijn voldaan aan de vormvoorschriften van hetzij de lex causae van de overeenkomst, hetzij het recht van het land waar de rechtshandeling is gesloten. Omgekeerd geldt hetzelfde: bevinden partijen zich in hetzelfde land, maar wordt één partij vertegenwoordigd door een derde, die zich op het tijdstip dat hij optreedt in een ander land bevindt dan wel aldaar gewone verblijfplaats heeft, dan geldt de verwijzingsregel van het tweede lid. Er moet dan zijn voldaan aan de vormvoorschriften van hetzij het recht van het land waar de vertegenwoordiger zich bevindt of zijn gewone verblijfplaats heeft ten tijde van zijn optreden, hetzij het recht van het land waar de andere partij zich bevindt dan wel zijn gewone verblijfplaats heeft.

7. Enkele uitzonderingen op de regeling van art. 12. In aant. 1 is opgemerkt dat de betreffende vormvoorschriften in functie kunnen verschillen. In dit licht kan er grond zijn dat voor bepaalde onderwerpen een uitzondering dient te worden aangebracht op de in de bepaling neergelegde regeling. In de eerste plaats kan de situatie zich voordoen, dat om een bepaald resultaat te begunstigen, de in de bepaling gehanteerde alternatieve aanknoping dient te worden uitgebreid. Een voorbeeld hiervan biedt het Haags verdrag testamentsvormen 1961; in art. 1 van dit verdrag worden – in favorem testamentii – een achttal alternatieve wetten geboden om het internationale testament formele geldigheid te verlenen. Voorts zijn er vormvoorschriften die vanwege hun bijzondere maatschappelijke functie of hun rechtspolitieke lading – imperatief – worden beheerst door de lex loci actus; zo volgt uit art. 10:30 BW dat een huwelijk in Nederland, wat betreft de vorm, slechts rechtsgeldig kan worden voltrokken door de ambtenaar van de burgerlijke stand met inachtneming van het Nederlandse recht. Ook zijn er onderwerpen waarbij tussen de inhoud en de vorm van een rechtsverhouding een nauwe samenhang bestaan, in de zin dat de materieelrechtelijke kenmerken en de specifieke aard van een rechtsverhouding medebepalend kunnen zijn voor de vereisten die aan de formele geldigheid worden gesteld. Het ligt dan in de rede dat de rechtsgeldigheid van deze vormvereisten door hetzelfde recht wordt beheerst (anders gezegd: accessoir aangeknoopt) aan het recht dat op de rechtsverhouding (lex causae) van toepassing is. Een voorbeeld hiervan zijn bepaalde vormvereisten met betrekking tot de overdracht en de vestiging van zakelijke rechten op onroerend goed. Het op deze vormvereisten toepasselijke recht dient dan (accessoir) te worden aangeknoopt aan het recht van de plaats van ligging van het onroerende goed (zie art. 10:127 lid 4 BW). Voor een alternatieve aanknoping in de zin van art. 12 bestaat dan geen grond. Verder worden met betrekking tot de rechtskeuze die partijen kunnen doen op het terrein van sommige familierechtelijke onderwerpen speciale vormvereisten gesteld. Een voorbeeld hiervan biedt art. 13 Haags huwelijksvermogensverdrag 1978 en art. 10:35 lid 3 BW inzake de rechtsbetrekkingen tussen de echtgenoten. Een laatste kwestie die hier vermelding verdient is de volmachtverlening aan een persoon door een buitenlandse vertegenwoordigde ten behoeve van een in Nederland te verrichten rechtshandeling. De vraag is dan, concreet, of in een dergelijke situatie voldaan moet zijn aan art. 3:260 lid 3 BW of zijn rechtsvoorganger, art. 1217 lid 2 (oud) BW, dat een authentieke akte voorschrijft voor de volmacht om namens de hypotheekgever mee te werken aan de goederenrechtelijke vestiging van een hypotheek. De functie van deze bepaling is de bescherming van de hypotheekgever tegen onvoldoende doordachte instemming met bezwaring door hypotheek van een aan hem toebehorend registergoed. In HR 21 november 1952, *NJ* 1953/574; Californische volmacht is beslist, dat art. 1217 lid 2 (oud) BW een vormvoorschrift is dat valt onder art. 10 Wet AB (oud) en niet onder het bereik van de verwijzingsregel voor vragen van goederenrechtelijke aard. Vervolgens was de Hoge Raad het met het hof eens, dat een in het buitenland opgemaakte volmacht om tot vestiging van een hypotheek op een in Nederland gelegen onroerende zaak over te gaan, niet noodzakelijk aan het vereiste van een authentieke akte op grond van art. 1217 lid 2 (oud) BW behoeft te voldoen, maar dat een dergelijke volmacht wel moet worden opgemaakt in de vorm die, gelet op de in het betreffende land bestaande mogelijkheden, het meest de authentiek akte benadert en moet voldoen aan de in normaal maatschappelijk verkeer redelijkerwijs daaraan te stellen eisen van echtheid en betrouwbaarheid.

Artikel 13

Het recht dat een rechtsverhouding of rechtsfeit beheerst, is tevens van toepassing voor zover het ten aanzien van die rechtsverhouding of dat rechtsfeit wettelijke vermoedens vestigt of regels over de verdeling van de bewijslast bevat.
[19-05-2011, Stb. 272, i.w.tr. 01-01-2012/kamerstukken 32137]

[Bewijslast en wettelijke vermoedens]

1. Algemeen. Volgens huidig Nederlands internationaal privaatrecht wordt met betrekking tot kwesties van bewijsrechtelijke aard een onderscheid gemaakt tussen formeel bewijsrecht en materieel bewijsrecht. Tot het formeel bewijsrecht worden onder meer gerekend regels betreffende de wijze waarop de getuige wordt gehoord, het afleggen van de eed of de gelofte, het verschoningsrecht van getuigen, het gerechtelijk onderzoek en het horen van partijen. Als bewijsrechtelijke vragen van formele aard kunnen voorts ook worden gekwalificeerd de wijze waarop schriftelijk bewijsmateriaal dient te worden gepresenteerd, alsook de rechterlijke waardering van het gepresenteerd bewijsmateriaal. Als bewijsrechtelijke vragen van materiële aard worden onder meer gekwalificeerd regels betreffende de wettelijke vermoedens en de bewijslastverdeling. Hiertoe kunnen voorts gerekend worden de toelaatbaarheid en de rechtskracht van bewijsmiddelen, zoals getuigenverklaringen en schriftelijke stukken. Aangenomen wordt algemeen dat de voornoemde kwesties van formeel bewijsrecht worden beheerst door het procesrecht van de rechter (lex fori), terwijl kwesties van materieel bewijsrecht zijn onderworpen aan het recht dat op de materiële rechtsverhouding of het rechtsfeit van toepassing is (lex causae). Benadrukt dient hier te worden dat van de kwestie van het bewijsrecht dient te worden onderscheiden de vraag van de formele geldigheid (de vormvereisten van bijvoorbeeld een schriftelijk stuk). Uit art. 10:12 volgt dat deze vormkwestie – alternatief – dient te worden aangeknoopt aan het recht van de staat waar het stuk is opgemaakt (de lex loci actus) of door het materiële recht dat de in het stuk belichaamde rechtsverhouding beheerst (lex causae). De in art. 10:13 neergelegde verwijzingsregel, zo leert de rechtsvergelijking, treffen wij in de meeste continentale rechtsstelsels aan. Alleen common law landen kwalificeren het bewijs traditioneel als procesrechtelijk van aard en achten derhalve uitsluitend de lex fori toepasselijk. Zie voor een uitvoerige behandeling van dit onderwerp Van het Kaar, *IPR-bewijsrecht en bewijsverkrijging* (2008). Gesignaleerd dient hier ten slotte te worden dat Nederlands conflictenrecht ook regels kent die weliswaar het bewijs kunnen betreffen, maar die niet als regels van conflictenrechtelijke aard kunnen worden bestempeld. Als voorbeeld kan worden genoemd art. 10 Haags Huwelijksverdrag 1978, waarin is bepaald dat wanneer door een bevoegde autoriteit een huwelijksverklaring is afgegeven het huwelijk vermoed wordt rechtsgeldig te zijn. Andere bepalingen die tot deze laatste categorie kunnen worden gerekend zijn art. 1:25 BW, de art. 1:25a-25g BW en art. 1:26 BW. Zie nader met betrekking tot art. 10:13, *Asser/Vonken 10-I* 2018/188-197.

2. De lex causae beheerst de wettelijke vermoedens en de bewijslastverdeling. De bepaling geeft geen alomvattende regeling met betrekking tot het bewijsrecht, maar heeft uitsluitend betrekking op twee onderwerpen van materieel bewijsrecht, te weten de wettelijke vermoedens en de verdeling van de bewijslast. De wetgever heeft, zo leert de MvT, *Kamerstukken II* 32 137, nr. 3, p. 23, weloverwogen gekozen voor een terughoudende benadering: niet alleen is de scheidslijn tussen formeel en materieel bewijsrecht niet in alle opzichten voldoende scherp, bovendien zijn de opvattingen in rechtspraak en literatuur omtrent de onderhavige materie nog onvoldoende uitgekristalliseerd. Uit de bepaling volgt dat de wettelijke vermoedens en de verdeling van de bewijslast dienen te worden onderworpen aan het recht dat van toepassing is op de onderliggende rechtsverhouding of het rechtsfeit (lex causae). Wat betreft de inhoud van de bepaling is aansluiting gezocht bij art. 14 lid 1 EVO en art. 18 lid 1 Rome I. Voor deze speciale verwijzingsregel pleit dat deze onderwerpen een grote invloed uitoefenen op de materiële uitkomst van het geschil. Met andere woorden: de wettelijke vermoedens en de bewijslastverdeling staan in nauw verband met de rechtsverhouding van partijen en de wijze waarop partijen hun rechten effectueren. Nog anders gezegd: beide onderwerpen van bewijsrecht bevatten niet alleen een bewijsrechtelijke component, maar zijn tevens materiële regels die de subjectieve rechten van partijen begrenzen. Het ligt dan in de rede dat deze onderwerpen onder het bereik van de lex causae worden gebracht. **Het begrip wettelijke vermoedens.** Wat betreft het onderwerp van de wettelijke vermoedens wordt in de MvT, p. 23, opgemerkt dat in het huidige Nederlandse bewijsrecht het vermoeden niet meer als bewijsmiddel wordt genoemd. Niettemin speelt het vermoeden, zowel het wettelijk als het feitelijk vermoeden, in de rechtspraktijk nog steeds een belangrijke rol. Het gaat hierbij om gevallen waarin iets, al dan niet krachtens de wet, als bewezen wordt aangenomen, waarbij dan de wederpartij de mogelijkheid heeft tegenbewijs te leveren. Het leveren van tegenbewijs betekent niet dat bewijs van het tegendeel wordt geleverd: waar het om gaat is dat zodanige feiten aannemelijk worden gemaakt dat niet meer kan worden uitgegaan van de juistheid van het vermoeden. Met name in dit opzicht verschilt het wettelijke vermoeden van de omkering van de bewijslast: dan is degene op wie, in afwijking van een (veronderstelde) hoofdregel, het bewijs is komen te rusten, wél gehouden de relevante feiten te bewijzen. **Het begrip bewijslastverdeling.** De bewijslastverdeling behelst de vraag op wie de verplichting rust om bewijs van bepaalde feiten te leveren. Wat betreft het Nederlandse recht is de hoofdregel inzake de bewijslastverdeling neergelegd in art. 150 Rv. Uit deze bepaling blijkt, dat de partij die zich beroept op rechtsgevolgen van door haar gestelde feiten of rechten de bewijslast daarvan draagt, tenzij uit enige bijzondere regel of uit eisen van redelijkheid en billijkheid een andere verdeling van de bewijslast voortvloeit.

Artikel 14

Of een recht of rechtsvordering is verjaard of vervallen, wordt bepaald door het recht dat van toepassing is op de rechtsverhouding waaruit dat recht of die rechtsvordering is ontstaan.

[19-05-2011, Stb. 272, i.w.tr. 01-01-2012/kamerstukken 32137]

[Verjaring]

1. Algemeen. Uit de bepaling volgt dat de vraag of een recht of rechtsvordering verjaard of vervallen is, wordt beheerst door het recht dat van toepassing is op de rechtsverhouding waaruit dat recht of die rechtsvordering is ontstaan. De kwesties van – bevrijdende – verjaring en verval dienen derhalve niet gekwalificeerd te worden als procesrechtelijk van aard en te worden onderworpen aan de lex fori, maar als materieelrechtelijk van aard, die dus vallen onder het recht dat de rechtsverhouding materieel beheerst (lex causae). Deze opvatting is de geldende leer in de Nederlandse rechtspraak en doctrine. In die zin HR 27 mei 1983, *NJ* 1983/561 (*Avermann/Vriezema*); HR 24 januari 1986, *NJ* 1987/56 (*Euribrid-Garabedian*); HR 19 november 1993, *NJ* 1994/622 (*Cova*). Deze opvatting is ook in lijn met een aantal voor Nederland geldende internationale regelingen, zoals art. 8 onderdeel 8 Haags Verkeersongevallenverdrag, art. 8 onderdeel 8 Haags produktenaansprakelijkheidsverdrag, art. 12 lid 1 onderdeel d Rome I-Verordening, art. 15 onderdeel h Rome II-Verordening, en art. 11 onderdeel e Haags alimentatieprotocol 2007. Zie nader *Asser/Vonken 10-I* 2018/198-199.

2. Nadere invulling van de bepaling. Onder het begrip verjaring in de zin van de bepaling dient niet de verkrijgende (acquisitieve) verjaring, maar uitsluitend de bevrijdende (extinctieve) verjaring te worden verstaan. Deze laatste kan worden omschreven als een wijze waarop een recht vervalt ten gevolge van het niet uitoefenen van dit recht vóór het verstrijken van een door de wet vastgestelde tijdvak. Met het begrip verval wordt bedoeld het teloorgaan van een recht of van een vordering doordat dit recht of deze vordering niet is uitgeoefend binnen de termijn onder de in de wet of in de verdragen vastgestelde voorwaarden. Het betreft hier slechts het verval, dat is gegrond op het verstrijken van een termijn; de gevallen waarin men een recht kan verliezen op een andere wijze dan door het verstrijken van een termijn zijn daaronder dus niet begrepen. Onderstreept dient te worden dat de onderhavige regel ook geldt ten aanzien van de verjaring en het verval bij een action directe. De bepaling heeft daarentegen geen betrekking op zuiver procesrechtelijke termijnen (hoger beroep, verzet); deze worden beheerst door de lex fori. Benadrukt dient in dit verband te worden dat niet alleen de vraag òf verjaring of verval mogelijk is, maar ook de vragen welke termijn geldt, wat het aanvangstijdstip van de termijn is, en of en, zo ja, onder welke omstandigheden stuiting en schorsing kan plaatsvinden, door de lex causae worden beheerst. Dit betekent, met andere woorden, dat bij de beoordeling van de vraag of een recht of rechtsvordering is verjaard of vervallen, voldaan dient te zijn aan de daaraan door de lex causae gestelde voorwaarden. Met het oog op rechtstelsels die, zoals het Nederlandse, uitgaan van de opvatting dat de verjaring betrekking heeft op de rechtsvordering, wordt in deze bepaling, naast de term recht het begrip rechtsvordering afzonderlijk genoemd. Zie ook Staatscommissie IPR, *Advies* 2002, nr. 115. Voor wat de bevrijdende verjaring van zakenrechtelijke rechtsvorderingen (zoals de revindicatie) betreft, lijkt de bepaling van art. 10:14 echter minder geschikt, en is derhalve art. 10:14 niet van toepassing. Verdedigd wordt doorgaans in de literatuur dat art. 10:127 lid 4 onderdeel f en lid 5 ruim dient te worden opgevat, in die zin dat de bevrijdende verjaring van rechtsvorderingen die op een zakelijk recht zijn gebaseerd, dient te worden beheerst door het recht van het land waar de zaak zich ten tijde van het instellen van de rechtsvordering bevindt. Zie ook De Boer in noot onder HR 8 mei 1998, *NJ* 1999/44 (*Klooster in landschap*); *Asser/Kramer & Verhagen 10-III* 2015/449-451. De kwestie van de verkrijgende verjaring – waarvan sprake is indien iemand die aanvankelijk slechts het bezit van een goed heeft, door tijdsverloop rechthebbende van het goed wordt – dient daarentegen te worden gekwalificeerd als goederenrechtelijk van aard; deze kwestie wordt derhalve beheerst door het recht van het land van ligging van de zaak (de lex rei sitae). Zie bijvoorbeeld HR 18 november 1955, *NJ* 1956/29; *Asser/Kramer & Verhagen 10-III* 2015/443-448.

Artikel 15

1. Indien het nationale recht van een natuurlijke persoon van toepassing is en de staat van de nationaliteit van de betrokken persoon twee of meer rechtsstelsels kent die van toepassing zijn op verschillende categorieën personen of in verschillende gebiedsdelen, bepalen de in die staat ter zake geldende regels welk van die rechtsstelsels van toepassing is.
2. Indien het recht van de gewone verblijfplaats van een natuurlijke persoon van toepassing is en de staat van de gewone verblijfplaats van de betrokken persoon twee of meer rechtsstelsels kent die van toepassing zijn op verschillende categorieën personen, bepalen de in die staat ter zake geldende regels welk van die rechtsstelsels van toepassing is.
3. Indien de in de leden 1 en 2 bedoelde regels in een staat ontbreken of in de gegeven omstandigheden niet tot aanwijzing van een toepasselijk rechtsstelsel leiden, wordt het rechtsstelsel van die staat toegepast waarmee de betrokken persoon alle omstandigheden in aanmerking genomen het nauwst verbonden is.
[19-05-2011, Stb. 272, i.w.tr. 01-01-2012/kamerstukken 32137]

[Meervoudige rechtsstelsels]

1. Algemeen. Een aantal staten kent geen uniform rechtsstelsel, maar een meervoudig rechtsstelsel, in die zin dat per regio of per bevolkingsgroep verschillende rechtsstelsels naast elkaar gelden. Wat betreft staten die per regio (gebiedsdeel, deelstaat, provincie of kanton) verschillend recht kennen, kan bijvoorbeeld genoemd worden Spanje en het Verenigd Koninkrijk, alsook de Verenigde Staten, Canada en Australië. In deze staten bestaat niet één overkoepelend (federaal) rechtsstelsel, maar is iedere gebiedsdeel in meer of mindere mate zelfstandig. Ook het Koninkrijk der Nederland, kent een dergelijk meervoudig rechtsstelsel, in die zin dat voor Nederland (als land in Europa), Aruba, Curaçao en Sint Maarten (vanaf 10 oktober 2010) verschillende rechtsstelsels gelden. De zogenoemde BES-landen (Bonaire, Sint Eustatius en Saba) maken daarentegen deel uit van het staatsbestel van Nederland. De verwijzing naar het toepasselijke recht van een dergelijke staat doet dan een interregionale vraag rijzen. Het zogenaamd interregionale recht bepaalt dan, welk recht van deze gebiedsdelen toepasselijk is. Ook zijn er staten waar per bevolkingsgroep verschillende rechtsstelsels toepasselijk zijn. De classificatie van deze bevolkingsgroepen kan plaatsvinden via de aanknopingspunten van religie, etniciteit of streek van afkomst. Zo geldt religieus recht, dat doorgaans slechts op de leden van de desbetreffende geloofsgemeenschap van toepassing is, met burgerlijk rechtsgevolg vooral in een aantal islamitische landen in Zuid-Oost Azië en Afrika, en dan in het bijzonder op het terrein van het personen-, familie- en erfrecht. Het is het interpersonele (intergentiële of interreligieuze) recht dat een antwoord geeft op de vraag welk recht van toepassing is op de desbetreffende bevolkingscategorie. In een aantal voor Nederland geldende verdragen en verordeningen wordt een regeling geboden voor de onderhavige interregionale en interpersonele kwesties. Aan een dergelijke regeling bestaat behoefte, aangezien het krachtens de verwijzingsregel aangewezen meervoudige rechtsstelsel slechts een oplossing 'halverwege' biedt. Deze regels bepalen doorgaans dat, wanneer de desbetreffende staat waarvan het recht als toepasselijk is aangewezen zèlf uniforme regels inzake interregionaal of interpersoneel recht kent, deze regels moeten worden toegepast; het door die regels aangewezen deelrecht is dan toepasselijk. Wanneer dergelijke regels ontbreken of wanneer deze in concreto geen uitkomst brengen, bieden de meeste internationale instrumenten zelf – als subsidiaire regeling – een nader uitgewerkte oplossing. Hierbij kunnen twee benaderingen worden onderscheiden, te weten: aanknoping aan de (laatste) gewone verblijfplaats (bijv. art. 16 en 19 Haags huwelijksvermogensverdrag 1978) en aanknoping aan het nauwst verbonden rechtsstelsel (bijv. art. 47 lid 4 HKV 1996). Zie voorts de Erfrechtverordening dat een regeling kent in art. 36 (verschillende gebiedsdelen) en in art. 37 (interpersoneel recht). Zie ook art. 17, 18 en 20 Haags huwelijksverdrag 1978, art. 23 Haags Trustverdrag 1985, art. 19 Haags vertegenwoordigingsverdrag, art. 12 Haags Verkeersongevallenverdrag, art. 12 Haags produktenaansprakelijkheidsverdrag, art. 47, 48 en 49 HKV 1996, art. 45 Haags Volwassenenbeschermingsverdrag 2000, en ten slotte art. 12-14 Rome I en art. 25 Rome II. In lijn met de hierboven geschetste algemeen aanvaarde regeling met betrekking tot meervoudige rechtsstelsels, is in art. 10:15 een regeling geformuleerd voor zowel interregionale en interpersonele kwesties. Deze bepaling ziet echter uitsluitend op situaties waarin wordt verwezen naar een nationaal respectievelijk domiciliair meervoudig rechtsstelsel – en dit onder het voorbehoud dat (voornoemde) internationale regelingen voorrang hebben (zie art. 10:1). De structuur van art. 10:15 komt er aldus op neer dat zowel ingevolge art. 10:15 lid 1 – bij nationaliteitsaanknoping – als ingevolge art. 10:15 lid 2 – domiciliaire aanknoping – primair wordt verwezen naar de in die staat ter zake geldende verdeelregels. Indien de in art. 10:15 lid 1 en 2 bedoelde regels in een staat ontbreken of in de gegeven omstandigheden niet tot aanwijzing van een toepasselijk rechtsstelsel leiden, verwijst art. 10:15 lid 3 naar het recht van de nauwste band. Voorts verdient de aandacht dat de bepaling van art. 10:15 is beperkt, in zoverre deze alleen betrekking heeft op een krachtens de verwijzingsregel aangewezen – buitenlands – meervoudig rechtsstelsel, maar niet op het Nederlandse meervoudige rechtsstelsel (zie aant. 5). Zie nader met betrekking tot art. 10:15, *Asser/Vonken 10-I* 2018/653-675.

2. Nationaliteitsaanknoping bij interregionale én interpersonele gevallen (lid 1 en lid 3). Voor de situatie dat de nationaliteitsaanknoping verwijst naar het recht van een staat met een territoriaal verschillend rechtsstelsel dient, zo volgt uit art. 10:15 lid 1, de oplossing van de interregionale kwestie te worden gezocht in het rechtsstelsel van die staat zelf. Hierbij is het beslissende criterium of in die staat een 'uniforme' interregionale verdeelregeling bestaat (zoals bijv. in Spanje). Wanneer dit niet het geval is of wanneer bijv. ieder gebiedsdeel zijn eigen regels van interregionaal recht toepast (bijv. de

Verenigde Staten en Canada), volgt uit art. 10:15 lid 3 dat het recht van het gebiedsdeel moet worden toegepast, op grond van het 'nauwst verbondenheids'-criterium. Doorgaans zal bij de nationaliteitsaanknoping deze nauwst verbondenheid door de gewone verblijfplaats van betrokkene worden bepaald. Ook bij interpersonele kwesties dient ingevolge art. 10:15 lid 1 in de eerste plaats te worden vastgesteld of het recht van de betreffende staat een 'eenvormige' interpersonele verdeelregel bevat. Wanneer een dergelijke eenvormige regel ontbreekt, dient ook in deze situatie te worden teruggegrepen op het nauwste band-criterium.

3. Domiciliaire aanknoping bij interpersonele gevallen (lid 2 en lid 3). De in art. 10:15 lid 1 neergelegde regeling geldt eveneens in de situatie dat, zo volgt uit art. 10:15 lid 2, middels een domiciliaire aanknoping wordt verwezen naar een interpersoneel meervoudig rechtsstelsel. Ook in deze situatie dient dan primair te worden doorgeschakeld naar de uniforme verdeelregels van interpersoneel recht van de lex causae van de betrokken staat, respectievelijk dient het 'nauwst verbonden' recht te worden vastgesteld.

4. Domiciliaire aanknoping bij interregionale gevallen (lid 2). Uit art. 10:15 lid 2 volgt verder, dat wanneer een domiciliaire aanknoping verwijst naar een meervoudig rechtsstelsel, dat verschillend recht kent voor verschillende gebiedsdelen – dus in interregionale gevallen –, anders dan hetgeen geldt in interpersonele gevallen, doorschakeling naar de (uniforme) verdeelregels van interregionaal recht van die staat achterwege dient te blijven. Door middel van een territoriale aanknoping aan het recht van de gewone verblijfplaats van betrokkene is immers het recht van het betrokken gebiedsdeel reeds bereikt; waar de domiciliaire aanknoping zelf al een lokaal karakter heeft, dient rechtstreeks naar het gebiedsdeel van de staat, waar de betrokkene zijn gewone verblijfplaats heeft te worden verwezen. Met andere woorden: bij een domiciliaire aanknoping wordt bij interregionale gevallen die domiciliaire aanknoping geacht niet alleen naar die staat te verwijzen, maar ook verder te verwijzen naar het territoriale gebiedsdeel van die staat, waar de gewone verblijfplaats van de betrokkene(n) zich bevindt, onder uitschakeling van de territoriale verdeelregels van de betrokken staat.

5. Nadere afgrenzing van art. 10:15. De bepaling ziet niet op Nederlandse interregionale gevallen. Ook binnen het Koninkrijk der Nederlanden bestaan verschillen in rechtsstelsels van de Landen, met name op het terrein van het personen- en familierecht. Aan deze rechtsverscheidenheid binnen het Koninkrijk beoogt het in art. 39 Statuut Koninkrijk opgenomen zogenoemde concordantiebeginsel, zo mogelijk, tegenwicht te bieden. Door de wetgever wordt in de MvT, p. 3 benadrukt dat de gevallen die niet 'internationaal', maar alleen 'intern' regionaal zijn, niet worden bestreken door art. 10:15. Anders gezegd: deze bepaling biedt geen regeling voor Nederlandse regels van interregionaal recht, die dus gelden voor koninkrijksverhoudingen, maar uitsluitend voor buitenlandse interregionale rechtsstelsels. In de MvT, p. 3 wordt in dit verband volstaan met de opmerking, dat met betrekking tot kwesties van Nederlands interregionaal privaatrecht, dat grotendeels ongeschreven recht is, in een concreet geval de bepalingen van Boek 10 – en derhalve ook art. 10:15 – voor analogische toepassing in aanmerking kunnen komen. Zie onder meer HR 25 november 1988, *NJ* 1989/421 en HR 11 juli 2008, *RvdW* 2008/721. Zie nader Lewin, *Interregionaal Privaatrecht*, Praktijkreeks IPR, deel 25, 2014. Gesignaleerd dient hier ten slotte te worden, dat buiten de materiële reikwijdte van de verwijzingsregel van art. 10:15 ook valt de situatie dat de staat – waarvan het nationale of domiciliaire recht als toepasselijk wordt aangewezen – weliswaar verschillende gebiedsdelen of bevolkingsgroepen kent waarop verschillende rechtsstelsels van toepassing zijn, maar daarnaast een nationaal – federaal – overkoepelend rechtsstelsel kent. De situatie kan zich voordoen, dat in een concreet geval dit nationale recht een regeling kent, anders gezegd, in eigen verdeelregels voorziet. De Nederlandse wetgever heeft deze kwestie aan het betreffende nationale overkoepelende recht gedelegeerd; het betreft hier, zo kan worden aangenomen, een rangorde van regels in een louter binnenlandse aangelegenheid. Het zal dan van dit nationaal recht afhangen of het zelf van toepassing is dan wel een volgens de interne interregionale of interpersonele regeling aangewezen rechtsstelsel. Hoogstens kan analogische toepassing van art. 10:15 lid 1 en 2 tot dit resultaat leiden. Zie ook *Asser/Vonken 10-I* 2018/653-675.

Artikel 16

1. Indien het nationale recht van een natuurlijke persoon van toepassing is en de betrokken persoon staatloos is of zijn nationaliteit niet kan worden vastgesteld, geldt als zijn nationale recht het recht van de staat waar hij zijn gewone verblijfplaats heeft.
2. De rechten welke deze persoon vroeger heeft verkregen en welke uit de persoonlijke staat voortvloeien, in het bijzonder de rechten voortvloeiende uit het huwelijk, worden geëerbiedigd.
[19-05-2011, Stb. 272, i.w.tr. 01-01-2012/kamerstukken 32137]

[Staatloosheid en het niet kunnen vaststellen van iemands nationaliteit]

1. Algemeen. Staatloosheid zal vaak zijn oorzaak vinden in een negatief conflict van nationaliteitswetgevingen. Hetzelfde feit dat volgens de ene wetgeving tot verlies van nationaliteit leidt, zoals het sluiten van een huwelijk met een vreemdeling of het langdurig verblijf in het buitenland, leidt volgens de andere wetgeving niet tot verkrijging van nationaliteit. Het streven om staatloosheid te bestrijden treffen wij onder meer aan in de Rijkswet op het Nederlanderschap van 1985. Genoemd in dit verband kunnen worden art. 6 lid 1 onderdeel b RWN. Zie ook art. 14 lid 4 RWN, dat bepaalt dat geen verlies van het Nederlanderschap uit welke hoofde ook plaatsheeft, indien staatloosheid daarvan het gevolg zou zijn. Een uitzondering daarop is de verliesgrond van art. 14 lid 1 RWN. Tegelijk met de Rijkswet op het Nederlanderschap van 1985 zijn voor het Koninkrijk goedgekeurd twee op de bestrijding van staatloosheid betrekking hebbende verdragen, te weten: het Verdrag van New York van 30 augustus 1961 tot bepaling van staatloosheid, *Trb.* 1967, 124 en de Overeenkomst van Bern van 13 september 1973 inzake beperking van het aantal gevallen van staatloosheid, *Trb.* 1974, 32. Het eerstgenoemde verdrag is voor Nederland in werking getreden op 11 augustus 1985, het tweede op 19 mei 1985. De Overeenkomst van Bern is door Nederland inmiddels per 13 september 2001 weer opgezegd. De situatie kan zich voordoen dat een persoon geen nationaliteit heeft of de nationaliteit van een persoon niet kan worden vastgesteld. Doorgaans zullen beide situaties, zij het niet noodzakelijk, samenvallen: wanneer onmogelijk kan worden vastgesteld welke nationaliteit iemand heeft, dan is het aannemelijk dat hij staatloos is. In het spiegelbeeld geval, waarin een persoon geen nationaliteit heeft, ligt het in de rede dat het bezit daarvan ook niet kan worden vastgesteld. In beide situaties is evident dat de nationaliteit als aanknopingsfactor bij het vinden van het op de (familierechtelijke) rechtsverhouding toepasselijke recht tekortschiet. Tegen deze achtergrond dient de bepaling te worden verstaan. Uit lid 1 volgt, dat indien het nationale recht van een natuurlijke persoon van toepassing is en de betrokken persoon staatloos is of zijn nationaliteit niet kan worden vastgesteld, als zijn nationale recht geldt het recht van de staat waar hij zijn gewone verblijfplaats heeft. Lid 2 bepaalt dat de rechten welke deze persoon vroeger heeft verkregen en welke uit de persoonlijke staat voortvloeien, in het bijzonder de rechten voortvloeiend uit het huwelijk, worden geëerbiedigd. Zie nader met betrekking tot art. 10:16, *Asser/Vonken & Ibili 10-II* 2021/35-38.

2. De verhouding van het Staatlozenverdrag en art. 10:16 leden 1 en 2. Voor Nederland geldt in het geval van staatloosheid het Verdrag van New York betreffende de status van staatlozen van 28 september 1954, *Trb.* 1957, 22, dat sedert 11 juli 1962 in werking is getreden. Ingevolge art. 12 lid 1 Staatlozenverdrag, wordt de persoonlijke staat van een staatloze beheerst door de wet van het land van zijn woonplaats, of, indien hij geen woonplaats heeft, van het land van zijn verblijf. De regeling van het Staatlozenverdrag heeft universele werking, in die zin dat het verdrag geldt ongeacht of de staatloze persoon al dan niet woonplaats, respectievelijk verblijf in een verdragsstaat heeft. De verdragsbepaling van art. 12 Staatlozenverdrag ziet dus alleen op de categorie van personen die staatloos zijn, terwijl het bepaalde in art. 10:16 – daarnaast – ook een regeling bevat voor de categorie personen van wie de nationaliteit niet kan worden vastgesteld (zie ook aant. 3). Opmerking verdient verder dat de Nederlandse wetgever de verdragsregeling van art. 12 Staatlozenverdrag heeft geïncorporeerd in art. 10:16. Hierbij dienen wij ons te realiseren dat de verdragsregeling voorrang heeft op de regeling van nationaal recht (zie art. 10:1) en hier derhalve de primaire rechtsbron is, in die zin dat de Nederlandse verwijzingsregel van art. 10:16 als overbodig kan worden beschouwd voor zover deze bepaling het verdragsgeval van staatloosheid in de wet heeft geïncorporeerd. Voorts verdient de aandacht dat de regel van art. 10:16 niet gelijkluidend is aan de geïncorporeerde verdragstekst; terwijl art. 12 lid 1 Staatlozenverdrag spreekt van 'woonplaats' en 'verblijf', bezigt art. 10:16 het begrip 'gewone verblijfplaats'. Dit betekent echter niet, dat de hier bedoelde begrippen verschillend dienen te worden uitgelegd. Het begrip 'woonplaats' in de zin de verdragsbepaling van art. 12 Staatlozenverdrag dient aan de hand van een rechtsvergelijkende, verdragsuniforme interpretatie niet als woonplaats in juridische zin te worden verstaan, maar als de feitelijke gewone verblijfplaats. Ook een teleologische interpretatie van de verdragsbegrippen 'woonplaats' en 'verblijf' pleit er voor om beide begrippen ruim uit te leggen; gewezen kan in dit verband worden op art. 32 Staatlozenverdrag, waaruit volgt, dat verdragsluitende staten, voor zover mogelijk, de assimilatie en naturalisatie van staatlozen zullen vergemakkelijken. Om recht te doen aan deze strekking van het verdrag, ligt het in de rede dat reeds van een feitelijke woonplaats/verblijf sprake is, indien deze woonplaats/verblijf slechts een geringe duurzaamheid heeft; alleen dan kan de aanwijzing van een toepasselijk recht ook in het verdragsgeval worden gegarandeerd. Het ligt in de rede dat het in het conflictenrecht algemeen ingeburgerde begrip van de gewone verblijfplaats van art. 10:16 lid 1, in dezelfde, ruime betekenis dient te worden uitgelegd. Een laatste opmerking betreft het in de verdragsregeling van art. 12 lid 1 (en lid 2) Staatlozenverdrag gehanteerde begrip van de 'persoonlijke staat'. Aangenomen dient te worden, dat dit begrip ruim moet worden uitgelegd, in die zin dat daaronder begrepen dienen te worden het personen- en familierecht in ruime zin, met in begrip van het alimentatierecht, het huwelijksvermogensrecht en het erfrecht.

Hoewel art. 10:16 lid 1 – anders dan art. 10:16 lid 2 – het begrip 'persoonlijke staat' niet gebruikt, ligt het voor de hand dat voor de door art. 10:16 bestreken (verdrags-) gevallen het onderhavige begrip op dezelfde wijze wordt uitgelegd op grond van een systematische interpretatie.

3. Het geval dat de nationaliteit van een persoon niet kan worden vastgesteld. De categorie van personen van wie de nationaliteit niet kan worden vastgesteld wordt niet bestreken, zo volgt uit het voorgaande, door de verdragsregeling van art. 12 Verdrag betreffende de status van staatlozen, maar uitsluitend door art. 10:16. Naar regels van volkenrecht bepaalt iedere staat zelf wie zijn onderdanen zijn en de andere staten dienen dit te accepteren. Een Nederlandse overheidsinstantie kan dus niet bepalen of iemand de nationaliteit van een andere staat heeft. Deze regel van volkenrecht staat er evenwel niet aan in de weg, dat de Nederlandse rechtstoepasser, in het kader van de beantwoording van een vraag van conflictenrecht, anders gezegd, bij het opsporen van het toepasselijke recht, genoodzaakt kan zijn om vast te stellen of de betrokken persoon al dan niet een vreemde nationaliteit heeft, en derhalve, mogelijk, staatloos is. Voor de rechter geldt als richtsnoer dat hij alle middelen dient aan te wenden om te bereiken dat zoveel mogelijk wordt vastgesteld dat de betrokkene een vreemde nationaliteit heeft; aldus kan worden voorkomen dat op grond van art. 10:16 het *Nederlandse* recht wordt toegepast. Om deze vreemde nationaliteit van betrokkene vast te stellen, kan de rechter in de eerste plaats te rade gaan bij de gegevens die zijn opgenomen in de BRP. Uit art. 2.15 lid 1 Wbrp volgt dat gegevens over een vreemde nationaliteit ontleend worden aan een beschikking of uitspraak van een daartoe volgens het ter plaatse geldend recht bevoegde administratieve of rechterlijke instantie, die tot doel heeft tot bewijs te dienen van de betreffende nationaliteit, dan wel opgenomen met toepassing van het betreffende nationaliteitsrecht. Uit art. 2.15 lid 2 Wbrp volgt vervolgens dat, indien gegevens over een vreemde nationaliteit niet overeenkomstig lid 1 kunnen worden verkregen, deze gegevens kunnen worden ontleend aan een geschrift van een volgens het ter plaatse geldend recht bevoegde autoriteit, dat gegevens vermeldt over de nationaliteit. Hierbij kan gedacht worden aan het paspoort of een (gelegaliseerde) verklaring van de betreffende buitenlandse autoriteit. Wanneer een dergelijk brondocument ontbreekt, dient, zo volgt uit art. 2.15 lid 3 Wbrp, in de persoonslijst in de categorie nationaliteit 'onbekend' te worden vermeld. Wanneer dit nationaliteitsgegeven niet kan worden ontleend aan de BRP dient de rechter op grond van andere gegevens, zoals aan de hand van de vreemdelingenadministratie van de IND of de rapporten van gehoor en nader gehoor, trachten vast te stellen dat de betrokkene een *vermoedelijke* nationaliteit heeft, die dan vervolgens kan worden gebruikt bij de toepassing van de desbetreffende verwijzingsregel. Voor deze methode dat, indien mogelijk, wordt uitgegaan van de *vermoedelijke* nationaliteit van betrokkene pleit dat de in de (Nederlandse) akte vast te leggen rechtsfeiten/rechtshandelingen (meer) aansluiten bij de belevingswereld van betrokkene, alsook met het rechtsstelsel (het IPR daaronder begrepen) van de staat waarvan deze betrokkene de vermoedelijke nationaliteit heeft. Aldus kunnen hinkende rechtsverhoudingen tussen het ingevolge art. 10:16 toepasselijke Nederlandse recht en het (primair) toepasselijke recht van deze vreemde staat worden voorkomen. Zie nader *Asser/Vonken & Ibili 10-II* 2021/37.

4. Eerbiediging van voorheen uit de persoonlijke staat verkregen rechten (lid 2). Art. 10:16 lid 2 bevat de uit art. 12 lid 2 van het Staatlozenverdrag 1954 overgenomen regel, dat de rechten welke deze persoon vroeger heeft verkregen en welke uit de persoonlijke staat voortvloeien, in het bijzonder de rechten voortvloeiend uit het huwelijk, worden geëerbiedigd; het gaat hier aldus om rechten die de staatloze 'voorheen' heeft verkregen, meer concreet: in de tijd waarin hij nog een nationaliteit bezat, of elders woonachtig was. Deze regel doet de volgende twee vragen rijzen. In de eerste plaats dient een conflict mobile-probleem te worden opgelost, in die zin dat een voor de aanknopingsfactor relevante omstandigheid – de wijziging (verlies) van de nationaliteit, en/of de gewone verblijfplaats – verandert. De vraag verdient dan beantwoording op welk tijdstip de betrokken persoon staatloos is geworden, respectievelijk een staatloze persoon een zodanige (nauwe) band met het nieuwe woonland heeft, dat van een gewone verblijfplaats kan worden gesproken in die zin dat voor zijn 'persoonlijke staat' dit nieuwe domiciliaire recht gaat gelden. Naast dit tijdstip van de verandering van de nationaliteit/gewone verblijfplaats dient de – tweede – vraag te worden beantwoord wat bij die verandering van de persoonlijke staat de betekenis en draagwijdte is van het in het tweede lid van beide voornoemde bepalingen neergelegde beginsel van de privaatrechtelijke verkregen rechten. Aangenomen dient te worden, dat dit beginsel van de verkregen rechten voor de vraag naar de mate van handhaving van de oorspronkelijke persoonlijke staat, kan worden onderbouwd met het leerstuk van het fait accompli (zie ook art. 10:9). Dit leerstuk houdt in dat, wanneer aan een in het buitenland totstandgekomen rechtsverhouding of rechtshandeling rechtsgevolgen worden verbonden volgens het rechtsstelsel dat toepasselijk is ingevolge het conflictenrecht van die buitenlandse staat, deze rechtsgevolgen moeten worden erkend in de andere staat (stel: Nederland), ook indien deze rechtsgevolgen volgens het rechtsstelsel dat ingevolge dit ander (Nederlandse) conflictenrecht toepasselijk is niet aan deze rechtsverhouding of rechtshandeling kunnen worden verbonden. Het fait accompli-beginsel kan (onder meer) worden gerechtvaardigd vanuit de gedachte om de gerechtvaardigde verwachtingen van partijen zoveel mogelijk te respecteren; partijen die (op het moment van handelen) zijn afgegaan op het conflictenrecht van een bepaald land, en daarop in goed vertrouwen mochten of zelfs moesten afgaan, mogen niet worden teleurgesteld. Dit betekent bijvoorbeeld dat een huwelijk dat volgens het IPR van de staat van huwelijkssluiting rechtsgeldig is totstandgekomen of een afstammingsbetrekking die volgens het IPR van het voormalige gewone verblijfplaats van betrokkenen is gevestigd, hier te lande dient te worden erkend.

Artikel 17

1. De persoonlijke staat van een vreemdeling aan wie een verblijfsvergunning als bedoeld in artikel 28 of artikel 33 van de Vreemdelingenwet 2000 is verleend, van een vreemdeling aan wie een verblijfsdocument is afgegeven waarop een aantekening als bedoeld in artikel 45c van die wet is geplaatst, alsmede van een vreemdeling die een overeenkomstige verblijfsstatus in het buitenland heeft verkregen, wordt beheerst door het recht van zijn woonplaats, of, indien hij geen woonplaats heeft, door het recht van zijn verblijfplaats.

2. De rechten welke deze vreemdeling vroeger heeft verkregen en welke uit de persoonlijke staat voortvloeien, in het bijzonder de rechten voortvloeiende uit het huwelijk, worden geëerbiedigd.

[18-12-2013, Stb. 110, i.w.tr. 29-03-2014/kamerstukken 33581]

[Vluchtelingen]

1. Algemeen. Voor vluchtelingen biedt de nationaliteitsaanknoping evenals met betrekking tot staatlozen (zie art. 10:16) geen uitkomst. Ook hier kan zich een negatief conflict tussen nationaliteitswetgevingen voordoen, wanneer bijvoorbeeld door politieke omwentelingen personen op de vlucht zijn gedreven. De aanknoping aan de vroegere nationaliteit is dan niet alleen in strijd met het subjectieve beleven van de vluchtelingen, maar bovendien zal na verloop van tijd de aanknopingswaarde van deze nationaliteit doorgaans gering zijn. Dit laatste doet ook opgeld met betrekking tot vluchtelingen die wel in het bezit blijven van hun oorspronkelijke nationaliteit. Tegen deze achtergrond dient art. 10:17 te worden begrepen. Lid 1 bepaalt dat de persoonlijke staat van een vreemdeling aan wie een verblijfsvergunning als bedoeld in art. 28 of art. 33 VW 2000 is verleend, van een vreemdeling aan wie een verblijfsdocument is afgegeven waarop een aantekening als bedoeld in art. 45c van die wet is geplaatst, alsmede van een vreemdeling die een overeenkomstige verblijfsstatus in het buitenland heeft verkregen, beheerst wordt door het recht van zijn verblijfplaats. Uit lid 2 volgt, dat de rechten welke deze vreemdeling vroeger heeft verkregen en welke uit de persoonlijke staat voortvloeien, in het bijzonder de rechten voortvloeiende uit het huwelijk, worden geëerbiedigd. Zie nader met betrekking tot art. 10:17, *Asser/Vonken & Ibili 10-II* 2021/39-43.

2. De term vluchteling. Art. 10:17 lid 1 BW heeft betrekking op drie categorieën van 'vreemdelingen': a. de vreemdeling aan wie een verblijfsvergunning is verleend als bedoeld in art. 28 Vreemdelingenwet 2000 (verblijfsvergunning asiel voor bepaalde tijd) of art. 33 Vreemdelingenwet 2000 (verblijfsvergunning asiel voor onbepaalde tijd), b. op een vreemdeling aan wie een verblijfsdocument is afgegeven waarop een aantekening als bedoeld in art. 45c Vreemdelingenwet 2000 is geplaatst (de aantekening internationale bescherming door Nederland) en c. op een vreemdeling die een overeenkomstige verblijfstatus in het buitenland heeft verkregen. Onderstreept dient in dit verband te worden dat art. 10:17 BW niet de term 'vluchteling' bezigt, maar de term 'vreemdeling'. Van belang is immers niet of de betrokken persoon in het buitenland de status van vluchteling onder het Vluchtelingenverdrag 1951 heeft.

3. De verhouding tussen het Vluchtelingenverdrag 1951 en art. 10:17. Voor Nederland geldt met betrekking tot vluchtelingen in de eerste plaats het Verdrag van Genève betreffende de status van vluchtelingen van 28 juli 1951, *Trb.* 1954, 88, dat voor Nederland op 1 augustus 1956 in werking is getreden. Deze verdragsregeling biedt voor het onderhavige probleem van de nationaliteitsaanknoping een zelfde oplossing als die met betrekking tot staatlozen. Art. 12 lid 1 Vluchtelingenverdrag bepaalt dat de persoonlijke staat van een vluchteling wordt beheerst door de wet van het land van zijn woonplaats, of, indien hij geen woonplaats heeft, van het land van zijn verblijf. Art. 12 lid 2 Vluchtelingenverdrag bepaalt vervolgens, dat de rechten welke een vluchteling vroeger heeft verkregen en welke uit de persoonlijke staat voortvloeien, in het bijzonder de rechten, voortvloeiende uit het huwelijk, door een Verdragssluitende Staat zullen worden geëerbiedigd, behoudens dat, zo nodig, de vluchteling de door de wet van die Staat vereiste formaliteiten moet vervullen. Deze bepaling is alleen van toepassing op rechten welke door de wet van die Staat zouden zijn erkend indien de betrokkene geen vluchteling was geworden. Aangenomen dient te worden dat de regeling van het Vluchtelingenverdrag een universele werking heeft. Het verdrag geldt derhalve, ongeacht of de vluchteling al dan niet woonplaats, respectievelijk verblijf in een verdragsstaat heeft. Opmerking verdient verder, dat de Nederlandse wetgever de verdragsregeling van art. 12 Vluchtelingenverdrag heeft geïncorporeerd in art. 10:17. Hierbij dient te worden aangetekend, dat de verdragsregeling voorrang heeft op de regeling van nationaal recht (zie art. 10:1) en derhalve de primaire rechtsbron is. Dit betekent overigens niet, dat de Nederlandse bepaling van art. 10:17 overbodig is, aangezien deze bepaling voor twee categorieën van personen – te weten niet-verdragsvluchtelingen en buitenlandse asielgerechtigden – art. 12 lid 1 (en lid 2) Vluchtelingenverdrag van overeenkomstige toepassing wordt verklaard. Voorts verdient de aandacht, dat art. 10:17 lid 1, evenals art. 12 lid 1 Vluchtelingenverdrag, spreekt van 'woonplaats', respectievelijk 'verblijf'. Aangenomen dient te worden dat het begrip 'woonplaats' – evenals het begrip 'verblijf' – niet in juridische zin, maar in feitelijke zin moet worden verstaan. Voorts dient op grond van een teleologische interpretatie van art. 12 Vluchtelingenverdrag – te weten het bespoedigen van integratie van de vluchteling in de samenleving van het toevluchtsland door gelijke behandeling van de vluchteling met de inwoners van het toevluchtsoord – het begrip woonplaats/verblijf – en dezelfde gebezigde begrippen in art. 10:17 lid 1 – flexibel te worden uitgelegd. Alleen dan kan recht worden gedaan aan deze strekking van de verdragsregeling. Dit betekent dat slechts geringe eisen mogen worden gesteld aan de duurzaamheid van dit verblijf (zie met betrekking tot het begrip 'gewone verblijfplaats' in de zin van art. 10:16 lid 1, hiervoor art. 10:16). Ten slotte verdient opmerking, dat het begrip 'persoonlijke staat' in de zin van art. 12 lid 1 (en lid 2) Vluchtelingenverdrag – en welk begrip ook wordt gebezigd in art. 10:17 – extensief dient te worden uitgelegd, en, evenals in het kader van de staatloosheid (zie art. 10:16), derhalve het personen- en familierecht in ruime zin bestrijkt, met inbegrip van het alimentatierecht, het huwelijksvermogensrecht en het erfrecht.

4. Art. 10:17 lid 1 bestrijkt ook niet-verdragsvluchtelingen en buitenlandse vreemdelingen. De vreemdeling die in het bezit is van een verblijfsvergunning voor (on)bepaalde tijd als bedoeld in art. 28 en 33 Vreemdelingenwet 2000, kan zowel verdragsvluchteling als niet-verdragsvluchteling zijn. Hoewel art. 12 Vluchtelingenverdrag 1951 niet rechtstreeks van toepassing is op niet-verdragsvluchtelingen, verzet noch deze verdragsregeling in zijn geheel, noch de voornoemde strekking van het verdrag om de integratie van de vluchteling in de samenleving van het toevluchtsoord te bespoedigen, zich ertegen om de personele werkingssfeer van het verdrag uit te breiden tot niet-verdragsvluchtelingen. De wetgever heeft, in eerste instantie, deze personele uitbreiding tot niet-verdragsvluchtelingen opgenomen in art. 113 van de Vreemdelingenwet 2000. Deze laatste bepaling is, op zijn beurt, overgebracht naar art. 10:17 lid 1. Met de inwerkingtreding van art. 10:17 is art. 113 Vw 2000 komen te vervallen. Als een van de argumenten voor deze uitbreiding tot niet-verdragsvluchtelingen kan worden genoemd, dat aldus contacten van de vluchteling met de autoriteiten van het land van herkomst over aangelegenheden die zijn persoonlijke staat betreffen overbodig zijn. Zie nader het Advies IPR-aspecten Vreemdelingenwet 2000, nr. 4, p. 9-10 en MvT, *Kamerstukken II* 2009/10, 32 137, nr. 3, p. 26. Wanneer een vreemdeling in het buitenland een status heeft verworven die equivalent is aan die van art. 18 of art. 33 Vw 2000, wordt, zo volgt uit art. 10:17 lid 1 deze eveneens, wat zijn persoonlijke staat betreft, in Nederland onderworpen aan het recht van zijn woonplaats, of, indien hij geen woonplaats heeft, door het recht van zijn verblijf.

Op deze wijze is het (voormalige) art. 113 Vw 2000, dat bepaalde dat de persoonlijke staat van een in Nederland verblijvende vluchteling wordt beheerst door Nederlands recht, uitgebouwd tot een meerzijdige verwijzingsregel. Dit kan aldus tot gevolg hebben dat, onder omstandigheden, voor beide categorieën een buitenlands recht van toepassing is.

5. Eerbiediging van voorheen uit de persoonlijke staat verkregen rechten (lid 2). Art. 10:17 lid 2 bevat een soortgelijke regeling als is vervat in art. 12 lid 2 Vluchtelingenverdrag 1951: de rechten welke een vluchteling voorheen heeft verkregen en welke uit de persoonlijke staat voortvloeien, dienen te worden eerbiedigd. Aangezien de bepaling van art. 10:17 lid 2 spreekt van 'deze vreemdeling' wijst zij terug naar art. 10:17 lid 1 en heeft aldus betrekking op alle in lid 1 bedoelde vreemdelingen, overeenkomstig het verruimde (personele) toepassingsgebied van dit eerste lid. De voornoemde aard en strekking van het Vluchtelingenverdrag 1951, zo leert de MvT, p. 26 op art. 10:17, verzet zich hiertegen niet. Voor het overige geldt mutatis mutandis hetzelfde als is opgemerkt in het commentaar op art. 10:16 lid 2.

IPR NAAM

Burgerlijk Wetboek Boek 10 (Relevante artikelen)

TITEL 2
De naam

[Inleidende opmerkingen]

1. Algemeen. Het internationale namenrecht is vervat in art. 10:18-26 van Titel 2 van Boek 10 BW. In deze Titel zijn, met enige wijzigingen van technische aard, de bepalingen van de Wet conflictenrecht namen (WCN) overgenomen. Dit betekent dat rechtspraak en literatuur met betrekking tot de WCN van belang blijven voor de uitleg van de corresponderende artikelen in Boek 10 BW. De verwijzingsregeling van de WCN gaf uitvoering aan de op 5 september 1980 te München tot stand gekomen Overeenkomst inzake het recht dat toepasselijk is op geslachtsnamen en voornamen (CIEC Namenverdrag München 1980, *Trb.* 1981, 72). Dit verdrag is goedgekeurd bij Rijkswet van 3 juli 1989 (*Stb.* 287) en is voor het Koninkrijk der Nederlanden (alleen Nederland) – alsook voor Italië, Portugal en Spanje –, evenals de WCN, op 1 januari 1990 (*Trb.* 1989, 131) in werking getreden. De WCN is gewijzigd bij wet van 24 december 1998 (*Stb.* 1999, 2), die in werking is getreden op 15 februari 1999 (*Stb.* 1999, 43). Zie *Kamerstukken II* 25791, 3 en 5. Deze wijziging van de wet houdt deels verband met de herziening van het Nederlandse materiële naamrecht, in het bijzonder de bij deze wetswijziging opgenomen naamskeuze als geregeld in art. 1:5 lid 2-8 BW. Voorts heeft de wetgever de gelegenheid aangegrepen om de erkenning te regelen van in het buitenland op grond van geboorte vastgestelde dan wel op grond van wijziging van de burgerlijke staat gewijzigde geslachtsnamen en voornamen. Bij deze wetswijziging zijn art. 5a, 5b en 5c WCN toegevoegd, welke zijn overgenomen in art. 10:24 en 10:25. Zie met betrekking tot art. 10:18-26, *Kamerstukken II* 2009/10, 32137, 3, p. 26 en Rutten, *WPNR* 2010/6832, p. 149. **Enkele niet in Titel 2 opgenomen verdragsregels.** In Titel 2 is niet opgenomen art. 2 CIEC Namenverdrag München 1980, dat tot uitdrukking brengt dat de verdragsregels van toepassing zijn op eenieder en de toepassing ervan dus niet beperkt is tot onderdanen van de overeenkomstsluitende Staten of de personen die er hun gewone verblijfplaats hebben; het CIEC Namenverdrag München 1980 heeft dus zogenaamde universele werking. Art. 4 CIEC Namenverdrag München 1980 laat toe dat de toepassing van een verdragsregel achterwege kan blijven, indien de toepassing klaarblijkelijk in strijd met de openbare orde is. Deze openbare orde-exceptie is niet in Titel 2 opgenomen, omdat het hier een algemeen beginsel van internationaal privaatrecht betreft. De openbare orde-exceptie van art. 10:6 BW stemt inhoudelijk overeen met art. 4 van het verdrag; zie nader *Asser/Vonken 10-I* 2018/485 e.v. Zie nader met betrekking tot Titel 2 van Boek 10 (art. 10:18-26), *Asser/Vonken & Ibili 10-II* 2021/51-80.

2. Het systeem van de verwijzingsregeling. In afwijking van de doorgaans gehanteerde meerzijdige verwijzingsmethode is inzake de naam gekozen voor een meer op 'coördinatie' van de nationale ipr-rechtsstelsels gerichte eenzijdige verwijzingsmethode. De kerngedachte van de Overeenkomst en van de wet is namelijk dat inzake naamkwesties een Staat zijn eigen internationaal privaatrecht toepast, indien de betrokkene een eigen onderdaan is, maar de ipr-regels van een vreemde Staat toepast, indien de betrokkene de nationaliteit van die Staat heeft. Het regime van de naam vertoont aldus een zekere overeenkomst met dat van de nationaliteitsvraag: ieder land bepaalt namelijk zelf wie zijn eigen onderdanen zijn en hoe zij heten, en de andere overeenkomstsluitende Staten accepteren dat. Deze verwijzingsmethode komt er dus op neer dat Nederland zich moet onthouden van het toepassen van zijn eigen ipr-regels in het geval dat de naam van een vreemdeling moet worden vastgesteld. De Overeenkomst laat Nederland echter de vrijheid, wanneer het gaat over de naam van Nederlanders, om eigen ipr-regels te formuleren. De ruimte die de Overeenkomst op dit punt aan Nederland biedt, is in art. 10:20 ingevuld in die zin dat het nationale 'interne' recht toepasselijk wordt verklaard op de naam van Nederlanders (zie art. 10:20, aant. 1).

Artikel 18

Deze titel geeft mede uitvoering aan de op 5 september 1980 te München tot stand gekomen Overeenkomst inzake het recht dat van toepassing is op geslachtsnamen en voornamen (*Trb.* 1981, 72).
[19-05-2011, Stb. 272, i.w.tr. 01-01-2012/kamerstukken 32137]

[De Overeenkomst van München blijft het primaire recht]

Betekenis. Art. 10:18 BW is een verwijzing naar de Overeenkomst van München opgenomen ten einde de rechtstoepasser voor zoveel nodig opmerkzaam te maken op de verdragsrechtelijke achtergrond van de onderhavige titel. In deze titel is, in navolging van de WCN, een aantal bepalingen opgenomen die de regeling van de Overeenkomst aanvullen. Aangezien deze aanvullingen moeten worden gelezen tegen de achtergrond van de desbetreffende bepalingen van de Overeenkomst en zij op zichzelf gelezen minder duidelijk zijn, is in de WCN uit een oogpunt van overzichtelijkheid en hanteerbaarheid ervoor gekozen die bepalingen in Titel 2 over te nemen. Deze regeling in de WCN is vervolgens overgeheveld naar Titel 2 van Boek 10 BW.

Artikel 19

1. De geslachtsnaam en de voornamen van een vreemdeling worden bepaald door het recht van de staat waarvan hij de nationaliteit heeft. Onder recht zijn mede begrepen de regels van internationaal privaatrecht. Uitsluitend voor de vaststelling van de geslachtsnaam en de voornaam worden de omstandigheden waarvan deze afhangen beoordeeld naar dat recht.
2. Indien de vreemdeling de nationaliteit van meer dan een staat bezit en hij in een van deze staten zijn gewone verblijfplaats heeft, geldt het recht van die staat als zijn nationale recht. Heeft de betrokken persoon zijn gewone verblijfplaats niet in een van deze staten, dan geldt als zijn nationale recht het recht van de staat van zijn nationaliteit waarmee hij, alle omstandigheden in aanmerking genomen, het nauwst is verbonden.
[19-05-2011, Stb. 272, i.w.tr. 01-01-2012/kamerstukken 32137]

[De naam van een vreemdeling; de meervoudige nationaliteit]

1. De naam van een vreemdeling (lid 1). a. De hoofdregel (eerste en tweede zin). In de eerste en tweede zin van het eerste lid van art. 10:19 BW eerste lid wordt de formulering van art. 1 eerste zin van de Overeenkomst van München zoveel mogelijk gevolgd. Zoals in de Inleidende opmerkingen (aant. 2) reeds is opgemerkt is een van de leidende gedachten van de Overeenkomst dat iedere Staat inzake naamkwesties zijn eigen recht – het internationaal privaatrecht daaronder begrepen – toepast. Hoe de naam van een vreemdeling luidt wordt dus beoordeeld naar zijn nationale recht. In de tweede zin wordt benadrukt dat onder 'recht' mede de regels van internationaal privaatrecht van dat recht zijn begrepen. De toevoeging van de tweede zin is nuttig, in zoverre Nederlandse regels van internationaal privaatrecht doorgaans uitsluitend verwijzen naar het 'interne' recht van een vreemde Staat en niet tevens naar het internationaal privaatrecht. Zie ook art. 10:5 BW. **b. Voorvraag (derde zin).** In de derde zin van het eerste lid van art. 10:19 BW, waarin een regeling wordt gegeven voor het vraagstuk van de zogenaamde voorvraag, wordt de tweede zin van lid 1 van art. 1 Overeenkomst gevolgd. De regeling komt erop neer dat, in afwijking van art. 10:4 BW, de voorvraag (van welke familierechtelijke betrekkingen wordt de naam afgeleid) en de hoofdvraag (welke naam de betrokkene draagt) door hetzelfde recht worden beheerst. Met andere woorden: de kwestie van de voorvraag wordt 'afhankelijk' of 'onzelfstandig' aangeknoopt aan het recht dat de hoofdvraag beheerst. ***Een voorbeeld.*** Het Marokkaans (buitenechtelijke) kind A dat geboren is uit een Marokkaanse vrouw, is erkend door de Marokkaanse man M. De vraag hoe de geslachtsnaam van het kind A luidt – de hoofdvraag – dient dan te worden bepaald door het nationale recht van A – in casu dus het Marokkaanse recht ingevolge art. 10:19 lid 1 eerste zin BW. Om te kunnen vaststellen welke geslachtsnaam A heeft dient in dit verband de prealabele vraag – de voorvraag – te worden beantwoord of A door erkenning – al dan niet in familierechtelijke betrekkingen tot de vader M staat. Uit art. 10:19 lid 1 slotzin BW volgt dat die familierechtelijke voorvraag afhankelijk (of onzelfstandig) dient te worden aangeknoopt aan het recht dat de hoofdvraag – in casu het Marokkaanse recht – beheerst. Volgens dit toepasselijk Marokkaanse recht kan de (biologische) vader zijn kind niet rechtsgeldig erkennen en zijn derhalve tussen A en de vader M geen familierechtelijke betrekkingen door erkenning ontstaan. Dit leidt ertoe dat volgens het Marokkaanse recht A ook niet de geslachtsnaam van de vader kan verkrijgen. ***Een voorbeeld.*** Een kind van nationaliteit A wordt rechtsgeldig geadopteerd in Staat A door een echtpaar van nationaliteit B. Deze adoptie heeft volgens het recht A tot gevolg dat het kind voortaan de naam van de adoptanten draagt. Dit leidt er toe dat de autoriteiten van B moeten erkennen dat dit kind deze naam draagt, zelfs wanneer zij de adoptie die ten grondslag ligt aan de naamswijziging niet erkennen. Anders gezegd: de voorvraag van de rechtsgeldigheid van de adoptie wordt afhankelijk aangeknoopt aan het recht dat de hoofdvraag van de naam beheerst, in casu het recht van Staat A, volgens welk recht deze adoptie rechtsgeldig is. In Staat B dient dan de naamswijziging die deze adoptie volgens het recht van Staat A tot gevolg heeft, te worden geaccepteerd. De derde zin van het eerste lid van art. 10:19 BW bevat evenals de Overeenkomst de beperkende toevoeging dat de regel 'uitsluitend voor' de vaststelling van de naam wordt toegepast.

2. Personen met een meervoudige vreemde nationaliteit (lid 2). Art. 10:19 lid 2 BW – waarin art. 1 lid 1 WCN in gewijzigde vorm is overgenomen – bepaalt, dat indien de vreemdeling de nationaliteit van meer dan een staat bezit en hij in een van deze staten zijn gewone verblijfplaats heeft, het recht van die staat als zijn nationale recht geldt. Bij samenval van een nationaliteit van betrokkene met diens gewone verblijfplaats is dan het recht van de gewone verblijfplaats van toepassing. Heeft de betrokken persoon zijn gewone verblijfplaats niet in een van deze staten, dan dient de effectiviteitstoets te worden aangelegd: toepasselijk is dan het nationale recht van de staat van zijn nationaliteit waarmee hij, alle omstandigheden in aanmerking genomen, het nauwst is verbonden. Met betrekking tot deze laatste categorie kan bij de bepaling van de effectieve nationaliteit het oordeel van de betrokken partijen in sterke mate worden betrokken. In die zin ook de MvT, *Kamerstukken II* 1987/88, 20213, 3, p. 5.

Artikel 20

De geslachtsnaam en de voornamen van een persoon die de Nederlandse nationaliteit bezit, worden, ongeacht de vraag of hij nog een andere nationaliteit heeft, bepaald door het Nederlandse recht. Dit geldt ook indien vreemd recht van toepassing is op de familierechtelijke betrekkingen waarvan het ontstaan of het tenietgaan gevolg kan hebben voor de geslachtsnaam.

[19-05-2011, Stb. 272, i.w.tr. 01-01-2012/kamerstukken 32137]

[De naam van een Nederlander; geen effectiviteitstoets]

1. De naam van een Nederlander (eerste zin, eerste zinsnede). In de Inleidende opmerkingen (aant. 2) is reeds opgemerkt dat uit het systeem van de Overeenkomst voortvloeit dat elke Staat zijn eigen regels formuleert betreffende de bepaling van de namen van zijn eigen onderdanen. Dit systeem dwingt er dus toe dat naast de algemene regel van de Overeenkomst, die in art. 10:19 BW is neergelegd, een speciale voor Nederlanders geldende regeling in de wet wordt opgenomen. In de bepaling wordt in dit verband verwezen naar het Nederlandse 'interne recht', zulks in tegenstelling tot art. 10:19 BW, waar onder het nationale recht mede de regels van internationaal privaatrecht van dat recht zijn begrepen.

2. Personen met meervoudige nationaliteit die ook de Nederlandse nationaliteit bezitten (eerste zin, tweede zinsnede). Wanneer de betrokkene naast (een) vreemde nationaliteit(en) mede de Nederlandse nationaliteit bezit, wordt in het artikellid een beperking op het beginsel van de effectieve nationaliteit aanvaard, in die zin dat bij de vaststelling van de naam alleen rekening wordt gehouden met de Nederlandse — eventueel niet effectieve — nationaliteit. Deze regel wordt in de MvT, *Kamerstukken II* 20213, 3, p. 2, onderbouwd met een beroep op de in het namenrecht vereiste rechtszekerheid en gemakkelijke hanteerbaarheid. **De naar het vreemde recht verkregen naam.** Het geval kan zich voordoen dat een in het buitenland geboren multipatride Nederlander zich in Nederland vestigt of zich voor de verstrekking van bijvoorbeeld een Nederlands reisdocument tot de Nederlandse administratie richt. Wanneer deze Nederlander zijn geboorteakte in de registers van de burgerlijke stand te 's-Gravenhage laat inschrijven, zal in de inschrijvingsakte de naam waaronder hij in de buitenlandse geboorteakte was geregistreerd, worden overgenomen ongeacht of dit de naam is die hij naar Nederlands recht dan wel naar het vreemde nationale recht bezit (zie MvT, *Kamerstukken II* 20213, 3, p. 6).

3. Wijziging Besluit geslachtsnaamswijziging. Naar aanleiding van de uitspraak van het HvJ EG 2 oktober 2003, C-148/02 (*Garcia Avello/België*) is art. 3a Besluit geslachtsnaamswijziging met ingang van 2 juni 2004 (*Stb.* 2004, 239) gewijzigd. In deze *Garcia Avello*-zaak betrof het de achternaam van de kinderen van een Spaanse vader (Carlos Garcia Avello) en een Belgische moeder (Isabelle Weber). Het gezin woont in België, alwaar ook de kinderen zijn geboren. De kinderen hebben zowel de Belgische als de Spaanse nationaliteit. De ouders verzoeken de Belgische autoriteiten om de achternaam van de minderjarige kinderen te wijzigen overeenkomstig het Spaanse recht. Volgens dit recht krijgen kinderen een dubbele achternaam (de eerste achternaam van hun vader, gevolgd door de eerste achternaam van hun moeder), in casu dus Garcia Weber. Dit verzoek wordt door de Belgische autoriteiten geweigerd. Volgens Belgisch internationaal privaatrecht wordt de naam van een persoon bepaald door zijn nationale recht. Wanneer iemand naast de Belgische nationaliteit nog een andere (meervoudige) nationaliteit heeft, dan wordt naar Belgisch internationaal privaatrecht aangeknoopt aan de nationale – desnoods louter papieren – Belgische nationaliteit. Volgens het Belgische recht krijgt een kind gewoonlijk de achternaam van de vader. Volgens het Hof van Justitie wordt, verwijzend naar het Europese burgerschap van art. 17 EG (oud) (thans art. 20 VwEU), het geval bestreken door het gemeenschapsrecht, omdat de kinderen onderdanen van een lidstaat (Spanje) zijn, die legaal op het grondgebied van een andere lidstaat (België) verblijven; hieraan doet niet af dat de kinderen ook de Belgische nationaliteit hebben en al vanaf hun geboorte in België verblijven. Het Hof van Justitie toetst vervolgens de weigering van de Belgische autoriteiten aan het non-discriminatiebeginsel van art. 12 EG (oud) (thans art. 18 VwEU). Het Belgisch-Spaanse kind van Garcia Avello en Weber werd hier hetzelfde behandeld als een Belgisch kind. Gelijke gevallen moeten gelijk worden behandeld, maar, zo overwoog het Hof, vaste rechtspraak is ook dat als sprake is van verschillende situaties deze niét gelijk mogen worden behandeld. Het Hof heeft onderzocht of in het licht van de aan het gemeenschapsrecht te ontlenen rechten, het bezit van de dubbele nationaliteit op relevante wijze verschilt van het bezit van enkel de Belgische nationaliteit. Het Hof was van oordeel dat het hier inderdaad om een relevant verschil ging. Anders dan het Belgische kind zou het Belgisch-Spaanse kind immers in de twee betrokken – Spaanse en Belgische – rechtsordes twee verschillende namen hebben (r.o. 35), hetgeen voor betrokkene ernstige ongemakken in beroeps- en privéleven kon veroorzaken (r.o. 36). Kortom: een lidstaat moet het door een naamswijziging mogelijk maken dat een minderjarig kind dat in die lidstaat verblijft en dat, behalve de nationaliteit van de lidstaat, ook de nationaliteit van een andere lidstaat bezit, de achternaam draagt overeenkomstig het recht van die tweede lidstaat. **Het gewijzigde art. 3a lid 1, aanhef en onder b Besluit geslachtsnaamswijziging.** Het gewijzigde art. 3a lid 1, aanhef en onder b komt er op neer, dat in het geval een minderjarig kind naast de Nederlandse nationaliteit ook de nationaliteit van een andere staat bezit, wijziging van de geslachtsnaam kan worden verzocht in de naam zoals die luidt volgens het recht van die andere staat. Dit kan de nationaliteit van een andere EU-lidstaat betreffen dan wel de nationaliteit van een niet-lidstaat, in dit laatste geval indien de verzoeker door de daarmee samenhangende verscheidenheid van namen wordt belemmerd in zijn vrijheid van vestiging en verplaatsing binnen de Europese Unie. Wel vereist de bepaling dat de eenheid van geslachtsnaam voor alle kinderen binnen een gezin wordt gerespecteerd. Aangenomen kan worden dat, in het licht de *Garcia Avello*-uitspraak, art. 10:20 BW, eerste zin, tweede zinsnede, alsook art. 10:19 lid 2 BW (zie art. 19, aant. 2) strijdig zijn met het unierecht, en dat in de lijn van deze uitspraak betrokkene ook bij het vaststellen van de geslachtsnaam (bij de aangifte van de geboorte) een rechtskeuze voor een van de nationale rechtsstelsels moet worden geboden.

4. Voorvraag (tweede zin). In de tweede zin is de regeling inzake de voorvraag van art. 1 lid 1 tweede zin van de Overeenkomst neergelegd, volgens welke bepaling de voorvraag afhankelijk wordt aangeknoopt bij het recht dat op de hoofdvraag van toepassing is. Hoewel de formulering enigszins afwijkt van art. 1 van de Overeenkomst en de daarop aansluitende derde zin van art. 10:19 lid 1 BW (zie art. 19, aant. 1), betreft het hier slechts een louter redactioneel verschil waaraan geen materiële betekenis dient te worden toegekend. Opgemerkt dient in dit verband te worden dat wanneer zich een voorvraag aandient in de context van het ingevolge de verwijzingsregel van art. 10:20 eerste zin BW toepasselijke Nederlandse (materiële) recht – de hoofdvraag – weliswaar sprake is van een voorvraag, maar niet van het probleem van de voorvraag. Immers, wanneer wij deze voorvraag zelfstandig aanknopen, dient het Nederlandse IPR (een regel van conflictenrecht of erkenningsregel) te worden toegepast. Wanneer wij dezelfde voorvraag afhankelijk aanknopen, dient ditzelfde Nederlandse IPR (een regel van conflictenrecht of erkenningsregel) de oplossing te geven, aangezien ook de hoofdvraag door Nederlands recht wordt beheerst. In beide situaties wordt derhalve het op de voorvraag toepasselijke recht bepaald door het Nederlandse IPR.

Artikel 21

Een persoon die de nationaliteit van meer dan een staat bezit, kan de ambtenaar van de burgerlijke stand verzoeken op zijn geboorteakte een latere vermelding te plaatsen van de naam die hij voert in overeenstemming met het niet toegepaste recht van een van die Staten.

[19-05-2011, Stb. 272, i.w.tr. 01-01-2012/kamerstukken 32137]

[Het voeren van de naam volgens het recht dat niet op de naam is toegepast]

Betekenis. De verwijzingsregels van art. 10:19 lid 2 en art. 10:20, eerste zin zijn van toepassing bij het opmaken van alle (achtereenvolgende) akten van de burgerlijke stand van multipatride personen in Nederland. Dit kan ertoe leiden dat een multipatride persoon niet de naam krijgt toegekend die hij voert volgens een van zijn nationale wetten, die echter niet is toegepast omdat de desbetreffende wet niet de effectieve is of omdat de betrokkene Nederlander is. Om de multipatriden tegemoet te komen en te bewerkstelligen dat de betrokkenen worden geregistreerd onder de naam die zij in het maatschappelijk verkeer voeren, kunnen zij de ambtenaar van de burgerlijke stand verzoeken aan de Nederlandse akten van de burgerlijke stand een latere vermelding toe te voegen van de (afwijkende) naam die zij voeren in overeenstemming met het recht dat niet op de naam is toegepast. Met betrekking tot de in deze bepaling geregelde gevallen kan ook worden toegepast de Overeenkomst van 's-Gravenhage van 8 september 1982 betreffende de afgifte van een verklaring van verscheidenheid van familienamen (zie het commentaar op de Overeenkomst betreffende de afgifte van een verklaring van verscheidenheid van familienamen [Vertaling]). **Geen naamswijziging.** Benadrukt dient te worden dat aan een dergelijke latere vermelding niet het gevolg toekomt van een naamswijziging. Zie voorts met betrekking tot het precieze karakter van een latere vermelding op grond van de bepaling, de circulaire uit 1992 van de toenmalige Staatssecretaris van Justitie, A. Kosto, gepubliceerd in *HPS*, november/december 1992, p. 13-20.

Artikel 22

1. In geval van verandering van nationaliteit is het recht van de staat van de nieuwe nationaliteit van toepassing, daaronder begrepen de regels van dat recht betreffende de gevolgen van de nationaliteitsverandering voor de naam.

2. De verkrijging van de Nederlandse nationaliteit door een vreemdeling brengt geen wijziging in diens geslachtsnaam en voornamen, behoudens artikel 25, onder b, van dit Boek en de artikelen 6 lid 5 en 12 van de Rijkswet op het Nederlanderschap.

[19-05-2011, Stb. 272, i.w.tr. 01-01-2012/kamerstukken 32137]

[Wijziging van de nationaliteit in de tijd]

1. Hoofdregel (lid 1). Het artikellid is ontleend aan art. 1 lid 2 van de Overeenkomst van München. De bepaling verwijst, in het geval van wijziging van nationaliteit, naar de regels van de Staat waarvan de nationaliteit wordt verkregen. De regel leidt ertoe dat de Staat waarvan de betrokkene de nationaliteit heeft verloren de namen moeten respecteren zoals zij worden bepaald door het recht van de Staat waarvan deze persoon de nationaliteit heeft verkregen. In het artikellid is voorts een nadere precisering toegevoegd, namelijk dat ook de regels van het nieuwe nationale recht 'nopens de gevolgen van de nationaliteitsverandering voor de naam' van toepassing zijn. Met deze toevoeging wordt bedoeld aan te geven dat het nieuw toepasselijke recht voor deze situatie ook een overgangsregeling kan treffen, die dan eveneens moet worden toegepast en gerespecteerd.

2. Verkrijging van de Nederlandse nationaliteit (lid 2). Het tweede artikellid betreft het geval dat een vreemdeling de Nederlandse nationaliteit verkrijgt door naturalisatie of door optie. De bepaling kiest voor de oplossing dat de verkrijging van de Nederlandse nationaliteit door een vreemdeling geen wijziging brengt in diens geslachtsnaam en voornaam, behoudens het bepaalde in art. 10:25, onder b BW en in art. 6, vijfde lid en art. 12 van de Rijkswet op het Nederlanderschap. Deze oplossing doet recht aan het voor het namenrecht van belang zijnde vereiste van stabiliteit en continuïteit. Bovendien zal de betrokken persoon doorgaans ook aan de naam die hij reeds vóór de naturalisatie droeg, verknocht zijn. Een tweetal voorbeelden. Het kind X, die de Afghaanse nationaliteit heeft, is in Nederland door een Nederlands echtpaar geadopteerd. Op het moment dat de Nederlandse beschikking inzake adoptie in kracht van gewijsde is gegaan, heeft X de Nederlandse nationaliteit verkregen ingevolge art. 5 RWN. Dit brengt mee dat dan Nederlands recht van toepassing is op het verzoek met betrekking tot de geslachtsnaam en de voornaam van X. Zie Rb. Oost-Nederland (locatie Arnhem) 14 februari 2013, ECLI:NL:RBONE:2013:2836; Rb. Gelderland 12 december 2017, ECLI:NL:RBGEL:2017:6904. Het kind B, dat de Thaise nationaliteit heeft, is in Thailand door een Nederlands echtpaar geadopteerd. Deze (sterke) adoptie naar Thais recht kan in Nederland worden aangemerkt als een verdragsadoptie en komt op die grond voor erkenning in aanmerking. Op het moment dat deze adoptiebeslissing in kracht van gewijsde is gegaan, levert dit een grondslag op voor het verkrijgen van de Nederlandse nationaliteit ingevolge art. 5a lid 1 RWN. Dit brengt mee dat Nederlands recht van toepassing is op de geslachtsnaam en voornamen van B; zie Rb. Maastricht 25 september 2012, ECLI:NL:RBMAA:2012:BY0848; Rb. Noord-Holland 14 maart 2018, ECLI:NL:RBNHO:2018:2095.

Artikel 23

1. Indien de ambtenaar van de burgerlijke stand bij het opstellen van een akte waarin de geslachtsnaam en de voornamen van een vreemdeling moeten worden opgenomen het Nederlandse recht toepast omdat hij de inhoud van het recht dat op de vaststelling van die namen toepasselijk is niet kan vaststellen, deelt hij zijn beslissing onverwijld mede aan de officier van justitie in het arrondissement waarin de rechtbank is gelegen waar de akte in de registers van de burgerlijke stand is opgenomen.
2. De aldus opgemaakte akte kan met overeenkomstige toepassing van artikel 24 van Boek 1 op verzoek van iedere belanghebbende of op vordering van het openbaar ministerie worden verbeterd. Het verzoek van een belanghebbende wordt met toepassing van de Wet op de rechtsbijstand van rechtswege kosteloos behandeld.
[26-11-2014, Stb. 540, i.w.tr. 01-01-2015/kamerstukken 33771]

[Uitzondering op ambtshalve toepassing vreemd recht]

1. Onmogelijkheid om het toepasselijke recht vast te stellen (lid 1). In bepaalde gevallen kan de verplichting voor de ambtenaar van de burgerlijke stand om ambtshalve het vreemde recht – met inbegrip van het internationaal privaatrecht – toe te passen moeilijkheden opleveren. Wanneer de ambtenaar van de burgerlijke stand er niet uitkomt en het opmaken van de akte geen uitstel kan lijden, kan hij bij wijze van voorlopige beslissing zijn nationale recht toepassen – het Nederlandse recht dus – en moet hij zijn beslissing onverwijld meedelen aan de officier van justitie bij de arrondissementsrechtbank binnen welker rechtsgebied de akte in de registers van de burgerlijke stand is opgenomen. De ambtenaar van de burgerlijke stand mag van deze bevoegdheid gebruik maken, indien hij in de onmogelijkheid verkeert om het recht te kennen dat van toepassing is voor het vaststellen van de namen van de betrokken persoon. Opmerking verdient dat de hier bedoelde moeilijkheden moeten voortvloeien uit de ontoegankelijkheid van het toe te passen recht en niet uit de enkele omstandigheid dat de ambtenaar van de burgerlijke stand zich als niet juridisch geschoolde functionaris niet in staat acht om dat (internationaal privaat)recht toe te passen. Slechts de ambtenaar van de burgerlijke stand en niet andere autoriteiten kunnen een beroep doen op de bevoegdheid die in dit artikellid is gegeven. De bepaling geeft uitvoering aan art. 5 lid 1 van de Overeenkomst.

2. De personen die om verbetering van de akte kunnen verzoeken (lid 2). De betrokken persoon zelf kan zich tot de rechter wenden met het verzoek verbetering van de akte te gelasten indien hij aannemelijk kan maken dat bij toepassing van het juiste recht zijn naam of voornaam anders had moeten luiden dan zij is vermeld in de akte. Alle andere belanghebbenden komt dit recht ook toe. Voorts kan de officier van justitie op grond van zijn eigen bevindingen vaststellen welk recht had moeten zijn toegepast en hoe de naam dan had moeten luiden. De officier van justitie moet dan een tot verbetering van de akte strekkende vordering doen aan de rechtbank. Op voornoemd verzoek respectievelijk vordering is art. 1:24 lid 1 BW van toepassing. **Kosteloze procedure.** Uit de tweede zin van het artikellid volgt dat het verzoek van een belanghebbende kosteloos wordt behandeld.

Artikel 24

1. Indien de geslachtsnaam of de voornamen van een persoon ter gelegenheid van de geboorte buiten Nederland zijn vastgelegd of als gevolg van een buiten Nederland tot stand gekomen wijziging in de persoonlijke staat zijn gewijzigd en zijn neergelegd in een overeenkomstig de plaatselijke voorschriften door een bevoegde instantie opgemaakte akte, worden de aldus vastgelegde of gewijzigde geslachtsnaam of voornamen in Nederland erkend. De erkenning kan niet wegens onverenigbaarheid met de openbare orde worden geweigerd op de enkele grond dat een ander recht is toegepast dan uit de bepalingen van deze wet zou zijn gevolgd.

2. Lid 1 laat onverlet de toepassing van artikel 25 van dit Boek.

[19-05-2011, Stb. 272, i.w.tr. 01-01-2012/kamerstukken 32137]

[Erkenning van in het buitenland vastgestelde of gewijzigde namen]

1. Ratio van de bepaling. Bij de registratie in de Nederlandse gemeentelijke basisadministratie is het vaste praktijk dat van personen wier naam in het buitenland, overeenkomstig het aldaar toepasselijke internationaal privaatrecht, is vastgelegd in de geboorteakte of in verband met een verandering in de persoonlijke staat nadien is gewijzigd, de naam wordt overgenomen zoals hij dan luidt, ook al is die naam anders dan hij bij toepassing van de verwijzingsregels van Titel 2 Boek 10 BW zou zijn. Het zou immers bij de betrokken personen op grote weerstand kunnen stuiten, indien zij bij vestiging in Nederland in de gemeentelijke basisadministratie zouden worden beschreven onder een andere naam dan de naam die in buitenlandse bescheiden is vermeld. Bovendien kan verwarring ontstaan omtrent de identiteit van de betrokken personen (zie MvT, *Kamerstukken II* 25981, 3, p. 1-2).

2. De erkenningsregel (lid 1, eerste zin). a. Automatische erkenning. Uit art. 10:24 lid 1 eerste zin volgt dat indien de geslachtsnaam of de voornamen van een persoon ter gelegenheid van de geboorte buiten Nederland is vastgesteld of als gevolg van een buiten Nederland tot stand gekomen wijziging in de persoonlijke staat is gewijzigd en is neergelegd in een overeenkomstig de plaatselijke voorschriften door een bevoegde instantie opgemaakte akte, de aldus vastgestelde of gewijzigde geslachtsnaam of voornamen in Nederland wordt erkend. De wetgever heeft derhalve als uitgangspunt gekozen voor een tweedeling van in Nederland en in het buitenland tot stand gekomen naamsvaststellingen: de verwijzingsregels van art. 10:19-23 zijn (alleen) van toepassing waar het betreft de vaststelling van de naam van een in Nederland geboren kind, terwijl een in het buitenland ter gelegenheid van de geboorte tot stand gekomen naamsvaststelling of een elders verkregen naam als gevolg van een buiten Nederland tot stand gekomen wijziging in de persoonlijke staat (bijvoorbeeld een adoptie, afstamming of huwelijk) in beginsel wordt onderworpen aan de erkenningsregeling van art. 10:24 lid BW. Zie voor een uitzondering op deze tweedeling aant. 2 onder d. **b. Ook andere naamswijzigingen vallen onder art. 10:24 BW.** Aangenomen dient te worden dat het materiële toepassingsgebied van art. 10:24 BW niet is beperkt tot naamswijzigingen die het gevolg zijn van een wijziging in de persoonlijke staat. Ook naamswijzigingen (van Nederlanders) die tot stand worden gebracht zonder beslissing van een autoriteit vallen er in beginsel onder. **c. Enkele voorwaarden.** Art. 10:24 lid 1 BW schrijft een processuele toets voor. De toetsing van de 'bevoegdheid' van de desbetreffende buitenlandse (al dan niet rechterlijke) instantie en de vraag of elders een 'behoorlijke rechtspleging'/'behoorlijk onderzoek' heeft plaatsgevonden, staan bij de erkenningsvraag centraal en niet meer die van het toegepaste recht – de conflictenrechtelijke toets. Vereist is overigens wel dat wat betreft de bevoegdheid van de desbetreffende instantie voldoende aanknoping bestond met de rechtssfeer van het land waar de rechtshandeling is verricht/het rechtsfeit tot stand kwam. Dit betekent niet dat vereist is dat de betreffende Nederlander tevens de nationaliteit van het land waar zijn naam is gewijzigd, dient te hebben of dat hij aldaar zijn gewone verblijfplaats heeft. Voorts volgt uit de bepaling expliciet, dat de aldaar vastgestelde of gewijzigde naam is neergelegd in een overeenkomstig de plaatselijke voorschriften door een bevoegde instantie opgemaakt akte. Dit vereiste mag niet worden verstaan in die zin, dat de Nederlandse ambtenaar steeds dient te onderzoeken of, en zo ja, welke verwijzingsregels door de buitenlandse autoriteit zijn toegepast en of de naam op de juiste wijze is bepaald. Als uitgangspunt geldt dat de Nederlandse ambtenaar vertrouwen toont dat de naamregistratie die buiten Nederland heeft plaatsgevonden correct is geschied. Van dit uitgangspunt dient slechts te worden afgeweken, wanneer de desbetreffende persoon betwist dat zijn naam door de buitenlandse instantie op de juiste wijze is bepaald, alsook in het geval de Nederlandse ambtenaar gerede twijfel heeft dat de buitenlandse regels van internationaal privaatrecht niet in acht zijn genomen. De Nederlandse erkennende autoriteit heeft derhalve een zekere discretionaire bevoegdheid bij de vraag of aan dit vereiste is voldaan. Voor een dergelijke processuele toets kan ook steun worden gezocht in de MvT op de wet van 24 december 1998, *Stb.* 1999, 2, *Kamerstukken II*, 25981, 3, p. 1, waar wordt opgemerkt dat bij de registratie in de Nederlandse gemeentelijke basisadministratie het de praktijk is, dat van personen wier naam in het buitenland, overeenkomstig het aldaar toepasselijke vreemde internationaal privaatrecht, is vastgelegd in de geboorteakte of in verband met een verandering in de persoonlijke staat nadien is gewijzigd, de naam wordt overgenomen zoals hij dan luidt, ook al is die naam anders dan hij bij toepassing van de verwijzingsregels van Titel 2 Boek 10 BW (art. 10:19-23) zou zijn. Het zou immers bij de betrokken personen op grote weerstanden kunnen stuiten, indien zij bij vestiging in Nederland in de gemeentelijke basisadministratie zouden worden beschreven onder een andere naam dan de naam die in buitenlandse bescheiden is vermeld. Bovendien kan verwarring ontstaan omtrent de identiteit van de betrokken personen. Voorts merkt de wetgever op dat de bepaling van art. 5a WCN (oud) (art. 10:24) aldus is geformuleerd dat de ambtenaar van de burgerlijke stand of de bevolkingsambtenaar zekerheid wordt verschaft over de vraag, wanneer hij op basis van een hem overgelegd buitenlands document de desbetreffende persoon onder de daarin aangegeven naam kan registreren. In het geval de betrokkene in het buitenland is geboren of zich later in het buitenland een wijziging in zijn persoonlijke staat heeft voorgedaan met gevolgen voor zijn naam, dan kan de uit de buitenlandse akte blijkende naam worden erkend. Deze processuele erkenningsregel van art. 10:24 is ook in overeenstemming met de strekking van de uitspraak van het HvJ EG 14 oktober 2008, C-353/06 (*Grunkin-Paul*). Uit dit arrest volgt dat zoveel mogelijk moet worden vermeden dat EU-burgers in verschillende lidstaten verschillende namen hebben, aangezien dit het vrij verkeer van personen binnen de EU kan belemmeren (zie art. 21 VWEU). **d. De verhouding van de erkenningsregel van art. 10:24 tot de verwijzingsregel van art. 10:20; keuzemogelijkheid.** Op de hierboven geschetste tweedeling tussen de verwijzingsregeling en de erkenningsregel inzake naamkwesties wordt een inbreuk gemaakt in HR 26 september 2008, *NJ* 2009/317 (*Hongaars huwelijk*). Zie ook HR 10 juli

2009, *NJ* 2009/360. In deze uitspraak wordt door de Hoge Raad – die daarmee de conclusie (nr. 15) van de A-G Strikwerda volgt – uit de hiervoor geschetste wetsgeschiedenis afgeleid dat art. 10:24 (art. 5a WCN, oud) moet worden beschouwd als een toepassing van de fait accompli-exceptie in de zin van art. 10:9 en derhalve als een uitzonderingsregel op art. 10:20 (art. 2 WCN, oud). De Hoge Raad formuleert het als volgt (r.o. 3.4.3): 'art. 5a lid 1 (is) een uitvloeisel van de in het internationaal privaatrecht ontwikkelde gedachte dat onder omstandigheden een 'fait accompli' moet worden aanvaard als uitzondering op het resultaat waartoe toepassing van de conflictregel leidt. De in het namenrecht geldende hoofdregel dat de naam wordt beheerst door het nationale recht van de betrokkene, kan tot een onaanvaardbaar resultaat leiden wanneer de betrokkene erop heeft vertrouwd dat zijn naam luidt zoals deze met toepassing van een ander conflictenrecht in zijn geboorteakte is vastgelegd of nadien is gewijzigd als gevolg van een wijziging van zijn persoonlijke staat. Er bestaat geen grond voor toepassing van art. 5a lid 1 wanneer de betrokkene juist erop heeft vertrouwd dat zijn naam wel luidt zoals volgt uit het ingevolge de hoofdregel toe te passen nationale recht'. Art. 10:24 moet voortaan derhalve worden uitgelegd in die zin, dat de betrokken persoon wiens naam als gevolg van een in het buitenland ingetreden wijziging van zijn persoonlijke staat is veranderd, alleen in Nederland onder die gewijzigde naam wordt geregistreerd, indien hij hierop gerechtvaardigd heeft vertrouwd, anders gezegd: dit redelijkerwijze heeft kunnen verwachten. Wanneer de betrokkene daarentegen van het tegendeel is uitgegaan heeft hij de keuze om zich te beroepen op de verwijzingsregel van art. 10:20 waardoor hij in Nederland de naam behoudt die hij vóór de in het buitenland ingetreden wijziging had. Deze door de Hoge Raad gegeven uitleg van de verhouding van art. 10:24 BW tot art. 10:20 BW verdient op bepaalde punten verduidelijking. In de eerste plaats moet in het formulier "verklaring naamskeuze na huwelijk" de wil van betrokkene overeenstemmen met hetgeen hij op de verklaring heeft ingevuld. De kenbaarheid van de gevolgen voor de betrokkene van de invulling van dit formulier behoort boven twijfel verheven te zijn. Zo mag er bijvoorbeeld niet van worden uitgegaan dat een Nederlander die in het buitenland huwt, weet dat zijn geslachtsnaam door dat huwelijk kan wijzigen. Daar komt bij dat wel van algemene bekendheid is dat iedere gehuwde persoon aan de gemeente kan laten weten of hij/zij na het huwelijk de geslachtsnaam van de andere echtgenoot wil gebruiken (zie art. 2.7 lid 1 aanhef en onder a WBRP), zonder dat dat gevolgen heeft voor de eigen geslachtsnaam; zie in die zin Hof Amsterdam 7 februari 2017, ECLI:NL:GHAMS:2017:352, r.o. 4.7. De reikwijdte van de door de Hoge Raad geboden keuzemogelijkheid dient voorts ruim te worden afgebakend, in zoverre deze keuze niet uitsluitend wordt geboden bij gelegenheid van de inschrijving van een buitenlandse huwelijksakte. Ook voor de overige gevallen van een elders tot stand gekomen naamsvaststelling bij de geboorte van het kind, respectievelijk van wijzigingen van de naam als gevolg van een verandering in de persoonlijke staat anders dan door huwelijk (bijvoorbeeld een geregistreerd partnerschap, adoptie, echtscheiding of erkenning van het kind door de man) heeft deze keuzemogelijkheid te gelden. Ter bevordering van de rechtszekerheid dient deze keuze van betrokkene schriftelijk te worden gedaan, bijvoorbeeld in een akte van de burgerlijke stand of, bij langdurig verblijf in het buitenland, in een notariële akte. Ook is deze keuze slechts eenmalig; latere wijzigingen na inschrijving in de BRP, na een verleende naturalisatie of na opneming van de buitenlandse akte in de registers van de burgerlijke stand zijn uitgesloten. De door de Hoge Raad gegeven uitleg over de relatie van art. 10:20 tot art. 10:24 geldt niet alleen ten aanzien van het vaststellen of wijzigen van namen van in Nederland wonende Nederlanders, maar ook van Nederlanders die in het buitenland woonachtig zijn en bijvoorbeeld hun buitenlandse geboorte- of huwelijksakte op grond van art. 1:25 BW laten inschrijven in het register van de Haagse burgerlijke stand. De aan betrokkene geboden keuzemogelijkheid wordt inmiddels ook in de rechtspraak geaccepteerd. Zie bijvoorbeeld Rb. Den Haag 27 februari 2017, ECLI:NL:RBDHA:2017:3044; Hof Amsterdam 7 februari 2017, ECLI:NL:GHAMS:2017:352; Rb. Noord-Holland 1 mei 2019, ECLI:NL:RBNHO:2019:3661. Zie ook Commissie van advies voor de zaken betreffende de burgerlijke staat en de nationaliteit, *Officiële mededeling nr. 1/2011 inzake de registratie van wijziging van de geslachtsnaam in het buitenland door huwelijk of andere wijziging van de burgerlijke staat in het buitenland* van 7 juni 2011. Zie nader met betrekking tot de verhouding van art. 10:24 tot art. 10:20 en met betrekking tot de vraag of, en zo ja, op welke wijze in het buitenland tot stand gekomen – zelfstandige – naamswijzigingen van Nederlandse personen of in Nederland woonachtige buitenlanders alhier kunnen worden erkend, *Asser/Vonken & Ibili 10-II* 2021/70-78.

3. De openbare orde toets (lid 1, tweede zin). Uit de tweede zin van art. 10:24 lid 1 volgt dat erkenning niet wegens strijd met de openbare orde kan worden geweigerd op de enkele grond dat een ander recht is toegepast dan uit de bepalingen van de wet zou zijn gevolgd. Op deze wijze wordt tot uitdrukking gebracht dat de conflictenrechtelijke toets, die inhoudt dat bij de erkenning wordt nagegaan of de buitenlandse instantie hetzelfde recht heeft toegepast c.q. tot hetzelfde resultaat is gekomen als bij toepassing van de Nederlandse verwijzingsregels, niet mag worden aangelegd. **De openbare orde-exceptie van art. 10:6 BW.** De in art. 10:6 BW vervatte openbare orde-exceptie kan niet alleen worden ingeroepen tegen krachtens de verwijzingsregel toepasselijk onaanvaardbaar buitenlands recht, maar kan ook worden toegepast op in het buitenland tot stand gekomen rechtsfeiten, zoals een aldaar vastgestelde naam. Een buitenlands rechtsstelsel, dat – anders dan het Nederlandse recht – de rechtsfiguur van de geslachtsnaamswijziging door huwelijk (van rechtswege) kent, is overigens niet (zonder meer) in strijd met de Nederlandse openbare orde. Wanneer daarentegen de geslachtsnaam van een (Nederlandse) vrouw in het buitenland tegen haar wens is gewijzigd door haar huwelijk en zij nimmer de bedoeling heeft gehad een wijziging te brengen in haar oorspronkelijke naam kan, wanneer zij zich in Nederland vestigt, erkenning van haar gewijzigde naam wél in strijd met de openbare orde zijn. Ook kan volgens vreemd recht vastgestelde onwelvoeglijke, of politieke of religieuze gevoelige namen in strijd met onze openbare orde zijn.

4. De naamskeuze volgens art. 10:25 (lid 2). De bepaling van lid 1 kan tot gevolg hebben dat een in het buitenland vastgestelde naam van een Nederlands kind dat aldaar is geboren uit Nederlandse ouders in Nederland wordt erkend, óók als deze naam niet met toepassing van Nederlands intern recht is vastgesteld, maar (als gevolg van de toepassing van de desbetreffende buitenlandse verwijzingsregel) naar buitenlands intern recht. Het kind wordt dan geregistreerd onder de in het buitenland verkregen naam. Denkbaar is dat de naamskeuze ingevolge art. 1:5 BW niet heeft kunnen plaatsvinden, omdat het toegepaste recht een dergelijke keuze niet kent of omdat de buitenlandse autoriteit wel uitgaat van het Nederlandse recht, maar desalniettemin de naamskeuze niet inwilligt. Art. 10:24 lid 2 geeft voor een dergelijk geval een herkansing, door te bepalen dat de in art. 10:24 lid 1 neergelegde erkenningsregel niet in de weg staat aan het uitbrengen van een naamskeuze volgens de hieronder te bespreken bepaling van art. 10:25.

Artikel 25

1. Ter zake van de toepassing van artikel 5 van Boek 1 geldt het volgende:

a. Indien een kind buiten Nederland rechtsgeldig is erkend of gewettigd, door deze erkenning of wettiging in familierechtelijke betrekkingen tot de erkenner is komen te staan en daarbij het Nederlanderschap heeft verkregen of behouden, en indien de geslachtsnaam van dat kind niet is bepaald met inachtneming van een naamskeuze in de zin van artikel 5 lid 2 van Boek 1, kunnen de moeder en de erkenner gezamenlijk alsnog, tot twee jaar na de erkenning of de wettiging, verklaren welke van hun beider geslachtsnamen het kind zal hebben. Heeft het kind op het tijdstip van de erkenning of de wettiging de leeftijd van zestien jaren bereikt, dan kan het, tot twee jaar na de erkenning of de wettiging, zelf alsnog verklaren van wie van beide ouders het de geslachtsnaam zal hebben.

b. Indien een kind dat tijdens zijn minderjarigheid door een Nederlander is erkend of zonder erkenning door wettiging het kind van een Nederlander is geworden, door optie het Nederlanderschap verkrijgt en op het tijdstip van de optie tot zijn beide ouders in familierechtelijke betrekkingen staat, kunnen de ouders ter gelegenheid van de optie gezamenlijk verklaren welke van hun beider geslachtsnamen het kind zal hebben. Heeft het kind op het tijdstip van de optie de leeftijd van zestien jaren bereikt, dan verklaart het zelf of het de geslachtsnaam van de vader of moeder zal hebben.

c. Indien een kind als gevolg van een buiten Nederland uitgesproken adoptie het Nederlanderschap heeft verkregen en indien de geslachtsnaam van dat kind na de adoptie niet is bepaald met inachtneming van een naamskeuze in de zin van artikel 5 lid 3 van Boek 1, kunnen de ouders alsnog, tot twee jaar nadat de uitspraak in kracht van gewijsde is gegaan, gezamenlijk verklaren welke van hun beider geslachtsnamen het kind zal hebben. Heeft het kind op het tijdstip waarop de uitspraak in kracht van gewijsde gaat de leeftijd van zestien jaren bereikt dan kan het, tot twee jaar na dat tijdstip, zelf alsnog verklaren of het de geslachtsnaam van de vader of de moeder zal hebben.

d. De in artikel 5 lid 4 van Boek 1 bedoelde verklaring houdende naamskeuze kan voor de geboorte van het kind worden afgelegd indien ten minste een van de ouders op het tijdstip van de verklaring het Nederlanderschap bezit.

e. Indien een buiten Nederland geboren kind door geboorte in familierechtelijke betrekking tot de beide ouders staat en het Nederlanderschap bezit, en indien de geslachtsnaam van dat kind in de geboorteakte niet is bepaald met inachtneming van een naamskeuze in de zin van artikel 5 lid 4 van Boek 1, kunnen de ouders gezamenlijk alsnog, tot twee jaar na de geboorte, verklaren welke van hun beider geslachtsnamen het kind zal hebben.

f. Indien het ouderschap van een kind buiten Nederland rechtsgeldig is vastgesteld en dat kind daardoor het Nederlanderschap heeft verkregen of behouden, en indien de geslachtsnaam van dat kind na de vaststelling van het ouderschap niet is bepaald met inachtneming van een naamskeuze in de zin van artikel 5, tweede lid, van Boek 1 van het Burgerlijk Wetboek, kunnen de moeder en de persoon wiens ouderschap gerechtelijk is vastgesteld alsnog, tot twee jaar na het tijdstip waarop

de gerechtelijke beslissing houdende vaststelling van het ouderschap in kracht van gewijsde gaat, gezamenlijk verklaren welke van hun beider geslachtsnamen het kind zal hebben. Heeft het kind op het tijdstip waarop de beslissing houdende vaststelling van het ouderschap in kracht van gewijsde gaat, de leeftijd van zestien jaar bereikt, dan kan het, tot twee jaar na dat tijdstip, zelf alsnog verklaren van wie van beide ouders het de geslachtsnaam zal hebben.

g. Voor de in dit lid onder a – f bedoelde mogelijkheden tot naamskeuze is het onverschillig of het kind naast de Nederlandse nog een andere nationaliteit bezit.

2. In het geval onder b wordt de verklaring houdende naamskeuze afgelegd ten overstaan van de ambtenaar van de burgerlijke stand van de gemeente waar de optie voor het Nederlanderschap in ontvangst wordt genomen. In de overige gevallen kan de verklaring houdende naamskeuze worden afgelegd ten overstaan van iedere ambtenaar van de burgerlijke stand.

[25-11-2013, Stb. 480, i.w.tr. 01-04-2014/kamerstukken 33032]

[Het recht op naamskeuze in internationale gevallen]

1. Algemeen. Art. 10:25 lid 1 onderdeel a-f BW geeft in de daarvoor in aanmerking komende gevallen reikwijdte-bepalingen voor art. 1:5 BW en geeft tevens aan wanneer in internationale gevallen het recht op een naamskeuze kan worden uitgeoefend. In de MvT, *Kamerstukken II* 25971, 3, p. 4 wordt erop gewezen dat de in het Burgerlijke Wetboek opgenomen overige modaliteiten voor de naamskeuze in internationale gevallen evenzeer van toepassing zijn als in interne gevallen. In dit verband zij onder meer gewezen op art. 1:5 lid 7 BW, waaruit volgt dat ouders uitsluitend ten aanzien van het eerste kind dat tot hen beiden in familierechtelijke betrekking staat een naamskeuze kunnen doen. In de bepaling van art. 10:25 lid 1 onderdeel g wordt bepaald dat het voor de gebruikmaking van de onder a-f geboden mogelijkheden tot naamskeuze onverschillig is of het kind nog een andere nationaliteit bezit.

2. Naamskeuze in geval van erkenning en wettiging in het buitenland (onderdeel a). Het kind van vreemde nationaliteit dat door een Nederlander wordt erkend of zonder erkenning door wettiging het kind wordt van een Nederlander, wordt daardoor Nederlander. Deze erkenning of wettiging van het kind kan ook in het buitenland plaatsvinden. De buitenlandse ambtenaar van de burgerlijke stand past zijn eigen internationaal privaatrecht toe op de vraag naar het naamsgevolg van de erkenning of de wettiging. Dat internationaal privaatrecht kan naar het Nederlandse recht verwijzen, maar ook naar een ander recht. Een aldus bepaalde naam wordt in Nederland gerespecteerd, hetgeen tot uitdrukking komt in art. 10:24 BW. Het is echter redelijk om, indien het kind Nederlander is geworden of gebleven en betrokkenen in het buitenland niet in de gelegenheid zijn gesteld om een naamskeuze te doen, hun, althans gedurende enige tijd, alsnog de mogelijkheid daartoe te bieden. De wens daartoe kan bijvoorbeeld leven bij personen die voornemens zijn zich in Nederland te vestigen. Het bepaalde onder a biedt nu de mogelijkheid om, wanneer betrokkenen geen naamskeuze in de zin van art. 1:5 BW hebben kunnen doen, alsnog een naamskeuze uit te brengen. De moeder en de erkenner kunnen alsnog tot twee jaar na de erkenning of wettiging verklaren welke van hun geslachtsnamen het kind zal hebben. Van deze naamskeuze wordt een latere vermelding toegevoegd aan de geboorteakte dan wel de akte van inschrijving van de buitenlandse geboorteakte. De naamskeuze heeft gevolg vanaf het tijdstip waarop zij is gedaan. **Het kind van zestien jaar.** Wanneer het kind ten tijde van de erkenning of wettiging zestien jaar is, kan het zelf tot twee jaar na de erkenning of wettiging alsnog verklaren of het de geslachtsnaam van de vader of van de moeder zal hebben.

3. Naamskeuze in geval van optie (onderdeel b). Wanneer een minderjarig kind wordt erkend door een Nederlandse erkenner, terwijl het ouder is dan zeven jaar, wordt het niet rechtstreeks Nederlander. Het kind kan dan de Nederlandse nationaliteit verkrijgen door optie (zie art. 6 Rijkswet op het Nederlanderschap). De ouders kunnen in dat geval ter gelegenheid van de optie een naamskeuze doen. Die naamskeuze vindt plaats bij de ambtenaar van de burgerlijke stand van de gemeente waar de optieverklaring wordt afgelegd. Wanneer het kind op het tijdstip van de optie de leeftijd van zestien jaren heeft bereikt, dan verklaart het zelf van wie van beide ouders het de geslachtsnaam zal hebben.

4. Naamskeuze in geval van adoptie van een buitenlands kind in het buitenland (onderdeel c). Uit art. 5a RWN volgt dat een – zowel sterke als zwakke – adoptie die in het buitenland in overeenstemming met het Haags Adoptieverdrag 1993 is tot stand gekomen, onder de aldaar genoemde voorwaarden, ook nationaliteitsgevolg heeft. Voorts kan een adoptie die niet in overeenstemming met het Haags Adoptieverdrag 1993 tot stand is gekomen, maar wel op grond van art. 10:108 of art. 10:109 BW voor erkenning in aanmerking komt, onder de in art. 5b RWN genoemde voorwaarden, nationaliteitsgevolg hebben. Ingevolge art. 5b lid 1 RWN wordt Nederlander het kind, dat in het buitenland bij uitspraak van een ter plaatse bevoegde autoriteit wordt geadopteerd, indien en op het tijdstip waarop aan de volgende voorwaarden is voldaan: a. de adoptie voldoet aan de voorwaarden voor erkenning in Nederland van art. 10:108 of art. 10:109 BW; b. de adoptie heeft tot gevolg dat de voordien bestaande familierechtelijke betrekkingen worden verbroken; c. ten minste een der adoptiefouders Nederlander is op de dag dat de uitspraak kracht van gewijsde heeft verkregen; d. het kind was op de dag van de uitspraak in eerste aanleg minderjarig. Ditzelfde rechtsgevolg treedt ingevolge art. 5b lid 2 RWN in, indien een buitenlandse zwakke adoptie in Nederland wordt omgezet in een sterke adoptie. De buitenlandse rechter (of andere bevoegde autoriteit) die deze adoptie heeft uitgesproken, bepaalt aan de hand van zijn eigen internationaal privaatrecht de naam van het kind. De aldus vastgestelde naam wordt in Nederland erkend (art. 10:24 BW). De adoptiefouders kunnen evenwel tot twee jaar na het in kracht van gewijsde gaan van de adoptie-uitspraak, wanneer zij geen naamskeuze in de zin van art. 1:5 lid 3 BW hebben uitgebracht, alsnog gezamenlijk verklaren welke van hun geslachtsnamen het kind zal hebben. **Kind van zestien jaar.** Wanneer het kind op het tijdstip waarop de adoptie-uitspraak in kracht van gewijsde gaat zestien jaar is, dan kan het, tot twee jaar na dat tijdstip, zelf verklaren of het de geslachtsnaam van de vader of de moeder zal hebben.

5. Naamskeuze bij geboorte in Nederland (onderdeel d). Het onder d bepaalde ziet op de naamskeuze die vóór de geboorte van het kind wordt uitgebracht. Voor een dergelijke naamskeuze vóór de geboorte geldt als voorwaarde dat een van de echtgenoten in het bezit moet zijn van de Nederlandse nationaliteit. Wanneer naderhand blijkt dat het kind de Nederlandse nationaliteit niet heeft, omdat de ouder aan wie het deze nationaliteit zou ontlenen de Nederlandse nationaliteit heeft verloren, heeft de naamskeuze geen gevolg.

6. Naamskeuze bij geboorte buiten Nederland (onderdeel e). Wanneer een Nederlands kind staande huwelijk van de ouders buiten Nederland wordt geboren, dient de buitenlandse ambtenaar van de burgerlijke stand bij het opstellen van de geboorteakte zijn eigen internationaal privaatrecht toe te passen om de naam van dit kind vast te stellen. In de situatie dat de buitenlandse verwijzingsregel het Nederlandse recht als toepasselijk aanwijst, bestaat het recht op naamskeuze ingevolge art. 1:5 lid 4 BW. Wanneer de buitenlandse verwijzingsregel buitenlands recht aanwijst, bestaat het recht op naamskeuze alleen in het geval het aangewezen recht een dergelijk recht kent. Op grond van art. 10:24 BW wordt de door de buitenlandse ambtenaar vastgestelde naam in Nederland erkend. Uit het bepaalde onder e volgt nu dat de ouders, wanneer zij geen naamskeuze in de zin van art. 1:5 BW hebben kunnen doen, alsnog gezamenlijk, tot twee jaar na de geboorte van het kind, kunnen verklaren welke van hun beider geslachtsnamen het kind zal hebben. Dit kan van belang zijn, bijvoorbeeld indien betrokkenen voornemens zijn zich in Nederland te vestigen.

7. Naamskeuze ingeval van gerechtelijke vaststelling (onderdeel f). Het bepaalde onder f ziet op het geval waarin het ouderschap van een kind buiten Nederland gerechtelijk is vastgesteld en het kind daardoor het Nederlanderschap heeft gekregen of behouden, en de geslachtsnaam van het kind na de vaststelling van het ouderschap niet is bepaald op grond van de naamkeuze in de zin van art. 1:5 lid 2 BW. De moeder en de persoon wiens ouderschap gerechtelijk is vastgesteld kunnen dan alsnog binnen twee jaar nadat die uitspraak in kracht van gewijsde is gegaan, gezamenlijk verklaren welke van hun beider geslachtsnamen het kind zal hebben.

8. De verklaring inzake de naamskeuze (lid 2). Uit de bepaling volgt dat de verklaring als bedoeld in de gevallen die worden genoemd in art. 10:25 lid 1 onderdeel a (erkenning en wettiging), onderdeel c (adoptie), onderdeel e (geboorte) en onderdeel f BW (gerechtelijke vaststelling van het vaderschap) kan worden afgelegd ten overstaan van iedere ambtenaar van de burgerlijke stand. In het geval dat wordt genoemd in art. 10:25 lid 1 onderdeel b BW wordt de verklaring houdende naamskeuze afgelegd ten overstaan van de ambtenaar van de burgerlijke stand van de gemeente waar de optie voor het Nederlanderschap in ontvangst wordt genomen. In het buitenland kan van de verklaring inzake de naamskeuze ook een akte worden opgemaakt door de Nederlandse consulaire of diplomatieke vertegenwoordiger, indien hij bevoegd is akten van de burgerlijke stand op te maken.

Artikel 26

De vermelding van de geslachtsnamen en de voornamen in akten van de burgerlijke stand die vóór 1 januari 1990 in de registers zijn opgenomen, wordt op verzoek van een belanghebbende in overeenstemming met de bepalingen van deze titel gewijzigd. Heeft het verzoek betrekking op een vreemdeling, dan moet de wijziging blijken uit een door een bevoegde autoriteit van het land waarvan hij de nationaliteit bezit opgemaakt stuk. De wijzigingen worden aangebracht door de plaatsing van een latere vermelding.

[19-05-2011, Stb. 272, i.w.tr. 01-01-2012/kamerstukken 32137]

[Overgangsrecht]

Betekenis. Deze bepaling bevat een regel van overgangsrecht voor de oorspronkelijke wet met het oog op vragen van overgangsrecht die zich ook nu nog kunnen voordoen in verband met de inwerkingtreding op 1 januari 1990 van de WCN. Verwezen zij naar art. 6, lid 2, van die wet, met welke bepaling het thans voorgestelde artikel materieel overeenstemt. De regeling van overgangsrecht behorende bij de wetswijziging van 24 december 1998 is uitgewerkt. Een overgangsbepaling is derhalve thans niet meer nodig.

Overeenkomst inzake veranderingen van geslachtsnamen en voornamen

Overeenkomst van 4 september 1958, Trb. 1960, 48 (i.w.tr. 24-12-1961)

De Regeringen van de Bondsrepubliek Duitsland, het Koninkrijk België, de Franse Republiek, het Groothertogdom Luxemburg, het Koninkrijk der Nederlanden, de Zwitserse Bondsstaat en de Republiek Turkije, leden van de Internationale Commissie voor de burgerlijke stand, wensende in gemeenschappelijk overleg een regeling vast te stellen met betrekking tot de veranderingen van geslachtsnamen en voornamen, zijn het volgende overeengekomen:

[Inleidende opmerkingen]

Betekenis. De Overeenkomst inzake de verandering van geslachtsnamen en voornamen is op 4 september 1958 te Istanbul tot stand gekomen. Dit verdrag is voor Nederland op 27 april 1962 in werking getreden (*Trb.* 1958, 168, 1960, 48 en 1962, 33). In onderstaande aantekeningen worden alleen de materiële bepalingen (de art. 1-5) van de Overeenkomst besproken.

Artikel 1

Deze Overeenkomst betreft de door de bevoegde autoriteit toegestane veranderingen van geslachtsnamen of voornamen, met uitsluiting van veranderingen welke uit een wijziging van de staat der personen of uit de verbetering van een fout voortvloeien.
[04-09-1958, Trb. 48, i.w.tr. 24-12-1961]

[Materiële toepassingsgebied]

1. Bevoegde autoriteit. Uit de bepaling volgt dat de Overeenkomst uitsluitend betrekking heeft op geslachtsnaam- en voornaamswijzigingen die door de bevoegde autoriteiten in de betrokken overeenkomstsluitende landen worden toegestaan. Onder de bevoegde autoriteiten zijn niet alleen administratieve, maar ook rechterlijke autoriteiten begrepen.

2. Naamsveranderingen die uit een wijziging van staat voortvloeien. Aangenomen dient te worden dat de bij een adoptie vaak verzochte voornaamswijziging niet geacht kan worden 'uit een wijziging van de staat voort te vloeien' en derhalve binnen de materiële reikwijdte van de Overeenkomst valt. Aldus ook oordeelt Hof Den Haag 18 oktober 2006, *NIPR* 2007/4. Heden ten dage dient te worden aangenomen dat ook een geslachtswijziging niet onder een wijziging van de staat van personen valt. Zie Rb. Den Haag 19 november 2007, *NIPR* 2008/20.

3. Naamsveranderingen die uit een verbetering van een fout voortvloeien. Op verbeteringen van geslachts- en voornamen is de Overeenkomst eveneens niet van toepassing. Naamswijzigingen die uit een rectificatie van een fout voortvloeien, kunnen vallen onder de Overeenkomst van Parijs van 10 september 1964, *Trb.* 1965, 89. Rb. Zutphen 13 december 1983, *NJ* 1984/733 vatte een verzoek tot voornaamswijziging van een Turks meisje op als een verzoek tot verbetering van de geboorteakte en kon zich aldus bevoegd verklaren (aldus Rb. Amsterdam 8 februari 1982, *HPS*, p. 14).

Artikel 2

Iedere Overeenkomstsluitende Staat verbindt zich om veranderingen van geslachtsnamen of voornamen niet toe te staan aan onderdanen van een andere Overeenkomstsluitende Staat, tenzij zij tevens eigen onderdanen zijn.
[04-09-1958, Trb. 48, i.w.tr. 24-12-1961]

[Exclusieve rechtsmacht nationale autoriteiten]

1. Hoofdregel. Uit de bepaling volgt dat iedere overeenkomstsluitende staat zich verbindt om veranderingen van geslachts- en voornamen niet toe te staan aan onderdanen van een andere overeenkomstsluitende Staat. Uitgangspunt is dus dat alleen de autoriteiten van de Staat waarvan iemand de nationaliteit bezit bevoegd zijn om die naam te wijzigen. Dit betekent dat een Nederlander die in het buitenland in een overeenkomstsluitende Staat woont en die aan de rechter van die Staat om voornaamsverandering verzoekt, zijn verzoek dus niet ziet ingewilligd. Deze persoon zal voor de verandering van zijn voornamen op Nederland zijn aangewezen. Omgekeerd zal de Nederlandse rechter aan een vreemdeling die onderdaan is van een verdragsstaat, geen voornaamsverandering kunnen toestaan.

2. Uitzondering voor eigen onderdanen. Een uitzondering wordt gemaakt voor personen die meer dan één nationaliteit bezitten: in dat geval zijn alle verdragsstaten bevoegd waarvan betrokkene de nationaliteit bezit. Uit een oogpunt van rechtszekerheid dient te worden aangenomen dat deze meervoudige (Nederlandse) nationaliteit niet op zijn effectiviteit mag worden getoetst.

3. Geen verplichting tot bevoegdverklaring. Het artikel verplicht de autoriteiten van de overeenkomstsluitende Staten niet om zich bevoegd te verklaren wanneer het gaat om naamswijziging van eigen onderdanen. De bepaling belet dus niet dat de Nederlandse rechter zich onbevoegd verklaart wanneer een van Nederland vervreemde Nederlander een verzoek tot voornaamswijziging indient.

4. Met eigen onderdanen gelijk te stellen personen. Gelet op het bepaalde in art. 3 kan worden aangenomen dat met de 'eigen onderdanen' in de zin van de bepaling gelijkgesteld dienen te worden staatlozen, vluchtelingen in de zin van het Vluchtelingenverdrag (*Trb.* 1954, 88) en asielgerechtigden die woonplaats of gewone verblijfplaats in een verdragsstaat hebben; van vluchtelingen noch van asielgerechtigden kan immers gevergd worden dat zij zich wenden tot de autoriteiten van het land waaruit zij zijn gevlucht.

5. Onderdanen van niet-overeenkomstsluitende Staten. Ten aanzien van onderdanen van Staten die geen partij zijn bij de Overeenkomst geldt met betrekking tot de wijziging van de voornaam art. 1:4 lid 4 BW en met betrekking tot de wijziging van de geslachtsnaam art. 1:7 lid 1 BW.

Artikel 3

1. De in een van deze Staten gegeven eindbeslissingen welke een verandering van geslachtsnaam of voornamen toestaan, hetzij aan zijn onderdanen, hetzij aan staatlozen of vluchtelingen in de zin van het Verdrag van Genève van 28 juli 1951, indien deze hun woonplaats of, bij gebreke daarvan, hun verblijfplaats op zijn grondgebied hebben, zijn van rechtswege uitvoerbaar op het grondgebied van elk van de Overeenkomstsluitende Staten mits zij niet strijdig zijn met de openbare orde aldaar.
2. Deze beslissingen worden zonder verdere formaliteiten vermeld op de kant van de akten van de burgerlijke stand, welke op de bedoelde personen betrekking hebben.
[04-09-1958, Trb. 48, i.w.tr. 24-12-1961]

[Van rechtswege uitvoerbare beslissingen]

1. Hoofdregel. Uit de eerste zin van de bepaling volgt dat indien in de ene overeenkomstsluitende Staat een verandering van geslachtsnaam of voornaam is verleend aan een onderdaan van dat land, deze verandering in alle overeenkomstsluitende Staten dient te worden erkend en uitvoerbaar is. Een exequatur behoeft niet te worden gevraagd.

2. Staatlozen en vluchtelingen. Staatlozen en vluchtelingen in de zin van het Vluchtelingenverdrag (*Trb.* 1954, 88) die in een land woon- of verblijfplaats hebben, zijn met de onderdanen van dat land gelijkgesteld. Hoewel de bepaling uitdrukkelijk spreekt van vluchtelingen zullen, zo kan worden aangenomen, ook asielgerechtigden zich erop mogen beroepen.

3. De openbare orde-exceptie. Uit het bepaalde in de eerste zin volgt verder dat een naamsverandering niet behoeft te worden erkend, indien deze in strijd met de fundamentele waarden en normen van de eigen Staat is (de openbare orde-exceptie). Wanneer bijvoorbeeld, zo blijkt uit de MvT, *Kamerstukken II*, 6608, p. 2, een in het Koninkrijk geboren Nederlander, die tevens Belg is, in Nederland een verzochte naamsverandering is geweigerd en wanneer hij zich vervolgens ter verkrijging van dezelfde naamsverandering met succes tot de Belgische autoriteiten zou hebben gewend, kan in Nederland met een beroep op de openbare orde de erkenning (en de latere vermelding) worden geweigerd.

4. Geen verdere formaliteiten. Uit de tweede zin volgt dat de latere vermelding van de naamsveranderingen zonder verdere formaliteiten wordt toegevoegd aan de akten van de burgerlijke stand die op bedoelde personen betrekking hebben. Een in het buitenland geboren Nederlander wiens geslachtsnaam door de Koning werd gewijzigd, is er aldus van verzekerd dat de verandering aan zijn geboorteakte wordt toegevoegd zonder dat hij hiervoor de rechter behoeft te benaderen.

Artikel 4

De in het vorige artikel vervatte bepalingen zijn van toepassing op beslissingen, welke een verandering van geslachtsnaam of voornamen vernietigen of herroepen.

[04-09-1958, Trb. 48, i.w.tr. 24-12-1961]

[Vernietiging of herroeping van een naamsverandering]

Betekenis. Uit de bepaling volgt dat de in art. 3 neergelegde voorschriften ook van toepassing zijn op beslissingen die een verandering van geslachtsnaam of voornamen vernietigen of herroepen.

Artikel 5

Met afwijking van de artikelen 3 en 4 kan elke Overeenkomstsluitende Staat bepalen, dat op zijn grondgebied geen rechtsgevolgen kunnen intreden ten aanzien van beslissingen, welke in een andere Overeenkomstsluitende Staat zijn gegeven en betrekking hebben op personen die tevens eigen onderdanen waren op de dag dat die beslissingen rechtskracht hebben verkregen, indien te haren aanzien de voorgeschreven openbaarmaking, gepaard gaande met de mogelijkheid van verzet volgens te stellen regels, niet heeft plaats gehad.

[04-09-1958, Trb. 48, i.w.tr. 24-12-1961]

[Voorbehouden]

Betekenis. De bepaling laat bijzondere regelingen toe waaraan, zo volgt uit de MvT, *Kamerstukken II* 6608, p. 2, voor het Koninkrijk geen behoefte bestaat.

Artikel 6

1. Deze Overeenkomst zal worden bekrachtigd en de akten van bekrachtiging zullen worden nedergelegd bij de Zwitserse Bondsraad.

2. Deze zal van elke nederlegging van een akte van bekrachtiging mededeling doen aan de Overeenkomstsluitende Staten.

[04-09-1958, Trb. 48, i.w.tr. 24-12-1961]

Artikel 7

1. Deze Overeenkomst treedt in werking op de dertigste dag na de datum van nederlegging van de tweede akte van bekrachtiging als bedoeld in het vorige artikel.

2. Voor iedere ondertekenende Staat die de Overeenkomst later bekrachtigt, treedt deze in werking op de dertigste dag na de datum van nederlegging van zijn akte van bekrachtiging.

[04-09-1958, Trb. 48, i.w.tr. 24-12-1961]

Artikel 8

1. Deze Overeenkomst is van rechtswege van toepassing in het gehele moederland van elke Overeenkomstsluitende Staat.

2. Elke Overeenkomstsluitende Staat kan bij de ondertekening, de bekrachtiging, de toetreding of nadien door middel van een aan de Zwitserse Bondsraad gerichte kennisgeving verklaren, dat de bepalingen van deze Overeenkomst van toepassing zullen

zijn in een of meer van zijn buiten het moederland gelegen gebieden, van de Staten of van de gebieden, waarvan hij de internationale betrekkingen behartigt. De Zwitserse Bondsraad zal van deze kennisgeving aan ieder van de Overeenkomstsluitende Staten mededeling doen. De bepalingen van deze Overeenkomst worden van toepassing in het gebied of de gebieden, in de kennisgeving aangewezen, op de zestigste dag na de datum waarop de Zwitserse Bondsraad bedoelde kennisgeving heeft ontvangen.

3. Iedere Staat die een verklaring heeft afgelegd overeenkomstig het bepaalde in lid 2 van dit artikel kan nadien op ieder tijdstip door middel van een aan de Zwitserse Bondsraad gerichte kennisgeving verklaren, dat deze Overeenkomst zal ophouden van toepassing te zijn in een of meer van de Staten of gebieden, welke in de verklaring zijn aangewezen.

4. De Zwitserse Bondsraad zal van deze kennisgeving aan ieder van de Overeenkomstsluitende Staten mededeling doen.

5. De Overeenkomst houdt op van toepassing te zijn in het bedoelde gebied op de zestigste dag na de datum waarop de Zwitserse Bondsraad de voornoemde kennisgeving heeft ontvangen.

[04-09-1958, Trb. 48, i.w.tr. 24-12-1961]

Artikel 9

1. Iedere Staat welke lid is van de Internationale Commissie voor de burgerlijke stand kan tot deze Overeenkomst toetreden. De Staat die wenst toe te treden, geeft van zijn voornemen kennis door een akte die wordt nedergelegd bij de Zwitserse Bondsraad. Deze zal van elke nederlegging van een akte van toetreding mededeling doen aan ieder van de Overeenkomstsluitende Staten. Voor de toetredende Staat treedt de Overeenkomst in werking op de dertigste dag na de datum van nederlegging van de akte van toetreding.

2. De nederlegging van de akte van toetreding kan niet plaats hebben dan nadat deze Overeenkomst in werking is getreden.

[04-09-1958, Trb. 48, i.w.tr. 24-12-1961]

Artikel 10

1. Deze Overeenkomst kan worden herzien.

2. Het voorstel tot herziening wordt ingediend bij de Zwitserse Bondsraad, die daarvan kennis geeft aan de andere Overeenkomstsluitende Staten, alsmede aan de Secretaris-Generaal van de Internationale Commissie voor de burgerlijke stand.

[04-09-1958, Trb. 48, i.w.tr. 24-12-1961]

Artikel 11

1. Deze Overeenkomst wordt gesloten voor een periode van tien jaar te rekenen van de in het eerste lid van artikel 7 aangegeven datum.

2. De Overeenkomst wordt, behoudens opzegging, stilzwijgend telkens voor tien jaar verlengd.

3. De opzegging moet ten minste zes maanden voor het verstrijken van de termijn ter kennis worden gebracht van de Zwitserse Bondsraad, die hiervan aan alle andere Overeenkomstsluitende Staten mededeling zal doen.

4. De opzegging heeft slechts gevolg ten opzichte van de Staat die haar heeft gedaan. De Overeenkomst blijft van kracht voor de andere Overeenkomstsluitende Staten.

[04-09-1958, Trb. 48, i.w.tr. 24-12-1961]

Overeenkomst betreffende de afgifte van een verklaring van verscheidenheid van familienamen

Overeenkomst van 8 september 1982, Trb. 1983, 11 (i.w.tr. 01-07-1988)

De Staten die deze Overeenkomst hebben ondertekend, leden van de Internationale Commissie voor de Burgerlijke Stand,
verlangend de moeilijkheden te verminderen die worden ondervonden door bepaalde personen aan wie volgens de wet van een Staat een andere familienaam wordt toegekend dan die waarmee zij in een andere Staat worden aangeduid,
zijn het volgende overeengekomen:

[Inleidende opmerkingen]

1. Doel. De Overeenkomst beoogt een oplossing te geven voor het probleem dat, als gevolg van onderling afwijkend recht in verschillende landen op het gebied van het personenrecht en het internationaal privaatrecht, eenzelfde persoon niet in elk van die landen met dezelfde familienaam (geslachtsnaam) wordt aangeduid.

2. Een voorbeeld. Een Frans onderdaan genaamd D en wonend in Duitsland zal aldaar wettelijk worden aangeduid met de naam S, indien hij deze naam heeft gekozen op het moment dat hij voor de Duitse ambtenaar van de burgerlijke stand met S in het huwelijk trad. Volgens de Franse wet wordt hij echter alleen met de naam D aangeduid. Deze verscheidenheid aan namen kan administratieve en fiscale problemen en problemen met het bankwezen voor de betrokkene tot gevolg hebben, met name wanneer hij zich buiten Duitsland begeeft.

3. Internationaal document. De door de Overeenkomst geboden regeling lost de internationaal privaatrechtelijke vraag niet op, maar beperkt zich ertoe een internationaal te gebruiken uniform document, genaamd 'Verklaring van verscheidenheid van familienamen' in te voeren. Dit document is hierna als bijlage opgenomen. Deze verklaring houdt in dat een bepaalde persoon in land X met de geslachtsnaam A wordt aangeduid en in land Y onder de naam B vermeld staat en strekt er slechts toe te constateren dat met de daarin opgenomen verschillende familienamen een en dezelfde persoon wordt aangeduid.

Artikel 1

1. De verklaring van verscheidenheid van familienamen, waar deze Overeenkomst in voorziet, is bestemd om personen die, ten gevolge van verschillen in wetgeving tussen bepaalde Staten, op gebieden als huwelijk, afstamming en adoptie, niet met dezelfde familienaam worden aangeduid, het bewijs van hun identiteit te vergemakkelijken.

2. De verklaring heeft geen ander doel dan de vaststelling dat, met de verschillende daarin vermelde familienamen, volgens uiteenlopende wetgevingen een en dezelfde persoon wordt aangeduid. De verklaring doet geen afbreuk aan de werking van wettelijke bepalingen omtrent de naam.
[08-09-1982, Trb. 11, i.w.tr. 01-07-1988]

[Betekenis verklaring verscheidenheid van familienamen]

1. Materiële reikwijdte van de verklaring (lid 1). Uit het eerste artikellid volgt dat de verklaring van verscheidenheid van familienamen bestemd is om personen die 'ten gevolge van verschillen in wetgeving tussen bepaalde Staten' niet met dezelfde familienamen worden aangeduid, het bewijs van hun identiteit te vergemakkelijken. Het toepassingsgebied van de Overeenkomst wordt aldus begrensd in die zin dat de mogelijkheid tot afgifte van de verklaring uitdrukkelijk is beperkt tot die gevallen waarin de verscheidenheid van familienamen voortvloeit uit een juiste toepassing van verschillende wetgevingen. De Overeenkomst is dus niet van toepassing op andere gevallen van verscheidenheid van familienamen, bijvoorbeeld die welke voortvloeien uit een onjuiste toepassing van de wet of uit een verwisseling of een materiële fout waardoor de naam bij de opstelling van een akte van de burgerlijke stand is veranderd of vervormd. Uit de Toelichting op de Overeenkomst, *Kamerstukken II* 20 212, nr. 3, p. 15 volgt dat de verscheidenheid van familienamen ook kan voortvloeien uit een procedure of een beslissing van een autoriteit die wettelijk betrekking heeft op de naamsverandering in de ene Staat, maar die in de andere Staat, waarvan de betrokkene onderdaan is, niet wordt erkend.

2. Aanvullend karakter verklaring (lid 2, eerste zin). Uit de eerste zin van het tweede artikellid volgt dat de verklaring van verscheidenheid van familienamen 'geen ander doel heeft dan de vaststelling dat, met de verschillende daarin vermelde familienamen, volgens uiteenlopende wetgevingen een en dezelfde persoon wordt aangeduid'. Een dergelijk begrensd doel komt erop neer dat aan de verklaring uitsluitend de betekenis van een aanvullend document wordt toegekend. **Een voorbeeld.** De Fransman X, wonend in Duitsland, wordt in Duitsland als gevolg van zijn huwelijk met de Duitse vrouw Y met de naam Y aangeduid: uit de verklaring van verscheidenheid blijkt dat de respectieve benamingen volgens de Franse en de Duitse wetgevingen, X en Y, de benamingen van een en hetzelfde individu zijn. **Beperking bewijs van verklaring.** Degene die deze verklaring toont bewijst daarmee niet dat hij inderdaad de persoon is met de dubbele benaming, in dit geval X-Y, op wie de verklaring betrekking heeft. De verklaring is dan ook bestemd, zo volgt uit de Toelichting op de Overeenkomst, *Kamerstukken II* 20212, nr. 3, p. 15, om als bijlage bij een ander officieel stuk te worden overlegd, bijvoorbeeld een persoonsbewijs, paspoort of diploma.

3. Wettelijke bepalingen omtrent naam blijven gelden (lid 2, laatste zin). Door de vermelding in de laatste zin van het tweede artikellid dat de verklaring 'geen afbreuk doet aan de werking van wettelijke bepalingen omtrent de naam' wordt benadrukt dat een dergelijke verklaring geen afwijking betekent van de wettelijke bepalingen die, in elk van de betrokken Staten, de naamgeving regelen. De Overeenkomst kan dus niet in strijd komen met de Overeenkomst van München die dergelijke bepalingen (verwijzingsregels) bevat. **Wettelijke bepalingen.** Onder 'wettelijke bepalingen' in de zin van deze Overeenkomst worden niet alleen bepalingen met een wettelijk karakter verstaan, maar het gehele rechtsstelsel van de betrokken Staat met inbegrip van haar internationaal privaatrecht. Zie Toelichting op de Overeenkomst, *Kamerstukken II* 20 212, nr. 3, p. 15.

Artikel 2

De in het vorige artikel bedoelde verklaring moet, op vertoon van bewijsstukken, aan iedere belanghebbende worden afgegeven, hetzij door de bevoegde autoriteiten van de Overeenkomstsluitende Staat waarvan hij onderdaan is, hetzij door de bevoegde autoriteit van de Overeenkomstsluitende Staat volgens de wet waarvan hem, hoewel hij onderdaan van een andere Staat is, een andere familienaam is toegekend dan die welke uit de toepassing van zijn nationale wet volgt.

[08-09-1982, Trb. 11, i.w.tr. 01-07-1988]

[Personele reikwijdte]

1. Algemeen. Uit de bepaling volgt welke personen een verklaring in de zin van de Overeenkomst kunnen verzoeken en aan welke vereisten een dergelijk verzoek moet voldoen. Voorts regelt de bepaling welke autoriteiten de verklaring dienen te verstrekken.

2. De persoon die de verklaring kan verzoeken. De verklaring wordt alleen afgegeven op verzoek van de betrokken persoon die de vereiste bewijsstukken overlegt. De Staat die de aanvraag behandelt, zo volgt uit de Toelichting op de Overeenkomst (*Kamerstukken II* 20212, nr. 3, p. 3), bepaalt zelf wat de aard van deze stukken moet zijn. Het ligt in de rede dat op grond van de vereiste bewijsstukken de oorzaak van de verscheidenheid van de aangehaalde familienamen kan worden vastgesteld; slechts dan is het mogelijk te beoordelen of deze verscheidenheid, zoals art. 1 van de Overeenkomst vereist, voortvloeit uit verschillen in wetgeving tussen Staten.

3. De autoriteiten tot wie het verzoek kan worden gericht. In het geval dat de betrokken persoon onderdaan is van een overeenkomstsluitende Staat heeft hij de keuze zijn verzoek in te dienen bij hetzij de bevoegde autoriteit van deze Staat, hetzij die van een andere overeenkomstsluitende Staat, waarvan de wet hem een andere familienaam toekent dan die welke uit de toepassing van zijn nationale wet volgt. Uit de Toelichting bij de Overeenkomst (*Kamerstukken II* 20212, nr. 3, p. 3) volgt dat niets hem belet zich tot de bevoegde autoriteiten van deze twee Staten tegelijk te richten. In het geval de betrokken persoon onderdaan is van een Staat die geen partij is bij de Overeenkomst kan worden aangenomen, gelet op de algemene strekking van de Overeenkomst, dat deze een verklaring kan vragen aan de bevoegde autoriteiten van een overeenkomstsluitende Staat, indien deze hem met een andere geslachtsnaam aanduidt dat hij volgens zijn nationale recht draagt (zie MvT, *Kamerstukken II* 20212, nr. 3, p. 6).

4. De autoriteit die verplicht is de verklaring te verstrekken. In het geval dat bij de bevoegde autoriteiten op de juiste wijze door de betrokkene een verzoek is ingediend, vergezeld van de bewijsstukken die de rechtmatigheid ervan aantonen, is deze verplicht de verzoeker een verklaring van verscheidenheid van familienamen te verstrekken overeenkomstig het model dat als bijlage bij de Overeenkomst is gevoegd. Dit document is hierna als bijlage opgenomen. Zo zal bijvoorbeeld de bevoegde Nederlandse autoriteit (zie art. 11) aan een Nederlands onderdaan niet kunnen weigeren hem een verklaring te verstrekken op grond van een verscheidenheid van familienamen die voortvloeit uit de toepassing van een buitenlandse wet, ook al is die van een derde Staat. Benadrukt zij dat de aangewezen (Nederlandse) autoriteit met toepassing van de rechtsregels – het internationaal privaatrecht daaronder begrepen – van haar eigen land vaststelt hoe de aanvragende (Nederlandse) onderdaan heet.

Artikel 3

Een op de voet van deze Overeenkomst afgegeven verklaring wordt in iedere Overeenkomstsluitende Staat aanvaard als bewijs van de juistheid van hetgeen daarin betreffende de verschillende familienamen van de aangeduide persoon is vermeld, behoudens bewijs van het tegendeel.
[08-09-1982, Trb. 11, i.w.tr. 01-07-1988]

[Beperking bewijskracht verklaring]

Betekenis. Ingevolge de bepaling bewijst de verklaring behoudens bewijs van het tegendeel 'de juistheid van hetgeen daarin betreffende de verschillende familienamen van de aangeduide persoon is vermeld'. Uit deze formulering dient te worden afgeleid dat de overige vermeldingen in de verklaring slechts gewone inlichtingen zijn die bedoeld zijn om de identificatie van deze persoon te vergemakkelijken. Dit betekent dat de houder van de verklaring deze niet kan gebruiken als bewijsstuk van zijn geboortedatum of zijn nationaliteit. Door de bewijskracht van bepaalde vermeldingen in de verklaring te beperken wordt onderstreept dat de verklaring alleen kan worden gebruikt om de verscheidenheid van familienamen aan te tonen.

Artikel 4

Voor de toepassing van deze Overeenkomst worden met onderdanen van een Overeenkomstsluitende Staat gelijkgesteld vluchtelingen en staatlozen wier persoonlijke staat door de wet van die Staat wordt beheerst.
[08-09-1982, Trb. 11, i.w.tr. 01-07-1988]

[Gelijkstelling vluchtelingen en staatlozen met eigen onderdanen van verdragsstaat]

1. Staatloze. Voor staatlozen dient in dit verband gewezen te worden op art. 12 lid 1 van het Verdrag van New York van 28 september 1954 betreffende de status van staatlozen (*Trb.* 1957, 22), dat bepaalt dat de persoonlijke staat (waaronder begrepen de naam) wordt beheerst door de wet van het land van zijn woonplaats en bij gebreke daarvan van het land van zijn verblijf.

2. Vluchteling. Voor vluchtelingen dient gewezen te worden op het Protocol betreffende de status van vluchtelingen van New York van 31 januari 1967 (*Trb.* 1967, 76). Dit protocol behoort bij het verdrag van Genève van 1951 betreffende de status van vluchtelingen (*Trb.* 1954, 88). Het begrip 'vluchteling' heeft in art. 1 van het Verdrag van 1951 een autonome, ruime definitie gekregen. De regel betreffende de persoonlijke staat van een vluchteling (art. 12 lid 1 van het Verdrag) is identiek aan de regel van art. 12 lid 1 van het Verdrag van New York van 1954.

Artikel 5

De verklaring van verscheidenheid van familienamen moet in overeenstemming zijn met het model dat als bijlage bij deze Overeenkomst is gevoegd.
Zonder voorafgaande goedkeuring van de Internationale Commissie voor de Burgerlijke Stand mag door een Overeenkomstsluitende Staat geen enkele wijziging in dit model worden aangebracht.
[08-09-1982, Trb. 11, i.w.tr. 01-07-1988]

Artikel 6

Alle in de verklaring op te nemen gegevens worden geschreven in Latijnse drukletters; zij mogen bovendien worden geschreven in de lettertekens van de taal van de autoriteit die de verklaring afgeeft.
[08-09-1982, Trb. 11, i.w.tr. 01-07-1988]

Artikel 7

1. De data worden vermeld in Arabische cijfers; zij geven achtereenvolgens onder de symbolen Jo, Mo en An, de dag, de maand en het jaar aan. De dag en de maand worden aangeduid door twee cijfers, het jaar door vier cijfers. De eerste negen dagen van de maand en de eerste negen maanden van het jaar worden aangeduid door de cijfers 01 tot en met 09.
2. De naam van iedere plaats vermeld in de verklaring wordt gevolgd door de naam van de Staat waarin deze plaats is gelegen, telkens wanneer deze Staat niet de Staat is waarvan de autoriteit de verklaring afgeeft.
3. Uitsluitend de volgende tekens worden gebruikt:
- **voor het aanduiden van het mannelijk geslacht de letter M, het vrouwelijk geslacht de letter F;**
- **voor het aanduiden van de nationaliteit, de letters die worden gebruikt ter aanduiding van het land van registratie van motorvoertuigen;**
- **voor het aanduiden van de status van vluchteling de letters REF;**
- **voor het aanduiden van de status van staatloze de letters APA.**

[08-09-1982, Trb. 11, i.w.tr. 01-07-1988]

Artikel 8

Indien de bevoegde autoriteit niet in staat is een vakje of een gedeelte van een vakje in te vullen, dan wordt dit vakje of dit gedeelte van het vakje door strepen onbruikbaar gemaakt.
[08-09-1982, Trb. 11, i.w.tr. 01-07-1988]

Artikel 9

1. Op de voorzijde van iedere verklaring worden de onveranderlijke vermeldingen, met uitzondering van de in artikel 7 voor de data voorgeschreven symbolen, gedrukt in ten minste twee talen, waaronder de officiële taal of één van de officiële talen van de Staat waar de verklaring wordt afgegeven en de Franse taal.

2. De betekenis van de symbolen dient in ieder geval te worden aangegeven in de officiële taal of één van de officiële talen van elk van de Staten die, op het tijdstip van ondertekening van deze Overeenkomst, lid zijn van de Internationale Commissie voor de Burgerlijke Stand, alsmede in de Engelse taal.

3. Op de achterzijde van iedere verklaring moet staan:

- een verwijzing naar de Overeenkomst in de talen aangegeven in het tweede lid van dit artikel;
- een vertaling van de onveranderlijke vermeldingen in de talen aangegeven in het tweede lid van dit artikel indien deze talen niet zijn gebruikt op de voorzijde;
- een samenvatting van de artikelen 5, 6, 7 en 8 van de Overeenkomst, in ten minste de officiële taal of in één van de officiële talen van de Staat waarvan de autoriteit de verklaring afgeeft.

4. Iedere vertaling moet worden goedgekeurd door het Bureau van de Internationale Commissie voor de Burgerlijke Stand.

[08-09-1982, Trb. 11, i.w.tr. 01-07-1988]

Artikel 10

1. De verklaringen worden gedagtekend en voorzien van de handtekening en het stempel van de autoriteit die deze heeft afgegeven.

2. Zij worden vrijgesteld van legalisatie of van iedere overeenkomstige formaliteit op het grondgebied van de Overeenkomstsluitende Staten.

[08-09-1982, Trb. 11, i.w.tr. 01-07-1988]

[Vereisten waaraan de verklaring moet voldoen]

Betekenis. In de art. 5-10 worden de formuleringen en symbolen bepaald die het model van de verklaring van verscheidenheid van familienamen moet bevatten, alsook hetgeen door de bevoegde autoriteiten die door de Staten overeenkomstig art. 11 zijn aangewezen moet worden ingevuld. De vertaling in het Nederlands van de bedoelde verklaring is opgenomen in *Trb.* 1983, 11. Dit document is hierna als bijlage opgenomen.

Artikel 11

1. Bij de ondertekening van deze Overeenkomst, bij de bekrachtiging, de aanvaarding, de goedkeuring of de toetreding, dient iedere Overeenkomstsluitende Staat de autoriteiten aan te wijzen die bevoegd zijn de verklaring af te geven.

2. Iedere wijziging die later in deze aanwijzing wordt aangebracht, wordt medegedeeld aan de Zwitserse Bondsraad.

[08-09-1982, Trb. 11, i.w.tr. 01-07-1988]

[De bevoegde autoriteiten]

Betekenis. Bij de ratificatie is meegedeeld dat voor wat Nederland betreft de ambtenaar van de burgerlijke stand de bevoegde autoriteit is om een verklaring als bedoeld in art. 2 af te geven (zie *Trb.* 1989, 132). Uit de MvT, *Kamerstukken II* 20 212, nr. 3, p. 6 volgt verder dat voor wat Nederland betreft hiervoor ook de hoofden van de consulaire posten in aanmerking komen.

Artikel 12

Deze Overeenkomst wordt bekrachtigd, aanvaard of goedgekeurd en de akten van bekrachtiging, aanvaarding of goedkeuring worden nedergelegd bij de Zwitserse Bondsraad.

[08-09-1982, Trb. 11, i.w.tr. 01-07-1988]

Artikel 13

1. Deze Overeenkomst treedt in werking op de eerste dag van de derde maand volgend op de maand van nederlegging van de tweede akte van bekrachtiging, aanvaarding, goedkeuring of toetreding.

2. Ten aanzien van de Staat die de Overeenkomst na haar inwerkingtreding bekrachtigt, aanvaardt, goedkeurt of tot de Overeenkomst toetreedt, wordt de Overeenkomst van kracht op de eerste dag van de derde maand volgend op de maand waarin deze Staat zijn akte van bekrachtiging, aanvaarding, goedkeuring of toetreding heeft nedergelegd.

[08-09-1982, Trb. 11, i.w.tr. 01-07-1988]

Artikel 14

Iedere Staat die lid is van de Internationale Commissie voor de Burgerlijke Stand, van de Europese Gemeenschappen of van de Raad van Europa kan tot deze Overeenkomst toetreden. De akte van toetreding wordt nedergelegd bij de Zwitserse Bondsraad.

[08-09-1982, Trb. 11, i.w.tr. 01-07-1988]

Artikel 15

Geen enkel voorbehoud op deze Overeenkomst is toegestaan.

[08-09-1982, Trb. 11, i.w.tr. 01-07-1988]

Artikel 16

1. Iedere Staat kan bij de ondertekening, de bekrachtiging, de aanvaarding, de goedkeuring of de toetreding of op ieder tijdstip daarna, verklaren dat deze Overeenkomst zich uitstrekt tot alle gebieden voor welker internationale betrekkingen hij verantwoordelijk is of tot een of meer van deze gebieden.

2. Deze verklaring wordt ter kennis gebracht van de Zwitserse Bondsraad en de uitbreiding wordt van kracht op het tijdstip waarop de Overeenkomst voor bedoelde Staat in werking treedt of, indien de kennisgeving later plaatsvindt, op de eerste dag van de derde maand volgend op de maand van ontvangst van de kennisgeving.

3. Iedere verklaring inzake uitbreiding kan worden ingetrokken door middel van een aan de Zwitserse Bondsraad gerichte kennisgeving en de Overeenkomst houdt op van toepassing te zijn in het bedoelde gebied op de eerste dag van de derde maand volgend op de maand van ontvangst van voornoemde kennisgeving.

[08-09-1982, Trb. 11, i.w.tr. 01-07-1988]

Artikel 17

1. Deze Overeenkomst blijft voor onbepaalde tijd van kracht.

2. Iedere Staat die Partij is bij deze Overeenkomst, is evenwel bevoegd de Overeenkomst op te zeggen, te allen tijde na het verstrijken van een termijn van een jaar te rekenen vanaf de datum waarop de Overeenkomst voor deze Staat in werking is getreden. De opzegging wordt ter kennis gebracht van de Zwitserse Bondsraad en wordt

van kracht op de eerste dag van de zesde maand volgend op de maand van ontvangst van deze kennisgeving. De Overeenkomst blijft tussen de overige Staten van kracht.
[08-09-1982, Trb. 11, i.w.tr. 01-07-1988]

Artikel 18

1. De Zwitserse Bondsraad stelt de Staten die lid zijn van de Internationale Commissie voor de Burgerlijke Stand alsmede iedere andere Staat die tot deze Overeenkomst is toegetreden, in kennis van:

a) de nederlegging van iedere akte van bekrachtiging, aanvaarding, goedkeuring of toetreding;

b) iedere datum van inwerkingtreding van de Overeenkomst;

c) iedere verklaring die erop is gericht de Overeenkomst tot andere gebieden uit te breiden of een zodanige verklaring in te trekken, met de datum waarop deze verklaring van kracht wordt;

d) iedere opzegging van de Overeenkomst en de datum waarop deze van kracht wordt;

e) iedere aanwijzing van de bevoegde autoriteiten, krachtens artikel 11, eerste lid, en iedere wijziging krachtens het tweede lid van dat artikel.

2. De Zwitserse Bondsraad doet de Secretaris-Generaal van de Internationale Commissie voor de Burgerlijke Stand mededeling van iedere kennisgeving gedaan overeenkomstig het eerste lid.

3. Zodra deze Overeenkomst in werking is getreden, wordt door de Zwitserse Bondsraad een voor eensluidend gewaarmerkt afschrift gezonden aan de Secretaris-Generaal van de Verenigde Naties voor registratie en publikatie overeenkomstig het bepaalde in artikel 102 van het Handvest van de Verenigde Naties.
[08-09-1982, Trb. 11, i.w.tr. 01-07-1988]

BIJLAGE

*VERMELD DE LETTERS WAARMEE HET LAND WORDT AANGEDUID VOOR DE REGISTRATIE VAN MOTORVOERTUIGEN. VERMELD REF VOOR VLUCHTELING EN APA VOOR STAATLOZE.

SYMBOLES - ZEICHEN - SYMBOLS - SIMBOLOS - ΣΥΜΒΟΛΑ - SIMBO - SYMBOLEN - SIMBOLOS - ISARETLER

JO: Jour - Tag - Day - Dia - Ἡμέρα - Giorno - Dag - Dia - Gün

MO: Mois - Monat - Month - Mes - Μήνας - Mese - Maand - Mês - Ay

AN: Année - Jahr - Year - Ano - Ἔτος - Anno - Jaar - Ano - Yil

M: Masculin - Männlich - Masculine - Masculino - Ἄνδρας - Maschile - Mannelijk - Masculino - Erkek

F: Féminin - Weiblich - Female - Femenino - Γυναιχα - Femminile - Vrouwelijk - Feminino - Kadin

REF: Réfugié - Flüchtling - Refugee - Refugiado - Πρόσφυγας - Rifugiato - Vluchteling - Refugiado - Mülteci

APA: Apatride - Staatenloser - Stateless - Apatrida - Χωρίς ἰδαγένεια - Apolide - Staatloze - Apátrida - Vatansiz

1	STAAT: ....
2	AUTORITEIT DIE DE VERKLARING AFGEEFT: ....
3	VERKLARING VAN VERSCHEIDENHEID VAN FAMILIENAMEN
4	DEZE VERKLARING LAAT DE WETTELIJKE BEPALINGEN BETREFFENDE DE NAAM ONVERLET.
5	DE ONDERTEKENENDE AUTORITEIT VERKLAART DAT
6	FAMILIENAAM IN VOORMELDE STAAT:
7	VOORNAMEN:
8	GESLACHT:
9	PLAATS EN NUMMER VAN HET FAMILIEREGISTER
10	NATIONALITEIT*:
11	DATUM EN PLAATS VAN GEBOORTE — JO ☐☐ MO ☐☐ AN ☐☐☐☐
12	VOLGENS DE OVERGELEGDE STUKKEN WORDT AANGEDUID IN
13	STAAT WAAR EEN ANDERE FAMILIENAAM WORDT TOEGEKEND:
14	MET DE FAMILIENAAM:
15	ANDERE FAMILIENAAM:
16	DATUM VAN AFGIFTE, ONDERTEKENING, STEMPEL — JO ☐☐ MO ☐☐ AN ☐☐☐☐

Verklaring afgegeven krachtens de overeenkomst ondertekend te 's-Gravenhage, de achtste september 1982.

1	
2	
3	
4	
5	
6	
7	
8	
9	
10	
11	
12	
13	
14	
15	
16	

De gegevens worden geschreven in Latijnse drukletters; zij kunnen bovendien worden geschreven in de lettertekens van de taal van de autoriteit die de verklaring afgeeft.
De data worden geschreven in Arabische cijfers; zij geven achtereenvolgens onder de symbolen Jo, Mo en An de dag, de maand en het jaar aan. De dag en de maand worden aangeduid door twee cijfers, het jaar door vier cijfers. De eerste negen dagen van de maand en de eerste negen maanden van het jaar worden aangeduid door de cijfers 01 tot en met 09.
De naam van iedere in de verklaring vermelde plaats wordt gevolgd door de naam van de Staat waarin deze plaats is gelegen, wanneer bedoelde Staat niet de Staat is waarvan de autoriteit de verklaring afgeeft.
Indien de autoriteit die de verklaring afgeeft een vakje of een gedeelte van een vakje niet kan invullen, wordt dat vakje of gedeelte van dat vakje door strepen onbruikbaar gemaakt.
Alle wijzigingen van het model van deze verklaringen en alle vertalingen moeten ter goedkeuring worden voorgelegd aan de Internationale Commissie voor de Burgerlijke Stand.
[08-09-1982, Trb. 11, i.w.tr. 01-07-1988]

Overeenkomst inzake het recht dat van toepassing is op geslachtsnamen en voornamen

Overeenkomst van 5 september 1980, Trb. 1981, 72 (i.w.tr. 01-01-1990)

De Staten die deze Overeenkomst hebben ondertekend, leden van de Internationale Commissie voor de Burgerlijke Stand, geleid door de wens de eenmaking van het recht betreffende geslachtsnamen en voornamen te bevorderen door middel van gemeenschappelijke regels van internationaal privaatrecht, zijn overeengekomen als volgt:

Artikel 1

1. De geslachtsnamen en voornamen van een persoon worden bepaald door het recht van de Staat waarvan die persoon onderdaan is. Uitsluitend hiervoor worden de omstandigheden waarvan de geslachtsnamen en voornamen afhangen, volgens het recht van die Staat beoordeeld.
2. In geval van verandering van nationaliteit is het recht van de Staat van de nieuwe nationaliteit van toepassing.
[05-09-1980, Trb. 72, i.w.tr. 01-01-1990]

Artikel 2

Het door deze Overeenkomst aangewezen recht is van toepassing zelfs indien het het recht betreft van een Staat die geen Partij is bij deze Overeenkomst.
[05-09-1980, Trb. 72, i.w.tr. 01-01-1990]

Artikel 3

Ieder uittreksel van een geboorteakte moet de geslachtsnamen en voornamen van het kind vermelden.
[05-09-1980, Trb. 72, i.w.tr. 01-01-1990]

Artikel 4

De toepassing van het door deze Overeenkomst aangewezen recht kan slechts worden uitgesloten, indien zij kennelijk onverenigbaar is met de openbare orde.
[05-09-1980, Trb. 72, i.w.tr. 01-01-1990]

Artikel 5

1. Wanneer de ambtenaar van de burgerlijke stand die een akte opmaakt, in de onmogelijkheid verkeert om het recht te kennen dat van toepassing is voor het vaststellen van de geslachtsnamen en voornamen van de betrokken persoon, past hij zijn interne wet toe en doet hij hiervan mededeling aan de autoriteit onder wie hij ressorteert.

2. De aldus opgemaakte akte moet kunnen worden verbeterd door middel van een kosteloze procedure tot het instellen waarvan iedere Staat zich verplicht.
[05-09-1980, Trb. 72, i.w.tr. 01-01-1990]

Artikel 6

1. Bij de ondertekening, de bekrachtiging, de aanvaarding, de goedkeuring of de toetreding kan iedere Staat het voorbehoud maken zijn interne wet toe te passen wanneer de betrokken persoon zijn gewone verblijfplaats op het grondgebied van die Staat heeft.
2. De vaststelling van de geslachtsnamen en voornamen volgens deze wet geldt slechts voor de Overeenkomstsluitende Staat die het voorbehoud heeft gemaakt.
3. Geen ander voorbehoud is toegestaan.
4. Iedere Staat die Partij is bij deze Overeenkomst kan te allen tijde het door hem gemaakte voorbehoud geheel of gedeeltelijk intrekken. De intrekking wordt ter kennis gebracht van de Zwitserse Bondsraad en wordt van kracht op de eerste dag van de derde maand volgende op de maand waarin voornoemde kennisgeving is ontvangen.
[05-09-1980, Trb. 72, i.w.tr. 01-01-1990]

Artikel 7

Deze Overeenkomst dient te worden bekrachtigd, aanvaard of goedgekeurd en de akten van bekrachtiging, aanvaarding of goedkeuring worden nedergelegd bij de Zwitserse Bondsraad.
[05-09-1980, Trb. 72, i.w.tr. 01-01-1990]

Artikel 8

1. Deze Overeenkomst treedt in werking op de eerste dag van de derde maand volgende op de maand van nederlegging van de derde akte van bekrachtiging, aanvaarding, goedkeuring of toetreding.
2. Ten aanzien van de Staat die de Overeenkomst bekrachtigt, aanvaardt, goedkeurt of na haar inwerkingtreding tot de Overeenkomst toetreedt, wordt de Overeenkomst van kracht op de eerste dag van de derde maand volgend op de maand waarin deze Staat zijn akte van bekrachtiging, aanvaarding, goedkeuring of toetreding heeft nedergelegd.
[05-09-1980, Trb. 72, i.w.tr. 01-01-1990]

Artikel 9

Iedere Staat kan tot deze Overeenkomst toetreden. De akte van toetreding wordt nedergelegd bij de Zwitserse Bondsraad.
[05-09-1980, Trb. 72, i.w.tr. 01-01-1990]

Artikel 10

1. Iedere Staat kan bij de ondertekening, de bekrachtiging, de aanvaarding, de goedkeuring of de toetreding of op ieder tijdstip daarna verklaren dat deze Overeenkomst zich uitstrekt tot alle gebieden voor welker internationale betrekkingen hij verantwoordelijk is of tot een of meer van deze grondgebieden.
2. Deze verklaring wordt ter kennis gebracht van de Zwitserse Bondsraad en de uitbreiding wordt van kracht op het tijdstip waarop de Overeenkomst ten aanzien van voornoemde Staat in werking treedt of, indien de kennisgeving later plaatsvindt,

op de eerste dag van de derde maand volgend op de maand van ontvangst van de kennisgeving.

3. Iedere verklaring inzake uitbreiding kan worden ingetrokken door middel van een aan de Zwitserse Bondsraad gerichte kennisgeving en de Overeenkomst houdt op van toepassing te zijn in het bedoelde gebied op de eerste dag van de derde maand volgend op de maand van ontvangst van voornoemde kennisgeving.

[05-09-1980, Trb. 72, i.w.tr. 01-01-1990]

Artikel 11

1. Deze Overeenkomst blijft voor onbepaalde tijd van kracht.

2. Iedere Staat die Partij is bij deze Overeenkomst heeft evenwel de bevoegdheid haar op te zeggen te allen tijde na het verstrijken van een termijn van een jaar te rekenen vanaf de datum waarop de Overeenkomst voor deze Staat in werking is getreden. De opzegging wordt ter kennis gebracht van de Zwitserse Bondsraad en wordt van kracht op de eerste dag van de zesde maand volgend op de maand van ontvangst van deze kennisgeving. De Overeenkomst blijft tussen de andere Staten van kracht.

[05-09-1980, Trb. 72, i.w.tr. 01-01-1990]

Artikel 12

1. De Zwitserse Bondsraad stelt de Staten die lid zijn van de Internationale Commissie voor de Burgerlijke Stand alsmede iedere andere Staat die tot deze Overeenkomst is toegetreden, in kennis van:

a) de nederlegging van iedere akte van bekrachtiging, aanvaarding, goedkeuring of toetreding;
b) iedere datum van inwerkingtreding van de Overeenkomst;
c) iedere verklaring betreffende gemaakte voorbehouden of de intrekking daarvan;
d) iedere verklaring die erop is gericht de Overeenkomst tot andere gebieden uit te breiden of de intrekking van deze verklaring, met de datum waarop deze van kracht wordt;
e) iedere opzegging van de Overeenkomst en de datum waarop deze van kracht wordt.

2. De Zwitserse Bondsraad doet de Secretaris-Generaal van de Internationale Commissie voor de Burgerlijke Stand mededeling van iedere kennisgeving die is gedaan overeenkomstig het eerste lid.

3. Zodra deze Overeenkomst in werking is getreden wordt door de Zwitserse Bondsraad een voor eensluidend gewaarmerkt afschrift gezonden aan de Secretaris-Generaal van de Verenigde Naties voor registratie en publikatie overeenkomstig het bepaalde in artikel 102 van het Handvest van de Verenigde Naties.

[05-09-1980, Trb. 72, i.w.tr. 01-01-1990]

HET HUWELIJK

Burgerlijk Wetboek Boek 10 (Relevante artikelen)

TITEL 3
Het huwelijk

[Inleidende opmerkingen]

1. Algemeen. Sinds 1 januari 2012 zijn de IPR-regels betreffende het huwelijk, zowel de verwijzingsregels als de erkenningsregels, opgenomen in Boek 10 BW. Zij komen in de plaats van de tot die datum geldende bepalingen uit de Wet conflictenrecht huwelijk (WCH). Het op 14 maart 1978 te 's-Gravenhage tot stand gekomen Verdrag inzake de voltrekking en de erkenning van de geldigheid van huwelijken (*Trb.* 1987, 137) is voor het gehele Koninkrijk der Nederlanden goedgekeurd bij de rijkswet van 7 september 1989, *Stb.* 391. Behalve door het Koninkrijk der Nederlanden is het verdrag slechts bekrachtigd door Australië en Luxemburg. Ingevolge art. 29 Haags huwelijksverdrag inzake de voltrekking en de erkenning van de geldigheid van huwelijken is het op 1 mei 1991 in werking getreden. In afdeling 1 Titel 3 van Boek 10 zijn de verwijzings- en erkenningsregeling van de WCH met enige aanpassingen van technische aard opgenomen in art. 10:27-34. Zie met betrekking tot deze afdeling, *Kamerstukken II* 2009/10, 32137, 3 e.v. Zie nader met betrekking tot Titel 3 (art. 10:27-34), *Asser/Vonken & Ibili 10-II* 2021/81-137. Bij wet van 7 oktober 2015 werd de regeling in Boek 10 gewijzigd (Wet tot wijziging van Boek 1 en Boek 10 van het Burgerlijk Wetboek betreffende de huwelijksleeftijd, de huwelijksbeletselen, de nietigverklaring van een huwelijk en de erkenning van in het buitenland gesloten huwelijken (Wet tegengaan huwelijksdwang), *Stb.* 2015, 354). Deze wijzigingen traden op 5 december 2015 in werking (inwerkingtredingsbesluit: *Stb.* 2015, 373). Zie met betrekking tot deze gewijzigde bepalingen *Kamerstukken* 33488. De maatregelen die in deze laatste wettelijke regelingen worden getroffen strekken ertoe om de huwelijksdwang verder te beteugelen en de erkenning van in het buitenland gesloten huwelijken te beperken tot hetgeen in overeenstemming is met het in Nederland algemeen ervaren karakter van het huwelijk. Deze maatregelen betreffen een viertal onderwerpen, te weten het tegengaan van huwelijken die onder invloed van dwang worden gesloten, een verbod op het sluiten van een huwelijk met een persoon die de leeftijd van achttien jaar nog niet heeft bereikt, een beperking van de mogelijkheid tot het sluiten van een huwelijk met een bloedverwant in de derde of vierde graad in de zijlinie en het inperken van de mogelijkheid van erkenning hier te lande van rechtsgeldig in het buitenland gesloten huwelijken, waaronder polygame huwelijken.

2. Korte inhoud Verdrag inzake de voltrekking en de erkenning van de geldigheid van huwelijken. Het eerste hoofdstuk (art. 1-6 Haags huwelijksverdrag) is 'facultatief': verdragsstaten mogen dit hoofdstuk bij hun ratificatie uitsluiten (art. 16 Haags huwelijksverdrag). Het Koninkrijk der Nederlanden heeft van deze mogelijkheid geen gebruikgemaakt. Het tweede hoofdstuk (art. 7-15 Haags huwelijksverdrag) is de eigenlijke kern van het Verdrag en 'dwingend'. Hoofdstuk I Haags huwelijksverdrag wil gestalte geven aan de wenselijkheid de huwelijksvoltrekking te vergemakkelijken. Art. 2 Haags huwelijksverdrag verwijst voor de vormvoorschriften naar de wet van de plaats van huwelijksvoltrekking. Art. 3 Haags huwelijksverdrag introduceert een alternatieve aanknoping voor de vraag naar het toepasselijke recht op de huwelijksbevoegdheid, en weerspiegelt daarmee het beginsel van de favor matrimonii. Hoofdstuk II Haags huwelijksverdrag regelt de kwestie van de erkenning van de geldigheid van elders gesloten huwelijken. Deze regeling heeft – met het oog op de *favor matrimonii* – universele werking (art. 7 Haags huwelijksverdrag) en laat ruimte voor nog gunstigere erkenningsregels (art. 13 Haags huwelijksverdrag). Hoofdregel is dat een huwelijk dat geldig is gesloten volgens de wet – daaronder begrepen het IPR – van de Staat van huwelijksvoltrekking in alle verdragstaten wordt erkend (art. 9 Haags huwelijksverdrag). Om het aantal 'hinkende' huwelijken zoveel mogelijk te beperken wordt, naast de klassieke openbare orde-clausule (art. 14 Haags huwelijksverdrag), slechts een beperkt aantal in art. 11 lid 1 Haags huwelijksverdrag limitatief vermelde weigeringsgronden toegelaten. Gezien de grote verscheidenheid van rechtsopvattingen in het interne huwelijksrecht van de verschillende landen is onderkend dat het niet wenselijk is de verdragsluitende Staten te verplichten alle, in welke vorm dan ook in het buitenland gesloten, (vormloze) huwelijken te erkennen. Deze gedachte heeft gestalte gekregen in art. 8 Haags huwelijksverdrag. De erkenningsverplichting geldt verder ongeacht in welke context een vraag naar de geldigheid van het huwelijk rijst; die vraag zal zich namelijk vaak niet aandienen als hoofdvraag, maar als voorvraag. Art. 12 lid 1 Haags huwelijksverdrag bepaalt nu uitdrukkelijk dat die voorvraag ook onder de erkenningsregel van het verdrag valt en kiest derhalve als uitgangspunt voor een zelfstandige aanknoping van de voorvraag. Ingevolge art. 12 lid 2 Haags huwelijksverdrag zijn de verdragsstaten echter niet gehouden de verdragsregels inzake de erkenning op de voorvraag toe te passen, indien de hoofdvraag volgens het IPR van het aangezochte forum beheerst wordt door het recht van een niet-verdragsstaat. Daarmee wordt de afhankelijke aanknoping van de voorvraag mogelijk gemaakt (art. 10:33, aant. 3). Benadrukt zij, dat het verdrag noch afdeling 1 van Titel 3 het onderwerp van het geregistreerd partnerschap bestrijkt.

3. De bodemvoorziening van het Verdrag inzake de voltrekking en de erkenning van de geldigheid van huwelijken. In afdeling 1 van Titel 3 (art. 10:27-34) zijn in de eerste plaats de belangrijkste bepalingen van het verdrag overgenomen. Voorts bevat deze afdeling enkele aanvullende regels en concreter op de Nederlandse situatie toegesneden bepalingen dan die van het verdrag. Het feit dat destijds parallel aan de verdragsregeling, een afzonderlijke, nationale wet betreffende dezelfde materie werd tot stand gebracht, vindt hierin zijn reden dat het er lange tijd niet naar uitzag dat het Verdrag binnen afzienbare tijd in werking zou treden. De wetgever heeft, in het licht van deze onzekere toekomst van het verdrag, zelf de regeling betreffende het huwelijk ter hand genomen. Naast dit praktische argument pleitte voor de totstandkoming van een *afzonderlijke* nationale wet een verdragssystematisch argument. **Geen uitputtende verdragsregeling.** Het verdrag beoogt niet een uitputtende regeling te geven van de erin behandelde materie, maar slechts een 'minimum-regeling'. Dit volgt onder meer uit art. 3 onderdeel 2 Haags huwelijksverdrag, dat over de huwelijksbevoegdheid handelt en dat spreekt van de 'materiële vereisten, gesteld in het interne recht dat toepasselijk is ingevolge de verwijzingsregels van de Staat waar het huwelijk wordt voltrokken'. Deze bepaling nodigt de nationale wetgever dus uit de verdragsregeling in een nationale wet nader uit te werken. Ook het tweede hoofdstuk van het verdrag geeft slechts een bodemvoorziening inzake de erkenning van de rechtsgeldigheid van in een ander land voltrokken huwelijken; art. 13 Haags huwelijksverdrag werpt namelijk geen beletsel op dat een verdragsstaat regels formuleert en toepast die gunstiger zijn voor de erkenning van in den vreemde voltrokken huwelijken. Ook hier wordt dus de mogelijkheid van het formuleren van nationale IPR-regels die het verdrag aanvullen c.q. ervan afwijken, mits voor de erkenning in gunstige zin, opengelaten. Dit kan bijvoorbeeld door de nationale regeling ook toepasselijk te doen zijn op de vormen van huwelijk die het verdrag zelf juist uitsluit (zie nader art. 10:31, aant. 1). Afdeling 1 van Titel 3 bevat deze uitzonderingen niet en gaat aldus een belangrijke stap verder op de weg van de begunstiging van het huwelijk dan het verdrag. De wetgever gaat ervan uit dat de per 5 december 2015 ingevoerde wijzigingen in de erkenningsregels in overeenstemming zijn met de erkenningsregeling uit het verdrag. **Beperkte betekenis verdrag.** Het niet uitputtende karakter van het verdrag heeft het belangrijke praktische gevolg dat de Nederlandse rechtstoepasser niet vaak met dit verdrag in aanraking behoeft te komen. Hij kan immers in het algemeen volstaan met de toepassing van de nationale regeling die is neergelegd in afdeling 1 van Titel 3. Het belang van het verdrag voor Nederland ligt dan ook vooral hierin dat het ertoe leidt dat de erkenningskansen in de andere (twee) verdragsstaten van hier te lande voltrokken huwelijken wordt vergroot; voor Nederland is het verdrag dus slechts van geringe betekenis. Dit verklaart dat in het commentaar, de in art. 10:27-34 van afdeling 1 vervatte verwijzings- en erkenningsregeling als uitgangspunt wordt genomen.

AFDELING 1
Voltrekking en erkenning van de geldigheid van huwelijken

[Inleidende opmerkingen]

Betekenis. De afdeling – evenals het Haags huwelijksverdrag – zwijgt over de gevolgen, indien een huwelijk materieel en/of formeel niet voldoet aan de vereisten van de ingevolge art. 10:28-10:30 en art. 10:31 toepasselijke rechtsstelsels. Aangenomen dient te worden, dat de sanctie (nietigheid, vernietigbaarheid) en alles wat daarmee samenhangt (bevoegdheid tot het inroepen van de sanctie, termijn) worden bepaald door het recht waartoe het geschonden voorschrift behoort. Anders gezegd: het recht dat van toepassing is op de formele en materiële huwelijksvereisten beheerst ook de vraag van de gevolgen/sancties, indien niet aan de betreffende vereisten van dat recht is voldaan. Zie nader *Asser/Vonken & Ibili 10-II* 2021/134-136.

Artikel 27

Deze afdeling geeft uitvoering aan het op 14 maart 1978 te 's-Gravenhage tot stand gekomen Verdrag inzake de voltrekking en de erkenning van de geldigheid van huwelijken (*Trb.* 1987, 137). Zij is van toepassing op de huwelijksvoltrekking in Nederland indien, in verband met de nationaliteit of de woonplaats van de aanstaande echtgenoten, met betrekking tot de vraag welk recht de vereisten tot het aangaan van het huwelijk beheerst een keuze moet worden gedaan, alsmede op de erkenning in

Nederland van in het buitenland voltrokken huwelijken. Zij is niet van toepassing op de bevoegdheid van de ambtenaar van de burgerlijke stand.
[19-05-2011, Stb. 272, i.w.tr. 01-01-2012/kamerstukken 32137]

[De materiële reikwijdte]

1. Algemeen. Met de in art. 10:27 opgenomen verwijzing naar het Haags huwelijksverdrag wordt de rechtstoepasser geattendeerd op de achterliggende verdragsregeling. Het artikel beoogt voorts het materiële toepassingsgebied nader af te bakenen. De tweede zin maakt duidelijk dat afdeling 1 – evenals het Haags huwelijksverdrag – zowel de kwestie van de huwelijksvoltrekking in Nederland als die van de erkenning in Nederland van elders voltrokken huwelijken bestrijkt. De derde zin verklaart uitdrukkelijk afdeling 1 niet van toepassing op de bevoegdheid van de ambtenaar van de burgerlijke stand (aant. 3).

2. De term 'vereisten'; internationaliteitsvereiste (tweede zin). De 'vereisten' die voor de voltrekking van een huwelijk zijn gesteld betreffen zowel de materiële vereisten (art. 10:28, aant. 1) als de formele vereisten (art. 10:30, aant. 1). Afdeling 1 gaat aldus uit van de in verband met het aangaan van huwelijken klassieke onderscheiding. Het artikel beperkt verder het materiële toepassingsgebied van de afdeling tot huwelijken met een internationaal karakter; het onderscheidend criterium wordt gezocht in enkele objectief-geografische aspecten aan het huwelijk, namelijk de nationaliteit of de (feitelijke) woonplaats van de aanstaande echtgenoten. **Het begrip 'huwelijk'.** Afdeling 1 bevat, evenmin als het Haags huwelijksverdrag, een definitie van het begrip huwelijk. De afbakening van het begrip richt zich dan naar het eigen recht van de rechtstoepasser, dus het Nederlandse recht. Dit betekent niet dat in het buitenland gesloten huwelijken, die slechts in meer of mindere mate equivalent zijn – wat betreft inhoud en vorm – aan het Nederlandse begrip huwelijk, in Nederland niet voor erkenning in aanmerking kunnen komen (art. 10:31, aant. 1). Gedacht kan bijvoorbeeld worden aan een elders rechtsgeldig gesloten polygaam huwelijk, tenzij dit in strijd wordt geacht met de Nederlandse openbare orde (art. 10:32, aant. 2). Het Nederlandse begrip huwelijk kan echter niet op één lijn worden gesteld met een concubinaatverhouding of andere niet-huwelijkse samenlevingsvormen. **Het voor personen van hetzelfde geslacht opengestelde huwelijk.** Met de inwerkingtreding van de Wet openstelling huwelijk op 1 april 2001 (wet van 21 december 2000, *Stb.* 2001, 9) kunnen ook personen van gelijk geslacht een huwelijk aangaan (vergelijk art. 1:30 lid 1 BW). Vrij algemeen wordt aangenomen, dat de in zowel het Haags huwelijksverdrag als afdeling 1 van Titel 3 gebezigde term 'huwelijk' mede huwelijken tussen personen van hetzelfde geslacht bestrijkt. De bestaande Nederlandse IPR-regelgeving inzake het huwelijk zal ook gelden voor het huwelijk tussen personen van gelijk geslacht. Zie nader *Asser/Vonken & Ibili 10-II* 2021/90. Het Europese Hof van Justitie heeft bepaald dat het in richtlijn 2004/38/EG (richtlijn betreffende het recht van vrij verkeer en verblijf op het grondgebied van de lidstaten voor de burgers van de Unie en hun familieleden) gebruikte begrip 'echtgenoot' ook ziet op de echtgenoot van hetzelfde geslacht (HvJ EU 5 juni 2018, C-673/16; ECLI:EU:C:2018:385). Het Hof overwoog verder dat de staat van personen, en daarmee ook de regeling van het huwelijk tussen personen van hetzelfde geslacht, behoort tot de bevoegdheid van de lidstaten. In dezelfde uitspraak besliste het Hof dat de weigering van een lidstaat om een huwelijk dat tijdens het daadwerkelijk verblijf in een andere lidstaat wettig werd gesloten tussen een derdelander en een burger van de Unie van hetzelfde geslacht, die de nationaliteit van eerstbedoelde lidstaat heeft, te erkennen enkel met het oog op toekenning van een afgeleid verblijfsrecht aan die derdelander, op grond van het feit dat het recht van deze lidstaat het huwelijk tussen personen van hetzelfde geslacht niet erkent, een belemmering vormt voor de uitoefening van het Unierecht van deze burger.

3. De bevoegdheid van de ambtenaar van de burgerlijke stand (derde zin). In de derde zin wordt benadrukt dat de vraag in welke gevallen de ambtenaar van de burgerlijke stand (abs) bevoegd is, niet door afdeling 1 wordt bestreken. Deze bevoegdheidsvraag is geregeld in art. 1:44 BW (zoals gewijzigd bij wet van 7 oktober 2015, *Stb.* 2015, 354). Criterium in deze bepaling is dat ten minste één van de aanstaande echtgenoten uitsluitend of mede de Nederlandse nationaliteit bezit of in Nederland zijn gewone verblijfplaats heeft, om het voornemen om in het huwelijk te treden aan de Nederlandse ambtenaar van de burgerlijke stand kenbaar te kunnen maken. Wanneer zij beiden buiten Nederland wonen, is de Nederlandse abs – te weten: die te 's-Gravenhage – niettemin bevoegd, mits één van de partijen de Nederlandse nationaliteit heeft. Ook Nederlandse consulaire ambtenaren in het buitenland zijn bevoegd tot het opmaken van burgerlijke akten (Wet houdende regeling van de bevoegdheden der consulaire ambtenaren tot het opmaken van burgerlijke akten, en van de consulaire regtsmagt).

Artikel 28

Het huwelijk wordt voltrokken indien ieder der aanstaande echtgenoten voldoet aan de vereisten tot het aangaan van een huwelijk van het Nederlandse recht.

[07-10-2015, Stb. 354, i.w.tr. 05-12-2015/kamerstukken 33488]

[De materiële huwelijksvereisten]

1. Toepasselijkheid van Nederlands recht. De bepaling ziet op de vraag welk recht toepasselijk is op de materiële vereisten voor het aangaan van een huwelijk en wijst voor alle gevallen het Nederlandse recht aan. Het artikel spoort geheel, wat de inhoud betreft, met art. 3 onderdeel 1 Haags huwelijksverdrag. Tot 5 december 2015 kende art. 10:28 nog een tweede onderdeel waarin invulling werd gegeven aan art. 3 onderdeel 2 Haags huwelijksverdrag, door te bepalen dat de huwelijksbevoegdheid alternatief voor ieder der aanstaande echtgenoten kon worden getoetst aan de vereisten van de staat waarvan zij of hij de nationaliteit bezat. Deze alternatieve verwijzingsmogelijkheid werd per 5 december 2015 geschrapt. De wetgever achtte het niet wenselijk als de aanscherping van de huwelijksvereisten die op deze datum in Boek 1 werden ingevoerd, niet voor vreemdelingen zouden gelden en vreemdelingen bijvoorbeeld de mogelijkheid zouden (blijven) hebben om in Nederland op minderjarige leeftijd in het huwelijk te treden.

2. Het overleggen van bewijsstukken; verklaring van huwelijksbevoegdheid. a. Bewijsstukken. Aan de abs moeten bewijsstukken worden overgelegd, die hem in staat stellen de huwelijksbevoegdheid van partijen te beoordelen, zoals gegevens over eerdere huwelijken, geregistreerde partnerschappen, en de ontbindingen hiervan, alsook een verklaring dat de huwelijkskandidaten elkaar niet als bloedverwanten bestaan in de derde of vierde graad in de zijlinie (art. 1:44 BW). In bepaalde gevallen zal de aanstaande echtgenoot echter niet in staat zijn om de gevraagde inlichtingen te verschaffen, respectievelijk kan dit in redelijkheid niet van hem worden verlangd. Dit mag niet tot gevolg hebben dat de ambtenaar weigert het huwelijk te voltrekken. **b. Verklaring van huwelijksbevoegdheid.** De Overeenkomst betreffende afgifte verklaring huwelijksbevoegdheid van 5 september 1980 betreffende de afgifte van een verklaring van huwelijksbevoegdheid (*Trb.* 1981, 71 en 1982, 116) is op 1 februari 1985 voor het Koninkrijk in werking getreden (Rijkswet van 2 mei 1984, *Stb.* 183). Deze overeenkomst verplicht de verdragsluitende Staten ertoe – wanneer een van zijn onderdanen zulks met het oog op een huwelijkssluiting in het buitenland verzoekt – een verklaring van huwelijksbevoegdheid af te geven volgens het bij de overeenkomst vastgestelde model (art. 1 Overeenkomst betreffende afgifte verklaring huwelijksbevoegdheid). Deze verklaring behoeft alleen te worden afgegeven, indien de onderdaan volgens de wet van de Staat die de verklaring afgeeft aan de voorwaarden voor het sluiten van dat huwelijk voldoet. Leidende gedachte van de overeenkomst is het bewijs dat betrokkenen voldoen aan de voorwaarden voor het sluiten van een huwelijk, te vereenvoudigen. Wanneer aan de autoriteit van de plaats van de huwelijkssluiting een dergelijke verklaring van huwelijksbevoegdheid wordt overgelegd, verplicht dit hem niet zonder meer het huwelijk te voltrekken. De huwelijksbevoegdheid in de verklaring wordt immers veelal beoordeeld naar het buitenlandse recht (toepassing van het nationaliteitsbeginsel). In voorkomende gevallen kunnen aanvullende documenten nodig zijn of kan, los daarvan, een huwelijksbeletsel bestaan. Aangenomen mag echter worden dat deze verklaring doorgaans de weg zal vrij maken voor het sluiten van het huwelijk. De overeenkomst kan derhalve een nuttig instrument zijn bij het verkrijgen van inlichtingen over de huwelijksbevoegdheid van aanstaande echtgenoten die onderdaan zijn van Staten die deze overeenkomst hebben bekrachtigd (Nederland, Duitsland, Luxemburg, Portugal, Italië, Oostenrijk, Spanje, Griekenland, Turkije, Zwitserland en Moldavië, *Trb.* 1981, 71, *Trb.* 1982, 116 en *Trb.* 1985, 4). Nederland is per 15 mei 2018 geen lid meer van de Internationale Commissie voor de Burgerlijke Stand, maar blijft wel aan de Verdragen gebonden. Het op 1 april 1995 in werking getreden art. 1:49a BW, dat erin voorziet dat Nederlanders die in het buitenland een huwelijk willen aangaan, van de Nederlandse autoriteiten een verklaring van huwelijksbevoegdheid kunnen krijgen, berust mede op deze overeenkomst.

Artikel 29

(Vervallen.)

[07-10-2015, Stb. 354, i.w.tr. 05-12-2015/kamerstukken 33488]

[Op de Nederlandse openbare orde gebaseerde weigeringsgronden]

Betekenis. Art. 10:29 is met ingang van 5 december 2015 vervallen. Tot die tijd bevatte het artikel een aantal regels van Nederlands materieel huwelijksrecht die als van (positieve) openbare orde (als voorrangsregels) waren aangemerkt en die weigeringsgronden vormden voor een huwelijksvoltrekking in Nederland. Nu de huwelijksvoltrekking op grond van art. 10:28 door de abs in alle gevallen dient te worden beoordeeld naar Nederlands recht, en het artikel geen ruimte meer laat voor een beoordeling naar buitenlands recht, is er geen grond meer voor een openbare orde-bepaling gericht tegen de toepasselijkheid van bepaalde bevoegdheidsregels uit buitenlands recht.

Artikel 30

Wat de vorm betreft kan een huwelijk in Nederland slechts worden voltrokken ten overstaan van de ambtenaar van de burgerlijke stand met inachtneming van het Nederlandse recht, behoudens de bevoegdheid van buitenlandse diplomatieke en consulaire ambtenaren om, in overeenstemming met de voorschriften van het recht van de door hen vertegenwoordigde staat, aan de voltrekking van huwelijken mede te werken indien geen der partijen uitsluitend of mede de Nederlandse nationaliteit bezit.

[19-05-2011, Stb. 272, i.w.tr. 01-01-2012/kamerstukken 32137]

[De vorm van de huwelijkssluiting]

1. Hoofdregel (eerste zinsnede). De bepaling verschaft een regeling met betrekking tot de formele vereisten voor het aangaan van een huwelijk in Nederland. Een huwelijk kan, behoudens de uitzondering van de tweede zinsnede, in Nederland slechts wat de vorm betreft rechtsgeldig worden voltrokken ten overstaan van de abs. Deze neemt daarbij de voorschriften van het Nederlandse recht in acht. Deze exclusieve bevoegdheid van de abs komt overeen met art. 2 Verdrag 1978. Buitenlandse aanstaande echtgenoten wordt niet toegestaan, dat zij met toepassing van hun nationale recht in Nederland zonder (voorafgaande) burgerlijke plechtigheid door middel van bijvoorbeeld een kerkelijke inzegening een rechtsgeldig huwelijk tot stand brengen.

2. Uitzondering: consulaire huwelijken (tweede zinsnede). a. Algemeen. Op de in de eerste zinsnede neergelegde monopoliepositie van de ambtenaar van de burgerlijke stand inzake de huwelijkssluiting maakt de tweede zinsnede één uitzondering: huwelijkskandidaten van vreemde nationaliteit kunnen op de ambassade of het consulaat van hun gemeenschappelijke nationaliteit – of in het geval partijen een (vreemde) gemengde nationaliteit hebben op dat van één hunner – hun huwelijk voltrekken ten overstaan van de desbetreffende (diplomatieke of) consulaire ambtenaar, mits deze ambtenaar daartoe bevoegd is naar het recht van de door hem vertegenwoordigde staat (de zogenaamde zendstaat). Deze zinsnede is herzien bij de Wet van 17 december 1998 tot wijziging van de Wet conflictenrecht huwelijk (*Kamerstukken II* 1997/98, 25703, 1-6 en *Kamerstukken I* 1998/99, 25703, 66, 66a) en is op 15 januari 1999, *Stb.* 1999, 1 in werking getreden. Zie voor de overgangsrechtelijke implicaties art. 10:34 lid 2 BW. In deze gewijzigde versie van de tweede zin wordt expliciet bepaald dat de desbetreffende consulaire ambtenaar slechts aan de voltrekking van een consulair huwelijk mag meewerken, indien geen der partijen uitsluitend of mede de Nederlandse nationaliteit bezit. **b. Geen effectiviteits- en realiteitstoets.** De aandacht verdient dat in de bepaling geen onderscheid wordt gemaakt naar gelang de ene partij uitsluitend dan wel mede de Nederlandse nationaliteit heeft; met andere woorden: de bepaling maakt met betrekking tot het onderhavige onderwerp geen onderscheid tussen monopatride en bipatride Nederlanders (NV II, *Kamerstukken II* 1997/98, 25703, 5, p. 7). Beslissend is dat men de Nederlandse nationaliteit heeft, niet dat men eventueel daarnaast nog een andere nationaliteit heeft. Evenmin is relevant hoe lang men de Nederlandse nationaliteit heeft; deze nationaliteit mag derhalve niet op zijn realiteitswaarde worden getoetst. Opmerking verdient ten slotte, dat, zoals in de MvT, *Kamerstukken II* 25703, 3, p. 4 terecht wordt gesignaleerd, het partijen niet is verboden om, nadat hun huwelijk voor de Nederlandse ambtenaar van de burgerlijke stand is voltrokken, alsnog op het consulaat een huwelijksceremonie (overeenkomstig hun nationale recht) te laten plaatsvinden en op deze wijze blijk te geven van verbondenheid met de rechtscultuur van het land van herkomst.

Artikel 31

1. Een buiten Nederland gesloten huwelijk dat ingevolge het recht van de staat waar de huwelijksvoltrekking plaatsvond rechtsgeldig is of nadien rechtsgeldig is geworden, wordt als zodanig erkend.

2. Een buiten Nederland ten overstaan van een diplomatieke of consulaire ambtenaar voltrokken huwelijk dat voldoet aan de vereisten van het recht van de staat die die ambtenaar vertegenwoordigt, wordt als rechtsgeldig erkend tenzij die voltrekking in de staat waar zij plaatsvond niet was toegestaan.

3. Voor de toepassing van de leden 1 en 2 worden onder recht mede begrepen de regels van internationaal privaatrecht.

4. Een huwelijk wordt vermoed rechtsgeldig te zijn, indien een huwelijksverklaring is afgegeven door een bevoegde autoriteit.

[19-05-2011, Stb. 272, i.w.tr. 01-01-2012/kamerstukken 32137]

[Erkenning van een buiten Nederland rechtsgeldig gesloten huwelijk]

1. Algemeen. Art. 10:31-33 BW zien op het onderwerp van de erkenning van elders rechtsgeldig gesloten huwelijken. Deze materie is in hoofdstuk II van het Haags huwelijksverdrag geregeld. Deze verdragsregeling kan, zoals in de Inleidende opmerkingen, aant. 3 reeds is opgemerkt, als een bodemvoorziening worden beschouwd waarvan door de nationale wetgever kan worden afgeweken, in die zin, dat voor de erkenning van dergelijke huwelijken gunstigere regels worden geformuleerd (art. 13 Haags huwelijksverdrag). Dit laatste is gebeurd in de erkenningsregeling van art. 10:31 BW. De bepaling is namelijk ook van toepassing op een aantal vormen van huwelijken die het Haags huwelijksverdrag zelf uitdrukkelijk uitsluit, namelijk huwelijken voltrokken ten overstaan van een militaire autoriteit, huwelijken voltrokken aan boord van een schip of een luchtvoertuig, huwelijken bij volmacht, postume huwelijken en vormloze huwelijken (art. 8 Haags huwelijksverdrag). Afdeling 1 van Titel 3 bevat deze uitzonderingen niet en gaat aldus een belangrijke stap verder op de weg van de begunstiging van het huwelijk dan het verdrag.

2. De erkenningsregeling (lid 1). Lid 1 verwoordt het beginsel dat een huwelijk dat elders rechtsgeldig tot stand is gekomen, volgens het recht – daaronder begrepen het internationaal privaatrecht, aant. 4 – van de Staat van huwelijksvoltrekking of dat volgens dat recht later rechtsgeldig wordt, in Nederland als zodanig wordt erkend (zie ook art. 9 Haags huwelijksverdrag). De in lid 1 gebezigde term 'huwelijksvoltrekking' omvat zowel een of andere officiële huwelijksplechtigheid als vormloze huwelijken. De voorwaarde dat het huwelijk 'rechtsgeldig' dient te zijn, duidt niet slechts op de geldigheid naar vorm, maar ook op de volgens dat recht geldende materiële vereisten. Voor de rechtspraktijk kunnen hier moeilijkheden rijzen, aangezien soms moeilijk is vast te stellen of aan de desbetreffende formele én materiële vereisten van de wet van huwelijkssluiting is voldaan. Dit probleem kan deels worden ondervangen door lid 4 van de bepaling, houdende het vermoeden dat berust op de aanwezigheid van een door de bevoegde autoriteit afgegeven huwelijksverklaring (zie nader: aant. 5). **Huwelijk dat**

nadien rechtsgeldig is geworden. Met de woorden 'nadien rechtsgeldig is geworden' wordt gedoeld op situaties waarin een huwelijk oorspronkelijk niet rechtsgeldig tot stand komt, maar waar nadien het gebrek in de huwelijkssluiting wordt gerepareerd. Dat kan zijn omdat het gebrek (ingevolge het recht waarnaar het huwelijk is tot stand gekomen) wordt hersteld (een ontbrekende toestemming wordt bijvoorbeeld later nog verkregen, of het buitenlandse recht kent aan de rechter de bevoegdheid toe het huwelijk te herstellen of de rechtsgeldigheid ervan te bevestigen), als gevolg van een overgangsregeling, of omdat herstelwetgeving wordt uitgevaardigd. Herstel van het huwelijk kan het huwelijk rechtsgeldig maken hetzij vanaf het moment van het herstel hetzij met terugwerkende kracht. ***Geen conflictenrechtelijke toets.*** Wat betreft de in art. 10:31 lid 1-3 geformuleerde regeling heeft de wetgever gekozen voor een zogenoemde processuele toets: bij de erkenningsvraag van een in het buitenland tot stand gekomen huwelijk staat centraal de vraag of dit huwelijk is gesloten door een bevoegde instantie (bijvoorbeeld de abs of andere burgerlijke of religieuze autoriteit) en dat is geschied overeenkomstig het recht van de staat waar het huwelijk plaatsvond. Door de Nederlandse instanties mag dus niet meer worden onderzocht, of het met toepassing van het buitenlandse recht bereikte resultaat gelijk is aan het resultaat dat met toepassing van de eigen Nederlandse verwijzingsregel zou zijn verkregen – de zogenoemde conflictenrechtelijke toets.

3. Erkenning van huwelijken gesloten ten overstaan van een diplomatieke of consulaire ambtenaar (lid 2). Lid 2 ziet op de erkenning van huwelijken die zijn gesloten ten overstaan van een diplomatieke of consulaire ambtenaar. Een dergelijk huwelijk komt in Nederland voor erkenning in aanmerking, indien aan twee voorwaarden is voldaan. De eerste is dat het huwelijk voltrokken is overeenkomstig het recht van de ambtenaar, dat wil zeggen: het recht van de Staat waardoor hij is uitgezonden. De tweede voorwaarde die lid 2 stelt, is dat deze wijze van huwelijksvoltrekking niet is verboden in de Staat waar het huwelijk is voltrokken; met andere woorden: de Staat waar deze ambtenaar is geaccrediteerd moet toestaan dat hij die bevoegdheid uitoefent. De woorden 'tenzij die voltrekking (...) niet was toegestaan' doelen op de (on)bevoegdheid ingevolge volkenrechtelijke afspraken op dit punt tussen de zendstaat en de Staat waar de huwelijksvoltrekking moet plaatsvinden.

4. Het 'recht' omvat ook regels van internationaal privaatrecht (lid 3). In lid 3 wordt met zoveel woorden gezegd dat onder 'recht' mede worden begrepen de regels van internationaal privaatrecht. Deze interpretatieve bepaling is noodzakelijk, daar onder 'recht' in een Nederlandse wet in het algemeen slechts het interne, materiële recht wordt verstaan. Ter verduidelijking kan dienen het geval dat bijvoorbeeld in land X een rechtsgeldig huwelijk wordt gesloten tussen een 17-jarig Libanees meisje en een 21-jarige Libanese jongen. Volgens het IPR van land X worden de grondvereisten voor het huwelijk beheerst door het recht van de nationaliteit van de aanstaande echtgenoten, mits geen sprake is van strijdigheid met de openbare orde. Dit leidt tot het resultaat dat dit in land X rechtsgeldig voltrokken huwelijk in Nederland een toetsing aan art. 10:31 lid 1 BW doorstaat. Onder 'recht' in de zin van deze bepaling dient overigens niet alleen het internationaal privaatrecht te worden begrepen, maar ook het ongeschreven (gewoonte)recht van de Staat van huwelijksvoltrekking. Zo zal een in het (voormalige) Joegoslavië volgens zigeunertraditie voltrokken huwelijk, mits die ceremonie als een rechtsgeldige huwelijksvoltrekking wordt aanvaard door het (voormalige) Joegoslavische recht, ingevolge de onderhavige erkenningsregel moeten worden erkend.

5. De huwelijksverklaring (lid 4). Lid 4 is, wat de inhoud betreft, ontleend aan art. 10 Haags huwelijksverdrag. De bepaling biedt een praktische regel die het de Nederlandse rechtstoepasser vergemakkelijkt om de rechtsgeldigheid van in het buitenland gesloten huwelijken te beoordelen. **Huwelijksverklaring.** Evenmin als art. 10 Haags huwelijksverdrag spreekt lid 4 van 'huwelijksakte', maar eenvoudigweg van een 'huwelijksverklaring'. Deze term strekt er toe elk stuk te omvatten, dat door een bevoegde autoriteit is afgegeven om tot het bewijs van het bestaan van een huwelijk te dienen. Vergelijk art. 1:78 BW, dat voorschrijft dat het bestaan van een in Nederland gesloten huwelijk in beginsel slechts door de huwelijksakte kan worden bewezen dan wel de akte van omzetting als bedoeld in art. 1:80g BW. **Bevoegde autoriteit.** De woorden 'en bevoegde autoriteit' in dit lid dienen te worden begrepen in die zin, dat de autoriteit bevoegd is in de Staat van huwelijksvoltrekking (het normale geval) of, ten aanzien van huwelijken, voltrokken ten overstaan van een diplomatieke of consulaire ambtenaar, bevoegd volgens het recht van de Staat door wie hij is uitgezonden. Voldoende zekerheid zal verkregen dienen te worden dat een verklaring die door een buitenlandse autoriteit is overgelegd aan de Nederlandse autoriteit, is afgegeven door een bevoegde instantie. Het Haags huwelijksverdrag tracht dit probleem op te lossen, althans tot op zekere hoogte, door de bepaling van art. 23 Haags huwelijksverdrag; volgens dit artikel dient iedere verdragsluitende Staat opgave te doen welke autoriteiten volgens zijn recht bevoegd zijn de in art. 10 bedoelde verklaring af te geven. Nederland heeft bij de bekrachtiging, ingevolge art. 23, in verband met art. 10 Haags huwelijksverdrag aangewezen de ambtenaren van de burgerlijke stand alsmede de hoofden van de consulaire posten die bevoegd zijn tot het opmaken van akten van de burgerlijke stand (zie *Kamerstukken II* 1987/88, 20504, 3, p. 11, bijlage I). **Bewijs huwelijk.** Dit systeem beoogt het risico te verkleinen dat onbetrouwbare verklaringen aan autoriteiten in andere landen worden overgelegd. De desbetreffende Nederlandse autoriteit zal steeds alert moeten zijn wat betreft de betrouwbaarheid van bedoelde verklaringen. Het lijkt redelijk dat op partijen die het bewijs van hun huwelijk op deze wijze willen staven, de bewijslast rust dat de verklaring is afgegeven door een autoriteit die daartoe bevoegd is. Anders dan uit de wettekst zelf, volgt uit de MvT, *Kamerstukken II* 20507, 3, p. 7 – evenals uit art. 10 Haags huwelijksverdrag – dat het vermoeden slechts geldt 'behoudens tegenbewijs'. Aangenomen mag worden dat in het geval waarin naast de (onbetrouwbare) huwelijksverklaring zelf ook duidelijk bewijs aanwezig is dat het huwelijk ongeldig is, de desbetreffende Nederlandse autoriteit zelf het tegendeel kan bewijzen. Ontstaat over deze kwestie van de weerlegging van het vermoeden tussen partijen een geschil, dan kunnen degenen die hier te lande hun huwelijk erkend wensen te zien aan de rechter verzoeken een verklaring voor recht af te geven omtrent de rechtsgeldigheid van het huwelijk (vgl. art. 1:26 en 1:27 BW). Deze praktische regel zal evenwel niet steeds de gewenste zekerheid over het bestaan van het huwelijk kunnen verschaffen. De echtgenoten zullen immers vaak een dergelijke huwelijksverklaring of een ander deugdelijk bewijsstuk niet kunnen overleggen, zelfs wanneer zij afdoende pogingen in het werk stellen om dit bewijsstuk te verkrijgen. Bij ontbreken van een huwelijksverklaring zal de rechter zelfstandig beoordelen op basis van de feiten en omstandigheden en bewijsstukken van het concrete geval of aan de materiële voorwaarden en vormvoorschriften (als deze er zijn) van het (buitenlandse) recht is voldaan. De abs is voor het opnemen van akten in de registers van de burgerlijke stand gebonden aan art. 1:18 e.v. BW (en de nadere regeling in het Besluit Burgerlijke Stand). Voor de opname van gegevens in de Basisregistratie personen, gelden art. 2.7 e.v. Wbrp, nader uitgewerkt in het Besluit basisregistratie personen en de Regeling basisregistratie personen, *Asser/Vonken & Ibili 10-II* 2021/107-111.

6. Legalisatie van buitenlandse huwelijksverklaring. Art. 1:31 BW verlangt niet expliciet dat de buitenlandse huwelijksverklaring die wordt overgelegd, moet zijn gelegaliseerd. Dat roept de vraag op of die eis wel aan de erkenning mag worden gesteld. Doel van legalisatie is vast te stellen dat het document is opgemaakt door een naar lokaal recht daartoe bevoegde autoriteit en dat het document niet vals of vervalst is. De legalisatie van een document geeft alleen informatie over de formele echtheid van het document en zegt niets over de inhoudelijke juistheid ervan (zie Circulaire legalisatie en verificatie buitenlandse bewijsstukken (staat van personen en toepassing van DNA-onderzoek) 2021; ook Rutten, *Huwelijk en burgerlijke stand*, Praktijkreeks IPR, deel 2, hoofdstuk 3). In veel gevallen kan op grond van verdragen (zie met name het Haags verdrag tot afschaffing van het vereiste van legalisatie van buitenlandse openbare akten 1961, waarbij een groot aantal landen partij is), door EU-afspraken (vanaf 16 februari 2019 geldt de Verordening (EU) 2016/1191 en zijn huwelijksakten in de EU vrijgesteld van elke vorm van legalisatie en soortgelijke formaliteit, art. 4 jo. art. 2 lid 1 aanhef en onder e) of nationale regelingen geen legalisatie-eis worden gesteld. Daar waar geen regeling zich tegen een legalisatie-eis verzet, volgt uit een uitspraak van de Hoge Raad uit 2003 dat de rechter bij het beoordelen van de erkenning van een buitenlands huwelijk de eis van legalisatie als zelfstandige voorwaarde mag stellen (HR 5 september 2003, ECLI:NL:HR:2003:AF8578, *NJ* 2004/5). In casu was in 1998 uit een Ghanese moeder in Nederland een kind geboren. Op de geboorteakte wordt de Ghanese vader niet vermeld. De ouders verzoeken de abs de geboorteakte van het kind aan te vullen met de vermelding van de man als vader van het kind. Het kind is volgens hen staande het huwelijk geboren. Als bewijs hiervan leggen zij een door de Registrar of Marriage in Ghana gestempelde huwelijksverklaring over. De abs weigert echter de huwelijksverklaring genoegzaam te verklaren, omdat geen legalisatie van de huwelijksakte op de voet van de legalisatiecirculaire van 12 januari 2000 heeft plaatsgevonden. De persoonsgegevens van de vrouw konden in Ghana niet worden geverifieerd, terwijl voorts uit het onderzoek dat het Ministerie van Buitenlandse Zaken in de legalisatieprocedure in Ghana heeft doen uitvoeren, is gebleken dat er veel onduidelijkheden met betrekking tot het gestelde huwelijk bestonden. De Hoge Raad overweegt onder meer, dat art. 10 van het verdrag en de daarmee overeenstemmende bepaling van art. 10:31 lid 4 BW betrekking hebben op de vraag op welke wijze het bestaan van een huwelijk kan worden bewezen, namelijk door het overleggen van een huwelijksverklaring van een bevoegde autoriteit, doch niet op de vraag of het als huwelijksverklaring overgelegde stuk als echt kan worden aanvaard, en dat de beantwoording van de laatste vraag is overgelaten aan het nationale recht. Daarbij verdient aantekening dat Ghana geen partij is bij het op wederkerigheid berustende Haagse verdrag tot afschaffing van legalisatie (Verdrag van 5 oktober 1961, *Trb.* 1963, 28) noch bij enig ander Nederland en Ghana bindend verdrag dat ertoe verplicht in Ghana opgemaakte openbare akten of andere door het bevoegd gezag afgegeven stukken van legalisatie vrij te stellen. Voorts oordeelde de Hoge Raad (r.o. 4.3), dat in het geval waarin het gaat om de vraag of in de geboorteakte van een in Nederland geboren kind moet worden vermeld dat de man als gevolg van een in het buitenland gesloten huwelijk de vader van het kind is, en het verzoek derhalve een vaststelling vergt die grote verwantschap vertoont met een beslissing als bedoeld in art. 1:26 en 1:26d BW van overeenkomstige toepassing moet worden geacht en de rechter derhalve met overeenkomstige toepassing van art. 986 lid 3 Rv legalisatie van de overgelegde huwelijksverklaring kan verlangen.

Artikel 32

Ongeacht artikel 31 van dit Boek wordt aan een buiten Nederland gesloten huwelijk erkenning onthouden, indien deze erkenning kennelijk onverenigbaar is met de openbare orde en in ieder geval indien een der echtgenoten op het tijdstip van de sluiting van dat huwelijk:

a. **reeds gehuwd was of een geregistreerd partnerschap had gesloten met een persoon die de Nederlandse nationaliteit bezat of zelf de Nederlandse nationaliteit bezat of in Nederland zijn gewone verblijfplaats had, tenzij het eerder gesloten huwelijk of geregistreerd partnerschap is ontbonden of nietig verklaard;**

b. **aan de andere echtgenoot in rechte lijn verwant was of de broer of zuster van die echtgenoot was, hetzij door bloedverwantschap, hetzij door adoptie, tenzij deze familierechtelijke betrekking later is verbroken vanwege het ontbreken van biologische verwantschap of herroeping van de adoptie;**

c. **niet de leeftijd van achttien jaar had bereikt, tenzij de echtgenoten op het moment dat erkenning van het huwelijk gevraagd wordt beiden de leeftijd van achttien jaar hebben bereikt;**

d. **geestelijk niet in staat was zijn toestemming te geven, tenzij deze daartoe wel in staat is op het moment dat de erkenning van het huwelijk gevraagd wordt en uitdrukkelijk met de erkenning van het huwelijk instemt; of**

e. **niet vrijelijk zijn toestemming tot het huwelijk had gegeven, tenzij deze uitdrukkelijk met de erkenning van het huwelijk instemt.**

[07-10-2015, Stb. 354, i.w.tr. 05-12-2015/kamerstukken 33488]

[De openbare orde-exceptie]

1. Algemeen. Als grond tot weigering van de erkenning van een elders gesloten huwelijk noemt de bepaling de kennelijke onverenigbaarheid met de openbare orde. Voor een vijftal huwelijken is bepaald dat hieraan in ieder geval erkenning moet worden onthouden. Het onthouden van erkenning is hier imperatief voorgeschreven. Wanneer voldaan is aan de voorwaarden die in onderdeel a-e beschreven situaties worden gesteld, heeft de rechter of andere autoriteit geen discretionaire bevoegdheid meer bij de beoordeling van de exceptie van de openbare orde. De grond wordt beoordeeld naar het tijdstip van de huwelijkssluiting zelf. De wetgever heeft met deze opsomming de open norm van 'kennelijke onverenigbaarheid met de openbare orde' nader ingevuld. Hiermee heeft de wetgever de wetstoepasser behulpzaam willen zijn en de rechtszekerheid willen bevorderen door te verduidelijken in welke gevallen de openbare orde in ieder geval in de weg staat aan de erkenning van het in het buitenland gesloten huwelijk (MvT, *Kamerstukken II* 33488, 3, p. 11, 21 en MvA, *Kamerstukken I* 33488, C, p. 17). Voor vijf weigeringsgronden is daarmee bepaald dat deze, ongeacht de omstandigheden van het geval, steeds strijdig worden bevonden met fundamentele beginselen van de Nederlandse rechtsorde. In het Nederlandse IPR is een dergelijke absolute benadering niet gebruikelijk en wordt in het algemeen een terughoudend gebruik van de openbare orde-exceptie voorgestaan. De in art. 10:32 geregelde opsomming sluit aan bij de catalogus van weigeringsgronden die in art. 11 Haags huwelijksverdrag staat opgenomen. Op onderdelen zijn deze gronden in art. 10:32 nader geconcretiseerd. Anders dan in de onderhavige wet, gaat het in het verdrag niet om imperatieve maar om facultatieve weigeringsgronden. De opsomming in de onderhavige bepaling is niet limitatief; de zinsnede 'in ieder geval' laat open dat er andere huwelijken kunnen zijn die een toetsing aan de openbare orde-exceptie niet zullen doorstaan. De toevoeging 'kennelijk' wijst erop dat het inroepen van de openbare orde slechts in bijzondere gevallen is toegestaan. Of een beroep op de openbare orde kan slagen, zal telkens van geval tot geval beoordeeld moeten worden: pas bij strijd met fundamentele waarden en normen van het Nederlandse huwelijksrecht en bij voldoende betrokkenheid met de Nederlandse rechtssfeer, mag erkenning worden onthouden aan het buitenlandse huwelijk. Anders dan het Haags huwelijksverdrag kent de erkenningsregeling in Boek 10 niet ook nog een afzonderlijke algemene openbare orde-bepaling. Deze algemene openbare orde is vastgelegd in de aanhef van art. 10:32. In de weigeringsgronden van art. 10:32 ligt besloten dat op het moment waarop het huwelijk tot stand kwam, sprake was van een als gebrek aan te merken omstandigheid die de huwelijkssluiting strijdig met fundamentele beginselen van Nederlands huwelijksrecht maakte. Zodra dit gebrek wordt gerepareerd, hoeft van een strijdigheid met de Nederlandse openbare orde niet steeds meer sprake te zijn en behoeft het gebrek niet langer vanzelf aan erkenning van het huwelijk in de weg te staan. Alle weigeringsgronden zijn aangevuld met een clausule waaruit voortvloeit dat bij reparatie van het gebrek het onthouden van erkenning niet langer imperatief is voorgeschreven en erkenning mogelijk kan zijn.

2. Catalogus van weigeringsgronden. a. Polygame huwelijken. De in onderdeel a opgenomen weigeringsgrond verduidelijkt aan welke in het buitenland gesloten polygame huwelijken in Nederland in ieder geval erkenning moet worden onthouden en beoogt de situaties waarin polygame buitenlandse huwelijken kunnen worden erkend, te beperken aangezien polygame huwelijken in het algemeen in strijd worden bevonden met fundamentele beginselen van het Nederlandse huwelijksrecht. In het buitenland gesloten polygame huwelijken komen niet voor erkenning in aanmerking als zij zijn gesloten op een moment dat een relevant raakpunt met de Nederlandse rechtsorde bestond. Als relevante raakpunten zijn in de bepaling aangemerkt het bezit van de Nederlandse nationaliteit alsook het hebben van gewone verblijfplaats in Nederland. Deze raakpunten kunnen zowel een van de echtgenoten van het voorliggende polygame huwelijk betreffen alsook de eerste of eerdere echtgenoot van de echtgenoot die een volgend huwelijk sluit. Een buitenlands polygaam huwelijk kan mitsdien niet worden erkend indien ten minste een van de betrokken echtgenoten de Nederlandse nationaliteit bezat of in Nederland haar of zijn gewone verblijfplaats had. Het begrip gewone verblijfplaats is bewust niet nader ingevuld; het verwijst naar de in het IPR gangbare betekenis van het begrip gewone verblijfplaats, daarmee refererend aan de plaats waar betrokkene het permanente centrum van zijn belangen heeft gevestigd met de bedoeling daaraan een vast karakter te verlenen, te bepalen aan de hand van de feitelijke omstandigheden van het geval. De imperatieve weigeringsgrond geldt alleen als er een raakvlak, nationaliteit of gewone verblijfplaats, met Nederland is. Bezat een der echtgenoten de nationaliteit van of had gewone verblijfplaats in een ander land waar het monogamiebeginsel geldt, bijvoorbeeld België, Frankrijk of het Verenigd Koninkrijk, dan is de weigering om het huwelijk te erkennen niet verplicht voorgeschreven. Of aan dit polygame huwelijk erkenning zal worden onthouden wegens strijd met de openbare orde, kan per geval worden beoordeeld. Een polygaam huwelijk wordt op basis van dezelfde factoren geweigerd wanneer een van de echtgenoten al een eerder geregistreerd partnerschap had gesloten. Indien en zodra het eerdere huwelijk of geregistreerd partnerschap is ontbonden (bijvoorbeeld door echtscheiding of door de dood van een der echtgenoten) of nietig is verklaard, verzet het polygame karakter van het huwelijk zich niet langer tegen erkenning en kan het huwelijk als rechtsgeldig worden erkend. Erkenning van het (oorspronkelijke) polygame huwelijk kan mitsdien met succes plaatsvinden vanaf het moment dat het eerdere huwelijk of het eerder geregistreerde partnerschap is ontbonden of nietig verklaard. Dit is in overeenstemming met de regeling uit art. 11 Haags huwelijksverdrag. Het huwelijk wordt dan niet met terugwerkende kracht erkend maar vanaf de datum dat het een monogaam huwelijk is geworden. Of er op het moment van huwelijkssluiting al een eerder huwelijk of geregistreerd partnerschap was, wordt beoordeeld vanuit Nederlands perspectief, zijnde het perspectief van de erkennende staat. Het eerdere huwelijk of geregistreerd partnerschap moet daarom in Nederland als rechtsgeldig worden erkend en op het moment van huwelijkssluiting nog bestaan, dat wil zeggen niet op als rechtsgeldig te erkennen wijze zijn ontbonden of nietig verklaard. In overeenstemming met de in Nederland heersende rechtsopvatting kan worden aangenomen dat het in de reparatieclausule eveneens gaat om een in Nederland als rechtsgeldig te erkennen ontbinding of nietigverklaring van het eerdere huwelijk (zie *Asser/Vonken & Ibili 10-II* 2021/121). Wordt het eerdere huwelijk tijdens het bestaan van het tweede huwelijk bijvoorbeeld beëindigd op een wijze die in Nederland niet wordt erkend, dan blijft de weigeringsgrond voor erkenning van het tweede huwelijk bestaan. **b. Bloedverwantschap.** De in onderdeel b opgenomen weigeringsgrond bepaalt welke tussen echtgenoten bestaande bloedverwantschap alsook juridische verwantschap door adoptie aan erkenning van het huwelijk in de weg staat. De eerstgenoemde verwantschap betreft de verwantschap in de rechte lijn (ouders, kinderen, grootouders, kleinkinderen enz.) en verwantschap in de zijlijn in de tweede lijn (zussen en broers). De in art. 1:41 en 1:41a BW uitdrukkelijk opgenomen clausule dat het gaat om verwantschap hetzij in natura hetzij familierechtelijk, ontbreekt in de onderhavige bepaling. Volgens Nederlands recht ontstaat bloedverwantschap ook door het vestigen van familierechtelijke betrekkingen (art. 1:3 BW). Aangenomen kan worden dat zowel de bloed- als de juridische verwantschap worden bedoeld. Er is geen reden om aan te nemen dat aanverwantschap, die in het materiële Nederlandse huwelijksrecht als huwelijksbeletsel is verdwenen, valt onder de in deze bepaling opgenomen verwantschap. Bij de zussen en broers wordt geen onderscheid gemaakt tussen volle en halfvolle verwanten in de zijlijn. Beide vormen een beletsel om het huwelijk te erkennen. Een motie van Van Oosten om in het buitenland gesloten huwelijken tussen neef en nicht in beginsel in Nederland niet te erkennen werd in de Tweede Kamer weliswaar aangenomen (*Kamerstukken II* 33488, 11), maar is uiteindelijk niet in de catalogus van imperatieve weigeringsgronden opgenomen. Verwantschap tussen echtgenoten in de derde of vierde graad (tante, oom, nicht, neef) wordt in het Haags huwelijksverdrag niet genoemd als grond om aan een buitenlands huwelijk erkenning te onthouden. Ook de wetgever acht een dergelijk huwelijk niet in algemene zin als kennelijk strijdig met de Nederlandse openbare orde, reeds niet omdat een dergelijk huwelijk ook naar materieel Nederlands recht niet in absolute zin verboden is (MvT *Kamerstukken II* 33488, 3, p. 13). De wetgever volgt hier ook het advies van de

Staatscommissie IPR (MvA, *Kamerstukken I* 33488, C, p. 19/20). Huwelijken tussen echtgenoten die door adoptie met elkaar verwant zijn, kunnen niet worden erkend als door de adoptie familierechtelijke betrekkingen waren ontstaan. Zodra de familierechtelijke betrekking tussen de echtgenoten die grond vormde om aan het huwelijk erkenning te onthouden, wordt verbroken (bijvoorbeeld door ontkenning van het ouderschap of nietigverklaring van de erkenning), kan erkenning van het huwelijk alsnog plaatsvinden. De wet stelt wel als voorwaarde dat, in geval van verwantschap, de familierechtelijke betrekking is verbroken vanwege het ontbreken van biologische verwantschap. Het huwelijk blijkt dan uiteindelijk immers te zijn gesloten tussen twee personen die niet elkaars bloedverwanten zijn (*Kamerstukken II* 33488, 3, p. 13). In geval van verwantschap tussen de echtgenoten uit hoofde van adoptie, wordt erkenning van het huwelijk mogelijk als de adoptie is herroepen. **c. Kinderhuwelijken.** De in onderdeel c opgenomen weigeringsgrond bepaalt dat wanneer een van de echtgenoten op het tijdstip van de huwelijkssluiting de leeftijd van achttien jaar nog niet heeft bereikt, erkenning van het huwelijk moet worden geweigerd. Zowel een huwelijk waarbij geen van beide echtgenoten bij de huwelijkssluiting de leeftijd van achttien jaar bezat als een huwelijk tussen een volwassene en een echtgenoot beneden de leeftijd van achttien jaar worden volgens de wetgever strijdig geacht met fundamentele beginselen van het Nederlandse huwelijksrecht. Uitzonderingen hierop zijn niet toegestaan, ook niet als een buitenlandse rechter toestemming voor het huwelijk heeft gegeven. Erkenning van het huwelijk is echter weer wel mogelijk als op het moment dat erkenning van het huwelijk wordt gevraagd, beide echtgenoten de leeftijd van achttien jaar inmiddels hebben bereikt. De Minister voor Rechtsbescherming heeft in een brief van 12 februari 2019 (*Kamerstukken II* 32175, nr. 65) aangegeven dat het huwelijk in dat geval niet van rechtswege wordt erkend, maar dat een van de betrokkenen een verzoek kan indienen om het huwelijk te registreren in de Brp. Het huwelijk wordt geregistreerd zonder toetsing (behoudens op schijnhuwelijk). Indien de betrokkene de niet-erkenning van het huwelijk wenst, kan er een verzoek tot niet-erkenning van een buitenlands huwelijk worden ingediend bij de rechtbank (art. 1:26 BW). Dit is ook mogelijk als het huwelijk al is geregistreerd in de Brp. De rechtbank kan dan besluiten om een verklaring voor recht af te geven dat het huwelijk niet voor inschrijving vatbaar is. Hoe de erkenning door een rechter dient te worden beoordeeld en of de openbare orde-exceptie zich tegen erkenning verzet, zal van geval tot geval moeten worden beoordeeld. Daarbij kan rekening worden gehouden met de omstandigheid of op het moment van huwelijkssluiting de Nederlandse rechtsorde al dan niet was betrokken. Anders dan bij de reparatiegronden die onder d en e zijn opgenomen, wordt in de onderhavige bepaling niet uitdrukkelijk verlangd dat (met name) de te beschermen echtgenoot, dat wil zeggen de echtgenoot die bij de huwelijkssluiting nog geen achttien jaar was, met de erkenning instemt. Bij de beoordeling of erkenning mogelijk is, zal deze factor in omstandigheden wel relevant kunnen zijn. Aannemelijk is dat wanneer het huwelijk wordt erkend, dit gebeurt vanaf het moment van erkenning, en dat de erkenning (voor zover het de rechtsgeldigheid van het huwelijk betreft) dus geen terugwerkende kracht heeft tot datum huwelijkssluiting. **d. Geestelijke stoornis.** De in onderdeel d genoemde weigeringsgrond beschermt tegen de erkenning van een huwelijk dat is tot stand gekomen met een partij die op het moment van huwelijkssluiting geestelijk niet in staat is haar of zijn wil te bepalen met betrekking tot het aangaan van het huwelijk. De vrije toestemming is in het geding als een aanstaande echtgenoot niet in staat is zijn wil te bepalen of de betekenis ervan te begrijpen. Is hem bekend dat de geestelijke stoornis een vrije toestemming niet mogelijk maakte, dan kan het huwelijk niet worden erkend. Erkenning van het huwelijk wordt mogelijk als op het moment dat erkenning van het huwelijk wordt gevraagd, degene wiens geestelijke stoornis het betrof weer in staat is zijn toestemming te geven en hij met de erkenning van het huwelijk instemt. Aannemelijk is dat wanneer het huwelijk wordt erkend, dit gebeurt vanaf het moment van erkenning, en dat de erkenning dus geen terugwerkende kracht heeft. **e. Huwelijksdwang.** De vrije toestemming van de aanstaande echtgenoten om met elkaar een huwelijk aan te gaan behoort tot de fundamentele beginselen van het Nederlandse huwelijksrecht. Indien niet vrijelijk de toestemming is gegeven is erkenning van het huwelijk strijdig met de openbare orde. Indien een huwelijk onder dwang wordt aangegaan, heeft betrokkene niet vrijelijk zijn toestemming tot het huwelijk gegeven en kan het huwelijk niet worden erkend. HR 16 oktober 1998, *NJ* 1999/6, verlangt dat aan het bewijs van het bestaan van huwelijksdwang dan wel dat niet vrijelijk toestemming tot het huwelijk werd gegeven, hoge eisen kunnen worden gesteld. In het kader van beleidsvorming ter bestrijding van huwelijksdwang zijn diverse maatregelen ontwikkeld die bijdragen aan de herkenning van huwelijksdwang. Uit lagere rechtspraak (Gerechtshof Amsterdam 19 april 2016, ECLI:NL:GHAMS:2016:1507) blijkt inmiddels dat bij een huwelijk met een minderjarige (kinderhuwelijk), minderjarigheid een factor kan zijn die een rol speelt bij de beoordeling of er sprake is van dwang. Erkenning van een huwelijk dat zonder vrijelijke toestemming van een van de echtgenoten is aangegaan, kan echter wel worden erkend indien degene wiens vrije toestemming ontbrak met de erkenning van het huwelijk instemt. Deze instemming dient uitdrukkelijk te geschieden.

3. Overige onderwerpen die raken aan de openbare orde. De rechtspraktijk kan worden geconfronteerd met in het buitenland gesloten huwelijken die niet vallen onder de in art. 10:32 BW beschreven gevallen, maar waarin wel een toetsing aan de openbare orde kan worden overwogen. Naast huwelijken die wel behoren tot de in de catalogus opgenoemde huwelijken maar niet voldoen aan de in het artikel gestelde voorwaarden, kan nog aan een aantal andere huwelijken worden gedacht. Er geldt geen limitatieve opsomming. Ten eerste kan worden gewezen op zogenoemde 'tijdelijke huwelijken'. Een dergelijk huwelijk is vanaf het begin slechts voor een nader bepaalde tijd bedoeld; deze duur kan variëren van een uur tot tientallen jaren. De huwelijken worden ook aangegaan als men enkel uit is op seksueel genot (prostitutie). Procreatie, bijstand en andere gevolgen van het 'gewone' huwelijk worden door de man en vrouw die een genothuwelijk aangaan, niet beoogd. Tenzij anders overeengekomen, is de man ten opzichte van de vrouw niet onderhoudsplichtig en ontbreekt elk wederzijds recht op erfopvolging. De beëindiging van het tijdelijk huwelijk is niet aan een bijzondere procedure of aan bepaalde formaliteiten onderworpen. Na de overeengekomen termijn eindigt de relatie van rechtswege, zonder verstoting of een andere vorm van echtscheiding. Indien een dergelijk huwelijk al als huwelijk kan worden gekwalificeerd, dan is verdedigbaar dat een dergelijk huwelijk strijdig is met de Nederlandse openbare orde. Ook wordt (mede) gelet op het bepaalde in art. 1:50, 1:53 en 1:71a BW, een in het buitenland gesloten schijnhuwelijk in strijd geacht met de openbare orde. Van een schijnhuwelijk is sprake, indien het oogmerk van de (aanstaande) echtgenoten, of één hunner, niet is gericht op de vervulling van de door de wet aan de huwelijkse staat verbonden plichten, maar op het verkrijgen van toelating tot Nederland. Ten slotte zijn er nog huwelijken die aanvankelijk niet rechtsgeldig tot stand komen en die later met terugwerkende kracht worden gerepareerd. Het is met name deze terugwerkende kracht die vragen omtrent de openbare orde kan doen oproepen: 1. vanwege de terugwerkende werking van het bestaan van een huwelijk zelf; 2. vanwege de gevolgen die een terugwerkende kracht kan hebben gelet op hetgeen in de tussentijd kan hebben plaatsgevonden (zoals een ander huwelijk; kinderen die zijn verwekt, nalatenschappen die zijn opengevallen enz.); 3. vanwege de fraudegevoeligheid omdat het de mogelijkheid biedt dat fictieve huwelijken in het verleden worden gecreëerd. Zie nader *Asser/Vonken & Ibili 10-II* 2021/113-128.

Artikel 33

De artikelen 31 en 32 van dit Boek zijn van toepassing ongeacht of over de erkenning van de rechtsgeldigheid van een huwelijk als hoofdvraag, dan wel als voorvraag in verband met een andere vraag wordt beslist.

[19-05-2011, Stb. 272, i.w.tr. 01-01-2012/kamerstukken 32137]

[De voorvraag]

1. Algemeen. De bepaling heeft betrekking op de kwestie dat de vraag van de erkenning van een elders rechtsgeldig gesloten huwelijk als 'voorvraag' in verband met een andere vraag moet worden beantwoord. De erkenningsregeling die is vervat in de art. 10:31 en 32 BW is, zo volgt expliciet uit de bepaling, dus niet beperkt tot de verplichting het huwelijk geldig te achten in het geval de vraag naar de erkenning van het huwelijk zich aandient als hoofdvraag. De praktische betekenis van de art. 10:31 en 32 BW wordt op deze wijze dus aanmerkelijk uitgebreid; zo kan de erkenning van de rechtsgeldigheid van een elders gesloten huwelijk als prealabele vraag aan de orde komen in het kader van bijvoorbeeld het toepasselijke recht op een echtscheiding, de naam, het levensonderhoud en of het uit het huwelijk geboren kind wettig is. Wanneer zich een voorvraag aandient, rijst de vraag of deze voorvraag zelfstandig dan wel afhankelijk (onzelfstandig) moet worden aangeknoopt. *De prealabele vraag van het huwelijk in het kader van een erkenningsregeling.* De prealabele vraag – 'voorvraag' of 'Erstfrage' – van de rechtsgeldigheid van een in het buitenland tot stand gekomen huwelijk, kan ook aan de orde komen in de context van de toepassing van een erkenningsregeling ter zake van een in het buitenland tot stand gekomen rechterlijke beslissing of rechtsfeit. Deze kwestie was aan de orde in HR 19 mei 2017, *NJ* 2017/435. Zie nader over deze kwestie, Vonken, *T&C Personen- en Familierecht*, art. 10:4 BW, aant. 2 onder b en art. 10:101 BW, aant. 3. Vergelijk ook *Asser/Vonken 10-I* 2018/583-584.

2. Hoofdregel: zelfstandige aanknoping van voorvraag (art. 33 en art. 12 lid 1 Verdrag 1978). De bepaling kiest – in de lijn van art. 12 lid 1 Verdrag 1978 – voor een zelfstandige aanknoping van de voorvraag. Het in het buitenland gesloten huwelijk dient dus steeds te worden getoetst aan de in art. 10:31 en 10:32 BW neergelegde erkenningsregeling, ongeacht de juridische context waarin de vraag zich kan voordoen. Op deze wijze wordt uitdrukking gegeven aan de gedachte van een 'ondeelbare huwelijkse staat' en wordt de interne beslissingsharmonie gediend; een persoon die in één opzicht als gehuwd wordt binnen de Nederlandse rechtsorde beschouwd, wordt ook in andere opzichten als zodanig aangemerkt.

3. Uitzondering op hoofdregel: afhankelijke aanknoping van voorvraag (art. 12 lid 2 Verdrag 1978). Art. 12 lid 2 Verdrag 1978 staat toe – niet dwingt – om van de hoofdregel van art. 12 lid 1 Verdrag 1978 af te wijken. Deze bepaling houdt in dat in het geval de hoofdvraag door het recht van een niet-verdragsstaat wordt beheerst, de voorvraag op andere wijze, dus ook afhankelijk (onzelfstandig) kan worden aangeknoopt. De verdragsregeling inzake de voorvraag wijkt hiermee dus af van art. 10:33 BW. Aangezien ingevolge art. 93 en 94 Gw het verdrag voorrang heeft boven bepalingen van nationaal recht (zie ook art. 10:1), kan de rechtstoepasser dus een van art. 10:33 BW afwijkende beslissing nemen op grond van art. 12 lid 2 Verdrag 1978 (dus de voorvraag afhankelijk aanknopen), mits de hoofdvraag wordt beheerst door het recht van een niet-verdragsstaat. Deze lijn wordt in de Nederlandse rechtspraak nog maar nauwelijks gevolgd. **Een voorbeeld.** Een Pakistaanse man en een Pakistaans/Franse vrouw die beiden in Frankrijk verblijven, hebben volgens Moslimrites een huwelijk gesloten op het Pakistaanse consulaat in Parijs. Naar Pakistaans recht is dit huwelijk, anders dan naar Frans recht, rechtsgeldig. Kort na de huwelijkssluiting heeft het echtpaar zich in Nederland gevestigd. Een jaar later wordt uit deze relatie een kind geboren. Met welke staat dient het kind in zijn geboorteakte te worden beschreven? Wanneer wij aannemen dat deze afstammingsvraag – de hoofdvraag – wordt beoordeeld naar Pakistaans recht, rijst in dit verband de voorvraag naar de geldigheid van dit huwelijk. Wanneer deze voorvraag zelfstandig wordt aangeknoopt ingevolge art. 10:33 BW (art. 12 lid 1 Verdrag) kan dit huwelijk niet worden erkend, daar het niet rechtsgeldig is ingevolge het recht van de Franse Staat waar de huwelijksvoltrekking plaatsvond. Het kind zal bijgevolg als buitenechtelijk moeten worden aangemerkt. Aldus dreigt een hinkend huwelijk én een hinkende afstammingsrelatie te ontstaan, omdat naar Pakistaans recht dit huwelijk geldig is en het kind derhalve een wettige staat bezit. Dit weinig bevredigende resultaat zou kunnen worden vermeden door ingevolge art. 12 lid 2 Verdrag de voorvraag van het huwelijk afhankelijk aan te knopen aan het Pakistaanse recht – het recht (van een niet-verdragsstaat) – dat de hoofdvraag beheerst. Het kind zou in dat geval als wettig in zijn geboorteakte kunnen worden opgenomen. In de Nederlandse wet (art. 10:33 BW) noch rechtspraak heeft dit tweede lid van art. 12 Verdrag toepassing gekregen.

Artikel 34

1. Deze afdeling is niet van toepassing op de erkenning van de geldigheid van huwelijken die zijn voltrokken voor 1 januari 1990.
2. Huwelijken die na 1 januari 1990 en voor 15 januari 1999 ten overstaan van buitenlandse diplomatieke en consulaire ambtenaren in overeenstemming met het recht van de door hen vertegenwoordigde staat zijn voltrokken worden, onverminderd artikel 6 van dit Boek, als geldig aangemerkt indien de ene partij uitsluitend of mede de Nederlandse nationaliteit bezit en de andere partij uitsluitend of mede de nationaliteit van de door de diplomatieke of consulaire ambtenaar vertegenwoordigde staat.
3. Artikel 30 van dit Boek is van toepassing op huwelijken die na 15 januari 1999 ten overstaan van buitenlandse diplomatieke en consulaire ambtenaren zijn voltrokken.
[19-05-2011, Stb. 272, i.w.tr. 01-01-2012/kamerstukken 32137]

[Overgangsregeling]

Betekenis. a. Algemeen. Het temporele toepassingsgebied van de erkenningsregeling inzake internationale huwelijken is geregeld in art. 10:34 BW. Art. 10:34 is met de wetswijziging in bestaande vorm gehandhaafd. De wet van 7 oktober 2015, *Stb.* 2015, 354, noch het inwerkingtredingsbesluit van deze wet (*Stb.* 2015, 373) voorzien in een overgangsregeling voor de per 5 december 2015 gewijzigde art. 10:28, 10:29 en 10:32. Niet zeker is daarom of de gewijzigde erkenningsregel van art. 10:32 ook van toepassing is op buitenlandse huwelijken die vóór 5 december 2015 (mits op of na 1 januari 1990) tot stand zijn gekomen. Bij toepassing van het gewijzigde art. 10:32 op huwelijken die voor 5 december 2015 in het buitenland waren gesloten, zal dit dienen te geschieden met inachtneming van vóór deze datum ontstane gerechtvaardigde verwachtingen (eerder plaatsgevonden erkenning of eerder geweigerde erkenning van het buitenlandse huwelijk). Alternatief kan zijn dat, in overeenstemming met de voormalige gedachte achter art. 10:34 lid 1 BW (zie hierna onder b), de gewijzigde erkenningsregel enkel ziet op buitenlandse huwelijken die na 5 december 2015 werden gesloten. In de rechtspraak wordt de nieuwe erkenningsregel ook toegepast op huwelijken die voor 5 december 2015 zijn gesloten (zie Rapport *Verboden huwelijken. Onderzoek naar de werking van de Wet tegengaan huwelijksdwang in de praktijk*, Maastricht University & Verwey-Jonker Instituut 2019, p. 118). In andere zin *Asser/Vonken & Ibili 10-II* 2021/137. **b. Erkenning van huwelijken gesloten vóór 1 januari 1990 (lid 1).** In art. 10:34 lid 1 BW is overgenomen art. 8 WCH, waarin uitdrukking is gegeven aan het door Nederland gemaakte voorbehoud van art. 15 lid 1 Verdrag 1978. Ingevolge art. 15 lid 1 Verdrag 1978 zijn de in hoofdstuk II vervatte regels inzake de erkenning van in het buitenland voltrokken huwelijken, ongeacht het tijdstip waarop het huwelijk is voltrokken, van toepassing. Deze regel kent dus aan de erkenningsregeling van het Verdrag 1978 terugwerkende kracht toe. Art. 15 lid 2 Verdrag 1978 opent echter de mogelijkheid dat een verdragsstaat zich voorbehoudt aan de erkenningsregeling van hoofdstuk II van het verdrag geen terugwerkende kracht te verlenen; de erkenningsregeling geldt dan alleen voor huwelijken die ná de inwerkingtreding van het verdrag zijn voltrokken. Nederland heeft het voorbehoud van art. 15 lid 2 Verdrag 1978 gemaakt (art. 2 Rijkswet van 7 september 1979, *Stb.* 391), op grond van het argument dat het hier om een zeer gevoelig onderwerp in de persoonlijke sfeer gaat en bijgevolg aan de rechtszekerheid veel gewicht moet worden toegekend. Art. 10:34 lid 1 BW geeft uitvoering aan het gemaakte voorbehoud: de in art. 10:31-33 BW vervatte erkenningsregeling geldt alleen voor huwelijken die na 1 januari 1990 zijn voltrokken. De commune ongeschreven IPR-erkenningsregel inzake de erkenning van in het buitenland gesloten huwelijken zal dus nog gedurende een lange periode moeten worden toegepast, namelijk op alle huwelijken die vóór 1 januari 1990 zijn gesloten. In de praktijk zal dit niet tot overgangsrechtelijke problemen behoeven te leiden. De in art. 10:31 BW neergelegde erkenningsregel (art. 10:31, aant. 2) wijkt immers niet wezenlijk af van de voorheen gegolden hebbende erkenningsregeling inzake buitenlandse huwelijken. **c. Erkenning van consulaire huwelijken die respectievelijk vóór en na 15 januari 1999 zijn voltrokken (lid 2 en 3).** Art. 10:34 lid 2 en 3 BW dienen te worden bezien in het licht van de Wet van 17 december 1998, houdende wijziging van art. 4 WCH (art. 10:30 nieuw) (*Stb.* 1999, 1). Deze wet kent in art. 11 lid 1 onderscheidenlijk lid 2, overgangsregelingen die zijn overgenomen in art. 10:34 BW, zij het in een andere volgorde. Lid 2 geeft een regel voor consulaire huwelijken die zijn voltrokken na 1 januari 1990 en vóór 15 januari 1999 (de datum van inwerkingtreding van even genoemde wijzigingswet betreffende art. 4 WCH). Deze huwelijken worden als rechtsgeldig aangemerkt, indien de ene partij uitsluitend of mede de Nederlandse nationaliteit bezit en de andere partij uitsluitend of mede de nationaliteit van de door de diplomatieke of consulaire ambtenaar vertegenwoordigde staat. Ingevolge lid 3 is art. 10:30 BW inzake de vorm van de huwelijksvoltrekking van toepassing op alle huwelijken die na 15 januari 1999 zijn voltrokken ten overstaan van een buitenlandse diplomatieke of consulaire ambtenaar. Zie voor de toelichting op deze overgangsbepalingen *Kamerstukken II* 1997/98, 25703, 3, p. 5-6 en nr. 5 (nota naar aanleiding van het verslag), p. 10.

Verdrag inzake de voltrekking en de erkenning van de geldigheid van huwelijken

Verdrag van 14 maart 1978, Trb. 1987, 137 (i.w.tr. 01-05-1991)

De Staten die dit Verdrag hebben ondertekend,
Geleid door de wens de voltrekking van huwelijken en de erkenning van de geldigheid van huwelijken te vergemakkelijken, hebben besloten hiertoe een Verdrag te sluiten en zijn overeengekomen als volgt:

HOOFDSTUK I
De voltrekking van het huwelijk

Artikel 1
Dit hoofdstuk is van toepassing op de vereisten die in een Verdragsluitende Staat voor de voltrekking van het huwelijk worden gesteld.
[14-03-1978, Trb. 137, i.w.tr. 01-05-1991]

Artikel 2
De vorm van de huwelijksvoltrekking wordt beheerst door het recht van de Staat waar het huwelijk wordt voltrokken.
[14-03-1978, Trb. 137, i.w.tr. 01-05-1991]

Artikel 3
Het huwelijk wordt voltrokken:
1. wanneer de aanstaande echtgenoten voldoen aan de materiële vereisten, gesteld in het interne recht van de Staat waar het huwelijk wordt voltrokken, en een van hen de nationaliteit van die Staat bezit of er zijn gewone verblijfplaats heeft; of
2. wanneer elk der aanstaande echtgenoten voldoet aan de materiële vereisten, gesteld in het interne recht dat toepasselijk is ingevolge de verwijzingsregels van de Staat waar het huwelijk wordt voltrokken.

[14-03-1978, Trb. 137, i.w.tr. 01-05-1991]

Artikel 4
De Staat waar het huwelijk wordt voltrokken kan van de aanstaande echtgenoten elk dienstig bewijs verlangen van de inhoud van een vreemd recht dat ingevolge de voorgaande artikelen van toepassing is.
[14-03-1978, Trb. 137, i.w.tr. 01-05-1991]

Artikel 5

Het recht dat door dit hoofdstuk als toepasselijk is aangewezen, wordt slechts dan niet toegepast indien zulks kennelijk onverenigbaar is met de openbare orde van de Staat waar het huwelijk wordt voltrokken.
[14-03-1978, Trb. 137, i.w.tr. 01-05-1991]

Artikel 6

Een Verdragsluitende Staat kan, in afwijking van artikel 3, onder 1, zich het recht voorbehouden ten aanzien van de echtgenoot die niet de nationaliteit van die Staat bezit en er geen gewoon verblijf houdt, zijn interne recht niet toe te passen op de materiële huwelijksvereisten.
[14-03-1978, Trb. 137, i.w.tr. 01-05-1991]

HOOFDSTUK II

De erkenning van de geldigheid van het huwelijk

Artikel 7

Dit hoofdstuk is van toepassing op de erkenning in een Verdragsluitende Staat van de rechtsgeldigheid van een in een andere Staat voltrokken huwelijk.
[14-03-1978, Trb. 137, i.w.tr. 01-05-1991]

Artikel 8

Dit hoofdstuk is niet van toepassing op:

1. huwelijken voltrokken ten overstaan van een militaire autoriteit;
2. huwelijken voltrokken aan boord van een schip of een luchtvaartuig;
3. huwelijken bij volmacht;
4. postume huwelijken;
5. vormloze huwelijken.

[14-03-1978, Trb. 137, i.w.tr. 01-05-1991]

Artikel 9

1. Het huwelijk dat rechtsgeldig is tot stand gekomen volgens het recht van de Staat waar het is voltrokken, of dat volgens dat recht later rechtsgeldig wordt, wordt in iedere Verdragsluitende Staat met inachtneming van de bepalingen van dit hoofdstuk als zodanig beschouwd.
2. Het huwelijk dat ten overstaan van een diplomatiek of consulair ambtenaar overeenkomstig diens recht is voltrokken wordt eveneens als rechtsgeldig beschouwd, mits deze huwelijksvoltrekking in de Staat waar het huwelijk is voltrokken niet verboden is.
[14-03-1978, Trb. 137, i.w.tr. 01-05-1991]

Artikel 10

Wanneer een huwelijksverklaring is afgegeven door een bevoegde autoriteit, wordt het huwelijk vermoed rechtsgeldig te zijn tot het tegendeel is bewezen.
[14-03-1978, Trb. 137, i.w.tr. 01-05-1991]

Artikel 11

1. Een Verdragsluitende Staat kan slechts weigeren de geldigheid van een huwelijk te erkennen indien, volgens het recht van die Staat, een der echtgenoten op het tijdstip van dat huwelijk:

1. reeds gehuwd was; of
2. aan de andere echtgenoot in de rechte lijn verwant was of de broer of zuster van die echtgenoot was, hetzij door bloedverwantschap, hetzij door adoptie; of
3. niet de voor het huwelijk vereiste minimum leeftijd had bereikt en niet de noodzakelijke ontheffing had verkregen; of
4. geestelijk niet in staat was zijn toestemming te geven; of
5. niet vrijelijk zijn toestemming tot het huwelijk had gegeven.

2. Niettemin kan in het onder 1 van het vorige lid bedoelde geval de erkenning niet worden geweigerd indien het huwelijk later geldig is geworden door de ontbinding of de nietigverklaring van het eerdere huwelijk.

[14-03-1978, Trb. 137, i.w.tr. 01-05-1991]

Artikel 12

1. De regels van dit hoofdstuk zijn mede van toepassing, indien de vraag van de erkenning van de geldigheid van een huwelijk bij wijze van voorvraag, in verband met een andere vraag moet worden beantwoord.

2. Niettemin behoeven deze regels niet te worden toegepast wanneer deze andere vraag, volgens de verwijzingsregels van de Staat waar die vraag moet worden beantwoord, door het recht van een niet-verdragsluitende Staat wordt beheerst.

[14-03-1978, Trb. 137, i.w.tr. 01-05-1991]

Artikel 13

Dit Verdrag verzet er zich niet tegen dat in een Verdragsluitende Staat rechtsregels worden toegepast welke voor de erkenning van in het buitenland gesloten huwelijken gunstiger zijn.

[14-03-1978, Trb. 137, i.w.tr. 01-05-1991]

Artikel 14

Een Verdragsluitende Staat kan weigeren de geldigheid van een huwelijk te erkennen, indien deze erkenning kennelijk onverenigbaar is met zijn openbare orde.

[14-03-1978, Trb. 137, i.w.tr. 01-05-1991]

Artikel 15

1. Dit hoofdstuk is van toepassing ongeacht het tijdstip waarop het huwelijk is voltrokken.

2. Niettemin kan een Verdragsluitende Staat zich het recht voorbehouden dit hoofdstuk niet toe te passen op een huwelijk dat is voltrokken vóór het tijdstip waarop dit Verdrag voor die Staat in werking is getreden.

[14-03-1978, Trb. 137, i.w.tr. 01-05-1991]

HOOFDSTUK III

Algemene bepalingen

Artikel 16

Een Verdragsluitende Staat kan zich het recht voorbehouden, de toepassing van hoofdstuk I uit te sluiten.

[14-03-1978, Trb. 137, i.w.tr. 01-05-1991]

Artikel 17

Wanneer een Staat een of meer gebiedsdelen omvat waarin verschillende rechtsstelsels worden toegepast op het huwelijk, wordt iedere verwijzing naar het recht van de Staat waar het huwelijk is voltrokken opgevat als een verwijzing naar het recht van het gebiedsdeel waar het huwelijk wordt of is voltrokken.

[14-03-1978, Trb. 137, i.w.tr. 01-05-1991]

Artikel 18

Wanneer een Staat twee of meer gebiedsdelen omvat waarin verschillende rechtsstelsels worden toegepast op het huwelijk, wordt iedere verwijzing in verband met de erkenning van de geldigheid van een huwelijk naar het recht van die Staat opgevat als een verwijzing naar het recht van het gebiedsdeel waar de erkenning wordt gevraagd.

[14-03-1978, Trb. 137, i.w.tr. 01-05-1991]

Artikel 19

Een Staat die twee of meer gebiedsdelen omvat waarin verschillende rechtsstelsels worden toegepast op het huwelijk, is niet gehouden het Verdrag toe te passen op de erkenning in een gebiedsdeel van de geldigheid van een huwelijk, dat in een ander gebiedsdeel is voltrokken.

[14-03-1978, Trb. 137, i.w.tr. 01-05-1991]

Artikel 20

Wanneer een Staat terzake van het huwelijk twee of meer rechtsstelsels kent die worden toegepast op verschillende categorieën personen, wordt iedere verwijzing naar het recht van die Staat opgevat als een verwijzing naar het rechtsstelsel, door de in die Staat van kracht zijnde regels aangewezen.

[14-03-1978, Trb. 137, i.w.tr. 01-05-1991]

Artikel 21

1. Het Verdrag laat onverlet de toepassing van enig verdrag dat bepalingen bevat over de voltrekking of de erkenning van de geldigheid van huwelijken, waarbij een Verdragsluitende Staat partij is op het tijdstip dat dit Verdrag voor die Staat in werking treedt.
2. Dit Verdrag laat onverlet het recht van een Verdragsluitende Staat, partij te worden bij een verdrag dat bepalingen bevat over de voltrekking of de erkenning van de geldigheid van huwelijken, dat berust op bijzondere banden van regionale of andere aard.

[14-03-1978, Trb. 137, i.w.tr. 01-05-1991]

Artikel 22

Dit Verdrag vervangt in de betrekkingen tussen de Staten die daarbij partij zijn, het Verdrag tot regeling van de wetsconflicten met betrekking tot het huwelijk, gesloten te 's-Gravenhage op 12 juni 1902.

[14-03-1978, Trb. 137, i.w.tr. 01-05-1991]

Artikel 23

Elke Verdragsluitende Staat deelt op het tijdstip van ondertekening, bekrachtiging, aanvaarding, goedkeuring of toetreding aan het Ministerie van Buitenlandse Zaken van het Koninkrijk der Nederlanden mede welke autoriteiten volgens zijn recht bevoegd zijn de in artikel 10 bedoelde huwelijksverklaring af te geven, en daarna elke wijziging betreffende deze autoriteiten.

[14-03-1978, Trb. 137, i.w.tr. 01-05-1991]

HOOFDSTUK IV

Slotbepalingen

Artikel 24

1. Dit Verdrag staat open voor ondertekening door de Staten die lid waren van de Haagse Conferentie voor Internationaal Privaatrecht ten tijde van haar Dertiende zitting.

2. Het dient te worden bekrachtigd, aanvaard of goedgekeurd en de akten van bekrachtiging, aanvaarding of goedkeuring dienen te worden nedergelegd bij het Ministerie van Buitenlandse Zaken van het Koninkrijk der Nederlanden.

[14-03-1978, Trb. 137, i.w.tr. 01-05-1991]

Artikel 25

Elke andere Staat kan tot het Verdrag toetreden.

De akte van toetreding dient te worden nedergelegd bij het Ministerie van Buitenlandse Zaken van het Koninkrijk der Nederlanden.

[14-03-1978, Trb. 137, i.w.tr. 01-05-1991]

Artikel 26

1. Elke Staat kan, op het tijdstip van ondertekening, bekrachtiging, aanvaarding, goedkeuring of toetreding verklaren dat het Verdrag zich uitstrekt tot alle gebieden voor welker internationale betrekkingen hij verantwoordelijk is, of tot een of meer van die gebieden. Deze verklaring wordt van kracht op het tijdstip waarop het Verdrag voor die Staat in werking treedt.

2. Deze verklaring, evenals iedere latere uitbreiding, wordt ter kennis gebracht van het Ministerie van Buitenlandse Zaken van het Koninkrijk der Nederlanden.

[14-03-1978, Trb. 137, i.w.tr. 01-05-1991]

Artikel 27

1. Een Verdragsluitende Staat, die twee of meer grondgebieden omvat waar verschillende rechtsstelsels op het huwelijk worden toegepast, kan op het tijdstip van ondertekening, bekrachtiging, aanvaarding, goedkeuring of toetreding verklaren dat dit Verdrag van toepassing is op al deze gebiedsdelen of slechts op een of meer daarvan, en kan deze verklaring op ieder later tijdstip uitbreiden.

2. Deze verklaringen worden ter kennis gebracht van het Ministerie van Buitenlandse Zaken van het Koninkrijk der Nederlanden en geven uitdrukkelijk het gebiedsdeel aan waarop dit Verdrag van toepassing is.
[14-03-1978, Trb. 137, i.w.tr. 01-05-1991]

Artikel 28

1. Elke Verdragsluitende Staat kan uiterlijk op het tijdstip van bekrachtiging, aanvaarding, goedkeuring of toetreding een of meer van de voorbehouden maken, bedoeld in de artikelen 6, 15 en 16. Andere voorbehouden zijn niet toegestaan.
2. Elke Staat kan te allen tijde een voor hem gemaakt voorbehoud intrekken. Deze intrekking wordt ter kennis gebracht van het Ministerie van Buitenlandse Zaken van het Koninkrijk der Nederlanden.
3. Het voorbehoud houdt op van kracht te zijn op de eerste dag van de derde kalendermaand na de in het voorgaande lid bedoelde kennisgeving.
[14-03-1978, Trb. 137, i.w.tr. 01-05-1991]

Artikel 29

1. Dit Verdrag treedt in werking op de eerste dag van de derde kalendermaand na de nederlegging van de derde akte van bekrachtiging, aanvaarding, goedkeuring of toetreding bedoeld in de artikelen 24 en 25.
2. Vervolgens treedt het Verdrag in werking:
1. voor elke Staat die het Verdrag later bekrachtigt, aanvaardt, goedkeurt of tot het Verdrag toetreedt, op de eerste dag van de derde kalendermaand na de nederlegging van zijn akte van bekrachtiging, aanvaarding, goedkeuring of toetreding;
2. voor de gebieden tot welke het Verdrag overeenkomstig artikel 26 is uitgebreid, op de eerste dag van de derde kalendermaand na de in dat artikel bedoelde kennisgeving.

[14-03-1978, Trb. 137, i.w.tr. 01-05-1991]

Artikel 30

1. Dit Verdrag blijft gedurende vijf jaar van kracht, te rekenen van de datum van zijn inwerkingtreding overeenkomstig artikel 29, eerste lid, ook voor de Staten die het later hebben bekrachtigd, aanvaard of goedgekeurd of ertoe zijn toegetreden.
2. Het Verdrag wordt behoudens opzegging, stilzwijgend verlengd, telkens voor vijf jaar.
3. De opzegging moet tenminste zes maanden voor het verstrijken van de termijn van vijf jaar ter kennis worden gebracht van het Ministerie van Buitenlandse Zaken van het Koninkrijk der Nederlanden. Zij kan worden beperkt tot enkele van de gebiedsdelen of territoriale eenheden waarop het Verdrag van toepassing is.
4. De opzegging geldt slechts ten aanzien van de Staat die haar heeft gedaan. Voor de andere Verdragsluitende Staten blijft het Verdrag van kracht.
[14-03-1978, Trb. 137, i.w.tr. 01-05-1991]

Artikel 31

Het Ministerie van Buitenlandse Zaken van het Koninkrijk der Nederlanden stelt de lid-Staten van de Conferentie, alsmede de Staten die zijn toegetreden overeenkomstig het bepaalde in artikel 25 in kennis van:

1. de ondertekeningen, bekrachtigingen, aanvaardingen en goedkeuringen als bedoeld in artikel 24;
2. de toetredingen bedoeld in artikel 25;
3. de datum waarop het Verdrag krachtens de bepalingen van artikel 29 in werking treedt;
4. de toepasselijkverklaringen bedoeld in artikel 26;
5. de verklaringen bedoeld in artikel 27;
6. de voorbehouden bedoeld in de artikelen 6, 15 en 16 en de intrekking van de voorbehouden bedoeld in artikel 28;
7. de mededelingen die met toepassing van artikel 23 zijn gedaan;
8. de opzegging bedoeld in artikel 30.

[14-03-1978, Trb. 137, i.w.tr. 01-05-1991]

Burgerlijk Wetboek Boek 10 (Relevante artikelen)

AFDELING 2
Rechtsbetrekkingen tussen de echtgenoten

[Inleidende opmerkingen]

1. Algemeen. In de artikelen 10:34a-10:41 (afdeling 2 van Titel 3) zijn de bepalingen van de Wet conflictenrecht huwelijksbetrekkingen (WCHb) van 16 september 1993, *Stb.* 1993, 514, die op 1 januari 1994 in werking is getreden, met enige technische aanpassingen overgenomen. Zie voor een nadere toelichting op deze WCHb *Kamerstukken II* 1989/90, 21328, 3 en op de onderhavige afdeling, *Kamerstukken II* 2009/10, 32137, 3, p. 34-36. Artikel 34a is later voor artikel 35 gevoegd. De afdeling omvat de persoonlijke gevolgen van het huwelijk in de betrekkingen tussen de echtgenoten onderling en enkele vermogensrechtelijke gevolgen die, ongeacht het huwelijksvermogensregime, aan het huwelijk kunnen zijn verbonden. Zie nader met betrekking tot afdeling 2 van Titel 3 (art. 10:35-41), *Asser/Vonken & Ibili 10-II* 2021/138-154.

2. Systeem van afdeling 2. Wetsgeschiedenis. De art. 10:35-10:38 bevatten een verwijzingsregeling ten aanzien van de categorie van de persoonlijke rechtsbetrekkingen, zoals de verplichting tot getrouwheid, hulp en bijstand, en elkaar het nodige verschaffen (art. 1:81 BW). Art. 10:39 biedt een zelfstandige verwijzingsregel voor het onderwerp van de hoofdelijke aansprakelijkheid van de echtgenoten voor de ten behoeve van de gewone gang van het huishouden aangegane verbintenissen (art. 1:85 en 1:86 BW), terwijl art. 10:40 een zelfstandige verwijzingsregel geeft voor de vraag of een echtgenoot de toestemming van de andere echtgenoot behoeft voor het verrichten van bepaalde rechtshandelingen en wat de gevolgen zijn van het ontbreken van die toestemming (art. 1:88 en 1:89 BW). In de gevallen dat de art. 10:39 en 10:40 niet van toepassing zijn, mag niet worden teruggegrepen op de verwijzingsregeling van art. 10:35-10:38; het betreft in beide artikelen immers geen onderwerpen die de persoonlijke rechtsbetrekkingen tussen de echtgenoten onderling raken, maar juist onderwerpen van voornamelijk vermogensrechtelijke aard; er is uit dien hoofde dus geen verband met de in art. 10:35-10:38 vervatte regeling. De door art. 10:39 en 10:40 bestreken onderwerpen dienen derhalve als zelfstandige aanknopingscategorieën (van vermogensrechtelijke aard) te worden beschouwd (MvA, *Kamerstukken II* 21 328, nr. 5, p. 2) en Nota naar aanleiding van het eindverslag, *Kamerstukken II* 21 328, nr. 9, p. 1). Wanneer art. 10:39 en 10:40 geen toepassing kunnen vinden, dienen de verwijzingsregels van Rome I te worden toegepast. In art. 10:41 wordt nogmaals bepaald, dat de in art. 10:39 en 10:40 vervatte onderwerpen zijn afgezonderd van het huwelijksvermogensrecht en de persoonlijke rechtsbetrekkingen. Afdeling 2 is op een aantal onderdelen gewijzigd in verband met de totstandkoming van de Europese Huwelijksvermogensrechtverordening (Verordening (EU) nr. 2016/1103) die op 29 januari 2019 van toepassing is geworden. Zie hierover M.H. ten Wolde, 'Rechtszekerheid en doelmatigheid in het Nederlandse IPR: Over verdwenen bepalingen en wenselijke aanvullingen op het voorstel voor een Uitvoeringswet Huwelijksvermogensstelsels', *EB Tijdschrift voor scheidingsrecht* 2018/4, p. 67-71; M.H. ten Wolde/J.G. Knot, 'Nieuw IPR inzake huwelijksvermogensrecht en huwelijksbetrekkingen', *FJR* 2019/12, p. 332-338. Voor een artikelsgewijs commentaar zie B. Reinhartz, *Groene Serie Personen- en familierecht IPR*, titel 6 Rechtsbetrekkingen tussen echtgenoten. In dit commentaar wordt ook de oudere rechtspraak genoemd.

Artikel 34a

In deze afdeling wordt onder 'de Verordening (EU) nr. 2016/1103' verstaan: de Verordening (EU) nr. 2016/1103 van de Raad van 24 juni 2016 tot uitvoering van de nauwere samenwerking op het gebied van de bevoegdheid, het toepasselijke recht en de erkenning en tenuitvoerlegging van beslissingen op het gebied van huwelijksvermogensstelsels (*PbEU* 2016, L 183).

[11-07-2018, Stb. 332, i.w.tr. 29-01-2019/kamerstukken 34795]

[Verordening huwelijksvermogensstelsels]

1. Algemeen. Met ingang van 29 januari 2019 zijn twee Europese verordeningen op het gebied van het familierecht van toepassing voor Nederland van toepassing geworden. Een voor echtparen, de Verordening huwelijksvermogensstelsels (Verordening (EU) nr. 2016/1103), en een voor geregistreerd partners, de Verordening inzake de vermogensrechtelijke gevolgen van geregistreerde partnerschappen (Verordening (EU) nr. 2016//1104). Ofschoon gekozen is voor een afzonderlijke regeling van de vermogensrechtelijke gevolgen van het huwelijk resp. het geregistreerd partnerschap, zijn de verordeningen naar de inhoud zo veel mogelijk gelijk. Beide verordeningen zijn gebaseerd op het concept van nauwere samenwerking en zijn dus alleen van toepassing in de lidstaten die aan deze nauwere samenwerking deelnemen. Nederland behoorde tot een van de eerste landen die voor de nauwere samenwerking op het gebied van huwelijksvermogensstelsels opteerden. Waar de verordening spreekt van 'lidstaat' wordt gedoeld op de aan deze nauwere samenwerking deelnemende lidstaten.

2. De Verordening Huwelijksvermogensstelsels. De verordening is ruim opgezet en bevat regels inzake de rechterlijke bevoegdheid, het toepasselijke recht, de erkenning, uitvoerbaarheid en tenuitvoerlegging van rechterlijke beslissingen, authentieke akten en gerechtelijke schikkingen, alsmede algemene en slotbepalingen. Zie over de verordening de WPNR nr. 7216 (Special) 2018, *Asser/Vonken & Ibili 10-II* 2021/222 e.v. In dit commentaar wordt zo nodig alleen ingegaan op de Huwelijksvermogensrechtverordening.

3. Materieel toepassingsgebied verordening. Het materiële toepassingsgebied van de verordening is ruim getrokken. Alle civielrechtelijke aspecten van huwelijksvermogensstelsels, zowel het dagelijkse beheer van het huwelijksvermogen als de vereffening van dat vermogen, zijn onder de werkingssfeer van de verordening gebracht. De definitie van het begrip 'huwelijksvermogensstelsel' in artikel 3 lid 1 ziet op 'een geheel van regels betreffende de vermogensrechtelijke betrekkingen die, ten gevolge van het huwelijk of de ontbinding daarvan, tussen de echtgenoten onderling en tussen de echtgenoten en derden bestaan'. Hieruit volgt dat de verordening van toepassing is enerzijds op het huwelijksvermogensrecht in strikte zin (titel 7 De wettelijke gemeenschap van goederen Boek 1 BW en titel 8 Huwelijkse voorwaarden Boek 1 BW) en anderzijds op de huwelijksbetrekkingen van echtgenoten (titel 6 Rechten en verplichtingen van echtgenoten van Boek 1 BW). Dit betekent voor het Nederlandse IPR waarin de huwelijksbetrekkingen tussen echtgenoten geen onderdeel zijn van het huwelijksvermogensrecht maar in Boek 10 BW een eigen regeling kennen, een belangrijke verandering. De artikelen 10:35 en 10:36 zijn (redactioneel) gewijzigd. Bepaalde persoonlijke rechtsbetrekkingen vallen voortaan onder de verordening. De regelingen in Boek 10 BW die deze betrekkingen betreffen, zijn vervallen. Het gaat hier om de artikelen 10:39-10:41 BW. Voor de gevolgen hiervan is de Uitvoeringswet Verordening huwelijksvermogensstelsels en Verordening vermogensrechtelijke gevolgen geregistreerde partnerschappen relevant. Vermelding verdient het overgangsrecht waarmee de verhouding tot Boek 10 BW is geregeld. Artikel 271 lid 1 van de Overgangswet nieuw Burgerlijk Wetboek bepaalt dat de artikelen 35, 36, 39, 40 en 41 van Boek 10 BW, zoals die luidden voor de inwerkingtreding van de Uitvoeringswet van toepassing blijven op rechtsbetrekkingen tussen echtgenoten die op of na 1 september 1992 maar voor 29 januari 2019 met elkaar gehuwd zijn, tenzij zij op of na 29 januari 2019 het toepasselijke recht op hun huwelijksvermogensregime aanwijzen.

4. Uitvoeringswet. Voor de uitvoering van de verordeningen is in Nederland de Uitvoeringswet Verordening huwelijksvermogensstelsels en Verordening vermogensrechtelijke gevolgen geregistreerde partnerschappen tot stand gebracht (*Stb.* 2018, 332). De Uitvoeringswet Verordening huwelijksvermogensstelsels en Verordening vermogensrechtelijke gevolgen geregistreerde partnerschappen is in werking getreden op 29 januari 2019 (Besluit van 17 september 2018 tot vaststelling van het tijdstip van inwerkingtreding van de Uitvoeringswet Verordening huwelijksvermogensstelsels en Verordening vermogensrechtelijke gevolgen geregistreerde partnerschappen, *Stb.* 2018, 333).

5. Strekking. Artikel 10:34a BW is ingevoerd voor artikel 10:35 en verduidelijkt dat waar in afdeling 2 (Rechtsbetrekkingen tussen echtgenoten) naar 'verordening' wordt gewezen gedoeld wordt op de Verordening huwelijksvermogensstelsels (Verordening (EU) nr. 2016/1103 van de Raad van 24 juni 2016 tot uitvoering van de nauwere samenwerking op het gebied van de bevoegdheid, het toepasselijke recht en de erkenning en tenuitvoerlegging van beslissingen op het gebied van huwelijksvermogensstelsels (*PbEU* 2016, L 183). Deze bepaling is ingevoegd op grond van artikel 6 onder A van de Wet van 11 juli 2018, *Stb.* 332.

Artikel 35

1. De persoonlijke rechtsbetrekkingen tussen de echtgenoten onderling die niet worden begrepen onder de Verordening (EU) nr. 2016/1103, worden beheerst door het recht dat de echtgenoten voor of tijdens het huwelijk, al dan niet met wijziging van een eerdere aanwijzing, hebben aangewezen.

2. De echtgenoten kunnen slechts een van de volgende rechtsstelsels aanwijzen:

a. het recht van de staat van een gemeenschappelijke nationaliteit van de echtgenoten, of

b. het recht van de staat waar zij elk hun gewone verblijfplaats hebben.

3. **Een aanwijzing als bedoeld in dit artikel is, wat de vorm betreft, geldig indien de vormvoorschriften voor de aanwijzing van het recht dat toepasselijk is op het huwelijksvermogensregime van de echtgenoten in acht zijn genomen.**
[11-07-2018, Stb. 332, i.w.tr. 29-01-2019/kamerstukken 34795]

[De rechtskeuzebevoegdheid van de echtgenoten]

1. Algemeen. Artikel 35 van Boek 10 regelt het Nederlandse conflictenrecht met betrekking tot het onderwerp 'persoonlijke rechtsbetrekkingen tussen de echtgenoten onderling'. In artikel 35 is de rechtskeuze van de echtgenoten voorzien. Nu de persoonlijke rechtsbetrekkingen tussen echtgenoten onder de materiële werkingssfeer van de Verordening Huwelijksvermogensstelsels vallen, is de bepaling aangepast door artikel 6 onder B van de Uitvoeringswet. In de aangepaste tekst wordt verduidelijkt dat de bepaling van toepassing is op echtgenoten die *niet* onder de werking van de Verordening huwelijksvermogensstelsels vallen. In dat verband kan worden vermeld dat de Verordening huwelijksvermogensstelsels in artikel 70 haar temporeel bereik specificeert: de verordening is van toepassing met ingang van 29 januari 2019. Dit is tevens de datum waarop de Uitvoeringswet in werking treedt. Deze aanpassing bewerkstelligt dat voor op de datum van inwerkingtreding bestaande huwelijken artikel 35 onverkort van toepassing blijft.

2. Overgangsrecht. Ter verduidelijking van de regel is, zowel met het oog op echtgenoten als geregistreerd partners, een regeling met betrekking tot het overgangsrecht geformuleerd welke aansluit bij het overgangsrecht uit de beide verordeningen. Deze regel is opgenomen in de Overgangswet nieuw Burgerlijk Wetboek in een nieuw artikel 271. Lid 1 van dit artikel bepaalt dat de artikelen 35, 36, 39, 40 en 41 van Boek 10 BW, zoals die luidden voor de inwerkingtreding van de Uitvoeringswet van toepassing blijven op rechtsbetrekkingen tussen echtgenoten die op of na 1 september 1992 maar voor 29 januari 2019 met elkaar gehuwd zijn, tenzij zij op of na 29 januari 2019 het toepasselijke recht op hun huwelijksvermogensregime aanwijzen. Artikel 10:35 BW is inhoudelijk niet gewijzigd door de EU-verordening huwelijksvermogensstelsels.

3. Inhoud. Ingevolge art. 10:35 lid 1 BW kunnen de echtgenoten — anders dan onder de voormalige WCHb — een zogenoemde conflictenrechtelijke rechtskeuze doen, in die zin dat partijen niet alleen de bevoegdheid hebben het aanvullende recht van het objectief toepasselijke recht terzijde te stellen, maar ook het dwingende recht daarvan. Wat betreft het tijdstip waarop de rechtskeuze kan worden gedaan, volgt uit art. 10:35 lid 1 BW, dat de rechtskeuze door partijen zowel vooraf als achteraf – dat wil zeggen nadat de rechtsbetrekking reeds tot stand is gekomen, kan worden gedaan. In het verlengde van de rechtskeuze achteraf ligt, dat de echtgenoten ook een eerder gedane rechtskeuze kunnen wijzigen. Uit art. 10:35 lid 2 BW volgt dat de aan de echtgenoten geboden rechtskeuzebevoegdheid niet onbegrensd is, maar slechts beperkt is tot het recht van de staat van een gemeenschappelijke nationaliteit van de echtgenoten of het recht van de staat waar zij elk hun gewone verblijfplaats hebben. In art. 10:35 lid 3 BW is bepaald dat een rechtskeuze als bedoeld in deze bepaling, wat de vorm betreft geldig is indien de vormvoorschriften voor de aanwijzing van het recht dat toepasselijk is op het huwelijksvermogensregime van de echtgenoten in acht zijn genomen. Met deze omschrijving wordt (thans) verwezen naar de vormvoorschriften van art. 23 van de verordening. Lid 1 van artikel 23 bevat de hoofdregel en bepaalt dat de rechtskeuze moet zijn neergelegd in een schriftelijke, gedateerde en door beide echtgenoten ondertekende overeenkomst. Als schriftelijk wordt ook beschouwd elke elektronische mededeling waardoor de overeenkomst duurzaam wordt vastgelegd. Het gaat hier om een minimumvoorschrift betreffende de rechtskeuzeovereenkomst. Wanneer het recht van de lidstaat waar de beide echtgenoten ten tijde van het uitbrengen van de rechtskeuze hun gewone verblijfplaats hebben, aanvullende vormvereisten kent, zijn op grond van lid 2 deze van toepassing. In Nederland kan hierbij gedacht worden aan de notariële akte. Lid 3 en 4 bevatten nadere uitwerking betreffende de aanvullende vormvoorschriften (zie ook overweging 47 van de considerans).

Artikel 36

Bij gebreke van een aanwijzing van het toepasselijke recht worden de persoonlijke rechtsbetrekkingen tussen de echtgenoten onderling die niet worden begrepen onder de Verordening (EU) nr. 2016/1103 beheerst:

a. door het recht van de staat van de gemeenschappelijke nationaliteit van de echtgenoten, of bij gebreke daarvan

b. door het recht van de staat waar zij elk hun gewone verblijfplaats hebben, of bij gebreke daarvan

c. door het recht van de staat waarmee zij, alle omstandigheden in aanmerking genomen, het nauwst zijn verbonden.

[11-07-2018, Stb. 332, i.w.tr. 29-01-2019/kamerstukken 34795]

[De objectieve verwijzingsregel]

1. Algemeen. Artikel 36 van Boek 10 regelt het Nederlandse conflictenrecht met betrekking tot het onderwerp 'persoonlijke rechtsbetrekkingen tussen de echtgenoten onderling'. Artikel 36 bevat de verwijzingsregel voor het geval de echtgenoten geen rechtskeuze op de voet van artikel 35 hebben uitgebracht. Nu de persoonlijke rechtsbetrekkingen onder de materiële werkingssfeer van de Verordening Huwelijksvermogensstelsels vallen, is de bepaling aangepast door artikel 6 onder C van de Uitvoeringswet. Deze aanpassing is gelijk aan die van artikel 35. In de aangepaste tekst wordt verduidelijkt dat de bepaling van toepassing is op echtgenoten die **niet** onder de werking van de Verordening huwelijksvermogensstelsels vallen. In dat verband kan worden vermeld dat de Verordening huwelijksvermogensstelsels in artikel 70 haar temporeel bereik specificeert: de verordening is van toepassing met ingang van 29 januari 2019. Dit is tevens de datum waarop de Uitvoeringswet in werking treedt. Deze aanpassing bewerkstelligt dat voor op de datum van inwerkingtreding bestaande huwelijken artikel 36 onverkort van toepassing blijft.

2. Overgangsrecht. Ter verduidelijking van de regel is, zowel met het oog op echtgenoten als geregistreerd partners, een regeling met betrekking tot het overgangsrecht geformuleerd welke aansluit bij het overgangsrecht uit de beide verordeningen. Deze regel is opgenomen in de Overgangswet nieuw Burgerlijk Wetboek in een nieuw artikel 271. Lid 1 van dit artikel bepaalt dat de artikelen 35, 36, 39, 40 en 41 van Boek 10 BW, zoals die luidden voor de inwerkingtreding van de Uitvoeringswet van toepassing blijven op rechtsbetrekkingen tussen echtgenoten die op of na 1 september 1992 maar voor 29 januari 2019 met elkaar gehuwd zijn, tenzij zij op of na 29 januari 2019 het toepasselijke recht op hun huwelijksvermogensregime aanwijzen. De bepaling is inhoudelijk niet gewijzigd door de EU Huwelijksvermogensrechtverordening.

3. Inhoud. De bepaling bevat een getrapt samengestelde verwijzingsregel in het geval de echtgenoten geen rechtskeuze in de zin van art. 10:35 BW hebben gedaan. In art. 10:36, aanhef en onder a BW wordt de gemeenschappelijke nationaliteit van de echtgenoten als aanknopingsfactor voorop gesteld. Het begrip gemeenschappelijke nationaliteit wordt in artikel 10:37 BW nader uitgewerkt. Wanneer de echtgenoten geen (of een meervoudige) gemeenschappelijke nationaliteit hebben, is, zo volgt uit art. 10:36 aanhef en onder b BW, het recht van de staat waar zij elk hun gemeenschappelijke gewone verblijfplaats hebben van toepassing. Het begrip 'gewone verblijfplaats' is als aanknopingspunt een autonoom conflictenrechtelijk begrip dat dient te worden onderscheiden van het internrechtelijk begrip 'woonplaats' in de zin van art. 1:10 BW. Voor het begrip 'gewone verblijfplaats' kan aansluiting worden gezocht bij het begrip 'gewone verblijfplaats' in het internationaal privaatrecht, meer in het bijzonder aan de betekenis van het begrip 'gewone verblijfplaats' in de Verordening Huwelijksvermogensstelsels. De onderhavige aanknoping vereist niet dat de echtgenoten 'als echtpaar samenwonen', maar toereikend is dat partijen hun gewone verblijfplaats in dezelfde staat hebben. Wanneer een gemeenschappelijke gewone verblijfplaats niet aanwezig is, dient, zo volgt uit art. 10:36 aanhef en onder c BW, het met de echtgenoten nauwst verbonden recht te worden toegepast op hun persoonlijke huwelijksbetrekkingen. Bij het opsporen van dit recht dient op alle omstandigheden van het geval acht te worden geslagen.

Artikel 37

Indien de echtgenoten een nationaliteit gemeenschappelijk hebben, geldt voor de toepassing van artikel 36 van dit Boek als hun gemeenschappelijke nationale recht het recht van die nationaliteit, ongeacht of zij beiden of een hunner nog een andere nationaliteit bezitten. Bezitten de echtgenoten meer dan een gemeenschappelijke nationaliteit, dan worden zij geacht geen gemeenschappelijke nationaliteit te bezitten.
[19-05-2011, Stb. 272, i.w.tr. 01-01-2012/kamerstukken 32137]

[Gemeenschappelijke nationaliteit in de zin van artikel 36]

1. Geen realiteitstoets en effectiviteitstoets (eerste zin). Uit de bepaling volgt, dat met betrekking tot de in art. 10:36 BW gebezigde aanknoping van de 'gemeenschappelijke nationaliteit' niet een realiteitstoets mag worden aangelegd. Wanneer de echtgenoten nauwelijks of geen banden hebben met het land van hun gemeenschappelijke nationaliteit, dient toch te worden aangeknoopt bij deze (verwaterde) nationaliteit. De aard van het huwelijk eist een zo groot mogelijke stabiliteit en continuïteit en daarom is het van belang dat de persoonlijke rechten en verplichtingen van echtgenoten alleen dan wijziging ondergaan, wanneer hun situatie zich zeer duidelijk wijzigt. Evenmin is bij de persoonlijke rechtsbetrekkingen in beginsel ruimte voor het hanteren van de zogenoemde effectiviteitstoets in geval van een meervoudige nationaliteit van (een van) beide echtgenoten. Wanneer bijvoorbeeld beide echtgenoten al vele jaren in Nederland wonen en de ene echtgenoot de Marokkaanse nationaliteit en de andere echtgenoot zowel de

Nederlandse als de Marokkaanse nationaliteit heeft, dient toch te worden aangeknoopt bij de gemeenschappelijke Marokkaanse nationaliteit. Niet van belang is of de nationaliteit door een of beide echtgenoten vrijwillig is verkregen.

2. De echtgenoten bezitten meer dan één gemeenschappelijke nationaliteit (slotzin). Uit de slotzin van de bepaling volgt echter dat niet dient te worden vastgehouden aan de gemeenschappelijke nationaliteit, wanneer de echtgenoten een gemeenschappelijke meervoudige nationaliteit hebben (bijv. beiden hebben zowel de Nederlandse als de Turkse nationaliteit). In geval van een dubbele gemeenschappelijke nationaliteit dient te worden teruggevallen op de volgende sport van de aanknopingsladder, namelijk de gemeenschappelijke gewone verblijfplaats. Het Haags huwelijksvermogensverdrag 1978 kent in artikel 15 lid 2 een vergelijkbare regeling betreffende de dubbele gemeenschappelijke nationaliteit.

Artikel 38

Indien een aanwijzing als bedoeld in artikel 35 van dit Boek of een wijziging in de in artikel 36 van dit Boek genoemde omstandigheden leidt tot toepasselijkheid van een ander recht dan het voorheen toepasselijke, is dat andere recht toepasselijk vanaf het tijdstip van die aanwijzing of wijziging.

[19-05-2011, Stb. 272, i.w.tr. 01-01-2012/kamerstukken 32137]

[De gevolgen van de rechtskeuze en de wijziging van de aanknopingsfactor in de tijd]

Betekenis. In de bepaling is een tweetal tijdsproblemen geregeld. In de eerste plaats is hier de kwestie aan de orde, of de wijziging van een voorheen gedane rechtskeuze (de zogenoemde rechtskeuze achteraf) exclusieve werking heeft – of dat deze rechtskeuze terugwerkt tot het tijdstip van de totstandkoming van de rechtsbetrekking. Uit het artikel volgt expliciet dat deze later gedane rechtskeuze waarbij de echtgenoten een ander recht als toepasselijk hebben aangewezen, slechts toepasselijk is vanaf het tijdstip van die rechtskeuze of wijziging (werking *ex nunc*). Uit de bepaling volgt verder dat wat betreft een wijziging van de in art. 10:36 BW gehanteerde aanknopingsfactor, het toepasselijke recht verandert op het tijdstip waarop de aanknopingsfactor (nationaliteit of gewone verblijfplaats) zich wijzigt. Daarbij is de peildatum het tijdstip van wijziging van de aanknopingsfactor. Wanneer bijv. beide echtgenoten genaturaliseerd worden of verhuizen, gaat vanaf dat tijdstip het recht van de nieuwe gemeenschappelijke nationaliteit, respectievelijk gemeenschappelijke gewone verblijfplaats gelden. In het geval de beide echtgenoten aanvankelijk een gemeenschappelijke nationaliteit hebben, treedt ook een wijziging van het toepasselijke recht in, indien slechts één van de echtgenoten van nationaliteit verandert: voor hen gaat dan het (subsidiair toepasselijke) recht van hun gemeenschappelijke woonland gelden.

Artikel 39

(Vervallen.)

[11-07-2018, Stb. 332, i.w.tr. 29-01-2019/kamerstukken 34795]

[Verbintenissen ten behoeve van de gewone gang van de huishouding]

1. Algemeen. Artikel 10:39 BW geldt ongeacht het op het huwelijksvermogensregime toepasselijke recht (zie artikel 41) en bevat een zelfstandige conflictregel betreffende verbintenissen aangegaan ten behoeve van de gewone gang van de huishouding. Het gaat hier om de als vermogensrechtelijk te kwalificeren vraag wanneer en in hoeverre de ene echtgenoot aansprakelijk is voor de verbintenissen die ten behoeve van de gewone gang van het huishouden zijn aangegaan door de andere echtgenoot, en of het daarbij gaat om een hoofdelijke aansprakelijkheid. Vanuit Nederlands gezichtspunt kan dan worden gedacht aan de artikelen 1:85 en 1:86 BW. Deze aansprakelijkheid wordt beheerst door het recht van de staat waar zowel de echtgenoot die de schuld aanging (de handelende echtgenoot) als diens wederpartij ten tijde van het aangaan van de verbintenis hun gewone verblijfplaats hadden, en bij gebreke daarvan door het recht dat op de desbetreffende verbintenis van toepassing is. Het door artikel 2 aangewezen recht bepaalt zowel de vestiging van de aansprakelijkheid als de omvang daarvan. Samengevat volgt uit het bepaalde in artikel 10:39 BW dat, wanneer de echtgenoot die de schuld is aangegaan in Nederland woonachtig is en de schulden voortvloeien uit betrekkingen aangegaan jegens een in Nederland woonachtige wederpartij, de aansprakelijkheid van de andere echtgenoot voor deze schulden beheerst wordt door het Nederlandse recht. In het geval waarin de handelende echtgenoot en zijn wederpartij in verschillende landen wonen, is het recht dat de verbintenis beheerst ook op de vraag naar de aansprakelijkheid va toepassing. De regeling ziet op schulden die gemaakt zijn in het kader van de gewone gang van de huishouding (artikelen 1:85 en 1:86 BW). Deze bepaling is door de inwerkingtreding van de Verordening huwelijksvermogensstelsels komen te vervallen. Immers er is een overlap met de Verordening, besloten in artikel 27 aanhef en onder f. Ingevolge deze bepaling is het op grond van de Verordening op het huwelijksvermogensregime toepasselijke recht ook van toepassing op de uitwerking van de vermogensrechtelijke gevolgen van het huwelijk op een rechtsbetrekking tussen een echtgenoot en een derde. Artikel 6 onder D van de Uitvoeringswet bepaalt dan ook dat artikel 39 komt te vervallen.

2. Overgangsrecht. Ter verduidelijking van de regel is, zowel met het oog op echtgenoten als geregistreerd partners, een regeling met betrekking tot het overgangsrecht geformuleerd welke aansluit bij het overgangsrecht uit de beide verordeningen. Deze regel is opgenomen in de Overgangswet nieuw Burgerlijk Wetboek in een nieuw artikel 271. Lid 1 van dit artikel bepaalt dat de artikelen 35, 36, 39, 40 en 41 van Boek 10 BW, zoals die luidden voor de inwerkingtreding van de Uitvoeringswet van toepassing blijven op rechtsbetrekkingen tussen echtgenoten die op of na 1 september 1992 maar voor 29 januari 2019 met elkaar gehuwd zijn, tenzij zij op of na 29 januari 2019 het toepasselijke recht op hun huwelijksvermogensregime aanwijzen. Artikel 10:39 blijft dus gelden voor de echtgenoten die niet onder de verordening vallen.

3. Toelichting artikel 39 oud. Art. 10:39 stemt grotendeel overeen met art. 2 van de voormalige WCHb. De bepaling heeft betrekking op de vraag wanneer en in hoeverre de ene echtgenoot aansprakelijk is voor de verbintenissen die ten behoeve van de gewone gang van de huishouding zijn aangegaan door de andere echtgenoot en of het daarbij gaat om een hoofdelijke aansprakelijkheid. Deze verruimde aansprakelijkheid voor huishoudelijke schulden wordt beheerst door het recht van de staat waar zowel de echtgenoot die de huishoudelijke schuld aanging als diens wederpartij ten tijde van het aangaan van de verbintenis hun gewone verblijfplaats hadden. Wanneer dus de handelende echtgenoot en zijn wederpartij beiden hun gewone verblijfplaats in Nederland hebben, is het Nederlandse recht van toepassing. De gewone verblijfplaats van de niet-handelende echtgenoot is in dit verband niet relevant. Het door de bepaling aangewezen recht bepaalt zowel de vestiging van de aansprakelijkheid als de omvang daarvan.

4. De strekking van de bepaling (artikel 39 oud). Uit de wetsgeschiedenis volgt uitdrukkelijk dat de ratio van de bepaling in de eerste plaats is de bescherming van het Nederlandse interne handelsverkeer bij transacties met echtgenoten die een gemeenschappelijke huishouding voeren (MvA, *Kamerstukken II* 21 328, nr. 5, p. 2). De bepaling beschouwt de vraag of de niet-handelende echtgenoot tot betaling van de schuld hoofdelijk of mede-verbonden is dus als een vermogensrechtelijke vraag en niet als een de persoonlijke staat betreffende vraag. Als gevolg van deze vermogensrechtelijke kwalificatie abstraheert de bepaling uitdrukkelijk van de nationaliteit van de echtgenoten of de derde. De in Nederland gevestigde wederpartij vindt bescherming ongeacht de nationaliteit van betrokkenen (MvA, *Kamerstukken II* 21 328, nr. 5, p. 2). Als voorbeeld kan dienen het geval dat een Duits echtpaar in Nederland woonachtig is. Wanneer een van de echtgenoten bij een in Nederland gevestigde handelaar schulden aangaat, leidt de bepaling tot toepassing van het Nederlandse recht. De wederpartij kan verhaal nemen op de andere echtgenoot. De bepaling bestrijkt voorts ook gevallen van 'grensoverschrijdend handelsverkeer'; gedoeld wordt hier op transacties die door een in Nederland wonende echtgenoot in het buitenland met een aldaar gevestigde handelaar worden gesloten of het geval van in het buitenland gevestigde echtelieden die een dergelijke aankoop ten behoeve van de huishouding doen in Nederland. Kortom, de situatie waarin de handelende echtgenoot en zijn wederpartij niet in dezelfde staat hun gewone verblijfplaats hebben. Voor deze situatie wordt, zo volgt met zoveel woorden uit art. 10:39 laatste zinsnede, de eventuele verruimde aansprakelijkheid beheerst door het recht dat op de verbintenis toepasselijk is. Het op deze verbintenis toepasselijke recht zal doorgaans gevonden worden door de verwijzingsregeling van Rome-I.

Artikel 40

(Vervallen.)
[11-07-2018, Stb. 332, i.w.tr. 29-01-2019/kamerstukken 34795]

[De gezinsbeschermende bepalingen]

1. Algemeen. Artikel 10:40 BW geldt ongeacht het op het huwelijksvermogensregime toepasselijke recht (zie artikel 41) en bevat een zelfstandige conflictregel betreffende de bescherming van de niet-handelende echtgenoot ten koste van een derde met wie de handelende echtgenoot, hetgeen strookt met de gedachte dat het de niet-handelende echtgenoot is die bescherming behoeft een rechtshandeling is aangegaan. Aanknoping is gezocht in de gewone verblijfplaats van de niet-handelende echtgenoot. Het recht van zijn gewone verblijfplaats bepaalt of hij toestemming moet geven voor het verrichten van een bepaalde rechtshandeling door de andere echtgenoot, en welke sancties worden opgelegd bij niet-naleving van een dergelijk voorschrift. Deze bepaling komt door de inwerkingtreding van de Verordening huwelijksvermogensstelsels te vervallen.

Immers, er is een overlap met de Verordening welke besloten ligt in artikel 27 aanhef en onder d. Ingevolge deze bepaling is het op grond van de Verordening op het huwelijksvermogensregime toepasselijke recht ook van toepassing op de bevoegdheden, rechten en verplichtingen van iedere echtgenoot en beide echtgenoten ten aanzien van het vermogen. Artikel 10:40 is derhalve overbodig en komt op de voet van artikel 6 sub D van de Uitvoeringswet te vervallen, met inachtneming van het overgangsrecht (zie hierna onder aant. 3).

2. Artikel 1:88 BW. Artikel 88 Boek 1 BW wordt aangemerkt als een gezinsbeschermende bepaling van Nederlands recht. Voor de in deze bepaling genoemde rechtshandelingen, zoals de verkoop van de echtelijke woning, zekerheidsstelling of het doen van een schenking, heeft de ene echtgenoot (de handelende echtgenoot) de toestemming nodig van de andere echtgenoot (de niet-handelende echtgenoot). Artikel 40 Boek 10 BW heeft betrekking op de door dit artikel geregelde materie. Het schrappen van artikel 40 heeft gevolgen voor artikel 1:88 BW. De wetgever heeft het wenselijk geacht de bescherming van artikel 1:88 BW te handhaven na de inwerkingtreding van de Verordening huwelijksvermogensstelsels en wel in die zin dat de niet-handelende echtgenoot die zich in de Nederlandse rechtssfeer bevindt, zich beschermd weet tegen het handelen van zijn echtgenoot, ongeacht het recht dat van toepassing is op de vermogensrechtelijke gevolgen van zijn huwelijk. De verordening biedt de ruimte dat een lidstaat bepalingen van het eigen recht als voorrangsregel aanwijst. Het gaat daarbij om bepalingen van bijzonder dwingend recht van de lex fori. Door artikel 6a van de Uitvoeringswet wordt om die reden aan artikel 1:88 BW een zevende lid toegevoegd waarin is bepaald dat artikel 88 van toepassing is, ongeacht het op het huwelijksvermogensregime toepasselijke recht, indien de niet-handelende echtgenoot ten tijde van het verrichten van de rechtshandeling zijn gewone verblijfplaats in Nederland heeft. Indien de te beschermen (niet-handelende) echtgenoot in Nederland woont is artikel 1:88 BW altijd van toepassing, bijvoorbeeld in geval van verkoop van de echtelijke woning waarbij de verkopende echtgenoot toestemming van de andere echtgenoot nodig heeft. In een procedure kan de Nederlandse rechter dit artikel ook toepassen als buitenlands recht het huwelijksvermogensregime beheerst. Daarmee heeft de wetgever artikel 1:88 BW geduid als voorrangsregel in de zin van de Huwelijksvermogensrechtverordening. Zie (kritisch) hierover Strikwerda/Schaafsma, *Inleiding tot het Nederlandse Internationaal Privaatrecht* (Wolters Kluwer 2019), p. 294, *Asser/Vonken & Ibili 10-II* 2021/153.

3. Overgangsrecht. Ter verduidelijking van de regel is, zowel met het oog op echtgenoten als geregistreerd partners, een regeling met betrekking tot het overgangsrecht geformuleerd welke aansluit bij het overgangsrecht uit de beide verordeningen. Deze regel is opgenomen in de Overgangswet nieuw Burgerlijk Wetboek in een nieuw artikel 271. Lid 1 van dit artikel bepaalt dat de artikelen 35, 36, 39, 40 en 41 van Boek 10 BW, zoals die luidden voor de inwerkingtreding van de Uitvoeringswet van toepassing blijven op rechtsbetrekkingen tussen echtgenoten die op of na 1 september 1992 maar voor 29 januari 2019 met elkaar gehuwd zijn, tenzij zij op of na 29 januari 2019 het toepasselijke recht op hun huwelijksvermogensregime aanwijzen. Artikel 40 blijft dus gelden voor echtgenoten die niet onder de verordening vallen.

4. Toelichting artikel 40 oud. Art. 10:40 ziet op de bescherming van de niet-handelende echtgenoot ten koste van een derde met wie de andere echtgenoot een rechtshandeling is aangegaan. De bepaling stemt geheel overeen met het voormalige art. 3 WCHb. De bepaling biedt – evenals art. 10:39 – een afzonderlijke, apart van de persoonlijke huwelijksbetrekkingen van de art. 10:35-10:37 staande verwijzingsregel (zie de Inleidende opmerkingen bij Titel 3, afdeling 2, aant. 2). De in de bepaling beoogde gezinsbescherming heeft in de aanknoping uitdrukking gevonden in de gewone verblijfplaats van de te beschermen, niet-handelende echtgenoot. Vanuit Nederlands oogpunt bezien heeft de bepaling betrekking op de in de art. 1:88 en 1:89 BW geregelde onderwerpen. Het betreft dus de situaties waarin een der echtgenoten de echtelijke woning wil verkopen, schenkingen wil doen, zich borg wil stellen, of een overeenkomst van koop op afbetaling wil aangaan, en waarvoor toestemming van de andere echtgenoot is vereist.

5. De niet-handelende (te beschermen) echtgenoot woont in Nederland (artikel 40 oud). De bepaling leidt ertoe dat de art. 1:88 en 1:89 BW altijd van toepassing zijn op de in Nederland gewone verblijfplaats hebbende te beschermen, niet-handelende echtgenoot, ongeacht zijn of haar nationaliteit; in het geval van een in Nederland woonachtig Marokkaans echtpaar zal de man derhalve steeds toestemming aan zijn vrouw moeten vragen voor bijvoorbeeld de verkoop van de echtelijke woning (art. 1:88 lid 1 onderdeel a BW). De bepaling wijkt daarmee af van de voorheen geldende (ongeschreven) verwijzingsregel inzake de huwelijksbetrekkingen, die in beginsel het gemeenschappelijke nationale recht van toepassing verklaarde. Het komt erop neer dat ingevolge artikel 40 (oud) indien de te beschermen echtgenoot in Nederland woont, artikel 1:88 BW altijd van toepassing is. Zie voor een zaak waarbij het ging om een verzoek tot vernietiging van een borgtochtovereenkomst met een beroep op artikel 1:89 lid 2 BW jo. artikel 10:40 BW de uitspraak van de Rechtbank Oost-Brabant 18 maart 2020 (ECLI:NL:RBOBR:2020:1633). Uit de overwegingen volgt niet met zo veel woorden dat het gaat om een na 1 september 1992 en voor 29 januari 2019 gesloten huwelijk, maar in het licht van de feitenconstellatie is dit wel aannemelijk. Het betreft een geschil tussen een Luxemburgse industriële onderneming (eiseres) en een man (gedaagde) die zich in privé borg heeft gesteld voor een geldleenovereenkomst gesloten tussen eiseres en de bv waarvan de man enig bestuurder en meerderheidsaandeelhouder was. De bv is failliet gegaan. Gedaagde wordt aangesproken op grond van de borgtocht voor het nog openstaande bedrag van de lening. Gedaagde stelt dat zijn echtgenote, die geen toestemming heeft gegeven voor de borgtochtovereenkomst, door een beroep te doen op artikel 1:88 BW, deze overeenkomst rechtsgeldig heeft vernietigd. Artikel 10:40 BW bepaalt dat de vraag of voor een rechtshandeling van de ene echtgenoot de toestemming van de andere echtgenoot vereist is, beoordeeld wordt volgens het recht van de gewone verblijfplaats van de andere echtgenoot (de niet-handelende echtgenoot). In casu is de vrouw in Nederland woonachtig, zodat naar Nederlands recht wordt beoordeeld of zij toestemming had moeten geven (zie artikel 1:88 BW) en wat de gevolgen kunnen zijn van het ontbreken van toestemming (artikel 1:89 BW). In dit kader speelt de goede trouw van de wederpartij (eiseres) een rol. Onder verwijzing naar HR 13 januari 1989 (*NJ* 1990/268 (*Jynske Bank*)) oordeelt de rechtbank dat, gezien het internationaal exceptionele karakter van de gezinsbeschermende bepalingen van de artikelen 1:88 en 1:89 BW eiseres, als Luxemburgse industriële onderneming (en dus niet als internationaal opererende bankinstelling) niet behoefde te begrijpen dat gedaagde niet rechtsgeldig de borgtochtovereenkomst kon aangaan. Eiseres kende artikel 1:88

BW niet en hoefde dit artikel ook niet te kennen. De vordering van eiseres is daarom toewijsbaar. Dit betekent dat eiseres een geslaagd beroep heeft gedaan op de goede trouw van artikel 1:89 lid 2 BW. In hoger beroep bekrachtigt het Gerechtshof 's-Hertogenbosch in de uitspraak van 4 mei 2021 (ECLI:NL:GHSHE:2021:1356) het vonnis van de rechtbank. Het hof overweegt dat de omstandigheid dat de regels van internationaal privaatrecht het Nederlandse recht aanwijzen als het recht dat van toepassing is op de borgtochtovereenkomst, niet met zich mee brengt dat daarmee ook de toestemmingseis van art. 1:88 BW van toepassing is geworden. De strekking van de toestemmingseis is om de echtgenoten tegen zichzelf en tegen elkaar te beschermen in het belang van het gezin. Gelet op deze strekking is de toestemmingseis onderworpen aan de verwijzingsregels met betrekking tot de persoonlijke gevolgen van het huwelijk. Verder overweegt het hof dat de bescherming van de buitenlandse wederpartij voortvloeit uit het internationale karakter van de overeenkomst. Voor de in het buitenland wonende wederpartij is de toestemmingseis 'vreemd', indien het recht van haar woonplaats deze eis niet kent. Het internationaal uitzonderlijke karakter van de eis brengt mee dat zij daarop dan in het algemeen niet bedacht behoeft te zijn. Zij behoeft dus ook niet bedacht te zijn op een onbevoegdheid van de partij met wie zij contracteert, vanwege het ontbreken van toestemming. De bescherming die de wederpartij op deze wijze wordt toegekend, ligt in het verlengde van de zogenoemde Lizardi-regel, die voor internationale verhoudingen is aanvaard en onder meer uitdrukking heeft gevonden in artikel 13 Rome I.

6. De niet-handelende (te beschermen) echtgenoot woont in het buitenland (artikel 40 oud). De bepaling heeft tot gevolg dat de in het buitenland wonende Nederlandse (niet-handelende) echtgenoot de bescherming van art. 1:88 en 1:89 BW onthouden wordt. Deze beide artikelen worden niet geacht, zo volgt uit de MvA, *Kamerstukken II* 21328, 5, p. 3 e.v., zich uit te strekken tot de in het buitenland gevestigde echtgenoot wiens echtgenoot een transactie heeft aangegaan met een in het buitenland gevestigde wederpartij. In een dergelijk geval zijn hoofdzakelijk belangen van in het buitenland gevestigde derden bij de transactie betrokken. Dit laatste wordt ook aangenomen in het geval de handelende echtgenoot wél in Nederland woonachtig is; ook in dit geval wordt de Nederlandse rechtsorde minder betrokken geacht en wordt de bescherming van de andere echtgenoot niet doorgevoerd tegenover het belang van de koper (NEV II, *Kamerstukken II* 21328, 9, p. 5); de in het buitenland wonende niet-handelende echtgenoot blijft dus ook verstoken van de bescherming van art. 1:88 BW bij de vervreemding van de in Nederland gelegen echtelijke woning waarin de handelende echtgenoot woont. Ingevolge de bepaling kan echter het recht van de gewone verblijfplaats van de niet-handelende echtgenoot zelf ook een soortgelijke regel geven op grond waarvan de andere echtgenoot toestemming moet vragen voor het verrichten van bepaalde rechtshandelingen.

7. Bescherming van de (buitenlandse) wederpartij van de handelende echtgenoot (artikel 40 oud). Niet alleen de rechtspositie van de niet-handelende echtgenoot wordt door de bepaling bestreken. Ook de bescherming van de buitenlandse wederpartij (derde) die met de ene echtgenoot de transactie heeft aangegaan, valt eronder. Volgens de ene visie is de wederpartij voor het vinden van zijn bescherming eveneens aangewezen op de regeling die het ingevolge de bepaling als toepasselijk aangewezen recht ter bescherming van zijn positie kent. In geval van toepasselijkheid van bijvoorbeeld het Nederlandse recht (art. 1:89 BW) zou dit dan betekenen dat bij de beantwoording van de vraag of de wederpartij te goeder trouw is, in de lijn van de voorheen geldende rechtspraak, rekening dient te worden gehouden met het internationaal gezien exceptionele karakter van de gezinsbeschermende bepalingen van art. 1:88 en 1:89 BW (HR 13 januari 1989, *NJ* 1990/268 (*JCS, Jyske Bank*)). Volgens de andere visie kan een beroep worden gedaan op artikel 13 Rome I (vroeger: art. 11 EVO) betreffende handelingsbekwaamheid en handelingsbevoegdheid: "Bij een overeenkomst die is gesloten tussen personen die zich in eenzelfde land bevinden, kan een natuurlijke persoon die volgens het recht van dat land handelingsbekwaam en handelingsbevoegd is, zich slechts beroepen op het feit dat hij volgens het recht van een ander land handelingsonbekwaam en handelingsonbevoegd is, indien de wederpartij ten tijde van de sluiting van de overeenkomst deze onbekwaamheid of onbevoegdheid kende of door nalatigheid niet kende." Met andere woorden, een persoon kan zich slechts beroepen op het feit dat hij volgens een ander recht handelingsonbekwaam is indien de wederpartij ten tijde van het sluiten van de overeenkomst deze onbekwaamheid kende of door nalatigheid niet kende (de zogenoemde Lizardi-regel). Door de wetgever wordt nu in art. 10:11 lid 2, aan de Lizardiregel een algemene strekking gegeven in die zin dat die regel mede van toepassing is op kwesties van handelingsbevoegdheid. Deze algemene regel voorziet in voorkomend geval ook in de bescherming van de derde in situaties als bedoeld in art. 10:40. Zie de uitspraak van de Rechtbank Oost-Brabant van 9 januari 2019, ECLI:NL:RBOBR:2019:82. In deze uitspraak wordt verwezen naar artikel 10:40 maar ook naar artikel 13 Rome I. De rechtbank overweegt via het op 1 januari 2012 in werking getreden artikel 10:11 lid 2 BW de regeling van artikel 13 van Rome I onderdeel uitmaakt van het Nederlandse commune internationaal privaatrecht. Zie nader *Asser/Vonken & Ibili 10-II* 2021/151-152.

Artikel 41

(Vervallen.)

[11-07-2018, Stb. 332, i.w.tr. 29-01-2019/kamerstukken 34795]

[Afbakening tot andere aanknopingscategorieën]

1. Algemeen. Nu de artikelen 10:39 en 10:40 komen te vervallen, vervalt daarmee ook artikel 10:41 BW. Dit wordt voorzien in artikel 6 onder D van de Uitvoeringswet.

2. Overgangsrecht. Ter verduidelijking van de regel is, zowel met het oog op echtgenoten als geregistreerd partners, een regeling met betrekking tot het overgangsrecht geformuleerd welke aansluit bij het overgangsrecht uit de beide verordeningen. Deze regel is opgenomen in de Overgangswet nieuw Burgerlijk Wetboek in een nieuw artikel 271. Lid 1 van dit artikel bepaalt dat de artikelen 35, 36, 39, 40 en 41 van Boek 10 BW, zoals die luidden voor de inwerkingtreding van de Uitvoeringswet van toepassing blijven op rechtsbetrekkingen tussen echtgenoten die op of na 1 september 1992 maar voor 29 januari 2019 met elkaar gehuwd zijn, tenzij zij op of na 29 januari 2019 het toepasselijke recht op hun huwelijksvermogensregime aanwijzen. Artikel 41 blijft gelden voor echtgenoten die niet onder de verordening vallen.

3. Toelichting artikel 41 oud. In de bepaling wordt met zoveel woorden benadrukt dat de onderwerpen van het huwelijksvermogensrecht en de persoonlijke rechtsbetrekkingen niet onder een van de beide aanknopingscategorieën van de art. 10:39 (aansprakelijkheid) en art. 10:40 (toestemmingsvereiste) BW vallen. Anders gezegd, de toepassing van de artikelen 39 jo. art. 40 (oud) Boek 10 BW staat los van het toepasselijke huwelijksvermogensrecht en het recht dat de persoonlijke rechtsbetrekkingen tussen de echtgenoten beheerst. Aangenomen dient verder te worden dat de onderhoudsverplichtingen tussen de echtgenoten, voor zover deze zijn geregeld in de art. 1:81, 1:84 en 1:85 lid 2 t/m 4 BW, buiten de materiële reikwijdte van Afdeling 2 vallen; deze verplichtingen worden beheerst door het Haags Protocol inzake alimentatie van 2007, dat mede van toepassing is op de onderlinge financiële verplichtingen van echtgenoten tijdens huwelijk. Voorts dient de bestuursregeling van de art. 1:90 en 1:91 BW als huwelijksvermogensrechtelijk van aard te worden gekwalificeerd; deze regeling wordt dus beheerst door de (on)-geschreven verwijzingsregels inzake het huwelijksvermogensrecht. De materie die is geregeld in art. 1:92, lid 1 en 2 BW is goederenrechtelijk van aard en wordt dus beheerst door Titel 10 Boek 10, terwijl de ipr-aspecten van art. 1:92 lid 3 BW daarentegen weer als huwelijksvermogensrechtelijk moeten worden aangemerkt, die zijn neergelegd in art. 10:48 BW. Uit artikel 41 kan ook worden afgeleid dat de bescherming van de andere echtgenoot geldt, ongeacht welk recht de rechtshandeling als zodanig (bijvoorbeeld de borgtocht of de overeenkomst van zekerheidstelling) beheerst.

Burgerlijk Wetboek Boek 10 (Relevante artikelen)

AFDELING 3
Enkele bepalingen inzake het huwelijksvermogensregime

[Inleidende opmerkingen]

1. Algemeen. De Wet conflictenrecht huwelijksvermogensregime (WCHr) van 20 november 1991 (voluit: Wet houdende regels van het conflictenrecht inzake het huwelijksvermogensregime en de vermogensrechtelijke betrekkingen van de echtgenoten ten opzichte van derden, mede in verband met de bekrachtiging van het op 14 maart 1978 te 's-Gravenhage tot stand gekomen Verdrag inzake het recht dat van toepassing is op het huwelijksvermogensregime (Haags huwelijksvermogensverdrag 1978)) (*Stb.* 1991, 628), is op 1 september 1992 in werking getreden. Zij bevatte de uitvoeringswetgeving voor het Haags huwelijksvermogensverdrag 1978. Deze WCHr is met de totstandkoming van Boek 10 BW in 2012 grotendeels overgebracht naar art. 10:42-53 BW van afd. 3 van titel 3 van Boek 10. Voordat men het toepasselijk recht op het huwelijksvermogensregime kan vaststellen, moet eerst een keuze worden gemaakt tussen de vier systemen van verwijzingsregels: is het Haags huwelijksvermogensverdrag 1978 van toepassing (voor huwelijken vanaf 1 september 1992), of het Haags Huwelijksgevolgenverdrag 1905 (bepaalde huwelijken voor 23 augustus 1977), of de commune regeling van het arrest-*Chelouche/Van Leer*, HR 10 december 1976, *NJ* 1977/275 (voor niet-verdragshuwelijken, eventueel met excepties voor bijzondere gevallen)? Of geldt de Europese Huwelijksvermogensrechtverordening (Verordening (EU) 2016/1103)? Onderstaand wordt eerst uitgelegd welke regeling voor welke huwelijken van toepassing is, en daarna volgt een korte uitleg van de regels van *Chelouche/Van Leer*.

2. Welke regels gelden? Voor alle huwelijken die zijn gesloten vóór de inwerkingtreding van het Haags huwelijksvermogensverdrag 1978, dat wil zeggen vóór 1 september 1992, en die niet vallen onder het Haags huwelijksgevolgenverdrag 1905 (hetzij omdat de man geen onderdaan was van een verdragsstaat, hetzij omdat geen band met een andere verdragsstaat voorhanden was), geldt in beginsel de *Chelouche/Van Leer*-regeling (HR 10 december 1976, *NJ* 1977/275). Zie ook aant. 3. Voor huwelijken die gesloten zijn op of na 29 januari 2019 en voor echtparen die op of na deze datum een rechtskeuze hebben uitgebracht, geldt de Huwelijksvermogensrechtverordening EU 2016/1103. Deze verordening bevat zowel regels van formeel IPR (internationale bevoegdheid en erkenning/tenuitvoerlegging) als ook regels van materieel IPR (conflictenrecht). Zie ook *Asser/Vonken & Ibili 10-II* 2021/218-378. Deze verordening wordt hieronder artikelsgewijs van commentaar voorzien.

3. Conflictregels van het Chelouche/Van Leer-arrest. Volgens het arrest *Chelouche/Van Leer* is toepasselijk het vóór het huwelijk gekozen recht; bij gebreke van een rechtskeuze het gemeenschappelijke nationale recht van de echtgenoten; bij gebreke daarvan het recht van het eerste huwelijksdomicilie; en bij gebreke daarvan het recht waarmee de echtgenoten, alle omstandigheden in aanmerking genomen, het nauwst zijn verbonden. **Aanknopingsmoment.** Aanknoping vindt uitsluitend plaats op het moment van de huwelijkssluiting. Latere wijzigingen van het aanknopingspunt zoals naturalisatie of verhuizingen zijn niet van belang. Zie de casus die ten grondslag lag aan HR 19 november 2021, ECLI:NL:HR:2021:1721, waarin in een eerdere instantie werd aangeknoopt bij het gemeenschappelijke nationale – Iraanse – recht van de man en de vrouw, die zij bezaten in 1989 ten tijde van de huwelijkssluiting. In casu was de vraag aan de orde of de naar Iraans recht rechtsgeldig overeengekomen bepalingen in huwelijkse voorwaarden in strijd waren met het gelijkheidsbeginsel van man en vrouw en derhalve in strijd waren met de openbare orde-exceptie van art. 10:6 BW; zie ook het commentaar bij art. 10:6 BW. **Bij aanknoping aan de nationaliteit volgens het Chelouche/Van Leer-arrest geldt geen effectiviteits- en realiteitstoets.** Het is niet relevant of de nationaliteit waaraan wordt aangeknoopt, een reële inhoud heeft. Noch is van belang of bij bipatriden de nationaliteit waaraan wordt aangeknoopt, de effectieve nationaliteit is waarmee de persoon de meeste verbondenheid voelt. Het doet er ook niet toe hoe de echtgenoten de nationaliteit hebben verkregen, waaraan in het kader van het *Chelouche/Van Leer*-arrest wordt aangeknoopt. Ook een opgedrongen (formele of papieren) nationaliteit wordt in aanmerking genomen volgens het *Sinterklaas*-arrest (HR 6 december 1991, *NJ* 1992/669). Dit wijkt af van de regel in art. 15 Haags huwelijksvermogensverdrag 1978 (zie Ibili, *GS Personen- en familierecht*, titel 7 IPR, aant. 5.D.II.5.2). ***Voorbeeld.*** Een vrouw die – gebruikmakend van een optie ter gelegenheid van haar huwelijkssluiting – zes maanden na de huwelijkssluiting een nationaliteit verkrijgt, wordt in het kader van de aanknoping aan de gemeenschappelijke nationaliteit als onderdaan van die staat beschouwd (zie Ibili, *GS Personen- en familierecht*, titel 7 IPR, aant. 5.D.II.5.1). **Toepasselijkheid van Chelouche/Van Leer-regels ook op huwelijken, gesloten vóór 10 december 1976.** Volgens het *Sabah*-arrest (HR 7 april 1989, *NJ* 1990/347) zijn de verwijzingsregels van het *Chelouche/Van Leer*-arrest ook van toepassing op echtparen die zijn gehuwd vóór 10 december 1976, tenzij partijen op goede gronden, bijvoorbeeld ingewonnen advies, van een andere wet zijn uitgegaan en daarop hun vermogensrechtelijke voorzieningen hebben afgestemd. In dat geval gelden de regels van die andere wet. Deze uitzondering uit het *Sabah*-arrest ziet op dwaling der echtgenoten omtrent de toepasselijkheid van de oude commune verwijzingsregel (inhoudende aanknoping aan de nationale wet van de man, analoog aan art. 2 Haags Huwelijksgevolgenverdrag 1905) dan wel de nieuwe verwijzingsregel uit het *Chelouche/Van Leer*-arrest. ***Voorbeeld.*** Hebben de echtgenoten vóór hun huwelijkssluiting advies ingewonnen bij de notaris, een advocaat of bijvoorbeeld het Internationaal Juridisch Instituut in Den Haag, en heeft deze specialist geantwoord dat de nationale wet van de man hun huwelijksvermogensregime beheerste, dan kan dit echtpaar zich hierop beroepen, wanneer het zijn vermogensrechtelijke verhoudingen in de tussentijd op dit rechtsstelsel heeft afgestemd. **Correctie op grond van de redelijkheid en billijkheid.** Volgens het *Zimbabwe*-arrest (HR 19 maart 1993, *NJ* 1994/187) is het mogelijk dat het in strijd is met de tussen de echtgenoten geldende redelijkheid en billijkheid dat een echtgenoot zich beroept op de tussen hen geldende gemeenschap van goederen. Dit kan het geval zijn wanneer de echtgenoten hebben gedwaald omtrent de toepasselijkheid van een buitenlandse verwijzingsregel, die een ander regime van toepassing verklaart. Indien de echtgenoten vervolgens gedurende hun huwelijk hun vermogensrechtelijke voorzieningen op dat regime hebben afgestemd, dan kan het in strijd met de redelijkheid en billijkheid zijn om zich op de volgens het Nederlandse IPR op de tussen de echtgenoten geldende gemeenschap van goederen te beroepen. Onduidelijk is of deze correctie alleen mogelijk is als tussen de echtgenoten de Nederlandse wettelijke gemeenschap geldt. Het verschil tussen de *Sabah*-exceptie en de correctie uit het *Zimbabwe*-arrest bestaat daaruit dat het *Sabah*-arrest betrekking heeft op een tijdsprobleem (tot wanneer geldt de oude regel – vanaf wanneer geldt de nieuwe regel). De *Zimbabwe*-correctie heeft betrekking op gevallen waarin de echtgenoten dwalen omtrent de vraag of het Nederlandse IPR dan wel een ander IPR (bijvoorbeeld het IPR van de plaats van huwelijkssluiting) toepasbaar is. Zie ook HR 20 oktober 2006, ECLI:NL:HR:2006:AY4029, *JPF* 2007/4, m.nt. Reinhartz, waar op grond van de redelijkheid en billijkheid ten aanzien van de echtelijke woning werd aangenomen dat deze toch niet in de Nederlandse gemeenschap van goederen viel. **Onaanvaardbaarheidscorrectie uit het Chelouche/Van Leer-arrest?** In het *Chelouche/Van Leer*-arrest werd aangenomen dat een beroep op de Nederlandse wettelijke gemeenschap in de gegeven omstandigheden onaanvaardbaar was. In het *Hong Kong*-arrest (HR 16 september 1994, *NJ* 1995/169) werd dit beroep afgewezen omdat de (rijke oudere) echtgenoot de gelding van de Nederlandse gemeenschap van goederen had kunnen verwachten. Of in een andere casus de onaanvaardbaarheidscorrectie door de Hoge Raad wel zal worden geaccepteerd, blijft voorshands onduidelijk. Het moet een geval betreffen waarin de toepasselijkheid van de Nederlandse wettelijke gemeenschap niet voorzienbaar was en de toepassing van de wettelijke gemeenschap onaanvaardbaar is, omdat men ervan uit moet gaan dat dit echtpaar – zou het zich van de dreigende toepassing van de wettelijke gemeenschap bewust zijn geweest – zeker scheiding van goederen overeen was gekomen. Zie met betrekking tot voornoemde drie specifieke exceptieclausules, *Asser/Vonken & Ibili 10-II* 2021/364-378.

4. Het Haags Huwelijksgevolgenverdrag 1905. Het huwelijksgoederenregime van echtparen, die zijn gehuwd voor 23 augustus 1977, van wie de man onderdaan is van een verdragsstaat ten tijde van de huwelijkssluiting, en wiens huwelijk nog een aanknopingspunt heeft met een andere verdragsstaat, wordt beheerst door het Haags Huwelijksgevolgenverdrag 1905. Zie hiervoor nader de verdragstekst in *T&C Personen- en familierecht*.

5. Belangrijkste terreinen van de regeling in Boek 10 BW. De in Boek 10 BW opgenomen wettelijke regeling bevat onder andere een specifieke regeling ter bescherming van derden (art. 10:45 en 10:46). Verder is de wet van belang voor de correctie van nadeel dat een echtgenoot lijdt doordat in het buitenland een ander huwelijksgoederenstelsel wordt toegepast (Näherberechtigung, art. 10:47). Daarnaast regelt zij in art. 10:53 en 10:54 overgangsrechtelijke kwesties.

6. Temporeel oude toepassingsgebied wettelijke regeling van Boek 10 BW. De wettelijke regeling in Boek 10 is, evenals het Haags huwelijksvermogensverdrag 1978, in hoofdzaak toepasselijk op echtgenoten die zijn gehuwd op of na 1 september 1992. In art. 10:53 en 10:54 worden ook enkele regels geformuleerd inzake rechtskeuzes die door eerder gehuwde echtparen zijn uitgebracht. Voor het recht dat overigens van toepassing is op eerder gehuwde echtparen zie aant. 2-4. Daarnaast bevat art. 10:52 en 10:53 ook nog bepalingen aangaande het overgangsrecht. Het lijkt erop alsof de regeling van Boek 10 een omvattende regeling geeft over het toepasselijke recht inzake het IPR-huwelijksvermogensrecht maar dat is slechts schijn.

7. Pensioenverevening. In art. 10:51 is een aparte bepaling opgenomen voor het toepasselijke recht inzake de pensioenverevening.

8. Europese regelgeving. Op 28 juni 2016 is in werking getreden Verordening (EU) 2016/1103, gepubliceerd in *PbEU* 2016, L 183/1. De verordening is van toepassing op echtgenoten die zijn gehuwd op of na 29 januari 2019 dan wel op of na die datum een rechtskeuze hebben uitgebracht, zie art. 69 Verordening (EU) 2016/1103. In nr. 11 van de inleidende overwegingen zijn de 18 landen te vinden die partij zijn bij de nauwere samenwerking inzake deze verordening. De verordening bevat regels omtrent bevoegdheid, toepasselijk recht, authentieke akten en gerechtelijke schikkingen naast de gebruikelijke definities en slotbepalingen. De verordening wordt hierna in dit deel van *T&C Personen-en familierecht* artikelgewijs van commentaar voorzien.

9. Overgangsrecht oude bepaling. Samen met de Huwelijksvermogensrechtverordening is ook het nieuwe art. 271 Ow NBW in werking getreden, zie *Stb.* 2018, 332. Lid 2 van dit artikel bepaalt dat de artikelen 10:42, 43, 44, 46, 47, 48, 50, 51, 52 van Boek 10, zoals die luidden voor inwerkingtreding van de Uitvoeringswet Verordening huwelijksvermogensstelsels en Verordening vermogensrechtelijke gevolgen geregistreerde partnerschappen, van toepassing blijven op het huwelijksvermogensregime van echtgenoten, die op of na 1 september 1992 maar voor 29 januari 2019 in het huwelijk zijn getreden, tenzij deze echtgenoten op of na 29 januari 2019 het op hun huwelijksvermogensstelsel toepasselijke recht bepalen. In het commentaar op de art. 10:42-53 BW zal steeds worden aangegeven welke bepalingen van toepassing zijn op echtgenoten die wel of niet onder de Huwelijksvermogensrecht verordening vallen.

Artikel 42

1. In deze afdeling wordt onder de Verordening (EU) nr. 2016/1103 verstaan: de Verordening (EU) nr. 2016/1103 van de Raad van 24 juni 2016 tot uitvoering van de nauwere samenwerking op het gebied van de bevoegdheid, het toepasselijke recht en de erkenning en tenuitvoerlegging van beslissingen op het gebied van huwelijksvermogensstelsels

2. In aanvulling op de Verordening (EU) nr. 2016/1103 zijn de bepalingen van deze afdeling van toepassing.

[11-07-2018, Stb. 332, i.w.tr. 29-01-2019/kamerstukken 34795]

[Verordening EU 2016/1103 regelt toepasselijkheid huwelijksvermogensregime]

1. Algemeen. Sinds de inwerkingtreding van de bepalingen van de Huwelijksvermogensrechtverordening geeft art. 10:42 BW de toepasselijke regels inzake het IPR-huwelijksvermogensrecht zoals deze thans gelden. De bepalingen van de verordening zijn met commentaar opgenomen in de uitgave *T&C Personen- en familierecht.*

2. Overgangsrecht. Samen met de Huwelijksvermogensrechtverordening is ook het nieuwe art. 271 Ow NBW in werking getreden, zie *Stb.* 2018, 332. Lid 2 van dit artikel bepaalt dat de artikelen 10:42, 43, 44, 46, 47, 48, 50, 51, 52 van Boek 10, zoals die luidden voor inwerkingtreding van de Uitvoeringswet Verordening huwelijksvermogensstelsels en Verordening vermogensrechtelijke gevolgen geregistreerde partnerschappen, van toepassing blijven op het huwelijksvermogensregime van echtgenoten, die op of na 1 september 1992 maar voor 29 januari 2019 in het huwelijk zijn getreden, tenzij deze echtgenoten op of na 29 januari 2019 het op hun huwelijksvermogensstelsel toepasselijke recht bepalen.

3. Betekenis oude bepaling. Volgens het Nederlandse IPR wordt het toepasselijk recht op het huwelijksgoederenrecht bepaald door het Haagse huwelijksvermogensverdrag 1978 dat met commentaar is opgenomen in de uitgave *T&C Personen- en familierecht*. Voor echtgenoten die gehuwd zijn op of na 1 september 1992 bestaat geen commuun recht meer. Voor toepasselijke bepalingen die betrekking hebben op eerder gehuwden, zie de Inleidende opmerkingen bij afd. 3 van titel 3 van Boek 10 en het commentaar op art. 10:52 (oud) en 10:53 BW.

4. Overgangsrecht oude bepaling. Art. 1 WCHv bevatte een dergelijke regeling sinds 1 september 1992.

Verdrag inzake het recht dat van toepassing is op het huwelijksvermogensregime

Verdrag van 14 maart 1978, Trb. 1988, 130 (i.w.tr. 01-09-1992)

De Staten die dit Verdrag hebben ondertekend,
Geleid door de wens gemeenschappelijke bepalingen vast te stellen betreffende het recht dat van toepassing is op het huwelijksvermogensregime,
Hebben besloten hiertoe een Verdrag te sluiten en zijn overeengekomen als volgt:

[Inleidende opmerkingen]

1. Algemeen. Het Verdrag regelt het conflictenrecht op het terrein van het huwelijksvermogensrecht. In art. 10:42-10:53 BW worden diverse uitvoeringsbepalingen gegeven die dit verdrag nader uitwerken. Het verdrag is niet van toepassing op de rechten en verplichtingen der echtgenoten (titel 1.6). Hiervoor geven art. 10:35-10:41 BW aparte regels. Het verdrag geeft noch regelingen inzake de rechtsmacht, noch inzake de erkenning en de tenuitvoerlegging van buitenlandse beslissingen (*Rapport Von Overbeck*, nr. 110; zie aant. 5 voor de vindplaats van dit rapport). Zie uitvoerig over dit verdrag *Asser/Vonken 10-II* 2016/213-265.

2. Datum van inwerkingtreding. Het Verdrag inzake het recht dat van toepassing is op het huwelijksvermogensregime, Den Haag 14 maart 1978, *Trb.* 1988, 130, *Trb.* 1992, 123, is op 1 september 1992 in werking getreden.

3. Verdragspartijen. De twee andere verdragstaten zijn Frankrijk en Luxemburg. Nederland heeft als enige verdragsstaat de verklaring ingevolge art. 5 Verdrag afgelegd. Aruba is mede gebonden, de Nederlandse Antillen zijn niet gebonden. Bij de vaststelling van het objectief toepasselijke recht wordt in art. 4 Verdrag onderscheid gemaakt tussen landen die het huwelijksvermogensrecht aanknopen aan de nationaliteit van de echtgenoten (de zogenaamde nationaliteitslanden) en de landen die de aanknoping aan de woonplaats hanteren (de zogenaamde woonplaatslanden). Helaas is er nooit een gemeenschappelijke lijst tot stand gekomen die in alle verdragstaten uniform wordt gehanteerd. In Nederland wordt gewerkt met een lijst die is gebaseerd op een – overigens anno 2018 niet meer volledig – overzicht van het Ministerie van Justitie van 2006. Zie voor de tabel art. 5, aant. 3. Zie uitvoerig over dit verdrag, *Asser/Vonken & Ibili 10-II* 2021/306-359.

4. Materiële werkingsomvang in Nederland. Nederland heeft in de Rijkswet houdende goedkeuring van het verdrag, *Stb.* 1991, 627, de verklaringen van art. 9 lid 2 en 3 (inzake publicatievereisten als voorwaarde voor derdenbescherming, zie art. 10:45 BW en de registerbescherming van afd. 3.1.2 Boek 3 BW) afgelegd, en voorts verklaard dat art. 1:85 lid 1, art. 86, 88 en 89 BW naar Nederlands recht niet behoren tot het huwelijksvermogensregime in de zin van het verdrag. De uitvoeringsbepalingen van dit verdrag staan in art. 10:42 BW e.v. De verdragsbepalingen gelden volgens die wet alleen voor echtgenoten die op of na 1 september 1992 in het huwelijk zijn getreden. In art. 10:42 e.v. BW is een aantal bepalingen ook van toepassing verklaard op huwelijken die vóór deze datum zijn gesloten, zie *T&C BW*, commentaar op art. 10:52 en 10:53 BW. Ten slotte verdient de aandacht dat het onderhavige verdrag voorrang heeft op de (nationale) bepalingen van art. 10:8 BW (de exceptieclausule) en van art. 10:9 BW (de fait accompli-exceptie). Zie HR 17 januari 2020, *NJ* 2020/52, r.o. 3.2, waarin de Hoge Raad oordeelde dat art. 10:9 BW een bepaling van Nederlands commuun internationaal privaatrecht is. Deze bepaling kan daarom slechts toepassing vinden in gevallen die niet worden bestreken door een verdrag of een EU-verordening, of voor zover toepassing in een concreet geval verenigbaar is met een toepasselijk verdrag of een toepasselijke EU-verordening. Zie nader *T&C BW*, commentaar op art. 10:1 BW en op art. 10:9 BW.

5. Parlementaire stukken. In de memorie van toelichting bij de WCHv (die per 1 januari 2012 grotendeels ongewijzigd is overgenomen in Boek 10 BW), *Kamerstukken II* 1988/89, 21272 (R 1378), 3, is de Nederlandse vertaling van het *Rapport van Von Overbeck* opgenomen. Dit is het Toelichtende Rapport bij het Verdrag 1978. In het vervolg zal vaak naar het Rapport worden verwezen.

6. Europese regelgeving. Op 29 januari 2019 zijn in werking getreden de Europese verordening inzake het huwelijksvermogensrecht (COM(2016)106) en de Europese verordening inzake het geregistreerd partnerschap (COM(2016)107). Beide instrumenten zijn ingevoerd voor slechts een deel van de Europese lidstaten die hierin samenwerken in een nauwere samenwerking. De verordeningen gelden voor echtgenoten/geregistreerd partners die op of na die datum zijn gehuwd/geregistreerd als partner of die op of na die datum huwelijkse- of partnerschapsvoorwaarden hebben gemaakt. Andere lidstaten kunnen op een later moment aansluiten, met dien verstande dat zij zich dan bij beide verordeningen moeten aansluiten. Beide verordeningen worden hierna in dit deel van *T&C Personen- en familierecht* artikelsgewijs van commentaar voorzien.

HOOFDSTUK I
Toepassingsgebied van het Verdrag

Artikel 1

1. Dit Verdrag bepaalt het recht dat van toepassing is op het huwelijksvermogensregime.

2. Het is niet van toepassing:

1. op onderhoudsverplichtingen tussen echtgenoten;

2. op erfrechtelijke aanspraken van de langstlevende echtgenoot;

3. op de handelingsbekwaamheid van echtgenoten.

[14-03-1978, Trb. 130, i.w.tr. 01-09-1992]

[Materiële werkingsomvang]

Afgrenzing van Verdrag 1978 ten opzichte van andere verdragen. De bij het Verdrag 1978 uitgesloten onderwerpen worden deels door andere verdragsregelingen bestreken. De onderhoudsverplichtingen worden geregeld in het Haags alimentatieverdrag 1973 dat prevaleert boven dit verdrag (*Rapport Von Overbeck*, nr. 115). Zie voor de samenloop van beide onderwerpen in het Engelse recht Rb. Amsterdam 20 juni 2018, ECLI:NL:RBAMS:2018:4213. Erfrechtelijke aanspraken worden geregeld in het Haags erfopvolgingsverdrag 1989, dat voor Nederland van toepassing is verklaard in art. 10:145 e.v. BW. Voor dit Haags erfopvolgingsverdrag 1989, dat inmiddels door Nederland is opgezegd, treedt vanaf 17 augustus 2015 in de plaats de Europese erfrechtverordening van 2012. De handelingsonbekwaamheid ten gevolge van huwelijkssluiting wordt niet in een verdrag geregeld. Deze moet naar Nederlands IPR worden bepaald aan de hand van art. 10:11 BW, dat verwijst naar de nationaliteit van de persoon. Zie nader over art. 10:11 BW, *Asser/Vonken 10-I* 2018/168-174. Zie voor de vraag of echtgenoten eventuele toestemmingsverplichtingen op grond van art. 1:88 BW of soortgelijke buitenlandse bepalingen aan derden kunnen tegenwerpen, het commentaar op art. 10:40 BW.

Artikel 2

Het Verdrag is van toepassing zelfs indien de nationaliteit of de gewone verblijfplaats van de echtgenoten niet die is van een Verdragsluitende Staat, dan wel indien het recht dat op grond van de navolgende artikelen van toepassing is, niet het recht is van een Verdragsluitende Staat.

[14-03-1978, Trb. 130, i.w.tr. 01-09-1992]

[Universele werkingsomvang]

Betekenis. Dit verdrag is ook van toepassing indien de echtgenoten niet door nationaliteit of verblijfplaats met een der verdragstaten zijn verbonden. Ook als het door het verdrag aangewezen recht niet dat van een der verdragstaten is, staat dat niet in de weg aan de toepassing van het verdrag door de Nederlandse rechter. De enige uitzondering hierop kan optreden wanneer een ander verdrag op grond van art. 20 Verdrag toepasselijk is, dat prevaleert boven dit verdrag.

HOOFDSTUK II
Toepasselijk recht

Artikel 3

1. Het huwelijksvermogensregime wordt beheerst door het interne recht dat de echtgenoten vóór het huwelijk hebben aangewezen.

2. De echtgenoten kunnen slechts een van de volgende rechtsstelsels aanwijzen:

1. **het recht van een Staat waarvan een van de echtgenoten de nationaliteit bezit op het tijdstip van die aanwijzing;**
2. **het recht van de Staat op welks grondgebied een van de echtgenoten zijn gewone verblijfplaats heeft op het tijdstip van die aanwijzing;**
3. **het recht van de eerste Staat op welks grondgebied een van de echtgenoten na het huwelijk een nieuwe gewone verblijfplaats vestigt.**

3. Het aldus aangewezen recht is van toepassing op hun gehele vermogen.
4. De echtgenoten kunnen echter, ongeacht of zij tot de in de voorgaande leden bedoelde aanwijzing zijn overgegaan, met betrekking tot het geheel of een gedeelte van de onroerende goederen het recht aanwijzen van de plaats waar die goederen zijn gelegen. Zij kunnen eveneens bepalen dat op onroerende goederen die later worden verkregen, het recht van de plaats waar die goederen zijn gelegen van toepassing zal zijn.
[14-03-1978, Trb. 130, i.w.tr. 01-09-1992]

[Rechtskeuze voor de huwelijkssluiting]

1. Rechtskeuze prevaleert. Het Verdrag gaat ervan uit dat indien echtgenoten een rechtskeuze vóór de huwelijkssluiting uitbrengen, het gekozen recht hun huwelijksvermogensregime beheerst. De echtgenoten kunnen vóór de huwelijkssluiting of uiterlijk tijdens de huwelijkssluiting ingevolge art. 3 Verdrag een rechtskeuze uitbrengen die begint te werken op het tijdstip van de huwelijkssluiting. Zij kunnen ook staande huwelijk een rechtskeuze uitbrengen ingevolge art. 6 Verdrag. Wanneer een echtpaar een rechtskeuze heeft uitgebracht, gelden de in de art. 4 en 5 Verdrag gegeven objectieve verwijzingsregels niet. Ook de automatische veranderingen van art. 7 Verdrag zullen dan niet optreden. Indien de echtgenoten een bepaald recht hebben gekozen, blijft dit recht toepasselijk ook al wordt de band met dit land na de keuze verbroken. **Voorbeeld.** De echtgenoten kiezen het recht van het gemeenschappelijk woonland. Nadien verhuizen zij naar een ander land. De rechtskeuze blijft haar gelding behouden (*Rapport Von Overbeck*, nr. 70).

2. Geen renvoi (lid 1). Het recht dat de echtgenoten aanwijzen in de rechtskeuze heeft betrekking op het interne recht van die staat. Het IPR van die staat blijft buiten beschouwing.

3. Geboden alternatieven voor de rechtskeuze (lid 2). Het tweede lid geeft limitatief aan welke rechtsstelsels de echtgenoten kunnen kiezen. **a. Nationaal recht van een van de echtgenoten.** De echtgenoten kunnen kiezen voor het nationale recht van een van hen, ongeacht of dit het gemeenschappelijke nationale recht is. Art. 15 Verdrag, inhoudende bijzondere bepalingen inzake de gemeenschappelijke nationaliteit, is hier niet van toepassing (zie art. 15, aant. 4). Beslissend is het tijdstip van de aanwijzing. Het doet bij een voorhuwelijkse rechtskeuze niet ter zake of de echtgenoot deze nationaliteit bij de huwelijkssluiting verliest (*Rapport Von Overbeck*, nr. 128-129). **b. Het recht van de gewone verblijfplaats van een der echtgenoten.** Dit kan de gewone verblijfplaats van een van de echtgenoten zijn indien zij niet samenwonen, maar het kan ook de gemeenschappelijke verblijfplaats zijn als de echtgenoten al voor de huwelijkssluiting in hetzelfde land woonden. Elke echtgenoot heeft tegelijkertijd slechts één gewone verblijfplaats (*Rapport Von Overbeck*, nr. 130). ***Interpretatie van 'gewone verblijfplaats'.*** Dit begrip moet verdragsautonoom worden vastgesteld (*Rapport Von Overbeck*, nr. 147). **c. Het recht van de eerste staat op welks grondgebied een van de echtgenoten na het huwelijk een nieuwe gewone verblijfplaats vestigt.** Het is niet nodig dat beide echtgenoten na de huwelijkssluiting in dat land gaan wonen. Onduidelijk is hoelang de periode na de huwelijkssluiting is, waarbinnen de verhuizing dient plaats te hebben (*Rapport Von Overbeck*, nr. 131, spreekt van 'enige tijd'). De Werkgroep IPR van de Nederlandse Vereniging voor Rechtspraak neemt een termijn van zes maanden aan (*Trema* 1995, nr. 5, p. 153). Zie Van den Eeckhout, *NIPR* 2008/1 met een overzicht van de rechtspraak hierover. Wanneer de verhuizing plaatsvindt, geldt het gekozen recht vanaf de huwelijkssluiting (*Rapport Von Overbeck*, nr. 131). Indien geen der echtgenoten zich vestigt in het desbetreffende land, is de keuze definitief ongeldig. Hebben de echtgenoten voor dat geval niets afgesproken, dan geldt het objectief toepasselijke recht, aldus volgt uit de art. 4 en 5 Verdrag. Dit geldt ook voor het geval dat een of beide echtgenoten eerst hun gewone verblijfplaats vestigen in een derde land, en pas daarna hun gewone verblijfplaats vestigen in het land waarvoor zij een rechtskeuze hebben uitgebracht. ***Toepasselijk recht vóór de verhuizing.*** Zolang de nieuwe verblijfplaats nog niet is gevestigd geldt het objectief toepasselijke recht (*Rapport Von Overbeck*, nr. 132).

4. Eenheidsstelsel (lid 3). De echtgenoten kunnen niet, afgezien van de mogelijkheden van lid 4 dat betrekking heeft op onroerend goed, een deel van hun vermogen van de rechtskeuze uitsluiten (*Rapport Von Overbeck*, nr. 123). Het gekozen recht geldt voor het hele vermogen van beide echtgenoten, ongeacht het concrete regime dat zij aanhouden. Zie voor eventueel optredende afwikkelingsperikelen art. 10:47 BW. **Ontoelaatbare deelkeuze.** Het is niet mogelijk om alleen voor het roerende vermogen een bepaald recht te kiezen en de rest van het vermogen onder de objectieve verwijzingsregel te laten vallen (*Rapport Von Overbeck*, nr. 134). Brengen de echtgenoten in strijd met het eenheidsbeginsel toch verschillende rechtskeuzes uit voor onderdelen van hun vermogen, dan moet de rechter via uitleg bepalen welk recht toepasselijk is. Hij kan bijvoorbeeld besluiten dat het recht dat het grootste deel van het vermogen moet beheersen het hele vermogen beheerst, waardoor de deelkeuze voor het kleinere deel voor niet geschreven wordt gehouden (*Rapport Von Overbeck*, nr. 123).

5. Aparte keuze voor onroerende zaken (lid 4). Dit artikellid geeft een mogelijkheid om voor onroerende zaken een ander recht aan te wijzen dan voor de rest van het vermogen van de echtgenoten. De ratio van deze bepaling is om problemen bij de afwikkeling te voorkomen (zie de vorige aantekening en het commentaar op art. 10:47 BW). **a. Onroerend goed-keuze naast een keuze ingevolge art. 3 lid 1 of naast het objectief toepasselijke recht voor het overige vermogen.** De aparte keuze voor onroerende vermogensbestanddelen kan worden gemaakt naast een keuze voor het overige vermogen, maar kan ook plaatsvinden als de toepasselijke wet voor de rest van het vermogen door een objectieve verwijzingsregel wordt aangewezen. In dat geval zal een eventuele automatische verandering ingevolge art. 7 Verdrag niet optreden voor het deel van het vermogen dat onder de rechtskeuze valt. **b. Geen keuze voor de lex rei sitae van een ander goed.** De keuze ingevolge art. 3 lid 4 Verdrag kan betrekking hebben op het hele onroerende vermogen van de echtgenoten of een deel ervan, maar het moet steeds de lex rei sitae van dat goed betreffen. Aanwijzing van één lex rei sitae ook voor onroerende zaken die zich in een ander land bevinden, is niet mogelijk. (Zie *Rapport Von Overbeck*, nr. 135). **c. Keuze kan betrekking hebben op een deel van de onroerende zaken in een land.** Het is waarschijnlijk wel mogelijk om voor een onroerende zaak in een bepaald land de lex rei sitae (het recht van de plaats van ligging) te kiezen, maar een andere onroerende zaak in dat land van de keuze uit te sluiten. ***Kwalificatie van 'onroerend vermogen'.*** Het antwoord op de vraag of iets roerend of onroerend is, dient te worden vastgesteld aan de hand van de lex rei sitae (*Rapport Von Overbeck*, nr. 137).

Artikel 4

1. Indien de echtgenoten vóór het huwelijk het toepasselijke recht niet hebben aangewezen, wordt hun huwelijksvermogensregime beheerst door het interne recht van de Staat op welks grondgebied zij hun eerste gewone verblijfplaats na het huwelijk vestigen.

2. Het huwelijksvermogensregime van de echtgenoten wordt echter beheerst door het interne recht van de Staat van hun gemeenschappelijke nationaliteit:

1. indien door die Staat de in artikel 5 bedoelde verklaring is afgelegd en de werking daarvan niet door het tweede lid van dat artikel is uitgesloten;

2. indien die Staat niet partij is bij het Verdrag, terwijl volgens zijn internationaal privaatrecht zijn interne recht van toepassing is en de echtgenoten hun eerste gewone verblijfplaats na het huwelijk vestigen:

   a. in een Staat die de in artikel 5 bedoelde verklaring heeft afgelegd, of

   b. in een Staat die geen partij is bij het Verdrag en waarvan het internationaal privaatrecht eveneens de toepassing van hun nationale recht voorschrijft;

3. indien de echtgenoten hun eerste gewone verblijfplaats na het huwelijk niet op het grondgebied van dezelfde Staat vestigen.

3. Bij gebreke van een gewone verblijfplaats van de echtgenoten op het grondgebied van dezelfde Staat en bij gebreke van een gemeenschappelijke nationaliteit, wordt hun huwelijksvermogensregime beheerst door het interne recht van de Staat waarmee het, alle omstandigheden in aanmerking genomen, het nauwst is verbonden.

[14-03-1978, Trb. 130, i.w.tr. 01-09-1992]

[Objectieve verwijzingsregel]

1. Algemeen. Art. 4 en 5 van het Verdrag geven samen de objectieve verwijzingsregel van het Verdrag. Deze bepalingen gelden als de echtgenoten niet ingevolge art. 3 of 6 een ander recht hebben aangewezen. Ingevolge art. 3 lid 4 of 6 lid 4 Verdrag kunnen de echtgenoten voor (een deel van) hun onroerende zaken een ander recht aanwijzen. Voor alle andere goederen geldt in dat geval de in art. 4 jo. art. 5 Verdrag aangewezen wet. Dit geldt ook wanneer echtgenoten een eerder gemaakte keuze herroepen zonder een ander recht aan te wijzen (*Rapport Von Overbeck*, nr. 140). In uitzonderlijke gevallen kan van het resultaat worden afgeweken dat de objectieve verwijzingsregel oplevert, namelijk als de uitkomst dusdanig in strijd is met de redelijkheid en billijkheid die tussen de echtelieden geldt volgens de lex causae, dat de een de ander niet aan het resultaat kan houden, zie HR 20 oktober 2006, *LJN* AY4029, *JPF* 2007/4, m.nt. BER.

2. Eerste gemeenschappelijke gewone verblijfplaats (lid 1). Als hoofdregel geldt dat wordt aangeknoopt aan de wet van de eerste gewone verblijfplaats na de huwelijkssluiting. Dit kan zijn de verblijfplaats van beide echtgenoten die zij reeds vóór de huwelijkssluiting hadden of waar een van partijen reeds zijn gewone verblijfplaats had, wanneer de andere zich na de huwelijkssluiting bij zijn echtgenoot voegt. Aangenomen wordt doorgaans dat de eerste gewone verblijfplaats binnen een redelijk korte termijn na de huwelijkssluiting – in beginsel binnen zes maanden – moet worden gevestigd; in bepaalde gevallen is een meer 'rekbare' termijn verdedigbaar. Zie *Asser/Vonken & Ibili 10-II* 2021/337-338. Dit kan ook de gewone verblijfplaats van de echtgenoten zijn die zij reeds vóór de huwelijkssluiting hadden, indien zij deze aanhouden na de huwelijkssluiting. Het kan ook de gewone verblijfplaats zijn van een der echtgenoten als de andere zich na de huwelijkssluiting bij de andere echtgenoot voegt. **Latere verhuizing.** Wanneer de echtgenoten enige tijd na de huwelijkssluiting pas een gemeenschappelijke gewone verblijfplaats krijgen, wordt deze meegerekend in het kader van de art. 4 en 5 Verdrag. Hoelang de periode is waarbinnen zich de verhuizing moet hebben voltrokken, zie daarvoor art. 3, aant. 3 Verdrag. Niet is voldaan aan dit criterium indien een der echtgenoten zich eerst in een derde land vestigt, en daarna zich pas bij de andere echtgenoot voegt.

3. Gelding gemeenschappelijke nationale wet (lid 2). In een drietal gevallen geldt het recht van de gemeenschappelijke nationaliteit der echtgenoten. **'Woonplaatslanden' versus 'nationaliteitslanden'.** Ter vaststelling van deze gevallen moet men een onderscheid maken tussen landen die in het IPR-familierecht uitgaan van een aanknoping aan het recht van de gemeenschappelijke woonplaats of gewone verblijfplaats van de echtgenoten, de zogenaamde 'woonplaatslanden', en landen die uitgaan van een aanknoping aan het recht van de gemeenschappelijke nationaliteit van de echtgenoten, de zogenaamde 'nationaliteitslanden' (zie nader bij art. 5, aant. 1). Voor de toets of er sprake is van gemeenschappelijke nationaliteit der echtgenoten geeft art. 15 Verdrag een bijzondere definitie. **Voorbeeld.** Er wordt geen gemeenschappelijke nationaliteit aangenomen indien de vrouw bij de huwelijkssluiting verplicht de nationaliteit van de man verkrijgt, zonder dat zij dit kan verhinderen.

4. Drie uitzonderingen op gelding eerste gemeenschappelijke gewone verblijfplaats na de huwelijkssluiting. a. Uitzondering 1: de echtgenoten zijn onderdaan van een Staat die de verklaring van art. 5 heeft afgelegd en zij hebben niet langer dan vijf jaren vóór de huwelijkssluiting hun gewone verblijfplaats in een Staat die het woonplaatsbeginsel aanhoudt (lid 2 onderdeel 1). Zie voor de betekenis van de verklaring van art. 5 het commentaar op art. 5. Voor de werking van deze uitzondering maakt het niets uit of de Staat van hun gewone verblijfplaats voor de huwelijkssluiting een nationaliteitsland is dat verdragsluitende Staat is of niet. Zie met betrekking tot dit art. 5, ook *Asser/Vonken 10-II* 2016/241-242. ***Voorbeeld 1a.*** Twee Nederlandse onderdanen wonen sinds drie jaren voor hun huwelijkssluiting in Frankrijk. Zij zijn onderdaan van een verdragsluitende Staat die de verklaring van art. 5 heeft afgelegd. Zij wonen korter dan vijf jaren voor hun huwelijkssluiting in een woonplaatsland. Voor dit echtpaar geldt het Nederlandse huwelijksvermogensrecht (zie art. 4 lid 2 onderdeel 1 jo. art. 5 lid 2 eerste variant). ***Voorbeeld 1b.*** Twee Nederlanders wonen sinds zes jaren voor hun huwelijkssluiting in Frankrijk. Voor hen geldt het Franse huwelijksvermogensrecht. ***Voorbeeld 2.*** Twee Nederlanders wonen sinds zes jaren voor hun huwelijkssluiting in Duitsland, dat het nationaliteitsbeginsel aanhangt. Voor dit echtpaar geldt het Nederlandse huwelijksvermogensrecht (zie art. 4 lid 2 onderdeel 1 jo. art. 5 lid 2 laatste variant). ***Voorbeeld 3.*** Twee Duitse onderdanen vestigen hun gewone verblijfplaats ten gevolge van de huwelijkssluiting in Parijs, maar zij hadden daarvoor hun gewone verblijfplaats in Nederland. Voor dit echtpaar geldt het Franse huwelijksvermogensrecht. De uitzondering van de vijfjaarstermijn geldt alleen voor onderdanen van een verdragsluitende Staat die de verklaring van art. 5 heeft afgelegd. **b. Uitzondering 2 (lid 2 onderdeel 2 a en b): de echtgenoten zijn onderdaan van een Staat die geen verdragspartij is, maar wel het nationaliteitsbeginsel aanhangt. Zij vestigen a) hun eerste gewone verblijfplaats na de huwelijkssluiting in een verdragsluitende Staat die de verklaring van art. 5 heeft afgelegd, of b) hun eerste gewone**

verblijfplaats na de huwelijkssluiting in een Staat die geen partij is bij het Verdrag en het nationaliteitsbeginsel aanhangt. Deze uitzondering heeft het oog op onderdanen van een nationaliteitsland dat geen verdragsluitende partij is. Voor deze echtgenoten geldt hun gemeenschappelijke nationale wet als huwelijksvermogensregime indien zij hun eerste gewone verblijfplaats na de huwelijkssluiting vestigen in een nationaliteitsland, ongeacht of dit een verdragsluitende Staat is of niet. ***Voorbeeld 1.*** Twee Zweedse onderdanen vestigen hun gewone verblijfplaats na het huwelijk in Nederland. Voor dit echtpaar dat onderdaan is van een nationaliteitsland geldt het Zweedse huwelijksvermogensrecht. ***Voorbeeld 2.*** Twee Finse onderdanen vestigen hun gewone verblijfplaats na de huwelijkssluiting in Thailand. Zowel Finland als Thailand zijn nationaliteitslanden (zie de lijst die door het Ministerie van Justitie is opgesteld bij art. 5, aant. 3 bij dit verdrag). Voor dit Finse echtpaar geldt het Finse huwelijksvermogensrecht, omdat Thailand een nationaliteitsland is. Het is daarbij irrelevant of de nationaliteitsaanknoping van het IPR van het land van de gewone verblijfplaats betrekking heeft op de gemeenschappelijke nationaliteit van de echtgenoten of dat deze aanknoopt aan de nationaliteit van slechts één echtgenoot. Het gevolg moet wel zijn dat in concreto wordt aangeknoopt aan het recht van hun gemeenschappelijke nationaliteit (*Rapport Von Overbeck*, nrs. 59 en 156).
c. Uitzondering 3 (lid 3): de echtgenoten vestigen hun eerste gewone verblijfplaats na het huwelijk niet op het grondgebied van dezelfde Staat. In dit geval beheerst altijd het huwelijksvermogensregime van hun gemeenschappelijke nationale recht hun huwelijksvermogensrechtelijke verhoudingen ongeacht of het echtgenoten betreft die onderdaan zijn van een nationaliteits- of een woonplaatsland. De gemeenschappelijke nationaliteit van de echtgenoten wordt gedefinieerd in art. 15 Verdrag. Zie o.m. HR 17 januari 2020, *NJ* 2020/52.

5. Aanknoping aan de wet van de nauwste verbondenheid (lid 3). Indien de echtgenoten noch een gemeenschappelijk woonland, noch een gemeenschappelijke nationaliteit in de zin van art. 15 Verdrag hebben ten tijde van de huwelijkssluiting, moet het huwelijksvermogensregime worden aangeknoopt aan de wet van de nauwste verbondenheid. Men kan daarbij letten op culturele verbondenheid, vroegere woonplaatsen van partijen en dergelijke. De rechter kan voor de vaststelling daarvan zelfs gebruik maken van een latere verkrijging van een gemeenschappelijke gewone verblijfplaats of een gemeenschappelijke nationaliteit nadat de termijnen van art. 4 lid 1 en 2 onder 3 Verdrag zijn verlopen (*Rapport Von Overbeck*, nr. 88). Zie Rb. Amsterdam 1 november 2017, ECLI:NL:RBAMS:2017:8292.

Artikel 5

1. Elke Staat kan, uiterlijk op het tijdstip van bekrachtiging, aanvaarding, goedkeuring of toetreding, een verklaring afleggen ten einde, overeenkomstig artikel 4, tweede lid, onder 1, zijn interne recht van toepassing te doen zijn.
2. Deze verklaring heeft geen gevolgen voor echtgenoten die beiden hun gewone verblijfplaats behouden op het grondgebied van de Staat waar zij beiden op het tijdstip van het huwelijk sedert ten minste vijf jaar hun gewone verblijfplaats hadden, tenzij *die Staat een Verdragsluitende Staat is* die de in het eerste lid van dit artikel bedoelde verklaring heeft afgelegd, of een Staat die geen partij is bij dit Verdrag en waarvan het internationaal privaatrecht de toepassing van het nationale recht voorschrijft.
[14-03-1978, Trb. 130, i.w.tr. 01-09-1992]

[Verklaringen van nationaliteitsverdragslanden]

1. Verklaring dat een verdragsluitende Staat het nationaliteitsbeginsel hanteert (lid 1). Deze verklaring kan worden afgegeven om aan te geven dat de desbetreffende Staat het nationaliteitsbeginsel hanteert, hetgeen inhoudt dat de aanknoping in het huwelijksvermogensrecht primair door de nationaliteit van de echtgenoten plaatsvindt. Dit is relevant in het kader van de objectieve verwijzingsregel van art. 4 (zie voor voorbeelden art. 4, aant. 4). **Alleen Nederland is 'nationaliteitsland'.** Tot nu toe is Nederland het enige verdragsland dat de verklaring van art. 5 heeft afgelegd. De andere twee verdragstaten, Frankrijk en Luxemburg, zijn 'woonplaatslanden'.

2. Gevolgen van het afleggen van de nationaliteitsverklaring voor onderdanen van die Staat (lid 2). Zoals reeds bij art. 4 lid 2 is behandeld (zie het commentaar op art. 4) brengt deze verklaring niet in alle gevallen mee, dat onderdanen van een dergelijke Staat altijd onder het huwelijksvermogensregime van hun gemeenschappelijke nationaliteit vallen. Als zij bij hun huwelijk hun gewone verblijfplaats behouden, en deze daar voor hun huwelijkssluiting meer dan vijf jaar reeds hadden, dan wordt het huwelijksvermogensregime van dit echtpaar beheerst door het recht van hun gewone verblijfplaats, tenzij het land van hun gewone verblijfplaats het nationaliteitsbeginsel hanteert. Zie voor voorbeelden het commentaar op art. 4 lid 2 Verdrag. Zie nader met betrekking tot deze op het afstemmingsbeginsel gebaseerde regeling van art. 4 en 5 Verdrag voor enkele specifiek afgebakende situaties, *Asser/Vonken & Ibili 10-II* 2021/332-334.

Artikel 6

1. Tijdens het huwelijk kunnen de echtgenoten hun huwelijksvermogensregime onderwerpen aan een ander intern recht dan het recht dat tot dusver van toepassing was.
2. De echtgenoten kunnen slechts een van de volgende rechtsstelsels aanwijzen:
1. **het recht van een Staat waarvan een van de echtgenoten de nationaliteit bezit op het tijdstip van die aanwijzing;**
2. **het recht van de Staat op welks grondgebied een van de echtgenoten zijn gewone verblijfplaats heeft op het tijdstip van die aanwijzing.**

3. Het aldus aangewezen recht is van toepassing op hun gehele vermogen.
4. De echtgenoten kunnen echter, ongeacht of zij tot de in de voorgaande leden of in artikel 3 bedoelde aanwijzing zijn overgegaan, met betrekking tot het geheel of een gedeelte van de onroerende goederen het recht aanwijzen van de plaats waar die goederen zijn gelegen. Zij kunnen eveneens bepalen dat op onroerende goederen die later zullen worden verkregen, het recht van de plaats waar die goederen zijn gelegen, van toepassing zal zijn.
[14-03-1978, Trb. 130, i.w.tr. 01-09-1992]

[Rechtskeuze staande huwelijk]

1. Rechtskeuze staande huwelijk (lid 1). a. Algemeen. Ongeacht of de echtgenoten voor de huwelijkssluiting al een rechtskeuze hebben uitgebracht, kunnen zij steeds staande huwelijk een van de in art. 6 lid 2 Verdrag genoemde rechtsstelsels kiezen. ***Wijziging van het aanknopingspunt in de tijd.*** Hebben zij eenmaal een recht gekozen, dan blijft dit ook van toepassing als daarna de aanknoping met het gekozen rechtsstelsel ophoudt (*Rapport*

Von Overbeck, nr. 161). **b. Rechtskeuze in het kader van een echtscheiding.** Buiten twijfel staat dat zij dit ook nog in het kader van een echtscheidingsprocedure kunnen doen (Werkgroep IPR van de Nederlandse Vereniging voor Rechtspraak, *Trema* 1995, nr. 5, p. 156). Daarbij moet zijn voldaan aan de inhoudelijke eisen van art. 6 Verdrag, en de formele vereisten van de art. 11-13 Verdrag. Naar Nederlands recht dient deze rechtskeuze te worden gedaan in een notariële akte. Tenzij echtgenoten een buitenlands rechtsstelsel aanwijzen dat deze eis niet stelt, is het naar Nederlands recht niet voldoende dat deze rechtskeuze wordt neergelegd in het proces-verbaal van de zitting (*Trema* 1995, nr. 5, p. 156). Zie nader *Asser/Vonken & Ibili 10-II* 2021/328. **c. Geen renvoi.** Evenals bij art. 3 Verdrag heeft de keuze betrekking op het interne recht van het gekozen stelsel en blijft het IPR van de gekozen staat buiten beschouwing.

2. Limitatieve opsomming van de keuzemodaliteiten (lid 2). De keuzemodaliteiten van het tweede lid zijn limitatief. De echtgenoten kunnen kiezen uit de volgende rechtsstelsels. **a. Het nationale recht van een der echtgenoten ten tijde van de keuze.** Dit kan het gemeenschappelijke nationale recht zijn, maar kan ook het nationale recht van een der echtgenoten zijn. Bij bipatriden wordt geen effectiviteitstoets aangelegd en wordt ook niet gekeken of een nationaliteit vrijwillig is verkregen. Art. 15 Verdrag geldt hier niet (zie art. 15, aant. 5 en *Rapport Von Overbeck*, nr. 128-129). ***Voorbeeld.*** Een Nederlandse vrouw heeft ter gelegenheid van haar huwelijk met een Spaans onderdaan van rechtswege de Spaanse nationaliteit verkregen. De man wordt daarna tot Nederlands onderdaan genaturaliseerd. Desondanks kunnen de echtgenoten het Spaanse recht kiezen, omdat de vrouw formeel (ook) Spaanse is. Het is niet van belang of overigens de vrouw sterkere banden met Nederland of met Spanje heeft. **b. Het recht van de gewone verblijfplaats van een der echtgenoten ten tijde van de keuze.** Ook bij de keuze voor de gewone verblijfplaats in art. 6 Verdrag is niet vereist dat beide echtgenoten in hetzelfde land wonen. Anders dan bij de nationaliteit kan iedere echtgenoot slechts één woonplaats hebben. Hiervoor is de 'maatschappelijke woonplaats' relevant.

3. Eenheidsstelsel: Geen terugwerkende kracht rechtskeuze (lid 3). Het gekozen recht is toepasselijk op het hele vermogen van de echtgenoten, ook al is dat vóór de rechtskeuze verkregen. Een rechtskeuze staande huwelijk heeft een – beperkte – terugwerkende kracht: een dergelijke rechtskeuze werkt slechts voor zover het vermogen van het eerdere regime nog aanwezig is. De terugwerkende kracht die een rechtskeuze staande huwelijk voor het Nederlandse recht heeft, heeft echter geen gevolg in het geval een rechtskeuze is uitgebracht waarbij partijen tegelijkertijd door middel van de huwelijkse voorwaarden hebben gekozen voor een ander stelsel dan het Nederlandse wettelijke stelsel. Een dergelijke terugwerkende kracht levert immers strijd op met art. 1:120 BW waarin is bepaald dat tijdens het huwelijk gemaakte huwelijkse voorwaarden pas gelden vanaf de dag, volgend op die waarop de akte is verleden. Op grond van dat artikel is terugwerkende kracht bij huwelijkse voorwaarden dus niet toegestaan. Zie ook Rb. Oost-Brabant 11 januari 2021, ECLI:NL:RBOBR:2021:193. Zie nader *Asser/Vonken & Ibili 10-II* 2021/327.

4. Keuze voor de lex rei sitae voor onroerende goederen (lid 4). Evenals bij art. 3 kunnen echtgenoten ook staande huwelijk de lex rei sitae aanwijzen voor reeds verkregen of nog te verkrijgen onroerende zaken. Deze aanwijzing kan ook dan plaatsvinden als de echtgenoten reeds eerder een rechtskeuze hadden uitgebracht, hetzij voor het gehele vermogen, hetzij slechts voor het onroerende vermogen.

5. Rechtskeuze en oude huwelijksvoorwaarden. Indien de echtgenoten onder het vorige regime huwelijksvoorwaarden hebben gemaakt, zullen zij deze bij het uitbrengen van een rechtskeuze in het algemeen aanpassen aan het nieuwe recht. Laten zij dit na, dan moet via interpretatie worden beoordeeld of de huwelijkse voorwaarden binnen het nieuwe rechtsstelsel als kaderwet ook geldig kunnen zijn (*Rapport Von Overbeck* nr. 162). Zie hiervoor de drie opvattingen genoemd bij *GS Personen- en familierecht*, art. 6 Haags huwelijksvermogensverdrag 1978, aant. 4.1.

6. Rechten van derden blijven onverlet. Hoewel dit niet in dit artikel apart is genoemd, wordt voor rechtskeuzes ingevolge art. 6 Verdrag aangenomen dat rechten van derden onverlet blijven (*Rapport Von Overbeck*, nr. 72 en 139). Hoe dit in concreto moet worden ingevuld, vermeldt het Rapport niet.

Artikel 7

1. Het recht dat op grond van de bepalingen van het Verdrag van toepassing is, blijft van toepassing zolang de echtgenoten geen ander toepasselijk recht hebben aangewezen, zelfs in geval van wijziging van hun nationaliteit of gewone verblijfplaats.

2. Indien de echtgenoten echter noch het toepasselijke recht hebben aangewezen, noch huwelijkse voorwaarden hebben gemaakt, wordt in plaats van het recht waaraan hun huwelijksvermogensregime tevoren was onderworpen het interne recht van de Staat waar de echtgenoten beiden hun gewone verblijfplaats hebben, toepasselijk:

1. vanaf het tijdstip waarop zij daar hun gewone verblijfplaats vestigen, indien de nationaliteit van die Staat hun gemeenschappelijke nationaliteit is, dan wel vanaf het tijdstip waarop zij die nationaliteit verkrijgen, of

2. wanneer zij na het huwelijk gedurende meer dan tien jaar daar hun gewone verblijfplaats hebben gehad;

3. vanaf het tijdstip waarop zij daar hun gewone verblijfplaats vestigen, indien hun huwelijksvermogensregime, uitsluitend op grond van artikel 4, tweede lid, onder 3, was onderworpen aan het recht van de Staat van hun gemeenschappelijke nationaliteit.

[14-03-1978, Trb. 130, i.w.tr. 01-09-1992]

[Automatische wijzigingen]

1. Algemeen. Op grond van dit artikel vinden in bepaalde gevallen automatische wijzigingen in het toepasselijke huwelijksvermogensregime plaats. Dit kan zich alleen voordoen bij echtgenoten die geen rechtskeuze hebben gemaakt en ook geen huwelijkse voorwaarden hebben uitgebracht. Hebben de echtgenoten zich wel over het toepasselijke regime uitgesproken, al dan niet door middel van een rechtskeuze, dan wordt deze wilsuiting gerespecteerd en zullen geen automatische veranderingen optreden (*Rapport Von Overbeck*, nr. 73 en 163). Ook het feit dat echtgenoten zich hebben uitgesproken voor het recht dat op dat moment van rechtswege geldt, voorkomt dat automatische wijzigingen optreden (*Rapport Von Overbeck*, nr. 163). Zie nader met betrekking tot dit artikel *Asser/Vonken 10-II* 2016/250-256. **Automatische wijzigingen en deelrechtskeuzes**

voor onroerende zaken. Ten aanzien van rechtskeuzes die alleen werking hebben ten aanzien van onroerende zaken, wordt de automatische wijziging alleen verhinderd, voor zover de rechtskeuze werkt. Met betrekking tot de overige goederen kan dan nog wel een automatische verandering optreden (*Rapport Von Overbeck*, nr. 74).

2. Wijziging aanknoping in de tijd (lid 1). In het eerste lid wordt bepaald dat het recht dat door de objectieve verwijzingsregel van de art. 4 en 5 Verdrag is aangegeven van kracht blijft, ook als de omstandigheden waaraan eerder werd aangeknoopt inmiddels zijn gewijzigd. Dit heeft tot gevolg dat het kan voorkomen dat het huwelijksvermogensregime van een echtpaar na een verhuizing wordt beheerst door het recht van een vorige gewone verblijfplaats. In het tweede lid wordt een aantal automatische wijzigingen aangegeven dat van deze hoofdregel afwijkt.

3. Automatische veranderingen (lid 2). a. Algemeen. In afwijking van de hoofdregel van het eerste lid wordt aangenomen dat in de aan het slot van deze aantekening genoemde drie gevallen automatische veranderingen van het huwelijksvermogensregime optreden. De overgang heeft in alle gevallen het gevolg dat nadien het recht van de gewone verblijfplaats van de echtgenoten toepasselijk wordt, voor zover dit recht niet reeds eerder het regime bepaalde. Zie hierover kritisch Struycken, *WPNR* 6475 (2002). **b. Werking ex nunc.** De nieuwe wet beheerst alleen de goederen die de echtgenoten na de wijziging verkrijgen. De eerder verkregen goederen blijven vallen onder het recht waaronder zij zijn verkregen (zie art. 8, aant. 1). Dit noemt men het 'wagonstelsel'. ***Voorbeeld.*** Wanneer een der echtgenoten onder de Nederlandse wettelijke gemeenschap van goederen een goed heeft verkregen, blijft dit goed gemeenschappelijk eigendom, ook als nadien een automatische wijziging optreedt, waardoor een stelsel van ongemeenschap gaat gelden. Wordt na de wijziging een ander goed door een der echtgenoten verkregen, dan is dit goed privé-eigendom van de echtgenoot die volgens het dan geldende regime eigenaar wordt. **c. Gevallen van automatische wijziging.** ***Remigratie naar het vaderland.*** Indien de echtgenoten hun gewone verblijfplaats gaan vestigen in het land van hun gemeenschappelijke nationaliteit (waarbij niet de toets van art. 15 Verdrag dient te worden aangelegd) beheerst vanaf dat moment het recht van hun nieuwe gewone verblijfplaats hun huwelijksvermogensregime. ***Voorbeeld.*** Een Nederlander die tevens effectief Deen is, is gehuwd met een Nederlandse vrouw. Bij verhuizing naar Nederland gaat terstond het Nederlandse huwelijksvermogensrecht gelden als dit tevoren niet het geval was. ***Bij naturalisatie.*** Zodra echtgenoten beiden de nationaliteit van hun gewone verblijfplaats aannemen, beheerst vanaf dat moment het woonlandrecht hun huwelijksvermogensregime. Dit kan het geval zijn indien beide echtgenoten eerst een andere nationaliteit hebben en zich tot onderdaan van het woonland laten naturaliseren. Deze bepaling is ook van toepassing indien een der echtgenoten reeds onderdaan was van het woonland, en de andere echtgenoot diens nationaliteit later verkreeg. Deze wijziging treedt ook op wanneer de echtgenoten de oude nationaliteit behouden bij de naturalisatie (*Rapport Von Overbeck*, nr. 166). Zie HR 20 december 2019, ECLI:NL:HR:2019:2010, waarin de vraag aan de orde was of de door partijen overeengekomen bruidsgave naar Iraans recht kan worden aangemerkt als een rechtskeuze voor Iraans recht dan wel als een huwelijkse voorwaarde in de zin van het Haagse Huwelijksvermogensverdrag 1978. De Hoge Raad was van oordeel dat in dat geval geen sprake is van een (impliciete) rechtskeuze in huwelijkse voorwaarden en dat derhalve – nu partijen tijdens hun huwelijk de Nederlandse nationaliteit hebben verkregen – automatische verandering van het toepasselijke huwelijksvermogensrecht ingevolge art. 7 lid 2 onder a van dat verdrag intreedt. ***Bij een gewone verblijfplaats in een land, langer dan tien jaren.*** Zodra de echtgenoten tien jaar in hetzelfde land gewone verblijfplaats hebben en geen naturalisatie heeft plaatsgevonden in het land van gewoon verblijf, geldt vanaf dat moment het recht van de gemeenschappelijke gewone verblijfplaats voor de daarna te verkrijgen goederen der echtgenoten; zie ook Hof Amsterdam 12 juni 2018, ECLI:NL:GHAMS:2018:2206 (onderbroken verblijf), en Hof 's-Hertogenbosch 4 oktober 2018, ECLI:NL:GHSHE:2018:4070 (peildatum). Dit geldt ook wanneer het land van het gewone verblijf het nationaliteits- en/of het onveranderlijkheidsbeginsel aanhangt. ***Echtgenoten gaan samenwonen, wier regime werd beheerst door de wet van hun gezamenlijke nationaliteit.*** Ook hier geldt direct het woonlandrecht van de echtgenoten voor de nadien te verkrijgen goederen. Dit heeft betrekking op gevallen waarin partijen een gezamenlijke nationaliteit hebben in de zin van art. 15 maar die na hun huwelijk geen eerste gezamenlijke woonland hebben gevestigd. Zouden zij dat wel hebben gehad, dan zou hun woonlandrecht van begin af aan toepasselijk zijn geweest. Zie hierover Q.J. Marck, *WPNR* 6410 (2002).

Artikel 8

1. Een wijziging in het toepasselijke recht op grond van artikel 7, tweede lid, heeft slechts gevolg voor de toekomst, en het vermogen dat vóór die wijziging aan de echtgenoten toebehoorde, is niet onderworpen aan het voortaan toepasselijke recht.

2. De echtgenoten kunnen echter te allen tijde, met inachtneming van de vormvoorschriften van artikel 13, het geheel van hun vermogen aan het nieuwe recht onderwerpen, zulks onverminderd, wat de onroerende goederen betreft, de bepalingen van artikel 3, vierde lid, en artikel 6, vierde lid. De uitoefening van deze bevoegdheid laat rechten van derden onverlet.

[14-03-1978, Trb. 130, i.w.tr. 01-09-1992]

[Wijziging toepasselijk recht, 'Wagonstelsel']

1. Werking ex nunc (lid 1). Alle automatische wijzigingen gelden slechts voor die vermogensbestanddelen die na de wijziging worden verkregen door de echtgenoten. Al het daarvoor verkregen vermogen wordt ook na de wijziging beheerst door het 'oude recht', waaronder het desbetreffende vermogensbestanddeel was verkregen. Dit noemt men het 'wagonstelsel' (*Rapport Von Overbeck*, nr. 171-172).

2. Rechtskeuze voor het nieuwe recht (lid 2). Het tweede lid biedt aan de echtgenoten de mogelijkheid om al hun vermogen onder het thans geldende regime te brengen. Daarmee worden de ongewenste gevolgen van het wagonstelsel beëindigd. Het gehele vermogen van de echtgenoten wordt na deze rechtskeuze beheerst door hetzelfde (nieuwe) recht. **Voorkoming van automatische wijzigingen.** Door het uitbrengen van een rechtskeuze overeenkomstig art. 8 wordt voorkomen dat daarna een automatische verandering plaatsvindt. Dit resultaat is hetzelfde als wanneer de rechtskeuze overeenkomstig art. 6 zou worden uitgebracht. Het enige verschil is dat de art. 6 en 8 uiteenlopende keuzemodaliteiten kennen. De echtgenoten kunnen door hun rechtskeuze niet de rechten van derden beperken die zij hadden verkregen vóór de verandering. Dit geldt ook voor rechten van de echtgenoten zelf (*Rapport Von Overbeck*, nr. 172). Hoe dit in concreto moet worden uitgewerkt, geeft het Rapport niet aan.

3. 'Behoud-verklaring'. In de huidige tekst van het Verdrag is voor de echtgenoten niet meer expliciet de mogelijkheid opgenomen om kort na de automatische wijziging alsnog aan te geven dat zij de automatische wijziging ongedaan willen maken. In een eerdere versie van de tekst was deze mogelijkheid eenzijdig opgenomen, maar dit stuitte op teveel weerstand. Uit het Rapport van Von Overbeck is af te leiden dat men aanneemt dat deze mogelijkheid nog wel bestaat, zij het dat beide echtgenoten dit in de vorm van een rechtskeuze moeten verklaren (*Rapport Von Overbeck*, nr. 89). **Werking behoud-verklaring.** Indien de echtgenoten binnen een korte termijn na de wijziging een behoud-verklaring hebben uitgebracht, wordt aangenomen dat dit gekozen recht met terugwerkende kracht de automatische wijziging ongedaan maakt. **Positie derden vóór de behoud-verklaring.** Niet geregeld is wat de positie van derden is voordat de behoud-verklaring is uitgebracht.

Artikel 9

1. De gevolgen van het huwelijksvermogensregime ten aanzien van een rechtsbetrekking tussen een echtgenoot en een derde worden beheerst door het recht dat op grond van het Verdrag op het huwelijksvermogensregime van toepassing is.
2. Het recht van een Verdragsluitende Staat kan echter bepalen dat het recht dat van toepassing is op het huwelijksvermogensregime, niet door een echtgenoot aan een derde kan worden tegengeworpen wanneer die echtgenoot of de derde zijn gewone verblijfplaats op het grondgebied van de Staat heeft, tenzij:

1. **is voldaan aan de door dat recht gestelde voorwaarden betreffende publikatie of inschrijving, of**
2. **de rechtsbetrekking tussen die echtgenoot en de derde is ontstaan op een tijdstip waarop de derde het op het huwelijksvermogensregime toepasselijke recht kende of behoorde te kennen.**

3. Het recht van een Verdragsluitende Staat waar een onroerend goed is gelegen, kan een overeenkomstige regel bevatten inzake rechtsbetrekkingen tussen een echtgenoot en een derde ten aanzien van dat onroerende goed.
4. Elke Verdragsluitende Staat kan het toepassingsgebied van het tweede en derde lid van dit artikel door middel van een verklaring nader aangeven.
[14-03-1978, Trb. 130, i.w.tr. 01-09-1992]

[Rechtsbetrekkingen tussen echtgenoten en derden]

1. Algemeen. Dit artikel geeft als hoofdregel dat echtgenoten het volgens het Verdrag geldende recht aan derden kunnen tegenwerpen, zij het dat verdragstaten daar bepaalde publicatie-eisen aan kunnen verbinden. Het is niet mogelijk dat Verdragstaten andere beperkingen opwerpen dan in art. 9 Verdrag zijn voorzien (*Rapport Von Overbeck*, nr. 103). De beperkingen mogen derhalve slechts betrekking hebben op voorwaarden die aan publicatie of inschrijving *worden gesteld, op de* bescherming van derden te goeder trouw *ten aanzien* van rechtsbetrekkingen tussen een echtgenoot en de derde, of bescherming van derden ten aanzien van onroerende zaken.

2. Verhouding echtgenoot-derden (lid 1). Het uitgangspunt is dat het regime in beginsel niet alleen tussen de echtgenoten zelf geldt, maar ook jegens derden kan worden ingeroepen. Dit geldt in ieder geval als de derde op de hoogte is van de gelding van het buitenlandse huwelijksvermogensregime. Het staat de derde steeds vrij om zich op het eigenlijk toepasselijke recht te beroepen als dat gunstiger voor hem is dan het plaatselijke recht (*Rapport Von Overbeck*, nr. 178). Mocht de derde zich op een beschermingsbepaling willen beroepen dan kan hij daarop alleen een beroep doen voor een rechter van een Staat tot wiens wetgeving de beschermingsbepaling behoort (*Rapport Von Overbeck*, nr. 183).

3. Bijzondere publicatievereisten (lid 2). Dit artikellid opent de mogelijkheid voor een verdragsstaat om bijzondere eisen te stellen indien een echtgenoot zijn buitenlandse huwelijksvermogensregime wil tegenwerpen aan een derde die daar subjectief niet van op de hoogte is. **Gewone verblijfplaats van echtgenoot of wederpartij in Staat die beperking stelt.** Deze regeling kan betrekking hebben op gevallen waarin de handelende echtgenoot of de betrokken derde zijn gewone verblijfplaats op het grondgebied van die Staat heeft (*Rapport Von Overbeck*, nr. 179). Nederland heeft van deze mogelijkheid gebruik gemaakt: in de art. 10:45 en 10:46 BW is aangegeven dat men een van het Nederlandse recht afwijkend buitenlandse regime alleen aan onkundige derden kan tegenwerpen als het regime overeenkomstig art. 1:116 jo. 120 BW is ingeschreven in het huwelijksgoederenregister en verder aan de in deze artikelen gestelde vereisten is voldaan. Zie verder het commentaar op art. 10:45 en 10:46 BW.

4. Bijzondere publicatievereisten ten aanzien van onroerende zaken (lid 3). Uit het derde lid volgt dat een verdragsstaat ook bijzondere publicatievereisten kan stellen ten aanzien van een beroep op een buitenlands regime in het kader van onroerende zaken. Nederland heeft hieromtrent een verklaring afgelegd in de Goedkeuringswet. Naast de regels van huwelijksvermogensrecht staat het aan een derde ook steeds open om zich te beroepen op de goederenrechtelijke registerbescherming die Nederland in art. 3:17 e.v. BW heeft neergelegd ten aanzien van in Nederland gelegen registergoederen.

5. Verklaring omtrent de omvang van bijzondere publicatievereisten (lid 4). Nederland heeft hiervan geen gebruik gemaakt. Zie voor de uitwerking van de bijzondere publicatievereisten art. 10:45 en 10:46 BW.

Artikel 10

De voorwaarden voor de wilsovereenstemming van de echtgenoten inzake het recht dat zij als toepasselijk aanwijzen, worden door dat recht bepaald.
[14-03-1978, Trb. 130, i.w.tr. 01-09-1992]

[Gekozen recht bepaalt of wilsovereenstemming met betrekking tot een rechtskeuze aanwezig is]

Betekenis. Ook bij het uitbrengen van een rechtskeuze kunnen zich wilsgebreken voordoen. Men heeft ervoor gekozen om de vaststelling of zich een dergelijk gebrek voordoet, en of er sprake is van overeenstemmende wilsverklaringen, over te laten aan het gekozen recht (*Rapport Von Overbeck*, nr. 185). Het betreft hier de vraag naar het bestaan en de materiële geldigheid van de rechtskeuze. Zie ook HR 29 maart 2013, *NJ* 2013/473, m.nt.

Th.M. de Boer, waarin de Hoge Raad tot deze materiële geldigheid de vraag rekende of partijen zich bewust zijn van de rechtsgevolgen van een rechtskeuze en zijn voorgelicht over de rechtsgevolgen van zowel het maken van een uitdrukkelijke of stilzwijgende rechtskeuze als van het niet maken van een rechtskeuze.

Artikel 11

De aanwijzing van het toepasselijke recht moet uitdrukkelijk zijn overeengekomen of ondubbelzinnig voortvloeien uit huwelijkse voorwaarden.

[14-03-1978, Trb. 130, i.w.tr. 01-09-1992]

[Ondubbelzinnige aanwijzing van een gekozen recht]

Betekenis. Het Verdrag maakt onderscheid tussen impliciete en expliciete rechtskeuzes. Het Verdrag accepteert impliciete rechtskeuzes alleen in huwelijkse voorwaarden. Staat een rechtskeuze in een ander soort document, dan moet dit voldoen aan een vorm die in art. 13 is voorgeschreven (zie art. 13, aant. 1). Tevens moet de wilsovereenstemming expliciet zijn aangegeven. **Uitdrukkelijke aanwijzing van een bepaald recht.** Deze zinsnede heeft betrekking op een uitdrukkelijke aanwijzing van het toepasselijke recht in een akte. Dit kan bijvoorbeeld een aanwijzing ter zake van de huwelijkssluiting zijn. Zie HR 29 maart 2013, *NJ* 2013/473, m.nt. Th.M. de Boer. Zie nader *Asser/Vonken 10-II* 2016/229-231. **Voorbeeld.** Het is niet voldoende dat in een koopakte van een onroerende zaak staat vermeld, dat de echtgenoot-verkoper is gehuwd volgens het recht van een bepaalde staat. In een dergelijke verklaring ligt geen wilsverklaring van beide echtgenoten besloten. Bovendien is dit geen uitdrukkelijke verklaring omtrent het toepasselijke recht op het huwelijksvermogensregime. Het is mogelijk dat het een rechtskeuze sec betreft, maar de echtgenoten kunnen ook naast de rechtskeuze hun voorkeur uitspreken voor een ander regime dan het wettelijke binnen het gekozen rechtsstelsel. **Voorbeeld.** Het is niet voldoende dat partijen in een huwelijksakte bepalen dat een bepaald recht toepasselijk is. Een dergelijke verklaring kan hoogstens als keuze voor een bepaald huwelijksvermogensstelsel worden gezien, zie Rb. Overijssel zp. Almelo 29 mei 2018, ECLI:NL:RBOVE:2018:2406. **Voorbeeld.** De echtgenoten kunnen een expliciete rechtskeuze voor het Duitse huwelijksvermogensrecht combineren met een keuze voor de Gütertrennung, een van de Duitse keuzestelsels. **Aanwijzing vloeit ondubbelzinnig voort uit huwelijkse voorwaarden.** Ook in een uitdrukkelijke formulering in huwelijkse voorwaarden die verwijst naar de toepasselijkheid van een bepaald recht kan een rechtskeuze besloten liggen. Dit is bijvoorbeeld het geval indien wordt verwezen naar artikelen uit een bepaalde wet van een staat of wanneer een technische term wordt gebruikt die exclusief behoort tot een bepaald rechtsstelsel (*Rapport Von Overbeck*, nr. 187). Zie nader *Asser/Vonken & Ibili 10-II* 2021/321-322.

Artikel 12

Huwelijkse voorwaarden zijn, wat de vorm betreft, geldig indien zij in overeenstemming zijn hetzij met het interne recht dat van toepassing is op het huwelijksvermogensregime, *hetzij met het* interne recht van de plaats waar zij werden aangegaan. Zij dienen in elk geval te worden neergelegd in een gedagtekend en door beide echtgenoten ondertekend schriftelijk stuk.

[14-03-1978, Trb. 130, i.w.tr. 01-09-1992]

[Vormvereisten huwelijkse voorwaarden]

1. Algemeen. De vormvereisten die dit artikel geeft, gelden voor alle huwelijkse voorwaarden, ongeacht of zij een rechtskeuze inhouden of dat zij zijn opgemaakt binnen het door de art. 4 en 5 Verdrag aangewezen rechtsstelsel (*Rapport Von Overbeck*, nr. 189). **Vertegenwoordiging mogelijk?** Het lijkt erop dat Von Overbeck geen vertegenwoordiging mogelijk acht omdat hij ervan uitgaat dat in ieder geval de handtekening – niet de datum of de overige inhoud van het stuk – door de echtgenoten zelf moet worden geschreven (*Rapport Von Overbeck*, nr. 190). In Nederland lijkt de wetgever in navolging van de Staatscommissie IPR minder streng te zijn. Hij is van mening dat vertegenwoordiging, ook op het terrein van het huwelijksvermogensrecht, buiten het werkingsterrein van het Verdrag valt. **Geen cumulatieve opsomming.** Het is voldoende indien is voldaan aan de vormeisen van hetzij a) hetzij b) hetzij c), zie aant. 2. Indien volgens het ene rechtsstelsel de huwelijkse voorwaarden formeel geldig zijn en volgens het andere niet, staat dit aan de formele geldigheid niet in de weg. **Geen renvoi.** De verwijzing vindt plaats naar de vereisten van het interne recht; het IPR van die rechtsstelsels wordt buiten beschouwing gelaten.

2. Toepasselijk recht op de vorm van huwelijkse voorwaarden (eerste zin). De bepaling geeft aan dat de vorm van huwelijkse voorwaarden wordt beheerst door **a. de lex causae.** Dit is het interne recht dat van toepassing is op het huwelijksvermogensregime. De aanwijzing van dit recht kan zijn geschied door de objectieve verwijzingsregel van de art. 4 en 5 dan wel door art. 7 Verdrag na een automatische wijziging. **b. de lex loci actus.** Dit is het interne recht van de plaats waar de huwelijkse voorwaarden zijn aangegaan. Dit hoeft niet tevens de gewone verblijfplaats van de echtgenoten te zijn. *Voorbeeld.* Het is mogelijk om op doorreis een dergelijke keuze uit te brengen. **c. de lex rei sitae.** Ten aanzien van rechtskeuzes met betrekking tot onroerende zaken kan naast de lex loci actus ook de vorm van de plaats van ligging van de desbetreffende onroerende zaken worden gevolgd.

3. Minimumvereiste (tweede zin). Evenals voor de rechtskeuze sec geldt bij huwelijkse voorwaarden dat zij ten minste moeten zijn neergelegd in een gedagtekend en door beide echtgenoten ondertekend schriftelijk stuk. Dit vereiste geldt ook wanneer de toepasselijke rechtsstelsels met betrekking tot de vorm lichtere eisen stellen, bijvoorbeeld een mondelinge overeenkomst voldoende achten of helemaal geen vormeisen kennen voor huwelijkse voorwaarden. In dat geval doet het uiterlijk der akte niet ter zake, maar geldt alleen het bovengenoemde minimumvereiste. Stellen alle rechtsstelsels strengere eisen, dan gelden de strengere eisen.

Artikel 13

Een uitdrukkelijk overeengekomen aanwijzing van het toepasselijke recht dient te geschieden in de vorm welke voor huwelijkse voorwaarden is voorgeschreven, hetzij door het aangewezen interne recht, hetzij door het interne recht van de plaats waar die aanwijzing geschiedt. De aanwijzing dient in elk geval te worden neergelegd in een gedagtekend en door beide echtgenoten ondertekend schriftelijk stuk.

[14-03-1978, Trb. 130, i.w.tr. 01-09-1992]

[Vormvereisten voor uitdrukkelijk overeengekomen rechtskeuzes]

Betekenis. Voor uitdrukkelijk overeengekomen rechtskeuzes wordt aangesloten bij de vormeisen die gelden voor huwelijkse voorwaarden. Dit lost het probleem op, dat vele staten geen aparte vormeisen voor uitdrukkelijk overeengekomen rechtskeuzes kennen. Ook hier geldt in geval van ontbrekende verdere vereisten het onder art. 12 Verdrag geformuleerde minimumvereiste van een gedagtekend en door beide echtgenoten ondertekend schriftelijk stuk. (Zie art. 12, aant. 3.) Een uitdrukkelijke of impliciete rechtskeuze die formeel of materieel ongeldig is, blijft overigens niet zonder gevolg; deze keuze kan namelijk worden beschouwd als een materieelrechtelijke rechtskeuze. Zie *Asser/Vonken & Ibili 10-II* 2021/323-325.

Artikel 14

Toepassing van het door het Verdrag aangewezen recht kan slechts achterwege blijven indien zij kennelijk in strijd is met de openbare orde.
[14-03-1978, Trb. 130, i.w.tr. 01-09-1992]

[Openbare orde]

Betekenis. Slechts wanneer toepassing van het door het Verdrag aangewezen recht kénnelijk in strijd is met de openbare orde, mag dit recht terzijde worden gesteld. Evenals bij de andere Haagse verdragen mag dit niet te snel worden aangenomen. Dit is pas aan de orde wanneer de strijdigheid met de openbare orde 'duidelijk in het oog springt', aldus het *Rapport Von Overbeck*, nr. 194.

HOOFDSTUK III
Diverse bepalingen

Artikel 15

1. Voor de toepassing van dit Verdrag wordt een nationaliteit slechts als gemeenschappelijke nationaliteit van de echtgenoten beschouwd:

1. **wanneer de beide echtgenoten die nationaliteit vóór het sluiten van het huwelijk bezaten;**
2. **wanneer een echtgenoot op het tijdstip van het huwelijk, of later, vrijwillig de nationaliteit van de ander heeft verkregen, hetzij door een daartoe strekkende verklaring, hetzij door niet af te zien van deze verkrijging, terwijl hij wist het recht daartoe te hebben;**
3. **wanneer de beide echtgenoten die nationaliteit na het huwelijk vrijwillig hebben verkregen.**

2. Behalve in de gevallen, bedoeld in artikel 7, tweede lid, onder 1, zijn de bepalingen betreffende de gemeenschappelijke nationaliteit niet van toepassing wanneer de echtgenoten meer dan één gemeenschappelijke nationaliteit bezitten.
[14-03-1978, Trb. 130, i.w.tr. 01-09-1992]

[Gemeenschappelijke nationaliteit]

1. Algemeen. De bepaling geeft voor de toepassing van het in art. 4 en 5 gebezigde begrip 'gemeenschappelijke nationaliteit' een bijzondere definitie. De definitie van art. 15 geldt niet indien beide echtgenoten meerdere gemeenschappelijke nationaliteiten hebben, behalve in het kader van art. 7 lid 2 onderdeel 1 Verdrag (zie art. 15, aant. 3). In dat geval kan een keuze worden gemaakt uit de verschillende gemeenschappelijke nationaliteiten van de echtgenoten.

2. Wijze van verkrijging van de nationaliteit (lid 1). Art. 15 beperkt de wijze van verkrijging van een nationaliteit, wil deze meetellen bij de vaststelling van een gemeenschappelijke nationaliteit als bedoeld in art. 4 en 5 Verdrag. **a. Vóórhuwelijkse nationaliteiten.** Meegerekend worden in ieder geval nationaliteiten die de echtgenoten reeds voor de huwelijkssluiting bezaten, ongeacht of deze waren verkregen op grond van de nationaliteit van de ouder(s), de plaats van geboorte of op grond van een eerder huwelijk, aldus *Rapport Von Overbeck*, nr. 197. **b. Vrijwillig verkregen nationaliteiten.** Indien een echtgenoot ter gelegenheid van de huwelijkssluiting vrijwillig de nationaliteit van de andere echtgenoot verkrijgt of daarna, hetzij door een daartoe strekkende verklaring, hetzij door niet af te zien van de verkrijging terwijl de echtgenoot wist dat hij het recht had om van de verkrijging af te zien, kan deze nationaliteit in aanmerking worden genomen. ***Voorbeeld.*** Hieronder vallen niet automatische verkrijgingen door de vrouw van de nationaliteit van de man, indien zij zich daar niet tegen kan verweren. Of de verkrijging van een vrijwillig verkregen nationaliteit leidt tot verlies van de eigen nationaliteit doet niet ter zake. ***Termijn tussen de huwelijkssluiting en de nationaliteitsverkrijging.*** De Werkgroep IPR van de Nederlandse Vereniging voor Rechtspraak neemt (voor Nederland) aan dat deze nationaliteitsverkrijging dient plaats te vinden binnen zes maanden na de huwelijkssluiting (*Trema* 1995, nr. 5, p. 155). Von Overbeck laat zich daar niet over uit. Onder deze wijze van verkrijging vallen zowel naturalisaties alsook de verkrijging van een nationaliteit door een optierecht waardoor de daadwerkelijke verkrijging enige tijd na de huwelijkssluiting plaatsvindt. **c. Vrijwillige verkrijging van deze nationaliteit door beide echtgenoten na de huwelijkssluiting.** Ook indien beide echtgenoten een bepaalde nationaliteit na de huwelijkssluiting vrijwillig hebben verkregen, wordt deze meegerekend. Dit omvat ook gevallen van gewone naturalisaties en verkrijgingen van een nationaliteit die buiten onderdeel b genoemde termijn vallen (*Rapport Von Overbeck*, nr. 200).

3. Bijzondere regels bij meerdere gemeenschappelijke nationaliteiten (lid 2). Indien de echtgenoten meerdere gemeenschappelijke nationaliteiten hebben (bijvoorbeeld beiden zijn Nederlander en beiden zijn óók Belgisch onderdaan), worden deze beide nationaliteiten niet als gemeenschappelijk aangemerkt, behalve in het kader van art. 7 lid 2 onderdeel 1. In het gegeven voorbeeld wordt bij art. 4 lid 2 noch aan de gemeenschappelijke Nederlandse, noch aan de Belgische nationaliteit aangeknoopt. Slechts in het kader van art. 7 lid 2 onderdeel 1 Verdrag (automatische verandering bij naturalisatie en remigratie) wordt een dergelijke meervoudige nationaliteit meegerekend.

4. Geen effectiviteits- en realiteitstoets. Bij de vaststelling van de nationaliteit van een echtgenoot wordt geen effectiviteits- en geen realiteitstoets aangelegd (zie Ibili *GS*

Personen- en familierecht, titel 1.7 ipr, art. 15, Verdrag 1978, aant. 2). Dit betekent dat bij personen met meervoudige nationaliteit niet wordt getoetst, met welke van de nationaliteiten de persoon de nauwste band heeft. Bij echtgenoten die tevens een nationaliteit hebben van een ander land dan hun woonland, wordt de verbondenheid met het land van herkomst niet onderzocht. Ook bij echtgenoten die één nationaliteit gemeenschappelijk hebben, en daarnaast nog een nationaliteit hebben die de andere echtgenoot niet heeft, wordt geen effectiviteitstoets aangelegd (Von Overbeck heeft dit niet afdoende behandeld, zie voor deze uitleg de nota naar aanleiding van het eindverslag; *Kamerstukken II* 1989/90, 21273, 8, p. 9). Zie voor Nederlandse echtgenoten ook art. 10:43 BW.

Artikel 16

1. Wanneer een Staat twee of meer gebiedsdelen omvat waarin verschillende rechtsstelsels op het huwelijksvermogensregime toepasselijk zijn, wordt voor de toepassing van dit Verdrag iedere verwijzing naar het nationale recht van een dergelijke Staat opgevat als een verwijzing naar het stelsel dat door de in die Staat van kracht zijnde regels wordt aangewezen.

2. Bij gebreke van zodanige regels verstaat men onder de Staat waarvan een echtgenoot de nationaliteit bezit in de zin van artikel 3, tweede lid, onder 1, en artikel 6, tweede lid, onder 1, het gebiedsdeel waar die echtgenoot het laatst zijn gewone verblijfplaats had; evenzo verstaat men voor de toepassing van artikel 4, tweede lid, onder de Staat van de gemeenschappelijke nationaliteit van de echtgenoten het gebiedsdeel waar beiden het laatst een gewone verblijfplaats hadden.

[14-03-1978, Trb. 130, i.w.tr. 01-09-1992]

[Interregionaal recht en aanknoping aan de nationaliteit der echtgenoten]

1. Algemeen. Deze bepaling regelt welk deelrecht toepasselijk is indien in één staat voor meerdere gebiedsdelen verschillend recht geldt, bijvoorbeeld in Nederland of de Verenigde Staten. In beginsel sluit het verdrag zich aan bij de regeling die de staat zelf voor dit probleem heeft gegeven. In lid 2 staat een oplossing die het verdrag hanteert als de staat niet zelf hiervoor een voorziening geeft.

2. De staat geeft zelf een regeling voor interregionaal recht (lid 1). Het verdrag sluit zich aan bij de regeling die de staat zelf geeft.

3. Interregionaal recht en aanknoping aan de gemeenschappelijke nationaliteit (lid 2). Voor de toepassing van art. 3 lid 2 onderdeel 1 en art. 6 lid 2 onderdeel 1 (rechtskeuze voor de nationale wet van een echtgenoot) wordt het gebiedsdeel in aanmerking genomen waar de desbetreffende echtgenoot het laatst zijn gewone verblijfplaats heeft. Voor de toepassing in het kader van art. 4 lid 2 moet men in aanmerking nemen het gebiedsdeel waar beide echtgenoten het laatst een gemeenschappelijke verblijfplaats hadden. Deze gemeenschappelijke verblijfplaats kan ook aanwezig zijn geweest vóór de huwelijkssluiting, mits de echtgenoten daarna niet meer in dezelfde staat hun gewone verblijfplaats hadden (zie *Rapport Von Overbeck*, nr. 209). Woonden beide echtgenoten in de staat waarvan zij beiden onderdaan zijn, maar niet in hetzelfde gebiedsdeel terwijl voor de gebiedsdelen verschillend recht geldt, dan kan geen aanknoping aan de gemeenschappelijke nationaliteit plaatsvinden en volgt aanknoping aan de verwijzingsregel van art. 4 lid 3: het nauwst verbonden recht (*Rapport Von Overbeck*, nr. 205). **Voorbeeld.** Beide echtgenoten zijn Nederlands onderdaan. De man woont voor de huwelijkssluiting op Curaçao, de vrouw in Amsterdam. Na de huwelijkssluiting behouden zij hun woonplaatsen. In dat geval kan geen aanknoping plaatsvinden aan het recht van de gemeenschappelijke nationaliteit en zal – bij gebreke van een gemeenschappelijke woonplaats (zie art. 17) – worden aangeknoopt aan het nauwst verbonden recht ingevolge art. 4 lid 3, indien de echtgenoten geen rechtskeuze uitbrengen.

Artikel 17

Wanneer een Staat twee of meer gebiedsdelen omvat waar in verschillende rechtsstelsels op het huwelijksvermogensregime toepasselijk zijn, wordt voor de toepassing van dit Verdrag iedere verwijzing naar de gewone verblijfplaats in een dergelijke Staat uitgelegd als een verwijzing naar de gewone verblijfplaats in een gebiedsdeel van die Staat.

[14-03-1978, Trb. 130, i.w.tr. 01-09-1992]

[Interregionaal recht en aanknoping aan de gewone verblijfplaats der echtgenoten]

1. Algemeen. Ook bij aanknoping aan de gewone verblijfplaats wordt bij staten met gebiedsdelen met verschillend recht gekeken of de echtgenoten hun gewone verblijfplaats in hetzelfde gebiedsdeel hebben. Wonen de echtgenoten in dezelfde staat maar in verschillende gebieden waarvoor verschillend huwelijksvermogensrecht geldt, dan kan geen aanknoping aan de gemeenschappelijke verblijfplaats plaatsvinden (*Rapport Von Overbeck*, nr. 211). Men komt dan bij toepassing van de objectieve verwijzingsregel van art. 4 tot aanknoping aan de gemeenschappelijke nationale wet. Is deze ook niet voorhanden, dan geldt de aanknoping aan de wet van de nauwste band, art. 4 lid 3.

2. Rechtskeuze voor het woonplaatsrecht bij regionaal verschillend recht. In dit geval wordt de rechtskeuze voor het woonplaatsrecht van een echtgenoot opgevat als keuze voor het recht van het gebiedsdeel waar de echtgenoot woont. **Voorbeeld.** De man, die Frans onderdaan is, woont op Aruba; de vrouw, Braziliaanse van nationaliteit, woont in Frans Guyana. Indien zij een rechtskeuze uitbrengen voor het Nederlandse woonplaatsrecht van de man, wordt dit opgevat als keuze voor het recht van Aruba, en niet voor het recht zoals dit in het Europese rijksdeel geldt.

Artikel 18

Een Verdragsluitende Staat die twee of meer gebiedsdelen omvat waarin verschillende rechtsstelsels op het huwelijksvermogensregime toepasselijk zijn, is niet verplicht de regels van dit Verdrag toe te passen op wetsconflicten tussen die gebiedsdelen wanneer op grond van het Verdrag het recht van geen enkele andere Staat van toepassing is.

[14-03-1978, Trb. 130, i.w.tr. 01-09-1992]

[Toepasselijk recht in een 'intern' interregionaal geval]

1. Algemeen. Een verdragsland hoeft het verdrag niet toe te passen op zogenaamde 'interne' gevallen die slechts een inter*regionaal*, maar overigens geen inter*nationaal* karakter hebben.

2. Verschillende behandeling van zuiver interregionale gevallen. Het desbetreffende verdragsland mag het zuiver interregionale geval als intern geval behandelen. De overige verdragslanden moeten het verdrag toepassen. Een verschil zal bijvoorbeeld dan optreden wanneer volgens het verdrag een automatische wijziging plaatsvindt nadat de echtgenoten binnen de gebieden van het verdragsland zijn verhuisd, maar het interne recht van die staat in dat geval niet in een automatische verandering voorziet. **Voorbeeld 1.** Een echtpaar woont in Nederland. Op grond van art. 4 Verdrag is het Nederlandse recht als woonlandrecht op hun huwelijksvermogensregime toepasselijk. Na enkele jaren verhuizen zij naar Aruba. Nadat zij daar tien jaar hebben gewoond, treedt volgens art. 7 Verdrag het Arubaanse huwelijksvermogensrecht in werking. Alle andere verdragslanden moeten vanaf dat moment het Arubaanse huwelijksvermogensrecht toepassen. Nederland kan hiervan afzien indien het interregionale recht anders luidt. Aangezien wij daarbij geen automatische veranderingen kennen, blijft het Nederlandse recht op het huwelijksvermogensregime toepasselijk vanuit Nederlands standpunt. **Voorbeeld 2.** Wanneer de echtgenoten in een land hebben gewoond dat op grond van art. 18 Verdrag zijn interne regels toepaste op een zuiver interregionaal echtpaar, maar zij daarna verhuizen naar een andere verdragsstaat waarin de afwikkeling van het regime moet plaatsvinden dan kan het voorkomen dat de autoriteiten van deze staat een ander recht toepassen (*Rapport Von Overbeck*, nr. 212).

3. Praktische relevantie. Voor Nederland speelt deze kwestie alleen in de verhouding met Aruba. De Nederlandse Antillen zijn geen verdragspartij. Verder zijn nu geen staten verdragspartij die regionaal verschillend huwelijksvermogensrecht hebben.

Artikel 19

1. Wanneer een Staat ter zake van het huwelijksvermogensregime twee of meer rechtsstelsels kent, die toepasselijk zijn op twee of meer verschillende categorieën personen, wordt voor de toepassing van dit Verdrag iedere verwijzing naar het recht van een dergelijke Staat uitgelegd als een verwijzing naar het stelsel dat door de in die Staat geldende regels wordt aangewezen.

2. Bij gebreke van zodanige regels is in het geval, bedoeld in artikel 4, eerste lid, het interne recht van de Staat van de gemeenschappelijke nationaliteit van de echtgenoten van toepassing, en blijft in het geval, bedoeld in artikel 7, tweede lid, onder 2, het interne recht van de Staat waar zij beiden hun gewone verblijfplaats hadden, van toepassing. Bij gebreke van een gemeenschappelijke nationaliteit van de echtgenoten is artikel 4, derde lid, van toepassing.

[14-03-1978, Trb. 130, i.w.tr. 01-09-1992]

[Interpersoneel recht]

1. Algemeen. De in de vorige artikelen besproken regeling voor interregionale gevallen is vergelijkbaar met de verdragsregeling voor de interpersonele gevallen. Dit betreft staten die voor verschillende bevolkingsgroepen verschillend recht kennen. Dit kan betrekking hebben op groepen van verschillende herkomst of religie.

2. De staat geeft zelf een regeling voor interpersonele gevallen (lid 1). Het Verdrag sluit zich aan bij de regeling die de staat zelf geeft.

3. De staat geeft zelf geen regeling voor interpersonele gevallen (lid 2). In dat geval geldt geen aanknoping aan het recht van het gemeenschappelijk woonland. In dit geval wordt in plaats van de aanknoping aan het recht van de gemeenschappelijke gewone verblijfplaats aangeknoopt aan het recht van de gemeenschappelijke nationaliteit van de echtgenoten. Is deze niet voorhanden, dan vindt aanknoping plaats aan het recht van het land van de nauwste verbondenheid. Dit is bijvoorbeeld aan de orde als het woonland differentieert naar geloof en de echtgenoten geen van de in dat land beleden geloofsrichtingen aanhangen). Ook de automatische verandering van art. 7 lid 2 onderdeel 2 (tienjarig gewoon verblijf in dat land) blijft in dit geval achterwege. De echtgenoten blijven onderworpen aan het recht van hun vorige gemeenschappelijke gewone verblijfplaats.

Artikel 20

Het Verdrag laat onverlet de toepassing van internationale instrumenten waarbij een Verdragsluitende Staat partij is of wordt, en welke bepalingen bevatten omtrent de bij dit Verdrag geregelde onderwerpen.
[14-03-1978, Trb. 130, i.w.tr. 01-09-1992]

[Verhouding tot andere verdragen]

1. Algemeen. Dit verdrag wijkt voor andere verdragen die bepalingen bevatten op het terrein van het huwelijksvermogensrecht.

2. Praktische relevantie. Nederland is momenteel niet aangesloten bij andere verdragen die het huwelijksvermogensrecht regelen.

3. Verhouding tot het Haags huwelijksgevolgenverdrag 1905. Het verdrag geeft geen duidelijk antwoord op de vraag naar de relatie tussen het Verdrag 1905 en het Verdrag 1978, maar dit verdrag bedoelt het Verdrag 1905 te vervangen (*Rapport Von Overbeck*, nr. 216). Het Verdrag 1905 is vanuit Nederlands oogpunt alleen toepasbaar op echtgenoten wier huwelijksdatum ligt in de periode dat Nederland verdragspartij was bij het verdrag (23 augustus 1912 tot 23 augustus 1977). Bovendien moet de man ten tijde van de huwelijkssluiting onderdaan zijn van een verdragsstaat en moet tevens het huwelijk verbonden zijn met een ander verdragsland, aldus HR 19 maart 1993, *NJ* 1994/187. (Zie de inleidende opmerkingen bij art. 10:42 BW.)

Artikel 21

1. Het Verdrag is in elke Verdragsluitende Staat slechts van toepassing op echtgenoten die na de inwerkingtreding van het Verdrag voor die Staat in het huwelijk zijn getreden dan wel het op hun huwelijksvermogensregime toepasselijke recht aanwijzen.
2. Elke Verdragsluitende Staat kan door middel van een verklaring de toepasselijkheid van het Verdrag uitbreiden tot andere echtgenoten.
[14-03-1978, Trb. 130, i.w.tr. 01-09-1992]

[Werking ex nunc]

1. Toepassing (lid 1). Het verdrag werkt voor alle echtgenoten die op of na de datum van de inwerkingtreding zijn gehuwd of het toepasselijke recht op hun huwelijksvermogensregime aanwijzen. Het verdrag is op 1 september 1992 in werking getreden voor Nederland, Luxemburg en Frankrijk.

2. Verdragstaten kunnen ruimer toepassingsbereik aangeven (lid 2). Art. 21 geeft aan de verdragstaten de mogelijkheid om de werking van (een deel van) het Verdrag uit te breiden naar andere echtgenoten. Nederland heeft daarvan gebruikgemaakt op het gebied van de rechtskeuzes (zie art. 10:53 BW, aant. 2 en 3).

3. Overgangsrecht in andere gevallen. Zie art. 20, aant. 3 Verdrag voor huwelijken die vallen onder het Haagse huwelijksgevolgenverdrag 1905. Voor echtparen die noch onder het Verdrag 1978 vallen, noch onder het Verdrag 1978 geldt het commune recht. Dit wordt behandeld in de inleidende opmerkingen bij art. 10:42 BW.

HOOFDSTUK IV
Slotbepalingen

Artikel 22

1. Het Verdrag staat open voor ondertekening door de Staten die lid waren van de Haagse Conferentie voor internationaal Privaatrecht ten tijde van haar Dertiende Zitting.
2. Het dient te worden bekrachtigd, aanvaard of goedgekeurd en de akten van bekrachtiging, aanvaarding of goedkeuring dienen te worden nedergelegd bij het Ministerie van Buitenlandse Zaken van het Koninkrijk der Nederlanden.
[14-03-1978, Trb. 130, i.w.tr. 01-09-1992]

Artikel 23

1. Elke andere Staat kan tot het Verdrag toetreden.
2. De akte van toetreding dient te worden nedergelegd bij het Ministerie van Buitenlandse Zaken van het Koninkrijk der Nederlanden.
[14-03-1978, Trb. 130, i.w.tr. 01-09-1992]

Artikel 24

1. Elke Staat kan, op het tijdstip van ondertekening, bekrachtiging, aanvaarding, goedkeuring of toetreding, verklaren dat het Verdrag zich uitstrekt tot alle gebieden voor welker internationale betrekkingen hij verantwoordelijk is of tot een of meer van

deze gebieden. Deze verklaring wordt van kracht op het tijdstip waarop het Verdrag voor die Staat in werking treedt.
2. Deze verklaring, evenals iedere latere uitbreiding, wordt ter kennis gebracht van het Ministerie van Buitenlandse Zaken van het Koninkrijk der Nederlanden.
[14-03-1978, Trb. 130, i.w.tr. 01-09-1992]

Artikel 25
1. Een Verdragsluitende Staat die twee of meer gebiedsdelen omvat waarin verschillende rechtsstelsels op het huwelijksvermogensregime toepasselijk zijn, kan op het tijdstip van ondertekening, bekrachtiging, aanvaarding, goedkeuring of toetreding verklaren dat het Verdrag van toepassing is op al deze gebiedsdelen of slechts op een of meer daarvan, en kan deze verklaring op ieder later tijdstip tot andere gebiedsdelen uitbreiden.
2. Deze verklaringen worden ter kennis gebracht van het Ministerie van Buitenlandse Zaken van het Koninkrijk der Nederlanden en geven uitdrukkelijk het gebiedsdeel aan waarop het Verdrag van toepassing is.
[14-03-1978, Trb. 130, i.w.tr. 01-09-1992]

[Toepasselijkverklaring op diverse gebiedsdelen van verdragsluitende staten]

1. Algemeen. Indien een verdragsstaat meerdere gebiedsdelen heeft met verschillend huwelijksvermogensrecht, dan kan de staat bij de ondertekening, bekrachtiging, aanvaarding, goedkeuring of toetreding verklaren, dat het Verdrag slechts op enkele van de gebiedsdelen van toepassing is. Het is mogelijk deze verklaring later te wijzigen.

2. Toepasselijkheid Verdrag op delen van het Koninkrijk der Nederlanden. Bij de ratificatie hebben Nederland en Aruba toepasselijkheid van het Verdrag aanvaard. Het Verdrag geldt niet voor de Nederlandse Antillen.

Artikel 26
Een Verdragsluitende Staat die op de datum van inwerkingtreding van het Verdrag voor die Staat een systeem kent van verschillende gradaties van onderdaanschap van de tot die Staat behorende personen, kan op elk tijdstip door middel van een verklaring aangeven hoe een verwijzing naar zijn nationale wet voor de toepassing van het Verdrag moet worden uitgelegd.
[14-03-1978, Trb. 130, i.w.tr. 01-09-1992]

[Graden van onderdaanschap]

Betekenis. Deze bepaling is opgenomen op verzoek van de delegatie van het Verenigd Koninkrijk om een omschrijving van 'British subjects' mogelijk te maken. Deze worden voor de toepassing van het Verdrag geacht de nationaliteit van dat land te bezitten, aldus *Rapport Von Overbeck*, nr. 221.

Artikel 27

Voorbehouden op het Verdrag zijn niet toegestaan.
[14-03-1978, Trb. 130, i.w.tr. 01-09-1992]

[Voorbehouden]

Betekenis. Er zijn geen voorbehouden mogelijk op dit verdrag, zo is uiteindelijk besloten (*Rapport Von Overbeck*, nr. 222).

Artikel 28

1. Elke Verdragsluitende Staat die een van de in de artikelen 5, 9, vierde lid, 21 en 26 bedoelde verklaringen wenst af te leggen, brengt deze ter kennis van het Ministerie van Buitenlandse Zaken van het Koninkrijk der Nederlanden.
2. Iedere wijziging of intrekking van een verklaring wordt op dezelfde wijze ter kennis gebracht.
[14-03-1978, Trb. 130, i.w.tr. 01-09-1992]

[Verklaringen]

Betekenis. Dit artikel behoeft geen nader commentaar.

Artikel 29

1. Het Verdrag treedt in werking op de eerste dag van de derde kalendermaand na de nederlegging van de derde akte van bekrachtiging, aanvaarding, goedkeuring of toetreding, als bedoeld in de artikelen 22 en 23.
2. Vervolgens treedt het Verdrag in werking:
1. voor elke Staat die het daarna bekrachtigt, aanvaardt, goedkeurt of ertoe toetreedt, op de eerste dag van de derde kalendermaand na de nederlegging van zijn akte van bekrachtiging, aanvaarding, goedkeuring of toetreding;
2. voor de gebieden waartoe het Verdrag zich overeenkomstig artikel 24 uitstrekt, op de eerste dag van de derde kalendermaand na de kennisgeving, in dat artikel bedoeld.
[14-03-1978, Trb. 130, i.w.tr. 01-09-1992]

[Inwerkingtreding]

Betekenis. Het Verdrag is in werking getreden op 1 september 1992 (*Stb.* 1991, 627).

Artikel 30

1. Het Verdrag blijft van kracht gedurende vijf jaar vanaf de datum van zijn inwerkingtreding overeenkomstig artikel 29, eerste lid, ook voor de Staten die het daarna hebben bekrachtigd, aanvaard of goedgekeurd, of ertoe zijn toegetreden.
2. Behoudens opzegging wordt het Verdrag telkens voor een tijdvak van vijf jaar stilzwijgend verlengd.
3. De opzegging wordt, uiterlijk zes maanden voor het verstrijken van het tijdvak van vijf jaar, ter kennis gebracht van het Ministerie van Buitenlandse Zaken van het

Koninkrijk der Nederlanden. Zij kan worden beperkt tot bepaalde gebieden of gebiedsdelen waarop het Verdrag van toepassing is.
4. De opzegging geldt slechts ten aanzien van de Staat die haar heeft gedaan. Voor de andere Verdragsluitende Staten blijft het Verdrag van kracht.
[14-03-1978, Trb. 130, i.w.tr. 01-09-1992]

[Geldigheidsduur verdrag]

Betekenis. Dit artikel behoeft geen nader commentaar.

Artikel 31
Het Ministerie van Buitenlandse Zaken van het Koninkrijk der Nederlanden stelt de Lid-Staten van de Conferentie, alsmede de Staten die overeenkomstig de bepalingen van artikel 23 zijn toegetreden, in kennis van:
1. de ondertekeningen, bekrachtigingen, aanvaardingen en goedkeuringen, bedoeld in artikel 22;
2. de toetredingen, bedoeld in artikel 23;
3. de datum waarop het Verdrag in werking treedt overeenkomstig de bepalingen van artikel 29;
4. de uitbreidingen, bedoeld in artikel 24;
5. de opzeggingen, bedoeld in artikel 30;
6. de verklaringen, vermeld in de artikelen 25, 26 en 28.

[14-03-1978, Trb. 130, i.w.tr. 01-09-1992]

[Kennisgeving aan de lidstaten]

Betekenis. Dit artikel behoeft geen nader commentaar.

Artikel 43

(Vervallen.)

[11-07-2018, Stb. 332, i.w.tr. 29-01-2019/kamerstukken 34795]

[Nederlands huwelijksvermogensrecht bij Nederlandse echtgenoten]

1. Algemeen. In deze bepaling, die met de invoering van de Huwelijksvermogensrechtverordening is vervallen voor de huwelijken die onder de verordening vallen, werd nader uitgewerkt welk recht van toepassing is voor echtparen die beiden de Nederlandse nationaliteit hebben. Deze bepaling was een uitwerking van art. 4 Haags huwelijksvermogensverdrag 1978. Met de invoering van de verordening geldt voor de echtparen, die vallen onder de verordening, de conflictregel van art. 26 Verordening (EU) 2016/1103. De bepalingen van de verordening zijn met commentaar opgenomen in de uitgave *T&C Personen- en familierecht.*

2. Overgangsrecht. Samen met de Huwelijksvermogensrechtverordening is ook het nieuwe art. 271 Ow NBW in werking getreden, zie *Stb.* 2018, 332. Lid 2 van dit artikel bepaalt dat de artikelen 10:42, 43, 44, 46, 47, 48, 50, 51, 52 van Boek 10, zoals die luidden voor inwerkingtreding van de Uitvoeringswet Verordening huwelijksvermogensstelsels en Verordening vermogensrechtelijke gevolgen geregistreerde partnerschappen, van toepassing blijven op het huwelijksvermogensregime van echtgenoten, die op of na 1 september 1992 maar voor 29 januari 2019 in het huwelijk zijn getreden, tenzij deze echtgenoten op of na 29 januari 2019 het op hun huwelijksvermogensstelsel toepasselijke recht bepalen.

3. Betekenis oude bepaling. Indien een Nederlands echtpaar geen rechtskeuze heeft gemaakt, geldt het Nederlandse huwelijksvermogensrecht, ongeacht of de echtgenoten nog een andere nationaliteit hebben. Deze beperking heeft tot gevolg dat de echtgenoten die beiden de Nederlandse nationaliteit bezitten ingevolge art. 4 lid 2 onderdeel 1 Haags huwelijksvermogensverdrag 1978 het Nederlandse recht van toepassing is in plaats van de hoofdregel van het recht van de eerste gewone verblijfplaats ingevolge art. 4 lid 1 Haags huwelijksvermogensverdrag 1978. Zie ook art. 5 Haags huwelijksvermogensverdrag 1978.

4. Overgangsrecht oude bepaling. Art. 2 WCHr bevatte een soortgelijke regeling sinds 1 september 1992.

Artikel 44
(Vervallen.)
[11-07-2018, Stb. 332, i.w.tr. 29-01-2019/kamerstukken 34795]

[Rechtsbetrekking tussen de echtgenoten en derden]

1. Algemeen. In deze bepaling, die met de invoering van de Huwelijksvermogensrechtverordening is vervallen voor de huwelijken die onder de verordening vallen, werd nader uitgewerkt welk recht de rechtsbetrekkingen tussen de echtgenoten en derden beheerst. Deze bepaling was een uitwerking van art. 9 lid 1 Haags huwelijksvermogensverdrag 1978. Met de invoering van de verordening geldt voor de echtparen die vallen onder de verordening het toepasselijke recht volgens de regel van art. 27 sub f Verordening (EU) 2016/1103 ook op de rechtsbetrekkingen tussen de echtgenoten en derden. De bepalingen van de verordening zijn met commentaar opgenomen in de uitgave *T&C Personen- en familierecht*. De bescherming van derden is geregeld in art. 28 Verordening (EU) 2016/1103 jo. art. 10:45 BW. Zie ook art. 10:45, aant. 2.

2. Overgangsrecht. Samen met de Huwelijksvermogensrechtverordening is ook het nieuwe art. 271 Ow NBW in werking getreden, zie *Stb.* 2018, 332. Lid 2 van dit artikel bepaalt dat de artikelen 10:42, 43, 44, 46, 47, 48, 50, 51, 52 van Boek 10, zoals die luidden voor inwerkingtreding van de Uitvoeringswet Verordening huwelijksvermogensstelsels en Verordening vermogensrechtelijke gevolgen geregistreerde partnerschappen, van toepassing blijven op het huwelijksvermogensregime van echtgenoten, die op of na 1 september 1992 maar voor 29 januari 2019 in het huwelijk zijn getreden, tenzij deze echtgenoten op of na 29 januari 2019 het op hun huwelijksvermogensstelsel toepasselijke recht bepalen.

3. Betekenis oude bepaling. Dit artikel herhaalt art. 9 lid 1 Haags huwelijksvermogensverdrag 1978. Het door het verdrag aangewezen huwelijksvermogensregime beheerst ook de rechtsbetrekkingen tussen de echtgenoten en derden. Dit uitgangspunt wordt gemodificeerd door de publicatieregels van de art. 10:45 en 10:46. Zie ook art. 10:45, aant. 2.

4. Overgangsrecht oude bepaling. Deze regel geldt alleen voor echtparen die zijn gehuwd na de inwerkingtreding van de WCHr op 1 september 1992 op grond van art. 3 WCHr dat een soortgelijke regeling bevatte. Voor het toepasselijke recht voor echtgenoten die eerder zijn gehuwd, zie art. 10:42, Inleidende opmerkingen.

Artikel 45
Een echtgenoot wiens huwelijksvermogensregime wordt beheerst door vreemd recht kan in het in artikel 116 van Boek 1 bedoelde register een notariële akte doen inschrijven, inhoudende een verklaring dat het huwelijksvermogensregime niet wordt beheerst door het Nederlandse recht.
[19-05-2011, Stb. 272, i.w.tr. 01-01-2012/kamerstukken 32137]

[Inschrijving buitenlands huwelijksvermogensrecht in het huwelijksgoederenregister]

1. Algemeen. Onder de Huwelijksvermogensrechtverordening geldt een deels met het interne recht vergelijkbare hoofdregel: een derde in Nederland mag er in bepaalde gevallen van uitgaan dat het Nederlandse wettelijk stelsel, de wettelijke gemeenschap van goederen, geldt, tenzij hij op de hoogte is of had moeten zijn dat een ander rechtsstelsel geldt. Art. 28 Verordening (EU) 2016/1103 geeft aan wanneer dat het geval is, zie het commentaar op de verordening in de uitgave *T&C Personen- en familierecht*. In de verordening wordt verwezen naar nationale inschrijvingsmogelijkheden. Art. 10:45 BW geeft deze mogelijkheid naar Nederlands recht.

2. Toekomstig recht. In het wetsvoorstel tegengaan huwelijkse gevangenschap (Wijziging van het Wetboek van Burgerlijke Rechtsvordering, het Burgerlijk Wetboek en enige andere wetten (tegengaan huwelijkse gevangenschap en enige andere onderwerpen) (*Kamerstukken II* 2019/20, 35 348)), dat op 25 november 2019 is ingediend, staat: In artikel 45 wordt "het huwelijksvermogensregime niet wordt beheerst door het Nederlandse recht" vervangen door "het huwelijksvermogensregime wordt beheerst door dat recht". Of en wanneer deze wijziging wordt ingevoerd, is nog niet bekend ten tijde van het schrijven van dit commentaar.

3. Betekenis oude bepaling. In het IPR geldt een deels met het interne recht vergelijkbare hoofdregel: een derde in Nederland mag er in bepaalde gevallen van uitgaan dat het Nederlandse wettelijk stelsel, de wettelijke gemeenschap van goederen, geldt, tenzij hij op de hoogte is of had moeten zijn dat een ander rechtsstelsel geldt. Hij wordt geacht hiervan op de hoogte te zijn, indien het feit dat een ander regime geldt minstens veertien dagen in het huwelijksgoederenregister is ingeschreven overeenkomstig art. 1:116 BW. Overeenkomstig art. 10:46 kan hij zich dan in de nader omschreven gevallen verhalen alsof de echtgenoten in de Nederlandse wettelijke gemeenschap van goederen waren gehuwd. Ten aanzien van andere aspecten van het buitenlandse regime geldt de hoofdregel van art. 10:44: derden kunnen dit steeds tegengeworpen krijgen. **Voorbeeld 1.** Een echtgenoot die naar zijn buitenlandse regime bestuursonbevoegd is, kan dit tegenwerpen aan iemand, die een roerende zaak van hem geleverd krijgt. Als deze zaak zich ten tijde van de levering in Nederland bevindt, dan kan de derde tegen deze onbevoegdheid eventueel bescherming ontlenen aan de art. 3:86 BW jo. art. 1:92 BW jo. art. 10:127 lid 1 BW jo. art. 10:131 BW. **Voorbeeld 2.** Is de echtgenoot, die een in Nederland gelegen registergoed wil vervreemden, naar zijn buitenlandse huwelijksvermogensregime bestuursonbevoegd dan richt zich de bescherming van de verkrijger naar de art. 3:17 BW jo. art. 3:24 BW (eventueel in verbinding met art. 1:116 BW) jo. art. 10:127 lid 1 BW jo. art. 10:131 BW.

4. Vreemd-rechtverklaring volstaat. Het is voldoende dat de echtgenoten een notariële partijverklaring doen inschrijven, waarin zij verklaren dat op hen niet het Nederlandse recht van toepassing is. Het is niet nodig dat de notaris aangeeft welk recht wel van toepassing is, maar dit is wel mogelijk.

5. Ook een verklaring mogelijk dat thans Nederlands recht geldt? Nadat buitenlands recht van toepassing was, kan Nederlands recht toepasselijk worden (zie bijvoorbeeld art. 7 Haags huwelijksvermogensverdrag 1978). Hoewel in de wet hiervan geen gewag wordt gemaakt, is het in de praktijk mogelijk om een akte in het huwelijksgoederenregister in te schrijven, waarin de overgang naar Nederlands recht wordt aangegeven.

6. Overgangsrecht oude bepaling. Zoals art. 10:52 aangeeft, is de regeling in Boek 10 in beginsel alleen van toepassing als het huwelijk is gesloten na de inwerkingtreding ervan. Voor de periode daarvoor tot aan 1 september 1992 zie in gelijke zin art. 12 WCHr. Het is mogelijk dat ook echtparen die vóór 1 september 1992 zijn gehuwd, in het huwelijksgoederenregister inschrijven, dat zij niet naar Nederlands huwelijksvermogensrecht zijn gehuwd. **Geen inschrijvingsplicht voor echtparen die vóór 1 september 1992 zijn gehuwd.** Eerder gehuwde echtgenoten kunnen wellicht hun buitenlandse regime te allen tijde zonder meer aan derden tegenwerpen, omdat de wettelijke bepalingen niet direct op hen van toepassing zijn, maar dat is nog niet beslist, zie Joppe, *Huwelijksvermogensrecht*, nr. 94.

Artikel 46
(Vervallen.)
[11-07-2018, Stb. 332, i.w.tr. 29-01-2019/kamerstukken 34795]

[Toepasselijkheid Nederlands verhaalsrecht bij niet-inschrijving buitenlands regime]

1. Algemeen. In deze bepaling, die met de invoering van de Huwelijksvermogensrechtverordening is vervallen voor de huwelijken die onder de verordening vallen, werd nader uitgewerkt wanneer een derde te goeder trouw verhaal mocht nemen op de vermogens van de echtgenoten indien de inschrijving op grond van art. 10:45 BW niet of niet tijdig had plaatsgevonden. Met de invoering van de verordening wordt deze materie beheerst door art. 28 Verordening (EU) 2016/1103. De bepalingen van de verordening zijn met commentaar opgenomen in de uitgave *T&C Personen- en familierecht*.

2. Overgangsrecht. Samen met de Huwelijksvermogensrechtverordening is ook het nieuwe art. 271 Ow NBW in werking getreden, zie *Stb.* 2018, 332. Lid 2 van dit artikel bepaalt dat de artikelen 10:42, 43, 44, 46, 47, 48, 50, 51, 52 van Boek 10, zoals die luidden voor inwerkingtreding van de Uitvoeringswet Verordening huwelijksvermogensstelsels en Verordening vermogensrechtelijke gevolgen geregistreerde partnerschappen, van toepassing blijven op het huwelijksvermogensregime van echtgenoten, die op of na 1 september 1992 maar voor 29 januari 2019 in het huwelijk zijn getreden, tenzij deze echtgenoten op of na 29 januari 2019 het op hun huwelijksvermogensstelsel toepasselijke recht bepalen.

3. Betekenis oude bepaling. Dit artikel opent de mogelijkheid om verhaal te nemen op de goederen van de echtgenoten met buitenlands huwelijksvermogensrecht, alsof deze gehuwd waren in de Nederlandse gemeenschap van goederen.

4. Verhaal volgens Nederlands recht bij echtparen met een huwelijksgemeenschap zoals deze gold voor 2018 (lid 1). Onder omstandigheden kan een schuldeiser van een echtgenoot met een buitenlands huwelijksvermogensregime verhaal nemen, als ware de echtgenoot gehuwd in de Nederlandse algehele gemeenschap. Dit is slechts mogelijk als de rechtshandeling staande huwelijk is verricht en als beide echtgenoten en de crediteur ten tijde van het verrichten van de rechtshandeling hun gewone verblijfplaats in Nederland hadden. De schuldeiser kan zich dan verhalen op alle goederen van de echtgenoot die de rechtshandeling is aangegaan overeenkomstig 1:96 BW, zoals dit gold voor 2018. Daarnaast kan hij zich verhalen op de goederen van de andere echtgenoot, voor zover deze in de Nederlandse wettelijke gemeenschap zouden zijn gevallen, indien echtgenoten in het Nederlandse wettelijk stelsel waren gehuwd, zoals dit gold voor 2018. **Verhaal na einde huwelijk.** Ook na de ontbinding van het huwelijk kan verhaal worden genomen alsof de wettelijke gemeenschap van toepassing zou zijn geweest. In concreto leidt dit tot toepasselijkheid van art. 1:102 BW, zoals dit gold voor 2018. Deze verhaalsmogelijkheid geldt alleen voor rechtshandelingen. Vorderingen uit andere gronden, bijvoorbeeld onrechtmatige daad, kunnen alleen worden verhaald volgens het geldende huwelijksvermogensregime, ongeacht of dit is ingeschreven in het huwelijksgoederenregister. Of het verhaal volgens de versie van art. 1:102 van voor 2012 of volgens die tussen 2012 en 2018 moet plaatsvinden, hangt af van de interne overgangsregeling bij dat artikel, zie art. 1:102, aant. 7.

5. Aanpassing gemeenschap van goederen per 2018. Per 2018 is het verhaal van privéschuldeisers op goederen van de huwelijksgemeenschap beperkt overeenkomstig het toen ingevoerde art. 1:96 lid 3 BW. Dit is ook verwerkt in het nieuwe art. 1:102 BW. Het verhaal van een privéschuldeiser te goeder trouw op goederen van de gemeenschap kan dan in mijn opvatting slechts plaatsvinden overeenkomstig art. 1:96 BW nieuw voor nieuwe huwelijken, zolang de gemeenschap duurt; en na ontbinding volgens het nieuwe art. 1:102 BW, zoals dit geldt vanaf 2018, maar hierover zwijgt de wetgever. Zie nader Reinhartz, *JBN* 2018/51.

6. Geen bevoordeling bij verhaal voor derden niet te goeder trouw (lid 2). De gunstige verhaalsmogelijkheden uit art. 10:46 lid 1 gelden niet indien de derde op de hoogte was of moest zijn van de gelding van het buitenlandse regime. Dit 'behoren te weten' is aanwezig als een verklaring omtrent het huwelijksvermogensregime van partijen in de zin van art. 10:45 in het huwelijksgoederenregister is ingeschreven en sindsdien meer dan veertien dagen zijn verstreken. In de periode daarna kan zich de schuldeiser alleen verhalen volgens het op grond van art. 10:44 toepasselijke huwelijksvermogensregime. In de praktijk krijgt niet iedereen een afschrift van de huwelijkse voorwaarden als hij het huwelijksgoederenregister daarom verzoekt; dit in verband met de privacy. Notarissen en deurwaarders krijgen deze informatie wel.

7. Overgangsrecht oude bepaling. Echtparen die vóór 1 september 1992 zijn gehuwd, kunnen wellicht hun buitenlandse regime te allen tijde zonder meer aan derden tegenwerpen, omdat de wettelijke bepalingen omtrent de inschrijving niet direct op hen van toepassing zijn, maar dat is omstreden, zie Joppe, *Huwelijksvermogensrecht*, nr. 94.

Artikel 47

Heeft een der echtgenoten door de toepassing op een buitenslands gelegen vermogensbestanddeel van een krachtens het internationaal privaatrecht van het land van ligging aangewezen recht een voordeel genoten dat hem niet zou zijn toegekomen indien het op grond van de Verordening (EU) nr. 2016/1103 aangewezen recht zou zijn toegepast, dan kan de andere echtgenoot daarvan verrekening of vergoeding vorderen bij de in verband met de beëindiging of wijziging van het huwelijksvermogensregime plaatsvindende afrekening.

[11-07-2018, Stb. 332, i.w.tr. 29-01-2019/kamerstukken 34795]

[Verrekening voordeel, Näherberechtigung]

1. Algemeen. In deze bepaling, die met de invoering van de Huwelijksvermogensrechtverordening is aangepast voor de huwelijken die onder de verordening vallen, wordt een compensatieregeling gegeven voor het geval dat een der echtgenoten nadeel lijdt door de toepassing van buitenlands IPR op buitenlands gelegen vermogensbestanddelen. De verordening gaat uit van het eenheidsstelsel, art. 21 Verordening (EU) 2016/1103, zodat deze casus zich binnen de staten die partij zijn bij de verordening niet of nauwelijks meer zal voordoen, maar andere staten kennen nog steeds het splitsingsstelsel waardoor onroerende zaken die in die staten zijn gelegen, onder de lex rei sitae vallen in plaats van onder het door de verordening toepasselijke huwelijksvermogensrecht.

2. Opheffing van het nadeel bij beëindiging of wijziging van het geldende regime. Het nadeel kan worden opgeheven doordat de benadeelde echtgenoot verrekening of vergoeding ter wegneming van het nadeel van de andere echtgenoot kan vorderen. Dit is een obligatoire aanspraak. De verrekening zal plaatsvinden wanneer het huwelijk eindigt of een regimewijziging plaatsvindt. Dit kan een wijziging zijn van het interne regime, maar het kan ook de overgang naar een ander rechtsstelsel betreffen.

3. Overgangsrecht. Samen met de Huwelijksvermogensrechtverordening is ook het nieuwe art. 271 Ow NBW in werking getreden, zie *Stb.* 2018, 332. Lid 2 van dit artikel bepaalt dat de artikelen 10:42, 43, 44, 46, 47, 48, 50, 51, 52 van Boek 10, zoals die luidden voor inwerkingtreding van de Uitvoeringswet Verordening huwelijksvermogensstelsels en Verordening vermogensrechtelijke gevolgen geregistreerde partnerschappen, van toepassing blijven op het huwelijksvermogensregime van echtgenoten, die op of na 1 september 1992 maar voor 29 januari 2019 in het huwelijk zijn getreden, tenzij deze echtgenoten op of na 29 januari 2019 het op hun huwelijksvermogensstelsel toepasselijke recht bepalen.

4. Betekenis oude bepaling. Dit artikel beschermt een echtgenoot die nadeel lijdt doordat een staat op vermogensbestanddelen die op zijn grondgebied liggen volgens zijn eigen IPR een ander recht toepast dan volgens het Haags huwelijksvermogensverdrag 1978 zou gelden, en zo de andere echtgenoot bevoordeelt. Het feit dat het recht van de plaats van ligging zich doorzet tegen het volgens het verdrag geldende recht noemt men ook 'Näherberechtigung' of 'aanknopingsovermacht'.

5. Opheffing van het nadeel bij beëindiging of wijziging van het geldende regime. Het nadeel kan worden opgeheven doordat de benadeelde echtgenoot verrekening of vergoeding ter wegneming van het nadeel van de andere echtgenoot kan vorderen. Dit is een obligatoire aanspraak. De verrekening zal plaatsvinden wanneer het huwelijk eindigt of een regimewijziging plaatsvindt. Dit kan een wijziging zijn van het interne regime, maar het kan ook de overgang naar een ander rechtsstelsel betreffen.

6. Oorzaak is vaak toepasselijkheid van splitsingsstelsel. De oorzaak van de bevoordeling van de andere echtgenoot is vaak dat het IPR van de plaats van ligging van het vermogensbestanddeel ervan uitgaat dat voor onroerende zaken de lex rei sitae geldt en niet het op het overige vermogen toepasselijke huwelijksvermogensrecht dat is aangewezen door art. 10:44. De regeling is hiertoe niet beperkt, maar omvat ook andere gevallen van benadeling, veroorzaakt door toepassing van een ander recht dan hetgeen het overige huwelijksvermogensrecht beheerst.

7. Overgangsrecht oude bepaling. Vóór de invoering van Boek 10 gold een soortgelijke regeling op grond van art. 6 WCHr, die wederom voortbouwde op de zogenoemde Praeceptiewet (wet van 7 april 1869 houdende afschaffing der art. 884 en 957 van het Burgerlijk Wetboek, *Stb.* 1869, 56). In art. 2 Praeceptiewet werd bepaald dat de benadeelde echtgenoot een voorrangsrecht had op toedeling van goederen uit de nalatenschap waartoe hij wel toegang had (zie ook art. 10:147). Deze regel uit het IPR-erfrecht werd in het huwelijksvermogensrecht analoog toegepast (zie *Asser/Vonken & Ibili 10-II* 2021/358).

Artikel 48

(Vervallen.)

[11-07-2018, Stb. 332, i.w.tr. 29-01-2019/kamerstukken 34795]

[Verhaal in Nederland op grond van art. 1:92 lid 3 BW]

1. Algemeen. In deze bepaling, die met de invoering van de Huwelijksvermogensrechtverordening is vervallen voor de huwelijken die onder de verordening vallen, werd het verhaal op grond van art. 1:92 lid 3 BW beperkt tot verhaal op een echtgenoot wiens huwelijksvermogensregime wordt beheerst door Nederlands recht, of op een echtgenoot op wie ingevolge art. 10:46 BW verhaal mogelijk is.

2. Overgangsrecht. Samen met de Huwelijksvermogensrechtverordening is ook het nieuwe art. 271 Ow NBW in werking getreden, zie *Stb.* 2018, 332. Lid 2 van dit artikel bepaalt dat de artikelen 10:42, 43, 44, 46, 47, 48, 50, 51, 52 van Boek 10, zoals die luidden voor inwerkingtreding van de Uitvoeringswet Verordening huwelijksvermogensstelsels en Verordening vermogensrechtelijke gevolgen geregistreerde partnerschappen, van toepassing blijven op het huwelijksvermogensregime van echtgenoten, die op of na 1 september 1992 maar voor 29 januari 2019 in het huwelijk zijn getreden, tenzij deze echtgenoten op of na 29 januari 2019 het op hun huwelijksvermogensstelsel toepasselijke recht bepalen.

3. Betekenis oude bepaling. Art. 1:92 lid 3 BW betreft het verweer dat een vordering tot correctie van een vermogensverschuiving niet opeisbaar is. Dit verweer geldt alleen tussen de echtgenoten. Zij kunnen dit niet tegenwerpen aan derden die verhaal zoeken op de goederen der echtgenoten.

4. IPR-werkingsomvang van art. 1:92 lid 3 BW. Art. 1:92 lid 3 BW geldt alleen ter zake van verhaal dat in Nederland wordt uitgeoefend. Deze bepaling kan worden toegepast bij echtgenoten met Nederlands huwelijksvermogensrecht. Zij kan ook worden toegepast indien de crediteur op grond van art. 10:46 mocht menen dat Nederlands huwelijksvermogensrecht geldt.

5. Overgangsrecht oude bepaling. Een soortgelijke regeling gold sinds 1 september 1992, zie art. 7 WCHr.

Artikel 49

(Vervallen.)

[19-05-2011, Stb. 272, i.w.tr. 01-01-2012/kamerstukken 32137]

[Geen rechterlijke goedkeuring vereist]

1. Algemeen. Dit artikel is nooit ingevoerd. Door de gelijktijdige invoering van Boek 10 BW en het nieuwe huwelijksvermogensrecht in 2012 waarin art. 1:119 BW is afgeschaft, is art. 10:49 BW (ontwerp), dat gelijkluidend was met art. 8 WCHr, vervallen.

2. Overgangsrecht. Art. 8 WCHr bevatte vanaf 1 september 1992 een soortgelijke regeling.

Artikel 50

(Vervallen.)

[11-07-2018, Stb. 332, i.w.tr. 29-01-2019/kamerstukken 34795]

[Toepasselijkheid art. 1:131 BW bij afwikkeling]

1. Algemeen. In deze bepaling, die met de invoering van de Huwelijksvermogensrechtverordening is vervallen voor de huwelijken die onder de verordening vallen, werd een handvat geboden voor notarissen en anderen die betrokken zijn bij de afwikkeling van een huwelijksgoederenregime van echtgenoten die hun boekhouding niet op orde hebben. Art. 1:131 BW (en art. 1:94 lid 6 (oud)/lid 8 (nieuw) BW, zie nader aant. 4 hieronder) geven aan dat een goed geacht wordt gemeenschappelijk te zijn als partijen niet kunnen bewijzen dat dat niet zo is.

2. Overgangsrecht. Samen met de Huwelijksvermogensrechtverordening is ook het nieuwe art. 271 Ow NBW in werking getreden, zie *Stb.* 2018, 332. Lid 2 van dit artikel bepaalt dat de artikelen 10:42, 43, 44, 46, 47, 48, 50, 51, 52 van Boek 10, zoals die luidden voor inwerkingtreding van de Uitvoeringswet Verordening huwelijksvermogensstelsels en Verordening vermogensrechtelijke gevolgen geregistreerde partnerschappen, van toepassing blijven op het huwelijksvermogensregime van echtgenoten, die op of na 1 september 1992 maar voor 29 januari 2019 in het huwelijk zijn getreden, tenzij deze echtgenoten op of na 29 januari 2019 het op hun huwelijksvermogensstelsel toepasselijke recht bepalen.

3. Oplossing onder de Huwelijksvermogensrechtverordening. In de parlementaire stukken bij de Uitvoeringswetgeving ter gelegenheid van de invoering van de Huwelijksvermogensrechtverordening (zie *Stb.* 2018, 332) wordt niet gesproken over de gevolgen van de afschaffing van art. 10:50 BW. In de verordening vinden wij geen soortgelijke regeling. Art. 27 Verordening (EU) 2016/1103 bepaalt: Het krachtens deze verordening op het huwelijksvermogensstelsel toepasselijke recht bepaalt onder meer: a) de classificatie van het vermogen van beide echtgenoten of van elk afzonderlijk in verschillende categorieën tijdens en na het huwelijk; b) de overgang van een vermogensbestanddeel naar een andere categorie; [...]. Het komt mij daarom voor dat voor echtgenoten, wier huwelijksgoederenregime wordt beheerst door Nederlands recht, de bewijsregels van art. 1:131 en 1:94 lid 6 (oud)/lid 8 (nieuw) BW toepasselijk zijn als onderdeel van het toepasselijke recht. Het feit dat voor de echtgenoten die onder de verordening vallen, art. 10:50 BW is vervallen, heeft wel tot gevolg dat als een ander recht dan het Nederlandse hun huwelijksgoederenregime beheerst, het vermoeden van art. 1:131 BW en art. 1:94 lid 6 (oud)/lid 8 (nieuw) BW niet kan worden toegepast. Men moet dan op zoek gaan naar vergelijkbare bepalingen uit het toepasselijke recht om dit probleem op te lossen, zo bepaalt art. 27 Verordening. Zie de noot van Reinhartz onder Gerechtshof 's-Hertogenbosch 28 maart 2019, ECLI:NL:GHSHE:2019:1183, *JPF* 2019/144.

4. Betekenis oude bepaling vóór 2018 en vanaf 2018. Ter voorkoming van grote afwikkelingsproblemen voor het notariaat heeft de wetgever ingestemd om een handvat te bieden, wanneer de afwikkeling door de werking van het Haags huwelijksvermogensverdrag 1978 te grote moeilijkheden oplevert in de bewijssfeer. De voorloper van dit artikel, art. 10 WCHr, had betrekking op art. 1:131 BW, zoals dit luidde tot 1 januari 2012. In die vorm had het betrekking op alle gevallen waarin niet kon bewezen worden dat een goed privé-eigendom van een der echtgenoten was. In dat geval werd aangenomen dat het goed gemeenschappelijk was, zij het onder titel 1.7 BW, zij het onder titel 3.7 BW. Met de invoering van het nieuwe huwelijksvermogensrecht per 1 januari 2012 is de tekst van art. 1:131 BW beperkt tot gevallen waarin het goed alleen maar kan behoren tot een eenvoudige gemeenschap zoals bedoeld in afdeling 1 van titel 7 van Boek 3 BW; de overige gevallen vallen thans onder art. 1:94 lid 6 (oud)/lid 8 (nieuw) BW, maar art. 10:50 BW is aan deze ontwikkelingen (nog) niet aangepast. Een inhoudelijke wijziging is niet beoogd, zodat men in de verwijzing naar art. 1:131 BW ook moet lezen een verwijzing naar art. 1:94 lid 6 (oud)/lid 8 (nieuw) BW; zie hierover Reinhartz, *Tijdschrift Erfrecht* 2012/5, p. 94-95.

5. Praktisch gevolg indien tussen echtgenoten geen gemeenschap geldt of geen huwelijksgemeenschap geldt die het goed kan omvatten. Het artikel kan gebruikt worden indien geen van de echtgenoten zijn recht op een goed kan bewijzen. In dat geval, aldus art. 1:131 BW, wordt het goed geacht te vallen in een eenvoudige gemeenschap. Dit geldt ook voor de gevallen waarin tussen partijen een beperkte gemeenschap geldt die het goed niet kan omvatten. Ook in dat geval wordt aangenomen dat het goed valt in een eenvoudige gemeenschap. **Voorbeeld.** De eigendom van een zeilboot is omstreden. Geen der partijen kan bewijzen dat de zeilboot aan hem in privé toebehoort. Tussen partijen is elke gemeenschap uitgesloten; dan wel geldt alleen een gemeenschap van inboedel. De zeilboot valt dan in een eenvoudige gemeenschap nu er geen huwelijksgemeenschap is die de zeilboot kan omvatten.

6. Praktisch gevolg in het geval het goed in een huwelijksgemeenschap kan vallen. Indien er een huwelijksgemeenschap tussen de echtgenoten bestaat die het goed kan omvatten, dan geeft art. 1:94 lid 6 (oud)/lid 8 (nieuw) BW aan dat het goed dan geacht wordt in de huwelijksgemeenschap te vallen. Deze situatie werd voor de invoering van het gewijzigde huwelijksvermogensrecht per 2012 ook onder art. 1:131 BW begrepen. Met de invoering van het nieuwe huwelijksvermogensrecht per 2012 is klaarblijkelijk geen rekening gehouden bij het opstellen van de tekst van art. 10:50 BW. Met de invoering van art. 10:50 BW is niet bedoeld om de werkingsomvang van art. 10 WCHr te beperken tot alleen de gevallen waarin het goed niet in een huwelijksgemeenschap kan vallen.

7. Gelding ook indien het (laatste) regime een buitenlands regime is. Ook indien het (laatste) regime een buitenlands regime is, kan art. 1:131 BW (daaronder thans ook begrepen art. 1:94 lid 6 (oud)/lid 8 (nieuw) BW) worden toegepast. Of de echtgenoten een gemeenschap hebben die het goed kan omvatten, hangt in dat geval af van de inhoud van het geldende regime tussen de echtgenoten. Dit is niet in overeenstemming met de bedoeling van de opstellers van het Haags huwelijksvermogensverdrag 1978, die ervan uitgingen dat de afwikkeling van een vermogen van geringe omvang in de regel zou plaatsvinden naar het stelsel dat het laatste geldt (*Rapport Von Overbeck*, nr. 96).

8. Overgangsrecht oude bepaling. Art. 10 WCHr bevatte sinds 1 september 1992 een soortgelijke regeling.

Artikel 51

1. Of een echtgenoot bij echtscheiding of scheiding van tafel en bed recht heeft op een gedeelte van de door de andere echtgenoot opgebouwde pensioenrechten, wordt beheerst door het recht dat van toepassing is op het huwelijksvermogensregime van de echtgenoten, behoudens artikel 1 lid 7 van de Wet verevening pensioenrechten bij scheiding.

2. Het voorgaande lid is van toepassing op de verevening van pensioenrechten van echtgenoten die na 1 maart 2001 van tafel en bed zijn gescheiden of wier huwelijk na 1 maart 2001 is ontbonden.

[11-07-2018, Stb. 332, i.w.tr. 29-01-2019/kamerstukken 34795]

[Toepasselijk recht ten aanzien van pensioenverevening]

1. Algemeen. Samen met art. 1 lid 7 Wet verevening pensioenrechten bij scheiding (Wvps), regelt art. 10:51 BW het toepasselijke recht op de verevening van pensioenrechten bij echtscheiding of scheiding van tafel en bed. Zie nader *Asser/Vonken & Ibili 10-II* 2021/379-386.

2. Pensioenrechten die vallen onder de Wvps (lid 1). Volgens art. 1 lid 7 Wvps vindt pensioenverevening plaats als het een pensioen betreft dat onder die wet valt. Het is niet van belang welk huwelijksvermogensrecht tussen de echtgenoten geldt. Zie *T&C Pensioenrecht*, art. 1 Wvps, aant. 13.

3. Pensioenrechten die niet vallen onder de Wvps. De regel van art. 10:51 bepaalt dat het recht dat op het huwelijksvermogensregime van toepassing is, ook de vraag beantwoordt, of er verevening van pensioenen plaatsvindt. **a. Nederlands huwelijksvermogensrecht is van toepassing.** Indien volgens de toepasselijke IPR-regels Nederlands huwelijksvermogensrecht van toepassing is, moet pensioenverevening plaatsvinden, ongeacht de vraag of het een Nederlands of een buitenlands pensioen betreft. Als het een pensioen betreft dat volgens een buitenlandse pensioenregeling is opgebouwd, zal het waarschijnlijk voor de vereveningsgerechtigde onmogelijk zijn om een directe aanspraak op de buitenlandse pensioenverzekeraar te realiseren. Art. 1 lid 7 Wvps beperkt het recht op uitbetaling van pensioenen, die niet vallen onder die wet, tot een aanspraak jegens de andere echtgenoot. Zie *T&C Pensioenrecht*, art. 1 Wvps, aant. 13. **b. Buitenlands huwelijksvermogensrecht is van toepassing.** In dat geval komen eventuele pensioenen die zijn opgebouwd volgens een buitenlandse pensioenregeling alleen dan voor pensioenverevening in aanmerking als de buitenlandse regeling daarin voorziet.

4. Wijzigingen in het huwelijksvermogensrecht en het recht van pensioenverevening. Als echtgenoten pensioenen volgens een buitenlandse pensioenregeling hebben opgebouwd, dan is een rechtskeuze of een wijziging van het toepasselijk huwelijksvermogensrecht wegens andere gronden op gelijke wijze ook van invloed op het toepasselijke vereveningsrecht.

5. Temporeel toepassingsgebied (lid 2). De regeling is van toepassing in geval van scheiding op of na de datum van inwerkingtreding (1 maart 2001), ongeacht de huwelijksdatum van partijen. Deze bepaling is ook van toepassing op echtparen die onder de Huwelijksvermogensrechtverordening vallen. Dit is verduidelijkt in het per 29 januari 2019 nieuw toegevoegde lid 2. Zie *Stb.* 2018, 332. Een soortgelijke bepaling stond voor de invoering van de uitvoeringswetgeving in art. 10:52 lid 2 BW, maar dit artikel is vervallen met de invoering van de uitvoeringswetgeving per 29 januari 2019 zie *Stb.* 2018, 332.

6. Toekomstig recht. Het parlement is bezig met de behandeling van een wet die de Wvps moet gaan vervangen. Oorspronkelijk heette die wet Wet pensioenverdeling bij scheiding 2021, maar de naam is intussen aangepast; zij heet tegenwoordig Wet pensioenverdeling bij scheiding 2022 (*Kamerstukken II* 2019/20 35 287, nr. 12, Tweede Nota van Wijziging). Anders dan de naam suggereert, blijven de pensioenaanspraken privé en worden zij niet verdeeld. Het uitgangspunt van de nieuwe wet is conversie van de pensioenaanspraken. Zie hierover verder Hoens, *WPNR* 2020/7294, en Bollen-Vandenboorn, *FTV* 2020/19.

Artikel 52

(Vervallen.)

[11-07-2018, Stb. 332, i.w.tr. 29-01-2019/kamerstukken 34795]

[Overgangsrecht]

1. Algemeen. In deze bepaling, die met de invoering van de Huwelijksvermogensrechtverordening is vervallen voor de huwelijken die onder de verordening vallen, werd bepaald dat deze afdeling van toepassing is op het huwelijksvermogensregime van echtgenoten die na 1 september 1992 in het huwelijk zijn getreden (en daarmee vallen onder het Haags huwelijksvermogensverdrag 1978, zo was de bedoeling van de bepaling).

2. Overgangsrecht. Samen met de Huwelijksvermogensrechtverordening is ook het nieuwe art. 271 Ow NBW in werking getreden, zie *Stb.* 2018, 332. Lid 2 van dit artikel bepaalt dat de artikelen 10:42, 43, 44, 46, 47, 48, 50, 51, 52 van Boek 10, zoals die luidden voor inwerkingtreding van de Uitvoeringswet Verordening huwelijksvermogensstelsels en Verordening vermogensrechtelijke gevolgen geregistreerde partnerschappen, van toepassing blijven op het huwelijksvermogensregime van echtgenoten, die op of na 1 september 1992 maar voor 29 januari 2019 in het huwelijk zijn getreden, tenzij deze echtgenoten op of na 29 januari 2019 het op hun huwelijksvermogensstelsel toepasselijke recht bepalen.

3. Betekenis oude bepaling. Art. 10:52 geeft voor drie verschillende onderwerpen het overgangsrecht aan: a. *voor het IPR-huwelijksvermogensrecht* volgens het Haags huwelijksvermogensverdrag 1978, dat – zoals bepaald in art. 10:42 e.v. – tegenwoordig de IPR-regels voor het huwelijksvermogensrecht in enge zin regelt; b. *het IPR inzake de pensioenverevening* dat geldt voor huwelijken die sinds 1 maart 2001 zijn gescheiden (van tafel en bed); en c. *voor rechtskeuzes* van echtgenoten die zijn gehuwd voor 1 september 1992.

4. Overgangsrecht IPR-huwelijksvermogensrecht (lid 1). De regeling van het Haags huwelijksvermogensverdrag 1978 en de daarbij behorende wetgeving van de art. 10:42 e.v., geldt in beginsel alleen voor huwelijken die zijn gesloten op of na 1 september 1992. Dit is in overeenstemming met art. 9 Haags huwelijksvermogensverdrag 1978. Over het daarvóór geldende recht zwijgt Boek 10 BW, afgezien van art. 10:52 lid 3 en art. 10:53, die bepalingen bevatten over rechtskeuzes van eerder gehuwde parten. Zie voor de regels van het Haags huwelijksgevolgenverdrag 1905, dat voor bepaalde huwelijken in Nederland gold tot 23 augustus 1977, opgenomen in *T&C Personen- en familierecht*, en voor de commune conflictregels de Inleidende opmerkingen bij afdeling 3 van titel 3.

5. Overgangsrecht IPR-pensioenverevening (lid 2). De regeling inzake de IPR-pensioenverevening van art. 10:51 is van toepassing in geval van scheiding (van tafel en bed) op of na 1 maart 2001. Deze bepaling is per 29 januari 2019 overgebracht naar art. 10:51 lid 2 BW, zie *Stb.* 2018, 332.

6. Rechtskeuzes vanaf 1 september 1992 door eerder gehuwde paren (lid 3). Lid 2 geeft een regeling voor rechtskeuzes die zijn uitgebracht op of na 1 september 1992 door echtgenoten die vóór die datum zijn gehuwd. Voor deze echtgenoten geldt dat de rechtskeuze moet voldoen aan de bepalingen van het verdrag. Dit geldt voor zowel de vorm, zie de art. 11-13 Haags huwelijksvermogensverdrag 1978, als voor de te kiezen rechtsstelsels, zie de art. 3 en 6 Haags huwelijksvermogensverdrag 1978. De verwijzingsregels van het Haags huwelijksvermogensverdrag 1978 gelden voor deze echtparen niet. Zie hiervoor de Inleidende opmerkingen bij afdeling 3 van titel 3.

Artikel 53

Een aanwijzing door de echtgenoten van het op hun huwelijksvermogensregime toepasselijke recht, of de wijziging van een zodanige aanwijzing, welke is geschied voor 1 september 1992, kan niet als ongeldig worden beschouwd op de enkele grond dat de wet een zodanige aanwijzing toen niet regelde. Dit geldt niet voor de gevallen dat op het huwelijksvermogensregime de bepalingen van het op 17 juli 1905 te 's-Gravenhage tot stand gekomen Verdrag betreffende de wetsconflicten met betrekking tot de gevolgen van het huwelijk ten opzichte van de rechten en verplichtingen der echtgenoten in hun persoonlijke betrekkingen en ten opzichte van hun goederen (*Stb.* 1912, 285) toepasselijk waren en de aanwijzing geschiedde voor 23 augustus 1977.
[19-05-2011, Stb. 272, i.w.tr. 01-01-2012/kamerstukken 32137]

[Rechtskeuzes uitgebracht vóór 1 september 1992]

1. Algemeen. Dit artikel regelt de geldigheid van rechtskeuzes die zijn uitgebracht vóór de inwerkingtreding van de Wet conflictenrecht huwelijksvermogensregime. Men moet onderscheid maken tussen echtgenoten die onder het Haagse huwelijksgevolgenverdrag 1905 (*Stb.* 1912, 285) zijn gehuwd en tijdens de werkingsduur van dat verdrag een rechtskeuze hebben uitgebracht, en andere echtgenoten die vóór 1 september 1992 een rechtskeuze hebben gemaakt. Deze bepaling is door de inwerkingtreding van uitvoeringswetgeving in verband met de Huwelijksvermogensrechtverordening niet gewijzigd, zie *Stb.* 2018, 332.

2. Rechtskeuze van echtgenoten die onder het Haagse huwelijksgevolgenverdrag 1905 zijn gehuwd en vóór 23 augustus 1977 een rechtskeuze hebben gemaakt. Deze echtgenoten (zie *T&C Personen- en familierecht*, Verdrag betreffende de wetsconflicten met betrekking tot de gevolgen van het huwelijk ten opzichte van de rechten en verplichtingen der echtgenooten in hunne persoonlijke betrekkingen en ten opzichte van hunne goederen, Inleidende opmerkingen, aant. 4) vallen onder het verbod van het Haagse huwelijksgevolgenverdrag 1905 om conflictenrechtelijke rechtskeuzes te maken. Deze echtparen mochten op grond van het Haagse huwelijksgevolgenverdrag 1905 alleen een rechtskeuze uitbrengen ten aanzien van het gedeelte van het huwelijksvermogensrecht dat regelend van aard is (zie art. 5 Haags huwelijksgevolgenverdrag 1905). Hebben echtgenoten desondanks een conflictenrechtelijke rechtskeuze uitgebracht die in strijd is met art. 5 Haags huwelijksgevolgenverdrag 1905, dan is deze nietig.

3. Rechtskeuze van andere echtgenoten die vóór de inwerkingtreding van het Haags huwelijksvermogensverdrag 1978 zijn gehuwd. Art. 10:53 geeft aan dat deze rechtskeuzes niet alleen daarom ongeldig zijn omdat destijds geen wettelijke regeling van kracht was die de rechtskeuze regelde. Onduidelijk is, of de bepalingen van het verdrag ook voor deze groep echtgenoten gelden. Men neemt aan dat de vormeisen van het Haags huwelijksvermogensverdrag 1978 wel gelden (zie art. 11-13 Haags huwelijksvermogensverdrag 1978), maar dat ook rechtskeuzes geldig zijn, waarin een rechtsstelsel wordt aangewezen dat niet in art. 3 of art. 6 Haags huwelijksvermogensverdrag 1978 voorkomt. In ieder geval moet zijn voldaan aan de minimumeis van een gedagtekend en door beide echtgenoten ondertekend geschrift. Zie *Asser/Vonken & Ibili 10-II* 2021/356.

4. Rechtskeuzes kunnen niet slechts impliciet worden gemaakt. Op grond van het *Zimbabwe*-arrest (HR 19 maart 1993, *NJ* 1994/187), moet worden aangenomen dat een slechts impliciet gemaakte rechtskeuze niet geldig is. **Voorbeeld.** De vermelding in de transportakte van een registergoed dat de koper is gehuwd in een bepaald regime kan niet als rechtskeuze worden geaccepteerd.

Verdrag betreffende de wetsconflicten met betrekking tot de gevolgen van het huwelijk ten opzichte van de rechten en verplichtingen der echtgenooten in hunne persoonlijke betrekkingen en ten opzichte van hunne goederen

Verdrag van 17 juli 1905, Stb. 1912, 285 (i.w.tr. 23-08-1912)

Zijne Majesteit de Duitsche Keizer, Koning van Pruisen, in naam van het Duitsche Rijk; Zijne Majesteit de Koning der Belgen; de President der Fransche Republiek; Zijne Majesteit de Koning van Italië; Hare Majesteit de Koningin der Nederlanden; Zijne Majesteit de Koning van Portugal en der Algarven enz.; Zijne Majesteit de Koning van Rumenië en Zijne Majesteit de Koning van Zweden en Noorwegen, in naam van Zweden,
wenschende gemeenschappelijke bepalingen vast te stellen nopens de gevolgen van het huwelijk ten opzichte van de rechten en verplichtingen der echtgenooten in hunne persoonlijke betrekkingen en ten opzichte van hunne goederen, hebben besloten te dien einde een verdrag te sluiten en hebben diensvolgens tot Hunne gevolmachtigden benoemd, te weten:
Zijne Majesteit de Duitsche Keizer, Koning van Pruisen, in naam van het Duitsche Rijk:
de heeren von Schloezer, Hoogstdeszelfs Buitengewoon Gezant en Gevolmachtigd Minister bij Hare Majesteit de Koningin der Nederlanden, en doctor Johannes Kriege, Hoogstdeszelfs Geheim Legatieraad;
Zijne Majesteit de Koning der Belgen:
de heeren Baron Giullaume, Hoogstdeszelfs Buitengewoon Gezant en Gevolmachtigd Minister bij Hare Majesteit de Koningin der Nederlanden en A. van den Bulcke, Hoogstdeszelfs Buitengewoon Gezant en Gevolmachtigd Minister, Directeur-Generaal aan het Ministerie van Buitenlandsche Zaken;
de President der Fransche Republiek:
de heeren de Monbel, Buitengewoon Gezant en Gevolmachtigd Minister der Fransche Republiek bij Hare Majesteit de Koningin der Nederlanden, en Louis Renault, Hoogleeraar in het Internationaal Recht aan de Universiteit van Parijs, rechtskundig Raadsman van het Ministerie van Buitenlandsche Zaken;
Zijne Majesteit de Koning van Italië;
den heer Salvatore Tugini, Hoogstdeszelfs Buitengewoon Gezant en Gevolmachtigd Minister bij Hare Majesteit de Koningin der Nederlanden;
Hare Majesteit de Koningin der Nederlanden:
de heeren Jonkheer W. M. van Weede van Berencamp, Hoogstderzelver Minister van Buitenlandsche Zaken, J. A. Loeff, Hoogstderzelver Minister van Justitie, en T. M. C. Asser, Minister van Staat, Lid van den Raad van State, Voorzitter der Staatscommissie voor het Internationaal Privaatrecht, Voorzitter der Conferentiën van Internationaal Privaatrecht;
Zijne Majesteit de Koning van Portugal en der Algarven enz. enz.:

den heer Graaf de Selir, Hoogstdeszelfs Buitengewoon Gezant en Gevolmachtigd Minister bij Hare Majesteit de Koningin der Nederlanden;
Zijne Majesteit de Koning van Rumenië:
den heer E. Mavrocordato, Hoogstdeszelfs Buitengewoon Gezant en Gevolmachtigd Minister bij Hare Majesteit de Koningin der Nederlanden;
Zijne Majesteit de Koning van Zweden en Noorwegen, in naam van Zweden:
den heer baron Falkenberg, Hoogstdeszelfs Buitengewoon Gezant en Gevolmachtigd Minister bij Hare Majesteit de Koningin der Nederlanden,
die, na elkander hunne in goeden en behoorlijken vorm bevonden volmachten te hebben medegedeeld, zijn overeengekomen nopens de volgende bepalingen:

[Inleidende opmerkingen]

1. Algemeen. Men moet onderscheiden tussen echtgenoten voor wie het Haagse huwelijksgevolgenverdrag 1905 (Verdrag betreffende wetsconflicten met betrekking tot de gevolgen van het huwelijk ten opzichte van de rechten en verplichtingen der echtgenoten in hunne persoonlijke betrekkingen en ten opzichte van hunne goederen, van 17 juli 1905, *Stb.* 1912, 285; *Trb.* 1959, 178, 1977, 59) geldt, en andere echtgenoten. Volgens het Haagse Italianen-arrest (HR 27 maart 1981, *NJ* 1981/335) gelden voor de echtparen die onder het Verdrag 1905 waren gehuwd, de verwijzingsregels van dat verdrag, ook nadat het verdrag op 23 augustus 1977 is opgezegd.

2. Formeel toepassingsgebied van het Haagse huwelijksgevolgenverdrag 1905. Het verdrag geldt alleen wanneer de man onderdaan is van een verdragstaat (België 15 april 1913 (opzegging 23 augustus 1922); Duitsland 23 augustus 1912 (opzegging 23 augustus 1987); Frankrijk 23 augustus 1912 (opzegging 23 augustus 1917); Italië 23 augustus 1912; Nederland 23 augustus 1912 (buitenwerkingtreding 23 augustus 1977); Polen en Danzig 24 augustus 1929 (opzegging Polen 23 augustus 1972); Portugal 23 augustus 1912; Roemenië 23 augustus 1912; Zweden 23 augustus 1912 (opzegging 23 augustus 1962)) en het huwelijk overigens nog met een andere verdragstaat is verbonden, zie HR 19 maart 1993, *NJ* 1994/187 (*Zimbabwe-arrest*). Hieraan kan zijn voldaan door de plaats van huwelijkssluiting of door de nationaliteit van de echtgenote. Bovendien moet het huwelijk zijn gesloten in de periode waarin Nederland verdragstaat was. Zie *Asser/Vonken & Ibili 10-II* 2021/361.

3. Verwijzingsregel van het Haagse huwelijksgevolgenverdrag. Toepasselijk recht is de nationale wet van de man, zie art. 2 verdrag 1905.

4. Rechtskeuze. Rechtskeuze is alleen toegestaan ten aanzien van het regelend recht, zie art. 5 verdrag 1905 (materiële rechtskeuze). Zie voor een rechtskeuze ná 23 augustus 1977, art. 10:52 en 10:53 BW.

I

De rechten en verpichtingen der echtgenooten in hunne persoonlijke betrekkingen

Artikel 1

1. De rechten en verplichtingen der echtgenooten in hunne persoonlijke betrekkingen worden beheerscht door hunne nationale wet.

2. Evenwel kunnen deze rechten en verplichtingen niet worden gehandhaafd dan door de middelen, welke de wet van het land, waar die handhaving moet geschieden, eveneens toestaat.

[17-07-1905, Stb. 285, i.w.tr. 23-08-1912]

II

De goederen der echtgenooten

Artikel 2

1. Bij ontstentenis van huwelijksche voorwaarden worden de gevolgen van het huwelijk ten opzichte van de goederen der echtgenooten, zoowel onroerende als roerende, beheerscht door de nationale wet van den man op het oogenblik der huwelijksvoltrekking.

2. Verandering van nationaliteit der echtgenooten of van een hunner heeft geenen invloed op hun huwelijksgoederenrecht.

[17-07-1905, Stb. 285, i.w.tr. 23-08-1912]

Artikel 3

De bekwaamheid van ieder der aanstaande echtgenooten om huwelijksche voorwaarden te maken wordt bepaald door diens nationale wet op het oogenblik der huwelijksvoltrekking.

[17-07-1905, Stb. 285, i.w.tr. 23-08-1912]

Artikel 4

1. De nationale wet der echtgenooten beslist, of zij tijdens het huwelijk, hetzij huwelijksche voorwaarden kunnen maken, hetzij hunne huwelijksche voorwaarden kunnen opheffen of wijzigen.

2. De verandering, die in hun huwelijksgoederenrecht mocht worden gebracht, kan geene terugwerkende kracht hebben ten nadeele van derden.

[17-07-1905, Stb. 285, i.w.tr. 23-08-1912]

Artikel 5

1. De innerlijke geldigheid van huwelijksche voorwaarden en de gevolgen daarvan worden beheerscht door de nationale wet van den man op het oogenblik der huwelijksvoltrekking, of indien zij tijdens het huwelijk gemaakt zijn, door de nationale wet der echtgenooten op het oogenblik, waarop de voorwaarden zijn gemaakt.

2. Dezelfde wet beslist, of en in welke mate de echtgenooten de vrijheid bezitten naar eene andere wet te verwijzen; wanneer zij daarnaar verwezen hebben, bepaalt deze laatste wet de gevolgen der huwelijksche voorwaarden.

[17-07-1905, Stb. 285, i.w.tr. 23-08-1912]

Artikel 6

1. De huwelijksche voorwaarden zijn geldig, wat den vorm betreft, indien zij gemaakt zijn hetzij overeenkomstig de wet van het land, waar zij gemaakt zijn, hetzij overeenkomstig de nationale wet van ieder der aanstaande echtgenooten op het oogenblik der huwelijksvoltrekking, of ook, indien zij tijdens het huwelijk gemaakt zijn, overeenkomstig de nationale wet van ieder der echtgenooten.

2. Indien de nationale wet van een der aanstaande echtgenooten, of, voor het geval de huwelijksche voorwaarden tijdens het huwelijk gemaakt zijn, de nationale wet van een der echtgnooten, als voorwaarde van geldigheid eischt dat de huwelijksche voorwaarden, ook al zijn deze in den vreemde gemaakt, eenen bepaalden vorm hebben, moeten hare bepalingen in acht genomen worden.

[17-07-1905, Stb. 285, i.w.tr. 23-08-1912]

Artikel 7

De bepalingen van dit verdrag zijn niet toepasselijk op onroerende goederen, welke door de wet van den Staat, waarin zij gelegen zijn, aan eene bijzondere regeling (régime foncier) zijn onderworpen.

[17-07-1905, Stb. 285, i.w.tr. 23-08-1912]

Artikel 8

1. Ieder der contracteerende Staten behoudt zich voor:

1° bijzondere formaliteiten te eischen, opdat het huwelijksgoederenrecht kunne worden ingeroepen tegen derden;

2° bepalingen toe te passen ten doel hebbende om derden te beschermen in hunne betrekkingen met eene getrouwde vrouw, welke op het grondgebied van dien Staat een beroep uitoefent.

2. De contracteerende Staten verbinden zich elkander mededeeling te doen van de wettelijke bepalingen volgens dit artikel toepasselijk.

[17-07-1905, Stb. 285, i.w.tr. 23-08-1912]

III

Algemeene bepalingen

Artikel 9

1. Indien de echtgenooten tijdens het huwelijk eene nieuwe en wel dezelfde nationaliteit hebben verkregen, is hunne nieuwe nationale wet toepasselijk in de gevallen, bedoeld in de artikelen 1, 4 en 5.

2. Voor het geval de echtgenooten tijdens het huwelijk niet dezelfde nationaliteit bezitten, wordt hunne laatste gemeenschappelijke wetgeving voor de toepassing der voornoemde artikelen, beschouwd als hunne nationale wet.

[17-07-1905, Stb. 285, i.w.tr. 23-08-1912]

Artikel 10

Dit verdrag is niet toepasselijk, indien volgens de voorgaande artikelen de wet die zou moeten toegepast worden, niet die zou zijn van een contracteerenden Staat.

[17-07-1905, Stb. 285, i.w.tr. 23-08-1912]

IV
Slotbepalingen

Artikel 11

1. Dit verdrag zal bekrachtigd worden en de akten van bekrachtiging zullen te 's Gravenhage nedergelegd worden, zoodra zes der Hooge Contracteerende Partijen in staat zullen zijn dit te doen.
2. Van iedere nederlegging van akten van bekrachtiging zal een proces-verbaal opgemaakt worden, waarvan een voor eensluidend verklaarde afdruk langs diplomatieken weg aan ieder der contracteerende Staten zal toegezonden worden.
[17-07-1905, Stb. 285, i.w.tr. 23-08-1912]

Artikel 12

1. Dit verdrag is van rechtswege toepasselijk op het Europeesche grondgebied der contracteerende Staten. Indien een contracteerende Staat wenscht, dat het in werking zal treden in zijn grondgebied, bezittingen of koloniën buiten Europa gelegen, of in zijne consulaire rechterlijke ressorten, zal hij met dat doel van zijn voornemen kennis geven door eene akte, die zal worden nedergelegd in de archieven der Nederlandsche Regeering.
2. Deze zal van die akte langs diplomatieken weg een voor eensluidend verklaarde afdruk aan ieder der contracteerende Staten doen toekomen. Het verdrag zal in werking treden voor zoover betreft de betrekkingen tusschen de Staten, die op deze kennisgeving door eene bevestigende verklaring zullen antwoorden en het grondgebied, de bezittingen of koloniën, buiten Europa gelegen en de consulaire rechterlijke ressorten, voor welke de kennisgeving zal zijn geschied. De bevestigende verklaring zal eveneens nedergelegd worden in de archieven der Nederlandsche Regeering, die daarvan langs diplomatieken weg een voor eensluidend verklaarde afdruk aan ieder der contracteerende Staten zal doen toekomen.
[17-07-1905, Stb. 285, i.w.tr. 23-08-1912]

Artikel 13

1. De Staten, die vertegenwoordigd zijn geweest op de vierde Conferentie van internationaal privaatrecht, kunnen dit verdrag teekenen tot aan de nederlegging der akten van bekrachtiging, bedoeld in het eerste lid van artikel 11.
2. Na deze nederlegging zullen zij ten alle tijde, doch zonder eenig voorbehoud, tot het verdrag kunnen toetreden. De Staat, die wenscht toe te treden, geeft van zijn voornemen kennis door eene akte, die zal nedergelegd worden in de archieven der Nederlandsche Regeering. Deze zal van die akte langs diplomatieken weg een voor eensluidend verklaarden afdruk aan ieder der contracteerende Staten doen toekomen.
[17-07-1905, Stb. 285, i.w.tr. 23-08-1912]

Artikel 14

1. Dit verdrag zal in werking treden op den zestigsten dag te rekenen van de nederlegging der akten van bekrachtiging bedoeld in artikel 11, 1ste lid.
2. In het geval van artikel 12, lid 2, zal het in werking treden vier maanden na de dagteekening der bevestigende verklaring en in het geval van artikel 13, lid 2, op den zestigsten dag na de dagteekening der kennisgeving van de toetredingen.

3. De kennisgevingen, bedoeld in artikel 12, lid 2, zullen niet kunnen geschieden dan nadat dit verdrag overeenkomstig het 1ste lid van het onderhavige artikel in werking zal zijn getreden.
[17-07-1905, Stb. 285, i.w.tr. 23-08-1912]

Artikel 15

1. Dit verdrag zal gedurende vijf jaren van kracht blijven, te rekenen van de dagteekening, aangegeven in artikel 14, lid 1.
2. Deze termijn zal van dien dag af beginnen te loopen, zelfs voor de Staten, die later zullen zijn toegetreden en ook wat betreft de bevestigende verklaringen, gedaan krachtens artikel 12, lid 2.
3. Het verdrag zal stilzwijgend telkens voor vijf jaren vernieuwd worden, behoudens opzegging.
4. De opzegging zal ten minste zes maanden vóór het einde van den termijn, bedoeld in lid 2 en 3, ter kennis moeten worden gebracht van de Nederlandsche Regeering, welke daarvan aan al de andere Staten mededeeling zal doen.
5. De opzegging kan betrekking hebben enkel op het grondgebied, de bezittingen of koloniën, buiten Europa gelegen, of ook op de consulaire rechterlijke ressorten, begrepen in eene kennisgeving gedaan krachtens artikel 12, lid 2.
6. De opzegging zal slechts gevolg hebben ten opzichte van den Staat, die haar gedaan heeft. Het verdrag zal verbindend blijven voor de andere contracteerende Staten.
[17-07-1905, Stb. 285, i.w.tr. 23-08-1912]

Verordening (EU) 2016/1103 tot uitvoering van de nauwere samenwerking op het gebied van de bevoegdheid, het toepasselijke recht en de erkenning en tenuitvoerlegging van beslissingen op het gebied van huwelijksvermogensstelsels (Verordening huwelijksvermogensstelsels)

Verordening (EU) 2016/1103 van de Raad van 24 juni 2016 tot uitvoering van de nauwere samenwerking op het gebied van de bevoegdheid, het toepasselijke recht en de erkenning en tenuitvoerlegging van beslissingen op het gebied van huwelijksvermogensstelsels, PbEU 2016, L 183 (i.w.tr. 28-07-2016)

DE RAAD VAN DE EUROPESE UNIE,

Gezien het Verdrag betreffende de werking van de Europese Unie, en met name artikel 81, lid 3,

Gezien Besluit (EU) 2016/954 van de Raad van 9 juni 2016 houdende machtiging om nauwere samenwerking aan te gaan op het gebied van de bevoegdheid, het toepasselijke recht en de erkenning en tenuitvoerlegging van beslissingen inzake de vermogensstelsels van internationale paren, met name zowel huwelijksvermogensstelsels als de vermogensrechtelijke gevolgen van geregistreerde partnerschappen [1],

Gezien het voorstel van de Europese Commissie,

Na toezending van het ontwerp van wetgevingshandeling aan de nationale parlementen,

Gezien het advies van het Europees Parlement [2],

Handelend volgens een bijzondere wetgevingsprocedure,

Overwegende hetgeen volgt:

(1) De Unie heeft zich ten doel gesteld een ruimte van vrijheid, veiligheid en recht te handhaven en te ontwikkelen waar het vrije verkeer van personen gewaarborgd is. Met het oog op de geleidelijke totstandbrenging van deze ruimte dient de Unie maatregelen te nemen op het gebied van de justitiële samenwerking in burgerlijke zaken met grensoverschrijdende gevolgen, met name indien dit nodig is voor het goed functioneren van de interne markt.

(2) Overeenkomstig artikel 81, lid 2, onder c), van het Verdrag betreffende de werking van de Europese Unie (VWEU) kunnen dergelijke maatregelen ook de verenigbaarheid van de in de lidstaten geldende regels voor collisie en jurisdictiegeschillen beogen.

(3) Tijdens de bijeenkomst in Tampere op 15 en 16 oktober 1999 heeft de Europese Raad het beginsel goedgekeurd dat de wederzijdse erkenning van vonnissen en andere

(1) *PB* L 159 van 16.6.2016, blz. 16.
(2) Advies van 23 juni 2016 (nog niet bekendgemaakt in het *Publicatieblad*).

beslissingen van rechterlijke instanties de hoeksteen van de justitiële samenwerking in burgerlijke zaken binnen de Unie vormt, en de Raad en de Commissie verzocht een programma van maatregelen ter uitvoering van dit beginsel vast te stellen.

(4) De Commissie en de Raad hebben op 30 november 2000 een gemeenschappelijk programma betreffende maatregelen voor de uitvoering van het beginsel van wederzijdse erkenning van beslissingen in burgerlijke en handelszaken [(3)] aangenomen. In dat programma worden maatregelen ter harmonisatie van het conflictenrecht aangemerkt als maatregelen die de wederzijdse erkenning van beslissingen vergemakkelijken, en wordt voorzien in het opstellen van een instrument inzake huwelijksvermogensstelsels.

(5) De Europese Raad, op 4 en 5 november 2004 te Brussel bijeen, heeft een nieuw programma aangenomen, 'Het Haags Programma — Versterking van vrijheid, veiligheid en recht in de Europese Unie' [(4)]. In dat programma verzocht de Raad de Commissie een groenboek in te dienen over het conflictenrecht inzake huwelijksvermogensregimes, met inbegrip van de kwestie van de bevoegdheid en de wederzijdse erkenning. In het programma wordt eveneens beklemtoond dat er een instrument op dit gebied moest worden aangenomen.

(6) Op 17 juli 2006 heeft de Commissie een groenboek aangenomen over collisieregels op het gebied van huwelijksvermogensstelsels, met inbegrip van de kwestie van de rechterlijke bevoegdheid en van de wederzijdse erkenning. Dit groenboek was het startsein voor een brede raadpleging over de problemen waarmee paren te maken krijgen bij de vereffening van hun gemeenschappelijk vermogen in een Europese context, en over de beschikbare rechtsmiddelen.

(7) Tijdens zijn bijeenkomst van 10 en 11 december 2009 te Brussel heeft de Europese Raad een nieuw meerjarenprogramma aangenomen, 'Het programma van Stockholm — Een open en veilig Europa ten dienste en ter bescherming van de burger' [(5)]. In dat programma overwoog de Europese Raad dat wederzijdse erkenning moet worden uitgebreid tot gebieden waarop dit beginsel nog niet van toepassing is, maar die van groot belang zijn voor het dagelijks leven, zoals het huwelijksvermogensrecht, waarbij tegelijkertijd rekening dient te worden gehouden met de rechtsstelsels van de lidstaten, waaronder de openbare orde, en de nationale tradities op dit gebied.

(8) In het 'Verslag over het EU-burgerschap 2010: het wegnemen van belemmeringen voor de rechten van EU-burgers', dat op 27 oktober 2010 is aangenomen, kondigde de Commissie de aanneming aan van een voorstel voor wetgeving dat de belemmeringen voor het vrije personenverkeer, met name de problemen die paren ondervinden bij het beheer of de verdeling van hun vermogen, wegneemt.

(9) Op 16 maart 2011 nam de Commissie een voorstel aan voor een verordening van de Raad betreffende de bevoegdheid, het toepasselijke recht en de erkenning en tenuitvoerlegging van beslissingen op het gebied van huwelijksvermogensstelsels, alsmede een voorstel voor een verordening van de Raad betreffende de bevoegdheid, het toepasselijke recht en de erkenning en tenuitvoerlegging van beslissingen op het gebied van de vermogensrechtelijke gevolgen van geregistreerde partnerschappen.

(3) *PB* C 12 van 15.1.2001, blz. 1.
(4) *PB* C 53 van 3.3.2005, blz. 1.
(5) *PB* C 115 van 4.5.2010, blz. 1.

(10) De Raad concludeerde op zijn bijeenkomst van 3 december 2015 dat geen unanimiteit kon worden bereikt voor de vaststelling van de voorstellen voor verordeningen betreffende huwelijksvermogensstelsels en de vermogensrechtelijke gevolgen van geregistreerde partnerschappen, en dat derhalve de samenwerkingsdoelstellingen op dit gebied niet binnen een redelijke termijn door de Unie in haar geheel konden worden bereikt.

(11) Van december 2015 tot en met februari 2016 hebben België, Bulgarije, Tsjechië, Duitsland, Griekenland, Spanje, Frankrijk, Kroatië, Italië, Luxemburg, Malta, Nederland, Oostenrijk, Portugal, Slovenië, Finland en Zweden verzoeken aan de Commissie gericht waarin zij te kennen gaven dat zij onderling nauwere samenwerking wensten aan te gaan op het gebied van vermogensstelsels van internationale paren en met name van de bevoegdheid, het toepasselijke recht en de erkenning en tenuitvoerlegging van beslissingen op het gebied van huwelijksvermogensstelsels en de bevoegdheid, het toepasselijke recht en de erkenning en tenuitvoerlegging van beslissingen op het gebied van de vermogensrechtelijke gevolgen van geregistreerde partnerschappen, en waarbij zij de Commissie verzochten aan de Raad een voorstel in die zin voor te leggen. In maart 2016 heeft Cyprus bij brief aan de Commissie zijn wens te kennen gegeven aan de totstandbrenging van de nauwere samenwerking deel te nemen; Cyprus heeft deze wens vervolgens herhaald tijdens de werkzaamheden van de Raad.

(12) Op 9 juni 2016 heeft de Raad Besluit (EU) 2016/954 vastgesteld waarbij machtiging wordt verleend voor deze nauwere samenwerking.

(13) Overeenkomstig artikel 328, lid 1, VWEU dient nauwere samenwerking open te staan voor alle lidstaten op het moment waarop zij wordt aangegaan, mits de deelnemingsvoorwaarden worden nageleefd die eventueel zijn vastgesteld bij het besluit waarbij toestemming wordt verleend. Deelneming op een later tijdstip dient steeds mogelijk te blijven, mits, naast de genoemde voorwaarden, de in dit kader reeds vastgestelde handelingen worden nageleefd. De Commissie en de aan een nauwere samenwerking deelnemende lidstaten dienen erop toe te zien dat de deelneming van zo veel mogelijk lidstaten wordt bevorderd. Deze verordening dient alleen in al haar onderdelen verbindend en rechtstreeks toepasselijk te zijn in de lidstaten die deelnemen aan de nauwere samenwerking op het gebied van de rechterlijke bevoegdheid, het toepasselijke recht en de erkenning en tenuitvoerlegging van beslissingen inzake de vermogensstelsels van internationale paren, met name zowel huwelijksvermogensstelsels als de vermogensrechtelijke gevolgen van geregistreerde partnerschappen, overeenkomstig Besluit (EU) 2016/954 of overeenkomstig een krachtens artikel 331, lid 1, tweede of derde alinea, VWEU vastgesteld besluit.

(14) Overeenkomstig artikel 81 VWEU dient deze verordening van toepassing te zijn op huwelijksvermogensstelsels met grensoverschrijdende gevolgen.

(15) Om gehuwde paren rechtszekerheid in vermogensrechtelijk opzicht en een zekere mate van voorspelbaarheid te bieden, dienen alle regels betreffende huwelijksvermogensstelsels in één instrument te worden opgenomen.

(16) Met het oog hierop dienen in deze verordening voorschriften te worden samengebracht inzake rechterlijke bevoegdheid, toepasselijk recht, erkenning of, in voorkomend geval, aanvaarding, uitvoerbaarheid en tenuitvoerlegging van beslissingen, authentieke akten en gerechtelijke schikkingen.

(17) Deze verordening bevat geen definitie van 'huwelijk'; dit begrip wordt in het nationale recht van de lidstaten gedefinieerd.

(18) Het toepassingsgebied van deze verordening dient alle civielrechtelijke aspecten van huwelijksvermogensstelsels te bestrijken, zowel het dagelijkse beheer van het huwelijksvermogen van de echtgenoten als de vereffening van dat vermogen, in het bijzonder ten gevolge van scheiding of overlijden van een van de echtgenoten. Voor de toepassing van deze verordening dient 'huwelijksvermogensstelsel' te worden opgevat als een autonoom begrip, waaronder niet alleen de regels moeten worden verstaan waarvan de echtgenoten niet mogen afwijken, maar ook die welke de echtgenoten volgens het toepasselijke recht vrij kunnen overeenkomen, en de eventuele standaardregels van het toepasselijke recht. Het omvat, naast de door bepaalde nationale rechtsstelsels opgestelde specifieke en op het huwelijk toegespitste vermogensrechtelijke regelingen, ook de regeling van het vermogensrecht tussen de echtgenoten onderling en jegens derden die rechtstreeks volgt uit de sluiting of de ontbinding van het huwelijk.

(19) Duidelijkheidshalve dient een aantal zaken die geacht zouden kunnen worden verband te houden met het huwelijksvermogensstelsel, uitdrukkelijk van het toepassingsgebied van deze verordening te worden uitgesloten.

(20) Bijgevolg dient deze verordening niet van toepassing te zijn op vragen in verband met de handelingsbevoegdheid van de echtgenoten; de specifieke bevoegdheden en rechten die elk van de echtgenoten of beide echtgenoten onderling of jegens derden bezitten met betrekking tot vermogensbestanddelen, dienen echter wel onder deze verordening te vallen.

(21) Deze verordening dient niet van toepassing te zijn op prealabele vragen, zoals het bestaan, de geldigheid en de erkenning van een huwelijk; daarop blijft het nationale recht van de lidstaten, met inbegrip van de voorschriften van hun internationaal privaatrecht, van toepassing.

(22) Aangezien de onderhoudsverplichtingen tussen echtgenoten zijn geregeld bij Verordening (EG) nr. 4/2009 van de Raad [6], dienen zij van het toepassingsgebied van deze verordening te worden uitgesloten, evenals alle vraagstukken in verband met de erfopvolging van een overleden echtgenoot, aangezien zij zijn geregeld bij Verordening (EU) nr. 650/2012 van het Europees Parlement en de Raad [7].

(23) Aangelegenheden in verband met de aanspraak op overgang tussen de echtgenoten van gedurende het huwelijk verworven rechten, ongeacht de aard ervan, op een ouderdoms- of invaliditeitspensioen, welke gedurende het huwelijk niet tot pensioeninkomen hebben geleid, en de aanpassing van overgegane rechten, dienen, gelet op de specifieke regelingen in de lidstaten, te worden uitgesloten van het toepassingsgebied van deze verordening. Deze uitsluiting dient evenwel in enge zin te worden uitgelegd. Bijgevolg zijn met name de classificatie van pensioenelementen,

(6) Verordening (EG) nr. 4/2009 van de Raad van 18 december 2008 betreffende de bevoegdheid, het toepasselijke recht, de erkenning en de tenuitvoerlegging van beslissingen, en de samenwerking op het gebied van onderhoudsverplichtingen (*PB* L 7 van 10.1.2009, blz. 1).

(7) Verordening (EU) nr. 650/2012 van het Europees Parlement en de Raad van 4 juli 2012 betreffende de bevoegdheid, het toepasselijke recht, de erkenning en de tenuitvoerlegging van beslissingen en de aanvaarding en de tenuitvoerlegging van authentieke akten op het gebied van erfopvolging, alsmede betreffende de instelling van een Europese erfrechtverklaring (*PB* L 201 van 27.7.2012, blz. 107).

de reeds tijdens het huwelijk aan een echtgenoot betaalde bedragen en de vergoeding die mogelijk wordt toegekend in het geval van een pensioen dat met gemeenschappelijk vermogen is opgebouwd, kwesties die in deze verordening behoren te worden geregeld.

(24) Deze verordening dient te voorzien in de mogelijkheid dat, als gevolg van het huwelijksvermogensstelsel, rechten op onroerende of roerende zaken tot stand worden gebracht of worden overgedragen, zoals dat is bepaald in het op dat stelsel toepasselijke recht. Deze verordening dient echter het beperkte aantal ('numerus clausus') zakelijke rechten zoals het nationale recht van sommige lidstaten dat kent, onverlet te laten. Van een lidstaat mag niet worden gevraagd een zakelijk recht op een vermogensbestanddeel dat zich in die lidstaat bevindt, te erkennen, indien het recht van die lidstaat een dergelijk zakelijk recht niet kent.

(25) Om de echtgenoten evenwel in staat te stellen om in een andere lidstaat de rechten te genieten die door het huwelijksvermogensstelsel zijn ontstaan of op hen zijn overgegaan, dient deze verordening erin te voorzien dat een onbekend zakelijk recht in overeenstemming wordt gebracht met het meest vergelijkbare zakelijk recht volgens het recht van die andere lidstaat. In het kader van een dergelijke aanpassing dient rekening te worden gehouden met de doelstellingen en de belangen die door het specifieke zakelijk recht worden nagestreefd en met de daaraan verbonden rechtsgevolgen. Teneinde het meest vergelijkbare nationale zakelijk recht te bepalen, kunnen de instanties of bevoegde personen van de staat waarvan het recht op het huwelijksvermogensstelsel van toepassing is, om nadere informatie over de aard en de rechtsgevolgen van het recht worden verzocht. Voor dat doel kan gebruik worden gemaakt van de bestaande netwerken voor justitiële samenwerking in burgerlijke en handelszaken en van alle andere beschikbare kanalen waarlangs een beter inzicht in het buitenlandse recht te krijgen is.

(26) De aanpassing van onbekende zakelijke rechten, waarin bij deze verordening uitdrukkelijk is voorzien, dient andere vormen van aanpassing in het kader van de toepassing van deze verordening onverlet te laten.

(27) De voorwaarden voor de inschrijving in een register van een recht op een onroerende of roerende zaak dienen van het toepassingsgebied van deze verordening te worden uitgesloten. Het is derhalve aan het recht van de lidstaat waar het register wordt gehouden (voor onroerende zaken de lex rei sitae) om te bepalen onder welke wettelijke voorwaarden en op welke wijze de inschrijving moet plaatsvinden en welke instanties, zoals het kadaster of een notaris, ermee belast zijn na te gaan of aan alle voorwaarden is voldaan en of de aangeboden of opgemaakte akten volledig zijn of de noodzakelijke informatie bevatten. De instanties kunnen met name nagaan of het recht van een echtgenoot op een goed uit de nalatenschap dat in het ter inschrijving aangeboden document staat vermeld, een recht is dat als zodanig is geregistreerd of waarvan anderszins het bewijs wordt geleverd conform het recht van de lidstaat waar het register wordt gehouden. Om te voorkomen dat documenten opnieuw moeten worden opgemaakt, dienen documenten die afkomstig zijn van de bevoegde instanties van een andere lidstaat en op grond van deze verordening worden verspreid, door de registrerende instantie te worden aanvaard. Dit mag de bij de inschrijving betrokken autoriteiten niet beletten de persoon die om inschrijving verzoekt, te vragen om zodanige aanvullende informatie te verstrekken of zodanige aanvullende stukken over te leggen, als vereist onder het recht van de lidstaat waar

het register wordt gehouden, zoals gegevens of documenten in verband met de betaling van belastingen. De bevoegde autoriteit kan de persoon die om inschrijving verzoekt, mededelen hoe de ontbrekende gegevens of documenten kunnen worden verstrekt.

(28) De rechtsgevolgen van de inschrijving van een recht dienen eveneens van het toepassingsgebied te worden uitgesloten. Het is derhalve het recht van de lidstaat waar het register wordt gehouden dat bepaalt of de inschrijving bijvoorbeeld van declaratoire dan wel van constitutieve aard is. Daar waar bijvoorbeeld voor de verkrijging van een recht op een onroerende zaak volgens het recht van de lidstaat waar het register wordt gehouden inschrijving vereist is omwille van de werking erga omnes van de registers of ter bescherming van rechtshandelingen, dient het tijdstip van verkrijging derhalve door het recht van die lidstaat te worden bepaald.

(29) Deze verordening dient de verschillende stelsels die in de lidstaten voor de behandeling van huwelijksvermogensrechtelijke zaken worden toegepast te eerbiedigen. In deze verordening dient derhalve aan de term 'gerecht' een ruime betekenis te worden gegeven, die niet alleen gerechten in de strikte zin van het woord omvat die gerechtelijke taken vervullen, maar ook bijvoorbeeld notarissen in sommige lidstaten die in zaken betreffende het huwelijksvermogensstelsel, net als gerechten, gerechtelijke taken vervullen, en ook notarissen en rechtsbeoefenaren die, in sommige lidstaten, ter zake van een bepaald huwelijksvermogensstelsel gerechtelijke taken vervullen krachtens een door een gerecht gegeven volmacht. Alle gerechten, zoals in deze verordening gedefinieerd, dienen aan de in deze verordening vastgelegde bevoegdheidsregels gebonden te zijn. Daarentegen dient de term 'gerecht' geen betrekking te hebben op de niet-rechterlijke instanties van een lidstaat die krachtens het nationale recht bevoegd zijn zaken betreffende het huwelijksvermogensstelsel te behandelen, zoals de notarissen in de meeste lidstaten, waar zij meestal geen gerechtelijke taken vervullen.

(30) Krachtens deze verordening dienen notarissen die bevoegd zijn op het gebied van het huwelijksvermogensstelsel in de lidstaten die bevoegdheid uit te kunnen oefenen. Of notarissen in een bepaalde lidstaat al dan niet aan de bevoegdheidsregels van deze verordening gebonden zijn, dient af te hangen van de vraag of zij voor de toepassing van deze verordening al dan niet onder het begrip 'gerecht' vallen.

(31) De circulatie van akten op het gebied van huwelijksvermogensstelsels die door notarissen in de lidstaten zijn opgemaakt, dient overeenkomstig deze verordening plaats te vinden. Wanneer notarissen gerechtelijke functies uitoefenen, dienen zij gebonden te zijn aan de bevoegdheidsregels van deze verordening; de circulatie van hun beslissingen moet in overeenstemming met de regels van deze verordening inzake erkenning, uitvoerbaarheid en tenuitvoerlegging van beslissingen geschieden. Buiten de uitoefening van een gerechtelijke functie dienen notarissen niet aan die bevoegdheidsregels gebonden te zijn en de door hen opgemaakte authentieke akten dienen te circuleren overeenkomstig de voorschriften van deze verordening betreffende authentieke akten.

(32) Met het oog op de toenemende mobiliteit van paren tijdens het huwelijk en ter wille van een goede rechtsbedeling dienen de bevoegdheidsregels in deze verordening de burgers in staat te stellen hun verschillende samenhangende procedures door de gerechten van dezelfde lidstaat te laten behandelen. Daartoe dient deze verordening te beogen dat de rechterlijke bevoegdheid inzake het huwelijksvermogensstelsel

wordt geconcentreerd in de lidstaat waarvan de gerechten worden aangezocht in zaken betreffende de erfopvolging van een echtgenoot, overeenkomstig Verordening (EU) nr. 650/2012, of de echtscheiding, de scheiding van tafel en bed of de nietigverklaring van het huwelijk, overeenkomstig Verordening (EG) nr. 2201/2003 van de Raad [8].

(33) In deze verordening dient te worden bepaald dat in gevallen waarin een zaak betreffende de erfopvolging van een echtgenoot aanhangig is bij een op grond van Verordening (EU) nr. 650/2012 aangezocht gerecht van een lidstaat, de gerechten van die staat bevoegd moeten zijn om te beslissen in zaken betreffende het huwelijksvermogensstelsel welke met die erfopvolging verband houden.

(34) Evenzo dienen kwesties betreffende het huwelijksvermogensstelsel die zich voordoen in een bij een gerecht van een lidstaat op grond van Verordening (EG) nr. 2201/2003 ingestelde procedure ter zake van echtscheiding, scheiding van tafel en bed of nietigverklaring van het huwelijk, door de gerechten van die lidstaat te worden behandeld, tenzij de bevoegdheid om over de echtscheiding, scheiding van tafel en bed of nietigverklaring van het huwelijk te beslissen slechts op een specifieke bevoegdheidsgrond kan berusten. In die gevallen mag niet zonder een overeenkomst tussen de echtgenoten worden toegestaan dat de bevoegdheid wordt geconcentreerd.

(35) In zaken betreffende het huwelijksvermogensstelsel die geen verband houden met een bij een gerecht van een lidstaat aanhangige procedure ter zake van de erfopvolging van een echtgenoot dan wel echtscheiding, scheiding van tafel en bed of nietigverklaring van het huwelijk, dient deze verordening te voorzien in een reeks aanknopingspunten voor het vaststellen van de bevoegdheid, te beginnen met de gewone verblijfplaats van de echtgenoten op het tijdstip waarop het gerecht wordt aangezocht. Deze aanknopingspunten worden vastgesteld om rekening te houden met de toenemende mobiliteit van burgers en ervoor te zorgen dat er een reëel aanknopingspunt bestaat tussen de echtgenoten en de lidstaat waar de rechterlijke bevoegdheid wordt uitgeoefend.

(36) Ten behoeve van de rechtszekerheid, de voorspelbaarheid en de autonomie van partijen dient deze verordening partijen in bepaalde omstandigheden de mogelijkheid te bieden om bij overeenkomst een forumkeuze te maken ten gunste van de gerechten van de lidstaat waarvan het recht toepasselijk is of van de gerechten van de lidstaat van sluiting van het huwelijk.

(37) Voor de toepassing van deze verordening en om alle mogelijke situaties te bestrijken, dient de lidstaat van sluiting van het huwelijk de lidstaat te zijn waarvan de instanties het huwelijk hebben gesloten.

(38) Een gerecht van een lidstaat kan oordelen dat het huwelijk in kwestie uit hoofde van het internationaal privaatrecht van die lidstaat niet kan worden erkend ter fine van een procedure betreffende het huwelijksvermogensstelsel. In dat geval kan het uitzonderlijk nodig zijn zich uit hoofde van deze verordening onbevoegd te verklaren. De gerechten moeten snel handelen en de betrokken partij moet de

(8) Verordening (EG) nr. 2201/2003 van de Raad van 27 november 2003 betreffende de bevoegdheid en de erkenning en tenuitvoerlegging van beslissingen in huwelijkszaken en inzake de ouderlijke verantwoordelijkheid, en tot intrekking van Verordening (EG) nr. 1347/2000 (*PB* L 338 van 23.12.2003, blz. 1).

zaak aanhangig kunnen maken in iedere andere lidstaat die op grond van een aanknopingspunt rechterlijke bevoegdheid heeft, ongeacht de rangorde van de bevoegdheidsgronden, waarbij tegelijkertijd de autonomie van de partijen wordt geëerbiedigd. Een gerecht dat na een onbevoegdverklaring wordt aangezocht, niet zijnde een gerecht van de lidstaat van sluiting van het huwelijk, kan bij wijze van uitzondering genoodzaakt zijn zich tevens onder dezelfde voorwaarden onbevoegd te verklaren. De combinatie van de verschillende regels van rechterlijke bevoegdheid moet echter garanderen dat de partijen over alle mogelijkheden beschikken om de gerechten van een lidstaat aan te zoeken die de rechterlijke bevoegdheid aanvaarden teneinde uitvoering te geven aan hun huwelijksvermogensstelsel.

(39) Deze verordening mag de partijen niet beletten om hun zaak aangaande het huwelijksvermogensstelsel buitengerechtelijk minnelijk te schikken, bijvoorbeeld voor een notaris, in een lidstaat naar keuze indien het recht van die lidstaat dat mogelijk maakt. Dit moet mogelijk zijn zelfs als het op het huwelijksvermogensstelsel toepasselijke recht niet het recht van die lidstaat is.

(40) Om ervoor te zorgen dat de gerechten van alle lidstaten op dezelfde gronden bevoegdheid kunnen aannemen ten aanzien van huwelijksvermogensstelsels van echtgenoten, dient deze verordening op limitatieve wijze te voorzien in de gronden voor het kunnen aannemen van subsidiaire rechterlijke bevoegdheid.

(41) Met name om gevallen van rechtsweigering te verhelpen, dient in deze verordening ook een forum necessitatis te worden opgenomen, waardoor een gerecht van een lidstaat bij wijze van uitzondering kan beslissen in een geschil betreffende een huwelijksvermogensstelsel dat nauw verbonden is met een derde staat. Een dergelijk uitzonderlijk geval kan worden verondersteld als een procedure in de betrokken derde staat onmogelijk blijkt, bijvoorbeeld door een burgeroorlog, of als van een echtgenoot redelijkerwijs niet kan worden verwacht dat hij in die staat een procedure aanhangig maakt of voert. Het forum necessitatis kan zijn bevoegdheid evenwel alleen uitoefenen als het geschil voldoende nauw verbonden is met de lidstaat van het aangezochte gerecht.

(42) Met het oog op een ordelijke rechtspleging moet worden voorkomen dat in verschillende lidstaten onderling onverenigbare beslissingen worden gegeven. Daarom moet deze verordening voorzien in algemene procedureregels die vergelijkbaar zijn met die welke vervat zijn in andere regelgeving van de Unie op het gebied van justitiële samenwerking in civiele zaken. Eén dergelijke regel is de litispendentieregel die in werking treedt wanneer hetzelfde geschil betreffende een huwelijksvermogensstelsel bij verschillende gerechten in verschillende lidstaten wordt aangebracht. Deze regel bepaalt dan welk gerecht de zaak verder dient te behandelen.

(43) Om burgers met volledige rechtszekerheid te laten profiteren van de voordelen van de interne markt, dient deze verordening het hun mogelijk te maken van tevoren het recht te kennen dat op hun huwelijksvermogensstelsel van toepassing zal zijn. Daarom dienen geharmoniseerde collisieregels te worden vastgesteld om tegenstrijdige uitkomsten te voorkomen. De hoofdregel moet ervoor zorgen dat het huwelijksvermogensstelsel op voorzienbare wijze wordt beheerst door een recht waarmee het nauw verbonden is. Dat recht moet, ter wille van de rechtszekerheid en om versnippering van het huwelijksvermogensstelsel te voorkomen, het stelsel in zijn geheel beheersen, dat wil zeggen alle vermogensbestanddelen die eronder

vallen, ongeacht hun aard en ongeacht de vraag of deze zich in een andere lidstaat dan wel in een derde staat bevinden.

(44) Het door deze verordening aangewezen recht dient toepasselijk te zijn, ongeacht of dit het recht van een lidstaat is.

(45) Om het de echtgenoten gemakkelijker te maken hun vermogen te beheren, dient deze verordening hun de mogelijkheid te bieden om uit de rechtsstelsels waarmee zij op grond van hun gewone verblijfplaats of hun nationaliteit een nauwe band hebben, het recht te kiezen dat op hun huwelijksvermogensstelsel van toepassing is, ongeacht de aard van de vermogensbestanddelen en de plaats waar deze zich bevinden. Deze keuze kan te allen tijde worden gemaakt: vóór het huwelijk, bij de sluiting van het huwelijk of in de loop van het huwelijk.

(46) Om rechtszekerheid van transacties te verzekeren en om te voorkomen dat op het huwelijksvermogensstelsel een ander recht van toepassing wordt zonder dat de echtgenoten daarvan op de hoogte worden gebracht, dient op het huwelijksvermogensstelsel toepasselijk recht ongewijzigd te blijven behoudens als partijen uitdrukkelijk om de toepassing van een ander recht verzoeken. Deze wijziging mag geen terugwerkende kracht hebben, tenzij de echtgenoten uitdrukkelijk anders bepalen. Hoe dan ook kan de wijziging geen afbreuk doen aan de rechten van derden.

(47) Regels inzake de materiële en formele geldigheid van de rechtskeuzeovereenkomst dienen zo te worden geformuleerd dat de echtgenoten een beter geïnformeerde keuze kunnen maken en hun instemming wordt geëerbiedigd en aldus rechtszekerheid en een betere toegang tot de rechter worden verzekerd. Wat de formele geldigheid betreft, dient te worden voorzien in bepaalde garanties die ervoor zorgen dat de echtgenoten zich bewust zijn van de consequenties van hun keuze. De overeenkomst over de keuze van het toepasselijke recht moet ten minste schriftelijk worden vastgelegd, worden gedagtekend en door beide partijen worden ondertekend. Indien het recht van de lidstaat waar de beide echtgenoten op het tijdstip van sluiting van de overeenkomst hun gewone verblijfplaats hebben, evenwel bijkomende vormvereisten bevat, dienen deze in acht te worden genomen. Indien de echtgenoten op het tijdstip van sluiting van de overeenkomst hun gewone verblijfplaats hebben in verschillende lidstaten waarvan de wetgeving verschillende vormvereisten bevat, moet het volstaan dat aan de vormvereisten van een dezer staten wordt voldaan. Indien slechts een van de echtgenoten op het tijdstip van sluiting van de overeenkomst zijn gewone verblijfplaats heeft in een lidstaat waarvan de wetgeving bijkomende vormvereisten bevat, dient aan die vereisten te worden voldaan.

(48) Huwelijkse voorwaarden zijn bepalingen betreffende het huwelijksvermogen die de lidstaten niet gelijkelijk toestaan en aanvaarden. Huwelijksvermogensrechten die ten gevolge van huwelijkse voorwaarden zijn verkregen, moeten in de lidstaten gemakkelijker kunnen worden aanvaard; daarom dienen er voorschriften inzake de formele geldigheid van huwelijkse voorwaarden te worden vastgesteld. De huwelijkse voorwaarden dienen ten minste op schrift te worden gesteld, te worden gedagtekend en door beide echtgenoten te worden ondertekend. De huwelijkse voorwaarden moeten echter ook voldoen aan aanvullende formele geldigheidseisen die zijn bepaald in het recht dat krachtens deze verordening op het huwelijksvermogensstelsel van toepassing is, en in het recht van de lidstaat waar de echtgenoten hun gewone verblijfplaats hebben. In deze verordening dient tevens te worden bepaald welk recht van toepassing is op de materiële geldigheid van die voorwaarden.

(49) Indien er geen rechtskeuze is gemaakt, dient deze verordening, met het oog op het verenigen van voorspelbaarheid en rechtszekerheid met de realiteit waarin het paar leeft, geharmoniseerde collisieregels te introduceren om volgens een reeks aanknopingspunten te bepalen welk recht op het gehele vermogen van de echtgenoten van toepassing is. Zo dient de eerste gemeenschappelijke gewone verblijfplaats van de echtgenoten kort na de huwelijkssluiting het eerste criterium te vormen vóór het recht van de gemeenschappelijke nationaliteit van de echtgenoten op het tijdstip waarop het huwelijk werd gesloten. Als geen van deze criteria van toepassing is, of bij gebreke van een eerste gemeenschappelijke gewone verblijfplaats als de echtgenoten bij het sluiten van het huwelijk dubbele gemeenschappelijke nationaliteiten hebben, dient het recht van de staat waarmee de echtgenoten de nauwste band hebben als derde criterium te worden gebruikt. Bij de toepassing van dit laatste criterium moeten alle omstandigheden in ogenschouw worden genomen en moet worden verduidelijkt dat deze banden in overweging moeten worden genomen zoals die bestonden ten tijde van de huwelijkssluiting.

(50) Waar in deze verordening verwezen wordt naar nationaliteit als aanknopingspunt, is de vraag hoe een persoon met een meervoudige nationaliteit moet worden beschouwd een prealabele vraag die buiten de werkingssfeer van deze verordening valt en moet worden overgelaten aan het nationaal recht alsmede, indien van toepassing, internationale overeenkomsten, met volledige inachtneming van de algemene beginselen van de Unie. Deze overweging mag geen gevolgen hebben voor de geldigheid van een rechtskeuze die in overeenstemming met deze verordening is gemaakt.

(51) Met betrekking tot de aanwijzing van het recht dat bij gebreke van een rechtskeuze en van huwelijkse voorwaarden op het huwelijksvermogensstelsel van toepassing is, dient de rechterlijke instantie van een lidstaat, op verzoek van een van de echtgenoten, in uitzonderlijke gevallen, als de echtgenoten voor een lange tijd naar de staat van hun gewone verblijfplaats zijn verhuisd, te kunnen beslissen dat het recht van die staat van toepassing kan zijn indien de echtgenoten zich erop hebben verlaten. In geen geval kan de wijziging afbreuk doen aan de rechten van derden.

(52) Het recht dat is aangewezen als het op het huwelijksvermogensstelsel toepasselijke recht, dient het huwelijksvermogensstelsel te beheersen vanaf het tijdstip waarop de samenstelling wordt bepaald van het gemeenschappelijk en het persoonlijk vermogen van de echtgenoten gedurende het huwelijk en na de ontbinding van het huwelijk, totdat het vermogen is vereffend. Dat recht dient tevens de gevolgen van het huwelijksvermogensstelsel op de rechtsbetrekkingen tussen een echtgenoot en derden te beheersen. Echter, het op het huwelijksvermogensstelsel toepasselijke recht kan, met betrekking tot de rechtsgevolgen ervan, door een echtgenoot jegens een derde uitsluitend worden ingeroepen indien de rechtsbetrekkingen tussen de echtgenoot en de derde zijn ontstaan op een tijdstip waarop de derde van dat recht kennis had of had moeten hebben.

(53) De gerechten en andere bevoegde instanties van een lidstaat dienen in uitzonderlijke gevallen de mogelijkheid te hebben om uit overwegingen van algemeen belang, zoals de bescherming van de politieke, maatschappelijke of economische organisatie van een lidstaat, uitzonderingsbepalingen van bijzonder dwingend recht toe te passen. Onder 'bepalingen van bijzonder dwingend recht' moeten dus voorschriften van dwingende aard, zoals voorschriften ter bescherming van de gezinswoning, worden verstaan. Deze uitzondering op de toepassing van het op het huwelijks-

vermogensstelsel toepasselijke recht dient echter strikt te worden uitgelegd, zodat zij verenigbaar blijft met de algemene doelstelling van deze verordening.

(54) Met het oog op het algemeen belang dienen de gerechten en andere in huwelijksvermogensrechtelijke kwesties bevoegde instanties van de lidstaten in uitzonderlijke gevallen de mogelijkheid te hebben om specifieke bepalingen van buitenlands recht buiten toepassing te laten, indien de toepassing hiervan in een bepaalde zaak kennelijk onverenigbaar zou zijn met de openbare orde van de betrokken lidstaat. Niettemin mogen de gerechten of andere bevoegde instanties geen gebruik kunnen maken van de exceptie van openbare orde om het recht van een andere lidstaat buiten toepassing te laten of om te weigeren een gegeven beslissing, een authentieke akte of een gerechtelijke schikking uit een andere lidstaat te erkennen – dan wel, in voorkomend geval, te aanvaarden – of ten uitvoer te leggen, indien dat in strijd zou zijn met het Handvest van de grondrechten van de Europese Unie ('het Handvest'), en met name artikel 21 inzake het beginsel van non-discriminatie.

(55) Aangezien er staten zijn waar twee of meer rechtsstelsels of gehelen van rechtsregels betreffende de in deze verordening geregelde materie naast elkaar bestaan, dient te worden bepaald in welke mate de bepalingen van deze verordening van toepassing zijn in de verschillende territoriale eenheden van die staten.

(56) Gelet op de algemene doelstelling van deze verordening, namelijk de wederzijdse erkenning van in de lidstaten gegeven beslissingen in huwelijksvermogensrechtelijke zaken, dienen in deze verordening regels betreffende de erkenning, uitvoerbaarheid en tenuitvoerlegging van beslissingen te worden vastgelegd die gelijkaardig zijn aan die welke de Unie reeds op het gebied van de justitiële samenwerking in burgerlijke zaken heeft vastgesteld.

(57) De stelsels voor de behandeling van huwelijksvermogensrechtelijke zaken kunnen van lidstaat tot lidstaat verschillen; daarom dient deze verordening de aanvaarding en uitvoerbaarheid in alle lidstaten van authentieke akten in huwelijksvermogensrechtelijke zaken te waarborgen.

(58) Authentieke akten dienen in een andere lidstaat dezelfde bewijskracht te hebben als in de lidstaat waar zij zijn verleden, of de daarmee meest vergelijkbare bewijskracht. Bij de vaststelling van de bewijskracht, of de meest vergelijkbare bewijskracht, van een bepaalde authentieke akte in een andere lidstaat dient te worden gelet op de aard en de reikwijdte van de bewijskracht van de authentieke akte in de lidstaat van oorsprong. De bewijskracht die in een andere lidstaat aan een bepaalde authentieke akte dient te worden toegekend, hangt dus af van het recht van de lidstaat van oorsprong.

(59) De 'authenticiteit' van een authentieke akte moet een autonoom begrip zijn, waaronder is begrepen de echtheid van de akte, de vormvereisten, de bevoegdheid van de instantie die de akte opmaakt en de procedure volgens welke de akte wordt opgemaakt. Hieronder dienen ook de feitelijke gegevens te worden verstaan die door de betrokken autoriteit in de authentieke akte zijn vastgelegd, bijvoorbeeld het feit dat de genoemde partijen voor haar op de genoemde datum zijn verschenen en de vermelde verklaringen hebben afgelegd. Een partij die de authenticiteit van een authentieke akte wenst te betwisten, dient dit te doen voor het bevoegde gerecht van de lidstaat van herkomst van de authentieke akte, volgens het recht van die lidstaat.

(60) Het begrip 'de in de authentieke akte vastgelegde rechtshandelingen of rechtsbetrekkingen' dient te worden uitgelegd als een verwijzing naar de inhoud, voor wat betreft hetgeen materieel in de akte is vastgelegd. Een partij die de in de authentieke akte vastgelegde rechtshandelingen of rechtsbetrekkingen betwist, dient dit te doen voor de krachtens deze verordening bevoegde gerechten, die hierover moeten oordelen volgens het op het huwelijksvermogensstelsel toepasselijke recht.

(61) Indien een vraag betreffende de in een authentieke akte vastgelegde rechtshandelingen of rechtsbetrekkingen bij wijze van incident voor een gerecht van een lidstaat wordt opgeworpen, dient dit over de bevoegheid te beschikken om die vraag te beantwoorden.

(62) Een authentieke akte die wordt betwist, dient in een andere lidstaat dan de lidstaat van oorsprong geen bewijskracht te hebben zolang de betwistingszaak aanhangig is. Indien de betwisting zich beperkt tot een specifiek punt betreffende de in de authentieke akte vastgelegde rechtshandelingen of rechtsbetrekkingen, dient de betwiste authentieke akte, wat het bestreden punt betreft, in een andere lidstaat dan de lidstaat van oorsprong geen bewijskracht te hebben zolang de zaak aanhangig is. Een authentieke akte die naar aanleiding van een betwisting ongeldig is verklaard, dient niet langer bewijskracht te hebben.

(63) De instantie die in het kader van de toepassing van deze verordening twee onverenigbare authentieke akten voorgelegd krijgt, dient te beoordelen welke van de akten, en gelet op de concrete omstandigheden, de voorrang heeft, zo dat al van toepassing is. Indien uit de omstandigheden niet blijkt welke authentieke akte in voorkomend geval de voorrang heeft, moet de kwestie worden beslecht door de krachtens deze verordening bevoegde gerechten of, indien de kwestie als incident in de procedure wordt opgeworpen, door het voor die procedure aangezochte gerecht. In geval van onverenigbaarheid van een authentieke akte met een beslissing dient rekening te worden gehouden met de bij deze verordening bepaalde weigeringsgronden voor erkenning van een beslissing.

(64) De erkenning en de tenuitvoerlegging van een beslissing betreffende het huwelijksvermogensstelsel volgens deze verordening dienen op generlei wijze de erkenning in te houden van het huwelijk dat ten grondslag ligt aan het huwelijksvermogensstelsel dat tot de beslissing aanleiding heeft gegeven.

(65) Bepaald dient te worden hoe deze verordening zich verhoudt tot de bilaterale en de multilaterale overeenkomsten inzake huwelijksvermogensstelsels waarbij de lidstaten partij zijn.

(66) Deze verordening belet niet dat lidstaten die partij zijn bij de Overeenkomst van 6 februari 1931 tussen Denemarken, Finland, IJsland, Noorwegen en Zweden houdende bepalingen van internationaal recht ter zake van huwelijk, adoptie en voogdij, zoals herzien in 2006, bij het Verdrag van 19 november 1934 tussen Denemarken, Finland, IJsland, Noorwegen en Zweden houdende bepalingen van internationaal privaatrecht betreffende erfopvolging, testamenten en beheer van de nalatenschap, zoals herzien in juni 2012, en bij de Overeenkomst van 11 oktober 1977 tussen Denemarken, Finland, IJsland, Noorwegen en Zweden betreffende de erkenning en de tenuitvoerlegging van rechterlijke beslissingen in burgerlijke zaken, sommige bepalingen van die verdragen blijven toepassen, voor zover die voorzien in vereenvoudigde en snellere procedures voor de erkenning en de tenuitvoerlegging van beslissingen op het gebied van huwelijksvermogensstelsels.

(67) Om de toepassing van deze verordening te vergemakkelijken, dient aan de lidstaten de verplichting te worden opgelegd om bepaalde gegevens over hun wetgeving en procedures inzake huwelijksvermogensstelsels mede te delen in het kader van het Europees justitieel netwerk in burgerlijke en handelszaken dat bij Besluit 2001/470/EG van de Raad (9) is opgericht. Om het mogelijk te maken dat alle voor de toepassing van deze verordening relevante informatie tijdig in het *Publicatieblad van de Europese Unie* wordt bekendgemaakt, dienen de lidstaten deze informatie tevens aan de Commissie mede te delen voordat deze verordening van toepassing wordt.

(68) Eveneens met het oog op een vlotte toepassing van deze verordening en op het gebruik van moderne communicatietechnologie dienen standaardformulieren te worden voorgeschreven voor de verklaringen die zullen worden afgelegd in verband met het verzoek om verklaring van uitvoerbaarheid van een beslissing, een authentieke akte of een gerechtelijke schikking.

(69) Voor de berekening van de in deze verordening bedoelde termijnen en vervaltijden dient Verordening (EEG, Euratom) nr. 1182/71 van de Raad (10) te worden toegepast.

(70) Om eenvormige voorwaarden voor de uitvoering van deze verordening te waarborgen, dienen aan de Commissie uitvoeringsbevoegdheden te worden toegekend met betrekking tot het vaststellen en wijzigen van de verklaringen en formulieren betreffende de verklaring van uitvoerbaarheid van beslissingen, gerechtelijke schikkingen en authentieke akten. Die bevoegdheden moeten worden uitgeoefend conform Verordening (EU) nr. 182/2011 van het Europees Parlement en de Raad (11).

(71) De uitvoeringshandelingen tot vaststelling en tot wijziging van de in deze verordening bedoelde verklaringen en formulieren dienen volgens de raadplegingsprocedure te worden vastgesteld.

(72) De doelstellingen van deze verordening, te weten het vrije verkeer van personen in de Unie, de mogelijkheid voor echtgenoten om hun vermogensrechtelijke betrekkingen onderling en tegenover derden zowel tijdens hun samenleven als bij de vereffening van hun goederen te organiseren, alsook een grotere voorspelbaarheid en rechtszekerheid, kunnen niet voldoende door de lidstaten worden verwezenlijkt; daarentegen kunnen die doelstellingen, vanwege de omvang en de gevolgen van deze verordening, beter op het niveau van de Europese Unie, waar passend door middel van een nauwere samenwerking tussen de lidstaten, worden gerealiseerd. Overeenkomstig het subsidiariteitsbeginsel dat is neergelegd in artikel 5 van het Verdrag betreffende de Europese Unie (VEU), is de Unie derhalve bevoegd tot handelen. Overeenkomstig het in hetzelfde artikel neergelegde evenredigheidsbeginsel gaat deze verordening niet verder dan nodig is om deze doelstellingen te verwezenlijken.

(9) Beschikking 2001/470/EG van de Raad van 28 mei 2001 betreffende de oprichting van een Europees justitieel netwerk in burgerlijke en handelszaken (*PB* L 174 van 27.6.2001, blz. 25).

(10) Verordening (EEG, Euratom) nr. 1182/71 van de Raad van 3 juni 1971 houdende vaststelling van de regels die van toepassing zijn op termijnen, data en aanvangs- en vervaltijden (*PB* L 124 van 8.6.1971, blz. 1).

(11) Verordening (EU) nr. 182/2011 van het Europees Parlement en de Raad van 16 februari 2011 tot vaststelling van de algemene voorschriften en beginselen die van toepassing zijn op de wijze waarop lidstaten de uitoefening van de uitvoeringsbevoegdheden door de Commissie controleren (*PB* L 55 van 28.2.2011, blz. 13).

(73) Deze verordening eerbiedigt de grondrechten en de beginselen die zijn erkend bij het Handvest, met name de artikelen 7, 9, 17, 21 en 47, die betrekking hebben op, respectievelijk, de eerbiediging van het privéleven en van het familie- en gezinsleven, het recht te huwen en het recht een gezin te stichten volgens de nationale wetten, het eigendomsrecht, het non-discriminatiebeginsel en het recht op een doeltreffende voorziening in rechte en op een onpartijdig gerecht. Deze verordening moet door de gerechten en andere bevoegde instanties van de lidstaten met inachtneming van deze rechten en beginselen worden toegepast,

HEEFT DE VOLGENDE VERORDENING VASTGESTELD:

[Algemeen]

1. Achtergrond. De pogingen om binnen de EU de conflictregels inzake het huwelijksvermogensrecht en het partnerschapsvermogensrecht te harmoniseren zijn in die zin gestrand dat er geen unanimiteit kon worden bereikt bij de lidstaten over de voorstellen van de Commissie. In zo'n situatie kan het concept van nauwere samenwerking een oplossing bieden. Nauwere samenwerking is een vorm van samenwerking waarmee negen of meer lidstaten binnen de juridische kaders van de EU en met gebruik van de EU-instellingen met elkaar kunnen samenwerken. Voor het internationale huwelijksvermogensrecht en internationale partnerschapsvermogensrecht hebben nu achttien lidstaten, waaronder Nederland, gekozen voor nauwere samenwerking. Andere lidstaten kunnen alsnog later toetreden. De verordeningen zijn naar de inhoud zo veel mogelijk gelijk geformuleerd. Dit betekent dat het hierna volgende commentaar op de verordening betreffende de vermogensrechtelijke gevolgen van het huwelijk (hierna ook: HuwvermVo) ook geraadpleegd kan worden voor de overeenkomende bepalingen van de verordening die ziet op de vermogensrechtelijke gevolgen van het geregistreerd partnerschap (hierna ook GPVo). Voor het huwelijksvermogensrecht is de Verordening (EU) 2016/1103 van de Raad van 24 juni 2016 tot uitvoering van de nauwere samenwerking op het gebied van de bevoegdheid, het toepasselijke recht en de erkenning en tenuitvoerlegging van beslissingen op het gebied van de vermogensrechtelijke gevolgen van huwelijken (*PbEU* 2016, L 183) tot stand gekomen (hierna ook: HuwvermVo). De HuwvermVo bevat IPR-regels inzake het toepasselijk recht, de rechterlijke bevoegdheid en de erkenning en tenuitvoerlegging van rechterlijke beslissingen inzake vermogensrechtelijke geschillen met grensoverschrijdende aspecten tussen echtgenoten. Het gaat dus om vermogensrechtelijke gevolgen met een internationaal aspect, bijvoorbeeld door de verschillende nationaliteit van de echtgenoten of door verhuizing van de ene lidstaat naar de andere lidstaat. De verordening is sekseneutraal geformuleerd. Waar de verordening spreekt van 'lidstaat', wordt gedoeld op de aan de nauwere samenwerking deelnemende lidstaten. Het gaat dus om EU-lidstaten die gebonden zijn aan de verordening. De verordening is immers alleen van toepassing tussen de samenwerkende lidstaten. Verder spreekt de verordening van huwelijksvermogensstelsels. In dit commentaar wordt ook wel de woorden huwelijksvermogensrecht of huwelijksvermogensregime gebruikt.

2. Opbouw. De HuwvermVo bestaat uit zes hoofdstukken, waarin 70 artikelen zijn opgenomen. Hoofdstuk I betreft het toepassingsgebied (art. 1), de bevoegdheid van de instanties van de lidstaten in zaken van vermogensrechtelijke gevolgen van het huwelijk (art. 2) en de definities (art. 3). Vervolgens bevat de verordening regels inzake de internationale bevoegdheid (hoofdstuk II, art. 4-19), toepasselijk recht (hoofdstuk III, art. 20-35), erkenning, uitvoerbaarheid en tenuitvoerlegging van beslissingen (hoofdstuk IV, art. 36-57), authentieke akten en gerechtelijke schikkingen (hoofdstuk V, art. 58-60) en, tot slot, de algemene bepalingen en slotbepalingen (hoofdstuk VI, art. 61-70). Aan de bepalingen gaat een uitvoerige considerans vooraf, bestaande uit 73 overwegingen. Deze geven een toelichting op de in de verordening opgenomen regels.

3. Uitvoeringswetgeving. Onder *Kamerstukken II* 2017/18, 34795, 1-6 is uitvoeringswetgeving in behandeling voor beide verordeningen: Voor de uitvoering van de beide verordeningen is uitvoeringswetgeving tot stand gebracht. Dit is de wet betreffende de uitvoering van de Verordening (EU) 2016/1103 van de Raad van 24 juni 2016 tot uitvoering van de nauwere samenwerking op het gebied van de bevoegdheid, het toepasselijke recht en de erkenning en tenuitvoerlegging van beslissingen op het gebied van huwelijksvermogensstelsels (*PbEU* 2016, L 183) en de Verordening (EU) 2016/1104 van de Raad van 24 juni 2016 tot uitvoering van de nauwere samenwerking op het gebied van de bevoegdheid, het toepasselijke recht en de erkenning en tenuitvoerlegging van beslissingen op het gebied van de vermogensrechtelijke gevolgen van geregistreerde partnerschappen (*PbEU* 2016, L 183) (Uitvoeringswet Verordening huwelijksvermogensstelsels en Verordening vermogensrechtelijke gevolgen geregistreerde partnerschappen). De uitvoeringswet van 11 juli 2018 (*Stb.* 2018, 332) is op 29 januari 2019 in werking getreden.

4. Literatuur. Zie voor nadere duiding van de verordening: *Asser/Vonken & Ibili 10-II* 2021/218-305. Zie verder de verschillende bijdragen in de uitgave *Nieuw IPR relatievermogensrecht*, onder red. van prof. mr. P. Vlas, Sdu uitgevers Den Haag 2019; M.H. ten Wolde/J.G. Knot, 'Nieuw IPR inzake huwelijksvermogensrecht en huwelijksbetrekkingen', *FJR* 2019/12, p. 332-338; J.G. Knot, 'Europees IPR Huwelijksvermogensrecht: een verdere uitbreiding van de conflictregelkalender', *FJR* 2016, p. 231; M.H. ten Wolde, 'Handleiding voor de toepassing van de Verordening Huwelijksvermogensstelsels in Nederland', *EB* 2019/36 en F. Ibli in Groene Serie Personen- en familierecht IPR Titel 7 Huwelijksvermogensrecht. Zie ook Ulf Bergquist/Domenico Damascelli/Richard Frimston/Paul Lagarde/Barbara Reinhartz, *The EU Regulations on Matrimonial and Patrimonial Property*, Oxford University Press 2019; B. Hess. *Europäisches Zivilprozessrecht*. Berlin/Boston: Walter de Gruyter GmbH 2021. Rnd. 7177-7189. Digitaal raadpleegbaar is het Münchener Kommentar zum FamFG. Band 2 (2019) nr. 5 Verordnung (EU) 2016/1103 des Rates zur Durchführung einer Verstärkten Zusammenarbeit im Bereich der Zuständigkeit, des anzuwendenden Rechts und der Anerkennung und Vollstreckung von Entscheidungen in Fragen des ehelichen Güterstand (EU EheGüVO), Beck on line.

HOOFDSTUK I
Toepassingsgebied en definities

Artikel 1
Toepassingsgebied

1. Deze verordening is van toepassing op huwelijksvermogensstelsels.
Zij is niet van toepassing op fiscale zaken, douanezaken en bestuursrechtelijke zaken.
2. Deze verordening is niet van toepassing op:
a) de handelingsbevoegdheid van de echtgenoten,

b) het bestaan, de geldigheid of de erkenning van een huwelijk,
c) onderhoudsverplichtingen,
d) de erfopvolging van een overleden echtgenoot,
e) de sociale zekerheid,
f) in het geval van echtscheiding, scheiding van tafel en bed of nietigverklaring van het huwelijk, de aanspraak op overgang tussen de echtgenoten van rechten op ouderdoms- of invaliditeitspensioen die gedurende het huwelijk zijn verworven en gedurende het huwelijk niet tot pensioeninkomen hebben geleid, of de aanpassing van dergelijke rechten,
g) de aard van de zakelijke rechten die rusten op vermogensbestanddelen, en
h) de inschrijving van rechten op onroerende en roerende zaken in een register, met inbegrip van de wettelijke voorschriften voor de inschrijving en de rechtsgevolgen van de inschrijving of van het achterwege blijven daarvan.

[24-06-2016, PbEU L 183, i.w.tr. 28-07-2016/regelingnummer 2016/1103]

Betekenis. De HuwvermVo betreft, zo wordt in art. 1 lid 1 voorgeschreven, uitsluitend de vermogensrechtelijke gevolgen van het huwelijk. Het materiële toepassingsgebied van de verordening is ruim getrokken. Alle civielrechtelijke aspecten van huwelijksvermogensstelsels, zowel het dagelijkse beheer van het huwelijksvermogen als de vereffening van dat vermogen, zijn onder de werkingssfeer van de verordening gebracht. De definitie van het begrip ‘huwelijksvermogensstelsel’ in artikel 3 lid 1 ziet op ‘een geheel van regels betreffende de vermogensrechtelijke betrekkingen die, ten gevolge van het huwelijk of de ontbinding daarvan, tussen de echtgenoten onderling en tussen de echtgenoten en derden bestaan’ (vgl. art. 3). Het moet wel gaan om vermogensrechtelijke gevolgen van het huwelijk (of de ontbinding daarvan). De eenvoudige gemeenschap van in een regime van algehele scheiding van goederen gehuwd zijnde echtgenoten, valt buiten het materiële toepassingsgebied van de verordening, omdat deze gemeenschap niet gebaseerd is op het huwelijk (of de ontbinding daarvan). Fiscale zaken, douanezaken en bestuursrechtelijke zaken vallen buiten de verordening. De van het toepassingsgebied uitgesloten onderwerpen worden opgesomd in art. 1 lid 2. Zo vallen bijvoorbeeld de onderhoudsverplichtingen en de erfopvolging van een overleden echtgenoot buiten het materiële toepassingsgebied van de verordening. Ook de pensioenverevening valt buiten het materiële bereik van de verordening. In Nederland wordt het toepasselijke recht op de pensioenverevening bepaald op grond van artikel 10:51 BW. Onder lid 2 onderdeel b wordt bepaald dat het bestaan, de geldigheid of de erkenning van een huwelijk niet onder de werking van de verordening valt. Of een huwelijk in een lidstaat wordt erkend, is dus overgelaten aan het eigen IPR van die lidstaat. Voor Nederland betekent dit dat voor beantwoording van de vraag naar erkenning in Nederland van een in het buitenland aangegaan huwelijk de artikelen 31-34 van Boek 10 BW toegepast zullen worden.

Artikel 2
Bevoegdheid ter zake van huwelijksvermogensstelsels in de lidstaten

Deze verordening laat de bevoegdheid van de instanties van de lidstaten ter zake van huwelijksvermogensstelsels onverlet.

[24-06-2016, PbEU L 183, i.w.tr. 28-07-2016/regelingnummer 2016/1103]

Betekenis. De verordening geeft in art. 2 aan dat de bevoegdheid van de instanties van de lidstaten betreffende vermogensrechtelijke gevolgen van het huwelijk onverlet wordt gelaten. De betekenis van deze regel is niet meteen duidelijk. Uit overweging 30 eerste zin van de considerans zou kunnen worden afgeleid dat bedoeld wordt dat de verordening niet wil afdoen aan de interne bevoegdheid (bevoegdheid naar de materie) van bepaalde instanties die zich bezighouden met de vermogensrechtelijke gevolgen van het geregistreerd partnerschap, zoals notarissen. In deze overweging wordt uitdrukkelijk op het notariaat gewezen. Opgemerkt wordt dat de notarissen hun bevoegdheden op het gebied van het huwelijksvermogensrecht moeten kunnen uitoefenen, ongeacht of deze bevoegdheden uit de verordening voortkomen.

Artikel 3
Definities

1. Voor de toepassing van deze richtlijn wordt verstaan onder:

a) 'huwelijksvermogensstelsel': een geheel van regels betreffende de vermogensrechtelijke betrekkingen die, ten gevolge van het huwelijk of de ontbinding daarvan, tussen de echtgenoten onderling en tussen de echtgenoten en derden bestaan;

b) 'huwelijkse voorwaarden': iedere overeenkomst waarbij de echtgenoten of de toekomstige echtgenoten hun huwelijksvermogensstelsel regelen;

c) 'authentieke akte': een document ter zake van een huwelijksvermogensstelsel dat in een lidstaat formeel als authentieke akte is verleden of geregistreerd en waarvan de authenticiteit:

i) betrekking heeft op de ondertekening en de inhoud van de akte, en

ii) is vastgesteld door een overheidsinstantie of door een andere daartoe door de lidstaat van oorsprong bevoegd verklaarde autoriteit;

d) 'beslissing': iedere door een gerecht van een lidstaat ter zake van een huwelijksvermogensstelsel gegeven beslissing, ongeacht de daaraan gegeven benaming, met inbegrip van de beslissing betreffende de vaststelling van het bedrag van de proceskosten door de griffier;

e) 'gerechtelijke schikking': een schikking inzake een huwelijksvermogensstelsel die door een gerecht is goedgekeurd of tijdens een procedure voor een gerecht is getroffen;

f) 'lidstaat van oorsprong': de lidstaat waar de beslissing is gegeven, de authentieke akte is verleden of de gerechtelijke schikking is goedgekeurd of getroffen;

g) 'lidstaat van tenuitvoerlegging': de lidstaat waar om erkenning en/of tenuitvoerlegging van de beslissing, de authentieke akte of de gerechtelijke schikking wordt verzocht.

2. Voor de toepassing van deze verordening wordt verstaan onder 'gerecht': de rechterlijke instanties, en alle andere instanties en rechtsbeoefenaren met bevoegdheid ter zake van huwelijksvermogensstelsels, die rechterlijke functies vervullen dan wel handelen op machtiging van of onder toezicht van een rechterlijke instantie, mits deze andere instanties en rechtsbeoefenaren waarborgen bieden inzake onpartijdigheid en het recht van partijen om te worden gehoord en mits hun beslissingen overeenkomstig het recht van de lidstaat waar zij gevestigd zijn:

a) vatbaar zijn voor hoger beroep bij of herziening door een rechterlijke instantie, en

b) **dezelfde rechtskracht en dezelfde rechtsgevolgen hebben als een beslissing van een rechterlijke instantie over dezelfde aangelegenheid.**

De lidstaten stellen de Commissie overeenkomstig artikel 64 in kennis van de lijst van de in de eerste alinea bedoelde andere instanties en rechtsbeoefenaren.

[24-06-2016, PbEU L 183, i.w.tr. 28-07-2016/regelingnummer 2016/1103]

1. Betekenis. Art. 3 bevat de definities van enkele in de verordening gebruikte begrippen (verordeningsautonome begrippen): huwelijkse voorwaarden (b); authentieke akte (c); beslissing (d); gerechtelijke schikking (e); lidstaat van oorsprong (g); lidstaat van tenuitvoerlegging (f). Lid 2 bevat een omschrijving van het begrip 'gerecht'.

2. Huwelijksvermogensstelsels. Onder (a) wordt het begrip huwelijksvermogensstelsels gedefinieerd als "een geheel van regels betreffende de vermogensrechtelijke betrekkingen die, ten gevolge van het huwelijk of de ontbinding daarvan, tussen de echtgenoten onderling en tussen de echtgenoten en derden bestaan". Artikel 3 lid 1 onder a geeft de definitie van het begrip huwelijksvermogensstelsels (in de zin van de HuwVo). Het omvat het geheel van vermogensrechtelijke betrekkingen tussen de echtgenoten onderling en tussen de echtgenoten en derden. Ook de persoonlijke rechtsbetrekkingen tussen de echtgenoten die vermogensrechtelijk van aard zijn, zoals vergoedingsrechten of aansprakelijkheid van huishoudelijke schulden, vallen onder het begrip huwelijksvermogensstelsels, en dus onder de verordening (zie ook de overwegingen 18-20 van de Considerans). De verordening is aldus van toepassing op het huwelijksvermogensrecht in strikte zin (titel 7 Boek 1 BW) en op de huwelijkse betrekkingen tussen echtgenoten (titel 8 Boek 1 BW). Dit heeft gevolgen voor het (nationale) Nederlandse internationaal privaatrecht. Deze zijn o.m. geregeld in de Uitvoeringswet.

3. Huwelijk. De verordening bevat geen definitie van het begrip 'huwelijk'. In overweging 17 van de considerans is opgenomen dat dit begrip in het nationale recht van de lidstaten wordt gedefinieerd. Voor dit begrip is er dus geen verordeningsautonome uitleg.

HOOFDSTUK II
Bevoegdheid

[Inleidende opmerkingen]

Betekenis. De verordening kent een gesloten stelsel van bevoegdheidsregels: hoofdstuk II bevat een uitputtende opsomming van gronden waarop bevoegdheid kan worden aangenomen. Daarbuiten is in beginsel geen ruimte meer voor commune bevoegdheidsregels. Zie voor een uitzondering hierop artikel 19 van de verordening (voorlopige en bewarende maatregelen). De verordening kent geen algemene bepaling inzake het formele toepassingsgebied van de bevoegdheidsregels. Er is dus geen regel opgenomen dat de bevoegdheidsregeling alleen geldt als de verweerder zijn gewone verblijfplaats in een lidstaat heeft. Uit de bevoegdheidsbepalingen zelf volgt of in het kader van de bevoegdheid voorwaarden worden gesteld met betrekking tot de gewone verblijfplaats van de echtgenoten op het grondgebied van een lidstaat. Dit betekent dat de formele reikwijdte voor iedere bepaling afzonderlijk wordt vastgesteld. Zie nader over de bevoegdheidsregeling van de verordening in het algemeen: *Asser/Vonken & Ibili 10-II* 2021/237-241.

Artikel 4

Bevoegdheid in geval van overlijden van een van de echtgenoten

Indien ter zake van de erfopvolging van een echtgenoot een zaak bij een gerecht van een lidstaat aanhangig is gemaakt op grond van Verordening (EU) nr. 650/2012, zijn de gerechten van die lidstaat bevoegd om te beslissen in zaken betreffende het huwelijksvermogensstelsel die met die erfopvolging verband houden.

[24-06-2016, PbEU L 183, i.w.tr. 28-07-2016/regelingnummer 2016/1103]

Betekenis. De afwikkeling van het huwelijksvermogensregime bepaalt (mede) de omvang van de nalatenschap. In dat kader dient eerst te worden vastgesteld welk recht het huwelijksvermogensregime beheerst. Hier kunnen uiteraard conflicten ontstaan tussen de erfgenamen. De HuwvermVo kent in art. 4 een specifieke bevoegdheidsregeling voor de vermogensrechtelijke gevolgen van het huwelijk in het kader van het overlijden van een van de echtgenoten. Krachtens art. 4 is de rechter die internationaal bevoegd is op grond van de bevoegdheidsregeling neergelegd in de Europese erfrechtverordening met betrekking tot de erfopvolging, ook bevoegd wanneer het gaat om vermogensrechtelijke zaken die volgen uit het huwelijk en die met de erfopvolging verband houden. Hiermee is gekozen voor concentratie van bevoegdheid, waardoor samenhangende procedures door de rechter van dezelfde lidstaat kunnen worden behandeld. Dit betekent dat de rechter van een lidstaat die bevoegd is op grond van de Europese erfrechtverordening, ook bevoegd is een beslissing te nemen betreffende geschillen inzake het huwelijksvermogensregime, die verband houden met de erfopvolging. Het begrip erfopvolging wordt vastgesteld volgens de Erfrechtverordening.

Artikel 5

Bevoegdheid in geval van echtscheiding, scheiding van tafel en bed of nietigverklaring van het huwelijk

1. Indien overeenkomstig Verordening (EG) nr. 2201/2003 bij een gerecht van een lidstaat een verzoek tot echtscheiding, scheiding van tafel en bed of nietigverklaring van het huwelijk aanhangig is gemaakt, zijn, onverminderd lid 2, de gerechten van die lidstaat bevoegd om te beslissen in zaken betreffende het huwelijksvermogensstelsel die met dat verzoek verband houden.

2. De in lid 1 bedoelde bevoegdheid in zaken met betrekking tot huwelijksvermogensstelsels is afhankelijk van een overeenkomst tussen de echtgenoten indien het gerecht waar het verzoek om echtscheiding, scheiding van tafel en bed of nietigverklaring aanhangig is gemaakt:

a) het gerecht is van de lidstaat waar de verzoeker zijn gewone verblijfplaats heeft en waar de verzoeker onmiddellijk voorafgaand aan de indiening van het verzoek tenminste gedurende één jaar verbleven heeft, overeenkomstig artikel 3, lid 1, onder a), vijfde streepje, van Verordening (EG) nr. 2201/2003;

b) het gerecht is van de lidstaat waarvan de verzoeker onderdaan is en waar hij zijn gewone verblijfplaats heeft en onmiddellijk voorafgaand aan de indiening van het verzoek gedurende ten minste zes maanden heeft verbleven, overeenkomstig artikel 3, lid 1, onder a), zesde streepje, van Verordening (EG) nr. 2201/2003;

c) is aangezocht op grond van artikel 5 van Verordening (EG) nr. 2201/2003, in gevallen waarin omzetting van een scheiding van tafel en bed in een echtscheiding is gevraagd;

d) **is aangezocht op grond van artikel 7 van Verordening (EG) nr. 2201/2003, in geval van residuele bevoegdheid.**

3. De in lid 2 bedoelde overeenkomst moet, ingeval zij wordt gesloten voordat bij het gerecht een zaak betreffende het huwelijksvermogensstelsel aanhangig wordt gemaakt, aan het bepaalde in artikel 7, lid 2, voldoen.

[24-06-2016, PbEU L 183, i.w.tr. 28-07-2016/regelingnummer 2016/1103]

Betekenis. Art. 5 dient in hetzelfde licht als art. 4 te worden gezien, gekozen is voor concentratie van bevoegdheid. Volgens art. 5 is de rechter van een lidstaat die onder de werking van Brussel II-bis wordt aangezocht ter zake van ontbinding, scheiding van tafel en bed of nietigverklaring van een huwelijk, ook bevoegd ten aanzien van de vermogensrechtelijke gevolgen die daarmee samenhangen (lid 1). De bevoegdheid betreft alle vermogensbestanddelen van de echtgenoten, ongeacht waar deze vermogensbestanddelen zich bevinden. In een aantal uitspraken wordt eerst in een overweging de rechtsmacht ten aanzien van de echtscheiding als zodanig aangegeven en wordt in latere overweging vastgesteld, onder verwijzing naar art. 5 lid 1 dat de rechter ook bevoegd is ten aanzien van de afwikkeling van het huwelijksvermogen. Zie in deze lijn bijvoorbeeld: Hof Den Haag 28 juli 2021 (ECLI:NL:GHDHA:2021:1506); Rb. Rotterdam 16 juni 2021 (ECLI:NL:RBROT:2021:5664; Rb. Amsterdam 4 mei 2022 (ECLI:NL:RBAMS:2022:2223) en Rb. Zeeland-West-Brabant 29 maart 2022 (ECLI:NL:RBZWB:2022:1796). In andere uitspraken wordt in de overweging inzake de rechtsmacht betreffende de afwikkeling van het huwelijksvermogen uitdrukkelijk de bevoegdheidsgrondslag voor de echtscheiding genoemd, waarmee de bevoegdheid ingevolge art. 5 lid 1 wordt onderbouwd. Zie in deze lijn bijvoorbeeld: Hof Arnhem-Leeuwarden 31 augustus 2021 (ECLI:NL:GHARL:2021:8309); Hof Arnhem-Leeuwarden 14 april 2022 (ECLI:NL:GHARL:2022:2960). In beide uitspraken wordt verwezen naar art. 3 lid 1 sub a eerste gedachtestreepje Brussel II-bis). In art. 5 lid 2 wordt bepaald dat voor bepaalde gronden van Brussel II-bis waarop de rechter bevoegdheid kan aannemen ten aanzien van de echtscheiding, scheiding van tafel en bed of nietigverklaring, voor bevoegdheid ten aanzien van het huwelijksvermogensrecht als voorwaarde wordt gesteld dat de echtgenoten daartoe een overeenkomst aangaan. Het gaat in dit verband om de volgende gevallen waarbij bevoegdheid toekomt aan de rechter van de lidstaat van: i. de gewone verblijfplaats van de verzoeker, indien hij daar sedert ten minste een jaar onmiddellijk voorafgaand aan de indiening van het verzoek verblijft (art. 3 lid 1 onderdeel a vijfde gedachtestreepje); ii. de gewone verblijfplaats van de verzoeker, indien hij daar sedert ten minste zes maanden onmiddellijk voorafgaand aan de indiening van het verzoek verblijft en hetzij onderdaan van de betrokken lidstaat is (art. 3 lid 1 onderdeel a zesde gedachtestreepje). Het gaat dus om bevoegdheid gebaseerd op de gewone verblijfplaats van de verzoeker met als bijkomende eis de duur van één jaar of op de gewone verblijfplaats van de verzoeker met als bijkomende eis zes maanden plus nationaliteit van het forum. Wat we hier zien is dat de gewone verblijfplaats in bepaalde bevoegdheidsregels als te zwak wordt gezien om zonder meer de koppeling "bevoegdheid echtscheiding=bevoegdheid huwelijksvermogensregime" te kunnen aannemen. Daarnaast gaat het om de gevallen van art. 5 (omzetting in het kader van scheiding van tafel en bed) en art. 7 (residuele bevoegdheid). De overeenkomst tussen partijen waar hier op gedoeld wordt kan op ieder moment worden gemaakt, bijvoorbeeld in huwelijkse voorwaarden bij het huwelijk, maar ook op enig later moment. Wanneer een forumkeuze gemaakt wordt voor een procedure die aanhangig is dient deze te worden neergelegd in een gedagtekend en door beide echtgenoten ondertekend schriftelijk stuk (vgl. art. 7 lid 2). In de uitspraak van de Rb. Amsterdam van 2 februari 2022 (ECLI:NL:RBAMS:2022:336) overweegt de rechtbank dat ten aanzien van de afwikkeling van het huwelijksvermogen het de rechtbank gebleken is dat partijen (Nederlandse vrouw, woonachtig in Nederland; Griekse man woonachtig in Griekenland) het erover eens zijn dat de Nederlandse rechter rechtsmacht heeft. De rechtbank gaat uit van een stilzwijgende keuze van partijen in de zin van artikel 5 lid 2. Uit de overwegingen blijkt niet of deze stilzwijgende forumkeuze is afgeleid uit een door partijen in een overeengekomen echtscheidingsconvenant waarin de afwikkeling van het huwelijksvermogen is geregeld en waarvan opneming in de beschikking wordt verzocht dan wel uit de proceshouding van partijen. Zie in dit kader over de overeenkomst in de zin van art. 5 lid 2: *Asser/Vonken & Ibili 10-II* 2021/247.

Artikel 6
Bevoegdheid in andere gevallen

In de gevallen waarin geen enkel gerecht van een lidstaat op grond van de artikel 4 of 5 bevoegd is, of in andere dan de in die artikelen bedoelde gevallen, zijn betreffende het huwelijksvermogensstelsel van de echtgenoten de gerechten bevoegd van de lidstaat:

a) **waar de echtgenoten op het tijdstip van het aanbrengen van de zaak hun gewone verblijfplaats hebben of, bij gebreke daarvan,**
b) **waar zich de laatste gewone verblijfplaats van de echtgenoten bevindt, mits een van hen daar op het tijdstip van aanbrengen nog verblijft, of, bij gebreke daarvan,**
c) **waar de gedaagde op het tijdstip van aanbrengen zijn gewone verblijfplaats heeft of, bij gebreke daarvan,**
d) **waarvan de beide echtgenoten op het tijdstip van aanbrengen de nationaliteit hebben.**

[24-06-2016, PbEU L 183, i.w.tr. 28-07-2016/regelingnummer 2016/1103]

Betekenis. Buiten de in art. 4 en 5 genoemde gevallen bevat art. 6 de algemene bevoegdheidsgronden waarvoor de aanknopingsfactoren in een dwingende (dat wil zeggen hiërarchisch bepaald) volgorde, getrapt, de bevoegde rechter aanwijzen (cascade regel). Dit houdt in dat de eerstvolgende aanknoping pas aan bod komt wanneer de voorafgaande aanknoping geen bevoegde rechter in een deelnemende lidstaat aanwijst. Art. 6 is van toepassing wanneer de zaak geen verband houdt met erfopvolging of echtscheiding, scheiding van tafel en bed of nietigverklaring van het huwelijk, dan wel wanneer er geen gerecht bevoegd is op grond van art. 4 of 5. De hoofdregel knoopt aan bij de gewone verblijfplaats van de echtgenoten op het moment waarop de procedure aanhangig wordt gemaakt (peilmoment). Deze hoofdregel is onder a opgenomen. Daarna wordt achtereenvolgend aangeknoopt aan: b. de laatste gewone verblijfplaats van de echtgenoten, mits een van hen daar nog verblijft of, bij gebreke daarvan; c. gewone verblijfplaats gedaagde of, bij gebreke daarvan; d. gemeenschappelijke nationaliteit beide echtgenoten. In de uitspraak van de Rb. Midden-Nederland van 15 december 2021 (ECLI:NL:RBMNE:2021:6094) was de echtscheiding in Nederland uitgesproken en in de registers ingeschreven in 2003. In 2019 wordt verdeling van de ontbonden gemeenschap gevorderd. De eiser heeft gewone verblijfplaats in Nederland en heeft de Nederlandse nationaliteit. De verweerder heeft de Marokkaanse nationaliteit en had ten tijde van het aanhangig maken van het geding gewone verblijfplaats in Duitsland. De rechtbank overweegt dat de rechtsmacht dient te worden beoordeeld naar de bevoegdheidsregeling van de HuwvermVo. Ingevolge art. 6 sub b wordt door de rechtbank bevoegdheid aangenomen, nu de laatste gewone verblijfplaats van de echtgenoten in Nederland was gelegen en een van hen, de eiser, nog steeds in Nederland gewone verblijfplaats heeft. Aannemelijk is dat het begrip gewone verblijfplaats op dezelfde wijze wordt ingevuld als volgens de Europese rechtspraak inzake gewone verblijfplaats in Brussel II-bis. Steeds wordt de aanknopingsfactor beoordeeld naar het peilmoment.

Artikel 7
Forumkeuze

1. In de in artikel 6 bedoelde gevallen kunnen de partijen overeenkomen dat de gerechten van de lidstaat waarvan het recht overeenkomstig artikel 22 of artikel 26, lid 1, onder a) of b), van toepassing is, of de gerechten van de lidstaat van sluiting van het huwelijk bij uitsluiting bevoegd zijn om te beslissen in zaken die hun huwelijksvermogensstelsel betreffen.
2. De in lid 1 bedoelde overeenkomst wordt vastgelegd in een schriftelijk document dat gedagtekend en door de beide partijen ondertekend wordt. Als schriftelijk wordt eveneens aangemerkt elke elektronische mededeling waardoor de overeenkomst duurzaam wordt vastgelegd.
[24-06-2016, PbEU L 183, i.w.tr. 28-07-2016/regelingnummer 2016/1103]

Betekenis. Overweging 36 van de considerans stelt vast dat de forumkeuze bevorderlijk is voor de rechtszekerheid, de voorspelbaarheid en de keuzevrijheid van de echtgenoten dient. De partijautonomie inzake de bevoegdheid is geregeld in art. 7, waarin de mogelijkheid van forumkeuze is gegeven voor de in art. 6 bedoelde gevallen. In de gevallen van artikel 4 (erfopvolging) resp. artikel 5 (echtscheiding, scheiding van tafel en bed, nietigverklaring van het huwelijk) kan geen forumkeuze worden uitgebracht. Met andere woorden, de accessoire bevoegdheid van de rechter die oordeelt in een kwestie betreffende de erfopvolging resp. huwelijksontbinding, kan niet door middel van de forumkeuze opzij worden gezet. Artikel 5 heeft dus voorrang op artikel 7. Door middel van de forumkeuze wordt de bij uitsluiting bevoegde rechter aangewezen (exclusieve forumkeuze). Daarbij kan worden gekozen voor het gerecht van de lidstaat waarvan het recht van toepassing is op de vermogensrechtelijke gevolgen van het huwelijk of voor het gerecht van de lidstaat volgens het recht waarvan het huwelijk is voltrokken. Lid 2 bepaalt op welke wijze de forumkeuze gestalte dient te krijgen: in een gedagtekend en door beide echtgenoten ondertekend schriftelijk document. Daarbij wordt bepaald dat hieronder ook wordt verstaan elke elektronische mededeling waardoor de overeenkomst duurzaam wordt vastgelegd. De echtgenoten kunnen op ieder gewenst moment de forumkeuze overeenkomen, dus zowel sprake is van enige procedure (bijv. in huwelijkse voorwaarden) dan wel voorafgaand of gedurende de procedure (bijv. in een echtscheidingsconvenant).

Artikel 8
Bevoegdheid gebaseerd op het verschijnen van de verweerder

1. Buiten de gevallen waarin de bevoegdheid voortvloeit uit andere bepalingen van deze verordening, is het gerecht van een lidstaat waarvan het recht overeenkomstig artikel 22 of artikel 26, lid 1, onder a) of b), van toepassing is en waarvoor de verweerder verschijnt, bevoegd. Dit voorschrift is niet van toepassing indien de verschijning

ten doel heeft de bevoegdheid te betwisten, of in zaken die onder artikel 4 of artikel 5, lid 1, vallen.
2. Alvorens zich krachtens lid 1 bevoegd te verklaren, vergewist het gerecht zich ervan dat de verweerder op de hoogte is gebracht van zijn recht om de bevoegdheid te betwisten en van de gevolgen van het verschijnen of niet-verschijnen.
[24-06-2016, PbEU L 183, i.w.tr. 28-07-2016/regelingnummer 2016/1103]

Betekenis. Artikel 8 betreft de stilzwijgende aanvaarding van rechtsmacht. Deze regel wordt pas relevant wanneer de bevoegdheid van de rechter niet volgt uit een andere bevoegdheidsbepaling. Verder blijft artikel 8 buiten toepassing wanneer het gaat om een procedure inzake erfopvolging of echtscheiding, scheiding van tafel en bed, of nietigverklaring van het huwelijk. Artikel 8 kan een rol spelen in een zelfstandige procedure betreffende het huwelijksvermogensstelsel. Art. 8 lid 1 bevat de bevoegdheidsgrond gebaseerd op het verschijnen van de verweerder in de procedure, tenzij verschijning bedoeld is om de bevoegdheid van de rechter te betwisten of zaken betreft in het kader van erfopvolging. Het gaat daarbij om bevoegdheid van de rechter van de lidstaat waarvan het recht van toepassing is op grond van de rechtskeuze (art. 21) of op grond van twee van de drie aanknopingen die opgenomen zijn in de objectieve verwijzingsregel (art. 26 eerste gewone verblijfplaats onder a of nationaliteit onder b). Lid 2 voorziet in een zekere bescherming van de verweerder. Voordat de rechter op lid 1 bevoegdheid aanneemt, dient de rechter zich ervan te vergewissen dat de verweerder op de hoogte is gebracht van zijn recht om bevoegdheid te betwisten en van de gevolgen van het al dan niet verschijnen in de procedure. Zie over de forumkeuze nader: *Asser/Vonken & Ibili 10-II* 2021/253-259.

Artikel 9
Alternatieve bevoegdheid

1. Wanneer een gerecht van een lidstaat dat op grond van artikel 4, 6, 7 of 8 bevoegd is, oordeelt dat het internationaal privaatrecht van die lidstaat het huwelijk niet erkent ter fine van een procedure betreffende het huwelijksvermogensstelsel, kan zij zich bij uitzondering onbevoegd verklaren. Als het gerecht besluit zich onbevoegd te verklaren, doet zij dat zo spoedig mogelijk.
2. Wanneer een gerecht dat op grond van artikel 4 of 6 bevoegd is, zich onbevoegd verklaart en de partijen er overeenkomstig artikel 7 mee instemmen de bevoegdheid te verlenen aan de gerechten van een andere lidstaat, zijn de gerechten van die lidstaat bevoegd om uitspraak te doen over het huwelijksvermogensstelsel.
In andere gevallen zijn de gerechten van een andere lidstaat bevoegd om uitspraak te doen over het huwelijksvermogensstelsel in overeenstemming met artikel 6 of artikel 8, of de gerechten van de lidstaat van sluiting van het huwelijk.
3. Dit artikel is niet van toepassing als ten aanzien van de partijen een echtscheiding, een scheiding van tafel en bed of een nietigverklaring van het huwelijk is uitgesproken die kan worden erkend in de lidstaat van de aangezochte rechter.
[24-06-2016, PbEU L 183, i.w.tr. 28-07-2016/regelingnummer 2016/1103]

Betekenis. In art. 9 is een regeling neergelegd op grond waarvan een volgens de verordening bevoegde rechter zich alsnog onbevoegd kan verklaren. Art. 9 bepaalt dat een rechter die op grond van art. 4 (erfopvolging), art. 5 (ontbinding of nietigverklaring) of art. 6 (een van de algemene bevoegdheidsgronden) van de verordening bevoegd is, maar wiens internationaal privaatrecht het huwelijk niet erkent in het kader van het huwelijksvermogensrecht zich bij uitzondering onbevoegd kan verklaren. Hij dient dit zo spoedig mogelijk te doen. De echtgenoten kunnen dan alsnog een forumkeuze uitbrengen. Bij gebreke daaraan, is de rechter bevoegd op grond van een van de andere bepalingen van art. 6 dan wel op grond van art. 8 dan wel de rechter van de lidstaat waar het huwelijk is voltrokken. Deze regel is onder meer relevant voor het huwelijk tussen personen van gelijk geslacht (vgl. artikel 9). Het huwelijk tussen personen van gelijk geslacht wordt immers niet in alle lidstaten erkend. Lid 3 bepaalt dat het artikel niet kan worden toegepast als ten aanzien van de partijen door een rechter van een andere staat een echtscheiding, een scheiding van tafel en bed of een nietigverklaring van het huwelijk is uitgesproken die kan worden erkend in de lidstaat van de aangezochte rechter.

Artikel 10
Subsidiaire bevoegdheid

In gevallen waarin geen enkel gerecht van een lidstaat op grond van artikel 4, 5, 6, 7 of 8 bevoegd is, of waarin alle gerechten zich overeenkomstig artikel 9 onbevoegd hebben verklaard en geen enkel gerecht op grond van artikel 9, lid 2, bevoegd is, zijn de gerechten bevoegd van een lidstaat waar onroerende goederen van een of beide echtgenoten zijn gelegen; in dat geval is het aangezochte gerecht slechts bevoegd ten aanzien van die onroerende goederen.

[24-06-2016, PbEU L 183, i.w.tr. 28-07-2016/regelingnummer 2016/1103]

Betekenis. Art. 10 bevat de subsidiaire bevoegdheid, die een oplossing kan bieden wanneer er geen enkele gerecht op grond van art. 4, 5, 6, 7 of 8 bevoegd is of alle gerechten zich overeenkomstig art. 9 onbevoegd hebben verklaard en geen enkel gerecht op grond van art. 9 lid 2 bevoegd is. In zo'n geval is de rechter bevoegd van de lidstaat waar de echtgenoten onroerend goed hebben (of een van hen onroerend goed heeft. Deze bevoegdheid is evenwel beperkt tot dat specifieke onroerend goed). Deze regel kan ertoe leiden dat meerdere rechters op deze grond bevoegdheid kunnen aannemen. Wanneer het gaat om roerend goed is artikel 10 niet van toepassing.

Artikel 11
Forum necessitatis

In gevallen waarin geen enkel gerecht van een lidstaat op grond van artikel 4, 5, 6, 7, 8 of 10 bevoegd is, of waarin alle gerechten zich overeenkomstig artikel 9 onbevoegd hebben verklaard en geen enkel gerecht van een lidstaat op grond van artikel 9, lid 2, of artikel 10 bevoegd is, kunnen de gerechten van een lidstaat bij uitzondering uitspraak doen over een huwelijksvermogensstelsel indien in een derde staat waarmee de zaak nauw verbonden is, redelijkerwijs geen procedure aanhangig kan worden gemaakt of gevoerd, of een procedure daar onmogelijk blijkt.
De zaak moet voldoende nauw verbonden zijn met de lidstaat waar de zaak aanhangig wordt gemaakt.

[24-06-2016, PbEU L 183, i.w.tr. 28-07-2016/regelingnummer 2016/1103]

Betekenis. De HuwvermVo bevat in art. 11 het forum necessitatis (noodforum). Met art. 11 wordt een invulling gegeven aan het door art. 6 EVRM gewaarborgde recht op toegang tot de rechter. Als voorwaarde geldt dat er geen enkel gerecht van een deelnemende lidstaat op grond van de vorenstaande bevoegdheidsregels (artikelen 4-10) bevoegd is van de zaak kennis te nemen. Bij wijze van uitzondering kan een rechter van een lidstaat bevoegdheid aannemen in een met een derde staat nauw verbonden huwelijk, indien in die staat een procedure redelijkerwijs niet aanhangig kan worden gemaakt of zelfs onmogelijk is. Met andere woorden, ook in de desbetreffende derde staat waarmee de zaak nauw verbonden is kan redelijkerwijs geen procedure aanhangig worden gemaakt of gevoerd, of blijkt een procedure daar onmogelijk. Met een derde staat is bedoeld een niet EU-lidstaat, maar de regel kan ook zien op een EU-lidstaat die niet deelneemt aan de verordening. Het is een discretionaire bevoegdheidsregel. In overweging 41 van de considerans wordt in dit kader als voorbeeld een burgeroorlog genoemd, maar ook de situatie waarin van de echtgenoot redelijkerwijs niet kan worden verwacht dat hij in die staat een procedure aanhangig maakt of voert. Als voorwaarde voor bevoegdheid op de voet van art. 11 geldt dat het geschil voldoende nauw verbonden is met de lidstaat van de aangezochte rechter.

Artikel 12
Tegenvordering

Het gerecht waarbij de procedure op grond van artikel 4, 5, 6, 7, 8, artikel 9, lid 2, artikel 10 of artikel 11 aanhangig is gemaakt, is ook bevoegd om kennis te nemen van een tegenvordering die binnen het toepassingsgebied van deze verordening valt.
[24-06-2016, PbEU L 183, i.w.tr. 28-07-2016/regelingnummer 2016/1103]

Betekenis. Art. 12 betreft de bevoegdheid met betrekking tot reconventionele vorderingen. De krachtens de verordening bevoegde rechter is ook bevoegd ter zake van een tegenvordering, op voorwaarde dat deze binnen het materiële toepassingsgebied van de verordening valt.

Artikel 13
Beperking van de procedure

1. In het geval een nalatenschap die onder Verordening (EU) nr. 650/2012 valt, goederen in een derde land bevat, kan het gerecht dat is aangezocht om te oordelen over het huwelijksvermogensstelsel, op verzoek van een partij beslissen geen uitspraak te doen over een of meer van deze goederen indien kan worden verwacht dat de beslissing ten aanzien van deze goederen in dat derde land niet zal worden erkend en, in voorkomend geval, niet uitvoerbaar zal worden verklaard.
2. Lid 1 doet geen afbreuk aan de rechten van de partijen om het toepassingsgebied van de procedure te beperken volgens het recht van de lidstaat van het aangezochte gerecht.
[24-06-2016, PbEU L 183, i.w.tr. 28-07-2016/regelingnummer 2016/1103]

Betekenis. Art. 13 bevat in lid 1 een regel die de procedure beperkt, wanneer in geval van een nalatenschap die onder de Europese erfrechtverordening valt, uitspraak dient te worden gedaan over goederen die zich in een derde-land bevinden. Het gerecht dat verzocht is te beslissen over de vermogensrechtelijke gevolgen van een huwelijk kan op verzoek van een partij afzien van een uitspraak betreffende die goederen, indien naar verwachting zijn beslissing in dat derde-land niet zal worden erkend, of in voorkomend geval, niet ten uitvoer gelegd zal worden.

Artikel 14
Aanbrengen van een zaak bij het gerecht

Voor de toepassing van dit hoofdstuk wordt een zaak geacht te zijn aangebracht bij een gerecht:

a) op het tijdstip waarop het stuk dat het geding inleidt of een gelijkwaardig stuk bij het gerecht wordt ingediend, mits de eiser vervolgens niet heeft nagelaten te doen wat hij met het oog op de betekening of de kennisgeving van het stuk aan de verweerder moest doen;

b) in het geval dat het stuk betekend of meegedeeld moet worden voordat het bij het gerecht wordt ingediend, op het tijdstip waarop de autoriteit die belast is met de betekening of kennisgeving het stuk ontvangt, mits de eiser vervolgens niet heeft nagelaten te doen wat hij met het oog op de indiening van het stuk bij het gerecht moest doen, of

c) in het geval dat de procedure ambtshalve door het gerecht wordt geopend, op het tijdstip waarop de beslissing om de procedure te openen door het gerecht wordt genomen, of, indien een dergelijke beslissing niet is vereist, op het tijdstip waarop de zaak ter griffie wordt ingeschreven.

[24-06-2016, PbEU L 183, i.w.tr. 28-07-2016/regelingnummer 2016/1103]

Artikel 15
Toetsing van de bevoegdheid

Het gerecht van een lidstaat waarbij een zaak betreffende het huwelijksvermogensstelsel aanhangig is gemaakt waarvoor dat gerecht niet bevoegd is op grond van deze verordening, verklaart zich ambtshalve onbevoegd.

[24-06-2016, PbEU L 183, i.w.tr. 28-07-2016/regelingnummer 2016/1103]

Artikel 16
Toetsing van de ontvankelijkheid

1. Indien de verweerder die zijn gewone verblijfplaats in een andere staat heeft dan de lidstaat waar de zaak aanhangig is gemaakt, niet verschijnt, houdt het op grond van deze verordening bevoegde gerecht de zaak aan zolang niet vaststaat dat de verweerder in de gelegenheid is gesteld het stuk dat het geding inleidt of een gelijkwaardig stuk, met het oog op zijn verweer, tijdig heeft ontvangen, of dat daartoe al het nodige is gedaan.

2. Artikel 19 van Verordening (EG) nr. 1393/2007 van het Europees Parlement en de Raad [(1)] wordt toegepast in plaats van het bepaalde in lid 1 van dit artikel, als de verzending van het stuk dat het geding inleidt of een gelijkwaardig stuk van een lidstaat naar een andere lidstaat overeenkomstig die verordening moest geschieden.

---

(1) Verordening (EG) nr. 1393/2007 van het Europees Parlement en de Raad van 13 november 2007 inzake de betekening en de kennisgeving in de lidstaten van gerechtelijke en buitengerechtelijke stukken in burgerlijke of in handelszaken (de betekening en kennisgeving van stukken), en tot intrekking van Verordening (EG) nr. 1348/2000 van de Raad (*PB* L 324 van 10.12.2007, blz. 79).

3. Indien Verordening (EG) nr. 1393/2007 niet van toepassing is, wordt artikel 15 van het Verdrag van 's-Gravenhage van 15 november 1965 inzake de betekening en de kennisgeving in het buitenland van gerechtelijke en buitengerechtelijke stukken in burgerlijke en handelszaken toegepast, als de verzending van het stuk dat het geding inleidt of een gelijkwaardig stuk naar het buitenland overeenkomstig dat verdrag moest geschieden.
[24-06-2016, PbEU L 183, i.w.tr. 28-07-2016/regelingnummer 2016/1103]

Artikel 17
Litispendentie

1. Wanneer voor gerechten van verschillende lidstaten tussen dezelfde partijen procedures aanhangig zijn die hetzelfde onderwerp betreffen en op dezelfde oorzaak berusten, houdt het gerecht waarbij de zaak later aanhangig is gemaakt de zaak ambtshalve aan totdat de bevoegdheid van het eerst aangezochte gerecht vaststaat.
2. In de in lid 1 bedoelde gevallen deelt een aangezochte gerecht, op verzoek van een andere gerecht waarbij het geschil is aangebracht, onverwijld aan dit gerecht mee op welke datum zij is aangezocht.
3. Wanneer de bevoegdheid van het eerst aangezochte gerecht vaststaat, verklaart elk gerecht waarbij de zaak later is aangebracht zich onbevoegd.
[24-06-2016, PbEU L 183, i.w.tr. 28-07-2016/regelingnummer 2016/1103]

Artikel 18
Samenhang

1. Wanneer samenhangende procedures bij gerechten van verschillende lidstaten aanhangig zijn, kan het gerecht waarbij de vordering later is aangebracht, deze aanhouden.
2. Indien de in lid 1 bedoelde zaken in eerste aanleg aanhangig zijn, kan elk gerecht dat niet als eerste is aangezocht, op verzoek van een der partijen, zich onbevoegd verklaren, mits het eerst aangezochte gerecht bevoegd is om van de beide vorderingen kennis te nemen en haar wetgeving de voeging ervan toestaat.
3. Samenhangend in de zin van dit artikel zijn zaken die zo nauw verbonden zijn dat een goede rechtsbedeling vraagt om hun gelijktijdige behandeling en berechting teneinde te vermijden dat, ten gevolge van afzonderlijke berechting van de zaken, onverenigbare beslissingen worden gegeven.
[24-06-2016, PbEU L 183, i.w.tr. 28-07-2016/regelingnummer 2016/1103]

Artikel 19
Voorlopige en bewarende maatregelen

De gerechten van een lidstaat kunnen worden verzocht de voorlopige of bewarende maatregelen te treffen waarin het recht van deze staat voorziet, zelfs indien een gerecht van een andere lidstaat krachtens deze verordening bevoegd is om van het bodemgeschil kennis te nemen.
[24-06-2016, PbEU L 183, i.w.tr. 28-07-2016/regelingnummer 2016/1103]

[Art. 14-19]

Betekenis. Kort samengevat, de art. 14-19 zien op het bevorderen van een ordelijke rechtspleging en het voorkomen van tegenstrijdige beslissingen. Zij bevatten algemene procedureregels die vergelijkbaar zijn met die we zien in andere Europese regelgeving op het terrein van de justitiële samenwerking in burgerlijke zaken, zoals de Europese alimentatieverordening en Brussel I-bis. Art. 14 bepaalt op welk tijdstip een zaak geacht wordt aanhangig te zijn gemaakt. Onderdeel c kent een aanvullende regel voor het geval de procedure ambtshalve door het gerecht wordt geopend. In art. 15 is de ambtshalve toetsing van de bevoegdheid voorgeschreven. Indien de zaak wordt aangebracht bij een gerecht die volgens de verordening niet bevoegd is, dient het gerecht zich ambtshalve onbevoegd te verklaren. Art. 16 ziet op de toetsing van de ontvankelijkheid en richt zich op de bescherming van het recht op verdediging van de niet verschenen verweerder die zijn gewone verblijfplaats heeft in een andere staat dan de lidstaat waar de procedure wordt gevoerd. Lid 1 schrijft aanhouding voor totdat vaststaat aan de verweerder het inleidend gedingstuk is betekend. Lid 2 en 3 wijzen in dat kader naar de Europese Betekeningsverordening. Art. 17 beoogt te voorkomen dat in de lidstaten parallelle procedures worden gevoerd, die tot onverenigbare beslissingen kunnen leiden. De litispendentieregel wordt toegepast wanneer hetzelfde geschil betreffende de vermogensrechtelijke gevolgen van het huwelijk bij gerechten in verschillende lidstaten wordt aangebracht. Lid 1 bepaalt dat het gerecht bij wie de zaak het laatst aanhangig is gemaakt, de zaak aanhoudt tot de bevoegdheid van het eerst aangezochte gerecht vaststaat. Lid 2 geeft nog een praktische regel door te bepalen dat een aangezochte rechter op verzoek van een andere aangezochte rechter onverwijld aan de laatste meedeelt op welke datum hij is aangezocht. Indien de bevoegdheid van de eerst aangezochte rechter vaststaat, verklaart de later aangezochte rechter zich onbevoegd. Art. 18 en 19 zijn de bekende bepalingen inzake samenhang van procedures en voorlopige en bewarende maatregelen. Art. 18 bevat in lid 3 een verordeningsautonome beschrijving van het begrip 'samenhang'. Art. 19 voorziet in een regel voor voorlopige en bewarende maatregelen met betrekking tot vermogensrechtelijke gevolgen van huwelijken. De rechter van een deelnemende lidstaat kan worden verzocht om voorlopige of bewarende maatregelen te nemen die in zijn rechtsstelsel voorkomen, ook al is de rechter van een andere deelnemende lidstaat bevoegd ten aanzien van de bodemprocedure. Deze bepaling bevat geen zelfstandige bevoegdheidsgrond. Deze dient te worden gezocht in het commune bevoegdheidsrecht van de aangezochte rechter; voor Nederland de art. 1-14 Rv.

HOOFDSTUK III
Toepasselijk recht

Artikel 20
Universele toepassing

Het bij deze verordening aangewezen toepasselijke recht is van toepassing, ongeacht of dit het recht van een lidstaat is.
[24-06-2016, PbEU L 183, i.w.tr. 28-07-2016/regelingnummer 2016/1103]

Betekenis. De HuwvermVo gaat, in het kader van het toepasselijke recht, uit van het universaliteitsbeginsel: het volgens de verordening toepasselijke recht is van toepassing, ongeacht of dit het recht van een lidstaat is (art. 20). Toepassing van de verwijzingsregels kan erin resulteren dat op het huwelijksvermogensregime van de echtgenoten het recht van een niet-deelnemende lidstaat wordt toegepast of het recht van een derde staat buiten de EU.

Artikel 21
Eenheid van het toepasselijke recht

Het recht dat op grond van artikel 22 of 26 op het huwelijksvermogensstelsel van toepassing is, geldt voor alle onder dat stelsel vallende vermogensbestanddelen, ongeacht waar deze zich bevinden.

[24-06-2016, PbEU L 183, i.w.tr. 28-07-2016/regelingnummer 2016/1103]

Betekenis. Het door de conflictregels van de HuwvermVo aangewezen recht is van toepassing op de vermogensrechtelijke gevolgen van een huwelijk en ziet daarbij op alle vermogensbestanddelen van de echtgenoten ongeacht hun aard (roerend of onroerend) en ongeacht waar de vermogensbestanddelen zich bevinden. Het maakt dus niet uit of de vermogensbestanddelen op het grondgebied van een deelnemende lidstaat, een niet-deelnemende lidstaat of een derde staat buiten de EU liggen. Aldus gaat de verordening uit van het eenheidsstelsel. In overweging 43 van de considerans wordt dit met een beroep op de rechtszekerheid en het tegengaan van versnippering van huwelijksvermogensstelsels beargumenteerd.

Artikel 22
Rechtskeuze

1. De echtgenoten of toekomstige echtgenoten kunnen overeenkomen om te bepalen welk recht op hun huwelijksvermogensstelsel van toepassing is of om hun keuze te wijzigen, mits het om het recht van een van de volgende staten gaat:

a) het recht van de staat waar, op het tijdstip van sluiting van de overeenkomst, zich de gewone verblijfplaats van een of beide echtgenoten of toekomstige echtgenoten bevindt, of

b) het recht van een staat waarvan een van de echtgenoten of toekomstige echtgenoten op het tijdstip van sluiting van de overeenkomst de nationaliteit heeft.

2. Tenzij de echtgenoten anders overeenkomen, heeft een wijziging in de loop van het huwelijk van het op het huwelijksvermogensstelsel toepasselijke recht slechts gevolgen voor de toekomst.

3. Een wijziging met terugwerkende kracht van het toepasselijke recht overeenkomstig lid 2 laat de uit dat recht voortvloeiende rechten van derden onverlet.

[24-06-2016, PbEU L 183, i.w.tr. 28-07-2016/regelingnummer 2016/1103]

1. Rechtskeuze. De HuwvermVo heeft de rechtskeuze voorop gezet. In overweging 45 van de considerans wordt aangeven dat partijautonomie het de echtgenoten gemakkelijker maakt hun vermogen te beheren. Zie verder over de rechtskeuze: *Asser/Vonken & Ibili 10-II* 2021/274-287.

2. Keuzemogelijkheden. De HuwvermVo biedt de echtgenoten de mogelijkheid om een rechtskeuze uit te brengen, die gemaakt kan worden vóór het huwelijk, bij het huwelijk of gedurende het huwelijk. Zowel echtgenoten als aanstaande echtgenoten kunnen dus een rechtskeuze uitbrengen en zelf het toepasselijke recht bepalen. In art. 22 is neergelegd voor welke rechtsstelsels gekozen kan worden. Gekozen kan worden voor: i. het recht van de staat waarop het tijdstip van het aangaan van de overeenkomst (de rechtskeuze-overeenkomst) zich de gewone verblijfplaats van een van beide (aanstaande) echtgenoten zich bevindt; ii. het recht van een staat waarvan op het tijdstip van het aangaan van de overeenkomst een van de (aanstaande) echtgenoten de nationaliteit heeft. Peilmoment is het moment van het aangaan van de rechtskeuzeovereenkomst.

3. Aanknopingsfactoren. De (aanstaande) echtgenoten zijn niet volledig vrij in hun keuze. Door middel van de aanknopingsfactoren wordt een zekere verbondenheid met het gekozen recht vereist. Het begrip gewone verblijfplaats wordt niet in de verordening nader gedefinieerd. De gewone verblijfplaats dient verordeningsautonoom, onafhankelijk van de invulling van het begrip woonplaats op nationaal niveau, te worden ingevuld. Daarvoor kan aansluiting worden gezocht bij de invulling van begrip gewone verblijfplaats in andere Europese verordeningen op het gebied van het personen- en familierecht, en erfrecht, uiteraard rekening houdend met het onderwerp van deze verordening. Voor de meervoudige nationaliteit wordt geen effectiviteitstoets (of andere toets) voorgeschreven. In geval van een meervoudige nationaliteit mag gekozen worden voor een van de nationaliteiten. De verordening gaat uit van de nominale nationaliteit. Dit betekent dat bij een rechtskeuze voor nationaal recht bij een meervoudige nationaliteit geen effectiviteitstoets wordt aangelegd. De verordening regelt de meervoudige nationaliteit niet, en laat dit over aan de lidstaten (overweging 50 van de considerans). Als gevolg van het uitdrukkelijk omarmde eenheidsstelsel is het onder de verordening niet mogelijk om bij wijze van deelkeuze voor onroerend goed te kiezen voor het recht van de plaats van ligging (geen partiële rechtskeuze).

4. Onveranderlijkheidsbeginsel. De verordening gaat uit van het onveranderlijkheidsbeginsel. Er is dus geen sprake van een wijziging van rechtswege (een automatische wijziging) van het toepasselijke recht, met dien verstande dat de echtgenoten wel zelf gedurende het huwelijk door middel van het uitbrengen van een rechtskeuze het toepasselijke recht kunnen wijzigen. Er is dus geen sprake van een automatische wijziging van het toepasselijke recht in de zin van art. 7 Haags huwelijksvermogensverdrag 1978. In overweging 46 van de considerans wordt vermeld dat voor het onveranderlijkheidsbeginsel is gekozen vanwege de rechtszekerheid van transacties en om te voorkomen dat echtgenoten zonder dat zij dit weten onder een ander toepasselijk recht vallen.

5. Rechtskeuze gedurende het huwelijk. Een gedurende het huwelijk gemaakte rechtskeuze heeft op de voet van art. 22 lid 2, met het oog op de rechtszekerheid en voorspelbaarheid voor de echtgenoten, alleen gevolgen voor de toekomst. Alleen het na de keuze verworven vermogen valt onder het nieuwe recht; het reeds aanwezige vermogen valt onder het eerder van toepassing zijnde recht. Dit systeem wordt wel aangeduid als het wagonstelsel. De echtgenoten kunnen er wel voor kiezen dat een gedurende het huwelijk uitgebrachte rechtskeuze terugwerkende kracht heeft. Op deze manier wordt het totaal van het huwelijksvermogen onder hetzelfde recht gebracht. De echtgenoten kunnen aldus problemen die het wagonstelsel met zich mee kan brengen, zoals de vaststelling wanneer welk vermogensbestanddeel is verkregen, voorkomen. Lid 3 bepaalt in dat verband dat door de terugwerkende kracht aan de rechten van derden geen afbreuk wordt gedaan.

6. Impliciete rechtskeuze. De verordening geeft geen duidelijk antwoord op de mogelijkheid van een impliciete aanwijzing van het toepasselijke recht. De uit het verdrag van 1978 bekende regel dat de aanwijzing van het toepasselijke recht uitdrukkelijk moet zijn overeengekomen of ondubbelzinnig moet voortvloeien uit huwelijkse voorwaarden is niet in de verordening terug te vinden. Hieraan worden in het verdrag overigens wel vereisten gesteld: huwelijkse voorwaarden en ondubbelzinnigheid. De literatuur is verdeeld over de impliciete rechtskeuze onder de verordening, maar in meerderheid wordt verdedigd dat de verordening zich er niet tegen verzet.

Artikel 23
Formele geldigheid van de rechtskeuzeovereenkomst

1. De in artikel 22 bedoelde rechtskeuze geschiedt bij schriftelijke, gedagtekende en door beide echtgenoten ondertekende overeenkomst. Als schriftelijk wordt eveneens aangemerkt elke elektronische mededeling waardoor de overeenkomst duurzaam wordt vastgelegd.
2. Indien, volgens het recht van de lidstaat waar beide echtgenoten bij het maken van de huwelijkse voorwaarden hun gewone verblijfplaats hebben, de huwelijkse voorwaarden aan aanvullende vormvereisten zijn onderworpen, zijn deze vereisten van toepassing.
3. Indien de echtgenoten bij het aangaan van de rechtskeuzeovereenkomst hun gewone verblijfplaats hebben in verschillende lidstaten die niet dezelfde vormvereisten voor de huwelijkse voorwaarden opleggen, is de overeenkomst formeel geldig indien zij aan de vereisten van een van deze lidstaten voldoet.
4. Indien slechts een van de echtgenoten bij het aangaan van de overeenkomst zijn gewone verblijfplaats heeft in een lidstaat waar huwelijkse voorwaarden aan aanvullende vormvereisten zijn onderworpen, zijn deze vereisten van toepassing.
[24-06-2016, PbEU L 183, i.w.tr. 28-07-2016/regelingnummer 2016/1103]

Betekenis. Art. 23 ziet op de vormvoorschriften waaraan voldaan moet worden wil sprake zijn van een formeel rechtsgeldige rechtskeuze. Lid 1 bevat de hoofdregel en bepaalt dat de rechtskeuze moet zijn neergelegd in een schriftelijke, gedateerde en door beide echtgenoten ondertekende overeenkomst. Als schriftelijk wordt ook beschouwd elke elektronische mededeling waardoor de overeenkomst duurzaam wordt vastgelegd. Het gaat hier om een minimum voorschrift betreffende de rechtskeuzeovereenkomst. Wanneer het recht van de lidstaat waar de beide echtgenoten ten tijde van het uitbrengen van de rechtskeuze hun gewone verblijfplaats hebben, aanvullende vormvereisten kent, zijn op grond van lid 2 deze van toepassing. In Nederland kan hierbij gedacht worden aan de notariële akte. Lid 3 en 4 bevatten nadere uitwerking betreffende de aanvullende vormvoorschriften (zie ook overweging 47 van de considerans). De minimumvereisten blijven echter altijd gelden.

Artikel 24
Toestemming en materiële geldigheid

1. Het bestaan en de geldigheid van een rechtskeuzeovereenkomst of van enige bepaling daarvan worden beheerst door het recht dat ingevolge artikel 22 van toepassing zou zijn indien de overeenkomst of de bepaling geldig was.
2. Niettemin kan een echtgenoot zich, ten bewijze dat hij zijn toestemming niet heeft verleend, beroepen op het recht van het land waar hij op het tijdstip van aanhangigmaking zijn gewone verblijfplaats heeft, indien uit de omstandigheden blijkt dat het

niet redelijk zou zijn de gevolgen van zijn gedrag te laten bepalen door het in lid 1 bedoelde recht.
[24-06-2016, PbEU L 183, i.w.tr. 28-07-2016/regelingnummer 2016/1103]

Betekenis. Het bestaan en de materiële geldigheid van de rechtskeuzeovereenkomst moeten worden beoordeeld volgens het gekozen recht (lid 1). Het (beweerdelijk) gekozen recht bepaalt dus het bestaan en de materiële geldigheid van de rechtskeuzeovereenkomst. In lid 2 is een aanvullende bepaling opgenomen: een echtgenoot kan zich, om aan te geven dat hij zijn toestemming voor het aangaan van de overeenkomst niet heeft gegeven, beroepen op het recht van zijn gewone verblijfplaats ten tijde van het aangaan van de overeenkomst, indien uit de omstandigheden blijkt dat het niet redelijk zou zijn de gevolgen van zijn gedrag te bepalen door het volgens lid 1 bedoelde recht (dat wil zeggen het gekozen recht). Lid 2 bevat aldus een uitzondering ten gunste van het recht van de staat waar de echtgenoot die beweert niet zijn toestemming voor de rechtskeuze te hebben verleend zijn gewone verblijfplaats heeft. Deze uitzondering is gebaseerd op de redelijkheid.

Artikel 25
Formele geldigheid van huwelijkse voorwaarden

1. De huwelijkse voorwaarden worden op schrift gesteld, gedagtekend en door beide echtgenoten ondertekend. Als schriftelijk wordt eveneens aangemerkt elke elektronische mededeling waardoor de overeenkomst duurzaam wordt vastgelegd.
2. Indien, volgens het recht van de lidstaat waar beide echtgenoten bij het maken van de huwelijkse voorwaarden hun gewone verblijfplaats hebben, de huwelijkse voorwaarden aan aanvullende vormvereisten zijn onderworpen, zijn die vereisten van toepassing.
Indien de echtgenoten bij het aangaan van de huwelijkse voorwaarden hun gewone verblijfplaats hebben in verschillende lidstaten die niet dezelfde vormvereisten voor de huwelijkse voorwaarden opleggen, is de overeenkomst formeel geldig indien zij aan de vereisten van een dezer lidstaten voldoet.
Indien slechts een van de echtgenoten bij het aangaan van de overeenkomst zijn gewone verblijfplaats heeft in een lidstaat waar huwelijkse voorwaarden aan aanvullende vormvereisten zijn onderworpen, zijn die vereisten van toepassing.
3. Indien door het op het huwelijksvermogensstelsel toepasselijke recht aanvullende vormvereisten worden gesteld, zijn die vereisten van toepassing.
[24-06-2016, PbEU L 183, i.w.tr. 28-07-2016/regelingnummer 2016/1103]

Betekenis. Art. 25 betreft de formele geldigheid van een vermogensrechtelijke overeenkomst (huwelijkse voorwaarden) tussen partners. De strekking van dit artikel ligt in de lijn van art. 23.

Artikel 26
Toepasselijk recht bij gebreke van een rechtskeuze door de partijen

1. Bij gebreke van een rechtskeuzeovereenkomst overeenkomstig artikel 22, is op het huwelijksvermogensstelsel het recht van toepassing van de staat:
a) waar de echtgenoten na de huwelijkssluiting hun eerste gewone gemeenschappelijke verblijfplaats hebben, of, bij gebreke daarvan,

b) waarvan beide echtgenoten op het tijdstip van de huwelijkssluiting de nationaliteit bezitten, of, bij gebreke daarvan,
c) waarmee de echtgenoten samen op het tijdstip van de huwelijkssluiting de nauwste band hebben, met inachtneming van alle omstandigheden.

2. Als de echtgenoten op het tijdstip van de huwelijkssluiting meer dan één gemeenschappelijke nationaliteit bezitten, is alleen het bepaalde in lid 1, onder a) en c), van toepassing.

3. Bij wijze van uitzondering kan de rechterlijke instantie die bevoegd is om te beslissen in zaken betreffende het huwelijksvermogensstelsel, op verzoek van een van de echtgenoten beslissen dat het recht van een andere staat dan de staat waarvan het recht uit hoofde van lid 1, onder a), van toepassing is, op het huwelijksvermogensstelsel van toepassing is, op voorwaarde dat de verzoeker aantoont dat:
a) de echtgenoten in die andere staat hun laatste gemeenschappelijke verblijfplaats hadden gedurende een beduidend langere periode dan in de in lid 1, onder a), bedoelde staat, en
b) beide echtgenoten zich hebben verlaten op het recht van die andere staat bij het regelen of plannen van hun vermogensrechtelijke betrekkingen. Het recht van die andere staat is van toepassing vanaf de huwelijkssluiting, tenzij één echtgenoot het daar niet mee eens is. In dat geval sorteert het recht van die andere staat effect vanaf het tijdstip van vestiging op de laatste gemeenschappelijke gewone verblijfplaats in die staat. De toepassing van het recht van de andere staat laat de rechten die derden ontlenen aan het op grond van lid 1, onder a), toepasselijke recht onverlet. Dit lid is niet van toepassing wanneer de echtgenoten huwelijkse voorwaarden hebben gemaakt vóór het tijdstip van vestiging op de laatste gemeenschappelijke gewone verblijfplaats in die andere staat.

[24-06-2016, PbEU L 183, i.w.tr. 28-07-2016/regelingnummer 2016/1103]

1. Hoofdregel. Gedachte achter de objectieve verwijzingsregel is dat het huwelijksvermogensregime zou moeten worden beheerst door een recht waarmee het nauw is verbonden. De Europese wetgever heeft hierbij de voorspelbaarheid en de rechtszekerheid als uitgangspunten genomen. Art. 26 bepaalt in een getrapte verwijzingsregel welk recht, bij gebreke van een rechtskeuze, van toepassing is op het huwelijksvermogensregime van de echtgenoten. Van toepassing is het recht van: i. de eerste gemeenschappelijke gewone verblijfplaats van de echtgenoten na de huwelijksvoltrekking (eerste huwelijksdomicilie); bij gebreke daarvan ii. van de gemeenschappelijke nationaliteit van de echtgenoten; bij gebreke daarvan iii. waarmee de echtgenoten op het tijdstip van de huwelijkssluiting, alle omstandigheden in aanmerking genomen, het nauwst verbonden zijn. De eerste trede van deze verwijzingsladder kent als aanknopingsfactor de eerste gemeenschappelijke gewone verblijfplaats van de echtgenoten na de huwelijksvoltrekking (eerste huwelijksdomicilie). Zie voor toepassing van deze bepaling Rb. Amsterdam 18 augustus 2021 (ECLI:NL:RBAMS:2021:4141; echtgenoten (vrouw met Nederlandse en Turkse nationaliteit, man met Turkse nationaliteit) zijn op 20 oktober 2020 gehuwd in Amsterdam. De rechtbank overweegt dat de HuwvermVo toepassing vindt en dat bij gebreke van een gebleken rechtskeuze op grond van art. 26 lid 1 sub a aangeknoopt wordt aan de eerste gemeenschappelijke gewone verblijfplaats van de echtgenoten). Art. 26 lid 1 geeft niet aan op welk moment sprake is van een eerste huwelijksdomicilie (overweging 49 van de considerans gaat uit van een eerste gemeenschappelijke gewone verblijfplaats 'kort na de huwelijksvoltrekking') en hoe lang een eerste periode moet zijn om van een eerste huwelijksdomicilie te kunnen spreken. Het Landelijk Overleg Vakinhoud Familie- en Jeugdrecht (LOVF) van de rechtbanken en hoven heeft een aanbeveling vastgesteld met als advies voor het eerste huwelijksdomicilie onder de Verordening een termijn van zes maanden na de huwelijkssluiting aan te houden, met de mogelijkheid in bijzondere gevallen daarvan af te wijken (www.rechtspraak.nl; zie *EB* 2019/94). Tevens is niet met zo veel woorden aangegeven of sprake moet zijn van feitelijke samenwoning. Het begrip gewone verblijfplaats wordt niet nader toegelicht. Voor een verordeningsautonome uitleg kan aansluiting worden gezocht bij de vaste uitleg van dit begrip door het Europese Hof van Justitie. Daarbij is vooral van belang de rechtspraak inzake artikel 8 Brussel II-bis (gewone verblijfplaats in het kader van de ouderlijke verantwoordelijkheid), welke rechtspraak als richtinggevend wordt beschouwd ook buiten Brussel II-bis om. Met betrekking tot de gemeenschappelijke nationaliteit in de tweede trede van de verwijzingsregel, schrijft lid 2 voor dat wanneer er sprake is van meer dan één gemeenschappelijke nationaliteit, aanknoping aan de gemeenschappelijke nationaliteit wordt overgeslagen. Wanneer beide echtgenoten op het moment van de huwelijkssluiting bijvoorbeeld zowel de Nederlandse als de Italiaanse nationaliteit bezitten, geldt dat zij geen gemeenschappelijke nationaliteit hebben in de zin van artikel 26. In dat geval wordt meteen van de eerste trede (eerste huwelijksdomicilie) naar de derde trede (nauwste band) overgestapt. Voor wat betreft de derde trede tot slot dient er op te worden gewezen dat het peilmoment in de regel is vastgelegd: het tijdstip van de huwelijkssluiting. Bij het vaststellen van de nauwste band wordt met alle omstandigheden van het geval (op het peilmoment) rekening gehouden, waaronder de plaats van de huwelijksvoltrekking. Met omstandigheden die zich na de huwelijksvoltrekking hebben voorgedaan wordt geen rekening gehouden.

2. Uitzondering: lid 3. De uitzondering van het derde lid is van restrictief karakter en zal met de nodige terughoudendheid toegepast moeten worden. De uitzondering berust op het beginsel van de nauwste verbondenheid. Bij wijze van uitzondering kan de rechter ingevolge art. 26 lid 2 op verzoek van een van de echtgenoten beslissen dat een ander dan het in lid 1 onder a bedoelde recht dat vermogensrechtelijke gevolgen verbindt aan het huwelijk van toepassing is. De uitzondering wordt toegepast op verzoek van een echtgenoot die zal moeten aantonen dat voldaan is aan de voorwaarden genoemd in het derde lid onder a en b van art. 26. De exceptieclausule kan alleen worden toegepast door de rechter, dus in een gerechtelijke procedure. Het moet daarbij gaan om: a. het recht van de staat waar de echtgenoten gedurende een beduidend lange periode hun laatste gemeenschappelijke gewone verblijfplaats hadden; en waarbij b. zij zich op dat recht hebben verlaten bij het regelen of plannen van hun vermogensrechtelijke betrekkingen. Het gaat hier om toepassing van het recht van de laatste gemeenschappelijke gewone verblijfplaats, waarmee wordt afgeweken van toepassing van het recht van de eerste gemeenschappelijke gewone verblijfplaats. Deze uitzondering geldt alleen wanneer het huwelijksvermogensregime wordt beheerst door het recht van het eerste huwelijksdomicilie van de echtgenoten (art. 26 lid 1 sub a). Wat onder 'een beduidend lange periode' moet worden verstaan wordt niet verder in de verordening geëxpliciteerd. Het recht van die andere staat is vanaf het moment van de huwelijkssluiting van toepassing, tenzij één van de echtgenoten dit betwist. Rechten van derden die ontleend zijn aan het op grond van lid 1 onderdeel a toepasselijke recht worden onverlet gelaten. Het bepaalde in lid 3 is niet van toepassing wanneer de echtgenoten huwelijkse voorwaarden hebben gemaakt vóór het tijdstip van vestiging op de laatste gemeenschappelijke gewone verblijfplaats in die andere staat.

3. Onveranderlijkheidsbeginsel. De HuwvermVo gaat uit van het onveranderlijkheidsbeginsel, hetgeen wil zeggen dat de HuwvermVo geen automatische wijziging van het toepasselijke recht kent. In overweging 46 van de considerans wordt vermeld dat hiervoor is gekozen vanwege de rechtszekerheid van transacties en om te voorkomen dat echtgenoten zonder dat zij dit weten onder een ander toepasselijk recht vallen.

Artikel 27
Werkingssfeer van het toepasselijke recht

Het krachtens deze verordening op het huwelijksvermogensstelsel toepasselijke recht bepaalt onder meer:

a) de classificatie van het vermogen van beide echtgenoten of van elk afzonderlijk in verschillende categorieën tijdens en na het huwelijk;
b) de overgang van een vermogensbestanddeel naar een andere categorie;
c) de aansprakelijkheid van de ene echtgenoot voor de verplichtingen en schulden van de andere;
d) de bevoegdheden, rechten en verplichtingen van elk van de echtgenoten en van beide echtgenoten met betrekking tot het vermogen;
e) de ontbinding van het huwelijksvermogensstelsel en de verdeling of de vereffening van het huwelijksvermogen;
f) de gevolgen van het huwelijksvermogensstelsel voor de rechtsbetrekkingen tussen een echtgenoot en derden, en
g) de materiële geldigheid van de huwelijkse voorwaarden.

[24-06-2016, PbEU L 183, i.w.tr. 28-07-2016/regelingnummer 2016/1103]

Betekenis. In art. 27 wordt een niet-limitatieve opsomming gegeven van onderwerpen die onder het bereik van het toepasselijke recht vallen, zoals de classificatie van een vermogensbestanddeel binnen het toepasselijke regime (zoals gemeenschappelijk of persoonlijk vermogen) en de wijze waarop een vermogensbestanddeel van de ene naar de andere categorie kan overgaan, maar ook de aansprakelijkheid van de ene echtgenoot voor schulden aangegaan door de andere echtgenoot, de bevoegdheid van elk van de echtgenoten en van beide echtgenoten met betrekking tot het vermogen en de afwikkeling van het vermogen na de ontbinding van het huwelijk. Ook de materiële geldigheid van huwelijkse voorwaarden valt onder de reikwijdte van het door de verordening als toepasselijk aangewezen recht.

Artikel 28
Rechtsgevolgen ten aanzien van derden

1. Onverminderd het bepaalde in artikel 27, onder f), kan het recht dat tussen de echtgenoten van toepassing is op het huwelijksvermogensstelsel, door een echtgenoot niet aan een derde worden tegengeworpen in een geschil tussen die derde en een van de echtgenoten of beide echtgenoten, tenzij de toepasselijkheid van dat recht aan de derde bekend was of redelijkerwijs had moeten zijn.

2. De derde wordt geacht over deze kennis van het op het huwelijksvermogensstelsel toepasselijke recht te beschikken, indien:

a) dat recht het recht is van:
- **i) de staat waarvan het recht toepasselijk is op de transactie tussen een echtgenoot en de derde;**
- **ii) de staat waar de contracterende echtgenoot en de derde hun gewone verblijfplaats hebben, of**
- **iii) in geval van een onroerendgoedtransactie, de staat waar het onroerend goed is gelegen, of**

b) een van de echtgenoten heeft voldaan aan de toepasselijke voorschriften voor openbaarmaking of inschrijving van het huwelijksvermogensstelsel volgens het recht van:
- **i) de staat waarvan het recht toepasselijk is op de transactie tussen een echtgenoot en de derde;**
- **ii) de staat waar de contracterende echtgenoot en de derde hun gewone verblijfplaats hebben, of**
- **iii) in geval van een vastgoedtransactie, de staat waar het onroerend goed is gelegen.**

3. Indien het recht dat tussen de echtgenoten op het huwelijksvermogensstelsel van toepassing is krachtens lid 1, door een echtgenoot niet aan een derde kan worden tegengeworpen, worden de rechtsgevolgen van het huwelijksvermogensstelsel ten aanzien van de derde beheerst:

a) door het recht van de staat waarvan het recht toepasselijk is op de transactie tussen een echtgenoot en de derde, of

b) in het geval van onroerende goederen of ingeschreven vermogensbestanddelen of rechten, door het recht van de staat waar het goed is gelegen of waar de vermogensbestanddelen of de rechten zijn ingeschreven.

[24-06-2016, PbEU L 183, i.w.tr. 28-07-2016/regelingnummer 2016/1103]

Betekenis. Onder verwijzing naar art. 27 onderdeel f, bepaalt art. 28 het recht dat van toepassing is op het vermogensregime van de echtgenoten, door een echtgenoot niet aan een derde kan worden tegengeworpen in een geschil tussen die derde en een echtgenoot (of beide echtgenoten), tenzij die derde bekend was met of bekend had moeten zijn met de toepasselijkheid van dit recht (derdenwerking). Lid 2 geeft in onderdeel a aan wanneer een derde geacht wordt kennis te hebben van het toepasselijke recht. In onderdeel b wordt ingegaan op bekendheid met het recht door openbaarmaking of door inschrijving in een register. Het toepasselijke huwelijksvermogensrecht geldt op grond van artikel 27 sub f ook jegens derden, maar niet in alle gevallen. Artikel 28 lid 1 van de verordening bepaalt dat dit recht door een echtgenoot jegens een derde alleen mag worden ingeroepen indien de rechtsbetrekking tot die derde is ontstaan op een tijdstip waarop de derde van dat recht kennis had, of redelijkerwijs had moeten hebben. Lid 2 werkt uit in welke gevallen de derde geacht wordt kennis te hebben van het toepasselijke huwelijksvermogensrecht. Onder sub b wordt in dat verband de inschrijving van het huwelijksvermogensrecht (publicatie) als mogelijkheid genoemd. Dit is het onderwerp van het (reeds bestaande) artikel 45 Boek 10 BW. Artikel 45 ziet op de publicatie van een notariële partijverklaring inzake het toepasselijke huwelijksvermogensrecht, namelijk dat het Nederlandse recht niet van toepassing is. Daarbij dient bedacht te worden dat artikel 45 is opgesteld ter uitvoering van het verdrag van 1978. In het kader van dit verdrag voldeed artikel 10:45 in deze versie. Deze negatieve verklaring is echter niet langer voldoende onder de verordening. De derde moet meer weten dan dat er een bepaald recht (bijvoorbeeld Nederlands recht) niet van toepassing is. Hij moet weten welk recht wel van toepassing is. In het wetsvoorstel 35348, Wijziging van het Wetboek van Burgerlijke Rechtsvordering, het Burgerlijk Wetboek en enige andere wetten (tegengaan huwelijkse gevangenschap en enige andere onderwerpen), wordt een gewijzigde tekst van artikel 10:45 voorgesteld. De voorgestelde wijziging houdt in dat aangegeven wordt welk (niet-Nederlands) recht van toepassing is op het huwelijksvermogensregime. Lid 3 bepaalt welk recht van toepassing is indien het toepasselijke huwelijksvermogensregime niet kan worden toegepast jegens een derde omdat deze daarmee niet bekend was (onwetende derde te goeder trouw).

Artikel 29
Aanpassing van zakelijke rechten

Indien een persoon zich krachtens het op het huwelijksvermogensstelsel toepasselijke recht beroept op een zakelijk recht dat het recht van de lidstaat waar het zakelijk recht wordt ingeroepen niet kent, wordt dit zakelijk recht, indien nodig en voor zover mogelijk, in overeenstemming gebracht met het meest gelijkwaardige zakelijk recht in die lidstaat, met inachtneming van de doelstellingen en belangen die met dat zakelijk recht worden nagestreefd en de rechtsgevolgen die eraan zijn verbonden.

[24-06-2016, PbEU L 183, i.w.tr. 28-07-2016/regelingnummer 2016/1103]

Betekenis. Artikel 29 dient te worden gezien in het licht van het gesloten stelsel van zakelijke rechten. In art. 29 is een regel neergelegd die voorziet in aanpassing van zakelijke rechten, waarbij in de lidstaat waarvan het recht het desbetreffende zakelijke recht niet kent aansluiting wordt gezocht met het in die lidstaat bestaande meest gelijkwaardige zakelijke recht. Daarbij dient rekening te worden gehouden met de doelstellingen en belangen die met het zakelijke recht worden nagestreefd en de rechtsgevolgen die daaraan zijn verbonden.

Artikel 30
Bepalingen van bijzonder dwingend recht

1. Niets in deze verordening beperkt de toepassing van de bepalingen van bijzonder dwingend recht van de lex fori.

2. Bepalingen van bijzonder dwingend recht zijn bepalingen waarvan de inachtneming door een lidstaat als zo belangrijk wordt beschouwd voor de handhaving van zijn openbare belangen, zoals zijn politieke, sociale of economische organisatie, dat zij van toepassing zijn op elk geval dat binnen de werkingssfeer ervan valt, ongeacht welk recht volgens deze verordening overigens op het huwelijksvermogensstelsel van toepassing is.

[24-06-2016, PbEU L 183, i.w.tr. 28-07-2016/regelingnummer 2016/1103]

Betekenis. Bepalingen van bijzonder dwingend recht van de lex fori kunnen het toepasselijke recht opzij zetten. Dit wordt bepaald in art. 30 lid 1. Deze bijzondere regel vereist evenwel een strikte (restrictieve) toepassing, teneinde de verenigbaarheid met de verordening te waarborgen. In lid 2 wordt toegelicht om welke bepalingen het in dat verband gaat: bepalingen waarvan de inachtneming door een lidstaat als zo belangrijk worden gezien voor de handhaving van zijn openbare belangen, dat zij van toepassing zijn op elk geval dat binnen de werkingssfeer daarvan valt, ongeacht het recht dat op het huwelijksvermogensregime van toepassing is. Het gaat dan, volgens lid 2, om belangen in de politieke, sociale of economische sfeer. In overweging 53 van de considerans wordt gesteld dat voorschriften ter bescherming van de echtelijke woning hieronder moeten worden verstaan. Artikel 6a van de Uitvoeringswet heeft aan artikel 1:88 BW een zevende lid toegevoegd waarin is bepaald dat artikel 1:88 van toepassing is, ongeacht het op het huwelijksvermogensregime toepasselijke recht, indien de niet-handelende echtgenoot ten tijde van het verrichten van de rechtshandeling zijn gewone verblijfplaats in Nederland heeft. Indien de te beschermen (niet-handelende) echtgenoot in Nederland woont is artikel 1:88 BW altijd van toepassing, bijvoorbeeld in geval van verkoop van de echtelijke woning waarbij de verkopende echtgenoot toestemming van de andere echtgenoot nodig heeft. In een procedure kan de Nederlandse rechter dit artikel ook toepassen als buitenlands recht het huwelijksvermogensregime beheerst. Daarmee heeft de wetgever artikel 1:88 BW geduid als voorrangsregel in de zin van de Huwelijksvermogensrechtverordening.

Artikel 31
Openbare orde

De toepassing van een voorschrift van het bij deze verordening aangewezen recht van een staat kan slechts worden geweigerd in geval van kennelijke onverenigbaarheid met de openbare orde van het land van de rechter.

[24-06-2016, PbEU L 183, i.w.tr. 28-07-2016/regelingnummer 2016/1103]

Betekenis. Ook art. 31 bevat een begrenzing van het toepasselijke recht. De rechter kan bepalingen uit het volgens de verordening toepasselijke recht buiten toepassing laten, indien toepassing kennelijk onverenigbaar is met de openbare orde in zijn rechtssysteem (openbare orde op het niveau van het toepasselijke recht). Met de openbare orde wordt hier gedoeld op de fundamentele normen en waarden van de eigen rechtsorde (lex fori). De openbare orde-exceptie is niet bedoeld om te worden ingezet op de enkele grond dat de inhoud en toepassing van het door de verordening aangewezen buitenlandse huwelijksvermogensrecht anders is dan het eigen huwelijksvermogensrecht. Het gebruik van het woord 'kennelijk' maakt duidelijk dat de openbare orde-exceptie slechts in uitzonderlijke gevallen mag worden gebruikt (restrictieve toepassing). In overweging 54 van de considerans wordt benadrukt dat het toepassen van de openbare orde-exceptie niet strijdig mag zijn met de grondrechten genoemd in het Handvest van de grondrechten van de EU, in het bijzonder niet met het beginsel van non-discriminatie van art. 21.

Artikel 32
Uitsluiting van terugverwijzing

Onder toepassing van het bij deze verordening aangewezen recht van een staat wordt verstaan de toepassing van het recht dat in die staat geldt, met uitsluiting van het internationaal privaatrecht.

[24-06-2016, PbEU L 183, i.w.tr. 28-07-2016/regelingnummer 2016/1103]

Betekenis. De verordening sluit in art. 32 het renvoi uit: het door de verordening als toepasselijk aangewezen recht betreft uitsluitend het materiële recht, het internationaal privaatrecht is daarbij uitgesloten (art. 32). Herverwijzing of verderverwijzing is dus uitgesloten.

Artikel 33
Staten met meer dan één rechtsstelsel – territoriale collisie

1. Indien het volgens deze verordening aangewezen recht het recht is van een staat met meerdere territoriale eenheden, die elk hun eigen rechtsregels met betrekking tot huwelijksvermogensstelsels hebben, bepalen de interne collisieregels van die staat van welke territoriale eenheid de rechtsregels van toepassing zijn.

2. Bij gebreke van zulke interne collisieregels:

a) **wordt, ter bepaling van het recht dat van toepassing is volgens regels waarbij de gewone verblijfplaats van de echtgenoten als aanknopingspunt geldt, met het recht van de in lid 1 bedoelde staat bedoeld het recht van de territoriale eenheid waar de echtgenoten hun gewone verblijfplaats hebben;**

b) **wordt, ter bepaling van het recht dat van toepassing is volgens regels waarbij de nationaliteit van de echtgenoten als aanknopingspunt geldt, met het recht van de in lid 1 bedoelde staat bedoeld het recht van de territoriale eenheid waarmee de echtgenoten het nauwst verbonden zijn;**

c) **wordt een verwijzing naar het recht van de in lid 1 bedoelde staat, voor het bepalen van het toepasselijke recht volgens andere bepalingen met andere aanknopingspunten, uitgelegd als een verwijzing naar het recht van de territoriale eenheid waar het aanknopingspunt zich bevindt.**

[24-06-2016, PbEU L 183, i.w.tr. 28-07-2016/regelingnummer 2016/1103]

Artikel 34
Staten met meer dan één rechtsstelsel – personele collisie

Ten aanzien van een staat waar met betrekking tot de huwelijksvermogensstelsels twee of meer rechtsstelsels of regelingen gelden die op verschillende categorieën personen van toepassing zijn, wordt een verwijzing naar het recht van die staat uitgelegd als een verwijzing naar het rechtsstelsel dat of de regeling die wordt aangewezen door de in die staat geldende regels. Bij gebreke van zulke regels wordt het rechtsstelsel of de regeling toegepast waarmee de echtgenoten het nauwst verbonden zijn.

[24-06-2016, PbEU L 183, i.w.tr. 28-07-2016/regelingnummer 2016/1103]

Artikel 35
Niet-toepassing van deze verordening op interne collisie

Een lidstaat die verschillende territoriale eenheden met eigen rechtsregels inzake huwelijksvermogensstelsels telt, is niet verplicht deze verordening toe te passen op collisie die uitsluitend deze territoriale eenheden betreft.

[24-06-2016, PbEU L 183, i.w.tr. 28-07-2016/regelingnummer 2016/1103]

[Art. 33-35]

Betekenis. Art. 33-35 bevatten de regels voor lidstaten die een pluriform rechtsstelsel kennen.

HOOFDSTUK IV
Erkenning, uitvoerbaarheid en tenuitvoerlegging van beslissingen

[Inleidende opmerkingen]

Betekenis. De HuwVo bevat een regeling inzake de erkenning, uitvoerbaarheid en tenuitvoerlegging van beslissingen betreffende de vermogensrechtelijke betrekkingen voortvloeiend uit het huwelijk. In overweging 64 van de considerans wordt verduidelijkt dat de erkenning van een beslissing inzake de vermogensrechtelijke gevolgen van het huwelijk niet ook de erkenning van het huwelijk dat tot de beslissing aanleiding heeft gegeven, als zodanig inhoudt. Bij de totstandkoming van dit hoofdstuk is veelal teruggegrepen op de eerdere regelgeving in vergelijkbare verordeningen, zoals de Europese alimentatieverordening, Brussel II-bis en de Europese erfrechtverordening.

Artikel 36
Erkenning

1. De in een lidstaat gegeven beslissing wordt in de andere lidstaten erkend zonder dat daartoe een procedure is vereist.
2. Indien de erkenning van een beslissing wordt betwist, kan iedere belanghebbende partij die zich ten principale op de erkenning beroept, van de in de artikelen 44 tot en met 57 vastgelegde procedures gebruikmaken om de erkenning te doen vaststellen.
3. Wordt voor een gerecht van een lidstaat bij wijze van incident een vraag opgeworpen in verband met de erkenning, dan is dat gerecht bevoegd om kennis te nemen van die vraag.
[24-06-2016, PbEU L 183, i.w.tr. 28-07-2016/regelingnummer 2016/1103]

Betekenis. De erkenningsregeling kent in art. 36 als uitgangspunt dat een beslissing afkomstig van een gerecht uit een lidstaat in alle andere lidstaten wordt erkend, zonder dat daarvoor een procedure vereist is. De verordening gaat uit van wederzijdse erkenning tussen de deelnemende lidstaten gebaseerd op wederzijds vertrouwen in elkaars rechtsorde. De regeling voorziet in een aantal weigeringsgronden. Wanneer de erkenning wordt betwist, kan iedere belanghebbende partij die zich op de beslissing beroept in een procedure erkenning doen vaststellen. Voor de te volgen procedure wordt verwezen naar de in art. 44-57 vastgestelde procedures. De regeling inzake de erkenning en tenuitvoerlegging heeft, anders dan bij het toepasselijke recht, geen universele werking. De regeling geldt alleen voor beslissingen afkomstig uit lidstaten die aan de verordening zijn gebonden (door de nauwe samenwerking). Zie ook *Asser/Vonken & Ibili 10-II* 2021/268.

Artikel 37
Gronden voor niet-erkenning

Een beslissing wordt niet erkend indien:

a) de erkenning kennelijk strijdig is met de openbare orde van de lidstaat waar de erkenning wordt gevraagd;
b) het stuk dat het geding inleidt of een gelijkwaardig stuk, niet zo tijdig en op zodanige wijze als met het oog op zijn verdediging nodig was aan de verweerder tegen wie verstek werd verleend, betekend of ter kennis gebracht is, tenzij de

verweerder tegen de beslissing geen rechtsmiddel heeft aangewend terwijl hij daartoe in staat was;

c) zij onverenigbaar is met een tussen dezelfde partijen gegeven rechterlijke beslissing in de lidstaat waar de erkenning wordt gevraagd;

d) zij onverenigbaar is met een beslissing die eerder in een andere lidstaat of in een derde land tussen dezelfde partijen is gegeven in een geschil dat hetzelfde onderwerp betreft en op dezelfde oorzaak berust, mits de eerder gegeven beslissing voldoet aan de voorwaarden voor erkenning in de lidstaat waar de erkenning wordt gevraagd.

[24-06-2016, PbEU L 183, i.w.tr. 28-07-2016/regelingnummer 2016/1103]

Betekenis. Art. 37 bepaalt wanneer aan een beslissing inzake het huwelijksvermogensregime erkenning wordt onthouden. Daarvoor bevat deze bepaling een limitatieve opsomming van weigeringsgronden. Onder onderdeel a wordt de openbare orde als weigeringsgrond opgevoerd (openbare orde-exceptie op niveau van de erkenning). De openbare orde-exceptie mag alleen in uitzonderlijke gevallen worden toegepast. Het gaat er hierbij om dat de gevolgen van de erkenning strijdig zijn met de openbare orde, niet om de (onderliggende) beslissing als zodanig. De verordening vult het begrip openbare orde niet in. De betreffende de erkenning aangezochte rechter zal aan de hand van het eigen recht invulling moeten geven aan het begrip openbare orde, daarbij rekening houdend met artikel 38 verordening. De overige weigeringsgronden zien op onvolkomenheden in de betekening (onderdeel b) en onverenigbaarheid van beslissingen (onderdeel c en d).

Artikel 38
Grondrechten

Artikel 37 van deze verordening wordt door de gerechten en andere bevoegde instanties van de lidstaten toegepast met inachtneming van de grondrechten en de beginselen die zijn erkend bij het Handvest, met name het in artikel 21 opgenomen beginsel inzake non-discriminatie.

[24-06-2016, PbEU L 183, i.w.tr. 28-07-2016/regelingnummer 2016/1103]

Betekenis. Art. 37 wordt in art. 38 aangevuld met de regel dat bij toepassing van de weigeringsgronden de grondrechten die in het Handvest van de grondrechten van de EU in acht worden genomen. Het gaat hier in het bijzonder om artikel 21 (discriminatie).

Artikel 39
Verbod van toetsing van de bevoegdheid van het oorspronkelijke gerecht

1. De bevoegdheid van de gerechten van de lidstaat van oorsprong mag niet worden gecontroleerd.

2. Het in artikel 37 bedoelde criterium van openbare orde is niet van toepassing op de in de artikelen 4 tot en met 11 bepaalde bevoegdheidsregels.

[24-06-2016, PbEU L 183, i.w.tr. 28-07-2016/regelingnummer 2016/1103]

Betekenis. Bij de erkenningsvraag wordt de bevoegdheid van de rechter van de lidstaat waar de beslissing is gegeven niet getoetst. Wanneer de rechter van de lidstaat van oorsprong de bevoegdheidsregels heeft geschonden door bevoegdheid aan te nemen is dit geen grond om erkenning van de desbetreffende beslissing te weigeren.

Artikel 40
Verbod van inhoudelijke toetsing

In geen geval wordt overgegaan tot onderzoek van de juistheid van de in een lidstaat gegeven beslissing.

[24-06-2016, PbEU L 183, i.w.tr. 28-07-2016/regelingnummer 2016/1103]

Betekenis. Art. 40 bevat het beginsel van de revision au fond. Dit artikel verbiedt dat bij de erkenning een onderzoek wordt gedaan naar de juistheid van de beslissing. Het is immers niet de bedoeling dat de procedure als het ware wordt overgedaan.

Artikel 41
Aanhouden van de procedure betreffende de erkenning

Het gerecht van een lidstaat waarbij de erkenning wordt gevraagd van een in een andere lidstaat gegeven beslissing, kan de zaak aanhouden indien in de lidstaat van oorsprong een gewoon rechtsmiddel tegen deze beslissing is ingesteld.

[24-06-2016, PbEU L 183, i.w.tr. 28-07-2016/regelingnummer 2016/1103]

Betekenis. De regel ziet op aanhouding van de uitspraak wanneer in de lidstaat van oorsprong een rechtsmiddel tegen de beslissing is ingesteld. Art. 41 bepaalt dat de rechter die zich over de erkenning van een beslissing buigt, de zaak kan aanhouden wanneer in de lidstaat waar de beslissing is gegeven een gewoon rechtsmiddel is ingesteld. Het artikel komt overeen met art. 27 lid 1 Brussel II-bis.

Artikel 42
Uitvoerbaarheid

De beslissingen die in een lidstaat zijn gegeven en in die lidstaat uitvoerbaar zijn, zijn tevens uitvoerbaar in andere lidstaten, indien zij daar op verzoek van een belanghebbende partij uitvoerbaar zijn verklaard volgens de procedure die is bepaald in de artikelen 44 tot en met 57.

[24-06-2016, PbEU L 183, i.w.tr. 28-07-2016/regelingnummer 2016/1103]

Betekenis. Op grond van art. 42 zijn beslissingen inzake de vermogensrechtelijke gevolgen van het huwelijk die uitvoerbaar zijn in de lidstaat waar zij zijn gegeven, ook uitvoerbaar in de andere lidstaten indien zij op verzoek van een belanghebbende partij uitvoerbaar zijn verklaard volgens een door de verordening voorgeschreven procedure (exequatur procedure). Beslissingen worden erkend zonder dat daarvoor een procedure is voorgeschreven, voor tenuitvoerlegging daarentegen is wel een procedure vereist die moet resulteren in een uitvoerbaarverklaring.

Artikel 43
Bepaling van de woonplaats

Om in het kader van de in de artikelen 44 tot en met 57 vastgelegde procedure te bepalen of een partij haar woonplaats heeft in de lidstaat van tenuitvoerlegging, past het aangezochte gerecht het interne recht van die lidstaat toe.

[24-06-2016, PbEU L 183, i.w.tr. 28-07-2016/regelingnummer 2016/1103]

Betekenis. Art. 44-57 betreffen de procedure in het kader van de verklaring van uitvoerbaarheid. Het begrip 'woonplaats' zoals in deze artikelen wordt gebruikt, wordt volgens art. 43 bepaald volgens het interne recht van het aangezochte gerecht. Peilmoment is het moment van indiening van het verzoek.

Artikel 44
Relatief bevoegd gerecht

1. Het verzoek om een verklaring van uitvoerbaarheid wordt gericht tot het gerecht of de bevoegde instantie van de lidstaat van tenuitvoerlegging waarvan de naam door die lidstaat overeenkomstig artikel 64 aan de Commissie is meegedeeld.
2. Het relatief bevoegde gerecht is dat van de woonplaats van de partij tegen wie de tenuitvoerlegging wordt gevraagd, of dat van de plaats van tenuitvoerlegging.
[24-06-2016, PbEU L 183, i.w.tr. 28-07-2016/regelingnummer 2016/1103]

1. Absolute bevoegdheid. Lid 1 van deze bepaling betreft de absoluut bevoegde rechter. De lidstaten dienen dit aan de Commissie door te geven. Voor Nederland is in de Uitvoeringswet Verordening huwelijksvermogensstelsels en Verordening vermogensrechtelijke gevolgen van geregistreerde partnerschappen de voorzieningenrechter aangewezen (art. 2 onderdeel 1: de verklaring van uitvoerbaarheid, bedoeld in art. 42 van de verordening (waarbij beide verordeningen worden bedoeld) wordt bij verzoek gevraagd aan de voorzieningenrechter).

2. Relatieve bevoegdheid. In lid 2 wordt als de relatief bevoegde rechter aangewezen de rechter van de woonplaats van de partij tegen wie tenuitvoerlegging wordt gevraagd of de rechter van de plaats van tenuitvoerlegging.

Artikel 45
Procedure

1. De procedure voor de indiening van het verzoek wordt beheerst door het recht van de lidstaat van tenuitvoerlegging.
2. Van de verzoeker wordt niet verwacht dat hij in de lidstaat van tenuitvoerlegging een postadres of procesgemachtigde heeft.
3. Bij het verzoek worden de volgende documenten gevoegd:
a) een afschrift van de beslissing aan de hand waarvan de echtheid van de beslissing kan worden vastgesteld;
b) de verklaring die door het gerecht of de bevoegde instantie van de lidstaat van oorsprong is afgegeven met gebruikmaking van het volgens de in artikel 67, lid 2, bedoelde raadplegingsprocedure vastgestelde formulier, onverminderd artikel 46.
[24-06-2016, PbEU L 183, i.w.tr. 28-07-2016/regelingnummer 2016/1103]

Artikel 46
Niet-overlegging van de verklaring

1. Wordt de in artikel 45, lid 3, onder b), bedoelde verklaring niet overgelegd, dan kan het gerecht of de bevoegde instantie voor de overlegging een termijn bepalen of gelijkwaardige documenten aanvaarden, dan wel, indien dat gerecht of de instantie zich voldoende voorgelicht acht, vrijstelling van de overlegging verlenen.

2. Indien het gerecht of de bevoegde instantie dat verlangt, wordt van de documenten een vertaling of een transliteratie overgelegd. De vertaling wordt gemaakt door een persoon die in een van de lidstaten tot het maken van vertalingen bevoegd is.
[24-06-2016, PbEU L 183, i.w.tr. 28-07-2016/regelingnummer 2016/1103]

Artikel 47
Verklaring van uitvoerbaarheid

De beslissing wordt uitvoerbaar verklaard zodra de formaliteiten van artikel 45 vervuld zijn, zonder toetsing uit hoofde van artikel 37. De partij tegen wie tenuitvoerlegging wordt gevraagd, wordt in deze stand van de procedure niet gehoord.
[24-06-2016, PbEU L 183, i.w.tr. 28-07-2016/regelingnummer 2016/1103]

Artikel 48
Kennisgeving van de beslissing op het verzoek om een verklaring van uitvoerbaarheid

1. De beslissing over het verzoek om een verklaring van uitvoerbaarheid wordt onmiddellijk ter kennis van de verzoeker gebracht op de wijze als is bepaald in het recht van de lidstaat van tenuitvoerlegging.
2. De verklaring van uitvoerbaarheid wordt betekend of meegedeeld aan de partij tegen wie de tenuitvoerlegging wordt gevraagd en gaat vergezeld van de beslissing indien deze nog niet aan die partij is betekend.
[24-06-2016, PbEU L 183, i.w.tr. 28-07-2016/regelingnummer 2016/1103]

[Art. 45-48]

Betekenis. De procedure die gevoerd moet worden in het kader van de verklaring van uitvoerbaarheid wordt beheerst door het recht van de staat waar de tenuitvoerlegging wordt verzocht. Het Nederlandse recht gaat uit van een verzoekprocedure in de zin van het Wetboek van Rechtsvordering. Zie ook artikel 2 lid 2 Uitvoeringswet Verordening huwelijksvermogensstelsels en Verordening vermogensrechtelijke gevolgen van geregistreerde partnerschappen. Art. 45 lid 3 schrijft voor welke documenten bij het verzoek dienen te worden overgelegd. De beslissing wordt op de voet van art. 47 gegeven zodra aan de formaliteiten van art. 45 is voldaan. Art. 46 ziet op de situatie waarin de in art. 45 lid 3 onderdeel b bedoelde verklaring niet wordt overgelegd. De weigeringsgronden van art. 37 worden in deze fase niet getoetst. In deze fase is de procedure eenzijdig en wordt de partij tegen wie de tenuitvoerlegging wordt verzocht niet gehoord (ex parte procedure). Er vindt feitelijk alleen een controle van de stukken plaats. De beslissing wordt ter kennis van de verzoeker gebracht (art. 48 lid 1) en wordt betekend aan de partij tegen wie de tenuitvoerlegging wordt gevraagd (art. 48 lid 2), evenals de beslissing zelf indien deze nog niet aan die partij was betekend. Uitvoerbaarverklaring kan dus worden verzocht, ook wanneer de oorspronkelijke beslissing nog niet is betekend.

Artikel 49
Rechtsmiddel tegen de beslissing op het verzoek om een verklaring van uitvoerbaarheid

1. Elke partij kan een rechtsmiddel instellen tegen de beslissing op het verzoek om een verklaring van uitvoerbaarheid.

2. Het rechstmiddel (*red.*: lees: rechtsmiddel) wordt ingesteld bij het gerecht waarvan de naam door de betrokken lidstaat overeenkomstig artikel 64 aan de Commissie is meegedeeld.
3. Het rechtsmiddel wordt volgens de regels van de procedure op tegenspraak behandeld.
4. Indien de partij tegen wie de tenuitvoerlegging wordt gevraagd niet verschijnt voor het gerecht die over het door de verzoeker ingestelde rechtsmiddel oordeelt, is artikel 16 van toepassing, ook wanneer de partij tegen wie de tenuitvoerlegging wordt gevraagd geen woonplaats heeft op het grondgebied van een lidstaat.
5. Het rechtsmiddel tegen de verklaring van uitvoerbaarheid wordt binnen dertig dagen na de betekening daarvan ingesteld. Indien de partij tegen wie de tenuitvoerlegging wordt gevraagd woonplaats heeft in een andere lidstaat dan die waar de verklaring van uitvoerbaarheid is gegeven, is de termijn waarbinnen het rechtsmiddel moet worden ingesteld zestig dagen met ingang van de dag waarop de beslissing aan de partij in persoon of aan haar woonplaats is betekend. Deze termijn mag niet op grond van de afstand worden verlengd.
[24-06-2016, PbEU L 183, i.w.tr. 28-07-2016/regelingnummer 2016/1103]

Betekenis. Elke partij (zowel degene die om uitvoerbaarheid heeft gevraagd als degene tegen wie de tenuitvoerlegging is gevraagd) kan een rechtsmiddel (beroep) instellen tegen de beslissing op het verzoek om een verklaring van uitvoerbaarheid (art. 49 lid 1). Op dit punt in de procedure gekomen (de tweede fase) is sprake van een procedure op tegenspraak. De Uitvoeringswet Verordening huwelijksvermogensstelsels en Verordening vermogensrechtelijke gevolgen van geregistreerde partnerschappen bepaalt in art. 3 onderdeel 1 dat de rechtbank waarvan de voorzieningenrechter heeft beslist op het verzoek het hier bedoelde rechtsmiddel in ontvangst neemt.

Artikel 50
Rechtsmiddel tegen een op het rechtsmiddel gegeven beslissing

Tegen de op het rechtsmiddel beroep gegeven beslissing kan slechts het middel worden ingesteld waarvan de Commissie overeenkomstig artikel 64 door de betrokken lidstaat in kennis is gesteld.
[24-06-2016, PbEU L 183, i.w.tr. 28-07-2016/regelingnummer 2016/1103]

Betekenis. De Uitvoeringswet Verordening huwelijksvermogensstelsels en Verordening vermogensrechtelijke gevolgen van geregistreerde partnerschappen bepaalt in art. 3 lid 3 dat het hier bedoelde rechtsmiddel beroep in cassatie is. Artikel 3 lid 4 bepaalt dat de verzoekschriftprocedure toepasselijk is.

Artikel 51
Weigering of intrekking van een verklaring van uitvoerbaarheid

Een verklaring van uitvoerbaarheid wordt door het gerecht dat oordeelt over een van de in de artikelen 49 en 50 bedoelde rechtsmiddelen, slechts op een van de in artikel 37 genoemde gronden geweigerd of ingetrokken. Het gerecht doet onverwijld uitspraak.
[24-06-2016, PbEU L 183, i.w.tr. 28-07-2016/regelingnummer 2016/1103]

Betekenis. Art. 51 bepaalt dat de criteria voor de toetsing van het rechtsmiddel uitsluitend de weigeringsgronden van art. 37 in aanmerking worden genomen. De rechter wordt in deze bepaling tot het nemen van een snelle beslissing aangespoord.

Artikel 52
Aanhouden van de zaak

Het gerecht dat oordeelt over een van de in de artikelen 49 en 50 bedoelde rechtsmiddelen, houdt op verzoek van de partij tegen wie de tenuitvoerlegging wordt gevraagd de zaak aan indien de uitvoerbaarheid van de beslissing is geschorst in de lidstaat van oorsprong als gevolg van een daartegen ingesteld rechtsmiddel.
[24-06-2016, PbEU L 183, i.w.tr. 28-07-2016/regelingnummer 2016/1103]

Betekenis. Ingevolge art. 52 kan de rechter die over het rechtsmiddel moet oordelen op verzoek van de partij tegen wie de tenuitvoerlegging wordt gevraagd, de zaak aanhouden indien de uitvoerbaarheid van de beslissing in de lidstaat van oorsprong is geschorst als gevolg van een aldaar ingesteld rechtsmiddel.

Artikel 53
Voorlopige en bewarende maatregelen

1. Indien een beslissing overeenkomstig dit hoofdstuk moet worden erkend, belet niets de verzoeker een beroep te doen op voorlopige of bewarende maatregelen waarin de wetgeving van de lidstaat van tenuitvoerlegging voorziet, zonder dat daartoe een verklaring van uitvoerbaarheid in de zin van artikel 47 is vereist.
2. De verklaring van uitvoerbaarheid houdt van rechtswege de bevoegdheid in bewarende maatregelen te treffen.
3. Gedurende de termijn voor het instellen van een rechtsmiddel overeenkomstig artikel 49, lid 5, tegen de verklaring van uitvoerbaarheid en totdat daarover uitspraak is gedaan, kunnen slechts bewarende maatregelen worden genomen ten aanzien van de vermogensbestanddelen van de partij tegen wie de tenuitvoerlegging wordt gevraagd.
[24-06-2016, PbEU L 183, i.w.tr. 28-07-2016/regelingnummer 2016/1103]

Betekenis. Art. 53 ziet op voorlopige en bewarende maatregelen voorzien in het recht van de lidstaat van tenuitvoerlegging. In lid 1 is bepaald dat indien een beslissing vatbaar is voor erkenning, niets de verzoeker belet om voorlopige of bewarende maatregelen te doen treffen, ook al is er nog geen uitvoerbaarheidsverklaring betreffende de beslissing. Lid 2 bepaalt uitdrukkelijk dat de beslissing waarbij tenuitvoerlegging wordt toegestaan, van rechtswege bevoegdheid inhoudt om voorlopige of bezwarende maatregelen te treffen.

Artikel 54
Gedeeltelijke uitvoerbaarheid

1. Indien in de beslissing uitspraak is gedaan over meer dan één punt van het verzoek en de verklaring van uitvoerbaarheid niet kan worden verleend voor het geheel, verleent het gerecht of de bevoegde instantie deze voor een of meer onderdelen daarvan.
2. De verzoeker kan vorderen dat de verklaring van uitvoerbaarheid een gedeelte van de beslissing betreft.
[24-06-2016, PbEU L 183, i.w.tr. 28-07-2016/regelingnummer 2016/1103]

Betekenis. Een gedeeltelijke uitvoerbaarheid is op grond van art. 54 mogelijk, bijvoorbeeld in geval de beslissing is gegeven op meerdere onderdelen en de uitvoerbaarverklaring niet voor het geheel kan worden afgegeven.

Artikel 55
Rechtsbijstand

De verzoeker die in de lidstaat waar de beslissing is gegeven, in aanmerking kwam voor gehele of gedeeltelijke kosteloze rechtsbijstand of vrijstelling van kosten en uitgaven, komt in een procedure met betrekking tot een verklaring van uitvoerbaarheid in aanmerking voor de meest gunstige bijstand of voor de meest ruime vrijstelling die in het recht van de lidstaat van tenuitvoerlegging is vastgesteld.

[24-06-2016, PbEU L 183, i.w.tr. 28-07-2016/regelingnummer 2016/1103]

Betekenis. De verzoeker die in de lidstaat van oorsprong in aanmerking kwam voor rechtsbijstand kan in de lidstaat van tenuitvoerlegging eveneens aanspraak maken op rechtsbijstand. Art. 55 bepaalt dat in dat kader de verzoeker in aanmerking komt voor de meest gunstige bijstand of voor de meest ruime vrijstelling die in het recht van de lidstaat van tenuitvoerlegging is vastgesteld.

Artikel 56
Geen zekerheid, borg of pand

Aan een partij die in een lidstaat de erkenning, verklaring van uitvoerbaarheid of tenuitvoerlegging van een in een andere lidstaat gegeven beslissing vraagt, wordt geen zekerheid, borg of pand, onder welke benaming ook, opgelegd wegens de hoedanigheid van vreemdeling dan wel wegens het ontbreken van een woon- of verblijfplaats in de lidstaat van tenuitvoerlegging.

[24-06-2016, PbEU L 183, i.w.tr. 28-07-2016/regelingnummer 2016/1103]

Artikel 57
Geen belasting, recht of heffing

Ter zake van de procedure tot verlening van een verklaring van uitvoerbaarheid wordt in de lidstaat van tenuitvoerlegging geen belasting, recht of heffing evenredig aan het geldelijke belang van de zaak geheven.

[24-06-2016, PbEU L 183, i.w.tr. 28-07-2016/regelingnummer 2016/1103]

[Art. 56-57]

Betekenis. Art. 6 verbiedt het stellen van zekerheid (cautio iudicatum solvi) aan de partij die om uitvoerbaarverklaring verzoekt, terwijl art. 57 iedere belasting, recht of heffing evenredig aan het geldelijk belang van de zaak verbiedt.

HOOFDSTUK V
Authentieke akten en gerechtelijke schikkingen

Artikel 58
Aanvaarding van authentieke akten

1. Een in een lidstaat verleden authentieke akte heeft in een andere lidstaat dezelfde bewijskracht als in de lidstaat van oorsprong, of althans de daarmee meest vergelijkbare bewijskracht, op voorwaarde dat dit niet kennelijk strijdig is met de openbare orde van die andere lidstaat.
Een persoon die van een authentieke akte gebruik wenst te maken in een andere lidstaat, kan de instantie die de authentieke akte in de lidstaat van oorsprong heeft opgemaakt, verzoeken het volgens de in artikel 67, lid 2, bedoelde raadplegingsprocedure vastgestelde formulier in te vullen waarin de bewijskracht wordt vermeld die in de lidstaat van oorsprong aan de authentieke akte wordt verbonden.
2. De echtheid van de authentieke akte wordt uitsluitend voor een gerecht van de lidstaat van oorsprong en volgens het recht van die lidstaat betwist. Een authentieke akte die wordt betwist, heeft geen bewijskracht in een andere lidstaat zolang het bevoegde gerecht zich niet heeft uitgesproken.
3. De in de authentieke akte vastgelegde rechtshandelingen of rechtsbetrekkingen worden uitsluitend betwist voor de krachtens deze verordening bevoegde gerechten, op grond van het volgens hoofdstuk III toepasselijke recht. Een authentieke akte die wordt betwist, heeft, wat het bestreden punt betreft, in een andere lidstaat dan de lidstaat van oorsprong geen bewijskracht zolang het bevoegde gerecht zich niet heeft uitgesproken.
4. Indien de uitkomst van een procedure voor een gerecht van een lidstaat afhangt van het beslechten van een incidenteel verzoek met betrekking tot de in een authentieke akte ter zake van huwelijksvermogensstelsels vastgelegde rechtshandelingen of rechtsbetrekkingen, is dat gerecht bevoegd om van dat verzoek kennis te nemen.
[24-06-2016, PbEU L 183, i.w.tr. 28-07-2016/regelingnummer 2016/1103]

Artikel 59
Uitvoerbaarheid van authentieke akten

1. Een in de lidstaat van oorsprong uitvoerbare authentieke akte wordt in een andere lidstaat op verzoek van een belanghebbende partij uitvoerbaar verklaard volgens de procedure die is bepaald in de artikelen 44 tot en met 57.
2. Voor de toepassing van artikel 45, lid 3, onder b), geeft de instantie die de authentieke akte heeft opgesteld, op verzoek van een belanghebbende partij een verklaring af met gebruikmaking van het volgens de in artikel 67, lid 2, bedoelde raadplegingsprocedure vastgestelde formulier.
3. De verklaring van uitvoerbaarheid wordt door het gerecht dat oordeelt over een van de in de artikelen 49 en 50 bedoelde rechtsmiddelen, slechts geweigerd of ingetrokken indien de tenuitvoerlegging van de authentieke akte kennelijk strijdig is met de openbare orde van de lidstaat van tenuitvoerlegging.
[24-06-2016, PbEU L 183, i.w.tr. 28-07-2016/regelingnummer 2016/1103]

Artikel 60

Uitvoerbaarheid van gerechtelijke schikkingen

1. Een in de lidstaat van oorsprong uitvoerbare gerechtelijke schikking wordt in een andere lidstaat op verzoek van een belanghebbende partij uitvoerbaar verklaard volgens de procedure die is bepaald in de artikelen 44 tot en met 57.

2. Voor de toepassing van artikel 45, lid 3, onder b), geeft het gerecht dat de gerechtelijke schikking heeft goedgekeurd of waarvoor deze werd gesloten, op verzoek van een belanghebbende partij een verklaring af met gebruikmaking van het volgens de in artikel 67, lid 2, bedoelde raadplegingsprocedure vastgestelde formulier.

3. De verklaring van uitvoerbaarheid wordt door het gerecht dat oordeelt over een van de in artikelen 49 of 50 bedoelde rechtsmiddelen, slechts geweigerd of ingetrokken indien de tenuitvoerlegging van de gerechtelijke schikking kennelijk strijdig is met de openbare orde van de lidstaat van tenuitvoerlegging.

[24-06-2016, PbEU L 183, i.w.tr. 28-07-2016/regelingnummer 2016/1103]

[Art. 58-60]

Betekenis. Hoofdstuk V voorziet in regelgeving die gericht is op het vrij uitwisselen binnen de lidstaten van authentieke akten (art. 58 en 59) en gerechtelijke schikkingen (art. 60). In het recht betreffende het huwelijksvermogensregime wordt vaak gebruikgemaakt van authentieke akten. Uitgangspunt is dat een in een lidstaat verleden authentieke akte dezelfde bewijskracht heeft als in de lidstaat waar de akte is opgesteld en verleden, mits er geen strijd is met de openbare orde. Dit betekent dat een door een Nederlandse notaris verleden authentieke akte in een andere lidstaat dwingende bewijskracht heeft, behoudens strijd met de openbare orde. Een persoon die van de authentieke akte in een andere lidstaat gebruik wil maken, kan in de lidstaat van oorsprong om afgifte van een vastgesteld formulier verzoeken waarin is opgenomen welke bewijskracht de authentieke akte toekomt in de lidstaat van oorsprong. Een in de lidstaat van oorsprong uitvoerbare authentieke akte kan op verzoek van de belanghebbende partij in een andere lidstaat uitvoerbaar worden verklaard. Daarvoor dient dezelfde procedure te worden gevoerd als die wordt gevoerd bij het uitvoerbaar verklaren van gerechtelijke beslissingen.

HOOFDSTUK VI

Algemene bepalingen en slotbepalingen

Artikel 61

Legalisatie en soortgelijke formaliteiten

Geen enkele legalisatie of soortgelijke formaliteit mag worden geëist met betrekking tot documenten die in verband met deze verordening in een lidstaat zijn afgegeven.

[24-06-2016, PbEU L 183, i.w.tr. 28-07-2016/regelingnummer 2016/1103]

Artikel 62

Verhouding tot de bestaande internationale overeenkomsten

1. De toepassing van bilaterale of multilaterale verdragen waarbij een of meer lidstaten op het tijdstip van de vaststelling van deze verordening, of van een besluit overeenkomstig artikel 331, lid 1, tweede of derde alinea, VWEU, partij zijn en die betrekking hebben op de in deze verordening geregelde materie, wordt door deze

verordening onverlet gelaten, onverminderd de verplichtingen van de lidstaten op grond van artikel 351 VWEU.

2. Niettegenstaande lid 1 heeft deze verordening, tussen de lidstaten, voorrang boven verdragen die tussen hen zijn gesloten, voor zover zij betrekking hebben op in deze verordening geregelde materies.

3. Deze verordening laat onverlet dat de lidstaten die partij zijn bij de Overeenkomst van 6 februari 1931 tussen Denemarken, Finland, IJsland, Noorwegen en Zweden houdende internationaal-privaatrechtelijke bepalingen ter zake van huwelijk, adoptie en voogdij, zoals herzien in 2006, het Verdrag van 19 november 1934 tussen Denemarken, Finland, IJsland, Noorwegen en Zweden houdende bepalingen van internationaal privaatrecht betreffende erfopvolging, testamenten en beheer van de nalatenschap, zoals herzien in juni 2012, en de Overeenkomst van 11 oktober 1977 tussen Denemarken, Finland, IJsland, Noorwegen en Zweden betreffende de erkenning en de tenuitvoerlegging van rechterlijke beslissingen in burgerlijke zaken, die overeenkomsten toepassen, voor zover zij voorzien in vereenvoudigde en snellere procedures voor de erkenning en de tenuitvoerlegging van beslissingen inzake huwelijksvermogensstelsels.

[24-06-2016, PbEU L 183, i.w.tr. 28-07-2016/regelingnummer 2016/1103]

Artikel 63
Informatie die ter beschikking van het publiek wordt gesteld

Opdat de informatie voor het publiek beschikbaar wordt gesteld in het Europees justitieel netwerk in burgerlijke en handelszaken, verstrekken de lidstaten aan de Commissie een korte samenvatting van de nationale wetgeving en procedures betreffende huwelijksvermogensstelsels, met opgave van de ter zake bevoegde instanties en van informatie over de in artikel 28 bedoelde rechtsgevolgen ten aanzien van derden. De informatie wordt door de lidstaten voortdurend geactualiseerd.

[24-06-2016, PbEU L 183, i.w.tr. 28-07-2016/regelingnummer 2016/1103]

Artikel 64
Informatie betreffende contactgegevens en procedures

1. Uiterlijk op 29 april 2018 doen de lidstaten de Commissie mededeling van:

a) de rechterlijke of andere autoriteiten die bevoegd zijn voor het behandelen van het verzoek om een verklaring van uitvoerbaarheid overeenkomstig artikel 44, lid 1, en van het rechtsmiddel tegen een beslissing over dit verzoek overeenkomstig artikel 49, lid 2;

b) de in artikel 50 bedoelde procedure tegen een op het rechtsmiddel gegeven beslissing.

De lidstaten stellen de Commissie in kennis van iedere wijziging van deze informatie.

2. De overeenkomstig lid 1 meegedeelde informatie, met uitzondering van de adressen en overige contactgegevens van de in lid 1, onder a), bedoelde rechterlijke en andere instanties, wordt door de Commissie in het *Publicatieblad van de Europese Unie* bekendgemaakt.

3. De Commissie maakt alle overeenkomstig lid 1 meegedeelde informatie met passende middelen openbaar, in het bijzonder langs het Europees justitieel netwerk in burgerlijke en handelszaken.

[24-06-2016, PbEU L 183, i.w.tr. 28-07-2016/regelingnummer 2016/1103]

Artikel 65
Vaststelling en wijziging van de lijst met de in artikel 3, lid 2, bedoelde informatie

1. De Commissie stelt aan de hand van de kennisgevingen van de lidstaten de lijst van de in artikel 3, lid 2, bedoelde andere autoriteiten en rechtsbeoefenaren vast.
2. De lidstaten stellen de Commissie in kennis van elke wijziging van de in die lijst vervatte informatie. De Commissie past de lijst dienovereenkomstig aan.
3. De lijst en de wijzigingen worden door de Commissie bekendgemaakt in het *Publicatieblad van de Europese Unie*.
4. De overeenkomstig de leden 1 en 2 meegedeelde informatie wordt door de Commissie bekendgemaakt langs alle andere passende kanalen, met name het Europees justitieel netwerk in burgerlijke en handelszaken.
[24-06-2016, PbEU L 183, i.w.tr. 28-07-2016/regelingnummer 2016/1103]

Artikel 66
Vaststelling en wijziging van de in artikel 45, lid 3, onder b), en de artikelen 58, 59 en 60 bedoelde verklaringen en formulieren

De Commissie stelt de uitvoeringshandelingen tot vaststelling en tot wijziging van de in artikel 45, lid 3, onder b), en de artikelen 58, 59 en 60 bedoelde verklaringen en formulieren vast. Die uitvoeringshandelingen worden vastgesteld volgens de in artikel 67, lid 2, bedoelde raadplegingsprocedure.
[24-06-2016, PbEU L 183, i.w.tr. 28-07-2016/regelingnummer 2016/1103]

Artikel 67
Comitéprocedure

1. De Commissie wordt bijgestaan door een comité. Dat comité is een comité in de zin van Verordening (EU) nr. 182/2011.
2. Wanneer naar dit lid wordt verwezen, is artikel 4 van Verordening (EU) nr. 182/2011 van toepassing.
[24-06-2016, PbEU L 183, i.w.tr. 28-07-2016/regelingnummer 2016/1103]

Artikel 68
Herziening

1. Uiterlijk op 29 januari 2027 dient de Commissie bij het Europees Parlement, de Raad en het Europees Economisch en Sociaal Comité een verslag in over de toepassing van deze verordening. Dit verslag gaat eventueel vergezeld van voorstellen tot wijziging van deze verordening.
2. Uiterlijk op 29 januari 2024 dient de Commissie bij het Europees Parlement, de Raad en het Europees Economisch en Sociaal Comité een verslag in over de toepassing van de artikelen 9 en 38 van deze verordening. In dit verslag wordt met name beoordeeld in welke mate deze artikelen hebben gezorgd voor toegang tot de rechter.
3. Met het oog op de in de leden 1 en 2 bedoelde verslagen delen de lidstaten aan de Commissie de nodige informatie mee betreffende de toepassing van deze verordening door hun gerechten.
[24-06-2016, PbEU L 183, i.w.tr. 28-07-2016/regelingnummer 2016/1103]

[Art. 61-68]

Betekenis. Hoofdstuk VI bevat de bij Europese verordeningen op het terrein van de justitiële samenwerking met grensoverschrijdende gevolgen bekende algemene bepalingen en slotbepalingen. Hiertoe behoort onder meer het in art. 61 neergelegde verbod van legalisatie en soortgelijke formaliteiten. Met het afzien van legalisatie en soortgelijke formaliteiten wordt beoogd de uitwisseling van documenten binnen de lidstaten te bevorderen. Art. 63 bevat de aan de lidstaten opgelegde verplichting om via het Europees Justitieel Netwerk informatie over de nationale wetgeving en de procedures bekend te maken en actueel te houden. Art. 68 bevat de regel waarin de evaluatie van de toepassing van de HuwVo wordt voorgeschreven.

Artikel 69
Overgangsbepalingen

1. Onder voorbehoud van de leden 2 en 3 is deze verordening slechts van toepassing op rechtsvorderingen die zijn ingesteld, authentieke akten die zijn verleden of geregistreerd en gerechtelijke schikkingen die zijn goedgekeurd of getroffen op of na 29 januari 2019.
2. Als de vordering in de lidstaat van oorsprong vóór 29 januari 2019 is ingesteld, worden de op of na die datum gegeven beslissingen erkend en ten uitvoer gelegd overeenkomstig hoofdstuk IV, mits de toegepaste bevoegdheidsregels in overeenstemming zijn met die welke in hoofdstuk II zijn bepaald.
3. Hoofdstuk III is slechts van toepassing op echtgenoten die op of na 29 januari 2019 in het huwelijk treden of het op het huwelijksvermogensstelsel toepasselijke recht bepalen.
[24-06-2016, PbEU L 183, i.w.tr. 28-07-2016/regelingnummer 2016/1103]

1. Betekenis. De temporele werking van de HuwVo is geregeld in art. 69. Lid 1 bepaalt dat de verordening van toepassing is op rechtsvorderingen die zijn ingesteld, authentieke akten die zijn verleden of ingeschreven en gerechtelijke schikkingen die zijn goedgekeurd of getroffen 'op of na 29 januari 2019'. Zo wordt de internationale bevoegdheid van de Nederlandse rechter in een zaak betreffende het huwelijksvermogensregime getoetst aan de regels van de HuwVo wanneer de procedure op of na 29 januari 2019 aanhangig wordt gemaakt. Dit geldt ook wanneer de vordering op of na 29 januari 2019 is ingesteld en betrekking heeft op een vóór die datum gesloten huwelijk. Voor het toepasselijke recht geldt volgens art. 69 lid 3 dat de conflictregels van toepassing zijn op partners die 'op of na 29 januari 2019' hun huwelijk zijn aangegaan of die na deze datum een rechtskeuze voor het toepasselijke recht uitbrengen. Is het huwelijk voor deze datum gesloten, dan zal aan de hand van de conflictregel-kalender worden vastgesteld op welke wijze het toepasselijke recht wordt gevonden. Met betrekking tot de erkenning en tenuitvoerlegging van beslissingen geldt de regeling van de verordening voor beslissingen die zijn gegeven op of na 29 januari 2019, waaronder beslissingen op zaken die aanhangig zijn gemaakt vóór die datum mits de toegepaste bevoegdheidsregels overeenstemmen met die van de verordening (lid 2). De erkenningsregeling van de verordening is dus niet van toepassing op rechterlijke beslissingen die voor 29 januari 2019 zijn gewezen, ook al heeft de rechter bevoegdheid aangenomen op een grond vergelijkbaar met de bevoegdheidsgronden die in de verordening zijn opgenomen.

2. Conflictenrechtelijke kalender. Het Nederlandse internationaal privaatrecht kent voor het toepasselijke recht op het huwelijksvermogensregime meerdere kenbronnen. Welke van toepassing is, is afhankelijk van het moment van de huwelijksvoltrekking. Men spreekt in de literatuur wel van een conflictenrechtelijke kalender. Hieraan wordt een nieuwe regel toegevoegd: het toepasselijke recht op het huwelijksvermogensregime van een echtpaar gehuwd op of na 29 januari 2019 wordt bepaald aan de hand van de Europese Huwelijksvermogensrechtverordening. De conflictenrechtelijke kalender kan dan als volgt worden beschreven: i. Huwelijken gesloten tussen 23 augustus 1912 (de dag waarop het Haags Huwelijksgevolgenverdrag 1905 voor Nederland in werking trad) en 23 augustus 1977 (de dag waarop het Haags Huwelijksgevolgenverdrag 1905 voor Nederland buiten werking trad) én die als verdragshuwelijk in de zin van dit verdrag gelden: verdrag van 1905. ii. Huwelijken gesloten vóór 10 december 1976 (datum *Chelouche/Van Leer*-arrest) en die niet als verdragshuwelijk in de zin van het verdrag van 1905 gelden: *Chelouche/Van Leer*-arrest, met de restrictie van het *Tan/Bavinck*-arrest. iii. Huwelijken gesloten op of na 10 december 1976 (datum *Chelouche/Van Leer*-arrest) en vóór 1 september 1992 (datum inwerkingtreding Haags Huwelijksvermogensverdrag 1978), en die — voor zover zij zijn voltrokken na 10 december 1976 en vóór 23 augustus 1977 — niet als verdragshuwelijk in de zin van het verdrag van 1905 gelden: *Chelouche/Van Leer*-arrest. iv. Huwelijken gesloten op of na 1 september 1992 (inwerkingtreding verdrag van 1978) en vóór 29 januari 2019 (datum van toepassing worden HuwVo): verdrag van 1978. v. Huwelijken gesloten op of na 29 januari 2019: Europese Huwelijksvermogensrechtverordening. Hierbij geldt dat wanneer op of na 29 januari 2019 een rechtskeuze wordt uitgebracht, de HuwvermVo bepaalt welke vereisten aan de rechtskeuze worden gesteld, ook als het huwelijk vóór deze datum is gesloten.

Artikel 70
Inwerkingtreding

1. Deze verordening treedt in werking op de twintigste dag na die van de bekendmaking ervan in het *Publicatieblad van de Europese Unie*.

2. Deze verordening is van toepassing in de lidstaten die deelnemen in de nauwere samenwerking op het gebied van de bevoegdheid, het toepasselijke recht en de erkenning en tenuitvoerlegging van beslissingen inzake de vermogensstelsels van internationale paren, met name zowel huwelijksvermogensstelsels als de vermogensrechtelijke gevolgen van geregistreerde partnerschappen, waarvoor toestemming is verleend bij Besluit (EU) 2016/954.

Zij is van toepassing met ingang van 29 januari 2019, met uitzondering van de artikelen 63 en 64, die van toepassing zijn met ingang van 29 april 2018, en de artikelen 65, 66 en 67, die van toepassing zijn met ingang van 29 juli 2016. Ten aanzien van de lidstaten die deelnemen aan de nauwere samenwerking op grond van een besluit dat is vastgesteld overeenkomstig artikel 331, lid 1, tweede of derde alinea, VWEU, is deze verordening van toepassing met ingang van de in dat besluit genoemde datum.

[24-06-2016, PbEU L 183, i.w.tr. 28-07-2016/regelingnummer 2016/1103]

Betekenis. De HuwVo is tussen de lidstaten in werking getreden op 28 juli 2016 (art. 70 lid 1: de twintigste dag na die van de bekendmaking in het Publicatieblad van de EU). De toepassing van de verordening is met ingang van 29 januari 2019, enkele artikelen daargelaten die een eigen datum van toepassing kennen.

Uitvoeringswet Verordening huwelijksvermogensstelsels en Verordening vermogensrechtelijke gevolgen geregistreerde partnerschappen

Wet van 11 juli 2018 tot uitvoering van de Verordening (EU) nr. 2016/1103 van de Raad van 24 juni 2016 tot uitvoering van de nauwere samenwerking op het gebied van de bevoegdheid, het toepasselijke recht en de erkenning en tenuitvoerlegging van beslissingen op het gebied van huwelijksvermogensstelsels (*PbEU* 2016, L 183) en de Verordening (EU) nr. 2016/1104 van de Raad van 24 juni 2016 tot uitvoering van de nauwere samenwerking op het gebied van de bevoegdheid, het toepasselijke recht en de erkenning en tenuitvoerlegging van beslissingen op het gebied van de vermogensrechtelijke gevolgen van geregistreerde partnerschappen (*PbEU* 2016, L 183), Stb. 2018, 332 (i.w.tr. 29-01-2019)

Wij Willem-Alexander, bij de gratie Gods, Koning der Nederlanden, Prins van Oranje-Nassau, enz. enz. enz.
Allen, die deze zullen zien of horen lezen, saluut! doen te weten:
Alzo Wij in overweging genomen hebben, dat wetgeving nodig is ter uitvoering van de Verordening (EU) nr. 2016/1103 van de Raad van 24 juni 2016 tot uitvoering van de nauwere samenwerking op het gebied van de bevoegdheid, het toepasselijke recht en de erkenning en tenuitvoerlegging van beslissingen op het gebied van huwelijksvermogensstelsels (*PbEU* 2016, L 183) en de Verordening (EU) nr. 2016/1104 van de Raad van 24 juni 2016 tot uitvoering van de nauwere samenwerking op het gebied van de bevoegdheid, het toepasselijke recht en de erkenning en tenuitvoerlegging van beslissingen op het gebied van de vermogensrechtelijke gevolgen van geregistreerde partnerschappen (*PbEU* 2016, L 183);
Zo is het, dat Wij, de Afdeling advisering van de Raad van State gehoord, en met gemeen overleg der Staten-Generaal, hebben goedgevonden en verstaan, gelijk Wij goedvinden en verstaan bij deze:

[Inleidende opmerkingen]

Betekenis. Op 29 januari 2019 zijn de Huwelijksvermogensrechtverordening (Verordening (EU) 2016/1103) en Partnerschapsvermogensrechtverordening (Verordening (EU) 2016/1104) in Nederland van toepassing geworden. Voor de uitvoering van de beide verordeningen is in Nederland de Uitvoeringswet Verordening huwelijksvermogensstelsels en Verordening vermogensrechtelijke gevolgen geregistreerde partnerschappen (Wet van 11 juli 2018, *Stb.* 2018, 332) tot stand gebracht. De wet is eveneens op 29 januari 2019 in werking getreden. Zie over deze uitvoeringswet: J.G. Knot, 'Uitvoering van de

Huwelijksvermogensrechtverordening en de Partnerschapsvermogensrechtverordening in Nederland', *NIPR* 2019, nr. 3, p. 553-569.

Artikel 1

1. In deze wet wordt verstaan onder 'de verordening':

a. de Verordening (EU) nr. 2016/1103 van de Raad van 24 juni 2016 tot uitvoering van de nauwere samenwerking op het gebied van de bevoegdheid, het toepasselijke recht en de erkenning en tenuitvoerlegging van beslissingen op het gebied van huwelijksvermogensstelsels (*PbEU* 2016, L 183), of

b. de Verordening (EU) nr. 2016/1104 van de Raad van 24 juni 2016 tot uitvoering van de nauwere samenwerking op het gebied van de bevoegdheid, het toepasselijke recht en de erkenning en tenuitvoerlegging van beslissingen op het gebied van de vermogensrechtelijke gevolgen van geregistreerde partnerschappen (*PbEU* 2016, L 183).

[11-07-2018, Stb. 332, i.w.tr. 29-01-2019/kamerstukken 34795]

[Begripsbepaling]

Betekenis. In artikel 1 wordt verduidelijkt dat waar in deze wet gesproken wordt van 'de verordening' of de Verordening huwelijksvermogensstelsels of de Verordening vermogensrechtelijke gevolgen geregistreerde partnerschappen wordt bedoeld.

Artikel 2

1. De verklaring van uitvoerbaarheid, bedoeld in artikel 42 van de verordening, wordt bij verzoek gevraagd aan de voorzieningenrechter. De artikelen 985 tot en met 990 van het Wetboek van Burgerlijke Rechtsvordering zijn niet van toepassing.

2. Voor de indiening van het verzoek is de bijstand van een advocaat niet vereist.

3. Het verzoek wordt in de Nederlandse taal gesteld, onverminderd artikel 15 van de Wet gebruik Friese taal.

4. Onverminderd het bepaalde in artikel 46 van de verordening wordt bij ongenoegzaamheid van de bij het verzoek overgelegde documenten, aan de verzoeker de gelegenheid tot aanvulling gegeven.

5. Inwilliging van het verzoek geschiedt in de vorm van een eenvoudig verlof, dat op het overgelegde afschrift van de beslissing wordt gesteld.

6. Voor de toepassing van de Wet griffierechten burgerlijke zaken wordt het verzoek geacht een verzoek van onbepaalde waarde te zijn.

7. Op het verzoek tot erkenning, bedoeld in hoofdstuk IV van de verordening, zijn de voorgaande leden van overeenkomstige toepassing.

[11-07-2018, Stb. 332, i.w.tr. 29-01-2019/kamerstukken 34795]

[Verzoek verklaring van uitvoerbaarheid]

1. Bevoegde rechter. Artikel 2 bepaalt in lid 1 welke rechter bevoegd is te beslissen over het verzoek om de verklaring van uitvoerbaarheid als bedoeld in artikel 42 van de verordening. Op grond van de verordening dient een verklaring van uitvoerbaarheid te worden gevraagd aan het gerecht of de bevoegde instantie van de lidstaat van tenuitvoerlegging (artikel 44, eerste lid, van de verordening). Voor Nederland is dat de voorzieningenrechter van de rechtbank. Relatief bevoegd is het gerecht van de woonplaats van de partij tegen wie de (erkenning of) tenuitvoerlegging wordt gevraagd, of dat van de plaats van tenuitvoerlegging (artikel 44, tweede lid, van de verordening).

2. Verzoekschriftprocedure. De procedure strekkende tot het verkrijgen van de verklaring van uitvoerbaarheid is een verzoekprocedure in de zin van het Wetboek van Burgerlijke Rechtsvordering (hierna: Rv). In het licht van de verordening is in artikel 2, tweede lid, opgenomen dat voor de indiening van een verzoek strekkende tot een verklaring van uitvoerbaarheid geen bijstand van een advocaat is vereist. Het wordt aan de verzoeker zelf overgelaten of hij zich door een advocaat wil laten bijstaan. Voor het instellen van een rechtsmiddel tegen de beslissing van de voorzieningenrechter is echter rechtsbijstand van een advocaat wel vereist.

3. Taalvoorschrift. Lid 3 bepaalt dat het verzoek in de Nederlandse taal moet zijn gesteld. Dit laat onverlet dat het verzoek ook in het Fries mag zijn gesteld, indien een zaak aanhangig is bij de voorzieningenrechter van de rechtbank Noord-Nederland (artikel 15, eerste lid, Wet gebruik Friese Taal).

4. Over te leggen documenten. De verordening schrijft voor welke documenten bij het verzoek gevoegd dienen te worden. In dat kader wordt het toegestaan aanvulling daarop te geven.

5. Verlof. In artikel 2 lid 5 wordt bepaald dat de inwilliging van het verzoek geschiedt in de vorm van een eenvoudig verlof, dat op het overgelegde afschrift van de beslissing wordt gesteld. De rechter verleent het verlof met inachtneming van de desbetreffende bepalingen van de verordening zonder inhoudelijke toetsing van de beslissing, zonder toetsing van de bevoegdheid van het oorspronkelijke gerecht, en zonder na te gaan of sprake is van een weigeringsgrond als bedoeld in artikel 37 van de verordening. Het betreft een zogenaamde 'ex parte'-procedure: degene tegen wie de tenuitvoerlegging wordt gevraagd, wordt bij deze stand van de procedure niet gehoord. Ook als de rechter het verzoek afwijst, wordt er bij deze stand van zaken niet gehoord. De beslissing wordt onmiddellijk in beginsel bij gewone brief, aan verzoeker kenbaar gemaakt. De verzoeker dient voor betekening te zorgen. Woont de verzoeker of degene tegen wie de tenuitvoerlegging wordt gevraagd elders in de EU dan is de Verordening (EG) Nr. 1348/2000 van de Raad van de Europese Unie van 29 mei 2000 inzake de betekening en de kennisgeving in de lidstaten van gerechtelijke en buitengerechtelijke stukken in burgerlijke of in handelszaken (*PbEG* L 160/37) van toepassing.

6. Belasting, recht of heffing. In artikel 57 van de verordening is neergelegd dat in de aangezochte lidstaat ter zake van de procedure tot verlening van een verklaring van uitvoerbaarheid geen belasting, recht of heffing, evenredig aan het geldelijk belang van de zaak mag worden geheven. Het zesde lid van artikel 2 bepaalt dat voor de toepassing van de Wet griffierechten burgerlijke zaken het verzoek wordt geacht een verzoek van onbepaalde waarde te zijn. Dit heeft tot gevolg dat de hoogte van het griffierecht niet is gerelateerd aan de omvang van de vordering, maar het op grond van de bijlage bij de Wgbz minimaal verschuldigde bedrag is bepaald.

7. Erkenning. Lid 7 verklaart de voorgaande bepalingen van overeenkomstige toepassing op het verzoek om erkenning.

Artikel 3

1. De rechtbank waarvan de voorzieningenrechter op het verzoek om erkenning of de verklaring van uitvoerbaarheid heeft beslist, neemt kennis van het rechtsmiddel, bedoeld in artikel 49 van de verordening. Artikel 93 van het Wetboek van Burgerlijke Rechtsvordering is niet van toepassing.
2. Het rechtsmiddel, bedoeld in artikel 49 van de verordening, wordt, indien het wordt ingesteld door de verzoeker, ingesteld binnen 30 dagen na de dagtekening van de beschikking waarbij het verlof is geweigerd.
3. Het rechtsmiddel bedoeld in artikel 50 van de verordening is: beroep in cassatie.
4. Het rechtsmiddel bedoeld in artikel 49 van de verordening en het rechtsmiddel bedoeld in artikel 50 van de verordening, worden ingesteld en behandeld met toepassing van de regels voor de verzoekprocedure in eerste aanleg onderscheidenlijk in cassatie.
5. Voor de toepassing van de Wet griffierechten in (*red.*: lees: griffierechten) burgerlijke zaken wordt het bij een rechtsmiddel ingestelde verzoek geacht een verzoek van onbepaalde waarde te zijn.
[11-07-2018, Stb. 332, i.w.tr. 29-01-2019/kamerstukken 34795]

[Beroep]

1. Rechtsmiddel. In artikel 3 lid 1 is bepaald dat de rechtbank waarvan de voorzieningenrechter op het verzoek om erkenning of de verklaring van uitvoerbaarheid heeft beslist, relatief bevoegd is om van het rechtsmiddel (beroep) tegen de beslissing op het verzoek tot uitvoerbaarverklaring kennis te nemen. Elke partij kan het rechtsmiddel gebruiken. Onder 'partij' in de zin van de verordening wordt verstaan de verzoeker van de verklaring van uitvoerbaarheid en de partij(en) tegen wie tenuitvoerlegging wordt gevraagd.

2. Termijn. Een rechtsmiddel tegen de verklaring van uitvoerbaarheid moet op grond van artikel 49, vijfde lid, van de verordening worden ingesteld binnen 30 dagen na de betekening daarvan. Deze termijn kan onder omstandigheden worden verlengd tot 60 dagen. De verordening bevat geen termijn voor het instellen van een rechtsmiddel in geval van weigering van het verlof. Artikel 3 lid 2 stelt die termijn op 30 dagen, te rekenen vanaf de dag van de beschikking waarbij het verlof is geweigerd.

3. Beroep in cassatie. Uit artikel 3, lid 3 volgt dat tegen de door de rechtbank op het rechtsmiddel gegeven beslissing beroep in cassatie bij de Hoge Raad kan worden ingesteld. Het instellen en behandelen van het (cassatie)beroep moet plaatsvinden aan de hand van de regels van de verzoekprocedure in eerste aanleg onderscheidenlijk in cassatie (lid 4). In lid 5 is dezelfde bepaling als in artikel 2 lid 6 opgenomen; het verzoek wordt geacht van onbepaalde waarde te zijn.

Artikel 4

1. Op de verklaring van uitvoerbaarheid van een authentieke akte als bedoeld in artikel 59 van de verordening zijn de artikelen 2 en 3 van overeenkomstige toepassing. Artikel 993 van het Wetboek van Burgerlijke Rechtsvordering is niet van toepassing.

2. De instantie, bedoeld in artikel 58, eerste lid, tweede volzin, en in artikel 59, tweede lid, van de verordening, is de notaris die de authentieke akte heeft verleden of de notaris die zijn protocol heeft overgenomen.
[11-07-2018, Stb. 332, i.w.tr. 29-01-2019/kamerstukken 34795]

[Uitvoerbaarverklaring akte]

1. Uitvoerbaarverklaring authentieke akte. Ook een in de lidstaat van herkomst uitvoerbare authentieke akte kan volgens de verordening in een andere lidstaat op verzoek van een belanghebbende uitvoerbaar worden verklaard. Daarvoor geldt dezelfde procedure als die waarop de artikelen 2 en 3 doelen. Door het buiten toepassing verklaren van de schakelbepaling van artikel 993 Rv, wordt verduidelijkt dat de artikelen 985 tot en met 990 Rv niet van toepassing zijn op de verklaring van uitvoerbaarheid (zie ook artikel 2 lid 1). Tegen de beslissing tot (weigering van de) verklaring van uitvoerbaarheid staat beroep en cassatie open bij de rechtbank respectievelijk de Hoge Raad.

2. Formulier. In Nederland is de bevoegde instantie op de voet van artikel 58, eerste lid, tweede zin, van de verordening resp. artikel 59, tweede lid, van de verordening de notaris die de authentieke akte heeft verleden. De notaris is de autoriteit die het door de Europese Commissie vastgestelde formulier kan afgeven waarin de bewijskracht wordt aangegeven die in de lidstaat van herkomst aan de authentieke akte wordt toegekend. Deze notaris bewaart de akte en beschikt daardoor over alle gegevens die in het formulier dienen te worden opgenomen. In geval van bijvoorbeeld defungering is de notaris die het protocol heeft overgenomen bevoegd het formulier in te vullen en af te geven.

Artikel 5
Op de verklaring van uitvoerbaarheid van een gerechtelijke schikking als bedoeld in artikel 60 van de verordening zijn de artikelen 2 en 3 van overeenkomstige toepassing.
[11-07-2018, Stb. 332, i.w.tr. 29-01-2019/kamerstukken 34795]

[Uitvoerbaarverklaring schikking]

Betekenis. Artikel 5 verklaart de artikelen 2 en 3 van overeenkomstige toepassing op het verzoek om een verklaring van uitvoerbaarheid van een gerechtelijke schikking.

Artikel 6
(Bevat wijzigingen in de artikelen 34a–36, 39–41, het opschrift van titel 3, afdeling 3, de artikelen 42–44, 46–48, 50–52, 63a–65, 67–69, het opschrift van titel 4, afdeling 4, de artikelen 70–78, 80–82 en 84 van het Burgerlijk Wetboek Boek 10.)
[11-07-2018, Stb. 332, i.w.tr. 29-01-2019/kamerstukken 34795]

Artikel 6a
(Bevat wijzigingen in artikel 88 van het Burgerlijk Wetboek Boek 1.)
[11-07-2018, Stb. 332, i.w.tr. 29-01-2019/kamerstukken 34795]

Artikel 6b

(Bevat wijzigingen in artikel 271 van de Overgangswet nieuw Burgerlijk Wetboek.)

[11-07-2018, Stb. 332, i.w.tr. 29-01-2019/kamerstukken 34795]

Artikel 7

Deze wet treedt in werking op een bij koninklijk besluit te bepalen tijdstip.

[11-07-2018, Stb. 332, i.w.tr. 29-01-2019/kamerstukken 34795]

[Inwerkingtreding]

Betekenis. Artikel 7 betreft de inwerkingtreding van de wet. In artikel 70 van de Verordening huwelijksvermogensstelsels en de Verordening vermogensrechtelijke gevolgen geregistreerde partnerschappen is bepaald dat deze verordeningen van toepassing zijn met ingang van 29 januari 2019. De uitvoeringswet treedt in werking op een bij koninklijk besluit te bepalen tijdstip. De wet is op 29 januari 2019 in werking getreden.

Artikel 8

Deze wet wordt aangehaald als: Uitvoeringswet Verordening huwelijksvermogensstelsels en Verordening vermogensrechtelijke gevolgen geregistreerde partnerschappen.

[11-07-2018, Stb. 332, i.w.tr. 29-01-2019/kamerstukken 34795]

[Citeertitel]

Betekenis. Artikel 8 geeft de citeertitel van de wet: Uitvoeringswet Verordening huwelijksvermogensstelsels en Verordening vermogensrechtelijke gevolgen geregistreerde partnerschappen.

ONTBINDING VAN HET HUWELIJK

Burgerlijk Wetboek Boek 10 (Relevante artikelen)

AFDELING 4
Ontbinding van het huwelijk en scheiding van tafel en bed

[Inleidende opmerkingen]

1. Algemeen. In afdeling 4 van Titel 3 Boek 10 BW zijn de bepalingen van de Wet van 25 maart 1981 houdende regeling van het conflictenrecht inzake ontbinding van het huwelijk en scheiding van tafel en bed (de WCE) met enkele wijzigingen van deels inhoudelijke, deels technische aard overgenomen in art. 10:54-10:59 BW. Art. 10:54 noemt een tweetal verdragen inzake de erkenning van buitenlandse echtscheidingen, die voor Nederland in werking zijn getreden. Art. 10:55 heeft betrekking op het echtscheidingsmonopolie van de Nederlandse rechter. Art. 10:56 bevat een regeling van conflictenrecht. Art. 10:57-10:58 zien op de erkenning van in het buitenland tot stand gekomen huwelijksontbindingen. Art. 10:59 bevat een openbare orde-exceptie voor de erkenning van een buitenlandse echtscheiding. In Titel 3 Boek 10 BW wordt onder de term 'huwelijk' het in Boek 1 BW gebezigde huwelijksbegrip verstaan. Dit impliceert dat afdeling 4 van Titel 3 Boek 10 BW ook geldt voor de echtscheiding tussen echtgenoten van hetzelfde geslacht. Verder geldt dat de in Titel 1 Boek 10 BW opgenomen algemene bepalingen (art. 10:1-10:17) in beginsel ook gelden voor Afdeling 4 van Titel 3. Voor toepassing komt echter niet in aanmerking art. 10:8 (de algemene exceptieclausule). De functie van deze exceptieclausule verdraagt zich immers niet met de grondslag van de op het begunstigingsbeginsel (*favor divortii*) gebaseerde regeling van art. 10:56-59 BW. Zie nader *Asser/Vonken 10-I* 2018/428-431. Evenmin is van toepassing art. 10:10 (rechtskeuze), voor welk onderwerp een speciale regeling is gegeven in art. 10:56 lid 3. Bij de bespreking van art. 10:55-10:58 BW moet ook de Verordening Brussel II-ter aan de orde komen (Verordening (EU) 2019/1111 van 25 juni 2019 betreffende de bevoegdheid, de erkenning en tenuitvoerlegging van beslissingen in huwelijkszaken en inzake de ouderlijke verantwoordelijkheid, en betreffende internationale kinderontvoering (herschikking), *PbEU* 2019, L 178/1, becommentarieerd door Oderkerk in *T&C Personen- en familierecht* onder 'Ontbinding van het huwelijk'). Deze verordening bevat overigens niet alleen bepalingen met betrekking tot de internationale bevoegdheid en de erkenning van beslissingen op het terrein van de echtscheiding, maar geeft ook een uitvoerige regeling met betrekking tot de bevoegdheid en de erkenning en tenuitvoerlegging van beslissingen op het terrein van de kinderbescherming en de ouderlijke verantwoordelijkheid (zie ook in *T&C Personen- en familierecht* onder 'Ouderlijke verantwoordelijkheid en bescherming van kinderen'). Deze verordening regelt echter niet de kwestie van het toepasselijke recht. Zie nader met betrekking tot afdeling 4 van Titel 3 (art. 10:54-10:59), *Asser/Vonken & Ibili 10-II* 2021/155-217. Op 20 december 2010 is tot stand gekomen de

Verordening (EU) 1259/2010 tot nauwere samenwerking op het gebied van het toepasselijke recht inzake echtscheiding en scheiding van tafel en bed vastgesteld (*PbEU* 2010, L 343/10). Deze verordening, ook wel aangeduid als Rome III, regelt het toepasselijke recht op de echtscheiding, is in werking getreden op 21 juni 2012 en is toepasselijk in zeventien lidstaten van de EU: België, Bulgarije, Duitsland, Estland, Frankrijk, Griekenland, Hongarije, Italië, Litouwen, Letland, Luxemburg, Malta, Oostenrijk, Portugal, Roemenië, Spanje en Slovenië. Voor de overige lidstaten van de EU geldt deze verordening niet. De verordening geldt dus ook niet voor Nederland. Dit betekent dat het toepasselijke recht op de echtscheiding in Nederland vastgesteld zal moeten worden volgens het commune IPR in art. 10:56 BW.

2. Ouderschapsplan bij internationale echtscheiding in Nederland. Het Nederlandse echtscheidingsrecht kent sinds 1 maart 2009 de rechtsfiguur van het verplichte ouderschapsplan. Deze houdt in dat een verzoeker die om echtscheiding verzoekt waarbij minderjarige kinderen zijn betrokken pas in het echtscheidingsverzoek ontvankelijk kan worden verklaard, indien een ouderschapsplan is overgelegd (art. 815 lid 2 Rv), dan wel de rechter van oordeel is dat het ouderschapsplan redelijkerwijze niet overgelegd kan worden (art. 815 lid 6 Rv). Ingevolge art. 815 lid 3 Rv moeten de belangrijkste gevolgen van de echtscheiding voor de daarbij betrokken minderjarige kinderen in een ouderschapsplan worden geregeld. De onderwerpen die genoemd worden in art. 815 lid 3 onderdeel a en b Rv betreffen kwesties van de ouderlijke verantwoordelijkheid, terwijl lid 3 onderdeel c betrekking heeft op de kinderalimentatie. Wat betreft de kwalificatievraag dient te worden aangenomen dat het verplichte ouderschapsplan niet dient te worden gekwalificeerd als een kwestie van procesrecht – ook al is deze rechtsfiguur opgenomen in het Rv – maar als een kwestie van materieel familierecht. In dit geval is zelfs sprake van een dubbelde kwalificatie, in die zin dat de rechtsfiguur van het ouderschapsplan kan worden gekwalificeerd als een kwestie van zowel ouderlijke verantwoordelijkheid als van alimentatie. Aangenomen dient te worden dat het ouderschapsplan in het kader van een internationale echtscheiding in Nederland uitsluitend verplicht is, indien is vastgesteld dat de Nederlandse rechter zowel ter zake van de echtscheiding bevoegd is, als ter zake van de ouderlijke verantwoordelijkheid en de kinderalimentatie. De bevoegdheidsregeling met betrekking tot de echtscheiding staat in art. 3-5 Verordening Brussel II-ter, de bevoegdheidsregels met betrekking tot de ouderlijke verantwoordelijkheid zijn neergelegd in de art. 7 e.v. Verordening Brussel II-ter respectievelijk art. 5 e.v. Haags Kinderbeschermingsverdrag (HKV 1996), terwijl de bevoegdheid in zaken betreffende kinderalimentatie is geregeld in art. 3 e.v. Alimentatieverordening. Gesteld dat de Nederlandse rechter bevoegd is met betrekking tot deze voornoemde onderwerpen, dan dient de vraag zich aan van het op het ouderschapsplan toepasselijke recht. Wat betreft de onderdelen van het ouderschapsplan die tot de categorie van de ouderlijke verantwoordelijkheid kunnen worden gerekend, is art. 16 HKV 1996 van toepassing, meer concreet art. 16 lid 2 HKV 1996, dat (onder meer) betreft de van rechtswege ontstane ouderlijke verantwoordelijkheid door overeenkomst. De vraag welk recht van toepassing is op het onderdeel van het ouderschapsplan dat als alimentatierechtelijk kan worden gekwalificeerd, dient te worden vastgesteld aan de hand van de verwijzingsregels van met name art. 3 en 4 Haags Alimentatieprotocol 2007. Het verplichte ouderschapsplan kan alleen worden toegepast, indien het Nederlandse recht van toepassing is op zowel de kwestie van de ouderlijke verantwoordelijkheid als van de kinderalimentatie. Wanneer krachtens voornoemde verwijzingsregels buitenlands recht van toepassing is op de kwestie van de ouderlijke verantwoordelijkheid en/of de kinderalimentatie, en (een dezer) beide rechtsstelsels niet de mogelijkheid kennen (kent) om de gevolgen betreffende de ouderlijke verantwoordelijkheid en/of de kinderalimentatie bij overeenkomst te regelen, mag de bevoegde echtscheidingsrechter geen ouderschapsplan eisen en kan het ontbreken van een ouderschapsplan niet tot niet-ontvankelijkheid leiden van het echtscheidingsverzoek. Zie nader *Asser/Vonken & Ibili 10-II* 2021/177.

Verordening (EG) Nr. 2201/2003 betreffende de bevoegdheid en de erkenning en tenuitvoerlegging van beslissingen in huwelijkszaken en inzake de ouderlijke verantwoordelijkheid, en tot intrekking van Verordening Brussel (EG) nr. 1347/2000 (Verordening Brussel II-bis)

Verordening van de Raad van 27 november 2003 betreffende de bevoegdheid en de erkenning en tenuitvoerlegging van beslissingen in huwelijkszaken en inzake de ouderlijke verantwoordelijkheid, en tot intrekking van Verordening (EG) nr. 1347/2000, PbEU 2003, L 338, zoals laatstelijk gewijzigd op 2 december 2004, PbEU 2004, L 367 (i.w.tr. 03-01-2005)

DE RAAD VAN DE EUROPESE UNIE,

Gelet op het Verdrag tot oprichting van de Europese Gemeenschap, inzonderheid op artikel 61, onder *c)*, en artikel 67, lid 1,

Gezien het voorstel van de Commissie [1],

Gezien het advies van het Europees Parlement [2],

Gezien het advies van het Europees Economisch en Sociaal Comité [3],

Overwegende hetgeen volgt:

(1) De Europese Gemeenschap heeft zich tot doel gesteld een ruimte van vrijheid, veiligheid en rechtvaardigheid tot stand te brengen, waarin het vrije verkeer van personen gewaarborgd is. Te dien einde moet de Gemeenschap met name de maatregelen op het gebied van de justitiële samenwerking in burgerlijke zaken aannemen, die nodig zijn voor de goede werking van de interne markt.

(2) De Europese Raad van Tampere heeft bevestigd dat het beginsel van de wederzijdse erkenning van rechterlijke beslissingen de hoeksteen voor de totstandbrenging van een werkelijke justitiële ruimte vormt, en heeft het omgangsrecht aangemerkt als een prioriteit.

(3) Verordening (EG) nr. 1347/2000 van de Raad van 29 mei 2000 [4] voorziet in regels betreffende de bevoegdheid en de erkenning en tenuitvoerlegging van beslissingen in huwelijkszaken en van naar aanleiding van procedures in huwelijkszaken gegeven beslissingen inzake de ouderlijke verantwoordelijkheid voor de gemeenschappelijke

---

(1) *PB* C 203 E van 27.8.2002, blz. 155.

(2) Advies uitgebracht op 20 september 2002 (nog niet bekendgemaakt in het *Publicatieblad*).

(3) *PB* C 61 van 14.3.2003, blz. 76.

(4) *PB* L 160 van 30.6.2000, blz. 19.

kinderen van de echtgenoten. De inhoud van deze verordening werd grotendeels overgenomen uit de overeenkomst van 28 mei 1998 met hetzelfde onderwerp [5].

(4) Op 3 juli 2000 heeft Frankrijk een initiatief met het oog op de aanneming van een verordening van de Raad inzake de wederzijdse tenuitvoerlegging van beslissingen betreffende het omgangsrecht ingediend [6].

(5) Teneinde de gelijke behandeling van alle kinderen te waarborgen is deze verordening van toepassing op alle beslissingen betreffende de ouderlijke verantwoordelijkheid, inclusief maatregelen ter bescherming van het kind, los van ieder verband met een procedure in huwelijkszaken.

(6) Aangezien de toepassing van de regels betreffende de ouderlijke verantwoordelijkheid vaak in het kader van procedures in huwelijkszaken aan de orde komt, verdient het de voorkeur over één enkel rechtsinstrument te beschikken voor zowel de echtscheiding als de ouderlijke verantwoordelijkheid.

(7) Binnen de werkingssfeer van deze verordening vallen, ongeacht de aard van de rechterlijke instantie, burgerlijke zaken.

(8) Wat betreft beslissingen betreffende echtscheiding, scheiding van tafel en bed of nietigverklaring van het huwelijk, mag deze verordening uitsluitend van toepassing zijn op de ontbinding van de huwelijksband, met terzijdestelling van kwesties zoals de echtscheidingsgronden, de vermogensrechtelijke gevolgen van het huwelijk of andere bijkomende maatregelen.

(9) Wat betreft het vermogen van het kind dient deze verordening uitsluitend van toepassing te zijn op de maatregelen ter bescherming van het kind, dat wil zeggen
  i) op de aanwijzing en de taken van personen of lichamen belast met het beheer van het vermogen van het kind of die het kind vertegenwoordigen of bijstaan, en
  ii) op maatregelen betreffende het beheer, de instandhouding van of de beschikking over het vermogen van het kind.

In dit verband dient deze verordening bijvoorbeeld van toepassing te zijn in gevallen waarin de ouders een geschil hebben over het beheer van het vermogen van het kind. Maatregelen inzake het vermogen van het kind die niet de bescherming van het kind betreffen moeten ook in de toekomst geregeld blijven door Verordening (EG) nr. 44/2001 van de Raad van 22 december 2000 betreffende de rechterlijke bevoegdheid, de erkenning en de tenuitvoerlegging van beslissingen in burgerlijke en handelszaken [7].

(10) Het is niet de bedoeling dat deze verordening toepasselijk is op aangelegenheden zoals sociale zekerheid, publiekrechtelijke maatregelen van algemene aard inzake onderwijs en gezondheid, noch op beslissingen inzake het asielrecht en immigratie. Voorts is zij niet van toepassing op de vaststelling van familierechtelijke betrekkingen, die onderscheiden moet worden van de toekenning van ouderlijke verantwoordelijkheid, noch op de andere aangelegenheden die verband houden met de staat van personen. Zij is evenmin van toepassing op maatregelen genomen ten gevolge van door kinderen begane strafbare feiten.

---

(5) Bij de aanneming van Verordening (EG) nr. 1347/2000 heeft de Raad nota genomen van het door professor Alegria Borras opgestelde verslag over de overeenkomst (*PB* C 221 van 16.7.1998, blz. 27).

(6) *PB* C 234 van 15.8.2000, blz. 7

(7) *PB* L 12 van 16.1.2001, blz. 1. Verordening laatstelijk gewijzigd bij Verordening (EG) nr. 1496/2002 van de Commissie (*PB* L 225 van 22.8.2002, blz. 13).

(11) Onderhoudsverplichtingen zijn van de werkingssfeer van onderhavige verordening uitgesloten, omdat zij reeds door Verordening (EG) nr. 44/2001 worden geregeld. De gerechten die uit hoofde van onderhavige verordening bevoegd zijn, zullen over het algemeen bevoegd zijn om uitspraak te doen inzake onderhoudsverplichtingen, krachtens artikel 5, lid 2, van Verordening (EG) nr. 44/2001.

(12) De in deze verordening opgenomen bevoegdheidsregels met betrekking tot ouderlijke verantwoordelijkheid zijn zodanig opgezet dat zij in het belang van het kind zijn, en met name beantwoorden aan het criterium van de nauwe verbondenheid. Dit betekent dat de bevoegdheid in de eerste plaats bij de gerechten van de lidstaat van de gewone verblijfplaats van het kind moet berusten, behalve in bepaalde gevallen waarin het kind van verblijfplaats is veranderd of wanneer er een overeenkomst bestaat tussen de personen die de ouderlijke verantwoordelijkheid dragen.

(13) In het belang van het kind biedt de onderhavige verordening het bevoegde gerecht de mogelijkheid om in uitzonderlijke gevallen en onder bepaalde voorwaarden de zaak naar het gerecht van een andere lidstaat te verwijzen indien dat gerecht beter in staat is om de zaak te behandelen. In dat geval dient het gerecht waarbij de zaak aldus aanhangig is gemaakt, evenwel niet te worden toegestaan de zaak naar nog een ander gerecht te verwijzen.

(14) De toepassing van de onderhavige verordening dient de toepassing van het internationaal publiekrecht inzake diplomatieke immuniteiten onverlet te laten. Indien het uit hoofde van onderhavige verordening bevoegd gerecht zijn bevoegdheid niet kan uitoefenen wegens het bestaan van diplomatieke immuniteit overeenkomstig het internationale recht, dient de bevoegdheid te worden bepaald in de lidstaat waar de betrokkene geen enkele immuniteit geniet, overeenkomstig de wet van deze lidstaat.

(15) Verordening (EG) nr. 1348/2000 van de Raad van 29 mei 2000 inzake de betekening en de kennisgeving in de lidstaten van gerechtelijke en buitengerechtelijke stukken in burgerlijke of in handelszaken [8] dient van toepassing te zijn op de betekening en kennisgeving van stukken in overeenkomstig deze verordening ingestelde procedures.

(16) Deze verordening mag er niet aan in de weg staan dat de gerechten van een lidstaat in spoedeisende gevallen voorlopige of beschermende maatregelen nemen met betrekking tot personen of vermogensbestanddelen die zich in die staat bevinden.

(17) In geval van ongeoorloofde overbrenging of niet doen terugkeren van het kind dient de terugkeer van het kind onverwijld te worden verkregen en te dien einde dient het Verdrag van 's-Gravenhage van 25 oktober 1980 van toepassing te blijven, zoals aangevuld door de bepalingen van deze verordening, in het bijzonder artikel 11. De gerechten van de lidstaat waarnaar het kind ongeoorloofd is overgebracht of waar het ongeoorloofd wordt vastgehouden, dienen in staat te zijn zich in welbepaalde, naar behoren gemotiveerde gevallen tegen de terugkeer van het kind te verzetten. Een dergelijke beslissing moet evenwel kunnen worden vervangen door een latere beslissing van het gerecht van de lidstaat waar het kind vóór de ongeoorloofde overbrenging of niet doen terugkeren zijn gewone verblijfplaats had. Brengt deze laatste beslissing de terugkeer van het kind met zich, dan dient de terugkeer plaats te vinden zonder dat enigerlei bijzondere procedure vereist is voor de erkenning

---

(8) *PB* L 160 van 30.6.2000, blz. 37.

en tenuitvoerlegging van die beslissing in de lidstaat waar het ontvoerde kind zich bevindt.

(18) Indien krachtens artikel 13 van het Verdrag van 's-Gravenhage van 1980 een beslissing houdende de niet-terugkeer is gegeven, dient het gerecht dit te melden aan het bevoegde gerecht of de centrale autoriteit van de lidstaat waar het kind vóór zijn ongeoorloofde overbrenging of niet doen terugkeren zijn gewone verblijfplaats had. Tenzij de zaak reeds bij hem aanhangig is gemaakt, dient dit gerecht of de centrale autoriteit een oproep te richten aan de partijen. Deze verplichting dient voor de centrale autoriteit van de lidstaat geen beletsel te vormen om ook een oproep te richten aan de betrokken overheidsinstanties, zulks in overeenstemming met het nationale recht.

(19) Het horen van het kind speelt een belangrijke rol in de toepassing van onderhavige verordening, zonder dat deze echter de strekking heeft de terzake geldende nationale procedures te wijzigen.

(20) Het horen van het kind in een andere lidstaat kan worden verricht in overeenstemming met de voorschriften van Verordening (EG) nr. 1206/2001 van de Raad van 28 mei 2001 betreffende de samenwerking tussen de gerechten van de lidstaten op het gebied van bewijsverkrijging in burgerlijke en handelszaken [9].

(21) De erkenning en de tenuitvoerlegging van in een lidstaat gegeven beslissingen dienen gebaseerd te zijn op het beginsel van wederzijds vertrouwen, en de gronden tot weigering van de erkenning dienen tot het noodzakelijke minimum beperkt te blijven.

(22) Authentieke akten en schikkingen tussen partijen, die in een lidstaat uitvoerbaar zijn, dienen voor de toepassing van de regels inzake de bevoegdheid en de erkenning en tenuitvoerlegging te worden gelijkgesteld met 'beslissingen'.

(23) De Europese Raad van Tampere heeft in zijn conclusies (punt 34) geoordeeld dat beslissingen in familierechtelijke procedures 'automatisch in de gehele Unie moeten worden erkend, zonder enige intermediaire procedure of gronden tot weigering van de tenuitvoerlegging'. Daarom dienen beslissingen betreffende het omgangsrecht en beslissingen betreffende de terugkeer van een kind, die in de lidstaat van herkomst overeenkomstig de bepalingen van deze verordening zijn gecertificeerd, in alle andere lidstaten te worden erkend en zijn ze er uitvoerbaar zonder dat daartoe enigerlei andere procedure vereist is. De bepalingen in verband met de tenuitvoerlegging van deze beslissingen blijven onder het nationale recht vallen.

(24) Tegen het certificaat dat met het oog op een vereenvoudigde tenuitvoerlegging van de beslissing wordt afgegeven, dient geen rechtsmiddel open te staan. Uitsluitend in geval van een materiële fout, dit wil zeggen wanneer het certificaat de inhoud van de beslissing niet correct weergeeft, kan het aanleiding geven tot een rectificatieprocedure.

(25) De centrale autoriteiten dienen zowel algemeen als in specifieke gevallen met elkaar samen te werken, onder meer ter bevordering van de minnelijke schikking van gezinsconflicten betreffende de ouderlijke verantwoordelijkheid. Te dien einde moeten de centrale autoriteiten gebruikmaken van hun deelneming aan het Europees justitieel netwerk in burgerlijke en handelszaken, in het leven geroepen bij Beschikking 2001/470/EG van de Raad van 28 mei 2001 betreffende de oprichting van een Europees justitieel netwerk in burgerlijke en handelszaken [10].

---

(9) *PB* L 174 van 27.6.2001, blz. 1.
(10) *PB* L 174 van 27.6.2001, blz. 25.

(26) De Commissie dient de door de lidstaten toegezonden lijsten van terzake bevoegde rechterlijke instanties en van hogere voorzieningen openbaar te maken en bij te houden.

(27) De voor de uitvoering van deze verordening vereiste maatregelen dienen te worden vastgesteld overeenkomstig Besluit 1999/468/EG van de Raad van 28 juni 1999 tot vaststelling van de voorwaarden voor de uitoefening van de aan de Commissie verleende uitvoeringsbevoegdheden (11).

(28) De onderhavige verordening komt in de plaats van Verordening (EG) nr. 1347/2000, die bijgevolg wordt ingetrokken.

(29) Met het oog op de goede werking van deze verordening onderzoekt de Commissie de toepassing ervan om in voorkomend geval de nodige wijzigingen voor te stellen.

(30) Het Verenigd Koninkrijk en Ierland hebben overeenkomstig artikel 3 van het Protocol betreffende de positie van het Verenigd Koninkrijk en Ierland, gevoegd bij het Verdrag betreffende de Europese Unie en het Verdrag tot oprichting van de Europese Gemeenschap, de wens te kennen gegeven aan de aanneming en toepassing van deze verordening deel te nemen.

(31) Denemarken neemt overeenkomstig de artikelen 1 en 2 van het Protocol betreffende de positie van Denemarken, gevoegd bij het Verdrag betreffende de Europese Unie en het Verdrag tot oprichting van de Europese Gemeenschap, niet deel aan de aanneming van deze verordening, zodat deze niet bindend voor, noch van toepassing op Denemarken is.

(32) Daar de doelstellingen van deze verordening niet voldoende door de lidstaten kunnen worden verwezenlijkt en derhalve beter door de Gemeenschap kunnen worden verwezenlijkt, kan de Gemeenschap, overeenkomstig het in artikel 5 van het Verdrag neergelegde subsidiariteitsbeginsel, maatregelen nemen. Overeenkomstig het in hetzelfde artikel neergelegde evenredigheidsbeginsel gaat deze verordening niet verder dan nodig is om deze doelstellingen te verwezenlijken.

(33) Deze verordening erkent de grondrechten en is in overeenstemming met de beginselen, die zijn erkend bij het Handvest van de grondrechten van de Europese Unie. In het bijzonder beoogt zij de grondrechten van het kind, zoals die in artikel 24 van het Handvest van grondrechten van de Europese Unie zijn erkend, ten volle te eerbiedigen,

HEEFT DE VOLGENDE VERORDENING VASTGESTELD:

[Inleidende opmerkingen]

1. Algemeen. De verordening regelt sinds 1 maart 2005 de bevoegdheid van de nationale rechters van de EU-lidstaten in huwelijkszaken en in zaken met betrekking tot de ouderlijke verantwoordelijkheid, alsmede de erkenning en tenuitvoerlegging van beslissingen op deze terreinen van de nationale rechters in andere lidstaten. Zij wordt, om hieronder te bespreken redenen (zie aant. 2) in Nederland meestal aangeduid als 'Brussel II-bis-verordening' of kortweg 'Brussel II-bis'. In oudere teksten komt men ook wel andere aanduidingen tegen, zoals 'Brussel IIa'.

(11) *PB* L 184 van 17.7.1999, blz. 23.

2. Ontstaansgeschiedenis. Art. K3 Verdrag van Maastricht vormde de basis voor intergouvernementele samenwerking 'ter verwezenlijking van met name het vrij verkeer van personen'. Op grond hiervan is opgesteld het Verdrag van 28 mei 1998 betreffende de bevoegdheid en de erkenning en tenuitvoerlegging van beslissingen in huwelijkszaken (*Trb.* 1999, 14). Dit verdrag sloot in systematiek en terminologie nauw aan bij het EEX-verdrag, dat internationaal veelal werd aangeduid als het 'Verdrag van Brussel'. Om deze reden werd het verdrag van 28 mei 1998 wel het 'Brussel II-verdrag' genoemd. Dit verdrag is nooit in werking getreden. Op 1 mei 1999 werd het namelijk op grond van hoofdstuk IV EG-Verdrag (thans Titel V van het Verdrag betreffende de werking van de Europese Unie (VWEU)) mogelijk om dezelfde materie op een andere wijze te regelen, namelijk door middel van een verordening. Dit heeft ertoe geleid dat op 29 mei 2000 de 'Verordening (EG) nr. 1347/2000 betreffende de bevoegdheid en de erkenning en tenuitvoerlegging van beslissingen in huwelijkszaken en inzake de ouderlijke verantwoordelijkheid voor gemeenschappelijke kinderen' door de Raad is aangenomen. Deze verordening, die inhoudelijk grotendeels overeenkwam met het Brussel II-verdrag, is op 1 maart 2001 in werking getreden voor alle EU-lidstaten behalve Denemarken. Zij werd veelal aangeduid als de Brussel II-verordening of als Brussel II. Met ingang van 1 maart 2005 is Brussel II vervangen door Brussel II-bis. Het verschil tussen de beide verordeningen is vooral gelegen in de bepalingen over de ouderlijke verantwoordelijkheid. Anders dan in Brussel II, wordt in Brussel II-bis de bevoegdheid inzake de ouderlijke verantwoordelijkheid niet alleen geregeld wanneer het gaat om nevenvoorzieningen bij procedures over de huwelijksband, maar ook wanneer het gaat om zelfstandige beslissingen. Tevens zijn de regels op een aantal punten inhoudelijk gewijzigd. Zie nader met betrekking tot Brussel II-bis, *Asser/Vonken & Ibili 10-II* 2021/161 e.v. en 521 e.v.

3. Latere wijziging en toekomst. De verordening is gewijzigd door de Verordening (EG) 2116/2004 van de Raad. Bij laatstgenoemde verordening is het oorspronkelijke art. 63, inzake verdragen met de Heilige Stoel, gewijzigd. Hieronder wordt uitgegaan van de geconsolideerde tekst. Op grond van art. 65 is door de Europese Commissie een verslag over de toepassing van de verordening ingediend op 15 april 2014 (zie COM(2014)225 final). Vervolgens heeft op 30 juni 2016 de Europese Commissie een voorstel voor een herschikking van de verordening Brussel II-bis bekendgemaakt, zie COM(2016)411 final. Thans is de definitieve tekst vastgesteld (gepubliceerd op 2 juli 2019 in *PbEU* L178/1) en is bekend dat de herschikking (Verordening (EU) 2019/1111 van de Raad van 25 juni 2019 betreffende de bevoegdheid, de erkenning en tenuitvoerlegging van beslissingen in huwelijkszaken en inzake de ouderlijke verantwoordelijkheid, en betreffende internationale kinderontvoering (herschikking)) op 1 augustus 2022 in werking is getreden.

4. Brexit. Algemeen. Het Verenigd Koninkrijk (VK) heeft de Europese Unie (EU) verlaten op 31 januari 2020 (middernacht Nederlandse tijd). Sinds 1 februari 2020 geldt, zo volgt uit het *Akkoord inzake de terugtrekking van het Verenigd Koninkrijk van Groot-Brittannië en Noord-Ierland uit de Europese Unie en de Europese Gemeenschap voor Atoomenergie* (2019/C 384 I/01) (hierna: Terugtrekkingsakkoord) een overgangsfase, tot en met 31 december 2020 (art. 126 jo. 185 Terugtrekkingsakkoord). In deze periode blijft onder andere Verordening Brussel II-bis voor het VK van kracht. Wanneer zowel het VK als de EU ermee instemmen, kan deze overgangsperiode eenmalig met twee jaar worden verlengd tot en met 31 december 2022. **Brexit en de bevoegdheidsbepalingen van Brussel II-bis.**

Uit artikel 67 lid 1 aanhef jo. sub c Terugtrekkingsakkoord volgt dat in het Verenigd Koninkrijk evenals in de lidstaten in situaties waarbij het Verenigd Koninkrijk is betrokken, de bepalingen inzake de rechterlijke bevoegdheid van Verordening Brussel II bis van toepassing zijn ten aanzien van gerechtelijke procedures die voor het eind van de overgangsperiode zijn ingeleid en ten aanzien van procedures of vorderingen die met dergelijke gerechtelijke procedures verband houden op grond van artikel 19 Brussel II-bis (de litispendentieregeling). **Brexit en de erkenning- en tenuitvoerleggingsbepalingen van Brussel II-bis.** Uit artikel 67 lid 2 aanhef jo. sub b Terugtrekkingsakkoord volgt dat in het Verenigd Koninkrijk evenals in de lidstaten in situaties waarbij het Verenigd Koninkrijk is betrokken, de bepalingen betreffende erkenning en tenuitvoerlegging van Brussel II bis van toepassing zijn op beslissingen die zijn gegeven in gerechtelijke procedures die voor het eind van de overgangsperiode zijn ingesteld en op voor het eind van de overgangsperiode goedgekeurde of getroffen gerechtelijke schikkingen en vastgestelde authentieke akten. **Brexit en de verzoeken van Centrale Autoriteiten of ander bevoegde autoriteiten in de context van Brussel II-bis.** Uit artikel 67 lid 3 aanhef jo. sub a Terugtrekkingsakkoord volgt dat in het Verenigd Koninkrijk evenals in de lidstaten in situaties waarbij het Verenigd Koninkrijk is betrokken, hoofdstuk IV van Brussel II-bis van toepassing is op verzoeken die door de centrale autoriteit of een andere bevoegde autoriteit van de aangezochte staat voor het eind van de overgangsperiode zijn ontvangen.

5. Interpretatie. Hoewel Brussel II-bis een andere materie bestrijkt dan de EEX-verordening, moet worden aangenomen dat ook Brussel II-bis beoogt om zekerheid te geven over de bevoegdheidsverdeling tussen de nationale gerechten zodat eiser en verweerder kunnen voorzien welke rechter zich bevoegd zal achten, en om zekerheid te geven dat beslissingen uit de ene lidstaat in de andere lidstaat zullen worden erkend en tenuitvoergelegd, behoudens een zeer beperkt aantal uitzonderingsgevallen. Daarom wordt in het onderstaande steeds in de eerste plaats onderzocht tot welk resultaat een letterlijke lezing van de tekst leidt. Wanneer een letterlijke interpretatie tot inconsistente of twijfelachtige resultaten kan leiden of wanneer zij in de literatuur of in de praktijk reeds ter discussie is gesteld, worden ook andere mogelijkheden onderzocht. Van belang is, dat er over interpretatiekwesties veelal pas definitief zekerheid kan worden verkregen wanneer het Hof van Justitie er uitspraak over heeft gedaan.

6. Interpretatieproblemen. Documenten. Bij de verordening bestaat geen toelichtend rapport zoals dat wel bij de Haagse ipr-verdragen gebruikelijk is. De toelichting bij het eerste voorstel voor Brussel II-bis (dat overigens nog op een aantal belangrijke punten van de huidige verordening afweek) is uiterst summier. Wel bestaat er een toelichtend rapport van prof. Alegría Borrás op het ontwerp-Brussel II-verdrag (*PbEG* 1998, C-221/27). Dit rapport kan van belang zijn bij de interpretatie van die bepalingen in de verordening die nog overeenkomen met de bepalingen van het verdrag. Naast dit rapport kan gewezen worden op: de toelichting van de Commissie bij het voorstel voor de Brussel II-verordening (COM(1999)220 def.); de toelichting van de Commissie bij het voorstel voor Brussel II-bis (COM(2002)222 definitief/2); en de 'Practice Guide for the application of the new Brussels II Regulation' https://e-justice.europa.eu/fileDownload.do?id=98eb296c-a790-4feb-8001-5a990b513521. Voorts kan de preambule van de verordening een rol spelen bij de interpretatie en daarnaast kunnen andere documenten van belang zijn die tijdens de wetgevingsprocedure zijn opgesteld. Voor Brussel II zijn dit achtereenvolgens het advies van het ESC (*PbEG* 1999, C-368/23); het verslag van de EP-commissie vrijheden en rechten van de burger, justitie en binnenlandse zaken (EP A5-0057/1999); de amendementen van het EP (*PbEG* 2000, C-189/91); het gewijzigd voorstel met toelichting (COM(2000)151 definitief); en het politiek akkoord van de Raad. Voor Brussel II-bis zij gewezen op het advies van het ESC (*PbEU* 2003, C-61II76); het Verslag EP-commissie vrijheden en rechten van de burger, justitie en binnenlandse zaken (EP A5-0385/2002); en de wetgevingsresolutie van het EP (*PbEU* 2004, C-25E/171). **Andere bronnen.** Tot slot zij gewezen op rechtspraak van het Hof van Justitie EU en voorts op doctrine en op nationale rechtspraak uit de verschillende lidstaten.

7. Toepassingsgebied. Territoriaal toepassingsgebied. De verordening geldt voor alle lidstaten behalve Denemarken (art. 1 lid 3). Zie ook de preambule nr. 31. **Temporeel toepassingsgebied.** De verordening is in werking getreden op 1 augustus 2004, maar wordt eerst toegepast sinds 1 maart 2005 (zie het commentaar op art. 72). Het overgangsrecht is geregeld in art. 64. **Materieel toepassingsgebied.** De onderwerpen die door de verordening bestreken worden, worden afgebakend in art. 1, alsmede in een aantal van de definities die gegeven worden in art. 2. **Formeel toepassingsgebied.** De vraag naar het formele toepassingsgebied kan worden opgesplitst in de volgende deelvragen. a. Is het voor toepassing van de verordening noodzakelijk dat de casus een internationaal karakter heeft, en zo ja, waarin moet dat internationale karakter bestaan? Deze vraag heeft in beginsel slechts een academisch karakter. Of de Nederlandse rechter in een zuiver intern geval (Nederlandse partijen, wonend in Nederland) bevoegd is op grond van de verordening of op grond van het Wetboek van Burgerlijke Rechtsvordering, maakt immers geen verschil. Wel is van belang dat een beslissing die door de rechter van een van de lidstaten in een zuiver intern geval gegeven is, in alle andere lidstaten wordt erkend en ten uitvoer gelegd op grond van de verordening. b. Wordt de verordening toegepast in gevallen waarbij naast één lidstaat een of meer derde landen betrokken zijn? c. Wordt de verordening toegepast in gevallen waarbij behalve meer dan één lidstaat ook derde landen betrokken zijn? Beide vragen ad b en c zijn positief te beantwoorden. Voorts is ook wel de vraag gesteld of het formele toepassingsgebied van de verordening beperkt moet worden tot gevallen waarin de verweerder hetzij door nationaliteit, hetzij door woonplaats met een lidstaat verbonden is. Zie daarover art. 6, aant. 3, art. 7, aant. 3, en art. 8, aant. 1.

8. Verhouding tot het volkenrecht. Blijkens de preambule (nr. 14) wordt de toepassing van het internationaal publiekrecht inzake diplomatieke immuniteiten onverlet gelaten.

9. Verhouding tot andere instrumenten. De verhouding tot andere Europese wetgeving en de verhouding tot internationale verdragen wordt in algemene termen geregeld in art. 59-63. Voorts komt de verhouding tot andere instrumenten enkele malen aan de orde in de preambule (nr. 3, 9, 11, 15, 17, 18, 20, 28 en 33) en, voor specifieke kwesties, in een aantal bepalingen van de verordening (art. 11, 12, 18, 42, 64 en 71).

10. HKV 1996. Bijzondere aandacht verdient het HKV 1996. Dit verdrag is voor Nederland op 1 mei 2011 in werking getreden. Tussen dit verdrag en de verordening bestaat een belangrijke samenhang, hoewel het verdrag slechts genoemd wordt in art. 12 lid 4 en art. 61 Brussel II-bis. Het verdrag regelt 'de bevoegdheid, het toepasselijke recht, de erkenning, de tenuitvoerlegging en de samenwerking op het gebied van ouderlijke verantwoordelijkheid en maatregelen ter bescherming van kinderen'. Buiten de aanwijzing van het toepasselijke recht zijn dit dezelfde onderwerpen die door de verordening worden geregeld, voor zover die betrekking heeft op ouderlijke verantwoordelijkheid. Een groot aantal van de bepalingen van de verordening komt overeen met die van het verdrag. Regelmatig zal daarom in het onderstaande naar het verdrag worden verwezen. Anders dan bij de verordening is bij het verdrag een toelichtend rapport verschenen (*Rapport Lagarde*, te downloaden op https://assets.hcch.net/docs/5a56242c-ff06-42c4-8cf0-00e48da47ef0.pdf). Zie nader met betrekking tot het HKV 1996, *T&C Personen- en familierecht*, commentaar op HKV 1996 en in *Asser/Vonken & Ibili 10-II* 2021/519 e.v.

11. Uitvoeringswet. De Uitvoeringswet Internationale Kinderbescherming, welke wet zowel tot uitvoering strekt van het HKV 1996 als van Brussel II-bis, is opgenomen in het onderdeel Bijlagen van deze uitgave. Zij wijst voor Nederland de centrale autoriteit aan, regelt de taken van de centrale autoriteit en geeft voorts bepalingen die vooral van belang zijn bij de erkenning en tenuitvoerlegging van beslissingen. In het onderstaande zal naar deze wet verwezen worden onder de naam Uitvoeringswet. Zie nader met betrekking tot de Uitvoeringswet *T&C Personen- en familierecht*, commentaar op de Uitvoeringswet internationale kinderbescherming.

12. Verdragen en wetgeving voor gevallen waarin de verordening niet voorziet. Rechtsmacht. Voor gevallen waarin de verordening geen bevoegde rechter aanwijst, verwijzen art. 7 (voor echtscheiding en andere beslissingen inzake de huwelijksband) en art. 14 (voor beslissingen inzake de ouderlijke verantwoordelijkheid) naar het nationale recht van de lidstaten. Zie nader 'het commune IPR inzake ouderlijke verantwoordelijkheid'. **Erkenning en tenuitvoerlegging**. Echtscheidingen en beslissingen tot scheiding van tafel en bed afkomstig uit niet-lidstaten worden in Nederland erkend in overeenstemming met art. 10:57 en art. 10:58 BW. Andere beslissingen inzake de huwelijksband (zoals nietigverklaringen, verklaringen over de geldigheid van het huwelijk) kunnen, indien afkomstig uit Oostenrijk of Turkije, worden erkend krachtens het Verdrag inzake de erkenning van beslissingen betreffende de huwelijksband (Luxemburg, 1967); in andere gevallen kunnen zij worden beoordeeld aan de hand van art. 431 Rv. Ook voor beslissingen inzake ouderlijke verantwoordelijkheid die niet krachtens Brussel II-bis of krachtens een verdrag ten uitvoer kunnen worden gelegd, is art. 431 Rv toepasselijk. Zie over deze bepaling nader 'het commune IPR inzake ouderlijke verantwoordelijkheid'.

13. De structuur van de verordening. De verordening bestaat uit een preambule, zeven hoofdstukken en zes bijlagen. In de preambule worden de doelstelling van de verordening en de ratio van enkele afzonderlijke bepalingen beschreven. Hoofdstuk I (art. 1 tot en met art. 2) heeft betrekking op het toepassingsgebied en geeft enkele definities. In hoofdstuk II (art. 3 tot en met art. 20) wordt de rechterlijke bevoegdheid geregeld in drie afdelingen: één over de bevoegdheid inzake echtscheiding, scheiding van tafel en bed en nietigverklaring van het huwelijk (art. 3 tot en met art. 7), één over de bevoegdheid inzake de ouderlijke verantwoordelijkheid (art. 8 tot en met art. 15) en één met gemeenschappelijke bepalingen (art. 16 tot en met art. 20). Hoofdstuk III (art. 21 tot en met art. 52) regelt de erkenning en de tenuitvoerlegging van beslissingen. Het bevat een afdeling over de erkenning (afdeling 1, art. 21 tot en met art. 27); een afdeling over het verzoek om uitvoerbaarverklaring (afdeling 2, art. 28 tot en met art. 36); een afdeling met gemeenschappelijke bepalingen over de erkenning en de tenuitvoerlegging (afdeling 3, art. 37 tot en met art. 39); voorts een afdeling met specifieke bepalingen over de uitvoerbaarheid van bepaalde beslissingen omtrent het omgangsrecht en bepaalde beslissingen die de terugkeer van het kind met zich brengen (afdeling 4, art. 40 tot en met art. 45); een afdeling over authentieke akten en overeenkomsten (afdeling 5, art. 46) en tot slot een afdeling met overige bepalingen (afdeling 6, art. 47 tot en met art. 52). De overige hoofdstukken hebben achtereenvolgens betrekking op de samenwerking tussen centrale autoriteiten inzake ouderlijke verantwoordelijkheid (hoofdstuk IV, art. 53 tot en met art. 58); de verhouding tot andere instrumenten (hoofdstuk V, art. 59 tot en met art. 63); overgangsbepalingen (hoofdstuk VI, art. 64) en slotbepalingen (hoofdstuk VII, art. 65 tot en met art. 72). De bijlagen I tot en met IV bevatten certificaten waarnaar in verschillende artikelen verwezen wordt. Deze certificaten dienen in het bijzonder ter vereenvoudiging van de erkenning en de tenuitvoerlegging van beslissingen: door het uniforme formulier krijgt de aangezochte rechter op eenvoudige wijze kennis van de relevante gegevens en kan hij snel over de erkenbaarheid en de uitvoerbaarheid van beslissingen oordelen. Bijlage V bevat een concordantietabel ten opzichte van de Brussel II-verordening. Bijlage VI bevat een verklaring van Zweden en Finland over de (niet-) toepasselijkheid van de verordening in hun onderlinge betrekkingen.

HOOFDSTUK I
Toepassingsgebied en definities

Artikel 1
Toepassingsgebied

1. Deze verordening is, ongeacht de aard van het gerecht, van toepassing op burgerlijke zaken betreffende:
a) echtscheiding, scheiding van tafel en bed en nietigverklaring van het huwelijk;
b) de toekenning, de uitoefening, de overdracht, de beperking of de beëindiging van de ouderlijke verantwoordelijkheid.
2. De in lid 1, onder b), bedoelde zaken hebben met name betrekking op:
a) het gezagsrecht en het omgangsrecht;
b) voogdij, curatele en overeenkomstige rechtsinstituten;
c) de aanwijzing en de taken van enige persoon of enig lichaam, belast met de zorg voor de persoon of het vermogen van het kind, of die het kind vertegenwoordigt of bijstaat;
d) de plaatsing van het kind in een pleeggezin of in een inrichting;
e) de maatregelen ter bescherming van het kind die verband houden met het beheer of de instandhouding van dan wel de beschikking over het vermogen van het kind.
3. Deze verordening is niet van toepassing op:
a) de vaststelling en de ontkenning van familierechtelijke betrekkingen;
b) beslissingen inzake adoptie, voorbereidende maatregelen voor adoptie, alsmede de nietigverklaring en de herroeping van de adoptie;
c) de geslachtsnaam en de voornamen van het kind;
d) de handlichting;
e) onderhoudsverplichtingen;
f) trusts en erfopvolging;

g) **maatregelen genomen ten gevolge van door kinderen begane strafbare feiten.**
[27-11-2003, PbEU L 338, i.w.tr. 01-08-2004/regelingnummer 2201/2003]

1. Algemeen. Het artikel beschrijft het (materiële) toepassingsgebied van de verordening. Het moet gelezen worden in samenhang met de preambule (nr. 5-11, 14 en 16-18) en met de in art. 2 gegeven definities. Het belangrijkste verschil met Brussel II is hierin gelegen dat het toepassingsgebied ten aanzien van de ouderlijke verantwoordelijkheid niet beperkt is tot, kort gezegd, nevenvoorzieningen bij echtscheiding inzake het gezag over gemeenschappelijke kinderen van de echtgenoten, maar dat alle kwesties inzake ouderlijke verantwoordelijkheid door de verordening bestreken worden. Dit geldt ook indien de ouderlijke verantwoordelijkheid gedragen wordt door een ander dan de ouders van het kind (zie art. 2, aant. 1).

2. Ongeacht de aard van het gerecht (aanhef). De verordening is van toepassing ongeacht de aard van het gerecht. Zie nader art. 2, aant. 1.

3. Burgerlijke zaken (aanhef). De beperking tot burgerlijke zaken heeft tweeërlei betekenis. In de eerste plaats vallen kwesties van strafrechtelijke en administratiefrechtelijke aard buiten het toepassingsgebied van de verordening. Een aantal uitgezonderde onderwerpen wordt specifiek genoemd in de preambule (nr. 10) en in art. 1 lid 3 onderdeel a-g. Het begrip burgerlijke zaken moet echter autonoom worden uitgelegd. Zo heeft het Hof van Justitie EU inmiddels meerdere malen geoordeeld dat de in de verordening opgenomen bevoegdheidsregels op het gebied van ouderlijke verantwoordelijkheid ook toepassing vinden op zaken betreffende ouderlijke verantwoordelijkheid die zien op maatregelen die krachtens het nationale recht van een lidstaat onder het publiekrecht vallen. Zie bijvoorbeeld HvJ EG 27 november 2007, C-435/06 waarin het Hof tot het oordeel kwam dat een beslissing waarbij tegelijkertijd ondertoezichtstelling wordt uitgesproken en plaatsing in een pleeggezin wordt gelast onder de verordening valt, ook indien die beslissing naar het nationale recht op grond waarvan zij genomen is, publiekrechtelijk van aard is. Zie ook HvJ EU 27 oktober 2016, ECLI:EU:C:2016:819, *NJ* 2017/174, m.nt. Th.M. de Boer (*D.*). In de tweede plaats hebben de opstellers van het Brussel II-verdrag met de beperking tot burgerlijke zaken beoogd om procedures met een 'religieuze inslag' van het toepassingsgebied uit te zonderen (Rapport Borrás, nr. 20). Sommige beslissingen van religieuze autoriteiten worden echter wel erkend op grond van art. 63, welk artikel betrekking heeft op een aantal verdragen tussen lidstaten en de Heilige Stoel.

4. Ontbinding van het huwelijk (lid 1 onderdeel a). Lid 1 spreekt van 'echtscheiding, scheiding van tafel en bed en nietigverklaring van het huwelijk'. Ook de ontbinding van het huwelijk na scheiding van tafel en bed valt, blijkens art. 5, binnen de reikwijdte van de verordening. Mogelijk wordt zij in lid 1 niet afzonderlijk genoemd omdat zij – eveneens blijkens art. 5 – als een vorm van echtscheiding wordt beschouwd. Een verzoek tot nietigverklaring van een huwelijk dat is ingediend door een derde na overlijden van een van de echtgenoten valt eveneens binnen de werkingssfeer van de vordering (HvJ EU 13 oktober 2016, ECLI:EU:C:2016:772, *NJ* 2017/188, m.nt. Th.M. de Boer (*Mikolajczyk*)). Vorderingen inzake de geldigheid van een huwelijk vallen niet onder het toepassingsgebied. **Administratieve echtscheidingen.** De verordening gaat uit van echtscheidingen die door een gerecht worden uitgesproken. Onder 'gerecht' kan echter ook worden verstaan een administratieve autoriteit (art. 2 onderdeel 4). **Ontbinding van een geregistreerd partnerschap.** Het geregistreerd partnerschap is geen huwelijk. De ontbinding ervan valt niet binnen de reikwijdte van de verordening. **Ontbinding van een huwelijk tussen personen van gelijk geslacht.** Of de ontbinding van een huwelijk tussen personen van gelijk geslacht binnen de reikwijdte van de verordening valt bestaat geen duidelijkheid. In Nederland gaat men hier over het algemeen wel van uit, maar in andere landen wordt hier wel anders over gedacht. Het wachten is op een uitspraak van het Hof van Justitie hieromtrent. Voor Nederland betreft dit overigens een theoretische kwestie aangezien, ook indien een ontbinding van een huwelijk tussen personen van gelijk geslacht niet onder het materieel toepassingsgebied van de verordening valt, de bepalingen 3-5 van de verordening toch van toepassing zijn op grond van art. 4 lid 1 Rv. **Erkenning van het te ontbinden huwelijk.** Duidelijk is wel dat de verordening niet regelt wanneer een huwelijk in de lidstaten moet worden erkend. Wensen bijvoorbeeld twee personen van hetzelfde geslacht die gehuwd zijn in de ene lidstaat, te scheiden in een andere lidstaat waar zij hun gewone verblijfplaats hebben, dan kan de rechter van die lidstaat weliswaar (al dan niet op grond van de verordening) rechtsmacht aannemen om de echtscheiding uit te spreken, maar hij is vrij om te oordelen dat er tussen partijen geen (aldaar te erkennen) huwelijk bestaat en op die grond te weigeren het echtscheidingsverzoek inhoudelijk te behandelen. Voor de vraag of de rechter van een andere lidstaat in dat geval bevoegdheid kan aannemen, zie art. 7, aant. 2. Een andere vraag kan zijn of een echtscheiding tussen twee personen van hetzelfde geslacht die in de ene lidstaat wordt uitgesproken, in een andere lidstaat moet worden erkend. Voor zover te overzien valt, is deze vraag echter slechts academisch van aard. Niet-erkenning van de echtscheiding tussen personen van hetzelfde geslacht zal immers pas aan de orde zijn wanneer ook het huwelijk tussen die personen in de desbetreffende lidstaat niet erkend wordt. Zij gelden dus in die lidstaat als nooit gehuwd geweest, en het al of niet erkennen van de echtscheiding doet daar niet aan toe of af.

5. Ouderlijke verantwoordelijkheid (lid 1 onderdeel b, lid 2). De verordening heeft, anders dan onder Brussel II het geval was, betrekking op alle zaken betreffende de ouderlijke verantwoordelijkheid. Daartoe behoort mede dat de regels inzake de kinderontvoering, zoals vastgelegd in het Haags Kinderontvoeringsverdrag 1980, zijn aangescherpt voor intracommunautaire gevallen (art. 10 en 11). De formulering van art. 1 lid 1 onderdeel b is kennelijk geïnspireerd door art. 3 onderdeel a HKV 1996; de formulering van art. 1 lid 2 – waarin een nadere omschrijving gegeven wordt van de kwesties die tot de ouderlijke verantwoordelijkheid gerekend worden – is ontleend aan art. 3 onderdeel b-g HKV 1996. Voor de verschillen in formulering tussen het verdrag en de verordening wordt in de toelichting bij het voorstel geen reden gegeven. De in lid 2 gegeven opsomming is niet limitatief. Zo valt ook een beslissing tot ondertoezichtstelling onder de verordening (HvJ EG 27 november 2007, C-435/06 en HvJ EG 2 april 2009, C-523/07, *NJ* 2009/547, m.nt. Th.M. de Boer (*Finse uithuisplaatsing of 'A'*)) evenals een verzoek tot vervangende toestemming voor afgifte van een reisdocument ten behoeve van een minderjarige (HvJ EU 21 oktober 2015, C-215/15, ECLI:EU:C:2015:710, *NJ* 2016/242, m.nt. Th.M. de Boer (*Gogova*)). Omtrent laatstgenoemde kwestie bestond in de Nederlandse rechtspraak overigens geen twijfel: vlg. HR 31 oktober 2014, ECLI:NL:HR:2014:3070, *NJ* 2015/285, m.nt. L. Strikwerda. Het begrip 'ouderlijke verantwoordelijkheid' en de daarmee samenhangende begrippen worden nader gedefinieerd in art. 2 onderdeel 7-11. Zie nader *Asser/*

zonder de instemming van een andere persoon die de ouderlijke verantwoordelijkheid draagt.

[27-11-2003, PbEU L 338, i.w.tr. 01-08-2004/regelingnummer 2201/2003]

1. Algemeen. Het artikel geeft een aantal definities die slechts deels een nadere toelichting behoeven. **Gerecht.** Onder 'gerecht' worden niet alleen gerechtelijke instanties, maar ook administratieve autoriteiten verstaan die bevoegd zijn ter zake van de aangelegenheden die overeenkomstig deze bepaling binnen het toepassingsgebied van de verordening vallen. Ook waar de verordening spreekt over 'de rechterlijke instanties', wordt mede gedoeld op administratieve autoriteiten. Religieuze autoriteiten vallen, behoudens uitzonderingen, niet onder het begrip (zie art. 1, aant. 3). **Rechter.** De definitie van het begrip rechter is van belang voor de toepassing van art. 41 en 42. **Lidstaat.** Op grond van de uitzonderingspositie van Denemarken met betrekking tot hoofdstuk IV EG-verdrag (thans deel III, titel V Verdrag betreffende de werking van de Europese Unie (VWEU)) is de verordening niet voor Denemarken in werking getreden en hebben verwijzingen in de verordening naar een lidstaat geen betrekking op Denemarken. **Beslissing.** Onder 'beslissing' wordt verstaan: 'een door een gerecht van een lidstaat uitgesproken echtscheiding, scheiding van tafel en bed of nietigverklaring van het huwelijk, alsmede een door een gerecht van een lidstaat gegeven beslissing betreffende de ouderlijke verantwoordelijkheid, ongeacht de benaming van die beslissing, zoals arrest, vonnis of beschikking'. **Geen afwijzende beslissing.** Dat betekent dat een beslissing waarbij een verzoek tot echtscheiding, scheiding van tafel en bed of nietigverklaring van het huwelijk is afgewezen, niet als een beslissing in de zin van de verordening wordt aangemerkt. Daaraan doet niet af, dat overweging 15 van de preambule bij Brussel II – waarin expliciet werd bepaald dat alleen positieve beslissingen onder die verordening vielen – geen equivalent heeft in de huidige verordening. Doordat afwijzende beslissingen niet binnen de reikwijdte van de verordening vallen, behoeft er ook geen hernieuwde discussie te ontstaan over de vraag of na een afwijzing elders een nieuw echtscheidingsverzoek in Nederland kan worden gedaan (zie over die vraag HR 26 januari 1996, *NJ* 1997/258). **Financiële veroordeling.** Kan een 'beslissing' zoals hier gedefinieerd mede betrekking hebben op, bijvoorbeeld, een veroordeling van de verzorgende ouder om bij te dragen aan de kosten van de omgangsregeling? Er lijkt geen reden om dergelijke financiële voorzieningen uit te sluiten, te meer omdat zij deel uitmaken van de totale regeling van de ouderlijke verantwoordelijkheid zoals die is vastgelegd in de beslissing. Met betrekking tot een dwangsom heeft het HvJ EU bepaald dat dit inderdaad het geval is (zie HvJ EU 9 september 2015, C-4/14, ECLI:EU:C:2015:563, *RvdW* 2016/376 (*Bohez*)). Zie ook art. 28, aant. 1. Nu het Hof om tot dit oordeel te komen de nadruk legt op het rechtstreekse verband tussen de tenuitvoerlegging van de dwangsom en de hoofdverplichting (in dit geval het omgangsrecht) lijkt het waarschijnlijk dat ook met betrekking tot andere financiële veroordelingen die rechtstreeks verband houden met beslissingen inzake ouderlijke verantwoordelijkheid eenzelfde redenering gevolgd zal worden. Voor proceskostenveroordelingen zie art. 49. **Ook niet-uitvoerbare beslissingen.** Voor de tenuitvoerlegging van een beslissing is vereist dat zij uitvoerbaar is in het land waar zij is gegeven (art. 28). Voor erkenning is dat niet noodzakelijk. Noch voor erkenning, noch voor tenuitvoerlegging is het noodzakelijk dat de beslissing in kracht van gewijsde is gegaan. Uiteraard kan er in de tweede lidstaat niet méér erkend worden dan er in de eerste is gegeven. Eventuele beperkingen die de beslissing in het eerste land aankleven, gelden dus ook in het tweede land. **Ouderlijke verantwoordelijkheid.** Uit deze definitie blijkt dat het begrip ouderlijke verantwoordelijkheid zo ruim mogelijk moet worden opgevat. Ook blijkt eruit, dat niet alleen de ouders zelf, maar ook andere natuurlijke personen of rechtspersonen ouderlijke verantwoordelijkheid kunnen dragen. **Omgangsrecht.** Het Hof van Justitie heeft in zijn uitspraak van 31 mei 2018 (HvJ 31 mei 2018, C-335/17, ECLI:EU:C:2018:359 (*Valcheva/ Babanarakis*)) bevestigd dat de ruime opvatting met betrekking tot het begrip ouderlijke verantwoordelijkheid eveneens het omgangsrecht betreft. Het begrip omgangsrecht moet aldus zo worden uitgelegd dat het niet alleen ziet op het omgangsrecht van ouders met betrekking tot hun kind, maar tevens op dat van andere personen ten aanzien van wie het van belang is dat dit kind persoonlijke betrekkingen met hen onderhoudt, met name zijn of haar grootouders, ongeacht of zij de ouderlijke verantwoordelijkheid dragen. **Persoon die de ouderlijke verantwoordelijkheid draagt.** Met deze tautologische definitie wordt nogmaals benadrukt dat niet alleen ouders, maar ook anderen ouderlijke verantwoordelijkheid kunnen dragen. Blijkens de definitie van het begrip 'ouderlijke verantwoordelijkheid' moet hier onder 'persoon' zowel een natuurlijke als een rechtspersoon worden verstaan. **Ongeoorloofde overbrenging of niet doen terugkeren van een kind.** De hier gegeven definitie is kennelijk afgeleid van art. 3 Haags Kinderontvoeringsverdrag 1980. De verschillen tussen beide bepalingen lijken in beginsel slechts redactioneel van aard.

2. Geen definitie van 'kind'. De verordening spreekt niet van 'minderjarigen' maar van 'kinderen'. Anders dan in het Haags Kinderontvoeringsverdrag en in de Haagse Kinderbeschermingsverdragen van 1961 en 1996 wordt het begrip 'kind' niet nader gedefinieerd of aan een maximumleeftijd gebonden. **Maximumleeftijd.** Art. 10 en 11 zijn zodanig verweven met het Haags Kinderontvoeringsverdrag, dat toepassing van die bepalingen op kinderen ouder dan 16 jaar niet aan de orde lijkt. Voor overige kwesties wordt de maximale leeftijd waarop een maatregel wordt genomen, bepaald door het recht dat door het internationaal privaatrecht van de aangezochte rechter als toepasselijk wordt aangewezen. In Nederland wordt het Nederlandse recht toegepast op maatregelen inzake de ouderlijke verantwoordelijkheid, maar maatregelen die gebonden zijn aan de minderjarigheid van de betrokkene, kunnen ook van toepassing zijn op kinderen die ouder zijn dan achttien jaar en die naar hun nationale recht minderjarig zijn. Art. 3 Uitvoeringswet stelt de leeftijdsgrens van het kind voor toepassing van die wet op maximaal 18 jaar. Dat laat echter onverlet dat een in een andere lidstaat gegeven beslissing inzake de ouderlijke verantwoordelijkheid krachtens de verordening in Nederland ten uitvoer moet worden gelegd zolang zij geldig is. Aldus kan het, indien een andere lidstaat een hogere leeftijdsgrens hanteert, voorkomen dat een buitenlandse beslissing die betrekking heeft op een kind van ouder dan achttien jaar in Nederland moet worden tenuitvoergelegd. **Ongeboren kinderen.** Ook de vraag of een ongeboren kind als kind wordt beschouwd in de zin van de verordening kan, bij gebreke van een autonome bepaling hierover, slechts worden beantwoord aan de hand van het recht dat naar het internationaal privaatrecht van de aangezochte rechter op deze vraag toepasselijk is (vgl. art. 10:4 BW).

HOOFDSTUK II
Bevoegdheid

AFDELING 1
Echtscheiding, scheiding van tafel en bed en nietigverklaring van het huwelijk

Artikel 3
Algemene bevoegdheid

1. Ter zake van echtscheiding, scheiding van tafel en bed of nietigverklaring van het huwelijk zijn bevoegd de gerechten van de lidstaat:

a) op het grondgebied waarvan:
- **de echtgenoten hun gewone verblijfplaats hebben; of**
- **zich de laatste gewone verblijfplaats van de echtgenoten bevindt, indien een van hen daar nog verblijft; of**
- **de verweerder zijn gewone verblijfplaats heeft; of**
- **in geval van een gemeenschappelijk verzoek, zich de gewone verblijfplaats van een van de echtgenoten bevindt; of**
- **zich de gewone verblijfplaats van de verzoeker bevindt, indien hij daar sedert ten minste een jaar onmiddellijk voorafgaand aan de indiening van het verzoek verblijft; of**
- **zich de gewone verblijfplaats van de verzoeker bevindt, indien hij daar sedert ten minste zes maanden onmiddellijk voorafgaand aan de indiening van het verzoek verblijft en hetzij onderdaan van de betrokken lidstaat is, hetzij, in het geval van het Verenigd Koninkrijk en Ierland, daar zijn 'domicile' (woonplaats) heeft;**

b) waarvan beide echtgenoten de nationaliteit bezitten of, in het geval van het Verenigd Koninkrijk en Ierland, waar beide echtgenoten hun 'domicile' (woonplaats) hebben.

2. In deze verordening heeft 'woonplaats' dezelfde betekenis als volgens het recht van het Verenigd Koninkrijk of Ierland.

[27-11-2003, PbEU L 338, i.w.tr. 01-08-2004/regelingnummer 2201/2003]

1. Algemeen. De bepaling stelt alleen vast van welke lidstaat de gerechten bevoegd zijn; de absolute en relatieve competentie moet worden geregeld door de nationale wetgeving van de aangewezen lidstaat. In onderdeel a worden bevoegdheidsgronden gegeven die gebaseerd zijn op de gewone verblijfplaats van de echtgenoten of van één van hen (in geval van het zesde liggende streepje gecombineerd met nationaliteit); in onderdeel b wordt bevoegdheid geschapen voor de rechter van de gemeenschappelijke nationaliteit van partijen, dan wel hun woonplaats/domicile in het Verenigd Koninkrijk of Ierland. Zie nader met betrekking tot art. 3-7 *Asser/Vonken & Ibili 10-II* 2021/161-175. Zie over het gevolg van de terugtrekking van het VK uit de EU Inleidende opmerkingen, aant. 4. **Dwingend karakter.** De verordening geeft geen expliciet antwoord op de vraag of de aangewezen rechters ook verplicht zijn deze bevoegdheid te aanvaarden. Niettemin moet worden aangenomen dat die vraag positief te beantwoorden is. Daarvoor gelden dezelfde gronden als bij Brussel I. Partijen dienen op een zo eenvoudig mogelijke wijze te kunnen voorzien in welke lidstaat zij een bevoegde rechter treffen en tevens moet worden voorkomen dat er een negatief jurisdictieconflict ontstaat. Dat zou het geval zijn wanneer de rechter die door de verordening wordt aangewezen, zich onbevoegd verklaart op grond van zijn eigen overwegingen, terwijl de verordening geen andere bevoegde rechter aanwijst. Voor toepassing van het leerstuk 'forum non conveniens' is dus geen plaats. **Gelijkwaardigheid van bevoegdheidsgronden.** Sommige bevoegdheidsgronden zijn zonder veel discussie opgenomen, daar zij als 'natuurlijke bevoegdheidsgronden' werden beschouwd. Over andere bevoegdheidsgronden is bij de opstelling van het Brussel II-verdrag meer discussie gevoerd. De uiteindelijk opgenomen bevoegdheidsgronden staan echter alle op een gelijk niveau. Kunnen in een bepaald geval gerechten van verschillende lidstaten zich bevoegd achten, dan is de verzoeker (of zijn de verzoekers) vrij om er daar één van te kiezen, zonder verplicht te zijn zich in de eerste plaats tot het 'meer natuurlijke' gerecht te wenden. Met andere woorden: er bestaat geen hiërarchie tussen de bevoegdheidsgronden. **Geen volledige keuzevrijheid.** Buiten de mogelijkheid om naar eigen inzicht een van de aangewezen bevoegde rechters te kiezen, hebben partijen geen keuzevrijheid. Een algemene forumkeuze wordt niet gehonoreerd en een onbevoegde rechter moet zich ambtshalve onbevoegd verklaren (art. 17).

2. Band met niet-lidstaten. Het artikel schept niet alleen bevoegdheid wanneer het echtscheidingsverzoek verband houdt met meer dan één lidstaat, maar ook wanneer een of meer van de betrokken landen een niet-lidstaat is. **Een voorbeeld.** Een Nederlandse man en een Amerikaanse vrouw hebben hun gewone verblijfplaats in Nederland. De vrouw keert terug naar de Verenigde Staten. De Nederlandse rechter is bevoegd op grond van art. 3 lid 1 onderdeel a. Dient de man het verzoek in, dan zijn het tweede en het vijfde streepje van toepassing; dient de vrouw het verzoek in, dan scheppen het tweede en derde streepje bevoegdheid. **Niet geregelde gevallen.** Niet in alle gevallen waarin er een band met een lidstaat bestaat, schept het artikel bevoegdheid. Wanneer op grond van het artikel geen enkele rechter van een EU-lidstaat zich bevoegd kan achten, is de verordening formeel niet van toepassing. In dat geval dient de aangezochte EU-rechter zijn nationale recht te raadplegen. Zie art. 7, aant. 3. **Een voorbeeld.** Een Nederlandse man en een Amerikaanse vrouw hebben hun gewone verblijfplaats in de Verenigde Staten. De man keert terug naar Nederland en wil hier een echtscheidingsprocedure aanhangig maken. Gedurende de eerste zes maanden zal hij in Nederland geen bevoegde rechter vinden. Het nationale Nederlandse bevoegdheidsrecht (dat in dit geval door de aangezochte Nederlandse rechter mag worden toegepast) verwijst in art. 4 Rv immers terug naar art. 3, 4 en 5 Brussel II-bis. Zie art. 7, aant. 4.

3. Het begrip gewone verblijfplaats. De verordening onderscheidt zich van het EEX-verdrag en Brussel I bis doordat zij de bevoegdheid van de rechter niet baseert op de woonplaats maar op de gewone verblijfplaats. Met woonplaats wordt in het EEX-verdrag en Brussel I gedoeld op het woonplaatsbegrip zoals dat in nationale rechtsstelsels wordt gehanteerd (art. 52 EEX-verdrag en art. 62 Brussel I bis). Het begrip 'gewone verblijfplaats' wordt in de verordening niet gedefinieerd, maar moet wel autonoom worden geïnterpreteerd. Lange tijd is bij gebreke van een prejudiciële uitspraak van het Hof van Justitie over het begrip in de context van art. 3-5 aangesloten bij het Rapport *Borrás*. In het rapport wordt gesteld dat bij de invulling van het begrip in het bijzonder rekening moet worden gehouden met de definitie die het Hof van Justitie bij diverse gelegenheden heeft gegeven: "de plaats waar de betrokkene het permanente centrum van zijn belangen heeft gevestigd met de bedoeling daaraan een vast karakter te verlenen, waarbij voor de vaststelling van de gewone verblijfplaats rekening moet worden gehouden met de feitelijke omstandigheden die voor dat begrip bepalend zijn" (zie bijvoorbeeld Hof Amsterdam 26 maart 2013, ECLI:NL:GHAMS:2013:932, *NIPR* 2013/315); Hof Den Haag, 10 juli 2019, ECLI:NL:GHDHA:2019:1993, *JPF* 2019/107, m.nt. I. Sumner. In HvJ EU 25 november 2021, C-289/20, ECLI:EU:C:2021:955 is deze definitie in de context van art. 3 lid 1 sub a Brussel II-bis bevestigd. In dit arrest heeft het hof bovendien de vraag beantwoord of in de context van deze bepaling een echtgenoot zijn gewone verblijfplaats in twee lidstaten kan hebben. Het hof erkent dat de facto een echtgenoot zijn gewone verblijfplaats in twee lidstaten kan hebben, maar stelt vast dat de rechtszekerheid met zich dient te brengen dat in de context van art. 3 lid 1 sub a een echtgenoot slechts in een van deze lidstaten zijn gewone verblijfplaats in de zin van de bepaling kan hebben. Waar, in onderdeel a, zesde streepje en in onderdeel b, het begrip 'woonplaats' wordt gebruikt, wordt daarmee niet hetzelfde bedoeld als met 'gewone verblijfplaats' (zie aant. 4 en 6).

4. Bevoegdheid gebaseerd op de gewone verblijfplaats (lid 1 onderdeel a). a. De gewone verblijfplaats van de beide echtgenoten (lid 1 onderdeel a, eerste streepje). Door deze bevoegdheidsgrond als eerste op te nemen, heeft men tot uiting willen laten komen dat het hier om de meest aanvaarde bevoegdheidsgrond gaat. Zij valt in de praktijk steeds samen met minstens een van de andere gronden. Bij een gemeenschappelijk verzoek zal er immers steeds ook bevoegdheid zijn op grond van het bepaalde onder het vierde streepje; bij een eenzijdig verzoek zal er ook bevoegdheid zijn op grond van het bepaalde onder het derde streepje. ***Een voorbeeld.*** Een Franse man en een Duitse vrouw hebben hun gewone verblijfplaats in Nederland. De Nederlandse rechter kan nu zowel kennisnemen van een echtscheidingsverzoek ingediend door een van de echtgenoten als van een gemeenschappelijk verzoek. **b. De laatste gewone verblijfplaats van de echtgenoten (lid 1 onderdeel a, tweede streepje).** De laatste gewone verblijfplaats van de echtgenoten schept bevoegdheid indien een van hen nog in de desbetreffende lidstaat verblijft. Het woordje 'nog' lijkt mee te brengen, dat indien beide partijen de lidstaat van hun laatste gewone verblijfplaats verlaten hebben en een van hen later terugkeert, de rechter van die lidstaat geen bevoegdheid aan deze bepaling kan ontlenen. ***Enkele voorbeelden.*** a. Een Belgische vrouw en een Duitse man hebben hun gewone verblijfplaats in Nederland. De vrouw keert terug naar België. Zowel de man als de vrouw kunnen echtscheiding verzoeken in Nederland; de man kan, op grond van de andere bepalingen van dit artikel, ook een verzoek indienen bij de Belgische rechter; de vrouw kan dat eerst nadat zij zes maanden in België verbleven heeft. b. Een Belgische vrouw en een Duitse man hebben hun gewone verblijfplaats in Nederland. Beiden keren terug naar hun geboorteland. Na enige tijd vestigt de man zich opnieuw in Nederland. De Nederlandse rechter is niet bevoegd; ieder van de echtgenoten kan echtscheiding verzoeken in de staat van de gewone verblijfplaats van de ander; de vrouw kan na zes maanden verblijf in België aldaar een procedure starten en de man kan dat in Nederland, na een jaar verblijf alhier. **c. De gewone verblijfplaats van de verweerder (lid 1 onderdeel a, derde streepje).** Het forum rei is opgenomen als algemeen aanvaarde bevoegdheidsgrond. ***Een voorbeeld.*** Een Canadese vrouw heeft haar gewone verblijfplaats in Nederland. Haar man, die zijn gewone verblijfplaats in Canada heeft, kan op grond van de hier genoemde bepaling echtscheiding verzoeken in Nederland. **d. Een gemeenschappelijk verzoek (lid 1 onderdeel a, vierde streepje).** Een gemeenschappelijk verzoek kan worden ingediend bij de rechter van de lidstaat waar een van de echtgenoten zijn gewone verblijfplaats heeft. De vraag is wel gesteld, of daarmee gelijkgesteld kan worden het geval waarin een verzoek eenzijdig wordt ingediend, maar waarin de verweerder vervolgens te kennen geeft ook echtscheiding te wensen. Deze vraag moet vermoedelijk negatief worden beantwoord. Dat partijen het materieel eens zijn over de wenselijkheid van een echtscheiding, maakt immers nog niet dat een verzoekschrift dat door een van hen is ingediend, als gemeenschappelijk verzoekschrift moet worden beschouwd. De rechter kan dus in een dergelijk geval geen bevoegdheid ontlenen aan de hier genoemde bevoegdheidsgrond. ***Een voorbeeld.*** Een Cubaanse vrouw, die haar gewone verblijfplaats in de Verenigde Staten heeft, en een Nederlandse man, die zijn gewone verblijfplaats in Nederland heeft, dienen een gemeenschappelijk verzoekschrift in bij de Nederlandse rechter. De Nederlandse rechter is bevoegd. Zou de man zijn gewone verblijfplaats korter dan zes maanden in Nederland hebben en het verzoek alleen indienen, dan is de rechter onbevoegd, zelfs wanneer de vrouw te kennen zou geven dat ook zij echtscheiding wenst. **e. De gewone verblijfplaats van de verzoeker van meer dan twaalf maanden (lid 1 onderdeel a, vijfde streepje) of van meer dan zes maanden in combinatie met de nationaliteit van verzoeker (lid 1 onderdeel a, zesde streepje).** Het forum actoris wordt in het internationaal bevoegdheidsrecht over het algemeen als een exorbitant forum beschouwd (vgl. art. 3 Brussel I). Bij de opstelling van het Brussel II-verdrag heeft men echter geoordeeld dat het forum actoris wel aanvaardbaar is indien het voldoende sterk is, hetzij doordat het verblijf langer dan twaalf maanden geduurd heeft, hetzij doordat het verblijf langer dan zes maanden geduurd heeft en de verzoeker onderdaan van de desbetreffende lidstaat is, dan wel 'woonplaats/domicile' in die lidstaat heeft. Voor een bespreking van de begrippen 'nationaliteit' en 'woonplaats/domicile' zie aant. 6 respectievelijk aant. 7. ***Een voorbeeld.*** De echtgenoten, die van nationaliteit verschillen, hebben hun gewone verblijfplaats in Saudi-Arabië. De vrouw verhuist naar Nederland en wil hier een echtscheiding aanhangig maken. Heeft zij de Nederlandse nationaliteit, dan moet zij zes maanden wachten alvorens zij een procedure kan starten; bezit zij niet de Nederlandse nationaliteit, dan geldt een wachttermijn van twaalf maanden. ***Verzoek ingediend door een derde.*** Hoewel een verzoek tot nietigverklaring van een huwelijk ingediend door een derde binnen de werkingssfeer van de verordening valt (zie art. 1, aant. 4), omvat het begrip verzoeker in de zin van art. 3 lid 1 onderdeel a, vijfde en zesde streepje geen andere personen dan de echtgenoten (HvJ EU 13 oktober 2016, ECLI:EU:C:2016:772, *NJ* 2017/188, m.nt. Th.M. de Boer (*Mikolajczyk*)). De gedachte hierachter – zo lijkt men in de uitspraak van het Hof te kunnen lezen – is dat het forum actoris als zijnde een exorbitant forum alleen in het belang van de echtgenoten onder bepaalde strikte omstandigheden zoals omschreven in de leden vijf en zes internationale bevoegdheid schept en het niet de bedoeling van de wetgever is geweest deze specifieke bescherming ook te verlenen aan derden.

5. Bevoegdheid gebaseerd op de gemeenschappelijke nationaliteit (lid 1 onderdeel b). Lid 1 onderdeel b schept bevoegdheid voor de gerechten van een lidstaat wanneer beide echtgenoten de nationaliteit van die lidstaat hebben, of, in het geval van het Verenigd Koninkrijk of Ierland, wanneer zij daar woonplaats (domicile) hebben. De rechter onderzoekt slechts of aan het in zijn lidstaat geldende criterium is voldaan; in het Verenigd Koninkrijk en Ierland wordt geen acht geslagen op een gemeenschappelijke nationaliteit en in de overige lidstaten wordt geen acht geslagen op de woonplaats (domicile). Zie over het gevolg van de terugtrekking van het VK uit de EU Inleidende opmerkingen, aant. 4.

Een voorbeeld. Een Nederlandse man en een Nederlandse vrouw hebben hun gewone verblijfplaats in Saudi-Arabië. Elk van hen kan echtscheiding verzoeken in Nederland.

6. Het begrip nationaliteit. De verordening zelf zegt niets over de gevolgen van dubbele nationaliteit. Blijkens het Rapport Borrás (nr. 33) moet elke rechter op dit punt 'het interne recht toepassen, binnen het kader van de algemene communautaire regelgeving'. In HvJ EG 16 juli 2009, C-168/08, *NJ* 2011/347, m.nt. Th.M. de Boer (*Hadadi/Mesko*), is thans bepaald dat in dit kader de nominale nationaliteit geldt. Er dient geen effectiviteitstoets dan wel realiteitstoets te worden aangelegd.

7. Het begrip woonplaats/domicile (lid 2). Waar het begrip 'woonplaats' wordt gebruikt, is dat steeds in de betekenis van het begrip 'domicile' zoals dat in het Verenigd Koninkrijk en in Ierland wordt gehanteerd. Dat geldt ook voor andere bepalingen in de verordening, met uitzondering van art. 30, dat betrekking heeft op een woonplaatskeuze ten behoeve van een exequaturprocedure. Het begrip 'domicile' onderscheidt zich van 'gewone verblijfplaats', maar ook van het woonplaatsbegrip zoals dat in veel Continentaal-Europese landen geldt. Het Rapport Borrás (nr. 34) vermeldt hierover: 'In een uitvoerig stuk heeft de delegatie van het Verenigd Koninkrijk, uitsluitend ten behoeve van de toepassing van het verdrag, een nadere toelichting gegeven over het begrip 'domicile', zonder dat zij de pretentie had een volledige uiteenzetting van het begrip te geven. 'Domicile' is ten eerste een aanknopingsfactor tussen een persoon en het land waar hij, permanent of voor onbepaalde tijd, zijn huis heeft. Het wordt gebruikt om het rechtsstelsel van dat land op die persoon te kunnen toepassen in velerlei opzichten, vooral in belangrijke zaken die invloed hebben op de betrekkingen tussen de familieleden en het familiebezit. In het Verenigd Koninkrijk strekken de wettelijke bepalingen ertoe dat iedere persoon te allen tijde een woonplaats heeft en niet meer dan één. Daarom zijn er naast de regels voor het bepalen van de woonplaats van de kinderen (woonplaats van oorsprong) ('domicile of origin'), ook regels voor het vaststellen van de woonplaats van de volwassenen, zowel wat betreft het verkrijgen van een nieuwe woonplaats (gekozen woonplaats) ('domicile of choice'), als wat betreft de terugkeer naar de woonplaats van oorsprong ('herleving' van de woonplaats van oorsprong) ('revival of the domicile of origin'). Hetzelfde geldt voor het Ierse recht.'

Artikel 4
Tegenvordering

Het gerecht waarvoor een procedure op grond van artikel 3 aanhangig is, is ook bevoegd kennis te nemen van een tegenvordering, mits deze binnen het toepassingsgebied van deze verordening valt.

[27-11-2003, PbEU L 338, i.w.tr. 01-08-2004/regelingnummer 2201/2003]

Betekenis. Is een verzoek ingediend bij een gerecht dat bevoegdheid ontleent aan art. 3, dan kan bij datzelfde gerecht een tegenvordering/tegenverzoek worden ingediend. Het tegenverzoek moet binnen het materiële toepassingsgebied van de verordening passen, maar behoeft niet dezelfde strekking te hebben als het eerst ingediende verzoek. Zo kan op een verzoek tot scheiding van tafel en bed een tegenverzoek tot echtscheiding volgen.
Geen verband met art. 7. Het artikel schept slechts bevoegdheid indien de bevoegdheid inzake het eerste verzoek ontleend is aan art. 3. Wordt echter de bevoegdheid tot ken-

nisneming van het eerste verzoek op grond van art. 7 ontleend aan de regels van het nationale bevoegdheidsrecht, dan moet ook het al of niet bestaan van een bevoegdheid tot kennisneming van een tegenverzoek aan de hand van die regels worden onderzocht. **Geen tegenverzoeken inzake ouderlijke verantwoordelijkheid.** Letterlijke lezing van de tekst ('binnen het toepassingsgebied van deze verordening') lijkt mee te brengen dat ook een tegenverzoek inzake de ouderlijke verantwoordelijkheid op grond van deze bepaling kan worden gedaan. Bedoeld moet echter zijn dat het artikel slechts bevoegdheid schept voor tegenverzoeken die binnen de reikwijdte van afdeling 1 van hoofdstuk II vallen (te weten echtscheiding, scheiding van tafel en bed en nietigverklaring van het huwelijk). Een andere lezing zou in strijd komen met de voorwaarden die in art. 12 gesteld worden aan de bevoegdheid van de echtscheidingsrechter om kennis te nemen van nevenverzoeken met betrekking tot de ouderlijke verantwoordelijkheid. **Verband met litispendentiebepaling.** Het Rapport Borrás (nr. 42 en 55) wijst er op dat het artikel niet moet worden verward met art. 11 Brussel II-verdrag (overeenkomend met art. 19 Brussel II-bis). Dit spreekt voor zich. Er bestaat echter wel een verband tussen beide bepalingen. Art. 4 staat toe, maar verplicht niet een tegenverzoek in te dienen bij dezelfde rechter waar het eerste verzoek is gedaan. Maakt de verweerder echter gebruik van de mogelijkheid om zijn verzoek bij een andere rechter in te dienen, dan zal deze moeten onderzoeken of er reden is de zaak aan te houden en, wanneer de bevoegdheid van de eerste rechter vaststaat, op grond van art. 19 alsnog naar de eerste rechter verwijzen. **Een voorbeeld.** Een Nederlandse man en een Franse vrouw hebben hun gewone verblijfplaats in Noorwegen. Als het huwelijk mislukt, keert de man terug naar Nederland en de vrouw naar Frankrijk. De vrouw verzoekt scheiding van tafel en bed in Nederland. De man wenst echtscheiding. Hij kan nu op grond van art. 4 een verzoek tot echtscheiding bij de Nederlandse rechter indienen en behoeft geen zes maanden te wachten. Kiest hij er daarentegen voor, de echtscheiding in Frankrijk aanhangig te maken, dan dient de Franse rechter op grond van art. 19 de zaak aan te houden, en nadat gebleken is dat de Nederlandse rechter bevoegd is, de zaak naar Nederland te verwijzen.

Artikel 5
Omzetting van scheiding van tafel en bed in echtscheiding

Onverminderd artikel 3 is het gerecht van een lidstaat dat een beslissing inzake scheiding van tafel en bed heeft gegeven, ook bevoegd om die scheiding om te zetten in echtscheiding, indien de wet van die lidstaat daarin voorziet.

[27-11-2003, PbEU L 338, i.w.tr. 01-08-2004/regelingnummer 2201/2003]

Betekenis. Zijn partijen van tafel en bed gescheiden en wenst een van hen of wensen beiden een echtscheiding, dan kan een verzoek worden ingediend bij de rechter die krachtens art. 3 bevoegd is de echtscheiding uit te spreken, maar ook bij de rechter die de scheiding van tafel en bed heeft uitgesproken. Voorwaarde is, dat de wet van de desbetreffende lidstaat in een dergelijke omzetting voorziet. Nu het artikel niet spreekt over een opvolgende echtscheiding maar over een 'omzetting' in een echtscheiding, kan de vraag rijzen of de wetgeving van de desbetreffende lidstaat hierover een afzonderlijke bepaling dient te kennen, zoals ons art. 1:179 BW, of dat de bepaling ook bevoegdheid schept indien de desbetreffende wet toelaat dat er na een scheiding van tafel en bed op enig moment echtscheiding wordt uitgesproken. Er lijkt geen bezwaar tegen om de bepaling ook in het laatste geval toe te passen. In ieder geval mag worden aangenomen dat art. 1:179 BW aan de eisen van art. 5 voldoet, ook al wordt er niet gesproken van een omzetting van de scheiding van tafel en bed in een echtscheiding, maar van de ontbinding van het huwelijk na scheiding van tafel en bed. **Peildatum.** Is de scheiding van tafel en bed uitgesproken vóór de inwerkingtreding van de verordening, maar wordt de omzetting verzocht na de inwerkingtreding, dan ligt het voor de hand dat de datum waarop omzetting wordt verzocht bepalend is voor de toepasselijkheid van de verordening. Voor de aangezochte rechter bestaat er immers geen probleem met de erkenning van de scheiding van tafel en bed, nu deze in zijn eigen land is uitgesproken. **Een voorbeeld.** Een man en een vrouw zijn in 1998 van tafel en bed gescheiden in Nederland. Sinds die tijd heeft de Italiaanse vrouw een gewone verblijfplaats in Italië en de Nederlandse man in Koeweit. Elk van hen kan de omzetting in een echtscheiding verzoeken, hetzij in Italië (op grond van art. 3), hetzij in Nederland (op grond van art. 5).

Artikel 6
Exclusieve aard van de bevoegdheden op grond van de artikelen 3, 4 en 5

De echtgenoot die:

a) zijn gewone verblijfplaats op het grondgebied van een lidstaat heeft; of

b) onderdaan van een lidstaat is of, in het geval van het Verenigd Koninkrijk en Ierland, zijn 'domicile' (woonplaats) op het grondgebied van een van die lidstaten heeft,

kan slechts op grond van de artikelen 3, 4 en 5 voor de gerechten van een andere lidstaat worden gedaagd.

[27-11-2003, PbEU L 338, i.w.tr. 01-08-2004/regelingnummer 2201/2003]

1. Algemeen. Art. 3-5 wijzen bevoegde rechters aan, maar geven geen antwoord op de vraag of er daarnaast ruimte is voor rechters van andere lidstaten om zich op grond van hun eigen wetgeving bevoegd te verklaren. Die kwestie wordt geregeld door art. 6 jo. art. 7. Art. 6 bepaalt dat aan art. 3-5 in bepaalde gevallen exclusieve werking toekomt: wanneer de verweerder onderdaan of inwoner (in de zin van: gewone verblijfplaats hebbend) is van een lidstaat, mag de rechter die niet de rechter is van de nationaliteit of van de gewone verblijfplaats van de verweerder ('van een andere lidstaat') zich slechts op grond van de verordening bevoegd verklaren en niet op grond van zijn nationale recht. Het Hof van Justitie heeft echter bepaald dat art. 6 in samenhang dient te worden gelezen met art. 7 en dat aldus de bevoegdheid in elke lidstaat alleen in die gevallen door het nationale recht geregeld wordt wanneer geen enkele rechterlijke instantie van een lidstaat bevoegd is op grond van art. 3-5, ongeacht of de verweerder inwoner of onderdaan van een lidstaat is (zie HvJ EG 29 november 2007, C 68/07, *NIPR* 2008/2 (*Sundelind Lopez-Lopez Lizazo*)). Daarmee lijkt aan art. 6 vrijwel elke zelfstandige betekenis te zijn ontvallen. Het artikel is waarschijnlijk alleen nog van belang in het volgende geval: de verweerder is onderdaan van een lidstaat maar heeft zijn gewone verblijfplaats buiten de EU (anders zou er een rechter van een lidstaat bevoegd zijn op grond van art. 3); er is geen rechter bevoegd op grond van art. 3-5; en er is een rechter die niet de nationale rechter van de verweerder is, maar wiens nationale recht hem wel bevoegd verklaart. Deze rechter zal zich, naar het zich thans laat aanzien, als rechter van een 'andere lidstaat', onbevoegd moeten verklaren. Over deze kwestie zal echter pas zekerheid bestaan wanneer het HvJ EU zich hierover zal hebben kunnen uitlaten. **Een voorbeeld.** Van een echtpaar heeft de man de nationaliteit van lidstaat A en de vrouw is onderdaan van lidstaat B. Beiden wonen in een niet-lidstaat. De vrouw wenst echtscheiding; het recht van lidstaat B kent bevoegdheid toe aan zijn rechters wanneer de eiser of de verweerder onderdaan van B is. De rechter van lidstaat B moet zich waarschijnlijk echter, als rechter van een 'andere lidstaat' onbevoegd verklaren. Wanneer de vrouw zich wendt tot de rechter van lidstaat A, zal deze rechter wel zijn eigen bevoegdheidsrecht mogen raadplegen en indien mogelijk op grond daarvan bevoegdheid aannemen.

2. Niet bij gemeenschappelijk verzoek. Voor zover art. 6 nog betekenis heeft, valt aan te nemen, dat het artikel niet moet worden toegepast in het geval waarin partijen een gemeenschappelijk verzoekschrift indienen. In dat geval is er immers geen sprake van dat een van de partijen voor de rechter wordt 'gedaagd'.

3. Formeel toepassingsgebied. In het verleden is in art. 6 jo. art. 7 wel gelezen, dat de verordening in het geheel niet van toepassing zou zijn wanneer de verweerder noch door zijn nationaliteit, noch door zijn gewone verblijfplaats met een lidstaat verbonden is. Thans kan uit met name HvJ EG 29 november 2007, C 68/07 worden afgeleid dat de verordening in deze gevallen wel van toepassing is mits op grond van art. 3-5 een bevoegde rechter kan worden aangewezen.

Artikel 7
Residuele bevoegdheid

1. Indien geen gerecht van een lidstaat op grond van de artikelen 3, 4 en 5 bevoegd is, wordt in elke lidstaat de bevoegdheid beheerst door de wetgeving van die lidstaat.
2. Tegenover een verweerder die zijn gewone verblijfplaats niet op het grondgebied van een lidstaat heeft en die hetzij niet de nationaliteit van een lidstaat bezit, hetzij, in het geval van het Verenigd Koninkrijk en Ierland, zijn 'domicile' (woonplaats) niet op het grondgebied van een van die lidstaten heeft, kan een onderdaan van een lidstaat die zijn gewone verblijfplaats op het grondgebied van een andere lidstaat heeft, evenals de onderdanen van die lidstaat, zich beroepen op de aldaar geldende bevoegdheidsregels.
[27-11-2003, PbEU L 338, i.w.tr. 01-08-2004/regelingnummer 2201/2003]

1. Algemeen. Art. 3, 4 en 5 wijzen niet in alle gevallen die enig verband met een lidstaat hebben, een bevoegde rechter aan. Wijst de verordening geen bevoegde rechter aan, dan bepaalt de rechter van elke lidstaat aan de hand van zijn eigen recht of hij bevoegd is (lid 1).

2. Bevoegdheid beheerst door nationaal recht (lid 1). Reikwijdte van de bepaling. Wijst de verordening zelf geen bevoegde rechter aan, dan volgt een 'herkansing' in het nationale recht. Uit de onder art. 6 besproken uitspraak van het Hof van Justitie (HvJ EG 29 november 2007, C 68-07, *NIPR* 2008/2 (*Sundelind Lopez-Lopez Lizazo*)) is gebleken dat art. 6 en 7 in samenhang met elkaar dienen te worden uitgelegd. Aldus kan worden gesteld dat zowel verweerders die enkel door nationaliteit met een lidstaat verbonden zijn als verweerders die noch door nationaliteit noch door gewone verblijfplaats met een lidstaat verbonden zijn, in beginsel – mits op grond van de verordening geen enkele rechter van een lidstaat bevoegd is –, op grond van het artikel voor de gerechten van een lidstaat kunnen worden gedaagd met toepassing van de nationale wetgeving van die lidstaat. Voor de enige mogelijke uitzondering hierop zie art. 6, aant. 1. **Geen 'bevoegde'**

rechter. De bepaling is van toepassing wanneer art. 3-5 geen bevoegde rechter aanwijzen. Is er een bevoegde rechter maar weigert die de echtscheiding, scheiding van tafel en bed of nietigverklaring van het huwelijk omdat niet voldaan is aan de voorwaarden die door het in zijn land toepasselijke recht worden gesteld, dan is dat voor de rechter van een andere lidstaat geen reden om met toepassing van art. 7 bevoegdheid aan te nemen. Het Hof 's-Gravenhage heeft zich op grond van nationaal Nederlands recht (art. 9 Rv) bevoegd verklaard in een geval waarin (op grond van de verordening Brussel II) de Maltese rechter bevoegd was maar waarin op voorhand duidelijk was dat die de echtscheiding zou weigeren omdat het recht in Malta destijds geen echtscheiding kende (Hof Den Haag 21 december 2005, *NIPR* 2006/101). Het hof verwees niet expliciet naar art. 8 Brussel II (het equivalent van het onderhavige artikel). Ook in andere gevallen kan de vraag rijzen, hoe het begrip 'geen bevoegde rechter' moet worden opgevat, zoals wanneer twee personen van hetzelfde geslacht maar van verschillende nationaliteit in lidstaat A met elkaar gehuwd zijn en thans hun gewone verblijfplaats hebben in lidstaat B. Zij wensen te scheiden. De rechter van lidstaat B is bevoegd maar weigert echtscheiding uit te spreken omdat het huwelijk in zijn lidstaat niet erkend wordt. Kan nu de rechter van enige andere lidstaat wel bevoegdheid aannemen op grond van art. 7 in verbinding met zijn nationale bevoegdheidsregels? Verdedigbaar is, dat dit wel mogelijk is. Anders dan bij een weigering op grond dat zich geen echtscheidingsgrond voordoet, vindt hier immers geen behandeling van het verzoek ten gronde plaats. **Enkele voorbeelden.** a. Een Nederlandse man en een Belgische vrouw hebben hun gewone verblijfplaats in Saudi-Arabië. Een van hen wenst echtscheiding, bij voorkeur in Europa. De verordening wijst geen bevoegde rechter aan. De man kan een procedure in België beginnen op grond van art. 15 Belgisch BW, dat aan de Belgische rechter bevoegdheid toekent op grond van de Belgische nationaliteit van de verweerder. De man - naar op dit moment waarschijnlijk wordt geacht (zie art. 6, aant. 1) kan geen procedure in Nederland starten. Zelfs al zou de Nederlandse wetgeving een bevoegde rechter aanwijzen, dan nog zou naar alle waarschijnlijkheid art. 6 aan diens bevoegdheid in de weg staan, nu de vrouw alleen voor haar nationale rechter kan worden gedaagd. Om dezelfde reden is het voor de vrouw waarschijnlijk weinig zinvol om te onderzoeken of de Belgische wetgeving haar een forum toekent. In Nederland stuit de vrouw echter op art. 4 Rv. Met deze bepaling heeft de wetgever voor ons land een einde willen maken aan de discussie over het toepassingsgebied van de verordening (zie art. 6, aant. 3) door de bepalingen 3, 4 en 5 van de verordening toepasselijk te verklaren, ook voor gevallen waarin de verordening niet van toepassing mocht zijn. Dat brengt echter mee dat, wat er zij van het toepassingsgebied van de verordening, ons land geen aanvullende bevoegdheidsregels kent die zich in een casus als de onderhavige laten toepassen. De vrouw vindt dus in geen enkele lidstaat een bevoegde rechter. Alleen wanneer mocht blijken dat een procedure in Saudi-Arabië onmogelijk is, kan de vrouw in Nederland een echtscheidingsprocedure starten op grond van art. 9 onder b Rv. De Nederlandse rechter kan zich in dat geval bevoegd achten als 'forum necessitatis'. b. Een Poolse vrouw die sinds een maand haar gewone verblijfplaats in Frankrijk heeft, wenst te scheiden van haar Russische echtgenoot die zijn gewone verblijfplaats in Rusland heeft. De verordening wijst geen bevoegde rechter aan. Art. 7 kent aan de vrouw de vrijheid toe, de man te dagen voor de rechter van een lidstaat waarvan de nationale wetgeving in bevoegdheid voorziet. Zij kan laten onderzoeken of de Franse of de Poolse wetgeving een bevoegde rechter aanwijst, maar eventueel ook of de wetgeving van enige andere lidstaat waarmee partijen ooit een band hebben gehad, aan de gerechten van die lidstaat bevoegdheid toekent. Bezit de man echter de Hongaarse nationaliteit en heeft hij zijn gewone verblijfplaats in Rusland, dan mag waarschijnlijk alleen de Hongaarse rechter onderzoeken of hij krachtens zijn nationale wetgeving bevoegd is. De rechters van alle andere lidstaten mogen dan geen bevoegdheid aannemen. Zie art. 6, aant. 1.

3. Formeel toepassingsgebied. Uit HvJ EG, C-68/07 dient te worden afgeleid dat op grond van art. 7 de nationale rechter alleen dan zijn nationale recht mag toepassen wanneer op grond van art. 3-5 geen enkele rechter van een lidstaat bevoegdheid kan aannemen. Zie ook art. 6, aant. 3.

4. Inhoud nationale wetgevingen. De Nederlandse wetgever heeft ervoor gekozen, om in art. 4 Rv aansluiting te zoeken bij de bepalingen van de verordening. Dat betekent, dat in gevallen waarin eventueel de verordening niet van toepassing zou zijn, de bevoegdheidsgronden van de verordening krachtens het nationale recht van toepassing zijn. Het Nederlandse recht kent dus geen specifieke bevoegdheidsregels die voor toepassing in aanmerking komen wanneer de art. 3, 4 en 5 geen bevoegde rechter aanwijzen. Wel kan in voorkomende gevallen art. 9 onderdeel b Rv (forum necessitatis) voor toepassing in aanmerking komen. Anders dan in de literatuur waar men meent dat art. 9 onderdeel c Rv niet voor toepassing in aanmerking komt aangezien deze bepaling niet ziet op verzoekschriftprocedures (zie F. Ibili, *GS Personen- en familierecht*, artikel 7 Verordening Brussel II-bis, aant. 1), lijkt in de jurisprudentie nog geen zekerheid over te bestaan over mogelijke analoge toepassing van deze bepaling (vgl. Hof Amsterdam 14 maart 2017, ECLI:NL:GHAMS:2017:857). Voor een korte beschrijving van bevoegdheidsgronden zoals die in een aantal andere lidstaten bestaan, zie het Rapport Borrás (nr. 47, stand 1998). Voor een meer recente bron zie de website van het Europese Judiciële Netwerk (EJN) van de Europese unie: https://beta.e-justice.europa.eu/21/NL/european_judicial_network_in_civil_and_commercial_matters.

AFDELING 2
Ouderlijke verantwoordelijkheid

Artikel 8
Algemene bevoegdheid

1. Ter zake van de ouderlijke verantwoordelijkheid zijn bevoegd de gerechten van de lidstaat op het grondgebied waarvan het kind zijn gewone verblijfplaats heeft op het tijdstip dat de zaak bij het gerecht aanhangig wordt gemaakt.
2. Het bepaalde in lid 1 geldt onder voorbehoud van de artikelen 9, 10 en 12.
[27-11-2003, PbEU L 338, i.w.tr. 01-08-2004/regelingnummer 2201/2003]

1. Algemeen. In Brussel II werd de bevoegdheid inzake ouderlijke verantwoordelijkheid slechts geregeld voor zover het ging om, kort gezegd, nevenvoorzieningen bij echtscheidingen inzake gemeenschappelijke kinderen van de echtgenoten. Thans vallen alle kwesties inzake ouderlijke verantwoordelijkheid onder de verordening, ook wanneer het betreft de ouderlijke verantwoordelijkheid die door andere personen of instellingen wordt gedragen dan de ouders zelf. De bevoegdheidsregeling van art. 8-15 is in belangrijke mate ontleend aan de bepalingen van het Haags Kinderbeschermingsverdrag 1996, maar is daaraan niet identiek. Voorts zijn er in de onderhavige afdeling bepalingen opgenomen die de rechters van de lidstaten in acht moeten nemen bij de toepassing van het Haags Kinderontvoeringsverdrag. Voor de vraag, in welke gevallen de verordening voorrang heeft boven de Haagse verdragen, zie art. 60 onderdeel a (Haags Kinderbeschermingsverdrag 1961) en onderdeel e (Haags Kinderontvoeringsverdrag) en art. 61 (Haags Kinderbeschermingsverdrag 1996). **Het formele toepassingsgebied.** Het formele toepassingsgebied van de bevoegdheidsregeling inzake de ouderlijke verantwoordelijkheid is niet expliciet in Brussel II-bis omlijnd, maar kan worden afgeleid uit de bevoegdheidsregels van art. 14 jo. art. 8-13 van de verordening. Dit betekent dat de bevoegdheidsregeling van Brussel II-bis, in beginsel, uitsluitend formeel van toepassing is, indien het kind, ongeacht zijn nationaliteit, zijn gewone verblijfplaats in een EU-lidstaat heeft, of er zich bevindt. Op dit uitgangspunt wordt in art. 12 Brussel II-bis een verruiming aangebracht; deze komt erop neer dat, indien sprake is van prorogatie van rechtsmacht in de zin van art. 12 en, bovendien, voldaan is aan de in deze bepaling gestelde voorwaarden, deze bepaling, en derhalve ook de verordening, formeel van toepassing kan zijn, ook indien het kind zijn gewone verblijfplaats niet in een EU-lidstaat heeft. In dit laatste geval kan echter geen bevoegdheid worden ontleend aan art. 12, wanneer zich samenloop voordoet met het Haagse verdrag van 1961 of het Haagse verdrag van 1996, anders gezegd: wanneer de casus binnen het (formele) toepassingsgebied van een van beide Haagse verdragen valt.

2. Gewone verblijfplaats (lid 1). Hoofdregel is, dat de gerechten van de lidstaat waar het kind zijn gewone verblijfplaats heeft, bevoegd zijn. De bepaling komt overeen met art. 5 lid 1 HKV 1996. **Bevoegdheid ten aanzien van nevenverzoek ingeval rechter onbevoegd is ten aanzien van hoofdverzoek (echtscheiding).** Ook ingeval er sprake is van een verzoek tot het treffen van een nevenvoorziening inzake gezag en de rechter is onbevoegd ten aanzien van de echtscheiding gaat de hoofdregel op. Zie HR 12 januari 2018, ECLI:NL:HR:2018:31, *NJ* 2018/58. In dit arrest heeft de Hoge Raad bepaald dat de Nederlandse rechter die op grond van art. 8 bevoegd is om kennis te nemen van een verzoek met betrekking tot de ouderlijke verantwoordelijkheid voor een kind, zijn beslissing op dat verzoek kan aanhouden in afwachting van de uitkomst van een bij een buitenlandse rechter aanhangige of aanhangig te maken echtscheidingsprocedure, dan wel aan zijn beslissing voorwaarden kan verbinden die verband houden met een in het buitenland uit te spreken echtscheiding. **Verzoek tot wijziging beslissing inzake ouderlijke verantwoordelijkheid.** De hoofdregel gaat eveneens op ingeval van een verzoek tot wijziging van een beslissing inzake ouderlijke verantwoordelijkheid. Indien sprake is van een verzoek tot wijziging van de bepalingen van een definitieve beslissing inzake ouderlijke verantwoordelijkheid en het kind heeft zijn gewone verblijfplaats op het grondgebied van een andere lidstaat dan de rechterlijke instanties die de beslissing hebben gegeven, dan zijn de rechterlijke instanties van de lidstaat van het gewone verblijf van het kind bevoegd ten aanzien van dit verzoek en niet langer de rechterlijke instanties die de beslissing hebben gegeven. Zie HvJ EU 15 februari 2017, C-499/15, ECLI:EU:C:2017:118, *RvdW* 2017/751 (*W&V/X*). **Begrip 'gewone verblijfplaats'.** Het begrip van de 'gewone verblijfplaats van het kind' dient verordeningsautonoom te worden uitgelegd. In HvJ EG 2 april 2009, C-523/7, *NJ* 2009/457 is aan dit begrip nadere invulling gegeven. Na gerefereerd te hebben aan nr. 12 van de considerans die behoort bij de verordening, volgens hetwelk de in deze verordening opgenomen bevoegdheidsregels zodanig zijn opgezet dat zij in het belang van het kind zijn, en met name beantwoorden aan het criterium van de nauwe verbondenheid, komt het Hof tot de conclusie (r.o. 44) dat dit begrip aldus moet worden uitgelegd dat deze verblijfplaats de plaats is die een zekere integratie van het kind in een sociale en familiale omgeving tot uitdrukking brengt. Daartoe moet onder meer rekening worden gehouden met de duur, de regelmatigheid, de omstandigheden en de redenen van het verblijf op het grondgebied van een lidstaat en van de verhuizing van het gezin naar die staat, de nationaliteit van het kind, de plaats waar en de omstandigheden waaronder het naar school gaat, de talenkennis en de familiale en sociale banden van het kind in die staat. Het staat aan de nationale rechter om de gewone verblijfplaats van het kind te bepalen, rekening houdend met alle feitelijke omstandigheden die eigen zijn aan elke zaak. In HvJ EU 17 oktober 2018, C-393/18 PPU, ECLI:EU:C:2018:835 (*UD/XB*) heeft het Hof benadrukt dat fysieke aanwezigheid van het kind in een bepaalde lidstaat noodzakelijk is alvorens sprake kan zijn van een gewone verblijfplaats aldaar. Bijzondere omstandigheden zoals dwang van de ene ouder tegen de ander of schending van grondrechten van een van de ouders of van het kind zijn hierbij niet van invloed. Zie ook HvJ EU 22 december 2010, C-497/10 PPU, *NJ* 2011/500; *NIPR* 2011/ 5, m.nt. Th.M. de Boer (*Mercredi/Chaffe*); HvJ EU 8 juni 2017, ECLI:EU:C:2017:436, C-111/17 PPU, OL/PQ en met name HvJ EU 28 juni 2018, C-512/17, ECLI:EU:C:2018:513 (*HR*) voor de uitleg van het begrip gewone verblijfplaats van een zuigeling. In laatstgenoemde uitspraak heeft het Hof van Justitie met betrekking tot een aantal omstandigheden aangegeven of deze al dan niet van beslissende aard zijn. Als beslissende omstandigheden worden in de betreffende zaak waarin het een kind van 18 maanden betrof, aangemerkt: de plaats waar het kind met zijn ouders tot zij uit elkaar zijn gegaan heeft gewoond en de plaats waar zowel de gezag uitoefende ouder als de andere ouder verblijft. Als niet beslissend worden aangemerkt: "de verblijven in het verleden van de ouder die in feite het gezag over het kind uitoefent met dat kind op het grondgebied van de lidstaat waaruit deze ouder afkomstig is tijdens verloven of feestdagen; de herkomst van die ouder, culturele banden van het kind met die lidstaat die daaruit voortvloeien en zijn betrekkingen met zijn familieleden die in die lidstaat wonen, de eventuele bedoeling van die ouder zich in de toekomst met het kind die lidstaat te vestigen." De inschrijving en/of uitschrijving van het kind in en/of uit de gemeentelijke basisadministratie van een land is hooguit een van de relevante factoren waarmee rekening kan worden gehouden bij de bepaling van de gewone verblijfplaats van het kind en betreft geen doorslaggevende factor. Vgl. HR 4 januari 2013, ECLI:NL:HR:2013:BY7753, *NIPR* 2013/2; HR 3 mei 2013, *NJ* 2013/434; HR 28 maart 2014, ECLI:NL:HR:2014:744, *NIPR* 2014/106; HR 26 juni 2015, *NJ* 2015/309.

3. Tijdstip van aanhangigheid. Bepalend voor het tijdstip waarop de rechter zijn bevoegdheid moet beoordelen, is het tijdstip waarop de zaak bij het gerecht aanhangig wordt gemaakt. Voor de wijze van bepaling van dat tijdstip, zie art. 16. Is er sprake van een procedure die met een eerdere procedure samenhangt, dan geldt als peildatum voor deze procedure niet het tijdstip waarop de eerst gevoerde procedure bij het gerecht aanhangig is gemaakt. Voor elk zelfstandig geding dat met een nieuw verzoekschrift is ingeleid, dient zelfstandig de bevoegdheid van de rechter te worden vastgesteld en geldt als peildatum het tijdstip waarop de zaak bij het betreffende gerecht aanhangig wordt gemaakt. Vgl. HR 28 februari 2014, *NJ* 2014/437; *NIPR* 2014/105. **Perpetuatio fori.** De rechter die op het tijdstip waarop de zaak aanhangig is gemaakt, bevoegd is, blijft bevoegd, ook wanneer de gewone verblijfplaats van het kind nadien gewijzigd wordt. De rechter die op het genoemde tijdstip niet bevoegd is, verkrijgt in beginsel geen bevoegdheid door het enkele feit dat de gewone verblijfplaats van het kind na aanvang van de procedure naar de desbetreffende lidstaat wordt verplaatst. Deze perpetuatio fori geldt als algemeen beginsel in het internationale bevoegdheidsrecht. De Hoge Raad heeft geoordeeld dat er, althans bij de toepassing van het HKV 1961 uitzonderingen op dit beginsel mogelijk zijn (HR 28 mei 1999, *NJ* 2001/212). Dit arrest leent zich niet voor overeenkomstige toepassing onder de verordening (vgl. HR 18 februari 2011, *NJ* 2012/333; *RvdW* 2011/281, m.nt. Th.M. de Boer). Wel kan, indien het kind tijdens de procedure verhuist naar de lidstaat van de ten onrechte aangezochte rechter, de bevoegdheid worden overgedragen aan de rechter van de nieuwe gewone verblijfplaats in overeenstemming met art. 15.

4. Limitatieve regeling. De bevoegdheidsregeling van art. 8 en volgende is limitatief. Er is geen ruimte voor de rechter van een lidstaat die niet op grond van een van deze artikelen is aangewezen om op grond van zijn eigen recht bevoegdheid aan te nemen. Dat blijkt onder meer uit art. 15, waarin bepaald is dat een andere dan de aangewezen rechter alleen bevoegdheid kan aannemen wanneer de rechter die door de verordening als bevoegd wordt aangewezen, daarmee instemt.

5. Voorrang voor art. 9, 10 en 12. Art. 9, 10 en 12 bevatten bevoegdheidsbepalingen die voorrang genieten boven art. 8. Daarnaast schept art. 20 de mogelijkheid dat een rechter in spoedeisende gevallen voorlopige en bewarende maatregelen neemt, ook indien hij niet bevoegd is om ten gronde over de zaak te beslissen. Voorts biedt art. 15 de bevoegde rechter de mogelijkheid om, onder bepaalde omstandigheden, een zaak aan een andere rechter over te dragen indien hij die andere rechter beter geschikt acht de zaak te beoordelen.

6. Absolute en relatieve bevoegdheid. Art. 8 en volgende bepalen alleen de internationale rechtsmacht van de gerechten van de lidstaten. De relatieve bevoegdheid wordt bepaald door de nationale wetgeving. Voor Nederland regelt art. 12 Uitvoeringswet de absolute en relatieve bevoegdheid van de Nederlandse rechter in internationale gevallen. Verblijft het kind feitelijk in een andere lidstaat, maar kan de Nederlandse rechter bijvoorbeeld op grond van art. 10 bevoegdheid aannemen, dan is Rechtbank Den Haag relatief bevoegd. Vgl. Rb. Limburg 7 maart 2013, ECLI:NL:RBLIM:2013:BZ3897, *NIPR* 2013/129. Art. 12 Uitvoeringswet geldt niet voor de bevoegdheid in kwesties van erkenning en tenuitvoerlegging. In dergelijke zaken wordt de bevoegdheid geregeld door de relevante artikelen van hfdst. III van de verordening en door de bepalingen van de Uitvoeringswet waarnaar bij de bespreking van hfdst. III wordt verwezen.

7. Verdere procedurevoorschriften. De te volgen procedure wordt beheerst door het nationale recht. Art. 13 Uitvoeringswet bepaalt dat dat in Nederland een verzoekschrift procedure is, waarbij het verzoekschrift wordt ingediend door een advocaat. Art. 14 Uitvoeringswet bepaalt dat art. 14 Uitvoeringswet internationale kinderontvoering van overeenkomstige toepassing is in gevallen die door de verordening worden bestreken.

Artikel 9

Behoud van de bevoegdheid van de vorige gewone verblijfplaats van het kind

1. Wanneer een kind legaal van een lidstaat naar een andere lidstaat verhuist en aldaar een nieuwe gewone verblijfplaats verkrijgt, behouden de gerechten van de vorige gewone verblijfplaats van het kind, in afwijking van artikel 8, gedurende een termijn van drie maanden te rekenen vanaf de verhuizing, hun bevoegdheid tot wijziging van een in die lidstaat vóór de verhuizing van het kind gegeven beslissing betreffende het omgangsrecht indien de persoon die ingevolge die beslissing het omgangsrecht heeft zijn gewone verblijfplaats behoudt in de lidstaat van de vorige gewone verblijfplaats van het kind.

2. Lid 1 is niet van toepassing indien de in lid 1 bedoelde persoon die het omgangsrecht heeft, de bevoegdheid van de gerechten van de lidstaat van de nieuwe gewone verblijfplaats van het kind heeft aanvaard door aan een procedure voor die gerechten deel te nemen zonder de bevoegdheid ervan aan te vechten.

[27-11-2003, PbEU L 338, i.w.tr. 01-08-2004/regelingnummer 2201/2003]

1. Voortgezette bevoegdheid tot wijziging omgangsregeling. De bepaling regelt dat, wanneer het kind naar een andere lidstaat verhuist, de persoon die een omgangsrecht heeft onder een aantal voorwaarden gedurende drie maanden een wijziging van die omgangsregeling kan verzoeken in de oude lidstaat. **Legale verhuizing.** Het moet gaan om een legale verhuizing. Betreft het een ongeoorloofde overbrenging naar een andere lidstaat, dan regelt art. 10 de voortgezette bevoegdheid van de rechter van de eerste lidstaat. **Naar een andere lidstaat.** De bepaling geldt alleen wanneer het kind naar een andere lidstaat verhuist. Verhuist het naar een niet-lidstaat, dan wordt de vraag, of de rechter van de vorige gewone verblijfplaats bevoegdheid behoudt, op grond van art. 14 beheerst door diens nationale recht. **Nieuwe gewone verblijfplaats.** Voor de toepasselijkheid van het artikel is niet alleen nodig dat het kind verhuist, maar ook dat het na die datum in de nieuwe lidstaat een nieuwe gewone verblijfplaats krijgt. Ontstaat er geen nieuwe gewone verblijfplaats, bijvoorbeeld in verband met het tijdelijke karakter van de verhuizing, dan behoudt het kind zijn gewone verblijfplaats in de oude lidstaat en blijft de rechter van die lidstaat bevoegd op grond van art. 8. **In afwijking van art. 8.** De bepaling sluit de bevoegdheid van de rechter van de nieuwe gewone verblijfplaats, om de omgangsregeling te wijzigen, uit zolang de voortgezette bevoegdheid van de eerste rechter duurt. **Drie maanden.** De voortgezette bevoegdheid duurt drie maanden. Aangenomen moet worden dat ook hier als peildatum de datum van de indiening van het verzoekschrift geldt. **Vanaf de verhuizing.** Soms wordt er na een verhuizing direct een nieuwe gewone verblijfplaats gevestigd (vooral wanneer het van de aanvang af duidelijk is dat de verzorgende ouder en het kind niet zullen terugkeren naar de vorige lidstaat), in andere gevallen kan dat enige tijd duren, bijvoorbeeld wanneer een pleeggezinplaatsing aanvankelijk op proef wordt gedaan, en na verloop van tijd definitief wordt. De voortgezette bevoegdheid van de eerste rechter duurt geen drie maanden vanaf het moment waarop duidelijk wordt dat er een nieuwe gewone verblijfplaats gevestigd is, maar vanaf het moment van de feitelijke verhuizing. Dit heeft als consequentie, dat wanneer het na de verhuizing meer dan drie maanden duurt voordat duidelijk is dat er een nieuwe gewone verblijfplaats gevestigd is, het artikel toepassing mist. Uiteraard heeft de rechter van de eerste lidstaat na de verhuizing wel zijn bevoegdheid behouden tot aan het moment waarop het kind een nieuwe gewone verblijfplaats verkregen heeft. De datum van de feitelijke verhuizing is ook maatgevend wanneer de verhuizing pas later bekend is geworden (Hof 's-Hertogenbosch 20 juli 2006, *NIPR* 2006/270). **Alleen wijziging van omgangsregeling.** De voortgezette bevoegdheid bestaat alleen ten aanzien van de wijziging van een eerder gegeven omgangsregeling. Bestaat er nog geen omgangsregeling, dan kan, nadat de nieuwe gewone verblijfplaats gevestigd is, alleen de rechter van die lidstaat een omgangsregeling vaststellen. Verkrijgt het kind niet onmiddellijk na de verhuizing een gewone verblijfplaats in de nieuwe lidstaat, dan heeft het zijn gewone verblijfplaats in de eerste lidstaat nog behouden. De rechter van die lidstaat is op dat moment nog bevoegd, en wel op grond van art. 8, tot het vaststellen van een nieuwe omgangsregeling. **In die lidstaat vóór de verhuizing van het kind gegeven beslissing.** De beslissing moet zijn gegeven in de lidstaat waar het kind vóór de verhuizing zijn gewone verblijfplaats had. Ten aanzien van een beslissing die gegeven is in een andere lidstaat, waar het kind nog eerder zijn gewone verblijfplaats heeft gehad, bestaat geen voortgezette bevoegdheid. Voorts wordt geëist dat de beslissing gegeven is voordat de verhuizing plaatsvond. Er bestaat geen voortgezette bevoegdheid tot wijziging van een beslissing die na de verhuizing gegeven is, ook indien het verzoekschrift daartoe vóór de verhuizing is ingediend. **Gewone verblijfplaats van de persoon die het omgangsrecht heeft.** De bepaling geldt alleen wanneer de persoon die het omgangsrecht heeft, zijn gewone verblijfplaats heeft in de lidstaat waar het kind voor zijn verhuizing zijn gewone verblijfplaats had. **Elke verzoeker.** De bepaling geldt ongeacht of het verzoek wordt ingediend door de verzorgende persoon of door de persoon die het omgangsrecht heeft.

2. Beëindiging voortgezette bevoegdheid (lid 2). De voortgezette bevoegdheid eindigt wanneer de persoon die het omgangsrecht heeft, de bevoegdheid van de rechter van de nieuwe gewone verblijfplaats van het kind aanvaardt. **Stilzwijgende aanvaarding.** Het verdient opmerking dat de aanvaarding van de bevoegdheid van de rechter van de nieuwe gewone verblijfplaats van het kind enkel kan plaatsvinden door in een procedure aldaar te verschijnen zonder de bevoegdheid van die rechter te betwisten. Hierin verschilt het artikel van art. 12, waarin prorogatie van rechtsmacht alleen wordt toegelaten indien de betrokkenen de bevoegdheid van de rechter 'uitdrukkelijk dan wel op enige andere ondubbelzinnige wijze' aanvaarden. **Deelnemen.** Deelnemen aan een procedure in de lidstaat van het nieuwe gewone verblijf kan zowel plaatsvinden door als verweerder of belanghebbende te verschijnen, als door het zelf indienen van een verzoek. **Aan een procedure.** Aangenomen moet worden dat alleen deelname aan een procedure tot wijziging van de omgangsregeling tot aanvaarding van de bevoegdheid leidt, en niet het deelnemen aan een willekeurige andere procedure inzake de ouderlijke verantwoordelijkheid. Voor die andere procedures is de rechter van de nieuwe gewone verblijfplaats immers direct bevoegd, zonder wachttijd van drie maanden, zodat het voor de persoon die een omgangsrecht heeft, niet zinvol is om tegen die bevoegdheid bezwaar te maken.

Artikel 10
Bevoegdheid in gevallen van kinderontvoering

In geval van ongeoorloofde overbrenging of niet doen terugkeren van het kind blijven de gerechten van de lidstaat waar het kind onmiddellijk voor de ongeoorloofde overbrenging of niet doen terugkeren zijn gewone verblijfplaats had, bevoegd totdat het kind in een andere lidstaat een gewone verblijfplaats heeft verkregen en:

a) enige persoon, instelling of ander lichaam die gezagsrecht bezit, in de overbrenging of het niet doen terugkeren heeft berust; of
b) het kind gedurende ten minste een jaar nadat de persoon, de instelling of het lichaam met gezagsrecht kennis heeft gekregen of had moeten krijgen van de verblijfplaats van het kind, in die andere lidstaat heeft verbleven en in zijn nieuwe omgeving geworteld is, en aan één van de volgende voorwaarden is voldaan:
i) er is bij de bevoegde autoriteiten van de lidstaat waarheen het kind is overgebracht of waar het wordt vastgehouden, geen verzoek tot terugkeer ingediend binnen een jaar nadat de persoon die gezagsrecht bezit, kennis heeft gekregen of had moeten krijgen van de verblijfplaats van het kind;
ii) een door de persoon met gezagsrecht ingediend verzoek tot terugkeer is ingetrokken en binnen de onder i) gestelde termijn is geen nieuw verzoek ingediend;
iii) een voor een gerecht in de lidstaat waar het kind onmiddellijk voor de ongeoorloofde overbrenging of het niet doen terugkeren zijn gewone verblijfplaats had, dienende zaak is overeenkomstig artikel 11, lid 7, gesloten verklaard;
iv) een gezagsbeslissing die niet de terugkeer van het kind met zich brengt, is uitgesproken door de gerechten van de lidstaat waar het kind onmiddellijk voor de ongeoorloofde overbrenging of niet doen terugkeren zijn gewone verblijfplaats had.

[27-11-2003, PbEU L 338, i.w.tr. 01-08-2004/regelingnummer 2201/2003]

1. Algemeen. Het artikel komt op hoofdlijnen overeen met art. 7 Haags Kinderbeschermingsverdrag 1996. Het dient ertoe, te voorkomen dat kinderontvoering ertoe leidt dat de bevoegdheid overgaat van de rechter van de aanvankelijke gewone verblijfplaats naar die van het land waarheen het kind ontvoerd is. Tegelijkertijd aanvaardt het, dat de wijziging van omstandigheden op zeker moment een bestendig karakter kan krijgen en dat het dan niet functioneel is wanneer de rechter van het nieuwe verblijf blijvend onbevoegd is. Van belang is in het oog te houden dat dit artikel het behoud van de bevoegdheid van de gerechten van het land van herkomst van het kind betreft om ten gronde te oordelen over de ouderlijke verantwoordelijkheid, niet om te beslissen over een verzoek tot teruggeleiding gebaseerd op het Haags Kinderontvoeringsverdrag 1980 (vgl. HR 9 december 2011, *RvdW* 2011/1542; *RFR* 2012/26). Zie ook Rb. Den Haag 1 februari 2013, ECLI:NL:RBDHA:2013:BZ2426, *NIPR* 2013/121. **Ongeoorloofde overbrenging of niet doen terugkeren.** Wanneer er sprake is van ongeoorloofde overbrenging of van het niet doen terugkeren van een kind, is omschreven in art. 2 onderdeel 11. Ingeval van een ondertoezichtstelling van een kind hangt het af van het antwoord op de vraag bij wie het gezag berust of een ouder geoorloofd dan wel ongeoorloofd het kind kan overbrengen naar een andere lidstaat. Berust het gezag bij de ouder dan is er geen sprake van een ongeoorloofd overbrengen ook al is het kind onder toezicht gesteld. Vgl. Hof Den Haag 4 juli 2012, ECLI:NL:GHSGR:2012:BX2075, *NIPR* 2012/428. Zie ook Rb. Breda 25 juni 2012, *JPF* 2012/145, m.nt. I. Curry-Sumner. Is er naast de ondertoezichtstelling tevens sprake van een machtiging tot uithuisplaatsing dan berust het gezag niet bij de ouder maar bij de instelling die het kind onder toezicht heeft gesteld en is het overbrengen dan wel niet doen terugkeren ongeoorloofd. Vgl. Rb. Amsterdam 26 juni 2013, ECLI:NL:RBAMS:2013:5337, *NIPR* 2013/333. **Gewone verblijfplaats in andere lidstaat.** De kinderontvoering brengt niet vanzelfsprekend een wijziging teweeg in de gewone verblijfplaats van het kind, maar het is ook niet uitgesloten dat het kind na verloop van tijd wel een gewone verblijfplaats verkrijgt in de staat waarheen het is overgebracht. De rechter van de nieuwe gewone verblijfplaats is in beginsel onbevoegd. Alleen wanneer het kind in de nieuwe lidstaat een gewone verblijfplaats heeft en tegelijkertijd voldaan is aan een van de vereisten onder a of b, kan de rechter van die lidstaat bevoegdheid verkrijgen. Het HvJ EU heeft benadrukt dat gezien het doel van de verordening ouders af te schrikken om tot kinderontvoering over te gaan, de in artikel 10, onder a) en b) genoemde voorwaarden eng moeten worden uitgelegd. Zie HvJ EU 1 juli 2010, C-211/10 PPU, ECLI:EU:C:2010:400 (*Povse*) en HvJ EU 10 april 2018, C-85/18 PPU, ECLI:EU:C:2018:220 (*CV/DU*). Zie voor een voorbeeld van de toepassing van artikel 10 Hof Arnhem-Leeuwarden 29 mei 2018, ECLI:NL:GHARL:2018:5023. **Ontvoering naar niet-lidstaat.** Naar de letter bepaalt het artikel dat de rechter van de lidstaat waaruit het kind ontvoerd is, zijn bevoegdheid slechts kan verliezen wanneer het kind naar een andere lidstaat is ontvoerd en aan de voorwaarden onder a en b is voldaan. Dat zou betekenen dat bij een ontvoering naar een niet-lidstaat de rechter van de lidstaat tot aan de meerderjarigheid van het kind bevoegd blijft. Is het kind echter na de inwerkingtreding van het Haags Kinderbeschermingsverdrag 1996 ontvoerd naar een niet-lidstaat die wel partij is bij dat verdrag, dan kan dit geen stand houden. De voorrang van de verordening boven het Haagse verdrag op grond van art. 61 houdt immers op te bestaan wanneer het kind zijn gewone verblijfplaats in de andere staat verkregen heeft. In dat geval is dus art. 7 Haags Kinderbeschermingsverdrag 1996 van toepassing. Is het kind ontvoerd naar een staat waar noch de verordening, noch het Haags Kinderbeschermingsverdrag 1996 van toepassing is, dan lijkt het evenmin realistisch om vol te houden dat de rechter van de lidstaat waarvandaan het kind ontvoerd is, zijn bevoegdheid jarenlang blijft behouden. Ook in dat geval claimt art. 61 onderdeel a geen voorrang voor de verordening boven het verdrag, omdat het kind immers geen gewone verblijfplaats meer heeft in een lidstaat. Art. 7 Haags Kinderbeschermingsverdrag 1996 kan dan dus worden toegepast, welke bepaling ook de voortzetting en de beëindiging van de bevoegdheid regelt wanneer het kind ontvoerd is naar een niet-verdragsluitende staat.

2. Berusting (onder a). Wordt in de ontvoering berust, dan is er geen reden meer om aan de rechter van de nieuwe gewone verblijfplaats bevoegdheid te onthouden. Uiteraard moet hierbij niet alleen gedacht worden aan berusting door de achterblijvende ouder, maar ook aan berusting door andere personen of instellingen die met ouderlijke verantwoordelijkheid zijn belast. De Nederlandse tekst bevat, evenals de Nederlandse vertaling van art. 7 Haags Kinderbeschermingsverdrag 1996 (*Trb.* 1997, 299), een vertaalfout. 'Enige' moet zijn: 'iedere'. Dit blijkt uit de authentieke teksten van het Haags Kinderbeschermingsverdrag 1996 ('toute personne', 'each person') en uit enkele van de gelijkelijk authentieke teksten van de verordening ('toute personne', 'each person', 'jede sorgeberechtigte Person'). Zijn er dus meer personen die elk een deel van de ouderlijke verantwoordelijkheid dragen, dan moet ieder van hen in de ontvoering berust hebben. Overigens is het mogelijk dat de berusting van de achterblijvende ouder in een vaststellingsovereenkomst wordt neergelegd. Zie Rb. Den Haag 7 januari 2013, ECLI:NL:RBDHA:2013:BY9887, *NIPR* 2013/118.

3. Verblijfplaats langer dan een jaar, met aanvullende eisen (onder b). Blijkt niet van de berusting van de achterblijvende ouder, dan kan de rechter van de nieuwe gewone verblijfplaats bevoegdheid verkrijgen indien voldaan is aan de eisen die gesteld worden onder b. **De achterblijvende ouder draagt kennis van de nieuwe verblijfplaats.** Vereist is, dat 'de persoon, de instelling of het lichaam met gezagsrecht' kennis heeft gekregen of had moeten krijgen van de verblijfplaats van het kind. Het is in overeenstemming met het onder a geformuleerde criterium, dat deze kennis moet bestaan bij elke persoon, instelling of lichaam met gezagsrecht. Het behoeft niet te worden aangetoond, dat deze kennis feitelijk bestaat; voldoende is, dat de betrokkene op de hoogte had moeten zijn. **Minimaal een jaar.** Het verblijf moet, vanaf het moment waarop de betrokkenen kennis kregen of hadden moeten krijgen van de nieuwe verblijfplaats van het kind, minimaal een jaar hebben geduurd. **Verblijf.** Zowel het hier besproken artikel als art. 7 Haags Kinderbeschermingsverdrag 1996 spreken slechts van 'verblijf'. Op het moment dat de met het gezag belaste personen kennis kregen van de nieuwe verblijfplaats van het kind, behoeft er dus nog geen sprake te zijn van een nieuwe gewone verblijfplaats. Feitelijk verblijf van minimaal een jaar is voldoende; wel moet deze verblijfplaats uiteindelijk tot een gewone verblijfplaats zijn geworden, voordat de bevoegdheid kan overgaan naar de rechter van de lidstaat waarheen het kind is overgebracht. **Geworteld in nieuwe gewone verblijfplaats.** Voorts moet het kind geworteld zijn in de staat waar het zijn nieuwe gewone verblijfplaats verkregen heeft. De beoordeling van de vraag of het kind al of niet geworteld is, lijkt zich moeilijk te verdragen met het over het algemeen formele karakter van bevoegdheidscriteria. Wellicht zal dit echter in de praktijk niet tot al te grote problemen leiden, mede omdat, wanneer het kind langer dan een jaar in de desbetreffende lidstaat verblijft en deze lidstaat voor het kind tot een gewone verblijfplaats is geworden, het kind daar vermoedelijk in de meeste gevallen ook geworteld zal zijn.

4. Aanvullende criteria (onder i-iv). Naast de algemene, onder b geformuleerde eisen, moet ook voldaan zijn aan een van de criteria die onder de Romeinse cijfers i-iv gesteld worden. **Criteria (onder i-iii).** De eerste drie vereisten komen neer op dezelfde eis die gesteld wordt in art. 7 Haags Kinderbeschermingsverdrag 1996 (namelijk, dat 'geen verzoek tot terugkeer, dat binnen die periode is ingediend, nog in behandeling is'). Het verschil in formulering lijkt verklaarbaar vanuit het gegeven dat een procedure tot teruggeleiding onder de verordening niet is beëindigd doordat de aangezochte rechter het bevel tot teruggeleiding weigert, maar doordat de rechter van de lidstaat waar het kind voorafgaand aan de overbrenging zijn gewone verblijfplaats had, de zaak conform art. 11 onder art. 7 gesloten verklaart. **Criterium (onder iv).** Onder iv wordt bepaald, dat indien de rechter van de oude gewone verblijfplaats een beslissing heeft genomen, die meebrengt dat het kind niet behoeft terug te keren, de rechter van de nieuwe gewone verblijfplaats bevoegdheid verkrijgt. Wel dient ook in dat geval voldaan te zijn aan de eisen die onder b zijn geformuleerd. Het Hof van Justitie heeft bepaald dat van een beslissing in de zin van deze bepaling alleen sprake is indien het een definitieve beslissing betreft en aldus niet een voorlopige voorziening omvat (zie HvJ EU 1 juli 2010, C-211/10 PPU, *RvdW* 2010/1041 (*Povse/Alpago*)).

Artikel 11
Terugkeer van het kind

1. Wanneer een persoon, instelling of ander lichaam met gezagsrecht bij de bevoegde autoriteiten van een lidstaat een verzoek indient om op grond van het Verdrag van 's-Gravenhage van 25 oktober 1980 betreffende de burgerrechtelijke aspecten van in-

ternationale ontvoering van kinderen (hierna 'het Verdrag van 's-Gravenhage van 1980' genoemd) een beslissing te nemen teneinde de terugkeer te verkrijgen van een kind dat ongeoorloofd is overgebracht of vastgehouden in een andere lidstaat dan de lidstaat waar het kind onmiddellijk voor de ongeoorloofde overbrenging of het niet doen terugkeren zijn gewone verblijfplaats had, zijn de leden 2 tot en met 8 van toepassing.
2. Bij de toepassing van de artikelen 12 en 13 van het Verdrag van 's-Gravenhage van 1980 wordt ervoor gezorgd dat het kind tijdens de procedure in de gelegenheid wordt gesteld te worden gehoord, tenzij dit gezien zijn leeftijd of mate van rijpheid niet raadzaam wordt geacht.
3. Het gerecht waarbij een in lid 1 bedoeld verzoek om terugkeer van het kind is ingediend, beschikt met bekwame spoed, met gebruikmaking van de snelste procedures die in het nationale recht beschikbaar zijn.
Onverminderd de eerste alinea beslist het gerecht uiterlijk zes weken nadat het verzoek aanhangig is gemaakt, tenzij dit als gevolg van uitzonderlijke omstandigheden onmogelijk blijkt.
4. Een gerecht kan de terugkeer van een kind niet op grond van artikel 13, onder b), van het Verdrag van 's-Gravenhage van 1980 weigeren, wanneer vaststaat dat er adequate voorzieningen zijn getroffen om de bescherming van het kind na de terugkeer te verzekeren.
5. Een gerecht kan de terugkeer van een kind niet weigeren indien de persoon die om de terugkeer van het kind verzoekt niet in de gelegenheid is gesteld te worden gehoord.
6. Indien een gerecht op grond van artikel 13 van het Verdrag van 's-Gravenhage van 1980 een beslissing houdende de niet-terugkeer heeft gegeven, zendt het onmiddellijk, rechtstreeks dan wel door tussenkomst van zijn centrale autoriteit, een afschrift van het bevel en van de desbetreffende stukken, met name het zittingsverslag toe aan het bevoegde gerecht of de centrale autoriteit van de lidstaat waar het kind onmiddellijk voor een ongeoorloofde overbrenging of niet doen terugkeren zijn gewone verblijfplaats had, zulks in overeenstemming met het nationale recht. Dit gerecht dient alle bedoelde stukken te ontvangen binnen een maand te rekenen vanaf de datum waarop de beslissing houdende de niet-terugkeer is gegeven.
7. Tenzij één van de partijen zich reeds heeft gewend tot de gerechten van de lidstaat waar het kind onmiddellijk voor een ongeoorloofde overbrenging of niet doen terugkeren zijn gewone verblijfplaats had, stelt het gerecht of de centrale autoriteit die de in lid 6 bedoelde informatie ontvangt, de partijen daarvan op de hoogte en nodigt hen uit binnen drie maanden na de oproeping overeenkomstig het nationale recht conclusies in te dienen, opdat de rechterlijke instantie de kwestie van het gezagsrecht kan onderzoeken.
Onverminderd de bevoegdheidsregels van deze verordening verklaart het gerecht de zaak gesloten indien het binnen die termijn geen conclusie heeft ontvangen.
8. Niettegenstaande een beslissing houdende de niet-terugkeer op grond van het Verdrag van 's-Gravenhage van 1980, is een latere beslissing die de terugkeer van het kind met zich brengt, gegeven door een gerecht dat krachtens deze verordening bevoegd is, overeenkomstig afdeling 4 van hoofdstuk III uitvoerbaar, zulks teneinde de terugkeer van het kind te verzekeren.
[27-11-2003, PbEU L 338, i.w.tr. 01-08-2004/regelingnummer 2201/2003]

1. Algemeen. Het artikel is van toepassing wanneer op grond van het Haags Kinderontvoeringsverdrag 1980 een verzoek wordt ingediend bij de rechter van een lidstaat tot teruggeleiding van een kind dat onmiddellijk voorafgaande aan de ontvoering zijn gewone verblijfplaats had in een andere lidstaat. Het artikel regelt en wijzigt niet de bevoegdheid van de rechter om kennis te nemen van een dergelijk verzoek – deze bevoegdheid is gebaseerd op het kinderontvoeringsverdrag zelf – maar stelt aanvullende regels voor de te volgen procedure en beperkt het aantal gevallen waarin de teruggeleiding van het kind kan worden geweigerd. Het begrip 'gewone verblijfplaats' wordt in deze context op eenzelfde wijze uitgelegd als in de context van art. 8 e.v. Zie HvJ EU 9 oktober 2014, ECLI:EU:C:2014:2268, C-376/14 PPU, C/M en art. 8, aant. 2.

2. Verzoek op grond van Haags Kinderontvoeringsverdrag (lid 1). Het artikel is alleen van toepassing wanneer het verzoek gegrond wordt op het Haags Kinderontvoeringsverdrag. Wordt het verzoek gegrond op het Europees Kinderontvoeringsverdrag, dan blijft het artikel buiten toepassing. **Alleen bij ontvoering tussen twee lidstaten.** Het artikel is alleen van toepassing wanneer zowel de staat waaruit het kind ontvoerd is als de staat waarheen het kind ontvoerd is, lidstaten zijn.

3. Horen van het kind (lid 2). Wanneer geen overeenstemming wordt bereikt over een vrijwillige terugkeer van het kind (vgl. art. 10 Haags Kinderontvoeringsverdrag) maar een rechterlijke beslissing wordt gegeven waarbij op grond van art. 12 Haags Kinderontvoeringsverdrag de terugkeer van het kind wordt gelast of waarbij op grond van art. 13 Haags Kinderontvoeringsverdrag een dergelijk bevel wordt geweigerd, moet het kind in de gelegenheid worden gesteld te worden gehoord alvorens die beslissing gegeven wordt. In Nederland bepaalt art. 13 lid 2 Uitvoeringswet kinderontvoeringsverdragen dat het kind in de gelegenheid moet worden gesteld zijn mening kenbaar te maken, althans dat het daartoe behoorlijk moet worden opgeroepen, tenzij dit in verband met de lichamelijke of geestelijke toestand van het kind onmogelijk is. Art. 802 Rv, waarin bepaald wordt dat het horen, indien nodig, ook buiten de rechtszaal kan plaatsvinden, wordt mede van toepassing verklaard. (De uitzondering die in art. 13 lid 2 wordt gemaakt voor gevallen waarin art. 8 of 9 Europees Kinderontvoeringsverdrag van toepassing is, is hier niet relevant; zie aant. 2.)

4. Snelst beschikbare procedure (lid 3). De aangezochte rechter beslist met bekwame spoed, met gebruikmaking van de snelst beschikbare procedure, doch – behoudens uitzonderlijke omstandigheden – uiterlijk binnen zes weken. Voor Nederland wordt de rechtspleging geregeld in art. 11 Uitvoeringswet kinderontvoeringsverdragen e.v. Deze bepalingen geven geen termijn. Art. 13 lid 2 bepaalt wel dat de rechter het verzoek bij voorrang behandelt. Voor gevallen van ontvoering tussen twee lidstaten dient hij zich aan de in art. 11 lid 3 van de verordening gestelde termijn van zes weken te houden.

5. Beperkte toepassing van art. 13 lid 1 onderdeel b Haags Kinderontvoeringsverdrag (lid 4). De begrippen 'ernstig risico', 'lichamelijk of geestelijk gevaar' en 'ondraaglijke toestand' die in art. 13 lid 1 onderdeel b Haags Kinderontvoeringsverdrag worden gehanteerd, laten ruimte voor zeer uiteenlopende interpretaties. Ook het algemene beginsel dat terugkeer hoofdregel is en dat de uitzonderingen restrictief moeten worden toegepast, leidt niet zonder meer tot een uniforme toepassing. De verordening beoogt in art. 10

lid 4 te verzekeren dat terugkeer in ieder geval plaatsvindt wanneer er in het land van herkomst voldoende beschermingsmaatregelen getroffen zijn.

6. Horen verzoeker (lid 5). De rechter kan niet weigeren de terugkeer van het kind te gelasten, zonder dat de verzoeker is gehoord. Dat geldt niet alleen wanneer de weigering gebaseerd is op de uitzonderingsgronden van art. 12 en 13 Haags Kinderontvoeringsverdrag maar ook wanneer zij gebaseerd is op art. 20 van dat verdrag (strijd met fundamentele beginselen van de aangezochte staat).

7. Procedure na afwijzing verzoek (lid 6, 7 en 8). Beoogd is, dat een afwijzing van een verzoek om de terugkeer van het kind te gelasten in beginsel een tijdelijk karakter heeft en dat de beslissing ten gronde over de vraag waar uiteindelijk de gewone verblijfplaats van het kind gelegen zal zijn, genomen moet worden door de rechter van de lidstaat van herkomst (toelichting bij het voorstel, art. 23 en 24). Daarom garanderen lid 6 en 7 dat de autoriteiten van de lidstaat van herkomst op de hoogte worden gesteld van de afwijzing en dat de betrokken partijen in de gelegenheid worden gesteld om bij de rechter van de lidstaat van herkomst conclusies in te dienen aan de hand waarvan de rechter het gezagsrecht kan onderzoeken. Worden geen conclusies ingediend, dan verklaart het gerecht in de lidstaat van herkomst de zaak gesloten. Neemt het gerecht in de lidstaat van herkomst een beslissing die de terugkeer van het kind naar die lidstaat met zich brengt, dan wordt die beslissing ten uitvoer gelegd in de lidstaat waarheen het kind is ontvoerd, met terzijdestelling van de beslissing waarbij eerder het bevel tot terugkeer werd geweigerd (lid 8). Hierbij is naar het oordeel van het Hof van Justitie irrelevant of laatstgenoemde beslissing nadien is opgeschort, herzien, vernietigd of hoe dan ook geen kracht van gewijsde heeft gekregen of is vervangen door een beslissing waarbij terugkeer wordt gelast, zolang het kind niet daadwerkelijk is teruggekeerd (zie HvJ EG 11 juli 2008, C-195/08 PPU, *NJ* 2009/455, *NIPR* 2008/159). Het Hof heeft voorts bepaald dat een beslissing van het bevoegde gerecht die de terugkeer van het kind met zich brengt, binnen de werkingssfeer van lid 8 valt, zelfs wanneer daaraan geen definitieve beslissing van datzelfde gerecht over het gezagsrecht over het kind voorafgaat (HvJ EU 1 juli 2010, C-211/10, *NJ* 2011/459; *RvdW* 2010/1041; *NIPR* 2010/384 (*Povse/Alpago*)). Dit arrest is echter niet zonder kritiek gebleven, zie D. van Iterson, *Ouderlijke verantwoordelijkheid en kinderbescherming* (Praktijkreeks IPR), Apeldoorn/Antwerpen: Maklu 2011, p. 185-188. In HvJ EU 9 januari 2015, C-498/14 PPU, ECLI:EU:C:2015:3, *NJ* 2017/187, m.nt. Th.M. de Boer, is bepaald dat art. 11 lid 7 en 8 aldus moet worden uitgelegd dat het zich er in beginsel niet tegen verzet dat een lidstaat een gespecialiseerd gerecht de bevoegdheid verleent om vragen betreffende de terugkeer van of het gezagsrecht over het kind te onderzoeken in het kader van de procedure die in deze bepalingen is vastgesteld, zelfs wanneer bij een hof of rechtbank voor het overige reeds een bodemprocedure inzake de ouderlijke verantwoordelijkheid voor het kind aanhangig is gemaakt. Zie voor kritiek op dit arrest de noot Th.M. de Boer onder *NJ* 2017/187.

Artikel 12
Prorogatie van rechtsmacht

1. De gerechten van een lidstaat zijn, in de uitoefening van hun bevoegdheid op grond van artikel 3 ter zake van een verzoek om echtscheiding, scheiding van tafel en bed of

nietigverklaring van het huwelijk, bevoegd voor elke met dit verzoek samenhangende kwestie inzake de ouderlijke verantwoordelijkheid, indien:

a) ten minste één van de echtgenoten de ouderlijke verantwoordelijkheid voor het kind draagt; en

b) de bevoegdheid van deze gerechten uitdrukkelijk dan wel op enige andere ondubbelzinnige wijze door de echtgenoten en door de personen die de ouderlijke verantwoordelijkheid dragen, is aanvaard op het tijdstip waarop de zaak bij het gerecht aanhangig wordt gemaakt en door het belang van het kind wordt gerechtvaardigd.

2. De overeenkomstig lid 1 uitgeoefende bevoegdheid neemt een einde zodra:

a) de beslissing houdende toewijzing of afwijzing van het verzoek om echtscheiding, scheiding van tafel en bed of nietigverklaring van het huwelijk definitief is geworden; hetzij

b) ingeval op het onder a) bedoelde tijdstip nog een procedure betreffende de ouderlijke verantwoordelijkheid aanhangig is, een beslissing in die procedure definitief is geworden; hetzij

c) de onder a) en b) bedoelde procedures om een andere reden zijn beëindigd.

3. De gerechten van een lidstaat zijn ook in andere procedures dan die welke in lid 1 worden bedoeld, bevoegd ter zake van de ouderlijke verantwoordelijkheid voor een kind, indien:

a) het kind een nauwe band met die lidstaat heeft, met name omdat een van de personen die de ouderlijke verantwoordelijkheid dragen, zijn gewone verblijfplaats in die lidstaat heeft of omdat het kind onderdaan van die lidstaat is; en

b) hun bevoegdheid op het tijdstip waarop de zaak bij het gerecht aanhangig is gemaakt, uitdrukkelijk dan wel op enige andere ondubbelzinnige wijze is aanvaard door alle partijen bij de procedure en door het belang van het kind wordt gerechtvaardigd.

4. Indien het kind zijn gewone verblijfplaats heeft op het grondgebied van een derde staat die geen verdragsluitende partij is bij het Verdrag van 's-Gravenhage van 19 oktober 1996 inzake de bevoegdheid, het toepasselijke recht, de erkenning, de tenuitvoerlegging en de samenwerking op het gebied van ouderlijke verantwoordelijkheid en maatregelen ter bescherming van kinderen, wordt de op het onderhavige artikel gebaseerde bevoegdheid geacht met name in het belang van het kind te zijn indien een procedure in de betrokken derde staat onmogelijk blijkt te zijn.

[27-11-2003, PbEU L 338, i.w.tr. 01-08-2004/regelingnummer 2201/2003]

1. Algemeen. Degenen die de ouderlijke verantwoordelijkheid voor een kind dragen, kunnen onder bepaalde omstandigheden zelf de rechter aanwijzen die kennis kan nemen van een verzoek met betrekking tot de ouderlijke verantwoordelijkheid. Is er bij een rechter in een lidstaat een procedure tot echtscheiding, scheiding van tafel en bed of nietigverklaring van het huwelijk aanhangig, dan voorzien lid 1, 2 en 4 in de mogelijkheid om, onder bepaalde voorwaarden, een daarmee samenhangend verzoek inzake de ouderlijke verantwoordelijkheid bij die rechter in te dienen; voor andere verzoeken wordt een regeling gegeven in lid 3 en 4. Zie nader *Asser/Vonken & Ibili 10-II* 2021/548-554. **Derogerende werking.** Door de aanwijzing van een bevoegde rechter in overeenstemming met art. 12 wordt niet alleen bevoegdheid voor die rechter gecreëerd, maar gaat ook de op art. 8 gebaseerde bevoegdheid van de rechter van de gewone verblijfplaats teniet. **Geen inhoudelijke overeenstemming vereist.** Vereist is slechts, dat partijen het eens zijn over de bevoegdheid van de rechter. Het is niet noodzakelijk, dat er tussen hen overeenstemming bestaat over de te nemen maatregel. Wel kan een dergelijke inhoudelijke overeenstemming een rol spelen wanneer de rechter moet beoordelen of het in het belang van het kind is dat de maatregel wordt getroffen door hem en niet door de rechter van de gewone verblijfplaats van het kind. **Gewone verblijfplaats buiten de EU; verhouding tot Haags Kinderbeschermingsverdrag 1996.** Art. 12 eist niet dat het kind zijn gewone verblijfplaats in een lidstaat heeft. Het artikel kan dus ook worden toegepast indien het kind zijn gewone verblijfplaats in een niet-lidstaat heeft. Is die niet-lidstaat echter partij bij het Haags Kinderbeschermingsverdrag 1961, dan heeft de verordening geen voorrang boven het verdrag, zo volgt uit art. 60. Wanneer die niet-lidstaat partij is bij het Haags Kinderbeschermingsverdrag 1996, dan verleent art. 61 geen voorrang aan de verordening boven dit verdrag. De gerechten van een lidstaat kunnen in een dergelijk geval geen bevoegdheid ontlenen aan art. 12 van de verordening maar mogelijk wel aan art. 10 Haags Kinderbeschermingsverdrag 1996. **Verhouding tot art. 15.** Stemt een van de partijen niet in met de bevoegdheid van, bijvoorbeeld, de echtscheidingsrechter, dan kan de andere partij onderzoeken of aan de voorwaarden van art. 15 voldaan is, zodat hij op grond van die bepaling de rechter die ten gronde bevoegd is kan verzoeken de zaak aan de gewenste rechter over te dragen.

2. Bij echtscheiding, scheiding van tafel en bed of nietigverklaring van het huwelijk (lid 1, aanhef). Wordt een verzoek tot echtscheiding, scheiding van tafel en bed of nietigverklaring van het huwelijk bij de rechter van een lidstaat aanhangig gemaakt, dan kunnen ook verzoeken inzake de ouderlijke verantwoordelijkheid bij die rechter worden gedaan, indien aan de gestelde voorwaarden is voldaan. **Nevenverzoeken.** Het is niet noodzakelijk dat het om een nevenverzoek gaat dat tegelijkertijd met de echtscheiding wordt ingediend. Het artikellid geldt ook voor verzoeken die naderhand worden ingediend op een tijdstip voordat de echtscheidingsprocedure beëindigd is. **'Artikel 5'.** De verwijzing naar art. 5 berust op een kennelijke verschrijving. In de – gelijkelijk authentieke – teksten van de verordening in andere talen wordt verwezen naar art. 3. Wordt een verzoek tot omzetting van een scheiding van tafel en bed in een echtscheiding ingediend bij de rechter die op grond van art. 5 bevoegd is, dan kan een forumkeuze voor een nevenverzoek inzake de ouderlijke verantwoordelijkheid niet gedaan worden op de voet van lid 1, doch wel op de voet van lid 3 indien aan de daar gestelde voorwaarden is voldaan. **Samenhangende kwestie.** Het verzoek met betrekking tot de ouderlijke verantwoordelijkheid dient samen te hangen met de procedure tot echtscheiding, scheiding van tafel en bed of nietigverklaring van het huwelijk. Die samenhang zal bij de meest voorkomende verzoeken – inzake het gezag, de vaststelling van de gewone verblijfplaats en het omgangsrecht – als regel bestaan. Bij andere verzoeken inzake de ouderlijke verantwoordelijkheid kan wellicht twijfel rijzen. Het enkele feit dat een verzoek tegelijkertijd wordt ingediend met een verzoek tot echtscheiding, is onvoldoende om aan te nemen dat er samenhang bestaat. Voorts valt aan te nemen dat een later verzoek tot wijziging van een ter gelegenheid van de echtscheiding genomen beslissing inzake gezag of omgang niet meer als samenhangend met de echtscheiding moet worden beschouwd (zo ook: Hof 's-Hertogenbosch 29 april 2003, te kennen uit *NIPR* 2004/98). **Geen nauwe band vereist.** Anders dan in lid 3 wordt in lid 1 niet geëist, dat het kind een nauwe band heeft met de lidstaat van de aangezochte rechter. Een dergelijke bepaling zou hier ook overbodig zijn, omdat een band zoals omschreven in lid 3 onderdeel a in de onder lid 1 bedoelde gevallen altijd aanwezig is. De echtscheidingsrechter is immers alleen bevoegd wanneer minstens een van de ouders zijn of haar gewone verblijfplaats in de desbetreffende lidstaat heeft of wanneer beide ouders – en dus ook het kind – de nationaliteit van die lidstaat bezitten. **Verband met lid 3.** Hoewel niet direct te verwachten valt dat partijen tijdens de echtscheidingsprocedure een rechter willen aanwijzen die niet de echtscheidingsrechter is en evenmin bevoegd is op grond van art. 8, is die mogelijkheid niet op voorhand uitgesloten. Partijen kunnen hun forumkeuze dan op lid 3 baseren, indien aan de daar gestelde voorwaarden is voldaan.

3. Ouderlijke verantwoordelijkheid bij ten minste één van de echtgenoten (lid 1 onderdeel a). Vereist is, dat ten minste één van de echtgenoten ouderlijke verantwoordelijkheid draagt. Het is niet nodig dat de volledige ouderlijke verantwoordelijkheid bij de ouder(s) berust. Blijkens het bepaalde in lid 1 onderdeel b kan de bepaling ook toepasselijk zijn indien een deel van de ouderlijke verantwoordelijkheid bij derden berust.

4. Overige vereisten (lid 1 onderdeel b). Ondubbelzinnige aanvaarding van rechtsmacht. In het voorstel werd de eis gesteld, dat de rechtsmacht van de aangewezen rechter door de echtgenoten werd aanvaard. Aldus stemde de bepaling overeen met art. 10 Haags Kinderbeschermingsverdrag 1996. De Commissie vrijheden en rechten van de burger, justitie en binnenlandse zaken van het Europees Parlement heeft een amendement voorgesteld, waarin het vereiste werd aangescherpt. Op grond van dit amendement zou het nodig zijn dat de echtgenoten de bevoegdheid van de rechter 'in het volle bewustzijn van de consequenties' zouden aanvaarden. Het amendement werd als volgt gemotiveerd: "De rechterlijke instanties dienen duidelijk te maken wat de gevolgen van aanvaarding van hun bevoegdheid zijn, en moeten ervoor zorgen dat de ouders c.q. de personen die de ouderlijke verantwoordelijkheid dragen deze gevolgen ten volle begrijpen." Het amendement is uiteindelijk niet door het Europees Parlement ingediend. Wel wordt in de uiteindelijk aangenomen tekst van art. 12 geëist dat de aanvaarding uitdrukkelijk of op enige andere ondubbelzinnige wijze geschiedt. Daartoe is onvoldoende dat de verweerder verschijnt zonder de bevoegdheid van de rechter te betwisten. **Personen die de ouderlijke verantwoordelijkheid dragen.** Niet alleen de echtgenoten, maar ook andere personen die de ouderlijke verantwoordelijkheid dragen moeten de bevoegdheid van het aangewezen gerecht hebben aanvaard. Met 'personen' worden zowel natuurlijke personen als rechtspersonen bedoeld (zie art. 2, aant. 1). **Tijdstip van aanvaarding.** De bevoegdheid van het aangewezen gerecht moet aanvaard zijn op het tijdstip waarop de zaak bij het gerecht aanhangig wordt gemaakt. Het wekt verbazing dat de aanvaarding van de bevoegdheid niet zou kunnen plaatsvinden bij een verweerschrift. In de praktijk lijken de rechtbanken echter vrij soepel met dit vereiste om te gaan. Vgl. Rb. Den Haag 14 februari 2013, ECLI:NL:RBDHA:2013:BZ2945, *NIPR* 2013/121 en Rb. Den Haag 11 juli 2013, ECLI:NL:RBDHA:2013:10146, *NIPR* 2013/336. Dit sluit aan bij de gedachte dat een (te) strenge benadering ertoe zou kunnen leiden dat de betekenis van art. 12 in de praktijk wordt teruggebracht tot gevallen waarin een gemeenschappelijk verzoek wordt ingediend. Zie ook HvJ EU 12 november 2014, C-656/13, ECLI:EU:C:2014:2364, *NIPR* 2015/2. **Belang van het kind.** De wilsovereenstemming tussen partijen is onvoldoende. De aangezochte rechter moet zelfstandig beoordelen of hij het in het belang van het kind acht dat de beslissing door hem genomen wordt. Zie bijv. Rb. Maastricht 5 januari 2011, *NIPR* 2011/188.

5. Einde bevoegdheid van de door lid 1 aangewezen rechter (lid 2). Verzoeken op grond van lid 1 kunnen worden ingediend tot aan de datum waarop de echtscheidingsprocedure beëindigd is (zie het bepaalde onder a en c). De bevoegdheid van de krachtens lid 1 aangewezen rechter blijft in stand, ook na de beëindiging van de echtscheidingsprocedure, tot aan de datum waarop de ingezette procedure met betrekking tot de ouderlijke verantwoordelijkheid is geëindigd (zie het bepaalde onder b en c).

6. In andere gevallen dan bij echtscheiding (lid 3). Is er geen procedure tot echtscheiding, scheiding van tafel en bed of nietigverklaring van het huwelijk aanhangig (of is een dergelijke procedure wel aanhangig, maar wensen partijen een verzoek inzake de ouderlijke verantwoordelijkheid aanhangig te maken bij een andere rechter) dan opent lid 3 de mogelijkheid een procedure aan te vangen in een andere lidstaat, onder de hier gestelde eisen.

7. Nauwe band (lid 3 onderdeel a). Vereist is, dat het kind een nauwe band heeft met de lidstaat van de aangezochte rechter. Die band kan met name bestaan wanneer een van de personen die de ouderlijke verantwoordelijkheid dragen zijn gewone verblijfplaats in die lidstaat heeft of wanneer het kind de nationaliteit van die lidstaat heeft. Zie bijvoorbeeld Rb. 's-Gravenhage 15 oktober 2009, *NIPR* 2009/141. De term 'nauwe band' moet onderscheiden worden van de term 'bijzondere band' die gebruikt wordt in art. 15 lid 3. De woorden 'met name' (in andere taalversies: 'in particular', 'en particulier', 'insbesondere') sluiten niet geheel uit dat een nauwe band ook kan bestaan onder andere omstandigheden dan hier genoemd, maar laten daarvoor slechts weinig ruimte. Het valt niet aan te nemen dat de criteria voor een 'bijzondere band' van art. 15 lid 3 zonder meer mogen worden toegepast in dit artikel. **Feitelijke band.** Is aan een van de hier gegeven criteria voor het bestaan van een nauwe band voldaan, dan brengt dat niet altijd mee dat er ook feitelijk een hechte band tussen het kind en de lidstaat bestaat. **Een voorbeeld.** Strikt genomen zouden een Nederlandse man en een Russische vrouw die, met hun kind, hun gewone verblijfplaats in Rusland hebben, op grond van lid 3 een verzoek kunnen indienen bij de Nederlandse rechter, nu ook het kind de Nederlandse nationaliteit bezit. Het valt echter niet te verwachten dat een dergelijk verzoek zonder meer wordt gehonoreerd. De rechter dient immers ook te beoordelen of het in het belang van het kind is dat hij de bevoegdheid aanneemt. Veelal zal men in een geval als dit oordelen dat het verzoek beter door de Russische rechter kan worden behandeld en zich onbevoegd verklaren. Blijkt echter dat een procedure in Rusland onmogelijk is, dan kan de rechter zijn bevoegdheid aanvaarden met toepassing van lid 4.

8. Overige vereisten (lid 3 onderdeel b). Ondubbelzinnige aanvaarding van rechtsmacht. Hiervoor geldt in beginsel hetzelfde als voor lid 1. Er is echter een verschil: in lid 1 wordt vereist dat de echtgenoten en alle personen die ouderlijke verantwoordelijkheid dragen, de bevoegdheid van de rechter aanvaarden; in lid 3 wordt alleen vereist dat alle partijen bij de procedure de bevoegdheid aanvaarden. In HvJ EU 19 april 2018, C-565/16, ECLI:EU:C:2018:265 (*Saponaro/Xylina*) is bepaald dat onder 'alle partijen' in deze bepaling moet worden verstaan 'alle partijen bij de procedure in de zin van het nationale recht'. De voorwaarde dat de bevoegdheid van de gerechten die door de partijen gezamenlijk zijn aangezocht eenduidig is aanvaard, moet strikt worden uitgelegd (HvJ EU 21 oktober 2015, C-215/15. ECLI:EU:C:2015:710, *NIPR* 2015/354). Zo heeft het Hof in laatstgenoemde uitspraak geoordeeld dat art. 12 lid 3 onderdeel b, aldus moet worden uitgelegd dat de bevoegdheid van de aangezochte gerechten om kennis te nemen van een verzoek inzake de ouderlijke verantwoordelijkheid niet kan worden geacht 'uitdrukkelijk dan wel op enige andere ondubbelzinnige wijze (te zijn) aanvaard door alle partijen bij de procedure', in de zin van deze bepaling, om de enkele reden dat de procesvertegenwoordiger van verweerder, die ambtshalve door deze gerechten is aangewezen omdat het gedinginleidende verzoekschrift niet aan deze laatste kon worden betekend, de onbevoegdheid van deze gerechten niet heeft opgeworpen. Dit omdat in een dergelijk geval niet kan worden vastgesteld dat de verweerder de rechtsmacht van de rechter aanvaard heeft. Indien een partij verzet zou kunnen aantekenen, maar dit niet doet, wordt wel geacht sprake te zijn van ondubbelzinnige aanvaarding (zie HvJ EU 19 april 2018, C-565/16, ECLI:EU:C:2018:265 (*Saponaro/Xylina*): in dit geval was door het openbaar ministerie dat van rechtswege partij was bij de procedure geen verzet aangetekend tegen de rechtsmacht van het gerecht). **Belang van het kind.** De rechter moet, evenals bij de toepassing van lid 1, zelfstandig beoordelen of hij het in het belang van het kind oordeelt, dat de beslissing door hem genomen wordt en niet door de rechter van de gewone verblijfplaats. Te verwachten is, dat hij daarbij in het bijzonder kritisch zal zijn ten aanzien van de vraag of het wel in het belang van het kind is dat de beslissing wordt genomen door deze rechter en niet door de rechter van de lidstaat waar het zijn gewone verblijfplaats heeft. Hierbij dient o.a. te worden nagegaan of in het licht van de concrete omstandigheden van de zaak de prorogatie van rechtsmacht geen negatieve gevolgen zou kunnen hebben voor de situatie van het kind (zie HvJ EU 19 april 2018, C-565/16, ECLI:EU:C:2018:265 (*Saponaro/Xylina*)).

9. Belang van kind in niet-lidstaat (lid 4). Zowel bij de toepassing van lid 1 als bij de toepassing van lid 3 wordt een procedure in de lidstaat waarmee het kind een nauwe band heeft in het bijzonder in het belang van het kind geacht indien een procedure anders onmogelijk zou zijn. Die situatie kan zich alleen voordoen wanneer het kind zijn gewone verblijfplaats heeft in een niet-lidstaat die geen partij is bij het Haags Kinderbeschermingsverdrag 1996. Anders zou er immers bevoegdheid bestaan op grond van Brussel II-bis of op grond van het Haags Kinderbeschermingsverdrag 1996. **Alleen toetsen aan mogelijkheid van procedure in gewone verblijfplaats.** Het is niet vereist dat een procedure overal ter wereld onmogelijk is, maar slechts dat een procedure in het land van de gewone verblijfplaats van het kind onmogelijk is. **Een voorbeeld.** Een kind heeft de nationaliteit van Nederland en van niet-lidstaat A. Zijn gewone verblijfplaats is gelegen in niet-lidstaat X, welk land geen partij is bij het Haags Kinderbeschermingsverdrag 1996. De ouders van het kind komen om bij een verkeersongeval. De autoriteiten van land X achten zich niet bevoegd om in de voogdij van het kind te voorzien. De Nederlandse grootouders van het kind dienen in Nederland een voogdijverzoek in, met instemming van de andere nabestaanden. De Nederlandse rechter kan nu, onder verwijzing naar lid 4, oordelen dat het in het belang van het kind is dat hij een beslissing neemt, niettegenstaande de eventuele bevoegdheid van de autoriteiten van land A. **Niet limitatief.** Lid 4 heeft geen limitatief karakter. Zou, in het hierboven gegeven voorbeeld, de rechter van land X wel bevoegd zijn, dan kan de Nederlandse rechter niettemin oordelen dat het in het belang van het kind is dat de beslissing in Nederland genomen wordt. **Begrip 'onmogelijk'.** Wat te verstaan is onder de 'onmogelijkheid' van een procedure in het buitenland, wordt uit de verordening niet duidelijk. Wel is het wenselijk dat het begrip autonoom wordt uitgelegd. In voorkomende gevallen zullen er prejudiciële vragen moeten worden gesteld aan het Hof van Justitie. **Verhouding tot Haags Kinderbeschermingsverdrag 1996.** Lid 4 geldt alleen, indien het kind zijn gewone verblijfplaats heeft in een niet-lidstaat die geen partij is bij het Haags Kinderbeschermingsverdrag 1996. Omdat lid 4 het begrip 'belang van het kind' niet op limitatieve wijze regelt, lijkt het op zich niet uitgesloten dat een rechter van een lidstaat het ook in het belang van het kind zal oordelen wanneer dat zijn gewone verblijfplaats heeft in een staat die partij is bij het Haags Kinderbeschermingsverdrag 1996, indien een procedure in dat land (ondanks de op het verdrag berustende bevoegdheid voor de rechter van dat land) onmogelijk blijkt. Wel zal hij moeten beoordelen of het aannemen van rechtsmacht in dat geval niet in strijd is met het verdrag.

Artikel 13
Bevoegdheid gebaseerd op de aanwezigheid van het kind

1. Wanneer de gewone verblijfplaats van een kind niet kan worden vastgesteld en de bevoegdheid niet kan worden bepaald op grond van artikel 12, zijn de gerechten van de lidstaat op het grondgebied waarvan het kind zich bevindt, bevoegd.
2. Lid 1 is ook van toepassing op vluchtelingenkinderen en kinderen die ten gevolge van onlusten die in hun land plaatsvinden, naar een ander land zijn overgebracht.
[27-11-2003, PbEU L 338, i.w.tr. 01-08-2004/regelingnummer 2201/2003]

1. Algemeen. De bepaling komt overeen met art. 6 Haags Kinderbeschermingsverdrag 1996, met dien verstande dat de volgorde van de leden van het artikel is omgedraaid en dat de verwijzing naar art. 12 is toegevoegd. Bepaald wordt, dat in enkele gevallen waarin er niet op kan worden vertrouwd dat de rechter van de gewone verblijfplaats van het kind adequate maatregelen kan treffen, de rechter van de feitelijke verblijfplaats van het kind bevoegdheid verkrijgt.

2. Gewone verblijfplaats onbekend (lid 1). Het kan zich voordoen, dat de gewone verblijfplaats van het kind niet kan worden vastgesteld. In welke gevallen er sprake is van het niet kunnen vaststellen van de gewone verblijfplaats, wordt, ook in het Rapport Lagarde bij het Haags Kinderbeschermingsverdrag 1996, niet omschreven. Naast gevallen waarin de feitelijke gegevens over het kind onbekend zijn, zoals bij vondelingen, valt wellicht te denken aan gevallen waarin een kind in korte tijd zo vaak verhuisd is, dat er van een gewone verblijfplaats in het geheel geen sprake is. Zie bijvoorbeeld Hof Arnhem-Leeuwarden 11 juli 2013, ECLI:NL:GHARL:2013:5001, *NIPR* 2014/7 en Hof Arnhem-Leeuwarden 10 april 2018, ECLI:NL:GHARL:2018:3373. **Voorrang voor art. 12.** Hebben partijen de rechter aangezocht van een lidstaat waar het kind niet feitelijk verblijft en ontleent deze rechter bevoegdheid aan art. 12, dan heeft deze bevoegdheid voorrang boven de bevoegdheid van de rechter van het feitelijk verblijf. **Einde van de bevoegdheid.** Volgens het Rapport Lagarde (nr. 45) neemt de bevoegdheid die aan art. 6 lid 2 HKV 1996 wordt ontleend, een einde wanneer de gewone verblijfplaats van het kind alsnog komt vast te staan. Onduidelijk is, of dit alleen geldt voor procedures die gestart worden nadat de gewone verblijfplaats komt vast te staan – hetgeen vanzelfsprekend is – of dat het ook betrekking heeft op lopende procedures. Dit laatste zou betekenen dat de zaak moet worden overgedragen aan de rechter van het land waar de gewone verblijfplaats van het kind gelegen blijkt te zijn. Dit zou echter strijdig zijn met het beginsel van de *perpetuatio fori* en bovendien zou het in veel gevallen niet in het belang van het kind zijn dat er elders een nieuwe procedure moet worden gestart. Een meer flexibele oplossing lijkt daarom te zijn dat de rechter of de centrale autoriteit van het desbetreffende land op de hoogte wordt gesteld, en dat er slechts tot overdracht van bevoegdheid wordt besloten op de voet van art. 15 Brussel II-bis of art. 8 HKV 1996, al naar gelang het desbetreffende land een lidstaat is en/of partij is bij het Haags Kinderbeschermingsverdrag 1996. In beide artikelen wordt gewaarborgd dat een overdracht van bevoegdheid alleen plaatsvindt wanneer beide betrokken gerechten haar in het belang van het kind achten.

3. Vluchtelingenkinderen en overgebrachte kinderen (lid 2). Lid 1 leent zich tevens voor toepassing wanneer de gewone verblijfplaats van het kind weliswaar vaststaat, maar er van de autoriteiten van dat land geen adequate maatregelen verwacht kunnen worden omdat het kind vluchteling is of, ten gevolge van onlusten in dat land, naar een ander land is overgebracht. Voor zover de Europese wetgever beoogd heeft aan te sluiten bij art. 6 lid 2 Haags Kinderbeschermingsverdrag 1996, is het volgende van belang. Blijkens het Rapport Lagarde (nr. 44) mag de hier bedoelde categorie van kinderen niet te ver worden uitgebreid. Voor weggelopen kinderen of verlaten kinderen dienen de andere bevoegdheidsbepalingen een adequate oplossing te bieden. **Voorrang voor art. 12.** Op dezelfde wijze als bij de toepassing van lid 1 dient voorrang te worden verleend aan de bevoegdheid van een op grond van art. 12 aangewezen rechter.

Artikel 14
Residuele bevoegdheid

Indien van geen enkele lidstaat een gerecht op grond van de artikelen 8 tot en met 13 bevoegd is, wordt de bevoegdheid in elke lidstaat beheerst door de wetgeving van die lidstaat.

[27-11-2003, PbEU L 338, i.w.tr. 01-08-2004/regelingnummer 2201/2003]

Betekenis. Wijst de verordening geen bevoegde rechter aan, dan wordt de bevoegdheid van de rechters van de lidstaten beheerst door de regels van hun nationale wetgeving. **Verhouding tot Haags Kinderbeschermingsverdrag 1996 (en Haags Kinderbeschermingsverdrag 1961).** Art. 14 biedt geen grond om aan de eigen nationale regels voorrang te verlenen boven die van het Haags Kinderbeschermingsverdrag 1996 of het Haags Kinderbeschermingsverdrag 1961 (zie art. 61 onderdeel a respectievelijk art. 60 onderdeel a). Alvorens zijn nationale recht toe te passen, zal de rechter dus moeten onderzoeken of zijn bevoegdheid niet door het Haags Kinderbeschermingsverdrag 1996 respectievelijk het Haags Kinderbeschermingsverdrag 1961 is uitgesloten. **Discriminatie naar nationaliteit.** Anders dan art. 7 bevat het artikel geen lid 2 waarin gewaarborgd wordt dat eisers/verzoekers die hun gewone verblijfplaats in een bepaalde lidstaat hebben, gelijk behandeld worden, ongeacht of zij de nationaliteit van die lidstaat bezitten of de nationaliteit van een andere lidstaat. **Verhouding tot overige bepalingen.** Wordt de bevoegdheid krachtens art. 14 op het nationale recht van de aangezochte rechter gebaseerd, dan neemt dat niet weg dat de overige bepalingen van de verordening van toepassing kunnen zijn. Zo moet, wanneer er procedures in verschillende lidstaten aanhangig zijn waarvan de rechters zich op grond van hun eigen recht bevoegd hebben verklaard, het litispendentieprobleem worden opgelost aan de hand van art. 19; voorts lijkt niets zich ertegen te verzetten dat de rechter die op grond van art. 14 krachtens zijn eigen recht bevoegd is, deze bevoegdheid met toepassing van art. 15 aan een andere rechter overdraagt; en beslissingen die met toepassing van art. 14 gewezen zijn, worden in de andere lidstaten erkend en ten uitvoer gelegd op de voet van de verordening.

Artikel 15
Verwijzing naar een gerecht dat beter in staat is de zaak te behandelen

1. De gerechten van een lidstaat die bevoegd zijn om ten gronde over een zaak te beslissen, kunnen bij wijze van uitzondering, indien naar hun inzicht een gerecht van een andere lidstaat waarmee het kind een bijzondere band heeft beter in staat is de zaak of een specifiek onderdeel daarvan te behandelen, in het belang van het kind:

a) de behandeling van de zaak of het betrokken onderdeel daarvan aanhouden en de partijen uitnodigen om overeenkomstig lid 4 een daartoe strekkend verzoek te richten aan het gerecht van die andere lidstaat; of

b) het gerecht van een andere lidstaat verzoeken zijn bevoegdheid overeenkomstig lid 5 uit te oefenen.

2. Lid 1 is van toepassing:

a) op verzoek van een van de partijen, of

b) op initiatief van het gerecht, of

c) op verzoek van het gerecht van een andere lidstaat waarmee het kind een bijzondere band heeft, overeenkomstig lid 3.

Verwijzing op initiatief van het gerecht of op verzoek van het gerecht van een andere lidstaat kan echter slechts plaatsvinden indien zulks door ten minste een van de partijen wordt aanvaard.

3. Het kind wordt geacht in de zin van lid 1 een bijzondere band met een lidstaat te hebben indien:

a) het kind na de aanhangigmaking van een zaak bij het in lid 1 bedoelde gerecht zijn gewone verblijfplaats in die lidstaat heeft verkregen; of

b) het kind voordien zijn gewone verblijfplaats in die lidstaat had; of

c) het kind onderdaan van die lidstaat is; of

d) een van de personen die de ouderlijke verantwoordelijkheid dragen, zijn gewone verblijfplaats in die lidstaat heeft; of

e) het geschil betrekking heeft op maatregelen ter bescherming van het kind die verband houden met het beheer, de instandhouding van of de beschikking over bestanddelen van het vermogen van het kind die zich op het grondgebied van die lidstaat bevinden.

4. Het gerecht van de lidstaat dat bevoegd is om ten gronde over de zaak te beslissen stelt een termijn vast waarbinnen de zaak overeenkomstig lid 1 bij de gerechten van de andere lidstaat aanhangig moet worden gemaakt.

Wordt de zaak niet binnen deze termijn aanhangig gemaakt, dan blijft het gerecht waarbij de zaak aanvankelijk aanhangig is gemaakt de bevoegdheid overeenkomstig de artikelen 8 tot en met 14 uitoefenen.

5. De gerechten van de andere lidstaat kunnen, wanneer dit, gelet op de specifieke omstandigheden van de zaak, in het belang van het kind is, binnen zes weken nadat de zaak op grond van lid 1, onder a) of b), bij hen aanhangig is gemaakt, de bevoegdheid

aanvaarden. Het gerecht waarbij de zaak het eerst was aangebracht, ziet in dit geval af van het uitoefenen van zijn bevoegdheid. In het andere geval blijft het gerecht waarbij de zaak het eerst was aangebracht, zijn bevoegdheid overeenkomstig de artikelen 8 tot en met 14 uitoefenen.
6. Voor de toepassing van dit artikel zijn de gerechten gehouden hetzij rechtstreeks, hetzij door tussenkomst van de overeenkomstig artikel 53 aangewezen centrale autoriteiten, samen te werken.
[27-11-2003, PbEU L 338, i.w.tr. 01-08-2004/regelingnummer 2201/2003]

1. Algemeen. In uitzonderingsgevallen is het mogelijk, dat de rechter van de ene lidstaat zijn bevoegdheid overdraagt aan de rechter van een andere lidstaat. De wijze waarop en de voorwaarden waaronder dit mogelijk is worden in het onderhavige artikel geregeld. Het artikel komt op hoofdlijnen overeen met art. 8 en 9 Haags Kinderbeschermingsverdrag 1996. Zie nader *Asser/Vonken & Ibili 10-II* 2021/564-568. **Samenhang met art. 12.** Partijen die het erover eens zijn dat zij een andere rechter beter geschikt achten om een zaak te beoordelen dan, bijvoorbeeld, de door art. 8 aangewezen rechter, kunnen in een aantal gevallen gebruikmaken van art. 12. Art. 15 schept mogelijkheden indien art. 12 niet voor toepassing in aanmerking komt, hetzij omdat aan de daar gestelde voorwaarden niet voldaan is, hetzij omdat er reeds een procedure aanhangig is voor de door art. 8 aangewezen rechter.

2. Vereisten (lid 1, aanhef). Tussen twee lidstaten. Overdracht van bevoegdheid op grond van dit artikel is alleen mogelijk tussen de gerechten van twee lidstaten. Heeft het kind zijn gewone verblijfplaats in een lidstaat, dan is overdracht van bevoegdheid aan de rechter van een niet-lidstaat bij letterlijke lezing van het artikel uitgesloten. Aan het Haags Kinderbeschermingsverdrag 1996 kan dan immers op grond van art. 61 geen voorrang worden verleend. Verdedigbaar is echter, dat de overdracht van bevoegdheid aan de rechter van de niet-lidstaat die partij is bij het Haags Kinderbeschermingsverdrag 1996 niet als bezwaarlijk moet worden aangemerkt wanneer zij geschiedt in overeenstemming met art. 8 en 9 HKV 1996. De erkenning van de aldaar te nemen beslissing in de lidstaten is immers door het verdrag gewaarborgd (vgl. Rapport Lagarde nr. 53, waaruit blijkt dat onder het Haags Kinderbeschermingsverdrag 1996 overdracht aan de rechter van derde staten niet mogelijk is, omdat dan de erkenning en de tenuitvoerlegging in de verdragsstaten niet gewaarborgd is). De rechtspraak zal hier uitsluitsel over moeten geven. Heeft het kind zijn gewone verblijfplaats in een niet-lidstaat die wel partij is bij het Haags Kinderbeschermingsverdrag 1996, dan is overdracht van bevoegdheid in overeenstemming met art. 8 en 9 HKV 1996 in ieder geval mogelijk. Overdracht aan een rechter van een land waar noch de verordening, noch het Haags Kinderbeschermingsverdrag 1996 van toepassing is, is zowel door de verordening als door het Haagse verdrag uitgesloten, behalve indien de bevoegdheid van de verwijzende rechter krachtens art. 14 van de verordening ontleend wordt aan de bepalingen van het nationale recht en indien de overdracht krachtens die bepalingen is toegelaten. **Grond van bevoegdheid van verwijzende rechter.** Zowel de rechter die rechtstreeks op grond van de verordening bevoegd is als de rechter die op grond van art. 14 bevoegd is krachtens zijn nationale recht, kan zijn bevoegdheid aan de rechter van een andere lidstaat overdragen in overeenstemming met dit artikel. Helder is thans dat wanneer sprake is van een situatie waarin twee gerechten waarbij de zaak is aangebracht op grond van artikel 12 respectievelijk artikel 8 bevoegd zijn om te gronde over de zaak te beslissen, artikel 15 niet van toepassing is. In een dergelijk geval dient een beroep te worden gedaan op art. 19 lid 2. Zie HvJ EU 4 oktober 2018, C-478/17, ECLI:EU:C:2018:812 (*IQ/JP*). **Gerecht(en).** De vraag of onder 'gerecht(en)' in de zin van art. 15 lid 1 zowel gerechten die de zaak in eerste aanleg behandelen als ook beroepsinstanties kunnen worden verstaan, is aan het Hof van Justitie voorgelegd, maar vooralsnog onbeantwoord gebleven omdat in de betreffende zaak het Hof vaststelde dat art. 15 niet van toepassing was. Zie HvJ EU 4 oktober 2018, C-478/17, ECLI:EU:C:2018:812 (*IQ/JP*). Zie ook Gerechtshof 's-Hertogenbosch 8 maart 2018, ECLI:NL:GHSHE:2018:2017, *JPF* 2018, 70, m.nt. I. Sumner. **Bij wijze van uitzondering.** Evenals art. 8 en 9 HKV 1996 mag het artikel slechts in uitzonderingsgevallen worden toegepast. Dit blijkt ook uit overweging 13 van de preambule en is door het Hof van Justitie benadrukt in uitspraken over deze bepaling (zie HvJ EU 27 oktober 2016, C-428/15, ECLI:EU:C:2016:819, *NJ* 2017/174, m.nt. Th.M. de Boer (*Child and Family Agency/J.D.*) en HvJ EU 4 oktober 2018, C-478/17, ECLI:EU:C:2018:812 (*IQ/JP*)). In het Rapport Lagarde (nr. 53) wordt als voorbeeld gegeven het geval waarin een kind zijn gewone verblijfplaats heeft bij zijn ouders in staat A terwijl allen de nationaliteit van staat B hebben, en wiens ouders bij een verkeersongeval om het leven komen. Als aan te nemen valt dat het kind zal terugkeren naar staat B, kan de bevoegdheid door de autoriteiten van staat A worden overgedragen aan die van staat B. Het is, aldus dezelfde passage van het Rapport Lagarde, niet de bedoeling dat de bevoegdheid wordt overgedragen door de rechter die slechts bevoegd is op grond van art. 6 HKV 1996 (overeenkomend met art. 13 Brussel II-bis) aan de rechter van de nationaliteit van het kind. Dit zou zijn grond hebben in het feit dat de rechter die zijn bevoegdheid aan deze bepaling ontleent, niet goed kan beoordelen of het werkelijk in het belang van het kind is dat maatregelen inzake de ouderlijke verantwoordelijkheid worden genomen door de rechter van het land van de nationaliteit van het kind. De praktijk zal moeten uitwijzen of ook de verordening op deze wijze zal worden toegepast, of dat wellicht juist de rechter die zijn bevoegdheid slechts aan art. 13 ontleent, vaak een goede grond heeft om zijn bevoegdheid over te dragen aan een andere rechter wanneer die beter geëquipeerd lijkt om het belang van het kind te beoordelen. **Een voorbeeld.** Bij onlusten in niet-lidstaat X is een groep Europeanen naar Frankrijk geëvacueerd. Onder hen bevindt zich een Nederlands kind. De ouders van het kind zijn overleden. Het lijkt verdedigbaar dat, ook wanneer het kind niet direct is doorgereisd naar Nederland, de Franse autoriteiten hun op art. 13 gebaseerde bevoegdheid op grond van art. 15 kunnen overdragen aan de Nederlandse rechter, vooral wanneer te verwachten valt dat het kind uiteindelijk een plaats zal vinden bij familie in Nederland of in een Nederlands pleeggezin. **Bijzondere band.** Vereist is, dat het kind een bijzondere band heeft met de lidstaat aan wiens rechter de bevoegdheid wordt overgedragen. In welke gevallen een dergelijke band kan worden aangenomen, wordt limitatief opgesomd in lid 3. Zie HvJ EU 27 oktober 2016, C-428/15, ECLI:EU:C:2016:819, *NJ* 2017/174, m.nt. Th.M. de Boer (*Child and Family Agency/J.D.*). **De zaak of een specifiek onderdeel daarvan.** Overdracht van bevoegdheid is niet alleen mogelijk wanneer de rechter aan wie de zaak wordt overgedragen haar in haar geheel beter kan beoordelen, maar ook wanneer hij alleen een specifiek onderdeel beter kan beoordelen. Uit lid 1 onderdeel a blijkt, dat het in een dergelijk geval mogelijk is alleen de bevoegdheid met betrekking tot dit specifieke onderdeel over te dragen. Dat lijkt echter niet uit te sluiten, dat ook de zaak als geheel kan worden overgedragen indien de aan te zoeken rechter beter in staat is om één specifiek onderdeel te beoordelen. **Belang van het kind.** De verwijzende rechter moet zelfstandig beoordelen of de overdracht van bevoegdheid in het belang van het kind is. Blijkens lid 5 moet ook de rechter naar wie de zaak verwezen wordt, deze vraag zelfstandig beoordelen. Benadrukt dient te worden dat 'belang van het kind' en vaststelling van de 'bijzondere band' cumulatieve eisen betreffen. Nadat vastgesteld is dat sprake is van een van de situaties als omschreven in lid 3 zal vervolgens getoetst dienen te worden of een verwijzing in het belang van het kind is. Daarbij zal onder andere vastgesteld moeten worden dat verwijzing van de zaak naar een ander gerecht werkelijk en concreet toegevoegde waarde kan bieden voor het onderzoek van die zaak, met name gelet op de in die andere lidstaat geldende procedurele bepalingen. Ook moet zijn vastgesteld dat de verwijzing geen negatieve gevolgen kan hebben voor de situatie van het kind. Zie HvJ EU 27 oktober 2016, C-428/15, ECLI:EU:C:2016:819, *NJ* 2017/174, m.nt. Th.M. de Boer (*Child and Family Agency/J.D.*).

3. Wijze van overdracht (lid 1 onderdeel a en b). De ten gronde bevoegde rechter kan zijn bevoegdheid op twee wijzen overdragen. Ten eerste kan hij de zaak aanhouden en de partijen uitnodigen een verzoek bij de andere rechter in te dienen. Ten tweede kan hij zelf het gerecht van de andere lidstaat verzoeken zijn bevoegdheid uit te oefenen. Het laatstbedoelde gerecht kan deze bevoegdheid al of niet aanvaarden in overeenstemming met lid 5.

4. Initiatief (lid 2). Het initiatief tot de verwijzing kan uitgaan van een van de partijen, van het verwijzende gerecht of van het gerecht van de andere lidstaat. Gaat het initiatief uit van een van de partijen of van het gerecht van de andere lidstaat, dan richten zij hun verzoek daartoe aan het verwijzende gerecht. Dit gerecht nodigt dan, indien het met de verwijzing instemt, het andere gerecht uit de bevoegdheid te aanvaarden op te wijzen als in lid 1 voorzien. Een partij kan ook het gerecht van de andere lidstaat verzoeken om een verzoek in te dienen bij het verwijzende gerecht. Dit is door Hof Den Haag 22 februari 2006, *NIPR* 2006/103 in een voorkomend geval als een omweg beschouwd; na afwijzing van het verzoek werd de verzoekster veroordeeld in de extra proceskosten die dit voor de verweerder had meegebracht. **Instemming.** Blijkens de tweede volzin moet steeds minstens een van de partijen instemmen met de overdracht van bevoegdheid. Zie voor een voorbeeld van een beschikking van een hof waarbij partijen in de gelegenheid worden gesteld om aan te geven of zij verwijzing naar de rechter van een andere lidstaat aanvaarden: Gerechtshof Arnhem-Leeuwarden 2 februari 2017, ECLI:NL:GHARL:2017:962. De instemming van de ten gronde bevoegde rechter blijkt uit diens verzoek aan de rechter van de andere lidstaat; de instemming van die laatste rechter blijkt uit diens aanvaarding in overeenstemming met lid 5.

5. Criteria voor bijzondere band met lidstaat (lid 3). Blijkens lid 1 is overdracht van bevoegdheid alleen mogelijk indien het kind een bijzondere band heeft met de lidstaat aan wiens rechter de bevoegdheid wordt overgedragen. Het begrip 'bijzondere band' is ruimer bedoeld dan het begrip 'nauwe band' in art. 12 lid 3. Art. 15 lid 3 noemt de gevallen waarin het kind geacht wordt een dergelijke bijzondere band met die lidstaat te hebben. **Limitatief karakter.** Art. 15 van het oorspronkelijke voorstel bevatte een opsomming van rechters aan wie de bevoegdheid kon worden overgedragen, die onmiskenbaar limitatief was. Hoewel dit uit de thans opgenomen opsomming niet expliciet blijkt, heeft het Hof in HvJ EU 27 oktober 2016, C-428/15, ECLI:EU:C:2016:819, *NJ* 2017/174, m.nt. Th.M. de Boer (*Child and Family Agency/J.D.*) bepaald dat de lijst uitputtend bedoeld is (r.o. 50). In dit opzicht is deze regeling van art. 15 dus anders dan de bepalingen waardoor zij geïnspireerd is: art. 8 en 9 HKV 1996. Art. 8 lid 2 van dat verdrag bevat een opsomming met een zeer open karakter. Op grond van dat artikellid kan immers bevoegdheid worden overgedragen aan verschillende rechters, waarvan als laatste genoemd wordt: de rechter van een staat waarmee het kind een nauwe band heeft. Dit criterium heeft een beduidend ruimere betekenis dan het begrip 'nauwe band' in art. 12 lid 3 van de verordening. Het is opgenomen vanwege zijn flexibiliteit die samengaat met het aan de bepaling ten grondslag liggende leerstuk van *forum non conveniens* (Rapport Lagarde, nr. 55). Als voorbeeld wordt genoemd het geval waarin bevoegdheid wordt overgedragen aan de autoriteiten van staat waar de familieleden die de zorg voor het kind op zich willen nemen hun gewone verblijfplaats hebben.

6. Termijn voor aanhangig maken (lid 4). De overdragende rechter bepaalt de termijn waarbinnen de zaak bij de andere rechter aanhangig moet worden gemaakt. Verloopt deze termijn zonder dat de zaak daadwerkelijk bij de andere rechter aanhangig is gemaakt, dan blijft de eerste rechter zijn bevoegdheid uitoefenen. De bepaling verwijst niet slechts naar een overdracht van bevoegdheid op grond van lid 1 onderdeel a, zodat zij ook van toepassing lijkt in het geval genoemd in lid 1 onderdeel b. De vraag rijst of dit wel bedoeld is. Het ligt niet voor de hand om, indien de tweede rechter op verzoek van de eerste rechter zelf een zaak opent, te spreken van het 'aanhangig maken' bij de tweede rechter. Moet echter in alle gevallen de zaak door een van de partijen bij de tweede rechter aanhangig gemaakt worden, dan rijst de vraag waarom men de in lid 1 onderdeel b genoemde mogelijkheid heeft opgenomen. Lid 1 onderdeel b houdt dan immers weinig anders in dan een voortraject waarbij de tweede rechter wordt geraadpleegd alvorens de in onderdeel a genoemde weg wordt gevolgd, maar die mogelijkheid bestaat reeds nu de rechters met elkaar kunnen samenwerken en daartoe op grond van lid 8 zelfs gehouden zijn. **Partij die de zaak aanhangig maakt.** De partij die de zaak bij de nieuwe rechter aanhangig maakt, behoeft niet dezelfde partij te zijn die de zaak bij de eerste rechter aanhangig heeft gemaakt. Het aanhangig maken bij een nieuwe rechter kan immers slechts verwacht worden van een partij die met de bevoegdheid van de nieuwe rechter instemt, en dat behoeft niet noodzakelijkerwijs de partij te zijn die de eerste procedure aanhangig heeft gemaakt.

7. Termijn voor aanvaarden bevoegdheid (lid 5). De rechter naar wie verwezen is, heeft een termijn van zes weken om zijn bevoegdheid te aanvaarden. Hij moet daarbij beoordelen of hij de overdracht van bevoegdheid in het belang acht van het kind. Aanvaardt hij de bevoegdheid niet, dan blijft de eerste rechter bevoegd. Zie voor een voorbeeld van een Nederlandse rechter naar wie verwezen is en die bevoegdheid op grond van een bijzondere band met Nederland in het belang van het kind aanvaard: Hof 's-Hertogenbosch 8 maart 2018, ECLI:NL:GHSHE:2018:1017.

8. Samenwerking (lid 6). De overdragende en de ontvangende rechter dienen met elkaar samen te werken. Zij kunnen daarbij, naar eigen keuze, rechtstreeks samenwerken of gebruikmaken van de centrale autoriteiten die door de lidstaten overeenkomstig art. 53 zijn aangewezen. Voor Nederland voorziet art. 24 Uitvoeringswet dat de Raad voor de rechtspraak een of meer kinderrechters aanwijst die in het bijzonder belast zijn met het faciliteren van contacten van rechters in Nederland bij wie op grond van de verordening, het Haags Kinderbeschermingsverdrag 1996 of de Uitvoeringswet procedures aanhangig zijn met rechters in het buitenland die ter zake bevoegd zijn, alsmede contacten van rechters in het buitenland bij wie zodanige procedures aanhangig zijn, met rechters in Nederland die ter zake bevoegd zijn. De Raad voor de rechtspraak heeft het hoofd van de sector Familierecht (q.q.) van de Haagse rechtbank als liaison judge aangewezen.

AFDELING 3
Gemeenschappelijke bepalingen

Artikel 16
Aanhangigmaking van een zaak bij een gerecht

1. Een zaak wordt geacht bij een gerecht aanhangig te zijn gemaakt:

a) **op het tijdstip waarop het stuk waarmee het geding wordt ingeleid of een gelijkwaardig stuk bij het gerecht wordt ingediend, mits de verzoeker vervolgens niet heeft nagelaten de vereiste stappen te nemen teneinde het stuk aan de verweerder te doen betekenen of mede te delen; of**

b) **indien de betekening of mededeling van dit stuk moet plaatsvinden voordat het bij het gerecht wordt neergelegd, op het tijdstip waarop het door de autoriteit die verantwoordelijk is voor de betekening of mededeling, wordt ontvangen, mits de verzoeker vervolgens niet heeft nagelaten de vereiste stappen te nemen teneinde het stuk bij het gerecht neer te leggen.**

[27-11-2003, PbEU L 338, i.w.tr. 01-08-2004/regelingnummer 2201/2003]

Betekenis. Het artikel komt overeen met art. 32 Brussel I bis en met art. 11 lid 4 Brussel II. Het bepaalt op welk tijdstip een zaak geacht moet worden bij een gerecht aanhangig te zijn gemaakt. Dat tijdstip is onder meer van belang wanneer er sprake is van litispendentie of connexiteit (zie art. 19), omdat in die gevallen de vraag rijst welke procedure het eerst aanhangig is gemaakt. Ook voor de toepassing van art. 8 en 12 is vaststelling van dit tijdstip van belang. Onder het EEX-verdrag werd de aanhangigheid bepaald aan de hand van het nationale procesrecht. Dat kon leiden tot ongewenste consequenties. In het bijzonder konden verschillen in nationale regels ertoe leiden dat een procedure waarin de eerste stappen op een later tijdstip waren gezet, geacht werd eerder aanhangig te zijn gemaakt. Om dit te vermijden, is de onderhavige bepaling ingevoerd op grond waarvan in alle lidstaten, voor het doel van de verordening, een zelfde criterium voor aanhangigheid bestaat. Kan het gedingstuk bij het gerecht worden ingediend voordat het betekend wordt, dan is het tijdstip van indienen bepalend; moet het eerst betekend worden, dan is bepalend het tijdstip waarop het inleidend gedingstuk ontvangen is door de autoriteit die verantwoordelijk is voor de betekening of mededeling. In beide gevallen moet de verzoeker vervolgens de vereiste stappen zetten om het stuk te betekenen dan wel, in het tweede geval, bij het gerecht neer te leggen. Het tijdstip waarop het stuk waarmee het geding wordt ingeleid is het tijdstip waarop deze indiening bij het betrokken gerecht plaatsvindt. Niet relevant is of de zaak hierdoor overeenkomstig het nationale recht al dan niet onmiddellijk een aanvang neemt. Zie HvJ EU 22 juni 2016, C-173/16, ECLI:EU:C:2016:542. Evenmin is relevant of de procedure ondertussen is geschorst op initiatief van de verzoeker, mits deze vervolgens niet heeft nagelaten de vereiste stappen te nemen teneinde het stuk aan de verwerende partij te doen betekenen of mede te delen (HvJ EU 16 juli 2015, C-507/14, ECLI:EU:C:2015:512, thans alleen beschikbaar in de Franse of Portugese taal).

Artikel 17

Toetsing van de bevoegdheid

Het gerecht van een lidstaat waarbij een zaak aanhangig is gemaakt waarvoor overeenkomstig deze verordening niet dit gerecht maar een gerecht van een andere lidstaat bevoegd is, verklaart zich ambtshalve onbevoegd.

[27-11-2003, PbEU L 338, i.w.tr. 01-08-2004/regelingnummer 2201/2003]

Betekenis. Wijst de verordening in enige lidstaat een bevoegde rechter aan, maar wordt een andere rechter aangezocht die geen bevoegdheid aan de verordening kan ontlenen, dan dient deze laatste rechter zich ambtshalve onbevoegd te verklaren. De achtergrond hiervan is, dat partijen niet vrij kunnen beslissen over de onderwerpen die in de verordening geregeld zijn. Daarom kent de verordening slechts een zeer beperkte forumkeuzemogelijkheid (namelijk die van art. 12), die bovendien alleen geëffectueerd kan worden wanneer de rechter het in het belang van het kind acht dat de zaak door hem beoordeeld wordt. Aldus is het verklaarbaar, dat ook een stilzwijgende forumkeuze zoals die voor vermogensrechtelijke zaken mogelijk is op grond van art. 26 Brussel I bis, door Brussel II-bis niet wordt toegelaten. Daarbij komt, dat de wetgever de verweerder wenst te beschermen door ook voor de toepassing van art. 12 geen genoegen te nemen met een stilzwijgende instemming, maar slechts met een uitdrukkelijke of anderszins ondubbelzinnige aanvaarding van rechtsmacht. Alleen in art. 9 lid 2 is een geval voorzien waarbij met stilzwijgende aanvaarding van rechtsmacht genoegen wordt genomen. **Onderzoek naar de feiten die de bevoegdheid bepalen.** Het past bij de actieve bevoegdheidstoetsing die door het artikel wordt voorgeschreven dat de aangezochte rechter ook onderzoekt of de door de verzoeker gestelde feiten die zijn bevoegdheid bepalen – zoals gewone verblijfplaats en/of nationaliteit van de betrokkenen – op hun juistheid onderzoekt. **Bevoegdheidstoetsing bij art. 7 en 14.** Ontleent de rechter op grond van art. 7 of art. 14 zijn bevoegdheid aan zijn nationale recht, dan is er geen sprake van de bevoegdheid van de rechter van een andere lidstaat, zodat in een dergelijk geval ook het onderhavige artikel niet van toepassing is. De rechter kan dan, indien zijn nationale recht dat toelaat, een stilzwijgende forumkeuze aanvaarden. **Geen verwijsplicht; wel informatieplicht indien in belang kind.** Het Hof van Justitie heeft bepaald dat ingeval het gerecht van een lidstaat zich onbevoegd verklaard het niet verplicht is om de zaak naar een ander gerecht te verwijzen. Wel dient het – indien het belang van het kind dit vereist – het bevoegde gerecht daarvan in kennis te stellen, al dan niet met behulp van de centrale autoriteit (HvJ EG 2 april 2009, C-523/07, *NJ* 2009/457 (*Finse uithuisplaatsing*)).

Artikel 18

Toetsing van de ontvankelijkheid

1. Wanneer de verweerder die zijn gewone verblijfplaats in een andere lidstaat heeft dan de lidstaat waar de zaak aanhangig is gemaakt, niet verschijnt, houdt het bevoegde gerecht zijn uitspraak aan zolang niet vaststaat dat de verweerder in de gelegenheid is gesteld het stuk waarmee het geding is ingeleid of een gelijkwaardig stuk zo tijdig als met het oog op zijn verdediging noodzakelijk was, te ontvangen, of dat daartoe al het nodige is gedaan.

2. **Artikel 19 van Verordening (EG) nr. 1348/2000 is in plaats van het bepaalde in lid 1 van toepassing, indien het stuk waarmee het geding is ingeleid of een gelijkwaardig stuk overeenkomstig het bepaalde in die verordening door een lidstaat aan een andere lidstaat diende te worden toegezonden.**

3. **Wanneer de bepalingen van Verordening (EG) nr. 1348/2000 niet van toepassing zijn, wordt artikel 15 van het Verdrag van 's-Gravenhage van 15 november 1965 inzake de betekening en de kennisgeving in het buitenland van gerechtelijke en buitengerechtelijke stukken in burgerlijke en handelszaken toegepast, indien het stuk waarmee het geding is ingeleid of een gelijkwaardig stuk overeenkomstig dat verdrag aan een andere staat diende te worden toegezonden.**

[27-11-2003, PbEU L 338, i.w.tr. 01-08-2004/regelingnummer 2201/2003]

Betekenis. Indien de verweerder niet verschijnt, moet de rechter de zaak aanhouden totdat vaststaat dat het inleidend gedingstuk aan de verweerder is betekend in overeenstemming met de daarvoor geldende regels. Ontbreken die regels, dan moet de rechter onderzoeken of de verweerder feitelijk in de gelegenheid is geweest om het stuk zo tijdig te ontvangen als met het oog op zijn verdediging noodzakelijk was, dan wel of de verzoeker al het nodige heeft gedaan om het stuk tijdig aan de verweerder toe te doen komen. **Verweerder met gewone verblijfplaats in de lidstaat van het gerecht.** Heeft de verweerder zijn gewone verblijfplaats in de lidstaat waar de procedure wordt aangespannen, dan is het artikel niet van toepassing. De rechter past dan zijn nationale procesrecht toe op de betekeningseisen en, in het geval er niet deugdelijk betekend is, op de consequenties ervan voor het verdere verloop van het proces. **Verweerder met gewone verblijfplaats in een andere lidstaat.** Heeft de verweerder zijn gewone verblijfplaats in een andere lidstaat, dan is op de betekening tussen de twee betrokken lidstaten de Europese Betekeningsverordening van toepassing en moet de weg van lid 2 worden gevolgd. **Verweerder met gewone verblijfplaats in een niet-lidstaat.** Onduidelijk is, wat er dient te geschieden indien de verweerder zijn gewone verblijfplaats heeft in een niet-lidstaat. Lid 1 spreekt slechts over het geval waarin de verweerder zijn gewone verblijfplaats in een andere lidstaat heeft. Daarin verschilt deze bepaling van art. 10 Brussel II, waar gesproken werd over een verweerder die zijn gewone verblijfplaats heeft in een andere staat (dus niet noodzakelijkerwijs een lidstaat) dan de lidstaat waar de procedure aanhangig is. Door het artikel te beperken tot gevallen waarin de verweerder zijn gewone verblijfplaats in een lidstaat heeft, wordt niet alleen een belangrijk deel van de procesrechtelijke bescherming voor de inwoners van niet-lidstaten tenietgedaan, maar worden ook de leden 1 en 3 betekenisloos. Voor inwoners van lidstaten geldt immers nooit het bepaalde in lid 1 of lid 3, maar steeds het bepaalde in lid 2. Betwijfeld moet daarom worden, of de genoemde wijziging van 'staat' in 'lidstaat' wel werkelijk bedoeld is. Hoe het antwoord op die vraag ook luidt, opgemerkt moet worden dat, indien het Haags Betekeningsverdrag van toepassing is, de bepalingen daarvan in ieder geval op grond van het verdrag zelf dienen te worden toegepast. **Verhouding tot art. 22 onderdeel b en art. 23 onderdeel c.** Art. 18 verplicht de rechter, erop toe te zien dat de betekening op een deugdelijke wijze heeft plaatsgevonden. Neemt hij niettemin genoegen met een ongenoegzame betekening, dan leidt dat er in een aantal gevallen toe dat zijn beslissing in andere lidstaten niet voor erkenning in aanmerking komt. De criteria voor niet-erkenning van de art. 22 onderdeel b en 23 onderdeel c verschillen echter van de vereisten die in art. 18 worden gesteld.

Artikel 19
Aanhangigheid en onderling samenhangende procedures

1. **Wanneer bij gerechten van verschillende lidstaten tussen dezelfde partijen procedures tot echtscheiding, scheiding van tafel en bed of nietigverklaring van het huwelijk aanhangig zijn, houdt het gerecht waarbij de zaak het laatst is aangebracht, zijn uitspraak ambtshalve aan totdat de bevoegdheid van het gerecht waarbij de zaak het eerst is aangebracht, vaststaat.**

2. **Wanneer bij gerechten van verschillende lidstaten procedures betreffende de ouderlijke verantwoordelijkheid voor een kind aanhangig zijn welke hetzelfde onderwerp betreffen en op dezelfde oorzaak berusten, houdt het gerecht waarbij de zaak het laatst is aangebracht, zijn uitspraak ambtshalve aan totdat de bevoegdheid van het gerecht waarbij de zaak het eerst is aangebracht, vaststaat.**

3. **Wanneer de bevoegdheid van het gerecht waarbij de zaak het eerst is aangebracht, vaststaat, verwijst het gerecht waarbij de zaak het laatst is aangebracht, partijen naar dat gerecht.**

In dit geval kan de partij die de procedure aanhangig heeft gemaakt bij het gerecht waarbij de zaak het laatst is aangebracht, die vordering aanhangig maken bij het gerecht waarbij de zaak het eerst is aangebracht.

[27-11-2003, PbEU L 338, i.w.tr. 01-08-2004/regelingnummer 2201/2003]

1. Algemeen. Het artikel regelt situaties waarin tegelijkertijd procedures voor gerechten van verschillende lidstaten aanhangig zijn. Dit probleem staat in het internationaal privaatrecht in het algemeen bekend als dat van de litispendentie en connexiteit. Met litispendentie wordt meestal, in overeenstemming met Brussel I bis, gedoeld op gevallen waarin tussen dezelfde partijen procedures aanhangig zijn die op hetzelfde onderwerp betrekking hebben en die dezelfde oorzaak hebben. Over connexiteit wordt gesproken wanneer de procedures niet aan alle criteria voor litispendentie voldoen – hetzij doordat de partijen verschillen, hetzij doordat er geen sprake is van hetzelfde onderwerp of van dezelfde oorzaak – maar er wel een zodanige samenhang bestaat dat het wenselijk is dat zij door één gerecht worden behandeld. Veelal heeft de laatst aangezochte rechter in het geval van connexiteit een ruimere discretionaire bevoegdheid om zich al of niet onbevoegd te verklaren of om de zaak wel of niet naar de andere rechter te verwijzen (zie bijvoorbeeld de art. 29 en 30 Brussel I bis). In het onderhavige artikel wordt het onderscheid tussen litispendentie en connexiteit niet op deze manier gemaakt. Wel zal hieronder blijken dat het van belang is of partijen dezelfde identiteit hebben (bij de toepassing van lid 1) en of de procedures hetzelfde onderwerp en dezelfde oorzaak hebben (bij de toepassing van lid 2). **Titel.** De titel van de bepaling luidt 'aanhangigheid en onderling samenhangende procedures'. De titel van afdeling 9 van hoofdstuk II Brussel I bis luidt 'aanhangigheid en samenhangende procedures'. Het woord 'onderling' voegt weinig toe, zodat deze titels in de Nederlandse taalversie niet van elkaar verschillen. Dat is ook het geval in een aantal andere taalversies, maar in weer andere talen bestaat er een verschil dat er steeds op neerkomt, dat er in Brussel I bis gesproken wordt over het buitenlands equivalent van 'samenhangende procedures' doch in Brussel II-bis over het equivalent van 'afhankelijke procedures'. Dit laatste doet zich bijvoorbeeld voor in het Engels (related actions/dependent actions), Frans en Duits. **Gescheiden behandeling voor echtscheiding en voor ouderlijke verantwoordelijkheid.** Lid 1 geeft een regeling voor de echtscheiding, scheiding van tafel en bed en nietigverklaring van het huwelijk;

lid 2 voor de ouderlijke verantwoordelijkheid. **Ook in geval van bevoegdheid op grond van art. 7 of art. 14.** Het artikel eist niet dat de bevoegdheid van de aangezochte rechters rechtstreeks gegrond is op de bepalingen van de verordening. Ook wanneer elk van de rechters zijn bevoegdheid op grond van art. 7 of art. 14 heeft vastgesteld aan de hand van de regels van zijn nationale recht, worden litispendentiegevallen opgelost aan de hand van het onderhavige artikel.

2. Bij echtscheiding, scheiding van tafel en bed en nietigverklaring van het huwelijk (lid 1). Bij procedures tot echtscheiding, scheiding van tafel en bed of nietigverklaring van het huwelijk kan zich betrekkelijk gemakkelijk een geval van litispendentie voordoen, gezien de veelheid aan bevoegdheidsgronden waarin art. 3 voorziet. In het verleden heeft er discussie plaatsgevonden over de vraag wanneer er sprake zou zijn van litispendentie en wanneer van connexiteit. In het bijzonder waren er verschillende meningen over de vraag of er bij een verzoek tot echtscheiding enerzijds en bij een verzoek tot scheiding van tafel en bed of tot nietigverklaring van een huwelijk anderzijds sprake was van verzoeken die op hetzelfde onderwerp betrekking hebben. Dit is opgelost doordat niet vereist wordt dat de procedures op hetzelfde onderwerp betrekking hebben en dezelfde oorzaak hebben. Zie ook HvJ EU 6 oktober 2015, C-489/14, ECLI:EU:C:2015:654, *RFR* 2016/1. Aldus moet de laatst aangezochte rechter dezelfde actie ondernemen, ongeacht of er sprake is van litispendentie of van connexiteit. Hij houdt zijn uitspraak ambtshalve aan totdat de bevoegdheid van de eerste aangezochte rechter vaststaat. **Tussen dezelfde partijen.** Wel is vereist dat beide procedures tussen dezelfde partijen aanhangig zijn. Wordt bijvoorbeeld in Nederland nietigverklaring van het huwelijk verzocht door de ouders van een van de partners (daartoe bevoegd op grond van art. 1:69 onderdeel a BW) en start een van de echtgenoten een echtscheidingsprocedure in een andere lidstaat, dan vindt het hier besproken artikel geen toepassing. **Vaststelling bevoegdheid eerst aangezochte rechter.** De vaststelling of de eerste rechter bevoegd is, mag niet door de tweede rechter worden gedaan. Hij moet afwachten totdat de eerste rechter zelf over zijn bevoegdheid heeft beslist, hetzij door zich bevoegd of onbevoegd te verklaren, hetzij door anderszins een uitspraak te doen waaruit blijkt dat hij zich bevoegd acht. Staat de bevoegdheid of onbevoegdheid van de eerste rechter reeds aanstonds vast, dan hoeft de tweede rechter uiteraard de zaak niet aan te houden, maar kan hij direct het hierna te bespreken vervolg in gang zetten. **Vervolg.** Indien de eerst aangezochte rechter zich onbevoegd verklaart, kan de tweede rechter de bij hem aanhangige procedure vervolgen en daarin uitspraak doen. Hetzelfde geldt ingeval aan de procedure voor het gerecht waarbij de zaak het eerst is aangebracht een einde komt nadat de zaak bij het tweede gerecht in een andere lidstaat aanhangig is gemaakt: ook in dat geval wordt de bevoegdheid van het eerst aangezochte gerecht geacht niet vast te staan. Zie ook HvJ EU 6 oktober 2015, C-489/14, ECLI:EU:C:2015:654, *RFR* 2016/1. Komt vast te staan dat de eerste rechter wel bevoegd is, dan moet de tweede rechter de weg van lid 3 volgen.

3. Bij zaken met betrekking tot de ouderlijke verantwoordelijkheid (lid 2). In zaken over de ouderlijke verantwoordelijkheid is de kans dat zich een geval van litispendentie voordoet, aanzienlijk geringer. De uitzonderingen op de hoofdregel van art. 8 zijn strikt geformuleerd en indien zich een dergelijke uitzondering voordoet, is de rechter van art. 8 onbevoegd. Parallelle bevoegdheid van enkele rechters tegelijk doet zich dus in beginsel niet voor. Toch zijn gelijktijdige procedures niet geheel uitgesloten. De ene partij kan een procedure starten in bijvoorbeeld Nederland, menend dat het kind hier zijn gewone verblijfplaats heeft en de andere partij kan, in de veronderstelling dat het kind zijn gewone verblijfplaats in Duitsland heeft, aldaar een procedure beginnen. Ook kan het gebeuren dat de gewone verblijfplaats van een kind zich wijzigt en dat er na die wijziging een verzoek wordt ingediend in de lidstaat van het nieuwe gewone verblijf, terwijl er nog een procedure aanhangig is in de vorige lidstaat. In ieder geval is er geen sprake van litispendentie (en is lid 2 dus niet van toepassing) wanneer een gerecht van een lidstaat waarbij de zaak het eerst was aangebracht met het oog op maatregelen op het gebied van de ouderlijke verantwoordelijkheid, slechts is aangezocht om voorlopige maatregelen in de zin van art. 20 vast te stellen en een gerecht van een andere lidstaat dat bevoegd is om ten gronde over de zaak te beslissen vervolgens is verzocht om dezelfde maatregelen vast te stellen, zij het voorlopig of definitief (HvJ EU 9 november 2010, C-296/10, *NJ* 2011/499, *NIPR* 2011/2 (*Purrucker/Pérez II*)). **Niet noodzakelijkerwijs tussen dezelfde personen.** Niet vereist is, dat de procedures aanhangig zijn tussen dezelfde partijen. **Een voorbeeld.** Een gezin vertrekt vanuit Nederland naar de Verenigde Staten. Kort na aankomst overlijden beide ouders bij een verkeersongeval. De Franse grootouders van het kind verzoeken de Franse rechter met de voogdij te worden belast. Zij zijn van mening dat het kind zijn gewone verblijfplaats in de Verenigde Staten had, hoewel het daar nog maar kort verbleef. Zij achten daarom de Franse rechter bevoegd, nu de verordening niet rechtstreeks een bevoegde rechter aanwijst maar via art. 14 naar de nationale Franse bevoegdheidsbepalingen verwijst. De Nederlandse grootouders menen echter dat het verblijf in de Verenigde Staten nog te kort heeft geduurd om al van een gewone verblijfplaats kunnen spreken. Volgens hen is de gewone verblijfplaats nog in Nederland gelegen en daarom achten zij de Nederlandse rechter bevoegd. Zij dienen dan ook een verzoek in bij de Nederlandse rechter om hen met de voogdij te belasten. De Nederlandse rechter dient nu op grond van lid 2 de zaak aan te houden, totdat de Franse rechter over zijn bevoegdheid heeft beslist. **Hetzelfde onderwerp, dezelfde oorzaak.** Wel vereist is, dat de procedures hetzelfde onderwerp betreffen en op dezelfde oorzaak berusten. Het Hof van Justitie heeft deze begrippen autonoom uitgelegd onder meer onder verwijzing naar de onder het EEX-Verdrag gewezen rechtspraak, die ook van toepassing blijft onder de EEX-Vo maar tevens stellend dat bij de definiëring van de begrippen rekening gehouden dient te worden met de doelstelling van lid 2, zijnde tegenstrijdige beslissingen te voorkomen (HvJ EU 9 november 2010, C-296/10, *NJ* 2011/499, *NIPR* 2011/2 (*Purrucker/Pérez II*)). Om te bepalen of twee vorderingen hetzelfde onderwerp hebben, dient naar het oordeel van het Hof rekening te worden gehouden met de aanspraken van de verzoekers in elk van de gedingen. Het begrip 'oorzaak' moet aldus worden uitgelegd dat dit de feiten en de rechtsregel die tot staving van de vordering worden aangevoerd, omvat. **Geen regeling voor connexiteit.** Komt in enig geval vast te staan dat er samenhangende vorderingen aanhangig zijn die echter niet hetzelfde onderwerp betreffen of niet op dezelfde oorzaak berusten, dan biedt het artikel geen mogelijkheid om de laatst aangebrachte zaak naar de eerste rechter te verwijzen. Wellicht kan in een enkel geval wel gebruik worden gemaakt van art. 15, indien aan de daar gestelde voorwaarden is voldaan. **Samenhang met echtscheidingsprocedure.** Bestaat er samenhang tussen een vordering inzake de ouderlijke verantwoordelijkheid enerzijds en een vordering tot echtscheiding, scheiding van tafel en bed of nietigverklaring van het huwelijk anderzijds, dan kan samenvoeging alleen plaatsvinden op de wijze voorzien in art. 12. In uitzonderlijke gevallen kan art. 15 wellicht een rol spelen. **Vaststelling bevoegdheid eerst aangezochte rechter; vervolg.**

Zie over de wijze van vaststelling van de bevoegdheid van de eerst aangezochte rechter en over het vervolg van de procedure hetgeen hierover is opgemerkt onder aant. 2. **Verhouding tot niet-lidstaten.** Wat, indien de procedures niet aanhangig zijn in twee lidstaten maar in een lidstaat enerzijds en een niet-lidstaat anderzijds? In dat geval is art. 19 niet van toepassing (zie HR 12 januari 2018, ECLI:NL:HR:2018:31). Is de niet-lidstaat waar de andere procedure aanhangig is partij bij het Haags Kinderbeschermingsverdrag 1996, dan is de rechter voor wie dat verdrag in werking is getreden, jegens de andere verdragsluitende staten gehouden art. 13 HKV 1996 toe te passen. Art. 61 lid 1 van de verordening kan daaraan niet afdoen. Is de procedure aanhangig in een niet-lidstaat die geen partij is bij het Haags Kinderbeschermingsverdrag 1996, dan kunnen de nationale litispendentieregels worden toegepast.

4. Verder verloop (lid 3). Is de bevoegdheid van het eerst aangezochte gerecht komen vast te staan, dan verwijst de rechter waar de zaak het laatst is aangebracht, de partijen naar het eerste gerecht. De partij die de tweede procedure aanhangig heeft gemaakt, kan zijn vordering dan alsnog aanhangig maken bij het eerste gerecht. Het Rapport Borrás (nr. 57) wijst erop, dat er in dat geval een probleem kan ontstaan wanneer de eerste rechter zijn eigen recht toepasselijk acht en dat recht de vordering die aanvankelijk bij de tweede rechter werd ingediend, niet kent.

Artikel 20
Voorlopige en bewarende maatregelen

1. In spoedeisende gevallen vormt deze verordening voor de gerechten van een lidstaat geen beletsel om met betrekking tot personen of goederen die zich in die staat bevinden, voorlopige en bewarende maatregelen te nemen waarin de wetgeving van die lidstaat voorziet, zelfs indien krachtens deze verordening een gerecht van een andere lidstaat bevoegd is om ten gronde over de zaak te beslissen.
2. De ter uitvoering van lid 1 genomen maatregelen houden op van toepassing te zijn, wanneer het gerecht van de lidstaat dat krachtens deze verordening bevoegd is om ten gronde over de zaak te beslissen, de maatregelen heeft genomen die hij passend acht.
[27-11-2003, PbEU L 338, i.w.tr. 01-08-2004/regelingnummer 2201/2003]

Betekenis. Het artikel schept geen bevoegdheid, maar bepaalt slechts dat de verordening er niet aan in de weg staat dat de gerechten van de lidstaten in spoedeisende gevallen voorlopige en bewarende maatregelen nemen die in hun eigen wetgeving voorzien zijn en tot het nemen waarvan zij krachtens hun eigen wetgeving bevoegd zijn. Dit geldt ook wanneer krachtens de verordening de rechter van een andere lidstaat bevoegd is om ten gronde over de zaak te beslissen. De Nederlandse rechter kan de in art. 20 bedoelde maatregelen nemen op grond van deze bepaling in verbinding met art. 5 Rv welk artikel bij uitzondering rechtsmachtscheppende betekenis kan hebben. Zie bijvoorbeeld Hof 's-Hertogenbosch 26 oktober 2017, ECLI:NL:GHSHE:2017:4666. **Drie cumulatieve voorwaarden.** Zoals het Hof van Justitie heeft gepreciseerd, kunnen de in lid 1 bedoelde gerechten slechts dergelijke voorlopige en bewarende maatregelen treffen indien drie cumulatieve voorwaarden zijn vervuld, te weten: 1. de betrokken maatregelen moeten spoedeisend zijn; 2. zij moeten worden getroffen jegens personen of goederen die zich bevinden in de lidstaat waar die gerechten zetelen; en 3. zij moeten voorlopig zijn (HvJ EG 2 april 2009, C-523/07, *NJ* 2009/457 (*Finse uithuisplaatsing*); HvJ EU 23 december 2009,

C-403/09 PPU, *NJ* 2011/348 (*Deticek/Segueglia*)). In het laatstgenoemde arrest heeft het Hof bovendien bepaald dat het begrip spoedeisend zowel betrekking heeft op de situatie van het kind als op de praktische onmogelijkheid om het verzoek inzake ouderlijke verantwoordelijkheid in te dienen bij het gerecht dat bevoegd is over de zaak ten gronde te beslissen. Voorts is aldaar bepaald dat onder 'personen' zowel het kind als de ouders dienen te worden verstaan en aldus – wanneer een maatregel met betrekking tot het ouderlijk gezag over het kind wordt genomen – ook ten aanzien van de ouders de eis geldt dat zij zich dienen te bevinden in lidstaat van de rechter die een maatregel op grond van dit artikel wenst te treffen. **Geen exclusieve werking.** De bepaling ontneemt aan de rechter die ten gronde over de zaak oordeelt niet de bevoegdheid tot het nemen van voorlopige en bewarende maatregelen. In HvJ EU 9 november 2010, C-296/10, *NJ* 2011/499; *NIPR* 2011/2 (*Purrucker/Perez II*) is thans dan ook bepaald dat de litispendentieregeling van art. 19 lid 2 niet van toepassing is wanneer de eerste aangezochte rechter is verzocht om bewarende maatregelen in de zin van art. 20 vast te stellen en de rechter van een ander lidstaat nadien is verzocht om ten gronde over dezelfde maatregelen te beslissen. **Materieel toepassingsgebied.** Het *Rapport Borrás* (nr. 59) stelt dat de te nemen maatregelen 'zowel op personen als op goederen betrekking [hebben], en dus op aangelegenheden die buiten het verdrag [c.q. de verordening] vallen wanneer het gaat om rechtsvorderingen die door het interne recht zijn geregeld'. Dat is te algemeen gesteld. Zo is het treffen van een voorlopige omgangsregeling een kwestie die binnen het materiële toepassingsgebied van de verordening valt. Voor zover het om maatregelen gaat die buiten het materiële toepassingsgebied van de verordening vallen, zoals maatregelen inzake het huwelijksvermogensrecht, is de onderhavige bepaling overbodig. Het spreekt immers vanzelf dat een verordening die geen betrekking heeft op, bijvoorbeeld, het huwelijksvermogensrecht er ook niet aan in de weg staat dat enige rechter op dat terrein voorlopige maatregelen treft. **Formeel toepassingsgebied.** Uit HvJ EG 2 april 2009, C-523/07, *NJ* 2009/457 (*Finse uithuisplaatsing*) kan worden afgeleid dat art. 20 een beperkt formeel toepassingsgebied heeft nu het Hof in deze uitspraak heeft bepaald dat de rechter die de voorlopige en bewarende maatregel heeft genomen, verplicht is daarvan mededeling te doen aan de rechter/centrale autoriteit van de *lidstaat* waar het kind zijn gewone verblijfplaats heeft. Zie nader *Asser/Vonken & Ibili 10 II* 2021/557. **Territoriale reikwijdte.** Volgens het *Rapport Borrás* (nr. 59) bepaalt het voormalige art. 12 Brussel II-verdrag (overeenkomend met art. 20 Brussel II-bis) 'alleen de territoriale werking, die beperkt is tot de staat waar de maatregelen worden genomen'. Daarmee lijkt bedoeld, dat de genomen maatregelen niet, althans niet krachtens de verordening, in de andere lidstaten kunnen worden erkend en ten uitvoer gelegd. Dit is in 2010 bevestigd door het Hof van Justitie. In het arrest HvJ EU 15 juli 2010, C-256/09, *NJ* 2011/498 is bepaald dat de bepalingen van art. 21 e.v. niet van toepassing zijn op voorlopige maatregelen met betrekking tot het gezagsrecht, die vallen onder art. 20. Zie ook HR 4 oktober 2013, *NJ* 2013/478. **Einde toepasselijkheid (lid 2).** De maatregelen die met toepassing van lid 1 zijn genomen, houden op van toepassing te zijn zodra de ten gronde bevoegde rechter de door hem passend geachte maatregelen heeft genomen. Dat geldt niet alleen wanneer hij in de bodemprocedure beslist heeft, maar ook wanneer hij zelf voorlopige maatregelen heeft genomen. Aan te nemen valt, dat dit ook geldt wanneer hij enige beslissing heeft genomen waaruit blijkt dat hij voorlopige maatregelen niet nodig acht. Ook lid 2 geldt uiteraard alleen voor zover het gaat om voorlopige maatregelen die binnen het materiële toepassingsgebied van de verordening vallen.

HOOFDSTUK III
Erkenning en tenuitvoerlegging

AFDELING 1
Erkenning

Artikel 21
Erkenning van een beslissing

1. De in een lidstaat gegeven beslissing wordt in de andere lidstaten erkend zonder dat daartoe enigerlei procedure vereist is.
2. In het bijzonder is er, onverminderd lid 3, geen procedure vereist om de akten van de burgerlijke stand van een lidstaat aan te passen overeenkomstig een in een andere lidstaat gegeven beslissing ter zake van echtscheiding, scheiding van tafel en bed of nietigverklaring van het huwelijk, waartegen volgens de wetgeving van die lidstaat geen rechtsmiddel meer openstaat.
3. Onverminderd afdeling 4 kan elke belanghebbende volgens de procedures van afdeling 2 een verzoek om een beslissing houdende erkenning of niet-erkenning van de beslissing indienen.
De relatieve bevoegdheid van het gerecht, genoemd in de lijst die overeenkomstig artikel 68 door elke lidstaat aan de Commissie wordt toegezonden, wordt beheerst door het nationale recht van de lidstaat waar een verzoek om een beslissing houdende erkenning of niet-erkenning wordt ingediend.
4. Indien voor een gerecht van een lidstaat de erkenning van een beslissing als incidentele vraag wordt opgeworpen, kan zij daarover uitspraak doen.
[27-11-2003, PbEU L 338, i.w.tr. 01-08-2004/regelingnummer 2201/2003]

1. Algemeen. Het artikel is het eerste artikel van hoofdstuk III, welk hoofdstuk betrekking heeft op de erkenning en de tenuitvoerlegging van beslissingen.

2. Erkenning van rechtswege (lid 1). De hoofdregel luidt, dat beslissingen die in de ene lidstaat worden gegeven, in de andere lidstaten worden erkend. Voor de erkenning is geen (exequatur-)procedure vereist, maar wanneer er onzekerheid over de erkenning bestaat, kan wel duidelijkheid verkregen worden door middel van een exequatur (lid 3). Voor de tenuitvoerlegging van beslissingen is in beginsel wel een exequatur vereist (zie art. 28 e.v.). Bepaalde beslissingen omtrent het omgangsrecht en bepaalde beslissingen die de terugkeer van het kind met zich brengen kunnen onder voorwaarden echter ook zonder exequatur ten uitvoer worden gelegd (zie hoofdstuk III, afdeling 4). **Beslissing.** Zie voor de definitie van het begrip 'beslissing' art. 2, aant. 1. Voorlopige en bewarende maatregelen die onder het bereik van art. 20 vallen, vallen niet onder de bepalingen van dit artikel en volgende (zie HvJ EU 15 juli 2010, C-256/09, *NJ* 2011/498 (*Purrucker/Pérez I*)). Uit dit arrest volgt tevens dat wanneer de bevoegdheid ten gronde, overeenkomstig verordening Brussel II-bis, van een gerecht dat voorlopige maatregelen heeft vastgesteld, niet duidelijk blijkt uit de inhoud van de gegeven beslissing, of indien de rechter heeft nagelaten zijn bevoegdheid ondubbelzinnig te motiveren met verwijzing naar één van de bevoegdheidsgronden als bedoeld in art. 8-14 Brussel II-bis een voorlopige maatregel evenmin voor erkenning en tenuitvoerlegging krachtens Brussel II-bis in aanmerking komt. Vgl. HR 4 oktober 2013, *NJ* 2013/478. Zie ook Hof Den Haag 29 januari 2020,

ECLI:NL:GHDHA:2020:214, waarin werd vastgesteld dat hoewel de betreffende beslissing geen verwijzing bevatte naar een van de bevoegdheidsgronden art. 8-14 Brussel II-bis, het uit de inhoud van deze door de rechter van een lidstaat gegeven beslissing inzake een voorlopige voorziening bleek dat de rechter bevoegdheid had aangenomen op een van de bevoegdheidsgronden uit art. 8-14 Brussel II-bis en deze beslissing aldus voor erkenning in aanmerking kwam. **Gedeeltelijke erkenning.** Indien de beslissing niet als geheel kan worden erkend, is gedeeltelijke erkenning mogelijk. Dit vloeit voort uit art. 36.

3. Aanpassing akten burgerlijke stand (lid 2). Wordt een echtscheiding, scheiding van tafel en bed of nietigverklaring van een huwelijk uitgesproken, dan moet zij worden ingeschreven in het Register van de Burgerlijke Stand, maar ook reeds bestaande akten van de burgerlijke stand kunnen aanpassing behoeven. Wordt een dergelijke beslissing uitgesproken in de ene lidstaat en is als gevolg daarvan de aanpassing noodzakelijk van een akte die berust bij het Register van de Burgerlijke Stand in de andere lidstaat, dan kan de vraag rijzen of die aanpassing geschiedt op grond van de enkele erkenning van de echtscheiding – in welk geval geen exequatur vereist is – of dat zij als een daad van tenuitvoerlegging moet worden beschouwd – in welk geval wel een exequatur vereist is. Lid 2 bepaalt dat geen exequatur vereist is. **Onverminderd lid 3.** Lid 2 verhindert niet dat een belanghebbende in het geval van twijfel over de erkenbaarheid van een buitenlandse beslissing met een beroep op lid 3 poogt een exequatur te verkrijgen. **Alleen indien geen rechtsmiddel openstaat.** Lid 2 kan alleen worden toegepast als er geen rechtsmiddel meer tegen de beslissing openstaat.

4. Exequatur (lid 3). In sommige gevallen kan er twijfel bestaan over de vraag of een buitenlandse beslissing voor erkenning in aanmerking komt. Dat kan het geval zijn wanneer een van de partijen of een overheidsinstantie – zoals de ambtenaar van de burgerlijke stand – zich beroept op de gronden voor niet-erkenning van art. 22 en 23. In dat geval kan duidelijkheid verkregen worden door een exequatur te vragen volgens de in afdeling 2 geregelde procedure, ook wanneer tenuitvoerlegging niet noodzakelijk is. **Ook bij echtscheiding.** Afdeling 2 regelt alleen de exequaturprocedure voor beslissingen betreffende de uitvoering van de ouderlijke verantwoordelijkheid. De reden daarvoor is, dat er, mede gezien lid 2, voor echtscheidingsbeslissingen normaal gesproken geen exequatur benodigd is. Rijst er echter twijfel over de erkenbaarheid van de beslissing waarbij de echtscheiding, scheiding van tafel en bed of nietigverklaring van het huwelijk is uitgesproken, dan stuit het toepassen van afdeling 2 niet op praktische problemen. **Toepasselijkheid art. 1:26 en 1:26e BW.** De procedure van art. 1:26 BW is niet van toepassing op de hier bedoelde exequaturprocedure (art. 21 lid 1 Uitvoeringswet). Is een exequatur verleend, dan is art. 1:26e BW wel van toepassing (art. 21 lid 2 Uitvoeringswet). **Onverminderd afdeling 4.** Voor beslissingen inzake de omgang en voor beslissingen tot terugkeer van een kind die genomen zijn op grond van art. 11 lid 8 moet in overeenstemming met de art. 41 en 42 een certificaat worden afgegeven door de rechter die de beslissing genomen heeft. Deze beslissingen zijn dan in andere lidstaten uitvoerbaar zonder dat een exequatur vereist is. Ook over de erkenbaarheid van dergelijke beslissingen kan dus, indien een certificaat is afgegeven, geen geschil rijzen. Een exequaturverzoek is dus voor deze beslissingen in alle gevallen overbodig. Is nog geen certificaat afgegeven, dan kan dit worden aangevraagd bij de rechter die de beslissing gegeven heeft. **Elke belanghebbende.** Het exequatur kan niet alleen gevraagd worden door de partijen bij de procedure, maar ook door derden die er belang bij hebben om de erkenbaarheid of niet-erkenbaarheid van de beslissing vastgesteld te zien. **Erkenning of niet-erkenning.** Het verzoek kan ook strekken tot vaststelling dat de buitenlandse beslissing niet voor erkenning in aanmerking komt. Dit kan ook indien niet voorafgaand een verzoek om erkenning van de beslissing is ingediend (zie HvJ EG 11 juli 2008, C-195/08 PPU, *Jur.* 2008, p. I-05271; *NJ* 2009/455 (*Inga Rinau*)). In HvJ EU 26 april 2012, C-92/12 PPU, ECLI:EU:C:2012:255, *NIPR* 2012/289 (*Health Service Executive/S.C.*) is bepaald dat de beslissing van een gerecht van een lidstaat om een kind in een instelling in een andere lidstaat te plaatsen ingevolge art. 56, erkenning geniet in laatstbedoelde lidstaat tenzij en totdat ingevolge art. 21 lid 3 een beslissing houdende niet-erkenning is genomen in die andere lidstaat. **Absolute bevoegdheid.** Dat het verzoek wordt ingediend 'volgens de procedures van afdeling 2', betekent dat de absoluut bevoegde rechter die is welke op grond van art. 29 lid 1 in verbinding met art. 68 is aangewezen. Voor Nederland is dat de 'voorzieningenrechter van de rechtbank' (*PbEU* 2013, C 85/06; zie ook art. 18 lid 1 Uitvoeringswet). **Relatieve bevoegdheid.** De aanwijzing van een relatief bevoegde rechter wordt overgelaten aan het nationale recht. Voor Nederland bepaalt art. 18 lid 2 Uitvoeringswet dat voor het aanwijzen van de relatief bevoegde rechter art. 29 lid 2 Brussel II-bis op overeenkomstige wijze moet worden toegepast. Is langs die weg geen relatief bevoegde rechter te vinden, dan is de voorzieningenrechter te Den Haag bevoegd. Art. 262-270 Rv zijn dus niet van toepassing.

5. Erkenning als voorvraag (lid 4). De vraag naar de erkenbaarheid van een buitenlandse beslissing kan als incidentele vraag (in het Nederlandse internationaal privaatrecht meestal 'voorvraag' genoemd) rijzen in een procedure die betrekking heeft op een andere kwestie. Dat kan bijvoorbeeld het geval zijn wanneer een procedure betrekking heeft op de afstamming van een kind, welke afstamming afhankelijk is van het al of niet ontbonden zijn van het huwelijk van de moeder en voorts in kwesties van, onder meer, nationaliteitsrecht, vreemdelingenrecht en sociaal verzekeringsrecht. Voor de beantwoording van een dergelijke voorvraag is het niet nodig een exequaturprocedure te volgen. Het aangezochte gerecht (in lid 4 aangeduid als 'zij') kan daarover uitspraak doen. **Formeel geen werking buiten de procedure.** Lid 4 bepaalt niet dat de uitspraak die binnen een procedure wordt gedaan, ook daarbuiten werking heeft. Het staat partijen daarom vrij om alsnog in overeenstemming met lid 3 een exequatur te vragen langs de weg van afdeling 2. Dat kan in het bijzonder van belang zijn voor diegenen die in de procedure niet gehoord zijn, maar die wel belang hebben bij de erkenning of niet-erkenning van de beslissing.

Artikel 22
Gronden tot weigering van de erkenning van beslissingen ter zake van echtscheiding, scheiding van tafel en bed of nietigverklaring van het huwelijk

Een beslissing ter zake van echtscheiding, scheiding van tafel en bed of nietigverklaring van het huwelijk wordt niet erkend:

a) indien de erkenning kennelijk strijdig zou zijn met de openbare orde van de aangezochte lidstaat;

b) indien het stuk waarmee het geding is ingeleid of een gelijkwaardig stuk niet tijdig en op zodanige wijze als met het oog op zijn verdediging noodzakelijk was,

aan de verweerder tegen wie verstek werd verleend, is betekend of medegedeeld, tenzij vaststaat dat hij ondubbelzinnig met de beslissing instemt;

c) indien zij onverenigbaar is met een tussen dezelfde partijen in de aangezochte lidstaat gegeven beslissing; of

d) indien de beslissing onverenigbaar is met een beslissing die vroeger in een andere lidstaat of in een derde land tussen dezelfde partijen is gegeven, mits die vroegere beslissing voldoet aan de voorwaarden voor erkenning in de aangezochte lidstaat.

[27-11-2003, PbEU L 338, i.w.tr. 01-08-2004/regelingnummer 2201/2003]

1. Algemeen. De hoofdregel van art. 21 lid 1, dat de lidstaten elkaars beslissingen erkennen, lijdt slechts in zeer weinig gevallen uitzondering. Voor de echtscheiding en de daaraan verwante beslissingen staan deze uitzonderingen beschreven in het onderhavige artikel, voor de beslissingen betreffende de ouderlijke verantwoordelijkheid zijn zij opgenomen in art. 23. **Beslissing ter zake van echtscheiding, scheiding van tafel en bed of nietigverklaring van het huwelijk.** Gesproken wordt over beslissingen ter zake van echtscheiding, scheiding van tafel en bed of nietigverklaring van het huwelijk. Daarmee lijkt de bepaling ook betrekking te hebben op afwijzende beslissingen. Dat is echter onjuist. Beslissingen waarbij een echtscheiding, scheiding van tafel en bed of nietigverklaring van het huwelijk is afgewezen vallen, blijkens de definitie van art. 2 onderdeel 4, niet onder het begrip 'beslissingen' (zie art. 2, aant. 1). Duidelijker ware het daarom geweest wanneer het artikel had gesproken van beslissingen tot echtscheiding, scheiding van tafel en bed of nietigverklaring van het huwelijk.

2. Strijd met de openbare orde (aanhef en onderdeel a). Strijd met de openbare orde mag slechts in zeer uitzonderlijke gevallen worden aangenomen. Vgl. HvJ EU 16 januari 2019, C-386/17, ECLI:EU:C:2019:24. Voorkomen moet worden, dat in de fase van de erkenning opnieuw de juistheid van de beslissing wordt onderzocht (zie art. 26). Ook mag de rechter die over de erkenning oordeelt, niet de bevoegdheid van de eerste rechter onderzoeken (art. 24) en hij mag de erkenning niet weigeren omdat een echtscheiding, scheiding van tafel en bed of nietigverklaring van het huwelijk volgens zijn eigen recht niet mogelijk zou zijn (art. 25). In HvJ EU 16 januari 2019, C-386/17, ECLI:EU:C:2019:24 is bepaald dat evenmin erkenning geweigerd mag worden wegens kennelijke strijdigheid met de openbare orde van die lidstaat indien sprake is van schending van de litispendentieregeling van art. 19. Blijkens het Rapport Borrás (nr. 6) moet ervan worden uitgegaan dat identieke termen in het EEX-verdrag en Brussel II(bis) dezelfde betekenis hebben en dat daarbij dus rekening moet worden gehouden met de rechtspraak van het Hof van Justitie. Toch moet, gezien de verschillende aard van de materies die door Brussel I (bis) en door Brussel II-bis geregeld worden, voorzichtigheid worden betracht. Wel kan bij Brussel II-bis het beginsel worden toegepast dat is vastgelegd in twee arresten van het hof (HvJ EG 28 maart 2000, C-7/98 (*Krombach/Bamberski*) en HvJ EG 11 mei 2000, C-38/98 (*Renault/Maxicar*)), en dat inhoudt dat het de lidstaten vrijstaat om de eisen van hun openbare orde vast te leggen overeenkomstig hun nationale opvattingen, maar dat dit moet geschieden binnen de grenzen die in de rechtspraak van het hof worden gesteld. Het hof heeft voorts bepaald, dat de fundamentele rechten behoren tot de algemene beginselen welker eerbiediging het hof verzekert en dat de rechters van de lidstaten een schending van die beginselen als een schending van de openbare orde mogen beschouwen. Bij de bepaling wat er tot die fundamentele rechten behoort, laat het hof zich leiden door de constitutionele tradities welke de lidstaten gemeen hebben, alsmede door de aanwijzingen die te vinden zijn in de internationale rechtsinstrumenten inzake de bescherming van de rechten van de mens, waaraan de lidstaten hebben meegewerkt of waarbij zij zich hebben aangesloten. Aan het EVRM komt in dit opzicht bijzondere betekenis toe, aldus het hof. Om te voorkomen dat een onderzoek naar eventuele strijdigheid met de openbare orde zou uitmonden in een hernieuwd onderzoek naar de juistheid van de beslissing, wordt bepaald dat alleen kennelijke strijd met deze fundamentele beginselen reden kan zijn om erkenning aan de buitenlandse beslissing te onthouden wegens strijd met de openbare orde.

3. Ondeugdelijke betekening (aanhef en onderdeel b). Mede om het aantal gevallen te beperken waarin de erkenning van een buitenlandse beslissing geweigerd wordt wegens kennelijke strijd met de openbare orde, worden enkele gevallen van schending van fundamentele rechten als afzonderlijke weigeringsgronden omschreven. Voor de in dit artikel aan de orde zijnde beslissingen gaat het vooral om gevallen waarin het inleidend gedingstuk niet deugdelijk aan de verweerder is betekend zodat zijn fundamentele recht op wederhoor is geschonden. In het bepaalde in onderdeel b wordt echter niet elke fout in de betekening aangemerkt als een reden om erkenning van de beslissing te weigeren. De rechter die de beslissing gegeven heeft, heeft moeten toezien op een juiste naleving van de regels inzake de betekening, zoals die in het bijzonder zijn vastgelegd in de Betekeningsverordening en in het Haags Betekeningsverdrag (art. 18). De rechter die over de erkenning oordeelt, beoordeelt echter slechts of, kort gezegd, de verweerder door een gebrekkige betekening in zijn verdediging kan zijn geschaad. Is er bij de betekening een fout gemaakt, maar heeft de verweerder het inleidend gedingstuk ontvangen op een tijdstip en op zodanige wijze dat hij zijn verdediging goed heeft kunnen voorbereiden, dan is er geen reden om erkenning aan de beslissing te onthouden. **Verstek.** De weigeringsgrond is alleen van toepassing, wanneer tegen de verweerder verstek is verleend. Is hij verschenen, dan wordt hij geacht door de gebrekkige betekening niet in zijn verdediging te zijn geschaad. **Instemming met de beslissing.** Blijkt dat de verweerder instemt met de beslissing – ook wanneer hij niet gehoord is, is het immers niet uitgesloten dat hij ermee instemt dat er een echtscheiding is uitgesproken – dan kan de ondeugdelijke betekening geen grond zijn om erkenning aan de beslissing te onthouden. Die instemming moet wel ondubbelzinnig zijn.

4. Onverenigbaarheid van beslissingen (aanhef en onderdeel c en d). Hoewel de bepaling van art. 19 inzake litispendentie dit beoogt te voorkomen, kan toch niet geheel worden uitgesloten dat er op zeker moment tegenstrijdige beslissingen worden gegeven. In dat geval kan slechts één van de beslissingen worden erkend en moet aan de andere beslissingen erkenning worden onthouden. Welke beslissing voorrang heeft, wordt bepaald onder c) en d). Is de beslissing waarvan de erkenning aan de orde is, onverenigbaar met een beslissing die tussen dezelfde partijen is gegeven in de aangezochte lidstaat, dan gaat de beslissing uit de aangezochte lidstaat voor, ongeacht de vraag welke beslissing het eerst gegeven is. Is er strijdigheid met een beslissing die gewezen is in een ander land, dan gaat de oudste beslissing voor. Het is daarbij niet van belang of de andere beslissing gewezen is in een lidstaat of in een niet-lidstaat. Wel moet de andere beslissing in aanmerking komen voor erkenning in de aangezochte lidstaat, hetzij op grond van Brussel II-bis, hetzij op grond van het internationaal privaatrecht van die lidstaat. **Onverenigbaar-**

heid. Het Rapport Borrás (nr. 71) geeft het volgende voorbeeld van onverenigbaarheid. Als in staat A een scheiding van tafel en bed is uitgesproken en vervolgens in staat B een echtscheiding, kan de erkenning van de tweede uitspraak in staat A niet geweigerd worden, omdat de scheiding van tafel en bed beschouwd kan worden als een stap naar de echtscheiding en er dus geen conflict is met de tweede beslissing. Omgekeerd moet de erkenning van de scheiding van tafel en bed in staat B (en, op grond van het onder d) bepaalde, in de overige lidstaten) wel geweigerd worden, omdat de scheiding van tafel en bed is vervangen door een echtscheiding. Dit kan echter niet bedoeld zijn. Het is correct dat de beslissingen niet onverenigbaar zijn, en om die reden moeten beide beslissingen in alle lidstaten worden erkend. Partijen gelden dan in de gehele EU vanaf datum A als gescheiden van tafel en bed en vanaf datum B als gescheiden. De methode van het Rapport Borrás zou er daarentegen toe leiden dat zij tussen datum A en B als gescheiden van tafel en bed gelden, maar dat zij na datum B met terugwerkende kracht beschouwd worden als waren zij nooit van tafel en bed gescheiden en eerst vanaf datum B gescheiden.
Afwijzing gevolgd door echtscheiding. Wordt in lidstaat D een echtscheidingsverzoek afgewezen en wordt er vervolgens een vergelijkbaar verzoek in lidstaat E toegewezen, dan komt de afwijzing niet voor erkenning op grond van Brussel II-bis in aanmerking. Zij is immers geen beslissing in de zin van art. 2 onder 4). Komt zij op grond van het internationaal privaatrecht van de aangezochte lidstaat voor erkenning in aanmerking, dan moet de rechter aldaar beoordelen of er sprake is van strijdigheid. Is het volgens het in die lidstaat toepasselijke recht toelaatbaar dat er na een afwijzing een nieuw verzoek wordt ingediend, dan valt te verwachten dat de beslissingen niet als strijdig worden beschouwd. Is een nieuw verzoek volgens het aldaar toepasselijke recht alleen onder bepaalde voorwaarden toelaatbaar, dan is te verwachten dat de aangezochte rechter aan die voorwaarden zal toetsen. Voor Nederland is te verwachten dat de beslissingen niet snel als strijdig zullen worden beschouwd (vgl. HR 26 januari 1996, *NJ* 1997/258).
Dezelfde partijen. De andere beslissing moet gewezen zijn tussen dezelfde partijen. Een beslissing in een procedure tussen A en C waarbij is vastgesteld dat A gehuwd is met B, staat niet in de weg aan de erkenning van een tussen A en B uitgesproken echtscheiding.

Artikel 23
Gronden tot weigering van de erkenning van beslissingen betreffende de ouderlijke verantwoordelijkheid

Een beslissing betreffende de ouderlijke verantwoordelijkheid wordt niet erkend:

a) indien de erkenning, gelet op het belang van het kind, kennelijk strijdig zou zijn met de openbare orde van de aangezochte lidstaat;

b) behalve in spoedeisende gevallen, indien zij is gegeven zonder dat het kind, in strijd met de fundamentele procesregels van de aangezochte lidstaat, in de gelegenheid is gesteld te worden gehoord;

c) indien het stuk waarmee het geding is ingeleid of een gelijkwaardig stuk niet tijdig en op zodanige wijze als met het oog op zijn verdediging noodzakelijk was, aan de persoon tegen wie verstek werd verleend, is medegedeeld of betekend, tenzij vaststaat dat deze persoon ondubbelzinnig met de beslissing instemt;

d) ten verzoeke van eenieder die beweert dat de beslissing in de weg staat aan de uitoefening van zijn ouderlijke verantwoordelijkheid, indien zij is gegeven zonder dat deze persoon in de gelegenheid is gesteld te worden gehoord;

e) **indien zij onverenigbaar is met een latere beslissing betreffende de ouderlijke verantwoordelijkheid, die in de aangezochte lidstaat is gegeven;**
f) **indien zij onverenigbaar is met een latere beslissing betreffende de ouderlijke verantwoordelijkheid die in een andere lidstaat of in het derde land van de gewone verblijfplaats van het kind is gegeven, mits die latere beslissing voldoet aan de voorwaarden voor erkenning in de aangezochte lidstaat; of**
g) **indien de procedure van artikel 56 niet in acht is genomen.**

[27-11-2003, PbEU L 338, i.w.tr. 01-08-2004/regelingnummer 2201/2003]

1. Algemeen. Het artikel bevat de gronden waarop de erkenning van beslissingen betreffende de ouderlijke verantwoordelijkheid wordt geweigerd. Zij komen gedeeltelijk overeen met de in art. 22 opgesomde gronden tot weigering van de erkenning van beslissingen tot echtscheiding, scheiding van tafel en bed of nietigverklaring van het huwelijk. In HvJ EU 19 november 2015, C-455/15 PPU, ECLI:EU:C:2015:763, *NIPR* 2016/1 wordt (nogmaals) door het HvJ benadrukt dat de gronden tot weigering van erkenning van beslissingen betreffende de ouderlijke verantwoordelijkheid strikt moeten worden uitgelegd omdat het de verwezenlijking van een van de fundamentele doelstellingen van Brussel II-bis belemmert. Zie nader over deze weigeringsgronden, *Asser/Vonken & Ibili 10-II* 2021/592-597.

2. Openbare orde (aanhef en onderdeel a). De openbare orde-clausule komt, op één aspect na, overeen met die van art. 22 onderdeel a. Voor een bespreking zij verwezen naar art. 22, aant. 2. **Belang van het kind.** De verwijzing naar het belang van het kind is ontleend aan art. 23 lid 2 onderdeel d Haags Kinderbeschermingsverdrag 1996, welke bepaling op zijn beurt ontleend is aan art. 24 Haags Adoptieverdrag. In het toelichtend Rapport Parra-Aranguren bij dat verdrag (nr. 426) wordt erop gewezen dat de criteria 'strijd met de openbare orde' en 'het belang van het kind' niet cumulatief moeten worden toegepast. Het belang van het kind moet wel in acht worden genomen, maar doorslaggevend is, of er strijd is met de openbare orde in de restrictieve betekenis van strijd met fundamentele beginselen van de aangezochte staat. Er lijkt dus niet zozeer ruimte te zijn voor een ruimere toepassing van de openbare orde-clausule, maar eerder voor een beperkte: is de erkenning van een beslissing kennelijk in strijd met de openbare orde, dan kan in bepaalde omstandigheden het belang van het kind wellicht meebrengen dat er toch erkenning plaatsvindt.

3. Niet horen van het kind (aanhef en onderdeel b). Is het kind in de procedure niet in de gelegenheid gesteld te worden gehoord, dan is dat een grond voor niet-erkenning indien de fundamentele procesregels van de lidstaat waar erkenning aan de orde is in een vergelijkbare procedure zouden vereisen dat het kind wel in de gelegenheid wordt gesteld om te worden gehoord. Daartoe behoren niet alleen de regels van nationaal recht, maar ook art. 12 Verdrag inzake de rechten van het kind (Rapport Borrás, nr. 73). **Spoedeisende gevallen.** In spoedeisende gevallen kan de beslissing worden erkend, ook wanneer het kind in strijd met de fundamentele procesregels van de aangezochte lidstaat niet in de gelegenheid is gesteld te worden gehoord.

4. Ondeugdelijke betekening (aanhef en onderdeel c). Evenals echtscheidingsbeslissingen worden ook beslissingen met betrekking tot de ouderlijke verantwoordelijkheid niet erkend, indien het inleidend gedingstuk niet deugdelijk is betekend en de verweerder daardoor in zijn verdediging is geschaad. Voor een bespreking van deze weigeringsgrond zie art. 22, aant. 3.

5. Inbreuk op de ouderlijke verantwoordelijkheid gedragen door een derde (aanhef en onderdeel d). Wie meent dat hij drager is van ouderlijke verantwoordelijkheid en dat de buitenlandse beslissing aan de uitoefening van die verantwoordelijkheid in de weg staat terwijl hij voorafgaand aan de beslissing niet in de gelegenheid is gesteld te worden gehoord, kan de rechter verzoeken de beslissing niet te erkennen. Of hij dit slechts kan doen in een procedure waarin hij reeds partij is of in een afzonderlijk te starten exequaturprocedure, of dat de bepaling hem ook de mogelijkheid biedt zich te mengen in een exequaturprocedure of andere procedure die tussen anderen aanhangig is, blijkt niet uit de bepaling. Nu de bepaling hieromtrent niet ondubbelzinnig uitsluitsel geeft, lijkt het aannemelijk dat tussenkomst in procedures die tussen anderen aanhangig zijn in ieder geval niet mogelijk is voor zover het nationale recht van de aangezochte rechter daarin niet voorziet.

6. Onverenigbaarheid van beslissingen (aanhef en onderdeel e en f). Ook voor beslissingen inzake de ouderlijke verantwoordelijkheid geldt, dat indien er meer beslissingen gegeven zijn die onderling strijdig zijn, daarvan slechts één kan worden erkend zodat aan de andere beslissingen erkenning moet worden onthouden. Welke beslissing voorrang heeft, wordt bepaald in onderdeel e en f op vergelijkbare wijze als voor de echtscheiding is geschied in art. 22 onderdeel c en d. Er is alleen een belangrijk verschil: is de beslissing waarvan de erkenning aan de orde is, onverenigbaar met een beslissing die tussen dezelfde partijen is gegeven in de aangezochte lidstaat, dan gaat de beslissing uit de aangezochte lidstaat voor indien deze *later* gegeven is. Is er strijdigheid met een beslissing die gewezen is in een ander land, dan gaat de eveneens de *laatst* gegeven beslissing voor mits deze beslissing in aanmerking komt voor erkenning in de aangezochte lidstaat, hetzij op grond van Brussel II-bis, hetzij op grond van het internationaal privaatrecht van die lidstaat. Het is daarbij niet van belang of de andere beslissing gewezen is in een lidstaat of in een niet-lidstaat. **Dezelfde partijen.** De andere beslissing moet gewezen zijn tussen dezelfde partijen. Indien de beslissingen A en B gewezen zijn tussen andere partijen, is het blijkens de verordening niet mogelijk om aan een van die beslissingen erkenning te onthouden, ook al hebben zij betrekking op hetzelfde kind en zijn zij onderling strijdig met elkaar. Het is aan de nationale rechter om de hieruit voortvloeiende problemen op te lossen.

7. Plaatsing van het kind in een andere lidstaat (aanhef en onderdeel g). Indien de rechter overweegt een kind te plaatsen in een instelling of in een pleeggezin, en indien deze plaatsing zal geschieden in een andere lidstaat, pleegt hij eerst overleg met de centrale autoriteit of een andere bevoegde autoriteit van die lidstaat, indien voor interne plaatsingen van kinderen in die lidstaat de tussenkomst van een overheidsinstantie is voorzien. De procedure hiervoor is geregeld in art. 56. Is deze procedure niet in acht genomen, dan komt de uiteindelijk genomen beslissing waarbij het kind in een andere lidstaat wordt geplaatst, niet voor erkenning op grond van de verordening in aanmerking. Vgl. HvJ EU 26 april 2012, C-92/12 PPU, ECLI:EU:C:2012:255, *NIPR* 2012/289 (***Health*** *Service Executive/S.C, A.C.*).

Artikel 24
Geen toetsing van de bevoegdheid van het oorspronkelijke gerecht
De bevoegdheid van het gerecht van de lidstaat van herkomst wordt niet getoetst. Het criterium van de openbare orde, bedoeld in artikel 22, onder a), en artikel 23, onder a), wordt niet toegepast op de bevoegdheidsregels van de artikelen 3 tot en met 14.
[27-11-2003, PbEU L 338, i.w.tr. 01-08-2004/regelingnummer 2201/2003]

Betekenis. Een schending van de bevoegdheidsregels door de rechter die de beslissing gegeven heeft, is geen reden om de beslissing niet te erkennen, zelfs indien het om een onmiskenbare schending gaat van elementaire bevoegdheidsregels. Overigens mag ook de bevoegdheid van het eerste gerecht die kan worden gebaseerd op art. 15 Brussel II-bis niet worden getoetst, zo volgt uit HvJ EU 19 november 2015, C-455/15 PPU, ECLI:EU:C:2015:763, *NIPR* 2016/1. **Een voorbeeld.** Een Nederlandse man en een Nederlandse vrouw hebben hun gewone verblijfplaats in Nederland. De vrouw verhuist naar lidstaat A en vraagt daar binnen een jaar echtscheiding. De rechter aldaar spreekt echtscheiding uit zonder overwegingen aan zijn bevoegdheid te besteden. Hoewel aanstonds duidelijk is dat de rechter hier art. 3 geschonden heeft, moet de echtscheiding in alle lidstaten, ook in Nederland, worden erkend. Een beroep op strijd met de openbare orde is niet toegelaten.

Artikel 25
Verschillen in toepasselijk recht
De erkenning van een beslissing mag niet worden geweigerd op de grond dat volgens de wetgeving van de aangezochte lidstaat echtscheiding, scheiding van tafel en bed of nietigverklaring van het huwelijk op dezelfde gronden niet mogelijk zou zijn.
[27-11-2003, PbEU L 338, i.w.tr. 01-08-2004/regelingnummer 2201/2003]

Betekenis. Uit art. 22 blijkt reeds dat, wanneer volgens de wetgeving van de lidstaat waar erkenning aan de orde is, de echtscheiding, de scheiding van tafel en bed of de nietigverklaring van het huwelijk niet zou hebben mogen worden uitgesproken, daarin geen reden gelegen mag zijn om de erkenning van de beslissing te weigeren. Om elk misverstand hierover uit te sluiten, wordt dit in het onderhavige artikel bevestigd.

Artikel 26
Geen onderzoek van de juistheid
In geen geval wordt de juistheid van de beslissing onderzocht.
[27-11-2003, PbEU L 338, i.w.tr. 01-08-2004/regelingnummer 2201/2003]

Betekenis. Een onderzoek naar de juistheid van de beslissing zou er feitelijk toe leiden dat er geen sprake meer is van de erkenning van een buitenlandse beslissing, maar van een hernieuwd onderzoek ten gronde. Daarom benadrukt het artikel dat in geen geval de juistheid van de beslissing mag worden onderzocht. Zie ook HvJ EU 19 november 2015, C-455/15 PPU, ECLI:EU:C:2015:763, *NIPR* 2016, 1.

Artikel 27
Aanhouding van de uitspraak

1. Het gerecht waarbij een verzoek om een beslissing houdende erkenning van een in een andere lidstaat gegeven beslissing aanhangig is gemaakt, kan zijn uitspraak aanhouden indien tegen deze beslissing een gewoon rechtsmiddel is ingesteld.
2. Het gerecht waarbij een verzoek om een beslissing houdende erkenning van een in het Verenigd Koninkrijk of Ierland gegeven beslissing aanhangig is gemaakt, kan zijn uitspraak aanhouden indien de tenuitvoerlegging is geschorst door een in de lidstaat van herkomst tegen die beslissing ingesteld rechtsmiddel.
[27-11-2003, PbEU L 338, i.w.tr. 01-08-2004/regelingnummer 2201/2003]

1. Aanhouden van de uitspraak indien rechtsmiddel is ingesteld (lid 1). Het artikel komt overeen met art. 37 Brussel I. Het heeft alleen betrekking op het geval waarin de erkenning als voorvraag aan de orde is op de wijze als in art. 21 lid 4 bedoeld. Voor de exequaturprocedure geeft art. 35 een overeenkomstige bepaling. Het artikel heeft betrekking op het geval waarin er in de ene lidstaat een beslissing is gegeven die in de andere lidstaat voor erkenning in aanmerking komt en waarin er in de eerste lidstaat een rechtsmiddel tegen die beslissing is ingesteld. Wordt de erkenning van de beslissing in een procedure ingeroepen, dan komt de rechter voor een dilemma te staan. Hij kan aan een erkenbare beslissing geen erkenning onthouden, maar als hij zijn eigen beslissing baseert op hetgeen er in eerste aanleg in het buitenland is beslist en de buitenlandse beslissing vervolgens in beroep wordt vernietigd, ontstaat er een hinkende rechtsverhouding. Daarom wordt de mogelijkheid geschapen zijn beslissing aan te houden totdat er in het buitenland een definitieve beslissing gegeven is. **Gewoon rechtsmiddel ingesteld.** Anders dan art. 35 geldt de bepaling alleen wanneer er een gewoon rechtsmiddel is ingesteld en niet wanneer de mogelijkheid daartoe nog openstaat. Onduidelijk is, waarom hiervoor gekozen is. Het verschil tussen dit artikel en art. 35 bestond ook reeds in de corresponderende bepalingen van Brussel II. Het lijkt te opvallend om per ongeluk te zijn ingeslopen, te meer omdat in art. 35 expliciet bepaald wordt dat de rechter een termijn kan stellen voor het instellen van een rechtsmiddel. De rechter die over de erkenning als voorvraag oordeelt, kan dus, indien nog een rechtsmiddel openstaat dat nog niet is aangewend, de procedure niet aanhouden op grond van de verordening, maar wellicht wel op grond van zijn nationale procesrecht.

2. Verenigd Koninkrijk en Ierland (lid 2). Voor beslissingen afkomstig uit het Verenigd Koninkrijk of Ierland geldt hetzelfde als onder lid 1 bepaald is. Alleen wordt hier de aanvullende eis gesteld dat de tenuitvoerlegging van de beslissing hangende het rechtsmiddel is geschorst. Zie over het gevolg van de terugtrekking van het VK uit de EU de Inleidende opmerkingen, aant. 4.

AFDELING 2
Verzoek om uitvoerbaarverklaring

Artikel 28
Uitvoerbare beslissingen

1. Beslissingen betreffende de uitoefening van de ouderlijke verantwoordelijkheid voor een kind, die in een lidstaat zijn gegeven en aldaar uitvoerbaar zijn, en die bete-

kend zijn, zijn in een andere lidstaat uitvoerbaar nadat zij aldaar op verzoek van een belanghebbende uitvoerbaar zijn verklaard.
2. In het Verenigd Koninkrijk zijn zodanige beslissingen in Engeland en Wales, in Schotland of in Noord-Ierland echter eerst uitvoerbaar na op verzoek van een belanghebbende in het betrokken gebiedsdeel van het Verenigd Koninkrijk voor tenuitvoerlegging te zijn geregistreerd.
[27-11-2003, PbEU L 338, i.w.tr. 01-08-2004/regelingnummer 2201/2003]

1. Uitvoerbaarverklaring (lid 1). Op grond van art. 21 worden de in een lidstaat gegeven beslissingen in de andere lidstaten erkend zonder dat daartoe een procedure vereist is. Voor de tenuitvoerlegging is het echter wel noodzakelijk een procedure te volgen. Deze procedure wordt ook wel aangeduid als de exequaturprocedure. Zij wordt geregeld in de onderhavige afdeling, waarvan art. 28 het eerste artikel is. **Beslissingen betreffende de uitoefening van de ouderlijke verantwoordelijkheid.** Het artikel noemt alleen beslissingen betreffende de uitoefening van de ouderlijke verantwoordelijkheid. Uit HvJ EU 19 september 2018, gevoegde zaken C-325/18 PPU en C-375/18 PPU, ECLI:EU:C:2018:739 (*Hampshire County Council/C.E., N.E.*) blijkt dat hieronder ook beslissingen vallen van gerechten van een lidstaat waarin kinderen hun gewone verblijfplaats hadden waarbij de terugkeer van deze kinderen wordt bevolen en die volgt op een beslissing inzake de ouderlijke verantwoordelijkheid. Echtscheiding, scheiding van tafel en bed en nietigverklaring van het huwelijk worden niet genoemd. Dat komt doordat deze laatste categorie van beslissingen normaal gesproken niet ten uitvoer behoeft te worden gelegd; een erkenning, waarvoor geen procedure vereist is, volstaat. Ook voor de inschrijving in de registers van de burgerlijke stand en voor de aanpassing van akten van de burgerlijke stand is geen exequatur vereist (art. 21 lid 2). Niettemin kan er in enige lidstaat twijfel rijzen over de erkenbaarheid van een in een andere lidstaat uitgesproken echtscheiding of vergelijkbare beslissing. In dat geval opent art. 21 lid 3 de mogelijkheid om een exequaturprocedure te volgen in overeenstemming met de onderhavige afdeling. Daaraan staat niet in de weg dat in het artikel alleen wordt gesproken over beslissingen betreffende de uitoefening van de ouderlijke verantwoordelijkheid. **Dwangsom.** De invordering van een dwangsom die door de rechter in de lidstaat van herkomst die ten gronde uitspraak heeft gedaan over het omgangsrecht is opgelegd om de doeltreffendheid van dit recht te verzekeren, valt onder hetzelfde stelsel van tenuitvoerlegging als de beslissing over het omgangsrecht dat door deze dwangsom wordt verzekerd. Deze dwangsom moet derhalve uitvoerbaar worden verklaard volgens de regels die zijn neergelegd in art. 28 lid 1 en 41 lid 1 mits het bedrag ervan door de gerechten in de lidstaat van herkomst definitief is bepaald. Zie HvJ EU 9 september 2015, C-4/14, ECLI:EU:C:2015:563, *RvdW* 2016/376 (*Bohez*). Zie ook art. 2, aant. 1. **Uitvoerbaarheid in lidstaat van herkomst.** Een beslissing die in de lidstaat van herkomst niet uitvoerbaar is, is dat uiteraard ook niet in andere lidstaten. Niet vereist is, dat de beslissing in de lidstaat van herkomst in kracht van gewijsde is gegaan. **Betekend.** Alvorens men een exequaturverzoek in kan dienen, moet de beslissing betekend zijn aan diegenen aan wie zij betekend moet worden. **Belanghebbende.** Het exequatur kan worden verzocht door ieder die belang heeft bij de tenuitvoerlegging van de beslissing.

2. Geen exequatur bij certificaat op grond van art. 41 of 42. Art. 41 en 42 openen de mogelijkheid om voor beslissingen over het omgangsrecht en beslissingen waarin op grond van art. 11 lid 8 de terugkeer van het kind wordt gelast, een certificaat te verkrijgen waarmee de beslissing ten uitvoer kan worden gelegd zonder een exequatur te verkrijgen.

3. Verenigd Koninkrijk (lid 2). In het Verenigd Koninkrijk wordt een beslissing uitvoerbaar door registratie. Moet de beslissing ten uitvoer gelegd worden in meer dan één van de gebiedsdelen, dan moet zij in elk van die gebiedsdelen afzonderlijk worden geregistreerd. Zie over het gevolg van de terugtrekking van het VK uit de EU de Inleidende opmerkingen, aant. 4.

Artikel 29
Relatief bevoegd gerecht

1. Het verzoek om uitvoerbaarverklaring wordt ingediend bij het gerecht dat in de overeenkomstig artikel 68 door elke lidstaat aan de Commissie toegezonden lijst is genoemd.
2. Het relatief bevoegde gerecht is dat van de gewone verblijfplaats van de persoon tegen wie de tenuitvoerlegging wordt gevraagd, of van de gewone verblijfplaats van een kind waarop het verzoek betrekking heeft.
Wanneer geen van de in de eerste alinea genoemde plaatsen zich in de lidstaat van tenuitvoerlegging bevindt, is het relatief bevoegde gerecht dat van de plaats van tenuitvoerlegging.
[27-11-2003, PbEU L 338, i.w.tr. 01-08-2004/regelingnummer 2201/2003]

1. Absolute bevoegdheid (lid 1). Anders dan de officiële titel van het artikel doet vermoeden, wordt niet alleen de relatief bevoegde rechter, maar ook de absoluut bevoegde rechter krachtens het artikel aangewezen. Lid 1 verwijst naar de lijst die overeenkomstig art. 68 door elke lidstaat aan de Commissie is toegezonden. Voor Nederland is als absoluut bevoegde rechter aangewezen de voorzieningenrechter van de rechtbank (*PbEU* 2013, C 85/06; zie ook art. 18 lid 1 Uitvoeringswet).

2. Relatieve bevoegdheid (lid 2). De relatief bevoegde rechter wordt aangewezen door lid 2. Bevoegd is de rechter van de gewone verblijfplaats van de persoon tegen wie de tenuitvoerlegging wordt gevraagd of de rechter van de gewone verblijfplaats van het kind. Er is geen aanwijzing dat het hier om een subsidiaire bevoegdheid gaat. Aangenomen mag dus worden dat de verzoeker uit beide plaatsen mag kiezen. Heeft noch de persoon tegen wie tenuitvoerlegging wordt gevraagd, noch het kind zijn gewone verblijfplaats in de lidstaat waar tenuitvoerlegging wordt gevraagd, dan wordt de rechter van de plaats van tenuitvoerlegging als bevoegd aangewezen. Art. 18 lid 2 Uitvoeringswet voegt daaraan toe, dat indien ook op deze wijze geen bevoegde rechter kan worden gevonden, de voorzieningenrechter van de rechtbank te Den Haag bevoegd is.

Artikel 30
Procedure

1. De vereisten voor indiening van het verzoek worden beheerst door de wetgeving van de lidstaat van tenuitvoerlegging.

2. De verzoeker moet woonplaats kiezen binnen het rechtsgebied van het gerecht dat van het verzoek kennis neemt. Kent de wetgeving van de lidstaat van tenuitvoerlegging echter geen woonplaatskeuze, dan wijst de verzoeker een procesgemachtigde aan.
3. De in de artikelen 37 en 39 bedoelde documenten worden bij het verzoek gevoegd.
[27-11-2003, PbEU L 338, i.w.tr. 01-08-2004/regelingnummer 2201/2003]

Betekenis. De vereisten voor de indiening van het verzoek worden beheerst door de wetgeving van de lidstaat van tenuitvoerlegging. Voor Nederland zijn deze vereisten vastgelegd in art. 18 e.v. Uitvoeringswet. Art. 18 lid 1 Uitvoeringswet sluit de toepassing van art. 985-990 Rv voor de onderhavige procedure uit. **Verzoekschrift.** In Nederland wordt de verzoekschriftprocedure gevolgd (art. 18 lid 3 Uitvoeringswet). **Woonplaatskeuze.** Eveneens op grond van art. 18 lid 3 Uitvoeringswet wordt in Nederland de woonplaatskeuze gedaan in het verzoekschrift dat door een advocaat wordt ingediend. **Documenten.** Het verzoek dient vergezeld te gaan van de in art. 37 en 39 aangeduide documenten.

Artikel 31
Beslissing van de rechterlijke instantie

1. De rechterlijke instantie waarbij het verzoek is ingediend, doet daarover onverwijld uitspraak. Noch de persoon tegen wie de tenuitvoerlegging wordt gevraagd, noch het kind wordt in deze stand van de procedure in de gelegenheid gesteld te worden gehoord.
2. Het verzoek kan slechts om een van de in de artikelen 22, 23 en 24 genoemde redenen worden afgewezen.
3. In geen geval wordt de juistheid van de beslissing onderzocht.
[27-11-2003, PbEU L 338, i.w.tr. 01-08-2004/regelingnummer 2201/2003]

Betekenis. De exequaturrechter doet onverwijld uitspraak, zonder de verweerder of het kind te horen. Zij krijgen eerst na verlening van het exequatur de kans om gehoord te worden door middel van het instellen van een rechtsmiddel in overeenstemming met art. 33 en volgende. **Toetsing aan weigeringsgronden.** Indien de rechter constateert dat er reden is om op grond van een van art. 22 en 23 erkenning aan de beslissing te onthouden, weigert hij het exequatur. Van een gedegen onderzoek kan in dit stadium geen sprake zijn, gezien het feit dat de rechter onverwijld uitspraak moet doen en dat hij de verweerder en het kind niet kan horen. Om die reden zullen de weigeringsgronden over het algemeen pas aan de orde komen in de procedure die volgt na het instellen van een rechtsmiddel. **Geen onderzoek naar de juistheid van de beslissing.** Ter vermijding van elk misverstand wordt in lid 3 duidelijk gemaakt dat het verbod tot het verrichten van een onderzoek naar de juistheid van de beslissing niet alleen geldt bij de erkenning, zoals reeds vastgelegd in art. 26, maar ook bij de beslissing over de tenuitvoerlegging.

Artikel 32
Kennisgeving van de beslissing

De op het verzoek gegeven beslissing wordt door de griffier onverwijld ter kennis van de verzoeker gebracht, op de in de wetgeving van de aangezochte lidstaat bepaalde wijze.
[27-11-2003, PbEU L 338, i.w.tr. 01-08-2004/regelingnummer 2201/2003]

Betekenis. De griffier brengt de gegeven beslissing onverwijld ter kennis van de verzoeker, op de in de wetgeving van de aangezochte lidstaat bepaalde wijze. **Betekening aan verweerder.** De verordening bepaalt niet dat de gegeven beslissing moet worden betekend aan de persoon tegen wie tenuitvoerlegging wordt verzocht. Een bepaling als art. 42 lid 2 Brussel I ontbreekt. Impliciet wordt er wel van uitgegaan dat een dergelijke betekening plaatsvindt – art. 33 lid 5 laat immers de termijn voor het instellen van een rechtsmiddel aanvangen op het tijdstip van betekening – maar zij belet niet dat tenuitvoerlegging plaatsvindt zonder dat betekening heeft plaatsgevonden. Ook de Uitvoeringswet voorziet niet in betekening, maar bepaalt wel in art. 19 lid 3 dat het exequatur uitvoerbaar is bij voorraad.

Artikel 33
Rechtsmiddelen

1. Elke partij kan tegen de beslissing over het verzoek om uitvoerbaarverklaring een rechtsmiddel instellen.
2. Het verzoek om uitvoerbaarverklaring wordt ingediend bij de rechterlijke instantie genoemd in de overeenkomstig artikel 68 door elke lidstaat aan de Commissie toegezonden lijst.
3. Het rechtsmiddel wordt behandeld volgens de regels van de procedure op tegenspraak.
4. Indien het rechtsmiddel wordt ingesteld door de partij die om uitvoerbaarverklaring verzoekt, wordt de partij tegen wie tenuitvoerlegging wordt gevraagd, opgeroepen voor het gerecht waarbij het rechtsmiddel is ingesteld. Indien deze partij niet verschijnt, is artikel 18 van toepassing.
5. Het rechtsmiddel tegen de beslissing tot uitvoerbaarverklaring moet worden ingesteld binnen een maand na de betekening daarvan. Indien de partij tegen wie de tenuitvoerlegging wordt gevraagd, gewoonlijk in een andere lidstaat verblijft dan die waar de beslissing tot uitvoerbaarverklaring is gegeven, bedraagt de termijn voor het instellen van het rechtsmiddel twee maanden, te rekenen vanaf de datum van de betekening aan deze partij in persoon of op zijn adres. De termijn kan niet op grond van de afstand worden verlengd.
[27-11-2003, PbEU L 338, i.w.tr. 01-08-2004/regelingnummer 2201/2003]

1. Rechtsmiddel (lid 1). Zowel degene die het exequatur heeft verzocht als degene tegen wie de tenuitvoerlegging is gevraagd, kan een rechtsmiddel instellen. Voor degene tegen wie de tenuitvoerlegging is gevraagd, is dit de eerste mogelijkheid om zich op een van de weigeringsgronden van art. 22 en 23 te beroepen. Wil de mogelijkheid tot het instellen van een rechtsmiddel een doeltreffende voorziening in rechte verschaffen dan kan het niet zo zijn dat een beslissing reeds ten uitvoer wordt gelegd voordat aan degenen tegen wie de tenuitvoerlegging is gevraagd de beslissing is betekend. Dit is bepaald in HvJ EU 19 september 2018, gevoegde zaken C-325/18 PPU en C-375/18 PPU, ECLI:EU:C:2018:739 (*Hampshire County Council/C.E., N.E.*) waarin het hof vaststelt dat art. 31 lid 1 zo moet worden uitgelegd dat de tenuitvoerlegging van een beslissing van een gerecht van een lidstaat, waarbij de uithuisplaatsing en de terugkeer van een kind wordt bevolen en die uitvoerbaar is verklaard in de aangezochte lidstaat, voor de verklaring van uitvoerbaarheid van deze beslissing aan de betrokken ouders is betekend, in strijd is met art. 33 lid 1 gelezen in het licht van art. 47 van het Handvest van de grondrechten van de Europese Unie.

2. Bevoegde rechterlijke instantie (lid 2). Lid 2 bepaalt dat het verzoek tot uitvoerbaarverklaring wordt ingediend bij de rechterlijke instantie genoemd in de in art. 68 genoemde lijst. Bedoeld is, dat het rechtsmiddel bij die rechterlijke instantie moet worden ingesteld; voor zover nodig, wordt dit bevestigd door andere taalversies van de verordening. In Nederland moet het rechtsmiddel worden ingesteld bij de rechtbank waarvan de voorzieningenrechter over het exequaturverzoek heeft geoordeeld (*PbEU* 2013, C 85/06; zie ook art. 20 lid 1 Uitvoeringswet).

3. Procedure op tegenspraak (lid 3). In Nederland wordt het rechtsmiddel ingesteld bij verzoekschrift. Blijkens de memorie van toelichting (*Kamerstukken II* 2004/05, 29980, 3, p. 18) is dit niet strijdig met lid 3, waarin bepaald wordt dat het rechtsmiddel wordt behandeld volgens de regels van de procedure op tegenspraak. Met dit laatste wordt niet gedoeld op de wijze waarop het geding wordt ingeleid, maar op het feit dat de procedure tot behandeling van het rechtsmiddel geen ex parte-procedure mag zijn.

4. Oproeping verweerder (lid 4). Wordt het rechtsmiddel ingesteld door degene die het exequatur heeft verzocht, dan dient degene tegen wie de tenuitvoerlegging is verzocht te worden opgeroepen. Verschijnt hij niet, dan beoordeelt de rechter ambtshalve of de oproeping deugdelijk heeft plaatsgevonden, waarbij hij art. 18 op overeenkomstige wijze toepast. **Oproeping oorspronkelijke verzoeker.** Uit de bepaling blijkt niet dat, indien het rechtsmiddel wordt ingesteld door degene tegen wie het exequatur zich richt, de oorspronkelijke verzoeker moet worden opgeroepen. Het lijkt echter niet verenigbaar met de regels van een procedure op tegenspraak dat een dergelijke oproeping achterwege zou blijven.

5. Termijnen voor instellen rechtsmiddel (lid 5). Lid 5 bepaalt welke termijnen in acht genomen moeten worden bij het instellen van het rechtsmiddel. De genoemde termijn kan niet door de aangezochte rechter worden verlengd ook als de overschrijding ervan in wezen verwaarloosbaar is en het naar het nationale procesrecht van de rechter zou zijn toegestaan (zie HvJ EU 19 september 2018, gevoegde zaken C-325/18 PPU en C-375/18 PPU, ECLI:EU:C:2018:739 (*Hampshire County Council/C.E., N.E.*)). Voor Nederland bepaalt art. 20 lid 2 Uitvoeringswet dat degene die het exequatur verzocht heeft, het rechtsmiddel niet moet instellen binnen een maand na betekening, maar binnen een maand na dagtekening van de beschikking.

Artikel 34
Hogere voorziening en terzake bevoegde rechterlijke instanties

Tegen de op het rechtsmiddel gegeven beslissing kunnen slechts de rechtsmiddelen worden aangewend die worden genoemd in de overeenkomstig artikel 68 door elke lidstaat aan de Commissie toegezonden lijst.

[27-11-2003, PbEU L 338, i.w.tr. 01-08-2004/regelingnummer 2201/2003]

Betekenis. In de in art. 68 bedoelde lijst wordt vermeld welke rechtsmiddelen kunnen worden aangewend tegen de beslissing op het rechtsmiddel van art. 33. Voor Nederland is dat beroep in cassatie (*PbEU* 2013, C 85/06).

Artikel 35
Aanhouding van de uitspraak

1. Het gerecht waarbij overeenkomstig artikel 33 of artikel 34 een rechtsmiddel wordt ingesteld, kan op verzoek van de partij tegen wie de tenuitvoerlegging wordt gevraagd, zijn uitspraak aanhouden indien in de lidstaat van herkomst een gewoon rechtsmiddel is ingesteld of de termijn daartoe nog niet is verstreken. In dit laatste geval kan de rechterlijke instantie een termijn vaststellen binnen welke het rechtsmiddel moet worden ingesteld.
2. Indien de beslissing in het Verenigd Koninkrijk of Ierland is gegeven, wordt elk rechtsmiddel dat in de lidstaat van herkomst kan worden ingesteld, voor de toepassing van lid 1 als een gewoon rechtsmiddel beschouwd.
[27-11-2003, PbEU L 338, i.w.tr. 01-08-2004/regelingnummer 2201/2003]

Betekenis. Het artikel komt in grote lijnen overeen met art. 27. Waar art. 27 echter geldt indien de erkenning van de beslissing aan de orde is, geldt het onderhavige artikel voor de exequaturprocedure. **Alleen na instellen rechtsmiddel.** Aanhouden van de uitspraak is alleen mogelijk nadat een rechtsmiddel is ingesteld. Op het eerste exequaturverzoek kan de rechter dus zijn beslissing niet aanhouden. **Termijn niet verstreken.** Anders dan art. 27 bepaalt het artikel expliciet dat aanhouding van de beslissing ook mogelijk is indien in de lidstaat van herkomst weliswaar nog geen rechtsmiddel is ingediend, maar daarvoor nog wel een termijn openstaat. De rechter kan een termijn vaststellen waarbinnen het rechtsmiddel moet zijn ingesteld, wil de aanhouding langer van kracht blijven. **Verenigd Koninkrijk en Ierland.** Anders dan art. 27 bepaalt het artikel niet dat, indien de beslissing uit het Verenigd Koninkrijk afkomstig is, aanhouding slechts mogelijk is indien de tenuitvoerlegging aldaar is geschorst hangende het rechtsmiddel. Wel bepaalt lid 2 dat elk rechtsmiddel dat in het Verenigd Koninkrijk en Ierland kan worden ingesteld, voor de toepassing van lid 1 als een gewoon rechtsmiddel wordt beschouwd. Zie over het gevolg van de terugtrekking van het VK uit de EU de Inleidende opmerkingen, aant. 4.

Artikel 36
Gedeeltelijke tenuitvoerlegging

1. Indien in de beslissing uitspraak is gedaan over meer dan een onderdeel van het verzoek en de tenuitvoerlegging niet voor het geheel kan worden toegestaan, staat het gerecht de tenuitvoerlegging voor één of meer van die onderdelen toe.
2. De verzoeker kan om gedeeltelijke tenuitvoerlegging vragen.
[27-11-2003, PbEU L 338, i.w.tr. 01-08-2004/regelingnummer 2201/2003]

Betekenis. Is in de beslissing waarvan tenuitvoerlegging wordt verzocht uitspraak gedaan over een aantal onderdelen van het aldaar ingediende verzoek en kan de tenuitvoerlegging niet voor elk onderdeel worden toegestaan, dan wordt een exequatur verleend voor die onderdelen die wel voor tenuitvoerlegging in de aangezochte lidstaat in aanmerking komen. Ook de verzoeker kan het initiatief nemen om slechts gedeeltelijke tenuitvoerlegging te vragen.

AFDELING 3
Gemeenschappelijke bepalingen van de afdelingen 1 en 2

Artikel 37
Stukken

1. De partij die de erkenning van een beslissing vordert of betwist, dan wel om uitvoerbaarverklaring verzoekt, legt over:

a) een afschrift van de beslissing dat voldoet aan de voorwaarden tot vaststelling van de echtheid ervan; en
b) het certificaat bedoeld in artikel 39.

2. Indien het een beslissing bij verstek betreft, legt de partij die de erkenning vordert of om uitvoerbaarverklaring verzoekt, voorts over:

a) het origineel of een voor eensluidend gewaarmerkt afschrift van het stuk waaruit blijkt dat het stuk waarmee het geding is ingeleid of een gelijkwaardig stuk aan de niet-verschenen partij is betekend of medegedeeld; of
b) enig stuk waaruit blijkt dat de verweerder ondubbelzinnig met de beslissing instemt.

[27-11-2003, PbEU L 338, i.w.tr. 01-08-2004/regelingnummer 2201/2003]

Artikel 38
Ontbrekende stukken

1. Bij gebreke van overlegging van de in artikel 37, lid 1, onder b), of lid 2, bedoelde stukken kan het gerecht een termijn voor de overlegging daarvan vaststellen of gelijkwaardige stukken aanvaarden, dan wel, indien zij zich voldoende ingelicht acht, vrijstelling van de overlegging verlenen.

2. Indien het gerecht dit verlangt, wordt een vertaling van de stukken overgelegd. De vertaling wordt gewaarmerkt door een persoon die in een van de lidstaten daartoe gemachtigd is.

[27-11-2003, PbEU L 338, i.w.tr. 01-08-2004/regelingnummer 2201/2003]

Artikel 39
Certificaten betreffende beslissingen in huwelijkszaken en certificaten betreffende beslissingen inzake de ouderlijke verantwoordelijkheid

Het bevoegde gerecht of de bevoegde autoriteit van de lidstaat van herkomst geeft op verzoek van een belanghebbende een certificaat af volgens het modelformulier in bijlage I (beslissingen in huwelijkszaken) of in bijlage II (beslissingen inzake de ouderlijke verantwoordelijkheid).

[27-11-2003, PbEU L 338, i.w.tr. 01-08-2004/regelingnummer 2201/2003]

Betekenis. Wie de erkenning of tenuitvoerlegging van een buitenlandse beslissing verlangt, dient de stukken te overleggen die benodigd zijn om de echtheid en de erkenbaarheid van de beslissing te kunnen beoordelen. Dit geldt zowel wanneer een exequaturverzoek wordt ingediend als wanneer de erkenning aan de orde komt in de gevallen genoemd in art. 21 lid 4. Het gaat om de volgende stukken. **Afschrift van de beslissing.** Het te overleggen afschrift van de beslissing moet voldoen aan de voorwaarden tot vaststelling van de echtheid ervan. Deze eis is op een open wijze geformuleerd. De wijze waarop en de benaming waaronder een als echt te identificeren afschrift van de beslissing aan belanghebbenden wordt verstrekt, kan van lidstaat tot lidstaat verschillen. In geen geval is legalisatie vereist (zie art. 52). Wordt het afschrift niet op de juiste wijze overgelegd, dan voorziet art. 38 lid 1 niet in de mogelijkheid dat de rechter een termijn stelt om dit gebrek te herstellen, maar voor Nederland biedt art. 18 lid 4 Uitvoeringswet die mogelijkheid wel. **Certificaat.** De bevoegde instantie van de lidstaat van herkomst geeft op verzoek van een belanghebbende een certificaat af zoals omschreven in art. 39. Dit certificaat dient ertoe, de rechter van de aangezochte lidstaat de gegevens te verstrekken die hij nodig heeft bij de beoordeling van de erkenbaarheid van de beslissing. Wordt het certificaat niet overgelegd, dan kan de rechter op grond van art. 38 lid 1 een termijn stellen voor de overlegging ervan. Hij kan ook genoegen nemen met gelijkwaardige stukken of, indien hij zich voldoende ingelicht acht, vrijstelling van de overlegging verlenen. **In verstekzaken: bewijs van betekening.** Betreft het een verstekzaak, dan moet ofwel een afschrift worden overgelegd van het stuk waaruit blijkt dat het inleidend gedingstuk deugdelijk is betekend (art. 37 lid 2 onderdeel a), ofwel een stuk waaruit blijkt dat de verweerder ondubbelzinnig met de beslissing instemt (art. 37 lid 2 onderdeel b). Aan de hand hiervan kan de rechter beoordelen of er reden is de erkenning te weigeren op grond van art. 22 onderdeel b of art. 23 onderdeel c. Is dit stuk niet overgelegd, dan kan de rechter op grond van art. 38 lid 1 een termijn stellen voor de overlegging ervan. Is de rechter van oordeel dat langs andere weg voldoende bewijs is geleverd, dan kan hij ook daarmee genoegen nemen. **Taal.** Het certificaat bij beslissingen tot echtscheiding, scheiding van tafel en bed of nietigverklaring van het huwelijk bevat in beginsel alleen gegevens als namen, data etc., die niet in een specifieke taal behoeven te worden vermeld. Dat kan anders zijn bij het certificaat dat verstrekt wordt bij een beslissing inzake de ouderlijke verantwoordelijkheid, waar met name de antwoorden op de vragen onder 10 vaak stukken tekst zullen bevatten die aan de beslissing zijn ontleend. Art. 39 bepaalt niet in welke taal het certificaat moet worden opgesteld. Waar bij het opstellen van het certificaat in veel gevallen nog niet bekend is in welk land de beslissing ten uitvoer gelegd zal moeten worden, valt aan te nemen dat het certificaat wordt opgesteld in de taal van de beslissing. Dit sluit aan bij enkele andere bepalingen, waaronder art. 42 lid 2, waarin eveneens voorzien is dat de aldaar bedoelde certificaten worden opgesteld in de taal van de beslissing. **Vertaling.** Op grond van art. 38 lid 2 kan de rechter verlangen dat een vertaling van de stukken wordt overgelegd. Dat betreft alleen de in lid 1 genoemde vervangende stukken. De beslissing zelf en het certificaat behoeven als regel niet te worden vertaald. Indien er behoefte bestaat aan een vertaling van de zojuist genoemde passages in het certificaat behorend bij een beslissing inzake de ouderlijke verantwoordelijkheid, staat niet zonder meer vast dat die vertaling moet worden overgelegd door de persoon die het certificaat indient. De Practical Guide raadt op verschillende plaatsen de rechters aan om bij vertaalproblemen een pragmatische oplossing te zoeken. **Onmogelijkheid om stukken te overleggen.** De verordening verplicht de autoriteiten van de lidstaten niet expliciet om aan iedere belanghebbende een afschrift van de beslissing te overleggen dat voldoet aan de voorwaarden tot vaststelling van de echtheid ervan. Voor zover het nationale recht van de rechter die de beslissing heeft gegeven daar niet in voorziet, kan uit art. 37 worden afgeleid dat de verplichting tot een dergelijke afgifte op grond van de verordening wel bestaat. Mocht de belanghebbende niettemin geen afschrift kunnen verkrijgen, dan lijkt het redelijk dat hij volstaat met de overlegging van het certificaat. De rechter van de lidstaat waar de erkenning gevraagd wordt en de rechter van de lidstaat waar de beslissing gegeven is, zullen dan, al dan niet via de centrale autoriteiten, moeten samenwerken om te bereiken dat de rechter die over de erkenning moet oordelen, alsnog een afschrift van de beslissing verkrijgt. Het bewijs van betekening dan wel ondubbelzinnige instemming dient, in het geval van verstekverlening, bij het certificaat te worden gevoegd. Hierover kan de belanghebbende die het certificaat opvraagt, dus altijd beschikken.

AFDELING 4
Uitvoerbaarheid van bepaalde beslissingen omtrent het omgangsrecht en bepaalde beslissingen die de terugkeer van het kind met zich brengen

Artikel 40
Toepassingsgebied

1. Deze afdeling is van toepassing op:
a) het omgangsrecht, en
b) de terugkeer van een kind die voortvloeit uit een beslissing als bedoeld in artikel 11, lid 8.
2. De bepalingen van deze afdeling vormen voor een persoon die de ouderlijke verantwoordelijkheid draagt geen beletsel om overeenkomstig de bepalingen van de afdelingen 1 en 2 van dit hoofdstuk om erkenning en tenuitvoerlegging van een beslissing te vragen.
[27-11-2003, PbEU L 338, i.w.tr. 01-08-2004/regelingnummer 2201/2003]

Betekenis. Deze afdeling bevat bepalingen die het mogelijk maken om twee typen van beslissingen ten uitvoer te leggen zonder dat het noodzakelijk is daarvoor een exequatur te verkrijgen. De beslissingen waarvoor dit mogelijk gemaakt wordt, zijn: ten eerste, beslissingen inzake het omgangsrecht en ten tweede, beslissingen waarbij op grond van art. 11 lid 8 de terugkeer van het kind wordt gelast door de rechter van zijn gewone verblijfplaats, nadat de rechter van de plaats waarheen het kind ontvoerd is, geweigerd heeft de terugkeer te gelasten in verband met een weigeringsgrond ontleend aan art. 13 Haags Kinderontvoeringsverdrag. **Gewone weg blijft mogelijk.** Een persoon die de ouderlijke verantwoordelijkheid draagt, kan naar eigen keuze gebruikmaken van deze afdeling of erkenning dan wel tenuitvoerlegging vragen overeenkomstig de afdelingen 1 en 2.

Artikel 41
Omgangsrecht

1. Het in artikel 40, lid 1, onder a), bedoelde omgangsrecht, wordt wanneer het is toegekend bij een in een lidstaat gegeven uitvoerbare beslissing, in een andere lidstaat erkend en is aldaar uitvoerbaar zonder dat een uitvoerbaarverklaring behoeft te worden verkregen en zonder dat men zich tegen de erkenning kan verzetten, indien met betrekking tot die beslissing in de lidstaat van herkomst overeenkomstig lid 2 van dit artikel een certificaat is afgegeven.
Ook indien het nationale recht niet bepaalt dat een beslissing waarbij een omgangsrecht is toegekend van rechtswege uitvoerbaar bij voorraad is, kan het gerecht dat de beslissing heeft gegeven de beslissing bij voorraad uitvoerbaar verklaren.
2. De rechter van de lidstaat van herkomst geeft het in lid 1 bedoelde certificaat, met gebruikmaking van het in bijlage III opgenomen modelformulier (certificaat betreffende het omgangsrecht), slechts af, indien:

a) in geval van procedure bij verstek, het stuk dat het geding inleidt of een gelijkwaardig stuk tijdig en op zodanige wijze als met het oog op zijn verdediging nodig was, aan de niet-verschenen persoon is betekend of medegedeeld, of, wanneer het is betekend of medegedeeld zonder dat deze voorwaarden werden nageleefd, het niettemin vaststaat dat deze ondubbelzinnig met de beslissing instemt;
b) alle betrokken partijen in de gelegenheid zijn gesteld te worden gehoord; en
c) het kind in de gelegenheid is gesteld te worden gehoord, tenzij dit vanwege zijn leeftijd of mate van rijpheid niet raadzaam werd geacht.

Het certificaat wordt in de taal van de beslissing gesteld.

3. Indien het omgangsrecht betrekking heeft op een geval dat zodra de beslissing is uitgesproken een grensoverschrijdend karakter heeft, wordt het certificaat ambtshalve afgegeven wanneer de beslissing uitvoerbaar wordt, ook indien zij slechts bij voorraad uitvoerbaar wordt. Indien de situatie pas nadien een grensoverschrijdend karakter krijgt, wordt het certificaat op verzoek van een van de partijen afgegeven.

[27-11-2003, PbEU L 338, i.w.tr. 01-08-2004/regelingnummer 2201/2003]

1. Omgangsrecht (lid 1). Het artikel is van toepassing op 'het in art. 40, lid 1, onderdeel a), bedoelde omgangsrecht'. Nu aldaar geen beperkingen worden gesteld, is het artikel van toepassing op elke beslissing inzake het omgangsrecht die voldoet aan de in art. 41 te stellen vereisten. Die vereisten zijn geen andere dan dat de beslissing in de lidstaat van herkomst uitvoerbaar is en dat de rechter van de lidstaat van herkomst een certificaat heeft afgegeven in overeenstemming met lid 2. Voor de uitgifte van dat certificaat dient echter aan enkele specifieke voorwaarden te zijn voldaan, zie daarover aant. 2. Over tenuitvoerlegging van een dwangsom zie art. 28, aant. 1. **Uitvoerbaar zonder exequatur.** De beslissing kan worden ten uitvoer gelegd zonder dat een exequatur behoeft te worden verkregen. Ook is het voor de wederpartij niet mogelijk zich tegen de erkenning (en, vanzelfsprekend, tegen de tenuitvoerlegging) te verzetten. **Uitvoerbaarverklaring bij voorraad.** In de slotzin van lid 1 wordt vastgesteld dat de rechter die de beslissing inzake de omgang geeft, kan bepalen dat deze uitvoerbaar is bij voorraad, ongeacht wat zijn nationale recht hierover bepaalt. Deze bepaling regelt dus niet de tenuitvoerlegging, maar geeft een aanvulling op dan wel wijziging van het nationale procesrecht. Het woordje 'ook' kan verwarring oproepen. Bepaalt immers het nationale recht dat beslissingen inzake het omgangsrecht van rechtswege uitvoerbaar bij voorraad zijn, dan is een afzonderlijke beslissing daarover door de rechter in het geheel niet nodig. Bedoeld zal dus zijn, dat de rechter de beslissing uitvoerbaar kan verklaren bij voorraad (slechts) indien die uitvoerbaarheid bij voorraad niet van rechtswege gegeven is.

2. Certificaat (lid 2). Voor het certificaat wordt geen gebruik gemaakt van het modelformulier dat is opgenomen in bijlage II, maar van het in bijlage III opgenomen formulier. Een belangrijk verschil tussen beide formulieren is, dat het in bijlage III opgenomen formulier de rechter die het certificaat uitgeeft, dwingt te controleren of aan alle vereisten voor de uitgifte is voldaan. **Voorwaarden voor uitgifte van het certificaat.** Het certificaat wordt slechts uitgegeven indien aan de onder a), b) en c) geformuleerde vereisten is voldaan. Door het onder a) genoemde vereiste te controleren, stelt de rechter die het certificaat uitgeeft vast dat voldaan is aan het erkenningsvereiste van art. 23 onderdeel c), en hoewel de vereisten die onder b) en c) genoemd worden, niet geheel identiek zijn aan de criteria van art. 23 onderdeel d) en b), zijn het vooral die criteria waarvan de naleving op deze manier gewaarborgd wordt. **Taal van het certificaat.** Het certificaat wordt in de taal van de beslissing gesteld. Voor de noodzaak van vertaling van een deel van het certificaat zie het commentaar op art. 45.

3. Ambtshalve uitgifte en uitgifte op verzoek. Weet de rechter die de beslissing neemt, dat deze een grensoverschrijdend karakter heeft zodra zij uitvoerbaar wordt, dan geeft hij het certificaat ambtshalve af. Krijgt de situatie pas later een grensoverschrijdend karakter, dan kan elk van de partijen om afgifte verzoeken. In Nederland wordt dit verzoek door een advocaat (vóór 1 januari 2012: procureur) per verzoekschrift ingediend (art. 22 Uitvoeringswet).

Artikel 42
Terugkeer van een kind

1. De in artikel 40, lid 1, onder b), bedoelde terugkeer van een kind, die voortvloeit uit een in een lidstaat gegeven uitvoerbare beslissing, wordt in een andere lidstaat erkend en is aldaar uitvoerbaar zonder dat een uitvoerbaarverklaring behoeft te worden verkregen en zonder dat men zich tegen de erkenning kan verzetten, indien met betrekking tot de beslissing in de lidstaat van herkomst een certificaat overeenkomstig lid 2, is afgegeven.

Ook indien het nationale recht niet bepaalt dat een overeenkomstig artikel 11, lid 8, gegeven beslissing die de terugkeer van het kind met zich brengt van rechtswege uitvoerbaar bij voorraad is, kan het gerecht in de lidstaat van herkomst de beslissing bij voorraad uitvoerbaar verklaren.

2. De rechter van de lidstaat van herkomst geeft het in artikel 40, lid 1, onder b), bedoelde certificaat slechts af indien:

a) het kind in de gelegenheid is gesteld te worden gehoord, tenzij zulks vanwege zijn leeftijd of mate van rijpheid niet raadzaam werd geacht,

b) de partijen in de gelegenheid zijn gesteld te worden gehoord, en

c) het gerecht bij het geven van de beslissing rekening heeft gehouden met de redenen en het bewijs op grond waarvan de beslissing ingevolge artikel 13 van het Verdrag van 's-Gravenhage van 1980 is gegeven.

Indien het gerecht of enige andere autoriteit maatregelen treft ter bescherming van het kind na diens terugkeer naar de staat van zijn gewone verblijfplaats, vermeldt het certificaat de bijzonderheden van die maatregelen.

De rechter van de lidstaat van herkomst geeft het certificaat ambtshalve af, met gebruikmaking van het in bijlage IV opgenomen modelformulier (certificaat betreffende de terugkeer).

Het certificaat wordt in de taal van de beslissing gesteld.

[27-11-2003, PbEU L 338, i.w.tr. 01-08-2004/regelingnummer 2201/2003]

Betekenis. Ook beslissingen waarbij op grond van art. 11 lid 8 de terugkeer van een kind wordt gelast in weerwil van een andere beslissing waarbij de terugkeer is geweigerd op grond van art. 13 Haags Kinderontvoeringsverdrag, zijn vatbaar voor tenuitvoerlegging zonder dat een exequatur verkregen behoeft te worden (zie ook de jurisprudentie besproken bij art. 11 lid 8). De regeling hiervoor komt overeen met die, welke in art. 41 is gegeven voor de tenuitvoerlegging van beslissingen inzake het omgangsrecht. Het modelformulier voor het certificaat is opgenomen in bijlage IV. Voor commentaar hieromtrent zie art. 41, aant. 1-3. Is voor een beslissing die de terugkeer gelast van een kind dat ongeoorloofd wordt vastgehouden een certificaat afgegeven, dan mag het bevoegde gerecht van de lidstaat van tenuitvoerlegging zich niet verzetten tegen de tenuitvoerlegging ervan op de grond dat het gerecht van de lidstaat van herkomst deze beslissing heeft gegeven in strijd met art. 42. Alleen de lidstaat van herkomst is bevoegd om te oordelen of sprake is van een dergelijke schending (HvJ EU 22 december 2010, C-491/10 PPU; *NJ* 2011/460; *NIPR* 2011/4 (*Zarraga/Pelz*)). **Lid 2 onderdeel a: horen van het kind.** In laatstgenoemde uitspraak heeft het Hof van Justitie tevens uitleg gegeven aan het in lid 2 onderdeel a neergelegde vereiste in samenhang met art. 24 van het Handvest van de grondrechten van de Europese Unie. Het Hof heeft vastgesteld dat dit vereiste niet inhoudt dat het kind noodzakelijkerwijs door de rechter van de lidstaat van herkomst altijd moet worden gehoord. Besluit de rechter echter om het kind te horen, dan verplichten deze bepalingen ertoe dat hij, in het licht van het belang van het kind en rekening houdend met de concrete omstandigheden, alle passende maatregelen neemt om het kind te horen, opdat deze bepalingen hun nuttige effect behouden en het kind een daadwerkelijke en effectieve mogelijkheid wordt geboden om zijn mening te geven.

Artikel 43
Verbetering van het certificaat

1. Het recht van de lidstaat van herkomst is van toepassing op een eventuele verbetering van het certificaat.
2. Voor het overige staat tegen de afgifte van een certificaat overeenkomstig artikel 41, lid 1, of artikel 42, lid 1, geen rechtsmiddel open.
[27-11-2003, PbEU L 338, i.w.tr. 01-08-2004/regelingnummer 2201/2003]

Betekenis. Of, en onder welke voorwaarden, verbetering van het certificaat mogelijk is, wordt bepaald door het recht van de lidstaat waar het certificaat is uitgegeven. Voor het overige staat tegen de afgifte van een certificaat overeenkomstig art. 41 of art. 42 geen rechtsmiddel open. Weigeringsgronden voor de erkenning kunnen niet worden ingeroepen. Zie echter art. 47, aant. 2 voor het geval waarin er strijdigheid is met een latere beslissing. Is het certificaat door een Nederlandse rechter afgegeven, dan is art. 31 Rv van overeenkomstige toepassing (art. 23 Uitvoeringswet).

Artikel 44
Rechtsgevolgen van het certificaat

Het certificaat heeft alleen gevolg binnen de grenzen van de uitvoerbaarheid van de uitspraak.
[27-11-2003, PbEU L 338, i.w.tr. 01-08-2004/regelingnummer 2201/2003]

Betekenis. Het certificaat kan er niet toe leiden dat de uitspraak in de lidstaat waar zij ten uitvoer gelegd wordt, verdergaande gevolgen heeft dan in de lidstaat waar zij is uitgesproken.

Artikel 45
Stukken

1. De partij die om de tenuitvoerlegging van een beslissing vraagt, legt over:

a) een afschrift van de beslissing dat voldoet aan de voorwaarden tot vaststelling van de echtheid ervan; en

b) het in artikel 41, lid 1, of artikel 42, lid 1, bedoelde certificaat.

2. Voor de toepassing van dit artikel,

— gaat het in artikel 41, lid 1, bedoelde certificaat vergezeld van een vertaling van punt 12 inzake de modaliteiten van uitoefening van het omgangsrecht;

— gaat het in artikel 42, lid 1, bedoelde certificaat vergezeld van een vertaling van punt 14 inzake uitvoering van de maatregelen die zijn genomen met het oog op de terugkeer van het kind.

De vertaling wordt gesteld in de officiële taal of een van de officiële talen van de aangezochte lidstaat of in enige andere taal die de aangezochte lidstaat uitdrukkelijk aanvaardt. De vertaling wordt gewaarmerkt door een persoon die in een van de lidstaten daartoe gemachtigd is.

[27-11-2003, PbEU L 338, i.w.tr. 01-08-2004/regelingnummer 2201/2003]

Betekenis. De partij die tenuitvoerlegging van een beslissing wenst, hoeft niets anders te overleggen dan een afschrift van de beslissing zoals omschreven onder a), het in de lidstaat van herkomst uitgegeven certificaat en een vertaling van een deel van het certificaat zoals omschreven in lid 2. De punten 12 respectievelijk 14 van de certificaten bevatten passages die in de taal van de lidstaat van herkomst geschreven zijn en die vertaling kunnen behoeven. De vertaling wordt gesteld in een van de officiële talen van de aangezochte lidstaat of in een andere taal die daar uitdrukkelijk aanvaard wordt. Voor Nederland zijn dat Nederlands, Engels en Duits. Zie het commentaar op art. 67.

AFDELING 5
Authentieke akten en overeenkomsten

Artikel 46

Authentieke akten, verleden en uitvoerbaar in een lidstaat, en overeenkomsten tussen partijen, uitvoerbaar in de lidstaat van herkomst, worden onder dezelfde voorwaarden erkend en uitvoerbaar gemaakt als beslissingen.

[27-11-2003, PbEU L 338, i.w.tr. 01-08-2004/regelingnummer 2201/2003]

Betekenis. Authentieke akten die in de lidstaat zijn verleden en aldaar uitvoerbaar zijn, worden op dezelfde wijze erkend en uitvoerbaar gemaakt als beslissingen. Hetzelfde geldt voor overeenkomsten tussen partijen die uitvoerbaar zijn in de lidstaat van herkomst.

AFDELING 6
Overige bepalingen

Artikel 47
Procedure van tenuitvoerlegging

1. De procedure van tenuitvoerlegging wordt beheerst door de wetgeving van de lidstaat van tenuitvoerlegging.

2. Elke beslissing van een gerecht van een andere lidstaat die overeenkomstig afdeling 2 uitvoerbaar is verklaard, dan wel waarvoor overeenkomstig artikel 41, lid 1, of artikel 42, lid 1, een certificaat is afgegeven, wordt in de lidstaat van tenuitvoerlegging ten uitvoer gelegd onder dezelfde voorwaarden als een in die lidstaat gegeven beslissing. In het bijzonder kan een beslissing waarvoor overeenkomstig artikel 41, lid 1, of artikel 42, lid 1, een certificaat is afgegeven, niet ten uitvoer worden gelegd als zij onverenigbaar is met een nadien gegeven uitvoerbare beslissing.

[27-11-2003, PbEU L 338, i.w.tr. 01-08-2004/regelingnummer 2201/2003]

1. Procedure van tenuitvoerlegging (lid 1). Art. 30 bepaalt dat de vereisten voor indiening van het exequaturverzoek worden beheerst door de wetgeving van de lidstaat van tenuitvoerlegging. Art. 47 lid 1 bepaalt dat ook de procedure van tenuitvoerlegging door die wetgeving wordt beheerst. Voor Nederland dienen de relevante voorschriften te worden ontleend aan art. 18-23 Uitvoeringswet, en voor zover die geen oplossing bieden aan het Wetboek van Burgerlijke Rechtsvordering. Art. 985-990 Rv zijn, op grond van art. 18 lid 1 Uitvoeringswet, niet van toepassing. In HvJ EU 9 september 2015, C-4/14, ECLI:EU:C:2015:563, *RvdW* 2016/376 (*Bohez*) is bepaald dat de tenuitvoerlegging van een dwangsom niet onder de wetgeving van de lidstaat van tenuitvoerlegging valt. Zie ook art. 28, aant. 1.

2. De reikwijdte van de tenuitvoerlegging (lid 2). Ongeacht of een beslissing uitvoerbaar is op grond van een exequatur dan wel op grond van een certificaat als bedoeld in de art. 41 en 42, geschiedt de tenuitvoerlegging onder dezelfde voorwaarden die gelden voor de tenuitvoerlegging van een beslissing die in de aangezochte lidstaat zelf is gegeven. Deze bepaling geldt uiteraard alleen voor de voorwaarden van de tenuitvoerlegging zelf; zij kan er niet toe leiden dat de inhoud van de beslissing wordt aangepast aan de wijze waarop beslissingen in het land van tenuitvoerlegging plegen te worden gegeven. Er kan immers niet méér ten uitvoer worden gelegd dan in het land van herkomst gegeven is. Deze enige uitleg van lid 2 eerste alinea is bevestigd door het Hof van Justitie (vgl. HvJ EU 1 juli 2010, C-211/10 PPU, *NJ* 2011/459, *RvdW* 2010/1041 (*Povse/Alpago*)). In dit arrest stelt het Hof dat het vereiste enkel betrekking kan hebben op de procedurele modaliteiten rond de terugkeer van het kind en in geen geval een reden ten gronde kan zijn om zich tegen de beslissing van het bevoegde gerecht te verzetten. Zo kan de tenuitvoerlegging van een beslissing waarvoor een certificaat is afgegeven, in de lidstaat van tenuitvoerlegging niet worden geweigerd op grond dat zij, vanwege een wijziging in de omstandigheden die zich na de vaststelling ervan heeft voorgedaan, ernstig afbreuk kan doen aan het belang van het kind. Het Europees Hof voor de Rechten van de Mens heeft inmiddels in EHRM 18 juni 2013, 3890/11 (*Sofia Povse en Doris Povse/Oostenrijk*) geoordeeld dat de lidstaat van tenuitvoerlegging niet verantwoordelijk kon worden gehouden voor een schending van art. 8 EVRM door de tenuitvoerlegging van een bevel tot terugkeer van een rechter van een andere lidstaat, waartoe het op basis van Brussel II-bis verplicht werd zonder dat deze nog enige beoordelingsruimte toekwam. Zie de noot van L.R. Kiestra onder dit arrest in *European Human Right Cases* 2013, nr. 270. **Strijdige beslissingen.** Zoals in het nationale procesrecht de tenuitvoerlegging van een beslissing ophoudt wanneer zij onverenigbaar is met een nadien gegeven beslissing, zo geldt dat ook voor de tenuitvoerlegging van een buitenlandse beslissing. De hier genoemde toetsing aan latere beslissingen heeft twee functies: indien een exequatur verkregen is, is er weliswaar bij de exequaturverlening onderzocht of er strijdige beslissingen waren, maar de tenuitvoerlegging kan op grond van de onderhavige bepaling worden tegengehouden indien er na de exequaturverlening een beslissing gegeven is; en wanneer een certificaat gegeven is op grond van art. 41 of 42, is er bij de verlening van het certificaat niet onderzocht of er na de beslissing nog latere beslissingen zijn gegeven, maar kan dat nu, bij de tenuitvoerlegging alsnog gebeuren. Naar het oordeel van het Hof van Justitie dient de tweede alinea van lid 2 aldus te worden uitgelegd dat een later gegeven beslissing van een gerecht van de lidstaat van tenuitvoerlegging, waarbij een gezagsrecht voorlopig wordt toegekend en die naar het recht van die staat als uitvoerbaar wordt beschouwd, niet kan worden tegengeworpen aan de tenuitvoerlegging van een eerdere beslissing van het bevoegde gerecht in de lidstaat van herkomst waarvoor een certificaat is afgegeven en waarbij de terugkeer van het kind wordt gelast (HvJ EU 1 juli 2010, C-211/10 PPU, *NJ* 2011/459; *RvdW* 2010/1041 (*Povse/Alpago*)). Oudere beslissingen die gegeven zijn in de lidstaat van tenuitvoerlegging kunnen niet worden ingeroepen indien een certificaat op grond van art. 41 of 42 is afgegeven. Het artikel voorziet niet in de wijze waarop de toetsing dient plaats te vinden. Aangezien er normaal gesproken na de verlening van een exequatur of certificaat geen rechterlijke beslissingen meer worden gegeven, lijkt een executiegeschil de enige weg om een beroep te doen op latere beslissingen zoals hier bedoeld.

Artikel 48
Modaliteiten van uitoefening van het omgangsrecht

1. De gerechten van de lidstaat van tenuitvoerlegging kunnen modaliteiten van uitoefening van het omgangsrecht vaststellen indien de noodzakelijke modaliteiten niet of onvoldoende zijn voorzien in de beslissing van de gerechten van de lidstaat die bevoegd zijn ten gronde over de zaak te beslissen, mits de wezenlijke bestanddelen van die beslissing worden ge-eerbiedigd.

2. De overeenkomstig lid 1 vastgestelde modaliteiten houden op van toepassing te zijn wanneer later een beslissing terzake wordt gegeven door de gerechten van de lidstaat die bevoegd zijn ten gronde over de zaak te beslissen.

[27-11-2003, PbEU L 338, i.w.tr. 01-08-2004/regelingnummer 2201/2003]

Betekenis. Wanneer de ten uitvoer te leggen beslissing niet of onvoldoende bepaalt op welke wijze het omgangsrecht zal kunnen of moeten worden uitgeoefend, kan de rechter van de lidstaat waar de tenuitvoerlegging plaats moet vinden, de te erkennen beslissing in dit opzicht aanvullen. Hij eerbiedigt daarbij de wezenlijke bestanddelen van de beslissing. Worden de modaliteiten later alsnog vastgesteld door de ten gronde bevoegde rechter, dan zijn de modaliteiten die zijn vastgesteld door de rechter van de plaats van tenuitvoerlegging niet langer van toepassing. **Bevoegde rechter.** Blijkens art. 18 lid 1 Uitvoeringswet is in Nederland de voorzieningenrechter van de rechtbank bevoegd om van een verzoek op grond van het artikel kennis te nemen. Een relatief bevoegde rechter wordt door de Uitvoeringswet niet aangewezen. Het is aannemelijk dat de door art. 29 lid 2 van de verordening aangewezen rechter relatief bevoegd is.

Artikel 49
Kosten

De bepalingen van dit hoofdstuk, behalve die van afdeling 4, zijn ook van toepassing op het bepalen van het bedrag van de gerechtskosten van overeenkomstig deze verordening aangespannen procedures en op de tenuitvoerlegging van elke beslissing betreffende die kosten.

[27-11-2003, PbEU L 338, i.w.tr. 01-08-2004/regelingnummer 2201/2003]

Betekenis. De bepalingen over de erkenning en tenuitvoerlegging zijn ook van toepassing op de erkenning en de tenuitvoerlegging van beslissingen inzake de gerechtskosten. Afdeling 4 is daarvan echter uitgesloten; wie een beslissing ten uitvoer legt door middel van een certificaat als bedoeld in art. 41 en 42, zal voor de tenuitvoerlegging van de proceskosten afzonderlijk een exequatur moeten verkrijgen. **Vaststelling van het bedrag.** De bepalingen van hoofdstuk III zijn, aldus het artikel, ook van toepassing op het bepalen van het bedrag van de gerechtskosten. Omdat het niet tot de taak van de exequaturrechter behoort om verplichtingen op te leggen, maar slechts om elders opgelegde verplichtingen uitvoerbaar te verklaren, valt niet aan te nemen dat met deze bepaling bedoeld is dat de exequaturrechter de vrijheid zou hebben om de hoogte van de gerechtskosten zelfstandig te bepalen. Hij kan het bedrag van de gerechtskosten slechts bepalen voor zover hij in staat is om exact het bedrag vast te stellen waartoe de verweerder in het buitenland is veroordeeld. Lukt hem dit niet aan de hand van hetgeen daarover in de buitenlandse beslissing is vastgesteld en objectieve en eenduidige criteria zoals tarieftabellen etc., dan zal hij van de verzoeker moeten verlangen dat deze in het land van herkomst alsnog een exacte proceskostenveroordeling verkrijgt, of hij zal contact moeten opnemen met de rechter of de centrale autoriteit van het land van herkomst van de beslissing. Dit laatste zal er aan in de weg staan dat hij, in overeenstemming met art. 31, onverwijld uitspraak doet. Vanuit het oogpunt van de verzoeker zal deze weg echter wellicht te prefereren zijn boven het verwijzen van de verzoeker naar de eerste rechter om daar een nieuwe beslissing over de gerechtskosten te verkrijgen. Dat laatste brengt immers extra moeite mee voor de verzoeker en het zal niet minder tijd kosten dan een vaststelling door middel van direct contact tussen de betrokken rechters. **Gerechtskosten.** Er is geen reden om aan te nemen dat met de term 'gerechtskosten' iets anders bedoeld zou zijn dan 'proceskosten', welke term gebruikt wordt in het Wetboek van Burgerlijke Rechtsvordering en in art. 32 Brussel II-bis. In een aantal andere taalversies wordt een equivalent gebruikt van het Nederlandse 'proceskosten' (die Kosten für die nach dieser Verordnung eingeleiteten Verfahren; the costs and expenses of proceedings; les frais du procès au titre des procédures engagées). **Andere kosten.** Over de vraag of ook andere kosten (dwangsommen, reiskosten in verband met omgang) waartoe de verweerder in de buitenlandse beslissing veroordeeld is, op grond van de verordening ten uitvoer kunnen worden gelegd, zie art. 2, aant. 1.

Artikel 50
Rechtsbijstand

De verzoeker die in de lidstaat van herkomst in aanmerking kwam voor gehele of gedeeltelijke kosteloze rechtsbijstand of vrijstelling van kosten en uitgaven, komt in de procedures, bedoeld in de artikelen 21, 28, 41, 42 en 48, in aanmerking voor de gunstigste bijstand of de ruimste vrijstelling waarin de wetgeving van de lidstaat van tenuitvoerlegging voorziet.

[27-11-2003, PbEU L 338, i.w.tr. 01-08-2004/regelingnummer 2201/2003]

Betekenis. Wie in aanmerking komt voor gefinancierde rechtsbijstand dan wel voor vrijstelling van kosten en uitgaven, behoeft in het land waar tenuitvoerlegging wordt verzocht, niet opnieuw een aanvraag in te dienen. Hij komt in aanmerking voor de gunstigste regeling die er in de lidstaat van tenuitvoerlegging bestaat.

Artikel 51
Zekerheid of depot

Van de partij die in een lidstaat de tenuitvoerlegging van een in een andere lidstaat gegeven beslissing vordert, kan geen zekerheid of depot, onder welke benaming ook, worden geëist op de grond dat:

a) hij geen gewone verblijfplaats heeft in de lidstaat waar de tenuitvoerlegging wordt gevorderd; of

b) hij vreemdeling is of, wanneer in het Verenigd Koninkrijk of Ierland de tenuitvoerlegging wordt gevorderd, hij zijn 'domicile' (woonplaats) niet in een van die lidstaten heeft.

[27-11-2003, PbEU L 338, i.w.tr. 01-08-2004/regelingnummer 2201/2003]

Betekenis. Het artikel bepaalt dat geen cautio iudicatum solvi mag worden opgelegd op grond van het feit dat de verzoeker niet zijn gewone verblijfplaats heeft in de lidstaat waar hij tenuitvoerlegging vordert of op grond van het feit dat hij niet de nationaliteit van die lidstaat bezit. Dit geldt echter alleen voor de exequaturprocedure. **Bodemprocedure.** Over het stellen van een cautio iudicatum solvi in de bodemprocedure bevat de verordening geen bepalingen, maar dat betekent niet dat een dergelijke zekerheidstelling altijd is toegelaten. In zijn arrest van 1 juli 1993 (C-20/92) heeft het Hof van Justitie geoordeeld dat art. 59 en 60 EEG-verdrag (thans art. 56 en 57 Verdrag betreffende de werking van de Europese Unie) eraan in de weg staan, dat een lidstaat een beroepsmatig handelend persoon met woonplaats in een andere lidstaat, die voor een van zijn rechterlijke instanties een rechtsvordering instelt, verplicht tot zekerheidstelling voor de proceskosten op de enkele grond dat die persoon onderdaan van een andere lidstaat is. Voor de toepassing van de onderhavige verordening zal dit arrest vermoedelijk geen rechtstreekse betekenis hebben, nu partijen in echtscheidingszaken of in zaken met betrekking tot de ouderlijke verantwoordelijkheid in beginsel niet beroepsmatig handelen (tenzij, wellicht, kinderbeschermende instellingen). De kans bestaat echter dat het Hof van Justitie de cautio iudicatum solvi ook in andere gevallen dan in het arrest genoemd, op dezelfde of vergelijkbare gronden ontoelaatbaar zal achten. Welke gevallen dat kunnen zijn, valt moeilijk te voorspellen.

Artikel 52
Legalisatie of soortgelijke formaliteit

Geen legalisatie of soortgelijke formaliteit is vereist met betrekking tot de in de artikelen 37, 38 en 45 bedoelde stukken, noch, in voorkomend geval, met betrekking tot de procesvolmacht.

[27-11-2003, PbEU L 338, i.w.tr. 01-08-2004/regelingnummer 2201/2003]

Betekenis. De exequaturrechter en de autoriteiten die op grond van art. 40 en volgende een buitenlandse beslissing ten uitvoer leggen, kunnen geen legalisatie eisen van de stukken die op grond van art. 37, 38 en 45 moeten worden overgelegd.

HOOFDSTUK IV
Samenwerking tussen centrale autoriteiten inzake ouderlijke verantwoordelijkheid

Artikel 53
Aanwijzing

Elke lidstaat wijst één of meer centrale autoriteiten aan om behulpzaam te zijn bij de toepassing van deze verordening en preciseert haar of hun bevoegdheid/bevoegdheden ratione loci of ratione materiae. Wanneer een lidstaat meer dan één centrale autoriteit heeft aangewezen, dienen mededelingen in beginsel direct aan de bevoegde centrale autoriteit te worden toegezonden. Wordt een mededeling toegezonden aan een centrale autoriteit die niet bevoegd is, dan zendt deze autoriteit die mededeling door aan de bevoegde centrale autoriteit en stelt zij de afzender daarvan in kennis.

[27-11-2003, PbEU L 338, i.w.tr. 01-08-2004/regelingnummer 2201/2003]

Betekenis. Het artikel bepaalt dat elke lidstaat een of meer centrale autoriteiten aanwijst die behulpzaam zullen zijn bij de toepassing van de verordening. De taken en werkwijze van de centrale autoriteiten worden nader geregeld in art. 54-58. De centrale autoriteiten hebben zowel algemene taken (zie, in het bijzonder, art. 54 en 58) als taken in specifieke gevallen (zie, in het bijzonder, art. 55-58). De lidstaat die een centrale autoriteit aanwijst, preciseert haar bevoegdheden. In het bijzonder wanneer meer dan één centrale autoriteit wordt aangewezen, dient vastgesteld te worden wat de onderlinge taakafbakening van de verschillende centrale autoriteiten is, zowel territoriaal als inhoudelijk. Heeft een bepaalde lidstaat meer dan één centrale autoriteit, dan dienen mededelingen rechtstreeks aan de bevoegde centrale autoriteit te worden gericht; indien de geadresseerde centrale autoriteit niet bevoegd is, zendt zij de mededeling door aan de bevoegde centrale autoriteit en stelt zij de afzender daarvan in kennis. **Nederlandse centrale autoriteit.** De Nederlandse centrale autoriteit is de Minister van Justitie (art. 4 lid 1 Uitvoeringswet), aan te schrijven als: The Department Legal and International Affairs of the Direction Legal Youth Policy of the Ministry of Justice. Voor de adresgegevens zie: https://e-justice.europa.eu/content_matrimonial_matters_and_matters_of_parental_responsibility-377-en.do alwaar ook de adresgegevens van de andere centrale autoriteiten te vinden zijn. Deze centrale autoriteit is ook aangewezen als centrale autoriteit voor het Haags Kinderbeschermingsverdrag 1996, en voorts behandelt zij verzoeken om tussenkomst die niet op het verdrag of op de verordening zijn gebaseerd (art. 4 lid 2 Uitvoeringswet). De taak en bevoegdheden van de Nederlandse centrale autoriteit worden nader gepreciseerd in art. 4-8 Uitvoeringswet.

Artikel 54
Algemene taken

De centrale autoriteiten verstrekken informatie betreffende de nationale wetgeving en procedures en nemen maatregelen om de toepassing van deze verordening te verbeteren en hun onderlinge samenwerking te versterken. Daartoe wordt gebruikgemaakt van het bij Beschikking 2001/470/EG ingestelde Europese justitiële netwerk in burgerlijke en handelszaken.

[27-11-2003, PbEU L 338, i.w.tr. 01-08-2004/regelingnummer 2201/2003]

Betekenis. De algemene taken van de centrale autoriteiten zijn gelegen in het uitwisselen van informatie en het nemen van maatregelen om de toepassing van de verordening te verbeteren. De centrale autoriteiten maken bij het vervullen van deze taken gebruik van het Europese justitiële netwerk in burgerlijke en handelszaken. Gegevens over dit netwerk zijn te vinden op https://e-justice.europa.eu/content_matrimonial_matters_and_matters_of_parental_responsibility-377-en.do. De algemene taken van de centrale autoriteiten bestrijken het hele toepassingsgebied van de verordening, dus zowel kwesties van bevoegdheid als kwesties van erkenning en tenuitvoerlegging, en zowel kwesties van echtscheiding, scheiding van tafel en bed en nietigverklaring van huwelijken als kwesties inzake de ouderlijke verantwoordelijkheid.

Artikel 55
Samenwerking in specifieke gevallen op het gebied van de ouderlijke verantwoordelijkheid

De centrale autoriteiten werken op verzoek van een centrale autoriteit van een andere lidstaat of van een persoon die de ouderlijke verantwoordelijkheid draagt, in specifieke gevallen met elkaar samen ter verwezenlijking van de doeleinden van deze verordening. Daartoe nemen zij, overeenkomstig de wetgeving van die lidstaat inzake de bescherming van persoonsgegevens, rechtstreeks of door tussenkomst van overheidsdiensten of andere instanties, alle passende maatregelen om:

a) informatie te verzamelen en uit te wisselen over:
i) de situatie van het kind,
ii) lopende procedures, en
iii) enige met betrekking tot het kind genomen beslissing;

b) informatie te verstrekken en bijstand te verlenen aan personen die de ouderlijke verantwoordelijkheid voor een kind dragen en die op hun grondgebied beslissingen willen doen erkennen en ten uitvoer leggen, met name wat betreft het omgangsrecht en de terugzending van het kind;

c) de informatie-uitwisseling tussen de gerechten te ondersteunen, met name met het oog op de uitvoering van artikel 11, leden 6 en 7, en artikel 15;

d) alle informatie en bijstand te verstrekken die dienstig kunnen zijn voor de toepassing, door de gerechten, van artikel 56;

e) **door bemiddeling of anderszins overeenstemming tussen de personen die de ouderlijke verantwoordelijkheid voor een kind dragen, te bevorderen en daartoe grensoverschrijdende samenwerking te bevorderen.**

[27-11-2003, PbEU L 338, i.w.tr. 01-08-2004/regelingnummer 2201/2003]

1. Algemeen. De samenwerking zoals die in art. 55-57 is voorzien tussen de centrale autoriteiten in specifieke gevallen, heeft steeds betrekking op het gebied van de ouderlijke verantwoordelijkheid. Deze taken hebben enerzijds betrekking op het verzamelen en onderling uitwisselen van informatie tussen de centrale autoriteiten onderling en tussen de centrale autoriteiten en de gerechten. Deze taken zijn voorzien in art. 55 onderdeel a, c en d en in art. 56. Anderzijds dienen de centrale autoriteiten informatie te verstrekken en bijstand te verlenen aan personen die beslissingen uit de ene lidstaat erkend of ten uitvoer gelegd willen zien in een andere lidstaat en dienen zij te bevorderen dat personen die de ouderlijke verantwoordelijkheid voor een kind dragen, met elkaar tot overeenstemming komen. Deze taken zijn voorzien in art. 55 onderdeel b en e.

2. Reikwijdte van het bepaalde onder b. Onder b wordt aan de centrale autoriteiten opgedragen, informatie te verstrekken en bijstand te verlenen aan personen die de ouderlijke verantwoordelijkheid voor een kind dragen en die op hun grondgebied beslissingen willen doen erkennen en ten uitvoer leggen, met name wat betreft het omgangsrecht en de terugzending van het kind. Het lijkt in overeenstemming met het doel van de oprichting van de centrale autoriteiten dat zij een soepele invulling aan hun taakomschrijving zullen geven, maar uiteindelijk dienen zij daar zelf over te beslissen, mede aan de hand van hun nationale wetgeving en aan de hand van de opdracht die hen door hun overheid wordt gesteld. **'Met name'.** Aangenomen mag worden dat de woorden 'met name' niet limitatief bedoeld zijn en dat ook andere beslissingen inzake de ouderlijke verantwoordelijkheid onder de reikwijdte van deze bepaling vallen. **Niet bij echtscheidingen.** Echtscheidingen en andere beslissingen over de huwelijksband vallen niet binnen de reikwijdte van de bepaling. Dat blijkt uit de uitdrukkelijke bewoordingen ervan en uit de titel van het artikel. **Alleen bij erkenning en tenuitvoerlegging?** Ook beperkt de hier aan de centrale autoriteit opgedragen taak zich, althans naar de letter van de bepaling, tot het verstrekken van informatie en het verlenen van bijstand bij de erkenning en de tenuitvoerlegging van beslissingen, dus niet bij het voeren van de procedure waarin ten gronde over de ouderlijke verantwoordelijkheid moet worden beslist. Twijfel hierover kan rijzen door het bepaalde in art. 57 lid 1. Het eerste deel van de derde volzin van die bepaling ('Indien het verzoek ... valt') suggereert dat een verzoek op grond van art. 55 ook betrekking kan hebben op andere kwesties dan de erkenning en de tenuitvoerlegging van beslissingen, óf dat het ook betrekking kan hebben op de erkenning en de tenuitvoerlegging van beslissingen die afkomstig zijn van niet-lidstaten en die derhalve buiten het toepassingsgebied van de verordening vallen. **Beroep op centrale autoriteit niet verplicht.** De verordening schept geen verplichting voor de partijen om de hulp van de centrale autoriteit in te roepen. Zij kunnen zich ook rechtstreeks tot de rechter en andere autoriteiten van de plaats van tenuitvoerlegging richten. Dit wordt voor Nederland bevestigd in art. 4 lid 4 Uitvoeringswet.

Artikel 56
Plaatsing van het kind in een andere lidstaat

1. Indien het ingevolge de artikelen 8 tot en met 15 bevoegde gerecht overweegt het kind te plaatsen in een instelling of in een pleeggezin, en indien deze plaatsing zal geschieden in een andere lidstaat, pleegt het eerst overleg met de centrale autoriteit of een andere bevoegde autoriteit van die lidstaat, indien voor interne plaatsingen van kinderen in die lidstaat de tussenkomst van een overheidsinstantie is voorzien.
2. De in lid 1 bedoelde beslissing over de plaatsing mag in de verzoekende lidstaat slechts worden genomen indien de bevoegde autoriteit van de aangezochte lidstaat heeft ingestemd met de plaatsing.
3. De nadere regeling van de in de leden 1 en 2 bedoelde raadpleging of goedkeuring wordt aan het nationale recht van de aangezochte lidstaat overgelaten.
4. Indien het ingevolge de artikelen 8 tot en met 15 bevoegde gerecht besluit het kind te plaatsen in een pleeggezin en die plaatsing in een andere lidstaat geschiedt, en indien voor interne plaatsingen van kinderen in die lidstaat geen tussenkomst van een overheidsinstantie is voorzien, stelt zij de centrale autoriteit of een bevoegde autoriteit van die lidstaat daarvan in kennis.
[27-11-2003, PbEU L 338, i.w.tr. 01-08-2004/regelingnummer 2201/2003]

Betekenis. Het artikel regelt de samenwerking tussen rechters en centrale autoriteiten in die gevallen waarin de rechter uit de ene lidstaat overweegt een kind te plaatsen in een instelling of in een pleeggezin in een andere lidstaat (de bepaling is dus niet van toepassing in een international geval waarin de rechter plaatsing overweegt in de eigen lidstaat, vgl. Hof 's-Hertogenbosch 30 maart 2017, ECLI:NL:GHSHE:2017:1382) en indien het recht van die andere lidstaat voor een dergelijke plaatsing in interne (dus niet-internationale) gevallen de tussenkomst van een overheidsinstantie voorziet. Aldus wordt voorkomen dat een kind vanuit de ene lidstaat in de andere lidstaat in een instelling of in pleeggezin wordt geplaatst met voorbijgaan aan de nationale regelgeving op dit vlak. Voor Nederland worden nadere voorschriften omtrent de procedure gegeven in art. 9-11 Uitvoeringswet. Zie omtrent de reikwijdte van en nadere eisen omtrent de instemming als bedoeld in art. 56 lid 2: HvJ EU 26 april 2012, C-92/12 PPU, *NIPR* 2012/289 (*Health Service Executive/S.C., A.C.*).

Artikel 57
Werkwijze

1. Een persoon die de ouderlijke verantwoordelijkheid draagt, kan bij de centrale autoriteit van de lidstaat waar hij zijn gewone verblijfplaats heeft of bij de centrale autoriteit van de lidstaat waar het kind zijn gewone verblijfplaats heeft of waar het zich bevindt, een verzoek om bijstand als omschreven in artikel 55 indienen. Bij het verzoek wordt in de regel alle informatie gevoegd die de uitvoering ervan kan vergemakkelijken. Indien het verzoek om bijstand betrekking heeft op erkenning of tenuitvoerlegging van een beslissing inzake ouderlijke verantwoordelijkheid die binnen het toepassingsgebied van deze verordening valt, voegt de persoon die de ouderlijke verantwoordelijkheid draagt de desbetreffende certificaten, bedoeld in artikel 39, artikel 41, lid 1, of artikel 42, lid 1, bij het verzoek.

2. De lidstaten doen de Commissie mededeling van de andere officiële taal of andere officiële talen van de instellingen van de Gemeenschap dan hun eigen taal of talen waarin de mededelingen aan hun centrale autoriteiten kunnen worden toegezonden.
3. De door de centrale autoriteiten overeenkomstig artikel 55 verleende bijstand is kosteloos.
4. Elke centrale autoriteit draagt haar eigen kosten.
[27-11-2003, PbEU L 338, i.w.tr. 01-08-2004/regelingnummer 2201/2003]

1. Algemeen. Het artikel regelt een aantal details van de werkwijze die gevolgd dient te worden wanneer een verzoek om bijstand wordt ingediend als omschreven in art. 55.

2. Indiening verzoek (lid 1). Lid 1 bepaalt dat een verzoek om bijstand zowel kan worden ingediend bij de centrale autoriteit van de lidstaat waar de verzoeker zijn gewone verblijfplaats heeft, als bij de centrale autoriteit van de lidstaat waar het kind zijn gewone verblijfplaats heeft of waar het zich bevindt. Uiteindelijk zal, op grond van art. 55 onderdeel b de bijstand verleend worden door de centrale autoriteit van de plaats waar de beslissing ten uitvoer gelegd moet worden. Is dat een andere centrale autoriteit dan die waar het verzoek is ingediend, dan zal het verzoek naar de juiste centrale autoriteit worden doorgeleid. **Overleggen van informatie.** De verzoeker overlegt alle informatie die de uitvoering van het verzoek kan vergemakkelijken. Ook overlegt hij, waar relevant, de certificaten bedoeld in art. 39, 41 en 42.

3. Talen (lid 2). Elke lidstaat maakt bekend in welke talen mededelingen aan zijn centrale autoriteit kunnen worden toegezonden. Voor Nederland zijn die talen: Nederlands, Engels, Duits en Frans.

4. Kosten (lid 3 en 4). De centrale autoriteiten brengen voor de in overeenstemming met art. 55 verleende bijstand geen kosten in rekening. Elke centrale autoriteit draagt haar eigen kosten.

Artikel 58
Vergaderingen

1. Op gezette tijden worden vergaderingen van de centrale autoriteiten gehouden om de toepassing van de onderhavige verordening te vergemakkelijken.
2. De bijeenroeping van deze vergaderingen geschiedt overeenkomstig Beschikking 2001/470/EG betreffende de oprichting van een Europees justitieel netwerk in burgerlijke en handelszaken.
[27-11-2003, PbEU L 338, i.w.tr. 01-08-2004/regelingnummer 2201/2003]

Betekenis. De centrale autoriteiten vergaderen regelmatig over hetgeen zich bij de toepassing van de verordening voordoet, teneinde haar toepassing te vergemakkelijken. Zij doen dit binnen het in art. 54 genoemde Europees justitieel netwerk in burgerlijke en handelszaken.

HOOFDSTUK V
Verhouding tot andere instrumenten

Artikel 59
Verhouding tot andere instrumenten

1. Onverminderd de artikelen 60, 63 en 64 en lid 2 van het onderhavige artikel treedt deze verordening tussen de lidstaten in de plaats van de op het tijdstip van de inwerkingtreding ervan bestaande overeenkomsten tussen twee of meer lidstaten, die betrekking hebben op onderwerpen welke in deze verordening zijn geregeld.

2.

a) Finland en Zweden hebben de mogelijkheid te verklaren dat de Overeenkomst van 6 februari 1931 tussen Denemarken, Finland, IJsland, Noorwegen en Zweden houdende internationaal-privaatrechtelijke bepalingen ter zake van huwelijk, adoptie en voogdij, met het bijbehorende slotprotocol, in hun onderlinge betrekkingen geheel of gedeeltelijk toepasselijk is in plaats van deze verordening. Een dergelijke verklaring wordt als bijlage bij deze verordening in het *Publicatieblad van de Europese Unie* bekendgemaakt. Voornoemde lidstaten kunnen te allen tijde hun verklaring geheel of gedeeltelijk intrekken.

b) Het verbod van discriminatie op grond van nationaliteit van burgers van de Unie wordt geëerbiedigd.

c) In alle toekomstige overeenkomsten tussen de onder a) genoemde lidstaten worden de bevoegdheidsregels die betrekking hebben op een in deze verordening geregeld onderwerp, in overeenstemming gebracht met de regels van deze verordening.

d) Beslissingen die in een van de Noordse staten die een verklaring als bedoeld onder a) heeft afgelegd, zijn gegeven op een bevoegdheidsgrond die overeenkomt met een van de gronden waarin hoofdstuk II van deze verordening voorziet, worden in de overige lidstaten overeenkomstig de regels van hoofdstuk III van deze verordening erkend en ten uitvoer gelegd.

3. Door de lidstaten wordt aan de Commissie:

a) een afschrift toegezonden van de in lid 2, onder a) en c), bedoelde overeenkomsten en van de eenvormige wetten ter uitvoering daarvan;

b) mededeling gedaan van elke opzegging van of wijziging in deze overeenkomsten of eenvormige wetten.

[27-11-2003, PbEU L 338, i.w.tr. 01-08-2004/regelingnummer 2201/2003]

1. Voorrang voor de verordening (lid 1). Art. 59-63 regelen de verhouding van de verordening tot andere instrumenten. De hoofdregel wordt gegeven in art. 59 lid 1. De verordening treedt tussen de lidstaten in de plaats van zowel bilaterale als multilaterale verdragen waarbij de lidstaten op het tijdstip waarop de verordening in werking treedt, partij zijn en die betrekking hebben op dezelfde onderwerpen als de verordening. In de verhouding tussen een lidstaat enerzijds en een niet-lidstaat anderzijds kunnen de genoemde verdragen blijven gelden. Ook voor zover het onderwerpen betreft die niet in de verordening geregeld zijn, kunnen, blijkens art. 62, de genoemde verdragen blijven gelden. **Verhouding tot derde landen.** De bepaling kan niet afdoen aan de verplichtingen die de lidstaten hebben tegenover niet-lidstaten die partij zijn bij een van de hier bedoelde verdragen. **Uitzonderingen.** Voor een aantal verdragen is een aparte regeling opgenomen in achtereenvolgens art. 59 lid 2, art. 60 en art. 63. Deze afzonderlijke regelingen worden door art. 59 onverlet gelaten. Hetzelfde geldt voor art. 64, waarin de temporele afbakening geregeld wordt van de verordening ten opzichte van haar voorganger, Brussel II. Art. 61 bevat een regeling voor de afbakening van het toepassingsgebied van de verordening ten opzichte van het Haags Kinderbeschermingsverdrag 1996. Een verwijzing naar dat artikel ontbreekt in art. 59 lid 1. Kennelijk is de gedachte geweest dat art. 59 lid 1 slechts betrekking heeft op verdragen die op het tijdstip van de inwerkingtreding van de verordening tussen twee of meer lidstaten gelden en dat het Haags Kinderbeschermingsverdrag 1996 daar niet toe behoorde. Dit is echter incorrect, nu het Haags Kinderbeschermingsverdrag 1996 voor vier van de nieuwe lidstaten al eerder in werking was getreden. Niettemin is duidelijk dat ook art. 61 onverlet wordt gelaten.

2. Noords verdrag (lid 2). Lid 2 voorziet in de mogelijkheid voor Zweden en Finland om in hun onderlinge betrekkingen het in de bepaling genoemde verdrag te blijven toepassen in plaats van de verordening. Beide landen hebben deze verklaring afgelegd, welke is opgenomen in bijlage VI. **Erkenning in andere lidstaten.** Beslissingen die in Zweden of Finland zijn uitgesproken met toepassing van het Noordse verdrag, worden in de andere lidstaten erkend en ten uitvoer gelegd op de voet van hoofdstuk III van de verordening, wanneer de bevoegdheidsgrond van de rechter die de beslissing heeft uitgesproken, overeenkomt met een van de bevoegdheidsgronden van hoofdstuk II van de verordening. Dat brengt mee, dat de autoriteiten van het land waar erkenning of tenuitvoerlegging wordt verzocht, de bevoegdheid van de eerste rechter moeten onderzoeken. Art. 24, dat verbiedt de bevoegdheid van het gerecht van het land van herkomst te onderzoeken, geldt dus voor deze beslissingen niet.

Artikel 60
Verhouding tot bepaalde multilaterale verdragen

In de betrekkingen tussen de lidstaten heeft deze verordening voorrang boven de volgende verdragen, voorzover zij betrekking hebben op onderwerpen die in deze verordening zijn geregeld:

a) het Verdrag van 's-Gravenhage van 5 oktober 1961 betreffende de bevoegdheid der autoriteiten en de toepasselijke wet inzake de bescherming van minderjarigen;
b) het Verdrag van Luxemburg van 8 september 1967 inzake de erkenning van beslissingen betreffende de huwelijksband;
c) het Verdrag van 's-Gravenhage van 1 juni 1970 inzake de erkenning van echtscheidingen en scheidingen van tafel en bed;
d) het Europees Verdrag van 20 mei 1980 betreffende de erkenning en de tenuitvoerlegging van beslissingen inzake het gezag over kinderen en betreffende het herstel van het gezag over kinderen; en
e) het Verdrag van 's-Gravenhage van 25 oktober 1980 inzake de burgerrechtelijke aspecten van internationale ontvoering van kinderen.

[27-11-2003, PbEU L 338, i.w.tr. 01-08-2004/regelingnummer 2201/2003]

Betekenis. In afwijking van het bepaalde in art. 59 worden de in dit artikel genoemde verdragen in de betrekkingen tussen de lidstaten niet geheel vervangen. Tussen de lidstaten die partij zijn bij een of meer van deze verdragen blijven zij in werking, maar bij strijdigheid met de verordening heeft de verordening voorrang. Zie *Asser/Vonken*

& Ibili 10-II 2021/526-527. **Verhouding tot derde landen.** De bepaling kan niet afdoen aan de verplichtingen die de lidstaten hebben tegenover niet-lidstaten die partij zijn bij een van de hier genoemde verdragen. **Literatuur.** Zie omtrent samenloop van IPR-regelingen op het terrein van het internationaal personen- en familierecht: Th.M. de Boer, 'Samenloop van verdragen en verordeningen op het terrein van het internationaal familierecht', *FJR* 2010/117.

Artikel 61
Verhouding tot het Verdrag van 's-Gravenhage van 19 oktober 1996 inzake de bevoegdheid, het toepasselijke recht, de erkenning, de tenuitvoerlegging en de samenwerking op het gebied van ouderlijke verantwoordelijkheid en maatregelen ter bescherming van kinderen

In de verhouding tot het Verdrag van 's-Gravenhage van 19 oktober 1996 inzake de bevoegdheid, het toepasselijke recht, de erkenning, de tenuitvoerlegging en de samenwerking op het gebied van ouderlijke verantwoordelijkheid en maatregelen ter bescherming van kinderen is de onderhavige verordening van toepassing:

a) **indien het betrokken kind zijn gewone verblijfplaats op het grondgebied van een lidstaat heeft;**

b) **indien het betreft de erkenning en de tenuitvoerlegging van een beslissing die door het bevoegde gerecht van een lidstaat is gegeven op het grondgebied van een andere lidstaat, ook indien het betrokken kind zijn gewone verblijfplaats heeft op het grondgebied van een derde staat die geen partij is bij genoemd Verdrag.**

[27-11-2003, PbEU L 338, i.w.tr. 01-08-2004/regelingnummer 2201/2003]

Betekenis. Kind in lidstaat. De lidstaten passen de verordening toe en niet het verdrag indien het kind zijn gewone verblijfplaats heeft op het grondgebied van een lidstaat. Deze in onderdeel a opgenomen bepaling geldt zowel wanneer het gaat om bevoegdheid als om erkenning en tenuitvoerlegging en om samenwerking tussen rechters en centrale autoriteiten. De bepaling ontslaat de lidstaten niet van hun verplichtingen jegens niet-lidstaten die partij zijn bij het verdrag. Zie voor een voorbeeld art. 19, aant. 3. Zie *Asser/Vonken & Ibili 10-II* 2021/528. **Kind in niet-lidstaat.** Gaat het om de erkenning en tenuitvoerlegging van een beslissing die afkomstig is van een andere lidstaat, dan heeft de verordening, blijkens het in onderdeel b bepaalde, ook voorrang indien het kind geen gewone verblijfplaats heeft in een lidstaat maar wel op het grondgebied van een derde staat die geen partij is bij het HKV 1996. Het artikel bepaalt niet, wat er dient te geschieden wanneer de erkenning en tenuitvoerlegging van een beslissing uit de ene lidstaat in de andere lidstaat aan de orde is en het kind zijn gewone verblijfplaats heeft in een derde staat die wel partij is bij het HKV 1996. Het lijkt voor de hand te liggen om ook in dat geval de verordening toe te passen, nu deze voorziet in een meer gedetailleerde regeling omtrent de tenuitvoerlegging. Alleen wanneer het verdrag zou verplichten tot erkenning en die erkenning onder de verordening zou moeten worden geweigerd, dient het verdrag voor te gaan wanneer het kind zijn gewone verblijfplaats heeft in een niet-lidstaat die partij is bij het verdrag. **Literatuur.** Zie omtrent samenloop van IPR-regelingen op het terrein van het internationaal personen- en familierecht Th.M. de Boer, 'Samenloop van verdragen en verordeningen op het terrein van het internationaal familierecht', *FJR* 2010/117 en *Asser/Vonken & Ibili 10-I* 2021/131 e.v.

Artikel 62
Geldingsbereik

1. De in artikel 59, lid 1, en de artikelen 60 en 61 genoemde overeenkomsten en verdragen behouden hun gelding op de terreinen die niet door de onderhavige verordening worden geregeld.

2. De in artikel 60 genoemde verdragen, met name het Verdrag van 's-Gravenhage van 1980, behouden hun gelding tussen de lidstaten die partij zijn bij genoemde verdragen, met inachtneming van artikel 60.

[27-11-2003, PbEU L 338, i.w.tr. 01-08-2004/regelingnummer 2201/2003]

Betekenis. De overeenkomsten en verdragen waarvan de gelding tussen de lidstaten krachtens de bovenstaande bepalingen is uitgesloten of beperkt, behouden hun gelding op terreinen die niet door de verordening worden geregeld. Op die terreinen kan geen sprake zijn van strijdigheid met de verordening en dus ook niet van voorrang voor de verordening.

Artikel 63
Verdragen met de Heilige Stoel

1. Deze verordening laat onverlet het op 7 mei 1940 te Vaticaanstad ondertekende internationale verdrag (concordaat) tussen de Heilige Stoel en de Portugese Republiek.

2. Elke beslissing ter zake van de nietigverklaring van een huwelijk, gegeven krachtens het in lid 1 genoemde concordaat, wordt in de lidstaten erkend onder de in hoofdstuk III, afdeling 1, vastgestelde voorwaarden.

3. Het bepaalde in de leden 1 en 2 is tevens van toepassing op de volgende internationale verdragen (concordaten) met de Heilige Stoel:

a) het Verdrag van Lateranen van 11 februari 1929 tussen de Italiaanse Republiek en de Heilige Stoel, gewijzigd bij de op 18 februari 1984 te Rome ondertekende overeenkomst met bijbehorend protocol;

b) de overeenkomst van 3 januari 1979 tussen de Heilige Stoel en Spanje over juridische kwesties.

c) de Overeenkomst van 3 februari 1993 tussen de Heilige Stoel en Malta inzake de erkenning van de burgerrechtelijke gevolgen van canonieke huwelijken en van beslissingen van de kerkelijke autoriteiten en rechtbanken aangaande zulke huwelijken, met inbegrip van het toepassingsprotocol van diezelfde datum, met het tweede Aanvullend Protocol van 6 januari 1995.

4. De in lid 2 voorgeschreven erkenning van beslissingen kan in Spanje, in Italië en in Malta worden onderworpen aan dezelfde procedures en controles die van toepassing zijn voor beslissingen van kerkelijke rechterlijke instanties op grond van de in lid 3 genoemde internationale verdragen met de Heilige Stoel.

5. De betrokken lidstaten:

a) zenden de Commissie een afschrift van de in de leden 1 en 3 genoemde verdragen toe;

b) doen haar mededeling van elke opzegging van of wijziging in deze verdragen.

[02-12-2004, PbEU L 367, i.w.tr. 03-01-2005/regelingnummer 2116/2004]

Betekenis. De verordening laat een aantal bilaterale verdragen tussen de Heilige Stoel enerzijds en Portugal respectievelijk Italië, Spanje en Malta anderzijds onverlet. Nietigverklaringen die op grond van een van deze verdragen zijn uitgesproken, worden in de andere lidstaten erkend in overeenstemming met hoofdstuk III. Daarmee wordt een uitzondering gemaakt op het beginsel dat alleen beslissingen van overheidsrechters binnen de werkingssfeer van de verordening vallen (zie art. 1, aant. 3).

HOOFDSTUK VI
Overgangsbepalingen

Artikel 64

1. De bepalingen van deze verordening zijn slechts van toepassing op gerechtelijke procedures die zijn ingesteld, authentieke akten die zijn verleden en overeenkomsten die tussen partijen tot stand gekomen zijn na de datum vanaf welke deze verordening overeenkomstig artikel 72 van toepassing is.
2. Beslissingen, gegeven na de datum vanaf welke de onderhavige verordening van toepassing is, naar aanleiding van vóór die datum maar na de datum van inwerkingtreding van Verordening (EG) nr. 1347/2000 ingestelde procedures, worden overeenkomstig de bepalingen van hoofdstuk III van de onderhavige verordening erkend en ten uitvoer gelegd indien de toegepaste bevoegdheidsregels overeenkomen met die waarin wordt voorzien door hoofdstuk II van de onderhavige verordening of, van Verordening (EG) nr. 1347/2000 of door een overeenkomst tussen de lidstaat van herkomst en de aangezochte lidstaat die van kracht was toen de procedure werd ingeleid.
3. Beslissingen, gegeven vóór de datum vanaf welke de onderhavige verordening van toepassing is, naar aanleiding van na de datum van inwerkingtreding van Verordening (EG) nr. 1347/2000 ingestelde procedures, worden overeenkomstig de bepalingen van hoofdstuk III van de onderhavige verordening erkend en ten uitvoer gelegd, indien zij betrekking hebben op echtscheiding, scheiding van tafel en bed of nietigverklaring van het huwelijk, dan wel, ter gelegenheid van dergelijke procedures in huwelijkszaken, op de ouderlijke verantwoordelijkheid voor gemeenschappelijke kinderen.
4. Beslissingen, gegeven vóór de datum vanaf welke de onderhavige verordening van toepassing is, maar na de datum van inwerkingtreding van Verordening (EG) nr. 1347/2000, naar aanleiding van vóór de datum van inwerkingtreding van Verordening (EG) nr. 1347/2000 ingestelde vorderingen, worden overeenkomstig de bepalingen van hoofdstuk III van de onderhavige verordening erkend en ten uitvoer gelegd, indien zij betrekking hebben op echtscheiding, scheiding van tafel en bed of nietigverklaring van het huwelijk, dan wel, ter gelegenheid van dergelijke procedures in huwelijkszaken, op de ouderlijke verantwoordelijkheid voor gemeenschappelijke kinderen, en indien de toegepaste bevoegdheidsregels overeenkomen met die waarin wordt voorzien door hoofdstuk II van de onderhavige verordening of van Verordening (EG) nr. 1347/2000 of door een overeenkomst tussen de lidstaat van herkomst en de aangezochte lidstaat die van kracht was toen de procedure werd ingeleid.
[27-11-2003, PbEU L 338, i.w.tr. 01-08-2004/regelingnummer 2201/2003]

Betekenis. De verordening is van toepassing op procedures die zijn ingesteld na de datum waarop de bepalingen van de verordening van toepassing werden, te weten 1 maart 2005 (zie art. 72). De bepalingen inzake de erkenning en de tenuitvoerlegging zijn echter ook van toepassing op een aantal beslissingen in procedures die eerder zijn aangevangen. In lid 2, 3 en 4 worden achtereenvolgens de volgende gevallen beschreven. **Lid 2.** Is de beslissing gegeven na 1 maart 2005, maar is de procedure aangevangen tijdens de gelding van Brussel II, dan wordt zij erkend en ten uitvoer gelegd indien de bevoegdheid van de rechter die de beslissing gegeven heeft overeenkomt met hetzij de bepalingen van hoofdstuk II van Brussel II-bis, hetzij de bepalingen van Brussel II, hetzij de bepalingen van enige overeenkomst die ten tijde van de aanvang van de procedure van kracht was tussen de twee betrokken staten. Voor de toepassing van lid 2 is het nodig een onderzoek in te stellen naar de bevoegdheid van de rechter die de beslissing gegeven heeft. Art. 24 kan hier dus niet van toepassing zijn. Het lijkt echter verdedigbaar dat, indien in de lidstaat waar de beslissing gegeven is, Brussel II gold ten tijde van de aanvang van de procedure en indien de beslissing binnen het materiële toepassingsgebied van die verordening valt, een onderzoek naar de bevoegdheid van de eerste rechter niet mag plaatsvinden in overeenstemming met art. 17 Brussel II, welke bepaling overeenkomt met art. 24 Brussel II-bis. **Lid 3.** Is de procedure aangevangen tijdens de gelding van Brussel II en is de beslissing gegeven voor 1 maart 2005, dan wordt de beslissing erkend en ten uitvoer gelegd op grond van Brussel II-bis indien zij valt binnen het materiële toepassingsgebied van Brussel II. Een onderzoek naar de bevoegdheid van de rechter die de beslissing gegeven heeft, is hier niet toegelaten. **Lid 4.** Is de beslissing gegeven voor 1 maart 2005 en is de procedure aangevangen voor de inwerkingtreding van Brussel II, dan wordt zij krachtens Brussel II-bis erkend en ten uitvoer gelegd wanneer zij binnen het materiële toepassingsgebied van Brussel II valt en (cumulatief) de bevoegdheid van de rechter die de beslissing gegeven heeft, overeenkomt met de bevoegdheidsgronden van hetzij Brussel II-bis, hetzij Brussel II, hetzij de bepalingen van enige overeenkomst die ten tijde van de aanvang van de procedure van kracht was tussen de twee betrokken lidstaten. De rechter die over de erkenning en de tenuitvoerlegging oordeelt, zal zelfstandig moeten onderzoeken of de bevoegdheid van de eerste rechter aan deze criteria voldeed. Aangezien de procedure is aangevangen voor de inwerkingtreding van Brussel II, kan hij niet blindelings aannemen dat de eerste rechter de bevoegdheidsgronden van die verordening heeft gehanteerd. Art. 24 komt hier dus niet voor toepassing in aanmerking (zie ook HvJ EU 16 juli 2009, nr. C-168/08, *Jur.* 2009, p. I-06871; *RvdW* 2009/1091; *NJ* 2011/347 (*Hadadi/Mesko*)).

HOOFDSTUK VII
Slotbepalingen

Artikel 65
Herziening

Uiterlijk op 1 januari 2012 en vervolgens om de vijf jaar dient de Commissie, op basis van de door de lidstaten verstrekte gegevens, bij het Europees Parlement, de Raad en het Europees Economisch en Sociaal Comité een verslag over de toepassing van deze verordening in, dat zonodig vergezeld gaat van voorstellen tot wijziging van deze verordening.

[27-11-2003, PbEU L 338, i.w.tr. 01-08-2004/regelingnummer 2201/2003]

Betekenis Op grond van deze bepaling is op 15 april 2014 het verslag van de Europese Commissie ingediend over de toepassing van de verordening Brussel II-bis. Zie COM(2014)225 final. Op 30 juni 2016 heeft de Europese Commissie het voorstel voor een herschikking van verordening Brussel II-bis bekendgemaakt (COM(2016)411 final).

Thans is de definitieve tekst vastgesteld (gepubliceerd op 2 juli 2019 in *PbEU* L 178/1) en is bekend dat de herschikking (Verordening (EU) 2019/1111 van de Raad van 25 juni 2019 betreffende de bevoegdheid, de erkenning en tenuitvoerlegging van beslissingen in huwelijkszaken en inzake de ouderlijke verantwoordelijkheid, en betreffende internationale kinderontvoering (herschikking)) op 1 augustus 2022 in werking is getreden.

Artikel 66
Lidstaten met twee of meer rechtsstelsels

Ten aanzien van een lidstaat waar met betrekking tot de onderwerpen die in deze verordening zijn geregeld, twee of meer rechtsstelsels of regelingen van toepassing zijn in verschillende gebiedsdelen:

a) wordt met de gewone verblijfplaats in die lidstaat de gewone verblijfplaats in een gebiedsdeel bedoeld;

b) heeft de term 'nationaliteit' of, in het geval van het Verenigd Koninkrijk en Ierland, de term 'domicile' (woonplaats) betrekking op het gebiedsdeel dat in de wetgeving van die staat is aangeduid;

c) wordt met de autoriteit van een lidstaat de autoriteit van het betrokken gebiedsdeel van die staat bedoeld;

d) wordt met de bepalingen van de aangezochte lidstaat bedoeld de bepalingen van het gebiedsdeel waar de bevoegdheid, de erkenning of de tenuitvoerlegging wordt ingeroepen.

[27-11-2003, PbEU L 338, i.w.tr. 01-08-2004/regelingnummer 2201/2003]

Artikel 67
Inlichtingen betreffende de centrale autoriteiten en aanvaarde talen

De lidstaten delen de Commissie binnen drie maanden na de inwerkingtreding van deze verordening mee:

a) de namen, adressen en communicatiemiddelen van de overeenkomstig artikel 53 aangewezen centrale autoriteiten;

b) de overeenkomstig artikel 57, lid 2, voor mededelingen aan de centrale autoriteiten aanvaarde talen; en

c) de overeenkomstig artikel 45, lid 2, voor het certificaat betreffende het omgangsrecht aanvaarde talen.

De lidstaten stellen de Commissie op de hoogte van elke wijziging in deze inlichtingen. De Commissie maakt deze inlichtingen openbaar.

[27-11-2003, PbEU L 338, i.w.tr. 01-08-2004/regelingnummer 2201/2003]

[Inlichtingen betreffende de centrale autoriteiten en aanvaarde talen]

Betekenis. De commissie plaatst de in dit artikel genoemde door de lidstaten aangeleverde mededelingen op haar website. Zie voor Nederland: https://e-justice.europa.eu/content_matrimonial_matters_and_matters_of_parental_responsibility-377-nl-en.do?member=1. De door Nederland aanvaarde talen als bedoeld in onderdeel b zijn: Nederlands, Engels, Frans en Duits. De door Nederland aanvaarde talen als bedoeld in onderdeel c zijn: Nederlands, Engels en Duits.

Artikel 68

Gegevens betreffende de gerechten en de rechtsmiddelen

De lidstaten doen de Commissie mededeling van de in de artikelen 21, 29, 33 en 34 genoemde lijsten van gerechten en rechtsmiddelen, alsmede van de wijzigingen die daarin worden aangebracht.
De Commissie houdt deze gegevens bij en maakt deze door bekendmaking in het *Publicatieblad van de Europese Unie* of door enig ander passend middel openbaar.
[27-11-2003, PbEU L 338, i.w.tr. 01-08-2004/regelingnummer 2201/2003]

Betekenis. De lijst is laatstelijk bekendgemaakt in *PbEU* 2013, C 85/06. Worden nieuwe of gewijzigde gegevens ontvangen, dan worden die opnieuw in een later *Publicatieblad* gepubliceerd. **Nederland.** Voor de gegevens betreffende Nederland, zie het commentaar op de desbetreffende artikelen.

Artikel 69

Wijzigingen in de bijlagen

Elke wijziging in de in de bijlagen I tot en met IV opgenomen modelformulieren wordt aangenomen volgens de procedure van artikel 70, lid 2.
[27-11-2003, PbEU L 338, i.w.tr. 01-08-2004/regelingnummer 2201/2003]

Artikel 70

Comité

1. De Commissie wordt bijgestaan door een comité, hierna 'het comité' genoemd.
2. Wanneer naar dit lid wordt verwezen, zijn de artikelen 3 en 7 van Besluit 1999/468/EG van toepassing.
3. Het comité stelt zijn reglement van orde vast.
[27-11-2003, PbEU L 338, i.w.tr. 01-08-2004/regelingnummer 2201/2003]

Artikel 71

Intrekking van Verordening (EG) nr. 1347/2000

1. Verordening (EG) nr. 1347/2000 wordt ingetrokken met ingang van de datum vanaf welke de onderhavige verordening van toepassing is.
2. Elke verwijzing naar Verordening (EG) nr. 1347/2000 wordt gelezen als een verwijzing naar de onderhavige verordening, overeenkomstig de concordantietabel in bijlage V.
[27-11-2003, PbEU L 338, i.w.tr. 01-08-2004/regelingnummer 2201/2003]

Artikel 72

Inwerkingtreding

Deze verordening treedt in werking op 1 augustus 2004.
Deze verordening is van toepassing met ingang van 1 maart 2005, met uitzondering van de artikelen 67, 68, 69 en 70, die van toepassing zijn met ingang van 1 augustus 2004.
[27-11-2003, PbEU L 338, i.w.tr. 01-08-2004/regelingnummer 2201/2003]

Betekenis. De verordening is in werking getreden op 1 augustus 2004. Deze inwerkingtreding gold echter voor alleen een aantal artikelen die de lidstaten en de commissie in staat moesten stellen, er zorg voor te dragen dat de verordening kon functioneren op de datum waarop ze daadwerkelijk van toepassing werd. Die laatste datum is bepaald op 1 maart 2005.

BIJLAGE I

Certificaat betreffende beslissingen in huwelijkszaken, bedoeld in artikel 39 (1)

1. Lidstaat van oorsprong

2. Gerecht dat of autoriteit die het certificaat afgeeft
2.1. Naam
2.2. Adres
2.3. Tel./fax/e-mail

3. Huwelijk
3.1. Vrouw
3.1.1. Volledige naam
3.1.2. Adres
3.1.3. Geboorteland en -plaats
3.1.4. Geboortedatum
3.2. Man
3.2.1. Volledige naam
3.2.2. Adres
3.2.3. Geboorteland en -plaats
3.2.4. Geboortedatum
3.3. Land, plaats (indien bekend) en datum van het huwelijk
3.3.1. Land van het huwelijk
3.3.2. Plaats van het huwelijk (indien bekend)
3.3.3. Datum van het huwelijk

4. Gerecht dat de beslissing heeft gegeven
4.1. Naam van het gerecht
4.2. Plaats van het gerecht

5. Beslissing
5.1. Datum
5.2. Referentienummer
5.3. Soort beslissing
5.3.1. Echtscheiding
5.3.2. Nietigverklaring van het huwelijk
5.3.3. Scheiding van tafel en bed
5.4. Is de beslissing bij verstek gegeven?
5.4.1. Neen

---

(1) Verordening (EG) nr. 2201/2003 van de Raad van 27 november 2003 betreffende de bevoegdheid en de erkenning en tenuitvoerlegging van beslissingen in huwelijkszaken en inzake de ouderlijke verantwoordelijkheid, en tot intrekking van Verordening (EG) nr. 1347/2000.

5.4.2. Ja(2)

6. Namen van de partijen aan wie rechtsbijstand is toegekend

7. Staat tegen de beslissing hoger beroep open volgens de wet van de lidstaat van herkomst?

7.1. Neen

7.2. Ja

8. Datum van het rechtsgevolg in de lidstaat waar de beslissing is gegeven

8.1. Echtscheiding

8.2. Scheiding van tafel en bed

Gedaan te ....

Handtekening en/of stempel

[27-11-2003, PbEU L 338, i.w.tr. 01-08-2004/regelingnummer 2201/2003]

BIJLAGE II

Certificaat betreffende beslissingen inzake de ouderlijke verantwoordelijkheid, bedoeld in artikel 39(1)

1. Lidstaat van oorsprong

2. Gerecht dat of autoriteit die het certificaat afgeeft

2.1. Naam

2.2. Adres

2.3. Tel./fax/e-mail

3. Houder(s) van het omgangsrecht

3.1. Volledige naam

3.2. Adres

3.3. Geboortedatum en -plaats (indien deze gegevens beschikbaar zijn)

4. Andere dan onder 3 vermelde personen die de ouderlijke verantwoordelijkheid dragen (2)

4.1. 4.1.1. Volledige naam

4.1.2. Adres

4.1.3. Geboortedatum en -plaats (indien deze gegevens beschikbaar zijn)

4.2. 4.2.1. Volledige naam

4.2.2. Adres

4.2.3. Geboortedatum en -plaats (indien deze gegevens beschikbaar zijn)

4.3. 4.3.1. Volledige naam

4.3.2. Adres

4.3.3. Geboortedatum en -plaats (indien deze gegevens beschikbaar zijn)

---

(2) De in artikel 37, lid 2, bedoelde stukken moeten worden bijgevoegd.

(1) Verordening (EG) nr. 2201/2003 van de Raad van 27 november 2003 betreffende de bevoegdheid en de erkenning en tenuitvoerlegging van beslissingen in huwelijkszaken en inzake de ouderlijke verantwoordelijkheid, en tot intrekking van Verordening (EG) nr. 1347/2000.

(2) Indien meer dan één persoon de ouderlijke verantwoordelijkheid draagt, kan de onder 3 vermelde persoon ook onder 4.

5. Gerecht dat de beslissing heeft gegeven
5.1. Naam van het gerecht
5.2. Plaats van het gerecht

6. Beslissing
6.1. Datum
6.2. Referentienummer
6.3. Is de beslissing bij verstek gegeven?
6.3.1. Neen
6.3.2. Ja (3)

7. Kinderen op wie de beslissing betrekking heeft (4)
7.1. Volledige naam en geboortedatum
7.2. Volledige naam en geboortedatum
7.3. Volledige naam en geboortedatum
7.4. Volledige naam en geboortedatum

8. Namen van de partijen aan wie rechtsbijstand is toegekend

9. Uitvoerbaarheid en betekening/mededeling
9.1. Is de beslissing volgens het recht van de lidstaat van herkomst uitvoerbaar?
9.1.1. Ja
9.1.2. Neen
9.2. Is de beslissing betekend/medegedeeld aan de partij jegens wie de tenuitvoerlegging wordt gevorderd?
9.2.1. Ja
9.2.1.1. Volledige naam van de partij
9.2.1.2. Adres
9.2.1.3. Datum van de betekening/mededeling
9.2.2. Neen

10. Specifieke gegevens voor de beslissingen betreffende het omgangsrecht indien om het exequatur wordt verzocht volgens artikel 28. Artikel 40, lid 2, voorziet in deze mogelijkheid:
10.1. Regelingen betreffende de uitoefening van het omgangsrecht (indien en voorzover deze gegevens in de beslissing staan)
10.1.1. Datum, tijd
10.1.1.1. Begin
10.1.1.2. Einde
10.1.2. Plaats
10.1.3. Bijzondere verplichtingen van de persoon die de ouderlijke verantwoordelijkheid draagt
10.1.4. Bijzondere verplichtingen van de houder van het omgangsrecht

(3) De in artikel 37, lid 2, bedoelde stukken moeten worden bijgevoegd.

(4) Indien de beslissing betrekking heeft op meer dan vier kinderen, moet een tweede formulier worden gebruikt.

10.1.5. Eventuele beperkingen van de uitoefening van het omgangsrecht

11. Specifieke gegevens voor de beslissingen betreffende de terugkeer van het kind indien om een exequatur wordt verzocht volgens artikel 28. Artikel 40, lid 2, voorziet in deze mogelijkheid:

11.1. De beslissing brengt de terugkeer van de kinderen met zich

11.2. Persoon bij wie het kind moet worden teruggebracht (indien dit gegeven in de beslissing staat)

11.2.1. Volledige naam

11.2.2. Adres

Gedaan te ....

Handtekening en/of stempel

[27-11-2003, PbEU L 338, i.w.tr. 01-08-2004/regelingnummer 2201/2003]

BIJLAGE III

Certificaat betreffende beslissingen inzake het omgangsrecht, bedoeld in artikel 41, lid 1(1)

1. Lidstaat van oorsprong

2. Gerecht dat of autoriteit die het certificaat afgeeft

2.1. Naam

2.2. Adres

2.3. Tel./fax/e-mail

3. Houder(s) van het omgangsrecht

3.1. Volledige naam

3.2. Adres

3.3. Geboortedatum en -plaats (indien deze gegevens beschikbaar zijn)

4. Andere dan onder 3 vermelde personen die de ouderlijke verantwoordelijkheid dragen (2)(3)

4.1. 4.1.1.Volledige naam

4.1.2. Adres

4.1.3. Geboortedatum en -plaats (indien deze gegevens beschikbaar zijn)

4.2. 4.2.1. Volledige naam

4.2.2. Adres

4.2.3. Geboortedatum en -plaats (indien deze gegevens beschikbaar zijn)

4.3. Anderen

(1) Verordening (EG) nr. 2201/2003 van de Raad van 27 november 2003 betreffende de bevoegdheid en de erkenning en tenuitvoerlegging van beslissingen in huwelijkszaken en inzake de ouderlijke verantwoordelijkheid, en tot intrekking van Verordening (EG) nr. 1347/2000.

(2) Indien meer dan één persoon de ouderlijke verantwoordelijkheid draagt, kan de onder 3 vermelde persoon ook onder 4.

(3) Met een kruisje in het vakje aangeven ten opzichte van welke persoon de beslissing ten uitvoer zou moeten worden gelegd.

4.3.1. Volledige naam
4.3.2. Adres
4.3.3. Geboortedatum en -plaats (indien deze gegevens beschikbaar zijn)

5. Gerecht dat de beslissing heeft gegeven
5.1. Naam van het gerecht
5.2. Plaats van het gerecht

6. Beslissing
6.1. Datum
6.2. Referentienummer

7. Kinderen op wie de beslissing betrekking heeft (4)
7.1. Volledige naam en geboortedatum
7.2. Volledige naam en geboortedatum
7.3. Volledige naam en geboortedatum
7.4. Volledige naam en geboortedatum

8. Is de beslissing uitvoerbaar in de lidstaat van herkomst?
8.1. Ja
8.2. Neen

9. Het stuk dat het geding inleidt of een gelijkwaardig stuk is tijdig en op zodanige wijze als met het oog op zijn verdediging nodig was, aan elke betrokkene die niet aan de procedure heeft deelgenomen, betekend of ter kennis gebracht, of het staat vast dat deze ondubbelzinnig met de beslissing instemt

10. Alle betrokken partijen zijn in de gelegenheid gesteld te worden gehoord

11. De kinderen zijn in de gelegenheid gesteld te worden gehoord, tenzij dit vanwege hun leeftijd of mate van rijpheid niet raadzaam werd geacht

12. Regelingen betreffende de uitoefening van het omgangsrecht (indien en voorzover deze gegevens beschikbaar zijn)
12.1. Datum, tijd
12.1.1. Aanvang
12.1.2. Einde
12.2. Plaats
12.3. Bijzondere verplichtingen van de persoon die de ouderlijke verantwoordelijkheid draagt
12.4. Bijzondere verplichtingen van de houder van het omgangsrecht
12.5. Eventuele beperkingen van de uitoefening van het omgangsrecht

13. Namen van de partijen aan wie rechtsbijstand is toegekend

(4) Indien de beslissing betrekking heeft op meer dan vier kinderen, moet een tweede formulier worden gebruikt.

Gedaan te ....
Handtekening en/of stempel
[27-11-2003, PbEU L 338, i.w.tr. 01-08-2004/regelingnummer 2201/2003]

BIJLAGE IV

Certificaat betreffende de terugkeer van het kind, bedoeld in artikel 42, lid 1(1)

1. Lidstaat van oorsprong

2. Gerecht dat of autoriteit die het certificaat afgeeft
2.1. Naam
2.2. Adres
2.3. Tel./fax/e-mail

3. Persoon die gemachtigd is voor de terugkeer van het kind te zorgen (indien dit gegeven in de beslissing staat)
3.1. Volledige naam
3.2. Adres
3.3. Geboortedatum en -plaats (indien deze gegevens beschikbaar zijn)

4. Personen die de ouderlijke verantwoordelijkheid dragen (2)
4.1. Moeder
4.1.1. Volledige naam
4.1.2. Adres (indien deze gegevens beschikbaar zijn)
4.1.3. Geboortedatum en -plaats (indien deze gegevens beschikbaar zijn)
4.2. Vader
4.2.1. Volledige naam
4.2.2. Adres (indien deze gegevens beschikbaar zijn)
4.2.3. Geboortedatum en -plaats (indien deze gegevens beschikbaar zijn)
4.3. Anderen
4.3.1. Volledige naam
4.3.2. Adres (indien deze gegevens beschikbaar zijn)
4.3.3. Geboortedatum en -plaats (indien deze gegevens beschikbaar zijn)

5. Verdediger (indien dit gegeven in de beslissing staat)
5.1. Volledige naam
5.2. Adres (indien dit gegeven beschikbaar is)

6. Gerecht dat de beslissing heeft gegeven
6.1. Naam van het gerecht
6.2. Plaats van het gerecht

---

(1) Verordening (EG) nr. 2201/2003 van de Raad van 27 november 2003 betreffende de bevoegdheid en de erkenning en tenuitvoerlegging van beslissingen in huwelijkszaken en inzake de ouderlijke verantwoordelijkheid, en tot intrekking van Verordening (EG) nr. 1347/2000.
(2) Facultatief.

7. Beslissing
7.1. Datum
7.2. Referentienummer

8. Kinderen op wie de beslissing betrekking heeft (3)
8.1. Volledige naam en geboortedatum
8.2. Volledige naam en geboortedatum
8.3. Volledige naam en geboortedatum
8.4. Volledige naam en geboortedatum

9. De beslissing brengt de terugkeer van het kind met zich

10. Is de beslissing uitvoerbaar in de lidstaat van herkomst?
10.1. Ja
10.2. Neen

11. De kinderen zijn in de gelegenheid gesteld te worden gehoord, tenzij dit vanwege hun leeftijd of mate van rijpheid niet raadzaam werd geacht

12. De partijen zijn in de gelegenheid gesteld te worden gehoord

13. De beslissing voorziet in de terugkeer van het kind en het gerecht heeft in zijn uitspraak rekening gehouden met de redenen en het bewijsmateriaal die ten grondslag lagen aan het bevel dat is gegeven krachtens artikel 13, onder *b),* van het Verdrag van 's-Gravenhage van 25 oktober 1980 betreffende de burgerrechtelijke aspecten van internationale ontvoering van kinderen

14. In voorkomend geval, de bijzonderheden met betrekking tot de maatregelen die door de gerechten of autoriteiten zijn getroffen ter bescherming van het kind na de terugkeer naar de lidstaat waar het zijn gewone verblijfplaats heeft

15. Namen van de partijen aan wie rechtsbijstand is toegekend
Gedaan te ....
Handtekening en/of stempel
[27-11-2003, PbEU L 338, i.w.tr. 01-08-2004/regelingnummer 2201/2003]

(3) Indien de beslissing betrekking heeft op meer dan vier kinderen, moet een tweede formulier worden gebruikt.

BIJLAGE V
Concordantietabel ten opzichte van Verordening (EG) Nr. 1347/2000

Vervallen artikelen	Overeenkomstige artikelen in de nieuwe tekst
1	1, 2
2	3
3	12
4	
5	4
6	5
7	6
8	7
9	17
10	18
11	16, 19
12	20
13	2, 49, 46
14	21
15	22, 23
16	
17	24
18	25
19	26
20	27
21	28
22	21, 29
23	30
24	31
25	32
26	33
27	34
28	35
29	36
30	50
31	51
32	37
33	39
34	38
35	52
36	59
37	60, 61
38	62
39	
40	63
41	66

Vervallen artikelen	Overeenkomstige artikelen in de nieuwe tekst
42	64
43	65
44	68, 69
45	70
46	72
Bijlage I	68
Bijlage II	68
Bijlage III	68
Bijlage IV	Bijlage I
Bijlage V	Bijlage II

[27-11-2003, PbEU L 338, i.w.tr. 01-08-2004/regelingnummer 2201/2003]

BIJLAGE VI

Verklaring van Zweden en Finland overeenkomstig artikel 59, lid 2, onder *a)*, van de verordening betreffende de bevoegdheid en de erkenning en tenuitvoerlegging van beslissingen in huwelijkszaken en inzake de ouderlijke verantwoordelijkheid, en tot intrekking van Verordening (EG) nr. 1347/2000.

Verklaring van Zweden

Overeenkomstig artikel 59, lid 2, onder *a)*, van de verordening van de Raad betreffende de bevoegdheid en de erkenning en tenuitvoerlegging van beslissingen in huwelijkszaken en inzake de ouderlijke verantwoordelijkheid, en tot intrekking van Verordening (EG) nr. 1347/2000, verklaart Zweden dat de Overeenkomst van 6 februari 1931 tussen Denemarken, Finland, IJsland, Noorwegen en Zweden houdende internationaal-privaatrechtelijke bepalingen ter zake van huwelijk, adoptie en voogdij, met bijbehorend slotprotocol, in de betrekkingen tussen Zweden en Finland geheel toepasselijk is in plaats van de verordening.

Verklaring van Finland

Overeenkomstig artikel 59, lid 2, onder *a)*, van de verordening van de Raad betreffende de bevoegdheid en de erkenning en tenuitvoerlegging van beslissingen in huwelijkszaken en inzake de ouderlijke verantwoordelijkheid, en tot intrekking van Verordening (EG) nr. 1347/2000, verklaart Finland dat de Overeenkomst van 6 februari 1931 tussen Denemarken, Finland, IJsland, Noorwegen en Zweden houdende internationaal-privaatrechtelijke bepalingen ter zake van huwelijk, adoptie en voogdij, met bijbehorend slotprotocol, in de betrekkingen tussen Finland en Zweden geheel toepasselijk is in plaats van de verordening.

[27-11-2003, PbEU L 338, i.w.tr. 01-08-2004/regelingnummer 2201/2003]

Verordening (EU) 2019/1111 betreffende de bevoegdheid, de erkenning en tenuitvoerlegging van beslissingen in huwelijkszaken en inzake de ouderlijke verantwoordelijkheid, en betreffende internationale kinderontvoering (Verordening Brussel II-ter)

(herschikking)

Verordening van de Raad van 25 juni 2019 betreffende de bevoegdheid, de erkenning en tenuitvoerlegging van beslissingen in huwelijkszaken en inzake de ouderlijke verantwoordelijkheid, en betreffende internationale kinderontvoering, PbEU 2019, L 178 (i.w.tr. 22-07-2019)

DE RAAD VAN DE EUROPESE UNIE,

Gezien het Verdrag betreffende de werking van de Europese Unie, en met name artikel 81, lid 3,

Gezien het voorstel van de Europese Commissie,

Na toezending van het ontwerp van wetgevingshandeling aan de nationale parlementen,

Gezien de adviezen van het Europees Parlement (1),

Gezien het advies van het Europees Economisch en Sociaal Comité (2),

Handelend volgens een bijzondere wetgevingsprocedure,

Overwegende hetgeen volgt:

(1) De Commissie heeft op 15 april 2014 een verslag goedgekeurd over de toepassing van Verordening (EG) nr. 2201/2003 van de Raad (3). In dat verslag wordt geconcludeerd dat Verordening (EG) nr. 2201/2003 een goed functionerend instrument is dat de burger grote voordelen oplevert, maar dat de bestaande regels voor verbetering vatbaar zijn. De verordening dient op een aantal punten gewijzigd te worden. De verordening moet ten behoeve van de duidelijkheid worden herschikt.

(2) Deze verordening stelt uniforme bevoegdheidsregels vast voor scheiding, scheiding van tafel en bed en nietigverklaring van een huwelijk, en voor geschillen over ouderlijke verantwoordelijkheid met een internationaal aspect. De verordening bevat bepalingen over erkenning en afdwingbaarheid in andere lidstaten, waardoor zij het verkeer van beslissingen, alsmede van authentieke akten en bepaalde overeenkomsten binnen de Unie bevordert. Daarnaast zorgt deze verordening voor de

---

(1) Advies van 18 januari 2018 (*PB* C 458 van 19.12.2018, blz. 499) en advies van 14 maart 2019 (nog niet bekendgemaakt in het *Publicatieblad*).

(2) Advies van 26 januari 2017 (*PB* C 125 van 21.4.2017, blz. 46).

(3) Verordening (EG) nr. 2201/2003 van de Raad van 27 november 2003 betreffende de bevoegdheid en de erkenning en tenuitvoerlegging van beslissingen in huwelijkszaken en inzake de ouderlijke verantwoordelijkheid, en tot intrekking van Verordening (EG) nr. 1347/2000 (*PB* L 338 van 23.12.2003, blz. 1).

verduidelijking van het recht van kinderen om in de gelegenheid gesteld te worden hun standpunt kenbaar te maken in procedures waarbij zij betrokken zijn, en bevat zij ook bepalingen ter aanvulling op het Verdrag van 's-Gravenhage van 25 oktober 1980 betreffende de burgerrechtelijke aspecten van internationale ontvoering van kinderen (hierna 'Verdrag van 's-Gravenhage van 1980' genoemd) in de betrekkingen tussen de lidstaten. Deze verordening moet derhalve helpen de rechtszekerheid te versterken en de flexibiliteit te vergroten, om te zorgen voor betere toegang tot gerechtelijke procedures en het efficiënter maken van deze procedures.

(3) De vlotte en correcte werking van een justitiële ruimte op het niveau van de Unie, met respect voor de verschillende rechtsstelsels en -tradities van de lidstaten, is cruciaal voor de Unie. In dat opzicht moet het wederzijds vertrouwen in elkaars justitiële stelsels nog worden versterkt. De Europese Unie heeft zich tot doel gesteld een ruimte van vrijheid, veiligheid en recht in stand te houden, waarin het vrije verkeer van personen en toegang tot het gerecht gewaarborgd zijn. Met het oog op uitvoering van die doelstelling moeten de rechten van personen, en van kinderen in het bijzonder, in juridische procedures worden versterkt ter vergemakkelijking van de samenwerking tussen justitiële en administratieve autoriteiten en van de tenuitvoerlegging van beslissingen in zaken van familierecht met grensoverschrijdende gevolgen. De wederzijdse erkenning van beslissingen in burgerlijke zaken moet worden vergroot, de toegang tot het gerecht moet worden vereenvoudigd en de uitwisseling van informatie tussen de autoriteiten van de lidstaten moet worden verbeterd.

(4) Te dien einde moet de Unie onder andere maatregelen op het gebied van de justitiële samenwerking in burgerlijke zaken met grensoverschrijdende gevolgen aannemen, met name als die nodig zijn voor de goede werking van de interne markt. De term 'burgerlijke zaken' dient autonoom te worden geïnterpreteerd, overeenkomstig de vaste jurisprudentie van het Hof van Justitie van de Europese Unie ('het Hof van Justitie'). De term dient te worden beschouwd als een autonoom begrip dat moet worden uitgelegd aan de hand van, in eerste instantie, de doelstellingen en het systeem van deze verordening en, in tweede instantie, de algemene beginselen die in alle nationale rechtsstelsels tezamen worden gevonden. De term 'burgerlijke zaken' moet derhalve aldus worden uitgelegd dat hij ook maatregelen kan omvatten die naar het recht van een lidstaat onder het publiekrecht kunnen vallen. Hij dient meer bepaald van toepassing te zijn op alle verzoeken, maatregelen en beslissingen inzake 'ouderlijke verantwoordelijkheid' in de zin van deze verordening, overeenkomstig haar doelstellingen.

(5) Deze verordening bestrijkt 'burgerlijke zaken', hetgeen civiele procedures en de daaruit voortvloeiende beslissingen omvat, alsmede authentieke akten en bepaalde buitengerechtelijke overeenkomsten in huwelijkszaken en inzake de ouderlijke verantwoordelijkheid. Daarnaast dient de term 'burgerlijke zaken' van toepassing te zijn op verzoeken, maatregelen en beslissingen alsmede op authentieke akten en bepaalde buitengerechtelijke overeenkomsten betreffende de terugkeer van een kind uit hoofde van het Verdrag van 's-Gravenhage van 1980, die, volgens de jurisprudentie van het Hof van Justitie en overeenkomstig artikel 19 van het Verdrag van 's-Gravenhage van 1980, geen procedures ten gronde inzake ouderlijke verantwoordelijkheid zijn, maar er nauw verband mee houden en worden behandeld in bepaalde bepalingen van deze verordening.

(6) Met het oog op het faciliteren van het verkeer van beslissingen alsmede van authentieke akten en bepaalde overeenkomsten in huwelijkszaken en inzake ouderlijke verantwoordelijkheid is het nodig en passend de regels inzake bevoegdheid en de erkenning en tenuitvoerlegging van beslissingen in bindende en rechtstreeks toepasselijke regelgeving van de Unie neer te leggen.

(7) Teneinde de gelijke behandeling van alle kinderen te waarborgen dient deze verordening van toepassing te zijn op alle beslissingen betreffende de ouderlijke verantwoordelijkheid, inclusief maatregelen ter bescherming van het kind, los van ieder verband met een procedure in huwelijkszaken of andere procedures.

(8) Echter, aangezien de toepassing van de regels betreffende de ouderlijke verantwoordelijkheid vaak in het kader van procedures in huwelijkszaken aan de orde komt, is het nuttig over één enkel rechtsinstrument te beschikken voor zowel echtscheiding als ouderlijke verantwoordelijkheid.

(9) Wat betreft beslissingen betreffende echtscheiding, scheiding van tafel en bed of nietigverklaring van het huwelijk, mag deze verordening uitsluitend van toepassing zijn op de ontbinding van de huwelijksband. Zij dient geen betrekking te hebben op kwesties zoals de echtscheidingsgronden, de vermogensrechtelijke gevolgen van het huwelijk of andere bijkomende maatregelen. Beslissingen tot weigering van de ontbinding van de huwelijksband mogen niet onder de bepalingen inzake erkenning vallen.

(10) Wat betreft de vermogensbestanddelen van het kind dient deze verordening uitsluitend van toepassing te zijn op de maatregelen ter bescherming van het kind, namelijk op de aanwijzing en de taken van personen of organen belast met het beheer van het vermogen van het kind of die het kind vertegenwoordigen of bijstaan, en op maatregelen betreffende het beheer, de instandhouding van of de beschikking over het vermogen van het kind. In dit verband dient deze verordening bijvoorbeeld van toepassing te zijn in gevallen waarin het geschil betrekking heeft op de aanwijzing van de persoon die of het orgaan dat het vermogen van het kind beheert. Maatregelen inzake het vermogen van het kind die niet de bescherming van het kind betreffen moeten ook in de toekomst vallen onder Verordening (EU) nr. 1215/2012 van het Europees Parlement en de Raad (4). De bepalingen van deze verordening betreffende de bevoegdheid inzake incidentele vorderingen moeten evenwel kunnen worden toegepast in dergelijke gevallen.

(11) De plaatsing van een kind in pleegzorg, overeenkomstig nationaal recht en procedures bij één of meerdere privépersonen, of in een inrichting, bijvoorbeeld een weeshuis of een kindertehuis, in een andere lidstaat moet binnen het toepassingsgebied van de verordening vallen, tenzij dit uitdrukkelijk wordt uitgesloten, hetgeen bijvoorbeeld het geval is voor plaatsing met het oog op adoptie, plaatsing bij een ouder, of, in voorkomend geval, plaatsing bij een ander naast familielid, zoals meegedeeld door de ontvangende lidstaat. Door een gerecht gelaste of door een bevoegde autoriteit geregelde 'plaatsingen om opvoedkundige redenen' met instemming van de ouders of het kind, of op hun verzoek ingevolge afwijkend gedrag van het kind moeten hier ook onder vallen. Alleen een plaatsing, om opvoedkundige reden of als straf, die is gelast of geregeld naar aanleiding van een handeling van een kind die

(4) Verordening (EU) nr. 1215/2012 van het Europees Parlement en de Raad van 12 december 2012 betreffende de rechterlijke bevoegdheid, de erkenning en de tenuitvoerlegging van beslissingen in burgerlijke en handelszaken (*PB* L 352 van 20.12.2012, blz. 1).

op grond van het nationale strafrecht een strafbare handeling zou kunnen vormen indien begaan door een volwassene, moet, ongeacht of dit in het specifieke geval tot een veroordeling zou kunnen leiden, van het toepassingsgebied worden uitgesloten.

(12) Deze verordening dient niet van toepassing te zijn op de vaststelling van familierechtelijke betrekkingen, die onderscheiden moet worden van de toekenning van ouderlijke verantwoordelijkheid, noch dient deze van toepassing te zijn op de andere aangelegenheden die verband houden met de staat van personen.

(13) Onderhoudsverplichtingen zijn van het toepassingsgebied van onderhavige verordening uitgesloten, omdat zij reeds onder Verordening (EG) nr. 4/2009 van de Raad [(5)] vallen. Naast de gerechten voor de plaats waar de verweerder of de onderhoudsgerechtigde zijn gewone verblijfplaats heeft, dienen de gerechten die uit hoofde van onderhavige verordening bevoegd zijn in huwelijkszaken over het algemeen bevoegd te zijn om een beslissing te nemen over aanvullende onderhoudsverplichtingen tussen echtgenoten of voormalige echtgenoten, krachtens artikel 3, onder c), van die verordening. De gerechten die uit hoofde van onderhavige verordening bevoegd zijn inzake ouderlijke verantwoordelijkheid zijn over het algemeen bevoegd om een beslissing te nemen over aanvullende onderhoudsverplichtingen betreffende het kind, krachtens artikel 3, onder d), van die verordening.

(14) Volgens de jurisprudentie van het Hof van Justitie moet de term 'gerecht' ruim worden uitgelegd, zodat hij tevens administratieve of andere autoriteiten, zoals notarissen, omvat die bevoegdheden uitoefenen in bepaalde huwelijkszaken of zaken inzake ouderlijke verantwoordelijkheid. Iedere overeenkomst die door een gerecht wordt goedgekeurd na een onderzoek ten gronde in overeenstemming met nationaal recht en procedures dient als een 'beslissing' te worden erkend en uitgevoerd. Andere overeenkomsten die in de lidstaat van herkomst een bindend rechtsgevolg verkrijgen ten gevolge van een formeel optreden door een overheidsinstantie of een andere autoriteit die met dat doel door een lidstaat ter kennis van de Commissie is gebracht, moeten in andere lidstaten rechtsgevolg verkrijgen overeenkomstig de in deze verordening vervatte specifieke bepalingen inzake authentieke akten en overeenkomsten. Deze verordening mag niet het vrije verkeer van louter onderhandse overeenkomsten mogelijk maken. Overeenkomsten die een beslissing noch een authentieke akte zijn, maar door een daartoe bevoegde overheidsinstantie zijn geregistreerd, moeten echter wel kunnen circuleren. Dergelijke overheidsinstanties kunnen bijvoorbeeld notarissen zijn die overeenkomsten registreren, ook wanneer zij een vrij beroep uitoefenen.

(15) In samenhang met 'authentieke akte' moet de term 'bevoegdheid' in deze verordening autonoom worden uitgelegd in overeenstemming met de definitie van 'authentieke akte' die horizontaal wordt gehanteerd in andere Unie-instrumenten en in het licht van de doelstellingen van deze verordening.

(16) Hoewel terugkeerprocedures uit hoofde van het Verdrag van 's-Gravenhage van 1980 geen procedures ten gronde inzake ouderlijke verantwoordelijkheid zijn, dienen beslissingen waarmee de terugkeer van een kind naar een andere lidstaat uit hoofde van het Verdrag van 's-Gravenhage van 1980 wordt gelast, uit hoofde van hoofdstuk

(5) Verordening (EG) nr. 4/2009 van de Raad van 18 december 2008 betreffende de bevoegdheid, het toepasselijke recht, de erkenning en de tenuitvoerlegging van beslissingen, en de samenwerking op het gebied van onderhoudsverplichtingen (*PB* L 7 van 10.1.2009, blz. 1).

IV van deze verordening te worden erkend en ten uitvoer gelegd indien zij in een andere lidstaat ten uitvoer moeten worden gelegd als gevolg van een verdere ontvoering nadat de terugkeer was gelast. Dit doet geen afbreuk aan de mogelijkheid een nieuwe procedure te beginnen voor de terugkeer van een kind uit hoofde van het Verdrag van 's-Gravenhage van 1980 met betrekking tot de verdere ontvoering. Daarnaast moet deze verordening van toepassing blijven op andere aspecten in aangelegenheden van ongeoorloofde overbrenging of niet doen terugkeren van een kind, waaronder de bepalingen betreffende de bevoegdheid van het gerecht van de lidstaat waar het kind zijn gewone verblijfplaats had, en de erkennings- en tenuitvoerleggingsbepalingen voor eventuele vonnissen van dat gerecht.

(17) Deze verordening, net als het Verdrag van 's-Gravenhage van 19 oktober 1996 inzake de bevoegdheid, het toepasselijke recht, de erkenning, de tenuitvoerlegging en de samenwerking op het gebied van ouderlijke verantwoordelijkheid en maatregelen ter bescherming van kinderen ('het Verdrag van 's-Gravenhage van 1996'), moet van toepassing zijn op alle kinderen tot 18 jaar, zelfs in gevallen waarin zij vóór die leeftijd op grond van de wet die hun persoonlijke staat regelt handelingsbekwaamheid hebben verkregen, bijvoorbeeld via handlichting als gevolg van een huwelijk. Zo wordt een overlapping met het toepassingsgebied van het Verdrag van 's-Gravenhage van 13 januari 2000 inzake de internationale bescherming van volwassenen, dat van toepassing is voor personen vanaf 18 jaar, voorkomen en worden tegelijk lacunes tussen die beide instrumenten vermeden. Het Verdrag van 's-Gravenhage van 1980 en bijgevolg ook hoofdstuk III van deze verordening, waarbij de toepassing van het Verdrag van 's-Gravenhage van 1980 in de betrekkingen tussen de lidstaten wordt aangevuld, moeten van toepassing blijven voor kinderen tot 16 jaar.

(18) Voor de toepassing van deze verordening moet een persoon worden geacht het 'gezagsrecht' te hebben indien ingevolge een beslissing, van rechtswege of bij een rechtsgeldige overeenkomst krachtens het recht van de lidstaat waar het kind zijn gewone verblijfplaats heeft, een persoon die de ouderlijke verantwoordelijkheid draagt niet kan beslissen over de verblijfplaats van het kind zonder de instemming van eerstgenoemde persoon, ongeacht de termen die krachtens het nationaal recht worden gebruikt. In bepaalde rechtsstelsels die de termen 'gezagsrecht' en 'omgangsrecht' behouden, zou de ouder die geen gezagsrecht heeft in feite belangrijke verantwoordelijkheden kunnen dragen voor beslissingen betreffende het kind die verder gaan dan louter het omgangsrecht.

(19) De bevoegdheidsregels met betrekking tot ouderlijke verantwoordelijkheid zijn zodanig opgezet dat zij in het belang van het kind zijn, en moeten worden toegepast met inachtneming van dat belang. Elke verwijzing naar de belangen van het kind moet worden geïnterpreteerd in de zin van artikel 24 van het Handvest van grondrechten van de Europese Unie ('het Handvest') en van het Verdrag van de Verenigde Naties inzake de rechten van het kind van 20 november 1989 ('VN Verdrag inzake de rechten van het kind'), zoals uitgewerkt in nationaal recht en procedures.

(20) Om de belangen van het kind te beschermen moet de bevoegdheid in de eerste plaats worden bepaald op basis van het criterium van de nauwe verbondenheid. Bijgevolg moet de bevoegdheid bij de lidstaat van de gewone verblijfplaats van het kind berusten, behalve in bepaalde gevallen die in deze verordening zijn vastgesteld, bijvoorbeeld wanneer het kind van verblijfplaats is veranderd of er een overeenkomst bestaat tussen de personen die de ouderlijke verantwoordelijkheid dragen.

(21) Indien er nog geen procedure inzake ouderlijke verantwoordelijkheid aanhangig is en de gewone verblijfplaats van het kind verandert ten gevolge van een rechtmatige verhuizing, moet de bevoegdheid met het kind meereizen zodat de nauwe verbondenheid behouden blijft. Voor reeds aanhangige procedures rechtvaardigen rechtszekerheid en de efficiënte rechtsbedeling het behoud van de bevoegdheid in deze procedures tot zij tot een definitieve beslissing hebben geleid of anderszins zijn beëindigd. Het gerecht waarbij een procedure aanhangig is, dient echter in bepaalde omstandigheden de bevoegdheid te kunnen overdragen aan de lidstaat waar het kind woont ten gevolge van een rechtmatige verhuizing.

(22) In gevallen van ongeoorloofde overbrenging of niet doen terugkeren van een kind dienen de gerechten van de lidstaat van de gewone verblijfplaats van het kind, onverminderd een mogelijke forumkeuze uit hoofde van deze verordening, bevoegd te blijven totdat een nieuwe gewone verblijfplaats in een andere lidstaat is vastgesteld en aan specifieke voorwaarden is voldaan. Lidstaten waar de bevoegdheid geconcentreerd is, moeten overwegen het gerecht waar het verzoek tot terugkeer op grond van het Verdrag van 's-Gravenhage van 1980 aanhangig is gemaakt, de mogelijkheid te bieden ook de bevoegdheid uit te oefenen die door de partijen in het kader van deze verordening inzake ouderlijke verantwoordelijkheid is overeengekomen of aanvaard voor zover de partijen in de loop van de terugkeerprocedure een overeenkomst hebben bereikt. Die overeenkomsten dienen overeenkomsten betreffende de terugkeer en betreffende de niet-terugkeer van het kind te omvatten. Indien de niet-terugkeer is overeengekomen, dient het kind in de lidstaat van de nieuwe gewone verblijfplaats te blijven, en dient de bevoegdheid voor een eventuele toekomstige gezagsprocedure aldaar te worden bepaald op basis van de nieuwe gewone verblijfplaats van het kind.

(23) Onder de specifieke voorwaarden die bij de onderhavige verordening zijn vastgesteld, moet het mogelijk zijn dat de rechtsmacht inzake ouderlijke verantwoordelijkheid ook wordt aangenomen in een lidstaat waar procedures voor echtscheiding, scheiding van tafel en bed of nietigverklaring van het huwelijk tussen de ouders aanhangig zijn, of in een andere lidstaat waarmee het kind een nauwe band heeft en waarover de partijen op voorhand, uiterlijk op het moment waarop de zaak bij het gerecht aanhangig is gemaakt, overeenstemming hebben bereikt of waarmee zij in de loop van die procedure uitdrukkelijk hebben ingestemd, zelfs als het kind zijn gewone verblijfplaats niet in die lidstaat heeft, op voorwaarde dat de uitoefening van die bevoegdheid in het belang van het kind is. Volgens de jurisprudentie van het Hof van Justitie dient iedere andere persoon dan de ouders, die naar het nationaal recht de hoedanigheid van een partij in de door de ouders ingeleide procedure heeft, voor de toepassing van deze verordening te worden beschouwd als een partij in de procedure en dient derhalve het verzet van die partij tegen de bevoegdheidskeuze van de ouders van het kind in kwestie, na de datum waarop de zaak bij het gerecht aanhangig is gemaakt, te beletten dat de aanvaarding van de prorogatie van bevoegdheid door alle partijen op die datum wordt vastgesteld. Alvorens zijn bevoegdheid op basis van een forumkeuzeovereenkomst of -aanvaarding uit te oefenen, dient het gerecht na te gaan of deze overeenkomst of aanvaarding gebaseerd was op een geïnformeerde en vrije keuze van de betrokken partijen en niet het gevolg was van het feit dat één partij heeft geprofiteerd van de moeilijke of zwakke positie van de andere partij. Wanneer de bevoegdheid in de loop van de procedure wordt aanvaard,

moet het gerecht daarvan akte nemen in overeenstemming met nationaal recht en procedures.

(24) Een overeengekomen of aanvaarde bevoegdheid moet, tenzij anders overeengekomen door de partijen, worden beëindigd zodra tegen een beslissing in die procedure inzake ouderlijke verantwoordelijk geen gewoon rechtsmiddel meer kan worden ingesteld of de procedure om een andere reden is beëindigd, zodat bij een eventuele nieuwe procedure het beginsel van nauwe verbondenheid wordt nageleefd.

(25) Indien de gewone verblijfplaats van een kind niet kan worden vastgesteld en de bevoegdheid niet op grond van een forumkeuzeovereenkomst kan worden bepaald, zijn de gerechten van de lidstaat op het grondgebied waarvan het kind zich bevindt, bevoegd. Deze regel op basis van aanwezigheid dient tevens van toepassing te zijn op vluchtelingenkinderen en kinderen die naar een ander land zijn overgebracht ten gevolge van onlusten in de lidstaat waar zij hun gewone verblijfplaats hadden. In het licht van deze verordening in samenhang met artikel 52, lid 2, van het Verdrag van 's-Gravenhage van 1996 dient deze bevoegdheidsregel echter uitsluitend van toepassing te zijn op kinderen die vóór de overbrenging hun gewone verblijfplaats in een lidstaat hadden. Indien de gewone verblijfplaats van het kind vóór de overbrenging zich in een derde land bevond, dient de bevoegdheidsregel van het Verdrag van 's-Gravenhage van 1996 betreffende vluchtelingenkinderen en kinderen die naar een ander land zijn overgebracht, van toepassing te zijn.

(26) In uitzonderlijke omstandigheden is een gerecht van de lidstaat waar het kind zijn gewone verblijfplaats heeft mogelijk niet het meest geschikte gerecht om de zaak te behandelen. In uitzonderlijke gevallen en onder bepaalde voorwaarden, en zonder daartoe verplicht te zijn, moet het bevoegde gerecht zijn bevoegdheid in een specifieke zaak kunnen overdragen aan een gerecht van een andere lidstaat indien dit gerecht beter in staat is om in die specifieke zaak het belang van het kind te beoordelen. Volgens de jurisprudentie van het Hof van Justitie mag de bevoegdheid inzake ouderlijke verantwoordelijkheid door een gerecht van een lidstaat uitsluitend worden overgedragen aan een gerecht van een andere lidstaat waarmee het kind een 'bijzondere band' heeft. In deze verordening moet een uitputtende lijst worden voorgesteld van de bepalende elementen van een dergelijke 'bijzondere band' Het bevoegde gerecht mag het verzoek aan het gerecht van een andere lidstaat uitsluitend doen indien zijn voorafgaande beslissing om de behandeling van de procedure aan te houden en een verzoek om bevoegdheidsoverdracht te doen definitief is geworden, indien er tegen die beslissing krachtens het nationaal recht een rechtsmiddel kan worden aangewend.

(27) In uitzonderlijke omstandigheden en indien het in dat specifieke geval in het belang van het kind is, moet een gerecht van een lidstaat waarmee het kind overeenkomstig deze verordening een bijzondere band heeft, maar dat overeenkomstig deze verordening geen bevoegdheid heeft, kunnen verzoeken om de overdracht van bevoegdheid van het bevoegde gerecht van de lidstaat waar het kind zijn gewone verblijfplaats heeft. In gevallen van ongeoorloofde overbrenging of niet doen terugkeren van een kind mag dat echter niet worden toegestaan. Het specifiek bevoegde gerecht moet overeenkomstig het nationale recht van de aangezochte lidstaat worden bepaald.

(28) Een bevoegdheidsoverdracht mag enkel gelden voor de specifieke zaak waarvoor om overdracht is verzocht, ongeacht of deze geschiedt op verzoek van een gerecht

dat zijn bevoegdheid wil overdragen of op verzoek van een gerecht dat bevoegdheid wil verkrijgen. De overdracht mag geen gevolgen hebben voor toekomstige procedures ná de procedure waarvoor om de bevoegdheidsoverdracht werd verzocht en waarvoor deze werd toegestaan.

(29) Indien van geen enkele lidstaat een gerecht op grond van deze verordening bevoegd is, dient de bevoegdheid in elke lidstaat te worden bepaald door de wetgeving van die lidstaat. De term 'wetgeving van die lidstaat' moet de internationale instrumenten omvatten die in die lidstaat van kracht zijn.

(30) Deze verordening mag niet beletten dat de gerechten van een lidstaat die geen bevoegdheid ten gronde hebben, in spoedeisende gevallen voorlopige en bewarende maatregelen nemen met betrekking tot de persoon of de vermogensbestanddelen van een kind dat zich in die lidstaat bevindt. Deze maatregelen moeten overeenkomstig deze verordening niet in andere lidstaten worden erkend en ten uitvoer gelegd, met uitzondering van maatregelen die worden genomen om het kind te beschermen tegen een ernstig risico als bedoeld in artikel 13, lid 1, onder b), van het Verdrag van 's-Gravenhage van 1980. Maatregelen die worden genomen om het kind te beschermen tegen een dergelijk risico moeten van kracht blijven tot een gerecht van de lidstaat waar het kind zijn gewone verblijfplaats heeft, de maatregelen heeft genomen die het passend acht. Als dat nodig is om de belangen van het kind te beschermen, informeert het gerecht, hetzij rechtstreeks, hetzij via de centrale autoriteiten, het gerecht van de lidstaat dat krachtens deze verordening ten gronde bevoegd is over de genomen maatregelen. Indien deze informatie niet is verstrekt, is dat echter geen grond om de maatregel niet te erkennen.

(31) Een gerecht dat alleen bevoegd is voor voorlopige en bewarende maatregelen, waarbij een verzoek ten gronde aanhangig wordt gemaakt, moet ambtshalve verklaren niet bevoegd te zijn als een gerecht van een andere lidstaat krachtens deze verordening ten gronde bevoegd is.

(32) Indien de uitkomst van een procedure voor een gerecht van een lidstaat dat krachtens deze verordening niet bevoegd is, afhangt van het beslechten van een incidentele vordering die binnen het toepassingsgebied van deze verordening valt, dan mag de verordening de gerechten van die lidstaat er niet van weerhouden deze vordering te beslechten. Als derhalve het onderwerp van de procedures bijvoorbeeld een geschil over een erfenis is waarbij een kind is betrokken, en een curator ad litem of bijzondere curator moet worden aangesteld om het kind in die procedure te vertegenwoordigen, dan moet de lidstaat die bevoegd is voor het geschil over de erfenis de mogelijkheid hebben deze vertegenwoordiger aan te stellen voor de aanhangige procedures, ongeacht of hij krachtens deze verordening bevoegd is inzake ouderlijke verantwoordelijkheid. De beslechting mag alleen gevolgen hebben voor de procedures waarvoor zij is verricht.

(33) Indien de geldigheid van een voor rekening van een kind verrichte of te verrichten rechtshandeling in een erfenisprocedure voor een gerecht in een lidstaat de toestemming of goedkeuring van een gerecht vereist, moet een gerecht in die lidstaat kunnen beslissen een dergelijke rechtshandeling al dan niet toe te staan of goed te keuren, ook indien hij krachtens deze verordening niet bevoegd is. Onder de term 'rechtshandeling' moet bijvoorbeeld worden verstaan: de aanvaarding of afwijzing van een erfenis, of een overeenkomst tussen de partijen over de verdeling van de nalatenschap.

(34) De toepassing van deze verordening dient de toepassing van het internationaal publiekrecht inzake diplomatieke immuniteit onverlet te laten. Indien de uit hoofde van deze verordening bestaande bevoegdheid niet kan worden uitgeoefend wegens het bestaan van diplomatieke immuniteit overeenkomstig het internationale recht, dient de bevoegdheid te worden uitgeoefend in de lidstaat waar de betrokkene geen immuniteit geniet, overeenkomstig de wet van deze lidstaat.

(35) Deze verordening definieert op welk tijdstip een zaak voor de toepassing van deze verordening wordt geacht bij een gerecht aanhangig te zijn gemaakt. In het licht van de twee verschillende systemen die in de lidstaten bestaan, waarbij het stuk waarmee de procedure wordt ingeleid hetzij eerst aan de verweerder wordt betekend of medegedeeld, hetzij eerst bij het gerecht wordt neergelegd, moet het volstaan dat de eerste stap krachtens het nationale recht is ondernomen, op voorwaarde dat de verzoeker vervolgens niet heeft nagelaten de krachtens het nationale recht vereiste stappen te ondernemen opdat de tweede stap zou plaatsvinden. Rekening houdend met het groeiende belang van bemiddeling en andere methoden voor alternatieve geschillenbeslechting, ook tijdens gerechtelijke procedures, moet, in overeenstemming met de jurisprudentie van het Hof van Justitie, een zaak bij het gerecht ook dan aanhangig geacht te zijn gemaakt op het tijdstip waarop het stuk dat het geding inleidt, of een gelijkwaardig stuk, bij het gerecht wordt ingediend in zaken waar de procedure inmiddels op verzoek van de partij die deze heeft ingesteld is geschorst met het oog op het vinden van een minnelijke oplossing, zonder dat het gedinginleidend stuk al aan de verweerder is betekend of medegedeeld en zonder dat de verweerder van de procedure op de hoogte was of er op enige wijze aan heeft deelgenomen, op voorwaarde dat de partij die de procedure heeft ingesteld vervolgens niet heeft nagelaten de vereiste stappen te nemen om het stuk aan de verweerder te doen betekenen of mede te delen. Bij aanhangigheid moet, volgens de jurisprudentie van het Hof van Justitie, de datum waarop een verplichte bemiddelingsprocedure bij een nationale bemiddelingsautoriteit is ingeleid, worden beschouwd als de datum waarop een zaak bij een 'gerecht' wordt geacht aanhangig te zijn gemaakt.

(36) Verordening (EG) nr. 1393/2077 (*red.*: lees: 1393/2007) van het Europees Parlement en de Raad [6] dient van toepassing te zijn op de betekening en kennisgeving van stukken in overeenkomstig deze verordening ingestelde procedures.

(37) Het gerecht van een lidstaat waarbij een zaak aanhangig is gemaakt waarvoor het overeenkomstig deze verordening niet ten gronde bevoegd is, maar waarvoor een gerecht van een andere lidstaat overeenkomstig deze verordening ten gronde bevoegd is, moet zich ambtshalve onbevoegd verklaren. Een gerecht van een lidstaat waarmee het kind overeenkomstig deze verordening een bijzondere band heeft moet echter de mogelijkheid, maar niet de verplichting hebben om overeenkomstig deze verordening om een bevoegdheidsoverdracht te verzoeken.

(38) Met het oog op een harmonische rechtsbedeling moeten parallel lopende procedures zoveel mogelijk worden beperkt en moet worden voorkomen dat in verschillende

(6) Verordening (EG) nr. 1393/2007 van het Europees Parlement en de Raad van 13 november 2007 inzake de betekening en de kennisgeving in de lidstaten van gerechtelijke en buitengerechtelijke stukken in burgerlijke of in handelszaken (de betekening en de kennisgeving van stukken), en tot intrekking van Verordening (EG) nr. 1348/2000 (*PB* L 324 van 10.12.2007, blz. 79).

lidstaten onverenigbare beslissingen worden gegeven. Er moet een duidelijk en doeltreffend mechanisme zijn om problemen op het gebied van aanhangigheid en samenhang op te lossen, alsook om problemen te verhelpen die voortvloeien uit de tussen de lidstaten bestaande verschillen ten aanzien van het tijdstip waarop een zaak als aanhangig wordt beschouwd. Voor de toepassing van deze verordening moet dat tijdstip autonoom worden bepaald. Teneinde exclusieve forumkeuzeovereenkomsten doeltreffender te maken, mogen de bepalingen inzake aanhangigheid van deze verordening evenwel geen belemmering vormen wanneer ouders exclusieve bevoegdheid toekennen aan de gerechten van een lidstaat.

(39) Procedures inzake ouderlijke verantwoordelijkheid krachtens deze verordening en terugkeerprocedures krachtens het Verdrag van 's-Gravenhage van 1980 moeten, als grondbeginsel, het bij deze procedures betrokken kind dat in staat is een eigen mening te vormen, overeenkomstig de jurisprudentie van het Hof van Justitie een reële en effectieve mogelijkheid geven om die mening te uiten, en bij het beoordelen van het belang van het kind moet voldoende rekening worden gehouden met die mening. De mogelijkheid voor kinderen om vrijelijk hun mening te uiten overeenkomstig artikel 24, lid 1, van het Handvest en artikel 12 van het VN-Verdrag inzake de rechten van het kind, speelt een belangrijke rol bij de toepassing van deze verordening. De verordening dient het echter aan de lidstaten over te laten in hun nationaal recht en procedures te bepalen door wie en hoe het kind zal worden gehoord. Het dient dan ook niet tot de doelstellingen van deze verordening te behoren om te bepalen of het kind moet worden gehoord door de rechter persoonlijk of door een gespecialiseerde deskundige die nadien verslag uitbrengt aan het gerecht, dan wel of het kind moet worden gehoord in de rechtszaal of ergens anders of via andere middelen. Daarenboven kan het horen van een kind, hoewel het een recht blijft, geen absolute verplichting vormen, maar moet dit worden beoordeeld met inachtneming van het belang van het kind, bijvoorbeeld in zaken waarin er overeenkomsten tussen de partijen bestaan. Hoewel artikel 24 van het Handvest noch Verordening (EG) nr. 2201/2003 volgens de jurisprudentie van het Hof van Justitie het gerecht van de lidstaat van herkomst verplicht in iedere zaak kennis te nemen van de mening van het kind middels een hoorzitting, en dat gerecht zodoende over een beoordelingsmarge beschikt, bepaalt de jurisprudentie ook dat, indien dat gerecht besluit het kind de mogelijkheid te geven om te worden gehoord, het gerecht alle maatregelen moet nemen die nodig zijn voor het regelen van een dergelijke hoorzitting, gelet op het belang van het kind en de omstandigheden van iedere afzonderlijke zaak, opdat die bepalingen doeltreffend zijn en het kind een reële en effectieve mogelijkheid krijgt om zijn mening te uiten. Het gerecht van de lidstaat van herkomst moet, voor zover mogelijk en steeds met oog voor het belang van het kind, alle middelen aanwenden die het uit hoofde van het nationale recht ter beschikking staan, alsmede de specifieke instrumenten van internationale justitiële samenwerking, waaronder, in voorkomend geval, de instrumenten waarin Verordening (EG) nr. 1206/2001 van de Raad [7] voorziet.

(7) Verordening (EG) nr. 1206/2001 van de Raad van 28 mei 2001 betreffende de samenwerking tussen de gerechten van de lidstaten op het gebied van bewijsverkrijging in burgerlijke en handelszaken (*PB* L 174 van 27.6.2001, blz. 1).

(40) In gevallen van ongeoorloofd overbrengen of niet doen terugkeren van een kind dient de terugkeer van het kind onverwijld te worden verkregen en te dien einde dient het Verdrag van 's-Gravenhage van 1980 van toepassing te blijven, zoals aangevuld door deze verordening, in het bijzonder hoofdstuk III.

(41) Om de terugkeerprocedures uit hoofde van het Verdrag van 's-Gravenhage van 1980 zo snel mogelijk te kunnen voltooien, moeten de lidstaten overwegen om, in overeenstemming met de structuur van hun nationale gerechtelijke apparaat, de bevoegdheid voor deze procedures te concentreren in een zo klein mogelijk aantal gerechten. De bevoegdheid inzake kinderontvoering kan voor een heel land in één enkel gerecht worden geconcentreerd of in een beperkt aantal gerechten; daarbij kan bijvoorbeeld het aantal beroepsgerechten als uitgangspunt worden gebruikt en kan de bevoegdheid inzake internationale kinderontvoeringen worden geconcentreerd bij één gerecht van eerste aanleg in elk district van een beroepsgerecht.

(42) In terugkeerprocedures uit hoofde van het Verdrag van 's-Gravenhage van 1980, dienen gerechten, van welke aanleg dan ook, binnen zes weken hun beslissing te geven, behalve wanneer uitzonderlijke omstandigheden dit onmogelijk maken. Het gebruik van alternatieve geschillenbeslechting mag niet als een uitzonderlijke omstandigheid gelden waardoor de termijn mag worden overschreden. Tijdens, of als gevolg van, het gebruik van dergelijke middelen kunnen er echter uitzonderlijke omstandigheden optreden. Voor een gerecht van eerste aanleg moet de termijn beginnen op het tijdstip dat de zaak bij dat gerecht aanhangig wordt gemaakt. Voor een hoger gerecht moet de termijn beginnen op het tijdstip waarop alle vereiste procedurele stappen zijn voltooid. Dergelijke stappen kunnen, al naargelang het betrokken rechtsstelsel, onder meer inhouden: de betekening of mededeling van het rechtsmiddel aan de verweerder, hetzij in de lidstaat waar het gerecht is gevestigd, hetzij in een andere lidstaat; de toezending van het dossier en het verzoek tot het rechtsmiddel aan het beroepsgerecht in lidstaten waar het rechtsmiddel moet worden ingesteld bij het gerecht dat de beslissing heeft gegeven die wordt bestreden; of een verzoek door een partij om een hoorzitting wanneer een dergelijk verzoek krachtens het nationale recht vereist is. De lidstaten moeten ook overwegen het aantal keren dat een rechtsmiddel kan worden ingesteld tegen een beslissing tot erkenning of weigering van de terugkeer van een kind krachtens het Verdrag van 's-Gravenhage van 1980 te beperken tot één.

(43) In alle gevallen die betrekking hebben op kinderen, en met name in gevallen van internationale kinderontvoering, moeten de gerechten de mogelijkheid overwegen om via bemiddeling en andere geschikte middelen tot een oplossing te komen, waar nodig bijgestaan door de bestaande netwerken en ondersteuningsstructuren voor bemiddeling in grensoverschrijdende geschillen inzake ouderlijke verantwoordelijkheid. Dergelijke inspanningen mogen echter de terugkeerprocedures krachtens het Verdrag van 's-Gravenhage van 1980 niet nodeloos verlengen. Bovendien is bemiddeling niet altijd geschikt, vooral niet in gevallen van huiselijk geweld. Indien ouders in de loop van terugkeerprocedures uit hoofde van het Verdrag van 's-Gravenhage van 1980 tot een overeenkomst komen over de terugkeer of niet-terugkeer van het kind, en tevens over onderwerpen betreffende ouderlijke verantwoordelijkheid, dient deze verordening hun onder bepaalde omstandigheden de kans te geven overeen te komen dat het aangezochte gerecht krachtens het Verdrag van 's-Gravenhage van 1980 de bevoegdheid moet hebben om bindende rechtsgevolgen toe te kennen

aan hun overeenkomst, hetzij door deze overeenkomst in een besluit in te passen, hetzij door deze goed te keuren, hetzij door een ander middel te gebruiken waarin nationaal recht en procedures voorzien. Lidstaten waar de bevoegdheid geconcentreerd is, moeten daarom overwegen het gerecht waar het verzoek tot terugkeer uit hoofde van het Verdrag van 's-Gravenhage van 1980 aanhangig is gemaakt, ook de mogelijkheid te geven de bevoegdheid inzake ouderlijke verantwoordelijkheid uit te oefenen die door de partijen in het kader van deze verordening is overeengekomen of aanvaard, indien de partijen in de loop van die terugkeerprocedure tot een overeenkomst zijn gekomen.

(44) Het gerecht van de lidstaat waarnaar het kind ongeoorloofd is overgebracht of waar het ongeoorloofd wordt vastgehouden, moet in welbepaalde, naar behoren gemotiveerde gevallen de terugkeer van het kind kunnen weigeren, zoals toegestaan krachtens het Verdrag van 's-Gravenhage van 1980. Voor het de terugkeer van het kind weigert, moet het gerecht oordelen of er passende beschermingsmaatregelen zijn genomen of kunnen worden genomen om het kind te beschermen tegen het ernstige risico dat wordt genoemd in artikel 13, lid 1, onder b), van het Verdrag van 's-Gravenhage van 1980.

(45) Indien een gerecht overweegt de terugkeer van een kind te weigeren, enkel op basis van artikel 13, lid 1, onder b), van het Verdrag van 's-Gravenhage van 1980, dan dient het de terugkeer van het kind niet te weigeren als de partij die om de terugkeer van het kind verzoekt het gerecht ervan kan overtuigen, of als het gerecht er anderszins van overtuigd is, dat er een adequate regeling is getroffen om de bescherming van het kind na de terugkeer te waarborgen. Dergelijke regelingen zijn bijvoorbeeld een rechterlijke beslissing van de lidstaat waarnaar het kind terugkeert waardoor het de verzoeker verboden is het kind te benaderen, een voorlopige en bewarende maatregel van die lidstaat waarbij het kind bij de ontvoerende ouder die de hoofdverzorger is, mag blijven tot er na de terugkeer in die lidstaat een beslissing ten gronde over het gezagsrecht is genomen, of het aantonen van de beschikbaarheid van medische voorzieningen voor een kind dat behandeling behoeft. Welk soort regeling in dat bepaalde geval adequaat is, moet afhangen van het concrete ernstige risico waaraan het kind bij terugkeer waarschijnlijk zal worden blootgesteld indien niet in dergelijke regelingen is voorzien. Het gerecht dat wil nagaan of er een adequate regeling is getroffen, moet in eerste instantie een beroep doen op de partijen en, waar nodig en gepast, om bijstand verzoeken bij de centrale autoriteit of de netwerkrechters, meer bepaald binnen het Europees justitieel netwerk in burgerlijke en handelszaken, zoals ingesteld bij Besluit 2001/470/EG van de Raad (8), en het Internationale Haagse Netwerk van rechters.

(46) In voorkomend geval kan het gerecht, wanneer het de terugkeer van het kind gelast, alle nodige voorlopige en bewarende maatregelen uit hoofde van deze verordening gelasten die het nodig acht om het kind te beschermen tegen het ernstige risico op fysieke of psychische schade als gevolg van de terugkeer, dat anders tot weigering van de terugkeer zou leiden. Dergelijke maatregelen en de doorzending daarvan mogen de terugkeerprocedure uit hoofde van het Verdrag van 's-Gravenhage van 1980 niet vertragen en mogen evenmin leiden tot het ondermijnen van de bevoegd-

(8) Beschikking 2001/470/EG van de Raad van 28 mei 2001 betreffende de oprichting van een Europees justitieel netwerk in burgerlijke en handelszaken (*PB* L 174 van 27.6.2001, blz. 25).

heidsverdeling tussen het gerecht waarbij de terugkeerprocedure uit hoofde van het Verdrag van 's-Gravenhage van 1980 aanhangig is gemaakt, en het gerecht dat krachtens deze verordening ten gronde bevoegd is inzake ouderlijke verantwoordelijkheid. Indien nodig moet het gerecht waar de terugkeerprocedure uit hoofde van het Verdrag van 's-Gravenhage van 1980 aanhangig is gemaakt, met de steun van de centrale autoriteiten of de netwerkrechters, meer bepaald binnen het Europees justitieel netwerk in burgerlijke en handelszaken en het Internationale Haagse Netwerk van rechters, overleg plegen met het gerecht of de bevoegde instanties van de lidstaat waar het kind zijn gewone verblijfplaats heeft. Deze maatregelen moeten worden erkend door en ten uitvoer gelegd in alle andere lidstaten, met inbegrip van de lidstaten die krachtens deze verordening bevoegd zijn, totdat een gerecht van een dergelijke lidstaat de maatregelen heeft genomen die het nodig acht. Dergelijke voorlopige en bewarende maatregelen kunnen bijvoorbeeld inhouden dat het kind bij de hoofdverzorger blijft wonen of dat wordt geregeld hoe het contact met het kind na de terugkeer moet verlopen totdat het gerecht van de gewone verblijfplaats van het kind de maatregelen heeft genomen die het nodig acht. Dit laat de maatregelen of de beslissingen van het gerecht van de gewone verblijfplaats die zijn genomen na de terugkeer van het kind, onverlet.

(47) Een beslissing waarmee de terugkeer van het kind wordt gelast, moet uitvoerbaar bij voorraad kunnen worden verklaard, onverminderd enig daartegen gericht rechtsmiddel, indien vóór de beslissing over het rechtsmiddel de terugkeer van het kind is vereist in het belang van het kind zelf. Het nationale recht kan nader bepalen welk gerecht de beslissing uitvoerbaar bij voorraad kan verklaren.

(48) Als het gerecht van een lidstaat waarnaar het kind ongeoorloofd is overgebracht of waar het ongeoorloofd wordt vastgehouden, beslist de terugkeer van het kind krachtens het Verdrag van 's-Gravenhage van 1980 te weigeren, moet het in zijn beslissing expliciet verwijzen naar de artikelen van het Verdrag van 's-Gravenhage van 1980 waarop het zijn weigering heeft gebaseerd. Ongeacht of dergelijke beslissing tot weigering definitief is dan wel of er nog rechtsmiddelen tegen mogelijk zijn, kan zij worden vervangen door een latere beslissing die wordt gegeven tijdens een gezagsprocedure door het gerecht van de lidstaat waar het kind zijn gewone verblijfplaats had vóór het ongeoorloofd overbrengen of niet doen terugkeren. Tijdens deze procedure moeten alle omstandigheden, met inbegrip van, maar niet beperkt tot, het gedrag van de ouders, grondig worden onderzocht, rekening houdend met de belangen van het kind. Heeft de resulterende beslissing ten gronde over het gezagsrecht de terugkeer van het kind tot gevolg, dan dient de terugkeer plaats te vinden zonder dat enigerlei bijzondere procedure is vereist voor de erkenning en tenuitvoerlegging van die beslissing in een andere lidstaat.

(49) Het gerecht dat de terugkeer van het kind weigert enkel en alleen op basis van artikel 13, lid 1, onder b), of van artikel 13, lid 2, van het Verdrag van 's-Gravenhage van 1980, of op basis van beide, moet ambtshalve een certificaat afgeven in de passende vorm zoals bepaald in deze verordening. Dit certificaat strekt ertoe de partijen te informeren over de mogelijkheid om uiterlijk drie maanden na de kennisgeving van de beslissing om de terugkeer van het kind te weigeren, bij een gerecht van de lidstaat waar het kind zijn gewone verblijfplaats had onmiddellijk vóór het ongeoorloofd overbrengen of niet doen terugkeren, een procedure ten gronde betreffende het gezagsrecht aanhangig te maken, of, indien bij dat gerecht al een procedure

aanhangig is gemaakt, relevante documenten betreffende de terugkeerprocedures ter kennis van het gerecht te brengen.

(50) Indien in de lidstaat waar het kind zijn gewone verblijfplaats had onmiddellijk vóór het ongeoorloofd overbrengen of niet doen terugkeren reeds een procedure ten gronde over het gezagsrecht aanhangig is op het tijdstip dat een gerecht waarbij een verzoek om terugkeer op basis van het Verdrag van 's-Gravenhage van 1980 aanhangig is gemaakt de terugkeer van het kind enkel weigert op basis van artikel 13, lid 1, onder b), of van artikel 13, lid 2, of beide, van het Verdrag van 's-Gravenhage van 1980, moet het gerecht dat de terugkeer van het kind geweigerd heeft, indien het weet heeft van die procedure, binnen één maand na de datum van zijn beslissing een kopie van de beslissing, het gepaste certificaat en, indien van toepassing, een afschrift, samenvatting of de notulen van de hoorzitting, evenals alle andere stukken die het relevant acht, doen toekomen aan het gerecht waarbij de zaak ten gronde over het gezagsrecht aanhangig is gemaakt. De term 'alle andere stukken die het relevant acht' verwijst naar alle documenten die informatie bevatten die van invloed kan zijn op het resultaat van die procedures inzake het gezagsrecht, voor zover die informatie niet al in de beslissing om de terugkeer te weigeren is vervat.

(51) Indien in de lidstaat waar het kind zijn gewone verblijfplaats had onmiddellijk vóór het ongeoorloofd overbrengen of niet doen terugkeren, nog geen procedure ten gronde betreffende het gezagsrecht aanhangig is gemaakt en een partij uiterlijk drie maanden na de kennisgeving van de beslissing om de terugkeer van het kind te weigeren, een zaak bij een gerecht van die lidstaat aanhangig maakt, moet die partij een kopie van de beslissing om het kind niet terug te sturen krachtens het Verdrag van 's-Gravenhage van 1980, het gepaste certificaat en, indien van toepassing, een afschrift, samenvatting of de notulen van de hoorzitting indienen bij het gerecht waarbij de procedure ten gronde over het gezagsrecht aanhangig is gemaakt. Dit belet niet dat het gerecht waarbij de procedure aanhangig is gemaakt, om alle bijkomende stukken kan verzoeken die het relevant acht en die informatie bevatten die van invloed kan zijn op het resultaat van de procedure ten gronde over het gezagsrecht, voor zover dergelijke informatie niet al in de beslissing om de terugkeer te weigeren is vervat.

(52) Indien uiterlijk drie maanden na de kennisgeving van de beslissing om de terugkeer van het kind te weigeren op grond van het Verdrag van 's-Gravenhage van 1980, bij het gerecht dat ten gronde bevoegd is voor het gezagsrecht, door een partij een procedure aanhangig wordt gemaakt, dan wel bij dat gerecht reeds een gezagsprocedure aanhangig is op het ogenblik waarop het die beslissing van het gerecht dat de terugkeer van het kind heeft geweigerd ontvangt, moet iedere beslissing die het resultaat is van dergelijke procedures ten gronde over het gezagsrecht en die de terugkeer van het kind naar die lidstaat met zich meebrengt, overeenkomstig hoofdstuk IV, afdeling 2, van deze verordening uitvoerbaar zijn in alle andere lidstaten, zonder dat daar enige speciale procedure voor nodig is en zonder dat verzet tegen de erkenning ervan mogelijk is. Dit moet gelden tenzij en voor zover die onverenigbaarheid met een latere beslissing inzake ouderlijke verantwoordelijkheid met betrekking tot hetzelfde kind wordt vastgesteld, op voorwaarde dat er voor de beslissing ten gronde betreffende het gezagsrecht die de terugkeer van het kind met zich meebrengt een certificaat voor 'geprivilegieerde beslissingen' is afgegeven. Indien de zaak bij het gerecht dat ten gronde bevoegd is voor het gezagsrecht, aanhangig wordt gemaakt

na het verstrijken van de drie maanden, of indien de voorwaarden voor de afgifte van een certificaat voor dergelijke geprivilegieerde beslissingen niet zijn vervuld, moet de daaruit voortvloeiende beslissing ten gronde betreffende het gezagsrecht worden erkend en ten uitvoer gelegd in andere lidstaten overeenkomstig hoofdstuk IV, afdeling 1, van deze verordening.

(53) Onverminderd andere Unie-instrumenten kan het gerecht, indien een partij of een kind niet persoonlijk kan worden gehoord en de technische middelen beschikbaar zijn, een hoorzitting per videoconferentie of met behulp van ongeacht welke andere communicatietechnologie overwegen, tenzij het gebruik van een dergelijke technologie in het licht van de bijzondere omstandigheden van de zaak niet passend zou zijn voor het eerlijke verloop van de procedure.

(54) Wederzijds vertrouwen in de rechtsbedeling in de Unie rechtvaardigt het beginsel dat beslissingen in huwelijkszaken en inzake de ouderlijke verantwoordelijkheid die in een lidstaat zijn gegeven, in alle lidstaten moeten worden erkend, zonder dat daarvoor een erkenningsprocedure nodig is. Met name wanneer de autoriteiten van de aangezochte lidstaat een in een andere lidstaat gegeven beslissing krijgen voorgelegd waarbij een echtscheiding, scheiding van tafel en bed of nietigverklaring van een huwelijk wordt uitgesproken die niet meer kan worden betwist in de lidstaat van herkomst, moeten zij deze beslissing van rechtswege erkennen zonder dat daartoe enigerlei bijzondere procedure vereist is en moeten zij hun akten van de burgerlijke stand dienovereenkomstig aanpassen. Het komt toe aan het nationale recht om te bepalen of de gronden voor weigering kunnen worden aangevoerd door een partij of ambtshalve overeenkomstig het nationale recht. Dit belet eventuele belanghebbenden niet om overeenkomstig deze verordening te verzoeken om een beslissing dat er geen gronden voor weigering van de erkenning als bedoeld in deze verordening zijn. Het moet toekomen aan het nationale recht van de lidstaat waar dat verzoek wordt ingediend om te bepalen wie kan worden beschouwd als een belanghebbende die het recht heeft dat verzoek in te dienen.

(55) De erkenning en de tenuitvoerlegging van in een lidstaat gegeven beslissingen, authentieke akten en overeenkomsten dienen gebaseerd te zijn op het beginsel wederzijds vertrouwen. Derhalve dienen de gronden tot weigering van de erkenning, in het licht van de onderliggende doelstelling van deze verordening, namelijk bevordering van erkenning en tenuitvoerlegging, en doeltreffende bescherming van de belangen van het kind, tot het noodzakelijke minimum beperkt te blijven.

(56) De erkenning van een beslissing kan slechts worden geweigerd als een of meer van de in deze verordening bepaalde gronden voor weigering van de erkenning aanwezig zijn. De lijst van in deze verordening genoemde gronden voor weigering van de erkenning is exhaustief. Gronden die niet in deze verordening worden vermeld, zoals bijvoorbeeld een schending van de bepaling over aanhangigheid, zouden niet als weigeringsgronden moeten kunnen worden ingeroepen. In aangelegenheden in verband met ouderlijke verantwoordelijkheid, komt een latere beslissing altijd in de plaats van een eerdere beslissing met gevolgen voor de toekomst, voor zover deze onverenigbaar zijn.

(57) Wat betreft de mogelijkheid die het kind wordt geboden om zijn mening te uiten moet het gerecht dat de beslissing heeft gegeven de vrijheid hebben om te beslissen wat de geschikte methode is om het kind te horen. De weigering van erkenning van een beslissing mag niet uitsluitend worden gebaseerd op het enkele feit dat

het gerecht dat de beslissing heeft gegeven, een andere methode heeft gebruikt dan die welke een gerecht in de lidstaat van erkenning zou gebruiken. De lidstaat waar de erkenning wordt ingeroepen, mag de erkenning niet weigeren indien een van de bij deze verordening toegestane uitzonderingen met betrekking tot deze specifieke weigeringsgrond van toepassing is. Het effect van die uitzonderingen is dat een gerecht in de lidstaat van tenuitvoerlegging niet de mogelijkheid mag hebben om te weigeren een beslissing ten uitvoer te leggen op de enkele grond dat het kind niet de mogelijkheid heeft gekregen om zijn mening te uiten, waarbij rekening wordt gehouden met zijn belangen, indien de procedure uitsluitend het vermogen van het kind betrof en op voorwaarde dat het bieden van die mogelijkheid in het licht van het onderwerp van de procedure niet noodzakelijk was, dan wel in geval van ernstige gronden, waarbij met name rekening wordt gehouden met de urgentie van de zaak. Die ernstige gronden kunnen bijvoorbeeld bestaan wanneer er een dreigend gevaar is voor de fysieke en psychische integriteit of het leven van het kind en verder uitstel het risico inhoudt dat dit gevaar werkelijkheid wordt.

(58) Daarnaast verantwoordt het streven naar een snellere en goedkopere behandeling van grensoverschrijdende geschillen waarbij kinderen betrokken zijn, de afschaffing van de verklaring van uitvoerbaarheid of, naargelang het geval, de registratie voor tenuitvoerlegging, voorafgaand aan de tenuitvoerlegging in de lidstaat van tenuitvoerlegging voor alle beslissingen inzake ouderlijke verantwoordelijkheid. Terwijl Verordening (EG) nr. 2201/2003 deze verplichting slechts afschafte voor bepaalde beslissingen waarbij omgangsrecht wordt verleend en bepaalde beslissingen die de terugkeer van het kind met zich meebrengen, moet deze verordening de verplichting afschaffen voor de grensoverschrijdende tenuitvoerlegging van alle beslissingen inzake ouderlijke verantwoordelijkheid; wel moet deze verordening een nog gunstiger behandeling van bepaalde beslissingen handhaven waarbij omgangsrecht wordt verleend en bepaalde beslissingen die de terugkeer van het kind met zich meebrengen. Bijgevolg moet, onder voorbehoud van deze verordening, een door het gerecht van een andere lidstaat gegeven beslissing worden behandeld alsof zij is gegeven in de lidstaat van tenuitvoerlegging.

(59) Wanneer voorlopige en bewarende maatregelen zijn gelast door een gerecht dat ten gronde bevoegd is, moet het verkeer van die maatregelen worden gewaarborgd krachtens deze verordening. Voorlopige en bewarende maatregelen die door een dergelijk gerecht zijn gelast zonder dat verweerder is gedaagd te verschijnen, mogen krachtens deze verordening evenwel niet worden erkend en ten uitvoer gelegd, tenzij de beslissing waarin de maatregel is vervat vóór de tenuitvoerlegging aan de verweerder is betekend of medegedeeld. Dit laat de erkenning en tenuitvoerlegging van dergelijke maatregelen krachtens nationaal recht onverlet. Wanneer er voorlopige en bewarende maatregelen zijn gelast door een gerecht van een lidstaat dat niet ten gronde bevoegd is, moet het verkeer ervan krachtens deze verordening worden beperkt tot maatregelen die zijn genomen in internationale zaken betreffende de ontvoering van kinderen en bedoeld zijn om het kind te beschermen tegen het in artikel 13, lid 1, onder b), van het Verdrag van 's-Gravenhage van 1980 genoemde ernstige risico. Deze maatregelen dienen van toepassing te zijn totdat een gerecht van een lidstaat dat krachtens deze verordening ten gronde bevoegd is, de maatregelen heeft genomen die het nodig acht.

(60) Aangezien tenuitvoerleggingsprocedures gerechtelijk of buitengerechtelijk kunnen zijn, afhankelijk van het nationale recht, kunnen 'voor de tenuitvoerlegging bevoegde autoriteiten' gerechten, deurwaarders en alle andere bij nationaal recht vastgestelde autoriteiten zijn. Indien in deze verordening naast voor de tenuitvoerlegging bevoegde autoriteiten ook gerechten worden vermeld, dient dit gevallen te behelzen waarin de voor tenuitvoerlegging bevoegde autoriteit krachtens het nationaal recht een andere instantie is dan een gerecht, maar bepaalde beslissingen voorbehouden zijn aan gerechten, hetzij van begin af aan, hetzij omdat zij de handelingen van de voor tenuitvoerlegging bevoegde autoriteiten kunnen toetsen. Het dient aan de voor tenuitvoerlegging bevoegde autoriteit of het gerecht van de lidstaat van tenuitvoerlegging toe te komen om over te gaan tot het gelasten of nemen van of het voorzien in specifieke maatregelen die moeten worden getroffen in de tenuitvoerleggingsfase, waaronder alle niet-dwangmaatregelen en alle dwangmaatregelen die mogelijk beschikbaar zijn in het nationaal recht van die lidstaat, met inbegrip van boetes vrijheidsbeneming of wegneming van het kind door een deurwaarder.

(61) Om de tenuitvoerlegging van beslissingen inzake de uitoefening van omgangsrecht van een andere lidstaat te bevorderen, dienen de voor tenuitvoerlegging bevoegde autoriteiten of de gerechten in de lidstaat van tenuitvoerlegging, gerechtigd te zijn om bepaalde details in verband met praktische omstandigheden of met wettelijke vereisten waaraan krachtens het recht van de lidstaat van tenuitvoerlegging moet worden voldaan, te specificeren. De regelingen waarin deze verordening voorziet moeten het gemakkelijker maken om een beslissing van de lidstaat van tenuitvoerlegging ten uitvoer te leggen die anders, vanwege de vaagheid ervan, niet ten uitvoer zou kunnen worden gelegd, opdat de voor de tenuitvoerlegging bevoegde autoriteit of het gerecht van tenuitvoerlegging de beslissing concreter en preciezer kan maken. Dit dient tevens te gelden voor alle andere regelingen waarmee beoogd wordt te voldoen aan de wettelijke vereisten van het nationaal tenuitvoerleggingsrecht van de lidstaat van tenuitvoerlegging, zoals de betrokkenheid van een autoriteit voor kinderbescherming of een psycholoog in de tenuitvoerleggingsfase. Deze regelingen mogen evenwel niet ingaan tegen of verder gaan dan de essentie van de beslissing inzake het omgangsrecht. Voorts mag de bevoegdheid uit hoofde van deze verordening om maatregelen aan te passen, het voor het gerecht van tenuitvoerlegging niet mogelijk maken om maatregelen die in de lidstaat van tenuitvoerlegging onbekend zijn te vervangen door andere maatregelen.

(62) De tenuitvoerlegging in een lidstaat van een in een andere lidstaat gegeven beslissing zonder verklaring van uitvoerbaarheid mag de eerbiediging van het recht van verweer niet in gevaar brengen. Daarom moet de persoon tegen wie de tenuitvoerlegging wordt gevorderd, kunnen verzoeken om weigering van erkenning of tenuitvoerlegging van een beslissing als hij meent dat er een grond voor weigering van erkenning of tenuitvoerlegging krachtens deze verordening aanwezig is. Het moet toekomen aan het nationale recht om te bepalen of de gronden voor weigering van erkenning in deze verordening ambtshalve dan wel op verzoek moeten worden onderzocht. Hetzelfde onderzoek moet derhalve mogelijk zijn in verband met de weigering van de tenuitvoerlegging. De toepassing van een nationale weigeringsgrond mag er niet toe leiden dat de voorwaarden en nadere bepalingen van de gronden waarin bij deze verordening is voorzien, worden uitgebreid.

(63) Een partij die zich verzet tegen de tenuitvoerlegging van een in een andere lidstaat gegeven beslissing, moet dat, voor zover mogelijk en in overeenstemming met het rechtsstelsel van de lidstaat van tenuitvoerlegging, kunnen doen in het kader van de tenuitvoerleggingsprocedure en moet, in één procedure, naast de weigeringsgronden waarin deze verordening voorziet, de weigeringsgronden kunnen inroepen die beschikbaar zijn krachtens het recht van de lidstaat waar om de tenuitvoerlegging wordt verzocht en die van toepassing zouden blijven omdat zij niet onverenigbaar zijn met de gronden waarin deze verordening voorziet. Het kan bij deze gronden bijvoorbeeld gaan om betwistingen op basis van formele gebreken krachtens het nationale recht in een tenuitvoerleggingsbesluit of op basis van de bewering dat de bij de beslissing vereiste stappen reeds gezet zijn of onmogelijk zijn geworden, bijvoorbeeld door overmacht, ernstige ziekte van de persoon aan wie het kind wordt overgedragen, de opsluiting of de dood van die persoon, het feit dat de lidstaat waarnaar het kind moet worden teruggebracht in een oorlogsgebied is veranderd nadat de beslissing is gegeven, of de weigering van tenuitvoerlegging van een beslissing die volgens het recht van de lidstaat waar om de tenuitvoerlegging wordt verzocht geen uitvoerbare inhoud heeft en niet in die zin kan worden aangepast.

(64) Om de persoon jegens wie om tenuitvoerlegging wordt verzocht, in kennis te stellen van de tenuitvoerlegging van een in een andere lidstaat gegeven beslissing, moet het op grond van deze verordening opgestelde certificaat, indien nodig vergezeld van de beslissing, een redelijke termijn vóór de eerste tenuitvoerleggingsmaatregel aan de betrokkene worden betekend of medegedeeld. De eerste tenuitvoerleggingsmaatregel betekent in dit verband de eerste tenuitvoerleggingsmaatregel na de betekening of mededeling. Volgens de jurisprudentie van het Hof van Justitie heeft de partij jegens wie om tenuitvoerlegging wordt verzocht het recht op een doeltreffende voorziening in rechte, die onder meer de mogelijkheid omvat een procedure in te leiden om de uitvoerbaarheid van de beslissing aan te vechten voordat de tenuitvoerlegging daadwerkelijk ingaat.

(65) In aangelegenheden in verband met ouderlijke verantwoordelijkheid zal de tenuitvoerlegging altijd betrekking hebben op een kind, en in veel gevallen op de overdracht van een kind aan een andere persoon dan de persoon bij wie het kind op dat tijdstip verblijft en/of op de verplaatsing van een kind naar een andere lidstaat. De primaire doelstelling moet dus zijn om het juiste evenwicht te vinden tussen enerzijds het recht van de verzoeker om in beginsel zo spoedig mogelijk de uitvoering van een beslissing te verkrijgen, ook in grensoverschrijdende gevallen in de Unie, zo nodig door toepassing van dwangmaatregelen, en anderzijds de noodzaak om de blootstelling van het kind aan deze mogelijk traumatiserende dwangmaatregelen voor tenuitvoerlegging zo veel mogelijk te beperken in gevallen waarin zulks niet kan worden vermeden. Deze afweging moet voor elk geval apart worden gemaakt door de voor tenuitvoerlegging bevoegde autoriteiten en de gerechten in elke lidstaat.

(66) Deze verordening beoogt de totstandbrenging van een gelijk speelveld onder de lidstaten wat betreft de grensoverschrijdende tenuitvoerlegging van beslissingen inzake ouderlijke verantwoordelijkheid. In een aantal lidstaten zijn deze beslissingen reeds uitvoerbaar als er nog een rechtsmiddel tegen kan worden ingesteld, of als er reeds een rechtsmiddel is ingesteld en de zaak nog aanhangig is. In andere lidstaten is enkel een definitieve beslissing waar geen gewoon rechtsmiddel meer tegen kan

worden ingesteld uitvoerbaar. Om oplossingen aan te reiken voor spoedeisende situaties voorziet deze verordening er daarom in dat bepaalde beslissingen inzake ouderlijke verantwoordelijkheid uitvoerbaar bij voorraad kunnen worden verklaard door het gerecht van de lidstaat van herkomst, zelfs indien er nog een rechtsmiddel tegen kan worden ingesteld, namelijk beslissingen die de terugkeer van een kind gelasten krachtens het Verdrag van 's-Gravenhage van 1980 en beslissingen waarbij omgangsrecht wordt verleend.

(67) In tenuitvoerleggingsprocedures waarbij kinderen betrokken zijn, is het echter belangrijk dat de voor tenuitvoerlegging bevoegde autoriteiten of de gerechten snel kunnen reageren op een relevante verandering van omstandigheden, met inbegrip van betwistingen van de beslissing in de lidstaat van herkomst, het verlies van uitvoerbaarheid van de beslissing, en belemmeringen of noodsituaties waarmee zij in de tenuitvoerleggingsfase worden geconfronteerd. De tenuitvoerleggingsprocedure moet derhalve, hetzij op verzoek hetzij ambtshalve door de autoriteit of het gerecht, worden geschorst indien de uitvoerbaarheid van de beslissing is geschorst in de lidstaat van herkomst. De voor tenuitvoerlegging bevoegde autoriteit of het gerecht mag evenwel niet worden verplicht om actief te onderzoeken of de uitvoerbaarheid in de lidstaat van herkomst in de tussentijd is geschorst, na een beroepsprocedure of anderszins, indien er geen aanwijzingen zijn dat dit het geval is. Daarnaast moet het, op verzoek, aan de voor de tenuitvoerlegging bevoegde autoriteit of het gerecht worden overgelaten of de tenuitvoerlegging in de lidstaat van tenuitvoerlegging wordt geschorst of geweigerd, zelfs indien een of meer van de in deze verordening vervatte of toegestane gronden worden vastgesteld.

(68) Indien tegen de beslissing nog een rechtsmiddel kan worden ingesteld in de lidstaat van herkomst en de termijn voor het instellen van een gewoon rechtsmiddel nog niet is verstreken, moet de voor tenuitvoerlegging bevoegde autoriteit of het gerecht in de lidstaat van tenuitvoerlegging de tenuitvoerleggingsprocedure op verzoek kunnen schorsen. In die gevallen kan de autoriteit of het gerecht nader bepalen binnen welke termijn in de lidstaat van herkomst een rechtsmiddel moet worden ingesteld om de schorsing van een tenuitvoerleggingsprocedure te verkrijgen of te handhaven. De termijnbepaling dient enkel te gelden voor de schorsing van de tenuitvoerleggingsprocedure en mag geen invloed hebben op de termijn voor het instellen van een rechtsmiddel volgens het procesrecht van de lidstaat van herkomst.

(69) In uitzonderlijke gevallen moet de voor tenuitvoerlegging bevoegde autoriteit of het gerecht de tenuitvoerleggingsprocedure kunnen schorsen indien de tenuitvoerlegging het kind zou blootstellen aan een ernstig risico van fysieke of psychische schade als gevolg van tijdelijke belemmeringen die zijn ontstaan nadat de beslissing is gegeven, of op grond van een andere belangrijke verandering van omstandigheden. De tenuitvoerlegging moet worden hervat zodra het ernstige risico van fysieke of psychologische schade ophoudt te bestaan. Indien het risico echter blijft bestaan, moeten voorafgaand aan de weigering van tenuitvoerlegging passende maatregelen worden genomen om te trachten de uitvoering van de beslissing te waarborgen, zulks in overeenstemming met nationaal recht en procedures, en in voorkomend geval met de ondersteuning van andere relevante professionals, zoals maatschappelijk werkers of kinderpsychologen. In het bijzonder moet de voor tenuitvoerlegging bevoegde autoriteit of het gerecht, overeenkomstig nationaal recht en procedures, alle belemmeringen als gevolg van een verandering van omstandighedenwegnemen, waaronder kennelijke bezwaren

van het kind die pas zijn geuit nadat de beslissing werd gegeven en die zo sterk zijn dat zij, indien zij buiten beschouwing worden gelaten, een ernstig risico van fysieke of psychische schade voor het kind zouden vormen.

(70) Authentieke akten en overeenkomsten tussen partijen inzake scheiding van tafel en bed en echtscheiding die juridisch bindend zijn in één lidstaat, dienen voor de toepassing van de regels inzake erkenning te worden gelijkgesteld met 'beslissingen'. Authentieke akten en overeenkomsten tussen partijen inzake ouderlijke verantwoordelijkheid die in één lidstaat uitvoerbaar zijn, dienen voor de toepassing van de regels inzake erkenning en tenuitvoerlegging te worden gelijkgesteld met 'beslissingen'.

(71) Hoewel de verplichting uit hoofde van deze verordening om het kind de mogelijkheid te geven zijn mening te uiten, niet van toepassing mag zijn op authentieke akten en overeenkomsten, moet het recht van het kind om zijn mening te uiten van toepassing blijven overeenkomstig artikel 24 van het Handvest en in het licht van artikel 12 van het VN-Verdrag inzake de rechten van het kind, zoals uitgevoerd krachtens nationaal recht en procedures. Het feit dat een kind niet de mogelijkheid heeft gekregen zijn mening te uiten, mag niet automatisch gelden als grond voor weigering van de erkenning en tenuitvoerlegging van authentieke akten en overeenkomsten inzake ouderlijke verantwoordelijkheid.

(72) Inzake ouderlijke verantwoordelijkheid dienen in alle lidstaten centrale autoriteiten te worden aangewezen. De lidstaten moeten overwegen voor deze verordening dezelfde centrale autoriteit aan te wijzen als die voor de Verdragen van 's-Gravenhage van 1980 en 1996. De lidstaten moeten ervoor zorgen dat de centrale autoriteiten over adequate financiële en personele middelen beschikken om de taken te kunnen uitvoeren die hun krachtens deze verordening worden toegewezen.

(73) De bepalingen van deze verordening betreffende de samenwerking inzake ouderlijke verantwoordelijkheid dienen niet van toepassing te zijn op de verwerking van verzoeken om terugkeer op grond van het Verdrag van 's-Gravenhage van 1980 die, overeenkomstig artikel 19 van dat Verdrag en de vaste rechtspraak van het Hof van Justitie, geen procedures ten gronde inzake ouderlijke verantwoordelijkheid zijn. De toepassing van het Verdrag van 's-Gravenhage van 1980 moet evenwel worden aangevuld door de bepalingen van deze verordening betreffende internationale kinderontvoering en door het hoofdstuk van deze verordening betreffende erkenning en tenuitvoerlegging en het hoofdstuk inzake algemene bepalingen.

(74) De centrale autoriteiten moeten gerechten en bevoegde autoriteiten, en in bepaalde gevallen ook personen die de ouderlijke verantwoordelijkheid dragen, bijstaan in grensoverschrijdende procedures, en zowel in algemene kwesties als in specifieke gevallen met elkaar samenwerken, onder meer ter bevordering van de minnelijke schikking van gezinsconflicten.

(75) Behalve in spoedeisende gevallen en onverminderd de bij deze verordening toegestane rechtstreekse samenwerking en communicatie tussen gerechten, kunnen gerechten en bevoegde autoriteiten uit hoofde van deze verordening verzoeken betreffende samenwerking inzake ouderlijke verantwoordelijkheid doen, en deze moeten worden ingediend bij de centrale autoriteit van de lidstaat van het verzoekende gerecht of de verzoekende bevoegde autoriteit. Bepaalde verzoeken kunnen ook worden gedaan door personen die de ouderlijke verantwoordelijkheid dragen. Deze verzoeken moeten worden ingediend bij de centrale autoriteit van de gewone

verblijfplaats van de verzoeker. Deze verzoeken dienen onder meer verband te houden met verzoeken om informatie en bijstand te geven aan personen die de ouderlijke verantwoordelijkheid dragen en die op het grondgebied van de aangezochte centrale autoriteit beslissingen willen doen erkennen en ten uitvoer leggen, met name met betrekking tot het omgangsrecht en de terugkeer van het kind, inclusief, waar nodig, informatie over de manier waarop rechtshulp kan worden verkregen; verzoeken om door bemiddeling en andere alternatieve wijzen van geschillenbeslechting overeenstemming tussen personen die de ouderlijke verantwoordelijkheid dragen te bevorderen, evenals tot een gerecht of bevoegde autoriteit gerichte verzoeken om na te gaan of er maatregelen moeten worden genomen ter bescherming van de persoon of het vermogen van het kind.

(76) Een voorbeeld van een spoedeisend geval waarbij rechtstreeks initieel contact met het gerecht of de bevoegde instantie van de aangezochte lidstaat is toegestaan, is een tot de bevoegde autoriteit van een andere lidstaat gericht rechtstreeks verzoek om te overwegen of er maatregelen ter bescherming van het kind moeten worden genomen indien wordt vermoed dat het kind direct gevaar loopt. De verplichting om zich tot de centrale autoriteit te richten, dient alleen voor initiële verzoeken te gelden; alle daaropvolgende communicatie met het gerecht, de bevoegde autoriteit of de verzoeker kan ook rechtstreeks verlopen.

(77) De centrale autoriteiten of de bevoegde autoriteiten mag niet worden belet overeenkomsten of regelingen met de centrale autoriteiten of de bevoegde autoriteiten van een of meer andere lidstaten aan te gaan of te handhaven, op grond waarvan rechtstreekse communicatie in hun onderlinge betrekkingen is toegestaan. De bevoegde autoriteiten moeten hun centrale autoriteiten in kennis te stellen van zulke overeenkomsten of regelingen.

(78) In specifieke gevallen inzake ouderlijke verantwoordelijkheid die onder het toepassingsgebied van deze verordening vallen, moeten de centrale autoriteiten met elkaar samenwerken om bijstand te bieden aan zowel gerechten en bevoegde autoriteiten als personen die de ouderlijke verantwoordelijkheid dragen. De door de aangezochte centrale autoriteit verleende bijstand houdt met name in dat het kind wordt gelokaliseerd, hetzij rechtstreeks hetzij via gerechten, bevoegde autoriteiten of andere instanties, als dat nodig is voor de uitvoering van een verzoek krachtens deze verordening, en op voorwaarde dat alle andere informatie wordt verstrekt die van belang is voor procedures inzake ouderlijke verantwoordelijkheid.

(79) Aangezochte centrale autoriteiten moeten tevens alle passende maatregelen nemen om de communicatie tussen gerechten, waar nodig, te vergemakkelijken, met name voor de toepassing van de regels inzake bevoegdheidsoverdracht, waaronder voorlopige en bewarende maatregelen in spoedeisende gevallen, in het bijzonder wanneer deze verband houden met internationale kinderontvoering en ten doel hebben het kind te beschermen tegen het in artikel 13, lid 1, onder b), van het Verdrag van 's-Gravenhage van 1980 genoemde ernstige risico, en inzake aanhangigheid en onderling samenhangende procedures. Daartoe kan het verstrekken van informatie voor verdere rechtstreekse communicatie, bijvoorbeeld het verstrekken van contactgegevens van kinderwelzijnsorganisaties, rechters in het netwerk of het bevoegde gerecht, in bepaalde gevallen toereikend zijn.

(80) Ter verwezenlijking van de doelstellingen van deze verordening en onverminderd enige vereisten krachtens nationaal procedurerecht moet een verzoekend gerecht

of een verzoekende autoriteit vrij kunnen kiezen tussen de verschillende kanalen waarlangs zij de nodige informatie kan verkrijgen.

(81) Als een verzoek met ondersteunende redenen voor een verslag of andere informatie die van belang is voor procedures inzake ouderlijke verantwoordelijkheid in de verzoekende lidstaat wordt ingediend, moeten de centrale autoriteiten dat verzoek hetzij rechtstreeks, hetzij via de gerechten, bevoegde autoriteiten of andere instanties van de aangezochte lidstaat, uitvoeren. Het verzoek moet met name een beschrijving bevatten van de procedures waarvoor de informatie nodig is en de feitelijke situatie die aanleiding gaf tot de procedures.

(82) Indien een gerecht van een lidstaat reeds een beslissing inzake ouderlijke verantwoordelijkheid heeft gegeven of een dergelijke beslissing overweegt, en de tenuitvoerlegging van de beslissing moet plaatsvinden in een andere lidstaat, moet het gerecht erom kunnen verzoeken dat de gerechten of bevoegde autoriteiten van die andere lidstaat bijstand verlenen bij de tenuitvoerlegging van de beslissing. Dat geldt bijvoorbeeld voor beslissingen inzake omgang onder toezicht die worden uitgevoerd in een andere lidstaat dan de lidstaat waar het gerecht dat de omgang gelast, is gevestigd, of voor beslissingen met andere begeleidende maatregelen van de gerechten of bevoegde autoriteiten in de lidstaat waar de beslissingen ten uitvoer moet worden gelegd.

(83) Indien een gerecht of een bevoegde autoriteit van een lidstaat overweegt een kind in een andere lidstaat te plaatsen, dient vóór de plaatsing een consultatieprocedure om goedkeuring te verkrijgen te worden gevolgd. Het gerecht dat of de bevoegde autoriteit die de plaatsing overweegt, moet de goedkeuring verkrijgen van de bevoegde autoriteit van de lidstaat waar het kind moet worden geplaatst, voordat het, c.q. zij, de plaatsing gelast of regelt. Daarnaast moeten de lidstaten conform de jurisprudentie van het Hof van Justitie voorzien in duidelijke regels en procedures voor de toepassing van op grond van deze verordening te verkrijgen goedkeuring, zulks ter wille van de rechtszekerheid en een snelle afhandeling. De procedures moeten de bevoegde autoriteit onder meer in staat stellen haar goedkeuring terstond te verlenen of te weigeren. Wanneer er binnen drie maanden geen antwoord wordt ontvangen, mag dit niet als een goedkeuring worden begrepen, en zonder goedkeuring mag de plaatsing niet doorgaan. Het verzoek om goedkeuring moet ten minste vergezeld gaan van een verslag over het kind, samen met de redenen voor de voorgestelde plaatsing of zorgverstrekking, de verwachte duur van de plaatsing, informatie over eventuele voorgenomen financiering, aangevuld met alle andere informatie die de aangezochte lidstaat nuttig zou kunnen achten, zoals eventueel gepland toezicht op de maatregel, regelingen voor contact met de ouders, andere familieleden of andere personen met wie het kind een nauwe band heeft, of de redenen waarom dergelijk contact niet wordt overwogen gelet op artikel 8 van het Europees Verdrag voor de bescherming van de rechten van de mens en de fundamentele vrijheden. Gelet op de jurisprudentie van het Hof van Justitie mag, indien een specifieke termijn is goedgekeurd, die goedkeuring niet gelden voor beslissingen of regelingen tot verlenging van de plaatsing. In die omstandigheden moet een nieuw verzoek om goedkeuring worden ingediend.

(84) Indien in de lidstaat van de gewone verblijfplaats van het kind wordt overwogen het kind in een inrichting of in pleegzorg te plaatsen, moet het gerecht in het vroegste stadium van de procedure passende maatregelen in overweging nemen om te

waarborgen dat de rechten van het kind in acht worden genomen, met name het recht om zijn identiteit te behouden en het recht om contact te behouden met de ouders of, waar passend, met andere familieleden, gelet op de artikelen 8, 9 en 20 van het VN-Verdrag inzake de rechten van het kind. Indien het gerecht kennis heeft van een nauwe band van het kind met een andere lidstaat kunnen passende maatregelen in het bijzonder een kennisgeving aan het consulaire orgaan van die lidstaat overeenkomstig artikel 37, punt b), van het Verdrag van Wenen inzake consulaire betrekkingen inhouden. Ook de centrale autoriteit van die andere lidstaat kan het gerecht inlichten over het bestaan van die nauwe band. Onder passende maatregelen kan ook worden verstaan een verzoek uit hoofde van deze verordening aan die lidstaat om informatie over een ouder, een familielid of andere personen die geschikt zouden kunnen zijn om voor het kind te zorgen. Afhankelijk van de omstandigheden kan het gerecht voorts om informatie verzoeken over procedures en beslissingen betreffende een ouder of broers of zussen van het kind. Het belang van het kind dient de voornaamste overweging te blijven. Meer bepaald mag geen van deze bepalingen afbreuk doen aan het nationale recht of de procedures die van toepassing zijn op een beslissing over de plaatsing genomen door het gerecht of de bevoegde autoriteit in de lidstaat die de plaatsing overweegt. In het bijzonder mogen deze bepalingen de autoriteiten van de bevoegde lidstaat niet verplichten tot plaatsing van het kind in die andere lidstaat of tot het verder betrekken van die lidstaat bij de procedure of beslissing over de plaatsing.

(85) Aangezien tijd van cruciaal belang is in zaken inzake ouderlijke verantwoordelijkheid, moet informatie waarom wordt verzocht uit hoofde van de bepalingen van deze verordening betreffende samenwerking, onder meer wat betreft het verzamelen en uitwisselen van informatie die van belang is in procedures inzake ouderlijke verantwoordelijkheid, en de beslissing tot verlening of weigering van goedkeuring van de plaatsing van een kind in een andere lidstaat, door de centrale autoriteit van de aangezochte lidstaat uiterlijk drie maanden na de ontvangst van het verzoek aan de verzoekende lidstaat worden toegezonden tenzij dit als gevolg van uitzonderlijke omstandigheden onmogelijk blijkt. Dit dient de verplichting van de bevoegde nationale autoriteit te omvatten om de informatie aan de aangezochte centrale autoriteit te verstrekken, of om toe te lichten waarom die niet kan worden verstrekt, zodanig dat de centrale autoriteit die termijn kan eerbiedigen. Desalniettemin moeten alle betrokken bevoegde autoriteiten ernaar streven sneller te antwoorden dan binnen deze maximale termijn.

(86) Dat de vergaderingen van de centrale autoriteiten met name door de Commissie worden bijeengeroepen in het kader van het Europees justitieel netwerk in burgerlijke en handelszaken overeenkomstig Beschikking 2001/470/EG, mag geen beletsel vormen voor het beleggen van andere vergaderingen van de centrale autoriteiten.

(87) Tenzij in deze verordening anders is bepaald, moet Verordening (EU) 2016/679 van het Europees Parlement en de Raad [9] van toepassing zijn op de verwerking van persoonsgegevens door de lidstaten overeenkomstig deze verordening. Meer

(9) Verordening (EU) 2016/679 van het Europees Parlement en de Raad van 27 april 2016 betreffende de bescherming van natuurlijke personen in verband met de verwerking van persoonsgegevens en betreffende het vrije verkeer van die gegevens en tot intrekking van Richtlijn 95/46/EG (algemene verordening gegevensbescherming) (*PB* L 119 van 4.5.2016, blz. 1).

specifiek kan, om de uitvoering van een verzoek op grond van deze verordening niet in het gedrang te brengen, bijvoorbeeld een verzoek om de terugkeer van een kind overeenkomstig het Verdrag van 1980 van 's-Gravenhage of een verzoek aan een gerecht om zich te beraden op de noodzaak om maatregelen te nemen met het oog op de bescherming van de persoon of de eigendom van het kind, de verplichte kennisgeving aan de betrokkene op grond van artikel 14, leden 1 tot en met 4, van Verordening (EU) 2016/679, bijvoorbeeld over gevraagde gegevens voor het lokaliseren van het kind, worden uitgesteld totdat het verzoek waarvoor deze informatie is vereist, is uitgevoerd. Deze uitzondering wordt gemaakt overeenkomstig artikel 14, lid 5, alsmede artikel 23, lid 1, punten f), g), i) en j), van Verordening (EU) 2016/679. Dit mag niet beletten dat een tussenpersoon, een gerecht of een bevoegde autoriteit waaraan de informatie is doorgegeven, maatregelen neemt om het kind te beschermen of ervoor kan zorgen dat dergelijke maatregelen worden genomen, indien het kind wordt blootgesteld aan een risico van schade of er aanwijzingen zijn voor een dergelijk risico.

(88) In gevallen waarin de openbaarmaking of bevestiging van de betrokken informatie ten koste zou kunnen gaan van de gezondheid, veiligheid of vrijheid van het kind of een andere persoon, bijvoorbeeld wanneer er huiselijk geweld is gepleegd en een gerecht heeft gelast het nieuwe adres van het kind niet mee te delen aan de verzoeker, streeft deze verordening een delicaat evenwicht na. Hoewel in deze verordening moet worden bepaald dat een centrale autoriteit, gerecht of bevoegde autoriteit informatie die voor de toepassing van deze verordening is vergaard of toegezonden niet openbaar mag maken of mag bevestigen aan de verzoeker of aan een derde indien de centrale autoriteit, het gerecht of de bevoegde autoriteit vaststelt dat dit ten koste zou kunnen gaan van de gezondheid, veiligheid of vrijheid van het kind of een andere persoon, moet in deze verordening niettemin worden benadrukt dat dat geen beletsel mag vormen voor het vergaren en toezenden van informatie door en tussen centrale autoriteiten, gerechten en bevoegde autoriteiten, voor zover dit noodzakelijk is om de verplichtingen krachtens deze verordening te vervullen. Dit houdt in dat, indien mogelijk en passend, een verzoek op grond van deze verordening moet kunnen worden verwerkt zonder dat alle informatie die nodig is voor de verwerking ervan aan de verzoeker wordt verstrekt. Indien het nationale recht daarin voorziet, zou een centrale autoriteit bijvoorbeeld namens een verzoeker een procedure kunnen inleiden zonder de informatie over de verblijfplaats van het kind aan de verzoeker door te geven. In gevallen waarin het louter indienen van een verzoek al ten koste kan gaan van de gezondheid, veiligheid of vrijheid van het kind of een andere persoon, mag er krachtens deze verordening geen verplichting bestaan om een dergelijk verzoek in te dienen.

(89) Teneinde ervoor te zorgen dat de certificaten voor gebruik in combinatie met de toepassing van de hoofdstukken III en IV van deze verordening up-to-date worden gehouden, moet aan de Commissie de bevoegdheid worden overgedragen om overeenkomstig artikel 290 van het Verdrag betreffende de werking van de Europese Unie (VWEU) handelingen vast te stellen ten aanzien van de wijzigingen in de bijlagen I tot en met IX bij deze verordening. Het is van bijzonder belang dat de Commissie bij haar voorbereidende werkzaamheden tot passende raadplegingen overgaat, onder meer op deskundigenniveau, en dat die raadplegingen gebeuren in overeenstemming met de beginselen die zijn vastgelegd in het Interinstitutioneel

Akkoord van 13 april 2016 over beter wetgeven[10]. Met name om te zorgen voor gelijke deelname aan de voorbereiding van gedelegeerde handelingen ontvangt de Raad alle documenten op hetzelfde tijdstip als de deskundigen van de lidstaten, en hebben hun deskundigen systematisch toegang tot de vergaderingen van de deskundigengroepen van de Commissie die zich bezighouden met de voorbereiding van de gedelegeerde handelingen.

(90) De continuïteit tussen het verdrag van 1998 opgesteld op grond van artikel K.3 van het Verdrag betreffende de Europese Unie betreffende de bevoegdheid en de erkenning en tenuitvoerlegging van beslissingen in huwelijkszaken ('Verdrag Brussel II') [11], Verordening (EG) nr. 1347/2000, Verordening (EG) nr. 2201/2003 en deze verordening moet worden gewaarborgd voor zover de bepalingen ongewijzigd zijn gebleven; daartoe zijn overgangsbepalingen nodig. Deze continuïteit moet ook gelden voor de uitleg, onder meer door het Hof van Justitie, van het Verdrag Brussel II en van de Verordeningen (EG) nr. 1347/2000 en (EG) nr. 2201/2003.

(91) Er zij aan herinnerd dat artikel 351 van het VWEU van toepassing is op overeenkomsten die lidstaten vóór hun toetreding tot de Unie hebben gesloten met één of meer derde landen.

(92) Het recht dat toepasselijk is inzake ouderlijke verantwoordelijkheid moet worden vastgesteld overeenkomstig de bepalingen van hoofdstuk III van het Verdrag van 's-Gravenhage van 1996. Bij de toepassing van dat verdrag in procedures voor een gerecht van een lidstaat waar deze verordening van toepassing is, moet de verwijzing in artikel 15, lid 1, van dat verdrag naar 'het bepaalde in hoofdstuk II' van dat verdrag worden begrepen als een verwijzing naar 'de bepalingen van deze verordening'.

(93) Met het oog op de goede werking van deze verordening dient de Commissie de toepassing ervan te beoordelen en in voorkomend geval de nodige wijzigingen voor te stellen.

(94) De Commissie dient de door de lidstaten toegezonden informatie openbaar te maken en bij te houden.

(95) Overeenkomstig artikel 3 en artikel 4 bis, lid 1, van Protocol nr. 21 betreffende de positie van het Verenigd Koninkrijk en Ierland ten aanzien van de ruimte van vrijheid, veiligheid en recht, gehecht aan het Verdrag betreffende de Europese Unie (VEU) en aan het VWEU, hebben die lidstaten te kennen gegeven dat zij wensen deel te nemen aan de aanneming en toepassing van deze verordening.

(96) Overeenkomstig de artikelen 1 en 2 van Protocol nr. 22 betreffende de positie van Denemarken, gehecht aan het VEU en aan het VWEU, neemt Denemarken niet deel aan de aanneming van deze verordening, zodat deze niet bindend voor, noch van toepassing op Denemarken is.

(97) De Europese Toezichthouder voor gegevensbescherming is geraadpleegd overeenkomstig artikel 41, lid 2, tweede alinea, en artikel 46, punt d), van Verordening (EG)

(10) *PB* L 123 van 12.5.2016, blz. 1.
(11) *PB* C 221 van 16.7.1998, blz. 1.

nr. 45/2001 van het Europees Parlement en de Raad [12] en heeft op 15 februari 2018 advies uitgebracht [13].

(98) Daar de doelstellingen van deze verordening niet voldoende door de lidstaten kunnen worden verwezenlijkt vanwege de verschillen tussen nationale regels over bevoegdheid en de erkenning en tenuitvoerlegging van beslissingen, maar vanwege de rechtstreekse toepasselijkheid en het bindend karakter van deze verordening beter door de Unie kunnen worden verwezenlijkt, kan de Unie, overeenkomstig het in artikel 5 van het VEU neergelegde subsidiariteitsbeginsel, maatregelen nemen. Overeenkomstig het in hetzelfde artikel neergelegde evenredigheidsbeginsel gaat deze verordening niet verder dan nodig is om deze doelstellingen te verwezenlijken,

HEEFT DE VOLGENDE VERORDENING VASTGESTELD:

[Inleidende opmerkingen]

1. Algemeen. De verordening regelt vanaf 1 augustus 2022 de bevoegdheid van de nationale rechters van de EU-lidstaten in huwelijkszaken en in zaken met betrekking tot de ouderlijke verantwoordelijkheid, alsmede de erkenning en tenuitvoerlegging binnen de EU van rechterlijke beslissingen, authentieke akten en geregistreerde overeenkomsten op deze terreinen. Zij wordt, om hieronder te bespreken redenen (zie aant. 2) in Nederland meestal aangeduid als 'Verordening Brussel II-ter' of kortweg 'Brussel II-ter'.

2. Ontstaansgeschiedenis. Art. K3 Verdrag van Maastricht vormde de basis voor intergouvernementele samenwerking 'ter verwezenlijking van met name het vrij verkeer van personen'. Op grond hiervan is opgesteld het Verdrag van 28 mei 1998 betreffende de bevoegdheid en de erkenning en tenuitvoerlegging van beslissingen in huwelijkszaken (Trb. 1999, 14). Dit verdrag sloot in systematiek en terminologie nauw aan bij het EEX-verdrag, dat internationaal veelal werd aangeduid als het 'Verdrag van Brussel'. Om deze reden werd het verdrag van 28 mei 1998 wel het 'Brussel II-verdrag' genoemd. Dit verdrag is nooit in werking getreden. Op 1 mei 1999 werd het namelijk op grond van hoofdstuk IV EG-Verdrag (thans Titel V van het Verdrag betreffende de werking van de Europese Unie (VWEU)) mogelijk om dezelfde materie op een andere wijze te regelen, namelijk door middel van een verordening. Dit heeft ertoe geleid dat op 29 mei 2000 de 'Verordening (EG) nr. 1347/2000 betreffende de bevoegdheid en de erkenning en tenuitvoerlegging van beslissingen in huwelijkszaken en inzake de ouderlijke verantwoordelijkheid voor gemeenschappelijke kinderen' door de Raad is aangenomen. Deze verordening, die inhoudelijk grotendeels overeenkwam met het Brussel II-verdrag, is op 1 maart 2001 in werking getreden voor alle EU-lidstaten behalve Denemarken. Zij werd veelal aangeduid als de Brussel II-verordening of als Brussel II. Met ingang van 1 maart 2005 is Brussel II vervangen door Brussel II-bis. Het verschil tussen deze verordeningen was vooral gelegen in de bepalingen over de ouderlijke verantwoordelijkheid. Anders dan in Brussel II, werd in Brussel II-bis de bevoegdheid inzake de ouderlijke verantwoor-

(12) Verordening (EG) nr. 45/2001 van het Europees Parlement en de Raad van 18 december 2000 betreffende de bescherming van natuurlijke personen in verband met de verwerking van persoonsgegevens door de communautaire instellingen en organen en betreffende het vrije verkeer van die gegevens (*PB* L 8 van 12.1.2001, blz. 1).

(13) *PB* C 120 van 6.4.2018, blz. 18.

delijkheid niet alleen geregeld wanneer het ging om nevenvoorzieningen bij procedures over de huwelijksband, maar ook wanneer het ging om zelfstandige beslissingen. Op 15 april 2014 is op grond van art. 65 Brussel II-bis door de Europese Commissie een verslag over de toepassing van verordening Brussel II-bis ingediend (zie COM(2014)225 final). Vervolgens heeft een openbare raadpleging plaatsgevonden ter voorbereiding van de herziening van deze verordening. Op basis daarvan heeft de Europese Commissie op 30 juni 2016 een voorstel voor een herschikking van de verordening Brussel II-bis bekendgemaakt (zie COM(2016)411 final) en is – na intensieve onderhandelingen tussen de lidstaten – op 2 juli 2019 de definitieve tekst van de herschikte verordening gepubliceerd (*PbEU* L178/1). Thans is per 1 augustus 2022 Brussel II-bis vervallen en vervangen door de onderhavige verordening (Brussel II-ter). Verordening Brussel II-bis blijft wel nog relevant voor gerechtelijke procedures die voor 1 augustus 2022 zijn ingesteld en authentieke akten die zijn verleden en overeenkomsten die vóór 1 augustus 2022 uitvoerbaar zijn geworden in de lidstaat waar zij werden gesloten en die binnen het toepassingsgebied van die verordening vallen (vgl. artikel 100 lid 2 Brussel II-ter). Zie het commentaar op Verordening Brussel II-bis.

3. Interpretatie. Brussel II-ter beoogt de rechtszekerheid te versterken en te zorgen voor een betere toegang tot gerechtelijke procedures en deze efficiënter te maken (preambule, nr. 2). Daarom wordt in het onderstaande steeds in de eerste plaats onderzocht tot welk resultaat een letterlijke lezing van de tekst leidt. Wanneer een letterlijke interpretatie tot inconsistente of onzekere resultaten kan leiden of wanneer zij in de literatuur of in de praktijk reeds ter discussie is gesteld, worden ook andere mogelijkheden onderzocht. Van belang is, dat er over interpretatiekwesties veelal pas definitief zekerheid kan worden verkregen wanneer het Hof van Justitie er uitspraak over heeft gedaan.

4. Interpretatieproblemen. a. Documenten. Bij de verordening bestaat geen toelichtend rapport zoals dat bij de Haagse ipr-verdragen gebruikelijk is. Wel omvat de considerans van Brussel II-ter 99 overwegingen waarvan een groot aantal van belang zijn voor de uitleg van een of meer bepalingen. Daarnaast kunnen voor de uitleg van Brussel II-ter nog een aantal documenten relevant zijn die betrekking hebben op de voorgangers van deze verordening. In de eerste plaats dient te worden gewezen op het toelichtend rapport van Alegría Borrás op het ontwerp-Brussel II-verdrag (*PbEG* 1998, C-221/27). Dit rapport kan van belang zijn bij de interpretatie van die bepalingen in de verordening die nog overeenkomen met de bepalingen van het verdrag. Naast dit rapport kan gewezen worden op: de toelichting van de Commissie bij het voorstel voor de Brussel II-verordening (COM(1999)220 def.); de toelichting van de Commissie bij het voorstel voor Brussel II-bis (COM(2002)222 definitief/2); en de 'Practice Guide for the application of the new Brussels II Regulation' https://e-justice.europa.eu/fileDownload.do?id=98eb296c-a790-4feb-8001-5a990b513521. Voorts kunnen documenten van belang zijn die tijdens de wetgevingsprocedure zijn opgesteld. Voor Brussel II zijn dit achtereenvolgens het advies van het ESC (*PbEG* 1999, C-368/23); het verslag van de EP-commissie vrijheden en rechten van de burger, justitie en binnenlandse zaken (EP A5-0057/1999); de amendementen van het EP (*PbEG* 2000, C-189/91); het gewijzigd voorstel met toelichting (COM(2000)151 definitief); en het politiek akkoord van de Raad. Voor Brussel II-bis zij gewezen op het advies van het ESC (*PbEU* 2003, C-61II76); het Verslag EP-commissie vrijheden en rechten van de burger, justitie en binnenlandse zaken (EP A5-0385/2002); en de wetgevingsresolutie van het EP (*PbEU* 2004, C-25E/171). Voor Brussel II-ter zijn dit achtereenvolgens het advies van het ESC (COM(2016) 411 final, *PbEU* 2017, C 125/46) en het advies en de verslagen van de EP-commissie verzoekschriften (PETI_AD(2017)597699 (Advies); P8_A(2017)0388 (Verslag) en P8_A(2019)0056 (Verslag)). **b. Andere bronnen.** Tot slot zij gewezen op rechtspraak van het Hof van Justitie EU en voorts op doctrine en op nationale rechtspraak uit de verschillende lidstaten. In dat kader is het van belang erop te wijzen dat de door het Hof van Justitie aan – met name – de Verordening Brussel II-bis gegeven uitleg in beginsel ook van belang is voor de uitleg van de Verordening Brussel II-ter, indien en voor zover de bepalingen van laatstgenoemde verordening ongewijzigd zijn gebleven ten opzichte van de bepalingen van eerstgenoemde verordening. Dit bevordert de continuïteit tussen beide verordeningen.

5. Toepassingsgebied. a. Territoriaal toepassingsgebied. De verordening geldt voor alle lidstaten behalve Denemarken (art. 1 lid 3). Zie ook de preambule nr. 31. **b. Materieel toepassingsgebied.** De onderwerpen die door de verordening bestreken worden, worden afgebakend in art. 1, alsmede in een aantal van de definities die gegeven worden in art. 2. Zie het commentaar op art. 1 en art. 2. **c. Temporeel toepassingsgebied.** De verordening is in werking getreden op 22 juli 2019 en is van toepassing sinds 1 augustus 2022 (zie het commentaar op art. 105). Het overgangsrecht is geregeld in art. 100. **d. Formeel toepassingsgebied.** De vraag of het werkingsbereik van de verordening beperkt is tot situaties waarin de casus met een of meer EU-lidstaten verbonden en zo ja hoe, wordt beantwoord in art. 6. Zie het commentaar op art. 6. De (voor)vraag of het voor toepassing van de verordening noodzakelijk is dat de casus een internationaal, grensoverschrijdend, karakter heeft, en zo ja, waarin dat internationale karakter moet bestaan, heeft slechts een academisch karakter. Of de Nederlandse rechter in een zuiver intern geval (Nederlandse partijen, wonend in Nederland) bevoegd is op grond van de verordening of op grond van het Wetboek van Burgerlijke Rechtsvordering, maakt immers geen verschil. Wel is van belang dat een beslissing die door de rechter van een van de lidstaten in een zuiver intern geval gegeven is, in alle andere lidstaten wordt erkend en ten uitvoer gelegd op grond van de verordening.

6. Verhouding tot het volkenrecht. Blijkens de preambule (nr. 34) wordt de toepassing van het internationaal publiekrecht inzake diplomatieke immuniteiten onverlet gelaten.

7. Verhouding tot andere instrumenten. De verhouding tot andere Europese wetgeving en de verhouding tot internationale verdragen wordt in algemene termen geregeld in art. 94-99. Voorts komt de verhouding tot andere instrumenten meerdere malen aan de orde in de preambule (nr. 2, 10, 13, 16, 17, 19, 22, 25, 30, 36, 39, 40-46, 48-52, 59, 71-73, 79, 83, 84, 87, 90-92) en, voor specifieke kwesties, in een aantal bepalingen van de verordening (art. 19, 22, 23, 26, 27, 29, 100, 104, 64 en 71).

8. HKV 1996. Bijzondere aandacht verdient het HKV 1996. Dit verdrag is voor Nederland op 1 mei 2011 in werking getreden. Tussen dit verdrag en de verordening bestaat een belangrijke samenhang. Dit blijkt uit met name uit de preambule (nr. 17, 25, 72 en 92) en art. 97 Brussel II-ter. Het verdrag regelt 'de bevoegdheid, het toepasselijke recht, de erkenning, de tenuitvoerlegging en de samenwerking op het gebied van ouderlijke verantwoordelijkheid en maatregelen ter bescherming van kinderen'. Buiten de aanwijzing van het toepasselijke recht zijn dit dezelfde onderwerpen die door de verordening worden geregeld, voor zover die betrekking heeft op ouderlijke verantwoordelijkheid. Een groot aantal van de bepalingen van de verordening komt overeen met die van het verdrag. Anders dan bij de verordening is bij het verdrag een toelichtend rapport verschenen (Rapport Lagarde, te downloaden op https://assets.hcch.net/docs/5a56242c-ff06-42c4-8cf0-00e48da47ef0.pdf). Zie nader met betrekking tot het HKV 1996, *T&C Personen- en familierecht*, commentaar op HKV 1996 en in *Asser/Vonken & Ibili 10-II* 2021/519 e.v.

9. Uitvoeringswet. De Uitvoeringswet Internationale Kinderbescherming strekte aanvankelijk zowel ter uitvoering van het Haags Kinderbeschermingsverdrag 1996 als de Verordening Brussel II-bis. Op deze regelingen waren de bepalingen van deze uitvoeringswet dan ook in beginsel afgestemd. Met de komst van de Verordening Brussel II-ter moest de Uitvoeringswet Internationale Kinderbescherming op onderdelen wezenlijk worden aangepast. Mede omdat onder de Verordening Brussel II-ter, anders dan onder de Verordening Brussel II-bis, voor de tenuitvoerlegging geen enkele verklaring van uitvoerbaarheid of voorafgaand verlof meer is vereist. De op de Verordening Brussel II-ter (en het Haags Kinderbeschermingsverdrag 1996) toegesneden versie van de Uitvoeringswet Internationale Kinderbescherming treedt in werking op 1 augustus 2022 (zie *Stb.* 2022, 141; zie voor de gewijzigde versie van de uitvoeringswet de Wet van 9 februari 2022, *Stb.* 2022, 72; *Kamerstukken* 35888). En is dan van toepassing op de in art. 100 lid 1 Brussel II-ter bedoelde gevallen. In de overige gevallen, waarmee hier zijn bedoeld de gevallen waarin de Verordening Brussel II-bis van toepassing is (zie art. 100 lid 2 Brussel II-ter), geldt de Uitvoeringswet internationale kinderbescherming in de versie van vóór 1 augustus 2022.

10. Verdragen en wetgeving voor gevallen waarin de verordening niet voorziet. a. Rechtsmacht. Voor gevallen waarin de verordening geen bevoegde rechter aanwijst, verwijzen art. 6 lid 1 (voor echtscheiding en andere beslissingen inzake de huwelijksband) en art. 14 (voor beslissingen inzake de ouderlijke verantwoordelijkheid) naar het nationale recht van de lidstaten. Zie nader 'het commune IPR inzake ouderlijke verantwoordelijkheid'. **b. Erkenning en tenuitvoerlegging.** Echtscheidingen en beslissingen tot scheiding van tafel en bed afkomstig uit niet-lidstaten worden in Nederland erkend in overeenstemming met art. 10:57 en art. 10:58 BW. Andere beslissingen inzake de huwelijksband (zoals nietigverklaringen, verklaringen over de geldigheid van het huwelijk) kunnen, indien afkomstig uit Oostenrijk of Turkije, worden erkend krachtens het Verdrag inzake de erkenning van beslissingen betreffende de huwelijksband (Luxemburg, 1967); in andere gevallen kunnen zij worden beoordeeld aan de hand van art. 431 Rv. Ook voor beslissingen inzake ouderlijke verantwoordelijkheid die niet krachtens Brussel II-ter of krachtens een verdrag ten uitvoer kunnen worden gelegd, is art. 431 Rv toepasselijk. Zie over deze bepaling nader 'het commune IPR inzake ouderlijke verantwoordelijkheid'.

11. De structuur van de verordening. De verordening bestaat uit een preambule, negen hoofdstukken en 10 bijlagen. In de preambule worden de doelstelling van de verordening en de ratio van enkele afzonderlijke bepalingen beschreven. Ook zijn in deze preambule met betrekking tot enkele bepalingen instructies gericht tot de rechter opgenomen. Hoofdstuk I (art. 1 tot en met art. 2) heeft betrekking op het toepassingsgebied en geeft enkele definities. In hoofdstuk II (art. 3 tot en met art. 21) wordt de rechterlijke bevoegdheid geregeld in drie afdelingen: één over de bevoegdheid inzake echtscheiding, scheiding van tafel en bed en nietigverklaring van het huwelijk (art. 3 tot en met art. 6), één over de bevoegdheid inzake de ouderlijke verantwoordelijkheid (art. 7 tot en met art. 16) en één met gemeenschappelijke bepalingen (art. 17 tot en met art. 21). Hoofdstuk III (art. 22 tot en met art. 29) heeft betrekking op internationale kinderontvoering. Hoofdstuk IV regelt de erkenning en de tenuitvoerlegging van beslissingen. Het bevat een afdeling met algemene bepalingen inzake erkenning en tenuitvoerlegging (afdeling 1, art. 30 tot en met art. 41); een afdeling over erkenning en tenuitvoerlegging van bepaalde geprivilegieerde beslissingen (afdeling 2, art. 42 tot en met art. 50); een afdeling met gemeenschappelijke bepalingen inzake tenuitvoerlegging (afdeling 3, art. 51 tot en met art. 63); voorts een afdeling over authentieke akten en overeenkomsten (afdeling 4, art. 64 tot en met art. 68); en tot slot een afdeling met overige bepalingen (afdeling 5, art. 69 tot en met art. 75). De overige hoofdstukken hebben achtereenvolgens betrekking op de samenwerking tussen centrale autoriteiten inzake ouderlijke verantwoordelijkheid (hoofdstuk V, art. 76 tot en met art. 84); algemene bepalingen (hoofdstuk VI, art. 85 tot en met art. 91); gedelegeerde handelingen (hoofdstuk VII, art. 92 en art. 93); de verhouding tot andere instrumenten (hoofdstuk VIII, art. 94 tot en met art. 99); en slotbepalingen (hoofdstuk IX, art. 100 tot en met art. 105). De bijlagen I tot en met IX bevatten certificaten waarnaar in verschillende artikelen verwezen wordt. Deze certificaten dienen in het bijzonder ter vereenvoudiging van de erkenning en de tenuitvoerlegging van beslissingen: door het uniforme formulier krijgt de aangezochte rechter op eenvoudige wijze kennis van de relevante gegevens en kan hij snel over de erkenbaarheid en de uitvoerbaarheid van beslissingen oordelen. Bijlage X bevat een concordantietabel ten opzichte van Verordening Brussel II-bis.

HOOFDSTUK I
Toepassingsgebied en definities

Artikel 1
Toepassingsgebied

1. Deze verordening is van toepassing op burgerlijke zaken betreffende:
a) echtscheiding, scheiding van tafel en bed of nietigverklaring van het huwelijk;
b) de toekenning, uitoefening, overdracht, beperking of beëindiging van de ouderlijke verantwoordelijkheid.
2. De in lid 1, onder b), bedoelde aangelegenheden kunnen met name het volgende omvatten:
a) het gezagsrecht en het omgangsrecht;
b) voogdij, curatele en overeenkomstige rechtsinstituten;
c) de aanwijzing en de taken van personen of organen die belast zijn met de zorg voor de persoon of het vermogen van een kind, of die een kind vertegenwoordigen of bijstaan;
d) de plaatsing van een kind in een inrichting of in pleegzorg;
e) maatregelen ter bescherming van het kind die verband houden met het beheer of de instandhouding van dan wel de beschikking over het vermogen van een kind.
3. De hoofdstukken III en VI van deze verordening zijn van toepassing wanneer bij de ongeoorloofde overbrenging of niet-terugkeer van een kind meer dan een lidstaat is betrokken, ter aanvulling van het Verdrag van 's-Gravenhage van 1980. Hoofdstuk IV

van deze verordening is van toepassing op beslissingen waarmee de terugkeer van een kind naar een andere lidstaat uit hoofde van het Verdrag van 's-Gravenhage van 1980 wordt bevolen en die ten uitvoer moeten worden gelegd in een andere lidstaat dan de lidstaat waarin de beslissing werd gegeven.

4. Deze verordening is niet van toepassing op:

a) de vaststelling of de ontkenning van familierechtelijke betrekkingen;

b) beslissingen inzake adoptie, voorbereidende maatregelen voor adoptie, alsmede de nietigverklaring of de herroeping van de adoptie;

c) de geslachtsnaam en de voornamen van een kind;

d) de handlichting;

e) onderhoudsverplichtingen;

f) trusts en erfopvolging;

g) maatregelen genomen ten gevolge van door kinderen begane strafbare feiten.

[25-06-2019, PbEU L 178, i.w.tr. 22-07-2019/regelingnummer 2019/1111]

[Toepassingsgebied]

1. Algemeen. Het artikel beschrijft het (materiële) toepassingsgebied van de verordening. Het moet gelezen worden in samenhang met de preambule (nr. 4-5 en nr. 9-18) en met de in art. 2 gegeven definities.

2. Burgerlijke zaken (aanhef). De beperking tot burgerlijke zaken heeft tweeërlei betekenis. In de eerste plaats vallen kwesties van strafrechtelijke en administratiefrechtelijke aard buiten het toepassingsgebied van de verordening. Een aantal uitgezonderde onderwerpen wordt specifiek genoemd in de preambule (nr. 9-13) en in art. 1 lid 4 onderdeel a-g. Het begrip burgerlijke zaken moet echter autonoom worden uitgelegd (vgl. preambule nr. 4). Zo heeft het Hof van Justitie EU inmiddels meerdere malen geoordeeld en is ook in preambule nr. 4 vastgelegd, dat de in de verordening opgenomen bevoegdheidsregels op het gebied van ouderlijke verantwoordelijkheid ook toepassing vinden op zaken betreffende ouderlijke verantwoordelijkheid die zien op maatregelen die krachtens het nationale recht van een lidstaat onder het publiekrecht vallen. Zie bijvoorbeeld HvJ EG 27 november 2007, C-435/06 waarin het Hof tot het oordeel kwam dat een beslissing waarbij tegelijkertijd ondertoezichtstelling wordt uitgesproken en plaatsing in een pleeggezin wordt gelast onder de verordening valt, ook indien die beslissing naar het nationale recht op grond waarvan zij genomen is, publiekrechtelijk van aard is. Zie ook HvJ EU 27 oktober 2016, ECLI:EU:C:2016:819, *NJ* 2017/174, m.nt. Th.M. de Boer (*D.*). In de tweede plaats hebben destijds de opstellers van het Brussel II-verdrag met de beperking tot burgerlijke zaken beoogd om procedures met een 'religieuze inslag' van het toepassingsgebied uit te zonderen (Rapport Borrás, nr. 20). Sommige beslissingen van religieuze autoriteiten worden echter wel erkend op grond van art. 99, welk artikel betrekking heeft op een aantal verdragen tussen lidstaten en de Heilige Stoel.

3. Ontbinding van het huwelijk (lid 1 onderdeel a). Lid 1 spreekt van 'echtscheiding, scheiding van tafel en bed en nietigverklaring van het huwelijk'. Ook de ontbinding van het huwelijk na scheiding van tafel en bed valt, blijkens art. 5, binnen de reikwijdte van de verordening. Mogelijk wordt zij in lid 1 niet afzonderlijk genoemd omdat zij – eveneens blijkens art. 5 – als een vorm van echtscheiding wordt beschouwd. Een verzoek tot nietigverklaring van een huwelijk dat is ingediend door een derde na overlijden van een van de echtgenoten valt eveneens binnen de werkingssfeer van de vordering (HvJ EU 13 oktober 2016, ECLI:EU:C:2016:772, *NJ* 2017/188, m.nt. Th.M. de Boer (*Mikolajczyk*)). Vorderingen inzake de geldigheid van een huwelijk vallen niet onder het toepassingsgebied. **a. Administratieve echtscheidingen.** De verordening gaat uit van echtscheidingen die door een gerecht worden uitgesproken (vgl. bijvoorbeeld art. 2 lid 1 en art. 3). Onder 'gerecht' kan echter ook worden verstaan een administratieve autoriteit (art. 2 lid 2 sub 1). Zie ook preambule nr. 14: "Volgens de jurisprudentie van het Hof van Justitie moet de term 'gerecht' ruim worden uitgelegd, zodat hij tevens administratieve of andere autoriteiten, zoals notarissen, omvat die bevoegdheden uitoefenen in bepaalde huwelijkszaken [...]". **b. Ontbinding van een geregistreerd partnerschap.** Het geregistreerd partnerschap is geen huwelijk. De ontbinding ervan valt niet binnen de reikwijdte van de verordening. **c. Ontbinding van een huwelijk tussen personen van gelijk geslacht.** Of de ontbinding van een huwelijk tussen personen van gelijk geslacht binnen de reikwijdte van de verordening valt bestaat evenals onder haar voorgangers geen duidelijkheid. In Nederland gaat men hier over het algemeen wel van uit, maar in andere landen wordt hier wel anders over gedacht. Het wachten is op een uitspraak van het Hof van Justitie hieromtrent. Voor Nederland betreft dit overigens een theoretische kwestie aangezien, ook indien een ontbinding van een huwelijk tussen personen van gelijk geslacht niet onder het materieel toepassingsgebied van de verordening valt, de bepalingen 3-5 van de verordening toch van toepassing zijn op grond van art. 4 lid 1 Rv. **d. Erkenning van het te ontbinden huwelijk.** Duidelijk is wel dat de verordening niet regelt wanneer een huwelijk in de lidstaten moet worden erkend. Wensen bijvoorbeeld twee personen van hetzelfde geslacht die gehuwd zijn in de ene lidstaat, te scheiden in een andere lidstaat waar zij hun gewone verblijfplaats hebben, dan kan de rechter van die lidstaat weliswaar (al dan niet op grond van de verordening) rechtsmacht aannemen om de echtscheiding uit te spreken, maar hij is vrij om te oordelen dat er tussen partijen geen (aldaar te erkennen) huwelijk bestaat en op die grond te weigeren het echtscheidingsverzoek inhoudelijk te behandelen. Voor de vraag of de rechter van een andere lidstaat in dat geval bevoegdheid kan aannemen, zie art. 6, aant. 2. Een andere vraag kan zijn of een echtscheiding tussen twee personen van hetzelfde geslacht die in de ene lidstaat wordt uitgesproken, in een andere lidstaat moet worden erkend. Voor zover te overzien valt, is deze vraag slechts academisch van aard. Niet-erkenning van de echtscheiding tussen personen van hetzelfde geslacht zal immers pas aan de orde zijn wanneer ook het huwelijk tussen die personen in de desbetreffende lidstaat niet erkend wordt. Wanneer het huwelijk in die lidstaat niet erkend wordt, wordt de vraag naar al dan niet erkennen van de echtscheiding aldaar irrelevant.

4. Ouderlijke verantwoordelijkheid (lid 1 onderdeel b, lid 2). De verordening heeft betrekking op alle zaken betreffende de ouderlijke verantwoordelijkheid waaronder ook kwesties met betrekking tot internationale kinderontvoering (vgl. preambule nr. 5). De formulering van art. 1 lid 1 onderdeel b is kennelijk geïnspireerd door art. 3 onderdeel a HKV 1996; de formulering van art. 1 lid 2 — waarin een nadere omschrijving gegeven wordt van de kwesties die tot de ouderlijke verantwoordelijkheid gerekend worden — is ontleend aan art. 3 onderdeel b-g HKV 1996. De in lid 2 gegeven opsomming is niet limitatief. Zo valt ook een beslissing tot ondertoezichtstelling onder de verordening (HvJ EG 27 november 2007, C-435/06 en HvJ EG 2 april 2009, C-523/07, *NJ* 2009/547, m.nt. Th.M. de Boer (*Finse uithuisplaatsing of 'A'*)) evenals een verzoek tot vervangende toestemming voor afgifte van een reisdocument ten behoeve van een minderjarige (HvJ EU 21 oktober 2015, C-215/15, ECLI:EU:C:2015:710, *NJ* 2016/242, m.nt. Th.M. de Boer (*Gogova*)). Omtrent laatstgenoemde kwestie bestond in de Nederlandse rechtspraak overigens geen twijfel: vlg. HR 31 oktober 2014, ECLI:NL:HR:2014:3070, *NJ* 2015/285, m.nt. L. Strikwerda. Het begrip 'ouderlijke verantwoordelijkheid' en de daarmee samenhangende begrippen worden nader gedefinieerd in art. 2 onderdeel 7-11. Zie nader *Asser/Vonken & Ibili 10-II* 2021/530-531. **a. Curatele.** Bij curatele moet niet worden gedacht aan de rechtsfiguur van art. 1:378 BW e.v., die immers niet tot de kwesties van de ouderlijke verantwoordelijkheid behoort. Blijkens het toelichtend rapport bij het HKV 1996 heeft men bij de opstelling van dat verdrag het oog gehad op rechtsfiguren die beogen een kind te beschermen wanneer zijn ouders zijn overleden of niet meer in staat zijn hem te vertegenwoordigen; daarbij is bij voogdij gedacht aan vormen van vertegenwoordiging van het kind en bij curatele aan vormen van bijstand aan het kind (Rapport Lagarde, § 20). **b. Trusts en erfopvolging.** De rechterlijke goedkeuring van een overeenkomst tot verdeling van een nalatenschap die tussen de langstlevende echtgenoot en de bewindvoerder vertegenwoordigde minderjarige kinderen is gesloten betreft een maatregel betreffende de ouderlijke verantwoordelijkheid en wordt niet beschouwd als maatregel inzake erfopvolging in de zin van art. 1 lid 3 onderdeel f Brussel II-bis (HvJ EU 6 oktober 2015, ECLI:EU:C:2015:653, *NJ* 2016/241, m.nt. Th.M. de Boer (*Matouskova*)). Maatregelen ter bescherming van het kind die verband houden met het beheer of de instandhouding van dan wel de beschikking over het vermogen van het kind. Uitleg over de reikwijdte van dit gedeelte van het artikel wordt gegeven in de preambule (nr. 9). Een vermogensrechtelijk geschil tussen een kind en een willekeurige partij wordt niet beheerst door deze verordening maar door Brussel I.

5. Internationale kinderontvoering. In lid 3 wordt aangegeven in welke gevallen van internationale kinderontvoering respectievelijk hoofdstukken III (Internationale kinderontvoering) en VI (Algemene bepalingen met betrekking tot o.a. internationale kinderontvoering) en hoofdstuk IV (Erkenning en tenuitvoerlegging) van toepassing zijn. In het eerstgenoemde geval geldt als voorwaarde dat meer dan één lidstaat bij de ongeoorloofde overbrenging of niet-terugkeer betrokken is. In het laatstgenoemde geval geldt als voorwaarde dat sprake dient te zijn van een beslissing waarmee de terugkeer van een kind naar een andere lidstaat uit hoofde van het Haags Kinderontvoeringsverdrag 1980 wordt bevolen en die ten uitvoer moet worden gelegd in een andere lidstaat dan de lidstaat waarin de beslissing werd gegeven.

6. Uitsluitingen (lid 4). In lid 4 worden onderwerpen omschreven die van het toepassingsgebied van de verordening zijn uitgezonderd. Zij zijn kennelijk ontleend aan art. 4 HKV 1996. **a. De vaststelling en de ontkenning van familierechtelijke betrekkingen (onderdeel a).** Met deze uitsluiting is beoogd procedures die strekken tot de vaststelling of ontkenning van een familierechtelijke betrekking buiten het toepassingsgebied van de verordening te doen vallen. Een andere kwestie is, wat de rechter moet doen wanneer het wel of niet bestaan van een familierechtelijke betrekking van belang is als voorvraag bij een kwestie van ouderlijke verantwoordelijkheid, zoals wanneer een Duitse man op grond van art. 1:253c BW verzoekt om als vader met het gezag te worden belast. In dat geval zal de bevoegdheid om van het verzoek kennis te nemen, door de verordening worden bepaald (het betreft immers een verzoek tot benoeming in het gezag). De vraag of de man de vader van het kind is, zal door de bevoegde rechter moeten worden beantwoord aan de hand van het recht dat door de regels van het voor hem geldende internationaal privaatrecht wordt aangewezen (vgl. art. 10:4 BW). **b. Trusts en erfopvolging (onderdeel f).** Rechterlijke goedkeuring van een overeenkomst tot verdeling van de nalatenschap die voor rekening van minderjarige kinderen is gesloten door de bewindvoerder is een maatregel betreffende de ouderlijke verantwoordelijkheid in de zin van art. 1 lid 1 onderdeel b en valt aldus binnen de werkingssfeer van de verordening. Het betreft geen maatregel inzake erfopvolging in de zin van art 1 lid 3 onderdeel f Brussel II-bis (HvJ EU 6 oktober 2015, ECLI:EU:C:2015:653, *NJ* 2016/241, m.nt. Th.M. de Boer (*Matouskova*)). **c. Maatregelen genomen ten gevolge van door kinderen begane strafbare feiten (onderdeel g).** In sommige lidstaten bestaat een duidelijke scheiding tussen strafrechtelijke maatregelen en daaropvolgende burgerrechtelijke beschermingsmaatregelen, zoals de plaatsing van het kind in een instelling. De hier genoemde uitsluiting beoogt duidelijk te maken dat de lidstaat die de strafrechtelijke maatregelen neemt, door de verordening niet wordt verhinderd zijn bevoegdheid uit te oefenen om ook de vereiste burgerrechtelijke maatregelen te nemen. Preambule nr. 11 benoemt specifiek dat van het toepassingsgebied van de verordening moet worden uitgesloten een plaatsing, om opvoedkundige reden of als straf, die is gelast of geregeld naar aanleiding van een handeling van een kind die op grond van het nationale strafrecht een strafbare handeling zou kunnen vormen indien begaan door een volwassene, ongeacht of dit in het specifieke geval tot een veroordeling zou kunnen leiden.

Artikel 2
Definities

1. Voor de toepassing van deze verordening wordt verstaan onder 'beslissing': een beslissing van een gerecht van een lidstaat, zoals een vonnis, bevel of oordeel, waarbij een echtscheiding, een scheiding van tafel en bed, of de nietigverklaring van een huwelijk wordt uitgesproken, of betreffende aangelegenheden van ouderlijke verantwoordelijkheid.

Voor de toepassing van hoofdstuk IV omvat het begrip 'beslissing':

a) een in een lidstaat gegeven beslissing waarmee de terugkeer van een kind naar een andere lidstaat uit hoofde van het Verdrag van 's-Gravenhage van 1980 wordt gelast en die ten uitvoer moet worden gelegd in een andere lidstaat dan de lidstaat waarin de beslissing werd gegeven;

b) voorlopige en bewarende maatregelen, die zijn gelast door een gerecht dat krachtens deze verordening ten gronde bevoegd is, of maatregelen genomen overeenkomstig artikel 27, lid 5, in samenhang met artikel 15;

Voor de toepassing van hoofdstuk IV vallen voorlopige en bewarende maatregelen, die door een dergelijk gerecht zijn gelast zonder dat de verweerder werd gedagvaard, niet onder de definitie van 'beslissing', tenzij de beslissing met de maatregel vóór de tenuitvoerlegging ervan aan de verweerder is betekend.

2. Voor de toepassing van deze verordening zijn daarnaast ook de volgende definities van toepassing:

1) '*gerecht*': een autoriteit in een lidstaat die bevoegd is ter zake van de aangelegenheden die binnen het toepassingsgebied van deze verordening vallen

2) '*authentieke akte*': een akte die in een lidstaat formeel is verleden of geregistreerd als authentieke akte in aangelegenheden die onder het toepassingsgebied van deze verordening vallen en waarvan de authenticiteit:
a) betrekking heeft op de ondertekening en de inhoud van de akte; en
b) is vastgesteld door een overheidsinstantie of een andere daartoe bevoegd verklaarde autoriteit. De lidstaten stellen de Commissie overeenkomstig artikel 103 in kennis van die instanties of autoriteiten;
3) '*overeenkomst*': voor de toepassing van hoofdstuk IV, een door de partijen overeengekomen document met betrekking tot binnen het toepassingsgebied van deze verordening vallende aangelegenheden dat geen authentieke akte is, en dat is geregistreerd door een overheidsinstantie die met dat doel overeenkomstig artikel 103 door een lidstaat ter kennis van de Commissie is gebracht;
4) '*lidstaat van herkomst*': de lidstaat waarin de beslissing is gegeven, de authentieke akte formeel is verleden of geregistreerd, of de overeenkomst is geregistreerd;
5) '*lidstaat van tenuitvoerlegging*': de lidstaat waar de tenuitvoerlegging van de beslissing, de authentieke akte of de overeenkomst wordt gevraagd;
6) '*kind*': een persoon jonger dan 18 jaar;
7) '*ouderlijke verantwoordelijkheid*': alle rechten en verplichtingen die ingevolge een beslissing, van rechtswege of bij een rechtsgeldige overeenkomst aan een natuurlijke persoon of aan een rechtspersoon zijn toegekend met betrekking tot de persoon of het vermogen van een kind, met inbegrip van het gezagsrecht en het omgangsrecht;
8) '*persoon die de ouderlijke verantwoordelijkheid draagt*': elke persoon of instantie die, of elk orgaan dat de ouderlijke verantwoordelijkheid voor een kind draagt;
9) '*gezagsrecht*': onder meer de rechten en verplichtingen die betrekking hebben op de zorg voor de persoon van een kind, en in het bijzonder het recht om de verblijfplaats van een kind te bepalen;
10) '*omgangsrecht*': het recht op omgang met een kind, met inbegrip van het recht om een kind voor een beperkte tijd mee te nemen naar een andere plaats dan zijn gewone verblijfplaats;
11) '*ongeoorloofde overbrenging of niet-terugkeer van een kind*': het overbrengen of vasthouden van een kind wanneer:
a) dergelijke overbrenging of niet-terugkeer geschiedt in strijd met het gezagsrecht dat ingevolge een beslissing, van rechtswege of bij een rechtsgeldige overeenkomst is toegekend overeenkomstig het recht van de lidstaat waar het kind onmiddellijk vóór zijn overbrenging of niet-terugkeer, zijn gewone verblijfplaats had; en
b) dit gezagsrecht op het tijdstip van overbrenging of niet-terugkeer, alleen of gezamenlijk, daadwerkelijk werd uitgeoefend, dan wel zou zijn uitgeoefend indien een zodanige gebeurtenis niet had plaatsgevonden.

3. Voor de toepassing van de artikelen 3, 6, 10, 12, 13, 51, 59, 75, 94 en 102 vervangt het begrip 'domicile (woonplaats)' het begrip 'nationaliteit' voor Ierland en het Verenigd Koninkrijk, en wordt daaronder hetzelfde verstaan als in de respectievelijke rechtstelsels van die lidstaten.

[25-06-2019, PbEU L 178, i.w.tr. 22-07-2019/regelingnummer 2019/1111]

[Definities]

1. Algemeen. Het artikel geeft in lid 1 een definitie van het begrip beslissing en een nadere precisering hiervan ten behoeve van de toepassing van hoofdstuk IV. Lid 2 bevat een lijst met definities die slechts deels een nadere toelichting behoeven. Lid 3 geeft aan dat in het kader van een aantal specifieke artikelen het begrip 'nationaliteit' voor Ierland (en het Verenigd Koninkrijk) wordt vervangen door het begrip 'domicile'.

2. Beslissing. Onder 'beslissing' wordt verstaan: 'een beslissing van een gerecht van een lidstaat, zoals een vonnis, bevel of oordeel, waarbij een echtscheiding, een scheiding van tafel en bed, of de nietigverklaring van een huwelijk wordt uitgesproken, of betreffende aangelegenheden van ouderlijke verantwoordelijkheid'. **a. Geen afwijzende beslissing in huwelijkszaken.** Dat betekent onder andere dat een beslissing waarbij een verzoek tot echtscheiding, scheiding van tafel en bed of nietigverklaring van het huwelijk is afgewezen, niet als een beslissing in de zin van de verordening wordt aangemerkt. Dit blijkt ook uit preambule nr. 9 waarin expliciet is bepaald dat alleen positieve beslissingen onder de verordening vallen. Doordat afwijzende beslissingen niet binnen de reikwijdte van de verordening vallen, behoeft er ook geen hernieuwde discussie te ontstaan over de vraag of na een afwijzing elders een nieuw echtscheidingsverzoek in Nederland kan worden gedaan (zie over die vraag HR 26 januari 1996, *NJ* 1997/258). **b. Financiële veroordeling.** Kan een 'beslissing' zoals hier gedefinieerd mede betrekking hebben op, bijvoorbeeld, een veroordeling van de verzorgende ouder om bij te dragen aan de kosten van de omgangsregeling? Er lijkt geen reden om dergelijke financiële voorzieningen uit te sluiten, te meer omdat zij deel uitmaken van de totale regeling van de ouderlijke verantwoordelijkheid zoals die is vastgelegd in de beslissing. Met betrekking tot een dwangsom heeft het HvJ EU bepaald dat dit inderdaad het geval is (zie HvJ EU 9 september 2015, C-4/14, ECLI:EU:C:2015:563, *RvdW* 2016/376 (*Bohez*)). Nu het Hof om tot dit oordeel te komen de nadruk legt op het rechtstreekse verband tussen de tenuitvoerlegging van de dwangsom en de hoofdverplichting (in dit geval het omgangsrecht) lijkt het waarschijnlijk dat ook met betrekking tot andere financiële veroordelingen die rechtstreeks verband houden met beslissingen inzake ouderlijke verantwoordelijkheid eenzelfde redenering gevolgd zal worden. Voor proceskostenveroordelingen zie art. 73. **c. Beslissing waarmee terugkeer van een kind wordt gelast.** Art. 2 lid 1 sub a benadrukt dat voor de toepassing van hoofdstuk IV (Erkenning en tenuitvoerlegging) onder het begrip beslissing ook een in een lidstaat gegeven beslissing valt waarmee de terugkeer van een kind naar een andere lidstaat uit hoofde van het Haags Kinderontvoeringsverdrag wordt gelast. **d. Voorlopige en bewarende maatregelen.** Uit art. 2 lid 1 sub b blijkt dat in beginsel ook voorlopige en bewarende maatregelen onder het begrip 'beslissing' vallen. Een uitzondering wordt echter gemaakt voor voorlopige en bewarende maatregelen die zijn gelast zonder dat de verweerder werd gedagvaard, tenzij de beslissing met de maatregel vóór de tenuitvoerlegging ervan aan de verweerder is betekend en de rechter die de maatregel heeft gelast niet op grond van de verordening ten gronde bevoegd was.

3. Andere definities. a. Gerecht. Onder 'gerecht' worden niet alleen gerechtelijke instanties, maar ook administratieve autoriteiten verstaan die bevoegd zijn ter zake van de aangelegenheden die overeenkomstig artikel 1 binnen het toepassingsgebied van de verordening vallen. Religieuze autoriteiten vallen, behoudens uitzonderingen, niet onder het begrip (zie art. 1, aant. 2). **b. Authentieke akte en overeenkomst.** De opgenomen definities van authentieke akte en overeenkomst zijn met name van belang in het kader van afdeling 4 van hoofdstuk IV (art. 64 e.v.) waarin een regeling van erkenning en ten uitvoerlegging van authentieke akten en overeenkomsten is opgenomen (art. 65 e.v.). Met betrekking tot de authentieke akte is essentieel dat het een akte betreft die formeel is verleden of geregistreerd en is vastgesteld door een overheidsinstantie of een andere daartoe bevoegd verklaarde autoriteit. Een overeenkomst in de zin van de verordening is een door partijen overeengekomen document dat geen authentieke akte is en dat is geregistreerd door een overheidsinstantie die met dat doel door een lidstaat is aangewezen. Preambule nr. 14 benadrukt dat de verordening niet het vrije verkeer van louter onderhandse overeenkomsten mogelijk mag maken, maar dat overeenkomsten die noch een beslissing noch een authentieke akte zijn, doch door een daartoe bevoegde overheidsinstantie zijn geregistreerd wel moeten kunnen circuleren. Daaraan wordt toegevoegd dat dergelijke overheidsinstanties notarissen kunnen zijn, ook wanneer zij een vrij beroep uitoefenen. **c. Lidstaat.** De lijst met definities bevat ook definities van lidstaat van herkomst en lidstaat van tenuitvoerlegging met betrekking tot binnen het toepassingsgebied van de verordening vallende beslissingen, authentieke akten en geregistreerde overeenkomsten. Hierbij dient in het oog gehouden te worden dat overeenkomstig de artikelen 1 en 2 van Protocol nr. 22 betreffende de positie van Denemarken, gehecht aan het VEU en aan het VWEU de verordening niet van toepassing is op Denemarken (vgl. preambule nr. 96). Verwijzingen in de verordening naar een lidstaat hebben aldus geen betrekking op Denemarken. **d. Definitie van 'kind'.** De verordening spreekt niet van 'minderjarigen' maar van 'kinderen'. Art. 2 lid 2 sub 6 definieert een kind als een persoon jonger dan 18 jaar. Uit preambule nr. 17 blijkt dat de keuze voor de leeftijd van 18 jaar is gemaakt met het oog op de in het HKV 1996 en het Haags Volwassenenbeschermingsverdrag 2000 gebruikte leeftijd. Het HKV 1996 is van toepassing op kinderen tot 18 jaar en het HVBV 2000 op personen ouder dan 18 jaar. Uit preambule nr. 17 blijkt tevens dat voor hoofdstuk III (internationale kinderontvoering) de maximumleeftijd van 16 jaar geldt nu in dit hoofdstuk de toepassing van het Haags Kinderontvoeringsverdrag (dat van toepassing is op kinderen tot 16 jaar) in de betrekkingen tussen de lidstaten wordt aangevuld. Dit blijkt overigens ook uit art. 22. **e. Ongeboren kinderen.** Ook de vraag of een ongeboren kind als kind wordt beschouwd in de zin van de verordening kan, bij gebreke van een autonome bepaling hierover, slechts worden beantwoord aan de hand van het recht dat naar het internationaal privaatrecht van de aangezochte rechter op deze vraag toepasselijk is (vgl. art. 10:4 BW). **f. Ouderlijke verantwoordelijkheid.** Uit deze definitie blijkt dat het begrip ouderlijke verantwoordelijkheid zo ruim mogelijk moet worden opgevat. Ook blijkt eruit, dat niet alleen de ouders zelf, maar ook andere natuurlijke personen of rechtspersonen ouderlijke verantwoordelijkheid kunnen dragen. **g. Omgangsrecht.** Het Hof van Justitie heeft in zijn uitspraak van 31 mei 2018 (HvJ EU 31 mei 2018, C-335/17, ECLI:EU:C:2018:359 (*Valcheva/Babanarakis*)) bevestigd dat de ruime opvatting met betrekking tot het begrip ouderlijke verantwoordelijkheid eveneens het omgangsrecht betreft. Het begrip omgangsrecht moet aldus zo worden uitgelegd dat het niet alleen ziet op het omgangsrecht van ouders met betrekking tot hun kind, maar tevens op dat van andere personen ten aanzien van wie het van belang is dat dit kind persoonlijke betrekkingen met hen onderhoudt, met name zijn of haar grootouders, ongeacht of zij de ouderlijke verantwoordelijkheid dragen. **h. Ongeoorloofde overbrenging of niet-terugkeer van een kind.** De hier gegeven definitie is kennelijk afgeleid van art. 3 Haags

Kinderontvoeringsverdrag 1980. De verschillen tussen beide bepalingen lijken in beginsel slechts redactioneel van aard. De tekst is iets gewijzigd ten opzichte van Brussel II-bis. Ook deze aanpassingen betreffen geen inhoudelijke wijzigingen.

4. "Domicile" en het begrip "nationaliteit". In deze verordening is ervoor gekozen (anders dan onder Brussel II-bis waarin dit per betreffende bepaling was opgenomen) om hier in een algemene bepaling aan te geven dat voor de toepassing van een reeks specifiek benoemde bepalingen het begrip 'nationaliteit' voor Ierland (en het Verenigd Koninkrijk) vervangen dient te worden door het *common law* begrip '*domicile*' dat vertaald kan worden met 'woonplaats'. Het begrip 'domicile' onderscheidt zich van 'gewone verblijfplaats', maar ook van het woonplaatsbegrip zoals dat in veel Continentaal-Europese landen geldt. Het Rapport Borrás (nr. 34) vermeldt hierover: "In een uitvoerig stuk heeft de delegatie van het Verenigd Koninkrijk, uitsluitend ten behoeve van de toepassing van het verdrag, een nadere toelichting gegeven over het begrip 'domicile', zonder dat zij de pretentie had een volledige uiteenzetting van het begrip te geven. 'Domicile' is ten eerste een aanknopingsfactor tussen een persoon en het land waar hij, permanent of voor onbepaalde tijd, zijn huis heeft. Het wordt gebruikt om het rechtsstelsel van dat land op die persoon te kunnen toepassen in velerlei opzichten, vooral in belangrijke zaken die invloed hebben op de betrekkingen tussen de familieleden en het familiebezit. In het Verenigd Koninkrijk strekken de wettelijke bepalingen ertoe dat iedere persoon te allen tijde een woonplaats heeft en niet meer dan één. Daarom zijn er naast de regels voor het bepalen van de woonplaats van de kinderen (woonplaats van oorsprong) ('domicile of origin'), ook regels voor het vaststellen van de woonplaats van de volwassenen, zowel wat betreft het verkrijgen van een nieuwe woonplaats (gekozen woonplaats) ('domicile of choice'), als wat betreft de terugkeer naar de woonplaats van oorsprong ('herleving' van de woonplaats van oorsprong) ('revival of the domicile of origin'). Hetzelfde geldt voor het Ierse recht."

HOOFDSTUK II
Bevoegdheid in huwelijkszaken en inzake ouderlijke verantwoordelijkheid

AFDELING 1
Echtscheiding, scheiding van tafel en bed en nietigverklaring van het huwelijk

Artikel 3
Algemene bevoegdheid

Ter zake van echtscheiding, scheiding van tafel en bed of nietigverklaring van het huwelijk zijn bevoegd de gerechten van de lidstaat:

a) op het grondgebied waarvan:

i) de echtgenoten hun gewone verblijfplaats hebben;

ii) zich de laatste gewone verblijfplaats van de echtgenoten bevindt, indien een van hen daar nog verblijft;

iii) de verweerder zijn gewone verblijfplaats heeft;

iv) in geval van een gemeenschappelijk verzoek, zich de gewone verblijfplaats van een van de echtgenoten bevindt;

v) zich de gewone verblijfplaats van de verzoeker bevindt, indien hij daar sedert ten minste een jaar onmiddellijk voorafgaand aan de indiening van het verzoek verblijft; of

vi) zich de gewone verblijfplaats van de verzoeker bevindt, indien hij daar sedert ten minste zes maanden onmiddellijk voorafgaand aan de indiening het verzoek verblijft, en onderdaan van de betrokken lidstaat is; of

b) waarvan beide echtgenoten de nationaliteit bezitten.

[25-06-2019, PbEU L 178, i.w.tr. 22-07-2019/regelingnummer 2019/1111]

[Algemene bevoegdheid]

1. Algemeen. De bepaling stelt alleen vast van welke lidstaat de gerechten bevoegd zijn; de absolute en relatieve competentie moet worden geregeld door de nationale wetgeving van de aangewezen lidstaat. In onderdeel a worden bevoegdheidsgronden gegeven die gebaseerd zijn op de gewone verblijfplaats van de echtgenoten of van één van hen (in geval van het zesde liggende streepje gecombineerd met nationaliteit); in onderdeel b wordt bevoegdheid geschapen voor de rechter van de gemeenschappelijke nationaliteit van partijen, dan wel hun woonplaats/domicile in Ierland. Zie nader met betrekking tot art. 3 (de vergelijkbare bepaling onder verordening Brussel II-bis) *Asser/Vonken & Ibili 10-II* 2021/165-174. **a. Dwingend karakter.** De verordening geeft geen expliciet antwoord op de vraag of de aangewezen rechters ook verplicht zijn deze bevoegdheid te aanvaarden. Niettemin moet worden aangenomen dat die vraag positief te beantwoorden is. Daarvoor gelden dezelfde gronden als bij Brussel I. Partijen dienen op een zo eenvoudig mogelijke wijze te kunnen voorzien in welke lidstaat zij een bevoegde rechter treffen en tevens moet worden voorkomen dat er een negatief jurisdictieconflict ontstaat. Dat zou het geval zijn wanneer de rechter die door de verordening wordt aangewezen, zich onbevoegd verklaart op grond van zijn eigen overwegingen, terwijl de verordening geen andere bevoegde rechter aanwijst. Voor toepassing van het leerstuk 'forum non conveniens' is dus geen plaats. **b. Gelijkwaardigheid van bevoegdheidsgronden.** Sommige bevoegdheidsgronden zijn zonder veel discussie opgenomen, daar zij als 'natuurlijke bevoegdheidsgronden' werden beschouwd. Over andere bevoegdheidsgronden is bij de opstelling van het Brussel II-verdrag meer discussie gevoerd. De uiteindelijk opgenomen bevoegdheidsgronden staan echter alle op een gelijk niveau. Kunnen in een bepaald geval gerechten van verschillende lidstaten zich bevoegd achten, dan is de verzoeker (of zijn de verzoekers) vrij om er daar één van te kiezen, zonder verplicht te zijn zich in de eerste plaats tot het 'meer natuurlijke' gerecht te wenden. Met andere woorden: er bestaat geen hiërarchie tussen de bevoegdheidsgronden. **c. Geen volledige keuzevrijheid.** Buiten de mogelijkheid om naar eigen inzicht een van de aangewezen bevoegde rechters te kiezen, hebben partijen geen keuzevrijheid. Een algemene forumkeuze wordt niet gehonoreerd en een onbevoegde rechter moet zich ambtshalve onbevoegd verklaren (art. 18).

2. Band met niet-lidstaten. Het artikel schept niet alleen bevoegdheid wanneer het echtscheidingsverzoek verband houdt met meer dan één lidstaat, maar ook wanneer een of meer van de betrokken landen een niet-lidstaat is. **Een voorbeeld.** Een Nederlandse man en een Amerikaanse vrouw hebben hun gewone verblijfplaats in Nederland. De vrouw keert terug naar de Verenigde Staten. De Nederlandse rechter is bevoegd op grond van art. 3 lid 1 onderdeel a. Dient de man het verzoek in, dan zijn rechtsmachtgronden ii en v van toepassing; dient de vrouw het verzoek in, dan scheppen rechtsmachtgronden ii en iii bevoegdheid.

3. Niet geregelde gevallen. Niet in alle gevallen waarin er een band met een lidstaat bestaat, schept het artikel bevoegdheid. Wanneer op grond van het artikel geen enkele rechter van een EU-lidstaat zich bevoegd kan achten, is de verordening formeel niet van toepassing. In dat geval dient de aangezochte EU-rechter in beginsel zijn nationale recht te raadplegen. Zie art. 6, aant. 2. **Een voorbeeld.** Een Nederlandse man en een Amerikaanse vrouw hebben hun gewone verblijfplaats in de Verenigde Staten. De man keert terug naar Nederland en wil hier een echtscheidingsprocedure aanhangig maken. Gedurende de eerste zes maanden zal hij in Nederland geen bevoegde rechter vinden. Het nationale Nederlandse bevoegdheidsrecht (dat in dit geval door de aangezochte Nederlandse rechter mag worden toegepast) verwijst in art. 4 Rv immers terug naar art. 3, 4 en 5 Brussel II-bis. Zie art. 6, aant. 2.

4. Het begrip gewone verblijfplaats. Het begrip 'gewone verblijfplaats' wordt in de verordening niet gedefinieerd, maar moet wel autonoom worden geïnterpreteerd. Lange tijd is bij gebreke van een prejudiciële uitspraak van het Hof van Justitie over het begrip in de context van art. 3-5 van de voorgangers van verordening Brussel II-ter aangesloten bij het Rapport Borrás. In het rapport werd gesteld dat bij de invulling van het begrip in het bijzonder rekening moet worden gehouden met de definitie die het Hof van Justitie bij diverse gelegenheden had gegeven: 'de plaats waar de betrokkene het permanente centrum van zijn belangen heeft gevestigd met de bedoeling daaraan een vast karakter te verlenen, waarbij voor de vaststelling van de gewone verblijfplaats rekening moet worden gehouden met de feitelijke omstandigheden die voor dat begrip bepalend zijn' (zie bijvoorbeeld Hof Amsterdam 26 maart 2013, ECLI:NL:GHAMS:2013:932, *NIPR* 2013/315); Hof Den Haag 10 juli 2019, ECLI:NL:GHDHA:2019:1993, *JPF* 2019/107, m.nt. I. Sumner. In HvJ EU 25 november 2021, C-289/20, ECLI:EU:C:2021:955 is deze definitie in de context van art. 3 lid 1 sub a Brussel II-bis bevestigd. In dit arrest heeft het Hof bovendien de vraag beantwoord of in de context van deze bepaling een echtgenoot zijn gewone verblijfplaats in twee lidstaten kan hebben. Het Hof erkent dat de facto een echtgenoot zijn gewone verblijfplaats in twee lidstaten kan hebben, maar stelt vast dat de rechtszekerheid met zich dient te brengen dat in de context van art. 3 lid 1 sub a een echtgenoot slechts in een van deze lidstaten zijn gewone verblijfplaats in de zin van de bepaling kan hebben.

5. Bevoegdheid gebaseerd op de gewone verblijfplaats (lid 1 onderdeel a). a. De gewone verblijfplaats van de beide echtgenoten (lid 1 onderdeel a, i). Door deze bevoegdheidsgrond als eerste op te nemen, heeft men tot uiting willen laten komen dat het hier om de meest aanvaarde bevoegdheidsgrond gaat. Zij valt in de praktijk steeds samen met minstens een van de andere gronden. Bij een gemeenschappelijk verzoek zal er immers steeds ook bevoegdheid zijn op grond van het bepaalde onder iv; bij een eenzijdig verzoek zal er ook bevoegdheid zijn op grond van het bepaalde onder iii. ***Een voorbeeld.*** Een Franse man en een Duitse vrouw hebben hun gewone verblijfplaats in Nederland. De Nederlandse rechter kan nu zowel kennisnemen van een echtscheidingsverzoek ingediend door een van de echtgenoten als van een gemeenschappelijk verzoek. **b. De laatste gewone verblijfplaats van de echtgenoten (lid 1 onderdeel a, ii).** De laatste gewone verblijfplaats van de echtgenoten schept bevoegdheid indien een van hen nog in de desbetreffende lidstaat verblijft. Het woordje 'nog' lijkt mee te brengen, dat indien beide partijen de lidstaat van hun laatste gewone verblijfplaats verlaten hebben en een van hen later terugkeert, de rechter van die lidstaat geen bevoegdheid aan deze bepaling kan ontlenen. ***Enkele voorbeelden.*** Een Belgische vrouw en een Duitse man hebben hun gewone verblijfplaats in Nederland. De vrouw keert terug naar België. Zowel de man als de vrouw kunnen echtscheiding verzoeken in Nederland; de man kan, op grond van de andere bepalingen van dit artikel, ook een verzoek indienen bij de Belgische rechter; de vrouw kan dat eerst nadat zij zes maanden in België verbleven heeft. Een Belgische vrouw en een Duitse man hebben hun gewone verblijfplaats in Nederland. Beiden keren terug naar hun geboorteland. Na enige tijd vestigt de man zich opnieuw in Nederland. De Nederlandse rechter is niet bevoegd; ieder van de echtgenoten kan echtscheiding verzoeken in de staat van de gewone verblijfplaats van de ander; de vrouw kan na zes maanden verblijf in België aldaar een procedure starten en de man kan dat in Nederland, na een jaar verblijf alhier. **c. De gewone verblijfplaats van de verweerder (lid 1 onderdeel a, iii).** Het forum rei is opgenomen als algemeen aanvaarde bevoegdheidsgrond. ***Een voorbeeld.*** Een Canadese vrouw heeft haar gewone verblijfplaats in Nederland. Haar man, die zijn gewone verblijfplaats in Canada heeft, kan op grond van de hier genoemde bepaling echtscheiding verzoeken in Nederland. **d. Een gemeenschappelijk verzoek (lid 1 onderdeel a, iv).** Een gemeenschappelijk verzoek kan worden ingediend bij de rechter van de lidstaat waar een van de echtgenoten zijn of haar gewone verblijfplaats heeft. De vraag is wel gesteld, of daarmee gelijkgesteld kan worden het geval waarin een verzoek eenzijdig wordt ingediend, maar waarin de verweerder vervolgens te kennen geeft ook echtscheiding te wensen. Deze vraag moet vermoedelijk negatief worden beantwoord. Dat partijen het materieel eens zijn over de wenselijkheid van een echtscheiding, maakt immers nog niet dat een verzoekschrift dat door een van hen is ingediend, als gemeenschappelijk verzoekschrift moet worden beschouwd. De rechter kan dus in een dergelijk geval geen bevoegdheid ontlenen aan de hier genoemde bevoegdheidsgrond. ***Een voorbeeld.*** Een Cubaanse vrouw, die haar gewone verblijfplaats in de Verenigde Staten heeft, en een Nederlandse man, die zijn gewone verblijfplaats in Nederland heeft, dienen een gemeenschappelijk verzoekschrift in bij de Nederlandse rechter. De Nederlandse rechter is bevoegd. Zou de man zijn gewone verblijfplaats korter dan zes maanden in Nederland hebben en het verzoek alleen indienen, dan is de rechter onbevoegd, zelfs wanneer de vrouw te kennen zou geven dat ook zij echtscheiding wenst. **e. De gewone verblijfplaats van de verzoeker van meer dan twaalf maanden (lid 1 onderdeel a, v) of van meer dan zes maanden in combinatie met de nationaliteit van verzoeker (lid 1 onderdeel a, vi).** Het forum actoris wordt in het internationaal bevoegdheidsrecht over het algemeen als een exorbitant forum beschouwd (vgl. art. 5 Brussel I herschikking). Bij de opstelling van het Brussel II-verdrag heeft men echter geoordeeld dat het forum actoris wel aanvaardbaar is indien het voldoende sterk is, hetzij doordat het verblijf langer dan twaalf maanden geduurd heeft, hetzij doordat het verblijf langer dan zes maanden geduurd heeft en de verzoeker onderdaan van de desbetreffende lidstaat is, dan wel — thans nog relevant voor Ierland — 'domicile' in die lidstaat heeft. Voor een bespreking van het begrip 'domicile' zie art. 2, aant. 3. ***Een voorbeeld.*** De echtgenoten, die van nationaliteit verschillen, hebben hun gewone verblijfplaats in Saudi-Arabië. De vrouw verhuist naar Nederland en wil hier een echtscheiding aanhangig maken. Heeft zij de Nederlandse nationaliteit, dan moet zij zes maanden wachten alvorens zij een procedure kan starten; bezit zij niet de Nederlandse nationaliteit, dan geldt een wachttermijn van twaalf maanden. **f. Verzoek ingediend door een derde.** Hoewel een verzoek tot nietigverklaring van een huwelijk ingediend door een derde binnen de werkingssfeer van de verordening valt (zie art. 1, aant. 3), omvat het begrip verzoeker in de zin van art. 3 lid 1 onderdeel a, v en vi geen andere personen dan de echtgenoten (HvJ EU 13 oktober 2016, ECLI:EU:C:2016:772, *NJ* 2017/188, m.nt. Th.M. de Boer (*Mikolajczyk*)). De gedachte hierachter – zo lijkt men in de uitspraak van het Hof te kunnen lezen – is dat het forum actoris als zijnde een exorbitant forum alleen in het belang van de echtgenoten onder bepaalde strikte omstandigheden zoals omschreven onder v en vi internationale bevoegdheid schept en het niet de bedoeling van de wetgever is geweest deze specifieke bescherming ook te verlenen aan derden.

6. Bevoegdheid gebaseerd op de gemeenschappelijke nationaliteit (lid 1 onderdeel b). Lid 1 onderdeel b schept bevoegdheid voor de gerechten van een lidstaat wanneer beide echtgenoten de nationaliteit van die lidstaat hebben, of, in het geval van Ierland, wanneer zij daar woonplaats (domicile) hebben. De rechter onderzoekt slechts of aan het in zijn lidstaat geldende criterium is voldaan; in Ierland wordt geen acht geslagen op een gemeenschappelijke nationaliteit en in de overige lidstaten wordt geen acht geslagen op de woonplaats (domicile). **Een voorbeeld.** Een Nederlandse man en een Nederlandse vrouw hebben hun gewone verblijfplaats in Saudi-Arabië. Elk van hen kan echtscheiding verzoeken in Nederland.

7. Het begrip nationaliteit. De verordening zelf zegt niets over de gevolgen van dubbele nationaliteit. Blijkens het Rapport Borrás (nr. 33) moet elke rechter op dit punt 'het interne recht toepassen, binnen het kader van de algemene communautaire regelgeving'. In HvJ EG 16 juli 2009, C-168/08, *NJ* 2011/347, m.nt. Th.M. de Boer (*Hadadi/Mesko*), is in het kader van de vergelijkbare bepaling onder Verordening Brussel II-bis bepaald dat de nominale nationaliteit geldt. Er dient geen effectiviteitstoets dan wel realiteitstoets te worden aangelegd. Voorts heeft het Hof van Justitie geoordeeld dat het gebruik van de nationaliteit in art. 3 lid 1 sub a Brussel II-bis als aanknopingsfactor niet in strijd is met het in art. 18 VWEU verankerde verbod van discriminatie op grond van nationaliteit (zie HvJ EU 10 februari 2022, zaak C-522/20, ECLI:EU:C:2022:87 (*DE/VY*)). Overigens dient in het oog gehouden te worden dat voor de toepassing van art. 3 het begrip nationaliteit voor Ierland vervangen wordt door het begrip 'domicile' (zie art. 2 lid 3).

Artikel 4
Tegenvordering

Het gerecht waarbij een procedure op grond van artikel 3 aanhangig is, is ook bevoegd kennis te nemen van een tegenvordering, mits deze binnen het toepassingsgebied van deze verordening valt.

[25-06-2019, PbEU L 178, i.w.tr. 22-07-2019/regelingnummer 2019/1111]

[Tegenvordering]

1. Algemeen. Is een verzoek ingediend bij een gerecht dat bevoegdheid ontleent aan art. 3, dan kan bij datzelfde gerecht een tegenvordering/tegenverzoek worden ingediend. Het tegenverzoek moet binnen het materiële toepassingsgebied van de verordening passen, maar behoeft niet dezelfde strekking te hebben als het eerst ingediende verzoek. Zo kan op een verzoek tot scheiding van tafel en bed een tegenverzoek tot echtscheiding volgen.

2. Geen verband met art. 6. Het artikel schept slechts bevoegdheid indien de bevoegdheid inzake het eerste verzoek ontleend is aan art. 3. Wordt de bevoegdheid tot kennisneming van het eerste verzoek op grond van art. 6 ontleend aan de regels van het nationale bevoegdheidsrecht, dan moet aldus ook het al of niet bestaan van een bevoegdheid tot kennisneming van een tegenverzoek aan de hand van die regels worden onderzocht.

3. Geen tegenverzoeken inzake ouderlijke verantwoordelijkheid. Letterlijke lezing van de tekst ('binnen het toepassingsgebied van deze verordening') lijkt mee te brengen dat ook een tegenverzoek inzake de ouderlijke verantwoordelijkheid op grond van deze bepaling kan worden gedaan. Bedoeld moet echter zijn dat het artikel slechts bevoegdheid schept voor tegenverzoeken die binnen de reikwijdte van afdeling 1 van hoofdstuk II vallen (te weten echtscheiding, scheiding van tafel en bed en nietigverklaring van het huwelijk). Een andere lezing zou in strijd komen met de voorwaarden die in art. 10 gesteld worden aan de bevoegdheid van de aangewezen (echtscheidings)rechter om kennis te nemen van (neven)verzoeken met betrekking tot de ouderlijke verantwoordelijkheid.

4. Verband met litispendentiebepaling. Het Rapport Borrás (nr. 42 en 55) wijst er op dat het artikel niet moet worden verward met art. 11 Brussel II-verdrag (overeenkomend met art. 20 Brussel II-ter). Dit spreekt voor zich. Er bestaat echter wel een verband tussen beide bepalingen. Art. 4 staat toe, maar verplicht niet een tegenverzoek in te dienen bij dezelfde rechter waar het eerste verzoek is gedaan. Maakt de verweerder echter gebruik van de mogelijkheid om zijn verzoek bij een andere rechter in te dienen, dan zal deze moeten onderzoeken of er reden is de zaak aan te houden en, wanneer de bevoegdheid van de eerste rechter vaststaat, op grond van art. 20 alsnog naar de eerste rechter verwijzen. **Een voorbeeld.** Een Nederlandse man en een Franse vrouw hebben hun gewone verblijfplaats in Noorwegen. Als het huwelijk mislukt, keert de man terug naar Nederland en de vrouw naar Frankrijk. De vrouw verzoekt scheiding van tafel en bed in Nederland. De man wenst echtscheiding. Hij kan nu op grond van art. 4 een verzoek tot echtscheiding bij de Nederlandse rechter indienen en behoeft geen zes maanden te wachten. Kiest hij er daarentegen voor de echtscheiding in Frankrijk aanhangig te maken, dan dient de Franse rechter op grond van art. 20 de zaak aan te houden, en nadat gebleken is dat de Nederlandse rechter bevoegd is, de zaak naar Nederland te verwijzen.

Artikel 5
Omzetting van scheiding van tafel en bed in echtscheiding

Onverminderd artikel 3 is een gerecht van een lidstaat dat een beslissing heeft gegeven waarbij de scheiding van tafel en bed is uitgesproken, ook bevoegd om die scheiding van tafel en bed om te zetten in echtscheiding, indien de wet van die lidstaat daarin voorziet.

[25-06-2019, PbEU L 178, i.w.tr. 22-07-2019/regelingnummer 2019/1111]

[Omzetting van scheiding van tafel en bed in echtscheiding]

Betekenis. Zijn partijen van tafel en bed gescheiden en wenst een van hen of wensen beiden een echtscheiding, dan kan een verzoek worden ingediend bij de rechter die krachtens art. 3 bevoegd is de echtscheiding uit te spreken, maar ook bij de rechter die de scheiding van tafel en bed heeft uitgesproken. Voorwaarde is, dat de wet van de desbetreffende lidstaat in een dergelijke omzetting voorziet. Nu het artikel niet spreekt over een opvolgende echtscheiding maar over een 'omzetting' in een echtscheiding, kan de vraag rijzen of de wetgeving van de desbetreffende lidstaat hierover een afzonderlijke bepaling dient te kennen, zoals in Nederland art. 1:179 BW, of dat de bepaling ook bevoegdheid schept indien de desbetreffende wet toelaat dat er na een scheiding van tafel en bed op enig moment echtscheiding wordt uitgesproken. Er lijkt geen bezwaar tegen om de bepaling ook in het laatste geval toe te passen. In ieder geval mag worden aangenomen dat art. 1:179 BW aan de eisen van art. 5 voldoet, ook al wordt er niet gesproken van een omzetting van de scheiding van tafel en bed in een echtscheiding, maar van de ontbinding van het huwelijk na scheiding van tafel en bed.

Artikel 6
Residuele bevoegdheid

1. Behoudens lid 2 wordt, indien van geen enkele lidstaat een gerecht op grond van de artikelen 3, 4 of 5 bevoegd is, de bevoegdheid in elke lidstaat bepaald door de wetgeving van die staat.
2. Een echtgenoot die zijn gewone verblijfplaats op het grondgebied van een lidstaat heeft, of onderdaan van een lidstaat is, kan slechts op grond van de artikelen 3, 4 en 5 voor de gerechten van een andere lidstaat worden gedaagd.
3. Tegenover een verweerder die zijn gewone verblijfplaats niet in een lidstaat heeft en die niet de nationaliteit van een lidstaat bezit, kan een onderdaan van een lidstaat die zijn gewone verblijfplaats op het grondgebied van een andere staat heeft, evenals de onderdanen van die staat, zich beroepen op de aldaar geldende bevoegdheidsregels.
[25-06-2019, PbEU L 178, i.w.tr. 22-07-2019/regelingnummer 2019/1111]

[Residuele bevoegdheid]

1. Algemeen. Uit het eerste lid van dit artikel kan het formeel toepassingsgebied van de bevoegdheidsbepalingen inzake huwelijkszaken worden afgeleid: de bepaling geeft immers aan in welke gevallen de rechter van een lidstaat zijn bevoegdheid niet aan de hand van de verordening maar aan de hand van zijn nationale wetgeving dient vast te stellen. Het tweede lid formuleert een eis ter bescherming van een verweerder die op grond van nationaliteit of gewone verblijfplaats een band met een lidstaat heeft: deze verweerder kan alleen op grond van de bepalingen van de verordening voor het gerecht van een andere lidstaat worden gedaagd. Het derde lid geeft aan dat indien sprake is van een situatie waarin een beroep gedaan kan worden op de nationale bevoegdheidsbepalingen van een lidstaat door een verzoeker die aldaar zijn gewone verblijfplaats heeft die niet de nationaliteit van deze maar van een andere lidstaat bezit, er geen onderscheid wordt gemaakt tussen deze verzoeker en verzoekers die wel de nationaliteit van eerstgenoemde lidstaat bezitten. Onder Brussel II-bis was deze materie geregeld in art. 6 en art. 7. Het huidige art. 6 lid 2 was onder Brussel II-bis (in vergelijkbare vorm) opgenomen onder art. 6. De huidige leden 1 en 3 waren in iets andere vorm te vinden onder art. 7. De onduidelijkheden die rond art. 6 en 7 onder Brussel II-bis bestonden zijn door deze aanpassingen grotendeels opgelost.

2. Formeel toepassingsgebied (lid 1 en lid 2). Uit art. 6 lid 1 volgt dat in beginsel de verordening alleen dan niet formeel van toepassing is wanneer geen enkele rechter van een lidstaat bevoegd is op grond van art. 3-5, ongeacht of de verweerder onderdaan van een lidstaat is of zijn gewone verblijfplaats in een lidstaat heeft (vgl. Hof Den Haag 27 januari 2021, ECLI:NL:GHDHA:2021:100). Hierop wordt – zo blijkt uit lid 2 – slechts één uitzondering gemaakt: de regel dat een echtgenoot die zijn gewone verblijfplaats op het grondgebied van een lidstaat heeft of onderdaan van een lidstaat is, slechts op de bevoegdheidsgrond van art. 3, 4 of 5 van Brussel II-ter voor de gerechten van een andere lidstaat kan worden gebracht, blijft gelden, ook als op grond van Brussel II-ter geen bevoegde rechter kan worden aangewezen en de rechter aldus zijn bevoegdheid op grond van lid 1 in beginsel vast zou dienen te stellen aan de hand van zijn nationale recht. Van een echtpaar heeft de man de nationaliteit van lidstaat A en de vrouw is onderdaan van lidstaat B. Beiden wonen in een niet-lidstaat. De vrouw wenst echtscheiding; het recht van lidstaat B kent bevoegdheid toe aan zijn rechters wanneer de eiser of de verweerder onderdaan van B is. Op grond van art. 6 lid 1 dient – nu geen enkele EU-rechter op grond van art. 3 Brussel II-ter bevoegdheid kan aannemen – de rechter van lidstaat B in beginsel zijn nationale recht toe te passen. Op grond van lid 2 zal deze rechter zich echter, als rechter van een 'andere lidstaat' onbevoegd dienen te verklaren. Wanneer de vrouw zich wendt tot de rechter van lidstaat A, zal deze rechter wel zijn eigen bevoegdheidsrecht mogen raadplegen en indien mogelijk op grond daarvan bevoegdheid aannemen. **a. Uitzondering lid 2 niet bij gemeenschappelijk verzoek.** Overigens valt aan te nemen, dat lid 2 niet moet worden toegepast in het geval waarin partijen een gemeenschappelijk verzoekschrift indienen. In dat geval is er immers geen sprake van dat een van de partijen voor de rechter wordt 'gedaagd'. **b. Geen bevoegde rechter.** Lid 1 is van toepassing wanneer art. 3-5 geen bevoegde rechter aanwijzen. Is er een bevoegde rechter maar weigert die de echtscheiding, scheiding van tafel en bed of nietigverklaring van het huwelijk omdat niet voldaan is aan de voorwaarden die door het in zijn land toepasselijke recht worden gesteld, dan is dat voor de rechter van een andere lidstaat geen reden om met toepassing van art. 6 lid 1 bevoegdheid aan te nemen. Het Hof 's-Gravenhage heeft zich op grond van nationaal Nederlands recht (art. 9 Rv) bevoegd verklaard in een geval waarin (op grond van de verordening Brussel II) de Maltese rechter bevoegd was maar waarin op voorhand duidelijk was dat die de echtscheiding zou weigeren omdat het recht in Malta destijds geen echtscheiding kende (Hof Den Haag 21 december 2005, *NIPR* 2006/101). Het hof verwees niet expliciet naar art. 8 Brussel II (het equivalent van het onderhavige artikel). Ook in andere gevallen kan de vraag rijzen, hoe het begrip 'geen bevoegde rechter' moet worden opgevat, zoals wanneer twee personen van hetzelfde geslacht maar van verschillende nationaliteit in lidstaat A met elkaar gehuwd zijn en thans hun gewone verblijfplaats hebben in lidstaat B. Zij wensen te scheiden. De rechter van lidstaat B is bevoegd maar weigert echtscheiding uit te spreken omdat het huwelijk in zijn lidstaat niet erkend wordt. Kan nu de rechter van enige andere lidstaat wel bevoegdheid aannemen op grond van art. 6 lid 1 in verbinding met zijn nationale bevoegdheidsregels? Verdedigbaar is, dat dit wel mogelijk is. Anders dan bij een weigering op grond dat zich geen echtscheidingsgrond voordoet, vindt hier immers geen behandeling van het verzoek ten gronde plaats. **c. Inhoud nationale wetgevingen.** Wanneer de nationale rechter op grond van lid 1 zijn bevoegdheid niet aan de hand van de verordening kan vaststellen, dient deze (mits geen sprake is van een situatie zoals beschreven in lid 2) te rade te gaan bij zijn nationale wetgeving. De Nederlandse wetgever heeft ervoor gekozen, om in art. 4 Rv aansluiting te zoeken bij de bepalingen van de verordening. Dat betekent, dat in gevallen waarin de verordening niet van toepassing is, de bevoegdheidsgronden van de verordening krachtens het nationale recht van toepassing zijn. Het Nederlandse recht kent dus geen specifieke bevoegdheidsregels die voor toepassing in aanmerking komen wanneer de art. 3, 4 en 5 geen bevoegde rechter aanwijzen. Wel kan in voorkomende gevallen art. 9 onderdeel b Rv (forum necessitatis) voor toepassing in aanmerking komen. Zie *Asser/Vonken & Ibili 10-II* 2021/176. Of ook in uitzonderlijke gevallen op art. 9 onderdeel c Rv een beroep kan worden gedaan is onzeker (vgl. Hof Amsterdam 14 maart 2017, ECLI:NL:GHAMS:2017:857). Zie Ibili (red.), *Nederlands internationaal personen- en familierecht* (R&P nr. PFR 3) 2022/7, 1.3.

3. Nationaliteit andere lidstaat irrelevant voor beroep op nationale bevoegdheidsbepalingen (lid 3). Uit lid 3 volgt dat tegenover een verweerder die zijn gewone verblijfplaats niet in een lidstaat heeft en die niet de nationaliteit van een lidstaat bezit, een onderdaan van een lidstaat die zijn gewone verblijfplaats op het grondgebied van een andere staat heeft, evenals de onderdanen van die staat, zich kan beroepen op de aldaar geldende bevoegdheidsregels. Overigens is in de Nederlandse taalversie van art. 6 lid 3 een foutje geslopen: onder 'andere staat' dient te worden verstaan 'andere lidstaat'. Behalve dat dit de enige logische interpretatie lijkt, wordt deze interpretatie bevestigd door de Engelse en Duitse versie van de bepaling. De Engelse versie luidt: 'As against a respondent who is not habitually resident in and is not a national of a Member State, any national of a Member State who is habitually resident within the territory of another Member State may, like the nationals of that State, avail himself of the rules of jurisdiction applicable in that State.' De Duitstalige versie is zo mogelijk nog helderder: 'Jeder Staatsangehörige eines Mitgliedstaats, der seinen gewöhnlichen Aufenthalt im Hoheitsgebiet eines anderen Mitgliedstaats hat, kann die in diesem Mitgliedstaat geltenden Zuständigkeitsvorschriften wie ein Staatsangehöriger dieses Mitgliedstaats gegenüber einem Antragsgegner geltend machen, der weder seinen gewöhnlichen Aufenthalt im Hoheitsgebiet eines Mitgliedstaats hat noch die Staatsangehörigkeit eines Mitgliedstaats besitzt.'

AFDELING 2
Ouderlijke verantwoordelijkheid

Artikel 7
Algemene bevoegdheid

1. Ter zake van de ouderlijke verantwoordelijkheid zijn bevoegd de gerechten van de lidstaat op het grondgebied waarvan het kind zijn gewone verblijfplaats heeft op het tijdstip dat de zaak bij het gerecht aanhangig wordt gemaakt.
2. Het bepaalde in lid 1 van dit artikel geldt onder voorbehoud van de artikelen 8 tot en met 10.
[25-06-2019, PbEU L 178, i.w.tr. 22-07-2019/regelingnummer 2019/1111]

[Algemene bevoegdheid]

1. Algemeen. Art. 7 is de eerste bepaling van Afdeling 2, Hoofdstuk II van de Verordening Brussel II-ter. Afdeling 2, Hoofdstuk II bevat 10 bevoegdheidsbepalingen ter zake van de ouderlijke verantwoordelijkheid. Op dit onderwerp zijn de bepalingen dan ook specifiek toegesneden. Wat onder het begrip "ouderlijke verantwoordelijkheid" moet worden verstaan, staat omschreven in art. 2 lid 2 sub 7 Brussel II-ter. Het betreft alle rechten en verplichtingen die ingevolge een beslissing, van rechtswege of bij een rechtsgeldige overeenkomst aan een natuurlijk persoon of aan een rechtspersoon zijn toegekend met betrekking tot de persoon of het vermogen van een kind, met inbegrip van het gezagsrecht en het omgangsrecht. In het kader van het onderwerp "ouderlijke verantwoordelijkheid" wordt onder een "kind" een persoon jonger dan 18 jaar verstaan. Dat blijkt uit art. 2 lid 2 sub 6 Brussel II-ter. De bevoegdheidsbepalingen ter zake van de ouderlijke verantwoordelijkheid, dat zijn de art. 7-16 Brussel II-ter, dienen autonoom en uniform te worden uitgelegd. Daarbij dient rekening te worden gehouden met de context van de bepalingen en met de doelstellingen van de Verordening Brussel II-ter. De rechtspraak van het Hof van Justitie van de EU over de directe voorganger van de Verordening Brussel II-ter, dat is de Verordening Brussel II-bis, blijft ook van belang voor de uitleg van de Verordening Brussel II-ter. Mits de bepaling uit Brussel II-ter overeenstemt met de bepaling uit Brussel II-bis. Bij bijv. art. 7 Brussel II-ter is dat inderdaad het geval. Deze bepaling komt immers overeen met art. 8 Brussel II-bis. Dat betekent dus dat met name de door het Hof van Justitie van de EU in het kader van art. 8 Brussel II-bis gevestigde rechtspraak ook voor de aan art. 7 Brussel II-ter te geven uitleg van belang kan zijn. Verder zijn de bevoegdheidsregels met betrekking tot de ouderlijke verantwoordelijkheid in beide verordeningen zodanig opgezet, dat zij in het belang van het kind zijn. Het belang van het kind weegt dan ook het zwaarst. Dit heeft tot gevolg dat de bevoegdheidsregels moeten worden toegepast met inachtneming van dat belang. Daarbij moet elke verwijzing naar de "belangen van het kind" worden geïnterpreteerd in de zin van zowel art. 24 Handvest van de grondrechten van de Europese Unie (zie *PbEG* 2000, C 364, zoals laatstelijk gewijzigd bij *PbEU* 2007, C 303) als het Verdrag inzake de rechten van het kind (zie *Trb.* 1990, 170, zoals laatstelijk gewijzigd bij *Trb.* 1996, 188), zoals uitgewerkt in nationaal recht en procedures. Dat blijkt uit de considerans, nr. 19, bij de Verordening Brussel II-ter. Verder maakt de considerans, nr. 20, bij de Verordening Brussel II-ter nog eens duidelijk dat, teneinde de belangen van het kind te beschermen, de bevoegdheid in de eerste plaats moet worden bepaald op basis van het criterium van de nauwe verbondenheid. Daarom moet, behalve daar waar in de verordening anders is bepaald, de bevoegdheid inzake ouderlijke verantwoordelijkheid berusten bij de lidstaat van de gewone verblijfplaats van het kind.

2. "Onderwerp, leeftijd, gerecht". Zoals hierboven, bij *Algemeen*, al bleek, komt art. 7 Brussel II-ter overeen met art. 8 Brussel II-bis. Evenals bij art. 8 Brussel II-bis zijn bij art. 7 Brussel II-ter ter zake van de ouderlijke verantwoordelijkheid immers bevoegd de gerechten van de lidstaat op het grondgebied waarvan het kind zijn gewone verblijfplaats heeft op het tijdstip dat de zaak bij het gerecht aanhangig wordt gemaakt. Dit betekent dus dat ook bij art. 7 Brussel II-ter het kind in elk geval zijn gewone verblijfplaats moet hebben op het grondgebied van een lidstaat. En wel op het tijdstip dat de zaak bij het gerecht aanhangig wordt gemaakt. Die zaak moet dan uiteraard wel betrekking hebben op een burgerlijke zaak over de ouderlijke verantwoordelijkheid zoals bedoeld in de Verordening Brussel II-ter. En daarmee dus onder het materiële toepassingsgebied van deze verordening vallen. Verder mag het kind niet ouder zijn dan 18 jaar. Is het kind inderdaad jonger dan 18 jaar, dan moet in het kader van art. 7 Brussel II-ter dit kind vervolgens zijn gewone verblijfplaats hebben op het grondgebied van een lidstaat. Dat is een staat waar de Verordening Brussel II-ter van toepassing is. Het peilmoment voor het al dan niet hebben van een gewone verblijfplaats op het grondgebied van een lidstaat, is het tijdstip waarop de zaak bij het gerecht van deze lidstaat aanhangig wordt gemaakt. Daarbij wordt onder "gerecht" verstaan een autoriteit in een lidstaat die bevoegd is ter zake van de aangelegenheden die binnen het toepassingsgebied van de Verordening Brussel II-ter vallen (zie art. 2 lid 2 sub 1 Brussel II-ter). Maar wat moet nu worden verstaan onder het begrip "gewone verblijfplaats"? En hoe het tijdstip vast te stellen waarop een zaak bij het gerecht aanhangig wordt gemaakt?

3. "Gewone verblijfplaats". Art. 2 Brussel II-ter bevat een aantal definities. Deze definities geven invulling aan in de Verordening Brussel II-ter gebruikte begrippen, zoals de begrippen gerecht, kind en ouderlijke verantwoordelijkheid. Maar wat onder het begrip "gewone verblijfplaats" moet worden verstaan, wordt in art. 2 noch elders in de Verordening Brussel II-ter omschreven. In de Verordening Brussel II-bis is dit evenmin het geval. Het Hof van Justitie van de EU heeft in het kader van (ook) deze verordening echter uitleg gegeven aan het begrip "gewone verblijfplaats". Deze uitleg is ook in het kader van de Verordening Brussel II-ter van belang, omdat art. 7 Brussel II-ter overeenstemt met art. 8 Brussel II-bis. Beide bepalingen knopen wat betreft de bevoegdheid immers onder meer aan bij de gewone verblijfplaats van het kind. Uit vaste rechtspraak van het Hof van Justitie van de EU volgt nu dat de gewone verblijfplaats van een kind moet worden bepaald op basis van een geheel van feitelijke omstandigheden die eigen zijn aan elke zaak (zie bijv. HvJ EU 28 juni 2018, *HR*, C-512/17, ECLI:EU:C:2018:513, punt 41). Voor het vaststellen dat een kind zijn gewone verblijfplaats heeft in een bepaalde lidstaat, is ten minste vereist dat het kind fysiek in die lidstaat aanwezig is geweest (zie bijv. HvJ EU 17 oktober 2018, *UD/XB*, C-393/18 PPU, ECLI:EU:C:2018:835, punt 52). Daarnaast moeten andere factoren aantonen dat deze aanwezigheid niet tijdelijk of toevallig is, maar dat het verblijf daarentegen van een zekere duur is. En ook dat de verblijfplaats van het betrokken kind een zekere integratie in een sociale en familiale omgeving tot uitdrukking brengt. Dit alles maakt dat de gewone verblijfplaats van een kind overeenkomt met de plaats waar zich in feite het centrum van zijn leven bevindt (zie bijv. HvJ EU 28 juni 2018, *HR*, C-512/17, ECLI:EU:C:2018:513, punten 41-42). Bij het bepalen van dat centrum moet in het algemeen worden aangeknoopt bij factoren als de duur, de regelmatigheid, de omstandigheden en de redenen van het verblijf op het grondgebied van de betrokken lidstaat, de plaats waar en de omstandigheden waaronder het kind naar school gaat en de familiale en sociale banden die het kind in die lidstaat heeft (zie bijv. HvJ EU 28 juni 2018, *HR*, C-512/17, ECLI:EU:C:2018:513, punt 43). In het kader van de beoordeling van deze factoren kan de leeftijd van het kind van bijzonder belang zijn. Zo kan zeker bij een jong kind de sociale en familiale omgeving van dat kind van wezenlijk belang zijn voor de vaststelling van diens gewone verblijfplaats. Een zuigeling bijv. maakt noodzakelijkerwijs deel uit van de omgeving van wie hij afhankelijk is (zie bijv. HvJ EU 22 december 2010, *Mercredi/Chaffe*, C-497/10 PPU, ECLI:EU:C:2010:829, punten 54-56). Tot slot kan bij de bepaling van de gewone verblijfplaats van een kind ook rekening worden gehouden met de bedoeling van de gezaghebbende ouder(s) van dat kind om zich in een bepaalde – andere – lidstaat te vestigen, aan welke bedoeling uiting is gegeven door bepaalde tastbare maatregelen zoals de koop of huur van een woning. Deze bedoeling is in beginsel echter niet doorslaggevend. Dit omdat de vaststelling van de gewone verblijfplaats van een kind in wezen op objectieve omstandigheden berust. In voorkomende gevallen is de bedoeling van de ouders dan ook slechts een aanwijzing die een reeks met elkaar overeenstemmende factoren kan aanvullen (zie bijv. HvJ EU 8 juni 2017, *QL/PQ*, C-111/17 PPU, ECLI:EU:C:2017:436, punten 46-47). Omdat de vaststelling van de gewone verblijfplaats nauw is verbonden met waarderingen van feitelijke aard, kan deze vaststelling in cassatie slechts op begrijpelijkheid worden getoetst (zie bijv. HR 26 juni 2015, ECLI:NL:HR:2015:1752, rov. 3.7.2 en de conclusie van A-G Vlas vóór HR 25 maart 2022, ECLI:NL:PHR:2022:32, bij 2.9).

4. "Peilmoment vaststelling gewone verblijfplaats". De nationale rechter dient op basis van een globaal onderzoek de gewone verblijfplaats van het kind te bepalen (zie bijv. HvJ EG 2 april 2009, C-523/07, ECLI:EU:C:2009:225, punt 42), waarbij als peilmoment geldt het tijdstip dat de zaak bij het gerecht aanhangig wordt gemaakt. Dat laatste blijkt uit art. 7 Brussel II-ter. Art. 17 Brussel II-ter maakt vervolgens duidelijk dat het peilmoment het tijdstip is, waarop, verkort weergegeven, het inleidend gedingstuk bij het gerecht wordt ingediend, mits aan een aantal voorwaarden is voldaan. Overigens bevat art. 17 Brussel II-ter ook een voorziening voor het geval de procedure ambtshalve door het gerecht aanhangig wordt gemaakt. Deze voorziening kwam in de Verordening Brussel II-bis nog niet voor. In elk geval is duidelijk dat het peilmoment voor het bepalen van de gewone verblijfplaats van het kind in de zin van art. 7 Brussel II-ter het tijdstip van aanhangigheid in eerste aanleg is. Eventuele latere wijzigingen in de gewone verblijfplaats na dit peilmoment hebben geen invloed op de (on)bevoegdheid van de rechter in eerste aanleg of in hoger beroep (zie ook de considerans, nr. 21, bij de Verordening Brussel II-ter). Daarmee huldigt de Verordening Brussel II-ter dus het beginsel van *perpetuatio fori* (zie bijv. HR 28 februari 2014, ECLI:NL:HR:2014:443, rov. 3.5.2). Daarentegen wordt onder bijv. het Haags Kinderbeschermingsverdrag 1996 (*Trb.* 1997, 299 waarover L.Th.L.G. Pellis in: *T&C Personen- en familierecht*) het *perpetuatio fori*-beginsel uitdrukkelijk afgewezen (zie bijv. ook *Asser/Vonken & Ibili 10-II* 2021/543). Echter, wanneer de gewone verblijfplaats van het betrokken kind in de loop van het geding rechtmatig is overgebracht naar een derde staat die partij is bij het Haags Kinderbeschermingsverdrag 1996 geldt het beginsel van perpetuatio fori niét (vgl. zeer recentelijk HvJ EU 14 juli 2022, CC/VO, C-572/21, ECLI:EU:C:2022:562).

5. Voorrang voor de art. 8-10. Art. 7 lid 1 Brussel II-ter is de hoofdregel van de bevoegdheidsregeling ter zake van de ouderlijke verantwoordelijkheid. En dit ongeacht de procedurele context. Dat betekent echter niet dat deze regel ook een exclusief karakter heeft. Integendeel. Uit art. 7 lid 2 Brussel II-ter blijkt namelijk dat het bepaalde in art. 7 lid 1 geldt onder voorbehoud van de art. 8-10 Brussel II-ter. Dit betekent dat, wanneer van toepassing, de art. 8-10 Brussel II-ter voorrang hebben op de primaire bevoegdheidsregel van art. 7 lid 1 Brussel II-ter, zoals in het geval van een forumkeuzeovereenkomst die aan de voorwaarden voldoet van art. 10 Brussel II-ter.

6. Uitsluitend van belang voor de internationale bevoegdheid. De art. 7 e.v. Brussel II-ter regelen uitsluitend de internationale bevoegdheid of rechtsmacht van de gerechten van de lidstaten. Deze bepalingen geven dus niet tevens aan, of die gerechten vervolgens ook absoluut en relatief bevoegd zijn ter zake van een bepaalde kwestie van ouderlijke verantwoordelijkheid. Het antwoord op deze beide vragen is evenmin elders in de Verordening Brussel II-ter te vinden. Voor Nederland is het antwoord echter wel te vinden in de Uitvoeringswet internationale kinderbescherming. Deze Uitvoeringswet internationale kinderbescherming (*Stb.* 2006, 123; *Kamerstukken* 29980) is op 1 mei 2006 in werking getreden (*Stb.* 2006, 193 waarover L.Th.L.G. Pellis in: *T&C Personen- en familierecht*). Deze wet strekte aanvankelijk ter uitvoering van zowel het Haags Kinderbeschermingsverdrag 1996 als de Verordening Brussel II-bis. Recentelijk werd de Uitvoeringswet internationale kinderbescherming echter op belangrijke onderdelen gewijzigd (zie *Stb.* 2022, 72; *Kamerstukken* 35888; deze gewijzigde wet treedt met ingang van 1 augustus 2022 in werking, *Stb.* 2022, 141). Dit als gevolg van het ook voor Nederland op 1 augustus 2022 van toepassing worden van de Verordening Brussel II-ter (zie voor het overgangsrecht art. 100 Brussel II-ter). Immers, zoals eerder ook al in het kader van het HKV 1996 en Verordening Brussel II-bis noodzakelijk bleek, diende de Uitvoeringswet internationale kinderbescherming tevens bepalingen ter uitvoering van de Verordening Brussel II-ter te bevatten. In art. 12 van deze aangepaste Uitvoeringswet is de absolute en relatieve competentie van de Nederlandse rechter geregeld. En wel voor die gevallen waarin de Nederlandse rechter onder meer op grond van de Verordening Brussel II-ter internationaal bevoegd blijkt te zijn ter zake van een bepaalde kwestie van ouderlijke verantwoordelijkheid.

7. Overige aspecten. Aan art. 7 Brussel II-ter zitten nog andere aspecten. Daarvoor wordt verwezen naar de bespreking van art. 8 Brussel II-bis. Deze bepaling komt immers overeen met art. 7 Brussel II-ter. De Verordening Brussel II-bis blijft van toepassing op gerechtelijke procedures die zijn ingesteld, authentieke akten die zijn verleden en overeenkomsten die vóór 1 augustus 2022 uitvoerbaar zijn geworden in de lidstaat waar zij werden gesloten en die binnen het toepassingsgebied van die verordening vallen (zie art. 100 lid 2 Brussel II-ter). De Verordening Brussel II-ter geldt voor gerechtelijke procedures die zijn ingesteld, authentieke akten die zijn verleden en overeenkomsten die zijn geregistreerd op of na 1 augustus 2022 (zie art. 100 lid 1 Brussel II-ter).

Artikel 8
Behoud van de bevoegdheid met betrekking tot omgangsrechten

1. Wanneer een kind legaal van een lidstaat naar een andere lidstaat verhuist en aldaar een nieuwe gewone verblijfplaats verkrijgt, behouden de gerechten van de lidstaat van de vorige gewone verblijfplaats van het kind, in afwijking van artikel 7, gedurende drie maanden na de verhuizing hun bevoegdheid tot wijziging van een in die lidstaat vóór de verhuizing van het kind gegeven beslissing betreffende het omgangsrecht indien de persoon die ingevolge die beslissing het omgangsrecht heeft, zijn gewone verblijfplaats behoudt in de lidstaat van de vorige gewone verblijfplaats van het kind.
2. Lid 1 is niet van toepassing indien de in lid 1 bedoelde persoon die het omgangsrecht heeft, de bevoegdheid van de gerechten van de lidstaat van de nieuwe gewone

verblijfplaats van het kind heeft aanvaard door aan een procedure voor die gerechten deel te nemen zonder de bevoegdheid ervan aan te vechten.
[25-06-2019, PbEU L 178, i.w.tr. 22-07-2019/regelingnummer 2019/1111]

[Behoud van de bevoegdheid met betrekking tot omgangsrechten]

1. Algemeen. Art. 8 Brussel II-ter heeft betrekking op de voortgezette bevoegdheid bij wijziging van het omgangsrecht. Deze bijzondere bevoegdheidsregel maakt het mogelijk dat, wanneer een kind legaal en daarmee dus rechtmatig naar een andere lidstaat verhuist, de persoon die een omgangsrecht heeft onder bepaalde voorwaarden gedurende een termijn van drie maanden een wijziging van dit omgangsrecht kan verzoeken in de lidstaat van de voormalige gewone verblijfplaats van dat kind. Daarmee brengt, voor zover het althans om een wijziging van een beslissing inzake het omgangsrecht gaat, art. 8 Brussel II-ter een uitzondering aan op de hoofdregel van art. 7 Brussel II-ter. Immers, op grond van art. 7 lid 1 Brussel II-ter zouden de gerechten van de vorige gewone verblijfplaats van het kind niet bevoegd zijn geweest om te beslissen over de verzochte wijziging van de door hen al vóór de legale verhuizing gegeven beslissing inzake het omgangsrecht, tenzij het wijzigingsverzoek daar reeds vóór de legale verhuizing aanhangig zou zijn gemaakt. Een en ander hangt samen met het *perpetuatio fori*-beginsel (waarover nader het commentaar bij art. 7 Brussel II-ter). Hierop vormt de bijzondere bevoegdheidsregel van art. 8 dus een uitzondering, mits uiteraard aan de in deze bepaling neergelegde voorwaarden is voldaan. In elk geval dient het om een legale verhuizing te gaan, duurt de voorgezette bevoegdheid gedurende drie maanden vanaf het moment van de feitelijke verhuizing en betreft het enkel verzoeken tot wijziging van een beslissing inzake het omgangsrecht. Op andere kwesties van ouderlijke verantwoordelijkheid zoals de wijziging van een gezagsbeslissing, ziet art. 8 Brussel II-ter dus nadrukkelijk niét. De in art. 8 lid 1 Brussel II-ter neergelegde bevoegdheidsregel vindt overigens geen toepassing in het in art. 8 lid 2 Brussel II-ter bedoelde geval van aanvaarding van de bevoegdheid, namelijk door in de lidstaat van de nieuwe gewone verblijfplaats van het kind zelf een procedure te beginnen of door tijdens een procedure in de lidstaat van de nieuwe gewone verblijfplaats van het kind enkel inhoudelijk verweer te voeren zonder daarbij (tijdig) de exceptie van bevoegdheid op te werpen.

2. Overige aspecten. Aan art. 8 Brussel II-ter zitten nog andere aspecten. Daarvoor wordt verwezen naar de bespreking van art. 9 Brussel II-bis. Deze bepaling komt immers overeen met art. 8 Brussel II-ter. De Verordening Brussel II-bis blijft van toepassing op gerechtelijke procedures die zijn ingesteld, authentieke akten die zijn verleden en overeenkomsten die vóór 1 augustus 2022 uitvoerbaar zijn geworden in de lidstaat waar zij werden gesloten en die binnen het toepassingsgebied van die verordening vallen (zie art. 100 lid 2 Brussel II-ter). De Verordening Brussel II-ter geldt voor gerechtelijke procedures die zijn ingesteld, authentieke akten die zijn verleden en overeenkomsten die zijn geregistreerd op of na 1 augustus 2022 (zie art. 100 lid 1 Brussel II-ter).

Artikel 9
Bevoegdheid in gevallen van ongeoorloofde overbrenging of niet-terugkeer van een kind

Onverminderd artikel 10 blijven, in het geval van ongeoorloofde overbrenging of niet-terugkeer van een kind, de gerechten van de lidstaat waar een kind onmiddellijk vóór de ongeoorloofde overbrenging of niet-terugkeer zijn gewone verblijfplaats had, bevoegd totdat het kind in een andere lidstaat een gewone verblijfplaats heeft verkregen en:

a) enige persoon, of instantie die of ander orgaan dat gezagsrecht bezit, in de overbrenging of niet-terugkeer heeft berust; of

b) het kind gedurende ten minste een jaar nadat de persoon, de instantie of het orgaan met gezagsrecht kennis heeft gekregen of had moeten krijgen van de verblijfplaats van het kind, in die andere lidstaat heeft verbleven en in zijn nieuwe omgeving geworteld is, en aan minstens één van de volgende voorwaarden is voldaan:

   i) er is bij de bevoegde autoriteiten van de lidstaat waarnaar het kind is overgebracht of waar het wordt vastgehouden, geen verzoek tot terugkeer ingediend binnen een jaar nadat de persoon die gezagsrecht bezit, kennis heeft gekregen of had moeten krijgen van de verblijfplaats van het kind;

   ii) een door de persoon met gezagsrecht ingediend verzoek tot terugkeer is ingetrokken en binnen de onder i) gestelde termijn is geen nieuw verzoek ingediend;

   iii) een door de persoon met gezagsrecht ingediend verzoek tot terugkeer werd door een gerecht van een lidstaat geweigerd op andere gronden dan artikel 13, lid 1, onder b), of artikel 13, lid 2, van het Verdrag van 's-Gravenhage van 1980, en tegen die beslissing kan geen gewoon rechtsmiddel meer worden aangewend;

   iv) er werd geen zaak bij een gerecht aanhangig gemaakt als bedoeld in artikel 29, leden 3 en 5, in de lidstaat waar het kind zijn gewone verblijfplaats had onmiddellijk vóór de ongeoorloofde overbrenging of niet-terugkeer;

   v) een beslissing over het gezagsrecht die niet de terugkeer van het kind met zich brengt, is uitgesproken door de gerechten van de lidstaat waar het kind onmiddellijk voor de ongeoorloofde overbrenging of niet-terugkeer zijn gewone verblijfplaats had.

[25-06-2019, PbEU L 178, i.w.tr. 22-07-2019/regelingnummer 2019/1111]

[Bevoegdheid in gevallen van ongeoorloofde overbrenging of niet-terugkeer van een kind]

1. Algemeen. Art. 9 Brussel II-ter regelt de bevoegdheid ten aanzien van kinderontvoeringen die plaatsvinden binnen de Europese Unie. Ook deze bepaling vormt een uitzondering op de in art. 7 lid 1 Brussel II-ter neergelegde hoofdregel. Art. 9 Brussel II-ter, dat in hoofdlijnen overeenkomt met art. 7 Haags Kinderbeschermingsverdrag 1996 (*Trb.* 1997, 299 waarover L.Th.L.G. Pellis in: *T&C Personen- en familierecht*), heeft als strekking te voorkomen dat kinderontvoering ertoe leidt dat de bevoegdheid overgaat van de aanvankelijke gewone verblijfplaats van het kind naar die van het land waarheen het kind is ontvoerd. Op dit uitgangspunt maakt art. 9 Brussel II-ter echter wel een aantal uitzonderingen, zoals voor het geval dat de met de ouderlijke verantwoordelijkheid belaste ouder of instelling in de kinderontvoering heeft berust. Art. 9 Brussel II-ter beoogt, voor wat betreft kinderontvoeringen die plaatsvinden binnen de Europese Unie, de regeling van het Haags Kinderontvoeringsverdrag 1980 (*Trb.* 1987, 139) aan te vullen. De bepaling komt grotendeels overeen met art. 10 Brussel II-bis. In art. 9 Brussel II-ter wordt gerefereerd aan de mogelijkheid van een forumkeuze. Dit doet art. 9 Brussel II-ter met de aanvangswoorden "Onverminderd artikel 10". Daarmee wordt uiteraard art. 10 Brussel II-ter bedoeld.

2. Overige aspecten. Aan art. 9 Brussel II-ter zitten nog andere aspecten. Daarvoor wordt verwezen naar de bespreking van art. 10 Brussel II-bis. Deze bepaling komt immers grotendeels overeen met art. 9 Brussel II-ter. De Verordening Brussel II-bis blijft van toepassing op gerechtelijke procedures die zijn ingesteld, authentieke akten die zijn verleden en overeenkomsten die vóór 1 augustus 2022 uitvoerbaar zijn geworden in de lidstaat waar zij werden gesloten en die binnen het toepassingsgebied van die verordening vallen (zie art. 100 lid 2 Brussel II-ter). De Verordening Brussel II-ter geldt voor gerechtelijke procedures die zijn ingesteld, authentieke akten die zijn verleden en overeenkomsten die zijn geregistreerd op of na 1 augustus 2022 (zie art. 100 lid 1 Brussel II-ter).

Artikel 10
Forumkeuze

1. De gerechten van een lidstaat zijn bevoegd ter zake van ouderlijke verantwoordelijkheid indien aan onderstaande voorwaarden is voldaan:
a) het kind heeft een nauwe band met die lidstaat, met name omdat:
i) minstens een van de personen die de ouderlijke verantwoordelijkheid dragen, zijn gewone verblijfplaats in die lidstaat heeft;
ii) het kind voordien zijn gewone verblijfplaats in die lidstaat had; of
iii) het kind onderdaan van die lidstaat is;
b) de partijen, evenals alle andere personen die de ouderlijke verantwoordelijkheid dragen, hebben:
i) uiterlijk op het tijdstip waarop de zaak bij het gerecht aanhangig is gemaakt, vrijwillig overeenstemming bereikt over de bevoegdheid; of
ii) de bevoegdheid uitdrukkelijk aanvaard in de loop van de procedure en het gerecht heeft ervoor gezorgd dat alle partijen in kennis zijn gesteld van hun recht om de bevoegdheid van het gerecht niet te aanvaarden; en
c) de bevoegdheidsuitoefening wordt gerechtvaardigd door het belang van het kind.
2. Een forumkeuzeovereenkomst op grond van lid 1, onder b), wordt schriftelijk vastgelegd en door de betrokken partijen gedateerd en ondertekend, of in het gerechtelijk dossier opgenomen overeenkomstig nationaal recht en procedures. Elke elektronische mededeling waardoor de overeenkomst duurzaam wordt vastgelegd, wordt geacht gelijk te zijn aan een 'schriftelijke' overeenkomst.
Personen die partij in de procedure worden nadat de zaak bij het gerecht aanhangig is gemaakt, kunnen na de aanhangigmaking met de overeenkomst instemmen. Indien er geen verzet wordt aangetekend, wordt hun instemming geacht impliciet te zijn.
3. Tenzij de partijen anders zijn overeengekomen, neemt de in lid 1 toegekende bevoegdheid een einde zodra:

a) tegen de in de procedure gegeven beslissing geen gewoon rechtsmiddel meer kan worden aangewend; of
b) de procedure om een andere reden is beëindigd.
4. De in lid 1, onder b), ii), toegekende bevoegdheid is een exclusieve bevoegdheid.
[25-06-2019, PbEU L 178, i.w.tr. 22-07-2019/regelingnummer 2019/1111]

[Forumkeuze]

1. Algemeen. Art. 10 Brussel II-ter vormt, naast de art. 8 en 9 Brussel II-ter, de derde bepaling waarnaar in art. 7 lid 2 Brussel II-ter wordt verwezen. Daarmee vormt dus ook deze bepaling een uitzondering op de in art. 7 lid 1 Brussel II-ter neergelegde hoofdregel. En daarmee heeft ook deze bepaling voorrang boven art. 7 Brussel II-ter. Mits uiteraard aan de voorwaarden is voldaan. De forumkeuzeregeling van art. 10 Brussel II-ter ziet uitsluitend op gevallen waarin het kind zijn gewone verblijfplaats heeft buiten de forumstaat. Dat wil hier zeggen hetzij in een andere EU-lidstaat waar de Verordening Brussel II-ter van toepassing is, hetzij in een andere, derde staat (die niet is aangesloten bij het Haags Kinderbeschermingsverdrag 1996; vgl. art. 97 Brussel II-ter). Dat art. 10 Brussel II-ter niet tevens ziet op gevallen waarin het kind zijn gewone verblijfplaats heeft op het grondgebied van de forumstaat, is logisch. Immers, heeft het kind zijn gewone verblijfplaats op het grondgebied van die staat op het tijdstip dat de zaak bij het gerecht aanhangig wordt gemaakt, dan kan dat gerecht rechtsmacht ontlenen aan art. 7 lid 1 Brussel II-ter. In zo'n geval heeft art. 10 Brussel II-ter geen meerwaarde. Art. 10 Brussel II-ter maakt geen onderscheid tussen enerzijds procedures waarin in het kader van een echtscheiding, scheiding van tafel en bed of nietigverklaring van het huwelijk om een maatregel inzake ouderlijke verantwoordelijkheid wordt verzocht, en anderzijds alle andere zelfstandige procedures – buiten echtscheiding, scheiding van tafel en bed of nietigverklaring van het huwelijk – waarin om een maatregel inzake ouderlijke verantwoordelijkheid wordt verzocht. Bij art. 12 Brussel II-bis ligt dat anders. Deze bepaling maakt voornoemd onderscheid namelijk wél. Bovendien voorziet art. 12 Brussel II-bis niet in de mogelijkheid van een forumkeuze in de loop van de procedure. Dat is anders bij art. 10 Brussel II-ter. Deze bepaling voorziet namelijk wél in een dergelijke mogelijkheid en, net als art. 12 Brussel II-bis, in de mogelijkheid om uiterlijk op het tijdstip dat de zaak bij het gerecht aanhangig wordt gemaakt, een forumkeuze af te spreken. Van die afspraak hoeft overigens niet met zoveel woorden te blijken. Mits maar op ondubbelzinnige wijze blijkt dat partijen een forumkeuze zijn overeengekomen. En uiteraard dat ook dan aan de vormvoorschriften is voldaan die staan in art. 10 lid 2 Brussel II-ter.

2. Twee momenten. Waar het de instemming met een forumkeuze betreft, kent art. 10 Brussel II-ter twee momenten. Beide momenten staan in art. 10 lid 1 sub b Brussel II-ter. Het eerste moment betreft de situatie dat partijen uiterlijk op het tijdstip dat de zaak bij het gerecht aanhangig is gemaakt vrijwillig overeenstemming hebben bereikt over de bevoegdheid van de rechter. En dus uiterlijk op dat moment hebben ingestemd met de rechtsmacht van de rechter ter zake van een kwestie van ouderlijke verantwoordelijkheid. Het tweede moment betreft de situatie dat partijen in de loop van de procedure uitdrukkelijk overeenstemming hebben bereikt over de bevoegdheid van de rechter. En dus op dat moment hebben ingestemd met de rechtsmacht van de rechter ter zake van een kwestie van ouderlijke verantwoordelijkheid.

3. Een nauwe band. Beperkt art. 10 Brussel II-ter aldus het aantal momenten dat partijen een forumkeuze kunnen overeenkomen, deze bepaling begrenst de mogelijkheid van een forumkeuze ook anderszins. In de eerste plaats dient het kind een nauwe band met de lidstaat van het op basis van de forumkeuze aangewezen gerecht te hebben. Dat blijkt uit art. 10 lid 1 sub a Brussel II-ter. Deze bepaling noemt drie gevallen waarin van het bestaan van een dergelijke band blijkt. Het betreft echter geen uitputtende opsomming van gevallen. Dat blijkt reeds uit de woorden "met name". Daardoor zou het hebben van een nauwe band bijv. ook kunnen worden afgeleid uit de omstandigheid, dat het kind in de lidstaat van de forumkeuze vermogen heeft.

4. Instemming. In de tweede plaats dienen de partijen, evenals alle andere personen die de ouderlijke verantwoordelijkheid dragen, te hebben ingestemd met de bevoegdheid van de op basis van de forumkeuze aangewezen rechter. Dat blijkt uit art. 10 lid 1 sub b Brussel II-ter. Onder "partijen" kan bijv. de Raad voor de kinderbescherming worden verstaan in het kader van een door hem gedaan verzoek tot ondertoezichtstelling. Onder "alle andere personen die de ouderlijke verantwoordelijkheid dragen" kunnen de ouders met gezag of een voogd worden verstaan. Hierboven, bij *Twee momenten*, bleek al dat van de instemming met de bevoegdheid van de rechter zowel voorafgaand als in de loop van de procedure kan blijken. Dat volgt immers uit art. 10 lid 1 sub b Brussel II-ter. In dit verband betekent "voorafgaand aan de procedure" naar Nederlands burgerlijk procesrecht uiterlijk de datum van binnenkomst van het verzoekschrift bij de griffie van de rechtbank. En "in de loop van de procedure" betekent in dit verband naar Nederlands burgerlijk procesrecht ná het inleidend verzoekschrift, eventueel ter zitting van het gerecht. Overigens dient dat gerecht er dan wel voor te hebben gezorgd dat alle partijen in kennis zijn gesteld van hun recht om de bevoegdheid van het gerecht niet te aanvaarden. Ook dat blijkt uit art. 10 lid 1 sub b Brussel II-ter. Ter verduidelijking hiervan geeft de considerans, nr. 23, bij de Verordening Brussel II-ter aan, dat het aangezochte gerecht moet nagaan of de aanvaarding van de bevoegdheid was gebaseerd "op een geïnformeerde en vrije keuze van de betrokken partijen en niet het gevolg was van het feit dat één partij heeft geprofiteerd van de moeilijke of zwakke positie van de andere partij".

5. Gerechtvaardigd door het belang van het kind. In zowel het geval dat van de instemming met de bevoegdheid van de rechter voorafgaand aan de procedure is gebleken als in het geval dat van de instemming met de bevoegdheid van de rechter in de loop van de procedure is gebleken en overigens ook aan de overige voorwaarden van art. 10 lid 1 sub a en sub b Brussel II-ter is voldaan, dient de op de forumkeuze gebaseerde bevoegdheidsuitoefening ook te worden gerechtvaardigd door het belang van het kind. Dat blijkt uit art. 10 lid 1 sub c Brussel II-ter. Dit betekent onder meer dat het desbetreffende gerecht zal moeten nagaan of de forumkeuze geen negatieve gevolgen heeft voor de situatie van het desbetreffende kind (vgl. bijv. HvJ EU 19 april 2018, *Saponaro/Xylina*, C-565/16, ECLI:EU:C:2018:265, punt 38). Dat kan bijv. het geval zijn wanneer dit gerecht geen of onvoldoende zicht heeft op de situatie van het kind in het buitenland. Overigens dienen, daargelaten het verplichte specifieke toetsingscriterium van art. 10 lid 1 sub c Brussel II-ter, de bevoegdheidsregels inzake de ouderlijke verantwoordelijkheid steeds te worden toegepast met inachtneming van het belang van het kind (vgl. de considerans, nr. 19, bij de Verordening Brussel II-ter).

6. Vormvoorschriften. Art. 10 lid 2 Brussel II-ter bevat vormvoorschriften. Daaruit blijkt dat een forumkeuze wat betreft de vorm geldig is wanneer de forumkeuzeovereenkomst schriftelijk is vastgelegd. En door de betrokken partijen is gedateerd en ondertekend. Gedacht kan bijv. worden aan een echtscheidingsconvenant of ouderschapsplan. Verder is een forumkeuze ook wat betreft de vorm geldig wanneer deze forumkeuze is opgenomen in het gerechtelijk dossier overeenkomstig nationaal procesrecht. Daarbij volstaat een vermelding van de bevoegdheidsaanvaarding in het proces-verbaal en/of de beschikking. Overigens houdt art. 10 lid 2 Brussel II-ter rekening met het gebruik van moderne informatietechnologieën. Immers, blijkens de bewoordingen wordt elke elektronische mededeling waardoor de overeenkomst duurzaam wordt vastgelegd, geacht gelijk te zijn aan een "schriftelijke" overeenkomst.

7. Exclusieve werking. Een forumkeuze die tot stand is gekomen in de loop van een gerechtelijke procedure, heeft exclusieve werking. Dat blijkt uit art. 10 lid 4 Brussel II-ter. Dit betekent dat zo'n forumkeuze derogerend werkt ten opzichte van de gerechten van andere lidstaten. Art. 10 lid 4 Brussel II-ter noemt niet het geval dat reeds voorafgaand aan een gerechtelijke procedure een forumkeuze is overeengekomen. Dat is immers het andere, tweede, moment waarop art. 10 lid 1 sub b Brussel II-ter doelt. Echter, het staat partijen vrij om met elkaar af te spreken dat bijv. het in het echtscheidingsconvenant of ouderschapsplan opgenomen forumkeuzebeding exclusieve werking heeft. Zo'n exclusieve forumkeuze, een forumkeuze dus die is overeengekomen voordat een gerechtelijke procedure aanhangig is gemaakt, zou ook in het kader van de Verordening Brussel II-ter exclusieve werking behoren te hebben. Dat komt de partijautonomie en trouwens ook de rechtszekerheid – verder – ten goede. Steun voor de opvatting dat een exclusieve forumkeuze die is overeengekomen voordat een gerechtelijke procedure aanhangig is gemaakt onder de Verordening Brussel II-ter exclusieve werking kan hebben, zou, zeker bij een welwillende lezing, ook kunnen worden ontleend aan de considerans, nr. 38, laatste zin, bij de Verordening Brussel II-ter.

8. Toepassingsbereik in de tijd. Art. 10 lid 3 Brussel II-ter bepaalt dat de bij de forumkeuze toegekende bevoegdheid een einde neemt zodra tegen de in de procedure gegeven beslissing geen gewoon rechtsmiddel meer kan worden aangewend of de procedure om een andere reden is beëindigd. Echter steeds met de restrictie "tenzij de partijen anders zijn overeengekomen". Daardoor lijkt behalve een forumkeuze ten behoeve van een bepaalde, lopende of nog aanhangig te maken, procedure ook een algemene forumkeuze mogelijk (zo ook bijv. F. Ibili, *EB* 2022/4, p. 14, r.k.). Een forumkeuze dus die – ook – ziet op alle toekomstige procedures met betrekking tot de ouderlijke verantwoordelijkheid. Maar ook dan zal de uitoefening van de bevoegdheid moeten zijn gerechtvaardigd door het belang van het kind (zie immers art. 10 lid 1 sub c Brussel II-ter). Dat zal dus steeds weer in het kader van elke procedure ter zake van de ouderlijke verantwoordelijkheid moeten worden getoetst. Ook al ligt aan al deze procedures maar één algemene forumkeuze ten grondslag.

Artikel 11

Bevoegdheid gebaseerd op de aanwezigheid van het kind

1. Wanneer de gewone verblijfplaats van een kind niet kan worden vastgesteld en de bevoegdheid niet op grond van artikel 10 kan worden bepaald, zijn de gerechten van de lidstaat op het grondgebied waarvan het kind zich bevindt, bevoegd.

2. De in lid 1 bedoelde bevoegdheid is tevens van toepassing op vluchtelingenkinderen en kinderen die naar een ander land zijn overgebracht ten gevolge van onlusten in de lidstaat waar zij hun gewone verblijfplaats hadden.
[25-06-2019, PbEU L 178, i.w.tr. 22-07-2019/regelingnummer 2019/1111]

[Bevoegdheid gebaseerd op de aanwezigheid van het kind]

1. Algemeen. Het is niet altijd mogelijk om de gewone verblijfplaats van een kind vast te stellen. Om verschillende redenen. Zo kunnen van een bepaald kind de feitelijke gegevens niet bekend zijn, zoals in het geval van een vondeling. Ook mogelijk is bijv. dat een bepaald kind in korte tijd zo vaak blijkt te zijn verhuisd dat er van een gewone verblijfplaats in het geheel geen sprake is. In dergelijke gevallen mist art. 7 lid 1 Brussel II-ter toepassing. Immers, in deze hoofdregel van de bevoegdheidsregeling ter zake van de ouderlijke verantwoordelijkheid wordt voor wat betreft de bevoegdheid van de gerechten van een lidstaat aangeknoopt bij de gewone verblijfplaats van een kind. Maar in de gegeven voorbeelden kan die gewone verblijfplaats simpelweg niet worden vastgesteld. Voor dit soort van gevallen, gevallen dus waar de gewone verblijfplaats van het kind niet kan worden vastgesteld (en de bevoegdheid niet op grond van art. 10 kan worden bepaald), geeft art. 11 Brussel II-ter een oplossing. In zo'n geval komt bevoegdheid toe aan de gerechten van de lidstaat op wiens grondgebied het kind zich bevindt. Dat blijkt uit art. 11 lid 1 Brussel II-ter. En uit art. 11 lid 2 Brussel II-ter blijkt dat bij vluchtelingenkinderen en kinderen die naar een ander land zijn overgebracht ten gevolge van onlusten in de lidstaat waar zij hun gewone verblijfplaats hadden, de in art. 11 lid 1 Brussel II-ter neergelegde bevoegdheidsregel van overeenkomstige toepassing is. Ook dan komt dus bevoegdheid toe aan de gerechten van de lidstaat op wiens grondgebied het kind zich bevindt. Is zelfs de plaats waar het kind zich bevindt onbekend, dan mist art. 11 Brussel II-ter uiteraard toepassing.

2. Overige aspecten. Aan art. 11 Brussel II-ter zitten nog andere aspecten. Daarvoor wordt verwezen naar de bespreking van art. 13 Brussel II-bis. Deze bepaling komt immers overeen met art. 11 Brussel II-ter. De Verordening Brussel II-bis blijft van toepassing op gerechtelijke procedures die zijn ingesteld, authentieke akten die zijn verleden en overeenkomsten die vóór 1 augustus 2022 uitvoerbaar zijn geworden in de lidstaat waar zij werden gesloten en die binnen het toepassingsgebied van die verordening vallen (zie art. 100 lid 2 Brussel II-ter). De Verordening Brussel II-ter geldt voor gerechtelijke procedures die zijn ingesteld, authentieke akten die zijn verleden en overeenkomsten die zijn geregistreerd op of na 1 augustus 2022 (zie art. 100 lid 1 Brussel II-ter).

Artikel 12
Bevoegdheidsoverdracht aan een gerecht van een andere lidstaat

1. In uitzonderlijke omstandigheden kan een ten gronde bevoegd gerecht van een lidstaat, op verzoek van een van de partijen of op eigen initiatief, indien het van mening is dat een gerecht van een andere lidstaat waarmee het kind een bijzondere band heeft, beter in staat is het belang van het kind in de specifieke zaak te beoordelen, de behandeling van de procedure, of een specifiek onderdeel daarvan, aanhouden en ofwel:

a) een termijn bepalen voor één of meer van de partijen om het gerecht van die andere lidstaat te informeren over de aanhangige procedure en over de mogelijkheid de bevoegdheid over te dragen en een verzoek aan dat gerecht te richten; of
b) het gerecht van een andere lidstaat verzoeken zijn bevoegdheid overeenkomstig lid 2 uit te oefenen.
2. Het gerecht van de andere lidstaat kan de bevoegdheid, wanneer dit, gelet op de specifieke omstandigheden van de zaak, in het belang van het kind is, aanvaarden binnen zes weken:
a) nadat de zaak op grond van lid 1, onder a), bij dit gerecht aanhangig is gemaakt; of
b) na de ontvangst van het verzoek overeenkomstig lid 1, onder b).
Het gerecht waarbij de zaak het laatst is aangebracht of dat werd verzocht om de bevoegdheid te aanvaarden, stelt het gerecht waarbij de zaak het eerst aanhangig is gemaakt hiervan onverwijld in kennis. Indien het gerecht waarbij de zaak het laatst is aangebracht, de bevoegdheid aanvaardt, ziet het gerecht waarbij de zaak het eerst was aangebracht af van het uitoefenen van zijn bevoegdheid.
3. Het gerecht waarbij de zaak het eerst was aangebracht blijft zijn bevoegdheid uitoefenen indien het de aanvaarding van de bevoegdheid door het gerecht van een andere lidstaat niet heeft ontvangen binnen zeven weken nadat:
a) de termijn waarover de partijen beschikken om een verzoek aan het gerecht van een andere lidstaat te richten overeenkomstig lid 1, onder a), is verstreken; of
b) dat gerecht het verzoek overeenkomstig artikel lid 1, onder b), ontving.
4. Voor de toepassing van lid 1 wordt het kind geacht een bijzondere band met een lidstaat te hebben indien:
a) het kind na de aanhangigmaking van een zaak bij het in lid 1 bedoelde gerecht zijn gewone verblijfplaats in die lidstaat heeft verkregen;
b) het kind voordien zijn gewone verblijfplaats in die lidstaat had;
c) het kind onderdaan van die lidstaat is;
d) een van de personen die de ouderlijke verantwoordelijkheid dragen, zijn gewone verblijfplaats in die lidstaat heeft; of
e) het geschil betrekking heeft op maatregelen ter bescherming van het kind die verband houden met het beheer, de instandhouding van, of de beschikking over bestanddelen van het vermogen van het kind die zich op dat grondgebied van die lidstaat bevinden.
5. Indien het gerecht exclusieve bevoegdheid bezit op grond van artikel 10, kan het zijn bevoegdheid niet overdragen aan het gerecht van een andere lidstaat.
[25-06-2019, PbEU L 178, i.w.tr. 22-07-2019/regelingnummer 2019/1111]

[Bevoegdheidsoverdracht aan een gerecht van een andere lidstaat]

1. Algemeen. Art. 12 Brussel II-ter maakt bevoegdheidsoverdracht door een ten gronde bevoegd gerecht van een lidstaat aan een gerecht van een andere lidstaat mogelijk. Het moet dan wel gaan om "uitzonderlijke omstandigheden" (vgl. bijv. HvJ EU 4 oktober 2018, IQ/JP, C-478/17, ECLI:EU:C:2018:812, punten 32 en 41). En bovendien moet aan specifieke voorwaarden zijn voldaan. Alleen dan kan tot overdracht van de bevoegdheid worden overgegaan (vgl. bijv. HvJ EU 27 oktober 2016, *Child and Family Agency*, C-428/15, ECLI:EU:C:2016:819, punt 47). Daarbij staat het belang van het kind centraal. Dat belang van het kind maakt dat in uitzonderlijke gevallen bevoegdheidsoverdracht kán, dus niet moet, plaatsvinden. Die bevoegdheidsoverdracht geldt dan enkel voor die ene zaak of een specifiek onderdeel daarvan. De overdracht heeft dus geen gevolgen voor andere, toekomstige procedures die daarna wellicht nog volgen (zie ook considerans, nr. 28, bij de Verordening Brussel II-ter). Het gaat in het kader van art. 12 Brussel II-ter dus enkel om de mogelijkheid van een bevoegdheidsoverdracht in het kader van die ene, specifieke procedure. Niet aan de gerechten van elke lidstaat waar de Verordening Brussel II-ter van toepassing is, kan de bevoegdheid worden overgedragen. Het kind moet met de lidstaat van overdracht een "bijzondere band" hebben. Met het oog daarop bevat art. 12 lid 4 een opsomming van lidstaten waarmee het betrokken kind wordt geacht een bijzondere band te hebben. Deze opsomming is uitputtend bedoeld. Een voorbeeld van een geval waarin het kind geacht wordt een bijzondere band met een lidstaat te hebben, is het geval dat het kind na de aanhangigmaking van de zaak zijn gewone verblijfplaats in die lidstaat heeft verkregen. Een ander voorbeeld is dat het kind voordien zijn gewone verblijfplaats in die lidstaat had. Omschrijft, in vergelijking met art. 15 Brussel II-bis, art. 12 Brussel II-ter de bevoegdheidsoverdracht wat duidelijker, zonder meer nieuw is wat in art. 12 lid 5 Brussel II-ter is bepaald. Volgens dit artikellid kan het gerecht dat exclusieve bevoegdheid bezit op grond van art. 10 Brussel II-ter zijn bevoegdheid niet overdragen aan het gerecht van een andere lidstaat (zie over de kwestie van de exclusieve forumkeuze nr. 7 van het commentaar bij art. 10 Brussel II-ter).

2. Overige aspecten. Aan art. 12 Brussel II-ter zitten nog andere aspecten. Daarvoor wordt verwezen naar de bespreking van art. 15 Brussel II-bis. Deze bepaling stemt in de kern van de zaak grotendeels overeen met art. 12 Brussel II-ter. De Verordening Brussel II-bis blijft van toepassing op gerechtelijke procedures die zijn ingesteld, authentieke akten die zijn verleden en overeenkomsten die vóór 1 augustus 2022 uitvoerbaar zijn geworden in de lidstaat waar zij werden gesloten en die binnen het toepassingsgebied van die verordening vallen (zie art. 100 lid 2 Brussel II-ter). De Verordening Brussel II-ter geldt voor gerechtelijke procedures die zijn ingesteld, authentieke akten die zijn verleden en overeenkomsten die zijn geregistreerd op of na 1 augustus 2022 (zie art. 100 lid 1 Brussel II-ter).

Artikel 13
Verzoek om overdracht van bevoegdheid door een gerecht van een lidstaat dat niet bevoegd is

1. In uitzonderlijke omstandigheden en onverminderd artikel 9 kan een gerecht van een lidstaat waarmee het kind overeenkomstig artikel 12, lid 4 een bijzondere band heeft maar dat krachtens deze verordening geen bevoegdheid heeft, het gerecht van de lidstaat waar het kind zijn gewone verblijfplaats heeft om een overdracht van bevoegdheid verzoeken indien het zich in het specifieke geval beter in staat acht het belang van het kind te beoordelen.

2. Binnen zes weken na ontvangst van het verzoek overeenkomstig lid 1, kan het aangezochte gerecht het verzoek om overdracht van zijn bevoegdheid aanvaarden, wanneer het gezien de specifieke omstandigheden van de zaak een dergelijke overdracht in het belang van het kind acht. Wanneer het aangezochte gerecht het verzoek om overdracht van zijn bevoegdheid aanvaardt stelt het het verzoekende gerecht

hiervan onverwijld in kennis. Bij gebreke van die aanvaarding binnen de termijn is het verzoekende gerecht niet bevoegd.
[25-06-2019, PbEU L 178, i.w.tr. 22-07-2019/regelingnummer 2019/1111]

[Verzoek om overdracht van bevoegdheid door een gerecht van een lidstaat dat niet bevoegd is]

1. Algemeen. Maakt art. 12 Brussel II-ter op eigen initiatief dan wel op verzoek van één van de partijen bevoegdheidsoverdracht mogelijk, art. 13 Brussel II-ter regelt het spiegelbeeldige geval. Het gaat dan namelijk om een gerecht van een andere lidstaat dat op grond van de Verordening Brussel II-ter geen bevoegdheid bezit, maar welk gerecht wél van oordeel is dat het in een specifiek geval beter in staat is het belang van het kind te beoordelen. In elk geval beter dan het gerecht van de lidstaat waar dat kind zijn gewone verblijfplaats heeft. Slechts bepaalde gerechten kunnen op de voet van art. 13 Brussel II-ter in uitzonderlijke omstandigheden verzoeken om overdracht van bevoegdheid. Het desbetreffende kind moet namelijk een "bijzondere band" hebben met de lidstaat van het verzoekende gerecht. Om dit te kunnen vaststellen, geeft art. 12 lid 4 Brussel II-ter ook nu weer een uitputtende opsomming van lidstaten waarmee het betrokken kind wordt geacht een bijzondere band te hebben.

2. Overige aspecten. Aan art. 13 Brussel II-ter zitten nog andere aspecten. Daarvoor wordt verwezen naar de bespreking van art. 15 Brussel II-bis. Deze bepaling stemt in de kern van de zaak grotendeels overeen met art. 13 Brussel II-ter. De Verordening Brussel II-bis blijft van toepassing op gerechtelijke procedures die zijn ingesteld, authentieke akten die zijn verleden en overeenkomsten die vóór 1 augustus 2022 uitvoerbaar zijn geworden in de lidstaat waar zij werden gesloten en die binnen het toepassingsgebied van die verordening vallen (zie art. 100 lid 2 Brussel II-ter). De Verordening Brussel II-ter geldt voor gerechtelijke procedures die zijn ingesteld, authentieke akten die zijn verleden en overeenkomsten die zijn geregistreerd op of na 1 augustus 2022 (zie art. 100 lid 1 Brussel II-ter).

Artikel 14
Residuele bevoegdheid

Indien van geen enkele lidstaat een gerecht op grond van de artikelen 7 tot en met 11 bevoegd is, wordt de bevoegdheid in elke lidstaat bepaald door de wetgeving van die lidstaat.
[25-06-2019, PbEU L 178, i.w.tr. 22-07-2019/regelingnummer 2019/1111]

[Residuele bevoegdheid]

1. Algemeen. Evenals art. 14 Brussel II-bis, heeft art. 14 Brussel II-ter betrekking op de residuele bevoegdheid. Dus voor het geval dat het gerecht van geen enkele lidstaat op grond van de art. 7-11 Brussel II-ter bevoegd is. Daarbij omvat de in art. 14 Brussel II-ter gehanteerde term "wetgeving van die lidstaat" tevens de in die lidstaat van kracht zijnde internationale instrumenten zoals verdragen (zie considerans, nr. 29, bij de Verordening Brussel II-ter). Dus niet uitsluitend het commune, buiten bindende verdragen of van toepassing zijnde verordeningen, internationaal bevoegdheidsrecht. Meer in het algemeen spreekt het voor zich dat op het commune internationaal bevoegdheidsrecht niet kan worden teruggevallen wanneer op grond van de Verordening Brussel II-ter of, wanneer deze verordening toepassing mist, op grond van het Haags Kinderbeschermingsverdrag 1996 een bevoegde rechter ter zake van de ouderlijke verantwoordelijkheid kan worden aangewezen (vgl. de in art. 1 Rv neergelegde waarschuwing).

2. Overige aspecten. Aan art. 14 Brussel II-ter zitten nog andere aspecten. Daarvoor wordt verwezen naar de bespreking van art. 14 Brussel II-bis. Deze bepaling stemt overeen met art. 14 Brussel II-ter. De Verordening Brussel II-bis blijft van toepassing op gerechtelijke procedures die zijn ingesteld, authentieke akten die zijn verleden en overeenkomsten die vóór 1 augustus 2022 uitvoerbaar zijn geworden in de lidstaat waar zij werden gesloten en die binnen het toepassingsgebied van die verordening vallen (zie art. 100 lid 2 Brussel II-ter). De Verordening Brussel II-ter geldt voor gerechtelijke procedures die zijn ingesteld, authentieke akten die zijn verleden en overeenkomsten die zijn geregistreerd op of na 1 augustus 2022 (zie art. 100 lid 1 Brussel II-ter).

Artikel 15
Voorlopige en bewarende maatregelen in spoedeisende gevallen

1. In spoedeisende gevallen hebben, zelfs wanneer het gerecht van een andere lidstaat ten gronde bevoegd is, de gerechten van een lidstaat de bevoegdheid om voorlopige en bewarende maatregelen te nemen voorzien in het recht van die lidstaat betreffende:
a) een kind dat zich in die lidstaat bevindt; of
b) vermogensbestanddelen van een kind die zich in die lidstaat bevinden.
2. Voor zover nodig om de belangen van het kind te beschermen, informeert het gerecht dat de maatregelen bedoeld in lid 1 van dit artikel heeft genomen onverwijld het gerecht of de bevoegde autoriteit van de lidstaat die overeenkomstig artikel 7 bevoegd is, of, in voorkomend geval, een gerecht van een lidstaat dat overeenkomstig deze verordening ten gronde bevoegd is, hetzij rechtstreeks overeenkomstig artikel 86, hetzij via de overeenkomstig artikel 76 aangewezen centrale autoriteiten.
3. De ter uitvoering van lid 1 genomen maatregelen houden op van toepassing te zijn zodra het gerecht van de lidstaat dat overeenkomstig deze verordening bevoegd is om ten gronde over de zaak te beslissen, de maatregelen heeft genomen die het passend acht.
Dat gerecht kan, in voorkomend geval, het gerecht dat voorlopige en bewarende maatregelen heeft genomen hetzij rechtstreeks overeenkomstig artikel 86, hetzij via de overeenkomstig artikel 76 aangewezen centrale autoriteit informeren over zijn besluit.
[25-06-2019, PbEU L 178, i.w.tr. 22-07-2019/regelingnummer 2019/1111]

[Voorlopige en bewarende maatregelen in spoedeisende gevallen]

1. Algemeen. Art. 15 Brussel II-ter staat toe dat de gerechten van een lidstaat voorlopige en bewarende maatregelen nemen in spoedeisende gevallen. Een voorbeeld van een spoedeisend geval is het geval dat een kind, dat zich ver van zijn gewone verblijfplaats bevindt, met spoed een operatie moet ondergaan. Een ander voorbeeld van een spoedeisend geval is het geval dat aan een kind toebehorend vermogen snel moet worden verkocht, omdat dit vermogen anders in waarde achteruit zou gaan. In dit soort van gevallen kan het belang van het kind ermee zijn gediend dat ook de gerechten van de lidstaat waar dat kind zich bevindt of alwaar zich vermogensbestanddelen van dat kind bevinden, bevoegd zijn voorlopige en bewarende maatregelen te nemen. Immers, vanwege de geboden spoed zal het dan lang niet altijd in het belang van het betrokken kind zijn om de gerechten van de gewone verblijfplaats van dat kind te verzoeken de voorlopige of bewarende maatregelen te treffen. Dat kan overigens wel, maar hoeft dus niet dankzij art. 15 Brussel II-ter. Wat voor soort voorlopige en bewarende maatregelen kunnen worden genomen, hangt af van wat het recht hierover bepaalt in de staat van het aangezochte gerecht. Zo voorziet, om zo maar een voorbeeld te geven, de Nederlandse wetgeving in de mogelijkheid van schorsing van het gezag, zo nodig met benoeming van een tijdelijke voogd.

2. Bevoegdheid – grondslagen. In beginsel zijn de gerechten van elke lidstaat bevoegd om in spoedeisende gevallen de voorlopige en bewarende maatregelen te nemen die zijn voorzien in hun eigen recht. Echter, waar bijv. de in art. 7 Brussel II-ter aangewezen gerechten behalve voor voorlopige en bewarende maatregelen ook ten gronde bevoegd zijn, zijn de in art. 15 Brussel II-ter bedoelde gerechten dat niet. Laatstgenoemde gerechten komt uitsluitend de bevoegdheid toe om voorlopige en bewarende maatregelen te treffen, omdat het om een spoedeisend geval gaat. Niet omdat het kind in de lidstaat van die gerechten bijv. zijn gewone verblijfplaats heeft. Want als dat het geval is, dan heeft de speciale bevoegdheidsregel van art. 15 geen praktische meerwaarde en mist zij toepassing. Anders geformuleerd: art. 15 Brussel II-ter verleent uitsluitend aan gerechten van lidstaten die hun bevoegdheid niét kunnen ontlenen aan een van de bevoegdheidsregels van art. 7-11 Brussel II-ter de mogelijkheid om in spoedeisende gevallen voorlopige en bewarende maatregelen te treffen in het belang van het kind. Maar dan moet dat kind wel zijn gewone verblijfplaats in een lidstaat hebben en zich uiteraard tijdelijk in een andere lidstaat bevinden, want alleen voor deze kinderen is art. 15 Brussel II-ter bedoeld.

3. Bevoegdheid – aanknopingsfactoren. De speciale regel van 15 Brussel II-ter knoopt wat betreft de bevoegdheid aan bij: a) het zich bevinden van een kind in een lidstaat; of b) het zich bevinden in die lidstaat van vermogensbestanddelen van een kind. En dan steeds in de lidstaat van de in deze bepaling bedoelde gerechten. Dat blijkt uit de bewoordingen van art. 15 lid 1 sub a en b Brussel II-ter. Omdat art. 15 lid 1 sub a, anders dan art. 20 lid 1 Brussel II-bis, het uitsluitend over “een kind” heeft, mag worden geconcludeerd dat enkel het kind (of zijn vermogensbestanddelen) zich op het grondgebied van de desbetreffende lidstaat behoeft te bevinden, wil art. 15 Brussel II-ter toepassing kunnen vinden (zo ook E.N. Frohn en I. Sumner in: *NIPR* 2020, afl. 4, 3.2) en dus niet tevens de gezagsdrager(s).

4. Informatieplicht. In art. 15 lid 2 Brussel II-ter is een informatieplicht opgenomen, voor zover die nodig is om de belangen van het kind te beschermen. Blijkt dat inderdaad het geval, dan dient het gerecht dat op de voet van art. 15 lid 1 Brussel II-ter voorlopige of bewarende maatregelen heeft genomen het op grond van art. 7 Brussel II-ter bevoegde gerecht of, in voorkomend geval, een gerecht dat op grond van de Verordening Brussel II-ter anderszins ten gronde bevoegd is, onverwijld te informeren over deze maatregelen. Dat kan rechtstreeks overeenkomstig art. 86 Brussel II-ter of met behulp van de via art. 76 Brussel II-ter aangewezen centrale autoriteiten. In Nederland is de Centrale autoriteit ondergebracht bij het ministerie van Justitie en Veiligheid. Het betreft de zogenoemde Centrale autoriteit Internationale Kinderaangelegenheden. Overigens bevat ook art. 15

lid 3 Brussel II-ter een informatieplicht, maar dan voor het ten gronde bevoegde gerecht jegens het gerecht dat de voorlopige en bewarende maatregelen heeft genomen. Het gaat dan om het geval dat het gerecht ten gronde inmiddels zelf passende maatregelen heeft genomen, waardoor de ter uitvoering van art. 15 lid 1 getroffen maatregelen ophouden van toepassing te zijn.

5. Territoriale of lokale werking. Anders dan bij maatregelen die zijn genomen door een gerecht dat krachtens de Verordening Brussel II-bis ten gronde bevoegd is, hebben de op de voet van de speciale bevoegdheidsregel van art. 15 Brussel II-ter genomen maatregelen slechts territoriale of lokale werking. Met als gevolg dat dergelijke maatregelen niet op grond van de Verordening Brussel II-ter in de andere lidstaten kunnen worden erkend of ten uitvoer gelegd. Overigens maakt de Verordening Brussel II-ter een uitzondering voor maatregelen die worden genomen om een kind te beschermen tegen een ernstig risico zoals bedoeld in art. 13 lid 1 sub b Haags Kinderontvoeringsverdrag 1980 (*Trb.* 1987, 139). Dat blijkt uit de considerans, nr. 30, bij de Verordening Brussel II-ter (zie verder bijv. ook art. 27 lid 5 Brussel II-ter).

6. Bevoegdheidsgrondslag duidelijk aangeven. Omdat bij voorlopige en bewarende maatregelen die zijn genomen door een ten gronde bevoegd gerecht de maatregelen wél extraterritoriale rechtskracht hebben in de overige lidstaten maar bij een op de voet van art. 15 Brussel II-ter bevoegd gerecht (in beginsel) dus niét, dient in de beslissing de bevoegdheidsgrondslag duidelijk te worden vermeld. Wanneer de motivering op dit punt tekortschiet, bijv. omdat de beslissing op het punt van de bevoegdheid dubbelzinnig is gemotiveerd of omdat zelfs elke verwijzing naar een bevoegdheidsgrond ontbreekt, dan moet ervan worden uitgegaan dat de bevoegdheid van het gerecht was gebaseerd op art. 15 Brussel II-ter, waardoor de beslissing dus slechts territoriale of lokale werking heeft (vgl. HvJ EU 15 juli 2010, *Perrucker/Pérez I*, C-256/09, ECLI:EU:C:2010:437, punt 76).

Artikel 16
Incidentele vorderingen

1. Indien de uitkomst van een procedure voor een gerecht van een lidstaat in een procedure betreffende een zaak die niet binnen het toepassingsgebied van deze verordening valt, afhangt van het beslechten van een incidentele vordering in verband met ouderlijke verantwoordelijkheid, dan mag een gerecht in die lidstaat die vordering ten behoeve van die procedure beslechten, zelfs indien die lidstaat krachtens deze verordening niet bevoegd is.
2. De beslechting van een incidentele vordering overeenkomstig lid 1 heeft enkel gevolgen voor de procedure waarvoor die erkenning werd genomen.
3. Indien de geldigheid van een voor rekening van een kind verrichte of te verrichten rechtshandeling in een erfenisprocedure voor een gerecht in een lidstaat de toestemming of goedkeuring van een gerecht vereist, kan een gerecht in die lidstaat beslissen een dergelijke rechtshandeling goed te keuren of toe te staan, ook indien het krachtens deze verordening niet bevoegd is.
4. Artikel 15, lid 2, is van overeenkomstige toepassing.
[25-06-2019, PbEU L 178, i.w.tr. 22-07-2019/regelingnummer 2019/1111]

[Incidentele vorderingen]

1. Algemeen. Art. 16 Brussel II-ter heeft betrekking op incidentele vorderingen. Uit de considerans, nrs. 32 en 33, bij de Verordening Brussel II-ter, blijkt wat daaronder zoal kan worden verstaan. In elk geval bepaalde kwesties op het terrein van het erfrecht. Bijv. wanneer in het kader van een bij een gerecht van een lidstaat aanhangige erfenisprocedure de toestemming of goedkeuring van dat gerecht is vereist met het oog op de geldigheid van een voor rekening van het kind te verrichten rechtshandeling. Dan moet zo'n gerecht de bevoegdheid hebben om die toestemming of goedkeuring te geven, ook al zou de bevoegdheid daarvoor niet kunnen worden gebaseerd op de Verordening Brussel II-ter. Dit voorbeeld heeft uitwerking gevonden in art. 16 lid 3 Brussel II-ter. Een ander voorbeeld van een incidentele vordering zoals bedoeld in art. 16 Brussel II-ter is een geschil over een erfenis waarbij een kind is betrokken en een bijzonder curator moet worden aangesteld om het kind in de procedure te vertegenwoordigen. Het gerecht van een lidstaat die bevoegd is over voornoemd erfrechtelijk geschil te oordelen (zie bijv. de art. 4 e.v. van de Erfrechtverordening, *PbEU* 2012, L 201), dient in de aanhangige procedure dan bevoegd te zijn een bijzonder curator te benoemen. En dat ongeacht of dat gerecht op grond van de Verordening Brussel II-ter bevoegd is ter zake van kwesties van ouderlijke verantwoordelijkheid. Dit voorbeeld valt onder het meer algemeen geformuleerde art. 16 lid 1 Brussel II-ter.

2. Beperkte gevolgen. De beslissing in het kader van een incidentele vordering heeft uitsluitend gevolgen in de desbetreffende procedure. Dat blijkt uit art. 16 lid 2 Brussel II-ter.

3. Een rechtshandeling. Hierboven, bij *Algemeen*, kwam reeds het voorbeeld aan de orde, dat een erfenisprocedure bij een gerecht van een lidstaat aanhangig is en dat, in verband met deze procedure, de toestemming of de goedkeuring van de rechter voor een namens het kind te verrichten rechtshandeling nodig is. Uit de considerans, nr. 33, bij de Verordening Brussel II-ter, wordt aangegeven dat onder de term "rechtshandeling" bijv. moet worden verstaan: "de aanvaarding of afwijzing van een erfenis, of een overeenkomst tussen de partijen over de verdeling van de nalatenschap". Zie ook art. 16 lid 3 Brussel II-ter.

4. Informatieplicht. In het kader van art. 16 Brussel II-ter geldt, voor zover nodig om de belangen van het kind te beschermen, een informatieplicht. Dat volgt uit art. 16 lid 4 Brussel II-ter. In dit artikellid wordt er immers op gewezen dat art. 15 lid 2 Brussel II-ter van overeenkomstige toepassing is.

AFDELING 3
Gemeenschappelijke bepalingen

Artikel 17
Aanhangigmaking van een zaak bij een gerecht

Een zaak wordt geacht bij een gerecht aanhangig te zijn gemaakt:

a) op het tijdstip waarop het stuk waarmee het geding wordt ingeleid of een gelijkwaardig stuk bij het gerecht wordt ingediend, op voorwaarde dat de verzoeker

vervolgens niet heeft nagelaten de vereiste stappen te nemen teneinde het stuk aan de verweerder te doen betekenen of mede te delen;

b) indien de betekening of mededeling van dit stuk moet plaatsvinden voor het bij het gerecht wordt neergelegd, op het tijdstip waarop het door de autoriteit die verantwoordelijk is voor de betekening of mededeling, wordt ontvangen, op voorwaarde dat de verzoeker vervolgens niet heeft nagelaten de vereiste stappen te nemen teneinde het stuk bij het gerecht neer te leggen; of

c) indien de procedure ambtshalve door het gerecht wordt ingesteld, op het tijdstip waarop de beslissing om de procedure in te stellen door het gerecht wordt genomen, of, indien een dergelijke beslissing niet is vereist, op het tijdstip waarop de zaak ter griffie wordt ingeschreven.

[25-06-2019, PbEU L 178, i.w.tr. 22-07-2019/regelingnummer 2019/1111]

[Aanhangigmaking van een zaak bij een gerecht]

1. Algemeen. Art. 17 geeft aan wat in het kader van de Verordening Brussel II-ter onder het tijdstip van aanhangigheid moet worden verstaan. Op grond van deze bepaling dient dat tijdstip autonoom te worden bepaald. Kort samengevat, is het tijdstip van aanhangigheid in beginsel het tijdstip waarop het inleidend gedingstuk bij het gerecht wordt ingediend, mits aan een aantal voorwaarden is voldaan. Art. 17 sub a en b Brussel II-ter zijn qua bewoordingen nagenoeg identiek aan art. 16 sub a en b Brussel II-bis. Echter, aan art. 17 Brussel II-ter is in vergelijking met art. 16 Brussel II-bis een nieuw onderdeel toegevoegd. Dit onderdeel, sub c, bevat een voorziening voor het geval de procedure ambtshalve door het gerecht aanhangig wordt gemaakt. Is dat het geval, dan wordt de zaak geacht aanhangig te zijn gemaakt op het tijdstip waarop de beslissing om de zaak aanhangig te maken door het gerecht is genomen. Of, wanneer zo'n beslissing niet is vereist, op het moment waarop de zaak bij de griffie wordt ingeschreven (zie verder ook de considerans, nr. 35, bij de Verordening Brussel II-ter).

2. Overige aspecten. Aan art. 17 Brussel II-ter zitten nog een paar andere aspecten. Daarvoor wordt verwezen naar de bespreking van art. 16 Brussel II-bis. Deze bepaling stemt grotendeels overeen met art. 17 Brussel II-ter. De Verordening Brussel II-bis blijft van toepassing op gerechtelijke procedures die zijn ingesteld, authentieke akten die zijn verleden en overeenkomsten die vóór 1 augustus 2022 uitvoerbaar zijn geworden in de lidstaat waar zij werden gesloten en die binnen het toepassingsgebied van die verordening vallen (zie art. 100 lid 2 Brussel II-ter). De Verordening Brussel II-ter geldt voor gerechtelijke procedures die zijn ingesteld, authentieke akten die zijn verleden en overeenkomsten die zijn geregistreerd op of na 1 augustus 2022 (zie art. 100 lid 1 Brussel II-ter).

Artikel 18
Toetsing van de bevoegdheid

Het gerecht van een lidstaat waarbij een zaak aanhangig is gemaakt waarvoor overeenkomstig deze verordening niet dit gerecht maar een gerecht van een andere lidstaat ten gronde bevoegd is, verklaart zich ambtshalve onbevoegd.

[25-06-2019, PbEU L 178, i.w.tr. 22-07-2019/regelingnummer 2019/1111]

[Toetsing van de bevoegdheid]

1. Algemeen. Art. 18 Brussel II-ter stemt overeen met art. 17 Brussel II-bis. Beide bepalingen regelen de toetsing van de bevoegdheid. Art. 18 Brussel II-ter (en dus ook art. 17 Brussel II-bis) komt erop neer dat wanneer de Verordening Brussel II-ter in enige lidstaat een bevoegd gerecht aanwijst maar een ander gerecht wordt aangezocht die geen bevoegdheid aan de Verordening Brussel II-ter kan ontlenen, dat dan dit andere gerecht zich ambtshalve onbevoegd moet verklaren.

2. Overige aspecten. Aan art. 18 Brussel II-ter zitten nog een paar andere aspecten. Daarvoor wordt verwezen naar de bespreking van art. 17 Brussel II-bis. Deze bepaling stemt immers overeen met art. 18 Brussel II-ter. De Verordening Brussel II-bis blijft van toepassing op gerechtelijke procedures die zijn ingesteld, authentieke akten die zijn verleden en overeenkomsten die vóór 1 augustus 2022 uitvoerbaar zijn geworden in de lidstaat waar zij werden gesloten en die binnen het toepassingsgebied van die verordening vallen (zie art. 100 lid 2 Brussel II-ter). De Verordening Brussel II-ter geldt voor gerechtelijke procedures die zijn ingesteld, authentieke akten die zijn verleden en overeenkomsten die zijn geregistreerd op of na 1 augustus 2022 (zie art. 100 lid 1 Brussel II-ter).

Artikel 19
Toetsing van de ontvankelijkheid

1. Indien de verweerder die zijn gewone verblijfplaats in een andere lidstaat heeft dan de lidstaat waar de procedure werd ingesteld, niet verschijnt, houdt het bevoegde gerecht zijn uitspraak aan zolang niet vaststaat dat de verweerder in de gelegenheid is gesteld het stuk waarmee het geding is ingeleid of een gelijkwaardig stuk zo tijdig als met het oog op zijn verdediging noodzakelijk was, te ontvangen, of dat daartoe al het nodige is gedaan.
2. Artikel 19 van Verordening (EG) nr. 1393/2007 is in plaats van lid 1 van dit artikel van toepassing, indien het stuk waarmee het geding is ingeleid of een gelijkwaardig stuk overeenkomstig het bepaalde in die verordening door een lidstaat aan een andere lidstaat diende te worden toegezonden.
3. Wanneer Verordening (EG) nr. 1393/2007 niet van toepassing is, wordt artikel 15 van het Verdrag van 's-Gravenhage van 15 november 1965 inzake de betekening en de kennisgeving in het buitenland van gerechtelijke en buitengerechtelijke stukken in burgerlijke en handelszaken toegepast, indien het stuk waarmee het geding is ingeleid of een gelijkwaardig stuk overeenkomstig dat verdrag aan een andere staat diende te worden toegezonden.
[25-06-2019, PbEU L 178, i.w.tr. 22-07-2019/regelingnummer 2019/1111]

[Toetsing van de ontvankelijkheid]

1. Algemeen. Art. 19 Brussel II-ter stemt overeen met art. 18 Brussel II-bis. Beide bepalingen regelen de toetsing van de ontvankelijkheid. Art. 19 Brussel II-ter (en dus ook art. 18 Brussel II-bis) komt erop neer dat indien de verweerder niet verschijnt, het gerecht de zaak moet aanhouden totdat vaststaat dat het inleidend gedingstuk of een gelijkwaardig stuk aan de verweerder is betekend in overeenstemming met de daarvoor geldende regels. Ontbreken die regels, dan moet het gerecht onderzoeken of de verweerder feitelijk in de gelegenheid is geweest om het stuk zo tijdig te ontvangen als met het oog op zijn verdediging noodzakelijk was. Dan wel of de verzoeker al het nodige heeft gedaan om het inleidend gedingstuk of een gelijkwaardig stuk tijdig aan de verweerder te doen toekomen.

2. Overige aspecten. Aan art. 19 Brussel II-ter zitten nog andere aspecten. Daarvoor wordt verwezen naar de bespreking van art. 18 Brussel II-bis. Deze bepaling stemt immers overeen met art. 19 Brussel II-ter. De Verordening Brussel II-bis blijft van toepassing op gerechtelijke procedures die zijn ingesteld, authentieke akten die zijn verleden en overeenkomsten die vóór 1 augustus 2022 uitvoerbaar zijn geworden in de lidstaat waar zij werden gesloten en die binnen het toepassingsgebied van die verordening vallen (zie art. 100 lid 2 Brussel II-ter). De Verordening Brussel II-ter geldt voor gerechtelijke procedures die zijn ingesteld, authentieke akten die zijn verleden en overeenkomsten die zijn geregistreerd op of na 1 augustus 2022 (zie art. 100 lid 1 Brussel II-ter).

Artikel 20
Aanhangigheid en onderling samenhangende procedures

1. Wanneer bij gerechten van verschillende lidstaten tussen dezelfde partijen procedures tot echtscheiding, scheiding van tafel en bed of nietigverklaring van het huwelijk aanhangig worden gemaakt, houdt het gerecht waarbij de zaak het laatst is aangebracht, zijn uitspraak ambtshalve aan tot de bevoegdheid van het gerecht waarbij de zaak het eerst is aangebracht, vaststaat.
2. Wanneer bij gerechten van verschillende lidstaten procedures betreffende de ouderlijke verantwoordelijkheid voor een kind aanhangig worden gemaakt welke hetzelfde kind betreffen en op dezelfde oorzaak berusten, houdt het gerecht waarbij de zaak het laatst is aangebracht, zijn uitspraak ambtshalve aan tot de bevoegdheid van het gerecht waarbij de zaak het eerst is aangebracht, vaststaat, tenzij de bevoegdheid van één van de gerechten enkel is gebaseerd op artikel 15.
3. Wanneer de bevoegdheid van het gerecht waarbij de zaak het eerst is aangebracht, vaststaat, verwijst het gerecht waarbij de zaak het laatst is aangebracht, partijen naar het gerecht waarbij de zaak het eerst is aangebracht.
In dit geval kan de partij die de procedure aanhangig heeft gemaakt bij het gerecht waarbij de zaak het laatst is aangebracht, die vordering aanhangig maken bij het gerecht waarbij de zaak het eerst is aangebracht.
4. Indien een gerecht van een lidstaat wordt aangezocht dat exclusief bevoegd is op basis van een in artikel 10 bedoelde aanvaarding, houden alle gerechten van de andere lidstaten de procedure aan totdat het krachtens de overeenkomst of de aanvaarding aangezochte gerecht verklaart geen bevoegdheid aan de overeenkomst of de aanvaarding te ontlenen.
5. Indien en voor zover het gerecht zijn exclusieve bevoegdheid heeft vastgesteld in overeenstemming met een aanvaarding van bevoegdheid als bedoeld in artikel 10, verklaren alle gerechten van de overige lidstaten zich onbevoegd ten gunste van dat gerecht.
[25-06-2019, PbEU L 178, i.w.tr. 22-07-2019/regelingnummer 2019/1111]

[Aanhangigheid en onderling samenhangende procedures]

1. Algemeen. Art. 20 Brussel II-ter regelt situaties waarin gelijktijdig procedures voor gerechten van verschillende lidstaten aanhangig zijn. En er dus sprake is van litispendentie ("aanhangigheid") dan wel van connexiteit ("onderling samenhangende procedures"). Afgezien van enkele verduidelijkingen (zo worden bijv. in lid 2 thans de woorden "hetzelfde kind" gebruikt in plaats van de woorden "hetzelfde onderwerp"), stemt art. 20 leden 1-3 Brussel II-ter overeen met art. 19 Brussel II-bis. Maar waar art. 19 Brussel II-bis het bij drie artikelleden houdt, heeft art. 20 Brussel II-ter er vijf. Nieuw, in vergelijking met art. 19 Brussel II-bis, zijn namelijk art. 20 leden 4 en 5 Brussel II-ter. Zowel art. 20 lid 4 als art. 20 lid 5 dient te worden gelezen in samenhang met art. 10 Brussel II-ter. Laatstgenoemde bepaling voorziet, voor zover het althans om kwesties van ouderlijke verantwoordelijkheid gaat, onder voorwaarden in de mogelijkheid van een forumkeuze. In de considerans, nr. 38, bij de Verordening Brussel II-ter wordt in het algemeen onder meer opgemerkt, dat met het oog op een harmonische rechtsbedeling parallel lopende procedures zoveel mogelijk moeten worden beperkt. En ook dat moet worden voorkomen dat in verschillende lidstaten onverenigbare beslissingen worden gegeven. Er moet dan ook een duidelijk en doeltreffend mechanisme zijn om onder meer problemen op het gebied van aanhangigheid en samenhang op te lossen. In diezelfde considerans, nr. 38, bij de Verordening Brussel II-ter wordt in het bijzonder opgemerkt, dat, teneinde exclusieve forumkeuzeovereenkomsten doeltreffender te maken, de in de Verordening Brussel II-ter opgenomen regeling ter zake van de aanhangigheid geen belemmering mag vormen wanneer ouders exclusieve bevoegdheid toekennen aan de gerechten van een lidstaat.

2. Lid 4 en 5. Aan de laatstgenoemde doelstelling geeft zowel art. 20 lid 4 als art. 20 lid 5 handen en voeten. Immers, uit lid 4 volgt dat wanneer sprake is van een op grond van art. 10 Brussel II-ter exclusief bevoegde rechter, alle gerechten van de andere lidstaten de procedure aanhouden totdat de krachtens art. 10 Brussel II-ter exclusief bevoegde rechter verklaart geen bevoegdheid aan de forumkeuze te ontlenen. Vervolgens bepaalt lid 5 dat wanneer het gerecht zijn exclusieve bevoegdheid heeft vastgesteld in overeenstemming met een aanvaarding van de bevoegdheid als bedoeld in art. 10, dat dan alle gerechten van de overige lidstaten zich onbevoegd verklaren ten gunste van het eerstbedoelde gerecht. Het gerecht dus dat op grond van art. 10 Brussel II-ter bevoegd is.

3. Overige aspecten. Aan art. 20 Brussel II-ter zitten nog andere aspecten. Daarvoor wordt verwezen naar de bespreking van art. 19 Brussel II-bis. Deze bepaling stemt wat betreft de leden 1-3 overeen met art. 20 Brussel II-ter. De Verordening Brussel II-bis blijft van toepassing op gerechtelijke procedures die zijn ingesteld, authentieke akten die zijn verleden en overeenkomsten die vóór 1 augustus 2022 uitvoerbaar zijn geworden in de lidstaat waar zij werden gesloten en die binnen het toepassingsgebied van die verordening vallen (zie art. 100 lid 2 Brussel II-ter). De Verordening Brussel II-ter geldt voor gerechtelijke procedures die zijn ingesteld, authentieke akten die zijn verleden en overeenkomsten die zijn geregistreerd op of na 1 augustus 2022 (zie art. 100 lid 1 Brussel II-ter).

Artikel 21

Recht van het kind zijn standpunt kenbaar te maken

1. Wanneer de gerechten van de lidstaten krachtens afdeling 2 van dit hoofdstuk hun bevoegdheid uitoefenen, zorgen zij er in overeenstemming met nationaal recht en procedures voor dat het kind dat in staat is zijn eigen mening te vormen, een daadwerkelijke en effectieve mogelijkheid wordt geboden die mening te uiten, hetzij rechtstreeks, hetzij door tussenkomst van een vertegenwoordiger of een daarvoor geschikte instelling.

2. Wanneer het gerecht in overeenstemming met nationaal recht en procedures een kind de mogelijkheid biedt om overeenkomstig dit artikel zijn mening te uiten, hecht het gerecht passend belang aan de mening van het kind in overeenstemming met zijn leeftijd en rijpheid.

[25-06-2019, PbEU L 178, i.w.tr. 22-07-2019/regelingnummer 2019/1111]

[Recht van het kind zijn standpunt kenbaar te maken]

1. Algemeen. Het recht van een kind om in het kader van bepaalde gerechtelijke procedures zijn standpunt kenbaar te maken en dus te worden gehoord, is een wezenlijk recht. Met dat recht behoren de gerechten die op grond van de Verordening Brussel II-ter bevoegd zijn, dan ook rekening te houden. Het gaat dan om gerechten die op grond van Afdeling 2, Hoofdstuk II, van de Verordening Brussel II-ter rechtsmacht bezitten. Dat zijn de gerechten die bevoegd zijn ter zake van een kwestie van ouderlijke verantwoordelijkheid zoals bedoeld in de Verordening Brussel II-ter. In de Verordening Brussel II-ter nu is, anders bij de Verordening Brussel II-bis, het recht van het kind om zijn mening te uiten met zoveel woorden neergelegd. En wel in art. 21. Dit is geheel in lijn met zowel art. 24 Handvest van de grondrechten van de Europese Unie (zie *PbEG* 2000, C 364, zoals laatstelijk gewijzigd bij *PbEU* 2007, C 303) als art. 12 Verdrag inzake de rechten van het kind (zie *Trb.* 1990, 170, zoals laatstelijk gewijzigd bij *Trb.* 1996, 188). Naar onder meer deze beide regelingen wordt in considerans, nr. 39, bij de Verordening Brussel II-ter ook verwezen. Aan het recht van het kind zijn standpunt kenbaar te maken, rechtstreeks of door tussenkomst, stelt art. 21 geen minimumleeftijdsgrens. Noch enige andere bepaling van de Verordening Brussel II-ter. Art. 2 lid 2 sub 6 Brussel II-ter geeft slechts aan, dat de Verordening Brussel II-ter onder een "kind" een persoon jonger dan 18 jaar verstaat. Afgaande op de bewoordingen van art. 21 Brussel II-ter is dan ook enkel bepalend, dat het desbetreffende kind in staat is zijn eigen mening te vormen. Waarna, als die mening ook kenbaar is gemaakt doordat het kind daartoe daadwerkelijk en effectief de mogelijkheid werd geboden, het gerecht vervolgens "passend belang" aan de mening van dat kind hecht in overeenstemming met zijn leeftijd en rijpheid. Verder ligt in de laatste zin van de eerste alinea van de considerans, nr. 39, bij de Verordening Brussel II-ter besloten, dat, hoewel op zich een zaak van ouderlijke verantwoordelijkheid, de aard van de concrete kwestie – mede – bepaalt of met het in een bepaald geval horen van het kind wel zijn belangen worden gediend. Dat is mogelijk niet het geval als bijv. de ouders overeenstemming over de kwestie hebben bereikt die hen eerder nog verdeeld hield (zie verder ook het commentaar bij art. 26 Brussel II-ter). Het horen van een kind is in elk geval geen absolute verplichting. Het voorgaande neemt niet weg dat, wanneer een kind wél is gehoord, het gerecht er goed aan doet in zijn beslissing duidelijk te motiveren welk "passend belang' (zie immers art. 21 lid 2) het aan de mening van het kind heeft gehecht, mede in het licht van de leeftijd van dat kind en zijn mate van rijpheid. De in art. 39 lid 2 Brussel II-ter neergelegde facultatieve ("kán") weigeringsgrond hanteert trouwens als uitgangspunt, dat een kind dat in staat is zijn eigen mening te vormen de mogelijkheid dient te worden geboden zijn mening te uiten overeenkomstig art. 21 Brussel II-ter. Overigens laat de Verordening Brussel II-ter het aan de lidstaten zelf over, op welke wijze zij een kind in de gelegenheid stellen zijn standpunt kenbaar te maken. In de verordening zelf is dit niet geregeld. Gedacht kan bijv. worden aan de mogelijkheid dat het kind door het gerecht althans een rechter persoonlijk wordt gehoord, in de rechtszaal of elders, aan de mogelijkheid dat een gespecialiseerde deskundige het kind hoort waarna deze deskundige verslag aan het gerecht uitbrengt of, om een andere mogelijkheid te opperen, dat het kind wordt gehoord met behulp van videobellen. Zolang het, ongeacht de wijze waarop dit in een bepaald nationaal procesrecht is geregeld, maar om een "reële en effectieve mogelijkheid gaat", zodat wordt voldaan aan het in art. 21 lid 1 Brussel II-ter gehanteerde criterium, en de procedure eerlijk verloopt. Zeker ook daar waar communicatietechnologie wordt overwogen, omdat een kind (of een partij) niet persoonlijk kan worden gehoord. Daarover, in algemene zin, de considerans, nr. 53 bij de Verordening Brussel II-ter.

2. Ook in terugkeerprocedures. Art. 21 Brussel II-ter geldt ook bij terugkeerprocedures uit hoofde van het Haags Kinderontvoeringsverdrag 1980. Dat staat met zoveel woorden in art. 26 Brussel II-ter.

HOOFDSTUK III
Internationale kinderontvoering

Artikel 22

Terugkeer van het kind krachtens het Verdrag van 's-Gravenhage van 1980

Wanneer een persoon, instantie of ander orgaan die een schending van het gezagsrecht stelt, rechtstreeks of met de hulp van een centrale autoriteit een verzoek indient bij het gerecht van een lidstaat om op grond van het Verdrag van 's-Gravenhage van 1980 een bevel tot terugkeer te geven van een kind jonger dan 16 jaar dat ongeoorloofd is overgebracht of wordt vastgehouden in een andere lidstaat dan de lidstaat waar het kind onmiddellijk vóór de ongeoorloofde overbrenging of vasthouding zijn gewone verblijfplaats had, zijn de artikelen 23 tot en met 29 en hoofdstuk VI van deze verordening van toepassing en vullen zij het Verdrag van 's-Gravenhage van 1980 aan.
[25-06-2019, PbEU L 178, i.w.tr. 22-07-2019/regelingnummer 2019/1111]

[Terugkeer van het kind krachtens het Verdrag van 's-Gravenhage van 1980]

1. Algemeen. De herziening van de Verordening Brussel II-ter gebeurde niet lukraak, integendeel. Aan de herziening lag een plan ten grondslag. Een belangrijk onderdeel van dat plan was om (vooral) de terugkeerprocedures bij internationale kinderontvoeringen zo snel en efficiënt mogelijk te maken. Met het oog hierop bevat Hoofdstuk III van de Verordening Brussel II-ter dan ook een achttal bepalingen, namelijk de art. 22-29. Deze bepalingen strekken ertoe de regels van het Haags Kinderontvoeringsverdrag 1980 (*Trb.* 1987, 139) aan te vullen, maar dan enkel in de betrekkingen tussen de staten waar ook de Verordening Brussel II-ter van toepassing is. Zo is Denemarken, hoewel EU-lidstaat, niet gebonden aan de Verordening Brussel II-ter. Dit betekent dus dat bijv. in de verhouding tussen Denemarken en Nederland de art. 22-29 Brussel II-ter niet van toepassing zijn. Wel de bepalingen van het Haags Kinderontvoeringsverdrag 1980 want bij dat verdrag is behalve Nederland bijv. ook Denemarken partij.

2. "Ongeoorloofde overbrenging of vasthouding". Hoofdstuk III Brussel II-ter is geheel gewijd aan het onderwerp internationale kinderontvoering. Wat hieronder moet worden verstaan staat omschreven in art. 2 lid 2 sub 11 Brussel II-ter. Deze bepaling namelijk geeft een definitie van het begrip "ongeoorloofde overbrenging of niet-terugkeer van een kind". Volgens art. 2 lid 2 sub 11 Brussel II-ter moet in het kader van de Verordening Brussel II-ter onder "ongeoorloofde overbrenging of niet-terugkeer van een kind" worden verstaan: het overbrengen of vasthouden van een kind wanneer a) deze overbrenging of niet-terugkeer geschiedt in strijd met het gezagsrecht dat ingevolge een beslissing, van rechtswege of bij een rechtsgeldige overeenkomst is toegekend overeenkomstig het recht van de lidstaat waar het kind onmiddellijk vóór zijn overbrenging of niet-terugkeer zijn gewone verblijfplaats had, en b) dit gezagsrecht op het tijdstip van overbrenging of niet-terugkeer, alleen of gezamenlijk, daadwerkelijk werd uitgeoefend, dan wel zou zijn uitgeoefend indien een zodanige gebeurtenis niet had plaatsgevonden. Deze, in art. 2 lid 2 sub 11 Brussel II-ter gegeven definitie stemt in de kern van de zaak overeen met de omschrijving van het begrip "kinderontvoering" in art. 3 van het Haags Kinderontvoeringsverdrag 1980.

3. Een kind. Art. 2 lid 2 sub 6 Brussel II-ter geeft aan wat in het kader van de Verordening Brussel II-ter onder het begrip "kind" wordt verstaan. Dat is een persoon jonger dan 18 jaar. Echter, in het kader van Hoofdstuk III Brussel II-ter geldt als leeftijdsgrens 16 jaar. Dit is namelijk ook de leeftijdsgrens die het Haags Kinderontvoeringsverdrag 1980 hanteert. Dat blijkt namelijk uit art. 4 van dat verdrag. En omdat de bepalingen in dit hoofdstuk de regels van het Haags Kinderontvoeringsverdrag 1980 (*Trb.* 1987, 139) aanvullen, hanteert ook Hoofdstuk III Brussel II-ter als leeftijdsgrens 16 jaar, welke leeftijdsgrens art. 22 Brussel II-ter ook met zoveel woorden noemt. Dit alles betekent dus dat de art. 22-29 uitsluitend van toepassing zijn op teruggeleidingszaken waarbij kinderen zijn betrokken tot 16 jaar. Daaraan doet niet af dat het ontvoerde kind pas in de loop van de teruggeleidingsprocedure de leeftijd van 16 jaar bereikt want ook dan, vanaf dat moment, houden de art. 22-29 Brussel II-ter op van toepassing te zijn. Overigens geldt de leeftijdsgrens van 16 jaar ook met betrekking tot de erkenning en tenuitvoerlegging van teruggeleidingsbeslissingen uit hoofde van het Haags Kinderontvoeringsverdrag 1980, waarover onder meer Hoofdstuk IV van de Verordening Brussel II-ter.

4. Een gezagsdrager. Art. 22 maakt duidelijk dat de art. 23-29 Brussel II-ter alleen van toepassing zijn wanneer een gezagsdrager een verzoek indient bij een gerecht van een lidstaat om op grond van het Haags Kinderontvoeringsverdrag 1980 een bevel tot terugkeer te krijgen van een kind dat vanuit een bij de Verordening Brussel II-ter aangesloten staat is ontvoerd naar een andere bij de Verordening Brussel II-ter aangesloten staat. Van de ene lidstaat naar de andere dus. Is dat het geval, dan zal het in art. 22 Brussel II-ter bedoelde gerecht het teruggeleidingsverzoek moeten beoordelen aan de hand van het Haags Kinderontvoeringsverdrag 1980, maar dan wel met inachtneming van de aanvullingen hierop in met name Hoofdstuk III Brussel II-ter, dat zijn de art. 23-29 Brussel

II-ter (vgl. de considerans, nr. 40, bij de Verordening Brussel II-ter). Een gezagsdrager kan behalve een persoon (bijv. een ouder met gezag of een voogd), ook een instantie of ander orgaan zijn. Het recht van de gewone verblijfplaats van het kind bepaalt aan wie het gezagsrecht toekomt onmiddellijk voorafgaand aan het moment van overbrenging van het kind. Daarbij is, evenals dit bij de algemene bevoegdheidsregel van art. 7 lid 1 Brussel II-ter eerder ook al het geval bleek, het (nu conflictenrechtelijk bedoeld) begrip "gewone verblijfplaats" een feitelijk begrip waaraan inhoud wordt gegeven door de feiten en omstandigheden van elk concreet geval.

5. Concentratie van rechtspraak/één rechtsmiddel. Niet in art. 22 Brussel II-ter noch in enige andere bepaling van de Verordening Brussel II-ter staat de verplichting om, met het oog op de geboden snelheid en efficiency, de bevoegdheid in internationale kinderontvoeringszaken te concentreren in een zo klein mogelijk aantal gerechten. Evenmin kent 22 Brussel II-ter noch enige andere bepaling van de Verordening Brussel II-ter de verplichting om in teruggeleidingsprocedures het aantal rechtsmiddelen tegen een toewijzende of afwijzende beslissing te beperken tot één. Wel geeft de considerans, nrs. 41 en 42, bij de Verordening Brussel II-ter dit de lidstaten waar de verordening (en trouwens ook het Haags Kinderontvoeringsverdrag 1980) van toepassing is, in overweging. Dus zowel concentratie van rechtspraak als de beperking tot één rechtsmiddel tegen een toewijzende of afwijzende beslissing in teruggeleidingszaken uit hoofde van het Haags Kinderontvoeringsverdrag 1980. Daarvan was en is in Nederland echter al sprake. Zie immers de art. 11 lid 1 en 13 lid 8 Uitvoeringswet internationale kinderontvoering (*Stb.* 1990, 202, zoals laatstelijk gewijzigd bij *Stb.* 2022, 72).

6. Geen verplichting. Een bijv. achtergebleven ouder is niet verplicht om een teruggeleidingsprocedure te starten en dus zo mogelijk tevens gebruik te maken van de in de Hoofdstuk III Brussel II-ter neergelegde aanvullingen op het Haags Kinderontvoeringsverdrag 1980. Zo'n ouder kan er namelijk ook voor kiezen om een bodemprocedure te beginnen bij het in art. 7 lid 1 Brussel II-ter aangewezen gerecht en in deze procedure ten overstaan van het gerecht van de gewone verblijfplaats van het ontvoerde kind bijv. het verzoek te doen hem of haar te belasten met het eenhoofdig gezag over dat kind. Bij toewijzing van bijv. een dergelijk verzoek, kan de achtergebleven ouder vervolgens deze beslissing ten uitvoer leggen in de lidstaat waar het kind zich na de ontvoering bevindt. Besluit bijv. de achtergebleven ouder wél om een teruggeleidingsprocedure te starten, de uitkomst van deze procedure heeft uitsluitend betrekking op de vraag of het ontvoerde kind wel of niet moet worden teruggeleid naar de staat van zijn gewone verblijfplaats. Wil deze ouder dus bijv. met het eenhoofdig gezag over het kind worden belast, hij of zij ontkomt er dan niet aan om met het oog hierop een bodemprocedure te starten. Dat is ook logisch, want een teruggeleidingsprocedure mondt slechts uit in een ordemaatregel.

Artikel 23
Ontvangst en verwerking van verzoeken door centrale autoriteiten

1. De aangezochte centrale autoriteit verwerkt een in artikel 22 bedoeld verzoek uit hoofde van het Verdrag van 's-Gravenhage van 1980 met bekwame spoed.
2. Wanneer de centrale autoriteit van de aangezochte lidstaat een in artikel 22 bedoeld verzoek ontvangt, bevestigt zij hiervan ontvangst binnen vijf werkdagen na de datum van ontvangst van het verzoek. Zij informeert onverwijld de centrale autoriteit van de

verzoekende lidstaat of de verzoeker, naargelang het geval, over de initiële stappen die zijn genomen of zullen worden genomen om het verzoek te verwerken, en zij kan om de nodige bijkomende documenten en informatie verzoeken.
[25-06-2019, PbEU L 178, i.w.tr. 22-07-2019/regelingnummer 2019/1111]

[Ontvangst en verwerking van verzoeken door centrale autoriteiten]

1. Algemeen. Zeker bij kinderontvoeringszaken is snel en efficiënt handelen geboden. Immers, het ontvoerde kind dient op zo kort mogelijke termijn te weten waar het aan toe is. Moet hij of zij terug of mag hij of zij blijven? Daarom bepaalt art. 23 Brussel II-ter dat de centrale autoriteit met bekwame spoed het in art. 22 Brussel II-ter bedoelde verzoek dient te verwerken. De ontvangst van het hulp- of terugkeerverzoek dient binnen vijf werkdagen na binnenkomst ervan te worden bevestigd en ook dient de centrale autoriteit onverwijld, dus meteen, nadere informatie te verstrekken over de stappen die zijn of zullen worden genomen om het hulpverzoek te verwerken. De in art. 23 Brussel II-ter bedoelde centrale autoriteit is de centrale autoriteit die door de gezagsdrager wordt aangezocht om te helpen bij de terugkeer van een kind (vgl. ook art. 79 Brussel II-ter).

2. Geen sancties. In het onwenselijke geval dat de desbetreffende centrale autoriteit de in art. 23 Brussel II-ter neergelegde verplichtingen niet nakomt, staan daar geen sancties op.

Artikel 24
Snelle gerechtelijke procedures

1. Het gerecht waarbij een in artikel 22 bedoeld verzoek om terugkeer van het kind is ingediend, beschikt met bekwame spoed, met gebruikmaking van de snelste procedures die in het nationale recht beschikbaar zijn.
2. Onverminderd lid 1 beslist een gerecht van eerste aanleg uiterlijk zes weken nadat de zaak aanhangig is gemaakt, tenzij dit als gevolg van uitzonderlijke omstandigheden onmogelijk blijkt.
3. Tenzij dit als gevolg van uitzonderlijke omstandigheden onmogelijk is, beschikt een gerecht in hoger beroep uiterlijk zes weken nadat alle vereiste procedurele stappen zijn voltooid en het gerecht het beroep door middel van een hoorzitting of anderszins kan behandelen.
[25-06-2019, PbEU L 178, i.w.tr. 22-07-2019/regelingnummer 2019/1111]

[Snelle gerechtelijke procedures]

1. Algemeen. Niet alleen de centrale autoriteit dient bij internationale kinderontvoeringen voortvarend te werk te gaan, dat geldt ook voor de rechtspraak. Daarom bepaalt art. 24 Brussel II-ter dat het gerecht met bekwame spoed beslist op het teruggeleidingsverzoek en dat met gebruikmaking van de snelste procedures die in het nationale recht beschikbaar zijn. Dat is het nationale recht van het gerecht bij wie een teruggeleidingsverzoek wordt gestart als bedoeld in art. 22 Brussel II-ter, want tot zo'n gerecht richt art. 24 Brussel II-ter zich.

2. Beslistermijnen. In art. 24 leden 2 en 3 Brussel II-ter staan beslistermijnen vermeld. De beslistermijn van art. 24 lid 2 houdt verband met de procedure in eerste aanleg; die van art. 24 lid 3 met de procedure in hoger beroep. In beide gevallen is de beslistermijn maximaal 6 weken. Daarbij varieert het peilmoment voor de aanvang van de beslistermijn naar gelang het een procedure in eerste aanleg dan wel een procedure in hoger beroep betreft (zie ook de considerans, nr. 42, bij de Verordening Brussel II-ter). Maar in beide gevallen kan van de maximale termijn van zes weken worden afgeweken wanneer het "als gevolg van uitzonderlijke omstandigheden" onmogelijk blijkt om zich aan deze termijn te houden. Gezien de met het oog op de belangen van het ontvoerde kind te betrachten voortvarendheid, kan en mag niet te snel worden aangenomen dat de in art. 24 lid 2, respectievelijk art. 24 lid 3 genoemde "uitzonderlijke omstandigheden" zich voordoen. In elk geval is het gebruik van alternatieve geschillenbeslechting geen uitzonderlijke omstandigheid zoals bedoeld in art. 24 Brussel II-ter. Dat blijkt namelijk met zoveel woorden uit de considerans, nr. 42, bij de Verordening Brussel II-ter. Gedacht kan bijv. worden aan mediation.

3. Geen sancties. In het onverhoopte geval dat toch de beslistermijn van art. 24 lid 2, respectievelijk art. 24 lid 3 wordt overschreven, stelt de Verordening Brussel II-ter daar geen sancties op. Dat is spijtig, niet in de laatste plaats voor het kind zelf.

Artikel 25
Alternatieve geschillenbeslechting

Het gerecht nodigt de partijen zo snel mogelijk en tijdens iedere fase van de procedure rechtstreeks of, in voorkomend geval, met de hulp van de centrale autoriteiten, uit om bemiddeling of andere alternatieve middelen van geschillenbeslechting te overwegen, tenzij dit in strijd is met het belang van het kind, dit in het specifieke geval niet passend is of dit de procedure onnodig zou vertragen.

[25-06-2019, PbEU L 178, i.w.tr. 22-07-2019/regelingnummer 2019/1111]

[Alternatieve geschillenbeslechting]

1. Algemeen. Art. 25 Brussel II-ter moedigt het gebruik van bemiddeling of andere alternatieve middelen van geschillenbeslechting aan. In elke fase van de teruggeleidingsprocedure, en dat uiteraard allemaal in het belang van kind. Datzelfde belang van het kind kan zich in bepaalde gevallen echter ook tégen bemiddeling of andere alternatieve middelen van geschillenbeslechting verzetten, omdat alternatieve geschillenbeslechting in een bepaald geval gewoonweg niet passend is. Of omdat dit de teruggeleidingsprocedure onnodig zou vertragen. Immers, zeker bij kinderontvoeringszaken is snel en efficiënt handelen geboden. Dat bleek al uit het commentaar bij bijv. art. 23 Brussel II-ter. De considerans, nr. 43, bij de Verordening Brussel II-ter geeft aan dat vooral in gevallen van huiselijk geweld bemiddeling niet altijd geschikt is. Dit voorbeeld neemt uiteraard niet weg dat het uitgangspunt van art. 25 Brussel II-ter blijft dat het gerecht tijdens elke fase van de teruggeleidingsprocedure partijen dient uit te nodigen om bijv. de mogelijkheid van mediation te overwegen. Een belangrijke opdracht en zeker ook eigentijds.

2. Forumkeuze. De considerans, nr. 43, bij de Verordening Brussel II-ter geeft lidstaten waar de kinderontvoeringsrechtspraak is geconcentreerd in overweging om, vrij geformuleerd, het gerecht waar het teruggeleidingsverzoek uit hoofde van het Haags Kinderontvoeringsverdrag 1980 aanhangig is gemaakt ook de mogelijkheid te geven de rechtsmacht inzake ouderlijke verantwoordelijkheid uit te oefenen die door partijen is overeengekomen of aanvaard, indien die partijen in de loop van de teruggeleidingsprocedure – tevens – overeenstemming hebben bereikt over een kwestie van ouderlijke verantwoordelijkheid. Een nuttige suggestie. Immers, als partijen in het kader van de teruggeleidingsprocedure er daadwerkelijk in slagen om inhoudelijke afspraken te maken over de terugkeer of niet-terugkeer van het kind en/of de ouderlijke verantwoordelijkheid (hoofdverblijfplaats, gezag en omgang), dan is het efficiënt dat de aangezochte kinderontvoeringsrechter ook bevoegd is ter zake van de ouderlijke verantwoordelijkheid. Zou dat niet mogelijk zijn, dan zouden partijen de gemaakte afspraken moeten voorleggen aan een ander bevoegd gerecht wat tot een versnippering van de procedure zou leiden (vgl. ook de considerans, nr. 22, bij de Verordening Brussel II-ter). Maar gelukkig kan de in art. 10 Brussel II-ter neergelegde forumkeuze hier uitkomst bieden (zie hierover nader F. Ibili in: *FJR* 2021/69, bij 7; vgl. meer in het algemeen ook het commentaar hierboven bij art. 10 Brussel II-ter).

3. Nederland. Bij Wet van 9 februari 2022 tot wijziging van de Uitvoeringswet internationale kinderbescherming en enige andere wetten in verband met de Verordening Brussel II-ter (*Stb.* 2022, 72, *Kamerstukken* 35888), is aan art. 11 lid 1 van de Uitvoeringswet internationale kinderontvoering de volgende zin toegevoegd: "De kinderrechter van deze rechtbank is bevoegd ook kennis te nemen van door partijen tijdens de procedure onderling getroffen regelingen over de ouderlijke verantwoordelijkheid, bedoeld in de verordening, en kan deze geheel of gedeeltelijk in zijn beschikking opnemen." Uit de in de Nota van Wijziging gegeven toelichting op deze toevoeging aan art. 11 lid 1 blijkt onder meer dat hiermee wordt verduidelijkt dat de kinderrechter van de Rechtbank Den Haag – exclusief bevoegd in teruggeleidingsprocedures na internationale kinderontvoering – ook de bevoegdheid toekomt om kennis te nemen van de tussen partijen gemaakte afspraken in het kader van een mediationtraject in deze procedure, bijv. over de omgang met het kind na terugkeer of de vaststelling van de hoofdverblijfplaats van het kind (zie verder onder meer *Kamerstukken* 35888, nr. 7, p. 2).

Artikel 26

Recht van het kind zijn standpunt kenbaar te maken tijdens terugkeerprocedures

Artikel 21 van deze verordening geldt ook in terugkeerprocedures uit hoofde van het Verdrag van 's-Gravenhage van 1980.

[25-06-2019, PbEU L 178, i.w.tr. 22-07-2019/regelingnummer 2019/1111]

[Recht van het kind zijn standpunt kenbaar te maken tijdens terugkeerprocedures]

1. Algemeen. In art. 21 Brussel II-ter is het, overigens niet absolute, recht van een kind neergelegd om zijn standpunt kenbaar te maken in het kader van een procedure ter zake van de ouderlijke verantwoordelijkheid. Dit is geheel in lijn met zowel art. 24 Handvest van de grondrechten van de Europese Unie (zie *PbEG* 2000, C 364, zoals laatstelijk gewijzigd bij *PbEU* 2007, C 303) als art. 12 Verdrag inzake de rechten van het kind (zie *Trb.* 1990, 170, zoals laatstelijk gewijzigd bij *Trb.* 1996, 188). Naar onder meer deze beide regelingen wordt in de considerans, nr. 39, bij de Verordening Brussel II-ter ook verwezen. Dit recht nu om zijn standpunt kenbaar te maken, heeft het kind ook tijdens een terugkeerprocedure uit hoofde van het Haags Kinderontvoeringsverdrag 1980. Dat staat namelijk zo in art. 26 Brussel II-ter. In het kader van een teruggeleidingsprocedure kan het horen van een kind echter achterwege blijven wanneer de ouders overeenstemming hebben bereikt over de terugkeer of niet-terugkeer van dat kind. Het horen van een kind is zonder meer al geen absolute verplichting. Dit dient te worden beoordeeld met inachtneming van het belang van het kind. Zie verder het commentaar bij art. 21 Brussel II-ter.

2. Andere leeftijdsgrens. Bedacht dient dat de leeftijdsgrens bij procedures ter zake van de ouderlijke verantwoordelijkheid 18 jaar is, maar bij terugkeerprocedures uit hoofde van het Haags Kinderontvoeringsverdrag 1980 16 jaar. Dit werkt uiteraard ook door op het recht van kinderen om in het kader van deze procedures hun standpunt kenbaar te maken.

Artikel 27
Procedure voor de terugkeer van een kind

1. Een gerecht kan de terugkeer van een kind niet weigeren tenzij de persoon die om de terugkeer van het kind verzoekt in de gelegenheid is gesteld te worden gehoord.
2. Het gerecht kan in elke fase van de procedures overeenkomstig artikel 15 onderzoeken of het contact tussen het kind en de persoon die om de terugkeer van het kind verzoekt moet worden verzekerd, daarbij rekening houdend met de belangen van het kind.
3. Indien een gerecht overweegt de terugkeer van een kind te weigeren enkel op basis van artikel 13, lid 1, onder b), van het Verdrag van 's-Gravenhage van 1980, mag het de terugkeer van het kind niet weigeren als de partij die om de terugkeer van het kind verzoekt het gerecht er aan de hand van toereikende bewijzen van kan overtuigen, of als het gerecht er op andere wijze van overtuigd is, dat adequate regelingen zijn getroffen om de bescherming van het kind na de terugkeer te waarborgen.
4. Het gerecht kan, hetzij rechtstreeks overeenkomstig artikel 86, hetzij met de hulp van de centrale autoriteit, voor de toepassing van lid 3 van dit artikel communiceren met de bevoegde instanties van de lidstaat waar het kind net vóór de ongeoorloofde overbrenging of niet-terugkeer zijn gewone verblijfplaats had.
5. Wanneer het gerecht de terugkeer van het kind gelast, kan het in voorkomend geval overeenkomstig artikel 15 van deze verordening voorlopige en bewarende maatregelen nemen om het kind te beschermen tegen het ernstige risico waarnaar wordt verwezen in artikel 13, lid 1 onder b) van het Verdrag van 's-Gravenhage van 1980 te minimaliseren, op voorwaarde dat het onderzoeken en nemen van dergelijke maatregelen de terugkeerprocedure niet onnodig vertraagt.
6. Een beslissing waarmee de terugkeer van het kind wordt gelast, kan uitvoerbaar bij voorraad worden verklaard, onverminderd enige daartegen gerichte voorziening in beroep, indien vóór enige beroepsuitspraak de terugkeer van het kind is vereist in het belang van het kind zelf.
[25-06-2019, PbEU L 178, i.w.tr. 22-07-2019/regelingnummer 2019/1111]

[Procedure voor de terugkeer van een kind]

1. Algemeen. Art. 27 bevat een aantal procedurele voorschriften, gericht aan het in het kader van de teruggeleidingsprocedure bevoegde gerecht. Deze voorschriften hangen soms onlosmakelijk samen met het Haags Kinderontvoeringsverdrag 1980. Dit is bij art. 27 leden 3 en 5 Brussel II-ter het geval. Soms ook borduren de voorschriften – tevens – voort op een bepaling uit Hoofdstuk II Brussel II-ter door hier met het oog op de teruggeleidingsprocedure een extra dimensie aan te geven. Dit is met name bij art. 27 lid 5 Brussel II-ter het geval. In vergelijking met de Verordening Brussel II-bis zijn in het bijzonder art. 27 lid 3 en lid 5 Brussel II-ter belangrijke nieuwigheden. Eigenlijk geven zij verder vorm aan de gedachte die aan het Haags Kinderontvoeringsverdrag 1980 ten grondslag ligt. Die gedachte is dat teruggeleiding van het ontvoerde kind de norm is. Overigens dient in álle gevallen waarin het in het kader van de teruggeleidingsprocedure aangezochte gerecht (toch) beslist om de terugkeer van het kind te weigeren, dit gerecht in zijn beslissing met zoveel woorden te verwijzen naar de artikelen van het Haags Kinderontvoeringsverdrag 1980 waarop deze weigering is gebaseerd (zie de considerans, nr. 48, bij de Verordening Brussel II-ter). Dus niet uitsluitend in het geval waarin de weigering is gebaseerd op art. 13 lid 1 sub b Haags Kinderontvoeringsverdrag 1980 naar welk artikellid overigens niet alleen de art. 27 lid 3 en 27 lid 5 Brussel II-ter verwijzen, maar ook art. 29 lid 1 en art. 47 lid 4 Brussel II-ter. Mede daarom is het zo belangrijk steeds duidelijk en gemotiveerd aan te geven, op welke bepaling(en) uit het Haags Kinderontvoeringsverdrag 1980 een bepaalde beslissing is gebaseerd.

2. Directe samenhang met art. 13 lid 1 sub b Haags Kinderontvoeringsverdrag 1980. Het in het kader van de teruggeleidingsprocedure aangezochte gerecht, dient de persoon die om de terugkeer heeft verzocht in de gelegenheid te stellen te worden gehoord. Is dat het geval geweest maar overweegt het gerecht de terugkeer van het kind enkel te weigeren op basis van art. 13 lid 1 sub b Haags Kinderontvoeringsverdrag 1980, dan zet art. 27 lid 3 Brussel II-ter vervolgens een rem op (uitsluitend) deze weigeringsgrond door namelijk de toepassingsmogelijkheden ervan te beperken. Immers, art. 27 lid 3 geeft onder meer aan dat het gerecht de verzochte terugkeer niet mag weigeren als de verzoekende partij het gerecht ervan kan overtuigen dat "adequate regelingen zijn getroffen om de bescherming van het kind na de terugkeer te waarborgen". Maar wat zijn precies "adequate regelingen"? Zoals ook uit de considerans, nr. 45, bij de Verordening Brussel II-ter volgt, zal het antwoord op deze vraag steeds afhangen van het concrete ernstige risico waaraan een bepaald kind bij terugkeer waarschijnlijk zal worden blootgesteld. Van dat risico hangt dan vervolgens af, welke regeling wél en welke regeling niét als adequaat in de zin van art. 27 lid 3 Brussel II-ter kan worden aangemerkt om de bescherming van het kind na de terugkeer te waarborgen. Zelf geeft de considerans, nr. 45, bij de Verordening Brussel II-ter een drietal voorbeelden van mogelijke adequate regelingen. Bijv. het geval dat in de lidstaat van terugkeer passende medische voorzieningen beschikbaar zijn voor een kind dat behandeling behoeft. Of bijv. het geval dat een rechterlijke beslissing uit de lidstaat van terugkeer kan worden overgelegd in welke beslissing een contactverbod is neergelegd voor de verzoekende partij met betrekking tot het kind. Besluit het gerecht om na te gaan of in de lidstaat van de gewone verblijfplaats van het kind – daadwerkelijk – adequate regelingen zijn getroffen, dan zal dat gerecht in eerste instantie een beroep moeten doen op de partijen om daarover nadere informatie te verstrekken. Echter, "waar nodig en gepast", kan het gerecht ook hetzij rechtstreeks, hetzij door tussenkomst van de centrale autoriteit of van de netwerkrechters informatie inwinnen bij de bevoegde instanties van de lidstaat van de gewone verblijfplaats van het kind. Dat blijkt uit art. 27 lid 4 Brussel II-ter, in samenhang gelezen met de considerans, nr. 45, bij de Verordening Brussel II-ter.

3. Voorlopige en bewarende maatregelen. Zoals blijkt uit art. 27 lid 5 Brussel II-ter kan het gerecht dat de teruggeleiding van een ontvoerd kind gelast, overeenkomstig art. 15 Brussel II-ter voorlopige en bewarende maatregelen nemen met als doel dit kind te beschermen tegen het risico zoals bedoeld in art. 13 lid 1 sub b van het Haags Kinderontvoeringsverdrag 1980. Dat is het bestaan van een ernstig risico dat het kind door zijn terugkeer wordt blootgesteld aan een lichamelijk of geestelijk gevaar, dan wel op enigerlei andere wijze in een ondraaglijke toestand wordt gebracht. Echter, het onderzoeken en nemen van de voorlopige en bewarende maatregelen mag de teruggeleidingsprocedure niet onnodig vertragen. Voorbeelden van voorlopige en bewarende maatregelen die in het kader van art. 27 lid 5 Brussel II-ter kunnen worden getroffen, zijn het vaststellen van een voorlopige omgangsregeling of van een voorlopige hoofdverblijfplaats (zie de considerans, nr. 46, bij de Verordening Brussel II-ter). Dergelijke maatregelen kan de Nederlandse rechter overigens niet ambtshalve treffen. Er zal dus door partijen om moeten worden verzocht.

4. Extraterritoriale werking. Worden, in het belang van het kind, door het gerecht dat de teruggeleiding van het ontvoerde kind gelast voorlopige en bewarende maatregelen genomen, dan hebben deze maatregelen tevens rechtskracht in de overige staten waar de Verordening Brussel II-ter van toepassing is. Zij hebben dus extraterritoriale werking (zie de considerans, nrs. 30 en 46, bij de Verordening Brussel II-ter, alsmede art. 2 lid 1 sub b Brussel II-ter). De door het gerecht in een teruggeleidingsprocedure genomen maatregelen behouden hun extraterritoriale werking totdat het ten gronde bevoegde gerecht in de lidstaat van de gewone verblijfplaats van het kind een beslissing met betrekking tot de ouderlijke verantwoordelijkheid heeft genomen. Dit betekent dus dat de op de voet van art. 27 lid 5 Brussel II-ter genomen maatregel waarbij bijv. een voorlopige zorgregeling werd gelast voor de periode na de terugkeer zijn rechtskracht verliest op het moment dat het in art. 7 Brussel II-ter aangewezen gerecht de maatregelen heeft genomen die het in het belang van het betrokken kind nodig acht.

5. Uitvoerbaar bij voorraad. Onder de in art. 27 lid 6 beschreven voorwaarden kan de beslissing waarbij de terugkeer van het kind wordt gelast, uitvoerbaar bij voorraad worden verklaard.

Artikel 28
Tenuitvoerlegging van beslissingen waarmee de terugkeer van een kind wordt gelast

1. Een voor de tenuitvoerlegging bevoegde autoriteit waarbij een verzoek wordt ingediend tot tenuitvoerlegging van een beslissing waarmee de terugkeer van een kind naar een andere lidstaat wordt gelast, verwerkt dit verzoek met bekwame spoed.
2. Indien een beslissing zoals bedoeld in lid 1 niet ten uitvoer is gelegd binnen zes weken na de datum waarop de tenuitvoerleggingsprocedure werd opgestart, heeft de

om tenuitvoerlegging verzoekende partij of de centrale autoriteit van de lidstaat van tenuitvoerlegging het recht om van de voor de tenuitvoerlegging bevoegde autoriteit een motivering van de redenen voor de vertraging te eisen.
[25-06-2019, PbEU L 178, i.w.tr. 22-07-2019/regelingnummer 2019/1111]

[Tenuitvoerlegging van beslissingen waarmee de terugkeer van een kind wordt gelast]

1. Algemeen. Art. 28 Brussel II-ter roept op tot bekwame spoed wat betreft de feitelijke tenuitvoerlegging van het teruggeleidingsbevel en stelt hiervoor een termijn. Maar zonder sancties te verbinden aan overschrijding van die termijn. In zoverre is er geen verschil met de art. 23 en 24 Brussel II-ter. Evenmin als art. 28 Brussel II-ter verbinden deze bepalingen immers sancties aan het overschrijden van termijnen die zijn gesteld met het oog op de geboden bekwame spoed.

2. Motivering. Wel biedt art. 28 Brussel II-ter de mogelijkheid om van de voor de tenuitvoerlegging bevoegde autoriteit (dat is Nederland, het Openbaar Ministerie en de politie; vgl. art. 22 Uitvoeringswet internationale kinderbescherming, *Stb.* 2006, 123, zoals laatstelijk gewijzigd bij *Stb.* 2022, 72) een motivering voor de redenen van de vertraging te eisen in het geval dat de in art. 28 lid 2 genoemde termijn niet is gehaald. Maar met zo'n motivering is de in art. 28 lid 1 bedoelde beslissing nog niet feitelijk ten uitvoer gelegd. Daar is het uiteindelijk bij art. 28 Brussel II-ter toch om te doen. In het belang van het ontvoerde kind dat, op grond van de beslissing, dient terug te keren naar de lidstaat van zijn gewone verblijfplaats.

Artikel 29
Procedure na een weigering van de terugkeer van het kind krachtens artikel 13, lid 1), onder b), en artikel 13, lid 2, van het Verdrag van 's-Gravenhage van 1980

1. Dit artikel geldt wanneer een beslissing tot weigering van de terugkeer van een kind naar een andere lidstaat enkel gebaseerd is op artikel 13, lid 1, onder b), of op artikel 13, lid 2, van het Verdrag van 's-Gravenhage van 1980.
2. Het gerecht dat een beslissing geeft zoals bedoeld in lid 1, geeft ambtshalve een certificaat af onder gebruikmaking van het formulier in bijlage I. Het certificaat wordt in de taal van de beslissing opgesteld en afgegeven. Het certificaat mag op vraag van een partij ook worden afgegeven in een andere officiële taal van de instellingen van de Europese Unie. Dit creëert geen verplichting voor het gerecht dat het certificaat afgeeft om voor een vertaling of transliteratie van de vertaalbare inhoud van de vrije tekstvelden te zorgen.
3. Indien er, op het ogenblik dat het gerecht een beslissing als bedoeld in lid 1 neemt, bij een gerecht van de lidstaat waar het kind zijn gewone verblijfplaats had onmiddellijk vóór de ongeoorloofde overbrenging of niet-terugkeer reeds een procedure ten gronde betreffende het gezagsrecht aanhangig is gemaakt, doet het gerecht, indien het weet heeft van deze procedure, binnen één maand na de datum van de in lid 1 bedoelde beslissing, hetzij rechtstreeks, hetzij via de centrale autoriteit, de volgende documenten toekomen aan het gerecht van die lidstaat:
a) een kopie van de beslissing zoals bedoeld in lid 1;

b) het krachtens lid 2 afgegeven certificaat; en
c) in voorkomend geval, een afschrift, een samenvatting of de notulen van de hoorzitting voor het gerecht, en alle andere documenten die het relevant acht.

4. Het gerecht in de lidstaat waar het kind zijn gewone verblijfplaats had onmiddellijk vóór de ongeoorloofde overbrenging of niet-terugkeer kan, indien nodig, van een partij eisen dat deze overeenkomstig artikel 91 een vertaling of transliteratie bezorgt van de beslissing zoals bedoeld in lid 1 en ieder ander document dat overeenkomstig dit artikel, lid 3, onder c), aan het certificaat is gehecht.

5. Indien in andere dan de in lid 3 bedoelde gevallen, een van de partijen binnen drie maanden na de kennisgeving van een beslissing zoals bedoeld in lid 1, een procedure ten gronde betreffende het gezagsrecht aanhangig maakt bij een gerecht van de lidstaat waar het kind zijn gewone verblijfplaats had onmiddellijk vóór de ongeoorloofde overbrenging of niet-terugkeer, dient die partij de volgende documenten in bij het gerecht:
a) een kopie van de beslissing zoals bedoeld in lid 1;
b) het krachtens lid 2 afgegeven certificaat; en
c) in voorkomend geval, een afschrift, samenvatting of de notulen van de hoorzitting voor het gerecht dat de terugkeer van het kind heeft geweigerd.

6. Niettegenstaande een beslissing betreffende de niet-terugkeer als bedoeld in lid 1, is iedere beslissing ten gronde betreffende het gezagsrecht die het resultaat is van de procedures als bedoeld in leden 3 en 5, en die de terugkeer van het kind met zich brengt, overeenkomstig hoofdstuk IV uitvoerbaar in een andere lidstaat.
[25-06-2019, PbEU L 178, i.w.tr. 22-07-2019/regelingnummer 2019/1111]

[Procedure na een weigering van de terugkeer van het kind krachtens artikel 13, lid 1), onder b), en artikel 13, lid 2, van het Verdrag van 's-Gravenhage van 1980]

1. Algemeen. Artikel 29 Brussel II-ter wordt ook wel een "*overrulebepaling*" genoemd. Dit omdat, kort samengevat, een door het gerecht van de gewone verblijfplaats van het kind gegeven gezagsbeslissing mogelijk de terugkeer van dat kind inhoudt. En als dat inderdaad zo is, bijv. omdat voornoemd gerecht heeft beslist dat de achtergebleven ouder wordt belast met het eenhoofdig gezag over het kind, dan houdt dit tevens de terugkeer in van het kind naar de lidstaat van zijn gewone verblijfplaats. Waarmee de oorspronkelijke beslissing waarbij de teruggeleiding van dat kind naar die lidstaat werd geweigerd, wordt vervangen en in zoverre dus "*overruled*" of "herroepen" wordt. Dit omdat in zo'n geval een beslissing ten gronde meer gewicht in de schaal legt dan een ordemaatregel.

2. Niet in alle gevallen. Niet in alle gevallen is echter het laatste woord aan de gerechten van de gewone verblijfplaats van het kind. De toepassing van de overrulebepaling van art. 29 Brussel II-ter is, afgaande op de bewoordingen van het eerste lid, namelijk beperkt tot twee gevallen waarbij de teruggeleiding van het kind is geweigerd. Het ene geval is het geval waar de beslissing tot weigering van de terugkeer van een kind naar een andere lidstaat is gebaseerd op artikel 13 lid 1 sub b van het Haags Kinderontvoeringsverdrag 1980. Deze bepaling ziet op het bestaan van een ernstig risico dat het kind door zijn terugkeer wordt blootgesteld aan een lichamelijk of geestelijk gevaar, dan wel op enigerlei andere wijze in een ondraaglijke toestand wordt gebracht. Het andere geval is het geval waar de beslissing tot weigering van de terugkeer van een kind naar een andere lidstaat is gebaseerd op artikel 13 lid 2 van het Haags Kinderontvoeringsverdrag 1980. Deze bepaling ziet op het verzet van het kind tegen zijn terugkeer. Blijkt nu dat het in het kader van het teruggeleidingsverzoek aangezochte gerecht de weigering tot teruggeleiding heeft gebaseerd op één van deze bepalingen, dan is de overrulebepaling van art. 29 Brussel II-ter van toepassing. Dat is, logischerwijs, echter ook het geval wanneer de weigering tot teruggeleiding van het kind is gebaseerd op zowel art. 13 lid 1 sub b als art. 13 lid 2 van het Haags Kinderontvoeringsverdrag 1980 (vgl. ook de considerans, nr. 49, bij de Verordening Brussel II-ter). Het gerecht dat op voornoemde weigeringsgronden de terugkeer van het kind heeft geweigerd, dient ambtshalve een certificaat af te geven onder gebruikmaking van het formulier in bijlage I van de Verordening Brussel II-ter (zie art. 29 lid 2 Brussel II-ter).

3. Moment van aanhangigheid bodemprocedure gezagsrecht. Een bodemprocedure waarin (tevens) het gezagsrecht aan de orde komt, kan al aanhangig zijn op het moment van de teruggeleidingsprocedure. Met die mogelijkheid houdt art. 29 lid 3 Brussel II-ter rekening. En art. 29 lid 5 Brussel II-ter houdt rekening met de mogelijkheid dat ten tijde van de teruggeleidingsprocedure nog geen bodemprocedure aanhangig is waarin (tevens) het gezagsrecht aan de orde zal komen. Maar dat de bodemprocedure alsnog aanhangig zal worden gemaakt binnen drie maanden na kennisgeving van de beslissing, dat het in het kader van het teruggeleidingsverzoek aangezochte gerecht het verzoek tot teruggeleiding heeft afgewezen. Afhankelijk nu van het antwoord op de vraag welke situatie zich voordoet, die van art. 29 lid 3 Brussel II-ter of die van art. 29 lid 5 Brussel II-ter, dient hetzij in beginsel het in het kader van het teruggeleidingsverzoek aangezochte gerecht (lid 3), hetzij één van de partijen (lid 5) bepaalde documenten aan de bodemrechter te verstrekken. In het desbetreffende artikellid wordt tevens aangegeven om welke documenten het gaat. Tot die documenten behoort ook steeds het certificaat zoals bedoeld in art. 29 lid 2 Brussel II-ter. Dit certificaat dient ambtshalve te worden afgegeven.

4. Rol bodemrechter. Tijdens de bodemprocedure waarin (tevens) het gezagsrecht aan de orde komt, zal, in het kader van dit gezagsrecht, het gerecht alle omstandigheden grondig moeten onderzoeken, met inbegrip van, maar niet beperkt tot, het gedrag van de ouders, rekening houdend met de belangen van het kind. Dat blijkt uit de considerans, nr. 48, bij de Verordening Brussel II-ter. Bij dat onderzoek dienen ook de redenen en de feiten te worden betrokken op grond waarvan het in het kader van het teruggeleidingsverzoek aangezochte gerecht tot het oordeel is gekomen dat de teruggeleiding van het kind dient te worden geweigerd op grond van art. 13 lid 1 sub b en/of art. 13 lid 2 van het Haags Kinderontvoeringsverdrag 1980. De beslissing die in de bodemprocedure wordt gegeven, zal van het voorgaande onderzoek en de uitkomsten duidelijk blijk moeten geven, ook in verband met hetgeen in bijv. art. 47 lid 4 Brussel II-ter over de afgifte van het certificaat voor geprivilegieerde beslissingen is bepaald.

5. Geprivilegieerde beslissingen. Geprivilegieerde beslissingen zijn, zo volgt uit art. 29 lid 6 jo. art. 42 lid 1 Brussel II-ter, (in elk geval ook) alle beslissingen ten gronde betreffende het gezagsrecht die het resultaat zijn van procedures als bedoeld in art. 29 lid 3 en art. 29 lid 5 en die de terugkeer van het kind met zich brengen. Deze beslissingen hebben op grond van Hoofdstuk IV, Afdeling 2, Brussel II-ter rechtskracht in de overige staten waar de Verordening Brussel II-ter van toepassing is, maar zonder dat daar een speciale procedure voor nodig is en ook zonder dat verzet tegen de erkenning ervan mogelijk is (zie de considerans, nrs. 48 en 52, bij de Verordening Brussel II-ter). Blijkens art. 50 Brussel II-ter wordt de erkenning en tenuitvoerlegging van een geprivilegieerde beslissing uitsluitend geweigerd indien de beslissing onverenigbaar is met een latere beslissing inzake de ouderlijke verantwoordelijkheid met betrekking tot hetzelfde kind die is gegeven onder de bij a) of de b) van deze bepaling genoemde omstandigheden.

6. Uitzondering. Het is mogelijk dat een bodemprocedure waarin (tevens) het gezagsrecht aan de orde komt, pas aanhangig wordt gemaakt ná de in art. 29 lid 5 Brussel II-ter genoemde termijn van drie maanden. Ook in dat geval zal met de beslissing van het gerecht in de bodemprocedure die tot de terugkeer van het kind naar de lidstaat van zijn gewone verblijfplaats leidt, de beslissing van het ter zake van de teruggeleiding bevoegde gerecht waarbij de terugkeer van dat kind is geweigerd kunnen worden "overruled". Echter, anders dan bij een beslissing als bedoeld in art. 29 lid 6 jo. art. 42 lid 1 Brussel II-ter, levert de beslissing van de bodemrechter die tot de terugkeer van het kind naar de lidstaat van de gewone verblijfplaats leidt, géén geprivilegieerde beslissing op. Dit heeft onder meer tot gevolg dat door de ontvoerende ouder een beroep kan worden gedaan op verschillende weigeringsgronden, namelijk die van art. 39 Brussel II-ter, daar waar voor geprivilegieerde beslissingen slechts één weigeringsgrond bestaat, namelijk die van art. 50 Brussel II-ter (zie verder bijv. ook de considerans, nr. 52, bij de Verordening Brussel II-ter).

HOOFDSTUK IV
Erkenning en tenuitvoerlegging

AFDELING 1
Algemene bepalingen inzake erkenning en tenuitvoerlegging

ONDERAFDELING 1
Erkenning

Artikel 30
Erkenning van een beslissing

1. De in een lidstaat gegeven beslissing wordt in de andere lidstaten erkend zonder dat daartoe speciale procedures vereist zijn.
2. In het bijzonder is er, onverminderd lid 3, geen speciale procedure vereist om de akten van de burgerlijke stand van een lidstaat aan te passen overeenkomstig een in een andere lidstaat gegeven beslissing ter zake van echtscheiding, scheiding van tafel en bed of nietigverklaring van het huwelijk, waartegen volgens de wetgeving van die lidstaat geen rechtsmiddel meer openstaat.
3. Iedere belanghebbende partij kan overeenkomstig de procedures van de artikelen 59 tot en met 62 en, waar nodig, afdeling 5 van dit hoofdstuk en hoofdstuk VI verzoeken om een beslissing dat er geen gronden voor weigering van de erkenning zijn als bedoeld in de artikelen 38 en 39.

4. De relatieve bevoegdheid van het door elke lidstaat overeenkomstig artikel 103 kennis van de Commissie gebrachte gerecht, wordt bepaald door het recht van de lidstaat waarin een procedure overeenkomstig lid 3 van dit artikel wordt aangespannen.
5. Indien de erkenning van een beslissing als incidentele vraag voor een gerecht van een lidstaat wordt opgeworpen, kan dat gerecht daarover uitspraak doen.
[25-06-2019, PbEU L 178, i.w.tr. 22-07-2019/regelingnummer 2019/1111]

[Erkenning van een beslissing]

1. Algemeen. Het artikel is het eerste artikel van hoofdstuk IV, welk hoofdstuk betrekking heeft op de erkenning en de tenuitvoerlegging van beslissingen. Het maakt deel uit van de onderafdeling over erkenning van de afdeling waarin algemene bepalingen over erkenning en tenuitvoerlegging zijn opgenomen.

2. Erkenning van rechtswege (lid 1). De hoofdregel luidt, dat beslissingen die in de ene lidstaat worden gegeven, in de andere lidstaten worden erkend. Voor de erkenning is geen speciale procedure vereist, maar wanneer een belanghebbende duidelijkheid wenst te krijgen omtrent de erkenbaarheid van een bepaalde buitenlandse beslissing, is voorzien in een gerechtelijke procedure die gevolgd kan worden (lid 3). **Beslissing.** Zie voor de definitie van het begrip 'beslissing' art. 2, aant. 2.

3. Aanpassing akten burgerlijke stand (lid 2). Wordt een echtscheiding, scheiding van tafel en bed of nietigverklaring van een huwelijk uitgesproken, dan moet zij worden ingeschreven in het Register van de Burgerlijke Stand. Ook kan het zijn dat naar aanleiding van een dergelijke beslissing, reeds bestaande akten van de burgerlijke stand aanpassing behoeven. Wordt een dergelijke beslissing uitgesproken in de ene lidstaat en is als gevolg daarvan de aanpassing noodzakelijk van een akte die berust bij het Register van de Burgerlijke Stand in de andere lidstaat, dan — zo blijkt uit lid 2 — is voor deze aanpassing geen speciale procedure vereist. **a. Onverminderd lid 3.** Lid 2 verhindert niet dat een belanghebbende in het geval van twijfel over de erkenbaarheid van een buitenlandse beslissing met een beroep op lid 3 kan verzoeken om een beslissing dat er geen gronden voor weigering van de erkenning zijn. **b. Alleen indien geen rechtsmiddel openstaat.** Lid 2 kan alleen worden toegepast als er geen rechtsmiddel meer tegen de beslissing openstaat.

4. Vaststelling geen gronden voor weigering erkenning (lid 3). In sommige gevallen kan er twijfel bestaan over de vraag of een buitenlandse beslissing voor erkenning in aanmerking komt en/of kan een partij er belang bij hebben om de erkenbaarheid van een beslissing vastgesteld te zien. Dat kan het geval zijn wanneer een van de partijen of een overheidsinstantie — zoals de ambtenaar van de burgerlijke stand — zich beroept op de gronden voor niet-erkenning van art. 38 en 39. In dat geval kan duidelijkheid verkregen worden door in een gerechtelijke procedure — overeenkomstig het bepaalde in art. 59 t/m 62 en waar nodig hoofdstuk IV afdeling 5 en hoofdstuk VI — te verzoeken om een beslissing dat er geen gronden voor weigering van de erkenning zijn als bedoeld in de art. 38 en 39. **Elke belanghebbende.** Het in lid 3 bedoelde verzoek kan door iedere belanghebbende partij worden ingediend.

5. Erkenning als voorvraag (lid 5). De vraag naar de erkenbaarheid van een buitenlandse beslissing kan als incidentele vraag (in het Nederlandse internationaal privaatrecht meestal 'voorvraag' genoemd) rijzen in een procedure die betrekking heeft op een andere kwestie. Dat kan bijvoorbeeld het geval zijn wanneer een procedure betrekking heeft op de afstamming van een kind, welke afstamming afhankelijk is van het al of niet ontbonden zijn van het huwelijk van de moeder en voorts in kwesties van, onder meer, nationaliteitsrecht, vreemdelingenrecht en sociaal verzekeringsrecht. Voor de beantwoording van een dergelijke voorvraag is het niet nodig een speciale procedure te volgen. Het aangezochte gerecht kan daarover uitspraak doen.

Artikel 31
Voor erkenning over te leggen stukken

1. Een partij die een in een andere lidstaat gegeven beslissing wenst in te roepen, legt de volgende stukken over:

a) een afschrift van de beslissing dat voldoet aan de voorwaarden tot vaststelling van de echtheid ervan; en

b) het gepaste certificaat dat is afgegeven krachtens artikel 36.

2. Het gerecht of de bevoegde autoriteit waarbij een in een andere lidstaat gegeven beslissing wordt ingeroepen kan, indien nodig, van de partij die de beslissing inroept, verlangen dat zij, overeenkomstig artikel 91, een vertaling of transliteratie overlegt van de vertaalbare inhoud van de vrije tekstvelden van het in dit artikel, lid 1, onder b), bedoelde certificaat.

3. Het gerecht of de bevoegde autoriteit waarbij een in een andere lidstaat gegeven beslissing wordt ingeroepen, kan van de partij verlangen dat zij overeenkomstig artikel 91 een vertaling of transliteratie van de beslissing overlegt naast een vertaling of transliteratie van de vertaalbare inhoud van de vrije tekstvelden van het certificaat, indien het, respectievelijk zij, zijn, respectievelijk haar werkzaamheden niet kan voortzetten zonder die vertaling of transliteratie.

[25-06-2019, PbEU L 178, i.w.tr. 22-07-2019/regelingnummer 2019/1111]

[Voor erkenning over te leggen stukken]

Betekenis. De partij die een in een andere lidstaat gegeven beslissing wenst in te roepen, hoeft niets anders te overleggen dan een afschrift van de beslissing zoals omschreven onder lid 1 onderdeel a en het in de lidstaat van herkomst krachtens art. 36 afgegeven certificaat. De leden 2 en 3 geven aan in welke gevallen een vertaling of transliteratie kan worden verlangd.

Artikel 32
Ontbrekende stukken

1. Worden de in artikel 31, lid 1, vermelde documenten niet overgelegd, dan kan het gerecht of de bevoegde autoriteit voor de overlegging een termijn bepalen of gelijkwaardige documenten aanvaarden, dan wel, indien het gerecht of de autoriteit zich voldoende voorgelicht acht, van de overlegging vrijstelling verlenen.

2. Indien het gerecht of de bevoegde autoriteit dit verlangt, wordt overeenkomstig artikel 91 een vertaling of transliteratie van die gelijkwaardige documenten overlegd.

[25-06-2019, PbEU L 178, i.w.tr. 22-07-2019/regelingnummer 2019/1111]

Artikel 33
Aanhouding van de uitspraak

Het gerecht waarvoor een in een andere lidstaat gegeven beslissing wordt ingeroepen, kan zijn uitspraak geheel of gedeeltelijk aanhouden indien:

a) in de lidstaat van herkomst een gewoon rechtsmiddel tegen die beslissing is ingesteld, of

b) er een verzoek is ingediend om een beslissing dat er geen gronden zijn voor weigering van de erkenning als bedoeld in de artikelen 38 en 39, of om een beslissing dat de erkenning op een van die gronden moet worden geweigerd.

[25-06-2019, PbEU L 178, i.w.tr. 22-07-2019/regelingnummer 2019/1111]

[Aanhouding van de uitspraak]

Betekenis. In twee gevallen kan een gerecht waarvoor een in een andere EU-lidstaat gegeven beslissing wordt ingeroepen zijn uitspraak geheel of gedeeltelijk aanhouden. In de eerste plaats kan een uitspraak worden aangehouden indien in de lidstaat van herkomst van de beslissing een gewoon rechtsmiddel tegen deze beslissing is ingesteld (onderdeel a). Een uitspraak kan in de tweede plaats (onderdeel b) worden aangehouden indien er een verzoek is ingediend om een beslissing dat er geen gronden zijn voor weigering van de erkenning als bedoeld in de artikelen 38 en 39, of om een beslissing dat de erkenning op een van die gronden moet worden geweigerd.

ONDERAFDELING 2
Uitvoerbaarheid en tenuitvoerlegging

Artikel 34
Uitvoerbare beslissingen

1. Beslissingen inzake de ouderlijke verantwoordelijkheid die in een lidstaat zijn gegeven en aldaar uitvoerbaar zijn, zijn in de andere lidstaten uitvoerbaar zonder dat een verklaring van uitvoerbaarheid is vereist.

2. Voor de tenuitvoerlegging in een andere lidstaat van een beslissing waarbij een omgangsrecht is verleend, kan het gerecht dat de beslissing heeft gegeven, de beslissing uitvoerbaar bij voorraad verklaren, niettegenstaande enig ingesteld rechtsmiddel.

[25-06-2019, PbEU L 178, i.w.tr. 22-07-2019/regelingnummer 2019/1111]

[Uitvoerbare beslissingen]

1. Algemeen. Art. 34 Brussel II-ter heeft betrekking op beslissingen inzake de ouderlijke verantwoordelijkheid (over welk begrip art. 2 lid 2 sub 7 Brussel II-ter) die in een lidstaat zijn gegeven en aldaar uitvoerbaar zijn. Daarbij dient overigens wel bedacht dat Hoofdstuk IV Brussel II-ter — waarvan onder meer art. 34 deel uitmaakt — evenzeer van toepassing is op de in art. 1 lid 3 Brussel II-ter bedoelde terugkeerbeslissingen uit hoofde van het Haags Kinderontvoeringsverdrag 1980 (vgl. ook de laatste zin van art. 96 Brussel II-ter). Zo beschouwd dient art. 34 Brussel II-ter dus in een breder perspectief te worden geplaatst, omdat het materieel toepassingsgebied ervan ruimer is dan de bewoordingen van deze bepaling op het eerste gezicht doen vermoeden. Een lidstaat is een staat waar (ook) de Verordening Brussel II-ter van toepassing is. En wat in het kader van de Verordening Brussel II-ter onder een "beslissing" wordt verstaan, staat omschreven in art. 2 lid 1 Brussel II-ter. Daar staat dat voor de toepassing van de Verordening Brussel II-ter onder meer onder "beslissing" wordt verstaan een beslissing van een gerecht van een lidstaat, zoals een vonnis, bevel of oordeel, betreffende aangelegenheden van ouderlijke verantwoordelijkheid. En verder omvat het begrip "beslissing" bijv. ook de in art. 2 lid 1 sub a bedoelde terugkeerbeslissing in een kinderontvoeringsprocedure en de in art. 2 lid 1 sub b aangeduide gelaste voorlopige en bewarende maatregelen.

2. Geen verklaring van uitvoerbaarheid. Meer in het bijzonder nu wat betreft art. 34 Brussel II-ter vereist deze bepaling geen verklaring van uitvoerbaarheid meer, waarmee dus (ook) het voorafgaand verlof tot tenuitvoerlegging of "exequatur" is afgeschaft. Daarbij maakt het niet uit om welk type van beslissing (bijv. gezag, hoofdverblijfplaats, omgang, teruggeleidingsbevel) het gaat. Onder de Verordening Brussel II-bis ligt dit anders. Daar, onder die verordening, is uitsluitend voor specifiek aangeduide beslissingen ter zake van de ouderlijke verantwoordelijkheid geen verklaring van uitvoerbaarheid vereist, namelijk enkel voor beslissingen waarbij het omgangsrecht met een kind wordt verleend (zie met name art. 41 Brussel II-bis), en voor bepaalde beslissingen die de terugkeer van het kind met zich meebrengen (zie met name art. 42 Brussel II-bis; zie verder ook bij art. 96 Brussel II-ter). Wat (ook) dat betreft, brengt art. 34 Brussel II-ter dus een belangrijke vernieuwing. In dit verband dient bedacht dat het verkrijgen van een verklaring van uitvoerbaarheid de tenuitvoerlegging kan vertragen en ook extra kosten met zich mee kan brengen. Dat nu is niet alleen vervelend voor degene die de in een lidstaat gegeven beslissing in een andere lidstaat ten uitvoer wil leggen, het staat ook haaks op het in de Europese Unie zo gekoesterde verlangen naar een vrij verkeer van – rechterlijke – beslissingen. Wat weer samenhangt met het beginsel van wederzijds vertrouwen in elkaars rechtsbedeling (vgl. ook de considerans, nr. 55, bij de Verordening Brussel II-ter). Uit de considerans, nr. 58, bij de Verordening Brussel II-ter blijkt meer specifiek dat het streven naar een snellere en goedkopere behandeling van grensoverschrijdende geschillen waarbij kinderen zijn betrokken, onder meer de afschaffing van de verklaring van uitvoerbaarheid rechtvaardigt. Bijgevolg moet een door een gerecht van een andere lidstaat gegeven beslissing in beginsel worden behandeld alsof zij is gegeven in de lidstaat van tenuitvoerlegging.

3. Uitvoerbaar bij voorraad. Verder maakt de Verordening Brussel II-ter het door middel van art. 34 mogelijk dat het gerecht dat de beslissing heeft gegeven deze beslissing uitvoerbaar bij voorraad verklaart, niettegenstaande enig ingesteld rechtsmiddel. Dit met het oog op de tenuitvoerlegging van deze beslissing in een andere lidstaat. De in art. 34 lid 2 geboden mogelijkheid – het is dus geen verplichting – heeft echter uitsluitend betrekking op een beslissing waarbij het omgangsrecht is verleend. Wanneer een dergelijke beslissing inderdaad uitvoerbaar bij voorraad wordt verklaard, kan bijv. de ene ouder niet het omgangsrecht van de andere ouder met hun beider kind frustreren door een rechtsmiddel met schorsende kracht of werking in te stellen tegen de beslissing waarbij dit omgangsrecht is verleend.

4. Geprivilegieerde beslissingen. Art. 34 Brussel II-ter heeft geen betrekking op de uitvoerbaarheid en tenuitvoerlegging van geprivilegieerde beslissingen. Met het oog de uitvoerbaarheid en tenuitvoerlegging van deze beslissingen, voorziet de Verordening

Brussel II-ter in een andere bepaling, namelijk art. 45 Brussel II-ter. Overigens bevat art. 45 Brussel II-ter dezelfde uitgangspunten als art. 34 Brussel II-ter.

Artikel 35
Voor tenuitvoerlegging over te leggen stukken

1. Met het oog op de tenuitvoerlegging in een lidstaat van een in een andere lidstaat gegeven beslissing, verstrekt de partij die om tenuitvoerlegging verzoekt de voor de tenuitvoerlegging bevoegde autoriteit:

a) een afschrift van de beslissing dat voldoet aan de voorwaarden tot vaststelling van de echtheid ervan; en

b) het gepaste certificaat dat is afgegeven krachtens artikel 36.

2. Met het oog op de tenuitvoerlegging in een lidstaat van een in een andere lidstaat gegeven beslissing waarbij voorlopige en bewarende maatregelen worden gelast, verstrekt de partij die om tenuitvoerlegging verzoekt de voor de tenuitvoerlegging bevoegde autoriteit:

a) een afschrift van de beslissing dat voldoet aan de voorwaarden tot vaststelling van de echtheid ervan;

b) het gepaste certificaat dat is afgegeven krachtens artikel 36, waaruit blijkt dat de beslissing uitvoerbaar is in de lidstaat van herkomst en dat het oorspronkelijke gerecht:

i) bevoegd is om van het bodemgeschil kennis te nemen; of

ii) de maatregel heeft gelast overeenkomstig artikel 27, lid 5, in samenhang met artikel 15; en

c) indien de maatregel werd gelast zonder dat de verweerder was opgeroepen, het bewijs dat de beslissing hem is betekend.

3. De voor tenuitvoerlegging bevoegde autoriteit kan zo nodig van de partij die om tenuitvoerlegging verzoekt verlangen dat zij overeenkomstig artikel 91 een vertaling of transliteratie overlegt van de vertaalbare inhoud van de vrije tekstvelden van het certificaat dat de ten uitvoer te leggen verplichting bevat.

4. De voor tenuitvoerlegging bevoegde autoriteit kan van de partij die om tenuitvoerlegging verzoekt verlangen dat die partij overeenkomstig artikel 91 een vertaling of transliteratie overlegt van de beslissing indien zij haar werkzaamheden niet kan voortzetten zonder die vertaling of transliteratie.

[25-06-2019, PbEU L 178, i.w.tr. 22-07-2019/regelingnummer 2019/1111]

[Voor tenuitvoerlegging over te leggen stukken]

1. Algemeen. Art. 35 Brussel II-ter bevat met het oog op de tenuitvoerlegging in een lidstaat van een in een andere lidstaat gegeven beslissing, een opsomming van de door de desbetreffende partij aan de voor de tenuitvoerlegging bevoegde autoriteit te verstrekken stukken. Daarbij maakt het verschil of het om een beslissing ten gronde gaat (art. 35 lid 1) of om een beslissing waarbij voorlopige en bewarende maatregelen zijn gelast (art. 35 lid 2).

2. Het juiste afschrift en het gepaste certificaat. Daargelaten andere – specifieke – voorwaarden, dient het in het kader van art. 35 Brussel II-ter te overleggen afschrift van de beslissing steeds te voldoen aan de voorwaarden tot vaststelling van de echtheid ervan.

Verder dient ook steeds het gepaste, dus juiste, certificaat te worden overgelegd. Dat is het in art. 36 Brussel II-ter bedoelde certificaat. Met het oog hierop kent de Verordening Brussel II-ter formulieren aan de hand waarvan het desbetreffende certificaat wordt afgegeven. Deze formulieren zitten als bijlagen (II, III en IV) bij de Verordening Brussel II-ter. Het gerecht van de lidstaat van herkomst van de beslissing vult het certificaat in beginsel in de eigen taal in (zie verder art. 36 lid 2 Brussel II-ter).

3. Tezamen een executoriale titel. Mede – dus niet uitsluitend! – in verband met art. 35 lid 1 Brussel II-ter bepaalt art. 20 lid 1 van de Uitvoeringswet internationale kinderbescherming (*Stb.* 2006, 123, zoals laatstelijk gewijzigd bij *Stb.* 2022, 72) dat het afschrift van de rechterlijke beslissing en het certificaat bedoeld in genoemd artikellid, telkens tezamen een executoriale titel vormen in de zin van art. 430 van het Wetboek van Burgerlijke Rechtsvordering. Hierdoor krijgt de desbetreffende buitenlandse rechterlijke beslissing direct executoriale kracht in Nederland.

4. Eventueel een vertaling of een transliteratie. Uit art. 35 lid 3 en lid 4 Brussel II-ter volgt dat de voor tenuitvoerlegging bevoegde autoriteit – zo nodig en voor onderdelen – een vertaling of transliteratie kan verlangen. Met het oog hierop wordt in Nederland de Nederlandse en de Engelse taal aanvaard (zie *Kamerstukken* 35388, nr. 3, p. 11).

5. Geprivilegieerde beslissingen. Art. 35 Brussel II-ter heeft geen betrekking op de stukken die, met het oog op de tenuitvoerlegging ervan in een andere lidstaat, in het kader van geprivilegieerde beslissingen door de desbetreffende partij dienen te worden verstrekt. Met het oog op de in verband met deze beslissingen te verstrekken stukken, voorziet de Verordening Brussel II-ter in een andere bepaling, namelijk art. 46 Brussel II-ter.

ONDERAFDELING 3
Certificaat

Artikel 36
Afgifte van het certificaat

1. Het gerecht van een lidstaat van herkomst, zoals overeenkomstig artikel 103 ter kennis van de Commissie gebracht, geeft op verzoek van een partij een certificaat af voor:
a) een beslissing in huwelijkszaken aan de hand van het formulier in bijlage II;
b) een beslissing inzake ouderlijke verantwoordelijkheid aan de hand van het formulier in bijlage III;
c) een beslissing waarmee de terugkeer van het kind wordt gelast als bedoeld in artikel 2, lid 1, onder a), en, waar van toepassing, voorlopige en bewarende maatregelen die zijn gelast overeenkomstig artikel 27, lid, 5, en die samenhangen met de beslissing aan de hand van het formulier in bijlage IV.
2. Het certificaat wordt in de taal van de beslissing opgesteld en afgegeven. Het certificaat mag op vraag van de partij ook worden afgegeven in een andere officiële taal van de instellingen van de Europese Unie. Dit creëert geen verplichting voor het gerecht dat het certificaat afgeeft om voor een vertaling of transliteratie van de vertaalbare inhoud van de vrije tekstvelden te zorgen.
3. Tegen de afgifte van het certificaat staat geen rechtsmiddel open.
[25-06-2019, PbEU L 178, i.w.tr. 22-07-2019/regelingnummer 2019/1111]

[Afgifte van het certificaat]

1. Algemeen. Art. 36 Brussel II-ter maakt duidelijk dat er in het kader van de Verordening Brussel II-ter verschillende certificaten bestaan. De bepaling zelf maakt melding van drie verschillende certificaten: één certificaat voor beslissingen in huwelijkszaken, één certificaat voor beslissingen inzake ouderlijke verantwoordelijkheid en één certificaat voor beslissingen die, grofweg gesteld, verband houden met de terugkeer van een ontvoerd kind. Al naar gelang het onderwerp, varieert de inhoud van het certificaat, en dan met name wat er op het formulier dient te worden ingevuld aan de hand waarvan het desbetreffende certificaat wordt afgegeven. Het certificaat(-formulier) wordt door het gerecht in de taal van de beslissing opgesteld en afgegeven. Dat zal normaliter de eigen taal zijn. Aan de afgifte in een andere taal stelt art. 36 lid 2 Brussel II-ter grenzen.

2. Afgifte op verzoek. Een certificaat als bedoeld in art. 36 Brussel II-ter wordt op verzoek van een partij afgegeven door het gerecht van de lidstaat van herkomst van de beslissing. Elke staat waar de Verordening Brussel II-ter van toepassing is, dient ter kennis van de Commissie te brengen welk gerecht het in het kader van art. 36 Brussel II-ter heeft aangewezen. In Nederland is dat het gerecht dat de beslissing heeft gegeven. Dat blijkt uit art. 23a lid 1 Uitvoeringswet internationale kinderbescherming. Het verzoek tot afgifte kan door de belanghebbende partij bijv. bij brief worden gedaan. De tussenkomst van een advocaat is niet vereist.

3. Geen rechtsmiddel. Tegen de afgifte van een certificaat staat geen rechtsmiddel open. Dat staat met zoveel woorden in art. 36 lid 3 Brussel II-ter.

4. Geprivilegieerde beslissingen. Art. 36 Brussel II-ter heeft geen betrekking op de afgifte van een certificaat voor geprivilegieerde beslissingen. Met het oog hierop voorziet de Verordening Brussel II-ter in een andere bepaling, namelijk art. 47 Brussel II-ter.

Artikel 37
Rectificatie van het certificaat

1. Het gerecht van een lidstaat van herkomst, zoals overeenkomstig artikel 103 ter kennis van de Commissie gebracht, rectificeert op verzoek, of eventueel op eigen initiatief, het certificaat indien er, ten gevolge van een materiële fout of weglating, een discrepantie bestaat tussen de ten uitvoer te leggen beslissing en het certificaat.
2. Het recht van de lidstaat van herkomst is van toepassing op de procedure voor de rectificatie van het certificaat.
[25-06-2019, PbEU L 178, i.w.tr. 22-07-2019/regelingnummer 2019/1111]

[Rectificatie van het certificaat]

1. Algemeen. Waar gehakt wordt, vallen spaanders. Dat is in de rechtspraktijk niet anders. Zo kan een op de voet van art. 36 Brussel II-ter afgegeven certificaat een onjuistheid bevatten, bijv. doordat de naam van een partij onjuist staat vermeld. Of misschien is er in het certificaat iets weggelaten doordat het formulier niet volledig is ingevuld. Door zulke omissies ontstaat er in beginsel een discrepantie tussen de ten uitvoer te leggen beslissing en het certificaat. Waardoor niet de juiste stukken kunnen worden overgelegd, met alle gevolgen van dien voor de tenuitvoerlegging. Gelukkig voorziet art. 37 Brussel II-ter in de mogelijkheid van rectificatie van het certificaat bij “een materiële fout of weglating” als gevolg waarvan “een discrepantie bestaat tussen de ten uitvoer te leggen beslissing en het certificaat”.

2. Procedure. Het recht van de lidstaat van herkomst van de beslissing met bijbehorend certificaat, is van toepassing op de procedure voor de rectificatie van het certificaat. Dat volgt uit art. 37 lid 2 Brussel II-ter. Dit betekent dus ook dat, anders dan bij art. 36 Brussel II-ter het geval is, het aan de afzonderlijke lidstaten wordt overgelaten of tegen een beslissing op het verzoek tot rectificatie van een certificaat een rechtsmiddel openstaat. Een rectificatie overigens die, blijkens de bewoordingen van art. 37 lid 1 Brussel II-ter, behalve op verzoek ook eventueel op eigen initiatief kan plaatsvinden van het gerecht dat het onjuiste of incomplete certificaat heeft afgegeven. In Nederland is ervoor gekozen om, evenals bij art. 43 Brussel II-bis het geval is, art. 31 Wetboek van Burgerlijke Rechtsvordering van overeenkomstige toepassing te verklaren op een verzoek tot rectificatie van het certificaat als bedoeld in art. 37 Brussel II-ter (en overigens ook als bedoeld in art. 48 lid 1 Brussel II-ter). Dit heeft onder meer tot gevolg dat geen hogere voorziening tegen de verbetering van (uitsluitend) het certificaat of tegen de weigering daarvan openstaat (zie art. 23a lid 3 Uitvoeringswet internationale kinderbescherming jo. art. 31 lid 4 Rv).

ONDERAFDELING 4

Weigering van erkenning en tenuitvoerlegging

Artikel 38

Gronden voor weigering van de erkenning van beslissingen in huwelijkszaken

De erkenning van een beslissing ter zake van echtscheiding, scheiding van tafel en bed of nietigverklaring van het huwelijk wordt geweigerd:

a) indien de erkenning kennelijk strijdig zou zijn met de openbare orde van de lidstaat waar de erkenning wordt ingeroepen;

b) indien het stuk waarmee het geding is ingeleid of een gelijkwaardig stuk niet tijdig en op zodanige wijze als met het oog op zijn verdediging noodzakelijk was, aan de verweerder tegen wie verstek werd verleend is betekend of medegedeeld, tenzij vaststaat dat hij ondubbelzinnig met de beslissing instemt;

c) indien zij onverenigbaar is met een tussen dezelfde partijen in de lidstaat waar de erkenning wordt ingeroepen gegeven beslissing; of

d) indien zij onverenigbaar is met een beslissing die vroeger in een andere lidstaat of in een derde land tussen dezelfde partijen is gegeven, mits die vroegere beslissing voldoet aan de voorwaarden voor erkenning in de lidstaat waar de erkenning wordt ingeroepen.

[25-06-2019, PbEU L 178, i.w.tr. 22-07-2019/regelingnummer 2019/1111]

[Gronden voor weigering van de erkenning van beslissingen in huwelijkszaken]

1. Algemeen. De hoofdregel van art. 30 lid 1, dat de lidstaten elkaars beslissingen erkennen, lijdt slechts in zeer weinig gevallen uitzondering. Voor de echtscheiding en de daaraan verwante beslissingen staan deze uitzonderingen beschreven in het onderhavige artikel, voor de beslissingen betreffende de ouderlijke verantwoordelijkheid zijn zij opgenomen in art. 39. **Beslissing ter zake van echtscheiding, scheiding van tafel en bed of nietigverklaring van het huwelijk.** Gesproken wordt over beslissingen ter zake van echtscheiding, scheiding van tafel en bed of nietigverklaring van het huwelijk. Daarmee lijkt de bepaling ook betrekking te hebben op afwijzende beslissingen. Dat is echter onjuist. Beslissingen waarbij een echtscheiding, scheiding van tafel en bed of nietigverklaring van het huwelijk is afgewezen vallen, blijkens de definitie van art. 2 lid 1, niet onder het begrip 'beslissingen' (zie art. 2, aant. 2). Duidelijker ware het daarom geweest wanneer het artikel had gesproken van beslissingen tot echtscheiding, scheiding van tafel en bed of nietigverklaring van het huwelijk.

2. Strijd met de openbare orde (aanhef en onderdeel a). Strijd met de openbare orde mag slechts in zeer uitzonderlijke gevallen worden aangenomen. Vgl. HvJ EU 16 januari 2019, C-386/17, ECLI:EU:C:2019:24. Voorkomen moet worden, dat in de fase van de erkenning opnieuw de juistheid van de beslissing wordt onderzocht (zie art. 71). Ook mag de rechter die over de erkenning oordeelt, niet de bevoegdheid van de eerste rechter onderzoeken (art. 69) en hij mag de erkenning niet weigeren omdat een echtscheiding, scheiding van tafel en bed of nietigverklaring van het huwelijk volgens zijn eigen recht niet mogelijk zou zijn (art. 70). In HvJ EU 16 januari 2019, C-386/17, ECLI:EU:C:2019:24 is bepaald dat evenmin erkenning geweigerd mag worden wegens kennelijke strijdigheid met de openbare orde van die lidstaat indien sprake is van schending van de litispendentieregeling van art. 19 Brussel II-bis (thans art. 20). Blijkens het Rapport Borrás (nr. 6) moet ervan worden uitgegaan dat identieke termen in het EEX-verdrag en Brussel II(bis/ter) dezelfde betekenis hebben en dat daarbij dus rekening moet worden gehouden met de rechtspraak van het Hof van Justitie. Toch moet, gezien de verschillende aard van de materies die door Brussel I (bis) en door Brussel II-ter geregeld worden, voorzichtigheid worden betracht. Wel kan bij Brussel II-ter het beginsel worden toegepast dat is vastgelegd in twee arresten van het hof (HvJ EG 28 maart 2000, C-7/98 (*Krombach/Bramberski*) en HvJ EG 11 mei 2000, C-38/98 (*Renault/Maxicar*)), en dat inhoudt dat het de lidstaten vrijstaat om de eisen van hun openbare orde vast te leggen overeenkomstig hun nationale opvattingen, maar dat dit moet geschieden binnen de grenzen die in de rechtspraak van het hof worden gesteld. Het hof heeft voorts bepaald, dat de fundamentele rechten behoren tot de algemene beginselen welker eerbiediging het hof verzekert en dat de rechters van de lidstaten een schending van die beginselen als een schending van de openbare orde mogen beschouwen. Bij de bepaling wat er tot die fundamentele rechten behoort, laat het hof zich leiden door de constitutionele tradities welke de lidstaten gemeen hebben, alsmede door de aanwijzingen die te vinden zijn in de internationale rechtsinstrumenten inzake de bescherming van de rechten van de mens, waaraan de lidstaten hebben meegewerkt of waarbij zij zich hebben aangesloten. Aan het EVRM komt in dit opzicht bijzondere betekenis toe, aldus het hof. Om te voorkomen dat een onderzoek naar eventuele strijdigheid met de openbare orde zou uitmonden in een hernieuwd onderzoek naar de juistheid van de beslissing, wordt bepaald dat alleen kennelijke strijd met deze fundamentele beginselen reden kan zijn om erkenning aan de buitenlandse beslissing te onthouden wegens strijd met de openbare orde.

3. Ondeugdelijke betekening (aanhef en onderdeel b). Mede om het aantal gevallen te beperken waarin de erkenning van een buitenlandse beslissing geweigerd wordt wegens kennelijke strijd met de openbare orde, worden enkele gevallen van schending van fundamentele rechten als afzonderlijke weigeringsgronden omschreven. Voor de in dit artikel aan de orde zijnde beslissingen gaat het vooral om gevallen waarin het inleidend gedingstuk niet deugdelijk aan de verweerder is betekend zodat zijn fundamentele recht op wederhoor is geschonden. In het bepaalde in onderdeel b wordt echter niet elke fout in de betekening aangemerkt als een reden om erkenning van de beslissing te weigeren. De rechter die de beslissing gegeven heeft, heeft moeten toezien op een juiste naleving van de regels inzake de betekening, zoals die in het bijzonder zijn vastgelegd in de Betekeningsverordening en in het Haags Betekeningsverdrag. De rechter die over de erkenning oordeelt, beoordeelt echter slechts of, kort gezegd, de verweerder door een gebrekkige betekening in zijn verdediging kan zijn geschaad. Is er bij de betekening een fout gemaakt, maar heeft de verweerder het inleidend gedingstuk ontvangen op een tijdstip en op zodanige wijze dat hij zijn verdediging goed heeft kunnen voorbereiden, dan is er geen reden om erkenning aan de beslissing te onthouden. **a. Verstek.** De weigeringsgrond is alleen van toepassing wanneer tegen de verweerder verstek is verleend. Is hij verschenen, dan wordt hij geacht door de gebrekkige betekening niet in zijn verdediging te zijn geschaad. **b. Instemming met de beslissing.** Blijkt dat de verweerder instemt met de beslissing – ook wanneer hij niet gehoord is, is het immers niet uitgesloten dat hij ermee instemt dat er een echtscheiding is uitgesproken – dan kan de ondeugdelijke betekening geen grond zijn om erkenning aan de beslissing te onthouden. Die instemming moet wel ondubbelzinnig zijn.

4. Onverenigbaarheid van beslissingen (aanhef en onderdeel c en d). Hoewel de bepaling van art. 20 inzake litispendentie dit beoogt te voorkomen, kan toch niet geheel worden uitgesloten dat er op zeker moment tegenstrijdige beslissingen worden gegeven. In dat geval kan slechts één van de beslissingen worden erkend en moet aan de andere beslissingen erkenning worden onthouden. Welke beslissing voorrang heeft, wordt bepaald onder c en d. Is de beslissing waarvan de erkenning aan de orde is, onverenigbaar met een beslissing die tussen dezelfde partijen is gegeven in de aangezochte lidstaat, dan gaat de beslissing uit de aangezochte lidstaat voor, ongeacht de vraag welke beslissing het eerst gegeven is. Is er strijdigheid met een beslissing die gewezen is in een ander land, dan gaat de oudste beslissing voor. Het is daarbij niet van belang of de andere beslissing gewezen is in een lidstaat of in een niet-lidstaat. Wel moet de andere beslissing in aanmerking komen voor erkenning in de aangezochte lidstaat, hetzij op grond van Brussel II-ter, hetzij op grond van het internationaal privaatrecht van die lidstaat. **a. Afwijzing gevolgd door echtscheiding.** Wordt in lidstaat D een echtscheidingsverzoek afgewezen en wordt er vervolgens een vergelijkbaar verzoek in lidstaat E toegewezen, dan komt de afwijzing niet voor erkenning op grond van Brussel II-ter in aanmerking. Zij is immers geen beslissing in de zin van art. 2 lid 1. Komt zij op grond van het internationaal privaatrecht van de aangezochte lidstaat voor erkenning in aanmerking, dan moet de rechter aldaar beoordelen of er sprake is van strijdigheid. Is het volgens het in die lidstaat toepasselijke recht toelaatbaar dat er na een afwijzing een nieuw verzoek wordt ingediend, dan valt te verwachten dat de beslissingen niet als strijdig worden beschouwd. Is een nieuw verzoek volgens het aldaar toepasselijke recht alleen onder bepaalde voorwaarden toelaatbaar, dan is te verwachten dat de aangezochte rechter aan die voorwaarden zal toetsen. Voor Nederland is te verwachten dat de beslissingen niet snel als strijdig zullen worden beschouwd (vgl. HR 26 januari 1996, *NJ* 1997/258). **b. Dezelfde partijen.** De andere beslissing moet gewezen zijn tussen dezelfde partijen. Een beslissing in een procedure tussen A en C waarbij is vastgesteld dat A gehuwd is met B, staat niet in de weg aan de erkenning van een tussen A en B uitgesproken echtscheiding.

Artikel 39
Gronden voor weigering van de erkenning van beslissingen inzake ouderlijke verantwoordelijkheid

1. De erkenning van een beslissing inzake ouderlijke verantwoordelijkheid wordt geweigerd:
a) indien de erkenning, gelet op het belang van het kind, kennelijk strijdig zou zijn met de openbare orde van de lidstaat waar de erkenning wordt ingeroepen;
b) indien het stuk waarmee het geding is ingeleid of een gelijkwaardig stuk niet tijdig en op zodanige wijze als met het oog op zijn verdediging noodzakelijk was, aan de persoon tegen wie verstek werd verleend, is medegedeeld of betekend, tenzij vaststaat dat deze persoon ondubbelzinnig met de beslissing instemt;
c) op verzoek van eenieder die stelt dat de beslissing de uitoefening van zijn ouderlijke verantwoordelijkheid belemmert, indien zij is gegeven zonder dat deze persoon in de gelegenheid is gesteld te worden gehoord;
d) indien en voor zover zij onverenigbaar is met een latere beslissing inzake ouderlijke verantwoordelijkheid, die in de lidstaat waar de erkenning wordt ingeroepen is gegeven;
e) indien en voor zover zij onverenigbaar is met een latere beslissing inzake ouderlijke verantwoordelijkheid die in een andere lidstaat of in het derde land van de gewone verblijfplaats van het kind is gegeven, mits die latere beslissing voldoet aan de voorwaarden voor erkenning in de lidstaat waar de erkenning wordt ingeroepen; of
f) indien de procedure van artikel 82 niet in acht is genomen.

2. De erkenning van een beslissing inzake ouderlijke verantwoordelijkheid kan worden geweigerd indien de beslissing is gegeven zonder dat een kind dat in staat is zijn eigen mening te vormen, de mogelijkheid werd geboden zijn mening te uiten overeenkomstig artikel 21, tenzij:
a) de procedure uitsluitend het vermogen van het kind betrof en op voorwaarde dat het bieden van die mogelijkheid in het licht van het onderwerp van de procedure niet noodzakelijk was; of
b) er ernstige gronden waren waarbij er in het bijzonder rekening moet worden gehouden met de urgentie van de zaak.

[25-06-2019, PbEU L 178, i.w.tr. 22-07-2019/regelingnummer 2019/1111]

[Gronden voor weigering van de erkenning van beslissingen inzake ouderlijke verantwoordelijkheid]

1. Algemeen. Artikel 39 Brussel II-ter bevat een aantal weigeringsgronden die tegen de erkenning van een beslissing kunnen worden ingeroepen. Het gaat dan om niet-geprivilegieerde beslissingen inzake ouderlijke verantwoordelijkheid, dus om beslissingen die onder de Verordening Brussel II-ter geen voorrangspositie hebben. Dat ligt anders bij beslissingen voor zover zij omgangsrecht verlenen. En ook bij beslissingen uit hoofde van art. 29 lid 6 Brussel II-ter voor zover die de terugkeer van het kind met zich meebrengen. Tegen dit tweetal soorten beslissingen kan namelijk maar één weigeringsgrond worden ingeroepen, die van art. 50 Brussel II-ter (vgl. verder ook art. 43 Brussel II-ter). Mede hierom heten beslissingen voor zover zij omgangsrecht verlenen en beslissingen uit hoofde van art. 29 lid 6 Brussel II-ter voor zover die de terugkeer van het kind met zich meebrengen, geprivilegieerd te zijn (waarover onder meer de art. 42-44 Brussel II-ter). Overigens dient te worden bedacht dat Hoofdstuk IV Brussel II-ter – waarvan onder meer art. 39 deel uitmaakt – evenzeer van toepassing is op de in art. 1 lid 3 Brussel II-ter bedoelde terugkeerbeslissingen uit hoofde van het Haags Kinderontvoeringsverdrag 1980 (vgl. ook de laatste zin van art. 96 Brussel II-ter). Anders dan wanneer het om beslissingen uit hoofde van art. 29 lid 6 Brussel II-ter gaat, zijn dergelijke beslissingen echter niet-geprivilegieerd waardoor zij binnen het toepassingsbereik van art. 39 Brussel II-ter (en bijv. ook art. 30 Brussel II-ter) vallen.

2. Limitatieve opsomming. Bij art. 39 Brussel II-ter gaat het om limitatief opgesomde weigeringsgronden. Dit betekent dus dat andere weigeringsgronden dan die in art. 39 worden genoemd, niet kunnen worden ingeroepen. Dat is onder art. 23 Brussel II-bis niet anders.

3. Nu ook een niet-dwingende weigeringsgrond. Echter, waar art. 23 Brussel II-bis uitsluitend weigeringsgronden kent waarop, indien van toepassing, de erkenning van een beslissing moet worden geweigerd, bevat art. 39 Brussel II-ter daarnaast ook nog een weigeringsgrond, op grond waarvan de erkenning van een beslissing kán worden geweigerd. Dat blijkt uit art. 39 lid 2 Brussel II-ter. Anders dan de in art. 39 lid 1 genoemde weigeringsgronden die dwingend zijn, behoeft de in art. 39 lid 2 genoemde weigeringsgrond dus niet per se te worden toegepast. Uit de considerans, nr. 57, bij de Verordening Brussel II-ter blijkt onder meer dat de weigering van de erkenning van een beslissing in elk geval niet uitsluitend mag worden gebaseerd op het enkele feit, dat het gerecht dat de beslissing heeft gegeven een andere methode heeft gebruikt dan die welke een gerecht in de lidstaat van erkenning gebruikt om het kind te horen. Uitsluitend dat feit is dus onvoldoende om art. 39 lid 2 Brussel II-ter in stelling te kunnen brengen. Er zal, in het kader van art. 39 lid 2, dus meer aan de hand moeten zijn dan enkel het gebruik van zo'n andere methode.

4. Schending hoorrecht kind. De facultatieve weigeringsgrond van art. 39 lid 2 Brussel II-ter houdt verband met het in de Verordening Brussel II-ter neergelegde recht van het kind zijn standpunt kenbaar te maken (zie art. 21; vgl. ook art. 26). Zoals uit het commentaar bij art. 21 Brussel II-ter onder meer al bleek, is het horen van een kind geen absolute verplichting, maar dient dit te worden beoordeeld met inachtneming van het belang van het kind. In elk geval dient het kind in staat te zijn om zijn eigen mening te vormen. Zo'n kind nu dient daadwerkelijk en effectief de mogelijkheid te worden geboden zijn standpunt kenbaar te maken. Blijkt dat niet het geval te zijn geweest, dan kán de erkenning van de beslissing worden geweigerd. Dat is althans het in art. 39 lid 2 Brussel II-ter neergelegde uitgangspunt. Maar op dit uitgangspunt bestaan twee uitzonderingen, ook dat blijkt uit art. 39 lid 2 Brussel II-ter. De eerste uitzondering betreft het geval dat de procedure in de lidstaat van herkomst uitsluitend betrekking had op het vermogen van het kind en het voor wijzen van de beslissing niet noodzakelijk was om het kind te horen. De tweede uitzondering betreft het geval dat er ernstige gronden waren waarbij "er in het bijzonder rekening moet worden gehouden met de urgentie van de zaak" (zoals bij een voorlopige ondertoezichtstelling en een spoeduithuisplaatsing). Doet één van beide uitzonderingen zich voor, dan was het niet aan een kind de mogelijkheid bieden zijn mening te uiten gerechtvaardigd, althans verdedigbaar. Waardoor niet met succes een beroep op de weigeringsgrond van art. 39 lid 2 Brussel II-ter kan worden gedaan. De considerans, nr. 57, bij de Verordening Brussel II-ter geeft de hiernavolgende, meer algemene toelichting op de in art. 39 lid 2 neergelegde uitzonderingen. "Het effect van die uitzonderingen is dat een gerecht in de lidstaat van tenuitvoerlegging niet de mogelijkheid mag hebben om te weigeren een beslissing ten uitvoer te leggen op de enkele grond dat het kind niet de mogelijkheid heeft gekregen om zijn mening te uiten, waarbij rekening wordt gehouden met zijn belangen, indien de procedure uitsluitend het vermogen van het kind betrof en op voorwaarde dat het bieden van die mogelijkheid in het licht van het onderwerp van de procedure niet noodzakelijk was, dan wel in geval van ernstige gronden, waarbij met name rekening wordt gehouden met de urgentie van de zaak. Die ernstige gronden kunnen bijvoorbeeld bestaan wanneer er een dreigend gevaar is voor de fysieke en psychische integriteit of het leven van het kind en verder uitstel het risico inhoudt dat dit gevaar werkelijkheid wordt."

5. Overige aspecten. Aan art. 39 Brussel II-ter zitten nog andere aspecten. Daarvoor wordt verwezen naar de bespreking van art. 23 Brussel II-bis. Deze bepaling stemt grotendeels overeen art. 39 Brussel II-ter. De Verordening Brussel II-bis blijft van toepassing op gerechtelijke procedures die zijn ingesteld, authentieke akten die zijn verleden en overeenkomsten die vóór 1 augustus 2022 uitvoerbaar zijn geworden in de lidstaat waar zij werden gesloten en die binnen het toepassingsgebied van die verordening vallen (zie art. 100 lid 2 Brussel II-ter). De Verordening Brussel II-ter geldt voor gerechtelijke procedures die zijn ingesteld, authentieke akten die zijn verleden en overeenkomsten die zijn geregistreerd op of na 1 augustus 2022 (zie art. 100 lid 1 Brussel II-ter).

Artikel 40
Procedure voor weigering van de erkenning

1. De procedures van de artikelen 59 tot en met 62 en, waar nodig, afdeling 5 van dit hoofdstuk en hoofdstuk VI, zijn van overeenkomstige toepassing op een verzoek tot weigering van erkenning.

2. De relatieve bevoegdheid van het door elke lidstaat aan de Commissie overeenkomstig artikel 103 ter kennis gebrachte gerecht wordt bepaald door het recht van de lidstaat waarin een procedure voor niet-erkenning wordt aangespannen.

[25-06-2019, PbEU L 178, i.w.tr. 22-07-2019/regelingnummer 2019/1111]

[Procedure voor weigering van de erkenning]

1. Algemeen. Art. 40 lid 1 Brussel II-ter verklaart, soms waar nodig, een aantal andere procedures, zoals de procedure in het kader van een verzoek tot weigering van tenuitvoerlegging (dat zijn de art. 59-62 Brussel II-ter), van overeenkomstige toepassing op de procedure in het kader van een verzoek tot weigering van de erkenning. In het kader van deze procedure komt art. 39 Brussel II-ter aan bod. Zoals ook bij procedures op de voet van art. 30 lid 3, art. 41 of art. 58 Brussel II-ter.

2. De voorzieningenrechter. In Nederland regelt art. 18 Uitvoeringswet internationale kinderbescherming onder meer de relatieve bevoegdheid. In het geval van art. 40 lid 1 Brussel II-ter gaat het om de relatieve bevoegdheid van de voorzieningenrechter van de rechtbank. Zie verder het commentaar bij de Uitvoeringswet internationale kinderbescherming (*Stb.* 2006, 123, zoals laatstelijk gewijzigd bij *Stb.* 2022, 72).

Artikel 41
Gronden voor weigering van de tenuitvoerlegging van beslissingen inzake ouderlijke verantwoordelijkheid

Onverminderd artikel 56, lid 6, wordt de tenuitvoerlegging van een beslissing inzake ouderlijke verantwoordelijkheid geweigerd indien een van de in artikel 39 bedoelde gronden voor weigering van de erkenning is vastgesteld.

[25-06-2019, PbEU L 178, i.w.tr. 22-07-2019/regelingnummer 2019/1111]

[Gronden voor weigering van de tenuitvoerlegging van beslissingen inzake ouderlijke verantwoordelijkheid]

1. Algemeen. Blijkens art. 41 Brussel II-ter gelden in het kader van de weigering van de tenuitvoerlegging van beslissingen inzake ouderlijke verantwoordelijkheid dezelfde weigeringsgronden als in het kader van de weigering van de erkenning van dergelijke beslissingen (vgl. art. 40 Brussel II-ter), zij het dat art. 56 lid 6 Brussel II-ter in de mogelijkheid voorziet de tenuitvoerlegging van de beslissing te weigeren indien het in art. 56 lid 4 Brussel II-ter bedoelde risico van blijvende aard is. De weigeringsgronden van art. 39 Brussel II-ter komen overigens ook aan bod bij procedures op de voet van art. 30 lid 3 en art. 58 Brussel II-ter.

2. Geprivilegieerde beslissingen. Zoals eerder al bleek, zien de in art. 39 Brussel II-ter bedoelde gronden niet op een tweetal geprivilegieerde beslissingen (waarover art. 42 Brussel II-ter). Zie daarvoor onder meer art. 50 jo. 43 Brussel II-ter.

AFDELING 2
Erkenning en tenuitvoerlegging van bepaalde geprivilegieerde beslissingen

Artikel 42
Toepassingsgebied

1. Deze afdeling is van toepassing op de volgende soorten beslissingen, mits deze overeenkomstig artikel 47 in de lidstaat van herkomst zijn gecertificeerd:
a) beslissingen voor zover zij omgangsrecht verlenen; en
b) beslissingen uit hoofde van artikel 29, lid 6, voor zover die de terugkeer van het kind met zich meebrengen.

2. Deze afdeling belet een partij niet te verzoeken om erkenning en tenuitvoerlegging van een in lid 1 bedoelde beslissing overeenkomstig de in afdeling 1 van dit hoofdstuk neergelegde bepalingen betreffende erkenning en tenuitvoerlegging.

[25-06-2019, PbEU L 178, i.w.tr. 22-07-2019/regelingnummer 2019/1111]

[Toepassingsgebied]

1. Algemeen. Art. 42 Brussel II-ter geeft aan welke soorten beslissingen onder de Verordening Brussel II-ter zijn geprivilegieerd en dus een voorrangspositie hebben. Dit blijkt bijv. uit art. 43 Brussel II-ter. Daaruit volgt immers onder meer dat erkenning van een geprivilegieerde beslissing slechts op één grond wordt geweigerd (in verband met art. 50 Brussel II-ter), terwijl bij niet-geprivilegieerde beslissingen er verschillende weigeringsgronden bestaan. Zie immers art. 39 Brussel II-ter. Zo reeds beschouwd worden geprivilegieerde beslissingen bevoordeeld of begunstigd ten opzichte van de beslissingen waarop art. 39 Brussel II-ter doelt.

2. Desverzocht niet Afdeling 2 maar Afdeling 1 Hoofdstuk IV. Is voor de in art. 42 lid 1 genoemde geprivilegieerde beslissingen, mits overeenkomstig art. 47 Brussel II-ter in de lidstaat van herkomst gecertificeerd, de erkenning en tenuitvoerlegging soepeler geregeld dan voor de in art. 39 Brussel II-ter bedoelde niet-geprivilegieerde beslissingen, het staat een partij vrij om van deze soepelere regeling toch geen gebruik te maken. Immers, zoals blijkt uit art. 42 lid 2 Brussel II-ter, belet Afdeling 2 Hoofdstuk IV een partij niet om erkenning en tenuitvoerlegging van een in art. 42 lid 1 bedoelde beslissing te verzoeken overeenkomstig Afdeling 1 Hoofdstuk IV. Tot die laatste afdeling behoort bijv. ook art. 39 Brussel II-ter. Andersom is overigens niet mogelijk. Dit betekent dus dat in het kader van niét-geprivilegieerde beslissingen géén beroep op Afdeling 2 Hoofdstuk IV kan worden gedaan. Voor deze beslissingen blijkt Afdeling I Hoofdstuk IV dus onverkort gelden.

ONDERAFDELING 1
Erkenning

Artikel 43
Erkenning

1. Een in een lidstaat gegeven beslissing als bedoeld in artikel 42, lid 1, wordt in de andere lidstaten erkend zonder dat daar enige speciale procedure voor nodig is en zonder dat verzet tegen de erkenning mogelijk is, tenzij en voor zover is vastgesteld dat de beslissing onverenigbaar is met een latere beslissing als bedoeld in artikel 50.
2. Een partij die een in een andere lidstaat gegeven beslissing als bedoeld in artikel 42, lid 1, wenst in te roepen, legt de volgende stukken over:
a) een afschrift van de beslissing dat voldoet aan de voorwaarden tot vaststelling van de echtheid ervan; en
b) het gepaste certificaat dat is afgegeven krachtens artikel 47.
3. Artikel 31, leden 2 en 3, is van overeenkomstige toepassing.
[25-06-2019, PbEU L 178, i.w.tr. 22-07-2019/regelingnummer 2019/1111]

[Erkenning]

1. Algemeen. Art. 43 geeft aan dat een in een lidstaat gegeven geprivilegieerde beslissing als bedoeld in art. 42 lid 1 Brussel II-ter in de andere lidstaten wordt erkend zonder dat daar enige speciale procedure voor nodig is en zonder dat verzet tegen de erkenning van zo'n beslissing mogelijk is, tenzij en voor zover is vastgesteld dat de in art. 50 Brussel II-ter bedoelde situatie zich voordoet. De partij die de in een andere lidstaat gegeven geprivilegieerde beslissing wenst in te roepen, dient de in art. 43 lid 2 Brussel II-ter opgesomde stukken te overleggen. Dat zijn, kortweg gesteld, een afschrift van de beslissing en het in de lidstaat van herkomst afgegeven gepaste certificaat. Dat is in dit geval het in art. 47 lid 1 sub a of art. 47 lid 1 sub b Brussel II-ter bedoelde certificaat.

2. Automatische erkenning. Als aan alle voorwaarden is voldaan (en niet is vastgesteld dat de beslissing onverenigbaar is met een latere beslissing als bedoeld in art. 50 Brussel II-ter), dan is er op basis van art. 43 Brussel II-ter sprake van een automatische erkenning van een in art. 42 lid 1 Brussel II-ter bedoelde geprivilegieerde beslissing (vgl. art. 30 Brussel II-ter). Met het oog op het verlangen naar een vertaling of een transliteratie, verklaart art. 43 lid 3 Brussel II-ter art. 31 leden 2 en 3 Brussel II-ter van overeenkomstige toepassing.

Artikel 44
Aanhouding van de uitspraak

Het gerecht waarvoor een in een andere lidstaat gegeven beslissing als bedoeld in artikel 42, lid 1, wordt ingeroepen, kan zijn uitspraak geheel of gedeeltelijk aanhouden indien:

a) een verzoek is ingediend waarin onverenigbaarheid van die beslissing met een latere beslissing als bedoeld in artikel 50 wordt aangevoerd; of

b) de persoon jegens wie om tenuitvoerlegging wordt verzocht, overeenkomstig artikel 48 heeft verzocht om de intrekking van een overeenkomstig artikel 47 afgegeven certificaat.

[25-06-2019, PbEU L 178, i.w.tr. 22-07-2019/regelingnummer 2019/1111]

[Aanhouding van de uitspraak]

1. Algemeen. Onder omstandigheden kan het gerecht waarvoor een in een andere lidstaat gegeven beslissing als bedoeld in art. 42 lid 1 Brussel II-ter wordt ingeroepen, zijn uitspraak geheel of gedeeltelijk aanhouden. Daarbij gaat het om twee gevallen.

2. Onverenigbaarheid dan wel intrekking certificaat. Het eerste geval waarop art. 44 Brussel II-ter doelt, staat omschreven in sub a van deze bepaling. Het gaat dan om een ingediend verzoek waarin onverenigbaarheid met een latere beslissing als bedoeld in art. 50 Brussel II-ter wordt aangevoerd. Art. 50 Brussel II-ter bevat de enige grond waarop de erkenning en tenuitvoerlegging van een geprivilegieerde beslissing als bedoeld in art. 42 lid 1 Brussel II-ter wordt geweigerd. Het tweede geval waarop art. 44 Brussel II-ter doelt, staat omschreven in sub b van deze bepaling. Het gaat dan om het geval dat de persoon tegen wie de tenuitvoerlegging is gericht, heeft verzocht om intrekking van het certificaat dat voor een geprivilegieerde beslissing als bedoeld in art. 42 lid 1 Brussel II-ter is afgegeven.

ONDERAFDELING 2
Uitvoerbaarheid en tenuitvoerlegging

Artikel 45
Uitvoerbare beslissingen

1. Een beslissing als bedoeld in artikel 42, lid 1, die in een lidstaat is gegeven en in die lidstaat uitvoerbaar is, is krachtens deze afdeling in de andere lidstaten uitvoerbaar zonder dat een verklaring van uitvoerbaarheid is vereist.
2. Voor de tenuitvoerlegging in een andere lidstaat van een beslissing als bedoeld in artikel 42, lid 1, onder a), kunnen de gerechten van de lidstaat van herkomst de beslissing uitvoerbaar bij voorraad verklaren, niettegenstaande enig ingesteld rechtsmiddel.
[25-06-2019, PbEU L 178, i.w.tr. 22-07-2019/regelingnummer 2019/1111]

[Uitvoerbare beslissingen]

1. Algemeen. Zoals blijkt uit art. 45 Brussel II-ter is voor beslissingen als bedoeld in art. 42 lid 1 Brussel II-ter geen verklaring van uitvoerbaarheid vereist. Dit betekent dat voor geprivilegieerde of bevoorrechte beslissingen – want op dat soort beslissingen heeft art. 42 lid 1 Brussel II-ter betrekking – (ook) het voorafgaand verlof tot tenuitvoerlegging of "exequatur" is afgeschaft. Echt bijzonder is dit niet. Ook onder de Verordening Brussel II-bis is geen verklaring van uitvoerbaarheid vereist voor beslissingen die in het kader van deze verordening als geprivilegieerd worden aangemerkt. Dan gaat het om beslissingen waarbij het omgangsrecht met een kind wordt verleend en bepaalde beslissingen die de terugkeer van het kind met zich meebrengen (zie met name de art. 41 en 42 Brussel II-bis).

2. Uitvoerbaar bij voorraad. Verder maakt art. 45 Brussel II-ter het mogelijk dat het gerecht dat de geprivilegieerde beslissing heeft gegeven deze beslissing uitvoerbaar bij voorraad verklaart, niettegenstaande enig ingesteld rechtsmiddel. Dit met het oog op de tenuitvoerlegging van deze beslissing in een andere lidstaat. De in art. 45 lid 2 geboden mogelijkheid – het is dus geen verplichting – heeft echter uitsluitend betrekking op een beslissing waarbij het omgangsrecht is verleend. Wanneer een dergelijke beslissing inderdaad uitvoerbaar bij voorraad wordt verklaard, kan bijv. de ene ouder niet het omgangsrecht van de andere ouder met hun beider kind frustreren door een rechtsmiddel met schorsende kracht of werking in te stellen tegen de beslissing waarbij dit omgangsrecht is verleend.

3. Niet-geprivilegieerde beslissingen. Zie voor niet-geprivilegieerde beslissingen art. 34 Brussel II-ter. Overigens bevat art. 34 Brussel II-ter dezelfde uitgangspunten als art. 45 Brussel II-ter.

Artikel 46
Voor tenuitvoerlegging over te leggen stukken

1. Met het oog op de tenuitvoerlegging in een lidstaat van een beslissing als bedoeld in artikel 42, lid 1, die in een andere lidstaat is gegeven, verstrekt de partij die om tenuitvoerlegging verzoekt de voor de tenuitvoerlegging bevoegde autoriteit:

a) een afschrift van de beslissing dat voldoet aan de voorwaarden tot vaststelling van de echtheid ervan; en

b) het gepaste certificaat dat is afgegeven krachtens artikel 47.

2. Met het oog op de tenuitvoerlegging in een lidstaat van een beslissing als bedoeld in artikel 42, lid 1, onder a), die in een andere lidstaat is gegeven, kan de voor tenuitvoerlegging bevoegde autoriteit in voorkomend geval van de verzoeker verlangen dat hij overeenkomstig artikel 91 een vertaling of transliteratie overlegt van de vertaalbare inhoud van de vrije tekstvelden van het certificaat dat de ten uitvoer te leggen verplichting bevat.

3. Met het oog op de tenuitvoerlegging in een lidstaat van een beslissing als bedoeld in artikel 42, lid 1, die in een andere lidstaat is gegeven, kan de voor tenuitvoerlegging bevoegde autoriteit van de verzoeker verlangen dat hij overeenkomstig artikel 91 een vertaling of transliteratie van de beslissing overlegt indien zij haar werkzaamheden niet kan voortzetten zonder die vertaling of transliteratie.

[25-06-2019, PbEU L 178, i.w.tr. 22-07-2019/regelingnummer 2019/1111]

[Voor tenuitvoerlegging over te leggen stukken]

1. Algemeen. Art. 46 Brussel II-ter geeft aan welke stukken aan de voor de tenuitvoerlegging bevoegde autoriteit dienen te worden verstrekt met het oog op de tenuitvoerlegging van geprivilegieerde beslissingen in een andere lidstaat dan de lidstaat waar zij zijn gegeven. Daargelaten andere – specifieke – voorwaarden, dient het in het kader van art. 46 Brussel II-ter te overleggen afschrift van de beslissing steeds te voldoen aan de voorwaarden tot vaststelling van de echtheid ervan. Verder dient ook steeds het gepaste, dus juiste, certificaat te worden overgelegd. Dat is, wanneer het om een geprivilegieerde beslissing gaat, het in art. 47 Brussel II-ter bedoelde certificaat. Ook met het oog hierop kent de Verordening Brussel II-ter formulieren aan de hand waarvan het desbetreffende certificaat wordt afgegeven. Deze formulieren zitten als bijlagen (V en VI) bij de Verordening Brussel II-ter.

2. Tezamen een executoriale titel. Mede – dus niet uitsluitend! – in verband met art. 46 lid 1 Brussel II-ter bepaalt art. 20 lid 1 van de Uitvoeringswet internationale kinderbescherming (*Stb.* 2006, 123, zoals laatstelijk gewijzigd bij *Stb.* 2022, 72) dat het afschrift van de rechterlijke beslissing en het certificaat bedoeld in genoemd artikellid, telkens tezamen een executoriale titel vormen in de zin van art. 430 van het Wetboek van Burgerlijke Rechtsvordering. Hierdoor krijgt de desbetreffende buitenlandse rechterlijke beslissing direct executoriale kracht in Nederland.

3. Niet-geprivilegieerde beslissingen. Zie voor niet-geprivilegieerde beslissingen art. 35 Brussel II-ter.

ONDERAFDELING 3
Certificaat voor geprivilegieerde beslissingen

Artikel 47
Afgifte van het certificaat

1. Het gerecht dat een beslissing als bedoeld in artikel 42, lid 1, heeft gegeven, geeft op verzoek van een partij een certificaat af voor:
a) een beslissing waarbij omgangsrecht wordt verleend aan de hand van het formulier in bijlage V;
b) een beslissing ten gronde betreffende het gezagsrecht die de terugkeer van een kind met zich meebrengt en die krachtens artikel 29, lid 6, is gegeven aan de hand van het formulier in bijlage VI.
2. Het certificaat wordt in de taal van de beslissing opgesteld en afgegeven. Het certificaat mag op vraag van een partij ook worden afgegeven in een andere officiële taal van de instellingen van de Europese Unie. Dit creëert geen verplichting voor het gerecht dat het certificaat afgeeft om voor een vertaling of transliteratie van de vertaalbare inhoud van de vrije tekstvelden te zorgen.
3. Het gerecht geeft het certificaat uitsluitend af indien aan de volgende voorwaarden is voldaan:
a) alle betrokken partijen zijn in de gelegenheid gesteld te worden gehoord;
b) het kind is overeenkomstig artikel 21 de mogelijkheid geboden zijn mening te uiten;
c) wanneer de beslissing bij verstek werd gegeven:
i) is het stuk waarmee het geding is ingeleid of een gelijkwaardig stuk tijdig en op zodanige wijze als met het oog op zijn verdediging noodzakelijk was, aan de persoon tegen wie verstek werd verleend, medegedeeld of betekend; of
ii) staat vast dat de persoon tegen wie verstek werd verleend ondubbelzinnig met de beslissing instemt.
4. Onverminderd lid 3 van dit artikel wordt het certificaat voor een beslissing als bedoeld in artikel 42, lid 1, onder b), slechts afgegeven indien het gerecht bij het geven van zijn beslissing rekening heeft gehouden met de redenen en de feiten op grond waarvan de vorige beslissing in een andere lidstaat werd genomen krachtens artikel 13, lid 1, onder b), of artikel 13, lid 2, van het Verdrag van 's-Gravenhage van 1980.
5. Het certificaat heeft alleen gevolg binnen de grenzen van de uitvoerbaarheid van de beslissing.
6. Tegen de afgifte van het certificaat staan geen andere dan de in artikel 48 bedoelde rechtsmiddelen open.
[25-06-2019, PbEU L 178, i.w.tr. 22-07-2019/regelingnummer 2019/1111]

[Afgifte van het certificaat]

1. Algemeen. Art. 47 Brussel II-ter geeft onder meer aan welke certificaten het gerecht afgeeft voor de in art. 42 lid 1 Brussel II-ter bedoelde geprivilegieerde of bevoorrechte beslissingen en ook onder welke voorwaarden. Voor niet-geprivilegieerde beslissingen kent, als het om de afgifte van certificaten gaat, de Verordening Brussel II-ter een eigen bepaling, namelijk art. 36.

2. Het certificaat voor geprivilegieerde beslissingen. Een certificaat als bedoeld in art. 47 Brussel II-ter wordt op verzoek van een partij afgegeven. Dit certificaat wordt, zo maken de bewoordingen van art. 47 lid 1 duidelijk, afgegeven door het gerecht van de lidstaat die de geprivilegieerde beslissing heeft gegeven aan de hand van een formulier. Daarbij verschilt het formulier naar gelang het onderwerp van de beslissing. Art. 42 lid 1 Brussel II-ter kent twee soorten geprivilegieerde beslissingen, namelijk beslissingen voor zover zij omgangsrecht verlenen en beslissingen uit hoofde van art. 29 lid 6 Brussel II-ter voor zover die de terugkeer van het kind met zich meebrengen. Voor elk soort beslissing heeft de Verordening Brussel II-ter een formulier aan de hand waarvan het certificaat wordt afgegeven. Deze formulieren zitten als bijlagen bij de Verordening Brussel II-ter. Uit art. 47 lid 1 blijkt om welke bijlagen het in het kader van geprivilegieerde beslissingen gaat. Dat zijn, naar gelang het onderwerp, bijlage V en bijlage VI. Het certificaat(formulier) wordt door het gerecht in de taal van de beslissing opgesteld en afgegeven. Dat zal normaliter de eigen taal zijn. Aan de afgifte in een andere taal stelt art. 47 lid 2 Brussel II-ter grenzen. Het verzoek tot afgifte kan in Nederland door de belanghebbende partij bijv. bij brief worden gedaan. De tussenkomst van een advocaat is niet vereist (vgl. art. 23a lid 2 Uitvoeringswet internationale kinderbescherming).

3. Mogelijk geen of een ander certificaat. Zoals blijkt uit (onder meer) art. 47 lid 3 Brussel II-ter geeft het gerecht het certificaat uitsluitend af indien aan de in dit artikellid gestelde voorwaarden is voldaan. Zo dient, getuige art. 47 lid 3 sub b Brussel II-ter, het kind overeenkomstig art. 21 Brussel II-ter de mogelijkheid te zijn geboden zijn mening te uiten (vgl. art. 41 lid 2 sub c Brussel II-bis). Blijkt dat niet aan de voorwaarden van art. 47 lid 3 Brussel II-ter is voldaan, dan wordt het in art. 47 lid 1 Brussel II-ter bedoelde certificaat niet afgegeven. Dit heeft tot gevolg dat de partij niet het gepaste certificaat kan overleggen dat art. 46 Brussel II-ter vereist. Mogelijk dat wel een certificaat aan de hand van bijlage III kan worden afgegeven. Naar deze bijlage wordt in de bijlagen V en VI in elk geval verwezen. Mocht dat inderdaad mogelijk blijken te zijn dan betekent dat wel dat, nu daarmee niet is voldaan aan het bepaalde in art. 46 lid 1 sub b Brussel II-ter ("het gepaste certificaat"), het "slechts" een certificaat voor een niet-geprivilegieerde beslissing betreft. Dat heeft onder meer tot gevolg dat er meer weigeringsgronden zijn dan bij geprivilegieerde beslissingen (vgl. immers art. 39 Brussel II-ter met art. 50 Brussel II-ter). Onverminderd het bepaalde in art. 47 lid 3 Brussel II-ter stelt art. 47 lid 4 Brussel II-ter met betrekking tot een beslissing als bedoeld in art. 42 lid 1 sub b Brussel II-ter ook nog een extra voorwaarde. Namelijk dat het gerecht bij het geven van zijn beslissing rekening heeft gehouden met de redenen en feiten op grond waarvan de beslissing in een andere lidstaat werd genomen krachtens art. 13 lid 1 sub b en/of art. 13 lid 2 van het Haags Kinderontvoeringsverdrag 1980 (vgl. ook het commentaar bij art. 29 Brussel II-ter).

4. Geen rechtsmiddel. Tegen de afgifte van een certificaat staan geen andere dan in art. 48 Brussel II-ter bedoelde rechtsmiddelen open. Dat staat met zoveel woorden in art. 47 lid 6 Brussel II-ter.

Artikel 48
Rectificatie en intrekking van het certificaat

1. Het gerecht van de lidstaat van herkomst, zoals overeenkomstig artikel 103 ter kennis van de Commissie gebracht, rectificeert op verzoek, of eventueel op eigen

initiatief, het certificaat indien er, ten gevolge van een materiële fout of weglating, een discrepantie bestaat tussen de beslissing en het certificaat.
2. Op verzoek of op eigen initiatief, trekt het in lid 1 van dit artikel bedoelde gerecht het certificaat in indien het, gelet op de vereisten van artikel 47, ten onrechte werd afgegeven. Artikel 49 is van overeenkomstige toepassing.
3. De procedure, inclusief rechtsmiddelen, ter verbetering of intrekking van het certificaat wordt beheerst door het recht van de lidstaat van herkomst.
[25-06-2019, PbEU L 178, i.w.tr. 22-07-2019/regelingnummer 2019/1111]

[Rectificatie en intrekking van het certificaat]

1. Algemeen. Een op de voet van art. 47 Brussel II-ter afgegeven certificaat kan een onjuistheid bevatten, bijv. doordat de naam van een partij onjuist staat vermeld. Of misschien is er in het certificaat iets weggelaten doordat het formulier niet volledig werd ingevuld. Door zulke omissies ontstaat er in beginsel een discrepantie tussen de ten uitvoer te leggen beslissing en het certificaat waardoor niet de juiste stukken kunnen worden overgelegd. Met alle gevolgen van dien voor de tenuitvoerlegging. Gelukkig voorziet art. 48 lid 1 Brussel II-ter in de mogelijkheid van rectificatie van het certificaat bij "een materiële fout of weglating" als gevolg waarvan "een discrepantie bestaat tussen de beslissing en het certificaat". Behalve in de mogelijkheid van rectificatie van een afgegeven certificaat voor een geprivilegieerde beslissing, biedt art. 48 Brussel II-ter ook ruimte om een dergelijk certificaat in te trekken. Namelijk wanneer het certificaat, gelet op de vereisten van art. 47 Brussel II-ter, ten onrechte werd afgegeven bijv. omdat aan de extra voorwaarde van art. 47 lid 4 Brussel II-ter niet is voldaan. En net als bij een rectificatie kan een intrekking niet alleen op verzoek, maar ook op eigen initiatief van het gerecht van de lidstaat van herkomst plaatsvinden. Met de lidstaat van herkomst wordt dan uiteraard de lidstaat bedoeld waarin de beslissing is gegeven (zie in het algemeen art. 2 lid 2 sub 4 Brussel II-ter; vgl. bijv. ook art. 2 lid 2 sub 5 Brussel II-ter). Door de in lid 2 geboden mogelijkheid van intrekking, onderscheidt art. 48 Brussel II-ter zich van art. 37 Brussel II-ter. Deze laatste, op niet-geprivilegieerde beslissingen toegesneden bepaling voorziet op grond van lid 1 immers enkel in de rectificatie van het certificaat. Dat art. 48 Brussel II-ter naast rectificatie ook intrekking van het certificaat mogelijk maakt, komt met name doordat geprivilegieerde beslissingen onder de Verordening Brussel II-ter een voorrangspositie hebben. Zo geldt in het kader van de erkenning van dergelijke beslissingen slechts één weigeringsgrond. Dat alleen al is zo'n belangrijk voordeel dat hierop zeer actief gecontroleerd (art. 47 lid 3 en/of lid 4) en gecorrigeerd (art. 48 lid 2) moet kunnen worden.

2. Procedure. Het recht van de lidstaat van herkomst van de beslissing is van toepassing op de procedure ter verbetering of intrekking van het certificaat. Dit met inbegrip van rechtsmiddelen. Dit laatste betekent dus dat het aan het procesrecht van de afzonderlijke lidstaten wordt overgelaten, welke rechtsmiddelen openstaan tegen de rectificatie of intrekking van een certificaat. In Nederland is ervoor gekozen om art. 31 Wetboek van Burgerlijke Rechtsvordering van overeenkomstige toepassing te verklaren op een verzoek tot *rectificatie* van het certificaat als bedoeld in art. 48 lid 1 Brussel II-ter (en overigens ook als bedoeld in art. 37 lid 1 Brussel II-ter). Dit heeft onder meer tot gevolg dat geen hogere voorziening tegen de verbetering van het certificaat of tegen de weigering daarvan openstaat (zie art. 23a lid 3 Uitvoeringswet internationale kinderbescherming jo. art. 31 lid 4 Rv). Gaat het daarentegen om een verzoek tot *intrekking* van het certificaat als bedoeld in art. 48 lid 2 Brussel II-ter, dan staat hiertegen wél een hogere voorziening open (zie art. 23a lid 5 Uitvoeringswet internationale kinderbescherming), en is art. 31 Wetboek van Burgerlijke Rechtsvordering niét van overeenkomstige toepassing (zie art. 23a lid 4 Uitvoeringswet internationale kinderbescherming). In dit verband dient te worden bedacht dat met de intrekking van het certificaat het recht op tenuitvoerlegging wordt ontnomen, in elk geval in die zin dat niet langer het in art. 46 lid 1 sub b Brussel II-ter bedoelde certificaat aan de voor de tenuitvoerlegging bevoegde autoriteit kan worden verstrekt. Met alle gevolgen van dien.

Artikel 49
Certificaat betreffende niet-uitvoerbaarheid of beperkte uitvoerbaarheid

1. Indien en voor zover een beslissing waarvoor overeenkomstig artikel 47 een certificaat is afgegeven niet meer uitvoerbaar is of de uitvoerbaarheid ervan is opgeschort of beperkt, wordt, op verzoek te eniger tijd aan het gerecht van de lidstaat van herkomst zoals meegedeeld aan de Commissie overeenkomstig artikel 103, een certificaat afgegeven met vermelding van de niet-uitvoerbaarheid of beperkte uitvoerbaarheid aan de hand van het standaardformulier in bijlage VII.
2. Het certificaat wordt in de taal van de beslissing opgesteld en afgegeven. Het certificaat mag op vraag van een partij ook worden afgegeven in een andere officiële taal van de instellingen van de Europese Unie. Dit creëert geen verplichting voor het gerecht dat het certificaat afgeeft om voor een vertaling of transliteratie van de vertaalbare inhoud van de vrije tekstvelden te zorgen.
[25-06-2019, PbEU L 178, i.w.tr. 22-07-2019/regelingnummer 2019/1111]

[Certificaat betreffende niet-uitvoerbaarheid of beperkte uitvoerbaarheid]

1. Algemeen. Ziet art. 47 op de afgifte van het certificaat en art. 48 op de rectificatie en intrekking van het certificaat, art. 49 Brussel II-ter heeft betrekking op de afgifte van een certificaat betreffende de niet-uitvoerbaarheid of beperkte uitvoerbaarheid van bepaalde beslissingen. Het gaat dan om geprivilegieerde beslissingen waarbij omgangsrecht is verleend, of om geprivilegieerde beslissingen uit hoofde van art. 29 lid 6 Brussel II-ter voor zover die de terugkeer van het kind met zich meebrengen. Is voor deze twee soorten geprivilegieerde beslissingen overeenkomstig art. 47 Brussel II-ter een certificaat afgegeven maar blijkt dat de desbetreffende beslissing niet meer uitvoerbaar is of dat de uitvoerbaarheid ervan is opgeschort of beperkt, dan wordt op verzoek op enig moment ("te eniger tijd") een certificaat afgegeven. Aan de hand van het standaardformulier in bijlage VII bij de Verordening Brussel II-ter en in te vullen door het gerecht in de lidstaat van herkomst van de beslissing. Dat de uitvoerbaarheid van de beslissing niet langer bestaat, is geschorst of beperkt, kan zowel van rechtswege zijn als ten gevolge van een rechterlijke beslissing.

2. Taal. Zoals dit ook bij bijv. art. 47 Brussel II-ter het geval bleek, wordt het in art. 49 Brussel II-ter bedoelde certificaat door het gerecht in de taal van de beslissing opgesteld en afgegeven. Dat zal normaliter in de eigen taal zijn. Aan de afgifte in een andere taal stelt art. 49 lid 2 Brussel II-ter grenzen.

ONDERAFDELING 4
Weigering van erkenning en tenuitvoerlegging

Artikel 50
Onverenigbare beslissingen

De erkenning en tenuitvoerlegging van een beslissing als bedoeld in artikel 42, lid 1, wordt geweigerd indien en voor zover de beslissing onverenigbaar is met een latere beslissing inzake ouderlijke verantwoordelijkheid met betrekking tot hetzelfde kind die is gegeven:

a) in de lidstaat waar de erkenning wordt ingeroepen; of
b) in een andere lidstaat of in het derde land van de gewone verblijfplaats van het kind, mits die latere beslissing voldoet aan de voorwaarden voor erkenning ervan in de lidstaat waar de erkenning wordt ingeroepen.

[25-06-2019, PbEU L 178, i.w.tr. 22-07-2019/regelingnummer 2019/1111]

[Onverenigbare beslissingen]

1. Algemeen. De erkenning en tenuitvoerlegging van een geprivilegieerde beslissing als bedoeld in art. 42 lid 1 Brussel II-ter, wordt slechts op één grond geweigerd, namelijk op de in art. 50 Brussel II-ter vermelde grond. Dat alleen al is een belangrijk voordeel ten opzichte van niet-geprivilegieerde beslissingen. Daarvoor gelden, onverminderd art. 56 lid 6 Brussel II-ter, verschillende weigeringsgronden (zie de art. 39 en 41 Brussel II-ter).

2. Onverenigbare beslissingen. Uit art. 50 Brussel II-ter blijkt dat de erkenning van een geprivilegieerde beslissing wegens onverenigbaarheid met een latere beslissing wordt geweigerd. Het gaat dan steeds om een latere beslissing ter zake van de ouderlijke verantwoordelijkheid die met betrekking tot hetzelfde kind is gegeven. Dat is dan uiteraard hetzelfde kind als waarop de eerdere beslissing als bedoeld in art. 42 lid 1 Brussel II-ter betrekking heeft. Met betrekking tot de latere beslissing onderscheidt art. 50 Brussel II-ter twee situaties. De eerste situatie is de situatie zoals genoemd in art. 50 aanhef en sub a. Het gaat dan om het geval dat de beslissing als bedoeld in art. 42 lid 1 onverenigbaar is met een latere beslissing inzake de ouderlijke verantwoordelijkheid die is gegeven in de lidstaat waar de erkenning wordt ingeroepen. De tweede situatie is de situatie zoals genoemd in art. 50 aanhef en sub b. Het gaat dan om het geval dat de beslissing als bedoeld in art. 42 lid 1 onverenigbaar is met een latere beslissing inzake de ouderlijke verantwoordelijkheid die is gegeven in een andere lidstaat óf in het derde land van de gewone verblijfplaats van het kind, mits deze latere beslissing voldoet aan de voorwaarden voor erkenning ervan in de lidstaat waar de erkenning wordt ingeroepen. Doet nu één van de in art. 50 Brussel II-ter genoemde situaties zich voor, dan moét de erkenning en tenuitvoerlegging van de in art. 42 lid 1 bedoelde geprivilegieerde beslissing worden geweigerd. Bij art. 50 Brussel II-ter kan bijv. worden gedacht aan het geval dat een Duits gerecht in augustus 2022 een omgangsrecht aan de moeder van kind X verleent. Geeft nu een Nederlands gerecht in oktober 2022 een beslissing ter zake van de ouderlijke verantwoordelijkheid met betrekking tot datzelfde kind X welke beslissing onverenigbaar is met de eerdere beslissing van het Duitse gerecht, dan dient de Nederlandse rechter de erkenning en tenuitvoerlegging van de Duitse beslissing te weigeren. Immers, hier doet zich de situatie voor zoals genoemd in art. 50 aanhef en sub a Brussel

II-ter. Terzijde: in zowel Nederland als Duitsland is vanaf 1 augustus 2022 de Verordening Brussel II-ter van toepassing. Beide landen zijn dus lidstaat. Zie voor het overgangsrecht art. 100 Brussel II-ter. Daaruit blijkt dat de Verordening Brussel II-bis van toepassing blijft op gerechtelijke procedures die zijn ingesteld, authentieke akten die zijn verleden en overeenkomsten die vóór 1 augustus 2022 uitvoerbaar zijn geworden in de lidstaat waar zij werden gesloten en die binnen het toepassingsgebied van die verordening vallen (zie art. 100 lid 2 Brussel II-ter). De Verordening Brussel II-ter geldt voor gerechtelijke procedures die zijn ingesteld, authentieke akten die zijn verleden en overeenkomsten die zijn geregistreerd op of na 1 augustus 2022 (zie art. 100 lid 1 Brussel II-ter).

AFDELING 3
Gemeenschappelijke bepalingen inzake tenuitvoerlegging

ONDERAFDELING 1
Tenuitvoerlegging

Artikel 51
Procedure van tenuitvoerlegging

1. Onverminderd de bepalingen van deze afdeling, wordt de procedure voor de tenuitvoerlegging van een in een andere lidstaat gegeven beslissing beheerst door het recht van de lidstaat van tenuitvoerlegging. Onverminderd de artikelen 41, 50, 56 en 57, wordt een beslissing die in een andere lidstaat is gegeven en die uitvoerbaar is in de lidstaat van herkomst, ten uitvoer gelegd in de lidstaat van tenuitvoerlegging onder dezelfde voorwaarden als een beslissing die in die lidstaat is gegeven.
2. De partij die om de tenuitvoerlegging van een in een andere lidstaat gegeven beslissing verzoekt, is niet verplicht een postadres te hebben in de lidstaat van tenuitvoerlegging. De partij moet alleen een gemachtigde vertegenwoordiger hebben in de lidstaat van tenuitvoerlegging als een dergelijke vertegenwoordiger krachtens het recht van die lidstaat verplicht is, ongeacht de nationaliteit van de partijen.
[25-06-2019, PbEU L 178, i.w.tr. 22-07-2019/regelingnummer 2019/1111]

[Procedure van tenuitvoerlegging]

1. Algemeen. Art. 51 Brussel II-ter heeft betrekking op de procedure van tenuitvoerlegging. Uit deze gemeenschappelijke bepaling inzake tenuitvoerlegging blijkt, onder meer, dat het recht van de lidstaat van de tenuitvoerlegging de procedure voor de tenuitvoerlegging beheerst. Dit brengt met zich dat het recht van de lidstaat van de tenuitvoerlegging bepalend is voor het antwoord op de vraag, welke maatregelen ten behoeve van de gedwongen tenuitvoerlegging van een beslissing kunnen worden aangewend. Verder maakt art. 51 Brussel II-ter, onder meer, duidelijk dat de partij die om de tenuitvoerlegging van een in een andere lidstaat gegeven beslissing verzoekt, in elk geval niet verplicht is een postadres te hebben in de lidstaat van tenuitvoerlegging. Afhankelijk van wat het recht van die lidstaat dienaangaande bepaalt, moet die partij in de lidstaat van tenuitvoerlegging wel een gemachtigde vertegenwoordiger hebben. In het algemeen geeft de considerans, nr. 60, bij de Verordening Brussel II-ter aan dat het aan de in de lidstaat van tenuitvoerlegging bevoegde autoriteit (waarover art. 52 Brussel II-ter) is om onder meer over te gaan tot het gelasten of nemen van specifieke maatregelen die in de tenuitvoerleggingsfase moeten worden getroffen, "waaronder alle niet-dwangmaatregelen en alle dwangmaatregelen die mogelijk beschikbaar zijn in het nationaal recht van die lidstaat, met inbegrip van boetes, vrijheidsbeneming of wegneming van het kind door een deurwaarder". Maar, getuige ook de laatste zinsnede van art. 51 lid 1 Brussel II-ter, dan uiteraard wel onder dezelfde voorwaarden als die de lidstaat in de tenuitvoerleggingsfase aan zijn eigen beslissingen stelt!

2. Nederland. Wat betreft Nederland dienen de relevante voorschriften te worden ontleend aan de art. 18-23 Uitvoeringswet internationale kinderbescherming en, voor zover die in een bepaald geval geen oplossing bieden, aan het Wetboek van Burgerlijke Rechtsvordering. Aan een aantal bepalingen uit dit wetboek wordt trouwens in de Uitvoeringswet internationale kinderbescherming gerefereerd. Zie bijv. art. 22 lid 1 van deze uitvoeringswet. Immers, daaruit blijkt dat op de tenuitvoerlegging van een rechterlijke beslissing inzake de ouderlijke verantwoordelijkheid, bedoeld in de Verordening Brussel II-ter, de art. 812 en 813 van het Wetboek van Burgerlijke Rechtsvordering van overeenkomstige toepassing zijn. Wat onder meer meebrengt dat als de in een andere lidstaat gegeven beslissing de afgifte van een kind aan een ouder inhoudt, de tenuitvoerlegging van deze beslissing zo nodig kan plaatsvinden met behulp van de politie (art. 812 Rv) en met medewerking van het Openbaar Ministerie (art. 813 Rv). En verder dient in aansluiting op de regels voor de verzoekschriftprocedure het verzoek tot tenuitvoerlegging te worden ingediend door tussenkomst van een advocaat. Het verzoekschrift houdt tevens de keuze in van een woonplaats binnen het arrondissement van de rechtbank. Dat zal het kantooradres van de advocaat zijn. Zie verder het commentaar bij de Uitvoeringswet internationale kinderbescherming (*Stb.* 2006, 123, zoals laatstelijk gewijzigd bij *Stb.* 2022, 72). Daaruit blijkt onder meer ook dat, indien aan bepaalde voorwaarden is voldaan, bijv. ook een dwangsom kan worden gevorderd (waarover art. 611a e.v. Rv).

Artikel 52
Voor tenuitvoerlegging bevoegde autoriteiten

Het verzoek om tenuitvoerlegging wordt ingediend bij de autoriteit die krachtens het recht van de lidstaat van tenuitvoerlegging bevoegd is voor de tenuitvoerlegging, zoals door die lidstaat aan de Commissie meegedeeld overeenkomstig artikel 103.
[25-06-2019, PbEU L 178, i.w.tr. 22-07-2019/regelingnummer 2019/1111]

[Voor tenuitvoerlegging bevoegde autoriteiten]

1. Algemeen. Art. 52 Brussel II-ter heeft betrekking op de kwestie van de voor ten uitvoerlegging bevoegde autoriteiten. Uit deze gemeenschappelijke bepaling inzake tenuitvoerlegging volgt dat het recht van de lidstaat van de tenuitvoerlegging bepaalt, welke autoriteit bevoegd is voor de tenuitvoerlegging, en zich dus met de tenuitvoerlegging bezighoudt. Afgaande op de considerans, nr. 60, bij de Verordening Brussel II-ter kunnen, afhankelijk wat het toepasselijke nationale recht daarover bepaalt, de "voor de tenuitvoerlegging bevoegde autoriteiten" gerechten, deurwaarders en alle andere bij nationaal recht vastgestelde autoriteiten zijn".

2. Nederland. In Nederland zijn, afhankelijk van het geval, de (voorzieningen)rechter, de politie en/of het Openbaar Ministerie de "voor de tenuitvoerlegging bevoegde autoriteiten". Overigens dient bedacht dat de aanwijzing van de rechter niet betekent dat de rechter ook kan worden benaderd voor de feitelijke tenuitvoerlegging van de beslissing. Zie nader het commentaar bij de Uitvoeringswet internationale kinderbescherming (*Stb.* 2006, 123, zoals laatstelijk gewijzigd bij *Stb.* 2022, 72). Vgl. ook het commentaar bij art. 51 Brussel II-ter.

Artikel 53
Gedeeltelijke tenuitvoerlegging

1. Een partij die om de tenuitvoerlegging van een beslissing verzoekt, kan om de gedeeltelijke tenuitvoerlegging daarvan vragen.
2. Indien in de beslissing uitspraak is gedaan over meer dan één onderdeel van het verzoek en de tenuitvoerlegging voor een of meerdere onderdelen daarvan is geweigerd, is de tenuitvoerlegging toch mogelijk voor die onderdelen waarop de weigering geen betrekking heeft.
3. De leden 1 en 2 van dit artikel worden niet gebruikt om een beslissing waarmee de terugkeer van een kind wordt gelast, ten uitvoer te leggen zonder dat eventuele voorlopige en bewarende maatregelen genomen ter bescherming van het kind tegen het risico bedoeld in artikel 13, lid 1, onder b, van het Verdrag van 's-Gravenhage van 1980, ten uitvoer worden gelegd.
[25-06-2019, PbEU L 178, i.w.tr. 22-07-2019/regelingnummer 2019/1111]

[Gedeeltelijke tenuitvoerlegging]

1. Algemeen. Art. 53 Brussel II-ter heeft de gedeeltelijke tenuitvoerlegging van een beslissing tot onderwerp. Deze gemeenschappelijke bepaling inzake tenuitvoerlegging maakt duidelijk dat een partij die om de tenuitvoerlegging van een beslissing verzoekt desgewenst om een gedeeltelijke tenuitvoerlegging van die beslissing kan verzoeken (lid 1). Een gedeeltelijke tenuitvoerlegging kan ook het gevolg zijn van de omstandigheid dat de tenuitvoerlegging niet voor elk onderdeel kan worden toegestaan (lid 2). De Verordening Brussel II-bis kent soortgelijke bepalingen, namelijk art. 36 lid 1 en lid 2. Echter, anders dan art. 36 Brussel II-bis, kent art. 53 Brussel II-ter nog een nieuw, derde artikellid.

2. Het nieuwe, derde artikellid. Blijkens art. 53 lid 3 Brussel II-ter is gedeeltelijke tenuitvoerlegging echter niet mogelijk wanneer het een beslissing betreft waarmee de terugkeer van een kind wordt gelast, in het kader van welke beslissing tevens voorlopige en bewarende maatregelen zijn genomen om dat kind te beschermen tegen het risico zoals bedoeld in art. 13 lid 1 sub b Haags Kinderontvoeringsverdrag 1980. Dit nieuwe, derde artikellid hangt samen met het bepaalde in art. 27 lid 5 Brussel II-ter. Zoals immers blijkt uit dat artikellid, kan het gerecht dat de teruggeleiding van een ontvoerd kind gelast overeenkomstig art. 15 Brussel II-ter voorlopige en bewarende maatregelen nemen met als doel dit kind te beschermen tegen het risico zoals bedoeld in art. 13 lid 1 sub b van het Haags Kinderontvoeringsverdrag 1980. Dat is het bestaan van een ernstig risico dat het kind door zijn terugkeer wordt blootgesteld aan een lichamelijk of geestelijk gevaar, dan wel op enigerlei andere wijze in een ondraaglijke toestand wordt gebracht. Zonder het bestaan van art. 53 lid 3 Brussel II-ter zou het mogelijk zijn om enkel de beslissing waarmee de terugkeer van een kind wordt gelast, ten uitvoer te — laten — leggen waardoor art. 27 lid 5 Brussel II-ter niet in effect zou sorteren. Met alle nadelige gevolgen van dien voor het desbetreffende kind, wiens belangen nu juist moeten worden beschermd (zie verder ook de verwijzingen in de considerans, nr. 19, bij de Verordening Brussel II-ter).

Artikel 54
Voorzieningen betreffende de uitoefening van het omgangsrecht

1. De voor de tenuitvoerlegging bevoegde autoriteiten of de gerechten van de lidstaat van tenuitvoerlegging kunnen noodzakelijke voorzieningen voor de organisatie van de uitoefening van het omgangsrecht vaststellen, indien hierin in de beslissing van de gerechten van de lidstaat die in de zaak ten gronde bevoegd zijn niet of onvoldoende is voorzien, en op voorwaarde dat de wezenlijke bestanddelen van die beslissing worden geëerbiedigd.

2. De overeenkomstig lid 1 vastgestelde voorzieningen zijn niet langer van toepassing wanneer later een beslissing ter zake wordt gegeven door de gerechten van de lidstaat die in de zaak ten gronde bevoegd zijn.

[25-06-2019, PbEU L 178, i.w.tr. 22-07-2019/regelingnummer 2019/1111]

[Voorzieningen betreffende de uitoefening van het omgangsrecht]

1. Algemeen. Art. 54 Brussel II-ter voorziet in de mogelijkheid om in het kader van de tenuitvoerlegging onder voorwaarden noodzakelijke voorzieningen vast te stellen met betrekking tot de organisatie van de uitoefening van het omgangsrecht. Uit deze gemeenschappelijke bepaling inzake tenuitvoerlegging volgt namelijk dat wanneer in de ten uitvoer te leggen beslissing door het ten gronde bevoegde gerecht niet of onvoldoende is bepaald op welke wijze het omgangsrecht zal kunnen of moeten worden uitgeoefend, de voor de tenuitvoerlegging bevoegde autoriteiten of de gerechten van de lidstaat van tenuitvoerlegging de beslissing in dat opzicht dan mogen aanvullen. Echter, de op de voet van art. 54 lid 1 Brussel II-ter vastgestelde noodzakelijke voorzieningen zijn niet langer van toepassing wanneer later alsnog – voldoende – in dergelijke voorzieningen wordt voorzien door het ten gronde bevoegde gerecht. Dat volgt – logischerwijs – uit art. 54 lid 2 Brussel II-ter. Een belangrijke voorwaarde is wel dat de op de voet van art. 54 lid 1 Brussel II-ter getroffen noodzakelijke voorzieningen niet ingaan noch verder gaan dan de essentie van de beslissing inzake het omgangsrecht zoals die door het ten gronde bevoegde gerecht werd gegeven. En verder staat art. 54 lid 1 Brussel II-ter het de voor de tenuitvoerlegging bevoegde autoriteiten of de gerechten van de lidstaat van tenuitvoerlegging niet toe dat maatregelen die in de lidstaat van tenuitvoerlegging onbekend zijn worden vervangen door andere, in de lidstaat van tenuitvoerlegging wél bekende maatregelen. Dit volgt uit de considerans, nr. 61, bij de Verordening Brussel II-ter.

2. Inhoudelijk gelijk. Art. 54 Brussel II-ter is niet nieuw. De bepaling is inhoudelijk gelijk aan art. 48 Brussel II-bis.

Artikel 55
Betekening/mededeling van certificaat en beslissing

1. Indien wordt verzocht om tenuitvoerlegging van een beslissing die in een andere lidstaat is gegeven, moet het juiste, krachtens artikel 36 of artikel 47 afgegeven certificaat voorafgaand aan de eerste uitvoeringsmaatregel, worden betekend aan de persoon jegens wie om tenuitvoerlegging wordt verzocht. Bij het certificaat wordt de

beslissing gevoegd, als die nog niet aan die persoon werd betekend, en, in voorkomend geval, de details van de regeling bedoeld in artikel 54, lid 1.
2. Indien de betekening moet plaatsvinden in een andere lidstaat dan de lidstaat van herkomst, kan de persoon jegens wie om tenuitvoerlegging wordt verzocht, verzoeken om een vertaling of transliteratie van:
a) de beslissing, teneinde de tenuitvoerlegging aan te vechten;
b) in voorkomend geval, de vertaalbare inhoud van de vrije tekstvelden van het overeenkomstig artikel 47 afgegeven certificaat,
indien dit niet is opgesteld in, of vergezeld gaat van een vertaling of transliteratie in, ofwel een taal die hij begrijpt of de officiële taal van de lidstaat waar hij zijn gewone verblijfplaats heeft of, als die lidstaat meerdere officiële talen heeft, in de officiële taal of een van de officiële talen van de plaats waar hij zijn gewone verblijfplaats heeft.
3. Indien krachtens lid 2 om een vertaling of transliteratie wordt verzocht, mogen geen andere tenuitvoerleggingsmaatregelen dan bewarende maatregelen worden getroffen totdat de vertaling of transliteratie beschikbaar is gesteld aan de persoon jegens wie om tenuitvoerlegging is verzocht.
4. De leden 2 en 3 zijn niet van toepassing voor zover de beslissing en, in voorkomend geval, het in lid 1 bedoelde certificaat reeds zijn betekend aan de persoon jegens wie om tenuitvoerlegging wordt verzocht, in overeenstemming met de in lid 2 bedoelde voorschriften inzake vertaling en transliteratie.
[25-06-2019, PbEU L 178, i.w.tr. 22-07-2019/regelingnummer 2019/1111]

[Betekening/mededeling van certificaat en beslissing]

1. Algemeen. Art. 55 Brussel II-ter houdt verband met de betekening van de rechterlijke beslissing en het certificaat. Uit deze gemeenschappelijke bepaling inzake tenuitvoerlegging volgt dat voordat tot de daadwerkelijke tenuitvoerlegging van een rechterlijke beslissing kan worden overgegaan, de ten uitvoer te leggen beslissing samen met het certificaat moet worden betekend aan de persoon tegen wie de tenuitvoerlegging is gericht, zodat deze persoon in kennis van de ten uitvoer te leggen beslissing is gesteld. Zowel de beslissing als het certificaat moeten uiteraard wel voor die persoon te lezen (en zodoende hopelijk ook te begrijpen!) zijn. Daarmee houdt, doordat deze bepaling tevens (ver)taalvoorschriften bevat, art. 55 Brussel II-ter dan ook rekening. Verder moet de persoon tegen wie de tenuitvoerlegging is gericht, "een redelijke termijn" worden geboden om aan de rechterlijke beslissing vrijwillig te kunnen voldoen, of om de uitvoerbaarheid van de rechterlijke beslissing te kunnen aanvechten (vgl. ook art. 55 lid 2 sub a Brussel II-ter). Dat de persoon tegen wie de tenuitvoerlegging is gericht een redelijke termijn moet worden geboden, staat niet in art. 55 Brussel II-ter, maar vloeit wel voort uit eerdere rechtspraak van het Hof van Justitie van de EU. Op welke rechtspraak dan ook in de considerans, nr. 64, bij de Verordening Brussel II-ter in algemene bewoordingen wordt gewezen.

2. Nederland. Art. 21 Uitvoeringswet internationale kinderbescherming geeft, wat betreft Nederland, inhoud en daarmee uitvoering aan het begrip "een redelijke termijn" in verband met art. 55 Brussel II-ter. Deze termijn bedraagt één maand in het geval dat de partij tegen wie de tenuitvoerlegging is gericht woonplaats in Nederland heeft (art. 21 lid 1). Dat betekent dus dat die partij gedurende maximaal één maand na betekening de tijd heeft om vrijwillig aan de beslissing te voldoen dan wel de uitvoerbaarheid van de rechterlijke beslissing aan te vechten. Heeft de partij tegen wie de tenuitvoerlegging is gericht daarentegen geen woonplaats in Nederland, dan kan de rechterlijke beslissing pas na verloop van twee maanden ten uitvoer worden gelegd (lid 2). Overigens kan, indien daartoe gronden aanwezig zijn, de in art. 21 lid 1 en 21 lid 2 Uitvoeringswet internationale kinderbescherming genoemde termijn door de voorzieningenrechter van de rechtbank worden ingekort. Zie verder het commentaar bij de Uitvoeringswet internationale kinderbescherming (*Stb.* 2006, 123, zoals laatstelijk gewijzigd bij *Stb.* 2022, 72).

ONDERAFDELING 2

Schorsing van tenuitvoerleggingsprocedures en weigering van tenuitvoerlegging

Artikel 56
Schorsing en weigering

1. De voor tenuitvoerlegging bevoegde autoriteit of het gerecht in de lidstaat van tenuitvoerlegging schorst de tenuitvoerleggingsprocedure op eigen initiatief of op verzoek van de persoon jegens wie om tenuitvoerlegging wordt verzocht, of, voor zover van toepassing krachtens nationaal recht, op verzoek van het betrokken kind indien de uitvoerbaarheid van de beslissing is geschorst in de lidstaat van oorsprong.

2. De voor tenuitvoerlegging bevoegde autoriteit of het gerecht in de lidstaat van tenuitvoerlegging kan op verzoek van de persoon jegens wie om tenuitvoerlegging wordt verzocht of, voor zover van toepassing krachtens nationaal recht, op verzoek van het betrokken kind de tenuitvoerleggingsprocedure volledig of gedeeltelijk schorsen op een van volgende gronden:

a) in de lidstaat van herkomst is een gewoon rechtsmiddel tegen de beslissing ingesteld;
b) de termijn voor een gewoon rechtsmiddel als bedoeld onder a) is nog niet verstreken;
c) er is een verzoek tot weigering van tenuitvoerlegging ingediend op basis van artikel 41, 50 of 57;
d) de persoon jegens wie om tenuitvoerlegging wordt verzocht, heeft overeenkomstig artikel 48 verzocht om de intrekking van een overeenkomstig artikel 47 afgegeven certificaat.

3. Indien de voor tenuitvoerlegging bevoegde autoriteit of het gerecht de tenuitvoerleggingsprocedure schorst om de in lid 2, onder b), vermelde reden, kan die autoriteit of dat gerecht de termijn vaststellen waarbinnen een rechtsmiddel moet worden aangewend.

4. In uitzonderlijke gevallen kan de voor de tenuitvoerlegging bevoegde autoriteit of het gerecht, op verzoek van de persoon jegens wie om tenuitvoerlegging wordt verzocht of, voor zover van toepassing krachtens nationaal recht, op verzoek van het betrokken kind of elke betrokken partij die handelt in het belang van het kind, de tenuitvoerleggingsprocedure opschorten indien de tenuitvoerlegging het kind zou blootstellen aan een ernstig risico op fysieke of psychologische schade als gevolg van tijdelijke belemmeringen die zijn ontstaan nadat de beslissing is gegeven, of op grond van een andere belangrijke wijziging van de omstandigheden.

De tenuitvoerlegging wordt hervat zodra het ernstige risico op fysieke of psychologische schade ophoudt te bestaan.

5. **In de in lid 4 bedoelde gevallen neemt de voor tenuitvoerlegging bevoegde autoriteit of het gerecht, alvorens de tenuitvoerlegging te weigeren overeenkomstig lid 6, passende maatregelen om de tenuitvoerlegging te vergemakkelijken in overeenstemming met nationaal rechten procedures en het belang van het kind.**
6. **Indien het in lid 4 bedoelde risico van blijvende aard is, kan de voor tenuitvoerlegging bevoegde autoriteit of het gerecht de tenuitvoerlegging van de beslissing op verzoek weigeren.**
[25-06-2019, PbEU L 178, i.w.tr. 22-07-2019/regelingnummer 2019/1111]

[Schorsing en weigering]

1. Algemeen. Art. 56 Brussel II-ter bevat hoofdzakelijk regels die voorzien in de mogelijkheid dat de in de lidstaat van tenuitvoerlegging bevoegde autoriteit of het gerecht de tenuitvoerlegging van een uit een andere lidstaat afkomstige rechterlijke beslissing schorst. Deze schorsingsmogelijkheid ziet op alle rechterlijke beslissingen die onder de Verordening Brussel II-ter vallen (vgl. art. 2 lid 1 Brussel II-ter). Zo bezien, maakt het dus niet uit dat het bijv. om een geprivilegieerde beslissing blijkt te gaan. Dat de Verordening Brussel II-ter specifieke regels bevat die voorzien in de mogelijkheid van schorsing van de tenuitvoerlegging van een buitenlandse rechterlijke beslissing, is een belangrijke vernieuwing ten opzichte van de Verordening Brussel II-bis. En dan voorziet art. 56 verder ook nog in de mogelijkheid om in bepaalde gevallen de tenuitvoerleggingsprocedure op te schorten met als mogelijk sluitstuk dat vervolgens de tenuitvoerlegging van de beslissing wordt geweigerd in het belang van het kind.

2. Van wie het initiatief uitgaat. Uitgangspunt is dat de tenuitvoerleggingsprocedure volledig of gedeeltelijk (zie art. 56 lid 2 Brussel II-ter) wordt geschorst op eigen initiatief van het in art. 56 lid 1 Brussel II-ter bedoelde gerecht, op verzoek van de persoon tegen wie de tenuitvoerlegging is gericht en, voor zover van toepassing krachtens nationaal recht, op verzoek van het betrokken kind. Dat blijkt uit art. 56 lid 1 Brussel II-ter. Met betrekking tot de in art. 56 lid 1 bedoelde mogelijkheid dat ook het kind een schorsingsverzoek kan doen als het nationale recht dat toestaat, is in de literatuur terecht opgemerkt dat, in het kader van rechtsgelijkheid, deze mogelijkheid "Europabreed" gelijk zou moeten worden getrokken. En dus niet afhankelijk zou moeten zijn van wat het nationale recht van de afzonderlijke lidstaten hierover bepaalt (zie A.R. van Maas de Bie in: *FJR* 2022/21, bij 9). Datzelfde kind keert overigens ook weer terug in art. 56 lid 4 Brussel II-ter. Immers, in het kader van deze bepaling kan, "voor zover van toepassing krachtens nationaal recht", het betrokken kind verzoeken om in uitzonderlijke gevallen de tenuitvoerleggingsprocedure op te schorten (zie voor het mogelijke vervolg art. 56 lid 6 Brussel II-ter). Net als bij art. 56 lid 1 Brussel II-ter het geval is, is dus ook bij art. 56 lid 4 Brussel II-ter het betrokken kind afhankelijk van nationaal recht. Verder wijst art. 56 lid 4 Brussel II-ter als personen aan die in uitzonderlijke gevallen om opschorting van de tenuitvoerleggingsprocedure kunnen verzoeken, de persoon tegen wie de tenuitvoerlegging is gericht of elke betrokken partij die handelt in het belang van het kind. Anders dan bij art. 56 lid 1 het geval is, kan in het kader van art. 56 lid 4 de voor tenuitvoerlegging bevoegde autoriteit of het gerecht dus niet op eigen initiatief handelen en daarmee niet in uitzonderlijke gevallen de tenuitvoerleggingsprocedure opschorten, zelfs al zou dat in het belang van het kind zijn.

3. De gronden. In art. 56 lid 2 Brussel II-ter staan de gronden, op grond waarvan de tenuitvoerleggingsprocedure volledig óf gedeeltelijk kan worden geschorst. Daarnaast mag de belanghebbende partij zich ook beroepen op de gronden voor schorsing en weigering die krachtens het recht van de lidstaat van tenuitvoerlegging van toepassing zijn (zie art. 57 Brussel II-ter). Mits deze gronden maar niet onverenigbaar zijn met de in art. 56 Brussel II-ter genoemde gronden. En evenmin niet onverenigbaar zijn met hetgeen in art. 41 Brussel II-ter ("Gronden voor weigering van de tenuitvoerlegging van beslissingen inzake ouderlijke verantwoordelijkheid") of in art. 50 Brussel II-ter ("Onverenigbare beslissingen') is bepaald (vgl. verder ook de considerans, nr. 63, bij de Verordening Brussel II-ter). Schorsingsgronden zoals bedoeld in art. 56 lid 2 zijn onder meer dat in de lidstaat van herkomst van de rechterlijke beslissing een gewoon rechtsmiddel tegen die beslissing is ingesteld dan wel dat de termijn voor zo'n gewoon rechtsmiddel nog niet is verstreken (waarover onder meer de considerans, nr. 67, bij de Verordening Brussel II-ter). Een schorsingsgrond zoals bedoeld in art. 56 lid 2 is bijv. ook dat om intrekking van het certificaat is verzocht (waarover art. 48 Brussel II-ter). Ter bescherming van het kind en daarmee dus in het belang van het kind, geeft art. 56 lid 4 Brussel II-ter een afzonderlijke grond voor de schorsing van de tenuitvoerlegging van een rechterlijke beslissing. Kort samengevat komt deze bepaling erop neer dat in uitzonderlijke gevallen de tenuitvoerleggingsprocedure van een rechterlijke beslissing kan worden opgeschort, indien de tenuitvoerlegging van de beslissing het kind zou blootstellen aan een ernstig risico op fysieke of psychologische schade ontstaan na het wijzen van de ten uitvoer te leggen beslissing óf als gevolg van een ándere belangrijke wijziging van omstandigheden. Dat deze of gene belangrijke wijziging van omstandigheden moet zijn ontstaan nadat de ten uitvoer te leggen beslissing is gegeven, is niet meer dan logisch. Immers, wanneer deze omstandigheden reeds ten tijde van de procedure in de lidstaat van herkomst van de rechterlijke beslissing aanwezig waren maar toen niet zijn ingeroepen dan wel destijds op een onjuiste wijze door het gerecht zijn beoordeeld, zou het beoordelen van deze omstandigheden in de lidstaat van tenuitvoerlegging in strijd komen met het in art. 71 Brussel II-ter neergelegde verbod van een inhoudelijke beoordeling (zo ook M. Zilinsky in: *EB* 2022/6, bij 3.4). Immers, op grond van deze bepaling mag in geen geval de juistheid van de in een andere lidstaat gegeven beslissing worden onderzocht.

4. Hervatten of weigeren. Uit de considerans, nr. 69, bij de Verordening Brussel II-ter volgt in verband met art. 56 lid 4 Brussel II-ter onder meer, dat de tenuitvoerlegging moet worden hervat zodra het ernstige risico van fysieke of psychologische schade ophoudt te bestaan. Indien het risico echter wel blijft bestaan, moeten voorafgaand aan de weigering van de tenuitvoerlegging (waarover art. 56 lid 6 Brussel II-ter) passende maatregelen worden genomen om te trachten de uitvoering van de beslissing te waarborgen "zulks in overeenstemming met nationaal recht en procedures, en in voorkomend geval met de ondersteuning van andere relevante professionals, zoals maatschappelijk werk of kinderpsychologen". Niettegenstaande het voorgaande, blijft uiteraard de kans bestaan dat het in art. 56 lid 4 Brussel II-ter bedoelde risico van blijvende aard blijkt te zijn. Is dat inderdaad het geval, dan kan de voor de tenuitvoerlegging bevoegde autoriteit of het gerecht de tenuitvoerlegging van de beslissing weigeren op verzoek. Dat blijkt uit art. 56 lid 6 Brussel II-ter.

Artikel 57
Gronden voor schorsing of weigering van tenuitvoerlegging krachtens nationaal recht

De gronden voor schorsing of weigering van tenuitvoerlegging krachtens het recht van de lidstaat van tenuitvoerlegging zijn van toepassing voor zover zij niet onverenigbaar zijn met de toepassing van de artikelen 41, 50 en 56.

[25-06-2019, PbEU L 178, i.w.tr. 22-07-2019/regelingnummer 2019/1111]

[Gronden voor schorsing of weigering van tenuitvoerlegging krachtens nationaal recht]

1. Algemeen. In art. 56 lid 2 Brussel II-ter staan de gronden, op grond waarvan de tenuitvoerleggingsprocedure volledig óf gedeeltelijk kan worden geschorst. Daarnaast kent, ter bescherming van het kind, art. 56 lid 4 Brussel II-ter een afzonderlijke grond voor de schorsing van de tenuitvoerlegging van een rechterlijke beslissing. Deze gronden mogen in beginsel (zie namelijk ook hieronder) worden aangevuld door gronden voor schorsing of weigering van tenuitvoerlegging krachtens nationaal recht. Dat wil zeggen krachtens het recht van de lidstaat van tenuitvoerlegging. Dat blijkt uit art. 57 Brussel II-ter.

2. Niet onverenigbaar. Echter, uit art. 57 Brussel II-ter blijkt eveneens dat de gronden voor schorsing of weigering van tenuitvoerlegging krachtens nationaal recht niet onverenigbaar mogen zijn met de in art. 56 Brussel II-ter genoemde gronden. En evenmin onverenigbaar mogen zijn met hetgeen in art. 41 Brussel II-ter ("Gronden voor weigering van de tenuitvoerlegging van beslissingen inzake ouderlijke verantwoordelijkheid") of in art. 50 Brussel II-ter ("Onverenigbare beslissingen") is bepaald (vgl. verder ook de considerans, nr. 63, bij de Verordening Brussel II-ter).

Artikel 58
Bevoegdheid van voor weigering van tenuitvoerlegging bevoegde autoriteiten of gerechten

1. Het verzoek tot weigering van tenuitvoerlegging op basis van artikel 39 wordt ingediend bij het gerecht dat overeenkomstig artikel 103 door elke lidstaat aan de Commissie is meegedeeld. Het verzoek tot weigering van tenuitvoerlegging op basis van andere in deze verordening vervatte of toegestane gronden, wordt ingediend bij de autoriteit die of het gerecht dat overeenkomstig artikel 103 door elke lidstaat aan de Commissie is meegedeeld.

2. De relatieve bevoegdheid van de autoriteit die of het gerecht dat door elke lidstaat overeenkomstig artikel 103 aan de Commissie is meegedeeld, wordt bepaald door het recht van de lidstaat waar een procedure overeenkomstig lid 1 van dit artikel wordt aangespannen.

[25-06-2019, PbEU L 178, i.w.tr. 22-07-2019/regelingnummer 2019/1111]

[Bevoegdheid van voor weigering van tenuitvoerlegging bevoegde autoriteiten of gerechten]

1. Algemeen. Art. 58 Brussel II-ter geeft, onder meer, aan bij wie een verzoek tot weigering van tenuitvoerlegging op basis van art. 39 Brussel II-ter moet worden ingediend.

Art. 39 Brussel II-ter bevat de gronden voor weigering van de erkenning van (niet-geprivilegieerde) beslissingen inzake ouderlijke verantwoordelijkheid. Naar deze bepaling wordt ook in onder meer art. 41 Brussel II-ter verwezen. Blijkens art. 41 namelijk wordt, onverminderd art. 56 lid 6 Brussel II-ter, de tenuitvoerlegging van een beslissing inzake de ouderlijke verantwoordelijkheid geweigerd indien een van de in art. 39 bedoelde gronden voor weigering van de erkenning is vastgesteld. Overigens dient men erop bedacht te zijn dat art. 39 Brussel II-ter (en art. 41 Brussel II-ter) bijv. ook ziet op de erkenning en tenuitvoerlegging van een teruggeleidingsbevel uit hoofde van het Haags Kinderontvoeringsverdrag 1980 (zie het commentaar bij art. 39 Brussel II-ter).

2. Nederland. Blijkens art. 18 lid 1 Uitvoeringswet is de voorzieningenrechter van de rechtbank (tevens) bevoegd tot kennisneming van een verzoek tot weigering van de tenuitvoerlegging. Welke voorzieningenrechter relatief bevoegd is, staat in art. 18 lid 2 Uitvoeringswet internationale kinderbescherming. Zie verder het commentaar bij de Uitvoeringswet internationale kinderbescherming (*Stb.* 2006, 123, zoals laatstelijk gewijzigd bij *Stb.* 2022, 72).

Artikel 59
Verzoek tot weigering van tenuitvoerlegging

1. Op de procedure voor het indienen van een verzoek tot weigering van tenuitvoerlegging is, voor zover deze niet onder de onderhavige verordening valt, de wetgeving van de lidstaat van tenuitvoerlegging van toepassing.
2. De verzoeker verstrekt de voor tenuitvoerlegging bevoegde autoriteit of het gerecht een kopie van de beslissing alsmede, in voorkomend geval en indien mogelijk, het passende overeenkomstig artikel 36 of artikel 47 afgegeven certificaat.
3. De voor tenuitvoerlegging bevoegde autoriteit of het gerecht kan zo nodig verlangen dat de verzoeker overeenkomstig artikel 91 een vertaling of transliteratie overlegt van de vertaalbare inhoud van de vrije tekstvelden van het juiste overeenkomstig artikel 36 of artikel 47 afgegeven certificaat waarin de uit te voeren verplichting wordt vermeld.
4. De voor tenuitvoerlegging bevoegde autoriteit of het gerecht kan verlangen dat de verzoeker overeenkomstig artikel 91 een vertaling of transliteratie van de beslissing overlegt, indien de autoriteit of het gerecht haar/zijn werk niet kan doen zonder die vertaling of transliteratie.
5. De voor tenuitvoerlegging bevoegde autoriteit of het gerecht kan vrijstelling van de overlegging van de in lid 2 bedoelde stukken verlenen als:
a) deze reeds in haar/zijn bezit zijn; of
b) de autoriteit of het gerecht het onredelijk vindt om deze van de verzoeker te eisen.
In het in de eerste alinea, onder b), bedoelde geval kan de voor tenuitvoerlegging bevoegde autoriteit of het gerecht de andere partij gelasten deze documenten over te leggen.
6. De partij die om de weigering van tenuitvoerlegging van een in een andere lidstaat gegeven beslissing verzoekt, is niet verplicht een postadres te hebben in de lidstaat van tenuitvoerlegging. Die partij moet alleen een gemachtigde vertegenwoordiger hebben in de lidstaat van tenuitvoerlegging als een dergelijke vertegenwoordiger krachtens het recht van die lidstaat verplicht is, ongeacht de nationaliteit van de partijen.
[25-06-2019, PbEU L 178, i.w.tr. 22-07-2019/regelingnummer 2019/1111]

[Verzoek tot weigering van tenuitvoerlegging]

1. Algemeen. Art. 59 Brussel II-ter bevat regels die gelden voor de procedure voor het indienen van een verzoek tot weigering van tenuitvoerlegging. Voor zover deze procedure althans niet onder de Verordening Brussel II-ter valt. Tot de in art. 59 Brussel II-ter genoemde regels behoren (ver)taalvoorschriften en regels met betrekking tot de vraag, wie en waarom welke stukken moet overleggen. Verder maakt art. 59 Brussel II-ter duidelijk dat de partij die om de weigering van uitvoerlegging van een in een andere lidstaat gegeven beslissing verzoekt, in elk geval niet verplicht is een postadres te hebben in de lidstaat van tenuitvoerlegging. Afhankelijk van wat het recht van die lidstaat dienaangaande bepaalt, moet die partij in de lidstaat van tenuitvoerlegging wel een gemachtigde vertegenwoordiger hebben.

2. Nederland. Uit art. 18 Uitvoeringswet internationale kinderbescherming blijkt onder meer dat een verzoek als bedoeld in art. 59 Brussel II-ter wordt gedaan bij verzoekschrift door tussenkomst van een advocaat. Het verzoekschrift houdt tevens de keuze in van een woonplaats binnen het arrondissement van de rechtbank (waarvan de voorzieningenrechter deel uitmaakt). Dat zal het kantooradres van de advocaat zijn. Zie verder het commentaar bij de Uitvoeringswet internationale kinderbescherming (*Stb.* 2006, 123, zoals laatstelijk gewijzigd bij *Stb.* 2022, 72).

Artikel 60
Spoedprocedures

De voor tenuitvoerlegging bevoegde autoriteit of het gerecht treedt zonder onnodige vertraging op in procedures inzake verzoeken tot weigering van tenuitvoerlegging.
[25-06-2019, PbEU L 178, i.w.tr. 22-07-2019/regelingnummer 2019/1111]

[Spoedprocedures]

1. Algemeen. Art. 60 Brussel II-ter maant de voor de tenuitvoerlegging bevoegde autoriteit of het gerecht tot spoed in procedures inzake verzoeken tot weigering van tenuitvoerlegging. Sancties verbindt art. 60 Brussel II-ter echter niet aan de in deze bepaling gedane aansporing. Eerder bleek dit ook al bij de art. 23 en 24 Brussel II-ter het geval.

2. Achtergrond. Een bepaling als art. 60 Brussel II-bis moet worden bezien tegen een bepaalde achtergrond. Die achtergrond is dat de Verordening Brussel II-ter er onder meer op is gericht dat, met het oog op de vlotte en correcte werking van een justitiële ruimte op het niveau van de Europese Unie, onder meer de tenuitvoerlegging van rechterlijke beslissingen (verder) dient te worden vergemakkelijkt. Daardoor worden in het bijzonder de rechten van kinderen versterkt (vgl. bijv. de considerans, nr. 3, bij de Verordening Brussel II-ter). Met het oog hierop is bijv. de verklaring van uitvoerbaarheid, ook wel exequatur genoemd, afgeschaft. Dit komt uiteraard de eenvoudige en snelle tenuitvoerlegging van beslissingen ten goede. Maar dat mag niet ten koste gaan van de belangen van de persoon tegen wie de tenuitvoerlegging is gericht. Daarom kan zo'n persoon zich onder de Verordening Brussel II-ter verweren tegen de tenuitvoerlegging van een beslissing met het verzoek tot weigering van tenuitvoerlegging van die beslissing. Daarbij is wel spoed geboden. Niet alleen in het belang van de verzoekende partij, maar ook omdat in het kader van de Verordening Brussel II-ter zonder meer al voortvarend handelen is geboden. Mede opdat snel duidelijk wordt of de aangevochten beslissing al dan niet kan worden ten uitvoer gelegd. Ook dat dient de vlotte en correcte werking van een justitiële ruimte op het niveau van de Europese Unie.

Artikel 61
Bezwaar of beroep

1. Elke partij kan tegen de beslissing over het verzoek tot weigering van tenuitvoerlegging bezwaar of beroep instellen.
2. Het bezwaar of beroep wordt ingesteld bij de autoriteit die of het gerecht dat de lidstaat van tenuitvoerlegging overeenkomstig artikel 103 aan de Commissie heeft meegedeeld als de autoriteit of het gerecht waar dit bezwaar of beroep dient te worden ingesteld.
[25-06-2019, PbEU L 178, i.w.tr. 22-07-2019/regelingnummer 2019/1111]

[Bezwaar of beroep]

1. Algemeen. Art. 61 Brussel II-ter voorziet in de mogelijkheid van bezwaar of beroep tegen de beslissing over het verzoek tot weigering van tenuitvoerlegging. Zo'n bezwaar of beroep kan door elke partij worden ingesteld. Het is vervolgens aan de afzonderlijke lidstaten om de autoriteit of het gerecht aan te wijzen waar het in art. 61 Brussel II-ter bedoelde bezwaar of beroep dient te worden ingesteld.

2. Nederland. Uit art. 23 lid 1 Uitvoeringswet internationale kinderbescherming blijkt dat in Nederland het gerechtshof het in art. 61 bedoelde gerecht is. Zie ook het commentaar bij de Uitvoeringswet internationale kinderbescherming (*Stb.* 2006, 123, zoals laatstelijk gewijzigd bij *Stb.* 2022, 72).

Artikel 62
Verder bezwaar of hoger beroep

Tegen de op het bezwaar of beroep gegeven beslissing kan slechts bezwaar of beroep worden ingesteld als de betrokken lidstaat de Commissie overeenkomstig artikel 103 in kennis heeft gesteld van de gerechten waar verder bezwaar of hoger beroep moet worden ingesteld.
[25-06-2019, PbEU L 178, i.w.tr. 22-07-2019/regelingnummer 2019/1111]

[Verder bezwaar of hoger beroep]

1. Algemeen. Art. 62 Brussel II-ter voorziet in de mogelijkheid van verder bezwaar of hoger beroep tegen de door autoriteit of het gerecht op de voet van art. 61 Brussel II-ter gegeven beslissing. Echter, de mogelijkheid van verder bezwaar en beroep hangt af van de vraag of de betrokken lidstaat hiervan de Commissie in kennis heeft gesteld door overeenkomstig art. 103 Brussel II-ter aan te geven bij welk(e) gerecht(en) de desbetreffende partij terecht kan. Zo bezien, is art. 62 Brussel II-ter dus minder verplichtend dan art. 61 Brussel II-ter.

2. Nederland. Uit art. 23 lid 2 Uitvoeringswet internationale kinderbescherming blijkt dat in Nederland de Hoge Raad het in art. 62 bedoelde gerecht is. Zie verder het commentaar bij de Uitvoeringswet internationale kinderbescherming (*Stb.* 2006, 123, zoals laatstelijk gewijzigd bij *Stb.* 2022, 72).

Artikel 63
Aanhouding van de uitspraak

1. De voor tenuitvoerlegging bevoegde autoriteit of het gerecht waarbij een verzoek tot weigering van tenuitvoerlegging wordt ingediend of waarbij overeenkomstig artikel 61 of artikel 62 een beroep wordt ingesteld, kan zijn uitspraak aanhouden om een van de volgende redenen:

a) in de lidstaat van herkomst is een gewoon rechtsmiddel tegen de beslissing ingesteld;

b) de termijn voor een gewoon rechtsmiddel als bedoeld onder a) is nog niet verstreken; of

c) de persoon jegens wie om tenuitvoerlegging wordt verzocht, heeft overeenkomstig artikel 48 verzocht om intrekking van een uit hoofde van artikel 47 afgegeven certificaat.

2. Indien de voor tenuitvoerlegging bevoegde autoriteit of het gerecht de procedures aanhoudt om de in lid 1, onder b), vermelde reden, kan die autoriteit of dat gerecht de termijn vaststellen binnen welke het rechtsmiddel moet worden ingesteld.

[25-06-2019, PbEU L 178, i.w.tr. 22-07-2019/regelingnummer 2019/1111]

[Aanhouding van de uitspraak]

1. Algemeen. Art. 63 maakt het mogelijk dat de voor tenuitvoerlegging bevoegde autoriteit of het gerecht zijn uitspraak aanhoudt. Daarmee is in dit geval de in art. 58, art. 61 en art. 62 Brussel II-ter bedoelde instantie bedoeld. Het gaat dus steeds om verzoeken tot weigering van tenuitvoerlegging. De drie gronden op basis waarvan de uitspraak kán worden aangehouden staan vermeld in art. 63 lid 1 Brussel II-ter. Deze gronden zijn dat in de lidstaat van herkomst van de rechterlijke beslissing een gewoon rechtsmiddel tegen die beslissing is ingesteld, dat de termijn voor zo'n gewoon rechtsmiddel nog niet is verstreken en dat overeenkomstig art. 48 Brussel II-ter om intrekking van het certificaat is verzocht dat uit hoofde van art. 47 Brussel II-ter is afgegeven.

2. Voortvarendheid. Wanneer de voor tenuitvoerlegging bevoegde autoriteit of het gerecht ertoe overgaat om de uitspraak aan te houden, omdat in de staat van herkomst van de beslissing de termijn voor het instellen van een gewoon rechtsmiddel tegen deze beslissing nog niet is verstreken, kan die autoriteit of dat gerecht een termijn vaststellen waarbinnen het rechtsmiddel moet worden ingesteld. Dat blijkt uit art. 63 lid 2 Brussel II-ter. Dit komt uiteraard de voortvarendheid ten goede, omdat het stellen van een termijn ertoe kan bijdragen dat geen onnodige vertraging optreedt in de procedure inzake verzoeken tot weigering van tenuitvoerlegging (vgl. ook art. 60 Brussel II-ter).

AFDELING 4
Authentieke akten en overeenkomsten

Artikel 64
Toepassingsgebied
Deze afdeling is in aangelegenheden betreffende echtscheiding, scheiding van tafel en bed en ouderlijke verantwoordelijkheid van toepassing op authentieke akten die formeel zijn opgesteld of geregistreerd en op overeenkomsten die zijn geregistreerd, in een lidstaat die krachtens hoofdstuk II bevoegdheid uitoefent.
[25-06-2019, PbEU L 178, i.w.tr. 22-07-2019/regelingnummer 2019/1111]

[Toepassingsgebied]

Betekenis. Art. 64 geeft een beschrijving van het toepassingsgebied van afdeling 4 van hoofdstuk IV dat betrekking heeft op de erkenning en tenuitvoerlegging van authentieke akten en overeenkomsten. Hieruit volgt dat afdeling 4 van toepassing is op authentieke akten die formeel zijn opgesteld of geregistreerd in een EU-lidstaat en overeenkomsten die zijn geregistreerd in een EU-lidstaat. Zie echter ook de definities van 'authentieke akte' en 'overeenkomst' in art. 2 lid 2 onderdeel 2 respectievelijk onderdeel 3 met de daarin beschreven eisen. **a. Eis van bevoegdheid.** Opvallend is de in art. 64 slot benoemde eis: 'in een lidstaat die krachtens hoofdstuk II bevoegdheid uitoefent'. Verordening Brussel II-bis kende een dergelijke eis niet. Zie hieromtrent: M. Zilinsky, *EB* 2022/6, p. 24. **b. Private echtscheiding.** Een andere vraag die nog niet beantwoord is, betreft de kwestie in welke gevallen een private echtscheiding onder het toepassingsbereik van de verordening valt. Zie hieromtrent: M. Zilinsky, *EB* 2022/6, p. 24-25.

Artikel 65
Erkenning en tenuitvoerlegging van authentieke akten en overeenkomsten
1. Authentieke akten en overeenkomsten inzake scheiding van tafel en bed en echtscheiding die juridisch bindend zijn in de lidstaat van herkomst, worden erkend in andere lidstaten zonder dat daarvoor een speciale procedure nodig is. Afdeling 1 van dit hoofdstuk is van overeenkomstige toepassing, tenzij in deze afdeling anders is bepaald.
2. Authentieke akten en overeenkomsten inzake ouderlijke verantwoordelijkheid die juridisch bindend en uitvoerbaar zijn in de lidstaat van herkomst, worden erkend en ten uitvoer gelegd in andere lidstaten zonder dat daarvoor een verklaring van uitvoerbaarheid nodig is. De afdelingen 1 en 3 van dit hoofdstuk zijn van overeenkomstige toepassing, tenzij in deze afdeling anders is bepaald.
[25-06-2019, PbEU L 178, i.w.tr. 22-07-2019/regelingnummer 2019/1111]

[Erkenning en tenuitvoerlegging van authentieke akten en overeenkomsten]

1. Echtscheiding (lid 1). Op grond van het eerste lid van deze bepaling worden authentieke akten en overeenkomsten inzake echtscheiding en scheiding van tafel en bed die juridisch bindend zijn in de EU-lidstaat van herkomst, erkend in andere lidstaten zonder dat daarvoor een speciale procedure is vereist. De bepaling verklaart afdeling 1 van hoofdstuk IV van overeenkomstige toepassing voor zover in de afdeling waar deze bepaling deel van uitmaakt niet anders is bepaald.

2. Ouderlijke verantwoordelijkheid (lid 2). Op grond van het tweede lid van deze bepaling worden authentieke akten en overeenkomsten inzake ouderlijke verantwoordelijkheid die juridisch bindend en uitvoerbaar zijn in de EU-lidstaat van herkomst, erkend en ten uitvoer gelegd in andere lidstaten zonder dat daarvoor een verklaring van uitvoerbaarheid nodig is. De bepaling verklaart afdeling 1 en afdeling 3 van hoofdstuk IV van overeenkomstige toepassing, voor zover in de afdeling waar deze bepaling deel van uitmaakt niet anders is bepaald.

Artikel 66
Certificaat

1. Het gerecht of de bevoegde autoriteit van de lidstaat van herkomst zoals meegedeeld aan de Commissie overeenkomstig artikel 103, geeft op verzoek van een partij een certificaat af voor een authentieke akte of overeenkomst:

a) in huwelijkszaken, aan de hand van het formulier in bijlage VIII;

b) inzake ouderlijke verantwoordelijkheid, aan de hand van het formulier in bijlage IX.

Het onder b) bedoelde certificaat bevat een samenvatting van de uitvoerbare verplichting die in de authentieke akte of in de overeenkomst is opgenomen.

2. Het certificaat mag alleen worden afgegeven indien aan de volgende voorwaarden is voldaan:

a) de lidstaat die de overheidsinstantie of andere autoriteit heeft gemachtigd de authentieke akte formeel te verlijden of te registreren of de overeenkomst te registeren, had daartoe de bevoegdheid krachtens hoofdstuk II; en

b) de authentieke akte of de overeenkomst is juridisch bindend in die lidstaat.

3. Niettegenstaande lid 2 mag het certificaat inzake ouderlijke verantwoordelijkheid niet worden afgegeven indien er aanwijzingen bestaan dat de inhoud van de authentieke akte of de overeenkomst strijdig is met het belang van het kind.

4. Het certificaat wordt in de taal van de authentieke akte of overeenkomst gesteld. Het mag op vraag van een partij ook worden afgegeven in een andere officiële taal van de instellingen van de Europese Unie. Dit creëert geen verplichting voor het gerecht of de bevoegde autoriteit die het certificaat afgeeft om voor een vertaling of transliteratie van de vertaalbare inhoud van de vrije tekstvelden te zorgen.

5. Indien het certificaat niet wordt opgemaakt, wordt de authentieke akte of het instrument niet erkend of ten uitvoer gelegd in een andere lidstaat.

[25-06-2019, PbEU L 178, i.w.tr. 22-07-2019/regelingnummer 2019/1111]

[Certificaat]

Betekenis. Art. 66 regelt aan de hand van welke formulieren en onder welke voorwaarden het gerecht of de bevoegde autoriteit op verzoek van een partij een certificaat afgeeft voor een authentieke akte of overeenkomst. Uit lid 5 blijkt dat indien het certificaat niet wordt opgemaakt, de authentieke akte of de overeenkomst (lid 5 spreekt van 'instrument') niet wordt erkend of ten uitvoer gelegd in een andere lidstaat. Lid 3 geeft aan dat ook ingeval aan de eisen van lid 2 is voldaan het certificaat inzake ouderlijke verantwoordelijkheid niet mag worden afgegeven indien er aanwijzingen bestaan dat de inhoud van de authentieke akte of de overeenkomst strijdig is met het belang van het kind.

Artikel 67
Verbetering en intrekking van het certificaat

1. Op verzoek, of op eigen initiatief, verbetert het gerecht of de bevoegde autoriteit van de lidstaat van herkomst zoals meegedeeld aan de Commissie overeenkomstig artikel 103, het certificaat indien er ten gevolge van een materiële fout of weglating een discrepantie bestaat tussen de authentieke akte of overeenkomst en het certificaat.

2. Op verzoek, of eventueel op eigen initiatief, trekt het gerecht of de bevoegde autoriteit bedoeld in lid 1 van dit artikel het certificaat in indien het ten onrechte werd afgegeven gelet op de vereisten van artikel 66.

3. De procedure, inclusief rechtsmiddelen, ter verbetering of intrekking van het certificaat wordt beheerst door het recht van de lidstaat van herkomst.

[25-06-2019, PbEU L 178, i.w.tr. 22-07-2019/regelingnummer 2019/1111]

[Verbetering en intrekking van het certificaat]

Betekenis. Uit deze bepaling blijkt dat de rechter of bevoegde autoriteit op verzoek of ex officio een certificaat onder bepaalde omstandigheden dient te verbeteren of in te trekken. De procedure ter verbetering of intrekking van het certificaat wordt beheerst door het recht van de lidstaat van herkomst.

Artikel 68
Gronden voor weigering van erkenning of tenuitvoerlegging

1. De erkenning van een authentieke akte of overeenkomst inzake scheiding van tafel en bed en echtscheiding wordt geweigerd indien:

a) de erkenning kennelijk strijdig is met de openbare orde van de lidstaat waar de erkenning wordt ingeroepen;

b) zij onverenigbaar is met een beslissing, een authentieke akte of een overeenkomst tussen dezelfde partijen in de lidstaat waar de erkenning wordt ingeroepen; of

c) zij onverenigbaar is met een beslissing, een authentieke akte of een overeenkomst die vroeger in een andere lidstaat of in een derde land tussen dezelfde partijen is gegeven, mits die vroegere beslissing, authentieke akte of overeenkomst voldoet aan de voorwaarden voor erkenning in de lidstaat waar de erkenning wordt ingeroepen.

2. De erkenning of tenuitvoerlegging van een authentieke akte of overeenkomst inzake ouderlijke verantwoordelijkheid wordt geweigerd:

a) indien de erkenning, gelet op het belang van het kind, kennelijk strijdig zou zijn met de openbare orde van de lidstaat waar de erkenning wordt ingeroepen;

b) op verzoek van eenieder die beweert dat de authentieke akte of overeenkomst in de weg staat aan de uitoefening van zijn ouderlijke verantwoordelijkheid, indien de authentieke akte is verleden of geregistreerd, of de overeenkomst is gesloten en geregistreerd, zonder de betrokkenheid van deze persoon;

c) indien en voor zover zij onverenigbaar is met een latere beslissing, authentieke akte of overeenkomst inzake ouderlijke verantwoordelijkheid, die is gegeven in

de lidstaat waar de erkenning wordt ingeroepen of waar om tenuitvoerlegging wordt verzocht;

d) indien en voor zover zij onverenigbaar is met een latere beslissing, authentieke akte of overeenkomst inzake ouderlijke verantwoordelijkheid die in een andere lidstaat of in het derde land van de gewone verblijfplaats van het kind is gegeven, mits die latere beslissing, authentieke akte of overeenkomst voldoet aan de voorwaarden voor erkenning in de lidstaat waar de erkenning wordt ingeroepen of waar om tenuitvoerlegging wordt verzocht.

3. De erkenning of tenuitvoerlegging van een authentieke akte of overeenkomst inzake ouderlijke verantwoordelijkheid kan worden geweigerd indien de authentieke akte formeel is verleden of geregistreerd, of de overeenkomst is geregistreerd, zonder dat het kind dat in staat is zijn eigen mening te vormen, de mogelijkheid werd geboden zijn mening te uiten.

[25-06-2019, PbEU L 178, i.w.tr. 22-07-2019/regelingnummer 2019/1111]

[Gronden voor weigering van erkenning of tenuitvoerlegging]

1. Weigeringsgronden: echtscheiding en scheiding van tafel en bed (lid 1). De gronden voor weigering van de erkenning van een authentieke akte of overeenkomst inzake echtscheiding en scheiding van tafel bed zijn: a) strijd met de openbare orde van de lidstaat waar de erkenning wordt ingeroepen; b) onverenigbaarheid met een beslissing, een authentieke akte of een overeenkomst tussen dezelfde partijen in de lidstaat waar de erkenning wordt ingeroepen; c) onverenigbaarheid met een beslissing, een authentieke akte of een overeenkomst die vroeger in een andere lidstaat of in een derde land (buiten de EU) tussen dezelfde partijen is gegeven, mits die vroegere beslissing, authentieke akte of overeenkomst voldoet aan de voorwaarden voor erkenning in de lidstaat waar de erkenning wordt ingeroepen.

2. Weigeringsgronden: ouderlijke verantwoordelijkheid (lid 2). De gronden voor weigering van de erkenning of tenuitvoerlegging van een authentieke akte of overeenkomst inzake ouderlijke verantwoordelijkheid zijn: a) kennelijk strijd met openbare orde (belang van het kind); b) op verzoek van een eenieder die beweert dat de authentieke akte of overeenkomst in de weg staat aan de uitoefening van zijn ouderlijke verantwoordelijkheid, indien de authentieke akte is verleden of geregistreerd, of de overeenkomst is gesloten en geregistreerd zonder de betrokkenheid van deze persoon; c) indien en voor zover zij onverenigbaar is met een latere beslissing, authentieke akte of overeenkomst inzake ouderlijke verantwoordelijkheid die is gegeven in de lidstaat waar de erkenning wordt ingeroepen of de tenuitvoerlegging wordt verzocht; d) indien en voor zover zij onverenigbaar is met een latere beslissing, authentieke akte of overeenkomst inzake ouderlijke verantwoordelijkheid die in een andere lidstaat of in het derde land (buiten de EU) van de gewone verblijfplaats van het kind is gegeven, mits die latere beslissing, authentieke akte of overeenkomst voldoet aan de voorwaarden voor erkenning in de lidstaat waar de erkenning wordt ingeroepen of waar om tenuitvoerlegging wordt verzocht.

3. Weigeringsgrond: hoorrecht kind (lid 3). Ten slotte kan de erkenning en tenuitvoerlegging van een authentieke akte of overeenkomst inzake ouderlijke verantwoordelijkheid worden geweigerd, indien de authentieke akte formeel is verleden of geregistreerd of de overeenkomst is geregistreerd zonder dat het kind dat in staat is zijn mening te vormen de mogelijkheid werd geboden zijn mening te uiten.

AFDELING 5
Overige bepalingen

Artikel 69
Geen toetsing van de bevoegdheid van het oorspronkelijke gerecht
De bevoegdheid van het gerecht van de lidstaat van herkomst wordt niet getoetst. Het criterium van de openbare orde, bedoeld in artikel 38, onder a), en artikel 39, onder a), wordt niet toegepast op de bevoegdheidsregels van de artikelen 3 tot en met 14.
[25-06-2019, PbEU L 178, i.w.tr. 22-07-2019/regelingnummer 2019/1111]

[Geen toetsing van de bevoegdheid van het oorspronkelijke gerecht]

Betekenis. Een schending van de bevoegdheidsregels door de rechter die de beslissing gegeven heeft, is geen reden om de beslissing niet te erkennen, zelfs indien het om een onmiskenbare schending gaat van elementaire bevoegdheidsregels. **Een voorbeeld.** Een Nederlandse man en een Nederlandse vrouw hebben hun gewone verblijfplaats in Nederland. De vrouw verhuist naar lidstaat A en vraagt daar binnen een jaar echtscheiding. De rechter aldaar spreekt echtscheiding uit zonder overwegingen aan zijn bevoegdheid te besteden. Hoewel aanstonds duidelijk is dat de rechter hier art. 3 geschonden heeft, moet de echtscheiding in alle lidstaten, ook in Nederland, worden erkend. Een beroep op strijd met de openbare orde is niet toegelaten.

Artikel 70
Verschillen in toepasselijk recht
De erkenning van een beslissing in huwelijkszaken mag niet worden geweigerd op grond dat volgens de wetgeving van de lidstaat waar de erkenning wordt ingeroepen echtscheiding, scheiding van tafel en bed of nietigverklaring van het huwelijk op dezelfde gronden niet mogelijk zou zijn.
[25-06-2019, PbEU L 178, i.w.tr. 22-07-2019/regelingnummer 2019/1111]

[Verschillen in toepasselijk recht]

Betekenis. Uit art. 38 blijkt reeds dat, wanneer volgens de wetgeving van de lidstaat waar erkenning aan de orde is, de echtscheiding, de scheiding van tafel en bed of de nietigverklaring van het huwelijk niet zou hebben mogen worden uitgesproken, daarin geen reden gelegen mag zijn om de erkenning van de beslissing te weigeren. Om elk misverstand hierover uit te sluiten, wordt dit in het onderhavige artikel bevestigd.

Artikel 71
Geen onderzoek van de juistheid
In geen geval wordt de juistheid van de in een andere lidstaat gegeven beslissing onderzocht.
[25-06-2019, PbEU L 178, i.w.tr. 22-07-2019/regelingnummer 2019/1111]

[Geen onderzoek van de juistheid]

Betekenis. In deze bepaling is het verbod van 'révision au fond' neergelegd. Een onderzoek naar de juistheid van de beslissing zou er feitelijk toe leiden dat er geen sprake meer is van de erkenning van een buitenlandse beslissing, maar van een hernieuwd onderzoek ten gronde. Daarom benadrukt het artikel dat in geen geval de juistheid van de beslissing mag worden onderzocht. Zie ook met betrekking tot het vergelijkbare artikel 26 Brussel II-bis: HvJ EU 19 november 2015, C-455/15 PPU, ECLI:EU:C:2015:763, *NIPR* 2016, 1.

Artikel 72
Rechtsmiddelen in bepaalde lidstaten

Indien een beslissing in Ierland, Cyprus of het Verenigd Koninkrijk is gegeven, wordt elk rechtsmiddel dat in de lidstaat van herkomst kan worden ingesteld, voor de toepassing van dit hoofdstuk als een gewoon rechtsmiddel beschouwd.
[25-06-2019, PbEU L 178, i.w.tr. 22-07-2019/regelingnummer 2019/1111]

Artikel 73
Kosten

Dit hoofdstuk is ook van toepassing op het bepalen van het bedrag van de gerechtskosten van overeenkomstig deze verordening aangespannen procedures en op de tenuitvoerlegging van elke beslissing betreffende die kosten.
[25-06-2019, PbEU L 178, i.w.tr. 22-07-2019/regelingnummer 2019/1111]

[Kosten]

1. Algemeen. De bepalingen neergelegd in hoofdstuk IV over erkenning en tenuitvoerlegging zijn ook van toepassing op de tenuitvoerlegging van beslissingen inzake de gerechtskosten.

2. Vaststelling van het bedrag. De bepalingen van hoofdstuk IV zijn, aldus het artikel, ook van toepassing op het bepalen van het bedrag van de gerechtskosten.

3. Gerechtskosten. Er is geen reden om aan te nemen dat met de term 'gerechtskosten' iets anders bedoeld zou zijn dan 'proceskosten', welke term gebruikt wordt in het Wetboek van Burgerlijke Rechtsvordering.

4. Andere kosten. Over de vraag of ook andere kosten (dwangsommen, reiskosten in verband met omgang) waartoe de verweerder in de buitenlandse beslissing veroordeeld is, op grond van de verordening ten uitvoer kunnen worden gelegd, zie art. 2, aant. 2.

Artikel 74
Rechtsbijstand

1. Een verzoeker die in de lidstaat van herkomst in aanmerking kwam voor gehele of gedeeltelijke kosteloze rechtsbijstand of vrijstelling van kosten en uitgaven, komt in de procedures, bedoeld in artikel 30, lid 3, artikel 40, en artikel 59, in aanmerking voor de gunstigste bijstand of de ruimste vrijstelling waarin de wetgeving van de lidstaat van tenuitvoerlegging voorziet.

2. Een verzoeker die in de lidstaat van herkomst kosteloos een procedure voor een overeenkomstig artikel 103 aan de Commissie meegedeelde administratieve autoriteit heeft kunnen voeren, heeft in de procedures van artikel 30, lid 3, en van de artikelen 40 en 59 recht op rechtsbijstand overeenkomstig lid 1 van dit artikel. Hiertoe legt hij een door de bevoegde autoriteit van de lidstaat van herkomst opgesteld stuk over, waaruit blijkt dat hij voldoet aan de financiële voorwaarden om voor het geheel of een gedeelte in aanmerking te komen voor rechtsbijstand of vrijstelling van kosten en uitgaven.

[25-06-2019, PbEU L 178, i.w.tr. 22-07-2019/regelingnummer 2019/1111]

[Rechtsbijstand]

Betekenis. Wie in aanmerking komt voor gefinancierde rechtsbijstand dan wel voor vrijstelling van kosten en uitgaven, behoeft in het land waar tenuitvoerlegging wordt verzocht, niet opnieuw een aanvraag in te dienen. Hij komt in aanmerking voor de gunstigste regeling die er in de lidstaat van tenuitvoerlegging bestaat.

Artikel 75
Zekerheid of depot

Van de partij die in een lidstaat de tenuitvoerlegging van een in een andere lidstaat gegeven beslissing vordert, kan geen zekerheid of depot, onder welke benaming ook, worden geëist op de grond dat hij vreemdeling is of geen gewone verblijfplaats heeft in de lidstaat van tenuitvoerlegging.

[25-06-2019, PbEU L 178, i.w.tr. 22-07-2019/regelingnummer 2019/1111]

[Zekerheid of depot]

Betekenis. Het artikel bepaalt dat geen cautio iudicatum solvi mag worden opgelegd op grond van het feit dat de verzoeker niet zijn gewone verblijfplaats heeft in de lidstaat waar hij tenuitvoerlegging vordert of op grond van het feit dat hij niet de nationaliteit van die lidstaat bezit. Dit geldt echter alleen voor de exequaturprocedure. Over het stellen van een cautio iudicatum solvi in de bodemprocedure bevat de verordening geen bepalingen, maar dat betekent niet dat een dergelijke zekerheidstelling altijd is toegelaten. In zijn arrest van 1 juli 1993 (C-20/92) heeft het Hof van Justitie geoordeeld dat art. 59 en 60 EEG-verdrag (thans art. 56 en 57 Verdrag betreffende de werking van de Europese Unie) eraan in de weg staan, dat een lidstaat een beroepsmatig handelend persoon met woonplaats in een andere lidstaat, die voor een van zijn rechterlijke instanties een rechtsvordering instelt, verplicht tot zekerheidstelling voor de proceskosten op de enkele grond dat die persoon onderdaan van een andere lidstaat is. Voor de toepassing van de onderhavige verordening zal dit arrest vermoedelijk geen rechtstreekse betekenis hebben, nu partijen in echtscheidingszaken of in zaken met betrekking tot de ouderlijke verantwoordelijkheid in beginsel niet beroepsmatig handelen (tenzij, wellicht, het kinderbeschermende instellingen betreft). De kans bestaat echter dat het Hof van Justitie de cautio iudicatum solvi ook in andere gevallen dan in het arrest genoemd, op dezelfde of vergelijkbare gronden ontoelaatbaar zal achten. Welke gevallen dat kunnen zijn, valt moeilijk te voorspellen.

HOOFDSTUK V
Samenwerking inzake ouderlijke verantwoordelijkheid

Artikel 76
Aanwijzing van centrale autoriteiten

Elke lidstaat wijst één of meer centrale autoriteiten aan om behulpzaam te zijn bij de toepassing van deze verordening inzake ouderlijke verantwoordelijkheid en preciseert haar of hun bevoegdheid/bevoegdheden ratione loci of ratione materiae. Wanneer een lidstaat meer dan één centrale autoriteit heeft aangewezen, dienen mededelingen in beginsel direct aan de bevoegde centrale autoriteit te worden toegezonden. Wordt een mededeling toegezonden aan een centrale autoriteit die niet bevoegd is, dan zendt deze autoriteit die mededeling door aan de bevoegde centrale autoriteit en stelt zij de afzender daarvan in kennis.
[25-06-2019, PbEU L 178, i.w.tr. 22-07-2019/regelingnummer 2019/1111]

[Aanwijzing van centrale autoriteiten]

1. Algemeen. Centrale autoriteiten vervullen in het hedendaagse internationaal privaatrecht een belangrijke rol. Zij adviseren, verwijzen en informeren in het kader van internationale kinderaangelegenheden. Welbeschouwd is de centrale autoriteit het knooppunt waarlangs zaken worden doorgeleid (vgl. verder ook S.G. Augustuszoon, Y. Yazdani-IJsselmuiden & C. Maas in: *EB* 2022/7). Onder meer de Verordening Brussel II-bis werkt(e) al met centrale autoriteiten, om behulpzaam te zijn bij de toepassing van deze verordening in het kader waarvan de centrale autoriteiten met zowel algemene als specifieke taken zijn belast (zie de art. 53-57 Brussel II-bis). Daarbij staat de samenwerking tussen de centrale autoriteiten van de verschillende lidstaten centraal. Deze samenwerking nu is onder de Verordening Brussel II-ter aangescherpt, verduidelijkt en aangevuld (zie met name art. 77 lid 2 Brussel II-ter). En verder hebben onder de Verordening Brussel II-ter de centrale autoriteiten er een aantal nieuwe, specifieke taken bijgekregen (zie bijv. art. 79 sub a Brussel II-ter). Ter verwezenlijking van de doelstellingen van de Verordening Brussel II-ter (vgl. bijv. de considerans, nr. 3, bij de Verordening Brussel II-ter; zie verder bijv. ook nr. 74 van deze considerans).

2. Nederland. Art. 76 Brussel II-ter draagt de lidstaten, dat zijn de staten waar de Verordening Brussel II-ter van toepassing is, op om één of meer centrale autoriteiten aan te wijzen die behulpzaam zijn bij de toepassing van deze verordening op het terrein van de ouderlijke verantwoordelijkheid. Evenals onder de Verordening Brussel II-bis het geval is, heeft Nederland de in art. 76 Brussel II-ter bedoelde centrale autoriteit ondergebracht bij (thans) het ministerie van Justitie en Veiligheid (zie art. 4 lid 1 Uitvoeringswet internationale kinderbescherming). Deze centrale autoriteit, meer specifiek de Centrale autoriteit Internationale Kinderaangelegenheden geheten, is ook de door Nederland aangewezen autoriteit voor de uitvoering van het Haags Kinderontvoeringsverdrag 1980 en het Haags Kinderbeschermingsverdrag 1996. Waarmee Nederland voldoet aan wat de considerans, nr. 72, bij de Verordening Brussel II-ter de lidstaten in overweging geeft: "De lidstaten moeten overwegen voor deze verordening dezelfde centrale autoriteit aan te wijzen als die voor de Verdragen van 's-Gravenhage van 1980 en 1996." Overigens staat hier ook nog als zin achter dat de lidstaten ervoor moeten zorgen dat de centrale autoriteiten over adequate financiële en personele middelen beschikken om de taken te kunnen uitvoeren die hun krachtens de Verordening Brussel II-ter worden toegewezen. Waarvan akte!

Artikel 77

Algemene taken van de centrale autoriteiten

1. De centrale autoriteiten verstrekken informatie betreffende de nationale wetten, procedures en diensten die inzake ouderlijke verantwoordelijkheid voorhanden zijn en nemen de maatregelen die zij passend achten om de toepassing van deze verordening te verbeteren.

2. De centrale autoriteiten werken onderling samen en bevorderen de samenwerking tussen de bevoegde autoriteiten in hun lidstaten, teneinde de doelstellingen van deze verordening te verwezenlijken.

3. Voor de toepassing van de leden 1 en 2 kan gebruik worden gemaakt van het Europees en justitieel netwerk in burgerlijke en handelszaken.

[25-06-2019, PbEU L 178, i.w.tr. 22-07-2019/regelingnummer 2019/1111]

[Algemene taken van de centrale autoriteiten]

1. Algemeen. In het kader van de Verordening Brussel II-ter zijn de centrale autoriteiten belast met zowel algemene als specifieke taken. Art. 77 Brussel II-ter nu geeft in lid 1 en lid 2 aan om welke algemene taken het gaat. Om in lid 3 hieraan toe te voegen dat in het kader van deze algemene taken gebruik kan worden gemaakt van het Europees en justitieel netwerk in burgerlijke en handelszaken (vgl. e-justice.europa.eu). Zie in verband met het gebruik van dit netwerk ook art. 84 Brussel II-ter.

2. Een aanscherping. De in art. 77 lid 1 Brussel II-ter omschreven algemene taak is vergelijkbaar met de algemene taak die in art. 54 Brussel II-bis aan de centrale autoriteiten wordt gegeven, namelijk het uitwisselen van informatie en het nemen van maatregelen om de toepassing van de verordening te verbeteren. Wat ook van belang is met het oog op de versterking van de onderlinge samenwerking tussen de centrale autoriteiten. Ook dat blijkt uit art. 54 Brussel II-bis en volgt tevens uit art. 77 lid 2 Brussel II-ter. Echter, in vergelijking met art. 54 Brussel II-bis is art. 77 Brussel II-ter over de samenwerking wat uitgebreider en in elk geval dwingender geformuleerd. Door namelijk de centrale autoriteiten te verplichten tot onderlinge samenwerking en tot het bevorderen van de samenwerking tussen de bevoegde autoriteiten in hun lidstaten. Overigens dienen centrale autoriteiten niet alleen in het kader van algemene kwesties maar ook in specifieke gevallen met elkaar samen te werken, onder meer "ter bevordering van de minnelijke schikking van gezinsconflicten" (vgl. de considerans, nr. 74, bij de Verordening Brussel II-ter).

Artikel 78

Verzoeken via de centrale autoriteiten

1. De centrale autoriteiten werken op verzoek van een centrale autoriteit van een andere lidstaat in individuele gevallen met elkaar samen ter verwezenlijking van de doelstellingen van deze verordening.

2. Verzoeken uit hoofde van dit hoofdstuk kunnen worden gedaan door een gerecht of een bevoegde autoriteit. Verzoeken op grond van artikel 79, punten c) en g), en

artikel 80, lid 1, punt c), kunnen ook worden gedaan door personen die de ouderlijke verantwoordelijkheid dragen.
3. Behalve in spoedeisende gevallen en onverminderd artikel 86, worden verzoeken uit hoofde van dit hoofdstuk ingediend bij de centrale autoriteit van de lidstaat van het verzoekende gerecht of de bevoegde autoriteit, of van de lidstaat waar de verzoeker zijn gewone verblijfpiaats heeft.
4. Dit artikel belet de centrale autoriteiten of de bevoegde autoriteiten niet om overeenkomsten of regelingen met de centrale autoriteiten of de bevoegde autoriteiten van een of meer andere lidstaten, op grond waarvan rechtstreekse communicatie in hun onderlinge betrekkingen is toegestaan, aan te gaan of te handhaven.
5. Dit hoofdstuk belet een persoon die de ouderlijke verantwoordelijkheid draagt niet om rechtstreeks een verzoek in te dienen bij de gerechten van een andere lidstaat.
6. Artikel 79 noch artikel 80 legt de centrale autoriteiten de verplichting op bevoegdheden uit te oefenen die volgens het recht van de aangezochte lidstaat slechts door gerechtelijke autoriteiten kunnen worden uitgeoefend.
[25-06-2019, PbEU L 178, i.w.tr. 22-07-2019/regelingnummer 2019/1111]

[Verzoeken via de centrale autoriteiten]

1. Algemeen. Art. 78 Brussel II-ter geeft in de eerste plaats aan dat de centrale autoriteiten op verzoek van een centrale autoriteit van een lidstaat in individuele gevallen met elkaar samenwerken ter verwezenlijking van de doelstellingen van de Verordening Brussel II-ter. Vervolgens geeft art. 78 Brussel II-ter aan wie bij welke autoriteit een verzoek kan indienen uit hoofde van Hoofdstuk V van de Verordening Brussel II-ter. Hoofdstuk V heeft betrekking op "samenwerking inzake ouderlijke verantwoordelijkheid". Het bestaat uit de art. 76-84.

2. Inschakeling centrale autoriteit niet altijd verplicht. Verzoeken uit hoofde van Hoofdstuk V Brussel II-ter kunnen steeds worden gedaan door een gerecht of een bevoegde autoriteit. Dat blijkt uit art. 78 lid 2 Brussel II-ter. Echter, ook personen die de ouderlijke verantwoordelijk dragen kunnen uit hoofde van Hoofdstuk V Brussel II-ter een verzoek doen. Maar dan alleen als het gaat om een verzoek op grond van art. 79 sub c Brussel II-ter, een verzoek op grond van art. 79 sub g Brussel II-ter of een verzoek op grond van art. 80 lid 1 sub c Brussel II-ter. Ook dat blijkt uit art. 78 lid 2 Brussel II-ter. Bovendien kan de persoon die de ouderlijke verantwoordelijkheid draagt zijn verzoek ook rechtstreeks indienen bij de gerechten van een andere lidstaat. Art. 78 lid 5 Brussel II-ter staat dat toe (vgl. ook art. 4 lid 4 Uitvoeringswet internationale kinderbescherming). Dan gaat het uiteraard nog steeds om verzoeken op grond van art. 79 sub c, art. 79 sub g of art. 80 lid 1 sub c Brussel II-ter. Dat volgt immers uit art. 78 lid 2 Brussel II-ter. Behalve in spoedeisende gevallen en onverminderd art. 86 Brussel II-ter, is de voor verzoeken uit hoofde van Hoofdstuk V Brussel II-ter bevoegde autoriteit ófwel de centrale autoriteit van de lidstaat van het verzoekende gerecht of de bevoegde autoriteit, ófwel de centrale autoriteit van de lidstaat waar de verzoeker zijn gewone verblijfplaats heeft (zie art. 78 lid 3 Brussel II-ter). Als voorbeeld van een spoedeisend geval noemt de considerans, nr. 76, bij de Verordening Brussel II-ter het een tot de bevoegde autoriteit van een andere lidstaat gericht rechtstreeks verzoek om te overwegen of er maatregelen ter bescherming van het kind moeten worden genomen, indien wordt vermoed dat het desbetreffende kind direct gevaar loopt.

Artikel 79
Specifieke taken van aangezochte centrale autoriteiten

Aangezochte centrale autoriteiten nemen, rechtstreeks of door tussenkomst van gerechten, bevoegde autoriteiten of andere instanties, alle passende maatregelen om:

a) overeenkomstig nationaal recht en procedures bijstand te verlenen bij het lokaliseren van de verblijfplaats van een kind als dat kind mogelijk aanwezig is op het grondgebied van de aangezochte lidstaat en die informatie noodzakelijk is om een verzoek krachtens deze verordening uit te voeren;

b) informatie die van belang is in procedures inzake ouderlijke verantwoordelijkheid, krachtens artikel 80 te verzamelen en uit te wisselen;

c) informatie te verstrekken en bijstand te verlenen aan personen die de ouderlijke verantwoordelijkheid dragen en die op het grondgebied van de aangezochte centrale autoriteit beslissingen willen doen erkennen en ten uitvoer leggen, met name met betrekking tot het omgangsrecht en de terugkeer van het kind, inclusief, waar nodig, informatie over de manier waarop rechtshulp kan worden verkregen;

d) de communicatie tussen gerechten, bevoegde autoriteiten en andere betrokken instanties te ondersteunen, met name voor de toepassing van artikel 81;

e) de communicatie tussen gerechten waar nodig te ondersteunen, met name voor de toepassing van de artikelen 12, 13, 15 en 20;

f) alle informatie en bijstand te verstrekken die de gerechten en de bevoegde autoriteiten nodig hebben voor de toepassing van artikel 82; en

g) door bemiddeling of andere wijzen van alternatieve geschillenbeslechting overeenstemming te bevorderen tussen de personen die de ouderlijke verantwoordelijkheid dragen en daartoe grensoverschrijdende samenwerking te bevorderen.

[25-06-2019, PbEU L 178, i.w.tr. 22-07-2019/regelingnummer 2019/1111]

[Specifieke taken van aangezochte centrale autoriteiten]

1. Algemeen. Art. 79 Brussel II-ter geeft aan welke specifieke taken de centrale autoriteit heeft in het kader van de Verordening Brussel II-ter. De bepaling doet dit door middel van een takenlijst. Aan de hand van deze lijst dienen de aangezochte centrale autoriteiten, rechtstreeks of door tussenkomst, alle passende maatregelen te nemen en zodoende de in art. 79 Brussel II-ter opgesomde specifieke taken te vervullen. De in art. 79 Brussel II-ter genoemde taken stemmen grotendeels overeen met de taken die in art. 55 Brussel II-bis staan vermeld. Maar niet helemaal dus. Dat komt met name door hetgeen in art. 79 sub a, respectievelijk art. 79 sub d Brussel II-ter als nieuwe, specifieke taak voor de aangezochte centrale autoriteiten staat verwoord.

2. Nieuwe specifieke taken. Art. 79 sub a Brussel II-ter noemt als specifieke taak dat de aangezochte centrale autoriteiten, rechtstreeks of door tussenkomst van gerechten, bevoegde autoriteiten of andere instanties, alle passende maatregelen nemen om “overeenkomstig nationaal recht en procedures bijstand te verlenen bij het lokaliseren van de verblijfplaats van een kind als dat kind mogelijk aanwezig is op het grondgebied van de aangezochte lidstaat en die informatie noodzakelijk is om een verzoek krachtens deze verordening uit te voeren". Kort samengevat gaat het bij art. 79 sub a Brussel II-ter dus om het verlenen van lokalisatiebijstand als die bijstand noodzakelijk is voor een verzoek op grond van de Verordening Brussel II-ter (vgl. bijv. ook art. 31 sub c Haags Kinderbeschermingsverdrag 1996). Art. 79 sub d Brussel II-ter noemt als specifieke taak dat centrale autoriteiten, rechtstreeks of door tussenkomst van gerechten, bevoegde autoriteiten of andere instanties, alle passende maatregelen nemen om de communicatie tussen gerechten, bevoegde autoriteiten en andere betrokken instanties te ondersteunen, met name voor de toepassing van art. 81 Brussel II-ter. Art. 81 Brussel II-ter heeft betrekking op het verlenen van bijstand bij de tenuitvoerlegging van beslissingen inzake ouderlijke verantwoordelijkheid in een andere lidstaat, in het bijzonder bij het waarborgen van de daadwerkelijke uitoefening van het omgangsrecht. Verder volgt uit de considerans, nr. 79, van de Verordening Brussel II-ter onder meer dat met name voor de toepassing van de regels inzake bevoegdheidsoverdracht, waaronder voorlopige en bewarende maatregelen in spoedeisende gevallen, de communicatie tussen gerechten, waar nodig, moet worden vergemakkelijkt door het nemen van alle passende maatregelen. Meer concreet noemt de considerans gevallen van internationale kinderontvoering waarbij art. 13 lid 1 sub b Haags Kinderontvoeringsverdrag 1980 een rol speelt en kwesties van aanhangigheid en onderling samenhangende procedures. In bijv. dit soort gevallen en kwesties zouden, waar nodig, de aangezochte centrale autoriteiten de in art. 79 sub e Brussel II-ter bedoelde passende maatregelen moeten nemen. "Daartoe kan het verstrekken van informatie voor verdere rechtstreekse communicatie, bijvoorbeeld het verstrekken van contactgegevens van kinderwelzijnsorganisaties, rechters in het netwerk of het bevoegde gerecht, in bepaalde gevallen toereikend zijn."

3. Overige aspecten. Aan art. 79 Brussel II-ter zitten nog andere aspecten. Daarvoor wordt verwezen naar de bespreking van art. 55 Brussel II-bis. Immers, deze bepaling stemt, behalve wat art. 79 sub a en art. 79 sub d betreft, overeen met art. 55 (sub a tot en met e) Brussel II-ter. De Verordening Brussel II-bis blijft van toepassing op gerechtelijke procedures die zijn ingesteld, authentieke akten die zijn verleden en overeenkomsten die vóór 1 augustus 2022 uitvoerbaar zijn geworden in de lidstaat waar zij werden gesloten en die binnen het toepassingsgebied van die verordening vallen (zie art. 100 lid 2 Brussel II-ter). De Verordening Brussel II-ter geldt voor gerechtelijke procedures die zijn ingesteld, authentieke akten die zijn verleden en overeenkomsten die zijn geregistreerd op of na 1 augustus 2022 (zie art. 100 lid 1 Brussel II-ter).

Artikel 80
Samenwerking inzake het verzamelen en uitwisselen van informatie die van belang is in procedures inzake ouderlijke verantwoordelijkheid

1. Op een met redenen omkleed verzoek handelt de centrale autoriteit van de lidstaat waar het kind zijn gewone verblijfplaats heeft of had, of waar het zich bevindt of bevond, rechtstreeks of via gerechten, bevoegde autoriteiten of andere organen als volgt:

a) zij verstrekt, indien voorhanden, een verslag of zij stelt een verslag op en verstrekt dit, met betrekking tot:

i) de situatie van het kind;

ii) eventuele lopende procedures inzake ouderlijke verantwoordelijkheid voor het kind; of

iii) beslissingen die zijn genomen inzake ouderlijke verantwoordelijkheid voor het kind;

b) zij verstrekt alle andere informatie die van belang is in procedures inzake ouderlijke verantwoordelijkheid in de verzoekende lidstaat, met name over de situatie van een ouder, een familielid of een andere persoon die mogelijk geschikt is om voor het kind te zorgen, indien de situatie van het kind dit vereist; of

c) zij kan het gerecht of de bevoegde autoriteit van haar lidstaat verzoeken te overwegen of maatregelen ter bescherming van de persoon of het vermogen van het kind nodig zijn.

2. In alle gevallen waarin het kind aan een ernstig gevaar is blootgesteld, stelt het gerecht dat of de bevoegde autoriteit die maatregelen ter bescherming van het kind overweegt of heeft genomen, indien het, respectievelijk zij, ervan op de hoogte is dat de verblijfplaats van het kind is gewijzigd naar, of het kind zich bevindt in, een andere lidstaat, de gerechten of de bevoegde autoriteiten van die andere lidstaat in kennis van het bestaande gevaar en van de genomen of overwogen maatregelen. Deze informatie kan rechtstreeks of via de centrale autoriteiten worden toegezonden.

3. De in de leden 1 en 2 bedoelde verzoeken en eventuele aanvullende documenten gaan vergezeld van een vertaling in de officiële taal van de aangezochte lidstaat of, indien er in die lidstaat meerdere officiële talen zijn, in de officiële taal of een van de officiële talen van de plaats waar het verzoek moet worden behandeld, of enige andere taal die de aangezochte lidstaat uitdrukkelijk aanvaardt. Lidstaten delen deze aanvaarding mee aan de Commissie overeenkomstig artikel 103.

4. Tenzij dit als gevolg van uitzonderlijke omstandigheden onmogelijk blijkt, wordt de in lid 1 bedoelde informatie uiterlijk drie maanden na de ontvangst van het verzoek toegezonden aan de verzoekende centrale autoriteit.

[25-06-2019, PbEU L 178, i.w.tr. 22-07-2019/regelingnummer 2019/1111]

[Samenwerking inzake het verzamelen en uitwisselen van informatie die van belang is in procedures inzake ouderlijke verantwoordelijkheid]

1. Algemeen. Art. 80 Brussel II-ter heeft betrekking op de samenwerking waar het gaat om het verzamelen en uitwisselen van informatie die van belang is in procedures ter zake van de ouderlijke verantwoordelijkheid. Daarmee geeft art. 80, wat dit aspect betreft, verder uitwerking aan art. 79 Brussel II-ter. Aan het verzamelen en uitwisselen van informatie verbindt art. 80 Brussel II-ter ook een termijn. Uit art. 80 lid 4 Brussel II-ter blijkt namelijk dat, tenzij dit als gevolg van uitzonderlijke omstandigheden onmogelijk blijkt, de in art. 80 lid 1 Brussel II-ter bedoelde informatie uiterlijk binnen drie maanden na ontvangst van het verzoek dient te worden verzonden aan de verzoekende centrale autoriteit. Door de centrale autoriteit van de lidstaat waar het kind zijn gewone verblijfplaats heeft of had of waar het kind zich bevindt of bevond. En dan rechtstreeks of via tussenkomst van de in art. 80 lid 1 Brussel II-ter bedoelde instanties, waaronder gerechten. Op de overschrijding van de in art. 80 lid 4 Brussel II-ter genoemde termijn staat echter geen sanctie. Evenals bij bijv. art. 24 Brussel II-ter gaat het bij art. 80 lid 4 Brussel II-ter dus hooguit om een inspanningsverplichting. En dat terwijl nota bene de "vlotte en correcte werking van een justitiële ruimte op het niveau van de Unie" cruciaal is voor de Unie (zie nader de considerans, nr. 3, bij de Verordening Brussel II-ter). Ook omdat daarmee de belangen van het kind worden gediend.

2. De in art. 80 Brussel II-ter bedoelde verzoeken. Welke verzoeken uit hoofde van art. 80 Brussel II-ter mogelijk zijn, blijkt uit art. 80 lid 1, respectievelijk art. 80 lid 2. Deze verzoeken dienen in beginsel met redenen te zijn omkleed (vgl. verder bijv. ook art. 32 Haags Kinderbeschermingsverdrag 1996) en eventueel te zijn voorzien van aanvullende documenten. Verder gelden er (ver)taalvoorschriften. In de considerans, nr. 81, bij de Verordening Brussel II-ter, wordt nog opgemerkt dat het – in art. 80 lid 1 Brussel II-ter bedoelde – verzoek met name een beschrijving moet bevatten van de procedures waarvoor de informatie nodig is en van de feitelijke situatie die aanleiding gaf tot de procedures.

Artikel 81
Tenuitvoerlegging van beslissingen inzake ouderlijke verantwoordelijkheid in een andere lidstaat

1. Een gerecht van een lidstaat kan de gerechten of de bevoegde autoriteiten van een andere lidstaat verzoeken bijstand te verlenen bij de tenuitvoerlegging van de ingevolge deze verordening gegeven beslissingen inzake ouderlijke verantwoordelijkheid, in het bijzonder bij het waarborgen van de daadwerkelijke uitoefening van omgangsrecht.

2. Het in lid 1 bedoelde verzoek en eventuele aanvullende documenten gaan vergezeld van een vertaling in de officiële taal van de aangezochte lidstaat of, indien er in die lidstaat meerdere officiële talen zijn, in de officiële taal of een van de officiële talen van de plaats waar het verzoek moet worden behandeld, of enige andere taal die de aangezochte lidstaat uitdrukkelijk aanvaardt. Lidstaten delen deze aanvaarding mee aan de Commissie overeenkomstig artikel 103.

[25-06-2019, PbEU L 178, i.w.tr. 22-07-2019/regelingnummer 2019/1111]

[Tenuitvoerlegging van beslissingen inzake ouderlijke verantwoordelijkheid in een andere lidstaat]

1. Algemeen. Naar art. 81 Brussel II-ter wordt verwezen in art. 79 sub d Brussel II-ter. Immers, deze bepaling noemt als specifieke taak dat centrale autoriteiten, rechtstreeks of door tussenkomst van gerechten, bevoegde autoriteiten of andere instanties, alle passende maatregelen nemen om de communicatie tussen gerechten, bevoegde autoriteiten en andere betrokken instanties te ondersteunen, met name voor de toepassing van art. 81. Art. 81 Brussel II-ter heeft betrekking op het verlenen van bijstand bij de tenuitvoerlegging van een in een lidstaat gegeven beslissing ter zake van de ouderlijke verantwoordelijkheid in andere lidstaat, in het bijzonder bij het waarborgen van de daadwerkelijke uitoefening van het omgangsrecht. Uit de considerans, nr. 82, bij de Verordening Brussel II-ter, valt op te maken dat het in art. 81 Brussel II-ter bedoelde verzoek om bijstand geldt voor bijv. "beslissingen inzake omgang onder toezicht die worden uitgevoerd in een andere lidstaat dan de lidstaat waar het gerecht dat de omgang gelast, is gevestigd, of voor beslissingen met andere begeleidende maatregelen van de gerechten of bevoegde autoriteiten in de lidstaat waar de beslissingen ten uitvoer moeten worden gelegd".

2. Nederland. In Nederland voorziet, doordat volgens het eerste lid van deze bepaling de art. 812 en 813 van het Wetboek van Burgerlijke Rechtsvordering van overeenkomstige toepassing zijn, art. 22 Uitvoeringswet internationale kinderbescherming onder meer in de mogelijkheid om zo nodig de tenuitvoerlegging te laten plaatsvinden met behulp van de politie (art. 812 Rv) en met medewerking van het Openbaar Ministerie (art. 813 Rv). In dat kader nu kan, gelet op onder meer het bepaalde in art. 81 Brussel II-ter, de Centrale autoriteit Internationale Kinderaangelegenheden belanghebbende(n) bijv. in contact brengen met de politie opdat, in gevallen waar op grond van de buitenlandse beslissing of het door de Nederlandse rechter verstrekte afgiftebevel de hulp van de politie is toegestaan, de daadwerkelijke uitoefening van het omgangsrecht (of anders van het ouderlijk gezag) is gewaarborgd. En ook kan de Centrale autoriteit Internationale Kinderaangelegenheden belanghebbende(n) bijv. informeren over de mogelijkheid om, naast of afgezien van de in art. 812 en 813 Rv voorziene middelen, een beroep te doen op de in het Nederlandse recht beschikbare civielrechtelijke dwangmiddelen om nakoming van de buitenlandse beslissing af te dwingen. Zie ook het commentaar bij de Uitvoeringswet internationale kinderbescherming (*Stb.* 2006, 123, zoals laatstelijk gewijzigd bij *Stb.* 2022, 72).

Artikel 82
Plaatsing van het kind in een andere lidstaat

1. Indien een gerecht of bevoegde autoriteit overweegt het kind te plaatsen in een andere lidstaat, vraagt het, respectievelijk zij, eerst de goedkeuring van de bevoegde autoriteit van die andere lidstaat. Daartoe dient de centrale autoriteit van de verzoekende lidstaat aan de centrale autoriteit van de aangezochte lidstaat waar het kind zal worden geplaatst, een verzoek om goedkeuring te zenden, dat vergezeld gaat van een verslag over het kind, samen met de redenen voor de voorgestelde plaatsing of zorgverstrekking, informatie over eventueel voorgenomen financiering en elke andere informatie die het relevant acht, zoals de verwachte duur van de plaatsing.
2. Lid 1 is niet van toepassing indien het kind bij een ouder wordt geplaatst.
De lidstaten kunnen besluiten dat hun toestemming overeenkomstig lid 1 niet is vereist voor plaatsingen binnen hun eigen grondgebied bij bepaalde categorieën van nauwe verwanten, in aanvulling op de ouders. Die categorieën worden overeenkomstig artikel 103 aan de Commissie meegedeeld.
3. De centrale autoriteit van een andere lidstaat kan een gerecht of bevoegde autoriteit die overweegt een kind te plaatsen, ervan in kennis stellen dat het kind met die lidstaat een nauwe band heeft. Dit doet geen afbreuk aan nationaal recht en procedures van de lidstaat die de plaatsing overweegt.
4. Het verzoek en eventuele aanvullende documenten als bedoeld in lid 1 gaan vergezeld van een vertaling in de officiële taal van de aangezochte lidstaat of, indien er in die lidstaat meerdere officiële talen zijn, in de officiële taal of een van de officiële talen van de plaats waar het verzoek moet worden behandeld, of enige andere taal die de aangezochte lidstaat uitdrukkelijk aanvaardt. Lidstaten delen deze aanvaarding overeenkomstig artikel 103 aan de Commissie mee.
5. De in lid 1 bedoelde plaatsing wordt door de verzoekende lidstaat slechts worden gelast of geregeld nadat de bevoegde autoriteit van de aangezochte lidstaat de plaatsing heeft goedgekeurd.
6. Tenzij dit als gevolg van uitzonderlijke omstandigheden onmogelijk blijkt, wordt het besluit tot verlening of weigering van de goedkeuring uiterlijk drie maanden na de ontvangst van het verzoek toegezonden aan de verzoekende centrale autoriteit.
7. De procedure voor het verkrijgen van de goedkeuring wordt geregeld door het nationale recht van de aangezochte lidstaat.

8. Dit artikel belet de centrale autoriteiten of de bevoegde autoriteiten niet om overeenkomsten of regelingen met de centrale autoriteiten of de bevoegde autoriteiten van een of meer andere lidstaten, op grond waarvan de overlegprocedure met het oog op goedkeuring in hun onderlinge betrekkingen wordt vereenvoudigd, aan te gaan of te handhaven.
[25-06-2019, PbEU L 178, i.w.tr. 22-07-2019/regelingnummer 2019/1111]

[Plaatsing van het kind in een andere lidstaat]

1. Algemeen. Art. 82 Brussel II-ter gaat over de plaatsing van het kind in een andere, eveneens bij de Verordening Brussel II-ter aangesloten lidstaat. Ook de Verordening Brussel II-bis kent een bepaling die betrekking heeft op de plaatsing van het kind in een andere lidstaat, namelijk art. 56. In het kader van de Verordening Brussel II-ter is de gelegenheid te baat genomen om art. 56 Brussel II-bis ten behoeve van de duidelijkheid te “herschikken”, omdat (ook) deze bepaling in de praktijk voor verbetering vatbaar bleek. Art. 82 Brussel II-ter is het concrete resultaat van deze herschikking. Opdat de Verordening Brussel II-ter de burger uiteindelijk nog grotere voordelen oplevert dan de Verordening Brussel II-bis (vgl. in het algemeen de considerans, nr. 1, bij de Verordening Brussel II-ter). Bij (ook) art. 82 Brussel II-ter gaat het om de samenwerking in die gevallen waarin in de ene lidstaat wordt overwogen om een kind te plaatsen in een andere lidstaat. Daarbij gaat het in beginsel om élke plaatsing van een kind in een andere lidstaat. Daardoor heeft art. 82 Brussel II-ter een ruimer toepassingsgebied dan art. 56 Brussel II-bis. Dit omdat art. 56 Brussel II-bis uitsluitend ziet op de plaatsing van het kind in een instelling of in een pleeggezin. Heeft art. 82 lid 1 Brussel II-ter als uitgangspunt “elke plaatsing van een kind”, art. 82 lid 2 Brussel II-ter beperkt dit uitgangspunt vervolgens. Althans in twee gevallen. Het eerste geval is het geval dat wordt overwogen het kind te plaatsen bij een andere ouder in een andere lidstaat. In zo’n geval is art. 82 Brussel II-ter niet van toepassing en hoeft dus evenmin de in art. 82 lid 1 Brussel II-ter bedoelde goedkeuring of toestemming te worden gevraagd. Het tweede geval is het geval dat de afzonderlijke lidstaten waar de Verordening Brussel II-ter van toepassing is, kunnen besluiten dat hun toestemming overeenkomstig art. 82 lid 1 Brussel II-ter niet is vereist in het geval dat het kind wordt geplaatst bij bepaalde categorieën van nauwe verwanten. Zoals bijv. de grootouders van het kind. Van zo’n mogelijk besluit moet dan wel mededeling worden gedaan aan de Commissie op de voet van art. 103 Brussel II-ter. Riep art. 56 Brussel II-bis (ook) op dit onderdeel in de praktijk (aanvankelijk) vragen op, art. 82 Brussel II-ter is duidelijk over de in het kader van deze bepaling in acht te nemen termijn. Op grond van art. 82 lid 6 Brussel II-ter namelijk dient, tenzij dit als gevolg van uitzonderlijke omstandigheden onmogelijk blijkt, het besluit tot verlening of weigering van de goedkeuring uiterlijk drie maanden na de ontvangst van het verzoek te worden toegezonden aan de centrale autoriteit die om plaatsing van het kind in de andere lidstaat heeft verzocht (vgl. eerder HvJ EU 26 april 2012, Health Services Executive/SC en AC, C-92/12 PPU, ECLI:EU:C:2012:255; “met gepaste spoed”). Echter, ook hier gaat het weer om hooguit een inspanningsverplichting (vgl. bijv. ook art. 80 Brussel II-ter). Wordt een verzoek tot goedkeuring als bedoeld in art. 82 Brussel II-ter gedaan, dan dient dit verzoek naast de redenen voor de voorgestelde plaatsing of zorgverstrekking en het rapport of verslag over het kind, óók informatie te bevatten over de eventueel voorgenomen financiering en elke andere informatie die het verzoekende gerecht of de bevoegde autoriteit relevant acht, zoals bijv. de verwachte duur van de plaatsing en met wie het kind wél en met wie het kind géén contact mag hebben (gelet op art. 8 EVRM). Dat blijkt uit art. 82 lid 1 Brussel II-ter (gelezen in samenhang met de considerans, nr. 83, bij de Verordening Brussel II-ter). Verder bevat art. 82 Brussel II-ter onder meer (ver)taalvoorschriften. Uit de considerans, nr. 83, bij de Verordening Brussel II-ter, kan – in verband met art. 82 Brussel II-ter – onder meer nog worden opgemaakt dat wanneer aan de goedgekeurde plaatsing van het kind een bepaalde, specifieke termijn is gekoppeld, deze goedkeuring zich niet uitstrekt tot een eventuele verlenging van deze plaatsing. Hiervoor dient dan ook een nieuw verzoek om goedkeuring te worden ingediend op de voet van art. 82 Brussel II-ter.

2. Weigeringsgrond. Is, in de gevallen waarin zij is voorgeschreven, de procedure van art. 82 Brussel II-ter niet in acht genomen, dan levert dit een verplichte weigeringsgrond op: zie art. 39 lid 1 sub f Brussel II-ter. Concreet betekent dit dat wanneer de in art. 82 Brussel II-ter bedoelde procedure niet in acht is genomen, de uiteindelijk genomen beslissing waarbij het kind in een andere lidstaat wordt geplaatst niet op grond van de Verordening Brussel II-ter voor erkenning in aanmerking komt (vgl. eerder art. 23 sub g Brussel II-bis).

3. Nederland. Voor Nederland bevat art. 9 Uitvoeringswet internationale kinderbescherming nadere procedurele voorschriften. Overigens heeft Nederland – vooralsnog – geen gebruikgemaakt van de in art. 82 lid 2 2e regel Brussel II-ter geboden mogelijkheid, dat toestemming overeenkomstig art. 82 lid 1 Brussel II-ter niet is vereist in het geval dat het kind wordt geplaatst bij bepaalde categorieën van nauwe verwanten. Hiervan is de reden dat binnen Nederland aan uithuisplaatsingen van een kind bij nauwe verwanten, bijv. de grootouders, steeds een screening door de Raad voor de Kinderbescherming voorafgaat. "Voor de plaatsing van een kind dat in een andere lidstaat verblijft en in Nederland bij nauwe verwanten wordt geplaatst, wordt bij deze praktijk aangesloten." (*Kamerstukken* 35888, nr. 3, p. 3). Zie verder ook het commentaar bij de Uitvoeringswet internationale kinderbescherming (*Stb.* 2006, 123, zoals laatstelijk gewijzigd bij *Stb.* 2022, 72).

Artikel 83
Kosten van centrale autoriteiten

1. De door de centrale autoriteiten overeenkomstig deze verordening verleende bijstand is kosteloos.
2. Elke centrale autoriteit draagt haar eigen kosten voor de toepassing van deze verordening.
[25-06-2019, PbEU L 178, i.w.tr. 22-07-2019/regelingnummer 2019/1111]

[Kosten van centrale autoriteiten]

1. Algemeen. Art. 83 Brussel II-ter houdt verband met de door de centrale autoriteiten verleende bijstand. Voor deze bijstand worden geen kosten in rekening gebracht. Zij is namelijk kosteloos (lid 1). Elke centrale autoriteit draagt haar eigen kosten (lid 2). De Verordening Brussel II-bis kent een soortgelijke regeling (zie art. 57 lid 3 en lid 4 Brussel II-bis).

2. Nederland. In de Uitvoeringswet internationale kinderbescherming wordt, meer in het algemeen, nog gesteld dat voor de centrale autoriteit het wetsvoorstel (met betrekking tot als gevolg van de Verordening Brussel II-ter gewijzigde Uitvoeringswet internationale kinderbescherming) geen financiële gevolgen (voor de rijksbegroting) heeft. Meer specifiek met betrekking tot de voor de centrale autoriteit verplicht gestelde vertaling bij een verzoek tot plaatsing van een kind in een andere lidstaat (zie art. 82 lid 4 Brussel II-ter) wordt nog opgemerkt, dat die vertaling in de praktijk al vaak wordt geleverd. Waardoor deze verplichting niet tot aanvullende kosten leidt (*Kamerstukken* 35888, nr. 3, p. 13). Zie ook het commentaar bij de Uitvoeringswet internationale kinderbescherming (*Stb.* 2006, 123, zoals laatstelijk gewijzigd bij *Stb.* 2022, 72).

Artikel 84
Vergaderingen van centrale autoriteiten

1. Op gezette tijden worden vergaderingen van de centrale autoriteiten gehouden om de toepassing van deze verordening te vergemakkelijken.
2. De vergaderingen van de centrale autoriteiten worden met name door de Commissie bijeengeroepen in het kader van het Europees justitieel netwerk in burgerlijke en handelszaken overeenkomstig Beschikking 2001/470/EG.
[25-06-2019, PbEU L 178, i.w.tr. 22-07-2019/regelingnummer 2019/1111]

[Vergaderingen van centrale autoriteiten]

1. Algemeen. Art. 84 Brussel II-ter geeft aan dat de centrale autoriteiten op gezette tijden vergaderingen houden om de toepassing van de Verordening Brussel II-ter te vergemakkelijken (vgl. art. 58 Brussel II-bis). De Verordening Brussel II-ter is echter "pas" op 1 augustus 2022 van toepassing geworden. De in art. 84 Brussel II-ter genoemde vergaderingen worden met name door de Commissie bijeengeroepen. In het kader van het Europees justitieel netwerk in burgerlijke en handelszaken.

2. Niet het enige geval. Van het Europees justitieel netwerk in burgerlijke en handelszaken (vgl. e-justice.europa.eu) wordt niet alleen in het kader van art. 84 Brussel II-ter gebruikgemaakt. Zie immers ook art. 77 lid 3 Brussel II-ter.

HOOFDSTUK VI
Algemene bepalingen

Artikel 85
Toepassingsgebied

Dit hoofdstuk is van toepassing op de behandeling van verzoeken overeenkomstig de hoofdstukken III tot en met V.
[25-06-2019, PbEU L 178, i.w.tr. 22-07-2019/regelingnummer 2019/1111]

Artikel 86
Samenwerking en communicatie tussen gerechten

1. Voor de toepassing van deze verordening kunnen de gerechten samenwerken en rechtstreeks met elkaar communiceren of informatie aan elkaar vragen, mits bij deze

communicatie de procedurele rechten van partijen bij de procedure en de vertrouwelijkheid van de informatie in acht worden genomen.

2. De in lid 1 bedoelde samenwerking kan plaatsvinden met alle middelen die het gerecht passend acht. Zij kan meer bepaald betrekking hebben op:

a) communicatie voor de toepassing van de artikelen 12 en 13;
b) informatie overeenkomstig artikel 15;
c) informatie over lopende procedures voor de toepassing van artikel 20;
d) communicatie voor de toepassing van de hoofdstukken III tot en met V.

[25-06-2019, PbEU L 178, i.w.tr. 22-07-2019/regelingnummer 2019/1111]

Artikel 87
Verzamelen en doorgeven van informatie

1. De aangezochte centrale autoriteit zendt elk verzoek of de daarin vervatte informatie inzake ouderlijke verantwoordelijkheid of internationale kinderontvoering, naargelang het geval, overeenkomstig deze verordening toe aan het gerecht of de bevoegde autoriteit in haar lidstaat of aan een tussenpersoon waar dit uit hoofde van nationaal recht en procedures passend is.

2. De tussenpersoon, het gerecht of de bevoegde autoriteit waaraan de in lid 1 bedoelde informatie is toegezonden, mag deze uitsluitend gebruiken voor de toepassing van deze verordening.

3. De tussenpersoon die, het gerecht dat of de bevoegde autoriteit die in het bezit is of bevoegd is voor het verzamelen, binnen de aangezochte staat, van informatie die nodig is om een verzoek overeenkomstig deze verordening uit te voeren, verstrekt die informatie aan de aangezochte centrale autoriteit op verzoek daarvan in gevallen waarin de aangezochte centrale autoriteit geen rechtstreekse toegang tot de informatie heeft.

4. De aangezochte centrale autoriteit verstrekt de overeenkomstig dit artikel verkregen informatie, voor zover nodig, overeenkomstig nationaal recht en procedures aan de verzoekende centrale autoriteit.

[25-06-2019, PbEU L 178, i.w.tr. 22-07-2019/regelingnummer 2019/1111]

Artikel 88
Kennisgeving aan de betrokkene

Als het risico bestaat dat de overeenkomstig artikel 14, leden 1 tot en met 4, van Verordening (EU) 2016/679 verplichte kennisgeving aan de betrokkene schadelijk is voor de daadwerkelijke uitvoering van het verzoek of de aanvraag krachtens deze verordening waarvoor de informatie wordt doorgegeven, kan die kennisgeving worden uitgesteld totdat het verzoek of de aanvraag is uitgevoerd.

[25-06-2019, PbEU L 178, i.w.tr. 22-07-2019/regelingnummer 2019/1111]

[Kennisgeving aan de betrokkene]

Betekenis. Als het risico bestaat dat op grond van Verordening (EU) 2016/679 bescherming natuurlijke personen i.v.m. verwerking van persoonsgegevens en betreffende het vrije verkeer van die gegevens, verplichte kennisgeving aan de betrokkene schadelijk is voor de uitvoering van het verzoek of de aanvraag, kan besloten worden tot uitstellen van die kennisgeving totdat het verzoek of aanvraag is uitgevoerd.

Artikel 89
Niet-openbaarmaking van informatie

1. Centrale autoriteiten, gerechten of bevoegde autoriteiten openbaren nog bevestigen informatie die voor de toepassing van de hoofdstukken III tot en VI is verzameld of doorgegeven, indien zij vaststellen dat zulks ten koste zou kunnen gaan van de gezondheid, veiligheid of vrijheid van het kind of een andere persoon.
2. Indien in een lidstaat een dergelijke vaststelling wordt gedaan, wordt daar door de centrale autoriteiten, gerechten en bevoegde autoriteiten van de andere lidstaten rekening mee gehouden, met name in geval van huiselijk geweld.
3. Niets in dit artikel belet de verzameling en doorgifte van informatie door en tussen centrale autoriteiten, gerechten en bevoegde autoriteiten, voor zover zulks noodzakelijk is voor het nakomen van de verplichtingen uit hoofde van de hoofdstukken III tot en met VI.
[25-06-2019, PbEU L 178, i.w.tr. 22-07-2019/regelingnummer 2019/1111]

[Niet-openbaarmaking van informatie]

Betekenis. Art. 89 geeft een regeling over hoe zorgvuldig met op grond van Brussel II-ter verzamelde informatie door betrokken instanties dient te worden omgegaan.

Artikel 90
Legalisatie of soortgelijke formaliteit

Geen legalisatie of soortgelijke formaliteit is vereist in het kader van deze verordening.
[25-06-2019, PbEU L 178, i.w.tr. 22-07-2019/regelingnummer 2019/1111]

[Legalisatie of soortgelijke formaliteit]

Betekenis. Deze bepaling maakt duidelijk dat door geen enkele autoriteit legalisatie van stukken of enige andere soortgelijke formaliteit kan eisen in het kader van verzoeken overeenkomstig de hoofdstukken III tot en met V van deze verordening. Dit laatste blijkt uit het feit dat art. 90 deel uitmaakt van hoofdstuk VI (algemene bepalingen) dat van toepassing is op de behandeling van verzoeken overeenkomstig de hoofdstukken III tot en met V (zie art. 85).

Artikel 91
Talen

1. Onverminderd artikel 55, lid 2, punt a), is een vertaling of transliteratie, indien die krachtens deze verordening vereist is, in de officiële taal van de betrokken lidstaat of, als die lidstaat meerdere officiële talen heeft, in de officiële taal of een van de officiële talen van de procedure van de plaats waar de in een andere lidstaat gegeven beslissing wordt ingeroepen of het verzoek wordt gedaan, overeenkomstig de wetgeving van die lidstaat.
2. De vertalingen of transliteraties van de vertaalbare inhoud van de vrije tekstvelden van de in de artikelen 29, 36, 47, 49 en 66 bedoelde certificaten kunnen zijn in een of meerdere van de andere officiële talen van de instellingen van de Europese Unie waarover de betrokken lidstaat in overeenstemming met artikel 103 heeft meegedeeld dat hij die taal aanvaardt.

3. De lidstaten delen de Commissie mee in welke andere officiële taal of talen van de instellingen van de Europese Unie dan hun eigen taal of talen de mededelingen aan hun centrale autoriteiten kunnen worden toegezonden.
4. Een vertaling die krachtens de hoofdstukken III en IV is vereist, wordt gemaakt door een persoon die in een van de lidstaten bevoegd is vertalingen te maken.
[25-06-2019, PbEU L 178, i.w.tr. 22-07-2019/regelingnummer 2019/1111]

[Talen]

Betekenis. In deze bepaling worden regels gesteld omtrent de taal of talen van vertalingen of transliteraties die op grond van Brussel II-ter dienen te worden gemaakt. De lidstaten dienen de Europese Commissie mede te delen welke andere officiële taal of talen van de instellingen van de Europese Unie dan hun eigen taal of talen zij aanvaarden voor mededelingen aan hun centrale autoriteiten en voor vertalingen of transliteraties.

HOOFDSTUK VII
Gedelegeerde handelingen

Artikel 92
Wijzigingen in de bijlagen
De Commissie is bevoegd om overeenkomstig artikel 93 gedelegeerde handelingen vast te stellen tot wijziging van de bijlagen I tot IX om deze te actualiseren of om technische wijzigingen door te voeren.
[25-06-2019, PbEU L 178, i.w.tr. 22-07-2019/regelingnummer 2019/1111]

Artikel 93
Uitoefening van de bevoegdheidsdelegatie
1. De bevoegdheid om gedelegeerde handelingen vast te stellen, wordt aan de Commissie verleend onder de in dit artikel neergelegde voorwaarden.
2. De in artikel 92 bedoelde bevoegdheid om gedelegeerde handelingen vast te stellen, wordt met ingang van 22 juli 2019 voor onbepaalde tijd aan de Commissie verleend.
3. De Raad kan de in artikel 92 bedoelde bevoegdheidsdelegatie te allen tijde intrekken. Het besluit tot intrekking beëindigt de delegatie van de in dat besluit genoemde bevoegdheid. Het wordt van kracht op de dag na die van de bekendmaking ervan in het *Publicatieblad van de Europese Unie* of op een daarin genoemde latere datum. Het laat de geldigheid van de reeds van kracht zijnde gedelegeerde handelingen onverlet.
4. Vóór de vaststelling van een gedelegeerde handeling raadpleegt de Commissie de door elke lidstaat aangewezen deskundigen overeenkomstig de beginselen die zijn vastgesteld in het Interinstitutioneel Akkoord van 13 april 2016 over beter wetgeven.
5. Zodra de Commissie een gedelegeerde handeling vaststelt, stelt zij de Raad daarvan in kennis.
6. Een krachtens artikel 92 vastgestelde gedelegeerde handeling treedt pas in werking als de Raad binnen een termijn van twee maanden na de datum van kennisgeving van die handeling aan de Raad geen bezwaar heeft gemaakt tegen de gedelegeerde handeling, of als de Raad de Commissie voor het verstrijken van deze termijn heeft meegedeeld niet voornemens te zijn bezwaar te maken. Die termijn kan op initiatief van de Raad met twee maanden worden verlengd.

7. De Commissie informeert het Europees Parlement van de door haar vastgestelde gedelegeerde handelingen, eventuele bezwaren die daartegen zijn gemaakt of de intrekking van de bevoegdheidsdelegatie door de Raad.
[25-06-2019, PbEU L 178, i.w.tr. 22-07-2019/regelingnummer 2019/1111]

HOOFDSTUK VIII
Verhouding tot andere instrumenten

Artikel 94
Verhouding tot andere instrumenten

1. Behoudens lid 2 van dit artikel en de artikelen 95 tot en met 100, treedt deze verordening tussen de lidstaten in de plaats van de op het tijdstip van de inwerkingtreding van Verordening (EG) nr. 2201/2003 bestaande overeenkomsten tussen twee of meer lidstaten, die betrekking hebben op onderwerpen die in deze verordening zijn geregeld.
2. Finland en Zweden hebben de mogelijkheid gekregen overeenkomstig artikel 59, lid 2, van Verordening (EG) nr. 2201/2003 en onder de voorwaarden in punten b) en c) van die bepaling te verklaren dat de Overeenkomst van 6 februari 1931 tussen Denemarken, Finland, IJsland, Noorwegen en Zweden houdende internationaal-privaatrechtelijke bepalingen ter zake van huwelijk, adoptie en voogdij, met het bijbehorende slotprotocol, in hun onderlinge betrekkingen geheel of gedeeltelijk toepasselijk is in plaats van die verordening. De respectieve verklaringen zijn in de bijlage van Verordening (EG) nr. 2201/2003 bekendgemaakt in het *Publicatieblad van de Europese Unie*. Voornoemde lidstaten kunnen te allen tijde hun verklaring geheel of gedeeltelijk intrekken.
3. In alle toekomstige overeenkomsten tussen de lid 2 genoemde lidstaten worden de bevoegdheidsregels die betrekking hebben op een in deze verordening geregeld onderwerp, in overeenstemming gebracht met de regels van deze verordening.
4. Het verbod van discriminatie op grond van nationaliteit van burgers van de Unie wordt geëerbiedigd.
5. Beslissingen die in een van de Noordse staten die een verklaring als bedoeld lid 2 heeft afgelegd, zijn gegeven op een bevoegdheidsgrond die overeenkomt met een van de gronden waarin hoofdstuk II voorziet, worden in de overige lidstaten overeenkomstig de regels van hoofdstuk IV, afdeling 1, erkend en ten uitvoer gelegd.
6. De betrokken lidstaten zullen aan de Commissie toezenden:
a) een afschrift van de in lid 3 bedoelde overeenkomsten en van de eenvormige wetten ter uitvoering daarvan;
b) elke opzegging of wijziging van de in de leden 2 en 3 bedoelde overeenkomsten en eenvormige wetten.

Deze informatie wordt bekendgemaakt in het *Publicatieblad van de Europese Unie*.
[25-06-2019, PbEU L 178, i.w.tr. 22-07-2019/regelingnummer 2019/1111]

[Verhouding tot andere instrumenten]

1. Voorrang voor de verordening (lid 1). Art. 94-99 regelen de verhouding van de verordening tot andere instrumenten. De hoofdregel wordt gegeven in art. 94 lid 1. De verordening treedt tussen de lidstaten in de plaats van zowel bilaterale als multilaterale verdragen waarbij de lidstaten op het tijdstip waarop de verordening in werking treedt, partij zijn en die betrekking hebben op dezelfde onderwerpen als de verordening. In de verhouding tussen een lidstaat enerzijds en een niet-lidstaat anderzijds kunnen de genoemde verdragen blijven gelden. Ook voor zover het onderwerpen betreft die niet in de verordening geregeld zijn, kunnen, blijkens art. 98, de genoemde verdragen blijven gelden. **a. Verhouding tot derde landen.** De bepaling kan niet afdoen aan de verplichtingen die de lidstaten hebben tegenover niet-lidstaten die partij zijn bij een van de hier bedoelde verdragen. **b. Uitzonderingen.** Voor een aantal verdragen is een aparte regeling opgenomen in achtereenvolgens art. 94 lid 2 en art. 95 tot en met 100. Deze afzonderlijke regelingen worden door art. 94 onverlet gelaten.

2. Noords verdrag (lid 2). Lid 2 voorziet in de mogelijkheid voor Zweden en Finland om in hun onderlinge betrekkingen het in de bepaling genoemde verdrag te blijven toepassen in plaats van de verordening. Beide landen hebben deze verklaring afgelegd.

Artikel 95
Verhouding tot bepaalde multilaterale verdragen

In de betrekkingen tussen de lidstaten heeft deze verordening voorrang boven de volgende verdragen, voor zover zij betrekking hebben op onderwerpen die in deze verordening zijn geregeld:

a) het Verdrag van 's-Gravenhage van 5 oktober 1961 betreffende de bevoegdheid der autoriteiten en de toepasselijke wet inzake de bescherming van minderjarigen;
b) het Verdrag van Luxemburg van 8 september 1967 inzake de erkenning van beslissingen betreffende de huwelijksband;
c) het Verdrag van 's-Gravenhage van 1 juni 1970 inzake de erkenning van echtscheidingen en scheidingen van tafel en bed;
d) het Europees Verdrag van 20 mei 1980 betreffende de erkenning en de tenuitvoerlegging van beslissingen inzake het gezag over kinderen en betreffende het herstel van het gezag over kinderen.

[25-06-2019, PbEU L 178, i.w.tr. 22-07-2019/regelingnummer 2019/1111]

[Verhouding tot bepaalde multilaterale verdragen]

1. Algemeen. In afwijking van het bepaalde in art. 94 worden de in dit artikel genoemde verdragen in de betrekkingen tussen de lidstaten niet geheel vervangen. Tussen de lidstaten die partij zijn bij een of meer van deze verdragen blijven zij in werking, maar bij strijdigheid met de verordening heeft de verordening voorrang. Zie *Asser/Vonken & Ibili 10-II* 2021/526-528.

2. Verhouding tot derde landen. De bepaling kan niet afdoen aan de verplichtingen die de lidstaten hebben tegenover niet-lidstaten die partij zijn bij een van de hier genoemde verdragen.

Artikel 96
Verhouding tot het Verdrag van 's-Gravenhage van 1980

Wanneer een kind ongeoorloofd is overgebracht of wordt vastgehouden in een andere lidstaat dan de lidstaat waar het kind onmiddellijk voordat het ongeoorloofd werd

overgebracht of vastgehouden, zijn gewone verblijfplaats had, blijven de bepalingen van het Verdrag van 's-Gravenhage van 1980 van toepassing, aangevuld met de bepalingen van de hoofdstukken III en VI van deze verordening. Indien een in een lidstaat gegeven beslissing waarbij overeenkomstig het Verdrag van 's-Gravenhage van 1980 de terugkeer van het kind wordt gelast, in een andere lidstaat moet worden erkend en ten uitvoer gelegd na een verdere ongeoorloofde overbrenging of vasthouding van het kind, is hoofdstuk IV van toepassing.

[25-06-2019, PbEU L 178, i.w.tr. 22-07-2019/regelingnummer 2019/1111]

[Verhouding tot het Verdrag van 's-Gravenhage van 1980]

1. Algemeen. Art. 96 Brussel II-ter heeft betrekking op de verhouding tussen de Verordening Brussel II-ter en het Haags Kinderontvoeringsverdrag 1980. Uit deze bepaling blijkt in de eerste plaats dat, in de verhouding tussen deze beide regelingen, zowel de bepalingen van Hoofdstuk III (art. 22 e.v. Brussel II-ter) als de bepalingen van Hoofdstuk VI (art. 85 e.v. Brussel II-ter) de bepalingen van het Haags Kinderontvoeringsverdrag 1980 aanvullen. Dit heeft bijv. tot gevolg dat het gerecht het verzoek om teruggeleiding van een ontvoerd kind moet beoordelen aan de hand van het in het Haags Kinderontvoeringsverdrag 1980 neergelegde toetsingskader, maar dan met de aanvullingen hierop uit Hoofdstuk III Verordening Brussel II-ter. Omdat deze bepaling ziet op de verhouding tussen de Verordening Brussel II-ter en het Haags Kinderontvoeringsverdrag 1980 gaat het bij art. 96 Brussel II-ter dan wel steeds om de situatie dat de bij de internationale kinderontvoering betrokken staten én gebonden zijn aan de Verordening Brussel II-ter én partij zijn bij het Haags Kinderontvoeringsverdrag 1980. Denemarken bijv. is niet gebonden aan de Verordening Brussel II-ter, maar is wel partij bij het Haags Kinderontvoeringsverdrag 1980. Dat betekent bijv. dat als zich in de verhouding tussen Nederland en Denemarken een inkomende zaak van kinderontvoering voordoet, het teruggeleidingsverzoek enkel beoordeeld dient te worden aan de hand van de bepalingen van het Haags Kinderontvoeringsverdrag 1980. Immers, de aanvullende bepalingen van de Verordening Brussel II-bis spelen dan geen rol, omdat voor Denemarken de Verordening Brussel II-bis immers niet van toepassing is. Behalve dat volgens art. 96 Brussel II-ter de Hoofdstukken III en VI Brussel II-ter het Haags Kinderontvoeringsverdrag 1980 aanvullen, blijkt uit art. 96 Brussel II-ter in de tweede plaats dat op een teruggeleidingsbevel uit hoofde van het Haags Kinderontvoeringsverdrag 1980 Hoofdstuk IV (art. 30 e.v. Brussel II-ter) van de Verordening Brussel II-ter van toepassing is. Uiteraard gaat het ook hier weer steeds om de situatie dat de bij de internationale kinderontvoering betrokken staten én gebonden zijn aan de Verordening Brussel II-ter én partij zijn bij het Haags Kinderontvoeringsverdrag 1980. Doordat Hoofdstuk IV Brussel II-ter van toepassing is kan het door een gerecht in een lidstaat van de Verordening Brussel II-ter uit hoofde van het Haags Kinderontvoeringsverdrag 1980 afgegeven teruggeleidingsbevel bijv. worden ten uitvoer gelegd in een andere lidstaat waar de Verordening Brussel II-ter van toepassing is, maar zonder dat hiervoor een verklaring van uitvoerbaarheid of exequatur is vereist (zie verder het commentaar bij art. 34 Brussel II-ter).

2. Gevolgen voor herontvoering. Doordat, als consequentie van het op grond van art. 96 Brussel II-ter hierop van toepassing zijn van onder meer Hoofdstuk IV, een teruggeleidingsbeslissing (waarover art. 2 lid 1 sub a Brussel II-ter) uit hoofde van het Haags

Kinderontvoeringsverdrag 1980 in staten waar (ook) de Verordening Brussel II-ter van toepassing is rechtskracht heeft, loont het niet om, na een voor de ontvoerende ouder onwelgevallig teruggeleidingsbevel, het desbetreffende kind van de ene EU-lidstaat opnieuw te ontvoeren naar een andere EU-lidstaat. Immers, een teruggeleidingsbevel uit hoofde van het Haags Kinderontvoeringsverdrag 1980 heeft rechtskracht in álle EU-staten waar de Verordening Brussel II-ter van toepassing is (zie ook F. Ibili in: *FJR* 2021/69, bij 13).

Artikel 97

Verhouding tot het Verdrag van 's-Gravenhage van 1996

1. Wat de verhouding tot het Verdrag van 's-Gravenhage van 1996 betreft, is deze verordening van toepassing:

a) behoudens het bepaalde in lid 2 van dit artikel, indien het betrokken kind zijn gewone verblijfplaats op het grondgebied van een lidstaat heeft;

b) indien het de erkenning en de tenuitvoerlegging betreft van een beslissing die door een gerecht van een lidstaat is gegeven op het grondgebied van een andere lidstaat, ook indien het betrokken kind zijn gewone verblijfplaats heeft op het grondgebied van een staat die geen partij is bij genoemd Verdrag en waar deze verordening niet van toepassing is.

2. Niettegenstaande lid 1,

a) als de partijen het eens zijn over de bevoegdheid van een gerecht in een staat die partij is bij het Verdrag van 's-Gravenhage van 1996 waar deze verordening niet van toepassing is, is artikel 10 van dat Verdrag van toepassing;

b) met betrekking tot de overdracht van bevoegdheid tussen een gerecht in een lidstaat en een gerecht in een staat die partij is bij het Verdrag van 's-Gravenhage van 1996 waar deze verordening niet van toepassing is, zijn de artikelen 8 en 9 van dat Verdrag van toepassing;

c) als procedures inzake ouderlijke verantwoordelijkheid hangende zijn voor een gerecht in een staat die partij is bij het Verdrag van 's-Gravenhage van 1996 waar deze verordening niet van toepassing is op hetzelfde moment dat bij een gerecht in een lidstaat procedures aanhangig worden gemaakt betreffende hetzelfde kind en hetzelfde onderwerp, is artikel 13 van dat Verdrag van toepassing.

[25-06-2019, PbEU L 178, i.w.tr. 22-07-2019/regelingnummer 2019/1111]

[Verhouding tot het Verdrag van 's-Gravenhage van 1996]

1. Algemeen. Ziet art. 96 Brussel II-ter op de verhouding tussen de Verordening Brussel II-ter en het Haags Kinderontvoeringsverdrag 1980, art. 97 Brussel II-ter heeft betrekking op de verhouding tussen de Verordening Brussel II-ter en het Haags Kinderbeschermingsverdrag 1996 (waarover eveneens L.Th.L.G. Pellis in: *T&C Personen- en familierecht*). Art. 97 lid 1 sub a Brussel II-ter regelt de verhouding tussen de Verordening Brussel II-ter en het Haags Kinderbeschermingsverdrag 1996 voor wat betreft de bevoegdheid. Art. 97 lid 1 sub b Brussel II-ter regelt de verhouding tussen de Verordening Brussel II-ter en het Haags Kinderbeschermingsverdrag 1996 voor wat betreft de erkenning en de tenuitvoerlegging. Over kwesties van toepasselijk recht zegt art. 97 Brussel II-ter niets. Dat is ook volstrekt logisch, omdat, anders dan bij het Haags Kinderbeschermingsverdrag 1996 het geval is, de Verordening Brussel II-ter geen conflict- of verwijzingsregels bevat aan de hand waarvan kan worden vastgesteld welk recht van toepassing is op internationale, grensoverschrijdende, kwesties van ouderlijke verantwoordelijkheid. Dan behoeft, met het oog op mogelijke samenloop, de verhouding tussen de Verordening Brussel II-ter en het Haags Kinderbeschermingsverdrag 1996 uiteraard niet te worden geregeld. Art. 97 Brussel II-ter doet dat dan ook niet. Van samenloop kan enkel sprake zijn als een, privaatrechtelijke casus of kwestie, onder het materieel, formeel en temporeel toepassingsgebied valt van meer dan één internationale of Europese regeling (vgl. *Asser/Vonken 10-I* 2018/120-129).

2. Bevoegdheid. Wat de kwestie van de bevoegdheid betreft is, in de verhouding tussen de Verordening Brussel II-ter en het Haags Kinderbeschermingsverdrag 1996, de Verordening Brussel II-ter van toepassing, indien het kind zijn gewone verblijfplaats (waarover met name het commentaar bij art. 7 Brussel II-ter) heeft op het grondgebied van een staat waar (ook) de Verordening Brussel II-ter van toepassing is, zij het dat wanneer het betrokken kind in de loop van het geding rechtmatig is overgebracht naar een derde staat die partij is bij het Haags Kinderbeschermingsverdrag 1996 de gerechten van de lidstaten niet langer bevoegd zijn (vgl. zeer recentelijk HvJ EU 14 juli 2022, CC/VO, C-572/21, ECLI:EU:C:2022:562). De Verordening Brussel II-bis kent deze samenloopregel ook in art. 61 sub a. Echter, anders dan art. 61 sub a Brussel II-bis, kent art. 97 lid 1 sub a een drietal uitzonderingen op de regel dat de verordening van toepassing is, indien het kind zijn gewone verblijfplaats heeft op het grondgebied van een staat waar de Verordening Brussel II-ter van toepassing is. Die drie uitzonderingen staan in art. 97 lid 2 Brussel II-ter. De eerste uitzondering, die van lid 2 sub a, ziet op de situatie dat er op grond van art. 10 Haags Kinderbeschermingsverdrag 1996 (welke bepaling in een beperkte forumkeuze voorziet) bevoegdheidsoverdracht plaatsvindt. De tweede uitzondering, die van lid 2 sub b, heeft betrekking op het geval dat er op grond van art. 8 of 9 Haags Kinderbeschermingsverdrag 1996 bevoegdheidsoverdracht plaatsvindt. De derde uitzondering, die van lid 2 sub c, geeft een oplossing voor het litispendentieprobleem wanneer er twee procedures aanhangig zijn gemaakt, maar waarbij de eerste procedure aanhangig is in een staat die wel partij is bij het Haags Kinderbeschermingsverdrag1996 maar niet is gebonden aan de Verordening Brussel II-ter. In zo'n geval vindt art. 13 Haags Kinderbeschermingsverdrag 1996 toepassing.

3. Erkenning en tenuitvoerlegging. Wat de kwestie van de erkenning en tenuitvoerlegging betreft is, in de verhouding tussen de Verordening Brussel II-ter en het Haags Kinderbeschermingsverdrag 1996, de Verordening Brussel II-ter van toepassing wanneer het gaat om de erkenning en tenuitvoerlegging in een lidstaat waar (ook) de Verordening Brussel II-ter van toepassing is van een uit een andere lidstaat afkomstige beslissing waar eveneens (ook) de Verordening Brussel II-ter van toepassing is. Dat blijkt uit art. 97 lid 1 sub b Brussel II-ter. Dat is, zo blijkt eveneens uit art. 97 lid 1 sub b Brussel II-ter, ook het geval als het betrokken kind zijn gewone verblijfplaats heeft in een staat die geen partij is bij het Haags Kinderbeschermingsverdrag 1996. Ook dan is de Verordening Brussel II-ter dus van toepassing. Met als logisch gevolg dat ook dan de erkennings- en uitvoerleggingsregeling van deze verordening van toepassing is.

Artikel 98
Geldingsbereik

1. De in de artikelen 94 tot en met 97 genoemde overeenkomsten en verdragen behouden hun gelding op de terreinen die niet door de onderhavige verordening worden geregeld.

2. De in de artikelen 95 tot en met 97 van deze verordening bedoelde verdragen, met name het Verdrag van 's-Gravenhage van 1980 en het Verdrag van 's-Gravenhage van 1996, behouden hun gelding tussen de lidstaten die partij zijn bij genoemde verdragen, met inachtneming van de artikelen 95 tot en met 97 van deze verordening.

[25-06-2019, PbEU L 178, i.w.tr. 22-07-2019/regelingnummer 2019/1111]

[Geldingsbereik]

Betekenis. De overeenkomsten en verdragen waarvan de gelding tussen de lidstaten krachtens de bovenstaande bepalingen is uitgesloten of beperkt, behouden hun gelding op terreinen die niet door de verordening worden geregeld. Op die terreinen kan geen sprake zijn van strijdigheid met de verordening en dus ook niet van voorrang voor de verordening.

Artikel 99
Verdragen met de Heilige Stoel

1. Deze verordening laat onverlet het op 18 mei 2004 te Vaticaanstad ondertekende internationale verdrag (concordaat) tussen de Heilige Stoel en de Portugese Republiek.

2. Elke beslissing ter zake van de nietigverklaring van een huwelijk, gegeven krachtens het in lid 1 genoemde concordaat, wordt in de lidstaten erkend onder de in hoofdstuk IV, afdeling 1, onderafdeling 1, vastgestelde voorwaarden.

3. Het bepaalde in de leden 1 en 2 is tevens van toepassing op de volgende internationale verdragen met de Heilige Stoel:

a) het Verdrag van Lateranen van 11 februari 1929 tussen de Italiaanse Republiek en de Heilige Stoel, gewijzigd bij de op 18 februari 1984 te Rome ondertekende overeenkomst met bijbehorend protocol;

b) de overeenkomst van 3 januari 1979 tussen de Heilige Stoel en Spanje over juridische kwesties;

c) de Overeenkomst van 3 februari 1993 tussen de Heilige Stoel en Malta inzake de erkenning van de burgerrechtelijke gevolgen van canonieke huwelijken en van beslissingen van de kerkelijke autoriteiten en rechtbanken aangaande zulke huwelijken, met inbegrip van het toepassingsprotocol van diezelfde datum, met het derde Aanvullend Protocol van 27 januari 2014.

4. De in lid 2 voorgeschreven erkenning van beslissingen kan in Spanje, in Italië en in Malta worden onderworpen aan dezelfde procedures en controles die van toepassing zijn voor beslissingen van kerkelijke rechterlijke instanties op grond van de in lid 3 genoemde internationale verdragen met de Heilige Stoel.

5. De betrokken lidstaten:

a) zenden de Commissie een afschrift van de in de leden 1 en 3 genoemde verdragen toe;

b) doen haar mededeling van elke opzegging van of wijziging in deze verdragen.

[25-06-2019, PbEU L 178, i.w.tr. 22-07-2019/regelingnummer 2019/1111]

[Verdragen met de Heilige Stoel]

Betekenis. De verordening laat een aantal bilaterale verdragen tussen de Heilige Stoel enerzijds en Portugal respectievelijk Italië, Spanje en Malta anderzijds onverlet. Nietigverklaringen die op grond van een van deze verdragen zijn uitgesproken, worden in de andere lidstaten erkend in overeenstemming met hoofdstuk IV. Daarmee wordt een uitzondering gemaakt op het beginsel dat alleen beslissingen van overheidsrechters en bepaalde administratieve autoriteiten binnen de werkingssfeer van de verordening vallen (zie art. 2, aant. 3 en art. 1 aant. 3).

HOOFDSTUK IX
Slotbepalingen

Artikel 100
Overgangsbepalingen

1. Deze verordening is slechts van toepassing op gerechtelijke procedures die zijn ingesteld, authentieke akten die zijn verleden en overeenkomsten die zijn geregistreerd op of na 1 augustus 2022.
2. Verordening (EG) nr. 2201/2003 blijft van toepassing op gerechtelijke procedures die zijn ingesteld, authentieke akten die zijn verleden en overeenkomsten die vóór 1 augustus 2022 uitvoerbaar zijn geworden in de lidstaat waar zij werden gesloten en die binnen het toepassingsgebied van die verordening vallen.
[25-06-2019, PbEU L 178, i.w.tr. 22-07-2019/regelingnummer 2019/1111]

[Overgangsbepalingen]

1. Algemeen. De verordening is van toepassing op gerechtelijke procedures die zijn ingesteld, authentieke akten die zijn verleden en overeenkomsten die zijn geregistreerd op of na 1 augustus 2022: de datum sinds wanneer de verordening van toepassing is (zie art. 105).

2. Verordening Brussel II-bis (lid 2). De Verordening Brussel II-bis blijft van toepassing op gerechtelijke procedures die zijn ingesteld, authentieke akten die zijn verleden en overeenkomsten die uitvoerbaar zijn geworden vóór 1 augustus 2022. Er wordt van uitgegaan dat – ook al is dit niet in deze bepaling expliciet geregeld – een rechterlijke beslissing die na 1 augustus 2022 is gewezen in een procedure die voor deze datum is ingesteld onder het regime van erkenning en tenuitvoerlegging van Brussel II-bis valt. Zie hieromtrent M. Zilinsky, *EB* 2022/6, p. 21.

Artikel 101
Toezicht en evaluatie

1. Uiterlijk op 2 augustus 2032 dient de Commissie, op basis van door de lidstaten verstrekte gegevens, bij het Europees Parlement, de Raad en het Europees Economisch en Sociaal Comité een verslag over de ex-postevaluatie van deze verordening in. Dat verslag gaat zo nodig vergezeld van een wetgevingsvoorstel.

2. Vanaf 2 augustus 2025 stellen de lidstaten de Commissie op verzoek informatie ter beschikking, in zoverre die beschikbaar is, die relevant is voor de evaluatie van de werking en toepassing van deze verordening, en die de volgende elementen betreft:
a) het aantal beslissingen in huwelijkszaken of inzake ouderlijke verantwoordelijkheid waarbij de bevoegdheid werd gebaseerd op de in deze verordening bepaalde gronden;
b) met betrekking tot verzoeken om tenuitvoerlegging van een beslissing als bedoeld in artikel 28(2), het aantal zaken waarin de tenuitvoerlegging niet plaatsvond binnen zes weken na de start van de tenuitvoerleggingsprocedure;
c) het aantal verzoeken om weigering van erkenning van een beslissing krachtens artikel 40 en het aantal zaken waarin de erkenning werd geweigerd;
d) het aantal verzoeken om weigering van tenuitvoerlegging van een beslissing krachtens artikel 58 en het aantal zaken waarin de erkenning werd geweigerd;
e) het aantal keren dat beroep werd ingesteld krachtens respectievelijk artikel 61 en artikel 62.

[25-06-2019, PbEU L 178, i.w.tr. 22-07-2019/regelingnummer 2019/1111]

Artikel 102
Lidstaten met twee of meer rechtsstelsels

Ten aanzien van een lidstaat waar met betrekking tot de onderwerpen die in deze verordening zijn geregeld, twee of meer rechtsstelsels of regelingen van toepassing zijn in verschillende gebiedsdelen:
a) wordt met de gewone verblijfplaats in die lidstaat de gewone verblijfplaats in een gebiedsdeel bedoeld;
b) heeft de term nationaliteit betrekking op de territoriale eenheid die in de wet van die lidstaat is aangeduid;
c) wordt met de autoriteit van een lidstaat de autoriteit van het betrokken gebiedsdeel van die lidstaat bedoeld;
d) wordt met de bepalingen van de aangezochte lidstaat bedoeld de bepalingen van het gebiedsdeel waar de bevoegdheid, de erkenning of de tenuitvoerlegging wordt ingeroepen.

[25-06-2019, PbEU L 178, i.w.tr. 22-07-2019/regelingnummer 2019/1111]

Artikel 103
Aan de Commissie mee te delen informatie

1. De lidstaten delen de Commissie het volgende mee:
a) de in artikel 2, lid 2, punten 2), onder b), en 3), en artikel 74, lid 2, bedoelde autoriteiten;
b) de voor de afgifte van certificaten bevoegde gerechten en autoriteiten bedoeld in artikel 36, lid 1, en artikel 66 en de voor de rectificatie van certificaten bevoegde gerechten bedoeld in artikel 37, lid 1, artikel 48, lid 1, artikel 49, en artikel 66, lid 3, in samenhang met artikel 37, lid 1;
c) de in artikel 30, lid 3, artikel 52, artikel 40, lid 1, artikel 58, lid 1, artikel 61, lid 2, en artikel 62, bedoelde gerechten alsmede de in artikel 61, lid 2, bedoelde autoriteiten en gerechten;
d) de voor tenuitvoerlegging bevoegde autoriteiten bedoeld in artikel 52;
e) de in de artikelen 61 en 62 bedoelde rechtsmiddelen;

f) **de namen, adressen en communicatiemiddelen van de overeenkomstig artikel 76 aangewezen centrale autoriteiten;**
g) **de categorieën van naaste familieleden bedoeld in artikel 82, lid 2, waar toepasselijk;**
h) **de overeenkomstig artikel 91, lid 3, voor mededelingen aan de centrale autoriteiten aanvaarde talen;**
i) **de aanvaarde talen voor de vertalingen als bedoeld in artikel 80, lid 3, artikel 81, lid 2, artikel 82, lid 4, en artikel 91, lid 2.**

2. De lidstaten delen de Commissie de in lid 1 bedoelde informatie uiterlijk op 23 april 2021 mee.
3. De lidstaten doen de Commissie mededeling van eventuele wijzigingen van de in lid 1 bedoelde informatie.
4. De Commissie maakt in lid 1 bedoelde informatie openbaar via gepaste middelen, met inbegrip van het Europese e-justitieportaal.
[25-06-2019, PbEU L 178, i.w.tr. 22-07-2019/regelingnummer 2019/1111]

[Aan de Commissie mee te delen informatie]

Betekenis. De commissie draagt zorg voor openbaarmaking van de in dit artikel genoemde door de lidstaten aangeleverde informatie. De bepaling spreekt over 'via gepaste middelen'. Men kan hierbij denken aan het *Publicatieblad* en aan het in lid 4 expliciet benoemde Europese e-justitieportaal.

Artikel 104
Intrekking

1. Behoudens artikel 100, lid 2 van deze verordening, wordt Verordening (EG) nr. 2201/2003 ingetrokken met ingang van 1 augustus 2022.
2. Verwijzingen naar de ingetrokken verordening gelden als verwijzingen naar de onderhavige verordening, overeenkomstig de concordantietabel in bijlage X.
[25-06-2019, PbEU L 178, i.w.tr. 22-07-2019/regelingnummer 2019/1111]

Artikel 105
Inwerkingtreding

1. Deze verordening treedt in werking op de twintigste dag na die van de bekendmaking ervan in het *Publicatieblad van de Europese Unie*.
2. Deze verordening is van toepassing met ingang van 1 augustus 2022, met uitzondering van de artikelen 92, 93 en 103, die van toepassing zijn met ingang van 22 juli 2019.
[25-06-2019, PbEU L 178, i.w.tr. 22-07-2019/regelingnummer 2019/1111]

[Inwerkingtreding]

Betekenis. De verordening is in werking getreden op 22 juli 2019. Deze inwerkingtreding gold echter alleen voor een aantal artikelen die de lidstaten en de commissie in staat moesten stellen, en zorg voor te dragen dat de verordening kon functioneren op de datum waarop ze daadwerkelijk van toepassing werd. Die laatste datum is bepaald op 1 augustus 2022.

BIJLAGE I

Certificaat af te geven door het gerecht na een beslissing tot weigering van de terugkeer van het kind naar een andere lidstaat, die enkel is gebaseerd op artikel 13, lid 1, onder b), of op artikel 13, lid 2, of beide, van het Verdrag van 's-Gravenhage van 1980 [1]

(Artikel 29, lid 2, van Verordening (EU) 2019/1111 van de Raad [2]

Informatie voor de personen die dit certificaat ontvangen voor de toepassing van artikel 29, lid 5 van de verordening Indien op de in punt 3 vermelde datum van de beslissing tot weigering van de terugkeer van het kind nog geen procedure ten gronde over het gezagsrecht aanhangig is gemaakt in de lidstaat waar het kind onmiddellijk vóór de ongeoorloofde overbrenging of niet-terugkeer zijn gewone verblijfplaats had, kunt u zich overeenkomstig artikel 29, lid 5, van de verordening in die lidstaat tot een gerecht wenden met een verzoek ten gronde over het gezagsrecht. Indien de zaak bij het gerecht aanhangig wordt gemaakt binnen een termijn van drie maanden na de kennisgeving van de beslissing tot weigering van de terugkeer van het kind, is iedere beslissing die het resultaat is van dergelijke procedures ten gronde over het gezagsrecht en die de terugkeer van het kind met zich meebrengt, overeenkomstig artikel 29, lid 6, van de verordening uitvoerbaar in alle andere lidstaten, zonder dat daar enige speciale procedure voor nodig is en zonder dat verzet tegen de erkenning ervan mogelijk is, tenzij en voor zover onverenigbaarheid met een beslissing als bedoeld in artikel 50 van de verordening is vastgesteld, op voorwaarde dat er overeenkomstig artikel 47 een certificaat is afgegeven voor de beslissing. Indien de zaak bij het gerecht aanhangig wordt gemaakt na het verstrijken van de drie maanden, of indien de voorwaarden voor de afgifte van een certificaat overeenkomstig artikel 47 van de verordening niet zijn vervuld, wordt de daaruit voortvloeiende beslissing ten gronde over het gezagsrecht erkend en ten uitvoer gelegd in andere lidstaten overeenkomstig hoofdstuk IV, afdeling 1, van de verordening. De partij die de zaak aanhangig maakt bij het gerecht van de lidstaat waar het kind onmiddellijk vóór de ongeoorloofde overbrenging of niet-terugkeer zijn of haar gewone verblijfplaats had, dient bij dat gerecht de volgende stukken in: a) een kopie van de beslissing tot weigering van de terugkeer van het kind; b) dit certificaat; en c) in voorkomend geval, een afschrift, een samenvatting of de notulen van de hoorzitting, als vermeld bij punt 4.1.

(1) Verdrag van 's-Gravenhage van 25 oktober 1980 inzake de burgerrechtelijke aspecten van internationale ontvoering van kinderen ('Verdrag van 's-Gravenhage van 1980').

(2) Verordening (EU) 2019/1111 van de Raad van 25 juni 2019 betreffende de bevoegdheid, de erkenning en tenuitvoerlegging van beslissingen in huwelijkszaken en inzake de ouderlijke verantwoordelijkheid, en betreffende internationale kinderontvoering (*PB* L 178 van 2.7.2019, blz. 1) ('de verordening').

Informatie voor het gerecht dat dit certificaat ontvangt voor de toepassing van artikel 29, lid 3, van de verordening (3)

Dit certificaat is afgegeven omdat het (de) bij punt 5 vermelde kind(eren) ongeoorloofd is (zijn) overgebracht naar of vastgehouden in de lidstaat van het gerecht dat dit certificaat afgeeft. Er is krachtens het Verdrag van 's-Gravenhage van 1980 een procedure voor de terugkeer van het (de) kind(eren) ingesteld omdat de bij punt 6.1 vermelde persoon aanvoerde dat de overbrenging of de niet-terugkeer van het (de) kind(eren) in strijd was met het gezagsrecht, en dit recht op het tijdstip van overbrenging of niet-terugkeer, overeenkomstig het Verdrag van 's-Gravenhage van 1980, alleen of gezamenlijk, daadwerkelijk werd uitgeoefend, of zou zijn uitgeoefend indien de overbrenging of niet-terugkeer niet had plaatsgevonden. Dit gerecht heeft de terugkeer van een of meer kinderen in de procedure geweigerd enkel op basis van artikel 13, lid 1, onder b), of artikel 13, lid 2, of beide, van het Verdrag van 's-Gravenhage van 1980.

Indien een procedure ten gronde over het gezagsrecht reeds aanhangig is in de lidstaat waar het kind onmiddellijk vóór de ongeoorloofde overbrenging of niet-terugkeer zijn of haar gewone verblijfplaats had op het ogenblik dat dit gerecht zijn, bij punt 3 vermelde, beslissing tot weigering van de terugkeer van dat kind gaf die enkel was gebaseerd op artikel 13, lid 1, onder b), of artikel 13, lid 2, of beide, van het Verdrag van 's-Gravenhage van 1980, doet dit gerecht, krachtens artikel 29, lid 3, van de verordening, indien het gerecht weet heeft van deze procedure, binnen één maand vanaf de datum van zijn beslissing, hetzij rechtstreeks hetzij via de centrale autoriteiten, aan het gerecht waarbij een procedure ten gronde over het gezagsrecht aanhangig is gemaakt, de volgende stukken toekomen:

a) een kopie van zijn beslissing tot weigering van de terugkeer van het kind;
b) dit certificaat; en
c) in voorkomend geval, een afschrift, een samenvatting of de notulen van de hoorzitting, als vermeld bij punt 4.1, evenals alle andere documenten die het gerecht relevant acht, zoals vermeld bij punt 4.2.

Het gerecht waarbij de procedure ten gronde over het gezagsrecht aanhangig is gemaakt, kan zo nodig van een partij eisen dat deze overeenkomstig artikel 91 van de verordening een vertaling of transliteratie bezorgt van de beslissing en ieder ander stuk dat aan dit certificaat is gehecht (artikel 29, lid 4, van de verordening).

---

(3) Indien de partij overeenkomstig artikel 29, lid 5, van de verordening een procedure ten gronde over het gezagsrecht inleidt in de lidstaat waar het (de) kind(eren) onmiddellijk vóór de ongeoorloofde overbrenging of niet-terugkeer zijn of haar (hun) gewone verblijfplaats had(den) na de bij punt 3 vermelde beslissing van dit gerecht, zie de afdeling 'Informatie voor de personen die dit certificaat ontvangen voor de toepassing van artikel 29, lid 5, van de verordening'.

1. LIDSTAAT VAN HERKOMST VAN DE BESLISSING TOT WEIGERING VAN DE TERUGKEER VAN HET (DE) KIND(EREN)* (4)

□ België (BE)	□ Bulgarije (BG)	□ Tsjechië (CZ)	□ Duitsland (DE)
□ Estland (EE)	□ Ierland (IE)	□ Griekenland (EL)	□ Spanje (ES)
□ Frankrijk (FR)	□ Kroatië (HR)	□ Italië (IT)	□ Cyprus (CY)
□ Letland (LV)	□ Litouwen (LT)	□ Luxemburg (LU)	□ Hongarije (HU)
□ Malta (MT)	□ Nederland (NL)	□ Oostenrijk (AT)	□ Polen (PL)
□ Portugal (PT)	□ Roemenië (RO)	□ Slovenië (SI)	□ Slowakije (SK)
□ Finland (FI)	□ Zweden (SE)	□ Verenigd Koninkrijk (UK)	

2. GERECHT DAT DE BESLISSING HEEFT GENOMEN EN HET CERTIFICAAT AFGEEFT*
2.1. Naam*
2.2. Adres*
2.3. Tel./fax/e-mail*

3. BESLISSING*
3.1. Datum (dd/mm/jjjj)*
3.2. Referentienummer*

4. EXTRA STUKKEN (DIE KUNNEN WORDEN GEDEELD MET DE PARTIJEN)*
4.1. Een afschrift, een samenvatting of de notulen van de hoorzitting*
  4.1.1. □ Ja
  4.1.2. □ Nee
4.2. Alle andere stukken die het gerecht relevant acht* (5)
  4.2.1. □ Ja (namelijk)
  4.2.2. □ Nee

5. KIND(EREN) (6) DAT (DIE) VOLGENS DE BESLISSING NIET MOET(EN) WORDEN TERUGGEBRACHT*
5.1. Kind 1*
  5.1.1. Achterna(a)m(en)*
  5.1.2. Voorna(a)m(en)*
  5.1.3. Geboortedatum (dd/mm/jjjj)*
  5.1.4. Geboorteplaats (indien beschikbaar)
  5.1.5. Identiteitskaartnummer of socialezekerheidsnummer (indien van toepassing en beschikbaar)
5.2. Kind 2
  5.2.1. Achterna(a)m(en)
  5.2.2. Voorna(a)m(en)
  5.2.3. Geboortedatum (dd/mm/jjjj)
  5.2.4. Geboorteplaats (indien beschikbaar)
  5.2.5. Identiteitskaartnummer of socialezekerheidsnummer (indien van toepassing en beschikbaar)

(4) Velden met een (*) moeten verplicht worden ingevuld.
(5) Alleen in te vullen voor de toepassing van artikel 29, lid 3, van de verordening.
(6) Voeg een extra blad bij indien er meer dan drie kinderen betrokken zijn.

5.3. Kind 3
- 5.3.1. Achterna(a)m(en)
- 5.3.2. Voorna(a)m(en)
- 5.3.3. Geboortedatum (dd/mm/jjjj)
- 5.3.4. Geboorteplaats (indien beschikbaar)
- 5.3.5. Identiteitskaartnummer of socialezekerheidsnummer (indien van toepassing en beschikbaar)

6. BIJ DE TERUGKEERPROCEDURE BETROKKEN PERSONEN (7)*

6.1. Persoon die om de terugkeer van het (de) kind(eren) verzoekt*
- 6.1.1. □ Natuurlijke persoon
  - 6.1.1.1. Achterna(a)m(en)
  - 6.1.1.2. Voorna(a)m(en)
  - 6.1.1.3. Geboortedatum (dd/mm/jjjj)
  - 6.1.1.4. Geboorteplaats (indien beschikbaar)
  - 6.1.1.5. Identiteitskaartnummer of socialezekerheidsnummer (indien van toepassing en beschikbaar)
  - 6.1.1.6. Adres (indien beschikbaar)
    - 6.1.1.6.1. zoals vermeld in de beslissing …
    - 6.1.1.6.2. eventuele aanvullende informatie (bijvoorbeeld betreffende een ander huidig adres) …
- 6.1.2. □ Rechtspersoon, instantie of orgaan
  - 6.1.2.1. Volledige naam
  - 6.1.2.2. Identificatienummer (indien van toepassing en beschikbaar)
  - 6.1.2.3. Adres (indien beschikbaar)

6.2. Verweerder*
- 6.2.1. □ Natuurlijke persoon
  - 6.2.1.1. Achterna(a)m(en)
  - 6.2.1.2. Voorna(a)m(en)
  - 6.2.1.3. Geboortedatum (dd/mm/jjjj)
  - 6.2.1.4. Geboorteplaats (indien beschikbaar)
  - 6.2.1.5. Identiteitskaartnummer of socialezekerheidsnummer (indien van toepassing en beschikbaar)
  - 6.2.1.6. Adres (indien beschikbaar)
    - 6.2.1.6.1. zoals vermeld in de beslissing …
    - 6.2.1.6.2. eventuele aanvullende informatie (bijvoorbeeld betreffende een ander huidig adres) …
- 6.2.2. □ Rechtspersoon, instantie of orgaan
  - 6.2.2.1. Volledige naam
  - 6.2.2.2. Identificatienummer (indien van toepassing en beschikbaar)
  - 6.2.2.3. Adres (indien beschikbaar)

(7) Voeg een extra blad bij indien er meer dan twee personen betrokken zijn.

7. DE BESLISSING TOT WEIGERING VAN DE TERUGKEER VAN HET (DE) KIND(EREN) (8) NAAR EEN ANDERE LIDSTAAT IS ENKEL GEBASEERD OP ÉÉN OF BEIDE VAN DE VOLGENDE BEPALINGEN*

7.1. □ Kind 1*

7.1.1. □ Artikel 13, lid 1, onder b), van het Verdrag van 's-Gravenhage van 1980

7.1.2. □ Artikel 13, lid 2, van het Verdrag van 's-Gravenhage van 1980

7.2. □ Kind 2

7.2.1. □ Artikel 13, lid 1, onder b), van het Verdrag van 's-Gravenhage van 1980

7.2.2. □ Artikel 13, lid 2, van het Verdrag van 's-Gravenhage van 1980

7.3. □ Kind 3

7.3.1. □ Artikel 13, lid 1, onder b), van het Verdrag van 's-Gravenhage van 1980

7.3.2. □ Artikel 13, lid 2, van het Verdrag van 's-Gravenhage van 1980

8. OP DE DATUM VAN DE BIJ PUNT 3 VERMELDE BESLISSING IS REEDS EEN PROCEDURE TEN GRONDE OVER HET GEZAGSRECHT AANHANGIG IN DE LIDSTAAT WAAR HET (DE) KIND(EREN) ONMIDDELLIJK VÓÓR DE ONGEOORLOOFDE OVERBRENGING OF NIET-TERUGKEER ZIJN OF HAAR (HUN) GEWONE VERBLIJFPLAATS HAD(DEN)*

8.1. □ Nee

8.2. □ Niet bekend bij het gerecht

8.3. □ Ja

8.3.1. Het gerecht waarbij de procedure ten gronde over het gezagsrecht aanhangig is gemaakt

8.3.1.1. Naam

8.3.1.2. Adres (indien beschikbaar)

8.3.1.3. Tel./fax/e-mail (indien beschikbaar)

8.3.2. Referentienummer (indien beschikbaar)

8.3.3. Partij 1 (9)

8.3.3.1. □ Natuurlijke persoon

8.3.3.1.1. Achterna(a)m(en)

8.3.3.1.2. Voorna(a)m(en)

8.3.3.2. □ Rechtspersoon, instantie of orgaan

8.3.3.2.1. Volledige naam

8.3.4. Partij 2

8.3.4.1. □ Natuurlijke persoon

8.3.4.1.1. Achterna(a)m(en)

8.3.4.1.2. Voorna(a)m(en)

8.3.4.2. □ Rechtspersoon, instantie of orgaan

8.3.4.2.1. Volledige naam

8.3.5. Betrokken kind(eren) (10) zoals vermeld bij punt 5:

8.3.5.1. □ Kind 1

8.3.5.2. □ Kind 2

8.3.5.3. □ Kind 3

---

(8) Voeg een extra blad bij indien er meer dan drie kinderen betrokken zijn.

(9) Voeg een extra blad bij indien er meer dan twee partijen betrokken zijn.

(10) Voeg een extra blad bij indien er meer dan drie kinderen betrokken zijn.

9. VAN DE BESLISSING TOT WEIGERING VAN DE TERUGKEER VAN HET (DE) KIND(EREN) IS ALS VOLGT KENNISGEVING GEDAAN*

9.1. Persoon 1 zoals vermeld bij punt 6.1*
- 9.1.1. □ Nee
- 9.1.2. □ Niet bekend bij het gerecht
- 9.1.3. □ Ja
  - 9.1.3.1. Datum van kennisgeving (dd/mm/jjjj)
  - 9.1.3.2. Van de beslissing is kennisgeving gedaan in de volgende ta(a)l(en):

    □ BG □ ES □ CS □ DE □ ET □ EL □ EN □ FR
    □ GA □ HR □ IT □ LV □ LT □ HU □ MT □ NL
    □ PL □ PT □ RO □ SK □ SL □ FI □ SV

9.2. Persoon 2 zoals vermeld bij punt 6.2*
- 9.2.1. □ Nee
- 9.2.2. □ Niet bekend bij het gerecht
- 9.2.3. □ Ja
  - 9.2.3.1. Datum van kennisgeving (dd/mm/jjjj)
  - 9.2.3.2. Van de beslissing is kennisgeving gedaan in de volgende ta(a)l(en):

    □ BG □ ES □ CS □ DE □ ET □ EL □ EN □ FR
    □ GA □ HR □ IT □ LV □ LT □ HU □ MT □ NL
    □ PL □ PT □ RO □ SK □ SL □ FI □ SV

10. TER INFORMATIE: ER ZIJN MAATREGELEN GENOMEN OM OVEREENKOMSTIG ARTIKEL 27, LID 2, VAN DE VERORDENING HET CONTACT TE VERZEKEREN TUSSEN HET (DE) KIND(EREN) EN DE PERSOON DIE OM DE TERUGKEER VAN HET (DE) KIND(EREN) VERZOEKT*

10.1. □ Nee

10.2. □ Ja
- 10.2.1. Zo ja, gelieve een kopie of samenvatting van de beslissing bij te voegen.

Gelieve het aantal bladzijden te vermelden indien u extra bladen heeft bijgevoegd: …
Gedaan te …, datum (dd/mm/jjjj)
Handtekening en/of stempel
[25-06-2019, PbEU L 178, i.w.tr. 22-07-2019/regelingnummer 2019/1111]

BIJLAGE II

Certificaat betreffende beslissingen in huwelijkszaken

(Artikel 36, lid 1, onder a), van Verordening (EU) 2019/1111 van de Raad [(1)])

BELANGRIJK
Af te geven, op verzoek van een partij, ten aanzien van een beslissing waarbij een echtscheiding, scheiding van tafel en bed of nietigverklaring van een huwelijk wordt uitgesproken door het gerecht van een lidstaat van herkomst, zoals overeenkomstig artikel 103 van de verordening ter kennis van de Commissie gebracht.

1. LIDSTAAT VAN HERKOMST* [(2)]

□ België (BE)	□ Bulgarije (BG)	□ Tsjechië (CZ)	□ Duitsland (DE)
□ Estland (EE)	□ Ierland (IE)	□ Griekenland (EL)	□ Spanje (ES)
□ Frankrijk (FR)	□ Kroatië (HR)	□ Italië (IT)	□ Cyprus (CY)
□ Letland (LV)	□ Litouwen (LT)	□ Luxemburg (LU)	□ Hongarije (HU)
□ Malta (MT)	□ Nederland (NL)	□ Oostenrijk (AT)	□ Polen (PL)
□ Portugal (PT)	□ Roemenië (RO)	□ Slovenië (SI)	□ Slowakije (SK)
□ Finland (FI)	□ Zweden (SE)	□ Verenigd Koninkrijk (UK)	

2. GERECHT DAT HET CERTIFICAAT AFGEEFT*

2.1. Naam*

2.2. Adres*

2.3. Tel./fax/e-mail*

3. GERECHT DAT DE BESLISSING HEEFT GEGEVEN (indien anders)

3.1. Naam

3.2. Adres

4. BESLISSING*

4.1. Datum (dd/mm/jjjj)*

4.2. Referentienummer*

4.3. Soort beslissing*

4.3.1. □ Echtscheiding

4.3.2. □ Nietigverklaring van het huwelijk

4.3.3. □ Scheiding van tafel en bed

---

(1) Verordening (EU) 2019/1111 van de Raad van 25 juni 2019 betreffende de bevoegdheid, de erkenning en tenuitvoerlegging van beslissingen in huwelijkszaken en inzake de ouderlijke verantwoordelijkheid, en betreffende internationale kinderontvoering (*PB* L 178 van 2.7.2019, blz. 1) ('de verordening').

(2) Velden met een (*) moeten verplicht worden ingevuld.

5. HUWELIJK*
5.1. Echtgenoten*
5.1.1.
5.1.1.1. Achterna(a)m(en)*
5.1.1.2. Voorna(a)m(en)*
5.1.1.3. Geboortedatum (dd/mm/jjjj)*
5.1.1.4. Geboorteplaats
5.1.1.5. Identiteitskaartnummer of socialezekerheidsnummer (indien van toepassing en beschikbaar)
5.1.1.6. Adres (indien beschikbaar)
5.1.1.6.1. zoals vermeld in de beslissing …
5.1.1.6.2. eventuele aanvullende informatie (bijvoorbeeld betreffende een ander huidig adres) …
5.1.2.
5.1.2.1. Achterna(a)m(en)*
5.1.2.2. Voorna(a)m(en)*
5.1.2.3. Geboortedatum (dd/mm/jjjj)*
5.1.2.4. Geboorteplaats
5.1.2.5. Identiteitskaartnummer of socialezekerheidsnummer (indien van toepassing en beschikbaar)
5.1.2.6. Adres (indien beschikbaar)
5.1.2.6.1. zoals vermeld in de beslissing …
5.1.2.6.2. eventuele aanvullende informatie (bijvoorbeeld betreffende een ander huidig adres) …
5.2. Datum, land en plaats van huwelijk*
5.2.1. Datum (dd/mm/jjjj)*
5.2.2. Land*
5.2.3. Plaats (indien beschikbaar)

6. DE BESLISSING IS BIJ VERSTEK GEGEVEN*
6.1. □ Nee
6.2. □ Ja
6.2.1. Partij waaraan verstek is verleend als vermeld bij punt … (gelieve in te vullen)
6.2.2. Het stuk waarmee de procedure is ingeleid of een gelijkwaardig stuk is aan die partij betekend of medegedeeld.
6.2.2.1. □ Nee
6.2.2.2. □ Niet bekend bij het gerecht
6.2.2.3. □ Ja
6.2.2.3.1. Datum van betekening/mededeling (dd/mm/jjjj)

7. TEGEN DE BESLISSING STAAN, VOLGENS DE WETGEVING VAN DE LIDSTAAT VAN HERKOMST, NOG RECHTSMIDDELEN OPEN*
7.1. □ Nee
7.2. □ Ja

8. DATUM VAN HET RECHTSGEVOLG IN DE LIDSTAAT WAAR DE BESLISSING IS GEGEVEN (dd/mm/jjjj)*

9. NA(A)M(EN) VAN DE PARTIJ(EN) DIE OVEREENKOMSTIG ARTIKEL 74, LID 1, VAN DE VERORDENING VOOR RECHTSBIJSTAND IN AANMERKING IS (ZIJN) GEKOMEN

9.1. Partij(en)

9.1.1. □ als vermeld bij punt 5.1.1

9.1.2. □ als vermeld bij punt 5.1.2

10. KOSTEN EN UITGAVEN VAN DE PROCEDURE (3)

10.1. □ De beslissing betreft ook aangelegenheden inzake de ouderlijke verantwoordelijkheid, en de informatie over de kosten in verband met de procedure uit hoofde van deze verordening wordt uitsluitend verstrekt in het certificaat betreffende beslissingen inzake de ouderlijke verantwoordelijkheid.

10.2. □ In de beslissing is bepaald dat (4)
... (achterna(a)m(en))
... (voorna(a)m(en))
moet(en) betalen aan
... (achterna(a)m(en))
... (voorna(a)m(en))
de som van ...
□ euro (EUR) □ Bulgaarse lev (BGN) □ Kroatische kuna (HRK)
□ Tsjechische kroon (CZK) □ Hongaarse forint (HUF) □ Poolse zloty (PLN)
□ Pond sterling (GBP) □ Roemeense leu (RON) □ Zweedse kroon (SEK)
□ Andere (gelieve te vermelden (ISO-code)):

10.3. Eventuele aanvullende informatie die van belang zou kunnen zijn (bijvoorbeeld vast bedrag of percentage; toegekende rente; gedeelde kosten; indien meerdere partijen in de kosten zijn verwezen, of het gehele bedrag bij elk van hen kan worden ingevorderd): ...

Gedaan te ..., datum (dd/mm/jjjj)
Handtekening en/of stempel
[25-06-2019, PbEU L 178, i.w.tr. 22-07-2019/regelingnummer 2019/1111]

(3) Dit betreft ook het geval dat de kosten in een afzonderlijke beslissing worden toegewezen. Het loutere feit dat het bedrag van de kosten nog niet is vastgesteld, mag het gerecht niet beletten, het certificaat af te geven indien een partij om erkenning van het dictum van de beslissing wenst te verzoeken.

(4) Voeg een extra blad bij indien meerdere partijen in de kosten zijn verwezen.

BIJLAGE III

Certificaat betreffende beslissingen inzake ouderlijke verantwoordelijkheid

(Artikel 36, lid 1, onder b), van Verordening (EU) 2019/1111van de Raad (1)

BELANGRIJK

Af te geven, op verzoek van een partij, ten aanzien van een beslissing inzake de ouderlijke verantwoordelijkheid door het gerecht van een lidstaat van herkomst, zoals overeenkomstig artikel 103 van de verordening ter kennis van de Commissie gebracht.

1. LIDSTAAT VAN HERKOMST* (2)

□ België (BE)	□ Bulgarije (BG)	□ Tsjechië (CZ)	□ Duitsland (DE)
□ Estland (EE)	□ Ierland (IE)	□ Griekenland (EL)	□ Spanje (ES)
□ Frankrijk (FR)	□ Kroatië (HR)	□ Italië (IT)	□ Cyprus (CY)
□ Letland (LV)	□ Litouwen (LT)	□ Luxemburg (LU)	□ Hongarije (HU)
□ Malta (MT)	□ Nederland (NL)	□ Oostenrijk (AT)	□ Polen (PL)
□ Portugal (PT)	□ Roemenië (RO)	□ Slovenië (SI)	□ Slowakije (SK)
□ Finland (FI)	□ Zweden (SE)	□ Verenigd Koninkrijk (UK)	

2. GERECHT DAT HET CERTIFICAAT AFGEEFT*

2.1. Naam*

2.2. Adres*

2.3. Tel./fax/e-mail*

3. GERECHT DAT DE BESLISSING HEEFT GEGEVEN (indien anders)

3.1. Naam

3.2. Adres

4. BESLISSING*

4.1. Datum (dd/mm/jjjj)*

4.2. Referentienummer*

5. KIND(EREN) (3) WAAROP DE BESLISSING BETREKKING HEEFT*

5.1. Kind 1*

5.1.1. Achterna(a)m(en)*

5.1.2. Voorna(a)m(en)*

5.1.3. Geboortedatum (dd/mm/jjjj)*

5.1.4. Geboorteplaats (indien beschikbaar)

5.1.5. Identiteitskaartnummer of socialezekerheidsnummer (indien van toepassing en beschikbaar)

---

(1) Verordening (EU) 2019/1111 van de Raad van 25 juni 2019 betreffende de bevoegdheid, de erkenning en tenuitvoerlegging van beslissingen in huwelijkszaken en inzake de ouderlijke verantwoordelijkheid, en betreffende internationale kinderontvoering (*PB* L 178 van 2.7.2019, blz. 1) ('de verordening').

(2) Velden met een (*) moeten verplicht worden ingevuld.

(3) Voeg een extra blad bij indien er meer dan drie kinderen betrokken zijn.

5.2. Kind 2
5.2.1. Achterna(a)m(en)
5.2.2. Voorna(a)m(en)
5.2.3. Geboortedatum (dd/mm/jjjj)
5.2.4. Geboorteplaats (indien beschikbaar)
5.2.5. Identiteitskaartnummer of socialezekerheidsnummer (indien van toepassing en beschikbaar)
5.3. Kind 3
5.3.1. Achterna(a)m(en)
5.3.2. Voorna(a)m(en)
5.3.3. Geboortedatum (dd/mm/jjjj)
5.3.4. Geboorteplaats (indien beschikbaar)
5.3.5. Identiteitskaartnummer of socialezekerheidsnummer (indien van toepassing en beschikbaar)

6. □ GEZAGSRECHT [4]
6.1. Het gezagsrecht dat op grond van de beslissing is toegekend [5]
…
6.2. Toegekend aan de volgende partij(en) [6]
6.2.1. Partij 1
6.2.1.1. □ Natuurlijke persoon
6.2.1.1.1. Achterna(a)m(en)
6.2.1.1.2. Voorna(a)m(en)
6.2.1.1.3. Geboortedatum (dd/mm/jjjj)
6.2.1.1.4. Geboorteplaats (indien beschikbaar)
6.2.1.1.5. Identiteitskaartnummer of socialezekerheidsnummer (indien van toepassing en beschikbaar)
6.2.1.1.6. Adres (indien beschikbaar)
6.2.1.1.6.1. zoals vermeld in de beslissing …
6.2.1.1.6.2. eventuele aanvullende informatie (bijvoorbeeld betreffende een ander huidig adres) …
6.2.1.2. □ Rechtspersoon, instantie of orgaan
6.2.1.2.1. Volledige naam
6.2.1.2.2. Identificatienummer (indien van toepassing en beschikbaar)
6.2.1.2.3. Adres (indien beschikbaar)

(4) De term 'gezagsrecht' is gedefinieerd in artikel 2, lid 2, punt 9), van de verordening.
(5) Kopieer het relevante onderdeel van het beschikkend gedeelte van de beslissing.
(6) Voeg een extra blad bij indien er meer dan twee partijen betrokken zijn.

6.2.2. Partij 2
6.2.2.1. □ Natuurlijke persoon
6.2.2.1.1. Achterna(a)m(en)
6.2.2.1.2. Voorna(a)m(en)
6.2.2.1.3. Geboortedatum (dd/mm/jjjj)
6.2.2.1.4. Geboorteplaats (indien beschikbaar)
6.2.2.1.5. Identiteitskaartnummer of socialezekerheidsnummer (indien van toepassing en beschikbaar)
6.2.2.1.6. Adres (indien beschikbaar)
6.2.2.1.6.1. zoals vermeld in de beslissing …
6.2.2.1.6.2. eventuele aanvullende informatie (bijvoorbeeld betreffende een ander huidig adres) …
6.2.2.2. □ Rechtspersoon, instantie of orgaan
6.2.2.2.1. Volledige naam
6.2.2.2.2. Identificatienummer (indien van toepassing en beschikbaar)
6.2.2.2.3. Adres (indien beschikbaar)
6.3. De beslissing brengt de overdracht van het (de) kind(eren) met zich mee
6.3.1. □ Nee
6.3.2. □ Ja
6.3.2.1. □ Voor de tenuitvoerlegging relevante nadere gegevens van de overdracht, indien niet reeds vermeld bij punt 6.1 (bijvoorbeeld, aan wie, welk(e) kind(eren), periodieke of eenmalige overdracht)
…

7. □ OMGANGSRECHT
7.1. Bij de beslissing verleend omgangsrecht [7]
…
7.2. Verleend aan de volgende partij(en) [8]
7.2.1. Partij 1
7.2.1.1. Achterna(a)m(en)
7.2.1.2. Voorna(a)m(en)
7.2.1.3. Geboortedatum (dd/mm/jjjj)
7.2.1.4. Geboorteplaats (indien beschikbaar)
7.2.1.5. Identiteitskaartnummer of socialezekerheidsnummer (indien van toepassing en beschikbaar)
7.2.1.6. Adres (indien beschikbaar)
7.2.1.6.1. zoals vermeld in de beslissing …
7.2.1.6.2. eventuele aanvullende informatie (bijvoorbeeld betreffende een ander huidig adres) …

(7) Kopieer het relevante onderdeel van het beschikkend gedeelte van de beslissing.
(8) Voeg een extra blad bij indien er meer dan twee partijen betrokken zijn.

7.2.2. Partij 2
7.2.2.1. Achterna(a)m(en)
7.2.2.2. Voorna(a)m(en)
7.2.2.3. Geboortedatum (dd/mm/jjjj)
7.2.2.4. Geboorteplaats (indien beschikbaar)
7.2.2.5. Identiteitskaartnummer of socialezekerheidsnummer (indien van toepassing en beschikbaar)
7.2.2.6. Adres (indien beschikbaar)
7.2.2.6.1. zoals vermeld in de beslissing …
7.2.2.6.2. eventuele aanvullende informatie (bijvoorbeeld betreffende een ander huidig adres) …

7.3. De beslissing brengt de overdracht van het (de) kind(eren) met zich mee
7.3.1. □ Neen
7.3.2. □ Ja
7.3.2.1. □ Voor de tenuitvoerlegging relevante nadere gegevens van de overdracht, indien niet reeds vermeld bij punt 7.1 (bijvoorbeeld, aan wie, welk(e) kind(eren), periodieke of eenmalige overdracht)
…

8. □ ANDERE RECHTEN INZAKE OUDERLIJKE VERANTWOORDELIJKHEID

8.1. Recht(en) toegekend op grond van de beslissing (9)
…

8.2. Toegekend aan de volgende partij(en) (10)
8.2.1. Partij 1
8.2.1.1. □ Natuurlijke persoon
8.2.1.1.1. Achterna(a)m(en)
8.2.1.1.2. Voorna(a)m(en)
8.2.1.1.3. Geboortedatum (dd/mm/jjjj)
8.2.1.1.4. Geboorteplaats (indien beschikbaar)
8.2.1.1.5. Identiteitskaartnummer of socialezekerheidsnummer (indien van toepassing en beschikbaar)
8.2.1.1.6. Adres (indien beschikbaar)
8.2.1.1.6.1. zoals vermeld in de beslissing …
8.2.1.1.6.2. eventuele aanvullende informatie (bijvoorbeeld betreffende een ander huidig adres) …
8.2.1.2. □ Rechtspersoon, instantie of orgaan
8.2.1.2.1. Volledige naam
8.2.1.2.2. Identificatienummer (indien van toepassing en beschikbaar)
8.2.1.2.3. Adres (indien beschikbaar)

(9) Kopieer het relevante onderdeel van het beschikkend gedeelte van de beslissing.
(10) Voeg een extra blad bij indien er meer dan twee partijen betrokken zijn.

8.2.2. Partij 2
8.2.2.1. □ Natuurlijke persoon
8.2.2.1.1. Achterna(a)m(en)
8.2.2.1.2. Voorna(a)m(en)
8.2.2.1.3. Geboortedatum (dd/mm/jjjj)
8.2.2.1.4. Geboorteplaats (indien beschikbaar)
8.2.2.1.5. Identiteitskaartnummer of socialezekerheidsnummer (indien van toepassing en beschikbaar)
8.2.2.1.6. Adres (indien beschikbaar)
8.2.2.1.6.1. zoals vermeld in de beslissing ...
8.2.2.1.6.2. eventuele aanvullende informatie (bijvoorbeeld betreffende een ander huidig adres) ...
8.2.2.2. □ Rechtspersoon, instantie of orgaan
8.2.2.2.1. Volledige naam
8.2.2.2.2. Identificatienummer (indien van toepassing en beschikbaar)
8.2.2.2.3. Adres (indien beschikbaar)
8.3. De beslissing brengt de overdracht van het (de) kind(eren) met zich mee
8.3.1. □ Neen
8.3.2. □ Ja
8.3.2.1. □ Voor de tenuitvoerlegging relevante nadere gegevens van de overdracht, indien niet reeds vermeld bij punt 8.1 (bijvoorbeeld, aan wie, welk(e) kind(eren), periodieke of eenmalige overdracht)
...

9. DE BESLISSING GELAST (EEN) VOORLOPIGE EN BEWARENDE MAATREGEL(EN)*
9.1. □ Nee
9.2. □ Ja
9.2.1. Beschrijving van de gelaste maatregel(en) (11)
...

10. TEGEN DE BESLISSING STAAN, VOLGENS DE WETGEVING VAN DE LIDSTAAT VAN HERKOMST, NOG RECHTSMIDDELEN OPEN*
10.1. □ Nee
10.2. □ Ja

11. DE BESLISSING IS IN DE LIDSTAAT VAN HERKOMST UITVOERBAAR*
11.1. □ Betreffende gezagsrecht als vermeld bij punt 6
11.1.1. □ Nee
11.1.1.1. □ De beslissing bevat geen uitvoerbare verplichting (indien van toepassing).
11.1.2. □ Ja, zonder beperkingen (vermeld de datum (dd/mm/jjjj) waarop de beslissing uitvoerbaar werd): .../.../...

---

(11) Kopieer het relevante onderdeel van het beschikkend gedeelte van de beslissing.

11.1.3. □ Ja, zij het uitsluitend jegens de partij (12) als vermeld bij punt ... (gelieve in te vullen)

11.1.3.1. Vermeld de datum (dd/mm/jjjj) waarop de beslissing jegens die partij uitvoerbaar werd: .../.../...

11.1.4. □ Ja, zij het uitsluitend voor wat betreft het (de) volgende onderde(e)l(en) van de beslissing (gelieve te vermelden) ...

11.1.4.1. Vermeld de datum (dd/mm/jjjj) waarop dit (deze) onderde(e)l(en) van de beslissing uitvoerbaar werd(en): .../.../...

11.2. □ Betreffende omgangsrecht als vermeld bij punt 7

11.2.1. □ Nee

11.2.1.1. □ De beslissing bevat geen uitvoerbare verplichting (indien van toepassing).

11.2.2. □ Ja, zonder beperkingen (vermeld de datum (dd/mm/jjjj) waarop de beslissing uitvoerbaar werd): .../.../...

11.2.3. □ Ja, zij het uitsluitend jegens de partij (13) als vermeld bij punt ... (gelieve in te vullen)

11.2.3.1. Vermeld de datum (dd/mm/jjjj) waarop de beslissing jegens die partij uitvoerbaar werd: .../.../...

11.2.4. □ Ja, zij het uitsluitend voor wat betreft het (de) volgende onderde(e)l(en) van de beslissing (gelieve te vermelden) ...

11.2.4.1. Vermeld de datum (dd/mm/jjjj) waarop dit (deze) onderde(e)l(en) van de beslissing uitvoerbaar werd(en): .../.../...

11.3. □ Betreffende andere rechten inzake ouderlijke verantwoordelijkheid als vermeld bij punt 8

11.3.1. □ Nee

11.3.1.1. □ De beslissing bevat geen uitvoerbare verplichting (indien van toepassing).

11.3.2. □ Ja, zonder beperkingen (vermeld de datum (dd/mm/jjjj) waarop de beslissing uitvoerbaar werd): .../.../...

11.3.3. □ Ja, zij het uitsluitend jegens de partij (14) als vermeld bij punt ... (gelieve in te vullen)

11.3.3.1. Vermeld de datum (dd/mm/jjjj) waarop de beslissing jegens die partij uitvoerbaar werd: .../.../...

11.3.4. □ Ja, zij het uitsluitend voor wat betreft het (de) volgende onderde(e)l(en) van de beslissing (gelieve te vermelden) ...

11.3.4.1. Vermeld de datum (dd/mm/jjjj) waarop dit (deze) onderde(e)l(en) van de beslissing uitvoerbaar werd(en): .../.../...

---

(12) Voeg een extra blad bij indien er meer dan één partij betrokken is.

(13) Voeg een extra blad bij indien er meer dan één partij betrokken is.

(14) Voeg een extra blad bij indien er meer dan één partij betrokken is.

12. OP DE DATUM VAN AFGIFTE VAN DIT CERTIFICAAT IS DE BESLISSING BETEKEND/MEDEGEDEELD AAN DE PARTIJ(EN) (15) JEGENS WIE OM TENUITVOERLEGGING WORDT VERZOCHT*

12.1. Aan de partij die is vermeld bij punt … (gelieve in te vullen)

12.1.1. □ Nee

12.1.2. □ Niet bekend bij het gerecht

12.1.3. □ Ja

12.1.3.1. Datum van betekening/mededeling (dd/mm/jjjj)

12.1.3.2. De betekening/mededeling vond plaats in de volgende ta(a)l(en):

□ BG	□ ES	□ CS	□ DE	□ ET
□ EL	□ EN	□ FR	□ GA	□ HR
□ IT	□ LV	□ LT	□ HU	□ MT
□ NL	□ PL	□ PT	□ RO	□ SK
□ SL	□ FI	□ SV		

12.2. Aan de partij die is vermeld bij punt … (gelieve in te vullen)

12.2.1. □ Nee

12.2.2. □ Niet bekend bij het gerecht

12.2.3. □ Ja

12.2.3.1. Datum van betekening/mededeling (dd/mm/jjjj)

12.2.3.2. De betekening/mededeling vond plaats in de volgende ta(a)l(en):

□ BG	□ ES	□ CS	□ DE	□ ET
□ EL	□ EN	□ FR	□ GA	□ HR
□ IT	□ LV	□ LT	□ HU	□ MT
□ NL	□ PL	□ PT	□ RO	□ SK
□ SL	□ FI	□ SV		

13. DE BESLISSING IS BIJ VERSTEK GEGEVEN*

13.1. □ Nee

13.2. □ Ja

13.2.1. Partij(en) waaraan verstek is verleend (16) als vermeld bij punt … (gelieve in te vullen)

13.2.2. Het stuk waarmee de procedure is ingeleid of een gelijkwaardig stuk is aan die partij betekend of medegedeeld.

13.2.2.1. □ Nee

13.2.2.2. □ Niet bekend bij het gerecht

13.2.2.3. □ Ja

13.2.2.3.1. Datum van betekening/mededeling (dd/mm/jjjj)

14. HET (DE) KIND(EREN) (17) VERMELD BIJ PUNT 5 KON(DEN) ZICH EEN EIGEN MENING VORMEN*

14.1. □ Kind vermeld bij punt 5.1

14.1.1. □ Ja (vul dan punt 15 in)

14.1.2. □ Nee

(15) Voeg een extra blad bij indien er meer dan twee partijen betrokken zijn.

(16) Voeg een extra blad bij indien er meer dan één partij betrokken is.

(17) Voeg een extra blad bij indien er meer dan drie kinderen betrokken zijn.

14.2. □ Kind vermeld bij punt 5.2
  14.2.1. □ Ja (vul dan punt 15 in)
  14.2.2. □ Nee
14.3. □ Kind vermeld bij punt 5.3
  14.3.1. □ Ja (vul dan punt 15 in)
  14.3.2. □ Nee

15. HET (DE) KIND(EREN) DAT (DIE) ZICH EEN EIGEN MENING KON(DEN) VORMEN, ZOALS VERMELD BIJ PUNT 14, IS EEN REËLE EN EFFECTIEVE MOGELIJKHEID GEBODEN OVEREENKOMSTIG ARTIKEL 21 VAN DE VERORDENING DIE MENING TE UITEN
15.1. □ Kind vermeld bij punt 5.1
  15.1.1. □ Ja
  15.1.2. □ Nee, om volgende redenen: …
15.2. □ Kind vermeld bij punt 5.2
  15.2.1. □ Ja
  15.2.2. □ Nee, om volgende redenen: …
15.3. □ Kind vermeld bij punt 5.3
  15.3.1. □ Ja
  15.3.2. □ Nee, om volgende redenen: …

16. NA(A)M(EN) VAN DE PARTIJ(EN) [18] DIE OVEREENKOMSTIG ARTIKEL 74, LID 1, VAN DE VERORDENING VOOR RECHTSBIJSTAND IN AANMERKING IS (ZIJN) GEKOMEN
16.1. Partij(en)
  16.1.1. □ als vermeld bij punt … (gelieve in te vullen)
  16.1.2. □ als vermeld bij punt … (gelieve in te vullen)

17. KOSTEN EN UITGAVEN VAN DE PROCEDURE [19]
17.1. □ De beslissing betreft ook huwelijkszaken, en de informatie over de kosten in verband met de procedure uit hoofde van deze verordening wordt uitsluitend verstrekt in dit certificaat.

(18) Voeg een extra blad bij indien er meer dan twee partijen betrokken zijn.
(19) Dit betreft ook het geval dat de kosten in een afzonderlijke beslissing worden toegewezen. Het loutere feit dat het bedrag van de kosten nog niet is vastgesteld, mag het gerecht niet beletten, het certificaat af te geven indien een partij om erkenning of tenuitvoerlegging van het dictum van de beslissing wenst te verzoeken.

17.2. In de beslissing is bepaald dat [20]
... (achterna(a)m(en))
... (voorna(a)m(en))
moet(en) betalen aan
... (achterna(a)m(en))
... (voorna(a)m(en))
de som van ...
□ euro (EUR) □ Bulgaarse lev (BGN) □ Kroatische kuna (HRK)
□ Tsjechische kroon (CZK) □ Hongaarse forint (HUF) □ Poolse zloty (PLN)
□ Pond sterling (GBP) □ Roemeense leu (RON) □ Zweedse kroon (SEK)
□ Andere (gelieve te vermelden (ISO-code)):

17.3. Eventuele aanvullende informatie die van belang zou kunnen zijn (bijvoorbeeld vast bedrag of percentage; toegekende rente; gedeelde kosten; indien meerdere partijen in de kosten zijn verwezen, of het gehele bedrag bij elk van hen kan worden ingevorderd):
...

Gedaan te ..., datum (dd/mm/jjjj)
Handtekening en/of stempel
[25-06-2019, PbEU L 178, i.w.tr. 22-07-2019/regelingnummer 2019/1111]

(20)Voeg een extra blad bij indien meerdere partijen in de kosten zijn verwezen.

BIJLAGE IV

Certificaat betreffende beslissingen waarmee uit hoofde van het Verdrag van 's-Gravenhage van 1980 [1] de terugkeer van een kind naar een andere lidstaat wordt gelast, en alle overeenkomstig artikel 27, lid 5, van de Verordening, genomen voorlopige en bewarende maatregelen samenhangend met die beslissingen

(Artikel 36, lid 1, onder c), van Verordening (EU) 2019/1111 van de Raad [2])

BELANGRIJK

Af te geven, op verzoek van een partij, door het gerecht van een lidstaat van herkomst van een terugkeerbeslissing zoals overeenkomstig artikel 103 van de verordening ter kennis van de Commissie gebracht, indien de terugkeerbeslissing ten uitvoer moet worden gelegd in een andere lidstaat als gevolg van een verdere ontvoering van het (de) kind(eren) nadat de terugkeer was gelast, of indien de terugkeerbeslissing een voorlopige en bewarende maatregel bevat op grond van artikel 27, lid 5, van de verordening om het kind te beschermen tegen het ernstige risico dat wordt genoemd in artikel 13, lid 1, onder b), van het Verdrag van 's-Gravenhage van 1980.

1. LIDSTAAT VAN HERKOMST VAN DE BESLISSING WAARMEE DE TERUGKEER VAN HET (DE) KIND(EREN) WORDT GELAST* [3]

□ België (BE)	□ Bulgarije (BG)	□ Tsjechië (CZ)	□ Duitsland (DE)
□ Estland (EE)	□ Ierland (IE)	□ Griekenland (EL)	□ Spanje (ES)
□ Frankrijk (FR)	□ Kroatië (HR)	□ Italië (IT)	□ Cyprus (CY)
□ Letland (LV)	□ Litouwen (LT)	□ Luxemburg (LU)	□ Hongarije (HU)
□ Malta (MT)	□ Nederland (NL)	□ Oostenrijk (AT)	□ Polen (PL)
□ Portugal (PT)	□ Roemenië (RO)	□ Slovenië (SI)	□ Slowakije (SK)
□ Finland (FI)	□ Zweden (SE)	□ Verenigd Koninkrijk (UK)	

2. GERECHT DAT HET CERTIFICAAT AFGEEFT*

2.1. Naam*

2.2. Adres*

2.3. Tel./fax/e-mail*

3. GERECHT DAT DE BESLISSING HEEFT GEGEVEN (indien anders)

3.1. Naam

3.2. Adres

(1) Verdrag van 's-Gravenhage van 25 oktober 1980 inzake de burgerrechtelijke aspecten van internationale ontvoering van kinderen ('Verdrag van 's-Gravenhage van 1980').

(2) Verordening (EU) 2019/1111 van de Raad van 25 juni 2019 betreffende de bevoegdheid, de erkenning en tenuitvoerlegging van beslissingen in huwelijkszaken en inzake de ouderlijke verantwoordelijkheid, en betreffende internationale kinderontvoering (PB L 178 van 2.7.2019, blz. 1) ('de verordening').

(3) Velden met een (*) moeten verplicht worden ingevuld.

4. BESLISSING*
4.1. Datum (dd/mm/jjjj)*
4.2. Referentienummer*

5. KIND(EREN) (4) DAT (DIE) VOLGENS DE BESLISSING MOET(EN) WORDEN TERUGGEBRACHT*
5.1. Kind 1*
   5.1.1. Achterna(a)m(en)*
   5.1.2. Voorna(a)m(en)*
   5.1.3. Geboortedatum (dd/mm/jjjj)*
   5.1.4. Geboorteplaats (indien beschikbaar)
   5.1.5. Identiteitskaartnummer of socialezekerheidsnummer (indien van toepassing en beschikbaar)
5.2. Kind 2
   5.2.1. Achterna(a)m(en)
   5.2.2. Voorna(a)m(en)
   5.2.3. Geboortedatum (dd/mm/jjjj)
   5.2.4. Geboorteplaats (indien beschikbaar)
   5.2.5. Identiteitskaartnummer of socialezekerheidsnummer (indien van toepassing en beschikbaar)
5.3. Kind 3
   5.3.1. Achterna(a)m(en)
   5.3.2. Voorna(a)m(en)
   5.3.3. Geboortedatum (dd/mm/jjjj)
   5.3.4. Geboorteplaats (indien beschikbaar)
   5.3.5. Identiteitskaartnummer of socialezekerheidsnummer (indien van toepassing en beschikbaar)

6. LIDSTAAT WAARNAAR HET (DE) KIND(EREN) VOLGENS DE BESLISSING MOET(EN) WORDEN TERUGGEBRACHT*

□ België (BE)	□ Bulgarije (BG)	□ Tsjechië (CZ)	□ Duitsland (DE)
□ Estland (EE)	□ Ierland (IE)	□ Griekenland (EL)	□ Spanje (ES)
□ Frankrijk (FR)	□ Kroatië (HR)	□ Italië (IT)	□ Cyprus (CY)
□ Letland (LV)	□ Litouwen (LT)	□ Luxemburg (LU)	□ Hongarije (HU)
□ Malta (MT)	□ Nederland (NL)	□ Oostenrijk (AT)	□ Polen (PL)
□ Portugal (PT)	□ Roemenië (RO)	□ Slovenië (SI)	□ Slowakije (SK)
□ Finland (FI)	□ Zweden (SE)	□ Verenigd Koninkrijk (UK)	

(4) Voeg een extra blad bij indien er meer dan drie kinderen betrokken zijn.

7. INDIEN EN VOOR ZOVER IN DE BESLISSING VERMELD, HET (DE) KIND(EREN) MOET(EN) WORDEN TERUGGEBRACHT BIJ (5)

7.1. Partij 1

7.1.1. □ Natuurlijke persoon

7.1.1.1. Achterna(a)m(en)

7.1.1.2. Voorna(a)m(en)

7.1.1.3. Geboortedatum (dd/mm/jjjj)

7.1.1.4. Geboorteplaats (indien beschikbaar)

7.1.1.5. Identiteitskaartnummer of socialezekerheidsnummer (indien van toepassing en beschikbaar)

7.1.1.6. Adres (indien beschikbaar)

7.1.1.6.1. zoals vermeld in de beslissing ...

7.1.1.6.2. eventuele aanvullende informatie (bijvoorbeeld betreffende een ander huidig adres) ...

7.1.2. □ Rechtspersoon, instantie of orgaan

7.1.2.1. Volledige naam

7.1.2.2. Identificatienummer (indien van toepassing en beschikbaar)

7.1.2.3. Adres (indien beschikbaar)

7.2. Partij 2

7.2.1. □ Natuurlijke persoon

7.2.1.1. Achterna(a)m(en)

7.2.1.2. Voorna(a)m(en)

7.2.1.3. Geboortedatum (dd/mm/jjjj)

7.2.1.4. Geboorteplaats (indien beschikbaar)

7.2.1.5. Identiteitskaartnummer of socialezekerheidsnummer (indien van toepassing en beschikbaar)

7.2.1.6. Adres (indien beschikbaar)

7.2.1.6.1. zoals vermeld in de beslissing ...

7.2.1.6.2. eventuele aanvullende informatie (bijvoorbeeld betreffende een ander huidig adres) ...

7.2.2. □ Rechtspersoon, instantie of orgaan

7.2.2.1. Volledige naam

7.2.2.2. Identificatienummer (indien van toepassing en beschikbaar)

7.2.2.3. Adres (indien beschikbaar)

8. PRAKTISCHE REGELING VOOR DE TERUGKEER (INDIEN EN VOOR ZOVER IN DE BESLISSING VERMELD) (6)

...

9. DE BESLISSING OMVAT (EEN) VOORLOPIGE EN BEWARENDE MAATREGEL(EN) OP BASIS VAN ARTIKEL 27, LID 5, VAN DE VERORDENING OM HET KIND TE BESCHERMEN TEGEN HET ERNSTIGE RISICO DAT WORDT GENOEMD IN ARTIKEL 13, LID 1, ONDER B), VAN HET VERDRAG VAN 'S-GRAVENHAGE VAN 1980*

9.1. □ Nee

(5) Voeg een extra blad bij indien er meer dan twee partijen betrokken zijn.

(6) Kopieer het relevante onderdeel van het beschikkend gedeelte van de beslissing.

9.2. □ Ja

9.2.1. Beschrijving van de gelaste maatregel(en) (7)

...

10. PARTIJ (8) JEGENS WIE OM TENUITVOERLEGGING WORDT VERZOCHT*

10.1. Achterna(a)m(en)*

10.2. Voorna(a)m(en)*

10.3. Geboortedatum (dd/mm/jjjj)*

10.4. Geboorteplaats (indien beschikbaar)

10.5. Identiteitskaartnummer of socialezekerheidsnummer (indien van toepassing en beschikbaar)

10.6. Adres (indien beschikbaar)

10.6.1. zoals vermeld in de beslissing ...

10.6.2. eventuele aanvullende informatie (bijvoorbeeld betreffende een ander huidig adres) ...

11. TEGEN DE BESLISSING STAAN, VOLGENS DE WETGEVING VAN DE LIDSTAAT VAN HERKOMST, NOG RECHTSMIDDELEN OPEN*

11.1. □ Nee

11.2. □ Ja

12. DE BESLISSING IS IN DE LIDSTAAT VAN HERKOMST UITVOERBAAR*

12.1. □ Nee

12.2. □ Ja, zonder beperkingen (vermeld de datum (dd/mm/jjjj) waarop de beslissing uitvoerbaar werd): .../.../...

12.3. □ Ja, zij het uitsluitend jegens de partij (9) als vermeld bij punt ... (gelieve in te vullen)

12.3.1. Vermeld de datum (dd/mm/jjjj) waarop de beslissing jegens die partij uitvoerbaar werd: .../.../...

13. OP DE DATUM VAN AFGIFTE VAN HET CERTIFICAAT IS DE BESLISSING BETEKEND/MEDEGEDEELD AAN DE PARTIJ(EN) (10) JEGENS WIE OM TENUITVOERLEGGING WORDT VERZOCHT ALS VERMELD BIJ PUNT 10*

13.1. □ Nee

13.2. □ Niet bekend bij het gerecht

(7) Kopieer het relevante onderdeel van het beschikkend gedeelte van de beslissing.

(8) Voeg een extra blad bij indien er meer dan één partij betrokken is.

(9) Voeg een extra blad bij indien er meer dan één partij betrokken is.

(10) Voeg een extra blad bij indien er meer dan één partij betrokken is.

13.3. □ Ja

14.3.1. Datum van betekening/mededeling (dd/mm/jjjj)

14.3.2. De betekening/mededeling vond plaats in de volgende ta(a)l(en):

□ BG	□ ES	□ CS	□ DE	□ ET
□ EL	□ EN	□ FR	□ GA	□ HR
□ IT	□ LV	□ LT	□ HU	□ MT
□ NL	□ PL	□ PT	□ RO	□ SK
□ SL	□ FI	□ SV		

14. DE BESLISSING IS BIJ VERSTEK GEGEVEN*

14.1. □ Nee

14.2. □ Ja

14.2.1. Partij waaraan verstek is verleend als vermeld bij punt ... (gelieve in te vullen)

14.2.2. Het stuk waarmee het geschil is ingeleid of een gelijkwaardig stuk is aan die partij betekend of medegedeeld

14.2.2.1. □ Nee

14.2.2.2. □ Niet bekend bij het gerecht

14.2.2.3. □ Ja

14.2.2.3.1. □ Datum van betekening/mededeling (dd/mm/jjjj)

15. HET (DE) KIND(EREN) (11) VERMELD BIJ PUNT 5 KON(DEN) ZICH EEN EIGEN MENING VORMEN*

15.1. □ Kind vermeld bij punt 5.1

15.1.1. □ Ja (vul dan punt 16 in)

15.1.2. □ Nee

15.2. □ Kind vermeld bij punt 5.2

15.2.1. □ Ja (vul dan punt 16 in)

15.2.2. □ Nee

15.3. □ Kind vermeld bij punt 5.3

15.3.1. □ Ja (vul dan punt 16 in)

15.3.2. □ Nee

16. HET (DE) KIND(EREN) (12) DAT (DIE) ZICH EEN EIGEN MENING KON(DEN) VORMEN, ZOALS VERMELD BIJ PUNT 15, IS EEN REËLE EN EFFECTIEVE MOGELIJKHEID GEBODEN OVEREENKOMSTIG ARTIKEL 21 VAN DE VERORDENING DIE MENING TE UITEN

16.1. □ Kind vermeld bij punt 5.1

16.1.1. □ Ja

16.1.2. □ Nee, om volgende redenen: ...

16.2. □ Kind vermeld bij punt 5.2

16.2.1. □ Ja

16.2.2. □ Nee, om volgende redenen: ...

(11) Voeg een extra blad bij indien er meer dan drie kinderen betrokken zijn.

(12) Voeg een extra blad bij indien er meer dan drie kinderen betrokken zijn.

16.3. □ Kind vermeld bij punt 5.3

16.3.1. □ Ja

16.3.2. □ Nee, om volgende redenen: ...

17. NA(A)M(EN) VAN DE PARTIJ(EN) [13] DIE OVEREENKOMSTIG ARTIKEL 74, LID 1, VAN DE VERORDENING VOOR RECHTSBIJSTAND IN AANMERKING IS (ZIJN) GEKOMEN

17.1. Partij(en)

17.1.1. □ als vermeld bij punt ... (gelieve in te vullen)

17.1.2. □ als vermeld bij punt ... (gelieve in te vullen)

18. KOSTEN EN UITGAVEN VAN DE PROCEDURE [14]

18.1. In de beslissing is bepaald dat [15]

... (achterna(a)m(en))

...(voorna(a)m(en))

moet(en) betalen aan

...(achterna(a)m(en))

...(voorna(a)m(en))

de som van ...

□ euro (EUR)	□ Bulgaarse lev (BGN)	□ Kroatische kuna (HRK)
□ Tsjechische kroon (CZK)	□ Hongaarse forint (HUF)	□ Poolse zloty (PLN)
□ Pond sterling (GBP)	□ Roemeense leu (RON)	□ Zweedse kroon (SEK)

□ Andere (gelieve te vermelden (ISO-code)):

18.2. Eventuele aanvullende informatie die van belang zou kunnen zijn (bijvoorbeeld vast bedrag of percentage; toegekende rente; gedeelde kosten; indien meerdere partijen in de kosten zijn verwezen, of het gehele bedrag bij elk van hen kan worden ingevorderd):

...

Gelieve het aantal bladzijden te vermelden indien u extra bladen heeft bijgevoegd: ...
Gedaan te ..., datum (dd/mm/jjjj) ...
Handtekening en/of stempel
[25-06-2019, PbEU L 178, i.w.tr. 22-07-2019/regelingnummer 2019/1111]

(13) Voeg een extra blad bij indien er meer dan twee partijen betrokken zijn.

(14) Dit betreft ook het geval dat de kosten in een afzonderlijke beslissing worden toegewezen. Het loutere feit dat het bedrag van de kosten nog niet is vastgesteld, mag het gerecht niet beletten het certificaat af te geven indien een partij om erkenning of tenuitvoerlegging van het dictum van de beslissing wenst te verzoeken.

(15) Voeg een extra blad bij indien meerdere partijen in de kosten zijn verwezen.

BIJLAGE V

Certificaat betreffende bepaalde beslissingen waarbij omgangsrecht wordt verleend

(Artikel 42, lid 1, onder a), en artikel 47, lid 1, onder a), van Verordening (EU) 2019/1111 van de Raad [(1)])

BELANGRIJK
Af te geven, op verzoek van een partij, door het gerecht dat de beslissing heeft gegeven, enkel indien de voorwaarden van artikel 47, lid 3, van de verordening, zoals aangegeven in de punten 11 tot en met 14, zijn vervuld. Zo niet, dient bijlage III van de verordening te worden gebruikt.

1. LIDSTAAT VAN HERKOMST* [(2)]

□ België (BE)	□ Bulgarije (BG)	□ Tsjechië (CZ)	□ Duitsland (DE)
□ Estland (EE)	□ Ierland (IE)	□ Griekenland (EL)	□ Spanje (ES)
□ Frankrijk (FR)	□ Kroatië (HR)	□ Italië (IT)	□ Cyprus (CY)
□ Letland (LV)	□ Litouwen (LT)	□ Luxemburg (LU)	□ Hongarije (HU)
□ Malta (MT)	□ Nederland (NL)	□ Oostenrijk (AT)	□ Polen (PL)
□ Portugal (PT)	□ Roemenië (RO)	□ Slovenië (SI)	□ Slowakije (SK)
□ Finland (FI)	□ Zweden (SE)	□ Verenigd Koninkrijk (UK)	

2. GERECHT DAT DE BESLISSING HEEFT GEGEVEN EN HET CERTIFICAAT AFGEEFT*

2.1. Naam*

2.2. Adres*

2.3. Tel./fax/e-mail*

3. BESLISSING*

3.1. Datum (dd/mm/jjjj)*

3.2. Referentienummer*

4. KIND(EREN) [(3)] WAAROP DE BESLISSING BETREKKING HEEFT*

4.1. Kind 1*

4.1.1. Achterna(a)m(en)*

4.1.2. Voorna(a)m(en)*

4.1.3. Geboortedatum (dd/mm/jjjj)*

4.1.4. Geboorteplaats (indien beschikbaar)

4.1.5. Identiteitskaartnummer of socialezekerheidsnummer (indien van toepassing en beschikbaar)

(1) Verordening (EU) 2019/1111 van de Raad van 25 juni 2019 betreffende de bevoegdheid, de erkenning en tenuitvoerlegging van beslissingen in huwelijkszaken en inzake de ouderlijke verantwoordelijkheid, en betreffende internationale kinderontvoering (*PB* L 178 van 2.7.2019, blz. 1) ('de verordening').

(2) Velden met een (*) moeten verplicht worden ingevuld.

(3) Voeg een extra blad bij indien er meer dan drie kinderen betrokken zijn.

4.2. Kind 2
- 4.2.1. Achterna(a)m(en)
- 4.2.2. Voorna(a)m(en)
- 4.2.3. Geboortedatum (dd/mm/jjjj)
- 4.2.4. Geboorteplaats (indien beschikbaar)
- 4.2.5. Identiteitskaartnummer of socialezekerheidsnummer (indien van toepassing en beschikbaar)

4.3. Kind 3
- 4.3.1. Achterna(a)m(en)
- 4.3.2. Voorna(a)m(en)
- 4.3.3. Geboortedatum (dd/mm/jjjj)
- 4.3.4. Geboorteplaats (indien beschikbaar)
- 4.3.5. Identiteitskaartnummer of socialezekerheidsnummer (indien van toepassing en beschikbaar)

5. PARTIJ(EN) (4) WAARAAN OMGANGSRECHT IS VERLEEND*

5.1. Partij 1*
- 5.1.1. Achterna(a)m(en)*
- 5.1.2. Voorna(a)m(en)*
- 5.1.3. Geboortedatum (dd/mm/jjjj)*
- 5.1.4. Geboorteplaats (indien beschikbaar)
- 5.1.5. Identiteitskaartnummer of socialezekerheidsnummer (indien van toepassing en beschikbaar)
- 5.1.6. Adres (indien beschikbaar)
  - 5.1.6.1. zoals vermeld in de beslissing …
  - 5.1.6.2. eventuele aanvullende informatie (bijvoorbeeld betreffende een ander huidig adres) …

5.2. Partij 2
- 5.2.1. Achterna(a)m(en)
- 5.2.2. Voorna(a)m(en)
- 5.2.3. Geboortedatum (dd/mm/jjjj)
- 5.2.4. Geboorteplaats (indien beschikbaar)
- 5.2.5. Identiteitskaartnummer of socialezekerheidsnummer (indien van toepassing en beschikbaar)
- 5.2.6. Adres (indien beschikbaar)
  - 5.2.6.1. zoals vermeld in de beslissing …
  - 5.2.6.2. eventuele aanvullende informatie (bijvoorbeeld betreffende een ander huidig adres) …

6. OMGANGSRECHT DAT OP GROND VAN DE BESLISSING IS VERLEEND EN PRAKTISCHE REGELING VOOR DE UITOEFENING ERVAN (VOOR ZOVER IN DE BESLISSING VERMELD) (5)

…

---

(4) Voeg een extra blad bij indien aan meer dan twee partijen omgangsrecht is verleend.

(5) Kopieer het relevante onderdeel van het beschikkend gedeelte van de beslissing.

7. PARTIJ(EN) (6) JEGENS WIE OM TENUITVOERLEGGING WORDT VERZOCHT*

7.1. Partij 1*

7.1.1. □ Natuurlijke persoon

7.1.1.1. Achterna(a)m(en)

7.1.1.2. Voorna(a)m(en)

7.1.1.3. Geboortedatum (dd/mm/jjjj)

7.1.1.4. Geboorteplaats (indien beschikbaar)

7.1.1.5. Identiteitskaartnummer of socialezekerheidsnummer (indien van toepassing en beschikbaar)

7.1.1.6. Adres (indien beschikbaar)

7.1.1.6.1. zoals vermeld in de beslissing ...

7.1.1.6.2. eventuele aanvullende informatie (bijvoorbeeld betreffende een ander huidig adres) ...

7.1.2. □ Rechtspersoon, instantie of orgaan

7.1.2.1. Volledige naam

7.1.2.2. Identificatienummer (indien van toepassing en beschikbaar)

7.1.2.3. Adres (indien beschikbaar)

7.2. Partij 2

7.2.1. □ Natuurlijke persoon

7.2.1.1. Achterna(a)m(en)

7.2.1.2. Voorna(a)m(en)

7.2.1.3. Geboortedatum (dd/mm/jjjj)

7.2.1.4. Geboorteplaats (indien beschikbaar)

7.2.1.5. Identiteitskaartnummer of socialezekerheidsnummer (indien van toepassing en beschikbaar)

7.2.1.6. Adres (indien beschikbaar)

7.2.1.6.1. zoals vermeld in de beslissing ...

7.2.1.6.2. eventuele aanvullende informatie (bijvoorbeeld betreffende een ander huidig adres) ...

7.2.2. □ Rechtspersoon, instantie of orgaan

7.2.2.1 Volledige naam

7.2.2.2. Identificatienummer (indien van toepassing en beschikbaar)

7.2.2.3. Adres (indien beschikbaar)

8. TEGEN DE BESLISSING STAAN, VOLGENS DE WETGEVING VAN DE LIDSTAAT VAN HERKOMST, NOG RECHTSMIDDELEN OPEN*

8.1. □ Nee

8.2. □ Ja

9. DE BESLISSING IS IN DE LIDSTAAT VAN HERKOMST UITVOERBAAR*

9.1. □ Nee

9.2. □ Ja, zonder beperkingen (vermeld de datum (dd/mm/jjjj) waarop de beslissing uitvoerbaar werd): .../.../...

(6) Voeg een extra blad bij indien om tenuitvoerlegging jegens meer dan twee partijen wordt verzocht.

9.3. □ Ja, zij het uitsluitend jegens de partij (7) als vermeld bij punt ... (gelieve in te vullen)

9.3.1. Vermeld de datum (dd/mm/jjjj) waarop de beslissing jegens die partij uitvoerbaar werd: .../.../...

9.4. □ Ja, zij het uitsluitend voor wat betreft het (de) volgende onderde(e)l(en) van de beslissing (gelieve te vermelden) ...

9.4.1. Vermeld de datum (dd/mm/jjjj) waarop dit (deze) onderde(e)l(en) van de beslissing uitvoerbaar werden: .../.../...

10. OP DE DATUM VAN AFGIFTE VAN HET CERTIFICAAT IS DE BESLISSING BETEKEND/MEDEGEDEELD AAN DE PARTIJ(EN) (8) JEGENS WIE OM TENUITVOERLEGGING WORDT VERZOCHT*

10.1. Aan de partij die is vermeld bij punt 7.1*

10.1.1. □ Nee

10.1.2. □ Niet bekend bij het gerecht

10.1.3. □ Ja

10.1.3.1. Datum van betekening/mededeling (dd/mm/jjjj)

10.1.3.2. De betekening/mededeling vond plaats in de volgende ta(a)l(en):

□ BG	□ ES	□ CS	□ DE	□ ET
□ EL	□ EN	□ FR	□ GA	□ HR
□ IT	□ LV	□ LT	□ HU	□ MT
□ NL	□ PL	□ PT	□ RO	□ SK
□ SL	□ FI	□ SV		

10.2. Aan de partij die is vermeld bij punt 7.2

10.2.1. □ Nee

10.2.2. □ Niet bekend bij het gerecht

10.2.3. □ Ja

10.2.3.1. Datum van betekening/mededeling (dd/mm/jjjj)

10.2.3.2. De betekening/mededeling vond plaats in de volgende ta(a)l(en):

□ BG	□ ES	□ CS	□ DE	□ ET
□ EL	□ EN	□ FR	□ GA	□ HR
□ IT	□ LV	□ LT	□ HU	□ MT
□ NL	□ PL	□ PT	□ RO	□ SK
□ SL	□ FI	□ SV		

11. ALLE BETROKKEN PARTIJEN ZIJN IN DE GELEGENHEID GESTELD TE WORDEN GEHOORD*

11.1. □ Ja (zo niet, dient bijlage III van de verordening te worden gebruikt)

---

(7) Voeg een extra blad bij indien er meer dan één partij betrokken is.

(8) Voeg een extra blad bij indien er meer dan twee partijen betrokken zijn.

12. HET (DE) KIND(EREN) [9] VERMELD BIJ PUNT 4 KON(DEN) ZICH EEN EIGEN MENING VORMEN*

12.1. □ Kind vermeld bij punt 4.1

12.1.1. □ Ja (vul dan punt 13 in)

12.1.2. □ Nee

12.2. □ Kind vermeld bij punt 4.2

12.2.1. □ Ja (vul dan punt 13 in)

12.2.2. □ Nee

12.3. □ Kind vermeld bij punt 4.3

12.3.1. □ Ja (vul dan punt 13 in)

12.3.2. □ Nee

13. HET (DE) KIND(EREN) DAT (DIE) ZICH EEN EIGEN MENING KON(DEN) VORMEN, ZOALS VERMELD BIJ PUNT 12, IS EEN REËLE EN EFFECTIEVE MOGELIJKHEID GEBODEN OVEREENKOMSTIG ARTIKEL 21 VAN DE VERORDENING DIE MENING TE UITEN

13.1. □ Kind vermeld bij punt 4.1

13.1.1. □ Ja (zo niet, dient bijlage III van de verordening te worden gebruikt)

13.2. □ Kind vermeld bij punt 4.2

13.2.1. □ Ja (zo niet, dient bijlage III van de verordening te worden gebruikt)

13.3. □ Kind vermeld bij punt 4.3

13.3.1. □ Ja (zo niet, dient bijlage III van de verordening te worden gebruikt)

14. DE BESLISSING IS BIJ VERSTEK GEGEVEN*

14.1. □ Nee

14.2. □ Ja

14.2.1. Partij [10] waaraan verstek is verleend als vermeld bij punt … (gelieve in te vullen)

14.2.2. Het stuk waarmee de procedure is ingeleid of een gelijkwaardig stuk is die partij tijdig en op zodanige wijze als met het oog op haar verdediging nodig was, betekend of medegedeeld

14.2.2.1. □ Ja

14.2.2.1.1. Datum van betekening/mededeling (dd/mm/jjjj)

14.2.2.2. □ Nee, maar de partij waaraan verstek is verleend, heeft niettemin ondubbelzinnig met de beslissing ingestemd (zo niet, dient bijlage III van de verordening te worden gebruikt)

15. NA(A)M(EN) VAN DE PARTIJ(EN) [11] DIE OVEREENKOMSTIG ARTIKEL 74, LID 1, VAN DE VERORDENING VOOR RECHTSBIJSTAND IN AANMERKING IS (ZIJN) GEKOMEN

15.1. Partij(en)

15.1.1. □ als vermeld bij punt … (gelieve in te vullen)

15.1.2. □ als vermeld bij punt … (gelieve in te vullen)

(9) Voeg een extra blad bij indien er meer dan drie kinderen betrokken zijn.

(10) Voeg een extra blad bij indien er meer dan één partij betrokken is.

(11) Voeg een extra blad bij indien er meer dan twee partijen betrokken zijn.

16. KOSTEN EN UITGAVEN VAN DE PROCEDURE [12]

16.1. □ De beslissing betreft ook huwelijkszaken, en de informatie over de kosten in verband met de procedure uit hoofde van deze verordening wordt uitsluitend verstrekt in het certificaat betreffende beslissingen in huwelijkszaken.

16.2. □ De beslissing betreft ook andere aangelegenheden inzake de ouderlijke verantwoordelijkheid, en de informatie over de kosten in verband met de procedure uit hoofde van deze verordening wordt uitsluitend verstrekt in het certificaat betreffende beslissingen inzake de ouderlijke verantwoordelijkheid.

16.3. In de beslissing is bepaald dat [13]
... (achterna(a)m(en))
... (voorna(a)m(en))
moet(en) betalen aan
... (achterna(a)m(en))
... (voorna(a)m(en))
de som van ...
□ euro (EUR) □ Bulgaarse lev (BGN) □ Kroatische kuna (HRK)
□ Tsjechische kroon (CZK) □ Hongaarse forint (HUF) □ Poolse zloty (PLN)
□ Pond sterling (GBP) □ Roemeense leu (RON) □ Zweedse kroon (SEK)
□ Andere (gelieve te vermelden (ISO-code)):

16.4. Eventuele aanvullende informatie die van belang zou kunnen zijn (bijvoorbeeld vast bedrag of percentage; toegekende rente; gedeelde kosten; indien meerdere partijen in de kosten zijn verwezen, of het gehele bedrag bij elk van hen kan worden ingevorderd):
...

Gelieve het aantal bladzijden te vermelden indien u extra bladen heeft bijgevoegd: ...
Gedaan te ..., datum (dd/mm/jjjj) ....
Handtekening en/of stempel
[25-06-2019, PbEU L 178, i.w.tr. 22-07-2019/regelingnummer 2019/1111]

(12) Dit betreft ook het geval dat de kosten in een afzonderlijke beslissing worden toegewezen. Het loutere feit dat het bedrag van de kosten nog niet is vastgesteld, mag het gerecht niet beletten, het certificaat af te geven indien een partij om erkenning of tenuitvoerlegging van het dictum van de beslissing wenst te verzoeken.

(13) Voeg een extra blad bij indien meerdere partijen in de kosten zijn verwezen.

BIJLAGE VI

Certificaat betreffende bepaalde krachtens artikel 29, lid 6, van de Verordening, gegeven beslissingen ten gronde betreffende het gezagsrecht die de terugkeer van het kind met zich meebrengen

(Artikel 29, lid 6, artikel 42, lid 1, onder b), en artikel 47, lid 1, onder b), van Verordening (EU) 2019/1111 van de Raad [(1)])

BELANGRIJK
Af te geven, op verzoek van een partij, door het gerecht dat de beslissing krachtens artikel 29, lid 6, heeft gegeven, voor zover die beslissing de terugkeer van het kind met zich meebrengt, enkel indien de voorwaarden van artikel 47, leden 3 en 4, van de verordening, zoals aangegeven in de punten 11 tot en met 15, zijn vervuld. Zo niet, dient bijlage III van de verordening te worden gebruikt.

1. LIDSTAAT VAN HERKOMST* [(2)]

□ België (BE)	□ Bulgarije (BG)	□ Tsjechië (CZ)	□ Duitsland (DE)
□ Estland (EE)	□ Ierland (IE)	□ Griekenland (EL)	□ Spanje (ES)
□ Frankrijk (FR)	□ Kroatië (HR)	□ Italië (IT)	□ Cyprus (CY)
□ Letland (LV)	□ Litouwen (LT)	□ Luxemburg (LU)	□ Hongarije (HU)
□ Malta (MT)	□ Nederland (NL)	□ Oostenrijk (AT)	□ Polen (PL)
□ Portugal (PT)	□ Roemenië (RO)	□ Slovenië (SI)	□ Slowakije (SK)
□ Finland (FI)	□ Zweden (SE)	□ Verenigd Koninkrijk (UK)	

2. GERECHT DAT DE BESLISSING HEEFT GEGEVEN EN HET CERTIFICAAT AFGEEFT*

2.1. Naam*

2.2. Adres*

2.3. Tel./fax/e-mail*

3. BESLISSING*

3.1. Datum (dd/mm/jjjj)*

3.2. Referentienummer*

---

(1) Verordening (EU) 2019/1111 van de Raad van 25 juni 2019 betreffende de bevoegdheid, de erkenning en tenuitvoerlegging van beslissingen in huwelijkszaken en inzake de ouderlijke verantwoordelijkheid, en betreffende internationale kinderontvoering (*PB* L 178 van 2.7.2019, blz. 1) ('de verordening').

(2) Velden met een (*) moeten verplicht worden ingevuld.

4. KIND(EREN) [(3)] DAT (DIE) VOLGENS DE BESLISSING MOET(EN) WORDEN TERUGGEBRACHT*

4.1. Kind 1*
 4.1.1. Achterna(a)m(en)*
 4.1.2. Voorna(a)m(en)*
 4.1.3. Geboortedatum (dd/mm/jjjj)*
 4.1.4. Geboorteplaats (indien beschikbaar)
 4.1.5. Identiteitskaartnummer of socialezekerheidsnummer (indien van toepassing en beschikbaar)

4.2. Kind 2
 4.2.1. Achterna(a)m(en)
 4.2.2. Voorna(a)m(en)
 4.2.3. Geboortedatum (dd/mm/jjjj)
 4.2.4. Geboorteplaats (indien beschikbaar)
 4.2.5. Identiteitskaartnummer of socialezekerheidsnummer (indien van toepassing en beschikbaar)

4.3. Kind 3
 4.3.1. Achterna(a)m(en)
 4.3.2. Voorna(a)m(en)
 4.3.3. Geboortedatum (dd/mm/jjjj)
 4.3.4. Geboorteplaats (indien beschikbaar)
 4.3.5. Identiteitskaartnummer of socialezekerheidsnummer (indien van toepassing en beschikbaar)

5. INDIEN EN VOOR ZOVER IN DE BESLISSING VERMELD, MOET(EN) HET (DE) KIND(EREN) WORDEN TERUGGEBRACHT BIJ [(4)]

5.1. Partij 1
 5.1.1. □ Natuurlijke persoon
  5.1.1.1. Achterna(a)m(en)
  5.1.1.2. Voorna(a)m(en)
  5.1.1.3. Geboortedatum (dd/mm/jjjj)
  5.1.1.4. Geboorteplaats (indien beschikbaar)
  5.1.1.5. Identiteitskaartnummer of socialezekerheidsnummer (indien van toepassing en beschikbaar)
  5.1.1.6. Adres (indien beschikbaar)
   5.1.1.6.1. zoals vermeld in de beslissing …
   5.1.1.6.2. eventuele aanvullende informatie (bijvoorbeeld betreffende een ander huidig adres) …
 5.1.2. □ Rechtspersoon, instantie of orgaan
  5.1.2.1. Volledige naam
  5.1.2.2. Identificatienummer (indien van toepassing en beschikbaar)
  5.1.2.3. Adres (indien beschikbaar)

---

(3) Voeg een extra blad bij indien er meer dan drie kinderen betrokken zijn.

(4) Voeg een extra blad bij indien er meer dan twee partijen betrokken zijn.

5.2. Partij 2
5.2.1. □ Natuurlijke persoon
5.2.1.1. Achterna(a)m(en)
5.2.1.2. Voorna(a)m(en)
5.2.1.3. Geboortedatum (dd/mm/jjjj)
5.2.1.4. Geboorteplaats (indien beschikbaar)
5.2.1.5. Identiteitskaartnummer of socialezekerheidsnummer (indien van toepassing en beschikbaar)
5.2.1.6. Adres (indien beschikbaar)
5.2.1.6.1. zoals vermeld in de beslissing ...
5.2.1.6.2. eventuele aanvullende informatie (bijvoorbeeld betreffende een ander huidig adres) ...
5.2.2. □ Rechtspersoon, instantie of orgaan
5.2.2.1. Volledige naam
5.2.2.2. Identificatienummer (indien van toepassing en beschikbaar)
5.2.2.3. Adres (indien beschikbaar)

6. PRAKTISCHE REGELING VOOR DE TERUGKEER (INDIEN EN VOOR ZOVER IN DE BESLISSING VERMELD) (5)
...

7. PARTIJ (6) JEGENS WIE OM TENUITVOERLEGGING WORDT VERZOCHT*
7.1. Achterna(a)m(en)*
7.2. Voorna(a)m(en)*
7.3. Geboortedatum (dd/mm/jjjj)
7.4. Geboorteplaats (indien beschikbaar)
7.5. Identiteitskaartnummer of socialezekerheidsnummer (indien van toepassing en beschikbaar)
7.6. Adres (indien beschikbaar)
7.6.1. zoals vermeld in de beslissing ...
7.6.2. eventuele aanvullende informatie (bijvoorbeeld betreffende een ander huidig adres) ...

8. TEGEN DE BESLISSING STAAN, VOLGENS DE WETGEVING VAN DE LIDSTAAT VAN HERKOMST, NOG RECHTSMIDDELEN OPEN*
8.1. □ Nee
8.2. □ Ja

9. HET ONDERDEEL VAN DE BESLISSING DAT DE TERUGKEER VAN HET (DE) KIND(EREN) MET ZICH MEEBRENGT, IS UITVOERBAAR IN DE LIDSTAAT VAN HERKOMST*
9.1. □ Nee
9.2. □ Ja, zonder beperkingen (vermeld de datum (dd/mm/jjjj) waarop de beslissing uitvoerbaar werd): .../.../...

(5) Kopieer het relevante onderdeel van het beschikkend gedeelte van de beslissing.
(6) Voeg een extra blad bij indien er meer dan één partij betrokken is.

9.3. ☐ Ja, zij het uitsluitend jegens de partij (7) als vermeld bij punt. … (gelieve in te vullen)
   9.3.1. Vermeld de datum (dd/mm/jjjj) waarop de beslissing jegens die partij uitvoerbaar werd: …/…/…

10. OP DE DATUM VAN AFGIFTE VAN HET CERTIFICAAT IS DE BESLISSING BETEKEND/MEDEGEDEELD AAN DE PARTIJ(EN) (8) JEGENS WIE OM TENUITVOERLEGGING WORDT VERZOCHT ZOALS AANGEGEVEN IN PUNT 7*

10.1. ☐ Nee
10.2. ☐ Niet bekend bij het gerecht
10.3. ☐ Ja
   10.3.1. Datum van betekening/mededeling (dd/mm/jjjj)
   10.3.2. De betekening/mededeling vond plaats in de volgende ta(a)l(en):

☐ BG	☐ ES	☐ CS	☐ DE	☐ ET
☐ EL	☐ EN	☐ FR	☐ GA	☐ HR
☐ IT	☐ LV	☐ LT	☐ HU	☐ MT
☐ NL	☐ PL	☐ PT	☐ RO	☐ SK
☐ SL	☐ FI	☐ SV		

11. ALLE BETROKKEN PARTIJEN ZIJN IN DE GELEGENHEID GESTELD TE WORDEN GEHOORD*
   11.1. ☐ Ja (zo niet, dient bijlage III van de verordening te worden gebruikt)

12. HET (DE) KIND(EREN) (9) VERMELD BIJ PUNT 4 KON(DEN) ZICH EEN EIGEN MENING VORMEN*

12.1. ☐ Kind vermeld bij punt 4.1
   12.1.1. ☐ Ja (vul dan punt 13 in)
   12.1.2. ☐ Nee
12.2. ☐ Kind vermeld bij punt 4.2
   12.2.1. ☐ Ja (vul dan punt 13 in)
   12.2.2. ☐ Nee
12.3. ☐ Kind vermeld bij punt 4.3
   12.3.1. ☐ Ja (vul dan punt 13 in)
   12.3.2. ☐ Nee

13. HET (DE) KIND(EREN) DAT (DIE) ZICH EEN EIGEN MENING KON(DEN) VORMEN, ZOALS VERMELD BIJ PUNT 13, IS EEN REËLE EN EFFECTIEVE MOGELIJKHEID GEBODEN OVEREENKOMSTIG ARTIKEL 21 VAN DE VERORDENING DIE MENING TE UITEN

13.1. ☐ Kind vermeld bij punt 4.1
   13.1.1. ☐ Ja (zo niet, dient bijlage III van de verordening te worden gebruikt)
13.2. ☐ Kind vermeld bij punt 4.2
   13.2.1. ☐ Ja (zo niet, dient bijlage III van de verordening te worden gebruikt)

---

(7) Voeg een extra blad bij indien er meer dan één partij betrokken is.
(8) Voeg een extra blad bij indien er meer dan één partij betrokken is.
(9) Voeg een extra blad bij indien er meer dan drie kinderen betrokken zijn.

13.3. □ Kind vermeld bij punt 4.3

13.3.1. □ Ja (zo niet, dient bijlage III van de verordening te worden gebruikt)

14. DE BESLISSING IS BIJ VERSTEK GEGEVEN*

14.1. □ Nee

14.2. □ Ja

14.2.1. Partij [10] waaraan verstek is verleend als vermeld bij punt ... (gelieve in te vullen)

14.2.2. Het stuk waarmee het geding is ingeleid of een gelijkwaardig stuk is die partij tijdig en op zodanige wijze als met het oog op haar verdediging nodig was, betekend of medegedeeld

14.2.2.1. □ Ja

14.2.2.1.1. Datum van betekening/mededeling (dd/mm/jjjj)

14.2.2.2. □ Nee, maar de partij waaraan verstek is verleend, heeft niettemin ondubbelzinnig met de beslissing ingestemd (zo niet, dient bijlage III van de verordening te worden gebruikt)

15. HET GERECHT HEEFT BIJ HET GEVEN VAN ZIJN BESLISSING REKENING GEHOUDEN MET DE REDENEN EN DE FEITEN OP GROND WAARVAN DE VORIGE BESLISSING IN EEN ANDERE LIDSTAAT WERD GEGEVEN OP GROND VAN ARTIKEL 13, LID 1, ONDER B), OF ARTIKEL 13, LID 2, VAN HET VERDRAG VAN 's-GRAVENHAGE VAN 25 OKTOBER 1980 BETREFFENDE DE BURGERRECHTELIJKE ASPECTEN VAN INTERNATIONALE ONTVOERING VAN KINDEREN*

15.1. □ Ja (zo niet, dient bijlage III van de verordening te worden gebruikt)

16. DE BESLISSING OMVAT (EEN) VOORLOPIGE EN BEWARENDE MAATREGEL(EN)*

16.1. □ Nee

16.2. □ Ja

16.2.1. Beschrijving van de gelaste maatregel(en) [11]

...

17. NA(A)M(EN) VAN DE PARTIJ(EN) [12] DIE OVEREENKOMSTIG ARTIKEL 74, LID 1, VAN DE VERORDENING VOOR RECHTSBIJSTAND IN AANMERKING IS (ZIJN) GEKOMEN

17.1. Partij(en)

17.1.1. □ als vermeld bij punt ... (gelieve in te vullen)

17.1.2. □ als vermeld bij punt ... (gelieve in te vullen)

(10) Voeg een extra blad bij indien er meer dan één partij betrokken is.

(11) Kopieer het relevante onderdeel van het beschikkend gedeelte van de beslissing.

(12) Voeg een extra blad bij indien er meer dan twee partijen betrokken zijn.

18. KOSTEN EN UITGAVEN VAN DE PROCEDURE (13)

18.1. In de beslissing is bepaald dat (14)

... (achterna(a)m(en))

... (voorna(a)m(en))

moet(en) betalen aan

... (achterna(a)m(en))

... (voorna(a)m(en))

de som van ...

□ euro (EUR) □ Bulgaarse lev (BGN) □ Kroatische kuna (HRK)

□ Tsjechische kroon (CZK) □ Hongaarse forint (HUF) □ Poolse zloty (PLN)

□ Pond sterling (GBP) □ Roemeense leu (RON) □ Zweedse kroon (SEK)

□ Andere (gelieve te vermelden (ISO-code)):

18.2. Eventuele aanvullende informatie die van belang zou kunnen zijn (bijvoorbeeld vast bedrag of percentage; toegekende rente; gedeelde kosten; indien meerdere partijen in de kosten zijn verwezen, of het gehele bedrag bij elk van hen kan worden ingevorderd): ...

Gelieve het aantal bladzijden te vermelden indien u extra bladen heeft bijgevoegd: ...

Gedaan te ..., datum (dd/mm/jjjj) ...

Handtekening en/of stempel

[25-06-2019, PbEU L 178, i.w.tr. 22-07-2019/regelingnummer 2019/1111]

(13) Dit betreft ook het geval dat de kosten in een afzonderlijke beslissing worden toegewezen. Het loutere feit dat het bedrag van de kosten nog niet is vastgesteld, mag het gerecht niet beletten, het certificaat af te geven indien een partij om erkenning of tenuitvoerlegging van het dictum van de beslissing wenst te verzoeken.

(14) Voeg een extra blad bij indien meerdere partijen in de kosten zijn verwezen.

BIJLAGE VII

Certificaat betreffende de niet-uitvoerbaarheid of beperkte uitvoerbaarheid van bepaalde beslissingen waarbij omgangsrecht wordt verleend of die de terugkeer van het kind met zich meebrengen en waarvoor overeenkomstig artikel 47 van de verordening een certificaat is afgegeven

(Artikel 49 van Verordening (EU) 2019/1111 van de Raad [(1)])

BELANGRIJK
Af te geven, op verzoek, indien en voor zover een beslissing waarvoor overeenkomstig artikel 47 van de verordening een certificaat is afgegeven, niet meer uitvoerbaar is of waarvan de uitvoerbaarheid is geschorst of beperkt in de lidstaat van herkomst.

1. LIDSTAAT VAN HERKOMST* [(2)]

□ België (BE)	□ Bulgarije (BG)	□ Tsjechië (CZ)	□ Duitsland (DE)
□ Estland (EE)	□ Ierland (IE)	□ Griekenland (EL)	□ Spanje (ES)
□ Frankrijk (FR)	□ Kroatië (HR)	□ Italië (IT)	□ Cyprus (CY)
□ Letland (LV)	□ Litouwen (LT)	□ Luxemburg (LU)	□ Hongarije (HU)
□ Malta (MT)	□ Nederland (NL)	□ Oostenrijk (AT)	□ Polen (PL)
□ Portugal (PT)	□ Roemenië (RO)	□ Slovenië (SI)	□ Slowakije (SK)
□ Finland (FI)	□ Zweden (SE)	□ Verenigd Koninkrijk (UK)	

2. GERECHT DAT HET CERTIFICAAT AFGEEFT*

2.1. Naam*

2.2. Adres*

2.3. Tel./fax/e-mail*

3. BESLISSING DIE NIET MEER UITVOERBAAR IS OF WAARVAN DE UITVOERBAARHEID IS GESCHORST OF BEPERKT*

3.1. Gerecht dat de beslissing heeft gegeven (indien afwijkend van punt 2)

3.1.1. Naam

3.1.2. Adres

3.1.3. Tel./fax/e-mail

3.2. Gegevens over de beslissing*

3.2.1. Datum (dd/mm/jjjj)*

3.2.2. Referentienummer*

(1) Verordening (EU) 2019/1111 van de Raad van 25 juni 2019 betreffende de bevoegdheid, de erkenning en tenuitvoerlegging van beslissingen in huwelijkszaken en inzake de ouderlijke verantwoordelijkheid, en betreffende internationale kinderontvoering (*PB* L 178 van 2.7.2019, blz. 1) ('de verordening').

(2) Velden met een (*) moeten verplicht worden ingevuld.

3.3. Gegevens over het oorspronkelijke certificaat
  3.3.1. Datum (dd/mm/jjjj) (indien bekend)
  3.3.2. Certificaat in overeenstemming met:
    3.3.2.1. □ artikel 47, lid 1, onder a), van de verordening, voor een beslissing waarbij omgangsrecht wordt verleend
    3.3.2.2. □ artikel 47, lid 1, onder b), van de verordening, voor een beslissing ten gronde over het gezagsrecht die krachtens artikel 29, lid 6, van de verordening is gegeven en de terugkeer van een kind met zich meebrengt

4. DE UITVOERBAARHEID VAN DE BESLISSING WAARNAAR IN PUNT 3 WORDT VERWEZEN*
4.1. □ bestaat niet langer
4.2. □ is geschorst
  4.2.1. Indien van toepassing, gegevens over de duur van de schorsingsperiode: …
4.3. □ is beperkt
  4.3.1. Indien van toepassing, gegevens over de omvang van deze beperking: …

5. HET (DE) IN PUNT 4 VERMELDE EFFECT(EN)*
5.1. □ is (zijn) van rechtswege ontstaan
  5.1.1. Indien van toepassing, vermeld de betrokken bepaling(en): …
5.2. □ is (zijn) bij een beslissing gelast
  5.2.1. Gerecht dat de beslissing heeft gegeven (indien afwijkend van punt 2)
    5.2.1.1. Naam
    5.2.1.2. Adres
    5.2.1.3. Tel./fax/e-mail
  5.2.2. Gegevens over de beslissing:
    5.2.2.1. Datum (dd/mm/jjjj)
    5.2.2.2. Referentienummer
    5.2.2.3. Inhoud (3) …

Gedaan te …, datum (dd/mm/jjjj)
Handtekening en/of stempel
[25-06-2019, PbEU L 178, i.w.tr. 22-07-2019/regelingnummer 2019/1111]

(3) Kopieer het relevante onderdeel van het beschikkend gedeelte van de beslissing.

BIJLAGE VIII

Certificaat betreffende een authentieke akte of een overeenkomst inzake echtscheiding of scheiding van tafel en bed

(Artikel 56, lid 1, onder a), van Verordening (EU) 2019/1111 van de Raad [(1)])

BELANGRIJK
Af te geven, op verzoek van een partij, enkel indien de lidstaat die de overheidsinstantie of andere autoriteit heeft gemachtigd, de authentieke akte formeel te verlijden of te registreren of de overeenkomst te registeren, daartoe de bevoegdheid had krachtens hoofdstuk II, afdeling 1, van de verordening, als vermeld in punt 2 hieronder, en de authentieke akte of de overeenkomst juridisch bindend is in die lidstaat, als vermeld in punt 7.5 of 8.4 hieronder.

1. LIDSTAAT VAN HERKOMST* [(2)]

□ België (BE)	□ Bulgarije (BG)	□ Tsjechië (CZ)	□ Duitsland (DE)
□ Estland (EE)	□ Ierland (IE)	□ Griekenland (EL)	□ Spanje (ES)
□ Frankrijk (FR)	□ Kroatië (HR)	□ Italië (IT)	□ Cyprus (CY)
□ Letland (LV)	□ Litouwen (LT)	□ Luxemburg (LU)	□ Hongarije (HU)
□ Malta (MT)	□ Nederland (NL)	□ Oostenrijk (AT)	□ Polen (PL)
□ Portugal (PT)	□ Roemenië (RO)	□ Slovenië (SI)	□ Slowakije (SK)
□ Finland (FI)	□ Zweden (SE)	□ Verenigd Koninkrijk (UK)	

2. DE LIDSTAAT VAN HERKOMST WAS BEVOEGD KRACHTENS HOOFDSTUK II, AFDELING 1, VAN DE VERORDENING*

2.1. □ Ja

3. GERECHT DAT OF BEVOEGDE AUTORITEIT DIE HET CERTIFICAAT AFGEEFT*

3.1. Naam*

3.2. Adres*

3.3. Tel./fax/e-mail*

4. SOORT STUK*

4.1. □ Authentieke akte (vul dan punt 7 in)

4.2. □ Overeenkomst (vul dan punt 8 in)

5. VOORWERP VAN DE AUTHENTIEKE AKTE OF DE OVEREENKOMST*

5.1. □ Echtscheiding

5.2. □ Scheiding van tafel en bed

---

(1) Verordening (EU) 2019/1111 van de Raad van 25 juni 2019 betreffende de bevoegdheid, de erkenning en tenuitvoerlegging van beslissingen in huwelijkszaken en inzake de ouderlijke verantwoordelijkheid, en betreffende internationale kinderontvoering, tot intrekking van Verordening (EG) nr. 2201/2003 (*PB* L 178 van 2.7.2019, blz. 1) ('de verordening').

(2) Velden met een (*) moeten verplicht worden ingevuld.

6. HUWELIJK*
6.1. Echtgenoten*
  6.1.1.
    6.1.1.1. Achterna(a)m(en)*
    6.1.1.2. Voorna(a)m(en)*
    6.1.1.3. Geboortedatum (dd/mm/jjjj)*
    6.1.1.4. Geboorteplaats
    6.1.1.5. Identiteitskaartnummer of socialezekerheidsnummer (indien van toepassing en beschikbaar)
    6.1.1.6. Adres (indien beschikbaar)
      6.1.1.6.1. zoals vermeld in de authentieke akte of de overeenkomst ...
      6.1.1.6.2. eventuele aanvullende informatie (bijvoorbeeld betreffende een ander huidig adres) ...
  6.1.2.
    6.1.2.1. Achterna(a)m(en)*
    6.1.2.2. Voorna(a)m(en)*
    6.1.2.3. Geboortedatum (dd/mm/jjjj)*
    6.1.2.4. Geboorteplaats
    6.1.2.5. Identiteitskaartnummer of socialezekerheidsnummer (indien van toepassing en beschikbaar)
    6.1.2.6. Adres (indien beschikbaar)
      6.1.2.6.1. zoals vermeld in de authentieke akte of de overeenkomst ...
      6.1.2.6.2. eventuele aanvullende informatie (bijvoorbeeld betreffende een ander huidig adres) ...
6.2. Datum, land en plaats van huwelijk*
  6.2.1. Datum (dd/mm/jjjj)*
  6.2.2. Land*
  6.2.3. Plaats (indien beschikbaar)

7. □ AUTHENTIEKE AKTE
7.1. Daartoe bevoegde overheidsinstantie of andere autoriteit die de authentieke akte heeft verleden of geregistreerd (indien dat een andere is dan het gerecht of de bevoegde autoriteit vermeld bij punt 3)
  7.1.1. Naam
  7.1.2. Adres
7.2. Datum (dd/mm/jjjj) waarop de authentieke akte is verleden door de autoriteit vermeld bij punt 3 of punt 7.1
7.3. Referentienummer van de authentieke akte (indien van toepassing)
7.4. Datum (dd/mm/jjjj) waarop de authentieke akte in de lidstaat van herkomst is geregistreerd (indien dat een andere datum is dan de datum vermeld bij punt 7.2)
  7.4.1. Referentienummer in het register (indien van toepassing)
7.5. Datum (dd/mm/jjjj) vanaf welke de authentieke akte juridisch bindend is in de lidstaat van herkomst

8. □ OVEREENKOMST

8.1. Overheidsinstantie die de overeenkomst heeft geregistreerd (indien dat een andere is dan het gerecht of de bevoegde autoriteit vermeld bij punt 3)

8.1.1. Naam

8.1.2. Adres

8.2. Datum (dd/mm/jjjj) van registratie van de overeenkomst

8.3. Referentienummer in het register (indien van toepassing)

8.4. Datum (dd/mm/jjjj) vanaf welke de overeenkomst juridisch bindend is in de lidstaat van herkomst

Gedaan te ..., datum (dd/mm/jjjj)
Handtekening en/of stempel
[25-06-2019, PbEU L 178, i.w.tr. 22-07-2019/regelingnummer 2019/1111]

BIJLAGE IX

Certificaat betreffende een authentieke akte of een overeenkomst inzake ouderlijke verantwoordelijkheid

(Artikel 66, lid 1, onder b), van Verordening (EU) 2019/1111 van de Raad [(1)])

BELANGRIJK
Af te geven, op verzoek van een partij, enkel indien de lidstaat die de overheidsinstantie of andere autoriteit heeft gemachtigd, de authentieke akte formeel te verlijden of te registreren of de overeenkomst te registreren, daartoe de bevoegdheid had krachtens hoofdstuk II, afdeling 2, van de verordening, als vermeld in punt 2, en de authentieke akte of de overeenkomst juridisch bindend is in die lidstaat, als vermeld in punt 12.5 of 13.4. Het certificaat mag niet worden afgegeven indien er aanwijzingen bestaan dat de inhoud van de authentieke akte of de overeenkomst tegen het belang van het kind indruist.

1. LIDSTAAT VAN HERKOMST* [(2)]

□ België (BE)	□ Bulgarije (BG)	□ Tsjechië (CZ)	□ Duitsland (DE)
□ Estland (EE)	□ Ierland (IE)	□ Griekenland (EL)	□ Spanje (ES)
□ Frankrijk (FR)	□ Kroatië (HR)	□ Italië (IT)	□ Cyprus (CY)
□ Letland (LV)	□ Litouwen (LT)	□ Luxemburg (LU)	□ Hongarije (HU)
□ Malta (MT)	□ Nederland (NL)	□ Oostenrijk (AT)	□ Polen (PL)
□ Portugal (PT)	□ Roemenië (RO)	□ Slovenië (SI)	□ Slowakije (SK)
□ Finland (FI)	□ Zweden (SE)	□ Verenigd Koninkrijk (UK)	

2. DE LIDSTAAT VAN HERKOMST WAS BEVOEGD KRACHTENS HOOFDSTUK II, AFDELING 2, VAN DE VERORDENING*

2.1. □ Ja

3. GERECHT DAT OF BEVOEGDE AUTORITEIT DIE HET CERTIFICAAT AFGEEFT*

3.1. Naam*

3.2. Adres*

3.3. Tel./fax/e-mail*

4. SOORT STUK*

4.1. □ Authentieke akte (vul dan punt 12 in)

4.2. □ Overeenkomst (vul dan punt 13 in)

---

(1) Verordening (EU) 2019/1111 van de Raad van 25 juni 2019 betreffende de bevoegdheid, de erkenning en tenuitvoerlegging van beslissingen in huwelijkszaken en inzake de ouderlijke verantwoordelijkheid, en betreffende internationale kinderontvoering (*PB* L 178 van 2.7.2019, blz. 1) ('de verordening').

(2) Velden met een (*) moeten verplicht worden ingevuld.

5. PARTIJEN [3] BIJ DE AUTHENTIEKE AKTE OF DE OVEREENKOMST*
5.1. Partij 1*
5.1.1. □ Natuurlijke persoon
5.1.1.1. Achterna(a)m(en)
5.1.1.2. Voorna(a)m(en)
5.1.1.3. Geboortedatum (dd/mm/jjjj)
5.1.1.4. Geboorteplaats (indien beschikbaar)
5.1.1.5. Identiteitskaartnummer of socialezekerheidsnummer (indien van toepassing en beschikbaar)
5.1.1.6. Adres (indien beschikbaar)
5.1.1.6.1. zoals vermeld in de beslissing ...
5.1.1.6.2. eventuele aanvullende informatie (bijvoorbeeld betreffende een ander huidig adres) ...
5.1.2. □ Rechtspersoon, instantie of orgaan
5.1.2.1. Volledige naam
5.1.2.2. Identificatienummer (indien van toepassing en beschikbaar)
5.1.2.3. Adres (indien beschikbaar)
5.2. Partij 2
5.2.1 □ Natuurlijke persoon
5.2.1.1. Achterna(a)m(en)
5.2.1.2. Voorna(a)m(en)
5.2.1.3. Geboortedatum (dd/mm/jjjj)
5.2.1.4. Geboorteplaats (indien beschikbaar)
5.2.1.5. Identiteitskaartnummer of socialezekerheidsnummer (indien van toepassing en beschikbaar)
5.2.1.6. Adres (indien beschikbaar)
5.2.1.6.1. zoals vermeld in de beslissing ...
5.2.1.6.2. eventuele aanvullende informatie (bijvoorbeeld betreffende een ander huidig adres) ...
5.2.2 □ Rechtspersoon, instantie of orgaan
5.2.2.1. Volledige naam
5.2.2.2. Identificatienummer (indien van toepassing en beschikbaar)
5.2.2.3. Adres (indien beschikbaar)

6. KIND(EREN) [4] WAAROP DE AUTHENTIEKE AKTE OF DE OVEREENKOMST BETREKKING HEEFT*
6.1. Kind 1*
6.1.1. Achterna(a)m(en)*
6.1.2. Voorna(a)m(en)*
6.1.3. Geboortedatum (dd/mm/jjjj)*
6.1.4. Geboorteplaats (indien beschikbaar)
6.1.5. Identiteitskaartnummer of socialezekerheidsnummer (indien van toepassing en beschikbaar)

(3) Voeg een extra blad bij indien er meer dan twee partijen betrokken zijn.
(4) Voeg een extra blad bij indien er meer dan drie kinderen betrokken zijn.

6.2. Kind 2
  6.2.1. Achterna(a)m(en)
  6.2.2. Voorna(a)m(en)
  6.2.3. Geboortedatum (dd/mm/jjjj)
  6.2.4. Geboorteplaats (indien beschikbaar)
  6.2.5. Identiteitskaartnummer of socialezekerheidsnummer (indien van toepassing en beschikbaar)

6.3. Kind 3
  6.3.1. Achterna(a)m(en)
  6.3.2. Voorna(a)m(en)
  6.3.3. Geboortedatum (dd/mm/jjjj)
  6.3.4. Geboorteplaats (indien beschikbaar)
  6.3.5. Identiteitskaartnummer of socialezekerheidsnummer (indien van toepassing en beschikbaar)

7. □ GEZAGSRECHT (5)

7.1. Gezagsrecht dat in de authentieke akte of de overeenkomst is toegekend of overeengekomen (6)
…

7.2. Toegekend aan de volgende partij(en) (7)
  7.2.1. Partij 1
    7.2.1.1. □ Natuurlijke persoon
      7.2.1.1.1. Achterna(a)m(en)
      7.2.1.1.2. Voorna(a)m(en)
      7.2.1.1.3. Geboortedatum (dd/mm/jjjj)
      7.2.1.1.4. Geboorteplaats (indien beschikbaar)
      7.2.1.1.5. Identiteitskaartnummer of socialezekerheidsnummer (indien van toepassing en beschikbaar)
      7.2.1.1.6. Adres (indien beschikbaar)
        7.2.1.1.6.1. zoals vermeld in de beslissing …
        7.2.1.1.6.2. eventuele aanvullende informatie (bijvoorbeeld betreffende een ander huidig adres) …
    7.2.1.2. □ Rechtspersoon, instantie of orgaan
      7.2.1.2.1. Volledige naam
      7.2.1.2.2. Identificatienummer (indien van toepassing en beschikbaar)
      7.2.1.2.3. Adres (indien beschikbaar)

(5) De term 'gezagsrecht' is gedefinieerd in artikel 2, lid 2, punt 9), van de verordening.
(6) Kopieer het relevante onderdeel van de authentieke akte of de overeenkomst.
(7) Voeg een extra blad bij indien er meer dan twee partijen betrokken zijn.

7.2.2. Partij 2
7.2.2.1. □ Natuurlijke persoon
7.2.2.1.1. Achterna(a)m(en)
7.2.2.1.2. Voorna(a)m(en)
7.2.2.1.3. Geboortedatum (dd/mm/jjjj)
7.2.2.1.4. Geboorteplaats (indien beschikbaar)
7.2.2.1.5. Identiteitskaartnummer of socialezekerheidsnummer (indien van toepassing en beschikbaar)
7.2.2.1.6. Adres (indien beschikbaar)
7.2.2.1.6.1. zoals vermeld in de beslissing …
7.2.2.1.6.2. eventuele aanvullende informatie (bijvoorbeeld betreffende een ander huidig adres) …
7.2.2.2. □ Rechtspersoon, instantie of orgaan
7.2.2.2.1. Volledige naam
7.2.2.2.2. Identificatienummer (indien van toepassing en beschikbaar)
7.2.2.2.3. Adres (indien beschikbaar)

7.3. De authentieke akte of de overeenkomst brengt de overdracht van het (de) kind(eren) met zich mee
7.3.1. □ Nee
7.3.2. □ Ja
7.3.2.1. □ Voor de tenuitvoerlegging relevante nadere gegevens van de overdracht, indien niet reeds vermeld bij punt 7.1 (bijvoorbeeld, aan wie, welk(e) kind(eren), periodieke of eenmalige overdracht)
…

8. □ OMGANGSRECHT
8.1. Omgangsrecht dat in de authentieke akte of de overeenkomst is toegekend of overeengekomen (8)
…
8.2. Toegekend aan de volgende partij(en) (9)
8.2.1. Partij 1
8.2.1.1. Achterna(a)m(en)
8.2.1.2. Voorna(a)m(en)
8.2.1.3. Geboortedatum (dd/mm/jjjj)
8.2.1.4. Geboorteplaats (indien beschikbaar)
8.2.1.5. Identiteitskaartnummer of socialezekerheidsnummer (indien van toepassing en beschikbaar)
8.2.1.6. Adres (indien beschikbaar)
8.2.1.6.1. zoals vermeld in de authentieke akte of de overeenkomst
…
8.2.1.6.2. eventuele aanvullende informatie (bijvoorbeeld betreffende een ander huidig adres) …

(8) Kopieer het relevante onderdeel van de authentieke akte of de overeenkomst.
(9) Voeg een extra blad bij indien er meer dan twee partijen betrokken zijn.

8.2.2. Partij 2
8.2.2.1. Achterna(a)m(en)
8.2.2.2. Voorna(a)m(en)
8.2.2.3. Geboortedatum (dd/mm/jjjj)
8.2.2.4. Geboorteplaats (indien beschikbaar)
8.2.2.5. Identiteitskaartnummer of socialezekerheidsnummer (indien van toepassing en beschikbaar)
8.2.2.6. Adres (indien beschikbaar)
8.2.2.6.1. zoals vermeld in de authentieke akte of de overeenkomst …
8.2.2.6.2. eventuele aanvullende informatie (bijvoorbeeld betreffende een ander huidig adres) …

8.3. De authentieke akte of de overeenkomst brengt de overdracht van het (de) kind(eren) met zich mee
8.3.1. □ Nee
8.3.2. □ Ja
8.3.2.1. □ Voor de tenuitvoerlegging relevante nadere gegevens van de overdracht, indien niet reeds vermeld bij punt 8.1 (bijvoorbeeld, aan wie, welk(e) kind(eren), periodieke of eenmalige overdracht)
…

9. □ ANDERE RECHTEN INZAKE OUDERLIJKE VERANTWOORDELIJKHEID

9.1. Recht(en) dat (die) in de authentieke akte of de overeenkomst is (zijn) toegekend of overeengekomen (10)
…

9.2. Toegekend aan de volgende partij(en) (11)
9.2.1. Partij 1
9.2.1.1. □ Natuurlijke persoon
9.2.1.1.1. Achterna(a)m(en)
9.2.1.1.2. Voorna(a)m(en)
9.2.1.1.3. Geboortedatum (dd/mm/jjjj)
9.2.1.1.4. Geboorteplaats (indien beschikbaar)
9.2.1.1.5. Identiteitskaartnummer of socialezekerheidsnummer (indien van toepassing en beschikbaar)
9.2.1.1.6. Adres (indien beschikbaar)
9.2.1.1.6.1. zoals vermeld in de beslissing …
9.2.1.1.6.2. eventuele aanvullende informatie (bijvoorbeeld betreffende een ander huidig adres) …
9.2.1.2. □ Rechtspersoon, instantie of orgaan
9.2.1.2.1. Volledige naam
9.2.1.2.2. Identificatienummer (indien van toepassing en beschikbaar)
9.2.1.2.3. Adres (indien beschikbaar)

---

(10) Kopieer het relevante onderdeel van de authentieke akte of de overeenkomst.
(11) Voeg een extra blad bij indien er meer dan twee partijen betrokken zijn.

9.2.2. Partij 2

9.2.2.1. □ Natuurlijke persoon

9.2.2.1.1. Achterna(a)m(en)

9.2.2.1.2. Voorna(a)m(en)

9.2.2.1.3. Geboortedatum (dd/mm/jjjj)

9.2.2.1.4. Geboorteplaats (indien beschikbaar)

9.2.2.1.5. Identiteitskaartnummer of socialezekerheidsnummer (indien van toepassing en beschikbaar)

9.2.2.1.6. Adres (indien beschikbaar)

9.2.2.1.6.1. zoals vermeld in de beslissing ...

9.2.2.1.6.2. eventuele aanvullende informatie (bijvoorbeeld betreffende een ander huidig adres) ...

9.2.2.2. □ Rechtspersoon, instantie of orgaan

9.2.2.2.1. Volledige naam

9.2.2.2.2. Identificatienummer (indien van toepassing en beschikbaar)

9.2.2.2.3. Adres (indien beschikbaar)

9.3. De authentieke akte of de overeenkomst brengt de overdracht van het (de) kind(eren) met zich mee

9.3.1. □ Nee

9.3.2. □ Ja

9.3.2.1. □ Voor de tenuitvoerlegging relevante nadere gegevens van de overdracht, indien niet reeds vermeld bij punt 9.1 (bijvoorbeeld, aan wie, welk(e) kind(eren), periodieke of eenmalige overdracht)

...

10. HET (DE) KIND(EREN) (12) VERMELD BIJ PUNT 6 KON(DEN) ZICH EEN EIGEN MENING VORMEN*

10.1. □ Kind vermeld bij punt 6.1

10.1.1. □ Ja (vul dan punt 11 in)

10.1.2. □ Nee

10.2. □ Kind vermeld bij punt 6.2

10.2.1. □ Ja (vul dan punt 11 in)

10.2.2. □ Nee

10.3. □ Kind vermeld bij punt 6.3

10.3.1. □ Ja (vul dan punt 11 in)

10.3.2. □ Nee

11. HET (DE) KIND(EREN) (13) DAT (DIE) ZICH EEN EIGEN MENING KON(DEN) VORMEN, ZOALS VERMELD BIJ PUNT 10, IS EEN REËLE EN EFFECTIEVE MOGELIJKHEID GEBODEN DIE MENING TE UITEN

11.1. □ Kind vermeld bij punt 6.1

11.1.1. □ Ja

11.1.2. □ Nee, om volgende redenen: ...

(12) Voeg een extra blad bij indien er meer dan drie kinderen betrokken zijn.

(13) Voeg een extra blad bij indien er meer dan drie kinderen betrokken zijn.

11.2. □ Kind vermeld bij punt 6.2
  11.2.1. □ Ja
  11.2.2. □ Nee, om volgende redenen: …
11.3. □ Kind vermeld bij punt 6.3
  11.3.1. □ Ja
  11.3.2. □ Nee, om volgende redenen: …

12. □ AUTHENTIEKE AKTE
12.1. Daartoe bevoegde overheidsinstantie of andere autoriteit die de authentieke akte heeft verleden of geregistreerd (indien dat een andere is dan het gerecht of de bevoegde autoriteit vermeld bij punt 3)
  12.1.1. Naam
  12.1.2. Adres
12.2. Datum (dd/mm/jjjj) waarop de authentieke akte is verleden door de autoriteit vermeld bij punt 3 of punt 12.1
12.3. Referentienummer van de authentieke akte (indien van toepassing)
12.4. Datum (dd/mm/jjjj) waarop de authentieke akte in de lidstaat van herkomst is geregistreerd (indien dat een andere datum is dan de datum vermeld bij punt 12.2)
  12.4.1. Referentienummer in het register (indien van toepassing)
12.5. Datum (dd/mm/jjjj) vanaf welke de authentieke akte juridisch bindend is in de lidstaat van herkomst

13. □ OVEREENKOMST
13.1. Overheidsinstantie die de overeenkomst heeft geregistreerd (indien dat een andere is dan het gerecht of de bevoegde autoriteit vermeld bij punt 3)
  13.1.1. Naam
  13.1.2. Adres
13.2. Datum (dd/mm/jjjj) van registratie van de overeenkomst
13.3. Referentienummer in het register (indien van toepassing)
13.4. Datum (dd/mm/jjjj) vanaf welke de overeenkomst juridisch bindend is in de lidstaat van herkomst

14. DE AUTHENTIEKE AKTE OF DE OVEREENKOMST IS UITVOERBAAR IN DE LIDSTAAT VAN HERKOMST*

14.1. □ Betreffende gezagsrecht als vermeld bij punt 7

14.1.1. □ Nee

14.1.1.1. □ De authentieke akte of de overeenkomst bevat geen uitvoerbare verplichting.

14.1.2. □ Ja, zonder beperkingen (vul dan de datum (dd/mm/jjjj) in waarop de authentieke akte of de overeenkomst uitvoerbaar werd) …/…/…

14.1.3. Ja, zij het uitsluitend jegens de partij (14) als vermeld bij punt … (gelieve in te vullen) …

14.1.4. □ Ja, zij het uitsluitend voor wat betreft het (de) volgende onderde(e)l(en) van de authentieke akte of de overeenkomst (gelieve te vermelden) …

14.2. □ Betreffende omgangsrecht als vermeld bij punt 8

14.2.1. □ Nee

14.2.1.1. □ De authentieke akte of de overeenkomst bevat geen uitvoerbare verplichting.

14.2.2. □ Ja, zonder beperkingen (vul dan de datum (dd/mm/jjjj) in waarop de authentieke akte of de overeenkomst uitvoerbaar werd) …/…/…

14.2.3. □ Ja, zij het uitsluitend jegens de partij (15) als vermeld bij punt … (gelieve in te vullen) …

14.2.4. □ Ja, zij het uitsluitend voor wat betreft het (de) volgende onderde(e)l(en) van de authentieke akte of de overeenkomst (gelieve te vermelden) …

14.3. □ Betreffende andere rechten als vermeld bij punt 9

14.3.1. □ Nee

14.3.1.1. □ De authentieke akte of de overeenkomst bevat geen uitvoerbare verplichting.

14.3.2. □ Ja, zonder beperkingen (vul dan de datum (dd/mm/jjjj) in waarop de authentieke akte of de overeenkomst uitvoerbaar werd) …/…/…

14.3.3. □ Ja, zij het uitsluitend jegens de partij (16) als vermeld bij punt … (gelieve in te vullen) …

14.3.4. □ Ja, zij het uitsluitend voor wat betreft het (de) volgende onderde(e)l(en) van de authentieke akte of de overeenkomst (gelieve te vermelden) …

Gedaan te …, datum (dd/mm/jjjj)
Handtekening en/of stempel
[25-06-2019, PbEU L 178, i.w.tr. 22-07-2019/regelingnummer 2019/1111]

---

(14) Voeg een extra blad bij indien er meer dan één partij betrokken is.
(15) Voeg een extra blad bij indien er meer dan één partij betrokken is.
(16) Voeg een extra blad bij indien er meer dan één partij betrokken is.

BIJLAGE X
Concordantietabel

Verordening (EG) nr. 2201/2003	Deze verordening
Artikel 1	Artikel 1
-	Artikel 1, lid 3
Artikel 2	Artikel 2
Artikel 3	Artikel 3
Artikel 4	Artikel 4
Artikel 5	Artikel 5
Artikel 6	Artikel 6, lid 2
Artikel 7	Artikel 6, leden 1 en 3
Artikel 8, lid 1	Artikel 7, lid 1
Artikel 8, lid 2	Artikel 7, lid 2
Artikel 9, lid 1	Artikel 8, lid 1
Artikel 9, lid 2	Artikel 8, lid 2
Artikel 10	Artikel 9
-	Artikel 10
Artikel 11, lid 1	Artikel 22
-	Artikel 23
Artikel 11, lid 2	Artikel 26
Artikel 11, lid 3	Artikel 24, lid 1
-	Artikel 24, lid 2
-	Artikel 24, lid 3
-	Artikel 25
Artikel 11, lid 4	Artikel 27, lid 3
Artikel 11, lid 5	Artikel 27, lid 1
-	Artikel 27, lid 2
-	Artikel 27, lid 4
-	Artikel 27, lid 5
-	Artikel 27, lid 6
-	Artikel 28
-	Artikel 29, leden 1 en 2
Artikel 11, lid 6	Artikel 29, lid 3
-	Artikel 29, lid 4
Artikel 11, lid 7	Artikel 29, lid 5
Artikel 11, lid 8	Artikel 29, lid 6
Artikel 12	-
Artikel 13	Artikel 11
Artikel 14	Artikel 14
Artikel 15, lid 1, lid 2, onder a) en b), en lid 4	Artikel 12, lid 1
Artikel 15, lid 3	Artikel 12, lid 4
-	Artikel 12, lid 2 en, lid 3
-	Artikel 12, lid 5
Artikel 15, lid 2, onder c)	Artikel 13, lid 1

Verordening (EG) nr. 2201/2003	Deze verordening
-	Artikel 13, lid 2
Artikel 16	Artikel 17, onder a) en b)
-	Artikel 17, onder c)
-	Artikel 16
Artikel 17	Artikel 18
Artikel 18	Artikel 19
Artikel 19	Artikel 20
-	Artikel 20, leden 4 en 5
-	Artikel 21
Artikel 20, lid 1	Artikel 15, lid 1
Artikel 20, lid 2	Artikel 15, lid 3
-	Artikel 15, lid 2
Artikel 21, leden 1 en 2	Artikel 30, leden 1 en 2
Artikel 21, lid 3	Artikel 30, leden 3 en 4
Artikel 21, lid 4	Artikel 30, lid 5
Artikel 22	Artikel 38
Artikel 23, onder a), c), d), e) en f)	Artikel 39, onder a), b), c), d) en e)
Artikel 23 b)	Artikel 39, lid 2
Artikel 24	Artikel 69
Artikel 25	Artikel 70
Artikel 26	Artikel 71
-	Artikel 72
Artikel 27, lid 1	Artikel 33, onder a), en artikel 44, onder a)
-	Artikel 33, onder b)
-	Artikel 44, onder b)
Artikel 27, lid 2	-
Artikel 28	-
Artikel 29	-
-	Artikel 34
-	Artikel 35
-	Artikel 40
-	Artikel 41
Artikel 30	-
Artikel 31	-
Artikel 32	-
Artikel 33	-
Artikel 34	-
Artikel 35	-
Artikel 36	Artikel 53
-	Artikel 53, lid 3
Artikel 37, lid 1	Artikel 31, lid 1
-	Artikel 31, leden 2 en 3
Artikel 37, lid 2	-

Verordening (EG) nr. 2201/2003	Deze verordening
Artikel 38	Artikel 32
Artikel 39	Artikel 36
Artikel 40	Artikel 42 en artikel 47, lid 1
-	Artikel 45
-	Artikel 46
-	Artikel 47, lid 2
Artikel 41, lid 1	Artikel 43, lid 1
Artikel 41, lid 2	Artikel 47, lid 3
-	Artikel 47, leden 4, 5 en 6
Artikel 42, lid 1	Artikel 43, lid 1
Artikel 42, lid 2	Artikel 47, lid 3
Artikel 43	Artikelen 37 en 48
-	Artikel 49
-	Artikel 50
Artikel 44	-
Artikel 45, lid 1	Artikel 31, lid 1
Artikel 45, lid 2	Artikel 31, lid 2
-	Artikel 31, lid 3
Artikel 46	Artikel 65
Artikel 47, lid 1	Artikel 51, lid 1
-	Artikel 51, lid 2
-	Artikel 52
Artikel 48	Artikel 54
-	Artikel 55
-	Artikel 56
-	Artikel 57
-	Artikel 58
-	Artikel 59
-	Artikel 60
-	Artikel 61
-	Artikel 62
-	Artikel 63
-	Artikel 64
-	Artikel 66
-	Artikel 67
-	Artikel 68
Artikel 49	Artikel 73
Artikel 50	Artikel 74, lid 1
-	Artikel 74, lid 2
Artikel 51	Artikel 75
Artikel 52	Artikel 90
Artikel 53	Artikel 76
Artikel 54	Artikel 77, lid 1

Verordening (EG) nr. 2201/2003	Deze verordening
-	Artikel 77, leden 2 en 3
-	Artikel 78
-	Artikel 79, onder a)
Artikel 55, lid 1, onder a)	Artikel 79, onder b)
Artikel 55, lid 1, onder b)	Artikel 79, onder c)
-	Artikel 79, onder d)
Artikel 55, lid 1, onder c)	Artikel 79, onder e)
Artikel 55, lid 1, onder d)	Artikel 79, onder f)
Artikel 55, lid 1, onder e)	Artikel 79, onder g)
-	Artikel 80
-	Artikel 81
Artikel 56, lid 1	Artikel 82, lid 1
-	Artikel 82, leden 2, 3 en 4
Artikel 56, lid 2	Artikel 82, lid 5
-	Artikel 82, lid 6
Artikel 56, lid 3	Artikel 82, lid 7
-	Artikel 82, lid 8
Artikel 57, leden 1 en 2	-
Artikel 57, lid 3	Artikel 83, lid 1
Artikel 57, lid 4	Artikel 83, lid 2
Artikel 58	Artikel 84
-	Artikel 85
-	Artikel 86
-	Artikel 87
-	Artikel 88
-	Artikel 89
-	Artikel 91
Artikel 59	Artikel 94
Artikel 60, onder a), b), c) en d)	Artikel 95
Artikel 60, onder e)	Artikel 96
Artikel 61	Artikel 97, lid 1
-	Artikel 97, lid 2
Artikel 62	Artikel 98
Artikel 63	Artikel 99
Artikel 64, lid 1	Artikel 100, lid 1
Artikel 64, leden 2, 3 en 4	-
-	Artikel 100, lid 2
Artikel 65, lid 1	Artikel 101, lid 1
-	Artikel 101, lid 2
Artikel 66	Artikel 102
Artikel 67	Artikel 103
Artikel 68	Artikel 103
Artikel 69	Artikel 92

Verordening (EG) nr. 2201/2003	Deze verordening
Artikel 70	-
-	Artikel 93
Artikel 71	Artikel 104
Artikel 72	Artikel 105
Bijlage I	Bijlage II
-	Bijlage I
Bijlage II	Bijlage III
-	Bijlage IV
Bijlage III	Bijlage V
Bijlage IV	Bijlage VI
-	Bijlage VII
-	Bijlage VIII
-	Bijlage IX

[25-06-2019, PbEU L 178, i.w.tr. 22-07-2019/regelingnummer 2019/1111]

Burgerlijk Wetboek Boek 10 (Relevante artikelen)

TITEL 3
Het Huwelijk

AFDELING 4
Ontbinding van het huwelijk en scheiding van tafel en bed

Artikel 54

Deze afdeling geeft mede uitvoering aan:

a. het op 1 juni 1970 te 's-Gravenhage tot stand gekomen Verdrag inzake de erkenning van echtscheidingen en scheidingen van tafel en bed (*Trb.* 1979, 131); en

b. het op 8 september 1967 te Luxemburg tot stand gekomen Verdrag inzake de erkenning van beslissingen betreffende de huwelijksband (*Trb.* 1979, 130).

[19-05-2011, Stb. 272, i.w.tr. 01-01-2012/kamerstukken 32137]

[Verhouding internationale regelingen tot de regeling van afdeling 4]

1. Algemeen. In de bepaling wordt verwezen naar het Haagse verdrag van 1 juni 1970 inzake de erkenning van echtscheidingen en scheidingen van tafel en bed, voor Nederland in werking getreden op 22 augustus 1981 (onderdeel a) en het Luxemburgse Verdrag van 8 september 1967 inzake de erkenning van beslissingen betreffende de huwelijksband, voor Nederland in werking getreden op 30 juni 1981 (onderdeel b). Hiermee is beoogd de rechtstoepasser voor zoveel nodig opmerkzaam te maken op de verdragsrechtelijke achtergrond van deze afdeling. Beide internationale regelingen staan toe dat de verdragsstaten in nationale wetgeving voor een liberaler, een gunstiger erkenningsregime kiezen. De in deze afdeling opgenomen gunstigere erkenningsregels zullen om deze reden meestal van toepassing zijn. Zie nader onder art. 10:57 BW, aant. 3.

2. Voorrang EU Verordening Brussel II-ter. Benadrukt dient te worden dat de erkenning van echtscheidingen binnen de Europese Unie wordt geregeld door de Verordening (EG) nr. 2019/1111 van de Raad van 25 juni 2019 betreffende de bevoegdheid, de erkenning en tenuitvoerlegging van beslissingen in huwelijkszaken en inzake de ouderlijke verantwoordelijkheid, en betreffende internationale kinderontvoering (herschikking), ook wel aangeduid als de EU-Verordening Brussel II-ter. Hoewel in art. 10:54 BW niet wordt verwezen naar deze verordening, heeft in de betrekkingen tussen de EU-lidstaten de verordening voorrang boven de in de bepaling hierboven genoemde verdragen (zie art. 95 Verordening Brussel II-ter). Ook heeft deze verordening voorrang boven de in art. 10:57 BW neergelegde erkenningsregeling, zo volgt uit art. 10:1 BW. Overigens valt de verstoting niet onder het materiële toepassingsgebied van Verordening Brussel

II-ter, zodat de verstoting altijd onder de regeling van deze afdeling valt. Zie nader over deze erkenningsregels (art. 30 e.v.) van Verordening Brussel II-ter, het commentaar door Oderkerk in *T&C Personen- en familierecht* onder 'Ontbinding van het huwelijk'.

Artikel 55

Ontbinding van het huwelijk en scheiding van tafel en bed kunnen in Nederland uitsluitend worden uitgesproken door de Nederlandse rechter.
[19-05-2011, Stb. 272, i.w.tr. 01-01-2012/kamerstukken 32137]

[Exclusieve bevoegdheid Nederlandse rechter]

Betekenis. Uit de bepaling volgt dat ontbinding van huwelijk en scheiding van tafel en bed in Nederland alleen kunnen worden uitgesproken door de Nederlandse rechter. Zie ook HR 31 oktober 1986, *NJ* 1987/924, waarin is geoordeeld dat een huwelijk in Nederland uitsluitend kan worden ontbonden door een uitspraak van de Nederlandse rechter gevolgd door inschrijving van die uitspraak in de daartoe bestemde registers van de burgerlijke stand. Deze regel, waarin het echtscheidingsmonopolie van de Nederlandse rechter is neergelegd, kan als een voorrangsregel worden bestempeld. Een huwelijksontbinding kan in Nederland dus niet tot stand worden gebracht door een buitenlandse diplomatieke of consulaire vertegenwoordiger, ook al is deze naar het recht van de zendstaat hiertoe bevoegd. Evenmin kan een huwelijk rechtsgeldig in Nederland worden beëindigd door een eenzijdige verklaring van een van de echtgenoten (verstoting) of door een religieuze of administratieve autoriteit.

Artikel 56

1. Of ontbinding van het huwelijk of scheiding van tafel en bed kan worden uitgesproken en op welke gronden, wordt bepaald door het Nederlandse recht.
2. In afwijking van lid 1 wordt het recht van de staat van een gemeenschappelijke vreemde nationaliteit van de echtgenoten toegepast indien in het geding:
a. door de echtgenoten gezamenlijk een keuze voor dit recht is gedaan of een dergelijke keuze van een van de echtgenoten onweersproken is gebleven; of
b. door een van de echtgenoten een keuze voor dit recht is gedaan en beide echtgenoten een werkelijke maatschappelijke band met het land van die gemeenschappelijke nationaliteit hebben.
3. Een rechtskeuze als bedoeld in het vorige lid moet uitdrukkelijk zijn gedaan of anderszins voldoende duidelijk blijken uit de in het verzoekschrift of het verweerschrift gebruikte bewoordingen.
[19-05-2011, Stb. 272, i.w.tr. 01-01-2012/kamerstukken 32137]

[Het op de echtscheiding toepasselijke recht]

1. Algemeen. De bepaling biedt een regeling voor het op de echtscheiding en scheiding van tafel en bed toepasselijke recht, en treedt in de plaats van art. 1 WCE. De kwestie van het toepasselijke recht met betrekking tot de nietigverklaring van een huwelijk wordt niet door deze bepaling bestreken. Deze laatstgenoemde bepaling kende met betrekking tot de vraag naar het op de echtscheiding toepasselijke recht een zogenoemde getrapt samengestelde verwijzingsregel. Indien partijen een gemeenschappelijke nationaliteit bezitten, wordt de vraag of echtscheiding kan worden verzocht en op welke gronden, beheerst door de gemeenschappelijke nationale wet (lid 1 onderdeel a). Indien een gemeenschappelijke nationaliteit ontbreekt is het recht van het land waarin partijen gewone verblijfplaats hebben van toepassing (lid 1 onderdeel b). Met het ontbreken van een gemeenschappelijke nationaliteit wordt gelijkgesteld het geval dat voor een van de partijen een werkelijke maatschappelijke band met het land van de gemeenschappelijke nationaliteit kennelijk ontbreekt. Dit is de zogenoemde realiteitstoets (lid 2, eerste zin). Echtgenoten met een gemeenschappelijke nationaliteit kunnen echter toepassing door de rechter van de realiteitstoets voorkómen: een door de echtgenoten gedane rechtskeuze voor toepasselijkheid van hun gemeenschappelijke nationale wet dient door de rechter gerespecteerd te worden (lid 2, tweede zin). Indien de echtgenoot de nationaliteit van meer dan een land bezit, geldt als zijn nationale recht het recht van het land waarvan hij de nationaliteit bezit waarmee hij alle omstandigheden in aanmerking genomen de sterkste band heeft. Dit is de zogenoemde effectiviteitstoets (lid 3). Indien partijen niet een gemeenschappelijke nationaliteit bezitten en evenmin hun gewone verblijfplaats in hetzelfde land hebben komt men toe aan de derde sport op de aanknopingsladder en is het Nederlandse recht als recht van de rechter (lex fori) toepasselijk (lid 1 onderdeel c). Aan partijen wordt tenslotte onder alle omstandigheden een rechtskeuze geboden om het Nederlandse recht als toepasselijke echtscheidingswet aan te wijzen 'ongeacht de voorgaande leden' (lid 4). Dit kwam er op neer dat de rechtskeuze-bevoegdheid voor Nederlands recht het gehele ipr-regelcomplex van de eerste drie leden terzijde kon stellen en daarmee dus in feite als hoofdregel voorop diende te worden gesteld. Uit de wetsgeschiedenis bleek verder dat de WCE berustte op begunstiging van de mogelijkheid om een echtscheiding te verkrijgen. Dit volgt met name uit de toelichting bij de nota van wijzigingen (*Kamerstukken II* 16004, 8, p. 2), waarin de mogelijkheid van een rechtskeuze voor Nederlands recht als bedoeld in lid 4 wordt onderbouwd met het argument dat deze mogelijkheid 'met name ten dienste (staat) aan die echtgenoten wier nationale of domiciliaire wet geen echtscheiding dan wel een beperkter echtscheidingsregeling dan de Nederlandse kent'. Door de wetgever is ook gewezen op de 'liberalisatie' van de wetgeving op het gebied van de echtscheiding in Nederland en elders, die erop duidt dat het huwelijk niet langer beschouwd kan worden als een band waaraan: 'een zodanige religieuze of maatschappelijke waarde moet worden toegekend dat de ontbindingen ervan slechts in hoge uitzondering en op zeer beperkte gronden kan worden toegelaten' (MvT, *Kamerstukken II* 16004, 3-4, p. 1). De zogenoemde favor divortii die de wetgever (nog steeds) voorstaat en door nagenoeg geheel de doctrine werd en nog steeds wordt gedeeld komt ten slotte ook tot uitdrukking in de soepele erkenningsregels van art. 2 en 3 WCE (het nieuwe art. 10:57 en 10:58).

2. De nieuwe structuur van de verwijzingsregeling. In art. 10:56 heeft de wetgever radicaal gebroken met de in het voormalige art. 1 WCE neergelegde meerzijdige verwijzingsregeling. In het bepaalde in art. 10:56 is, daarentegen, door de wetgever gekozen voor een op de leer van het facultatieve conflictenrecht gebaseerde verwijzingsregeling. Deze leer komt erop neer, dat de rechter het conflictenrecht uitsluitend toepast, wanneer één van de partijen zich op de toepassing van buitenlands recht beroept. In lid 1 is de objectieve aanknoping neergelegd: de toepassing van het Nederlandse recht op de echtscheiding (lex fori) staat voorop. In lid 2 en 3 is de subjectieve aanknoping vervat: rechtskeuze voor het gemeenschappelijke nationale recht is onder bepaalde voorwaarden mogelijk. De verwijzingsregel van art. 10:56 is van toepassing op verzoeken tot echtscheiding of scheiding van tafel en bed die na het tijdstip van inwerkingtreding van Boek 10 BW – dus na 1 januari 2012 – worden ingediend. Dit volgt uit de temporele bepaling die is neergelegd in art. 270 Overgangswet nieuw BW.

3. Toepasselijkheid van het Nederlandse recht/lex fori (lid 1). In art. 10:56 lid 1 wordt, bij gebreke van een rechtskeuze in de zin van art. 10:56 lid 2 en 3, de toepassing van het Nederlandse recht, als de lex fori, vooropgesteld en dit ongeacht de nationaliteit en gewone verblijfplaats van de echtgenoten. In de MvT, *Kamerstukken II* 2009/10, 32137, 3, p. 42, wordt deze hoofdregel onderbouwd met het argument dat daarmee een praktische oplossing wordt geboden die bovendien overeenstemt met wat in de praktijk meestal het resultaat is van toepassing van de in het voormalige art. 1 WCE vervatte regels. Ten faveure van de toepassing van de lex fori, als hoofdregel, geldt dat op deze wijze de echtscheidingsprocedure eenvoudiger en doelmatiger wordt, aangezien de rechter en partijen zich niet meer behoeven de verdiepen in de vraag of buitenlands echtscheidingsrecht voor toepassing is aanmerking komt. De bepaling van lid 1 stemt voorts ook overeen met het voormalige art. 1 WCE, in die zin dat zowel dit art. 1 WCE als de nieuwe regeling van art. 10:56 lid 1 is gebaseerd op de begunstiging van de totstandkoming van de echtscheiding (favor divortii). Zie ook aant. 2. Zie nader *Asser/Vonken & Ibili 10-II* 2021/179-190.

4. Rechtskeuze voor het gemeenschappelijke nationale recht (lid 2). a. Algemeen. In art. 10:56 lid 2 wordt aan de echtgenoten de mogelijkheid geboden om – in het geding – door rechtskeuze van een gemeenschappelijk vreemd nationale recht de toepasselijkheid van het Nederlandse recht opzij te zetten. Wanneer de echtgenoten twee gemeenschappelijke nationaliteiten hebben, kan voor de ene of de andere gemeenschappelijke vreemde nationale wet worden gekozen. Een effectiviteitstoets van een meervoudige nationaliteit van de echtgenoten dient derhalve niet te worden aangelegd. Een rechtskeuze voor het Nederlandse recht is – anders dan het voormalige art. 1 lid 4 WCE – derhalve niet mogelijk, en, gelet op het bepaalde in art. 10:56 lid 1, ook niet functioneel, aangezien zonder rechtskeuze het Nederlandse recht, als lex fori, steeds toepasselijk is. **b. Een gezamenlijke rechtskeuze (onderdeel a).** Volgens onderdeel a kan het Nederlandse recht, als lex fori, worden terzijde gesteld door een gezamenlijke keuze van een gemeenschappelijk nationaal recht of een dergelijke keuze van een van de echtgenoten onweersproken is gebleven door de andere echtgenoot. Wanneer een echtgenoot in de procedure niet is verschenen, wordt een door de andere echtgenoot in het inleidend gedingstuk neergelegde rechtskeuze geacht onweersproken te zijn gebleven. De verweerder zal uiteraard in appel de eenzijdige rechtskeuze van de verzoeker alsnog kunnen weerspreken. Dit laatste geldt ook in het geval van referte. De band met het land van de nationaliteit van de echtgenoten mag bij de toepassing van onderdeel a – anders dan bij onderdeel b – niet op zijn realiteitswaarde worden getoetst. **c. Een eenzijdige rechtskeuze (onderdeel b).** Volgens onderdeel b zet een door een echtgenoot gedane eenzijdige keuze van het gemeenschappelijke nationale recht, als zij weersproken is door de andere echtgenoot, het Nederlandse recht, de lex fori, niettemin opzij indien beide partijen een werkelijke maatschappelijke band met het land van hun nationaliteit hebben. De realiteitstoets is hier positief geformuleerd omdat mag worden aangenomen dat uitschakeling van het Nederlandse rechts als lex fori vooral zal worden nagestreefd door verweerders die zich tegen de echtscheiding verzetten. Toepassing van gemeenschappelijk nationaal recht is dan gerechtvaardigd, zo volgt uit de MvT, p. 43, wanneer beide partijen een werkelijke maatschappelijke band met het land van de gemeenschappelijke nationaliteit hebben behouden. Als voor een van de echtgenoten de band met het nationale recht te zwak is, vindt de hoofdregel van art. 10:56 lid 1 toepassing. Op welke wijze de beoordeling van de werkelijke maatschappelijke band plaatsvindt, wordt aan de rechtspraktijk overgelaten. Hierbij kan aansluiting worden gezocht bij de rechtspraak en de doctrine bij de toepassing van het voormalige art. 1 lid 2 WCE. Of voor een partij een werkelijke maatschappelijke band met het land van de gemeenschappelijke nationaliteit kennelijk ontbreekt wordt bepaald 'door alle omstandigheden van het geval, daaronder begrepen de factoren die de betrokken echtgenoot aan een ander land binden' (HR 9 juni 1995, *NJ* 1995/617). Dit betekent dat het ontbreken van een werkelijke maatschappelijke band met het land van de gemeenschappelijke nationaliteit (mede) mag worden afgeleid uit de band die de echtgenoten inmiddels met een ander land hebben verkregen. Het woord 'maatschappelijk' brengt tot uitdrukking dat het bij de vraag naar de band met het land van de gemeenschappelijke nationaliteit niet zozeer aankomt op gevoelsmatige (subjectieve) banden met het nationaliteitsland, maar veel meer op sociale en economische banden. Tot deze objectieve factoren kunnen worden gerekend bijvoorbeeld het (langdurig) verblijf buiten het nationaliteitsland, het hebben van een Nederlandse vestigings- of verblijfsvergunning, werkomstandigheden, de gezinssituatie, het bezit van onroerend goed in Nederland, het Nederlands verstaan, spreken of schrijven, een nog lopend verzoek om naturalisatie, het al dan niet doorbrengen van vakantie of afleggen van familiebezoek in het nationaliteitsland en de huwelijksvoltrekking in het nationaliteitsland of in Nederland. In combinatie met deze objectieve factoren mag ook rekening worden gehouden met subjectieve factoren, zoals het 'voornemen' van betrokkene om in Nederland te blijven wonen of de 'wens' om terug te keren naar het nationaliteitsland. De objectieve factoren kunnen voorts ook worden versterkt door factoren die in verband staan met bindingen die anderen dan de betrokkene, met name familieleden, al dan niet met Nederland hebben: de kinderen van betrokkenen zijn in Nederland geboren, gaan alhier op school, en ouders of andere familieleden van betrokkenen wonen in Nederland c.q. in het nationaliteitsland. Zie ook art. 10:8 BW, aant. 2. **d. De vorm en het tijdstip van de rechtskeuze (lid 3).** Uit art. 10:56 lid 3 volgt dat sprake moet zijn van een uitdrukkelijke rechtskeuze, dan wel dat de rechtskeuze anderszins voldoende duidelijk moet blijken uit de in het verzoekschrift of verweerschrift gebruikte bewoordingen. Aan dit vereiste is voldaan, indien bijvoorbeeld wordt verwezen naar een specifieke bepaling inzake echtscheiding uit het gemeenschappelijke vreemde recht van partijen. In de bepaling wordt daarentegen een stilzwijgende rechtskeuze expliciet uitgesloten. Wanneer een van de echtgenoten een echtscheidingsprocedure heeft ingesteld in het land van de gemeenschappelijke buitenlandse nationaliteit van partijen, kan daaruit geen rechtskeuze worden afgeleid voor het recht van dit land in verband met een echtscheidingsprocedure in Nederland. Wat betreft het tijdstip waarop de rechtskeuze dient te worden gedaan, volgt uit lid 3 dat een rechtskeuze moet blijken uit het inleidend verzoekschrift maar ook op een later tijdstip kan worden gedaan in de loop van de procedure. Beoogd is aldus, zo leert de MvT, *Kamerstukken II* 2009/10, 32137, 3, p. 43, een zogenoemde rechtskeuze ten processe, die onder controle van de rechter wordt gedaan. Art. 10:56 sluit echter niet uit dat echtgenoten al tijdens of zelfs vóór hun huwelijk een afspraak hebben gemaakt over het op een eventuele echtscheiding toe te passen recht. Indien zij tevoren een (door art. 10:56 toegestane) gezamenlijke keuze hebben gedaan en daarbij willen blijven, dienen zij die keuze in het verzoekschrift te bevestigen. Ook kunnen partijen bij het verzoekschrift het echtscheidingsconvenant overleggen met daarin een keuze voor hun gemeenschappelijke nationale echtscheidingsrecht. Indien een partij in het verzoekschrift eenzijdig een rechtskeuze doet en de andere partij zich vervolgens beroept op een eerder gezamenlijk gemaakte andere keuze, dan is er voor de toepassing van art. 10:56 sprake van een weersproken eenzijdige rechtskeuze en niet van een gezamenlijke keuze.

Artikel 57

1. Een in het buitenland na een behoorlijke rechtspleging verkregen ontbinding van het huwelijk of scheiding van tafel en bed wordt in Nederland erkend, indien zij is tot stand gekomen door de beslissing van een rechter of andere autoriteit en indien aan die rechter of andere autoriteit daartoe rechtsmacht toekwam.
2. Een in het buitenland verkregen ontbinding van het huwelijk of scheiding van tafel en bed die niet voldoet aan één of meer van de in lid 1 gestelde voorwaarden wordt nochtans in Nederland erkend, indien duidelijk blijkt dat de wederpartij hetzij tijdens de buitenlandse procedure uitdrukkelijk of stilzwijgend met die ontbinding of scheiding van tafel en bed heeft ingestemd, dan wel na afloop van de procedure in de uitspraak heeft berust.
[19-05-2011, Stb. 272, i.w.tr. 01-01-2012/kamerstukken 32137]

[Erkenning van buitenlandse echtscheidingen]

1. Algemeen. De in de bepaling vervatte erkenningsregel, die is ontleend aan art. 2 WCE, geldt pas, wanneer de erkenning van de buitenlandse echtscheidingsbeslissing niet wordt bestreken door de erkenningsregeling (art. 30 e.v.) van de EU Verordening Brussel II-ter. De erkenningsregeling van de verordening geldt alleen voor beslissingen die in een lidstaat van de EU (met uitzondering van Denemarken) zijn uitgesproken en de erkenning ervan in een andere lidstaat zich aandient. Hierbij is niet van belang of de buitenlandse rechter zijn bevoegdheid ontleende aan een van de bevoegdheidsgronden van Brussel II-ter dan wel aan die van een verdrag of nationale regeling (zie art. 69 Verordening Brussel II-ter). Ook wanneer de verweerder noch ingezetene noch onderdaan van een lidstaat is, is de erkenningsregeling van de verordening toepasselijk, mits de beslissing in een lidstaat van de EU is gegeven en in een andere lidstaat van de EU de erkenning daarvan wordt ingeroepen. Deze – beperkte – formele reikwijdte van de erkenningsregeling van de verordening leidt ertoe dat de erkenning van buitenlandse echtscheidingsbeslissingen die zijn uitgesproken in een niet EU-lidstaat (alsook in Denemarken), dient plaats te vinden aan de hand van een verdragsrechtelijke of nationale erkenningsregeling. Voor Nederland betekent dit dat de erkenningsvraag in dat geval dient te worden beantwoord aan de hand van art. 10:57-59 BW. Art. 10:57 vereist voor erkenning dat de huwelijksontbinding tot stand is gekomen na een behoorlijke rechtspleging door een beslissing van de rechter of van een andere autoriteit aan wie daartoe rechtsmacht toekwam (lid 1). Bij het ontbreken van een van deze voorwaarden is erkenning niettemin mogelijk, indien duidelijk blijkt dat de wederpartij in de procedure uitdrukkelijk of stilzwijgend heeft ingestemd met de huwelijksontbinding dan wel na afloop van de buitenlandse procedure in de uitspraak heeft berust (lid 2). De regeling houdt verband met de bekrachtiging door Nederland van het CIEC-Verdrag van Luxemburg van 8 september 1967 en het Haagse

Verdrag van 1 juni 1970. Beide verdragen bevatten een regeling inzake de wederzijdse erkenning van echtscheidingen door de verdragsstaten (zie nader aant. 4).

2. Afbakening van art. 10:57 met art. 10:58. In art. 10:58 (art. 10:58, aant. 1-5) wordt de erkenning geregeld van een huwelijksontbinding die niet met medewerking of onder toezicht van een autoriteit tot stand is gekomen, maar door een 'eenzijdige verklaring van de man'. De bepaling van art. 10:58 ziet op de zogenaamde 'particuliere' verstoting. Anders dan voor de toepassing van art. 10:57 is voor de werking van art. 10:58 vereist dat het huwelijk zonder vorm van proces is ontbonden. Aangenomen dient te worden dat indien de man met medewerking en onder toezicht van een kerkelijke of burgerlijke autoriteit de vrouw verstoot en deze tussenkomst het karakter van een procedure heeft, deze vorm van verstoting binnen de werkingssfeer valt van de erkenningsregeling van art. 10:57 (MvT, *Kamerstukken II* 16004, 3-4, p. 17-18). Dit is het geval indien een autoriteit optreedt die toetst of aan de wettelijke voorschriften is voldaan. Zie ook HR 13 juli 2001, *NJ* 2002/223 met betrekking tot de Marokkaanse rechtsfiguur van de khoel. Zie nader met betrekking tot deze afbakeningskwestie van art. 10:57 tot art. 10:58 *Asser/Vonken & Ibili 10-II* 2021/198-207.

3. Mogelijk legalisatie van stukken bij erkenning buitenlandse echtscheidingsbeslissing ingevolge art. 10:57 en 10:58. Uit HR 21 december 2007, *NJ* 2009/268, volgt dat de vraag of een buitenlandse akte van huwelijksontbinding in Nederland als rechtsgeldig kan worden erkend, een vaststelling vergt die grote verwantschap vertoond met een beslissing in art. 1:26 BW. Art. 1:26d BW moet dan ook van overeenkomstige toepassing worden geacht en de rechter kan derhalve (nu in het onderhavige geval Egypte geen partij is bij het Haagse Verdrag tot afschaffing van legalisatie van 1961) met overeenkomstige toepassing van art. 986 lid 3 Rv, ook ambtshalve, facultatief, legalisatie verlangen van stukken die worden overgelegd ter ondersteuning van de stelling dat de buitenlandse huwelijksontbinding in Nederland dient te worden erkend. Zie ook HR 5 september 2003, *NJ* 2004/5, r.o. 4.3, tweede alinea, waarin ook de eis van legalisatie met overeenkomstige toepassing van art. 1:26d BW werd gesteld met betrekking tot het bewijs van een in het buitenland (in casu Ghana) gesloten huwelijk.

4. De Verdragen van Luxemburg en 's-Gravenhage. a. Algemeen. De in art. 10:54 BW genoemde Verdragen van Luxemburg en van 's-Gravenhage hebben gemeenschappelijk dat zij een ruime erkenning van echtscheidingsbeslissingen beogen die in een ándere verdragsluitende Staat zijn verkregen. Beide verdragen, die gebaseerd zijn op het beginsel van wederkerigheid, stellen de erkenning voornamelijk afhankelijk van enkele processuele voorwaarden. Volgens het Luxemburgse verdrag mag de te erkennen beslissing niet indruisen tegen een in de erkennende Staat gegeven of erkende beslissing (art. 1 onderdeel 1 Verdrag inzake de erkenning van beslissingen betreffende de huwelijksband) en voorts moeten partijen in de gelegenheid zijn geweest hun middelen voor te dragen (art. 1 onderdeel 2 Verdrag inzake de erkenning van beslissingen betreffende de huwelijksband). De vraag of de buitenlandse autoriteit bevoegd was, mag in de erkenningsfase niet meer worden getoetst (art. 6 Verdrag inzake de erkenning van beslissingen betreffende de huwelijksband). Verder is een onderzoek naar de vraag welk materieel recht de buitenlandse autoriteit heeft toegepast in de erkenningsfase eveneens uitgesloten – de zogenaamde conflictenrechtelijke toets – behoudens de uitzondering die is vervat in art. 3 Verdrag inzake de erkenning van beslissingen betreffende de huwelijksband. Het Haagse Verdrag legt daarentegen meer de nadruk op de rechtsmacht; beslissingen van de volgens het Verdrag bevoegde rechter worden in beginsel erkend. In art. 2 Verdrag inzake de erkenning van echtscheidingen en scheidingen van tafel en bed is een lijst van bevoegdheidsgronden opgenomen die voornamelijk betrekking hebben op de vraag of er voor (een van de) partijen op grond van woonplaats of nationaliteit een zodanige binding bestond met het land waar het verzoek werd ingesteld, dat de buitenlandse rechter zich op redelijke gronden bevoegd kon achten. Voorts is in art. 8 Verdrag inzake de erkenning van echtscheidingen en scheidingen van tafel en bed een soortgelijk criterium van een behoorlijke procesgang ingebouwd als is opgenomen in art. 1 onderdeel 2 Verdrag inzake de erkenning van beslissingen betreffende de huwelijksband. **b. Bodemvoorziening.** Uit art. 13 Verdrag inzake de erkenning van beslissingen betreffende de huwelijksband en art. 17 Verdrag inzake de erkenning van echtscheidingen en scheidingen van tafel en bed volgt dat de verdragsluitende Staten vrij zijn een gunstigere (nationale) erkenningsregel te formuleren en toe te passen. Beide verdragen bevatten dus slechts een bodemvoorziening voor de erkenning van echtscheidingen. Aangezien de in art. 10:57 en 10:58 neergelegde erkenningsregels soepeler zijn dan die van beide verdragen, zal de Nederlandse rechtstoepasser bij de erkenning van een buitenlandse echtscheiding in Nederland kunnen volstaan met toepassing van de in art. 10:57 en 10:58 vervatte erkenningsregels. De beide verdragsregelingen zijn daarentegen nog slechts van belang voor de erkenning van in Nederland uitgesproken echtscheidingen in de andere verdragsluitende Staten. In het geval deze verdragsluitende Staten EU-lidstaten zijn, wordt de erkenningsvraag echter niet beheerst door bedoelde verdragen, maar door de erkenningsregeling van de Verordening Brussel II-ter (art. 30 e.v.). Zie nader aant. 1.

5. Vereisten erkenning echtscheiding (lid 1). a. Algemeen. Art. 10:57 lid 1 stelt enkele processuele voorwaarden aan de erkenning van in het buitenland tot stand gekomen echtscheidingen. Deze voorwaarden hebben echter geen absoluut karakter, zo blijkt uit het tweede artikellid. **b. Behoorlijke rechtspleging.** Lid 1 stelt als eerste voorwaarde voor de erkenning dat in de buitenlandse procedure een behoorlijke rechtspleging is gevolgd. Deze voorwaarde dient met name ter bescherming van de belangen van een partij die niet aan de echtscheiding heeft meegewerkt. Hiervan is bijvoorbeeld sprake in het geval van niet-tijdige of behoorlijke oproeping of schending van het beginsel van hoor en wederhoor. Anders gezegd: de voorwaarde komt erop neer dat de buitenlandse echtscheidingsprocedure moet hebben voldaan aan het vereiste van 'fair trial' op grond van art. 6 EVRM of art. 47 Handvest van de grondrechten van de Europese Unie. Zie bijvoorbeeld Hof Amsterdam 30 mei 2017, ECLI:NL:GHAMS:2017:2026, waarin het ontbreken van een 'fair trial' in de buitenlandse echtscheidingsprocedure werd aanvaard, omdat geen van de partijen op de hoogte was van de echtscheidingsprocedure in Pakistan. **c. Rechter of andere autoriteit.** De buitenlandse echtscheidingsbeslissing zal voorts afkomstig moeten zijn van een 'rechter of andere autoriteit'; naast beslissingen van rechterlijke autoriteiten kan hierbij gedacht worden aan beslissingen van een administratieve autoriteit (ambtenaar) of een kerkelijke autoriteit. **d. Rechtsmacht.** Ten slotte stelt lid 1 als voorwaarde dat de desbetreffende buitenlandse autoriteit 'rechtsmacht' toekwam. Het betreft hier een internationaal privaatrechtelijke maatstaf. Dit houdt in dat de rechter niet behoeft te onderzoeken of de buitenlandse rechter volgens het procesrecht van het land waar de uitspraak is gedaan bevoegd was. Evenmin mag hij de vraag of de rechter redelijkerwijze rechtsmacht mocht aannemen uitsluitend beantwoorden aan de hand van het Nederlandse procesrecht. Onderzocht zal namelijk dienen te worden of de bevoegdheid van de buitenlandse autoriteit gebaseerd was op een rechtsmachtregeling die, naar internationale maatstaven gemeten, aanvaardbaar is. Als leidraad kunnen hierbij dienen de regels van art. 2-5 Haags Echtscheidingsverdrag 1970 (MvT, *Kamerstukken II* 16004, 3-4, p. 17-18 en van art. 3 Verordening Brussel II-ter). In Hof Amsterdam 5 juni 2018, ECLI:NL:GHAMS:2018:2145 werd in dit verband aangenomen dat het voldoende is als de echtscheidingsbevoegdheid van de buitenlandse rechter is gebaseerd op de gemeenschappelijke nationaliteit van de echtgenoten. Onvoldoende is dat de echtscheidingsbevoegdheid is gebaseerd op de plaats van huwelijksvoltrekking of de omstandigheid dat de verzoeker zich toevallig in de forumstaat bevindt zonder dat hij daar zijn gewone verblijfplaats heeft. **e. Géén conflictenrechtelijke toets.** Uit het eerste lid van art. 10:57 dient te worden afgeleid dat óók bij echtscheiding van een Nederlands echtpaar in het buitenland bij de erkenningsvraag hier te lande kan worden volstaan met een toetsing aan de in het artikellid opgenomen processuele voorwaarden. De Nederlandse rechtstoepasser mag dus niet onderzoeken of de buitenlandse rechter zijn uitspraak heeft gestoeld op feiten die ook naar Nederlands recht de echtscheiding zouden rechtvaardigen. De zogenoemde conflictenrechtelijke toets blijft dus achterwege met betrekking tot álle in het buitenland uitgesproken echtscheidingen, ongeacht welk recht door de buitenlandse autoriteit is toegepast.

6. De voorwaarden van lid 1 hebben geen absoluut karakter (lid 2). Algemeen. Het is niet in het belang van partijen om aan buitenlandse echtscheidingen die niet aan (een van) de voorwaarden van lid 1 voldoen erkenning te ontzeggen, indien de wederpartij (gerequestreerde) in de buitenlandse procedure met de echtscheiding instemde of zich daar later bij heeft neergelegd. Lid 2 dient in het licht van deze gedachte te worden gelezen en weerspiegelt aldus ook de aan afdeling 4 van titel 3 ten grondslag liggende favor divortii. **Wilsovereenstemming.** Het enige toetsingscriterium dat het artikellid stelt is dat partijen de echtscheiding hebben gewenst of dat de wederpartij deze heeft aanvaard. Deze wilsovereenstemming kan worden afgeleid uit het feit dat partijen samen de buitenlandse (niet bevoegde) autoriteit hebben verzocht de echtscheiding uit te spreken. Ook valt eronder het geval dat de echtscheiding bij referte is uitgesproken. Voorts kan ook uit een verstekbeslissing blijken dat de wederpartij stilzwijgend heeft berust bij de huwelijksontbinding: van belang kan hier bijvoorbeeld zijn of en in hoeverre de wederpartij in de voorbereiding van het proces is gekend. Aanvaarding door de wederpartij kan ten slotte worden afgeleid uit het feit dat de verwerende partij is hertrouwd (MvT, *Kamerstukken II* 16004, 3-4, p. 19, en MvA, *Kamerstukken II* 16004, 7, p. 5). Uit de omstandigheid dat geen rechtsmiddel is ingesteld tegen een door de buitenlandse rechter uitgesproken echtscheiding zal daarentegen niet mogen worden afgeleid dat de wederpartij zich heeft neergelegd bij de buitenlandse beslissing (Hof Amsterdam 29 juli 1991, *NIPR* 1991/315). Aangenomen dient te worden dat met betrekking tot de erkenning van huwelijksontbindingen die met wederzijds goedvinden buiten de rechter om zijn tot stand gekomen — de zogenaamde administratieve echtscheidingen — art. 10:57 lid 2 analoog kan worden toegepast. Daarbij kan als aanvullende voorwaarde worden gesteld dat deze ontbinding volgens het recht van het land waar zij plaatsvond rechtsgevolg heeft.

7. De exceptie van de litispendentie. Het geval kan zich voordoen dat een partij een echtscheidingsprocedure voor een buitenlandse rechter heeft aangespannen en deze procedure nog aanhangig is op een tijdstip dat dezelfde of de andere partij alsnog een echtscheidingsprocedure voor de Nederlandse rechter wenst te beginnen. Tenzij deze kwestie van de litispendentie wordt beheerst door een internationaal instrument, volgt uit art. 12 Rv dat in een geval dat over hetzelfde onderwerp tussen dezelfde partijen reeds een geding voor een buitenlandse rechter aanhangig is en diens uitspraak, naar te voorzien is, voor erkenning in Nederland vatbaar zal zijn, de Nederlandse rechter bij wie de zaak nadien is aangebracht de behandeling aanhouden totdat door de buitenlandse rechter is beslist. Wanneer de (echtscheidings)rechter zijn uitspraak heeft aangehouden en de buitenlandse beslissing in Nederland voor erkenning in aanmerking komt, dan verklaart de Nederlandse rechter zich op grond van art. 12 Rv onbevoegd. Het bepaalde in art. 12 Rv sluit echter niet uit dat een dergelijke aanhouding in elk geval niet op haar plaats is, wanneer de eisende partij er een redelijk belang bij heeft de procedure voor de Nederlandse rechter voort te zetten, zonder de beslissing van de buitenlandse rechter af te wachten (HR 3 juli 1995, *NJ* 1997/54).

8. Geen erkenning van negatieve beslissingen. Art. 10:57 ziet uitsluitend op de erkenning van in het buitenland uitgesproken echtscheidingen en niet op de erkenning van uitspraken waarbij het echtscheidingsverzoek is afgewezen. Dit betekent dat wanneer er sprake is van twee buitenlandse beslissingen, terwijl bij de ene het verzoek werd afgewezen en bij de andere de echtscheiding werd uitgesproken, bij toepassing van art. 10:57 alleen de laatste beslissing van belang is. De Nederlandse rechter behoeft dus ook niet op de eerstbedoelde, negatieve beslissing acht te slaan, indien bij hemzelf een echtscheidingsprocedure aanhangig wordt gemaakt. Opmerking verdient dat het recht om echtscheiding te verzoeken naar zijn aard niet kan worden verwerkt en er aldus geen plaats is voor de stelling dat de redelijkheid en billijkheid een partij beletten om na ontzegging van het door deze partij voor de buitenlandse rechter ingestelde verzoek tot echtscheiding, opnieuw een verzoek tot echtscheiding aan de Nederlandse rechter te doen (HR 26 januari 1996, *NJ* 1997/258).

Artikel 58

Een ontbinding van het huwelijk in het buitenland die uitsluitend door een eenzijdige verklaring van een der echtgenoten is tot stand gekomen, wordt erkend indien:

a. de ontbinding in deze vorm overeenstemt met een nationaal recht van de echtgenoot, die het huwelijk eenzijdig heeft ontbonden;

b. de ontbinding in de staat waar zij geschiedde rechtsgevolg heeft; en

c. duidelijk blijkt dat de andere echtgenoot uitdrukkelijk of stilzwijgend met de ontbinding heeft ingestemd dan wel daarin heeft berust.

[19-05-2011, Stb. 272, i.w.tr. 01-01-2012/kamerstukken 32137]

[Erkenning buitenlandse verstotingen]

1. Algemeen. Art. 10:58 BW, dat is ontleend aan art. 3 WCE, ziet op de erkenning van een buitenlandse huwelijksontbinding die tot stand is gekomen door de enkele wilsverklaring van de man, zonder dat daar enige autoriteit aan te pas is gekomen of een procedure is gevolgd. Uitgangspunt is dat deze buitenlandse huwelijksontbinding door verstoting in Nederland niet kan worden erkend, tenzij aan vier cumulatief gestelde vereisten is voldaan. Het eerste vereiste is dat de verstoting 'in het buitenland' moet hebben plaatsgevonden (aant. 2). Een tweede vereiste is dat ontbinding van het huwelijk in deze vorm overeenstemt met 'het nationale recht van de echtgenoot die het huwelijk eenzijdig heeft ontbonden' (aant. 3). Als derde vereiste geldt dat de verstoting 'ter plaatse waar zij geschiedde rechtsgevolg heeft' (aant. 4). Ten slotte is vereist dat duidelijk moet blijken dat de andere echtgenoot uitdrukkelijk of stilzwijgend met de ontbinding van het huwelijk heeft ingestemd of zich daarbij heeft neergelegd (aant. 5).

2. Huwelijksontbinding in het buitenland. a. Algemeen. Dit vereiste berust op de gedachte dat in Nederland een huwelijk uitsluitend door een uitspraak van de Nederlandse rechter kan worden ontbonden, gevolgd door inschrijving van die uitspraak in de registers van de burgerlijke stand. Dit zogenaamde echtscheidingsmonopolie van de Nederlandse rechter is van openbare orde (HR 31 oktober 1986, *NJ* 1987/924). Zie ook het bepaalde in art. 10:55 BW. **b. Geen erkenning consulaire verstotingen.** Een verstoting op een in Nederland gevestigde ambassade of consulaat dient niet te worden aangemerkt als een verstoting die 'in het buitenland' heeft plaatsgevonden. Gelet op het echtscheidingsmonopolie van de Nederlandse rechter kunnen deze zogenaamde consulaire verstotingen niet worden erkend (zie HR 31 oktober 1986, *NJ* 1987/924).

3. Overeenstemming met het nationale recht van de echtgenoot die het huwelijk eenzijdig heeft ontbonden (onder a). a. Algemeen. De bepaling stelt voorts als vereiste voor erkenning dat de ontbinding van het huwelijk in deze vorm moet overeenstemmen met het nationale recht van de echtgenoot die het huwelijk eenzijdig heeft ontbonden. Het is niet toereikend dat deze nationale wet verstoting in het algemeen kent; voor erkenning is vereist dat de verstoting in het voorliggende geval volgens deze nationale wet huwelijksontbinding tot gevolg heeft. De aandacht verdient dat art. 10:58 aanhef en onderdeel a en c BW sekseneutraal is geformuleerd, maar gezien het feit dat in de buitenlandse rechtsstelsels die de rechtsfiguur van de verstoting kennen, de verstoting steeds plaatsvindt door de man, wordt in onderstaand commentaar doorgaans uitgegaan van een verstotende man. **b. De nationale wet.** Uit art. 10:58 BW, aanhef en onderdeel a volgt dat de hier bedoelde ontbinding van het huwelijk in overeenstemming moet zijn met het recht van een nationaliteit van de echtgenoot die het huwelijk heeft ontbonden. Art. 3 onderdeel a WCE sprak van overeenstemming met de personele wet van de man. De achtergrond hiervan was dat in sommige landen geen uniform nationaal familierecht bestaat, maar elke religieuze bevolkingsgroep een apart familierecht kent. Onder 'personele' wet diende in dit verband te worden verstaan het stelsel van familierecht waaraan de man in zijn nationaliteitsland gezien zijn religie is onderworpen. Op deze wijze was voor de landen waarin verschillende stelsels gelden voor verschillende bevolkingsgroepen een uitwerking gegeven, waarin aan de nationaliteit wordt aangeknoopt, doch deze aanknoping niet rechtstreeks in een toepasselijk recht resulteert. Aangezien art. 10:15 BW een regeling geeft voor meervoudige rechtsstelsels, kan in art. 10:58 lid 1 onderdeel a BW worden volstaan met de aanknoping aan de nationaliteit (of een van de nationaliteiten van de echtgenoot die de ontbinding bewerkstelligt). Aan de hand van de regels neergelegd in art. 10:15 BW kan volgens het interpersonele recht van de lex causae het toepasselijke recht worden vastgesteld. **c. Geen effectiviteits- en realiteitstoets van de nationaliteit.** De vraag is of bij het vaststellen van de nationale wet van een bipatride man de rechter een effectiviteitstoets mag aanleggen, dat wil zeggen: uitsluitend mag aanknopen bij de nationaliteit van dat land, waarmee hij alle omstandigheden in aanmerking genomen de sterkste band heeft. Zie HR 13 juli 2001, *NJ* 2002/223 (*Khoel*) waar werd beslist dat voor de erkenning van de huwelijksontbinding op grond van het voormalige art. 3 WCE (art. 10:58 BW) niet van belang is welke de effectieve nationaliteit van de man is. De beslissing lijkt grotendeels gedragen door de favor divortii (hier: een ruimhartige erkenningsregeling) en het belang van de vrouw bij erkenning van de verstoting in Nederland. Wanneer de vrouw met de verstoting heeft ingestemd, is het immers ook in haar belang dat zij zich in Nederland op de verstoting kan beroepen. Daaraan moet niet in de weg staan dat de vreemde nationaliteit van de man niet zijn effectieve nationaliteit is. Uit voornoemde belangen vloeit voort dat de effectiviteitstoets bij toepasselijkheid van art. 10:58 BW in alle gevallen dient te worden uitgesloten en niet alleen achterwege dient te blijven in het geval de partijen, zoals in het geval dat aan de Hoge Raad werd voorgelegd, een gemeenschappelijke nationaliteit hebben en verstoting volgens hun nationale recht is toegestaan. Op grond van de hierboven besproken beslissing van de Hoge Raad dient, a fortiori, te worden aangenomen dat bij het vaststellen van de nationaliteit van een monopatride man de nationaliteit door de rechter niet op zijn realiteitswaarde mag worden getoetst; aan het vereiste van het bepaalde onder art. 10:58 onderdeel a BW is dus ook reeds voldaan, wanneer sprake is van een zuiver papieren, nominale nationaliteit.

4. Rechtsgevolg ter plaatse (onderdeel b). Een verstoting dient voorts ter plaatse waar de verstotingsverklaring werd afgelegd rechtsgevolg te hebben. Dit is het geval, indien de verstoting in overeenstemming is met het recht van het desbetreffende land alsook in het geval dat land de verstoting, hoewel in strijd met het eigen recht, toch erkent. Aan dit vereiste voldoet dus niet een consulaatverstoting in Nederland, aangezien deze als een verstoting op Nederlands territoir wordt beschouwd die hier te lande geen rechtsgevolg heeft (aant. 2).

5. Instemming of berusting van de andere echtgenoot – de vrouw (onderdeel c). a. Instemming ongeacht nationaliteit van de vrouw. Uit de wetsgeschiedenis die voorafging aan art. 3 WCE blijkt dat het instemmingsvereiste ertoe strekt om aan Nederlandse vrouwen die getrouwd zijn met en verstoten worden door hun islamitische man de mogelijkheid te geven om zichzelf als gescheiden te beschouwen, indien zij dat wensen (MvT, *Kamerstukken II* 16004, 3-4, p. 19). Uit deze door de wetgever beoogde ratio van het vereiste mag echter niet worden afgeleid dat dit vereiste niet voor buitenlandse vrouwen geldt. Ook voor deze laatste categorie vrouwen is het immers van belang – in het bijzonder wanneer zij ook in Nederland wonen – dat zij in Nederland als gescheiden worden beschouwd. De instemmingseis dient derhalve bij de registratie van alle verstotingen in Nederland te worden gesteld, ongeacht de nationaliteit of herkomst van de verstoten vrouw. **b. Instemming ongeacht woonplaats van de vrouw.** Voorts dient te worden aangenomen dat de instemming is vereist zowel in het geval ten tijde van de verstoting de vrouw in Nederland woonachtig was als in het geval zij op dat moment in het land van herkomst of in een derde land woonde. **c. Criteria waaruit de instemming of berusting kan blijken.** Wanneer precies sprake is van instemming of berusting van de vrouw is in het algemeen niet te zeggen. Derhalve zal van geval tot geval moeten worden beoordeeld of aan dit vereiste is voldaan. Uitgangspunt dient hierbij te zijn dat niet te gemakkelijk mag worden aangenomen dat aan dit vereiste is voldaan, omdat het gaat om een uitzondering op de hoofdregel dat een verstoting hier te lande in strijd met de openbare orde is en dus niet dient te worden erkend. In die zin HR 21 december 2007, *NJ* 2009/268. Enkele criteria waaruit de bedoelde instemming van de vrouw met de verstoting kan blijken zijn bijvoorbeeld een schriftelijke instemmingsverklaring door de vrouw, een door haar ingediend verzoek om inschrijving van de akte van verstoting, een uit een huwelijksakte blijkend nieuw huwelijk of het voornemen van de vrouw om te hertrouwen, alsook de omstandigheden dat de vrouw in Nederland ten overstaan van de ambtenaar van de burgerlijke stand is hertrouwd en dat uit de bescheiden blijkt dat uit de vrouw na de verstoting natuurlijke kinderen zijn geboren. Uit het indienen van een verzoek tot echtscheiding door de vrouw mag daarentegen niet zonder meer een berusting in de verstoting worden afgeleid. Wanneer de vrouw eenmaal heeft ingestemd of berust, is aan deze voorwaarde voor erkenning voldaan ook al komt zij later op haar instemming terug. Het vereiste van instemming of berusting geldt voorts ongeacht de periode dat sinds de verstoting is verstreken (MvT, *Kamerstukken II* 1995/96, 24709, 3, p. 1). Evenmin komt het vereiste te vervallen in het geval de woonplaats van de vrouw in het land van herkomst of in een derde land aan de man onbekend is.

Artikel 59

Ongeacht de artikelen 57 en 58 van dit Boek wordt aan een in het buitenland tot stand gekomen ontbinding van het huwelijk erkenning onthouden indien deze erkenning kennelijk onverenigbaar is met de openbare orde.

[19-05-2011, Stb. 272, i.w.tr. 01-01-2012/kamerstukken 32137]

[De openbare orde-exceptie]

Betekenis. De voormalige WCE bevatte geen openbare orde-exceptie voor de erkenning van een buitenlandse echtscheiding. Uit de wetsgeschiedenis bleek dat, ook als aan de voorwaarden van art. 2 WCE wordt voldaan, erkenning aan een buitenlandse beslissing wordt onthouden indien de openbare orde de erkenning niet zou toestaan (MvT, *Kamerstukken II* 16004, 3-4, p. 19). In art. 10:59 BW wordt met een gebruikelijke formulering een regeling gegeven voor de hier bedoelde openbare orde-exceptie. Met 'kennelijk onverenigbaar met de openbare orde' is tot uitdrukking gebracht dat sprake zal moeten zijn van evidente strijd met de waarden en normen die in de Nederlandse rechtsorde als fundamenteel worden beschouwd. Dit betekent dat de openbare orde slechts in uitzonderlijke gevallen tegen de erkenning van een buitenlandse beslissing kan worden ingezet. Zie nader met betrekking tot de openbare orde-exceptie onder art. 10:6 BW. Betwijfeld kan worden of een beroep op de in art. 10:59 neergelegde openbare orde-exceptie in het licht van de in art. 10:57 en 10:58 gestelde voorwaarden nog wel kan slagen. Zie nader *Asser/Vonken & Ibili 10-II* 2021/213.

HET GEREGISTREERD PARTNERSCHAP

TITEL 4
Het geregistreerd partnerschap

[Inleidende opmerkingen]

Betekenis. Op 1 januari 2005 is in werking getreden de Wet conflictenrecht geregistreerd partnerschap (wet van 6 juli 2004, houdende regeling van het conflictenrecht met betrekking tot het geregistreerd partnerschap, *Stb.* 2004, 334). In deze wet is het advies van de Staatscommissie voor het Internationaal Privaatrecht van 8 mei 1998 inzake de internationaal-privaatrechtelijke aspecten van het geregistreerd partnerschap in grote lijnen overgenomen. Systematisch is zoveel mogelijk een onderscheid gemaakt tussen in Nederland aangegane geregistreerde partnerschappen en in het buitenland aangegane geregistreerde partnerschappen. Ten aanzien van in Nederland aangegane geregistreerde partnerschappen is gekozen voor het opstellen van eenzijdige verwijzingsregels, die (alleen) aangeven wanneer het Nederlandse recht van toepassing is. Deze keuze is destijds ingegeven door de gedachte dat er nog veel landen zijn die het geregistreerd partnerschap niet kennen en een meerzijdige regel wel eens het toepasselijk verklaren van een rechtsstelsel dat een geregistreerd partnerschap niet kent met zich kunnen brengen. Hierbij dient ook bedacht te worden dat het geregistreerd partnerschap niet in alle rechtsstelsels op gelijke wijze is ingevuld. In het ene systeem heeft het geregistreerd partnerschap staatgevolg, in het andere niet. In het ene stelsel staat het geregistreerd partnerschap alleen open voor homoparen, in het andere ook voor heteroparen. Voor de buiten Nederland aangegane geregistreerde partnerschappen is daarom gekozen voor een verwijzing naar het recht (inclusief het internationaal privaatrecht) van de staat waar het partnerschap is aangegaan (lex loci celebrationis). De wet bevat geen regeling inzake de rechtsmacht (internationale bevoegdheid) van de Nederlandse rechter. De bepalingen van de Wet conflictenrecht geregistreerd partnerschap zijn met enige redactionele en inhoudelijke aanpassingen overgenomen in titel 4 van Boek 10 (art. 10:60-91) (*Kamerstukken* 32317, 1-7). Titel 4 kent acht afdelingen. Afd. 1 (art. 10:60) betreft het aangaan van een geregistreerd partnerschap in Nederland. Afd. 2 (art. 10:61-63) ziet op de erkenning van een buiten Nederland aangegaan geregistreerd partnerschap. In afd. 3 (art. 10:64-69) is de regeling opgenomen inzake de persoonlijke rechtsbetrekkingen tussen de partners, voor zover deze niet vallen onder het partnerschapsvermogensregime. Dit onderwerp krijgt een uitgebreide regeling in afd. 4 (art. 10:70-85). Afd. 5 (art. 10:86 en 10:87) betreft de beëindiging in Nederland van een geregistreerd partnerschap. Afd. 6 (art. 10:88 en 10:89) gaat over de erkenning van een buiten Nederland tot stand gekomen beëindiging van een geregistreerd partnerschap. In afd. 7 (art. 10:90) is de regeling met betrekking tot het levensonderhoud tussen de (voormalige) partners te vinden. Afd. 8 tot slot bevat het overgangsrecht. **Europese regelgeving.** De pogingen om binnen de EU de conflictregels inzake het huwelijksvermogensrecht en het partnerschapsvermogensrecht te harmoniseren hebben geleid tot twee verordeningen die gebaseerd zijn op het concept van nauwere samenwerking. Nauwere samenwerking is een vorm van samenwerking waarmee negen of meer lidstaten binnen de juridische kaders van de EU en met gebruik van de EU instellingen met elkaar kunnen samenwerken. Voor het internationale huwelijksvermogensrecht en internationale partnerschapsvermogensrecht hebben 18 lidstaten, waaronder Nederland, gekozen voor nauwere samenwerking. De nauwere samenwerking heeft gestalte gekregen in twee verordeningen: een voor echtparen en een voor geregistreerde partnerschappen. De verordeningen bevatten IPR-regels inzake het toepasselijke recht, de rechterlijke bevoegdheid en de erkenning en tenuitvoerlegging van rechterlijke beslissingen inzake (relatie)vermogensrechtelijke geschillen met grensoverschrijdende aspecten tussen echtelieden of geregistreerd partners. De verordeningen bevatten geen materieel inhoudelijke bepalingen inzake huwelijken of geregistreerd partnerschap. Met andere woorden, in het interne recht van de betrokken lidstaten brengen deze verordeningen geen wijzigingen met zich mee. De voorstellen zijn genderneutraal geformuleerd en behandelen huwelijk en geregistreerd partnerschap zoveel mogelijk gelijk. Beide verordeningen zijn van toepassing geworden op 29 januari 2019. De Verordening (EU) 2016/1104 (GPVo) betreft de vermogensrechtelijke gevolgen voortvloeiend uit het geregistreerd partnerschap en bestaat uit zes hoofdstukken, waarin 70 artikelen zijn opgenomen. Hoofdstuk I betreft het toepassingsgebied (art. 1), de bevoegdheid van de instanties van de lidstaten in zaken van vermogensrechtelijke gevolgen van het geregistreerd partnerschap (art. 2) en de definities (art. 3). Vervolgens bevat de verordening regels inzake de internationale bevoegdheid (hoofdstuk II, art. 4-19), toepasselijk recht (hoofdstuk III, art. 20-35), erkenning, uitvoerbaarheid en tenuitvoerlegging van beslissingen (hoofdstuk IV, art. 36-57), authentieke akten en gerechtelijke schikkingen (hoofdstuk V, art. 58-60) en tot slot algemene bepalingen en slotbepalingen (hoofdstuk VI, art. 61-70). Wat betreft de verhouding tussen de Verordening en de in titel 4 Boek 10 BW opgenomen bepalingen, heeft de Verordening voorrang (art. 288 VWEU en art. 10:1 BW). Dit heeft ertoe geleid dat sommige bepalingen van titel 4 zijn komen te vervallen. De Uitvoeringswet Verordening huwelijksvermogensstelsels en Verordening vermogensrechtelijke gevolgen geregistreerde partnerschappen 2018 heeft enige wijzigingen aangebracht in Boek 10 titel 4 afdeling 3 (rechtsbetrekkingen tussen de geregistreerde partners) en in titel 4 afdeling 4 (partnerschapsvermogensregime). **Materiële werking.** De verordening definieert het begrip 'vermogensrechtelijke gevolgen van een geregistreerd partnerschap' als het geheel van vermogensrechtelijke betrekkingen tussen de partners onderling en tussen de partners en derden, die ten gevolge van de rechtsbetrekking die is ontstaan door de registratie of de ontbinding van het partnerschap bestaan. Ook de persoonlijke rechtsbetrekkingen tussen de echtgenoten die vermogensrechtelijk van aard zijn, zoals vergoedingsrechten of aansprakelijkheid van huishoudelijke schulden, vallen onder het begrip 'vermogensrechtelijke gevolgen van een geregistreerd partnerschap' en dus onder de verordening. Dit is een andere benadering dan die van de regeling inzake het geregistreerd partnerschap in Boek 10, waarin een onderscheid wordt gemaakt tussen enerzijds rechten en verplichtingen tussen de partners (persoonlijke gevolgen) van het geregistreerd partnerschap en anderzijds vermogensrechtelijke gevolgen van het geregistreerd partnerschap. Dit heeft tot gevolg dat commune bepalingen van Boek 10 betreffende de persoonlijke gevolgen niet meer gelden waar de verordening materieel en temporeel van toepassing is. **Temporele werking.** Wat betreft de temporele werking geldt dat de verordening vanaf 29 januari 2019 toepassing vindt. Meer concreet is dit uitgewerkt in art. 69. In het eerste lid is bepaald dat de verordening van toepassing is op rechtsvorderingen die zijn ingesteld, authentieke akten die zijn verleden of ingeschreven en gerechtelijke schikkingen die zijn goedgekeurd of getroffen op of na 29 januari 2019. Tot die tijd geldt het commune bevoegdheidsrecht. Voor de erkenning en tenuitvoerlegging van beslissingen betreffende het geregistreerd partnerschap geldt dat voor beslissingen geven op of na 29 januari 2019 de erkenningsregeling van de verordening toegepast wordt. Dit geldt ook, onder bepaalde voorwaarden, indien de zaak aanhangig is gemaakt voor die datum (lid 2). Voor het toepasselijke recht, de verwijzingsregels van hoofdstuk III, geldt dat deze van toepassing is voor partners die na 29 januari 2019 hun partnerschap zijn aangegaan dan wel na die datum een rechtskeuze uitbrengen voor het partnerschapsvermogensregime (lid 3). De regeling van Boek 10 blijft dus relevant voor de 'oude' geregistreerd partnerschappen. **Overgangsrecht.** In het licht van het van toepassing worden van de GPVo is op grond artikel 6 onder P van de Uitvoeringswet Verordening huwelijksvermogensstelsels en Verordening vermogensrechtelijke gevolgen geregistreerde partnerschappen van 2018 een aantal bepalingen van Boek 10 BW inzake het geregistreerd partnerschap komen te vervallen. Op grond van artikel 6 onder Q Uitvoeringswet Verordening huwelijksvermogensstelsels en Verordening vermogensrechtelijke gevolgen geregistreerde partnerschappen is echter in de Overgangswet nieuw Burgerlijk Wetboek een nieuw artikel 271 ingevoegd waarvan lid 3 bepaalt dat de artikelen 64, 65, 67, 68 en 69 van Boek 10 BW, zoals die luidden voor inwerkingtreding van de Uitvoeringswet Verordening huwelijksvermogensstelsels en Verordening vermogensrechtelijke gevolgen geregistreerde partnerschappen, van toepassing blijven op rechtsbetrekkingen tussen de partners die voor 29 januari 2019 een geregistreerd partnerschap zijn aangegaan, tenzij deze partners op of na 29 januari 2019 het op de vermogensrechtelijke gevolgen van hun geregistreerd partnerschap toepasselijke recht bepalen. In het vierde lid van dit artikel is vastgelegd dat de artikelen 70-78, 80, 81, 82, 84 van Boek 10 BW van toepassing blijven op rechtsbetrekkingen tussen de partners die voor 29 januari 2019 een geregistreerd partnerschap zijn aangegaan, tenzij deze partners op of na 29 januari 2019 het op de vermogensrechtelijke gevolgen van hun geregistreerd partnerschap toepasselijke recht bepalen. **Literatuur.** Zie voor een beschrijving van de Verordening IPR Partnerschapsvermogensrecht: E.N. Frohn, in: *Nederlands Internationaal personen- en familierecht (R&P nr. PFR3)* (De Boer & Ibili (red.), tweede druk 2017; derde druk verschijnt in 2022) en J.G. Knot, 'Nieuwe Europese verordening IPR Partnerschapsvermogensrecht', *FJR* 2016/12. p. 292-298; J.G. Knot, 'Uitvoering van de Huwelijksvermogensrechtverordening en de Partnerschapsverordening in Nederland', *NIPR* 2019/3, p. 553-569. Zie verder in deze uitgave de toelichting op de verordening IPR Partnerschapsvermogensrecht. Zie voor een beschrijving van titel 4 Boek 10 BW *Groene Serie Personen- en familierecht*. Titel 5A Boek 10 titel 4 Het geregistreerd partnerschap (mr. dr. P.A.M. Jongens-Lokin).

AFDELING 1
Het aangaan van een geregistreerd partnerschap in Nederland

Artikel 60

1. Het aangaan van een geregistreerd partnerschap in Nederland is onderworpen aan de bepalingen van artikel 80a van Boek 1.
2. De bevoegdheid van elk van de partners om in Nederland een geregistreerd partnerschap aan te gaan wordt beheerst door het Nederlandse recht.
3. Wat de vorm betreft kan een geregistreerd partnerschap in Nederland slechts rechtsgeldig worden aangegaan ten overstaan van de ambtenaar van de burgerlijke stand met inachtneming van het Nederlandse recht, behoudens de bevoegdheid van buitenlandse diplomatieke en consulaire ambtenaren om, in overeenstemming met de voorschriften van het recht van de door hen vertegenwoordigde staat, aan het aangaan van geregistreerde partnerschappen mede te werken indien geen der partijen uitsluitend of mede de Nederlandse nationaliteit bezit.
[19-05-2011, Stb. 272, i.w.tr. 01-01-2012/kamerstukken 32137]

[Aangaan geregistreerd partnerschap in Nederland]

Betekenis. Aansluiting is gezocht bij het Haags huwelijksverdrag van 1978 en de Wet conflictenrecht huwelijk van 1989. **Aangaan van een geregistreerd partnerschap.** Art. 10:60 bestaat uit drie leden, die alle drie het Nederlandse recht als het toepasselijke recht aanwijzen. Lid 1 bepaalt dat het aangaan van een geregistreerd partnerschap in Nederland beheerst wordt door het Nederlandse recht (art. 1:80a BW: voorwaarden voor registratie). Om in Nederland een geregistreerd partnerschap te kunnen aangaan, dient dus altijd te worden voldaan aan het Nederlandse interne recht. Zo zijn onder meer voorwaarden voor registratie en de vorm waarin het geregistreerd partnerschap wordt aangegaan aan het Nederlandse recht onderworpen. De bevoegdheid van iedere partner om een partnerschap aan te gaan wordt eveneens door het Nederlandse recht bepaald (lid 2). Ingevolge lid 3 kan in Nederland alleen een geregistreerd partnerschap worden aangegaan ten overstaan van de ambtenaar van de burgerlijke stand met inachtneming van het Nederlandse recht. Hierbij is voorzien in een uitzondering voor de eventuele bevoegdheid van buitenlandse diplomatieke of consulaire autoriteiten, op voorwaarde dat geen van de partners uitsluitend of mede de Nederlandse nationaliteit bezit. De bevoegdheid van de ambtenaar van de burgerlijke stand is te vinden in art. 1:80a lid 4 BW (ten minste één van de partners moet in Nederland wonen dan wel de Nederlandse nationaliteit hebben). Wanneer de aanstaande partners beiden buiten Nederland wonen en zij in Nederland een geregistreerd partnerschap willen aangaan, zal een van hen dus de Nederlandse nationaliteit moeten hebben.

AFDELING 2
De erkenning van een buiten Nederland aangegaan geregistreerd partnerschap

Artikel 61

1. Een buiten Nederland aangegaan geregistreerd partnerschap dat ingevolge het recht van de staat waar het geregistreerd partnerschap is aangegaan rechtsgeldig is of nadien rechtsgeldig is geworden, wordt als zodanig erkend.

2. Een buiten Nederland ten overstaan van een diplomatieke of consulaire ambtenaar aangegaan geregistreerd partnerschap dat voldoet aan de vereisten van het recht van de staat die die ambtenaar vertegenwoordigt, wordt als rechtsgeldig erkend tenzij het aangaan in de staat waar dit plaatsvond niet was toegestaan.
3. Voor de toepassing van de leden 1 en 2 worden onder recht mede begrepen de regels van internationaal privaatrecht.
4. Een geregistreerd partnerschap wordt vermoed rechtsgeldig te zijn, indien een verklaring omtrent het geregistreerd partnerschap is afgegeven door een bevoegde autoriteit.
5. Ongeacht de leden 1 en 2 kan een buiten Nederland aangegaan geregistreerd partnerschap slechts als zodanig worden erkend indien het een wettelijk geregelde samenlevingsvorm betreft van twee personen die een nauwe persoonlijke betrekking onderhouden, welke samenlevingsvorm ten minste:
a. door een ter plaatse van het aangaan bevoegde autoriteit is geregistreerd;
b. het bestaan van een huwelijk of andere wettelijk geregelde samenlevingsvorm met een derde uitsluit; en
c. verplichtingen tussen de partners in het leven roept die in hoofdzaak overeenstemmen met die welke verbonden zijn aan het huwelijk.
[19-05-2011, Stb. 272, i.w.tr. 01-01-2012/kamerstukken 32137]

[Erkenning buitenlands aangegaan geregistreerd partnerschap]

1. Algemeen. Nederland is geen partij bij het door CIEC (Commission Internationale de l'État Civil, de Internationale Commissie van de Burgerlijke Stand) tot stand gebrachte Verdrag inzake de erkenning van geregistreerde partnerschappen (5 september 2007). Voor de erkenning in Nederland gelden de commune regels van Boek 10 BW. Art. 10:61-10:63 hebben betrekking op de erkenning van een buiten Nederland aangegaan geregistreerd partnerschap. Aan de hand van deze artikelen wordt de rechtsgeldigheid (in Nederland) van zo'n partnerschap beoordeeld. Art. 10:61 bevat de erkenningsregel, die in hoofdlijnen overeenkomt met de in art. 10:31 neergelegde erkenningsregel betreffende het buiten Nederland voltrokken huwelijk. Uitgangspunt (lid 1) is dat een buiten Nederland aangegaan geregistreerd partnerschap in Nederland wordt erkend, wanneer het volgens het recht van de plaats waar het is aangegaan (lex loci celebrationis) rechtsgeldig is of nadien rechtsgeldig is geworden. Lid 2 bevat de erkenningsregel inzake een buiten Nederland ten overstaan van een diplomatieke of consulaire ambtenaar aangegaan geregistreerd partnerschap. Wanneer het geregistreerd partnerschap ten overstaan van een diplomatieke of consulaire ambtenaar is aangegaan en voldoet aan het recht van de staat welke de ambtenaar heeft uitgezonden (zendstaat), wordt het geregistreerd partnerschap in Nederland erkend, tenzij het aangaan van een geregistreerd partnerschap in het land waar dit plaatsvond als zodanig niet is toegestaan. Lid 3 preciseert dat onder 'recht' in lid 1 en 2 tevens het internationaal privaatrecht is inbegrepen. Met andere woorden, hier wordt het leerstuk renvoi toegepast. Lid 4 bevat een vermoeden van rechtsgeldigheid: een geregistreerd partnerschap wordt vermoed rechtsgeldig te zijn indien een verklaring hierover is afgegeven door de bevoegde buitenlandse autoriteit. Art. 10:61 lid 5 bevat extra erkenningscriteria, waaraan een buiten Nederland aangegaan geregistreerd partnerschap moet voldoen om in Nederland voor erkenning in aanmerking te komen. De reden hiervoor is gelegen in de diversiteit in verschijningsvormen van het geregistreerd partnerschap.

2. Criteria. In de MvT (*Kamerstukken II* 32137, 3, p. 64-65) wordt verwezen naar de MvT bij het wetsvoorstel Wet conflictenrecht geregistreerd partnerschap. Hierin is aangegeven dat het wetsvoorstel regels beoogt te geven voor die samenlevingsvormen waaraan 'staatgevolg' (Standesfolge) is verbonden. Als een van de kenmerken hiervan wordt de registratie van zo'n samenlevingsvorm beschouwd. Een ander kenmerk is dat het gaat om een samenlevingsvorm die exclusief is, dat wil zeggen een verbintenis die een huwelijk of een andere partnerschap van een van de partners met een derde uitsluit en bestemd is voor de juridische bevestiging en bescherming van affectieve relaties. Van belang wordt voorts geacht dat het gaat om partnerschappen waarvan de partners, al dan niet van hetzelfde geslacht, op grond van de wet rechten en verplichtingen hebben die gelijk zijn aan of in sterke mate georiënteerd zijn op rechten en verplichtingen die uit het huwelijk voortvloeien. Daarbij wordt bijvoorbeeld gedacht aan de verplichting elkaar ter zijde te staan en 'het nodige' te verschaffen, een evenredige bijdrage te leveren aan de lasten van de samenleving en aan hoofdelijke aansprakelijkheid voor de schulden ten behoeve van de samenleving. Bij de vraag naar de erkenning van een buitenlands geregistreerd partnerschap zal goed moeten worden gekeken naar de aard en de kenmerken van de desbetreffende samenlevingsvorm. In de uitspraak van 24 april 2019 (ECLI:NL:RBAMS:2019:3488) wordt door de rechtbank Amsterdam in het kader van een verzoek tot echtscheiding van de vrouw, door de man gesteld dat partijen geen huwelijk hebben gesloten, maar dat zij een geregistreerd partnerschap zijn aangegaan. De vraag of sprake is van een huwelijk wordt beoordeeld naar Maltees recht. In de procedure is overgelegd een akte van de *public registry* waarin is vermeld dat partijen een *civil union* zijn aangegaan. Bij deze akte is gevoegd een kopie van *Act No IX of 2014, act to regulate civil unions* alsmede een bij deze wet behorende bijlage, waarin is aangegeven welke gelijksoortige verbintenissen andere landen kennen. Voor Nederland wordt het geregistreerd partnerschap genoemd. De rechtbank concludeert dat partijen in Malta een geregistreerd partnerschap zijn aangegaan en verklaart de vrouw niet-ontvankelijk in haar verzoek tot echtscheiding. In Rb. Den Haag 22 december 2017, ECLI:NL:RBDHA:2017:15602, spreekt de rechtbank zich uit over de Belgische wettelijke samenwoning. De rechtbank overweegt dat deze in België tot stand gekomen rechtsverhouding tussen een Tunesische man (die afwisselend in Nederland en België woont) en een Nederlandse vrouw (die haar gewone verblijfplaats in Nederland heeft) kan worden erkend. Aan deze rechtsverhouding kunnen evenwel niet meer rechtsgevolgen worden toegekend dan die welke het op die rechtsverhouding toepasselijke recht daaraan verbindt. Belgisch recht bepaalt dus de rechtsgevolgen.

Artikel 62

Ongeacht artikel 61 van dit Boek wordt aan een buiten Nederland aangegaan geregistreerd partnerschap erkenning onthouden, indien deze erkenning kennelijk onverenigbaar is met de openbare orde.

[19-05-2011, Stb. 272, i.w.tr. 01-01-2012/kamerstukken 32137]

[Openbare orde]

Betekenis. Art. 10:62 bevat de in het internationaal privaatrecht gebruikelijke openbare orde-exceptie, die als volgt is uitgewerkt: aan een buiten Nederland aangegaan geregistreerd partnerschap wordt in Nederland erkenning onthouden, indien deze erkenning kennelijk onverenigbaar zou zijn met de openbare orde. Wat in dit kader onder openbare orde wordt verstaan, wordt niet verder aangegeven. Deze bepaling dient restrictief te worden toegepast. In de memorie van toelichting wordt opgemerkt dat deze regel overeenkomt met de equivalente bepaling in het kader van de erkenning van een buitenlands huwelijk, te weten art. 10:32. Dit artikel betreft de toets aan de openbare orde in het kader van erkenning van een buiten Nederland gesloten huwelijk. Ook bij dit artikel werd de openbare orde niet nader ingevuld, maar was sprake van een open norm. Art. 10:32 is evenwel gewijzigd door de Wet tegengaan huwelijksdwang die op 5 december 2015 in werking is getreden. De open norm 'kennelijke onverenigbaarheid met de openbare orde' is door deze wet verder ingevuld door vast te stellen wanneer 'in ieder geval' sprake is van kennelijke onverenigbaarheid met de openbare orde. Art. 10:62 is niet gewijzigd, maar de betekenis daarvan zal – voor zover mogelijk – waarschijnlijk worden geïnspireerd door het gewijzigde art. 10:32.

Artikel 63

De artikelen 61 en 62 van dit Boek zijn van toepassing, ongeacht of over de erkenning van de rechtsgeldigheid van een geregistreerd partnerschap als hoofdvraag, dan wel als voorvraag in verband met een andere vraag wordt beslist.
[19-05-2011, Stb. 272, i.w.tr. 01-01-2012/kamerstukken 32137]

[Hoofd- of voorvraag]

Betekenis. Art. 10:63 behandelt het lastige leerstuk van de voorvraag. Het gaat daarbij om de vraag naar de rechtsgeldigheid van een geregistreerd partnerschap, welke vraag aan de orde komt in een ander kader, bijvoorbeeld wanneer moet worden vastgesteld of de ene partner de erfgenaam is van de andere partner (hoofdvraag), of wanneer moet worden vastgesteld of de ene partner alimentatie kan vragen aan de andere partner (hoofdvraag). Het al dan niet rechtsgeldig zijn van het desbetreffende partnerschap (voorvraag) kan voor de beantwoording van zo'n vraag doorslaggevend zijn. Hiervoor dienen zich twee benaderingen aan: de afhankelijke aanknoping van de voorvraag en de zelfstandige aanknoping van de voorvraag. De wetgever heeft de heersende leer in het Nederlands internationaal privaatrecht gevolgd en voor de zelfstandige aanknoping gekozen (zie ook art. 10:4 BW). Dit betekent dat zowel wanneer de vraag naar erkenning van een geregistreerd partnerschap als voorvraag dan wel als hoofdvraag aan de orde komt, erkenning wordt beoordeeld aan de hand van art. 10:61 en 10:62. Met andere woorden, het eigen (Nederlandse) internationaal privaatrecht wordt toegepast, zowel wanneer de erkenning van een geregistreerd partnerschap rijst als voorvraag dan wel als hoofdvraag.

AFDELING 3
Rechtsbetrekkingen tussen de geregistreerde partners

Artikel 63a

In deze afdeling wordt onder 'de Verordening (EU) nr. 2016/1104' verstaan de Verordening (EU) nr. 2016/1104 van de Raad van 24 juni 2016 tot uitvoering van de nauwere samenwerking op het gebied van de bevoegdheid, het toepasselijke recht en de erkenning en tenuitvoerlegging van beslissingen op het gebied van de vermogensrechtelijke gevolgen van geregistreerde partnerschappen.

[11-07-2018, Stb. 332, i.w.tr. 29-01-2019/kamerstukken 34795]

[Verordening vermogensrechtelijke gevolgen geregistreerde partnerschappen]

Betekenis. In artikel 63a wordt aangegeven dat waar naar de 'verordening' wordt gewezen, gedoeld wordt op de Verordening (EU) 2016/1104 (GPVo) betreft de vermogensrechtelijke gevolgen voortvloeiend uit het geregistreerd partnerschap. Dit artikel is ingevoegd door artikel 6 sub J Uitvoeringswet Verordening huwelijksvermogensstelsels en Verordening vermogensrechtelijke gevolgen geregistreerde partnerschappen van 2018.

Artikel 64

1. De persoonlijke rechtsbetrekkingen tussen de partners onderling die niet worden begrepen onder de Verordening (EU) nr. 2016/1104, worden beheerst door het recht dat de partners voor of tijdens het geregistreerd partnerschap, al dan niet met wijziging van een eerdere aanwijzing, hebben aangewezen.
2. De partners kunnen slechts een rechtsstelsel aanwijzen dat het instituut van het geregistreerd partnerschap kent.
3. Een aanwijzing als bedoeld in dit artikel is, wat de vorm betreft, geldig indien de vormvoorschriften voor de aanwijzing van het recht dat toepasselijk is op het vermogensregime van de partners, in acht zijn genomen.

[11-07-2018, Stb. 332, i.w.tr. 29-01-2019/kamerstukken 34795]

[Rechtskeuze]

Betekenis. Art. 10:64-10:69 vervangen art. 5 Wet conflictenrecht geregistreerd partnerschap. De inhoud van dat artikel is over de genoemde artikelen verspreid. Deze regeling is van belang voor de geregistreerd partnerschappen die niet onder de GPVo vallen.
Rechtskeuze. In art. 10:64 is de rechtskeuze met betrekking tot de persoonlijke rechtsbetrekkingen tussen de partners onderling neergelegd. De rechtskeuze kan zowel vóór het aangaan van het geregistreerd partnerschap worden uitgebracht als gedurende het geregistreerd partnerschap. In beginsel kan voor ieder willekeurig recht worden gekozen, met dien verstande dat het gekozen recht het instituut van het geregistreerd partnerschap wel moet kennen. Wat betreft de vorm waarin de keuze moet zijn neergelegd, is aangesloten bij de vorm waarin de rechtskeuze in het kader van het partnerschapsvermogensregime moet worden vervat.

Artikel 65

Bij gebreke van een aanwijzing van het toepasselijke recht worden de persoonlijke rechtsbetrekkingen die niet worden begrepen onder de Verordening (EU) nr. 2016/1104 tussen partners die in Nederland een geregistreerd partnerschap zijn aangegaan, beheerst door het Nederlandse recht. Zijn de partners buiten Nederland een geregistreerd partnerschap aangegaan, dan worden deze persoonlijke rechtsbetrekkingen tussen hen beheerst door het recht, met inbegrip van het internationaal privaarecht (*red.*: lees: privaatrecht), van de staat waar het geregistreerd partnerschap is aangegaan.

[11-07-2018, Stb. 332, i.w.tr. 29-01-2019/kamerstukken 34795]

[Geen rechtskeuze]

Betekenis. Art. 10:65 geeft aan op welke wijze het toepasselijke recht op de partnerschapsbetrekkingen wordt bepaald, wanneer de partners geen rechtskeuze hebben uitgebracht. **Objectieve verwijzingsregel.** De bepaling betreft (alleen) de niet onder de Verordening vallende persoonlijke betrekkingen tussen de partners, zoals de verplichting tot getrouwheid, hulp en bijstand, en de verplichting tot verzorging en opvoeding van de kinderen. De regel maakt een onderscheid al naar gelang het partnerschap in Nederland dan wel buiten Nederland is aangegaan. Is het geregistreerd partnerschap in Nederland aangegaan, dan is het Nederlandse recht van toepassing. Is het geregistreerd partnerschap buiten Nederland aangegaan, dan is van toepassing het recht (inclusief het internationaal privaatrecht) van het land waar het geregistreerd partnerschap is aangegaan. Er is aldus sprake van een zogenaamde 'Gesamtverweisung'.

Artikel 66

Indien een aanwijzing als bedoeld in artikel 64 leidt tot toepasselijkheid van een ander recht dan het voorheen toepasselijke, is dat andere recht toepasselijk vanaf het tijdstip van die aanwijzing.

[19-05-2011, Stb. 272, i.w.tr. 01-01-2012/kamerstukken 32137]

[Peilmoment]

Betekenis. Art. 10:66 stelt vast dat wanneer een keuze voor een ander dan het voordien toepasselijke recht is uitgebracht, dit andere recht van toepassing is vanaf het moment van de keuze. De rechtskeuze werkt dus alleen voor de toekomst.

Artikel 67

(Vervallen.)

[11-07-2018, Stb. 332, i.w.tr. 29-01-2019/kamerstukken 34795]

[Huishoudelijke schulden]

Betekenis. De artikel 67, 68 en 69 zijn op grond van artikel 6 sub M van de Uitvoeringswet Verordening huwelijksvermogensstelsels en Verordening vermogensrechtelijke gevolgen geregistreerde partnerschappen 2018 komen te vervallen. De bepaling heeft betekenis gehouden voor de geregistreerd partnerschappen die niet onder de verordening vallen. Art. 10:67 (oud) betreft de huishoudelijke schulden. Nederlands recht is van toepassing wanneer de handelende partner (de partner die de schuld aangaat) en diens wederpartij in Nederland hun gewone verblijfplaats hebben ten tijde van het aangaan van de desbetreffende schuld. Het Nederlandse recht bepaalt dan in hoeverre de niet-handelende partner aansprakelijk is. De gewone verblijfplaats van de niet-handelende partner is hier dus niet relevant. Wanneer de wederpartij in het buitenland woont is het aannemelijk dat het op de verbintenis toepasselijke recht bepaalt of de niet-handelende partner aansprakelijk is.

Artikel 68

(Vervallen.)

[11-07-2018, Stb. 332, i.w.tr. 29-01-2019/kamerstukken 34795]

[Toestemming]

Betekenis. De bepaling heeft betekenis gehouden voor de geregistreerd partnerschappen die niet onder de verordening vallen. Art. 10:68 (oud) ziet op de bescherming van de niet-handelende partner welke ten koste kan gaan van de derde met wie de andere partner een rechtshandeling is aangegaan. In artikel 10:68 BW is een eenzijdige conflictregel neergelegd. Of de ene partner voor het verrichten van een rechtshandeling toestemming behoeft van de andere partner wordt door het Nederlandse recht beheerst, indien de andere partner ten tijde van het verrichten van de rechtshandeling in Nederland zijn gewone verblijfplaats heeft. Nederlands recht bepaalt dan ook of vervangende toestemming mogelijk is en welke gevolgen kleven aan het ontbreken van de toestemming. De niet-handelende partij die in het buitenland woont kan geen beroep doen op art. 10:68. Deze bepaling is niet voor deze situatie geschreven. Aannemelijk is dat hij bescherming zoekt in het recht van zijn gewone verblijfplaats. Verder is artikel 10:11 BW relevant, volgens welke artikel 13 Rome I (Lizardi regel) van overeenkomstige toepassing is op het beroep op handelingsonbevoegdheid of handelingsonbekwaamheid van een natuurlijk persoon die partij is bij een meerzijdige rechtshandeling. Zie hierover het commentaar op artikel 10:11 BW.

Artikel 69

(Vervallen.)

[11-07-2018, Stb. 332, i.w.tr. 29-01-2019/kamerstukken 34795]

[Afbakening]

Betekenis. De bepaling heeft betekenis gehouden voor de geregistreerd partnerschappen die niet onder de verordening vallen. Dit artikel geeft de afbakening aan tussen de in art. 10:67 en 10:68 geregelde materie en de persoonlijke betrekkingen tussen de partners en het partnerschapsvermogensregime. De mogelijkheid om een rechtskeuze (zoals art. 10:64 kent) te maken is niet gegeven voor de aansprakelijkheid voor huishoudelijke schulden noch voor het toestemmingsvereiste voor bepaalde rechtshandelingen.

AFDELING 4
Enkele bepalingen inzake het partnerschapsvermogensregime

Artikel 70

1. In deze afdeling wordt onder de Verordening (EU) nr. 2016/1104 verstaan: de Verordening (EU) nr. 2016/1104 van de Raad van 24 juni 2016 tot uitvoering van de nauwere samenwerking op het gebied van de bevoegdheid, het toepasselijke recht en de erkenning en tenuitvoerlegging van beslissingen op het gebied van de vermogensrechtelijke gevolgen van geregistreerde partnerschappen.
2. In aanvulling op de Verordening (EU) nr. 2016/1104 zijn de bepalingen van deze afdeling van toepassing.
[11-07-2018, Stb. 332, i.w.tr. 29-01-2019/kamerstukken 34795]

[Partnerschapsvermogensregime; toepasselijk recht]

Betekenis. In artikel 70 lid 1 wordt aangegeven dat waar naar de 'verordening' wordt gewezen, gedoeld wordt op de Verordening (EU) 2016/1104 (GPVo) betreft de vermogensrechtelijke gevolgen voortvloeiend uit het geregistreerd partnerschap. In het tweede lid wordt verduidelijkt dat de bepalingen van afdeling 4 als aanvulling op de verordening gelden. **Algemeen.** De artikelen 71, 72, 73, 74, 75, 76, 77, 78, 80, 82, 84 zijn ingevolge artikel 6 onder P van de Uitvoeringswet Verordening huwelijksvermogensstelsels en Verordening vermogensrechtelijke gevolgen geregistreerde partnerschappen van 2018 komen te vervallen. Zij blijven echter van toepassing voor geregistreerd partnerschappen die voor 29 januari 2019 zijn aangegaan. Deze oude bepalingen worden hierna toegelicht. Voor de in afd. 4 van titel 4 van Boek 10 opgenomen verwijzingsregels met betrekking tot het partnerschapsvermogensregime (art. 10:70-85) is zo veel mogelijk aansluiting gezocht bij het Haags huwelijksvermogensverdrag 1978 en de daarmee samenhangende Wet conflictenrecht huwelijksvermogensregime. In dit verband zij verwezen naar art. 10:42-53. Zie voor een bespreking van de verwijzingsregels inzake het partnerschapsvermogensregime E.N. Frohn, 'Hoofdstuk 10: Geregistreerd partnerschap', in: de Boer/Ibili, e.a., *Nederlands internationaal personen- en familierecht. Wegwijzer voor de rechtspraktijk* 2017; derde druk verschijnt in 2022. Een uitvoerige uiteenzetting van het internationale huwelijksvermogensrecht is te vinden in *Asser/Vonken & Ibili 10-II* 2021/218 e.v. **Rechtskeuze.** Art. 10:70 lid 1 (oud) betreft de (vóór het aangaan van het partnerschap uitgebrachte) rechtskeuze, waarbij geen onderscheid wordt gemaakt voor een in Nederland aangegaan geregistreerd partnerschap en een elders aangegaan geregistreerd partnerschap. In dit kader wordt dus voor het buitenlands geregistreerd partnerschap gebroken met de lex loci celebrationis. Ook partners die hun partnerschap in het buitenland aangaan, kunnen voordien in Nederland (naar Nederlands internationaal privaatrecht) een rechtskeuze uitbrengen, ook als het internationaal privaatrecht van het land waar de registratie plaatsvindt een dergelijke keuze niet kent. In lid 3 wordt de voorwaarde gesteld dat het gekozen recht een stelsel is waarin (een vorm van) het geregistreerd partnerschap voorkomt. Voor het overige zijn er geen beperkingen. Het gekozen recht behoeft dus bijvoorbeeld niet het nationale recht of het woonplaatsrecht van een van de partners ten tijde van de aanwijzing te zijn; strikt genomen kan voor ieder willekeurig stelsel worden gekozen, mits dit stelsel het geregistreerd partnerschap kent. Het gekozen recht is van toepassing op het gehele vermogen, eenheidsstelsel (lid 2), met een mogelijke uitzondering voor onroerende zaken (lid 4). Deze kunnen namelijk aan het recht van de plaats van ligging worden onderworpen. Daarbij geldt ook hier dat dit recht het geregistreerd partnerschap als zodanig moet kennen.

Artikel 71
(**Vervallen.**)
[11-07-2018, Stb. 332, i.w.tr. 29-01-2019/kamerstukken 34795]

[Geen rechtskeuze. Toepasselijk recht]

Betekenis. Art. 10:71 (oud) maakt een onderscheid tussen een in Nederland aangegaan geregistreerd partnerschap en een elders aangegaan geregistreerd partnerschap. Is een geregistreerd partnerschap in Nederland aangegaan en hebben de partners daaraan voorafgaand geen rechtskeuze uitgebracht, dan is het Nederlandse recht van toepassing (lid 1). Is een geregistreerd partnerschap buiten Nederland aangegaan en hebben de partners daaraan voorafgaand geen rechtskeuze uitgebracht, dan is van toepassing het recht (inclusief het internationaal privaatrecht) van de staat waar het geregistreerd partnerschap is aangegaan. Dit wil dus zeggen dat (uiteindelijk) het buitenlandse internationaal privaatrecht het toepasselijke recht aanwijst. Hier wordt bij uitzondering in het Nederlandse internationaal privaatrecht renvoi geaccepteerd.

Artikel 72
(**Vervallen.**)
[11-07-2018, Stb. 332, i.w.tr. 29-01-2019/kamerstukken 34795]

[Ander intern recht]

Betekenis. De partners kunnen ook tijdens het geregistreerd partnerschap een rechtskeuze uitbrengen, waarbij dezelfde mogelijkheden en beperkingen gelden als bij de rechtskeuze vóór het aangaan van het geregistreerd partnerschap (art. 10:72 lid 1 en 2 (oud)). Een dergelijke keuze heeft in beginsel ook gevolgen voor het vermogen dat vóór het uitbrengen van de rechtskeuze reeds aanwezig is.

Artikel 73
(**Vervallen.**)
[11-07-2018, Stb. 332, i.w.tr. 29-01-2019/kamerstukken 34795]

[Onveranderlijkheid]

Betekenis. Onveranderlijkheid. Art. 10:73 (oud) betreft de kwestie van de (on)-veranderlijkheid van het toepasselijke recht. Deze bepaling geldt zowel voor een in Nederland aangegaan geregistreerd partnerschap als voor een in het buitenland aangegaan geregistreerd partnerschap. Artikel 10:73 kent, anders dan in art. 7 lid 2 Haags Huwelijksvermogensverdrag 1978 is neergelegd, geen automatische veranderlijkheid van het regime. Uitgangspunt is het onveranderlijkheidsbeginsel: het eenmaal – krachtens rechtskeuze of door toepassing van de objectieve verwijzingsregel – toepasselijke recht blijft van toepassing, ook bij verandering van nationaliteit of gewone verblijfplaats.

Alleen door middel van een rechtskeuze voor een ander recht kan het toepasselijke recht worden gewijzigd. **Rechtskeuze gedurende het partnerschap.** Overigens bevat de MvT in de toelichting op dit artikel nog een belangrijke passage, die ook relevant is voor art. 10:72. Er wordt op gewezen dat wanneer gedurende het partnerschap een rechtskeuze wordt uitgebracht de vraag rijst of deze keuze terugwerkende kracht heeft en of de keuze betrekking heeft op het gehele vermogen van de partners. De wetgever meent dat deze vragen niet anders beantwoord moeten worden dan onder het Haags Huwelijksvermogensverdrag 1978.

Artikel 74

(Vervallen.)

[11-07-2018, Stb. 332, i.w.tr. 29-01-2019/kamerstukken 34795]

[Rechtskeuze]

Betekenis. Wanneer de partners het toepasselijke recht hebben aangewezen (rechtskeuze) wordt aan dit recht getoetst of er sprake is van overeenstemmende wilsverklaringen.

Artikel 75

(Vervallen.)

[11-07-2018, Stb. 332, i.w.tr. 29-01-2019/kamerstukken 34795]

[Rechtskeuze]

Betekenis. De rechtskeuze moet uitdrukkelijk zijn overeengekomen of ondubbelzinnig voortvloeien uit de partnerschapsvoorwaarden. Uit de bewoordingen 'ondubbelzinnig voortvloeien' volgt dat een impliciete rechtskeuze mogelijk is, bijvoorbeeld wanneer naar specifieke regelgeving wordt verwezen, zij het dat zulks alleen uit partnerschapsvoorwaarden kan worden afgeleid. Het verdient, ter voorkoming van misverstand, aanbeveling de rechtskeuze met zo veel woorden aan te geven. De rechtskeuze kan deel uitmaken van de partnerschapsvoorwaarden, maar dat hoeft niet.

Artikel 76

(Vervallen.)

[11-07-2018, Stb. 332, i.w.tr. 29-01-2019/kamerstukken 34795]

[Vorm van de rechtskeuze]

Betekenis. Partnerschapsvoorwaarden zijn wat de vorm betreft rechtsgeldig wanneer zij beantwoorden hetzij aan het interne recht dat van toepassing is op het regime, hetzij aan het interne recht van de plaats waar zij zijn aangegaan. De eerste verwijzing is die naar het toepasselijke recht, terwijl de tweede verwijzing ziet op het recht van de plaats waar de partnerschapsvoorwaarden zijn aangegaan. In ieder geval moet sprake zijn van een gedagtekend en door beide partners ondertekend schriftelijk stuk. Dit is een minimumvereiste, dat geldt wanneer het toepasselijke recht (stel het recht van de plaats waar de partnerschapsvoorwaarden zijn aangegaan) lichtere vormvoorschriften kent.

Artikel 77
(Vervallen.)
[11-07-2018, Stb. 332, i.w.tr. 29-01-2019/kamerstukken 34795]

[Vorm rechtskeuze]

Betekenis. Art. 10:74-10:77 (oud) bevatten de voorschriften inzake de materiële en formele geldigheid betreffende de rechtskeuze, de vorm van de partnerschapsvoorwaarden en de wijze van het uitbrengen van een rechtskeuze. Deze zijn letterlijk overgenomen uit het Haags Huwelijksvermogensverdrag 1978. **Aanwijzing.** Een uitdrukkelijke aanwijzing van het toepasselijke recht dient te geschieden in de vorm welke voor partnerschapsvoorwaarden is voorgeschreven, hetzij door het aangewezen interne recht hetzij door het interne recht van de plaats waar de aanwijzing geschiedt. De aanwijzing dient in ieder geval te zijn vervat in een gedagtekend en door beide partners ondertekend schriftelijk stuk.

Artikel 78
(Vervallen.)
[11-07-2018, Stb. 332, i.w.tr. 29-01-2019/kamerstukken 34795]

[Rechtsbetrekking met derde]

Betekenis. Op grond van art. 10:78 (oud) kan een partner in beginsel zijn buitenlandse partnerschapsvermogensstelsel aan een derde tegenwerpen. Aldus worden de gevolgen voor derden van het partnerschapsvermogensregime van de partners beheerst door het daarop toepasselijke recht. Uit de woorden 'in beginsel' volgt dat deze regel niet onbeperkt toepassing vindt. Zie art. 10:80. Daarop vooruitlopend is het aan te bevelen dat wanneer voor partners een buitenlands regime geldt, de publicatie waar art. 10:79 op doelt te verzorgen.

Artikel 79
Een partner wiens partnerschapsvermogensregime wordt beheerst door vreemd recht, kan in het in artikel 116 van Boek 1 bedoelde register een notariële akte doen inschrijven, inhoudende een verklaring dat het partnerschapsvermogensregime niet wordt beheerst door het Nederlandse recht.
[19-05-2011, Stb. 272, i.w.tr. 01-01-2012/kamerstukken 32137]

[Inschrijving notariële akte]

Betekenis. Artikel 10:79 is gehandhaafd. In art. 10:79 is een regeling inzake registratie van een verklaring opgenomen waaraan een derdenbeschermingsregel, neergelegd in art. 10:80 lid 2, is verbonden. De verklaring is een notariële akte, waarin de partners laten opnemen dat hun partnerschapsvermogensregime niet wordt beheerst door het Nederlandse recht. Deze akte wordt vervolgens in het huwelijksgoederenregister ingeschreven. Deze verklaring is van belang voor de verhaalsaansprakelijkheid. **Wetgeving.** Op 17 november 2020 is door de Tweede Kamer aangenomen Wetsvoorstel 35348 Wijziging van het Wetboek van Burgerlijke Rechtsvordering, het Burgerlijk Wetboek en enige andere wetten (tegengaan huwelijkse gevangenschap en enige andere onderwerpen). Artikel

III van dit wetsvoorstel behelst onder meer een wijziging van artikel 10:79 BW. De tekst "het partnerschapsvermogensregime niet wordt beheerst door het Nederlandse recht" wordt vervangen door "het partnerschapsvermogensregime wordt beheerst door dat recht". Daarmee wordt duidelijk dat de notariële verklaring niet langer een negatieve verklaring is ("het Nederlandse recht is niet van toepassing") maar dat aangegeven moet worden welk (buitenlands) recht het partnerschapsvermogensregime beheerst. Bij het schrijven van dit commentaar is de parlementaire behandeling van dit wetsvoorstel nog niet afgerond.

Artikel 80

(Vervallen.)

[11-07-2018, Stb. 332, i.w.tr. 29-01-2019/kamerstukken 34795]

[Verhaal]

Betekenis. Artikel 80 (oud) betreft de verhaalsaansprakelijkheid. Een derde kan wanneer hij een rechtshandeling heeft verricht met een partner wiens regime wordt beheerst door buitenlands recht voor de uit die rechtshandeling voortvloeiende schuld verhaal nemen alsof tussen de partners de algehele gemeenschap van goederen naar Nederlands recht bestaat, indien hij zelf en de beide partners hun gewone verblijfplaats in Nederland hadden ten tijde van het aangaan van die rechtshandeling (lid 1). Dit is anders wanneer de derde wist dat buitenlands recht van toepassing was. Dit laatste wordt aangenomen wanneer veertien dagen na de inschrijving van de akte als bedoeld in art. 10:79 zijn verstreken.

Artikel 81

Heeft een der partners, door de toepassing op een buitenslands gelegen vermogensbestanddeel van een krachtens het internationaal privaatrecht van het land van ligging aangewezen recht, ten opzichte van de andere partner een voordeel genoten dat hem niet zou zijn toegekomen indien het op grond van de Verordening (EU) nr. 2016/1104 aangewezen recht zou zijn toegepast, dan kan die andere partner daarvan verrekening of vergoeding vorderen bij de in verband met de beëindiging of wijziging van het partnerschapsvermogensregime tussen de partners plaatsvindende afrekening.

[11-07-2018, Stb. 332, i.w.tr. 29-01-2019/kamerstukken 34795]

[Verrekening]

Betekenis. Algemeen. Artikel 10:81 is gehandhaafd. Deze bepaling dient te worden gezien in verband met het leerstuk van de 'aanknopingsovermacht' (Näherberechtigung). Dit leerstuk is van belang voor het geval het naar Nederlands internationaal privaatrecht toepasselijk recht zich mede uitstrekt over in het buitenland gelegen vermogen. In dat geval doet zich het verschijnsel voor dat de regels van Nederlands internationaal privaatrecht niet altijd onverkort kunnen worden toegepast. De bevoegde autoriteiten in het land waar het vermogen is gelegen hebben uiteindelijk voor wat betreft de vraag welk recht op dat vermogen toepasselijk is het laatste woord en zullen uitgaan van hun eigen regels van internationaal privaatrecht; daar kunnen de Nederlandse autoriteiten niets aan veranderen. Dit probleem kan zich bijvoorbeeld voordoen wanneer het geregistreerd partnerschap in het desbetreffende buitenland niet wordt erkend. **Verrekening.** Wanneer ten aanzien van een in het buitenland gelegen vermogensbestanddeel aan een partner bepaalde rechten worden onthouden, dan kan hij daarvan (in Nederland) verrekening vragen. Deze bepaling is gemodelleerd naar art. 10:47. Uit deze tekst volgt dat de bepaling geldt zowel voor Nederlandse als voor buitenlandse geregistreerd partnerschappen.

Artikel 82

(Vervallen.)

[11-07-2018, Stb. 332, i.w.tr. 29-01-2019/kamerstukken 34795]

[Bescherming niet opeisbare vergoedingsrechten]

Betekenis. Art. 10:82 (oud) geeft aan dat art. 1:92 lid 3 BW (bescherming tegen niet opeisbare vergoedingsrechten) alleen van toepassing is wanneer in Nederland verhaal wordt uitgeoefend op een partner wiens partnerschapsvermogensregime wordt beheerst door Nederlands recht, dan wel wanneer op een partner verhaal ex art. 10:80 mogelijk is.

Artikel 83

(Vervallen.)

[19-05-2011, Stb. 272, i.w.tr. 01-01-2012/kamerstukken 32137]

Betekenis. Dit artikel is vervallen per 1 januari 2012.

Artikel 84

(Vervallen.)

[11-07-2018, Stb. 332, i.w.tr. 29-01-2019/kamerstukken 34795]

[Bewijsregel art. 1:131 BW]

Betekenis. Uit deze bepaling (oud) volgt dat de bewijsregel van art. 1:131 BW ook van toepassing is in het kader van een buitenlands partnerschapsvermogensregime.

Artikel 85

Of een partner bij beëindiging van het geregistreerd partnerschap met wederzijds goedvinden of door ontbinding recht heeft op een gedeelte van de door de andere partner opgebouwde pensioenrechten, wordt beheerst door het recht dat van toepassing is op het partnerschapsvermogensregime van de partners, behoudens het bepaalde in artikel 1 lid 7 van de Wet verevening pensioenrechten bij scheiding.

[19-05-2011, Stb. 272, i.w.tr. 01-01-2012/kamerstukken 32137]

[Pensioenverevening]

Betekenis. De pensioenverevening valt niet onder de werking van de GPVo. Artikel 10:85 is dan ook gehandhaafd. Art. 10:85 inzake de pensioenverevening bevat een verwijzing naar de Wet verevening pensioenrechten bij scheiding. Voor de regeling is aansluiting gezocht bij de pensioenverevening in het kader van de huwelijksontbinding. Op grond van art. 10:85 wordt de vraag of een partner bij beëindiging van het geregistreerd partnerschap aanspraak kan maken op kort gezegd pensioenverevening, beantwoord aan de hand van het recht dat van toepassing is op het partnerschapsvermogensregime, behoudens het bepaalde in art. 1 lid 7 Wvps (Wet verevening pensioenrechten bij scheiding) (scope-rule). Art. 1 lid 7 Wvps geeft aan welke Nederlandse pensioenregelingen (genoemd in art. 1 lid 4, 5 en 6 Wvps) dienen te worden verevend, ongeacht het op het partnerschapsvermogensregime toepasselijke recht. Gaat het om bijvoorbeeld een buitenlands pensioen (niet vermeld in de opsomming van art. 1 lid 7 Wvps) dan bepaalt het toepasselijke recht op het partnerschapsvermogensregime of en zo ja, onder welke voorwaarden, pensioenverevening kan plaatsvinden. Gaat het om een buitenlandse pensioenregeling en is Nederlands recht van toepassing op het partnerschapsvermogensregime, dan vindt pensioenverevening plaats volgens de Wet verevening pensioenrechten bij scheiding. Is echter Belgisch recht op het partnerschapsvermogensregime van toepassing, dan kan verevening alleen plaatsvinden op de wijze waarin het Belgische recht daarin voorziet. Zie voor de overgangsregeling art. 10:91 lid 2 BW. Krachtens deze bepaling is de regel van artikel 10:85 BW alleen van toepassing op verevening van pensioenrechten indien het geregistreerd partnerschap na 1 januari 2005 (datum inwerkingtreding Wet conflictenrecht geregistreerd partnerschap) is beëindigd.

AFDELING 5
Beëindiging in Nederland van een geregistreerd partnerschap

Artikel 86

Of een in Nederland aangegaan geregistreerd partnerschap in Nederland kan worden beëindigd met wederzijds goedvinden of door ontbinding en op welke gronden, wordt bepaald door het Nederlandse recht.

[19-05-2011, Stb. 272, i.w.tr. 01-01-2012/kamerstukken 32137]

[Beëindiging Nederlands partnerschap]

Betekenis. Art. 10:86 wijst, met betrekking tot de vraag of een in Nederland aangegaan geregistreerd partnerschap kan worden beëindigd met wederzijds goedvinden of door ontbinding, en op welke gronden, het Nederlandse recht als het toepasselijke recht aan. Een rechtskeuze voor een ander recht is niet toegestaan. **Rechtspraak.** Het Hof Den Haag buigt zich in de uitspraak van 23 mei 2018 (ECLI:NL:GHDHA:2018:1256) over een door Nederlandse partijen in Nederland aangegaan geregistreerd partnerschap gevolgd door een tussen dezelfde partijen in Wit-Rusland gesloten huwelijk. De vrouw, woonachtig in Wit-Rusland, vraagt de Rechtbank Den Haag ontbinding van het geregistreerd partnerschap, met nevenvoorzieningen, welk verzoek wordt toegewezen. De man, woonachtig in het Verenigd Koninkrijk, gaat in hoger beroep. Het hof stelt in de eerste plaats vast dat de Nederlandse rechter op grond van artikel 4 lid 4 Rv internationaal bevoegd is om kennis te nemen van het verzoek tot ontbinding van het geregistreerd partnerschap omdat het geregistreerd partnerschap in Nederland is aangegaan. Vervolgens overweegt het hof dat naar Nederlands recht (artikel 10:86 BW jo. artikel 1:80 lid 1 sub e BW) het geregistreerd partnerschap eindigt door omzetting in een huwelijk. Partijen zijn in Wit-Rusland een naar dat recht rechtsgeldig huwelijk aangegaan dat voor erkenning in Nederland in aanmerking komt. Het hof wijst erop dat partijen hun geregistreerd partnerschap destijds hebben willen doen overgaan in een huwelijk, welk huwelijk op gezamenlijk verzoek is ingeschreven in de Nederlandse registers. Het was kennelijk niet de bedoeling dat zij in Nederland als geregistreerd partners werden aangemerkt en in Wit-Rusland als echtgenoten. Het hof concludeert dat door de huwelijkssluiting in Wit-Rusland een einde is gekomen aan het geregistreerd partnerschap. Het verzoek van de man tot vernietiging van de beschikking van de rechtbank wordt toegewezen. In dit verband kan worden gewezen op de uitspraak van de Rechtbank Midden-Nederland 2 mei 2018 (ECLI:NL:RBMNE:2018:2079) en van de Rechtbank Overijssel 14 september 2018 (ECLI:NL:RBOVE:2018:3429). In beide gevallen gaat het om een gemeenschappelijk verzoek van Nederlandse partners tot ontbinding van het in Nederland aangegane GP, en wordt gesteld dat sprake is van duurzame ontwrichting. De verzoekers stellen echter bovendien dat zij na de ontbinding met elkaar in het huwelijk zullen treden. In beide gevallen wordt overwogen dat er geen sprake is van duurzame ontwrichting in de zin van de wet. Toch wordt in beide gevallen het verzoek toegewezen. Dit moet gezien worden in het licht van de erkenning in het buitenland van het geregistreerd partnerschap. In beide gevallen wordt door partijen aangevoerd dat, gegeven het werk in het buitenland en de daarbij behorende verhuizing van het gezin naar dat buitenland, het geregistreerd partnerschap daar niet wordt erkend en ook de omzetting ervan in een huwelijk evenmin. Dat heeft allerlei nadelige effecten op het gezin. Een huwelijk daarentegen kan in de regel rekenen op erkenning. Daar ligt het redelijk belang van de partners om ondanks het ontbreken van de duurzame ontwrichting hun geregistreerd partnerschap te ontbinden om vervolgens met elkaar in het huwelijk te kunnen treden. Op de voet van art. 10:86 wordt door de rechter in Rb. Den Haag 21 augustus 2015, ECLI:NL:RBDHA:2015:14206, Nederlands recht toegepast op het door partijen — een Nederlandse man en een vrouw die Amerikaans burger is en de Nederlandse nationaliteit heeft — in Nederland aangegane geregistreerd partnerschap. In deze uitspraak is ook een overweging opgenomen inzake de internationale bevoegdheid van de rechter op grond van art. 4 lid 4 Rv, het toepasselijke recht op partneralimentatie (art. 3 Haags alimentatieprotocol 2007) en de afwikkeling van de partnerschapsvoorwaarden (rechtskeuze voor Nederlands recht).

Artikel 87

1. Of een buiten Nederland aangegaan geregistreerd partnerschap in Nederland kan worden beëindigd met wederzijds goedvinden of door ontbinding en op welke gronden, wordt bepaald door het Nederlandse recht.

2. In afwijking van lid 1 is het recht van de staat waar het geregistreerd partnerschap is aangegaan toepasselijk indien in de door partners gesloten overeenkomst omtrent de beëindiging met wederzijds goedvinden van het geregistreerd partnerschap gezamenlijk een keuze voor dit recht is gedaan.

3. In afwijking van lid 1 is ten aanzien van de beëindiging door ontbinding het recht van de staat waar het geregistreerd partnerschap is aangegaan toepasselijk indien in het geding:

a. door de partners gezamenlijk een keuze voor dit recht is gedaan of een dergelijke keuze door een van de partners onweersproken is gebleven; of

b. door een van beide partners een keuze voor dit recht is gedaan en beide partners een werkelijke maatschappelijke band met die staat hebben.

4. Het Nederlandse recht bepaalt de wijze waarop de beëindiging met wederzijds goedvinden of de ontbinding van het buiten Nederland aangegane geregistreerd partnerschap geschiedt.
[19-05-2011, Stb. 272, i.w.tr. 01-01-2012/kamerstukken 32137]

[Beëindiging buitenlands partnerschap]

Betekenis. Art. 10:87 betreft de beëindiging van een buiten Nederland aangegaan geregistreerd partnerschap. Art. 87 lid 1-3 betreffen de materiële vereisten aangaande de beëindiging van het partnerschap. Het Nederlandse recht wordt in lid 1 als toepasselijk aangewezen wanneer het gaat om de vraag of een buiten Nederland aangegaan geregistreerd partnerschap in Nederland kan worden beëindigd met wederzijds goedvinden of kan worden ontbonden, en op welke gronden. Echter, déze partners (vgl. art. 10:86 inzake het in Nederland aangegane geregistreerd partnerschap) kunnen wel een rechtskeuze uitbrengen, te weten voor het recht van de staat waar het geregistreerd partnerschap is aangegaan. Een keuze voor een ander recht is niet toegestaan. Wat betreft de rechtskeuze zelf geldt dat sprake moet zijn van een gezamenlijke of onweersproken eenzijdige rechtskeuze dan wel van een eenzijdige rechtskeuze, mits beide partners een werkelijke maatschappelijke band hebben met de staat waar het geregistreerd partnerschap is aangegaan. Lid 2 bepaalt dat deze keuze kan worden neergelegd in de overeenkomst tot beëindiging van het partnerschap. De partners kunnen in geval van ontbinding door de rechter de keuze in de procedure uitbrengen (lid 3). Lid 4 ziet op de formele vereisten: de wijze van beëindiging van het geregistreerd partnerschap dat in het buitenland is aangegaan, wordt beheerst door het Nederlandse recht. Bij ontbinding door de Nederlandse rechter is dus inschrijving van de rechterlijke uitspraak in de registers van de burgerlijke stand vereist. Bij beëindiging na wederzijds goedvinden is medewerking van een advocaat of notaris vereist en dient de verklaring te worden ingeschreven in de registers van de burgerlijke stand. Waar het gaat om een in het buitenland aangegaan geregistreerd partnerschap vindt op de voet van artikel 1:21 BW inschrijving plaats in de registers van de burgerlijke stand in Den Haag.

AFDELING 6
Erkenning van een buiten Nederland tot stand gekomen beëindiging van een geregistreerd partnerschap

Artikel 88

1. Een buiten Nederland tot stand gekomen beëindiging met wederzijds goedvinden van het geregistreerd partnerschap wordt erkend indien zij aldaar rechtsgeldig tot stand is gebracht.
2. Een buiten Nederland na een behoorlijke rechtspleging verkregen beëindiging door ontbinding van het geregistreerd partnerschap wordt in Nederland erkend indien zij is tot stand gekomen door de beslissing van een rechter of andere autoriteit aan wie daartoe rechtsmacht toekwam.
3. Een buiten Nederland verkregen beëindiging door ontbinding van het geregistreerd partnerschap, die niet voldoet aan een of meer van de in het vorige lid gestelde voorwaarden, wordt nochtans in Nederland erkend indien duidelijk blijkt dat de wederpartij in de buitenlandse procedure uitdrukkelijk of stilzwijgend hetzij tijdens die

procedure heeft ingestemd met, hetzij zich na die procedure heeft neergelegd bij de ontbinding.
[19-05-2011, Stb. 272, i.w.tr. 01-01-2012/kamerstukken 32137]

[Erkenning]

Betekenis. Art. 10:88 komt in hoofdlijnen overeen met art. 10:57. Artikel 10:88 maakt een onderscheid al naar gelang sprake is van ontbinding door wederzijds goedvinden dan wel ontbinding op verzoek door de rechter. Ingevolge art. 10:88 lid 1 wordt een buiten Nederland tot stand gekomen beëindiging met wederzijds goedvinden in Nederland erkend, indien zij aldaar rechtsgeldig tot stand is gekomen. De leden 2 en 3 zien op de beëindiging na een daartoe strekkende procedure. Wanneer de beëindiging in een (gerechtelijke) procedure tot stand komt, bepaalt lid 2 dat de ontbinding wordt erkend indien zij tot stand is gekomen door een beslissing van een daartoe (internationaal) bevoegde rechter of andere autoriteit. Voorts wordt daarbij als voorwaarde gesteld dat er een behoorlijke rechtsgang is gevolgd. Wordt niet aan de voorwaarden van lid 2 voldaan, dan wordt de ontbinding toch erkend indien de wederpartij in de buitenlandse procedure in die procedure heeft ingestemd met de ontbinding dan wel zich na de procedure heeft neergelegd bij de ontbinding (lid 3).

Artikel 89

Ongeacht artikel 88 van dit Boek wordt aan een in het buitenland tot stand gekomen beëindiging van het geregistreerd partnerschap erkenning onthouden indien deze erkenning kennelijk onverenigbaar is met de openbare orde.
[19-05-2011, Stb. 272, i.w.tr. 01-01-2012/kamerstukken 32137]

[Openbare orde-toets]

Betekenis. De erkenning in Nederland van een buitenslands tot stand gekomen beëindiging van het geregistreerd partnerschap kan worden tegengehouden met een beroep op de openbare orde (openbare orde-exceptie). Wanneer erkenning kennelijk in strijd is met de openbare orde, wordt aan een in het buitenland tot stand gekomen beëindiging van het geregistreerd partnerschap erkenning onthouden. Met de bewoordingen 'kennelijk onverenigbaar' is aangegeven dat het moet gaan om een manifeste strijd met de waarden die in de Nederlandse rechtsorde als fundamenteel worden beschouwd. Aldus wordt benadrukt dat de regel restrictief dient te worden toegepast.

AFDELING 7
Levensonderhoud

Artikel 90

Het recht dat van toepassing is op verplichtingen tot levensonderhoud gedurende het geregistreerd partnerschap en na beëindiging daarvan wordt bepaald door
a. het op 23 november 2007 te 's-Gravenhage tot stand gekomen Protocol inzake het recht dat van toepassing is op onderhoudsverplichtingen(*PbEU* L 331/17), of

b. het op 2 oktober 1973 te 's-Gravenhage tot stand gekomen Verdrag inzake de wet die van toepassing is op onderhoudsverplichtingen (*Trb.* 1974, 86).

[29-09-2011, Stb. 460, i.w.tr. 01-01-2012/kamerstukken 32617]

[Levensonderhoud]

Betekenis. Art. 10:90 bepaalt dat het recht dat van toepassing is op onderhoudsverplichtingen tussen (voormalige) partners vastgesteld wordt aan de hand van het Haags Protocol inzake het recht dat van toepassing is op onderhoudsverplichtingen en het Haags alimentatieverdrag 1973 (toepasselijk recht). De herziening van art. 10:90 hangt samen met de drie nieuwe regelingen inzake de grensoverschrijdende alimentatie: het Haags Alimentatieverdrag 2007, het Haags alimentatieprotocol 2007 en de Europese alimentatieverordening. Sinds 18 juni 2011 geldt in alle lidstaten van de EU voorts Verordening (EG) 4/2009 van de raad van 18 december 2008 betreffende de bevoegdheid, het toepasselijke recht, de erkenning en de tenuitvoerlegging van beslissingen, en de samenwerking op het gebied van onderhoudsverplichtingen. De EU heeft het Haags alimentatieprotocol 2007 op 8 april 2011 – waar art. 15 Europese alimentatieverordening naar verwijst – geratificeerd. Tot de inwerkingtreding van het Haags alimentatieprotocol 2007 is sprake geweest van 'voorlopige toepassing'. Het Haags alimentatieprotocol 2007 is inmiddels in werking getreden voor de landen van de Europese Unie (met uitzondering van Denemarken) op 1 augustus 2013. Voor Nederland geldt, ingevolge art. 15 Europese alimentatieverordening, dus vanaf 18 juni 2011 het Haags alimentatieprotocol 2007 waar het gaat om vragen van toepasselijk recht. Het Haags alimentatieprotocol 2007 beoogt in de plaats te treden van het Haags alimentatieverdrag 1973 (toepasselijk recht). Het Haags Alimentatieverdrag 2007 is op 1 januari 2013 in werking getreden voor Albanië en Noorwegen. Voor Nederland en de andere landen van de Europese Unie is het verdrag op 1 augustus 2014 in werking getreden. Het Haags alimentatieverdrag 1973 (toepasselijk recht) heeft inmiddels grotendeels zijn werking verloren. Zie nader *Asser/Vonken & Ibili 10-II* 2021/603-712. **Rechtspraak.** In de beschikking van Rb. Den Haag 21 augustus 2015, ECLI:NL:RBDHA:2015:14206, wordt op het alimentatieverzoek van de vrouw op grond van art. 3 Haags alimentatieprotocol 2007 (aanknopend aan de gewone verblijfplaats van de onderhoudsgerechtigde) het Nederlandse recht toegepast.

AFDELING 8
Overgangsrecht

Artikel 91

1. Deze titel is niet van toepassing op geregistreerde partnerschappen die voor 1 januari 2005 zijn aangegaan.

2. In afwijking van lid 1 is artikel 85 van dit Boek van toepassing op de verevening van pensioenrechten ingeval het geregistreerde partnerschap na 1 januari 2005 is beëindigd.

[19-05-2011, Stb. 272, i.w.tr. 01-01-2012/kamerstukken 32137]

[Overgangsrecht]

Betekenis. Op grond van art. 10:91 is titel 4 van Boek 10 niet van toepassing op geregistreerde partnerschappen die vóór 1 januari 2005 zijn aangegaan. Dit is de datum van inwerkingtreding van de Wet Conflictenrecht Geregistreerd Partnerschap. Lid 2 bepaalt dat de regeling inzake de pensioenverevening (art. 10:85) van toepassing is ingeval het geregistreerd partnerschap na 1 januari 2005 is beëindigd. Peilmoment is hier het moment van beëindiging van het geregistreerd partnerschap. De bepaling inzake de pensioenverevening kan dus ook toepassing vinden indien het geregistreerd partnerschap voor 1 januari 2005 is aangegaan. Immers, bij verevening van pensioenrechten is het moment van beëindiging van het geregistreerd partnerschap het peilmoment en niet het moment van aangaan van het geregistreerd partnerschap.

Verordening (EU) 2016/1104 tot uitvoering van de nauwere samenwerking op het gebied van de bevoegdheid, het toepasselijke recht en de erkenning en tenuitvoerlegging van beslissingen op het gebied van de vermogensrechtelijke gevolgen van geregistreerde partnerschappen (Verordening geregistreerde partnerschappen)

Verordening van de Raad van 24 juni 2016 tot uitvoering van de nauwere samenwerking op het gebied van de bevoegdheid, het toepasselijke recht en de erkenning en tenuitvoerlegging van beslissingen op het gebied van de vermogensrechtelijke gevolgen van geregistreerde partnerschappen, PbEU 2016, L 183 (i.w.tr. 28-07-2016)

DE RAAD VAN DE EUROPESE UNIE,

Gezien het Verdrag betreffende de werking van de Europese Unie, en met name artikel 81, lid 3,

Gezien Besluit (EU) 2016/954 van de Raad van 9 juni 2016 houdende machtiging om nauwere samenwerking aan te gaan op het gebied van de bevoegdheid, het toepasselijke recht en de erkenning en tenuitvoerlegging van beslissingen inzake de vermogensstelsels van internationale paren, met name zowel huwelijksvermogensstelsels als de vermogensrechtelijke gevolgen van geregistreerde partnerschappen [1],

Gezien het voorstel van de Europese Commissie,

Na toezending van het ontwerp van wetgevingshandeling aan de nationale parlementen,

Gezien het advies van het Europees Parlement [2],

Handelend volgens een bijzondere wetgevingsprocedure,

Overwegende hetgeen volgt:

(1) De Unie heeft zich ten doel gesteld een ruimte van vrijheid, veiligheid en recht te handhaven en te ontwikkelen, waar het vrije verkeer van personen gewaarborgd is. Met het oog op de geleidelijke totstandbrenging van deze ruimte dient de Unie maatregelen te nemen op het gebied van de justitiële samenwerking in burgerlijke zaken met grensoverschrijdende gevolgen, met name indien dit nodig is voor het goed functioneren van de interne markt.

(2) Overeenkomstig artikel 81, lid 2, onder c), van het Verdrag betreffende de werking van de Europese Unie (VWEU) kunnen dergelijke maatregelen ook de verenigbaarheid van de in de lidstaten geldende regels voor collisie en jurisdictiegeschillen beogen.

---

(1) *PB* L 159 van 16.6.2016, blz. 16.

(2) Advies van 23 juni 2016 (nog niet bekendgemaakt in het *Publicatieblad*).

(3) Tijdens de bijeenkomst in Tampere op 15 en 16 oktober 1999 heeft de Europese Raad het beginsel goedgekeurd dat de wederzijdse erkenning van vonnissen en andere beslissingen van rechterlijke instanties de hoeksteen van de justitiële samenwerking in burgerlijke zaken binnen de Unie vormt en de Raad en de Commissie verzocht een programma van maatregelen ter uitvoering van dit beginsel vast te stellen.

(4) De Commissie en de Raad hebben op 30 november 2000 een gemeenschappelijk programma betreffende maatregelen voor de uitvoering van het beginsel van wederzijdse erkenning van beslissingen in burgerlijke en handelszaken[3] aangenomen. In dat programma worden maatregelen ter harmonisatie van de collisieregels aangemerkt als maatregelen die de wederzijdse erkenning van rechterlijke beslissingen vergemakkelijken en wordt voorzien in het opstellen van een instrument inzake huwelijksvermogensstelsels en de vermogensrechtelijke gevolgen van de scheiding van niet-gehuwde paren.

(5) De Europese Raad, op 4 en 5 november 2004 te Brussel bijeen, heeft een nieuw programma aangenomen, 'Het Haags Programma – Versterking van vrijheid, veiligheid en recht in de Europese Unie' [4]. In dat programma verzocht de Raad de Commissie een groenboek in te dienen over het conflictenrecht inzake huwelijksvermogensregimes, met inbegrip van de bevoegdheid en de wederzijdse erkenning. In het programma wordt eveneens beklemtoond dat er een instrument op dit gebied moest worden aangenomen.

(6) Op 17 juli 2006 heeft de Commissie een groenboek aangenomen over regels inzake wetsconflicten op het gebied van huwelijksvermogensstelsels, met inbegrip van de kwestie van de rechterlijke bevoegdheid en van de wederzijdse erkenning. Dit groenboek was het startsein voor een brede raadpleging over de problemen waarmee paren te maken krijgen bij de vereffening van hun gemeenschappelijk vermogen in een Europese context en over de beschikbare rechtsmiddelen. In het groenboek kwamen ook alle vraagstukken van internationaal privaatrecht aan bod waarmee paren die een andere verbintenis dan het huwelijk hebben aangegaan, met name geregistreerde partners, te maken krijgen, alsook de specifieke problemen die zij ondervinden.

(7) Tijdens zijn bijeenkomst van 10 en 11 december 2009 te Brussel heeft de Europese Raad een nieuw meerjarenprogramma aangenomen, 'Het programma van Stockholm – Een open en veilig Europa ten dienste en ter bescherming van de burger' [5]. In dat programma overwoog de Europese Raad dat wederzijdse erkenning moet worden uitgebreid tot gebieden waarop dit beginsel nog niet van toepassing is, maar die van groot belang zijn voor het dagelijks leven, zoals de vermogensrechtelijke gevolgen van de scheiding van paren, waarbij tegelijkertijd rekening dient te worden gehouden met de rechtsstelsels van de lidstaten, waaronder de openbare orde en de nationale tradities op dit gebied.

(8) In het 'Verslag over het EU-burgerschap 2010: het wegnemen van belemmeringen voor de rechten van EU-burgers', dat op 27 oktober 2010 is aangenomen, kondigde de Commissie de aanneming aan van een voorstel voor wetgeving die de belem-

---

(3) *PB* C 12 van 15.1.2001, blz. 1.
(4) *PB* C 53 van 3.3.2005, blz. 1.
(5) *PB* C 115 van 4.5.2010, blz. 1.

meringen voor het vrije personenverkeer, met name de problemen die paren ondervinden bij het beheer of de verdeling van hun vermogen, wegneemt.

(9) Op 16 maart 2011 nam de Commissie een voorstel aan voor een verordening van de Raad betreffende de bevoegdheid, het toepasselijke recht en de erkenning en tenuitvoerlegging van beslissingen op het gebied van huwelijksvermogensstelsels, alsmede een voorstel voor een verordening van de Raad betreffende de bevoegdheid, het toepasselijke recht en de erkenning en tenuitvoerlegging van beslissingen op het gebied van de vermogensrechtelijke gevolgen van geregistreerde partnerschappen.

(10) De Raad concludeerde op zijn bijeenkomst van 3 december 2015 dat geen unanimiteit kon worden bereikt voor de vaststelling van de voorstellen voor verordeningen betreffende huwelijksvermogensstelsels en de vermogensrechtelijke gevolgen van geregistreerde partnerschappen, en dat derhalve de samenwerkingsdoelstellingen op dit gebied niet binnen een redelijke termijn door de Unie in haar geheel konden worden bereikt.

(11) Van december 2015 tot en met februari 2016 hebben België, Bulgarije, Tsjechië, Duitsland, Griekenland, Spanje, Frankrijk, Kroatië, Italië, Luxemburg, Malta, Nederland, Oostenrijk, Portugal, Slovenië, Finland en Zweden verzoeken aan de Commissie gericht waarin zij te kennen gaven dat zij onderling nauwere samenwerking wensten aan te gaan op het gebied van vermogensstelsels van internationale paren, en met name van de bevoegdheid, het toepasselijke recht en de erkenning en tenuitvoerlegging van beslissingen op het gebied van huwelijksvermogensstelsels en de bevoegdheid, het toepasselijke recht en de erkenning en tenuitvoerlegging van beslissingen op het gebied van de vermogensrechtelijke gevolgen van geregistreerde partnerschappen, en waarbij zij de Commissie verzochten aan de Raad een voorstel in die zin voor te leggen. In maart 2016 heeft Cyprus bij brief aan de Commissie zijn wens te kennen gegeven aan de totstandbrenging van de nauwere samenwerking deel te nemen; Cyprus heeft deze wens vervolgens herhaald tijdens de werkzaamheden van de Raad.

(12) Op 9 juni 2016 heeft de Raad Besluit (EU) 2016/954 vastgesteld waarbij machtiging wordt verleend voor deze nauwere samenwerking.

(13) Overeenkomstig artikel 328, lid 1, VWEU dient nauwere samenwerking open te staan voor alle lidstaten op het moment waarop zij wordt aangegaan, mits de deelnemingsvoorwaarden worden nageleefd die eventueel zijn vastgesteld bij het besluit waarbij toestemming wordt verleend. Deelneming op een later tijdstip dient steeds mogelijk te blijven, mits, naast de bedoelde voorwaarden, de in dit kader reeds vastgestelde handelingen worden nageleefd. De Commissie en de aan een nauwere samenwerking deelnemende lidstaten dienen erop toe te zien dat zo veel mogelijk lidstaten worden gestimuleerd deel te nemen. Deze verordening dient slechts in al haar onderdelen verbindend en rechtstreeks toepasselijk te zijn in de lidstaten die deelnemen aan de nauwere samenwerking op het gebied van de rechterlijke bevoegdheid, het toepasselijke recht en de erkenning en tenuitvoerlegging van beslissingen inzake de vermogensstelsels van internationale paren, met name zowel huwelijksvermogensstelsels als de vermogensrechtelijke gevolgen van geregistreerde partnerschappen, overeenkomstig Besluit (EU) 2016/954 of overeenkomstig een krachtens artikel 331, lid 1, tweede of derde alinea, VWEU vastgesteld besluit.

(14) Overeenkomstig artikel 81 VWEU dient deze verordening van toepassing te zijn op de vermogensrechtelijke gevolgen van geregistreerde partnerschappen met grensoverschrijdende gevolgen.

(15) Ongehuwde paren moeten kunnen rekenen op rechtszekerheid in vermogensrechtelijk opzicht en op een zekere mate van voorspelbaarheid; daarom is het wenselijk dat alle regels betreffende de vermogensrechtelijke gevolgen van geregistreerde partnerschappen in één instrument worden opgenomen.

(16) De manier waarop de wetgevingen van de lidstaten andere vormen van verbintenis dan het huwelijk organiseren, verschilt per lidstaat en er moet een onderscheid worden gemaakt tussen paren waarvan de verbintenis is geïnstitutionaliseerd door de registratie van hun partnerschap bij een openbare instantie en paren die feitelijk samenwonen. Hoewel het feitelijk samenwonen in sommige lidstaten wettelijk geregeld is, moeten zij worden onderscheiden van geregistreerde partnerschappen die, gelet op hun officiële aard, kunnen worden geregeld in een instrument van de Unie waarin met hun bijzondere karakter rekening wordt gehouden. Voor het goed functioneren van de interne markt is het van belang dat de belemmeringen voor het vrije verkeer van personen die hun partnerschap hebben geregistreerd, worden weggenomen en dat deze paren niet langer moeilijkheden ondervinden bij het beheer of de verdeling van hun vermogen. Met het oog hierop dienen in deze verordening voorschriften te worden samengebracht inzake rechterlijke bevoegdheid, toepasselijk recht, erkenning of, in voorkomend geval, aanvaarding, uitvoerbaarheid en tenuitvoerlegging van beslissingen, authentieke akten en gerechtelijke schikkingen.

(17) Deze verordening dient vraagstukken te regelen in verband met de vermogensrechtelijke gevolgen van geregistreerde partnerschappen. Het begrip 'geregistreerd partnerschap' dient slechts met het oog op de doelstellingen van deze verordening te worden gedefinieerd. De specifieke inhoud van dit begrip dient door het nationale recht van de lidstaten bepaald te blijven. Niets in deze verordening mag een lidstaat waarvan het recht het instituut van het geregistreerde partnerschap niet kent, verplichten om hierin in zijn nationaal recht te voorzien.

(18) Het toepassingsgebied van deze verordening dient alle civielrechtelijke aspecten van de vermogensrechtelijke gevolgen van geregistreerde partnerschappen te bestrijken, zowel het dagelijkse beheer van het vermogen van de partners, als de vereffening van dat vermogen, met name ten gevolge van scheiding of overlijden van een van de partners.

(19) Deze verordening dient niet van toepassing te zijn op andere onderdelen van het burgerlijk recht dan de vermogensrechtelijke gevolgen van geregistreerde partnerschappen. Duidelijkheidshalve dient een aantal zaken die geacht kunnen worden verband te houden met de vermogensrechtelijke gevolgen van geregistreerde partnerschappen, uitdrukkelijk van het toepassingsgebied van deze verordening te worden uitgesloten.

(20) Bijgevolg dient deze verordening niet van toepassing te zijn op vragen in verband met de handelingsbevoegdheid van de partners. De specifieke bevoegdheden en rechten die elk van de partners of beide partners onderling of jegens derden bezitten met betrekking tot vermogensbestanddelen, dienen echter wel onder deze verordening te vallen.

(21) Deze verordening dient niet van toepassing te zijn op prealabele vragen, zoals het bestaan, de geldigheid en de erkenning van een geregistreerd partnerschap; daarop

blijft het nationale recht van de lidstaten, met inbegrip van de voorschriften van hun internationaal privaatrecht, van toepassing.

(22) Aangezien de onderhoudsverplichtingen tussen echtgenoten zijn geregeld bij Verordening (EG) nr. 4/2009 van de Raad [6], dienen zij van het toepassingsgebied van deze verordening te worden uitgesloten, evenals alle vraagstukken in verband met de erfopvolging van een overleden echtgenoot, aangezien zij zijn geregeld bij Verordening (EU) nr. 650/2012 van het Europees Parlement en de Raad [7].

(23) Aangelegenheden in verband met de aanspraak op overgang tussen de partners van gedurende het geregistreerde partnerschap verworven rechten op een ouderdoms- of invaliditeitspensioen, ongeacht de aard ervan, welke gedurende het geregistreerde partnerschap niet tot pensioeninkomen hebben geleid, en de aanpassing van overgegane rechten, dienen, gelet op de specifieke regelingen in de lidstaten, te worden uitgesloten van het toepassingsgebied van deze verordening. Deze uitsluiting dient evenwel in enge zin te worden uitgelegd. Bijgevolg zijn met name de classificatie van pensioenelementen, de reeds tijdens het geregistreerde partnerschap aan een partner betaalde bedragen en de vergoeding die mogelijk aan de andere partner wordt toegekend in geval van pensioen dat met gemeenschappelijke vermogensbestanddelen is opgebouwd, kwesties die in deze verordening behoren te worden geregeld.

(24) Deze verordening dient te voorzien in de mogelijkheid dat, in het kader van de vermogensrechtelijke gevolgen van geregistreerde partnerschappen, rechten op onroerende of roerende zaken tot stand worden gebracht of worden overgedragen, zoals dat is bepaald in het op die gevolgen toepasselijke recht. Deze verordening dient echter het beperkte aantal (numerus clausus) zakelijke rechten zoals het nationale recht van sommige lidstaten dat kent, onverlet te laten. Van een lidstaat mag niet worden gevraagd een zakelijk recht op een vermogensbestanddeel dat zich in die lidstaat bevindt, te erkennen indien het recht van die lidstaat een dergelijk zakelijk recht niet kent.

(25) Om de partners evenwel in staat te stellen om in een andere lidstaat de rechten te genieten die door de vermogensrechtelijke gevolgen van een geregistreerd partnerschap zijn ontstaan of op hen zijn overgegaan, dient deze verordening erin te voorzien dat een onbekend zakelijk recht in overeenstemming wordt gebracht met het meest vergelijkbare zakelijk recht volgens het recht van die andere lidstaat. In het kader van een dergelijke aanpassing dient rekening te worden gehouden met de doelstellingen en de belangen die door het specifieke zakelijk recht worden nagestreefd en met de daaraan verbonden rechtsgevolgen. Teneinde het meest vergelijkbare nationale zakelijk recht te bepalen, kunnen de instanties of bevoegde personen van de staat waarvan het recht op de vermogensrechtelijke gevolgen van het geregistreerde partnerschap van toepassing is, om nadere informatie over de

(6) Verordening (EG) nr. 4/2009 van de Raad van 18 december 2008 betreffende de bevoegdheid, het toepasselijke recht, de erkenning en de tenuitvoerlegging van beslissingen, en de samenwerking op het gebied van onderhoudsverplichtingen (*PB* L 7 van 10.1.2009, blz. 1).

(7) Verordening (EU) nr. 650/2012 van het Europees Parlement en de Raad van 4 juli 2012 betreffende de bevoegdheid, het toepasselijke recht, de erkenning en de tenuitvoerlegging van beslissingen en de aanvaarding en de tenuitvoerlegging van authentieke akten op het gebied van erfopvolging, alsmede betreffende de instelling van een Europese erfrechtverklaring (*PB* L 201 van 27.7.2012, blz. 107).

aard en de rechtsgevolgen van het recht worden verzocht. Voor dat doel kan gebruik worden gemaakt van de bestaande netwerken voor justitiële samenwerking in burgerlijke en handelszaken en van alle andere kanalen waarlangs een beter inzicht in het buitenlandse recht te krijgen is.

(26) De aanpassing van onbekende zakelijke rechten, waarin bij deze verordening uitdrukkelijk is voorzien, dient andere vormen van aanpassing in het kader van de toepassing van deze verordening onverlet te laten.

(27) De voorwaarden voor de inschrijving in een register van een recht op een onroerende of roerende zaak dienen van het toepassingsgebied van deze verordening te worden uitgesloten. Het is derhalve aan het recht van de lidstaat waar het register wordt gehouden (voor onroerende zaken de lex rei sitae) om te bepalen onder welke wettelijke voorwaarden en op welke wijze de inschrijving moet plaatsvinden en welke instanties, zoals het kadaster of een notaris, ermee belast zijn na te gaan of aan alle voorwaarden is voldaan en of de aangeboden of opgemaakte akten volledig zijn of de noodzakelijke informatie bevatten. De instanties kunnen met name nagaan of het recht van een partner op een goed uit de nalatenschap dat in het ter inschrijving aangeboden document staat vermeld, een recht is dat als zodanig is geregistreerd of waarvan anderszins het bewijs wordt geleverd conform het recht van de lidstaat waar het register wordt gehouden. Om te voorkomen dat documenten opnieuw moeten worden opgemaakt, dienen documenten die afkomstig zijn van de bevoegde instanties van een andere lidstaat en op grond van deze verordening worden verspreid, door de registrerende instantie te worden aanvaard. Dit mag de bij de inschrijving betrokken autoriteiten niet beletten de persoon die om inschrijving verzoekt, te vragen om zodanige aanvullende informatie te verstrekken of zodanige aanvullende stukken over te leggen, als vereist onder het recht van de lidstaat waar het register wordt gehouden, zoals gegevens of documenten in verband met de betaling van belastingen. De bevoegde autoriteit kan de persoon die om registratie verzoekt, mededelen hoe de ontbrekende gegevens of documenten kunnen worden verstrekt.

(28) De rechtsgevolgen van de inschrijving van een recht dienen eveneens van het toepassingsgebied te worden uitgesloten. Het is derhalve het recht van de lidstaat waar het register wordt gehouden dat bepaalt of de inschrijving bijvoorbeeld van declaratoire dan wel van constitutieve aard is. Daar waar bijvoorbeeld voor de verkrijging van een recht op een onroerende zaak volgens het recht van de lidstaat waar het register wordt gehouden, inschrijving vereist is omwille van de werking erga omnes van de registers of ter bescherming van rechtshandelingen, dient het tijdstip van verkrijging derhalve door het recht van die lidstaat te worden bepaald.

(29) Deze verordening dient de verschillende stelsels die in de lidstaten inzake de vermogensrechtelijke gevolgen van geregistreerde partnerschappen worden toegepast, te eerbiedigen. In deze verordening dient derhalve aan de term 'gerecht' een ruime betekenis te worden gegeven, die niet alleen gerechten in de strikte zin van het woord omvat, maar ook bijvoorbeeld notarissen in sommige lidstaten, die in bepaalde zaken betreffende de vermogensrechtelijke gevolgen van geregistreerde partnerschappen net als gerechten gerechtelijke taken uitvoeren, en ook notarissen en rechtsbeoefenaren die, in sommige lidstaten, ter zake van de vermogensrechtelijke gevolgen van geregistreerde partnerschappen gerechtelijke taken vervullen krachtens een door een gerecht gegeven volmacht. Alle gerechten, zoals in deze

verordening gedefinieerd, dienen aan de in deze verordening vastgelegde bevoegdheidsregels gebonden te zijn. Daarentegen dient de term 'gerecht' geen betrekking te hebben op de niet-rechterlijke instanties van een lidstaat die krachtens het nationale recht bevoegd zijn zaken betreffende de vermogensrechtelijke gevolgen van geregistreerde partnerschappen te behandelen, zoals de notarissen in de meeste lidstaten, waar zij meestal geen gerechtelijke taken vervullen.

(30) Krachtens deze verordening dienen notarissen die bevoegd zijn op het gebied van de vermogensrechtelijke gevolgen van geregistreerde partnerschappen in de lidstaten, die bevoegdheid uit te kunnen oefenen. Of notarissen in een bepaalde lidstaat al dan niet aan de bevoegdheidsregels van deze verordening gebonden zijn, dient af te hangen van de vraag of zij voor de toepassing van deze verordening al dan niet onder het begrip 'gerecht' vallen.

(31) Het verkeer van akten die door notarissen in de lidstaten zijn opgemaakt in zaken betreffende de vermogensrechtelijke gevolgen van geregistreerde partnerschappen, dient overeenkomstig deze verordening plaats te vinden. Wanneer notarissen gerechtelijke functies uitoefenen, dienen zij gebonden te zijn aan de bevoegdheidsregels van deze verordening; de circulatie van hun beslissingen moet in overeenstemming met de regels van deze verordening inzake erkenning, uitvoerbaarheid en tenuitvoerlegging van beslissingen geschieden. Buiten de uitoefening van een gerechtelijke functie dienen notarissen niet aan die bevoegdheidsregels gebonden te zijn en de circulatie van de door hen opgemaakte authentieke akten moet voldoen aan de voorschriften van deze verordening betreffende dergelijke akten.

(32) Met het oog op de toenemende mobiliteit van paren en ter wille van een goede rechtsbedeling dienen de bevoegdheidsregels in deze verordening de burgers in staat te stellen hun verschillende samenhangende procedures door de gerechten van dezelfde lidstaat te laten behandelen. Daartoe dient deze verordening te bevogen dat de rechterlijke bevoegdheid inzake de vermogensrechtelijke gevolgen van geregistreerde partnerschappen wordt geconcentreerd in de lidstaat waarvan de gerechten worden aangezocht in zaken betreffende de erfopvolging van een partner, zulks overeenkomstig Verordening (EU) nr. 650/2012, of betreffende de ontbinding of nietigverklaring van een geregistreerd partnerschap.

(33) In deze verordening dient te worden bepaald dat in gevallen waarin een zaak betreffende de erfopvolging van een partner aanhangig is bij een op grond van Verordening (EU) nr. 650/2012 aangezochte gerecht van een lidstaat, de gerechten van die staat bevoegd moeten zijn om te beslissen in zaken betreffende de vermogensrechtelijke gevolgen van geregistreerde partnerschappen welke met die erfopvolging verband houden.

(34) Evenzo dienen kwesties betreffende de vermogensrechtelijke gevolgen van geregistreerde partnerschappen die rijzen in een bij een gerecht van een lidstaat ingestelde procedure ter zake van ontbinding of nietigverklaring van een geregistreerd partnerschap, door de gerechten van die lidstaat te worden behandeld indien de partners daarmee instemmen.

(35) Evenzo dient in gevallen waarin de vermogensrechtelijke gevolgen van een geregistreerd partnerschap geen verband houden met een bij een gerecht van een lidstaat aanhangige procedure ter zake van de erfopvolging van een partner dan wel de ontbinding of de nietigverklaring van een geregistreerd partnerschap, deze

verordening te voorzien in een reeks aanknopingspunten voor het vaststellen van de bevoegdheid, te beginnen met de gewone verblijfplaats van de partners op het tijdstip van rechtsingang. Het laatste aanknopingspunt van de reeks is de lidstaat volgens welks recht het partnerschap met het oog op de totstandbrenging moest worden geregistreerd. Deze aanknopingspunten worden vastgesteld om rekening te houden met de toenemende mobiliteit van burgers en ervoor zorgen dat er een reëel aanknopingspunt bestaat tussen de partners en de lidstaat waar de rechterlijke bevoegdheid wordt uitgeoefend.

(36) Omdat het geregistreerde partnerschap als instituut niet in alle lidstaten bestaat, moeten de gerechten van een lidstaat waarvan het recht het geregistreerde partnerschap als instituut niet kent, zich uitzonderlijk uit hoofde van deze verordening onbevoegd kunnen verklaren. In dat geval moeten de gerechten snel handelen en de betrokken partij moet de zaak aanhangig kunnen maken in een andere lidstaat die op grond van een aanknopingspunt rechterlijke bevoegdheid heeft, ongeacht de rangorde van deze bevoegdheidsgronden, waarbij tegelijkertijd de autonomie van de partijen wordt geëerbiedigd. Een gerecht dat na een onbevoegdverklaring wordt aangezocht, anders dan een gerecht van de lidstaat volgens het recht waarvan het geregistreerde partnerschap tot stand is gebracht en dat rechterlijke bevoegdheid heeft op basis van een forumkeuzeovereenkomst of het verschijnen van de verweerder, moet zich tevens uitzonderlijk onder dezelfde voorwaarden onbevoegd kunnen verklaren. Teneinde rechtsweigering te voorkomen, is een regel van subsidiaire bevoegdheid opgenomen, voor het geval dat geen enkel gerecht op grond van de andere bepalingen van deze verordening bevoegd is om de zaak te behandelen.

(37) Om rechtszekerheid, de voorspelbaarheid en de autonomie van partijen te vergroten, dient deze verordening partijen in bepaalde omstandigheden de mogelijkheid te bieden om bij overeenkomst een forumkeuze te maken ten gunste van de gerechten van de lidstaat waarvan het recht toepasselijk is of van de gerechten van de lidstaat volgens het recht waarvan het geregistreerde partnerschap tot stand is gebracht.

(38) Deze verordening mag de partijen niet beletten om de zaak buitengerechtelijk minnelijk te schikken, bijvoorbeeld voor een notaris, in een lidstaat naar keuze, indien het recht van die lidstaat dat mogelijk maakt. Dit dient ook mogelijk te zijn zelfs als het op de vermogensrechtelijke gevolgen van een geregistreerd partnerschap toepasselijke recht niet het recht van die lidstaat is.

(39) Deze verordening dient op limitatieve wijze te voorzien in de wijze waarop de gronden van subsidiaire bevoegdheid kunnen worden aangenomen teneinde ervoor te zorgen dat de gerechten in alle lidstaten, op dezelfde gronden, de rechterlijke bevoegdheid aannemen ten aanzien van de vermogensrechtelijke gevolgen van geregistreerde partnerschappen.

(40) Met name om rechtsweigering te verhelpen, dient in deze verordening ook een forum necessitatis te worden opgenomen, waardoor een gerecht van een lidstaat bij wijze van uitzondering kan beslissen in een geschil betreffende de vermogensrechtelijke gevolgen van een geregistreerd partnerschap dat nauw verbonden is met een derde staat. Een dergelijk uitzonderlijk geval kan worden verondersteld als een procedure in de betrokken derde staat onmogelijk blijkt, bijvoorbeeld door een burgeroorlog, of als van een partner redelijkerwijs niet kan worden verwacht dat hij in die staat een procedure aanhangig maakt of voert. Het forum necessitatis

kan zijn bevoegdheid evenwel alleen uitoefenen als het geschil voldoende nauw verbonden is met de lidstaat van het aangezochte gerecht.

(41) Met het oog op een ordelijke rechtspleging moet worden voorkomen dat in verschillende lidstaten onderling onverenigbare beslissingen worden gegeven. Daarom moet deze verordening voorzien in algemene procedureregels die vergelijkbaar zijn met die welke vervat zijn in andere regelgeving van de Unie op het gebied van justitiële samenwerking in civiele zaken. Een dergelijke procedureregel is de litispendentieregel die in werking treedt wanneer hetzelfde geschil betreffende de vermogensrechtelijke gevolgen van een geregistreerd partnerschap bij gerechten in verschillende lidstaten wordt aangebracht. Deze regel bepaalt welk gerecht de zaak verder dient te behandelen.

(42) Om burgers met volledige rechtszekerheid te laten profiteren van de voordelen van de interne markt, dient deze verordening het de partners mogelijk te maken van tevoren het recht te kennen dat op de vermogensrechtelijke gevolgen van hun geregistreerd partnerschap van toepassing zal zijn. Daarom dienen geharmoniseerde collisieregels te worden vastgesteld om tegenstrijdige uitkomsten te voorkomen. De hoofdregel moet ervoor zorgen dat de vermogensrechtelijke gevolgen van een geregistreerd partnerschap op voorzienbare wijze worden beheerst door een recht waarmee het nauw verbonden is. Dat recht moet, ter wille van de rechtszekerheid en om versnippering te voorkomen, de vermogensrechtelijke gevolgen van het geregistreerde partnerschap in hun geheel beheersen, dat wil zeggen alle gevolgen, ongeacht de aard van de vermogensbestanddelen en ongeacht de vraag of deze zich in een andere lidstaat dan wel in een derde staat bevinden.

(43) Het door deze verordening aangewezen recht dient toepasselijk te zijn, ongeacht of dit het recht van een lidstaat is.

(44) Om het de partners gemakkelijker te maken hun vermogen te beheren, dient deze verordening hun de mogelijkheid te bieden om uit de rechtsstelsels waarmee zij, bijvoorbeeld op grond van hun gewone verblijfplaats of hun nationaliteit, een nauwe band hebben, het recht te kiezen dat op de vermogensrechtelijke gevolgen van hun geregistreerd partnerschap van toepassing is, ongeacht de aard van de vermogensbestanddelen en de plaats waar deze zich bevinden. Echter, teneinde te voorkomen dat de rechtskeuze geen enkel effect sorteert en de partners aldus in een juridisch vacuüm terechtkomen, dient de keuze van het toepasselijke recht te worden beperkt tot een recht dat vermogensrechtelijke gevolgen verbindt aan geregistreerde partnerschappen. Deze keuze kan te allen tijde worden gemaakt, vóór of samen met de registratie van het partnerschap of in de loop daarvan.

(45) Om de rechtszekerheid van transacties te verzekeren en om te voorkomen dat op de vermogensrechtelijke gevolgen van geregistreerde partnerschappen een ander recht van toepassing wordt zonder dat de partners daarvan op de hoogte worden gebracht, dient het op de vermogensrechtelijke gevolgen van een geregistreerd partnerschap toepasselijk recht ongewijzigd te blijven behoudens als partijen uitdrukkelijk om de toepassing van een ander recht verzoeken. Deze wijziging mag geen terugwerkende kracht hebben, tenzij de partners uitdrukkelijk anders hebben bepaald. Hoe dan ook kan de wijziging geen afbreuk doen aan de rechten van derden.

(46) Regels inzake de materiële en formele geldigheid van de rechtskeuzeovereenkomst dienen zo te worden geformuleerd dat de partners een beter geïnformeerde keuze kunnen maken en hun instemming wordt geëerbiedigd en aldus rechtszekerheid en

een betere toegang tot de rechter worden bewerkstelligd. Wat de formele geldigheid betreft, dient te worden voorzien in bepaalde garanties die ervoor zorgen dat de partners zich bewust zijn van de consequenties van hun keuze. De overeenkomst over de keuze van het toepasselijke recht moet ten minste schriftelijk worden vastgelegd, worden gedagtekend en door beide partijen worden ondertekend. Indien het recht van de lidstaat waar de beide partners op het tijdstip van sluiting van de overeenkomst hun gewone verblijfplaats hebben, evenwel bijkomende vormvereisten bevat, dienen deze in acht te worden genomen. Dergelijke bijkomende vereisten kunnen bijvoorbeeld bestaan in een lidstaat waar de rechtskeuzeovereenkomst in een vermogensrechtelijke overeenkomst tussen de geregistreerde partners wordt opgenomen. Indien de partners op het tijdstip van sluiting van de overeenkomst hun gewone verblijfplaats hebben in verschillende lidstaten waarvan de wetgeving verschillende vormvereisten bevat, zou het moeten volstaan dat aan de vormvereisten van een dezer staten wordt voldaan. Indien slechts een van de partners op het tijdstip van sluiting van de overeenkomst zijn gewone verblijfplaats heeft in een lidstaat waarvan de wetgeving bijkomende vormvereisten bevat, dient aan die vereisten te worden voldaan.

(47) Een vermogensrechtelijke overeenkomst tussen partners bestaat uit bepalingen betreffende het vermogen van de partners die de lidstaten niet gelijkelijk toelaten en aanvaarden. Vermogensrechten verkregen ingevolge een vermogensrechtelijke overeenkomst tussen partners moeten in de lidstaten gemakkelijker kunnen worden aanvaard; daarom dienen er voorschriften inzake de formele geldigheid van vermogensrechtelijke overeenkomsten tussen partners te worden bepaald. De overeenkomst dient ten minste op schrift te worden gesteld, te worden gedagtekend en door beide partners te worden ondertekend. De overeenkomst moet echter ook voldoen aan aanvullende formelegeldigheidseisen die zijn bepaald in het recht dat krachtens deze verordening op de vermogensrechtelijke gevolgen van een geregistreerd partnerschap van toepassing is en in het recht van de lidstaat waar de partners hun gewone verblijfplaats hebben. In deze verordening dient tevens te worden bepaald welk recht van toepassing is op de materiële geldigheid van een dergelijke overeenkomst.

(48) Indien er geen rechtskeuze is gemaakt, dient deze verordening met het oog op het verenigen van voorspelbaarheid en rechtszekerheid met de realiteit waarin het paar leeft, te bepalen dat het recht van de staat op grond waarvan het partnerschap verplicht werd geregistreerd teneinde het tot stand te brengen, van toepassing moet zijn op de vermogensrechtelijke gevolgen van het geregistreerde partnerschap.

(49) Waar in deze verordening verwezen wordt naar nationaliteit als aanknopingspunt, is de vraag hoe een persoon met een meervoudige nationaliteit moet worden beschouwd een prealabele vraag die buiten de werkingssfeer van deze verordening valt en moet worden overgelaten aan het nationaal recht alsmede, indien van toepassing, internationale overeenkomsten, met volledige inachtneming van de algemene beginselen van de Unie. Deze overweging mag geen gevolgen hebben voor de geldigheid van een rechtskeuze die in overeenstemming met deze verordening is gemaakt.

(50) Met betrekking tot de aanwijzing van het recht dat bij gebreke van een rechtskeuze en van een vermogensrechtelijke overeenkomst tussen partners op de vermogensrechtelijke gevolgen van het geregistreerde partnerschap van toepassing is, dient de rechterlijke instantie van een lidstaat op verzoek van een van de partners, in

uitzonderlijke gevallen – als de partners voor een lange tijd naar de staat van hun gewone verblijfplaats zijn verhuisd – te kunnen beslissen dat het recht van die staat van toepassing is indien de partners zich erop hebben verlaten. In geen geval kan de wijziging afbreuk doen aan de rechten van derden.

(51) Het recht dat is aangewezen als het op de vermogensrechtelijke gevolgen van geregistreerde partnerschappen toepasselijke recht, dient die gevolgen van het partnerschap te beheersen vanaf het tijdstip waarop de samenstelling wordt bepaald van het gemeenschappelijk en het persoonlijk vermogen van de partners tijdens het geregistreerde partnerschap en na de ontbinding van het partnerschap, totdat het vermogen is vereffend. Dat recht dient tevens de uitwerking van de vermogensrechtelijke gevolgen van het geregistreerde partnerschap op de rechtsbetrekkingen tussen een partner en derden te beheersen. Echter, het op de vermogensrechtelijke gevolgen van geregistreerde partnerschapsovereenkomsten toepasselijke recht kan, met betrekking tot de rechtsgevolgen ervan, door een partner jegens een derde uitsluitend worden ingeroepen indien de rechtsbetrekkingen tussen de partner en de derde zijn ontstaan op een tijdstip waarop de derde van dat recht kennis had of had moeten hebben.

(52) De gerechten en andere bevoegde instanties van een lidstaat dienen in uitzonderlijke gevallen de mogelijkheid te hebben om uit overwegingen van algemeen belang, zoals de bescherming van de politieke, maatschappelijke of economische organisatie van een lidstaat, uitzonderingsbepalingen van bijzonder dwingend recht toe te passen. Onder 'bepalingen van bijzonder dwingend recht' moeten dus voorschriften van dwingende aard, zoals voorschriften ter bescherming van de gezinswoning, worden verstaan. Deze uitzondering op de toepassing van het op de vermogensrechtelijke gevolgen van het geregistreerde partnerschap toepasselijke recht dient echter strikt te worden uitgelegd, zodat zij verenigbaar blijft met de algemene doelstelling van deze verordening.

(53) Met het oog op het algemeen belang moeten de gerechten en andere instanties die bevoegd zijn in zaken betreffende de vermogensrechtelijke gevolgen van geregistreerde partnerschappen, in uitzonderlijke gevallen de mogelijkheid hebben om specifieke bepalingen van buitenlands recht buiten toepassing te laten indien de toepassing hiervan in een bepaalde zaak kennelijk onverenigbaar zou zijn met de openbare orde van de betrokken lidstaat. Niettemin mogen de gerechten of andere bevoegde instanties geen gebruik kunnen maken van de exceptie van openbare orde om het recht van een andere lidstaat buiten toepassing te laten of om te weigeren een gegeven beslissing, een authentieke akte of een gerechtelijke schikking uit een andere lidstaat te erkennen – dan wel, in voorkomend geval, te aanvaarden – of ten uitvoer te leggen indien dat in strijd zou zijn met het Handvest van de grondrechten van de Europese Unie ('het Handvest') en met name artikel 21 inzake het beginsel van non-discriminatie.

(54) Aangezien er staten zijn waar twee of meer rechtsstelsels of gehelen van rechtsregels betreffende de in deze verordening geregelde materie naast elkaar bestaan, dient te worden bepaald in welke mate de bepalingen van deze verordening van toepassing zijn in de verschillende territoriale eenheden van die staten.

(55) Gelet op de algemene doelstelling van deze verordening, namelijk de wederzijdse erkenning van in de lidstaten gegeven beslissingen in zaken betreffende de vermogensrechtelijke gevolgen van geregistreerde partnerschappen, dienen in deze

verordening regels betreffende de erkenning, uitvoerbaarheid en tenuitvoerlegging van beslissingen te worden vastgelegd die gelijkaardig zijn aan die welke de Unie reeds op het gebied van de justitiële samenwerking in burgerlijke zaken heeft vastgesteld.

(56) De stelsels voor de behandeling van zaken betreffende de vermogensrechtelijke gevolgen van geregistreerde partnerschappen kunnen van lidstaat tot lidstaat verschillen; daarom dient deze verordening de aanvaarding en uitvoerbaarheid in alle lidstaten van authentieke akten in zaken betreffende de vermogensrechtelijke gevolgen van geregistreerde partnerschappen te waarborgen.

(57) Authentieke akten dienen in een andere lidstaat dezelfde bewijskracht te hebben als in de lidstaat waar zij zijn verleden, of althans de daarmee meest vergelijkbare bewijskracht. Bij de vaststelling van de bewijskracht, of de meest vergelijkbare bewijskracht, van een bepaalde authentieke akte in een andere lidstaat dient te worden gelet op de aard en de reikwijdte van de bewijskracht van de authentieke akte in de lidstaat van oorsprong. De bewijskracht die in een andere lidstaat aan een bepaalde authentieke akte dient te worden toegekend, hangt dus af van het recht van de lidstaat van oorsprong.

(58) De 'authenticiteit' van een authentieke akte moet een autonoom begrip zijn, waaronder is begrepen de echtheid van de akte, de vormvereisten, de bevoegdheid van de instantie die de akte opmaakt en de procedure volgens welke de akte wordt opgemaakt. Hieronder dienen ook de feitelijke gegevens te worden verstaan die door de betrokken autoriteit in de authentieke akte zijn vastgelegd, bijvoorbeeld het feit dat de genoemde partijen voor haar op de genoemde datum zijn verschenen en de vermelde verklaringen hebben afgelegd. Een partij die de formele geldigheid van een authentieke akte wenst te betwisten, dient dit te doen voor het bevoegde gerecht van de lidstaat van herkomst van de authentieke akte, volgens het recht van die lidstaat.

(59) Het begrip 'de in de authentieke akte vastgelegde rechtshandelingen of rechtsbetrekkingen' dient te worden uitgelegd als een verwijzing naar de inhoud, voor wat betreft hetgeen materieel in de akte is vastgelegd. Een partij die de in de authentieke akte vastgelegde rechtshandelingen of rechtsbetrekkingen betwist, dient dit te doen voor de krachtens deze verordening bevoegde gerechten, die hierover moeten oordelen volgens het op de vermogensrechtelijke gevolgen van het geregistreerde partnerschap toepasselijke recht.

(60) Indien een vraag betreffende de in een authentieke akte vastgelegde rechtshandelingen of rechtsbetrekkingen bij wijze van incident voor een gerecht wordt opgeworpen, dient dit over de bevoegdheid te beschikken om die vraag te beantwoorden.

(61) Een authentieke akte die wordt betwist, dient in een andere lidstaat dan de lidstaat van oorsprong geen bewijskracht te hebben zolang de betwistingszaak aanhangig is. Indien de betwisting zich beperkt tot een specifiek punt betreffende de in de authentieke akte vastgelegde rechtshandelingen of rechtsbetrekkingen, dient de betwiste authentieke akte, wat het bestreden punt betreft, in een andere lidstaat dan de lidstaat van oorsprong geen bewijskracht te hebben zolang de zaak aanhangig is. Een authentieke akte die naar aanleiding van een betwisting ongeldig is verklaard, dient niet langer bewijskracht te hebben.

(62) De instantie die in het kader van de toepassing van deze verordening twee onverenigbare authentieke akten voorgelegd krijgt, dient te beoordelen welke van

de akten, gelet op de concrete omstandigheden, de voorrang heeft, zo dat al van toepassing is. Indien uit de omstandigheden niet blijkt welke authentieke akte in voorkomend geval de voorrang heeft, moet de zaak worden beslecht door de krachtens deze verordening bevoegde gerechten of, indien de vraag als incident in een procedure wordt opgeworpen, door het voor die procedure aangezochte gerecht. In geval van onverenigbaarheid van een authentieke akte met een beslissing dient rekening te worden gehouden met de bij deze verordening bepaalde weigeringsgronden voor erkenning van een beslissing.

(63) De erkenning en de tenuitvoerlegging van een beslissing betreffende de vermogensrechtelijke gevolgen van het geregistreerde partnerschap volgens deze verordening dienen op generlei wijze de erkenning in te houden van het geregistreerde partnerschap dat tot de beslissing aanleiding heeft gegeven.

(64) Bepaald dient te worden hoe deze verordening zich verhoudt tot de bilaterale en de multilaterale overeenkomsten inzake de vermogensrechtelijke gevolgen van geregistreerde partnerschappen waarbij de lidstaten partij zijn.

(65) Om de toepassing van deze verordening te vergemakkelijken, dient aan de lidstaten de verplichting te worden opgelegd om bepaalde gegevens over hun wetgeving en procedures inzake de vermogensrechtelijke gevolgen van geregistreerde partnerschappen mede te delen in het kader van het Europees justitieel netwerk in burgerlijke en handelszaken dat bij Besluit (*red.*: lees: Beschikking) 2001/470/EG van de Raad [(8)] is opgericht. Om het mogelijk te maken dat alle voor de toepassing van deze verordening relevante informatie tijdig in het *Publicatieblad van de Europese Unie* wordt bekendgemaakt, dienen de lidstaten deze informatie tevens aan de Commissie mede te delen voordat deze verordening van toepassing wordt.

(66) Eveneens met het oog op een vlotte toepassing van deze verordening en op het gebruik van moderne communicatietechnologie dienen standaardformulieren te worden voorgeschreven voor de verklaringen die zullen worden afgelegd in verband met het verzoek om verklaring van uitvoerbaarheid van een beslissing, een authentieke akte of een gerechtelijke schikking.

(67) Voor de berekening van de in deze verordening bedoelde termijnen dient Verordening (EEG, Euratom) nr. 1182/71 van de Raad [(9)] te worden toegepast.

(68) Om eenvormige voorwaarden voor de uitvoering van deze verordening te waarborgen, dienen aan de Commissie uitvoeringsbevoegdheden te worden toegekend met betrekking tot het vaststellen en wijzigen van de verklaringen en formulieren betreffende de verklaring van uitvoerbaarheid van beslissingen, gerechtelijke schikkingen en authentieke akten. Die bevoegdheden moeten worden uitgeoefend conform Verordening (EU) nr. 182/2011 van het Europees Parlement en de Raad [(10)].

---

(8) Beschikking 2001/470/EG van de Raad van 28 mei 2001 betreffende de oprichting van een Europees justitieel netwerk in burgerlijke en handelszaken (*PB* L 174 van 27.6.2001, blz. 25).

(9) Verordening (EEG, Euratom) nr. 1182/71 van de Raad van 3 juni 1971 houdende vaststelling van de regels die van toepassing zijn op termijnen, data en aanvangs- en vervaltijden (*PB* L 124 van 8.6.1971, blz. 1).

(10) Verordening (EU) nr. 182/2011 van het Europees Parlement en de Raad van 16 februari 2011 tot vaststelling van de algemene voorschriften en beginselen die van toepassing zijn op de wijze waarop lidstaten de uitoefening van de uitvoeringsbevoegdheden door de Commissie controleren (*PB* L 55 van 28.2.2011, blz. 13).

(69) De uitvoeringshandelingen tot vaststelling en tot wijziging van de in deze verordening bedoelde verklaringen en formulieren dienen volgens de raadplegingsprocedure te worden vastgesteld.

(70) De doelstellingen van deze verordening, te weten het vrije verkeer van personen in de Europese Unie, de mogelijkheid voor partners om hun vermogensrechtelijke betrekkingen onderling en tegenover derden te organiseren, zowel tijdens hun samenleven als bij de vereffening van hun goederen, alsook een grotere voorspelbaarheid en rechtszekerheid, kunnen niet voldoende door de lidstaten worden verwezenlijkt; daarentegen kunnen de doelstellingen, vanwege de omvang en de gevolgen van deze verordening, beter op het niveau van de Europese Unie, waar passend door middel van een nauwere samenwerking tussen de lidstaten, worden gerealiseerd. Overeenkomstig het subsidiariteitsbeginsel dat is neergelegd in artikel 5 van het Verdrag betreffende de Europese Unie is de Unie derhalve bevoegd tot handelen. Overeenkomstig het in hetzelfde artikel neergelegde evenredigheidsbeginsel gaat deze verordening niet verder dan nodig is om deze doelstellingen te verwezenlijken.

(71) Deze verordening eerbiedigt de grondrechten en de beginselen die zijn erkend bij het Handvest, met name de artikelen 7, 9, 17, 21 en 47 die betrekking hebben op, respectievelijk, de eerbiediging van het privéleven en van het familie- en gezinsleven, het recht een gezin te stichten volgens de nationale wetten, het eigendomsrecht, het non-discriminatiebeginsel en het recht op een doeltreffende voorziening in rechte en op een onpartijdig gerecht. Deze verordening moet door de gerechten en andere bevoegde instanties van de lidstaten met inachtneming van deze rechten en beginselen worden toegepast,

HEEFT DE VOLGENDE VERORDENING VASTGESTELD:

[Inleidende opmerkingen]

1. Achtergrond. De pogingen om binnen de EU de conflictregels inzake het huwelijksvermogensrecht en het partnerschapsvermogensrecht te harmoniseren zijn in zoverre gestrand dat er geen unanimiteit kon worden bereikt bij de lidstaten over de voorstellen van de Commissie. In zo'n situatie kan het concept van nauwere samenwerking een oplossing bieden. Nauwere samenwerking is een vorm van samenwerking waarmee negen of meer lidstaten binnen de juridische kaders van de EU en met gebruik van de EU-instellingen met elkaar kunnen samenwerken. Voor het internationale huwelijksvermogensrecht en internationale partnerschapsvermogensrecht hebben nu achttien lidstaten, waaronder Nederland, gekozen voor nauwere samenwerking. Andere lidstaten kunnen alsnog later toetreden. Voor het geregistreerd partnerschap is de Verordening (EU) 2016/1104 van de Raad van 24 juni 2016 tot uitvoering van de nauwere samenwerking op het gebied van de bevoegdheid, het toepasselijke recht en de erkenning en tenuitvoerlegging van beslissingen op het gebied van de vermogensrechtelijke gevolgen van geregistreerde partnerschappen (*PbEU* 2016, L 183) tot stand gekomen (hierna ook: GPVo). De GPVo bevat IPR-regels inzake het toepasselijk recht, de rechterlijke bevoegdheid en de erkenning en tenuitvoerlegging van rechterlijke beslissingen inzake vermogensrechtelijke geschillen met grensoverschrijdende aspecten tussen geregistreerde partners. Het gaat dus om vermogensrechtelijke gevolgen met een internationaal aspect, bijvoorbeeld door de verschillende nationaliteit van de partners of door verhuizing van de ene lidstaat naar de andere lidstaat. De verordening voorziet niet in materieel inhoudelijke bepalingen inzake het geregistreerd partnerschap. Met andere woorden, in het interne recht van de deelnemende lidstaten brengt de verordening geen wijzigingen met zich mee. De verordening is sekseneutraal geformuleerd. Waar de verordening spreekt van 'lidstaat', wordt gedoeld op de aan de nauwere samenwerking deelnemende lidstaten. De verordening is immers alleen van toepassing tussen de samenwerkende lidstaten. De beide verordeningen zijn zoveel mogelijk gelijk. Verschillende bepalingen van de GPVo zijn geheel gelijkluidend aan bepalingen van de HuwVo. Het daarop geschreven commentaar kan voor deze bepalingen ook geraadpleegd worden.

2. Opbouw. De GPVo bestaat uit zes hoofdstukken, waarin 70 artikelen zijn opgenomen. Hoofdstuk I betreft het toepassingsgebied (art. 1), de bevoegdheid van de instanties van de lidstaten in zaken van vermogensrechtelijke gevolgen van het geregistreerd partnerschap (art. 2) en de definities (art. 3). Vervolgens bevat de verordening regels inzake de internationale bevoegdheid (hoofdstuk II, art. 4-19), toepasselijk recht (hoofdstuk III, art. 20-35), erkenning, uitvoerbaarheid en tenuitvoerlegging van beslissingen (hoofdstuk IV, art. 36-57), authentieke akten en gerechtelijke schikkingen (hoofdstuk V, art. 58-60) en, tot slot, de algemene bepalingen en slotbepalingen (hoofdstuk VI, art. 61-70). Aan de bepalingen gaat een uitvoerige considerans vooraf, bestaande uit 71 overwegingen. Deze geven een toelichting op de in de verordening opgenomen regels.

3. Uitvoeringswetgeving. De Nederlandse uitvoeringswet van 11 juli 2018 (*Staatsblad* 2018, 332) is op 29 januari 2019 in werking getreden. Wet betreffende de uitvoering van de Verordening (EU) 2016/1103 van de Raad van 24 juni 2016 tot uitvoering van de nauwere samenwerking op het gebied van de bevoegdheid, het toepasselijke recht en de erkenning en tenuitvoerlegging van beslissingen op het gebied van huwelijksvermogensstelsels (*PbEU* 2016, L 183) en de Verordening (EU) 2016/1104 van de Raad van 24 juni 2016 tot uitvoering van de nauwere samenwerking op het gebied van de bevoegdheid, het toepasselijke recht en de erkenning en tenuitvoerlegging van beslissingen op het gebied van de vermogensrechtelijke gevolgen van geregistreerde partnerschappen (*PbEU* 2016, L 183) (Uitvoeringswet Verordening huwelijksvermogensstelsels en Verordening vermogensrechtelijke gevolgen geregistreerde partnerschappen).

4. Literatuur. Zie voor een vrij uitgebreid commentaar: Münchener Kommentar zum FamFG, 3. Auflage 2019 (digitaal raadpleegbaar).

HOOFDSTUK I
Toepassingsgebied en definities

Artikel 1
Toepassingsgebied

1. Deze verordening is van toepassing op de vermogensrechtelijke gevolgen van geregistreerde partnerschappen.
Zij is niet van toepassing op fiscale zaken, douanezaken en bestuursrechtelijke zaken.
2. Deze verordening is niet van toepassing op:
a) de handelingsbevoegdheid van de partners;
b) het bestaan, de geldigheid of de erkenning van een geregistreerd partnerschap;
c) onderhoudsverplichtingen;

d) de erfopvolging van een overleden partner;
e) de sociale zekerheid;
f) in het geval van ontbinding of nietigverklaring van het geregistreerde partnerschap, de aanspraak op overgang tussen de partners van rechten op ouderdoms- of invaliditeitspensioen die gedurende het geregistreerde partnerschap zijn verworven en gedurende het geregistreerde partnerschap niet tot pensioeninkomen hebben geleid, of de aanpassing van dergelijke rechten;
g) de aard van de zakelijke rechten die rusten op vermogensbestanddelen, en
h) de inschrijving van rechten op onroerende en roerende zaken in een register, met inbegrip van de wettelijke voorschriften voor de inschrijving en de rechtsgevolgen van de inschrijving of van het achterwege blijven daarvan.
[24-06-2016, PbEU L 183, i.w.tr. 28-07-2016/regelingnummer 2016/1104]

Betekenis. De GPVo betreft, zo wordt in art. 1 lid 1 voorgeschreven, uitsluitend de vermogensrechtelijke gevolgen van het geregistreerd partnerschap. Fiscale zaken, douanezaken en bestuursrechtelijke zaken vallen buiten de verordening. De van het toepassingsgebied uitgesloten onderwerpen worden opgesomd in art. 1 lid 2. Zo vallen bijvoorbeeld de onderhoudsverplichtingen en de erfopvolging van een overleden partner buiten het materiële toepassingsgebied. Onder lid 2 onderdeel b wordt bepaald dat het bestaan, de geldigheid of de erkenning van een geregistreerd partnerschap niet onder de werking van de verordening valt. Of een geregistreerd partnerschap in een lidstaat wordt erkend, is dus overgelaten aan het eigen IPR van die lidstaat. Voor Nederland betekent dit dat voor beantwoording van de vraag naar erkenning in Nederland van een in het buitenland aangegaan geregistreerd partnerschap art. 10:61-63 BW bepalend zijn. De vraag naar het bestaan van een geregistreerd partnerschap komt vaak voor als voorvraag. Uit deze regel is af te leiden dat voor deze voorvraag is gekozen voor de zelfstandige aanknoping.

Artikel 2
Bevoegdheid ter zake van de vermogensrechtelijke gevolgen van geregistreerde partnerschappen in de lidstaten

Deze verordening laat de bevoegdheid van de instanties van de lidstaten ter zake van de vermogensrechtelijke gevolgen van geregistreerde partnerschappen onverlet.
[24-06-2016, PbEU L 183, i.w.tr. 28-07-2016/regelingnummer 2016/1104]

Betekenis. De verordening geeft in art. 2 aan dat de bevoegdheid van de instanties van de lidstaten betreffende vermogensrechtelijke gevolgen van de geregistreerde partnerschappen onverlet wordt gelaten. De betekenis van deze regel is niet meteen duidelijk. Uit overweging 30, eerste zin van de considerans zou kunnen worden afgeleid dat bedoeld wordt dat de verordening niet wil afdoen aan de interne bevoegdheid (bevoegdheid naar de materie) van bepaalde instanties die zich bezighouden met de vermogensrechtelijke gevolgen van het geregistreerd partnerschap, zoals notarissen.

Artikel 3
Definities

1. Voor de toepassing van deze richtlijn wordt verstaan onder:
a) 'geregistreerd partnerschap': de regeling inzake het samenleven van twee personen die bij wet is vastgesteld, waarvan registratie bij dezelfde wet verplicht is

en die voldoet aan de bij die wet voor zijn totstandbrenging vastgestelde vormvereisten;

b) 'vermogensrechtelijke gevolgen van een geregistreerd partnerschap': het geheel van regels betreffende de vermogensrechtelijke betrekkingen tussen de partners onderling en tussen de partners en derden, die ten gevolge van de rechtsbetrekking die is ontstaan door de registratie of de ontbinding van het partnerschap bestaan;

c) 'vermogensrechtelijke overeenkomst tussen partners': iedere overeenkomst waarbij de partners of de toekomstige partners de vermogensrechtelijke gevolgen van hun geregistreerd partnerschap regelen;

d) 'authentieke akte', een document ter zake van de vermogensrechtelijke gevolgen van een geregistreerd partnerschap dat in een lidstaat formeel als authentieke akte is verleden of geregistreerd en waarvan de authenticiteit:
   i) betrekking heeft op de ondertekening en de inhoud van de akte, en
   ii) is vastgesteld door een overheidsinstantie of door een andere daartoe door de lidstaat van oorsprong bevoegd verklaarde instantie;

e) 'beslissing': iedere door een gerecht van een lidstaat inzake de vermogensrechtelijke gevolgen van een geregistreerd partnerschap gegeven beslissing, ongeacht de daaraan gegeven benaming, met inbegrip van de beslissing betreffende de vaststelling van het bedrag van de proceskosten door de griffier;

f) 'gerechtelijke schikking': een schikking inzake de vermogensrechtelijke gevolgen van een geregistreerd partnerschap, die door een gerecht is goedgekeurd of tijdens een procedure voor een gerecht is getroffen;

g) 'lidstaat van oorsprong': de lidstaat waar de beslissing is gegeven, de authentieke akte is verleden of de gerechtelijke schikking is goedgekeurd of getroffen;

h) 'lidstaat van tenuitvoerlegging': de lidstaat waar om erkenning en/of tenuitvoerlegging van de beslissing, de authentieke akte of de gerechtelijke schikking wordt verzocht.

2. Voor de toepassing van deze verordening wordt verstaan onder 'gerecht': de rechterlijke instanties, en alle andere instanties en rechtsbeoefenaren met bevoegdheid ter zake van de vermogensrechtelijke gevolgen van geregistreerde partnerschappen, die rechterlijke functies vervullen, dan wel handelen op machtiging van of onder toezicht van een rechterlijke instantie, mits deze andere instanties en rechtsbeoefenaren waarborgen bieden inzake onpartijdigheid en het recht van partijen om te worden gehoord, en mits hun beslissingen overeenkomstig het recht van de lidstaat waar zij gevestigd zijn:

a) vatbaar zijn voor hoger beroep bij of herziening door een rechterlijke instantie, en

b) dezelfde rechtskracht en dezelfde rechtsgevolgen hebben als een beslissing van een rechterlijke instantie over dezelfde aangelegenheid.

De lidstaten stellen de Commissie overeenkomstig artikel 64 in kennis van de lijst van de in de eerste alinea bedoelde andere instanties en rechtsbeoefenaren.

[24-06-2016, PbEU L 183, i.w.tr. 28-07-2016/regelingnummer 2016/1104]

1. Betekenis. Art. 3 bevat de definities van enkele in de verordening gebruikte begrippen (verordeningsautonome begrippen): vermogensrechtelijke overeenkomst tussen partners (c); authentieke akte (d); beslissing (e); gerechtelijke schikking (f); lidstaat van oorsprong (g); lidstaat van tenuitvoerlegging (h).

2. Geregistreerd partnerschap. Onder a) wordt het geregistreerd partnerschap gedefinieerd als "de regeling inzake het samenleven van twee personen die bij wet is vastgesteld, waarvan registratie bij dezelfde wet verplicht is en die voldoet aan de bij die wet voor zijn totstandbrenging vastgestelde vormvereisten". Het geslacht van de partners is niet van belang. In de considerans wordt benadrukt dat deze definitie is gegeven in het kader van de verordening. De specifieke inhoud van het begrip geregistreerd partnerschap dient nog steeds door het nationale recht van de lidstaten te worden bepaald. De lidstaten die in hun wetgeving het geregistreerd partnerschap niet kennen worden door de verordening niet verplicht het geregistreerd partnerschap in hun wetgeving op te nemen. De verordening noemt in de definitie naast samenleven, registratie en formele voorwaarden (vormvereisten) die gelden bij de totstandkoming van de samenleving als voorwaarden voor het geregistreerd partnerschap in de zin van de verordening. Niet wordt vereist dat het geregistreerd partnerschap in wezen dezelfde kenmerken heeft of dezelfde rechten en plichten doet ontstaan als een huwelijk. Partners die (slechts) feitelijk samenwonen, vallen niet onder de verordening.

3. Vermogensrechtelijke gevolgen van een geregistreerd partnerschap. Onder vermogensrechtelijke gevolgen van een geregistreerd partnerschap wordt verstaan: "het geheel van regels betreffende de vermogensrechtelijke betrekkingen tussen de partners onderling en tussen de partners en derden, die ten gevolge van de rechtsbetrekking die is ontstaan door registratie of de ontbinding van het partnerschap is ontstaan" (art. 3 lid 1 onderdeel b). De verordening geeft hier een brede definitie: in de zin van de verordening ziet het begrip vermogensrechtelijke gevolgen van een geregistreerd partnerschap op het geheel van regels met betrekking tot de vermogensrechtelijke betrekkingen tussen de partners. Zowel de vermogensrechtelijke betrekkingen tussen de partners als die tussen hen en derden vallen hieronder. Het Nederlandse recht maakt een onderscheid tussen de rechtsbetrekkingen tussen de partners (persoonlijke gevolgen) enerzijds en de vermogensrechtelijke gevolgen van het geregistreerd partnerschap (partnerschapsvermogensregime) anderzijds. Dit onderscheid maakt de verordening niet.

HOOFDSTUK II
Bevoegdheid

Artikel 4
Bevoegdheid in geval van overlijden van een van de partners

Indien ter zake van de erfopvolging van een geregistreerde partner een zaak bij een gerecht van een lidstaat aanhangig is gemaakt op grond van Verordening (EU) nr. 650/2012, zijn de gerechten van die staat bevoegd om te beslissen in zaken die betrekking hebben op de vermogensrechtelijke gevolgen van het geregistreerde partnerschap en met die erfopvolging verband houden.

[24-06-2016, PbEU L 183, i.w.tr. 28-07-2016/regelingnummer 2016/1104]

Betekenis. Artikel 4 is geheel gelijkluidend aan artikel 4 HuwVo. De GPVo kent in art. 4 een specifieke bevoegdheidsregeling voor de vermogensrechtelijke gevolgen van het geregistreerd partnerschap in het kader van het overlijden van een van de partners. Krachtens art. 4 is de rechter die internationaal bevoegd is op grond van de bevoegdheidsregeling neergelegd in de Europese erfrechtverordening met betrekking tot de erfopvolging, ook bevoegd wanneer het gaat om vermogensrechtelijke zaken die volgen uit het geregistreerd partnerschap en die met de erfopvolging verband houden. Hiermee is gekozen voor concentratie van bevoegdheid, waardoor samenhangende procedures door de rechter van dezelfde lidstaat kunnen worden behandeld. Dit betekent dat de rechter die bevoegd is op grond van de Europese erfrechtverordening, ook bevoegd is een beslissing te nemen betreffende geschillen inzake het partnerschapsvermogensregime, die verband houden met de erfopvolging.

Artikel 5
Bevoegdheid in geval van ontbinding of nietigverklaring

1. Indien een gerecht van een lidstaat ter zake van de ontbinding of nietigverklaring van een geregistreerd partnerschap wordt aangezocht, zijn de gerechten van die staat bevoegd om te beslissen over de vermogensrechtelijke gevolgen van het geregistreerde partnerschap die met die ontbinding of nietigverklaring verband houden, indien de partners dit overeenkomen.
2. De in lid 1 van dit artikel bedoelde overeenkomst voldoet, ingeval zij wordt gesloten voordat bij het gerecht een zaak betreffende de vermogensrechtelijke gevolgen van het geregistreerde partnerschap aanhangig wordt gemaakt, aan het bepaalde in artikel 7.
[24-06-2016, PbEU L 183, i.w.tr. 28-07-2016/regelingnummer 2016/1104]

Betekenis. Volgens art. 5 is de rechter die wordt aangezocht ter zake van ontbinding of nietigverklaring van een geregistreerd partnerschap, ook bevoegd ten aanzien van de vermogensrechtelijke gevolgen, op voorwaarde dat de partners dit overeenkomen (lid 1). Als voorwaarde voor deze bevoegdheidsgrond dienen de partners met de bevoegdheid van de rechter in te stemmen. Art. 5 dient in hetzelfde licht als art. 4 te worden gezien: concentratie van bevoegdheid, waarbij (anders dan in art. 4) vereist is dat de partners dit zijn overeengekomen.

Artikel 6
Bevoegdheid in andere gevallen

In de gevallen waarin geen enkel gerecht van een lidstaat op grond van artikel 4 of 5 bevoegd is, of in andere dan de in die artikelen bedoelde gevallen, zijn betreffende de vermogensrechtelijke gevolgen van een geregistreerd partnerschap de gerechten bevoegd van de lidstaat:

a) waar de partners op het tijdstip van het aanbrengen van de zaak hun gewone verblijfplaats hebben of, bij gebreke daarvan,
b) waar zich de laatste gewone verblijfplaats van de partners bevindt, mits een van hen daar op het tijdstip van aanbrengen nog verblijft of, bij gebreke daarvan,
c) waar de gedaagde op het tijdstip van aanbrengen zijn gewone verblijfplaats heeft of, bij gebreke daarvan,
d) waarvan de beide partners op het tijdstip van aanbrengen de nationaliteit hebben of, bij gebreke daarvan,
e) volgens het recht waarvan het geregistreerde partnerschap tot stand is gebracht.

[24-06-2016, PbEU L 183, i.w.tr. 28-07-2016/regelingnummer 2016/1104]

Betekenis. Artikel 6 bevat een ruime bevoegdheidsregeling, in het licht van de omstandigheid dat het geregistreerd partnerschap niet in alle EU-lidstaten bekend is of aanvaard wordt. Om die reden kent artikel 6 als sluitstuk de bevoegdheid van de rechter van de lidstaat waar het geregistreerd partnerschap is aangegaan. Buiten de in art. 4 en 5 genoemde gevallen bevat art. 6 de algemene bevoegdheidsgronden waarvoor de aanknopingsfactoren in een dwingende volgorde, getrapt, de bevoegde rechter aanwijzen. De hoofdregel knoopt aan bij de gewone verblijfplaats van de partners op het moment waarop de procedure aanhangig wordt gemaakt (peilmoment). Deze hoofdregel is in onderdeel a opgenomen. Daarna wordt achtereenvolgend aangeknoopt aan: i. de laatste gewone verblijfplaats van de partners, mits een van hen daar nog verblijft of, bij gebreke daarvan; ii. de gewone verblijfplaats gedaagde of, bij gebreke daarvan; iii. de gemeenschappelijke nationaliteit beide partners of, bij gebreke daarvan; iv. de plaats van totstandkoming van het geregistreerde partnerschap. Steeds wordt de aanknopingsfactor beoordeeld naar het peilmoment. Met de laatste bevoegdheidsgrond wordt bereikt dat er altijd een forum is dat zich over kwesties inzake de vermogensrechtelijke aspecten van het geregistreerd partnerschap kan buigen.

Artikel 7
Forumkeuze

1. In de in artikel 6 bedoelde gevallen kunnen de partners overeenkomen dat de gerechten van de lidstaat waarvan het recht overeenkomstig artikel 22 of artikel 26, lid 1, van toepassing is, of de gerechten van de lidstaat volgens het recht waarvan het geregistreerde partnerschap tot stand is gebracht, bij uitsluiting bevoegd zijn om te beslissen in zaken die de vermogensrechtelijke gevolgen van hun geregistreerd partnerschap betreffen.

2. De in lid 1 bedoelde overeenkomst wordt vastgelegd in een schriftelijk document dat gedagtekend en door de beide partijen ondertekend wordt. Als schriftelijk wordt eveneens aangemerkt elke elektronische mededeling waardoor de overeenkomst duurzaam wordt vastgelegd.

[24-06-2016, PbEU L 183, i.w.tr. 28-07-2016/regelingnummer 2016/1104]

Betekenis. Artikel 7 is geheel gelijkluidend aan artikel 7 HuwVo. De partijautonomie inzake de bevoegdheid is geregeld in art. 7, waarin de mogelijkheid van forumkeuze is gegeven voor de in art. 6 bedoelde gevallen. Door middel van de forumkeuze wordt de bij uitsluiting bevoegde rechter aangewezen (exclusieve forumkeuze). Daarbij kan worden gekozen voor het gerecht van de lidstaat waarvan het recht van toepassing is op de vermogensrechtelijke gevolgen van het geregistreerd partnerschap of voor het gerecht van de lidstaat volgens het recht waarvan het geregistreerd partnerschap is aangegaan. Lid 2 bepaalt op welke wijze de forumkeuze gestalte dient te krijgen: in een gedagtekend en door beide partners ondertekend schriftelijk document. Daarbij wordt bepaald dat hieronder ook wordt verstaan elke elektronische mededeling waardoor de overeenkomst duurzaam wordt vastgelegd.

Artikel 8
Bevoegdheid gebaseerd op het verschijnen van de verweerder

1. Buiten de gevallen waarin de bevoegdheid voortvloeit uit andere bepalingen van deze verordening, is het gerecht van een lidstaat waarvan het recht overeenkomstig

artikel 22 of artikel 26, lid 1, van toepassing is en waarvoor de verweerder verschijnt, bevoegd. Dit voorschrift is niet van toepassing indien het verschijnen ten doel heeft de bevoegdheid te betwisten of in zaken die onder artikel 4 vallen.
2. Alvorens krachtens lid 1 bevoegdheid aan te nemen, vergewist het gerecht zich ervan dat de verweerder op de hoogte is gebracht van zijn recht om de bevoegdheid te betwisten en van de gevolgen van het verschijnen of niet-verschijnen.
[24-06-2016, PbEU L 183, i.w.tr. 28-07-2016/regelingnummer 2016/1104]

Betekenis. Artikel 8 is bijna geheel gelijkluidend aan artikel 8 HuwVo. Art. 8 lid 1 bevat de bevoegdheidsgrond gebaseerd op het verschijnen van de verweerder in de procedure, tenzij verschijning bedoeld is om de bevoegdheid van de rechter te betwisten of wanneer de procedure zaken betreft in het kader van erfopvolging. In artikel 8 HuwVo wordt hier ook naar artikel 5 lid 1 verwezen. Een vergelijkbare verwijzing naar artikel 5 lid 1 is begrijpelijkerwijs in deze bepaling niet opgenomen. Immers, voor de bevoegdheid van artikel 5 lid 1 is overeenstemming tussen de partijen vereist. Lid 2 voorziet in een zekere bescherming van de verweerder. Voordat de rechter op lid 1 bevoegdheid aanneemt, dient de rechter zich ervan te vergewissen dat de verweerder op de hoogte is gebracht van zijn recht om bevoegdheid te betwisten en van de gevolgen van het al dan niet verschijnen.

Artikel 9
Alternatieve bevoegdheid

1. Wanneer een gerecht van de lidstaat dat op grond van artikel 4, artikel 5 of artikel 6, onder a) tot en met d), bevoegd is, oordeelt dat het recht van die lidstaat het geregistreerde partnerschap als instituut niet kent, kan het zich onbevoegd verklaren. Als het gerecht besluit zich onbevoegd te verklaren, dient het dat zo spoedig mogelijk te doen.
2. Indien een in lid 1 van dit artikel bedoeld gerecht zich onbevoegd verklaart en de partijen er overeenkomstig artikel 7 mee instemmen bevoegdheid te verlenen aan de gerechten van een andere lidstaat, zijn de gerechten van die lidstaat bevoegd om uitspraak te doen over de vermogensrechtelijke gevolgen van het geregistreerde partnerschap.
In andere gevallen zijn de gerechten van een andere lidstaat bevoegd om uitspraak te doen over de vermogensrechtelijke gevolgen van het geregistreerde partnerschap overeenkomstig artikel 6 of 8.
3. Dit artikel is niet van toepassing als ten aanzien van de partijen de ontbinding of nietigverklaring van het geregistreerde partnerschap is uitgesproken en deze kan worden erkend in de lidstaat van de aangezochte rechter.
[24-06-2016, PbEU L 183, i.w.tr. 28-07-2016/regelingnummer 2016/1104]

Betekenis. Artikel 9 is geheel gelijkluidend aan artikel 9 HuwVo. Omdat het geregistreerd partnerschap niet in alle lidstaten bestaat, geeft art. 9 een regeling op grond waarvan een volgens de verordening bevoegde rechter zich in zo'n geval onbevoegd kan verklaren. Art. 9 bepaalt dat een rechter die op grond van art. 4 (erfopvolging), art. 5 (ontbinding of nietigverklaring) of art. 6 (een van de algemene bevoegdheidsgronden) van de verordening bevoegd is, maar wiens recht het geregistreerd partnerschap niet kent, zich bij uitzondering onbevoegd kan verklaren. Hij dient dit zo spoedig mogelijk te doen. De partners kunnen dan alsnog een forumkeuze uitbrengen. Bij gebreke daaraan, is de rechter bevoegd op grond van een van de andere bepalingen van art. 6 dan wel op grond van art. 8. Stel dat de partners in Polen hun gewone verblijfplaats hebben, dan komt aan de Poolse rechter in het kader van een geschil omtrent het vermogen van de partners bevoegdheid toe op grond van art. 6 onderdeel a. Hij kan zich onbevoegd verklaren, waarna op de voet van art. 9 wordt bepaald aan welke rechter de zaak kan worden voorgelegd. Partijen kunnen kiezen voor een andere rechter. Wanneer er geen forumkeuze wordt uitgebracht en de partners beiden de Nederlandse nationaliteit hebben, dan is de Nederlandse rechter bevoegd op grond van art. 6 onderdeel d.

Artikel 10
Subsidiaire bevoegdheid

In gevallen waarin geen enkel gerecht van een lidstaat op grond van artikel 4, 5, 6, 7 of 8 bevoegd is, of waarin alle gerechten zich overeenkomstig artikel 9 onbevoegd hebben verklaard en geen enkel gerecht van een lidstaat op grond van artikel 6, onder e), artikel 7 of artikel 8 bevoegd is, zijn de gerechten bevoegd van een lidstaat waar onroerende goederen van een of beide partners zijn gelegen; in dat geval is het aangezochte gerecht slechts bevoegd ten aanzien van die onroerende goederen.
[24-06-2016, PbEU L 183, i.w.tr. 28-07-2016/regelingnummer 2016/1104]

Betekenis. Artikel 10 is geheel gelijkluidend aan artikel 10 HuwVo. Art. 10 bevat de subsidiaire bevoegdheid, die een oplossing kan bieden wanneer er geen enkel gerecht op grond van art. 4, 5, 6, 7, 8 of 9 bevoegd is of alle gerechten zich overeenkomstig art. 9 onbevoegd hebben verklaard en geen enkel gerecht van een lidstaat op grond van art. 6 onderdeel e, art. 7 of art. 8 bevoegd is. In zo'n geval is de rechter bevoegd van de lidstaat waar de partners onroerend goed hebben (of een van hen onroerend goed heeft). De bevoegdheid is evenwel beperkt tot dat specifieke onroerend goed.

Artikel 11
Forum necessitatis

In gevallen waarin geen enkel gerecht van een lidstaat op grond van artikel 4, 5, 6, 7, 8 of 10 bevoegd is, of waarin alle in artikel 9 genoemde gerechten zich onbevoegd hebben verklaard en geen enkel gerecht van een lidstaat op grond van artikel 6, onder e), of artikel 7, 8 of 10 bevoegd is, kunnen de gerechten van een lidstaat bij uitzondering uitspraak doen over de vermogensrechtelijke gevolgen van een geregistreerd partnerschap, indien in een derde staat waarmee de zaak nauw verbonden is, redelijkerwijs geen procedure aanhangig kan worden gemaakt of gevoerd of een procedure daar onmogelijk blijkt.
De zaak moet voldoende nauw verbonden zijn met de lidstaat waar de zaak aanhangig wordt gemaakt.
[24-06-2016, PbEU L 183, i.w.tr. 28-07-2016/regelingnummer 2016/1104]

Betekenis. Artikel 11 is geheel gelijkluidend aan artikel 11 HuwVo. De GPVo bevat in art. 11 het forum necessitatis (noodforum). Bij wijze van uitzondering kan een rechter van een lidstaat bevoegdheid aannemen in een met een derde staat nauw verbonden geregistreerd partnerschap, indien in die staat een procedure redelijkerwijs niet aanhangig kan worden gemaakt of zelfs onmogelijk is. In overweging 40 van de considerans wordt in dit kader als voorbeeld een burgeroorlog genoemd, maar ook de situatie waarin van de partner redelijkerwijs niet kan worden verwacht dat hij in die staat een procedure aanhangig maakt of voert. Als voorwaarde voor bevoegdheid op de voet van art. 11 geldt dat het geschil voldoende nauw verbonden is met de lidstaat van de aangezochte rechter.

Artikel 12
Tegenvordering

Het gerecht waarbij de procedure op grond van artikel 4, 5, 6, 7, 8, 10 of 11 aanhangig is gemaakt, is ook bevoegd om kennis te nemen van een tegenvordering die binnen het toepassingsgebied van deze verordening valt.
[24-06-2016, PbEU L 183, i.w.tr. 28-07-2016/regelingnummer 2016/1104]

Betekenis. Artikel 12 is geheel gelijkluidend aan artikel 12 HuwVo. De krachtens de verordening bevoegde rechter is ook bevoegd ter zake van een tegenvordering, op voorwaarde dat deze binnen het materiële toepassingsgebied van de verordening valt.

Artikel 13
Beperking van de procedure

1. In het geval een nalatenschap die onder Verordening (EU) nr. 650/2012 valt goederen in een derde land bevat, kan het gerecht dat is aangezocht te oordelen over de vermogensrechtelijke gevolgen van een geregistreerd partnerschap op verzoek van een partij beslissen geen uitspraak te doen over een of meer van deze goederen indien kan worden verwacht dat haar beslissing ten aanzien van deze goederen in dat derde land niet zal worden erkend en, in voorkomend geval, niet uitvoerbaar zal worden verklaard.
2. Lid 1 doet geen afbreuk aan de rechten van de partijen om het toepassingsgebied van de procedure te beperken volgens het recht van de lidstaat van het aangezochte gerecht.
[24-06-2016, PbEU L 183, i.w.tr. 28-07-2016/regelingnummer 2016/1104]

Betekenis. Artikel 13 is geheel gelijkluidend aan artikel 13 HuwVo. Art. 13 bevat in lid 1 een regel die de procedure beperkt, wanneer in geval van een nalatenschap die onder de Europese erfrechtverordening valt uitspraak dient te worden gedaan over goederen die zich in een derde-land bevinden. Het gerecht dat verzocht is te beslissen over de vermogensrechtelijke gevolgen van een geregistreerd partnerschap kan op verzoek van een partij afzien van een uitspraak betreffende die goederen, indien naar verwachting zijn beslissing in dat derde-land niet zal worden erkend, of in voorkomend geval, niet ten uitvoer gelegd zal worden.

Artikel 14
Aanbrengen van een zaak bij het gerecht

Voor de toepassing van dit hoofdstuk wordt een zaak geacht bij een gerecht te zijn aangebracht:

a) **op het tijdstip waarop het stuk dat het geding inleidt of een gelijkwaardig stuk bij het gerecht wordt ingediend, mits de eiser vervolgens niet heeft nagelaten te doen wat hij met het oog op de betekening of de kennisgeving van het stuk aan de verweerder moest doen;**

b) in het geval dat het stuk betekend of medegedeeld moet worden voordat het bij het gerecht wordt ingediend, op het tijdstip waarop de autoriteit die belast is met de betekening of kennisgeving het stuk ontvangt, mits de verzoeker vervolgens niet heeft nagelaten te doen wat hij met het oog op de indiening van het stuk bij het gerecht moest doen, of

c) in het geval dat de procedure ambtshalve door het gerecht wordt geopend, op het tijdstip waarop de beslissing om de procedure te openen door het gerecht wordt genomen of, indien een dergelijke beslissing niet is vereist, op het tijdstip waarop de zaak ter griffie wordt ingeschreven.

[24-06-2016, PbEU L 183, i.w.tr. 28-07-2016/regelingnummer 2016/1104]

Artikel 15
Toetsing van de bevoegdheid

Het gerecht van een lidstaat waarbij een zaak betreffende de vermogensrechtelijke gevolgen van een geregistreerd partnerschap aanhangig is gemaakt waarvoor zij niet bevoegd is op grond van deze verordening, verklaart zich ambtshalve onbevoegd.

[24-06-2016, PbEU L 183, i.w.tr. 28-07-2016/regelingnummer 2016/1104]

Artikel 16
Toetsing van de ontvankelijkheid

1. Indien de verweerder die zijn gewone verblijfplaats in een andere staat heeft dan de lidstaat waar de zaak aanhangig is gemaakt, niet verschijnt, houdt het op grond van deze verordening bevoegde gerecht de zaak aan zolang niet vaststaat dat de verweerder in de gelegenheid is gesteld het stuk dat het geding inleidt of een gelijkwaardig stuk met het oog op zijn verweer tijdig te ontvangen of dat daartoe al het nodige is gedaan.

2. Artikel 19 van Verordening (EG) nr. 1393/2007 van het Europees Parlement en de Raad (11) wordt toegepast in plaats van het bepaalde in lid 1 van dit artikel als de verzending van het stuk dat het geding inleidt of een gelijkwaardig stuk van een lidstaat naar een andere lidstaat overeenkomstig die verordening moest geschieden.

3. Indien Verordening (EG) nr. 1393/2007 niet van toepassing is, wordt artikel 15 van het Verdrag van 's-Gravenhage van 15 november 1965 inzake de betekening en de kennisgeving in het buitenland van gerechtelijke en buitengerechtelijke stukken in burgerlijke en handelszaken toegepast, als de verzending van het stuk dat het geding inleidt of een gelijkwaardig stuk naar het buitenland overeenkomstig dat verdrag moest geschieden.

[24-06-2016, PbEU L 183, i.w.tr. 28-07-2016/regelingnummer 2016/1104]

Artikel 17
Litispendentie

1. Wanneer voor gerechten van verschillende lidstaten tussen dezelfde partijen procedures aanhangig zijn die hetzelfde onderwerp betreffen en op dezelfde oorzaak berus-

(11) Verordening (EG) nr. 1393/2007 van het Europees Parlement en de Raad van 13 november 2007 inzake de betekening en de kennisgeving in de lidstaten van gerechtelijke en buitengerechtelijke stukken in burgerlijke of in handelszaken (de betekening en kennisgeving van stukken), en tot intrekking van Verordening (EG) nr. 1348/2000 van de Raad (*PB* L 324 van 10.12.2007, blz. 79).

ten, houdt het gerecht waarbij de zaak later aanhangig is gemaakt de zaak ambtshalve aan totdat de bevoegdheid van het eerst aangezochte gerecht vaststaat.
2. In de in lid 1 bedoelde gevallen deelt een aangezocht gerecht, op verzoek van een ander gerecht waarbij het geschil is aangebracht, onverwijld aan dit gerecht mee op welke datum zij is aangezocht.
3. Indien de bevoegdheid van het eerst aangezochte gerecht vaststaat, verklaart elk gerecht waarbij de zaak later is aangebracht zich onbevoegd.
[24-06-2016, PbEU L 183, i.w.tr. 28-07-2016/regelingnummer 2016/1104]

Artikel 18
Samenhang

1. Wanneer samenhangende procedures bij gerechten van verschillende lidstaten aanhangig zijn, kan het gerecht waarbij de vordering later is aangebracht deze zaak aanhouden.
2. Indien de in lid 1 bedoelde zaken in eerste aanleg aanhangig zijn, kan elk gerecht dat niet als eerste is aangezocht, op verzoek van een der partijen, zich onbevoegd verklaren, mits het eerst aangezochte gerecht bevoegd is om van de beide vorderingen kennis te nemen en haar wetgeving de voeging ervan toestaat.
3. Samenhangend in de zin van dit artikel zijn zaken die zo nauw verbonden zijn dat een goede rechtsbedeling vraagt om hun gelijktijdige behandeling en berechting, teneinde te vermijden dat, ten gevolge van afzonderlijke berechting van zaken, onverenigbare beslissingen worden gegeven.
[24-06-2016, PbEU L 183, i.w.tr. 28-07-2016/regelingnummer 2016/1104]

Artikel 19
Voorlopige en bewarende maatregelen

De gerechten van een lidstaat kunnen worden verzocht de voorlopige of bewarende maatregelen te treffen waarin het recht van deze staat voorziet, zelfs indien een gerecht van een andere lidstaat krachtens deze verordening bevoegd is om van het bodemgeschil kennis te nemen.
[24-06-2016, PbEU L 183, i.w.tr. 28-07-2016/regelingnummer 2016/1104]

[Art. 14-19]

Betekenis. De artikelen 14-19 zijn geheel gelijkluidend aan de artikelen 14-19 van de HuwVo. Art. 14-19 bevatten algemene procedureregels die vergelijkbaar zijn met andere Europese regelgeving op het terrein van de justitiële samenwerking in burgerlijke zaken, zoals de Europese alimentatieverordening en Brussel I-bis, waarbij aanpassingen zijn gemaakt die relevant zijn in het licht van het onderwerp van de GPVo. Art. 14 bepaalt op welk tijdstip een zaak geacht wordt aanhangig te zijn gemaakt. Onderdeel c kent een aanvullende regel voor het geval de procedure ambtshalve door het gerecht wordt geopend. In art. 15 is de ambtshalve toetsing van de bevoegdheid voorgeschreven. Indien de zaak wordt aangebracht bij een gerecht die volgens de verordening niet bevoegd is, dient het gerecht zich ambtshalve onbevoegd te verklaren. Art. 16 ziet op de toetsing van de ontvankelijkheid en richt zich op de bescherming van het recht op verdediging van de niet verschenen verweerder die zijn gewone verblijfplaats heeft in een andere staat dan de lidstaat waar de procedure wordt gevoerd. Lid 1 schrijft aanhouding voor totdat vaststaat dat aan de verweerder het inleidend gedingstuk is betekend. Lid 2 en 3 wijzen in dat kader naar de Europese Betekeningsverordening. Art. 17 beoogt te voorkomen dat in de lidstaten parallelle procedures worden gevoerd, die tot onverenigbare beslissingen kunnen leiden. De litispendentieregel wordt toegepast wanneer hetzelfde geschil betreffende de vermogensrechtelijke gevolgen van het partnerschap bij gerechten in verschillende lidstaten wordt aangebracht. Lid 1 bepaalt dat het gerecht bij wie de zaak het laatst aanhangig is gemaakt, de zaak aanhoudt tot de bevoegdheid van het eerst aangezochte gerecht vaststaat. Lid 2 geeft nog een praktische regel door te bepalen dat een aangezochte rechter op verzoek van een andere aangezochte rechter onverwijld aan de laatste meedeelt op welke datum hij is aangezocht. Indien de bevoegdheid van de eerst aangezochte rechter vaststaat, verklaart de later aangezochte rechter zich onbevoegd. Art. 18 en 19 zijn de bekende bepalingen inzake samenhang van procedures en voorlopige en bewarende maatregelen. Art. 18 bevat in lid 3 een verordeningsautonome beschrijving van het begrip 'samenhang'. Art. 19 voorziet in een eigen bevoegdheidsregel met betrekking tot voorlopige en bewarende maatregelen met betrekking tot vermogensrechtelijke gevolgen van geregistreerde partnerschappen.

HOOFDSTUK III
Toepasselijk recht

Artikel 20
Universele toepassing

Het bij deze verordening aangewezen toepasselijke recht is van toepassing, ongeacht of dit het recht van een lidstaat is.
[24-06-2016, PbEU L 183, i.w.tr. 28-07-2016/regelingnummer 2016/1104]

Betekenis. De GPVo gaat, in het kader van het toepasselijke recht, uit van het universaliteitsbeginsel: het volgens de verordening toepasselijke recht is van toepassing, ongeacht of dit het recht van een lidstaat is (art. 20).

Artikel 21
Eenheid van het toepasselijke recht

Het recht dat op de vermogensrechtelijke gevolgen van een geregistreerde partnerschap van toepassing is, geldt voor alle vermogensbestanddelen, ongeacht waar deze zich bevinden.
[24-06-2016, PbEU L 183, i.w.tr. 28-07-2016/regelingnummer 2016/1104]

Betekenis. Het door de conflictregels van de GPVo aangewezen recht is van toepassing op de vermogensrechtelijke gevolgen van een geregistreerd partnerschap en ziet daarbij op alle vermogensbestanddelen van de partners ongeacht waar de vermogensbestanddelen zich bevinden. Aldus gaat de verordening uit van het eenheidsstelsel. Aangenomen mag worden dat dit geldt zowel wanneer sprake is van rechtskeuze het toepasselijke recht aanwijst als wanneer het toepasselijke recht aan de hand van de objectieve verwijzingsregel is vastgesteld.

Artikel 22
Rechtskeuze

1. De partners of toekomstige partners kunnen overeenkomen om te bepalen welk recht op de vermogensrechtelijke gevolgen van hun geregistreerd partnerschap van toepassing is of om hun keuze te wijzigen, mits dat recht vermogensrechtelijke gevolgen aan het geregistreerde partnerschap verbindt en het om het recht van een van de volgende staten gaat:

a) het recht van de staat waar, op het tijdstip van sluiting van de overeenkomst, zich de gewone verblijfplaats van een of beide partners of toekomstige partners bevindt;

b) het recht van een staat waarvan een van de partners of toekomstige partners op het tijdstip van sluiting van de overeenkomst de nationaliteit heeft, of

c) het recht van de staat volgens het recht waarvan het geregistreerde partnerschap tot stand is gebracht.

2. Tenzij de partners anders overeenkomen, heeft een wijziging in de loop van het geregistreerde partnerschap van het op de vermogensrechtelijke gevolgen van het partnerschap toepasselijke recht slechts gevolgen voor de toekomst.

3. Een wijziging met terugwerkende kracht van het toepasselijke recht overeenkomstig lid 2 laat de uit dat recht voortvloeiende rechten van derden onverlet.

[24-06-2016, PbEU L 183, i.w.tr. 28-07-2016/regelingnummer 2016/1104]

1. Rechtskeuze. De GPVo biedt de partners de mogelijkheid om een rechtskeuze uit te brengen, die gemaakt kan worden vóór de registratie, bij de registratie of gedurende de tijd van het geregistreerd partnerschap. Zowel partners als aanstaande partners kunnen dus een rechtskeuze uitbrengen. In art. 22 is neergelegd voor welke rechtsstelsels gekozen kan worden. Om te beginnen moet het gaan om een rechtsstelsel dat vermogensrechtelijke gevolgen aan het partnerschap verbindt. Wordt gekozen voor een rechtsstelsel dat geen vermogensrechtelijke gevolgen aan het geregistreerd partnerschap verbindt, dan is er geen rechtsgeldige keuze uitgebracht en wordt het toepasselijke recht bepaald aan de hand van de objectieve verwijzingsregel. Verder wordt verlangd dat een (nauwe) band met dit rechtsstelsel bestaat: gekozen kan worden voor het recht van de gewone verblijfplaats van een of beide (toekomstige) partners, of het nationale recht van een of beide (toekomstige) partners of het recht van de staat volgens het recht waarvan het geregistreerd partnerschap is aangegaan. Peilmoment is het moment van het aangaan van de rechtskeuzeovereenkomst.

2. Meervoudige nationaliteit. In geval van een meervoudige nationaliteit mag gekozen worden voor een van de nationaliteiten. De verordening gaat uit van de nominale nationaliteit. Dit betekent dat bij een rechtskeuze voor nationaal recht bij een meervoudige nationaliteit geen effectiviteitstoets wordt aangelegd. De verordening regelt de meervoudige nationaliteit niet, en laat dit over aan de lidstaten (overweging 49 van de considerans).

3. Onveranderlijkheidsbeginsel. De verordening gaat uit van het onveranderlijkheidsbeginsel. Er is dus geen sprake van een wijziging van rechtswege (een automatische wijziging) van het toepasselijke recht, met dien verstande dat de partners wel zelf gedurende het geregistreerd partnerschap het toepasselijke recht kunnen wijzigen. Immers, de partners kunnen gedurende het geregistreerd partnerschap een rechtskeuze maken.

4. Rechtskeuze gedurende het geregistreerd partnerschap. Een gedurende het geregistreerd partnerschap gemaakte rechtskeuze heeft op de voet van art. 22 lid 2, met het oog op de rechtszekerheid en voorspelbaarheid voor de partners, alleen gevolgen voor de toekomst. Alleen het na de keuze verworven vermogen valt onder het nieuwe recht; het reeds aanwezige vermogen valt onder het eerder van toepassing zijnde recht. Dit systeem wordt wel aangeduid als het wagonstelsel. De partners kunnen wel overeenkomen dat een gedurende het geregistreerd partnerschap uitgebrachte rechtskeuze terugwerkende kracht heeft. Op deze manier wordt het totaal van het partnerschapsvermogen onder hetzelfde recht gebracht. Lid 3 bepaalt in dat verband dat door de terugwerkende kracht aan de rechten van derden geen afbreuk wordt gedaan.

Artikel 23
Formele geldigheid van de rechtskeuzeovereenkomst

1. De in artikel 22 bedoelde rechtskeuze geschiedt bij schriftelijke, gedagtekende en door beide partners ondertekende overeenkomst. Als schriftelijk wordt eveneens aangemerkt elke elektronische mededeling waardoor de overeenkomst duurzaam wordt vastgelegd.

2. Indien de vermogensrechtelijke overeenkomst tussen partners, volgens het recht van de lidstaat waar beide partners bij het aangaan van de rechtskeuzeovereenkomst hun gewone verblijfplaats hebben, aan aanvullende vormvereisten is onderworpen, zijn deze vereisten van toepassing.

3. Indien de partners bij het aangaan van de rechtskeuzeovereenkomst hun gewone verblijfplaats hebben in verschillende lidstaten die niet dezelfde vormvereisten voor de vermogensrechtelijke overeenkomst tussen partners opleggen, is de overeenkomst formeel geldig indien zij aan de vereisten van een van deze lidstaten voldoet.

4. Indien slechts een van de partners bij het aangaan van de overeenkomst zijn gewone verblijfplaats heeft in een lidstaat waar vermogensrechtelijke overeenkomsten tussen partners aan aanvullende vormvereisten zijn onderworpen, zijn deze vereisten van toepassing.

[24-06-2016, PbEU L 183, i.w.tr. 28-07-2016/regelingnummer 2016/1104]

Betekenis. Artikel 23 is geheel gelijkluidend aan artikel 23 HuwVo. Art. 23 ziet op de vormvoorschriften waaraan voldaan moet worden wil sprake zijn van een formeel rechtsgeldige rechtskeuze. Lid 1 bevat de hoofdregel en bepaalt dat de rechtskeuze moet zijn neergelegd in een schriftelijke, gedateerde en door beide partners ondertekende overeenkomst. Als schriftelijk wordt ook beschouwd elke elektronische mededeling waardoor de overeenkomst duurzaam wordt vastgelegd. Het gaat hier om een minimum voorschrift betreffende de rechtskeuzeovereenkomst. Wanneer het recht van de lidstaat waar de beide partners ten tijde van het uitbrengen van de rechtskeuze hun gewone verblijfplaats hebben, aanvullende vormvereisten kent zijn op grond van lid 2 deze van toepassing. In Nederland kan hierbij gedacht worden aan de notariële akte. Lid 3 en 4 bevatten nadere uitwerking betreffende de aanvullende vormvoorschriften (zie ook overweging 46 van de considerans).

Artikel 24

Toestemming en materiële geldigheid

1. Het bestaan en de geldigheid van een rechtskeuzeovereenkomst of van enige bepaling daarvan worden beheerst door het recht dat ingevolge artikel 22 van toepassing zou zijn indien de overeenkomst of de bepaling geldig was.

2. Niettemin kan een partner zich, ten bewijze dat hij zijn toestemming niet heeft verleend, beroepen op het recht van het land waar hij op het tijdstip van aanhangigmaking zijn gewone verblijfplaats heeft, indien uit de omstandigheden blijkt dat het niet redelijk zou zijn de gevolgen van zijn gedrag te laten bepalen door het in lid 1 bedoelde recht.

[24-06-2016, PbEU L 183, i.w.tr. 28-07-2016/regelingnummer 2016/1104]

Betekenis. Artikel 24 is geheel gelijkluidend aan artikel 24 HuwVo. Het bestaan en de materiële geldigheid van de rechtskeuzeovereenkomst moeten worden beoordeeld volgens het gekozen recht (lid 1). In lid 2 is een aanvullende bepaling opgenomen: een partner kan zich, om aan te geven dat hij zijn toestemming voor het aangaan van de overeenkomst niet heeft gegeven, beroepen op het recht van zijn gewone verblijfplaats ten tijde van het aangaan van de overeenkomst, indien uit de omstandigheden blijkt dat het niet redelijk zou zijn de gevolgen van zijn gedrag te bepalen door het volgens lid 1 bedoelde recht (dat wil zeggen het gekozen recht).

Artikel 25

Formele geldigheid van een vermogensrechtelijke overeenkomst tussen partners

1. De vermogensrechtelijke overeenkomst tussen partners wordt op schrift gesteld, gedagtekend en door beide partners ondertekend. Als schriftelijk wordt eveneens aangemerkt elke elektronische mededeling waardoor de overeenkomst duurzaam wordt vastgelegd.

2. Indien de vermogensrechtelijke overeenkomst tussen de partners, volgens het recht van de lidstaat waar beide partners bij het aangaan van de rechtskeuzeovereenkomst hun gewone verblijfplaats hebben, aan aanvullende vormvereisten is onderworpen, zijn deze vereisten van toepassing.

Indien de partners bij het aangaan van de rechtskeuzeovereenkomst hun gewone verblijfplaats hebben in verschillende lidstaten die niet dezelfde vormvereisten voor de vermogensrechtelijke overeenkomst tussen partners opleggen, is de overeenkomst formeel geldig indien zij aan de vereisten van een dezer lidstaten voldoet.

Indien slechts een van de partners bij het aangaan van de overeenkomst zijn gewone verblijfplaats heeft in een lidstaat waar vermogensrechtelijke overeenkomsten tussen partners aan aanvullende vormvereisten zijn onderworpen, zijn deze vereisten van toepassing.

3. Indien door het op de vermogensrechtelijke gevolgen van een geregistreerd partnerschap toepasselijke recht aanvullende vormvereisten worden gesteld, zijn die vereisten van toepassing.

[24-06-2016, PbEU L 183, i.w.tr. 28-07-2016/regelingnummer 2016/1104]

Betekenis. Artikel 25 is geheel gelijkluidend aan artikel 25 HuwVo. Art. 25 betreft de formele geldigheid van een vermogensrechtelijke overeenkomst tussen partners. De strekking van dit artikel ligt in de lijn van art. 23.

Artikel 26
Toepasselijk recht bij gebreke van een rechtskeuze door de partijen

1. Bij gebreke van een rechtskeuzeovereenkomst op grond van artikel 22 is op de vermogensrechtelijke gevolgen van een geregistreerd partnerschap het recht van toepassing van de staat volgens welks recht het geregistreerde partnerschap tot stand is gebracht.
2. Bij wijze van uitzondering en op verzoek van een van de partners kan de rechterlijke instantie die bevoegd is om te beslissen in zaken betreffende de vermogensrechtelijke gevolgen van een geregistreerd partnerschap beslissen dat het recht van een andere staat dan de staat waarvan het recht uit hoofde van lid 1 van toepassing is, van toepassing is op de vermogensrechtelijke gevolgen van het geregistreerde partnerschap, voor zover die andere staat vermogensrechtelijke gevolgen verbindt aan het geregistreerde partnerschap als instituut en op voorwaarde dat de verzoeker aantoont dat:
a) de partners in die andere staat hun laatste gemeenschappelijke verblijfplaats hadden gedurende een beduidend lange periode, en
b) beide partners zich hebben verlaten op het recht van die andere staat bij het regelen of plannen van hun vermogensrechtelijke betrekkingen.
Het recht van die andere staat is van toepassing vanaf de totstandbrenging van het geregistreerde partnerschap, tenzij één partner het daar niet mee eens is. In dat geval sorteert het recht van die andere staat effect vanaf het tijdstip van vestiging op de laatste gemeenschappelijke gewone verblijfplaats in die staat.
De toepassing van het recht van de andere staat laat de rechten die derden ontlenen aan het op grond van lid 1 toepasselijke recht onverlet.
Dit lid is niet van toepassing wanneer de partners met elkaar een vermogensrechtelijke overeenkomst hebben gesloten vóór het tijdstip van vestiging op de laatste gemeenschappelijke gewone verblijfplaats in die andere staat.
[24-06-2016, PbEU L 183, i.w.tr. 28-07-2016/regelingnummer 2016/1104]

1. Hoofdregel. Artikel 26 bevat een algemene (hoofd)regel om het toepasselijke recht te bepalen als de partners geen rechtskeuze hebben uitgebracht (lid 1) en een exceptieclausule (lid 2). Bij gebreke van een rechtskeuze bepaalt art. 26 lid 1 dat toepasselijk is het recht van de staat volgens welk recht het geregistreerd partnerschap is aangegaan (lex loci celebrationis). Dit kan ook het recht van een derde-staat zijn (een niet door de verordening gebonden staat). Deze regel berust op de voorspelbaarheid en rechtszekerheid in het kader van de realiteit waarin de partners leven. Hiermee wordt voorkomen dat de conflictregel verwijst (bijvoorbeeld met een aanknopingspunt als de eerste gemeenschappelijke gewone verblijfplaats na registratie) naar een rechtsstelsel dat het geregistreerd partnerschap niet kent.

2. Uitzondering. De uitzondering van art. 26 lid 2 berust op het beginsel van de nauwste verbondenheid (exceptieclausule). Bij wijze van uitzondering kan de rechter ingevolge art. 26 lid 2 op verzoek van een van de partners beslissen dat een ander dan het in lid 1 bedoelde recht dat vermogensrechtelijke gevolgen verbindt aan het geregistreerd partnerschap van toepassing is. Het moet daarbij gaan om: i. het recht van de staat waar de partners gedurende een beduidend lange periode hun laatste gemeenschappelijke gewone verblijfplaats hadden; en waarbij ii. zij zich op dat recht hebben verlaten bij het regelen of plannen van hun vermogensrechtelijke betrekkingen. Het gaat dus om het recht van de laatste gemeenschappelijke gewone verblijfplaats, waarbij als voorwaarde geldt dat dit recht vermogensrechtelijke gevolgen aan het geregistreerd partnerschap verbindt. De verordening geeft voor "een beduidend lange periode" geen termijn aan.

Artikel 27
Werkingssfeer van het toepasselijke recht

Het krachtens deze verordening op de vermogensrechtelijke gevolgen van een geregistreerd partnerschap toepasselijke recht bepaalt onder meer:

a) de classificatie van het vermogen van beide partners of van elk afzonderlijk in verschillende categorieën tijdens en na het geregistreerde partnerschap;
b) de overgang van een vermogensbestanddeel naar een andere categorie;
c) de aansprakelijkheid van de ene partner voor de verplichtingen en schulden van de andere;
d) de bevoegdheden, rechten en verplichtingen van elk van de partners en van beide partners met betrekking tot het vermogen;
e) de verdeling en de vereffening van het vermogen na de ontbinding van het geregistreerde partnerschap;
f) de uitwerking van de vermogensrechtelijke gevolgen van geregistreerde partnerschappen op een rechtsbetrekking tussen een partner en derden, en
g) de materiële geldigheid van een vermogensrechtelijke overeenkomst tussen partners.

[24-06-2016, PbEU L 183, i.w.tr. 28-07-2016/regelingnummer 2016/1104]

Betekenis. Artikel 27 is bijna geheel gelijkluidend aan artikel 27 HuwVo. In art. 27 wordt een niet-limitatieve opsomming gegeven van onderwerpen die onder het bereik van het toepasselijke recht vallen, zoals de aansprakelijkheid van de ene partner voor schulden aangegaan door de andere partner, de bevoegdheid van elk van de partners en van beide partners met betrekking tot het vermogen en de afwikkeling van het vermogen na de ontbinding van het geregistreerd partnerschap. Dit zijn onderwerpen die in het Nederlandse conflictenrecht op het gebied van het geregistreerd partnerschap anders worden geregeld. Het verschil met artikel 27 HuwVo zit in de opsomming onder sub e. In artikel 27 sub e HuwVo wordt ook de ontbinding van het huwelijksvermogensstelsel genoemd; in de opsomming van artikel 27 sub e van de GPVo is dat niet het geval.

Artikel 28
Rechtsgevolgen ten aanzien van derden

1. Onverminderd het bepaalde in artikel 27, onder f), kan het recht dat tussen de partners van toepassing is op de vermogensrechtelijke gevolgen van een geregistreerd partnerschap, door een partner niet aan een derde worden tegengeworpen in een geschil tussen die derde en een van de partners of beide partners, tenzij de toepasselijkheid van dat recht aan de derde bekend was of had moeten zijn.
2. De derde wordt geacht over kennis van het op de vermogensrechtelijke gevolgen van het geregistreerde partnerschap toepasselijke recht te beschikken, indien:

a) dat recht het recht is van:
i) de staat waarvan het recht toepasselijk is op de transactie tussen een partner en de derde;
ii) de staat waar de contracterende partner en de derde hun gewone verblijfplaats hebben, of
iii) in geval van een vastgoedtransactie, de staat waar het onroerend goed is gelegen,
of
b) een van de partners heeft voldaan aan de toepasselijke voorschriften voor openbaarmaking of inschrijving van de vermogensrechtelijke gevolgen van het geregistreerde partnerschap volgens het recht van:
i) de staat waarvan het recht toepasselijk is op de transactie tussen een partner en de derde;
ii) de staat waar de contracterende partner en de derde hun gewone verblijfplaats hebben, of
iii) in geval van een vastgoedtransactie, de staat waar het onroerend goed is gelegen.

3. Indien het op de vermogensrechtelijke gevolgen van een geregistreerd partnerschap toepasselijke recht krachtens lid 1 door een partner niet aan een derde kan worden tegengeworpen, worden de vermogensrechtelijke gevolgen van het geregistreerde partnerschap ten aanzien van de derde beheerst:
a) door het recht van de staat waarvan het recht toepasselijk is op de transactie tussen een partner en de derde, of
b) in het geval van onroerende goederen of geregistreerde vermogensbestanddelen of rechten, door het recht van de staat waar het goed is gelegen of waar de vermogensbestanddelen of de rechten zijn ingeschreven.

[24-06-2016, PbEU L 183, i.w.tr. 28-07-2016/regelingnummer 2016/1104]

Betekenis. Artikel 28 is geheel gelijkluidend aan artikel 28 HuwVo. Onder verwijzing naar art. 27 onderdeel f, bepaalt art. 28 dat het recht dat van toepassing is op het vermogensregime van de partners door een partner niet aan een derde kan worden tegengeworpen in een geschil tussen die derde en een partner (of beide partners), tenzij die derde bekend was met of bekend had moeten zijn met de toepasselijkheid van dit recht (derdenwerking). Lid 2 geeft in onderdeel a aan wanneer een derde geacht wordt kennis te hebben van het toepasselijke recht. In onderdeel b wordt ingegaan op bekendheid met het recht door openbaarmaking of door inschrijving in een register. Lid 3 bepaalt welk recht van toepassing is indien het toepasselijke partnerschapsvermogensregime niet kan worden toegepast jegens een derde omdat deze daarmee niet bekend was (onwetende derde te goeder trouw).

Artikel 29
Aanpassing van zakelijke rechten

Indien een persoon zich krachtens het op de vermogensrechtelijke gevolgen van een geregistreerd partnerschap toepasselijke recht beroept op een zakelijk recht dat het recht van de lidstaat waar het zakelijk recht wordt ingeroepen niet kent, wordt dit zakelijk recht, indien nodig en voor zover mogelijk, in overeenstemming gebracht met het meest gelijkwaardige zakelijk recht in die lidstaat, met inachtneming van

de doelstellingen en belangen die met dat zakelijk recht worden nagestreefd en de rechtsgevolgen die eraan zijn verbonden.
[24-06-2016, PbEU L 183, i.w.tr. 28-07-2016/regelingnummer 2016/1104]

Betekenis. Artikel 29 is geheel gelijkluidend aan artikel 29 HuwVo. Artikel 29 dient geplaatst te worden in het kader van het gesloten stelsel van zakelijke rechten. In art. 29 is een regel neergelegd die voorziet in aanpassing van zakelijke rechten, waarbij in de lidstaat waarvan het recht het desbetreffende zakelijke recht niet kent aansluiting wordt gezocht met het in die lidstaat bestaande meest gelijkwaardige zakelijke recht. Daarbij dient rekening te worden gehouden met de doelstellingen en belangen die met het zakelijke recht worden nagestreefd en de rechtsgevolgen die daaraan zijn verbonden.

Artikel 30
Bepalingen van bijzonder dwingend recht

1. Niets in deze verordening beperkt de toepassing van de bepalingen van bijzonder dwingend recht van de lex fori.
2. Bepalingen van bijzonder dwingend recht zijn bepalingen waarvan de inachtneming door een lidstaat als zo belangrijk wordt beschouwd voor de handhaving van zijn openbare belangen, zoals zijn politieke, sociale of economische organisatie, dat zij van toepassing zijn op elk geval dat binnen de werkingssfeer ervan valt, ongeacht welk recht volgens deze verordening overigens op de vermogensrechtelijke gevolgen van het geregistreerde partnerschap van toepassing is.
[24-06-2016, PbEU L 183, i.w.tr. 28-07-2016/regelingnummer 2016/1104]

Betekenis. Artikel 30 is geheel gelijkluidend aan artikel 30 HuwVo. Bepalingen van bijzonder dwingend recht van de lex fori kunnen het toepasselijke recht opzij zetten. Dit wordt bepaald in art. 30 lid 1. Deze bijzondere regel vereist evenwel een strikte (restrictieve) toepassing, teneinde de verenigbaarheid met de verordening te waarborgen. In lid 2 wordt toegelicht om welke bepalingen het in dat verband gaat: bepalingen waarvan de inachtneming door een lidstaat als zo belangrijk worden gezien voor de handhaving van zijn openbare belangen, dat zij van toepassing zijn op elk geval dat binnen de werkingssfeer daarvan valt, ongeacht het recht dat op het partnerschapsvermogensregime van toepassing is. Het gaat dan, volgens lid 2, om belangen in de politieke, sociale of economische sfeer. In overweging 52 van de considerans wordt gesteld dat voorschriften ter bescherming van de echtelijke woning hieronder moeten worden verstaan. Naar Nederlands recht komt hiermee art. 1:88 lid 1 onderdeel a BW in beeld.

Artikel 31
Openbare orde

De toepassing van een voorschrift van het bij deze verordening aangewezen recht van een staat kan slechts worden geweigerd in geval van kennelijke onverenigbaarheid met de openbare orde van het land van de rechter.
[24-06-2016, PbEU L 183, i.w.tr. 28-07-2016/regelingnummer 2016/1104]

Betekenis. Artikel 31 is geheel gelijkluidend aan artikel 31 HuwVo. Ook art. 31 bevat een begrenzing van het toepasselijke recht. De rechter kan bepalingen uit het volgens de verordening toepasselijke recht buiten toepassing laten, indien toepassing kennelijk onverenigbaar is met de openbare orde in zijn rechtssysteem (openbare orde op het niveau van het toepasselijke recht). Het gebruik van het woord 'kennelijk' maakt duidelijk dat de openbare orde-exceptie slechts in uitzonderlijke gevallen mag worden gebruikt (restrictieve toepassing). In overweging 53 van de considerans wordt benadrukt dat het toepassen van de openbare orde-exceptie niet strijdig mag zijn met de grondrechten genoemd in het Handvest van de grondrechten van de EU, in het bijzonder niet met het beginsel van non-discriminatie van art. 21.

Artikel 32
Uitsluiting van terugverwijzing

Onder toepassing van het bij deze verordening aangewezen recht van een staat wordt verstaan de toepassing van het recht dat in die staat geldt, met uitsluiting van het internationaal privaatrecht.

[24-06-2016, PbEU L 183, i.w.tr. 28-07-2016/regelingnummer 2016/1104]

Betekenis. Artikel 32 is geheel gelijkluidend aan artikel 32 HuwVo. De verordening sluit in art. 32 renvoi uit: het door de verordening als toepasselijk aangewezen recht betreft uitsluitend het materiële recht, het internationaal privaatrecht is daarbij uitgesloten (art. 32). De verwijzing naar een bepaald recht als van toepassing op de vermogensrechtelijke gevolgen van een geregistreerd partnerschap betreft dus alleen het materiële recht en sluit het internationaal privaatrecht uit. Dit is anders dan in het Nederlandse conflictenrecht met betrekking tot het geregistreerd partnerschap is bepaald ten aanzien van een buiten Nederland tot stand gekomen geregistreerd partnerschap waarbij de partners ten aanzien van het partnerschapsvermogensregime geen keuze hebben uitgebracht. Voor dat geval bevat art. 10:71 lid 2 BW een zogenaamde Gesamtverweisung. Van toepassing is namelijk het recht van de plaats waar het geregistreerd partnerschap is aangegaan, daaronder begrepen de regels van het internationaal privaatrecht.

Artikel 33
Staten met meer dan één rechtsstelsel — territoriale collisie

1. Indien het volgens deze verordening aangewezen recht het recht is van een staat met meerdere territoriale eenheden, die elk hun eigen rechtsregels met betrekking tot de vermogensrechtelijke gevolgen van het geregistreerde partnerschap hebben, bepalen de interne collisieregels van die lidstaat van welke territoriale eenheid de rechtsregels van toepassing zijn.

2. Bij gebreke van zulke interne collisieregels:

a) wordt, ter bepaling van het recht dat van toepassing is volgens regels waarbij de gewone verblijfplaats van de partners als aanknopingspunt geldt, met het recht van de in lid 1 bedoelde staat bedoeld het recht van de territoriale eenheid waar de partners hun gewone verblijfplaats hebben;

b) wordt, ter bepaling van het recht dat van toepassing is volgens regels waarbij de nationaliteit van de partners als aanknopingspunt geldt, met het recht van de in lid 1 bedoelde staat bedoeld het recht van de territoriale eenheid waarmee de partners het nauwst verbonden zijn;

c) wordt een verwijzing naar het recht van de in lid 1 bedoelde staat, voor het bepalen van het toepasselijke recht volgens andere bepalingen met andere aan-

knopingspunten, uitgelegd als een verwijzing naar het recht van de territoriale eenheid waar het aanknopingspunt zich bevindt.
[24-06-2016, PbEU L 183, i.w.tr. 28-07-2016/regelingnummer 2016/1104]

Artikel 34
Staten met meer dan één rechtsstelsel — personele collisie
Ten aanzien van een staat waar met betrekking tot de vermogensrechtelijke gevolgen van het geregistreerde partnerschap twee of meer rechtsstelsels of regelingen gelden die op verschillende categorieën personen van toepassing zijn, wordt een verwijzing naar het recht van die staat uitgelegd als een verwijzing naar het rechtsstelsel dat of de regeling die wordt aangewezen door de in die staat geldende regels. Bij gebreke van zulke regels wordt het rechtsstelsel of de regeling toegepast waarmee de partners het nauwst verbonden zijn.
[24-06-2016, PbEU L 183, i.w.tr. 28-07-2016/regelingnummer 2016/1104]

Artikel 35
Niet-toepassing van deze verordening op interne collisie
Een lidstaat die verschillende territoriale eenheden met eigen rechtsregels inzake de vermogensrechtelijke gevolgen van geregistreerde partnerschappen telt, is niet verplicht deze verordening toe te passen op collisie die uitsluitend deze territoriale eenheden betreffen.
[24-06-2016, PbEU L 183, i.w.tr. 28-07-2016/regelingnummer 2016/1104]

[Art. 33-35]

Betekenis. De artikelen 33-35 zijn geheel gelijkluidend aan de artikelen 33-35 HuwVo. Art. 33-35 bevatten de in verordeningen en verdragen gebruikelijke regels voor lidstaten die een pluriform rechtsstelsel kennen.

HOOFDSTUK IV
Erkenning, uitvoerbaarheid en tenuitvoerlegging van beslissingen

[Inleidende opmerkingen]

Betekenis. De GPVo bevat een regeling inzake de erkenning, uitvoerbaarheid en tenuitvoerlegging van beslissingen betreffende de vermogensrechtelijke betrekkingen voortvloeiend uit het geregistreerd partnerschap. In overweging 63 van de considerans wordt verduidelijkt dat de erkenning van een beslissing inzake de vermogensrechtelijke gevolgen van het geregistreerd partnerschap niet ook de erkenning van het geregistreerd partnerschap dat tot de beslissing aanleiding heeft gegeven, als zodanig inhoudt. Bij de totstandkoming van dit hoofdstuk is veelal teruggegrepen op de eerdere regelgeving in vergelijkbare verordeningen, zoals de Europese alimentatieverordening en Brussel II-bis. De artikelen 36-60 zijn geheel overeenkomend met de equivalente bepalingen in de HuwVo. Voor een toelichting wordt daarom ook verwezen naar de toelichting op deze bepalingen.

Artikel 36
Erkenning

1. De in een lidstaat gegeven beslissing wordt in de andere lidstaten erkend zonder dat daartoe een procedure is vereist.
2. Indien de erkenning van een beslissing wordt betwist, kan iedere belanghebbende partij die zich ten principale op de erkenning beroept van de in de artikelen 44 tot en met 57 vastgelegde procedures gebruikmaken om de erkenning te doen vaststellen.
3. Wordt voor een gerecht van een lidstaat bij wijze van incident een vraag opgeworpen in verband met de erkenning, dan is dat gerecht bevoegd om kennis te nemen van die vraag.
[24-06-2016, PbEU L 183, i.w.tr. 28-07-2016/regelingnummer 2016/1104]

Betekenis. De erkenningsregeling kent in art. 36 als uitgangspunt dat een beslissing afkomstig van een gerecht uit een lidstaat in alle andere lidstaten wordt erkend, zonder dat daarvoor een procedure vereist is. Wanneer de erkenning wordt betwist, kan iedere belanghebbende partij die zich op de beslissing beroept in een procedure erkenning doen vaststellen. Voor de te volgen procedure wordt verwezen naar de in art. 44-57 vastgestelde procedures.

Artikel 37
Gronden voor niet-erkenning

Een beslissing wordt niet erkend indien:
- a) **de erkenning kennelijk strijdig is met de openbare orde van de lidstaat waar de erkenning wordt gevraagd;**
- b) **het stuk dat het geding inleidt of een gelijkwaardig stuk niet tijdig en op zodanige wijze als met het oog op zijn verdediging nodig was aan de verweerder tegen wie verstek werd verleend, betekend of ter kennis gebracht is, tenzij de verweerder tegen de beslissing geen rechtsmiddel heeft aangewend terwijl hij daartoe in staat was;**
- c) **zij onverenigbaar is met een tussen dezelfde partijen gegeven rechterlijke beslissing in de lidstaat waar de erkenning wordt gevraagd;**
- d) **zij onverenigbaar is met een beslissing die eerder in een andere lidstaat of in een derde land tussen dezelfde partijen is gegeven in een geschil dat hetzelfde onderwerp betreft en op dezelfde oorzaak berust, mits de eerder gegeven beslissing voldoet aan de voorwaarden voor erkenning in de lidstaat waar de erkenning wordt gevraagd.**

[24-06-2016, PbEU L 183, i.w.tr. 28-07-2016/regelingnummer 2016/1104]

Betekenis. Art. 37 bepaalt wanneer aan een beslissing inzake het partnerschapsvermogensregime erkenning wordt onthouden. Daarvoor bevat deze bepaling een limitatieve opsomming van weigeringsgronden. In onderdeel a wordt de openbare orde-exceptie op niveau van de erkenning als weigeringsgrond opgevoerd. De openbare orde-exceptie mag alleen in uitzonderlijke gevallen worden toegepast. De overige weigeringsgronden zien op onvolkomenheden in de betekening (onderdeel b) en onverenigbaarheid van beslissingen (onderdeel c en d).

Artikel 38
Grondrechten

Artikel 37 van deze verordening wordt door de gerechten en andere bevoegde autoriteiten van de lidstaten toegepast met inachtneming van de grondrechten en de beginselen die zijn erkend bij het Handvest, met name het in artikel 21 opgenomen beginsel inzake non-discriminatie.

[24-06-2016, PbEU L 183, i.w.tr. 28-07-2016/regelingnummer 2016/1104]

Betekenis. Art. 37 wordt in art. 38 aangevuld met de regel dat bij toepassing van de weigeringsgronden de grondrechten die zijn erkend in het Handvest van de grondrechten van de EU in acht worden genomen. Weigering van de erkenning van een beslissing mag niet worden gebaseerd op de grond dat in de lidstaat waar erkenning wordt verzocht de rechtsfiguur van het geregistreerd partnerschap niet bestaat.

Artikel 39
Verbod van controle van de bevoegdheid van het oorspronkelijke gerecht

1. De bevoegdheid van de gerechten van de lidstaat van oorsprong mag niet worden gecontroleerd.

2. Het in artikel 37 bedoelde criterium van openbare orde is niet van toepassing op de in de artikelen 4 tot en met 12 bepaalde bevoegdheidsregels.

[24-06-2016, PbEU L 183, i.w.tr. 28-07-2016/regelingnummer 2016/1104]

Betekenis. Bij de erkenningsvraag wordt de bevoegdheid van de rechter van de lidstaat waar de beslissing is gegeven niet getoetst. Wanneer de rechter van de lidstaat van oorsprong de bevoegdheidsregels heeft geschonden door bevoegdheid aan te nemen is dit geen grond om erkenning van de desbetreffende beslissing te weigeren.

Artikel 40
Verbod van inhoudelijke toetsing

In geen geval wordt overgegaan tot onderzoek van de juistheid van de in een lidstaat gegeven beslissing.

[24-06-2016, PbEU L 183, i.w.tr. 28-07-2016/regelingnummer 2016/1104]

Betekenis. Art. 40 bevat het beginsel van de revision au fond. Dit artikel verbiedt dat bij de erkenning een onderzoek wordt gedaan naar de juistheid van de beslissing. Het is immers niet de bedoeling dat de procedure als het ware wordt overgedaan.

Artikel 41
Aanhouden van een procedure betreffende de erkenning

Het gerecht van een lidstaat waarbij de erkenning wordt gevraagd van een in een andere lidstaat gegeven beslissing, kan de zaak aanhouden indien in de lidstaat van oorsprong een gewoon rechtsmiddel tegen deze beslissing is ingesteld.

[24-06-2016, PbEU L 183, i.w.tr. 28-07-2016/regelingnummer 2016/1104]

Betekenis. De regel ziet op aanhouding van de uitspraak wanneer in de lidstaat van oorsprong een rechtsmiddel tegen de beslissing is ingesteld. Art. 41 bepaalt dat de rechter die zich over de erkenning van een beslissing buigt, de zaak kan aanhouden wanneer in de lidstaat waar de beslissing is gegeven een gewoon rechtsmiddel is ingesteld. Het artikel komt overeen met art. 27 lid 1 Brussel II-bis.

Artikel 42
Uitvoerbaarheid

De beslissingen die in een lidstaat zijn gegeven en in die lidstaat uitvoerbaar zijn, zijn tevens uitvoerbaar in andere lidstaten indien zij daar op verzoek van een belanghebbende partij uitvoerbaar zijn verklaard volgens de procedure die is bepaald in de artikelen 44 tot en met 57.

[24-06-2016, PbEU L 183, i.w.tr. 28-07-2016/regelingnummer 2016/1104]

Betekenis. Op grond van art. 42 zijn beslissingen inzake de vermogensrechtelijke gevolgen van het geregistreerd partnerschap die uitvoerbaar zijn in de lidstaat waar zij zijn gegeven, ook uitvoerbaar in de andere lidstaten indien zij op verzoek van een belanghebbende partij uitvoerbaar zijn verklaard volgens een door de verordening voorgeschreven procedure (exequatur procedure). Beslissingen worden erkend zonder dat daarvoor een procedure is voorgeschreven, voor tenuitvoerlegging daarentegen is wel een procedure vereist.

Artikel 43
Bepaling van de woonplaats

Om in het kader van de in de artikelen 44 tot en met 57 vastgelegde procedure te bepalen of een partij haar woonplaats heeft in de lidstaat van tenuitvoerlegging, past het aangezochte gerecht het interne recht van die lidstaat toe.

[24-06-2016, PbEU L 183, i.w.tr. 28-07-2016/regelingnummer 2016/1104]

Betekenis. Art. 44-57 betreffen de procedure in het kader van de verklaring van uitvoerbaarheid. Het begrip 'woonplaats' zoals in deze artikelen wordt gebruikt, wordt bepaald volgens het interne recht van het aangezochte gerecht.

Artikel 44
Relatief bevoegd gerecht

1. Het verzoek om een verklaring van uitvoerbaarheid wordt gericht tot het gerecht of de bevoegde instantie van de lidstaat van tenuitvoerlegging, waarvan de naam door die lidstaat overeenkomstig artikel 64 aan de Commissie is meegedeeld.
2. Het relatief bevoegde gerecht is dat van de woonplaats van de partij tegen wie de tenuitvoerlegging wordt gevraagd of die van de plaats van tenuitvoerlegging.

[24-06-2016, PbEU L 183, i.w.tr. 28-07-2016/regelingnummer 2016/1104]

1. Absolute bevoegdheid. Lid 1 van deze bepaling betreft de absoluut bevoegde rechter. De lidstaten dienen dit aan de Commissie door te geven. Voor Nederland is in de Uitvoeringswet Verordening huwelijksvermogensstelsels en Verordening vermogensrechtelijke gevolgen van geregistreerde partnerschappen de voorzieningenrechter bepaald (art. 2 onderdeel 1: de verklaring van uitvoerbaarheid, bedoeld in art. 42 van de verordening (waarbij beide verordeningen worden bedoeld) dat het verzoek wordt ingediend bij voorzieningenrechter).

2. Relatieve bevoegdheid. In lid 2 wordt als de relatief bevoegde rechter aangewezen de rechter van de woonplaats van de partij tegen wie tenuitvoerlegging wordt gevraagd of de rechter van de plaats van tenuitvoerlegging.

Artikel 45
Procedure

1. De procedure voor de indiening van het verzoek wordt beheerst door het recht van de lidstaat van tenuitvoerlegging.
2. Van de verzoeker wordt niet verwacht dat hij in de lidstaat van tenuitvoerlegging een postadres of procesgemachtigde heeft.
3. Bij het verzoek worden de volgende documenten gevoegd:
a) een afschrift van de beslissing aan de hand waarvan de echtheid van de beslissing kan worden vastgesteld;
b) de verklaring die door het gerecht of de bevoegde instantie van de lidstaat van oorsprong is afgegeven met gebruikmaking van het overeenkomstig de in artikel 67, lid 2, bedoelde raadplegingsprocedure vastgestelde formulier, onverminderd artikel 46.
[24-06-2016, PbEU L 183, i.w.tr. 28-07-2016/regelingnummer 2016/1104]

Artikel 46
Niet-overlegging van de verklaring

1. Wordt de in artikel 45, lid 3, onder b), bedoelde verklaring niet overgelegd, dan kan het gerecht of de bevoegde instantie voor de overlegging een termijn bepalen of gelijkwaardige documenten aanvaarden, dan wel, indien dat gerecht of de instantie zich voldoende voorgelicht acht, vrijstelling van de overlegging verlenen.
2. Indien het gerecht of de bevoegde instantie dat verlangt, wordt van de documenten een vertaling of een transliteratie overgelegd. De vertaling wordt gemaakt door een persoon die in een van de lidstaten tot het maken van vertalingen bevoegd is.
[24-06-2016, PbEU L 183, i.w.tr. 28-07-2016/regelingnummer 2016/1104]

Artikel 47
Verklaring van uitvoerbaarheid

De beslissing wordt uitvoerbaar verklaard zodra de formaliteiten van artikel 45 vervuld zijn, zonder toetsing uit hoofde van artikel 37. De partij tegen wie tenuitvoerlegging wordt gevraagd, wordt in deze stand van de procedure niet gehoord.
[24-06-2016, PbEU L 183, i.w.tr. 28-07-2016/regelingnummer 2016/1104]

Artikel 48
Kennisgeving van de beslissing over het verzoek om een verklaring van uitvoerbaarheid

1. De beslissing over het verzoek om een verklaring van uitvoerbaarheid wordt onmiddellijk ter kennis van de verzoeker gebracht op de wijze als is bepaald in het recht van de lidstaat van tenuitvoerlegging.
2. De verklaring van uitvoerbaarheid wordt betekend aan de partij tegen wie de tenuitvoerlegging wordt gevraagd en gaat vergezeld van de beslissing indien deze nog niet aan die partij is betekend.
[24-06-2016, PbEU L 183, i.w.tr. 28-07-2016/regelingnummer 2016/1104]

[Art. 45-48]

Betekenis. De procedure die gevoerd moet worden in het kader van de verklaring van uitvoerbaarheid wordt beheerst door het recht van de staat waar de tenuitvoerlegging wordt verzocht. Het Nederlandse recht gaat uit van een verzoekprocedure in de zin van het Wetboek van Rechtsvordering. Art. 45 lid 3 schrijft voor welke documenten bij het verzoek dienen te worden overgelegd. De beslissing wordt op de voet van art. 47 gegeven zodra aan de formaliteiten van art. 45 is voldaan. Art. 46 ziet op de situatie waarin de in art. 45 lid 3 onderdeel b bedoelde verklaring niet wordt overgelegd. De weigeringsgronden van art. 37 worden in deze fase niet getoetst. In deze fase is de procedure eenzijdig en wordt de partij tegen wie de tenuitvoerlegging wordt verzocht niet gehoord (ex parte-procedure). Er vindt feitelijk alleen een controle plaats van de stukken. De beslissing wordt ter kennis van de verzoeker gebracht (art. 48 lid 1) en betekend aan de partij tegen wie de tenuitvoerlegging wordt gevraagd (art. 48 lid 2), evenals de beslissing zelf indien deze nog niet aan die partij was betekend. Uitvoerbaarverklaring kan dus worden verzocht, ook wanneer de oorspronkelijke beslissing nog niet is betekend.

Artikel 49
Rechtsmiddel tegen de beslissing over het verzoek om een verklaring van uitvoerbaarheid

1. Elke partij kan rechtsmiddel instellen tegen de beslissing over het verzoek om een verklaring van uitvoerbaarheid.
2. Het rechtsmiddel wordt ingesteld bij het gerecht waarvan de naam door de betrokken lidstaat overeenkomstig artikel 64 aan de Commissie is meegedeeld.
3. Het rechtsmiddel wordt volgens de regels van de procedure op tegenspraak behandeld.
4. Indien de partij tegen wie de tenuitvoerlegging wordt gevraagd, niet verschijnt voor het gerecht dat over het door de verzoeker ingestelde rechtsmiddel oordeelt, is artikel 16 van toepassing, ook wanneer de partij tegen wie de tenuitvoerlegging wordt gevraagd geen woonplaats heeft op het grondgebied van een lidstaat.
5. Het rechtsmiddel tegen de verklaring van uitvoerbaarheid wordt binnen dertig dagen na de betekening daarvan ingesteld. Indien de partij tegen wie de tenuitvoerlegging wordt gevraagd woonplaats heeft in een andere lidstaat dan die waar de verklaring van uitvoerbaarheid is gegeven, is de termijn waarbinnen rechtsmiddel moet worden ingesteld zestig dagen met ingang van de dag waarop de beslissing aan de partij in persoon of aan haar woonplaats is betekend. Deze termijn mag niet op grond van de afstand worden verlengd.
[24-06-2016, PbEU L 183, i.w.tr. 28-07-2016/regelingnummer 2016/1104]

Betekenis. Elke partij (zowel degene die om uitvoerbaarheid heeft gevraagd als degene tegen wie de tenuitvoerlegging is gevraagd) kan een rechtsmiddel (beroep) instellen tegen de beslissing op het verzoek om een verklaring van uitvoerbaarheid (art. 49 lid 1). Op dit punt in de procedure gekomen (de tweede fase) is sprake van een procedure op tegenspraak. Het wetsvoorstel van de Uitvoeringswet Verordening huwelijksvermogensstelsels en Verordening vermogensrechtelijke gevolgen van geregistreerde partnerschappen bepaalt in art. 3 onderdeel 1 dat de rechtbank waarvan de voorzieningenrechter heeft beslist op het verzoek het hier bedoelde rechtsmiddel in ontvangst neemt.

Artikel 50
Rechtsmiddel tegen een op het rechtsmiddel gegeven beslissing
Tegen de op het rechtsmiddel gegeven beslissing kan slechts het middel worden ingesteld waarvan de Commissie overeenkomstig artikel 64 door de betrokken lidstaat in kennis is gesteld.
[24-06-2016, PbEU L 183, i.w.tr. 28-07-2016/regelingnummer 2016/1104]

Betekenis. De Uitvoeringswet Verordening huwelijksvermogensstelsels en Verordening vermogensrechtelijke gevolgen van geregistreerde partnerschappen bepaalt in art. 3 lid 3 dat het hier bedoelde rechtsmiddel beroep in cassatie is.

Artikel 51
Weigering of intrekking van een verklaring van uitvoerbaarheid
Een verklaring van uitvoerbaarheid wordt door het gerecht dat oordeelt over een van de in artikel 49 of 50 bedoelde rechtsmiddelen slechts op een van de in artikel 37 genoemde gronden geweigerd of ingetrokken. Het gerecht doet onverwijld uitspraak.
[24-06-2016, PbEU L 183, i.w.tr. 28-07-2016/regelingnummer 2016/1104]

Betekenis. Art. 51 bepaalt dat de criteria voor de toetsing van het rechtsmiddel uitsluitend de weigeringsgronden van art. 37 in aanmerking worden genomen.

Artikel 52
Aanhouden van de zaak
Het gerecht dat oordeelt over een van de in artikel 49 of 50 bedoelde rechtsmiddelen houdt op verzoek van de partij tegen wie de tenuitvoerlegging wordt gevraagd de zaak aan indien de uitvoerbaarheid van de beslissing is geschorst in de lidstaat van oorsprong als gevolg van een daartegen ingesteld rechtsmiddel.
[24-06-2016, PbEU L 183, i.w.tr. 28-07-2016/regelingnummer 2016/1104]

Betekenis. Ingevolge art. 52 kan de rechter die over het rechtsmiddel moet oordelen op verzoek van de partij tegen wie de tenuitvoerlegging wordt gevraagd de zaak aanhouden indien de uitvoerbaarheid van de beslissing in de lidstaat van oorsprong is geschorst als gevolg van een aldaar ingesteld rechtsmiddel.

Artikel 53
Voorlopige en bewarende maatregelen
1. Indien een beslissing overeenkomstig dit hoofdstuk moet worden erkend, belet niets de verzoeker een beroep te doen op voorlopige of bewarende maatregelen waarin de wetgeving van de lidstaat van tenuitvoerlegging voorziet, zonder dat daartoe een verklaring van uitvoerbaarheid in de zin van artikel 47 is vereist.
2. De verklaring van uitvoerbaarheid houdt van rechtswege de bevoegdheid in bewarende maatregelen te treffen.
3. Gedurende de termijn voor het instellen van een rechtsmiddel overeenkomstig artikel 49, lid 5, tegen de verklaring van uitvoerbaarheid en totdat daarover uitspraak is gedaan, kunnen slechts bewarende maatregelen worden genomen ten aanzien van de vermogensbestanddelen van de partij tegen wie de tenuitvoerlegging wordt gevraagd.
[24-06-2016, PbEU L 183, i.w.tr. 28-07-2016/regelingnummer 2016/1104]

Betekenis. Art. 53 ziet op voorlopige en bewarende maatregelen voorzien in het recht van de lidstaat van tenuitvoerlegging. Lid 2 bepaalt uitdrukkelijk dat de beslissing waarbij tenuitvoerlegging wordt toegestaan, van rechtswege bevoegdheid inhoudt om voorlopige of bezwarende maatregelen te treffen.

Artikel 54
Gedeeltelijke uitvoerbaarheid

1. Indien in de beslissing uitspraak is gedaan over meer dan een punt van het verzoek, en de verklaring van uitvoerbaarheid niet kan worden verleend voor het geheel, verleent het gerecht of de bevoegde instantie deze voor een of meer onderdelen daarvan.
2. De verzoeker kan vorderen dat de verklaring van uitvoerbaarheid een gedeelte van de beslissing betreft.
[24-06-2016, PbEU L 183, i.w.tr. 28-07-2016/regelingnummer 2016/1104]

Betekenis. Een gedeeltelijke uitvoerbaarheid is op grond van art. 54 mogelijk, bijvoorbeeld in geval de beslissing is gegeven op meerdere onderdelen en de uitvoerbaarverklaring niet voor het geheel kan worden afgegeven.

Artikel 55
Rechtsbijstand

De verzoeker die in de lidstaat waar de beslissing is gegeven, in aanmerking kwam voor gehele of gedeeltelijke kosteloze rechtsbijstand of vrijstelling van kosten en uitgaven, komt in een procedure met betrekking tot een verklaring van uitvoerbaarheid in aanmerking voor de meest gunstige bijstand of voor de meest ruime vrijstelling die in het recht van de lidstaat van tenuitvoerlegging is vastgesteld.
[24-06-2016, PbEU L 183, i.w.tr. 28-07-2016/regelingnummer 2016/1104]

Betekenis. De verzoeker die in de lidstaat van oorsprong in aanmerking kwam voor rechtsbijstand kan in de lidstaat van tenuitvoerlegging eveneens aanspraak maken op rechtsbijstand. Art. 55 bepaalt dat in dat kader de verzoeker in aanmerking komt voor de meest gunstige bijstand of voor de meest ruime vrijstelling die in het recht van de lidstaat van tenuitvoerlegging is vastgesteld.

Artikel 56
Geen zekerheid, borg of pand

Van een partij die in een lidstaat de erkenning, verklaring van uitvoerbaarheid of tenuitvoerlegging van een in een andere lidstaat gegeven beslissing vraagt, wordt geen zekerheid, borg of pand, onder welke benaming ook, opgelegd wegens de hoedanigheid van vreemdeling dan wel wegens het ontbreken van een woon- of verblijfplaats in de lidstaat van tenuitvoerlegging.
[24-06-2016, PbEU L 183, i.w.tr. 28-07-2016/regelingnummer 2016/1104]

Artikel 57
Geen belasting, recht of heffing

Ter zake van de procedure tot verlening van een verklaring van uitvoerbaarheid wordt in de lidstaat van tenuitvoerlegging geen belasting, recht of heffing evenredig aan het geldelijke belang van de zaak geheven.

[24-06-2016, PbEU L 183, i.w.tr. 28-07-2016/regelingnummer 2016/1104]

[Art. 56-57]

Betekenis. Art. 56 verbiedt dat het stellen van zekerheid (cautio iudicatum solvi) mag worden opgelegd aan de partij die om uitvoerbaarverklaring verzoekt, terwijl art. 57 iedere belasting, recht of heffing evenredig aan het geldelijk belang van de zaak verbiedt.

HOOFDSTUK V
Authentieke akten en gerechtelijke schikkingen

Artikel 58
Aanvaarding van authentieke akten

1. Een in een lidstaat verleden authentieke akte heeft in een andere lidstaat dezelfde bewijskracht als in de lidstaat van oorsprong, of althans de daarmee meest vergelijkbare bewijskracht, op voorwaarde dat dit niet kennelijk strijdig is met de openbare orde van die andere lidstaat.

Een persoon die van een authentieke akte gebruik wenst te maken in een andere lidstaat kan de instantie die de authentieke akte in de lidstaat van oorsprong heeft opgemaakt, verzoeken het overeenkomstig de in artikel 67, lid 2, bedoelde raadplegingsprocedure vastgestelde formulier in te vullen waarin de bewijskracht wordt vermeld die in de lidstaat van oorsprong aan de authentieke akte wordt verbonden.

2. De echtheid van de authentieke akte wordt uitsluitend voor een gerecht van de lidstaat van oorsprong en volgens het recht van die lidstaat betwist. Een authentieke akte die wordt betwist, heeft geen bewijskracht in een andere lidstaat zolang het bevoegde gerecht zich niet heeft uitgesproken.

3. De in de authentieke akte vastgelegde rechtshandelingen of rechtsbetrekkingen worden uitsluitend betwist voor de krachtens deze verordening bevoegde gerechten, op grond van het volgens hoofdstuk III toepasselijke recht. Een authentieke akte die wordt betwist, heeft, wat het bestreden punt betreft, in een andere lidstaat dan de lidstaat van oorsprong geen bewijskracht zolang het bevoegde gerecht zich niet heeft uitgesproken.

4. Indien de uitkomst van een procedure voor een gerecht van een lidstaat afhangt van het beslechten van een incidenteel verzoek met betrekking tot de in een authentieke akte ter zake van de vermogensrechtelijke gevolgen van geregistreerde partnerschappen vastgelegde rechtshandelingen of rechtsbetrekkingen, is dat gerecht bevoegd om van dat verzoek kennis te nemen.

[24-06-2016, PbEU L 183, i.w.tr. 28-07-2016/regelingnummer 2016/1104]

Artikel 59
Uitvoerbaarheid van authentieke akten
1. Een in de lidstaat van oorsprong uitvoerbare authentieke akte wordt in een andere lidstaat op verzoek van een belanghebbende partij uitvoerbaar verklaard volgens de procedure die is bepaald in de artikelen 44 tot en met 57.
2. Voor de toepassing van artikel 45, lid 3, onder b), geeft de instantie die de authentieke akte heeft opgesteld op verzoek van een belanghebbende partij een verklaring af met gebruikmaking van het overeenkomstig de in artikel 67, lid 2, bedoelde raadplegingsprocedure vastgestelde formulier.
3. De verklaring van uitvoerbaarheid wordt door het gerecht dat oordeelt over een van de in artikel 49 of 50 bedoelde rechtsmiddelen slechts geweigerd of ingetrokken indien de tenuitvoerlegging van de authentieke akte kennelijk strijdig is met de openbare orde van de lidstaat van tenuitvoerlegging.
[24-06-2016, PbEU L 183, i.w.tr. 28-07-2016/regelingnummer 2016/1104]

Artikel 60
Uitvoerbaarheid van gerechtelijke schikkingen
1. Een in de lidstaat van oorsprong uitvoerbare gerechtelijke schikking wordt in een andere lidstaat op verzoek van een belanghebbende partij uitvoerbaar verklaard volgens de procedure die is bepaald in de artikelen 44 tot en met 57.
2. Voor de toepassing van artikel 45, lid 3, onder b), geeft het gerecht dat de gerechtelijke schikking heeft goedgekeurd of waarvoor deze werd gesloten, op verzoek van een belanghebbende partij een verklaring af met gebruikmaking van het overeenkomstig de in artikel 67, lid 2, bedoelde raadplegingsprocedure vastgestelde formulier.
3. De verklaring van uitvoerbaarheid wordt door het gerecht dat oordeelt over een van de in artikel 49 of 50 bedoelde rechtsmiddelen slechts geweigerd of ingetrokken indien de tenuitvoerlegging van de gerechtelijke schikking kennelijk strijdig is met de openbare orde van de lidstaat van tenuitvoerlegging.
[24-06-2016, PbEU L 183, i.w.tr. 28-07-2016/regelingnummer 2016/1104]

[Art. 58-60]

Betekenis. Hoofdstuk V voorziet in regelgeving die gericht is op het vrij uitwisselen binnen de lidstaten van authentieke akten (art. 58 en 59) en gerechtelijke schikkingen (art. 60). In het recht betreffende het partnerschapsvermogensregime wordt vaak gebruikgemaakt van authentieke akten. Uitgangspunt is dat een in een lidstaat verleden authentieke akte dezelfde bewijskracht heeft als in de lidstaat waar de akte is opgesteld en verleden, mits er geen strijd is met de openbare orde. Een persoon die van de authentiek akte in een andere lidstaat gebruik wil maken, kan in de lidstaat van oorsprong om afgifte van een vastgesteld formulier verzoeken waarin is opgenomen welke bewijskracht de authentieke akte toekomt in de lidstaat van oorsprong. Een in de lidstaat van oorsprong uitvoerbare authentieke akte kan op verzoek van de belanghebbende partij in een andere lidstaat uitvoerbaar worden verklaard. Daarvoor dient dezelfde procedure te worden gevoerd als die wordt gevoerd bij het uitvoerbaar verklaren van gerechtelijke beslissingen.

HOOFDSTUK VI
Algemene bepalingen en slotbepalingen

Artikel 61
Legalisatie en soortgelijke formaliteiten
Geen enkele legalisatie of soortgelijke formaliteit mag worden geëist met betrekking tot documenten die in verband met deze verordening in een lidstaat zijn afgegeven.
[24-06-2016, PbEU L 183, i.w.tr. 28-07-2016/regelingnummer 2016/1104]

Artikel 62
Verhouding tot de bestaande internationale overeenkomsten
1. De toepassing van bilaterale of multilaterale verdragen waarbij een of meer lidstaten op het tijdstip van de vaststelling van deze verordening, of van een besluit overeenkomstig artikel 331, lid 1, tweede of derde alinea, VWEU, partij zijn en die betrekking hebben op de in deze verordening geregelde materie, wordt door deze verordening onverlet gelaten, onverminderd de verplichtingen van de lidstaten op grond van artikel 351 VWEU.
2. Niettegenstaande lid 1 heeft deze verordening, tussen de lidstaten, voorrang boven verdragen die tussen hen zijn gesloten, voor zover zij betrekking hebben op in deze verordening geregelde materies.
[24-06-2016, PbEU L 183, i.w.tr. 28-07-2016/regelingnummer 2016/1104]

Artikel 63
Informatie die ter beschikking van het publiek wordt gesteld
Opdat de informatie voor het publiek beschikbaar wordt gesteld in het Europees justitieel netwerk in burgerlijke en handelszaken, verstrekken de lidstaten aan de Commissie een korte samenvatting van de nationale wetgeving en procedures betreffende de vermogensrechtelijke gevolgen van een geregistreerd partnerschap, met opgave van de ter zake bevoegde instanties en van informatie over de in artikel 28 bedoelde rechtsgevolgen ten aanzien van derden.
De informatie wordt door de lidstaten voortdurend geactualiseerd.
[24-06-2016, PbEU L 183, i.w.tr. 28-07-2016/regelingnummer 2016/1104]

Artikel 64
Informatie betreffende contactgegevens en procedures
1. Uiterlijk op 29 april 2018 doen de lidstaten de Commissie mededeling van:
a) de rechterlijke of andere instanties die bevoegd zijn voor het behandelen van het verzoek om een verklaring van uitvoerbaarheid overeenkomstig artikel 44, lid 1, en van het rechtsmiddel tegen een beslissing over dit verzoek overeenkomstig artikel 49, lid 2;
b) de in artikel 50 bedoelde procedure tegen een op het rechtsmiddel gegeven beslissing.

De lidstaten stellen de Commissie in kennis van iedere wijziging van deze informatie.
2. De overeenkomstig lid 1 meegedeelde informatie, met uitzondering van de adressen en overige contactgegevens van de in lid 1, onder a), bedoelde rechterlijke en andere instanties, wordt door de Commissie in het *Publicatieblad van de Europese Unie* bekendgemaakt.

3. De Commissie maakt alle overeenkomstig lid 1 meegedeelde informatie met passende middelen openbaar, in het bijzonder langs het Europees justitieel netwerk in burgerlijke en handelszaken.
[24-06-2016, PbEU L 183, i.w.tr. 28-07-2016/regelingnummer 2016/1104]

Artikel 65
Vaststelling en wijziging van de lijst met de in artikel 3, lid 2, bedoelde informatie

1. De Commissie stelt aan de hand van de kennisgevingen van de lidstaten de lijst van de in artikel 3, lid 2, bedoelde andere autoriteiten en rechtsbeoefenaren vast.
2. De lidstaten stellen de Commissie in kennis van elke wijziging van de in die lijst vervatte informatie. De Commissie past de lijst dienovereenkomstig aan.
3. De lijst en de wijzigingen worden door de Commissie bekendgemaakt in het *Publicatieblad van de Europese Unie*.
4. De overeenkomstig de leden 1 en 2 meegedeelde informatie wordt door de Commissie bekendgemaakt langs alle andere passende kanalen, met name het Europees justitieel netwerk in burgerlijke en handelszaken.
[24-06-2016, PbEU L 183, i.w.tr. 28-07-2016/regelingnummer 2016/1104]

Artikel 66
Vaststelling en wijziging van de in artikel 45, lid 3, onder b), en de artikelen 58, 59 en 60 bedoelde verklaringen en formulieren

De Commissie stelt de uitvoeringshandelingen tot vaststelling en tot wijziging van de in artikel 45, lid 3, onder b), en de artikelen 58, 59 en 60 bedoelde verklaringen en formulieren vast. Die uitvoeringshandelingen worden vastgesteld volgens de in artikel 67, lid 2, bedoelde raadplegingsprocedure.
[24-06-2016, PbEU L 183, i.w.tr. 28-07-2016/regelingnummer 2016/1104]

Artikel 67
Comitéprocedure

1. De Commissie wordt bijgestaan door een comité. Dat comité is een comité in de zin van Verordening (EU) nr. 182/2011.
2. Wanneer naar dit lid wordt verwezen, is artikel 4 van Verordening (EU) nr. 182/2011 van toepassing.
[24-06-2016, PbEU L 183, i.w.tr. 28-07-2016/regelingnummer 2016/1104]

Artikel 68
Herziening

1. Uiterlijk op 29 januari 2027, en vervolgens om de vijf jaar, dient de Commissie bij het Europees Parlement, de Raad en het Europees Economisch en Sociaal Comité een verslag in over de toepassing van deze verordening. Dit verslag gaat eventueel vergezeld van voorstellen tot wijziging van deze verordening.
2. Uiterlijk op 29 januari 2024 dient de Commissie bij het Europees Parlement, de Raad en het Europees Economisch en Sociaal Comité een verslag in over de toepassing van de artikelen 9 en 38 van deze verordening. In dit verslag wordt met name beoordeeld in welke mate deze artikelen hebben gezorgd voor toegang tot de rechter.

3. Met het oog op de in de leden 1 en 2 bedoelde verslagen delen de lidstaten de Commissie de nodige informatie mee betreffende de toepassing van deze verordening door hun gerechten.
[24-06-2016, PbEU L 183, i.w.tr. 28-07-2016/regelingnummer 2016/1104]

[Art. 61-68]

Betekenis. Hoofdstuk VI bevat de bij Europese verordeningen op het terrein van de justitiële samenwerking met grensoverschrijdende gevolgen bekende algemene en slotbepalingen. Hiertoe behoort onder meer het in art. 61 neergelegde verbod van legalisatie en soortgelijke formaliteiten. Met het afzien van legalisatie en soortgelijke formaliteiten wordt beoogd de uitwisseling van documenten binnen de lidstaten te bevorderen. Art. 63 bevat de aan de lidstaten opgelegde verplichting om via het Europees Justitieel Netwerk informatie over de nationale wetgeving en de procedures bekend te maken en actueel te houden. Zie in dit kader de link: https://e-justice.europa.eu/560/NL/matters_of_the_property_consequences_of_registered_partnerships.

Artikel 69
Overgangsbepalingen

1. Onder voorbehoud van leden 2 en 3 is deze verordening slechts van toepassing op rechtsvorderingen die zijn ingesteld, authentieke akten die zijn verleden of ingeschreven en gerechtelijke schikkingen die zijn goedgekeurd of getroffen op of na 29 januari 2019.
2. Als de vordering in de lidstaat van oorsprong vóór 29 januari 2019 is ingesteld, worden de op of na deze datum gegeven beslissingen erkend en ten uitvoer gelegd overeenkomstig hoofdstuk IV, mits de toegepaste bevoegdheidsregels in overeenstemming zijn met die welke in hoofdstuk II zijn bepaald.
3. Hoofdstuk III is slechts van toepassing op partners die op of na 29 januari 2019 hun partnerschap registreren of het op de vermogensrechtelijke gevolgen van hun geregistreerd partnerschap toepasselijke recht bepalen.
[24-06-2016, PbEU L 183, i.w.tr. 28-07-2016/regelingnummer 2016/1104]

Betekenis. De temporele werking van de GPVo is geregeld in art. 69. Lid 1 bepaalt dat de verordening van toepassing is op rechtsvorderingen die zijn ingesteld, authentieke akten die zijn verleden of ingeschreven en gerechtelijke schikkingen die zijn goedgekeurd of getroffen 'op of na 29 januari 2019'. Zo wordt de internationale bevoegdheid van de Nederlandse rechter in een zaak betreffende het partnerschapsvermogensregime getoetst aan de regels van de GPVo wanneer de procedure op of na 29 januari 2019 aanhangig wordt gemaakt. Tot die tijd geldt de huidige commune bevoegdheidsregeling, met name art. 4 Rv. Voor het toepasselijke recht geldt volgens art. 69 lid 3 dat de conflictregels van toepassing zijn op partners die 'op of na 29 januari 2019' hun geregistreerd partnerschap zijn aangegaan of die na deze datum een rechtskeuze voor het toepasselijke recht op het partnerschapsvermogensregime uitbrengen. Voor geregistreerd partnerschappen die vóór die datum zijn aangegaan blijft de regeling van Boek 10 BW gelden. Met betrekking tot de erkenning en tenuitvoerlegging van beslissingen geldt de regeling van de verordening voor beslissingen die zijn gegeven op of na 29 januari 2019, waaronder beslissingen op zaken die aanhangig zijn gemaakt vóór die datum mits de toegepaste bevoegdheidsregels overeenstemmen met die van de verordening (lid 2).

Artikel 70
Inwerkingtreding

1. Deze verordening treedt in werking op de twintigste dag na die van de bekendmaking ervan in het *Publicatieblad van de Europese Unie.*

2. Deze verordening is van toepassing in de lidstaten die deelnemen in de nauwere samenwerking op het gebied van de bevoegdheid, het toepasselijke recht en de erkenning en tenuitvoerlegging van beslissingen inzake de vermogensstelsels van internationale paren, met name zowel huwelijksvermogensstelsels als de vermogensrechtelijke gevolgen van geregistreerde partnerschappen, waarvoor toestemming is verleend bij Besluit (EU) 2016/954.

Zij is van toepassing met ingang van 29 januari 2019, met uitzondering van de artikelen 63 en 64 die van toepassing zijn met ingang van 29 april 2018 en de artikelen 65, 66 en 67 die van toepassing zijn met ingang van 29 juli 2016. Ten aanzien van de lidstaten die deelnemen aan de nauwere samenwerking op grond van een besluit dat is vastgesteld overeenkomstig artikel 331, lid 1, tweede of derde alinea, VWEU, is deze verordening van toepassing met ingang van de in dat besluit genoemde datum.

[24-06-2016, PbEU L 183, i.w.tr. 28-07-2016/regelingnummer 2016/1104]

Betekenis. De GPVo is tussen de lidstaten in werking getreden op 28 juli 2016 (art. 70 lid 1: de twintigste dag na die van de bekendmaking in het *Publicatieblad van de EU*). De verordening is van toepassing met ingang van 29 januari 2019, enkele artikelen daargelaten die een eigen datum van toepassing kennen.

AFSTAMMING

Burgerlijk Wetboek Boek 10 (Relevante artikelen)

TITEL 5
Afstamming

[Inleidende opmerkingen]

1. Algemeen. Het Nederlandse internationaal privaatrecht op het terrein van de afstamming was tot voor enkele decennia nog niet gecodificeerd, maar grotendeels ongeschreven recht. Het lag dan ook voor de hand dat de wetgever dit onderwerp in een wettelijke regeling heeft gegoten. In 1990 zijn aan de Minister van Justitie adviezen ter zake van een wettelijke regeling van het internationale afstammingsrecht uitgebracht door de Permanente Commissie van advies voor zaken van de burgerlijke stand en voor nationaliteitsaangelegenheden en door de Staatscommissie voor het Internationaal Privaatrecht (zie *Staatscommissie IPR, geselecteerde adviezen – naar een afgewogen IPR*, 's-Gravenhage: 1995, p. 134). In deze beide adviezen worden wetsvoorstellen gedaan die deels voortbouwen op het voormalige ongeschreven IPR inzake de afstamming, deels hiervan afwijken. Deze adviezen hebben ertoe geleid dat de Minister van Justitie een wetsvoorstel heeft geformuleerd, dat medio 1999 bij de Tweede Kamer der Staten Generaal is ingediend: Regeling van het conflictenrecht inzake de familierechtelijke betrekkingen uit hoofde van afstamming (Wet conflictenrecht afstamming) (*Stb.* 2001, 12) (*Kamerstukken II* 1998/99, 26675, 1-4, 1999/2000, 26675, 5, 2001/02, 26675, 6 en *Kamerstukken I* 2001/02, 26675, 101, 101a en 101b). Deze Wet conflictenrecht afstamming is in werking getreden op 1 mei 2003 (*Trb.* 2002, 153). In Titel 5 van Boek 10 is deze Wet conflictenrecht afstamming met ingang van 1 januari 2012 met enige aanpassingen en aanvullingen overgenomen in art. 10:92-10:102 BW. **Wet lesbisch ouderschap.** De in Titel 5 Boek 10 BW neergelegde art. 10:92-10:102 BW zijn nadien gewijzigd. In de eerste plaats is dit gebeurd bij de op 1 april 2014 in werking getreden wet 'Wijziging van Boek 1 van het Burgerlijk Wetboek in verband met het juridisch ouderschap van de vrouwelijke partner van de moeder anders dan door adoptie' (*Stb.* 2013, 480). Deze wet regelt dat de vrouwelijke partner van de moeder (de duomoeder) de juridische ouder van een kind kan worden zonder dat daarvoor een gerechtelijke procedure is vereist. Anders dan voorheen wordt dit juridisch ouderschap niet (meer) via de band van adoptie tot stand gebracht, maar in het afstammingsrecht in strikte zin. Deze nieuwe wetgeving leidt er ook toe dat de positie van kinderen geboren uit lesbische relaties zo veel mogelijk in overeenstemming wordt gebracht met die van kinderen geboren in heteroseksuele relaties. Het moederschap van de duomoeder ontstaat van rechtswege als de duomoeder is gehuwd met de moeder van het kind en duidelijk is dat de biologische vader van het kind geen rol zal spelen in zijn verzorging en opvoeding. Voorts kan in alle andere gevallen de duomoeder het kind erkennen. In de derde plaats wordt de duomoeder die als levensgezel heeft ingestemd met een daad die de verwekking van het kind tot gevolg kan hebben gehad, gelijkgesteld aan de mannelijke levensgezel. Dit betekent dat het moederschap van deze duomoeder gerechtelijk kan worden vastgesteld en zij alimentatieplichtig is jegens het kind op grond van art. 1:394 en 1:395b BW. Zie *Kamerstukken II* 2011/12, 33032, 3, p. 2. Tot de wetswijziging van 1 april 2014 bepaalde Titel 5 Boek 10 alleen welk recht van toepassing was in het geval het vaderschap van een man ontstaan door huwelijk, erkenning of gerechtelijke vaststelling. Een regeling ontbrak voor het ouderschap van een vrouw dat op één van deze wijzen ontstaat. Met de op 1 april 2014 aangebrachte aanpassingen van Titel 5 Boek 10 BW is deze leemte opgevuld. Daartoe is er voor gekozen het bestaande conflictenrecht sekseneutraal te formuleren. **Voorkomen van hinkende afstammingsrelaties.** In landen waarin het juridisch ouderschap van de duomoeder wettelijk niet is geregeld, zal dit ouderschap vaak niet worden erkend. Het gevaar van het niet-erkennen van het juridisch moederschap is niet alleen aanwezig in het geval dat het ouderschap van rechtswege of door erkenning tot stand komt, maar bestaat ook in die gevallen dat het ouderschap van de duomoeder door adoptie is tot stand gekomen. Het is echter niet ondenkbaar dat adoptie in meer landen op erkenning kan rekenen dan het moederschap door erkenning of van rechtswege, omdat bij adoptie een rechterlijke toets plaatsvindt. Om deze reden blijft in de Wet lesbisch ouderschap de mogelijkheid van adoptie door de duomoeder bestaan naast de mogelijkheid van erkenning. De duomoeders houden derhalve de keuze voor adoptie. Wanneer het ouderschap van de duomoeder anders dan door adoptie tot stand is gekomen en de moeders daarna naar het buitenland wensen te vertrekken, dan kunnen zij de rechter verzoeken voor recht te verklaren dat de duomoeder de juridische ouder is van het kind (ingevolge art. 3:302 BW), opdat zij in het buitenland desverzocht een rechterlijke beslissing kunnen overleggen. Het belang van het kind en de ouders bij erkenning wordt op deze wijze zo veel mogelijk gewaarborgd. Zie *Kamerstukken II* 2011/12, 33032, 3, p. 10. **De Wet opheffing verschillen tussen het geregistreerd partnerschap en het huwelijk.** Een tweede wettelijke regeling die heeft geleid tot een wijziging van art. 10:92-10:101 BW is de op 1 april 2014 in werking getreden wet 'Wijziging van het Burgerlijk Wetboek en het Wetboek van Burgerlijke Rechtsvordering mede in verband met de evaluatie van de Wet openstelling huwelijk en de Wet geregistreerd partnerschap' (*Stb.* 486). In deze nieuwe wet worden enkele verschillen tussen het geregistreerd partnerschap en het huwelijk opgeheven. Zo is onder meer geregeld dat voortaan ook de partner die ten tijde van de geboorte van een kind met de moeder door een geregistreerd partnerschap is verbonden ouder van dat kind is (art. 1:199 BW). Deze wijziging heeft onder meer gevolgen voor de bepalingen over erkenning en de gerechtelijke vaststelling van het vaderschap. Vanuit internationaal privaatrechtelijk oogpunt is voorts relevant dat de rechtsfiguur van de rechterlijke tussenkomst voor de erkenning van een kind door een op het tijdstip van de erkenning met een andere vrouw gehuwde man is komen te vervallen (art. 1:204 lid 1 onderdeel e BW (oud)). Zie hieromtrent nader onder art. 10:95 BW. **Twee CIEC-Verdragen.** Op twee deelgebieden van afstamming bestaan verdragen, te weten de CIEC-Overeenkomst van 1962 over de vaststelling van betrekkingen tussen het onwettige kind en zijn moeder (*Trb.* 1963, 93) en de CIEC-Overeenkomst van 1970 inzake wettiging door huwelijk (*Trb.* 1972, 61). In art. 10:94 lid 3 en art. 10:98 lid 1 wordt de rechtstoepasser op het bestaan van voornoemde verdragen gewezen. Zie met betrekking tot Titel 5, *Kamerstukken II* 2009/10, 32137, 1 e.v. De in Titel 1 opgenomen algemene bepalingen (art. 10:1-10:17) zijn, uitgezonderd met betrekking tot de beide voornoemde CIEC-Overeenkomsten, ook van toepassing op de in Titel 5 vervatte bepalingen van art. 10:92-10:101. Zie nader met betrekking tot Titel 5 (art. 10:92-10:102), *Asser/Vonken & Ibili 10-II* 2021/387-457.

2. De structuur van de verwijzingsregeling. Titel 5 Boek 10 BW is opgedeeld in vijf afdelingen. Afdeling 1 biedt allereerst in art. 10:92 een regeling voor het ontstaan van de familierechtelijke betrekkingen door geboorte uit gehuwde ouders. Voorts wordt in art. 10:93 een bepaling gegeven voor de rechtsfiguur van de ontkenning van het (huwelijkse) ouderschap, terwijl art. 10:94 een regeling bevat voor de vraag of, en op welke wijze, familierechtelijke betrekkingen kunnen ontstaan tussen het kind en de ongehuwde moeder. Afdeling 2 behandelt in art. 10:95 de kwestie of erkenning door een persoon familierechtelijke betrekkingen doen ontstaan tussen het kind en deze persoon, terwijl in art. 10:96 de vraag wordt geregeld van het mogelijk tenietdoen van familierechtelijke betrekkingen die door deze erkenning zijn ontstaan. Art. 10:97 ziet op de vraag van het ontstaan van familierechtelijke betrekkingen door gerechtelijke vaststelling van het ouderschap. Afdeling 3 bevat in art. 10:98 een regeling voor het ontstaan van familierechtelijke betrekkingen door wettiging. Art. 10:99, dat in Afdeling 4 is ondergebracht, behelst de vraag van de inhoud (de gevolgen) van de familierechtelijke betrekkingen uit hoofde van afstamming. In art. 10:100 en 10:101, die in Afdeling 5 zijn neergelegd, wordt de erkenningsvraag geregeld van in het buitenland tot stand gekomen rechterlijke beslissingen respectievelijk rechtsfeiten en rechtshandelingen waarbij familierechtelijke betrekkingen uit hoofde van afstamming zijn vastgelegd of gewijzigd. Art. 10:102 bevat verder een overgangsrechtelijke bepaling.

3. Enkele karakteristieken van Titel 5 Boek 10 BW. a. De nationaliteit als de primaire aanknopingsfactor. Titel 5 Boek 10 BW kent het primaat toe aan de nationaliteitsaanknoping en streeft naar een voor partijen gemeenschappelijke aanknoping, aangezien het bij het afstammingsrecht gaat om rechtsverhoudingen waarbij meer dan één partij is betrokken. Wat betreft de onderbouwing voor de primaire aanknoping aan de nationaliteit wordt in de MvT, *Kamerstukken II* 26675, 3, p. 3, opgemerkt dat de in beginsel stabiele aard van de rechtsbetrekkingen waar het in het familierecht om gaat, in de richting wijst van de nationaliteit als aanknopingsfactor. Deze kan immers in vergelijking met de gewone verblijfplaats geacht worden een grotere stabiliteit te bezitten. Art. 6 AB (oud) wijst in dezelfde richting. Er mag nog steeds van worden uitgegaan dat natuurlijke personen zich sterk verbonden voelen met het land waarvan zij de nationaliteit bezitten. De gewone verblijfplaats krijgt eerst betekenis in de gevallen dat de nationaliteit geen bevredigende oplossing biedt. In NV II, *Kamerstukken II* 26675, 6, p. 11, wordt er verder nog op gewezen dat een andere reden om de nationaliteit als primaire aanknoping te hanteren, is gelegen in het feit dat in ons land grote groeperingen gevestigd zijn van personen die afkomstig zijn uit landen die het nationaliteitsbeginsel huldigen (onder andere: Marokko en Turkije). Op deze wijze kunnen, zo is wellicht de achterliggende gedachte, hinkende afstammingsbetrekkingen met de betrokken landen worden voorkomen. **b. Geen effectiviteitstoets in geval van een meervoudige nationaliteit.** De aanknoping aan de nationaliteit kan problemen doen rijzen in het geval een persoon een meervoudige nationaliteit heeft. De oorzaak hiervan is dat doorgaans de nationaliteitswetgevingen van de verschillende landen niet op elkaar aansluiten. Een mogelijke oplossing is, dat wordt aangeknoopt aan de effectieve nationaliteit: aan de hand van objectief en subjectief gekleurde factoren – waaronder de gewone verblijfplaats van betrokkene(n) – wordt dan de effectieve nationaliteit vastgesteld. De andere oplossing is dat in dit geval de nationaliteitsaanknoping wordt losgelaten en direct wordt overgegaan tot toepassing van de wet van de gewone verblijfplaats. In de wet is een expliciete bepaling over de kwestie van de meervoudige nationaliteit neergelegd in art. 10:92 lid 2, art. 10:97 lid 2 en art. 10:99 lid 3: hebben de vrouw en de andere ouder meer dan één gemeenschappelijke nationaliteit, dan worden zij voor de toepassing van de genoemde bepalingen geacht geen gemeenschappelijke nationaliteit te hebben. Elke relativering van de aanknoping aan de (gemeenschappelijke) nationaliteit wordt dus afgewezen. De MvT, *Kamerstukken II* 26675, 3, p. 8-9, geeft hiervoor het argument dat, aangezien de onderhavige wettelijke regeling in de eerste plaats moet worden toegepast door de ambtenaar van de burgerlijke stand, het de wetgever raadzaam voorkomt om regels die vereisen dat alle omstandigheden van het geval tegen elkaar dienen te worden afgewogen, welke tot beoordelingsverschillen kunnen leiden, zoveel mogelijk dienen te worden vermeden. Om dezelfde reden mag evenmin een effectiviteitstoets worden aangelegd in het geval, zo volgt uit voornoemde bepalingen, de echtgenoten één gemeenschappelijke nationaliteit hebben – en eventueel daarnaast nog een andere nationaliteit, maar niet dezelfde; het recht van die ene gemeenschappelijke nationaliteit is dan steeds toepasselijk. Bespreking behoeft in dit kader verder het vraagstuk van de verwaterde nationaliteit, dat wil zeggen: het geval dat een persoon een (enkelvoudige) nationaliteit heeft van een land waarmee hij geen banden (meer) heeft. Aangezien de wetgever elke relativering aan de nationaliteit lijkt af te wijzen, ligt het in rede dat in dit geval de realiteitstoets van de nationaliteit niet dient te worden aangelegd en dient te worden aangeknoopt aan de formele – desnoods papieren – nationaliteit van betrokkene(n). **c. Het begunstigingsbeginsel.** In Titel 5 Boek 10 BW zijn enkele op het begunstigingsbeginsel gebaseerde verwijzingsregels opgenomen, te weten: voor de gerechtelijke ontkenning van het door huwelijk of geregistreerd partnerschap ontstane ouderschap (art. 10:93 lid 2), de erkenning door een persoon (art. 10:95 lid 1) en de wettiging door huwelijk (art. 10:99 lid 1 en 2). Bij de bespreking van de afzonderlijke bepalingen zal hierop nader worden ingegaan. Op deze plaats wordt volstaan met de volgende kanttekeningen van algemene aard. De drie voornoemde bepalingen zijn in lijn met dit op het begunstigingsbeginsel geënte verwijzingsprocedé. In de MvT, *Kamerstukken II* 26675, 3, p. 4 wordt dit beginsel gerelativeerd, in die zin dat ten aanzien van het afstammingsrecht dit beginsel niet steeds voor de hand ligt. Dit is bijvoorbeeld het geval bij de vaststelling van de afstamming van een kind van met elkaar gehuwde ouders. Het belang van het kind zal immers niet steeds gediend zijn met het bestaan van familierechtelijke betrekkingen met de echtgenoot/echtgenote van de moeder. Het kind zal daarentegen vaak juist gebaat zijn met een ontkenning van het ouderschap om aldus een familierechtelijke band te kunnen scheppen met de nieuwe partner van de moeder (de verwekker of duomoeder). Wat betreft de in art. 10:95 lid 1 op het begunstigingsbeginsel gebaseerde aanknoping inzake de erkenning van het kind door een persoon verdient opmerking dat doorgaans bij de erkenning de belangen van de direct betrokkenen met elkaar parallel zullen lopen, zij het dat ook daar de belangen van betrokkenen met elkaar kunnen conflicteren. Zo kan een erkenning eraan in de weg staan dat een kind in familierechtelijke betrekkingen komt te staan tot de partner met wie de moeder later huwt. Deze overwegingen hebben de wetgever ertoe gebracht, zo blijkt uit de MvT, *Kamerstukken II* 26675, 3, p. 5, dat in art. 10:95 een regel is geformuleerd die enerzijds de erkenning begunstigt maar anderzijds tegelijkertijd een groot gewicht toekent aan het vereiste van de toestemming van de moeder, onderscheidenlijk het kind. **d. Erkenning van in het buitenland tot stand gekomen afstammingsbetrekkingen.** ***Geen conflictenrechtelijke toets.*** De gangbare praktijk was dat bij gebreke van een specifieke erkenningsregel op het terrein van de afstamming, de geldigheid van de in het buitenland tot stand gebrachte afstammingsrelatie — via bijvoorbeeld een rechterlijke beslissing — in Nederland diende te worden getoetst aan onze eigen verwijzingsregels. Anders gezegd: de in het buitenland ontstane rechtstoestand werd onderworpen aan een conflictenrechtelijke toets, dat wil zeggen: de elders gevestigde afstammingsband moest zijn tot stand gekomen in overeenstemming met het rechtsstelsel dat volgens het Nederlandse internationaal privaatrecht op de aldaar in het leven geroepen afstammingsbetrekking toepasselijk was. Deze conflictenrechtelijke toets heeft de afgelopen jaren aan betekenis verloren, niet alleen op het terrein van het afstammingsrecht, maar ook op andere gebieden van het personen- en familierecht (naam, huwelijk, adoptie en alimentatie). Het wordt niet meer juist geacht om wat eerder elders al is gebeurd, bij gelegenheid van de erkenningsbeslissing in Nederland nog eens over te doen. Er wordt dus niet meer getoetst of het met toepassing van het buitenlandse internationaal privaatrecht bereikte resultaat gelijk is aan het resultaat dat met toepassing van de Nederlandse verwijzingsregel zou zijn bereikt. ***Processuele toets.*** Dit verklaart dat voor de conflictenrechtelijke toets een processuele toets in de plaats is getreden. De toetsing van de 'bevoegdheid' van de desbetreffende vreemde autoriteit — rechter, notaris, ambtenaar van de burgerlijke stand — én de vraag of elders een behoorlijke rechtspleging heeft plaatsgevonden staan bij de erkenningsvraag hier te lande centraal en niet meer die van het toegepaste recht. In art. 10:100 en 10:101 BW wordt expliciet gekozen voor deze processuele benadering (MvT, *Kamerstukken II* 26675, 3, p. 7). Deze keuze voor een processuele toets impliceert dat de in afdeling 1-4 van de wet vervatte verwijzingsregels (art. 10:92-10:99) uitsluitend van toepassing zijn op rechterlijke beslissingen, rechtshandelingen en rechtsfeiten die in Nederland tot stand komen. Zie nader *Asser/Vonken & Ibili 10-II* 2021/605 e.v.

AFDELING 1
Familierechtelijke betrekkingen door geboorte

Artikel 92

1. Of een kind door geboorte in familierechtelijke betrekkingen komt te staan tot de vrouw uit wie het is geboren en de met haar gehuwde persoon of gehuwd geweest zijnde persoon of de persoon met wie zij door een geregistreerd partnerschap is verbonden of verbonden is geweest, wordt bepaald door het recht van de staat van de gemeenschappelijke nationaliteit van de vrouw en die persoon of, indien dit ontbreekt, door het recht van de staat waar de vrouw en die persoon elk hun gewone verblijfplaats hebben, of indien ook dit ontbreekt, door het recht van de staat van de gewone verblijfplaats van het kind.

2. Wanneer de persoon, genoemd in lid 1, en de vrouw een nationaliteit gemeenschappelijk hebben, geldt voor de toepassing van lid 1 als hun nationale recht het recht van die nationaliteit, ongeacht of zij beiden dan wel een hunner nog een andere nationaliteit bezitten. Bezitten de echtgenoten of geregistreerde partners meer dan een gemeenschappelijke nationaliteit, dan worden zij geacht geen gemeenschappelijke nationaliteit te bezitten.

3. Voor de toepassing van lid 1 is bepalend het tijdstip van de geboorte van het kind, dan wel indien het huwelijk of geregistreerd partnerschap van de ouders voordien is ontbonden, dat van de ontbinding.
[27-11-2013, Stb. 486, i.w.tr. 01-04-2014/kamerstukken 33526]

[Het ontstaan van familierechtelijke betrekkingen door geboorte tijdens het huwelijk of een geregistreerd partnerschap]

1. Hoofdregel (lid 1). a. Een uit drie treden bestaande aanknopingsladder. Het bepaalde in lid 1 bestrijkt de vraag of een kind door geboorte in familierechtelijke betrekkingen komt te staan tot de vrouw uit wie het is geboren of de persoon van wie zij door geregistreerd partnerschap is verbonden of verbonden is geweest. Om het op deze vraag toepasselijke recht – het 'gezinsrecht' – aan te wijzen, biedt art. 10:92 lid 1 BW een uit drie treden bestaande aanknopingsladder. Deze bepaling houdt in dat, primair, dient te worden aangeknoopt aan de gezamenlijke nationaliteit van de vrouw en de persoon met wie zij is gehuwd of een geregistreerd partnerschap heeft gesloten. Indien deze ontbreekt, dient, subsidiair, te worden aangeknoopt aan de gewone verblijfplaats van de vrouw en deze persoon die zij in dezelfde staat hebben of, indien ook deze ontbreekt, dient, meer subsidiair te worden aangeknoopt aan de gewone verblijfplaats van het kind. Deze verwijzingsregel leidt er dus toe dat, wanneer de ouders een verschillende nationaliteit hebben, het recht van de staat waar de vrouw en deze persoon elk hun gewone verblijfplaats hebben, toepasselijk is. De gewone verblijfplaats van de vrouw en deze persoon behoeft dus niet gemeenschappelijk te zijn, in die zin dat zij ook samenwonen. Vereist is slechts dat beiden een gewone verblijfplaats in dezelfde staat hebben. ***Het begrip gewone verblijfplaats.*** Het in de verwijzingsregels gehanteerde begrip gewone verblijfplaats is een autonoom, conflictenrechtelijk begrip. Het verwijst naar het centrum van iemands maatschappelijke leven of de plaats waar het leven van betrokkene zich feitelijk afspeelt. Dit zal onder meer kunnen blijken uit enige duurzaamheid van dit feitelijk verblijf. Gewicht kan worden toegekend aan de wil van betrokkenen; verblijft bijvoorbeeld iemand om studieredenen enige maanden in Nederland, dan kan doorgaans niet worden aangenomen dat hij in conflictenrechtelijke zin hier te lande gewone verblijfplaats heeft. Wanneer iemand naar Nederland immigreert, zal reeds (vrij) direct na de feitelijke vestiging in Nederland aan dit feitelijke criterium zijn voldaan (NV II, *Kamerstukken II* 26675, 6, p. 13). **b. Aanknoping aan een aan partijen gemeenschappelijk recht.** De onderhavige verwijzingsregel is abstract en neutraal van karakter en heeft dus geen begunstigingskarakter. De wetgever heeft zich hierbij laten leiden door de gedachte dat het bestaan van familierechtelijke betrekkingen met de (ex-)echtgenoot/echtgenote dan wel (ex-)geregistreerde partner van de moeder niet telkens in het belang van het kind behoeft te zijn. Het kind zal er vaak baat bij hebben dat het ouderschap kan worden ontkend om aldus de weg vrij te maken voor het creëren van een familierechtelijke band tussen het kind en zijn werkelijke (biologische of sociale) ouder. Bovendien past een dergelijke – neutrale – verwijzingsregel bij het feit dat, internrechtelijk, binnen en buiten een huwelijk/geregistreerd partnerschap geboren kinderen wat hun rechtspositie betreft zoveel mogelijk gelijkgesteld zijn. De bepaling doet recht aan het beginsel van de gelijkheid tussen de beide partners, dat een gemeenschappelijke aanknoping vereist. Daarbij wordt dus meer gewicht toegekend aan het recht van de ouders dan aan dat van het kind dat in het gezin wordt geboren. In de MvT, *Kamerstukken II* 26675, 3 wordt in dit verband opgemerkt dat ook de omstandigheid dat het kind zijn nationaliteit doorgaans afleidt van die van de ouders en ook zijn gewone verblijfplaats meestal met die van de ouders samenvalt, in de richting wijst van de toepasselijkverklaring van de (nationale respectievelijk domiciliaire) wet van de ouders als recht waarmee de drie bij deze rechtsverhouding betrokken partijen het nauwst verbonden zijn.

2. Meervoudige nationaliteit: geen effectiviteitstoets (lid 2). Uit art. 10:92 lid 2 BW volgt dat in het geval een ouder of beide ouders een meervoudige nationaliteit heeft/hebben, de wetgever aan de rechtstoepasser geen enkele speelruimte biedt tot relativering van de aanknoping aan de gemeenschappelijke nationaliteit via de effectiviteitstoets. Dit volgt ook uit de Inleidende opmerkingen, aant. 3 onder c. Het bepaalde in lid 2 houdt in dat, indien de ouders een vreemde nationaliteit hebben en één van hen nog een nadere nationaliteit heeft, steeds het recht van de gemeenschappelijke nationaliteit wordt toegepast. In het geval zij beiden daarentegen dezelfde dubbele nationaliteit hebben, volgt uit lid 2 dat dan dient te worden teruggevallen op het recht van de gewone verblijfplaats van de ouders. In de praktijk zal dit vaak leiden tot toepasselijkheid van het Nederlandse recht, wanneer beide ouders – door naturalisatie – de Nederlandse nationaliteit hebben alsmede de nationaliteit van het land waar zij beiden oorspronkelijke vandaan kwamen.
Geen realiteitstoets. In de Inleidende opmerkingen bij Titel 5, aant. 3 onder c, is reeds geconstateerd dat Titel 5 niet alleen geen ruimte biedt om een effectiviteitstoets aan te leggen in het geval van een meervoudige nationaliteit, maar ook geen gelegenheid biedt voor een realiteitstoets in het geval van een enkelvoudige – verwaterde – nationaliteit. Dit betekent dat wanneer de ouders een enkelvoudige, louter papieren gemeenschappelijke nationaliteit hebben, deze nationaliteit steeds als aanknoping heeft te gelden.
Een voorbeeld. Uit het huwelijk van een Marokkaanse vrouw en de met haar gehuwde Marokkaanse man wordt op 1 augustus 2011 te 's-Gravenhage een kind geboren. Partijen wonen al een aantal jaren in Nederland. De Marokkaanse vrouw heeft in 2009 door naturalisatie tevens de Nederlandse nationaliteit verkregen. Drie weken na de geboorte van het kind wordt het huwelijk van partijen door echtscheiding ontbonden en keert de man terug naar Marokko. Welk recht is van toepassing op de vraag of door geboorte familierechtelijke betrekkingen zijn ontstaan tussen de Marokkaanse man en het kind? Uit art. 10:92 lid 3 BW volgt dat voor de vaststelling van het aanknopingspunt bepalend is het tijdstip van de geboorte van het kind. Op dat tijdstip bezat de man de Marokkaanse nationaliteit en de vrouw de Marokkaanse en de Nederlandse nationaliteit. Uit art. 10:92 lid 2 BW, jo. lid 1 volgt dat het Marokkaanse recht op de voorliggende vraag van toepassing is – het recht van de staat van de gemeenschappelijke nationaliteit van beide partners.

3. De aanknopingsfactor in de tijd (lid 3). Uit art. 10:92 lid 3 BW volgt dat als peildatum voor de aanknopingspunten van de nationaliteit en de gewone verblijfplaats, die in lid 1 worden gebezigd, beslissend is het tijdstip van de geboorte van het kind tijdens het huwelijk/geregistreerd partnerschap van de ouders. Indien het huwelijk van de ouders voordien is ontbonden, is beslissend het tijdstip van de ontbinding. Op deze wijze wordt recht gedaan aan de stabiliteit van de familierechtelijke betrekkingen door geboorte tussen de ouders en het kind.

Artikel 93

1. Of familierechtelijke betrekkingen als bedoeld in artikel 92 van dit Boek in een gerechtelijke procedure tot gegrondverklaring van een ontkenning kunnen worden tenietgedaan, wordt bepaald door het recht dat ingevolge dat artikel op het bestaan van die betrekkingen toepasselijk is.

2. Is volgens het in lid 1 bedoelde recht ontkenning niet of niet meer mogelijk, dan kan de rechter, indien zulks in het belang is van het kind en de ouders en het kind een daartoe strekkend gezamenlijk verzoek doen, een ander in artikel 92 van dit Boek genoemd recht toepassen, dan wel het recht toepassen van de staat van de gewone verblijfplaats van het kind ten tijde van de ontkenning of het Nederlandse recht.

3. Ongeacht het ingevolge lid 1 of lid 2 toepasselijke recht is in de daar bedoelde gerechtelijke procedure artikel 212 van Boek 1 van toepassing.

4. Of familierechtelijke betrekkingen tussen een kind en de met zijn moeder gehuwd of gehuwd geweest zijnde persoon of de persoon met wie zijn moeder door een geregistreerd partnerschap is verbonden of verbonden is geweest door een verklaring houdende ontkenning door de moeder ten overstaan van de ambtenaar van de burgerlijke stand kunnen worden tenietgedaan, wordt bepaald door het recht dat ingevolge artikel 92 van dit Boek op het bestaan van die betrekkingen toepasselijk is. Onverminderd de leden 1 en 2 kan een zodanige verklaring slechts worden afgelegd indien de met de moeder gehuwde of gehuwd geweest zijnde nog levende persoon respectievelijk de persoon met wie de moeder door een geregistreerd partnerschap is verbonden of de nog in levende zijn persoon met wie zij door een partnerschap verbonden is geweest erin toestemt en indien tegelijkertijd familierechtelijke betrekkingen tussen het kind en een andere persoon ontstaan of worden gevestigd.

[27-11-2013, Stb. 486, i.w.tr. 01-04-2014/kamerstukken 33526]

[De ontkenning van het door huwelijk of geregistreerd partnerschap ontstane ouderschap]

1. Algemeen. Deze bepaling biedt een bijzondere regeling voor de rechtsfiguur van de ontkenning van het door huwelijk of geregistreerd partnerschap ontstane ouderschap (vaderschap of moederschap), anders gezegd: de vraag of familierechtelijke betrekkingen als bedoeld om in art. 10:92 BW in een (buiten)gerechtelijke procedure tot gegrondverklaring van een ontkenning kunnen worden tenietgedaan. Art. 10:93 lid 1-3 BW zien op de gerechtelijke ontkenning van het door huwelijk of geregistreerd partnerschap ontstane ouderschap. In lid 1 is de (primaire) verwijzingsregel vervat, dat toepasselijk is het recht dat ingevolge art. 10:92 BW op het bestaan van die familierechtelijke betrekkingen toepasselijk is. In lid 2 wordt vervolgens (subsidiair) bepaald, dat, indien volgens het in lid 1 bedoelde recht ontkenning niet of niet meer mogelijk is, de rechter, indien zulks in het belang van het kind is, en de ouders en het kind een daartoe strekkend verzoek doen, een ander in art. 10:92 BW genoemd recht kan toepassen, dan wel het recht van de staat van de gewone verblijfplaats van het kind ten tijde van de ontkenning of het Nederlandse recht. Uit het derde lid volgt dat, in het geval van een gerechtelijke procedure tot ontkenning van het ouderschap, art. 1:212 BW steeds van toepassing is, ongeacht het ingevolge art. 10:93 lid 1 of lid 2 toepasselijke recht. In het vierde lid van art. 10:93 BW wordt ten slotte een speciale regeling geboden voor de buitengerechtelijke ontkenning van het door huwelijk of geregistreerd partnerschap ontstane ouderschap, zoals de rechtsfiguur waarbij het ouderschap van de partner teniet kan worden gedaan door een verklaring houdende ontkenning door de moeder ten overstaan van de ambtenaar van de burgerlijke stand. Of een dergelijke buitengerechtelijke ontkenningsactie kan slagen wordt, zo leert dit vierde lid, bepaald door het recht dat ingevolge art. 10:92 BW op het bestaan van de familierechtelijke betrekkingen van toepassing is. Tevens dient voldaan te zijn aan twee aanvullende (materiële) voorwaarden, namelijk dat a) de met de moeder gehuwde of gehuwd geweest zijnde (nog levende) persoon respectievelijk de persoon met wie de moeder door een geregistreerd partnerschap is verbonden erin toestemt en b) tegelijkertijd familierechtelijke betrekkingen tussen het kind en een andere persoon ontstaan of worden gevestigd. Zie nader art. 10:93 lid 4 BW.

2. Primaire regel: toepasselijkheid van art. 10:92 (lid 1). Art. 10:93 lid 1 BW behelst de rechtsfiguur van de ontkenning van het door huwelijk of geregistreerd partnerschap ontstane ouderschap door zowel de moeder als de andere ouder of het kind, door het instellen van een verzoek tot gegrondverklaring ervan door de rechter. Uit het bepaalde in lid 1 volgt dat de in art. 10:92 BW vervatte verwijzingsregel inzake het bestaan van familierechtelijke betrekkingen door geboorte tijdens het huwelijk of een geregistreerd partnerschap ook geldt voor de ontkenning ervan. De bepaling doet aldus recht aan het belang van de interne beslissingsharmonie, in die zin dat de vraag van de totstandkoming van de afstammingsband en de verbreking ervan doorgaans nauw met elkaar samenhangen en het derhalve wenselijk is dat beide vragen door een en hetzelfde recht worden beheerst. De bepaling leidt ertoe dat in het geval van een verzoek tot ontkenning van het ouderschap dient te worden aangeknoopt aan het aanknopingspunt dat aanwezig is op het tijdstip van de geboorte van het kind (zie art. 10:92 lid 3 BW en art. 10:92, aant. 3). De vraag is of hier sprake is van een omissie van de wetgever. De ontkenning van het ouderschap vindt immers plaats door de verbinding van twee elementen: de geboorte van het kind en de rechterlijke beslissing; slechts door het plaatsvinden van het tweede element wordt het slaken van de familierechtelijke band constitutief. Wanneer de ouders dus van nationaliteit of gewone verblijfplaats zijn gewijzigd tussen de geboorte van het kind en de rechterlijke beslissing, lijkt het alleszins bepleitbaar om aan te knopen aan de (nationale of domiciliaire) wet die van toepassing is ten tijde van de rechterlijke beslissing.

3. Subsidiaire regel: begunstiging gerechtelijke ontkenning ouderschap (lid 2). a. Algemeen. Art. 10:93 lid 2 BW biedt, in favorem infantis, een op het begunstigingsbeginsel gebaseerde aanknoping: om ontkenning alsnog mogelijk te maken biedt lid 2 als – alternatieve – aanknopingspunten de overige aanknopingspunten van lid 1, voorts de gewone verblijfplaats van het kind en ten slotte de aanknoping aan het Nederlandse recht. **b. Subsidiair karakter.** De in lid 2 vervatte regeling is subsidiair van aard, in die zin dat deze bepaling slechts voor toepassing in aanmerking komt, indien volgens de primaire regel die is neergelegd in lid 1 de ontkenning van het ouderschap niet of niet meer mogelijk is. Dit subsidiaire karakter volgt uit de eerste zinsnede van lid 2. **c. Motivering van de bepaling.** Het in de bepaling ingebouwde begunstigingselement kan worden gerechtvaardigd met het argument dat het bij de ontkenning van het ouderschap dikwijls gevallen betreft, waarin het voornemen bestaat het kind door de nieuwe partner van de moeder (de verwekker of duomoeder) te doen erkennen. In deze gevallen zal het doorgaans in het belang van het kind zijn dat zijn juridische positie in overeenstemming wordt gebracht met de (biologische of sociale) werkelijkheid. Het belang van de andere betrokkenen zal daarmee ook parallel lopen. De ontkenning zal met name de opneming van het kind in het nieuw te vormen gezin van de moeder met de nieuwe partner mogelijk maken, zo volgt uit de MvT, *Kamerstukken II* 26675, 3, p. 10 en NV II, *Kamerstukken II* 26675, 6, p. 16. Het subsidiaire karakter van art. 10:93 lid 2 BW impliceert dat het ingevolge art. 10:93 lid 1 BW toepasselijke recht niet rechtstreeks terzijde mag worden gesteld en de ontkenning gegrond verklaard met een beroep op de openbare orde in de zin van art. 10:6 BW (of op grond van art. 8 EVRM). Aan toepassing van art. 10:93 lid 2 BW wordt dan niet meer toegekomen; in die zin, ten onrechte, Rb. Noord-Holland 19 november 2014, ECLI:NL:RBNHO:2014:10913; Rb. Amsterdam 13 januari 2016, ECLI:NL:RBAMS:2016:42; Rb. Zeeland-West Brabant 6 februari 2017, ECLI:NL:RBZWB:2017:747. **d. Gezamenlijk verzoek van partijen.** De aandacht verdient verder dat de begunstigende regel van het tweede lid uitsluitend kan worden toegepast, indien de meest betrokken partijen – de moeder, de persoon met wie zij is (was) gehuwd of een geregistreerd partnerschap heeft en het door een bijzonder curator vertegenwoordigde kind – overeenstemming bereiken over de toepassing van een ander recht dan het recht dat de afstamming beheerst ingevolge het bepaalde in art. 10:92 BW. De betrokken partijen dienen een daartoe strekkend gezamenlijk verzoek bij de rechter in te dienen. Er moet derhalve eensgezindheid bestaan met betrekking tot de wenselijkheid van de ontkenning. Dit impliceert dat indien die eensgezindheid niet bestaat of niet alsnog wordt bereikt, alleen een gerechtelijke ontkenning van het ouderschap kan worden verkregen op grond van de in het eerste lid vervatte verwijzingsregel. Zie NV II, *Kamerstukken II* 26675, 6, p. 16. Dit in lid 2 opgenomen wilselement vertoont weliswaar gelijkenissen met een (zeer beperkte) rechtskeuze door de ouders en de curator van het kind, maar is dit in feite niet. Deze aan partijen geboden faciliteit geldt immers slechts in situaties waarin de belangen naar het oordeel van betrokkenen zelf parallel lopen. Bovendien is het de rechter die uiteindelijk (ambtshalve) bepaalt of het andere recht mede met het oog op de belangen van het kind behoort te worden toegepast. **e. De mogelijke aanknopingspunten.** De wetgever heeft de kring van voor toepassing in aanmerking komende andere rechtsstelsels niet te ruim willen trekken (zie MvT, *Kamerstukken II* 26675, 3, p. 10): voor elk van die rechtsstelsels dient een aanvaardbare internationaal privaatrechtelijke aanknoping te bestaan. Dit heeft ertoe geleid dat als – alternatieve – aanknopingen vooreerst de overige aanknopingen van art. 10:92 BW worden aangeboden. Zo kunnen de betrokken partijen bijvoorbeeld verzoeken om het recht van de staat van de gewone verblijfplaats van het kind ten tijde van de geboorte toe te passen in plaats van het recht van de staat waar de beide ouders elk hun gewone verblijfplaats ten tijde van de geboorte hebben. Daarentegen kunnen partijen/de rechter niet ook een gemeenschappelijk nationaal recht van de ouders toepassen, in het geval de ouders meer dan één gemeenschappelijke nationaliteit hebben, aangezien dit in strijd is met art. 1 lid 2 (zie art. 10:92, aant. 2). Voorts wordt als aanknoping geboden de gewone verblijfplaats van het kind ten tijde van de procedure tot ontkenning. In het normale geval zal de ouder bij wie het kind verblijft tevens zijn gewone verblijfplaats in hetzelfde land als het kind hebben. Ten slotte is toegevoegd – als lex fori – het Nederlandse recht. In de MvT, *Kamerstukken II* 26675, 3, p. 10, wordt deze aanknoping (mede) geschraagd met het argument dat het passend voorkomt om partijen die in Nederland een ontkenningsprocedure voeren, in de gelegenheid te stellen de rechter te verzoeken Nederlands recht toe te passen, bijvoorbeeld in het geval dat alleen de (ex-) partner van de moeder in Nederland zijn gewone verblijfplaats heeft. **f. Ambtshalve**

toetsing belang van het kind. Toepassing van de begunstigende aanknoping komt verder slechts in aanmerking, zo blijkt uit het tweede lid, indien de ontkenning van het ouderschap in het belang van het kind is. De eensgezindheid van de direct betrokkenen met betrekking tot het toepasselijke recht geeft hiervoor een eerste, belangrijke indicatie. Dit betekent echter niet dat de rechter aan deze keuze van partijen voor een van de alternatief aangewezen rechtsstelsels gebonden is. De rechter zal telkens de aanwezigheid van het belang van het kind ambtshalve moeten onderzoeken. In de MvT, *Kamerstukken II* 26675, 3, p. 10 wordt er in dit verband terecht op gewezen dat het karakter van de openbare orde, dat aan het afstammingsrecht eigen is, niet toelaat dat alleen de wil van partijen de doorslag zou kunnen geven. ***Begrip belang van het kind.*** De vraag rijst wat precies onder het belang van het kind dient te worden verstaan. Bij de vraag wat het belang van het kind vereist, ligt het in de rede dat de rechter rekening houdt met de zienswijze van de ingevolge art. 10:93 lid 3 BW (zie art. 10:93, aant. 4) aan te wijzen bijzonder curator. Voorts kan hij een comparitie van de ouders bevelen en andere belanghebbenden horen. Hij kan ook een onderzoek door de Raad voor de Kinderbescherming laten instellen. Ook is het mogelijk dat de rechter bemiddeling verleent bij verschil van inzicht tussen partijen. Het belang van het kind is er doorgaans mee gebaat dat zijn juridische positie in overeenstemming wordt gebracht met de biologische of sociale werkelijkheid (zie NV II, *Kamerstukken II* 26675, 6, p. 17). Het is aan de rechter om van geval tot geval deze afweging van belangen te maken. ***Een voorbeeld.*** Een Marokkaans-Belgische vrouw dient voor de Nederlandse rechter een verzoek in tot ontkenning van het vaderschap van een kort na de echtscheiding geboren kind, met als doel om tezamen met de verwekker (erkenner) een nieuw gezin te stichten. De ex-echtgenoot van de moeder heeft de Marokkaanse nationaliteit. Zowel de Marokkaanse ex-echtgenoot als de moeder en kind hebben hun gewone verblijfplaats in Nederland. Volgens de hoofdregel van art. 10:93 lid 1 BW jo. art. 10:92 BW is primair het Marokkaanse recht – het recht van de gemeenschappelijke nationaliteit – van toepassing. Dat recht voorziet niet, zo nemen wij aan, in ontkenning van het vaderschap. Het verzoek kan dan toch worden toegewezen indien, zo volgt uit lid 2, partijen gezamenlijk de rechter vragen om een ander in art. 10:92 BW genoemd recht toe te passen. Dat kan zijn het recht van hun gemeenschappelijke gewone verblijfplaats, in casu het Nederlandse recht. De rechter dient daarbij te toetsen of toepassing van het verzochte recht in het belang van het kind is. Aannemelijk is dat hij bereid zal zijn Nederlands recht op het verzoek toe te passen, als het de bedoeling van partijen is dat het kind vervolgens door de verwekker wordt erkend. Zie ook NV II, *Kamerstukken II* 26675, 6, p. 7.

4. Benoeming van een bijzonder curator (lid 3). Uit art. 10:93 lid 3 BW volgt dat ongeacht welk recht – op grond van lid 1 of 2 – wordt toegepast in een gerechtelijke procedure tot ontkenning van het door huwelijk of geregistreerd partnerschap ontstane ouderschap, art. 1:212 BW altijd van toepassing is. Deze bepaling, die in de onderhavige context als een voorrangsregel kan worden aangemerkt, vereist dus steeds dat een bijzonder curator voor het kind wordt benoemd, indien het kind tijdens het instellen van de ontkenningsprocedure voor de Nederlandse rechter nog minderjarig is.

5. De buitengerechtelijke ontkenning van het ouderschap (lid 4). a. Algemeen. In een aantal rechtsstelsels treffen we de rechtsfiguur aan, die de moeder de mogelijkheid biedt het ouderschap van de (ex-)echtgenoot/(ex-)partner teniet te doen door een verklaring houdende ontkenning door de moeder ten overstaan van de ambtenaar van de burgerlijke stand. Een voorbeeld biedt art. 1:199 onderdeel b BW, waarin overigens deze mogelijkheid tot buitengerechtelijke ontkenning is beperkt tot het geval waarin de (ex-)echtgenoot/(ex-)partner van de moeder is overleden. Een buitenlands rechtstelsel dat de rechtsfiguur van de buitengerechtelijke ontkenning van het moederschap (duomoeder) door de moeder kent is mij niet bekend. **b. Bijzondere regeling buitengerechtelijke ontkenning ouderschap (eerste zin).** Het bepaalde in lid 4 geeft een speciale regeling voor deze buitengerechtelijke ontkenning van het ouderschap. Of nu een dergelijke ontkenningsactie (door de moeder) mogelijk is, zo volgt uit de eerste zin van lid 4, wordt bepaald door het recht dat ingevolge art. 10:92 BW op het bestaan van de familierechtelijke betrekkingen van toepassing is. De aandacht verdient in dit verband dat de begunstigende – subsidiaire – aanknoping inzake de gerechtelijke ontkenning van het ouderschap, welke is neergelegd in art. 10:93 lid 2 BW, niet van toepassing is. Als motivering voor deze beperking wordt in de MvT, *Kamerstukken II* 26675, 3, p. 11 gegeven dat internationale gevallen per definitie gecompliceerd zijn en de ambtenaar van de burgerlijke stand niet geëquipeerd is om de opportuniteit van een ontkenning te beoordelen. **c. Twee cumulatieve restricties (tweede zin).** In de tweede zin van lid 4 worden in het belang van het kind twee – cumulatieve – restricties gesteld. De eerste inperking houdt in dat een ontkenning van het ouderschap door de moeder uitsluitend kan geschieden, indien de met de moeder gehuwde of gehuwd geweest zijnde nog levende persoon respectievelijk de persoon met wie de moeder door een geregistreerd partnerschap is verbonden of de nog in leven zijnde persoon met wie zij door een partnerschap verbonden is geweest, erin toestemt. Tussen partijen dient er dus eensgezindheid over de wenselijkheid van ontkenning te bestaan. De tweede inperking is dat de ontkenning van het ouderschap op deze wijze uitsluitend mogelijk is, indien bij dezelfde gelegenheid familierechtelijke betrekkingen met een andere persoon – bijvoorbeeld door een erkenning – ontstaan of worden gevestigd. **d. Geen belangenafweging door de ambtenaar van de burgerlijke stand.** Onderstreept dient te worden dat, anders dan de rechter in een gerechtelijke procedure, de ambtenaar van de burgerlijke stand geen belangenafweging mag maken. De wetgever heeft er naar gestreefd de belangenafweging in de bepaling zelf te verdisconteren. Ook mag de ambtenaar van de burgerlijke stand niet bemiddelen. In het geval de ambtenaar constateert dat niet aan de beide bovengenoemde restricties is voldaan, moet hij weigeren om de gevraagde akte op te maken en dient hij de partijen te attenderen op de mogelijkheid van een gerechtelijke ontkenning, waarop art. 10:93 lid 1-3 zien. Zie NV II, *Kamerstukken II* 26675, 6, p. 16-18. Wanneer aan beide voornoemde vereisten niet is voldaan, maakt de ambtenaar van burgerlijke stand geen akte van ontkenning op. Het ligt dan op zijn weg om een weigeringsbesluit te maken en betrokkenen naar de rechter te verwijzen (art. 1:27 BW). Opgemerkt zij in dit verband, dat er geen sprake is van één akte, waarin tegelijkertijd de ontkenning en de erkenning worden geregeld. Indien erkenning noodzakelijk is, dient hiervan een aparte erkenningsakte (en latere vermelding) te worden opgemaakt. Ontstaan door de ontkenning (van rechtswege) familierechtelijke betrekkingen met een andere persoon, dan zal een aparte erkenning niet meer noodzakelijk zijn.

Artikel 94

1. Of tussen een vrouw en het buiten huwelijk of geregistreerd partnerschap uit haar geboren kind door geboorte familierechtelijke betrekkingen ontstaan, wordt bepaald

door het recht van de staat van de nationaliteit van de vrouw. Bezit de vrouw de nationaliteit van meer dan een staat, dan is bepalend het nationale recht volgens hetwelk zodanige betrekkingen ontstaan. In elk geval ontstaan zodanige betrekkingen indien de vrouw haar gewone verblijfplaats in Nederland heeft.
2. Voor de toepassing van lid 1 is bepalend het tijdstip van de geboorte.
3. De leden 1 en 2 laten onverlet de op 12 september 1962 te Brussel tot stand gekomen Overeenkomst betreffende de vaststelling van betrekkingen tussen het onwettige kind en zijn moeder (*Trb.* 1963, 93).
[27-11-2013, Stb. 486, i.w.tr. 01-04-2014/kamerstukken 33526]

[Familierechtelijke betrekkingen tussen de moeder en het buiten huwelijk of geregistreerd partnerschap uit haar geboren kind]

1. Algemeen. De bepaling behandelt de vraag of bij geboorte familierechtelijke betrekkingen ontstaan tussen een vrouw en het buiten huwelijk of geregistreerd partnerschap uit haar geboren kind – bijvoorbeeld van rechtswege door geboorte of door erkenning. In de eerste zin van lid 1 wordt met betrekking tot deze vraag een klassieke verwijzingsregel geformuleerd met als aanknopingspunt de nationaliteit van de moeder. Uit de tweede zin van lid 1 volgt dat, wanneer de moeder haar gewone verblijfplaats echter in Nederland heeft, van rechtswege familierechtelijke betrekkingen ontstaan tussen de moeder en het uit haar geboren kind, ongeacht de oplossing die het nationale recht van de moeder geeft. Lid 2 regelt vervolgens de kwestie van het aanknopingspunt in de tijd, terwijl lid 3 bepaalt dat de Overeenkomst vaststelling familierechtelijke betrekking onwettige kind en zijn moeder (Overeenkomst van Brussel) van 12 september 1962 (*Stb.* 1963, 93) van toepassing blijft, ongeacht het bepaalde in lid 1 en 2.

2. Aanknoping aan het nationale recht van de moeder (lid 1 eerste en tweede zin). De in de eerste zin van lid 1 geformuleerde verwijzingsregel is een in de lijn van de traditie liggende neutrale, meerzijdige verwijzingsregel: voor de vraag of, en op welke wijze, familierechtelijke betrekkingen ontstaan tussen de moeder en het buiten huwelijk of geregistreerd partnerschap uit haar geboren kind, dient aangeknoopt te worden aan het nationale recht van de moeder. Deze verwijzingsregel heeft tot op heden in de literatuur en de rechtspraak eigenlijk nooit ter discussie gestaan. Bespreking behoeft in dit verband het geval dat de vrouw meer dan één nationaliteit heeft. De vraag is dan of met betrekking tot deze meervoudige nationaliteit een effectiviteitstoets mag worden aangelegd of dat dan dient te worden overgestapt op het domiciliaire recht van de vrouw, dan wel of aangeknoopt dient te worden aan die nationale wet, welke het gunstigst is voor het kind (en de moeder), dat wil zeggen: het doen ontstaan door geboorte van familierechtelijke betrekkingen tussen moeder en kind. Uit de parlementaire stukken volgt dat de wetgever geen ruimte wenst te laten aan de ambtenaar van de burgerlijke stand tot het aanleggen van een effectiviteitstoets, evenmin overigens als van een realiteitstoets in het geval van een enkelvoudige (verwaterde) nationaliteit. Uit MvT, *Kamerstukken II* 26675, 3, p. 12 en NV II, *Kamerstukken II* 26675, 6, p. 19, volgt verder onomwonden dat de wetgever aan de onderhavige bepaling een zekere begunstigende werking wenst toe te kennen, in die zin dat inachtneming van het *mater semper certa est*-beginsel en derhalve het door geboorte van rechtswege ontstaan van familierechtelijke betrekkingen, dient te worden begunstigd. Deze opvatting is neergelegd in de tweede zin van lid 1.

3. Voorrang Nederlands recht in geval van gewone verblijfplaats van de vrouw in Nederland (lid 1 derde zin). In de derde zin van lid 1 is een voorrangsregel opgenomen voor het geval de moeder in Nederland haar gewone verblijfplaats heeft. In de MvT, *Kamerstukken II* 26675, 3, p. 12 wordt ter onderbouwing van deze regel opgemerkt dat art. 1:198 BW (moeder maakt geen bastaard) in Nederland als een zodanig fundamentele regel van familierecht kan worden beschouwd, dat zij een duidelijk karakter van openbare orde bezit en daarom rechtstreeks toepasselijk moet zijn op alle situaties die zich in Nederland voordoen, ongeacht de vraag of dit in overeenstemming is met het nationale recht van de moeder. Dit betekent concreet dat in het geval de – stel: Franse – moeder ten tijde van de geboorte van het kind haar gewone verblijfplaats in Nederland heeft, de ambtenaar van de burgerlijke stand zonder meer ervan kan uitgaan, dat er van rechtswege familierechtelijke betrekkingen zijn ontstaan. Dit impliceert dat hij zich dan in verband met het opmaken van de geboorteakte niet meer hoeft te verdiepen in te vraag of dit volgens het Franse recht ook het geval is. Dit betekent dat in feite het bepaalde in de derde zin van lid 1 voorrang heeft op de in de eerste zin geformuleerd klassieke verwijzingsregel. Zie NV II, *Kamerstukken II* 26675, 6, p. 20. Deze regel kan echter reeds bij de geboorte van het kind een hinkende afstammingsrelatie doen ontstaan, telkens wanneer het nationale recht van de moeder het in dit lid vervatte *mater semper certa est*-beginsel niet huldigt. Hoe kan een dergelijke hinkende afstammingsbetrekking worden voorkomen? Het is een regel van registerrecht, dat de ambtenaar van de burgerlijke stand in beginsel geen akten in de registers van de burgerlijke stand opneemt van rechtshandelingen of beslissingen waaraan naar Nederlands recht – het internationaal privaatrecht daaronder begrepen – geen rechtsgevolg is verbonden. Het verdient aanbeveling om in dezen een zekere inschikkelijkheid aan de dag te leggen en te aanvaarden dat de buitenlandse moeder het in Nederland uit haar geboren kind hier te lande wél kan erkennen, hoewel deze erkenning volgens de tweede zin van lid 1 overbodig is. Door het opnemen in de geboorteakte van deze naar het Nederlandse internationaal privaatrecht overbodige erkenning in de geboorteakte kan nu het positieve resultaat worden bereikt dat het kind zowel naar het Nederlandse recht (ipr) als naar het bij de casus nauw betrokken nationale recht (ipr) van de moeder dezelfde familierechtelijke staat heeft.

4. Het aanknopingspunt in de tijd (lid 2). Voor het vraagstuk van de *conflit mobile* geeft lid 2 een uitdrukkelijke regeling. Naar de woorden van deze bepaling is voor de vraag of door geboorte familierechtelijke betrekkingen ontstaan tussen een vrouw en het buiten huwelijk of geregistreerd partnerschap uit haar geboren kind beslissend de wet die van toepassing is op het tijdstip van de geboorte. Het beslissende aanknopingspunt in de tijd wordt dus door de geboorte van het kind gemarkeerd. De wetgever heeft aldus gekozen voor onveranderlijkheid van het bestaan van familierechtelijke betrekkingen tussen de moeder en het uit haar geboren kind, zonder overigens deze regel nader te motiveren.

5. Toepasselijkheid van de Overeenkomst vaststelling familierechtelijke betrekking onwettige kind en zijn moeder (Overeenkomst van Brussel 1962) (lid 3). In lid 3 wordt uitdrukkelijk bepaald dat lid 1 en 2 de toepassing van de op 12 september 1962 te Brussel tot stand gekomen Overeenkomst betreffende de vaststelling van de familierechtelijke betrekkingen tussen het onwettige kind en zijn moeder (*Trb.* 1963, 93) onverlet laten. Uit art. 1 Overeenkomst vaststelling familierechtelijke betrekking onwettige kind en zijn moeder blijkt dat de afstamming van de moeder tot bewijs van het tegendeel vaststaat, wanneer zij als zodanig is vermeld in de geboorteakte van het kind. In MvT, *Kamerstukken II* 26675, 3, p. 12, wordt erop gewezen dat onder invloed van het *Marckx*-arrest in alle Europese landen regelgeving tot stand is gekomen op grond waarvan de moeder als zodanig in de geboorteakte van het kind kan worden opgenomen zonder voorafgaande erkenning. Door het feit van die opneming worden familierechtelijke betrekkingen tussen haar en het kind bewezen. Dit *mater semper certa*-beginsel is reeds geconcretiseerd in de tweede zin van art. 10:94 lid 1 BW. Van meer praktisch belang kunnen evenwel art. 2 en 3 Overeenkomst vaststelling familierechtelijke betrekking onwettige kind en zijn moeder zijn. Indien de moeder niet in de buitenlandse geboorteakte is vermeld, dan heeft zij volgens deze artikelen de bevoegdheid een verklaring inhoudende de erkenning van het kind af te leggen voor de ambtenaar van de burgerlijke stand. Ook als zij wel als moeder in de geboorteakte is vermeld, heeft zij die bevoegdheid, indien zij aannemelijk kan maken dat een dergelijke verklaring noodzakelijk is om te voldoen aan de eisen welke het recht van een niet-verdragsstaat bij de vermelde overeenkomst stelt. In een dergelijk geval zal de moeder dus in Nederland tot de erkenning van haar kind moeten worden toegelaten.

AFDELING 2
Familierechtelijke betrekkingen door erkenning of gerechtelijke vaststelling van het vaderschap

Artikel 95

1. Of erkenning door een persoon familierechtelijke betrekkingen doet ontstaan tussen hem en een kind, wordt, wat betreft de bevoegdheid van die persoon en de voorwaarden voor erkenning, bepaald door het recht van de staat waarvan die persoon de nationaliteit bezit. Bezit de persoon, genoemd in de eerste volzin, de nationaliteit van meer dan een staat, dan is bepalend het nationale recht volgens hetwelk de erkenning mogelijk is. Indien volgens het nationale recht van die persoon erkenning niet of niet meer mogelijk is, is bepalend het recht van de staat van de gewone verblijfplaats van het kind. Is zij ook volgens dat recht niet of niet meer mogelijk, dan is bepalend het recht van de staat waarvan het kind de nationaliteit bezit. Bezit het kind de nationaliteit van meer dan een staat, dan is bepalend het nationale recht volgens hetwelk de erkenning mogelijk is. Is zij ook volgens dat recht niet of niet meer mogelijk, dan is bepalend het recht van de staat van de gewone verblijfplaats van de persoon, genoemd in de eerste volzin.
2. De akte van erkenning en de latere vermelding van de erkenning vermelden het recht dat ingevolge lid 1 is toegepast.
3. Ongeacht het ingevolge lid 1 toepasselijke recht, is op de toestemming van de moeder, onderscheidenlijk het kind, tot de erkenning toepasselijk het recht van de staat waarvan de moeder, onderscheidenlijk het kind, de nationaliteit bezit. Bezit de moeder, onderscheidenlijk het kind, de nationaliteit van meer dan een staat, dan is toepasselijk het nationale recht volgens hetwelk toestemming is vereist. Bezit de moeder, onderscheidenlijk het kind, de Nederlandse nationaliteit, dan is het Nederlandse recht van toepassing, zulks ongeacht of de moeder, onderscheidenlijk het kind naast de Nederlandse nationaliteit nog een andere nationaliteit bezit. Indien het toepasselijke recht de erkenning niet kent, is toepasselijk het recht van de staat van de gewone verblijfplaats van de moeder, onderscheidenlijk het kind. Het op de toestemming

toepasselijke recht bepaalt tevens of bij gebreke van toestemming deze kan worden vervangen door een rechterlijke beslissing.
4. Voor de toepassing van de voorgaande leden is bepalend het tijdstip van de erkenning en de toestemming.
[27-11-2013, Stb. 486, i.w.tr. 01-04-2014/kamerstukken 33526]

[Familierechtelijke betrekkingen ontstaan door erkenning]

1. Algemeen. Het bepaalde in art. 10:95 BW behandelt de vraag of door erkenning familierechtelijke betrekkingen ontstaan tussen het kind en de persoon die het kind erkent. De regeling kiest, tot op zekere hoogte, voor continuering van de in het voormalige ongeschreven internationaal privaatrecht bestaande traditie van een distributieve aanknoping, waarbij de bevoegdheid van die persoon en de voorwaarden waaronder hij/zij kan erkennen niet noodzakelijkerwijze door hetzelfde recht worden beheerst als de vereiste toestemming van de moeder en/of het kind. Lid 1 geeft een op het begunstigingsbeginsel gebaseerde verwijzingsregel inzake de erkenning wat betreft de bevoegdheid van die persoon en de overige voorwaarden (aant. 2), uitgezonderd die van de toestemming van de moeder (zie aant. 5). Lid 2 schrijft een verplichte vermelding voor van het op de erkenning toegepaste recht (aant. 4). In lid 3 is een speciale verwijzingsregel voor de toestemming van de moeder en/of het kind opgenomen (aant. 5). Lid 4 biedt ten slotte een regeling voor het vraagstuk van het aanknopingspunt in de tijd (aant. 6).

2. Begunstigende aanknoping voor de bevoegdheid van de man en de overige voorwaarden (lid 1). De voor de erkenning gegeven regeling van art. 10:95 lid 1 BW beoogt de begunstiging van de erkenning in de vorm van een subsidiaire – niet alternatieve – aanknoping. De erkenning wordt voor wat betreft de bevoegdheid van de erkenner en de overige voorwaarden – behalve die van de toestemming van de moeder en/of het kind (zie lid 4) – primair aangeknoopt aan de nationaliteit van de erkenner. Deze primaire aanknoping was reeds geldend recht. (Zie HR 7 november 1997, *NJ* 1998/438.) Indien volgens dat recht de erkenning niet of niet meer mogelijk is, worden als subsidiaire aanknopingspunten aangewezen de gewone verblijfplaats van het kind, de nationaliteit van het kind, en ten slotte de gewone verblijfplaats van de persoon, genoemd in de eerste volzin. Deze subsidiaire aanknopingsvariant heeft als voordeel dat de rechtstoepasser – anders dan in het geval van een alternatief aanknopingsprocedé – de primair en subsidiair voor toepassing in aanmerking komende rechtsstelsels niet met elkaar behoeven te worden vergeleken. **Motivering van de bepaling.** Deze op het begunstigingsbeginsel gebaseerde regeling onderbouwt de MvT, *Kamerstukken II* 26675, 3, p. 13, met het argument dat de rechtsfiguur van de erkenning in de eerste plaats het belang van het kind dient en voorts dat van een belangentegenstelling tussen de moeder en de persoon die het kind erkent veelal geen sprake zal zijn, anders, dan, zo voegt de MvT eraan toe, bij de afstamming door geboorte van een kind van ouders die gehuwd zijn of door een geregistreerd partnerschap zijn verbonden. De wetgever relativeert dit begunstigende karakter van de bepaling van het eerste lid (zie MvT, p. 13) door erop te wijzen dat het feit dat de erkenning gebonden is aan de instemming van de moeder en eventueel ook het kind, voldoende waarborg geeft dat deze begunstigende verwijzingsregel niet leidt tot erkenningen die in het belang van het kind niet gewenst zijn. **Meervoudige nationaliteit.** Aandacht behoeft in dit verband het geval dat de erkenner (of het kind) een meervoudige nationaliteit heeft. Uit de parlementaire stukken volgt dat de wetgever geen gelegenheid wenst te bieden aan de rechtstoepasser tot het aanleggen van een effectiviteitstoets, evenmin overigens als tot een realiteitstoets in het geval van een enkelvoudige nationaliteit (zie MvT, *Kamerstukken II* 26675, 3, p. 13). Voor het achterwege laten van een effectiviteitstoets, respectievelijk realiteitstoets, pleit ook het argument dat aan de regeling van art. 10:95 lid 1 BW het begunstigingsbeginsel ten grondslag ligt; teneinde een geldige erkenning tot stand te brengen, kan derhalve ook aan de formele, verwaterde nationaliteit worden aangeknoopt. Deze gedachte is neergelegd in de tweede en derde zin van lid 1. Aangenomen dient te worden dat het de (stel: Italiaans-Nederlandse) persoon die het kind erkent zelf is die kenbaar kan maken (aan de ambtenaar van de burgerlijke stand of de rechter) volgens welk nationale (het Italiaanse of het Nederlandse) recht hij het kind wenst te erkennen. Gesteld nu dat erkenning niet rechtsgeldig tot stand kan komen volgens het door de erkenner gekozen recht, dan is de rechtstoepasser niet gebonden aan deze keuze. Dit impliceert dat hij ambtshalve moet onderzoeken of het beoogde resultaat – de erkenning – kan worden bereikt volgens het recht waarop de erkenner een beroep heeft gedaan.

3. Afschaffing art. 1:204 lid 1 onderdeel e BW (oud) inzake erkenning door een gehuwde man. Art. 10:95 lid 2 BW (oud) bevatte een aan het eerste lid derogerende regel ten aanzien van de bevoegdheid van de gehuwde Nederlandse man om het vaderschap van een kind te erkennen. In de MvT, *Kamerstukken II* 26675, 3, p. 13 werd voor deze regel van positieve openbare orde (of beter: voorrangsregel) als argument genoemd het karakter van de erkenning naar Nederlands recht als rechtshandeling en de mogelijkheid van misbruik van deze rechtsfiguur door gehuwde personen ter omzeiling van de wettelijke bepalingen inzake de Nederlandse regelgeving inzake interlandelijke adoptie, welke bepalingen vooral de bescherming van het te adopteren kind op het oog hebben. Om die reden diende de bevoegdheid van de gehuwde Nederlandse man uitsluitend aan het Nederlandse recht te worden getoetst, in dit geval dus art. 1:204 lid 1 onderdeel a, b en e BW (oud). Bij de op 1 april 2014 in werking getreden wet tot 'Wijziging van het Burgerlijk Wetboek en het Wetboek van Burgerlijke Rechtsvordering mede in verband met de evaluatie van de Wet openstelling huwelijk en de Wet geregistreerd partnerschap' (*Kamerstukken* 33526, 2 e.v.) is de bepaling van art. 1:204 lid 1 onderdeel e BW (oud) komen te vervallen (zie nader Inleidende opmerkingen, aant. 1 en onder art. 10:101 BW). Dit heeft tot gevolg dat ook voor het bepaalde in art. 10:95 lid 2 BW (oud) geen rechtsgrond meer bestond en deze bepaling derhalve is geschrapt.

4. Vermelding van het toegepaste recht in de akte (lid 2). Uit lid 2 volgt dat de akte van erkenning en de latere vermelding van de erkenning het recht dient te vermelden dat ingevolge lid 1 is toegepast. Een dergelijke registratie van het toegepaste recht in de akte is wenselijk, in het bijzonder met het oog op de vernietiging of de nietigverklaring van de erkenning die, zo volgt uit art. 10:96 BW, wordt beheerst door hetzelfde recht dat op de erkenning is toegepast.

5. Speciale regel voor de toestemming van de moeder onderscheidenlijk het kind (lid 3). a. Algemeen (eerste en tweede zin). Lid 3 bevat een bijzondere regel voor de toestemming van de moeder onderscheidenlijk het kind. Tegenover de begunstiging van de totstandkoming van de erkenning in het eerste lid wordt het toestemmingsvereiste van de moeder onderscheidenlijk het kind beheerst door het nationale recht van de moeder dan wel het kind, zo volgt uit de eerste zin. Wanneer de moeder, onderscheidenlijk het kind, de nationaliteit van meer dan een staat bezit, is toepasselijk het nationale recht volgens het welk toestemming is vereist, zo volgt uit de tweede zin; het toestemmingsvereiste van één van deze nationale rechtsstelsels dient dan in acht te worden genomen, dus niet noodzakelijk het meest strenge. Uit de MvT, *Kamerstukken II* 26675, 3, p. 14, blijkt dat de wetgever de vraag onder ogen heeft gezien of het in de Nederlandse wet neergelegde vereiste van toestemming van de moeder onderscheidenlijk het kind in Nederland als een voorrangsregel zou moeten worden aangemerkt. De vraag wordt ontkennend beantwoord met onder meer het argument dat uit de rechtspraak van de Hoge Raad volgt dat in bepaalde omstandigheden sprake kan zijn van een relativering van het vereiste van toestemming naar Nederlands recht. Zie onder meer HR 8 april 1988, *NJ* 1989/170; HR 18 mei 1990, *NJ* 1991/374 en 375; HR 22 oktober 1993, *NJ* 1994/65 en HR 28 oktober 1994, *NJ* 1995/261. Het gaat dan niet aan, zo kan worden betoogd, om in internationale gevallen dit vereiste als een voorrangsregel te duiden. **b. Voorrang Nederlands recht (derde zin).** Met een beroep op het beschermende karakter van de Nederlandse voorschriften ter zake van bedoeld toestemmingsvereiste is in de derde zin van lid 3 bepaald dat de Nederlandse vrouw of het Nederlandse kind die voorschriften in acht moet nemen, ongeacht of zij of hij naast de Nederlandse nationaliteit nog een andere nationaliteit heeft. **c. Geen toestemmingsvereiste nationale recht (vierde zin).** Denkbaar is dat het nationale recht dat van toepassing is op de toestemming van moeder of kind, de erkenning niet kent. In de vierde zin van lid 3 wordt hieromtrent bepaald dat dan voor het vereiste van toestemming subsidiair het recht van de gewone verblijfplaats van de moeder of het kind toepasselijk is. In het geval noch het nationale recht van de moeder noch het (buitenlandse) recht van haar gewone verblijfplaats de rechtsfiguur van de erkenning kent, en dus ook geen regeling bevat voor de vraag van de vervangende toestemming van de moeder, terwijl op de vraag of de andere ouder tot erkenning bevoegd is, ingevolge art. 10:95 lid 1 BW een rechtsstelsel van toepassing is dat de erkenning wél kent, dient volgens HR 10 november 2006, *NJ* 2008/537 te worden aangenomen dat, ter wille van de bescherming van de belangen van de moeder, het vereiste van (vervangende) toestemming wordt beheerst door hetzelfde rechtsstelsel dat ingevolge art. 10:95 lid 1 op de erkenning van toepassing is. ***Een voorbeeld.*** Uit de ongehuwde Spaanse vrouw Y die in Nederland gewone verblijfplaats heeft, wordt een kind geboren van wie de Nederlander X de verwekker is. De vraag of X het kind kan erkennen wordt ingevolge art. 10:95 lid 1 BW beoordeeld door het Nederlandse recht – het nationale recht van de erkenner. Op de vraag of de Spaanse vrouw Y haar toestemming moet verlenen is ingevolge art. 10:95 lid 4 BW het Spaanse recht – het nationale recht van de moeder – van toepassing. Het Spaanse recht, zo nemen wij aan, vereist voor de erkenning geen toestemming van de moeder. Wanneer de moeder naast de Spaanse nationaliteit de Nederlandse bezit, is steeds het Nederlandse recht van toepassing. Dit betekent dat zij toestemming zal moeten geven overeenkomstig het bepaalde in art. 1:204 lid 1 onderdeel c BW. Bezit zij uitsluitend de Spaanse nationaliteit en kent het toepasselijke Spaanse recht de rechtsfiguur van de erkenning niet, dan is eveneens met betrekking tot het vereiste van toestemming toepasselijk het recht van haar gewone verblijfplaats, in casu het Nederlandse recht.

6. Het aanknopingspunt in de tijd (lid 4). Voor het vaststellen van de wet die ingevolge art. 10:95 lid 1-3 BW op de erkenning toepasselijk is, kiest lid 4 als peildatum het tijdstip van de erkenning respectievelijk dat van de toestemming van de moeder en/of het kind. Hoewel een uitdrukkelijke motivering in de parlementaire stukken ontbreekt, lijkt aannemelijk dat de wetgever zich door de gedachte heeft laten leiden dat wanneer de totstandkoming van de familierechtelijke betrekkingen tussen een persoon en het kind het gevolg is van een (rechts)handeling, de toepasselijke wet dient te worden bepaald door middel van het aanknopingspunt dat bestond op het moment dat deze handeling (in casu de erkenning en toestemming) plaatsvond.

Artikel 96

Of en op welke wijze een erkenning kan worden tenietgedaan, wordt, wat betreft de bevoegdheid van de persoon die het kind heeft erkend en de voorwaarden voor de erkenning, bepaald door het ingevolge artikel 95 lid 1 van dit Boek toegepaste recht, en wat betreft de toestemming van de moeder, onderscheidenlijk het kind, door het recht dat ingevolge artikel 95 lid 3 van dit Boek toepasselijk is.
[27-11-2013, Stb. 486, i.w.tr. 01-04-2014/kamerstukken 33526]

[Ongedaan maken van de erkenning]

1. Algemeen. Uit de bepaling volgt dat het recht dat op de erkenning is toegepast ook de vraag beheerst of en onder welke voorwaarden een erkenning ongedaan kan worden gemaakt. De bepaling houdt rekening met de in art. 10:95 BW geïntroduceerde distributieve aanknoping voor de verschillende elementen van de totstandkoming van de erkenning. Voor deze opvatting pleit dat beide rechtsfiguren – de erkenning en de betwisting ervan – binnen een en hetzelfde rechtsstelsel nauw met elkaar zijn verweven. Een rechtsstelsel dat liberaal is met betrekking tot de voorwaarden waaronder een erkenning kan worden gedaan, zal de voorwaarden van betwisting navenant ruim stellen. Het spiegelbeeld is ook mogelijk. Verbreking van deze samenhang – dat wil zeggen: dat op beide rechtsvragen een verschillend recht toepasselijk is – kan tot onbillijke resultaten leiden. Gelet op de wenselijkheid dat – zoals in het Nederlandse recht het geval is – erkenningen slechts in zeer beperkte mate vatbaar zijn voor vernietiging of nietigverklaring, is, zo wordt in de MvT, *Kamerstukken II* 26675, 3, p. 15, opgemerkt, doelbewust afgezien van een verwijzingsregel met een begunstigende werking. Onder de in art. 10:96 BW bedoelde 'voorwaarden' voor aantasting van de erkenning moeten niet alleen worden gerekend de gronden waarop die aantasting mogelijk is, maar ook de termijnen welke voor een actie daartoe zijn voorgeschreven.

2. Ruimere betwistingsgronden naar buitenlands recht. Anders dan het Nederlandse recht, dat voor de actie tot aantasting van een erkenning beperkte gronden en stringente termijnen kent, kennen sommige buitenlandse rechtsstelsels aanzienlijk ruimere gronden. De vraag kan worden gesteld of in het geval van toepasselijkheid van een buitenlands recht, dat dergelijke ruime gronden/termijnen kent, de openbare orde-exceptie kan worden ingeroepen. De rechter zal van geval tot geval moeten toetsen of het desbetreffende buitenlandse recht kennelijk in strijd is met onze fundamentele waarden en normen ter zake.

3. Toepasselijk recht op betwisting in geval van erkenning in het buitenland. De vraag behoeft ten slotte beantwoording welk recht op de betwisting dient te worden toegepast in het geval de erkenning door de persoon die het kind heeft erkend, heeft plaatsgevonden in het buitenland en deze erkenning op grond van art. 10:101 BW in Nederland dient te worden erkend. Aangenomen dient dan te worden dat ten aanzien van de bevoegdheid en de vereisten van de erkenning het aldaar toegepaste recht bepalend is, ook als dit een ander recht is dan het ingevolge art. 10:95 lid 1 BW toepasselijke recht. Wanneer nu in de (buitenlandse) akte van erkenning niet is vermeld welk recht op de erkenning is toegepast, moet de Nederlandse rechter in de procedure tot vernietiging van de erkenning het toegepaste recht opsporen dat door de buitenlandse instantie ten overstaan van wie de erkenning heeft plaatsgevonden is toegepast; zie HR 1 oktober 2004, *NJ* 2004/622. Denkbaar is echter dat moeilijk is te achterhalen welk recht of welke rechtsstelsels bij het verrichten van de erkenning door de betrokken buitenlandse autoriteit is of zijn toegepast. Bij gebreke van aanwijzingen tot het tegendeel zal de Nederlandse erkennende instantie er dan van mogen uitgaan dat de buitenlandse autoriteit het eigen recht zal hebben toegepast. Met betrekking tot de toestemming van de moeder en het kind is echter het door art. 10:95 lid 3 BW aangewezen recht voor een vernietigingsactie maatgevend. **Een voorbeeld.** Een Nederlands-Griekse vrouw verzoekt de nietigverklaring van een erkenning door een Griekse man. Ingevolge art. 10:95 lid 1 BW is door de ambtenaar van de burgerlijke stand op de erkenning het Griekse recht toegepast en op de toestemming is ingevolge art. 10:95 lid 3 BW het Nederlandse recht toepasselijk. In de procedure tot nietigverklaring wordt dan aan de hand van het Griekse recht getoetst of de man bevoegd was tot erkenning en of een grond aanwezig is voor vernietiging, terwijl aan de hand van het Nederlandse recht dient te worden onderzocht of is voldaan aan de voorwaarden voor toestemming van de moeder.

Artikel 97

1. Of en onder welke voorwaarden ouderschap van een persoon gerechtelijk kan worden vastgesteld, wordt bepaald door het recht van de staat van de gemeenschappelijke nationaliteit van die persoon en de moeder of, indien dit ontbreekt, door het recht van de staat waar die persoon en de moeder elk hun gewone verblijfplaats hebben of, indien ook dit ontbreekt, door het recht van de staat van de gewone verblijfplaats van het kind.
2. Wanneer de persoon, genoemd in lid 1, en de moeder een nationaliteit gemeenschappelijk hebben, geldt voor de toepassing van lid 1 als hun gemeenschappelijke nationale recht het recht van die nationaliteit, ongeacht of zij beiden of een hunner nog een andere nationaliteit bezitten. Bezitten zij meer dan een gemeenschappelijke nationaliteit, dan worden zij geacht geen gemeenschappelijke nationaliteit te bezitten.
3. Voor de toepassing van lid 1 is bepalend het tijdstip van de indiening van het verzoek. Is de persoon, genoemd in lid 1, of de moeder op dat tijdstip overleden, dan is, bij gebreke van een gemeenschappelijke nationaliteit op het tijdstip van zijn overlijden, toepasselijk het recht van de staat waar die persoon en de moeder op dat tijdstip elk hun gewone verblijfplaats hadden of, indien ook dat ontbreekt, het recht van de staat van de gewone verblijfplaats van het kind op het tijdstip van de indiening van het verzoek.
[25-11-2013, Stb. 480, i.w.tr. 01-04-2014/kamerstukken 33032]

[Familierechtelijke betrekkingen ontstaan door gerechtelijke vaststelling van het ouderschap]

1. Algemeen. Art. 10:97 BW biedt een verwijzingsregel voor het ontstaan van familierechtelijke betrekkingen door gerechtelijke vaststelling van het ouderschap. De aandacht verdient in dit verband dat uit de in de Inleidende opmerkingen bij Titel 5, aant. 1 reeds genoemde 'Wet lesbisch ouderschap' volgt dat ook het moederschap van de duomoeder gerechtelijk kan worden vastgesteld, indien deze duomoeder die als levensgezel heeft ingestemd met een daad die de verwekking van het kind tot gevolg kan hebben gehad.

2. Een uit drie treden bestaande aanknopingsladder (lid 1). Evenals bij het construeren van de regeling van art. 10:92 BW heeft de wetgever beoogd aan te knopen bij een factor die aan de direct betrokkenen – de moeder die het verzoek indient en de persoon wiens/wier ouderschap wordt vastgesteld – gemeenschappelijk is. Eerst wanneer dit niet mogelijk is, zo volgt uit de MvT, *Kamerstukken II* 26675, 3, p. 15, is het passend om aan te knopen aan een factor die primair voor het kind relevant is. Aangezien bij deze rechtsfiguur de belangen van de direct betrokkenen vaak met elkaar zullen conflicteren, is er terecht van afgezien een verwijzingsregel met een begunstigingskarakter op te nemen. Dit heeft erin geresulteerd dat, in de lijn van de regeling van art. 10:92 lid 1 BW (art. 10:92, aant. 1), art. 10:97 lid 1 BW een uit drie treden bestaande aanknopingsladder biedt, te weten: de gemeenschappelijke nationaliteit van de persoon van wie het ouderschap wordt vastgesteld en de moeder of, indien die ontbreekt, hun gemeenschappelijke gewone verblijfplaats, of, indien ook die ontbreekt, de gewone verblijfplaats van het kind. Speciale aandacht verdient dat het toepasselijke buitenlandse recht dat de gerechtelijke vaststelling van het vaderschap niet kent, onder bepaalde omstandigheden in strijd kan zijn met art. 8 EVRM en/of de openbare orde. Dit laatste geldt niet in het geval het toepasselijke buitenlandse rechtsstelsel de gerechtelijke vaststelling van het moederschap niet kent. Zie nader *Asser/Vonken & Ibili 10-II* 2021/425-426.

3. De meervoudige nationaliteit; geen effectiviteitstoets (lid 2). Uit lid 2 volgt dat in het geval de persoon wiens/wier ouderschap gerechtelijk wordt vastgesteld en de moeder een meervoudige nationaliteit heeft/hebben, de wetgever aan de rechtstoepasser geen enkele speelruimte biedt tot relativering via de effectiviteitstoets. De bepaling is dezelfde als welke is geformuleerd in art. 10:92 lid 2 BW. Verwezen kan daarom worden naar het aldaar opgemerkte (art. 10:92, aant. 2).

4. Het aanknopingspunt in de tijd. a. Uitgangspunt (lid 3 eerste zin). Uit de eerste zin van lid 3 volgt dat wat betreft het aanknopingspunt in de tijd is gekozen voor de peildatum van het tijdstip van de indiening van het verzoek. **b. De situatie dat de man of de moeder ten tijde van de indiening van het verzoek is overleden (lid 3 tweede zin).** De aandacht verdient dat onder de materiële reikwijdte van art. 10:97 BW ook de rechtsfiguur van de (postume) gerechtelijke vaststelling van het ouderschap dient te worden gerubriceerd. De MvT, *Kamerstukken II* 26675, 3, p. 15, zoekt voor deze oplossing steun bij een tweetal adviezen van de Hoge Raad over verzoeken om brieven van wettiging in internationale gevallen (HR 29 november 1985, *NJ* 1987/204 en HR 20 oktober 1994, *NJ* 1995/466). Op deze rechtsfiguur ziet het bepaalde in de tweede zin van lid 3. Aangeknoopt wordt ook in dit geval aan het gemeenschappelijke nationale recht van de persoon van wie het ouderschap gerechtelijk wordt vastgesteld, genoemd in lid 1, of de moeder op het tijdstip van overlijden van deze persoon, subsidiair aan het recht van hun gemeenschappelijke gewone verblijfplaats op dat tijdstip, en meer subsidiair aan het recht van de gewone verblijfplaats van het kind op het tijdstip van de indiening van het verzoek.

AFDELING 3
Familierechtelijke betrekkingen door wettiging

Artikel 98

1. Of een kind door het huwelijk van een van zijn ouders, dan wel door een nadien genomen beslissing van een rechterlijke of andere bevoegde autoriteit, wordt gewettigd, wordt bepaald door de op 10 december 1970 te Rome tot stand gekomen Overeenkomst inzake wettiging door huwelijk (*Trb.* 1972, 61).
2. Indien toepassing van lid 1 niet leidt tot de wettiging, kunnen familierechtelijke betrekkingen door wettiging worden gevestigd volgens het recht van de staat van de gewone verblijfplaats van het kind.
3. De leden 1 en 2 gelden niet indien een van de ouders de Nederlandse nationaliteit bezit en het huwelijk niet geldig is voltrokken in overeenstemming met de artikelen 30 en 31 van dit Boek.
4. Voor de toepassing van de voorgaande leden is bepalend het tijdstip van het huwelijk van de ouders, dan wel, bij de totstandkoming van de familierechtelijke betrekkingen door de beslissing van een rechterlijke of andere bevoegde autoriteit, het tijdstip van de indiening van het verzoek of de vordering.
[19-05-2011, Stb. 272, i.w.tr. 01-01-2012/kamerstukken 32137]

[Familierechtelijke betrekkingen ontstaan door wettiging]

1. Overeenkomst inzake wettiging door huwelijk (lid 1). a. De wijze van inpassing van de Overeenkomst. In art. 10:98 lid 1 BW wordt gerefereerd aan de CIEC-Overeenkomst van Rome van 1970 inzake wettiging door huwelijk. Wat betreft de kwestie van de inpassing van verdragen volgt de wetgever de weg van de techniek van de incidentele verwijzing. Wat betreft de conflictenrechtelijke regeling van deze Overeenkomst wordt hier verwezen naar *T&C Personen- en familierecht*, commentaar op de Overeenkomst wettiging door huwelijk 1970. Volstaan kan daarom worden met de volgende twee kanttekeningen.
b. Het materiële toepassingsgebied. Uit art. 1 lid 2 van de Overeenkomst volgt dat de materiële reikwijdte van de Overeenkomst in zekere mate is beperkt, in die zin, dat de Overeenkomst uitsluitend ziet op een wettiging door huwelijk, dat wil zeggen: het kind moet steeds vóór de huwelijkssluiting zijn geboren. Zo kan men onder deze categorie de vormen van wettiging rubriceren die – ongeacht of volgens het toepasselijke recht een erkenning is voorafgegaan – *ipso iure* voortvloeien uit de voltrekking van een huwelijk. Verder kan men denken aan wettigingsfiguren waarvoor het huwelijk een vereiste is, maar die om rechtsgeldig te zijn ook nog een rechterlijke uitspraak behoeven waarbij wordt geconstateerd – een vaststelling dus van constitutieve aard – dat de wettelijke voorwaarden voor wettiging zijn vervuld. Onder de werkingssfeer van deze regel kunnen daarentegen niet de wettigingsvormen worden gebracht die tot stand komen door een administratieve beschikking, bijvoorbeeld de brieven van wettiging ingevolge art. 215

(oud) BW. Evenmin valt er onder een bij rechterlijke beslissing uitgesproken wettiging, indien bij een dergelijke beslissing aan deze autoriteit een discretionaire bevoegdheid toekomt betreffende de vraag of de wettiging al dan niet rechtsgeldig is. **c. Begunstiging van de wettiging.** Voorts verdient opmerking dat in art. 1 lid 1 van de Overeenkomst, in *favorem legitimationis*, een alternatieve verwijzingsregel wordt geïntroduceerd: de wettiging is geldig wanneer zij volgens het interne nationale recht van de vader of de moeder het gevolg is van hun huwelijk (zie nader *T&C Personen- en familierecht*, commentaar op art. 1 Overeenkomst wettiging door huwelijk 1970). **d. Wettiging door huwelijk in Nederland.** Gesignaleerd zij tenslotte dat deze verwijzingsregel, alsook de in art. 10:98 lid 2 BW (aant. 2) vervatte verwijzingsregel beperkt is tot de vraag of een kind in Nederland naar vreemd recht (zonder erkenning) door wettiging in familierechtelijke betrekkingen tot de ouders komt te staan. Zie ook de nota naar aanleiding van het verslag, *Kamerstukken II* 26675, 6, p. 10. Zie met betrekking tot de erkenning van een in het buitenland tot stand gekomen wettiging door huwelijk art. 10:100 lid 4 BW en art. 10:101 lid 3 BW. ***Een voorbeeld.*** Een Australische man en een Nederlandse vrouw hebben gedurende een aantal jaren in Nederland in gezinsverband geleefd. Uit deze relatie is een kind geboren, dat niet is erkend. Zij besluiten hier te lande te huwen. De vraag rijst of het kind door het huwelijk is gewettigd dan wel of (alsnog) een erkenning nodig is. Het Nederlandse recht kent de wettiging niet meer en eist voor de totstandkoming van familierechtelijke betrekkingen tussen de man en het kind een erkenning. Het Australische recht, daarentegen, kent de erkenning niet, maar wel de wettiging zonder erkenning. Art. 1 lid 1 van de Overeenkomst staat nu toe dat de vraag of het kind door wettiging in familierechtelijke betrekking tot de vader is komen te staan, aan de hand van het nationale recht van de vader wordt getoetst, in casu aan het Australische recht. Het kind wordt derhalve geacht door het huwelijk te zijn gewettigd. Van deze wettiging dient dan ingevolge art. 1:20 lid 1 jo. 1:20a BW door de ambtenaar van de burgerlijke stand een latere vermelding te worden toegevoegd aan de onder hem berustende geboorteakte van het kind.

2. Subsidiaire aanknoping aan de gewone verblijfplaats van het kind (lid 2). Teneinde de totstandkoming van de wettiging verder te begunstigen wordt in het tweede lid van art. 10:98 BW – naast de alternatieve aanknoping van het eerste lid – nog een 'herkansing' geboden via de subsidiaire aanknoping aan het recht van de staat van de gewone verblijfplaats van het kind. Dezelfde aanknoping wordt ook in art. 10:95 BW inzake de erkenning gehanteerd. Zie MvT, *Kamerstukken II* 26 675, nr. 3, p. 16.

3. Het nietige huwelijk waarbij een Nederlandse partij is betrokken (lid 3). Art. 2 lid 1 van de Overeenkomst veroorlooft een verdragsstaat in vier limitatief opgesomde gevallen, door het maken van een voorbehoud, de bepaling van art. 1 van de Overeenkomst buiten werking te stellen. Voor het Koninkrijk der Nederlanden is bij de Overeenkomst het voorbehoud gemaakt dat een wettiging niet zal worden erkend, indien een van de betrokken echtelieden de Nederlandse nationaliteit heeft en het huwelijk binnen het Koninkrijk niet ten overstaan van een ambtenaar van de burgerlijke stand is voltrokken of in een ander land niet geldig is voltrokken volgens het recht van dat land. Zie met betrekking tot de ratio van dit voorbehoud, *T&C Personen- en familierecht*, commentaar op art. 2 Overeenkomst wettiging door huwelijk 1970. In art. 10:98 lid 3 BW is het bij de Overeenkomst voor het Koninkrijk der Nederlanden gemaakte voorbehoud in enigszins aangepaste vorm geformuleerd. Op deze plaats wordt volstaan met een voorbeeld van het in lid 3 bedoelde voorbehoud. Wanneer een Nederlandse vrouw en een Marokkaanse man een huwelijk sluiten op het Marokkaanse consulaat te Rotterdam is dit huwelijk nietig naar Nederlands recht, zo volgt uit art. 10:30 BW. Het huwelijk kan dan in Nederland geen bron zijn waaraan het kind een wettige staat ontleent. Evenmin dient hier te lande de wettiging te worden aanvaard in het geval een Nederlandse vrouw in België huwt met een Syriër op de Syrische ambassade, indien naar Belgisch recht dit huwelijk nietig is. Zie art. 10:31 lid 2 BW.

4. Het aanknopingspunt in de tijd (lid 4). In art. 10:98 lid 4 BW is als peildatum gekozen het tijdstip van het huwelijk van de ouders, dan wel, in het geval van vaststelling van de wettiging door een rechterlijke of andere bevoegde autoriteit, het tijdstip van de indiening van het verzoek. Wat betreft de peildatum van het tijdstip van het huwelijk – waarvoor een onderbouwing in de memorie van toelichting ontbreekt – lijkt een meer flexibele aanknoping bepleitbaar.

AFDELING 4
De inhoud van familierechtelijke betrekkingen uit hoofde van afstamming

Artikel 99

1. Onverminderd hetgeen ten aanzien van bijzondere onderwerpen is bepaald, wordt de inhoud van de familierechtelijke betrekkingen tussen ouders en kind bepaald door het recht van de staat van de gemeenschappelijke nationaliteit van de ouders of, indien dit ontbreekt, door het recht van de staat waar de ouders elk hun gewone verblijfplaats hebben of, indien ook dit ontbreekt, door het recht van de staat van de gewone verblijfplaats van het kind.
2. Bestaan alleen familierechtelijke betrekkingen tussen de moeder en het kind, dan wordt de inhoud van deze familierechtelijke betrekkingen bepaald door het recht van de staat van de gemeenschappelijke nationaliteit van de moeder en het kind. Bij gebreke van een gemeenschappelijke nationaliteit wordt zij bepaald door het recht van de gewone verblijfplaats van het kind.
3. Wanneer de ouders, onderscheidenlijk de moeder en het kind een nationaliteit gemeenschappelijk hebben, geldt voor de toepassing van lid 1, onderscheidenlijk lid 2 als hun nationale recht het recht van die nationaliteit, ongeacht of zij beiden of een hunner nog een andere nationaliteit bezitten. Bezitten de ouders, onderscheidenlijk de moeder en het kind meer dan een gemeenschappelijke nationaliteit, dan worden zij geacht geen gemeenschappelijke nationaliteit te bezitten.
[19-05-2011, Stb. 272, i.w.tr. 01-01-2012/kamerstukken 32137]

[De inhoud van de familierechtelijke betrekkingen]

1. Algemeen. Naast de regeling, die in art. 10:92-98 BW is geformuleerd voor de totstandkoming (en de verbreking) van de familierechtelijke betrekkingen, wijdt art. 10:99 BW een afzonderlijke bepaling aan de inhoud van deze betrekkingen, de zogenaamde gevolgen van de familierechtelijke betrekkingen. De bepaling lijkt van weinig praktisch belang, aangezien voor de belangrijkste gevolgen het Nederlandse IPR reeds wettelijke bepalingen bevat. Zo kunnen als voorbeelden worden genoemd de onderhoudsplicht die beheerst wordt door het recht dat wordt aangewezen door de verwijzingsregels van het

Haagse Protocol inzake het toepasselijke recht op onderhoudsverplichtingen van 2007. Wat betreft de naam wordt het toepasselijke recht gevonden aan de hand van de regeling die is neergelegd in Titel 2 (art. 18-26) van Boek 10 BW, terwijl voor kwesties van kinderbescherming en gezagsvoorziening het toepasselijke recht wordt vastgesteld aan de hand van het Haagse Kinderbeschermingsverdrag 1996 geldt. Als restonderwerpen die dan nog wèl binnen het toepassingsgebied van art. 10:99 BW vallen, noemt de MvT (p. 18) het ouderlijk vruchtgenot, de rechten en verplichtingen van het kind jegens de ouders (afgezien van onderhoud) en het recht op naamgeving van de ouder(s). De vraag of de totstandkoming respectievelijk tenietdoen van familierechtelijke betrekkingen al dan niet terugwerkende kracht heeft, valt daarentegen niet onder de regeling van art. 10:99 BW, maar dient te worden beantwoord door het ingevolge art. 10:92-98 BW toepasselijke recht.

2. De verwijzingsregel. De in art. 10:99 BW geformuleerde verwijzingsregel is grotendeels dezelfde als die wordt gegeven voor het ontstaan van familierechtelijke betrekkingen door geboorte uit gehuwde ouders of uit personen die een geregistreerd partnerschap hebben gesloten (zie art. 10:92 BW), respectievelijk het ontstaan van familierechtelijke betrekkingen tussen een vrouw en het buiten huwelijk of geregistreerd partnerschap uit haar geboren kind (art. 10:94 BW). Volstaan kan daarom hier worden met te verwijzen naar de bij de desbetreffende artikelen opgenomen aantekeningen.

3. Een voorbeeld. Uit het huwelijk van een echtpaar van wie zowel de vrouw als de man de Marokkaanse en Nederlandse nationaliteit hebben, wordt een kind geboren. Het gezin heeft gewone verblijfplaats in Nederland. De vraag is welk recht van toepassing is op de vraag of de ouders het vruchtgenot van het vermogen van hun kind hebben. Aangezien de ouders meer dan één gemeenschappelijke nationaliteit hebben, is ingevolge art. 10:99 lid 3 jo. 1 het recht van de staat waar de vrouw en de man elk hun gewone verblijfplaats hebben van toepassing op de vraag of hen een ouderlijk vruchtgenot toekomt – in casu het Nederlandse recht. Wanneer alleen familierechtelijke betrekkingen tussen de (ongehuwde) Belgische moeder en het Belgische kind zouden bestaan, is ingevolge art. 10:99 lid 2 het Belgische recht van toepassing op de voorliggende vraag.

AFDELING 5
Erkenning van buitenlands tot stand gekomen rechterlijke beslissingen en rechtsfeiten

Artikel 100

1. Een buitenslands tot stand gekomen onherroepelijke rechterlijke beslissing waarbij familierechtelijke betrekkingen uit hoofde van afstamming zijn vastgesteld of gewijzigd, wordt in Nederland van rechtswege erkend, tenzij:
a. er voor de rechtsmacht van de rechter kennelijk onvoldoende aanknoping bestond met de rechtssfeer van diens land;
b. aan die beslissing kennelijk geen behoorlijk onderzoek of behoorlijke rechtspleging is voorafgegaan, of
c. de erkenning van die beslissing kennelijk onverenigbaar is met de openbare orde.

2. **De erkenning van de beslissing kan, ook wanneer daarbij een Nederlander betrokken is, niet wegens onverenigbaarheid met de openbare orde worden geweigerd op de enkele grond dat daarop een ander recht is toegepast dan uit deze titel zou zijn gevolgd.**
3. **De beslissing is niet vatbaar voor erkenning indien zij onverenigbaar is met een onherroepelijk geworden beslissing van de Nederlandse rechter inzake de vaststelling of wijziging van dezelfde familierechtelijke betrekkingen.**
4. **De voorgaande leden laten de toepassing van de in artikel 98 lid 1 van dit Boek bedoelde overeenkomst onverlet.**
[19-05-2011, Stb. 272, i.w.tr. 01-01-2012/kamerstukken 32137]

[De erkenning van in het buitenland tot stand gekomen rechterlijke beslissingen, waarbij familierechtelijke betrekkingen uit hoofde van afstamming zijn vastgesteld]

1. Algemeen. Wat betreft de kwestie van de in art. 10:100 BW (art. 9 WCA oud) en art. 10:101 BW (art. 10 WCA oud) geformuleerde erkenningsregeling heeft de wetgever uitdrukkelijk gekozen voor een processuele toets: bij de erkenningsvraag in Nederland staat de toetsing van de rechtsmacht van de desbetreffende buitenlandse autoriteit – rechter, notaris of ambtenaar van de burgerlijke stand – en de kwestie of elders een behoorlijke rechtspleging heeft plaatsgevonden centraal (zie ook Inleidende opmerkingen). Door de Nederlandse bevoegde instantie mag dus niet meer worden onderzocht – de zogenaamde conflictenrechtelijke toets – of het met toepassing van het buitenlandse internationaal privaatrecht bereikte resultaat gelijk is aan het resultaat dat met toepassing van de Nederlandse verwijzingsregel zou zijn verkregen. Deze in art. 10:100 en 10:101 BW nader uitgewerkte processuele toets impliceert dat de in art. 10:92-98 BW neergelegde verwijzingsregels uitsluitend van toepassing zijn op rechterlijke beslissingen, rechtsfeiten en rechtshandelingen die in Nederland tot stand komen. Zie nader *Asser/Vonken & Ibili 10-II* 2021/432 e.v.

2. Vereisten voor erkenning van buitenlandse rechterlijke beslissingen. a. Onherroepelijke rechterlijke beslissing waarbij familierechtelijke betrekkingen worden gevestigd (lid 1, eerste zinsnede). De Nederlandse instantie die wordt geconfronteerd met de vraag of hier te lande een buitenlandse rechterlijke beslissing inzake de afstamming kan worden erkend, zal zich in de eerste plaats ervan moeten vergewissen dat, zo blijkt uit de eerste zinsnede art. 10:100 lid 1 BW, sprake is van een rechterlijke beslissing die onherroepelijk is en waarbij familierechtelijke betrekkingen uit hoofde van afstamming zijn vastgesteld of gewijzigd. Het ligt op de weg van de partij die hier te lande om de erkenning verzoekt, aan de hand van betrouwbare bewijsstukken en andere bescheiden dient aan te tonen dat aan bedoelde vereisten is voldaan. Slaagt de betrokken partij hierin niet, dan zal de Nederlandse rechtstoepasser aan de hand van het ter plaatse geldende vreemde recht (het internationaal privaatrecht daaronder begrepen), dienen te onderzoeken of door de rechterlijke beslissing familierechtelijke betrekkingen uit hoofde van afstamming zijn vastgesteld of gewijzigd. **b. Rechtsmacht: voldoende aanknoping met de rechtssfeer van de rechter (lid 1 onder a).** Uit art. 10:100 lid 1 onder a BW volgt dat er voor de rechtsmacht van de rechter van wie de te erkennen beslissing afkomstig is, voldoende aanknoping moet bestaan met de rechtssfeer van zijn land. Het betreft hier een internationaal privaatrechtelijke maatstaf. Dit houdt in dat de rechter niet behoeft te onderzoeken of de buitenlandse rechter volgens het procesrecht van het land waar de uitspraak is gedaan bevoegd was. Evenmin mag hij de vraag of de rechter redelijkerwijze rechtsmacht mocht aannemen uitsluitend beantwoorden aan de hand van het Nederlandse procesrecht. Onderzocht zal daarentegen dienen te worden of de bevoegdheid van de buitenlandse autoriteit gebaseerd was op een bevoegdheidsgrond die, naar internationale maatstaven gemeten, aanvaardbaar is. Als leidraad kunnen hierbij dienen de regels van art. 3 Verordening (EG) Nr. 2201/2003 van de Raad van 27 november 2003 betreffende de bevoegdheid en de erkenning en tenuitvoerlegging van beslissingen in huwelijkszaken en inzake de ouderlijke verantwoordelijkheid, en tot intrekking van Verordening (EG) nr. 1347/2000 (Brussel II-bis). Van erkenning kan geen sprake zijn in het geval de buitenlandse autoriteit reeds naar de maatstaven van het eigen recht geen rechtsmacht had of dat die rechtsmacht is aangenomen op basis van misleidende informatie van betrokkenen. De vraag dient in dit verband nog beantwoording naar welk tijdstip moet worden beoordeeld of er voldoende aanknoping met deze rechtssfeer bestond. Aangenomen kan worden dat in het algemeen het tijdstip van de beslissing bepalend is, maar dat onder omstandigheden ook aan een ander tijdstip kan worden aangeknoopt, bijvoorbeeld het moment waarop de procedure aanhangig wordt gemaakt. **c. Behoorlijke rechtspleging (lid 1 onder b).** Lid 1 onder b bepaalt dat aan de buitenlandse beslissing een behoorlijk onderzoek of behoorlijke rechtspleging is voorafgegaan. De voorwaarde van een behoorlijk onderzoek komt erop neer dat de erkenning slechts kan plaats vinden, indien de buitenlandse rechter zijn beslissing op zorgvuldige wijze heeft genomen, bijvoorbeeld op betrouwbare gegevens heeft gebaseerd. Deze voorwaarde van een behoorlijke rechtspleging dient met name ter bescherming van de belangen van een partij die niet aan de rechterlijke beslissing heeft meegewerkt; hiervan is bijvoorbeeld sprake in het geval van niet-tijdige of behoorlijke oproeping of schending van het beginsel van hoor- en wederhoor. Evenals de voorwaarde onder a, dient deze voorwaarde naar internationale maatstaven te worden getoetst. **d. De openbare orde-exceptie (lid 1 onder c).** Ongeacht of aan de in andere in art. 10:100 lid 1 BW vermelde vereisten is voldaan kan, zo volgt uit lid 1 onder c, een in het buitenland uitgesproken rechterlijke beslissing inzake een afstammingsvraag niet worden erkend, indien de Nederlandse openbare orde deze erkenning niet zou gedogen. Benadrukt dient te worden dat de exceptie van de Nederlandse openbare orde – waaronder kunnen worden verstaan de beginselen en waarden van juridische, sociale of morele aard die in de eigen rechtsorde fundamenteel worden geacht – tegen toepassing van het buitenlands recht slechts als ultimum remedium mag worden ingezet. **e. Geen erkenning van negatieve beslissingen.** Uit de MvT, *Kamerstukken II* 26675, 3, p. 19 volgt expliciet dat de in art. 10:100 BW neergelegde erkenningsregel uitsluitend betrekking heeft op positieve beslissingen, dat wil zeggen: beslissingen waarbij familierechtelijke betrekkingen zijn vastgesteld of gewijzigd. Het gaat om beslissingen waarbij is vastgesteld dat het kind in familierechtelijke betrekkingen staat tot bepaalde ouders, waarbij de ontkenning van vaderschap is toegewezen, de erkenning van het vaderschap in rechte is bevestigd of geldig bevonden, dan wel juist vernietigd. Negatieve beslissingen – dat wil zeggen: beslissingen waarin de buitenlandse rechter vaststelt dat de verzochte ontkenning van het vaderschap of de erkenning van het vaderschap naar het door hem toe te passen recht niet mogelijk is met het oog op de belangen van het kind en de andere betrokkenen – mogen niet een beletsel zijn om hier te lande een nieuwe (gerechtelijke) procedure te starten. Of sprake is van een positieve of negatieve beslissing zal moeten worden afgeleid uit de in de uitspraak gekozen formulering. Niet voor erkenning in aanmerking komt bijvoorbeeld een beslissing van een buitenlandse rechter waarin niets anders wordt vastgesteld dan dat een in een derde land plaatsgevonden hebbend rechtsfeit of verrichte rechtshandeling wordt erkend. Zo komt de in land A genomen beslissing tot erkenning in land A van de beslissing tot ontkenning van het vaderschap die heeft plaats gevonden in land B, in Nederland in beginsel niet voor erkenning in aanmerking. Indien in de beslissing echter een zelfstandig oordeel – eventueel op grond van de bewijskracht van een buitenlandse akte – wordt gegeven over het bestaan van familierechtelijke betrekkingen zal de erkenning van die beslissing in Nederland wel mogelijk zijn. De omstandigheid dat de negatieve beslissingen buiten de erkenningsregeling blijven heeft tot gevolg dat het de Nederlandse rechter vrij staat aan dergelijke negatieve beslissingen de rechtskracht toe te kennen die hem geraden voorkomt.

3. Geen conflictenrechtelijke toets (lid 2). Uit art. 10:100 lid 2 BW dient te worden afgeleid dat, óók bij een beslissing inzake een afstammingsvraag waarbij een Nederlander is betrokken, bij de erkenningsvraag hier te lande kan worden volstaan met een toetsing aan de in lid 1 opgenomen processuele voorwaarden. De Nederlandse rechtstoepasser mag dus niet onderzoeken of de buitenlandse rechter zijn uitspraak heft gestoeld op feiten die ook naar Nederlands recht de beslissing zouden rechtvaardigen. Met andere woorden: de conflictenrechtelijke toets blijft achterwege met betrekking tot álle in het buitenland uitgesproken uitspraken inzake afstamming, ongeacht welk recht door de buitenlandse autoriteit is toegepast.

4. Tegenstrijdige beslissingen (lid 3). Lid 3 ziet op het geval dat sprake is van tegenstrijdige rechterlijke beslissingen. De bepaling houdt in dat het bestaan van een Nederlandse rechterlijke uitspraak de erkenning van een latere daarmee strijdige uitspraak van een buitenlandse rechter over dezelfde afstammingsvraag uitsluit. De bepaling houdt niet in dat de Nederlandse rechter een buitenlandse rechterlijke beslissing altijd terzijde kan stellen. Een buitenlandse rechterlijke beslissing inzake afstamming komt voor erkenning in aanmerking, indien aan de voorwaarden van art. 10:100 lid 1 en 2 BW is voldaan, mits er niet een eerdere Nederlandse rechterlijke beslissing over dezelfde afstammingskwestie voorhanden is. Deze regeling kan worden geïllustreerd aan de hand van het volgende voorbeeld. De Nederlandse moeder die gewone verblijfplaats heeft in Nederland weigert de vereiste toestemming voor de erkenning van het kind door haar Italiaanse vriend, van wie zij gescheiden leeft. De Nederlandse ambtenaar van de burgerlijke stand besluit om niet tot het opmaken van een akte van erkenning over te gaan en de Nederlandse rechter oordeelt vervolgens dat de moeder op aanvaardbare gronden haar toestemming heeft geweigerd. Het zou dan niet acceptabel zijn dat vervolgens een door de erkenner in het buitenland (al of niet met toepassing van vreemd recht) verkregen, geregistreerde en vervolgens door de rechter bekrachtigde erkenning, waarbij de toestemming van de moeder niet als vereiste gold, in Nederland zou moeten worden erkend.

5. Erkenningsregel in de Overeenkomst inzake wettiging door huwelijk (lid 4). In lid 4 wordt bepaald dat de drie voorafgaande leden de toepassing van de Overeenkomst inzake wettiging door huwelijk onverlet laten. Art. 1 lid 1 van de Overeenkomst luidt dat indien volgens de bepalingen van intern recht van de nationale wet van de vader of van de moeder hun huwelijk de wettiging van een natuurlijk kind ten gevolge heeft, deze wettiging geldig is in de overeenkomstsluitende staten. Aangezien de geldigheid van de wettiging wordt benaderd vanuit de invalshoek van de erkenning van in het buitenland tot stand gekomen wettigingen, hebben wij hier met een erkenningsregel te maken waarbij met betrekking tot het door de Overeenkomst bestreken onderwerp van de wettiging door huwelijk een conflictenrechtelijke toets moet worden aangelegd: de wettiging door huwelijk is geldig, wanneer – alternatief – de interne nationale wet van de vader of die van de moeder haar verleent, en niet met een erkenningsregeling. Wanneer volgens een van deze rechtsstelsels de wettiging tot stand komt, wordt de buitenlandse rechterlijke beslissing in alle overeenkomstsluitende staten erkend.

Artikel 101

1. Artikel 100 leden 1, onder b en c, 2 en 3 van dit Boek is van overeenkomstige toepassing op buitenslands tot stand gekomen rechtsfeiten of rechtshandelingen waarbij familierechtelijke betrekkingen zijn vastgesteld of gewijzigd, welke zijn neergelegd in een door een bevoegde instantie overeenkomstig de plaatselijke voorschriften opgemaakte akte.

2. De weigeringsgrond, bedoeld in artikel 100 lid 1, onderdeel c, van dit Boek doet zich met betrekking tot de erkenning in elk geval voor

a. indien deze is verricht door een Nederlander die naar Nederlands recht niet bevoegd zou zijn het kind te erkennen;

b. indien, wat de toestemming van de moeder of het kind betreft, niet is voldaan aan de vereisten van het recht dat ingevolge artikel 95 lid 3, van dit Boek toepasselijk is, of

c. indien de akte kennelijk op een schijnhandeling betrekking heeft.

3. De voorgaande leden laten de toepassing van de in artikel 98 lid 1, van dit Boek genoemde Overeenkomst onverlet.

[27-11-2013, Stb. 486, i.w.tr. 01-04-2014/kamerstukken 33526]

[De erkenning van in het buitenland tot stand gekomen rechtsfeiten en rechtshandelingen waarbij familierechtelijke betrekkingen uit hoofde van afstamming zijn vastgesteld, die zijn neergelegd in een akte]

1. Vereisten voor erkenning buitenlandse rechtsfeiten en rechtshandelingen (lid 1). Niet alleen buitenlandse rechterlijke beslissingen worden hier te lande erkend, mits voldaan is aan de processuele vereisten als neergelegd in art. 10:100 BW. Ook buitenlandse rechtsfeiten en rechtshandelingen, waarbij familierechtelijke betrekkingen zijn vastgesteld of gewijzigd, zo volgt uit art. 10:101, komen in beginsel in Nederland voor erkenning in aanmerking. Ook gelden, zo leert art. 10:101 lid 1 BW, de weigeringsgronden van art. 10:100 lid 1 onder b (de behoorlijke rechtspleging) en onder c (de openbare orde-exceptie) BW alsook is van toepassing art. 10:100 lid 2 (geen conflictenrechtelijke toets) en lid 3 (onverenigbare beslissingen) BW. Art. 10:101 lid 3 BW is wat betreft inhoud gelijkluidend aan art. 10:100 lid 4 BW (zie art. 10:100, aant. 5). Voorts stelt art. 10:101 lid 1 BW als speciale voorwaarde dat de buitenlandse rechtsfeiten of rechtshandelingen zijn neergelegd in een door een bevoegde instantie overeenkomstig de plaatselijke voorschriften opgemaakte akte. Wat betreft het vereiste van de bevoegde instantie zal – in de lijn van het rechtsmachtvereiste als bedoeld in art. 10:100 lid 1 onderdeel a BW – door de Nederlandse erkenningsautoriteit verlangt mogen worden dat voor de buitenlandse instantie die bijvoorbeeld de akte van erkenning door de man heeft opgemaakt, voldoende aanknoping bestond met de rechtssfeer van zijn land. Onder de voorwaarde dat de akte dient te zijn opgemaakt overeenkomstig de plaatselijke voorwaarden dient te worden verstaan het ter plaatse geldende (nationale) recht, het internationaal privaatrecht daaronder begrepen. Naar ditzelfde vreemde recht (IPR) zal de Nederlandse ambtenaar of andere rechtstoepasser dienen vast te stellen of familierechtelijke betrekkingen zijn vastgesteld of gewijzigd. Als uitgangspunt heeft te gelden dat de Nederlandse ambtenaar vertrouwen toont dat de registratie van het rechtsfeit of de rechtshandeling die buiten Nederland heeft plaatsgevonden correct is geschied. Van dit uitgangspunt dient echter te worden afgeweken, wanneer de betrokken persoon betwist dat de afstammingsvraag door de buitenlandse instantie op juiste wijze is bepaald, alsook in het geval de Nederlandse ambtenaar gerede twijfel heeft dat de buitenlandse regels van internationaal privaatrecht in acht zijn genomen. De Nederlandse erkennende autoriteit heeft in dezen derhalve een zekere discretionaire bevoegdheid bij de vraag of aan de onderhavige voorwaarde is voldaan. Vergelijk ook HR 13 juli 2001, *NJ* 2002/215. Zie met betrekking tot de kwestie van de erkenning van in het buitenland tot stand gekomen rechtsfeiten en rechtshandelingen die niet zijn neergelegd in een akte: *Asser/Vonken & Ibili 10-II* 2021/456.

2. Op de openbare orde gebaseerde weigeringsgronden. a. Algemeen. In art. 10:101 lid 2 BW worden, anders dan in art. 10:100 lid 1 onder c BW, een drietal gevallen geconcretiseerd die in strijd met onze openbare orde worden geacht en derhalve hier te lande niet kunnen worden erkend. **b. Mogelijke strijd met de openbare orde in andere gevallen.** Uit art. 10:101 lid 2 aanhef BW volgt dat ook in andere gevallen dan vermeld in de in lid 2 onder a-c bedoelde specifieke weigeringsgronden moet worden getoetst of de Nederlandse openbare orde zich verzet tegen de erkenning van een buitenlands tot stand gekomen erkenning. In gelijke zin HR 2 november 2012, *NJ* 2013/221, r.o. 3.4 waarin de Hoge Raad oordeelde dat art. 10:101 lid 2 aanhef en onder a BW niet meebrengt dat de openbare orde-exceptie bij buitenlands tot stand gekomen erkenningen slechts toepassing kan vinden bij erkenningen waartoe de man naar Nederlands recht onbevoegd zou zijn. Deze bepaling houdt immers in dat de in lid 2 onder a-c bedoelde erkenningen 'in elk geval' onder de openbare orde-exceptie vallen, en deze bepaling dus openlaat dat nog andere categorieën van buitenlands tot stand gekomen erkenningen onder de openbare orde-exceptie vallen. Het Hof, zo oordeelde de Hoge Raad, is terecht ervan uitgegaan dat een door een Nederlandse gehuwde man in het buitenland verrichte erkenning waarmee wordt beoogd de regelgeving op het gebied van de interlandelijke adoptie te omzeilen, kennelijk in strijd met de openbare orde is, ook al staat niet vast dat de man naar Nederlands recht onbevoegd was tot erkenning. Dat oogmerk kon in casu mede worden afgeleid uit het feit dat de man had gesteld de biologische vader of de verwekker van het kind te zijn, terwijl dat in werkelijkheid niet zo was. Zie ook Rb. Den Haag 4 oktober 2018, ECLI:NL:RBDHA:2018:11885, r.o. 7.5, die de erkenning in strijd met de openbare orde achtte omdat het kind reeds twee ouders had in de zin van art. 1:204 lid 1, aanhef en onder e BW. **c. Nederlander die naar Nederlands recht niet bevoegd is tot erkenning (lid 2 onder a).** Art. 10:101 lid 2 onder a BW behelst als specifieke weigeringsgrond het geval dat de erkenning is verricht door een Nederlander die naar Nederlands recht niet bevoegd zou zijn het kind te erkennen (zie bijvoorbeeld art. 1:204 lid 1 onder a BW). De voorheen geldende onbevoegdheid van een Nederlandse gehuwde man tot erkenning naar Nederlands recht is per 1 april 2014 komen te vervallen (zie art. 1:204 lid 1 onder e BW (oud)). Zie ook Inleidende opmerkingen bij Titel 5, aant. 1 en uitvoerig over deze temporele kwestie onder art. 10:102 BW, aant. 2. De aan deze bepaling ten grondslag liggende beschermingsgedachte impliceert dat zij toepassing dient te vinden ook al is de Nederlandse nationaliteit van betrokkene niet zijn effectieve nationaliteit. Evenmin mag de Nederlandse nationaliteit van betrokkene op zijn realiteitswaarde worden getoetst. **d. Toestemming van de moeder (lid 2 onder b).** Uit art. 10:101 lid 2 onder b BW volgt voorts dat de openbare orde exceptie – dwingend – dient te worden ingeroepen in het geval dat in het buitenland een erkenning heeft plaatsgevonden zonder de toestemming van de moeder, terwijl deze volgens het door art. 10:95 lid 3 BW – primair of subsidiair – aangewezen recht noodzakelijk was. Hiermee wordt voorkomen dat een man wiens verzoek om het opmaken van een akte van erkenning in Nederland is afgewezen, en die in het buitenland erin slaagt een zodanige erkenning te verrichten, vervolgens in Nederland hierop een beroep zou kunnen doen. De toestemming van de moeder of het kind behoeft niet steeds uit de buitenlandse akte te blijken. Voldoende is dat zij blijkt uit een verklaring van de moeder achteraf of dat zij kan worden afgeleid uit de feiten en de omstandigheden, bijvoorbeeld de omstandigheid dat de moeder zelf verzoekt om registratie van het feit in Nederland. (Zie MvT, *Kamerstukken II* 26675, 3, p. 21.) **e. Schijnhandeling (lid 2 onder c).** Art. 10:101 lid 2 onder c BW bepaalt met zoveel woorden dat ook niet voor erkenning in aanmerking komt de akte van erkenning die op een schijnhandeling betrekking heeft. Uit de MvT, *Kamerstukken II* 26675, 3, p. 21, volgt verder dat van geval tot geval zal moeten worden getoetst of de Nederlandse openbare orde zich verzet tegen de erkenning van een buitenlands tot stand gekomen rechtsfeit of rechtshandeling betreffende de afstamming. Strijd met de openbare orde zal bijvoorbeeld aanwezig zijn, wanneer een erkenning in het buitenland is verricht met het uitsluitende oogmerk het kind het Nederlanderschap te doen verkrijgen en hem aldus van een verblijfsrecht in Nederland te verzekeren.

3. Geen conflictenrechtelijke voorvraag. Bij de vraag van de erkenning van een rechtsverhouding/rechtsfeit – bijvoorbeeld een afstammingsbetrekking of echtscheiding – die is vastgesteld bij een buitenlandse rechterlijke beslissing of die is neergelegd in een buitenlandse akte, kan zich soms een prealabele vraag aandienen die eerst moet worden beantwoord. Zo kan de Nederlandse rechtstoepasser worden geconfronteerd met de vraag van een in het buitenland tot stand gekomen rechterlijke beslissing of rechtsfeit op het terrein van de afstamming, aan welke afstammingsverhouding/rechtsfeit de vraag naar de rechtsgeldigheid van een in het buitenland gesloten huwelijk ten grondslag ligt (zie art. 10:100 en 10:101 BW). De kwestie is of deze prealabele vraag – in casu de rechtsgeldigheid van het in het buitenland gesloten huwelijk – in het kader van de erkenning van een in het buitenland tot stand gekomen rechterlijke beslissing of rechtsfeit als een voorvraag moet worden aangemerkt, en aldus het leerstuk van de conflictenrechtelijke voorvraag kan worden toegepast? Meer concreet: moet deze prealabele vraag, als voorvraag – in casu de geldigheid van het huwelijk – worden beantwoord aan de hand van het Nederlandse conflictenrecht (de zelfstandige aanknoping van de voorvraag) op grond van art. 10:4 en 10:33 BW of aan de hand van het buitenlandse conflictenrecht (de afhankelijke aanknoping van de voorvraag)? Deze kwestie was aan de orde in HR 19 mei 2017, *NJ* 2017/435. De Hoge Raad is van oordeel dat hier van het leerstuk van de voorvraag geen sprake is. Hij komt tot dit oordeel op grond van de overweging dat bij de erkenning van de in de (Marokkaanse) geboorteakte neergelegde familierechtelijke betrekking ingevolge art. 10:101 lid 1 jo. art. 10:101 lid 2 BW een conflictenrechtelijke toets niet plaatsvindt, dat wil zeggen: de buitenlandse afstamming behoeft niet in overeenstemming te zijn met het door onze verwijzingsregel inzake de afstamming aangewezen recht. Indien in het kader van de weigeringsgrond van de openbare orde als bedoeld in art. 10:101 lid 1 en 2 BW in verbinding met art. 10:100 lid 1 onder c BW de vraag rijst of sprake is van een rechtsgeldig huwelijk, moet deze vraag derhalve niet ook worden beantwoord door toepassing te geven aan art. 10:4 en 10:33 BW (r.o. 3.6.2). De achterliggende gedachte van de Hoge Raad is kennelijk dat nu het Nederlandse conflictenrecht als gevolg van het verbod van de conflictenrechtelijke toets is uitgeschakeld om het toepasselijke recht op de hoofdvraag (de geldigheid van de familierechtelijke betrekking tussen de vader en de minderjarige) aan te wijzen, het Nederlandse conflictenrecht zich evenmin kan aandienen om het toepasselijke recht op de voorvraag (de geldigheid van het huwelijk waaruit de minderjarige is geboren) aan te wijzen; van een conflict van verwijzingsregels met betrekking tot de voorvraag kan derhalve geen sprake zijn. Dit laat echter onverlet, zo oordeelt de Hoge Raad (r.o. 3.6.5), dat indien een buitenlands tot stand gekomen rechtsfeit of rechtshandeling waarbij een familierechtelijke betrekking is vastgesteld of gewijzigd, voortvloeit uit een buiten Nederland gesloten huwelijk waaraan erkenning wordt onthouden wegens kennelijke onverenigbaarheid met de openbare orde in de zin van art. 10:32 BW, ook de erkenning van dat rechtsfeit of die rechtshandeling afstuit op de weigeringsgrond van de openbare orde als bedoeld in art. 10:101 lid 1 en 2 BW in verbinding met art. 10:100 lid 1 onder c BW. Aan de openbare orde-exceptie van art. 10:100 en 10:101 BW wordt aldus invulling gegeven met behulp van de openbare ordebepaling van art. 10:32 BW. Zie in andere zin Strikwerda in zijn annotatie (nr. 8) onder HR 19 mei 2017, *NJ* 2017/435 en *Asser/Vonken & Ibili 10-II* 2021/454-455. Zie uitvoerig over deze vraag *T&C BW*, commentaar op art. 10:4 BW.

4. Bezit van staat overeenkomstig een gebrekkige buitenlandse afstammingsakte. Denkbaar is dat de in de buitenlandse geboorteakte vermelde afstammingsgegevens niet overeenstemmen met de juridische afstamming. Deze gebrekkige buitenlandse geboorteakte kan dan niet worden erkend ingevolge art. 10:101 BW. De vraag is of iemand die een bezit van staat heeft overeenkomstig een gebrekkige buitenlandse afstammingsakte een beroep kan doen op de bescherming van art. 1:209 BW. HR 9 maart 2012, *NJ* 2012/291, r.o. 5.3.6, lijkt deze vraag bevestigend te beantwoorden op grond van de overweging dat nu bezit van staat in de zin van art. 1:209 BW ertoe strekt de rechtszekerheid en het belang van het kind te beschermen, niet valt in te zien dat de omstandigheid dat het hier gaat om een in het buitenland opgemaakte geboorteakte een toepassing van deze wetsbepaling in de weg zou staan. Voor zover het onderdeel betoogt dat dit laatste anders is indien het, zoals hier, een akte betreft die niet in de Nederlandse rechtsorde is of kan worden erkend, ziet het eraan voorbij dat het bij bezit van staat nu juist gaat om gebrekkige akten. Vergelijk ook de conclusie (nr. 3.20) van de A-G Vlas voor dit arrest. Zie ook HR 30 januari 2015, *NJ* 2015/106, r.o. 3.5; HR 20 december 2019, *NJ* 2020/99, r.o. 2.7.1-2.10. Bij deze uitspraak zij in de eerste plaats aangetekend dat art. 1:209 BW slechts spreekt van 'geboorteakte'. Door de Hoge Raad wordt terecht aangenomen dat daaronder een buitenlandse geboorteakte kan worden verstaan; art. 1:209 BW, dat is toegesneden op interne rechtsverhoudingen, wordt geschikt gemaakt, of beter, verruimd voor toepassing op internationale rechtsverhoudingen. Vereist is dan wel dat, zoals in casu, de buitenlandse rechtsfiguur (geboorteakte) wat betreft aard en functie equivalent is aan, anders gezegd: geassimileerd kan worden met de toepasselijke Nederlandse bepaling van art. 1:209 BW. Zie nader *Asser/Vonken & Ibili 10-II* 2021/445. Voorts verdient opmerking dat uit de uitspraak van de Hoge Raad kan worden afgeleid dat, zo lijkt het althans, art. 1:209 BW als een voorschrift van semi-publiekrecht kan worden aangemerkt, met andere woorden als een voorrangsregel. Art. 1:209 BW strekt er immers toe om de rechtszekerheid en het belang van het kind te beschermen. Deze bepaling kan echter alleen toepasselijkheid verlangen, indien het geval nauw is verbonden met de Nederlandse rechtssfeer, bijvoorbeeld of de vader/man de Nederlandse nationaliteit heeft, het kind de achternaam van de man draagt en in Nederland verblijft.

5. Erkenning van buitenlandse rechtsfeiten die niet door een plaatselijke autoriteit in een akte zijn neergelegd. Het komt voor dat Nederlandse overheidsinstanties worden geconfronteerd met buitenlandse documenten waaruit kan worden afgeleid dat in het buitenland bijvoorbeeld een erkenning heeft plaatsgevonden zonder dat deze erkenning door een ter plaatse bevoegde instantie is neergelegd in een (geboorte)akte. Het betreft hier landen waar geen burgerlijke stand of daarmee vergelijkbare administratie bestaat en een dergelijk geregistreerd rechtsfeit als rechtsgeldig wordt beschouwd. Een dergelijk erkenningsgeval kan niet op één lijn worden gesteld met de gevallen waarvoor de regeling van art. 10:101 BW is geschreven. Het zou echter te ver gaan om een dergelijke erkenning, die buiten rechte tot stand is gekomen en niet in een akte is neergelegd, in Nederland onder geen enkele omstandigheid als geldig aan te merken; zie *Kamerstukken II* 2009/10, 32137, 3, p. 60. Doorgaans wordt in de literatuur de opvatting verdedigd dat de erkenning van in het buitenland door een lokale instantie tot stand gekomen rechtsfeiten en rechtshandelingen, die niet in een akte zijn neergelegd, niet zonder meer kan worden uitgesloten, maar dat de in Boek 10 BW vervatte verwijzingsregels (bijv. art. 10:95 BW) — zij het naar analogie — tot richtsnoer kunnen worden genomen. Anders gezegd: met betrekking tot dit type erkenningsgeval dient een conflictenrechtelijke toets te worden aangelegd. In die zin ook HR 19 februari 2016, *NJ* 2016/355 onder verwijzing naar HR 31 januari 1992, *NJ* 1993/261 met betrekking tot de erkenning van de in het buitenland tot stand gekomen rechtsfeiten die buiten het toepassingsgebied van de erkenningsregeling van art. 10:101 BW vallen. Zie nader *Asser/Vonken & Ibili 10-II* 2021/442-456.

AFDELING 6
Overgangsrecht

Artikel 102

Deze afdeling is van toepassing op rechtsbetrekkingen die na 1 januari 2003 zijn vastgesteld of gewijzigd alsmede op de erkenning van na 1 januari 2003 buitenslands vastgestelde of gewijzigde rechtsbetrekkingen.
[19-05-2011, Stb. 272, i.w.tr. 01-01-2012/kamerstukken 32137]

[Intertemporele werking]

1. Algemeen. De overgangsrechtelijke regel van art. 11 Wet conflictenrecht afstamming (oud) is in art. 10:102 BW overgenomen onder vermelding van de datum van inwerkingtreding van de Wet conflictenrecht afstamming, te weten 1 mei 2003 (en niet, zoals de bepaling abusievelijk vermeldt, 1 januari 2003). De bepaling bevat een regel van overgangsrecht in de eerste plaats voor rechtsbetrekkingen die na 1 mei 2003 in Nederland zijn/worden vastgesteld of gewijzigd en voorts voor de erkenning van na 1 mei 2003 in het buitenland vastgestelde of gewijzigde rechtsbetrekkingen. Wat betreft de eerste categorie rechtsbetrekkingen kan gedacht worden aan een hier te lande verzochte gerechtelijke ontkenning van het vaderschap (ouderschap) of een door de man (of vrouw) verzochte erkenning van het kind ten overstaan van de ambtenaar van de burgerlijke stand. Dit betekent dat art. 10:92-99 BW uitsluitend van toepassing zijn op afstammingsbetrekkingen die (door bijvoorbeeld de rechter of de ambtenaar van de burgerlijke stand) worden vastgesteld of gewijzigd na 1 mei 2003. Wanneer de bedoelde rechtsbetrekkingen door een bevoegde Nederlandse autoriteit zijn vastgesteld of gewijzigd vóór dit tijdstip, blijft het voordien geldende ongeschreven internationale afstammingsrecht gelden. Zie *Kamerstukken II* 2009/10, 32137, nr. 3, p. 60. De in art. 10:100 en 10:101 neergelegde erkenningsregeling is slechts van toepassing op buitenlandse rechtsbetrekkingen die aldaar door bijvoorbeeld de rechter of een andere autoriteit zijn vastgesteld of gewijzigd ná 1 mei 2003. Dit leidt ertoe dat de vóór 1 mei 2003 geldende ongeschreven erkenningsregeling van in het buitenland tot stand gekomen afstammingsbetrekkingen nog gedurende een ruime periode moet worden toegepast, namelijk op alle afstammingsrelaties die vóór 1 mei 2003 elders zijn vastgesteld of gewijzigd. In de praktijk zal dit niet tot overgangsrechtelijke problemen behoeven te leiden. De in art. 10:100 en 10:101 BW neergelegde erkenningsregeling wijkt immers niet wezenlijk af – uitgezonderd het bepaalde in art. 10:101 lid 2 (zie art. 101, aant. 2) – van de vóór 1 mei 2003 geldende erkenningsregeling inzake de in het buitenland tot stand gekomen afstammingsbetrekkingen. De overgangsrechtelijke vraag of een in 2001 gedane erkenning in Turkije door een gehuwde Nederlandse man onder de erkenningsregel van art. 10 lid 2 Wet conflictenrecht afstamming (oud) valt, was aan de orde in HR 27 mei 2005, *NJ* 2005/554 (zie art. 101, aant. 2 onder b). Zie ook HR 28 april 2006, *NJ* 2006/557.

2. Erkenning kind in buitenland gedaan door Nederlandse gehuwde man vóór 1 april 2014. a. Maatstaf zijn de rechtsopvattingen over de openbare orde op tijdstip van het rechtsgeschil. Aangenomen dient te worden dat de rechtsopvattingen over de openbare orde op het tijdstip dat het geschil dient te worden beslist – dus het tijdstip dat de openbare orde-exceptie wordt ingeroepen – maatgevend zijn en niet de rechtsopvattingen op het moment dat de – volgens het toepasselijke buitenlandse recht – in te roepen rechtsgevolgen ontstonden. Anders gezegd: het gaat om het rechtsgevoel op het moment waarop in rechte een beroep wordt gedaan op erkenning van de buitenlandse rechtsverhouding. Concreet betekent dit dat de vraag of het op 1 april 2014 vervallen erkenningsverbod van een kind door een Nederlandse gehuwde man in de zin van art. 204 lid 1 onder e BW (oud) in strijd is met de openbare orde ingevolge art. 10:101 lid 2 onder a BW, dient te worden bepaald op het tijdstip waarop deze vraag door de Nederlandse rechter dient te worden beslist. Zie conclusie A-G Vlas (nr. 2.27 en 2.28) voor HR 19 januari 2018, *NJ* 2018/227 en Strikwerda in zijn annotatie (nr. 5-6) bij dit arrest. Zie ook HR 19 februari 2016, *NJ* 2016/355 (r.o. 3.4.2); HR 19 mei 2017, *NJ* 2017/435 (r.o. 3.10.4); *Asser/Vonken 10-I* 2018/505; Rutten, *NIPR* 2018, p. 482-485. **b. Het temporele element.** Daarmee is nog niet de temporele vraag beantwoord met betrekking tot het tijdstip met ingang waarvan rechtsgevolgen kunnen worden toegekend aan een buitenlandse rechtsverhouding waarvan erkenning naar huidige opvattingen niet langer in strijd met de openbare orde kan worden geacht. Is dat vanaf het tijdstip waarop de rechtsverhouding ontstond, vanaf het tijdstip waarop de openbare orde geacht werd zich niet langer tegen erkenning te verzetten, of pas vanaf het tijdstip waarop de rechter beslist. Concreet: met ingang van welk tijdstip kan de erkenning van een kind door een Nederlandse gehuwde man, die is gedaan vóór 1 april 2014, in Nederland worden erkend? In HR 19 mei 2017, *NJ* 2017/435, overweegt de Hoge Raad (r.o. 3.9.4) dat deze vraag zich 'niet in algemene zin laat beantwoorden'. Wat betreft deze temporele vraag komt het bij de bepaling van het tijdstip met ingang waarvan rechtsgevolg toekomt aan de erkenning van een buitenlands tot stand gekomen rechtsfeit of rechtshandeling waarbij een familierechtelijke betrekking is vastgelegd of gewijzigd, aan op de inhoud en de strekking van de wettelijke bepaling en de daardoor in het leven geroepen rechtsgevolgen, met het oog waarop de erkenning van dat rechtsfeit of die rechtshandeling plaatsvindt. In HR 19 januari 2018, *NJ* 2018/227, waarin het niet het (geclausuleerde) erkenningsverbod van art. 1:204 lid 1 onder e BW (oud) betrof, maar het soortgelijke (ongeclausuleerde) erkenningsverbod van art. 330 lid 1, aanhef en onder b, BWNA (dat tot 15 januari 2001 voor de Nederlandse Antillen, en daarmee ook voor Sint Maarten gold), vult de Hoge Raad voornoemde temporele vraag verder in (r.o. 3.12.2): in dit verband is van betekenis dat het ongeclausuleerde erkenningsverbod van art. 330 lid 1, aanhef en onder b BWNA (oud) met ingang van 15 januari 2001 is komen te vervallen. Dit brengt mee dat de in het ongeschreven internationaal privaatrecht van Sint Maarten gehanteerde weigeringsgrond van de openbare orde vanaf dat tijdstip niet meer kon worden ingevuld door aansluiting te zoeken bij het bepaalde in art. 330 lid 1, aanhef en onder b, BWNA (oud). Het vorenstaande brengt mee dat aan de erkenning van verzoeker door de man, die op 6 juni 1990 in de Dominicaanse Republiek is gedaan, in beginsel met ingang van 15 januari 2001 in Sint Maarten rechtsgevolgen toekomen, omdat de erkenning van die buitenlands tot stand gekomen rechtshandeling na 15 januari 2001 niet meer afstuitte op de (aan de hand van art. 330 lid 1, aanhef en onder b, BWNAS (oud) ingevulde) weigeringsgrond van de openbare orde. Temporeel vertaald naar het (geclausuleerde) erkenningsverbod van art. 1:204 lid 1 onder e BW (oud), dat vanaf 1 april 2014 is komen te vervallen, betekent de uitspraak van de Hoge Raad van 19 januari 2018 dat de weigeringsgrond van de openbare orde in de zin van art. 10:101 lid 2 onder a BW vanaf 1 april 2014 niet meer kan worden ingevuld door aansluiting te zoeken bij het bepaalde in art. 1:204 lid 1 onder e BW (oud). Dit leidt ertoe dat aan de erkenning van een kind door een Nederlandse gehuwde man, die is gedaan vóór 1 april 2014, in beginsel, met ingang van 1 april 2014 – maar niet op een eerder tijdstip – in Nederland rechtsgevolgen toekomen, omdat de erkenning van die buitenlands tot stand gekomen rechtshandeling na 1 april 2014 niet meer afstuit op de aan de hand van art. 1:204 lid 1 onder e BW (oud) ingevulde weigeringsgrond van de openbare orde. Aan de weigeringsgrond van de openbare orde in de zin van art. 10:101 lid 2 onder a BW wordt dus exclusieve werking toegekend. Zie nader De Boer in zijn noot (nr. 5-6) onder HR 19 februari 2016, *NJ* 2016/355; A-G Vlas in zijn conclusie (nr. 2.17 e.v.) voor HR 19 januari 2018, *NJ* 2018/227; Strikwerda in zijn noot (nr. 5-7) onder voornoemd arrest; HR 21 december 2018, *NJ* 2019/33, r.o. 4.1.1; *Asser/Vonken 10-I* 2018/504. Uit voornoemde overweging (r.o. 3.12.2) van de Hoge Raad 19 januari 2018, *NJ* 2018/227 volgt dat 'in beginsel' met ingang van 15 januari 2001 (in Sint Maarten) rechtsgevolgen toekomen aan de erkenning van het kind door de gehuwde man. Uit r.o. 3.12.3 volgt dat naar het oordeel van de Hoge Raad van een uitzondering sprake kan zijn, indien het tot 15 januari 2001 geldende ongeclausuleerde erkenningsverbod van art. 330 lid 1 onderdeel b BWNA (oud) in een concreet geval als onverenigbaar met het recht op privéleven van de verwekker en dat van het kind in de zin van art. 8 EVRM buiten toepassing moet blijven. In dat geval is niet uitgesloten dat de in het buitenland verrichte erkenning als rechtsgeldig kan worden erkend met ingang van een tijdstip gelegen vóór 15 januari 2001. Zie ook HR 21 december 2018, *NJ* 2019/33, r.o. 4.2.4, waarin de Hoge Raad spreekt van 'in elk geval', *Asser/Vonken & Ibili 10-II* 2021/446-449.

Overeenkomst inzake wettiging door huwelijk

Overeenkomst van 10 september 1970, Trb. 1972, 61 (i.w.tr. 08-02-1976)

De Staten die deze Overeenkomst hebben ondertekend, leden van de Internationale Commissie voor de Burgerlijke Stand,
Verlangende door het aanvaarden van eenvormige regels de wettiging van natuurlijke kinderen, alsmede de erkenning en de publikatie van in het buitenland tot stand gekomen wettigingen, te bevorderen,
Zijn het volgende overeengekomen:

[Inleidende opmerkingen]

1. Algemeen. De op 10 september 1970 te Rome tot stand gekomen Overeenkomst inzake wettiging door huwelijk is voor het Koninkrijk der Nederlanden op 31 juli 1977 in werking getreden (*Trb.* 1972, 61 en 1977, 114). Deze Overeenkomst die door de tien lidstaten van de Internationale Commissie van de Burgerlijke Stand (Commission Internationale de l'Etat Civil, afgekort CIEC) is ondertekend, is tot op heden van kracht tussen Frankrijk, Italië, Luxemburg, Turkije, Oostenrijk, het Koninkrijk der Nederlanden en Griekenland. De Overeenkomst is opgebouwd uit drie titels. De eerste titel behelst voornamelijk regels van internationaal privaatrecht (art. 1-6). De tweede titel regelt langs welke (diplomatieke) kanalen de ambtenaar van de burgerlijke stand in wiens registers zich de geboorteakte van een buitenechtelijk kind bevindt, wordt geïnformeerd over de voltrekking van een huwelijk dat wettiging van het kind kan hebben teweeggebracht (art. 7-9). De derde titel bevat de gebruikelijke 'clauses de style' (art. 11-17), alsmede een bepaling ten aanzien van de vraag wat onder de nationale wet van een persoon moet worden verstaan (art. 10). In onderstaande beschouwing worden de bepalingen van Titel 1 en 2 en art. 10 van Titel 3 besproken. Zie ook art. 10:98 lid 1 BW met betrekking tot de totstandkoming van de wettiging door huwelijk in Nederland. Zie voorts art. 10:100 lid 4 BW met betrekking tot de erkenning van een in het buitenland tot stand gekomen rechterlijke beslissing inzake wettiging door huwelijk en art. 10:101 lid 3 BW met betrekking tot de erkenning van een in het buitenland tot stand gekomen wettiging door huwelijk die in een akte is neergelegd. Zie nader het commentaar op voornoemde artikelen in *T&C Personen- en familierecht.*

2. Doelstellingen van de Overeenkomst. Begunstiging van de wettiging. De in de Overeenkomst opgenomen verwijzingsregels staan geheel in de sleutel van de begunstiging van de wettiging. Deze wenselijk geachte 'favor legitimationis' wordt op onderscheiden niveaus en via verschillende aanknopingstechnieken verwezenlijkt. **Internationale beslissingsharmonie.** In de eerste plaats wordt deze 'favor'-gedachte geplaatst in de context van de internationale beslissingsharmonie. Aangezien de nationale verwijzingsregels inzake afstamming van Staat tot Staat – óók tussen de lidstaten van de CIEC – sterk verschillen, dreigt het gevaar dat een kind naar het recht van het ene land als gewettigd geldt en volgens het recht van het andere land niet. De MvT, *Kamerstukken II* 13 765, nr. 3, p. 2, geeft het voorbeeld van een kind dat is gewettigd naar het recht van land A, terwijl zijn geboorteakte zich bevindt in land B, dat de wettiging niet aanvaardt. De ambtenaar van de burgerlijke stand van land B zal dan van de wettiging geen melding kunnen maken op de kant van de geboorteakte, zodat van de akte geen uittreksel zal kunnen worden afgegeven zonder dat van de buitenechtelijke staat van het kind blijkt. Het euvel van een dergelijke tegenstrijdige afstammingsbetrekking kan op zijn beurt voor betrokkenen tot verwikkelingen leiden op het gebied van de naam, de nationaliteit en het erfrecht. Door middel van het creëren van uniforme verwijzingsregels inzake wettiging kan worden bevorderd, zo is geredeneerd, dat het kind in meer landen als wettig kan worden aangemerkt. **Alternatieve aanknoping.** Voorts is er naar gestreefd dat de wettiging in een en dezelfde Staat in méér gevallen dan voorheen tot stand kan komen. Hiertoe hebben de verdragsopstellers gebruik gemaakt van verschillende conflictenrechtelijke technieken. De Overeenkomst biedt, met het oogmerk de wettiging te begunstigen, in de eerste plaats een alternatieve aanknoping: om de wettiging te bereiken kan een beroep worden gedaan op de nationale wet van de vader of die van de moeder (art. 1 lid 1). Hoe meer aanknopingsmogelijkheden worden geboden, des te groter is de kans dat de wettiging kan worden gevestigd, althans wanneer de ouders niet dezelfde nationaliteit hebben. Het voor het kind 'gunstigste recht' dient de wettiging dan te beheersen. Met een dergelijke alternatieve aanknoping wordt verder niet alleen het materieelrechtelijke belang van het kind gediend, maar wordt tegelijkertijd de heden ten dage niet meer gerechtvaardigde bevoorrechte positie van het recht van de vader afgebouwd. **Alternatieve aanknoping voorvraag.** Om de wettiging zoveel mogelijk te kunnen bevorderen, introduceert de Overeenkomst ook de rechtsfiguur van de alternatieve aanknoping van de voorvraag (zie hierna onder de voorvraag).

TITEL I

Artikel 1

1. Indien volgens de bepalingen van intern recht van de nationale wet van de vader of van de moeder hun huwelijk de wettiging van een natuurlijk kind ten gevolge heeft, is deze wettiging geldig in de Overeenkomstsluitende Staten.

2. Deze regel is zowel van toepassing op wettigingen, welke bij de huwelijksvoltrekking zelve tot stand komen, als op die welke nadien uit kracht van een rechterlijke beslissing zijn komen vast te staan.

[10-09-1970, Trb. 61, i.w.tr. 08-02-1976]

[Hoofdregel; materiële reikwijdte]

1. Algemeen. Het eerste lid van de bepaling bevat de verwijzingsregel inzake wettiging door huwelijk, terwijl het tweede lid de materiële reikwijdte van de Overeenkomst afbakent.

2. De hoofdregel (lid 1). Hoewel het eerste lid van de bepaling in enigszins onorthodoxe trant is gegoten – de geldigheid van de wettigheid immers benadert vanuit de invalshoek van de erkenning van in het buitenland tot stand gekomen wettigingen – is hier ongetwijfeld sprake van een klassieke verwijzingsregel: de wettiging door huwelijk is geldig, indien – alternatief – de interne nationale wet van de vader of die van de moeder haar verleent. **Geen renvoi.** Uit het feit dat aangeknoopt wordt aan het 'interne' recht mag worden afgeleid dat de Overeenkomst *renvoi* (de terug- of verderverwijzing) verwerpt. **Begrip 'nationale wet'.** Wat onder de nationale wet van betrokkene dient te worden verstaan, volgt uit art. 10 van de Overeenkomst: in de zin van deze Overeenkomst wordt onder de nationale wet van een persoon verstaan: de wet van de Staat waarvan hij onderdaan is, of wanneer het een vluchteling of een staatloze betreft, de wet die zijn personeel statuut beheerst. **Meervoudige nationaliteit.** Het geval kan zich voordoen dat de betrokken vader of moeder een meervoudige nationaliteit heeft. De vraag rijst dan of in dit laatste geval een effectiviteitstoets dient te worden aangelegd. Aangenomen dient te worden dat een effectiviteitstoets met een beroep op de begunstiging van de wettiging achterwege dient te blijven, zodat ook een louter formele nationaliteit toereikend is om als aanknopingspunt te gelden. **Definitie en vergelijking van het 'gunstigste' recht.** Het voor het kind 'meest gunstige' recht beheerst de wettiging. Een probleem dat in dit verband kan rijzen is dat van de definitie en de vergelijking van de 'meest gunstige' wet. Vaststaat dat de beide nationale wetten niet tegelijk toepasselijk kunnen zijn, maar dat slechts één wet de voorwaarden van de vestiging van de wettiging bepaalt. Uit de beide wetten dient een keuze te worden gemaakt, en wel die wet welke het 'gunstigst' is om de wettiging tot stand te brengen. Deze keuze geeft geen problemen wanneer volgens het ene recht een beletsel bestaat de wettiging te verlenen, terwijl volgens het andere recht de wettiging geldig is. De laatste wet is dan toepasselijk. Hoe echter het geval te beoordelen dat de beide nationale wetten van het kind toestaan om tot de wettiging te geraken? Toepasselijk is dan de wet die 'gunstiger' is. Denkbaar is bijvoorbeeld dat de wettiging niet intreedt op hetzelfde tijdstip volgens de wet van de vader respectievelijk de wet van de moeder; naar de ene wet treedt de wettiging van rechtswege in met de huwelijkssluiting, naar de andere wet pas na een gerechtelijke vaststelling achteraf. Het is aannemelijk dat - nadat eerst de beide rechtsstelsels op dit punt met elkaar zijn vergeleken - de eerst genoemde wettigingsfiguur 'gunstiger' is. En hoe positie te kiezen in het geval een voorafgaande erkenning volgens de ene wet wel een constitutief vereiste voor de wettiging is en volgens de andere niet? De wet die dit vereiste niet stelt lijkt dan de 'meest gunstige'. **De wijziging van de aanknoping in de tijd.** Het geval kan zich voordoen dat noch de nationale wet van de vader noch die van de moeder op het tijdstip van de huwelijkssluiting de wettiging toestaat, maar dat de ouders op een later tijdstip een andere nationaliteit verkrijgen en deze nieuwe nationale wet de wettiging in het concrete geval wel verleent. Hier rijst een *conflit mobile*-probleem waar de Overeenkomst geen oplossing voor biedt. Verdedigd kan worden dat 'in favorem legitimationis' vanaf het tijdstip van de wijziging van de nationaliteit van de ouder(s) de wettiging alsnog intreedt. Er dient dan slechts voldaan te zijn aan de voorwaarde dat het geval binnen de materiële werkingssfeer van de Overeenkomst valt, dus een buitenechtelijk kind betreft dat vóór de huwelijkssluiting is geboren.

3. De materiële reikwijdte (lid 2). Het toepassingsgebied wordt in materieel opzicht op verschillende wijzen afgebakend. Een eerste begrenzing brengt art. 1 lid 2, aan. De Overeenkomst ziet, zo volgt uit dit artikellid, uitsluitend op een wettiging door huwelijk, dat wil zeggen: het kind moet steeds vóór de huwelijkssluiting zijn geboren. Zo kan men onder deze categorie de vormen van wettiging rangschikken die van rechtswege voortvloeien uit de voltrekking van een huwelijk, ongeacht of volgens het toepasselijke recht een erkenning is voorafgegaan. Verder kan men denken aan wettigingsfiguren waarvoor het huwelijk een vereiste is, maar die om rechtsgeldig te zijn ook nog een rechterlijke uitspraak behoeven waarbij wordt geconstateerd – een vaststelling dus van constitutieve aard – dat de wettelijke voorwaarden voor wettiging zijn vervuld. Onder de materiële werkingssfeer van deze regel kunnen daarentegen niet de wettigingsvormen worden gebracht die tot stand komen door een administratieve beschikking, bijvoorbeeld de brieven van wettiging ingevolge art. 1:215 (oud) BW. Evenmin valt eronder een bij rechterlijke beslissing uitgesproken wettiging, indien bij een dergelijke beslissing aan deze autoriteit een discretionaire bevoegdheid toekomt betreffende de vraag of de wettiging al dan niet rechtsgeldig is. **De rechtsgevolgen van de wettiging.** Een tweede begrenzing bestaat hierin dat de Overeenkomst slechts een regeling geeft voor de totstandkoming van de wettiging; zij laat zich niet in met de vraag welke rechtsgevolgen deze eenmaal gevestigde wettiging met zich brengt, zoals bijvoorbeeld die van de naam, de alimentatie en de gezagsverhouding. Deze blijven, zo merkt de MvT, *Kamerstukken*, 13 765, nr. 3, p. 3 terecht op, in ieder land bepaald door de wet die de daar geldende regels van internationaal privaatrecht aanwijst. Alleen dus het algemene gevolg, namelijk dat het kind een wettige staat verkrijgt, wordt door de Overeenkomst bestreken.

Artikel 2

1. Iedere Overeenkomstsluitende Staat kan zich evenwel bij de ondertekening, de kennisgeving bedoeld in artikel 11, of de toetreding het recht voorbehouden de wettiging niet als geldig te aanvaarden:

a) indien vaststaat dat het kind niet is geboren uit degenen die het hebben gewettigd;
b) indien zijn wet de geldigheid van het op zijn grondgebied voltrokken huwelijk niet erkent;
c) indien zijn wet de geldigheid van het huwelijk van zijn onderdaan niet erkent; of
d) indien het kind geboren uit een van zijn onderdanen, ten opzichte van deze overspelig is.

2. Dit recht kan niet worden uitgeoefend in het geval dat de interne wet van deze Staat de wettiging niet verbiedt.

[10-09-1970, Trb. 61, i.w.tr. 08-02-1976]

[Voorbehouden]

1. Algemeen. Uit het eerste artikellid volgt dat in vier limitatief opgesomde gevallen een overeenkomstsluitende Staat door het maken van een voorbehoud het verwijzingsresultaat dat wordt gevonden op grond van art. 1 lid 1 buiten werking kan stellen. Ingevolge het tweede artikellid zal een Staat de mogelijkheid om voorbehouden te maken niet mogen aangrijpen om zich te keren tegen wettigingen die de in de Staat geldende wetgeving niet verbiedt.

2. Voorbehoud a. Het voorbehoud onder a, namelijk dat vaststaat dat het kind niet is geboren uit degenen die het hebben gewettigd, behoeft niet te worden gemaakt aangezien ingevolge art. 1:214 jo. art. 1:217 (oud) BW een kind wordt gewettigd, indien het door de echtgenoot van de moeder vóór of staande het huwelijk wordt erkend. Hiervoor is niet noodzakelijk dat de erkenner de verwekker van het kind is; ook de erkenning door een man die het vaderschap op zich neemt geldig, zolang zij niet is vernietigd (zie art. 1:225 (oud) BW).

3. De voorbehouden b en c. Onder het begrip 'huwelijk' in de zin van deze bepaling kunnen zowel een non-existent huwelijk als een vernietigbaar huwelijk worden begrepen. In art. 2 van de Goedkeuringswet (13 765, nr. 2, p. 1) heeft Nederland een voorbehoud gemaakt dat zowel het bepaalde onder b als onder c betreft, zij het onder een dubbele beperking: het voorbehoud ziet uitsluitend op het non-existente huwelijk waarbij een Nederlandse partij is betrokken. Bezien vanuit het Nederlandse recht ligt deze cumulatieve restrictie voor de hand. Dat het voorbehoud niet is gemaakt voor het geval het huwelijk volgens Nederlands recht vernietigbaar is, vindt hierin zijn verklaring dat een eventuele nietigverklaring van het huwelijk geen gevolgen voor de wettigheid van de kinderen heeft. Gedoeld wordt hier op het zogenaamde putatieve huwelijk, als geregeld in art. 1:77 lid 2 BW. De tweede restrictie dat één van de partijen Nederlander is, vindt zijn rechtvaardiging hierin dat sprake dient te zijn van een zekere 'betrokkenheid' met de Nederlandse rechtsorde. **Een voorbeeld.** Wanneer een Nederlandse vrouw en een Griekse man in Nederland een huwelijk sluiten ten overstaan van een Griekse pope is dit huwelijk nietig naar Nederlands recht; het huwelijk kan dan in Nederland geen bron zijn waaraan het kind een wettige staat ontleent. Evenmin dient hier te lande de wettiging te worden aanvaard in het geval een Nederlandse vrouw in België huwt met een Syriër op de Syrische ambassade, wanneer naar Belgisch recht – de lex loci actus – dit huwelijk nietig is.

4. Voorbehoud d. Ten aanzien van het onder d bedoelde geval, dat ziet op het kind welk is geboren uit een van zijn onderdanen en dat ten opzichte van deze overspelig is, is het voorbehoud niet nodig, aangezien het huidige Nederlandse recht aan de wettiging van overspelige kinderen geen belemmeringen in de weg legt, mits zij door de echtgenoot van de moeder worden erkend.

Artikel 3

De geldigheid van een wettiging overeenkomstig de bepalingen van intern recht van de nationale wet van de vader of van de moeder mag niet worden ontkend, zelfs niet met een beroep op de openbare orde wegens andere dan de in artikel 2 genoemde gronden.
[10-09-1970, Trb. 61, i.w.tr. 08-02-1976]

[Openbare orde]

Betekenis. Buiten de in art. 2 genoemde gevallen kan in naam van de openbare orde-exceptie de geldigheid niet worden ontzegd aan wettigingen die rechtsgeldig zijn overeenkomstig een van de ingevolge art. 1 lid 1 toepasselijke wetten.

Artikel 4

Op beslissingen in gedingen, welke op grond van artikel 2 zijn aangespannen, kan slechts een beroep worden gedaan op het grondgebied van de Overeenkomstsluitende Staat waar zij zijn gegeven.
[10-09-1970, Trb. 61, i.w.tr. 08-02-1976]

[Beperkte werking ongeldigheid wettiging]

Betekenis. Wanneer de geldigheid van een wettiging met succes wordt betwist op grond dat een van de gevallen bedoeld in art. 2 zich voordoet, heeft de beslissing dienaangaande slechts gezag in het land waar zij werd gegeven. In andere Overeenkomstsluitende landen zal de wettiging haar kracht behouden, mits zij rechtsgeldig is overeenkomstig een van de ingevolge art. 1 lid 1 toepasselijke wetten. Dit strookt met het doel, zo volgt uit de MvT, *Kamerstukken*, 13 765, nr. 3, p. 3, dat de Overeenkomst nastreeft, namelijk de totstandkoming van de wettiging zoveel mogelijk te begunstigen.

Artikel 5

De voorafgaande bepalingen zijn van toepassing ten aanzien van alle Staten, zelfs niet-Overeenkomstsluitende Staten. Zij vormen geen beletsel voor de toepassing van in de Overeenkomstsluitende Staten geldende regels die ten aanzien van de wettiging gunstiger zijn.

[10-09-1970, Trb. 61, i.w.tr. 08-02-1976]

[Formele reikwijdte]

1. Universele werking (eerste zin). Uit de eerste zin van art. 5 volgt dat de verwijzingsregels van de art. 1-4 van de Overeenkomst universele werking hebben. Deze bepalingen zijn derhalve van toepassing op iedere wettiging, ongeacht de nationaliteit, de gewone verblijfplaats of het verblijf van de vader, de moeder of het kind en ongeacht de plaats van de geboorte van dit kind of die van het huwelijk van zijn ouders. Deze universele werking voorkomt aldus dat een speciaal regime geldt voor de onderdanen en/of inwoners van de CIEC-verdragslanden, terwijl een andere verwijzingsregel toepasselijk zou zijn voor de overige wettigingsgevallen.

2. Begunstiging van de wettiging buiten de grenzen van de Overeenkomst (tweede zin). Art. 5, tweede zin van de Overeenkomst staat in het teken van de begunstiging van de wettiging. De Overeenkomst wil niet de pas afsnijden aan de reeds bestaande nationale verwijzingsregels inzake wettiging, die gunstiger zijn dan haar eigen regels. Staten die tot de Overeenkomst zijn toegetreden zullen deze verwijzingsregels kunnen blijven toepassen in zoverre zij een nog ruimere of soepelere aanknopingswaaier kennen. Evenmin mogen toekomstige regels die gunstiger zijn worden geblokkeerd. Met andere woorden: de tweede zin van art. 5 beoogt veilig te stellen dat, wanneer de Overeenkomst voor een bepaalde Staat in werking treedt, de positie van het buitenechtelijke kind in die Staat niet verslechtert. Zie voor Nederland, art. 10:98 lid 2 BW en het commentaar in *T&C Personen- en familierecht*, art. 10:98 BW.

3. De voorvraag. Algemeen. Bij de vraag of een wettiging tot stand kan komen kan in bepaalde gevallen een voorvraag rijzen. De beoordeling van de geldigheid van een wettiging kan bijvoorbeeld leiden tot een voorafgaand onderzoek naar de geldigheid van de erkenning door de vader (indien deze is vereist) of de geldigheid van het huwelijk. Aangenomen kan worden dat met betrekking tot de kwestie van de voorvraag telkens die oplossing dient te worden gekozen, welke voor de totstandkoming van de wettiging de gunstigste is. Dit komt er dus op neer dat om tot een geldige wettiging te komen, de desbetreffende voorvraag kan worden aangeknoopt aan hetzij de interne (buitenlandse) wet die de wettiging beheerst, hetzij met inbegrip van het internationaal privaatrecht van die wet (dus afhankelijk), dan wel zelfstandig, namelijk door aanknoping aan het recht dat de voorafgaande erkenning of het huwelijk beheerst. In gelijke zin Vonken, dissertatie 1987, nr. 61, p. 73. **Uitzondering.** Deze alternatieve aanknoping van de voorvraag lijdt uitzondering voor zover het betreft de voorvraag van de geldigheid van het huwelijk en de desbetreffende overeenkomstsluitende staat een of meer van de voorbehouden heeft gemaakt, als bedoeld in art. 2 van de Overeenkomst. Met betrekking tot de voorvraag naar de geldigheid van het huwelijk zij voorts gewezen op art. 12 lid 1 van het Haags Huwelijksverdrag van 14 maart 1978 en art. 7 van de Wet conflictenrecht huwelijk, die uitgaan van een zelfstandige aanknoping van deze voorvraag. Aangezien het Haags Huwelijksverdrag zich in art. 13 niet verzet tegen voor de erkenning van buitenlands gesloten huwelijken gunstigere regels, ligt het in de rede dat de ook met het oog op de totstandkoming van de wettiging gunstigste behandeling van de voorvraag naar de geldigheid van het huwelijk is toegelaten, uitgezonderd het geval dat zich een van de situaties van art. 2 van de Overeenkomst voordoet.

Artikel 6

1. Wanneer de geboorteakte van het kind is opgemaakt of overgeschreven door de ambtenaar van de burgerlijke stand van een van de Overeenkomstsluitende Staten, vermeldt deze ambtenaar de wettiging in zijn registers, nadat hij zelf, of de autoriteit onder wie hij ressorteert, heeft vastgesteld, dat aan de in deze Overeenkomst gestelde voorwaarden is voldaan.
2. Deze inschrijving mag niet worden onderworpen aan enige voorafgaande gerechtelijke erkenningsprocedure. Hetzelfde geldt indien een wettiging na het huwelijk bij rechterlijke beslissing is vastgesteld.
[10-09-1970, Trb. 61, i.w.tr. 08-02-1976]

[Vermelding wettiging geboorteakte]

Betekenis. Wanneer de geboorteakte van het gewettigde kind zich in Nederland bevindt, zal de ambtenaar van de burgerlijke stand de wettiging in zijn registers opnemen door het toevoegen van een latere vermelding van de wettiging aan de geboorteakte (art. 1:20 en 20a BW). De ambtenaar van de burgerlijke stand kan daartoe, zo volgt uit het tweede lid, op eigen gezag overgaan, ook indien in het buitenland de door huwelijk tot stand gekomen wettiging pas wordt aanvaard in het geval deze door een rechterlijke uitspraak is bevestigd.

TITEL II

Artikel 7

1. Indien een huwelijk is voltrokken in een van de Overeenkomstsluitende Staten en de echtgenoten hebben verklaard samen een of meer kinderen te hebben van wie de geboorteakte is opgemaakt of overgeschreven op het grondgebied van een andere Overeenkomstsluitende Staat, geeft de ambtenaar van de burgerlijke stand van de plaats van huwelijkssluiting of iedere andere bevoegde autoriteit daarvan rechtstreeks of langs diplomatieke weg aan de ambtenaar van de burgerlijke stand

in de plaats waar de geboorteakte is opgemaakt of overgeschreven kennis, ten einde de wettiging die bij het huwelijk tot stand mocht zijn gekomen, in zijn registers te vermelden. Bij deze kennisgeving worden de bewijsstukken, waarover hij beschikt, gevoegd. Wanneer de wettiging bij rechterlijke beslissing na het huwelijk is vastgesteld, wordt de kennisgeving gedaan op vordering van het openbaar ministerie of iedere andere bevoegde autoriteit.
2. **De kennisgevingen worden opgesteld volgens een meertalig formulier waarvan een model aan deze Overeenkomst is gehecht. Deze kennisgevingen zijn, evenals de bijgevoegde stukken, vrijgesteld van legalisatie op het grondgebied van de betrokken Overeenkomstsluitende Staten.**
[10-09-1970, Trb. 61, i.w.tr. 08-02-1976]

[Mededelingsplicht ambtenaar van de plaats van huwelijkssluiting]

Betekenis. Wanneer de ambtenaar van de burgerlijke stand die een huwelijk heeft voltrokken van mening is dat dit huwelijk wettiging tot gevolg kan hebben omdat de echtgenoten verklaard hebben dat zij samen een kind hebben, geeft die ambtenaar daarvan, indien de geboorteakte van dat kind zich in een andere overeenkomstsluitende Staat bevindt, kennis aan de ambtenaar van de burgerlijke stand die die akte onder zich heeft. Voor deze kennisgeving is een meertalig formulier ontworpen dat als bijlage bij de Overeenkomst is gevoegd. Om de ambtenaar tot wie de kennisgeving is gericht de beantwoording van de vraag of wettiging heeft plaatsgehad gemakkelijker te maken, worden hem door de eerstbedoelde ambtenaar ook bewijsstukken toegezonden, bijvoorbeeld uittreksels van de huwelijksakte en van de stukken die bij die akte zijn gevoegd, zoals de geboorteakten van de echtelieden, de akte waarbij het kind erkend werd en eventueel nationaliteitsbewijzen.

Artikel 8

Uittreksels uit de geboorteakte van een gewettigd kind worden opgemaakt als betroffen zij een wettig kind; van de wettiging mag niet blijken.
[10-09-1970, Trb. 61, i.w.tr. 08-02-1976]

[Uittreksels van geboorteakte]

Betekenis. Uittreksels uit de geboorteakte van een gewettigd kind kunnen in Nederland door de ambtenaar van de burgerlijke stand worden afgegeven (zie art. 1:23b BW jo. art. 26 BBS).

Artikel 9

De toepassing van deze Titel is niet beperkt tot de onderdanen van de Overeenkomstsluitende Staten.
[10-09-1970, Trb. 61, i.w.tr. 08-02-1976]

[Mededelingsplicht ongeacht nationaliteit]

Betekenis. Voor de in art. 7 geregelde mededelingsplicht is het niet van belang welke nationaliteit ouders en kinderen bezitten. Dit past in de opzet van titel II van de Overeenkomst, die erop gericht is te bewerkstelligen dat de registers van de burgerlijke stand de staat van de daarin opgenomen personen waarheidsgetrouw weergeven.

TITEL III

Artikel 10

1. In de zin van deze Overeenkomst wordt onder de nationale wet van een persoon verstaan de wet van de Staat, waarvan hij onderdaan is, of wanneer het een vluchteling of een staatloze betreft, de wet die zijn personeel statuut beheerst.
2. Voor de toepassing van deze Overeenkomst worden met onderdanen van een Staat gelijkgesteld de vluchtelingen en staatlozen wier personeel statuut wordt beheerst door de wet van de genoemde Staat.
[10-09-1970, Trb. 61, i.w.tr. 08-02-1976]

[Het begrip nationale wet]

Betekenis. Onder de nationale wet van een vluchteling of een staatloze wordt verstaan de wet die zijn personeel statuut beheerst. **Staatloze.** Voor staatlozen dient in dit verband gewezen te worden op art. 12 lid 1 van het Verdrag van New York van 28 september 1954 betreffende de status van staatlozen (*Trb.* 1957, 22), dat bepaalt dat de persoonlijke staat (waaronder begrepen de afstamming) wordt beheerst door de wet van het land van zijn woonplaats en bij gebreke daarvan van het land van zijn verblijf. **Vluchteling.** Voor vluchtelingen dient gewezen te worden op het Protocol betreffende de status van vluchtelingen van New York van 31 januari 1967 (*Trb.* 1967, 76). Dit Protocol behoort bij het Verdrag van Genève van 1951 betreffende de status van vluchtelingen (*Trb.* 1954, 88). Het begrip 'vluchteling' heeft in art. 1 van het Verdrag van 1951 een autonome, ruime definitie gekregen. De regel betreffende de persoonlijke staat (waaronder begrepen de afstamming) van een vluchteling (art. 12 lid 1 van het Verdrag) is identiek aan de regel van art. 12 lid 1 van het Verdrag van New York van 1954.

Artikel 11

1. De Overeenkomstsluitende Staten stellen de Zwitserse Bondsraad ervan in kennis, dat de door hun Grondwet vereiste procedures voor de inwerkingstelling van deze Overeenkomst op hun grondgebied zijn vervuld.
2. De Zwitserse Bondsraad doet de Overeenkomstsluitende Staten en de Secretaris-Generaal van de Internationale Commissie voor de Burgerlijke Stand mededeling van iedere kennisgeving in de zin van het vorige lid.
[10-09-1970, Trb. 61, i.w.tr. 08-02-1976]

Artikel 12

1. Deze Overeenkomst treedt in werking op de dertigste dag te rekenen van de datum van nederlegging van de tweede kennisgeving en is van dat tijdstip af van kracht tussen de beide Staten die deze formaliteit hebben vervuld.
2. Voor iedere Overeenkomstsluitende Staat, die de in het vorige artikel bedoelde formaliteit later vervult, wordt deze Overeenkomst van kracht te rekenen van de dertigste dag na de datum van nederlegging van zijn kennisgeving.
[10-09-1970, Trb. 61, i.w.tr. 08-02-1976]

Artikel 13

1. Iedere Staat kan bij de ondertekening, de kennisgeving of de toetreding verklaren dat hij zich niet verbindt tot toepassing van de bepalingen van de Eerste Titel van deze Overeenkomst.
2. Iedere Staat die een verklaring heeft afgelegd overeenkomstig het bepaalde in het eerste lid van dit artikel, kan nadien op ieder tijdstip door middel van een aan de Zwitserse Bondsraad gerichte kennisgeving verklaren, dat hij zich ook verbindt tot toepassing van de bepalingen van de Eerste Titel van deze Overeenkomst.
3. De Zwitserse Bondsraad doet van deze kennisgeving mededeling aan ieder der Overeenkomstsluitende Staten en aan de Secretaris-Generaal van de Internationale Commissie voor de Burgerlijke Stand.
4. De verklaring bedoeld in het tweede lid van dit artikel wordt van kracht op de dertigste dag na de datum waarop de Zwitserse Bondsraad bedoelde kennisgeving heeft ontvangen.
[10-09-1970, Trb. 61, i.w.tr. 08-02-1976]

Artikel 14

1. De voorbehouden bedoeld in artikel 2 kunnen op ieder tijdstip geheel of gedeeltelijk worden ingetrokken. De Zwitserse Bondsraad wordt in kennis gesteld van de intrekking.
2. De Zwitserse Bondsraad doet van elke in het voorafgaande lid bedoelde kennisgeving mededeling aan de Overeenkomstsluitende Staten en aan de Secretaris-Generaal van de Internationale Commissie voor de Burgerlijke Stand.
[10-09-1970, Trb. 61, i.w.tr. 08-02-1976]

Artikel 15

1. Deze Overeenkomst is van rechtswege van toepassing in het gehele moederland van elke Overeenkomstsluitende Staat.
2. Elke Staat kan bij de ondertekening, de kennisgeving, de toetreding of nadien door middel van een aan de Zwitserse Bondsraad gerichte kennisgeving verklaren, dat de bepalingen van deze Overeenkomst van toepassing zullen zijn in een of meer van zijn buiten het moederland gelegen gebieden, van de Staten of van de gebieden voor welker internationale betrekkingen hij verantwoordelijk is.
3. De Zwitserse Bondsraad doet van laatstgenoemde kennisgeving mededeling aan ieder der Overeenkomstsluitende Staten en aan de Secretaris-Generaal van de Internationale Commissie voor de Burgerlijke Stand. De bepalingen van deze Overeenkomst worden van toepassing in het gebied of de gebieden, in de kennisgeving aangewezen, op de zestigste dag na de datum waarop de Zwitserse Bondsraad bedoelde kennisgeving heeft ontvangen.
4. Iedere Staat die een verklaring heeft afgelegd overeenkomstig het bepaalde in het tweede lid van dit artikel, kan nadien op elk tijdstip door middel van een aan de Zwitserse Bondsraad gerichte kennisgeving verklaren, dat deze Overeenkomst zal ophouden van toepassing te zijn in een of meer van de Staten of gebieden die in de verklaring zijn genoemd.
5. De Zwitserse Bondsraad doet van deze kennisgeving mededeling aan ieder der Overeenkomstsluitende Staten en aan de Secretaris-Generaal van de Internationale Commissie voor de Burgerlijke Stand.

6. De Overeenkomst houdt op van toepassing te zijn in het bedoelde gebied op de zestigste dag na de datum waarop de Zwitserse Bondsraad de voornoemde kennisgeving heeft ontvangen.
[10-09-1970, Trb. 61, i.w.tr. 08-02-1976]

Artikel 16

1. Iedere Lid-Staat van de Raad van Europa of van de Internationale Commissie voor de Burgerlijke Stand kan tot deze Overeenkomst toetreden. De akte van toetreding wordt nedergelegd bij de Zwitserse Bondsraad. Deze doet van elke nederlegging van een akte van toetreding mededeling aan ieder der Overeenkomstsluitende Staten en aan de Secretaris-Generaal van de Internationale Commissie voor de Burgerlijke Stand. Ten aanzien van de toetredende Staat treedt de Overeenkomst in werking op de dertigste dag na de datum van nederlegging van de akte van toetreding.
2. De nederlegging van de akte van toetreding kan niet plaats hebben dan nadat deze Overeenkomst in werking is getreden.
[10-09-1970, Trb. 61, i.w.tr. 08-02-1976]

Artikel 17

1. Deze Overeenkomst blijft voor onbepaalde tijd van kracht. Ieder der Overeenkomstsluitende Staten heeft evenwel de bevoegdheid haar te allen tijde op te zeggen door middel van een schriftelijke kennisgeving gericht aan de Zwitserse Bondsraad, die de andere Overeenkomstsluitende Staten en de Secretaris-Generaal van de Internationale Commissie voor de Burgerlijke Stand hiervan mededeling doet.
2. Van deze bevoegdheid tot opzegging kan echter eerst gebruik worden gemaakt na het verstrijken van een termijn van een jaar te rekenen van de datum van de in artikel 11 bedoelde kennisgeving of van de toetreding af.
3. De opzegging wordt van kracht zes maanden na de datum waarop de Zwitserse Bondsraad de in het eerste lid van dit artikel bedoelde kennisgeving heeft ontvangen.
[10-09-1970, Trb. 61, i.w.tr. 08-02-1976]

BIJLAGE

(Zie voor het model de Franse versie van dit Verdrag.)
[10-09-1970, Trb. 61, i.w.tr. 08-02-1976]

ADOPTIE

Burgerlijk Wetboek Boek 10 (Relevante artikelen)

TITEL 6
Adoptie

[Ontwikkelingen interlandelijke adoptie]

1. Rapport Commissie Joustra. Op 8 februari 2021 verscheen als bijlage bij de kamerbrief van 8 februari 2021 van de minister voor Rechtsbescherming van het vorige kabinet (S. Dekker) aan de Tweede Kamer, het rapport van de Commissie onderzoek interlandelijke adoptie, welk rapport wordt aangeduid als het rapport Commissie Joustra, naar de voorzitter van de commissie (*Kamerstukken* 31265, nr. 79). Zie de link https://www.rijksoverheid.nl/documenten/rapporten/2021/02/08/tk-bijlage-coia-rapport. Deze commissie is op 18 april 2019 ingesteld met als opdracht onderzoek te doen naar mogelijke misstanden die in het verleden bij interlandelijke adopties hebben plaatsgevonden, en in dat verband na te gaan wat de kennis en betrokkenheid van de Nederlandse overheid (zoals onder meer de departementen van Justitie en Buitenlandse Zaken, de Raad voor de Kinderbescherming en de IND) en van de bemiddelaars was. De commissie heeft zich gericht op het systeem van interlandelijke adoptie, gekeken is naar de mechanismen en het zichtbaar handelen van de Nederlandse overheid met betrekking tot interlandelijke adoptie. Daarvoor is de interlandelijke adoptie in vijf kernlanden in het bijzonder bestudeerd: Brazilië, Bangladesh, Colombia, Indonesië en Sri Lanka. Over deze vijf landen waren mogelijke misstanden bekend, zodat volgens de commissie in ieder geval deze landen in het onderzoek betrokken dienden te worden. Wat betreft de interlandelijke adoptie in de tijd is onderzoek gedaan naar de jaren 1967-1998 (genoemd in het besluit tot instelling van de commissie), waarbij 1998 het jaar was dat Nederland het Haags Adoptieverdrag 1993 heeft geratificeerd. Echter, zowel van de voorgeschiedenis als van de ontwikkeling van interlandelijke adoptie na 1998 wordt in het rapport een beschrijving gegeven. De commissie concludeert dat zich in alle onderzochte landen ernstige misstanden voordeden bij interlandelijke adoptie, waarbij de commissie vaststelt dat deze misstanden een vrijwel permanent en structureel probleem vormden. In het rapport wordt verder geconcludeerd dat de Nederlandse overheid op de hoogte was van misstanden bij interlandelijke adoptie, terwijl in een aantal gevallen vertegenwoordigers van de Nederlandse overheid daarbij waren. Ook de bemiddelende instanties, en in sommige gevallen adoptieouders, waren bekend met misstanden. De commissie doet een drietal aanbevelingen: erkenning door de overheid dat de overheid tekort is geschoten in het tegengaan van misstanden, opschorting van de interlandelijke adoptie, en de instelling van een landelijk expertisecentrum.

2. Kabinetsreactie. De door de Commissie Joustra geformuleerde aanbevelingen zijn door het kabinet overgenomen. De minister kondigt een aantal maatregelen aan, zoals het beter ondersteunen van geadopteerden bij het zoeken naar hun biologische ouders, waarvoor een onafhankelijk landelijk expertisecentrum wordt ingesteld (zie *Kamerstukken II* 31265, nr. 100; kamerbrief van 10 december 2021 inzake de voorgestelde inrichting van een landelijk expertisecentrum) en het afzien door de staat van een beroep op verjaring bij procedures tegen de staat. Daarnaast is door de minister een fundamentele herbezinning op de praktijk van de interlandelijke adoptie aangekondigd. In dat verband is in de tussentijd de uitvoering van adoptieprocedures opgeschort. Hierop is later een uitzondering gemaakt voor de plaatsing van broertjes en/of zusjes bij reeds geplaatste kinderen (*Kamerstukken II* 31265, nr. 94; kamerbrief van 23 juni 2021). Bij brief van 11 april 2022 heeft de minister voor Rechtsbescherming van het huidige kabinet (F.M. Weerwind) de Tweede Kamer geïnformeerd over het standpunt van het kabinet inzake de toekomst van de interlandelijke adoptie. De minister constateert dat weliswaar in de afgelopen decennia het systeem van interlandelijke adoptie is verbeterd, maar dat dit de kwetsbaarheden in het systeem niet volledig heeft kunnen wegnemen. Dit heeft met zich mee gebracht dat het kabinet als uitgangspunt heeft genomen dat het huidige systeem niet ongewijzigd in stand kan blijven. Daarom heeft een fundamentele herbezinning op de interlandelijke adoptie, met de focus op het belang van het kind, plaatsgevonden. Het kabinet heeft gekozen voor het doorgaan van de interlandelijke adoptie met een aangepast adoptiesysteem. Interlandelijke adoptie blijft uitsluitend bestaan voor kinderen voor wie nog geen passende opvang voorhanden is in de landen van herkomst. Om het risico op misstanden te verkleinen, wordt het systeem beter gereguleerd. Het uiteindelijke doel is dat landen van herkomst zelf in voldoende mate kunnen voorzien in passende opvang. De van kracht zijnde opschorting op nieuwe adoptieprocedures komt te vervallen voor de landen waarmee vooralsnog zal worden samengewerkt. Dit houdt in dat werkzaamheden in relatie tot nieuwe adoptieprocedures kunnen worden hervat. De minister schetst een aantal stappen, die nog nader uitgewerkt moeten worden. In het kort zijn de volgende voornemens aangekondigd: er zal een heroverweging van de samenwerkingsrelatie met een aantal herkomstlanden plaatsvinden, er wordt één strikt ingebedde bemiddelingsorganisatie ingericht, de Inspectie Gezondheidszorg en Jeugd wordt aangewezen als de toezichthouder op de naleving van adoptieprocedures in Nederland, de internationale samenwerking wordt geïntensiveerd, en de voorlichting en screening wordt hervat. Verder wordt ingezet op nauwere samenwerking met het Permanent Bureau van de Haagse Conferentie voor IPR. Gedacht wordt aan het geven van training en ondersteuning aan landen van herkomst betreffende het handelen volgens het Haags Adoptieverdrag, meer in het bijzonder het door die landen in acht nemen van het subsidiariteitsbeginsel. Een goede toepassing hiervan kan volgens het kabinet bijdragen aan het – op den duur – niet meer nodig zijn van interlandelijke adoptie. In overleg met het Permanent Bureau zal besloten worden hoe deze ondersteuning er concreet uit komt te zien en welke ondersteuning passend is voor welk land of voor welke regio. Periodiek wordt beoordeeld in hoeverre landen in staat zijn om passende opvang te verzorgen in eigen land. Als hieraan voldoende invulling wordt gegeven, wordt de samenwerkingsrelatie op een zorgvuldige wijze beëindigd. Beëindiging zal echter ook plaatsvinden wanneer vanuit het desbetreffende herkomstland te weinig inspanningen worden geleverd om aan het subsidiariteitsbeginsel te voldoen.

3. Literatuur. Aan het verschijnen van het rapport van de Commissie Joustra is in de juridische literatuur aandacht gegeven door onder anderen: A.P.M.J. Vonken & F. Ibili, Mr. C. Assers Handleiding tot de beoefening van het Nederlands Burgerlijk Recht. 10. Internationaal privaatrecht. Deel II. Internationaal personen- en familierecht en erfrecht, Deventer: Wolters Kluwer 2021, nrs. 514-518 (*Asser/Vonken & Ibili 10-II* 2021/514-518); J.H.A. Van Loon, 'Blinde vlek Commissie Joustra voor Adoptieverdrag', *NJB* 2021/795, afl. 11, p. 842-846; GS Personen- en familierecht, Haags adoptieverdrag 1993, aant. 11 (M.I. Hazelhorst). In het spiegelnummer van het Belgische Tijdschrift voor Familierecht (*TFAM* 2022, 2/3) en het Nederlandse Tijdschrift voor Familie- en Jeugdrecht (2022, nummer 2) zijn verschillende thema's betreffende de interlandelijke adoptie beschreven door: L. Martínez-Mora/C. Page, 'The foundations and practical operation of the 1993 adoption convention in light of Dutch and Belgian reports on intercountry adoption', *FJR* 2022/10, nummer 2, p. 34-40; I.N.B.D. Wilbrink, 'Interlandelijke adoptie na het rapport van de Commissie Joustra: einde van een tijdperk of opmaat naar een nieuw begin?', *FJR* 2022/11, nummer 2, p. 41-47; C. de Mulder/T. Kruger/F. Swennen/ W. Vandenhole, 'Toekomst en verleden van de interlandelijke adoptie volgens het Vlaams Expertenpanel', *FJR* 2022/12, nummer 2, p. 48-58; N. Cammu, 'Recente tendensen in (de perceptie van) interlandelijke adoptie in Nederland en Vlaanderen', *FJR* 2022/13, nummer 2, p. 59-68; E.C. Loibl, 'The Future of Intercountry Adoptions in the Netherlands: Challenges and Possible Reforms', *FJR* 2022/14, nummer 2, p. 69-75; J. Sloth-Nielsen, 'Lessons from the South African Experience of Intercountry adoption', *FJR* 2022/15, nummer 2, p. 76-79; K. O'Halloran, 'Lessons from the Russian Experience of Intercountry Adoption', *FJR* 2022/16, nummer 2, p. 80-84.

4. Rechtspraak. De Rechtbank Den Haag deed op 24 november 2021 (ECLI:NL:RBDHA:2021:12781) uitspraak in twee zaken die de interlandelijke adoptie betreffen. De ene zaak gaat over de adoptie van een vrouw vanuit Bangladesh. De vorderingen van deze vrouw worden afgewezen. De andere zaak gaat over de illegale adoptie van een man vanuit Brazilië. De rechtbank wijst in die zaak de vorderingen gedeeltelijk toe. In de zaak waar het ging om de adoptie vanuit Bangladesh is de vrouw (eiser) in 1976 vanuit Bangladesh in Nederland geadopteerd. Zij verwijt onder anderen de Staat eraan te hebben meegewerkt dat haar biologische moeder onder valse voorwendselen afstand van haar heeft gedaan. Ook is volgens haar onvoldoende gedaan om de misstanden bij interlandelijke adopties vanuit Bangladesh, waaronder die van haar, goed te onderzoeken en haar hierover te informeren. De Staat heeft aanvankelijk een beroep gedaan op verjaring. Nadat het rapport van de Commissie-Joustra verscheen, heeft de Staat het beroep op verjaring laten vallen. De rechtbank heeft de vorderingen van de vrouw tegen de Staat daarom inhoudelijk beoordeeld.

AFDELING 1
Algemene bepalingen

Artikel 103

Voor de toepassing van deze titel wordt onder het Haags Adoptieverdrag 1993 verstaan: het op 29 mei 1993 te 's-Gravenhage tot stand gekomen verdrag inzake de bescherming van kinderen en de samenwerking op het gebied van de interlandelijke adoptie (*Trb.* 1993, 97).
[19-05-2011, Stb. 272, i.w.tr. 01-01-2012/kamerstukken 32137]

[Titel 6 Algemeen]

Betekenis. Zoals in de Inleidende opmerkingen bij Boek 10 is opgemerkt zijn de wetten Conflictenrecht overgenomen in de bepalingen van Boek 10 BW. De Wet conflictenrecht adoptie (wet van 3 juli 2003, *Stb.* 2003, 283) is op haar beurt overgenomen in de bepalingen van Boek 10 BW die de internationale adoptie betreffen. Art. 1 Wet conflictenrecht adoptie is komen te vervallen. Deze regel is vervangen door art. 10:103, die overigens dezelfde strekking heeft als art. 1 Wet conflictenrecht adoptie. Art. 10:103 verwijst naar het Haags adoptieverdrag 1993. Dit verdrag is voor Nederland in werking getreden op 1 oktober 1998. Dit verdrag geldt op dit moment ook voor het Caraïbisch deel van Nederland, te weten Bonaire, Sint Eustatius en Saba. In verband met de inwerkingtreding van dit verdrag is eveneens op 1 oktober 1998 art. 5 Rijkswet op het Nederlanderschap gewijzigd. In dit artikel wordt de verkrijging van het Nederlanderschap door adoptie geregeld. Deze wijziging heeft plaatsgevonden in verband met de uitvoering van het op 29 mei 1993 te 's-Gravenhage tot stand gekomen Verdrag inzake de bescherming van kinderen en de samenwerking op het gebied van interlandelijke adoptie. Het verdrag voorziet in de erkenning van rechtswege van adopties die conform het verdrag tot stand zijn gekomen in alle verdragsstaten. De wijziging van de Rijkswet houdt met deze erkenningsverplichting verband. Voorts is Nederland partij bij het VN-Verdrag inzake de rechten van het kind van 20 november 1989 (*Trb.* 1990, 170). Dit voor Nederland in werking getreden verdrag bevat in art. 21 IVRK een bepaling betreffende de interlandelijke adoptie. Op 10 juni 2011 is de Rijkswet van 19 mei 2011 tot goedkeuring van het Europees Verdrag inzake de adoptie van kinderen (herzien) van 27 november 2008 (*Trb.* 2009, 141) in werking getreden. Dit verdrag is een herziening van het Europese Adoptieverdrag 1967 dat niet door Nederland is geratificeerd. Het verdrag vormt een aanvulling op het Haags adoptieverdrag 1993. Het Europees verdrag biedt voor geregistreerd partners en voor partners van hetzelfde geslacht de mogelijkheid een kind te adopteren. De inhoud van het verdrag wijkt niet af van het Nederlandse adoptierecht. **Literatuur.** Zie nader *Asser/Vonken & Ibili 10-II* 2021/474-518.

Artikel 104

Onverminderd het Haags Adoptieverdrag 1993, de Wet van 14 mei 1998 tot uitvoering van het op 29 mei 1993 te 's-Gravenhage tot stand gekomen Verdrag inzake de bescherming van kinderen en de samenwerking op het gebied van de inderlandelijke adoptie (*Stb.* 1998, 302) en de Wet opneming buitenlandse kinderen ter adoptie, wordt in deze titel onder adoptie verstaan de beslissing van een bevoegde autoriteit waarbij familierechtelijke betrekkingen tussen een minderjarig kind en twee personen tezamen of een persoon alleen tot stand worden gebracht.

[19-05-2011, Stb. 272, i.w.tr. 01-01-2012/kamerstukken 32137]

[Definitie]

Betekenis. Art. 10:104 vervangt art. 2 Wet conflictenrecht adoptie. In art. 10:104 is de definitie van het begrip adoptie voor titel 6 van Boek 10 neergelegd: de beslissing van een bevoegde autoriteit waarbij familierechtelijke betrekkingen tussen een minderjarig kind en twee personen tezamen of een persoon alleen tot stand worden gebracht. Zie Rb. Noord-Holland van 11 oktober 2021, ECLI:NL:RBNHO:2021:8877 (verder besproken in het kader van artikel 10:108 BW). **Toepassingsgebied.** Art. 10:104 geeft het subsidiaire karakter van titel 6 van Boek 10 ten opzichte van het Haags adoptieverdrag 1993 en de Wet opneming van buitenlandse kinderen ter adoptie aan. Met andere woorden, het verdrag van 1993, de daarbij behorende uitvoeringsregeling en de Wet opneming buitenlandse kinderen ter adoptie hebben voorrang boven titel 6 Boek 10. Dit geldt ook voor de gehanteerde begrippen: ten aanzien van een adoptie in het verdrag geldt dat voldaan moet worden aan de definitie van art. 2 Haags adoptieverdrag 1993. Het verdrag is van toepassing in de door het verdrag bestreken gevallen (lees: wanneer twee verdragsstaten bij de adoptie zijn betrokken). De Wet opneming van buitenlandse kinderen ter adoptie is van toepassing in alle gevallen waarin de adoptanten hun gewone verblijfplaats in Nederland hebben, terwijl het te adopteren kind in een ander land zijn gewone verblijfplaats heeft (zie memorie van toelichting, *Kamerstukken II* 32137, 3). Het Haags adoptieverdrag 1993 bevat geen verwijzingsregels om het toepasselijke recht te bepalen.

AFDELING 2
De in Nederland uit te spreken adoptie

Artikel 105

1. Op een in Nederland uit te spreken adoptie is, behoudens lid 2, het Nederlandse recht van toepassing.
2. Op de toestemming dan wel de raadpleging of de voorlichting van de ouders van het kind of van andere personen of instellingen is toepasselijk het recht van de staat waarvan het kind de nationaliteit bezit. Bezit het kind de nationaliteit van meer dan een staat, dan is toepasselijk het recht volgens hetwelk toestemming dan wel raadpleging of voorlichting vereist is. Bezit het kind de Nederlandse nationaliteit, dan is het Nederlandse recht van toepassing, ongeacht of het kind naast de Nederlandse nationaliteit nog een andere nationaliteit bezit.
3. Indien het ingevolge lid 2 op de toestemming dan wel raadpleging of voorlichting toepasselijke recht de adoptie niet kent, is het Nederlandse recht van toepassing. Het ingevolge dit lid toepasselijke recht bepaalt tevens of bij gebreke van toestemming deze kan worden vervangen door een rechterlijke beslissing
4. Op de herroeping van een in Nederland uitgesproken adoptie is het Nederlandse recht van toepassing.
[19-05-2011, Stb. 272, i.w.tr. 01-01-2012/kamerstukken 32137]

[Toepasselijk recht]

1. Hoofdregel: Nederlands recht. Krachtens art. 10:105 lid 1 wordt op een in Nederland uit te spreken adoptie het Nederlandse recht toegepast (lex fori). Het artikellid geeft aan dat op de hoofdregel (toepassing Nederlands recht) slechts één uitzondering wordt gemaakt en wel in lid 2 (zie aant. 2). De memorie van toelichting bij het wetsvoorstel Wet conflictenrecht adoptie (*Kamerstukken II* 2001/02, 28457, 3, p. 10) geeft aan waarom de wetgever in art. 3 lid 1 Wet conflictenrecht adoptie, welke bepaling de grondslag vormt van art. 10:105 lid 1, voor het Nederlandse recht heeft gekozen. In de uitspraak van 8 augustus 2018 (ECLI:NL:RBNHO:2018:6920) buigt de Rechtbank Noord-Holland zich over het verzoek de adoptie uit te spreken betreffende twee Portugese kinderen. Zij zijn in Portugal toevertrouwd (voogdijbeschikking) aan verzoeksters ter adoptie door hen. Naast deze beschikking is door de Portugese Centrale Autoriteit voor Interlandelijke Adoptie een verklaring afgegeven inhoudende dat de kinderen door verzoeksters geadopteerd mogen worden. Verzoeksters en kinderen wonen inmiddels in Nederland. Nu verzoeksters in Nederland hun gewone verblijfplaats hebben acht de rechtbank zich bevoegd op grond van artikel 3 sub a Rv. De rechtbank gaat vervolgens ambtshalve (met een verwijzing naar artikel 10:2 BW) na of reeds in Portugal een adoptie tot stand is gekomen. In het licht van de overgelegde stukken en gelet op het feit dat de kinderen Portugal mochten verlaten met het oog op de voorgenomen adoptie in Nederland, wordt aangenomen dat er in Portugal geen adoptie heeft plaatsgevonden. Vervolgens wordt het verzoek beoordeeld in het licht van het Nederlandse recht en toegewezen. Verzoeksters hebben ook gevraagd te verklaren dat de adoptie heeft plaatsgevonden conform c.q. analoog aan het Haags adoptieverdrag 1993. Dit verzoek wordt door de rechtbank afgewezen wegens gebrek aan wettelijke grondslag. Zie in dit verband ook de uitspraak van de Rechtbank Noord-Nederland van 1 oktober 2021, ECLI:NL:RBNNE:2021:4236, waarin de rechtbank overweegt dat op grond van artikel 10:105, lid 1 BW een in Nederland uit te spreken adoptie, behoudens lid 2, het Nederlandse recht van toepassing is. De rechtbank wijst er op dat hoewel de man alleen heeft verzocht om de adoptie naar Nederlands recht uit te spreken, de rechtbank, ingevolge het bepaalde in artikel 10:2 BW, eerst – ambtshalve – dient te beoordelen of niet reeds in het buitenland een (al dan niet verdrags-)adoptie tot stand is gekomen. Nu niet is gebleken dat er een adoptie naar Venezolaans recht heeft plaatsgevonden, moet de vraag of er in het buitenland adoptie heeft plaatsgevonden ontkennend worden beantwoord. De rechtbank zal derhalve overgaan tot beoordeling van het verzoek om de adoptie naar Nederlands recht uit te spreken. In de uitspraak van de Rechtbank Gelderland 19 december 2018 (ECLI:NL:RBGEL:2018:5528), gaat het om een in Nigeria naar Nigeriaans recht uitgesproken adoptie van een minderjarig kind. Een van de verzoekers heeft geen beginseltoestemming, hetgeen erin resulteert dat ten aanzien van deze verzoeker erkenning van de Nigeriaanse adoptie op grond van artikel 10:109 BW wordt afgewezen. Derhalve wordt ingegaan op het verzoek tot adoptie. Ten tijde van het indienen van het verzoek tot erkenning resp. adoptie was het kind reeds overleden. De rechtbank overweegt dat verzoekers bij het ontstaan van familierechtelijke betrekkingen belang kunnen hebben, ook al zullen verdere rechtsgevolgen voor de minderjarige, gezien haar voortijdig overlijden, uitblijven. Verder overweegt de rechtbank dat indien het kind niet was overleden, het verzoek waarschijnlijk zou zijn toegewezen. De minderjarige heeft feitelijk in de persoon van verzoekers twee ouders gehad totdat zij kwam te overlijden. De rechtbank is dan ook van oordeel dat het in het belang is van de minderjarige dat zij wordt geadopteerd door verzoeker; de rechtbank ziet niet in waarom het overlijden van de minderjarige dit anders zou maken.

2. Toestemmingsvereiste. Art. 10:105 lid 2 bevat een afzonderlijke regel voor de toestemming of raadpleging van het kind of van andere personen of instellingen dan de adoptant(en), zoals de oorspronkelijke ouders. Art. 10:105 lid 2 bepaalt dat op de toestemming dan wel de raadpleging of voorlichting van het kind of van anderen dan de adoptanten, van toepassing is het nationale recht van het kind. Als gevolg van deze bepaling in samenhang met lid 1 kan in een concrete zaak zowel Nederlands recht als buitenlands recht toepassing vinden. Zie bijvoorbeeld de uitspraak van Rechtbank Gelderland van 10 januari 2018 (ECLI:NL:RBGEL:2018:304) waarin de adoptie van een Filipijns kind naar Nederlands recht wordt beoordeeld (art. 10:105 lid 1 jo. art. 1:227 en 1:228 BW) en het toestemmingsvereiste op grond van art. 10:105 lid 2 naar Filipijns recht. Het kind was ter adoptie aan de aspirant-adoptieouders toevertrouwd door de Filipijnse Inter-Country Adoption Board, welke instelling tevens in een schriftelijke verklaring ('Affidavit of consent to adoption') toestemming voor de adoptie had verleend. (Voor gelijke uitspraken zie onder meer: Rb. Noord-Holland 22 februari 2017, ECLI:NL:RBNHO:2017:1380; Rb. Gelderland 18 december 2018, ECLI:NL:RBGEL:2018:5530). Artikel 10:105 lid 2 leidt in de uitspraak van de Rechtbank Noord-Holland van 26 september 2018 (ECLI:NL:RBNHO:2018:8259) tot toepassing van het Oekraïense recht. Nu was het kind eerder in Oekraïne geadopteerd, maar werd deze adoptie door de rechtbank niet erkend omdat niet werd voldaan aan de erkenningsvoorwaarden van artikel 10:108 BW. Daarop werd beoordeeld of adoptie naar Nederlands recht mogelijk was en kwam het bepaalde in lid 2 aan de orde. De rechtbank overweegt in dat kader dat op toestemming of raadpleging of voorlichting van de ouders van het kind of andere personen het recht van Oekraïne van toepassing is. De biologische moeder is echter overleden en de identiteit van de biologische vader is onbekend. De rechtbank concludeert dat nu het kind al in Oekraïne is geadopteerd ervan mag worden uitgegaan dat in Oekraïne geen bezwaar tegen de verzochte adoptie bestaat. In de uitspraak van de Rechtbank Limburg van 14 juli 2021 (ECLI:NL:RBLIM:2021:5700) gaat het om de stiefouderadoptie door de echtgenoot (Nigeriaanse nationaliteit) van de moeder. Het kind en de ouders hebben de Letse nationaliteit. Ingevolge artikel 10:105 lid 2 BW wordt Lets recht op de vraag naar de toestemming van de ouders ter zake de adoptie door de stiefvader toegepast. Een vergelijkbare uitspraak is die van de Rechtbank Zeeland-West-Brabant (7 januari 2021, ECLI:NL:RBZWB:2021:145) eveneens over een stiefouderadoptie met internationale aspecten. Het minderjarige kind en de moeder hebben de Thaise nationaliteit. Thais recht wordt toegepast op het toestemmingsbeginsel (art. 10:105, tweede lid, BW). **Dubbele nationaliteit.** Heeft het kind een dubbele nationaliteit, dan is van toepassing het recht, dat wil zeggen het nationale recht van het kind, volgens hetwelk toestemming dan wel raadpleging of voorlichting vereist is. Zou dus volgens het ene nationale recht toestemming of raadpleging niet voorgeschreven zijn, maar volgens een ander nationaal recht van het kind wel, dan is dat andere recht van toepassing op de toestemming of raadpleging. Er vindt wanneer het kind bipatride is geen effectiviteitstoets plaats. Bezit het kind de Nederlandse nationaliteit en ook een buitenlandse nationaliteit, dan is altijd het Nederlandse recht van toepassing op het toestemmingsvereiste. **Adoptie onbekend.** Wanneer het nationale recht van het kind het rechtsinstituut adoptie niet kent, is het Nederlandse recht van toepassing op de toestemming of de raadpleging. Het Nederlandse recht is dan ook van toepassing op de vraag of vervangende rechterlijke toestemming mogelijk is. In deze zin Rechtbank Noord-Holland in de uitspraak van 29 november 2017 (ECLI:NL:RBNHO:2017:10031). Op het toestemmingsvereiste is, gelet op de nationaliteit van het kind, Marokkaans recht van toepassing. Het Marokkaanse recht kent niet de rechtsfiguur van adoptie. Nederlands recht wordt toegepast volgens art. 10:105 lid 3. Het Marokkaanse recht kent wel de kafala als maatregel van pleegzorg. Zie hierover in het kader van de in Nederland verzochte adoptie: Rb. Gelderland 27 november 2017, ECLI:NL:RBGEL:2017:6903.

3. Herroeping. Art. 10:105 lid 4 bepaalt dat de herroeping van een in Nederland uitgesproken adoptie door het Nederlandse recht wordt beheerst. De herroeping van een in het buitenland uitgesproken adoptie laat de Wet conflictenrecht adoptie ongeregeld. In de memorie van toelichting op het wetsvoorstel Wet conflictenrecht adoptie wordt opgemerkt (*Kamerstukken II* 2001/02, 28457, 3, p. 11) dat indien herroeping van een in het buitenland uitgesproken adoptie aan de orde is, het de voorkeur verdient de procedure te voeren in het land waar de adoptie is uitgesproken. Zie Rb. Noord-Holland 14 februari 2018, ECLI:NL:RBNHO:2018:1188, *JPF* 2018/49, m.nt. I. Sumner. Verzoeker, die in Thailand werd geadopteerd, verzoekt achttien jaar later om de adoptie te herroepen. De rechtbank wijst het verzoek toe, hoewel de adoptie in Thailand is uitgesproken. Zie de annotatie van Sumner die de vraag stelt of de Nederlandse rechter ter zake bevoegd was en of Nederlands recht kon worden toegepast.

Artikel 106

Een in Nederland uitgesproken adoptie heeft, wat betreft het ontstaan en de verbreking van familierechtelijke betrekkingen, de rechtsgevolgen die daaraan worden toegekend door het Nederlandse recht.

[19-05-2011, Stb. 272, i.w.tr. 01-01-2012/kamerstukken 32137]

[Rechtsgevolgen van een in Nederland uitgesproken adoptie]

Betekenis. Familierechtelijke betrekkingen. Art. 10:106 bepaalt dat een in Nederland uitgesproken adoptie, wat betreft het ontstaan en het verbreken van familierechtelijke betrekkingen, de rechtsgevolgen heeft die het Nederlandse recht aan de adoptie toekent. Hiermee is duidelijk dat de adoptie een zogenaamde sterke adoptie is. Door de ruime formulering van deze bepaling (vergelijk art. 4 Wet conflictenrecht adoptie) ziet het nu ook op de familierechtelijke betrekkingen met eventuele bloedverwanten van de adoptiefouders onderscheidenlijk van de oorspronkelijke ouders van het kind (MvT, *Kamerstukken II* 2009/10, 32137, 3). Art. 10:106 ziet dus niet alleen op familierechtelijke betrekkingen tussen het kind en zijn adoptiefouders, maar ook op familierechtelijke betrekkingen tussen kind en andere familieleden, zoals de grootouders. **Overige gevolgen.** Deze bepaling betreft niet de overige gevolgen van de adoptie. Voor deze gevolgen – als naam, onderhoudsverplichtingen, gezag, erfrecht – zullen andere specifieke voor deze onderwerpen geschreven conflictregels gelden. Voor de naam bijvoorbeeld geldt de regeling van art. 10:19 e.v. BW. **Nationaliteitsgevolg van adoptie.** Een in Nederland (Aruba, Curaçao of Sint Maarten) bij rechterlijke uitspraak geadopteerd kind alsmede een in het buitenland geadopteerd kind verkrijgt, onder bepaalde voorwaarden, de Nederlandse nationaliteit (zie de art. 5, 5a en 5b RWN van 1984).

AFDELING 3

Erkenning van een buitenlandse adoptie

Artikel 107

Deze afdeling heeft betrekking op adopties waarop het Haags Adoptieverdrag 1993 niet van toepassing is.

[19-05-2011, Stb. 272, i.w.tr. 01-01-2012/kamerstukken 32137]

[Erkenning van niet-verdragsadopties]

Betekenis. Titel 6 van Boek 10 betreft de erkenning van adopties die niet onder het Haags adoptieverdrag 1993 vallen. Art. 10:107 geeft aldus de afbakening met het Haags adoptieverdrag weer. Dit verdrag bevat een eigen erkenningsregeling. Titel 6 van Boek 10 betreft uitsluitend adopties die niet binnen het formele toepassingsgebied van het verdrag vallen. Zo valt de erkenning van een adoptie die in een verdragsstaat is uitgesproken, maar een kind betreft dat daar vanuit een niet-verdragsstaat is opgenomen onder de erkenningsregel van titel 6 van Boek 10. De erkenningsregeling van Boek 10 is ook van toepassing op een adoptie die in een verdragsland is uitgesproken, maar die niet als een verdragsadoptie in de zin van het Haagse verdrag worden aangemerkt, maar bijvoorbeeld als een binnenlandse adoptie. Zie bijvoorbeeld de uitspraak van het Hof Den Haag 26 oktober 2016, ECLI:NL:GHDHA:2016:3265. Verzocht wordt om erkenning van een Thaise adoptie. Hoewel Thailand partij is bij het Haags adoptieverdrag 1993, gaat het hier om een interne adoptie binnen Thailand, zodat het verdrag niet van toepassing is, nu geen sprake is van een verdragsadoptie. Het hof past daarom artikel 10:108 BW toe.

Artikel 108

1. Een buitenslands gegeven beslissing waarbij een adoptie tot stand is gekomen, wordt in Nederland van rechtswege erkend indien zij is uitgesproken door:
a. een ter plaatse bevoegde autoriteit van de staat waar de adoptiefouders en het kind zowel ten tijde van het verzoek tot adoptie als ten tijde van de uitspraak hun gewone verblijfplaats hadden; of
b. een ter plaatse bevoegde autoriteit van de staat waar hetzij de adoptiefouders, hetzij het kind zowel ten tijde van het verzoek tot adoptie als ten tijde van de uitspraak hun gewone verblijfplaats hadden.
2. Aan een beslissing houdende adoptie wordt erkenning onthouden indien:
a. aan die beslissing kennelijk geen behoorlijk onderzoek of behoorlijke rechtspleging is voorafgegaan, of
b. in het geval, bedoeld in lid 1, onder b, de beslissing niet is erkend in de staat waar het kind, onderscheidenlijk de staat waar de adoptiefouders zowel ten tijde van het verzoek tot adoptie als ten tijde van de uitspraak hun gewone verblijfplaats hadden; of
c. de erkenning van die beslissing kennelijk onverenigbaar is met de openbare orde.
3. Op de in lid 2, onder c, genoemde grond wordt aan een beslissing houdende adoptie in elk geval erkenning onthouden indien de beslissing kennelijk op een schijnhandeling betrekking heeft.
4. De erkenning van de beslissing kan, ook wanneer daarbij een Nederlander betrokken is, niet op de in lid 2, onder c, genoemde grond worden geweigerd enkel omdat daarop een ander recht is toegepast dan uit de bepalingen van afdeling 2 zou zijn gevolgd.
[19-05-2011, Stb. 272, i.w.tr. 01-01-2012/kamerstukken 32137]

[Erkenning van rechtswege van niet-verdragsadopties]

1. Erkenning van rechtswege. Art. 10:108 bevat het erkenningsregime voor niet onder het verdrag vallende adopties waarin betrokkenen hun gewone verblijfplaats buiten Nederland hadden. Zie voor toepassing van art. 10:108 (erkenning van rechtswege): Rb. Noord-Holland 27 augustus 2014, ECLI:NL:RBNHO:2014:8344 (*erkenning Indonesische adoptie*) en Rb. Den Haag 1 juni 2016, ECLI:NL:RBDHA:2016:6103 (*erkenning Zuid-Afrikaanse adoptie*). Rechtbank Den Haag wijst in de uitspraak van 1 februari 2017 (ECLI:NL:RBDHA:2017:834) erkenning van een adoptie-uitspraak uit Singapore af, nu niet werd voldaan aan het vereiste van art. 10:108 lid 1. Verzoeker woonde, met het kind, ten tijde van de adoptie-aanvraag in Singapore, maar ten tijde van de uitspraak woonden zij beiden niet meer in Singapore, maar in Nederland. In vergelijkbare zin met betrekking tot de erkenning van een adoptie in de Filipijnen: Rb. Den Haag 1 februari 2017 (ECLI:NL:RBDHA:2017:836). **Erkenning.** Art. 10:108 lid 1 geeft aan wanneer een buitenlandse adoptie in Nederland van rechtswege wordt erkend. Een buitenlandse niet-verdragsadoptie wordt in Nederland erkend wanneer de adoptie is uitgesproken door a. een ter plaatse bevoegde autoriteit van de vreemde staat waar zowel de adoptanten als het kind gedurende de adoptieprocedure hun gewone verblijfplaats hadden of b. een ter plaatse bevoegde autoriteit van de vreemde staat waar hetzij de adoptanten hetzij het kind in die periode hun respectievelijk zijn gewone verblijfplaats hadden respectievelijk had. In deze laatste situatie (b) wordt als extra erkenningsvoorwaarde gesteld dat de adoptie in de vreemde staat van de gewone verblijfplaats van het kind onderscheidenlijk de adoptiefouders wordt erkend. De gedachte bij de erkenningsregel van lid 1 is dat ervan mag worden uitgegaan dat er een voldoende band was met de rechtssfeer van het land waar de beslissing werd gegeven. Nu de adoptie zich geheel buiten Nederland heeft afgespeeld, is het gerechtvaardigd om deze in Nederland ruimhartig te erkennen. Hierbij kan bijvoorbeeld gedacht worden aan het geval waarin adoptie heeft plaats gevonden in een land waar alle betrokkenen hun gewone verblijfplaats hadden. Dit is de situatie van Nederlanders die lang in het buitenland wonen en daar een kind, dat daar ook woont, adopteren. **Van rechtswege.** Een erkenningsprocedure of een exequaturprocedure is niet vereist. Deze benadering brengt met zich dat de buitenlandse adoptiebeslissing in beginsel door de Nederlandse overheidsadministratie kan worden ingeschreven. Daarbij mag een afschrift van de buitenlandse adoptiebeslissing als uitgangspunt worden genomen. Verder dienen te worden overgelegd bescheiden waaruit blijkt dat alle partijen gedurende de adoptieprocedure hun gewone verblijfplaats hadden in de staat waar de adoptie tot stand is gekomen (situatie a in lid 1). Wanneer er verschil in gewone verblijfplaats was (situatie b in lid 1) dienen bescheiden te worden overgelegd waaruit blijkt dat de adoptie in de andere betrokken staat is erkend (zie MvT, wetsvoorstel Wet conflictenrecht adoptie, *Kamerstukken II* 2001/02, 28457, 3, p. 14). Wanneer inschrijving wordt geweigerd, kunnen de verzoekers zich tot de rechter wenden.

2. Weigeringsgronden. In art. 10:108 lid 2 wordt een drietal weigeringsgronden geformuleerd. Aan de buitenlandse adoptiebeslissing wordt erkenning onthouden wanneer a. aan die beslissing kennelijk geen behoorlijk onderzoek of behoorlijke rechtspleging is voorafgegaan; hierbij kan worden gedacht aan bijvoorbeeld het verkrijgen van toestemming van de oorspronkelijke ouder(s); of b. wanneer in de situatie onder lid 1 onderdeel b, de adoptiebeslissing in de andere betrokken vreemde staat niet is erkend; of c. de erkenning van de buitenlandse adoptiebeslissing kennelijk in strijd zou zijn met de openbare orde. **Openbare orde.** De openbare orde-exceptie wordt alleen toegepast in uitzonderlijke situaties, waarin de Nederlandse rechtsorde een bepaald resultaat van buitenlandse rechtstoepassing niet kan accepteren. **Schijnhandeling.** Uitdrukkelijk is in lid 3 bepaald dat met een beroep op de openbare orde erkenning aan een beslissing inzake adoptie wordt onthouden wanneer die beslissing kennelijk een schijnhandeling betreft. Wat onder een schijnhandeling dient te worden verstaan is niet aangegeven. De Memorie van Toelichting op het wetsvoorstel Wet conflictenrecht adoptie (*Kamerstukken II* 2001/02, 28457 3, p. 16) geeft aan dat aansluiting zou kunnen worden gezocht bij de in het Burgerlijk Wetboek opgenomen definitie van een schijnhuwelijk. Bedoeld is te voorkomen dat het familierechtelijk instituut adoptie wordt misbruikt met het oog op verkrijging van permanent verblijf in Nederland of op verkrijging van de Nederlandse nationaliteit.

3. Geen conflictenrechtelijke toets. Art. 10:108 lid 4 sluit de conflictenrechtelijke toets uit. Dat de buitenlandse rechter krachtens zijn eigen conflictenrecht een ander recht heeft toegepast dan uit het Nederlandse conflictenrecht voortvloeit, is geen grond voor het inroepen van de openbare orde.

Artikel 109

1. Een buitenslands gegeven beslissing waarbij een adoptie tot stand is gekomen en die is uitgesproken door een ter plaatse bevoegde autoriteit van de staat waar het kind zowel ten tijde van het verzoek tot adoptie als ten tijde van de uitspraak zijn gewone verblijfplaats had, terwijl de adoptiefouders hun gewone verblijfplaats in Nederland hadden, wordt erkend indien:

a. de bepalingen van de Wet opneming buitenlandse kinderen ter adoptie in acht zijn genomen,

b. de erkenning van de adoptie in het kennelijk belang van het kind is, en

c. erkenning niet op een grond, bedoeld in artikel 108 lid 2 of lid 3 van dit Boek, zou worden onthouden.

2. Een adoptie als bedoeld in lid 1 wordt slechts erkend indien de rechter heeft vastgesteld dat aan de in dat lid genoemde voorwaarden voor erkenning is voldaan. Toepasselijk is de procedure van artikel 26 van Boek 1.

3. De rechter die vaststelt dat aan de voorwaarden voor erkenning van de adoptie is voldaan, geeft ambtshalve een last tot toevoeging van een latere vermelding van de adoptie aan de daarvoor in aanmerking komende akte van de burgerlijke stand. De artikelen 25 lid 6, 25c lid 3 en 25g lid 2 van Boek 1 zijn van overeenkomstige toepassing.

[19-05-2011, Stb. 272, i.w.tr. 01-01-2012/kamerstukken 32137]

[Erkenningsprocedure voor bepaalde niet-verdragsadopties]

1. Algemeen. Art. 10:109 ziet op de buitenlandse niet-verdragsadoptie gegeven door een ter plaatse bevoegde autoriteit alwaar het kind gedurende de adoptieprocedure zijn gewone verblijfplaats had, terwijl de adoptiefouders hun gewone verblijfplaats in Nederland hadden. Deze beslissing komt niet in aanmerking voor erkenning van rechtswege. Voor deze gevallen is een declaratoire uitspraak vereist van de Nederlandse rechter. Zie voor toepassing van art. 10:109 (erkenning): Rb. Limburg 5 januari 2016, ECLI:NL:RBLIM:2016:476 (*erkenning Nicaraguaanse adoptie*). Art. 10:109 lid 1 geeft de voorwaarden voor de erkenning: a. de procedure van de Wet opneming buitenlandse kinderen ter adoptie moet zijn gevolgd; en b. de erkenning van de adoptie moet in het kennelijk belang van het kind zijn; en c. de weigeringsgronden van art. 10:108 lid 2 en 3 doen zich niet voor. In de uitspraak van 2 maart 2021 van de Rechtbank Oost-Brabant (ECLI:NL:RBOBR:2021:987) gaat het om de erkenning van een adoptie naar Haïtiaans recht gevolgd door partner-adoptie naar Nederlands recht. Bij beslissingen van 31 januari 2019 van Le Tribunal de Première Instance de Port-au-Prince, Haïti, is (met toestemming van de biologische moeder) naar het recht van Haïti de adoptie door de vrouw van twee kinderen uitgesproken. Deze beslissingen zijn ingeschreven in het register van L'Etat Civil de la Section Est de Port-au-Prince, Haïti. In de eerste plaats gaat de rechtbank in op de (ambtshalve te beantwoorden) vraag of sprake is van een verdragsadoptie in de zin van het Haags adoptieverdrag, waarbij de adoptie van rechtswege wordt erkend, dan wel of sprake is van een buitenlandse adoptiebeslissing zoals bedoeld in de artikelen 10:108 en 10:109 BW. In dit verband overweegt de rechtbank dat Haïti sinds 1 april 2014 partij is bij het Haags Adoptieverdrag, maar nu de vrouw voor die datum om toestemming voor de adoptie heeft verzocht, het Haags Adoptieverdrag niet van toepassing is. Vervolgens beoordeelt de rechtbank of erkenning op grond van artikel 10:109 BW kan plaatsvinden. De rechtbank is van oordeel dat dit het geval is, want beide adoptiebeslissingen voldoen aan de formele voorwaarden voor erkenning van artikel 10:109 BW. De vrouw heeft hiervoor de vereiste (originele) stukken overgelegd van de bevoegde autoriteiten in Haïti. Deze adoptie is uitgesproken door een ter plaatse bevoegde autoriteit en voldoet aan de bepalingen van de Wet opneming buitenlandse kinderen ter adoptie. De rechtbank overweegt nog dat zij niet mag (noch kan) toetsen of de stukken inhoudelijk overeenstemmen met de werkelijkheid, omdat dit al door de autoriteiten in Haïti is getoetst. Inmiddels is bekend dat zich in het verleden mogelijk misstanden hebben voorgedaan bij adopties uit Haïti, maar de rechtbank kan niet beoordelen of daarvan in deze zaak sprake is geweest. Nu aan alle voorwaarden voor erkenning is voldaan, gelast de rechtbank overeenkomstig artikel 10:109 lid 3 BW de ambtenaar van de burgerlijke stand een latere vermelding van de adoptie aan de daarvoor in aanmerking komende akten van de burgerlijke stand toe te voegen. In de uitspraak van de Rechtbank Noord-Holland van 11 oktober 2021(ECLI:NL:RBNHO:2021:8877) wordt geoordeeld over de erkenning van een adoptie uitgesproken in Turkije naar Turks recht. In dit kader is de rechtbank nagegaan of sprake is van een adoptie in de zin van artikel 10:104 BW, namelijk een beslissing van een bevoegde autoriteit waarbij familierechtelijke betrekkingen tussen een minderjarig kind en twee personen tezamen of een persoon alleen tot stand worden gebracht. Onder verwijzing naar de beschikking van de Turkse rechter oordeelt de rechtbank dat daaruit blijkt dat de adoptie door verzoekster is uitgesproken. Verder is op de in Turkije afgegeven geboorteakte van het kind verzoekster thans als moeder vermeld en ook op het "extract of vital records" staat verzoekster als moeder geregistreerd. Daarbij is melding gemaakt van de adoptie door verzoekster. Gelet hierop is de rechtbank van oordeel dat de adoptie door verzoekster naar Turks recht rechtsgeldig heeft plaatsgevonden. Vervolgens stelt de rechtbank vast dat het Haags Adoptieverdrag sinds 1 oktober 1998 in Nederland van toepassing is en sinds 1 september 2004 in Turkije, zodat het Verdrag ingevolge artikel 41 van het HAV temporeel van toepassing is. Echter uit de feitelijke omstandigheden rondom de adoptie en de uitspraak zelf leidt de rechtbank af dat geen sprake is van een interlandelijke adoptie, maar van een binnenlandse (Turkse) adoptie. Aldus valt de adoptie niet onder het materiële en formele toepassingsgebied van het verdrag en kan erkenning niet aan het verdrag worden getoetst. Getoetst wordt dus aan artikel 10:109 BW. De rechtbank stelt vast dat niet is voldaan aan de bepalingen van de Wobka. Verzoekster heeft geen beginseltoestemming gekregen voor opneming van het kind in Nederland, zoals is vereist volgens artikel 2 van de Wobka. Verzoekster heeft verklaard dat zij deze toestemming niet heeft gevraagd, omdat zij de bedoeling had om met het kind in Turkije te blijven. Deze redenering wordt door de rechtbank niet overgenomen. De bepalingen van de Wobka kunnen op basis van eerdere jurisprudentie evenwel opzij worden gezet indien het belang van het kind dat vereist. Ten aanzien van dit belang van het kind overweegt de rechtbank dat geen sprake is van een zodanig uitzonderlijke situatie dat in het belang van het kind aan het bepaalde in de Wobka voorbij moet worden gegaan. Nu evenmin is voldaan aan de in artikel 10:109 BW neergelegde eis dat de erkenning van de adoptie in het kennelijk belang van het kind is, is de rechtbank van oordeel dat de Turkse adoptie niet in Nederland kan worden erkend op grond van artikel 10:109 BW. Erkenning van de Turkse adoptie wordt afgewezen. Het ontbreken van de beginseltoestemming komt nogal eens voor. De rechtspraak gaat daar verschillend mee om. Hof Den Haag 14 november 2012, ECLI:NL:GHSGR:2012:BZ6329, oordeelt dat erkenning van een Braziliaanse adoptie op de voet van art. 10:109 niet mogelijk is, omdat de bepalingen van de Wobka niet zijn nageleefd. In Rb. Midden-Nederland 5 september 2016, ECLI:NL:RBMNE:2016:4762, wordt een Amerikaanse adoptiebeslissing niet erkend wegens het ontbreken van de beginseltoestemming. In deze zin ook Rb. Rotterdam (8 maart 2017, ECLI:NL:RBROT:2017:2466). Er is geen beginseltoestemming conform de Wobka. De rechtbank merkt op dat in de rechtspraak gevallen bekend zijn waarin in het belang van het kind voorbij wordt gegaan aan dit vereiste. Dit is volgens de rechtbank in de onderhavige zaak (waarin het ging om een Turkse adoptie) niet aan de orde: het kind heeft altijd in Turkije gewoond, heeft contact met zijn biologische familie daar, en heeft – behoudens met de adoptiefouders – geen band met Nederland. Ook in de uitspraak van het Hof Den Haag van 23 mei 2018 (ECLI:NL:GHDHA:2018:1331) gaat het om het ontbreken van de beginseltoestemming in verband met de erkenning van een Turkse adoptie. Erkenning wordt in eerste aanleg door de Rechtbank Rotterdam afgewezen. De minderjarige is geboren en woonachtig in Turkije, de adoptiefmoeder woont sedert de geboorte van het kind ook in Turkije, de adoptiefvader woont in Nederland waar de adoptiefmoeder voordien ook woonde. De verzoekers betogen dat het van meet af aan de bedoeling is geweest om in Nederland met het kind in gezinsverband te wonen. Het is in het belang van het kind dat de adoptie in Nederland wordt erkend. Het contact tussen het kind en zijn biologische familie is (ook) in Turkije moeilijk te verwezenlijken nu zij in Turkije op grote afstand van elkaar wonen. De Raad voor de Kinderbescherming heeft naar voren gebracht dat zij geen zicht heeft op de situatie in Turkije noch op de toekomstige situatie in Nederland. Er heeft geen gezinsonderzoek in Turkije kunnen plaatsvinden. Het hof stelt vast dat hier geen sprake is van een verdragsadoptie en dat getoetst moet worden aan artikel 10:109 BW. Nu de vereiste beginseltoestemming ontbreekt wordt niet aan een van de erkenningsvoorwaarden voldaan. Verder overweegt het hof dat in het belang van het kind niet kan worden voorbijgegaan aan het ontbreken van de beginseltoestemming. Volgens het hof is niet gebleken dat adoptie in het belang van het kind is, waarbij het hof overweegt dat daartoe onvoldoende is dat het kind een band met de adoptiefmoeder heeft ontwikkeld en met haar in gezinsverband leeft. Ook is volgens het hof niet komen vast te staan dat het kind nu en in de toekomst niets te verwachten heeft van zijn biologische ouders. Het hof benadrukt verder dat geen informatie is ontvangen over de leefomstandigheden van het kind in Turkije. De beschikking van de rechtbank wordt bekrachtigd. Zie ook de uitspraak van Rb. Den Haag 16 februari 2017 (ECLI:NL:RBDHA:2017:1473) die constateert dat de beginseltoestemming ontbreekt, waardoor niet wordt voldaan aan art. 10:109 lid 1 onderdeel a. De Armeense adoptie kan (voorlopig) niet worden erkend. De rechtbank verzoekt de Raad voor de Kinderbescherming nader onderzoek te doen naar het belang van de minderjarige bij een eventuele erkenning van de adoptie, ondanks de niet-naleving van de Wobka. De rechtbank overweegt dat in beginsel dit aan de erkenning van de adoptie in de weg dient te staan. Er wordt door de rechtbank op gewezen dat het in het belang van de minderjarige is dat een adoptieprocedure zorgvuldig verloopt. Juist hierom is als eis gesteld dat de bepalingen van de Wobka worden nagekomen. Echter, met het oog op de erkenning van een adoptie kan in uitzonderlijke gevallen voorbij worden gegaan aan het niet naleven van de bepalingen van de Wobka, namelijk indien dit in het kennelijk belang van een minderjarige is en afwijzing van het verzoek het belang van de minderjarige ernstig zou schaden. Op deze laatste zienswijze wordt een beroep gedaan in de uitspraak van de Rechtbank Noord-Holland (6 januari 2021, ECLI:NL:RBNHO:2021:75). Verzoekers, met de Congolese nationaliteit en al jaren woonachtig in Nederland, hebben in 2012 in de Democratische Republiek Congo drie daar woonachtige kinderen geadopteerd. Zij ondersteunen vanuit Nederland deze kinderen emotioneel en financieel. Zij vragen onder meer erkenning van de Congolese adoptie. De rechtbank toetst aan artikel 10:109 BW en overweegt in dat kader dat geen beginseltoestemming is verleend en op veel punten de Wobka niet is nageleefd. De rechtbank overweegt dat afwijzing van de erkenning niet resulteert in een situatie waarin de belangen van de kinderen ernstig worden geschaad. Verzoekers vervullen immers al jaren vanuit Nederland op afstand hun ouderrol en kunnen dat blijven doen. In Hof Leeuwarden 2 december 2010 (*LJN* BP0604) ging het om de vraag naar welk moment beoordeeld dient te worden of de erkenning van een adoptie uit een niet-verdragsland in het kennelijk belang van het kind is. Is dit het moment van de totstandkoming van de adoptie in het buitenland (in deze zaak Haïti) of het moment van de erkenning (in Nederland)? Door het hof wordt gewezen op art. 7 Wet conflictenrecht adoptie (thans art. 10:109 BW), waarna het hof oordeelt dat op het moment van de beslissing omtrent de erkenning van de adoptie, dient vast te staan dat de erkenning van de adoptie in het kennelijk belang van het kind is. In deze zaak waren tussen het moment waarop het kind in Nederland aankwam en de zitting in eerste aanleg inzake de erkenning van de adoptie de omstandigheden van het adoptiegezin ingrijpend gewijzigd. Het moment van de erkenning van de adoptie is dan het peilmoment. Volgens art. 10:109 BW wordt een buitenlandse adoptie niet erkend indien de minderjarige zijn woonplaats in Nederland had ten tijde van de definitieve buitenlandse adoptie-uitspraak.

2. Procedure. Erkenning van een buitenlandse adoptiebeslissing wordt, indien wordt voldaan aan de erkenningsvoorwaarden van lid 1, door de rechter vastgesteld. Daartoe schrijft art. 10:109 lid 2 de procedure van art. 1:26 BW voor (declaratoir op verzoek). Ingevolge art. 10:109 lid 3 geeft de rechter ambtshalve een last tot inschrijving van de buitenlandse geboorteakte van het kind. Indien er geen inschrijfbare buitenlandse geboorteakte voorhanden is, zal de rechter de geboortegegevens vaststellen en een last geven tot het opmaken van een vervangende geboorteakte. Op de akte van inschrijving van de buitenlandse geboorteakte of op de vervangende geboorteakte wordt een latere vermelding geplaatst van de adoptie (zie art. 1:25 lid 6, art. 1:25c lid 3 en art. 1:25g lid 2 BW). Zie bijv. Rb. Gelderland 21 februari 2018 (ECLI:NL:RBGEL:2018:1007) in het kader van de erkenning van de adoptie uitgesproken in Nicaragua.

3. Lid 3: Ambtshalve last. De rechter die vaststelt dat de buitenlandse adoptie erkend wordt ingevolge art. 10:109 BW geeft ambtshalve een last tot toevoeging van een latere vermelding van deze adoptie in de daarvoor relevante akte van de burgerlijke stand. Zo wordt door Rb. Limburg (5 januari 2016, ECLI:NL:RBLIM:2016:476) de latere vermelding van de adoptie (uitgesproken in Nicaragua) aan de geboorteakte van het kind gelast.

Artikel 110

1. De erkenning, bedoeld in de artikelen 108 en 109 van dit Boek, houdt tevens in de erkenning van:

a. de familierechtelijke betrekkingen tussen het kind en zijn adoptiefouders en, in voorkomend geval, de bloedverwanten van zijn adoptiefouders;

b. het gezag van de adoptiefouders over het kind;

c. de verbreking van de voordien bestaande familierechtelijke betrekkingen tussen het kind en zijn moeder en vader, onderscheidenlijk de bloedverwanten van zijn moeder en vader, indien de adoptie dit gevolg heeft in de staat waar zij plaatsvond.

2. Ingeval de adoptie in de staat waar zij plaatsvond niet tot gevolg heeft dat de voordien bestaande familierechtelijke betrekkingen worden verbroken, mist de adoptie ook in Nederland dat gevolg.

[19-05-2011, Stb. 272, i.w.tr. 01-01-2012/kamerstukken 32137]

[Gevolgen van de erkenning]

Betekenis. Art. 10:110 betreft de gevolgen die de erkenning van de adoptie op grond van de art. 10:108 en 10:109 met zich brengt. Aansluiting is gezocht bij art. 26 van het Haags adoptieverdrag 1993. De erkenning van de buitenlandse adoptie houdt in de erkenning van a. de familierechtelijke betrekkingen tussen het kind en zijn adoptiefouders, en in voorkomend geval met de bloedverwanten van de adoptiefouders; b. het gezag van de adoptiefouders over het kind; c. de verbreking van de familierechtelijke betrekkingen tussen het kind en zijn oorspronkelijke ouders (vader en/of moeder), indien de adoptie dit gevolg heeft in de staat waar de adoptie werd uitgesproken; en in voorkomend geval met de bloedverwanten van de oorspronkelijke ouders. Art. 10:110 lid 2 bepaalt dat een buitenlandse zwakke adoptie als zodanig in Nederland wordt erkend. Met andere woorden, wanneer de familierechtelijke betrekkingen met de oorspronkelijke ouders niet (geheel) worden verbroken, wordt dit hier te lande aanvaard, ook al kent het Nederlandse recht zelf alleen de sterke adoptie.

Artikel 111

In het in artikel 110 lid 2 van dit Boek bedoelde geval kan, indien het kind in Nederland gewone verblijfplaats heeft en daar voor permanent verblijf bij de adoptiefouders is toegelaten, een verzoek tot omzetting in een adoptie naar Nederlands recht worden ingediend. Artikel 11 lid 2 van de Wet tot uitvoering van het op 29 mei 1993 te 's-Gravenhage tot stand gekomen Verdrag inzake de bescherming van kinderen en de samenwerking op het gebied van de interlandelijke adoptie, is van overeenkomstige toepassing. Artikel 105 lid 2 van dit Boek is van overeenkomstige toepassing op de toestemming van de ouders wier toestemming tot de adoptie vereist was.

[19-05-2011, Stb. 272, i.w.tr. 01-01-2012/kamerstukken 32137]

[Omzetting zwakke buitenlandse adoptie in sterke Nederlandse adoptie]

Betekenis. De adoptiefouders kunnen er belang bij hebben dat de in het buitenland uitgesproken zwakke adoptie in Nederland wordt gevolgd door een omzetting in een Nederlandse sterke adoptie waaraan alle gevolgen zijn verbonden die het Nederlandse recht aan de adoptie verbindt. Zij kunnen daartoe krachtens art. 10:111 een verzoek tot omzetting indienen. Voorwaarde voor deze omzetting is dat de betrokkenen in Nederland hun gewone verblijfplaats hebben en dat het kind voor permanent verblijf in Nederland is toegelaten. Tevens is de toestemming van de oorspronkelijke ouders vereist. Art. 11 Uitvoeringswet Haags adoptieverdrag, dat in art. 27 Haags adoptieverdrag 1993 in omzetting voorziet, is van overeenkomstige toepassing. Het verzoek wordt toegewezen indien de adoptie – lees in dit verband: de omzetting naar een sterke adoptie – in het kennelijk belang is van het kind en op de dag van de indiening van het verzoek is voldaan aan art. 1:228 lid 1 onderdeel a en d BW. Op de toestemming van de oorspronkelijke ouders tot omzetting, is art. 10:105 lid 2 van overeenkomstige toepassing. Voor voorlopige weigering omzetting wegens ontbreken toestemming ouders, zie: Rb. Noord-Holland 18 december 2013, ECLI:NL:RBNHO:2013:12596 en 15 januari 2014, ECLI:NL:RBNHO:2014:224. Omzetting is niet nodig wanneer de buitenlandse adoptie als een sterke adoptie wordt gekwalificeerd, zie bijvoorbeeld Rb. Noord-Holland (3 oktober 2018, ECLI:NL:RBNHO:2018:8495) ten aanzien van een adoptie naar het recht van Lesotho. De adoptie wordt op de voet van art. 10:109 erkend. Nu sprake is van een sterke adoptie, behoeft het verzoek tot omzetting van de adoptie naar Nederlands recht geen bespreking. In gelijke zin: Rb. Gelderland 29 november 2018 (ECLI:NL:RBGEL:2018:5531) ten aanzien van een Taiwanese adoptie, evenals Rb. Noord-Holland 18 december 2019 (ECLI:NL:RBNHO:2019:10311) waarin de Taiwanese adoptie wordt erkend op grond van artikel 10:109, maar omzetting naar een adoptie naar Nederlands recht wordt afgewezen omdat sprake is van een sterke adoptie. Wanneer de buitenlandse adoptie in Nederland niet voor erkenning in aanmerking komt, is er geen mogelijkheid van omzetting. Zie in dit verband de uitspraak van de Rechtbank Oost-Brabant van 15 mei 2018 (ECLI:NL:RBOBR:2018:4352) betreffende de adoptie die in Spanje heeft plaatsgevonden door twee vaders (een Nederlandse man en zijn Spaanse echtgenoot, die de biologische vader van het kind is). De rechtbank overweegt dat geen sprake is van een verdragsadoptie: er is geen overbrenging van het kind van de ene verdragsluitende staat naar een andere verdragsluitende staat geweest. Het kind woonde voorafgaand aan de Spaanse adoptie en ook daarna al in Nederland bij verzoekers. Toetsing aan artikel 10:109 leidt tot de conclusie dat de adoptie niet erkend kan worden. Dit heeft tot gevolg dat de rechtbank niet toekomt aan de beoordeling van de mogelijke omzetting op de voet van artikel 10:111 BW. De rechtbank wijst er op dat de enige mogelijkheid om familierechtelijke betrekkingen tussen het kind en de echtgenoot van de biologische vader tot stand te brengen de stiefouderadoptie is. **Nationaliteitsrechtelijk aspect.** Via de omzetting in een sterke adoptie kan worden bereikt dat het geadopteerd kind de Nederlandse nationaliteit verkrijgt. Zie bijvoorbeeld Rb. Den Haag 22 december 2020, ECLI:NL:RBDHA:2020:14084. Naar het recht van Malawi heeft de adoptie tot gevolg dat de familierechtelijke betrekkingen tussen het geadopteerde kind en zijn biologische ouders worden verbroken, echter met uitzondering van de erfrechtelijke band. De rechtbank overweegt dat de adoptie naar Malawisch recht zowel kenmerken van de sterke adoptie, zoals Nederland die kent (waarbij alle familierechtelijke banden worden verbroken), als van de zwakke adoptie (waarbij bepaalde banden blijven bestaan) heeft.

Daarmee rijst de vraag of dit betekent dat niet aan het bepaalde in artikel 5b lid 1 sub b RWN "dat de voordien bestaande familierechtelijke betrekkingen worden verbroken" is voldaan. Daartoe moet worden beoordeeld hoe deze bepaling uit de RWN moet worden uitgelegd. Met een beroep op de parlementaire geschiedenis van deze bepaling concludeert de rechtbank dat met de adoptie naar Malawisch recht is voldaan aan de eis in artikel 5b lid 1 sub b RWN "dat de voordien bestaande familierechtelijke betrekkingen worden verbroken". Het enige verschil met de Nederlandse, sterke, adoptie is immers dat de geadopteerde in theorie óók nog van zijn biologische ouders kan erven. Voor het overige zijn alle bestaande familierechtelijke banden doorgesneden. De rechtbank oordeelt dat sprake is van een sterke adoptie. Dit betekent dat het kind door de Malawische adoptie van rechtswege Nederlander is geworden.

AFDELING 4
Overgangsrecht

Artikel 112

Deze titel is van toepassing op verzoeken tot adoptie die vanaf 1 januari 2004 in Nederland zijn ingediend en op de erkenning van adopties die vanaf 1 januari 2004 buitenslands tot stand zijn gekomen.
[19-05-2011, Stb. 272, i.w.tr. 01-01-2012/kamerstukken 32137]

[Overgangsrecht]

Betekenis. Het temporele toepassingsgebied van titel 6 wordt aangegeven in artikel 10:112. Art. 10:112 bepaalt dat titel 6 van Boek 10 van toepassing is op adoptieverzoeken die vanaf 1 januari 2004 in Nederland worden ingediend, en op de erkenning van buitenlandse adopties die vanaf 1 januari 2004 in het buitenland tot stand zijn gekomen. Op 1 januari 2004 is de Wet conflictenrecht adoptie in werking getreden. Zie de uitspraak van de Rechtbank Midden-Nederland van 28 oktober 2019 (ECLI:NL:RBMNE:2019:4924) waarin het ging om erkenning van een in 1987 in Sri Lanka uitgesproken adoptie. De rechtbank overweegt dat de Wet opneming buitenlandse kinderen ter adoptie (Wobka), de Wet conflictenrecht adoptie (WCAd, inmiddels opgenomen in Boek 10 BW) en het Haags Adoptieverdrag 1993 nog niet in werking waren getreden ten tijde van de adoptie in Sri Lanka. Onder verwijzing naar de Memorie van Toelichting bij artikel 10 WCAd (thans artikel 10:112 BW) wordt overwogen dat het de rechter is toegestaan of in een concreet geval aanleiding is om een voor de inwerkingtreding van de WCAd tot stand gekomen buitenlandse adoptie te erkennen. De rechtbank ziet hiervoor in dit geval geen aanleiding. Ten eerste was het destijds gebruikelijk dat een buitenlandse adoptiebeslissing werd gevolgd door een adoptie naar Nederlands recht. Ten tweede is het nu moeilijk te beoordelen of de buitenlandse adoptiebeslissing destijds aan de eisen voldeed. Hierbij speelt een rol dat inmiddels bekend is dat zich in de jaren tachtig misstanden hebben voorgedaan bij adopties uit onder meer Sri Lanka. De rechtbank wijst het verzoek tot erkenning af. De adoptie wordt naar Nederlands recht uitgesproken, ondanks dat het kind inmiddels meerderjarig is. In de uitspraak van de Rechtbank Rotterdam (21 november 2019, ECLI:NL:RBROT:2019:9174) wordt een verklaring voor recht gevraagd op de voet van artikel 1:26 BW, inhoudende dat aan de voorwaarden voor erkenning van een in 2003 gedane adoptie naar Oostenrijks recht is voldaan. De rechtbank past de in de rechtspraak ontwikkelde processuele toets toe en overweegt dat de adoptie in Oostenrijk met voldoende waarborgen omkleed is geweest. Het verzoek wordt toegewezen.

Verdrag inzake de bescherming van kinderen en de samenwerking op het gebied van de interlandelijke adoptie

Verdrag van 29 mei 1993, Trb. 1996, 94 (i.w.tr. 01-05-1995)

De Staten die dit Verdrag hebben ondertekend,
Erkennende dat het voor de volledige en harmonieuze ontwikkeling van de persoonlijkheid van een kind noodzakelijk is dat het opgroeit in een gezinsverband, in een sfeer van geluk, liefde en begrip,
Eraan herinnerend dat elke Staat bij voorrang passende maatregelen behoort te nemen opdat het kind in zijn familie van herkomst kan blijven,
Erkennende dat interlandelijke adoptie het voordeel van een vast gezinsverband kan bieden aan een kind waarvoor geen geschikt gezin kan worden gevonden in zijn Staat van herkomst,
Overtuigd van de noodzaak maatregelen te nemen om te waarborgen dat interlandelijke adopties plaatsvinden op zodanige wijze dat het hoogste belang van het kind daarmee is gediend en dat zijn grondrechten worden geëerbiedigd, en om ontvoering, verkoop van of handel in kinderen te voorkomen,
Geleid door de wens daartoe gemeenschappelijke bepalingen vast te stellen die rekening houden met de in internationale akten vervatte beginselen, met name het Verdrag van de Verenigde Naties inzake de rechten van het kind van 20 november 1989, en de Verklaring van de Verenigde Naties inzake sociale en juridische beginselen betreffende de bescherming en het welzijn van kinderen, in het bijzonder met betrekking tot plaatsing in een pleeggezin en adoptie, zowel nationaal als internationaal (Resolutie van de Algemene Vergadering 41/85 van 3 december 1986),
Zijn de volgende bepalingen overeengekomen:

[Inleidende opmerkingen]

1. Systeem van het verdrag. Het verdrag is voor Nederland in werking getreden op 1 oktober 1998. Het verdrag bestaat uit zeven hoofdstukken waaraan de Preambule voorafgaat. **Preambule.** In de Preambule zijn de beginselen van de verdragsregeling neergelegd. Door de verdragsopstellers is vooropgesteld dat het in het belang van het kind is 'dat het opgroeit in een gezinsverband'. In de tweede alinea wordt benadrukt dat iedere staat in eerste instantie moet trachten passende maatregelen te treffen opdat het kind in zijn oorspronkelijke familie kan blijven. Voorts wordt bijzondere nadruk gelegd op het subsidiariteitsbeginsel. Dit beginsel, neergelegd in de derde alinea van de Preambule, houdt in dat alleen wanneer voor het kind geen geschikt gezin kan worden gevonden in zijn land van herkomst, interlandelijke adoptie het voordeel van een vast gezinsverband kan bieden. Hieruit kan worden afgeleid dat interlandelijke adoptie in beginsel de voorkeur heeft boven opvang in een kindertehuis. Voor de interlandelijke adoptie geldt echter niet als voorwaarde dat plaatsing in een inrichting in het land van herkomst onmogelijk is. Voorts wordt vastgesteld dat waarborgen gecreëerd moeten worden opdat interlandelijke adopties plaatsvinden 'op zodanige wijze dat het hoogste belang van het kind daarmee is gediend en dat zijn grondrechten worden geëerbiedigd, en om ontvoering, verkoop van of handel in kinderen te voorkomen'. Tot slot wordt opgemerkt dat de verdragsopstellers rekening hebben gehouden met beginselen neergelegd in andere verdragen, met name in het VN-Verdrag inzake de rechten van het kind van 20 november 1989 (*Trb.* 1990, 170) en de VN-Verklaring inzake sociale en juridische beginselen betreffende de bescherming en het welzijn van kinderen, in het bijzonder met betrekking tot plaatsing in een pleeggezin, zowel nationaal als internationaal, van 3 december 1986 (*Stcrt.* 1987, 223). **Opzet.** Hoofdstuk I (art. 1-3) betreft het toepassingsgebied van het verdrag. Tevens zijn in dit hoofdstuk de definities van in het verdrag gehanteerde begrippen opgenomen. In Hoofdstuk II (art. 4-5) zijn de vereisten voor interlandelijke adopties neergelegd. Hoofdstuk III (art. 6-13) bevat de regels inzake de centrale autoriteiten en vergunninghoudende instellingen. Dit hoofdstuk schetst aldus het kader van de internationale samenwerking. In Hoofdstuk IV (art. 14-22) komen de procedurele vereisten voor interlandelijke adopties aan bod. Hoofdstuk V (art. 23-27) betreft de erkenning en de rechtsgevolgen van de adoptie. De hoofdstukken VI (art. 28-42) en VII (art. 43-48) bevatten de algemene bepalingen respectievelijk de slotbepalingen van het verdrag.

2. Aard van het verdrag. Het verdrag ziet, blijkens zijn titel, op de bescherming van kinderen en op de samenwerking op het gebied van de interlandelijke adoptie. Daartoe is door de verdragsopstellers gekozen voor een type verdrag dat als een rechtshulpverdrag kan worden aangemerkt. Daarmee wordt vooral aangesloten bij het Haags Kinderontvoeringsverdrag van 25 oktober 1980 (*Trb.* 1987, 139). Het kader voor de internationale samenwerking in geval van interlandelijke adopties wordt bepaald door Hoofdstuk III van het verdrag.

3. Toelichting op het verdrag. Het Toelichtend Rapport is van M.G. Parra Aranguren en is opgenomen in de Actes et documents de la Dix-septième session, Tome II Adoption – coopération, 1994. Zie voor verdere gegevens over dit verdrag de intercountry adoption section in de site van de Haagse Conferentie voor IPR: www.hcch.net. In deze sectie is veel informatie over het verdrag, de lidstaten, de centrale autoriteiten te vinden, alsmede rapportages en uitgaven als Good Practice Guides, voortvloeiend uit speciale commissies die over dit verdrag zijn gehouden. Inmiddels zijn twee Guides to Good Practice tot stand gebracht: Guide to Good Practice No 1: The Implementation and Operation of the 1993 Intercountry Adoption Convention en Guide to Good Practice No 2: Accreditation and Adoption Accredited Bodies.

4. Uitvoeringswet. Ter uitvoering van het verdrag is een aantal wettelijke voorzieningen getroffen en zijn tevens enige wetten, waaronder de Wet opneming buitenlandse pleegkinderen, gewijzigd. Deze wet heet sindsdien de Wet opneming buitenlandse kinderen ter adoptie (wet van 8 december 1988). Deze Wobka en andere besluiten en richtlijnen worden in deze bundel ook besproken. De uitvoeringsregels zijn opgenomen in de uitvoeringswet, de wet van 14 mei 1998, *Stb.* 1998, 302, zoals gewijzigd bij de wet van

28 januari 1999, *Stb.* 1999, 30. De tekst van de uitvoeringswet, die in deze uitgave is opgenomen na het verdrag, is niet van commentaar voorzien.

5. Ontwikkelingen interlandelijke adoptie. a. Rapport Commissie Joustra. Op 8 februari 2021 verscheen als bijlage bij de kamerbrief van 8 februari 2021 van de minister voor Rechtsbescherming van het vorige kabinet (S. Dekker) aan de Tweede Kamer, het rapport van de Commissie onderzoek interlandelijke adoptie, welk rapport wordt aangeduid als het rapport Commissie Joustra, naar de voorzitter van de commissie (*Kamerstukken II*, 31265, nr. 79). Zie de link https://www.rijksoverheid.nl/documenten/rapporten/2021/02/08/tk-bijlage-coia-rapport. Deze commissie is op 18 april 2019 ingesteld met als opdracht onderzoek te doen naar mogelijke misstanden die in het verleden bij interlandelijke adopties hebben plaatsgevonden, en in dat verband na te gaan wat de kennis en betrokkenheid van de Nederlandse overheid (zoals onder meer de departementen van Justitie en Buitenlandse Zaken, de Raad voor de Kinderbescherming, en de IND) en van bemiddelaars was. De commissie heeft zich gericht op het systeem van interlandelijke adoptie, gekeken is naar de mechanismen en het zichtbaar handelen van de Nederlandse overheid met betrekking tot interlandelijke adoptie. Daarvoor is de interlandelijke adoptie in vijf kernlanden in het bijzonder bestudeerd: Brazilië, Bangladesh, Colombia, Indonesië en Sri Lanka. Over deze vijf landen waren mogelijke misstanden bekend zodat volgens de commissie in ieder geval deze landen in het onderzoek betrokken dienden te worden. Wat betreft de interlandelijke adoptie in de tijd is onderzoek gedaan naar de jaren 1967-1998 (genoemd in het besluit tot instelling van de commissie), waarbij 1998 het jaar was dat Nederland het Haags Adoptieverdrag 1993 heeft geratificeerd. Echter, ook van de voorgeschiedenis als van de ontwikkeling van interlandelijke adoptie na 1998 wordt in het rapport een beschrijving gegeven. De commissie concludeert dat zich in alle onderzochte landen ernstige misstanden voordeden bij interlandelijke adoptie, waarbij de commissie vaststelt dat deze misstanden een vrijwel permanent en structureel probleem vormden. In het rapport wordt verder geconcludeerd dat de Nederlandse overheid op de hoogte was van misstanden bij interlandelijke adoptie, terwijl in een aantal gevallen vertegenwoordigers van de Nederlandse overheid daarbij betrokken waren. Ook de bemiddelende instanties, en in sommige gevallen adoptieouders, waren bekend met misstanden. De commissie doet een drietal aanbevelingen: erkenning door de overheid dat de overheid tekort is geschoten in het tegengaan van misstanden, opschorting van de interlandelijke adoptie, en de instelling van een landelijk expertisecentrum. **b. Kabinetsreactie.** De door de Commissie Joustra geformuleerde aanbevelingen zijn door het kabinet overgenomen. De minister kondigt een aantal maatregelen aan, zoals het beter ondersteunen van geadopteerden bij het zoeken naar hun biologische ouders, waarvoor een onafhankelijk landelijk expertisecentrum wordt ingesteld (zie *Kamerstukken II*, 31265, nr. 100; kamerbrief van 10 december 2021 inzake de voorgestelde inrichting van een landelijk expertisecentrum) en het afzien door de staat van een beroep op verjaring bij procedures tegen de staat. Daarnaast is door de minister een fundamentele herbezinning op de praktijk van interlandelijke adoptie aangekondigd. In dat verband is in de tussentijd de uitvoering van adoptieprocedures opgeschort. Hierop is later een uitzondering gemaakt voor de plaatsing van broertjes en/of zusjes bij reeds geplaatste kinderen (*Kamerstukken II*, 31265, nr. 94; kamerbrief van 23 juni 2021). Bij brief van 11 april 2022 heeft de minister voor Rechtsbescherming van het huidige kabinet (F.M. Weerwind) de Tweede Kamer geïnformeerd over het standpunt van het kabinet inzake de toekomst van de interlandelijke adoptie. De minister constateert dat weliswaar in de afgelopen decennia het systeem van interlandelijke adoptie is verbeterd, maar dat dit de kwetsbaarheden in het systeem niet volledig heeft kunnen wegnemen. Dit heeft met zich meegebracht dat het kabinet als uitgangspunt heeft genomen dat het huidige systeem niet ongewijzigd in stand kan blijven. Daarom heeft fundamentele herbezinning op de interlandelijke adoptie, met de focus op het belang van het kind, plaatsgevonden. Het kabinet heeft gekozen voor het doorgaan van de interlandelijke adoptie met een aangepast adoptiesysteem. Interlandelijke adoptie blijft uitsluitend bestaan voor kinderen voor wie nog geen passende opvang voorhanden is in landen van herkomst. Om het risico op misstanden te verkleinen, wordt het systeem beter gereguleerd. Het uiteindelijke doel is dat landen van herkomst zelf in voldoende mate kunnen voorzien in passende opvang. De van kracht zijnde opschorting op nieuwe adoptieprocedures komt te vervallen voor de landen waarmee vooralsnog zal worden samengewerkt. Dit houdt in dat werkzaamheden in relatie tot nieuwe adoptieprocedures kunnen worden hervat. De minister schetst een aantal stappen, die nog nader uitgewerkt moeten worden. In het kort zijn de volgende voornemens aangekondigd: er zal een heroverweging van de samenwerkingsrelatie met een aantal herkomstlanden plaatsvinden, er wordt één strikt ingebedde bemiddelingsorganisatie ingericht, de Inspectie Gezondheidszorg en Jeugd wordt aangewezen als de toezichthouder op de naleving van adoptieprocedures in Nederland, de internationale samenwerking wordt geïntensiveerd, en de voorlichting en screening wordt hervat. Verder wordt ingezet op nauwere samenwerking met het Permanent Bureau van de Haagse Conferentie voor IPR. Gedacht wordt aan het geven van training en ondersteuning aan landen van herkomst betreffende het handelen volgens het Haags Adoptieverdrag, meer in het bijzonder het door die landen in acht nemen van het subsidiariteitsbeginsel. Een goede toepassing hiervan kan volgens het kabinet bijdragen aan het – op den duur – niet meer nodig zijn van interlandelijke adoptie. In overleg met het Permanent Bureau zal besloten worden hoe deze ondersteuning er concreet uit komt te zien en welke ondersteuning passend is voor welk land of voor welke regio. Periodiek wordt beoordeeld in hoeverre landen in staat zijn om passende opvang te verzorgen in eigen land. Als hieraan voldoende invulling wordt gegeven, wordt de samenwerkingsrelatie op een zorgvuldige wijze beëindigd. Beëindiging zal echter ook plaatsvinden wanneer vanuit het desbetreffende herkomstland te weinig inspanningen worden geleverd om aan het subsidiariteitsbeginsel te voldoen. **c. Literatuur.** Aan het verschijnen van het rapport van de Commissie Joustra is in de juridische literatuur aandacht gegeven door onder anderen: A.P.M.J. Vonken & F. Ibili, Mr. C. Assers Handleiding tot de beoefening van het Nederlands Burgerlijk Recht. 10. Internationaal privaatrecht. Deel II. Internationaal personen- en familierecht en erfrecht, Deventer: Wolters Kluwer 2021, nrs. 514-518 (*Asser/Vonken & Ibili 10-II* 2021/514-518); J.H.A. Van Loon, 'Blinde vlek Commissie Joustra voor Adoptieverdrag', *NJB* 2021/795, afl. 11, p. 842-846; GS Personen- en familierecht, Haags adoptieverdrag 1993, aant. 11 (M.I. Hazelhorst). In het spiegelnummer van het Belgische Tijdschrift voor Familierecht (*TFAM* 2022, 2/3) en het Nederlandse Tijdschrift voor Familie- en Jeugdrecht (2022, nummer 2) zijn verschillende thema's betreffende de interlandelijke adoptie beschreven door: L. Martínez-Mora/C. Page, 'The foundations and practical operation of the 1993 adoption convention in light of Dutch and Belgian reports on intercountry adoption', *FJR* 2022/10, nummer 2, p. 34-40; I.N.B.D.Wilbrink, 'Interlandelijke adoptie na het rapport van de Commissie Joustra: einde van een tijdperk of opmaat naar een nieuw begin?', *FJR* 2022/11, nummer

2, p. 41-47; C. de Mulder/T. Kruger/F. Swennen/W. Vandenhole, 'Toekomst en verleden van de interlandelijke adoptie volgens het Vlaams Expertenpanel', *FJR* 2022/12, nummer 2, p. 48-58; N. Cammu, 'Recente tendensen in (de perceptie van) interlandelijke adoptie in Nederland en Vlaanderen', *FJR* 2022/13, nummer 2, p. 59-68; E.C. Loibl, 'The Future of Intercountry Adoptions in the Netherlands: Challenges and Possible Reforms', *FJR* 2022/14, nummer 2, p. 69-75; J. Sloth-Nielsen, 'Lessons from the South African Experience of Intercountry adoption', *FJR* 2022/15, nummer 2, p. 76-79; K. O'Halloran, 'Lessons from the Russian Experience of Intercountry Adoption', *FJR* 2022/16, nummer 2, p. 80-84. **d. Rechtspraak.** De Rechtbank Den Haag deed op 24 november 2021 (ECLI:NL:RBDHA:2021:12781) uitspraak in twee zaken die gaan over interlandelijke adoptie. De ene zaak gaat over de adoptie van een vrouw vanuit Bangladesh. De vorderingen van deze vrouw worden afgewezen. De andere zaak gaat over de illegale adoptie van een man vanuit Brazilië. De rechtbank wijst in die zaak de vorderingen gedeeltelijk toe. In de zaak waar het ging om de adoptie vanuit Bangladesh is de vrouw (eiser) in 1976 vanuit Bangladesh in Nederland geadopteerd. Zij verwijt onder anderen de Staat eraan te hebben meegewerkt dat haar biologische moeder onder valse voorwendselen afstand van haar heeft gedaan. Ook is volgens haar onvoldoende gedaan om de misstanden bij interlandelijke adopties vanuit Bangladesh, waaronder die van haar, goed te onderzoeken en haar hierover te informeren. De Staat heeft aanvankelijk een beroep gedaan op verjaring. Nadat het rapport van de Commissie-Joustra verscheen, heeft de Staat het beroep op verjaring laten vallen. De rechtbank heeft de vorderingen van de vrouw tegen de Staat daarom inhoudelijk beoordeeld.

HOOFDSTUK I

Toepassingsgebied van het Verdrag

Artikel 1

Dit Verdrag heeft tot doel:

a. waarborgen vast te leggen om te verzekeren dat interlandelijke adopties op zodanige wijze plaatsvinden dat het hoogste belang van het kind daarmee is gediend en de grondrechten die hem volgens het internationale recht toekomen, worden geëerbiedigd;

b. een samenwerkingsverband tussen de Verdragsluitende Staten in het leven te roepen ten einde te verzekeren dat deze waarborgen in acht worden genomen en ontvoering, verkoop van of handel in kinderen aldus worden voorkomen;

c. de erkenning van overeenkomstig het Verdrag tot stand gekomen adopties in de Verdragsluitende Staten te verzekeren.

[29-05 1993, Trb. 94, i.w.tr. 01-05-1995]

[Doelstelling]

Betekenis. Art. 1 geeft invulling aan de doelstellingen van het verdrag: het verdrag beoogt waarborgen vast te leggen die dienen te verzekeren dat bij interlandelijke adopties het belang van het kind de hoogste prioriteit krijgt (onder a) Hier zien we het beginsel van het hoogste belang van het kind, ook genoemd in de Preambule, terug. Hiertoe wordt een samenwerkingsverband tussen de verdragsstaten in het leven geroepen (onder b).

Het verdrag voorziet voorts in een erkenningsregime, waardoor de overeenkomstig het verdrag tot stand gekomen adopties in de verdragsstaten worden erkend (onder c).

Artikel 2

1. Dit Verdrag is van toepassing wanneer een kind dat zijn gewone verblijfplaats in een Verdragsluitende Staat (Staat van herkomst) heeft, naar een andere Verdragsluitende Staat (Staat van opvang) is, wordt of zal worden overgebracht, hetzij na zijn adoptie in de Staat van herkomst door echtgenoten of een persoon van wie de gewone verblijfplaats zich in de Staat van opvang bevindt, hetzij met het oog op een zodanige adoptie in de Staat van opvang of in de Staat van herkomst.

2. Het Verdrag heeft slechts betrekking op adopties die familierechtelijke betrekkingen tot stand brengen.

[29-05-1993, Trb. 94, i.w.tr. 01-05-1995]

[Toepassingsgebied]

1. Toepassingsgebied (lid 1). Art. 2 ziet op de werkingsomvang van het verdrag. Het verdrag is, ingevolge lid 1, van toepassing in geval van een interlandelijke adoptie van een kind dat zijn gewone verblijfplaats heeft in een verdragsstaat (staat van herkomst) door echtgenoten of een persoon met een gewone verblijfplaats in een andere verdragsstaat (staat van opvang). In het eerste lid gaat het om de gewone verblijfplaats (zie art. 2 aant. 2) en speelt de nationaliteit als aanknopingsfactor geen rol. Daarbij gaat het er bij de interlandelijke adoptie om dat overbrenging van het kind plaatsvindt van de staat van herkomst naar de staat waar de adoptiefouders wonen (staat van opvang). De gewone verblijfplaats van de (aspirant-)adoptiefouders resp. van het kind moet in verschillende verdragsstaten zijn gelegen. Het verdrag is van toepassing zowel wanneer de adoptie plaatsvindt of moet plaatsvinden (zie art. 28) in de staat van herkomst als wanneer dit het geval is in de staat van opvang, en ongeacht of het kind vóór of ná de adoptie aan de (aspirant)adoptief-ouders wordt toevertrouwd. Aldus bestrijkt het verdrag de volgende gevallen van interlandelijke adoptie: i) de adoptie wordt in de staat van herkomst of in de staat van opvang uitgesproken vóór het kind naar de staat van opvang wordt overgebracht; ii) de adoptie wordt ná de overbrenging van het kind naar de staat van opvang uitgesproken, hetzij in de staat van herkomst, hetzij in de staat van opvang; iii) het kind wordt met het oog op adoptie overgebracht naar de staat van de opvang, maar er vindt geen adoptie plaats, noch in de staat van herkomst noch in de staat van opvang (Toelichtend Rapport, p. 559; MvT 24 810 (R 1577), nr. 3, p. 6). Uit de bewoordingen van lid 1 van het artikel volgt het dwingend karakter van de verdragsregeling. Het verdrag móét in de verdragsstaten in geval van een interlandelijke adoptie worden toegepast (Toelichtend Rapport, p. 557).

2. Gewone verblijfplaats. Begrip. Het verdrag geeft geen definitie van het begrip 'gewone verblijfplaats'. Het Toelichtend Rapport (p. 559) benadrukt het feitelijke karakter van dit begrip, in de lijn van andere Haagse Verdragen waarin het wordt gehanteerd. **Peildatum.** Het kind dient zijn gewone verblijfplaats in het land van herkomst te hebben op het moment waarop de centrale autoriteit van die staat aan de uitvoering van zijn verplichtingen ingevolge art. 16 van het verdrag begint. De (aspirant-)adoptieouder(s) dient (dienen) zijn (hun) gewone verblijfplaats in de staat van opvang te hebben op het tijdstip van indiening van het verzoek als bedoeld in art. 14 (MvT 24 810 (R 1577) nr. 3, p. 6). Voor de toepassing van het verdrag is het verder niet relevant of de gewone verblijfplaats van kind of (aspirant-)adoptiefouder(s) nadien in een andere verdragsstaat wordt gevestigd.

3. Adoptanten. De vraag is wie als adoptiefouder(s) in aanmerking kan (kunnen) komen. Zouden interlandelijke adopties door niet-gehuwde (al dan niet samenlevende) paren van verschillend geslacht of (al dan niet) samenlevende paren van gelijk geslacht onder de verdragsregeling moeten vallen? De verdragsopstellers hebben gekozen voor de neutrale bewoordingen: 'echtgenoten' of 'een persoon' (Toelichtend Rapport, nrs. 79-85). Adoptie door niet gehuwde partners wordt niet door het verdrag bestreken. Het verdrag maakt geen onderscheid tussen tweeouder- of éénouderadopties; ook stiefouderadopties vallen onder het verdrag. In dit verband moet worden bedacht dat het verdrag niet ziet op de inhoud van het (interne) adoptierecht van de verdragsstaten. Het (interne) recht van een verdragsstaat kan dus minder ruime of juist ruimere criteria hanteren dan het verdrag kent. De Wobka staat sinds 2008 ook interlandelijke adoptie door paren van gelijk geslacht toe.

4. Familierechtelijke betrekkingen (lid 2). Uitsluiting. Het verdrag sluit van zijn toepassingsgebied adopties uit die geen familierechtelijke betrekkingen tot stand brengen, maar alleen in naam adopties zijn. Er is uitvoerig gesproken over de vraag of rechtsfiguren die een duidelijke gelijkenis met de adoptie vertonen, maar waarbij geen familierechtelijke betrekkingen tot stand worden gebracht (zoals pleegouderschap of het islamitische instituut kafala), onder de werking van het verdrag zouden moeten vallen. Er was evenwel een grote mate van overeenstemming bij de verdragsopstellers om deze rechtsfiguren van toepassing van het verdrag uit te sluiten. In verband met de aard van de kafala kan worden vermeld de uitspraak Rb. Utrecht 5 oktober 2005, *NIPR* 2007, 24. Verzoekers vragen erkenning van een Marokkaanse uitspraak van 1 augustus 2003, die zij als 'adoptie' aanmerken. De Franse vertaling van deze uitspraak spreekt van een 'acte de kafala'. De rechtbank stelt voorop dat ingevolge art. 10 de Wet conflictenrecht adoptie niet van toepassing is. Voorts wijst de rechtbank erop dat de beginseltoestemming van de Minister van Justitie niet is overgelegd. Vervolgens gaat de rechtbank in op de aard van de kafala: kan deze figuur worden beschouwd als een adoptie? De rechtbank meent dat het kenmerk van een adoptie is dat deze wijzigingen in de afstammingsrelaties van het kind met zich brengt: de adoptanten worden vader en moeder. Ook een zwakke adoptie kan in beginsel in dit licht als een adoptie worden gezien. In de bewoordingen van de 'acte de kafala' leest de rechtbank dat de kafala de strekking heeft van een zorgvoorziening of een gezagsvoorziening, echter niet als een voorziening die ziet op wijziging van de afstamming. Verwezen wordt nog naar art. 149 eerste zin van de Marokkaanse Mudawwana (wetboek inzake personen- en familierecht, en erfrecht), waarin is bepaald dat adoptie nietig is. De rechtbank concludeert dat de kafala niet gelijkgesteld kan worden met een adoptie en het verzoek wordt afgewezen. In deze lijn Rb. Gelderland 27 november 2017 (ECLI:NL:RBGEL:2017:6903). In een verzoek tot adoptie is sprake van een in Marokko uitgesproken kafala: door de rechter is vastgesteld dat de Marokkaanse minderjarige verwaarloosd is, waarna door de rechter de pleegzorg aan de verzoekers (tot adoptie) is overgedragen en de minderjarige, met het oog op de adoptie in Nederland, toestemming heeft gekregen met verzoekers naar Nederland te gaan, De rechtbank Gelderland overweegt dat voor de toepasselijkheid van het Haags Adoptieverdrag 1993 vereist is dat op de datum van de indiening van het verzoek tot beginseltoestemming beide landen zijn toegetreden tot dit verdrag. Ten tijde van het verzoek tot beginseltoestemming was Marokko geen verdragsstaat bij het Haags Adoptieverdrag 1993. Dit betekent, aldus de rechtbank, dat afdeling 3 van Titel 6 van Boek 10 van het Burgerlijk Wetboek (BW) "Erkenning van een buitenlandse adoptie" van toepassing is. Vervolgens overweegt de rechtbank dat in Marokko geen adoptie tot stand is gekomen, maar slechts een pleegzorgmaatregel (Kafala). De rechtbank beoordeelt of een adoptie naar Nederlands recht kan worden uitgesproken. Een buitenlandse kafala-beslissing wordt door de Rb. Oost-Brabant (27 februari 2013, ECLI:NL:RBOBR:2013:BZ2677) erkend ingevolge HKV 1996. Buiten de bespreking van dit artikel valt het arrest van het Hof van Justitie EU van 26 maart 2019 (ECLI:EU:C:2019:248) waarin in het kader van het recht van vrij verkeer en verblijf op het grondgebied van de lidstaten voor Unieburgers en hun familieleden ingegaan wordt op de betekenis van de (Algerijnse) kafala. Daarbij ging het om de vraag of een kind dat uit hoofde van kafala aan een EU-burger is toevertrouwd, aangemerkt kan worden als "een rechtstreekse bloedverwant in neergaande lijn" als bedoeld in artikel 2 punt 2 onder c) van de richtlijn 2004/38. Het verdrag stelt niet de voorwaarde dat de familierechtelijke betrekkingen met de oorspronkelijke ouders (volledig) worden verbroken. Het verdrag is dus van toepassing zowel op sterke adopties (adopties die een volledige verbreking van de banden met de oorspronkelijke familie en een volledige integratie in de nieuwe familie tot stand brengen) als op zwakke adopties (adopties waarbij bepaalde betrekkingen met de oorspronkelijke familie in stand blijven en de integratie in de nieuwe familie niet volledig is). **Tot stand brengen.** Lid 2 spreekt van adopties die familierechtelijke betrekkingen 'tot stand brengen'. Hieruit kan worden afgeleid dat het verdrag niet alleen van toepassing is op adopties die door een rechterlijke beslissing tot stand worden gebracht, maar ook op adopties die door middel van een overeenkomst (al dan niet door de rechter gehomologeerd) tot stand komen.

Artikel 3

Het Verdrag is niet langer van toepassing indien de instemmingen bedoeld in artikel 17, onder c, niet zijn verkregen voordat het kind de leeftijd van achttien jaren bereikt.
[29-05-1993, Trb. 94, i.w.tr. 01-05-1995]

[Leeftijd kind: beperking toepassingsgebied]

Betekenis. Deze bepaling betreft de kinderen die onder de werking van het verdrag vallen. In dit artikel wordt de maximumleeftijd bepaald die het kind mag hebben, wil het verdrag van toepassing zijn. Daarvoor wordt een verband gelegd met de instemmingen van art. 17 onder c. Het verdrag voorziet in art. 17 in de toevertrouwing van het kind aan aspirant-adoptiefouders wanneer een aantal instemmingen terzake van de voorgenomen adoptie zijn verkregen, waaronder onder c de instemming van de centrale autoriteit van de staat van herkomst en die van de centrale autoriteit van de staat van opvang (zie art. 17 aant. 2). Indien deze instemmingen niet zijn verkregen voordat het kind de leeftijd van achttien jaren bereikt, is het verdrag, ingevolge art. 3, niet van toepassing. Zowel een adoptie uitgesproken vóór als ná het bereiken van de achttienjarige leeftijd kan onder het erkenningsregime van het verdrag vallen (Toelichtend Rapport, p. 563). Het toepasselijke recht bepaalt overigens tot welke leeftijd een kind voor adoptie in aanmerking komt. Wanneer het toepasselijke recht adoptie bijvoorbeeld alleen toestaat wanneer het kind twaalf jaar of jonger is, dan zal deze bepaling toegepast worden, ongeacht de regel van art. 3 (Toelichtend Rapport, p. 563). Het verdrag bevat overigens geen bepaling inzake de leeftijd van de adoptanten.

HOOFDSTUK II
Vereisten voor interlandelijke adopties

Artikel 4

Een adoptie als bedoeld in dit Verdrag kan slechts plaatsvinden indien de bevoegde autoriteiten van de Staat van herkomst:

a. hebben vastgesteld dat het kind in aanmerking komt voor adoptie;

b. na de mogelijkheden tot plaatsing van het kind in zijn Staat van herkomst naar behoren te hebben onderzocht, hebben vastgesteld dat een interlandelijke adoptie het hoogste belang van het kind dient;

c. zich ervan hebben vergewist

1. dat de personen, instellingen en autoriteiten, wier toestemming voor de adoptie vereist is, zonodig voorlichting hebben ontvangen en naar behoren zijn ingelicht over de gevolgen van hun toestemming, met name over de vraag of adoptie zal leiden tot de beëindiging van de rechtsbetrekkingen tussen het kind en zijn familie van herkomst,

2. dat deze personen, instellingen en autoriteiten hun toestemming vrijelijk hebben gegeven, in de wettelijk voorgeschreven vorm en dat deze toestemming op schrift is gegeven of vastgelegd,

3. dat de toestemmingen niet zijn verkregen tegen betaling of in ruil voor enige andere tegenprestatie en dat zij niet zijn ingetrokken,

4. dat de toestemming van de moeder, indien deze vereist is, eerst na de geboorte van het kind is gegeven, en

d. zich, rekening houdende met de leeftijd en het peil van ontwikkeling van het kind, ervan hebben vergewist

1. dat het is voorgelicht en naar behoren ingelicht over de gevolgen van de adoptie en van zijn toestemming tot de adoptie, indien deze vereist is,

2. dat de wensen en meningen van het kind in aanmerking zijn genomen,

3. dat de toestemming van het kind tot de adoptie, indien deze vereist is, vrijelijk is gegeven, in de wettelijk voorgeschreven vorm, en dat deze toestemming op schrift is gegeven of vastgelegd, en

4. dat deze niet is verkregen tegen betaling of in ruil voor enige andere tegenprestatie.

[29-05-1993, Trb. 94, i.w.tr. 01-05-1995]

[Maatregelen in staat van herkomst]

1. Algemeen. Art. 4 geeft de verantwoordelijkheden van de bevoegde autoriteiten van de staat van herkomst van het kind. De staat van herkomst wijst zelf de bevoegde autoriteit aan. De bevoegde autoriteiten van de staat van herkomst dienen na te gaan, alvorens een adoptie tot stand kan komen, of aan de in het artikel opgesomde voorwaarden is voldaan, ongeacht het volgens het internationaal privaatrecht van de staat van herkomst toepasselijke recht op de adoptie. Samengevat stelt art. 4 de volgende voorwaarden:

a. het kind komt voor adoptie in aanmerking; b. het subsidiariteitsbeginsel is in acht genomen; c. de vereiste toestemmingen zijn verkregen en d. het kind is terzake van de adoptie behoorlijk voorgelicht, met de wensen van het kind is rekening gehouden en zijn toestemming is verkregen. Het gaat hierbij om de waarborgen die ertoe moeten leiden dat de adoptie in het hoogste belang van het kind is, onder eerbiediging van zijn fundamentele rechten (art. 1 sub a). Zolang niet aan de voorwaarden genoemd in art. 4 onder a, b en c is voldaan en niet aan de voorwaarde onder art. 5 sub a, is persoonlijk contact tussen de aspirant-adoptiefouders en de ouders (verzorgers) van het kind niet toegestaan (zie art. 29). De voorwaarden die art. 4 stelt komen overeen met die van art. 21(a) van het VN-Verdrag inzake de rechten van het kind.

2. Het kind komt in aanmerking voor adoptie (onder a). De bevoegde autoriteiten van de staat van herkomst moeten vaststellen of het kind in aanmerking komt voor de adoptie. Hiermee wordt gedoeld zowel op de voorwaarden van het toepasselijke recht als op de psychosociale eigenschappen van het kind resp. de culturele achtergrond van het kind. Het toepasselijke recht wordt bepaald door het internationaal privaatrecht van de staat van herkomst.

3. Subsidiariteitsbeginsel (onder b). Onder b wordt het, in de Preambule reeds verwoorde, subsidiariteitsbeginsel benadrukt. Dit is in het kader van het verdrag een bijzonder belangrijk uitgangspunt. Bij voorkeur dient in de staat van herkomst voor het kind te worden gezorgd. Het is daarbij de verantwoordelijkheid van de staat van herkomst om na te gaan of er mogelijkheden tot plaatsing in die staat zijn. Is een oplossing in de staat van herkomst niet mogelijk, dan kan interlandelijke adoptie als alternatief worden overwogen. De interlandelijke adoptie moet het hoogste belang van het kind dienen. In uitzonderlijke gevallen kan een interlandelijke adoptie meer het belang van het kind dienen dan een plaatsing in een gezin in de staat van herkomst, bijvoorbeeld wanneer in geval van een interlandelijke adoptie een gehandicapt kind een betere medische verzorging kan krijgen dan in de staat van herkomst mogelijk is (Toelichtend Rapport, p. 569).

4. Toestemming (onder c). Art. 4 onder c betreft de instemmingen van personen, instellingen en autoriteiten terzake van de voorgenomen adoptie. Wie deze toestemming moeten geven, leest men niet in het verdrag. Deze kwestie wordt beheerst door het op de adoptie toepasselijke recht (Toelichtend Rapport, p. 569). Alvorens toestemming te geven, dienen de betrokkenen geïnformeerd te worden over de gevolgen van hun toestemming, in het bijzonder over de gevolgen van de adoptie. Met name moet worden gesproken over de belangrijke vraag of de adoptie zal leiden tot een verbreking van de familierechtelijke banden tussen het kind en zijn oorspronkelijke familie. Aldus is in zekere zin gedacht aan de invulling van het begrip adoptie. Het verdrag impliceert dat de reikwijdte van de adoptie (sterke of zwakke adoptie) bekend is op het moment dat de toestemming wordt verleend. De toestemming moet vrij en onvoorwaardelijk zijn gegeven, niet onder dwang of tegen enige tegenprestatie. De toestemming moet schriftelijk zijn gegeven of op schrift zijn vastgelegd. De bevoegde autoriteiten moeten erop toe zien dat de toestemming van de moeder – indien vereist – gegeven is ná de geboorte van het kind. In welke periode na de geboorte de toestemming van de moeder moet worden verkregen wordt door het toepasselijke recht op de adoptie bepaald. Overigens wordt de geldigheid van de toestemmingen bepaald volgens het door het internationaal privaatrecht van de staat van herkomst toepasselijke recht. De toestemming van het kind wordt afzonderlijk onder d behandeld.

5. Toestemming kind (onder d). De bevoegde autoriteiten dienen er voor te zorgen dat de wensen en meningen van het kind in aanmerking zijn genomen en dat, indien vereist, zijn toestemming is verkregen. Daarbij geldt dat het kind is voorgelicht omtrent de gevolgen van de adoptie. In dit stadium mag persoonlijk contact tussen het kind en de aspirant-adoptiefouders bestaan, aangezien de toestemming van het kind betrekking heeft op een bepaalde adoptie en niet op een adoptie in algemene zin (Toelichtend Rapport, p. 575). Ook de toestemming van het kind moet uit vrije wil, zonder tegenprestatie en schriftelijk worden gegeven (of op schrift worden vastgelegd). Bij de toepassing van dit voorschrift dient rekening te worden gehouden met de leeftijd en de ontwikkeling van het kind. Het verdrag geeft niet aan vanaf welke leeftijd het kind gehoord moet worden, maar laat deze kwestie over aan de bevoegde autoriteiten van de staat van herkomst (Toelichtend Rapport, p. 573).

6. Modelformulier. Op de site van de Haagse Conferentie voor IPR (www.hcch.net) is in het onderdeel Adoption een aantal modelformulieren opgenomen onder de titel 'Recommended Model Forms'. Zie verder de uitgave *The Implementation and Operation of the 1993 Hague Intercountry Adoption Convention, Guide To Good Practice No. 1* (2008) waarin onder meer de nieuwste modellen zijn opgenomen (www.hcch.net). In 2013 verscheen de *Accredition and Adoption Accredited Bodies: General Principles and Guide to Good Practice No. 2.*

Artikel 5

Adopties als bedoeld in dit Verdrag kunnen slechts plaatsvinden indien de bevoegde autoriteiten van de Staat van opvang:

- **a. hebben vastgesteld dat de aspirant-adoptiefouders aan de vereisten voor adoptie voldoen en daartoe geschikt zijn;**
- **b. zich ervan hebben verzekerd dat de aspirant-adoptiefouders de nodige voorlichting hebben ontvangen; en**
- **c. hebben vastgesteld dat het het kind toegestaan is of toegestaan zal worden om die Staat binnen te komen en aldaar permanent te verblijven.**

[29-05-1993, Trb. 94, i.w.tr. 01-05-1995]

[Maatregelen in staat van opvang]

1. Algemeen. Art. 5 betreft de verantwoordelijkheden voor de bevoegde autoriteiten van de staat van opvang terzake van de selectie en de voorbereiding van de aspirant-adoptiefouders respectievelijk de vreemdelingenrechtelijke aspecten van de interlandelijke adoptie.

2. Geschiktheid aspirant-adoptiefouders (onder a). Onder het 'voldoen aan de vereisten voor adoptie' wordt verstaan het voldoen aan de voorwaarden welke door het toepasselijk recht op dit punt worden gesteld. Met 'geschikt zijn' wordt gedoeld op psychosociale eigenschappen van de aspirant-adoptiefouders.

3. Voorlichting aspirant-adoptiefouders (onder b). De voorlichting aan de aspirant-adoptiefouders correspondeert met de voorwaarde neergelegd in art. 4 sub c. In Nederland is in art. 5 lid 2 van de Wet opneming buitenlandse kinderen ter adoptie de algemene voorlichting over de interlandelijke adoptie dwingend voorgeschreven.

4. Toelating kind (onder c). Met deze voorwaarde wordt de bevoegde autoriteiten in de staat van opvang opgedragen te zorgen voor de toelating van en een verblijfstitel (voor permanent verblijf) voor het kind. De bevoegde autoriteiten van de staat van herkomst dienen op grond van art. 17 sub c dit te verifiëren alvorens het kind toe te vertrouwen aan de aspirant-adoptiefouders (Toelichtend Rapport, p. 577).

HOOFDSTUK III
Centrale autoriteiten en vergunninghoudende instellingen

Artikel 6

1. Elke Verdragsluitende Staat wijst een Centrale Autoriteit aan die is belast met de nakoming van de door het Verdrag aan haar opgelegde verplichtingen.
2. Federale Staten, Staten waarin meer dan één rechtsstelsel geldt en Staten die autonome territoriale eenheden omvatten, staat het vrij meer dan één Centrale Autoriteit aan te wijzen en de territoriale of personele reikwijdte van hun taken aan te geven. De Staat die van deze mogelijkheid gebruik maakt, wijst de Centrale Autoriteit aan waaraan mededelingen kunnen worden gedaan ter overbrenging daarvan aan de bevoegde Centrale Autoriteit binnen deze Staat.
[29-05-1993, Trb. 94, i.w.tr. 01-05-1995]

[Centrale autoriteit]

1. Algemeen. Art. 6 is gemodelleerd naar art. 6 van het Haags Kinderontvoeringsverdrag 1980. Iedere verdragsstaat dient ingevolge art. 6 een centrale autoriteit aan te wijzen voor de nakoming van de door het verdrag opgelegde verplichtingen (lid 1). Voor federale staten en staten met meer dan één rechtsstelsel wordt in lid 2 de mogelijkheid gegeven om meer dan één centrale autoriteit aan te wijzen.

2. Uitvoeringswet. De wet tot uitvoering van het verdrag bevat in art. 2 de aanwijzing van de centrale autoriteit als bedoeld in art. 6 van het verdrag. Lid 1 wijst de Minister van Justitie voor Nederland aan als de centrale autoriteit. Meer specifiek is aangewezen de Centrale autoriteit Internationale Kinderaangelegenheden bij dit departement. Ingevolge lid 2 is de centrale autoriteit belast met de door het verdrag aan de centrale autoriteit opgedragen taken, voor zover deze niet door de uitvoeringswet of door de Wet opneming buitenlandse kinderen ter adoptie aan andere autoriteiten of instellingen zijn opgedragen. Ingevolge art. 3 van de uitvoeringswet is de centrale autoriteit bevoegd in en buiten rechte op te treden ter uitvoering van haar taak. In rechte behoeft de centrale autoriteit niet de bijstand van een advocaat of procureur, tenzij de rechtsgang begint met een dagvaarding. De kosten die de uitvoering van haar taak met zich brengt worden door de centrale autoriteit gedragen, voor zover deze niet van de verzoeker kunnen worden teruggevorderd.

Artikel 7

1. De Centrale Autoriteiten dienen onderling samen te werken en de samenwerking tussen de bevoegde autoriteiten van hun onderscheiden Staten te bevorderen teneinde kinderen te beschermen en de overige doelstellingen van het Verdrag te verwezenlijken.

2. Zij nemen alle passende maatregelen teneinde:

a. informatie te verstrekken over de wetgeving van hun Staat op het gebied van adoptie en andere algemene informatie, zoals statistieken en standaardformulieren;

b. elkaar op de hoogte te houden omtrent de werking van het Verdrag en, voor zover mogelijk, belemmeringen voor de toepassing daarvan weg te nemen.

[29-05-1993, Trb. 94, i.w.tr. 01-05-1995]

[Samenwerking]

1. Algemeen. Art. 7 is gemodelleerd naar art. 7 van het Haags Kinderontvoeringsverdrag 1980 (Toelichtend Rapport, p. 581).

2. Samenwerking (lid 1). Ingevolge lid 1 zijn de centrale autoriteiten verplicht samen te werken alsmede de samenwerking tussen de bevoegde autoriteiten van de verdragsstaten te bevorderen teneinde de doelstellingen van het verdrag te verwezenlijken.

3. Maatregelen (lid 2). In lid 2 worden de maatregelen opgesomd die door de centrale autoriteiten zelf moeten worden genomen en die zij niet mogen delegeren aan andere overheidsdiensten of vergunninghoudende instellingen. **Informatie (onder a).** De centrale autoriteiten dienen alle passende maatregelen te treffen teneinde elkaar te informeren over de wetgeving van hun staat terzake van de adoptie, alsmede elkaar te voorzien van algemene informatie over de adoptie (statistieken, standaardformulieren). **Werking van het verdrag (onder b).** De centrale autoriteiten dienen elkaar te informeren over de werking van het verdrag en voor zo veel mogelijk dienen zij maatregelen te nemen om belemmeringen in de uitvoering van het verdrag weg te nemen.

Artikel 8

De Centrale Autoriteiten nemen, hetzij rechtstreeks, hetzij via overheidsinstanties, alle passende maatregelen om het ten onrechte genieten van financieel of ander voordeel in verband met de adoptie te voorkomen en alle praktijken die in strijd zijn met de doelstellingen van het Verdrag te verhinderen.

[29-05-1993, Trb. 94, i.w.tr. 01-05-1995]

[Toezicht; kinderhandel]

Betekenis. De centrale autoriteiten nemen zelf (dan wel dragen dit indien hun regelgeving dit toestaat aan overheidsinstanties op) alle passende maatregelen om ongeoorloofd financieel voordeel in verband met de adoptie tegen te gaan. Aldus wordt de centrale autoriteit uitdrukkelijk belast met het voorkomen van kinderhandel. Deze taak kan niet worden gedelegeerd aan de vergunninghoudende instellingen, omdat het toezicht mede op deze instellingen betrekking heeft (zie art. 11 sub c). In Nederland heeft het toezicht op de vergunninghoudende instellingen regeling gevonden in hoofdstuk 6 van de Wet opneming buitenlandse kinderen ter adoptie. Voorts dienen de centrale autoriteiten maatregelen te treffen om alle praktijken die in strijd zijn met de doelstellingen van het verdrag te verhinderen. Het verdrag bevat geen verdere uitwerking van deze in algemene bewoordingen geformuleerde opdracht. Iedere verdragsstaat zal zelf dienen vast te stellen welke praktijken zij strijdig acht met het verdrag.

Artikel 9

De Centrale Autoriteiten nemen, hetzij rechtstreeks, hetzij via overheidsinstanties of andere instellingen waaraan naar behoren vergunning is verleend in hun Staat, alle passende maatregelen, in het bijzonder om:

a. **informatie te verzamelen, te bewaren en uit te wisselen over de situatie van het kind en de aspirant-adoptiefouders, voor zover zulks noodzakelijk is om de adoptie tot stand te brengen;**
b. **de procedure ten behoeve van de adoptie te vergemakkelijken, te volgen en te bespoedigen;**
c. **de ontwikkeling van voorlichtingsactiviteiten op het gebied van adoptie en van nazorg bij adoptie in hun Staten te bevorderen;**
d. **algemene evaluatierapporten betreffende ervaringen met interlandelijke adoptie uit te wisselen;**
e. **voor zover de wetgeving van hun Staat dit toestaat, gevolg te geven aan met redenen omklede verzoeken van andere Centrale Autoriteiten of overheidsinstanties om informatie over een bepaalde adoptiesituatie.**

[29-05-1993, Trb. 94, i.w.tr. 01-05-1995]

[Maatregelen]

1. Algemeen. Art. 9 bevat een niet-limitatieve opsomming van maatregelen, die de centrale autoriteit zelf kan nemen dan wel gedelegeerd kunnen worden aan overheidsinstanties of aan vergunninghoudende instellingen.

2. Maatregelen. Onder a wordt genoemd het verzamelen, bewaren en uitwisselen van informatie over de situatie van het kind en de aspirant-adoptiefouders, voor zover nodig om de adoptie tot stand te brengen. Deze taak wordt vervuld in overeenstemming met de wetgeving van iedere verdragsstaat. De onder b genoemde taak betreft de procedurele kant van de adoptie: het vergemakkelijken, volgen en bespoedigen van de procedure die tot de totstandkoming van de adoptie leidt. Vervolgens wordt onder c genoemd de ontwikkeling van voorlichting betreffende adoptie en van nazorg bij adoptie. De bepaling onder d betreft het uitwisselen van algemene evaluatierapporten betreffende interlandelijke adoptie. Tot slot, wordt onder e, de zgn. vervolg-rapportage genoemd: het gevolg geven aan verzoeken om informatie over een bepaalde adoptiesituatie. Ingevolge de huidige regelgeving worden deze taken in Nederland thans verricht door de vergunninghouders op grond van de Wet opneming buitenlandse pleegkinderen.

3. Uitvoeringswet. In de Wet opneming buitenlandse kinderen ter adoptie is in de art. 17a-17g, aangegeven welke werkzaamheden deel uitmaken van de taak van de vergunninghouder (zie MvT 24 811, nr. 3, p. 11-13). Hiertoe behoren de in art. 9 opgesomde maatregelen.

Artikel 10

Vergunningen kunnen slechts worden verleend aan, en worden behouden door, instellingen die aantonen in staat te zijn de taken die hun kunnen worden toevertrouwd naar behoren te vervullen.

[29-05-1993, Trb. 94, i.w.tr. 01-05-1995]

[Bemiddeling; vergunning]

1. Algemeen. Deze bepaling betreft de belangrijke kwestie van de rol van bemiddelaars. Bemiddelaars dienen op grond van art. 10 over een vergunning te beschikken. In Nederland worden de vergunningen verleend door de Minister van Justitie (zie de art. 16 en 16a van de Wet opneming buitenlandse kinderen ter adoptie). Taken van de centrale autoriteit mogen alleen aan instellingen (overheidsinstanties, particuliere instellingen) worden overgedragen die over een vergunning beschikken. Natuurlijke personen kunnen geen vergunning als bedoeld in art. 10 verkrijgen (zie evenwel art. 22 lid 2). Vergunningen worden slechts verleend aan instellingen die aantonen in staat te zijn de hun toevertrouwde taken naar behoren te vervullen. Welke taken overgedragen kunnen worden wordt bepaald door het verdrag (zie bijvoorbeeld art. 8 en art. 9) alsmede door de desbetreffende verdragsstaat.

2. Uitvoeringswet. In art. 4 lid 2 van de uitvoeringswet wordt bepaald dat vergunninghouders in de zin van de Wet opneming buitenlandse kinderen ter adoptie die op grond van art. 12 van het verdrag machtiging hebben gekregen om in andere verdragsstaten werkzaamheden uit te voeren, als vergunninghoudende instellingen in de zin van het verdrag worden aangemerkt (zie verder aant. 2 bij art. 12).

Artikel 11

Een vergunninghoudende instelling dient:

a. **uitsluitend doelstellingen zonder winstoogmerk na te streven onder de voorwaarden en binnen de beperkingen die door de bevoegde autoriteiten van de Staat die de vergunning verleent, worden bepaald;**
b. **te zijn voorzien van bestuurders en medewerkers die op grond van hun onkreukbaarheid en hun opleiding of ervaring bekwaam zijn om werkzaamheden te verrichten op het gebied van de interlandelijke adoptie; en**
c. **wat hun samenstelling, functioneren en financiële situatie betreft, onderworpen te zijn aan het toezicht van bevoegde autoriteiten van die Staat.**

[29-05-1993, Trb. 94, i.w.tr. 01-05-1995]

[Vergunninghoudende instelling]

Betekenis. Art. 11 somt de minimumvereisten op, wil aan een instelling een vergunning verleend kunnen worden. Elke verdragsstaat kan aanvullende voorwaarden vaststellen. Onder a wordt het vereiste van niet-winstgevendheid geformuleerd. Sub b betreft de kwalificatie en capaciteit van bestuurders en medewerkers van de instelling. Onder sub c wordt vastgelegd dat wat betreft samenstelling, functioneren en financiële situatie de instelling onderworpen is aan het toezicht van de bevoegde autoriteiten van de desbetreffende verdragsstaat.

Artikel 12

Een instelling waaraan in een Verdragsluitende Staat vergunning is verleend, kan in een andere Verdragsluitende Staat slechts optreden indien zij daartoe door de bevoegde autoriteiten van beide Staten is gemachtigd.
[29-05-1993, Trb. 94, i.w.tr. 01-05-1995]

[Machtiging]

1. Algemeen. Voor het optreden van een vergunninghoudende instelling van het ene verdragsland in een ander verdragsland, is machtiging vereist van de bevoegde autoriteiten van de beide verdragsstaten. Een dergelijke machtiging dient te worden verkregen voor zowel rechtstreeks als indirect optreden in een andere verdragsstaat.

2. Uitvoeringswet. In art. 4 lid 1 van de uitvoeringswet wordt bepaald dat de machtiging wordt afgegeven door de centrale autoriteit. De machtiging wordt slechts verleend indien de andere staat eenzelfde machtiging afgeeft. De machtiging kan worden geweigerd indien al een of meer andere vergunninghouders gemachtigd zijn in die staat op te treden.

Artikel 13

De aanwijzing van de Centrale Autoriteiten en de eventuele reikwijdte van hun taken, alsmede de namen en adressen van de vergunninghoudende instellingen worden door elke Verdragsluitende Staat medegedeeld aan het Permanent Bureau van de Haagse Conferentie voor Internationaal Privaatrecht.
[29-05-1993, Trb. 94, i.w.tr. 01-05-1995]

[Mededeling; Permanent Bureau Haagse Conferentie voor Internationaal Privaatrecht]

Betekenis. Teneinde de samenwerking tussen centrale autoriteiten en instellingen te stimuleren, is voorzien in een informatieplicht aan het Permanent Bureau van de Haagse Conferentie voor Internationaal Privaatrecht. Iedere verdragsstaat dient het Permanent Bureau te informeren over de aanwijzing van de centrale autoriteiten, de reikwijdte van hun taken, de namen en adressen van de vergunninghoudende instellingen alsmede wijzigingen van deze gegevens. Deze gegevens zijn te vinden op de site van de Haagse Conferentie: www.hcch.net.

HOOFDSTUK IV
Procedurele vereisten voor interlandelijke adoptie

Artikel 14

Personen die hun gewone verblijfplaats hebben in een Verdragsluitende Staat en die een kind wensen te adopteren dat zijn gewone verblijfplaats in een andere Verdrag-

sluitende Staat heeft, dienen zich te wenden tot de Centrale Autoriteit van de Staat van hun gewone verblijfplaats.
[29-05-1993, Trb. 94, i.w.tr. 01-05-1995]

[Verzoek aspirant-adoptieouders]

1. Algemeen. Art. 14 stelt voorop dat aspirant-adoptiefouders zich moeten wenden tot de centrale autoriteit van de staat van hun gewone verblijfplaats (de staat van opvang) wanneer zij een kind willen adopteren dat zijn gewone verblijfplaats heeft in een andere verdragsstaat (de staat van herkomst). Het recht van de staat van opvang bepaalt aan welke vereisten het verzoek moet voldoen (Toelichtend Rapport, p. 593). Blijkens art. 22 kan zo'n verzoek ook worden gericht tot de vergunninghoudende instelling in de zin van art. 10 e.v., maar niet aan enige andere (particuliere) instelling (zie ook art. 22). Uit art. 14 volgt dat de aspirant-adoptiefouders zich niet zelf mogen wenden tot de centrale autoriteit of enige andere autoriteit of instelling in de staat van herkomst (Toelichtend Rapport, p. 593). Art. 14 maakt aldus duidelijk dat het verschijnsel van de 'zelfdoeners' wordt teruggedrongen. Volgens de MvT 24 180 (R 1577) nr. 3, p. 14, dient art. 14 in die zin te worden begrepen, dat de procedure in Nederland begint op het moment van de indiening van het verzoek om een beginseltoestemming bij de Minister van Justitie.

2. Uitvoeringswet. Art. 5 van de uitvoeringswet bepaalt dat aspirant-adoptief-ouders met een gewone verblijfplaats in Nederland, die een kind met gewone verblijfplaats in een andere verdragsstaat willen adopteren, daartoe een beginseltoestemming nodig hebben als bedoeld in de Wet opneming buitenlandse kinderen ter adoptie (zie art. 2 van deze laatste wet).

Artikel 15

1. Indien de Centrale Autoriteit van de Staat van opvang van oordeel is dat de verzoekers voldoen aan de vereisten voor adoptie en daartoe geschikt zijn, stelt zij een rapport samen dat gegevens bevat omtrent hun identiteit, hun bevoegdheid en hun geschiktheid om te adopteren, hun persoonlijke achtergrond, gezinssituatie en medisch verleden, hun sociale milieu, hun beweegredenen, hun geschiktheid om een interlandelijke adoptie aan te gaan en omtrent de kinderen waarvoor zij de zorg op zich zouden kunnen nemen.
2. Zij doet het rapport toekomen aan de Centrale Autoriteit van de Staat van herkomst.
[29-05-1993, Trb. 94, i.w.tr. 01-05-1995]

[Rapport in staat van opvang]

1. Algemeen. De centrale autoriteit van de staat van opvang dient vast te stellen of de aspirant-adoptiefouders in de zin van art. 5 sub a aan de vereisten voor adoptie voldoen en daartoe geschikt zijn. Op grond van de bestaande regelgeving is in Nederland de Minister van Justitie verantwoordelijk voor deze beoordeling. Een positieve beoordeling leidt tot verlening van een beginseltoestemming (MvT 24 810 (R 1577) nr. 3, p. 15).

2. Rapportage. Lid 1. In de staat van opvang dient te worden nagegaan of aan de vereisten van het volgens het internationaal privaatrecht van de staat van opvang toepasselijke recht wordt voldaan. Daarbij worden in het rapport gegevens opgenomen betreffende de identiteit van de aspirant-adoptiefouders, hun persoonlijke achtergrond, gezinssituatie, medisch verleden, sociaal milieu, hun beweegredenen, kortom alles om zo goed mogelijk na te gaan of zij geschikt zijn een interlandelijke adoptie aan te gaan. Tevens wordt in algemene zin opgenomen naar welk kind de voorkeur uitgaat (leeftijd, godsdienst, bijzondere behoeften). Het gaat evenwel niet om de aanwijzing van een bepaald kind. Het verdragsartikel bevat geen limitatieve opsomming van gegevens die het rapport moet bevatten. Alle informatie die de door de centrale autoriteit van belang wordt geacht, mag in het rapport worden opgenomen. Het verdragsartikel staat het toe dat het rapport niet wordt opgesteld door de centrale autoriteit maar door een andere overheidsinstantie of een vergunninghoudende instelling dan wel, onder de voorwaarden van art. 22, een particuliere instelling. Dit laat evenwel onverlet dat het rapport dient te worden opgemaakt onder de verantwoordelijkheid van de centrale autoriteit. **Lid 2.** Het rapport wordt doorgezonden naar de centrale autoriteit van de staat van herkomst. Een belangrijk aspect van art. 15 is dat de aspirant-adoptiefouders niet zelf het rapport mogen meenemen naar de staat van herkomst om het aldaar aan te bieden. Ook in deze bepaling is te zien dat 'zelfdoeners' tegengewerkt worden.

3. Uitvoeringswet. Ingevolge art. 6 van de uitvoeringswet wordt het rapport opgesteld door de vergunninghouder wiens bemiddeling door de aspirant-adoptiefouders is ingeroepen. Deze stuurt het rapport naar de centrale autoriteit van de staat van herkomst (lid 1). Een belangrijke regel is neergelegd in lid 2 van art. 6. Wanneer in de staat van herkomst de adoptie wordt uitgesproken en deze als een zwakke adoptie geldt, dient de vergunninghoudende instelling de tussenkomst in te roepen van de centrale autoriteit van de staat van herkomst om de instemmingen van art. 4 sub c en d te verkrijgen die nodig zijn voor de omzetting van de (zwakke) adoptie in een (sterke) adoptie naar Nederlands recht (zie art. 27 verdrag).

Artikel 16

1. Indien de Centrale Autoriteit van de Staat van herkomst van oordeel is dat het kind voor adoptie in aanmerking komt,

a. stelt zij een rapport samen dat gegevens bevat omtrent de identiteit van het kind, de vraag of het voor adoptie in aanmerking komt, zijn persoonlijke achtergrond, zijn sociale milieu en gezinssituatie, zijn medisch verleden en dat van zijn familie, alsmede zijn bijzondere behoeften;

b. houdt zij naar behoren rekening met de opvoeding van het kind en zijn etnische, godsdienstige en culturele achtergrond;

c. vergewist zij zich ervan dat de in artikel 4 bedoelde toestemmingen zijn verkregen; en

d. bepaalt zij, op grond van in het bijzonder de rapporten betreffende het kind en de aspirant-adoptiefouders, of met de voorgenomen plaatsing het hoogste belang van het kind is gediend.

2. Zij doet het rapport inzake het kind, het bewijs dat de vereiste toestemmingen zijn verkregen en de redenen voor haar conclusie inzake de plaatsing toekomen aan de Centrale Autoriteit van de Staat van opvang, waarbij zij ervoor zorg draagt geen me-

dedeling te doen van de identiteit van de moeder en de vader indien deze identiteit in de Staat van herkomst niet mag worden bekend gemaakt.
[29-05-1993, Trb. 94, i.w.tr. 01-05-1995]

[Rapport in staat van herkomst]

1. Algemeen. Deze bepaling betreft de verantwoordelijkheden van de centrale autoriteit van de staat van herkomst van het kind. Indien de centrale autoriteit oordeelt dat een interlandelijke adoptie in het belang van het kind is, stelt het een rapport samen betreffende het kind.

2. Rapportage. Lid 1. In het rapport dient zoveel mogelijk specifieke informatie over het kind te worden opgenomen. Onder a wordt voorgeschreven gegevens te vermelden inzake de identiteit van het kind, of het voor adoptie in aanmerking komt, zijn persoonlijke achtergrond, sociale milieu, gezinssituatie, alsmede zijn medisch verleden, dat van zijn familie en eventuele bijzondere behoeften. Voorts wordt ingevolge het onder b gestelde rekening gehouden met de opvoeding van het kind en met zijn etnische, godsdienstige en culturele achtergrond (zie art. 29 van het VN-Verdrag inzake de rechten van het kind). De centrale autoriteit van de staat van herkomst dient na te gaan of de in art. 4 bedoelde toestemmingen zijn verkregen (onder c). Tot slot dient te worden bepaald of met de voorgenomen plaatsing het hoogste belang van het kind is gediend (onder d). Deze toetsing wordt in algemene zin, 'in abstracto', gedaan. Bezien wordt of de plaatsing in een adoptiefgezin in het belang van het kind is. **Lid 2.** Ingevolge lid 2 wordt het rapport alsmede het bewijs van de vereiste toestemmingen en een conclusie omtrent de wenselijkheid van de plaatsing naar de centrale autoriteit van de staat van opvang gezonden. In verband met het bewijs van de toestemmingen dient erop gewezen te worden dat in sommige rechtsstelsels de identiteit van de biologische ouder(s) niet bekend mag worden gemaakt. In zo'n geval zal het niet mogelijk zijn een bewijs van de toestemming te overleggen. Het hangt van de staat van opvang af of volstaan kan worden met een document waarin is neergelegd dat toestemming is gegeven zonder vermelding van de biologische ouder(s). In Nederland is er geen regel die zich in zo'n geval tegen adoptie verzet (MvT 24 810 (R 1577) nr. 3, p. 16). In de volgende fase van de procedure vindt de 'matching' plaats: welke adoptiefouders zijn het best in staat voor het kind te zorgen. Deze 'matching' wordt in de eerste plaats verricht door de bevoegde instantie in de staat van herkomst. Op dat moment beschikt deze over beide rapportages.

3. Uitvoeringswet. Ingevolge art. 7 lid 1 van de uitvoeringswet wordt het rapport door de vergunninghouder in ontvangst genomen. De vergunninghouder brengt vervolgens, naar aanleiding van het rapport, een met redenen omkleed advies uit aan de centrale autoriteit van de staat van opvang over de vraag of tegen toevertrouwing van het kind aan de aspirant-adoptiefouders bedenkingen bestaan alsmede over de vraag of de adoptie voortgang mag vinden (lid 2). De centrale autoriteit neemt vervolgens terzake een besluit en deelt dit mee aan de aspirant-adoptiefouders en de vergunninghouder (lid 3). De centrale autoriteit van de staat van opvang is de eindverantwoordelijke en dient zich, wil de adoptie voortgang kunnen vinden, akkoord te verklaren met de 'matching' van de staat van herkomst. Van het besluit doet de vergunninghouder mededeling aan de centrale autoriteit van de staat van herkomst.

Artikel 17

Een beslissing om een kind aan de zorg van aspirant-adoptiefouders toe te vertrouwen, mag in de Staat van herkomst slechts worden genomen indien:

a. de Centrale Autoriteit van de Staat van herkomst zich ervan heeft vergewist dat de aspirant-adoptiefouders zich daarmee verenigen;

b. de Centrale Autoriteit van de Staat van opvang deze beslissing heeft goedgekeurd, ingeval een zodanige goedkeuring is vereist door de wetgeving van die Staat of door de Centrale Autoriteit van de Staat van herkomst;

c. de Centrale Autoriteiten van beide Staten ermede instemmen dat de adoptie voortgang vindt; en

d. overeenkomstig artikel 5 is vastgesteld dat de aspirant-adoptiefouders aan de vereisten voor adoptie voldoen en daartoe geschikt zijn en dat het kind vergunning heeft of zal verkrijgen de Staat van opvang binnen te komen en aldaar permanent te verblijven.

[29-05-1993, Trb. 94, i.w.tr. 01-05-1995]

[Voorwaarden toevertrouwing]

1. Algemeen. In art. 17 wordt aangegeven onder welke voorwaarden de autoriteit van de staat van herkomst een beslissing mag nemen terzake van de toevertrouwing (de plaatsing) van het kind aan (bij) de aspirant-adoptiefouders.

2. Voorwaarden. Onder art. 17 sub a wordt gesteld dat vast moet staan dat de aspirant-adoptiefouders met de plaatsing akkoord zijn gegaan. Onder b wordt gesteld dat de centrale autoriteit van de staat van opvang met de plaatsing heeft ingestemd, voor het geval de wetgeving van de staat van opvang een zodanige goedkeuring vereist. Onder c wordt bepaald dat de centrale autoriteiten van beide staten ermee moeten instemmen dat de adoptie(procedure) voortgang vindt. De adoptie kan echter nog geblokkeerd worden, bijvoorbeeld als één van de betrokken staten een belangrijke juridische belemmering ziet (bijvoorbeeld in de leeftijd van het kind). Sub c maakt het mogelijk dat rekening wordt gehouden met een eventueel door het recht van de staat van opvang vereiste proeftijd (MvT, 24 810 (R 1577) nr. 3, p. 18). Tot slot wordt onder sub d de staat van herkomst verplicht te controleren of door de bevoegde instanties van de staat van opvang is vastgesteld dat, overeenkomstig art. 5, de aspirant-adoptiefouders aan de vereisten voor adoptie voldoen en daartoe geschikt zijn, terwijl voorts vast moet staan dat het kind een verblijfstitel verkrijgt om permanent in de staat van opvang te verblijven.

3. Uitvoeringswet. Het rapport bedoeld in art. 16 wordt door de vergunninghouder in ontvangst genomen. Deze brengt advies uit aan de centrale autoriteit van de staat van opvang (art. 7 lid 2 uitvoeringswet). Deze centrale autoriteit buigt zich over de vraag of de adoptie doorgang kan vinden (art. 7 lid 3 uitvoeringswet). De vergunninghouder stelt de centrale autoriteit van de staat van herkomst schriftelijk in kennis van de door de centrale autoriteit van de staat van opvang genomen beslissing dat er geen bedenkingen bestaan en dat de adoptie voortgang kan vinden (art. 8 uitvoeringswet). Tegelijkertijd stuurt (zie art. 17 onder a) hij een verklaring van de aspirant-adoptiefouders waaruit blijkt dat zij bereid zijn het kind in hun gezin op te nemen. Tevens wordt bijgevoegd een verklaring van de Minister van Justitie waaruit blijkt dat het kind in aanmerking komt voor het verkrijgen van een permanente verblijfsvergunning.

Artikel 18

De Centrale Autoriteiten van de beide Staten nemen alle nodige maatregelen om voor het kind de vergunningen te verkrijgen om de Staat van herkomst te verlaten en de Staat van opvang binnen te komen en aldaar permanent te verblijven.
[29-05-1993, Trb. 94, i.w.tr. 01-05-1995]

[Vergunningen]

Betekenis. De feitelijke overbrenging van het kind is de verantwoordelijkheid van de centrale autoriteiten van de beide staten. Zij dienen de nodige maatregelen te treffen om de vergunningen voor vertrek uit de staat van herkomst respectievelijk voor permanent verblijf in de staat van opvang te verkrijgen.

Artikel 19

1. De overbrenging van het kind naar de Staat van opvang mag slechts plaatsvinden indien aan de vereisten van artikel 17 is voldaan.
2. De Centrale Autoriteiten van beide Staten zien erop toe dat deze overbrenging in alle veiligheid en onder passende omstandigheden geschiedt en, indien mogelijk, in gezelschap van de adoptiefouders dan wel de aspirant-adoptiefouders.
3. Indien de overbrenging van het kind niet plaatsvindt, worden de in de artikelen 15 en 16 bedoelde rapporten teruggezonden aan de autoriteiten die deze hebben verzonden.
[29-05-1993, Trb. 94, i.w.tr. 01-05-1995]

[Overbrenging]

1. Algemeen. Overbrenging. Alleen wanneer aan de vereisten van art. 17 is voldaan mag het kind worden overgebracht naar de staat van opvang (lid 1). De overbrenging vindt plaats vóór of ná de adoptie. Ingevolge lid 2 dienen de centrale autoriteiten van beide betrokken staten voor een veilige overbrenging zorg te dragen, zo mogelijk in aanwezigheid van de (aspirant-)adoptiefouders. Hiermee wordt een extra waarborg tegen illegale overbrenging van kinderen gecreëerd (MvT 24 810 (R 1577) nr. 3, p. 19). Beide staten zijn verantwoordelijk voor een veilige overbrenging. **Geen overbrenging.** Indien de overbrenging niet doorgaat, verplicht lid 3 van dit artikel de betrokken instanties de rapporten bedoeld in art. 15 en art. 16 terug te zenden.

2. Uitvoeringswet. Ingevolge art. 9 van de uitvoeringswet mag de overbrenging naar Nederland slechts plaatsvinden indien de vergunninghouder van de centrale autoriteit van de staat van herkomst mededeling heeft ontvangen dat deze de in art. 8 van de uitvoeringswet genoemde verklaringen heeft ontvangen en met de voortgang van de adoptie instemt.

Artikel 20
De Centrale Autoriteiten houden elkaar op de hoogte van de adoptieprocedure en de maatregelen die worden genomen om deze af te wikkelen, alsmede van het verloop van de plaatsing, indien een proeftijd vereist is.
[29-05-1993, Trb. 94, i.w.tr. 01-05-1995]

[Informatie adoptieprocedure]

1. Algemeen. Dit artikel betreft de vervolgrapportage na de overbrenging. De centrale autoriteiten dienen elkaar op de hoogte te houden van het verdere verloop van de adoptieprocedure en de in dat kader te treffen maatregelen. In sommige rechtsstelsels gaat aan de adoptie een periode vooraf waarin de aspirant-adoptiefouders voor het kind zorgen. Wanneer een dergelijke proefperiode is voorgeschreven, dienen de centrale autoriteiten elkaar terzake te informeren.

2. Uitvoeringswet. De verplichting van art. 20 wordt nader uitgewerkt in art. 17c van de Wet opneming buitenlandse kinderen ter adoptie. Lid 1 van art. 17c verplicht de vergunninghouder de bevoegde autoriteiten van de staat van herkomst op de hoogte te houden van het verloop van de adoptieprocedure en de eventuele proeftijd voorafgaande aan de adoptie. De vergunninghouder is aldus belast met de vervolgrapportage.

Artikel 21
1. Indien de adoptie moet plaatsvinden na de overbrenging van het kind naar de Staat van opvang en de Centrale Autoriteit van die Staat van oordeel is dat met het voortgezette verblijf van het kind in het gezin van de aspirant-adoptiefouders het hoogste belang van het kind niet is gediend, neemt zij de nodige maatregelen om het kind te beschermen, met name door:
a. het kind bij de aspirant-adoptiefouders weg te nemen en voor tijdelijke opvang zorg te dragen;
b. in overleg met de Centrale Autoriteit van de Staat van herkomst onverwijld zorg te dragen voor herplaatsing van het kind met het oog op adoptie of, indien deze maatregel niet passend is, zorg te dragen voor een andere vorm van langdurige verzorging; adoptie van het kind kan slechts plaatsvinden indien de Centrale Autoriteit van de Staat van herkomst naar behoren is ingelicht over de nieuwe aspirant-adoptiefouders;
c. in de laatste plaats, het kind te doen terugkeren indien zijn belangen zulks vereisen.
2. Afhankelijk, in het bijzonder, van zijn leeftijd en zijn ontwikkelingspeil, wordt het kind geraadpleegd en wordt, waar passend, zijn toestemming tot de op grond van dit artikel te nemen maatregelen verkregen.
[29-05-1993, Trb. 94, i.w.tr. 01-05-1995]

[Ongeschiktheid aspirant-adoptiefouders]

1. Algemeen. Dit artikel ziet op de situatie waarin het kind is overgebracht naar de staat van herkomst om daarna te worden geadopteerd hetzij in de staat van opvang, hetzij in de staat van herkomst en de centrale autoriteit van de staat van opvang van mening is dat het belang van het kind niet (meer) gediend is met de voorgenomen adoptie. Hierbij kan worden gedacht aan de situatie waarin moeilijkheden ontstaan ná de overbrenging van het kind en vóór de adoptie. De centrale autoriteit van de staat van opvang dient dan maatregelen ter bescherming van het kind te treffen. Op grond van art. 22 kan deze taak worden overgedragen aan een overheidsinstantie of een vergunninghoudende instelling.

2. Maatregelen (lid 1). Tijdelijke opvang. De bepaling onder a betreft de tijdelijke opvang van het kind. Hierbij zijn de voorzieningen van het BW inzake voorlopige toevertrouwing en voorziening in het gezag van toepassing (MvT 24 810 (R 1577) nr. 3, p. 20). **Herplaatsing.** Vervolgens dient, onder b, in overleg met de centrale autoriteit van de staat van herkomst, met het oog op adoptie voor herplaatsing gezorgd te worden (of voor een andere vorm van langdurige verzorging). De centrale autoriteit van de staat van herkomst dient terzake naar behoren te worden ingelicht. Het verdrag schrijft niet met zo veel woorden voor dat de centrale autoriteit van het land van herkomst uitdrukkelijk moet instemmen met de herplaatsing. **Terugzending.** Als laatste optie (sub c) kan het kind, als zijn belang daarmee gediend is, worden teruggezonden naar de staat van herkomst. Terugzending wordt in het verdrag als ultimum remedium aangemerkt: alleen als alle mogelijkheden voor herplaatsing of verzorging in de staat van opvang onmogelijk blijken en een verlengd verblijf van het kind in die staat niet (meer) in zijn belang is, wordt het kind teruggezonden naar de staat van herkomst (Toelichtend Rapport, p. 607).

3. Raadpleging kind (lid 2). De bepaling van lid 2 voorziet in de raadpleging of toestemming van het kind, afhankelijk van zijn leeftijd en ontwikkeling.

Artikel 22

1. De taken waarmee de Centrale Autoriteit op grond van dit hoofdstuk is belast, kunnen, voor zover de wet van haar Staat zulks toelaat, worden uitgevoerd door overheidsinstanties of door instellingen waaraan op grond van Hoofdstuk III vergunning is verleend.

2. Een Verdragsluitende Staat kan bij de depositaris van het Verdrag de verklaring afleggen dat, voor zover de wet zulks toelaat en onder toezicht van de bevoegde autoriteiten van die Staat, de taken waarmee de Centrale Autoriteit op grond van de artikelen 15 tot 21 in die Staat is belast, ook kunnen worden uitgevoerd door personen of instellingen die

a. aan de eisen van die Staat betreffende onkreukbaarheid, vakbekwaamheid, ervaring en verantwoordelijkheid voldoen; en

b. op grond van hun ethisch normbesef en door opleiding of ervaring in staat zijn werkzaamheden te verrichten op het terrein van interlandelijke adoptie.

3. Een Verdragsluitende Staat die de in het tweede lid bedoelde verklaring aflegt, doet aan het Permanent Bureau van de Haagse Conferentie voor Internationaal Privaatrecht regelmatig mededeling van de namen en adressen van deze instellingen en personen.

4. Een Verdragsluitende Staat kan bij de depositaris van het Verdrag de verklaring afleggen dat adopties van kinderen die hun gewone verblijfplaats op zijn grondgebied hebben, slechts kunnen plaatsvinden indien de taken van de Centrale Autoriteit worden uitgevoerd in overeenstemming met het eerste lid.

5. Ongeacht of ingevolge het tweede lid een verklaring is afgelegd, worden de in de artikelen 15 en 16 bedoelde rapporten in elk geval opgesteld onder de verantwoor-

delijkheid van de Centrale Autoriteit of van andere autoriteiten of instellingen in overeenstemming met het eerste lid.
[29-05-1993, Trb. 94, i.w.tr. 01-05-1995]

[Overheidsinstanties; instellingen]

1. Algemeen. Er is tijdens de onderhandelingen van de totstandkoming van de verdragsregeling veel aandacht geschonken aan de problematiek van de 'zelfdoeners', d.w.z. degenen die geen gebruik willen maken van de officiële bemiddelingskanalen. In sommige rechtsstelsels, zoals in de Verenigde Staten en Frankrijk, is de rol van de particuliere tussenpersonen van buitengewoon groot belang. In andere rechtsstelsels daarentegen zijn bemiddelende taken exclusief voorbehouden aan overheidsinstanties. Bij wijze van compromis is art. 22 tot stand gekomen. Dit compromis kan als volgt worden samengevat: a. als bemiddelaars kunnen alleen centrale autoriteiten, overheidsinstanties of vergunninghoudende instellingen optreden; b. door het afleggen van een daartoe strekkende verklaring kan iedere verdragsstaat voor bepaalde taken andere personen of instellingen aanwijzen en aldus de kring van bemiddelaars uitbreiden; c. daartegenover kan iedere andere verdragsstaat een verklaring afleggen dat ten aanzien van adopties van kinderen die hun gewone verblijfplaats op zijn grondgebied hebben, bemiddeling alleen door de centrale autoriteit, overheidsinstantie of vergunninghoudende instelling kan plaatsvinden.

2. Vergunninghoudende instellingen (lid 1). Ingevolge lid 1 kunnen de taken die volgens Hoofdstuk IV aan de centrale autoriteit zijn opgelegd worden uitgevoerd door instanties (overheidsinstanties, particuliere instellingen) waaraan op grond van Hoofdstuk III vergunning is verleend, voor zover de wet zulks toelaat.

3. Particuliere bemiddeling (lid 2-5). Een verdragsstaat kan krachtens lid 2 verklaren dat de procedurele taken van de art. 15 tot en met 21 worden uitgevoerd door andere personen of instellingen dan overheidsinstanties en vergunninghoudende instellingen. De taak die de centrale autoriteit in art. 14 krijgt opgelegd kan in dit kader niet worden overgedragen. Aan deze andere personen of instellingen worden bepaalde minimumeisen gesteld als in lid 2 onder a en b genoemd. Zij staan onder toezicht van de bevoegde autoriteiten van de desbetreffende staat. Nederland heeft deze verklaring niet afgelegd. Op grond van lid 3 moeten namen en adressen van dergelijke particuliere bemiddelaars worden meegedeeld aan het Permanent Bureau van de Haagse Conferentie voor Internationaal Privaatrecht. Het vierde lid biedt de mogelijkheid dat een verdragsstaat een verklaring aflegt dat adopties van kinderen die hun gewone verblijfplaats op zijn grondgebied hebben alleen kunnen plaatsvinden indien de taken van de centrale autoriteit in de andere betrokken staten worden uitgevoerd ingevolge lid 1 (dus door de centrale autoriteit zelf of vergunninghoudende instellingen). Nederland heeft deze verklaring niet afgelegd. Ingevolge lid 5 blijft het opstellen van de in art. 15 en art. 16 bedoelde rapporten de verantwoordelijkheid van de centrale autoriteit. In de uitspraak van de Raad van State van 14 januari 2004 (NIPR 2004, nr. 326) kwam de vraag aan de orde of verzoekers gebruik konden maken van een eigen rechtstreeks contact ter opneming in hun gezin van een Braziliaans kind. Het verdrag is voor Brazilië op 1 juli 1999 in werking getreden. Brazilië heeft geen verklaring afgelegd op grond waarvan bemiddeling door een persoon of instelling als bedoeld in art. 22 lid 2 verdrag is toegestaan. Wel is een verklaring overeenkomstig lid 4 afgelegd. Niet in geschil is dat de contactpersoon van verzoekers in Brazilië geen instantie of instelling is als bedoeld in art. 22 lid 1. De Raad oordeelt dat de rechtbank met juistheid heeft geoordeeld dat de Staatssecretaris terecht het verzoek van verzoekers om bemiddeling via een eigen contactpersoon toe te laten, heeft afgewezen.

HOOFDSTUK V
Erkenning en gevolgen van de adoptie

Artikel 23

1. Een adoptie ten aanzien waarvan de bevoegde autoriteit van de Staat waar de adoptie heeft plaatsgevonden schriftelijk heeft verklaard dat zij in overeenstemming met het Verdrag is tot stand gekomen, wordt in de andere Verdragsluitende Staten van rechtswege erkend. In de verklaring wordt aangegeven wanneer en van wie de instemmingen ingevolge artikel 17, onder *c*, werden verkregen.
2. Elke Verdragsluitende Staat stelt, op het tijdstip van ondertekening, bekrachtiging, aanvaarding, goedkeuring of toetreding, de depositaris van het Verdrag in kennis van de identiteit en de taken van de autoriteit of autoriteiten die in de Staat bevoegd is of zijn om de verklaring af te geven. Hij stelt de depositaris ook in kennis van wijzigingen in de aanwijzing van deze autoriteiten.
[29-05-1993, Trb. 94, i.w.tr. 01-05-1995]

[Erkenning van rechtswege]

1. Erkenning van rechtswege (lid 1). Het verdrag kent in art. 23 een ruim erkenningsregime, waarbij goed voor ogen moet worden gehouden dat het erkenningsregime van het verdrag (uiteraard) ziet op de verdragsadoptie. Wanneer het gaat om een verdragsadoptie die niet op grond van artikel 23 kan worden erkend, omdat zij niet in overeenstemming met het verdrag tot stand is gekomen, kan niet worden teruggevallen op de erkenningsregeling van Titel 6 van Boek 10 BW. Het verdrag stelt geen nadere specifieke eisen (bijvoorbeeld van procedurele aard) aan de erkenning in de staat van opvang van een verdragsadoptie in de staat van herkomst. Dit is te begrijpen vanuit het systeem van het verdrag, waarin beide staten betrokken zijn (geweest) bij de adoptie. Ook in de andere verdragsstaten wordt de adoptie immers van rechtswege erkend. Indien de bevoegde autoriteit van het land waar de adoptie is uitgesproken, een schriftelijke verklaring afgeeft waarin wordt geconstateerd dat de adoptie in overeenstemming met het verdrag tot stand is gebracht, wordt de adoptie in de andere verdragsstaten van rechtswege erkend. Uitdrukkelijk is bepaald dat in de verklaring moet worden opgenomen wanneer en van wie de instemmingen ingevolge art. 17 onderdeel c zijn verkregen. Moet erkenning op de voet van artikel 23 worden geweigerd als deze verklaring ontbreekt (zie bijvoorbeeld Rb. Noord-Holland 6 februari 2019, ECLI:NL:RBNHO:2019:949). Uit het verdrag blijkt niet dat de verklaring een strikt vereiste is voor erkenning van een verdragsadoptie. Het certificaat maakt alleen erkenning van rechtswege (zonder tussenkomst van een rechter) mogelijk, doordat niet hoeft te worden gecontroleerd of de adoptie in overeenstemming met het verdrag tot stand is gekomen. Bij gebreke van een verklaring zal de rechter dat aan de hand van de overgelegde stukken kunnen beoordelen (zie bijvoorbeeld Rb. Overijssel

25 juni 2018, ECLI:NL:RBOVE:2018:2751). In het licht van artikel 23 wordt de 'adoptie dubbel op' overbodig: het is volgens het verdragsregime niet nodig dat een adoptie die is uitgesproken in de staat van herkomst opnieuw wordt uitgesproken in de staat van opvang teneinde aldaar effect te sorteren. Erkenning van rechtswege houdt in dat een procedure voor de erkenning, de tenuitvoerlegging of de registratie niet noodzakelijk is (MvT, *Kamerstukken* 24810 (R 1577), 3, p. 23). Zo oordeelt de Rechtbank Noord-Holland in de uitspraak van 20 februari 2019 (ECLI:NL:RBNHO:2019:1982) dat de Thaise adoptie als verdragsadoptie wordt erkend en op grond van artikel 23 rechtstreeks kan worden ingeschreven in de burgerlijke stand in Den Haag. Zie voor erkenning van rechtswege, met vermelding van het certificaat in de zin van art. 23, Rb. Amsterdam 25 oktober 2017, ECLI:NL:RBAMS:2017:8291. In de uitspraak van 17 juli 2017 wordt door Rechtbank Den Haag (ECLI:NL:RBDHA:2017:8005) ingegaan op de afgifte van het certificaat wanneer de rechtbank naar Nederlands recht de adoptie van een in Portugal geboren kind uitspreekt, dat naar Nederland is overgebracht om in Nederland (staat van opvang) te worden geadopteerd door een in Nederland wonend Nederlands echtpaar. Uiteraard ziet het erkenningsregime van het verdrag uitsluitend op 'verdragsadopties'. Terecht beoordeelt Rechtbank Limburg (5 januari 2016, ECLI:NL:RBLIM:2016:476) de erkenning van een in Nicaragua uitgesproken adoptie aan de hand van art. 10:109, nu Nicaragua niet is aangesloten bij het verdrag. In de uitspraak van de Rechtbank Midden-Nederland (2 februari 2017; ECLI:NL:RBMNE:2017:449) wordt geoordeeld dat de Amerikaanse uitspraak wordt erkend (van rechtswege) ten aanzien van de vrouw die over de beginseltoestemming beschikte. Dit laatste was echter niet het geval ten aanzien van de man. De adoptie van de minderjarige door de man kan niet worden erkend, wegens strijd met de openbare orde (art. 24). De adoptie naar Nederlands recht door de man wordt uitgesproken. In geval sprake is van een verdragsadoptie die niet kan worden erkend, kan niet worden teruggevallen op de erkenningsregeling van Boek 10 BW. Artikel 10:107 BW bepaalt immers dat afdeling 3, die ziet op de erkenning van buitenlandse adopties, alleen betrekking heeft op adopties waarop het Haags adoptieverdrag 1993 niet van toepassing is. Zie in deze zin: Rechtbank Oost-Brabant in de uitspraak van 4 december 2018 (ECLI:NL:RBOBR:2018:6030) waarin het ging om een Chinese adoptie: noch de Nederlandse, noch de Chinese centrale autoriteiten hebben ingestemd met de adoptie; niet is gebleken dat aan enige van de overige door het verdrag gestelde materiële of procedurele vereisten is voldaan; geen certificaat. Wanneer geen sprake is van een verdragsadoptie, ook al zijn de staat van herkomst van de beslissing en de staat waar de erkenning wordt verzocht partij bij het verdrag, is erkenning van rechtswege volgens art. 23 niet mogelijk (zie bijvoorbeeld Rb. Rotterdam 26 september 2011, *LJN* BT8220 en Hof Den Haag 13 april 2011, *LJN* BQ2937). Gekeken zal dan kunnen worden of langs commuun internationaal privaatrecht (de erkenningsregeling van Boek 10 BW) erkenning mogelijk is. Rb. Midden-Nederland (2 februari 2017; ECLI:NL:RBMNE:2017:386) oordeelt dat nu verzoekers niet beschikken over een verklaring in de zin van art. 23, de adoptie in Kenia niet geldig tot stand is gekomen. Verzoekers stellen dat de Keniaanse regering heeft besloten voor onbepaalde tijd geen verklaringen meer te doen afgeven. De rechtbank overweegt dat geen sprake is van uitzonderlijke omstandigheden die ertoe leiden dat toch sprake is van een geldige adoptie. In een vergelijkbare zaak wordt anders geoordeeld door de Rechtbank Overijssel in de uitspraak van 25 juni 2018 (ECLI:NL:RBOVE:2018:2751). De uitspraak betreft een in Kenia op 12 juni 2015 door de 'The High Court of Kenya at Mombassa' naar Keniaans recht uitgesproken adoptie ('Adoption Order'). Het kind heeft Kenia mogen

verlaten en woont met de adoptiefouders in Nederland. Verzoekers beschikken niet over de schriftelijke verklaring van artikel 23 verdrag. Zij voeren aan dat de Keniaanse regering voor onbepaalde tijd deze verklaringen niet meer laat afgeven. De rechtbank oordeelt dat de artikel 23-verklaring geen constitutief vereiste is voor het tot stand komen van een rechtsgeldige adoptie in Kenia. De overgelegde stukken in aanmerking genomen concludeert de rechtbank dat in Kenia een adoptie overeenkomstig de voorwaarden van het Haags Adoptieverdrag heeft plaatsgevonden. De rechtbank verklaart voor recht dat de 'Adoption Order' wordt erkend.

2. Afgifte verklaring (lid 2). Elke verdragsstaat dient aan te geven welke autoriteit(en) bevoegd is (zijn) deze verklaring af te geven.

3. Uitvoeringswet. Ingevolge art. 10 van de uitvoeringswet wordt de verklaring bedoeld in art. 23 afgegeven door de griffier van het gerecht dat de adoptie in laatste aanleg heeft uitgesproken. Hiervoor zal een modelformulier worden voorgeschreven.

4. Proeftijd. In verband met de ruime erkenningsregeling kan de in een aantal landen gebruikelijke proefperiode die aan de eventuele adoptie voorafgaat voor problemen zorgen. Nederland kent een regeling inzake de proeftijd in art. 1:228 lid 1 onder f BW. Dit voorschrift zal in acht moeten worden genomen indien de adoptie na de overbrenging van het kind naar Nederland alhier wordt uitgesproken. Het verdrag verplicht echter tot erkenning van rechtswege van de in het land van herkomst uitgesproken adoptie, ongeacht of aan de adoptie een proeftijd is voorafgegaan. Het verdrag sluit daarmee uit dat na de buitenlandse adoptie en de overbrenging van het kind naar Nederland verlangd kan worden dat een proeftijd wordt doorlopen, alvorens de adoptie in Nederland wordt erkend. Bij de omzetting van een zwakke in een sterke adoptie (zie art. 27) wordt het vereiste van een proeftijd niet gesteld.

Artikel 24

De erkenning van een adoptie kan in een Verdragsluitende Staat slechts worden geweigerd indien, gelet op het belang van het kind, de adoptie kennelijk niet verenigbaar is met zijn openbare orde.
[29-05-1993, Trb. 94, i.w.tr. 01-05-1995]

[Openbare orde-clausule]

Betekenis. Het verdrag kent slechts één grond waarop erkenning geweigerd kan worden. Dit is de openbare orde-exceptie neergelegd in art. 24. Erkenning kan worden geweigerd als de adoptie duidelijk strijdig is met de openbare orde in de erkennende staat, daarbij rekening houdend met het belang van het kind. De 'openbare orde' dient op strikte wijze geïnterpreteerd te worden. Er mag alleen aan fundamentele beginselen van de erkennende staat worden getoetst (Toelichtend Rapport, p. 617).

Artikel 25

Een Verdragsluitende Staat kan bij de depositaris van het Verdrag de verklaring afleggen dat hij ingevolge dit Verdrag niet gehouden zal zijn adopties te erkennen die in

overeenstemming met een op grond van artikel 39, tweede lid, gesloten overeenkomst tot stand zijn gekomen.
[29-05-1993, Trb. 94, i.w.tr. 01-05-1995]

[Nadere afspraken; verklaring]

Betekenis. Ingevolge art. 39 kunnen verdragsstaten over onderwerpen die door het onderhavige verdrag worden beheerst, nadere afspraken maken. Andere verdragsstaten kunnen op grond van art. 25 een verklaring afleggen inzake niet-erkenning van adopties die op grond van dergelijke nadere overeenkomsten tussen verdragsstaten tot zijn stand zijn gekomen. Nederland heeft deze verklaring niet afgelegd (MvT, *Kamerstukken* 24 810 (R 1577), nr. 3, p. 23).

Artikel 26

1. De erkenning van een adoptie houdt tevens in de erkenning van
a. de familierechtelijke betrekkingen tussen het kind en zijn adoptiefouders;
b. het ouderlijk gezag van de adoptiefouders over het kind;
c. de verbreking van de voordien bestaande familierechtelijke betrekkingen tussen het kind en zijn moeder en vader, indien de adoptie dit gevolg heeft in de Verdragsluitende Staat waar zij plaatsvond.
2. Ingeval een adoptie tot gevolg heeft dat de voordien bestaande familierechtelijke betrekkingen worden verbroken, geniet het kind in de Staat van opvang en in elke andere Verdragsluitende Staat waar de adoptie wordt erkend, rechten gelijk aan die welke voortvloeien uit adopties die in elk van deze Staten dit gevolg hebben.
3. De voorgaande leden doen geen afbreuk aan de toepassing van voor het kind gunstiger bepalingen die gelden in de Verdragsluitende Staat die de adoptie erkent.
[29-05-1993, Trb. 94, i.w.tr. 01-05-1995]

[Gevolgen van de erkenning]

1. Gevolgen (lid 1). Bij de kwestie van de gevolgen van de erkenning van de adoptie dient bedacht te worden dat de adoptie niet in elk rechtssysteem dezelfde inhoud heeft. In het algemeen kan een onderscheid worden gemaakt tussen stelsels met een sterke adoptie, stelsels met een zwakke adoptie, en stelsels die beide adoptievormen kennen. Bij de zwakke adoptie worden de rechten van het kind bepaald met inachtneming van het lid 1 onderdeel a en b gestelde, alsmede het in lid 3 gestelde. Bij de sterke adoptie worden de gevolgen bepaald door lid 1 onderdeel a, b en c, alsmede door lid 2 en 3. Onder lid 1 onderdeel a wordt als gevolg genoemd de erkenning van de familierechtelijke betrekkingen tussen het kind en zijn adoptiefouders. In onderdeel b wordt genoemd de erkenning van het ouderlijk gezag van de adoptiefouders over het kind. In onderdeel c wordt ten slotte genoemd de verbreking van de familierechtelijke betrekkingen met de oorspronkelijke ouders, indien dit gevolg intreedt in de verdragsstaat waar de adoptie is uitgesproken. Erkenning van de adoptie kan ook gevolgen hebben op het terrein van het erfrecht. Een adoptiefkind kan tot de (wettelijke) erfgenamen behoren van zijn adoptiefouders wanneer de buitenlandse adoptie in Nederland kan worden erkend en er een familierechtelijke betrekking tussen het kind en de overleden adoptiefouder bestaat.

Zie over deze kwestie J.G. Knot & A. Mens, 'Samenloop van erfrecht en adoptie in het Nederlandse internationaal privaatrecht', *Tijdschrift Erfrecht* 2013, nr. 4.

2. Sterke adoptie (lid 2). Lid 2 ziet alleen op de sterke adopties. Wordt de adoptie als een sterke adoptie gezien in het land van herkomst, dan beoogt het tweede lid dat deze adoptie in het land van opvang erkend wordt als een sterke adoptie. In dit geval heeft het kind in de staat van opvang en in iedere andere verdragsstaat waar de adoptie wordt erkend, rechten die gelijkwaardig zijn aan die welke voortvloeien uit adopties die in elk van deze staten dit gevolg hebben.

3. Verkrijging Nederlanderschap. Aan een in een verdragsstaat uitgesproken sterke adoptie ontleent het kind rechten die gelijkwaardig zijn aan die welke toekomen aan kinderen die in Nederland zijn geadopteerd. Het verdrag bevat geen bepaling ter zake van het verkrijgen van de nationaliteit van de adoptiefouders, maar laat dit aan de verdragsstaten over. In art. 5a lid 1 Rijkswet op het Nederlanderschap is voorzien in de verkrijging door het kind van de Nederlandse nationaliteit in geval van een sterke verdragsadoptie. Als voorwaarden worden gesteld a. dat de adoptie overeenkomstig het verdrag heeft plaatsgevonden; b. dat de adoptie tot gevolg heeft dat bestaande familierechtelijke betrekkingen worden verbroken; c. dat ten minste één van de adoptiefouders Nederlander is op de dag dat de uitspraak kracht van gewijsde heeft gekregen en d. dat het kind op de dag van de uitspraak in eerste aanleg minderjarig was. Onder deze voorwaarden leidt erkenning in Nederland van een sterke verdragsadoptie van rechtswege tot verkrijging van de Nederlandse nationaliteit. Zie ook aant. 5 bij art. 27. Zie ook de artikelen 5a lid 2 en 5b voor nationaliteitsrechtelijke gevolgen van de adoptie.

4. Favor (lid 3). Ingevolge het derde lid staat het de erkennende staat vrij om voor wat betreft de erkenning gunstiger bepalingen toe te passen.

Artikel 27

1. Indien een in de Staat van herkomst toegestane adoptie niet tot gevolg heeft dat de voordien bestaande familierechtelijke betrekkingen worden verbroken, kan zij in de Staat van opvang die de adoptie ingevolge het Verdrag erkent, worden omgezet in een adoptie die dit gevolg heeft

a. indien het recht van de Staat van opvang dit toestaat; en

b. indien de in artikel 4, onder *c* en *d*, bedoelde toestemmingen zijn of worden gegeven met het oog op een zodanige adoptie.

2. Op de beslissing tot omzetting van de adoptie is artikel 23 van toepassing.

[29-05-1993, Trb. 94, i.w.tr. 01-05-1995]

[Omzetting zwakke adoptie in sterke adoptie]

1. Algemeen. Art. 27 bevat de regeling die het onder bepaalde omstandigheden mogelijk maakt dat een zwakke adoptie uitgesproken in de staat van herkomst in de staat van opvang wordt omgezet in een sterke adoptie. Het verdrag regelt alleen dit type van omzetting. Of een zwakke adoptie uitgesproken in de staat van herkomst kan worden omgezet in een sterke adoptie in een derde-verdragsstaat (niet zijnde de staat van opvang), wordt niet door het verdrag geregeld. In geval van omzetting vervangt de nieuwe sterke adoptie de voordien bestaande zwakke adoptie en dient de sterke adoptie in alle verdragsstaten te worden erkend. Er is overigens geen verdragsverplichting inzake deze conversie: een zwakke adoptie kan volgens het verdrag een zwakke adoptie blijven. De omzetting van een Indiase adoptie werd geweigerd door Rb. Zutphen (27 juni 2002, *NIPR* 2002, nr. 186). India was destijds geen verdragsstaat. Zie voor een toewijzing van de omzetting van een Haïtiaanse adoptie naar Nederlands recht: Rb. Haarlem 13 september 2011, *LJN* BT6371, vervolg op Rb. Haarlem 21 juni 2011 *LJN* BR2185. In deze zaak ging het erom dat de biologische ouders van de minderjarige nog toestemming moesten geven voor de omzetting. Nadat een schriftelijk stuk van een gerecht uit Haïti was verkregen, waarin de ouders verklaarden in te stemmen met de volledige adoptie van hun zoon, werd de zwakke adoptie naar Haïtiaans recht omgezet in een adoptie naar Nederlands recht.

2. Voorwaarden voor omzetting (lid 1). In onderdeel a wordt als voorwaarde gesteld dat het recht van de staat van opvang voorziet in bedoelde omzetting. Onderdeel b schrijft voor dat de in art. 4 onderdeel c en d bedoelde toestemmingen zijn of worden gegeven met het oog op de omzetting. In de uitspraak van de Rechtbank Amsterdam (25 oktober 2017; ECLI:NL:RBAMS:2017:8291) betreffende de omzetting van een zwakke Thaise adoptie naar een sterke Nederlandse adoptie, overweegt de rechtbank dat het verdrag van toepassing is en dat de Thaise adoptie van rechtswege in Nederland wordt erkend. Vervolgens concludeert de rechtbank onder verwijzing naar de door de Thaise Department of Children and Youth afgelegde verklaring dat voldaan wordt aan de in art. 27 lid 1 gestelde voorwaarden. De bevoegde Thaise instantie heeft immers namens de ouders toestemming gegeven voor de omzetting.

3. Erkenning van rechtswege (lid 2). Ingevolge lid 2 is op de beslissing waarbij de omzetting plaatsvindt art. 23 van toepassing. Dit betekent dat een uitspraak waarbij de adoptie is omgezet in de andere verdragsstaten (dus ook in de staat van herkomst) ex lege wordt erkend. Met betrekking tot de omzetting wordt een verklaring als bedoeld in art. 23 afgegeven (MvT, *Kamerstukken* 24 810 (R 1577), nr. 3, p. 27).

4. Uitvoeringswet. De omzetting als bedoeld in art. 27 wordt nader uitgewerkt in art. 11 van de uitvoeringswet. In geval in de staat van herkomst een zwakke adoptie wordt uitgesproken betreffende adoptiefouders die hun gewone verblijfplaats in Nederland hebben, ziet de vergunninghouder erop toe dat in Nederland een verzoek tot omzetting in een adoptie naar Nederlands recht wordt ingediend (lid 1). Het verzoek wordt toegewezen indien het verzoek in het kennelijk belang is van het kind en voldaan wordt aan art. 1:228 lid 1 onder a en d BW. Van een proeftijd wordt afgezien. De omzetting heeft, aldus lid 2, de gevolgen van de art. 1:229-232 BW. Lid 3 bepaalt dat van de omzetting een verklaring overeenkomstig art. 10 van de uitvoeringswet wordt afgegeven. Het belang van een omzetting naar de Nederlandse sterke adoptie is onder meer gelegen in het verkrijgen van de Nederlandse nationaliteit door het kind. Zie lid 2 van art. 5a Rijkswet op het Nederlanderschap.

5. Verkrijging Nederlanderschap. Voor de nationaliteitsrechtelijke gevolgen van de omzetting van een buitenlandse zwakke verdragsadoptie in een Nederlandse sterke adoptie is van belang lid 2 van art. 5a Rijkswet op het Nederlanderschap. Ingevolge deze bepaling verkrijgt het adoptiefkind bij omzetting de Nederlandse nationaliteit. Als voorwaarden worden gesteld a. dat de adoptie in overeenstemming met het verdrag tot stand is gekomen; b. dat ten minste één van de adoptiefouders Nederlander is op de dag nadat twee maanden zijn verstreken na de uitspraak in laatste aanleg; en c. dat het kind op de dag van de uitspraak houdende omzetting in eerste aanleg minderjarig was.

HOOFDSTUK VI
Algemene bepalingen

Artikel 28

Dit verdrag doet geen afbreuk aan de wetten van een Staat van herkomst die vereisen dat de adoptie van een kind dat zijn gewone verblijf in die Staat heeft in die Staat plaatsvindt, of die verbieden dat een kind voor zijn adoptie in de Staat van opvang wordt geplaatst of daarheen wordt overgebracht.
[29-05-1993, Trb. 94, i.w.tr. 01-05-1995]

[Verhouding andere wetgeving]

Betekenis. Het verdrag maakt geen inbreuk op wettelijke voorschriften van een staat van herkomst die voorschrijven dat de adoptie moet worden uitgesproken in de staat van herkomst of die verbieden dat het kind wordt overgebracht naar de staat van opvang vóór de adoptie is uitgesproken. Iedere verdragsstaat past op dit punt zijn eigen recht toe (Toelichtend Rapport, p. 627).

Artikel 29

Er mag tussen de aspirant-adoptiefouders en de ouders van het kind of een andere persoon aan wie de zorg voor het kind is toevertrouwd geen contact zijn totdat is voldaan aan de vereisten van artikel 4, onder *a* tot en met *c*, en artikel 5, onder *a*, tenzij de adoptie plaatsvindt binnen eenzelfde familie of tenzij aan de daaraan door de bevoegde autoriteit van de Staat van herkomst gestelde voorwaarden is voldaan.
[29-05-1993, Trb. 94, i.w.tr. 01-05-1995]

[Contactverbod]

Betekenis. Art. 29 behelst het verbod om voorafgaand aan de adoptieprocedure contact te leggen tussen de aspirant-adoptiefouders en de ouders van het kind zo lang niet aan de vereisten van art. 4 onder a-c en art. 5 onder a is voldaan. Hierop wordt een uitzondering gemaakt wanneer de adoptie binnen dezelfde familie plaatsvindt, dan wel wanneer aan de door de bevoegde autoriteit van de staat van herkomst gestelde voorwaarden is voldaan. Onder contact wordt zowel rechtstreeks als indirect contact verstaan (Toelichtend Rapport, p. 631). Art. 29 verbiedt niet op zeker moment het contact met het kind, dat immers zijn wensen, mening en/of toestemming moet geven voor de adoptie.

Artikel 30

1. De bevoegde autoriteiten van een Verdragsluitende Staat dragen zorg voor de bewaring van de in hun bezit zijnde gegevens omtrent de afkomst van het kind, met name gegevens betreffende de identiteit van zijn ouders, alsmede de medische gegevens betreffende het medische verleden van het kind en zijn familie.

2. Zij bewerkstelligen dat voor zover de wetgeving van hun Staat zulks toelaat, het kind of zijn vertegenwoordiger, onder passende begeleiding, toegang heeft tot deze gegevens.
[29-05-1993, Trb. 94, i.w.tr. 01-05-1995]

[Bewaring gegevens]

1. Betekenis. Bewaring (lid 1). De bevoegde autoriteiten van de verdragsstaat dragen zorg voor de bewaring van de gegevens inzake de herkomst van het kind (met name die inzake de identiteit van zijn ouders), in meer algemene zin de informatie die wordt verwerkt in het rapport als bedoeld in art. 16. De verplichting deze gegevens te bewaren geldt voor alle verdragsstaten, ongeacht hun interne wetgeving. De termijn van de bewaring wordt door het recht van de desbetreffende staat bepaald. **Toegang (lid 2).** De bevoegde autoriteiten dienen ervoor te zorgen, voor zover hun wetgeving dat toestaat, dat het kind (of zijn vertegenwoordiger) onder passende begeleiding toegang heeft tot deze gegevens.

2. Uitvoeringswet. Bewaring. Ingevolge art. 17b lid 2 van de Wet opneming buitenlandse kinderen ter adoptie is de bewaartermijn ten minste dertig jaar na binnenkomst van het kind in Nederland. **Toegang.** De toegang tot de adoptiegegevens wordt nader uitgewerkt in de art. 17d-17f van de Wet opneming buitenlandse kinderen ter adoptie.

Artikel 31
Onverminderd artikel 30 mogen de op grond van het Verdrag verzamelde of toegezonden persoonlijke gegevens, in het bijzonder de in de artikelen 15 en 16 bedoelde gegevens, slechts worden gebruikt voor de doeleinden waarvoor zij zijn verzameld of toegezonden.
[29-05-1993, Trb. 94, i.w.tr. 01-05-1995]

[Bescherming gegevens]

Betekenis. Deze bepaling betreft de bescherming van persoonsgegevens. Art. 31 bepaalt dat voor zover gegevens worden meegedeeld, zij uitsluitend mogen worden gebruikt voor de doeleinden waarvoor ze zijn verzameld of toegezonden (minimumbescherming).

Artikel 32
1. Niemand mag ongerechtvaardigd financieel of ander voordeel trekken uit enig optreden in verband met een interlandelijke adoptie.
2. Uitsluitend kosten en uitgaven, met inbegrip van redelijke honoraria van personen die bij een adoptie hebben bemiddeld, mogen in rekening worden gebracht en betaald.
3. Bestuurders, beheerders en werknemers van instellingen die bij een adoptie hebben bemiddeld, mogen geen bezoldiging ontvangen die onevenredig hoog is in vergelijking met de verleende diensten.
[29-05-1993, Trb. 94, i.w.tr. 01-05-1995]

[Verbod ongerechtvaardigd voordeel]

Betekenis. Lid 1 verbiedt ongerechtvaardigd financieel of ander voordeel. 'Gerechtvaardigd' voordeel is dus toegestaan en derhalve bepaalt lid 2 dat directe en indirecte kosten en uitgaven in rekening mogen worden gebracht, de honoraria van advocaten daaronder begrepen. Krachtens lid 3 is het bestuurders, beheerders en werknemers van bemiddelende instellingen verboden onevenredige hoge beloningen te ontvangen. Wat 'onevenredig hoog' is wordt door de desbetreffende verdragsstaat bepaald (Toelichtend Rapport, p. 635).

Artikel 33

Een bevoegde autoriteit die vaststelt dat een van de bepalingen van het Verdrag niet is nageleefd of kennelijk dreigt niet te worden nageleefd, stelt de Centrale Autoriteit van haar Staat hiervan onmiddellijk in kennis. De Centrale Autoriteit heeft de verantwoordelijkheid erop toe te zien dat passende maatregelen worden getroffen.
[29-05-1993, Trb. 94, i.w.tr. 01-05-1995]

[Melding inzake niet-naleving verdragsbepalingen]

Betekenis. Wanneer een bevoegde autoriteit merkt dat een verdragsbepaling niet wordt nageleefd, stelt zij de centrale autoriteit van haar staat hiervan onmiddellijk in kennis. Het gaat hierbij om zowel gevallen van niet-naleving in een bepaald individueel geval als om stelselmatige niet-naleving van een verdragsbepaling. De centrale autoriteit dient terzake passende maatregelen te nemen. Overigens is de centrale autoriteit ambtshalve bevoegd in te grijpen in geval van niet-naleving van het verdrag (Toelichtend Rapport, p. 635).

Artikel 34

Indien de bevoegde autoriteit van de Staat waarvoor een document is bestemd zulks verzoekt, moet een voor eensluidend gewaarmerkte vertaling worden verstrekt. Tenzij anders bepaald, worden de kosten van deze vertaling gedragen door de aspirant-adoptiefouders.
[29-05-1993, Trb. 94, i.w.tr. 01-05-1995]

[Vertaling]

Betekenis. Desverzocht moet een gewaarmerkte vertaling van een document worden verstrekt. De kosten van deze vertaling worden gedragen door de (aspirant)adoptiefouders.

Artikel 35

De bevoegde autoriteiten van de Verdragsluitende Staten betrachten voortvarendheid in adoptieprocedures.
[29-05-1993, Trb. 94, i.w.tr. 01-05-1995]

[Spoed]

Betekenis. Deze bepaling is gemodelleerd naar art. 9 van het Haags Kinderontvoeringsverdrag 1980. De bevoegde autoriteiten zijn verplicht snelheid te betrachten.

Artikel 36

Ten aanzien van een Staat die op het gebied van adoptie twee of meer rechtsstelsels heeft die in verschillende territoriale eenheden van toepassing zijn,

a. wordt een verwijzing naar de gewone verblijfplaats in die Staat uitgelegd als een verwijzing naar de gewone verblijfplaats in een territoriale eenheid van die Staat;

b. wordt een verwijzing naar de wetgeving van die Staat uitgelegd als een verwijzing naar het in de desbetreffende territoriale eenheid geldende recht;

c. wordt een verwijzing naar de bevoegde autoriteiten of de overheidsinstellingen van die Staat uitgelegd als een verwijzing naar degenen die in de desbetreffende territoriale eenheid tot optreden bevoegd zijn;

d. wordt een verwijzing naar de vergunninghoudende instellingen van die Staat uitgelegd als een verwijzing naar de in de desbetreffende territoriale eenheid erkende instellingen.

[29-05-1993, Trb. 94, i.w.tr. 01-05-1995]

[Interregionaal recht]

Betekenis. Art. 36 bevat de in de Haagse verdragen gebruikelijke regels inzake staten met verschillende territoriale eenheden, waarin verschillende rechtsstelsels van toepassing zijn. Het artikel geeft aan op welke wijze de verdragsregeling moet worden toegepast.

Artikel 37

Ten aanzien van een Staat die met betrekking tot adoptie twee of meer rechtsstelsels heeft die op verschillende categorieën personen van toepassing zijn, wordt een verwijzing naar de wetgeving van die Staat uitgelegd als een verwijzing naar het door het recht van die Staat aangewezen rechtsstelsel.

[29-05-1993, Trb. 94, i.w.tr. 01-05-1995]

[Interpersoneel recht]

Betekenis. In art. 37 is de gebruikelijke clausule van de Haagse verdragen neergelegd met betrekking tot staten waarin voor verschillende bevolkingsgroepen verschillende rechtsstelsels gelden.

Artikel 38

Een Staat waarbinnen verschillende territoriale eenheden met betrekking tot adoptie hun eigen rechtsregels hebben, is niet gehouden het Verdrag toe te passen in gevallen waarin een Staat met een uniform rechtsstelsel daartoe niet gehouden zou zijn.

[29-05-1993, Trb. 94, i.w.tr. 01-05-1995]

[Samenloop met interne regelgeving]

Betekenis. Het verdrag is ingevolge deze bepaling niet van toepassing in gevallen van adoptie waarbij het kind vanuit een gebiedsdeel van een verdragsstaat wordt overgebracht naar een ander gebiedsdeel van dezelfde staat (MvT, *Kamerstukken* 24 810 (R 1577), nr. 3, p. 30).

Artikel 39

1. Het Verdrag laat onverlet internationale regelingen waarbij Verdragsluitende Staten Partij zijn en die bepalingen bevatten betreffende in dit Verdrag geregelde onderwerpen, tenzij door de Staten die Partij zijn bij zodanige regelingen een andersluidende verklaring wordt afgelegd.
2. Een Verdragsluitende Staat kan met een of meer andere Verdragsluitende Staten overeenkomsten sluiten met het oog op verbetering van de toepassing van het Verdrag in hun onderlinge betrekkingen. Deze overeenkomsten kunnen alleen afwijken van de bepalingen van de artikelen 14 tot en met 16 en 18 tot en met 21. Staten die een zodanige overeenkomst hebben gesloten, zenden een afschrift daarvan aan de depositaris van het Verdrag.
[29-05-1993, Trb. 94, i.w.tr. 01-05-1995]

[Samenloop met andere verdragen]

Betekenis. Ingevolge lid 1 laat het verdrag onverlet andere verdragen waarbij de verdragsstaten partij zijn en die bepalingen bevatten aangaande door het verdrag geregelde onderwerpen, tenzij de desbetreffende staten een andersluidende verklaring afleggen. Het verdrag geeft niet aan binnen welke termijn een dergelijke verklaring moet worden afgelegd. Op grond van lid 2 van art. 39 kunnen verdragsstaten nadere verdragen sluiten met het oog op verbetering van de toepassing van het verdrag in hun onderlinge betrekkingen. Deze nadere verdragen kunnen alleen afwijkingen bevatten inzake de art. 14-16 en 18-21, d.w.z. kunnen alleen de te volgen procedures bij interlandelijke adoptie betreffen.

Artikel 40

Voorbehouden op het Verdrag zijn niet toegestaan.
[29-05-1993, Trb. 94, i.w.tr. 01-05-1995]

[Voorbehouden]

Betekenis. Deze bepaling benadrukt het dwingend karakter van de verdragsregeling. Ingevolge art. 40 zijn voorbehouden op het verdrag niet toegestaan. Terzijde zij opgemerkt dat de verklaringen van art. 25 niet als voorbehouden worden aangemerkt (Toelichtend Rapport, p. 643).

Artikel 41

Het Verdrag is steeds van toepassing wanneer op grond van artikel 14 een aanvraag is ontvangen nadat het Verdrag in de Staat van opvang en de Staat van herkomst in werking is getreden.

[29-05-1993, Trb. 94, i.w.tr. 01-05-1995]

[Overgangsrecht; temporele werking]

Betekenis. Het verdrag is van toepassing wanneer op het tijdstip van indiening van het verzoek als bedoeld in art. 14 het verdrag in werking is getreden zowel in de staat van opvang als in de staat van herkomst. Voor Nederland geldt als het tijdstip van indiening van het verzoek, het tijdstip waarop het verzoek om beginseltoestemming aan de Minister van Justitie is gericht (zie art. 14, aant. 1). In deze zin diende de Rechtbank Limburg in de beschikking van 22 december 2015, ECLI:NL:RBLIM:2015:11118, de erkenning van de Amerikaanse adoptiebeslissing van 6 maart 2014 te beoordelen aan de hand van art. 10:109 BW. Het verdrag is voor de VS op 1 april 2008 in werking getreden, doch het verzoek tot het verkrijgen van beginseltoestemming dateert van 28 februari 2008. Het verdrag kan derhalve geen toepassing vinden. Zie Rechtbank Midden-Nederland 19 december 2019, ECLI:NL:RBMNE:2019:6029. Erkenning van een op 16 november 2018 in Haïti uitgesproken adoptie. De rechtbank overweegt dat ambtshalve dient te worden nagegaan of sprake is van een buitenlandse adoptiebeslissing ingevolge het Haags Adoptieverdrag 1993, welke adoptiebeslissingen conform artikel 23 van dit verdrag van rechtswege worden erkend. Haïti is sinds 1 april 2014 partij bij dit verdrag. Op het moment van indiening van het verzoek voor het verkrijgen van de beginseltoestemming – op 3 februari 2014 – was het verdrag nog niet voor Haïti in werking getreden, zodat het verdrag niet van toepassing is op de Haïtiaanse adoptiebeslissing. Erkenning vindt plaats op grond van artikel 10:109 BW.

Artikel 42

De Secretaris-Generaal van de Haagse Conferentie voor internationaal privaatrecht roept periodiek een Bijzondere Commissie bijeen ten einde de praktische werking van dit Verdrag te toetsen.

[29-05-1993, Trb. 94, i.w.tr. 01-05-1995]

[Bijzondere commissies]

Betekenis. Deze bepaling betreft periodiek overleg over de toepassing van het verdrag. De Secretaris-Generaal van de Haagse Conferentie voor Internationaal Privaatrecht roept periodiek daartoe een Bijzondere Commissie bijeen. Alle staten die partij zijn bij het verdrag, de lidstaten van de Haagse Conferentie en de niet-lidstaten die aan de Zeventiende Zitting van de Haagse Conferentie (tijdens welke Zitting het verdrag tot stand is gekomen) hebben deelgenomen kunnen zo'n overleg bijwonen. De laatste Bijzondere Commissie is gehouden in juni 2015. De volgende Bijzondere Commissie zal plaatsvinden in juli 2022. De conclusies en aanbevelingen van deze bijeenkomsten zijn te vinden op de site van de Haagse Conferentie voor IPR: www.hcch.net.

HOOFDSTUK VII
Slotbepalingen

Artikel 43

1. Dit Verdrag staat open voor ondertekening voor de Staten die ten tijde van de Zeventiende Zitting lid waren van de Haagse Conferentie voor Internationaal Privaatrecht en voor andere Staten die aan deze Zitting hebben deelgenomen.
2. Het Verdrag dient te worden bekrachtigd, aanvaard of goedgekeurd en de akten van bekrachtiging, aanvaarding of goedkeuring te worden nedergelegd bij het Ministerie van Buitenlandse Zaken van het Koninkrijk der Nederlanden, depositaris van het Verdrag.
[29-05-1993, Trb. 94, i.w.tr. 01-05-1995]

Artikel 44

1. Iedere andere Staat kan tot het Verdrag toetreden nadat het overeenkomstig artikel 46, eerste lid, in werking is getreden.
2. De akte van toetreding dient te worden nedergelegd bij de depositaris.
3. De toetreding heeft slechts gevolg in de betrekkingen tussen de toetredende Staat en die Verdragsluitende Staten die niet binnen zes maanden na de ontvangst van de in artikel 48, letter *b*, bedoelde kennisgeving bezwaar hebben gemaakt tegen de toetreding van deze Staat. Een dergelijk bezwaar kan ook worden gemaakt door een Staat op het tijdstip van een bekrachtiging, aanvaarding of goedkeuring van het verdrag, indien deze na de toetreding plaatsvindt. Van bezwaren wordt kennis gegeven aan de depositaris.
[29-05-1993, Trb. 94, i.w.tr. 01-05-1995]

Artikel 45

1. Een Staat die twee of meer territoriale eenheden omvat waarin verschillende rechtsstelsels van toepassing zijn betreffende onderwerpen die door dit Verdrag worden geregeld, kan op het tijdstip van ondertekening, bekrachtiging, aanvaarding, goedkeuring of toetreding verklaren dat dit Verdrag van toepassing is op al deze territoriale eenheden of slechts op een of meer daarvan en kan te allen tijde deze verklaring wijzigen door een nieuwe verklaring af te leggen.
2. Deze verklaringen worden ter kennis gebracht van de depositaris en vermelden uitdrukkelijk de territoriale eenheden waarop het Verdrag van toepassing is.
3. Indien een Staat geen verklaring krachtens dit artikel aflegt, is het Verdrag van toepassing op het gehele grondgebied van die Staat.
[29-05-1993, Trb. 94, i.w.tr. 01-05-1995]

Artikel 46

1. Het Verdrag treedt in werking op de eerste dag van de maand volgend op het verstrijken van een termijn van drie maanden na de nederlegging van de derde akte van bekrachtiging, aanvaarding of goedkeuring, bedoeld in artikel 43.
2. Vervolgens treedt het Verdrag in werking

a. voor iedere Staat die het Verdrag later bekrachtigt, aanvaardt, goedkeurt of hiertoe toetreedt, op de eerste dag van de maand volgend op het verstrijken van een termijn van drie maanden na de nederlegging van zijn akte van bekrachtiging, aanvaarding, goedkeuring of toetreding;

b. voor een territoriale eenheid waarop het Verdrag overeenkomstig artikel 45 is uitgebreid, op de eerste dag van de maand volgend op het verstrijken van een termijn van drie maanden na de kennisgeving bedoeld in dat artikel.

[29-05-1993, Trb. 94, i.w.tr. 01-05-1995]

Artikel 47

1. Een Staat die Partij is bij het Verdrag kan dit opzeggen door middel van een schriftelijke kennisgeving gericht aan de depositaris.

2. De opzegging wordt van kracht op de eerste dag van de maand volgend op het verstrijken van een termijn van twaalf maanden nadat de kennisgeving door de depositaris is ontvangen. Wanneer in de kennisgeving een langere opzegtermijn is aangegeven, wordt de opzegging van kracht na het verstrijken van zulk een langere termijn nadat de kennisgeving door de depositaris is ontvangen.

[29-05-1993, Trb. 94, i.w.tr. 01-05-1995]

Artikel 48

De depositaris geeft de Lid-Staten van de Haagse Conferentie voor Internationaal Privaatrecht, de andere Staten die aan de Zeventiende Zitting hebben deelgenomen en de Staten die overeenkomstig artikel 44 zijn toegetreden, kennis van:

a. de ondertekeningen, bekrachtigingen, aanvaardingen en goedkeuringen bedoeld in artikel 43;

b. de toetredingen en bezwaren tegen toetredingen bedoeld in artikel 44;

c. de datum waarop het Verdrag overeenkomstig artikel 46 in werking treedt;

d. de verklaringen en aanwijzingen bedoeld in de artikelen 22, 23, 25 en 45;

e. de overeenkomsten bedoeld in artikel 39;

f. de opzeggingen bedoeld in artikel 47.

[29-05-1993, Trb. 94, i.w.tr. 01-05-1995]

[Kennisgevingen]

1. Algemeen. Art. 43-48 bevatten de voor de Haagse verdragen gebruikelijke slotbepalingen inzake bekrachtiging, aanvaarding en goedkeuring. De desbetreffende akte wordt neergelegd bij het Ministerie van Buitenlandse Zaken van het Koninkrijk der Nederlanden, als depositaris van het verdrag (art. 43).

2. Toetreding door niet-lidstaten van de Haagse Conferentie voor IPR (art. 44). Het verdrag staat open voor toetreding van 'iedere andere staat', zijnde iedere niet-lidstaat of iedere niet-lidstaat die niet heeft deelgenomen aan de Zeventiende Zitting. De toetreding heeft slechts gevolg in de betrekkingen tussen de toetredende staat en de verdragsstaten die niet binnen een bepaalde termijn bezwaar maken tegen de toetreding van deze staat.

3. Inwerkingtreding van het verdrag (art. 46). Het verdrag treedt in werking op de eerste dag van de maand na het verstrijken van drie maanden na de nederlegging van de derde akte van bekrachtiging, aanvaarding of goedkeuring bedoeld in art. 43. Het verdrag is op 1 mei 1995 in werking getreden. Voor Nederland is het op 1 oktober 1998 in werking getreden. Het verdrag kent inmiddels 93 verdragsstaten.

Uitvoeringswet Verdrag inzake de bescherming van kinderen en de samenwerking op het gebied van de interlandelijke adoptie

Wet van 14 mei 1998 tot uitvoering van het op 29 mei 1993 te 's-Gravenhage tot stand gekomen verdrag inzake de bescherming van kinderen en de samenwerking op het gebied van de interlandelijke adoptie en, in verband daarmee, wijziging van de Wet opneming buitenlandse pleegkinderen en enige andere wetten, Stb. 1998, 302, zoals laatstelijk gewijzigd op 13 juli 2016, Stb. 2016, 290 (i.w.tr. 01-09-2017)

Wij Beatrix, bij de gratie Gods, Koningin der Nederlanden, Prinses van Oranje-Nassau, enz. enz. enz.

Allen, die deze zullen zien of horen lezen, saluut! doen te weten:

Alzo Wij in overweging genomen hebben, dat het wenselijk is om wettelijke voorzieningen te treffen ter uitvoering van het op 29 mei 1993 te 's-Gravenhage tot stand gekomen verdrag inzake de bescherming van kinderen en de samenwerking op het gebied van interlandelijke adoptie (*Trb.* 1993, 197) en in verband daarmee de Wet opneming buitenlandse pleegkinderen en enige andere wetten te wijzigen;

Zo is het, dat Wij, de Raad van State gehoord, en met gemeen overleg der Staten-Generaal, hebben goedgevonden en verstaan, gelijk Wij goedvinden en verstaan bij deze:

HOOFDSTUK 1
Algemene bepalingen

Artikel 1

In deze wet wordt verstaan onder:

a. het verdrag: het op 29 mei 1993 te 's-Gravenhage tot stand gekomen verdrag inzake de bescherming van kinderen en de samenwerking op het gebied van de interlandelijke adoptie (*Trb.* 1993, 197);

b. de centrale autoriteit van de staat van herkomst: de in de staat van herkomst van het kind aangewezen centrale autoriteit dan wel de overheidsinstantie, de vergunninghoudende instelling of andere persoon of instelling aan wie in die staat bepaalde taken van de centrale autoriteit zijn opgedragen.

[14-05-1998, Stb. 302, i.w.tr. 01-10-1998/kamerstukken 24811]

HOOFDSTUK 2
Taak en bevoegdheden van de centrale autoriteit en de vergunninghoudende instellingen

Artikel 2
1. Onze Minister van Justitie wordt voor Nederland aangewezen als centrale autoriteit, bedoeld in artikel 6 van het verdrag.
2. De centrale autoriteit is belast met de in het verdrag omschreven taken van de centrale autoriteit, voor zover deze niet door deze wet of door de Wet opneming buitenlandse kinderen ter adoptie aan andere autoriteiten of instellingen zijn opgedragen.
[14-05-1998, Stb. 302, i.w.tr. 01-10-1998/kamerstukken 24811]

Artikel 3
1. De centrale autoriteit is bevoegd, zonodig ook zonder uitdrukkelijke volmacht van degene die zich met een verzoek tot haar heeft gewend, zowel in als buiten rechte ter uitvoering van haar taak namens hem op te treden.
2. De centrale autoriteit behoeft, indien zij in rechte optreedt, niet de bijstand van een advocaat, tenzij het een vorderingsprocedure betreft.
3. De centrale autoriteit draagt zelf alle kosten die aan de uitvoering van haar taak zijn verbonden, voor zover deze niet door haar teruggevorderd kunnen worden van de verzoeker.
[13-07-2016, Stb. 290, i.w.tr. 01-09-2017/kamerstukken 34212]

Artikel 4
1. De centrale autoriteit verleent een houder van een vergunning op grond van de Wet opneming buitenlandse kinderen ter adoptie op diens verzoek machtiging om in een andere staat die partij is bij het verdrag, of in een bepaald gebiedsdeel van die staat, op te treden. De machtiging wordt slechts verleend indien een eensluidende machtiging van de bevoegde autoriteit van die andere staat is verkregen. De machtiging kan worden geweigerd indien reeds een of meer andere vergunninghouders gemachtigd zijn in die staat, of in het betrokken gebiedsdeel van die staat, op te treden.
2. Vergunninghouders aan wie de in het eerste lid bedoelde machtiging is verleend, treden op als vergunninghoudende instellingen in de zin van het verdrag.
[14-05-1998, Stb. 302, i.w.tr. 01-10-1998/kamerstukken 24811]

HOOFDSTUK 3
Procedure in geval van interlandelijke adoptie door personen die hun gewone verblijfplaats in Nederland hebben

Artikel 5
Personen die hun gewone verblijfplaats in Nederland hebben en die een kind wensen te adopteren dat zijn gewone verblijfplaats heeft in een andere staat die partij is bij het verdrag, behoeven daartoe een beginseltoestemming van Onze Minister van Justitie als bedoeld in de Wet opneming buitenlandse kinderen ter adoptie.
[14-05-1998, Stb. 302, i.w.tr. 01-10-1998/kamerstukken 24811]

Artikel 6

1. Het rapport, bedoeld in artikel 15 van het verdrag, wordt door de vergunninghouder wiens bemiddeling door de aspirant-adoptiefouders is ingeroepen – in deze wet verder aan te duiden als 'de vergunninghouder' – samengesteld en toegezonden aan de centrale autoriteit van de staat van herkomst, onder mededeling dat bij de binnenkomst van het kind in Nederland moet zijn voldaan aan de voorwaarde van artikel 8, onder *a*, van de Wet opneming buitenlandse kinderen ter adoptie.
2. Ingeval de adoptie in de staat van herkomst wordt uitgesproken en deze adoptie niet tot gevolg zal hebben dat de voordien bestaande familierechtelijke betrekkingen worden verbroken, roept de vergunninghouder de tussenkomst van de centrale autoriteit van de staat van herkomst in met het oog op de verkrijging van de in artikel 4, onder *c* en *d*, van het verdrag bedoelde toestemmingen voor de omzetting van de adoptie in een adoptie naar Nederlands recht.
[14-05-1998, Stb. 302, i.w.tr. 01-10-1998/kamerstukken 24811]

Artikel 7

1. Het rapport, bedoeld in artikel 16 van het verdrag, wordt door de vergunninghouder in ontvangst genomen.
2. Naar aanleiding van het in het eerste lid bedoelde rapport brengt de vergunninghouder schriftelijk, met redenen omkleed, advies uit aan de centrale autoriteit over de vraag of tegen de toevertrouwing van het kind aan de aspirant-adoptiefouders bedenkingen bestaan en of de adoptie voortgang mag vinden. Een afschrift van het advies doet hij aan de aspirant-adoptiefouders toekomen.
3. Na ontvangst van het advies besluit de centrale autoriteit of tegen de toevertrouwing van het kind aan de aspirant-adoptiefouders bedenkingen bestaan en of de adoptie voortgang mag vinden. Aan haar besluit kan zij voorwaarden verbinden. Tegelijkertijd met de bekendmaking van het besluit aan de aspirant-adoptiefouders wordt van het besluit mededeling gedaan aan de vergunninghouder.
[14-05-1998, Stb. 302, i.w.tr. 01-10-1998/kamerstukken 24811]

Artikel 8

Met het oog op de in de staat van herkomst te nemen beslissing om het kind aan de zorg van de aspirant-adoptiefouders toe te vertrouwen, deelt de vergunninghouder de centrale autoriteit van die staat schriftelijk mede dat tegen deze toevertrouwing geen bedenkingen bestaan en dat de adoptie voortgang mag vinden. De mededeling gaat vergezeld van een schriftelijke verklaring van de aspirant-adoptiefouders, dat zij ermee instemmen dat het kind aan hun zorg wordt toevertrouwd, en een schriftelijke verklaring van Onze Minister van Justitie dat het kind voor een permanent verblijfsrecht in aanmerking komt.
[14-05-1998, Stb. 302, i.w.tr. 01-10-1998/kamerstukken 24811]

Artikel 9

De overbrenging van het kind naar Nederland mag slechts plaatsvinden indien de vergunninghouder van de centrale autoriteit van de staat van herkomst de mededeling heeft ontvangen dat deze de in artikel 8 bedoelde verklaringen heeft ontvangen en dat zij ermee instemt dat de adoptie voortgang vindt.
[14-05-1998, Stb. 302, i.w.tr. 01-10-1998/kamerstukken 24811]

Artikel 10

De verklaring, bedoeld in artikel 23 van het verdrag, wordt op verzoek afgegeven door de griffier van het rechterlijk college dat de adoptie heeft uitgesproken, nadat twee maanden sinds de uitspraak in eerste aanleg of in hoger beroep zijn verstreken zonder dat hoger beroep of beroep in cassatie is ingesteld. Is beroep in cassatie ingesteld, dan kan de verklaring worden afgegeven na de uitspraak in cassatie. Zij wordt slechts afgegeven indien de verzoeker aantoont dat hij bij de verkrijging een gerechtvaardigd belang heeft. Voor de verklaring wordt een bij regeling van Onze Minister van Justitie vast te stellen formulier gebruikt.

[14-05-1998, Stb. 302, i.w.tr. 01-10-1998/kamerstukken 24811]

Artikel 11

1. Ingeval een in de staat van herkomst in overeenstemming met het verdrag tot stand gekomen adoptie door personen die hun gewone verblijfplaats in Nederland hebben, niet tot gevolg heeft dat de voordien bestaande familierechtelijke betrekkingen worden verbroken, ziet de vergunninghouder erop toe dat in Nederland een verzoek tot omzetting in een adoptie naar Nederlands recht wordt ingediend.

2. Het verzoek wordt toegewezen indien de adoptie in het kennelijk belang is van het kind en op de dag van de indiening ervan is voldaan aan artikel 228, eerste lid, onder *a* en *d*, van Boek 1 van Het Burgerlijk Wetboek. De omzetting heeft de gevolgen, bedoeld in de artikelen 229 tot en met 232 van Boek 1 van het Burgerlijk Wetboek.

3. Van de omzetting wordt een verklaring afgegeven overeenkomstig artikel 10.

[28-01-1999, Stb. 30, i.w.tr. 17-02-1999/kamerstukken 25836]

HOOFDSTUK 4

Procedure in geval van interlandelijke adoptie van een kind dat zijn gewone verblijfplaats in Nederland heeft

Artikel 12

1. In geval van interlandelijke adoptie van een kind dat zijn gewone verblijfplaats in Nederland heeft door echtgenoten of een persoon die hun gewone verblijfplaats hebben in een andere staat die partij is bij het verdrag, stelt de centrale autoriteit het in artikel 16 van het verdrag bedoelde rapport omtrent het kind op. Zij wint daartoe het advies in van de raad voor de kinderbescherming. Zij doet zich de op grond van artikel 4 van het verdrag vereiste toestemmingen door tussenkomst van de raad voor de kinderbescherming toekomen op bij regeling van Onze Minister van Justitie vast te stellen formulieren. Zij bepaalt of met de voorgenomen plaatsing het hoogste belang van het kind is gediend.

2. De centrale autoriteit doet het in het eerste lid bedoelde rapport, alsmede de in artikel 16, tweede lid, van het verdrag bedoelde bescheiden toekomen aan de centrale autoriteit van de staat van opvang.

[14-05-1998, Stb. 302, i.w.tr. 01-10-1998/kamerstukken 24811]

Artikel 13

1. De overbrenging van het kind naar de staat van opvang mag slechts plaatsvinden nadat een der aspirant-adoptiefouders bij een in Nederland gegeven rechterlijke beschikking tot voogd van het kind is benoemd.

2. De in het eerste lid bedoelde beschikking wordt eerst gegeven nadat:

a. de centrale autoriteit door tussenkomst van de centrale autoriteit van de staat van opvang een schriftelijke verklaring van de aspirant-adoptiefouders heeft ontvangen, dat dezen ermee instemmen dat het kind aan hun zorg wordt toevertrouwd;
b. de centrale autoriteit van de staat van opvang met deze beslissing heeft ingestemd, ingeval een zodanige instemming vereist is;
c. de centrale autoriteit van de staat van opvang schriftelijk heeft verklaard dat zij ermee instemt dat de adoptie voortgang vindt, en
d. door de centrale autoriteit bescheiden zijn ontvangen waaruit blijkt dat overeenkomstig artikel 5 van het verdrag door de bevoegde autoriteiten van de staat van opvang is vastgesteld dat de aspirant-adoptiefouders aan de vereisten van adoptie voldoen en daartoe geschikt zijn en dat het kind vergunning heeft of zal verkrijgen de staat van opvang binnen te komen en een permanent verblijfsrecht in de staat van opvang heeft of zal verkrijgen.

[14-05-1998, Stb. 302, i.w.tr. 01-10-1998/kamerstukken 24811]

Artikel 14

(Bevat wijzigingen in de Wet opneming buitenlandse pleegkinderen.)
[28-01-1999, Stb. 30, i.w.tr. 17-02-1999/kamerstukken 25836]

Artikel 15

(Bevat wijzigingen in de Pleegkinderenwet.)
[14-05-1998, Stb. 302, i.w.tr. 01-10-1998/kamerstukken 24811]

Artikel 16

(Bevat wijzigingen in het Burgerlijk Wetboek Boek 1.)
[14-05-1998, Stb. 302, i.w.tr. 01-10-1998/kamerstukken 24811]

Artikel 17

1. De hoofdstukken van deze wet treden in werking op een bij koninklijk besluit te bepalen tijdstip, dat voor de verschillende hoofdstukken of onderdelen daarvan verschillend kan worden vastgesteld.
2. Vergunningen die op grond van de Wet opneming buitenlandse pleegkinderen zijn verleend vóór het tijdstip van inwerkingtreding van deze wet, vervallen van rechtswege twee jaren na dat tijdstip.
[14-05-1998, Stb. 302, i.w.tr. 01-10-1998/kamerstukken 24811]

Wet opneming buitenlandse kinderen ter adoptie

Wet van 8 december 1988, houdende regelen inzake de opneming in Nederland van buitenlandse pleegkinderen met het oog op adoptie, Stb. 1988, 566, zoals laatstelijk gewijzigd op 21 maart 2018, Stb. 2018, 94 (i.w.tr. 01-08-2018)

Wij Beatrix, bij de gratie Gods, Koningin der Nederlanden, Prinses van Oranje-Nassau, enz. enz. enz.

Allen, die deze zullen zien of horen lezen, saluut! doen te weten:

Alzo Wij in overweging genomen hebben, dat het wenselijk is de voorwaarden waaraan moet zijn voldaan bij de opneming in Nederland van een buitenlands pleegkind met het oog op adoptie in de wet neer te leggen en tevens bij de wet te bepalen dat bemiddelende werkzaamheden inzake een zodanige opneming slechts kunnen worden verricht door organisaties aan welke daartoe een vergunning is verleend en op de bij of krachtens de wet bepaalde wijze, zulks ter bevordering van een verantwoorde gang van zaken rond de opneming in Nederland van buitenlandse pleegkinderen met het oog op adoptie;

Zo is het, dat Wij, de Raad van State gehoord, en met gemeen overleg der Staten-Generaal, hebben goedgevonden en verstaan, gelijk Wij goedvinden en verstaan bij deze:

[Inleidende opmerkingen]

1. Wetsgeschiedenis. De Wet opneming buitenlandse pleegkinderen van 8 december 1988 (*Stb.* 1988, 566; hierna ook: Wobp) is op 15 juli 1989 in werking getreden evenals het Besluit opneming buitenlandse pleegkinderen van 4 juli 1989 (*Stb.* 1989, 262; hierna ook: Besluit 1989), dat strekt ter uitvoering van de Wobp. Zie voor de parlementaire behandeling *Kamerstukken* nr. 20 046 en voor de nota van toelichting op het Besluit 1989, *Stb.* 1989, 262. Het Besluit 1989 dient thans te worden aangehaald als 'Besluit opneming buitenlandse kinderen ter adoptie'.

2. Belangrijkste wijzigingen in de wet. Krachtens de Wet van 30 maart 1995 tot wijziging van de Wet opneming buitenlandse pleegkinderen en van de Pleegkinderenwet (*Stb.* 274) zijn enkele bepalingen van de Wobp gewijzigd. Deze wet is op 31 mei 1995 in werking getreden. De inhoudelijke wijzigingen betreffen in hoofdzaak de positie van echtparen die zonder gebruikmaking van een vergunninghoudende bemiddelaar tot opneming van een buitenlands adoptief-pleegkind overgaan, de zogeheten 'zelfdoeners', en de mogelijkheid van afwijking van criteria die de Wobp stelt ten aanzien van de aan aspirant-pleegouders te stellen voorwaarden met betrekking tot de maximumleeftijd waarop nog een beginseltoestemming tot opneming van een buitenlands pleegkind kan worden verkregen. Op 31 mei 1995 is eveneens in werking getreden het Besluit van 18 mei 1995 inzake het onderzoek naar buitenlandse contacten van aspirant-pleegouders (*Stb.* 275; hierna ook: Besluit 1995). Zie voor de parlementaire behandeling Kamerstukken nr. 23 137 en voor de nota van toelichting op het Besluit 1995, *Stb.* 1995, 275. Het Besluit 1995 is met commentaar opgenomen in deze uitgave onder nummer 40 en dient thans te worden aangehaald als 'Besluit inzake het onderzoek naar buitenlandse contacten van aspirant-adoptiefouders'. Op 1 oktober 1998 is voor Nederland in werking getreden het op 29 mei 1993 te 's-Gravenhage tot stand gekomen Verdrag inzake de bescherming van kinderen en de samenwerking op het gebied van de interlandelijke adoptie (*Trb.* 1993, 197; hierna ook: Haags Adoptieverdrag 1993), dat met commentaar is opgenomen in deze uitgave onder nummer 44. Ter uitvoering van dit verdrag is een wet van 14 mei 1998 tot stand gekomen waarbij enige andere wetten, waaronder de Wobp, zijn gewijzigd (*Stb.* 302). Deze wijzigingswet is op 1 oktober 1998 in werking getreden. Vanaf 1 oktober 1998 luidt de naam van de onderhavige wet 'Wet opneming buitenlandse kinderen ter adoptie'. Dit is, met andere woorden, de huidige versie van de onderhavige wet. Om die reden wordt in het hiernavolgende de onderhavige wet mede aangeduid als 'Wobka'.

3. Ratio. De Wobka — die een aantal kinderbeschermings- en vreemdelingenrechtelijke aspecten bevat — heeft, zo leert de MvT (*Kamerstukken II*, 20 046, nr. 3, p. 2), een drieledige strekking. **Eerste doelstelling: voorwaarden toelating buitenlands kind.** Zij geeft in de eerste plaats een regeling voor de verlening en verlenging door de Minister van Justitie van een toestemming voor de opneming van een buitenlands kind, de zogeheten 'beginseltoestemming'. Voorts noemt de Wobka de vereisten waaraan op het tijdstip van binnenkomst van het buitenlandse kind moet zijn voldaan alsmede de rechten en de verplichtingen die de opneming voor de betrokken partijen meebrengt. **Tweede doelstelling: regulering bemiddeling.** In de tweede plaats beoogt de Wobka gevolg te geven aan de wens om de bemiddeling ter zake van de opneming van buitenlandse kinderen ter adoptie te reguleren door een vergunningenstelsel. **Derde doelstelling: toezicht en controle.** In de derde plaats voorziet de Wobka in verschillende vormen van controle ten aanzien van de binnenkomst in Nederland van een buitenlands kind, de activiteiten van de vergunninghouders alsmede de verstrekking van de aan een gezinsonderzoek voorafgaande algemene voorlichting.

4. Opzet van de wet. De Wobka is verdeeld in hoofdstukken. In Hoofdstuk 1 (art. 1) worden enkele in de Wobka gehanteerde begrippen omschreven. Hoofdstuk 2 (art. 2-7a) betreft de voorwaarden voor en de procedure tot verlening van de beginseltoestemming. In Hoofdstuk 3 (art. 8-9) komen de voorwaarden voor opneming van het buitenlandse kind in Nederland aan bod. Hoofdstuk 3A (art. 9a-9c) voorziet in een tegemoetkoming in adoptiekosten. Hoofdstuk 4 (art. 11-14) houdt bepalingen in betreffende het gezinsonderzoek na binnenkomst in Nederland van een buitenlands kind dat door aspirant-adoptiefouders is opgenomen in een periode waarin zij hun gewone verblijfplaats in het buitenland hadden. Hoofdstuk 5 (art. 15-24) bevat een regeling voor de verlening van een vergunning aan rechtspersonen die bemiddelen bij de opneming van een buitenlands kind. Voorts komen in dit hoofdstuk de werkzaamheden van deze vergunninghouders aan de orde. Hoofdstuk 5A bevat één bepaling, namelijk art. 24a, inzake een klachtencommissie met betrekking tot gedragingen van vergunninghouders. In Hoofdstuk 6 (art. 25-28) komt het toezicht op de naleving van enkele artikelen van de Wobka aan de orde. Dit hoofdstuk bevat verder enkele strafbepalingen. Hoofdstuk 7 (art. 29-34) bevat de slotbepalingen.

5. Werkingsbereik van de wet. De Wobka regelt uitsluitend de opneming in Nederland van een niet-Nederlands kind met het oog op adoptie. Het beleid aangaande opneming met een ander doel dan adoptie is verwoord in Hoofdstuk B, Deel 3 van de Vreemdelingencirculaire 2000 ('Buitenlandse pleegkinderen'). Het vereiste van een krachtens de Wobka te verlenen beginseltoestemming geldt niet alleen voor het overbrengen van een kind naar Nederland met het oog op adoptie in Nederland maar ook voor het overbrengen naar Nederland van een reeds in het buitenland geadopteerd kind. Het maakt daarbij niet uit of het land waar de adoptie heeft plaatsgehad partij is bij het Haags Adoptieverdrag 1993. Is sprake van (een buitenlandse adoptie en van) aspirant-adoptiefouders met een voormalige buitenlandse gewone verblijfplaats (in het land van adoptie), dan is de Wobka evenwel niet onverkort van toepassing. Zie in dat verband de art. 11-14 Wobka. Door de openstelling van de interlandelijke adoptie voor één persoon geldt de Wobka ook voor de opneming in Nederland van een kind door één ouder.

6. Geen internationaal privaatrecht. De Wobka regelt niet het internationaal privaatrecht inzake adoptie. Vragen over de rechtsmacht van de Nederlandse rechter, het toepasselijke recht en de erkenning van vreemde adopties worden derhalve niet beantwoord door deze wet. Dit betekent evenwel niet dat de Wobka geen repercussies kan hebben voor wat betreft het toepasselijke recht en de erkenning van vreemde adopties (De Heer (Personen- en familierecht) 'Interlandelijke adoptie', aant. 3.2, suppl. mei 2001, ontleend aan Vonken (Personen- en familierecht), Titel 12, ipr, aant. 1, p. 42-52).

7. Richtlijnen. De Wobka geeft de Minister van Justitie de bevoegdheid in verband met bijzondere omstandigheden af te wijken van in deze wet omschreven voorwaarden waaraan moet zijn voldaan om voor de opneming van een buitenlands kind in aanmerking te komen (zie art. 3 lid 2; art. 5 lid 5, onder b; art. 5 lid 6 en 7; art. 8, onder a). Die omstandigheden zijn nader aangegeven in de Richtlijnen opneming buitenlandse kinderen ter adoptie 2000 (*Stcrt.* 2000, 234). Zij bevatten beleidsnormen. Waar in het hiernavolgende gesproken wordt van 'Richtlijnen', worden hiermee genoemde richtlijnen uit 2000 bedoeld. Benadrukt zij dat de opsomming van gevallen van bijzondere omstandigheden in de Richtlijnen niet limitatief is (Toelichting op de Richtlijnen) en dat de Richtlijnen, voor zover zij betrekking hebben op artikelen van de Wobka die bij de wijzigingswet van 24 oktober 2008 (*Stb.* 2008, 425) gewijzigd zijn, (nog) niet aan deze wijzigingen zijn aangepast.

8. Oude regeling. Met de Wobp, de voorloper van de Wobka, werd het gedeelte van de richtlijnen, opgenomen in Hoofdstuk B18, Deel 2.2 van de Vreemdelingencirculaire 1982, vervangen, dat betrekking heeft op de voorwaarden waaraan moet zijn voldaan bij de opneming en de toelating.

9. Overgangsrecht. Zie art. 33 lid 2-3 Wobka en aant. 2 bij dit artikel.

10. Overige wet- en regelgeving. Voor wat betreft het verblijf in Nederland moet worden voldaan aan de voorschriften van Hoofdstuk B, Deel 3, onder 3.1, van de Vreemdelingencirculaire 2000 ('Verlening van een verblijfsvergunning').

HOOFDSTUK 1
Begripsbepalingen

Artikel 1

In deze wet en de daarop berustende bepalingen wordt verstaan onder:
***Onze Minister*: Onze Minister van Justitie;**
***buitenlands kind:* een buiten Nederland geboren, de Nederlandse nationaliteit niet bezittende minderjarige in de zin van de Nederlandse wet, die in Nederland met het oog op adoptie in een ander gezin dan het ouderlijke wordt of zal worden verzorgd en opgevoed in zodanige omstandigheden dat de verzorgers in feite de plaats van de ouders innemen;**
aspirant-adoptiefouders: echtgenoten of een persoon die een buitenlands kind met het oog op adoptie wensen op te nemen of hebben opgenomen;
adoptiefouders: echtgenoten of een persoon die een buitenlands kind hebben geadopteerd;
***beginseltoestemming:* de schriftelijke mededeling van Onze Minister omschreven in artikel 2;**
***vergunninghouder:* de rechtspersoon die houder is van een vergunning als bedoeld in de artikelen 15 en 16.**
bemiddeling: elke activiteit van een vergunninghouder gericht op totstandkoming van, of ondersteuning bij, de plaatsing van een buitenlands kind met het oog op adoptie bij aspirant-adoptiefouders.
[24-10-2008, Stb. 425, i.w.tr. 01-01-2009/kamerstukken 30551]

[Begripsbepalingen]

1. Algemeen. Dit artikel is gewijzigd bij de Wetten van 30 maart 1995 (*Stb.* 274; in werking getreden op 31 mei 1995), 13 juni 1996 (*Stb.* 328; in werking getreden op 29 juni 1996), 14 mei 1998 (*Stb.* 302; in werking getreden op 1 oktober 1998), 8 maart 2001 (*Stb.* 128; in werking getreden op 1 april 2001) en 24 oktober 2008 (*Stb.* 425; in werking getreden op 1 januari 2009).

2. Omschrijving 'Onze Minister'. Met 'Onze Minister' wordt bedoeld de Nederlandse Minister van Justitie, dus niet de Minister van Justitie van Curaçao, Aruba of Sint Maarten.

3. Omschrijving 'buitenlands kind'. De Wobka is niet van toepassing op een Nederlands kind, ook al is het in het buitenland geboren. Ook indien het kind naast de Nederlandse nationaliteit een buitenlandse nationaliteit bezit, is, zo kan worden aangenomen, de Wobka niet van toepassing (De Heer (Personen- en familierecht) 'Interlandelijke adoptie', aant. 5, suppl. mei 2001, ontleend aan Vonken (Personen- en familierecht), Titel 12, ipr, p. 17, suppl. januari 1992). Immers, bij publiekrechtelijk getinte voorschriften zoals de Wobka is voor het begrip effectieve nationaliteit geen plaats. Voorts moet het kind met het oog op adoptie in Nederland worden opgenomen. Anders dan de woorden 'met het oog op adoptie' doen vermoeden, is de Wobka ook van toepassing in het geval van een in het buitenland reeds tot stand gekomen en in Nederland erkenbare adoptie. Zie evenwel aant. 5 bij de Inleidende opmerkingen en de art. 11-14 Wobka. Teneinde ieder internationaalprivaatrechtelijk probleem over vaststelling van de minderjarigheid van het kind bij voorbaat uit te sluiten, is in de wettelijke omschrijving de zinsnede 'in de zin van de Nederlandse wet', namelijk volgens art. 1:233 BW, toegevoegd. De Wobka is evenmin van toepassing op een in het buitenland geboren kind dat genetisch afkomstig is van de in Nederland gevestigde aspirant-adoptiefouder (zie Rb. Den Haag, ECLI:NL:RBDHA:2016:17211).

4. Omschrijving 'aspirant-adoptiefouders' en 'adoptiefouders'. Voor zover het buitenlandse kind geadopteerd wordt door twee personen, dienen deze gehuwd te zijn. Door de openstelling van de interlandelijke adoptie voor één persoon geldt de Wobka daarnaast voor de adoptie door één ouder. Deze persoon kan gehuwd zijn, een geregistreerd partnerschap zijn aangegaan, samenleven met een ander of alleenstaand zijn. Vergelijk Rb. Amsterdam 1 juni 2016, ECLI:NL:RBAMS:2016:3272. Onder 'echtgenoten' worden sinds de inwerkingtreding van de wijzigingswet van 24 oktober 2008 (*Stb.* 425) ook verstaan echtgenoten van hetzelfde geslacht. Interlandelijke adoptie door twee in Nederland woonachtige personen van hetzelfde geslacht is daarmee mogelijk. De keuze om interlandelijke adoptie open te stellen voor paren van hetzelfde geslacht is gebaseerd op de verwachting dat in het huidige tijdsgewricht deze openstelling er niet toe zal leiden dat bestaande relaties met landen van herkomst in gevaar worden gebracht (NV, *Kamerstukken II* 2006/07, 30551, 6, p. 7).

5. Omschrijving 'beginseltoestemming'. De beginseltoestemming is een aan de opneming in Nederland van een buitenlands kind voorafgaande schriftelijke mededeling van de Minister van Justitie dat deze in beginsel voor de opneming toestemming verleent. Zulk een mededeling is een beschikking waarop Titel 4.1 van de Algemene wet bestuursrecht (Awb) van toepassing is. Op grond van art. IIB van de Wet dwangsom en beroep bij niet tijdig beslissen van 28 augustus 2009 (*Stb.* 383) vindt par. 4.1.3.2 van de Awb, waarin de verschuldigdheid van een dwangsom is geregeld, gedurende drie jaren na 1 oktober 2009 geen toepassing ten aanzien van beschikkingen die zijn genomen op grond van de Wobka, voor zover bij wettelijk voorschrift of bij besluit van het bestuursorgaan niet anders is bepaald.

6. Omschrijving 'vergunninghouder'. De vergunninghouder is de rechtspersoon die op grond van deze wet van de Minister van Justitie een vergunning heeft verkregen om te bemiddelen inzake de opneming van een buitenlands kind ter adoptie.

7. Omschrijving 'bemiddeling'. Bemiddeling in de zin van de Wobka is voorbehouden aan vergunninghouders. Bij 'totstandkoming' moet worden gedacht aan elke activiteit die is gericht op plaatsing van een buitenlands kind door de vergunninghouder (vgl. MvT, *Kamerstukken II*, 23 137, nr. 3, p. 3). Van ondersteuning is reeds sprake in geval van onderzoek van door de aspirant-adoptiefouders zelf ingebrachte contacten met instanties, instellingen of personen in het buitenland die tot opneming van het kind kunnen leiden (MvT, *Kamerstukken II*, 23 137, nr. 3, p. 3). In verband met het bepaalde in art. 16 lid 2 Wobka moet onder 'bemiddeling' mede worden verstaan het ten behoeve van zelfdoeners te verrichten onderzoek naar de zorgvuldigheid en de zuiverheid van handelen van buitenlandse autoriteiten, instellingen en personen (MvA, *Kamerstukken I*, 23 137, nr. 63d, p. 3).

HOOFDSTUK 2
De beginseltoestemming

Artikel 2
De opneming in Nederland van een buitenlands kind met het oog op adoptie is uitsluitend toegestaan, indien van Onze Minister een voorafgaande schriftelijke mededeling is verkregen, dat deze in beginsel voor zodanige opneming toestemming verleent.
[14-05-1998, Stb. 302, i.w.tr. 01-10-1998/kamerstukken 24811]

[Beginseltoestemming vereist]

1. Algemeen. Dit artikel is gewijzigd bij de Wet van 14 mei 1998 (*Stb.* 302, in werking getreden op 1 oktober 1998).

2. Beginseltoestemming vereist. Dit artikel verbiedt het opnemen van een buitenlands kind zonder voorafgaande beginseltoestemming. Overtreding van dit verbod is strafbaar gesteld in art. 28. De beginseltoestemming is alleen vereist ingeval de aspirant-adoptiefouders in Nederland zijn gevestigd en zij het uit het buitenland afkomstige kind in Nederland opnemen met het oog op adoptie. Voor zover het kind destijds niet naar Nederland is gekomen met het oog op adoptie, is de Wobka niet van toepassing (vergelijk Rb. Noord-Holland 16 augustus 2021, ECLI:NL:RBNHO:2021:6860 en Rb. Noord-Nederland 9 mei 2017, ECLI:NL:RBNNE:2017:2750). Voor de verschillende casusposities waarin het buitenlandse kind is opgenomen in een periode waarin het adoptiefgezin in het buitenland woonachtig was, is een regeling getroffen in de art. 11-14.

Artikel 3
1. De beginseltoestemming geldt voor een periode van vier jaren en kan telkens voor een periode van vier jaren worden verlengd. De periode waarvoor zij wordt verleend of verlengd, overschrijdt evenwel niet het tijdstip waarop een van de aspirant-adoptiefouders de leeftijd van zesenveertig jaren zal hebben bereikt, tenzij bijzondere omstandigheden daartoe aanleiding geven.
2. Een beginseltoestemming betreft de opneming van een buitenlands kind of in het geval van broers en zussen, dan wel van kinderen die op andere wijze zodanig aan elkaar gehecht zijn dat zij bezwaarlijk van elkaar gescheiden kunnen worden, van twee buitenlandse kinderen tegelijk. Onze Minister kan in verband met bijzondere omstandigheden toestemming verlenen tot opneming van meer kinderen tegelijk.
[06-07-2011, Stb. 370, i.w.tr. 01-01-2012/kamerstukken 32446]

[Geldigheidsduur beginseltoestemming; aantal op te nemen buitenlandse kinderen]

1. Algemeen. Dit artikel is gewijzigd bij de wetten van 30 maart 1995 (*Stb.* 1995, 274; in werking getreden op 31 mei 1995), 14 mei 1998 (*Stb.* 1998, 302; in werking getreden op 1 oktober 1998); 24 oktober 2008 (*Stb.* 2008, 425; in werking getreden op 1 januari 2009) en 6 juli 2011 (*Stb.* 2011, 370; in werking getreden op 1 januari 2012).

2. Geldigheidsduur beginseltoestemming (lid 1 eerste volzin). Om te voorkomen dat een adoptiefkind op grond van verouderde gegevens in een bepaald gezin wordt geplaatst is aan de beginseltoestemming een beperkte geldigheidsduur verbonden, namelijk vier jaar. Evenwel kan verlenging worden gevraagd. In verband met de mogelijkheid dat het aanbod van kinderen achterblijft bij de vraag kan een verlengingsprocedure noodzakelijk zijn. De verlenging is mogelijk na een nieuw gezinsonderzoek door de raad voor de kinderbescherming voor ten hoogste drie jaren. Een verzoek tot verlenging wordt met voorrang behandeld (MvT, *Kamerstukken II*, 20 046, nr. 3, p. 14). De MvT (*Kamerstukken II*, 24 811, nr. 3, p. 9-10) leert evenwel dat verlengingsverzoeken die worden ingediend geruime tijd na het verstrijken van de geldigheidsduur van de beginseltoestemming plegen te worden afgewezen, zodat een nieuwe beginseltoestemming zal moeten worden aangevraagd.

3. Absolute leeftijdsgrens aspirant-adoptiefouders (lid 1 tweede volzin). In verband met het in deze zin bepaalde mag aangenomen worden dat in de beginseltoestemming of in het verlengingsbesluit zal zijn bepaald dat de beginseltoestemming respectievelijk het verlengingsbesluit rechtsgeldigheid verliest wanneer een van de aspirant-adoptiefouders de leeftijd van zesenveertig jaren heeft bereikt. Is zulks hierin niet bepaald, dan mag aangenomen worden dat de beginseltoestemming respectievelijk het verlengingsbesluit van rechtswege rechtsgeldigheid op dat moment verliest. Zie voorts aant. 3 bij art. 7. Blijkens de MvT (*Kamerstukken II*, 23 137, nr. 3, p. 3) werd het niet wenselijk geoordeeld een beginseltoestemming voor een zodanig lange tijd te verlenen of te verlengen dat deze nog geldig is op het tijdstip dat een van de aspirant-adoptiefouders inmiddels deze leeftijd heeft bereikt. Immers, enerzijds bepaalt de Wobka dat het maximale leeftijdsverschil tussen aspirant-adoptiefouders en het kind in beginsel veertig jaren is (art. 5 lid 6), anderzijds is de uiterste leeftijd die de wet aangeeft voor het kind bij binnenkomst in Nederland in beginsel zes jaren (art. 8, onder a). De leeftijdsgrens van lid 1 betreft een andere situatie dan die waarop art. 5 lid 5, onder b, betrekking heeft. Laatstgenoemde bepaling ziet op het geval dat reeds bij indiening van het verzoek tot verlening van de beginseltoestemming een der aspirant-adoptiefouders de leeftijd van tweeënveertig jaren heeft bereikt. Het laatste zinsgedeelte van lid 1 is toegevoegd bij de wijzigingswet van 24 oktober 2008 (*Stb.* 425). Op grond hiervan is het nu mogelijk voor de minister om in het geval van bijzondere omstandigheden af te wijken van de maximumleeftijd van zesenveertig jaren. Bij bijzondere omstandigheden kan bijvoorbeeld worden gedacht aan de situatie waarin tussen beide aspirant-adoptiefouders een groot leeftijdsverschil bestaat en waarbij de ouders, bij adoptie, genoodzaakt zijn over te gaan tot eenouderadoptie. Dit is het geval als de oudste ouder de leeftijd van zesenveertig jaren reeds heeft bereikt. Ook zijn situaties denkbaar waarbij aspirant-adoptiefouders reeds een kind hebben geadopteerd (bijvoorbeeld een special-needs-kind of een ouder kind) en na een periode van extra aandacht voor dit kind besluiten nog een (ouder) kind te adopteren (*Kamerstukken II*, 30 551, nr. 12, p. 2). Zolang de Richtlijnen nog niet aan genoemde wijzigingswet zijn aangepast, dient het bepaalde onder a van het eerste lid van art. 2 van de Richtlijnen buiten toepassing te worden gelaten bij de uitleg van het begrip 'bijzondere omstandigheden' in lid 1 van art. 3 Wobka. Zie voorts aant. 7 bij de Inleidende opmerkingen.

4. Aantal buitenlandse kinderen (lid 2). Het aantal reeds in het gezin aanwezige kinderen vormt geen wettelijke belemmering voor een beginseltoestemming. Sinds de inwerkingtreding van de wijzigingswet van 24 oktober 2008 (*Stb.* 425) kan in bepaalde gevallen een verleende beginseltoestemming gebruikt worden voor de opneming van twee buitenlandse kinderen tegelijk. Aan de verlening van de beginseltoestemming dient in dat geval een gezinsonderzoek te zijn voorafgegaan waarin de geschiktheid van de aspirant-adoptiefouder(s) is onderzocht voor de verzorging en opvoeding van twee buitenlandse kinderen tegelijk. Zie het eerste lid van art. 5. Op de in de eerste volzin van lid 2 geformuleerde hoofdregel wordt in de tweede volzin een uitzondering gemaakt in verband met bijzondere omstandigheden. Zolang art. 1 van de Richtlijnen nog niet is aangepast aan genoemde wijzigingswet, speelt dat artikel geen rol meer bij de uitleg van het begrip 'bijzondere omstandigheden'. Zie voorts aant. 7 bij de Inleidende opmerkingen.

5. Overgangsregeling. Art. 3, zoals dit artikel luidde voor de inwerkingtreding van de wijzigingswet van 24 oktober 2008 (*Stb.* 425), blijft van toepassing op beginseltoestemmingen die op het tijdstip van inwerkingtreding van deze wet (1 januari 2009) reeds zijn verleend, maar geldt niet voor verzoeken tot verlenging van de geldigheidsduur daarvan die op of na dit tijdstip van inwerkingtreding zijn of worden ingediend. Dit is bepaald in art. IIIa van de wijzigingswet. Een onder het 'oude' art. 3 verleende beginseltoestemming, waarvan de geldigheidsduur drie jaren is, kan dus voor een periode van vier jaren worden verlengd, indien het verlengingsverzoek op 1 januari 2009 of later is ingediend.

Artikel 4

Een verzoek tot verlening van een beginseltoestemming of tot verlenging van de geldigheidsduur ervan wordt slechts in behandeling genomen, indien:

a. het verzoek door de aspirant-adoptiefouders is ingediend. Is de aspirant-adoptiefouder die het verzoek alleen indient, gehuwd of heeft deze een geregistreerde partner of andere levensgezel, dan kan het verzoek slechts met instemming van diens echtgenoot, geregistreerde partner of levensgezel worden ingediend;

b. het verzoek, indien het strekt tot verlenging van de geldigheidsduur van een beginseltoestemming, ten minste twaalf weken voor het verstrijken van de geldigheidsduur van de bestaande beginseltoestemming is ingediend;

c. de aspirant-adoptiefouders daarbij hebben overgelegd:

1° de door Onze Minister vastgestelde gegevens die noodzakelijk zijn voor de beoordeling van het verzoek;

2° de verklaring dat zij bereid zijn het buitenlandse kind de gangbare preventieve en curatieve behandelingen te doen ondergaan die van levensbelang zijn voor het kind;

d. de aspirant-adoptiefouders, ingeval in hun gezin reeds één of meer eigen kinderen of met het oog op adoptie opgenomen kinderen verblijven, deze kinderen gedurende ten minste een jaar hebben verzorgd en opgevoed;

e. de aspirant-adoptiefouders vóór de aanvang van het ingevolge artikel 5, eerste lid, in te stellen onderzoek het bij algemene maatregel van bestuur vastgestelde bedrag ter bestrijding van de kosten van de in artikel 5, derde lid, bedoelde voorlichting hebben voldaan.

[24-10-2008, Stb. 425, i.w.tr. 01-01-2009/kamerstukken 30551]

[Voorwaarden in behandeling nemen verzoek]

1. Algemeen. Dit artikel is gewijzigd bij de Wetten van 14 mei 1998 (*Stb.* 302; in werking getreden op 1 oktober 1998), 28 januari 1999 (*Stb.* 30; in werking getreden op 17 februari 1999) en 24 oktober 2008 (*Stb.* 425; in werking getreden op 1 januari 2009). In het van 2 juli 2004 daterende Machtigingsbesluit directeur SAV (*Stcrt.* 2004, 131) is de directeur van de Stichting Adoptievoorzieningen krachtens machtiging de bevoegdheid verleend om namens de Minister van Justitie de aanvragen ter verkrijging van een beginseltoestemming in behandeling te nemen. De bevoegdheid ziet met name op het uitoefenen van administratieve taken ten behoeve van (interlandelijke) adoptie vanaf het moment dat een aanvraag tot beginseltoestemming wordt ingediend totdat de Raad voor de Kinderbescherming een gezinsonderzoek instelt.

2. Wijze indiening verzoek (onder a). Op grond van art. 4:1 Awb dient het verzoek schriftelijk te worden ingediend bij de Minister van Justitie. Sinds de inwerkingtreding van de wijzigingswet van 24 oktober 2008 (*Stb.* 425) is het niet meer noodzakelijk dat, indien de aspirant-adoptiefouders echtgenoten zijn, het verzoek door hen tezamen wordt ingediend. Achterliggende gedachte van het instemmingsvereiste is dat voor de personen waar het hier om gaat de opneming van een buitenlands adoptiefkind ingrijpende consequenties kan hebben (Nota naar aanleiding van het verslag, *Kamerstukken II*, 30 551, nr. 6, p. 6-7). Aangenomen moet worden dat de vraag of de partner instemt met de indiening van het verzoek aan de orde zal komen tijdens het in art. 5 geregelde gezinsonderzoek.

3. Tijdstip indiening verlengingsverzoek (onder b). De termijn van twaalf weken is noodzakelijk in verband met het gezinsonderzoek dat in verband met de verlenging moet worden ingesteld en het eventuele aanvullende onderzoek dat in een twijfelgeval door het ministerie wordt verricht (Nota naar aanleiding van het verslag. *Kamerstukken II*, 24 810 (R 1577) enz., nr. 6, p. 16).

4. Over te leggen bescheiden (onder c). Gegevens. Deze gegevens omvatten de personalia, de gezinssamenstelling alsmede de voorkeur van de aspirant-adoptiefouders voor een bepaald land van herkomst van het op te nemen kind (MvT, *Kamerstukken II*, 20 046, nr. 3, p. 13). Bij de behandeling van de aanvraag en in het bijzonder bij het gezinsonderzoek is die voorkeur een relevant gegeven, doch ook aanvragen waarin geen voorkeur wordt vermeld worden in behandeling genomen (MvA, *Kamerstukken II*, 20 046, nr. 6, p. 7). **Verklaring.** Deze voorwaarde wordt niet alleen gesteld in het belang van het buitenlandse kind maar ook in het belang van de volksgezondheid. Het voorschrift laat geen ruimte om rekening te houden met gemoedsbezwaren van de aspirant-adoptiefouders (MvA, *Kamerstukken II*, 20 046, nr. 6, p. 17). De vraag kan in dit verband worden gesteld of door het stellen van deze voorwaarde geen inbreuk wordt gemaakt op het bepaalde in art. 9 lid 1 (gelezen in samenhang met art. 14) EVRM, namelijk het recht op godsdienst en levensovertuiging. Deze kwestie was aan de orde in een procedure voor de Afdeling Rechtspraak van de Raad van State op 20 januari 1983 (Rv 1984, 18; *AB* 1983, 389). Die zaak betrof een (principiële) weigering door Jehova's getuigen tot de toediening van een bloedtransfusie aan een met het oog op adoptie op te nemen buitenlands kind. De Afdeling honoreerde het door appellanten gedane beroep op hun in art. 9 EVRM gegarandeerde godsdienstvrijheid niet, aangezien volgens haar het opnemen van een buitenlands kind door ouders in hun gezin op zichzelf niet is aan te merken als een praktische toepassing van de godsdienst of overtuiging van die ouders.

5. Wachttijd (onder d). Op deze wijze wordt, zo leert de MvT (*Kamerstukken II*, 20 046, nr. 3, p. 14), bevorderd dat de nieuwe situatie, die ontstaan is door de geboorte van een eigen kind of door de opneming ter adoptie van een kind, zich heeft gestabiliseerd voordat opneming van een (volgend) buitenlands kind wordt voorbereid.

6. Betaling (onder e). Het bedrag van de bijdrage is vastgesteld op in totaal € 1595, volgt uit art. 6 lid 2 Besluit 1989. De bijdrage zal moeten zijn voldaan vóór aanvang van het gezinsonderzoek, zo bepaalt de nota van toelichting op dit besluit (*Stb.* 1989, 262, p. 9).

Artikel 5

1. Onze Minister beslist op het verzoek tot verlening van een beginseltoestemming of tot verlenging van de geldigheidsduur ervan eerst nadat de raad voor de kinderbescherming een onderzoek heeft ingesteld naar de geschiktheid van de aspirant-adoptiefouders voor de verzorging en opvoeding van een buitenlands kind of, indien de aspirant-adoptiefouders hierom hebben verzocht, van twee buitenlandse kinderen tegelijk.

2. Ter voorbereiding van het in het eerste lid bedoelde onderzoek ontvangen de aspirant-adoptiefouders, indien het de opneming van een eerste buitenlands kind betreft, algemene voorlichting omtrent de opneming en de adoptie van buitenlandse kinderen, welke voorlichting onder toezicht van Onze Minister zal worden verstrekt.

3. Bij algemene maatregel van bestuur kunnen nadere regels worden gesteld ten aanzien van de organisatie, de inhoud en de bekostiging van de aan de aspirant-adoptiefouders te verstrekken algemene voorlichting.

4. Het rapport van het onderzoek wordt met de aspirant-adoptiefouders besproken voordat het door de raad voor de kinderbescherming wordt uitgebracht. De raad voor de kinderbescherming verschaft de aspirant-adoptiefouders inzage in het uit te brengen rapport. In de gevallen waarin een beginseltoestemming wordt verleend of de geldigheidsduur ervan wordt verlengd, wordt het oorspronkelijke exemplaar van het rapport na daartoe strekkend schriftelijk verzoek van de aspirant-adoptiefouders uitsluitend verstrekt aan de vergunninghouder wiens bemiddeling door de aspirant-adoptiefouders is ingeroepen. In geval van afwijzing van een verzoek tot verlening van een beginseltoestemming of tot verlenging van de geldigheidsduur ervan wordt aan de aspirant-adoptiefouders op hun schriftelijk verzoek een afschrift van het rapport verstrekt.

5. Onze Minister beslist afwijzend op een verzoek tot verlening van een beginseltoestemming:

a. indien hij een aspirant-adoptiefouder niet geschikt acht voor de verzorging en opvoeding van een buitenlands kind;

b. indien een der aspirant-adoptiefouders op het tijdstip van de indiening van het verzoek de leeftijd van tweeënveertig jaren heeft bereikt, tenzij bijzondere omstandigheden inwilliging van het verzoek naar zijn oordeel wenselijk maken.

6. Onze Minister beslist afwijzend op een verzoek tot verlening of verlenging van de geldigheidsduur van een beginseltoestemming indien te verwachten is dat op het tijdstip waarop een buitenlands kind zou kunnen worden opgenomen, het verschil

in leeftijd tussen een der aspirant-adoptiefouders en het buitenlandse kind meer dan veertig jaren bedraagt, tenzij bijzondere omstandigheden inwilliging van het verzoek naar zijn oordeel wenselijk maken.
7. Onze Minister kan met het oog op het vereiste dat het leeftijdsverschil tussen aspirant-adoptiefouders en buitenlands kind de veertig jaren niet te boven gaat, een voorwaarde stellen met betrekking tot de leeftijd van het buitenlandse kind.
8. De afwijzing van een verzoek tot verlening van een beginseltoestemming of tot verlenging van de geldigheidsduur ervan wordt met redenen omkleed schriftelijk ter kennis gebracht van de aspirant-adoptiefouders.
[24-10-2008, Stb. 425, i.w.tr. 01-01-2009/kamerstukken 30551]

[Gezinsonderzoek; inzage en afschrift rapport; afwijzingsgronden; leeftijd buitenlands kind]

1. Algemeen. Dit artikel is gewijzigd bij de Wetten van 30 maart 1995 (*Stb.* 274; in werking getreden op 31 mei 1995), 13 juni 1996 (*Stb.* 328; in werking getreden op 29 juni 1996), 14 mei 1998 (*Stb.* 302; in werking getreden op 1 oktober 1998), 13 maart 2008 (*Stb.* 85; in werking getreden op 26 maart 2008) en 24 oktober 2008 (*Stb.* 425; in werking getreden op 1 januari 2009).

2. Gezinsonderzoek (lid 1). Een gezinsonderzoek vindt slechts plaats, indien aan alle voorwaarden van art. 4 is voldaan. De vraag rijst echter wel of reeds voorafgaande aan het gezinsonderzoek zekerheid kan worden verkregen over de vraag of voldaan is aan het instemmingsvereiste onder a van art. 4, zeker wanneer de band die de alleenverzoeker heeft met haar of zijn partner niet juridisch is geformaliseerd en er met betrekking tot het samenlevingsverband in beginsel dus geen officiële schriftelijke stukken bestaan. Onder omstandigheden, bijvoorbeeld bij overbelasting van de raad voor de kinderbescherming in wiens ressort het adoptiefgezin woonachtig is, kan de minister een andere raad aanwijzen (MvT, *Kamerstukken II*, 20 046, nr. 3, p. 13). Uitgangspunt is dat het onderzoek naar de geschiktheid van de aspirant-adoptiefouders marginaal dient te zijn (De Heer, (Personen- en familierecht) 'Interlandelijke adoptie', aant. 9.2, suppl. mei 2001, ontleend aan Vonken (Personen- en familierecht), Titel 12, ipr, p. 27, suppl. januari 1992). Bij de vraag of in verband met bijzondere omstandigheden afgeweken kan worden van de in deze wet neergelegde voorwaarden (zie art. 3 lid 2; art. 5 lid 5, onder b; art. 5 lid 6-7; art. 8, onder a) is dit evenwel wellicht anders, zij het dat in de huidige Richtlijnen toetsing op 'bijzondere geschiktheid' van de aspirant-adoptiefouders niet meer is voorgeschreven maar volstaan kan worden met de vaststelling dat er sprake is van 'geschiktheid' van de aspirant-adoptiefouders. Het gezinsonderzoek is vooral gericht op het signaleren van eventuele contra-indicaties zoals het ontbreken van de bereidheid het kind omtrent zijn status van adoptiefkind in te lichten (MvT, *Kamerstukken II*, 20 046, nr. 3, p. 13). Tijdens het onderzoek zal voorts een verklaring worden gevraagd van een geneeskundige dat de gezondheidstoestand van de aspirant-adoptiefouders geen beletsel vormt voor het opnemen van het kind en moeten de aspirant-adoptiefouders erin toestemmen dat de raad justitiële documentatie raadpleegt (MvT, *Kamerstukken II*, 20 046, nr. 3, p. 13). De in de Wobka aan de raad voor de kinderbescherming opgedragen taken worden met ingang van 10 oktober 2010 voor de openbare lichamen Bonaire, Sint Eustatius en Saba in eerste instantie belegd bij de voogdijraad (Toelichting op de Regeling interlandelijke adoptie BES van 29 september 2010). Zie voorts met betrekking tot de Richtlijnen aant. 7 bij de Inleidende opmerkingen.

3. Algemene voorlichting (lid 2). Het gaat hier om algemene voorlichting over interlandelijke adoptie. De verstrekking hiervan is dwingend voorgeschreven voor zover het een verzoek betreft tot verlening van een beginseltoestemming voor opneming van een eerste buitenlands kind. Zij gaat vooraf aan het in lid 1 vermelde gezinsonderzoek. In geval van een verlengingsverzoek of een verzoek tot verlening van een beginseltoestemming voor opneming van een volgend buitenlands kind behoeft het gezinsonderzoek niet meer vooraf te worden gegaan door de verstrekking van algemene voorlichting. In dat geval worden de ouders niettemin, indien zij daarom verzoeken, tegen betaling in de gelegenheid gesteld de algemene voorlichting te ontvangen (Nota van toelichting op het Besluit 1989, *Stb.* 1989, 262, p. 7). Voor de verstrekking van de voorlichting is de Stichting adoptievoorzieningen (art. 1 jo. art. 4 Besluit 1989).

4. Algemene maatregel van bestuur (lid 3). Zie het Besluit opneming buitenlandse kinderen ter adoptie, de voorloper van het Besluit opneming buitenlandse pleegkinderen van 4 juli 1989 (*Stb.* 1989, 262). Dit besluit bevat onder meer een aantal voorschriften met betrekking tot de aanwijzing van de rechtspersoon die belast is met het verstrekken van algemene voorlichting (art. 1-3), de organisatie en de bekostiging van deze verstrekking (art. 4-10) alsmede de inhoud van de voorlichting (art. 11).

5. Inzage en afschrift rapport (lid 4). Voordat het rapport van het gezinsonderzoek wordt uitgebracht, worden de aspirant-adoptiefouders in de gelegenheid gesteld van de inhoud hiervan kennis te nemen en hierop hun commentaar te geven. In de oorspronkelijke versie van lid 4 was bepaald dat in alle gevallen, dus ook ingeval een verlenings- of verlengingsverzoek was ingewilligd, een afschrift van het rapport werd toegezonden aan de aspirant-adoptiefouders. Ondanks de vermelding 'niet voor bemiddeling' op het afschrift heeft de praktijk inmiddels uitgewezen, zo constateert de MvT (*Kamerstukken II*, 23 137, nr. 3, p. 5), dat in een aantal gevallen aspirant-adoptiefouders tegenover buitenlandse autoriteiten en instellingen gebruik hebben gemaakt van het hun in afschrift ter beschikking gestelde rapport zonder de tussenkomst in te roepen van een op grond van de Wobka erkende bemiddelaar. Wanneer zelfdoeners op deze wijze rechtstreeks contact zoeken met een buitenlandse bemiddelende instelling worden zij in de regel als aspirant-adoptiefouders geaccepteerd. Met de wijziging van lid 4 in die zin dat, indien een verlenings- of verlengingsverzoek is ingewilligd, aan de aspirant-adoptiefouders geen afschrift meer wordt toegezonden maar voor hen slechts een inzagerecht bestaat, wordt beoogd een halt toe te roepen aan genoemde praktijk (MvT, *Kamerstukken II*, 23 137, nr. 3, p. 5). Door het bestaan van een inzagerecht blijft volledige informatieverstrekking – uitgangspunt van de Wet openbaarheid van bestuur – gewaarborgd. Besluiten aspirant-adoptiefouders na verloop van tijd een andere vergunninghouder in de arm te nemen, dan wordt het oorspronkelijke exemplaar van het rapport aan de nieuwe bemiddelaar doorgezonden (MvT, *Kamerstukken II*, 20 046, nr. 3, p. 13). Uit een oogpunt van rechtsbescherming is het van belang dat de aspirant-adoptiefouders in staat worden gesteld zich te oriënteren omtrent de overwegingen die tot de afwijzende beschikking hebben geleid; vandaar het recht op een afschrift in dit geval (MvT, *Kamerstukken II*, 23 137, nr. 3, p. 5). Indien daartoe aanleiding bestaat, kan het gezinsrapport worden geactualiseerd

(MvA, *Kamerstukken II*, 23 137, nr. 6, p. 12). Klachten in verband met de uitvoering van het gezinsonderzoek worden ingediend bij de raad voor de kinderbescherming, zo volgt uit de nota van toelichting op het Besluit Klachtencommissie (*Stb.* 2000, 120, p. 5).

6. Weigeringsgronden (leden 5 en 6). Ongeschiktheid aspirant-adoptiefouders (lid 5, onder a). Deze weigeringsgrond betreft niet een verlengingsverzoek. De hier bedoelde geschiktheid kan alleen marginaal getoetst worden; zie aant. 2 bij lid 1. De Wobka geeft geen invulling van de door de minister bij de beoordeling van de geschiktheid van de aspirant-adoptiefouder mee te wegen factoren. De minister heeft dan ook ruimte bij de beoordeling of de aspirant-adoptiefouder geschikt is voor de verzorging en opvoeding van een buitenlands kind verschillende factoren te betrekken. Daarom staat het de minister vrij om bij deze beoordeling andere factoren te betrekken dan factoren die zien op pedagogische kwaliteiten voor verzorging en opvoeding van een buitenlands kind. Ook een alleenstaande kan een buitenlands kind adopteren (art. 1 Wobka). Daarbij is stabiliteit echter een extra aandachtspunt. Zie ABRvS 8 november 2017, ECLI:NL:RVS:2017:3044. **Leeftijdsgrens aspirant-adoptiefouders (lid 5 onderdeel b).** Deze weigeringsgrond betreft niet een verlengingsverzoek. Het belang van het kind vereist dat zijn ouders niet te oud zijn ten tijde van de opneming. Met het 'tijdstip van indiening van het verzoek' wordt bedoeld het tijdstip waarop het verzoek, overeenkomstig het bepaalde in art. 4, onder a, schriftelijk is ingediend. Wanneer een van de verzoekers de leeftijd van tweeënveertig maar nog niet die van vijfenveertig jaren heeft bereikt, terwijl de andere verzoeker nog niet de leeftijd van vierenveertig jaar heeft bereikt, vindt een gezinsonderzoek plaats. In een dergelijk geval moeten echter bijzondere omstandigheden worden aangevoerd die overschrijding van de limiet van tweeënveertig jaren rechtvaardigen. Zie hierover art. 2 van de Richtlijnen en aant. 7 bij de Inleidende opmerkingen. In het geval van eenouderadoptie kan geen beroep op bijzondere omstandigheden worden gedaan, indien de aspirant-adoptiefouder op het tijdstip van indiening van het verzoek de leeftijd van vierenveertig jaren heeft bereikt. Zie hierover art. 2 van de Richtlijnen en aant. 7 bij de Inleidende opmerkingen. In die gevallen wordt een verzoek afgewezen zonder dat eerst een gezinsonderzoek is ingesteld. Bezwaar tegen een afwijzend besluit is in dat geval niet mogelijk. Zie voorts art. 7, aant. 3. **Te verwachten leeftijdsverschil (lid 6).** Deze weigeringsgrond betreft zowel een verlenings- als een verlengingsverzoek. Voor wat betreft het in het zesde lid genoemde tijdstip gaat het om het mogelijke moment van binnenkomst van het kind in Nederland (Toelichting op de Richtlijnen). Het huidige Nederlandse adoptierecht kent geen maximaal leeftijdsverschil meer, terwijl in de Wobka wél een maximaal leeftijdsverschil wordt gehanteerd. Zie art. 3 van de Richtlijnen voor wat betreft de in lid 6 genoemde afwijkingsmogelijkheid van het maximale leeftijdsverschil op grond van bijzondere omstandigheden en aant. 7 bij de Inleidende opmerkingen.

7. Voorwaarde met betrekking tot leeftijd buitenlands kind (lid 7). Zie hierover art. 3 van de Richtlijnen en aant. 7 bij de Inleidende opmerkingen.

8. Kennisgeving afwijzing (lid 8). Deze bepaling behoeft geen uitleg.

Artikel 6

1. Indien blijkt dat aspirant-adoptiefouders aan wie een beginseltoestemming is verleend, niet langer geschikt zijn voor de verzorging en opvoeding van een buitenlands kind, besluit Onze Minister tot intrekking van de beginseltoestemming.
2. Een besluit tot intrekking van een beginseltoestemming wordt eerst genomen nadat de raad voor de kinderbescherming opnieuw een onderzoek heeft ingesteld.
[14-05-1998, Stb. 302, i.w.tr. 01-10-1998/kamerstukken 24811]

[Intrekking beginseltoestemming]

1. Algemeen. Dit artikel is gewijzigd bij de Wet van 14 mei 1998 (Stb. 302; in werking getreden op 1 oktober 1998).

2. Intrekking van de beginseltoestemming. Deze bepaling regelt de intrekking van de beginseltoestemming. In de praktijk komt het voor dat aspirant-adoptiefouders die aanvankelijk een beginseltoestemming hebben verkregen na verloop van tijd niet langer geschikt blijken te zijn. Zo zou (uit een verklaring van een geneeskundige) kunnen blijken dat de gezondheidstoestand van (een van) de aspirant-adoptiefouders sinds de verlening van de beginseltoestemming inmiddels zodanig is verslechterd dat deze een beletsel vormt voor het opnemen van het kind. Om te voorkomen dat in dat geval toch binnen de geldigheidsduur van de beginseltoestemming een buitenlands kind wordt opgenomen is in dit artikel voorzien in de mogelijkheid van intrekking. De intrekkingsprocedure is omkleed met de nodige waarborgen in de vorm van een hernieuwd onderzoek van de raad voor de kinderbescherming (lid 2) en dezelfde herzieningsprocedure als waarin is voorzien voor de verlening of verlenging van de beginseltoestemming (zie art. 7 lid 1). De vraag zou kunnen worden gesteld op welke wijze na verlening van de beginseltoestemming ongeschiktheid van de aspirant-adoptiefouders die tot intrekking van de beginseltoestemming zou kunnen leiden kan worden geconstateerd. De MvA (*Kamerstukken II*, 20 046, nr. 6, p. 33) vermeldt dat er geen plicht bestaat tot het verschaffen van informatie jegens de raad voor de kinderbescherming omtrent ongeschiktheid van de aspirant-adoptiefouders en dat er na intrekking geen recht op bijzondere voorrang bestaat in geval van een nieuw verzoek.

Artikel 7

1. Ten behoeve van de beslissing op bezwaar tegen een besluit, inhoudende de afwijzing van een verzoek tot verlening van een beginseltoestemming of tot verlenging van de geldigheidsduur ervan alsmede de intrekking van een beginseltoestemming wint Onze Minister, onder overlegging van de op de zaak betrekking hebbende bescheiden, schriftelijk advies in van de Raad voor strafrechtstoepassing en jeugdbescherming. Artikel 7:13, tweede tot en met zevende lid van de Algemene wet bestuursrecht is van overeenkomstige toepassing.
2. Door de Raad opgeroepen getuigen en deskundigen ontvangen desverkiezend een vergoeding uit de openbare kas, door de voorzitter van de Raad te begroten overeenkomstig het bij of krachtens de Wet griffierechten burgerlijke zaken bepaalde.
3. Het eerste en het tweede lid zijn niet van toepassing:
a. indien bezwaar wordt gemaakt tegen een besluit tot afwijzing van het verzoek tot verlening van een beginseltoestemming op grond van artikel 5, vijfde lid, on-

derdeel b, en de aspirant-adoptiefouders zich bij het bezwaar niet op bijzondere omstandigheden hebben beroepen;

b. indien bezwaar wordt gemaakt tegen een besluit tot verlenging van de geldigheidsduur van de beginseltoestemming voor een duur korter dan vier jaren en artikel 3, eerste lid, tweede volzin, van toepassing is, en de aspirant-adoptiefouders zich bij het bezwaar niet op bijzondere omstandigheden hebben beroepen.

[30-09-2010, Stb. 715, i.w.tr. 01-11-2010/kamerstukken 31758]

[Bezwaar; beroep; inwinnen advies]

1. Algemeen. Dit artikel is gewijzigd bij de wetten van 16 december 1993 (*Stb.* 1993, 650; in werking getreden op 1 januari 1994 (KB van 23 december 1993 (*Stb.* 1993, 693))), 30 maart 1995 (*Stb.* 1995, 274; in werking getreden op 31 mei 1995), 14 mei 1998 (*Stb.* 1998, 302; in werking getreden op 1 oktober 1998), 28 januari 1999 (*Stb.* 1999, 30; in werking getreden op 17 februari 1999), 13 december 2000 (*Stb.* 2001, 20; in werking getreden op 1 april 2001); 24 oktober 2008 (*Stb.* 2008, 425; in werking getreden op 1 januari 2009) en 30 september 2010 (*Stb.* 2010, 715; in werking getreden op 1 november 2010).

2. Bezwaar en beroep; inwinnen advies (leden 1 en 2). Bezwaar en beroep. Een besluit inhoudende de afwijzing van een verzoek tot verlening van een beginseltoestemming, de afwijzing van een verzoek tot verlenging van de geldigheidsduur of de intrekking van een beginseltoestemming is een beschikking waarop Titel 4.1 van de Awb van toepassing is. Tegen een dergelijk besluit dient allereerst overeenkomstig de Hoofdstukken 6 en 7 van de Awb bezwaar te worden ingesteld bij de Minister van Justitie. Tegen een afwijzende beslissing van de minister kan vervolgens beroep worden ingesteld bij de rechtbank overeenkomstig Hoofdstuk 8 van de Awb. Zie voorts aant. 5 bij art. 1. **Inwinnen advies.** De Raad voor de strafrechtstoepassing en jeugdbescherming is sinds 1 april 2001 de rechtsopvolger van het College van Advies voor de justitiële kinderbescherming.

3. Uitzonderingen (lid 3). Deze bepaling behoeft geen uitleg.

Artikel 7a

1. Indien de aspirant-adoptiefouders gebruik wensen te maken van activiteiten van autoriteiten, instellingen of personen in het buitenland, doen zij hiervan onder overlegging van alle voor deze procedure relevante bescheiden opgave aan de vergunninghouder aan wie het rapport is verstrekt. De vergunninghouder onderzoekt deze autoriteiten, instellingen of personen op zuiverheid en zorgvuldigheid van handelen.
2. Naar aanleiding van het in het eerste lid bedoelde onderzoek brengt de vergunninghouder schriftelijk, met redenen omkleed, advies uit aan Onze Minister. Van de toezending van het advies doet hij schriftelijk mededeling aan de aspirant-adoptiefouders.
3. Na ontvangst van het advies besluit Onze Minister of de doorzending van het rapport en de bemiddeling zullen plaatsvinden. Aan dat besluit kan hij voorwaarden verbinden. De doorzending en de bemiddeling zullen niet plaatsvinden indien aannemelijk is dat de aspirant-adoptiefouders bij de opneming van een buitenlands kind niet zullen handelen in overeenstemming met het bepaalde in artikel 8, onder *d* en *e*, of door hun handelen schade zullen toebrengen aan de door de vergunninghouder opgebouwde relaties met instellingen, autoriteiten of personen in het buitenland, dan wel indien

er gegronde redenen zijn om te twijfelen aan de zuiverheid en de zorgvuldigheid van hun handelen. Tot die redenen behoort in ieder geval de omstandigheid dat aan de bemiddeling voor aspirant-adoptiefouders onevenredig hoge kosten zijn verbonden.
4. Indien het in het tweede lid bedoelde advies niet aan Onze Minister is toegezonden binnen acht weken nadat opgave is gedaan van de in het buitenland gelegde contacten, kunnen aspirant-adoptiefouders zich tot Onze Minister wenden met het verzoek over de doorzending te beslissen. Het besluit omtrent de doorzending wordt binnen acht weken na de ontvangst van dat verzoek genomen.
5. Bij algemene maatregel van bestuur worden nadere regels gesteld ten aanzien van de maatstaven die bij het in het eerste lid bedoelde onderzoek dienen te worden gehanteerd.
[14-05-1998, Stb. 302, i.w.tr. 01-10-1998/kamerstukken 24811]

[Procedure zelfdoeners]

1. Algemeen. Dit artikel is ingevoegd bij Wet van 30 maart 1995 (*Stb.* 274; in werking getreden op 31 mei 1995) en gewijzigd bij Wet van 14 mei 1998 (*Stb.* 302; in werking getreden op 1 oktober 1998).

2. Zelfdoeners. Zelfdoeners zijn degenen die zonder tussenkomst van een Nederlandse bemiddelende instantie zelf in het buitenland stappen ondernemen die kunnen leiden tot de opneming van een buitenlands kind. Het Haags Adoptieverdrag 1993 sluit evenwel het zelfdoen in beginsel uit. Zie art. 22 Haags Adoptieverdrag 1993. Dit betekent dat sinds de inwerkingtreding van dat verdrag voor Nederland (op 1 oktober 1998) het onderhavige artikel in beginsel nog slechts geldt voor zelfdoeners die een buitenlands kind opnemen afkomstig uit een niet-verdragsstaat.

3. Over te leggen bescheiden (lid 1 eerste volzin). Over de aard van de over te leggen bescheiden wordt duidelijkheid verschaft door de MvA (*Kamerstukken I*, 23 137, nr. 63d, p. 2). Naast volledige gegevens omtrent de identiteit van de aangezochte autoriteiten, instellingen of personen, de hoedanigheid waarin zij optreden alsmede de adressen waarop zij bereikbaar zijn, dienen andere gegevens te worden overgelegd waarover de aspirant-adoptiefouders redelijkerwijs kunnen beschikken en die van belang zijn voor de door de vergunninghouder te verrichten toetsingen. Daartoe behoren onder meer bescheiden waaruit de aard van de werkzaamheden en de bevoegdheden van de instelling of persoon blijken alsmede de voor te verrichten werkzaamheden gevraagde vergoeding. Voorts dienen bescheiden te worden overgelegd aan de hand waarvan een inzicht wordt verkregen in de manier waarop de betrokken instelling of persoon te werk gaat bij het in aanmerking brengen van kinderen voor interlandelijke adoptie. Onder meer dient te blijken welke stappen zijn ondernomen om voor deze kinderen een oplossing in eigen land te vinden. Indien de aspirant-adoptiefouders ten tijde van het onderzoek reeds een bepaald kind op het oog hebben, strekt het onderzoek zich ook uit tot dat kind en moeten een afstands- of verlatenverklaring en een verklaring omtrent zijn gezondheidstoestand worden overgelegd. Tot de over te leggen stukken behoren ook kopieën van alle gevoerde correspondentie. Het staat de vergunninghouder vrij pas met het onderzoek te beginnen nadat alle relevante bescheiden zijn overgelegd, wat niet wegneemt dat er voor de vergunninghouder een zelfstandige verplichting bestaat om, binnen de grenzen van het mogelijke, onderzoek te verrichten en de juistheid van de verkregen informatie te verifiëren (Nota van Toelichting op het Besluit 1995, *Stb.* 1995, 275, p. 3).

4. Onderzoek (lid 1 tweede volzin). Zie voor wat betreft de terreinen van onderzoek aant. 8. Over de procedure van het onderzoek wordt duidelijkheid verschaft door het Protocol inzake onderzoek naar buitenlandse contacten en deelbemiddeling bij interlandelijke adoptie van 23 januari 2013, Documentkenmerk 332371, *Stcrt.* 2013, 2214. Indien het rapport van het gezinsonderzoek nog niet aan een vergunninghouder is verstrekt kunnen de aspirant-adoptiefouders het Ministerie van Justitie hierom schriftelijk verzoeken. Volgens het Protocol zullen de aspirant-adoptiefouders uiterlijk na een week na indiening van hun verzoek daartoe en nadat zij alle relevante gegevens betreffende het contact en de afkomst van het kind aan de vergunninghouder hebben verstrekt en een daartoe vastgestelde vergoeding hebben overgemaakt, door de vergunninghouder op de hoogte worden gesteld van de aanvang van het onderzoek. Binnen drie weken na ontvangst van de voor het onderzoek benodigde gegevens uit het buitenland ontvangen de aspirant-adoptiefouders bericht van de vergunninghouder omtrent de toezending van het advies aan de minister. Voor het onderzoek, de dossiervorming en de bewaring hiervan gedurende 30 jaar alsmede de kosten van de doorzending brengt de vergunninghouder een vast bedrag in rekening dat wordt vastgesteld door de minister in overleg met de vergunninghouders. Daarnaast kunnen bij verdere bemoeienis van de vergunninghouder extra kosten in rekening worden gebracht. Indien een vergunninghouder niet in staat is het onderzoek uit te voeren, kunnen aspirant-adoptiefouders worden verwezen naar een collega-vergunninghouder die wel in staat is het onderzoek uit te voeren.

5. Advies vergunninghouder (lid 2). Het advies betreft de zuiverheid en zorgvuldigheid van handelen van de buitenlandse autoriteiten, instellingen of personen. Toezending van een afschrift van dit advies aan de aspirant-adoptiefouders is mogelijk (MvA, *Kamerstukken I*, 23 137, nr. 63d, p. 2). Hiertoe moeten zij evenwel zelf een, naar is aan te nemen, schriftelijk, verzoek indienen bij de vergunninghouder.

6. Besluit Minister (lid 3). Dit besluit is een beschikking in de zin van de Awb. Deelt de minister de bezwaren van de vergunninghouder niet, dan draagt hij hem op de zelfdoener alsnog ten dienste te zijn. Daarbij kunnen zowel aan de zelfdoener als aan de vergunninghouder voorwaarden worden gesteld (MvA, *Kamerstukken II*, 23 137, nr. 6, p. 9). Deze voorwaarden bestaan vooral in de overlegging van nadere gegevens over de betrouwbaarheid van de zorgvuldigheid van het gekozen contact alsmede over de herkomst van de voor adoptie in aanmerking gebrachte kinderen. Over de verplichtingen van de vergunninghouder na een positief besluit van de minister wordt duidelijkheid verschaft door het Protocol. De vergunninghouder draagt onder meer zorg voor vertaling, legalisatie en verzending per koerier naar het gecontroleerde contact in het buitenland van het rapport van het gezinsonderzoek en desgewenst andere relevante documenten. Hij verzoekt dat contact om terugzending van het rapport indien de bemiddeling geen doorgang vindt. De vergunninghouder zal de aspirant-adoptiefouders zowel algemene informatie verstrekken als informatie waarover de vergunninghouder beschikt omtrent de te volgen procedure in het buitenland waarvandaan men beoogt een kind op te nemen. De vergunninghouder verleent aspirant-adoptiefouders desgewenst verdere bemiddeling. De vergunninghouder verzoekt de aspirant-adoptiefouders hem te machtigen tot het aanvragen van een inreisvisum voor het betrokken buitenlands kind bij de Immigratie- en Naturalisatiedienst (IND) van het Ministerie van Justitie. Met 'hun handelen' aan het slot van de derde volzin is bedoeld het handelen van de autoriteiten, instellingen of personen in het buitenland (Rb. Zutphen 4 april 2003 (nr. 03/268 en 03/317)).

7. Geen tijdige toezending (lid 4). In dit geval is de kans reëel dat het Ministerie van Justitie het onderzoek, of een deel daarvan, zelf ter hand moet nemen (MvA, *Kamerstukken I*, 23 137, nr. 63d, p. 3).

8. Algemene maatregel van bestuur (lid 5). Zie het Besluit inzake het onderzoek naar buitenlandse contacten van aspirant-adoptiefouders, de voorloper van het besluit van 18 mei 1995 inzake het onderzoek naar buitenlandse contacten van aspirant-pleegouders (*Stb.* 1998, 275).

HOOFDSTUK 3
Het buitenlandse kind en zijn opneming

Artikel 8

Onverminderd het bepaalde bij en krachtens de Vreemdelingenwet 2000, dient bij de binnenkomst in Nederland van een buitenlands kind met het oog op adoptie aan de volgende voorwaarden te worden voldaan:

a. het buitenlandse kind mag op het tijdstip van binnenkomst in Nederland de leeftijd van zes jaren niet bereikt hebben, behoudens de bevoegdheid van Onze Minister om in bijzondere gevallen, op schriftelijk verzoek van de aspirant-adoptiefouders, een afwijking van deze leeftijdsgrens toe te staan;

b. door de aspirant-adoptiefouders dient een medische verklaring met betrekking tot het buitenlandse kind te worden overgelegd;

c. door de aspirant-adoptiefouders dient te worden aangegeven, op welke wijze bij de opneming van het buitenlands kind is gebruik gemaakt van de bemiddeling van een vergunninghouder;

d. door de aspirant-adoptiefouders dient op bevredigende wijze door middel van bescheiden te worden aangetoond dat de afstand door de ouder of de ouders van het buitenlandse kind naar behoren is geregeld;

e. door de aspirant-adoptiefouders dient op bevredigende wijze door middel van bescheiden te worden aangetoond dat de autoriteiten in het land van herkomst instemmen met de opneming, door hen, van het buitenlandse kind.

[23-11-2000, Stb. 496, i.w.tr. 01-04-2001/kamerstukken 26975]

[Voorwaarden toelating buitenlands kind]

1. Algemeen. Dit artikel is gewijzigd bij de Wetten van 30 maart 1995 (*Stb.* 274; in werking getreden op 31 mei 1995), 14 mei 1998 *Stb.* 302; in werking getreden op 1 oktober 1998) en 23 november 2000 (*Stb.* 496; in werking getreden op 1 april 2001).

2. Werkingsbereik. Dit artikel heeft zowel betrekking op een kind dat Nederland binnenkomt via de bemoeienissen van een bemiddelende organisatie als op een kind dat door zelfdoeners naar Nederland is gebracht.

3. Na te leven vereisten bij binnenkomst in Nederland. Bij de binnenkomst in Nederland van een buitenlands kind moet niet alleen een beginseltoestemming zijn verkregen, doch dienen ook de in art. 8, onder a-e, gestelde voorwaarden te zijn vervuld. Deze voorwaarden zijn ook opgenomen in Hoofdstuk B, Deel 3, onder 3.1.2, van de Vreemdelingencirculaire 2000 ('Voorwaarden voor verlening van een verblijfsvergunning'). Aangezien tevens moet zijn voldaan aan een aantal voorschriften krachtens de Vreemdelingenwet 2000 (zie aant. 4), dienen de noodzakelijke bescheiden waaruit blijkt dat de bepalingen van dit artikel in acht zijn genomen te worden overgelegd bij de aanmelding en regeling van het verblijf van het buitenlandse kind voorafgaande aan de binnenkomst, dan wel, indien dit laatste niet is vereist, bij de regeling hiervan ten overstaan van de autoriteiten belast met de uitvoering van de vreemdelingenwetgeving hier te lande. Is aan de in dit artikel gestelde voorwaarden niet voldaan, dan kan het verblijf of het voortgezette verblijf van het buitenlandse kind niet worden toegestaan. Indien de voorwaarden zijn vervuld, wordt een machtiging tot voorlopig verblijf afgegeven. Het opnemen van een buitenlands kind dat niet aan de in dit artikel gestelde vereisten voldoet is strafbaar gesteld in art. 28. Voor de toelating van een buitenlands kind is geen voorafgaande (buitenlandse) gezagsbeslissing vereist.

4. Voorschriften Vreemdelingenwet 2000 (aanhef). Voor wat betreft het verblijf in Nederland moet worden voldaan aan de voorschriften van Hoofdstuk B, Deel 3, onder 3.1, van de Vreemdelingencirculaire 2000 ('Verlening van een verblijfsvergunning').

5. Voorwaarden. a. Leeftijd buitenlands kind. Uitgangspunt is dat het kind op het moment van binnenkomst in Nederland de zesjarige leeftijd nog niet heeft bereikt. De minister kan in bijzondere gevallen evenwel een afwijking van deze leeftijdsgrens toestaan. Zie hierover art. 4 van de Richtlijnen en aant. 7 bij de Inleidende opmerkingen. Een verzoek hiertoe dient schriftelijk, met opgaaf van redenen, door de aspirant-adoptiefouders aan de Minister van Justitie te worden gericht. Tegen een afwijzende beslissing kan bezwaar worden ingesteld overeenkomstig de Hoofdstukken 6 en 7 van de Awb. **b. Medische verklaring.** Een medische verklaring met betrekking tot het kind dient te worden overgelegd. Dit vereiste mag er niet toe leiden dat een kind met een handicap of een ziekte niet zou kunnen worden opgenomen (MvT, *Kamerstukken II*, 20 046, nr. 3, p. 16-17). De verklaring moet afkomstig zijn van een erkende medicus in het land van herkomst van het kind. Op de vergunninghouder rust jegens de aspirant-adoptiefouders de verplichting erop toe te zien dat een deugdelijke medische verklaring wordt verkregen, in verband waarmee de bemiddelaar aan de afgifte van de verklaring een keuring vooraf kan doen gaan (MvA, *Kamerstukken II*, 20 046, nr. 6, p. 34). Bij grove nalatigheid van de kant van de bemiddelaar kan deze aansprakelijk worden gesteld jegens de aspirant-adoptiefouders (MvA, *Kamerstukken II*, 20 046, nr. 6, p. 34). Ook kan zodanige nalatigheid leiden tot intrekking van de vergunning van de bemiddelaar. **c. Mededeling over bemiddeling vergunninghouder.** Dit vereiste strekt mede tot het voorkomen van bemiddeling door particuliere personen of organisaties die geen vergunninghouder zijn en die vanuit het buitenland opereren. **d-e. Aantonen afstand buitenlands kind en instemming buitenlandse autoriteiten.** De onder d en e vereiste bewijsstukken maken controle door de Nederlandse overheid mogelijk. De overgelegde bewijsstukken moeten van dien aard zijn dat er bij de ambtenaren die zijn belast met de controle daarvan geen twijfel kan bestaan dat aan de in art. 8 gestelde voorwaarden is voldaan. Dit betekent dat deze bescheiden doorgaans uitdrukkelijke verklaringen van respectievelijk de ouders en genoemde autoriteiten moeten bevatten. In de gevallen waarin zulks niet mogelijk is, bijvoorbeeld omdat het een vondeling betreft of een kind afkomstig uit een land waarvan de autoriteiten nimmer verklaringen van de beoogde strekking afgeven, moet niettemin uit de inhoud van de overgelegde stukken rechtstreeks kunnen worden afgeleid dat aan de gestelde voorwaarden is voldaan (MvT, *Kamerstukken II*, 20 046, nr. 3, p. 17). Uit de MvA (*Kamerstukken II*, 20 046, nr. 6, p. 10) volgt dat door middel van bescheiden moet worden aangetoond dat afstand is gedaan op ter plaatse geldige en naar Nederlandse normen aanvaardbare wijze. Dit houdt in dat in ieder geval een door de natuurlijke ouder(s) ondertekend stuk aanwezig moet zijn, maar een aanvaardbare wijze van afstand mag ook worden aangenomen in geval van adoptie door de adoptiefouders in het land van herkomst bij rechterlijke uitspraak (MvA, *Kamerstukken II*, 20 046, nr. 6, p. 10). In dat geval zal de afstandsverklaring door de 'natuurlijke' ouder(s) doorgaans worden afgelegd tegenover de rechter. De onder d en e vereiste bewijsstukken dienen gelegaliseerd te zijn (zie Hoofdstuk B, Deel 3, onder 3.1.2, van de Vreemdelingencirculaire 2000).

Artikel 9

1. De aspirant-adoptiefouders dan wel de adoptiefouders zijn vanaf het tijdstip van het vertrek van het buitenlandse kind naar Nederland verplicht te voorzien in de kosten van verzorging en opvoeding van dat kind als ware het hun eigen kind. De kosten van terugkeer naar het land van herkomst komen eveneens te hunnen laste.
2. De in het eerste lid omschreven verplichtingen rusten eveneens op degene die in strijd met artikel 2 heeft gehandeld.
3. De bepalingen van titel 17 van boek 1 van het Burgerlijk Wetboek zijn zoveel mogelijk van overeenkomstige toepassing.
[14-05-1998, Stb. 302, i.w.tr. 01-10-1998/kamerstukken 24811]

[Kosten verzorging, opvoeding en terugkeer]

1. Algemeen. Dit artikel is gewijzigd bij de Wet van 14 mei 1998 (Stb. 302; in werking getreden op 1 oktober 1998).

2. Kosten van verzorging, opvoeding en terugkeer. Met betrekking tot hun financiële verplichtingen jegens het buitenlandse kind zijn de aspirant-adoptiefouders gelijkgesteld met ouders die op grond van bloedverwantschap jegens een kind onderhoudsplichtig zijn. De onderhoudsplicht houdt op wanneer het buitenlandse kind definitief door een ander gezin dan het oorspronkelijke wordt opgenomen of wanneer het in het land van herkomst wordt teruggeplaatst (MvT, *Kamerstukken II*, 20 046, nr. 3, p. 17). Aan te nemen is dat in het eerste geval de nieuwe ouders onderhoudsplichtig zijn; het kind blijft immers vallen onder de definitie van buitenlands kind en de ouders onder de definitie van aspirant-adoptiefouders als bedoeld in art. 1. Ten aanzien van de kosten van terugkeer wordt door het bepaalde in lid 1, zo volgt uit de MvT (*Kamerstukken II*, 20 046, nr. 3, p. 18), een verbintenis uit de wet gecreëerd waardoor de voorheen verlangde garantverklaring overbodig wordt. Genoemde onderhoudsplicht rust op degene die een buitenlands kind, zonder over een beginseltoestemming te beschikken, Nederland heeft doen binnenkomen (MvT, *Kamerstukken II*, 20 046, nr. 3, p. 17). Aangezien de onderhoudsplicht jegens een buitenlands kind dezelfde inhoud heeft als die welke geldt voor de ouders jegens een eigen kind, zijn de bepalingen inzake het levensonderhoud van Titel 17 van Boek 1 BW van overeenkomstige toepassing verklaard. Een aantal bepalingen, bijvoorbeeld de art. 1:395 en 1:399 BW, komt niet voor toepassing in aanmerking. Daarom is de term 'zoveel mogelijk' gebruikt.

HOOFDSTUK 3A
Tegemoetkoming kosten

[Inleidende opmerkingen]

Betekenis. Dit hoofdstuk, hoofdstuk 3A, bestaat uit de artikelen 9a-9c en is in de Wobka ingevoegd via de wet van 6 juli 2011 tot wijziging van de Wet opneming buitenlandse kinderen ter adoptie in verband met het invoeren van een regeling op grond waarvan adoptiefouders een tegemoetkoming kan worden verleend in de gemaakte kosten met betrekking tot interlandelijke adoptie (*Stb.* 2011, 370). Het is in werking getreden op 1 januari 2012 (*Stb.* 2012, 524). Ten aanzien van aangiften inkomstenbelasting gold tot en met het fiscale jaar 2008 dat sommige kosten die verband hielden met (interlandelijke) adoptie konden worden afgetrokken van het belastbaar inkomen voor zover het totaal van deze kosten uitkwam boven het drempelbedrag. Deze aftrekmogelijkheid is met ingang van het fiscale jaar 2009 vervallen. De in hoofdstuk 3A opgenomen verstrekking valt onder het begrip subsidie zoals omschreven in artikel 4:21 Awb. Hoofdstuk 3A wordt voorafgegaan door twee artikelen, 8 en 9, en gevolgd door één artikel, 10, die voorafgaande aan de invoeging van hoofdstuk 3A alle deel uitmaakten van hoofdstuk 3. Ondanks dat het bepaalde in artikel 9c anders doet vermoeden, kan het niet de bedoeling van de wetgever zijn geweest dat ook artikel 10 deel uitmaakt van hoofdstuk 3A. Bij een volgende wijziging van de Wobka zal een nieuwe hoofdstuk 3B in het leven moeten worden geroepen, waarin artikel 10 kan worden ondergebracht. Een voor de hand liggende titel van dit nieuw hoofdstuk 3B is 'Voorlopige voogdij'.

Artikel 9a

1. Onze Minister verleent adoptiefouders op hun verzoek een tegemoetkoming in de kosten die zij gemaakt hebben in verband met de interlandelijke adoptie van een kind indien:
a. het verzoek is ingediend binnen drie jaren nadat het kind door de adoptiefouders is geadopteerd;
b. het kind de Nederlandse nationaliteit heeft verkregen of, indien geen van de adoptiefouders de Nederlandse nationaliteit heeft, het kind de nationaliteit van ten minste één van de adoptiefouders heeft verkregen;
c. de adoptie in overeenstemming met deze wet is afgerond.
2. Bij ministeriële regeling worden regels gesteld omtrent de aanvraag van de tegemoetkoming.
[06-07-2011, Stb. 370, i.w.tr. 01-01-2012/kamerstukken 32446]

[Tegemoetkoming in adoptiekosten]

Betekenis. De belangrijkste kostenposten van een interlandelijke adoptie betreffen de kosten van de verplichte voorlichtingscursus ad € 1595, de kosten die de Nederlandse vergunninghouder maakt om zijn bemiddelingswerkzaamheden te kunnen uitvoeren, kosten die door de vergunninghouder in het land van herkomst moeten worden betaald en de reis- en verblijfkosten die de adoptiefouders moeten maken om het kind op te halen. Het vereiste dat de adoptie in overeenstemming met de Wobka is afgerond houdt in dat de adoptieprocedure overeenkomstig de bepalingen in de Wobka is doorlopen en dat de adoptie is voltooid (afgerond) (Rb. Overijssel 2 december 2015, ECLI:NL:RBOVE:2015:5309). De Regeling tegemoetkoming adoptiekosten van 27 september 2011 (*Stcrt.* 2011, 17713) strekt ter uitvoering van lid 2. Deze regeling is gewijzigd door de Regeling van de Staatssecretaris van Veiligheid en Justitie van 31 december 2014 tot wijziging van de Regeling tegemoetkoming adoptiekosten (*Stcrt.* 2015, 868).

Artikel 9b

1. De hoogte van de tegemoetkoming in de kosten van interlandelijke adoptie als bedoeld in artikel 9a bedraagt € 3 700.
2. Bij ministeriële regeling wordt het bedrag, genoemd in het eerste lid, jaarlijks met ingang van 1 januari opnieuw vastgesteld aan de hand van de consumentenprijsindex.
[06-07-2011, Stb. 370, i.w.tr. 01-01-2012/kamerstukken 32446]

[Jaarlijkse indexering]

Betekenis. Het in het eerste lid genoemde bedrag wordt jaarlijks geïndexeerd, teneinde het te koppelen aan de algemene prijsontwikkelingen.

Artikel 9c

Dit hoofdstuk is uitsluitend van toepassing op kinderen die tussen 1 januari 2009 en 1 januari 2013 zijn geadopteerd.
[06-07-2011, Stb. 370, i.w.tr. 01-01-2012/kamerstukken 32446]

[Temporele toepassingsgebied art. 9a en 9b Wobka]

Betekenis. Dit artikel betreft het temporele toepassingsgebied van hoofdstuk 3A Wobka. Zie voor een opsomming van de wetsartikelen waaruit dit hoofdstuk bestaat de Inleidende opmerkingen bij hoofdstuk 3A. Het onderhavige artikel dient in samenhang te worden gelezen met artikel II van de in die inleidende opmerkingen genoemde wet van 6 juli 2011. Dit artikel luidt als volgt: “Voor adoptiefouders die op of na 1 januari 2009 doch voor inwerkingtreding van deze wet via interlandelijke adoptie een kind hebben geadopteerd, vangt in afwijking van artikel 9a, eerste lid, onder a, van de Wet opneming buitenlandse kinderen ter adoptie, de in dat artikel genoemde de termijn van drie jaar aan op het moment van inwerkingtreding van deze wet.” De term ‘afgeronde adoptie’ als bedoeld in art. 9a lid 1 onderdeel c Wobka en de term ‘geadopteerd’ als bedoeld in art. 9c Wobka behelzen hetzelfde stadium in de adoptieprocedure c.q. hetzelfde tijdstip (Rb. Overijssel 2 december 2015, ECLI:NL:RBOVE:2015:5309).

Artikel 10

1. Indien is gehandeld in strijd met artikel 2 kan de kinderrechter een gecertificeerde instelling als bedoeld in artikel 1.1 van de Jeugdwet belasten met de voorlopige voogdij over de minderjarige, tenzij dit niet verenigbaar is met het belang van de minderjarige.

In geval van voorlopige voogdij wendt de raad voor de kinderbescherming zich binnen zes weken tot de rechter ten einde een voorziening in het gezag over de minderjarige te verkrijgen. Artikel 241, vierde en vijfde lid alsmede artikel 306a van Boek 1 van het Burgerlijk Wetboek zijn van overeenkomstige toepassing. Artikel 813, tweede lid van het Wetboek van Burgerlijke Rechtsvordering is van overeenkomstige toepassing.
2. De voorlopige voogdij eindigt, behoudens eerdere intrekking, op het tijdstip waarop hetzij de voogdij over de minderjarige, dan wel diens verblijf bij aspirant-adoptiefouders aan wie een beginseltoestemming is verleend, een aanvang neemt, hetzij de minderjarige in het land van herkomst wordt teruggeplaatst.
3. De kosten die de stichting ten behoeve van de minderjarige moet maken, komen ten laste van degene die de minderjarige in strijd met artikel 2 heeft opgenomen. De artikelen 8.2.1 tot en met 8.2.7 van de Jeugdwet zijn van overeenkomstige toepassing.
[12-03-2014, Stb. 131, i.w.tr. 01-01-2015/kamerstukken 33061]

[Voorlopige voogdij]

1. Algemeen. Dit artikel is gewijzigd bij de wetten van 7 juli 1994 (*Stb.* 570; in werking getreden op 1 april 1995), 23 januari 1997 (*Stb.* 38; in werking getreden op 1 juli 1997), 14 mei 1998 (*Stb.* 302; in werking getreden op 1 oktober 1998), 22 april 2004 (*Stb.* 306; in werking getreden op 1 januari 2005), 4 december 2013 (*Stb.* 560; in werking getreden op 15 februari 2014), 12 maart 2014 (*Stb.* 131; in werking getreden op 1 januari 2015) en 5 november 2014 (*Stb.* 442; in werking getreden op 1 januari 2015).

2. Voorlopige voogdij (lid 1, eerste volzin). Tot belasting van vorenbedoelde stichting met de voorlopige voogdij kan slechts worden overgegaan indien het kind is opgenomen door personen die niet over een beginseltoestemming beschikken. Dit mag slechts geschieden indien deze maatregel verenigbaar is met het belang van het kind. Niet uitgesloten is derhalve dat een voortgezet verblijf wordt toegestaan bij degene die zonder beginseltoestemming de minderjarige heeft opgenomen. De Hoge Raad gaat zelfs zo ver dat een kind dat geheel in strijd met de bepalingen van de Wobka door een echtpaar op laakbare wijze naar Nederland is 'gehaald' bij dit echtpaar mag blijven, indien dit in het belang van het kind is, ook al zou bijvoorbeeld overplaatsing van dit kind naar een ander gezin geen ernstig risico opleveren dat het wordt blootgesteld aan een lichamelijk of geestelijk gevaar. Zie HR 1 december 2000, *NJ* 2001/317. Niet is uitgesloten dat wordt onderzocht of er voor de minderjarige een passende opvang in het land van herkomst kan worden gevonden (MvT, *Kamerstukken II*, 20046, 3, p. 18).

3. Gezagsvoorziening (lid 1, tweede volzin). De regeling van dit artikel inzake de gezagsuitoefening is ontleend aan die van art. 1:241 BW. Evenwel is niet beoogd art. 1:241 of art. 1:332 BW hier rechtstreeks toepasselijk te verklaren (MvA, *Kamerstukken II*, 20046, 6, p. 21). Tot de maatregel kan derhalve worden overgegaan ongeacht of de aspirant-adoptiefouders met het gezag over het kind zijn bekleed, ongeacht ook of dat gezag is ontleend aan een buitenlandse adoptiebeslissing of een Nederlandse voogdijbeschikking. De voorlopige voogdij dient in dit verband te worden beschouwd als een noodmaatregel die op een zo kort mogelijke termijn moet worden vervangen door een gezagsvoorziening.

4. Overeenkomstige toepassing (lid 1, derde volzin). De vantoepassingverklaring van het tweede lid van art. 813 Rv houdt in dat de tenuitvoerlegging van het bevel tot toevertrouwing geschiedt met inachtneming van het in dat lid bepaalde.

5. Einde voorlopige voogdij (lid 2). De voorlopige voogdij eindigt op het tijdstip waarop de voogdij van degene die tot voogd is benoemd een aanvang heeft genomen. Deze situatie kan zich onder meer voordoen wanneer het buitenlandse kind is overgeplaatst naar andere aspirant-adoptiefouders van wie een tot voogd is benoemd. Een andere beëindigingsgrond is het begin van verblijf van het kind bij aspirant-adoptiefouders die over een beginseltoestemming beschikken. Dit kan betekenen een nieuw gezin, maar ook het aanvankelijke gezin, indien dat alsnog een beginseltoestemming heeft verkregen.

6. Kosten voorlopige voogdij (lid 3). De formulering van de tweede volzin biedt de raad de ruimte om in het gegeven geval met de financiële omstandigheden van de aspirant-adoptiefouders rekening te houden. De jaarlijkse wijziging van de kosten wordt geregeld door art. 1:402a BW.

HOOFDSTUK 4

Het gezinsonderzoek na binnenkomst in Nederland van een tijdens gewoon verblijf in het buitenland opgenomen buitenlands kind

Artikel 11

Wanneer het buitenlandse kind, na opneming door aspirant-adoptiefouders in een periode waarin zij hun gewone verblijfplaats in het buitenland hadden, te zamen met de aspirant-adoptiefouders in Nederland is binnengekomen, wordt ambtshalve het onderzoek bedoeld in artikel 5, eerste lid, ingesteld.

[14-05-1998, Stb. 302, i.w.tr. 20-02-1999/kamerstukken 24811]

[Ambtshalve instellen onderzoek]

Betekenis. Dit artikel is gewijzigd bij de Wet van 14 mei 1998 (*Stb.* 302; in werking getreden op 1 oktober 1998). De art. 11-13 hebben betrekking op de situatie waarin de aspirant-adoptiefouders een gewone verblijfplaats hebben gehad in het buitenland en gedurende die periode het buitenlandse kind hebben opgenomen zonder dat zij dit kind aldaar ten minste een jaar hebben verzorgd en opgevoed. Om te voorkomen dat aspirant-adoptiefouders zich voor korte tijd naar het buitenland begeven om aldaar zonder beginseltoestemming een kind ter adoptie op te nemen en vervolgens naar Nederland terug te keren is in dit artikel bepaald dat ambtshalve een gezinsonderzoek wordt ingesteld. In de situatie van art. 11 wordt evenwel geen beginseltoestemming verleend. Dat zou immers niet in overeenstemming zijn met de reeds ontstane feitelijke gezinssituatie, die meebrengt dat de toegang tot Nederland van het met het oog op adoptie opgenomen kind wordt getoetst aan de hand van de in Hoofdstuk B, Deel 2, van de Vreemdelingencirculaire 2000 neergelegde criteria voor gezinshereniging. Het feitelijke begrip 'gewone verblijfplaats' in dit artikel - evenals in art. 14 - is gebruikt om aansluiting te verkrijgen bij de in het internationaal privaatrecht gebruikelijke terminologie ('résidence habituelle'); een toeristisch bezoek voor enige tijd valt niet hieronder; de strekking ervan is overigens dezelfde als die van het begrip 'hoofdverblijf' in de Vreemdelingenwet 2000

(De Heer (Personen- en familierecht) 'Interlandelijke adoptie', aant. 16, suppl. mei 2001, ontleend aan Vonken (Personen- en familierecht), Titel 12, ipr, p. 50, suppl. januari 1992).

Artikel 12

1. Op grond van het in artikel 11 bedoelde onderzoek beslist Onze Minister of hij de aspirant-adoptiefouders geschikt acht voor de verzorging en opvoeding van het buitenlandse kind.
2. Indien Onze Minister de aspirant-adoptiefouders niet geschikt acht voor de verzorging en opvoeding van het buitenlandse kind, doet hij van zijn beslissing tevens mededeling aan de officier van justitie. Artikel 10 is van overeenkomstige toepassing.
[14-05-1998, Stb. 302, i.w.tr. 01-10-1998/kamerstukken 24811]

[Beslissing Minister]

Betekenis. Dit artikel is gewijzigd bij de Wet van 14 mei 1998 (*Stb.* 302; in werking getreden op 1 oktober 1998). Aangezien geen beginseltoestemming vereist is, kan in de in art. 11 bedoelde situatie niet in strijd worden gehandeld met het bepaalde in art. 2. Niettemin heeft de vantoepassingverklaring van art. 10 onder andere tot gevolg dat bij een negatieve uitkomst van het ambtshalve ingestelde gezinsonderzoek overgegaan wordt tot voorlopige voogdij, tenzij dit niet verenigbaar is met het belang van het kind.

Artikel 13

In geval van bezwaar bij Onze Minister tegen het in artikel 12 bedoelde besluit is artikel 7 van overeenkomstige toepassing. Een zodanig bezwaar schorst niet een maatregel die met overeenkomstige toepassing van artikel 10 is genomen.
[30-03-1995, Stb. 274, i.w.tr. 31-05-1995/kamerstukken 23137]

[Bezwaar; beroep]

Betekenis. Dit artikel is gewijzigd bij de Wet van 30 maart 1995 (*Stb.* 274; in werking getreden op 31 mei 1995). Het besluit van de minister dat de aspirant-adoptiefouders niet geschikt zijn voor de verzorging en de opvoeding van het buitenlandse kind is een beschikking waarop Titel 4.1 van de Awb van toepassing is. Tegen een dergelijk besluit dient allereerst overeenkomstig de Hoofdstukken 6 en 7 van de Awb bezwaar te worden ingesteld bij de Minister van Justitie. Tegen een afwijzende beslissing van de minister kan vervolgens beroep worden ingesteld bij de rechtbank overeenkomstig Hoofdstuk 8 van de Awb.

Artikel 14

1. De bepalingen van deze wet blijven buiten toepassing indien het buitenlandse kind, na opneming door aspirant-adoptiefouders in een periode waarin zij hun gewone verblijfplaats in het buitenland hebben, door hen gedurende ten minste een jaar aldaar is verzorgd en opgevoed en de verzorging en opvoeding van dat kind na binnenkomst in Nederland door hen zal worden voortgezet.
2. De bepalingen van deze wet blijven eveneens buiten toepassing indien de adoptie, in een periode waarin de aspirant-adoptiefouders hun gewone verblijfplaats in het buitenland hadden, is tot stand gekomen in overeenstemming met het op 29 mei 1993

te 's-Gravenhage tot stand gekomen verdrag inzake de bescherming van kinderen en de samenwerking op het gebied van de interlandelijke adoptie (*Trb.* 1993, 197), welke overeenstemming blijkt uit een schriftelijke verklaring van de bevoegde autoriteit van de staat waar de adoptie heeft plaatsgevonden.
[14-05-1998, Stb. 302, i.w.tr. 01-10-1998/kamerstukken 24811]

[Reeds gedurende één jaar verzorging in buitenland]

1. Algemeen. Dit artikel is gewijzigd bij de Wet van 14 mei 1998 (*Stb.* 302; in werking getreden op 1 oktober 1998). Het hier bedoelde geval onderscheidt zich van de situatie waarop de art. 11-13 betrekking hebben. In het geval waarop het onderhavige artikel betrekking heeft wordt, evenals in de situatie waarop art. 11 doelt, geen beginseltoestemming verleend. Evenals in het in art. 11 bedoelde geval zal in de situatie waarop art. 14 betrekking heeft de toelating van het kind tot Nederland worden getoetst aan de criteria voor gezinshereniging, die zijn vervat in Hoofdstuk B, Deel 2, van de Vreemdelingencirculaire 2000. Daarnaast — hierin onderscheidt zich de regeling van het onderhavige artikel van die van art. 11 — blijft in het geval van het onderhavige artikel ook het gezinsonderzoek achterwege. Zie voor het begrip 'gewone verblijfplaats' de aantekening op art. 11. Het onderhavige artikel heeft geen betrekking op de situatie waarin een adoptie heeft plaatsgehad in een land dat geen partij is bij het Haags Adoptieverdrag 1993 terwijl niet voldaan is aan het vereiste van verzorging en opvoeding gedurende ten minste een jaar in het buitenland. In die situatie gelden de bepalingen van de Wobka onverkort. Zie voor een recente uitspraak Gerechtshof Den Haag 24 maart 2021, ECLI:NL:GHDHA:2021:1138.

2. Werkingsbereik eerste lid. Lid 1 heeft betrekking op - globaal gesproken - twee soorten situaties. In de eerste plaats gaat het hier om de situatie waarin de adoptie in het buitenland nog niet tot stand is gekomen terwijl de aspirant-adoptiefouders niettemin tijdens hun gewone verblijf in het buitenland het kind ten minste een jaar hebben verzorgd en opgevoed. In de tweede plaats gaat het hier om de situatie waarin in een land dat geen partij is bij het Haags Adoptieverdrag 1993 een adoptie heeft plaatsgehad die voor erkenning in Nederland vatbaar is terwijl de aspirant-adoptiefouders tijdens hun gewone verblijf in dat land het kind ten minste een jaar hebben verzorgd en opgevoed.

3. Werkingsbereik tweede lid. Lid 2 heeft betrekking op één soort situatie, namelijk die waarin de aspirant-adoptiefouders hun gewone verblijf hebben gehad in een land dat partij is bij het Haags Adoptieverdrag 1993 terwijl tijdens het verblijf in dat land een adoptie tot stand is gekomen die op grond van het verdrag voor erkenning in Nederland in aanmerking komt.

HOOFDSTUK 5
De vergunning en de werkzaamheden van vergunninghouders

Artikel 15
Het is verboden zonder vergunning van Onze Minister te bemiddelen inzake de opneming van een buitenlands kind met het oog op adoptie.
[14-05-1998, Stb. 302, i.w.tr. 01-10-1998/kamerstukken 24811]

[Vergunning vereist]

Betekenis. Dit artikel is gewijzigd bij de Wet van 14 mei 1998 (*Stb.* 302; in werking getreden op 1 oktober 1998). Ingevolge dit artikel mogen bemiddelende werkzaamheden ten behoeve van aspirant-adoptiefouders uitsluitend nog worden verricht door vergunninghouders. Aan de vergunning is een aantal voorwaarden verbonden. Op deze wijze wordt een preventief toezicht op de bemiddelende instellingen mogelijk gemaakt. Het handelen in strijd met dit artikel is strafbaar gesteld in de art. 27 en 28. Het staat de Minister van Justitie in bepaalde gevallen vrij de verleende vergunning te beperken tot bepaalde landen (Afdeling Rechtspraak van de Raad van State 19 mei 2004, 200306403/1).

Artikel 16

1. De vergunning wordt door Onze Minister op verzoek verleend aan een rechtspersoon met volledige rechtsbevoegdheid wiens zetel zich in Nederland bevindt en die voldoet aan het bij en krachtens de volgende leden bepaalde.
2. De aanvrager dient krachtens zijn doelstellingen te bemiddelen inzake de opneming hier te lande van buitenlandse kinderen, in de gevallen dat deze opneming in het belang van de betrokken kinderen kan worden geacht.
3. De werkzaamheden van de aanvrager mogen niet zijn gericht op het maken van winst.
4. Het bestuur van de aanvrager moet uit ten minste drie leden bestaan en zodanig zijn samengesteld dat de behartiging van de belangen van de buitenlandse kinderen en de aspirant-adoptiefouders is gewaarborgd.
5. De aanvrager moet zodanig zijn toegerust dat een zorgvuldige en doeltreffende uitvoering van zijn werkzaamheden is gewaarborgd.
6. De aanvrager moet bereid zijn tot samenwerking met andere vergunninghouders, in het bijzonder op het terrein van de algemene voorlichting van de aspirant-adoptiefouders.
7. Bij algemene maatregel van bestuur worden nadere regels gesteld inzake de eisen bedoeld in het vierde, vijfde en zesde lid. Daarin worden in ieder geval regels gesteld betreffende de verzameling van gegevens over het kind voor zijn komst naar Nederland.
[14-05-1998, Stb. 302, i.w.tr. 01-10-1998/kamerstukken 24811]

[Voorwaarden verlening vergunning]

1. Algemeen. Dit artikel is gewijzigd bij de Wet van 14 mei 1998 (*Stb.* 302; in werking getreden op 1 oktober 1998).

2. Nederlandse rechtspersoon (lid 1). De vergunning wordt slechts verleend aan instellingen die rechtspersoonlijkheid bezitten met volledige rechtsbevoegdheid en waarvan de zetel zich in Nederland bevindt. Aan particulieren zal dus nooit worden toegestaan bemiddelend op te treden.

3. Schriftelijk verzoek (lid 2). De beslissing over de verlening van de vergunning wordt aan de Minister van Justitie overgelaten. De gegevens waarop in dit lid wordt gedoeld zijn thans opgesomd in het Besluit van de Staatssecretaris van Justitie van 17 augustus 1998/

Nr. 711 378/98/6 Directie Wetgeving, *Stcrt.* 1998, 171, de Regeling gegevens buitenlandse betrekkingen vergunninghouder interlandelijke adoptie. Deze gegevens omvatten een kopie van de akte van oprichting (MvT, *Kamerstukken II*, 20 046, nr. 3, p. 20).

4. Opneming in belang kind (lid 2). Als uitgangspunt van interlandelijk adoptiebeleid geldt dat adoptie slechts in aanmerking zal komen indien elke andere vorm van hulp aan het kind in het land van herkomst ontbreekt en ook niet kan worden gevonden (MvT, *Kamerstukken II*, 20 046, nr. 3, p. 20). Onder de doelstelling van de aanvrager valt ook de eventuele deelbemiddeling ten behoeve van zelfdoeners. Wat deze deelbemiddeling inhoudt, wordt bepaald door art. 7a lid 1.

5. Geen winstoogmerk (lid 3). Strekking van deze bepaling is het voorkomen van kinderhandel.

6. Samenstelling bestuur (lid 4). Het bestuur van de vergunninghouder dient zodanig te zijn samengesteld dat deskundige aandacht kan worden gegeven zowel aan de wensen en behoeften van aspirant-adoptiefouders als aan de belangen van het kind. Daartoe worden verschillende disciplines in het bestuur verenigd. Gedacht is hierbij aan juridische en financiële deskundigheid alsmede deskundigheid op het gebied van het maatschappelijk werk (MvT, *Kamerstukken II*, 20 046, nr. 3, p. 20). Dit grondpatroon voor de samenstelling van het bestuur is vastgelegd in het Besluit 1989, de algemene maatregel van bestuur waarnaar wordt verwezen in lid 7. Zie art. 12 van dat besluit.

7. Toerusting aanvrager (lid 5). Deze voorwaarde waarborgt de continuïteit in de werkzaamheden van de bemiddelende instelling. Zie voor een uitwerking hiervan de art. 17a-g van deze wet en art. 15 van het Besluit 1989, dat met commentaar is opgenomen in deze uitgave onder nummer 39.

8. Samenwerking en nazorg (lid 6). De bereidheid van de vergunninghouder tot samenwerking met andere vergunninghouders is essentieel in een stelsel dat ruimte biedt aan verscheidene vergunninghouders. Ook ter zake van de contacten met het buitenland is onderlinge afstemming tussen de vergunninghouders gewenst. Verder wordt van de vergunninghouders verlangd dat zij gezamenlijk hun medewerking verlenen aan de onder toezicht van de Minister van Justitie te verstrekken algemene voorlichting (MvT, *Kamerstukken II*, 20 046, nr. 3, p. 20). Zie voor dit laatste ook art. 17 Besluit 1989, dat met commentaar is opgenomen in deze uitgave onder nummer 39. Aangenomen moet worden dat de plicht tot samenwerking ook ziet op de nazorg, dat wil zeggen de assistentie aan aspirant-adoptiefouders in de periode vanaf de opneming van het buitenlandse kind. In de MvA (*Kamerstukken II*, 20 046, nr. 6, p. 6) wordt er overigens op geattendeerd dat de verplichting tot samenwerking op het gebied van de nazorg de vergunninghouder - ook de kleinere - niet ontslaat van de verplichting om zelf de nazorg voor de kinderen die door zijn bemiddeling naar Nederland zijn gekomen op zich te nemen (vgl. art. 17, lid 1, onder g, Wobka). De verplichting tot het verlenen van nazorg bestaat tot het tijdstip van adoptie.

9. Algemene maatregel van bestuur (lid 7). Zie het Besluit opneming buitenlandse kinderen ter adoptie, de voorloper van het Besluit opneming buitenlandse pleegkinderen van

4 juli 1989 (Stb. 262), dat met commentaar is opgenomen in deze uitgave onder nummer 39. De art. 12-17 van dat besluit, evenals de art. 17a-g Wobka, hebben betrekking op de organisatie, toerusting en taak van vergunninghouders.

Artikel 16a

Een vergunning wordt verleend voor een geldigheidsduur van drie jaren. Op verzoek van de vergunninghouder kan Onze Minister de geldigheidsduur van de vergunning verlengen voor een periode van telkens vijf jaren. Een aanvraag tot verlenging van de geldigheidsduur van de vergunning wordt uiterlijk twaalf weken voor het verstrijken van de geldigheidsduur van de bestaande vergunning ingediend.

[14-05-1998, Stb. 302, i.w.tr. 01-10-1998/kamerstukken 24811]

[Geldigheidsduur vergunning; verlenging]

Betekenis. Dit artikel is ingevoegd bij de Wet van 14 mei 1998 (*Stb.* 302; in werking getreden op 1 oktober 1998). Een vergunning kan tussentijds worden ingetrokken. Bij de verlenging worden dezelfde criteria gehanteerd als bij de verlening (Nota naar aanleiding van het verslag, *Kamerstukken II*, 24 810 (R 1577) enz., nr. 6, p. 15-16).

Artikel 17

Onze Minister beslist afwijzend op een verzoek tot verlening van een vergunning of tot verlenging van de geldigheidsduur ervan indien hetzij gegronde vrees bestaat dat de aanvrager het bij of krachtens deze wet bepaalde niet zal naleven, hetzij de aanvrager naar verwachting te weinig toekomstmogelijkheden met betrekking tot bemiddeling inzake de opneming van buitenlandse kinderen heeft.

[28-01-1999, Stb. 30, i.w.tr. 17-02-1999/kamerstukken 25836]

[Afwijzende beslissing]

1. Algemeen. Dit artikel is gewijzigd bij de Wetten van 14 mei 1998 (*Stb.* 302; in werking getreden op 1 oktober 1998) en 28 januari 1999 (*Stb.* 30; in werking getreden op 17 februari 1999).

2. Weigeringsgronden. Deze bepaling bevat een tweetal gronden tot weigering van de vergunning; zo is een grond opgenomen die de Minister van Justitie de bevoegdheid toekent de toekomstmogelijkheden van de aanvrager in zijn beslissing te betrekken. Het is immers niet zinvol, zo is de redenering in de MvT (*Kamerstukken II*, 20 046, nr. 3, p. 21), het aantal vergunninghouders uit te breiden indien niet te verwachten valt dat dit tot verruiming van de mogelijkheden tot bemiddeling zal leiden, in die zin dat de totale bemiddelingscapaciteit in Nederland wordt vergroot en/of de bemiddeling tot nieuwe landen of landsdelen wordt uitgebreid.

Artikel 17a

1. De volgende werkzaamheden maken deel uit van de taak van de vergunninghouder:

a. hij onderhoudt ten behoeve van de aspirant-adoptiefouders contacten met de Nederlandse en de buitenlandse autoriteiten, instellingen en personen die bij de opneming van het buitenlandse kind betrokken zijn. Hij zendt hun de noodzake-

lijke gegevens toe omtrent de aspirant-adoptiefouders en omtrent de kinderen waarvoor zij de zorg op zich zouden kunnen nemen.

b. hij doet zo nodig onderzoek verrichten door en vraagt advies aan deskundige personen of instellingen in Nederland of in de staat van herkomst van het buitenlandse kind;

c. hij assisteert de aspirant-adoptiefouders bij de in het buitenland in verband met de opneming van het buitenlandse kind te volgen procedures en bij de verkrijging van de voor toelating van dat kind in Nederland noodzakelijke bescheiden;

d. hij ziet erop toe dat tussen de aspirant-adoptiefouders en de ouders van het kind of een andere persoon aan wie de zorg voor het kind is toevertrouwd geen contact wordt gelegd totdat vaststaat:

1° dat het kind voor adoptie in aanmerking komt;

2° dat de autoriteiten van de staat van herkomst instemmen met de opneming van het kind door de aspirant-adoptiefouders, en

3° dat de vereiste toestemmingen van personen en instellingen in de staat van herkomst zijn verkregen;

e. hij belast zich met het aanvragen van de machtiging tot voorlopig verblijf voor het buitenlandse kind;

f. hij assisteert de aspirant-adoptiefouders bij het regelen van de overkomst van het buitenlandse kind naar Nederland en ziet erop toe dat deze overbrenging in alle veiligheid en onder passende omstandigheden geschiedt, zo mogelijk in gezelschap van de aspirant-adoptiefouders;

g. hij geeft de aspirant-adoptiefouders dan wel de adoptiefouders begeleiding nadat het buitenlandse kind is opgenomen.

2. Het eerste lid, onderdeel *d*, geldt niet indien de adoptie plaatsvindt binnen eenzelfde familie of indien aan de door de bevoegde autoriteit van de staat van herkomst ten aanzien van dat contact gestelde voorwaarden is voldaan.

[14-05-1998, Stb. 302, i.w.tr. 01-10-1998/kamerstukken 24811]

[Werkzaamheden en taak vergunninghouder]

Betekenis. Dit artikel is ingevoegd bij de Wet van 14 mei 1998 (*Stb.* 302; in werking getreden op 1 oktober 1998). In verband met de inwerkingtreding voor Nederland van het Haags Adoptieverdrag 1993, op 1 oktober 1998, dat in Hoofdstuk IV de door de staat van opvang te verrichten taken uitdrukkelijk omschrijft, werd het wenselijk geoordeeld om de desbetreffende bepalingen uit het Besluit 1989 naar de Wobka over te brengen en voor zover nodig aan te passen (vgl. MvT, *Kamerstukken II*, 24 811, nr. 3, p. 11). Na art. 17 zijn dan ook de nieuwe art. 17a-g ingevoegd. Het betreft hier een niet-limitatieve opsomming van de werkzaamheden die tot de bemiddelende taak van de vergunninghouder behoren (MvT, *Kamerstukken II*, 24 811, nr. 3, p. 11). Art. 17a beschrijft de onderdelen van de bemiddeling en de nazorg. Het kan vóór de overkomst van een kind naar Nederland noodzakelijk zijn dat nader advies van deskundigen wordt ingewonnen, bijvoorbeeld wanneer onvoldoende zekerheid bestaat omtrent de geestelijke en/of lichamelijke gesteldheid van het kind. Veelal zal in een dergelijk geval in het land van herkomst een deskundige moeten worden ingeschakeld. Dit behoort, op grond van het bepaalde in het eerste lid, onder c, ook tot de taak van de vergunninghouder. Benadrukt zij echter dat tot die taak niet behoort het opnieuw instellen van een onderzoek naar de geschiktheid van de aspirant-adoptiefouders (een zogeheten 'tweede toets'). Wanneer de aspirant-adoptiefouders dit wensen, dient de vergunninghouder, ingevolge het bepaalde in het eerste lid, onder g, ook na de opneming van het kind begeleiding te geven, de zogeheten 'nazorg'. De verplichting tot het verlenen van nazorg bestaat tot het tijdstip van adoptie. Deze taak van de vergunninghouder is niet alleen assisterend, maar vooral signalerend (MvA, *Kamerstukken I*, 24 810 (R 1577) enz., nr. 276a, p. 8). Over de rol van de vergunninghouder, wanneer zich een situatie voordoet als bedoeld in art. 21 van het Haags Adoptieverdrag 1993 (ongeschiktheid van de aspirant-adoptiefouders), kan worden opgemerkt dat alsdan van de vergunninghouder mag worden verwacht dat deze de tot het nemen van maatregelen bevoegde instanties inschakelt (vgl. de Nota naar aanleiding van het verslag, *Kamerstukken II*, 24 810 (R 1577) enz., nr. 6. p. 22-23).

Artikel 17b

1. De vergunninghouder vergaart zoveel mogelijk gegevens met betrekking tot de afkomst en de achtergrond van het buitenlandse kind in de staat van herkomst.
2. De vergunninghouder houdt een dossier bij van elke door hem verleende bemiddeling. Het dossier bevat afschriften van alle correspondentie die met betrekking tot de opneming van het buitenlandse kind is gevoerd alsmede kopieën van de bescheiden die bij de binnenkomst van het kind in Nederland zijn getoond. Voorts bevat het alle in het eerste lid bedoelde gegevens. Het dossier wordt gedurende ten minste dertig jaren na de binnenkomst van het buitenlandse kind in Nederland bewaard.
3. Indien de adoptieprocedure geen voortgang vindt, zendt de vergunninghouder de originelen van de door hem ontvangen bescheiden betreffende het buitenlandse kind terug aan de autoriteiten die deze hebben verzonden.
[14-05-1998, Stb. 302, i.w.tr. 01-10-1998/kamerstukken 24811]

[Aan te leggen dossier betreffende het kind]

Betekenis. Dit artikel is ingevoegd bij de Wet van 14 mei 1998 (*Stb.* 302; in werking getreden op 1 oktober 1998). De taak van de vergunninghouder omvat voorts de verplichting tot het verzamelen van zo volledig mogelijke gegevens omtrent de afkomst en de achtergrond van het buitenlandse kind, zo leert het bepaalde in dit artikel. Het belang van deze eis is allereerst hierin gelegen dat de beslissing omtrent de plaatsing van het kind mede op die gegevens wordt gebaseerd. Ook is bekend dat steeds meer geadopteerden zich te eniger tijd vragen gaan stellen over hun afkomst en over de redenen waarom zij voor adoptie zijn afgestaan. Het is ook in verband hiermee van groot belang dat zoveel mogelijk informatie over hen wordt vergaard en dat deze zorgvuldig wordt bewaard. Een vergunninghouder is voor de verkrijging van de in dit artikel bedoelde gegevens geheel of grotendeels afhankelijk van de instanties waarmee hij in het buitenland betrekkingen onderhoudt. Informatie zal, bijvoorbeeld wanneer het een vondeling betreft, soms niet verkrijgbaar zijn, terwijl ook niet reeds volledige zekerheid kan worden verkregen over de juistheid van de verstrekte gegevens. Het kan hier dan ook slechts om een inspanningsverplichting gaan.

Artikel 17c

1. Indien de staat van herkomst partij is bij het op 29 mei 1993 te 's-Gravenhage tot stand gekomen verdrag inzake de internationale samenwerking en de bescherming

van kinderen op het gebied van de interlandelijke adoptie (*Trb.* 1993, 197), dan wel indien de regelgeving van de staat van herkomst zulks vereist, houdt de vergunninghouder de bevoegde autoriteiten van de staat van herkomst op de hoogte van de adoptieprocedure en de maatregelen die worden genomen om deze af te wikkelen alsmede van het verloop van de aan de adoptie voorafgaande verzorgingsperiode.
2. Voorts geeft de vergunninghouder, na de aspirant-adoptiefouders, de adoptiefouders of de wettelijke vertegenwoordiger van het kind daaromtrent te hebben geïnformeerd, gevolg aan met redenen omklede verzoeken van de autoriteiten van de staat van herkomst om informatie over de situatie met betrekking tot de adoptie.
[14-05-1998, Stb. 302, i.w.tr. 01-10-1998/kamerstukken 24811]

[Vervolgrapportage aan staat van herkomst]

Betekenis. Dit artikel is ingevoegd bij de Wet van 14 mei 1998 (*Stb.* 302; in werking getreden op 1 oktober 1998). Het betreft hier de vervolgrapportage aan de staat van herkomst.

Artikel 17d

1. De vergunninghouder verstrekt aan het buitenlandse kind alsmede aan de aspirant-adoptiefouders, de adoptiefouders dan wel de wettelijke vertegenwoordiger desgevraagd zo spoedig mogelijk inzage in en afschrift van de bescheiden die hij met betrekking tot de adoptie onder zich heeft.
2. De inzage in of het afschrift van de bescheiden wordt aan het buitenlandse kind geweigerd indien het:
a. jonger dan twaalf jaar is, of
b. de leeftijd van twaalf jaren heeft bereikt en niet in staat kan worden geacht tot een redelijke waardering van zijn belangen terzake.
3. In de gevallen, bedoeld in het tweede lid, worden desgevraagd aan de aspirant-adoptiefouders, de adoptiefouders of de wettelijke vertegenwoordiger inlichtingen, dan wel inzage in of afschrift van de bescheiden verstrekt.
[14-05-1998, Stb. 302, i.w.tr. 01-10-1998/kamerstukken 24811]

[Inzage en afschrift bescheiden betreffende de adoptie]

Betekenis. Dit artikel is ingevoegd bij de Wet van 14 mei 1998 (*Stb.* 302; in werking getreden op 1 oktober 1998). De art. 17d-g hebben betrekking op de inzage in gegevens over de adoptie waar de vergunninghouder over beschikt. Deze werkzaamheden worden verricht in de gevallen waarin volledige bemiddeling wordt verleend.

Artikel 17e

1. Onverminderd de overige bepalingen van deze wet, verstrekt de vergunninghouder aan anderen dan het buitenlandse kind of de aspirant-adoptiefouders, de adoptiefouders dan wel de wettelijke vertegenwoordiger geen inlichtingen over de adoptie dan wel inzage in of afschrift van de bescheiden dan met toestemming van het buitenlandse kind, indien het de leeftijd van zestien jaren heeft bereikt. Heeft het buitenlandse kind de leeftijd van zestien jaren nog niet bereikt of heeft het deze leeftijd bereikt, doch kan het niet in staat worden geacht tot een redelijke waardering van zijn

belangen ter zake, dan is voor de hier bedoelde verstrekking de toestemming van de aspirant-adoptiefouders, de adoptiefouders of de wettelijke vertegenwoordiger vereist.
2. Onder anderen dan het buitenlandse kind en de aspirant-adoptiefouders, de adoptiefouders dan wel de wettelijke vertegenwoordiger zijn niet begrepen instanties die bij de adoptie betrokken zijn en degenen die betrokken zijn bij de uitvoering of de voorbereiding van een maatregel van kinderbescherming.
[14-05-1998, Stb. 302, i.w.tr. 01-10-1998/kamerstukken 24811]

[Verstrekking inlichtingen betreffende de adoptie aan derden]

Betekenis. Dit artikel is ingevoegd bij de Wet van 14 mei 1998 (*Stb.* 302; in werking getreden op 1 oktober 1998) en betreft de verstrekking van inlichtingen betreffende de adoptie aan derden.

Artikel 17f
1. Inlichtingen over, inzage in of afschrift van bescheiden kan worden geweigerd indien de persoonlijke levenssfeer van een ander dan het buitenlandse kind daardoor zou worden geschaad.
2. Van het rapport, bedoeld in artikel 5, vierde lid, wordt geen afschrift verstrekt.
3. Voor de verstrekking van een afschrift kan de kostprijs daarvan in rekening worden gebracht.
[14-05-1998, Stb. 302, i.w.tr. 01-10-1998/kamerstukken 24811]

[Weigeringsgronden voor inlichtingenverstrekking]

Betekenis. Dit artikel is ingevoegd bij de Wet van 14 mei 1998 (*Stb.* 302; in werking getreden op 1 oktober 1998) en betreft de gronden waarop de verstrekking van inlichtingen betreffende de adoptie kan worden geweigerd.

Artikel 17g
In het geval, bedoeld in artikel 7*a*, blijft artikel 17*a* buiten toepassing, behoudens het eerste lid onder *e*. Voorts blijven in dat geval buiten toepassing de artikelen 17*b*, eerste lid, en artikel 17*e*.
[14-05-1998, Stb. 302, i.w.tr. 01-10-1998/kamerstukken 24811]

[Taak en werkzaamheden vergunninghouder in geval van zelfdoeners]

Betekenis. Dit artikel is ingevoegd bij de Wet van 14 mei 1998 (*Stb.* 302; in werking getreden op 1 oktober 1998). In het in art. 7a bedoelde geval, waarin aspirant-adoptiefouders gebruik maken van de diensten van personen of instellingen in het buitenland, verricht de vergunninghouder slechts bepaalde werkzaamheden. De belangrijkste werkzaamheid is de bemiddeling bij de aanvraag van een machtiging tot voorlopig verblijf.

Artikel 18
1. Onze Minister trekt een vergunning in:
a. indien de gegevens die met het oog op de verkrijging van de vergunning zijn verstrekt, zodanig onjuist of onvolledig blijken dat op het verzoek een andere

beslissing zou zijn genomen als bij de beoordeling daarvan de juiste of volledige gegevens bekend zouden zijn geweest;

b. indien niet langer wordt voldaan aan een der eisen gesteld bij of krachtens artikel 16.

2. Onze Minister kan een vergunning intrekken:

a. indien de vergunninghouder het bepaalde bij of krachtens de artikelen 20 tot en met 23, dan wel het bepaalde bij de artikelen 8 of 32 niet heeft nageleefd;

b. indien de vergunninghouder gedurende ten minste twee jaren geen bemiddeling inzake de opneming van een buitenlands kind heeft voltooid.

[14-05-1998, Stb. 302, i.w.tr. 01-10-1998/kamerstukken 24811]

[Intrekking vergunning]

1. Algemeen. Dit artikel is gewijzigd bij de Wetten van 30 maart 1995 (*Stb.* 274; in werking getreden op 31 mei 1995) en 14 mei 1998 (*Stb.* 302; in werking getreden op 1 oktober 1998).

2. Gronden voor intrekking van de vergunning. De onderhavige bepaling bevat een aantal gronden tot intrekking van de vergunning. De in lid 1 vermelde gronden leiden altijd tot intrekking van de vergunning, terwijl in de gevallen vermeld in lid 2 een discretionaire bevoegdheid tot intrekking bestaat. De intrekkingsgrond vermeld in het tweede lid, onder b, verschaft de Minister van Justitie de gelegenheid de toekomstmogelijkheden van de aanvrager in zijn beslissing te betrekken (MvT, *Kamerstukken II*, 20 046, nr. 3, p. 21). Bijzondere aandacht verdient het vereiste van art. 18 lid 2, onder a, jo. art. 8, onder c. Dit vereiste brengt mee dat op de vergunninghouder de verplichting rust volledige informatie te verstrekken over de contacten die tot de binnenkomst in Nederland van het buitenlandse kind hebben geleid. Niet-nakoming van dit vereiste is niet alleen een grond voor intrekking van de vergunning maar kan tevens tot aansprakelijkheid tegenover de aspirant-adoptiefouders leiden (De Heer (Personen- en familierecht) 'Interlandelijke adoptie', aant. 31, suppl. mei 2001, ontleend aan Vonken (Personen- en familierecht), Titel 12, ipr, p. 59, suppl. januari 1992). De functie van de bemiddelaar brengt aldus de verplichting jegens de aspirant-adoptiefouders mee om ervoor te zorgen dat bij de binnenkomst van het kind in Nederland aan alle in art. 8 gestelde vereisten is voldaan. Het besluit waarbij overeenkomstig de onderhavige bepaling een vergunning wordt ingetrokken is een beschikking waarop Titel 4.1 van de Awb van toepassing is. Bezwaar kan worden ingesteld bij de Minister van Justitie overeenkomstig de Hoofdstukken 6 en 7 van de Awb. Tegen een afwijzende beslissing van de minister kan vervolgens beroep worden ingesteld bij de rechtbank krachtens Hoofdstuk 8.

Artikel 19

Indien artikel 18 wordt toegepast, beslist Onze Minister desgewenst door welke vergunninghouder of vergunninghouders de werkzaamheden van de rechtspersoon wiens vergunning is ingetrokken, voortgezet en zo nodig beëindigd zullen worden.

[08-12-1988, Stb. 566, i.w.tr. 15-07-1989/kamerstukken 20046]

[Voortzetting en beëindiging werkzaamheden]

Betekenis. Deze bepaling maakt het mogelijk de afwikkeling of de voortzetting van de werkzaamheden van een vergunninghouder wiens vergunning is ingetrokken te regelen. Een opdracht hiertoe wordt slechts verstrekt met instemming van de vergunninghouder die daartoe is aangezocht (MvT, *Kamerstukken II*, 20 046, nr. 3, p. 21).

Artikel 20

1. De vergunninghouder bemiddelt inzake de opneming van een buitenlands kind uitsluitend ten behoeve van de aspirant-adoptiefouders die beschikken over een geldige beginseltoestemming overeenkomstig het in die beginseltoestemming bepaalde.
2. De vergunninghouder bemiddelt niet inzake de opneming van een buitenlands kind buiten Nederland.
3. De vergunninghouder betaalt geen onevenredig hoge vergoedingen voor in verband met zijn bemiddeling verrichte diensten.
4. De vergunninghouder knoopt geen betrekkingen aan met instellingen of organisaties in het buitenland die reeds met andere vergunninghouders betrekkingen onderhouden met het oog op bemiddeling inzake de opneming van buitenlandse kinderen.
5. Onze Minister stelt regels met betrekking tot de gegevens die door de vergunninghouder in verband met het toezicht op de naleving van het bepaalde in het derde en vierde lid van dit artikel moeten worden verstrekt betreffende zijn betrekkingen met instanties in het buitenland.
[14-05-1998, Stb. 302, i.w.tr. 01-10-1998/kamerstukken 24811]

[Bemiddeling]

1. Algemeen. Dit artikel is gewijzigd bij de Wet van 14 mei 1998 (*Stb.* 302; in werking getreden op 1 oktober 1998).

2. Beginseltoestemming aspirant-adoptiefouders (lid 1). Het is verboden te bemiddelen ten behoeve van aspirant-adoptiefouders die niet beschikken over een geldige beginseltoestemming. Het handelen in strijd met dit verbod is strafbaar gesteld in de art. 27 en 28. In de formulering van het eerste lid is tevens tot uitdrukking gebracht dat de vergunninghouder bij zijn bemiddeling de in art. 5 lid 7 bedoelde voorwaarde met betrekking tot de leeftijd van het buitenlandse kind in acht moet nemen.

3. Slechts opneming in Nederland (lid 2). Bemiddeling inzake de opneming van een buitenlands kind in het buitenland is verboden, dus ook ten behoeve van aldaar wonende Nederlandse ouders.

4. Door vergunninghouder te betalen vergoedingen (lid 3). Dit verbod strekt ertoe de vergunninghouder te weerhouden van het inschakelen van personen die door financiële motieven worden gedreven (MvT, *Kamerstukken II*, 20 046, nr. 3, p. 21). Wat betreft de vraag wat onder 'onevenredig hoge' vergoedingen dient te worden verstaan, deelt de MvA (*Kamerstukken II*, 20 046, nr. 6, p. 38) mede dat een vergelijking zal moeten worden getrokken met een vergoeding die in een bepaald land als redelijk wordt beschouwd.

5. Buitenlandse betrekkingen (lid 4). Met dit verbod wordt onoorbare concurrentie tussen vergunninghouders tegengegaan (MvT, *Kamerstukken II*, 20 046, nr. 3, p. 21). Uit deze bepaling volgt dat, wanneer in een bepaald land slechts één instelling is belast met taken op het gebied van interlandelijke adoptie, slechts één Nederlandse instelling het contact zal mogen hebben. Ingeval er evenwel in een bepaald land één grote landelijke organisatie bestaat, zal er doorgaans sprake zijn van een opsplitsing in regionale bureaus. Deze bureaus kunnen dan worden beschouwd als afzonderlijke lokale organisaties, in welke situatie er geen bezwaar tegen bestaat dat verschillende Nederlandse instellingen elk met een bureau contacten onderhouden (MvA, *Kamerstukken II*, 20 046, nr. 6, p. 38). Het verbod van lid 4 strekt zich niet mede uit tot natuurlijke personen. Gezien het geringe aantal zelfdoeners, welk aantal na de inwerkingtreding van de Wobp, de voorloper van de Wobka, naar verwachting nog verder zou afnemen, heeft de staatssecretaris van Justitie uitbreiding van de regeling tot deze categorie niet wenselijk geacht (MvA, *Kamerstukken II*, 20 046, nr. 6, p. 38).

6. Regels betreffende te verstrekken gegevens (lid 5). Deze gegevens strekken ertoe de Minister van Justitie inzicht te verschaffen in de werkzaamheden die de vergunninghouder in het buitenland verricht; op deze wijze is getracht een waarborg te creëren voor de deugdelijkheid van de buitenlandse contacten. Ter uitvoering van deze bepaling strekt thans het Besluit van de Staatssecretaris van Justitie van 17 augustus 1998/Nr. 711 320/98/6 Directie Wetgeving, *Stcrt.* 1998, 171.

Artikel 21

1. De vergunninghouder schrijft uitsluitend aspirant-adoptiefouders in die beschikken over een beginseltoestemming, tenzij dezelfde vergunninghouder reeds eerder heeft bemiddeld voor de aspirant-adoptiefouders.
2. De vergunninghouder schrijft geen aspirant-adoptiefouders in die reeds bij een andere vergunninghouder zijn ingeschreven.
3. De vergunninghouder houdt bij zijn bemiddeling zo veel mogelijk de volgorde aan waarin de bij hem ingeschreven aspirant-adoptiefouders een verzoek tot verlening van een beginseltoestemming hebben ingediend.
4. De vergunninghouder draagt de gegevens van de bij hem ingeschreven aspirant-adoptiefouders die zich bij een andere vergunninghouder willen laten inschrijven, over aan die andere vergunninghouder onder gelijktijdige uitschrijving van die aspirant-adoptiefouders.
5. De vergunninghouder verstrekt de gegevens van de bij hem ingeschreven aspirant-adoptiefouders slechts aan autoriteiten of instellingen in het buitenland voor zover de noodzaak daartoe uit zijn werkzaamheden met het oog op zijn bemiddeling inzake de opneming van een buitenlands kind voortvloeit.
6. De vergunninghouder stelt Onze Minister in kennis van elke opneming van een buitenlands kind door aspirant-adoptiefouders dan wel de adoptiefouders die ten tijde van de opneming bij hem waren ingeschreven.
[14-05-1998, Stb. 302, i.w.tr. 01-10-1998/kamerstukken 24811]

[Inschrijving aspirant-adoptiefouders; bemiddeling]

1. Algemeen. Dit artikel is gewijzigd bij de Wetten van 30 maart 1995 (*Stb.* 274; in werking getreden op 31 mei 1995) en 14 mei 1998 (*Stb.* 302; in werking getreden op 1 oktober 1998).

2. Beginseltoestemming vereist (lid 1). Aspirant-adoptiefouders die slechts een beginseltoestemming hebben aangevraagd maar deze nog niet hebben verkregen kunnen niet worden ingeschreven. Bij de in dit lid vermelde uitzondering kan men denken aan gevallen waarin de vergunninghouder op grond van eerdere bemiddelingsactiviteiten reeds op het moment van aanvraag over voldoende informatie beschikt voor nieuwe bemiddeling.

3. Inschrijving bij slechts één vergunninghouder (lid 2). Voor het systeem van inschrijving bij één vergunninghouder wordt in de MvT (*Kamerstukken II*, 20 046, nr. 3, p. 10) als argument gebruikt dat men bevreesd was dat in geval van inschrijving bij meer dan één vergunninghouder de bemiddelende werkzaamheden van de desbetreffende vergunninghouders elkaar zouden kunnen doorkruisen.

4. Volgorde van bemiddeling (lid 3). Uitgangspunt dient te zijn, zo vermeldt de MvT (*Kamerstukken II*, 20 046, nr. 3, p. 22), dat alle aspirant-adoptiefouders met een beginseltoestemming in dezelfde mate in aanmerking komen voor opneming van een kind. Vandaar het beginsel dat voor de volgorde van bemiddeling het tijdstip van aanvraag van de beginseltoestemming bepalend is, zoals volgt uit het derde lid. (Zie voor wat betreft dit tijdstip het commentaar op het vijfde lid, onder b, van art. 5 Wobka.) Dat neemt niet weg dat de vergunninghouder de gelegenheid dient te hebben een geschikte combinatie van ouders en kind te zoeken. Door de mogelijkheid om af te wijken van de volgorde van indiening van het verleningsverzoek wordt de vergunninghouder de nodige ruimte geboden, zowel met het oog op de 'matching' (de beoordeling welke aspirant-adoptiefouders het best in staat moeten worden geacht aan de behoeften van het kind te beantwoorden) als in verband met bijzondere omstandigheden die zich kunnen voordoen. Bij dat laatste kan worden gedacht aan de mogelijkheid dat betrokkenen die aan de beurt zijn bepaalde wensen hebben, bijvoorbeeld met betrekking tot leeftijd of geslacht, waaraan het kind dat de vergunninghouder kan plaatsen niet voldoet. Van genoemde volgorde kan tevens worden afgeweken ten aanzien van aspirant-adoptiefouders die van vergunninghouder hebben gewisseld. Deze zullen, zo leert de MvT (*Kamerstukken II*, 20 046, nr. 3, p. 10), worden geplaatst na degenen die van de aanvraag af bij de betrokken vergunninghouder waren ingeschreven. Op deze wijze is beoogd, zo blijkt uit de MvA (*Kamerstukken II*, 20 046, nr. 6, p. 13), veelvuldige verandering van vergunninghouder tegen te gaan. Een andere regeling zou voorts degenen die bij een bepaalde vergunninghouder zijn ingeschreven in een nadeligere positie plaatsen.

5. Verandering van vergunninghouder (lid 4). Deze bepaling vloeit voort uit het systeem dat de aspirant-adoptiefouders slechts bij één vergunninghouder kunnen zijn ingeschreven.

6. Verstrekking gegevens over ingeschreven aspirant-pleegouders (lid 5). Het bepaalde in dit lid strekt tot bescherming van de persoonlijke levenssfeer van de aspirant-adoptiefouders. Met name het gezinsrapport dient zeer zorgvuldig te worden gebruikt (MvT, *Kamerstukken II*, 20 046, nr. 3, p. 22).

7. Inkennisstelling van Minister (lid 6). Deze bepaling bevat de verplichting van de vergunninghouder de Minister van Justitie in kennis te stellen van elke opneming van een buitenlands kind ter adoptie teneinde het bijhouden van de centrale wachtlijst en het toezicht mogelijk te maken.

Artikel 22

Ingeval aspirant-adoptiefouders hun inschrijving bij een vergunninghouder beëindigen en zich bij een andere vergunninghouder laten inschrijven, geeft deze laatste hiervan kennis aan Onze Minister.

[14-05-1998, Stb. 302, i.w.tr. 01-10-1998/kamerstukken 24811]

[Inkennisstelling Minister bij overschrijving]

Betekenis. Dit artikel is gewijzigd bij de Wet van 14 mei 1998 (*Stb.* 302; in werking getreden op 1 oktober 1998). Deze bepaling legt de vergunninghouder de verplichting op om, ingeval aspirant-adoptiefouders veranderen van bemiddelende organisatie, deze verandering met het oog op het beheer van de centrale wachtlijst aan het Ministerie van Justitie schriftelijk te melden. Op deze wijze kan een zekere controle worden uitgeoefend op de gang van zaken bij de bemiddeling.

Artikel 23

1. De vergunninghouder voert een deugdelijke administratie en houdt van zijn vermogenstoestand en van alles wat zijn werkzaamheden betreft een zodanige boekhouding bij, dat daaruit te allen tijde zijn rechten en verplichtingen kunnen worden gekend.

2. De vergunninghouder doet jaarlijks verslag van zijn werkzaamheden zowel in als buiten Nederland aan Onze Minister en zendt hem tevens binnen zes maanden na afloop van het boekjaar zijn balans en staat van baten en lasten met toelichting zoals deze na vaststelling van het bedrag der inkomsten en uitgaven en, indien vereist, goedkeuring luiden.

3. Bij algemene maatregel van bestuur kunnen eisen worden gesteld waaraan de stukken welke ingevolge het tweede lid aan Onze Minister moeten worden toegezonden, moeten voldoen; tevens kunnen daarbij regelen worden gesteld ten aanzien van de overdracht van de administratie van de vergunninghouder na intrekking van diens vergunning dan wel beëindiging van diens werkzaamheden op andere wijze.

[08-12-1988, Stb. 566, i.w.tr. 15-07-1989/kamerstukken 20046]

[Administratie; boekhouding; verslaggeving]

1. Administratie en boekhouding (lid 1). Onder het voeren van een deugdelijke administratie wordt mede verstaan een met het oog op de privacy zorgvuldig beheer van de gegevens die op aspirant-adoptiefouders en kinderen betrekking hebben (MvT, *Kamerstukken II*, 20 046, nr. 3, p. 22).

2. Verslaggeving (lid 2). Deze bepaling betreft de bevoegdheid van de centrale overheid tot inzage van de desbetreffende bescheiden.

3. Algemene maatregel van bestuur (lid 3). Van de in dit lid geboden mogelijkheid om bij algemene maatregel van bestuur eisen te stellen ten aanzien van de algemene en financiële verslaggeving alsmede de administratie is tot op heden nog geen gebruik gemaakt.

Artikel 24

1. Onze Minister wijst ambtenaren aan die tot taak hebben het beheer van een centrale lijst van aspirant-adoptiefouders die over een geldige beginseltoestemming beschikken.
2. De centrale lijst van aspirant-adoptiefouders kan te allen tijde door belanghebbenden worden ingezien.
[14-05-1998, Stb. 302, i.w.tr. 01-10-1998/kamerstukken 24811]

[Beheer centrale wachtlijst]

1. Algemeen. Dit artikel is gewijzigd bij de Wet van 14 mei 1998 (*Stb.* 302; in werking getreden op 1 oktober 1998).

2. Aanwijzing ambtenaren (lid 1). Het beheer van de centrale wachtlijst van aspirant-adoptiefouders die over een geldige beginseltoestemming beschikken is aan het Ministerie van Justitie toevertrouwd. Zie het Besluit van de Staatssecretaris van Justitie van 24 juli 1990/Nr. 24 953 JR 90, *Stcrt.* 1990, 145.

3. Inzagerecht (lid 2). De centrale wachtlijst kan door degene die daarbij belang heeft worden ingezien. Met 'belanghebbenden' worden uitsluitend bedoeld de personen of instellingen die vanaf het tijdstip van de verlening van de beginseltoestemming onmiddellijk bij de door de aspirant-adoptiefouders te volgen procedure zijn betrokken (MvA, *Kamerstukken II*, 20 046, nr. 6, p. 10). Hieruit volgt dat ambassades of consulaten van landen waaruit kinderen worden geadopteerd in beginsel niet als belanghebbenden kunnen worden aangemerkt (MvA, *Kamerstukken II*, 20 046, nr. 6, p. 39). De centrale wachtlijst is een document in de zin van de Wet openbaarheid van bestuur (*Stb.* 1978, 581). Een verzoek om informatie uit deze wachtlijst zal worden getoetst aan de bepalingen van die wet.

HOOFDSTUK 5A
De klachtencommissie

Artikel 24a

1. Er is een klachtencommissie voor klachten over gedragingen van vergunninghouders. Bij algemene maatregel van bestuur worden nadere regels gegeven over benoeming, samenstelling en bevoegdheden alsmede over de klachtenprocedure.
2. Het ontwerp van de in het eerste lid genoemde maatregel wordt aan de beide kamers der Staten-Generaal overgelegd. Binnen een termijn van vier weken na de overlegging kan door of namens een der kamers of door ten minste een vijfde van het grondwet-

telijk aantal leden van een der kamers de wens te kennen worden gegeven dat het onderwerp van de algemene maatregel van bestuur bij wet wordt geregeld. In dat geval wordt een daartoe strekkend voorstel van wet zo spoedig mogelijk ingediend.
[14-05-1998, Stb. 302, i.w.tr. 01-04-2000/kamerstukken 24811]

[Klachtencommissie]

Betekenis. Dit artikel is in de Wobka ingevoegd via een amendement op het voorstel tot de wijzigingswet van 14 mei 1998 (*Kamerstukken II*, 24 811, nr. 5). Het is in werking getreden op 1 april 2000 (*Stb.* 2000, 120). Met de onderhavige bepaling is beoogd aspirant-adoptiefouders of adoptiefouders toegang te geven tot een onafhankelijke klachtencommissie indien zij een klacht hebben over een gedraging van een vergunninghouder (Nota van toelichting, *Stb.* 2000, 120, p. 4). Voorzien is in één centrale commissie die alle klachten over gedragingen van alle vergunninghouders behandelt. Het klachtrecht is een bijzondere vorm van het recht van petitie en vindt zijn grondslag in art. 5 van de Grondwet (Nota van toelichting, *Stb.* 2000, 120, p. 5). De regeling is complementair aan de regeling van bezwaar en beroep tegen besluiten. Een klachtprocedure is gericht op het verkrijgen van een rechtens niet-bindend oordeel omtrent het overheidshandelen. Het doel van de regeling is dus niet het openen van een rechtsgang waarlangs kan worden opgekomen tegen besluiten (Nota van toelichting, *Stb.* 2000, 120, p. 5). De klacht betreft een gedraging van de overheid. Die gedraging kan inhouden het verrichten van feitelijke handelingen dan wel publiek- of privaatrechtelijke handelingen (Nota van toelichting, *Stb.* 2000, 120, p. 5). Waar de gedraging het nemen van een besluit inhoudt, geldt daarvoor primair een procedure van bezwaar en beroep, leidend tot een rechtens bindend oordeel. Zie voor wat betreft de in het eerste lid genoemde algemene maatregel van bestuur het Besluit klachtencommissie vergunninghouders interlandelijke adoptie, van 13 maart 2000 (*Stb.* 2000, 120; in werking getreden op 1 april 2000). Zie over klachtenregelingen voorts de nota naar aanleiding van het verslag (*Kamerstukken II*, 24 810 (R 1577) enz., nr. 6, p. 19-20).

HOOFDSTUK 6
Toezicht en strafbepalingen

Artikel 25

1. Met het toezicht op de naleving door de vergunninghouders van de voor hen geldende voorschriften, gesteld bij of krachtens de artikelen 16 en 20 tot en met 23, zijn belast de door de Inspectie gezondheidszorg en jeugd aangewezen ambtenaren. Bij algemene maatregel van bestuur kunnen nadere regels worden gesteld met betrekking tot het toezicht.
2. Met het toezicht op de naleving van het bepaalde bij de artikelen 2 en 8, zijn belast:
1° de directeur van de raad voor de kinderbescherming alsmede de door hem aangewezen ambtenaren;
2° de ambtenaren belast met het toezicht op vreemdelingen en de grensbewaking.
[21-03-2018, Stb. 94, i.w.tr. 01-08-2018/kamerstukken 34797]

[Toezicht naleving bepalingen Wobka]

1. Algemeen. Dit artikel is gewijzigd bij de wetten van 13 juni 1996 (*Stb.* 328; in werking getreden op 29 juni 1996), 4 december 1997 (*Stb.* 580; in werking getreden op 1 januari 1998), 28 januari 1999 (*Stb.* 30; in werking getreden op 17 februari 1999), 13 maart 2008 (*Stb.* 85; in werking getreden op 26 maart 2008) en 21 maart 2018 (*Stb.* 94; in werking getreden op 1 augustus 2018).

2. Toezicht ten aanzien van vergunninghouder (lid 1). Met het toezicht op naleving van de bepalingen die betrekking hebben op de werkzaamheden van de vergunninghouder zijn belast ambtenaren van de Dienst Preventie, Jeugdbescherming en Reclassering van het Ministerie van Justitie. De controle geschiedt in de eerste plaats aan de hand van de op grond van art. 23 lid 2 jaarlijks aan te bieden rapportage. Andere vormen van controle worden evenwel niet uitgesloten. In dit verband kan worden gewezen op de in art. 26 aan dezelfde ambtenaren toegekende bevoegdheden tot inzage van stukken en tot het verlangen van inlichtingen.

3. Toezicht ten aanzien van aspirant-adoptiefouders (lid 2). Het betreft hier het toezicht op het bezitten van een beginseltoestemming en op de voorwaarden voor toelating als bedoeld in art. 8.

Artikel 26

De toezichthouders beschikken niet over de bevoegdheden genoemd in de artikelen 5:15, 5:18 en 5:19 van de Algemene wet bestuursrecht.

[28-01-1999, Stb. 30, i.w.tr. 17-02-1999/kamerstukken 25836]

[Bevoegdheid toezichthoudende ambtenaren]

1. Algemeen. Dit artikel is gewijzigd bij de Wetten van 4 december 1997 (*Stb.* 580; in werking getreden op 1 januari 1998) en 28 januari 1999 (*Stb.* 30; in werking getreden op 17 februari 1999).

2. Werkingsbereik. Dit artikel heeft betrekking op alle ambtenaren naar wie in art. 25 verwezen wordt.

Artikel 27

1. Hij die uit winstbejag handelt in strijd met artikel 15 of artikel 20, eerste lid, wordt gestraft met gevangenisstraf van ten hoogste zes maanden of geldboete van de derde categorie.

2. De in het eerste lid strafbaar gestelde feiten zijn misdrijven.

[08-12-1988, Stb. 566, i.w.tr. 15-07-1989/kamerstukken 20046]

[Straf in geval van handelen uit winstbejag]

Betekenis. Het uit winstbejag uitoefenen van bemiddelingsactiviteiten zonder daartoe strekkende vergunning of in strijd met de voorwaarden waaronder deze wordt verleend is een misdrijf. Dit geldt ook voor het uit winstbejag bemiddelen ten behoeve van aspirant-adoptiefouders zonder een geldige beginseltoestemming of het bemiddelen in strijd met hetgeen in die beginseltoestemming is bepaald. De sanctie hierop is een gevangenisstraf van ten hoogste zes maanden of een geldboete van € 8100. Wanneer het oogmerk van winstbejag ontbreekt, is blijkens art. 28 sprake van een overtreding waarop een geldboete staat van € 8100. Het antwoord op de vraag of het element 'uit winstbejag' bewijstechnisch hard te maken is, ligt besloten in de regeling van art. 23 ten aanzien van de gevoerde administratie en de verplichting om jaarverslagen aan het Ministerie van Justitie over te leggen alsmede in de controlebevoegdheden die door art. 25 en 26 aan ambtenaren zijn toegekend (MvA, *Kamerstukken II* 1987/88, 20046, 6, p. 39). Met het bepaalde in lid 1 wordt aangeknoopt bij art. 151a Sr (MvT, *Kamerstukken II* 1986/87, 20046, 3, p. 23). In laatstgenoemde bepaling is strafbaar gesteld het uit winstbejag opzettelijk bevorderen dat een kind van beneden de leeftijd van zes jaren dat niet onder voogdij van een rechtspersoon staat zonder voorafgaande schriftelijke toestemming van de raad voor de kinderbescherming wordt opgenomen.

Artikel 28

1. Hij die handelt in strijd met artikel 2, artikel 8, artikel 15 of artikel 20, wordt gestraft met geldboete van de derde categorie.
2. De in het eerste lid strafbaar gestelde feiten zijn overtredingen.
[08-12-1988, Stb. 566, i.w.tr. 15-07-1989/kamerstukken 20046]

[Straf in geval van overtreding]

Betekenis. Is gehandeld in strijd met art. 15 of art. 20 maar zonder winstbejag, dan is sprake van een overtreding. Van een overtreding is eveneens sprake wanneer gehandeld is in strijd met art. 2 of art. 8, dat wil zeggen het opnemen van een buitenlands kind door aspirant-adoptiefouders zonder dat deze over een geldige beginseltoestemming beschikken of het opnemen door hen van een kind dat niet aan de in art. 8 gestelde vereisten voldoet. De sanctie op een dergelijke overtreding is een geldboete van € 8100, zo bepaalt lid 1 van het onderhavige artikel. Hierbij zij verder aangetekend dat de rechter op grond van art. 36e Sr bij de rechterlijke uitspraak de verplichting kan opleggen tot ontneming van het voordeel dat betrokkene door of uit het strafbare feit heeft verkregen. Onder voordeel kan in dit geval bijvoorbeeld worden verstaan de besparing van de kosten die door het niet volgen van de voorgeschreven procedure is bereikt. Wordt door de betrokkene op grond van art. 74a Sr om een transactie verzocht, dan kan de officier van justitie aan die transactie, op grond van art. 74a lid 2 Sr, de voorwaarde verbinden dat tevens een geldbedrag gelijk aan of lager dan de besparing aan de Staat wordt voldaan.

HOOFDSTUK 7
Slotbepalingen

Artikel 29

(Bevat wijzigingen in de Pleegkinderenwet.)
[08-12-1988, Stb. 566, i.w.tr. 15-07-1989/kamerstukken 20046]

[Wijziging Pleegkinderenwet]

Betekenis. Dit artikel bevat een wijziging van art. 1 lid 1, onder 1, van de Pleegkinderenwet.

Artikel 30
(Bevat wijzigingen in het Burgerlijk Wetboek Boek 1.)
[08-12-1988, Stb. 566, i.w.tr. 15-07-1989/kamerstukken 20046]

[Wijziging Burgerlijk Wetboek]

Betekenis. Dit artikel bevat een wijziging van art. 1:327 lid 1 BW.

Artikel 31
(Bevat wijzigingen in de Beginselenwet voor de kinderbescherming.)
[08-12-1988, Stb. 566, i.w.tr. 15-07-1989/kamerstukken 20046]

[Wijziging Beginselenwet voor de kinderbescherming]

Betekenis. Dit artikel bevat een wijziging van art. 2 lid 1 van de Beginselenwet voor de kinderbescherming.

Artikel 32
(Vervallen.)
[14-05-1998, Stb. 302, i.w.tr. 01-10-1998/kamerstukken 24811]

Artikel 33
1. Deze wet treedt in werking op een bij koninklijk besluit te bepalen tijdstip.
2. Deze wet is niet van toepassing op verzoeken tot verlening van een beginseltoestemming welke voorafgaande aan de dag van haar inwerkingtreding zijn ingediend.
3. Voor verenigingen en stichtingen die gedurende tenminste drie jaren onmiddellijk voorafgaande aan de inwerkingtreding van deze wet bemiddeling hebben verleend bij de opneming in Nederland van buitenlandse pleegkinderen geldt het bepaalde in artikel 15 niet gedurende een maand na de inwerkingtreding van deze wet, en, indien zij binnen die maand een vergunning tot bemiddeling hebben aangevraagd, evenmin zolang op die aanvrage niet onherroepelijk is beslist.
[08-12-1988, Stb. 566, i.w.tr. 15-07-1989/kamerstukken 20046]

[Inwerkingtreding wet; overgangsregelingen]

1. Tijdstip inwerkingtreding (lid 1). Art. III Besluit 1989 bepaalt dat de Wobp (de voorloper van de Wobka), evenals het Besluit 1989 zelve, in werking treedt met ingang van 15 juli 1989.

2. Overgangsregelingen (leden 2 en 3). De in lid 2 geformuleerde overgangsregeling heeft tot gevolg dat de vóór 15 juli 1989 ingediende verzoeken om opneming van een buitenlands pleegkind nog uitsluitend volgens de in Hoofdstuk B-18, Deel 2.2 van de

Vreemdelingencirculaire 1982 neergelegde procedure worden afgehandeld. Op de met ingang van deze datum ingediende verzoeken om verlenging van de geldigheidsduur van een onder de oude regeling verleende beginseltoestemming wordt de onderhavige wet toegepast. Hetzelfde geldt voor de intrekking van een onder de oude regeling verleende beginseltoestemming. De overgangsregeling van lid 3 heeft inmiddels haar praktische betekenis verloren.

Artikel 34

Deze wet wordt aangehaald als: Wet opneming buitenlandse kinderen ter adoptie.
[14-05-1998, Stb. 302, i.w.tr. 01-10-1998/kamerstukken 24811]

[Wijze van aanhaling wet]

1. Algemeen. Dit artikel is gewijzigd bij de Wet van 14 mei 1998 (Stb. 302; in werking getreden op 1 oktober 1998).

2. Wijze van aanhaling van deze wet. Deze wet dient thans te worden aangehaald als 'Wet opneming buitenlandse kinderen ter adoptie'. Voorafgaande aan 1 oktober 1998 luisterde deze wet naar de naam 'Wet opneming buitenlands pleegkinderen'.

Besluit opneming buitenlandse kinderen ter adoptie

Besluit van 4 juli 1989, houdende vaststelling van het Besluit opneming buitenlandse pleegkinderen en wijziging van het Uitvoeringsbesluit Kinderbescherming, Stb. 1989, 262, zoals laatstelijk gewijzigd op 31 januari 2020, Stb. 2020, 41 (i.w.tr. 13-02-2020)

Wij Beatrix, bij de gratie Gods, Koningin der Nederlanden, Prinses van Oranje-Nassau, enz. enz. enz.
Op de voordracht van de Staatssecretaris van Justitie van 30 maart 1989, Hoofdafdeling Privaatrecht nr. 156/189;
Gelet op de artikelen 4, onder *d*, 5, derde lid, 7, achtste lid, en 16, achtste lid, van de Wet houdende regelen inzake de opneming in Nederland van buitenlandse pleegkinderen met het oog op adoptie (Wet opneming buitenlandse pleegkinderen)(*Stb.* 1988, 566);
De Raad van State gehoord (advies van 27 juni 1989, nr. W03.89.0169);
Gezien het nader rapport van de Staatssecretaris van Justitie van 29 juni 1989, Hoofdafdeling Privaatrecht, nr. 309/189;
Hebben goedgevonden en verstaan:

[Inleidende opmerkingen]

Betekenis. Het Besluit van 4 juli 1989, *Stb.* 262, houdende vaststelling van het Besluit opneming buitenlandse pleegkinderen en wijziging van het Uitvoeringsbesluit Kinderbescherming geeft op drie onderdelen uitvoering aan de Wet opneming buitenlandse kinderen ter adoptie (hierna ook: Wobka). De eerste drie afdelingen (art. 1-11) hebben betrekking op de aanwijzing van de rechtspersoon belast met de verstrekking van algemene voorlichting aan aspirant-adoptiefouders alsmede op de organisatie en de bekostiging van zijn werkzaamheden en de inhoud van de te verstrekken voorlichting. Hiermee wordt een nadere uitwerking gegeven aan het bepaalde in de art. 4, onder e, en art. 5 lid 3 Wobka. De vierde afdeling (art. 12-19) geeft gevolg aan het bepaalde in art. 16 lid 7 Wobka. Deze afdeling betreft de organisatie, de toerusting en de taak van vergunninghouders. Dit besluit is gewijzigd bij KB van 31 januari 2020 (*Stb.* 41; in werking getreden op 13 februari 2020).

Artikel I

Vastgesteld worden de volgende bepalingen, die kunnen worden aangehaald als: Besluit opneming buitenlandse pleegkinderen.
[04-07-1989, Stb. 262, i.w.tr. 15-07-1989]

[Wijze van aanhaling besluit]

Betekenis. Deze bepaling is gewijzigd door art. IV van de KB's van 30 juni 1998 (*Stb.* 388; in werking getreden op 1 oktober 1998) en 31 januari 2020 (*Stb.* 41; in werking getreden op 13 februari 2020). Voorheen luidde de naam van het besluit 'Besluit opneming buitenlandse pleegkinderen'.

Besluit opneming buitenlandse kinderen ter adoptie

AFDELING 1
Aanwijzing van de rechtspersoon belast met het verstrekken van algemene voorlichting

Artikel 1
Onze Minister wijst, ter uitvoering van artikel 5, tweede lid, van de Wet opneming buitenlandse kinderen ter adoptie, een rechtspersoon met volledige rechtsbevoegdheid aan, die krachtens zijn doelstelling tot taak heeft algemene voorlichting te verstrekken aan aspirant-adoptiefouders die een verzoek tot verlening van een beginseltoestemming hebben ingediend, hierna te noemen: aangewezen rechtspersoon.
[31-01-2020, Stb. 41, i.w.tr. 13-02-2020]

[Aanwijzing rechtspersoon]

Betekenis. Dit artikel is gewijzigd bij KB van 30 juni 1998 (*Stb.* 388; in werking getreden op 1 oktober 1998). De Minister van Justitie wijst een rechtspersoon aan die voorlichting aan aspirant-adoptiefouders verstrekt voordat de raad voor de kinderbescherming een gezinsonderzoek instelt.

Artikel 2
De aan te wijzen rechtspersoon moet aan de volgende eisen voldoen:
a. hij heeft zich verzekerd van de diensten van geschoolde voorlichters die bekend zijn met de gang van zaken op het gebied van interlandelijke adoptie;
b. hij is op geen enkele wijze betrokken bij de bemiddeling inzake de opneming van buitenlandse kinderen ter adoptie en is ook overigens in staat tot een onafhankelijke vervulling van zijn taak;
c. zijn organisatie is op zodanige wijze opgezet dat redelijkerwijze te verwachten is dat zijn werkzaamheden kunnen worden bekostigd uit de bijdragen van aspirant-adoptiefouders in de kosten van de algemene voorlichting;
d. hij is bereid tot samenwerking met andere instanties die werkzaam zijn op het gebied van interlandelijke adoptie;
e. hij is ook overigens in staat zijn taak naar behoren te vervullen;
f. zijn werkzaamheden zijn niet gericht op winst.
[30-06-1998, Stb. 388, i.w.tr. 01-10-1998]

[Aan rechtspersoon te stellen eisen]

1. Algemeen. Dit artikel is gewijzigd bij KB van 30 juni 1998 (*Stb.* 388; in werking getreden op 1 oktober 1998).

2. Aan de rechtspersoon te stellen eisen. In dit artikel is een opsomming opgenomen van de eisen waaraan de rechtspersoon moet voldoen teneinde voor aanwijzing in aanmerking te komen.

3. Geschoolde voorlichters (onder a). De algemene voorlichting dient van goede kwaliteit te zijn, terwijl de continuïteit van de verstrekking ervan gewaarborgd moet zijn. In verband daarmee dient de rechtspersoon zich te verzekeren van de diensten van geschoolde voorlichters.

4. Onafhankelijke taakvervulling (onder b). Voorts dient de onafhankelijkheid van de rechtspersoon verzekerd te zijn. De Nota van Toelichting (*Stb.* 1989, 262, p. 8) zet nader uiteen op welke wijze die onafhankelijkheid tot uitdrukking moet komen. Elke vorm van betrokkenheid bij bemiddelingsactiviteiten van vergunninghouders moet worden uitgesloten. De voorlichting dient neutraal te zijn ten aanzien van de bemiddeling. Zo mag geen voorkeur worden uitgesproken voor bepaalde vergunninghouders. In verband hiermee dient in de statuten van de aan te wijzen rechtspersoon onder meer te worden bepaald dat personen die betrokken zijn bij bemiddelingsactiviteiten van een of meer vergunninghouders geen bestuurslid kunnen zijn van de met de voorlichtingstaak belaste organisatie.

5. Bekostiging werkzaamheden (onder c). Van belang is verder dat bij voorbaat vaststaat dat de rechtspersoon redelijkerwijs in staat zal zijn de uitvoering van de hem opgedragen taak te bekostigen uit de bijdragen die daarvoor van aspirant-adoptiefouders worden gevraagd.

6. Bereidheid tot samenwerking (onder d). Het onder b vermelde vereiste van onafhankelijke taakvervulling neemt niet weg dat in het belang van de volledigheid van de voorlichting samenwerking noodzakelijk is met vergunninghouders en andere instanties die op het gebied van interlandelijke adoptie werkzaam zijn. De aan te wijzen rechtspersoon dient bekend te zijn met ontwikkelingen en omstandigheden die zich op zijn werkgebied voordoen. Het zijn veelal de vergunninghouders die als eerste beschikken over nieuwe gegevens met betrekking tot adoptiemogelijkheden.

7. Behoorlijke taakvervulling (onder e). Ook voor het overige dient de rechtspersoon in staat te zijn, zijn taak naar behoren te vervullen. Het betreft hier zaken zoals het personeelsbeleid, de bejegening van aspirant-adoptiefouders en het algemene peil van dienstverlening (Nota van Toelichting, Stb. 1989, 262, p. 8).

8. Geen winstoogmerk (onder f). Strekking van deze bepaling is onder meer het voorkomen van kinderhandel.

Artikel 3

1. Onze Minister kan de op grond van artikel 1 gedane aanwijzing intrekken indien de aangewezen rechtspersoon naar zijn oordeel niet langer voldoet aan de in artikel 2 genoemde eisen.
2. De in het eerste lid bedoelde intrekking vindt plaats onder gelijktijdige voorziening door Onze Minister in de in artikel 1 bedoelde taak.
[06-07-1993, Stb. 399, i.w.tr. 01-01-1994]

[Intrekking aanwijzing; bekendmaking aanwijzing en intrekking]

Betekenis. Dit artikel is gewijzigd bij KB van 6 juli 1993 (*Stb.* 399; in werking getreden op 1 januari 1994). Het niet langer voldoen aan de in art. 2 genoemde eisen kan voor de Minister van Justitie aanleiding zijn de aanwijzing in te trekken. Met het oog op de wenselijkheid van voortzetting van de voorlichtingswerkzaamheden dient gelijktijdig met deze intrekking een andere rechtspersoon te worden aangewezen conform het bepaalde in art. 1, zo volgt uit lid 2 van het onderhavige artikel.

AFDELING 2
Organisatie en bekostiging van de verstrekking van algemene voorlichting

Artikel 4

(Vervallen.)
[31-01-2020, Stb. 41, i.w.tr. 13-02-2020]

Artikel 5

Het bestuur is slechts na voorafgaande goedkeuring van Onze Minister bevoegd de statuten te wijzigen of de aangewezen rechtspersoon te ontbinden.
[31-01-2020, Stb. 41, i.w.tr. 13-02-2020]

[Statutenwijziging en ontbinding Bureau]

Betekenis. Dit artikel is gewijzigd bij de KB's van 25 oktober 2011 (*Stb.* 2011, 480; in werking getreden op 1 januari 2012) en 31 januari 2020 (*Stb.* 41; in werking getreden op 13 februari 2020). Voor onder overheidstoezicht werkzame rechtspersonen is het voorschrift gebruikelijk dat wijziging van de statuten of een ontbinding van de rechtspersoon aan voorafgaande goedkeuring van de minister is onderworpen.

Artikel 6

1. Behoudens het bepaalde in artikel 8 wordt de verstrekking van algemene voorlichting bekostigd uit de in artikel 4, onder e, van de Wet opneming buitenlandse kinderen ter adoptie bedoelde bijdragen van aspirant-adoptiefouders. De algemene voorlichting wordt gegeven gedurende zes bijeenkomsten, waarvan de eerste inleidend is.
2. Het bedrag van de in het eerste lid genoemde bijdrage wordt vastgesteld op € 210,– voor de inleidende bijeenkomst en € 1.385,– voor vijf daaropvolgende bijeenkomsten tezamen.
3. De aangewezen rechtspersoon int de in het eerste lid bedoelde bijdragen.

4. Omtrent de geïnde bedragen wordt maandelijks aan Onze Minister een opgave verstrekt.
[31-01-2020, Stb. 41, i.w.tr. 13-02-2020]

[Bekostiging verstrekking algemene voorlichting]

Betekenis. Dit artikel is gewijzigd bij de KB's van 14 mei 1993 (*Stb.* 1993, 269; in werking getreden op 1 juli 1993), 30 juni 1998 (*Stb.* 1998, 388; in werking getreden op 1 oktober 1998), 14 september 2001 (*Stb.* 2001, 415; in werking getreden op 1 januari 2002), 1 april 2004 (*Stb.* 2004, 148; in werking getreden op 1 juni 2004), 25 oktober 2011 (*Stb.* 2011, 480; in werking getreden op 1 januari 2012) en 31 januari 2020 (*Stb.* 41; in werking getreden op 13 februari 2020). In lid 1 komt tot uitdrukking dat als uitgangspunt geldt dat de werkzaamheden van de Stichting adoptievoorzieningen worden gefinancierd uit de in lid 2 vastgestelde verplichte bijdrage van aspirant-adoptiefouders in de kosten van de verstrekking van algemene voorlichting. Aspirant-adoptiefouders die op het tijdstip van inwerkingtreding van genoemd besluit van 25 oktober 2011 staan ingeschreven bij de Stichting adoptievoorzieningen zijn het in art. 6, lid 2 vastgestelde bedrag verschuldigd volgens het tot dan geldende tarief, zo is in art. II van het besluit bepaald.

Artikel 7
De aangewezen rechtspersoon zendt jaarlijks vóór 1 oktober een begroting voor het daaropvolgende jaar ter goedkeuring aan Onze Minister. De begroting is voorzien van een toelichting en gaat vergezeld van een beschrijving van de wijze waarop de aangewezen rechtspersoon zich voorneemt zijn werkzaamheden in het komende boekjaar te verrichten. De begroting geeft inzicht in de aard en de omvang van de baten en lasten van de aangewezen rechtspersoon. De begroting kan vergezeld gaan van een aanvraag om subsidie ter tegemoetkoming in de kosten van de aangewezen rechtspersoon.
[31-01-2020, Stb. 41, i.w.tr. 13-02-2020]

[Begroting Bureau]

Betekenis. Dit artikel is gewijzigd bij de KB's van 25 oktober 2011 (*Stb.* 2011, 480; in werking getreden op 1 januari 2012) en 31 januari 2020 (*Stb.* 41; in werking getreden op 13 februari 2020). In het onderhavige artikel alsmede in art. 8-10 zijn waarborgen vastgelegd voor een doelmatige besteding van de gelden waarover de Stichting adoptievoorzieningen uit hoofde van de bijdragen van aspirant-adoptiefouders beschikt. De onderhavige bepaling bevat de gebruikelijke algemene voorschriften met betrekking tot de boekhouding. De begroting is aan de goedkeuring van de Minister van Justitie onderworpen.

Artikel 8
Onze Minister kan een subsidie verlenen ter tegemoetkoming in de kosten van de aangewezen rechtspersoon, indien de voor het begrotingsjaar voorziene baten aanmerkelijk achterblijven bij de lasten. De beschikking wordt voor 1 januari van het jaar waarvoor de subsidie is aangevraagd bekendgemaakt.
[31-01-2020, Stb. 41, i.w.tr. 13-02-2020]

[Subsidieverlening]

Betekenis. Dit artikel is gewijzigd bij de KB's van 6 juli 1993 (*Stb.* 1993, 399; in werking getreden op 1 januari 1994), 25 juni 2009 (*Stb.* 2009, 267; in werking getreden op 1 juli 2009), 25 oktober 2011 (*Stb.* 2011, 480; in werking getreden op 1 januari 2012) en 31 januari 2020 (*Stb.* 41; in werking getreden op 13 februari 2020). Aangezien de krachtens art. 6 lid 2 vastgestelde verplichte bijdrage van de aspirant-adoptiefouders niet noodzakelijkerwijs gebaseerd hoeft te zijn op kostendekkendheid, kan de financiële positie van de Stichting adoptievoorzieningen tot het aanvragen van subsidie aanleiding geven. Daar de Stichting adoptievoorzieningen, afgezien van de hierbedoelde subsidie, financieel volledig afhankelijk is van de verplichte bijdragen van aspirant-adoptiefouders, moet worden aangenomen dat de term 'voorziene baten' uitsluitend ziet op deze verplichte bijdragen van de aspirant-adoptiefouders.

Artikel 9

Het bedrag van de subsidie als bedoeld in artikel 8, eerste lid, kan in de loop van het begrotingsjaar naar boven worden aangepast, indien de noodzaak daartoe is gebleken in verband met het aanmerkelijke achterblijven van te ontvangen bijdragen van aspirant-adoptiefouders. Een daartoe strekkende aanvraag dient uiterlijk op 1 oktober van het lopende begrotingsjaar te zijn ingediend. De aanvraag gaat vergezeld van een actueel overzicht van de financiële toestand van de aangewezen rechtspersoon.
[31-01-2020, Stb. 41, i.w.tr. 13-02-2020]

[Tussentijdse verhoging subsidie]

Betekenis. Dit artikel is gewijzigd bij de KB's van 6 juli 1993 (*Stb.* 1993, 399; in werking getreden op 1 januari 1994), 30 juni 1998 (*Stb.* 1998, 388; in werking getreden op 1 oktober 1998), 25 oktober 2011 (*Stb.* 2011, 480; in werking getreden op 1 januari 2012) en 31 januari 2020 (*Stb.* 41; in werking getreden op 13 februari 2020). Uit het actueel overzicht dient te blijken dat in het begrotingsjaar dat een aanvang heeft genomen reeds ontvangen en nog te ontvangen verplichte bijdragen tezamen aanmerkelijk achterblijven bij de bijdragen die de Stichting adoptievoorzieningen verwachtte te ontvangen bij zijn aanvraag van subsidie overeenkomstig art. 8.

Artikel 10

1. De aangewezen rechtspersoon verstrekt Onze Minister alle gevraagde inlichtingen omtrent de uitvoering van zijn taak.
2. De aangewezen rechtspersoon zendt jaarlijks binnen vier maanden na afloop van het boekjaar aan Onze Minister een balans en een exploitatierekening alsmede een verslag van zijn werkzaamheden over het afgelopen boekjaar. Deze stukken gaan vergezeld van een verklaring omtrent de getrouwheid van een accountant als bedoeld in artikel 393, eerste lid, van boek 2 van het Burgerlijk Wetboek.
3. Na ontvangst van de bescheiden als bedoeld in het tweede lid, wordt, indien subsidie was verleend, de subsidie vastgesteld overeenkomstig artikel 8, eerste lid, en met inachtneming van de aanpassingen op grond van artikel 9. Subsidiebaten mogen tot een door Onze Minister vast te stellen maximum worden gereserveerd door opneming

als risicofonds op de balans. De in het fonds opgenomen subsidiebaten dienen te worden bestemd ter bekostiging van de uitvoering van de in artikel 1 omschreven taak.
4. **Indien blijkt dat de subsidie ten gevolge van het verstrekken van onjuiste of onvolledige gegevens is vastgesteld op een bedrag dat hoger is dan wanneer het zou zijn vastgesteld op grond van juiste en volledige gegevens wordt de subsidie opnieuw vastgesteld.**
[31-01-2020, Stb. 41, i.w.tr. 13-02-2020]

[Financiële en algemene verslaggeving; subsidieverlening]

Betekenis. Dit artikel is gewijzigd bij de KB's van 24 november 1993 (*Stb.* 1993, 620; in werking getreden op 8 december 1993), 25 juni 2009 (*Stb.* 2009, 267; in werking getreden op 1 juli 2009), 25 oktober 2011 (*Stb.* 2011, 480; in werking getreden op 1 januari 2012) en 31 januari 2020 (*Stb.* 41; in werking getreden op 13 februari 2020). Deze bepaling bevat een aantal voor gesubsidieerde rechtspersonen gebruikelijke voorschriften inzake de financiële verslaggeving en de afrekening van de subsidie na afloop van het boekjaar.

AFDELING 3
De inhoud van de voorlichting

Artikel 11

De aan aspirant-adoptiefouders te verstrekken algemene voorlichting omvat in elk geval:
a. **een schriftelijke documentatie betreffende de opneming en de adoptie van een buitenlands kind;**
b. **ten minste drie voorlichtingsbijeenkomsten waarin de schriftelijke documentatie wordt toegelicht en aspirant-adoptiefouders nader op de opneming en de adoptie van een buitenlands kind worden voorbereid.**
[30-06-1998, Stb. 388, i.w.tr. 01-10-1998]

[Inhoud algemene voorlichting]

Betekenis. Dit artikel is gewijzigd bij KB van 30 juni 1998 (*Stb.* 388; in werking getreden op 1 oktober 1998). Hierin worden minimumvereisten gesteld aan de inhoud van de aan aspirant-adoptiefouders te verstrekken algemene voorlichting. Zij worden in de eerste plaats voorzien van schriftelijke documentatie. Het aan hen uit te reiken informatiepakket bevat, naast overdrukken uit literatuur en tijdschriften, een duidelijke beschrijving van de procedure ter verkrijging van de beginseltoestemming en de wijze waarop de opneming van een buitenlands kind verder verloopt. Tevens worden de aspirant-adoptiefouders in de gelegenheid gesteld naar aanleiding van het aan hen verstrekte schriftelijke materiaal vragen te stellen en zich nader te oriënteren. Het minimale aantal groepsbijeenkomsten dat in verband hiermee moet worden gehouden is op drie bepaald.

AFDELING 4
Organisatie, toerusting en taak van vergunninghouders

Artikel 12
Het bestuur van een vergunninghouder is zodanig samengesteld dat daarin voldoende deskundigheid met betrekking tot de financiële, de juridische en de maatschappelijke aspecten van de werkzaamheden is vertegenwoordigd.
[04-07-1989, Stb. 262, i.w.tr. 15-07-1989]

[Samenstelling bestuur vergunninghouder]

Betekenis. Art. 16 lid 4 Wobka schrijft voor dat het bestuur van een vergunninghouder zodanig is samengesteld dat de behartiging van de belangen van buitenlandse kinderen en aspirant-adoptiefouders is gewaarborgd. Het onderhavige artikel bevat een nadere bepaling die aangeeft welke deskundigheden in elk geval in het bestuur verenigd moeten zijn. De bepaling sluit niet uit dat personen met een grote praktische ervaring op de genoemde terreinen bestuurslid van een vergunninghouder zijn.

Artikel 13
Een vergunninghouder stelt Onze Minister onverwijld in kennis van elke wijziging van zijn statuten alsmede van de samenstelling van zijn bestuur.
[04-07-1989, Stb. 262, i.w.tr. 15-07-1989]

[Inkennisstelling over statuten- en bestuurswijziging]

Betekenis. In verband met het overheidstoezicht is het noodzakelijk dat het Ministerie van Justitie beschikt over actuele informatie omtrent de bestuurssamenstelling en de statuten van vergunninghouders. Van wijzigingen daarin dient kennis te worden gegeven.

Artikel 14
Indien werkzaamheden door vrijwilligers worden verricht, geschiedt zulks onder de verantwoordelijkheid van de vergunninghouder.
[04-07-1989, Stb. 262, i.w.tr. 15-07-1989]

[Vrijwilligers]

Betekenis. In de praktijk maken bemiddelende organisaties veelvuldig gebruik van de diensten van vrijwilligers. Deze vrijwilligers nemen niet zelden belangrijke onderdelen van de bemiddelingstaak op zich, zoals het leggen en het onderhouden van contacten met instanties in het buitenland en het zelfstandig begeleiden van de opneming van een buitenlands kind. Het onderhavige artikel legt de verantwoordelijkheid voor de werkzaamheden van vrijwilligers bij de vergunninghouder, onder meer opdat het toezicht van de overheid zich tot deze werkzaamheden kan uitstrekken.

Artikel 15
Een vergunninghouder beschikt over zodanige kantoorruimte dat de vertrouwelijkheid van besprekingen in verband met de opneming van buitenlandse pleegkinderen

is gewaarborgd. Voorts beschikt hij over een niet voor derden toegankelijke, tegen brand beschermde archiefruimte.
[04-07-1989, Stb. 262, i.w.tr. 15-07-1989]

[Behuizing vergunninghouder]

Betekenis. Art. 16 lid 5 Wobka schrijft voor dat de vergunninghouder zodanig is toegerust dat een zorgvuldige en doeltreffende uitvoering van zijn werkzaamheden is gegarandeerd. Aangezien de Wobka ten aanzien van de totale personele omvang van bemiddelende instellingen geen voorschrift bevat, kan een uitvoeringsregeling geen normen stellen betreffende zaken als de personele bezetting van het kantoor van een vergunninghouder. Wél wordt in het onderhavige artikel de eis gesteld dat de vergunninghouder beschikt over een geschikte ruimte voor het voeren van vertrouwelijke gesprekken en voor een veilige bewaring van dossiers.

Artikel 16
De vergunninghouder legt de afspraken die tussen hem en de aspirant-pleegouders zijn gemaakt, schriftelijk vast.
[04-07-1989, Stb. 262, i.w.tr. 15-07-1989]

[Schriftelijke vastlegging afspraken]

Betekenis. In het belang van de aspirant-adoptiefouders is het geboden dat de over de te verlenen bemiddeling gemaakte afspraken schriftelijk worden vastgelegd. Een schriftelijke vastlegging kan onduidelijkheid over gemaakte afspraken voorkomen.

Artikel 17
1. Een vergunninghouder verleent het Bureau alle noodzakelijke medewerking bij het verzamelen en bijhouden van de voor algemene voorlichting vereiste documentatie.
2. Een vergunninghouder verstrekt andere vergunninghouders alle inlichtingen die in verband met de verrichting van hun taak voor hen van nut kunnen zijn.
[30-06-1998, Stb. 388, i.w.tr. 01-10-1998]

[Medewerkingsplicht vergunninghouder]

Betekenis. Dit artikel (voorheen art. 19) is vernummerd bij KB van 30 juni 1998 (*Stb.* 388; in werking getreden op 1 oktober 1998). De in dit artikel neergelegde verplichtingen voor een vergunninghouder bestaan naast de samenwerkingsplicht die voortvloeit uit art. 16 lid 6 Wobka.

Artikel 18
(Vervallen.)
[30-06-1998, Stb. 388, i.w.tr. 01-10-1998]

Artikel 19
(Door vernummering is dit artikel vervallen.)
[30-06-1998, Stb. 388, i.w.tr. 01-10-1998]

Artikel II
(Bevat wijzigingen in het Uitvoeringsbesluit Kinderbescherming (Stb. 1964, 327).)
[04-07-1989, Stb. 262, i.w.tr. 15-07-1989]

[Wijziging Uitvoeringsbesluit Kinderbescherming]

Betekenis. Dit artikel bevat een wijziging van de art. 9 en 11 van het Uitvoeringsbesluit Kinderbescherming.

Artikel III
Dit besluit, alsmede de Wet opneming buitenlandse pleegkinderen (*Stb.* 1988, 566), treden in werking met ingang van 15 juli 1989.
[04-07-1989, Stb. 262, i.w.tr. 15-07-1989]

[Inwerkingtreding besluit]

Betekenis. Dit artikel bepaalt dat de Wet opneming buitenlandse pleegkinderen (Wobp, de voorloper van de Wobka) en het onderhavige besluit in werking treden met ingang van 15 juli 1989.

Besluit inzake het onderzoek naar buitenlandse contacten van aspirant-adoptiefouders

Besluit van 18 mei 1995, houdende vaststelling van maatstaven die bij het in artikel 7a, eerste lid, van de Wet opneming buitenlandse pleegkinderen bedoelde onderzoek dienen te worden gehanteerd, Stb. 1995, 275, zoals laatstelijk gewijzigd op 30 juni 1998, Stb. 1998, 388 (i.w.tr. 01-10-1998)

Wij Beatrix, bij de gratie Gods, Koningin der Nederlanden, Prinses van Oranje-Nassau, enz. enz. enz.
Op de voordracht van de Staatssecretaris van Justitie van 7 februari 1995, Stafafdeling Wetgeving Privaatrecht, nr. 479580/95/6;
Gelet op artikel 7*a* van de Wet opneming buitenlandse pleegkinderen;
De Raad van State gehoord (advies van 11 april 1995, No. W03.95.0057);
Gezien het nader rapport van de Staatssecretaris van Justitie van 11 mei 1995, Stafafdeling Wetgeving Privaatrecht, nr. 492792/95/6;
Hebben goedgevonden en verstaan:

[Inleidende opmerkingen]

Betekenis. Het Besluit van 18 mei 1995, houdende vaststelling van maatstaven die bij het in art. 7a, lid 1, van de Wet opneming buitenlandse kinderen ter adoptie (Wobka) bedoelde onderzoek dienen te worden gehanteerd, geeft uitvoering aan het bepaalde in art. 7a lid 5 Wobka. Dit besluit houdt maatstaven in die bij het in art. 7a lid 1 Wobka bedoelde onderzoek naar buitenlandse contacten van aspirant-adoptiefouders dienen te worden gehanteerd. Dit onderzoek wordt mede verricht aan de hand van informatie die door de aspirant-adoptiefouders bij hun aanvraag conform art. 7a lid 1 Wobka wordt verstrekt.

Artikel 1

1. Het in artikel 7*a*, eerste lid, van de Wet opneming buitenlandse kinderen ter adoptie bedoelde onderzoek naar de zuiverheid en zorgvuldigheid van handelen van autoriteiten, instellingen of personen in het buitenland, van wier activiteiten de aspirant-adoptiefouders gebruik wensen te maken, heeft in elk geval betrekking op:

a. de bevoegdheden, de vakbekwaamheid en het werkterrein van deze autoriteiten, instellingen of personen alsmede de wijze waarop zij bij de centrale overheid van de desbetreffende Staat bekend staan;
b. de verslaglegging en de administratie van hun activiteiten;
c. de voor de door hen geboden diensten gevraagde vergoeding;
d. de gegevens met betrekking tot de identiteit en de herkomst van door hen voor opneming door aspirant-adoptiefouders buiten de Staat van herkomst in aan-

merking gebrachte kinderen, de wijze waarop deze daarvoor in aanmerking zijn gekomen en de wijze waarop de afstand door de ouders is of zal worden geregeld;

e. de gegevens met betrekking tot de inspanningen die worden verricht ten einde plaatsing van onder *d.* bedoelde kinderen in de Staat van herkomst te bewerkstelligen en, voor zover vereist, de instemming van de bevoegde autoriteiten met de opneming van deze kinderen door aspirant-adoptiefouders buiten deze Staat;

f. de gegevens betreffende de lichamelijke en de geestelijke gezondheid van onder *d.* bedoelde kinderen.

g. de vraag of ook overigens de wettelijke voorschriften van de Staat van herkomst van onder *d.* bedoelde kinderen in acht zijn genomen.

2. Indien het onderzoek betrekking heeft op rechtspersonen met enig openbaar gezag bekleed, is het eerste lid zo veel mogelijk van overeenkomstige toepassing.

[30-06-1998, Stb. 388, i.w.tr. 01-10-1998]

[Noodzakelijk aan te leggen maatstaven]

1. Algemeen. Dit artikel is gewijzigd bij KB van 30 juni 1998 (*Stb.* 388; in werking getreden op 1 oktober 1998).

2. Uitleg. Dit artikel geeft aan op welke maatstaven het onderzoek naar buitenlandse contacten van aspirant-adoptiefouders in elk geval betrekking moet hebben. Voor het overige, zo bepaalt art. 2, worden bij dit onderzoek zodanige maatstaven gehanteerd dat redelijkerwijs verzekerd is dat aan de door de Nederlandse wet gestelde vereisten voor opneming van buitenlandse kinderen zal worden voldaan. Voor zover de aspirant-adoptiefouders niet alleen over een contact in het buitenland beschikken maar ook reeds opneming van een bepaald kind op het oog hebben, dient het onderzoek zich ook uit te strekken tot de situatie van dat bepaalde kind, zo bepaalt de Nota van Toelichting (*Stb.* 1995, 275, p. 4).

3. Gegevens buitenlandse instanties (lid 1, onder a en b). Aangezien het onderzoek betrekking heeft op de betrouwbaarheid en de zorgvuldigheid van de door de aspirant-adoptiefouders opgegeven autoriteiten, instellingen of personen in het buitenland, zal het advies van de vergunninghouder gebaseerd moeten zijn op gegevens over de hoedanigheid waarin het contact handelt en de wijze waarop dit zijn activiteiten uitoefent.

4. Gegevens over vergoedingen (lid 1, onder c). Gegevens over de kosten die voor bemiddeling en andere diensten in rekening worden gebracht zijn voor de beoordeling een belangrijke factor, omdat onevenredig hoge tarieven een aanwijzing kunnen zijn van een winstoogmerk of het uitoefenen van druk op de ouder die afstand doet.

5. Gegevens over (afstand van) kinderen (lid 1, onder d en f). Een andere belangrijke factor voor de zorgvuldigheid vormen de gegevens over de wijze waarop kinderen voor adoptie in aanmerking zijn gekomen en waarop de afstand is geregeld alsmede over hun gezondheidstoestand. Deze gegevens zullen in verband met de toelating van een kind tot Nederland in elk geval beschikbaar moeten zijn.

6. Gegevens over inspanningen en instemming buitenlandse autoriteiten (lid 1, onder e). Het in het Nederlandse en internationale adoptierecht geldende subsidiariteitsbeginsel brengt mee dat uit bescheiden moet blijken dat al het mogelijke is gedaan om voor kinderen die in principe voor adoptie in aanmerking komen een passende oplossing in eigen land te vinden.

7. Gegevens over naleving buitenlandse voorschriften (lid 1, onder g). Het onderzoek is er verder op gericht vast te stellen dat door de buitenlandse instelling of persoon wordt voldaan aan met betrekking tot de opneming van kinderen voor adoptie geldende voorschriften van het land van herkomst, bijvoorbeeld over de toelaatbaarheid van het 'zelf doen'. In dit verband zij erop gewezen, aldus de Nota van Toelichting (*Stb.* 1995, 275, p. 4), dat de vergunninghouder er niet mee kan volstaan in het advies aan te geven dat de regelgeving van het land van herkomst niet voorziet in bepaalde toetsingen en dat om die reden van een onderzoek daarnaar is afgezien; voor elke interlandelijke adoptie geldt dat aan een aantal fundamentele voorwaarden moet zijn voldaan. In dit opzicht kunnen nuttige aanwijzingen worden ontleend aan art. 4 van het Haags Adoptieverdrag 1993.

8. Buitenlandse overheidsinstantie (lid 2). De in lid 1 opgesomde criteria zullen wellicht niet alle onverkort op een overheidsinstantie kunnen worden toegepast. Denkbaar is bijvoorbeeld dat de Nederlandse vergunninghouder niet kan beschikken over een periodieke verslaglegging of financiële stukken die specifiek op de activiteiten van de onderzochte instantie betrekking hebben. Opgemerkt zij dat de Minister van Justitie, indien hij zulks na ontvangst van het advies van de vergunninghouder wenselijk acht, met betrekking tot een dergelijke buitenlandse instantie in het buitenland nadere informatie kan inwinnen van International Social Service of een andere internationale organisatie die op dit terrein activiteiten uitoefent.

9. Onderzoek in lidstaat Haags Adoptieverdrag 1993. Bij de toepassing van het onderhavige besluit zal het kunnen voorkomen dat wordt verzocht om een onderzoek in te stellen naar een instelling of een persoon in een Staat van herkomst die inmiddels partij is geworden bij het Haags Adoptieverdrag 1993. In de betrokken Staat zal dan reeds zijn overgegaan tot de aanwijzing van een centrale autoriteit en van autoriteiten, instellingen of personen die met de uitvoering van bepaalde taken van de centrale autoriteit belast zijn. In dat geval moet ervan worden uitgegaan dat deze instanties of personen voldoen aan de in het verdrag gestelde criteria van betrouwbaarheid en deskundigheid en dat de toetsing daarvan achterwege kan blijven. De vergunninghouder behoeft zich er dan slechts van te vergewissen of van het buitenlandse contact conform art. 13 van het verdrag opgave is gedaan. Wél zal hij ook moeten nagaan of de regelgeving van de betrokken Staat het 'zelf doen' nog toelaat. Lid 1, onder g, blijft derhalve van toepassing. Is geen opgave gedaan, dan is lid 1 in zijn geheel nog van toepassing.

Artikel 2

Voor het overige worden bij het onderzoek zodanige maatstaven gehanteerd dat redelijkerwijs verzekerd is dat aan de door de Nederlandse wet gestelde vereisten voor opneming van buitenlandse kinderen zal worden voldaan.
[30-06-1998, Stb. 388, i.w.tr. 01-10-1998]

[Overige maatstaven]

Betekenis. Dit artikel is gewijzigd bij KB van 30 juni 1998 (*Stb.* 388; in werking getreden op 1 oktober 1998). Vergelijking van de criteria van art. 1 lid 1, onder d-g, met de criteria voor opneming van een buitenlandse kind zoals geformuleerd in art. 8 Wobka wekt de indruk dat voor toepassing van het onderhavige artikel weinig ruimte overblijft.

Artikel 3

Indien het wetsvoorstel tot wijziging van de Wet opneming buitenlandse pleegkinderen en van de Pleegkinderenwet tot wet wordt verheven en in werking treedt, treedt dit besluit op hetzelfde tijdstip in werking.
Dit besluit kan worden aangehaald als Besluit inzake het onderzoek naar buitenlandse contacten van aspirant-pleegouders.
[18-05-1995, Stb. 275, i.w.tr. 31-05-1995]

[Tijdstip inwerkingtreding; wijze van aanhaling besluit]

Betekenis. Het onderhavige besluit en de Wet tot Wijziging van de Wet opneming buitenlandse pleegkinderen (Wobp, de voorloper van de Wobka) en van de Pleegkinderenwet zijn beide in werking getreden op 31 mei 1995. Deze bepaling is gewijzigd door art. IV van het KB van 30 juni 1998 (*Stb.* 388; in werking getreden op 1 oktober 1998). Voorheen luidde de naam van het besluit 'Besluit inzake het onderzoek naar buitenlandse contacten van aspirant-pleegouders'.

Richtlijnen opneming buitenlandse kinderen ter adoptie 2000

Regeling van 10 november 2000, Stcrt. 2000, 234, zoals laatstelijk gewijzigd op 29 september 2010, Stcrt. 2010, 15596 (i.w.tr. 10-10-2010)

De Staatssecretaris van Justitie,
Gelet op de artikelen 3, 5 en 8 van de Wet opneming buitenlandse kinderen ter adoptie;
Besluit:

[Inleidende opmerkingen]

Betekenis. De Wet opneming buitenlandse kinderen ter adoptie (Wobka) geeft de Minister van Justitie de bevoegdheid in verband met bijzondere omstandigheden af te wijken van in deze wet omschreven voorwaarden waaraan moet zijn voldaan om voor de opneming ter adoptie van een buitenlands kind in aanmerking te komen (zie art. 3 lid 2; art. 5 lid 5, onder b; art. 5 lid 6 en 7; art. 8, onder a). Die omstandigheden zijn nader aangegeven in de Richtlijnen opneming buitenlandse kinderen ter adoptie 2000 van 10 november 2000 (*Stcrt.* 2000, 234; in werking getreden op 1 december 2000), die de Richtlijnen opneming buitenlandse kinderen ter adoptie 1998-II van 19 oktober 1998 (*Stcrt.* 1998, 202) vervangen. Zij bevatten beleidsnormen. Waar in het hiernavolgende gesproken wordt van 'Richtlijnen', worden hiermee de Richtlijnen 2000 bedoeld. De Richtlijnen zijn van toepassing op de openbare lichamen Bonaire, Sint Eustatius en Saba (art. 3 van de Regeling interlandelijke adoptie BES van 29 september 2010 (in werking getreden op 10 oktober 2010)). Zie voor de Toelichting op de Richtlijnen *Stcrt.* 2000, 234. Benadrukt zij dat de Richtlijnen, voor zover zij betrekking hebben op artikelen van de Wobka die bij de wijzigingswet van 24 oktober 2008 (*Stb.* 425) gewijzigd zijn, (nog) niet aan deze wijzigingen zijn aangepast. In zoverre dienen de Richtlijnen dan ook buiten toepassing te blijven.

Artikel 1
Verlening van toestemming tot opneming van meer dan een kind (artikel 3, tweede lid, van de wet)

1. Een beginseltoestemming betreft slechts de opneming van één buitenlands kind ter adoptie; toestemming kan echter worden verleend voor de opneming van:

a. broer(s) en/of zuster(s), dan wel

b. twee of meer kinderen, al dan niet uit één familie, tussen wie een, in beginsel door middel van bescheiden aangetoonde, zodanige relatie bestaat dat zij bezwaarlijk gescheiden kunnen worden.

2. In beide gevallen dient uit onderzoek, verricht door de raad voor de kinderbescherming, de geschiktheid van de aspirant-adoptiefouders voor de verzorging en opvoeding van meer dan een buitenlands kind aannemelijk te zijn geworden.
[29-09-2010, Stcrt. 15596, i.w.tr. 10-10-2010/regelingnummer 5668860/10/6]

Betekenis. Het bepaalde in het eerste lid maakt sinds de inwerkingtreding van de wet tot wijziging van de Wobka van 24 oktober 2004 (Stb. 425) deel uit van het eerste lid van art. 3 Wobka. Het had dus voor de hand gelegen dat art. 1 van de Richtlijnen tezelfdertijd aan dit nieuwe eerste lid van art. 3 Wobka was aangepast. Nu dat echter (nog) niet is gebeurd, betekent dat dat art. 1 van de Richtlijnen buiten toepassing dient te blijven.

Artikel 2
Verlening van een beginseltoestemming bij overschrijding van de leeftijdsgrens van tweeënveertig jaren door een aspirant-adoptiefouder (artikel 5, vijfde lid, onder *b.*, juncto artikel 3, eerste lid, laatste zin van de wet).

1. Indien een aspirant-adoptiefouder op het tijdstip van indiening van het verzoek om verlening van een beginseltoestemming de leeftijd van tweeënveertig jaren heeft bereikt, kan dit verzoek worden ingewilligd indien bijzondere omstandigheden inwilliging wenselijk maken.
Op bijzondere omstandigheden kan geen beroep worden gedaan in de volgende gevallen:
a. bij een verzoek om verlening van een beginseltoestemming van twee met elkaar gehuwde aspirant-adoptiefouders tezamen:
— indien beide aspirant-adoptiefouders op het tijdstip van de indiening van het verzoek de leeftijd van vierenveertig jaren hebben bereikt, of
— indien redelijkerwijs te verwachten is dat de oudste aspirant-adoptiefouder op het tijdstip van de beslissing over de verlening van een beginseltoestemming de leeftijd van zesenveertig jaren zal hebben bereikt.
b. bij een verzoek om verlening van een beginseltoestemming van één aspirant-adoptiefouder alleen, indien die aspirant-adoptiefouder op het tijdstip van de indiening van het verzoek de leeftijd van vierenveertig jaren heeft bereikt.
2. Als bijzondere omstandigheden worden in ieder geval aangemerkt:
a. aannemelijk geworden geschiktheid van en afwezigheid van risicofactoren bij de aspirant-adoptiefouders voor de verzorging en opvoeding van een buitenlands kind van twee jaar of ouder;
b. gebleken bereidheid en aannemelijk geworden geschiktheid van en afwezigheid van risicofactoren bij de aspirant-adoptiefouders voor de verzorging en opvoeding van een gehandicapt buitenlands kind;
c. de aanwezigheid van een ter adoptie opgenomen buitenlands kind, dat als enig kind in het gezin van de aspirant-adoptiefouders verblijft, mits dit leidt tot een onderplaatsing;
d. de aanwezigheid van een broer of zus van het op te nemen buitenlands kind in het gezin van de aspirant-adoptiefouders.
In de onder *a.* tot en met *d.* genoemde gevallen dient uit specifiek daarop gericht onderzoek, verricht door de raad voor de kinderbescherming, te blijken dat de aspirant-adoptiefouders geschikt zijn tot de verzorging en opvoeding van een daar bedoeld buitenlands kind en dat risicofactoren redelijkerwijs uitgesloten worden geacht.

In de onder *c.* en *d.* genoemde gevallen dient bovendien door onderzoek, verricht door de raad voor de kinderbescherming, de daar bedoelde bijzondere omstandigheid bevestigd te worden.

3. In ieder geval wordt niet als bijzondere omstandigheid aangemerkt de enkele omstandigheid van of combinatie van:

a. kinderloosheid;

b. het niet eerder ingediend hebben van een verzoek in verband met pogingen om langs natuurlijke weg een kind te krijgen;

c. uitstel van gezinsvorming uit overwegingen van carrière-planning;

d. behoefte aan hernieuwde gezinsvorming nadat kinderen inmiddels het gezin hebben verlaten;

e. het — regelmatig — functioneren als vakantie-adres voor kinderen;

f. het uitoefenen van een beroep of functie waaruit een bijzondere geschiktheid tot het omgaan met kinderen zou blijken.

[29-09-2010, Stcrt. 15596, i.w.tr. 10-10-2010/regelingnummer 5668860/10/6]

Betekenis. Het bepaalde onder a van het eerste lid is in strijd met het bepaalde in art. 3 en art. 5 Wobka, zoals deze artikelen luiden sinds de inwerkingtreding van de wet tot wijziging van de Wobka van 24 oktober 2008 (*Stb.* 425). Het had dus voor de hand gelegen dat ook dit gedeelte van de Richtlijnen tezelfdertijd aan deze nieuwe art. 3 en art. 5 Wobka was aangepast. Nu dat echter (nog) niet is gebeurd, betekent dat dat het bepaalde onder a van het eerste lid buiten toepassing dient te blijven. Wordt het verzoek om een beginseltoestemming ingediend door één persoon en is die persoon gehuwd, is hij of zij een geregistreerd partnerschap aangegaan of leeft hij of zij duurzaam samen, dan is de leeftijd van de partner niet van belang voor de vraag of een beroep op bijzondere omstandigheden mogelijk is. De Wobka voorziet in leeftijdscriteria ten aanzien van de persoon of personen die adopteren, niet ten aanzien van partners die niet mee-adopteren en dus geen familierechtelijke banden aangaan met het te adopteren kind. De Richtlijnen sluiten zich hierbij aan. Daarbij zij aangetekend dat risicofactoren verband houdend met de leeftijd van gezinsleden van adoptanten wel degelijk worden betrokken in het gezinsonderzoek door de raad voor de kinderbescherming (Toelichting op de Richtlijnen). Uitgangspunt bij de in het tweede lid bedoelde omstandigheden is steeds het belang van het op te nemen buitenlandse kind in combinatie met de wetenschap dat voor dat kind de mogelijkheden voor opvang in het land van herkomst zijn uitgeput (Toelichting op de Richtlijnen). In het derde lid van art. 2 zijn omstandigheden opgesomd die in ieder geval *niet* als bijzondere omstandigheden zijn aan te merken. Bepalend hierbij is dat deze omstandigheden als zodanig niet het kennelijk belang van het kind, gericht op de plaatsing ter adoptie, tot uitgangspunt hebben (Toelichting op de Richtlijnen). Art. 2, lid 2, onder c, betreft de bijplaatsing van een kind in een gezin waarin reeds een buitenlands kind is opgenomen. Uit een oogpunt van natuurlijke gezinsopbouw is het niet gewenst dat een later in het gezin op te nemen buitenlands kind ouder is dan een reeds aanwezig kind. Om die reden geldt het vereiste van 'onderplaatsing' (Toelichting op de Richtlijnen).

Artikel 3
Verlening van toestemming tot opneming van een buitenlands kind, indien is te verwachten dat op het mogelijke tijdstip van opneming van een buitenlands kind het leeftijdsverschil tussen een of beide aspirant-adoptiefouders en het kind meer dan veertig jaren bedraagt (artikel 5, zesde en zevende lid, van de wet)

1. In geval van opneming van een buitenlands kind in een gezin van aspirant-adoptiefouders, waarin eigen kinderen, Nederlandse pleegkinderen dan wel uit het buitenland geadopteerd (*red.*: lees: geadopteerde) kinderen verblijven, kan, indien dat buitenlandse kind in verband met de leeftijdsopbouw van het gezin jonger zal zijn dan de reeds in het gezin verblijvende kinderen, een overschrijding van het leeftijdsverschil van ten hoogste veertig jaren tussen een van de aspirant-adoptiefouders en het buitenlandse kind worden toegestaan met ten hoogste twee jaren, met dien verstande dat het verschil in leeftijd tussen dat kind en het jongste kind in het gezin in beginsel niet meer dan twee jaren mag bedragen.

2. Het leeftijdsverschil van ten hoogste veertig jaren tussen een van de aspirant-adoptiefouders en het buitenlandse kind mag met meer dan twee jaren worden overschreden bij opneming van een buitenlands kind, in ieder geval indien:

a. er sprake is van een buitenlands kind in de leeftijd vanaf twee jaar, dat kan worden opgenomen door aspirant-adoptiefouders van wie een of beiden ouder zijn dan tweeënveertig jaar;
b. het betreft een jongere broer of zus van een reeds ter adoptie opgenomen buitenlands kind;
c. het betreft de gezamenlijke opneming van twee of meer buitenlandse kinderen uit een familie tussen wie onderling een groot leeftijdsverschil bestaat en de overschrijding een of meer kinderen betreft;
d. er sprake is van een moeilijk plaatsbaar buitenlands kind vanwege een, in beginsel door middel van bescheiden aangetoonde lichamelijke handicap, een manifeste gedragsstoornis, een meer dan normale achterstand in lichamelijke en/of geestelijke ontwikkeling, of een direkte noodzaak tot medische behandeling, die niet of bezwaarlijk in het land van herkomst kan plaats vinden.

3. In alle gevallen dient uit specifiek daarop gericht onderzoek door de raad voor de kinderbescherming te blijken dat de aspirant-adoptiefouders geschikt zijn tot de verzorging en opvoeding van een buitenlands kind als bedoeld in het tweede lid, *a.* tot en met *d.* en dat risicofactoren redelijkerwijs uitgesloten worden geacht.
[29-09-2010, Stcrt. 15596, i.w.tr. 10-10-2010/regelingnummer 5668860/10/6]

Betekenis. Benadrukt zij dat een (aanzienlijk) leeftijdsverschil tussen de aspirant-adoptiefouders onderling op zichzelf geen motief kan zijn om een op dit artikel gebaseerd verzoek af te wijzen.

Artikel 4
Verlening van toestemming tot opneming van een buitenlands kind dat op het tijdstip van binnenkomst in Nederland zes jaar of ouder zal zijn (artikel 8, onder *a*, van de wet)

1. De opneming van een buitenlands kind dat op het tijdstip van binnenkomst in Nederland de leeftijd van zes jaar of ouder zal hebben bereikt, kan worden toegestaan, indien:

a. het de opneming betreft van een oudere broer of zus van een reeds ter adoptie opgenomen buitenlands kind;
b. het de opneming betreft van twee of meer buitenlandse kinderen als bedoeld in artikel 1, onder *b*.

2. In alle gevallen, genoemd in het eerste lid, dient uit onderzoek verricht door de raad voor de kinderbescherming de geschiktheid van de aspirant-adoptiefouders voor de verzorging en opvoeding van een kind of kinderen als daar bedoeld aannemelijk te zijn geworden.
Voorts dient in de gevallen, genoemd in het eerste lid onder *a*., uit dat onderzoek te zijn gebleken dat de opneming van het buitenlandse kind niet in strijd is met het belang van het reeds in het gezin verblijvende buitenlandse kind.
[29-09-2010, Stcrt. 15596, i.w.tr. 10-10-2010/regelingnummer 5668860/10/6]

Betekenis. Deze bepaling behoeft geen uitleg.

Artikel 5
Deze regeling kan worden aangehaald als Richtlijnen opneming buitenlandse kinderen ter adoptie 2000.
[29-09-2010, Stcrt. 15596, i.w.tr. 10-10-2010/regelingnummer 5668860/10/6]

[Wijze van aanhaling richtlijnen]

Betekenis. Deze bepaling behoeft geen uitleg.

Artikel 6
Deze regeling treedt in werking met ingang van de dag van plaatsing van de regeling met de daarbij behorende toelichting in de *Staatscourant*.
Met ingang van datzelfde tijdstip vervallen de Richtlijnen opneming buitenlandse kinderen ter adoptie 1998 II.
[29-09-2010, Stcrt. 15596, i.w.tr. 10-10-2010/regelingnummer 5668860/10/6]

[Inwerkingtreding richtlijnen]

Betekenis. De Richtlijnen zijn in werking getreden op 1 december 2000.

Besluit klachtencommissie vergunninghouders interlandelijke adoptie

Besluit van 13 maart 2000, houdende regels ter uitvoering van artikel 24a van de Wet opneming buitenlandse kinderen ter adoptie alsmede inwerkingtreding van dat artikel, Stb. 2000, 120, zoals laatstelijk gewijzigd op 15 juni 2018, Stb. 2018, 190 (i.w.tr. 01-08-2018)

Wij Beatrix, bij de gratie Gods, Koningin der Nederlanden, Prinses van Oranje-Nassau, enz. enz. enz.
Op de voordracht van de Staatssecretaris van Justitie van 25 oktober 1999, Directie Wetgeving, nr. 798026/99/6;
Gelet op artikel 24*a*, eerste lid, tweede volzin, van de Wet opneming buitenlandse kinderen ter adoptie, de artikelen 9:13 en 9:14 van de Algemene wet bestuursrecht en artikel 17, eerste lid, van de Wet van 14 mei 1998 tot uitvoering van het op 29 mei 1993 te 's-Gravenhage tot stand gekomen verdrag inzake de bescherming van kinderen en de samenwerking op het gebied van de interlandelijke adoptie en, in verband daarmee, wijziging van de Wet opneming buitenlandse pleegkinderen en enige andere wetten (*Stb.* 302);
De Raad van State gehoord (advies van 5 januari 2000, nr. W03.99 0531/I);
Gezien het nader rapport van de Staatssecretaris van Justitie van 6 maart 2000, Directie Wetgeving, nr. 5006821/00/6;
Hebben goedgevonden en verstaan:

[Inleidende opmerkingen]

Betekenis. Het besluit van 13 maart 2000, houdende regels ter uitvoering van art. 24a van de Wet opneming buitenlandse kinderen ter adoptie alsmede inwerkingtreding van dat artikel (*Stb.* 120; hierna ook te noemen: het Besluit Klachtencommissie) bevat onder meer de in art. 24a van de Wet opneming buitenlandse kinderen ter adoptie (Wobka) genoemde algemene maatregel van bestuur. Zie voor de Nota van Toelichting op dit besluit *Stb.* 2000, 120. Voor de invulling van de bevoegdheden van de klachtencommissie en de klachtenprocedure is aansluiting gezocht bij de met ingang van 1 juli 1999 in Hoofdstuk 9 van de Awb opgenomen regeling over de behandeling van klachten door bestuursorganen (Wet van 12 mei 1999, *Stb.* 214), aldus de Nota van Toelichting. Zoals vastgelegd is in het Besluit Klachtencommissie, fungeert bedoelde commissie als klachtenadviescommissie in de zin van Afdeling 9.3 van de Awb. Dit betreft niet alleen klachten over het handelen van vergunninghouders als bestuursorgaan maar ook het handelen van vergunninghouders anders dan als bestuursorgaan, aldus volgt uit art. 2, lid 1, van het Besluit klachtencommissie. De bemiddelingsrelatie tussen de vergunninghouder en de aspirant-adoptieouders is een contractuele relatie, hetgeen impliceert dat de vergunninghouder ook voor de civiele rechter kan worden aangesproken (Nota van Toelichting). De klachtenregeling ziet op gedragingen van de vergunninghouder, met inbegrip van personen die onder diens verantwoordelijkheid in Nederland of in het buitenland werkzaam zijn (Nota van Toelichting). Klachten worden slechts in één instantie behandeld.

Artikel 1

In dit besluit wordt verstaan onder de commissie: de klachtencommissie, bedoeld in artikel 24*a*, eerste lid, van de Wet opneming buitenlandse kinderen ter adoptie.
[13-03-2000, Stb. 120, i.w.tr. 01-04-2000]

[Klachtencommissie]

Betekenis. Deze bepaling behoeft geen uitleg.

Artikel 2

1. De commissie is belast met de behandeling van en de advisering over klachten over gedragingen die een vergunninghouder als bestuursorgaan heeft verricht. Afdeling 9.3 van de Algemene wet bestuursrecht is van toepassing.
2. Hoofdstuk 9 van de Algemene wet bestuursrecht en het eerste lid zijn tevens van toepassing op de behandeling van klachten over gedragingen die een vergunninghouder anders dan als bestuursorgaan heeft verricht.
[13-03-2000, Stb. 120, i.w.tr. 01-04-2000]

[Taak klachtencommissie]

Betekenis. Deze bepaling behoeft geen uitleg.

Artikel 3

1. De commissie bestaat uit vijf leden, waaronder de voorzitter.
2. Er kunnen plaatsvervangende leden worden benoemd. Op hen zijn de artikelen 4 en 5 van overeenkomstige toepassing.
[13-03-2000, Stb. 120, i.w.tr. 01-04-2000]

[Samenstelling klachtencommissie]

Betekenis. Deze bepaling behoeft geen uitleg.

Artikel 4

1. Onze Minister benoemt de leden voor een periode van vier jaren.
2. De voorzitter en de andere leden kunnen ten hoogste twee maal voor een periode van vier jaren worden herbenoemd.
3. Onze Minister kan de voorzitter of een lid op diens schriftelijk verzoek tussentijds ontslag verlenen.
4. Van een vacature, een besluit tot benoeming, tot herbenoeming of tot ontslag wordt mededeling gedaan in de *Staatscourant*.
[13-03-2000, Stb. 120, i.w.tr. 01-04-2000]

[Benoeming leden klachtencommissie]

Betekenis. Deze bepaling behoeft geen uitleg.

Artikel 5

De leden zijn niet werkzaam of werkzaam geweest onder verantwoordelijkheid van een vergunninghouder, van Onze Minister, van de raad voor de kinderbescherming of van de Inspectie gezondheidszorg en jeugd.

[15-06-2018, Stb. 190, i.w.tr. 01-08-2018]

[Aan commissieleden te stellen vereisten]

Betekenis. Dit artikel is gewijzigd bij KB van 5 juli 2005 (*Stb.* 435; in werking getreden op 14 september 2005 met terugwerkende kracht tot 1 januari 2005) en bij KB van 15 juni 2018 (*Stb.* 190; in werking getreden op 1 augustus 2018). Ook personen die als vrijwilliger voor een vergunninghouder werkzaam zijn of werkzaam geweest zijn, worden geacht een binding met de vergunninghouder te hebben (Nota van Toelichting).

Artikel 6

De commissie stelt een reglement op ter regeling van haar werkwijze.

[13-03-2000, Stb. 120, i.w.tr. 01-04-2000]

[Reglement klachtencommissie]

Betekenis. Deze bepaling behoeft geen uitleg.

Artikel 7

De vergunninghouder informeert aspirant-adoptiefouders die zijn bemiddeling inroepen schriftelijk omtrent het bestaan van de klachtencommissie en de mogelijkheid tot het indienen van klachten.

[13-03-2000, Stb. 120, i.w.tr. 01-04-2000]

[Informatieplicht vergunninghouders]

Betekenis. Deze bepaling behoeft geen uitleg.

Artikel 8

1. De klachtencommissie stelt jaarlijks een openbaar verslag op, waarin het aantal en de aard van de door haar behandelde klachten worden aangegeven.

2. De klachtencommissie zendt het verslag voor 1 april van het daarop volgende kalenderjaar aan Onze Minister en aan de Inspectie gezondheidszorg en jeugd.

[15-06-2018, Stb. 190, i.w.tr. 01-08-2018]

[Openbaar verslag klachtencommissie]

Betekenis. Dit artikel is gewijzigd bij KB van 5 juli 2005 (*Stb.* 435; in werking getreden op 14 september 2005 met terugwerkende kracht tot 1 januari 2005) en bij KB van 15 juni

2018 (*Stb.* 190; in werking getreden op 1 augustus 2018). Afgezien van het bepaalde in bovenstaand artikel geldt, zo volgt uit art. 9:12a van de Awb, de verplichting tot jaarlijkse publicatie van schriftelijk ingediende klachten.

Artikel 9

Dit besluit en artikel 14, onderdeel R, van de Wet van 14 mei 1998 tot uitvoering van het op 29 mei 1993 te 's-Gravenhage tot stand gekomen verdrag inzake de bescherming van kinderen en de samenwerking op het gebied van de interlandelijke adoptie en, in verband daarmee, wijziging van de Wet opneming buitenlandse pleegkinderen en enige andere wetten (*Stb.* 302) treden in werking met ingang van 1 april 2000.
[13-03-2000, Stb. 120, i.w.tr. 01-04-2000]

[Inwerkingtreding besluit]

Betekenis. Deze bepaling behoeft geen uitleg.

Artikel 10

Dit besluit wordt aangehaald als: Besluit klachtencommissie vergunninghouders interlandelijke adoptie.
[13-03-2000, Stb. 120, i.w.tr. 01-04-2000]

[Wijze van aanhaling besluit]

Betekenis. Deze bepaling behoeft geen uitleg.

OUDERLIJKE VERANTWOORDELIJKHEID EN BESCHERMING VAN KINDEREN

Burgerlijk Wetboek Boek 10 (Relevante artikelen)

AFDELING 1
Ouderlijke verantwoordelijkheid en bescherming van kinderen

Artikel 113

Op de bescherming van kinderen zijn van toepassing:

a. het op 19 oktober 1996 te 's-Gravenhage tot stand gekomen Verdrag inzake de bevoegdheid, het toepasselijke recht, de erkenning en tenuitvoerlegging en de samenwerking op het gebied van ouderlijke verantwoordelijkheid en maatregelen ter bescherming van kinderen (*Trb.* 1997, 299),

b. de Verordening (EU) nr. 2019/1111 van de Raad van 25 juni 2019 betreffende de bevoegdheid, de erkenning en tenuitvoerlegging van beslissingen in huwelijkszaken en inzake de ouderlijke verantwoordelijkheid, en betreffende internationale kinderontvoering (*PbEU* L 178), en

c. de Uitvoeringswet internationale kinderbescherming.

[09-02-2022, Stb. 72, i.w.tr. 01-08-2022/kamerstukken 35888]

[Internationale of grensoverschrijdende regelingen]

1. Algemeen. Op 1 januari 2012 is voor Nederland de Vaststellings- en Invoeringswet Boek 10 Burgerlijk Wetboek van 19 mei 2011 (*Stb.* 272) in werking getreden (*Kamerstukken* 32137). Boek 10 codificeert een belangrijk gedeelte van het Nederlandse internationaal privaatrecht, voor zover niet neergelegd in verordeningen en verdragen. De algemene bepalingen van Titel 1 Boek 10 BW (art. 10:1-10:17 BW) – die regels van algemene aard geven – waren voorheen grotendeels ongeschreven recht. De overige bepalingen van Boek 10 BW zien op onderwerpen die voor een belangrijk deel al eerder waren vastgelegd in afzonderlijke wettelijke regelingen. Al deze wetten zijn – met enige aanpassingen – samengevoegd in Boek 10 BW. Wel beschouwd, codificeert én consolideert Boek 10 BW dus een belangrijk gedeelte van het Nederlandse internationaal privaatrecht. Bij de codificatie en consolidatie als bedoeld in Boek 10 BW gaat het om regelingen van (overwegend) conflictenrecht. Met behulp van het conflictenrecht of verwijzingsrecht is het mogelijk om in internationale of grensoverschrijdende gevallen te bepalen door welke rechtsregels feitencomplexen met een privaatrechtelijk karakter worden beheerst. Regels met betrekking tot de internationale bevoegdheid of rechtsmacht zijn voor zover niet neergelegd in verordeningen en verdragen, *onder meer* te vinden in Titel 1 Boek 1 van het Wetboek van Burgerlijke Rechtsvordering (art. 1-14 Rv). Blijkens de Memorie van Toelichting (*Kamerstukken* 32137, 3, p. 1) is het doel van Boek 10 BW om een groot aantal voor de praktijk van belang zijnde regels van internationaal privaatrecht 'op systematische en samenhangende wijze' bijeen te brengen.

2. Ouderlijke verantwoordelijkheid en bescherming van kinderen. Titel 7 van Boek 10 BW heeft betrekking op 'Overige onderwerpen van familierecht'. Daarvan ziet Afdeling 1 op 'Ouderlijke verantwoordelijkheid en bescherming van kinderen'. Op haar beurt bestaat Afdeling 1 uit één bepaling. Dat is art. 10:113 BW. Art. 10:113 BW somde oorspronkelijk een drietal regelingen op die zagen op de ouderlijke verantwoordelijkheid en bescherming van kinderen. De aanvankelijk in art. 10:113 BW opgesomde regelingen waren: het HKV 1961 (*Trb.* 1968, 101), de Verordening Brussel II-bis (*PbEG* 2003, L 338, laatstelijk gewijzigd bij *PbEG* 2004, L 367) en de Uitvoeringswet internationale kinderbescherming (*Stb.* 2006, 123, laatstelijk gewijzigd bij *Stb.* 2022, 72, *Kamerstukken* 35888). Deze opsomming was echter incompleet. Dat is vervolgens ook altijd zo gebleven. Zo werd in art. 10:113 BW het HKV 1996 (*Trb.* 1997, 299) aanvankelijk niet genoemd. In het recent gewijzigde art. 10:113 BW wordt het HKV 1996 wel genoemd, maar daar staat tegenover dat het HKV 1961 niet langer wordt vermeld. Uit het niet steeds vermelden van alle regelingen op het terrein van de ouderlijke verantwoordelijkheid en bescherming van kinderen mag echter niet worden afgeleid dat de Nederlandse wetgever van oordeel is, dat een niet genoemde regeling niet – langer – van toepassing zou kunnen zijn. Bedacht dient namelijk dat het in Boek 10 BW om een momentopname gaat. In een aantal bepalingen van Boek 10 BW, waaronder art. 10:113 BW, wordt namelijk enkel gerefereerd aan de, volgens de wetgever, ten tijde van de totstandkoming van Boek 10 BW voor Nederland belangrijkste regelingen. Dit echter zonder de pretentie van volledigheid (vgl. *Kamerstukken* 32137, 3, p. 7 en 8). Mede in verband met het bestaan van supranationale regelingen herinnert art. 10:1 BW onder meer de praktijkjurist er nog eens aan, dat de in Boek 10 BW neergelegde regels van internationaal privaatrecht de werking van 'voor Nederland bindende internationale en communautaire regelingen' onverlet laat. Anders gesteld: verordeningen en verdragen hebben, bij samenloop, voorrang boven de in Boek 10 BW vervatte wettelijke bepalingen. Dit volgt namelijk uit art. 94 van de Nederlandse Grondwet en uit het Unierecht. In het recent gewijzigde art. 10:113 BW wordt, wat betreft het onderwerp "ouderlijke verantwoordelijkheid en bescherming van kinderen" in onderdeel a verwezen naar het HKV 1996 en in onderdeel b verwezen naar de Herschikte verordening Brussel II-bis, ook wel aangeduid als de Verordening Brussel II-ter (*PbEU* 2019, L 178). Deze verordening, die hierna (Verordening) Brussel II-ter zal worden genoemd, is voor onder meer Nederland van toepassing met ingang van 1 augustus 2022 (zie art. 105 Verordening Brussel II-ter). De Verordening Brussel II-ter geldt voor gerechtelijke procedures die zijn ingesteld, authentieke akten die zijn verleden en overeenkomsten die zijn geregistreerd op of na 1 augustus 2022 (zie art. 100 lid 1 Verordening Brussel II-ter). De Verordening Brussel II-bis blijft van toepassing op gerechtelijke procedures die zijn ingesteld, authentieke akten die zijn verleden en overeenkomsten die vóór 1 augustus 2022 uitvoerbaar zijn geworden in de lidstaat waar zij werden gesloten en die binnen het toepassingsgebied van die verordening vallen (zie art. 100 lid 2 Verordening Brussel II-ter). In onderdeel c van art. 10:113 BW wordt verwezen naar de Uitvoeringswet internationale kinderbescherming (*Stb.* 2006, 123, laatstelijk gewijzigd bij *Stb.* 2022,72, *Kamerstukken* 35888).

3. De Verordening Brussel II-bis en de Verordening Brussel II-ter. De Verordening Brussel II-bis is voor Nederland sinds 1 maart 2005 van toepassing. Deze verordening is ook in de overige huidige lidstaten van de Europese Unie van toepassing, met uitzondering van Denemarken (vgl. art. 2 aanhef en onder 3 Brussel II-bis). Zie in het kader van de Brexit, voor de temporele regeling op het gebied van het internationaal privaatrecht de Kennisgeving REV2 van de Europese Commissie, Directoraat-generaal Justitie en Consumentenzaken, van 27 augustus 2020. Deze kennisgeving vervangt onder meer de Kennisgeving REV1 van 18 januari 2019. De Verordening Brussel II-bis heeft betrekking op de 'ouderlijke verantwoordelijkheid'. Dit begrip wordt in art. 2 aanhef en onder 7 Brussel II-bis als volgt omschreven: "alle rechten en verplichtingen die ingevolge een beslissing van rechtswege of bij een rechtsgeldige overeenkomst aan een natuurlijke persoon of aan een rechtspersoon zijn toegekend met betrekking tot de persoon of het vermogen van een kind. De term omvat onder meer het gezagsrecht en het omgangsrecht". Grofweg gesteld, gaat het (dus) om alle maatregelen ter bescherming van de persoon en het vermogen van het kind die in Nederland het onderwerp vormen van Boek 1 BW, Titel 14 en 15. De Verordening Brussel II-bis regelt het formele internationaal privaatrecht. Zo bevat deze verordening onder meer regels met betrekking tot zowel de rechtsmacht als de erkenning en tenuitvoerlegging van buitenlandse rechterlijke uitspraken. De Verordening Brussel II-bis regelt echter niét tevens het materiële internationaal privaatrecht. Dit laatste betekent dat de Verordening Brussel II-bis de vraag naar het toepasselijke recht in het internationale of grensoverschrijdende geval ongeregeld laat en daarmee dus geen regels van conflictenrecht bevat. Zoals hierboven al bleek, wordt op 1 augustus 2022 voor onder meer Nederland de Verordening Brussel II-ter – een herschikking (met wijzigingen) ter vervanging van de bestaande Verordening Brussel II-bis – van toepassing. Een belangrijke doelstelling van de herschikking is onder meer het verbeteren van de bescherming van kinderen wanneer zich grensoverschrijdende problemen voordoen met betrekking tot de ouderlijke verantwoordelijkheid, zoals bijv. in verband met gezag, omgangsrechten en de ongeoorloofde overbrenging of het niet doen terugkeren van een kind ('kinderontvoering'). De Verordening Brussel II-ter bevat, evenmin als de Verordening Brussel II-bis, regels van conflictenrecht en kent daarmee dus geen regels inzake de aanwijzing van het toepasselijke recht. De omschrijving van het begrip "ouderlijke verantwoordelijkheid" heeft, in vergelijking met de Verordening Brussel II-bis, geen verandering ondergaan (zie art. 2 lid 2 sub 7 Verordening Brussel II-ter). Het materiële toepassingsgebied van beide verordeningen is wat betreft het onderwerp "ouderlijke verantwoordelijkheid" dan ook identiek. Zoals al bleek, gaat het bij "ouderlijke verantwoordelijkheid" om – bepaalde – maatregelen ter bescherming van de persoon en het vermogen van het kind.

4. Het Haags Kinderbeschermingsverdrag 1996. Het Haags Kinderbeschermingsverdrag 1996 (HKV 1996) bevat – naast onder meer internationale bevoegdheidsregels – wél bepalingen die aangeven welk recht op kwesties op het gebied van ouderlijke verantwoordelijkheid en maatregelen ter bescherming van kinderen moet worden toegepast. Daarmee kent dit verdrag dus tevens regels van conflictenrecht. Dit heeft onder meer tot gevolg dat, waar het de vraag naar het toepasselijke recht betreft, het HKV 1996 de Verordening Brussel II-bis aanvult en, vanaf 1 augustus 2022, uiteraard ook de Verordening Brussel II-ter (zie nader met betrekking tot het overgangsrecht art. 100 Verordening Brussel II-ter). Dit betekent bijv. dat in een geval waarbij de internationale bevoegdheid van de Nederlandse rechter dient te worden gebaseerd op een bepaling uit de Verordening Brussel II-bis dan wel de Verordening Brussel II-ter, diezelfde Nederlandse rechter vervolgens voor het antwoord op de vraag naar het toepasselijke recht in beginsel de hierop betrekking conflictregels uit het HKV 1996 toepast. Daarbij dient bedacht dat het HKV 1996 in wezen hetzelfde materiële toepassingsgebied heeft als de Verordening Brussel II-bis en de Verordening Brussel II-ter. Voor zover het gaat om kwesties van ouderlijke verantwoordelijkheid/kinderbescherming (vgl. art. 1 lid 2 HKV 1996). Het HKV 1996 is op 1 mei 2011 voor Nederland in werking getreden en vervangt 'in de betrekkingen tussen de verdragsluitende staten' het HKV 1961 (zie art. 51 HVK 1996). Inmiddels hebben, op een enkel land na (dat is Chinees Macao waarvoor het HKV 1961 nog steeds geldt en wel sinds 4 februari 1969), alle 'oude' verdragsstaten het HKV 1996 geratificeerd. Ook het Verenigd Koninkrijk is overigens partij bij het HKV 1996 en wel sinds 1 november 2012. Volledigheidshalve is het goed om hier nog te vermelden, dat het Haags Kinderbeschermingsverdrag 1996 vanaf 1 mei 2011 behalve in Nederland en de van Nederland deel uitmakende BES-eilanden (Bonaire, Sint Eustatius en Saba) ook gelding heeft in Curaçao, maar daarentegen niet in Aruba en Sint Maarten, de twee andere landen waaruit het Koninkrijk der Nederlanden bestaat.

5. Het Haags Kinderbeschermingsverdrag 1961. Reeds doordat het HKV 1996 in de betrekkingen tussen de verdragsluitende staten het HKV 1961 vervangt, komt aan het laatstgenoemde verdrag nauwelijks nog praktische betekenis meer toe. Om die reden ook, het met de totstandkoming van het HKV 1996 sterk aan betekenis verloren hebben, is in het recent gewijzigde art. 10:113 BW de verwijzing naar het HKV 1961 geschrapt en vervangen door een verwijzing naar het HKV 1996.

6. Samenloop Haags kinderbeschermingsverdrag 1996 met Verordening Brussel II-bis/Verordening Brussel II-ter. Is de praktische betekenis van het HKV 1996 dus aanzienlijk groter dan die van het HKV 1961, daarmee is niet gesteld dat, vanuit Nederlands perspectief, het HKV 1996 in de praktijk veelvuldig toepassing vindt. Zeker, wat betreft het antwoord op de vraag naar het op internationale 'kwesties van ouderlijke verantwoordelijkheid' toepasselijke recht is het HKV 1996 van groot praktisch belang, reeds omdat de Verordening Brussel II-bis noch de Verordening Brussel II-ter regels inzake de aanwijzing van het toepasselijke recht bevat. Voor het overige (rechtsmacht, erkenning, tenuitvoerlegging, samenwerking tussen gerechten c.q. centrale autoriteiten) zal, vanuit Nederlands perspectief, de Verordening Brussel II-bis en, in verband met onder meer gerechtelijke procedures die zijn ingesteld op of na 1 augustus 2022, de Verordening Brussel II-ter in de praktijk echter nogal eens van toepassing blijken te zijn en daarmee dus niet het HKV 1996! Ingevolge art. 61 Brussel II-bis en art. 97 lid 1 Brussel II-ter (zie echter ook art. 97 lid 2 Verordening Brussel II-ter!) gaat, in geval van samenloop, de Verordening Brussel II-bis respectievelijk de Verordening Brussel II-ter namelijk voor op het HKV 1996. Gevallen van samenloop doen zich onder meer voor, indien twee of meer Europese of internationale regelingen zowel materieel als formeel als temporeel van toepassing zijn.

7. Uitvoeringswet internationale kinderbescherming. De Uitvoeringswet internationale kinderbescherming strekte er aanvankelijk toe, namens Nederland (maar niet namens de van Nederland deel uitmakende BES-eilanden; zie daarvoor *Stcrt.* 2010, 19489) uitvoering te geven aan zowel het HKV 1996 als de Verordening Brussel II-bis. Zowel het verdrag als de verordening bevatten namelijk tevens bepalingen die nadere uitwerking of aanvulling behoeven, zoals art. 29 HKV 1996 en art. 53 Brussel II-bis. De Nederlandse wetgever is echter nog een stapje verder gegaan door hoofdstuk 1, 2,

4, 7 en 8 Uitvoeringswet Internationale Kinderbescherming mede van toepassing te verklaren te verklaren op internationale kwesties van ouderlijke verantwoordelijkheid en maatregelen ter bescherming van kinderen die niet door het HKV 1996 noch door de Verordening Brussel II-bis worden beheerst. Inmiddels heeft, met de komst van de Verordening Brussel II-ter, de Uitvoeringswet internationale kinderbescherming een aantal belangrijke wijzigingen ondergaan. Dit omdat een aantal aanpassingen in deze verordening moesten worden uitgewerkt in het interne recht van de lidstaten. Zo is de regeling inzake de erkenning en tenuitvoerlegging van beslissingen inzake ouderlijke verantwoordelijkheid onder de Verordening Brussel II-ter wezenlijk anders opgezet dan bij de Verordening Brussel II-bis het geval is. Alleen daarom al diende de Uitvoeringswet internationale kinderbescherming op onderdelen te worden gewijzigd. Dit is dan ook gedaan bij *Stb.* 2022, 72 (*Kamerstukken* 35888). In het kader van deze ter uitvoering van de Verordening Brussel II-ter noodzakelijke wetswijziging, zijn ook een aantal andere Nederlandse wetten aangepast, zoals bijv. de Uitvoeringswet internationale kinderontvoering en, zoals hierboven al bleek, art. 113 van Boek 10 BW (waarover eveneens *Stb.* 2022, 72 en *Kamerstukken* 35888). Deze wetswijzigingen treden op 1 augustus 2022 in werking (*Stb.* 2022, 141). 1 augustus 2022 is namelijk ook de datum waarop de Verordening Brussel II-ter voor onder meer Nederland van toepassing wordt. Op dit moment (stand van zaken juli 2022) is bij het Nederlandse parlement ook nog de Verzamelwet Justitie en Veiligheid 2022 aanhangig (*Kamerstukken* 36003). Deze wet heeft, indien zij wordt aangenomen, ook gevolgen voor de Uitvoeringswet internationale kinderbescherming zoals laatstelijk gewijzigd bij *Stb.* 2022, 72. Dit vanwege de voorgestelde "cosmetische aanpassing" van art. 8 lid 1 van deze uitvoeringswet (arrondissement 's-Gravenhage wordt arrondissement Den Haag).

8. Vindplaatsen. Hierboven bleek al dat het (ook) bij een bepaling als art. 10:113 BW gaat om zowel een momentopname als een niet-complete opsomming van relevante Europese en internationale regelingen. Dit betekent dat onder meer de praktijkjurist voortdurend alert moet zijn op nieuwe (rechts-)ontwikkelingen. Zijn er inmiddels bijv. nieuwe regelingen van toepassing geworden of in werking getreden? En voor welke staten geldt op een bepaald moment welke regeling(en)? Bij de beantwoording van dergelijke actuele vragen kunnen, naast de met de Tekst & Commentaar verband houdende sites, ook onder meer de website van de Haagse Conferentie voor Internationaal Privaatrecht (www.hcch.net), de website van het Europees Justitieel Netwerk (www.ec.europa.eu/civiljustice) en de website van de Nederlandse overheid (https://wetten.overheid.nl) in voorkomende gevallen enige uitkomst bieden. Zie verder *Asser/Vonken & Ibili 10-II* 2021/519-604.

Verdrag inzake de bevoegdheid, het toepasselijke recht, de erkenning, de tenuitvoerlegging en de samenwerking op het gebied van ouderlijke verantwoordelijkheid en maatregelen ter bescherming van kinderen

Verdrag van 19 oktober 1996, Trb. 1997, 299 (i.w.tr. 01-01-2002)

De Staten die dit Verdrag hebben ondertekend,
Gelet op de noodzaak de bescherming van kinderen in internationale situaties te verbeteren,
Geleid door de wens conflicten te vermijden tussen hun rechtsstelsels ten aanzien van de bevoegdheid, het toepasselijke recht, de erkenning en de tenuitvoerlegging van maatregelen ter bescherming van kinderen,
Herinnerend aan het belang van internationale samenwerking voor de bescherming van kinderen,
Bevestigend dat het belang van het kind voorop dient te staan,
Vaststellend dat het Verdrag van 5 oktober 1961 betreffende de bevoegdheid der autoriteiten en de toepasselijke wet inzake de bescherming van minderjarigen herziening behoeft,
Verlangend hiertoe gemeenschappelijke bepalingen vast te stellen, rekening houdend met het Verdrag van de Verenigde Naties inzake de rechten van het kind van 20 november 1989,
Zijn het volgende overeengekomen:

[Inleidende opmerkingen]

1. Inleiding. Het Verdrag inzake de bevoegdheid, het toepasselijke recht, de erkenning, de tenuitvoerlegging en de samenwerking op het gebied van ouderlijke verantwoordelijkheid en maatregelen ter bescherming van kinderen, is tot stand gekomen in het kader van de Haagse Conferentie voor Internationaal Privaatrecht (en daarmee dus niet in het kader van de Europese Unie). De Haagse Conferentie voor Internationaal Privaatrecht richt zich op de eenmaking van regels van internationaal privaatrecht. In dat kader zijn inmiddels veel ipr-verdragen tot stand gebracht, waaronder het zojuist genoemde verdrag. Dit verdrag wordt, kortweg, ook wel aangeduid als het Haags Kinderbeschermingsverdrag (van) 1996, afgekort als HKV 1996. Het Haags Kinderbeschermingsverdrag 1996 is op 1 januari 2002 in werking getreden voor onder meer Monaco en Slowakije. Op 1 mei 2011 trad het verdrag ook voor Nederland in werking. Inmiddels zijn al veel staten partij bij het HKV 1996, waaronder Australië, België, Costa Rica, Cuba, Denemarken, de Dominicaanse Republiek, Duitsland, Frankrijk, Griekenland, Marokko, Nicaragua, Noorwegen, Paraguay,

Polen, Portugal, de Russische Federatie ('Rusland'), Servië, Spanje, Turkije en, al sinds 1 november 2012, het Verenigd Koninkrijk. Voor een actueel overzicht: zie www.hcch.net.

2. Vervanging HKV 1961. Het HKV 1996 is bedoeld om in het bijzonder het Verdrag betreffende de bevoegdheid der autoriteiten en de toepasselijke wet inzake de bescherming van minderjarigen van 5 oktober 1961 (*Trb.* 1968, 101), kort aangeduid als het HKV 1961, te vervangen. Dat blijkt ook uit art. 51 HKV 1996. Uit deze bepaling volgt immers dat het HKV 1996 in de betrekkingen tussen de verdragsstaten in de plaats treedt van het HKV 1961. Verreweg de meeste staten die eerder al partij waren bij het HKV 1961, zijn gaandeweg ook partij geworden bij het HKV 1996. Voor Nederland trad het HKV 1996 op 1 mei 2011 in werking, terwijl bijv. voor Turkije het HKV 1996 op 1 februari 2017 in werking is getreden. Naast de staten die eerder al partij waren bij het HKV 1961, zijn ook andere staten partij bij het HKV 1996 geworden. Daarbij gaat het niet steeds om staten die (tevens) lid zijn van de Haagse Conferentie voor Internationaal Privaatrecht, zoals bijv. in het geval van Cuba. Op dit moment is Macao – een speciale bestuurlijke regio van de Volksrepubliek China – het enige 'land' dat wel partij is bij het HKV 1961, maar niet bij het HKV 1996.

3. Redenen vervanging. Het Haags Kinderbeschermingsverdrag 1961 was om een aantal redenen toe aan vervanging. Zo geeft dit verdrag geen antwoord op de vraag, van welk land de autoriteiten bevoegd zijn indien het kind meer dan één nationaliteit heeft. Ook voorziet het verdrag bijvoorbeeld niet in een regeling inzake de tenuitvoerlegging van beschermende maatregelen die in de ene verdragsstaat zijn genomen, maar in een andere verdragsstaat moeten worden ten uitvoer gelegd. Verder is de internationale samenwerking gebrekkig geregeld. De opstellers van het Haags Kinderbeschermingsverdrag 1996 hebben beoogd voor dit soort van problemen alsnog een oplossing te bieden. Mede hierom is het Haags Kinderbeschermingsverdrag 1996 omvangrijker en uitvoeriger dan het Haags Kinderbeschermingsverdrag 1961. Het Haags Kinderbeschermingsverdrag 1996 geeft tevens uitwerking aan de beginselen, zoals die zijn neergelegd in het op 20 november 1989 te New York tot stand gekomen Verdrag inzake de rechten van het kind (*Trb.* 1990, 46; zie voor de Nederlandse vertaling van de Engelse en Franse tekst, *Trb.* 1990, 170). Dit verdrag is voor Nederland op 8 maart 1995 in werking getreden.

4. Doel van het verdrag. Het doel van het HKV 1996 blijkt uit art. 1. Blijkens deze bepaling heeft het verdrag tot doel: 1. de autoriteiten van de verdragsstaten aan te wijzen die internationaal bevoegd zijn om kinderbeschermingsmaatregelen, dat wil zeggen maatregelen ter bescherming van de persoon of het vermogen van het kind, te nemen; 2. het toepasselijke recht aan te wijzen dat door de bevoegde autoriteiten op deze beschermingsmaatregelen dient te worden toegepast; 3. het toepasselijke recht aan te wijzen op de ouderlijke verantwoordelijkheid die ontstaat of tenietgaat zonder tussenkomst van een rechterlijke of administratieve autoriteit; 4. de erkenning en de tenuitvoerlegging van kinderbeschermingsmaatregelen in de verhouding tussen de verdragsstaten te verzekeren, en 5. de onderlinge samenwerking tussen de autoriteiten van de verdragsstaten te bevorderen. Het belang van het kind dient daarbij voorop te staan. Dat blijkt ook uit de preambule bij het verdrag (vgl. meer in algemene zin trouwens ook *EHRM* 26 november 2013, 28753/09, www.echr.coe.int waaruit onder meer volgt dat er inmiddels brede consensus is over de opvatting, dat het belang van het kind in alle beslissingen die het kind aangaan een eerste overweging moet zijn).

5. Opzet van het verdrag. Het HKV1996 bestaat uit zeven hoofdstukken. Daarbij gaat het achtereenvolgens om: 1. het toepassingsgebied van het verdrag (art. 1-4); 2. de bevoegdheid van rechterlijke en administratieve autoriteiten om kinderbeschermingsmaatregelen te nemen (art. 5-14); 3. het recht dat van toepassing is op deze beschermingsmaatregelen en, als dat geval zich voordoet, het recht dat van toepassing is op de vraag of ouderlijke verantwoordelijkheid van rechtswege is ontstaan of tenietgegaan (art. 15-22); 4. de erkenning en de tenuitvoerlegging van maatregelen (art. 23-28); 5. de samenwerking (art. 29-39); 6. algemene bepalingen (art. 40-56); en 7. slotbepalingen (art. 57-63).

6. Belang van het verdrag. Voor Nederland is met name hfdst. III HKV 1996, dat zijn art. 15-22, van belang. Dit hoofdstuk bevat (conflict)regels voor de aanwijzing van het toepasselijke recht. Uiteraard moet het verdrag dan wel materieel, formeel en temporeel van toepassing zijn. De overige hoofdstukken zijn voor Nederland minder van belang. Dat komt doordat voor (onder meer) Nederland sinds 1 maart 2005 de Verordening (EG) Nr. 2201/2003 betreffende de bevoegdheid en de erkenning en tenuitvoerlegging van beslissingen in huwelijkszaken en inzake de ouderlijke verantwoordelijkheid, en tot intrekking van Verordening (EG) nr. 1347/2000 (*PbEG* 2003, L 338; laatstelijk gewijzigd bij *PbEG* 2004, L 367) van toepassing is. Deze verordening, gewoonlijk aangeduid als de Verordening Brussel II-bis, bevat evenals het HKV 1996 onder meer regels inzake de internationale bevoegdheid en regels inzake de erkenning en de tenuitvoerlegging van beslissingen. Daarbij stemt, waar het de ouderlijke verantwoordelijkheid of de bescherming van de persoon of het vermogen van het kind betreft, het materiële toepassingsgebied van de Verordening Brussel II-bis overeen met dat van het HKV 1996. In geval nu van samenloop tussen beide regelingen gaat de verordening voor. Dat blijkt uit art. 61 Brussel II-bis. Daarbij ziet art. 61 aanhef en onderdeel a Brussel II-bis op de bevoegdheid en art. 61 aanhef en onderdeel b op de erkenning en de tenuitvoerlegging. In een groot aantal gevallen zal de Verordening Brussel II-bis, die met uitzondering van Denemarken voor alle huidige EU-lidstaten geldt, van toepassing blijken te zijn. Maar of in de praktijk de Verordening Brussel II-bis nu wel of niet vaak van toepassing is, steeds zal een rechtsmacht bezittende Nederlandse rechter bij kwesties van ouderlijke verantwoordelijkheid of maatregelen ter bescherming van kinderen in de zin van de verordening dan wel het verdrag aan de hand van de art. 15-22 HKV 1996 het toepasselijke recht moeten vaststellen. De Verordening Brussel II-bis bevat namelijk geen bepalingen die aangeven welk recht moet worden toegepast (waardoor met betrekking tot de vraag naar het toepasselijke recht zich ook geen gevallen van samenloop tussen de verordening en het verdrag kunnen voordoen). Daarmee is reeds het grote praktische belang van hfdst. III HKV 1996 gegeven. Trouwens, ook in de schaarse gevallen dat noch de Verordening Brussel II-bis, noch het Haags Kinderbeschermingsverdrag 1996, noch een andere supranationale regeling formeel van toepassing is op de bevoegdheidsvraag en dus het commune, buiten verdrag of verordening geldende, Nederlandse ipr van toepassing is op de vraag of de Nederlandse rechter rechtsmacht bezit om maatregelen te nemen op het terrein van de ouderlijke verantwoordelijkheid of kinderbescherming, ook dan moet een bevoegde Nederlandse rechter terugvallen op de art. 15-22 HKV 1996 om dienaangaande het toepasselijke recht te kunnen vaststellen (zie onder meer hieronder, bij aant. 9).

7. De Verordening Brussel II-ter. Inmiddels staat vast dat voor onder meer Nederland op 1 augustus 2022 de Herschikte Verordening Brussel II-bis of de Verordening Brussel II-ter (*PbEU* 2019, L 178) van toepassing wordt. Deze verordening, hierna te noemen (Verordening) Brussel II-ter, is van toepassing op gerechtelijke procedures die zijn ingesteld, authentieke akten die zijn verleden en overeenkomsten die zijn geregistreerd op of na 1 augustus 2022 (zie verder art. 100 Verordening Brussel II-ter). Uiteraard moet het dan wel om een geval gaan dat ook anderszins onder het toepassingsbereik van de Verordening Brussel II-ter valt. Evenals nu bij de Verordening Brussel II-bis, vallen onder meer ook kwesties van ouderlijke verantwoordelijkheid en maatregelen ter bescherming van kinderen onder de Verordening Brussel II-ter. De verhouding van de Verordening Brussel II-ter tot andere instrumenten zoals het Haags Kinderbeschermingsverdrag 1996 is geregeld in Hoofdstuk VIII, dat zijn de art. 94-99. Daarbij gaat art. 97 over de verhouding tot het Haags Kinderbeschermingsverdrag 1996. Uitgangspunt – zie namelijk ook het bepaalde in lid 2 van dit artikel – is onder meeer dat de Verordening Brussel II-ter in geval van samenloop voorrang heeft boven het Haags Kinderbeschermingsverdrag 1996, indien het betrokken kind zijn gewone verblijfplaats heeft op het grondgebied van een lidstaat.

8. Materieel toepassingsgebied. Het materieel toepassingsgebied van het Haags Kinderbeschermingsverdrag 1996 ziet op de ouderlijke verantwoordelijkheid en maatregelen ter bescherming van kinderen, dat wil zeggen maatregelen ter bescherming van de persoon en het vermogen van het kind. Dat zijn dus de door het Haags Kinderbeschermingsverdrag 1996 bestreken onderwerpen. Daarbij wordt onder de term 'ouderlijke verantwoordelijkheid' verstaan het ouderlijk gezag of iedere overeenkomstige gezagsverhouding waarin de rechten, de bevoegdheden en de verantwoordelijkheden van ouders, voogden of andere wettelijke vertegenwoordigers ten opzichte van de persoon of het vermogen van het kind besloten liggen. Dat blijkt uit art. 1 lid 2. Art. 3 bevat een niet-limitatieve opsomming van onderwerpen die binnen de reikwijdte van het verdrag vallen, terwijl art. 4 een uitputtende opsomming van onderwerpen bevat die van het materiële toepassingsgebied zijn uitgesloten. Voor een aantal van deze onderwerpen gold al een, specifieke, internationale regeling, zoals in het geval van adoptie en in het geval van onderhoudsverplichtingen. Het Haags Kinderbeschermingsverdrag 1996 kent overigens een leeftijdsgrens. Ingevolge art. 2 is het verdrag namelijk (enkel) van toepassing op kinderen vanaf het tijdstip van hun geboorte totdat zij de leeftijd van achttien jaar hebben bereikt.

9. Formeel toepassingsgebied. Het formeel toepassingsgebied van het verdrag verschilt al naar gelang het onderwerp. Per toepasselijk hoofdstuk zal dus moeten worden bekeken, wat het naar personele en/of territoriale criteria bepaalde ruimtelijke toepassingsgebied van het HKV 1996 is. **Bevoegdheid.** Hfdst. II kent bevoegdheidsregels. Nu het verdrag niet door middel van een algemeen en alomvattend artikel aangeeft wat het formele toepassingsgebied is van de bepalingen inzake de internationale bevoegdheid, zal steeds, op basis van (bovenal) de gekozen bewoordingen, per afzonderlijke bevoegdheidsbepaling het formele toepassingsgebied ervan dienen te worden vastgesteld. Dit neemt echter niet weg dat uit de afzonderlijke bevoegdheidsregels volgt dat het HKV 1996 in elk geval van toepassing is als het kind, ongeacht zijn nationaliteit, zijn gewone verblijfplaats heeft in een verdragsluitende staat. Zo beschouwd, hebben de bevoegdheidsbepalingen dus een beperkt formeel toepassingsgebied. **Toepasselijk recht.** Hfdst.

III bevat verwijzingsregels. Het ingevolge een dergelijke regel aangewezen recht is steeds van toepassing, ongeacht of dit nu wel of niet het recht van een verdragsluitende staat is. Dat volgt uit art. 20. Daarmee hebben de bepalingen met betrekking tot het toepasselijke recht een universeel formeel toepassingsgebied. Het is met het oog op de toepasselijkheid van de conflictenrechtelijke bepalingen van het HKV 1996 dan ook irrelevant is of het kind op enigerlei wijze (bijv. op grond van diens gewone verblijfplaats of zijn nationaliteit) is verbonden met een bij het HKV 1996 aangesloten staat. Gelet ook op het universeel formeel toepassingsgebied van de conflictenrechtelijke bepalingen van het HKV 1996, is de verwijzingsregeling van dit verdrag niet alleen rechtstreeks van toepassing in gevallen waarin de internationale bevoegdheid van de aangezochte rechterlijke of administratieve autoriteit op het HKV 1996 berust, maar tevens van overeenkomstige toepassing in gevallen waarin de rechtsmacht is gebaseerd op een bevoegdheidsregel uit de Verordening Brussel II-bis, de Verordening Brussel II-ter of op een andere bepaling zoals bijv. art. 5 Rv (zie ook art. 1 Rv). **Erkenning en tenuitvoerlegging.** Hfdst. IV ziet op de erkenning en de tenuitvoerlegging van beslissingen. De in dit hoofdstuk neergelegde bepalingen zijn enkel van toepassing op de erkenning en de tenuitvoerlegging in een verdragsluitende staat van beschermingsmaatregelen die afkomstig zijn uit een andere verdragsluitende staat. Dat maakt art. 23 lid 1 duidelijk. Daarmee hebben de bepalingen inzake de erkenning en de tenuitvoerlegging een beperkt formeel toepassingsgebied. **Samenwerking.** Hfdst. V dat betrekking heeft op samenwerking, heeft evenzeer een beperkt formeel toepassingsgebied. Dat blijkt uit art. 30 lid 1. Deze bepaling berust, evenals art. 23 lid 1, op het beginsel van reciprociteit of wederkerigheid.

10. Temporeel toepassingsgebied. Het Haags Kinderbeschermingsverdrag 1996 is in elk geval temporeel van toepassing op alle procedures die op of na 1 mei 2011 aanhangig zijn of worden gemaakt. Zie nader hfdst. VI van het verdrag, meer in het bijzonder art. 53.

11. Uitvoeringswet internationale kinderbescherming. Bij het HKV 1996 behoort een uitvoeringswet. Deze Uitvoeringswet internationale kinderbescherming (*Stb.* 2006, 123; *Kamerstukken* 29980) is op 1 mei 2006 in werking getreden (*Stb.* 2006, 193). Inmiddels is de uitvoeringswet een aantal keren op onderdelen gewijzigd, onder meer in verband met de Wet herziening gerechtelijke kaart van 12 juli 2012 (*Stb.* 2012, 313; *Kamerstukken* 32891). Recentelijk werd de Uitvoeringswet internationale kinderbescherming op belangrijke onderdelen gewijzigd (zie *Stb.* 2022, 72; *Kamerstukken* 35888) als gevolg van het ook voor Nederland op 1 augustus 2022 van toepassing worden van de Verordening Brussel II-ter. Immers, de Uitvoeringswet internationale kinderbescherming dient ook bepalingen ter uitvoering van de Verordening Brussel II-ter te bevatten. De gewijzigde versie van de Uitvoeringswet internationale kinderbescherming treedt op 1 augustus 2022 in werking (*Stb.* 2022, 141). 1 augustus 2022 is immers ook de datum waarop de Verordening Brussel II-ter in Nederland van toepassing wordt. Blijkens art. 2 Uitvoeringswet internationale kinderbescherming zijn hfdst. 1, 2, 4, 7 en 8 van de uitvoeringswet mede van toepassing op internationale kwesties van ouderlijke verantwoordelijkheid en maatregelen ter bescherming van kinderen die niét door het Haags Kinderbeschermingsverdrag 1996 (noch door de Verordeningen Brussel II-bis en Brussel II-ter) worden beheerst. Daarbij dient de kanttekening te worden geplaatst dat het HKV 1996 niet van toepassing is in procedures inzake ouderlijke verantwoordelijkheid of maatregelen ter bescherming van kinderen, die vóór de inwerkingtreding van dit verdrag in Nederland (dus vóór 1 mei 2011) zijn ingesteld en waarin ná de inwerkingtreding van dit verdrag een beslissing wordt genomen.

12. Toelichting/vindplaatsen verdrag. Bij het Haags Kinderbeschermingsverdrag 1996 behoort een toelichtend rapport. Dit rapport, dat zowel in de Engelse als in de Franse taal is opgesteld, is van de hand van P. Lagarde, hierna *Rapport Lagarde*. Het rapport staat in 'Actes et Documents de la Dix-huitième Session/Proceedings of the Eighteenth Session', *Tome II, Protection des enfants/Protection of children*, 1998, p. 533-605. Het rapport kan echter ook worden gedownload via de website van de Haagse Conferentie voor Internationaal Privaatrecht (www.hcch.net). De Memorie van Toelichting bij de Nederlandse Goedkeuringswet bevat onder meer een verkorte weergave van het *Rapport Lagarde* in het Nederlands: zie *Kamerstukken II* 2004/05, 29981 (R 1782), 3. De officiële Engelse en Franse tekst van het verdrag zijn, tezamen met de Nederlandse vertaling, gepubliceerd in *Trb.* 1997, 299. Zie over het Haags Kinderbeschermingsverdrag 1996 bijv. ook *Asser/Vonken & Ibili 10-II* 2021/519 e.v. en het door de Haagse Conferentie voor Internationaal Privaatrecht in 2018 uitgegeven *Praktisch Handboek* over de werking van het HKV 1996.

HOOFDSTUK I

Toepassingsgebied van het Verdrag

[Inleidende opmerkingen]

Betekenis. Art. 1-4 zijn kernbepalingen. Zij geven aan, wat de onderwerpen van het HKV 1996 zijn. Steeds zal aan de hand van art. 1-4 moeten worden bezien, of, gelet op het onderwerp, de voorliggende kwestie wel of niet wordt bestreken door het verdrag. Is dat het geval en valt de voorliggende kwestie dus binnen het materiële toepassingsgebied van het verdrag, dan moet vervolgens nog wel worden bekeken of de kwestie ook binnen het formele en temporele toepassingsgebied van het verdrag valt. Is dat het geval en doet zich vervolgens ook geen geval van samenloop voor waarbij een andere regeling voorrang heeft boven het HKV 1996 (zie met name art. 61 Brussel II-bis en art. 97 Verordening Brussel II-ter), dan is het uiteindelijk zaak om te achterhalen welke verdragsregel van het HKV 1996 op de kwestie van toepassing is.

Artikel 1

1. Dit Verdrag heeft tot doel:

a. de Staat aan te wijzen welks autoriteiten bevoegd zijn maatregelen te nemen ter bescherming van de persoon of het vermogen van het kind;

b. het recht aan te wijzen dat door die autoriteiten in de uitoefening van hun bevoegdheid dient te worden toegepast;

c. het op de ouderlijke verantwoordelijkheid toepasselijke recht te bepalen;

d. de erkenning en de tenuitvoerlegging van de bedoelde beschermende maatregelen in alle Verdragsluitende Staten te verzekeren;

e. tussen de autoriteiten van de Verdragsluitende Staten een zodanige samenwerking tot stand te brengen als noodzakelijk is voor het verwezenlijken van de doelstellingen van dit Verdrag.

2. Voor de toepassing van dit Verdrag omvat de term 'ouderlijke verantwoordelijkheid' het ouderlijk gezag of iedere overeenkomstige gezagsverhouding waarin de rechten,

de bevoegdheden en de verantwoordelijkheden van ouders, voogden of andere wettelijke vertegenwoordigers ten opzichte van de persoon of het vermogen van het kind besloten liggen.
[19-10-1996, Trb. 299, i.w.tr. 01-01-2002]

[Doel]

1. Doelstellingen (lid 1). Art. 1 lid 1 geeft de doelstellingen van het verdrag weer. Het verdrag regelt de internationale bevoegdheid, het toepasselijke recht, de erkenning en de tenuitvoerlegging en de internationale samenwerking tussen autoriteiten op het gebied van de ouderlijke verantwoordelijkheid en ter zake van maatregelen ter bescherming van de persoon of het vermogen van het kind. Dat zijn dus, kort weergegeven, de door het HKV 1996 bestreken onderwerpen.

2. Begrip 'ouderlijke verantwoordelijkheid' (lid 2). Art. 1 lid 2 definieert wat in het kader van het verdrag onder de term 'ouderlijke verantwoordelijkheid' moet worden verstaan. Blijkens dit artikellid omvat de term 'ouderlijke verantwoordelijkheid' het ouderlijk gezag of iedere overeenkomstige gezagsverhouding waarin de rechten, de bevoegdheden en de verantwoordelijkheden van ouders, voogden of andere wettelijke vertegenwoordigers ten opzichte van de persoon of het vermogen van het kind besloten liggen. Daarbij moet, ingevolge het *Rapport Lagarde*, het begrip 'ouderlijke verantwoordelijkheid' ruim worden opgevat. Vanuit Nederlands perspectief gaat het, kort samengevat, om alle maatregelen ter bescherming van de persoon en het vermogen van het kind die het onderwerp vormen van titel 14 en 15 van Boek 1 BW. Het gaat dus, onder meer, om gezag, omgang, bewind, ondertoezichtstelling, uithuisplaatsing en beëindiging van het ouderlijk gezag. Maar ook bijv. het verzoek tot bepaling van de hoofdverblijfplaats van het kind, het verzoek tot machtiging van de wettelijke vertegenwoordigers om namens het kind een nalatenschap te verwerpen (vgl. Hof Den Haag 11 november 2020, ECLI:NL:GHDHA:2020:2116) en het verzoek om vervangende toestemming voor de afgifte van een reisdocument ten behoeve van een kind vallen onder het begrip 'ouderlijke verantwoordelijkheid' en daarmee dus binnen het materiële toepassingsgebied van het HKV 1996. Dat de door de rechter te verlenen vervangende toestemming voor de afgifte van een reisdocument door of ten behoeve van een minderjarige een kwestie is die de ouderlijke verantwoordelijkheid raakt en daarmee dus binnen het materiële toepassingsgebied van het HKV 1996 valt, blijkt onder meer uit HR 31 oktober 2014, ECLI:NL:HR:2014:3070. In dit geval had de eveneens met het ouderlijk gezag over de betrokken minderjarige belaste man de rechtbank verzocht op de voet van art. 34 lid 2 Ppw vervangende toestemming te verlenen voor de aanvraag van een paspoort ten behoeve van de minderjarige. Mede met een beroep op de wetsgeschiedenis van de Paspoortwet oordeelt de Hoge Raad dat de door de rechter te verlenen vervangende toestemming dient te worden aangemerkt als een inmenging in de uitoefening van het ouderlijk gezag met betrekking tot die minderjarige en dat dit kan leiden tot een beperking van de ouderlijke verantwoordelijkheid met betrekking tot de minderjarige, een en ander als bedoeld in art. 1 en 3 HKV 1996. Zoals eigenlijk ook al uit de omschrijving van het begrip 'ouderlijke verantwoordelijkheid' volgt, is, ongeacht zijn relatie tot de procespartijen, het HKV 1996 van toepassing op elk kind in de zin van art. 2 HKV 1996.

Artikel 2

Het Verdrag is van toepassing op kinderen vanaf het tijdstip van hun geboorte totdat zij de leeftijd van 18 jaar hebben bereikt.
[19-10-1996, Trb. 299, i.w.tr. 01-01-2002]

[Personeel toepassingsgebied]

1. Algemeen. Art. 2 maakt duidelijk dat het verdrag van toepassing is op kinderen vanaf hun geboorte totdat zij de leeftijd van achttien jaar hebben bereikt. Dit betekent onder meer dat op de ongeboren vrucht of foetus het HKV 1996 niet van toepassing is. Blijkens het *Rapport Lagarde* is dit een welbewuste keuze van de verdragsopstellers geweest. Dat het verdrag de meerderjarigheidsgrens op achttien jaar stelt, houdt enkel verband met de toepassing van de verdragsregels. Die regels zijn van toepassing totdat het kind de leeftijd van achttien jaar heeft bereikt. Zo volgt uit art. 15 lid 1 dat de bevoegde autoriteiten op maatregelen ter bescherming van de persoon of het vermogen van het kind hun eigen interne recht toepassen. Het gaat in het kader van het verdrag dan om kinderen tot achttien jaar. Is een persoon achttien jaar of ouder, dan mist een bepaling als art. 15 lid 1 dus toepassing, zelfs al zou die persoon naar het recht van zijn woonplaats of recht van zijn nationaliteit als minderjarige worden aangemerkt, bijv. omdat hij naar dat recht nog niet de leeftijd van 21 jaar en daarmee nog niet de naar dat recht geldende meerderjarigheidsgrens heeft bereikt. Het HKV 1996 laat het materiële recht van de verdragsluitende staten op het punt van de meerderjarigheidsgrens dus ongemoeid. Overigens dient ook in het kader van de Verordening Brussel II-bis respectievelijk de Verordening Brussel II-ter achttien jaar als leeftijdsgrens te worden aangehouden. Dat blijkt uit art. 3 lid 1 Uitvoeringswet internationale kinderbescherming, respectievelijk art. 2 lid 2 sub 6 Verordening Brussel II-ter.

2. Praktische consequenties. Doordat enerzijds, met het oog op de toepasselijkheid van de verdragsbepalingen, het verdrag als leeftijdsgrens achttien jaar aanhoudt en daarmee dus een autonome invulling aan het begrip 'kind' geeft, maar anderzijds het verdrag de meerderjarigheidsgrens in het interne recht van de verdragsluitende staten ongemoeid laat kan zich de situatie voordoen, dat een bevoegde autoriteit moet oordelen over de noodzaak van een beschermingsmaatregel ten aanzien van een persoon die op grond van het recht van zijn woonplaats dan wel het recht van zijn nationaliteit (in bepaalde opzichten) als meerderjarig wordt beschouwd, hoewel die persoon jonger dan achttien jaar is. Gedacht kan bijv. worden aan het geval, dat een persoon als gevolg van handlichting (vgl. art. 1:235 BW) inmiddels handelingsbekwaam is geworden. Het is dan aan de bevoegde autoriteit om te beoordelen, of en, zo ja, welke beschermingsmaatregel dan desalniettemin noodzakelijk is, omdat, nu het nog steeds om een persoon gaat die jonger is dan achttien jaar, ook in een dergelijk geval het HKV 1996 van toepassing is (vgl. het *Rapport Lagarde*, nr. 101). Of een beschermingsmaatregel noodzakelijk is en, zo ja, welke beschermingsmaatregel precies moet worden genomen, is een kwestie van materieel recht die niet rechtstreeks door de bepalingen van het HKV 1996 wordt geregeld (zie ook *Kamerstukken II* 2004/05, 29981 (R 1782), 3, p. 6). Beschermingsmaatregelen kunnen trouwens ook op en na de leeftijd van achttien jaar nog noodzakelijk blijken te zijn. In dat geval mist het HKV 1996 echter toepassing. Dit betekent dat naar andere regelingen moet worden gezocht. Een mogelijk alternatief is het (anticiperend) toepassen van het

Verdrag inzake de internationale bescherming van volwassenen, ook wel aangeduid als Haags Meerderjarigenbeschermingsverdrag (van) 2000, kortweg het HVV (*Trb.* 2000, 10; zie hierover eveneens L.Th.L.G. Pellis in *T&C Personen- en familierecht*). Mocht een kind in de zin van het HKV 1996 ten tijde van de behandeling van het verzoek tot het nemen van een beschermingsmaatregel als bedoeld in het HKV 1996 achttien jaar zijn geworden, dan wordt de behandeling van dat verzoek ambtshalve gestaakt. Dit staat overigens niet in het HKV 1996, maar in de Uitvoeringswet internationale kinderbescherming meer in het bijzonder in art. 3 lid 2 Uitvoeringswet internationale kinderbescherming.

Artikel 3

De in artikel 1 bedoelde maatregelen kunnen met name betrekking hebben op:

a. **de toekenning, de uitoefening, de beëindiging of de beperking van ouderlijke verantwoordelijkheid, alsmede de overdracht ervan;**
b. **gezagsrechten, met inbegrip van rechten betreffende de zorg voor de persoon van het kind, en in het bijzonder het recht om zijn verblijfplaats te bepalen, alsmede het omgangsrecht met inbegrip van het recht het kind voor een beperkte tijdsduur mee te nemen naar een andere plaats dan zijn gewone verblijfplaats;**
c. **voogdij, curatele en overeenkomstige rechtsinstituten;**
d. **de aanwijzing en de taken van enige persoon of lichaam, belast met de zorg voor de persoon of het vermogen van het kind, of die het kind vertegenwoordigt of bijstaat;**
e. **de plaatsing van het kind in een pleeggezin of in een inrichting of de verstrekking van zorg aan het kind door middel van *kafala* of een overeenkomstig rechtsinstituut;**
f. **het toezicht door een overheidslichaam op de verzorging van een kind door een persoon die met de zorg voor dat kind belast is;**
g. **het beheer, de instandhouding of de beschikking over het vermogen van het kind.**

[19-10-1996, Trb. 299, i.w.tr. 01-01-2002]

[Materieel toepassingsgebied]

1. Algemeen. Art. 3 geeft een enuntiatieve (en daarmee dus een niet-limitatieve) opsomming van beschermende maatregelen die op grond van art. 1 kunnen worden getroffen en in andere verdragsluitende staten worden erkend en ten uitvoer gelegd. Wel beschouwd, regelt art. 3 tezamen met art. 1 dan ook het materieel toepassingsgebied van het verdrag.

2. Ouderlijke verantwoordelijkheid (onder a). De beschermende maatregelen kunnen betrekking hebben op de toekenning, de uitoefening, de beëindiging of de beperking van de ouderlijke verantwoordelijkheid, alsmede de overdracht of delegatie ervan. In wezen worden met art. 3 aanhef en onder a dus alle maatregelen beoogd waarmee de ouderlijke verantwoordelijkheid is gemoeid. Art. 1 lid 2 geeft een omschrijving van het begrip ouderlijke verantwoordelijkheid.

3. Gezagsrecht en omgangsrecht (onder b). De beschermende maatregelen kunnen betrekking hebben op gezagsrechten, met inbegrip van rechten met betrekking tot de zorg voor de persoon van het kind en in het bijzonder het recht om zijn verblijfplaats te bepalen. Verder kunnen de maatregelen betrekking hebben op het omgangsrecht, met inbegrip van het recht om het kind voor een beperkte tijdsduur mee te nemen naar een andere plaats dan zijn gewone verblijfplaats. Uit het *Rapport Lagarde* volgt dat het begrip 'omgang' ruim dient te worden opgevat. Onder 'omgang' kunnen derhalve onder meer ook de contacten worden begrepen die door middel van telefoon, e-mail of een webcam met een bepaald kind worden onderhouden.

4. Voogdij en curatele (onder c). De beschermende maatregelen kunnen betrekking hebben op voogdij, curatele of andere vergelijkbare rechtsinstituten. Het gaat in het geval van art. 3 aanhef en onder c in wezen om maatregelen die in het algemeen aan de orde komen als de ouders van het kind zijn overleden of wanneer de ouders niet langer gerechtigd zijn om het kind te vertegenwoordigen.

5. Persoon of lichaam belast met de zorg voor het kind of diens vermogen (onder d). De beschermende maatregelen kunnen betrekking hebben op de aanwijzing en de taken van enige persoon of lichaam, belast met de zorg voor de persoon van het kind of diens vermogen, of enige persoon of lichaam die het kind vertegenwoordigt of bijstaat (in een gerechtelijke procedure). Blijkens het *Rapport Lagarde* kan het bij art. 3 aanhef en onder d niet alleen gaan om een voogd, curator of bijzonder curator, maar bijv. ook om een beheerder van een vakantieoord die, bij afwezigheid van de wettelijke vertegenwoordiger van een bepaald kind, een beslissing over een medische behandeling van dit kind moet nemen. De bepaling mag dus ruim worden opgevat.

6. Plaatsing in pleeggezin of inrichting of zorg krachtens 'kafala' (onder e). De beschermende maatregelen kunnen betrekking hebben op de plaatsing van een kind in een pleeggezin of in een inrichting (tenzij de plaatsing betrekking heeft op een onderwerp dat is uitgesloten in art. 4 HKV 1996), dan wel de verstrekking van zorg aan het kind door middel van 'kafala' of een overeenkomstig rechtsinstituut. Bij 'kafala' kan, onder meer op grond van een beslissing van de rechter, een kind dat bescherming nodig heeft worden toevertrouwd aan bijv. een gezin van islamitisch geloof. Dit gezin heeft dan de zorg over de persoon van het kind (onderdak, onderhoud en opvoeding) en eventueel ook over het vermogen van dit kind. Zie in verband de 'kafala' ook art. 33 jo. 23 lid 2 onder f HKV 1996. Vgl. in verband met de 'kafala' (naar Algerijns recht) en het recht van vrij verkeer en verblijf op het grondgebied van de lidstaten voor Unieburgers en hun familieleden, het door het Hof van Justitie van de EU op 26 maart 2019 gewezen arrest in de zaak van *SM/Entry Clearance Officer, UK Visa Section* (ECLI:EU:C:2019:248). In deze zaak oordeelde het hof onder meer dat onder omstandigheden het grondrecht op eerbiediging van het familie- en gezinsleven, samen met de verplichting om rekening te houden met het belang van het kind, in beginsel vereist dat aan dat kind een recht van binnenkomst en verblijf wordt verleend, teneinde het kind in staat te stellen met zijn voogd(en) in de lidstaat van die voogd(en) te leven.

7. Toezicht door een overheidslichaam (onder f). De beschermende maatregelen kunnen betrekking hebben op het toezicht door een overheidslichaam op de verzorging van een kind door een persoon die met de zorg voor dat kind is belast. Art. 3 aanhef en onder f is terug te voeren op een specifiek rechtsinstituut van het Australische recht. Ingevolge dat rechtsinstituut blijven de ouders of blijft de ouder belast met de zorg van het kind, zij het onder toezicht van een overheidsinstantie. Dat toezicht nu kan nader zijn geregeld in een 'maatregel' als bedoeld in het Haags Kinderbeschermingsverdrag 1996.

8. Vermogen van het kind (onder g). De beschermende maatregelen kunnen betrekking hebben op het beheer, de instandhouding of de beschikking over het vermogen van het kind. De formulering van art. 3 aanhef en onder g is welbewust ruim gekozen. Per saldo heeft deze bepaling betrekking op alle handelingen met betrekking tot het vermogen van het kind, waaronder aankopen in de zin van investeringen en vermogensbestanddelen die worden overgedragen als tegenprestatie voor aankopen.

Artikel 4

Het Verdrag is niet van toepassing op –

a. de vaststelling of de ontkenning van familierechtelijke betrekkingen;
b. beslissingen inzake adoptie, voorbereidende maatregelen voor adoptie of de nietigverklaring of herroeping van adoptie;
c. de geslachtsnaam en de voornamen van het kind;
d. handlichting;
e. onderhoudsverplichtingen;
f. trusts en erfopvolging;
g. sociale zekerheid;
h. overheidsmaatregelen van algemene aard op het gebied van onderwijs of gezondheidszorg;
i. maatregelen genomen op grond van strafbare feiten begaan door kinderen;
j. beslissingen inzake het recht op asiel en inzake toelating.

[19-10-1996, Trb. 299, i.w.tr. 01-01-2002]

[Uitgesloten onderwerpen]

1. Algemeen. Art. 4 bevat een limitatieve (en daarmee dus uitputtende) opsomming van onderwerpen die van het materiële toepassingsgebied van het Haags Kinderbeschermingsverdrag 1996 zijn uitgesloten. Deze uitgesloten onderwerpen worden dus bestreken door andere verdragen en/of verordeningen of, als dat geval zich voordoet, door het commune, niet door verdragen en/of verordeningen bestreken, recht. Dat bepaalde onderwerpen van het materiële toepassingsgebied van het HKV 1996 zijn uitgesloten, heeft verschillende redenen. Zo strekt, op zichzelf genomen, zowel de vaststelling als de ontkenning van de afstamming niet tot bescherming van het kind. Dat geldt weer wel voor (internationale) onderhoudsverplichtingen, maar dit onderwerp vormt reeds het voorwerp van een aantal andere regelingen, waaronder het Haags Alimentatieprotocol (*Trb.* 2011, 145, over welk protocol L.Th.L.G. Pellis in onder meer *GS Personen- en Familierecht*). Om die reden worden onderhoudsverplichtingen jegens kinderen jonger dan achttien jaar dan ook niet aangemerkt als maatregelen in de zin van het HKV 1996.

2. Familierechtelijke betrekkingen (onder a). Het verdrag is niet van toepassing op de vaststelling of de ontkenning van familierechtelijke betrekkingen tussen een ouder en het kind (zie bijv. Hof Arnhem-Leeuwarden 14 oktober 2014, ECLI:NL:GHARL:2014:7906; in deze zaak ging het om een verzoek tot vervangende toestemming voor erkenning). Dat is iets anders dan de vraag wie in het kader van afstammingsprocedures de wettelijke vertegenwoordiger van het kind is en ook iets anders dan de vraag, of hij of zij de hoedanigheid van wettelijk vertegenwoordiger van rechtswege heeft of door tussenkomst van een autoriteit. Dergelijke vragen worden namelijk wél door het verdrag bestreken. Het *Rapport Lagarde* laat hierover geen enkele twijfel bestaan.

3. Adoptie (onder b). Het verdrag is niet van toepassing op beslissingen inzake adoptie, de voorbereidende maatregelen voor adoptie (zoals de plaatsing van het kind in een instelling of in een gezin, uitsluitend met het oog op de adoptie) dan wel de nietigverklaring of de herroeping van adoptie. Dit geldt ook als bijv. de herroeping van de adoptie met het oog op de bescherming van het kind plaatsvindt. De internationaalprivaatrechtelijke aspecten van de adoptie worden in Nederland geregeld door het Haags Adoptieverdrag (van) 1993 (*Trb.* 1993, 97 *en Trb.* 1996, 94). Zie nader E.N. Frohn, *T&C Personen- en Familierecht*, Adoptie.

4. Namenrecht (onder c). Het verdrag is niet van toepassing op de geslachtsnaam en de voornamen van het kind. De internationaalprivaatrechtelijke aspecten van het namenrecht worden in Nederland geregeld door het ICBS-Namenverdrag (van) 1980 (*Trb.* 1981, 72), ook wel de CIEC-Overeenkomst van München genoemd. Zie nader A.P.M.J. Vonken, *T&C Personen- en Familierecht*, IPR Naam.

5. Handlichting (onder d). Het verdrag is niet van toepassing op het onderwerp 'handlichting'. Handlichting is het instituut dat ten doel heeft de minderjarige van het ouderlijke, beschermende, gezag te bevrijden (vgl. voor het Nederlandse recht art. 1:235 BW). Bij handlichting gaat het dus veeleer om het tegendeel van een beschermende maatregel. Blijkens het *Rapport Lagarde* (nr. 30) kan met handlichting worden gelijkgesteld de niet uitdrukkelijk in de tekst van art. 4 aanhef en onder d genoemde meerderjarigverklaring van een minderjarige moeder met het oog op de verkrijging van het gezag over haar kind. Ook dat is dus een van het Haags Kinderbeschermingsverdrag 1996 uitgesloten onderwerp.

6. Onderhoudsverplichtingen (onder e). Het verdrag is niet van toepassing op onderhoudsverplichtingen jegens minderjarigen. Dat zijn in de zin van het HKV 1996 personen die de leeftijd van achttien jaar nog niet hebben bereikt (zie art. 2 HKV 1996). De internationaalprivaatrechtelijke aspecten van dergelijke onderhoudsverplichtingen (en trouwens ook van onderhoudsverplichtingen jegens personen die achttien jaar of ouder zijn) worden in Nederland geregeld door de Europese alimentatieverordening (Verordening (EG) 4/2009, *PbEU* 2009, L 7, laatstelijk gewijzigd bij *PbEU* 2018, L 314) en het Haags Alimentatieprotocol (*Trb.* 2011, 145, over welk protocol L.Th.L.G. Pellis in onder meer *GS Personen- en Familierecht*). Verder is sinds 1 augustus 2014 voor onder meer Nederland het Haags Alimentatieverdrag 2007 (*Trb.* 2011, 144) van kracht. De praktische betekenis van dit verdrag lijkt overigens betrekkelijk gering te zijn. Zie verder ook de Uitvoeringswet internationale inning levensonderhoud (wet van 29 september 2011, *Stb.* 460; laatstelijk gewijzigd bij *Stb.* 2022, 72). Deze wet is in Nederland op 26 oktober 2011 van kracht geworden.

7. Trusts en erfopvolging (onder f). Het verdrag is niet van toepassing op trusts en erfopvolging. De internationaalprivaatrechtelijke aspecten van trusts worden in Nederland geregeld door het Haags Trustverdrag 1985 (*Trb.* 1985, 141). Op de internationaal-privaatrechtelijke aspecten van erfopvolging is sedert 17 augustus 2015 de Europese erfrechtverordening (*PbEU* 2012, L 201) van toepassing. Voor nalatenschappen die zijn opengevallen vóór 17 augustus 2015 blijft het Haags erfopvolgingsverdrag (*Trb.* 1994, 49) zijn gelding behouden (vgl. verder titel 12 van Boek 10 BW). Overigens verdient het hier nog opmerking dat nalatenschappen weliswaar in beginsel van het HKV 1996 moeten worden uitgesloten, maar dat wanneer de wet die het erfrecht regelt voorziet in de tussenkomst van de wettelijke vertegenwoordiger van het kind dat erfgenaam is, deze vertegenwoordiger dan moet worden benoemd ingevolge de regels van het HKV 1996. Dit omdat een dergelijke situatie binnen het gebied van de ouderlijke verantwoordelijkheid valt. Ook binnen het gebied van de ouderlijke verantwoordelijkheid als bedoeld in het HKV 1996 (en overigens ook als bedoeld in de Verordeningen Brussel II-bis en Brussel II-ter) valt bijv. het in rechte gedane verzoek van ouders in hun hoedanigheid van wettelijke vertegenwoordigers hen machtiging te verlenen om namens de minderjarigen de nalatenschap van erflater te mogen verwerpen. Deze verzochte rechterlijke toestemming strekt namelijk ter bescherming van de vermogensrechtelijke belangen van de minderjarigen die als erfgenamen worden geroepen tot de nalatenschap van de erflater. Dit betekent dus dat voornoemd verzoek van de ouders – voor internationaal privaatrechtelijke doeleinden – gekwalificeerd dient te worden als een kwestie van ouderlijke verantwoordelijkheid en dus niet als een kwestie van erfrecht of erfopvolging. Vgl. onder meer Hof Den Haag 11 november 2020, ECLI:NL:GHDHA:2020:2116 en, eerder, HvJ EU 19 april 2018, C-565/16, ECLI:EU:C:2018:265 (*Saponaro en Xylina*).

8. Sociale zekerheid (onder g). Het verdrag is niet van toepassing op kwesties van sociale zekerheid in verband met minderjarigen, dat wil zeggen personen die de leeftijd van achttien jaar nog niet hebben bereikt. Deze uitsluiting hangt samen met het feit dat deze specifieke materie door eigen verwijzingsregels wordt beheerst.

9. Onderwijs en gezondheidszorg (onder h). Het verdrag is niet van toepassing op overheidsmaatregelen en overheidsvoorzieningen van algemene aard ten behoeve van personen tot achttien jaar op het gebied van onderwijs (zoals de verplichting om tot een bepaalde leeftijd onderwijs te volgen) of gezondheidszorg (zoals de vaccinatieplicht). Daarentegen zijn de plaatsing van een bepaald kind op een bepaalde school of de beslissing om een bepaald kind een bepaalde medische behandeling (zoals bijv. een operatie) te laten ondergaan, weer wél maatregelen in de zin van het HKV 1996.

10. Strafbare feiten begaan door kinderen (onder i). Het HKV 1996 houdt zich bezig met kinderbescherming, niet met kinderstrafrecht. De in art. 4 aanhef en onder i genoemde uitsluiting beoogt de bevoegdheid van de bij het verdrag aangesloten staten op het terrein van het jeugdstrafrecht zo min mogelijk te beperken en daarmee deze bevoegdheid dus zoveel als mogelijk in stand te laten. De uitsluiting geldt voor maatregelen genomen op grond van strafbare feiten begaan door kinderen voor welke feiten een strafvervolging mogelijk is. Dat, in verband met de leeftijd van het kind, het mogelijk niet tot een strafvervolging komt, doet aan de strafbaarheid van het feit als zodanig niet af noch aan de in verband met dit strafbare feit jegens een kind genomen maatregel. Die maatregel valt ook dan dus nog steeds buiten het materiële toepassingsgebied van het HKV 1996. Anders gesteld: de uitsluiting van art. 4 aanhef en onder i geldt voor alle handelingen waarvoor, op zichzelf genomen, een strafvervolging mogelijk is. Blijkt een dergelijke mogelijkheid niet te bestaan, de jegens een persoon die de leeftijd van achttien jaar nog niet heeft bereikt genomen maatregel kan in beginsel wél worden beschouwd als een kinderbeschermingsmaatregel in de zin van het verdrag.

11. Asiel (onder j). Het verdrag is niet van toepassing op beslissingen met betrekking tot het asielrecht en beslissingen inzake de toelating van kinderen op het grondgebied van een verdragsstaat. Valt de verlening van asiel of van een verblijfsrecht niet onder het bereik van het Haags Kinderbeschermingsverdrag 1996, de bescherming en de vertegenwoordiging van het kind dat een asielaanvraag of een aanvraag voor een verblijfsvergunning heeft gedaan valt daarentegen weer wél onder het bereik van dit verdrag.

HOOFDSTUK II
Bevoegdheid

[Inleidende opmerkingen]

Betekenis. De bevoegdheidsregeling van het HKV 1996 bestaat uit de art. 5-14. Daarbij gaat het uitsluitend om de regeling van de internationale bevoegdheid of de rechtsmacht. Op de vraag, welke rechter absoluut en/of relatief bevoegd is om een beschermingsmaatregel te nemen ten aanzien van de persoon of het vermogen van het kind, geeft het verdrag dus geen antwoord. Het antwoord op dergelijke vragen zal dan ook moeten worden gevonden in het interne procesrecht van de desbetreffende verdragsstaat. Wat Nederland betreft, kan art. 12 Uitvoeringswet internationale kinderbescherming uitkomst bieden. Verder dient bedacht dat de internationale bevoegdheidsregeling van het HKV 1996 kan samenlopen met de internationale bevoegdheidsregeling van de Verordening Brussel II-bis of met de internationale bevoegdheidsregeling van de Verordening Brussel II-ter. Is dat het geval, dan heeft de Verordening Brussel II-bis respectievelijk de Verordening Brussel II-ter *in beginsel* (zie namelijk ook art. 97 lid 2 Brussel II-ter) voorrang boven het verdrag. Dat blijkt uit art. 61 aanhef en onderdeel a Brussel II-bis, respectievelijk art. 97 lid 1 sub a Brussel II-ter (vgl. ook art. 52 HKV 1996). Het gaat dan om een kind dat zijn gewone verblijfplaats heeft op het grondgebied van een lidstaat. Dat zijn alle huidige EU-lidstaten, met uitzondering van Denemarken. Zo beschouwd, is, vanuit Nederlands perspectief, de praktische betekenis van de bevoegdheidsregeling van het Haags Kinderbeschermingsverdrag 1996 betrekkelijk gering. Wel heeft het Hof van Justitie van de EU zeer recentelijk beslist dat de gerechten van de lidstaten niet langer bevoegd zijn wanneer het betrokken kind rechtmatig is overgebracht naar een derde staat (14 juli 2022, CC/VO, C-572/21, ECLI:EU:C:2022:562). Overigens kent het HKV 1996 geen algemene, alomvattende bepaling waaruit kan worden opgemaakt wat het formele toepassingsgebied van de bevoegdheidsregeling is. Dit betekent dat op basis van (bovenal) de gekozen formulering steeds per individuele bevoegdheidsbepaling zal moeten worden vastgesteld, wat het formele toepassingsgebied van de bevoegdheidsbepaling in kwestie is. **Het Verenigd Koninkrijk.** Nu de Verordening Brussel II-bis niet meer van toepassing is voor het Verenigd Koninkrijk, ligt het in de rede dat in (onder meer) de verhouding tussen Nederland en het Verenigd Koninkrijk het Haags Kinderbeschermingsverdrag 1996 aan praktische betekenis zal winnen, indien bijv. het kind zijn gewone verblijfplaats heeft in het Verenigd Koninkrijk. Immers, een geval van samenloop met de

bevoegdheidsregeling van de Verordening Brussel II-bis of, zij het enkel hypothetisch, de Verordening Brussel II-ter doet zich dan in beginsel niet meer voor (vgl. art. 61 Brussel II-bis en art. 97 Brussel II-ter). Zowel Nederland als het Verenigd Koninkrijk is partij bij het Haags Kinderbeschermingsverdrag 1996. Zie ook in het algemeen voor de gevolgen van de Brexit voor het internationale familierecht, *Asser/Vonken & Ibili 10-II* 2021/44-50.
Maatstaf onderzoek rechtsmacht of internationale bevoegdheid. De regels van internationaal bevoegdheidsrecht zijn van openbare orde. Dit betekent dat zowel de rechter in eerste aanleg als de rechter in hoger beroep is gehouden ambtshalve de rechtsmacht of internationale bevoegdheid van de Nederlandse rechter aan een onderzoek te onderwerpen. Voor de rechter in hoger beroep geldt deze verplichting ook indien geen van de partijen zich over de vraag naar de internationale bevoegdheid van de Nederlandse rechter heeft uitgelaten, en tevens indien die vraag buiten de grenzen van het door de grieven of gronden ontsloten gebied van de rechtsstrijd in hoger beroep valt. Dit alles geldt zowel in gevallen die worden bestreken door de bevoegdheidsregeling van een verdrag (bijv. het Haags Kinderbeschermingsverdrag 1996) of een EU-verordening (bijv. de Verordening Brussel II-bis of de Verordening Brussel II-ter) als in gevallen die worden bestreken door de commune bevoegdheidsregeling van het Wetboek van Burgerlijke Rechtsvordering (bijv. in het geval van art. 5 Rv). Daarbij mag het onderzoek naar de rechtsmacht of de internationale bevoegdheid niet plaatsvinden op basis van uitsluitend de door de eiser of verzoekende partij gekozen grondslag van haar vordering of verzoek (zie hierover nader meer onder HR 17 april 2015, ECLI:NL:HR:2015:1077 en HR 12 april 2019, ECLI:NL:HR:2019:566).

Artikel 5

1. De rechterlijke en administratieve autoriteiten van de Verdragsluitende Staat waar het kind zijn gewone verblijfplaats heeft, zijn bevoegd maatregelen te nemen die strekken tot de bescherming van zijn persoon of vermogen.
2. Onverminderd het bepaalde in artikel 7, zijn in geval van verplaatsing van de gewone verblijfplaats van het kind naar een andere Verdragsluitende Staat de autoriteiten van de Staat van de nieuwe gewone verblijfplaats bevoegd.
[19-10-1996, Trb. 299, i.w.tr. 01-01-2002]

[Gewone verblijfplaats kind]

1. Hoofdregel: gewone verblijfplaats van het kind (lid 1). Art. 5 lid 1 is de hoofdregel van de bevoegdheidsregeling van het HKV 1996. Als gevolg van van deze bepaling zijn de rechterlijke of administratieve autoriteiten van de verdragsluitende staat waar het kind zijn gewone verblijfplaats heeft, internationaal bevoegd maatregelen te nemen die strekken tot de bescherming van zijn persoon of vermogen. Daarmee is het peilmoment voor het beoordelen van de internationale bevoegdheid het moment waarop de beschermingsmaatregel moet worden genomen. Dit is anders bij art. 8 Brussel II-bis of art. 7 Brussel II-ter. Daar is het peilmoment het moment is waarop de zaak bij de rechter voor het eerst aanhangig wordt gemaakt (vgl. art. 16 Brussel II-bis en art. 17 Brussel II-ter). Zoals al eerder bleek, is, vanuit Nederlands perspectief, de praktische betekenis van de bevoegdheidsregeling van het Haags Kinderbeschermingsverdrag 1996 (en dus ook van art. 5 lid 1 HKV 1996) betrekkelijk gering. Immers, in geval van samenloop heeft de Verordening Brussel II-bis en de Verordening Brussel II-ter voorrang boven het verdrag.

Art. 8 Brussel II-bis of art. 7 Brussel II-ter is steeds van toepassing, indien het kind zijn gewone verblijfplaats heeft in een staat waar de Verordening Brussel II-bis respectievelijk de Verordening Brussel II-ter van toepassing is. Overigens voorziet art. 97 lid 2 van de Verordening Brussel II-ter in de mogelijkheid van een bevoegdheidsoverdracht tussen een gerecht in een bij de Verordening Brussel II-ter aangesloten staat en een gerecht in een staat waar deze verordening niet van toepassing is, maar welke staat wel partij is bij het Haags Kinderbeschermingsverdrag 1996. Aan art. 5 van het verdrag ligt onder meer de gedachte ten grondslag, dat de autoriteiten van de gewone verblijfplaats van het kind in beginsel het beste in staat zijn om te beoordelen, wat in het belang van het kind is. Zie de preambule bij het Haags Kinderbeschermingsverdrag 1996 alsmede, in verband met het HKV 1961, HR 28 mei 1999, *NJ* 2001/212. Zoals al uit de tekst van de bepaling volgt, is art. 5 lid 1 niet van toepassing, indien het kind niet zijn gewone verblijfplaats heeft op het grondgebied van een verdragsluitende staat, maar op het grondgebied van een niet-verdragsluitende staat. In zo'n geval kunnen, mits is voldaan aan de voorwaarden voor toepassing, art. 11 en/of 12 van het verdrag mogelijk uitkomst bieden. Art. 11 ziet op de bevoegdheid in spoedeisende gevallen, terwijl art. 12 betrekking heeft op de bevoegdheid tot het treffen van voorlopige maatregelen. In beide gevallen – steeds gaat het om zich tijdelijk ergens bevinden – behoeft het kind niet noodzakelijkerwijs zijn gewone verblijfplaats te hebben in een bij het Haags Kinderbeschermingsverdrag 1996 aangesloten staat. Dat blijkt uit art. 11 lid 3, respectievelijk art. 12 lid 3.

2. Verplaatsing van de gewone verblijfplaats van het kind (lid 2). Het kan gebeuren dat de gewone verblijfplaats van het kind wordt verplaatst naar een andere verdragsluitende staat, bijv. als gevolg van emigratie. Blijkens art. 5 lid 2 verkrijgen de autoriteiten van de staat van de nieuwe gewone verblijfplaats dan in beginsel de bevoegdheid tot het nemen van kinderbeschermingsmaatregelen in de zin van het verdrag. In beginsel, omdat art. 5 lid 2 niet ziet op overgang van bevoegdheid in het geval van kinderontvoering. Dit verklaart waarom de tekst van art. 5 lid 2 opent met 'Onverminderd het bepaalde in artikel 7 ...' (welke bevoegdheidsbepaling verband houdt met gevallen van ongeoorloofde overbrenging of het niet doen terugkeren van kinderen naar de staat waar zij onmiddellijk voor de ontvoering hun gewone verblijfplaats hadden). Kortom, art. 5 lid 2 ziet enkel op die gevallen waarin de gewone verblijfplaats van het kind op legale wijze is verplaatst van de ene verdragsluitende staat naar de andere verdragsluitende staat. Met die legale verplaatsing verliezen de autoriteiten van de vorige gewone verblijfplaats hun bevoegdheid tot het nemen van maatregelen in de zin van het verdrag, zelfs al vindt deze verplaatsing plaats tijdens een bij deze autoriteiten nog aanhangige procedure. Het zogeheten perpetuatio fori-beginsel speelt in het kader van art. 5 Haags Kinderbeschermingsverdrag 1996 dus geen rol, anders dan bij art. 8 Brussel II-bis respectievelijk art. 7 Brussel II-ter. Hebben de autoriteiten van de vorige gewone verblijfplaats van het kind inmiddels al maatregelen getroffen, deze maatregelen blijven gelden totdat de bevoegde autoriteiten van de nieuwe gewone verblijfplaats deze maatregelen hebben gewijzigd, vervangen of beëindigd. Dat volgt uit art. 14 van het verdrag. Het gaat dan steeds om autoriteiten van verdragsluitende staten. Wordt de gewone verblijfplaats van het kind verplaatst naar een niet bij het Haags Kinderbeschermingsverdrag 1996 aangesloten staat, dan mist art. 5 lid 2 (en overigens ook art. 14) toepassing. In voorkomend geval kan art. 11 en/of 12 van het verdrag dan wellicht uitkomst bieden. Evenals bij onder meer art. 5 lid 1 van het verdrag het geval bleek, heeft ook art. 5 lid 2 voor de Nederlandse rechter relatief weinig praktische betekenis. Wordt de gewone verblijfplaats van het kind namelijk van Nederland naar een bij de Verordening Brussel II-bis respectievelijk bij de Verordening Brussel II-ter aangesloten staat verplaatst, dan behoudt de Nederlandse rechter zijn rechtsmacht op grond van art. 8 Brussel II-bis respectievelijk art. 7 Brussel II-ter. In deze bepalingen is de internationale bevoegdheid gekoppeld aan de gewone verblijfplaats van het kind ten tijde van de indiening van het verzoek (vgl. ook art. 16 Brussel II-bis en art. 17 Brussel II-ter). En gelet op art. 61 aanhef en onder a Brussel II-bis respectievelijk art. 97 lid 1 sub a Brussel II-ter heeft de Verordening Brussel II-bis (en daarmee ook art. 8) respectievelijk de Brussel II-ter (en daarmee ook art. 7) in geval van samenloop voorrang boven het Haags Kinderbeschermingsverdrag 1996 (en daarmee dus ook op art. 5 lid 2). Mogelijk is natuurlijk ook dat een kind ten tijde van het inleidend verzoek zijn gewone verblijfplaats in Nederland heeft maar dat dit kind bijv. in de loop van de procedure verhuist naar een staat die niét is aangesloten bij de Verordening Brussel II-bis of bij de Verordening Brussel II-ter, maar voor welke staat wél het Haags Kinderbeschermingsverdrag 1996 van kracht is. Of zelfs dan nog steeds aan het perpetuatio fori-beginsel moet worden vastgehouden, heeft in elk geval in het kader van de Verordening Brussel II-bis uiteenlopende gezichtspunten opgeleverd (zie hierover bijv. *Asser/Vonken & Ibili 10-II* 2021/543). Voor handhaving van het perpetuatio-beginsel pleit onder meer het beginsel van rechtszekerheid. Tegen handhaving van het perpetuatio-beginsel pleit onder meer het belang van het kind. Zeer recentelijk heeft het Hof van Justitie van de EU een arrest gewezen waaruit blijkt dat het beginsel van perpetuatio-fori niet geldt wanneer het betrokken kind in de loop van het geding rechtmatig is overgebracht naar een derde staat die partij is bij het Haags Kinderbeschermingsverdrag 1996 (HvJ EU 14 juli 2022, CC/VO, C-572/21, ECLI:EU:C:2022:562). Eerder had het Hof Amsterdam in het kader van de Verordening Brussel II-bis overwogen dat voor de situatie dat het kind hangende de procedure (legaal) blijkt te zijn verhuisd van een EU-lidstaat naar een staat die partij is bij het Haags Kinderbeschermingsverdrag 1996, kan worden aangenomen dat een gerecht van een EU-lidstaat zijn bevoegdheid om maatregelen te treffen dan bepaalt op grond van het verdrag, meer in het bijzonder art. 5 lid 2 HKV 1996. Daardoor was niet langer de Nederlandse rechter bevoegd over het geschil te oordelen, maar, in dit specifieke geval, de Australische rechter (Hof Amsterdam 10 september 2019, ECLI:NL:GHAMS:2019:3358; zie ook nog Hof Amsterdam 17 september 2019, ECLI:NL:GHAMS:2019:3394). Anders dan bij de Verordening Brussel II-bis het geval is, wordt in het kader van de Verordening Brussel II-ter geanticipeerd op bijv. de mogelijkheid dat een kind ten tijde van het inleidend verzoek zijn gewone verblijfplaats in Nederland heeft maar dat dit kind in de loop van de procedure verhuist naar een staat die niét is aangesloten bij de Verordening Brussel II-ter, doch voor welke staat wél het Haags Kinderbeschermingsverdrag 1996 van kracht is. Zo voorziet art. 97 lid 2 in onder meer de mogelijkheid van een overdracht van de bevoegdheid tussen een gerecht in een lidstaat en een gerecht in een staat die partij is bij het HKV 1996 maar waar de Verordening Brussel II-ter niet van toepassing is.

3. Gewone verblijfplaats (lid 1 en 2). In het HKV 1996 is het begrip 'gewone verblijfplaats' niet nader gedefinieerd. Met het begrip 'gewone verblijfplaats' wordt de maatschappelijke woonplaats, niet de juridische woonplaats (vgl. bijv. art. 1:10 BW) van het kind bedoeld. In essentie gaat het om de vraag, waar zich de gewone of werkelijke verblijfplaats van het kind werkelijk bevindt. Anders geformuleerd: met welk hoofdverblijf is het kind tevens door banden van maatschappelijke aard verbonden zodat gezegd kan worden dat zich daar het daadwerkelijk centrum van diens leven bevindt of, iets anders verwoord, waar bevindt zich de plaats die een zekere integratie van het kind in een sociale en familiale omgeving tot uitdrukking brengt? Aansluiting mag (dus) worden gezocht bij de (autonome en uniforme) invulling die onder meer het Hof van Justitie van de EU aan het begrip 'gewone verblijfplaats' in het kader van de Verordening Brussel II-bis heeft gegeven en nog in het kader van de Verordening Brussel II-ter zal gaan geven (vgl. verder A-G Vlas in zijn conclusie vóór HR 23 september 2016, ECLI:NL:PHR:2016:366, 2.13; vgl. onder meer in verband met art. 8 Brussel II-bis, HvJ EU 22 december 2010, C-497/10, ECLI:EU:C:2010:829 (*Mercredi/Chaffe*) alsmede HvJ EU 17 oktober 2018, C-393/18 PPU, ECLI:EU:C:2018:835 *(UD/XB)*). Dit heet ook wel 'harmoniserende interpretatie' (zie *Asser/Vonken & Ibili 10-II* 2021/541 en 729). Het gaat bij de 'maatschappelijke woonplaats' om een sterk zaaksgebonden beoordeling van allerhande feiten en omstandigheden van persoonlijke en sociale aard, zoals de duur(zaamheid) van het verblijf, welke beoordeling, nu zij nauw is verweven met waarderingen van feitelijke aard, in Nederland in cassatie slechts op begrijpelijkheid kan worden onderzocht (vgl. verder ook nr. 2.3 van de conclusie van A-G Vlas vóór HR 8 februari 2013, ECLI:NL:PHR:2013:BY4109). Logischerwijs brengt het voorgaande onder meer met zich, dat een buitenlandse vakantie dan wel een tijdelijk verblijf in het buitenland in verband met de uitoefening van het omgangsrecht van een aldaar woonachtige ouder geen wijziging van de gewone verblijfplaats van het kind teweegbrengt. Het geval van art. 5 lid 2 van het verdrag doet zich dan dus niet voor met als gevolg dat, daargelaten bijv. de uitzonderingen van art. 11 en 12, de hoofdregel van art. 5 lid 1 onverkort blijft gelden. Daarbij geldt, zoals al eerder bleek, als peilmoment voor de rechtsmacht het moment waarop de beschermingsmaatregel wordt genomen (vgl. voor het HKV 1961 onder meer HR 28 mei 1999, *NJ* 2001/212).

Artikel 6

1. Ten aanzien van vluchtelingenkinderen en kinderen die ten gevolge van onlusten die in hun land plaatsvinden naar een ander land zijn verplaatst, hebben de autoriteiten van de Verdragsluitende Staat op welks grondgebied deze kinderen ten gevolge van hun verplaatsing aanwezig zijn, de bevoegdheid bedoeld in het eerste lid van artikel 5.
2. De bepaling van het voorgaande lid is eveneens van toepassing op kinderen wier gewone verblijfplaats niet kan worden vastgesteld.
[19-10-1996, Trb. 299, i.w.tr. 01-01-2002]

[Vluchtelingenkinderen]

1. Algemeen. Art. 5, de hoofdregel van de bevoegdheidsregeling van het Haags Kinderbeschermingsverdrag 1996, knoopt aan bij de gewone verblijfplaats van het kind. Bevindt die gewone verblijfplaats zich op het grondgebied van een bij het Haags Kinderbeschermingsverdrag 1996 aangesloten staat, dan zijn de rechterlijke en administratieve autoriteiten van die verdragsstaat bevoegd om maatregelen te nemen die strekken tot de bescherming van de persoon of het vermogen van het desbetreffende kind. In een aantal gevallen behoeft de hoofdregel van art. 5 echter aanpassing. Immers, gaat het om kinderen waarvan de gewone verblijfplaats niet kan worden vastgesteld, dan zal, met het oog op de bevoegdheid tot het nemen van beschermingsmaatregelen ten aanzien van dergelijke kinderen, de hoofdregel geen toepassing kunnen vinden. Ook in het geval van vluchtelingenkinderen en bij kinderen die ten gevolge van onlusten die in hun land plaatsvinden naar een ander land, in dit geval een bij het Haags Kinderbeschermingsverdrag 1996 aangesloten staat, zijn verplaatst, levert toepassing van art. 5 problemen op. Waar hun verblijf in de staat waar zij worden opgevangen in beginsel van voorbijgaande, tijdelijke aard is, kan in principe niet worden aangenomen dat dergelijke kinderen in de staat van opvang hun gewone verblijfplaats hebben verkregen. Die gewone verblijfplaats ligt in principe nog steeds in de staat van herkomst van het kind. Het spreekt echter voor zich dat het ongerijmd c.q. onlogisch is om in het geval van vluchtelingenkinderen en kinderen die ten gevolge van onlusten naar een ander land zijn verplaatst, de bevoegdheid tot het nemen van beschermingsmaatregelen te laten aan de administratieve en rechterlijke autoriteiten van het land van oorsprong. Dat is immers nu juist het land dat de kinderen noodgedwongen moesten verlaten! Ook hier behoeft de hoofdregel van art. 5 lid 1 dus aanpassing. Daarbij wel de, overigens logische, kanttekening dat wanneer een bepaald kind in een bij het Haags Kinderbeschermingsverdrag 1996 aangesloten staat waarnaar het is gevlucht inmiddels een gewone verblijfplaats heeft verkregen, art. 5 lid 1 van het verdrag vanaf dat moment gewoon toepassing kan vinden. Het spreekt voor zich dat art. 6 Haags Kinderbeschermingsverdrag 1996 niet kan worden toegepast wanneer de plaats waar het kind zich bevindt zelfs in het geheel niet bekend is. In dat geval dient (vooropgesteld dat geen enkele supranationale regeling toepassing kan vinden) de internationale bevoegdheid in Nederland te worden bepaald volgens het commune internationaal bevoegdheidsrecht. In het geval van samenloop heeft de Verordening Brussel II-bis of de Verordening Brussel II-ter voorrang boven het Haags Kinderbeschermingsverdrag 1996 (vgl. ook art. 52 lid 1 van het verdrag). Dat betekent in dit geval dat art. 13 Brussel II-bis respectievelijk art. 11 Verordening Brussel II-ter toepassing vindt en daarmee dus niet art. 6 HKV 1996.

2. Vluchtelingenkinderen (lid 1). Art. 6 lid 1 ziet op vluchtelingenkinderen en kinderen die ten gevolge van onlusten die in hun land plaatsvinden naar een bij een het Haags Kinderbeschermingsverdrag 1996 aangesloten staat zijn verplaatst. In dergelijke gevallen komt de bevoegdheid tot het nemen van beschermingsmaatregelen in de zin van het verdrag toe aan de autoriteiten van de verdragsstaat op welks grondgebied het kind ten gevolge van zijn verplaatsing aanwezig is. Zie bijv. Rb. Maastricht 14 juni 2021, ECLI:NL:RBLIM:2021:5902, r.o. 4.2.3 en 4.2.4.

3. Gewone verblijfplaats kan niet worden vastgesteld (lid 2). Soms kan de gewone verblijfplaats van een kind simpelweg niet worden vastgesteld. In een dergelijk geval komt de bevoegdheid tot het nemen van beschermingsmaatregelen in de zin van het verdrag toe aan de autoriteiten van de verdragsstaat op welks grondgebied het kind aanwezig is (vgl. art. 6 lid 1). Kan zelfs die aanwezigheid niet worden vastgesteld, dan mist art. 6 lid 2 uiteraard toepassing. In dat geval dient (vooropgesteld dat geen enkele supranationale regeling toepassing kan vinden) de internationale bevoegdheid in Nederland te worden bepaald volgens het commune internationaal bevoegdheidsrecht zoals neergelegd in met name Titel 1 van Boek 1 Rv (art. 1-14). Denkbaar is ook dat in de loop van een procedure (alsnog) kan worden vastgesteld dat het kind ergens zijn gewone verblijfplaats heeft. Zodra dat het geval is, komt aan art. 6 lid 2 van het verdrag de grondslag te ontvallen. Aan de voorwaarde van deze bepaling wordt dan immers niet langer voldaan. Blijkt nu dat het kind zijn gewone verblijfplaats heeft op het grondgebied van een verdragsluitende staat, de hoofdregel van art. 5 lid 1 van het verdrag kan alsnog toepassing vinden. Blijkt het kind evenwel zijn gewone verblijfplaats te hebben in een niet-verdragsluitende staat, dan mist art. 5 lid 1 van het verdrag uiteraard toepassing maar wellicht dat dan, indien aan de voorwaarden is voldaan, in voorkomend geval art. 11 en 12 van het Haags Kinderbeschermingsverdrag 1996 uitkomst kunnen bieden.

Artikel 7

1. In geval van ongeoorloofd overbrengen of niet doen terugkeren van het kind blijven de autoriteiten van de Verdragsluitende Staat waarin het kind onmiddellijk voor de overbrenging of het niet doen terugkeren zijn gewone verblijfplaats had, bevoegd totdat het kind een gewone verblijfplaats heeft verworven in een andere Staat en

a. enige persoon, instelling of ander lichaam dat gezagsrechten heeft, in de overbrenging of het niet doen terugkeren heeft berust; of

b. het kind in die andere Staat zijn verblijfplaats heeft gehad, gedurende een periode van ten minste een jaar nadat de persoon, de instelling of het andere lichaam dat gezagsrechten heeft, kennis heeft gekregen of had moeten krijgen van de verblijfplaats van het kind, geen verzoek tot terugkeer, dat binnen die periode is ingediend, nog in behandeling is, en het kind in zijn nieuwe omgeving is geworteld.

2. Het overbrengen of het niet doen terugkeren van een kind wordt als ongeoorloofd beschouwd, wanneer –

a. dit geschiedt in strijd met een gezagsrecht dat is toegekend aan een persoon, een instelling of enig ander lichaam, alleen of gezamenlijk, ingevolge het recht van de Staat waar het kind onmiddellijk voor zijn overbrenging of het niet doen terugkeren zijn gewone verblijfplaats had, en

b. dit recht alleen of gezamenlijk daadwerkelijk werd uitgeoefend op het tijdstip van de overbrenging of het niet doen terugkeren, dan wel zou zijn uitgeoefend indien een zodanige gebeurtenis niet had plaatsgevonden.

Het onder *a* bedoelde gezagsrecht kan in het bijzonder voortvloeien uit een toekenning van rechtswege, een rechterlijke of administratieve beslissing of een overeenkomst die geldig is ingevolge het recht van die Staat.

3. Zolang de in het eerste lid bedoelde autoriteiten hun bevoegdheid behouden, kunnen de autoriteiten van de Verdragsluitende Staat waarheen het kind is overgebracht of waar het wordt vastgehouden slechts ingevolge artikel 11 spoedeisende maatregelen nemen die noodzakelijk zijn voor de bescherming van de persoon of het vermogen van het kind.

[19-10-1996, Trb. 299, i.w.tr. 01-01-2002]

[Ontvoerde kinderen]

1. Algemeen. Art. 7 van het verdrag ziet op de bevoegdheid tot het treffen van maatregelen met betrekking tot de persoon of het vermogen van het kind bij kinderontvoering. Bij art. 7 gaat het dan om het ongeoorloofd overbrengen van een kind vanuit een bij het Haags Kinderbeschermingsverdrag 1996 aangesloten staat naar een andere staat. Dan hoeft dus niet noodzakelijkerwijs een eveneens bij het Haags Kinderbeschermingsverdrag 1996 aangesloten staat te zijn. Ook kan het gaan om het niet doen terugkeren van het kind dat zich in een bepaalde staat bevindt (dat hoeft evenmin noodzakelijkerwijs een staat te zijn die is aangesloten bij het Haags Kinderbeschermingsverdrag 1996) naar een bij het Haags Kinderbeschermingsverdrag 1996 aangesloten staat alwaar dat kind onmiddellijk voor het niet doen terugkeren zijn gewone verblijfplaats had (en alwaar het kind dus was geworteld). In beide gevallen spreekt men kortweg van 'kinderontvoering'. Aan art. 7 ligt enerzijds de gedachte ten grondslag dat degene die het kind ongeoorloofd heeft overgebracht of het kind niet heeft doen terugkeren, niet van dergelijke daden moet kunnen profiteren in die zin, dat enkel als gevolg van deze 'illegale' daden de bevoegdheid tot het nemen van beschermingsmaatregelen zou overgaan van de autoriteiten van de eerdere gewone verblijfplaats van het kind naar de autoriteiten van het nieuwe verblijf van het kind. Anderzijds ligt aan art. 7 de idee ten grondslag dat, als dit blijvend is, ongeoorloofde overbrenging of vasthouding van een kind een feit is waaraan op een zeker moment niet langer kan worden voorbijgegaan. Op een bepaald moment kan, in het belang van het kind, aan de autoriteiten van het nieuwe verblijf van het kind dus niet langer de bevoegdheid worden ontzegd om beschermingsmaatregelen te nemen, ook al blijkt er sprake te zijn (geweest) van kinderontvoering. Vandaar dat art. 7 lid 1 voorziet in een bevoegdheidsoverdracht naar de gerechten van de staat van de nieuwe gewone verblijfplaats van het kind, indien aan bepaalde voorwaarden is voldaan. Deze voorwaarden – waarover hieronder meer – hangen met name samen met het verstrijken van tijd, in combinatie met de berusting of passiviteit van degene die het betrokken gezagsrecht heeft, omdat het kind dan in zijn of haar nieuwe omgeving is geworteld. Overigens ziet art. 7 enkel op de bevoegdheid tot het treffen van kinderbeschermingsmaatregelen en dus niet tevens op de bevoegdheid tot het geven van een bevel tot teruggeleiding van een ontvoerd kind. Die bevoegdheid wordt geregeld door, het Haags Kinderontvoeringsverdrag 1980 (*Trb.* 1987, 139 in verband waarmee HR 9 december 2011, ECLI:NL:HR:2011:BU2834).

2. Bevoegdheid bij ontvoering (lid 1). Ingevolge art. 7 lid 1 blijven de autoriteiten van de verdragsluitende staten waar het kind onmiddellijk voor zijn ontvoering zijn gewone verblijfplaats had, bevoegd tot het nemen van kinderbeschermingsmaatregelen. Die bevoegdheid blijft echter niet tot in het oneindige bestaan. Heeft het kind namelijk zijn gewone verblijfplaats verworven in een andere staat (dat kan zowel een verdragsluitende als een niet verdragsluitende staat zijn) en heeft *a.* enige persoon, instelling of ander lichaam dat gezagsrechten heeft, in de overbrenging of het niet doen terugkeren berust, óf heeft *b.* het kind in die andere staat zijn verblijfplaats gehad, gedurende een periode van ten minste één jaar nadat de persoon, instelling of het andere lichaam dat gezag heeft kennis heeft gekregen dan wel had moeten krijgen van de verblijfplaats, binnen die periode geen (dan in nog behandeling zijnd) verzoek tot terugkeer van het kind gedaan én is het kind intussen in zijn nieuwe omgeving geworteld, vanaf dat moment zijn de autoriteiten van de staat van de nieuwe gewone verblijfplaats van het kind bevoegd tot het treffen van kinderbeschermingsmaatregelen. Let wel: art. 7 (waaronder dus ook lid 1) HKV 1996 heeft alleen praktische betekenis wanneer het kind in kwestie is ontvoerd naar een derde, niet bij de Verordening Brussel II-bis noch bij de Verordening Brussel II-ter aangesloten staat, en als het kind daar intussen een nieuwe gewone verblijfplaats heeft verkregen. Betreft het namelijk een staat binnen de EU, dan is in beginsel de Verordening Brussel II-bis respectievelijk de Verordening Brussel II-ter van toepassing. In Hof Amsterdam 19 juli 2016, ECLI:NL:GHAMS:2016:2923, overwoog dit hof onder meer dat aangezien de man binnen een jaar na de ongeoorloofde overbrenging van de kinderen naar Peru een verzoek tot teruggeleiding van de kinderen had ingediend en dit verzoek nog in behandeling was bij de Peruaanse (appel)rechter, de uitzonderingssituatie van art. 7 lid 1 onderdeel b HKV 1996 zich niet voordeed.

3. Begrip kinderontvoering (lid 2). Art. 7 lid 2 van het verdrag geeft een nadere omschrijving van het begrip kinderontvoering. Deze omschrijving is (evenals trouwens die van art. 2 aanhef en onder 11 Verordening Brussel II-bis respectievelijk art. 2 lid 2 sub 11 Verordening Brussel II-ter) ontleend aan art. 3 lid 1 van, kort aangeduid, het Haags Kinderontvoeringsverdrag (van) 1980 (*Trb.* 1987, 139).

4. Spoedeisende maatregelen (lid 3). In het geval dat er sprake is van kinderontvoering in de zin van art. 7 lid 2 van het verdrag en zolang de autoriteiten van de oorspronkelijke gewone verblijfplaats van het kind hun bevoegdheid behouden op grond van art. 7 lid 1 van het verdrag, mogen de autoriteiten van de verdragsluitende staat waar het kind zich als gevolg van een dergelijke kinderontvoering bevindt uitsluitend spoedeisende maatregelen in de zin van art. 11 van het verdrag nemen. Het gaat dan om spoedeisende maatregelen ter bescherming van de persoon of het vermogen van het kind. Andere bevoegdheden, waaronder die tot het treffen van voorlopige maatregelen met beperkte territoriale werking als bedoeld in art. 12 van het verdrag, hebben de autoriteiten van de verdragsstaat waarheen het kind is ontvoerd, dus nadrukkelijk niet, zolang althans de autoriteiten van de oorspronkelijke gewone verblijfplaats van het kind (nog) bevoegd zijn op grond van art. 7 lid 1 van het verdrag.

Artikel 8

1. Bij wijze van uitzondering kan de autoriteit van een Verdragsluitende Staat die ingevolge artikel 5 of 6 bevoegd is, indien zij van oordeel is dat de autoriteit van een andere Verdragsluitende Staat in een bepaald geval beter in staat is het belang van het kind te beoordelen,

— hetzij die andere autoriteit, rechtstreeks of door tussenkomst van de Centrale Autoriteit van die Staat, verzoeken de bevoegdheid te aanvaarden om de door haar noodzakelijk geachte beschermende maatregelen te nemen,

— hetzij de zaak aanhouden en de partijen uitnodigen een daartoe strekkend verzoek te richten aan de autoriteit van die andere Staat.

2. De Verdragsluitende Staten wier autoriteiten kunnen worden aangezocht of geadieerd op de in het vorige lid bedoelde wijze, zijn:

a. een Staat waarvan het kind de nationaliteit bezit;

b. een Staat waar vermogen van het kind is gelegen;

c. een Staat bij welks autoriteiten een verzoek tot echtscheiding of scheiding van tafel en bed van de ouders van het kind of tot nietigverklaring van hun huwelijk aanhangig is;

d. een Staat waarmee het kind een nauwe band heeft.

3. De betrokken autoriteiten kunnen met elkaar in overleg treden.

4. De autoriteit die op de in het eerste lid bedoelde wijze is benaderd, kan de bevoegdheid aanvaarden in de plaats van de ingevolge artikel 5 of 6 bevoegde autoriteit, indien zij zulks in het belang van het kind acht.

[19-10-1996, Trb. 299, i.w.tr. 01-01-2002]

[Verwijzen naar andere verdragsluitende staat]

1. Algemeen. Bij de toepassing van de regels van het Haags Kinderbeschermingsverdrag 1996 dient het belang van het kind voorop te staan. Dat belang van het kind kan in bepaalde gevallen met zich brengen, dat het beter is dat niet de krachtens art. 5 of 6 van het verdrag bevoegde autoriteit bij wie de zaak aanhangig is gemaakt, maar een (bepaalde) andere autoriteit de maatregelen neemt die strekken tot de bescherming van de persoon of het vermogen van dat kind. Immers, denkbaar is dat in bepaalde, uitzonderlijke gevallen die (bepaalde) andere autoriteit in een betere positie verkeert om het belang van het kind te beoordelen. Het zou dan in beginsel mogelijk moeten zijn om de zaak aan die (bepaalde) andere autoriteit over te dragen en daarmee dus te verwijzen. Art. 8 van het verdrag nu voorziet in een dergelijke mogelijkheid. Daarbij gaat het uitsluitend om gevallen van verwijzing tussen de administratieve en rechterlijke autoriteiten van verdragsstaten. Dit betekent dus dat het op grond van het Haags Kinderbeschermingsverdrag 1996 niet mogelijk is om, ook al is dit in het belang van het kind, een bepaalde zaak te verwijzen naar de autoriteiten van een niét bij dit verdrag aangesloten staat. Bovendien dient bedacht dat uitsluitend de ingevolge art. 5 dan wel art. 6 bevoegde rechterlijke of administratieve autoriteit van de in art. 8 geboden mogelijkheid tot verwijzing gebruik kan maken. De bijv. krachtens art. 11 van het verdrag bevoegde autoriteiten hebben deze mogelijkheid dus niet! In Nederland geschiedt de overdracht van verzoeken als bedoeld in art. 8 van het verdrag via de zogeheten liason rechter (zie nader art. 24 lid 6 jo. art. 24 lid 1 Uitvoeringswet internationale kinderbescherming).

2. Wie kan verwijzen, wanneer en hoe (lid 1). Wie. Ingevolge art. 8 lid 1 van het verdrag kan, maar dan overigens wel bij wijze van uitzondering, hetzij de krachtens art. 5 van het verdrag bevoegde autoriteit, hetzij de krachtens art. 6 van het verdrag bevoegde autoriteit de behandeling van de zaak overlaten aan een administratieve of rechterlijke autoriteit in een (bepaalde) andere verdragsstaat (waar de Verordening Brussel II-bis/ de Verordening Brussel II-ter niet geldt; zie overigens ook art. 97 lid 2 sub b Brussel II-ter). **Wanneer.** Verwijzing van een zaak is toegestaan wanneer de autoriteit die gebruik wenst te maken van de mogelijkheid tot overdracht van zijn bevoegdheid van oordeel is, dat de autoriteit naar wie wordt verwezen 'in een bepaald geval beter in staat is het belang van het kind te beoordelen'. Het gaat dus om uitzonderlijke gevallen, waarbij het belang van het kind steeds doorslaggevend is. Bovendien komt uitsluitend aan de in art. 8 lid 1 bedoelde autoriteiten het initiatief tot verwijzing toe. Of met een verwijzing het belang van het kind is gediend, zal van geval tot geval moeten worden beoordeeld. Deze beoordeling geschiedt door zowel de eerst aangezochte autoriteit ('de verwijzende autoriteit') als de aangezochte autoriteit ('de ontvangende autoriteit'). **Hoe.** Blijkens art. 8 lid 1 kan een zaak op twee verschillende manieren naar een administratieve of rechterlijke autoriteit in een (bepaalde) andere verdragsluitende staat worden verwezen. Daarbij staan beide manieren op voet van gelijkheid. Op grond van de eerste manier kan de verwijzende autoriteit rechtstreeks dan wel door tussenkomst van de Centrale Autoriteit van de betrokken verdragsstaat (vgl. art. 31 aanhef en onder a van het verdrag) de autoriteit in die (bepaalde) andere verdragsstaat verzoeken de bevoegdheid te aanvaarden om de door haar noodzakelijk geachte beschermende maatregelen te nemen. Van tussenkomst van partijen bij de zaak is in dit geval dus geen sprake. Daarvan is wel sprake bij de tweede manier. Dan namelijk houdt de autoriteit die wenst te verwijzen de zaak aan en worden de partijen bij deze zaak uitgenodigd om de autoriteit in een (bepaalde) andere verdragsstaat te verzoeken de bevoegdheid te aanvaarden om de door haar noodzakelijk geachte beschermende maatregelen te nemen. Anders dan bij de eerste manier waar een dergelijke instemming niet is vereist, zullen partijen, of ten minste één van hen, bij de tweede manier met de voorgenomen verwijzing dus moeten instemmen. Is daarvan sprake, dan kunnen beide wegen, die in Nederland steeds via de liaisonrechter verlopen (vgl. art. 24 lid 6 jo. art. 24 lid 1 Uitvoeringswet internationale kinderbescherming), mogelijk naar Rome leiden.

3. Naar wie precies kan worden verwezen (lid 2). Naar wie precies kan worden verwezen, blijkt uit art. 8 lid 2 van het verdrag. Dit artikellid bevat een limitatieve, uitputtende opsomming van de verdragsstaten wier autoriteiten in het kader van art. 8 kunnen worden aangezocht. De autoriteiten waarom het gaat en die dus op verzoek of met goedvinden van de op grond van de art. 5 of 6 bevoegde autoriteit kunnen worden aangezocht, zijn: 1. de autoriteiten van een verdragsstaat waarvan het kind de nationaliteit bezit; bezit het kind de nationaliteit van meer dan één verdragsstaat, dan kan de bevoegdheid worden overgedragen aan één van deze verdragsstaten; 2. de autoriteiten van een verdragsstaat waar vermogen van het kind is gelegen; de te nemen beschermingsmaatregel behoeft echter niet beperkt te blijven tot het vermogen van het kind, maar zij kan ook betrekking hebben op de persoon van het kind; 3. de autoriteiten van een verdragsstaat waar een verzoek tot echtscheiding, scheiding van tafel en bed dan wel tot nietigverklaring van het huwelijk aanhangig is; deze mogelijkheid is zinvol in gevallen waarin de echtscheidingsrechter geen connexe bevoegdheid aan art. 10 van het verdrag kan ontlenen; en 4. de autoriteiten van een verdragsstaat waarmee het kind een nauwe band heeft; gedacht kan bijvoorbeeld worden aan de staat van de vorige gewone verblijfplaats van het kind of aan de staat waar het kind familieleden heeft wonen die bereid zijn de zorg voor het kind op te nemen (zie in verband met deze voorbeelden nader het *Rapport Lagarde*, nr. 53).

4. Overleg (lid 3). Art. 8 lid 3 van het verdrag voorziet, met het oog op de overdracht van de bevoegdheid, in de mogelijkheid van nader overleg tussen de betrokken administratieve en rechterlijke autoriteiten in de betrokken verdragsluitende staten. Ook daarmee is uiteindelijk het belang van het kind gemoeid.

5. Aanvaarding (of afwijzing) van de verwijzing (lid 4). De in art. 8 lid 2 genoemde autoriteit die op de in art. 8 lid 1 bedoelde wijze is benaderd, kán de verwijzing aanvaarden, indien hij dit in het belang van het kind acht. Er bestaat dus geen verplichting om de behandeling van de zaak over te nemen! Wanneer de verwijzing wél wordt aanvaard en de behandeling van de zaak dus wordt overgenomen, komt daarmee de bevoegdheid van de in art. 5 of 6 van het verdrag bedoelde autoriteit te vervallen. Dit volgt ook uit de bewoordingen van art. 8 lid 4 van het verdrag. Neemt de aangezochte autoriteit de behandeling van de zaak niet over – doordat dit niet in het belang van het kind is – dan dient de krachtens art. 5 of 6 van het verdrag bevoegde autoriteit de behandeling van de zaak (verder) voort te zetten. Dat zal de in art. 5 of 6 bedoelde autoriteit trouwens ook moeten doen, wanneer de aangezochte autoriteit niet binnen een redelijke termijn op het verzoek tot overname van de behandeling van de zaak reageert. Het belang van het kind in kwestie lijkt doorslaggevend voor het antwoord op de vraag, op welk moment de redelijke termijn is overschreden. Het hangt, met andere woorden, steeds af van de concrete omstandigheden van het geval.

Artikel 9

1. Indien de autoriteiten van een Verdragsluitende Staat als bedoeld in het tweede lid van artikel 8 oordelen dat zij in een bepaald geval beter in staat zijn het belang van het kind te beoordelen, kunnen zij

— hetzij de bevoegde autoriteit van de Verdragsluitende Staat waar het kind zijn gewone verblijfplaats heeft, rechtstreeks of door tussenkomst van de Centrale Autoriteit van die Staat, verzoeken hen te machtigen de bevoegdheid uit te oefenen om door hen noodzakelijk geachte beschermende maatregelen te nemen,

— hetzij de partijen uitnodigen een daartoe strekkend verzoek te richten aan de autoriteiten van de Verdragsluitende Staat waar het kind zijn gewone verblijfplaats heeft.

2. De betrokken autoriteiten kunnen met elkaar in overleg treden.

3. De autoriteit van wie het verzoek uitgaat kan, in de plaats van de autoriteit van de Verdragsluitende Staat waar het kind zijn gewone verblijfplaats heeft, de bevoegdheid slechts uitoefenen indien deze laatste het verzoek heeft ingewilligd.

[19-10-1996, Trb. 299, i.w.tr. 01-01-2002]

[Andere staat beter in beoordeling kind]

1. Algemeen. Evenals art. 8, voorziet ook art. 9 van het verdrag in de mogelijkheid om, in het belang van het kind, de behandeling van de zaak over te dragen. Ook hier gaat het om de overdracht van een bepaalde zaak door de autoriteiten in de ene verdragsluitende staat aan de autoriteiten in een andere verdragsluitende staat (waar de Verordening Brussel II-bis/de Verordening Brussel II-ter niet geldt; vgl. overigens ook art. 97 lid 2 sub b Brussel II-ter). Evenmin als art. 8 voorziet art. 9 in de mogelijkheid om, ook al is dit in het belang van het kind, een bepaalde zaak over te dragen aan de autoriteiten van een staat die niet is aangesloten bij het Haags Kinderbeschermingsverdrag 1996. Anders dan bij art. 8, dat de krachtens art. 5 of 6 van het verdrag bevoegde autoriteit bij wie de zaak aanhangig is gemaakt de mogelijkheid biedt om de behandeling van de zaak over te laten aan de autoriteit in een (bepaalde) andere verdragsstaat, geeft art. 9 de autoriteiten in een (bepaalde) andere verdragsstaat de mogelijkheid om zélf de krachtens art. 5 of 6 van het verdrag bevoegde autoriteit bij wie de zaak aanhangig is te — doen — verzoeken om overdracht van de zaak. Deze verzoekende autoriteiten kunnen immers zelf geen bevoegdheid ontlenen aan art. 5 of 6 van het verdrag (vgl. verder HR 31 oktober 2014, ECLI:NL:HR:2014:3070, r.o. 3.6.2). Na overdracht kunnen deze autoriteiten dan vervolgens de door hen noodzakelijk geachte beschermende maatregelen nemen. Welbeschouwd, vormt art. 9 dus het spiegelbeeld van art. 8 van het verdrag.

2. Wie, wanneer en hoe (lid 2). Wie. Ingevolge art. 9 lid 1 van het verdrag kunnen de administratieve en rechterlijke autoriteiten in een (bepaalde) verdragsstaat de krachtens art. 5 of 6 bevoegde autoriteiten — doen — verzoeken om de behandeling van een zaak te mogen overnemen. Hoewel de bewoordingen van art. 9 lid 1 erop duiden dat een dergelijk verzoek enkel kan worden gericht aan de bevoegde autoriteiten van de verdragsluitende staat waar het kind zijn gewone verblijfplaats heeft (hetgeen de in art. 5 bedoelde autoriteiten zijn), kan dit verzoek ook worden gedaan aan de bevoegde autoriteiten van de verdragsluitende staat waar het kind zijn werkelijke verblijfplaats heeft (waarmee op art. 6 wordt gedoeld). Dat blijkt uit het *Rapport Lagarde*. Het verzoek tot overdracht van bevoegdheid kan uitsluitend worden gedaan door de in art. 8 lid 2 van het verdrag bedoelde autoriteiten, te weten: 1. die van de verdragsstaat waarvan het kind de nationaliteit bezit; 2. die van de verdragsstaat waar vermogen van het kind is gelegen; 3. die van de verdragsstaat waar een verzoek tot echtscheiding, scheiding van tafel en bed of tot nietigverklaring van het huwelijk aanhangig is; en 4. die van de verdragsstaat waarmee het kind een nauwe band heeft. Daarbij kan, waar mogelijk, art. 9 lid 1 op dezelfde wijze worden uitgelegd als art. 8 lid 2 van het verdrag. Blijkens HR 31 oktober 2014, ECLI:NL:HR:2014:3070 was, nu de betrokken minderjarige haar gewone verblijfplaats had in de Dominicaanse Republiek (evenals Nederland een staat waarvoor het HKV 1996 in werking was c.q. is getreden), de Nederlandse rechter weliswaar niet bevoegd om op grond van art. 5 lid 1 van het verdrag beschermingsmaatregelen te nemen, doch nu de minderjarige (mede) de Nederlandse nationaliteit had (vgl. art. 9 lid 1 in verbinding met art. 8 lid 2 aanhef en onderdeel a HKV 1996) bestond de mogelijkheid voor de Nederlandse rechter om in het belang van deze minderjarige toch bevoegdheid aan te nemen mits en nadat de autoriteit van de Dominicaanse Republiek het verzoek van de Nederlandse rechter zou hebben ingewilligd om hem te machtigen 'de bevoegdheid uit te oefenen om door hem noodzakelijk geachte beschermende maatregelen te nemen' (art. 9 lid 3 HKV 1996; zie nader r.o. 3.5.5. e.v.). **Wanneer.** De autoriteiten in (bepaalde) verdragsluitende staten kunnen het in art. 9 lid 1 bedoelde verzoek doen, indien zij van oordeel zijn dat zij 'in een bepaald geval beter in staat zijn het belang van het kind te beoordelen'. Evenals bij art. 8 zal het hier om uitzonderlijke gevallen gaan, waarbij steeds het belang van het kind doorslaggevend is. Bovendien komt uitsluitend aan de in art. 9 lid 1 bedoelde autoriteiten de bevoegdheid toe om overdracht van een zaak te verzoeken. Of met een verwijzing het belang van het kind is gediend, zal van geval tot geval moeten worden beoordeeld. Deze beoordeling geschiedt door zowel de verzoekende autoriteit als de aangezochte autoriteit. **Hoe.** Blijkens art. 9 lid 1 kunnen de autoriteiten in (bepaalde) verdragsluitende staten op twee verschillende manieren aan de krachtens art. 5 of 6 bedoelde autoriteiten een verzoek – laten – doen om de zaak aan hen over te dragen. Daarbij staan beide manieren op voet van gelijkheid. Op grond van de eerste manier kan een autoriteit in een verdragsstaat als bedoeld in art. 9 lid 1 de krachtens art. 5 of 6 bevoegde autoriteit rechtstreeks dan wel door tussenkomst van de Centrale Autoriteit van die staat verzoeken, haar te machtigen de bevoegdheid uit te oefenen om de voor het kind noodzakelijk geachte beschermende maatregelen te nemen. Op grond van de tweede manier kan een autoriteit in een verdragsstaat als bedoeld in art. 9 lid 1 de partijen bij een zaak uitnodigen om de krachtens art. 5 of 6 bevoegde autoriteit te verzoeken, de autoriteit in de andere verdragsstaat te machtigen de bevoegdheid uit te oefenen om de voor het kind noodzakelijk geachte beschermende maatregelen te nemen. Anders dan bij de eerste manier waar een dergelijke instemming niet is vereist, zullen partijen, of ten minste één van hen, bij de tweede manier dus met de voorgenomen verwijzing moeten instemmen. Is daarvan sprake, dan kunnen beide wegen, die in Nederland steeds via de liasonrechter verlopen (vgl. art. 24 lid 6 jo. art. 24 lid 1 Uitvoeringswet internationale kinderbescherming), mogelijk naar Rome leiden.

3. Overleg (lid 2). Art. 9 lid 2 van het verdrag voorziet, met het oog op de overdracht, in de mogelijkheid van nader overleg tussen de betrokken administratieve en rechterlijke autoriteiten in de desbetreffende verdragsluitende staten. Ook daarmee is uiteindelijk het belang van het kind gemoeid.

4. Aanvaarding (of afwijzing) van de overdracht (lid 3). De benaderde autoriteit kán met de overdracht instemmen, indien hij dit in het belang van het kind acht. Er bestaat dus geen verplichting om in te stemmen met het verzoek tot overdracht van de zaak! Wanneer de zaak wél wordt overgedragen en daarmee het verzoek wordt ingewilligd, gaat, in plaats van de krachtens art. 5 of 6 bevoegde autoriteit, de verzoekende autoriteit de bevoegdheid uitoefenen. Deze autoriteit bekijkt dan (verder) welke maatregelen in de zin van het verdrag in het belang van het kind zijn. Dit volgt ook uit de bewoordingen van art. 9 lid 3 van het verdrag. Stemt de aangezochte autoriteit niet in met het verzoek – doordat het verzoek niet in het belang van het kind wordt geacht – dan zal de krachtens art. 5 of 6 van het verdrag bevoegde autoriteit de behandeling van de zaak (gewoon) voortzetten. Wanneer de in art. 5 of 6 van het verdrag bedoelde autoriteiten binnen een redelijke termijn niets van zich laten horen, moet het verzoek tot overdracht van de bevoegdheid geacht worden door hen te zijn afgewezen. Het enkele stilzwijgen is dus in beginsel onvoldoende om aan te nemen, dat de in art. 5 of 6 van het verdrag bedoelde autoriteit met overdracht van de bevoegdheid instemt. Het niet inwilligen van een verzoek tot overdracht van bevoegdheid laat overigens de mogelijkheid onverlet dat, mits althans aan de in deze bepalingen gestelde voorwaarden is voldaan, de verzoekende autoriteiten hun bevoegdheid in voorkomend geval kunnen ontlenen aan art. 11 of 12 van het verdrag.

Artikel 10

1. Onverminderd de artikelen 5 tot en met 9, kunnen de autoriteiten van een Verdragsluitende Staat, in de uitoefening van hun bevoegdheid om te beslissen over een verzoek tot echtscheiding of scheiding van tafel en bed van de ouders van een kind dat zijn gewone verblijfplaats heeft in een andere Verdragsluitende Staat, of tot nietigverklaring van hun huwelijk, maatregelen nemen ter bescherming van de persoon of het vermogen van dat kind indien het recht van hun Staat daarin voorziet en indien:

a. op het tijdstip van de aanvang van de procedure een van de ouders zijn of haar gewone verblijfplaats heeft in die Staat en een van hen de ouderlijke verantwoordelijkheid over het kind heeft, en

b. de bevoegdheid van deze autoriteiten om dergelijke maatregelen te nemen zowel door de ouders is aanvaard, als door enige andere persoon die de ouderlijke verantwoordelijkheid heeft ten aanzien van het kind, en het belang van het kind daarmee is gediend.

2. De in het eerste lid bedoelde bevoegdheid om maatregelen te nemen ter bescherming van het kind eindigt zodra de beslissing betreffende de inwilliging of de afwijzing van het verzoek tot echtscheiding, scheiding van tafel en bed of de nietigverklaring van het huwelijk definitief is geworden, of de procedure om een andere reden een einde heeft genomen.

[19-10-1996, Trb. 299, i.w.tr. 01-01-2002]

[Connexe bevoegdheid echtscheidingsrechter]

1. Algemeen. Art. 10 van het verdrag maakt forumkeuze mogelijk. De mogelijkheid van forumkeuze is echter niet ongelimiteerd, maar daarentegen aan beperkingen onderhevig. Art. 10 stelt namelijk een vijftal voorwaarden aan de forumkeuze. Aan al deze voorwaarden dient te zijn voldaan. Alleen dan is er in het kader van het Haags Kinderbeschermingsverdrag 1996 sprake van een geldige, op forumkeuze gebaseerde connexe bevoegdheid van, heel kort aangeduid, de echtscheidingsrechter tot het nemen van maatregelen ter bescherming van de persoon of het vermogen van een kind. In het kader van een echtscheiding zal het nogal eens om gezag en omgang gaan (vgl. art. 3 aanhef en onder b van het verdrag). Is aan alle voorwaarden van art. 10 voldaan, waaronder de voorwaarde dat het kind zijn gewone verblijfplaats heeft in een verdragsluitende staat, en is er dus sprake van een op forumkeuze gebaseerde connexe bevoegdheid van de, heel kort aangeduid, echtscheidingsrechter, dan vormt die bevoegdheid een uitzondering op de hoofdregel van art. 5 van het verdrag. Wel dienen daarbij tenminste twee dingen goed voor ogen te worden gehouden. In de eerste plaats is onder de werking van het Haags Kinderbeschermingsverdrag 1996 forumkeuze enkel mogelijk in het kader van een echtscheidingsprocedure. In andere vormen van forumkeuze, zoals met name de mogelijkheid van forumkeuze in zelfstandige procedures, voorziet het verdrag namelijk niet (en dus evenmin art. 10). Onder de Verordening Brussel II-bis en onder de Verordening Brussel II-ter is dat anders. Zie namelijk art. 12 lid 3 en art. 12 lid 4 Brussel II-bis en art. 10 Brussel II-ter welke laatste bepaling, anders dan onder Brussel II-bis nog het geval is, wat betreft de mogelijkheid van forumkeuze geen onderscheid maakt tussen echtscheidingsprocedures en andere (zelfstandige) procedures. In de tweede plaats heeft voor de Nederlandse rechter art. 10 HKV 1996 enkel dan betekenis, indien het kind zijn gewoon verblijf heeft in een verdragsluitende staat buiten de EU. Heeft het kind namelijk zijn gewone verblijfplaats op het grondgebied van een EU-lidstaat, dan is, in geval van samenloop, in beginsel de Verordening Brussel II-bis respectievelijk de Verordening Brussel II-ter van toepassing. Zie immers art. 61 aanhef en onder a Brussel II-bis en art. 97 lid 1 sub a Brussel II-ter (vgl. ook art. 52 HKV 1996). In Hof Den Haag 16 juli 2014, ECLI:NL:GHDHA:2014:2775, ging het om een geval waarin het kind in kwestie inmiddels zijn gewone verblijfplaats had in Denemarken, een niet aan de Verordening Brussel II-bis maar wel aan het Haags Kinderbeschermingsverdrag 1996 gebonden staat. Het Hof oordeelde dat het aan art. 10 van het verdrag rechtsmacht ontleende om in de onderhavige zaak een beslissing over de ouderlijke verantwoordelijkheid te nemen op grond van de omstandigheid dat de vrouw, die op het moment van de aanvang van de procedure nog haar gewone verblijfplaats had in Nederland en (mede) de ouderlijke verantwoordelijkheid over de minderjarige droeg, hoger beroep bij het Hof Den Haag had ingesteld en de man ten aanzien van de ouderlijke verantwoordelijkheid bij dit hof incidenteel beroep had ingesteld. Daaruit maakte het Hof op dat de ouders de bevoegdheid van de Nederlandse rechter nog altijd aanvaardden (r.o. 11).

2. Bevoegdheid echtscheidingsrechter (lid 1). Uitsluitend in kader echtscheidingsprocedures. Art. 10 van het verdrag ziet op de op forumkeuze gebaseerde connexe bevoegdheid van, heel kort aangeduid, 'de echtscheidingsrechter' tot het nemen van beschermingsmaatregelen in de zin van het verdrag. In het kader van 'echtscheidingen' (zie voor de volledige en juiste omschrijving de aanhef van art. 10 HKV 1996) zal het daarbij veelal gaan om gezag en omgang. Zoals ook met zoveel woorden uit art. 3 aanhef en onder b blijkt, zijn dit voorbeelden van kinderbeschermingsmaatregelen in de zin van het verdrag. Buiten art. 10 voorziet het verdrag niet in de mogelijkheid van forumkeuze. In het Haags Kinderbeschermingsverdrag 1996 ontbreekt dus onder meer de mogelijkheid van een zelfstandige forumkeuze zoals voorzien in art. 12 lid 3 en 12 lid 4 Brussel II-bis, terwijl art. 10 Verordening Brussel II-ter in het geheel geen onderscheid maakt tussen echtscheidingsprocedures en andere (zelfstandige) procedures. Maar onder het Haags Kinderbeschermingsverdrag 1996 bestaat er dus enkel in het kader van echtscheidingsprocedures een beperkte mogelijkheid tot forumkeuze. **Formele reikwijdte.** Het kind dient in elk geval zijn gewone verblijfplaats te hebben op het grondgebied van een andere verdragsluitende staat dan die waar de echtscheidingsprocedure tussen de ouders van dat kind aanhangig is. Is aan deze voorwaarde niet voldaan, dan mist art. 10 van het verdrag hoe dan ook toepassing. Dat is (dus) ook het geval indien de gewone verblijfplaats van het kind niet kan worden vastgesteld c.q. wanneer het kind enkel een werkelijke verblijfplaats op het grondgebied van een verdragsluitende staat heeft (vgl. art. 6 van het verdrag). **Voorwaarden.** Heeft het kind wél zijn gewone verblijfplaats in een andere verdragsluitende staat dan die waar de echtscheidingsprocedure aanhangig is, dan stelt art. 10 vervolgens nog de volgende vijf voorwaarden aan de forumkeuze en daarmee aan de connexe bevoegdheid van de echtscheidingsrechter van een verdragsluitende staat tot het nemen van kinderbeschermingsmaatregelen: 1. het interne recht van de staat van de echtscheidingsrechter voorziet in een connexe bevoegdheid van de echtscheidingsrechter tot het treffen van maatregelen ter bescherming van de persoon of het vermogen van het kind (zie voor Nederland art. 821 en 827 Rv; de eerste bepaling ziet op voorlopige voorzieningen, terwijl de tweede bepaling verband houdt met nevenvoorzieningen); 2. een van de ouders heeft op het tijdstip van de aanvang van de procedure zijn of haar gewone verblijfplaats op het grondgebied van de staat van de echtscheidingsrechter en daarmee gewone verblijfplaats op het grondgebied van de forumstaat; is hieraan voldaan, dan maakt een eventuele latere wijziging van de gewone verblijfplaats van deze ouder tijdens de echtscheidingsprocedure dit niet anders zodat ook dan nog steeds aan de voorwaarde is voldaan; 3. een van de ouders draagt de ouderlijke verantwoordelijkheid voor het kind; dat hoeft overigens niet dezelfde ouder te zijn als degene die zijn of haar gewone verblijfplaats heeft op het grondgebied van de staat van de echtscheidingsrechter en daarmee op het grondgebied van de forumstaat; 4. de bevoegdheid van de echtscheidingsrechter tot het nemen van kinderbeschermingsmaatregelen moet door alle bij de procedure betrokken partijen zijn aanvaard (eventueel ten processe) dus zowel door de ouder(s) als door enige andere persoon die de ouderlijke verantwoordelijkheid heeft ten aanzien van het kind; en 5. het belang van het kind moet bij de connexe bevoegdheid van de echtscheidingsrechter zijn gediend; dit zal bijv. in de regel het geval zijn wanneer partijen overeenstemming over de verzochte maatregel hebben bereikt (doordat zij bijv. het eens zijn geworden over de kwestie van de omgang). Nogmaals: aan alle voorwaarden dient te zijn voldaan!

3. Einde connexe bevoegdheid (lid 2). De ingevolge art. 10 lid 1 van het verdrag bestaande connexe bevoegdheid van de echtscheidingsrechter tot het nemen van kinderbeschermingsmaatregelen eindigt zodra de beslissing tot echtscheiding, scheiding van tafel en bed of de nietigverklaring van het huwelijk definitief is geworden (en daarmee in kracht van gewijsde is gegaan) of wanneer de procedure om een andere reden een einde heeft genomen (zoals in het geval van intrekking van het verzoek). Dit volgt uit art. 10 lid 2 van het verdrag. Met betrekking tot de strekking van de in art. 10 lid 2 HKV 1996 vervatte beperking van de bevoegdheid van de echtscheidingsrechter, te weten dat er een verband moet bestaan tussen de echtscheidingsprocedure en de verzochte maatregelen, oordeelde de Hoge Raad dat daaraan ook is voldaan indien het verzoek tot het treffen daarvan vóór het uitspreken van de echtscheiding is ingediend (HR 23 september 2016, ECLI:NL:HR:2016:2184; zie voor de bij deze uitspraak horende, door de Hoge Raad niet gevolgde conclusie van A-G Vlas ECLI:NL:PHR:2016:366). In overeenkomstige zin vermeldt het *Rapport Lagarde* (nr. 66) dat na het uitspreken van de echtscheiding geen nieuwe verzoeken met betrekking tot een kind meer aan de echtscheidingsrechter kunnen worden gericht. Onder 'beslissing' in de zin van art. 10 lid 2 kan zowel een toewijzende áls een afwijzende beslissing worden verstaan. De lex fori van de aangezochte rechter oftewel het eigen recht van de rechter die de zaak beoordeelt bepaalt, zo volgt uit het *Rapport Lagarde*, of en, zo ja, wanneer een beslissing definitief is geworden (anders geformuleerd: in kracht van gewijsde is gegaan) dan wel bepaalt of de procedure om een andere reden is geëindigd. In geval men na de echtscheidingsprocedure wijziging van een door de echtscheidingsrechter op de voet van art. 10 genomen maatregel ter bescherming van de persoon of het vermogen van het kind wenst, kan de betrokken belanghebbende daartoe enkel (nog) een verzoek indienen bij een administratieve of rechterlijke autoriteit die krachtens art. 5, 6, 7, 8 of 9 van het verdrag bevoegd blijkt te zijn. In zo'n geval staat de weg van art. 10 van het verdrag dus niet langer open!

Artikel 11

1. In alle spoedeisende gevallen zijn de autoriteiten van iedere Verdragsluitende Staat op welks grondgebied het kind of vermogen van het kind zich bevindt, bevoegd om alle noodzakelijke beschermende maatregelen te nemen.

2. De maatregelen die ingevolge het voorgaande lid zijn genomen ten aanzien van een kind dat zijn gewone verblijfplaats heeft in een Verdragsluitende Staat houden op van kracht te zijn zodra de krachtens de artikelen 5 tot en met 10 bevoegde autoriteiten de door de omstandigheden vereiste maatregelen hebben genomen.

3. De maatregelen die ingevolge het eerste lid zijn genomen ten aanzien van een kind dat zijn gewone verblijfplaats heeft in een niet-Verdragsluitende Staat houden op van kracht te zijn in elke Verdragsluitende Staat zodra de door de omstandigheden vereiste maatregelen, welke zijn genomen door de autoriteiten van een andere Staat, in de betrokken Verdragsluitende Staat worden erkend.

[19-10-1996, Trb. 299, i.w.tr. 01-01-2002]

[Spoedeisende gevallen]

1. Algemeen. Art. 11 HKV 1996 geeft aan de autoriteiten van elke verdragsstaat de bevoegdheid tot het nemen van beschermingsmaatregelen in spoedeisende gevallen, waardoor dus in noodgevallen de noodzakelijke beschermingsmaatregelen kunnen worden getroffen. Anders geformuleerd: het gaat bij art. 11 HKV 1996 om spoedeisende gevallen waarin het noodzakelijk is om beschermende maatregelen te nemen. Bevoegd tot het nemen van beschermingsmaatregelen zoals bedoeld in art. 11 HKV 1996 zijn de autoriteiten van de staat waar het kind aanwezig is (en zich daarmee dus tijdelijk op het grondgebied van die staat bevindt) of de autoriteiten van de staat waar het kind vermogen heeft, zelfs indien wordt betwist dat dit vermogen aan het kind in kwestie toebehoort (zie nader *Rapport Lagarde*, nr. 70). Art. 11 HKV 1996 is ook van toepassing als het kind zijn gewone verblijfplaats niet heeft op het grondgebied van een bij het Haags Kinderbeschermingsverdrag 1996 aangesloten staat (zie bijv. Hof Arnhem-Leeuwarden 3 december 2020, ECLI:NL:GHARL:2020:10106; vgl. verder ook A-G Vlas in zijn conclusie vóór onder meer HR 5 maart 2021, ECLI:NL:PHR:2020:1033). De genomen beschermingsmaatregelen verliezen hun gelding, zodra de op grond van art. 5-10 HKV 1996 bevoegde autoriteiten de door de omstandigheden vereiste maatregelen hebben genomen of, als dat geval zich voordoet, zodra de maatregelen van de autoriteiten van een niet-verdragsluitende staat in de betrokken verdragsstaat kunnen worden erkend. Zie, voor het geval dat, bij gebrek aan een internationale regeling of wettelijke grondslag, op basis van het commune internationaal privaatrecht moet worden beoordeeld of de maatregelen in Nederland kunnen worden erkend: HR 26 september 2014, ECLI:NL:HR:2014:2838, met name r.o. 3.6.4; HR 18 januari 2019, ECLI:NL:HR:2019:54, en HR 16 juli 2021, ECLI:NL:HR:2021:1170.

2. Bevoegdheid (lid 1). De autoriteiten van elke bij het Haags Kinderbeschermingsverdrag 1996 aangesloten staat zijn bevoegd tot het nemen van beschermingsmaatregelen in spoedeisende gevallen. Dit blijkt uit art. 11 lid 1. Deze bevoegdheidsbepaling is van belang in die gevallen, waarin de bevoegdheid tot het treffen van beschermingsmaatregelen niet kan worden gebaseerd op bijv. art. 5, de hoofdregel van het verdrag. Immers, art. 5 omvat (evenals de andere 'gewone' bevoegdheidsregels van het verdrag zoals bijv. art. 6) mede in de bevoegdheid in alle spoedeisende gevallen. Overigens dient te worden bedacht dat, vanuit Nederlands perspectief, art. 11 HKV 1996 alleen dan voor toepassing in aanmerking komt, indien het kind zijn gewone verblijfplaats *niet* in een EU-staat heeft en zich tijdelijk in Nederland bevindt. In geval van samenloop heeft de Verordening Brussel II-bis respectievelijk de Verordening Brussel II-ter namelijk voorrang boven het Haags Kinderbeschermingsverdrag 1996 (vgl. art. 61 aanhef en onder a Brussel II-bis en art. 97 Brussel II-ter; zie ook art. 52 HKV 1996).

3. Spoedeisende gevallen. Art. 11 noch enige andere bepaling van het Haags Kinderbeschermingsverdrag 1996 omschrijft wat in het kader van het verdrag onder 'spoedeisende gevallen' moet worden verstaan. Toch betreft het hier een essentieel begrip. Het gaat in het kader van art. 11 immers om een regeling van de bevoegdheid tot het treffen van beschermingsmaatregelen in spoedeisende gevallen. Wil er sprake zijn van een spoedeisend geval als bedoeld in art. 11 dan dient de situatie van dien aard te zijn, dat die een afwijking van de normale regel rechtvaardigt zoals in het bijzonder in het geval van een risico van onherstelbare schade voor het kind in kwestie. Het begrip 'spoedeisend' dient daarom vrij eng te worden opgevat (zie ook het *Rapport Lagarde*, nr. 68). Daarbij zal het spoedeisend karakter van de situatie in elk concreet geval bepalen welke beschermingsmaatregelen zijn aangewezen (vgl. het *Rapport Lagarde*, nr. 70). Voorbeelden van zaken waarin er sprake is van "spoedeisende" gevallen zijn onder meer het geval dat beperkt houdbare goederen van het kind snel moeten worden verkocht, het geval dat het kind zich buiten de staat van zijn normale verblijfplaats bevindt en een medische behandeling noodzakelijk is om zijn leven te redden en de ouderlijke toestemming voor de behandeling niet kan worden verkregen, en het geval dat het kind contact heeft met een ouder die woonachtig is buiten de staat waar het kind zijn gewone verblijfplaats heeft waarbij het kind beweert dat die ouder hem fysiek of seksueel heeft misbruikt zodat het contact onmiddellijk moet worden opgeschort en/of het kind tijdelijk elders moet worden opgevangen. In de kern van zaak heeft, zo volgt uit het voorgaande, art. 11 dus in elk geval betrekking op situaties waarin met spoed maatregelen moeten worden genomen om de gezondheid en/of de veiligheid van een kind te waarborgen, en waarin niet kan worden afgewacht totdat de rechter die ten gronde bevoegd is de noodzakelijke maatregelen met betrekking tot dat kind heeft kunnen nemen.

4. Geldigheidsduur van de maatregel (lid 2). Een krachtens art. 11 lid 1 van het verdrag genomen maatregel met betrekking tot een kind dat zijn gewone verblijfplaats heeft in een bij het Haags Kinderbeschermingsverdrag 1996 aangesloten staat wordt in alle overige verdragsluitende staten erkend. Een dusdanige maatregel houdt echter op van kracht te zijn, zodra de krachtens art. 5-10 Haags Kinderbeschermingsverdrag 1996 bevoegde autoriteiten de door de omstandigheden vereiste maatregelen hebben genomen. In zo'n geval is er geen reden de genomen noodmaatregelen te handhaven.

5. Geldigheidsduur van de maatregel (lid 3). Een krachtens art. 11 lid 1 van het verdrag genomen maatregel met betrekking tot een kind dat niet zijn gewone verblijfplaats heeft in een bij het Haags Kinderbeschermingsverdrag 1996 aangesloten staat, houdt op van kracht te zijn zodra de door de omstandigheden vereiste maatregelen van de autoriteiten van een niet-verdragsluitende staat in de betrokken verdragsstaat kunnen worden erkend op grond van de in die verdragsstaat geldende regels van internationaal privaatrecht. Ook dan bestaat er geen reden de genomen noodmaatregelen te handhaven. Zie voor het geval dat, bij gebrek aan een internationale regeling of wettelijke grondslag, op basis van het commune internationaal privaatrecht moet worden beoordeeld of de maatregelen in Nederland kunnen worden erkend: HR 26 september 2014, ECLI:NL:HR:2014:2838, met name r.o. 3.6.4; HR 18 januari 2019, ECLI:NL:HR:2019:54, en HR 16 juli 2021, ECLI:NL:HR:2021:1170. Het spreekt voor zich dat voor een (onderzoek naar) de erkenning van de uitspraak van de rechter uit een andere staat slechts aanleiding is als in die uitspraak de *door de omstandigheden vereiste maatregelen* zijn genomen (zie voor een voorbeeld uit de Nederlandse rechtspraak waarbij er geen aanleiding was voor dergelijk onderzoek, de conclusie van A-G Vlas vóór onder meer HR 5 maart 2021, ECLI:NL:PHR:2020:1033, nrs. 3.18 tot en met 3.22).

Artikel 12

1. Onverminderd het bepaalde in artikel 7 zijn de autoriteiten van een Verdragsluitende Staat op het grondgebied waarvan het kind of vermogen van het kind zich bevindt, bevoegd om ter bescherming van diens persoon of vermogen voorlopige maatregelen te nemen waarvan de territoriale werking beperkt is tot de betrokken Staat, voor zover dergelijke maatregelen niet onverenigbaar zijn met maatregelen die reeds door de ingevolge de artikelen 5 tot en met 10 bevoegde autoriteiten zijn genomen.
2. De ingevolge het voorgaande lid genomen maatregelen ten aanzien van een kind dat zijn gewone verblijfplaats heeft in een Verdragsluitende Staat houden op van kracht te zijn zodra de ingevolge de artikelen 5 tot en met 10 bevoegde autoriteiten een beslissing hebben genomen betreffende beschermende maatregelen die door de omstandigheden vereist zijn.
3. De ingevolge het eerste lid genomen maatregelen ten aanzien van een kind dat zijn gewone verblijfplaats heeft in een niet-Verdragsluitende Staat houden op van kracht

te zijn in de Verdragsluitende Staat waar de maatregelen zijn genomen, zodra door de omstandigheden vereiste maatregelen welke zijn genomen door de autoriteiten van een andere Staat, in de betrokken Verdragsluitende Staat worden erkend.
[19-10-1996, Trb. 299, i.w.tr. 01-01-2002]

[Voorlopige beschermingsmaatregelen]

1. Algemeen. Art. 12 Haags Kinderbeschermingsverdrag 1996 kent aan de autoriteiten van de verdragsstaten waar het kind zich bevindt de bevoegdheid toe tot het treffen van voorlopige maatregelen ter bescherming van de persoon of het vermogen van het kind, wanneer er geen sprake is van spoedeisende gevallen. Voor spoedeisende gevallen bevat art. 11 Haags Kinderbeschermingsverdrag 1996 immers al een bevoegdheidsregeling. Dit betekent dus tevens dat het Haags Kinderbeschermingsverdrag 1996 een onderscheid maakt tussen spoedeisende gevallen (daarop ziet de bevoegdheidsregeling van art. 11) en gevallen waarin een voorlopige maatregel wordt verzocht (daarop ziet de bevoegdheidsregeling van art. 12). Art. 12 beoogt bescherming te bieden aan kinderen die voor een verblijf van beperkte duur in het buitenland verblijven, zoals bijv. in het geval van vakantie of bij een studieverblijf. Zonder dat er sprake is van een noodsituatie of spoedeisend geval, kan het bijv. nodig zijn dergelijke kinderen in een ander gezin te plaatsen, onder toezicht van de plaatselijke instanties voor maatschappelijk werk (zie voor voorbeelden van verzoeken die als voorlopige maatregelen ter bescherming van de persoon van het kind zoals bedoeld in art. 12 HKV 1996 werden gekwalificeerd bijv. Hof Arnhem-Leeuwarden 13 juli 2021, ECLI:NL:GHARL:2021:6803). Daarbij geldt, evenmin als eerder het geval bleek bij art. 11 van het verdrag, *niet* de eis dat het kind zijn gewone verblijfplaats heeft in een staat die bij het Haags Kinderbeschermingsverdrag 1996 is aangesloten. Overigens is, zoals hieronder nog zal blijken, de werking van art. 12 in een aantal andere opzichten beperkt.

2. Bevoegdheid (lid 1). Blijkens art. 12 lid 1 zijn de autoriteiten van de verdragsstaat waar een kind zich (tijdelijk) bevindt, bevoegd om ter bescherming van de persoon of het vermogen van dat kind voorlopige maatregelen te nemen. De werking van deze maatregelen is echter beperkt. In de eerste plaats namelijk hebben de krachtens art. 12 genomen maatregelen beperkte territoriale werking in die zin, dat de voorlopige maatregelen uitsluitend gelden binnen het territoir van de staat waar deze maatregelen zijn genomen. In de tweede plaats vindt art. 12 geen toepassing in het geval van kinderontvoering. Dit betekent dat de autoriteiten van de verdragsstaat waar het kind zich (tijdelijk) bevindt als gevolg van een ontvoering, niet met een beroep op art. 12 voorlopige maatregelen mogen nemen. Overigens mogen deze autoriteiten zo mogelijk wel spoedeisende maatregelen als bedoeld in art. 11 van het verdrag treffen. In de derde plaats mogen de op de voet van art. 12 te nemen voorlopige maatregelen niet onverenigbaar zijn met maatregelen die reeds door de ingevolge art. 5-10 bevoegde autoriteiten zijn genomen. Heeft bijv. een krachtens art. 5 bevoegde autoriteit een voorlopige beschermingsmaatregel genomen, dan heeft, anders dan bij art. 12 het geval is, een dusdanige maatregel geen beperkte territoriale werking. Zij dient dus in de andere verdragsluitende staten in beginsel erkend te worden. Overigens dient te worden bedacht dat, vanuit Nederlands perspectief, art. 12 Haags Kinderbeschermingsverdrag 1996 alleen dan voor toepassing in aanmerking komt, indien het kind zijn gewone verblijfplaats niet in een EU-staat heeft, althans niet in een staat waar de Verordening Brussel II-bis of de Verordening Brussel II-ter van toepassing is en het kind zich tijdelijk in Nederland bevindt.

3. Geldigheidsduur van de maatregel ingeval kind in verdragsluitende staat (lid 2). De krachtens art. 12 lid 1 Haags Kinderbeschermingsverdrag 1996 genomen maatregelen verliezen hun werking en houden daarmee dus op van kracht te zijn, zodra de krachtens art. 5-10 bevoegde autoriteiten 'een beslissing hebben genomen', dat wil zeggen zich hebben uitgesproken over de beschermende maatregelen die door de omstandigheden vereist zijn. Daarmee wijkt de formulering van art. 12 lid 2 enigszins af van die van art. 11 lid 2 van het verdrag. De aan deze enigszins afwijkende formulering van art. 12 lid 2 ten grondslag liggende idee is, dat de mogelijkheid bestaat dat de normaal bevoegde autoriteiten, na de situatie te hebben onderzocht, uiteindelijk van oordeel zijn dat geen enkele maatregel dient te worden genomen. In dat geval is er geen reden meer voor het voortbestaan van maatregelen die op grond van art. 12 Haags Kinderbeschermingsverdrag 1996 zijn genomen.

4. Geldigheidsduur van de maatregel ingeval kind niet in verdragsluitende staat (lid 3). Art. 12 lid 3 ziet op de geldigheidsduur van voorlopige beschermingsmaatregelen wanneer het kind niet zijn gewone verblijfplaats heeft in een bij het Haags Kinderbeschermingsverdrag 1996 aangesloten staat.

Artikel 13

1. De autoriteiten van een Verdragsluitende Staat die ingevolge de artikelen 5 tot en met 10 bevoegd zijn maatregelen te nemen ter bescherming van de persoon of het vermogen van het kind dienen zich te onthouden van het uitoefenen van deze bevoegdheid indien, op het tijdstip van de aanvang van de procedure, om overeenkomstige maatregelen is verzocht aan de ingevolge de artikelen 5 tot en met 10 op het tijdstip van het verzoek bevoegde autoriteiten van een andere Verdragsluitende Staat en deze nog in beraad zijn.

2. Het in het voorgaande lid bepaalde is niet van toepassing indien de autoriteiten aan wie het verzoek om maatregelen aanvankelijk is voorgelegd, van hun bevoegdheid hebben afgezien.

[19-10-1996, Trb. 299, i.w.tr. 01-01-2002]

[Geen maatregelen nemen]

1. Algemeen. De strekking van art. 13 HKV 1996 is om, met als achterliggend doel voor erkenning vatbare tegenstrijdige beslissingen te voorkomen (vgl. ook het *Rapport Lagarde*, nr. 78), positieve bevoegdheidsconflicten op te lossen in situaties, waarin 1. gelijktijdig procedures aanhangig zijn in twee of meer staten die partij zijn bij het Haags Kinderbeschermingsverdrag 1996 in welke procedures een voor erkenning vatbare beslissing *ten gronde* wordt verzocht, en 2. in welke procedures met betrekking tot hetzelfde kind en op dezelfde gronden overeenkomstige beschermingsmaatregelen worden verzocht. Art. 13 vereist dus niet dat in beide procedures dezelfde partijen betrokken zijn. Wel vereist art. 13 dat, wil deze litispendentieregel van toepassing zijn, in (al) de betrokken staten door de aangezochte autoriteiten rechtsmacht kan worden ontleend aan art. 5-10 HKV 1996 (zie voor een geval waarin de Nederlandse rechter oordeelde dat aan deze voorwaarde niet was voldaan, Hof Amsterdam 5 juni 2018, ECLI:NL:GHAMS:2018:2145). Zo bezien betekent dit dus, dat art. 13 HKV 1996 hoe dan ook is beperkt tot situaties waarin gelijktijdig procedures aanhangig zijn in twee of meer staten die partij zijn bij het HKV 1996. Bovendien geldt, reeds gelet op de bewoordingen ervan, art. 13 HKV 1996 enkel wanneer in deze procedures rechtsmacht kan worden ontleend aan de art. 5-10 HKV 1996. Anders geformuleerd: reeds omdat art. 13 HKV 1996 *niet* verwijst naar art. 11 HKV 1996 kunnen op basis van laatstgenoemde bepaling ook spoedeisende voorlopige maatregelen worden genomen wanneer bijv. in een andere verdragsstaat al een procedure ten gronde aanhangig is. Voor bijv. zo'n situatie is art. 13 HKV 1996 namelijk niet bedoeld. Vanuit Nederlands perspectief is art. 13 HKV 1996 van toepassing wanneer de parallelle procedure eerder aanhangig is gemaakt in een staat buiten de EU die partij is bij het Haags Kinderbeschermingsverdrag 1996 (vgl. ook HR 12 januari 2018, ECLI:NL:HR:2018:31, r.o. 3.5). Blijkt dat het geval te zijn, dan zetten de autoriteiten die het eerst zijn aangezocht in beginsel de behandeling van de zaak voort.

2. Litispendentie (lid 1). Het komt voor dat in verschillende staten procedures aanhangig zijn waarin ten aanzien van hetzelfde kind en op dezelfde gronden overeenkomstige beschermingsmaatregelen worden verzocht. Een voorbeeld hiervan is het geval dat zowel de echtscheidingsrechter als de rechter van de staat van de gewone verblijfplaats van het kind is verzocht om over het gezag van dit kind te beslissen. De kans bestaat dan, dat de echtscheidingsrechter vervolgens een beslissing geeft die onverenigbaar is met de beslissing die de rechter van de staat van de gewone verblijfplaats van het kind zal gaan geven. Dat geeft (des te meer) problemen als in beide procedures om een voor erkenning vatbare beslissing ten gronde wordt verzocht. Betreft het nu procedures die gelijktijdig aanhangig zijn in twee of meer staten die partij zijn bij het Haags Kinderbeschermingsverdrag 1996 waarbij bovendien de parallelle procedure eerder aanhangig is gemaakt in een staat buiten de EU die partij is bij het Haags Kinderbeschermingsverdrag 1996, dan biedt art. 13 HKV 1996 uitkomst. In zo'n geval dient, indien althans in (al) de betrokken staten bevoegdheid kan worden ontleend aan het bepaalde in art. 5-10 HKV 1996, de laatst aangezochte rechter zich ervan te onthouden op het verzoek te beslissen. Daarbij hanteert art. 13 HKV 1996 als het maatgevende tijdstip dat van de aanvang van de (tweede) procedure. Art. 13 HKV 1996 geeft voorrang aan de autoriteiten van de verdragsstaat waar de procedure het eerst aanhangig is gemaakt. Heeft de eerst aangezochte autoriteit de beslissing reeds genomen, dan gaat het niet (langer) om een kwestie van litispendentie maar daarentegen om de vraag van de werking in een verdragsstaat van een maatregel die in een andere verdragsstaat is genomen. En een geval van litispendentie kan zich uiteraard niet voordoen, wanneer bijv. enerzijds de echtscheidingsrechter wordt verzocht om over het gezag van een bepaald te kind te beslissen, maar anderzijds de rechter van de gewone verblijfplaats van datzelfde kind wordt verzocht om een maatregel ter bescherming van diens vermogen, zoals het doen van een bepaalde investering, te nemen. Het moet immers niet alleen om hetzelfde kind, maar tevens om dezelfde beschermingsmaatregelen (in parallelle procedures) gaan. In het geval dat een parallelle procedure aanhangig is voor zowel de autoriteit van een bij het Haags Kinderbeschermingsverdrag 1996 aangesloten staat als de autoriteit van een niét bij het Haags Kinderbeschermingsverdrag 1996 aangesloten staat, kan, vanuit Nederlands perspectief, worden teruggevallen op art. 12 Rv. Art. 13 HKV 1996 is, zoals hierboven al bleek, dan namelijk niet van toepassing (vgl. ook HR 12 januari 2018,

ECLI:NL:HR:2018:31, r.o. 3.5; de Hoge Raad oordeelde onder meer dat in deze zaak aan art. 13 HKV 1996 reeds geen betekenis toekwam nu India, anders dan Nederland, geen partij is bij het HKV 1996). Anders dan art. 13 HKV 1996 verlangt art. 12 Rv overigens wel dat in beide procedures dezelfde partijen zijn betrokken.

3. Afzien van bevoegdheid (lid 3). Mogelijk dat de autoriteiten aan wie het verzoek om maatregelen ter bescherming van de persoon of het vermogen van het kind aanvankelijk is voorgelegd, van hun bevoegdheid besluiten af te zien. In zo'n geval hoeft de later aangezochte autoriteit zich niet noodzakelijkerwijs van een beslissing te onthouden. Het in art. 13 lid 1 bepaalde is dan niet (langer) van toepassing, zo maakt art. 13 lid 2 duidelijk. Een belangrijke reden voor de eerst aangezochte autoriteit om (eenzijdig) van zijn bevoegdheid af te zien ten gunste van de laatst aangezochte autoriteit zou bijv. kunnen zijn, dat het belang van het kind in kwestie hiermee wordt gediend. Dat het belang van het kind bij de toepassing van het Haags Kinderbeschermingsverdrag 1996 steeds voorop dient te staan, blijkt reeds uit de preambule bij dit verdrag.

4. De Verordening Brussel II-ter. Met ingang van 1 augustus 2022 is de Verordening Brussel II-ter van toepassing (zie art. 105 lid 2 Brussel II-ter en voor de verhouding tot de Verordening Brussel II-bis art. 100 Brussel II-ter). In art. 97 lid 2 sub c Verordening Brussel II-ter wordt verwezen naar art. 13 HKV 1996. Deze bepaling beoogt het litispendentieprobleem op te lossen voor het geval dat twee (of meer) procedures aanhangig zijn gemaakt, waarbij de eerste procedure aanhangig is gemaakt in een bij het Haags Kinderbeschermingsverdrag 1996 aangesloten staat waar de Verordening Brussel II-ter niet van toepassing is en de tweede procedure aanhangig is gemaakt in een staat waar zowel de Verordening Brussel II-ter van toepassing is als het Haags Kinderbeschermingsverdrag 1996 van kracht is. Bedacht dient dat art. 20 lid 2 Verordening Brussel II-ter op bijv. zo'n geval niet ziet, omdat deze bepaling enkel betrekking heeft op procedures die aanhangig zijn voor gerechten van verschillende *lidstaten*. Vandaar art. 97 lid 2 sub c Brussel II-ter.

Artikel 14

De maatregelen die met toepassing van de artikelen 5 tot en met 10 zijn genomen blijven van kracht overeenkomstig het daarin bepaalde, ook indien een verandering in de omstandigheden de grond waarop de bevoegdheid was gebaseerd, heeft weggenomen, zolang de krachtens het Verdrag bevoegde autoriteiten deze maatregelen niet hebben gewijzigd, vervangen of beëindigd.

[19-10-1996, Trb. 299, i.w.tr. 01-01-2002]

[Geldigheid maatregelen]

1. Algemeen. Art. 14 ziet, teneinde te bewerkstelligen dat het kind blijvend wordt beschermd, op het voortbestaan van maatregelen die door de bevoegde autoriteit zijn genomen. Blijkens deze bepaling namelijk blijven de maatregelen die zijn genomen door de ingevolge art. 5-10 Haags Kinderbeschermingsverdrag 1996 bevoegde autoriteiten van kracht, ook wanneer de omstandigheden waarop deze autoriteiten hun bevoegdheid hebben gebaseerd inmiddels zijn veranderd, zolang de krachtens het Haags Kinderbeschermingsverdrag 1996 bevoegde autoriteiten deze maatregelen niet hebben gewijzigd, vervangen of beëindigd. Gaat het om maatregelen die zijn genomen door de ingevolge art. 11 of 12 Haags Kinderbeschermingsverdrag 1996 bevoegde autoriteiten, dan mist art. 14 toepassing maar gelden art. 11 lid 2 en 3, respectievelijk art. 12 lid 2 en 3. En indien de gewone verblijfplaats van het kind wordt verplaatst naar een andere verdragsluitende staat, beheerst het recht van de nieuwe verblijfplaats vanaf het moment van de verplaatsing de wijze van uitvoering van de in de staat van de vorige verblijfplaats van het kind genomen maatregelen. Dat volgt uit art. 15 lid 3 Haags Kinderbeschermingsverdrag 1996.

2. Geldigheid maatregelen. Blijkens art. 14 blijven de maatregelen die zijn genomen door de ingevolge art. 5-10 van het Haags Kinderbeschermingsverdrag 1996 bevoegde autoriteiten van kracht, ook wanneer de omstandigheden waarop deze autoriteiten hun bevoegdheid hebben gebaseerd inmiddels zijn veranderd, zolang de krachtens het Haags Kinderbeschermingsverdrag 1996 bevoegde autoriteiten deze maatregelen niet hebben gewijzigd, vervangen of beëindigd. Het voortbestaan van de maatregelen is noodzakelijk teneinde de continuïteit van de bescherming van het kind in kwestie te verzekeren. Als bijv. een voogd is benoemd door de autoriteiten van de eerste gewone verblijfplaats van het kind, is het, om te bewerkstelligen dat het kind blijvend wordt beschermd, nodig dat die voogd zijn taak kan blijven uitoefenen indien het kind elders zijn gewone verblijfplaats krijgt. Uiteraard zijn de autoriteiten van de staat van de nieuwe gewone verblijfplaats van het kind voortaan bevoegd om beschermingsmaatregelen ten aanzien van dit kind te nemen (zie immers art. 5 lid 2 Haags Kinderbeschermingsverdrag 1996), maar zolang zij nog geen maatregelen hebben genomen, blijven de vóór de verandering van de gewone verblijfplaats genomen maatregelen van kracht, teneinde de continuïteit van de bescherming te verzekeren (zo ook bijv. Hof Amsterdam 10 september 2019, ECLI:NL:GHAMS:2019:3358).

3. Verandering in de omstandigheden. Art. 14, eerste zinsnede, Haags Kinderbeschermingsverdrag 1996 refereert aan een 'verandering van omstandigheden' waardoor de grond waarop de bevoegdheid was gebaseerd, is weggenomen. Daarmee wordt gedoeld op een wijzing van de omstandigheden waarop de bevoegdheid van de autoriteiten die de oorspronkelijke beschermingsmaatregel hebben genomen, is gebaseerd. In het geval van bijv. de art. 5 en 6 Haags Kinderbeschermingsverdrag 1996 zal deze wijziging neerkomen op de verandering van de gewone verblijfplaats van het kind, respectievelijk de werkelijke verblijfplaats van het kind. En bij bijv. art. 10 Haags Kinderbeschermingsverdrag 1996 bestaat de wijziging van omstandigheden in het eindigen van de echtscheidingsprocedure (zie voor meer voorbeelden het Rapport Lagarde, bij nr. 82).

HOOFDSTUK III
Toepasselijk recht

[Inleidende opmerkingen]

Betekenis. De Verordening Brussel II-bis noch de Verordening Brussel II-ter en evenmin de Uitvoeringswet internationale kinderbescherming of enige andere Nederlandse wet (vgl. art. 10:113 BW) geeft (rechtstreeks) aan, welk recht van toepassing is op kwesties van ouderlijke verantwoordelijkheid en bescherming van kinderen. Dit ligt anders bij het HKV 1996. Deze regeling bevat namelijk wél verwijzingsregels met betrekking tot de vraag, welk recht(stelsel) moet worden toegepast op kwesties van ouderlijke verantwoordelijkheid en bescherming van kinderen. Daarmee is het grote praktische belang van hoofdstuk III HKV 1996, waarvan art. 15 deel uitmaakt, gegeven. Bovendien dient bedacht dat de in het HKV 1996 neergelegde verwijzingsregels een universeel formeel toepassingsgebied hebben. Dit blijkt uit art. 20 HKV 1996. Uit die bepaling valt immers op te maken dat de bepalingen van hoofdstuk III HKV 1996, dat zijn art. 15-22, óók van toepassing zijn, indien het door deze bepalingen aangewezen recht het recht is van een staat die niet een verdragsluitende staat is. Daarbij is het uitgangspunt dat onder "recht" het in een verdragsluitende staat of niet-verdragsluitende staat geldende interne recht wordt verstaan (zie verder art. 21 HKV 1996). Overigens bevat ook het HKV 1961 verwijzingsregels, maar in de praktijk zullen nagenoeg altijd de verwijzingsregels van het HKV 1996 van toepassing blijken te zijn (vgl. ook art. 51 HKV 1996). Van deze verwijzingsregels nu vormt art. 15 HKV 1996 de hoofdregel. Deze bepaling, art. 15 HKV 1996 dus, is van overeenkomstige toepassing wanneer de rechtsmacht van de Nederlandse rechter niet op hoofdstuk II HKV 1996 berust (dat zijn de art. 5 e.v.), maar op de Verordening Brussel II-bis, de Verordening Brussel II-ter of het commune internationaal bevoegdheidsrecht. In dit verband dient onder meer te worden bedacht dat Boek 10 BW zelf geen verwijzingsregels bevat wat betreft het onderwerp "Ouderlijke verantwoordelijkheid en bescherming van kinderen". Immers, art. 10:113 BW maakt onder meer de rechtspraktijk slechts opmerkzaam op het bestaan van een aantal regelingen op dit terrein. Gelukkig hebben de verwijzingsregels van het Haags Kinderbeschermingsverdrag 1996 een universeel formeel toepassingsgebied zodat het niet uitmaakt, dat mogelijk het recht van een niet bij het Haags Kinderbeschermingsverdrag 1996 op de verzochte beschermingsmaatregel van toepassing zal blijken te zijn. Zo bezien, behoeft Boek 10 BW voor dit soort van gevallen dan ook zelf geen verwijzingsregels te bevatten en volstaat de signaleringsfunctie van art. 10:113 BW.

Artikel 15

1. De autoriteiten van de Verdragsluitende Staten oefenen de bevoegdheid die hun ingevolge het bepaalde in Hoofdstuk II is toegekend uit onder toepassing van hun interne recht.
2. Zij kunnen echter, inzoverre de bescherming van de persoon of het vermogen van het kind dit vereist, bij wijze van uitzondering het recht van een andere Staat waarmee de omstandigheden nauw verband houden, toepassen of daarmee rekening houden.
3. Indien de gewone verblijfplaats van het kind wordt verplaatst naar een andere Verdragsluitende Staat, beheerst het recht van die andere Staat vanaf het moment van de verplaatsing de wijze van uitvoering van de in de Staat van de vorige gewone verblijfplaats genomen maatregelen.
[19-10-1996, Trb. 299, i.w.tr. 01-01-2002]

[Autoriteiten gehouden aan intern recht]

1. De hoofdregel (lid 1). Blijkens art. 15 lid 1 HKV 1996 oefenen de autoriteiten van de verdragsluitende staten de bevoegdheid die hun ingevolge hoofdstuk II (dat zijn art. 5-12) is toegekend uit onder toepassing van hun interne recht. Als gevolg van deze bepaling treedt dus 'samenval' of 'Gleichlauf' op. Immers, de aanwijzing van het toepasselijk recht is gekoppeld aan de bevoegdheid van de aangezochte instantie. Zo wordt op grond van de in art. 5 lid 1 HKV 1996 neergelegde primaire bevoegdheidsregel of hoofdregel bevoegdheid toegekend aan de rechterlijke of administratieve autoriteiten van de verdragsstaat van de gewone verblijfplaats van het kind. Toepassing van de hoofdregel van art. 15 lid 1 HKV 1996 leidt dan vervolgens tot toepassing van het (interne) recht van de gewone verblijfplaats van het kind. Zodoende past de aangezochte rechter zijn eigen recht, ook wel lex fori geheten, op de verzochte beschermingsmaatregelen toe. Daardoor ook vindt, nu de aanwijzing van het toepasselijk recht wordt gekoppeld aan de aanwijzing van de bevoegde rechter, er in zo'n geval samenval of "Gleichlauf" plaats. Daarmee, met samenval of "Gleichlauf", hebben de opstellers van het HKV 1996 het de aangezochte rechter gemakkelijk(er) willen maken. Die past nu immers het recht toe dat hij of zij het beste kent en waarmee hij of zij dus het meest is vertrouwd. Bovendien wordt, doordat de aangezochte rechter op de voet van art. 15 lid 1 HKV 1996 zijn eigen recht toepast, het mogelijk gemaakt dat, indachtig het beschermingsbeginsel, het kind in zijn belangen wordt beschermd overeenkomstig de maatstaven die gelden in zijn woon- en leefomgeving. En verder kunnen de genomen beschermingsmaatregelen eenvoudiger worden geëffectueerd, indien deze maatregelen hoofdzakelijk in de staat moeten worden uitgevoerd alwaar zij zijn genomen. Immers, de op grond van art. 15 lid 1 HKV 1996 genomen maatregelen stemmen in elk geval overeen met het recht van die staat doordat hierop de lex fori is toegepast. Voor de goede orde wordt hier nog eens opgemerkt dat art. 5 HKV 1996 voor de Nederlandse rechter in beginsel geen betekenis heeft. Immers, de Nederlandse rechter kan bevoegdheid ontlenen aan art. 8 Verordening Brussel II-bis of aan art. 7 Verordening Brussel II-ter als het kind zijn gewone verblijfplaats heeft in een staat waar de Verordening Brussel II-bis of de Verordening Brussel II-ter van toepassing is, dat is in dit voorbeeld Nederland. Zowel de Verordening Brussel II-bis als de Verordening Brussel II-ter heeft in zo'n geval in beginsel voorrang boven het Haags Kinderbeschermingsverdrag 1996. Zie nader art. 61 Brussel II-bis en art. 97 Verordening Brussel II-ter. Vgl. trouwens ook art. 52 HKV 1996 en voor de (temporele) verhouding tussen de Verordening Brussel II-bis en de Verordening Brussel II-ter art. 100 Brussel II-ter. Heeft het kind niet zijn gewone verblijfplaats in Nederland, maar bijv. in een staat waarvoor de Verordening Brussel II-bis niet van toepassing is en welke staat ook geen partij is bij het Haags Kinderbeschermingsverdrag 1996 zoals (op dit moment) de Verenigde Staten, dan kan de Nederlandse rechter mogelijk zijn rechtsmacht ontlenen aan bijv. art. 5 Rv in uitzonderlijke gevallen (zie Hof Den Haag 11 november 2020, ECLI:NL:GHDHA:2020:2116). Maar ook bij gebleken toepasselijkheid van bijv. art. 8 Verordening Brussel II-bis, art. 7 Verordening Brussel II-ter of art. 5 Rv zal de Nederlandse rechter in de meeste gevallen – zie namelijk ook de uitzondering van art. 15 lid 2 HKV 1996 waarover hierna – het eigen, Nederlandse recht kunnen toepassen als gevolg van de in art. 15 lid 1 HKV 1996 gemaakte koppeling tussen internationale bevoegdheid en toepasselijk recht. Zie voor wat voorbeelden uit de rechtspraak waarin art. 15 lid 1 HKV 1996 toepassing vond Hof Arnhem-Leeuwarden 4 augustus 2020, ECLI:NL:GHARL:2020:6195 (het betrof hier een kort geding), Hof Den Haag 11 november 2020, ECLI:NL:GHDHA:2020:2116 (in deze zaak ontleende de Nederlandse rechter rechtsmacht aan art. 5 Rv) en Hof Amsterdam 18 mei 2021, ECLI:NL:GHAMS:2021:1511 (in deze zaak ontleende de Nederlandse rechter rechtsmacht aan art. 8 Verordening Brussel II-bis).

2. De uitzondering (lid 2). De belangen van het kind in kwestie kunnen de rechter echter doen besluiten om bij wijze van uitzondering de in art. 15 lid 1 HKV 1996 neergelegde hoofdregel niet toe te passen en over te stappen op de andere, in art. 15 lid 2

HKV 1996 neergelegde conflictregel. Ingevolge art. 15 lid 2 namelijk is het de bevoegde autoriteiten 'bij wijze van uitzondering' toegestaan het recht van een andere staat 'waarmee de omstandigheden nauw verband houden' toe te passen of daarmee rekening te houden, in zoverre de bescherming van de persoon of het vermogen van het kind dit vereist. In het kader van art. 15 lid 2 kan het gaan om zowel het recht van een bij het HKV 1996 aangesloten staat als het recht van een niet bij het HVK 1996 aangesloten staat. Als voorbeeld van een geval waarin art. 15 lid 2 HKV 1996 toepassing zou kunnen vinden noemt het *Rapport Lagarde* het geval waarin een rechterlijke machtiging wordt gevraagd voor de verkoop van een in het buitenland gelegen, aan het kind toebehorende zaak, welke machtiging door de lex fori (dat is het eigen recht van de rechter die de zaak beoordeelt) niet wordt vereist. Ook kan bijv. worden gedacht aan het geval dat de aangezochte rechter het nationale recht van een buitenlands kind toepast wanneer te verwachten is dat het kind op korte termijn naar zijn land van herkomst zal terugkeren (zie voor meer voorbeelden *Asser/Vonken & Ibili 10-II* 2021/571). Overigens wordt, onder vermelding van een voorbeeld, in het *Rapport Lagarde* (bij nr. 89) gewaarschuwd voor een al te lichtvaardig gebruik van de exceptieclausule van art. 15 lid 2 HKV 1996. Een terughoudende toepassing van art. 15 lid 2 HKV 1996, welke bepaling is ingegeven door het belang van het kind, is dus geboden.

3. Wijziging gewone verblijfplaats (lid 3). Art. 15 lid 3 HKV 1996, welke bepaling in samenhang dient te worden gelezen met art. 5 lid 2, art. 14 en 23 HKV 1996, ziet op het geval dat de gewone verblijfplaats van het kind verandering ondergaat. Daarbij gaat het, gelet althans op de bewoordingen waarin art. 15 lid 3 is gesteld, om de verplaatsing van de gewone verblijfplaats van het kind van de ene bij het HKV 1996 aangesloten staat naar een andere bij het HKV 1996 aangesloten staat. Is daarvan sprake, dan heeft de verandering van de gewone verblijfplaats van het kind tot gevolg dat daarmee ook de bevoegdheid overgaat naar de autoriteiten van de nieuwe gewone verblijfplaats. Het is dan dus aan de autoriteiten van de nieuwe gewone verblijfplaats om te beslissen over eventuele te nemen kinderbeschermingsmaatregelen. Iets anders is dat de door de autoriteiten van de vroegere gewone verblijfplaats van het kind al genomen maatregelen in de staat van de nieuwe gewone verblijfplaats van het kind van kracht kunnen blijven, zij het dat de wijze van uitvoering van de door de autoriteiten van de vroegere gewone verblijfplaats van het kind genomen maatregelen vanaf het tijdstip van de verandering wordt beheerst door het recht van de nieuwe gewone verblijfplaats (vgl. ook art. 17 HKV 1996). Gedacht kan bijv. worden aan een voogdijmaatregel waarbij de voogd, anders dan onder het recht van de vroegere gewone verblijfplaats, onder het recht van de nieuwe gewone verblijfplaats van het kind niet langer een rechterlijke machtiging behoeft om namens het kind rechtshandelingen te verrichten. Daarmee is de voogdijmaatregel blijven gelden, maar is, als gevolg van de verandering van de gewone verblijfplaats van het kind, de wijze van uitvoering (oftewel de modaliteiten) van deze maatregel veranderd. Niet langer immers is een rechterlijke machtiging vereist. Overigens kunnen de autoriteiten van de nieuwe gewone verblijfplaats van het kind worden verzocht om nieuwe beschermingsmaatregelen te nemen (vgl. art. 5 lid 1 HKV 1996). Deze nieuwe beschermingsmaatregelen treden dan in voorkomend geval in de plaats van de oude, eerdere, beschermingsmaatregelen. De in art. 15 lid 3 HKV 1996 neergelegde oplossing, die zich naar de letter enkel uitstrekt tot verhuizingen naar andere verdragsstaten, kan eventueel ook uitkomst bieden in geval van verhuizing naar een niet-verdragsstaat.

Artikel 16

1. Het van rechtswege ontstaan of tenietgaan van ouderlijke verantwoordelijkheid, zonder tussenkomst van een rechterlijke of administratieve autoriteit, wordt beheerst door het recht van de Staat van de gewone verblijfplaats van het kind.

2. Het ontstaan of tenietgaan van ouderlijke verantwoordelijkheid door een overeenkomst of een eenzijdige rechtshandeling, zonder tussenkomst van een rechterlijke of administratieve autoriteit, wordt beheerst door het recht van de Staat waar het kind zijn gewone verblijfplaats heeft op het moment waarop de overeenkomst of de eenzijdige rechtshandeling van kracht wordt.

3. Het op grond van het recht van de Staat van de gewone verblijfplaats van het kind bestaande ouderlijke verantwoordelijkheid blijft bestaan na verplaatsing van die gewone verblijfplaats naar een andere Staat.

4. Indien de gewone verblijfplaats van het kind wordt verplaatst, wordt het van rechtswege ontstaan van ouderlijke verantwoordelijkheid van een persoon die deze verantwoordelijkheid niet reeds heeft, beheerst door het recht van de Staat van de nieuwe gewone verblijfplaats.

[19-10-1996, Trb. 299, i.w.tr. 01-01-2002]

[Ouderlijke verantwoordelijkheid]

1. Algemeen. Ouderlijke verantwoordelijkheid kan ook zonder tussenkomst van een rechterlijke of administratieve autoriteit ontstaan of tenietgaan. Ook van rechtswege kan een dergelijke verantwoordelijkheid namelijk ontstaan of tenietgaan. In zo'n geval spreekt men ook wel van 'ex lege-verhoudingen'. Verder is het denkbaar dat ouderlijke verantwoordelijkheid ontstaat of tenietgaat door een overeenkomst of een eenzijdige rechtshandeling. Voor dit soort van situaties, dat wil zeggen situaties zonder — actieve of interveniërende — tussenkomst van een rechterlijke of administratieve autoriteit, geeft art. 16 Haags Kinderbeschermingsverdrag 1996 een conflictregeling. Daarbij ziet art. 16 lid 1 op ex lege-verhoudingen, terwijl art. 16 lid 2 betrekking heeft op ouderlijke verantwoordelijkheid die ontstaat of tenietgaat door een overeenkomst of een eenzijdige rechtshandeling. Beide gevallen worden beheerst door het recht van de staat van de gewone verblijfplaats van het kind. Gelet op art. 20 Haags Kinderbeschermingsverdrag 1996 behoeft het daarbij niet noodzakelijkerwijs om het recht van een bij het Haags Kinderbeschermingsverdrag 1996 aangesloten staat te gaan. Blijkt inderdaad het recht van een niet-verdragsluitende staat van toepassing te zijn, men zij dan in verband met de toepassing van art. 16 bedacht op hetgeen in art. 21 lid 2 Haags Kinderbeschermingsverdrag 1996 is bepaald.

2. Ex lege verhoudingen (lid 1). Bij ex lege verhoudingen als bedoeld in art. 16 lid 1 HKV 1996 kan bijv. worden gedacht aan het geval, dat de ouderlijke verantwoordelijkheid van rechtswege ontstaat of tenietgaat door bepaalde feiten, zoals een huwelijk, een erkenning of een overlijden. Op de vraag of op grond van dergelijke feiten een gezagsverhouding van rechtswege is ontstaan of is tenietgegaan, is, getuige art. 16 lid 1, het recht van de staat van de gewone verblijfplaats van het kind van toepassing. Art. 16 lid 1 is ook van toepassing bij het antwoord op de vraag of bij een echtscheiding het (in de regel) van rechtswege ontstane gezag over een kind ongewijzigd blijft dan wel of, en zo ja, in hoeverre de echtscheiding van rechtswege een wijziging van het gezag over dat kind meebrengt. In verband met het voorgaande verdient het nog opmerking dat, afgaande op het *Rapport Lagarde*, *geen* sprake is van 'tussenkomst' van een autoriteit in de zin van art. 16 lid 1, indien krachtens het recht van staat van de gewone verblijfplaats van het kind het van rechtswege ontstaan of tenietgaan van de ouderlijke verantwoordelijkheid slechts moet worden geregistreerd bij een autoriteit zonder dat deze autoriteit de ouderlijke verantwoordelijkheid inhoudelijk beoordeelt (zie het *Rapport Lagarde*, nr. 98). In een door het Hof Amsterdam op 10 maart 2015 gegeven uitspraak, ECLI:NL:GHAMS:2015:823, speelde onder meer de vraag, welk recht van toepassing was op de vraag wie van rechtswege het gezag over het kind had. Na te hebben vastgesteld dat ingevolge art. 16 lid 1 HKV 1996 de vraag wie van rechtswege het gezag over het kind heeft wordt beheerst door het recht van de staat van de gewone verblijfplaats van het kind, oordeelt het hof dat het de gewone verblijfplaats van het kind zal vaststellen ten tijde van diens geboorte, aangezien dat het moment is dat van rechtswege ouderlijke verantwoordelijkheid ontstaat (r.o. 4.4). In overeenkomstige zin onder meer Hof Arnhem-Leeuwarden 5 november 2020, ECLI:NL:GHARL:2020:9263. Zie verder bijv. nog Hof Amsterdam 6 oktober 2020, ECLI:NL:GHAMS:2020:2829. Het spreekt voor zich dat als het gaat om het antwoord op de vraag of ook een *later feit dan de geboorte van het kind* een ex lege gezagsverhouding kan doen ontstaan, zoals bijv. een erkenning van een kind door de biologische vader die is gedaan in een buitenlandse geboorteakte van dat kind, dit dient te worden vastgesteld volgens het recht van de staat waar het kind zijn gewone verblijfplaats heeft op het tijdstip dat dit feit, de erkenning dus, tot stand komt (zie verder *Rapport Lagarde*, nr. 100). In verband met het voorgaande dient bedacht dat het peilmoment van de gewone verblijfplaats in het kader van ex lege verhoudingen als bedoeld in art. 16 lid 1 HKV 1996 niet is geregeld, anders dan in het geval van art. 16 lid 2 HKV 1996 welk artikellid nu wordt besproken.

3. Een overeenkomst of een eenzijdige rechtshandeling (lid 2). Bij een overeenkomst als bedoeld in art. 16 lid 2 HKV 1996 kan bijv. worden gedacht aan de door de ouders van een kind in het kader van hun echtscheiding gesloten convenant over het gezag en omgangsrecht met betrekking tot dat kind. Daardoor valt zo'n convenant in principe binnen het toepassingsbereik van art. 16 lid 2 HKV 1996. Bij een eenzijdige rechtshandeling als bedoeld in art. 16 lid 2 HKV 1996 kan bijv. worden gedacht aan het geval dat een ouder van een kind bij testament een voogd over dat kind heeft aangewezen. Op dit soort van gevallen, dat wil zeggen gevallen waarin het ontstaan of tenietgaan van ouderlijke verantwoordelijkheid in het leven wordt geroepen door een overeenkomst of een eenzijdige rechtshandeling, is, getuige art. 16 lid 2, het recht van de staat van de gewone verblijfplaats van het kind van toepassing op het moment waarop de overeenkomst of rechtshandeling van kracht wordt, dus rechtsgevolg krijgt. Anders bij art. 16 lid 1 HKV 1996 het geval bleek waar de peildatum voor toetsing van de gewone verblijfplaats van het kind niet is geregeld, is dat dus anders bij art. 16 lid 2 HKV 1996. Immers, op grond van laatstgenoemde bepaling geldt als de peildatum waarop de gewone verblijfplaats van het kind dient te worden bepaald het tijdstip waarop de overeenkomst of eenzijdige rechtshandeling van kracht wordt en daarmee dus rechtsgevolg verkrijgt. In het kader van een echtscheidingsconvenant is dat doorgaans het tijdstip waarop de echtscheiding rechtsgeldig wordt, terwijl het bij een testament gaat om het tijdstip van overlijden van de erflater in kwestie. Het moment waarop de overeenkomst of eenzijdige rechtshandeling van kracht wordt kan dus op een later tijdstip zijn gelegen dan het moment van de totstandkoming van bijv. de overeenkomst (vgl. art. 1:163 BW). Eerder, namelijk in verband met art. 16 lid 1 HKV 1996, bleek al dat, afgaande op het *Rapport Lagarde*, *geen* sprake is van 'tussenkomst' van een autoriteit in de zin van deze bepaling, indien krachtens het recht van de staat van de gewone verblijfplaats van het kind het van rechtswege ontstaan of tenietgaan van de ouderlijke verantwoordelijkheid slechts moet worden geregistreerd bij een autoriteit zonder dat deze autoriteit de ouderlijke verantwoordelijkheid inhoudelijk beoordeelt (*Rapport Lagarde*, nr. 98). In het kader van art. 16 lid 2 HKV 1996 speelt de kwestie van de "tussenkomst" evenzeer een rol. Wanneer namelijk de overeenkomst of de eenzijdige rechtshandeling door middel van bekrachtiging of controle *inhoudelijk* moet worden goedgekeurd door een gerecht of een overheidsinstantie, mist de bepaling toepassing. Dat volgt uit het *Rapport Lagarde* (nr. 103). Iets anders geformuleerd: de overeenkomst of eenzijdige rechtshandeling moet geldig zijn zonder tussenkomst van een gerechtelijke of administratieve autoriteit. Anders namelijk mist art. 16 lid 2 HKV 1996 toepassing en wijst art. 15 HKV 1996 het toepasselijke recht aan.

4. Verplaatsing van de gewone verblijfplaats (lid 3). Op grond van art. 16 lid 3 Haags Kinderbeschermingsverdrag 1996 blijft de op grond van het recht van de staat van de gewone verblijfplaats van het kind bestaande ouderlijke verantwoordelijkheid bestaan na verplaatsing van die gewone verblijfplaats naar een andere staat. Voorziet het recht van de oude gewone verblijfplaats van het kind dus bijv. van rechtswege in ouderlijke verantwoordelijkheid maar kent het recht van de nieuwe gewone verblijfplaats van het kind deze rechtsfiguur niet, dan toch blijft de van rechtswege bestaande ouderlijke verantwoordelijkheid voortbestaan nadat de gewone verblijfplaats van het kind is verplaatst van de ene naar de andere staat. Zie voor een voorbeeld Hof Den Haag 10 juli 2019, ECLI:NL:GHDHA:2019:1839. Hier weegt het argument van de continuïteit van de bescherming van het betrokken kind het zwaarst. Overigens dient men ook op het bestaan van art. 18 Haags Kinderbeschermingsverdrag 1996 te zijn bedacht.

5. Verplaatsing van de gewone verblijfplaats (lid 4). Wellicht dat, anders dan waarvan art. 16 lid 3 Haags Kinderbeschermingsverdrag 1996 uitgaat, het recht van de oude, oorspronkelijke gewone verblijfplaats van het kind juist niét in ouderlijke verantwoordelijkheid van rechtswege voorziet, maar daarentegen het recht van de nieuwe gewone verblijfplaats van het kind wel. In zo'n geval wordt het van rechtswege ontstaan van ouderlijke verantwoordelijkheid beheerst door het recht van de staat van de nieuwe gewone verblijfplaats van het kind. Dit volgt uit art. 16 lid 4 HKV 1996. Zie over art. 16 lid 4, in samenhang met art. 16 lid 1 HKV 1996 onder meer Rb. Oost-Brabant 6 september 2016, ECLI:NL:RBOBR:2016:5944. Vgl. ook Rb. Noord-Holland 7 september 2016, ECLI:NL:RBNHO:2016:7515, Rb. Amsterdam 16 januari 2019, ECLI:NL:RBAMS:2019:1088 en Hof Arnhem-Leeuwarden 27 januari 2022, ECLI:NL:GHARL:2022:681. Art. 16 lid 4 Haags Kinderbeschermingsverdrag 1996 kan in voorkomend geval leiden tot een cumulatie of opeenstapeling van gezagsrechten. Met eerder al van rechtswege ontstane gezagsverhoudingen wordt op grond van artikel 16 lid 3 Haags Kinderbeschermingsverdrag 1996 immers óók rekening gehouden!

Artikel 17

De uitoefening van de ouderlijke verantwoordelijkheid wordt beheerst door het recht van de Staat van de gewone verblijfplaats van het kind. Indien de gewone verblijfplaats

van het kind wordt verplaatst, wordt de uitoefening beheerst door het recht van de Staat van de nieuwe gewone verblijfplaats.
[19-10-1996, Trb. 299, i.w.tr. 01-01-2002]

[Uitoefening ouderlijke verantwoordelijkheid]

1. Algemeen. Ziet art. 16 Haags Kinderbeschermingsverdrag 1996 (onder meer) op de toekenning van de ouderlijke verantwoordelijkheid, art. 17 Haags Kinderbeschermingsverdrag 1996 houdt verband met de uitoefening van die ouderlijke verantwoordelijkheid (vgl. art. 15 lid 3 Haags Kinderbeschermingsverdrag 1996).

2. Uitoefening van ouderlijke verantwoordelijkheid. Blijkens art. 17 eerste zin wordt de uitoefening van de (op grond van art. 16 HKV 1996 bestaande) ouderlijke verantwoordelijkheid beheerst door het recht van de staat van de gewone verblijfplaats van het kind. Daarbij kan het zowel om het recht van een verdragsstaat als het recht van een niet-verdragsstaat gaan. De bepalingen met betrekking tot het toepasselijke recht hebben, getuige art. 20 HKV 1996, immers een universeel toepassingsgebied. Wordt de gewone verblijfplaats van het kind verplaatst, dan blijft de ouderlijke verantwoordelijkheid in stand maar wordt de uitoefening van die ouderlijke verantwoordelijkheid beheerst door het recht van de staat van de nieuwe gewone verblijfplaats van het kind. Dat blijkt uit art. 17 tweede zin. Dit betekent bijv. dat een persoon die op grond van het recht van de eerdere gewone verblijfplaats van het kind de ouderlijke verantwoordelijkheid heeft, deze verantwoordelijkheid niet verliest als gevolg van de wijziging van de gewone verblijfplaats van het kind, maar dat die persoon volgens het recht van de nieuwe verblijfplaats wellicht voor bepaalde rechtshandelingen een rechterlijke machtiging behoeft welke machtiging hij of zij, als drager van ouderlijke verantwoordelijkheid, onder het recht van de vorige gewone verblijfplaats niet nodig had, omdat dat recht in zo'n machtiging niet voorzag. Bij een verplaatsing van de gewone verblijfplaats van het kind dient de ouderlijke verantwoordelijkheid in het vervolg dus te worden uitgeoefend volgens de modaliteiten, zoals die zijn voorzien in het interne recht van de staat van de nieuwe gewone verblijfplaats van het kind. Zie voor wat voorbeelden met betrekking tot de toepassing van art. 17 HKV 1996 Rb. Den Haag 5 december 2019, ECLI:NL:RBDHA:2019:12965 en Rb. Den Haag 5 december 2019, ECLI:NL:RBDHA:2019:12966. In beide zaken ging het om een aan de Nederlandse rechter gedaan verzoek door de wettelijk vertegenwoordiger van een in het buitenland haar gewone verblijfplaats hebbend kind — Duitsland respectievelijk Luxemburg — om machtiging te verlenen tot verwerping van een zich in Nederland bevindende nalatenschap van een bij leven in Nederland wonende erflater. Op grond van art. 17 HKV 1996 oordeelde de Nederlandse rechter dat dit machtigingsverzoek diende te worden beoordeeld naar Duits respectievelijk Luxemburgs recht. In soortgelijke zin bijv. ook nog Rb. Den Haag 25 februari 2021, ECLI:NL:RBDHA:2021:1807. In verband met deze rechtspraak dient te worden bedacht dat het Haags Kinderbeschermingsverdrag 1996 weliswaar op erfopvolging niet van toepassing is omdat dit één van de in art. 4 van dit verdrag uitgesloten onderwerpen is, maar dat de machtigingsverzoeken konden worden beschouwd als uitoefening van de ouderlijke verantwoordelijkheid over de desbetreffende minderjarige erfgenamen. Een ander voorbeeld van hoe in de Nederlandse rechtspraak toepassing wordt gegeven aan art. 17 HKV 1996, vormt Rb. Den Haag 25 februari 2021, ECLI:NL:RBDHA:2021:1639. In deze, uiteraard internationale of grensoverschrijdende, zaak verzocht verzoekster in haar hoedanigheid van wettelijk vertegenwoordiger van een minderjarige haar machtiging te verlenen om, kennelijk omdat dit nodig was om een bepaald erfenis te kunnen verdelen, namens de minderjarige mee te werken aan de verkoop en de levering van een woning.

Artikel 18

De in artikel 16 bedoelde ouderlijke verantwoordelijkheid kan worden beëindigd of de voorwaarden voor de uitoefening ervan gewijzigd, door ingevolge dit Verdrag te nemen maatregelen.

[19-10-1996, Trb. 299, i.w.tr. 01-01-2002]

[Beëindiging ouderlijke verantwoordelijkheid]

Betekenis. Blijkens art. 18 HKV 1996 kan de in art. 16 bedoelde ouderlijke verantwoordelijkheid worden beëindigd of de voorwaarden voor uitoefening ervan gewijzigd, door ingevolge dit verdrag te nemen maatregelen. Het, ingevolge art. 16 HKV 1996, van rechtswege bestaan van ouderlijke verantwoordelijkheid staat er dus niet aan in de weg, dat de krachtens het HKV 1996 bevoegde autoriteiten (maar in voorkomende gevallen ook bijv. de op grond van de Verordening Brussel II-bis of de Verordening Brussel II-ter bevoegde autoriteiten) zo nodig maatregelen nemen die strekken ter bescherming van de persoon of het vermogen van het kind.

Artikel 19

1. De geldigheid van een rechtshandeling, tot stand gekomen tussen een derde en een andere persoon die op grond van het recht van de Staat waar de rechtshandeling tot stand is gekomen bevoegd zou zijn als wettelijk vertegenwoordiger van het kind op te treden, kan niet worden aangetast en de derde kan niet aansprakelijk worden gesteld op de enkele grond dat krachtens het door de bepalingen van dit hoofdstuk aangewezen recht de ander niet bevoegd was als wettelijk vertegenwoordiger van het kind op te treden, tenzij de derde wist of had moeten weten dat de ouderlijke verantwoordelijkheid door dit recht werd beheerst.

2. Het voorgaande lid is alleen van toepassing indien de rechtshandeling tot stand is gekomen tussen personen die zich op het grondgebied van eenzelfde Staat bevinden.

[19-10-1996, Trb. 299, i.w.tr. 01-01-2002]

[Derdenbescherming]

1. Algemeen. Art. 19 bevat een regeling ter bescherming van een derde te goeder trouw die een rechtshandeling is aangegaan met de wettelijke vertegenwoordiger van het kind. De regeling roept associaties op met art. 11 Verdrag van Rome van 19 juni 1980 inzake het recht dat van toepassing is op verbintenissen (*PbEU* 2005, C 334), art. 13 Verordening (EG) 593/2008 van 17 juni 2008 inzake het recht dat van toepassing is op verbintenissen uit overeenkomst (*PbEU* 2008 L 177; rectificaties *PbEU* 2009, L 309 en *PbEU* 2019, L 230) en art. 10:11 lid 2 BW (welke bepaling in dit geval overigens wordt opzijgezet door art. 19 HKV 1996; vgl. art. 10:1 BW).

2. Derdenbescherming (lid 1). Ingevolge art. 19 lid 1 HKV 1996 kan de geldigheid van een rechtshandeling die tot stand is gekomen tussen een derde en een andere persoon die krachtens het recht van de staat waar de rechtshandeling is tot stand gekomen bevoegd zou zijn als wettelijke vertegenwoordiger van het kind op te treden, niet worden aangetast en kan de derde niet aansprakelijk worden gesteld op de enkele grond dat krachtens (de conflictregeling van) het door het HKV 1996 aangewezen recht (zie hfdst. III HKV 1996) de ander niet bevoegd was als wettelijk vertegenwoordiger van het kind op te treden. Dit betekent bijv. dat een bankier die fondsen voor het kind beheert en deze fondsen aan de schijnvertegenwoordiger van het kind heeft uitgekeerd, niet is gehouden alsnog een bedrag van gelijke waarde aan de echte vertegenwoordiger van het kind uit te betalen, tenzij de bankier ('de derde') wist of had moeten weten dat de ouderlijke verantwoordelijkheid werd beheerst door (het op grond van de verwijzingsregels van) het HKV 1996 aangewezen recht. In dat laatste geval wordt de bankier niet door art. 19 beschermd, want dan is hij immers niet te goeder trouw in de zin van deze bepaling. Uit het *Rapport Lagarde* valt op te maken dat de mate van oplettendheid die van de derde wordt verlangd, wil hij zich met succes op art. 19 HKV 1996 en daarmee op derdenbescherming kunnen beroepen, afhangt van het belang van de transactie die hij sluit, in het bijzonder wanneer het onroerend goed betreft (zie nader *Rapport Lagarde*, nr. 113).

3. Voorwaarde (lid 2). Blijkens art. 19 lid 2 geldt de in art. 19 lid 1 bedoelde derdenbescherming uitsluitend, indien de rechtshandeling tot stand is gekomen tussen personen die zich op het grondgebied van dezelfde staat bevinden.

Artikel 20

De bepalingen van dit hoofdstuk zijn van toepassing ook indien het daardoor aangewezen recht het recht is van een Staat die niet een Verdragsluitende Staat is.
[19-10-1996, Trb. 299, i.w.tr. 01-01-2002]

[Verwijzing naar recht van niet-verdragsluitende staat]

Betekenis. De bepalingen van hfdst. III HKV 1996 en daarmee (ook) de conflictenrechtelijke bepalingen zijn in beginsel ook dan van toepassing, indien het ingevolge deze bepalingen aangewezen recht het recht blijkt te zijn van een staat die geen partij is bij het HKV 1996. Daarmee heeft de verwijzingsregeling van het HKV 1996 een universeel toepassingsgebied. Dit betekent dus dat de conflictenrechtelijke bepalingen van het Haags Kinderbeschermingsverdrag 1996 steeds toepasselijk zijn, ongeacht of het kind in kwestie door gewone verblijfplaats, nationaliteit of anderszins is verbonden met een staat die partij is bij dit verdrag. Zie voor een voorbeeld Rb. Noord-Holland 27 januari 2021, ECLI:NL:RBNHO:2021:596. In deze zaak overwoog de rechtbank onder meer dat het HKV 1996 ook geldt indien het recht van een staat wordt aangewezen die geen partij is bij dit verdrag, zoals Syrië. Dit leidde tot de conclusie dat het ten tijde van de geboorte van een bepaalde minderjarige door de ouders verkregen gezamenlijk gezag (vgl. art. 16 lid 1 HKV 1996) van rechtswege ook in Nederland moest worden erkend (vgl. art. 16 lid 3 HKV 1996), aangezien dat gezag destijds volgens de Syrische wet was verkregen en het Syrisch recht ook van toepassing was.

Artikel 21

1. In dit hoofdstuk wordt onder 'recht' verstaan het in een Staat geldende recht, met uitsluiting van regels van conflictenrecht van die Staat.

2. Indien echter het volgens artikel 16 toepasselijke recht het recht is van een niet-Verdragsluitende Staat en indien de conflictenregels van die Staat het recht aanwijzen van een andere niet-Verdragsluitende Staat die zijn eigen recht zou toepassen, is het recht van laatstgenoemde Staat van toepassing. Indien die andere niet-Verdragsluitende Staat zijn eigen recht niet toepast, is het door artikel 16 aangewezen recht van toepassing.

[19-10-1996, Trb. 299, i.w.tr. 01-01-2002]

[Definitie recht]

1. Geen renvoi (lid 1). Het Haags Kinderbeschermingsverdrag 1996 sluit renvoi uit. Dat is althans het in art. 21 lid 1 van dit verdrag neergelegde uitgangspunt. Het gevolg hiervan is dat in Hfdst. III Haags Kinderbeschermingsverdrag 1996 onder 'recht' in beginsel dient te worden verstaan het in een staat geldende recht met uitzondering van de in die staat geldende regels van internationaal privaatrecht. Dat het Haags Kinderbeschermingsverdrag 1996 renvoi in principe uitsluit, blijkt overigens niet alleen uit art. 21 lid 1, maar bijv. ook uit de wijze waarop art. 15 lid 1 Haags Kinderbeschermingsverdrag 1996 is geredigeerd. Ingevolge deze verwijzingsregel vindt immers het 'interne recht' toepassing. Ook dit duidt erop dat renvoi is uitgesloten.

2. Uitzondering (lid 2). Op het in art. 21 lid 1 Haags Kinderbeschermingsverdrag 1996 neergelegde uitgangspunt dat renvoi onder de conflictregeling van het verdrag niet is toegestaan, maakt art. 21 lid 2 Haags Kinderbeschermingsverdrag 1996 een uitzondering. Blijkens de bewoordingen van dit artikellid houdt deze uitzondering, die ziet op de mogelijkheid van herverwijzing, echter uitsluitend verband met het bepaalde in art. 16 Haags Kinderbeschermingsverdrag 1996.

Artikel 22

De toepassing van het door de bepalingen van dit hoofdstuk aangewezen recht kan slechts worden geweigerd indien deze toepassing, gelet op het belang van het kind, kennelijk in strijd zou zijn met de openbare orde.

[19-10-1996, Trb. 299, i.w.tr. 01-01-2002]

[Strijd met de openbare orde]

Betekenis. Blijkens art. 22 HKV 1996 kan de toepassing van het door de bepalingen van hfdst. III aangewezen recht slechts worden geweigerd, indien deze toepassing, gelet op het belang van het kind, kennelijk in strijd zou zijn met de openbare orde. Getuige ook het gebruik van het woord 'kennelijk' in art. 22, mag de openbare orde-exceptie slechts in uitzonderingsgevallen worden toegepast. Deze openbare orde-exceptie kan alleen worden ingezet tegen *buitenlands* recht. Daarbij maakt het niet uit of het gaat om het recht van een bij het HKV 1996 aangesloten staat of om het recht van een niet bij het HKV 1996 aangesloten staat (vgl. art. 20 HKV 1996). De openbare orde-exceptie komt met name in beeld wanneer het buitenlandse recht in strijd is met de fundamentele waarden en beginselen van de forumstaat, dat is de staat waar de rechterlijke of administratieve autoriteit zetelt die over de bij hem aanhangige zaak moet oordelen. Indachtig de bewoordingen waarin art. 22 HKV 1996 is gesteld, dient bij de beantwoording van de vraag of een bepaald buitenlands recht kennelijk in strijd is met de openbare orde van de forumstaat rekening te worden gehouden met de belangen van het kind. Overigens dient het belang van het kind in het kader van het HKV 1996 altijd voorop te staan. Dat blijkt immers uit de preambule bij het verdrag. In de literatuur wordt als voorbeeld van strijd met de Nederlandse openbare orde wel genoemd het geval dat een buiten het huwelijk geboren kind nooit contact mag hebben met zijn biologische moeder.

HOOFDSTUK IV
Erkenning en tenuitvoerlegging

[Inleidende opmerkingen]

Betekenis. Hoofdstuk IV HKV 1996, dat zijn art. 23-28, heeft betrekking op de erkenning en de tenuitvoerlegging van maatregelen in een bij het HKV 1996 aangesloten staat die zijn genomen door de autoriteiten van een andere bij het HKV 1996 aangesloten staat. Daarbij gaat het uiteraard steeds om de erkenning en de tenuitvoerlegging van maatregelen in de zin van het HKV 1996. Kort samengevat, zijn dat maatregelen op het terrein van de ouderlijke verantwoordelijkheid en maatregelen ter bescherming van kinderen (zie art. 1, 3 en 4 HKV 1996). In verband met hoofdstuk IV HKV 1996 dient bedacht dat dit hoofdstuk weliswaar de erkenning en de tenuitvoerlegging van maatregelen tussen de bij het HKV 1996 aangesloten staten regelt (en ook niet meer dan dat), maar dat, bij samenloop, in de verhoudingen tussen de lidstaten waar deze verordeningen van toepassing zijn de Verordening Brussel II-bis en de Verordening Brussel II-ter voorrang hebben boven het HKV 1996. Dit volgt uit art. 61 aanhef en onderdeel b Brussel II-bis, respectievelijk art. 97 lid 1 sub b Brussel II-ter (vgl. ook art. 52 HKV 1996). Dit betekent bijv. dat een uit 2021 in kracht van gewijsde gegane rechterlijke beslissing ter zake van de ouderlijke verantwoordelijkheid die afkomstig is uit Duitsland, een EU-lidstaat waar onder meer de Verordening Brussel II-bis van toepassing is, in Nederland zal moeten worden erkend en, in voorkomend geval, ten uitvoer gelegd op de voet van, in dit voorbeeld, de Verordening Brussel II-bis, ook al is Duitsland net als Nederland tevens partij bij het HKV 1996 (zie in het algemeen ook art. 100 Brussel II-ter). In de praktijk zal, vanuit Nederlands perspectief, de erkennings- en tenuitvoerleggingsregeling van het HKV 1996 in beginsel dan ook enkel een rol spelen bij de erkenning en de tenuitvoerlegging van beslissingen die afkomstig zijn uit bij het HKV 1996 aangesloten staten, niet zijnde staten waar de Verordening Brussel II-bis of de Verordening Brussel II-ter van toepassing is. In het geval dat de erkennings- en tenuitvoerleggingsregeling van het HKV 1996 en daarmee art. 23-28 van toepassing blijken te zijn, dient, overigens uitsluitend vanuit Nederlands gezichtspunt, tevens acht te worden geslagen op art. 15-17 Uitvoeringswet Internationale Kinderbescherming (*Stb.* 2022, 72; *Kamerstukken* 35888). Deze wet geeft, behalve aan de Verordening Brussel II-bis en de Verordening Brussel II-ter, nader uitwerking aan het HKV 1996.

Artikel 23

1. De door de autoriteiten van een Verdragsluitende Staat genomen maatregelen worden van rechtswege in alle andere Verdragsluitende Staten erkend.

2. Erkenning kan evenwel worden geweigerd:

a. indien de maatregel is genomen door een autoriteit wiens bevoegdheid niet was gebaseerd op een van de in hoofdstuk II bedoelde gronden;

b. indien de maatregel, behoudens een spoedeisend geval, is genomen in het kader van een rechterlijke of administratieve procedure zonder dat het kind in de gelegenheid is gesteld te worden gehoord, zulks met schending van fundamentele beginselen van procesrecht van de aangezochte Staat;

c. op verzoek van enige persoon die beweert dat de maatregel inbreuk maakt op zijn of haar ouderlijke verantwoordelijkheid, indien deze maatregel, behoudens in een spoedeisend geval, is genomen zonder dat deze persoon in de gelegenheid is gesteld te worden gehoord;

d. indien de erkenning, gelet op het belang van het kind, kennelijk in strijd is met de openbare orde van de aangezochte Staat;

e. indien de maatregel onverenigbaar is met een maatregel die naderhand is genomen in de niet-Verdragsluitende Staat waar het kind zijn gewone verblijfplaats heeft, en deze latere maatregel voldoet aan de vereisten voor erkenning in de aangezochte Staat;

f. indien de in artikel 33 bedoelde procedure niet in acht is genomen.

[19-10-1996, Trb. 299, i.w.tr. 01-01-2002]

[Erkenning]

1. Erkenning van rechtswege (lid 1). Blijkens art. 23 lid 1 Haags Kinderbeschermingsverdrag 1996 worden de door de autoriteiten van een verdragsluitende staat genomen maatregelen van rechtswege erkend in alle andere verdragsluitende staten. Aangezien het een erkenning van rechtswege betreft, is rechterlijke tussenkomst niet vereist. Het betreft immers een erkenning zonder vorm van proces. Daarbij geldt de verplichting tot erkenning zowel in als buiten rechte. Overigens staat het in art. 23 lid 1 neergelegde uitgangspunt er niet aan in de weg, dat iedere belanghebbende de bevoegde autoriteiten van een bij het Haags Kinderbeschermingsverdrag 1996 aangesloten staat kan verzoeken een beslissing te nemen over de erkenning of de niet-erkenning van een in een andere verdragsluitende staat genomen maatregel. Dat blijkt namelijk uit art. 24 eerste zin Haags Kinderbeschermingsverdrag 1996. Verder mag in het kader van art. 23 lid 1 het bestaan van de genomen maatregel eventueel ook worden bewezen door een ander stuk dan een schriftelijk stuk van de autoriteit die de maatregel heeft genomen en in welk stuk de beslissing die die autoriteit heeft genomen, is neergelegd. Als gevolg hiervan kan bijv. ook een faxbericht dienen als bewijs van de maatregel waarvan erkenning wordt gevraagd. Zeker in spoedeisende gevallen kan dit een uitkomst zijn (zie *Rapport Lagarde*, nr. 120).

2. Weigeringsgronden (lid 2). Hoewel, getuige art. 23 lid 1 Haags Kinderbeschermingsverdrag 1996, erkenning van rechtswege het uitgangspunt vormt, kán (dus niet: moet!) de erkenning van de door de autoriteiten van een verdragsluitende staat genomen maatregelen worden geweigerd, indien sprake is van een weigeringsgrond als bedoeld in art. 23 lid 2 Haags Kinderbeschermingsverdrag 1996. Daarbij gaat het om limitatief opgesomde weigeringsgronden. Dit betekent dus dat andere weigeringsgronden dan die in art. 23 lid 2 worden genoemd, niét kunnen worden ingeroepen. Doet een weigeringsgrond als bedoeld in art. 23 lid 2 zich voor, dan kan erkenning van de maatregel worden geweigerd, maar, zoals hiervóór al bleek, een verplichting daartoe bestaat niet onder de werking van het Haags Kinderbeschermingsverdrag 1996.

3. Onbevoegde autoriteit (lid 2 onderdeel a). Erkenning van een maatregel kán worden geweigerd, indien de maatregel is genomen door een autoriteit wiens bevoegdheid niet was gebaseerd op een van de in hoofdstuk II HKV 1996 genoemde bevoegdheidsgronden (zie voor voorbeelden Hof Arnhem-Leeuwarden, 4 juni 2015, ECLI:NL:GHARL:2015:4049, Hof Amsterdam 22 januari 2019, ECLI:NL:GHAMS:2019:170 en Hof Den Bosch 25 november 2021, ECLI:NL:GHSHE:2021:3556). Dit houdt logischerwijs in dat de aangezochte autoriteit de bevoegdheid mag toetsen van de autoriteit die de maatregel heeft genomen. Bij de beoordeling van de bevoegdheid van de autoriteit van een verdragsluitende staat die de maatregel heeft genomen, is de autoriteit van de aangezochte verdragsluitende staat overigens wel gebonden aan de vaststelling van de feiten waarop de autoriteit van de verdragsstaat die de maatregel heeft genomen haar bevoegdheid heeft gebaseerd (zie nader bij art. 25 HKV 1996).

4. Niet-horen van het kind (lid 2 onderdeel b). Erkenning van een maatregel kán worden geweigerd, indien de maatregel is genomen zonder dat het kind (vgl. art. 2 Haags Kinderbeschermingsverdrag 1996) in de gelegenheid is gesteld te worden gehoord, zulks met schending van fundamentele beginselen van procesrecht van de aangezochte staat. Deze weigeringsgrond, een bepaling van procedurele openbare orde, is rechtstreeks gebaseerd op art. 12 lid 2 van het op 20 september 1989 te New York tot stand gekomen Verdrag inzake de bescherming van de rechten van het kind (*Trb.* 1990, 170, laatstelijk gewijzigd bij *Trb.* 1996, 188). Art. 23 lid 2 onderdeel b is niet van toepassing in 'een spoedeisend geval', bijv. omdat het belang van het kind een spoedige maatregel vergt. In zo'n geval namelijk mag aan de vereisten van een procedurele openbare orde een soepeler interpretatie worden gegeven. Verder dient te worden bedacht dat het niet altijd in het belang van het kind behoeft te zijn dat hij of zij wordt gehoord. Dit zal met name, zo blijkt althans uit het Rapport Lagarde (bij nr. 123), het geval kunnen zijn als beide ouders het eens zijn over de beschermingsmaatregel. Het niet horen van een kind kan alleen een grond voor weigering van de erkenning opleveren, indien dit niet-horen in strijd is met de fundamentele beginselen van procesrecht van de aangezochte staat. Zoals blijkt uit de conclusies en aanbevelingen van de in art. 56 van het Haags Kinderbeschermingsverdrag 1996 bedoelde Bijzondere Commissie, wordt in het kader van art. 23 lid 2 onderdeel b HKV 1996 aanbevolen om in de beslissing waarin de maatregel is opgenomen aan te geven op welke wijze het kind is gehoord of, zo werd besloten om het kind in kwestie niet te horen, aan te geven op welke gronden is besloten om het kind niet te horen. Zie nader Special Commission on the practical operation of the 1980 and 1996 Hague Conventions (10-17 October 2017), Conclusions and Recommendations, para. 50, www.hcch.net.

5. Niet-horen van de drager van ouderlijke verantwoordelijkheid (lid 2 onderdeel c). Erkenning van een maatregel kán worden geweigerd op verzoek van een persoon die beweert dat de maatregel inbreuk maakt op zijn ouderlijke verantwoordelijkheid, indien die maatregel, behoudens in een spoedeisend geval, is genomen zonder dat die persoon in de gelegenheid is gesteld te worden gehoord. Evenals art. 23 lid 2 onderdeel b HKV 1996, houdt art. 23 lid 2 onderdeel c HKV 1996 verband met de procedurele openbare orde en evenzeer als art. 23 lid 2 onderdeel b is art. 23 lid 2 onderdeel c niet van toepassing in 'een spoedeisend geval'. Een belangrijk verschil met art. 23 lid 2 onderdeel b is evenwel, dat de drager van de ouderlijke verantwoordelijkheid zelf een beroep moet doen op de weigeringsgrond van art. 23 lid 2 onderdeel c. Als voorbeeld van een mogelijke toepassing van art. 23 lid 2 onderdeel c HKV 1996 noemt het *Rapport Lagarde* (nr. 124) het geval waarin de op grond van het HKV 1996 bevoegde autoriteit de ouderlijke verantwoordelijkheid heeft beëindigd zonder de drager van de ouderlijke verantwoordelijkheid eerst te horen (vgl. art. 18 HKV 1996).

6. Kennelijke strijd met de openbare orde (lid 2 onderdeel d). Erkenning van een maatregel kán worden geweigerd, indien de erkenning, gelet op het belang van het kind, kennelijk in strijd is met de openbare orde van de aangezochte staat. Bij de beantwoording van de vraag of de maatregel in strijd is met de openbare orde, dient in het kader van art. 23 lid 2 onderdeel d Haags Kinderbeschermingsverdrag 1996 dus bovenal rekening te worden gehouden met 'het belang van het kind' (vgl. art. 24 Haags Verdrag van 29 mei 1993 inzake de bescherming van kinderen en de samenwerking op het gebied van de interlandelijke adoptie, *Trb.* 1993, 197, laatstelijk gewijzigd bij *Trb.* 1996, 94). Verder kan, getuige reeds het gebruik van het woord 'kennelijk' in dit artikellid, art. 23 lid 2 onderdeel d Haags Kinderbeschermingsverdrag 1996 alleen in uitzonderlijke gevallen toepassing vinden. Een (in de literatuur gegeven) voorbeeld van een beslissing die in strijd is met de Nederlandse openbare orde, is de beslissing waarin het recht op omgang tussen de moeder en het kind wordt afgewezen op de grond dat het kind buiten huwelijk is geboren. In zo'n geval kan op grond van art. 23 lid 2 onderdeel d Haags Kinderbeschermingsverdrag 1996 hier te lande de erkenning van die beslissing worden geweigerd.

7. Strijd met beslissing uit een derde staat (lid 2 onderdeel e). Erkenning van een maatregel kán worden geweigerd, indien de maatregel onverenigbaar is met een nadien gegeven maatregel uit een *niet* bij het HKV 1996 aangesloten staat alwaar het kind zijn gewone verblijfplaats heeft, indien althans deze latere maatregel voldoet aan de vereisten voor erkenning in de aangezochte staat. Of de latere maatregel voldoet aan de vereisten voor erkenning in de aangezochte staat, wordt niet bepaald door het HKV 1996 maar door het (commune) internationaal privaatrecht van de aangezochte staat. Zie, voor het geval dat, bij gebrek aan een internationale regeling of wettelijke grondslag, op basis van het commune internationaal privaatrecht moet worden beoordeeld of de maatregelen in Nederland kunnen worden erkend: HR 26 september 2014, ECLI:NL:HR:2014:2838, met name r.o. 3.6.4; HR 18 januari 2019, ECLI:NL:HR:2019:54, en HR 16 juli 2021, ECLI:NL:HR:2021:1170. Blijkt dat het kind niet zijn gewone verblijfplaats heeft in de niet bij het HKV 1996 aangesloten staat waar naderhand de maatregel is genomen, dan kan art. 23 lid 2 onderdeel e HKV 1996 geen toepassing vinden. De bepaling strekt zich daarmee bijv. niet uit tot (nadien) door de autoriteiten van de staat van de nationaliteit van het kind genomen maatregelen, welke staat niet is aangesloten bij het HKV 1996 en in welke staat het kind niet zijn gewone verblijfplaats heeft.

8. Schending van art. 33 (lid 2 onderdeel f). Erkenning van een maatregel kán worden geweigerd, indien sprake is van schending van de in art. 33 HKV 1996 voorgeschreven procedure voor de plaatsing van het kind in een pleeggezin of instelling in een andere verdragsstaat dan wel de verstrekking van zorg aan het kind door middel van 'kafala' of een overeenkomstig rechtsinstituut in een andere verdragsstaat. Daarmee voorkomt art. 23 lid 2 onderdeel f dat de staat waar de plaatsing is voorzien, voor een voldongen feit wordt geplaatst in gevallen dat de consultatieprocedure van art. 33 niet blijkt te zijn gevolgd.

Artikel 24

Onverminderd het bepaalde in artikel 23, eerste lid, kan iedere belanghebbende persoon de bevoegde autoriteiten van een Verdragsluitende Staat verzoeken een beslissing te nemen over de erkenning of de niet-erkenning van een in een andere Verdragsluitende Staat genomen maatregel. De procedure wordt beheerst door het recht van de aangezochte Staat.

[19-10-1996, Trb. 299, i.w.tr. 01-01-2002]

[Beslissing over (niet)-erkenning]

1. Algemeen. Niettegenstaande het in art. 23 lid 1 HKV 1996 neergelegde uitgangspunt dat maatregelen uit de ene verdragsstaat in de andere verdragsstaat van rechtswege worden erkend, kan iedere belanghebbende in een procedure verzoeken een beslissing over de erkenning of de niet-erkenning van een beschermingsmaatregel (in de zin van het HKV 1996) te nemen. De belanghebbende vraagt dan om een declaratoir. In het algemeen heet een rechterlijke beslissing declaratoir te zijn, indien daarbij een bestaande rechtstoestand of rechtsverhouding wordt vastgesteld. Het *Rapport Lagarde* (nr. 129) geeft het volgende, in de Memorie van Toelichting bij de Nederlandse Goedkeuringswet van het HKV 1996 vertaald, voorbeeld van een geval waarin iemand er belang bij heeft om met behulp van de preventieve procedure van art. 23 HKV 1996 de erkenning, respectievelijk de niet-erkenning van een buitenlandse maatregel te doen vaststellen: "In staat A is het gezag over het kind toegekend aan de moeder, met verbod om de gewone verblijfplaats in een andere staat te vestigen zonder uitdrukkelijke toestemming van de vader. De vader is bereid toe te staan dat het kind naar staat B verhuist, maar hij zou niet willen dat de moeder hiervan gebruik maakt om het kind vervolgens over te brengen naar staat C. Hij heeft er dus belang bij om zich er onmiddellijk van te vergewissen dat staat B de in staat A genomen maatregel erkent en de moeder niet toestaat om zonder toestemming opnieuw de verblijfplaats van het kind te wijzigen. Omgekeerd kan een vader die tegen zijn wil is ontdaan van de ouderlijke verantwoordelijkheid over een kind, welke verantwoordelijkheid aan de moeder is toegekend door een in staat A genomen beslissing, er belang bij hebben te doen vaststellen dat die maatregel in staat B niet wordt erkend, indien hij wil voorkomen dat de moeder daar namens het kind een rechtshandeling verricht, waarvan hij meent dat deze niet in het belang van het kind is."

2. Alleen maatregelen. Art. 24 Haags Kinderbeschermingsverdrag 1996 beperkt de mogelijkheid van een preventieve procedure tot de erkenning van maatregelen. Art. 24 ziet dus niet tevens op de ouderlijke verantwoordelijkheid die van rechtswege bestaat als bedoeld in art. 16 Haags Kinderbeschermingsverdrag 1996. Dat is ook logisch, nu art.

24 immers het bestaan van een beslissing veronderstelt. Daarvan is in het geval van ouderlijke verantwoordelijkheid ex lege uiteraard geen sprake.

3. Procedure. Blijkens art. 24 HKV 1996 wordt de inrichting van de in deze bepaling bedoelde, op erkenning of niet-erkenning van de buitenlandse maatregel gerichte, procedure beheerst door het recht van de aangezochte rechter. In Nederland is deze procedure neergelegd in de Uitvoeringswet Internationale Kinderbescherming, meer in het bijzonder in hfdst. 5 van deze wet, dat zijn art. 15-17.

Artikel 25

De autoriteit van de aangezochte Staat is gebonden aan de vaststelling van de feiten waarop de autoriteit van de Staat waar de maatregel is genomen haar bevoegdheid heeft gebaseerd.

[19-10-1996, Trb. 299, i.w.tr. 01-01-2002]

[Gebonden aan vaststelling van feiten]

Betekenis. Uit art. 25 Haags Kinderbeschermingsverdrag 1996 blijkt dat de autoriteit van een verdragsluitende staat is gebonden aan de vaststelling van de feiten waarop de autoriteit van de verdragsstaat waar de maatregel is genomen haar bevoegdheid heeft gebaseerd. Dit heeft in het bijzonder als consequentie dat, in verband met de weigeringsgrond van art. 23 lid 2 onderdeel a Haags Kinderbeschermingsverdrag 1996, bij het mogelijke onderzoek naar de vraag of de autoriteit van de staat van herkomst van de maatregel zijn bevoegdheid heeft gebaseerd op een van de in Hoofdstuk II Haags Kinderbeschermingsverdrag 1996 genoemde bevoegdheidsgronden, de aangezochte autoriteit daarbij is gebonden aan de feiten waarop de autoriteit in de staat van oorsprong zijn bevoegdheid heeft gebaseerd. De aangezochte autoriteit mag uiteraard wel controleren of de feiten waarop de autoriteit van de staat van oorsprong zijn bevoegdheid heeft gebaseerd, een grond voor bevoegdheid als bedoeld in Hoofdstuk II Haags Kinderbeschermingsverdrag 1996 oplevert. Om een concreet voorbeeld te geven: de aangezochte autoriteit is gebonden aan de feiten op grond waarvan de autoriteit van de staat van oorsprong van de maatregel heeft vastgesteld dat het kind aldaar zijn gewone verblijfplaats heeft, maar hij mag wel controleren en daarmee beoordelen of het hebben van een gewone verblijfplaats in de staat van oorsprong van de maatregel een bevoegdheidsgrond oplevert in de zin van Hoofdstuk II Haags Kinderbeschermingsverdrag 1996. Zo nee, dan kán hij, getuige art. 23 lid 2 onderdeel a Haags Kinderbeschermingsverdrag 1996, vervolgens weigeren de in een andere verdragsluitende staat genomen maatregel te erkennen.

Artikel 26

1. Indien maatregelen die in een Verdragsluitende Staat zijn genomen en daar uitvoerbaar zijn, in een andere Verdragsluitende Staat ten uitvoer moeten worden gelegd, worden zij op verzoek van een belanghebbende partij in die andere Staat uitvoerbaar verklaard of voor tenuitvoerlegging geregistreerd volgens de procedure die in het recht van laatstgenoemde Staat is voorzien.
2. Elke Verdragsluitende Staat gebruikt voor de verklaring van uitvoerbaarheid of de registratie een eenvoudige en snelle procedure.

3. De verklaring van uitvoerbaarheid of de registratie kan slechts op een van de in artikel 23, tweede lid, voorziene gronden worden geweigerd.
[19-10-1996, Trb. 299, i.w.tr. 01-01-2002]

[Tenuitvoerlegging in andere staat]

1. Algemeen. Art. 26 ziet op het geval dat een in het Haags Kinderbeschermingsverdrag 1996 genomen maatregel in een andere bij het Haags Kinderbeschermingsverdrag 1996 aangesloten staat ten uitvoer moet worden gelegd. Is dat de bedoeling, dan schrijft art. 26 voor dat de maatregel, die dan uitvoerbaar moet zijn in de staat alwaar de maatregel is genomen, op verzoek van een belanghebbende partij uitvoerbaar wordt verklaard in de verdragsstaat van tenuitvoerlegging dan wel aldaar wordt geregistreerd. Met het oog op deze uitvoerbaarverklaring of registratie gebruikt elke bij het Haags Kinderbeschermingsverdrag 1996 aangesloten staat 'een eenvoudige en snelle procedure'. Dat volgt uit art. 26 lid 2 Haags Kinderbeschermingsverdrag 1996. In Nederland is deze procedure neergelegd in de Uitvoeringswet internationale kinderbescherming, meer in het bijzonder in Hfdst. 5 van deze wet, dat zijn art. 15-17.

2. Weigeringsgronden. De uitvoerbaarverklaring dan wel de registratie kán (dus niet: moet!) worden geweigerd, maar dan uitsluitend op een van de in art. 23 lid 2 HKV 1996 genoemde gronden. Dit blijkt uit art. 26 lid 3 HKV 1996. Dit betekent dus dat, evenals dit in het kader van de erkenning het geval is, in verband met het verzoek tot uitvoerbaarverklaring of registratie van de maatregel geen andere weigeringsgronden kunnen worden ingeroepen dan de gronden die in art. 23 lid 2 worden genoemd.

Artikel 27
Behoudens de toetsing die in verband met de toepassing van de voorgaande artikelen noodzakelijk is, mag geen toetsing plaats vinden van de gronden waarop een genomen maatregel berust.
[19-10-1996, Trb. 299, i.w.tr. 01-01-2002]

[Marginale toetsing]

Betekenis. Art. 27 HKV 1996 bevat een zogenoemd verbod van révision au fond. Dit verbod, dat verband houdt met zowel de erkenning als de uitvoerbaarverklaring of registratie van een in een andere verdragsluitende staat genomen maatregel, houdt in dat geen toetsing plaatsvindt van de gronden waarop de getroffen maatregel berust, behoudens de toetsing die is toegestaan op grond van aan art. 27 voorafgaande artikelen (zoals bijvoorbeeld bij art. 23 lid 2 onderdeel a het geval bleek). Hoewel dit niet met zoveel woorden in het HKV 1996 staat vermeld, mag de aangezochte autoriteit van een verdragsluitende staat ook steeds nagaan en daarmee dus toetsen of de in een andere verdragsluitende staat genomen beschermingsmaatregel binnen het materiële toepassingsgebied van het verdrag valt (zie art. 1, 3 en 4). Van de uitkomst van deze toets hangt immers de al dan niet toepasselijkheid van, in dit geval, hfdst. IV HKV 1996 af en daarmee dus de toepasselijkheid van art. 23-28.

Artikel 28

Maatregelen genomen in de ene Verdragsluitende Staat en uitvoerbaar verklaard of voor tenuitvoerlegging geregistreerd in een andere Verdragsluitende Staat, worden in laatstgenoemde Staat ten uitvoer gelegd alsof deze maatregelen door de autoriteiten van die Staat waren genomen. De tenuitvoerlegging vindt plaats overeenkomstig het recht van de aangezochte Staat binnen de door dat recht voorziene grenzen, met inachtneming van het belang van het kind.

[19-10-1996, Trb. 299, i.w.tr. 01-01-2002]

[Tenuitvoerlegging in andere staat]

Betekenis. In art. 28 HKV 1996 is het beginsel neergelegd, dat maatregelen die in de ene verdragsstaat zijn genomen en in een andere verdragsstaat uitvoerbaar zijn verklaard (of voor tenuitvoerlegging zijn geregistreerd), in die andere verdragsstaat worden tenuitvoergelegd alsof deze maatregelen zijn genomen door de autoriteiten van die verdragsstaat van tenuitvoerlegging. Het gaat, doordat de maatregel per saldo dezelfde rechtskracht krijgt als een lokale maatregel, bij art. 28 dus in zekere zin om naturalisatie van de maatregel in de staat waar zij ten uitvoer zal worden gelegd. Daarbij dient dan overigens wel het belang van het kind in acht te worden genomen, zo maakt de laatste zin van art. 28 duidelijk. Indien, om een voorbeeld te geven, de autoriteit van de gewone verblijfplaats van het kind heeft beslist dat het kind bij zijn ouders blijft, maar onder toezicht van een ter plaatse gevestigde maatschappelijke instelling wordt geplaatst, waarna dit gezin zich enige tijd later in een andere verdragsstaat vestigt, zal de in de eerste verdragsstaat genomen maatregel in de tweede verdragsstaat slechts ten uitvoer kunnen worden gelegd indien de autoriteiten van de tweede staat naar hun eigen recht bevoegd zijn de toezichthoudende taak die op de autoriteiten van de eerste staat rustte, uit te oefenen. Is dat niet het geval, dan is het vervolgens aan de autoriteiten van de tweede staat om de maatregel in overeenstemming met art. 5 lid 2 HKV 1996 te wijzigen dan wel aan te passen (vgl. *Rapport Lagarde*, nr. 135).

HOOFDSTUK V
Samenwerking

[Inleidende opmerkingen]

Betekenis. Hfdst. V, dat zijn art. 29-39, bevat regels inzake de samenwerking tussen de autoriteiten van de bij het HKV 1996 aangesloten staten. Daarbij gaat het niet alleen om de samenwerking tussen (bepaalde) autoriteiten die zijn belast met de naleving van de door het HKV 1996 aan hun opgelegde verplichtingen maar tevens om de samenwerking tussen de op grond van het HKV 1996 bevoegde autoriteiten of gerechten. Met het oog op deze samenwerking is elke verdragsluitende staat gehouden een Centrale Autoriteit aan te wijzen. Nederland heeft de Centrale autoriteit Internationale Kinderaangelegenheden (Ca) aangewezen voor wat betreft (Europees) Nederland. Deze Centrale Autoriteit is ondergebracht bij het ministerie van Justitie en Veiligheid. Voor de van Nederland deel uitmakende BES-eilanden (Bonaire, Sint Eustatius en Saba) is als Centrale Autoriteit de Rijksdienst Caribisch Nederland aangewezen en voor Curaçao het ministerie van Justitie. Daarbij voor de goede orde de kanttekening dat het Haags Kinderbeschermingsverdrag

1996 niet in Aruba noch in Sint Maarten van kracht is, de twee andere landen waaruit het Koninkrijk der Nederlanden bestaat (zie ook het commentaar bij art. 10:113 BW). De Nederlandse Centrale Autoriteit heeft, net als de door de overige verdragsluitende staten aangewezen Centrale Autoriteiten, onder meer tot taak om de informatie-uitwisseling over het kind te vereenvoudigen en de in art. 8 en 9 HKV 1996 bedoelde bijstand te verlenen. Ook bijv. de bevordering van de samenwerking tussen de bevoegde instanties behoort onder de werking van het HKV 1996 tot de taken van de Centrale Autoriteit. In Nederland wordt deze taak echter voor een belangrijk gedeelte vervuld door de zogenoemde 'liaisonrechter'. Dit blijkt uit art. 24 Uitvoeringswet internationale kinderbescherming. Sinds 1 januari 2013 zijn, als gevolg van een besluit van de Raad voor de rechtspraak van 20 november 2012, als liaisonrechters aangewezen de teamvoorzitter van het team familie en internationale kinderbescherming van de rechtbank Den Haag en de senior rechter inhoudelijk (SRI) met de specialisatie internationaal familierecht van het team familie en internationale kinderbescherming van de rechtbank Den Haag. Tot 1 januari 2013 fungeerden de voorzitter en de plaatsvervangend voorzitter van de sector familie- en jeugdrecht van de rechtbank Den Haag als liaisonrechters internationale kinderbescherming. De liaisonrechters worden, ten behoeve van de uitvoering van het liaisonrechterschap, ondersteund door het Bureau liaisonrechter internationale kinderbescherming (BLIK), welk bureau tevens de functie vervult van helpdesk. De taken van de Nederlandse liaisonrechter bestaan onder meer uit het faciliteren van contacten van rechters in Nederland bij wie op grond van (onder meer) het HKV 1996 procedures aanhangig zijn met rechters in het buitenland die ter zake bevoegd zijn. En ook met het faciliteren van contacten van rechters in het buitenland bij wie zodanige procedures aanhangig zijn, met rechters in Nederland die ter zake bevoegd zijn (zie art. 24 lid 1 Uitvoeringswet internationale kinderbescherming). De liaisonrechter is tevens eerste aanspreekpunt voor de Centrale Autoriteit.

Artikel 29

1. Elke Verdragsluitende Staat wijst een Centrale Autoriteit aan die is belast met de naleving van de door het Verdrag aan haar opgelegde verplichtingen.

2. Federale Staten, Staten waarin meer dan één rechtsstelsel geldt en Staten die autonome territoriale eenheden omvatten, staat het vrij meer dan één Centrale Autoriteit aan te wijzen en de territoriale of personele reikwijdte van hun taken aan te geven. Een Staat die van deze mogelijkheid gebruik maakt, wijst de Centrale Autoriteit aan waaraan alle mededelingen kunnen worden gedaan met het oog op overbrenging daarvan aan de bevoegde Centrale Autoriteit binnen deze Staat.

[19-10-1996, Trb. 299, i.w.tr. 01-01-2002]

[Centrale Autoriteit]

Betekenis. Ingevolge art. 29 lid 1 is elke bij het Haags Kinderbeschermingsverdrag 1996 aangesloten staat gehouden een Centrale Autoriteit aan te wijzen die is belast met de naleving van de door dit verdrag aan haar opgelegde verplichtingen. Heeft een bepaalde verdragsluitende staat meer dan één rechtsstelsel, dan voorziet art. 29 lid 2 Haags Kinderbeschermingsverdrag 1996 onder meer in de mogelijkheid om in dat geval meer dan één Centrale Autoriteit aan te wijzen. Nederland heeft de Centrale autoriteit Internationale Kinderaangelegenheden (Ca) aangewezen voor wat betreft (Europees) Nederland. Deze

Centrale Autoriteit is ondergebracht bij het ministerie van Justitie en Veiligheid. Voor de van Nederland deel uitmakende BES-eilanden (Bonaire, Sint Eustatius en Saba) is als Centrale Autoriteit de Rijksdienst Caribisch Nederland aangewezen en voor Curaçao het ministerie van Justitie. Daarbij voor de goede orde de kanttekening dat het Haags Kinderbeschermingsverdrag 1996 niet in Aruba noch in Sint Maarten van kracht is, de twee andere landen waaruit het Koninkrijk der Nederlanden bestaat (zie ook het commentaar bij art. 10:113 BW). Een (bijgewerkte) lijst van Centrale Autoriteiten die door de overige bij het Haags Kinderbeschermingsverdrag 1996 aangesloten staten zijn aangewezen, is te vinden op www.hcch.net.

Artikel 30

1. De Centrale Autoriteiten werken onderling samen en bevorderen de samenwerking tussen de bevoegde autoriteiten in hun Staten ten einde de doelstellingen van het Verdrag te verwezenlijken.

2. Zij nemen, in verband met de toepassing van het Verdrag, alle passende maatregelen om informatie te verstrekken over de wetgeving van en de beschikbare diensten in hun Staat op het gebied van de bescherming van kinderen.

[19-10-1996, Trb. 299, i.w.tr. 01-01-2002]

[Samenwerking]

Betekenis. Art. 30, welke bepaling onder meer is geïnspireerd door art. 7 Haags Adoptieverdrag 1993 (*Trb.* 1993, 197, laatstelijk gewijzigd bij *Trb.* 1996, 94) bevat, in het kader van het Haags Kinderbeschermingsverdrag 1996, een algemene taakomschrijving van de Centrale Autoriteiten. Zo werken de Centrale Autoriteiten onderling samen teneinde de, in art. 1 geformuleerde, doelstellingen van het Haags Kinderbeschermingsverdrag 1996 te verwezenlijken. Ook nemen de Centrale Autoriteiten bijv. alle passende maatregelen om informatie te verstrekken over de in hun staat geldende wetgeving op het gebied van de bescherming van kinderen. In een aantal andere artikelen van het Haags Kinderbeschermingsverdrag 1996 alsook, met het oog op de rol van de Nederlandse Centrale Autoriteit, in Hfdst. 2 Uitvoeringswet internationale kinderbescherming, wordt een nadere uitwerking gegeven aan de in art. 30 Haags Kinderbeschermingsverdrag 1996 neergelegde algemene taakomschrijving.

Artikel 31

De Centrale Autoriteit van een Verdragsluitende Staat neemt, hetzij rechtstreeks, hetzij via overheidsinstanties of andere instellingen, alle passende maatregelen ten einde:

a. de informatie-uitwisseling te vereenvoudigen en de in de artikelen 8 en 9 en in dit hoofdstuk bedoelde bijstand te verlenen;

b. door bemiddeling, verzoening of overeenkomstige methoden minnelijke schikkingen te bevorderen met betrekking tot de bescherming van de persoon of het vermogen van het kind, in de omstandigheden waarin het Verdrag van toepassing is;

c. op verzoek van de bevoegde autoriteit van een andere Verdragsluitende Staat bijstand te verlenen bij het opsporen van het kind, indien het ernaar uitziet dat dit zich op het grondgebied van de aangezochte Staat bevindt en bescherming nodig heeft.

[19-10-1996, Trb. 299, i.w.tr. 01-01-2002]

[Maatregelen Centrale Autoriteit]

Betekenis. Art. 31 noemt, in aanvulling op de in art. 30 neergelegde algemene taakomschrijving, een aantal concrete taken die de Centrale Autoriteiten onder het Haags Kinderbeschermingsverdrag 1996 hebben te vervullen. Het gaat om de volgende taken: (1) de vereenvoudiging van de informatie-uitwisseling, (2) het verlenen van de in art. 8 en 9 Haags Kinderbeschermingsverdrag 1996 bedoelde bijstand, (3) het bevorderen van minnelijke schikkingen met betrekking tot de bescherming van de persoon of het vermogen van het kind (vgl. voor Nederland ook art. 4 lid 3 Uitvoeringswet internationale kinderbescherming) en (4) het, onder bepaalde omstandigheden, verlenen van bijstand bij het opsporen van een kind (vgl. voor Nederland ook art. 8 Uitvoeringswet internationale kinderbescherming).

Artikel 32

Op een met redenen omkleed verzoek van de Centrale Autoriteit of van een andere bevoegde autoriteit van een Verdragsluitende Staat waarmee het kind een nauwe band heeft, kan de Centrale Autoriteit van de Verdragsluitende Staat waar het kind zijn gewone verblijfplaats heeft en waar het zich bevindt, rechtstreeks of via overheidsinstanties of andere instellingen

a. een rapport uitbrengen over de situatie van het kind;

b. de bevoegde autoriteit van haar Staat verzoeken na te gaan of maatregelen ter bescherming van de persoon of het vermogen van het kind wenselijk zijn.

[19-10-1996, Trb. 299, i.w.tr. 01-01-2002]

[Verzoeken Centrale Autoriteit]

Betekenis. Op grond van art. 32 Haags Kinderbeschermingsverdrag 1996 kan, hetzij de Centrale Autoriteit, hetzij een andere autoriteit van een verdragsstaat waarmee het kind een nauwe band heeft (bijv. op grond van diens nationaliteit), een gemotiveerd verzoek richten tot de Centrale Autoriteit van de verdragsstaat alwaar het kind zijn gewone verblijfplaats heeft en waar het zich bevindt. Verzocht kan worden een rapport over de situatie van dat kind uit te brengen dan wel om na te gaan of maatregelen ter bescherming van de persoon of het vermogen van de kind wenselijk zijn. Het zal dus in beginsel gaan om gevallen waarin, om in het concrete verzoek nader aan te geven redenen, de verzoekende autoriteit zich zorgen maakt over het lot van een bepaald kind. Volgens het *Rapport Lagarde* (nr. 142) is art. 32 Haags Kinderbeschermingsverdrag 1996 in zekere zin een gereduceerde versie van art. 9 van het Haags Kinderbeschermingsverdrag 1996. Art. 32 geeft de aangezochte Centrale Autoriteit de bevoegdheid (dus niet de verplichting!) aan een verzoek als bedoeld in deze bepaling te voldoen, hetzij rechtstreeks, hetzij via overheidsinstanties of andere instellingen. In verband met dit laatste is, wat Nederland betreft, art. 6 Uitvoeringswet internationale kinderbescherming van belang. Daaruit blijkt dat de Nederlandse Centrale Autoriteit de uitvoering van bepaalde handelingen kan opdragen aan de Raad voor de kinderbescherming.

Artikel 33

1. Indien een ingevolge de artikelen 5 tot en met 10 bevoegde autoriteit de plaatsing van het kind in een pleeggezin of in een instelling dan wel de verstrekking van zorg

aan het kind door middel van *kafala* of een overeenkomstig rechtsinstituut overweegt en indien deze plaatsing of zorg dient plaats te vinden in een andere Verdragsluitende Staat, pleegt zij eerst overleg met de Centrale Autoriteit of een andere bevoegde autoriteit van laatstgenoemde Staat. Daartoe verstrekt zij een rapport over het kind, vergezeld van de redenen voor de voorgestelde plaatsing of zorg.
2. De beslissing over de plaatsing of de verstrekking van zorg mag in de verzoekende Staat slechts worden genomen indien de Centrale Autoriteit of een andere bevoegde autoriteit van de aangezochte Staat heeft ingestemd met de plaatsing of de zorg, met inachtneming van het belang van het kind.
[19-10-1996, Trb. 299, i.w.tr. 01-01-2002]

[Grensoverschrijdende plaatsing]

1. Algemeen. In art. 33 is de enige verplichte consultatieprocedure neergelegd waarin het HKV 1996 voorziet. Immers, ook bijvoorbeeld art. 9 lid 3 HKV 1996 voorziet in een consultatieprocedure in die zin, dat deze bepaling in een gedachtewisseling voorziet maar dat is dan eerder een mogelijkheid en in elk geval geen verplichting. Hier rust dan verder (ook) geen sanctie op waar bij art. 33 het niet vooraf consulteren daarentegen tot gevolg kán hebben dat de op grond van dit artikel genomen plaatsingsbeslissing in de overige bij het HKV 1996 aangesloten staten niet zal worden erkend. Dat blijkt immers uit art. 23 lid 2 onderdeel f HKV 1996 (vgl. ook art. 26 lid 3).

2. Voornemen grensoverschrijdende plaatsing (lid 1). Art. 33 HKV 1996, in verband waarmee tevens hfdst. 3 Uitvoeringswet internationale kinderbescherming, komt in beeld, zodra een op grond van art. 5-10 van het verdrag bevoegde autoriteit overweegt een kind (vgl. art. 2 HKV 1996) te plaatsen in een pleeggezin of in een instelling dan wel zorg te verstrekken aan het kind door middel van 'kafala' of een overeenkomstig rechtsinstituut (vgl. art. 3 aanhef en onderdeel e HKV 1996) én deze plaatsing dient plaats te vinden in een andere bij het HKV 1996 aangesloten staat. In zo'n geval dient (dus moet!) deze autoriteit hierover eerst overleg te voeren met de Centrale Autoriteit of een andere bevoegde autoriteit van de verdragsstaat waar de plaatsing of zorg zal gaan plaatsvinden. Dit overleg wordt belichaamd door een aan die autoriteit over het kind verstrekt rapport, vergezeld van de gronden voor de voorgestelde plaatsing of zorg over de grens. De in art. 33 bedoelde consultatie geeft de autoriteit van de staat van opvang een controle op de beslissing en maakt het mogelijk van tevoren de voorwaarden voor het verblijf van het kind in de staat van opvang te regelen. In dit verband kan met name worden gedacht aan de in de staat van opvang geldende regelgeving inzake de toelating van het kind en aan de kwestie van de verdeling van de (mogelijke) kosten die aan de plaatsing van het kind zijn verbonden (vgl. ook art. 38 HKV 1996). Zoals hierboven al bleek, staat op de niet-inachtneming van de in art. 33 bedoelde consultatieprocedure de sanctie dat de plaatsingsmaatregel in de overige verdragsluitende staten mogelijk niet wordt erkend. Vgl. in verband met de 'kafala' (naar Algerijns recht) en het recht van vrij verkeer en verblijf op het grondgebied van de lidstaten voor Unieburgers en hun familieleden, het door het Hof van Justitie van de EU op 26 maart 2019 gewezen arrest in de zaak van *SM/Entry Clearance Officer, UK Visa Section* (ECLI:EU:C:2019:248). In deze zaak oordeelde het hof onder meer dat onder omstandigheden het grondrecht op eerbiediging van het familie- en gezinsleven, samen met de verplichting om rekening te houden met het belang van het kind, in beginsel vereist dat aan dat kind een recht van binnenkomst en verblijf wordt verleend, teneinde het kind in staat te stellen met zijn voogd(en) in de lidstaat van die voogd(en) te leven.

3. Instemming vereist (lid 2). Art. 33 lid 2 Haags Kinderbeschermingsverdrag 1996 verduidelijkt dat de plaatsingsmaatregel door de verzoekende verdragsstaat eerst mag worden genomen, nadat die maatregel is goedgekeurd door de Centrale Autoriteit of andere bevoegde autoriteit van de aangezochte verdragsstaat, met inachtneming van het belang van het kind (zie ook Hfdst. 3 Uitvoeringswet internationale kinderbescherming).

Artikel 34

1. Wanneer een beschermende maatregel wordt overwogen, kunnen de ingevolge het Verdrag bevoegde autoriteiten, indien de situatie van het kind dit vereist, elke autoriteit van een andere Verdragsluitende Staat die informatie heeft die van belang is voor de bescherming van het kind, verzoeken deze informatie mede te delen.
2. Een Verdragsluitende Staat kan verklaren dat verzoeken ingevolge het eerste lid slechts via zijn Centrale Autoriteit aan zijn autoriteiten kunnen worden doorgeleid.
[19-10-1996, Trb. 299, i.w.tr. 01-01-2002]

[Mededeling van informatie]

Betekenis. Art. 34 ziet op de informatieverstrekking tussen de autoriteiten van de bij het HKV 1996 aangesloten staten. Het gaat, indachtig de strekking van het verdrag, om gevallen waarin een beschermingsmaatregel ten aanzien van de persoon of het vermogen van het kind wordt overwogen. Is daarvan sprake, dan kunnen, indien althans de situatie van het kind dit vereist, de krachtens het Haags Kinderbeschermingsverdrag bevoegde autoriteiten de autoriteiten van elke andere verdragsluitende staat om informatie verzoeken die van belang is voor de bescherming van het kind. Art. 34 lid 1 bouwt dus als het ware twee veiligheidskleppen in: 1. de situatie van het kind vereist een verzoek om informatieverstrekking; en 2. de informatieverstrekking moet in het belang van het kind zijn. Het eerstgenoemde aspect, de situatie van het kind, is aan de verzoekende autoriteit om te beoordelen; die moet dit ook in de motivering van haar eventuele verzoek doen uitkomen. Het laatstgenoemde aspect, het belang van het kind, staat zowel ter beoordeling van de verzoekende als van de aangezochte autoriteit. Overigens is de aangezochte staat geenszins verplicht om, zo men hierover daadwerkelijk blijkt te beschikken, op de voet van art. 34 lid 1 HKV 1996 de gevraagde informatie te verstrekken (vgl. ook art. 37 HKV 1996). Tot slot verdient het nog opmerking dat, anders dan bijv. Denemarken, Frankrijk en Rusland (officieel de Russische Federatie geheten), Nederland de in art. 34 lid 2 HKV 1996 bedoelde verklaring niet heeft afgelegd (een bijgewerkte lijst van staten die deze verklaring wél hebben afgelegd, is te vinden op www.hcch.net).

Artikel 35

1. De bevoegde autoriteiten van een Verdragsluitende Staat kunnen de autoriteiten van een andere Verdragsluitende Staat verzoeken bijstand te verlenen bij de uitvoering van de ingevolge dit Verdrag getroffen beschermende maatregelen, in het bijzonder bij de verzekering van de daadwerkelijke uitoefening van het omgangsrecht alsmede het recht om regelmatige rechtstreekse contacten te onderhouden.

2. De autoriteiten van een Verdragsluitende Staat waar het kind niet zijn gewone verblijfplaats heeft, kunnen op verzoek van de in die Staat woonachtige ouder die een omgangsrecht met het kind tracht te verkrijgen of te behouden, inlichtingen of bewijsmateriaal verzamelen en zich uitspreken over de geschiktheid van die ouder om het omgangsrecht uit te oefenen en over de voorwaarden waaronder dat recht moet worden uitgeoefend. Een autoriteit die ingevolge de artikelen 5 tot en met 10 bevoegd is om over het omgangsrecht met het kind te beslissen, dient alvorens een beslissing te nemen met deze informatie, dit bewijsmateriaal en deze bevindingen rekening te houden.
3. Een autoriteit die ingevolge de artikelen 5 tot en met 10 bevoegd is om te beslissen over het omgangsrecht, kan de procedure schorsen hangende de uitkomst van een op grond van het tweede lid ingediend verzoek, in het bijzonder wanneer bij haar een verzoek aanhangig is gemaakt tot beperking of beëindiging van een omgangsrecht dat is toegekend in de Staat waar het kind zijn vorige gewone verblijfplaats had.
4. Dit artikel laat onverlet de bevoegdheid van een ingevolge de artikelen 5 tot en met 10 bevoegde autoriteit om hangende de uitkomst van het ingevolge het tweede lid ingediende verzoek voorlopige maatregelen te nemen.
[19-10-1996, Trb. 299, i.w.tr. 01-01-2002]

[Bijstand verlenen]

Betekenis. Op grond van art. 35 lid 1 kunnen de bevoegde autoriteiten van een bij het HKV 1996 aangesloten staat de autoriteiten van een andere verdragsluitende staat verzoeken om bijstand te verlenen bij de effectuering van op grond van het HKV 1996 genomen beschermende maatregelen. In dit verband kan, zo blijkt ook uit het *Rapport Lagarde* (nr. 146), met name worden gedacht aan het verlenen van bijstand bij zowel de verzekering van de daadwerkelijke uitoefening van het omgangsrecht als het recht om regelmatig rechtstreekse contacten met het kind te onderhouden. Ook kan bijvoorbeeld worden gedacht aan bijstand in het kader van de plaatsing van een kind in een instelling, welke instelling zich dan bevindt in een andere bij het HKV 1996 aangesloten staat. In dit soort van gevallen mag, gelet op de strekking van deze bepaling, ervan worden uitgegaan dat het kind zich ten minste in de ex art. 35 HKV 1996 aangezochte verdragsstaat bevindt. Met het oog op de grensoverschrijdende uitoefening van het omgangsrecht, bevat art. 35 overigens een aantal specifieke voorzieningen. Zo bepaalt art. 35 lid 2 onder meer dat de autoriteiten van de verdragsluitende staat alwaar de ouder woonachtig is die zich op een omgangsrecht beroept ten aanzien van een kind dat in voornoemde staat niet zijn gewone verblijfplaats heeft, de bevoegdheid hebben om gegevens (waaronder bewijsmateriaal) te verzamelen en om een verklaring af te geven omtrent de geschiktheid van die ouder om het omgangsrecht uit te oefenen. En art. 35 lid 3 bepaalt onder meer dat de autoriteit die krachtens art. 5-10 HKV 1996 bevoegd is om te beslissen over het omgangsrecht, in afwachting van het in art. 35 lid 2 bedoelde onderzoek de procedure kan schorsen. Teneinde te voorkomen dat het kind hangende de uitkomst van een onderzoek als bedoeld in art. 35 lid 2 geen of onvoldoende bescherming geniet in de zin van het HKV 1996, wijst art. 35 lid 4 erop, althans herinnert deze bepaling eraan (vgl. namelijk art. 12 lid 1 HKV 1996) dat art. 35 onverlet laat de bevoegdheid van een ingevolge art. 5-10 bevoegde autoriteit om voorlopige maatregelen te nemen.

Artikel 36

In alle gevallen waarin een kind is blootgesteld aan een ernstig gevaar doen de bevoegde autoriteiten van de Verdragsluitende Staat waar maatregelen voor de bescherming van het kind zijn genomen of worden overwogen, indien hun wordt medegedeeld dat de verblijfplaats van het kind is overgebracht naar of dat het kind zich bevindt in een andere Staat, aan de autoriteiten van die andere Staat mededeling van dit gevaar en de genomen of in overweging zijnde maatregelen.

[19-10-1996, Trb. 299, i.w.tr. 01-01-2002]

[Ernstig gevaar voor kind]

Betekenis. Het kan zijn dat een kind wordt blootgesteld aan ernstig gevaar. Het *Rapport Lagarde* (nr. 150) geeft de volgende drie voorbeelden: ernstige ziekte, drugsverslaving dan wel een sekte die de (geestelijke of lichamelijke) gezondheid van het kind beïnvloedt. Alsdan hebben de bevoegde autoriteiten van een verdragsluitende staat waar maatregelen ter bescherming van het kind zijn genomen of worden overwogen, indien hun althans wordt medegedeeld dat de verblijfplaats van het kind is overgebracht naar een andere staat of dat het kind zich bevindt in een andere staat, de verplichting om de autoriteiten van die andere staat (en daarbij hoeft het, als uitvloeisel van een destijds door de delegatie van Burkino Faso gedaan voorstel, niet noodzakelijkerwijs om een bij het HKV 1996 aangesloten staat te gaan!) mededeling van dat ernstige gevaar te doen en van de al genomen of (nog) in overweging zijnde maatregelen. Dat volgt uit art. 36 HKV 1996. In voorkomend geval zal aan de mededeling ex art. 36 een op art. 31 HKV 1996 gebaseerd verzoek om opsporing van het kind zijn voorafgegaan (vgl. het *Rapport Lagarde*, nr. 150).

Artikel 37

Een autoriteit vraagt of verstrekt geen informatie ingevolge dit hoofdstuk, indien volgens haar aannemelijk is dat een dergelijke handeling de persoon of het vermogen van het kind in gevaar zou kunnen brengen, of een ernstige bedreiging zou vormen voor de vrijheid of het leven van een familielid van het kind.

[19-10-1996, Trb. 299, i.w.tr. 01-01-2002]

[Geen informatieplicht]

Betekenis. Blijkens art. 37 Haags Kinderbeschermingsverdrag 1996 blijft informatievoorziening achterwege wanneer aannemelijk is dat daardoor de persoon of het vermogen van het kind in gevaar zou komen of de informatievoorziening een ernstige bedreiging zou vormen voor de vrijheid of het leven van een familielid van het kind. Het zal dan met name om een verzoek om informatieverstrekking op grond van art. 32, 34 of 36 van het verdrag gaan. Of het, ingevolge Hoofdstuk V Haags Kinderbeschermingsverdrag 1996, vragen of verstrekken van informatie het kind in gevaar brengt dan wel een ernstige bedreiging vormt voor de vrijheid of de levens van diens familieleden, staat (uiteindelijk) ter beoordeling van de autoriteit aan wie de informatie wordt gevraagd.

Artikel 38

1. Onverminderd de mogelijkheid een redelijke vergoeding te vragen voor het verlenen van diensten, dienen Centrale Autoriteiten en andere overheidsinstanties van de Verdragsluitende Staten hun eigen kosten te dragen bij de toepassing van de bepalingen van dit hoofdstuk.
2. Een Verdragsluitende Staat kan met een of meer andere Verdragsluitende Staten overeenkomsten sluiten inzake de onderlinge verdeling van de kosten.
[19-10-1996, Trb. 299, i.w.tr. 01-01-2002]

[Kosten Centrale Autoriteit]

1. Uitgangspunt. Administratieve samenwerking brengt kosten mee. Onder de werking van het HKV 1996 is het uitgangspunt, dat de Centrale Autoriteiten en andere (administratieve) overheidsinstanties hun eigen kosten dragen. Dat volgt althans uit art. 38 HKV 1996. Het gaat dan om de kosten die verband houden met hoofdstuk V HKV 1996. Gedacht kan dan bijv. worden aan bedrijfskosten, de kosten van correspondentie en informatieverstrekking, de kosten die zijn verbonden aan het opsporen van de verblijfplaats van het kind, de kosten die voortvloeien uit het verzorgen van accommodatie voor een kind in het kader van diens plaatsing en de kosten die zijn verbonden aan de tenuitvoerlegging van maatregelen die eerder in een andere, bij het HKV 1996 aangesloten staat zijn genomen. Niet onder art. 38 HKV 1996 vallen proceskosten in strikte zin (zoals met name griffierechten en advocatenkosten).

2. Uitzondering. Niettegenstaande het in art. 38 neergelegde uitgangspunt dat de Centrale Autoriteiten en andere (administratieve) autoriteiten hun eigen kosten dragen, maakt datzelfde art. 38 het mogelijk op dit uitgangspunt een uitzondering te maken. De Centrale Autoriteiten en andere (administratieve) autoriteiten mogen namelijk voor het verlenen van (bepaalde) diensten een redelijke vergoeding vragen. Het *Rapport Lagarde* (nr. 152) geeft als voorbeelden van dergelijke diensten: de kosten van het opsporen van een kind, het verstrekken van informatie of van bewijsstukken en het verlenen van bijstand bij de terugkeer van het kind. Blijkens art. 5 lid 2 Uitvoeringswet internationale kinderbescherming draagt de Nederlandse Centrale Autoriteit echter zelf de kosten die in het kader van het Haags Kinderbeschermingsverdrag 1996 aan de uitvoering van haar taak zijn verbonden.

Artikel 39

Een Verdragsluitende Staat kan met een of meer andere Verdragsluitende Staten overeenkomsten sluiten met het oog op verbetering van de toepassing van dit hoofdstuk in hun onderlinge betrekkingen. De Staten die een zodanige overeenkomst hebben gesloten, zenden een afschrift daarvan aan de depositaris van het Verdrag.
[19-10-1996, Trb. 299, i.w.tr. 01-01-2002]

[Overeenkomst tussen verdragsluitende staten]

Betekenis. De bij het Haags Kinderbeschermingsverdrag 1996 aangesloten staten kunnen onderling afspraken maken met het oog op de verbetering van de onderlinge samenwerking van hun autoriteiten. Dat blijkt uit art. 39 Haags Kinderbeschermingsverdrag 1996.

De bepaling is geïnspireerd door art. 39 lid 2 Haags Adoptieverdrag 1993 (*Trb.* 1993, 197, laatstelijk gewijzigd bij *Trb.* 1996, 94).

HOOFDSTUK VI
Algemene bepalingen

[Inleidende opmerkingen]

Betekenis. Hoofdstuk VI Haags Kinderbeschermingsverdrag 1996, dat zijn art. 40-56, bevat onder meer bepalingen die verband houden met de uitvoering van het verdrag (zie bijv. art. 40) dan wel erop zijn gericht om in de praktijk tot een betere uitvoering van het verdrag te geraken (zie art. 56). Verder bevat hoofdstuk VI bijv. ook nog bepalingen die beogen de vertrouwelijke behandeling te garanderen van gegevens en informatie die op grond van het Haags Kinderbeschermingsverdrag 1996 zijn verzameld (zie art. 41 en 42), bepalingen over de toepasselijkheid in de tijd van het verdrag (art. 53) en bepalingen over de verhouding met andere verdragen in het geval van samenloop (zie art. 50-52).

Artikel 40

1. De autoriteiten van de Verdragsluitende Staat waar het kind zijn gewone verblijfplaats heeft, of van de Verdragsluitende Staat waar een beschermende maatregel is genomen, kunnen aan de persoon die de ouderlijke verantwoordelijkheid heeft of aan de persoon aan wie de bescherming van de persoon of het vermogen van het kind is toevertrouwd, op zijn of haar verzoek een verklaring verstrekken waarin wordt aangegeven in welke hoedanigheid die persoon kan optreden en welke bevoegdheden hem of haar zijn verleend.
2. De in de verklaring aangegeven hoedanigheid en bevoegdheden wordt deze persoon geacht te bezitten, behoudens bewijs van het tegendeel.
3. Elke Verdragsluitende Staat wijst de autoriteiten aan die bevoegd zijn de verklaring op te stellen.
[19-10-1996, Trb. 299, i.w.tr. 01-01-2002]

[Verstrekken van verklaringen]

1. Vragen van verklaring. Ingevolge art. 40 lid 1 kan de drager van de ouderlijke verantwoordelijkheid of de persoon aan wie de bescherming van de persoon of het vermogen van het kind is toevertrouwd om een verklaring vragen bij bepaalde autoriteiten van een bij het Haags Kinderbeschermingsverdrag 1996 aangesloten staat. In deze verklaring dient dan te worden aangegeven in welke hoedanigheid die drager kan optreden en welke bevoegdheden aan hem of haar zijn verleend. De autoriteiten die de verklaring kunnen verstrekken – en die dus in dit opzicht bevoegd zijn – zijn zowel de autoriteiten van de verdragsstaat waar het kind zijn gewone verblijfplaats heeft als de autoriteiten van de verdragsstaat waar een beschermende maatregel is genomen. De achterliggende idee is, dat de (internationale) praktijk behoefte heeft aan zekerheid met betrekking tot de persoon van het kind (vgl. art. 2 Haags Kinderbeschermingsverdrag 1996) en, meer nog, met betrekking tot het vermogen van het kind. Een internationaal certificaat – want daar komt de in art. 40 bedoelde verklaring in feite op neer – nu dat bewijskracht heeft en in alle bij het Haags Kinderbeschermingsverdrag 1996 aangesloten staten wordt erkend, kan in voorkomende gevallen kosten en geschillen voorkomen. Overigens zijn de bij het Haags Kinderbeschermingsverdrag 1996 aangesloten staten niet verplicht het in art. 40 lid 1 bedoelde certificaat in te voeren. Zo bezien heeft het in art. 40 voorziene internationaal certificaat dan ook een facultatief karakter.

2. Inhoud en status van verklaring (lid 2). Blijkens art. 40 lid 2 wordt de persoon aan wie de verklaring is afgegeven – dat is ingevolge art. 40 lid 1 de persoon die de ouderlijke verantwoordelijkheid heeft dan wel de persoon aan wie de bescherming van de persoon of het vermogen van het kind is toevertrouwd – geacht de in deze verklaring genoemde bevoegdheden te bezitten, behoudens bewijs van het tegendeel. Een en ander neemt niet weg dat eventueel in de verklaring in negatieve zin kan worden aangegeven, welke bevoegdheden de drager van de ouderlijke verantwoordelijkheid nu juist niet heeft. Zo kan bijv. in de verklaring worden aangegeven dat de wettelijke vertegenwoordiger van een kind dat zijn gewone verblijfplaats heeft in de Verenigde Staten, niet bevoegd is om het vermogen te beheren dat het kind in een andere, vreemde staat heeft (zie *Rapport Lagarde*, nr. 154). De verklaring vermeldt in elk geval (ook) of de ouderlijke verantwoordelijkheid van de in deze verklaring genoemde persoon van rechtswege voortvloeit uit het ex art. 16 HKV 1996 toepasselijke recht dan wel voortvloeit uit een beschermende maatregel die is genomen door een op grond van hfdst. II HKV 1996 bevoegde autoriteit.

3. Degenen die de verklaring opstellen (lid 3). Ingevolge art. 40 lid 3 wijst elke verdragsluitende staat de autoriteiten aan die bevoegd zijn de verklaring op te stellen vooropgesteld uiteraard, dat de desbetreffende staat een zodanige verklaring heeft ingevoerd. Een verplichting daartoe bestaat immers niet (zie voor een actueel overzicht www.hcch.net). In het algemeen zijn, nog daargelaten dat de ouderlijke verantwoordelijkheid ook van rechtswege kan zijn ontstaan (zie immers art. 16 HKV 1996), het niet de autoriteiten die de maatregel hebben genomen die een verklaring als bedoeld in art. 40 zullen afgeven. In Nederland, dat de verklaring wel heeft ingevoerd, is de notaris bevoegd tot afgifte van de verklaring als bedoeld in art. 40 HKV 1996. Dat blijkt uit art. 25 Uitvoeringswet internationale kinderbescherming. De verklaring van de notaris wordt afgegeven met behulp van het modelformulier dat is vastgesteld bij besluit van 29 juni 2007. Dit besluit is gepubliceerd in de *Staatscourant* van 6 juli 2007.

Artikel 41

Persoonlijke gegevens die op grond van het Verdrag zijn verzameld of medegedeeld mogen slechts worden gebruikt voor de doeleinden waarvoor zij zijn verzameld of medegedeeld.

[19-10-1996, Trb. 299, i.w.tr. 01-01-2002]

[Gebruik persoonlijke gegevens]

Betekenis. Ingevolge art. 41 HKV 1996 mogen op grond van het HKV 1996 verstrekte persoonsgegevens niet worden gebruikt voor andere doeleinden dan waarvoor die gegevens zijn verzameld of medegedeeld. Het bepaalde in art. 41 geldt ook nog op het moment dat het kind de leeftijd van achttien jaar heeft bereikt en die leeftijd vervolgens is gepasseerd (vgl. art. 2 HKV 1996). Een dusdanig 'kind' behoudt dus zijn recht op privacybescherming zoals bedoeld in art. 41 (daargelaten mogelijke andere, in bepaalde staten geldende regelingen in het kader van de bescherming van persoonsgegevens).

Artikel 42

De autoriteiten aan wie informatie wordt verstrekt garanderen de vertrouwelijkheid daarvan in overeenstemming met het recht van hun Staat.

[19-10-1996, Trb. 299, i.w.tr. 01-01-2002]

[Vertrouwelijkheid garanderen]

Betekenis. Art. 42 Haags Kinderbeschermingsverdrag 1996, getuige het *Rapport Lagarde* (nr. 157) een 'compromisbepaling', schrijft voor dat de autoriteiten aan wie de informatie is verstrekt, de vertrouwelijkheid daarvan dienen te garanderen in overeenstemming met het in hun staat geldende recht.

Artikel 43

Alle krachtens dit Verdrag verzonden of afgegeven bescheiden zijn vrijgesteld van legalisatie of enige andere soortgelijke formaliteit.

[19-10-1996, Trb. 299, i.w.tr. 01-01-2002]

[Vrijgesteld van legalisatie]

Betekenis. De door art. 43 geboden vrijstelling strekt zich meer specifiek uit tot alle schriftelijk verstrekte informatie, tot gerechtelijke of administratieve beslissingen en tot certificaten die ingevolge art. 40 Haags Kinderbeschermingsverdrag 1996 zijn afgegeven (vgl. wat betreft Nederland ook art. 25 Uitvoeringswet internationale kinderbescherming). Overigens sluit, afgaande op het *Rapport Lagarde* (nr. 158), art. 43 niet uit dat de autoriteiten aan wie verdacht lijkende documenten worden overgelegd, daarover inlichtingen vragen.

Artikel 44

Elke Verdragsluitende Staat kan de autoriteiten aanwijzen tot wie de verzoeken bedoeld in de artikelen 8, 9 en 33 dienen te worden gericht.

[19-10-1996, Trb. 299, i.w.tr. 01-01-2002]

[Aanwijzing]

Betekenis. Blijkens art. 44 HKV 1996 kán elke verdragsluitende staat de autoriteiten aanwijzen tot wie de verzoeken als bedoeld in art. 8, 9 of 33 HKV 1996 dienen te worden gericht (zie voor een actueel overzicht www.hcch.net). Daarmee beoogt art. 44 het voor een verzoekende autoriteit van een verdragsluitende staat gemakkelijker te maken, tot welke autoriteit zij zich moet richten wanneer hetzij de overdracht van de zaak aan een geschikter forum (zie art. 8 en 9), hetzij de plaatsing van een kind in een pleeggezin of in een instelling in een andere bij het Haags Kinderbeschermingsverdrag 1996 aangesloten staat (zie art. 33) wordt overwogen. Wat Nederland betreft, dienen de in art. 8 en 9 HKV 1996 bedoelde verzoeken te worden gericht tot de zogenoemde liaisonrechter als bedoeld in art. 24 lid 6 Uitvoeringswet internationale kinderbescherming. Het in art.

33 HKV 1996 bedoelde verzoek dient op grond van art. 9 lid 1 Uitvoeringswet internationale kinderbescherming daarentegen te worden gericht tot de Centrale Autoriteit, bedoeld in art. 4 lid 1 Uitvoeringswet internationale kinderbescherming. Nederland heeft de Centrale autoriteit Internationale Kinderaangelegenheden (Ca) aangewezen voor wat betreft (Europees) Nederland. Deze Centrale Autoriteit is ondergebracht bij het ministerie van Justitie en Veiligheid.

Artikel 45

1. Van de aanwijzingen bedoeld in de artikelen 29 en 44 wordt mededeling gedaan aan het Permanent Bureau van de Haagse Conferentie voor Internationaal Privaatrecht.
2. De in het tweede lid van artikel 34 bedoelde verklaring wordt afgelegd bij de depositaris bij het Verdrag.
[19-10-1996, Trb. 299, i.w.tr. 01-01-2002]

[Mededeling aanwijzing]

Betekenis. Ingevolge art. 45 Haags Kinderbeschermingsverdrag 1996 wordt van de door de verdragsstaten aangewezen Centrale Autoriteiten als bedoeld in art. 29 van het verdrag en (andere) autoriteiten als bedoeld in art. 44 van het verdrag, mededeling gedaan aan het Permanent Bureau van de Haagse Conferentie voor Internationaal Privaatrecht (zie voor een actueel overzicht www.hcch.net).

Artikel 46

Een Verdragsluitende Staat met verschillende rechtsstelsels of regelingen met betrekking tot de bescherming van het kind en diens vermogen, is niet gehouden de bepalingen van het Verdrag toe te passen op conflicten die slechts deze verschillende rechtsstelsels of regelingen betreffen.
[19-10-1996, Trb. 299, i.w.tr. 01-01-2002]

[Niet toepasselijk bij interne conflicten verdragsstaat]

Betekenis. Art. 46 maakt, tezamen met art. 47 en 48, onderdeel uit van een drietal bepalingen over staten met meerdere rechtsstelsels. Een vergelijkbare bepaling is bijv. te vinden in het Verdrag inzake de bescherming van kinderen en de samenwerking op het gebied van de interlandelijke adoptie (Haags adoptieverdrag 1993, art. 38; *Trb.* 1993, 197, laatstelijk gewijzigd bij *Trb.* 1996, 94).

Artikel 47

Ten aanzien van een Staat die op het gebied van enige bij dit Verdrag geregelde aangelegenheid twee of meer rechtsstelsels of verzamelingen rechtsregels heeft die binnen territoriale eenheden van toepassing zijn,

1. **wordt een verwijzing naar de gewone verblijfplaats in die Staat uitgelegd als een verwijzing naar de gewone verblijfplaats in een territoriale eenheid;**
2. **wordt een verwijzing naar de aanwezigheid van het kind in die Staat uitgelegd als een verwijzing naar aanwezigheid in een territoriale eenheid;**

3. **wordt een verwijzing naar de ligging van vermogen van het kind in die Staat uitgelegd als een verwijzing naar de ligging van vermogen van het kind in een territoriale eenheid;**
4. **wordt een verwijzing naar de Staat waarvan het kind de nationaliteit bezit uitgelegd als een verwijzing naar de door het recht van die Staat aangewezen territoriale eenheid of, bij gebreke van ter zake dienende regels, naar de territoriale eenheid waarmee het kind de nauwste betrekkingen heeft;**
5. **wordt een verwijzing naar de Staat bij de autoriteiten waarvan een verzoek tot echtscheiding of scheiding van tafel en bed door de ouders van het kind of tot nietigverklaring van hun huwelijk aanhangig is, uitgelegd als een verwijzing naar de territoriale eenheid bij de autoriteiten waarvan een dergelijk verzoek aanhangig is;**
6. **wordt een verwijzing naar de Staat waarmee het kind een nauwe band heeft, uitgelegd als een verwijzing naar de territoriale eenheid waarmee het kind een zodanige band heeft;**
7. **wordt een verwijzing naar de Staat waarheen het kind is overgebracht of waarin het wordt vastgehouden uitgelegd als een verwijzing naar de desbetreffende territoriale eenheid waarnaar het kind is overgebracht of waarin het wordt vastgehouden;**
8. **wordt een verwijzing naar de instellingen of autoriteiten van die Staat, niet zijnde de Centrale Autoriteiten, uitgelegd als een verwijzing naar de instellingen of autoriteiten die in de desbetreffende territoriale eenheid tot optreden bevoegd zijn;**
9. **wordt een verwijzing naar het recht of de procedure of de autoriteit van de Staat waarin een maatregel is genomen uitgelegd als een verwijzing naar het recht of de procedure of de autoriteit van de territoriale eenheid waarin een zodanige maatregel is genomen;**
10. **wordt een verwijzing naar het recht of de procedure of de autoriteit van de aangezochte Staat uitgelegd als een verwijzing naar het recht of de procedure of de autoriteit van de territoriale eenheid waarin om erkenning of tenuitvoerlegging wordt verzocht.**

[19-10-1996, Trb. 299, i.w.tr. 01-01-2002]

[Meerdere rechtsstelsels in verdragsstaat]

Betekenis. Art. 47 maakt, tezamen met art. 46 en 48, onderdeel uit van een drietal bepalingen over staten met meerdere rechtsstelsels. Een vergelijkbare bepaling is bijvoorbeeld te vinden in het Verdrag inzake de bescherming van kinderen en de samenwerking op het gebied van de interlandelijke adoptie (Haags adoptieverdrag 1993, art. 36; *Trb.* 1993, 197, laatstelijk gewijzigd bij *Trb.* 1996, 94).

Artikel 48

Teneinde het op grond van hoofdstuk III toepasselijke recht aan te wijzen ten aanzien van een Staat die twee of meer territoriale eenheden omvat met ieder hun eigen rechtsstelsel of verzameling rechtsregels op het gebied van enige aangelegenheid die onder dit Verdrag valt, zijn de volgende regels van toepassing:

a. indien in die Staat regels van kracht zijn waarin wordt vastgesteld van welke territoriale eenheid het recht van toepassing is, wordt het recht van die eenheid toegepast;
b. in afwezigheid van dergelijke regels is het recht van het desbetreffende gebiedsdeel volgens het bepaalde in artikel 47 van toepassing.
[19-10-1996, Trb. 299, i.w.tr. 01-01-2002]

[Toepasselijk recht verdragsstaat met meerdere rechtsstelsels]

Betekenis. Art. 48 maakt, tezamen met art. 46 en 47, onderdeel uit van een drietal bepalingen over staten met meerdere rechtsstelsels. Een vergelijkbare bepaling is bijvoorbeeld te vinden in het Verdrag inzake het recht dat van toepassing is op het huwelijksvermogensregime (Haags huwelijksvermogensverdrag 1978, art. 16; *Trb.* 1988, 130).

Artikel 49

Teneinde het krachtens hoofdstuk III toepasselijke recht aan te wijzen ten aanzien van een Staat die twee of meer rechtsstelsels of regelingen heeft die op verschillende categorieën personen van toepassing zijn op het gebied van enige in dit Verdrag geregelde aangelegenheid, zijn de volgende regels van toepassing:
a. indien in een zodanige Staat regels van kracht zijn waarin wordt vastgesteld welke van deze stelsels van toepassing is, vindt het desbetreffende stelsel toepassing;
b. bij gebreke van dergelijke regels, is het recht van toepassing van het stelsel of de verzameling rechtsregels waarmee het kind de nauwste band heeft.
[19-10-1996, Trb. 299, i.w.tr. 01-01-2002]

[Toepasselijk recht]

Betekenis. Art. 49 HKV 1996 bevat nadere regels voor bij het HKV 1996 aangesloten staten met een personeel meervoudig rechtsstelsel. Een vergelijkbare regeling inzake intergentiel recht is bijvoorbeeld te vinden in het Verdrag inzake de wet die van toepassing is op onderhoudsverplichtingen (zie art. 16 Haags alimentatieverdrag 1973, *Trb.* 1974, 86).

Artikel 50

Dit Verdrag doet geen afbreuk aan de toepassing van het Verdrag van 25 oktober 1980 inzake de burgerrechtelijke aspecten van internationale ontvoering van kinderen in de betrekkingen tussen de Staten die Partij zijn bij beide Verdragen. Onverlet blijft echter de mogelijkheid om op bepalingen van dit Verdrag een beroep te doen ten einde de terugkeer te bewerkstelligen van een kind dat ongeoorloofd is overgebracht of wordt vastgehouden, of ten einde het omgangsrecht te regelen.
[19-10-1996, Trb. 299, i.w.tr. 01-01-2002]

[Eerbiedigende werking]

Betekenis. Het Haags Kinderbeschermingsverdrag 1996 doet geen afbreuk aan het Haags Kinderontvoeringsverdrag (van) 1980 (*Trb.* 1987, 139). Dit volgt uit art. 50 Haags Kinderbeschermingsverdrag 1996 (zie art. 26 Uitvoeringswet internationale kinderbescherming voor gevallen van samenloop van het Haags Kinderbeschermingsverdrag 1996 met het zogenoemde Europees Kinderontvoeringsverdrag 1980, *Trb.* 1980, 134). Meer specifiek betekent dit dat in het geval van samenloop van het Haags Kinderbeschermingsverdrag 1996 met het Haags Kinderontvoeringsverdrag 1980, het Haags Kinderontvoeringsverdrag 1980 voorrang heeft boven het Haags Kinderbeschermingsverdrag 1996. Gevallen van samenloop doen zich onder meer voor, indien een kwestie onder het materiële, formele én temporele toepassingsgebied van meer dan één verordening of verdrag valt. In art. 50 Haags Kinderbeschermingsverdrag 1996 wordt in wezen tot uitdrukking gebracht dat wanneer op de voet van het Haags Kinderontvoeringsverdrag 1980 om teruggeleiding van een kind is verzocht, dit verzoek steeds met voorrang moet worden behandeld. Iets anders geformuleerd: is een kind ongeoorloofd overgebracht, dan is en blijft de prioriteit eerst de onmiddellijke terugkeer van dat kind te verzekeren. Pas na de terugkeer van het kind naar diens oorspronkelijke gewone verblijfplaats, kan de kwestie van de ouderlijke verantwoordelijkheid en de bescherming van de persoon of het vermogen van het kind aan bod komen in een eventuele procedure. Getuige art. 50 tweede zinsnede Haags Kinderbeschermingsverdrag 1996 kan overigens zo nodig een beroep worden gedaan op de bepalingen van het Haags Kinderbeschermingsverdrag 1996 teneinde de terugkeer van het kind te bewerkstelligen dan wel een recht op omgang met een kind te effectueren (zie over de strekking van art. 50 tweede zinsnede *Rapport Lagarde*, nr. 168, p. 601).

Artikel 51

In de betrekkingen tussen de Verdragsluitende Staten treedt dit Verdrag in de plaats van het Verdrag van 5 oktober 1961 betreffende de bevoegdheid der autoriteiten en de toepasselijke wet inzake de bescherming van minderjarigen en het Verdrag tot regeling der voogdij van minderjarigen ondertekend te 's-Gravenhage op 12 juni 1902, onverminderd de erkenning van maatregelen genomen uit hoofde van het hierboven vermelde Verdrag van 5 oktober 1961.

[19-10-1996, Trb. 299, i.w.tr. 01-01-2002]

[Indeplaatsstelling]

Betekenis. Art. 51 HKV 1996 bepaalt onder meer dat het HKV 1996 het HKV 1961 vervangt 'in de betrekkingen tussen de Verdragsluitende Staten'. Het betreft dan gevallen van samenloop, dus wanneer de kwestie onder het materiële, formele én temporele toepassingsgebied van zowel het HKV 1996 als het HKV 1961 valt. Inmiddels zijn alle staten die zijn aangesloten bij het HKV 1961 ook partij bij het HKV 1996 (zie voor een actueel overzicht www.hcch.net), met uitzondering van Macau. In de verhouding met Macau (Macau is overigens een met Hong Kong te vergelijken administratieve regio van de Volksrepubliek China) past, bezien vanuit Nederlands perspectief, de Nederlandse rechter de regels van het HKV 1961 toe. Gaat het om de erkenning van maatregelen welke maatregelen op de voet van het HKV 1961 zijn genomen, dan wordt en blijft die erkenning geregeld door het HKV 1961. Op enkele, door art. 51 HKV 1996 niet geregelde kwesties van overgangsrecht, wordt in het *Rapport Lagarde* nader ingegaan (nr. 169).

Artikel 52

1. Dit Verdrag laat onverlet internationale regelingen waarbij de Verdragsluitende Staten Partij zijn en die bepalingen bevatten over in dit Verdrag geregelde onder-

werpen tenzij een andersluidende verklaring wordt afgelegd door de Staten die Partij zijn bij dergelijke regelingen.
2. Dit Verdrag laat onverlet de mogelijkheid dat een of meer Verdragsluitende Staten overeenkomsten sluiten die ten aanzien van kinderen die hun gewone verblijfplaats hebben in een van de Staten die Partij zijn bij dergelijke overeenkomsten bepalingen bevatten over bij dit Verdrag geregelde onderwerpen.
3. Overeenkomsten die door een of meer Verdragsluitende Partijen worden gesloten over onderwerpen die door dit Verdrag worden geregeld, doen in de betrekkingen van deze Staten met andere Verdragsluitende Staten geen afbreuk aan de toepassing van de bepalingen van dit Verdrag.
4. De voorgaande leden zijn eveneens van toepassing op eenvormige wetten die hun grondslag vinden in het bestaan van speciale banden van regionale of andere aard tussen de desbetreffende Staten.
[19-10-1996, Trb. 299, i.w.tr. 01-01-2002]

[Andere internationale regelingen of overeenkomsten]

Betekenis. Art. 52 Haags Kinderbeschermingsverdrag 1996 geeft een samenloopregeling met betrekking tot zowel bestaande regelingen (zie art. 52 lid 1) als toekomstige regelingen (zie met art. 52 lid 2 en 3) bij welke IPR-regelingen de bij het Haags Kinderbeschermingsverdrag 1996 aangesloten staten partij zijn of nog gaan worden en die bepalingen bevatten over de in het Haags Kinderbeschermingsverdrag 1996 geregelde onderwerpen. Dat zijn, bondig samengevat, kwesties van ouderlijke verantwoordelijkheid en van kinderbescherming. Zien art. 52 lid 1-3 daarbij met name op (EU-)verordeningen en verdragen, art. 52 lid 4 doelt in het bijzonder op bepaalde (met name in de Scandinavische staten voorkomende) eenvormige wetten. Zoals al enkele keren bleek, heeft in geval van samenloop de Verordening Brussel II-bis in beginsel voorrang boven het Haags Kinderbeschermingsverdrag 1996. Dit volgt uit art. 61 Verordening Brussel II-bis (zie echter ook HvJ EU 14 juli 2022, CC/VO, C-572/21, ECLI:EU:C:2022:562). Met ingang van 1 augustus 2022 is voor onder meer Nederland de Verordening Brussel II-ter (*PbEU* 2019, L 178) van toepassing (zie art. 105 Brussel II-ter). Deze verordening is van toepassing op gerechtelijke procedures die zijn ingesteld, authentieke akten die zijn verleden en overeenkomsten die zijn geregistreerd op of na 1 augustus 2022 (zie art. 100 lid 1 Brussel II-ter). De Verordening Brussel II-bis blijft dan van toepassing op gerechtelijke procedures die zijn ingesteld, authentieke akten die zijn verleden en overeenkomsten die vóór 1 augustus 2022 uitvoerbaar zijn geworden in de lidstaat waar zij werden gesloten en die binnen het toepassingsgebied van die verordening vallen (zie art. 100 lid 2 Brussel II-ter). Ook de Verordening Brussel II-ter heeft bij samenloop voorrang boven het Haags Kinderbeschermingsverdrag 1996. Dat is althans het uitgangspunt in art. 97 lid 1 Verordening Brussel II-ter, op welk uitgangspunt art. 97 lid 2 Verordening Brussel II-ter in het kader van bevoegdheidsvraagstukken drie uitzonderingen maakt. Gevallen van samenloop doen zich in het algemeen voor wanneer een kwestie onder het materiële, formele én temporele toepassingsgebied van meer dan één verordening of verdrag valt.

Artikel 53

1. Het Verdrag is slechts van toepassing op maatregelen die zijn genomen in een Staat nadat het Verdrag ten aanzien van die Staat in werking is getreden.
2. Het Verdrag is van toepassing op de erkenning en de tenuitvoerlegging van maatregelen die zijn genomen nadat het in werking is getreden in de betrekkingen tussen de Staat waar de maatregelen zijn genomen en de aangezochte Staat.
[19-10-1996, Trb. 299, i.w.tr. 01-01-2002]

[Overgangsrecht]

Betekenis. Art. 53 ziet op het temporele toepassingsgebied van het HKV 1996. Deze bepaling kent enerzijds overgangsregels voor de bevoegdheid en anderzijds overgangsregels in het kader van de erkenning en de tenuitvoerlegging van maatregelen. In een overgangsregel met betrekking tot het conflictenrecht voorziet art. 53 niet (vgl. in dit verband echter art. 30 Uitvoeringswet internationale kinderbescherming; bovendien is in het kader van het conflictenrecht niet in alle gevallen een overgangsregel noodzakelijk: zie het *Rapport Lagarde*, nr. 179). Ingevolge art. 53 lid 1 zijn de bevoegdheidsregels van het HKV 1996 van toepassing op procedures die aanhangig zijn gemaakt, nadat het verdrag voor de desbetreffende verdragsluitende staat in werking is getreden. Nu het verdrag voor Nederland op 1 mei 2011 van kracht is geworden, is het HKV 1996 temporeel van toepassing op procedures die op of na 1 mei 2011 (in eerste aanleg, althans bij wege van eerste aanleg) aanhangig zijn gemaakt. Op verzoeken die vóór 1 mei 2011 (de inwerkingtreding van dit verdrag voor Nederland) zijn ingediend, is het HKV 1996 dus niet van toepassing (HR 27 september 2013, ECLI:NL:PHR:2013:112 (met conclusie A-G Wesseling-van Gent)). Zie (mede) in dit verband ook art. 30 lid 2 Uitvoeringswet internationale kinderbescherming waaruit volgt, dat het HKV 1996 niet van toepassing is in procedures inzake ouderlijke verantwoordelijkheid of kinderbeschermingsmaatregelen die vóór zijn inwerkingtreding in Nederland zijn ingesteld en waarin na zijn inwerkingtreding een beslissing wordt genomen. Ingevolge art. 53 lid 2 zijn de erkennings- en tenuitvoerleggingsregels van het HKV 1996 van toepassing op maatregelen die zijn genomen nadat het verdrag van kracht is geworden in de betrekkingen tussen de verdragsluitende staat waar de maatregelen zijn genomen en de aangezochte verdragsstaat. Nu het verdrag voor Nederland op 1 mei 2011 van kracht is geworden, is het HKV 1996 temporeel van toepassing op de erkenning en tenuitvoerlegging van maatregelen in procedures die op of na 1 mei 2011 aanhangig zijn gemaakt.

Artikel 54

1. Mededelingen aan de Centrale Autoriteit of een andere autoriteit van een Verdragsluitende Staat worden gedaan in de oorspronkelijke taal en gaan vergezeld van een vertaling in de officiële taal of in een van de officiële talen van de andere Staat of, wanneer deze vertaling bezwaarlijk kan worden vervaardigd, van een vertaling in het Frans of in het Engels.
2. Een Verdragsluitende Staat kan echter, door het maken van het in artikel 60 bedoelde voorbehoud, bezwaar maken tegen het gebruik van hetzij het Frans, hetzij het Engels.
[19-10-1996, Trb. 299, i.w.tr. 01-01-2002]

[Taal]

Betekenis. Krachtens art. 54 mogen de bij het HKV 1996 aangesloten staten een voorbehoud als bedoeld in art. 60 HKV 1996 maken met betrekking tot het gebruik van hetzij het Engels, hetzij het Frans in de contacten met de Centrale Autoriteiten (vgl. bijv. ook art. 24 Haags Kinderontvoeringsverdrag 1980; *Trb.* 1987, 139). Van deze mogelijkheid heeft, anders dan bijv. Denemarken, Duitsland en Rusland (deze staten hebben door middel van een voorbehoud bezwaar gemaakt tegen het gebruik van de Franse taal), Nederland evenwel geen gebruik gemaakt (zie voor een actueel overzicht www.hcch.net).

Artikel 55

1. Een Verdragsluitende Staat kan, in overeenstemming met artikel 60,
a. zich de bevoegdheid van zijn autoriteiten voorbehouden maatregelen te nemen gericht op de bescherming van het vermogen van een kind dat op zijn grondgebied is gelegen;
b. zich het recht voorbehouden een ouderlijke verantwoordelijkheid of een maatregel niet te erkennen indien dat gezag of die maatregel in strijd is met een door zijn autoriteiten ten aanzien van dat vermogen genomen maatregel.
2. Het voorbehoud kan worden beperkt tot bepaalde categorieën goederen.
[19-10-1996, Trb. 299, i.w.tr. 01-01-2002]

[Voorbehoud verdragsluitende staat]

Betekenis. Evenmin als dit bij art. 54 HKV 1996 het geval bleek, heeft Nederland op grond van art. 55 HKV 1996 een voorbehoud gemaakt (zie voor een actueel overzicht www.hcch.net). Ingevolge art. 55 kunnen, in overeenstemming met art. 60 HKV 1996, de bij het HKV 1996 aangesloten staten zowel een voorbehoud maken met betrekking tot het behoud van bevoegdheid (zie nader art. 55 aanhef en onderdeel a) als met betrekking tot de niet-erkenning van een ouderlijke verantwoordelijkheid of een maatregel (zie nader art. 55 aanhef en onderdeel b), in beide gevallen met het oog op de bescherming van het vermogen van het kind. Daarbij kan, getuige art. 55 lid 2, het voorbehoud worden beperkt tot bepaalde categorieën goederen. Art. 55 is ingegeven door de vrees dat zonder een voorbehoud als bedoeld in deze bepaling bepaalde staten mogelijk niet tot ratificatie van het HKV 1996 zouden overgaan. Spanje is een voorbeeld van een staat die beide voorbehouden als bedoeld in art. 55 HKV 1996 heeft gemaakt, terwijl Zwitserland een voorbeeld is van een staat die slechts één van de in art. 55 HKV 1996 bedoelde voorbehouden (in dit geval het voorbehoud als bedoeld in art. 55 aanhef en onderdeel b) heeft gemaakt.

Artikel 56

De Secretaris-Generaal van de Haagse Conferentie voor Internationaal Privaatrecht roept periodiek een Bijzondere Commissie bijeen ten einde de praktische werking van het Verdrag te toetsen.
[19-10-1996, Trb. 299, i.w.tr. 01-01-2002]

[Toetsing]

Betekenis. Teneinde de praktische werking van het Haags Kinderbeschermingsverdrag 1996 (adequaat) te kunnen toetsen en de mogelijkheid te bieden om eventueel suggesties te doen om de praktische werking van dit verdrag te verbeteren, is het van belang dat de (Secretaris-Generaal van) Haagse Conferentie voor Internationaal Privaatrecht periodiek bijeenkomsten organiseert. Met het oog hierop is, in de vorm van een verplichting, art. 56 in het Haags Kinderbeschermingsverdrag 1996 opgenomen (zie bijvoorbeeld ook art. 42 Haags Adoptieverdrag 1993; *Trb.* 1993, 197, laatstelijk gewijzigd bij *Trb.* 1996, 94). Inmiddels hebben er een aantal bijeenkomsten van een Bijzondere Commissie plaatsgevonden, waaronder in oktober 2017 (zie nader www.hcch.net). Naar verwachting zal de eerstvolgende bijeenkomst van de Bijzondere Commissie plaatsvinden in 2022.

HOOFDSTUK VII
Slotbepalingen

[Inleidende opmerkingen]

Betekenis. Hoofdstuk VII Haags Kinderbeschermingsverdrag 1996, dat zijn art. 57-63, bevat slotbepalingen, die in het kader van door de Haagse Conferentie voor Internationaal Privaatrecht tot stand gekomen verdragen gebruikelijk zijn.

Artikel 57

1. Het Verdrag staat open voor ondertekening door de Staten die ten tijde van de Achttiende Zitting lid waren van de Haagse Conferentie voor Internationaal Privaatrecht.
2. Het Verdrag dient te worden bekrachtigd, aanvaard of goedgekeurd en de akten van bekrachtiging, aanvaarding of goedkeuring dienen te worden nedergelegd bij het Ministerie van Buitenlandse Zaken van het Koninkrijk der Nederlanden, depositaris van het Verdrag.
[19-10-1996, Trb. 299, i.w.tr. 01-01-2002]

[Ondertekening en bekrachtiging]

Betekenis. Art. 57 Haags Kinderbeschermingsverdrag 1996 regelt de wijze van toetreding tot het Haags Kinderbeschermingsverdrag 1996 van staten die tijdens de Achttiende Zitting van de Haagse Conferentie voor Internationaal Privaatrecht lid waren van die Haagse Conferentie. De Achttiende Zitting vond plaats van 30 september 1996 tot en met 19 oktober 1996 (vgl. nader het *Rapport Lagarde*, nr. 1-2 en www.hcch.net).

Artikel 58

1. Iedere andere Staat kan tot het Verdrag toetreden nadat het overeenkomstig artikel 61, eerste lid, in werking is getreden.
2. De akte van toetreding dient te worden nedergelegd bij de depositaris.
3. De toetreding heeft slechts gevolg in de betrekkingen tussen de toetredende Staat en die Verdragsluitende Staten die niet binnen zes maanden na de ontvangst van de in artikel 63, letter *b*, bedoelde kennisgeving bezwaar hebben gemaakt tegen de toetreding van deze Staat. Een dergelijk bezwaar kan ook door een Staat worden ge-

maakt op het tijdstip van bekrachtiging, aanvaarding of goedkeuring indien deze na een toetreding plaatsvindt. Van elk bezwaar wordt kennis gegeven aan de depositaris.
[19-10-1996, Trb. 299, i.w.tr. 01-01-2002]

[Toetreding]

Betekenis. Art. 58 Haags Kinderbeschermingsverdrag 1996 regelt de wijze van toetreding tot het Haags Kinderbeschermingsverdrag 1996 van staten die tijdens de Achttiende Zitting van de Haagse Conferentie voor Internationaal Privaatrecht géén lid waren van die Haagse Conferentie (vgl. art. 57 Haags Kinderbeschermingsverdrag 1996). De verdragsstaten kunnen eventueel bezwaar maken tegen de toetreding van deze staten tot het Haags Kinderbeschermingsverdrag 1996. Dat blijkt uit art. 58 lid 3 Haags Kinderbeschermingsverdrag 1996.

Artikel 59

1. Indien een Staat twee of meer territoriale eenheden heeft waarin verschillende rechtsstelsels van toepassing zijn betreffende in dit Verdrag geregelde aangelegenheden, kan hij op het tijdstip van ondertekening, bekrachtiging, aanvaarding, goedkeuring of toetreding verklaren dat dit Verdrag op al deze territoriale eenheden of slechts op een of meer daarvan van toepassing is en kan hij te allen tijde deze verklaring wijzigen door een nieuwe verklaring af te leggen.
2. Elke verklaring wordt ter kennis gebracht van de depositaris en daarin worden uitdrukkelijk de territoriale eenheden vermeld waarop het Verdrag van toepassing is.
3. Indien een Staat geen verklaring aflegt krachtens dit artikel, is het Verdrag van toepassing op alle gebiedsdelen van die Staat.
[19-10-1996, Trb. 299, i.w.tr. 01-01-2002]

[Meerdere territioriale eenheden]

Betekenis. Art. 59 Haags Kinderbeschermingsverdrag 1996 ziet op de wijze van toetreding tot het Haags Kinderbeschermingsverdrag 1996 door staten met een territoriaal meervoudig rechtsstelsel.

Artikel 60

1. Elke Staat kan, uiterlijk op het tijdstip van de bekrachtiging, aanvaarding, goedkeuring of toetreding, of op het tijdstip waarop de verklaring bedoeld in artikel 59 wordt afgelegd, een of beide in artikel 54, tweede lid en in artikel 55 bedoelde voorbehouden maken. Andere voorbehouden zijn niet toegestaan.
2. Elke Staat kan te allen tijde een gemaakt voorbehoud intrekken.
Van de intrekking wordt de depositaris in kennis gesteld.
3. Het voorbehoud houdt op van kracht te zijn op de eerste dag van de derde kalendermaand na de in het voorgaande lid bedoelde kennisgeving.
[19-10-1996, Trb. 299, i.w.tr. 01-01-2002]

[Voorbehouden verdragsstaat]

Betekenis. Het Haags Kinderbeschermingsverdrag 1996 voorziet in een zeer beperkt aantal mogelijkheden tot het maken van een voorbehoud. Dat blijkt uit art. 60 HKV 1996. Andere voorbehouden dan de in art. 60 lid 1 HKV 1996 genoemde zijn niet toegestaan, zo maakt de tweede zin van dit artikellid duidelijk. Nederland heeft geen voorbehouden gemaakt (zie nader www.hcch.net). Overigens kan elke staat te allen tijde een gemaakt voorbehoud intrekken (zie nader art. 60 lid 2 HKV 1996).

Artikel 61

1. Het Verdrag treedt in werking op de eerste dag van de maand volgend op het verstrijken van een termijn van drie maanden na de nederlegging van de derde akte van bekrachtiging, aanvaarding of goedkeuring, bedoeld in artikel 57.
2. Vervolgens treedt het Verdrag in werking
a. voor iedere Staat die het Verdrag later bekrachtigt, aanvaardt of goedkeurt, op de eerste dag van de maand volgend op het verstrijken van een termijn van drie maanden na de nederlegging van zijn akte van bekrachtiging, aanvaarding of goedkeuring;
b. voor iedere Staat die toetreedt, op de eerste dag van de maand volgend op het verstrijken van de termijn van drie maanden na afloop van de periode van zes maanden bedoeld in artikel 58, derde lid;
c. voor een territoriale eenheid waartoe het Verdrag overeenkomstig artikel 59 is uitgebreid, op de eerste dag van de maand volgend op het verstrijken van een termijn van drie maanden na de kennisgeving bedoeld in dat artikel.
[19-10-1996, Trb. 299, i.w.tr. 01-01-2002]

[Inwerkingtreding]

Betekenis. Art. 61 Haags Kinderbeschermingsverdrag 1996 regelt de inwerkingtreding van het Haags Kinderbeschermingsverdrag 1996. Dit verdrag is op 1 januari 2002 voor Monaco, Slowakije en Tsjechië in werking getreden. Voor Nederland is het verdrag op 1 mei 2011 in werking getreden (vgl. ook art. 30 lid 2 Uitvoeringswet internationale kinderbescherming). Zie voor (actueel) een overzicht van de bij het Haags Kinderbeschermingsverdrag 1996 aangesloten staten (met, in voorkomend geval, inbegrip van de territoriale eenheden waarvoor dit verdrag al dan niet geldt), www.hcch.net.

Artikel 62

1. Een Staat die Partij is bij het Verdrag kan dit opzeggen door middel van een schriftelijke kennisgeving gericht aan de depositaris. De opzegging kan beperkt worden tot bepaalde territoriale eenheden waarop het Verdrag van toepassing is.
2. De opzegging wordt van kracht op de eerste dag van de maand volgend op het verstrijken van een termijn van twaalf maanden nadat de kennisgeving door de depositaris is ontvangen. Wanneer in de kennisgeving een langere opzegtermijn is aangegeven, wordt de opzegging van kracht na het verstrijken van zulk een langere termijn.
[19-10-1996, Trb. 299, i.w.tr. 01-01-2002]

[Opzegging]

Betekenis. Blijkens art. 62 Haags Kinderbeschermingsverdrag 1996 kan het Haags Kinderbeschermingsverdrag 1996 te allen tijde worden opgezegd, indien een staat niet langer aan dit verdrag gebonden wil zijn. De opzegging kan beperkt worden tot bepaalde territoriale eenheden waarop het Haags Kinderbeschermingsverdrag 1996 van toepassing is (vgl. ook art. 59 en bij art. 61 Haags Kinderbeschermingsverdrag 1996).

Artikel 63

De depositaris geeft de lid-staten van de Haagse Conferentie voor Internationaal Privaatrecht en de Staten die overeenkomstig artikel 58 zijn toegetreden, kennis van het volgende:

a. de ondertekeningen, bekrachtigingen, aanvaardingen en goedkeuringen bedoeld in artikel 57;
b. de toetredingen en de bezwaren tegen toetredingen bedoeld in artikel 58;
c. de datum waarop het Verdrag in werking treedt overeenkomstig artikel 61;
d. de verklaringen bedoeld in de artikelen 34, tweede lid, en 59;
e. de overeenkomsten bedoeld in artikel 39;
f. de voorbehouden bedoeld in de artikelen 54, tweede lid, en 55 en de intrekkingen bedoeld in artikel 60, tweede lid;
g. de opzeggingen bedoeld in artikel 62.

[19-10-1996, Trb. 299, i.w.tr. 01-01-2002]

[Kennisgeving aan lidstaten]

Betekenis. Art. 63 Haags Kinderbeschermingsverdrag 1996 somt een zevental taken van de depositaris op. Tot die taken behoort bijv. het in kennis stellen van de lidstaten van de Haagse Conferentie voor Internationaal Privaatrecht van de toetreding van nieuwe staten tot het Haags Kinderbeschermingsverdrag 1996 en van de (eventuele) bezwaren tegen die toetredingen (vgl. art. 58 Haags Kinderbeschermingsverdrag 1996).

Uitvoeringswet internationale kinderbescherming

Wet van 16 februari 2006 tot uitvoering van het op 19 oktober 1996 te 's-Gravenhage tot stand gekomen verdrag inzake de bevoegdheid, het toepasselijke recht, de erkenning, de tenuitvoerlegging en de samenwerking op het gebied van ouderlijke verantwoordelijkheid en maatregelen ter bescherming van kinderen alsmede van de verordening (EG) nr. 2201/2003 van de Raad van de Europese Unie van 27 november 2003 betreffende de bevoegdheid en de erkenning van beslissingen in huwelijkszaken en inzake de ouderlijke verantwoordelijkheid, en tot intrekking van Verordening (EG) nr. 1347/2000 (PbEU L 338), en wijziging van het Burgerlijk Wetboek, het Wetboek van Burgerlijke Rechtsvordering en de Uitvoeringswet EG-executieverordening, Stb. 2006, 123, zoals laatstelijk gewijzigd op 9 februari 2022, Stb. 2022, 72 (i.w.tr. 01-08-2022)

Wij Beatrix, bij de gratie Gods, Koningin der Nederlanden, Prinses van Oranje-Nassau, enz. enz. enz.

Allen, die deze zullen zien of horen lezen, saluut! doen te weten:

Alzo Wij in overweging genomen hebben, dat het wenselijk is om wettelijke voorzieningen te treffen ter uitvoering van het op 19 oktober 1996 te 's-Gravenhage tot stand gekomen verdrag inzake de bevoegdheid, het toepasselijke recht, de erkenning, de tenuitvoerlegging en de samenwerking op het gebied van ouderlijke verantwoordelijkheid en maatregelen ter bescherming van kinderen (*Trb.* 1997, 299) alsmede van de verordening (EG) nr. 2201/2003 van de Raad van de Europese Unie van 27 november 2003 betreffende de bevoegdheid en de erkenning en tenuitvoerlegging van beslissingen in huwelijkszaken en inzake de ouderlijke verantwoordelijkheid, en tot intrekking van Verordening (EG) nr. 1347/2000 (*PbEU* L 338) en mede tot wijziging van het Burgerlijk Wetboek, het Wetboek van Burgerlijke Rechtsvordering en de Uitvoeringswet EG-executieverordening;

Zo is het, dat Wij, de Raad van State gehoord, en met gemeen overleg der Staten-Generaal, hebben goedgevonden en verstaan, gelijk Wij goedvinden en verstaan bij deze:

[Inleidende opmerkingen]

1. Algemeen. Op 16 februari 2006 werd de zogenoemde Uitvoeringswet internationale kinderbescherming afgekondigd in het *Staatsblad* van het Koninkrijk der Nederlanden (*Stb.* 2006, 123; *Kamerstukken* 29980). Deze wet is vervolgens op 1 mei 2006 in werking getreden (*Stb.* 2006, 193; laatstelijk gewijzigd bij *Stb.* 2016, 290; *Kamerstukken* 34212). Nadien is de Uitvoeringswet internationale kinderbescherming een aantal keren op onderdelen gewijzigd. Deze wijzigingen hielden onder meer verband met de afschaffing van de procesvertegenwoordigende bevoegdheid van de Centrale Autoriteit in zaken van internationale kinderontvoering en kinderbescherming (Wet van 10 november 2011, *Stb.* 2011, 530, in werking getreden op 1 januari 2012; *Kamerstukken* 32358). En met, door bijv. het aantal gerechtshoven en rechtbanken te verminderen, de verandering van de 'gerechtelijke kaart' van (het Europese deel van) Nederland (Wet van 12 juli 2012, *Stb.* 2012, 313, in werking getreden op 1 januari 2013; *Kamerstukken* 32891). Enkele wijzigingen met betrekking tot de Uitvoeringswet internationale kinderbescherming betroffen (bovenal) 'wetstechnische reparaties'. Met het oog op het van toepassing worden op 1 augustus 2022 van de Verordening Brussel II-ter (*PbEU* 2019, L 178), ook wel aangeduid als de Herschikte Verordening Brussel II-ter, moesten wederom wat wetten worden gewijzigd. Tot die wetten behoort in het bijzonder de Uitvoeringswet internationale kinderbescherming. Dit omdat de gewijzigde Uitvoeringswet internationale kinderbescherming mede uitvoering geeft aan de Verordening Brussel II-ter. De tekst van onder meer de op onderdelen gewijzigde Uitvoeringswet internationale kinderbescherming, staat in *Stb.* 2022, 72, *Kamerstukken* 35888). Het gaat hier om de Wet van 9 februari 2022 tot wijziging van de Uitvoeringswet internationale kinderbescherming en enige andere wetten in verband met de herschikking van de Verordening (EU) nr. 2019/1111 van de Raad van 25 juni 2019 betreffende de bevoegdheid, de erkenning en tenuitvoerlegging van beslissingen in huwelijkszaken en inzake de ouderlijke verantwoordelijkheid, en betreffende de internationale kinderontvoering (herschikking) (*PbEU* 2019, L 178). Deze Wet van 9 februari 2022 treedt op 1 augustus 2022 in werking (inwerkingtredingsbesluit van 28 maart 2022, *Stb.* 2022, 141). Dat is dus tevens de datum waarop de Verordening Brussel II-ter van toepassing wordt. De wijzigingen die in voornoemde Wet van 9 februari 2022 het gevolg zijn van dan wel samenhangen met de Verordening Brussel II-ter – waarbij in het bijzonder aan de art. 18-23a van de gewijzigde Uitvoeringswet internationale kinderbescherming moet worden gedacht – zijn van toepassing zijn op procedures, authentieke akten en geregistreerde overeenkomsten als bedoeld in art. 100 lid 1 Brussel II-ter. Zie nader artikel VA in *Stb.* 2022, 72, blz. 6.

2. Strekking Uitvoeringswet internationale kinderbescherming. De Uitvoeringswet internationale kinderbescherming strekt ertoe, namens Nederland (maar niet namens de van Nederland deel uitmakende BES-eilanden; zie daarvoor *Stcrt.* 2010, 19489) uitvoering te geven aan zowel het zogeheten Haags Kinderbeschermingsverdrag 1996 of HKV 1996 (*Trb.* 1997, 299) als de Verordening Brussel II-ter. Het Haags Kinderbeschermingsverdrag 1996 werd op 1 mei 2011 voor Nederland van kracht. De Verordening Brussel II-ter is voor Nederland met ingang van 1 augustus 2022 van toepassing. Deze beide supranationale regelingen bevatten een aantal bepalingen die nadere uitvoering behoeven. Zo voorziet, mede met het oog op de verwezenlijking van de doelstellingen ervan, zowel het Haags Kinderbeschermingsverdrag 1996 als de Verordening Brussel II-ter in de aanwijzing van centrale autoriteiten (zie art. 29 HKV 1996, respectievelijk art. 76 Brussel II-ter). Nederland heeft in beide gevallen de centrale autoriteit ondergebracht bij (thans) het Ministerie van Justitie en Veiligheid. Dat blijkt uit de Uitvoeringswet internationale kinderbescherming (zie art. 4 lid 1). Meer in het bijzonder gaat het dan om de (Nederlandse) Centrale autoriteit Internationale Kinderaangelegenheden. Ter uitwerking van dan wel in aanvulling op het Haags Kinderbeschermingsverdrag 1996 en de Verordening Brussel II-ter, zijn aan de Nederlandse Centrale Autoriteit taken opgedragen en bevoegdheden verleend (zie art. 4-8).

3. Gemeenschappelijke bepalingen. Het lag, daar waar de inhoud van beide regelingen in de kern van de zaak met elkaar overeenstemt, voor de hand om de taken en bevoegdheden van de Nederlandse Centrale Autoriteit in het kader van zowel het Haags Kinderbeschermingsverdrag 1996 als de Verordening Brussel II-ter in hetzelfde hoofdstuk te regelen. Dat is dan ook gebeurd (zie bijv. Hoofdstuk 2 Uitvoeringswet internationale kinderbescherming, dat zijn de art. 4-8).

4. Niet-gemeenschappelijke bepalingen. Voornoemde, gemeenschappelijke aanpak kon echter niet in het kader van alle hoofdstukken van de Uitvoeringswet internationale kinderbescherming worden gevolgd. Met name de erkenning, de niet-erkenning en de tenuitvoerlegging van beslissingen op grond van het Haags Kinderbeschermingsverdrag 1996 respectievelijk de Verordening Brussel II-ter is in aparte hoofdstukken geregeld (Hoofdstuk 5 HKV 1996; Hoofdstuk 6 Brussel II-ter). Dat is ook logisch, omdat er ten aanzien van deze onderdelen behoorlijke verschillen tussen beide regelingen bestaan. Zo is op grond van het Haags Kinderbeschermingsverdrag 1996 tenuitvoerlegging alleen mogelijk na verlening van een zogeheten exequatur. Daarentegen is op grond van de Verordening Brussel II-ter geen enkele verklaring van uitvoerbaarheid of exequatur vereist.

5. Bepalingen voor niet door verordening of verdrag bestreken gevallen. Men dient er bedacht op te zijn dat de Nederlandse wetgever een aantal bepalingen uit de Uitvoeringswet internationale kinderbescherming van overeenkomstige toepassing heeft verklaard op gevallen die niet door het Haags Kinderbeschermingsverdrag 1996 noch door de Verordening Brussel II-ter worden bestreken. Het gaat dan met name om de bepalingen uit de Hoofdstukken 1, 2, 4, 7 en 8 van de Uitvoeringswet internationale kinderbescherming (art. 2). Deze hoofdstukken zijn dus mede van toepassing op internationale kwesties van ouderlijke verantwoordelijkheid en maatregelen ter bescherming van kinderen die niet door het Haags Kinderbeschermingsverdrag 1996 of door de Verordening Brussel II-ter worden beheerst. Met als gevolg dat, vanuit Nederlands perspectief, het toepassingsgebied van de Uitvoeringswet internationale kinderbescherming op onderdelen ruimer is geworden.

6. Opzet Uitvoeringswet internationale kinderbescherming. De Uitvoeringswet internationale kinderbescherming is, kort samengevat, als volgt opgezet. *Hoofdstuk 1*, dat zijn de art. 1-3, bevat algemene bepalingen. Deze bepalingen bakenen met name het toepassingsgebied van de Uitvoeringswet internationale kinderbescherming af. *Hoofdstuk 2*, dat zijn de art. 4-8, omschrijft de taken en de bevoegdheden van de door Nederland aangewezen Centrale Autoriteit. *Hoofdstuk 3*, dat zijn de art. 9-11, houdt verband met art. 33 HKV 1996 en met art. 82 Brussel II-ter. *Hoofdstuk 4*, dat zijn de art. 12-14, bevat, in aanvulling op de in de Verordening Brussel II-ter en de in het Haags Kinderbeschermingsverdrag 1996 neergelegde (internationale) bevoegdheidsregels, zowel absolute als relatieve competentieregels met betrekking tot een ten overstaan van de Nederlandse rechter te voeren procedure. Ook bevat dit hoofdstuk procedureregels. *Hoofdstuk 5*, dat zijn de art. 15-17, heeft (uitsluitend!) betrekking op de erkenning, de niet-erkenning en de tenuitvoerlegging van beslissingen op grond van het Haags Kinderbeschermingsverdrag 1996. *Hoofdstuk 6*, dat zijn de art. 18-23a, heeft (uitsluitend!) betrekking op de erkenning, de niet-erkenning en de tenuitvoerlegging van beslissingen op de voet van de Verordening Brussel II-ter. *Hoofdstuk 7*, dat is art. 24, geeft nader gestalte aan de internationale samenwerking tussen gerechten. Deze bepaling maakt het namelijk onder meer mogelijk, dat de (Nederlandse) Raad voor de Rechtspraak een zogeheten verbindingsrechter of liaisonrechter aanwijst. *Hoofdstuk 8*, dat is art. 25, vloeit voort uit art. 40 HKV 1996. Art. 40 voorziet in de mogelijkheid om een verklaring of internationaal certificaat uit te geven waarin wordt aangegeven in welke hoedanigheid een bepaalde persoon kan optreden en welke bevoegdheden hem of haar zijn verleend. *Hoofdstuk 9*, dat is art. 26, regelt de verhouding tussen het zogeheten Europees kinderontvoeringsverdrag (*Trb.* 1980, 134; Nederlandse vertaling in *Trb.* 1981, 10) en het Haags Kinderbeschermingsverdrag 1996 in het geval van samenloop. Gevallen van samenloop doen zich onder meer voor wanneer een casus of kwestie onder het materiële, formele én temporele toepassingsgebied van meer dan één verordening of verdrag valt. *Hoofdstuk 10*, dat zijn de art. 27-29, ziet op de wijziging van andere wetten, waaronder een verduidelijking van art. 3 Rv. *Hoofdstuk 11*, dat zijn de art. 30-32, bevat slotbepalingen, waaronder regels van overgangsrecht.

7. Temporeel toepassingsgebied. Uit art. 30 lid 2 Uitvoeringswet internationale kinderbescherming volgt dat het Haags Kinderbeschermingsverdrag 1996 niet van toepassing is in procedures inzake ouderlijke verantwoordelijkheid of kinderbeschermingsmaatregelen die vóór zijn inwerkingtreding in Nederland zijn ingesteld en waarin ná zijn inwerkingtreding een beslissing wordt genomen (zie, meer in het algemeen, ook HR 27 september 2013, ECLI:NL:PHR:2013:112, bij nr. 2 (met conclusie A-G Wesseling-van Gent)). Zoals hiervoor al bleek, is het Haags Kinderbeschermingsverdrag 1996 voor Nederland op 1 mei 2011 in werking getreden.

8. Bespreking Brussel II-ter/HKV 1996. Bij de bespreking van de Verordening Brussel II-ter en het Haags Kinderbeschermingsverdrag 1996 is in een aantal gevallen al verwezen naar bepalingen van de Uitvoeringswet internationale kinderbescherming. Uit die afzonderlijke besprekingen volgt bijv. ook dat in geval van samenloop van de Verordening Brussel II-ter met het Haags Kinderbeschermingsverdrag 1996 de Verordening Brussel II-ter in beginsel voorgaat (zie hierover nader art. 97 Brussel II-ter). Voor de toepassing van de Uitvoeringswet internationale kinderbescherming maakt dit echter betrekkelijk weinig verschil. Immers, met uitzondering van Hoofdstuk 5 (dat uitsluitend betrekking heeft op het Haags Kinderbeschermingsverdrag 1996) en van Hoofdstuk 6 (dat enkel verband houdt met de Verordening Brussel II-ter), gaat het in het kader van de Uitvoeringswet internationale kinderbescherming immers veelal om gemeenschappelijke bepalingen. Dat wil in dit verband zeggen bepalingen die strekken ter uitvoering van zowel de Verordening Brussel II-ter als het Haags Kinderbeschermingsverdrag 1996. Verder is een aantal van die bepalingen mede van toepassing op gevallen, die niet door de Verordening Brussel II-ter of door het Haags Kinderbeschermingsverdrag 1996 worden bestreken (zie immers art. 2 Uitvoeringswet internationale kinderbescherming).

HOOFDSTUK 1
Algemene bepalingen

[Inleidende opmerkingen]

Betekenis. Hoofdstuk 1 bestaat uit drie bepalingen. Deze bepalingen bakenen met name het toepassingsbereik van de Uitvoeringswet internationale kinderbescherming af (definities, toepassingsgebied, leeftijdsgrens).

Artikel 1

In deze wet wordt verstaan onder:

- **het verdrag: het op 19 oktober 1996 te 's-Gravenhage tot stand gekomen verdrag inzake de bevoegdheid, het toepasselijke recht, de erkenning, de tenuitvoerlegging en de samenwerking op het gebied van ouderlijke verantwoordelijkheid en maatregelen ter bescherming van kinderen (*Trb.* 1997, 299);**
- **de verordening: de Verordening (EU) nr. 2019/1111 van de Raad van 25 juni 2019 betreffende de bevoegdheid, de erkenning en tenuitvoerlegging van beslissingen in huwelijkszaken en inzake de ouderlijke verantwoordelijkheid, en betreffende internationale kinderontvoering (*PbEU* L 178).**

[09-02-2022, Stb. 72, i.w.tr. 01-08-2022/kamerstukken 35888]

[Definities]

Betekenis. Art. 1 benadrukt dat in het kader van de Uitvoeringswet internationale kinderbescherming onder 'het verdrag' (zie bijv. Hoofdstuk 5 Uitvoeringswet internationale kinderbescherming) het Haags Kinderbeschermingsverdrag 1996 moet worden verstaan. En dat met 'de verordening' (zie bijv. Hoofdstuk 6 Uitvoeringswet internationale kinderbescherming) de Verordening Brussel II-ter wordt bedoeld. Waar in de Uitvoeringswet internationale kinderbescherming op andere regelingen wordt gedoeld, worden die regelingen ook als zodanig aangeduid (zie bijv. art. 3 lid 1, art. 5 lid 2 en art. 26).

Artikel 2

De hoofdstukken 1, 2, 4, 7 en 8 zijn mede van toepassing op internationale kwesties van ouderlijke verantwoordelijkheid en maatregelen ter bescherming van kinderen die niet door het verdrag of de verordening worden beheerst.

[16-02-2006, Stb. 123, i.w.tr. 01-05-2006/kamerstukken 29980]

[Uitbreiding toepassingsgebied]

Betekenis. De Uitvoeringswet internationale kinderbescherming strekt (thans) bovenal ter uitvoering van en aanvulling op de Verordening Brussel II-ter (waarover A.E. Oderkerk & L.Th.L.G. Pellis in: *T&C Personen- en familierecht*) en het Haags Kinderbeschermingsverdrag 1996 (waarover L.Th.L.G. Pellis in: *T&C Personen- en familierecht).* Op advies van de (toenmalige) Staatscommissie voor Internationaal Privaatrecht, heeft de Nederlandse wetgever het toepassingsgebied van deze wet echter uitgebreid. Daardoor vallen ook niet door de verordening of het verdrag bestreken internationale, grensoverschrijdende, gevallen onder het toepassingsbereik van de Uitvoeringswet internationale kinderbescherming. In het kader van de uitbreiding van het toepassingsbereik gaat het echter uitsluitend om de bepalingen uit de Hoofdstukken 1, 2, 4, 7 en 8 Uitvoeringswet internationale kinderbescherming. Deze bepalingen zijn dus ook van toepassing in de betrekkingen tussen Nederland en een staat die niet door het Haags Kinderbeschermingsverdrag 1996 noch door de Verordening Brussel II-ter is gebonden, maar waarbij het wel gaat om internationale kwesties van ouderlijke verantwoordelijkheid of maatregelen ter bescherming van kinderen. Dit heeft bijv. ook tot gevolg dat de Nederlandse Centrale Autoriteit in beginsel tevens als aanspreekpunt en als intermediair optreedt in gevallen die niét onder de verordening noch onder het verdrag vallen. Dat is immers de consequentie van art. 2 Uitvoeringswet internationale kinderbescherming. Echter, in art. 2 zijn niet alle hoofdstukken van de Uitvoeringswet internationale kinderbescherming mede van toepassing verklaard op gevallen die niet door de Verordening Brussel II-ter en evenmin door het Haags Kinderbeschermingsverdrag 1996 worden bestreken. Met mogelijk als gevolg dat voor de Nederlandse Centrale Autoriteit in zulke gevallen geen rol is weggelegd. Zoals bij Hoofdstuk 3 Uitvoeringswet internationale kinderbescherming dat uitsluitend van toepassing is op door het Haags Kinderbeschermingsverdrag 1996 of door de Verordening Brussel II-ter bestreken gevallen.

Artikel 3

1. Onverminderd het bepaalde in artikel 1, onder *a*, van het op 20 mei 1980 te Luxemburg tot stand gekomen Europese verdrag betreffende de erkenning en de tenuitvoerlegging van beslissingen inzake het gezag over kinderen en betreffende het herstel van het gezag over kinderen (*Trb.* 1981, 10), artikel 4 van het op 25 oktober 1980 te 's-Gravenhage tot stand gekomen verdrag inzake de burgerrechtelijke aspecten van internationale ontvoering van kinderen (*Trb.* 1987, 139) en artikel 2 van de Wet van 2 mei 1990 tot uitvoering van die verdragen (*Stb.* 202), is deze wet van toepassing op kinderen die de leeftijd van achttien jaren nog niet hebben bereikt.

2. Bereikt een kind ten aanzien waarvan een verzoek op grond van het verdrag, van de verordening of van deze wet in behandeling is, de leeftijd van achttien jaren, dan wordt de behandeling van dat verzoek ambtshalve gestaakt. Hetzelfde geldt voor maatregelen ter uitvoering van een beslissing op een verzoek.

[16-02-2006, Stb. 123, i.w.tr. 01-05-2006/kamerstukken 29980]

[Leeftijd kind]

1. Algemeen. In navolging van art. 2 Haags Kinderbeschermingsverdrag 1996 en art. 2 lid 2 sub 6 Brussel II-ter is, voor zover het gaat om kwesties van ouderlijke verantwoordelijkheid en maatregelen ter bescherming van kinderen, in het kader van de Uitvoeringswet internationale kinderbescherming de leeftijdsgrens op achttien jaren gesteld. Dit betekent dus dat de Uitvoeringswet internationale kinderbescherming van toepassing is op kinderen (vanaf het tijdstip van hun geboorte) totdat zij de leeftijd van achttien jaren hebben bereikt.

2. Samenloop van procedures. In de praktijk kan het gebeuren dat er sprake is van samenloop van een procedure onder de Verordening Brussel II-ter/het Haags Kinderbeschermingsverdrag 1996 met een procedure onder het Haags Kinderontvoeringsverdrag 1980/het Europees Kinderontvoeringsverdrag 1980. Doet zich een dusdanige samenloop van procedures voor, dan volgt uit art. 3 lid 1 Uitvoeringswet internationale kinderbescherming dat de in de beide kinderontvoeringsverdragen gehanteerde leeftijdslimiet van zestien jaren onverlet blijft. In gevallen van ongeoorloofde overbrenging of vasthouding van een kind geldt dus niet de bij internationale kwesties van ouderlijke verantwoordelijkheid en maatregelen ter bescherming van kinderen geldende leeftijdslimiet van achttien jaren.

3. Meerderjarigheid. Ingevolge art. 3 lid 2 Uitvoeringswet internationale kinderbescherming wordt een procedure die aanhangig is op het tijdstip waarop het kind de leeftijd van achttien jaren heeft bereikt, ambtshalve gestaakt. Hetzelfde geldt voor maatregelen ter uitvoering van een beslissing. Of het om een procedure dan wel om maatregelen gaat op grond van de Verordening Brussel II-ter, uit hoofde van het Haags Kinderbeschermingsverdrag 1996 of op basis van de Uitvoeringswet internationale kinderbescherming (zie art. 2 van die wet), doet niet ter zake. Wellicht dat, in geval van gebleken toepasselijkheid van art. 3 lid 2 Uitvoeringswet internationale kinderbescherming, het zogenoemde Haags Meerderjarigenbeschermingsverdrag 2000 (*Trb.* 2000, 10; zie voor de Nederlandse tekst *Trb.* 2008, 139) uitkomst kan bieden. Uitkomst voor het geval dat ook op en na de leeftijd van achttien jaren beschermingsmaatregelen noodzakelijk blijken. Het Haags Meerderjarigenbeschermingsverdrag 2000, dat bedoeld is als aanvulling op met name het Haags Kinderbeschermingsverdrag 1996 (waarover L.Th.L.G. Pellis in: *T&C Personen- en familierecht*), is op 1 januari 2009 in werking getreden. Nederland heeft dit verdrag weliswaar op 13 januari 2000 ondertekend, maar tot een ratificatie ervan is het vooralsnog niet gekomen. Auteurs als Pellis (in: *T&C Personen- en familierecht*) en Vonken (in: *Asser/Vonken 10-II*) en verder ook A-G Vlas in zijn (eerste) conclusie vóór HR 2 februari 2018 (ECLI:NL:PHR:2017:937) dringen al enige tijd aan op goedkeuring en ratificatie van het Haags Meerderjarigenbeschermingsverdrag 2000 door het Koninkrijk der Nederlanden. De Hoge Raad heeft in een op 2 februari 2018 gewezen arrest (ECLI:NL:HR:2018:147) onder meer overwogen dat nu het commune internationaal privaatrecht geen regeling bevat voor kwesties betreffende meerderjarigenbescherming (op art. 10:11 BW na, ten aanzien waarvan de regering voorrang van het Haags Meerderjarigenbeschermingsverdrag erkent) en nu de wetgever in art. 10:115 BW een verwijzing naar het Haags Meerderjarigenbeschermingsverdrag heeft voorzien, moet worden aanvaard dat in voorkomend geval ruimte bestaat voor anticiperende toepassing van bepalingen uit het Haags Meerderjarigenbeschermingsverdrag. In de lagere rechtspraak werden bepalingen uit het Haags Meerderjarigenbeschermingsverdrag in een aantal gevallen al anticiperend dan wel analogisch toegepast. Het Haags Meerderjarigenbeschermingsverdrag 2000 is, in internationale situaties, van toepassing op de bescherming van volwassenen (dat zijn personen die de leeftijd van achttien jaren hebben bereikt) die vanwege een stoornis in of ontoereikendheid van hun persoonlijke vermogens niet in staat zijn hun belangen te behartigen.

HOOFDSTUK 2
Taak en bevoegdheden van de centrale autoriteit

[Inleidende opmerkingen]

Betekenis. Hoofdstuk 2 bestaat uit vijf bepalingen. Deze bepalingen houden verband met de taken en de bevoegdheden van de door Nederland aangewezen Centrale Autoriteit.

Artikel 4

1. Onze Minister van Justitie wordt voor Nederland aangewezen als centrale autoriteit, bedoeld in artikel 29 van het verdrag en in artikel 76 van de verordening.
2. De centrale autoriteit is belast met de in hoofdstuk V van het verdrag, onderscheidenlijk hoofdstuk V van de verordening omschreven taken van de centrale autoriteit. Deze centrale autoriteit is als zodanig tevens belast met de behandeling van verzoeken om tussenkomst in internationale kwesties betreffende ouderlijke verantwoordelijkheid en maatregelen ter bescherming van kinderen, wanneer deze

niet door het verdrag of de verordening worden beheerst. Bij de behandeling van deze verzoeken worden de bepalingen van hoofdstuk V van het verdrag zoveel mogelijk in acht genomen.
3. In het bijzonder neemt de centrale autoriteit alle passende maatregelen teneinde te bevorderen dat in de omstandigheden waarin het verdrag, de verordening of deze wet van toepassing is, minnelijke schikkingen tot stand komen met betrekking tot de bescherming van de persoon of het vermogen van het kind.
4. De aanwijzing van de centrale autoriteit staat er niet aan in de weg dat een persoon zich rechtstreeks tot de rechter of andere autoriteiten wendt teneinde de erkenning van de ouderlijke verantwoordelijkheid over een kind, het herstel van die verantwoordelijkheid over een kind te bereiken, of de vaststelling of wijziging van een beslissing inzake ouderlijke verantwoordelijkheid dan wel een maatregel ter bescherming van een kind te verkrijgen.
[09-02-2022, Stb. 72, i.w.tr. 01-08-2022/kamerstukken 35888]

[Centrale Autoriteit]

1. Ministerie van Justitie en Veiligheid (lid 1). Blijkens art. 4 lid 1 heeft Nederland (de Centrale autoriteit Internationale Kinderaangelegenheden van thans) het Ministerie van Justitie en Veiligheid aangewezen als Centrale Autoriteit als bedoeld in art. 76 Verordening Brussel II-ter en in art. 29 Haags Kinderbeschermingsverdrag 1996 (vgl. ook www.officielebekendmakingen.nl). De Nederlandse Centrale Autoriteit kan, waar dit is toegestaan, ook worden ingeroepen in bepaalde gevallen die niet door de Verordening Brussel II-ter of door het Haags Kinderbeschermingsverdrag 1996 worden bestreken. Dat volgt immers uit art. 2 Uitvoeringswet internationale kinderbescherming.

2. Taken (lid 2 en 3). Bij de behandeling van verzoeken die niét door de Verordening Brussel II-ter of door het Haags Kinderbeschermingsverdrag 1996 worden bestreken, worden de bepalingen van Hoofdstuk V van Haags Kinderbeschermingsverdrag 1996 *zoveel mogelijk* in acht genomen. De Nederlandse Centrale Autoriteit is belast met de in Hoofdstuk V van het Haags Kinderbeschermingsverdrag 1996 neergelegde taken en ook met de in Hoofdstuk V van de Verordening Brussel II-ter neergelegde taken. Dit alles volgt uit art. 4 lid 2 Uitvoeringswet internationale kinderbescherming. De Nederlandse wetgever sprak destijds (zie *Kamerstukken* 29980, nr. 3, blz. 6) de verwachting uit dat de medewerking van de Nederlandse Centrale Autoriteit vooral zou worden gevraagd 'bij moeilijkheden bij het effectueren van omgangsregelingen' onder de toevoeging, dat haar rol echter niet daartoe beperkt zal zijn. Van de noodzaak van een dergelijke beperkte rol geven de desbetreffende regelingen dan ook zeker geen blijk. Daarbij benadrukt art. 4 lid 3 Uitvoeringswet internationale kinderbescherming dat de Nederlandse Centrale Autoriteit in het bijzonder alle passende maatregelen neemt teneinde te bevorderen, dat minnelijke schikkingen tot stand komen met betrekking tot de persoon of het vermogen van het kind. Op zichzelf genomen is het dus al voldoende dat de Nederlandse Centrale Autoriteit ervoor zorg draagt dat bemiddeling openstaat. Het is dus niet noodzakelijk dat, met het oog op minnelijke schikkingen, de Nederlandse Centrale Autoriteit zelf bemiddelend optreedt (vgl. ook art. 79 sub g Brussel II-ter en art. 31 sub b Haags Kinderbeschermingsverdrag 1996).

3. In beginsel geen verplichte tussenkomst Centrale Autoriteit (lid 4). Een belanghebbende is niet verplicht de tussenkomst van de Nederlandse Centrale Autoriteit in te roepen. Hij of zij heeft dus de vrijheid om zich rechtstreeks tot de rechter of andere autoriteit in Nederland te wenden. Dat blijkt uit art. 4 lid 4 Uitvoeringswet internationale kinderbescherming. Valt echter een zaak onder het verdrag of de verordening, dan kan soms de tussenkomst van de Centrale Autoriteit toch verplicht zijn (zie bijv. art. 78 Brussel II-ter).

Artikel 5

1. De centrale autoriteit is bevoegd, zonodig ook zonder uitdrukkelijke volmacht van degene die zich met een verzoek tot haar heeft gewend, namens hem, anders dan in rechte, op te treden.
2. Onverminderd het bepaalde in artikel 5, derde lid, van het op 20 mei 1980 te Luxemburg tot stand gekomen Europese verdrag betreffende de erkenning en de tenuitvoerlegging van beslissingen inzake het gezag over kinderen en betreffende het herstel van het gezag over kinderen (*Trb.* 1981, 10) en artikel 26 van het op 25 oktober 1980 te 's-Gravenhage tot stand gekomen verdrag inzake de burgerrechtelijke aspecten van internationale ontvoering van kinderen (*Trb.* 1987, 139), draagt de centrale autoriteit zelf alle kosten die aan de uitvoering van haar taak zijn verbonden.
[10-11-2011, Stb. 530, i.w.tr. 01-01-2012/kamerstukken 32358]

[Vertegenwoordiging buiten rechte]

Betekenis. Had de Nederlandse Centrale Autoriteit die aanvankelijk wel, inmiddels heeft de Nederlandse wetgever de procesvertegenwoordigende bevoegdheid van de Centrale Autoriteit in zaken van internationale kinderontvoering en kinderbescherming laten vervallen (Wet van 10 november 2011, *Stb.* 2011, 530). Sindsdien dient een verzoeker zich te wenden tot een advocaat, teneinde hem of haar in rechte te vertegenwoordigen. Onder bepaalde voorwaarden kan betrokkene een beroep op gefinancierde rechtsbijstand doen. Zo nodig, met name indien de desbetreffende verzoeker in het buitenland zijn of haar gewone verblijfplaats heeft, kan de Nederlandse Centrale Autoriteit in het kader van een (voorgenomen) verzoek tot gefinancierde rechtsbijstand, assistentie verlenen. In elk geval is de tussenkomst van de Nederlandse Centrale Autoriteit kosteloos. De uitzondering die hierop in art. 5 lid 2 Uitvoeringswet internationale kinderbeschermingsverdrag wordt gemaakt, houdt enkel verband met het Haags Kinderontvoeringsverdrag 1980 en het Europees Kinderontvoeringsverdrag 1980. Het betreft dan bepaalde, in verband met de teruggeleiding van kinderen verband houdende kosten. Zoals de kosten van de terugreis van het kind in kwestie.

Artikel 6

De centrale autoriteit kan de uitvoering van bepaalde handelingen, overeenkomstig door haar te geven aanwijzingen opdragen aan de raad voor de kinderbescherming. De bepalingen van dit hoofdstuk zijn mede van toepassing ten aanzien van de raad.
[10-11-2011, Stb. 530, i.w.tr. 01-01-2012/kamerstukken 32358]

[Opdracht aan Raad voor de kinderbescherming]

Betekenis. Art. 6 Uitvoeringswet internationale kinderbescherming staat het de Nederlandse Centrale Autoriteit toe om ter uitvoering van bepaalde handelingen een beroep op de Raad voor de kinderbescherming te doen. Met het oog hierop kan en zal de Nederlandse Centrale Autoriteit instructies geven. Mogelijk bijv. dat, op de voet van art. 6, de Raad voor de kinderbescherming wordt opgedragen te bemiddelen tussen partijen met het oog op de uitoefening van het recht op omgang.

Artikel 7

De gemeentebesturen en de ambtenaren van de burgerlijke stand verschaffen de centrale autoriteit kosteloos alle inlichtingen en verstrekken haar kosteloos en vrij van zegel alle afschriften en uittreksels uit hun registers die deze autoriteit van hen vraagt in verband met de uitvoering van haar taak.

[16-02-2006, Stb. 123, i.w.tr. 01-05-2006/kamerstukken 29980]

[Kosteloze verstrekking inlichtingen gemeentebesturen en ambtenaren burgerlijke stand]

Betekenis. Gemeentebesturen en ambtenaren van de burgerlijke stand dienen de Nederlandse Centrale Autoriteit kosteloos gegevens te verstrekken uit onder meer de Gemeentelijke Basisadministratie. Dat volgt uit art. 7 Uitvoeringswet internationale kinderbescherming.

Artikel 8

1. Indien de centrale autoriteit voor het vinden van de verblijfplaats van een kind in Nederland medewerking behoeft van dienaren van de openbare macht, kan zij zich voor het verkrijgen daarvan wenden tot de officier van justitie in het arrondissement waar het kind vermoedelijk verblijft, of anders in het arrondissement 's-Gravenhage. De officier van justitie kan de zaak overeenkomstig door hem te geven aanwijzingen overdragen aan een officier van justitie in een ander arrondissement, indien de opsporing vermoedelijk in dat arrondissement moet geschieden.

2. De in het eerste lid bedoelde officier van justitie behandelt een verzoek om medewerking van de centrale autoriteit met voorrang.

3. De ambtenaar van politie, aangesteld voor de uitvoering van de politietaak, die is aangewezen om zijn medewerking te verlenen aan de opsporing van de verblijfplaats van een kind, mag daartoe elke plaats betreden, voor zover dat redelijkerwijs voor de vervulling van die taak nodig is.

[12-07-2012, Stb. 316, i.w.tr. 01-01-2013/kamerstukken 32822]

[Medewerking dienaren openbare macht]

Betekenis. Evenzeer als art. 6 en 7, voorziet art. 8 Uitvoeringswet internationale kinderbescherming in een, zoals de Nederlandse wetgever het destijds uitdrukte (*Kamerstukken* 29980, nr. 3, blz. 7), 'onmisbare bevoegdheid' van de Centrale Autoriteit. Ingevolge deze bepaling kan, met het oog op de opsporing van een bepaald kind, de Nederlandse Centrale Autoriteit een beroep doen op het Openbaar Ministerie. De desbetreffende officier van justitie dient een op de voet van art. 8 Uitvoeringswet internationale kinderbescherming gedaan verzoek met voorrang te behandelen. Het verzoek kan niet worden geweigerd.

HOOFDSTUK 3
Procedure in geval van plaatsing van een kind vanuit Nederland in een andere staat en in geval van plaatsing van een kind vanuit een andere staat in Nederland

[Inleidende opmerkingen]

Betekenis. In Hoofdstuk 3 Uitvoeringswet internationale kinderbescherming, dat zijn de art. 9-11, is de procedure geregeld in geval van plaatsing van een kind vanuit Nederland en in geval van plaatsing van een kind vanuit een bepaalde andere staat in Nederland.

Artikel 9

1. De beslissing tot plaatsing van, of tot verstrekking van zorg aan een uit Nederland afkomstig kind in een pleeggezin of in een instelling in een andere staat ingevolge artikel 33 van het verdrag dan wel artikel 82 van de verordening, wordt in Nederland genomen door de centrale autoriteit, bedoeld in artikel 4, eerste lid.
2. De centrale autoriteit zendt een gemotiveerd verzoek, vergezeld van een rapport betreffende het kind, toe aan de centrale autoriteit dan wel de andere bevoegde autoriteit van de staat waar de plaatsing of de verstrekking van zorg dient plaats te vinden. Zij treedt met deze autoriteit in overleg.
3. De in het eerste lid bedoelde beslissing wordt eerst genomen nadat de centrale autoriteit, bedoeld in artikel 4, eerste lid, de volgende bescheiden heeft ontvangen:
a. een schriftelijke verklaring van de personen of de instelling bij welke de plaatsing of de verstrekking van zorg dient plaats te vinden, waaruit hun instemming dan wel goedkeuring blijkt;
b. indien gewenst, een door de centrale autoriteit of de andere bevoegde autoriteit in het land van plaatsing opgesteld rapport waaruit de geschiktheid van de pleegouder tot het verstrekken van pleegzorg aan het kind blijkt;
c. de instemming, bedoeld in artikel 33, tweede lid, van het verdrag, dan wel de goedkeuring, bedoeld in artikel 82, vijfde lid, van de verordening;
d. indien toepasselijk, bescheiden waaruit blijkt dat het kind vergunning heeft of zal verkrijgen om de staat waar de plaatsing of de verstrekking van zorg zal plaatsvinden, binnen te komen en met het oog op de plaatsing of de verstrekking van zorg een verblijfsrecht in die staat heeft of zal verkrijgen.
[09-02-2022, Stb. 72, i.w.tr. 01-08-2022/kamerstukken 35888]

[Plaatsing van of verstrekking van zorg aan uit Nederland afkomstig kind in een andere staat]

1. Algemeen. Art. 9 bevat procedurele voorschriften met het oog op een voorgenomen plaatsing van een uit Nederland afkomstig kind in een andere, bij de Verordening Brussel II-ter aangesloten lidstaat dan wel in een andere, bij het Haags Kinderbeschermingsverdrag 1996 aangesloten verdragsstaat. Daarmee geeft art. 9, evenals art. 10 en 11, uitvoering aan art. 82 Brussel II-ter, respectievelijk art. 33 Haags Kinderbeschermingsverdrag 1996. Overigens is onder de Verordening Brussel II-ter voorafgaande goedkeuring niet vereist, wanneer het kind bij een ouder wordt geplaatst (zie art. 82 lid 2 Brussel II-ter waarover L.Th.L.G. Pellis in: *T&C Personen- en familierecht*). En het Haags Kinderbeschermingsverdrag 1996 ziet, anders dan de Verordening Brussel II-ter, tevens op de zogenoemde kafala (zie onder meer art. 3 aanhef en onder e en art. 33 Haags Kinderbeschermingsverdrag 1996). Meer in het algemeen dient men erop bedacht te zijn dat wanneer een kind dat jeugdhulp krijgt naar het buitenland vertrekt, de Nederlandse gemeente waar het kind laatstelijk verbleef en de door deze gemeente ingeschakelde instanties er actief voor dienen te zorgen dat het kind ondanks het vertrek naar het buitenland niet van hulp verstoken blijft (zie hierover nader de door A-G Vlas vóór HR 18 december 2020 genomen conclusie, ECLI:NL:PHR:2020:814).

2. Procedure. Het is de Nederlandse Centrale Autoriteit die beslist over de (voorgenomen) plaatsing van een uit Nederland afkomstig kind in een andere lidstaat waar de Verordening Brussel II-ter van toepassing is dan wel in een andere, bij het Haags Kinderbeschermingsverdrag 1996 aangesloten verdragsstaat. Dat volgt uit art. 9 lid 1 Uitvoeringswet internationale kinderbescherming. Voordat een definitieve beslissing wordt genomen, dient, op straffe van de sanctie van niet-erkenning van de uiteindelijke beslissing tot (uithuis)plaatsing, eerst een aantal procedurele voorschriften te worden gevolgd. Deze voorschriften dienen het belang van het kind in kwestie. Zo volgt uit art. 9 lid 3 Uitvoeringswet internationale kinderbescherming onder meer dat de beslissing over de plaatsing pas wordt genomen, nadat de Nederlandse Centrale Autoriteit een schriftelijke verklaring heeft ontvangen waaruit blijkt van de instemming dan wel de goedkeuring met die plaatsing door de personen of de instelling bij wie het kind dient te worden geplaatst. Desgewenst kan de Nederlandse Centrale Autoriteit ook nog om een rapport vragen waaruit van de geschiktheid van de beoogde pleegouder tot het verstrekken van zorg blijkt. Zo'n rapport zal mogelijk niet nodig zijn, indien bijv. het pleeggezin in kwestie reeds langere tijd pleegzorg verstrekt. De Nederlandse Centrale Autoriteit zal in elk geval ook zelf een rapport over het desbetreffende kind moeten toezenden aan de Centrale Autoriteit dan wel de andere bevoegde autoriteit van de staat waar de plaatsing of de verstrekking van de zorg dient plaats te vinden. De Nederlandse Centrale Autoriteit dient dat te doen in het kader van een gemotiveerd verzoek tot plaatsing, in het kader van welk verzoek zij vervolgens tevens met de betrokken buitenlandse autoriteit in overleg treedt. Overigens dient bedacht dat van de mogelijkheid tot een 'uitgaand' verzoek als bedoeld in art. 9 slechts in uitzonderlijke gevallen gebruik kan worden gemaakt. Namelijk indien aannemelijk is gemaakt dat 'een dergelijke stap nodig en verantwoord is en dat er in Nederland geen gelijkwaardig alternatief is' (*Kamerstukken* 29980, nr. 3, blz. 7). De Minister van Justitie dacht destijds bijv. aan het geval waarin voor het kind in het buitenland een medische of psychiatrische behandeling beschikbaar is die in Nederland niet mogelijk is.

3. Brussel II-bis (oud). Art. 56 Brussel II-bis (en overigens ook art. 33 Haags Kinderbeschermingsverdrag 1996) heeft het over de plaatsing van een kind "in een instelling of in een pleeggezin". Hoewel in art. 82 Brussel II-ter de woorden "in een instelling of in een pleeggezin" zijn geschrapt en deze bepaling het enkel nog heeft over "plaatsing" (vgl. ook de considerans, nr. 11, bij de Verordening Brussel II-ter), heeft, in navolging van onder meer de Verordening Brussel II-bis, art. 9 Uitvoeringswet internationale kinderbescherming (en ook art. 10 van diezelfde wet) het toch nog steeds over "plaatsing in een pleeggezin of in een instelling". Echter, zoals blijkt uit de parlementaire geschiedenis moet de "plaatsing in een pleeggezin of in een instelling" in de art. 9 (en art. 10) van de Uitvoeringswet internationale kinderbescherming in het licht van de Verordening Brussel II-ter worden gelezen. Waarmee beide artikelen ruimte bieden voor iedere plaatsing in de zin van (art. 82) van de Verordening Brussel II-ter (zie nader *Kamerstukken* 35888, nr. 6, bij 2.3).

Artikel 10

1. In geval van plaatsing van een kind vanuit een andere staat in Nederland of verstrekking van zorg aan een zodanig kind in een pleeggezin of in een instelling in Nederland ingevolge artikel 33 van het verdrag dan wel artikel 82 van de verordening, dient de instemming dan wel goedkeuring, bedoeld in de genoemde artikelen, te worden gegeven door de centrale autoriteit, bedoeld in artikel 4, eerste lid.

2. De instemming dan wel goedkeuring, bedoeld in het eerste lid, wordt eerst gegeven nadat de centrale autoriteit, bedoeld in artikel 4, eerste lid, van de bevoegde autoriteit van de staat van herkomst van het kind een gemotiveerd verzoek heeft ontvangen, vergezeld van een rapport betreffende het kind, en nadat zij de volgende bescheiden heeft ontvangen, welke bescheiden zij toezendt aan de bevoegde autoriteit van het land van herkomst van het kind:

a. een schriftelijke verklaring van de personen of de instelling bij welke de plaatsing of de verstrekking van zorg dient plaats te vinden, waaruit hun instemming dan wel goedkeuring blijkt;

b. indien gewenst, een rapport waaruit de geschiktheid van de pleegouder tot het verstrekken van pleegzorg aan het kind blijkt;

c. indien van toepassing, bescheiden waaruit blijkt dat het kind vergunning heeft of zal verkrijgen om Nederland binnen te komen en met het oog op de plaatsing of de verstrekking van zorg een verblijfsrecht in Nederland heeft of zal verkrijgen.

[09-02-2022, Stb. 72, i.w.tr. 01-08-2022/kamerstukken 35888]

[Plaatsing van of verstrekking van zorg aan kind vanuit andere staat in Nederland]

1. Algemeen. Ziet art. 9 op 'uitgaande' verzoeken, art. 10 Uitvoeringswet internationale kinderbescherming heeft betrekking op 'inkomende' verzoeken. Laatstgenoemde bepaling houdt namelijk verband met de (voorgenomen) plaatsing in Nederland van een kind dat uit een andere, bij de Verordening Brussel II-ter aangesloten lidstaat dan wel bij het Haags Kinderbeschermingsverdrag 1996 aangesloten verdragsstaat afkomstig is.

2. Procedure. Het is de buitenlandse Centrale Autoriteit die uiteindelijk beslist over de plaatsing van een bepaald, uit een andere, bij de Verordening Brussel II-ter aangesloten lidstaat dan wel bij het Haags Kinderbeschermingsverdrag 1996 aangesloten verdragsstaat afkomstig kind in Nederland. Voordat zij een definitieve beslissing neemt, dienen, op straffe van de sanctie van de niet-erkenning van de uiteindelijke beslissing tot (uithuis)plaatsing, eerst een aantal procedurele voorschriften te worden gevolgd. Deze voorschriften dienen het belang van het kind in kwestie. Zo zal de Nederlandse Centrale Autoriteit met het uit het buitenland afkomstig verzoek tot plaatsing van het desbetreffende kind moeten instemmen dan wel zo'n verzoek moeten goedkeuren, nadat zij van de bevoegde autoriteit van de staat van herkomst van het kind een gemotiveerd verzoek heeft ontvangen, vergezeld van een rapport met betrekking tot dat kind. Zelf dient de Nederlandse Centrale Autoriteit een aantal door haar (te) ontvangen bescheiden toe te zenden aan de bevoegde autoriteit van het land van herkomst van het kind. Daartoe behoort een schriftelijke verklaring ten bewijze van de instemming of goedkeuring door de personen of de instelling bij wie het kind in Nederland wordt geplaatst. In wezen gaat het bij art. 10 om dezelfde bescheiden als die in art. 9 Uitvoeringswet internationale kinderbescherming worden genoemd, met uitzondering van de verklaring van instemming of goedkeuring als bedoeld in art. 9. Dat laatste is ook logisch, nu art. 10 immers op 'inkomende' verzoeken ziet daar waar art. 9 op 'uitgaande' verzoeken betrekking heeft.

3. Taal. Zowel het Nederlands als het Engels worden aanvaard als de taal waarin verzoeken aan en eventuele aanvullende documenten voor de Nederlandse Centrale Autoriteit moeten worden gesteld (vgl. art. 82 lid 4 Brussel II-ter). Deze informatie is, ter uitvoering van art. 103 Brussel II-ter, aan de (Europese) Commissie meegedeeld (vgl. ook *Kamerstukken* 35888, nr. 3, blz. 16).

4. Brussel II-bis (oud). Art. 56 Brussel II-bis (en overigens ook art. 33 Haags Kinderbeschermingsverdrag 1996) heeft het over de plaatsing van een kind "in een instelling of in een pleeggezin". Hoewel in art. 82 Brussel II-ter de woorden "in een instelling of in een pleeggezin" zijn geschrapt en deze bepaling het enkel nog heeft over "plaatsing" (vgl. ook de considerans, nr. 11, bij de Verordening Brussel II-ter), heeft, in navolging van onder meer de Verordening Brussel II-bis, art. 10 Uitvoeringswet internationale kinderbescherming (en ook art. 9 van diezelfde wet) het toch nog steeds over "plaatsing in een pleeggezin of in een instelling". Echter, zoals blijkt uit de parlementaire geschiedenis moet de "plaatsing in een pleeggezin of in een instelling" in de art. 10 (en art. 9) van de Uitvoeringswet internationale kinderbescherming in het licht van de Verordening Brussel II-ter worden gelezen. Waarmee beide artikelen ruimte bieden voor iedere plaatsing in de zin van (art. 82) van de Verordening Brussel II-ter (zie nader *Kamerstukken* 35888, nr. 6, bij 2.3).

Artikel 11

1. Indien de voorschriften van artikel 10 niet in acht zijn genomen, kan de officier van justitie of de centrale autoriteit de kinderrechter verzoeken een gecertificeerde instelling als bedoeld in artikel 1.1 van de Jeugdwet te belasten met de voorlopige voogdij over het kind. Dit verzoek kan ook worden gedaan door de raad voor de kinderbescherming. Tenzij de kinderrechter een langere termijn van verval van de voorlopige voogdij heeft bepaald, wendt de raad zich binnen zes weken na de beslissing over de voorlopige voogdij tot de rechter ten einde een voorziening in het gezag over de minderjarige te verkrijgen. Artikel 241, vierde en vijfde lid, alsmede artikel 306a van Boek 1 van het Burgerlijk Wetboek zijn van overeenkomstige toepassing. Artikel 813, tweede lid, van het Wetboek van Burgerlijke Rechtsvordering is van overeenkomstige toepassing.
2. De voorlopige voogdij eindigt, behoudens eerdere opheffing, op het tijdstip waarop hetzij de voogdij over het kind, dan wel diens plaatsing bij andere personen of een andere instelling, een aanvang neemt, of zijn terugkeer naar het land van herkomst is geregeld.

3. De kosten die de voogdij-instelling ten behoeve van het kind moet maken, komen ten laste van degene bij wie het kind in strijd met artikel 10 is geplaatst. De artikelen 8.2.1 tot en met 8.2.7 van de Jeugdwet zijn van overeenkomstige toepassing.
[12-03-2014, Stb. 131, i.w.tr. 01-01-2015/kamerstukken 33061]

[Stichting belast met voorlopige voogdij]

Betekenis. Er staat een sanctie op de niet-naleving van de procedure bij internationale uithuisplaatsingen. De sanctie komt erop neer dat de beslissing tot uithuisplaatsing niet wordt erkend (art. 39 lid 1 sub f Brussel II-ter) dan wel mogelijk niet kán worden erkend (art. 23 lid 2 onderdeel f Haags Kinderbeschermingsverdrag 1996). In zo'n geval kan, indien de beslissing van de buitenlandse rechter in Nederland niet wordt erkend maar het kind zich inmiddels wel in Nederland bevindt, het desbetreffende kind onder de voorlopige zorg van (een) Bureau Jeugdzorg worden geplaatst. Dit kan zowel op verzoek van de officier van justitie als de Nederlandse Centrale Autoriteit als de Raad voor de kinderbescherming. Dit blijkt uit art. 11 Uitvoeringswet internationale kinderbescherming. De voorlopige voogdij eindigt op het tijdstip waarop definitief in het gezagsrecht is voorzien, dan wel het kind intussen elders is geplaatst dan wel, doordat na overleg tussen of met de betrokken Centrale Autoriteiten, de terugkeer van het kind naar het land van herkomst is geregeld. Blijkt dit allemaal niet het geval te zijn, de Raad voor de kinderbescherming zal de rechter (tijdig) om een definitieve gezagsvoorziening moeten verzoeken.

HOOFDSTUK 4
Rechtspleging ter zake van ouderlijke verantwoordelijkheid en maatregelen ter bescherming van kinderen

[Inleidende opmerkingen]

1. Algemeen. De Verordening Brussel II-ter en het Haags Kinderbeschermingsverdrag 1996 bepalen onder meer welke gerechten respectievelijk welke rechterlijke en administratieve autoriteiten internationaal bevoegd zijn — en daarmee dus rechtsmacht bezitten — ten aanzien van de op grond van deze regelingen te nemen beslissingen. Uit beide regelingen valt echter niet (expliciet) af te leiden, welke van de in een bepaalde staat zetelende en rechtsmacht bezittende autoriteiten vervolgens absoluut en relatief bevoegd zijn. Is, wanneer de Nederlandse rechter bijv. op de voet van art. 5 lid 1 HKV 1996 internationaal bevoegd blijkt te zijn om een kinderbeschermingsmaatregel te nemen, dan vervolgens in eerste aanleg bijv. de rechtbank of het gerechtshof absoluut bevoegd en als het de rechtbank blijkt te zijn, is dat dan vervolgens bijv. de rechtbank binnen wier rechtsgebied het kind zijn gewone verblijfplaats heeft en/of de rechtbank binnen wier rechtsgebied vermogen van het kind is gelegen? Dit zijn vragen van absolute en relatieve competentie waarop, zoals gemeld, de Verordening Brussel II-ter noch het Haags Kinderbeschermingsverdrag 1996 een (concreet) antwoord geeft.

2. Absolute en relatieve competentieregels voor de Nederlandse rechter. Om die reden heeft de Nederlandse wetgever in Hoofdstuk 4 Uitvoeringswet internationale kinderbescherming, dat zijn de art. 12-14, bepaald welke *Nederlandse* rechter absolute competentie en welke *Nederlandse* rechter relatieve competentie toekomt in zaken van ouderlijke verantwoordelijkheid en maatregelen ter bescherming van kinderen. Het gaat dan steeds om internationale gevallen. Overigens ziet Hoofdstuk 4 ook op de rechtspleging in internationale zaken van ouderlijke verantwoordelijkheid en maatregelen ter bescherming van kinderen die noch onder de Verordening Brussel II-ter, noch onder het Haags Kinderbeschermingsverdrag 1996 vallen (vgl. art. 2 Uitvoeringswet internationale kinderbescherming).

3. Uitsluitend zelfstandige verzoeken. Daarbij dient wel bedacht dat de in Hoofdstuk 4 Uitvoeringswet internationale kinderbescherming neergelegde regeling in álle gevallen enkel betrekking heeft op *zelfstandige* verzoeken met betrekking tot de ouderlijke verantwoordelijkheid en maatregelen ter bescherming van kinderen, steeds in internationale gevallen (zie *Kamerstukken* 29980, 3, blz. 9).

Artikel 12

1. Onverminderd de bevoegdheid van de voorzieningenrechter in kort geding, is de rechtbank bevoegd tot kennisneming van alle zaken met betrekking tot de regeling en de uitoefening van ouderlijke verantwoordelijkheid en maatregelen ter bescherming van kinderen in internationale gevallen, behoudens voor zover het betreft de erkenning, de niet-erkenning en de tenuitvoerlegging van buitenlandse beslissingen.
2. De rechtbank is bevoegd tot kennisneming van een zaak als bedoeld in het eerste lid indien het kind binnen haar rechtsgebied gewone verblijfplaats heeft. In gevallen waarin het verdrag of de verordening een bevoegdheid toekent aan de autoriteiten van de verdragsstaat waar het kind niet zijn gewone verblijfplaats heeft, maar zich bevindt, is tot kennisneming daarvan bevoegd de rechtbank binnen wier rechtsgebied het kind zich bevindt. In gevallen waarin het verdrag of de verordening een bevoegdheid toekent aan de autoriteiten van een staat waar het kind noch zijn gewone verblijfplaats heeft noch zich bevindt, is tot kennisneming daarvan bevoegd de rechtbank Den Haag.
[12-07-2012, Stb. 313, i.w.tr. 01-01-2013/kamerstukken 32891]

[Bevoegde rechter]

1. Algemeen. Blijkens art. 12 lid 1 is, onverminderd de bevoegdheid van de voorzieningenrechter in kort geding, in Nederland de rechtbank de absoluut bevoegde rechter in het kader van zelfstandige verzoeken met betrekking tot de ouderlijke verantwoordelijkheid en inzake maatregelen ter bescherming van kinderen in internationale gevallen. Ingevolge art. 808 Rv wordt, binnen de rechtbank, vervolgens de kinderrechter aangewezen die, althans in beginsel, deze zaken behandelt. Relatief bevoegd is, ingevolge art. 12 lid 2, de rechtbank binnen wier rechtsgebied het kind zijn gewone verblijfplaats heeft (vgl. art. 265 Rv) of, bij gebreke daarvan, de rechtbank binnen wier rechtsgebied het kind zich bevindt. Daarmee beoogt art. 12 lid 1 aan te sluiten bij de rechtsmachtgronden van met name art. 7, 11 en 15 Brussel II-ter en de rechtsmachtgronden van art. 5, 6, 11 en 12 HKV 1996. In de uitzonderlijke gevallen dat de Verordening Brussel II-ter of het Haags Kinderbeschermingsverdrag 1996 een bevoegdheid toekent aan de autoriteiten van een staat op het grondgebied waarvan het kind niet zijn gewone verblijfplaats heeft noch zich bevindt, is, ingevolge art. 12 lid 2 laatste zin, de rechtbank Den Haag als relatief bevoegd aangewezen. Het gaat dan bijv. om het geval waarin, in het belang van het kind, een rechter van de ene verdragsluitende staat de zaak aan de rechter van de andere verdragsluitende staat, in dit geval Nederland, heeft overgedragen, opdat laatstgenoemde rechter de noodzakelijk geachte beschermingsmaatregelen neemt (vgl. art. 9 HKV 1996 en art. 13 Brussel II-ter). Door die overdracht verkrijgt de laatstgenoemde rechter (alsnog) internationale bevoegdheid. Vervolgens voorziet, vanuit Nederlands perspectief, art. 12 Uitvoeringswet internationale kinderbescherming in onder meer de relatieve bevoegdheid. Volledigheidshalve wordt hier nog opgemerkt dat voor zover op grond van de Verordening Brussel II-ter dan wel uit hoofde van het Haags Kinderbeschermingsverdrag 1996 een accessoire bevoegdheid toekomt aan de echtscheidingsrechter (zie in het algemeen art. 10 Brussel II-ter en meer specifiek art. 10 HKV 1996), dat dan de relatieve bevoegdheid wordt bepaald door de art. 262 e.v. Rv. Zoals immers al bleek, heeft de nadere regeling van art. 12 Uitvoeringswet internationale kinderbescherming uitsluiting betrekking op zelfstandige procedures met betrekking tot de ouderlijke verantwoordelijkheid en inzake maatregelen ter bescherming van kinderen in internationale gevallen.

2. Erkenning, niet-erkenning en de tenuitvoerlegging van buitenlandse beslissingen. Hoofdstuk 4 Uitvoeringswet internationale kinderbescherming speelt in het kader van de erkenning, de niet-erkenning en de tenuitvoerlegging van buitenlandse beslissingen geen enkele rol. Dit volgt uit de laatste zinsnede van art. 12 lid 1 Uitvoeringswet internationale kinderbescherming.

Artikel 13

De zaken tot kennisneming waarvan de rechtbank op grond van artikel 12, eerste lid, bevoegd is, worden ingeleid met een verzoekschrift. Het verzoekschrift wordt ingediend door een advocaat. Het verzoekschrift houdt tevens in de keuze van een woonplaats binnen het arrondissement van de rechtbank.

[10-11-2011, Stb. 530, i.w.tr. 01-01-2012/kamerstukken 32358]

[Verzoekschrift]

1. Verzoekschriftprocedure. De zaken tot kennisgeving waarvan de rechtbank op grond van art. 12 lid 1 Uitvoeringswet internationale kinderbescherming bevoegd is, worden ingeleid met een verzoekschrift.

2. Brussel I (-bis). Gaat het, in verband met een kind, om een 'zuiver' vermogensrechtelijke kwestie, dan zal, vanuit *Nederlands* perspectief, het echter om een dagvaardingsprocedure gaan, waarop Brussel I (*PbEG* 2001, L 12, zoals laatstelijk 'herschikt' op 12 december 2012, *PbEU* 2012, L 351 en als gevolg van die 'herschikking', thans ook wel aangeduid als Brussel I-bis) in beginsel van toepassing is (vgl. *Kamerstukken II* 2004/05, 29980, nr. 3, blz. 10). Het betreft dan, geheel anders dan de maatregelen waarop de Verordening Brussel II-ter of het Haags Kinderbeschermingsverdrag 1996 onder meer betrekking hebben, 'Maatregelen inzake het vermogen van het kind die niet de bescherming van het kind betreffen (...)' (vgl. de considerans, nr. 9 bij de Verordening Brussel II-bis). Van dergelijke, onder Brussel I vallende, maatregelen zal in het kader van het HKV 1996 niet snel sprake zijn, doordat in deze regeling de formulering van art. 3 aanhef en onderdeel g welbewust ruim is gekozen.

Artikel 14

Artikel 14 van de Uitvoeringswet internationale kinderontvoering (*Stb.* 1990, 202) is van overeenkomstige toepassing in gevallen die door het verdrag, de verordening of deze wet worden bestreken.

[10-11-2011, Stb. 530, i.w.tr. 01-01-2012/kamerstukken 32358]

[Kinderontvoeringsverdragen]

Betekenis. Het effect van art. 14 is dat in het kader van de Uitvoeringswet internationale kinderbescherming om een zogenoemd rechterlijk declaratoir inzake de gezagssituatie over een kind kan worden verzocht. Een dergelijk declaratoir, door middel waarvan de gezagssituatie *erga omnes* – wat letterlijk betekent: ten aanzien van iedereen – wordt vastgesteld, kan voor een persoon die in Nederland het gezag over een bepaald kind uitoefent (ook) van nut zijn, indien dat kind zich in verband met de uitoefening van het omgangsrecht naar een ander land moet begeven (vgl. *Kamerstukken* 29980, 3, blz. 10). Letterlijk staat dienaangaande hierover in voornoemde Kamerstukken onder meer te lezen: "Bij eventuele ongeoorloofde vasthouding van het kind in het land waar het omgangsrecht wordt uitgeoefend, kan deze uitspraak in dat land als bewijsstuk dienen. Naar mijn oordeel, welk oordeel door de Staatscommissie wordt onderschreven, kan een dergelijke voorziening ook buiten het geval van een (dreigende) ongeoorloofde vasthouding van het kind na afloop van het omgangsrecht een nuttige functie hebben. Het kan ook dan van belang zijn dat de gezagssituatie *erga omnes* wordt vastgesteld."

HOOFDSTUK 5
Erkenning, niet-erkenning en tenuitvoerlegging van beslissingen op grond van het verdrag

[Inleidende opmerkingen]

Betekenis. Hoofdstuk 5, dat zijn de art. 15-17, heeft betrekking op de erkenning, de niet-erkenning en de tenuitvoerlegging van beslissingen op grond van 'het verdrag'. Met 'het verdrag' wordt het Haags Kinderbeschermingsverdrag 1996 bedoeld (vgl. art. 1 Uitvoeringswet internationale kinderbescherming). De erkenning, de niet-erkenning en de tenuitvoerlegging van beslissingen op grond van de Verordening Brussel II-ter is geregeld in Hoofdstuk 6 Uitvoeringswet internationale kinderbescherming, dat zijn de art. 18-23a. Overigens is Hoofdstuk 5 nóch Hoofdstuk 6 mede van toepassing op de erkenning, de niet-erkenning en de tenuitvoerlegging van beslissingen die niet door het Haags Kinderbeschermingsverdrag 1996 en ook niet door de Verordening Brussel II-ter worden bestreken (vgl. art. 2 Uitvoeringswet internationale kinderbescherming).

Artikel 15

1. De voorzieningenrechter van de rechtbank is bevoegd tot kennisneming van alle verzoeken die betrekking hebben op de erkenning, de niet-erkenning en de tenuitvoerlegging van beslissingen inzake ouderlijke verantwoordelijkheid en maatregelen ter bescherming van kinderen die op grond van het verdrag zijn gegeven, voor zover de erkenning, de niet-erkenning en de tenuitvoerlegging daarvan niet door de verordening worden beheerst. Ten aanzien van het verlof tot tenuitvoerlegging zijn de

artikelen 985 tot en met 990 van het Wetboek van Burgerlijke Rechtsvordering niet van toepassing.
2. In de zaken, bedoeld in het eerste lid, is bevoegd de voorzieningenrechter van de rechtbank binnen wier rechtsgebied de persoon tegen wie de tenuitvoerlegging wordt gevraagd, dan wel een kind waarop het verzoek betrekking heeft, gewone verblijfplaats heeft. Indien geen van deze personen gewone verblijfplaats in Nederland heeft, is bevoegd de voorzieningenrechter van de rechtbank binnen wier rechtsgebied de tenuitvoerlegging dient plaats te vinden. Kan de bevoegdheid niet worden gebaseerd op de in dit artikellid genoemde gronden, dan is bevoegd de voorzieningenrechter van de rechtbank Den Haag.
3. Een beslissing op een verzoek als bedoeld in het eerste lid, wordt gevraagd bij verzoekschrift. Het wordt ingediend door een advocaat. Het verzoekschrift houdt tevens in de keuze van een woonplaats binnen het arrondissement van de rechtbank.
[12-07-2012, Stb. 313, i.w.tr. 01-01-2013/kamerstukken 32891]

[Bevoegdheid verzoeken inzake erkenning, niet-erkenning en tenuitvoerlegging van beslissingen op grond van Kinderbeschermingsverdrag]

1. Absolute en relatieve competentie (lid 1 en 2). Art. 15 bevat bovenal een nadere regeling van de absolute en relatieve competentie ter zake van verzoeken die betrekking hebben op de erkenning, de niet-erkenning en de tenuitvoerlegging *in Nederland* van beslissingen die op grond van het Haags Kinderbeschermingsverdrag 1996 zijn gegeven. Absoluut bevoegd voor al deze verzoeken is in Nederland de voorzieningenrechter van de rechtbank. Relatief bevoegd is in Nederland de voorzieningenrechter van de rechtbank binnen wier rechtsgebied de persoon tegen wie de tenuitvoerlegging wordt gevraagd dan wel het kind waarop de beslissing betrekking heeft, zijn gewone verblijfplaats heeft. Kan de relatieve bevoegdheid van de voorzieningenrechter niet worden gebaseerd op één van de in de vorige zin genoemde gronden, dan is de voorzieningenrechter van de rechtbank Den Haag relatief bevoegd. In het laatste geval gaat het dus om een restbevoegdheid bij gebrek aan het bestaan van een andere toepasselijke relatieve bevoegdheidsgrond.

2. Exequaturprocedure van art. 985 Rv e.v. niet van toepassing (lid 1). De bewoordingen van art. 15 lid 1, laatste zin, maken duidelijk dat ten aanzien van het verlof tot tenuitvoerlegging de art. 985-990 Rv niet van toepassing zijn. Volgens de Nederlandse wetgever was de – sterk verouderde – exequaturprocedure als voorzien in art. 985 Rv e.v. in het kader van het Haags Kinderbeschermingsverdrag 1996 niet adequaat (vgl. *Kamerstukken* 29980, nr. 3, blz. 10). Art. 26 lid 2 Haags Kinderbeschermingsverdrag 1996 bepaalt namelijk dat elke verdragsluitende staat voor de verklaring van uitvoerbaarheid of registratie 'een eenvoudige en snelle procedure' gebruikt. In dit verband dient bedacht dat kwesties van (niet-)erkenning en tenuitvoerlegging op het gebied van ouderlijke verantwoordelijkheid en kinderbescherming doorgaans spoedeisend zijn. Om die reden ook is niet de rechtbank (zoals bij art. 985 en 986 Rv het geval is), maar de voorzieningrechter (zoals bij art. 15 lid 1 en 2 Uitvoeringswet internationale kinderbescherming het geval is) in het kader van het Haags Kinderbeschermingsverdrag 1996 absoluut en relatief bevoegd verklaard.

3. Verzoekschriftprocedure (lid 3). Het gaat in het kader van art. 15 (vgl. ook art. 26 Haags Kinderbeschermingsverdrag 1996) om een verzoekschriftprocedure. Het verzoekschrift dient te worden ingediend door een advocaat en dient een domiciliekeuze binnen het arrondissement van de rechtbank (waarvan de in art. 15 lid 1 en 2 bedoelde voorzieningenrechter deel uitmaakt) te bevatten.

Artikel 16

1. De voorzieningenrechter bij wie een verzoek als bedoeld in artikel 15, eerste lid, is ingediend, doet daarover onverwijld uitspraak.
2. Het verlof tot tenuitvoerlegging is uitvoerbaar bij voorraad.
[16-02-2006, Stb. 123, i.w.tr. 01-05-2006/kamerstukken 29980]

[Onverwijld uitspraak. Uitvoerbaarheid bij voorraad]

1. Onverwijld uitspraak (lid 1). Op grond van art. 16 dient de voorzieningenrechter in het kader van een, overigens op tegenspraak gevoerde (zie *Kamerstukken* 29980, nr. 3, blz. 11; vgl. ook Boek 3, Titel 6, Afdeling 1 Rv), procedure op de voet van art. 15 lid 1 Uitvoeringswet internationale kinderbescherming 'onverwijld' uitspraak te doen. Dit is in overeenstemming met het bepaalde in art. 26 lid 2 Haags Kinderbeschermingsverdrag 1996. In die bepaling wordt immers met zoveel woorden gerefereerd aan 'een eenvoudige en snelle procedure'.

2. Van rechtswege uitvoerbaar bij voorraad (lid 2). Een door de voorzieningenrechter gegeven verlof tot tenuitvoerlegging is vervolgens *van rechtswege* uitvoerbaar bij voorraad. Een andere oplossing had er in de ogen van de Nederlandse wetgever toe kunnen leiden dat de partij tegen wie de tenuitvoerlegging wordt gevraagd, de rechter stelselmatig verzoekt om de beslissing niet uitvoerbaar bij voorraad te verklaren (*Kamerstukken* 29980, nr. 3, blz. 11). Dat zou inderdaad in strijd met de strekking van art. 26 lid 2 Haags Kinderbeschermingsverdrag 1996 zijn geweest.

Artikel 17

1. De rechtbank waarvan de voorzieningenrechter op een verzoek als bedoeld in artikel 15, eerste lid, heeft beschikt, neemt kennis van het hoger beroep van die beschikking. Alleen de partijen kunnen hoger beroep tegen de beschikking instellen.
2. Het hoger beroep tegen een beschikking waarbij een verzoek als bedoeld in artikel 15, eerste lid, is ingewilligd, moet worden ingesteld binnen een maand na de betekening van de beschikking. Indien de partij tegen wie tenuitvoerlegging wordt gevraagd, haar gewone verblijfplaats heeft in het buitenland, bedraagt de termijn voor het instellen van hoger beroep twee maanden, te rekenen vanaf de datum van de betekening aan deze partij in persoon of aan zijn adres. De termijn kan niet op grond van de afstand worden verlengd.
3. Indien hoger beroep wordt ingesteld door de verzoeker en is gericht tegen de weigering om een verzoek als bedoeld in artikel 15, eerste lid, in te willigen, wordt het ingesteld binnen een maand na de dagtekening van de beschikking.
4. De rechtbank bij welke hoger beroep is ingesteld, doet daarover onverwijld uitspraak.

5. Tegen de in hoger beroep gegeven beschikking kan slechts beroep in cassatie worden ingesteld.
6. De rechtbank bij welke hoger beroep is ingesteld, onderscheidenlijk de Hoge Raad bij welke beroep in cassatie is ingesteld, kan op verzoek van de partij tegen wie tenuitvoerlegging wordt gevraagd, zijn uitspraak aanhouden indien in de staat van herkomst van de beslissing een gewoon rechtsmiddel is ingesteld of de termijn daartoe nog niet is verstreken. In dit laatste geval kan de rechtbank, onderscheidenlijk de Hoge Raad, een termijn vaststellen binnen welke het rechtsmiddel moet worden ingesteld.
7. Indien in de beslissing uitspraak is gedaan over meer dan een onderdeel van het verzoek en de tenuitvoerlegging niet voor het geheel kan worden toegestaan, wordt de tenuitvoerlegging voor één of meer van die onderdelen toegestaan.
8. De verzoeker kan om gedeeltelijke tenuitvoerlegging vragen.
[16-02-2006, Stb. 123, i.w.tr. 01-05-2006/kamerstukken 29980]

[Hoger beroep]

1. Rechtsmiddelen (lid 1-5). Art. 17 voorziet in de mogelijkheid, rechtsmiddelen aan te wenden tegen een door de voorzieningenrechter op de voet van art. 15 Uitvoeringswet internationale kinderbescherming gegeven beschikking. Alleen de partijen kunnen, in afwijking van het bepaalde in art. 806 Rv, deze rechtsmiddelen aanwenden. Dat gebeurt in een, evenals in eerste aanleg, op tegenspraak gevoerde procedure, waarbij de rechtbank, recht doende in hoger beroep, de regels van de verzoekschriftprocedure in eerste aanleg toepast (vgl. art. 261 Rv hetgeen met zich brengt dat de bepalingen van Boek 3, Titel 6, Afdeling 1, Rv in hoofdzaak van toepassing zijn).

2. Hoger beroep en cassatie. In het kader van art. 17 gaat het om de mogelijkheid van hoger beroep (bij de rechtbank) en/of om de mogelijkheid van beroep in cassatie (bij de Hoge Raad).

3. Termijnen. De termijnen waarbinnen een rechtsmiddel kan worden ingesteld alsook de wijze waarop deze termijnen worden berekend, variëren. De termijn bij de situatie als bedoeld in art. 17 lid 2 Uitvoeringswet internationale kinderbescherming bedraagt, afhankelijk van de vraag of de wederpartij in Nederland of in het buitenland zijn gewone verblijfplaats heeft, één dan wel twee maanden na *be*tekening van de beschikking. Daarentegen is de termijn bij de situatie als bedoeld in art. 17 lid 3 Uitvoeringswet internationale kinderbescherming bepaald op één maand na *dag*tekening van de beschikking.

4. Onverwijld uitspraak. Evenals de voorzieningenrechter in eerste aanleg (zie art. 16 lid 1 Uitvoeringswet internationale kinderbescherming), dient ook de rechtbank in tweede aanleg 'onverwijld' uitspraak te doen (zie art. 17 lid 4 Uitvoeringswet internationale kinderbescherming).

5. Schorsing exequaturprocedure (lid 6). Zowel de rechtbank (in het geval dat hoger beroep is ingesteld) als de Hoge Raad (in het geval dat beroep in cassatie is ingesteld) kán desverzocht de exequaturprocedure schorsen, indien in de staat van herkomst van de beslissing een gewoon rechtsmiddel is ingesteld of in die staat de termijn tot het instellen van een gewoon rechtsmiddel nog niet is verstreken. In het laatste geval kan de rechtbank, onderscheidenlijk de Hoge Raad, een termijn vaststellen binnen welke termijn het rechtsmiddel moet worden ingesteld.

6. Partiële tenuitvoerlegging (lid 7 en 8). Blijkens art. 17 lid 7 en 8 is partiële tenuitvoerlegging mogelijk.

7. Incidenteel hoger beroep. De toepasselijkheid van de verzoekschriftprocedure, ook in hoger beroep, betekent dat, in verband met een eventueel beroep tegen de kostenveroordeling, mede van toepassing is art. 358 lid 4 Rv inzake het incidenteel hoger beroep (*Kamerstukken* 29980, nr. 3, blz. 11).

HOOFDSTUK 6

Erkenning, niet-erkenning en tenuitvoerlegging van beslissingen op grond van de verordening

[Inleidende opmerkingen]

Betekenis. Hoofdstuk 6, dat zijn de art. 18-23a, heeft betrekking op de erkenning, de niet-erkenning en de tenuitvoerlegging van beslissingen op grond van 'de verordening'. Met 'de verordening' wordt de Verordening Brussel II-ter bedoeld (vgl. art. 1 Uitvoeringswet internationale kinderbescherming). De erkenning, de niet-erkenning en de tenuitvoerlegging van beslissingen op grond van het Haags Kinderbeschermingsverdrag 1996 is geregeld in Hoofdstuk 5 Uitvoeringswet internationale kinderbescherming. Overigens is Hoofdstuk 6 nóch Hoofdstuk 5 mede van toepassing op de erkenning, de niet-erkenning en de tenuitvoerlegging van beslissingen die niét door de Verordening Brussel II-ter of door het Haags Kinderbeschermingsverdrag 1996 worden bestreken (vgl. art. 2 Uitvoeringswet internationale kinderbescherming).

Artikel 18

1. Ten aanzien van beslissingen inzake ouderlijke verantwoordelijkheid is de voorzieningenrechter van de rechtbank bevoegd tot kennisneming van:
a. een verzoek tot erkenning of de weigering daarvan, als bedoeld in artikel 30, derde lid, respectievelijk 40, eerste lid, van de verordening;
b. een verzoek betreffende de uitoefening van het omgangsrecht, als bedoeld in artikel 54 van de verordening;
c. een verzoek tot weigering van de tenuitvoerlegging, als bedoeld in artikel 59 van de verordening.
2. Relatief bevoegd is de voorzieningenrechter van de rechtbank binnen wiens rechtsgebied het kind waarop het verzoek betrekking heeft, zijn woonplaats heeft of, bij gebreke daarvan in Nederland, zijn verblijfplaats heeft. Kan de bevoegdheid niet worden gebaseerd op de woonplaats of het werkelijke verblijf van het kind, dan is de voorzieningenrechter van de rechtbank Den Haag bevoegd.
3. Een beslissing op een verzoek als bedoeld in het eerste lid, wordt gevraagd bij verzoekschrift dat door tussenkomst van een advocaat wordt ingediend. Het verzoekschrift houdt tevens de keuze in van een woonplaats binnen het arrondissement van de rechtbank.

4. Onverminderd het bepaalde bij artikel 32 van de verordening, wordt bij ongenoegzaamheid van de bij het verzoekschrift overgelegde stukken aan de verzoeker gelegenheid tot aanvulling gegeven met de stukken, bedoeld in artikel 31, eerste lid, van de verordening.

[09-02-2022, Stb. 72, i.w.tr. 01-08-2022/kamerstukken 35888]

[Bevoegdheid voorzieningenrechter inzake ouderlijke verantwoordelijkheid]

1. Algemeen. Art. 18 staat in het teken van beslissingen ter zake van de ouderlijke verantwoordelijkheid die in een andere lidstaat zijn gegeven onder toepassing van de Verordening Brussel II-ter. Meer in het bijzonder gaat het om verzoeken tot erkenning of niet-erkenning van beslissingen uit een andere lidstaat, verzoeken tot weigering van de tenuitvoerlegging van dergelijke beslissingen en verzoeken met betrekking tot de uitoefening van het omgangsrecht.

2. Absoluut bevoegd. De voorzieningenrechter van de rechtbank is absoluut bevoegd tot kennisneming van: het verzoek tot erkenning (art. 30 lid 3 Brussel II-ter), het verzoek tot weigering van de erkenning (art. 40 lid 1 Brussel II-ter), het verzoek tot vaststelling van noodzakelijke voorzieningen voor de organisatie van de uitoefening van het omgangsrecht (art. 54 Brussel II-ter) en het verzoek tot weigering van de tenuitvoerlegging (art. 59 lid 1 Brussel II-ter). Dat blijkt uit art. 18 lid 1 Uitvoeringswet internationale kinderbescherming.

3. Relatief bevoegd. Relatief bevoegd is de voorzieningenrechter van de rechtbank binnen wiens rechtsgebied het kind waarop het verzoek betrekking heeft zijn woonplaats heeft of, bij gebreke daarvan in Nederland, zijn verblijfplaats heeft. Met deze relatieve, in art. 18 lid 2 Uitvoeringswet internationale kinderbescherming neergelegde bevoegdheidsregel sluit de Nederlandse wetgever aan bij de specifieke bevoegdheidsregel van art. 265 Wetboek van Burgerlijke Rechtsvordering. In het geval dat de relatieve bevoegdheid voor de in art. 18 lid 1 Uitvoeringswet internationale kinderbescherming bedoelde verzoeken niet kan worden gebaseerd op de woonplaats van het kind noch op het werkelijke verblijf van het kind, is de voorzieningenrechter van de rechtbank Den Haag relatief bevoegd. Ook dat blijkt uit art. 18 lid 2 Uitvoeringswet internationale kinderbescherming. Hier heeft de Nederlandse wetgever echter aansluiting gezocht bij art. 269 Wetboek van Burgerlijke Rechtsvordering.

4. Verzoekschriftenprocedure. De in art. 18 lid 1 Uitvoeringswet internationale kinderbescherming bedoelde verzoeken worden gedaan bij verzoekschrift en met de verplichte tussenkomst van een advocaat. Het verzoekschrift vermeldt het kantoor van de advocaat als de gekozen woonplaats (vgl. art. 22 lid 3 Uitvoeringswet internationale kinderbescherming). Dat blijkt uit art. 18 lid 3 Uitvoeringswet internationale kinderbescherming. Daarbij gaat het om een procedure op tegenspraak, waarbij de partijen die bij de gegeven beslissing in de andere lidstaat betrokken zijn geweest worden opgeroepen overeenkomstig de gewone regels van de verzoekschriftprocedure. Een zelfstandig verzoek op grond van art. 282 lid 4 Wetboek van Burgerlijke Rechtsvordering is mogelijk. Mits, in verband met het vereiste van connexiteit, dat tegenverzoek maar beperkt blijft tot verzoeken die op grond van de Verordening Brussel II-ter mogelijk zijn. Dat is bijv. niet het geval bij een aanvullend verzoek tot vaststelling van kinderalimentatie (vgl. *Kamerstukken* 35888, nr. 3, blz. 18).

5. De te overleggen stukken. Art. 18 lid 4 Uitvoeringswet internationale kinderbescherming heeft betrekking op de stukken die bij het verzoekschrift dienen te worden gevoegd. Het hangt van de inhoud van het verzoek af, om welke stukken of documenten het gaat. Zie nader art. 31 lid 1, art. 43 lid 2, art. 66 en art. 59 Brussel II-ter. Uit deze laatste bepaling volgt tevens dat in het kader van het verzoek tot weigering van de tenuitvoerlegging de rechter de andere partij eventueel kan bevelen de noodzakelijke documenten in het geding te brengen, als het onredelijk is om deze documenten van de verzoeker te eisen. Had de andere partij de documenten echter al aan de rechter verstrekt, dan kan verzoeker volstaan met verwijzing naar die stukken (zie art. 59 lid 5 sub b Brussel II-ter, respectievelijk art. 59 lid 5 sub a Brussel II-ter).

6. Brussel II-bis (oud). Anders dan bij de Verordening Brussel II-bis, is onder de Verordening Brussel II-ter de verklaring van uitvoerbaarheid voor alle beslissingen afgeschaft. Dus niet uitsluitend voor beslissingen waarbij het omgangsrecht wordt verleend en voor bepaalde beslissingen die de terugkeer van het kind met zich meebrengen. De afschaffing van de verklaring van uitvoerbaarheid of exequatur heeft ook gevolgen gehad voor het karakter van de procedure. Waar bij de Verordening Brussel II-bis nog sprake is van een zogeheten *ex parte*-procedure, gaat het bij de Verordening Brussel II-ter om een procedure op tegenspraak. Zoals blijkt uit het huidige art. 18 lid 3 Uitvoeringswet internationale kinderbescherming (vgl. het vroegere art. 19 lid 1 Uitvoeringswet internationale kinderbescherming).

Artikel 19

1. Ten aanzien van beslissingen in huwelijkszaken is de voorzieningenrechter van de rechtbank binnen wiens rechtsgebied de verzoeker zijn woonplaats dan wel zijn verblijfplaats heeft, of bij gebreke daarvan in Nederland, de voorzieningenrechter van de rechtbank Den Haag, bevoegd tot kennisneming van een verzoek tot erkenning of de weigering daarvan, als bedoeld in artikel 30, derde lid, respectievelijk 40, eerste lid, van de verordening. Artikel 18, derde en vierde lid, is van overeenkomstige toepassing. De in het verzoekschrift genoemde belanghebbenden worden in de procedure niet opgeroepen.
2. In de zaken, bedoeld in het eerste lid, is de procedure van artikel 26 van Boek 1 van het Burgerlijk Wetboek niet van toepassing.
3. Artikel 26e van Boek 1 van het Burgerlijk Wetboek is van overeenkomstige toepassing op een beslissing als bedoeld in het eerste lid.
[09-02-2022, Stb. 72, i.w.tr. 01-08-2022/kamerstukken 35888]

[Bevoegdheid voorzieningenrechter inzake huwelijkszaken]

1. Algemeen. Art. 19 Uitvoeringswet internationale kinderbescherming heeft betrekking op verzoeken ter zake van in andere lidstaten gegeven beslissingen in huwelijkszaken. Meer in het bijzonder gaat het om verzoeken tot erkenning van beslissingen in huwelijkszaken (art. 30 lid 3 Brussel II-ter) en tot weigering van de erkenning van beslissingen in huwelijkszaken (art. 40 lid 1 Brussel II-ter). Dat blijkt uit art. 19 lid 1 Uitvoeringswet internationale kinderbescherming.

2. Absoluut bevoegd. De voorzieningenrechter van de rechtbank is absoluut bevoegd tot kennisneming van de in art. 19 lid 1 Uitvoeringswet internationale kinderbescherming bedoelde verzoeken. Dat volgt uit art. 19 lid 1 Uitvoeringswet internationale kinderbescherming.

3. Relatief bevoegd. Relatief bevoegd is de voorzieningenrechter van de rechtbank binnen wiens rechtsgebied de verzoeker zijn woonplaats dan wel zijn verblijfplaats heeft (vgl. art. 262 Rv). Bij gebreke daarvan is de voorzieningenrechter van de rechtbank Den Haag relatief bevoegd (vgl. art. 269 Rv).

4. Verzoekschriftenprocedure (maar dan niet op tegenspraak). Art. 19 lid 1 Uitvoeringswet internationale kinderbescherming verklaart art. 18 lid 3 en lid 4 Uitvoeringswet internationale kinderbescherming van overeenkomstige toepassing. Echter, in procedures over beslissingen in huwelijkszaken worden de in het verzoekschrift genoemde belanghebbenden niet opgeroepen. Anders dan namelijk het geval is bij de in art. 18 Uitvoeringswet internationale kinderbescherming bedoelde procedures, hebben de in art. 19 Uitvoeringswet internationale kinderbescherming bedoelde procedures een zogeheten *ex parte*-karakter. Zij worden dus niet op tegenspraak gevoerd. Daardoor kan door middel van een eenvoudige en snelle procedure worden bekeken of is voldaan aan de formele voorwaarden voor erkenning van beslissingen in huwelijkszaken. De niet-toepasselijkheid van de procedure van art. 1:26 BW (welke procedure verband houdt met een verklaring voor recht) is vastgelegd in art. 19 lid 2 Uitvoeringswet internationale kinderbescherming.

5. Strekking lid 3. De strekking van art. 19 lid 3 Uitvoeringswet internationale kinderbescherming is om te bewerkstelligen, dat de op de voet van de Verordening Brussel II-ter gegeven beslissing onverwijld wordt meegedeeld aan de ambtenaar van de burgerlijke stand, opdat de beslissing zo snel mogelijk in de desbetreffende registers kan worden verwerkt.

Artikel 20

1. Het afschrift van de rechterlijke beslissing en het certificaat, bedoeld in artikel 35, eerste lid, onder a en b, respectievelijk artikel 46, eerste lid, onder a en b, van de verordening vormen telkens tezamen een executoriale titel in de zin van artikel 430 van het Wetboek van Burgerlijke Rechtsvordering.

2. Een authentieke akte of overeenkomst, als bedoeld in artikel 64 van de verordening vormt tezamen met het certificaat, bedoeld in artikel 66, eerste lid, onder b, van de verordening een executoriale titel in de zin van artikel 430 van het Wetboek van Burgerlijke Rechtsvordering.

[09-02-2022, Stb. 72, i.w.tr. 01-08-2022/kamerstukken 35888]

[Executoriale titel]

1. Algemeen. Art. 430 Wetboek van Burgerlijke Rechtsvordering geeft aan welke titels executoriale kracht in Nederland hebben en dus de bevoegdheid verlenen tot de tenuitvoerlegging van zo'n titel in Nederland. Naast grossen kunnen, zo maken de bewoordingen van art. 430 lid 1 duidelijk, ook andere bij de wet als executoriaal aangewezen stukken in Nederland worden ten uitvoer gelegd. Uit art. 20 Uitvoeringswet internationale kinderbescherming blijkt welke stukken in het kader van de Verordening Brussel II-ter in Nederland een executoriale titel in de zin van art. 430 Wetboek van Burgerlijke Rechtsvordering opleveren. Opdat onder meer de in een andere lidstaat gegeven beslissing ter zake van de ouderlijke verantwoordelijkheid rechtstreeks in Nederland ten uitvoer kan worden gelegd. In dit verband dient te worden bedacht dat, anders dan bij de Verordening Brussel II-bis het uitgangspunt is, onder de Verordening Brussel II-ter geen enkele verklaring van uitvoerbaarheid of exequatur meer is vereist. Een verklaring die bij beslissingen in huwelijkszaken overigens zonder meer al niet speelt, omdat bijv. de echtscheiding zelf hoe dan ook geen executoriale titel oplevert. Het betreft hier immers een "staatbeslissing" of "staatvonnis".

2. Rechterlijke beslissing. Uit art. 20 lid 1 Uitvoeringswet internationale kinderbescherming blijkt welke twee stukken tezamen een executoriale titel in de zin van art. 430 Wetboek van Burgerlijke Rechtsvordering vormen, indien het om een in een andere lidstaat gegeven beslissing ter zake van de ouderlijke verantwoordelijkheid gaat. Dat zijn: (1) het afschrift van de door het gerecht van de lidstaat van herkomst gegeven beslissing; én (2) het daarbij gepaste certificaat dat, naar gelang het om een niet-geprivilegieerde of om een geprivilegieerde beslissing gaat, krachtens art. 36 Brussel II-ter of overeenkomstig art. 47 Brussel II-ter is afgegeven (zie verder de art. 35 lid 1 sub a en b en 46 lid 1 sub a en b Brussel II-ter). In het kader van de betekening – door de deurwaarder – bevatten art. 55 Brussel II-ter en art. 35 lid 2 sub c Brussel II-ter enkele voorschriften.

3. Authentieke akten en overeenkomsten. Voor een authentieke akte of overeenkomst als bedoeld in art. 64 Brussel II-ter geeft art. 20 lid 2 Uitvoeringswet internationale kinderbescherming aan, welke twee stukken tezamen een executoriale titel in de zin van art. 430 Wetboek van Burgerlijke Rechtsvordering vormen. Ook hier dient naast de authentieke akte of overeenkomst het gepaste certificaat te worden overgelegd (waarover art. 66 lid 1 sub b Brussel II-ter).

4. Buitenlandse kinderbeschermingsmaatregelen. Het vereenvoudigde regime voor de tenuitvoerlegging van beslissingen is uiteraard ook van toepassing op buitenlandse beslissingen waarbij een kinderbeschermingsinstantie is betrokken die is belast met de ondertoezichtstelling of uithuisplaatsing of daarop toeziet. Dat zijn immers ook in een andere lidstaat gegeven beslissingen ter zake van de ouderlijke verantwoordelijkheid. Echter, een complicerende factor is hierbij dat de bevoegdheid van kinderbeschermingsinstanties beperkt is tot het grondgebied van een lidstaat. Wat in beginsel meebrengt dat een kinderbeschermingsmaatregel die in een andere lidstaat is uitgesproken, niet zonder meer in Nederland kan worden ten uitvoer gelegd. Zie voor een praktische oplossing van dit probleem J. van der Hoeven & J.M.I. Vink in: *EB* 2022/2, bij 3.3. Vgl. verder ook *Kamerstukken* 35888, nr. 3, blz. 10.

Artikel 21

1. Heeft de partij tegen wie de tenuitvoerlegging zich richt woonplaats in Nederland, dan kan de in artikel 20 bedoelde executoriale titel niet dan na verloop van een maand na betekening, als bedoeld in artikel 55 van de verordening, tegen die partij ten uitvoer worden gelegd.

2. Heeft de partij tegen wie de tenuitvoerlegging zich richt geen woonplaats in Nederland, dan kan de in artikel 20 bedoelde executoriale titel niet dan na verloop van twee maanden na betekening, als bedoeld in artikel 55 van de verordening, tegen die partij ten uitvoer worden gelegd.

3. De voorzieningenrechter van de rechtbank kan, indien daartoe gronden aanwezig zijn, de in het eerste en tweede lid genoemde termijn inkorten op verzoek van de partij die de executoriale titel ten uitvoer wil leggen. Dit verzoek wordt door tussenkomst van een advocaat ingediend bij de voorzieningenrechter van de rechtbank binnen wiens rechtsgebied de persoon tegen wie de tenuitvoerlegging wordt gevraagd of het kind waarop het verzoek betrekking heeft, gewone verblijfplaats heeft dan wel binnen wiens rechtsgebied de tenuitvoerlegging dient plaats te vinden. De partij tegen wie de tenuitvoerlegging zich richt, wordt op dit verzoek niet gehoord. Tegen de beschikking van de voorzieningenrechter staat geen hoger beroep open.

4. Bij toepassing van het derde lid vermeldt het exploot van de gerechtsdeurwaarder waarmee het certificaat wordt betekend, bedoeld in artikel 55 van de verordening, het door de voorzieningenrechter verleende verlof voor verkorting van de termijn.

[09-02-2022, Stb. 72, i.w.tr. 01-08-2022/kamerstukken 35888]

[Termijn tussen betekening en tenuitvoerlegging]

1. Algemeen. Uit art. 21 Uitvoeringswet internationale kinderbescherming valt op te maken, welke termijn er in Nederland dient te liggen tussen de betekening van de in art. 20 Uitvoeringswet internationale kinderbescherming bedoelde executoriale titel en de daadwerkelijke tenuitvoerlegging hiervan. Met art. 21 Uitvoeringswet internationale kinderbescherming wordt door de Nederlandse wetgever uitvoering gegeven aan art. 55 Brussel II-ter. Met inachtneming van wat de considerans, nr. 64, bij de Verordening Brussel II-ter aangeeft. Art. 55 Brussel II-ter houdt verband met de betekening van de rechterlijke beslissing en het certificaat. Uit deze bepaling volgt dat voordat tot de tenuitvoerlegging van een rechterlijke beslissing kan worden overgegaan, de ten uitvoer te leggen beslissing samen met het certificaat moet worden betekend aan de persoon tegen wie de tenuitvoerlegging is gericht. Opdat deze persoon in kennis van de ten uitvoer te leggen beslissing is gesteld. Waarna de persoon tegen wie de tenuitvoerlegging is gericht, "een redelijke termijn" moet wordt geboden om aan de rechterlijke beslissing vrijwillig te kunnen voldoen, of om de uitvoerbaarheid van de rechterlijke beslissing te kunnen aanvechten (vgl. ook art. 55 lid 2 sub a Brussel II-ter). Dat de persoon tegen wie de tenuitvoerlegging is gericht een redelijke termijn moet worden geboden, staat niet in art. 55 Brussel II-ter, maar vloeit wel voort uit eerdere rechtspraak van het Hof van Justitie van de EU. Op welke rechtspraak dan ook in de considerans, nr. 64, bij de Verordening Brussel II-ter in algemene bewoordingen wordt gewezen.

2. De "redelijke termijnen". Art. 21 Uitvoeringswet internationale kinderbescherming geeft, wat betreft Nederland, inhoud en daarmee uitvoering aan het begrip "een redelijke termijn". In verband met art. 55 Brussel II-ter. Deze termijn bedraagt één maand in het geval dat de partij tegen wie de tenuitvoerlegging is gericht woonplaats in Nederland heeft (art. 21 lid 1). Dat betekent dus onder meer dat die partij gedurende maximaal één maand na betekening de tijd heeft om de uitvoerbaarheid van de rechterlijke beslissing aan te vechten en zich daarmee tegen die beslissing te verweren. Heeft de partij tegen wie de tenuitvoerlegging is gericht daarentegen geen woonplaats in Nederland, dan kan de rechterlijke beslissing pas na verloop van twee maanden ten uitvoer worden gelegd (art. 21 lid 2). Steeds na betekening als bedoeld in art. 55 Brussel II-ter. Op verzoek kan, indien daartoe gronden aanwezig zijn, de in art. 21 lid 1 of de in art. 21 lid 2 Uitvoeringswet internationale kinderbescherming bedoelde termijn worden verkort door de voorzieningenrechter van de rechtbank. Dat blijkt uit art. 21 lid 3 Uitvoeringswet internationale kinderbescherming. De partij tegen wie de tenuitvoerlegging zich richt, wordt op het verzoek tot verkorting van de termijn niet gehoord. Dit gelet op "de spoedeisendheid bij een verzoek tot een snellere tenuitvoerlegging" (*Kamerstukken* 35888, nr. 3, blz. 20-21). En tegen de beslissing op het verzoek tot inkorting van de termijn staat geen hoger beroep open (art. 21 lid 3 Uitvoeringswet internationale kinderbescherming).

3. Vermelding verlof verkorting termijn. Wanneer de voorzieningenrechter van de rechtbank op grond van art. 21 lid 3 Uitvoeringswet internationale kinderbescherming verlof heeft verleend voor inkorting van de termijn, dient het exploot van de deurwaarder waarmee het certificaat wordt betekend, bedoeld in art. 55 Brussel II-ter, dit verleende verlof te vermelden. Dat blijkt uit art. 21 lid 4 Uitvoeringswet internationale kinderbescherming. Wordt dit voorschrift niet nageleefd, dan is het exploot alleen dan nietig als degene voor wie het exploot is bestemd, door het gebrek onredelijk is benadeeld (zie hierover nader art. 66 Wetboek van Burgerlijke Rechtsvordering).

Artikel 22

1. Op de tenuitvoerlegging van een rechterlijke beslissing inzake ouderlijke verantwoordelijkheid, bedoeld in de verordening, zijn de artikelen 812 en 813 van het Wetboek van Burgerlijke Rechtsvordering van overeenkomstige toepassing.
2. Onverminderd het eerste lid, kan de voorzieningenrechter van de rechtbank op verzoek van de partij die de executoriale titel ten uitvoer wil leggen, bepalen op welke wijze de tenuitvoerlegging van een rechterlijke beslissing moet plaatsvinden. Artikel 18, tweede lid, is van overeenkomstige toepassing op de relatieve bevoegdheid van de voorzieningenrechter.
3. Een beslissing op een verzoek als bedoeld in het tweede lid wordt gevraagd bij verzoekschrift door tussenkomst van een advocaat. Het verzoekschrift houdt tevens de keuze in van een woonplaats binnen het arrondissement van de rechtbank.
[09-02-2022, Stb. 72, i.w.tr. 01-08-2022/kamerstukken 35888]

[Bevoegde autoriteit bij tenuitvoerlegging]

1. Algemeen. Art. 22 Uitvoeringswet internationale kinderbescherming heeft betrekking op de tenuitvoerlegging van beslissingen in zaken over ouderlijke verantwoordelijkheid uit een andere lidstaat. En op de aanwijzing van voor de hiertoe bevoegde autoriteiten. Dit ter uitvoering van de art. 51 en 52 Brussel II-ter.

2. De art. 812 en 813 Wetboek van Burgerlijke Rechtsvordering. Uit art. 22 lid 1 Uitvoeringswet internationale kinderbescherming blijkt dat op de tenuitvoerlegging van een rechterlijke beslissing inzake de ouderlijke verantwoordelijkheid, bedoeld in de Verordening Brussel II-ter, de art. 812 en 813 van het Wetboek van Burgerlijke Rechtsvordering van overeenkomstige toepassing zijn. Wat onder meer meebrengt dat als de in een andere lidstaat gegeven beslissing de afgifte van een kind aan een ouder inhoudt, de tenuitvoerlegging van deze beslissing zo nodig kan plaatsvinden met behulp van de politie (art. 812 Rv) en met medewerking van het Openbaar Ministerie (art. 813 Rv). Betreft de beslissing uit een andere lidstaat een beschikking over de uitoefening van ouderlijk gezag als bedoeld in art. 1:253a lid 1 en lid 2 BW of heeft die beslissing betrekking op het recht op omgang als bedoeld in art. 1:377a lid 2 BW, dan brengt de overeenkomstige toepassing van art. 812 lid 2 Rv mee dat de beschikking alleen dan met behulp van de politie kan worden ten uitvoer gelegd als de rechter dat in de buitenlandse beschikking heeft bepaald. “Is dat niet het geval, dan kan de partij die de beslissing wil effectueren zo nodig bij de Nederlandse rechter om een afgiftebevel vragen” (*Kamerstukken* 35888, nr. 3, blz. 21).

3. Andere mogelijkheden. Naast of in plaats van tenuitvoerlegging met behulp van de politie (art. 812 Rv) en met medewerking van het Openbaar Ministerie (art. 813 Rv), kan de partij die de buitenlandse beslissing in Nederland ten uitvoer wil leggen, een beroep doen op de in het Nederlandse recht beschikbare civielrechtelijke dwangmiddelen om deze beslissing te effectueren. Art. 22 lid 2 Uitvoeringswet internationale kinderbescherming voorziet daarin. Daardoor is het mogelijk een procedure te beginnen waarin bijv. de nakoming van een omgangsregeling wordt verzocht op straffe van een dwangsom (art. 611a Rv) of lijfsdwang (art. 585 Rv). Mocht de buitenlandse beslissing al voorzien in het verbeurd zijn van dwangsommen in het geval dat deze beslissing niet wordt nageleefd, dan kunnen deze dwangsommen na het verbeurd worden direct via de deurwaarder worden verhaald, voor zover althans in de gegeven buitenlandse beslissing ook het bedrag ervan definitief is bepaald. Overigens dient, in verband met art. 22 lid 2 Uitvoeringswet internationale kinderbescherming, te worden bedacht dat de aanwijzing van de rechter als autoriteit bij de tenuitvoerlegging uitdrukkelijk niet betekent, dat de rechter kan worden verzocht om of belast met de feitelijke tenuitvoerlegging van de door een buitenlandse rechter gegeven beslissing. De rechter kan enkel worden verzocht om de in art. 22 Uitvoeringswet internationale kinderbescherming bedoelde maatregelen, opdat in Nederland de tenuitvoerlegging van de buitenlandse beslissing kan worden afgedwongen. Bijv. door middel van het in art. 812 lid 2 Rv bedoelde afgiftebevel of krachtens een bevel tot nakoming onder verbeurte van een dwangsom (zie ook *Kamerstukken* 35888, nr. 3, blz. 22).

4. De bevoegde rechter. De voorzieningenrechter van de rechtbank is de rechter, die bevoegd is van het verzoek om tenuitvoerlegging van de in art. 22 Uitvoeringswet bedoelde beslissingen kennis te nemen. Daarbij is art. 18 lid 2 Uitvoeringswet internationale kinderbescherming van overeenkomstige toepassing op de relatieve bevoegdheid (zie art. 22 lid 2 uitvoeringswet internationale kinderbescherming).

5. Verzoekschriftenprocedure. Zoals blijkt uit art. 22 lid 3 Uitvoeringswet internationale kinderbescherming, wordt een beslissing op een verzoek als bedoeld in art. 22 lid 2

Uitvoeringswet internationale kinderbescherming gedaan bij verzoekschrift door tussenkomst van een advocaat. Het verzoekschrift vermeldt het kantoor van de advocaat als de gekozen woonplaats (vgl. art. 18 lid 3 Uitvoeringswet internationale kinderbescherming).

Artikel 23

1. Het gerecht dat bevoegd is kennis te nemen van het rechtsmiddel, bedoeld in artikel 61 van de verordening, is het gerechtshof.

2. Het gerecht dat bevoegd is kennis te nemen van het rechtsmiddel, bedoeld in artikel 62 van de verordening, is de Hoge Raad.

[09-02-2022, Stb. 72, i.w.tr. 01-08-2022/kamerstukken 35888]

[Beroep en cassatie]

1. Algemeen. Art. 61 Brussel II-ter voorziet in de mogelijkheid van bezwaar of beroep tegen de beslissing over het verzoek tot weigering van tenuitvoerlegging. Zo'n bezwaar of beroep kan door elke partij worden ingesteld. Het is vervolgens aan de afzonderlijke lidstaten om de autoriteit of het gerecht aan te wijzen waar het in art. 61 Brussel II-ter bedoelde bezwaar of beroep dient te worden ingesteld. Uit art. 23 lid 1 Uitvoeringswet internationale kinderbescherming blijkt dat in Nederland het gerechtshof het in art. 61 Brussel II-ter bedoelde gerecht is. Overigens geldt de gewone beroepstermijn van drie maanden overeenkomstig art. 358 Wetboek van Burgerlijke Rechtsvordering.

2. Verder bezwaar of hoger beroep. Art. 62 Brussel II-ter voorziet in de mogelijkheid van verder bezwaar of hoger beroep. Echter, de mogelijkheid van verder bezwaar en beroep hangt af van de vraag, of de betrokken lidstaat hiervan de Commissie in kennis heeft gesteld. Door overeenkomstig art. 103 Brussel II-ter aan te geven bij welk(e) gerecht(en) de desbetreffende partij terecht kan. Uit art. 23 lid 2 Uitvoeringswet internationale kinderbescherming blijkt dat in Nederland de Hoge Raad het in art. 62 Brussel II-ter bedoelde gerecht is.

Artikel 23a

1. De rechter die de beslissing heeft gegeven, is bevoegd kennis te nemen van een verzoek tot afgifte van een certificaat, als bedoeld in artikel 36, eerste lid, van de verordening.

2. Het certificaat bedoeld in artikel 36, eerste lid, en artikel 47, eerste lid, van de verordening wordt op verzoek van een partij afgegeven zonder dat die partij of andere belanghebbenden worden gehoord. Voor dit verzoek is de tussenkomst van een advocaat niet vereist.

3. Op een verzoek tot rectificatie van het certificaat, als bedoeld in de artikelen 37 en 48, eerste lid, van de verordening, is artikel 31 van het Wetboek van Burgerlijke Rechtsvordering van overeenkomstige toepassing, indien het certificaat door een Nederlandse rechter is afgegeven. De rechter stelt belanghebbenden niet in de gelegenheid om zich over de rectificatie uit te laten.

4. Het verzoek om intrekking van het certificaat, bedoeld in artikel 48, tweede lid, en het verzoek om afgifte van een certificaat van niet-uitvoerbaarheid of beperkte uitvoerbaarheid, bedoeld in artikel 49, eerste lid, van de verordening, worden door tussenkomst van een advocaat ingediend bij de rechter die de beslissing heeft gegeven.

De rechter kan bepalen dat een mondelinge behandeling achterwege blijft indien geen van de partijen, na te zijn gewezen op hun recht te worden gehoord, binnen een door de rechter te bepalen termijn heeft verklaard gebruik te willen maken van dit recht.
5. Tegen beslissingen op verzoeken, als bedoeld in het vierde lid, kan hoger beroep worden ingesteld binnen twee weken na de dagtekening van de beslissing. Tegen de beschikking van het gerechtshof staat geen gewoon rechtsmiddel open.
[09-02-2022, Stb. 72, i.w.tr. 01-08-2022/kamerstukken 35888]

[Procedure afgifte certificaat]

1. Algemeen. Art. 23a Uitvoeringswet internationale kinderbescherming voorziet in de procedure voor de afgifte van het certificaat dan wel in het kader van een afgegeven certificaat, in verband met beslissingen die door de Nederlandse rechter zijn gegeven.

2. Aanvraag certificaat. In Nederland is de rechter die de beslissing heeft gegeven, ook de bevoegde rechter bij wie om de afgifte van het certificaat kan worden verzocht. Daarbij gaat het om het certificaat als bedoeld in art. 36 lid 1 Brussel II-ter. Dat blijkt uit art. 23a lid 1 Uitvoeringswet internationale kinderbescherming. Bij art. 36 Brussel II-ter gaat het om niet-geprivilegieerde beslissingen. Dat art. 23a lid 1 Uitvoeringswet internationale kinderbescherming niet tevens voorziet in een bevoegdheid voor de afgifte van certificaten voor geprivilegieerde beslissingen, houdt verband met art. 47 lid 1 Brussel II-ter. Immers, anders dan bij art. 36 lid 1 Brussel II-ter het geval is, geeft art. 47 lid 1 Brussel II-ter zelf al aan welk gerecht bevoegd is een certificaat voor een geprivilegieerde beslissing af te geven. Daar is dus geen nadere aanwijzing door middel van uitvoeringswetgeving voor nodig.

3. Procedure aanvraag certificaat. Het verzoek tot afgifte van zowel het in art. 36 lid 1 Brussel II-ter als het in art. 47 lid 1 Brussel II-ter bedoelde certificaat, kan door een partij of andere belanghebbenden worden gedaan. De tussenkomst van een advocaat is niet vereist. Dat volgt uit art. 23a lid 2 Uitvoeringswet internationale kinderbescherming. Dit betekent dat het verzoek tot afgifte bijv. ook bij gewone brief kan worden gedaan. De verzoekende partij noch andere belanghebbenden worden in het kader van het verzoek tot afgifte gehoord. In dit verband dient te worden bedacht dat het certificaat feitelijk niet meer is dan een uittreksel van de gegeven beslissing. Mede hierom mág, hoewel de Verordening Brussel II-ter geen ruimte biedt om de afgifte van het certificaat volledig bij de griffie te beleggen (zie in verband met de term "gerecht" in art. 36 lid 1 en art. 47 lid 1 vooral ook art. 2 lid 2 sub 1 Brussel II-ter), binnen de organisatie van het gerecht het certificaat door de griffier worden opgesteld en door de rechter worden ondertekend (vgl. ook *Kamerstukken* 35888, nr. 3, blz. 24).

4. Procedure rectificatie certificaat. Blijkens art. 23a lid 3 Uitvoeringswet internationale kinderbescherming, is op een verzoek tot rectificatie van (enkel) het certificaat als bedoeld in de art. 37 lid 1 en 48 lid 1 Brussel II-ter art. 31 Wetboek van Burgerlijke Rechtsvordering van overeenkomstige toepassing, mits uiteraard het certificaat door een Nederlandse rechter is afgegeven. Echter, anders dan in art. 31 Rv voor de verbetering van een beslissing is voorgeschreven, worden belanghebbenden niet in de gelegenheid gesteld zich over de mogelijke rectificatie van (enkel) het certificaat uit te laten. Bevat de rechterlijke beslissing zelf echter een kennelijke fout die is overgenomen in het certificaat, dan zijn de procedurele voorschriften van art. 31 Rv wél onverkort van toepassing, wanneer althans om verbetering van die beslissing wordt verzocht. Bij een kennelijke fout kan bijv. worden gedacht aan een verkeerd ingevulde geboortedatum van het kind.

5. Procedure intrekking certificaat. Heeft art. 23a lid 3 Uitvoeringswet internationale kinderbescherming betrekking op enkel de rectificatie van het certificaat, art. 23a lid 4 Uitvoeringswet internationale kinderbescherming ziet op het verzoek tot intrekking zoals bedoeld in art. 48 lid 2 Brussel II-ter, en verder ook op het verzoek tot afgifte van een certificaat van niet-uitvoerbaarheid of beperkte uitvoerbaarheid, bedoeld in art. 49 lid 1 Brussel II-ter. Anders dan bij de procedure voor afgifte van het certificaat (art. 23a lid 2) en voor de procedure tot rectificatie of verbetering van het certificaat (art. 23a lid 3), is in het kader van de in art. 23a lid 4 omschreven verzoeken wél de tussenkomst van een advocaat vereist en vindt in beginsel wél een mondelinge behandeling van deze verzoeken plaats (zie hierover nader art. 23a lid 4, tweede zin). In dit verband dient onder meer te worden bedacht dat de intrekking van het certificaat dan wel de afgifte van het certificaat van niet-uitvoerbaarheid of beperkte uitvoerbaarheid tot een – gedeeltelijke – blokkering van het recht op tenuitvoerlegging leidt.

6. Rechtsmiddelen. Op grond van art. 23a lid 5 Uitvoeringswet internationale kinderbescherming staat tegen een op grond van art. 23a lid 4 Uitvoeringswet internationale kinderbescherming genomen beslissing, hoger beroep open. Binnen twee weken na de dagtekening van de beslissing. Bij het gerechtshof. Tegen de vervolgens in hoger beroep door het gerechtshof genomen beslissing staat geen gewoon rechtsmiddel open. Ook dat blijkt uit art. 23a lid 5 Uitvoeringswet internationale kinderbescherming.

HOOFDSTUK 7
Internationale samenwerking van gerechten

[Inleidende opmerkingen]

Betekenis. Hoofdstuk 7 Uitvoeringswet internationale kinderbescherming bestaat slechts uit één bepaling, namelijk art. 24. Het is echter wel een van de belangrijkere bepalingen. Art. 24 voorziet namelijk in de mogelijkheid dat zowel Nederlandse als buitenlandse rechters de zogenoemde Nederlandse liaisonrechter of verbindingsrechter consulteren in gevallen waarin bij hen een procedure ter zake van ouderlijke verantwoordelijkheid aanhangig is. Het gaat dan om het uitwisselen van informatie en het met elkaar in overleg treden. Daarbij gaat het niet alleen om door de Verordening Brussel II-ter en het Haags Kinderbeschermingsverdrag 1996 bestreken gevallen, maar ook om consultatie van de Nederlandse liaisonrechter in niet door deze beide regelingen bestreken gevallen (vgl. art. 2 Uitvoeringswet internationale kinderbescherming). Ook in gevallen dat er dus contact moet worden gelegd met rechters in staten die niet aan de Verordening Brussel II-ter of aan het Haags Kinderbeschermingsverdrag 1996 zijn gebonden, kan art. 24 Uitvoeringswet internationale kinderbescherming dus toepassing vinden.

Artikel 24

1. De Raad voor de Rechtspraak wijst een of meer kinderrechters aan, die in het bijzonder belast zijn met het faciliteren van contacten van rechters in Nederland bij wie op grond van het verdrag, de verordening of deze wet procedures aanhangig zijn met rechters in het buitenland die terzake bevoegd zijn, alsmede contacten van rechters in het buitenland bij wie zodanige procedures aanhangig zijn, met rechters in Nederland die terzake bevoegd zijn.

2. Indien een rechter in Nederland in verband met een procedure in het eerste lid een rechter in het buitenland wenst te consulteren, kan hij gebruik maken van de tussenkomst van de in het eerste lid bedoelde rechter.

3. De in het tweede lid bedoelde tussenkomst wordt ook verleend aan een rechter in het buitenland die in verband met een bij hem aanhangige procedure als bedoeld in het eerste lid een rechter in Nederland wenst te consulteren.

4. Indien in verband met een consultatie als bedoeld in het tweede of het derde lid stukken dienen te worden vertaald of indien daarvoor de bijstand van een tolk nodig is, draagt de in het eerste lid bedoelde rechter hiervoor zorg.

5. Voordat een consultatie als bedoeld in het tweede lid plaatsvindt, stelt de rechter bij wie de procedure aanhangig is, de partijen hiervan in kennis. Nadat de consultatie heeft plaatsgevonden, doet hij partijen verslag van de consultatie.

6. De overdracht van verzoeken als bedoeld in de artikelen 8 en 9 van het verdrag en de artikelen 12 en 13 van de verordening, geschiedt door tussenkomst van de in het eerste lid bedoelde rechter. De rechter die een verzoek heeft overgedragen, stelt partijen hiervan in kennis.

[09-02-2022, Stb. 72, i.w.tr. 01-08-2022/kamerstukken 35888]

[Internationale samenwerking]

1. Algemeen. De Nederlandse Centrale Autoriteit heeft onder meer tot taak om de informatie-uitwisseling over het kind te vereenvoudigen. Ook bijv. de bevordering van de samenwerking tussen de bevoegde instanties behoort tot de taken van de Centrale Autoriteit. In Nederland wordt deze taak echter voor een belangrijk gedeelte vervuld door de zogenoemde 'liaisonrechter'. Dit blijkt uit art. 24 Uitvoeringswet internationale kinderbescherming. Sinds 1 januari 2013 zijn, als gevolg van een besluit van de Raad voor de rechtspraak van 20 november 2012, als liaisonrechters aangewezen de teamvoorzitter van het team familie en internationale kinderbescherming van de rechtbank Den Haag en de senior rechter inhoudelijk (SRI) met de specialisatie internationaal familierecht van het team familie en internationale kinderbescherming van de rechtbank Den Haag. Tot 1 januari 2013 fungeerden de voorzitter en de plaatsvervangend voorzitter van de sector familie- en jeugdrecht van de rechtbank Den Haag als liaisonrechters internationale kinderbescherming. De liaisonrechters worden, ten behoeve van de uitvoering van het liaisonrechterschap, ondersteund door het Bureau liaisonrechter internationale kinderbescherming (BLIK), welk bureau tevens de functie vervult van helpdesk. De Nederlandse liaisonrechter is in het bijzonder belast met het faciliteren van contacten van rechters in Nederland met buitenlandse rechters (en andersom) in het kader van de in art. 24 bedoelde procedures. Opdat hij of zij zijn functie naar behoren kan vervullen, biedt de Nederlandse wetgever de liaisonrechter onder meer de mogelijkheid om een beroep te doen op een tolk. Dat blijkt uit art. 24 lid 4 Uitvoeringswet internationale kinderbescherming. Het spreekt voor zich dat de liaisonrechter zo nodig ook een beroep kan doen op de Centrale Autoriteit.

2. Inschakeling niet altijd verplicht. Inschakeling van de Nederlandse liaisonrechter is enkel verplicht, indien de consultatie is gericht op overdracht van bevoegdheid, zo maken de bewoordingen van art. 24 lid 6 eerste zin duidelijk.

3. Informeren van partijen. De Nederlandse rechter is onder alle omstandigheden gehouden om partijen vooraf te kennen in de voorgenomen consultatie van de liaisonrechter, terwijl hij partijen steeds verslag moet doen van de resultaten van de consultatie (vgl. art. 24 lid 5 Uitvoeringswet internationale kinderbescherming). Daaruit volgt dat internationale consultaties tussen rechters steeds met medeweten van partijen dienen plaats te vinden, ongeacht op welke regeling dergelijke consultaties zijn gebaseerd (de Verordening Brussel II-ter, het Haags Kinderbeschermingsverdrag 1996 of de Uitvoeringswet internationale kinderbescherming; vgl. art. 2 Uitvoeringswet internationale kinderbescherming).

HOOFDSTUK 8
Verklaring inzake ouderlijke verantwoordelijkheid

[Inleidende opmerkingen]

Betekenis. Evenals bij Hoofdstuk 7 het geval bleek, bestaat Hoofdstuk 8 slechts uit één bepaling, namelijk art. 25. Art. 25 geeft uitvoering aan art. 40 Haags Kinderbeschermingsverdrag 1996.

Artikel 25

1. Tot de afgifte van een verklaring als bedoeld in artikel 40, van het verdrag, is bevoegd de notaris.
2. De verklaring wordt afgegeven op een bij besluit van Onze Minister van Justitie vast te stellen formulier.
[16-02-2006, Stb. 123, i.w.tr. 01-05-2006/kamerstukken 29980]

[Verklaring inzake ouderlijke verantwoordelijkheid]

Betekenis. Ingevolge art. 40 lid 1 Haags Kinderbeschermingsverdrag 1996 kan de drager van de ouderlijke verantwoordelijkheid of de persoon aan wie de bescherming van de persoon of het vermogen van het kind is toevertrouwd om een verklaring vragen bij bepaalde autoriteiten van een bij het Haags Kinderbeschermingsverdrag 1996 aangesloten staat. In deze verklaring dient dan te worden aangegeven in welke hoedanigheid die drager kan optreden en welke bevoegdheden aan hem of haar zijn verleend. De achterliggende idee is, dat de (internationale) praktijk behoefte heeft aan zekerheid met betrekking tot de persoon van het kind (vgl. art. 2 Haags Kinderbeschermingsverdrag 1996) en, meer nog, met betrekking tot het vermogen van het kind. Bewijskwesties dienen daarom zoveel als mogelijk te worden voorkomen. Daartoe draagt de in art. 40 lid 1 bedoelde verklaring zeker bij, zo was ook de opvatting van de Nederlandse wetgever. Deze verklaring wordt in Nederland afgegeven door de notaris en schept een voor tegenbewijs vatbaar vermoeden (*Kamerstukken* 29980, nr. 3, blz. 16). Gelet op art. 40 Haags Kinderbeschermingsverdrag 1996 zal de notaris de verklaring alleen dan afgeven, indien het kind zijn gewone verblijfplaats in Nederland heeft of indien in Nederland met betrekking tot het kind een beschermende maatregel is genomen. De verklaring zal worden afgegeven aan de persoon die de ouderlijke verantwoordelijkheid heeft of aan de persoon aan wie de bescherming van de persoon of het vermogen van het kind is toevertrouwd. Met het oog hierop is een bepaald modelformulier vastgesteld (zie art. 25 lid 2 Uitvoeringswet internationale kinderbescherming).

HOOFDSTUK 9
Samenloop met andere internationale regelingen

[Inleidende opmerkingen]

Betekenis. Hoofdstuk 9, dat is art. 26, ziet op samenloop met andere internationale regelingen. Gevallen van samenloop als bedoeld in art. 26 Uitvoeringswet internationale kinderbescherming doen zich voor, indien twee of meer regelingen (dat kunnen zowel verordeningen als verdragen zijn) zowel materieel, formeel áls temporeel van toepassing blijken te zijn.

Artikel 26

In de betrekkingen tussen Nederland en andere staten die partij zijn zowel bij het in artikel 1 bedoelde verdrag als bij het op 20 mei 1980 te Luxemburg tot stand gekomen Europese verdrag betreffende de erkenning en de tenuitvoerlegging van beslissingen inzake het gezag over kinderen en betreffende het herstel van het gezag over kinderen (*Trb.* 1981, 10) gaat het in artikel 1 bedoelde verdrag voor.
[16-02-2006, Stb. 123, i.w.tr. 01-05-2006/kamerstukken 29980]

[Samenloop]

Betekenis. Art. 26 regelt de verhouding tussen het zogeheten Europees Kinderontvoeringsverdrag 1980 (*Trb.* 1980, 134; Nederlandse vertaling in *Trb.* 1981, 10) en het Haags Kinderbeschermingsverdrag 1996 in het geval van samenloop. Daaruit blijkt dat het Haags Kinderbeschermingsverdrag 1996 voorrang heeft boven het Europees Kinderontvoeringsverdrag 1980 in de betrekkingen tussen de staten die bij deze beide verdragen partij zijn. Overigens vindt, in elk geval vanuit Nederlands perspectief, het Europees Kinderontvoeringsverdrag in de praktijk zelden toepassing.

HOOFDSTUK 10
Wijziging van andere wetten

[Inleidende opmerkingen]

Betekenis. Als gevolg van de totstandkoming van de Uitvoeringswet internationale kinderbescherming moesten een aantal andere regelingen worden gewijzigd. Uit Hoofdstuk 10, dat zijn art. 27-29, blijkt om welke wetswijzigingen het in het bijzonder gaat.

Artikel 27

(Bevat wijzigingen in artikel 253o van het Burgerlijk Wetboek Boek 1.)

[16-02-2006, Stb. 123, i.w.tr. 01-05-2006/kamerstukken 29980]

[Wijzigingen art. 1:253o BW]

Betekenis. Als gevolg van de totstandkoming van de Uitvoeringswet internationale kinderbescherming heeft, nu dit artikellid geen nuttige functie meer had, de Nederlandse wetgever besloten, om art. 1:253o lid 2 BW te laten vervallen (zie *Kamerstukken* 29980, nr. 3, blz. 17).

Artikel 28

(Bevat wijzigingen in de artikelen 3, 4 en 5 van het Wetboek van Burgerlijke Rechtsvordering.)

[16-02-2006, Stb. 123, i.w.tr. 01-05-2006/kamerstukken 29980]

[Wijzigingen art. 3, 4 en 5 Rv]

Betekenis. Als gevolg van de totstandkoming van de Uitvoeringswet internationale kinderbescherming heeft de Nederlandse wetgever besloten om art. 3 aanhef Rv en art. 4 lid 1, aanhef Rv en art. 5 aanhef Rv te wijzigen (zie onder meer *Kamerstukken* 29980, nr. 3, blz. 17 en 18). Nadien is, met het van toepassing worden van de Verordening Brussel II-ter, de tekst van art. 4 lid 1 Rv wederom aangepast. Door in deze bepaling niet langer naar de Verordening Brussel II-bis, maar naar de Verordening Brussel II-ter te verwijzen.

Artikel 29

(Bevat wijzigingen in artikel 4 van de Uitvoeringswet EG-executieverordering.)

[16-02-2006, Stb. 123, i.w.tr. 01-05-2006/kamerstukken 29980]

[Wijzigingen art. 4 Uitvoeringswet EEX-Verordening]

Betekenis. Als gevolg van de totstandkoming van de Uitvoeringswet internationale kinderbescherming heeft de Nederlandse wetgever besloten om lid 2 en 4 Uitvoeringswet EEX-Verordening/Verordening Brussel I te laten vervallen (zie *Kamerstukken* 29980, nr. 3, blz. 18).

HOOFDSTUK 11
Slotbepalingen

[Inleidende opmerkingen]

Betekenis. Hoofdstuk 11, dat zijn de art. 30-32, bevat slotbepalingen, waaronder regels van overgangsrecht.

Artikel 30

1. Artikel 28, onderdeel B, van deze wet is van toepassing op procedures inzake echtscheiding, scheiding van tafel en bed en ontbinding van het huwelijk na scheiding van

tafel en bed, nietigverklaring alsmede nietigheid en geldigheid van het huwelijk die worden ingesteld op of na 1 maart 2005.

2. Het in artikel 1 bedoelde verdrag is niet van toepassing in procedures inzake ouderlijke verantwoordelijkheid of maatregelen ter bescherming van kinderen, die vóór zijn inwerkingtreding in Nederland zijn ingesteld en waarin na zijn inwerkingtreding een beslissing wordt genomen.

3. De inwerkingtreding in Nederland van het in artikel 1 bedoelde verdrag laat ouderlijke verantwoordelijkheid die voordien van rechtswege aan een persoon is toegekomen, onverlet.

4. Vanaf het tijdstip van de inwerkingtreding in Nederland van het in artikel 1 bedoelde verdrag wordt het van rechtswege ontstaan van ouderlijke verantwoordelijkheid van een persoon die deze niet reeds heeft, door dat verdrag beheerst.

[16-02-2006, Stb. 123, i.w.tr. 01-05-2006/kamerstukken 29980]

[Schakelbepaling]

1. Algemeen. Art. 30 Uitvoeringswet internationale kinderbescherming is van belang met het oog op het overgangsrecht. De bepaling vult onder meer een lacune in het Haags Kinderbeschermingsverdrag 1996 op. Zo geeft het Haags Kinderbeschermingsverdrag 1996 geen regels van overgangsrecht in verband met het van rechtswege ontstaan van ouderlijke verantwoordelijkheid (vgl. art. 16 Haags Kinderbeschermingsverdrag 1996). Art. 30, meer in het bijzonder lid 3 van die bepaling, doet dit echter wel.

2. Rechtsmacht Nederlandse echtscheidingsrechter (lid 1). Art. 30 lid 1 houdt verband met de, als gevolg van de totstandkoming van de Uitvoeringswet internationale kinderbescherming, gewijzigde art. 3, 4 en 5 Rv (daarop slaan de bewoordingen: 'Artikel 28, onderdeel B, van deze wet (...)').

3. Bevoegdheid in het kader van reeds lopende procedures (lid 2). Art. 53 lid 1 Haags Kinderbeschermingsverdrag 1996 geeft geen antwoord op de vraag, welk effect de inwerkingtreding van het Haags Kinderbeschermingsverdrag 1996 heeft op de bevoegdheid van de rechter in het geval dat op het moment van het van kracht worden van dit verdrag reeds een procedure aanhangig was. Art. 30 lid 2 Uitvoeringswet internationale kinderbescherming geeft dit antwoord wel. Uit deze bepaling volgt, vanuit Nederlands perspectief, dat indien de aangezochte rechter zijn bevoegdheid aan een voordien geldende regeling ontleent, de procedure op basis van die voordien geldende regeling wordt voltooid.

4. Ouderlijke verantwoordelijkheid ex lege (lid 3 en 4). Art. 53 Haags Kinderbeschermingsverdrag 1996 bevat geen regeling van overgangsrecht met betrekking tot het van rechtswege ontstaan van ouderlijke verantwoordelijkheid. De Nederlandse wetgever heeft deze lacune echter gevuld door middel van art. 30 lid 3 en 4 Uitvoeringswet internationale kinderbescherming. Blijkens art. 30 lid 3 laat de inwerkingtreding in Nederland van het Haags Kinderbeschermingsverdrag 1996 de ouderlijke verantwoordelijkheid die voordien van rechtswege ('ex lege') aan een persoon is toegekomen, onverlet. En ingevolge art. 30 lid 4 wordt vanaf het tijdstip van de inwerkingtreding in Nederland van het Haags Kinderbeschermingsverdrag 1996 – dat was overigens 1 mei 2011 – het van rechtswege ontstaan van ouderlijke verantwoordelijkheid van een persoon die deze verantwoordelijkheid niet reeds heeft, door dat verdrag beheerst.

5. Memorie van toelichting. Ter toelichting op art. 30 lid 3 en 4 (vgl. in verband met deze bepalingen art. 16 lid 3 en 4 Haags Kinderbeschermingsverdrag 1996) wordt in de memorie van toelichting onder meer het volgende opgemerkt: "Het systeem komt hierop neer dat een persoon aan wie volgens de vóór de inwerkingtreding van het verdrag voor Nederland van rechtswege ouderlijke verantwoordelijkheid toekomt, deze verantwoordelijkheid behoudt, ook al zou hij deze volgens het verdrag van 1996 niet hebben. Mocht volgens het verdrag van 1996 aan een tweede persoon van rechtswege ouderlijke verantwoordelijkheid toekomen, dan voegt zich die tweede persoon bij de eerste. *Een eventueel conflict tussen degenen die aldus naast elkaar dragers van ouderlijke verantwoordelijkheid zijn, zal door een maatregel van de autoriteiten die op grond van het verdrag van 1996 bevoegd zijn (doorgaans de autoriteiten van de gewone verblijfplaats van het kind) kunnen worden beslecht.*" (*Kamerstukken* 29980, nr. 3, blz. 19; curs. LP). Zie voor een voorbeeld van een uitspraak waarin zowel art. 30 lid 3 als art. 30 lid 4 Uitvoeringswet internationale kinderbescherming (mede) aan de orde kwam, Hof Amsterdam 16 mei 2017, ECLI:NL:GHAMS:2017:1855. Zie ook Hof Amsterdam 22 januari 2019, ECLI:NL:GHAMS:2019:170. Blijkens deze uitspraak had art. 30 lid 3 Uitvoeringswet internationale kinderbescherming tot gevolg dat de gezagsverhouding tussen de man en de kinderen zoals deze voor de inwerkingtreding van het Haags Kinderbeschermingsverdrag 1996 was ontstaan, ook na de inwerkingtreding van dit verdrag nog bestond. Dit omdat het uitgangspunt van het Haags Kinderbeschermingsverdrag 1996 en de Uitvoeringswet internationale kinderbescherming immers is dat de ouderlijke verantwoordelijkheid zoals die bestond vóór de inwerkingtreding van het Haags Kinderbeschermingsverdrag 1996, na de inwerkingtreding van dit verdrag gerespecteerd dient te worden.

Artikel 31

Deze wet treedt in werking op een bij koninklijk besluit te bepalen tijdstip.
[16-02-2006, Stb. 123, i.w.tr. 01-05-2006/kamerstukken 29980]

[Inwerkingtreding]

Betekenis. De Uitvoeringswet internationale kinderbescherming is op 1 mei 2006 in werking getreden. Daarbij wel de aanvulling dat de wijzigingen in deze uitvoeringswet die het gevolg zijn dan wel samenhangen met de Verordening Brussel II-ter – waarbij in het bijzonder aan de art. 18-23a van de bij Wet van 9 februari 2022 gewijzigde Uitvoeringswet internationale kinderbescherming moet worden gedacht – van toepassing zijn op procedures, authentieke akten en geregistreerde overeenkomsten als bedoeld in art. 100 lid 1 Brussel II-ter. Zie nader artikel VA in *Stb.* 2022, 72, blz. 6. De bij Wet van 9 februari 2022 gewijzigde Uitvoeringswet internationale kinderbescherming is in Nederland op 1 augustus 2022 in werking getreden. Dat is dezelfde datum als waarop de Verordening Brussel II-ter van toepassing is geworden (zie nader art. 105 Brussel II-ter).

Artikel 32

Deze wet wordt aangehaald als: Uitvoeringswet internationale kinderbescherming
[16-02-2006, Stb. 123, i.w.tr. 01-05-2006/kamerstukken 29980]

[Citeertitel]

Betekenis. In art. 32 treft men de (juiste) citeertitel aan.

INTERNATIONALE ONTVOERING VAN KINDEREN

Burgerlijk Wetboek Boek 10 (Relevante artikelen)

AFDELING 2
Internationale ontvoering van kinderen

[Inleidende opmerkingen]

1. Algemeen. In Nederland gelden op dit moment drie regelingen ter bestrijding van de internationale kinderontvoering. Zij beogen langs civielrechtelijke weg de ontvoering zo snel mogelijk ongedaan te maken. Voorts hebben zij tot doel de naleving van het omgangsrecht te waarborgen. Tot slot beogen zij door middel van institutionalisering van samenwerking tussen verdragsstaten het verschijnsel van de internationale kinderontvoering tegen te gaan (MvT, *Kamerstukken II* 1987/88, 20461 (R 1345), 3, p. 2). Het gaat hier om – in chronologische volgorde –: a. het Europees Verdrag betreffende de erkenning en de tenuitvoerlegging van beslissingen inzake het gezag over kinderen en betreffende het herstel van het gezag over kinderen, van 20 mei 1980 (Europees kinderontvoeringsverdrag) (Nederlandse vertaling *Trb.* 1981, 10); b. het Haagse Verdrag inzake de burgerrechtelijke aspecten van internationale ontvoering van kinderen, van 25 oktober 1980 (Haags Kinderontvoeringsverdrag 1980) (Nederlandse vertaling *Trb.* 1987, 139); en c. de Wet van 2 mei 1990 tot uitvoering van beide verdragen (*Stb.* 1990, 202). Het Europees kinderontvoeringsverdrag is tot stand gekomen onder auspiciën van de Raad van Europa. Teneinde een zo groot mogelijke werking aan het verdrag toe te kennen, is in art. 23 de mogelijkheid van toetreding door niet-lidstaten van de Raad van Europa voorzien. Het Haags Kinderontvoeringsverdrag 1980 is tot stand gekomen onder auspiciën van de Haagse Conferentie voor Internationaal Privaatrecht. Zie verder voor verdragsgegevens de site van de Haagse Conferentie voor IPR: www.hcch.net. Ook het Haags Kinderontvoeringsverdrag 1980 kent een openstelling voor niet-lidstaten van de Haagse Conferentie (zie art. 38). Beide verdragen zijn voor Nederland op 1 september 1990 in werking getreden. Voor het Caraïbische deel van Nederland (Bonaire, Sint Eustatius en Saba, de BES-eilanden) geldt het Haags Kinderontvoeringsverdrag 1980 met ingang van 1 januari 2011. De Uitvoeringswet kinderontvoeringsverdragen, die ook voor de niet door de verdragen bestreken gevallen van kinderontvoering een regeling bevat, is eveneens op 1 september 1990 in werking getreden. In verband met het Haags Kinderontvoeringsverdrag 1980 is het volgende van belang. Op 1 maart 2005 is de Verordening Brussel II-bis (Verordening (EG) Nr. 2201/2003 van de Raad van 27 november 2003 betreffende de bevoegdheid en de erkenning en tenuitvoerlegging van beslissingen in huwelijkszaken en inzake de ouderlijke verantwoordelijkheid, en tot intrekking van Verordening (EG) nr. 1347/2000), in werking getreden. Deze verordening, bekend als Brussel II-bis, is van kracht in alle lidstaten, met uitzondering van Denemarken. Het Haags Kinderontvoeringsverdrag 1980, waarbij alle EG-lidstaten partij zijn, blijft van toepassing in geval van een ongeoorloofde overbrenging of vasthouding naar resp. in een EG-lidstaat. De verordening bevat evenwel enige aanvullende regels op dit verdrag. Deze regels van de verordening hebben voorrang boven het verdrag. Aldus is deze verordening de vierde in het kader van de internationale kinderontvoering relevante regeling. De aanvullende bepalingen van de verordening worden bij de desbetreffende onderdelen van het verdrag besproken. Voor een toelichting zie ook de *Practice Guide for the application of the new Brussels II Regulation*, opgesteld door de Commissie. Brussel II-bis bevat in artikel 65 de bepaling dat een vijfjaarlijkse herziening van de verordening moet plaatsvinden. Als gevolg van deze herzieningsclausule is de toepassing in de praktijk van de verordening geëvalueerd en is de verordening aan de hand van de gesignaleerde knelpunten of onduidelijkheden aangepast. Op 1 augustus 2022 is de herziene verordening, Brussel II-ter van toepassing geworden. Zie hierna voor een toelichting op de herziene verordening de aant. 2 en 3 in het commentaar op artikel 14.

2. Samenloop van deze verdragsregelingen. Bij het Europees kinderontvoeringsverdrag zijn thans 37 landen aangesloten, het aantal bij het Haags Kinderontvoeringsverdrag 1980 aangesloten staten bedraagt 101. Beide verdragen kennen de mogelijkheid (art. 19 Europees kinderontvoeringsverdrag respectievelijk art. 34 tweede zin Haags Kinderontvoeringsverdrag 1980) dat op een andere regeling een beroep wordt gedaan. De favor-gedachte – niet de regeling maar de terugkeer van het kind als zodanig staat centraal – is hiervoor de grondslag. In de vorige aantekening is al gewezen op de rol die de Brussel II-bis Verordening speelt in verband met het Haags Kinderontvoeringsverdrag 1980. Uit de (gepubliceerde) Nederlandse rechtspraak volgt dat slechts zelden een beroep wordt gedaan op het Europees kinderontvoeringsverdrag.

Artikel 114

Op internationale ontvoering van kinderen zijn van toepassing:

a. het op 20 mei 1980 te Luxemburg tot stand gekomen Europese Verdrag betreffende de erkenning en de tenuitvoerlegging van beslissingen inzake het gezag over kinderen en betreffende het herstel van het gezag over kinderen (*Trb.* 1980, 134),

b. het op 25 oktober 1980 te 's-Gravenhage tot stand gekomen Verdrag inzake de burgerrechtelijke aspecten van internationale ontvoering van kinderen (*Trb.* 1987, 139),

c. de in artikel 113, onder b, van dit Boek genoemde verordening, en

d. de Wet van 2 mei 1990 tot uitvoering van het op 20 mei 1980 te Luxemburg tot stand gekomen Europese Verdrag betreffende de erkenning en de tenuitvoerlegging van beslissingen inzake het gezag over kinderen en betreffende het herstel van het gezag over kinderen, uitvoering van het op 25 oktober 1980 te 's-Gravenhage tot stand gekomen Verdrag inzake de burgerrechtelijke aspecten van internationale ontvoering van kinderen alsmede algemene bepalingen met betrekking tot verzoeken tot teruggeleiding van ontvoerde kinderen over de Nederlandse grens en de uitvoering daarvan (*Stb.* 1990, 202).

[19-05-2011, Stb. 272, i.w.tr. 01-01-2012/kamerstukken 32137]

[Verwijzing]

1. Betekenis. Dit artikel verwijst naar de regelingen inzake de internationale kinderontvoering. In de memorie van toelichting (*Kamerstukken II* 2009/10, 32137, 3) wordt aangegeven dat, ofschoon deze internationale regelingen niet tot het materiële privaatrecht kunnen worden gerekend, een verwijzing hier op zijn plaats is in het licht van de materie van afdeling 1 van titel 6 van Boek 10 (ouderlijke verantwoordelijkheid en bescherming van kinderen). Verwezen wordt naar het Europees Verdrag betreffende de erkenning en de tenuitvoerlegging van beslissingen inzake het gezag over kinderen en betreffende het herstel van het gezag over kinderen van 20 mei 1980 (Europees kinderontvoeringsverdrag), het Haags Kinderontvoeringsverdrag 1980, en de bij deze verdragen behorende Nederlandse Uitvoeringswet kinderontvoeringsverdragen van 2 mei 1990. Voorts wordt onder c verwezen naar de verordening Brussel II-ter van 2019, welke verordening het Haagse verdrag op enige punten aanvult.

2. Voorstel voor herschikking van Brussel II-bis. De Europese Commissie heeft over de toepassing van Brussel II-bis een verslag uitgebracht aan het Europees Parlement, de Raad en het Europees Economisch en Sociaal Comité (Brussel, 15 april 2014, COM(2014)225 final). Ofschoon geconcludeerd werd dat de verordening goed werkt, zijn er aanwijzingen dat de bestaande regels gewijzigd kunnen worden. In dat kader is een openbare raadpleging uitgeschreven. Een van de vragen betreft de terugkeer van het kind bij internationale ontvoering van kinderen door ouders binnen de EU. Op 30 juni 2016 is door de Commissie het voorstel voor een herschikking van Brussel II-bis bekendgemaakt (COM(2016)411 final). Waar het betreft het onderwerp 'huwelijkszaken', werden door de Commissie geen aanpassingen voorgesteld nu volgens de Commissie niet gebleken is dat op dit terrein dringende behoefte bestaat aan verbetering of verduidelijking van de regels. De bepalingen inzake de bevoegdheid in huwelijkszaken zijn dan ook in het voorstel – op enige redactionele wijzigingen en verduidelijkingen na – ongewijzigd gebleven. Kinderen staan centraal bij de voorgenomen herschikking. Voorgesteld wordt om de juridische en administratieve procedures inzake ouderlijke verantwoordelijkheid (gezag, omgang) en kinderontvoering efficiënter en sneller te maken. Het doel is om de procedures te vereenvoudigen waarbij als bijkomend effect kosten bespaard kunnen worden. Verder wordt voorgesteld om beter rekening te houden met het belang van het kind. Zo wordt het horen van het kind benadrukt. Bescherming van kinderen, ook in het kader van kinderontvoering, is een belangrijke doelstelling van de herziening. Dit blijkt ook al uit de voorgestelde naam van de verordening: Verordening van de Raad betreffende de bevoegdheid en de erkenning en tenuitvoerlegging van beslissingen in huwelijkszaken en inzake de ouderlijke verantwoordelijkheid, *en betreffende internationale kinderontvoering*. Brussel II-bis bevat een aantal bepalingen die specifiek de kinderontvoering betreffen, bijvoorbeeld art. 10 Brussel II-bis (bevoegdheid) en art. 11 Brussel II-bis (terugkeer van het kind in het licht van het Haags Kinderontvoeringsverdrag 1980). Het voorstel bevat een aantal herzieningen op dat gebied.

3. Verordening (EU) 2019/1111 betreffende de bevoegdheid, de erkenning en tenuitvoerlegging van beslissingen in huwelijkszaken en inzake de ouderlijke verantwoordelijkheid, en betreffende internationale kinderontvoering Brussel II-bis (herschikking). Het voorstel van 2016 vormde het startpunt van de onderhandelingen tussen de lidstaten en de Commissie. Deze hebben geresulteerd in een herziene tekst die op 25 juni 2019 door de Raad van de EU is aangenomen. Publicatie heeft plaatsgevonden op 2 juli 2019 in het Publicatieblad van de EU (*PB* L 178 van 2 juli 2019, p. 1-115). De herziene Brussel II-bis verordening, Brussel II-ter, is vanaf 1 augustus 2022 van toepassing. Een van de voornaamste doelstellingen van de herschikking is het verbeteren van de bescherming van kinderen bij internationale kwesties van gezag, omgang en kinderontvoering. De regels met betrekking tot kinderontvoering sluiten (grotendeels) aan op het reeds geldende Nederlandse stelsel. Met betrekking tot de kinderontvoering kan het volgende worden genoteerd met betrekking tot uitbreidingen en preciseringen in de verordening: – als de rechter oordeelt dat het kind terug moet naar het land van herkomst na kinderontvoering, geldt die beslissing in alle lidstaten. Hiermee wordt het opnieuw ontvoeren van een kind waarvan de terugkeer is bevolen naar een volgende lidstaat ontmoedigd; – de rechter die oordeelt over de terugkeer van een kind, kan voorlopige, beschermende maatregelen nemen voor het kind, die ook gelden in het land van terugkeer. Het gaat dan bijvoorbeeld om het vastleggen van een voorlopige omgangsregeling of het vaststellen van de voorlopige hoofdverblijfplaats van het kind; – het gebruik van mediation wordt bevorderd; – het horen van het kind wordt benadrukt; – omgang tussen het kind en de achtergebleven ouder gedurende de terugkeerprocedure wordt bevorderd; en – de beperkte duur van de procedure wordt duidelijker vastgelegd; voor ieder stadium in de terugkeerprocedure is 6 weken beschikbaar. Verder wordt in de Considerans een overweging opgenomen waarin de lidstaten worden aangemoedigd de procedure inzake de teruggeleiding zo veel mogelijk bij een enkel gerecht te concentreren.

4. Literatuur. Zie voor (Nederlandse) literatuur over de Brussel II-ter verordening en kinderontvoering onder anderen: – E.N. Frohn, 'Herziening Brussel II-bis is in zicht!', *FJR* 2019 aflevering 1, p. 16-20; – W. van der Stroom-Willemsen, 'De herziening Brussel II-bis en internationale kinderontvoeringszaken: een stimulans voor lidstaten', *FJR* 2020/69; – E.N. Frohn en I. Sumner, 'Herziening Brussel IIbis: beschrijving van de nieuwe regeling', *NIPR* 2020, nr. 3, p. 391-419; – E.N. Frohn, *Van Brussel II bis naar Brussel II ter: What's new?*, UCERF Reeks 16 Actuele ontwikkelingen in het familierecht (2022), p. 45-47. In de special van het NIPR, 2021/4, International Family Law and PIL, de bijdrage van: P. Lortie, *The Hague 1996 Child Protection and the 1980 Child Abduction Conventions compared with the Brussels II ter Regulation*, p. 670-700. In de special over Brussel II-ter van EB Tijdschrift voor scheidingsrecht 2022 afl. 1-2, de bijdrage van J. van der Hoeven/J.M.I. Vink, 'Brussel II-ter – van Brussel naar Den Haag', *EB* 2022/2. M.Q.M. Mosk, 'Nederland het beste jongetje van de klas? De gevolgen van Brussel II-ter voor de Nederlandse kinderontvoeringspraktijk', *EB* 2022/5. S.G. Augustuszoon/A. Yazdani-IJsselmuiden/C. Maas, 'Taken van de Cenrtrale autoriteit Internationale Kinderaangelegenheden volgens de nieuwe Europese Verordening Brussel II-ter', *EB* 2022/7.

Verdrag betreffende de burgerrechtelijke aspecten van internationale ontvoering van kinderen

Verdrag van 25 oktober 1980, Trb. 1987, 139 (i.w.tr. 01-12-1983)

De Staten die dit Verdrag hebben ondertekend,
Ten stelligste ervan overtuigd dat het belang van het kind in alle aangelegenheden betreffende het gezag over kinderen van fundamentele betekenis is,
Verlangend om in internationaal verband kinderen te beschermen tegen de schadelijke gevolgen van ongeoorloofd overbrengen of niet doen terugkeren en procedures vast te stellen, die de onmiddellijke terugkeer van het kind waarborgen naar de Staat waar het zijn gewone verblijfplaats heeft, alsmede de bescherming van het omgangsrecht te verzekeren,
Hebben besloten daartoe een Verdrag te sluiten en zijn overeengekomen als volgt:

[Inleidende opmerkingen]

1. Systeem van het verdrag. Het verdrag bestaat uit zes hoofdstukken. De Preambule verwoordt de doelstelling van het verdrag: 'in internationaal verband kinderen te beschermen tegen de schadelijke gevolgen van ongeoorloofd overbrengen of niet doen terugkeren en procedures vast te stellen, die de onmiddellijke terugkeer van het kind waarborgen naar de Staat waar het zijn gewone verblijfplaats heeft, alsmede de bescherming van het omgangsrecht te verzekeren'. Richtsnoer hierbij is de gedachte 'dat het belang van het kind in alle aangelegenheden betreffende het gezag over kinderen van fundamentele betekenis is'. (Preambule). Hoofdstuk I (art. 1 t/m 5) betreft het toepassingsgebied van het verdrag. Het verdrag schrijft de verdragsstaten voor centrale autoriteiten aan te wijzen op wie de verplichting rust tot onderlinge samenwerking en tot bevordering van de samenwerking tussen de nationale autoriteiten, met als doel de onmiddellijke terugkeer van kinderen te verzekeren. Hoofdstuk II (art. 6 en 7) bevat de bepalingen die op deze samenwerking betrekking hebben. Hoofdstuk III (art. 8 t/m 20), als het ware de kern van de verdragsregeling, betreft de (onmiddellijke) terugkeer van het kind. Hoofdstuk IV (art. 21) ziet op de uitoefening van het omgangsrecht. De hoofdstukken V (art. 22 t/m 36) en VI (art. 37 t/m 45) bevatten de algemene bepalingen respectievelijk de slotbepalingen.

2. Aard van het verdrag. Het Haagse verdrag is, in tegenstelling tot het Europese Kinderontvoeringsverdrag, geen verdrag gericht op erkenning en tenuitvoerlegging van beslissingen inzake gezagsmaatregelen, maar eerder een rechtshulpverdrag in algemene zin. Uit de benaming van het verdrag (Verdrag betreffende de *burgerrechtelijke* aspecten etc., in de authentieke teksten Convention on the *civil* aspects etc. respectievelijk Convention sur les aspects *civils* enz.) blijkt duidelijk dat de verdragsopstellers zich gericht hebben op de civiele aspecten van de kinderontvoering. Strafrechtelijke maatregelen vallen niet onder het bereik van het verdrag.

3. Toelichting op het verdrag. Het *Toelichtend Rapport* is van de hand van Elisa Pérez-Vera en is opgenomen in de Actes et documents de la Quatorzième session. Tome III Enlèvement d'enfants, 1982. Een zeer belangrijke bron van informatie aangaande de werking van het verdrag is de Child Abduction Homepage van de Haagse Conferentie voor internationaal privaatrecht (https://hcch.net). Op deze site is onder meer te vinden: de tekst van het verdrag, het *Toelichtend Rapport*, de verdragsstaten en de door deze aangewezen Centrale Autoriteiten (adressen, contactpersonen), de Good Practice Guides, en andere documenten betreffende het verdrag en de toepassing daarvan. Voor de toepassing van het verdrag in Nederland is verder relevant de dissertatie van G.C.A.M. Ruitenberg, *De toepassing van het Haags Kinderontvoeringsverdrag in Nederland en het belang van het kind* (2015, Boom Juridische uitgevers); F. Ibili/A.C.Olland (red.), *Internationale Kinderontvoering. Recht en Praktijk* (Wolters Kluwer Deventer-2019); G. Ruitenberg, 'De interpretatie van de weigeringsgronden uit het Haags Kinderontvoeringsverdrag in Nederland: een tussenstand na ruim 25 jaar', *Family & Law November* 2016, DOI: 10.5553/FenR/.000029. Zie verder ook de weergave van het onderzoek van M. Jonker e.a., *Internationale kinderontvoering. De uitvoeringspraktijk van inkomende zaken in Nederland, Engeland & Wales, Zweden en Zwitserland* (2015, Boom Juridische uitgevers). Zie ook voor een artikelsgewijs commentaar A.C. Olland, *Groene Serie Personen- en familierecht*, Boek 1 titel 10 Internationale Kinderontvoering.

4. INCADAT. Teneinde de toegankelijkheid van de rechtspraak in de verdragsstaten te bevorderen heeft de Haagse Conferentie een database opgezet, The International Child Abduction Database, afgekort tot INCADAT <www.incadat.com>.

5. Speciale Commissies. Onder auspiciën van de Haagse Conferentie is inmiddels een aantal speciale commissies gehouden betreffende de toepassing en het functioneren van de verdragsregeling in de verdragsstaten. Deze bijeenkomsten, die bezocht worden door vertegenwoordigers van de verdragsstaten – veelal (vertegenwoordigers van) de Centrale Autoriteiten –, vertegenwoordigers van niet-verdragsstaten en waarnemers van organisaties die zich met het onderwerp bezighouden, zijn van grote waarde voor het functioneren van het verdrag. Uitwisseling van algemene informatie, signaleren van knelpunten bij de toepassing van verdragsbepalingen en bespreking van concrete zaken kunnen immers leiden tot eenvormige interpretatie van het verdragsregime. De conclusies van deze bijeenkomsten zijn, naast het eerder genoemde *Rapport Pérez-Vera*, van groot belang voor de toepassing en het begrijpen van de verdragsregeling. De laatste Speciale Commissie met betrekking tot de (praktische) toepassing van het verdrag is gehouden in oktober 2017. Verder worden in Malta conferenties gehouden (laatstelijk in 2016), inzake Cross-Frontiers Family Law Issues, waaraan naast een aantal verdragsstaten ook, onder andere, landen als Algerije, Egypte, Marokko, Tunesië, en Libanon deelnemen. Deze bijeenkomsten staan mede in de sleutel van het VN Verdrag inzake de rechten van het kind van 20 november 1989 en beogen de obstakels die in de weg staan aan contact over de landsgrenzen tussen ouder en kind uit de weg te helpen. Ook het voorkomen van internationale kinderontvoering is onderwerp van gesprek. Zie verder de child abduction section op de site van de Haagse Conferentie: www.hcch.net.

6. Guides to good practice. Inmiddels zijn tot stand gebracht de Guide to good Practice: Part 1 Central Authority Practice, Practice Part II Implementing Measures, Part III Preventive Measures en Part IV Enforcement, Part V Mediation en Part VI Article 13(1)(b). Verder zijn verschenen: i. Transfrontier Contact Concerning Children – General Principles and Guide to Good Practice; en ii. Mediation. Zie voor deze uitgaven de site: www.hcch.net.

7. Verhouding tot Brussel II-bis resp. Brussel II-ter. Brussel II-bis. Op 1 maart 2005 is de verordening Brussel II-bis (Verordening (EG) van de Raad van 27 november 2003 betreffende de bevoegdheid en de erkenning en tenuitvoerlegging van beslissingen in huwelijkszaken en inzake de ouderlijke verantwoordelijkheid, en tot intrekking van Verordening (EG) nr. 1347/2000), in werking getreden. Deze verordening is van kracht in alle lidstaten, met uitzondering van Denemarken. Het Haags Kinderontvoeringsverdrag 1980, waarbij alle EG-lidstaten partij zijn, blijft van toepassing in geval van een ongeoorloofde overbrenging of vasthouding naar respectievelijk in een EG-lidstaat (zie art. 62 jo. 60 Brussel II-bis). Wel bevat de verordening enige aanvullende regels op het Haags Kinderontvoeringsverdrag 1980 (zie bijv. art. 11 Brussel II-bis). Deze regels van de verordening hebben voorrang boven het verdrag. De aanvullende bepalingen worden bij de desbetreffende onderdelen van het verdrag besproken. Voor een toelichting op Brussel II-bis zie de Practice Guide for the application of the new Brussels II Regulation, opgesteld door de Commissie. Wat betreft de verhouding tussen het Kinderontvoeringsverdrag en Brussel II-bis waar het betreft de bevoegdheid van de Nederlandse rechter, kan worden gewezen op de uitspraak van het Hof Den Haag van 25 november 2009 (*LJN* BK4259). De vraag of bevoegdheid ter zake van een verzoek tot teruggeleiding kan worden aangenomen op grond van Brussel II-bis, wordt ontkennend beantwoord. Volgens het hof wijst art. 11 Brussel II-bis geen bevoegde rechter aan, maar stelt het aanvullende regels voor de procedure waarin de terugkeer wordt verzocht. In de uitspraak van het Hof Den Haag van 16 februari 2021 (ECLI:NL:GHDHA:2021:641) verzoekt de vader de rechter in kort geding om de gewone verblijfplaats van het kind, dat door de moeder naar Polen is meegenomen, te bepalen bij hem in Nederland. Dit verzoek wordt door de voorzieningenrechter van de rechtbank Den Haag toegewezen, waartegen de moeder beroep aantekent. Ten aanzien van de rechtsmacht oordeelt het hof dat deze kan worden gebaseerd op artikel 8 Brussel II-bis omdat vaststaat dat het kind zijn gewone verblijfplaats in Nederland had op het moment van de procesinleiding in eerste aanleg. Op dat moment was niet voldaan aan de voorwaarden van artikel 10 Brussel II-bis voor procesovergang naar de rechter in Polen. In dit verband wijst het hof naar het perpetuatio fori-beginsel bij de toepassing van artikel 8 Brussel II-bis. Verder oordeelt het hof dat de vader een spoedeisend belang heeft bij een onmiddellijke voorziening in kort geding. Dit spoedeisend belang is gelegen in de onomkeerbare gevolgen van worteling van het kind in de staat van zijn nieuwe verblijf als gevolg van tijdsverloop. De moeder stelt dat de vader een teruggeleidingsprocedure op de voet van het Haags Kinderontvoeringsverdrag bij de Poolse autoriteiten had moeten beginnen in plaats van de kortgedingprocedure betreffende de gewone verblijfplaats. Het hof volgt de moeder niet in dit betoog. Volgens het hof is het aan de vader om te kiezen voor een teruggeleiding overeenkomstig het

Haags Kinderontvoeringsverdrag of een beslissing inzake het ouderlijke gezag, in dit geval de vaststelling van de gewone verblijfplaats van het kind. **Brussel II-ter.** De Verordening (EU) 2019/1111 betreffende de bevoegdheid, de erkenning en tenuitvoerlegging van beslissingen in huwelijkszaken en inzake de ouderlijke verantwoordelijkheid, en betreffende internationale kinderontvoering Brussel II-bis (herschikking) is op 25 juni 2019 door de Raad van de EU aangenomen en op 2 juli 2019 in het *Publicatieblad* van de EU opgenomen (*PbEU* L 178 van 2 juli 2019, p. 1-115). De herziene Brussel II-bis verordening is vanaf 1 augustus 2022 van toepassing. Een van de voornaamste doelstellingen van de herschikking is het verbeteren van de bescherming van kinderen bij internationale kwesties van gezag, omgang en kinderontvoering. De regels met betrekking tot kinderontvoering sluiten (grotendeels) aan op het reeds geldende Nederlandse stelsel. Met betrekking tot de kinderontvoering kan het volgende worden genoteerd met betrekking tot uitbreidingen en preciseringen in de verordening (zie Frohn, 'Herziening Brussel II-bis is in zicht!', *FJR* 2019 aflevering 1, p. 16-20): – als de rechter oordeelt dat het kind terug moet naar het land van herkomst na kinderontvoering, geldt die beslissing in alle lidstaten. Hiermee wordt het opnieuw ontvoeren van een kind waarvan de terugkeer is bevolen naar een volgende lidstaat ontmoedigd; – de rechter die oordeelt over de terugkeer van een kind, kan voorlopige, beschermende maatregelen nemen voor het kind, die ook gelden in het land van terugkeer. Het gaat dan bijvoorbeeld om het vastleggen van een voorlopige omgangsregeling of het vaststellen van de voorlopige hoofdverblijfplaats van het kind; – het gebruik van mediation wordt bevorderd; – het horen van het kind wordt benadrukt; – omgang tussen het kind en de achtergebleven ouder gedurende de terugkeerprocedure wordt bevorderd; en – de beperkte duur van de procedure wordt duidelijker vastgelegd; voor ieder stadium in de terugkeerprocedure is zes weken beschikbaar. Verder wordt in de Considerans een overweging opgenomen waarin de lidstaten worden aangemoedigd de procedure inzake de teruggeleiding zo veel mogelijk bij een enkel gerecht te concentreren.

8. Procedurele aspecten. Een belangrijke wijziging van de Uitvoeringswet kinderontvoeringsverdragen van 2 mei 1990 heeft plaatsgevonden bij de wet van 10 november 2011. Art. 11 Uitvoeringswet kinderontvoeringsverdragen betreft de relatieve bevoegdheid van de Nederlandse rechter en kent een nieuwe tekst. Uit lid 1 volgt de concentratie van de rechtspraak in eerste aanleg, waarmee ook de concentratie in hoger beroep is gegeven. Lid 1 concentreert de rechtspraak in eerste aanleg bij de kinderrechter van de Rb. Den Haag, onverminderd de bevoegdheid van de voorzieningenrechter van diezelfde rechtbank in kort geding. Concentratie van rechtspraak in eerste aanleg bij de Rb. Den Haag leidt tot concentratie van rechtspraak in hoger beroep bij het Hof Den Haag. Verder is aan art. 13 Uitvoeringswet kinderontvoeringsverdragen een achtste lid toegevoegd. In dat achtste lid is bepaald dat tegen de beschikking van het gerechtshof geen gewoon rechtsmiddel openstaat. Dit betekent dat alleen de procureur-generaal bij de Hoge Raad 'in het belang der wet' cassatie kan verzoeken. Zie verder het commentaar bij de desbetreffende artikelen van de uitvoeringswet. Inmiddels is de Uitvoeringswet aangepast in het kader van Brussel II-ter.

9. Internationale kinderontvoering en rechtspraak EHRM. Bij de internationale kinderontvoering en de toepassing van het Haags Kinderontvoeringsverdrag 1980 wordt in toenemende mate het perspectief van het Europese Hof voor de Rechten van de Mens

(EHRM) van belang. Het EHRM heeft een aantal arresten op het gebied van de internationale kinderontvoering gewezen, waarvan in het bijzonder de uitspraak in de zaak *Neulinger en Schuruck/Zwitserland* (EHRM 6 juli 2010, *NJ* 2010/644, m.nt. S.F.M. Wortmann) en *X/Letland* van 26 november 2012, zaaknr. 27853/09 in de belangstelling hebben gestaan. Zie ook *Royer/Frankrijk* 6 maart 2018, zaaknr. 9114/16. In deze Europese rechtspraak gaat het om de vraag of sprake is van een schending van een mensenrecht als art. 8 of 6 EVRM. Zie voor een overzicht van relevante uitspraken de publicatie van P. Vlaardingerbroek in *NIPR* 2014, p. 12-19 en het jurisprudentieregister in F. Ibili/A.C. Olland, *Internationale kinderontvoering* (Wolters Kluwer Deventer 2019). Voor recente uitspraken zie het commentaar bij artikel 11 resp. 13. In de uitspraak van Hof Den Haag van 19 augustus 2015 (ECLI:NL:GHDHA:2015:2288) is de verhouding tussen het Haags Kinderontvoeringsverdrag 1980 en het EVRM aan de orde gekomen bij een ontvoering uit een staat (India) die geen partij is bij die verdragen. De moeder heeft de Nederlandse en Pakistaanse nationaliteit en is vanuit India met twee kinderen naar Nederland gereisd. De vader met de Indiase nationaliteit, verzoekt tot teruggeleiding. Het verzoek van de vader is gebaseerd op het Haags Kinderontvoeringsverdrag 1980. India is geen partij bij dit verdrag. Ingevolge art. 2 Uitvoeringswet kinderontvoeringsverdragen is de wet, die het mogelijk maakt dat in niet-verdragszaken de weigeringsgronden van art. 12 lid 2, art. 13 en 20 Haags Kinderontvoeringsverdrag 1980 gehanteerd worden, van toepassing. Het hof overweegt dat nu het gaat om een (beweerdelijke) ontvoering uit een staat die noch partij is bij het HKOV noch bij het EVRM, er geen samenloop van verdragen is in de zin van art. 30 WVV. Wel is er samenloop tussen de Uitvoeringswet kinderontvoeringsverdragen en het EVRM. Het EVRM gaat als internationale regeling vóór. Aldus, zo overweegt het hof, zal het HKOV worden toegepast, maar rekening houdend met de vereisten van het EVRM zodat het hof minder restrictief zal toetsen en het belang van het kind meer zal laten meewegen dan gebruikelijk is op grond van het HKOV. Ook in de uitspraak van 30 september 2021 (ECLI:NL:GHDHA:2021:1840) verwijst het Hof Den Haag naar het toetsingskader van Neulinger en Shuruk tegen Zwitserland en X tegen Letland.

HOOFDSTUK I
Toepassingsgebied van het verdrag

Artikel 1

Dit Verdrag heeft tot doel:

a) de onmiddellijke terugkeer te verzekeren van kinderen die ongeoorloofd zijn overgebracht of worden vastgehouden in een Verdragsluitende Staat;

b) het in een Verdragsluitende Staat bestaande recht betreffende het gezag en het omgangsrecht in de andere Verdragsluitende Staten daadwerkelijk te doen eerbiedigen.

[25-10-1980, Trb. 139, i.w.tr. 01-12-1983]

[Doelstelling; reciprociteit]

1. Algemeen. Het verdrag werkt alleen tussen verdragsstaten (reciprociteit). Het artikel omschrijft het tweeledige doel van het verdrag, namelijk: a. het waarborgen van de onmiddellijke terugkeer van kinderen die ongeoorloofd zijn overgebracht naar of worden vastgehouden in een verdragsstaat (zie art. 3, aant. 2 en 3); en b. het doen eerbiedigen in de andere verdragsstaten van het in een verdragsstaat bestaande gezagsrecht en omgangsrecht (zie art. 5, aant. 2 en 3. Strikt genomen geeft het artikel geen rangorde aan, maar in de opzet van de verdragsregeling heeft de onmiddellijke terugkeer van het kind de hoogste prioriteit gekregen. Zie voor een uitspraak waarin de doelstelling wordt omschreven bijvoorbeeld: Hof Amsterdam 3 mei 2011, *LJN* BY2386.

2. Onmiddellijke terugkeer (sub a). Het verdrag beoogt een zo snel mogelijk herstel van de *status quo*, de situatie waarin het kind zich bevond direct voorafgaand aan de ontvoering. Een snel herstel van de aan de ontvoering of vasthouding voorafgaande situatie wordt geacht de schadelijke gevolgen te beperken. Het verdrag is aldus gericht op de directe ongedaanmaking van de ontvoering. Het verdrag ziet niet op de toekenning van het gezagsrecht of de wijziging van een elders getroffen regeling van het gezag. Impliciet wordt ervan uitgegaan dat deze kwesties tot de competentie behoren van de autoriteiten van het land waar het kind zijn gewone verblijfplaats had vóór de ontvoering (*Toelichtend Rapport*, p. 430).

3. Eerbiediging gezags- en omgangsrecht (sub b). De eerbiediging van het gezags- en omgangsrecht dient bezien te worden in samenhang met de onmiddellijke terugkeer van het ontvoerde kind. Het heeft in zekere zin een preventief karakter: een juiste naleving van het gezagsrecht en in het bijzonder van het omgangsrecht vermindert de kans op ontvoering. Bedacht moet worden dat deze doelstelling zaken betreft waarbij twee of meer verdragsstaten zijn betrokken en in beginsel niet ziet op uitsluitend nationale (interne) aangelegenheden.

Artikel 2

De Verdragsluitende Staten nemen alle passende maatregelen om de doelstellingen van het Verdrag binnen hun grondgebied te verwezenlijken. Hiertoe dienen zij van de snelst mogelijke procedures gebruik te maken.
[25-10-1980, Trb. 139, i.w.tr. 01-12-1983]

[Snelle procedures]

Betekenis. De bepaling moedigt de verdragsstaten aan om alle passende maatregelen te nemen om de doelstellingen van het verdrag te realiseren. In dit verband kan worden gedacht aan gefinancierde rechtshulp om de toegang tot de rechter mogelijk te maken of het scheppen van voorzieningen die de Centrale Autoriteiten nodig hebben om hun taken te kunnen vervullen. Zij beoogt mede de verdragsstaten aan te zetten tot het treffen van voorzieningen voor niet onder de werking van het verdrag vallende zaken. De Nederlandse wetgever heeft uitvoering gegeven aan deze laatste gedachte door in de bij de beide ontvoeringsverdragen behorende uitvoeringswet een regeling voor de niet-verdragsgevallen op te nemen. Deze gevallen doen zich voor in betrekkingen tussen Nederland en een land (landen) dat (die) geen partij is (zijn) bij een van de ontvoeringsverdragen. De tweede zin van art. 2 benadrukt het belang van snelle procedures. De verdragsstaten worden evenwel niet verplicht om in dit verband in de interne wetgeving nieuwe procedures op te nemen. De verdragsstaten dienen voor de toepassing van het verdrag de meest snelle procedure voor te schrijven. Ook Brussel II-bis besteedt aandacht aan de snelheid van handelen. Art. 11 lid 3 Brussel II-bis eerste zin schrijft voor dat de gerechten waarbij een verzoek tot terugkeer is ingediend met bekwame spoed en gebruik makend van de snelste procedure die het desbetreffende nationale recht kent, over zo'n verzoek dienen te oordelen. In de tweede zin van art. 11 lid 3 wordt een termijn gesteld. Uiterlijk binnen zes weken, te rekenen vanaf het moment van indiening van het verzoek, dient te worden beslist, tenzij dit als gevolg van uitzonderlijke omstandigheden onmogelijk is. Een verwijzing naar de spoedeisendheid van de procedures in ontvoeringszaken is opgenomen in HR 17 juni 2011, *LJN* BQ4833, *RvdW* 2011/774, waarin de Hoge Raad de zaak zelf afdoet. Zie verder voor deze uitspraak het commentaar op art. 3 inzake de gewone verblijfplaats.

Artikel 3

1. Het overbrengen of het niet doen terugkeren van een kind wordt als ongeoorloofd beschouwd, wanneer:

a) dit geschiedt in strijd met een gezagsrecht, dat is toegekend aan een persoon, een instelling of enig ander lichaam, alleen of gezamenlijk, ingevolge het recht van de Staat waarin het kind onmiddellijk voor zijn overbrenging of vasthouding zijn gewone verblijfplaats had; en

b) dit recht alleen of gezamenlijk daadwerkelijk werd uitgeoefend op het tijdstip van het overbrengen of het niet doen terugkeren, dan wel zou zijn uitgeoefend, indien een zodanige gebeurtenis niet had plaatsgevonden.

2. Het onder *a)* bedoelde gezagsrecht kan in het bijzonder voortvloeien uit een toekenning van rechtswege, een rechterlijke of administratieve beslissing of een overeenkomst die geldig is ingevolge het recht van die Staat.

[25-10-1980, Trb. 139, i.w.tr. 01-12-1983]

[Definitie ontvoering]

1. Algemeen. Deze bepaling — één van de kernbepalingen van de verdragsregeling — geeft aan wat volgens het verdrag wordt verstaan onder ongeoorloofde overbrenging of het niet doen terugkeren van een kind (ongeoorloofdheidsvereiste). Het bevat twee elementen: een juridisch element (het gezagsrecht) en een feitelijk element (de daadwerkelijke uitoefening van het gezagsrecht) (*Toelichtend rapport*, p. 444). Het verdrag is niet van toepassing wanneer de verzoeker tot teruggeleiding geen gezagsrecht heeft. Er is geen sprake van kinderontvoering wanneer er geen sprake is van een wijziging van de gewone verblijfplaats van het kind. Het begrip 'gewone verblijfplaats' is een feitelijk begrip, dat ingevuld wordt door de feiten en omstandigheden van het concrete geval. Kort samengevat zal bepaald moeten worden wat de plaats is waarmee het kind onmiddellijk voorafgaande aan zijn overbrenging maatschappelijk (sociaal, familiaal) de nauwste band heeft. Aansluiting wordt gezocht bij de invulling die het Europese Hof van Justitie heeft gegeven aan het begrip 'gewone verblijfplaats' in art. 8 Brussel II-bis. Daarbij is onder meer van belang de duur van het feitelijke verblijf en de vraag of sprake is van een tijdelijk of toevallig verblijf. Zie bijvoorbeeld Rb. Den Haag 12 april 2017 (ECLI:NL:RBDHA:2017:16423). Vader en moeder zijn gehuwd in Letland. Het kind is geboren in Letland. Het gezin heeft van september/oktober 2012 tot mei 2016 in Nederland gewoond. In mei 2016 heeft het gezin zich in Letland gevestigd. Vader gaat zonder toestemming van de moeder met het kind in juni 2016 terug naar Nederland. Moeder verzoekt teruggeleiding. Zij stelt dat het verblijf in Nederland altijd als tijdelijk was bedoeld en dat het kind zijn gewone verblijfplaats in Letland heeft behouden. De rechtbank overweegt dat gelet op de feitelijke duur van het verblijf in Nederland (vier jaar) in het licht van de leeftijd van het kind (negen jaar), het kind dermate lang in Nederland heeft gewoond dat dit niet als tijdelijk kan worden gezien. De gewone verblijfplaats van het kind is Nederland. Bevestigd door Hof Den Haag 30 mei 2017, ECLI:NL:GHDHA:2017:1613. Zie voor een vergelijkbare zaak: Rb. Den Haag 27 februari 2017, ECLI:NL:RBDHA:2017:1797. In Hof Den Haag 8 maart 2017, ECLI:NL:GHDHA:2017:660, gaat het om een verzoek tot teruggeleiding van een kind met de Egyptische en Nederlandse nationaliteit, geboren in Egypte en vóór de overbrenging naar Nederland met de ouders woonachtig in Tsjechië. De moeder vestigt zich met het kind in Nederland. De vader verzoekt teruggeleiding. Ten aanzien van de vraag of de man op het moment van de overbrenging gezag had over de minderjarige past het hof art. 16 HKV 1996 toe. Naar Egyptisch recht heeft, kort gezegd, de echtgenoot van de moeder het ouderlijk gezag. Het hof oordeelt dat niet is komen vast te staan dat partijen (op enig moment) met elkaar gehuwd zijn geweest. Daardoor kan, aldus het hof, evenmin worden vastgesteld of tussen de vader en het kind een afstammingsrelatie is ontstaan. Volgens het hof kan, nu er geen afstammingsrelatie is, de man ook naar Tsjechisch recht niet met het (gezamenlijke) gezag over het kind zijn belast. Dit brengt het hof tot de conclusie dat er geen overbrenging in strijd met het gezagsrecht van de man heeft plaatsgevonden.

2. Ongeoorloofde overbrenging of vasthouding. Er is sprake van een ongeoorloofde overbrenging of vasthouding, wanneer dit geschiedt in strijd met een gezagsrecht toegekend aan een persoon (instelling, lichaam) volgens het recht (inclusief het internationaal privaatrecht) van een verdragsstaat waar het kind onmiddellijk voor de overbrenging of vasthouding zijn gewone verblijfplaats had én dit gezagsrecht op dat moment door die persoon (instelling, lichaam) werd uitgeoefend. In geval van vasthouding zal gedacht moeten worden aan kinderen die in het kader van een omgangsregeling tijdelijk verblijven bij de niet met het gezag beklede ouder en die na het verstrijken van de afgesproken periode niet bij de andere ouder worden teruggebracht. Dit kan zijn in het kader van het niet naleven van de omgangsregeling door de kinderen niet te doen terugkeren of van een vakantie met de niet met het gezag belaste ouder die het kind na ommekomst van de vakantie niet terugbrengt. Het gaat daarbij vaak om de vraag of door de achtergebleven ouder is ingestemd met een langer of permanent verblijf. Zie voor een uitspraak waarin het ging over de vraag of de met het gezag belaste ouder toestemming had gegeven voor overbrenging: Rb. Den Haag 24 januari 2013, ECLI:NL:RBDHA:2013:BY9889. De moeder verzocht teruggeleiding van het kind naar Afghanistan en/of Pakistan. Niet in geschil is dat het kind onmiddellijk voorafgaand aan zijn overbrenging naar Nederland zijn gewone verblijfplaats in Pakistan had. Ook is niet in geschil dat partijen ten tijde van de overbrenging gezamenlijk met het ouderlijk gezag over het kind waren belast. Tussen partijen is in geschil of de overbrenging in strijd met het gezagsrecht van de moeder is geschied. Met de vader is de rechtbank van oordeel dat het 'adoption certificate' gezien de inhoud daarvan dient te worden beschouwd als een instemmingsverklaring van de moeder voor de overbrenging van de minderjarige naar Nederland. De moeder voert aan dat zij de Engelse taal onvoldoende machtig is om de inhoud van de verklaring te begrijpen. Verder stelt zij dat zij door de mishandelingen van de familie van de man 'vergeetachtig' is geworden. De rechtbank oordeelt dat de moeder door het ondertekenen van het 'adoption certificate' heeft ingestemd met de overbrenging van de minderjarige naar Nederland. Derhalve was er geen sprake van overbrenging in strijd met het gezagsrecht in de zin van art. 3. Het verzoek van de moeder wordt afgewezen. In de uitspraak van het Hof Den Haag van 19 augustus 2015 (ECLI:NL:GHDHA:2015:2288) werd door de moeder betwist dat de vader slechts toestemming voor verblijf in Nederland voor een bepaalde duur had gegeven. Het hof leidt uit de aangevoerde argumenten en stukken af dat vader wel toestemming heeft gegeven voor verblijf van de moeder met de kinderen in Nederland, eveneens als een gezamenlijk plan om langdurig verblijf van de moeder met de kinderen in Nederland mogelijk te maken (zoeken van een geschikt appartement, advies om een auto aan te schaffen, toezegging om spullen van moeder en kind naar Nederland te verschepen, het opzetten van een Nederlandse vestiging van zijn bedrijf). In de uitspraak Rb. Den Haag 3 januari 2014, ECLI:NL:RBDHA:2014:436, verzoekt de vader teruggeleiding van de kinderen naar België. De rechtbank concludeert dat de overbrenging niet, maar de vasthouding wel als ongeoorloofd in de zin van art. 3 wordt aangemerkt. De moeder heeft volgens de rechtbank geen feiten of omstandigheden aangedragen waaruit zou blijken dat de toestemming van de vader voor een verblijf in Nederland tevens zag op een permanente vestiging van de minderjarigen in Nederland. In de uitspraak van het Hof Den Haag van 31 maart 2014 (ECLI:NL:GHDHA:2014:1149, *JPF* 2015/14) was niet in geschil dat sprake was van een geoorloofde overbrenging door de (Nederlandse) vader van de minderjarige uit Mexico naar Nederland. De moeder (die de Mexicaanse nationaliteit heeft en daarnaast burger is van de VS) verzoekt teruggeleiding en stelt dat er sprake is van ongeoorloofde achterhouding. Zij stelt dat zij toestemming heeft gegeven voor familiebezoek in de zomer, mede omdat zij op dat moment zelf niet goed voor het kind kon zorgen. Zij zou deze periode benutten om haar problemen op te lossen. In eerste aanleg wordt het verzoek afgewezen. In hoger beroep bekrachtigt het hof deze beschikking. Het hof overweegt dat onvoldoende is gebleken dat het kind na het familiebezoek weer zou teruggaan naar Mexico. Uit bijvoorbeeld de overlegde e-mailberichten tussen de vader en de moeder blijkt niet dat het kind zou terugkeren naar de moeder. Zo is er sprake van een bezoek van de moeder met het kind naar Mexico en van overleg over de inschrijving van het kind op een school in Nederland. Het hof concludeert dat geen sprake is van een ongeoorloofde achterhouding van het kind. Ook in de uitspraak van Hof Den Haag van 27 januari 2016 (ECLI:NL:GHDHA:2016:131) gaat het onder meer om de vraag of de achterblijvende ouder, de vader, toestemming heeft verleend voor de verhuizing (overbrenging) naar Nederland. De vader stelt dat de moeder niet heeft kunnen bewijzen dat hij toestemming heeft verleend voor de verhuizing naar Nederland. Dat de moeder op medische gronden wellicht beter in Nederland kan wonen en dat zij in Nederland (financiële) steun heeft van haar familie is volgens de vader geen aanvaardbare reden om in Nederland te blijven. Het hof wijst er op dat de moeder zowel in eerste aanleg als in hoger beroep heeft erkend dat zij niet kan bewijzen dat de vader toestemming heeft gegeven en wijst er verder op dat de vader uitdrukkelijk heeft betwist dat hij toestemming heeft verleend. De overbrenging en vasthouding in Nederland wordt derhalve door het hof aangemerkt als ongeoorloofd in de zin van art. 3. Zie ook Rb. Den Haag 4 maart 2014, ECLI:NL:RBDHA:2014:2752, waarin de rechtbank overweegt dat vaststaat dat de kinderen onmiddellijk voor hun vasthouding in Libanon hun gewone verblijfplaats in Nederland hadden, dat beide ouders het gezag daadwerkelijk uitoefenden en dat de moeder geen toestemming heeft gegeven voor dit verblijf. Derhalve is de vasthouding ongeoorloofd in de zin van art. 3. Volledigheidshalve kan worden opgemerkt dat de rechter in deze zaak internationale bevoegdheid heeft aangenomen op grond van art. 3 Rv. Zie verder ook het onderdeel 'vakantieperikelen' bij het commentaar op art. 5. In de oorspronkelijke opzet van het verdrag ging men uit van ontvoering door één van de ouders – in de praktijk immers het meest voorkomende geval – maar deze gedachte werd in de loop van de beraadslagingen verlaten. In het verdrag is nu geen aanwijzing te vinden omtrent de persoon (of hoedanigheid) van de ontvoerder. De verordening Brussel II-bis bevat in art. 2 onderdeel 11 een bijna gelijke definitie van ongeoorloofde overbrenging of niet doen terugkeren van een kind. Deze bepaling bevat bovendien een verduidelijking betreffende het gezamenlijk uitoefenen van gezag. Het gezag wordt geacht gezamenlijk te worden uitgeoefend als een van de personen die, ingevolge een beslissing of van rechtswege, de ouderlijke verantwoordelijkheid dragen, de verblijfplaats van het kind niet kan bepalen zonder de instemming van de andere persoon die de ouderlijke verantwoordelijkheid draagt.

3. Gezagsrecht (lid 1 onderdeel a). Gewone verblijfplaats. Het verdrag beoogt het gezagsrecht volgens het recht van de gewone verblijfplaats van het kind te beschermen. Het verdrag hanteert als aanknopingspunt voor het te beschermen gezagsrecht, de gewone verblijfplaats van het kind. Het recht van de gewone verblijfplaats van het kind bepaalt aan wie (persoon, instelling enz.) het gezagsrecht toekomt onmiddellijk voorafgaand aan het moment van overbrenging van het kind. Het begrip 'gewone verblijfplaats' wordt veelvuldig gehanteerd in de moderne Haagse (familierecht)verdragen, zoals het HKV 1961 (Nederlandse vertaling *Trb.* 1968, 101), het HKV 1996 (*Trb.* 1997, 299) en het Haags Meerderjarigenbeschermingsverdrag 2000 (*Trb.* 2000, 10; nog niet in werking getreden voor Nederland). Het gaat hier om een conflictenrechtelijk begrip dat los staat van het internrechtelijk begrip woonplaats. Het conflictenrechtelijk begrip is een feitelijk begrip waaraan inhoud wordt gegeven door de omstandigheden en feiten van het concrete geval. Het gaat, kort gezegd, om de plaats waarmee de betrokkene maatschappelijk de nauwste bindingen heeft. Het begrip gewone verblijfplaats wordt in het kader van de internationale kinderontvoering op dezelfde wijze ingevuld. Leidend in de (Nederlandse) rechtspraak is vooral de uitspraak van het HvJ EU van 28 juni 2018, C-512/17, *NJ* 2018/407 (ECLI:EU:C:2018:513) inzake het begrip gewone verblijfplaats in artikel 8 Brussel II-bis. In een eerdere uitspraak (HvJ EU 8 juni 2017, C-111/17 PPU; https://publications.europa.eu/nl/publication-detail/-/publication/5566d2c3-75bd-11e7-b2f2-01aa75ed71a1/language-nl) heeft het Hof zich uitgesproken over de interpretatie van het begrip 'gewone verblijfplaats' voor een zuigeling die geboren is in een andere lidstaat (Griekenland) dan die de ouders op het oog hadden als gewoonlijke verblijfplaats (Italië). Een Italiaans-Grieks echtpaar gehuwd en woonachtig in Italië, gaat tijdens de laatste maand van de zwangerschap van de vrouw naar Griekenland. De bedoeling is daar de geboorte van het kind af te wachten en daar ook enige tijd te blijven, omdat de familie van de moeder haar kan bijstaan. Het kind wordt vervolgens in Griekenland geboren. Korte tijd daarna gaat de man terug naar Italië. Hij neemt aan dat de moeder en het kind hem na enige tijd zullen volgen. De vrouw blijft echter met het kind in Griekenland en weigert naar Italië te komen. Vader dient een echtscheidingsverzoek in samen met een verzoek tot terugkeer van het kind naar Italië. In het kader van dat verzoek stelt de rechtbank van eerste aanleg in Griekenland een prejudiciële vraag aan het Hof van Justitie (HvJ) waar onder meer de vraag opkomt naar de interpretatie van het begrip gewone verblijfplaats van het kind. De aanvankelijke bedoeling van de ouders was om na de geboorte met het kind naar Italië te gaan zodat het kind zijn gewone verblijfplaats zou hebben in Italië, welke ook overeenkomt met de gewone verblijfplaats van de ouders van vóór de geboorte. Het kind is echter, overeenkomstig de gemeenschappelijke wens van de ouders, geboren in Griekenland en heeft daar sinds zijn geboorte onafgebroken gewoond. Het Hof overweegt dat gewone verblijfplaats in de kern een feitelijk gegeven is, welke een afweging van het geheel van de omstandigheden vraagt, beoordeeld naar de voorliggende zaak. In dit geval oordeelt het Hof dat de aanvankelijke bedoeling van de ouders om terug te keren naar een bepaald land niet doorslaggevend is om te bepalen dat het kind (een zuigeling) in dat land zijn gewone verblijfplaats heeft. Het Hof wijst erop dat de zuigeling, zoals de gezamenlijke wens van de ouders was, in Griekenland is geboren en daar sinds zijn geboorte ook onafgebroken heeft verbleven met zijn moeder. Het Hof komt tot het oordeel dat in het licht van deze omstandigheden de beslissing van de moeder om niet terug te keren naar de lidstaat waar de gewone verblijfplaats van het echtpaar zich aanvankelijk bevond, niet als internationale kinderontvoering beschouwd kan worden. Wat betreft de Nederlandse rechtspraak verdient vermelding de uitspraak van het Hof Den Haag van 3 april 2019 (ECLI:NL:GHDHA:2019:758) waarin het hof zich buigt of het mogelijk is dat een kind in meerdere staten zijn gewone verblijfplaats heeft. De Rechtbank Den Haag had in eerste instantie deze vraag bevestigend beantwoord. Het hof komt tot een andere conclusie en is van oordeel dat een minderjarige niet twee gewone verblijfplaatsen kan hebben. Het hof verwijst naar de rechtspraak van het HvJ EU inzake de toepassing van Brussel II-bis. Voor deze specifieke vraag wijst het hof er verder op dat in de internationale literatuur wel is betoogd dat in het kader van het Haags Kinderontvoeringsverdrag een kind meerdere gewone verblijfplaatsen kan hebben, maar dat de rechtspraak van de verdragsstaten deze benadering afwijst. Het hof sluit zich aan bij deze rechtspraak (en komt daarmee terug van zijn eigen eerdere standpunt). Verder overweegt het hof dat in de voorgelegde zaak de situatie dat de gewone verblijfplaats niet vastgesteld kan worden zich niet voordoet. Zie in dit verband inmiddels de uitspraak van het Europese Hof van Justitie van 25 november 2021, C-289/20. ECLI:EU:C:2021:955, waarin in het kader van artikel 3, lid 1, onder a, Brussel II bis (echtscheidingsbevoegdheid) dat een echtgenoot niet twee gewone verblijfplaatsen kan hebben. In de uitspraak van het Hof Den Haag van 6 juli 2021 (ECLI:NL:GHDHA:2021:1270) komt de vraag aan de orde waar de kinderen voor de gestelde onrechtmatige achterhouding hun gewone verblijfplaats hebben in Egypte (volgens de vader die teruggeleiding verzoekt) of in Nederland (volgens de moeder). Het Hof stelt vast dat Egypte geen verdragspartij is bij het Haags Kinderontvoeringsverdrag, maar dat dit verdrag als punt van oriëntatie wordt gehanteerd bij teruggeleidingsverzoeken in niet-verdragsgevallen. Het hof stelt verder vast dat 'gewone verblijfplaats' een feitelijk begrip is dat ingevuld wordt door de feiten en omstandigheden van het concrete geval. Het hof oordeelt dat de moeder en het oudste kind naar Nederland zijn gekomen om zich definitief in Nederland te vestigen en dat het zwaartepunt van zijn leven zich steeds meer naar Nederland heeft verschoven en is op een gegeven moment in Nederland komen te liggen. Het tweede kind is in Nederland geboren en heeft altijd een maatschappelijk leven met de moeder in Nederland gehad. Het centrum van bestaan van beide kinderen bevindt zich in Nederland. Het hof komt tot de slotsom dat de gewone verblijfplaats van beide kinderen onmiddellijk voor de door de vader gestelde ongeoorloofde achterhouding in Nederland was gelegen, hetgeen betekent dat er geen sprake is van ongeoorloofde achterhouding door de moeder in de zin van artikel 3. Ook in de uitspraak van 29 mei 2020 (ECLI:NL:GHDHA:2020:1021) heeft het Hof Den Haag zich uitgesproken over de vaststelling van de gewone verblijfplaats aan de hand van HvJ EU inzake *Mercredi/Chaffe*. In deze uitspraak wordt in het kader van de terugggeleiding rekening gehouden met mogelijke van overheidswege opgelegde reisrestricties in verband met het corona-virus. Hierna volgt een overzicht van eerdere rechtspraak. In HR 17 juni 2011, *LJN* BQ4833 (*NJ* 2012/311, m.nt. Th.M. de Boer) geeft de Hoge Raad aan dat de gewone verblijfplaats in de zin van art. 3 lid 1 onderdeel a een feitelijk begrip is, waaraan inhoud wordt gegeven door de feiten en de omstandigheden van het concrete geval. Bedoeld is de plaats waarmee het kind onmiddellijk voorafgaande aan zijn overbrenging maatschappelijk de nauwste banden heeft. Daarbij geldt dat zijn fysieke aanwezigheid niet tijdelijk of toevallig mag zijn, maar dat sprake moet zijn van een zekere integratie in een sociale en familiale omgeving. Zie ook HR 28 september 2012, ECLI:NL:HR:2012:BW9225. Het gaat in deze zaak om een Belgisch-Spaans gezin, dat in Nederland woonde. De moeder heeft op de voet van art. 1:253a BW aan de rechter toestemming verzocht om zich met de kinderen in Spanje te vestigen, terwijl de vader zich daartegen heeft verzet. De rechtbank heeft bij beschikking van 25 maart 2010 de gevraagde toestemming verleend, waarna de moeder met de kinderen naar Spanje is verhuisd. Bij beschikking van 23 februari 2011 heeft het hof de toestemming om te verhuizen alsnog geweigerd, omdat bij een verhuizing naar Spanje geen gelijkwaardig overleg tussen de ouders over zorg en opvoeding mogelijk is. De moeder heeft tegen deze beschikking cassatieberoep ingesteld dat door de Hoge Raad is verworpen. De vader heeft op 28 februari 2011 de kinderen vanuit Spanje naar Nederland meegenomen. Daarna heeft de Centrale Autoriteit, verweerder in cassatie, de onderhavige procedure op gang gebracht en, mede namens de moeder, verzocht de onmiddellijke terugkeer van de kinderen naar Spanje te bevelen. In hoger beroep heeft het hof afgifte van de kinderen aan de moeder gelast en hun terugkeer naar Spanje. In geschil was voor het hof, onder meer, of de vader de kinderen op 28 februari 2011 ongeoorloofd als bedoeld in art. 3 Verdrag betreffende de burgerrechtelijke aspecten van internationale ontvoering van kinderen naar Nederland heeft overgebracht. Het cassatiemiddel verwijt het hof te hebben miskend dat de kinderen geen gewone verblijfplaats in Spanje hebben kunnen krijgen door hun overbrenging daarheen eind maart 2010, nu die overbrenging geschiedde zonder toestemming van de mede met het gezag belaste vader, terwijl de vervangende toestemming die de rechtbank op de voet van art. 1:253a BW aan de moeder heeft verleend, op 23 februari 2011 in hoger beroep is vernietigd met afwijzing van het desbetreffende verzoek van de moeder, zodat Spanje niet de gewone verblijfplaats van de kinderen kan zijn geworden of (na 23 februari 2011) kan zijn gebleven. De klacht is ongegrond. Zoals de Hoge Raad in zijn beschikking oordeelde, is het conflictenrechtelijke begrip 'de gewone verblijfplaats van het kind' (art. 3) een feitelijk begrip waaraan inhoud wordt gegeven door de omstandigheden van het concrete geval. Het hof heeft bij zijn oordeel dat de gewone verblijfplaats van de kinderen door de verhuizing naar Spanje eind maart 2010 naar dat land is verplaatst omstandigheden in aanmerking genomen die genoemd oordeel alleszins kunnen dragen. Het oordeel van het hof dat de omstandigheid dat de aan de moeder verleende vervangende toestemming om met de kinderen naar Spanje te verhuizen nadien is vervallen doordat de beschikking van 25 maart 2010 in hoger beroep is vernietigd, onverlet laat dat de moeder rechtmatig met de kinderen naar Spanje is verhuisd, is juist. Die vernietiging bracht, naar het hof kennelijk en terecht heeft geoordeeld, ook niet zonder meer mee dat Spanje daardoor niet langer als 'gewone verblijfplaats' van de kinderen kon gelden. Zie HR 5 april 2013, ECLI:NL:HR:2013:BZ6365. Cassatie betreft de uitspraak Hof Den Haag 29 augustus 2012,

ECLI:NL:GHSGR:2012:BX8436. De zaak wordt afgedaan met een beroep op art. 81 RO. Nadat de Nederlandse rechter wordt verzocht door de Raad voor de kinderbescherming om een ondertoezichtstelling en machtiging uithuisplaatsing zijn de ouders met de kinderen vanuit Nederland naar Duitsland vertrokken. Na de uitspraak van de Nederlandse rechter (ots en machtiging uithuisplaatsing) worden de kinderen door de politie aldaar uit huis gehaald en naar Nederland gebracht waar zij worden geplaatst in pleeggezinnen. De ouders verzoeken teruggeleiding naar Duitsland. Daarbij komt de vraag aan de orde van de gewone verblijfplaats van de kinderen voorafgaand aan de overbrenging naar Nederland. Volgens de Hoge Raad staat vast dat de minderjarigen ten tijde van de maatregelen inzake ondertoezichtstelling en uithuisplaatsing hun gewone verblijfplaats in Nederland hadden. Aldus is geen sprake van ongeoorloofd overbrengen of niet doen terugkeren in de zin van art. 3. In Hof Den Haag 20 januari 2017, ECLI:NL:GHDHA:2017:76, boog het hof zich over de tussen partijen gesloten overeenkomst waarin het verblijf van de kinderen in Frankrijk was opgenomen. In de overeenkomst stond dat de kinderen in Frankrijk zouden wonen, eerst bij de vader en wanneer de moeder eigen woonruimte zou hebben gevonden, afwisselend bij de vader en de moeder. Partijen hebben gezamenlijk gezag over de kinderen. De kinderen hebben ongeveer vijf maanden in Frankrijk bij de vader gewoond, en zijn daar naar school gegaan. In de kerstvakantie zijn de kinderen naar hun moeder in Nederland gekomen. De moeder heeft na deze vakantie de vader laten weten dat zij in Nederland blijven. De vader verzoekt teruggeleiding. Partijen zijn verdeeld over de vraag waar de gewone verblijfplaats van de kinderen was voordat zij in de kerstvakantie naar Nederland kwamen. De moeder stelt dat de overeenkomst ziet op een tijdelijk verblijf in Nederland, dat zij de overeenkomst onder tijdsdruk heeft getekend, niet beseffend welke gevolgen deze overeenkomst zou kunnen hebben. Zij stelt dat de gewone verblijfplaats in Nederland is gebleven. De vader betwist dit: hij wijst op de overeenkomst en hetgeen nadien ter uitvoering daarvan heeft plaatsgevonden, zoals het inschrijven van de kinderen in de gemeente, op school, op clubjes, doktersbezoek enz. Het hof overweegt dat naar Nederlands recht dient te worden beoordeeld wat de rechtsgevolgen zijn van de overeenkomst omdat de kinderen ten tijde van het aangaan van die overeenkomst hun gewone verblijfplaats in Nederland hadden. Daarbij hanteert het hof de Haviltex-maatstaf. Aan de hand van de door partijen aangevoerde omstandigheden wordt vastgesteld welke betekenis aan de overeenkomst toekomt. Het hof overweegt dat de moeder gemotiveerd heeft uitgelegd waarom zij (zonder voorafgaand juridisch advies) de overeenkomst heeft getekend. De slechte gezondheidstoestand van de vader, speelde daarbij een rol. Een tijdelijk verblijf van de kinderen in Frankrijk was in dat licht aannemelijk. Van een later door haar geconsulteerde Franse advocaat had zij te horen gekregen dat de overeenkomst eerst nog door de (Franse) rechter gehomologeerd diende te worden. Het hof overweegt verder dat scholing van de kinderen een voornaamste reden was voor het sluiten van de overeenkomst. Het hof oordeelt dat ervan moet worden uitgegaan dat sprake was van een door de moeder bedoelde regeling van het tijdelijk verblijf in Frankrijk, waarvan de vader redelijkerwijs niet heeft mogen aannemen dat dit anders is. Dit voert het hof tot de conclusie dat de gewone verblijfplaats van de kinderen niet is gewijzigd van Nederland in Frankrijk. **Grondslag gezagsrecht.** De tweede zin van art. 3 geeft de grondslag voor het gezagsrecht aan. Anders dan het Europese verdrag (zie art. 1, aant. 4 en art. 12, aant. 1-2) valt een schending van een gezagsrecht ex lege rechtstreeks onder het bereik van het Haagse verdrag. Dit werd door de verdragsopstellers van groot belang geacht, gezien de veelvuldige situatie waarin het kind ontvoerd wordt vóórdat een beslissing inzake het gezag is gegeven. Voorts kan het gezagsrecht voortvloeien uit een juridische of administratieve beslissing dan wel uit een overeenkomst die geldig is volgens het recht van de gewone verblijfplaats van het kind. De betekenis van een juridische beslissing inzake het gezag kwam aan de orde in de uitspraak van de Rb. Den Haag 23 april 2008 (*LJN* BD0875). Nederlandse moeder en Canadese vader zijn in Canada met elkaar gehuwd. Uit dit huwelijk is het minderjarige kind, dat zowel de Nederlandse als de Canadese nationaliteit heeft, geboren. Bij voorlopige beslissing van 25 februari 2005 is door de Canadese rechter aan de moeder de 'custody' toegekend en aan de vader 'access rights'. Op 18 maart 2005 vertrekt de moeder met het kind eerst naar Griekenland, vervolgens naar Jordanië en Engeland, en uiteindelijk komt zij op 22 februari 2008 met het kind naar Nederland. De Canadese autoriteiten verzoeken teruggeleiding. In het kader van de vaststelling of in casu er sprake is van een ongeoorloofde overbrenging stelt de centrale autoriteit dat het aan de moeder toegekende gezagsrecht is ingeperkt gelet op art. 4 van de Canadese Act respecting the civil aspects of international and interprovincial child abduction. Art. 4 van deze Act bepaalt dat het een ouder verboden is om gedurende een procedure waarin het gezagsrecht wordt vastgesteld of gewijzigd samen met het kind het land te verlaten. Gewezen wordt op de uitspraak van de Cour Supérieure (district Terbonne) waarin is overwogen dat sprake is van een ongeoorloofde overbrenging in de zin van de genoemde Act. De moeder stelt dat het gezagsrecht niet is ingeperkt, dat niemand haar daarop heeft gewezen en dat zij in Griekenland het kind zonder meer heeft kunnen bijschrijven in haar paspoort. De rechtbank oordeelt dat de moeder in strijd heeft gehandeld met de inhoud van het gezagsrecht zoals dat ten tijde van de overbrenging aan haar was toegekend. Dat de moeder onbekend was met het feit dat zij niet met het kind het land mocht verlaten, doet daaraan niet af. Aldus is sprake van een ongeoorloofde overbrenging in de zin van art. 3 verdrag. Het verdrag vereist overigens niet dat een rechterlijke beslissing waarbij het gezagsrecht is toegekend in de aangezochte staat formeel voor erkenning en tenuitvoerlegging vatbaar is (aldus Rb. Breda 23 augustus 1994, onder Hof 's-Hertogenbosch 23 december 1994, *NIPR* 1995/208). Het gezagsrecht wordt vervolgens gedefinieerd in art. 5 (zie art. 5, aant. 2).

4. Daadwerkelijke uitoefening van het gezagsrecht (lid 1 onderdeel b). Als voorwaarde voor het als ongeoorloofd beschouwen van de overbrenging wordt gesteld dat het gezagsrecht op het tijdstip van de overbrenging daadwerkelijk werd uitgeoefend dan wel zou zijn uitgeoefend wanneer de overbrenging niet had plaatsgevonden. Wat betreft de daadwerkelijke uitoefening van het gezagsrecht (zie ook art. 13, aant. 2) is in de Nederlandse jurisprudentie het verweer dat een ouder als kostwinner fulltime buitenshuis werkt en enkel om die reden niet het feitelijk gezag zou uitoefenen, verworpen (Rb. Utrecht 11 oktober 1991 te kennen uit Hof Amsterdam 4 december 1991, *NIPR* 1992/58; Rb. Utrecht (pres.)13 september 1990, *KG* 1990/313; *NIPR* 1991/104). De daadwerkelijke uitoefening van het gezagsrecht kan ook bij een instelling berusten. Een instelling die zeggenschap heeft over de gewone verblijfplaats van het kind kan dus bij de Centrale Autoriteit een verzoek tot teruggeleiding neerleggen. De vraag naar de daadwerkelijke uitoefening van het gezagsrecht, ditmaal door een instelling, kwam aan de orde in HR 20 oktober 2006, ECLI:NL:HR:2006:AY7937. De feiten zijn kort samengevat de volgende. Uit het huwelijk van vader en moeder zijn in Duitsland twee kinderen geboren. De ouders zijn in juni 2003 feitelijk uit elkaar gegaan. De kinderen verblijven sedertdien bij de moeder. In Duitsland wordt op 24 juni 2005 tussen de ouders echtscheiding uitgesproken. Aan beide ouders wordt het ouderlijk gezag ontnomen. Het Kreisjugendamt te Viersen (KJA) is belast met de voogdij. Tussen de vader en de kinderen wordt een omgangsregeling vastgesteld. Het KJA heeft met de moeder een hulpverleningsprogramma besproken. Twee weken later vertrekt de moeder met de kinderen naar Nederland om niet meer terug te keren naar Duitsland. De (Nederlandse) Centrale Autoriteit dient een verzoek tot teruggeleiding in. De moeder stelt dat het KJA niet daadwerkelijk het gezag uitoefende ten tijde van de overbrenging van de kinderen naar Nederland. Er was weliswaar een hulpverleningsplan, maar daarin werden veel beslissingen aan de ouders overgelaten. De rechtbank en het hof zijn een andere mening toegedaan en oordelen dat het KJA wel het gezag over de kinderen uitoefende toen zij naar Nederland werden overgebracht. De Hoge Raad overweegt dat moet worden aangenomen dat van daadwerkelijke uitoefening van het gezagsrecht als bedoeld in art. 3 lid 1 aanhef en onderdeel b, ook sprake kan zijn indien degene aan wie het gezagsrecht is toevertrouwd, het kind niet feitelijk verzorgt en opvoedt. Het gaat erom dat de desbetreffende persoon of instelling zich overeenkomstig de inhoud van het gezagsrecht de belangen van het kind aantrekt (r.o. 3.5). Het kind moet terug naar Duitsland. Aldus wordt de voorwaarde dat het gezagsrecht daadwerkelijk moet worden uitgeoefend hier ruim uitgelegd. Betekent het weggaan zonder de kinderen mee te nemen dat er voor de vertrekkende ouder geen daadwerkelijk gezag meer bestaat? Deze vraag wordt ontkennend beantwoord in de uitspraak Rb. Arnhem 9 februari 2004, *NIPR* 2004/112. In deze procedure stelt de vader dat de moeder de kinderen in de steek heeft gelaten en het feitelijk gezag over hen niet (meer) uitoefent. De rechtbank oordeelt anders. Het enkele feit dat de moeder is vertrokken met achterlating van de kinderen bij de vader is onvoldoende om te concluderen dat zij het gezag over de kinderen niet feitelijk uitoefent. Zij heeft de kinderen achtergelaten omdat de vader het haar verbood hen mee te nemen. De afspraak was dat de kinderen, wanneer zij geschikte woonruimte had, weer bij haar zouden komen wonen. De rechtbank wijst er nog op dat de vader in een procedure een voorlopige voorziening tot toevertrouwing aan hem had kunnen vragen. Verder voert de vader aan dat de kinderen in een ondraaglijke toestand terecht zouden komen als zij naar Engeland zouden moeten terugkeren. Hij noemt hier onder meer alcoholproblemen van de moeder, en haar agressief gedrag. Voorts wijst hij op het ontbreken van huisvesting. De Centrale autoriteit kan echter aantonen dat de moeder inmiddels over woonruimte beschikt. De rechtbank oordeelt dat de vader onvoldoende bewijs aandraagt voor zijn stelling. Daarbij memoreert de rechtbank dat de vader altijd een fulltime baan heeft gehad en de moeder altijd, naar de rechtbank aanneemt met instemming van de man, voor de kinderen heeft gezorgd, waarbij haar gedrag hem kennelijk destijds geen zorgen baarde. Het verzoek tot teruggeleiding wordt toegewezen. Zie voor een vergelijkbare zaak Rb. Breda 6 februari 2007, *LJN* BB3319. Zie ook: Hof Den Haag 27 mei 2010, ECLI:NL:GHSGR:2010:BM5037. Een Poolse moeder heeft haar kind meegenomen naar Nederland. Beide ouders woonden in Polen, maar ze woonden niet samen. Ze hadden gezamenlijk gezag over het minderjarige kind. De vader heeft ingestemd met een tijdelijk verblijf in Nederland, maar na de afgesproken datum is de minderjarige niet meer naar Polen teruggekeerd. De vader heeft via de Poolse Centrale Autoriteit een verzoek tot teruggeleiding ingediend bij de Nederlandse Centrale Autoriteit (CA). De rechtbank is van oordeel dat de achterhouding van het kind is geschied in strijd met het formele gezagsrecht van de vader als bedoeld in art. 3 lid 1 onderdeel a Haags Kinderontvoeringsverdrag 1980. De moeder heeft gesteld dat de vader het gezag niet daadwerkelijk heeft uitgeoefend op het tijdstip van het overbrengen of het niet doen terugkeren. De rechtbank is, op basis van een door de vader overgelegde brief en het verweerschrift van de moeder, tot de conclusie gekomen dat de vader de minderjarige niet fysiek heeft verzorgd voorafgaande aan de achterhouding. De rechtbank oordeelt dat niet is voldaan aan art. 3 lid 1 onderdeel b, zodat er geen sprake is van een ongeoorloofde achterhouding als bedoeld in art. 3. De rechtbank heeft het verzoek van de vader tot teruggeleiding afgewezen. Het hof is van oordeel dat het voldoende is dat de met het gezag belaste persoon ervan blijk heeft gegeven zich de belangen van het kind aan te trekken. Vervolgens verwijst het hof naar toepasselijke artikelen van het Poolse gezagsrecht, waarna het hof van oordeel is dat de vader geen wezenlijke bijdrage heeft geleverd aan de fysieke en emotionele ontwikkeling van de minderjarige, noch anderszins zich de belangen van de minderjarige heeft aangetrokken. De vader heeft volgens verklaringen van de moeder, de minderjarige en familieleden geen actieve rol gespeeld in het leven van de minderjarige. Bovendien heeft de vader niet aan het verzoek voldaan inzichtelijk te maken hoe hij invulling zou hebben gegeven aan zijn gezagsrecht indien het kind naar Polen zou zijn teruggekeerd. Daar de vader niet aannemelijk heeft gemaakt dat hij ten tijde van het niet doen terugkeren van de minderjarige naar Polen, zijn gezagsrecht naar Pools recht daadwerkelijk uitoefende, besluit het hof tot bekrachtiging van de bestreden beschikking.

Artikel 4

Het Verdrag is van toepassing op ieder kind dat onmiddellijk voorafgaande aan de inbreuk op het recht betreffende het gezag of omgangsrecht zijn gewone verblijfplaats had in een Verdragsluitende Staat. Het Verdrag houdt op van toepassing te zijn, zodra het kind de leeftijd van 16 jaar heeft bereikt.

[25-10-1980, Trb. 139, i.w.tr. 01-12-1983]

[Formeel en materieel toepassingsgebied]

Betekenis. Dit artikel betreft de werking van het verdrag *ratione personae*: welke kinderen worden beschermd? Het verdrag is van toepassing op: a. ieder kind dat de leeftijd van zestien jaar niet heeft bereikt; én b. dat onmiddellijk voorafgaande aan zijn overbrenging of vasthouding zijn gewone verblijfplaats had in een verdragsstaat.

a. Leeftijdsgrens. Het verdrag is van toepassing op kinderen die de leeftijd van zestien jaar nog niet hebben bereikt. Zie inzake deze leeftijdsgrens Hof Den Haag 27 juni 2012, ECLI:NL:GHSGR:2012:BW9796. De kinderen van partijen verbleven met hun moeder voor vakantie in Nederland en keerden na afloop hiervan niet terug naar de vader. Hij verzoekt teruggeleiding op basis van het Haags Kinderontvoeringsverdrag 1980. Moeder voert verweer en stelt onder meer dat het oudste kind in 2012 zestien jaar oud wordt en dat het kind op dat moment niet beschikt over een geldig reisdocument. Het hof overweegt dat nu het kind de zestienjarige leeftijd nog niet heeft bereikt en de teruggeleiding ruim voor het bereiken van deze leeftijd wordt gelast, het beroep van de moeder op art. 4 faalt. In deze zin ook: Hof Den Haag 24 juli 2013 (ECLI:NL:GHDHA:2013:3225). De leeftijdsgrens van zestien jaar wordt strikt geïnterpreteerd: na de zestiende verjaardag van het kind kan geen vordering of beslissing meer worden gebaseerd op het verdrag (*Toelichtend rapport*, p. 450). De bepaling verbiedt de lidstaten overigens niet de uitgangspunten van het verdrag onder de eigen (nationale) wetgeving toe te passen op kinderen ouder dan zestien jaar. De nationaliteit van het kind is in dit verband niet relevant. De woonplaats of nationaliteit van de (aspirant) ontvoerder is evenmin van belang. **b. Gewone verblijfplaats.** Ook bij art. 4 komt het begrip 'gewone verblijfplaats' aan de orde. Dit begrip heeft voor het verdrag een feitelijke betekenis. Daarbij geldt dat een ongeoorloofde overbrenging (of vasthouding) de gewone verblijfplaats niet wijzigt, zolang de met het gezagsrecht belaste achtergebleven ouder niet berust in de overbrenging (vasthouding) en actie onderneemt betreffende de terugkeer van het kind (HR 28 september 2007, *NJ* 2008/549, m.nt. Th.M. de Boer). In deze zaak werd een kind door de moeder vanuit Italië naar Nederland gebracht in strijd met de wens van de vader. Door Rechtbank Amsterdam en Hof Amsterdam werd geconcludeerd dat het kind in Nederland mocht blijven. De Hoge Raad verwees de zaak in cassatie naar Hof Den Haag. Het hof gelastte de terugkeer van het kind. De moeder kwam tegen deze uitspraak in cassatie en stelde onder meer dat de gewone verblijfplaats van het kind inmiddels Nederland was geworden. De Hoge Raad overwoog in dit verband dat de gewone verblijfplaats van het kind vóór de overbrenging in Italië was gelegen en dat zulks steeds het geval is gebleven.

Artikel 5

Voor de toepassing van dit Verdrag omvat:

a) het 'gezagsrecht' het recht dat betrekking heeft op de zorg voor de persoon van het kind, en in het bijzonder het recht over zijn verblijfplaats te beslissen;

b) het 'omgangsrecht' het recht het kind voor een beperkte tijdsduur mee te nemen naar een andere plaats dan zijn gewone verblijfplaats.

[25-10-1980, Trb. 139, i.w.tr. 01-12-1983]

[Definities: gezagsrecht en omgangsrecht]

1. Algemeen. De begrippen 'gezagsrecht' en 'omgangsrecht' worden in dit artikel gedefinieerd.

2. Gezagsrecht (onderdeel a). Het gezagsrecht omvat het recht dat betrekking heeft op de zorg voor de persoon van het kind en in het bijzonder het recht over zijn verblijfplaats te beslissen. Het aspect van bescherming van het vermogen van het kind wordt buiten beschouwing gelaten. Het verdrag geeft een zeer algemene omschrijving. Wel wordt de nadruk gelegd op de bevoegdheid mee te beslissen waar het kind zijn woonplaats heeft. Het (mee) beslissen over de gewone verblijfplaats is een essentieel aspect van het gezag. Er zijn rechtsstelsels waarin de 'custody' naar een van de ouders gaat, terwijl de 'guardianship' bij beide ouders blijft. Nagegaan zal dan moeten worden of de guardian die niet ook de custody heeft ook over de gewone verblijfplaats van het kind mee beslist. In Hof Amsterdam 13 maart 2003, *KG* 2003/95, overweegt het hof dat het begrip 'gezagsrecht' in art. 3 en 5 Haags Kinderontvoeringsverdrag 1980 ruim moet worden opgevat. Daaronder vallen ook situaties waarin de andere ouder wellicht geen beslissingsbevoegdheid heeft, maar wel op grond van zijn eigen gezagsrecht de bevoegdheden heeft om beslissingen van de ouder die het gezag uitoefent aan de rechter ter toetsing voor te leggen. De vraag of de moeder alleen het recht heeft de verblijfplaats van de kinderen te bepalen is aan de orde gekomen in Hof Arnhem 8 juli 2009, *LJN* BJ4968. In Roemenië is het huwelijk tussen vader en moeder ontbonden. De zorg en opvoeding is aan de moeder opgedragen. De Roemeense rechter wijst in zijn uitspraak naar de afspraken die de ouders hebben gemaakt. Zo is onder meer afgesproken dat vader geraadpleegd wordt wanneer sprake is van een tijdelijk verblijf (langer dan twee weken) van de kinderen buiten hun vaste woonadres. Moeder en kinderen verhuizen naar Nederland. De Roemeense rechter oordeelt dat sprake is van kinderontvoering. In de Nederlandse procedure tot teruggeleiding stelt de moeder dat zij alleen is belast met het ouderlijk gezag en dat de vader, naar Roemeens recht, niet gerechtigd is de gewone verblijfplaats van de kinderen (mede) te bepalen. De vader wijst op de gemaakte afspraak tussen de ouders. Het hof leest in deze afspraak niet dat de vader moet instemmen met wijziging van de verblijfplaats als zodanig. Aldus is, volgens het hof, van ongeoorloofde overbrenging geen sprake. Zie over het handelen in strijd met het eenhoofdig gezag van de moeder de uitspraak van Hof Den Haag 9 maart 2011, *LJN* BP7558. Vader bracht het kind tegen de wil van de moeder naar Nederland. Nu er sprake is van ongeoorloofde overbrenging moet het kind terug naar Frankrijk. Peilmoment om het gezag te beoordelen is het moment waarop het kind uit der staat waar het zijn gewone verblijfplaats heeft, vertrekt. **Gedeeld gezagsrecht.** Zowel het gezag dat door één persoon wordt bekleed als het gedeelde gezag wordt onder het verdragsregime gebracht. Het verdrag (*Toelichtend rapport*, p. 447-448) beschouwt de overbrenging van een kind door één van de ouders, die samen met de andere ouder het gezagsrecht deelt, ongeoorloofd wanneer de andere ouder geen toestemming voor de overbrenging heeft gegeven. Voor de betekenis van het verdrag is dit laatste een belangrijk uitgangspunt. Het komt in de praktijk vaak voor dat een ouder in het zicht van een echtscheiding met het kind vertrekt, omdat wordt gevreesd dat het kind aan de andere ouder wordt toegewezen. Wanneer die andere ouder om teruggeleiding verzoekt, zal de rechter moeten beoordelen of de overbrenging in strijd is met het gezagsrecht van de verzoekende ouder (art. 3). Wanneer er sprake is van gedeeld gezag en de ene ouder neemt het kind mee naar Nederland zonder toestemming van de andere ouder, dan wordt dit als ongeoorloofde overbrenging gezien. Ditzelfde geldt voor de vasthouding. Dit is een vast uitgangspunt bij de toepassing van deze verdragsregel. Zie bijvoorbeeld Hof Den Haag 25 februari 2010, ECLI:NL:GHSGR:2010:BL5752, waarin de moeder vanuit Canada met het kind naar Nederland kwam in verband met een medische behandeling en niet meer terug wilde keren naar Canada. De vader diende een verzoek tot teruggeleiding in. Het hof bekrachtigt de uitspraak van de rechtbank dat nu de vader naar Canadees recht met het gezag is belast, zijn gezagsrecht daadwerkelijk uitoefende en de moeder zonder zijn toestemming en in strijd met zijn gezag het kind in Nederland hield, sprake is van een ongeoorloofde vasthouding in de zin van art. 3. Zie voor de kwestie van het gedeeld gezag Rb. Den Haag 17 december 2007, *NIPR* 2008/23. De moeder heeft de Ghanese nationaliteit, de vader de Nederlandse en het kind heeft zowel de Ghanese als de Nederlandse nationaliteit. Uit de affectieve relatie van de vader en de moeder is het kind geboren. Na het verbreken van de relatie is de moeder met het kind in Ghana gebleven en is de vader teruggegaan naar Nederland. Hij heeft het kind regelmatig in Ghana bezocht en heeft bijgedragen in de kosten van verzorging en opvoeding van het kind. Op 11 mei 2006 heeft de vader zonder instemming van de moeder het kind meegenomen naar Nederland. Partijen hebben met behulp van de Centrale Autoriteit gepoogd een minnelijke schikking te treffen, hetgeen op een aantal punten is gelukt. Voor een aantal andere punten blijkt toch een rechterlijke procedure nodig. Hierin rijst onder meer de vraag naar het ouderlijk gezag. Naar Ghanees recht, het kind verbleef onmiddellijk voorafgaand aan de overbrenging in Ghana, berust het ouderlijk gezag bij beide ouders, ongeacht of deze met elkaar gehuwd zijn (geweest). Nu de vader het kind heeft meegenomen zonder instemming van de moeder, is dit gebeurd in strijd met het gezagsrecht van de moeder en is sprake van een ongeoorloofde overbrenging in de zin van het verdrag. Zie voor een uitspraak waarin de ene ouder (de moeder) eenhoofdig gezag heeft en met het kind in Frankrijk woont en de andere ouder (de vader), tegen de wil van de moeder, het kind naar Nederland meeneemt: Hof Den Haag 9 maart 2011, *LJN* BP7558. Het hof oordeelt dat het kind terug moet naar Frankrijk. Bij de beoordeling van het gezamenlijk gezag kan een onderzoek naar buitenlands gezagsrecht aan de orde komen. In Rb. Den Haag 10 april 2017, ECLI:NL:RBDHA:2017:4894, ging het om het gezagsrecht naar Marokkaans recht. De vader stelt dat de moeder in strijd met zijn gezagsrecht heeft gehandeld door met de kinderen naar Nederland te vertrekken. De vader stelt dat hij als de wettelijke vertegenwoordiger van zijn minderjarige kinderen het gezag (wilaya) over persoon en vermogen heeft. De moeder erkent dat de vader de wilaya heeft, maar dat uit de aan haar toekomende hadana voortvloeit dat zij degene is die eenzijdig beslist over de verblijfplaats van de kinderen. De rechtbank wijst op de tweedeling van het gezag volgens het Marokkaanse recht, de wilaya en de hadana. De rechtbank omschrijft deze begrippen en overweegt dat uit de omstandigheid dat de hadana met zich brengt dat de kinderen hun hoofdverblijfplaats bij de moeder hebben, niet kan worden geconcludeerd dat de moeder bij uitsluiting van de vader beslissingsbevoegd is met betrekking tot de verblijfplaats van de kinderen. De rechtbank concludeert dat de moeder niet eenzijdig de verblijfplaats van de kinderen mag wijzigen. Zij heeft hiervoor de toestemming van de vader nodig. De toestemming is niet af te leiden uit de overeenkomst van de ouders waarin staat dat de man geen bezwaar heeft 'indien de kinderen met hun moeder binnen Marokko of naar het buitenland reizen'. Zonder deze toestemming is sprake van ongeoorloofde vasthouding van de kinderen in Nederland. Zie ook over Marokkaans recht: Rb. Den Haag 11 februari 2014, ECLI:NL:RBDHA:2014:3537. Een uiteenzetting over Canadees gezagsrecht is te vinden in Rb. Den Haag 28 juni 2013, ECLI:NL:RBDHA:2013:7637. Portugees recht komt aan de orde in de uitspraak van het Hof Den Haag van 10 januari 2018, ECLI:NL:GHDHA:2018:25. **Vakantieperikelen.** Het komt nogal eens voor dat een kind met toestemming van de ene ouder samen met de andere ouder naar Nederland komt voor familiebezoek en/of vakantie. Na ommekomst van de afgesproken periode, weigert de andere ouder terug te gaan en blijft, met het kind, in Nederland. De andere ouder stelt daarbij vaak dat toestemming is verkregen van de ene ouder voor vertrek naar Nederland. Toestemming voor een vakantie mag echter niet zonder meer beschouwd worden als toestemming voor een voortgezet verblijf. Zie over een dergelijke zaak HR 14 april 2000, *NJ* 2001/450, m.nt. ThMdB onder HR 14 april 2000, *NJ* 2001/452. Geoordeeld wordt dat het niet doen terugkeren van de kinderen in strijd is met het gezagsrecht van de vader. De Rb. Den Haag oordeelt in een dergelijke zaak op 11 februari 2010 (*LJN* BL4334). De gescheiden Britse ouders oefenen gezamenlijk het gezag uit over hun minderjarig kind. De moeder heeft schriftelijk toestemming gegeven voor het verblijf in de zomer van 2009 van het kind bij de vader in Nederland. Zij geeft eveneens toestemming voor een korte verlenging van dit verblijf in Nederland in verband met een medische behandeling van het kind. Daarna trekt zij de toestemming in en verzoekt de terugkeer van het kind naar Engeland. Inmiddels heeft de vader het kind ingeschreven in de gemeentelijke basisadministratie van de gemeente. De vader weigert het kind terug te laten gaan en stelt dat de gewone verblijfplaats van het kind thans in Nederland is gelegen. De rechtbank volgt de vader niet in zijn betoog. Het verblijf van het kind in Nederland is van tijdelijke aard geweest en de moeder heeft haar instemming met een voortgezet verblijf uitdrukkelijk ingetrokken. Aldus is sprake van een ongeoorloofde achterhouding door de vader van het kind in Nederland. Hof Den Haag 31 maart 2014, ECLI:NL:GHDHA:2014:1149, concludeert dat geen sprake is van een ongeoorloofde achterhouding in Nederland, nu niet is gebleken dat de ouders hadden afgesproken dat het kind (alleen) voor familiebezoek naar Nederland zou gaan en daarna zou terugkeren naar Mexico. Peilmoment is hier het moment waarop de toestemming van de ouder die mede met het gezag is bekleed is komen te ontbreken. Dus niet het moment waarop het kind de staat waar het zijn gewone verblijfplaats heeft verlaat (om met toestemming met vakantie te gaan). **Ondertoezichtstelling.** In HR 14 april 2000, *NJ* 2001/452, m.nt. ThMdB heeft de Hoge Raad zich gebogen over de vraag of een gezinsvoogdij-instelling gezagsrecht toekomt in de zin van het verdrag. In deze zaak vertrok de met het gezag belaste moeder met het kind naar Denemarken, terwijl het kind onder toezicht was gesteld van de voogdij-instelling. Deze had de moeder geen 'aanwijzing' gegeven omtrent de gewone verblijfplaats van het bij haar wonende kind. De Hoge Raad oordeelt dat de gezinsvoogdij-instelling geen gezagsrecht heeft in de zin van art. 5 onderdeel a en dat aangezien de gezinsvoogdij-instelling de moeder geen 'aanwijzing' had gegeven, haar gezagsrecht niet beperkt was en het haar dus vrij stond het kind naar Denemarken mee te nemen.

3. Omgangsrecht (onderdeel b). Het omgangsrecht bevat het recht het kind voor een beperkte tijdsduur mee te nemen naar een andere plaats dan zijn gewone verblijfplaats. Deze 'andere plaats' – waarvan verder geen omschrijving wordt gegeven – kan zich zowel binnen als buiten het land waar het kind zijn gewone verblijfplaats heeft, bevinden. Zie over het omgangsrecht ten behoeve van een in Italië wonende vader met een in Nederland bij zijn moeder, die belast is met eenhoofdig gezag, woonachtig kind de uitspraak Hof Den Haag 1 december 2010, *LJN* BP2897.

HOOFDSTUK II
Centrale autoriteiten

Artikel 6

1. Iedere Verdragsluitende Staat wijst een centrale autoriteit aan die de verplichtingen dient na te komen, die hem door het Verdrag zijn opgelegd.
2. Een federale Staat, een Staat waarin verschillende rechtsstelsels van kracht zijn, of een Staat die zelfstandige territoriale organisaties heeft, is vrij meer dan één centrale autoriteit aan te wijzen en de territoriale omvang van de bevoegdheden van elk van deze autoriteiten te omschrijven. De Staat die van deze mogelijkheid gebruik maakt, wijst de centrale autoriteit aan, waaraan de verzoeken kunnen worden gericht ten einde te worden doorgegeven aan de bevoegde centrale autoriteit binnen deze Staat.
[25-10-1980, Trb. 139, i.w.tr. 01-12-1983]

[Centrale Autoriteiten]

Betekenis. De aard van het verdrag brengt met zich dat de verdragsopstellers hebben gekozen voor een systeem van Centrale Autoriteiten die de vereiste samenwerking tussen de verdragsstaten kunnen realiseren. Derhalve schrijft het verdrag voor dat iedere verdragsstaat een Centrale Autoriteit aanwijst die de verplichtingen dient na te komen die hem door het verdrag zijn opgelegd. Een federale staat, een staat waar verschillende rechtsstelsels van kracht zijn of een staat die autonome territoriale organisaties kent, is het toegestaan meerdere Centrale Autoriteiten aan te wijzen. Gelijktijdig zal echter één Centrale Autoriteit moeten worden aangewezen waaraan de verzoeken tot teruggeleiding worden gericht teneinde te worden doorgegeven aan de bevoegde Centrale Autoriteiten binnen de desbetreffende staat. Thans is (voor Nederland) als Centrale Autoriteit belast met de uitvoering van de verdragsregeling de Afdeling Juridische en Internationale Zaken, Directie Justitieel Jeugdbeleid, van het Ministerie van Justitie. De afdeling heet meer specifiek: Centrale Autoriteit Internationale Kinderaangelegenheden. **BES-eilanden.** Op 10 oktober 2010 is het land de Nederlandse Antillen opgeheven. Curaçao en Sint Maarten zijn, evenals Aruba, zelfstandige landen binnen het Koninkrijk der Nederlanden. Zij zijn geen partij bij het verdrag. Dit interregionale thema kwam aan de orde in Rb. Den Haag 21 september 2012, ECLI:NL:RBSGR:2012:BX8692. De vader, woonachtig in Nederland, vordert in kort geding teruggeleiding van het kind naar hem. De moeder, woonachtig op Curaçao, heeft volgens hem het kind na afloop van de vakantie onrechtmatig achtergehouden op Curaçao. De vader wijst er op dat in de uitspraak van het Gemeenschappelijk Hof van Justitie van de Nederlandse Antillen en Aruba is bepaald dat het kind zijn hoofdverblijf bij de vader heeft. Het kind is in de GBA ingeschreven alsmede op een (internationale) school. De vader baseert zijn verzoek op het Haags Kinderbeschermingsverdrag en op de verordening Brussel II-bis. De voorzieningenrechter verklaart zich onbevoegd. Het Haags Kinderontvoeringsverdrag 1980 is niet van toepassing omdat Curaçao geen verdragsstaat is. Ook naar analogie is de Nederlandse rechter niet bevoegd op grond van dit verdrag. Overwogen wordt dat de vader zijn verzoek kan indienen bij de rechter op Curaçao. Bonaire, Sint Eustatius en Saba zijn bijzondere gemeenten van (het land) Nederland. Een ontvoering vanuit Nederland naar een BES-eiland wordt aangemerkt als een interne kwestie vallend binnen de rechtssfeer van het koninkrijk. Bij besluit van 10 november 2010 (*Stcrt.* 2010, 18336) is door de Staatssecretaris van Veiligheid & Justitie de Voogdijraad van de openbare lichamen Bonaire, Sint Eustatius en Saba (Voogdijraad BES) belast met de taak van Centrale Autoriteit in de zin van art. 6 (eveneens in de zin van art. 2 Europees Verdrag van 20 mei 1980). De Voogdijraad BES is eveneens belast met zaken van internationale kinderontvoering die niet door een verdrag worden beheerst. Zie ook de regeling van 29 september 2010 (*Stcrt.* 2010, 15546) welke een nieuwe titel 15a invoegt in Boek 1 BW BES, waarin uitvoering wordt gegeven aan de verdragsregeling. Het gerecht in eerste aanleg is bevoegd tot kennisneming van alle zaken betreffende de gedwongen afgifte van een kind en de teruggeleiding van het kind over de Nederlandse grens.

Artikel 7

1. De centrale autoriteiten moeten onderling samenwerken en samenwerking tussen de bevoegde autoriteiten van hun onderscheiden Staten bevorderen, ten einde de onmiddellijke terugkeer van kinderen te verzekeren en de overige doelstellingen van dit Verdrag te verwezenlijken.

2. In het bijzonder nemen zij, hetzij rechtstreeks, hetzij via tussenkomst van een andere instantie, alle passende maatregelen, ten einde:

a) vast te stellen waar een ongeoorloofd overgebracht of vastgehouden kind zich bevindt;

b) te voorkomen dat het kind aan nieuwe gevaren wordt blootgesteld of de belangen van de betrokken partijen worden geschaad, door middel van het nemen of doen nemen van voorlopige maatregelen;
c) te verzekeren dat het kind vrijwillig wordt teruggegeven of een schikking in der minne wordt bereikt;
d) indien dit wenselijk blijkt gegevens uit te wisselen met betrekking tot de maatschappelijke omstandigheden van het kind;
e) algemene inlichtingen te verstrekken met betrekking tot het recht van hun Staat inzake de toepassing van dit Verdrag;
f) een gerechtelijke of administratieve procedure in te stellen waardoor de terugkeer van het kind wordt bewerkstelligd of het instellen van een dergelijke procedure te bevorderen, alsmede, zo nodig, de regeling of de feitelijke uitoefening van het omgangsrecht mogelijk te maken;
g) zo nodig rechtsbijstand en juridisch advies te verlenen of de verlening ervan te bevorderen, met inbegrip van de bijstand van een raadsman;
h) te verzekeren dat, indien nodig en dienstig, zodanige administratieve maatregelen worden getroffen, dat het kind zonder gevaar kan terugkeren;
i) elkaar op de hoogte te houden omtrent de werking van dit Verdrag en zoveel mogelijk eventuele belemmeringen bij de toepassing ervan weg te nemen.

[25-10-1980, Trb. 139, i.w.tr. 01-12-1983]

[Samenwerking; maatregelen]

1. Samenwerking (lid 1). De bepaling bevat de algemene verplichting van de Centrale Autoriteiten tot onderlinge samenwerking teneinde een onmiddellijke terugkeer te bewerkstelligen. De tweede zin van de bepaling somt de maatregelen op die in het bijzonder daartoe genomen kunnen worden. Het is geen limitatieve opsomming. De Centrale Autoriteiten krijgen uitgebreide verantwoordelijkheden en bevoegdheden.

2. Bijzondere maatregelen (lid 2). De in onderdeel a-i genoemde maatregelen geven de verschillende momenten aan waarop interventie door de centrale autoriteit in geval van een ontvoering voorgeschreven is. Nadat vastgesteld is waar een ongeoorloofd overgebracht of vastgehouden kind zich bevindt (a), kan de Centrale Autoriteit voorlopige maatregelen (doen) nemen teneinde te voorkomen dat het kind aan nieuwe gevaren wordt blootgesteld (b). Vervolgens (c) wordt getracht langs buitengerechtelijke weg de terugkeer van het kind te verwezenlijken. Indien nodig (d) kan informatie worden uitgewisseld inzake de maatschappelijke omstandigheden van het kind. De Centrale Autoriteiten dienen voorts elkaar te informeren over de toepassing van het verdrag in hun land (e). Ingeval een oplossing buiten rechte niet mogelijk is, zal de Centrale Autoriteit ertoe overgaan een procedure strekkende tot terugkeer van het kind in te stellen. Zo nodig wordt ook getracht de feitelijke uitoefening van het omgangsrecht mogelijk te maken (f). Wanneer de Centrale Autoriteit zelf geen toegang tot de bevoegde juridische of administratieve autoriteiten heeft, zal zij de bijstand van een raadsman inroepen (g). Wanneer vereist voor een veilige terugkeer van het kind, zal de Centrale Autoriteit daartoe strekkende administratieve maatregelen (doen) treffen (h). Deze zogenoemde 'safe return'-bepaling is een belangrijke maatregel van het verdrag. Zo besliste Hof Den Haag 31 maart 1995, *NIPR* 1995/333, na vastgesteld te hebben dat de kinderen in de zin van het verdrag ongeoorloofd naar Nederland waren gebracht en naar Australië dienden terug te keren, dat de Nederlandse en de Australische Centrale Autoriteiten in gezamenlijk overleg ervoor dienden te zorgen dat bij terugkeer van de kinderen naar Australië adequate huisvesting, opvang en begeleiding was gerealiseerd. Tot slot wordt onder (i) de Centrale Autoriteiten een meer algemene verplichting opgelegd: de verplichting elkaar op de hoogte te houden van de werking van het verdrag en eventuele daarbij gesignaleerde belemmeringen uit de weg te helpen. Het onder c gestelde (vrijwillige terugkeer, minnelijke schikking) was onderwerp in Rb. Utrecht 13 april 2005, *NIPR* 2005/131. Ingevolge deze bepaling nemen Centrale Autoriteiten, hetzij rechtstreeks hetzij door tussenkomst van een andere instantie alle passende maatregelen, om te verzekeren dat het kind vrijwillig wordt teruggeven dan wel dat een minnelijke schikking wordt bereikt. In dit arrest oordeelt de rechtbank dat de (Nederlandse) Centrale Autoriteit is tekortgeschoten. Vaststaat dat er sprake is van een ongeoorloofde overbrenging door de moeder die de kinderen vanuit Spanje naar Nederland meeneemt. In de teruggeleidingsprocedure aanhangig gemaakt door de Centrale Autoriteit, mede namens de vader, stelt de moeder dat alvorens de procedure te starten de Centrale Autoriteit eerst een minnelijke schikking tussen partijen had dienen te beproeven. De Centrale Autoriteit voert aan dat het voorstel van de moeder om een minnelijke schikking tot stand te brengen (waarin onder meer werd bepaald dat de kinderen in Nederland konden blijven) aan de vader is doorgeleid, maar dat deze daarop niet positief heeft gereageerd, waarmee de Centrale Autoriteit dit traject als afgesloten beschouwde. De rechtbank oordeelt dat de Centrale Autoriteit onvoldoende invulling heeft gegeven aan de verplichting ex art. 7 lid 2 onderdeel c. Volgens de rechtbank waren partijen een minnelijke schikking dicht genaderd — er waren onderhandelingen gevoerd, de moeder had een schikkingsvoorstel geformuleerd en er was alleen nog verschil van mening over de omvang en de frequentie van de omgang voor de vader en de kinderen in Spanje. In deze fase had de Centrale Autoriteit meer moeten doen. De rechtbank geeft aan, onder verwijzing naar het VN Verdrag inzake de rechten van het kind, dat de belangen van het kind centraal dienen te staan. De Centrale Autoriteit heeft zich echter te veel gericht op het behartigen van de belangen van de verzoeker (de vader) in het kader van het doel van het Haags Kinderontvoeringsverdrag 1980: de teruggeleiding van het kind. De inspanningsverplichting van de Centrale Autoriteit om een vrijwillige terugkeer tot stand te brengen wil niet zeggen dat zulks neerkomt op een verplichting een schikking tussen partijen af te dwingen. Het feit dat een bemiddeling niet mogelijk is gebleken, leidt niet tot niet-ontvankelijkheid van het teruggeleidingsverzoek: Rb. Middelburg 13 mei 2008, *LJN* BD1404. In Hof 's-Hertogenbosch 27 mei 2010, ECLI:NL:GHSHE:2010:BM5997, oordeelt het hof dat de inspanningsverplichtingen van de Centrale Autoriteit niet zo ver reikt dat zij een mediation in Slowakije, waar de achtergebleven ouder in detentie zit, faciliteert. De vader kan niet naar Nederland komen en de Centrale Autoriteit voorziet niet in mediation in het buitenland.

HOOFDSTUK III
Terugkeer van het kind

Artikel 8

1. Personen, instellingen of lichamen die stellen dat een kind in strijd met het recht betreffende het gezag is overgebracht of wordt vastgehouden, kunnen zich richten tot de centrale autoriteit van hetzij de gewone verblijfplaats van het kind, hetzij de

centrale autoriteit van iedere andere Verdragsluitende Staat, met het verzoek om behulpzaam te zijn bij het verzekeren van de terugkeer van het kind.
2. Het verzoek moet bevatten:
a) gegevens met betrekking tot de identiteit van de verzoeker, van het kind en van de persoon van wie wordt gesteld dat deze het kind heeft meegenomen of vastgehouden;
b) zo mogelijk de geboortedatum van het kind;
c) de gronden waarop de verzoeker zijn eis met betrekking tot de terugkeer van het kind doet steunen;
d) alle beschikbare gegevens met betrekking tot de plaats waar het kind verblijft en de identiteit van de persoon bij wie het kind zich vermoedelijk bevindt. Het verzoek kan vergezeld gaan van of worden aangevuld met:
e) een gewaarmerkt afschrift van iedere ter zake dienende beslissing of overeenkomst;
f) een schriftelijk bewijsstuk of beëdigde verklaring, afgegeven door de centrale autoriteit of door een andere bevoegde autoriteit van de Staat waar het kind zijn gewone verblijfplaats heeft, dan wel door een hiertoe gekwalificeerde persoon, betreffende het ter zake toepasselijke recht van de Staat;
g) ieder ander ter zake dienend stuk.
[25-10-1980, Trb. 139, i.w.tr. 01-12-1983]

[Verzoek om terugkeer]

Betekenis. Ingevolge dit artikel kunnen personen (instellingen, lichamen) die stellen dat een kind in strijd met het recht betreffende het gezag is overgebracht of wordt vastgehouden, een verzoek indienen tot terugkeer van het kind. De mogelijkheid voor het Bureau Jeugdzorg om een verzoek tot teruggeleiding te kunnen indienen is aan de orde gekomen in HR 4 december 2009, *NJ* 2009/600. In art. 8 wordt in onderdeel a-g aangegeven welke gegevens het verzoek moet bevatten respectievelijk welke stukken bij het verzoek kunnen worden gevoegd. Toen het verdrag in 1980 werd aangenomen, beval de vergadering voor dit verzoek een modelformulier aan (*Actes et documents de la Quatorzième session, Tome III, Enlèvement d'enfants*, p. 423-424). Het verzoek kan worden gericht tot de Centrale Autoriteit van hetzij de gewone verblijfplaats van het kind hetzij de Centrale Autoriteit van iedere andere verdragsluitende staat. Het komt wel voor dat de verzoeker zich rechtstreeks richt tot de Centrale Autoriteit van het land waar hij meent dat het kind zich bevindt. Het verdrag verbiedt dit niet, maar het is desalniettemin aan te raden de Centrale Autoriteit van de gewone verblijfplaats van het kind hiervan in kennis te stellen met het oog op een mogelijke participatie van deze autoriteit in een latere procedure tot terugkeer van het kind. In Rb. Den Haag 16 april 2013, ECLI:NL:RBDHA:2013:7882, overweegt de rechtbank dat uit art. 8 blijkt dat een verzoek tot teruggeleiding kan worden gedaan aan de Centrale Autoriteit, maar dat dit geen formeel vereiste is. De moeder verzoekt teruggeleiding naar Bosnië en de vader werpt een niet-ontvankelijkheidsverweer op. Hij stelt dat het verzoek tot teruggeleiding had moeten worden ingediend bij de Centrale Autoriteit. Onder sub c is bepaald dat verzoeker de gronden van zijn verzoek tot teruggeleiding dient te vermelden. Zo zal de schending van zijn gezag moeten worden aangegeven en verduidelijkt.

Artikel 9

Wanneer de centrale autoriteit waaraan ingevolge artikel 8 een verzoek wordt gericht, redenen heeft om aan te nemen dat het kind zich in een andere Verdragsluitende Staat bevindt, zendt zij het verzoek rechtstreeks en onverwijld aan de centrale autoriteit van die Verdragsluitende Staat en stelt zij de centrale autoriteit van wie het verzoek uitgaat of zo nodig de verzoeker hiervan in kennis.

[25-10-1980, Trb. 139, i.w.tr. 01-12-1983]

[Procedure; doorzending verzoek]

Betekenis. Deze bepaling vloeit voort uit het feit dat de verzoeker zich in beginsel tot de Centrale Autoriteit van een willekeurig verdragsland kan wenden. In lijn met de door het verdrag voorgeschreven samenwerking tussen de autoriteiten dient in geval het kind zich niet bevindt op het grondgebied van de staat van de Centrale Autoriteit die het verzoek ontvangt, deze het verzoek zo spoedig mogelijk door te sturen naar de Centrale Autoriteit van het land waar het kind zich fysiek wel bevindt. Hier wordt het verzoek in behandeling genomen. De Centrale Autoriteit die het verzoek doorstuurt dient dit te laten weten aan de verzoeker, opdat deze weet waar zijn verzoek in behandeling is en waar het kind zich bevindt.

Artikel 10

De centrale autoriteit van de Staat waar het kind zich bevindt, neemt alle passende maatregelen, of doet deze nemen, ten einde de vrijwillige terugkeer van het kind te verzekeren.

[25-10-1980, Trb. 139, i.w.tr. 01-12-1983]

[Vrijwillige terugkeer]

Betekenis. De vrijwillige terugkeer van het kind is een belangrijk oogmerk van het verdrag (zie ook art. 7 onderdeel c). De Centrale Autoriteit van het land waar het kind zich bevindt dient zich in te zetten de vrijwillige terugkeer te bewerkstelligen. In de praktijk blijkt dat vrijwillige terugkeer meestal pas aan de orde is wanneer de juridische (of administratieve) procedure een aanvang heeft genomen. Het instellen van de procedure vormt geen belemmering voor de Centrale Autoriteit om verder te gaan met pogingen de vrijwillige terugkeer van het kind te bewerkstelligen. Art. 10 Uitvoeringswet kinderontvoeringsverdragen bevat een maatregel voor de vrijwillige terugkeer, te weten de kennisgeving van het verzoek tot teruggeleiding die de Centrale Autoriteit richt tot de persoon bij wie het ontvoerde kind verblijft. Wanneer de Nederlandse Centrale Autoriteit een verzoek tot teruggeleiding ontvangt, stuurt zij eerst een brief aan de ontvoerende ouder die het kind naar Nederland heeft overgebracht waarin – kort gezegd – wordt verzocht mee te werken aan een vrijwillige terugkeer van het kind, dan wel om mee te werken aan een andere oplossing omtrent de situatie van het kind. Bij weigering van de ontvoerende ouder wordt een procedure in werking gesteld. Zie hierover ook het commentaar op art. 7. Mediation wordt als een belangrijk instrument gezien om een vrijwillige terugkeer mogelijk te maken. Het Ministerie van Veiligheid en Justitie heeft in 2009 een pilot met als naam 'pressure cooker' opgezet om crossborder-mediation in kwesties van internationale kinderontvoering te bestuderen. In 2010 is dit onderzoek geëvalueerd door het Verwey-

Jonker Instituut. Na een positieve evaluatie van de pilot is met de ontwikkelde werkwijze verder gegaan. Beoogd wordt een verkorte procedure mogelijk te maken. Daarbij zijn drie fases te onderscheiden: de eerste fase bij de Centrale Autoriteit, de tweede fase bij Rb. Den Haag en de derde fase bij Hof Den Haag. Een belangrijke plaats is ingeruimd voor de crossborder-mediation. Met crossborder-mediation wordt getracht conflicten tussen de ouders met vooral als inzet de gewone verblijfplaats van het kind op te lossen en een internationale omgangsregeling op te zetten. Zie voor een gelaagde crossborder-mediation bijvoorbeeld Rb. Den Haag 16 maart 2015 (ECLI:NL:RBDHA:2015:2876). In de beschikking van de rechtbank werd de door de ouders overeengekomen regeling (vaststellingsovereenkomst) inzake verblijfplaats, contact en zorg opgenomen. Zie ook Rb. Den Haag 25 juli 2014 (ECLI:NL:RBDHA:2014:9327). In het kader van een crossborder-mediation kan ook een kindgesprek worden gehouden door een derde onafhankelijke crossborder-mediator. Het Mediation Bureau van het Centrum Internationale Kinderontvoering geeft informatie en faciliteert de crossborder-mediation in internationale kinderontvoeringszaken (www.kinderontvoering.org). Zie verder het jaaroverzicht 2018 en van 2020 van het Centrum Internationale Kinderontvoering (www.kinderontvoering.org). Veel informatie is te vinden op de site https://www.rijksoverheid.nl/documenten/publicaties/2019/07/10/overzicht-rolverdeling-bij-een-dreigende-internationale-kinderontvoering.

Artikel 11

1. De rechterlijke of administratieve autoriteiten van iedere Verdragsluitende Staat treffen onverwijld maatregelen ter bevordering van de terugkeer van het kind.
2. Wanneer de desbetreffende rechterlijke of administratieve autoriteit niet binnen zes weken nadat het verzoek tot haar wordt gericht tot een uitspraak is gekomen, kan de verzoeker of de centrale autoriteit van de aangezochte Staat zelfstandig of op verzoek van de centrale autoriteit van de verzoekende Staat een verklaring vragen met betrekking tot de redenen van deze vertraging. Indien het antwoord wordt ontvangen door de centrale autoriteit van de aangezochte Staat, dient deze autoriteit dit antwoord door te geven aan de centrale autoriteit van de verzoekende Staat of aan de verzoeker, al naar gelang van het geval.
[25-10-1980, Trb. 139, i.w.tr. 01-12-1983]

[Bevordering terugkeer; snelle uitspraak]

Betekenis. In de verdragsregeling is een belangrijke plaats ingeruimd voor het element tijd. Beoogd wordt immers een zo snel mogelijk herstel van de situatie die vóór de overbrenging of vasthouding bestond. Op grond van de bepaling dienen de rechterlijke of administratieve autoriteiten in dit kader onverwijld maatregelen te treffen ter bevordering van de terugkeer van het kind. Hierbij gaat het om: i. de meest snelle procedure die de aangezochte autoriteit in zijn rechtsstelsel kent; en ii. het verlenen van een hoge prioriteit aan de behandeling van het verzoek tot terugkeer. Wanneer niet binnen zes weken na aanvang van de procedure een beslissing is gegeven kan de Centrale Autoriteit van de aangezochte staat (of de verzoeker) een verklaring voor de vertraging vragen. In dit verband kan worden gewezen op art. 11 lid 3 Brussel II-bis, welke bepaling voorschrijft, dat de aangezochte rechter binnen een termijn van zes weken een beslissing dient te geven, tenzij dit als gevolg van uitzonderlijke omstandigheden onmogelijk is. De nieuwe uitvoeringswet beoogt het tijdverloop van de behandeling van een internationale kinderontvoering te bekorten. Zie hierover ook het advies van de Staatscommissie voor het Internationaal privaatrecht: Knelpunten bij de uitvoering van het Haags Kinderontvoeringsverdrag 1980 in Nederland. Hierin wordt opgemerkt dat de gemiddelde behandeling van een teruggeleidingsverzoek in drie instanties een jaar duurt. Echter, tussen het moment van de ontvoering en de datum van de teruggeleiding kan nog meer tijd zitten, bijvoorbeeld wanneer de ontvoerder zich verzet tegen de executie van het teruggeleidingsbevel (executiegeschil). Zie HR 28 september 2007, *NJ* 2008/548, waarin een jong kind na 21 maanden verblijf in Nederland uiteindelijk terug moet naar Hawaï. Zie in dit kader ook EHRM 6 juli 2010, *NJ* 2010/644, m.nt. S. Wortmann (*Neulinger & Shuruk/Zwitserland*), waarin tussen het moment van ontvoering van het kind uit Israël naar Zwitserland en het Zwitserse bevel tot teruggeleiding, drie jaar lag. In deze zaak werd eerst in Zwitserland geprocedeerd en daarna bij het Europese Hof in Straatsburg, waarna het hof, vijf jaar na de ontvoering, oordeelde dat nu het kind was geworteld in zijn nieuwe omgeving in Zwitserland, zijn terugkeer een schending zou opleveren met art. 8 EVRM. In de zaak Makhmudova tegen Rusland, nr. 61984/17, 1 december 2020 overweegt het EHRM dat in deze zaak artikel 8 EVRM in het licht van het HKOV moet worden uitgelegd. In artikel 11 is neergelegd dat het snel nemen van een maatregel belangrijk is. In het zicht van de echtscheiding neemt de vader de kinderen vanuit Estland mee naar zijn geboortegrond in de Kaukasus, in Dagestan. De moeder dient bij de Russische rechter een teruggeleidingsverzoek in op basis van het HKOV. De moeder krijgt kort daarna het eenhoofdig gezag toegewezen door de Estse rechter. Het teruggeleidingsverzoek wordt toegewezen, maar de kinderen blijven langere tijd bij hun vader. De vader blokkeert het contact met moeder en de kinderen verzetten zich ook tegen de teruggeleiding naar Estland. Hoewel er vier pogingen zijn gedaan door de Russische autoriteiten om de kinderen weer naar hun moeder in Estland terug te brengen, hebben de Russische autoriteiten volgens het EHRM nagelaten om voorbereidende maatregelen te treffen, door hun psychologische hulp te onthouden. Daarnaast is onvoldoende aandacht geschonken aan de enorme geografische afstand tussen Estland en de Kaukasus en daarmee samenhangende reis- en verblijfskosten. Voorts hebben de Russische autoriteiten ondoordacht de conclusie getrokken dat de kinderen 'mettertijd' gewend waren geraakt aan hun nieuwe omgeving en zelf niet meer terug wilden naar hun moeder. Het EHRM acht artikel 8 EVRM geschonden.

Artikel 12

1. Wanneer een kind ongeoorloofd is overgebracht of wordt vastgehouden in de zin van artikel 3 en er minder dan één jaar is verstreken tussen de overbrenging of het niet doen terugkeren en het tijdstip van de indiening van het verzoek bij de rechterlijke of administratieve autoriteit van de Verdragsluitende Staat waar het kind zich bevindt, gelast de betrokken autoriteit de onmiddellijke terugkeer van het kind.
2. De rechterlijke of administratieve autoriteit gelast, zelfs in het geval dat het verzoek tot haar wordt gericht nadat de in het vorige lid bedoelde termijn van één jaar is verstreken, eveneens de terugkeer van het kind, tenzij wordt aangetoond dat het kind inmiddels is geworteld in zijn nieuwe omgeving.
3. Wanneer de rechterlijke of administratieve autoriteit van de aangezochte Staat redenen heeft om aan te nemen dat het kind naar een andere Staat is meegenomen, kan zij de procedure schorsen of het verzoek tot terugkeer van het kind afwijzen.
[25-10-1980, Trb. 139, i.w.tr. 01-12-1983]

[Onmiddellijke terugkeer; integratie kind; schorsing of afwijzing]

1. Algemeen. De onmiddellijke teruggeleiding van het kind heeft gestalte gekregen in dit artikel, waardoor deze bepaling als een van de belangrijkste bepalingen van het verdrag kan worden gezien. Art. 12 kan worden beschouwd als een ordemaatregel, met als uitgangspunt 'eerst terug, dan praten' (HR 8 juni 2012, ECLI:NL:HR:2012:BW4002). Over het gezag en daarmee samenhangende geschillen tussen de ouders dient te worden beslist in de staat waar het kind zijn gewone verblijfplaats had vóór de ongeoorloofde overbrenging of vasthouding. De bepaling geeft aan in welke gevallen de bevoegde autoriteiten de teruggeleiding moeten bevelen. Het verdrag maakt daarbij een onderscheid al naar gelang de tijd die verstreken is tussen de overbrenging respectievelijk het niet doen terugkeren én het tijdstip van indiening van het verzoek bij de rechterlijke of administratieve autoriteiten van het land waar het kind zich bevindt. Is deze periode minder dan één jaar, dan dient door de bevoegde autoriteiten de onmiddellijke terugkeer van het kind te worden bevolen (lid 1). In Hof Den Haag 7 september 2017, ECLI:NL:GHDHA:2017:2598, oordeelt het hof over de door de moeder verzochte onmiddellijke terugkeer van het kind naar Colombia. Het hof bekrachtigt de uitspraak van de Rechtbank Den Haag. Het hof gelast dat de vader het kind uiterlijk op 15 september 2017 (acht dagen na de uitspraak) aan de moeder zal afgeven, met de reisdocumenten, opdat zij het kind zo snel mogelijk mee kan nemen naar Colombia. Is deze periode langer dan één jaar, dan wordt de terugkeer van het kind bevolen, 'tenzij wordt aangetoond dat het kind inmiddels is geworteld in zijn nieuwe omgeving' (lid 2). Deze tijdslimiet dient te worden bezien in samenhang met het uitgangspunt dat teruggeleiding in het belang van het kind moet zijn. Lid 3 van het artikel is van procedurele aard. Er dient nog op gewezen te worden dat het verdrag niet aangeeft naar welke plaats het kind dient te worden teruggeleid. De verdragsopstellers hebben ervoor gekozen de terugkeer naar de verzoeker voor te schrijven, ongeacht waar deze zijn (gewone) verblijfplaats heeft (*Toelichtend rapport*, p. 459-460).

2. Minder dan één jaar (lid 1). Een binnen deze periode ingediend verzoek tot teruggeleiding van het kind dient altijd te worden gehonoreerd, tenzij teruggeleiding geweigerd kan worden op één van de in het verdrag genoemde gronden (zie art. 13 en 20). De weigeringsgronden opgenomen in de artikelen 13 en 20 kunnen de teruggeleiding dus tegenhouden. Binnen deze periode (minder dan één jaar) wordt echter niet gekeken naar de mate waarin het kind zich inmiddels heeft gesetteld in zijn nieuwe omgeving. De onmiddellijke terugkeer van art. 12, tenzij sprake is van een weigeringsgrond, komt naar voren in de uitspraak van het Hof Den Haag van 20 januari 2016 (ECLI:NL:GHDHA:2016:67). In deze uitspraak overweegt het hof, nadat is vastgesteld dat een weigeringsgrond in de zin van art. 13 zich niet voordoet, dat de procedure een ordemaatregel is en een aanhouding (moeder wil begeleiding van een kindertherapeut en contactherstel met de vader vóór het kind teruggaat naar de vader) op gespannen voet staat met de bedoeling van het verdrag. Het hof oordeelt tot teruggeleiding binnen twee weken na de beschikking. Aldus wordt ervan uitgegaan dat de onmiddellijke terugkeer van het kind altijd in zijn belang is, wanneer de ontvoering of vasthouding minder dan één jaar duurt. Er worden twee tijdstippen genoemd: een aanvangsmoment en een eindmoment. Als aanvangsmoment dient te worden genomen het moment waarop het kind ontvoerd werd. Bij vasthouding wordt als aanvangsmoment beschouwd het moment waarop het kind had dienen terug te keren bij de met het gezag beklede ouder dan wel het moment waarop deze ouder een langer (voortgezet) verblijf van het kind elders, weigerde. Beslissend is derhalve het moment waarop de toestemming van de met het gezag beklede ouder inzake de duur van het verblijf ontbreekt. Het gaat in dit geval dus niet om het moment waarop het kind het land van zijn gewone verblijfplaats verlaat. Als eindmoment geldt het moment van indiening van het verzoekschrift tot teruggeleiding bij de rechterlijke of administratieve autoriteit van de staat waar het kind zich bevindt. Een beroep op worteling in de nieuwe omgeving als reden om teruggeleiding te weigeren wordt niet gehonoreerd omdat tussen het moment van overbrenging van het kind en het tijdstip van indiening van het inleidend verzoekschrift minder dan één jaar is verstreken (HR 28 september 2007, *NJ* 2008/549). Zie ook Hof Den Haag 18 maart 2015, ECLI:NL:GHDHA:2015:586, onder verwijzing naar HR 28 september 2007, *NJ* 2008/549. In de uitspraak van 22 september 2011, ECLI:NL:RBSGR:2011:BT8447, stelt de Rechtbank Den Haag vast dat de ratio van de eenjaarstermijn restrictief dient te worden uitgelegd. Beide ouders hebben het gezag en zijn woonachtig in Hongarije, als de moeder in juli 2008 naar Nederland komt. Met toestemming van de vader mag hun kind tot eind juli 2008 ook in Nederland verblijven. Eind juli 2008 wordt het kind niet teruggebracht naar Hongarije. De moeder verblijft op enig moment waarschijnlijk in Duitsland, terwijl het kind in Nederland achterblijft. Na om hulp gevraagd te zijn door de vader, heeft de zedenpolitie het kind op 14 augustus 2008 overgedragen aan de crisisdienst van het Bureau Jeugdzorg. Sinds 15 augustus 2008 verblijft het kind in een pleeggezin. De vader dient op 14 juli 2011 een verzoek tot teruggeleiding in. De rechtbank oordeelt dat sprake is van een ongeoorloofde achterhouding in de zin van art. 3. Nu het verzoek ruim na de eenjaarstermijn van art. 12 lid 1 is ingediend, dient te worden gekeken naar lid 2. De Centrale Autoriteit (in deze procedure nog procesvertegenwoordiger) voert hiertegen aan dat het tijdsverloop niet aan de vader is te wijten. Dit is volgens de rechtbank niet relevant. Met toepassing van art. 12 lid 2 wordt het verzoek tot teruggeleiding afgewezen omdat het kind inmiddels is geworteld in Nederland. Zie ook HR 8 juni 2012, ECLI:NL:HR:2012:BW4002. In deze zaak heeft de vader tijdig een verzoek tot teruggeleiding gedaan bij de Centrale Autoriteit die dit verzoek aan de rechtbank voorlegt. Partijen komen tot een minnelijke schikking en tekenen een vaststellingsovereenkomst. De Centrale Autoriteit heeft het verzoek tot teruggeleiding vervolgens ingetrokken en de rechtbank verzocht de vaststellingsovereenkomst te bekrachtigen. Wanneer de moeder bezwaar maakt tegen het verloop van de mediation die aan de schikking voorafging, wijst de rechtbank het verzoek tot bekrachtiging van deze overeenkomst af. Vervolgens dient de Centrale Autoriteit voor de tweede keer een verzoek tot teruggeleiding in bij de rechtbank. Rechtbank en hof oordelen dat het kind terug moet. Moeder stelt beroep in cassatie in. Vader en kind zijn inmiddels naar de Verenigde Staten teruggekeerd. Het cassatieberoep wordt verworpen onder verwijzing naar art. 81 RO. In de conclusie van de A-G wordt opgemerkt dat het tweede verzoek tot terugkeer dient te worden aangemerkt als een wijze van voortzetting van het eerste verzoek. De termijn van lid 1 is derhalve niet overschreden. De onmiddellijke terugkeer binnen één jaar, getoetst aan de weigeringsgronden van art. 13 en de omstandigheden van art. 20, zien we in Hof Den Haag 10 januari 2018, ECLI:NL:GHDHA:2018:23. Het hof meent dat van berusting in de zin van art. 13 lid 1 onderdeel a geen sprake is. Dat de vader in de echtscheidingsprocedure niet om teruggeleiding heeft verzocht, is onvoldoende grond om berusting aan te nemen. De stelling van de moeder dat het kind bij terugkeer wordt blootgesteld aan lichamelijke en geestelijke gevaren is door haar onvoldoende onderbouwd en door de vader voldoende betwist. Beroep op weigeringsgrond van art. 13 lid

1 onderdeel b wordt afgewezen. Dit lot treft ook het beroep van de moeder op art. 20. Het hof overweegt verder dat de teruggeleiding een ordemaatregel is, waaraan (onder het verdrag) geen aanvullende voorwaarden kunnen worden gesteld.

3. Langer dan één jaar (lid 2). In deze situatie wordt de terugkeer van het kind bevolen, tenzij het kind inmiddels is geworteld in zijn nieuwe omgeving. Wat betreft de omgeving van het kind in de zin van dit artikel, dient te worden gedacht aan de fysieke maar ook zijn psychische omgeving. Het gaat niet alleen om het nieuwe 'gezinsverband', maar ook om meer externe relaties: vriendjes, school, sport, kerk. In deze bepaling is tot uitdrukking gebracht dat de verplichting het kind terug te zenden minder zwaar weegt wanneer het zich aan de nieuwe situatie heeft aangepast. Wat betreft de vraag naar beoordeling van deze worteling in de nieuwe omgeving dient te worden gewezen op de belangrijke uitspraak van het EHRM van 6 juli 2010, *NJ* 2010/644, m.nt. Wortmann (*Neulinger/Shuruk*). In deze zaak neemt een moeder vanuit Israël het kind mee naar Zwitserland, nadat in Israël de scheiding is uitgesproken. Zij overtreedt met het meenemen van het kind een door de Israëlische rechter opgelegd uitreisverbod. Vader dient na één jaar (toen hij het kind en de moeder getraceerd had) een teruggeleidingsverzoek in onder het Haags Kinderontvoeringsverdrag 1980. Het Zwitserse Federale Hof beslist in laatste instantie tot teruggeleiding, waarna de moeder een klacht indient bij het EHRM wegens schending van art. 8 EVRM. Het EHRM neemt in zijn afweging vooral het belang van het kind mee: het kind heeft zijn vader vier jaar niet gezien, zij spreken geen gemeenschappelijke taal, de moeder kan niet mee terug naar Israël. Het hof beslist dat, gezien de recente ontwikkelingen in het leven van het kind, een terugkeer naar Israël niet in het belang van het kind is. Het kind kan aldus in Zwitserland blijven. Wat betreft Nederlandse rechtspraak wordt in de uitspraak van het Hof Den Haag (27 januari 2016, ECLI:NL:GHDHA:2016:131) vastgesteld dat ten tijde van het indienen van het verzoek door de vader reeds meer dan één jaar was verstreken, zodat beoordeeld moest worden of de minderjarige al dan niet in Nederland was geworteld. Het hof overweegt dat bij de toetsing van art. 12 gekeken moest worden naar zowel de fysieke als de emotionele band die de minderjarige inmiddels met zijn nieuwe gewone verblijfplaats heeft gekregen. Daarbij gaat het om gezinsverband, overige familie, school, sport, vriendjes, enz. Het kind is drie, spreekt goed Nederlands, heeft contact met neefjes en nichtjes. Zijn moeder is zijn primaire hechtingsfiguur (altijd geweest vanwege werkzaamheden vader in het buitenland). De moeder heeft in Nederland een vangnet die de zorg over het kind kunnen overnemen, wanneer zij vanwege haar ziekte (tijdelijk) niet goed in staat is voor het kind te zorgen. De vader heeft (te) weinig pogingen ondernomen met het kind contact te onderhouden. Het hof concludeert dat sprake is van worteling van de minderjarige in Nederland en wijst het teruggeleidingsverzoek af. In de feitenconstellatie die ten grondslag ligt aan de uitspraak van het Hof Den Haag van 5 september 2018 (ECLI:NL:GHDHA:2018:2467) vraagt de moeder in hoger beroep teruggeleiding van twee minderjarige kinderen naar Frankrijk. De kinderen woonden in Frankrijk en zijn door de vader eerst naar Tunesië en vervolgens naar Nederland overgebracht. In geschil tussen partijen is de toestemming van de moeder voor deze overbrenging, waarbij het hof tot de conclusie komt dat zij geen toestemming heeft gegeven. Aldus heeft de overbrenging van de kinderen, eerst naar Tunesië en vervolgens naar Nederland, plaatsgevonden in strijd met het gezagsrecht van de moeder en wordt de overbrenging als ongeoorloofd aangemerkt in de zin van het verdrag. Het hof overweegt dat sinds de overbrenging meer dan een jaar is verstreken.

Van een worteling in Nederland is echter volgens het hof geen sprake: de kinderen hebben de afgelopen jaren in drie landen gewoond, waarvan acht maanden in Nederland. In de gegeven omstandigheden is geen sprake van worteling in Nederland. Vervolgens nog enige (oudere) rechtspraak. In Rb. Den Haag 17 december 2007, *NIPR* 2008/23, gaat het om een zesjarig meisje dat zowel de Nederlandse als de Ghanese nationaliteit heeft en door haar vader vanuit Ghana naar Nederland is gebracht. Het kind woont ongeveer dertien maanden in Nederland als de zaak bij de rechtbank wordt aangebracht. De vader, die zich op het geworteld zijn van het kind in Nederland beroept, stelt dat het kind de Nederlandse taal spreekt, naar school gaat, vriendjes en vriendinnen heeft en aan buitenschoolse activiteiten meedoet. Een leerkracht van de school verklaart dat het kind goed meekomt op school en zich snel heeft aangepast. De moeder van het kind heeft ambivalente gevoelens, maar geeft wel aan dat het kind goed lijkt te gedijen in het nieuwe gezin van de vader. De rechtbank oordeelt dat voldoende is aangetoond dat de minderjarige is geworteld in Nederland. De rechtbank overweegt daarbij dat het niet alleen gaat om het nieuwe gezinsverband, maar ook om externe relaties (vriendjes, school, sport). In Hof Den Haag 12 september 2017, ECLI:NL:GHDHA:2017:2625, gaat het hof in op de kwestie van de worteling in een zaak waarin het kind door de vader na afloop van de omgangsregeling niet is teruggebracht naar de moeder. Het kind woonde vóór de overbrenging naar Nederland bij de moeder in Iran. Vader, moeder en kind hebben de Iraanse nationaliteit. Het hof oordeelt dat er sprake is van een ongeoorloofde overbrenging in de zin van art. 3. Verder overweegt het hof dat de éénjaarstermijn als bedoeld in art. 12 lid 2 is overschreden. De periode tussen de ongeoorloofde overbrenging en het verzoek tot teruggeleiding dat de moeder heeft ingediend bij de rechtbank is één jaar en vijf maanden. Het hof wijst er nog op dat daaraan niet afdoet dat wel is geprobeerd het kind op vrijwillige basis naar Iran te doen terugkeren. De moeder stelt dat er geen fysieke en emotionele band van het kind met Nederland is. De moeder betwist dat het kind goed Nederlands spreekt, Nederlandse vriendjes heeft, aan sport doet en aan andere activiteiten deelneemt. Dit wordt door de vader betwist. Hij stelt dat het kind al een groot deel van zijn leven in Nederland verblijft, naar school gaat, vriendjes heeft enz. Het hof overweegt dat de vader zijn stellingen – dat het kind in Nederland is geworteld – onvoldoende heeft aangetoond. De duur van het verblijf in Nederland is korter dan de duur van het verblijf in Iran. De asielprocedure is nog niet afgerond. Het hof oordeelt dat geen sprake is van worteling. Ook in Rb. Den Haag 7 februari 2018, ECLI:NL:RBDHA:2018:1705, waarbij de teruggeleiding naar Saudi-Arabië was verzocht naar de vader, en het kind ten tijde van de indiening van het verzoekschrift tot teruggeleiding nog maar vijf maanden in Nederland verbleef in een asielzoekerscentrum, wordt geoordeeld dat geen sprake is van worteling in Nederland. Daarbij werd door de rechter de binding met Saudi-Arabië enerzijds en met Nederland anderzijds tegen elkaar afgezet. Zie over het aspect van de worteling verder Rb. Den Haag 17 augustus 2017, ECLI:NL:RBDHA:2017:9494, waarin de rechtbank oordeelt dat er geen sprake is van worteling nu het kind (overgebracht vanuit Portugal) niet steeds onafgebroken in Nederland heeft verbleven, maar in vijftien maanden in ieder geval drie keer voor een langere tijd in Brazilië heeft verbleven. De rechtbank overweegt dat bij de beoordeling van de vraag of sprake is van worteling dient te worden gekeken naar zowel de fysieke als de emotionele band die het kind inmiddels met zijn huidige verblijfplaats heeft gekregen. Daarbij gaat het om het gezinsverband, en ook om externe relaties, zoals overige familie, vriendjes, school, sport. Lid 2 geeft niet aan hoe hiervoor bewijs dient te worden geleverd. Het ligt voor de hand dat degene die het kind weigert terug te laten gaan het bewijs zal moeten leveren, terwijl daarnaast gewezen moet worden op de discretionaire bevoegdheid van de aangezochte autoriteiten (*Toelichtend rapport*, p. 459). In deze bepaling wordt de terugkeer en niet de onmiddellijke terugkeer bevolen. De bewijsvoering dat het kind inmiddels is geworteld in zijn nieuwe omgeving zal de duur van de procedure verlengen, terwijl het eveneens mogelijk is dat weliswaar de overbrenging als ongeoorloofd wordt gezien en de terugkeer van het kind bevolen wordt maar dat een onmiddellijke terugkeer als te abrupt wordt aangemerkt. Tot slot gelden in deze situatie ook de weigeringsgronden van art. 13 Haags Kinderontvoeringsverdrag 1980. In de uitspraak van 21 september 2020 (ECLI:NL:RBDHA:2020:14304) oordeelt de Rb. Den Haag dat in het kader van 'worteling' alle omstandigheden van het geval in de beoordeling betrokken moeten worden. Het tijdsverloop is slechts een van deze factoren. In deze zaak komt de rechtbank tot het oordeel dat de kinderen zich in Nederland in sociale zin intensief hebben ontplooid en ontwikkeld en dat zij zich op deze manier op een diepgaande en zelfstandige wijze in Nederland hebben geworteld. De vader stelt dat het gegeven dat de kinderen inmiddels in Nederland gewend zijn, terugkeer niet zonder meer strijdig is met hun belangen. Artikel 18 biedt de rechter de mogelijkheid teruggeleiding toch te gelasten. De rechtbank overweegt dat artikel 18 de strekking heeft dat altijd gevolg kan worden gegeven aan een voor een kind gunstiger regeling. Daarmee is het mogelijk dat terugkeer wordt gelast in het geval als het onderhavige waarin de termijn van één jaar is overschreden en het kind geworteld is in de nieuwe omgeving. Van deze discretionaire bevoegdheid zal de rechter echter alleen in zeer uitzonderlijke situaties gebruikmaken. Een dergelijke uitzonderlijke situatie doet zich volgens de rechtbank in casu niet voor. Het beroep van de vader op artikel 18 slaagt niet.

4. Schorsing of afwijzing (lid 3). Het derde artikellid bevat een regeling van procedurele aard. Wanneer de aangezochte autoriteit redenen heeft om aan te nemen dat het kind inmiddels naar een andere staat is meegenomen, kan zij de procedure schorsen dan wel het verzoek tot teruggeleiding afwijzen. De gronden waarop deze beslissing kan rusten dienen in het eigen recht van de aangezochte autoriteit te worden gevonden (Toelichtend rapport, p. 460).

Artikel 13

1. Niettegenstaande het bepaalde in het voorgaande artikel, is de rechterlijke of administratieve autoriteit van de aangezochte Staat niet gehouden de terugkeer van het kind te gelasten, indien de persoon, de instelling of het lichaam dat zich tegen de terugkeer verzet, aantoont dat:

a) de persoon, de instelling of het lichaam dat de zorg had voor de persoon van het kind, het recht betreffende het gezag niet daadwerkelijk uitoefende ten tijde van de overbrenging of het niet doen terugkeren, of naderhand in deze overbrenging of het niet doen terugkeren had toegestemd of berust; of dat

b) er een ernstig risico bestaat dat het kind door zijn terugkeer wordt blootgesteld aan een lichamelijk of geestelijk gevaar, dan wel op enigerlei andere wijze in een ondragelijke toestand wordt gebracht.

2. De rechterlijke of administratieve autoriteit kan eveneens weigeren de terugkeer van het kind te gelasten, indien zij vaststelt dat het kind zich verzet tegen zijn terugkeer en

een leeftijd en mate van rijpheid heeft bereikt, die rechtvaardigt dat met zijn mening rekening wordt gehouden.
3. Bij het beoordelen van de in dit artikel bedoelde omstandigheden, houden de rechterlijke of administratieve autoriteiten rekening met de gegevens omtrent de maatschappelijke omstandigheden van het kind, die zijn verstrekt door de centrale autoriteit of enige andere bevoegde autoriteit van de Staat waar het kind zijn gewone verblijfplaats heeft.
[25-10-1980, Trb. 139, i.w.tr. 01-12-1983]

[Weigeringsgronden; verzet kind]

1. Algemeen. De bepaling bevat de weigeringsgronden. Deze gelden voor de beide situaties van art. 12, dus zowel voor het geval het verzoek binnen één jaar wordt ingediend als daarna. Degene die zich op een weigeringsgrond beroept zal de bewijslast dragen. De feitelijke situatie en de evaluatie daarvan is bepalend voor een al dan niet geslaagd beroep op (één van) de weigeringsgronden. De weigeringsgronden worden niet ambtshalve getoetst (zie conclusie bij HR 8 juni 2012, ECLI:NL:HR:2012:BW4002; ECLI:NL:PHR:2012:BW4002). Art. 13 kent een restrictieve toepassing (zie bijv. Rb. Den Haag 11 oktober 2013, ECLI:NL:RBDHA:2013:13712).

2. Daadwerkelijke uitoefening gezagsrecht (onderdeel a). Ingevolge het in onderdeel a bepaalde is de aangezochte autoriteit niet verplicht de terugkeer van het kind te gelasten, indien door de partij die zich verzet tegen de terugkeer wordt aangetoond dat het gezagsrecht niet daadwerkelijk werd uitgeoefend op het moment van de overbrenging of het niet doen terugkeren dan wel later in respectievelijk met de overbrenging of de vasthouding is ingestemd respectievelijk berust. **i. Daadwerkelijke uitoefening.** Met de daadwerkelijke uitoefening van het gezagsrecht (zie ook art. 3, aant. 3) wordt gedoeld op de feitelijke verzorging en opvoeding van het kind. De ontvoerder zal stellen dat degene die de terugkeer van het kind eist, het gezagsrecht niet daadwerkelijk uitoefende op het moment van de overbrenging. Daarmee wordt (ook) het gedrag van degene die de terugkeer van het kind (de achterblijvende ouder) eist ter discussie gesteld. De verdragsregeling bevat geen definitie aan de hand waarvan de daadwerkelijke uitoefening kan worden vastgesteld, wel wordt duidelijk gerefereerd aan de zorg over het kind (*Toelichtend rapport*, p. 448-449; p. 461). Dit betekent dat onder omstandigheden het gezag ook daadwerkelijk wordt uitgeoefend, wanneer degene die claimt het gezag daadwerkelijk uit te oefenen en het kind voor geldige redenen (ziekte, vakantie) tijdelijk niet samenwonen. Verder kan gedacht worden aan door de rechter van de gewone verblijfplaats van het kind vastgelegde regelingen over gezag en toezicht, waarmee beide ouders belast worden, maar waarbij slechts een van de ouders feitelijk met het kind samenleeft. De rechtspraak geeft het volgende beeld. In HR 20 oktober 2006 (*NJ* 2007/384; *NJ* 2007/385, m.nt. ThMdB) overweegt de Hoge Raad dat van daadwerkelijke uitoefening van het gezagsrecht ook sprake kan zijn indien degene aan wie het gezag is toegekend, het kind niet feitelijk verzorgt en opvoedt. Voldoende is, volgens de Hoge Raad, dat de met het gezag belaste persoon of instelling ervan heeft blijk gegeven overeenkomstig de inhoud van het bestaande gezagsrecht de belangen van het kind te behartigen. Zo is voldoende dat de instelling zich de belangen van het kind aantrekt door afspraken te maken over de zorg en opvoeding van het kind met degene aan wie het kind feitelijk is toevertrouwd (HR 20 oktober 2006, *NJ* 2007/384; *NJ* 2007/385, m.nt. ThMdB). Dit wordt herhaald in HR 11 juli 2008, *LJN* BD5981. De lagere rechtspraak volgt deze lijn. Zie bijvoorbeeld Rb. Den Haag 7 juni 2013, ECLI:NL:RBDHA:2013:CA2639, waarin de rechtbank overweegt dat voor een daadwerkelijke uitoefening van het gezag in de zin van het verdrag niet is vereist dat de met het gezag beklede ouder de daadwerkelijke zorg heeft uitgeoefend. Van belang is dat hij ervan heeft blijk gegeven dat hij de belangen van het kind overeenkomstig de inhoud van het toepasselijke gezagsrecht heeft uitgeoefend. In deze zaak brengt de vader naar voren dat hij, wanneer hij in Egypte was, op hetzelfde adres woonde als de moeder en de kinderen, dat hij het oudste kind regelmatig naar de door hem uitgezochte school heeft gebracht, regelmatig kleding voor het kind heeft gekocht, regelmatig voor de kinderen heeft gezorgd en dat zij allen gezamenlijk op familiebezoek in Marokko zijn geweest. **ii. Instemming/berusting.** Het gedrag van de ouder die met het gezag bekleed is, speelt eveneens een rol wanneer dient te worden vastgesteld of hij met de overbrenging of vasthouding heeft ingestemd dan wel daarin heeft berust. Uit de rechtspraak kan worden afgeleid dat de vraag of sprake is van instemming of berusting bij de achtergebleven ouder casuïstisch wordt benaderd. Het feit dat over de teruggeleiding van het kind onderhandeld wordt tussen de betrokkenen wil niet zeggen dat er sprake is van instemming respectievelijk berusting. In deze zin: Rb. Amsterdam 27 september 1991 (onder Hof Amsterdam 23 maart 1992, *NIPR* 1992/174 en Rb. 's-Hertogenbosch 30 september 1993, vernietigd door Hof 's-Hertogenbosch 26 november 1993, *NIPR* 1994/61; *NJ* 1994/465). Zie ook hiervoor art. 5, aant. 2 onder 'Vakantieperikelen'. In HR 14 april 2000, *NIPR* 2000/170; *NJ* 2001/450, m.nt. ThMdB, oordeelde de Hoge Raad over een dergelijk geval. De man, de vrouw en de kinderen hadden hun gewone verblijfplaats in de staat Illinois (VS). Het bezoek van de moeder en de kinderen in Nederland zou plaatsvinden van 24 mei 1998 tot 31 juli 1998. Tijdens deze periode heeft de moeder aan de vader schriftelijk (fax van 11 juni 1998) laten weten dat zij niet van plan was naar de VS terug te keren om met hem verder samen te leven en dat zij de kinderen bij zich zou houden. Bij brief van 13 oktober 1998 heeft de advocaat van de moeder aan de vader laten weten dat zij echtscheiding wenst. Op 29 oktober 1998 schakelt de vader de Amerikaanse Centrale Autoriteit in met het verzoek de teruggeleiding van de kinderen te bewerkstelligen. Dat verzoek wordt doorgezonden naar de Nederlandse Centrale Autoriteit die de Rb. Assen teruggeleiding verzoekt. De moeder verweert zich en stelt primair dat er geen sprake is van een ongeoorloofde achterhouding omdat de vader heeft ingestemd met respectievelijk berust heeft in het niet doen terugkeren van de kinderen naar de VS. Subsidiair doet zij een beroep op de weigeringsgrond neergelegd in art. 13 lid 1 aanhef en onderdeel b. Zowel in eerste aanleg als in hoger beroep zijn de verweren van de moeder verworpen en wordt terugkeer van de kinderen gelast. Het Hof Leeuwarden oordeelt overeenkomstig het verdragsregime dat het gezagsrecht van de man is geschonden door de weigering van de vrouw om na ommekomst van het familiebezoek in Nederland de kinderen te doen terugkeren. Terecht wijst de advocaat-generaal in zijn conclusie bij het arrest van de Hoge Raad erop dat het niet gaat om de toestemming van de vader in het vertrek naar Nederland maar om het niet geven van toestemming voor een voortgezet verblijf in Nederland na afloop van het afgesproken bezoek. In deze zaak liet de moeder al vóór 31 juli 1998 (dus vóór de datum waarop de kinderen terug hadden moeten zijn bij de vader) aan de vader weten niet meer te willen terugkomen en de kinderen bij zich te willen houden. Dit doet de vraag opkomen of op dát moment reeds van een ongeoorloofde overbrenging in de zin van het verdrag sprake was. Vanuit een oogpunt van rechtszekerheid (zie de éénjaarstermijn van art. 12) is het te verdedigen dat de ongeoorloofde vasthouding (pas) begint na ommekomst van de afgesproken periode, tenzij uit de juridische of feitelijke handelingen van de ouder die het kind niet wenst te doen terugkeren ondubbelzinnig blijkt dat hij dit werkelijk meent. Meer specifiek over de berusting overweegt de HR in de uitspraak van 1 oktober 2010, *LJN* BN6126, dat berusting slechts onder strenge voorwaarden wordt aanvaard, waarbij alle omstandigheden van het concrete geval worden meegewogen. In deze lijn ook Hof Den Haag 25 februari 2010, ECLI:NL:GHSGR:2010:BL5752. Met betrekking tot de toestemming van de vader ten aanzien van het hoofdverblijf van het kind in Nederland, oordeelt het hof dat feiten en omstandigheden waaruit deze toestemming zou kunnen worden afgeleid, niet zijn gesteld. Ten aanzien van de berusting zijdens de vader overweegt het hof dat berusting slechts onder strenge voorwaarden kan worden aangenomen, nu daardoor het ongeoorloofde karakter van de overbrenging of vasthouding wordt weggenomen, met grote gevolgen. Alle concrete omstandigheden van het geval moeten daarom in aanmerking worden genomen. Relevant is of de achtergebleven ouder zich (aanvankelijk) heeft gedragen op een wijze die niet in overeenstemming is met zijn latere verzoek tot teruggeleiding. Gedacht kan worden aan uitlatingen van de achtergebleven ouder, zijn emotionele toestand, het feit of hij wel op de hoogte was van het ongeoorloofde karakter van de overbrenging of vasthouding. Zowel actieve als passieve gedragingen worden meegewogen. Uit het feit dat de vader in de eerste week na vertrek van de moeder uit de echtelijke woning geen actie heeft ondernomen (passieve gedraging) kan niet worden afgeleid dat hij heeft ingestemd met de overbrenging van het kind naar Nederland. Eveneens in deze zin: Rb. Den Haag 7 juni 2013, ECLI:NL:RBDHA:2013:CA2639. In Hof Den Haag 21 januari 2016, ECLI:NL:GHDHA:2016:109, kwam onder meer de vraag inzake de toestemming/berusting van de achtergebleven ouder (moeder in Turkije) aan de orde. Door het hof is vastgesteld dat de gewone verblijfplaats van het kind in april 2013 met de verhuizing van het kind en zijn moeder naar Turkije is gelegen in Turkije. Het hof hanteert de bekende feitelijke criteria: sociale en familiale omgeving van het kind (zoals duur van het verblijf, omstandigheden en reden van de verhuizing, nationaliteit kind, school, talenkennis). Verder wijst het hof op de bedoeling van de ouders waaraan uiting is gegeven door bepaalde handelingen, zoals koop/huur van een huis, in de staat van de verhuizing, waaruit blijkt dat sprake is van verplaatsing van de gewone verblijfplaats. Het kind, met gewone verblijfplaats in Turkije, verbleef daar tijdelijk bij de grootouders van vaderszijde, om met de vader naar Nederland te gaan voor vakantie. De moeder stelt dat dit zo geregeld was in het kader van de afgesproken vakantieregeling: het kind zou twee maanden bij de vader blijven en eind augustus terugkeren naar de moeder. Zij stelt uitdrukkelijk geen toestemming te hebben gegeven voor (noch te hebben ingestemd met) een voortgezet verblijf in Nederland. Het hof oordeelt dat de vader niet heeft aangetoond dat de moeder heeft toegestemd in een langer verblijf in Nederland dan was afgesproken in het kader van de zorgregeling (ouderschapsplan). Vervolgens doet de vader een beroep op de weigeringsgrond van art. 13 lid 1 onderdeel b (lichamelijk en geestelijk gevaar) en stelt dat door terugkeer naar Turkije het kind wordt blootgesteld aan een lichamelijk en geestelijk gevaar dan wel in een ondraaglijke situatie geraakt. De moeder ontkent dit en stelt dat zij vanaf de geboorte voor het kind heeft gezorgd en hem een veilige en stabiele omgeving biedt. Zij wijst er verder op dat de vader het kind weghoudt bij de moeder. Het hof honoreert dit beroep van de vader op art. 13 niet en het kind moet terug naar Turkije. De vraag of de vader heeft berust in het verblijf van het kind in Nederland komt aan de orde in Rb. Den Haag 30 augustus 2017, ECLI:NL:RBDHA:2017:9825. De vader heeft de Australische nationaliteit, de moeder de Nederlandse nationaliteit. De ouders zijn gehuwd in Australië, waar het kind is geboren. Het gezin was voor familiebezoek naar Nederland gekomen. Vader heeft in voorarrest gezeten na melding van huiselijk geweld en is alleen teruggegaan naar Australië. Vader verzoekt teruggeleiding. Moeder stelt dat vader heeft berust in het verblijf van het kind in Nederland. Na zijn vrijlating is er even contact geweest met de moeder voor hij naar Australië vertrok. Zij stelt dat hij haar 'all the best' heeft gewenst en wijst op e-mailberichten waaruit zou blijken dat hij heeft ingestemd met het voortgezet verblijf van het kind in Nederland. Vader betwist dat sprake is van berusting. De mailwisseling waarop de moeder wijst is selectief, en moet in de juiste context worden gelezen. Zijn opmerking was cynisch bedoeld. Hij heeft via (social) media laten weten niet te berusten. De rechtbank stelt voorop dat bij berusting gekeken moet worden naar alle omstandigheden van het geval. Alle gedragingen van de vader, actief en passief, zijn relevant. Beslissend is daarbij of uit objectieve omstandigheden kan worden afgeleid dat hij heeft aanvaard dat het hoofdverblijf van het kind voortaan in Nederland is (zie HR 1 oktober 2010, ECLI:NL:HR:2010:BN6126). Hiervan is volgens de rechtbank geen sprake. Aldus is geen sprake van berusting in de zin van art. 13 lid 1 onderdeel a. Het Hof Den Haag neemt in de beslissing van 18 oktober 2017 (ECLI:NL:GHDHA:2017:3025) dit oordeel over. In de uitspraak van 10 januari 2018 (ECLI:NL:GHDHA:2018:23) wordt door het hof Den Haag overwogen dat het feit dat de vader in de echtscheidingsprocedure niet om teruggeleiding heeft verzocht, onvoldoende grond vormt om berusting aan te nemen. **iii. Stelplicht en bewijslast inzake toestemming achterblijvende ouder.** In HR 18 oktober 2002 (*NJ* 2003/345, m.nt. ThMdB) werd overwogen dat wanneer de vader en de moeder gezamenlijk het gezagsrecht over het kind uitoefenen, het uitgangspunt dient te zijn dat de ouder die weigert het kind te doen terugkeren naar zijn gewone verblijfplaats zal moeten stellen en, voor zover nodig, bewijzen of, afhankelijk van de al gebleken omstandigheden, voldoende aannemelijk maken dat de andere ouder ermee heeft ingestemd dat de kinderen niet zullen terugkeren naar deze verblijfplaats. Degene die zich op een weigeringsgrond beroept zal de bewijslast dragen. Het is dus niet de Centrale Autoriteit die een onderzoek moet instellen naar de omstandigheden waar art. 13 op doelt, zie Rb. Breda 22 juni 1994, te kennen uit Hof 's-Hertogenbosch 16 februari 1995, *NIPR* 1995/335. Voor alle weigeringsgronden ex art. 13 lid 1 is het van belang wie de bewijslast draagt. HR 14 juli 2000, *NIPR* 2000/258; *NJ* 2001/451; *NJ* 2001/452, m.nt. ThMdB, geeft duidelijk aan dat de bewijslast betreffende de omstandigheden van art. 13 lid 1 ligt bij de persoon die de teruggeleiding van het kind wil voorkomen, degene dus die zich verzet tegen de teruggeleiding. Dit blijkt uit het woord 'aantoont' in de aanhef van art. 13 lid 1. In het bovengenoemde arrest ging het ook om de vraag of bewijs door getuigen eveneens is toegelaten. In eerdere instantie had Hof 's-Hertogenbosch (16 juli 1999) een getuigenverhoor toegelaten. De Hoge Raad overweegt dat noch uit het verdrag noch uit het *Rapport explicatif* blijkt dat bewijs door getuigen niet zou zijn toegelaten. Daarbij wordt er op gewezen dat in art. 12 Uitvoeringswet kinderontvoeringsverdragen (wet van 2 mei 1990, *Stb.* 202) onder meer art. 429j Rv van toepassing is verklaard. Verder zij verwezen naar HR 18 oktober 2002, *NJ* 2003/345, m.nt. ThMdB en *NIPR* 2003/1. In deze zaak ging het om de teruggeleiding van twee minderjarige kinderen naar Canada. In Rb. Rotterdam 23 januari 2002 wijst de rechtbank het verzoek tot teruggeleiding toe; Hof Den Haag bekrachtigt deze beschikking van de rechtbank. De moeder stelt beroep in cassatie in.

In cassatie gaat het om kwesties van bewijs, zoals de verdeling van de bewijslast en de waardering van bewijs in het kader van art. 3. De Hoge Raad oordeelt dat in een geval waarin de vader en de moeder gezamenlijk het gezagsrecht over de kinderen uitoefenen, de ouder die weigert de kinderen naar hun gewone verblijfplaats te doen terugkeren (hier de moeder) zal moeten stellen en zo nodig bewijzen dan wel aannemelijk maken dat de andere ouder (hier de vader) ermee heeft ingestemd dat de kinderen niet behoeven terug te keren naar deze verblijfplaats. Daarbij wijst de Hoge Raad erop dat het hof rekening mocht houden met het oordeel van de Canadese rechter dat de kinderen terug moesten worden gebracht naar hun woonplaats in Canada, derhalve rekening mocht houden met het Canadese oordeel dat sprake is van een ongeoorloofde overbrenging in de zin van art. 3. In zijn conclusie wijst de A-G Strikwerda er nog op dat uit art. 13 lid 1 aanhef en onderdeel a lijkt voort te vloeien dat de bewijslast ten aanzien van de vraag of de met het gezag belaste persoon heeft ingestemd dan wel heeft berust in de overbrenging (of het niet doen terugkeren) rust op degene die zich tegen de terugkeer verzet. In deze opvatting had de moeder dus moeten bewijzen dat de vader heeft ingestemd met het niet terugkeren van de kinderen naar Canada. In dit verband kan verder worden gewezen op HR 1 december 2006, *NJ* 2007/385, m.nt. ThMdB. Een Australische man en een Nederlandse vrouw zijn in 1993 in Griekenland gaan samenwonen, in 1994 naar Australië verhuisd en in 1996 in Australië met elkaar gehuwd. Uit dit huwelijk is een dochter geboren. Beide ouders hebben het gezag over het kind. In november 2004 zijn vader, moeder en kind voor een lang verblijf naar Nederland gekomen. In februari 2005 is de man voor een periode van vier maanden alleen naar Australië teruggegaan in verband met zijn werk. Op 14 juni 2005 laat de moeder de vader weten in Nederland te willen blijven, met het kind, en dat zij het huwelijk wil ontbinden. Op 21 juni komt de vader, met zijn moeder, naar Nederland om de ontstane situatie te bespreken. Medio juli 2005 keert hij terug naar Australië. In de in Nederland gestarte teruggeleidingsprocedure stelt de moeder onder meer dat de vader heeft ingestemd met dan wel heeft berust in het niet terugkeren van het kind. Rechtbank Breda stelt dat de moeder niet in het bewijs slaagt dat de vader uitdrukkelijk heeft ingestemd met het verblijf in Nederland, maar dat uit zijn houding kon worden afgeleid dat hij instemde met een definitief verblijf in Nederland. Hof 's Hertogenbosch oordeelt anders en overweegt dat uit de houding van de vader gedurende de zomer 2005 wel kan worden afgeleid dat hij heeft berust in een tijdelijk verblijf in Nederland in afwachting van een mogelijke terugkeer naar Australië, maar dat geen sprake is van een berusting in de zin van art. 13 lid 1 onderdeel a. In cassatie onderschrijft de Hoge Raad de betekenis die het hof geeft aan berusting in de zin van art. 13 lid 1 onderdeel a. Beslissend is, aldus het hof, of uit objectieve omstandigheden kan worden afgeleid dat de vader, gelet op diens actieve of passieve gedrag, heeft aanvaard dat het hoofdverblijf van het kind bij de moeder in Nederland zou zijn. Daarbij dienen alle concrete omstandigheden in aanmerking te worden genomen. In zijn conclusie wijst de advocaat-generaal er op dat berusting slechts onder strenge voorwaarden kan worden aangenomen, nu daardoor de ongeoorloofdheid van de overbrenging wordt aangetast en dit derhalve grote gevolgen heeft. Wegens onvoldoende onderbouwing faalt het beroep op de weigeringsgronden in bijvoorbeeld: Rb. Den Haag 1 november 2012, ECLI:NL:RBSGR:2012:BY3832 en Rb. Den Haag 26 oktober 2012, ECLI:NL:RBSGR:2012:BY2386.

3. Lichamelijk of geestelijk gevaar (onderdeel b). Artikel 13 lid 1 onderdeel b is een belangrijke en complexe weigeringsgrond. Voor toepassing van deze bepaling is de Guide to Good Practice Part VI Article 13(1)(b) een belangrijke leidraad (zie de website van de Haagse Conferentie voor IPT: www.hcch.net). In artikel 13 lid 1 onderdeel b wordt bepaald dat de aangezochte autoriteit niet gehouden is de terugkeer van het kind te bevelen wanneer er een ernstig risico bestaat dat het kind door zijn terugkeer wordt blootgesteld aan een lichamelijk of geestelijk gevaar dan wel op enigerlei andere wijze in een ondraaglijke toestand wordt gebracht. Deze weigeringsgrond ziet op de situatie waarin terugkeer van het kind in strijd met zijn belang wordt geacht. Het belang van ieder persoon om niet aan fysiek of psychisch gevaar te worden blootgesteld of in een ondraaglijke situatie te worden gebracht prevaleert boven het belang van het kind om niet zomaar uit zijn vertrouwde omgeving weggehaald te worden (*Toelichtend rapport*, p. 433). Ook hierbij zullen de feitelijke omstandigheden van het geval bepalend zijn voor de vraag of een beroep op deze weigeringsgrond resultaat zal hebben. Een beroep op art. 13 onderdeel b zal genoegzaam aangetoond moeten worden (zie Hof 's-Hertogenbosch 23 december 1994, *NIPR* 1995/208). **Restrictieve toepassing.** In de zaak Y.S. en O.S. tegen Rusland, no. 17665/17, 15 juni 2021 stelt het EHRM vast dat artikel 13 lid 1 sub b restrictief moet worden toegepast. Moeder is gehuwd met een Oekraïense onderdaan, en heeft zich in Donetsk gevestigd. Na de geboorte van haar dochter in 2006 liep het huwelijk stuk en in 2011 verhuisde moeder (alleen) naar Rusland en bleef de dochter bij haar vader in Donetsk. In 2014 brak het conflict met Rusland uit in Oost-Oekraïne. Moeder nam in januari 2016 haar dochter mee naar Rusland, tegen de wil van de vader. Deze heeft met succes bij de rechter in Rusland een verzoek tot teruggeleiding onder het HKOV 1980 gedaan. In appel bleef, ondanks een beroep van de moeder op artikel 13 lid 1 sub b HKOV, de beslissing inzake de teruggeleiding overeind. Moeder en dochter doen bij het EHRM een beroep op de artikelen 8, 2 en/of 3 EVRM, en stellen dat de rechterlijke beslissing waarbij de terugkeer van de dochter naar Donetsk een schending van hun gezinsleven betekent en dat zij door haar terugkeer zou worden blootgesteld aan een lichamelijk of geestelijk gevaar dan wel op andere manier in een ondragelijke toestand komt te verkeren. Het EHRM overweegt dat het in de kern erom gaat of een juist evenwicht is gehouden tussen de tegenstrijdige belangen van het kind, van de twee ouders en van de openbare orde, binnen de beoordelingsmarge die de staten op dit gebied hebben. Het belang van het kind staat voorop. Het belang van het kind houdt enerzijds in dat de band van het kind met zijn familie moet worden gehandhaafd, wat meebrengt dat de familiebanden slechts in zeer uitzonderlijke omstandigheden mogen worden verbroken. Anderzijds is het in het belang van het kind te waarborgen dat zijn ontwikkeling in een veilige omgeving plaatsvindt. Het EHRM overweegt dat de door de Russische rechterlijke instanties gevolgde procedure moet worden getoetst, in het licht van de uitgangspunten van het HKOV en de waarborgen van artikel 8 EVRM. Bij de beoordeling van een verzoek om de terugkeer van een kind, moet rekening worden gehouden met een beroep op een "ernstig risico" voor het kind in geval van terugkeer. Het EHRM is van oordeel dat het "ernstig risico" in de zin van artikel 13 lid 1 sub b HKOV onvoldoende is meegewogen. Het EHRM is van oordeel dat onvoldoende blijkt dat de Russische rechter daadwerkelijk heeft onderzocht en beoordeeld in het licht van artikel 8 of er mogelijkheden waren passende en doeltreffende maatregelen in de staat van terugkeer te doen treffen om het vermeende "ernstige risico" bij de terugkeer van het kind te voorkomen of te beperken. Artikel 8 EVRM is geschonden. In HR 20 januari 2006, *NJ* 2006/545, m.nt.

ThMdB oordeelt de Hoge Raad dat doel en strekking van het verdrag met zich brengen dat de weigeringsgrond van art. 13 lid 1 onderdeel b restrictief moet worden uitgelegd. De Hoge Raad overweegt daarbij dat dit betekent dat de aangezochte rechter zich dient te onthouden van een oordeel omtrent het gezagsrecht en het omgangsrecht. Verder oordeelt de Hoge Raad dat de aangezochte rechter de door deze bepaling gestelde voorwaarden niet reeds vervuld mag achten, louter op grond van zijn oordeel dat het belang van het kind in het land van herkomst van het kind minder goed is gediend dan in het land van de aangezochte rechter. De Hoge Raad heeft dit standpunt herhaald in HR 20 oktober 2006, *NJ* 2007/383; *NJ* 2007/385, m.nt. ThMdB. In HR 28 september 2007, *NJ* 2008/549 stelt de Hoge Raad dat de enkele omstandigheid dat het kind inmiddels in zijn nieuwe omgeving is geworteld, als zodanig niet met zich brengt dat het kind in een situatie dreigt te komen waarop art. 13 lid 1 aanhef onderdeel b ziet. Ook in HR 23 maart 2012, *RvdW* 2012/451, wordt overwogen dat art. 13 restrictief dient te worden toegepast. Als uitgangspunt geldt 'dat terugkeer in het belang van het kind is en dat terugkeer alleen in bijzondere omstandigheden, wanneer terugkeer het ernstige risico met zich brengt dat het kind in lichamelijk of geestelijk gevaar wordt gebracht, geweigerd kan worden. Dit gaat verder dan dat terugkeer niet in het belang van het kind zou zijn.' Zie ook Hof Amsterdam 30 maart 2010, ECLI:NL:GHAMS:2010:BQ5160. Vader stelt, bij het kader van de weigeringsgrond ex art. 13 lid 1 onderdeel b, dat het kind door de moeder in Engeland wordt verwaarloosd en wijst daarbij op de slechte hygiëne waardoor het kind bacteriële infecties heeft opgelopen. Verder wordt het kind in de weekends regelmatig en tot laat in de avond bij oma of tante te logeren gedaan. Het hof meent dat niet is aangetoond dat sprake is van een zodanig gebrek aan aandacht van de moeder dat het risico bestaat dat het kind bij terugkeer bloot wordt gesteld aan een lichamelijk of geestelijk gevaar of anderszins in een ondraaglijke situatie wordt gebracht. In de uitspraak van Hof Den Haag van 18 maart 2015 (ECLI:NL:GHDHA:2015:586) heeft de raad na onderzoek aan het hof gerapporteerd dat door terugkeer van het kind naar Bulgarije (verzoek door de vader) het kind in een ondraaglijke situatie wordt gebracht. Het kind is gehoord door de raadsonderzoeker en heeft aangegeven dat hij uitsluitend veiligheid bij de moeder voelt. Zijn loyaliteit ligt bij de moeder. Hij is vaak geslagen door de vader, die zich negatief over de moeder uitlaat. Zijn angst om naar Bulgarije te gaan is niet te overzien. De drie raadsheren van het hof die de beslissing hebben gegeven, hebben het kind gehoord en delen de conclusie van de raad. Het verzoek tot terugkeer wordt afgewezen. Hierna volgen enige uitspraken ter illustratie van de restrictieve uitleg van deze weigeringsgrond. In Hof Den Haag 22 februari 2017, ECLI:NL:GHDHA:2017:389, doet de (Nederlandse) moeder een beroep op lichamelijk of geestelijk gevaar in het kader van de verzochte teruggeleiding van het kind naar haar Ugandese vader in Kenia. Het kind is in Kenia geboren, heeft twee jaar met haar ouders in Kenia gewoond, waarna het gezin (kort) in Nederland heeft verbleven en vervolgens terug is gegaan naar Kenia. De moeder is alleen met het kind naar Nederland teruggegaan. De vader verzoekt teruggeleiding. De moeder doet onder meer een beroep op de weigeringsgrond van art. 13 lid 1 onderdeel b. Zij stelt dat de vader het in Kenia aan financiële middelen ontbeert, hetgeen ook voor haar het geval is. Verder stelt zij dat de Nederlandse regering een negatief reisadvies voor Kenia heeft afgegeven. Het is voor haar, als alleenstaande vrouw, en voor het kind te gevaarlijk om in Kenia te verblijven. Als de terugkeer wordt gelast zal zij met het kind meegaan naar Kenia en bij vrienden verblijven. Zij stelt dat zij in dat geval haar uitkering zal verliezen, terwijl het problematisch is om een werkvergunning in Kenia te bemachtigen. De vader betwist een en ander. Hij stelt over voldoende financiële bronnen te beschikken en zal de moeder helpen bij het vinden van werk. Hij stelt een school voor het kind te hebben en een nanny die in voorkomend geval voor haar kan zorgen. Hij stelt verder dat de vrouw in de jaren dat zij in Kenia woonden, nooit heeft beweerd dat dit te gevaarlijk zou zijn. Het hof benadrukt dat de weigeringsgronden strikt dienen te worden toegepast (in deze zin ook Rb. Den Haag 30 augustus 2017, ECLI:NL:RBDHA:2017:9825. De weigeringsgrond wordt restrictief uitgelegd. Alleen in extreme situaties wordt een beroep daarop gehonoreerd). Het hof oordeelt dat er geen sprake is van het bestaan van een ernstig risico op geestelijk of lichamelijk gevaar waaraan het kind wordt blootgesteld bij teruggeleiding naar Kenia. Het hof wijst er nog op dat het kind in Kenia is geboren en daar altijd – op een korte onderbreking na – heeft gewoond tot zij door de moeder ongeoorloofd werd overgebracht naar Nederland. De Rechtbank Breda (Rb. Breda 6 februari 2007, *LJN* BB3319) stelt dat gedoeld is op extreme situaties: kinderen mogen niet worden blootgesteld aan fysiek of psychisch gevaar, dan wel in gewelddadige (criminele) omstandigheden komen te verkeren. Zo is wel geweld in het gezin aangevoerd om aan te tonen dat terugkeer voor het kind gevaarlijk is. Ook is wel door de ontvoerende ouder aangevoerd dat hij de eerste verzorger van het kind is, dat hij niet met het kind terug kan (of wil) gaan – bijvoorbeeld omdat er strafrechtelijke maatregelen tegen hem zijn uitgevaardigd – en dat daardoor terugkeer van het kind voor het kind traumatisch zal zijn. Aldus bijvoorbeeld Hof Amsterdam 16 maart 1995, *NIPR* 1995/480, waarin de moeder tevergeefs verschillende argumenten aanvoerde om aan te geven dat de terugkeer geweigerd diende te worden op grond van art. 13 onderdeel b. Verder is wel gesteld dat teruggeleiding het kind in gevaar brengt omdat de verzoekende ouder nooit voor het kind gezorgd heeft, daar wegens drukke werkzaamheden ook geen tijd voor heeft en niet op familieleden kan terugvallen (zie bijv. Hof 's-Hertogenbosch 16 februari 1995, *NIPR* 1995/335 en Rb. Utrecht 13 november 1996, *NIPR* 1997/89 en *NJkort* 1997/3). Zie ook Hof Den Haag 3 oktober 2017, ECLI:NL:GHDHA:2017:2995. Moeder is met het kind in Nederland gebleven na de geplande datum om terug te reizen. Vader verzoekt teruggeleiding. Moeder stelt dat het kind in een ondragelijke situatie terechtkomt wanneer het kind zonder haar terug moet. Het kind wordt dan gescheiden van zijn primaire verzorger. Dit zal voor het kind een traumatische ervaring zijn. Zij heeft in het betreffende land geen huisvesting en geen werk. De vader werkt de hele dag en is niet in staat om het kind te verzorgen en op te voeden. Een derde zal feitelijk voor het kind zorgen. Vader betwist dit en brengt naar voren dat hij goed in staat is om naar behoren voor het kind te zorgen. Het hof oordeelt dat de rechtbank op goede gronden heeft geoordeeld (Rb. Den Haag 17 augustus 2017, ECLI:NL:RBDHA:2017:9494) dat door terugkeer het kind niet in een ondragelijke situatie terechtkomt. Het hof wijst erop dat de moeder over een verblijfsvergunning beschikt, de Portugese taal spreekt en dat niet gebleken is van een objectieve belemmering voor de moeder om (al dan niet tijdelijk) terug te keren om ter plekke te procederen over het hoofdverblijf van het kind. In vergelijkbare zin overweegt de Rb. Den Haag (18 januari 2017, ECLI:NL:RBDHA:2017:549) dat de omstandigheid dat bij terugkeer naar Canada de kinderen van hun moeder worden gescheiden omdat zij niet mee terug kan (vanwege haar financiële omstandigheden en mogelijke vervolging) niet voldoende is om te concluderen dat de kinderen in een ondragelijke situatie terechtkomen. Ook is wel betoogd dat door terugkeer van het kind naar Canada, nadat het ongeveer drie jaar buiten Canada heeft gewoond, het kind in een ondraaglijke situatie wordt gebracht omdat het in een volstrekt onbekende omgeving terecht komt. Rb. Den Haag (23 april

2008, *LJN* BD0875) overweegt dat hetgeen hier gesteld wordt onvoldoende is om aan te nemen dat het kind in een ondraaglijke toestand komt te verkeren. Bovendien wijst de rechtbank op de reeds bestaande contacten tussen de Nederlandse Jeugdzorg en de Canadese collega's over de zorg van de minderjarige bij een terugkeer naar Canada. Daarbij wordt ervan uitgegaan dat de plaatselijke autoriteiten het best in staat zijn om gepaste beschermingsmaatregelen te nemen. Deze zienswijze zien we terug in de hierboven genoemde uitspraak Rb. Breda van 6 februari 2007: als de opvoedingssituatie bij de vader in Zuid-Afrika al gevaar zou opleveren voor de kinderen, zullen de bevoegde autoriteiten aldaar gepaste maatregelen ter bescherming van de kinderen nemen. **Huiselijk geweld.** In het kader van art. 13 lid 1 onderdeel b is ook wel huiselijk geweld naar voren gebracht. Zo ook in de zaak waar de Rechtbank Den Haag in de uitspraak van 30 augustus 2017 (ECLI:NL:RBDHA:2017:9825) over oordeelt. De moeder stelt dat tijdens het huwelijk sprake is geweest van stelselmatig en structurele bedreigingen van de vader en huiselijk geweld. Uit schaamte heeft zij in Australië geen professionele hulp gezocht. Tijdens familiebezoek in Nederland heeft de vader, in aanwezigheid van het kind, de moeder ernstig mishandeld. Na aangifte is hij door de politierechter hiervoor veroordeeld. Zij stelt dat, ook gezien eerdere veroordelingen, ernstige zorgen zijn over de veiligheid van haar en het kind in Australië. Verder acht de moeder de vader niet in staat om voor het kind te zorgen. Een 'safe return' naar Australië is niet gewaarborgd. De vader betwist dat er sprake is geweest van huiselijk geweld. Zijn eerdere veroordelingen dateren uit de periode dat hij nog geen relatie had met de moeder. De strafzitting in Nederland vond plaats toen hij al weer in Australië was. Hij stelt dat hij gedurende het huwelijk dagelijks meedeelde in de zorg over het kind. Voor beschermende maatregelen in het kader van een 'safe return' is geen reden. De rechtbank overweegt dat de weigeringsgronden restrictief moeten worden uitgelegd. Vaststaat dat de moeder is mishandeld (in Nederland) met letsel aan haar gezicht en handen als gevolg. Dit staat als zodanig volgens de rechtbank niet zonder meer terugkeer van het kind naar Australië in de weg. Structureel huiselijk geweld in Australië kan niet worden vastgesteld. Er is immers geen aangifte gedaan en de moeder heeft geen professionele hulp ingeschakeld. Niet is gesteld noch gebleken dat het kind is mishandeld of dat haar veiligheid in gevaar was. De moeder heeft geen feiten of omstandigheden gesteld waaruit zou blijken dat daarvan sprake zou zijn bij terugkeer van het kind in Australië. Australië wordt door de rechtbank als een modern land gezien waar voldoende hulpverlening voorhanden is om de veiligheid van het kind te waarborgen. De moeder, die in Australië heeft gewoond en gewerkt, wordt voldoende in staat geacht om eventueel met hulp van instanties, opnieuw een zelfstandig bestaan in Australië op te bouwen. Het beroep op de weigeringsgrond van art. 13 lid 1 onderdeel b wordt afgewezen. Het Hof Den Haag (18 oktober 2017, ECLI:NL:GHDHA:2017:3025) bekrachtigt de uitspraak. In de uitspraak van de Rechtbank Den Haag van 22 februari 2018 (ECLI:NL:RBDHA:2018:2690) gaat het ook om huiselijk geweld als grondslag voor een beroep op artikel 13 lid 1 sub b. Gevraagd is om teruggeleiding van de kinderen naar Australië. De rechtbank overweegt dat huiselijk geweld op zich zelf geen reden is om aan te nemen dat het kind bij terugkeer wordt blootgesteld aan lichamelijk of geestelijk gevaar dan wel aldaar in een ondraaglijke situatie belandt. Alle omstandigheden moeten worden beoordeeld, zo ook de mogelijkheid dat er aldaar beschermende maatregelen worden getroffen. Zie tot slot de uitspraak van het Hof Den Haag van 15 september 2021 (ECLI:NL:GHDHA:2021:1738). Het hof oordeelt dat niet is gebleken van huiselijk geweld tegen moeder en/of de kinderen. Maar al zou dat vastgesteld kunnen worden, dan nog is dat onvoldoende grond om de teruggeleiding van de kinderen naar België te weigeren. Teruggeleiding houdt in deze zaak niet in dat moeder en kinderen weer in gezinsverband met vader gaan leven. De relatie tussen vader en moeder is inmiddels beëindigd en vader gaat andere huisvesting zoeken zodat moeder en kinderen in de voormalige echtelijke woning kunnen gaan wonen. Tijdens de procedure is in het kader van het treffen van adequate voorzieningen ter bescherming van de kinderen na terugkeer door de raad voor de kinderbescherming naar voren gebracht dat samen met een Belgische instelling hulpverlening zal worden ingezet en passende maatregelen zullen worden getroffen om de overdracht goed te laten verlopen. Vergelijk in dit kader de uitspraak van het Europese Hof voor de Rechten van de Mens dat in de uitspraak van 21 mei 2019, nr. 49450/17 (*O.C.I. e.a./Roemenië*) waarin het EHRM benadrukt dat van belang is dat er concrete maatregelen zijn om de veiligheid van het kind te garanderen. **Vrees voor verwaarlozing kind na teruggeleiding.** In Rb. Den Haag 2 maart 2018, ECLI:NL:RBDHA:2018:2569 doet de moeder een beroep op art. 13 lid 1 onderdeel b om teruggeleiding naar Chili te voorkomen. Zij stelt dat de vader het kind geen normale woon- en leefomgeving kan bieden: hij heeft geen werk, geen inkomen, woont in een opslagruimte op een bouwterrein. De moeder vreest dat het kind verwaarloosd zal worden. De moeder stelt verder dat zij niet mee kan gaan naar Chili, omdat zij daar geen middelen van bestaan heeft en geestelijk door de vader is mishandeld. De vader betwist de stellingen van de moeder. De rechtbank overweegt dat de moeder onvoldoende heeft aangetoond dat een beroep op de weigeringsgrond van art. 13 lid 1 onderdeel b gerechtvaardigd is. Bovendien, ook al zou de moeder niet kunnen teruggaan naar Chili, dan betekent dit nog niet dat het kind ook niet kan terugkeren naar Chili. **Instabiele politieke situatie.** Gewezen kan worden op Rb. Den Haag 16 mei 2012, ECLI:NL:RBSGR:2012:BW6507. Vader vraagt teruggeleiding van de kinderen naar Ivoorkust. Moeder beroept zich op de weigeringsgrond van art. 13 lid 1 onderdeel b. Zij voert daarvoor de politiek instabiele situatie in Ivoorkust en het huiselijk geweld bij de vader aan. De rechtbank overweegt dat de moeder de onveiligheid onvoldoende heeft aangetoond, terwijl de vader heeft verklaard passende veiligheidsmaatregelen (zoals het wonen in een ommuurde woning) heeft aangevoerd. Het huiselijk geweld (mishandeling) is wel als zodanig vermeld in de rapportage van de Raad voor de kinderbescherming, maar de vader is bij de totstandkoming van deze rapportage niet betrokken geweest. De ontwikkeling van de kinderen is ernstig verstoord, maar het staat voor de rechtbank niet vast dat dit het gevolg is van het gestelde huiselijke geweld. De rechtbank verwerpt het beroep van de moeder op de weigeringsgrond van art. 13 lid 1 onderdeel b vanwege onvoldoende onderbouwing. In dit kader kan worden gewezen op de uitspraak van de rechtbank Den Haag 1 december 2015 (ECLI:NL:RBDHA:2015:13729) waarin wordt overwogen dat de politiek instabiele situatie in Turkije geen grond is om teruggeleiding naar Turkije te weigeren. **IVRK.** Een beroep op art. 3 IVRK wordt afgewezen in Rb. Den Haag 15 februari 2018, ECLI:NL:RBDHA:2018:1640. De moeder stelt dat teruggeleiding ook moet worden getoetst aan art. 3 IVRK (en art. 8 EVRM). Onder verwijzing naar Hof Den Haag 19 augustus 2015, ECLI:NL:GHDHA:2015:2288, brengt zij naar voren dat het belang van het kind bij een beslissing altijd voorop dient te staan. De rechtbank merkt eerst op dat de genoemde uitspraak niet in een vergelijkbare zaak is gegeven, nu in die zaak sprake was van een teruggeleiding naar een niet-verdragsstaat. De rechtbank overweegt vervolgens dat het IVRK, evenals het Haags Kinderontvoeringsverdrag 1980, berust op de gedachte dat internationale kinderontvoering in het algemeen strijdig is met het belang van het kind. De rechtbank wijst hierbij op art. 11 IVRK. Gegeven dit uitgangspunt is teruggeleiding van het kind onder het Haags Kinderontvoeringsverdrag 1980 als zodanig niet in strijd met art. 3 lid 1 IVRK. Een afzonderlijke toetsing van het belang van het kind in het kader van het IVRK of art. 8 in samenhang met het Haags Kinderontvoeringsverdrag 1980 kan dus niet aan de orde zijn. **Brussel II-bis.** De verordening Brussel II-bis bevat een aanvullende bepaling op art. 13 lid 1 onderdeel b. Art. 11 lid 4 Brussel II-bis bepaalt dat de rechter een terugkeer van een kind op grond van art. 13 lid 1 onderdeel b niet kan weigeren, wanneer er adequate voorzieningen zijn getroffen om de bescherming van het kind na de terugkeer te verzekeren. Het moet gaan om concrete maatregelen ter bescherming van het kind na diens terugkeer. In de conclusie bij HR 20 januari 2006 (*NJ* 2006/545, m.nt. ThMdB) wordt hierop gewezen. Hof Den Haag (18 maart 2015, ECLI:NL:GHDHA:2015:586) stelt vast dat niet vast is komen te staan dat er in Bulgarije adequate voorzieningen op de voet van art. 11 lid 4 Brussel II-bis zijn getroffen om het kind te beschermen na zijn terugkeer. Zo was er nog geen contact en dus geen samenwerking tussen de Nederlandse CA en de Bulgaarse CA tot stand gekomen. Bovendien was onduidelijk welke rol de moeder, met wie het kind een zeer hechte band heeft, zal krijgen. Het verzoek om teruggeleiding wordt afgewezen. Deze uitspraak wordt ook besproken onder punt 3 in het kader van de ondraaglijke situatie.

4. Verzet van het kind (lid 2). Ingevolge lid 2 kan de weigering gegrond worden op het verzet van het kind zelf tegen zijn terugkeer, indien het kind een zekere leeftijd en rijpheid heeft bereikt die het rekening houden met zijn mening rechtvaardigen. Het verdrag noemt hier geen leeftijd. In beginsel wordt een kind vanaf 6 jaar gehoord. Vanaf 2017 benoemt de rechtbank Den Haag voor kinderen die in ontvoeringszaken zijn betrokken een bijzonder curator (*Groene Serie Personen en familierecht*, artikel 12 HKOV aant. 5). Zie ook Brussel II-ter en het recht van het kind om gehoord te worden, ook in ontvoeringszaken. In HR 18 oktober 2002, *NJ* 2003/345, m.nt. ThMdB, heeft de Hoge Raad overwogen dat het verdrag de rechter niet verplicht de minderjarige te horen. De rechter heeft een discretionaire bevoegdheid bij de beoordeling van het verzet van het kind. Elke zaak zal naar de specifieke omstandigheden en feiten beoordeeld moeten worden. Verzet houdt meer in dan de enkele wens ergens te blijven wonen. In Rb. Breda 31 januari 2011, *JPF* 2012/19, stelt het veertienjarige kind dat zij niet naar haar vader in Spanje terug wenst te gaan, maar bij haar moeder in Nederland wil blijven. Zij is in Nederland in therapie, heeft hier vriendinnen en vrienden en gaat naar school. Gelet op haar leeftijd en het type schoolopleiding dat zij volgt, acht de rechtbank het juist dat met haar mening rekening wordt gehouden. Naast beschikbare Spaanse rapportages verzoekt de rechtbank de Raad voor de kinderbescherming te rapporteren over de mate van rijpheid die rechtvaardigt dat met de mening van het kind wordt rekening gehouden. In de eindbeschikking (29 maart 2011) oordeelt de rechtbank dat het kind goed in staat is zich een eigen mening te vormen, dat zij daarbij voldoende afstand neemt tot haar moeder en dat zij haar mening goed kan verwoorden. Het beroep op art. 13 lid 2 slaagt en het verzoek tot teruggeleiding naar Spanje wordt afgewezen. In de uitspraak van Hof Den Haag (1 april 2015, ECLI:NL:GHDHA:2015:754) ging het om verzet van het kind in verband met teruggeleiding op verzoek van de vader naar België. In dat kader is door de Raad voor de kinderbescherming onderzoek gedaan naar de vraag of de minderjarige een mate van rijpheid heeft bereikt die rechtvaardigt dat met zijn mening rekening wordt gehouden en naar de vraag of een terugkeer naar België hem in een ondraaglijke toestand zal brengen. De raad acht het van groot belang dat het kind zich in een ontwikkelingsfase bevindt waarin hij keuzes kan maken en op zijn eigen gedrag en dat van anderen kan reflecteren. Voorts heeft het kind zich consequent verzet tegen zijn terugkeer. De terugkeer roept onveiligheidsgevoelens bij hem op, waarbij van belang is dat hij het vertrouwen in zijn vader volledig is verloren. Duidelijk is geworden dat het hem daadwerkelijk gaat om het niet willen terugkeren naar België, en naar zijn vader, en niet zozeer om het gescheiden worden van zijn moeder. Het verzoek wordt afgewezen. Hierna enige oudere rechtspraak. In Hof Den Haag 11 februari 2002, *NIPR* 2002/236, heeft het hof op verzoek van de moeder (de ontvoerende ouder) een kind van vier jaar gehoord. Het hof oordeelt dat met de mening van het kind, dat had aangegeven in Nederland te willen blijven, geen rekening wordt gehouden nu een zodanige rijpheid die rechtvaardigt met zijn mening rekening te houden ontbreekt. De mening van het kind wordt aangemerkt als een wens van de moeder en haar familieleden. Het verdrag geeft geen minimumleeftijd aan. Het wordt aan de aangezochte autoriteit overgelaten hieromtrent te oordelen. Uit de Nederlandse rechtspraak blijkt dat de laagste leeftijdsgrens voor het horen van een kind in beginsel tussen de acht en twaalf jaar ligt. 'In beginsel', want er blijven verschillende gedachten over het horen van het kind. In Hof Den Haag 30 september 1994, *NJ* 1995/356, oordeelt het hof dat een kind van achteneenhalf jaar gehoord kan worden, terwijl Rb. Almelo 19 februari 1992 (tussenbeschikking), 25 maart 1992 (eindbeschikking), *NJ* 1993/241 een kind van acht jaar te jeugdig vindt om met zijn mening rekening te houden. In Hof 's-Hertogenbosch 9 november 1995, *NIPR* 1996/184, oordeelde het hof dat van twee kinderen van negen respectievelijk zeven jaar een verhoor niet goed mogelijk en onder de druk van de omstandigheden te belastend was. Rb. Assen 1 juni 1993, *NIPR* 1993/415 hoort een veertienjarige. Evenzo Rb. Roermond 9 september 1993, *NIPR* 1994/410. In Hof Den Haag 29 september 2004, *RFR* 2005/17; *NIPR* 2005/107, acht het hof een kind van vijf jaar evident te jong om gehoord te worden. In gelijke zin dit hof ten aanzien van een kind van vijfeneenhalf jaar (Hof Den Haag 3 februari 2010, *LJN* BL1778). Het is uiteindelijk de beoordeling van de concrete omstandigheden van het geval die de doorslag zal geven. Een voorbeeld van deze aanpak zien we in Rb. Den Haag 7 maart 2008, *LJN* BC7726, waarin de rechtbank als voorlopig oordeel meent dat, gelet op de leeftijd van het kind – elf jaar – het gerechtvaardigd is rekening te houden met zijn verzet om terug te keren naar Zuid-Afrika. Ten gronde gaat de rechtbank dieper in op deze kwestie. Zo heeft de moeder verklaard dat toen zij in Nederland contact had met het kind het weerzien prettig verliep, het kind het fijn vond haar weer te zien, dat toen de vader even de kamer had verlaten het kind haar hand pakte, dat het kind heeft geïnformeerd naar zijn vriendjes in Zuid-Afrika en te kennen had gegeven Zuid-Afrika te willen bezoeken. Voorts blijkt dat de vader het kind direct na het contact met de moeder heeft meegenomen naar een vakantiehuisje en het kind aldus een paar dagen van school heeft weggehouden. De rechtbank heeft de indruk gekregen dat de vader het kind onvoldoende ruimte geeft en het niet kan toestaan contact met zijn moeder te hebben. Voorts ziet de rechtbank een ernstig loyaliteitsconflict bij het kind. Om die reden acht de rechtbank het noodzakelijk dat de Raad voor de kinderbescherming onderzoek doet naar de vraag of in deze zaak sprake is van voldoende geestelijke rijpheid bij de minderjarige die het rechtvaardigt dat met zijn mening, niet te willen terugkeren naar Zuid-Afrika, rekening wordt gehouden. Wat onder verzet wordt verstaan komt ter sprake in Hof Den Haag 11 februari 2002, *NIPR* 2002/236. Het hof oordeelt dat in het kader van dit artikel het niet voldoende is dat het kind aangeeft dat het graag in Nederland verblijft: "Er moet sprake zijn van verzet van de minderjarige tegen zijn terugkeer, hetgeen heel wat anders is dan graag willen blijven wonen waar hij nu is." Zie in deze zin ook Hof Leeuwarden 20 maart 2012, ECLI:NL:GHLEE:2012:BW1994. Het oudste kind verzet zich tegen teruggeleiding naar Noorwegen. Het kind, gehoord in aanwezigheid van de bijzonder curator door een raadsheer-commissaris, heeft verklaard dat zij gepest werd op school, niet bij haar moeder wil wonen en geen contact met haar wil onderhouden. Het hof oordeelt dat het kind, veertien jaar oud, een leeftijd en mate van rijpheid heeft bereikt om met haar mening rekening te houden. Het kind heeft ten tijde van het gesprek helder, duidelijk en consistent haar mening naar voren gebracht, ofschoon zij een beneden gemiddeld intelligentieniveau heeft. Zij kwam leeftijdsadequaat en authentiek over. Het hof vindt geen redenen om te veronderstellen dat de weerstand tegen de moeder is beïnvloed door de vader. Het concludeert dat sprake is van verzet van het kind tegen teruggeleiding in de zin van art. 13 lid 2. Het tweede kind verklaart eveneens dat zij niet terug wil naar Noorwegen, maar uit haar verklaring blijkt vooral dat zij bij haar vader en zus wil blijven. Een dergelijke wens valt niet aan te merken als verzet tegen de terugkeer in de zin van lid 2. De teruggeleiding van het kind wordt echter geweigerd, omdat het onwenselijk wordt geacht (ook door de moeder) dat de kinderen van elkaar worden gescheiden. Zie voor dit laatste ook Rb. Den Haag 7 juni 2013, ECLI:NL:RBDHA:2013:CA2639. De rechtbank weigert de teruggeleiding van het oudste kind naar Egypte omdat het kind zich (met succes) hiertegen verzet en weigert eveneens de teruggeleiding van de twee jongere kinderen omdat zij bij terugkeer van hun moeder en zus (die in Nederland blijven) en mogelijk ook van hun vader gescheiden zullen worden. Dit wordt aangemerkt als een ernstig risico op een ondraaglijke situatie voor deze kinderen. Een kind van drie jaar heeft volgens Hof Den Haag (20 januari 2016, ECLI:NL:GHDHA:2016:67) niet de leeftijd en mate van rijpheid bereikt dat het gerechtvaardigd is dat met zijn mening rekening wordt gehouden. Zie in het kader van het verzet van het kind de uitspraak van het Hof Den Haag van 6 februari 2017 (ECLI:NL:GHDHA:2017:246), waarin de moeder en het kind, tegen de wil van de vader, in Nederland verblijven. Vader verzoekt teruggeleiding. De moeder stelt dat het kind (zeven jaar) zich hevig verzet tegen terugkeer. Moeder stelt dat het kind al goed kan aangeven wat zij wenst en van iets vindt. Het hof overweegt dat uit het verhoor van het kind niet is gebleken dat zij zich verzet tegen terugkeer. Zij kan niet concretiseren wat zij onprettig vond in het land waar naar zij zou terugkeren. Zij vertelde wel dat zij het in Nederland prettiger vindt. Dit is, volgens het hof, onvoldoende om van verzet te spreken. Zie over de kwestie van verzet ook de uitspraak van het Hof Den Haag van 23 februari 2017 (ECLI:NL:GHDHA:2017:534). De moeder stelt dat de kinderen zich hevig verzetten tegen terugkeer. De vader betwist dit en stelt dat de kinderen jong zijn, in het land waarnaar zij terug zullen gaan zijn geboren en het daar altijd naar hun zin hebben gehad. De drie kinderen zijn afzonderlijk in raadkamer door het hof gehoord. Daarbij was een tolk aanwezig. Het hof overweegt dat onvoldoende is gebleken van verzet in de zin van art. 13 lid 2. Hun bezwaren zien vooral op school en in het geval van één van de kinderen op de medische behandeling die hij nodig heeft. Zij vinden de omstandigheden in Nederland prettiger en willen daarom liever in Nederland blijven. Hiermee is geen sprake van verzet tegen terugkeer. Ook verordening Brussel II-bis waarin in art. 11 lid 2 wordt bepaald dat bij toepassing van art. 12 en 13 het kind dient te worden gehoord, tenzij dit gezien zijn leeftijd en mate van rijpheid niet raadzaam wordt geacht, geeft geen concrete leeftijd aan.

5. Maatschappelijke omstandigheden (lid 3). Met de maatschappelijke omstandigheden van het kind, zoals bekend uit informatie van de autoriteiten van de staat waar het kind zijn gewone verblijfplaats heeft, dient rekening te worden gehouden bij de beoordeling van mogelijke weigeringsgronden.

Artikel 14

Ten einde vast te stellen of er sprake is van een ongeoorloofde overbrenging of niet doen terugkeren in de zin van artikel 3, kan de rechterlijke of administratieve autoriteit van de aangezochte Staat rechtstreeks rekening houden met het recht van de Staat waar het kind zijn gewone verblijfplaats heeft en met de aldaar al dan niet formeel erkende rechterlijke of administratieve beslissingen, zonder dat het nodig is dat de inhoud van dat recht of de erkenning van buitenlandse beslissingen worden vastgesteld in een bijzondere daartoe bestemde procedure, die anders toepasselijk zou zijn.
[25-10-1980, Trb. 139, i.w.tr. 01-12-1983]

[Buitenlands recht]

Betekenis. Teneinde vast te stellen of er sprake is van een ongeoorloofde overbrenging of vasthouding in strijd met het gezagsrecht over het kind, kan de aangezochte autoriteit rekening houden met het recht van de gewone verblijfplaats van het kind en de aldaar genomen beslissingen. Daarbij is niet nodig dat de inhoud van dat recht in een bijzondere procedure wordt vastgesteld. Evenmin wordt de erkenning van een buitenlandse beslissing in een exequaturprocedure vereist. Deze bepaling, die in zekere zin het bewijs van het buitenlandse (gezags)recht betreft en versoepelt, beoogt de snelheid van de beslissing van de aangezochte autoriteit te bevorderen. Zie in dit verband HR van 18 maart 2005, *NJ* 2005/563, m.nt. ThMdB, hiervoor genoemd in art. 3, aant. 4. De Hoge Raad oordeelt dat Hof Amsterdams de Israëlische beslissing niet zonder meer naast zich neer had mogen leggen. Desalniettemin wijst de Hoge Raad erop dat het niet de rechter van de gewone verblijfplaats van het kind is, maar de rechter van de aangezochte staat die uiteindelijk de beslissing over de teruggeleiding neemt. Verder overweegt de Hoge Raad dat schending van buitenlands recht geen grond voor cassatie is. Dit was de reactie van de Hoge Raad op de klacht dat het hof een verkeerde interpretatie aan het Israëlische convenant, had gegeven. In deze zin over art. 14: Hof Den Haag 14 november 2007, *LJN* BB7840. Het hof overweegt dat het niet zonder meer gebonden is aan de gegeven uitleg van het buitenlandse recht. De aangezochte rechter heeft de bevoegdheid zelf te beslissen of wordt voldaan aan de voorwaarden om teruggeleiding te gelasten. Verder zij verwezen naar het commentaar op art. 15.

Artikel 15

Alvorens de terugkeer van het kind te gelasten, kunnen de rechterlijke of administratieve autoriteiten van een Verdragsluitende Staat verlangen dat de verzoeker een beslissing of verklaring van de autoriteiten van de Staat waar het kind zijn gewone verblijfplaats heeft, overlegt, waarin wordt vastgesteld dat de overbrenging of het niet doen terugkeren ongeoorloofd was in de zin van artikel 3 van het Verdrag, voor zover een dergelijke beslissing of verklaring in die Staat kan worden verkregen.

De centrale autoriteiten van de Verdragsluitende Staten zijn de verzoeker zoveel mogelijk behulpzaam bij de verkrijging van een dergelijke beslissing of verklaring.
[25-10-1980, Trb. 139, i.w.tr. 01-12-1983]

[Beslissing of verklaring inzake de ontvoering]

Betekenis. Voor het geval de aangezochte autoriteit geen of te weinig inzicht heeft in het recht van de gewone verblijfplaats van het kind, biedt deze bepaling hem daarvoor een mogelijk handvat. De aangezochte autoriteit kan namelijk de verzoeker vragen een verklaring of beslissing over te leggen van de autoriteiten van het land waar het kind zijn gewone verblijfplaats heeft, in welke verklaring wordt vastgesteld dat de overbrenging of vasthouding ongeoorloofd was in de zin van art. 3. Dit verzoek is geen voorwaarde in die zin dat de terugkeer van het kind afhangt van de verklaring of beslissing, zie in deze zin: Rb. Breda 6 februari 2007, *LJN* BB3319. De verzoeker kan in dit kader bijstand vragen aan de Centrale Autoriteit van het land waar het kind zijn gewone verblijfplaats heeft. Deze kan op grond van art. 8 onderdeel 3 onder f een verklaring inzake het eigen toepasselijke recht afgeven. De verklaring zal moeten ingaan op de twee aspecten van art. 3: de overbrenging was volgens het recht van de gewone verblijfplaats van het kind in strijd met het wettig toegekend of ex lege bestaande a. gezagsrecht dat b. daadwerkelijk werd uitgeoefend. Zie voor de betekenis van deze bepaling HR 18 maart 2005, *NJ* 2005/563, m.nt. Th.M. de Boer. In dit arrest kwam de vraag op in welke mate de aangezochte rechter gebonden is aan een ingevolge art. 15 gegeven beslissing of verklaring van de autoriteiten van de staat van de gewone verblijfplaats van het kind. Het middel voert in dit verband aan dat het hof blijk heeft gegeven van een onjuiste rechtsopvatting ten aanzien van het verdrag en zijn doelstellingen door de inhoud van de verklaring van de Israëlische rechter naast zich neer te leggen. De Hoge Raad oordeelt dat met art. 14 en 15 is beoogd de rechter van de aangezochte staat beter en gemakkelijker in staat te stellen te beoordelen of er sprake is van een ongeoorloofde overbrenging of niet doen terugkeren. De beslissing en de verklaring waar art. 15 op doelt, zijn te beschouwen als hulpmiddel voor de aangezochte rechter betreffende de betekenis van het recht van de gewone verblijfplaats van het kind. Overwogen wordt dat daarbij niet de eis wordt gesteld dat de beslissing of verklaring is gegeven in een procedure op tegenspraak. Anderzijds is het niet zo, dat de aangezochte rechter zonder meer is gebonden aan de vaststelling van een ingevolge art. 15 afgegeven verklaring of uitgesproken beslissing. De aangezochte rechter zal zelfstandig moeten beslissen of is voldaan aan de voorwaarden om het verzoek tot teruggeleiding toe te wijzen. Het feit dat de moeder niet is gehoord is op zichzelf geen reden om aan die verklaring geen betekenis te hechten. Het hof had dus wel degelijk met de verklaring rekening moeten houden. De Hoge Raad benadrukt vervolgens dat het de aangezochte rechter is die de beoordeling maakt en dat in die procedure de moeder wél haar bezwaren naar voren heeft kunnen brengen. De uitleg van het convenant, waar het in feite om ging, is van feitelijke aard. In HR 25 april 2008, *LJN* BC8942, overweegt de Hoge Raad dat het niet van belang is of de verklaring van art. 15 is afgegeven op verzoek van de rechter die over de teruggeleiding dient te oordelen, dan wel door één van de partijen dan wel door de betrokken Centrale Autoriteiten. De vraag in hoeverre de rechter gebonden is aan de verklaring wordt aan de hand van de concrete omstandigheden beoordeeld. De verklaring van art. 15 is een hulpmiddel bij het vaststellen of het verzoek tot teruggeleiding kan worden toegewezen. In Nederland is het vaste praktijk dat de verklaring van art. 15 wordt afgegeven door de Centrale Autoriteit. In deze lijn ligt de uitspraak Rb. Den Haag 3 oktober 2012, ECLI:NL:RBSGR:2012:BX9411. De rechtbank overweegt dat het aan de lidstaten is overgelaten of zij hun rechterlijke autoriteiten bevoegd verklaren tot het afgeven van de verklaring. In de Uitvoeringswet is hiervoor geen bepaling opgenomen. De rechtbank leidt hieruit af dat de wetgever er niet voor heeft gekozen de rechter bevoegd te verklaren als instantie tot het geven van de verklaring van art. 15. Om die reden verklaart de rechtbank zich onbevoegd tot het afgeven van de verklaring van art. 15. Zie ook in deze lijn: Rb. 's-Hertogenbosch 20 december 2012, *LJN* BY7967.

Artikel 16

Nadat de rechterlijke of administratieve autoriteiten van de Verdragsluitende Staat waarheen het kind ongeoorloofd is overgebracht of waar het ongeoorloofd wordt vastgehouden in de zin van artikel 3, in kennis zijn gesteld van deze overbrenging of dit vasthouden, kunnen zij zich niet eerder over het gezagsrecht ten gronde uitspreken, dan nadat is vastgesteld dat het kind niet dient terug te keren ingevolge dit Verdrag, of dan nadat een redelijke termijn is verstreken en daarin geen verzoek is ingediend om dit Verdrag toe te passen.

[25-10-1980, Trb. 139, i.w.tr. 01-12-1983]

[Geen snelle beslissing over het gezagsrecht]

Betekenis. Ingevolge deze bepaling kunnen de autoriteiten van het land waar het kind ongeoorloofd is overgebracht of ongeoorloofd wordt vastgehouden zich niet eerder over het gezagsrecht ten gronde uitspreken, dan nadat is vastgesteld dat het kind niet dient terug te keren dan wel indien binnen een redelijke termijn geen verzoek tot teruggeleiding is ingediend. De bepaling verbiedt derhalve het treffen van een gezagsmaatregel ten gronde. Wanneer de ontvoerende ouder een wijziging of vaststelling van het gezagsrecht vraagt zal de rechter deze procedure moeten aanhouden totdat beslist is of teruggeleiding van het kind volgens het verdrag moet worden uitgesproken. Wanneer er (nog) geen verzoek daartoe is ingediend zal de rechter die gevraagd is over het gezagsrecht te beslissen een redelijke wachttijd in aanmerking moeten nemen alvorens zich over het gezag uit te spreken. Deze bepaling beoogt te voorkomen dat de ontvoerder de teruggeleiding frustreert door er zo snel mogelijk voor te zorgen dat aan hem het gezag over het kind wordt toevertrouwd, waarbij de achtergebleven ouder veelal geen mogelijkheid tot verweer heeft. De 'redelijke termijn' wordt niet nader ingevuld. Dit hangt volgens de verdragsopstellers af van de desbetreffende zaak (Toelichtend rapport, p. 464). Voor het geval de redelijke termijn minder dan één jaar is en binnen het jaar een beslissing over het gezag wordt gegeven, ontstaat een probleem met art. 12 onderdeel 1, ingevolge welke bepaling een verzoek tot teruggeleiding dat ingediend is binnen één jaar na de overbrenging respectievelijk vasthouding altijd gehonoreerd moet worden. Zie in dit kader art. 17. Gewezen kan worden op Hof Amsterdam 5 april 2012, ECLI:NL:GHAMS:2012:BW5310, waarin het hof zich in een echtscheidingsprocedure onbevoegd verklaart ten aanzien van de nevenverzoeken die de kinderen betreffen (bepaling van het hoofdverblijf en de zorg) te oordelen gelet op de teruggeleidingsbeslissingen die gedurende de procedure zijn gegeven. Op grond van deze beslissingen wordt de teruggeleiding naar Guatemala gelast. Het hof noemt deze beslissingen, art. 16 en het feit dat het de rechter in Guatemala beter in staat acht de zaak te beoordelen als onderbouwing van de onbevoegdverklaring. Een punt dat bij de rechtsmacht nog wel eens speelt is de vraag of de overgang van de verblijfplaats van een kind een overgang van de rechtsmacht van de rechter met zich brengt. In dit verband noem ik Hof 's-Hertogenbosch 10 juni 2004, *RFR* 2004/10. Na echtscheiding houden beide ouders het gezag. Het kind woont bij de moeder in België, tussen de vader en het kind wordt een omgangsregeling vastgelegd. Het kind wordt op een gegeven moment door de vader – die in Nederland woont – na afloop van de omgangsregeling niet meer naar de moeder teruggebracht, omdat de vader vermoedt dat het kind door haar wordt mishandeld. De moeder spant een kort geding aan bij de voorzieningenrechter van Rechtbank Maastricht, die het kind echter aan de vader toevertrouwt totdat op het inmiddels door de man ingestelde verzoek tot wijziging van het gezag onherroepelijk is beslist. Tegen dit vonnis is geen hoger beroep ingesteld. Rechtbank Maastricht verklaart zich onbevoegd van het wijzigingsverzoek van de vader kennis te nemen. Ten tijde van het indienen van het verzoek had het kind zijn gewone verblijfplaats bij de vrouw, maar verbleef het feitelijk bij de man. De rechtbank oordeelt dat het kind zijn gewone verblijfplaats in België heeft. In hoger beroep oordeelt het hof inzake art. 16 dat deze bepaling inhoudt dat de Nederlandse rechter zich in een geval van ongeoorloofd niet doen terugkeren, zich niet eerder over het gezagsrecht ten gronde kan uitspreken dat nadat is vastgesteld dat het kind niet dient terug te keren. Nu de moeder niet in hoger beroep is gegaan van de uitspraak van de voorzieningenrechter is aan deze voorwaarde, volgens het hof, voldaan. Nadat deze hobbel genomen was, ging het hof in op de kwestie van de rechtsmacht van de Nederlandse rechter. Het hof overweegt dat art. 1 HKV 1961 aanknoopt aan de gewone verblijfplaats van de minderjarige op het tijdstip van het nemen van de maatregel (en niet op het tijdstip van het indienen van het verzoek). Hieruit vloeit voort, aldus het hof, dat verandering van het gewone verblijf leidt tot overgang van bevoegdheid indien verandering van het gewone verblijf zich voordoet in de loop van het rechtsgeding waarvan het nemen van een maatregel ex art. 1 HKV 1961 inzet is. Zie ook: HR 14 april 2000, *NJ* 2000/452 en HR 1 oktober 1999, *NJ* 2001/212. In deze arresten werd in kinderontvoeringszaken aangenomen dat de rechtsmacht de gewone verblijfplaats van het kind volgt. Anders: HR 19 maart 2004, *NJ* 2004/295, m.nt. PV, waarin in een kinderontvoeringszaak het perpetuatio fori-beginsel werd gehanteerd.

Artikel 17

Het enkele feit dat in de aangezochte Staat een beslissing met betrekking tot het gezag is genomen of voor erkenning in aanmerking komt, vormt geen grond voor een weigering het kind ingevolge dit Verdrag terug te zenden, maar de rechterlijke of administratieve autoriteiten van de aangezochte Staat kunnen bij de toepassing van dit Verdrag rekening houden met de overwegingen die tot deze beslissing hebben geleid.

[25-10-1980, Trb. 139, i.w.tr. 01-12-1983]

[Gezagsbeslissing geen weigeringsgrond]

Betekenis. Voor het geval dat eerst om toepassing van het verdrag wordt gevraagd nadat in het land waarheen het kind is overgebracht een beslissing over het gezag is gegeven of erkend, is deze bepaling relevant. Wanneer in de aangezochte staat een beslissing over het gezag is genomen of voor erkenning in aanmerking komt, is hierin geen grond gelegen voor weigering het kind terug te zenden. Zie over deze bepaling: Rb. Den Haag

18 september 2014 (ECLI:NL:RBDHA:2014:11598). De verdragsopstellers hebben met deze bepaling beoogd de (aspirant) ontvoerders ervan te weerhouden zich te beroepen op beslissingen over het gezagsrecht, bijvoorbeeld zich te beroepen op een beslissing verkregen op een exorbitante jurisdictiebepaling (*Toelichtend Rapport*, p. 464). Wel kunnen de bevoegde autoriteiten bij de toepassing van het verdrag rekening houden met de overwegingen die tot deze beslissing hebben geleid.

Artikel 18

De bepalingen van dit hoofdstuk beperken niet de bevoegdheid van de rechterlijke of administratieve autoriteit om op ongeacht welk tijdstip de terugkeer van het kind te gelasten.

[25-10-1980, Trb. 139, i.w.tr. 01-12-1983]

[Terugkeer altijd mogelijk]

Betekenis. Deze bepaling stelt vast dat de bepalingen van hoofdstuk III de bevoegdheid van de aangezochte autoriteit niet beperken om op ongeacht welk tijdstip de terugkeer van het kind te gelasten. Hiermee wordt aangegeven dat de aangezochte autoriteit de voor de terugkeer van het kind meest gunstige regeling mag toepassen. Dit kan zich in het bijzonder voordoen in het geval van de weigeringsgrond van art. 12 lid 2: verzoek ingediend na één jaar en het kind heeft zich inmiddels aangepast aan de nieuwe situatie (*Toelichtend rapport*, p. 460). Een beroep op art. 18 wordt afgewezen in Rb. Den Haag 22 september 2011, ECLI:NL:RBSGR:2011:BT8447. De rechtbank stelt voorop dat het belang van het kind richtsnoer blijft bij een beslissing inzake teruggeleiding. Art. 18 ziet op een zeer uitzonderlijke situatie. Het beroep op art. 18 slaagt niet, mede in het licht van de restrictieve uitleg van de verdragsregeling. Een beroep op art. 18 was wel succesvol in de uitspraak Hof 's-Hertogenbosch 15 november 2006, *LJN* AZ6543. Vader heeft het kind uit Italië meegenomen naar Nederland. Op grond van art. 12 lid 2 is sprake van worteling in Nederland. De rechtbank meent dat teruggeleiding naar Italië niet in het belang van het kind is. Het hof is een andere mening toegedaan. Moeder en kind hebben een goede band, moeder kan in het kader van verzorging en opvoeding een beroep doen op steun van de voogd. Bovendien hangt de vader een gevangenisstraf in Italië boven het hoofd. De voor het kind onwenselijke situatie zou kunnen ontstaan dat het kind uiteindelijk zonder ouders in Nederland verblijft, namelijk wanneer op enig moment de vader in Italië in de gevangenis belandt en de moeder eveneens in Italië woont (zoals reeds het geval is). Zie ook bij artikel 12 aant. 3.

Artikel 19

Een ingevolge dit Verdrag genomen beslissing betreffende de terugkeer van het kind heeft geen betrekking op het gezagsrecht zelf.

[25-10-1980, Trb. 139, i.w.tr. 01-12-1983]

[Terugkeer geen invloed op gezagsrecht]

Betekenis. Deze bepaling legt de achterliggende gedachte van het verdrag vast, namelijk dat het bevel tot de terugkeer niet prejudicieert ten aanzien van het gezag zelf. Het verdrag ziet op de teruggeleiding naar de gewone verblijfplaats, maar regelt niet het gezag.

De ontvoerende ouder kan, na teruggeleiding, bij de (internationaal) bevoegde rechter een verzoek tot wijziging van het gezag doen.

Artikel 20

De terugkeer van het kind overeenkomstig het bepaalde in artikel 12 kan worden geweigerd, wanneer deze op grond van de fundamentele beginselen van de aangezochte Staat betreffende de bescherming van de rechten van de mens en de fundamentele vrijheden niet zou zijn toegestaan.

[25-10-1980, Trb. 139, i.w.tr. 01-12-1983]

[Rechten van de mens en fundamentele vrijheden]

Betekenis. Ingevolge deze bepaling wordt terugkeer geweigerd wanneer deze op grond van de in de aangezochte staat gehuldigde beginselen inzake de bescherming van de rechten van de mens en de fundamentele vrijheden niet zou zijn toegestaan. Deze bepaling is het resultaat van de beraadslagingen omtrent het al dan niet opnemen van een openbare orde-clausule in het verdrag. De verdragsopstellers waren bevreesd dat een algemene verwijzing naar de in de aangezochte staat gehuldigde beginselen van het familierecht en de openbare orde met zich zou brengen een toetsing aan de eigen – cultureel en religieus gekleurde – interne regels en de eigen nationale openbare orde (zie H. Batiffol, *La Quatorzième session de la Conférence de La Haye de droit internationale privé*, in Revue Critique de DIP, 1981, p. 234). Het bereikte compromis verwijst enerzijds naar een materie – rechten van de mens, fundamentele vrijheden – waar al verschillende internationale verdragen en internationale consensus over bestaan en gaat anderzijds verder dan de traditionele formulering van de openbare orde-clausule, nu aangetoond moet worden dat de desbetreffende beginselen de terugkeer van het kind verbieden. Niet voldoende is dat terugkeer (kennelijk) strijdig is met deze beginselen (*Toelichtend Rapport*, p. 125). Het Europese Hof voor de Rechten van de Mens heeft zich in de zaak *X/Letland* (EHRM (Grote Kamer) 26 november 2013, nr. 27853/09, r.o. 117) uitgelaten over de vraag of de fundamentele rechten van het kind worden geschaad in de zin van artikel 20 door teruggeleiding van het kind. De in artikel 20 neergelegde weigeringsgrond is in de Nederlandse rechtspraak slechts een enkele keer ingeroepen, echter steeds zonder resultaat. Laatstelijk in Hof Den Haag 18 oktober 2017, ECLI:NL:GHDHA:2017:3036. In deze zaak doet de vader een beroep op art. 20 en stelt dat hij in het land waar de kinderen naar teruggeleid zouden worden, geen toegang heeft tot de rechter waardoor de gedachte 'eerst terug, dan praten' wordt ondermijnd. Hij stelt dat teruggeleiding moet worden afgewezen, zodat de kinderen in Nederland kunnen blijven en zo nodig een bodemprocedure over de kinderen kan worden gevoerd. Het hof meent dat niet is gebleken dat bij terugkeer van de kinderen naar het desbetreffende land sprake is van een omstandigheid als bedoeld in art. 20, tenzij de vader geen toegang tot de rechter van dat land zou hebben. Dit is volgens de uitspraak niet het geval. Zie voor eerdere uitspraken: Rb. 's-Hertogenbosch 13 februari 1991, *NIPR* 1992/205; Hof Den Haag 31 maart 1995, *NIPR* 1995/333. Ook in het arrest van het Hof Den Haage (29 september 2004, *NIPR* 2005/107 en *RFR* 2005/17) faalde een beroep op art. 20. De ontvoerende moeder stelt dat zij geen financiële middelen heeft om de zaak in Spanje uit te procederen. De Centrale Autoriteit wijst er op dat in Spanje ook een systeem van gefinancierde rechtshulp met een eigen bijdrage bestaat waarvan de moeder gebruik kan maken. Het hof neemt dit argument over. Zie ook afwijzend: HR 28 september 2007 in zowel de *Italiëzaak* (*LJN* BB3192) als de *Hawaïzaak* (*LJN* BB3193). Overwogen wordt dat de enkele omstandigheid dat het kind inmiddels is geworteld in zijn nieuwe omgeving en beter af zou zijn indien terugkeer wordt geweigerd, de toepassing van art. 20 niet rechtvaardigt.

HOOFDSTUK IV
Omgangsrecht

Artikel 21

1. Een verzoek dat de regeling of de bescherming van de feitelijke uitoefening van het bezoekrecht beoogt, kan op dezelfde wijze als een verzoek dat de terugkeer van het kind beoogt, aan de centrale autoriteit van een Verdragsluitende Staat worden gericht.
2. De centrale autoriteiten zijn gehouden tot de in artikel 7 bedoelde verplichting tot samenwerking, ten einde te verzekeren dat het omgangsrecht op vreedzame wijze kan worden uitgeoefend en de voorwaarden voor de uitoefening van dit recht worden nageleefd, en om alle bestaande belemmeringen met betrekking tot de uitoefening van dit recht zoveel mogelijk weg te nemen.
3. De centrale autoriteiten kunnen hetzij rechtstreeks, hetzij door tussenkomst van derden, een gerechtelijke procedure instellen of bevorderen, tot het regelen of beschermen van het omgangsrecht en de naleving van de voorwaarden waaraan de uitoefening van dit recht mocht zijn gebonden.
[25-10-1980, Trb. 139, i.w.tr. 01-12-1983]

[Naleving omgangsrecht]

1. Bescherming van de feitelijke naleving van het omgangsrecht (lid 1). De naleving van het omgangsrecht wordt beheerst door artikel 21. Op dezelfde wijze als een verzoek tot terugkeer van een kind kan bij de Centrale Autoriteit een verzoek strekkende tot regeling en bescherming van de feitelijke uitoefening van het omgangsrecht worden ingediend. De bepaling ziet (vooral) op de praktische verwezenlijking van omgangsregelingen alsmede op samenwerking tussen Centrale Autoriteiten in dit verband. Het verdrag beoogt niet een voorziening te geven voor een uitvoerige regeling van het omgangsrecht als zodanig (*Toelichtend rapport*, p. 465). Dit neemt niet weg dat het artikel zowel ziet op het vaststellen van een omgangsregeling als op het beschermen en faciliteren van een bestaande regeling. In de uitspraak van het Hof Den Haag van 3 juni 2009, *LJN* BI7405, ging het om de omgang tussen een in Nederlander bij de moeder woonachtig minderjarig kind en zijn in Spanje wonende vader. De Nederlandse Centrale Autoriteit verzoekt, namens de vader, met een beroep op art. 21 een omgangsregeling vast te stellen. De moeder stelt onder meer dat art. 21 niet de grondslag geeft voor het vaststellen van een uitvoerige omgangsregeling. Het hof overweegt dat tot het vertrek van moeder en kind naar Nederland, de vader regelmatig contact had met het kind. Na dit vertrek van het kind heeft hij tegen zijn wil dit contact verloren. Het hof overweegt voorts en wijst daarbij op het preventieve aspect van het verdrag, dat een omgangsregeling als verzocht juist een kwestie is waarover de rechter ingevolge art. 21 kan oordelen. Vervolgens wordt een deskundigenonderzoek gelast teneinde een heroriëntatie op het ouderschap met de ouders te bespreken. Een andere benadering is te zien in Rb. Roermond 25 mei 2005, *NIPR* 2005/101, aangaande de wijziging van een bestaande (Duitse) regeling. Ingevolge een Duitse uitspraak is de moeder alleen met het gezag over het kind belast en bestaat een omgangsregeling voor de vader. De moeder woont in Nederland, de vader in Duitsland. De ouders wonen dicht bij de grens om de contacten met de vader te vergemakkelijken. De vader verzoekt uitbreiding van de omgangsregeling in de zin van het zogenoemde Zwei Zuhause-Modell, in Nederland bekend als het co-ouderschap. De rechtbank overweegt dat het gezags- en omgangsrecht in samenhang met de onmiddellijke terugkeer van het kind moet worden gezien. Naleving van het omgangsrecht werkt preventief en verkleint de kans op ontvoering. Echter, art. 21 – op grond waarvan een verzoek betreffende het omgangsrecht aan de Centrale Autoriteit kan worden gedaan – beoogt niet een uitvoerige voorziening aangaande het omgangsrecht te geven. Uitbreiding (wijziging) van het omgangsrecht kan aldus de rechtbank niet worden gegrond op dit artikel. In deze lijn Rb. Haarlem 16 november 2004, *NIPR* 2005, 24. Hof Den Haag 22 september 2010, *LJN* BN8730, wijst het verzoek tot omgang af omdat het vaststellen van een omgangsregeling onder de huidige omstandigheden niet in het belang van het kind zou zijn. De ouders van het kind hebben geruime tijd niet met elkaar gecommuniceerd. Het hof meent dat het op de weg van de moeder ligt om de vader van informatie te voorzien. In de uitspraak van de Rechtbank Den Haag van 17 oktober 2014 (ECLI:NL:RBDHA:2014:13130) boog de rechtbank zich over een internationale kinderontvoering en een internationale omgangsregeling. Britse vader en Ierse moeder met twee minderjarige kinderen. Wanneer de ouders uit elkaar gaan, blijven moeder en kinderen in Ierland en gaat zij later met de kinderen naar Nederland. Vader is naar Duitsland verhuisd. Vader heeft op 7 juli 2014 een verzoek ingediend tot teruggeleiding van de kinderen naar Ierland en in augustus 2014 is moeder met de kinderen (vrijwillig) teruggekeerd naar Ierland. Moeder heeft op 3 oktober 2014 een verzoek ingediend tot het vaststellen van een internationale omgangsregeling op de voet van artikel 21. De Rechtbank Den Haag oordeelt dat met de vrijwillige terugkeer van de kinderen naar hun gewone verblijfplaats in Ierland is voldaan aan het doel en de strekking van het Verdrag. Tijdens de zitting hebben ouders overeenstemming bereikt dat de minderjarige kinderen hun hoofdverblijf bij de moeder in Ierland hebben en hebben zij verzocht dit vast te leggen in de beschikking. Ouders hebben ook overeenstemming bereikt over de reguliere omgangsregeling, de vakantieregelingen en, in dat verband, de informatie- en consultatieregeling en verzocht deze afspraken op te nemen in de beschikking. De rechtbank neemt de overeengekomen internationale omgangsregeling op in de beschikking. De praktische uitvoerbaarheid van de omgangsregeling heeft een rol gespeeld bij de uitspraak van Rb. Den Haag 4 mei 2008, *LJN* BL6136. De moeder is met het kind naar Engeland vertrokken. Het door de vader ingediende verzoek tot teruggeleiding wordt in een Engelse procedure afgewezen. In de procedure voor de Nederlandse rechter verzoekt de vader onder meer vaststelling van een omgangsregeling met het kind. De rechtbank acht zich onvoldoende geïnformeerd om het belang van het kind bij een omgangsregeling af te wegen en stelt ook vast dat de ouders niet over de financiële middelen beschikken om regelmatig tussen Engeland en Nederland te reizen. Dit maakt, volgens de rechtbank, een omgangsregeling onuitvoerbaar.

2. Samenwerking Centrale Autoriteiten (lid 2 en 3). De verzoeker kan naar keuze een Centrale Autoriteit van een verdragsstaat benaderen. De Centrale Autoriteiten zijn verplicht samen te werken teneinde een vreedzame uitoefening van het omgangsrecht te bevorderen. In dit verband kunnen zij erop toezien dat de voorwaarden voor het uitoefenen van het omgangsrecht worden nageleefd en kunnen zij trachten aan de uitoefening van het omgangsrecht in de weg staande belemmeringen weg te nemen. Bij de verdragsopstellers leefde de gedachte dat van hulp aan ouder(s) bij de naleving van het omgangsrecht een, wat betreft de ontvoering, preventieve werking uitgaat. Welke maatregelen genomen kunnen worden vermeldt het verdrag niet. In het Toelichtend Rapport (p. 466) leest men dat het geven van voorbeelden bewust achterwege is gelaten uit vrees voor een restrictieve interpretatie. De Centrale Autoriteiten hebben derhalve een grote bewegingsvrijheid gekregen. Wat zij kunnen doen hangt af van de specifieke omstandigheden van iedere zaak en van de bevoegdheden van iedere Centrale Autoriteit. De rapporteur noemt als voorbeeld de mogelijkheid dat, in geval het kind voor de uitoefening van het omgangsrecht naar het buitenland gaat, aan de Centrale Autoriteit van de gewone verblijfplaats van het kind en aan de Centrale Autoriteit van het land waar het kind zich tijdelijk zal bevinden een opgave wordt gedaan van de plaatsen waar het kind zal zijn (*Toelichtend Rapport*, p. 466). De Centrale Autoriteiten kunnen – rechtstreeks of door tussenkomst van derden – een gerechtelijke procedure tot het bevorderen, regelen of beschermen van het omgangsrecht instellen.

HOOFDSTUK V
Algemene bepalingen

Artikel 22

Geen zekerheid, borgtocht of voorschot, onder welke benaming ook, wordt vereist om de betaling van de kosten en uitgaven te waarborgen, die zijn gemaakt in verband met rechterlijke of administratieve procedures als bedoeld in dit Verdrag.
[25-10-1980, Trb. 139, i.w.tr. 01-12-1983]

[Cautio judicatum solvi]

Betekenis. Deze bepaling stelt vast dat geen zekerheid, borgtocht of voorschot mag worden vereist om de betaling van kosten die worden gemaakt in verband met de procedures bedoeld in het verdrag zeker te stellen. De bedoeling van deze regel is duidelijk: de toegang tot de procedure voor vreemdelingen niet onnodig te belasten door het stellen van enige vorm van zekerheid. Deze regel, die ziet op rechtstreeks uit het verdrag voortvloeiende procedures, heeft een strikt toepassingsgebied. Ter voorkoming van misverstand dient opgemerkt te worden dat de bepaling niet verbiedt dat andere vormen van zekerheid worden vereist voor de juiste naleving van het omgangsrecht (*Toelichtend rapport*, p. 467).

Artikel 23

In verband met dit Verdrag kan geen enkele legalisatie of soortgelijke formaliteit worden verlangd.
[25-10-1980, Trb. 139, i.w.tr. 01-12-1983]

[Vrijstelling van legalisatie]

Betekenis. In verband met het verdrag kan geen legalisatie of soortgelijke formaliteit worden vereist. Deze bepaling ziet niet op door het interne recht van de desbetreffende autoriteit met betrekking tot fotokopieën van documenten gestelde vereisten, bijvoorbeeld dat deze gewaarmerkt moeten zijn (zie ook art. 8 sub e).

Artikel 24

1. Ieder verzoek, mededeling of ander stuk wordt in de oorspronkelijke taal gezonden aan de centrale autoriteit van de aangezochte Staat en gaat vergezeld van een vertaling in de officiële taal of in één van de officiële talen van deze Staat of, wanneer deze vertaling moeilijk kan worden vervaardigd, van een vertaling in het Frans of in het Engels.
2. Een Verdragsluitende Staat kan zich echter, door het maken van het in artikel 42 bedoelde voorbehoud, verzetten tegen het gebruik van hetzij het Frans, hetzij het Engels, in ieder verzoek, mededeling of ander stuk gericht aan zijn centrale autoriteit.
[25-10-1980, Trb. 139, i.w.tr. 01-12-1983]

[Taal]

Betekenis. Ingevolge deze bepaling dient ieder stuk in de oorspronkelijke taal aan de Centrale Autoriteit van de aangezochte staat te worden gezonden. Tevens dient te worden meegestuurd een vertaling in de officiële taal (of één van de officiële talen) van de aangezochte staat, dan wel – wanneer die vertaling moeilijk te maken is – in het Frans of het Engels. Deze laatste mogelijkheid kan een verdragsluitende staat uitsluiten door het maken van het voorbehoud van art. 42. Het voorbehoud betreft het verzet door de staat die het voorbehoud maakt tegen het gebruik van hetzij het Frans hetzij het Engels.

Artikel 25

De onderdanen van een Verdragsluitende Staat en de personen die aldaar hun gewone verblijfplaats hebben, hebben bij alles wat verband houdt met de toepassing van dit Verdrag recht op rechtsbijstand en juridisch advies in iedere andere Verdragsluitende Staat, onder dezelfde voorwaarden als waren zij zelf onderdanen van die andere Staat en als hadden zij aldaar zelf hun gewone verblijfplaats.
[25-10-1980, Trb. 139, i.w.tr. 01-12-1983]

[Rechtsbijstand; juridisch advies]

Betekenis. Ingevolge dit artikel hebben de onderdanen van een verdragsluitende staat en de personen die daar hun gewone verblijfplaats hebben, in verband met alles wat samenhangt met de toepassing van het verdrag, recht op rechtsbijstand en juridisch advies in iedere andere verdragsluitende staat op dezelfde voet als onderdanen van die staat en als hadden zij daar hun gewone verblijfplaats. Aldus is er sprake van een gelijke toepassing van de rechtsbijstand in het desbetreffende land. Belangrijk is dat deze regeling ook ziet op het juridisch advies, omdat dit niet altijd is opgenomen in de nationale stelsels van rechtshulp (*Toelichtend rapport*, p. 468).

Artikel 26

1. Iedere centrale autoriteit draagt bij de toepassing van dit Verdrag haar eigen kosten.
2. De centrale autoriteit en de andere openbare diensten van de Verdragsluitende Staten brengen geen kosten in rekening in verband met ingevolge dit Verdrag ingediende verzoeken. In het bijzonder mogen zij niet van de verzoeker betaling eisen

van de proceskosten of, indien deze zijn gemaakt, van de kosten veroorzaakt door bijstand van een raadsman. Zij kunnen echter wel betaling verlangen van de kosten die zijn gemaakt of zullen worden gemaakt in verband met de terugkeer van het kind.
3. Een Verdragsluitende Staat kan echter door het in artikel 42 bedoelde voorbehoud te maken, verklaren dat hij slechts is gehouden tot betaling van de in het voorgaande lid bedoelde kosten verbonden aan de bijstand van een raadsman of een juridisch adviseur dan wel van de gerechtskosten, voor zover deze kosten kunnen worden gedekt door zijn stelsel van rechtshulp en rechtsbijstand.
4. Wanneer de rechterlijke of administratieve autoriteit de terugkeer van het kind gelast of een uitspraak doet betreffende het omgangsrecht in verband met dit Verdrag, kan zij, zo nodig, de persoon die het kind heeft overgebracht of vastgehouden of die de uitoefening van het omgangsrecht heeft verhinderd, verplichten tot de betaling van alle noodzakelijke kosten die door of namens de verzoeker zijn gemaakt, in het bijzonder de reiskosten, de kosten van juridische vertegenwoordiging van de verzoeker en van de terugkeer van het kind, alsmede alle kosten die zijn gemaakt of betalingen die zijn gedaan om vast te stellen waar het kind zich bevindt.
[25-10-1980, Trb. 139, i.w.tr. 01-12-1983]

[Kosten]

Betekenis. De hoofdregel is dat iedere Centrale Autoriteit bij de toepassing van het verdrag haar eigen kosten draagt. **Proceskosten, kosten van rechtsbijstand.** Uitgangspunt is dat de Centrale Autoriteit (of andere openbare diensten) geen kosten in rekening brengt (brengen) in verband met verzoeken ingediend volgens het verdrag. Iedere Centrale Autoriteit draagt haar eigen kosten (lid 1). Duidelijk wordt vastgelegd dat aan de verzoeker geen kosten – proceskosten, kosten van rechtsbijstand – in rekening mogen worden gebracht. Wel mogen kosten gemaakt in verband met de terugkeer van het kind, in rekening worden gebracht (lid 2). Op dit punt moest bij wijze van compromis door de verdragsopstellers in het verdrag een voorbehoud worden ingebouwd (lid 3). Dit voorbehoud (zie art. 42) houdt in dat een verdragsluitende staat kan verklaren dat alleen de kosten van rechtsbijstand, juridisch advies of gerechtskosten worden betaald, voor zover deze kosten gedekt worden door zijn stelsel van rechtshulp en rechtsbijstand. Nederland heeft dit voorbehoud gemaakt (Rijkswet van 2 mei 1990 tot goedkeuring van het op 20 mei 1980 te Luxemburg tot stand gekomen Europese Verdrag betreffende de erkenning en de tenuitvoerlegging van beslissingen inzake het gezag over kinderen en betreffende het herstel van het gezag over kinderen (*Trb.* 1981, 10) alsmede goedkeuring van het op 25 oktober 1980 te Den Haag tot stand gekomen Verdrag betreffende de burgerrechtelijke aspecten van internationale ontvoering van kinderen (*Trb.* 1987, 139, *Stb.* 1990, 201)). In voorkomend geval kan de ontvoerder of degene die de uitoefening van het omgangsrecht heeft verhinderd, verplicht worden tot betaling van alle noodzakelijke kosten die door (of namens) de verzoeker zijn gemaakt (lid 4). Hierbij worden onder meer genoemd de reiskosten van de verzoeker, de kosten van terugkeer van het kind, de kosten die zijn gemaakt om vast te stellen waar het kind zich bevindt. De regeling geeft geen limitatieve opsomming van de kosten. Een dergelijke veroordeling dient in de procedure te worden verzocht. In de uitspraak van 23 april 2014 van Rb. Den Haag (ECLI:NL:RBDHA:2014:7120) verzoekt vader teruggeleiding van het kind naar Polen en kostenveroordeling van de in de door hem in verband met de ontvoering en de teruggeleiding van de minderjarige gemaakte kosten. De rechtbank overweegt dat anders dan in familierechtelijke procedures gebruikelijk is, de moeder ingevolge art. 26 lid 4 van het Verdrag en art. 13 lid 5 van de Uitvoeringswet kan worden veroordeeld tot betaling van dergelijke gemaakte kosten. De rechtbank meent echter dat de vader zijn verzoek tot veroordeling van de moeder in de door hem gemaakte kosten in het geheel niet heeft gespecificeerd. De rechtbank wijst dit verzoek als onvoldoende onderbouwd af. De moeder heeft ook verzocht om een kostenveroordeling. Nu het verzoek van de vader tot teruggeleiding van de minderjarige wordt toegewezen, ziet de rechtbank geen aanleiding de vader in de kosten van deze procedure te veroordelen. Zie in hoger beroep Hof Den Haag 26 mei 2014, ECLI:NL:GHDHA:2014:1796; vader verzoekt teruggeleiding van kind naar Polen en vordering tot betaling proceskosten. De moeder weerspreekt de hoogte van de kosten niet, maar stelt dat zij deze kosten niet zal kunnen betalen en dat zij het niet eerlijk vindt dat zij in de proceskosten zou worden veroordeeld. In tegenstelling tot eerste aanleg heeft vader zijn kosten nu wel voldoende onderbouwd. Hof wijst teruggeleiding en kostenveroordeling toe.

Artikel 27

Wanneer klaarblijkelijk aan de door het Verdrag gestelde voorwaarden niet is voldaan of het verzoek klaarblijkelijk niet gegrond is, is een centrale autoriteit niet gehouden een dergelijk verzoek in behandeling te nemen. In dat geval stelt zij de verzoeker of, zo nodig de centrale autoriteit die haar het verzoek heeft doorgegeven, onmiddellijk van haar beweegredenen in kennis.
[25-10-1980, Trb. 139, i.w.tr. 01-12-1983]

[Afwijzing verzoek]

Betekenis. Behandeling van een verzoek dat niet binnen de werking van het verdrag valt of dat klaarblijkelijk niet gegrond is, kan door de ontvangende autoriteit worden afgewezen. Hierbij kan gedacht worden aan het geval waarin het kind al zestien jaar oud is. Een ander voorbeeld is het geval waarin de verzoeker niet (mede) met het gezag over het kind is belast (zie bijv. Rb. Den Haag 22 juni 2012, *LJN* BW9787). De ontvangende autoriteit dient de verzoeker of de Centrale Autoriteit van wie het verzoek afkomstig is, daarvan onmiddellijk en onder opgave van redenen in kennis te stellen. Zie ook Rb. Den Haag 21 oktober 2013 (ECLI:NL:RBDHA:2013:14179; *RFR* 2014/24; *JPF* 2015/16). Man (geen juridische vader, geen ouderlijk gezag of voogdij) verzoekt teruggeleiding van het kind dat door zijn moeder is meegenomen naar Brazilië. Hij stelt dat hij met de moeder is overeengekomen mee te beslissen over de verblijfplaats van het kind. Hij doet onder meer een beroep op 'family life'. De Centrale Autoriteit deelt de man mee dat zijn verzoek tot teruggeleiding niet in behandeling wordt genomen omdat geen sprake is van een internationale kinderontvoering. De man gaat in bezwaar bij Rechtbank Den Haag. De rechtbank overweegt dat naar het toepasselijke Nederlandse recht de man op grond van de overeenkomst met de moeder niet mede het gezag heeft over het kind. De moeder is belast met het eenhoofdig ouderlijk gezag. Er is geen sprake van een internationale kinderontvoering in de zin van art. 3 en het bezwaar van de man wordt ongegrond verklaard. Een afwijzende beslissing van de Centrale Autoriteit staat er overigens niet aan in de weg rechtstreeks een verzoek in te dienen bij de rechterlijke of administratieve autoriteiten van het desbetreffende land (zie art. 29).

Artikel 28

Een centrale autoriteit kan eisen dat het verzoek vergezeld gaat van een schriftelijke machtiging waardoor haar de bevoegdheid wordt verstrekt namens de verzoeker op te treden of een vertegenwoordiger aan te wijzen die gerechtigd is zulks te doen.
[25-10-1980, Trb. 139, i.w.tr. 01-12-1983]

[Vertegenwoordiging verzoeker]

Betekenis. De Centrale Autoriteit kan een schriftelijke machtiging verlangen waardoor haar de bevoegdheid wordt toegekend namens de verzoeker op te treden of een vertegenwoordiger aan te wijzen die gerechtigd is zulks te doen. Deze bepaling is in het verdrag opgenomen om de organisatie en de bevoegdheden van de Centrale Autoriteiten te stroomlijnen (*Toelichtend Rapport*, p. 469). Na 1 januari 2012 is de Centrale Autoriteit niet langer bevoegd om als procesvertegenwoordiger op te treden. Zowel de ontvoerende als de achtergebleven ouder moeten zich in rechte laten vertegenwoordigen door een advocaat. Ter uitvoering voor de taken (dus de taken buiten rechte) van de Centrale Autoriteit kan worden opgetreden zonder uitdrukkelijke machtiging.

Artikel 29

Het Verdrag staat er niet aan in de weg dat een persoon die, of een instelling die, of een lichaam dat stelt dat het recht betreffende het gezag of het omgangsrecht in de zin van artikel 3 of 21 is geschonden zich, al dan niet met toepassing van de regels van het Verdrag, rechtstreeks wendt tot de rechterlijke of administratieve autoriteiten van de Verdragsluitende Staten.
[25-10-1980, Trb. 139, i.w.tr. 01-12-1983]

[Rechtstreeks toegang tot rechter]

Betekenis. Het verdrag claimt geen exclusiviteit. Dit is met zo veel woorden vastgesteld in de regeling van dit artikel. Het verdrag staat er niet aan in de weg dat degene (ouder, lichaam, instelling) die stelt dat het gezagsrecht of het omgangsrecht in de zin van het verdrag is geschonden, zich rechtstreeks tot de bevoegde autoriteiten van de verdragsluitende staten wendt. De achtergebleven ouder heeft dus in het kader van de teruggeleiding de keuze om zich rechtstreeks tot de rechter te wenden dan wel de Centrale Autoriteit in te schakelen. De weigering van een Centrale Autoriteit een verzoek in behandeling te nemen (zie art. 27) is in dit kader geen bindende beslissing voor de rechterlijke of administratieve autoriteiten van de verdragsluitende staten. De verzoeker is evenmin gehouden zijn verzoek op de verdragsregels te gronden. Hij kan dus voor de meest gunstige regeling kiezen. Art. 29 bevat evenwel geen bevoegdheidsregel. De Hoge Raad (HR 9 december 2011, *NJ* 2012/313, m.nt. Th.M. de Boer) heeft in dit verband geoordeeld dat een verzoek tot teruggeleiding van een kind dat beweerdelijk ongeoorloofd is overgebracht van een verdragsstaat waar het zijn gewone verblijfplaats heeft naar een andere verdragsstaat (of aldaar wordt vastgehouden) slechts kan worden ingediend bij de rechter van de staat waar het kind zich bevindt. Het verdrag biedt de verzoeker samenvattend twee keuzemogelijkheden: Het verzoek moet bevatten: a. inschakeling van de Centrale Autoriteit dan wel een rechtstreeks beroep doen op de bevoegde rechterlijke (administratieve) organen; en Het verzoek moet bevatten: b. kiezen voor al dan niet toepassing van het verdragsregime. Het verzoek moet bevatten: In het laatste geval zijn de rechterlijke (administratieve) autoriteiten op hun beurt niet verplicht het verdrag toe te passen (*Toelichtend rapport*, p. 469).

Artikel 30

Ieder verzoek dat ingevolge dit Verdrag bij de centrale autoriteit of rechtstreeks bij de rechterlijke of administratieve autoriteiten van een Verdragsluitende Staat is ingediend, alsmede ieder stuk dat, of elke inlichting die door een centrale autoriteit daarbij is gevoegd of is verstrekt, zal aan de rechterlijke instanties of de administratieve autoriteiten van de Verdragsluitende Staten kunnen worden overgelegd.

[25-10-1980, Trb. 139, i.w.tr. 01-12-1983]

[Overlegging van stukken]

Betekenis. Dit artikel betreft de overlegging van stukken. Het bevat geen regel inzake de bewijskracht van deze stukken. Deze laatste kwestie wordt niet door het verdrag bepaald.

Artikel 31

Ten opzichte van een Staat die met betrekking tot het gezag over kinderen twee of meer in verschillende territoriale eenheden toepasselijke rechtsstelsels kent:

a) wordt onder de gewone verblijfplaats in die Staat verstaan de gewone verblijfplaats in een territoriale eenheid van die Staat;

b) wordt onder de wet van de Staat van de gewone verblijfplaats verstaan de wet van de territoriale eenheid waar het kind zijn gewone verblijfplaats heeft.

[25-10-1980, Trb. 139, i.w.tr. 01-12-1983]

Artikel 32

Ten opzichte van een Staat die met betrekking tot het gezag over kinderen twee of meer rechtsstelsels kent die op verschillende categorieën personen van toepassing zijn, wordt onder de wet van die Staat verstaan het rechtsstelsel waarnaar door het recht van die Staat wordt verwezen.

[25-10-1980, Trb. 139, i.w.tr. 01-12-1983]

Artikel 33

Een Staat waarin verschillende territoriale eenheden hun eigen rechtsregels hebben met betrekking tot het gezag over kinderen, is niet gehouden het Verdrag toe te passen wanneer een Staat met één rechtsstelsel daartoe evenmin zou zijn gehouden.

[25-10-1980, Trb. 139, i.w.tr. 01-12-1983]

[Geen verplichting tot toepassing]

1. Algemeen. Deze artikelen betreffen de staten met een pluriform rechtsstelsel. Het verdrag maakt hierbij een onderscheid in staten die voor verschillende territoriale eenheden verschillende rechtsstelsels hebben (interregionaal recht) enerzijds en staten die voor verschillende groepen van mensen verschillende rechtsstelsels kennen (interpersoneel recht).

2. Verschillende territoriale eenheden (art. 31). In het artikel wordt aangegeven wat onder de gewone verblijfplaats van een kind en de wet van de gewone verblijfplaats begrepen moet worden. Onder de gewone verblijfplaats wordt verstaan de gewone verblijfplaats in een territoriale eenheid van die staat (onder sub a). Onder de wet van de staat van de gewone verblijfplaats wordt verstaan de wet van de territoriale eenheid waar het kind zijn gewone verblijfplaats heeft (onder sub b).

3. Verschillende groepen personen (art. 32). Wanneer een staat twee of meer rechtsstelsels kent die op verschillende groepen van personen van toepassing zijn, dan wordt onder de wet van die staat verstaan het rechtsstelsel waarnaar door het recht van die staat wordt verwezen. Deze regel laat aldus de bepaling van het toepasselijke recht over aan het interne recht van de desbetreffende staat.

4. Internationale reikwijdte (art. 33). Uit deze bepaling volgt dat het verdrag alleen internationaal werkt en niet geldt voor zuiver interne gevallen, ook niet wanneer deze zich voordoen binnen een staat dat een pluriform rechtsstelsel kent (Toelichtend Rapport, p. 470).

Artikel 34

Met betrekking tot aangelegenheden waarop het Verdrag van toepassing is, heeft dit Verdrag voorrang boven het Verdrag van 5 oktober 1961 betreffende de bevoegdheid van de autoriteiten en de toepasselijke wet inzake de bescherming van minderjarigen, tussen de Staten die Partij zijn bij beide Verdragen. Overigens sluit dit Verdrag niet de mogelijkheid uit dat, ten einde de terugkeer te bewerkstelligen van een kind dat ongeoorloofd is overgebracht of wordt vastgehouden of ten einde het omgangsrecht te regelen, een andere internationale regeling waarbij de Staat van de oorspronkelijke verblijfplaats en de aangezochte Staat partij zijn, dan wel ander recht van de aangezochte Staat dat niet op een internationale overeenkomst berust, wordt toegepast.
[25-10-1980, Trb. 139, i.w.tr. 01-12-1983]

[Samenloop met andere verdragen en wetten; geen exclusieve werking]

1. Haags Kinderbeschermingsverdrag 1961 en Haags Kinderbeschermingsverdrag 1996 (art. 34, eerste volzin). Het verdrag heeft met betrekking tot de onderwerpen waarop het verdrag ziet, tussen de staten die partij zijn bij het HKV 1961 en het Haags Kinderontvoeringsverdrag 1980 voorrang boven het verdrag van 1961. Bedacht moet worden dat het verdrag niet ziet op de regeling van het gezag als zodanig. Deze kwestie wordt overgelaten aan de bevoegde autoriteiten na de terugkeer van het kind. Op dat moment zal, al naar gelang het geval, het HKV 1961 toegepast moeten worden. Dit verdrag kent als hoofdbeginsel dat de rechter van de gewone verblijfplaats van het kind bevoegd is. De vraag is dan waar de gewone verblijfplaats is van een overgebracht kind. Zie daarvoor HR 28 mei 1999, *NIPR* 1999/130 en HR 1 oktober 1999, *NIPR* 2000/2. Inmiddels is voor Nederland het HKV 1996 in werking getreden (1 mei 2011). Tussen de staten die partij zijn bij zowel het verdrag van 1961 als het verdrag van 1996 treedt dit laatste verdrag in de plaats van het verdrag van 1961. Op grond van art. 7 HKV 1996 behoudt de rechter van de gewone verblijfplaats van het kind de bevoegdheid kinderbeschermingsmaatregelen te treffen tijdens een internationale kinderontvoering. Dit is anders wanneer het kind zijn gewone verblijfplaats heeft verworven in een andere staat (wijziging van de gewone verblijfplaats) of wanneer de achtergebleven ouder berust in de verandering van de verblijfplaats van het kind.

2. More-favourable-provision (art. 34, tweede volzin). In lid 2 is vastgelegd dat het verdrag er niet aan in de weg staat dat een beroep wordt gedaan op een andere internationale regeling of op een nationale regeling. Aldus kan de verzoeker zijn verzoek baseren op de voor de terugkeer of de naleving van het omgangsrecht meest gunstige regeling. Het verdrag kent geen exclusieve werking. Zie in dit kader een mislukt beroep op Brussel II-bis in de uitspraak van Hof Den Haag op 25 november 2009 (ECLI:NL:GHSGR:2009:BK4259; *NIPR* 2010/16).

Artikel 35

1. Dit Verdrag is slechts van toepassing tussen de Verdragsluitende Staten in gevallen van ongeoorloofde overbrenging of ongeoorloofd niet doen terugkeren die hebben plaatsgevonden na de inwerkingtreding ervan in deze Staten.
2. Indien een verklaring is afgelegd overeenkomstig de artikelen 39 of 40, wordt onder een Verdragsluitende Staat in de zin van het voorgaande lid verstaan de territoriale eenheid of eenheden waarop dit Verdrag van toepassing is.
[25-10-1980, Trb. 139, i.w.tr. 01-12-1983]

[Temporele werking]

Betekenis. Volgens deze bepaling is het verdrag van toepassing op alle gevallen van ongeoorloofde overbrenging of vasthouding die hebben plaatsgevonden ná de inwerkingtreding van het verdrag in de betrokken staten. Er is dus geen verdragsverplichting om in gevallen van internationale kinderontvoering die hebben plaatsgevonden vóór de inwerkingtreding het verdrag toe te passen. De overbrenging of vasthouding wordt als een zelfstandige handeling gezien, die op een bepaald moment in de tijd plaatsvindt. Het wordt dus niet als een continue handeling gezien, hetgeen wil zeggen dat een ontvoering die plaatsvond vóór de inwerkingtreding en voortgezet wordt ná de inwerkingtreding, niet onder het verdragsregime valt, daar het moment van de ontvoering vóór de inwerkingtreding van het verdrag is gesitueerd. Terugkeer van het kind kan dan niet onder het verdrag verzocht worden. Het staat de partijen evenwel vrij toch een beroep op (de uitgangspunten van) het verdrag te doen. De bepaling ziet alleen op de ontvoering. Voor wat betreft de naleving van het omgangsrecht moet worden aangenomen dat de verdragsregeling kan worden ingeroepen, wanneer naleving wordt gefrustreerd ná de inwerkingtreding van het verdrag.

Artikel 36

Dit Verdrag staat er niet aan in de weg dat twee of meer Verdragstaten die de restricties waaraan de terugkeer van het kind kan worden onderworpen willen beperken, onderling overeenkomen van de bepalingen van dit Verdrag die zodanige restricties bevatten, af te wijken.
[25-10-1980, Trb. 139, i.w.tr. 01-12-1983]

[Nadere regelingen]

Betekenis. Deze regel biedt de mogelijkheid dat verdragsstaten onderling (bilaterale) overeenkomsten sluiten, wanneer zij de restricties (art. 13, art. 20) waaraan de terugkeer van het kind volgens het verdrag wordt onderworpen, willen beperken. Dergelijke verdragen zijn tot op heden niet gesloten.

HOOFDSTUK VI
Slotbepalingen

Artikel 37

1. Het Verdrag staat open voor ondertekening door de Staten die ten tijde van haar Veertiende Zitting lid waren van de Haagse Conferentie voor Internationaal Privaatrecht.
2. Het Verdrag dient te worden bekrachtigd, aanvaard of goedgekeurd en de akten van bekrachtiging, aanvaarding of goedkeuring worden nedergelegd bij het Ministerie van Buitenlandse Zaken van het Koninkrijk der Nederlanden.
[25-10-1980, Trb. 139, i.w.tr. 01-12-1983]

Artikel 38

1. Iedere andere Staat kan tot dit Verdrag toetreden.
2. De akte van toetreding wordt nedergelegd bij het Ministerie van Buitenlandse Zaken van het Koninkrijk der Nederlanden. Het Verdrag treedt in werking voor de toetredende Staat op de eerste dag van de derde kalendermaand na de nederlegging van zijn akte van toetreding.
3. De toetreding heeft slechts gevolg in de betrekkingen tussen de toetredende Staat en de Verdragsluitende Staten die hebben verklaard deze toetreding te aanvaarden. Een zodanige verklaring dient eveneens te worden afgelegd door iedere Lid-Staat die dit Verdrag na de toetreding bekrachtigt, aanvaardt of goedkeurt. Deze verklaring wordt nedergelegd bij het Ministerie van Buitenlandse Zaken van het Koninkrijk der Nederlanden, dat hiervan langs diplomatieke weg een gewaarmerkt afschrift doet toekomen aan ieder van de Verdragsluitende Staten.
4. Het Verdrag treedt tussen de toetredende Staat en de Staat die heeft verklaard deze toetreding te aanvaarden in werking op de eerste dag van de derde kalendermaand na de nederlegging van de verklaring van aanvaarding.
[25-10-1980, Trb. 139, i.w.tr. 01-12-1983]

Artikel 39

1. Iedere Staat kan op het tijdstip van ondertekening, bekrachtiging, aanvaarding, goedkeuring of toetreding verklaren dat het Verdrag zich zal uitstrekken tot het geheel van de gebieden voor welker internationale betrekkingen hij verantwoordelijk is, of tot één of meer van die gebieden. Deze verklaring wordt van kracht op het tijdstip waarop het Verdrag voor die Staat in werking treedt.
2. Deze verklaring, alsmede iedere latere uitbreiding, wordt ter kennis gebracht van het Ministerie van Buitenlandse Zaken van het Koninkrijk der Nederlanden.
[25-10-1980, Trb. 139, i.w.tr. 01-12-1983]

Artikel 40

1. Een Verdragsluitende Staat die twee of meer territoriale eenheden omvat waarin verschillende rechtssystemen van toepassing zijn betreffende onderwerpen die door dit Verdrag worden geregeld, kan op het tijdstip van ondertekening, bekrachtiging, aanvaarding, goedkeuring of toetreding verklaren dat dit Verdrag van toepassing is op al zijn territoriale eenheden of slechts op één of meer ervan, en kan te allen tijde deze verklaring wijzigen door een nieuwe verklaring af te leggen.
2. Deze verklaringen worden ter kennis gebracht van het Ministerie van Buitenlandse Zaken van het Koninkrijk der Nederlanden en vermelden uitdrukkelijk de territoriale eenheden waarop het Verdrag van toepassing is.
[25-10-1980, Trb. 139, i.w.tr. 01-12-1983]

Artikel 41

Wanneer een Verdragsluitende Staat een regeringsstelsel heeft, dat de uitvoerende, de rechterlijke en de wetgevende macht verdeelt tussen de centrale autoriteiten en andere autoriteiten van die Staat, heeft de ondertekening, bekrachtiging, aanvaarding of goedkeuring van het Verdrag of de toetreding ertoe of een verklaring afgelegd krachtens artikel 40, geen enkel gevolg ten aanzien van de interne verdeling van de bevoegdheden in die Staat.
[25-10-1980, Trb. 139, i.w.tr. 01-12-1983]

Artikel 42

1. Iedere Verdragsluitende Staat kan uiterlijk op het tijdstip van bekrachtiging, aanvaarding, goedkeuring of toetreding, of op het tijdstip waarop een verklaring wordt afgelegd krachtens de artikelen 39 of 40, hetzij één van beide, hetzij beide in artikel 24 en artikel 26, derde lid, bedoelde voorbehouden maken. Geen enkel ander voorbehoud is toegestaan.
2. Iedere Staat kan te allen tijde een door hem gemaakt voorbehoud intrekken. Deze intrekking wordt ter kennis gebracht van het Ministerie van Buitenlandse Zaken van het Koninkrijk der Nederlanden.
3. Het voorbehoud houdt op van kracht te zijn op de eerste dag van de derde kalendermaand na de in het voorgaande lid bedoelde kennisgeving.
[25-10-1980, Trb. 139, i.w.tr. 01-12-1983]

Artikel 43

1. Het Verdrag treedt in werking op de eerste dag van de derde kalendermaand na de nederlegging van de derde akte van bekrachtiging, aanvaarding, goedkeuring of toetreding, bedoeld in de artikelen 37 en 38.
2. Vervolgens treedt het Verdrag in werking:

1. voor iedere Staat die het Verdrag later bekrachtigt, aanvaardt, goedkeurt of hiertoe toetreedt, op de eerste dag van de derde kalendermaand na de nederlegging van zijn akte van bekrachtiging, aanvaarding, goedkeuring of toetreding;
2. voor de gebieden of de territoriale eenheden waarop het Verdrag overeenkomstig de artikelen 39 of 40 is uitgebreid, op de eerste dag van de derde kalendermaand na de in die artikelen bedoelde kennisgeving.

[25-10-1980, Trb. 139, i.w.tr. 01-12-1983]

Artikel 44

1. Het Verdrag blijft gedurende vijf jaar van kracht, te rekenen vanaf de datum van zijn inwerkingtreding overeenkomstig artikel 43, eerste lid, ook voor de Staten die het later hebben bekrachtigd, aanvaard of goedgekeurd of ertoe zijn toegetreden.
2. Het Verdrag wordt, behoudens opzegging, voor telkens vijf jaar stilzwijgend verlengd.
3. De opzegging dient ten minste zes maanden voor het verstrijken van de termijn van vijf jaar ter kennis te worden gebracht van het Ministerie van Buitenlandse Zaken van het Koninkrijk der Nederlanden. Zij kan worden beperkt tot één of meer van de gebieden of territoriale eenheden waarop het Verdrag van toepassing is.
4. De opzegging heeft slechts gevolg ten opzichte van de Staat die haar heeft gedaan. Het Verdrag blijft van kracht voor de andere Verdragsluitende Staten.
[25-10-1980, Trb. 139, i.w.tr. 01-12-1983]

Artikel 45

Het Ministerie van Buitenlandse Zaken van het Koninkrijk der Nederlanden geeft de Lid-Staten van de Conferentie, alsmede de Staten die overeenkomstig artikel 38 zijn toegetreden kennis van:
1. **de ondertekeningen, bekrachtigingen, aanvaardingen en goedkeuringen bedoeld in artikel 37;**
2. **de toetreding bedoeld in artikel 38;**
3. **de datum waarop dit Verdrag overeenkomstig artikel 43 in werking treedt;**
4. **de uitbreidingen bedoeld in artikel 39;**
5. **de verklaringen voorzien in de artikelen 38 en 40;**
6. **de voorbehouden voorzien in artikel 24 en artikel 26, derde lid, en de intrekking van voorbehouden voorzien in artikel 42;**
7. **de opzeggingen bedoeld in artikel 44.**

[25-10-1980, Trb. 139, i.w.tr. 01-12-1983]

[Kennisgevingen]

1. Algemeen. Art. 37-45 bevatten de voor de Haagse verdragen gebruikelijke slotbepalingen inzake bekrachtiging, aanvaarding en goedkeuring. De desbetreffende akte wordt neergelegd bij het Ministerie van Buitenlandse Zaken van het Koninkrijk der Nederlanden (art. 37).

2. Toetreding door niet-lidstaten van de Haagse Conferentie voor IPR (art. 38). Het verdrag is opengesteld voor toetreding door 'iedere' staat, dus ook door staten die geen lid zijn van de Haagse Conferentie voor IPR (lid 1). De toetreding heeft slechts gevolg in de betrekkingen tussen de toetredende staat en de verdragsluitende staten die hebben verklaard deze toetreding te aanvaarden.

3. Territoriale eenheden (art. 40). Voor het Europese deel van Nederland is als Centrale Autoriteit aangewezen de Afdeling Juridische en Internationale Zaken, Directie Justitieel Jeugdbeleid, Ministerie van Veiligheid en Justitie. De afdeling heet meer specifiek: Centrale Autoriteit Internationale Kinderaangelegenheden. Voor het Caribisch deel van Nederland is aangewezen de Voogdijraad Rijksdienst Caribisch Nederland.

4. Voorbehouden (art. 42). Het verdrag staat alleen de voorbehouden van art. 24 en 26 toe (zie art. 24 respectievelijk art. 26, aant. 2). Een voorbehoud kan altijd ingetrokken worden. Nederland heeft het voorbehoud van art. 26 gemaakt (zie art. 26, aant. 2).

Europees Verdrag betreffende de erkenning en tenuitvoerlegging van beslissingen inzake het gezag over kinderen en betreffende het herstel van het gezag over kinderen

Verdrag van 20 mei 1980, Trb. 1981, 10 (i.w.tr. 01-09-1983)

De Lid-Staten van de Raad van Europa, die dit Verdrag hebben ondertekend,
Erkennend dat in de Lid-Staten van de Raad van Europa bij het geven van beslissingen inzake het gezag over kinderen het belang van het kind van doorslaggevende betekenis is;
Overwegend dat door het treffen van maatregelen ter vergemakkelijking van de erkenning en de tenuitvoerlegging van beslissingen inzake het gezag over kinderen de belangen van de kinderen beter zullen worden beschermd;
Het in verband met dat doel wenselijk achtend er met nadruk op te wijzen dat het bezoekrecht van de ouders het normale uitvloeisel is van het recht betreffende het gezag;
Wijzend op het groeiende aantal gevallen waarin kinderen ongeoorloofd een internationale grens zijn overgebracht en op de moeilijkheden die zich voordoen bij het zoeken naar een passende oplossing voor de problemen, die zich bij deze gevallen voordoen;
Verlangend passende bepalingen in te voeren waardoor het gezag over kinderen kan worden hersteld wanneer dit gezag eigenmachtig is onderbroken;
Overtuigd van de wenselijkheid daartoe maatregelen te nemen die aansluiten bij de verschillende behoeften en de verschillende omstandigheden;
Verlangend een juridische samenwerking tot stand te brengen tussen hun autoriteiten,
Zijn overeengekomen als volgt:

[Inleidende opmerkingen]

Het verdrag is voor Nederland op 1 september 1990 in werking getreden. Zie verder de inleidende opmerkingen bij de introductie van de internationale kinderontvoering.

1. Systeem van het verdrag. Volgens de Preambule van het verdrag wordt beoogd 'door het treffen van maatregelen ter vergemakkelijking van de erkenning en de tenuitvoerlegging van beslissingen inzake het gezag over kinderen' de belangen van de kinderen beter te beschermen. Hierbij wordt er met nadruk op gewezen 'dat het bezoekrecht van de ouders het normale uitvloeisel is van het recht betreffende het gezag'. In het verlengde hiervan wordt voor de internationale kinderontvoering door de verdragsopstellers een oplossing gezocht. Zij gaan er daarbij vanuit dat kinderontvoering strikt genomen kan worden aangemerkt als een onttrekking van het kind aan het wettig gezag. Beoogd wordt 'passende bepalingen in te voeren waardoor het gezag over kinderen kan worden hersteld wanneer dit gezag eigenmachtig is onderbroken' (Preambule). Een verdragsregeling strekkende tot erkenning en tenuitvoerlegging van gezagsbeslissingen is de grondslag om het ontvoerde kind weer effectief onder het wettige gezag te plaatsen. Daartoe dient door de verdragsstaten 'een juridische samenwerking' tot stand te worden gebracht (Preambule). Het verdrag bevat zes titels. Art. 1 bevat de definities voor de toepassing van het verdrag. Titel I (art. 2 tot en met 6) bevat de regeling inzake de centrale autoriteiten. Titel II (art. 7 tot en met 12) betreft de erkenning en tenuitvoerlegging van beslissingen en herstel van het gezag over kinderen. In deze titel is de voornaamste materiële regeling van het verdrag neergelegd. Hierbij wordt uitgegaan van drie verschillende categorieën van situaties inzake het gezagsrecht, waarvoor in beginsel drie artikelen (8, 9 en 10) de oplossing geven. De procedurele aspecten van het verzoek om erkenning en tenuitvoerlegging van een gezagsbeslissing zijn te vinden in Titel III (art. 13 tot en met 16). In Titel IV (art. 17 en art. 18) is voorzien in de mogelijke voorbehouden. Titel V (art. 19 en art. 20) bevat de regeling ten aanzien van andere verdragen. Titel VI (art. 21 tot en met 30) bevat de gebruikelijke slotbepalingen.

2. Aard van het verdrag. Het Europese verdrag is primair te beschouwen als een erkennings- en executieverdrag. Er dient sprake te zijn van een beslissing inzake het gezag (zie art. 7). Het verdrag veronderstelt een voor uitvoering vatbare beslissing inzake het gezag, die in een verdragsstaat is verkregen en die in de aangezochte staat wordt erkend en van een exequatur wordt voorzien. De gezagsverhouding ex lege valt, anders dan bij het Haagse Kinderontvoeringsverdrag dat daardoor een ruimer aantal gevallen van kinderontvoering bestrijkt, in beginsel buiten de werking van het verdrag (zie echter aant. 1 op art. 12). Met de opzet van het verdrag als erkennings- en executieverdrag hangt samen dat het verdrag gebaseerd is op het reciprociteitsbeginsel en dus alleen tussen de verdragsstaten werkt. Teneinde een zo groot mogelijke werking aan het verdrag toe te kennen, is in art. 23 de mogelijkheid van toetreding door niet-lidstaten van de Raad van Europa voorzien. Het verdrag geeft niet aan of beslissingen inzake het gezag gegeven vóór de inwerkingtreding van het verdrag onder het bereik van het verdrag vallen. De Convention Committee on the custody convention (jaarlijkse bijeenkomst van centrale autoriteiten) heeft echter geoordeeld dat, gelet op de doelstelling van het verdrag, het verdrag in beginsel ook toegepast kan worden in gevallen waarin de beslissing is gegeven vóór de inwerkingtreding van het verdrag (Information for the attention of the central authorities set up under the custody convention, Council of Europe Strasbourg 1989, p. 3). In de uitspraak van de Rb. Utrecht van 13 september 1990 (Kort Geding 1990, 313) wordt gelet op de autoriteit van de Convention Committee dit oordeel overgenomen.

3. Nederlandse verklaring (Trb. 1990, 156). Anders dan in het Haagse Kinderontvoeringsverdrag van 1980 (*Trb.* 1987, 139) in art. 20 is neergelegd, kent het Europese Verdrag geen weigeringsgrond in de fundamentele beginselen betreffende de bescherming van de rechten van de mens en de fundamentele vrijheden. Aan deze kwestie is in de Memorie van Toelichting bij het voorstel tot goedkeuring van de beide ontvoeringsverdragen (*Kamerstukken II* 20 461, nr. 3, p. 15) aandacht besteed. Overwogen is dat in verband met het Europese Verdrag de vraag kan rijzen of teruggeleiding van een kind ook in de gevallen van de art. 8 en 9 kan worden geweigerd wegens strijd met de fundamentele beginselen betreffende de bescherming van de rechten van de mens en de fundamentele vrijheden. Daarbij is gewezen op het advies van de Staatscommissie voor het Internationaal Privaatrecht waarin aandacht aan deze vraag wordt geschonken. De Staatscommissie meent dat bij de verdragsopstellers de onuitgesproken vooronderstelling leefde, dat in de lidstaten van de Raad van Europa het respect voor deze fundamentele beginselen meebrengt, dat een teruggeleiding kan worden geweigerd indien deze met die beginselen onverenigbaar zou zijn, ook wanneer geen uitdrukkelijk voorbehoud te dien aanzien is gemaakt. De Staatscommissie bepleitte in dit verband dat bij de bekrachtiging van het Europese Verdrag een verklaring in die zin door Nederland zou worden afgelegd, zulks ter wille van de duidelijkheid zowel voor de andere verdragsstaten als voor de rechter en andere rechtstoepassers in Nederland. De Nederlandse regering heeft vervolgens zo'n verklaring afgelegd. De verklaring houdt in dat teruggeleiding van een kind kan worden geweigerd wegens strijd met de beginselen van het Verdrag tot bescherming van de rechten van de mens en de fundamentele vrijheden, van 4 november 1950 (*Trb.* 1990, 156). Zij heeft tot gevolg dat de rechter de teruggeleiding zal moeten weigeren wanneer het bevel tot teruggeleiding het kind in een situatie zou brengen die in strijd zou zijn met diens fundamentele rechten en vrijheden zoals gewaarborgd door het Europese Verdrag inzake de bescherming van de Rechten van en fundamentele vrijheden van de Mens, van 1950. (Zie ook J. Van Rijn van Alkemade, Burgerrechtelijke aspecten van internationale ontvoering van kinderen, *AAe* 1990, p. 546).

4. Toelichting op het verdrag. De (vrij beknopte) toelichting op het verdrag is de Explanatory Report on the European Convention on Recognition and Enforcement of Decisions concerning Custody of Children and on Restoration of Custody of Children, Council of Europe Strasbourg, 1980. Zie voor een digitale vindplaats en enige gegevens over verdragsstaten en de door hen afgelegde verklaringen: http://conventions.coe.int/.

Artikel 1

Voor de toepassing van dit Verdrag, wordt verstaan onder:

a. *kind:* een persoon, ongeacht zijn nationaliteit, voor zover hij nog niet de leeftijd van 16 jaar heeft bereikt en niet het recht heeft zelf zijn verblijfplaats te bepalen volgens het recht van zijn gewone verblijfplaats, zijn nationale recht of het interne recht van de aangezochte Staat;

b. *autoriteit:* iedere rechterlijke of administratieve autoriteit;

c. *beslissing inzake het gezag:* iedere beslissing van een autoriteit voor zover deze betrekking heeft op de zorg voor de persoon van het kind, met inbegrip van het recht zijn verblijfplaats te bepalen, alsmede op het bezoekrecht;

d. *ongeoorloofde overbrenging:* de overbrenging van een kind over een internationale grens in strijd met een beslissing inzake het gezag over dat kind, gegeven in een Verdragsluitende Staat en uitvoerbaar in een zodanige Staat; als ongeoorloofde overbrenging wordt tevens beschouwd:

i. het niet doen terugkeren van een kind over een internationale grens na het verstrijken van de periode waarin het op dit kind betrekking hebbende bezoekrecht wordt uitgeoefend of na het verstrijken van ieder ander tijdelijk verblijf op een ander grondgebied dan dat waar het gezag wordt uitgeoefend;

ii. een overbrenging die later ongeoorloofd wordt verklaard in de zin van artikel 12.

[20-05-1980, Trb. 10, i.w.tr. 01-09-1983]

[Definities]

1. Algemeen. Het artikel geeft aan welke betekenis de in het verdrag gebruikte begrippen toekomt.

2. Kind (onder a). Ingevolge het onder sub a) gestelde dient het kind (ongeacht zijn nationaliteit) nog niet de leeftijd van zestien jaar te hebben bereikt én is het, volgens het recht van zijn gewone verblijfplaats, zijn nationaliteit of het recht van de aangezochte staat, nog niet bevoegd zelf zijn verblijfplaats te bepalen. Aan beide voorwaarden - leeftijd, zelf bepalen verblijfplaats - moet cumulatief worden voldaan. Anders gezegd: indien het kind zestien jaar oud is én het bovendien het recht heeft zelf zijn verblijfplaats te bepalen is het verdrag niet van toepassing.

3. Autoriteit (onder sub b). Onder autoriteit wordt verstaan iedere rechterlijke of administratieve autoriteit.

4. Beslissing inzake het gezag (onder sub c). Het verdrag gaat er in beginsel van uit dat er sprake is van een gezagsbeslissing (zie evenwel aant. 1 op art. 12). De omschrijving van de beslissing inzake het gezag is daarom van groot belang: 'iedere beslissing van een autoriteit voor zover deze betrekking heeft op de zorg voor de persoon van het kind, met inbegrip van het recht zijn verblijfplaats te bepalen, alsmede op het bezoekrecht'. **Zorg.** Onder zorg wordt verstaan zorg voor zowel het lichamelijk als geestelijk welzijn van het kind (MvT op de goedkeuring van de beide ontvoeringsverdragen, *Kamerstukken II* 20 461 (R 1345) nr. 3, p. 7). **Beslissing.** Het gaat erom dat er een beslissing is gegeven. Zij mag eventueel deel uitmaken van een andere beslissing, bijvoorbeeld een beslissing in een echtscheidingsprocedure waarin tevens een beslissing inzake het gezag is opgenomen. Ook als gezagsbeslissingen in de zin van het verdrag zijn te beschouwen, beslissingen waarbij het gezag aan een van de ouders wordt onttrokken en toevertrouwd aan de andere ouder, beslissingen waarbij een gezagsvoorziening wordt getroffen na ontheffing of ontzetting, een voorlopige toevertrouwing alsmede een uithuisplaatsing in het kader van een ondertoezichtstelling. Belangrijk te weten is dat ook onder de gezagsbeslissing vallen, beslissingen inzake het omgangsrecht, daaronder begrepen beslissingen die uitsluitend een bevel tot terugkeer van het kind bevatten na afloop van een bezoek in het kader van een omgangsregeling (MvT op de goedkeuring van de beide ontvoeringsverdragen, *Kamerstukken II* 20 461 (R 1345) nr. 3, p. 7). Een beslissing in de zin van het verdrag is ook een door de rechter goedgekeurde tussen de ouders overeengekomen regeling (zie Information for the attention of the central authorities set up under the Custody Convention, Strasbourg 2000, p. 8).

5. Ongeoorloofde overbrenging (onder d). In letter d van het artikel wordt de ongeoorloofde overbrenging gedefinieerd als a. de overbrenging van een kind over een internationale grens welke in strijd is met een in een verdragsstaat gegeven en uitvoerbare gezagsbeslissing. Tevens wordt als ongeoorloofde overbrenging beschouwd b. het niet doen terugkeren van het kind na de uitoefening van het bezoekrecht in het kader waarvan het kind tijdelijk verblijf hield op een ander grondgebied dan dat waar het gezagsrecht wordt uitgeoefend alsmede c. een overbrenging die ingevolge art. 12 alsnog ongeoorloofd wordt verklaard (zie aant. 2 op art. 12). Het verdrag geeft niet met zo veel woorden aan dat de overbrenging is geschied naar een verdragsstaat. Gezien de wederkerigheid waarop het verdrag stoelt, dient van overbrenging (vasthouding) naar (in) een verdragsstaat sprake te zijn, wil de verdragsregeling toegepast kunnen worden.

TITEL I
Centrale autoriteiten

Artikel 2

1. Iedere Verdragsluitende Staat wijst een centrale autoriteit aan die de in dit Verdrag bedoelde taken uitvoert.
2. Federale Staten en Staten waarin verschillende rechtsstelsels van kracht zijn, kunnen verschillende centrale autoriteiten aanwijzen, waarvan zij de bevoegdheden bepalen.
3. Iedere aanwijzing krachtens dit artikel moet ter kennis worden gebracht van de Secretaris-Generaal van de Raad van Europa.
[20-05-1980, Trb. 10, i.w.tr. 01-09-1983]

[Centrale autoriteiten]

Betekenis. Iedere verdragsstaat wijst centrale autoriteiten aan die de in het verdrag neergelegde taken uitoefenen (lid 1). Federale staten of staten met een pluriform rechtsstelsel kunnen verschillende centrale autoriteiten aanwijzen (lid 2). De aanwijzing wordt meegedeeld aan de Secretaris-Generaal van de Raad van Europa (lid 3). Voor Nederland is thans als centrale autoriteit aangewezen de Centrale autoriteit Internationale Kinderaangelegenheden. Artikel 2 lijkt ervan uit te gaan dat de centrale autoriteit steeds bij een verzoek tot teruggeleiding wordt ingeschakeld. Echter, er is geen verdragsverplichting de tussenkomst van de centrale autoriteit in te roepen. Degene die zijn gezagsrecht erkend en ten uitvoer gelegd wenst hebben, kan zich rechtstreeks tot de rechter of andere bevoegde autoriteit wenden teneinde de teruggeleiding van het kind te bewerkstelligen (MvT op de goedkeuring van de beide ontvoeringsverdragen, *Kamerstukken II* 20 461 (R 1345), nr. 3, p. 9).

Artikel 3

1. De centrale autoriteiten van de Verdragsluitende Staten moeten onderling samenwerken en samenwerking tussen de bevoegde autoriteiten van hun onderscheiden landen bevorderen. Zij moeten handelen met de nodige voortvarendheid.
2. Ten einde de uitvoering van dit Verdrag te vergemakkelijken, zullen de centrale autoriteiten van de Verdragsluitende Staten:
a. er voor zorgen dat verzoeken om inlichtingen die afkomstig zijn van de bevoegde autoriteiten en die betrekking hebben op juridische of feitelijke gegevens betreffende lopende procedures, worden doorgegeven;
b. elkaar, op verzoek, inlichtingen verschaffen betreffende hun recht inzake het gezag over kinderen en de ontwikkeling van dat recht;
c. elkaar op de hoogte houden van de moeilijkheden die zich zouden kunnen voordoen bij de toepassing van het Verdrag en, voor zover mogelijk, trachten de belemmeringen voor de toepassing ervan weg te nemen.
[20-05-1980, Trb. 10, i.w.tr. 01-09-1983]

[Onderlinge samenwerking]

1. Verplichting tot samenwerking (lid 1). Het artikel legt de centrale autoriteiten van de verdragsstaten de verplichting op met elkaar samen te werken alsmede de samenwerking tussen de bevoegde autoriteiten te bevorderen. De centrale autoriteiten dienen met de nodige voortvarendheid op te treden. Benadrukt wordt hiermee snelle procedures voor te schrijven in geval van een ongeoorloofde overbrenging.

2. Uitwerking (lid 2). Ingevolge lid 2 dienen de centrale autoriteiten elkaar informatie te verschaffen over lopende procedures (onder a), de rechtsontwikkeling op het gebied van het gezag over minderjarigen door te geven (onder b) en elkaar op de hoogte te houden van de mogelijke problemen bij de toepassing van het verdrag, waarbij zij ernaar moeten streven deze weg te nemen (onder c). Ook dienen de centrale autoriteiten in meer algemene zin bekendheid te geven aan het verdrag (zie Information for the attention of the central authorities set up under the Custody Convention, Strasbourg 2000, p. 3).

Artikel 4

1. Een ieder die in een Verdragsluitende Staat een beslissing heeft verkregen betreffende het gezag over een kind en die wenst dat die beslissing in een andere Verdragsluitende Staat wordt erkend of ten uitvoer gelegd, kan een daartoe strekkend verzoek richten tot de centrale autoriteit van een Verdragsluitende Staat.
2. Het verzoek moet zijn vergezeld van de in artikel 13 genoemde documenten.
3. De centrale autoriteit waartoe het verzoek wordt gericht zendt, indien het een andere centrale autoriteit is dan die van de aangezochte Staat, de documenten rechtstreeks en onverwijld aan de centrale autoriteit van de aangezochte Staat.
4. De centrale autoriteit waartoe het verzoek wordt gericht, kan haar tussenkomst weigeren wanneer duidelijk is dat aan de door dit Verdrag gestelde voorwaarden niet is voldaan.
5. De centrale autoriteit waartoe het verzoek wordt gericht, deelt de verzoeker onverwijld mede welk gevolg aan zijn verzoek is gegeven.
[20-05-1980, Trb. 10, i.w.tr. 01-09-1983]

[Exequaturprocedure]

1. Verzoek (leden 1 en 2). Een ieder die een gezagsbeslissing erkend wenst te zien, kan zich met een daartoe strekkend verzoek wenden tot de centrale autoriteit van een verdragsstaat. Men kan zich dus in beginsel tot de centrale autoriteit wenden van élke verdragsstaat. Volgens de Toelichting op het verdrag (p. 9) is voor deze opzet gekozen omdat de verzoeker, gegeven de omstandigheden van het geval, het best in staat is te bepalen welke centrale autoriteit benaderd moet worden. Bij het verzoek moet een aantal documenten worden gevoegd (zie art. 13). De centrale autoriteit dient na te gaan of de voorgeschreven documenten bijgevoegd zijn. Zijn de vereiste documenten niet overgelegd, dan zal de centrale autoriteit daarom moeten verzoeken.

2. Centrale autoriteiten (leden 3-5). Bevindt het kind zich niet in de verdragsstaat van de centrale autoriteit die het verzoek ontvangt, dan zendt deze het verzoek en de bijbehorende documenten onverwijld naar de centrale autoriteit van de verdragsstaat waar het kind wèl verblijft. Wanneer duidelijk is dat aan de in het verdrag gestelde voorwaarden niet wordt voldaan, kan de centrale autoriteit haar tussenkomst weigeren. In dit kader wordt in de Toelichting op het verdrag (p. 10) opgemerkt dat, ofschoon het verzoek wordt afgewezen, de centrale autoriteit hulp kan aanbieden voor de erkenning en tenuitvoerlegging op basis van een andere procedure. De centrale autoriteit dient in alle gevallen de verzoeker onverwijld mee te delen welk gevolg aan zijn verzoek is gegeven.

Artikel 5

1. De centrale autoriteit van de aangezochte Staat treft zo spoedig mogelijk alle maatregelen die zij geschikt acht of zorgt dat deze zo spoedig mogelijk worden getroffen, eventueel door het instellen van een procedure voor de bevoegde autoriteiten van die Staat, ten einde:

a. vast te stellen waar het kind zich bevindt;

b. te voorkomen, met name door middel van de noodzakelijke voorlopige maatregelen, dat de belangen van het kind of van de verzoeker worden geschaad;

c. de erkenning of de tenuitvoerlegging van de beslissing te verzekeren;

d. te verzekeren dat het kind aan de verzoeker wordt teruggegeven wanneer de tenuitvoerlegging van de beslissing is toegestaan;

e. de verzoekende autoriteit mede te delen welke maatregelen zijn genomen en welke de gevolgen daarvan zijn.

2. Wanneer de centrale autoriteit van de aangezochte Staat redenen heeft aan te nemen dat het kind zich bevindt op het grondgebied van een andere Verdragsluitende Staat, zendt zij de documenten rechtstreeks en onverwijld aan de centrale autoriteit van die Staat.

3. Iedere Verdragsluitende Staat verbindt zich van de verzoeker geen betaling te eisen voor maatregelen die ingevolge het eerste lid van dit artikel door de centrale autoriteit van die Staat ten behoeve van de verzoeker zijn genomen; onder deze bepaling vallen ook de proceskosten en, indien deze zijn gemaakt, de kosten veroorzaakt door bijstand van een advocaat, maar niet de kosten van teruggeleiding.

4. Indien de erkenning of de tenuitvoerlegging wordt geweigerd en indien de centrale autoriteit van de aangezochte Staat meent gevolg te moeten geven aan een verzoek van de verzoeker om in die Staat een rechtsvordering ten principale aanhangig te maken, stelt deze autoriteit alles in het werk om ervoor te zorgen dat de verzoeker in die procedure wordt vertegenwoordigd onder voorwaarden die niet minder gunstig zijn dan die welke gelden voor iemand die woont in en onderdaan is van deze Staat en kan zij daartoe met name een procedure aanhangig maken voor de bevoegde autoriteiten van die Staat.

[20-05-1980, Trb. 10, i.w.tr. 01-09-1983]

[Maatregelen; kosten; rechtshulp]

1. Maatregelen (leden 1 en 2). De centrale autoriteit treft zo spoedig mogelijk - in of buiten rechte - alle maatregelen die zij nodig acht, teneinde de verblijfplaats van het kind vast te stellen (onder a), te voorkomen dat de belangen van het kind en de verzoeker worden geschaad (onder b), de erkenning of tenuitvoerlegging te verzekeren (onder c), bij toegestane tenuitvoerlegging het kind aan de verzoeker te kunnen geven (onder d), en de verzoekende autoriteit mee te delen welke maatregelen met welk gevolg zijn getroffen (onder e). Ingevolge art. 14 dienen de verdragsstaten ervoor te zorgen dat een snelle en eenvoudige procedure gevolgd kan worden. Wanneer de aangezochte centrale autoriteit meent dat het kind zich bevindt op het grondgebied van een andere verdragsstaat, zendt zij de documenten rechtstreeks en onverwijld naar de centrale autoriteit van die staat.

2. Kosten (lid 3). De kosten voor de maatregelen die door de aangezochte centrale autoriteit genomen worden, worden gedragen door de aangezochte staat, ook wanneer het verzoek wordt afgewezen (Toelichting op het verdrag, p. 10). Onder deze kosten vallen onder meer de proceskosten en kosten van rechtsbijstand door een advocaat. De kosten van teruggeleiding worden echter niet gedragen door deze staat, maar komen voor rekening van de verzoeker.

3. Rechtshulp (lid 4). Wanneer het verzoek wordt afgewezen, kan het in het belang van de verzoeker zijn dat een procedure ten principale inzake het gezag wordt gevoerd. In zo'n geval is de centrale autoriteit bevoegd ervoor te zorgen dat de verzoeker in die procedure wordt vertegenwoordigd onder voorwaarden die niet minder gunstig zijn dan die welke gelden voor degene die woont en onderdaan is van deze staat. On- en minvermogenden kunnen zich aldus op een rechtsbijstandsregeling beroepen. De centrale autoriteit is tevens bevoegd een procedure aanhangig te maken voor de bevoegde autoriteiten van die staat.

Artikel 6

1. Behoudens bijzondere regelingen tussen de betrokken centrale autoriteiten en behoudens het derde lid van dit artikel:

a. worden mededelingen aan de centrale autoriteit van de aangezochte Staat gesteld in de officiële taal of in een van de officiële talen van deze Staat dan wel gaan zij vergezeld van een vertaling in die taal;

b. moet de centrale autoriteit van de aangezochte Staat toch mededelingen aanvaarden die zijn gesteld in de Franse of de Engelse taal dan wel zijn vergezeld van een vertaling in een van deze talen.

2. De mededelingen, afkomstig van de centrale autoriteit van de aangezochte Staat, met inbegrip van de resultaten van uitgevoerde onderzoeken, kunnen worden gesteld in de officiële taal of in een van de officiële talen van deze Staat dan wel in het Frans of het Engels.

3. Iedere Verdragsluitende Staat kan het bepaalde in het eerste lid, letter *b*, van dit artikel, geheel of gedeeltelijk van toepassing uitsluiten. Wanneer een Verdragsluitende Staat dit voorbehoud heeft gemaakt, kan iedere andere Verdragsluitende Staat dit eveneens toepassen ten aanzien van die Staat.

[20-05-1980, Trb. 10, i.w.tr. 01-09-1983]

[Taal]

1. Taal (leden 1 en 2). Ingevolge deze bepaling dienen mededelingen aan de centrale autoriteit van de aangezochte staat te worden gesteld in de officiële taal (of één van de officiële talen) van die staat dan wel dienen zij vergezeld te zijn van een vertaling in die taal. Mededelingen in de Franse of Engelse taal dan wel een vertaling in één van deze twee talen dienen echter ook geaccepteerd te worden, tenzij de aangezochte staat een voorbehoud op dit punt heeft gemaakt. Mededelingen van de centrale autoriteit, met inbegrip van de resultaten van genomen maatregelen, kunnen in de officiële taal (één van de officiële talen) of in het Frans of het Engels worden gedaan.

2. Voorbehoud (lid 3). Iedere verdragsstaat kan een voorbehoud maken voor de toepassing van het Frans en/of Engels. Wanneer zo'n voorbehoud is gemaakt wordt daaraan het gevolg van reciprociteit verbonden: iedere andere verdragsstaat kan dit voorbehoud dan ook toepassen ten aanzien van die staat. Nederland heeft dit voorbehoud niet gemaakt.

TITEL II

Erkenning en tenuitvoerlegging van beslissingen en herstel van het gezag over kinderen

Artikel 7

De in een Verdragsluitende Staat gegeven beslissingen inzake het gezag worden erkend en zijn, wanneer zij uitvoerbaar zijn in de Staat waar zij zijn gegeven, vatbaar voor tenuitvoerlegging in iedere andere Verdragsluitende Staat.

[20-05-1980, Trb. 10, i.w.tr. 01-09-1983]

[Erkenning en tenuitvoerlegging]

Betekenis. Artikel 7 is de grondslag van de in het verdrag opgenomen regeling. Door de bepaling staat voorop dat de in een verdragsstaat gegeven en uitvoerbare gezagsbeslissing in alle andere verdragsstaten erkend wordt en ten uitvoer gelegd kan worden. De beslissingen behoeven niet in kracht van gewijsde te zijn gegaan. Erkenning en tenuitvoerlegging kan worden aangehouden indien in het land van herkomst van de beslissing een gewoon rechtsmiddel tegen de beslissing is aangewend (zie aant. 5 op art. 10 lid 2 sub a). Degene die hierop een beroep wil doen zal dit punt naar voren kunnen brengen. Deze bepaling is niet bedoeld voor de ontvoerder die wijziging of revisie van de voogdijvoorziening vraagt en vervolgens met het kind vertrekt; alleen een *gewoon* rechtsmiddel kan een grond voor aanhouding vormen (zie Information for the attention of the central authorities set up under the custody convention (Council of Europe - Strasbourg 1989), p. 7).

Artikel 8

1. Bij ongeoorloofde overbrenging dient de centrale autoriteit van de aangezochte Staat ervoor te zorgen dat onmiddellijk maatregelen worden genomen tot teruggave van het kind;

a. wanneer, ten tijde van het aanhangig maken van het geding in de Staat waar de beslissing werd gegeven dan wel op het tijdstip van de ongeoorloofde overbrenging, indien deze eerder plaatsvond, het kind alsmede zijn ouders alleen van deze Staat de nationaliteit hadden en het kind zijn gewone verblijfplaats op het grondgebied van die Staat had, en

b. wanneer binnen zes maanden na de ongeoorloofde overbrenging een verzoek om teruggave is ingediend bij een centrale autoriteit.

2. Indien, overeenkomstig het recht van de aangezochte Staat, niet kan worden voldaan aan de voorschriften van het eerste lid van dit artikel zonder tussenkomst van een

rechterlijke autoriteit, is geen enkele van de in dit Verdrag voorziene weigeringsgronden in de procedure voor de rechter van toepassing.
3. Indien tussen de persoon die het gezag over het kind heeft en een andere persoon een door een bevoegde autoriteit goedgekeurde regeling is tot stand gekomen, waarbij aan laatstbedoelde persoon een bezoekrecht is verleend, en indien het kind dat is meegenomen naar het buitenland na het verstrijken van de overeengekomen periode niet is teruggegeven aan de persoon die het gezag daarover heeft, wordt overgegaan tot herstel in de uitoefening van dit recht overeenkomstig het eerste lid, letter *b*, en het tweede lid van dit artikel. Hetzelfde geldt in geval van een beslissing van de bevoegde autoriteit, waarbij dit recht wordt toegekend aan een persoon die niet het gezag over het kind heeft.
[20-05-1980, Trb. 10, i.w.tr. 01-09-1983]

[Onmiddellijke teruggeleiding; geen weigeringsgronden]

1. Algemeen. Anders dan de volgende artikelen spreekt dit artikel niet over 'erkenning en tenuitvoerlegging'. Volgens het advies van de Staatscommissie voor het Internationaal Privaatrecht (Advies van 2 december 1985 betreffende de twee ontvoeringsverdragen opgenomen in de Bundel Geselecteerde Adviezen. Naar een afgewogen IPR, red. E.N. Frohn/E. Hennis, 1995), is kennelijk primair gedacht aan een administratieve behandeling door de centrale autoriteiten.

2. Onmiddellijke terugkeer/verzoek binnen zes maanden (leden 1 en 2). Bij ongeoorloofde overbrenging dient de centrale autoriteit op een *binnen zes maanden* na de ongeoorloofde overbrenging bij haar ingediend verzoek onmiddellijk voor terugkeer (en aldus voor herstel van het gezag) te zorgen, wanneer a) de ouders en het kind ten tijde van het aanhangig maken van het geding in de staat waar de beslissing werd gegeven (of ten tijde van de eerdere ongeoorloofde overbrenging) uitsluitend de nationaliteit van die staat hadden én b) het kind in die staat zijn gewone verblijfplaats had (lid 1). Waar deze bepaling ziet op monopatride ouders en kinderen mag afgeleid worden dat zij (vooral) ziet op de gevallen waarin in een nationale situatie de ontvoerende ouder met het kind 'onderduikt' in een ander land. **Geen toetsing.** De bepaling schrijft een automatische teruggeleiding voor, zonder enige toetsing, zelfs niet aan het belang van het kind of de openbare orde, behoudens een mogelijk voorbehoud krachtens art. 17. Nederland heeft dit voorbehoud niet gemaakt. Het tweede lid van art. 8 bepaalt uitdrukkelijk dat indien in de aangezochte staat de terugkeer niet zonder rechterlijke tussenkomst gerealiseerd kan worden, in deze procedure geen enkele weigeringsgrond toegepast kan worden. **Termijn.** De termijn van zes maanden heeft een min of meer absoluut karakter. Aangenomen mag worden dat wanneer de termijn overschreden wordt en de verzoeker aannemelijk maakt dat hij gehandeld heeft direct nadat hem de verblijfplaats van het kind bekend is geworden, de rechter geen rekening houdt met het verlopen van de termijn. Overigens kan de verzoeker bij élke centrale autoriteit een verzoek indienen en zelfs in meerdere landen tegelijk, wanneer hij niet precies weet waar het kind zich bevindt.

3. Omgangsrecht (lid 3). Wanneer er sprake is van het niet doen terugkeren in strijd met een door de bevoegde autoriteiten goedgekeurde omgangsregeling (vasthouding na een bezoek), wordt de automatische terugkeer bevolen zelfs zonder enige eis van verbondenheid met de staat van herkomst (door nationaliteit en/of woonplaats). De enige voorwaarde is dat het verzoek binnen zes maanden moet zijn ingediend. Dit is de meest vérgaande regeling voor wat betreft de terugkeer. De bepaling beoogt een stipte naleving van de omgangsregeling in het kader waarvan het kind over de grens mag worden gebracht, te bevorderen. Het verdrag spreekt in dit verband niet over teruggeleiding of teruggave, maar over herstel in de uitoefening van het gezagsrecht. Zie bijvoorbeeld Pres. Rb. Breda 20 januari 1995, NIPR 1995, nr. 342, KG 1995, 132. In deze zaak, waarin de moeder na echtscheiding in België tot voogdes en de vader tot toeziend voorgd werd benoemd, nam de vader het kind in het kader van de omgangsregeling meen naar Nederland en bracht vervolgens het kind niet naar de moeder in België terug. De onmiddellijke terugkeer van het kind werd bevolen op grond van art. 8 lid 3. De man gaat in hoger beroep. Hij stelt, met een beroep op de verklaring van Nederland in de brief van 29 juni 1990, het EVRM en het VN-verdrag inzake de rechten van het kind, dat de president niet in redelijkheid tot zijn beslissing had kunnen komen gelet op de geestelijke en/of lichamelijke mishandeling van het kind in het gezin van de vrouw. De vrouw betwist deze stellingen. Het Hof 's-Hertogenbosch (2 november 1995, NIPR 1996, 60) meent dat de man onvoldoende heeft aangetoond dat het destijds onverantwoord was het kind te doen terugkeren naar de vrouw. Voor het antwoord op de vraag of het kind mishandeld wordt is meer en diepgaand onderzoek nodig. Daarvoor is in een kortgedingprocedure volgens het hof geen plaats. Het hof bekrachtigt de uitspraak van de president. De bepaling wordt ook toegepast wanneer de bevoegde autoriteit het gezagsrecht heeft toegekend aan een persoon die niet met het gezag over het kind was bekleed en het kind wordt achtergehouden door degene aan wie het gezagsrecht werd ontnomen (MvT op de goedkeuring van de beide ontvoeringsverdragen, Kamerstukken II 20 461 (R 1345), nr. 3, p. 10).

Artikel 9

1. In andere gevallen van ongeoorloofde overbrenging dan die bedoeld in artikel 8, en indien binnen zes maanden na de overbrenging een verzoek is ingediend bij een centrale autoriteit, kunnen de erkenning en de tenuitvoerlegging slechts worden geweigerd:

a. indien, bij een beslissing die was gegeven in afwezigheid van de verweerder of van zijn wettige vertegenwoordiger, het inleidend gedingstuk of een daarmee gelijkstaand stuk niet op regelmatige wijze en tijdig was betekend of ter kennis gebracht aan de verweerder, opdat deze zijn verweer kon voorbereiden; dit ontbreken van een betekening of een kennisgeving kan evenwel geen grond vormen voor weigering van de erkenning of van de tenuitvoerlegging wanneer de betekening of de kennisgeving niet heeft plaatsgevonden omdat de verweerder zijn verblijfplaats verborgen heeft gehouden voor de persoon die het geding aanhangig had gemaakt in de Staat waar de beslissing was gegeven;

b. indien, bij een beslissing die was gegeven in afwezigheid van de verweerder of van zijn wettige vertegenwoordiger, de bevoegdheid van de autoriteit die de beslissing heeft gegeven, niet was gebaseerd:

i. op de gewone verblijfplaats van de verweerder, of

ii. op de laatste gemeenschappelijke gewone verblijfplaats van de ouders van het kind voor zover een van hen aldaar nog steeds zijn gewone verblijfplaats heeft, of

iii. op de gewone verblijfplaats van het kind;

c. indien de beslissing onverenigbaar is met een beslissing inzake het gezag die in de aangezochte Staat uitvoerbaar is geworden vóór de overbrenging van het kind, tenzij het kind, gedurende een jaar voorafgaand aan zijn overbrenging, zijn gewone verblijfplaats heeft gehad op het grondgebied van de verzoekende Staat.

2. Indien geen verzoek is ingediend bij een centrale autoriteit, is het bepaalde in het eerste lid van dit artikel eveneens van toepassing wanneer om de erkenning en de tenuitvoerlegging wordt verzocht binnen zes maanden na de ongeoorloofde overbrenging.

3. In geen enkel geval mag een onderzoek worden ingesteld naar de juistheid van de buitenlandse beslissing.

[20-05-1980, Trb. 10, i.w.tr. 01-09-1983]

[Beperkte weigeringsgronden]

1. Weigering (lid 1). Art. 9 ziet op die gevallen die niet onder art. 8 vallen, maar waarin wel *binnen zes maanden* een verzoek om teruggave van het kind is gedaan. Wanneer aan (één van de) toepassingsvoorwaarden voor art. 8 niet is voldaan, bijvoorbeeld als de ouders en het kind niet dezelfde nationaliteit hebben, maar het verzoek wel *binnen zes maanden* wordt ingediend, kan erkenning en tenuitvoerlegging slechts op een restrictief aantal gronden geweigerd worden. De drie weigeringsgronden van art. 9 worden in sub a, sub b en sub c geformuleerd. In het sub a gestelde gaat het om het in acht nemen van de regels voor een behoorlijke procesvoering. Sub b betreft de bevoegdheid van de rechter die de beslissing inzake het gezag heeft genomen. In het sub c gestelde gaat het om de onverenigbaarheid van beslissingen.

2. Behoorlijke procesvoering (lid 1 sub a). Erkenning en tenuitvoerlegging wordt geweigerd, aldus art. 9 lid 1 sub a, in geval van een verstekvonnis wanneer het inleidend gedingstuk niet of niet behoorlijk aan verweerder werd betekend. Deze weigeringsgrond beoogt de bescherming van de verweerder in geval van verstekzaken. Daarbij wordt uitdrukkelijk bepaald dat het ontbreken van een betekening geen weigeringsgrond is wanneer de verweerder zijn verblijfplaats verborgen heeft gehouden.

3. Onbevoegdheid (lid 1 sub b). Erkenning en tenuitvoerlegging wordt voorts geweigerd wanneer sprake is van een in de zin van deze regeling onbevoegde rechter. De bevoegdheid van de rechter die de gezagsbeslissing heeft gegeven wordt niet aanvaard wanneer de bevoegdheid niet was gebaseerd op in het artikel genoemde gronden: de gewone verblijfplaats van de verweerder, óf de laatste gemeenschappelijke gewone verblijfplaats van de ouders van het kind, althans voor zover één van hen daar zijn gewone verblijfplaats nog steeds heeft, óf op de gewone verblijfplaats van het kind.

4. Onverenigbaarheid van beslissingen (lid 1 sub c). Erkenning en tenuitvoerlegging wordt tot slot geweigerd wanneer de beslissing onverenigbaar is met een eerdere vóór de ontvoering gegeven beslissing in de aangezochte staat, tenzij het kind gedurende één jaar voorafgaande aan de overbrenging zijn gewone verblijfplaats had in de verzoekende staat. De eerdere beslissing dient uitvoerbaar te zijn (Toelichting op het verdrag, p. 13). De 'tenzij-uitzondering' is opgenomen om forum-shopping te voorkomen in die zin dat de ouder eerst een voor hem gunstige gezagsbeslissing uitlokt in een bepaalde verdragsstaat en daarna het kind naar die staat meeneemt (Toelichting op het verdrag, p. 13).

5. Rechtstreeks beroep op de rechter (lid 2). Lid 2 maakt duidelijk dat de verzoeker zich rechtstreeks, met voorbijgaan aan de centrale autoriteit, kan wenden tot de rechter in de staat waar het kind zich bevindt. De rechter (of andere bevoegde autoriteit) zal, wanneer aan de voorwaarden voor toepassing van het verdrag wordt voldaan, de verdragsregeling moeten toepassen (*Toelichting op het verdrag*, p. 13).

6. Verbod van révision au fond (lid 3). In deze bepaling is met zo veel woorden neergelegd dat er geen onderzoek naar de juistheid van de buitenlandse beslissing wordt gedaan. De weigeringsgronden van art. 9 zijn (slechts) procedureel van aard.

Artikel 10

1. In de andere gevallen dan die van de artikelen 8 en 9 kunnen de erkenning en de tenuitvoerlegging niet alleen op de gronden van artikel 9, maar bovendien op een van de volgende gronden worden geweigerd:

a. indien wordt vastgesteld dat de gevolgen van de beslissing kennelijk onverenigbaar zijn met de grondbeginselen van het familie- en kinderrecht van de aangezochte Staat;

b. indien wordt vastgesteld dat door een verandering van omstandigheden – waaronder het verstrijken van de tijd, doch niet de enkele verandering van de verblijfplaats van het kind na een ongeoorloofde overbrenging zijn begrepen – de gevolgen van de in het buitenland gegeven beslissing kennelijk niet meer in overeenstemming zijn met het belang van het kind;

c. indien, op het moment van het aanhangig maken van het geding in de Staat waar de beslissingen werden gegeven:

i. het kind de nationaliteit van de aangezochte Staat had of zijn gewone verblijfplaats in die Staat had terwijl een zodanige band met de Staat waar de beslissing werd gegeven, niet aanwezig was;

ii. het kind zowel de nationaliteit van de Staat waar de beslissing werd gegeven, als die van de aangezochte Staat had en zijn gewone verblijfplaats in de aangezochte Staat had;

d. indien de beslissing onverenigbaar is met een beslissing hetzij gegeven in de aangezochte Staat, hetzij gegeven in een derde Staat en uitvoerbaar in de aangezochte Staat, na een procedure die aanhangig was gemaakt voordat het verzoek om erkenning of tenuitvoerlegging werd gedaan, en indien de weigering in het belang van het kind is.

2. In dezelfde gevallen kunnen de erkenningsprocedure alsmede de tenuitvoerleggingsprocedure op een van de volgende gronden worden geschorst:

a. indien een gewoon rechtsmiddel tegen de in het buitenland gegeven beslissing is ingesteld;

b. indien een procedure betreffende het gezag over het kind, aangevangen vóór de instelling van de procedure in de Staat waar de beslissing werd gegeven, in de aangezochte Staat aanhangig is;

c. indien een andere beslissing betreffende het gezag over het kind het onderwerp vormt van een tenuitvoerleggingsprocedure of van enige andere procedure inzake de erkenning van die beslissing.

[20-05-1980, Trb. 10, i.w.tr. 01-09-1983]

[Additionele weigeringsgronden]

1. Algemeen. In alle andere gevallen dan die van de art. 8 en 9, in het bijzonder wanneer het verzoek *zes maanden na* de ontvoering wordt ingediend, kan weigering behalve op art. 9, bovendien gebaseerd worden op één van de in art. 10 opgesomde gronden, in welk geval er strikt genomen een onderzoek ten gronde plaatsvindt.

2. Belang van het kind (lid 1 sub a en b). Twee weigeringsgronden zijn gebaseerd op het belang van het kind. **Grondbeginselen familie- en kinderrecht (sub a).** Erkenning en tenuitvoerlegging kan worden geweigerd wanneer de gevolgen van de beslissing kennelijk onverenigbaar zijn met de grondbeginselen van het familie- en kinderrecht van de aangezochte staat (sub a). Het belang van het kind, als een van de fundamentele beginselen van het recht, geldt hier als grondslag voor een beroep op deze weigeringsgrond. Deze exceptie heeft een nog beperkter karakter dan de gebruikelijke openbare orde-exceptie in de (recente) verdragen (Toelichting op het verdrag, p. 13). Een restrictief gebruik van deze exceptie is dus geboden (MvT op de goedkeuring van de beide ontvoeringsverdragen, *Kamerstukken II* 20 461 (R 1345) nr. 3, p. 11). **Verandering van omstandigheden (sub b).** Het belang van het kind is ook de basis voor de weigeringsgrond sub b waarin het tijdsverloop een rol speelt. Erkenning en tenuitvoerlegging kan geweigerd worden wanneer door een verandering van omstandigheden - bijvoorbeeld tijdsverloop - de gevolgen van de beslissing kennelijk niet meer in overeenstemming zijn met het belang van het kind, dat zijn standpunt hierover kenbaar kan maken (zie art. 15). Hierbij kan worden gedacht aan de situatie waarin het kind inmiddels in zijn nieuwe omgeving is geworteld. Zie Rb. Almelo 25 maart 1992 *NIPR* 1992, 180. De verandering van de gewone verblijfplaats als gevolg van de ontvoering vormt op zichzelf genomen geen nieuwe omstandigheid in de zin van deze weigeringsgrond. Met het woord 'kennelijk' hebben de verdragsopstellers beoogd aan te geven dat de onverenigbaarheid volstrekt duidelijk moet zijn (*Toelichting op het verdrag*, p. 14).

3. Band met de aangezochte staat (lid 1 sub c). De weigeringsgrond neergelegd in sub c is gebaseerd op aanknopingsoverwicht met de aangezochte staat. Erkenning en tenuitvoerlegging wordt geweigerd indien a. het kind de nationaliteit had van de aangezochte staat of daar zijn gewone verblijfplaats had, terwijl een dergelijke band met de staat waar de beslissing werd gegeven ontbreekt; of b. het kind zowel de nationaliteit van de staat had waar de beslissing werd gegeven als van de aangezochte staat en zijn gewone verblijfplaats in de aangezochte staat had. In de toelichting (*Kamerstukken II* 20 461 (R 1345), nr. 3, p. 12) leest men dat de achterliggende gedachte waarschijnlijk is dat de staat waar het kind onderdaan van is dan wel zijn gewone verblijfplaats heeft beter zijn belang kan beoordelen dan de staat waar de gezagsbeslissing is gegeven maar waarmee het kind geen relevante band heeft.

4. Onverenigbaarheid van beslissingen (lid 1 sub d). Erkenning en tenuitvoerlegging kan worden geweigerd wanneer de beslissing onverenigbaar is met een eerdere in de aangezochte staat uitvoerbare beslissing hetzij gegeven in de aangezochte staat hetzij in een derde staat, indien de weigering in het belang van het kind is.

5. Schorsing exequatur-procedure (lid 2). In dezelfde gevallen als waarin een beroep kan worden gedaan op de weigeringsgronden kan de procedure worden *geschorst*: a. indien een gewoon rechtsmiddel tegen de beslissing is ingesteld; b. indien in de aangezochte staat een procedure ten principale inzake het gezag is aangespannen en deze procedure op een eerder tijdstip is aangevangen dan de procedure in de staat waar de beslissing is gegeven; c. indien een andere beslissing inzake het gezag het onderwerp vormt van enige exequaturprocedure. Het onder sub a gestelde vormt een belangrijke uitzondering op het uitgangspunt van het verdrag dat gezagsbeslissingen van verdragsstaten in alle andere verdragsstaten erkend worden en ten uitvoer gelegd kunnen worden, ook wanneer zij nog niet in kracht van gewijsde zijn gegaan (zie art. 7).

6. Voorbehoud van art. 17. Het voorbehoud van art. 17 voorziet in de mogelijkheid om één of meer van de in art. 10 genoemde weigeringsgronden van toepassing te verklaren in de door art. 8 en/of 9 bestreken gevallen. Nederland heeft dit voorbehoud niet gemaakt.

Artikel 11

1. Beslissingen inzake het bezoekrecht en bepalingen uit beslissingen inzake het gezag die betrekking hebben op het bezoekrecht, worden erkend en ten uitvoer gelegd onder dezelfde voorwaarden als de overige beslissingen inzake het gezag.
2. De bevoegde autoriteit van de aangezochte Staat kan evenwel nadere regels vaststellen voor de verwezenlijking en de uitoefening van het bezoekrecht, met name rekening houdend met verplichtingen die de partijen daaromtrent op zich hebben genomen.
3. Wanneer geen beslissing inzake het bezoekrecht is gegeven of wanneer de erkenning of de tenuitvoerlegging van de beslissing inzake het gezag is geweigerd, kan de centrale autoriteit van de aangezochte Staat haar bevoegde autoriteiten verzoeken een beslissing inzake het bezoekrecht te geven, indien de persoon die op dit recht aanspraak maakt, hierom verzoekt.
[20-05-1980, Trb. 10, i.w.tr. 01-09-1983]

[Bezoekrecht]

1. Erkenning en tenuitvoerlegging (lid 1). Dit artikellid bepaalt dat beslissingen inzake het bezoekrecht onder dezelfde voorwaarden worden erkend en ten uitvoer gelegd als gezagsbeslissingen.

2. Nadere regels (lid 2). De bevoegde autoriteit van de aangezochte staat kan, rekening houdend met de gemaakte afspraken van de partijen, nadere regels stellen bij de verwezenlijking van het bezoekrecht. De verdragsopstellers hebben hiermee de mogelijkheid gegeven voor de bevoegde autoriteit om de buitenlandse omgangsregeling in overeenstemming te brengen met de situatie in de aangezochte staat, waarbij bijvoorbeeld gedacht kan worden aan de schoolvakanties (*Toelichting op het verdrag*, p. 16).

3. Vaststelling bezoekrecht (lid 3). Dit lid biedt de mogelijkheid dat desgevraagd door de centrale autoriteit aan de bevoegde rechter wordt verzocht een beslissing over het bezoekrecht (omgangsregeling) te geven, ingeval er nog geen beslissing hierover gegeven is of de erkenning en tenuitvoerlegging van de gezagsbeslissing is geweigerd. Wordt zo'n beslissing gegeven, dan wordt zij in de andere verdragsstaten erkend.

Artikel 12

Indien op het tijdstip waarop het kind een internationale grens wordt overgebracht, geen uitvoerbare beslissing inzake het gezag over het kind gegeven in een andere Verdragsluitende Staat voorhanden is, zijn de bepalingen van dit Verdrag van toepassing op iedere latere beslissing inzake het gezag over dat kind waarbij de overbrenging ongeoorloofd wordt verklaard en die op verzoek van een belanghebbende in een Verdragsluitende Staat is gegeven.

[20-05-1980, Trb. 10, i.w.tr. 01-09-1983]

[Latere gezagsbeslissing]

1. Algemeen. Zoals eerder opgemerkt, is het verdrag in de kern een erkennings- en executieverdrag terzake van gezagsbeslissingen. De ex lege-gezagsverhouding valt in beginsel dus niet onder het bereik van de verdragsregeling. De verdragsopstellers hebben evenwel gezocht naar een mogelijkheid om ook voor deze gezagsverhouding een oplossing te geven en hebben daartoe art. 12 opgesteld. Art. 12 biedt de mogelijkheid voor de ouder die ex lege het gezag over zijn kind uitoefende om een verzoek tot teruggeleiding te doen (zie aant. 2 onder de inleidende opmerkingen en aant. 4 op art. 1).

2. Latere beslissing. Ingevolge art. 12 is de verdragsregeling van toepassing op iedere latere beslissing inzake het gezag over het kind, waarbij tevens de overbrenging ongeoorloofd wordt verklaard. Wanneer de achtergebleven ouder na de ontvoering in een verdragsstaat een beslissing inzake het gezag verkrijgt, waarin (tevens) de ontvoering als ongeoorloofd wordt verklaard, kan hij daarvan in de andere verdragsstaten erkenning en tenuitvoerlegging verzoeken op basis van de verdragsbepalingen. Ingevolge deze bepaling is het verdrag dus ook van toepassing in geval voorafgaand aan een mogelijke scheiding of gedurende een echtscheidingsprocedure waarin nog geen gezagsvoorziening is gegeven en de beide ouders nog gezamenlijk het gezag uitoefenen, één van hen met het kind vertrekt (*Toelichting op het verdrag*, p. 17). De beslissing dient op twee zaken in te gaan: i) de overbrenging van het kind dient ongeoorloofd te worden verklaard en ii) de vaststelling van degene die het gezagsrecht had vóór de overbrenging. Een beslissing beperkt tot een bevel tot terugkeer is onvoldoende in de zin van art. 12 (*Toelichting op het verdrag*, p. 17).

TITEL III

Procedure

Artikel 13

1. Het verzoek om erkenning of tenuitvoerlegging in een andere Verdragsluitende Staat van een beslissing inzake het gezag dient te worden vergezeld van:

a. **een document waardoor de centrale autoriteit van de aangezochte Staat wordt gemachtigd op te treden namens de verzoeker of daartoe een andere vertegenwoordiger aan te wijzen;**
b. **een afschrift van de beslissing dat aan de noodzakelijke waarborgen van echtheid voldoet;**
c. **wanneer het een beslissing betreft die werd gegeven in afwezigheid van de verweerder of van zijn wettige vertegenwoordiger, ieder document waaruit blijkt dat het inleidend gedingstuk of een daarmede gelijkstaand stuk op regelmatige wijze is betekend of ter kennis gebracht aan de verweerder;**
d. **eventueel ieder document waaruit blijkt dat volgens het recht van de Staat waar de beslissing werd gegeven, de beslissing uitvoerbaar is;**
e. **indien mogelijk een vermelding van de plaats waar het kind zich in de aangezochte Staat zou kunnen bevinden;**
f. **voorstellen inzake de mogelijkheden voor herstel van het gezag over het kind.**

2. Bovengenoemde documenten moeten, indien nodig, zijn vergezeld van een vertaling die aan het bepaalde in artikel 6 voldoet.

[20-05-1980, Trb. 10, i.w.tr. 01-09-1983]

[Over te leggen documenten]

Betekenis. In deze bepaling worden de documenten opgesomd die bij het verzoek overgelegd moeten worden. Dit voorschrift is van toepassing zowel wanneer de centrale autoriteit als de bevoegde rechter (autoriteit) wordt benaderd. Het in onderdeel d gestelde wordt alleen toegepast wanneer tenuitvoerlegging en niet slechts erkenning verzocht wordt (Toelichting op het verdrag, p. 17).

Artikel 14

Iedere Verdragsluitende Staat past, bij erkenning en tenuitvoerlegging van een beslissing inzake het gezag een eenvoudige en snelle procedure toe en zorgt er, met het oog daarop, voor dat het verzoek tot tenuitvoerlegging kan worden ingediend door middel van een eenvoudig verzoekschrift.

[20-05-1980, Trb. 10, i.w.tr. 01-09-1983]

[Eenvoudige procedure]

Betekenis. Met deze bepaling stond de verdragsopstellers een efficiënte wijze van behandeling van het verzoek voor ogen. Benadrukt wordt dat voor een snelle en eenvoudige procedure moet worden gekozen door de verdragsstaten, die aanhangig kan worden gemaakt door een eenvoudig verzoekschrift. De reeds genoemde Convention Committee heeft er nog eens de nadruk op gelegd dat een snelle behandeling van het verzoek geboden is. Binnen zes weken na ontvangst van het verzoek zou een uitvoerbare beslissing moeten zijn gegeven (Information for the attention of the central authorities, Council of Europe - Strasbourg, 1989, p. 4).

Artikel 15

1. Alvorens te beslissen over de toepassing van het eerste lid, letter *b*, van artikel 10,

a. dient de autoriteit van de aangezochte Staat kennis te nemen van het standpunt van het kind, tenzij dit praktisch onmogelijk is met name in verband met de leeftijd en het verstandelijke inzicht van het kind;

b. kan de autoriteit van de aangezochte Staat verzoeken dat passend onderzoek wordt verricht.

2. De kosten van de in een Verdragsluitende Staat verrichte onderzoeken komen ten laste van de Staat waar de onderzoeken zijn verricht.

3. De verzoeken om een onderzoek alsmede de resultaten ervan kunnen door tussenkomst van de centrale autoriteiten worden gezonden aan de betreffende autoriteit.

[20-05-1980, Trb. 10, i.w.tr. 01-09-1983]

[Mening kind/onderzoek]

Betekenis. Mening kind. Het oordeel van het kind over zijn nieuwe situatie is in het bijzonder van belang wanneer een beroep wordt gedaan op de weigeringsgrond van art. 10 lid 1 onderdeel b (veranderde omstandigheden/tijdsverloop). Bij de toepassing van art. 10 lid 1 onderdeel b is daarom ingevolge lid 1 onderdeel a van art. 15 de aangezochte autoriteit verplicht kennis te nemen van het standpunt van het kind, tenzij dit praktisch onmogelijk is gezien de leeftijd en het verstandelijk vermogen van het kind. De rechter kan het kind zelf horen dan wel doen horen door een andere instelling (bijvoorbeeld door de raad voor de kinderbescherming). **Onderzoek.** Voorts kan de aangezochte autoriteit verlangen dat passend onderzoek wordt verricht (onderdeel b). **Kosten.** De kosten van dergelijke onderzoeken komen ten laste van de staat waar zij worden uitgevoerd (lid 2). Het verzoek om een onderzoek en de resultaten daarvan kunnen via de centrale autoriteiten worden gezonden aan de desbetreffende autoriteit (lid 3). Uit de verdragstekst mag worden afgeleid dat de rechter deze verplichting alleen opgelegd heeft gekregen wanneer hij art. 10 lid 1 onderdeel b toepast. De mening van het kind is bij art. 8 en 9 strikt genomen niet relevant (zie echter art. 17).

Artikel 16

Voor de toepassing van dit Verdrag kan geen enkele legalisatie of soortgelijke formaliteit worden geëist.

[20-05-1980, Trb. 10, i.w.tr. 01-09-1983]

[Vrijstelling legalisatie]

Betekenis. De vrijstelling van legalisatie dient de snelheid van afhandeling van een verzoek tot erkenning en tenuitvoerlegging ten goede te komen (*Toelichting op het verdrag*, p. 18).

TITEL IV
Voorbehouden

Artikel 17

1. Iedere Verdragsluitende Staat kan het voorbehoud maken volgens hetwelk, in de gevallen, bedoeld in de artikelen 8 en/of 9, de erkenning en de tenuitvoerlegging van beslissingen inzake het gezag, kunnen worden geweigerd op die van de in artikel 10 bedoelde gronden, welke zijn aangegeven in het voorbehoud.
2. De erkenning en de tenuitvoerlegging van beslissingen, gegeven in een Verdragsluitende Staat die het in het eerste lid van dit artikel bedoelde voorbehoud heeft gemaakt, kunnen in iedere andere Verdragsluitende Staat worden geweigerd op een van de in dat voorbehoud aangegeven aanvullende gronden.
[20-05-1980, Trb. 10, i.w.tr. 01-09-1983]

[Voorbehoud art. 8 en/of 9]

Betekenis. Het voorbehoud van dit artikel voorziet in de mogelijkheid om één of meer van de in art. 10 genoemde weigeringsgronden van toepassing te verklaren in de door art. 8 en/of 9 bestreken gevallen. Aldus kan 'automatische terugkeer' worden uitgesloten. De weigeringsgronden van art. 10 kunnen immers worden ingeroepen. Dit voorbehoud maakt door zijn reciprociteitswerking het verdrag gecompliceerd en voor de praktijk moeilijk hanteerbaar: maakt land A dit voorbehoud, dan kunnen de andere verdragsstaten de erkenning en tenuitvoerlegging van beslissingen afkomstig uit land A op dezelfde gronden weigeren, ook als zij zelf dit voorbehoud niet hebben gemaakt. Zie Hof 's-Hertogenbosch 15 december 1994, NIPR 1995, 207. Nederland heeft het voorbehoud van art. 17 niet gemaakt.

Artikel 18

Iedere Verdragsluitende Staat kan het voorbehoud maken volgens hetwelk deze Staat niet is gebonden door het bepaalde in artikel 12. De bepalingen van dit Verdrag zijn niet van toepassing op de beslissingen, bedoeld in artikel 12, die zijn gegeven in een Verdragsluitende Staat die dit voorbehoud heeft gemaakt.
[20-05-1980, Trb. 10, i.w.tr. 01-09-1983]

[Voorbehoud art. 12]

Betekenis. Het voorbehoud beperkt in belangrijk opzicht de werking van het verdrag door de mogelijkheid te geven art. 12 uit te sluiten. Door het voorbehoud komen alleen beslissingen voor erkenning en tenuitvoerlegging volgens het verdragsregime in aanmerking, wanneer zij gegeven zijn vóór de ontvoering. Wanneer een verdragsstaat dit voorbehoud heeft gemaakt worden zijn eigen beslissingen in de zin van art. 12 evenmin door het verdrag bestreken. Het voorbehoud schaadt strikt genomen de effectiviteit van de verdragsregeling. Nederland heeft het voorbehoud niet gemaakt.

TITEL V
Andere akten

Artikel 19
1. Dit Verdrag sluit niet de mogelijkheid uit dat voor het verkrijgen van de erkenning of de tenuitvoerlegging van een beslissing een beroep wordt gedaan op een andere internationale akte tussen de Staat waar de beslissing werd gegeven en de aangezochte Staat, dan wel op een wettelijke regeling van de aangezochte Staat die niet op een internationale overeenkomst berust.
[20-05-1980, Trb. 10, i.w.tr. 01-09-1983]

[Samenloop]

Betekenis. Het verdrag claimt geen exclusiviteit. Het geeft in dit artikel de mogelijkheid om een verzoek tot erkenning en tenuitvoerlegging te honoreren op grond van een andere verdragsregeling tussen de aangezochte staat en de staat waaruit de beslissing afkomstig is dan wel op grond van een andere niet op een verdrag gegronde wettelijke regeling van de aangezochte staat. Wat betreft een ander verdrag moet worden gedacht aan het Haags Kinderontvoeringsverdrag 1980. Dit kan de kwestie van de samenloop van verdragen aan de orde brengen. Welk verdrag dient te worden toegepast in een geval waarop beide verdragen toegepast kunnen worden? De genoemde verdragen regelen hun onderlinge verhouding in zo'n geval niet. Volgens de *Toelichting* op het verdrag (p. 19) zal ingeval de andere regeling de erkenning en tenuitvoerlegging vergemakkelijkt, deze laatste regeling prevaleren. Deze *favor*-gedachte – de voor de terugkeer meest gunstige regeling wordt toegepast – wordt ook in de MvT genoemd (p. 15). Zie Rb. Breda 20 oktober 1994, *NIPR* 1995/207. In deze zaak koos de verzoeker uitdrukkelijk voor toepassing van het Europese verdrag, waarin de rechtbank hem volgt en bovendien overweegt 'dat door toepassing van het Europese verdrag de terugzending van het kind het meest wordt bevorderd waardoor aan de doelstelling van beide verdragen, zoals die is neergelegd in de preambule ervan, het meest wordt tegemoetgekomen'. Zie ook Rb. 's-Hertogenbosch 13 februari 1991, *NIPR* 1992/205, waarin werd overwogen dat de regeling van het Haagse verdrag de terugzending van het kind het meest zou bevorderen. Het door de man op het Europese verdrag gebaseerde verweer werd direct gepasseerd. Het zal derhalve van de concrete omstandigheden van het geval afhangen welk verdrag toegepast wordt. Wel lijkt het aannemelijk dat het hier 'van tweeën één is': het is niet de bedoeling dat uit de beide verdragen een voor een concrete situatie gunstigste regeling gecombineerd toegepast wordt. In de uitspraak van Rb. Den Haag 22 augustus 2012 (ECLI:NL:RBSGR:2012:BX6631) verzoekt de moeder om terugeleiding van het kind naar België en beroept de vader zich onder meer op art. 10 Europees kinderontvoeringsverdrag. De rechtbank oordeelt dat dit verdrag niet van toepassing is, onder verwijzing naar art. 60 onderdeel d Brussel II-bis. Brussel II-bis heeft voorrang op de bepalingen van het Europese verdrag.

Artikel 20
1. Dit Verdrag maakt geen inbreuk op de verplichtingen die een Verdragsluitende Staat, ten aanzien van een Staat die niet Partij is bij dit Verdrag, kan hebben ingevolge een internationale regeling die betrekking heeft op aangelegenheden die door dit Verdrag worden beheerst.

2. Indien twee of meer Verdragsluitende Staten een eenvormige wetgeving op het gebied van het gezag over kinderen of een bijzonder regime betreffende erkenning of tenuitvoerlegging van de beslissingen op dit gebied hebben opgesteld of in de toekomst zullen opstellen, hebben zij het recht onderling deze wetgeving of dit regime toe te passen in de plaats van dit Verdrag of van een gedeelte van dit Verdrag. Om van deze bepaling gebruik te kunnen maken, dienen deze Staten hun besluit ter kennis te brengen van de Secretaris-Generaal van de Raad van Europa. Iedere wijziging of intrekking van dit besluit dient eveneens ter kennis te worden gebracht.
[20-05-1980, Trb. 10, i.w.tr. 01-09-1983]

[Andere verdragen/wetten]

Betekenis. Het verdrag maakt geen inbreuk op de verplichtingen die een verdragsstaat heeft jegens een niet-verdragsstaat welke verplichtingen uit een ander verdrag voortvloeien (lid 1). Het verdragsregime kan geheel of gedeeltelijk terzijde worden gesteld wanneer twee of meer verdragsstaten eenvormige wetgeving hebben op het gebied van het gezagsrecht of een bijzondere regeling geldt betreffende erkenning en tenuitvoerlegging van beslissingen inzake het gezagsrecht (lid 2).

TITEL VI
Slotbepalingen

Artikel 21

Dit Verdrag staat open voor ondertekening door de Lid-Staten van de Raad van Europa. Het dient te worden bekrachtigd, aanvaard of goedgekeurd. De akten van bekrachtiging, aanvaarding of goedkeuring worden nedergelegd bij de Secretaris-Generaal van de Raad van Europa.
[20-05-1980, Trb. 10, i.w.tr. 01-09-1983]

Artikel 22

1. Dit Verdrag treedt in werking op de eerste dag van de maand na het verstrijken van een tijdvak van drie maanden na de datum waarop drie Lid-Staten van de Raad van Europa hebben verklaard zich gebonden te achten door het Verdrag overeenkomstig het bepaalde in artikel 21.
2. Ten aanzien van iedere Lid-Staat die later verklaart zich gebonden te achten door het Verdrag, treedt het Verdrag in werking op de eerste dag van de maand na het verstrijken van een tijdvak van drie maanden na de datum van nederlegging van de akte van bekrachtiging, aanvaarding of goedkeuring.
[20-05-1980, Trb. 10, i.w.tr. 01-09-1983]

Artikel 23

1. Na de inwerkingtreding van dit Verdrag kan het Comité van Ministers van de Raad van Europa iedere Staat die geen lid is van de Raad, uitnodigen toe te treden tot dit Verdrag, en wel door middel van een besluit, genomen met de meerderheid, bedoeld in artikel 20, letter *d*, van het Statuut, en met eenparigheid van stemmen van de vertegenwoordigers van de Verdragsluitende Staten die zijn gerechtigd zitting te hebben in het Comité.

2. Ten aanzien van iedere toetredende Staat, treedt het Verdrag in werking op de eerste dag van de maand na het verstrijken van een tijdvak van drie maanden na de datum van nederlegging van de akte van toetreding bij de Secretaris-Generaal van de Raad van Europa.
[20-05-1980, Trb. 10, i.w.tr. 01-09-1983]

Artikel 24

1. Iedere Staat kan bij de ondertekening of bij de nederlegging van zijn akte van bekrachtiging, aanvaarding, goedkeuring of toetreding het grondgebied of de grondgebieden aanwijzen waarop dit Verdrag van toepassing is.
2. Iedere Staat kan op elk later tijdstip, door middel van een aan de Secretaris-Generaal van de Raad van Europa gerichte verklaring, de toepassing van dit Verdrag uitbreiden tot ieder ander in de verklaring aangewezen grondgebied. Ten aanzien van dit grondgebied treedt het Verdrag in werking op de eerste dag van de maand na het verstrijken van een tijdvak van drie maanden na de datum van ontvangst van de verklaring door de Secretaris-Generaal.
3. Iedere krachtens beide vorige leden gedane verklaring kan, wat ieder in deze verklaring aangewezen grondgebied betreft, worden ingetrokken door een aan de Secretaris-Generaal gerichte kennisgeving. De intrekking wordt van kracht op de eerste dag van de maand na het verstrijken van een tijdvak van zes maanden na de datum van ontvangst van de kennisgeving door de Secretaris-Generaal.
[20-05-1980, Trb. 10, i.w.tr. 01-09-1983]

Artikel 25

1. Een Staat die een of meer territoriale eenheden bevat waarin verschillende rechtssystemen van toepassing zijn op het gebied van het gezag over kinderen en de erkenning en de tenuitvoerlegging van beslissingen inzake het gezag, kan bij de nederlegging van zijn akte van bekrachtiging, aanvaarding, goedkeuring of toetreding, verklaren dat dit Verdrag van toepassing zal zijn op al deze territoriale eenheden of op een of meer ervan.
2. Deze Staat kan op elk later tijdstip, door middel van een aan de Secretaris-Generaal van de Raad van Europa gerichte verklaring, de toepassing van dit Verdrag uitbreiden tot iedere andere in de verklaring aangewezen territoriale eenheid. Ten aanzien van deze territoriale eenheid treedt het Verdrag in werking op de eerste dag van de maand na het verstrijken van een tijdvak van drie maanden na de datum van ontvangst van de verklaring door de Secretaris-Generaal.
3. Iedere krachtens beide vorige leden gedane verklaring kan, wat iedere in deze verklaring aangewezen territoriale eenheid betreft, worden ingetrokken door een aan de Secretaris-Generaal gerichte kennisgeving. De intrekking wordt van kracht op de eerste dag van de maand na het verstrijken van een tijdvak van zes maanden na ontvangst van de kennisgeving door de Secretaris-Generaal.
[20-05-1980, Trb. 10, i.w.tr. 01-09-1983]

Artikel 26

1. Ten aanzien van een Staat die, wat het gezag over kinderen betreft, twee of meer rechtsstelsels heeft waarvan de toepasselijkheid territoriaal is bepaald,

a. dient de verwijzing naar het recht van de gewone verblijfplaats of van de nationaliteit van een persoon te worden opgevat als een verwijzing naar het rechtsstelsel aangewezen door de in die Staat van kracht zijnde voorschriften, of indien deze voorschriften ontbreken, naar het rechtsstelsel waarmede de betrokken persoon het nauwst is verbonden;
b. dient de verwijzing naar de Staat waar de beslissing werd gegeven of naar de aangezochte Staat, al naar gelang van het geval, te worden opgevat als een verwijzing naar de territoriale eenheid waarin de beslissing werd gegeven of naar de territoriale eenheid waar om erkenning of tenuitvoerlegging van de beslissing of om het herstel van het gezag wordt verzocht.

2. Het eerste lid, letter *a*, van dit artikel is eveneens, *mutatis mutandis*, van toepassing op de Staten die, wat het gezag over kinderen betreft, twee of meer rechtsstelsels hebben die op verschillende groepen van personen toepasselijk zijn.
[20-05-1980, Trb. 10, i.w.tr. 01-09-1983]

Artikel 27

1. Iedere Staat kan bij de ondertekening of bij de nederlegging van zijn akte van bekrachtiging, aanvaarding, goedkeuring of toetreding, verklaren gebruik te maken van een of meer voorbehouden voorzien in het derde lid van artikel 6, in artikel 17 en in artikel 18 van dit Verdrag.
Geen enkel ander voorbehoud is toegestaan.
2. Iedere Verdragsluitende Staat die een voorbehoud heeft gemaakt krachtens het vorige lid, kan dit voorbehoud geheel of gedeeltelijk intrekken door een kennisgeving te richten aan de Secretaris-Generaal van de Raad van Europa. De intrekking wordt van kracht op de datum van ontvangst van de kennisgeving door de Secretaris-Generaal.
[20-05-1980, Trb. 10, i.w.tr. 01-09-1983]

Artikel 28

De Secretaris-Generaal van de Raad van Europa nodigt, aan het eind van het derde jaar na de datum van inwerkingtreding van dit Verdrag en, op zijn eigen initiatief op ieder ander tijdstip na bedoelde datum, de vertegenwoordigers van de door de Verdragsluitende Staten aangewezen centrale autoriteiten uit bijeen te komen ten einde de werking van het Verdrag te bestuderen en te vergemakkelijken. Iedere Lid-Staat van de Raad van Europa die geen Partij is bij het Verdrag, kan zich doen vertegenwoordigen door een waarnemer. Van de werkzaamheden van elk van deze bijeenkomsten wordt een verslag opgesteld, dat ter informatie wordt gezonden aan het Comité van Ministers van de Raad van Europa.
[20-05-1980, Trb. 10, i.w.tr. 01-09-1983]

Artikel 29

1. Iedere Partij kan, te allen tijde, dit Verdrag opzeggen door een kennisgeving te richten aan de Secretaris-Generaal van de Raad van Europa.
2. De opzegging wordt van kracht op de eerste dag van de maand na het verstrijken van een tijdvak van zes maanden na de datum van ontvangst van de kennisgeving door de Secretaris-Generaal.
[20-05-1980, Trb. 10, i.w.tr. 01-09-1983]

Artikel 30

De Secretaris-Generaal van de Raad van Europa geeft de Lid-Staten van de Raad en alle Staten die tot het Verdrag zijn toegetreden, kennis van:

a. iedere ondertekening;

b. de nederlegging van iedere akte van bekrachtiging, aanvaarding, goedkeuring of toetreding;

c. iedere datum van inwerkingtreding van dit Verdrag overeenkomstig de artikelen 22, 23, 24 en 25 van het Verdrag;

d. iedere andere handeling, kennisgeving of mededeling die betrekking heeft op dit Verdrag.

[20-05-1980, Trb. 10, i.w.tr. 01-09-1983]

[Mededelingen omtrent stand van zaken]

1. Toetreding. Ingevolge art. 23 kunnen ook niet-lidstaten van de Raad van Europa tot het verdrag toetreden.

2. Uitbreiding (art. 24). Op grond van deze bepaling is uitbreiding tot de Nederlandse Antillen en Aruba mogelijk.

3. Interregionaal respectievelijk interpersoneel recht. De art. 25 en 26 betreffen het interregionaal recht respectievelijk het interpersoneel recht.

4. Voorbehouden. Art. 27 legt vast dat alleen voorbehouden mogen worden gemaakt voorzien in art. 6, 17 en 18. Andere voorbehouden zijn uitdrukkelijk uitgesloten.

5. Mededelingen. De depositair van het verdrag is krachtens art. 30 de Secretaris-Generaal van de Raad van Europa.

Uitvoeringswet internationale kinderontvoering

Wet van 2 mei 1990 tot uitvoering van het op 20 mei 1980 te Luxemburg tot stand gekomen Europese Verdrag betreffende de erkenning en de tenuitvoerlegging van beslissingen inzake het gezag over kinderen en betreffende het herstel van het gezag over kinderen, uitvoering van het op 25 oktober 1980 te 's-Gravenhage tot stand gekomen Verdrag inzake de burgerrechtelijke aspecten van internationale ontvoering van kinderen alsmede algemene bepalingen met betrekking tot verzoeken tot teruggeleiding van ontvoerde kinderen over de Nederlandse grens en de uitvoering daarvan, Stb. 1990, 202, zoals laatstelijk gewijzigd op 9 februari 2022, Stb. 2022, 72 (i.w.tr. 01-08-2022)

Wij Beatrix, bij de gratie Gods, Koningin der Nederlanden, Prinses van Oranje-Nassau, enz. enz. enz.
Allen, die deze zullen zien of horen lezen, saluut! doen te weten:
Alzo Wij in overweging genomen hebben, dat het wenselijk is om wettelijke voorzieningen te treffen ter uitvoering van het op 20 mei 1980 tot stand gekomen Europese Verdrag betreffende de erkenning en de tenuitvoerlegging van beslissingen inzake het gezag over kinderen en betreffende het herstel van het gezag over kinderen (*Trb.* 1981, 10) en het op 25 oktober 1980 te 's-Gravenhage tot stand gekomen Verdrag inzake de burgerrechtelijke aspecten van internationale ontvoering van kinderen (*Trb.* 1987, 139) en tevens, in verband daarmee, algemene bepalingen vast te stellen met betrekking tot verzoeken tot teruggeleiding van ontvoerde kinderen over de Nederlandse grens en de uitvoering daarvan;
Zo is het, dat Wij, de Raad van State gehoord, en met gemeen overleg der Staten-Generaal, hebben goedgevonden en verstaan, gelijk Wij goedvinden en verstaan bij deze:

[Inleidende opmerkingen]

1. Algemeen. De wet bevat bepalingen die uitvoering geven aan de beide ontvoeringsverdragen en aan Brussel II-ter bevat verder algemene bepalingen betreffende gevallen van internationale ontvoering van kinderen die niet door een verdragsregeling worden bestreken. De wet ziet zowel op ontvoeringen naar Nederland als vanuit Nederland. De wet is op 1 september 1990 in werking getreden. De Uitvoeringswet internationale kinderontvoering is inmiddels een aantal keer gewijzigd. Een belangrijke wijziging heeft plaatsgevonden bij de Wet van 10 november 2011 tot wijziging van de Wet van 2 mei 1990 tot uitvoering van het op 20 mei 1980 te Luxemburg tot stand gekomen Europese verdrag betreffende de erkenning en de tenuitvoerlegging van beslissingen inzake het gezag over kinderen en betreffende het herstel van het gezag over kinderen, uitvoering van het op 25 oktober 1980 te 's-Gravenhage tot stand gekomen Verdrag inzake de burgerrechtelijke aspecten van internationale ontvoering van kinderen alsmede algemene bepalingen met betrekking tot verzoeken tot teruggeleiding van ontvoerde kinderen over de Nederlandse grens en de uitvoering daarvan en van de Uitvoeringswet internationale kinderbescherming in verband met afschaffing van de procesvertegenwoordigende bevoegdheid van de centrale autoriteit in zaken van internationale kinderontvoering en kinderbescherming, alsmede, in teruggeleidingszaken, de concentratie van rechtspraak, introductie van de bevoegdheid van de rechter om te beslissen aan het hoger beroep in teruggeleidingszaken schorsende werking te verlenen, en beperking van het beroep in cassatie (*Stb.* 2011, 530). De wijzigingswet is in werking getreden op 1 januari 2012. In de Uitvoeringswet is per 1 januari 2012 aan art. 13 een lid 8 toegevoegd. In dat achtste lid is bepaald dat tegen de beschikking van het gerechtshof geen gewoon rechtsmiddel openstaat. Dit betekent dat alleen de procureur-generaal bij de Hoge Raad 'in het belang der wet' cassatie kan verzoeken. Met de inwerkingtreding van de Wet herziening gerechtelijke kaart per 1 januari 2013 (*Stb.* 2012, 313) is in een aantal artikelen de aanduiding Rechtbank 's-Gravenhage gewijzigd in Rechtbank Den Haag, hetgeen ook is gebeurd ten aanzien van het Gerechtshof 's-Gravenhage in Hof Den Haag. Een redactionele wijziging heeft plaatsgevonden door de Invoeringswet Jeugdwet (5 november 2014, *Stb.* 2014, 442) welke een wijziging heeft aangebracht in art. 13 lid 4 en 5 Uitvoeringswet kinderontvoeringsverdragen. Daarbij is 'een stichting als bedoeld in artikel 1, eerste lid, van de Wet op de Jeugdzorg' twee maal vervangen door 'een gecertificeerde instelling als bedoeld in artikel 1.1 van de Jeugdwet'. Een recente (redactionele) wijziging heeft plaatsgevonden bij de Wet van 9 februari 2022 tot wijziging van de Uitvoeringswet internationale kinderbescherming en enige andere wetten in verband met de herschikking van de Verordening (EU) nr. 2019/1111 van de Raad van 25 juni 2019 betreffende de bevoegdheid, de erkenning en tenuitvoerlegging van beslissingen in huwelijkszaken en inzake de ouderlijke verantwoordelijkheid, en betreffende internationale kinderontvoering (herschikking) (*PbEU* 2019, L 178), *Stb.*2022, 72. Deze verordening staat bekend als Brussel II-bis. De wijzigingswet van 2022 geeft regels voor de uitvoering van de gewijzigde verordening Brussel II-bis, hierna Brussel II-ter. Deze verordening bevat regels betreffende grensoverschrijdende zaken over echtscheiding en geschillen over ouderlijke verantwoordelijkheid. De gewijzigde verordening heeft tot doel de werking van de bestaande verordening Brussel II-bis te verbeteren en beoogt met name de belangen van het kind beter te beschermen door de procedures over ouderlijke verantwoordelijkheid eenvoudiger en efficiënter te maken. De internationale kinderontvoering heeft hierbij in het bijzonder de aandacht gekregen. Veel vernieuwingen betreffen dan ook dit onderdeel. Deze insteek heeft zijn weerklank gekregen in de nieuwe naam van de verordening: Verordening (EU) nr. 2019/1111 van de Raad van 25 juni 2019 betreffende de bevoegdheid, de erkenning en tenuitvoerlegging van beslissingen in huwelijkszaken en inzake de ouderlijke verantwoordelijkheid, en betreffende internationale kinderontvoering (herschikking). Hiermee is benadrukt dat de verordening bepalingen inzake kinderontvoering bevat, neergelegd in een afzonderlijk hoofdstuk, als aanvulling op het kinderontvoeringsverdrag. In Hoofdstuk III (artikelen 22-29) zijn de regels inzake de kinderontvoering bij elkaar gezet. Een aantal aanpassingen in de herschikte verordening moet worden uitgewerkt in het interne recht van de lidstaten. Deze wet voorziet daarin. Voor wat betreft de Uitvoeringswet internationale kinderontvoering zijn aanpassingen getroffen in de artikelen 1, 2, 11 lid 1, art. 15 en 16; verder is na artikel 16 een nieuwe titel ingevoerd met een nieuw artikel 16a. Zie over de uitvoeringswetgeving J. van der Hoeven/J.M.I. Vink, Brussel II-ter – van Brussel naar Den Haag, *EB tijdschrift voor scheidingsrecht* 2022/2.

2. Systeem van de wet. De wet bestaat uit drie titels. Titel 1 (art. 1-3) bepaalt het materiële en formele toepassingsgebied van de wet. In titel 2 (art. 4-10) komen de bepalingen inzake de taak en de bevoegdheden van de centrale autoriteit aan bod. Titel 3 (art. 11-18) ziet op de rechtspleging inzake de internationale ontvoering van kinderen en het omgangsrecht. In deze titel zijn de belangrijkste (materiële) regels inzake de afgifte van het ontvoerde kind neergelegd. Voorts zijn in deze titel de slotbepalingen (art. 17-18) opgenomen.

TITEL 1
Algemene bepalingen

Artikel 1

In deze wet wordt verstaan onder

a. het Europese verdrag: het op 20 mei 1980 te Luxemburg tot stand gekomen Europese Verdrag betreffende de erkenning en de tenuitvoerlegging van beslissingen inzake het gezag over kinderen en betreffende het herstel van het gezag over kinderen (*Trb.* 1981, 10);

b. het Haagse verdrag: het op 25 oktober 1980 te 's-Gravenhage tot stand gekomen Verdrag inzake de burgerrechtelijke aspecten van internationale ontvoering van kinderen (*Trb.* 1987, 139);

c. *de verordening:* de Verordening (EU) nr. 2019/1111 van de Raad van 25 juni 2019 betreffende de bevoegdheid, de erkenning en tenuitvoerlegging van beslissingen in huwelijkszaken en inzake de ouderlijke verantwoordelijkheid, en betreffende internationale kinderontvoering (*PbEU* L 178);

d. internationale ontvoering van kinderen: de ongeoorloofde overbrenging of het ongeoorloofd niet doen terugkeren van een kind in strijd met een gezagsrecht, als omschreven in artikel 3 in verband met artikel 5 onder a van het Haagse verdrag.

[09-02-2022, Stb. 72, i.w.tr. 01-08-2022/kamerstukken 35888]

[Definities]

1. Algemeen. In art. 1 wordt aangegeven wat in deze wet onder het Europese verdrag (sub a), het Haagse verdrag (sub b) en de verordening (sub c) wordt verstaan en welke betekenis aan het begrip 'internationale ontvoering van kinderen' wordt gegeven (sub d). **Internationale ontvoering van kinderen.** Voor dit begrip wordt aangeknoopt aan de in art. 3 jo. 5 onder a van het Haags Kinderontvoeringsverdrag gehanteerde begrippen ongeoorloofde overbrenging en gezagsrecht (zie aant. 2-3 op art. 3 jo. aant. 2 op art. 5 Haags verdrag (nr. 48)).

2. Samenloop. De wet geeft niet aan welk verdrag prevaleert indien beide verdragen op hetzelfde geval toepasselijk zijn. De verdragen zelf bieden de ruimte voor toepassing van andere verdragsregelingen of nationale regelingen (zie aant. 2 op art. 34 Haags Verdrag (nr. 48) en art. 19 Europees Verdrag (nr. 49)). Bij een conflict van verdragsregelingen prevaleert, gelet op de doelstellingen van de beide verdragen, de regeling die de terugkeer van het kind het meest bevordert (MvT op de uitvoeringswet, *Kamerstukken II* 20 462, nr. 3, p. 3).

Artikel 2

Deze wet regelt de uitvoering van de in artikel 1 vermelde verdragen en verordening en is tevens van toepassing in de gevallen van internationale ontvoering van kinderen die niet door een verdrag of de verordening worden beheerst.

[09-02-2022, Stb. 72, i.w.tr. 01-08-2022/kamerstukken 35888]

[Formeel toepassingsgebied]

Betekenis. De wet regelt de uitvoering van de beide ontvoeringsverdragen en Brussel II-ter. Verder is de wet van toepassing op de niet door een verdragsregeling beheerste gevallen van kinderontvoering. De verdragen werken immers alleen tussen de verdragsstaten (reciprociteitsbeginsel). De wet beoogt daarentegen ook daarbuiten de internationale kinderontvoering aan te pakken. In de wet zijn voor de niet-verdragszaken geen specifieke regelingen opgenomen (MvT op de uitvoeringswet, *Kamerstukken II* 20462, 3, p. 4). De gedachte was dat de behandeling van verdragsgevallen en niet-verdragsgevallen zo veel mogelijk gelijk moet zijn. Zie bijvoorbeeld Rechtbank Den Haag 29 november 2021 (ECLI:NL:RBDHA:2021:13228) in een zogeheten 'uitgaande zaak', waarbij kinderen vanuit Nederland zijn achtergehouden in een ander land. In deze zaak is dat andere land Kenia, dat anders dan Nederland geen partij is bij het Haags Kinderontvoeringsverdrag. De internationale bevoegdheid van de Nederlandse rechter wordt in dergelijke niet door het verdrag bestreken gevallen geregeld door artikel 3 Rv. De woonplaats van de vader (verzoeker) is in Nederland. De rechtbank acht zich daarom op grond hiervan bevoegd om op basis van artikel 3, aanhef en onder a, Rv, van het verzoek tot teruggeleiding kennis te nemen. Vervolgens overweegt de rechtbank dat op grond van artikel 11 lid 1 van de Uitvoeringswet internationale kinderontvoering de rechtbank Den Haag bevoegd is kennis te nemen van alle zaken met betrekking tot de gedwongen afgifte van een internationaal ontvoerd kind aan degene wie het gezag daarover toekomt en de teruggeleiding van een kind over de Nederlandse grens. Hoewel Kenia geen partij is bij het Verdrag, past de rechtbank op grond van het bepaalde in de artikelen 2 en 13 lid 3 van de Uitvoeringswet het Verdrag analoog toe. In gelijke zin zijn de uitspraken van de rechtbank Den Haag van 30 september 2021 (ECLI:NL:RBDHA:2021:10820 betreffende een uitgaande zaak, Libanon); 14 oktober 2021 (ECLI:NL:RBDHA:2021:11295 betreffende een inkomende zaak, Egypte); 26 november 2021 (ECLI:NL:RBDHA:2021:13070 betreffende een uitgaande zaak, Ghana). Verder kan worden genoemd de uitspraak van 10 november 2021 van het Hof Den Haag (ECLI:NL:GHDHA:2021:2278) waarin het hof een oordeel moet geven in het kader van het verzoek van de moeder tot teruggeleiding van de minderjarige naar de Filipijnen. Het hof overweegt dat de Filipijnen geen partij zijn bij het Haags Kinderontvoeringsverdrag. Dit neemt niet weg dat het hof de verdragsregeling in dit geval als 'punt van oriëntatie' zal nemen bij de beoordeling van het teruggeleidingsverzoek van de moeder (vgl. hof Den Haag 19 oktober 2020, ECLI:NL:GHDHA:2020:2020). Deze uitspraak is in lijn met die van het Hof Den Haag van 28 augustus 2019 (ECLI:NL:GHDHA:2019:2286) waarin overwogen wordt dat artikel 2 van de Uitvoeringswet bepaalt dat het HKOV tevens van toepassing is in de gevallen van internationale ontvoering van kinderen die niet door een verdrag worden beheerst. Het hof past daarom het HKOV analoog toe in een zaak waarin Nederland en India de bij de zaak betrokken staten zijn. In de uitspraak van de Hoge Raad van 5 juli 2019 (ECLI:NL:HR:2019:1085) wordt onder meer ingegaan op de bevoegdheid van de Nederlandse rechter om kennis te nemen van verzoek tot gedwongen afgifte en teruggeleiding van een kind in een niet door verdragen bestreken geval (verzoek tot terugkeer van het kind uit India (niet-verdragspartij) naar Nederland (verdragspartij)). De Hoge Raad overweegt dat in gevallen van internationale kinderontvoering die niet door een verdrag worden bestreken, de rechtsmacht van de Nederlandse rechter om kennis te nemen van een op de uitvoeringswet berustend verzoek wordt bepaald volgens de commune regels voor internationale rechtsmacht (art. 1-14 Rv). Onder verwijzing naar deze uitspraak wordt door het Hof Den Haag in de genoemde uitspraak van 10 november 2021 (ECLI:NL:GHDHA:2021:2278) met betrekking tot het verzoek van de moeder tot teruggeleiding van de minderjarige naar de Filipijnen, bevoegdheid aangenomen op grond van artikel 3 sub a Rv aangezien de vader zijn woonplaats in Nederland heeft. In deze zin ook: Rechtbank Den Haag 30 september 2021 (ECLI:NL:RBDHA:2021:10820) waarin met betrekking tot een verzoek tot teruggeleiding van de minderjarige naar Nederland vanuit Libanon rechtsmacht op grond van artikel 3 aanhef en onder a Rv wordt gebaseerd. Zie ook de uitspraak van de Rechtbank Den Haag van 29 november 2021 (ECLI:NL:RBDHA:2021:13228, Filipijnen), waarbij bevoegdheid wordt aangenomen op grond van artikel 3, aanhef en onder c Rv.

Artikel 3

1. Deze wet is van toepassing op internationale ontvoering van kinderen die de leeftijd van zestien jaren nog niet hebben bereikt.
2. Bereikt een kind ten aanzien waarvan een verzoek om teruggeleiding in behandeling is de leeftijd van zestien jaren, dan wordt de behandeling van dat verzoek ambtshalve gestaakt. Hetzelfde geldt voor maatregelen ter uitvoering van een beslissing op een verzoek.
[02-05-1990, Stb. 202, i.w.tr. 01-09-1990/kamerstukken 20462]

[Materieel toepassingsgebied]

Betekenis. Volgens lid 1 is de wet van toepassing op de internationale ontvoering van kinderen die nog geen zestien jaar zijn. Hiermee wordt de in de verdragen gehanteerde leeftijdsgrens van 16 jaar (zie art. 4 Haags Verdrag (nr. 48) en art. 1 sub a Europees Verdrag (nr. 49)) ook aangehouden voor de niet-verdragsgevallen. Wanneer na het indienen van het verzoek tot teruggeleiding het kind zestien jaar wordt, wordt de behandeling van het verzoek ambtshalve gestaakt. In dit geval worden ook de maatregelen ter uitvoering van een beslissing op een verzoek ambtshalve stopgezet (lid 2).

TITEL 2
Taak en bevoegdheden van de centrale autoriteit

Artikel 4

1. Onze Minister van Justitie wijst bij in de *Nederlandse Staatscourant* openbaar te maken besluit de onder zijn Ministerie ressorterende dienst aan, welke wordt belast met de taak van centrale autoriteit, bedoeld in artikel 2 van het Europese verdrag en in artikel 6 van het Haagse verdrag. Deze centrale autoriteit is als zodanig tevens belast met de behandeling van verzoeken in gevallen van internationale ontvoering van kinderen die niet door een verdrag worden beheerst.

2. De aanwijzing van de centrale autoriteit als bedoeld in het eerste lid staat er niet aan in de weg dat een persoon zich rechtstreeks tot de rechter of andere autoriteiten wendt teneinde de erkenning van het wettig gezag over een ontvoerd kind, het herstel van dat gezag en de teruggeleiding van dat kind te bereiken, of de vaststelling of wijziging van een omgangsregeling te verkrijgen.
[02-05-1990, Stb. 202, i.w.tr. 01-09-1990/kamerstukken 20462]

[Centrale autoriteit]

1. Centrale autoriteit (lid 1). Dit artikel bevat de opdracht aan de centrale autoriteit de verdragsregelingen in Nederland uit te voeren. Voor Nederland is destijds door de Minister van Justitie als centrale autoriteit aangewezen (thans) de Afdeling Juridische en Internationale Zaken, Directie Justitieel Jeugdbeleid, Ministerie van Veiligheid en Justitie. Deze afdeling is tevens belast met de behandeling van niet-verdragsgevallen. Deze heet thans meer specifiek: de Centrale Autoriteit Internationale Kinderaangelegenheden. De CA is verantwoordelijk voor het uitvoeren van het Haags Kinderontvoeringsverdrag 1980 en geeft daarnaast uitvoering aan het Haags Kinderbeschermingsverdrag en het Haags adoptieverdrag. Voor het Caribisch deel van Nederland is aangewezen de Voogdijraad Rijksdienst Caribisch Nederland.

2. Rechtstreekse toegang tot de rechter (lid 2). De wet biedt in deze bepaling de verzoeker de mogelijkheid zich rechtstreeks tot de rechter of andere autoriteit te wenden teneinde de erkenning van het wettig gezag, herstel van dat gezag, teruggeleiding van het kind of de vaststelling (wijziging) van een omgangsregeling te verkrijgen. Hiermee is de mogelijke onduidelijkheid over art. 8 Europees verdrag opgeheven: een directe toegang tot de Nederlandse rechter, zonder inschakeling van de centrale autoriteit, is altijd mogelijk.

Artikel 5
1. De centrale autoriteit is bevoegd, zo nodig ook zonder uitdrukkelijke volmacht van degene die zich met een verzoek tot haar heeft gewend, namens hem, anders dan in rechte, op te treden.
2. De centrale autoriteit draagt zelf alle kosten die aan de uitvoering van haar taak zijn verbonden, voor zover deze niet door haar teruggevorderd kunnen worden van de verzoeker of verhaald op de persoon die voor de internationale ontvoering van het kind verantwoordelijk is of medeverantwoordelijk is.
[10-11-2011, Stb. 530, i.w.tr. 01-01-2012/kamerstukken 32358]

[Bevoegdheden centrale autoriteit]

1. Algemeen. De taken en bevoegdheden van de centrale autoriteit worden in de verdragsregelingen opgesomd (zie aant. 1 en 2 op art. 7 Haags verdrag (nr. 48) en aant. 1 en 2 op art. 3 Europees verdrag (nr. 49)).

2. Buiten rechte (lid 1). Art. 5 bestaat thans uit twee leden. In het eerste lid is aangegeven dat de centrale Autoriteit bevoegd is ook zonder een uitdrukkelijke volmacht, namens de verzoeker 'anders dan in rechte' op te treden. Dit is een belangrijke wijziging van de voordien geldende regeling. Deze wijziging houdt in dat de procesvertegenwoordiging door de Centrale Autoriteit is komen te vervallen. Deze rol van de Centrale Autoriteit werd in de praktijk door de betrokken ouders vaak als verwarrend gezien, nu de Centrale Autoriteit ook tot taak heeft eerst te proberen buiten de rechter om (minnelijke schikking) tot een oplossing te komen. Het optreden buiten rechte is als taak voor de Centrale Autoriteit blijven bestaan. Daarvoor is geen uitdrukkelijke volmacht van de verzoeker tot teruggeleiding vereist. Lukt bemiddeling niet, dan zal de Centrale Autoriteit de verzoeker naar een advocaat verwijzen teneinde de zaak aan de rechter te kunnen voorleggen. Met het vervallen van het optreden in rechte is het tweede lid van art. 5 komen te vervallen.

3. Kosten (lid 2). De kosten die de centrale autoriteit maakt bij de uitvoering van haar werkzaamheden zal zij zelf moeten dragen, voor zover deze niet kunnen worden teruggevorderd van de verzoeker of worden verhaald op de ontvoerder. De kosten van de teruggeleiding van het kind komen niet ten laste van de centrale autoriteit (zie aant. 1 en 2 op art. 26 Haags verdrag (nr. 48) en aant. 2 op art. 5 Europees verdrag (nr. 49)).

Artikel 6

1. Indien de centrale autoriteit besluit om een verzoek tot teruggeleiding van een kind niet in behandeling te nemen of de behandeling van een zodanig verzoek te staken, deelt zij zulks aanstonds aan de verzoeker mede. De verzoeker kan van de centrale autoriteit verlangen, haar beslissing aan hem mede te delen in de vorm van een beschikking met vermelding van de gronden die tot de beslissing hebben geleid. De centrale autoriteit deelt haar beschikking bij aangetekend schrijven aan de verzoeker mede.
2. De verzoeker kan binnen een maand na de ontvangst van de beschikking daartegen bij de rechtbank Den Haag opkomen, bij een bezwaarschrift dat moet worden ingediend door een advocaat. De rechtbank hoort de verzoeker en de centrale autoriteit op het bezwaarschrift. Indien de rechtbank het bezwaar gegrond acht, vernietigt zij de beschikking van de centrale autoriteit en geeft zij een met reden omklede beschikking die in haar plaats treedt. Tegen de beschikking van de rechtbank staat geen hogere voorziening open behoudens cassatie in het belang der wet.
[12-07-2012, Stb. 313, i.w.tr. 01-01-2013/kamerstukken 32891]

[Geen behandeling verzoek]

Betekenis. Indien de centrale autoriteit een verzoek niet in behandeling neemt of de behandeling staakt, dient zij dit meteen aan de verzoeker mee te delen. Deze kan vragen om een gemotiveerde beschikking, welke bij aangetekende brief naar de verzoeker dient te worden gezonden (lid 1). **Bezwaar (lid 2).** De verzoeker kan binnen een maand na ontvangst van de beschikking bezwaar daartegen aantekenen bij de Rechtbank 's-Gravenhage. Het bezwaarschrift moet door een procureur worden ingediend. Tegen de beschikking van de rechtbank kan alleen cassatie in het belang der wet worden ingesteld.

Artikel 7

De centrale autoriteit kan de uitvoering van bepaalde handelingen, overeenkomstig door haar te geven aanwijzingen opdragen aan de raad voor de kinderbescherming.

De bepalingen van deze Titel zijn mede van toepassing ten aanzien van de raad voor de kinderbescherming.
[10-11-2011, Stb. 530, i.w.tr. 01-01-2012/kamerstukken 32358]

[Raad voor de Kinderbescherming]

Betekenis. De centrale autoriteit kan het treffen van bepaalde maatregelen aan de raad voor de kinderbescherming opdragen, voor zover maatregelen in het ressort van die raad moeten worden uitgevoerd. De overdracht heeft betrekking op de uitvoering van bepaalde handelingen. Hierbij kan gedacht worden aan maatregelen als een onderzoek naar de toestand van het kind en de omgeving waarin het zich bevindt. De centrale autoriteit blijft verantwoordelijk.

Artikel 8
De gemeentebesturen en de ambtenaren van de burgerlijke stand verschaffen de centrale autoriteit kosteloos alle inlichtingen en verstrekken haar kosteloos en vrij van zegel alle afschriften en uittreksels uit hun registers die deze autoriteit van hen vraagt in verband met de uitvoering van haar taak.
[02-05-1990, Stb. 202, i.w.tr. 01-09-1990/kamerstukken 20462]

[Kosten]

Betekenis. Alle inlichtingen, afschriften, uittreksels uit registers die de centrale autoriteit voor de uitvoering van haar taak nodig heeft worden kosteloos verstrekt door de gemeentebesturen en ambtenaren van de burgerlijke stand.

Artikel 9
1. Indien de centrale autoriteit voor het vinden van de verblijfplaats van een kind in Nederland medewerking behoeft van ambtenaren van politie, aangesteld voor de uitvoering van de politietaak, kan zij zich voor het verkrijgen daarvan wenden tot de officier van justitie in het arrondissement waar het kind vermoedelijk verblijft, of anders in het arrondissement 's-Gravenhage. De officier van justitie kan de zaak overeenkomstig door hem te geven aanwijzingen overdragen aan een officier van justitie in een ander arrondissement, indien de opsporing vermoedelijk in dat arrondissement moet geschieden.
2. De in het eerste lid bedoelde officier van justitie behandelt een verzoek om medewerking van de centrale autoriteit met voorrang.
3. De ambtenaar van politie, aangesteld voor de uitvoering van de politietaak die is aangewezen om zijn medewerking te verlenen aan de opsporing van de verblijfplaats van een kind mag daartoe elke plaats betreden, voor zover dat redelijkerwijs voor de vervulling van zijn taak nodig is.
[12-07-2012, Stb. 316, i.w.tr. 01-01-2013/kamerstukken 32822]

[Medewerking Openbaar Ministerie]

Betekenis. De centrale autoriteit kan in alle gevallen de medewerking van het Openbaar Ministerie inroepen wanneer zij medewerking behoeft bij het vaststellen van de verblijfplaats van het kind in Nederland. Het betreft hier de politietaak. De centrale autoriteit kan zich hiervoor wenden tot de officier van justitie van het arrondissement waar het kind vermoedelijk verblijft of tot de officier van justitie in het arrondissement 's-Gravenhage. Een dergelijk verzoek om medewerking wordt door de desbetreffende officier van justitie met voorrang behandeld. Hij dient niet zelf een onderzoek naar de gegrondheid van het verzoek tot teruggeleiding te doen. Dit ligt in de lijn van de door de verdragsregelingen verlangde voortvarende behandeling van het verzoek tot teruggeleiding. De politiebeambte die belast wordt met de opsporing van het kind mag in dit kader elke plaats betreden.

Artikel 10

1. De centrale autoriteit stelt de persoon bij wie het ontvoerde kind verblijft bij aangetekende brief in kennis van het verzoek tot teruggeleiding en de gronden waarop het berust. Zij geeft in deze mededeling tevens kennis van de mogelijkheid dat een verzoek tot afgifte van een rechterlijk bevel tot teruggeleiding kan worden ingediend, indien niet binnen een door haar te stellen redelijke termijn vrijwillig aan dat verzoek is voldaan.

2. De centrale autoriteit kan de in het voorafgaande lid bedoelde mededeling achterwege laten, indien naar haar oordeel in verband met de omstandigheden van het geval de uiterste spoed geboden is of de vrijwillige medewerking van degene bij wie het kind verblijft niet is te verwachten.

[10-11-2011, Stb. 530, i.w.tr. 01-01-2012/kamerstukken 32358]

[Kennisgeving verzoek]

Betekenis. Vrijwillige terugkeer. Met deze bepaling wordt beoogd een vrijwillige terugkeer van het kind mogelijk te maken. De vrijwillige terugkeer wordt als een belangrijk uitgangspunt beschouwd in de regeling van het Haagse verdrag (zie aant. 2 art. 7 en art. 10 Haags Verdrag (nr. 48)). **Kennisgeving verzoek tot terugkeer.** Ingevolge het eerste artikellid dient de centrale autoriteit bij aangetekend schrijven (notification letter) de ontvoerder in te lichten over het verzoek tot teruggeleiding en de gronden waarop dit verzoek berust. Daarbij wordt de meenemende ouder in de gelegenheid gesteld documenten te overleggen waaruit blijkt dat er geen sprake is van een kinderontvoering. Verder wordt aangegeven dat een rechterlijke procedure aangevangen zal worden, maar wordt de ontvoerder eerst een redelijke termijn (twee weken en één dag) gesteld om vrijwillig het kind af te geven. Indien de ontvoerende ouder akkoord gaat met de teruggeleiding van het kind, wordt met de centrale autoriteit afgesproken op welke wijze en onder welke voorwaarden de teruggeleiding plaats vindt. In voorkomend geval houdt de centrale autoriteit contact met de verzoekende buitenlandse centrale autoriteit. Tegen deze bepaling, die de strekking heeft een minnelijke oplossing mogelijk te maken, kan worden aangevoerd dat hiermee het risico wordt geschapen dat de ontvoerder met het kind 'verdwijnt'. Lid 2 komt aan dit bezwaar tegemoet door de centrale autoriteit de mogelijkheid te geven van de kennisgeving af te zien wanneer zij van oordeel is dat uiterste spoed betracht dient te worden of wanneer vrijwillige teruggave niet te verwachten is. Overigens bevat de wet geen sanctie op het achterwege laten van de kennisgeving in de niet door lid 2 bestreken gevallen. Na de redactietermijn vindt een marginale toetsing plaats. Beide ouders worden daarna geïnformeerd over de uitkomst daarvan: er is wel of niet sprake van een kinderontvoering. Beide ouders worden op de mediation gewezen. Uiteindelijk kan, al naar gelang de zaak, overdracht aan de advocatuur plaatsvinden.

TITEL 3
Rechtspleging in verband met internationale ontvoering van kinderen en het omgangsrecht

Artikel 11

1. Onverminderd de bevoegdheid van de voorzieningenrechter Den Haag in kort geding, is in eerste aanleg uitsluitend de kinderrechter van de rechtbank te 's-Gravenhage bevoegd tot kennisneming van alle zaken met betrekking tot de gedwongen afgifte van een internationaal ontvoerd kind aan degene wie het gezag daarover toekomt en de teruggeleiding van een zodanig kind over de Nederlandse grens. De kinderrechter van deze rechtbank is bevoegd ook kennis te nemen van door partijen tijdens de procedure onderling getroffen regelingen over de ouderlijke verantwoordelijkheid, bedoeld in de verordening, en kan deze geheel of gedeeltelijk in zijn beschikking opnemen.
2. De kinderrechter van de rechtbank binnen wier rechtsgebied het kind zijn werkelijke verblijfplaats heeft is, onverminderd de bevoegdheid van de voorzieningenrechter in kort geding, bevoegd tot de kennisneming van alle zaken met betrekking tot de regeling en uitvoering van het omgangsrecht in internationale gevallen, daaronder begrepen verzoeken als bedoeld in artikel 14 van deze wet. Heeft het kind geen werkelijke verblijfplaats of kan zijn verblijfplaats niet worden vastgesteld, dan is bevoegd de kinderrechter van de rechtbank Den Haag.
[09-02-2022, Stb. 72, i.w.tr. 01-08-2022/kamerstukken 35888]

[Relatieve bevoegdheid]

Betekenis. Art. 11 lid 1 eerste volzin ziet op de relatieve bevoegdheid van de Nederlandse rechter in het kader van internationale kinderontvoering en de afgifte van het kind en de teruggeleiding van het kind. De tweede volzin van lid 1 bepaalt dat de kinderrechter van de Haagse rechtbank bevoegd is kennis te nemen van door de partijen tijdens de procedure getroffen regelingen over de ouderlijke verantwoordelijkheid. De rechter kan dergelijke afspraken geheel of gedeeltelijk in zijn beschikking opnemen. Uit lid 1 volgt de concentratie van de rechtspraak in eerste aanleg, waarmee ook de concentratie in hoger beroep is gegeven. Volgens het advies (Knelpunten bij de uitvoering van het Haags Kinderontvoeringsverdrag 1980 in Nederland) van de Staatscommissie voor het IPR (*Kamerstukken II* 30072, 15) leidt concentratie van rechtspraak tot grotere deskundigheid en meer ervaring bij de rechters die bij de behandeling van kinderontvoeringszaken betrokken zijn. Dit zal onder meer leiden tot een meer consistente toepassing van de verdragsregelingen (in de praktijk het meestal toegepaste Haags Kinderontvoeringsverdrag 1980) en tot een efficiëntere rechtspleging. Lid 1 concentreert de rechtspraak in eerste aanleg bij de kinderrechter van de Rb. Den Haag, onverminderd de bevoegdheid van de voorzieningenrechter van diezelfde rechtbank in kort geding. Concentratie van rechtspraak in eerste aanleg bij de Rb. Den Haag leidt tot concentratie van rechtspraak in hoger beroep bij het Hof Den Haag. Met een beroep op art. 11 lid 1 overweegt de Rb. Limburg (29 maart 2017; ECLI:NL:RBLIM:2017:2921) ten aanzien van een vordering in kort geding strekkende tot afgifte van Rwandese kinderen aan de – in Nederland wonende – vader, dat niet de voorzieningsrechter van de Rechtbank Limburg bevoegd is, maar die van de Rechtbank Den Haag. Onder toepassing van art. 73 Rv volgt verwijzing naar de voorzieningenrecht van de Rechtbank Den Haag. In gelijke zin: Rb. Overijssel 17 augustus 2017 (ECLI:NL:RBOVE:2017:3333). Het Hof Arnhem-Leeuwarden overweegt in de uitspraak van 14 mei 2019 (ECLI:NL:GHARL:2019:4188) dat de exclusieve bevoegdheid slechts ziet op verzoeken tot teruggeleiding van een kind vanuit Nederland naar een andere staat. Daarvan is in deze procedure geen sprake. Beide ouders wonen in Nederland, het kind woont bij de moeder. Het kind was na vakantie in Bulgarije niet door de moeder teruggebracht naar Nederland. Moeder verzoekt in Bulgarije wijziging van de verblijfplaats van het kind. Vader verzoekt de Nederlandse rechter de moeder te verbieden om de verblijfplaats van [kind] te wijzigen alsmede voorlopige toevertrouwing aan hem. Artikel 11 lid 2 betreft de relatieve bevoegdheid in zaken met betrekking tot de regeling en de uitvoering van verzoeken betreffende het omgangsrecht in internationale zaken. Bevoegd is de kinderrechter van de rechtbank binnen wier gebied het kind zijn werkelijke verblijfplaats heeft. Hier heeft de wetgever de concentratie van rechtspraak niet nodig geacht. Wanneer de werkelijke verblijfplaats van het kind niet kan worden vastgesteld of wanneer het kind geen werkelijke verblijfplaats heeft, dan is de kinderrechter van de Rb. Den Haag bevoegd. De procedure kent drie stappen: de regiezitting, waarbij de mogelijkheid van mediation aan de orde komt (Mediation Bureau), behandeling door een meervoudige kamer (als mediation niet plaatsvindt of niet leidt tot een oplossing) en de beschikking over het teruggeleidingsverzoek.

Artikel 12

De in artikel 11 bedoelde zaken worden ingeleid door indiening van een verzoek.

[13-07-2016, Stb. 290, i.w.tr. 01-09-2017/kamerstukken 34212]

[Procedure]

Betekenis. De procedure wordt ingeleid door indiening van een verzoek. Met de term 'verzoek' is de voorheen gebruikte term 'verzoekschrift' vervangen. Dit is het gevolg van het zogenaamde programma KEI, waarmee beoogd is door vereenvoudiging en digitalisering van het procesrecht zowel de civiele als de bestuursrechtelijke procedure efficiënter en sneller te laten verlopen. Het programma KEI brengt ook terminologische en technische wijzigingen met zich mee, die zo breed mogelijk zijn ingevoerd. Waar het betreft de procesrechtelijke termen, is het 'verzoekschrift' in civiele zaken vervangen door de 'procesinleiding' of door een 'verzoek', afhankelijk van de context van de wettelijke bepaling. In deze zin is art. 12 gewijzigd, waarbij het gaat om een aanpassing van terminologische en technische aard die noodzakelijk zijn in verband met de invoering van de eerste twee wetsvoorstellen KEI. Deze wijziging is opgenomen in art. XXV wet van 13 juli 2016, de Invoeringswet vereenvoudiging en digitalisering procesrecht, *Stb.* 2016, 290. Volgens het besluit van 24 april 2017 tot vaststelling van het tijdstip van inwerkingtreding van diverse onderdelen van de wet van 13 juli 2016, *Stb.* 2017, 174, is art. XXV met ingang van 1 september 2017 in werking getreden.

Artikel 13

1. De gedwongen afgifte van een internationaal ontvoerd kind aan degene aan wie het gezag daarover toekomt en de teruggeleiding van een zodanig kind over de Ne-

derlandse grens is slechts mogelijk uit krachte van een daartoe strekkend bevel van de rechter.
2. De rechter behandelt het verzoek bij voorrang. Het verzoek wordt met gesloten deuren behandeld, overeenkomstig het bepaalde in artikel 803 van het Wetboek van Burgerlijke Rechtsvordering. De rechter beslist niet dan na het kind in de gelegenheid te hebben gesteld hem zijn mening kenbaar te maken, althans na het daartoe behoorlijk te hebben opgeroepen, tenzij dit in verband met de lichamelijke of geestelijke toestand van het kind onmogelijk is of toepassing moet worden gegeven aan artikel 8 of 9 van het Europese verdrag. Het bepaalde in artikel 802 van het Wetboek van Burgerlijke Rechtsvordering is van toepassing.
3. In de gevallen waarin geen verdrag toepasselijk is kan de rechter het verzoek afwijzen op de gronden vermeld in de artikelen 12, tweede lid, 13 en 20 van het Haagse verdrag.
4. De rechter kan op verzoek of ambtshalve een gecertificeerde instelling als bedoeld in artikel 1.1 van de Jeugdwet belasten met de voorlopige voogdij over het kind, indien gevaar bestaat dat het wordt onttrokken aan de tenuitvoerlegging van een bevel als bedoeld in het vijfde lid. De beschikking verliest haar kracht van rechtswege indien het verzoek wordt afgewezen. Artikel 306a van Boek 1 van het Burgerlijk Wetboek is van overeenkomstige toepassing.
5. Indien de rechter het verzoek toewijst, beveelt hij de afgifte van het kind aan degene aan wie het gezag erover toekomt, of, indien zulks niet aanstonds mogelijk is, voorlopig aan een gecertificeerde instelling als bedoeld in artikel 1.1 van de Jeugdwet. Hij kan tevens desverzocht of ambtshalve elke persoon die voor de internationale ontvoering van het kind verantwoordelijk is, of medeverantwoordelijk is, veroordelen tot betaling aan de centrale autoriteit, of aan de persoon aan wie het gezag over het kind toekomt, van de door deze in verband met de ontvoering en de teruggeleiding van het kind gemaakte kosten. Indien meer personen bij de ontvoering zijn betrokken, zijn zij hoofdelijk voor het geheel aansprakelijk. Het hoger beroep schorst de tenuitvoerlegging van de beschikking, tenzij de rechter in het belang van het kind op verzoek of ambtshalve anders bepaalt.
6. Artikel 813, tweede lid van het Wetboek van Burgerlijke Rechtsvordering is van toepassing op de tenuitvoerlegging van een bevel als bedoeld in het vijfde lid.
7. Hoger beroep van een eindbeslissing moet worden ingesteld binnen twee weken na de dagtekening van die beslissing.
8. Tegen de beschikking van het gerechtshof staat geen gewoon rechtsmiddel open.
[05-11-2014, Stb. 442, i.w.tr. 01-01-2015/kamerstukken 33983]

[Rechterlijke beslissing]

1. Rechterlijk bevel (lid 1 en 2). Gedwongen afgifte en teruggeleiding over de Nederlandse grens kan alleen plaatsvinden krachtens een daartoe strekkend bevel van de rechter. Het verzoek wordt door de rechter bij voorrang en met gesloten deuren behandeld. De rechter beslist niet dan na het kind in de gelegenheid te hebben gesteld zijn mening kenbaar te maken. De rechter is in ieder geval verplicht het kind op te roepen. Een uitzondering hierop wordt gemaakt voor de gevallen waarin toepassing moet worden gegeven aan art. 8 of 9 van het Europese verdrag. Deze bepalingen sluiten het horen van het kind immers uit. Een tweede uitzondering vormt het geval waarin in verband met zijn lichamelijke of geestelijke toestand het kind niet gehoord kan worden. Er wordt in de wet geen minimumleeftijd genoemd. Ook kinderen jonger dan twaalf jaar kunnen worden gehoord (MvT op de uitvoeringswet, *Kamerstukken II*, 20462, 3, p. 14).

2. Weigeringsgronden voor niet-verdragsgevallen (lid 3). De uitvoeringswet ziet ook op de niet-verdragsgevallen van internationale kinderontvoering. De internationale regelingen vormen daarbij het richtsnoer. Voor wat betreft de weigeringsgronden wordt aansluiting gezocht bij het Haagse verdrag, dat wereldwijde gelding beoogt. Ingevolge art. 13 lid 3 worden door de rechter dezelfde weigeringsgronden als van het Haagse verdrag toegepast (zie Rb. Roermond 9 september 1993, *NIPR* 1994/410).

3. Voorlopige maatregelen (lid 4). De rechter kan (op verzoek of ambtshalve) voor een bepaalde periode de voorlopige voogdij toewijzen aan een instelling als bedoeld in art. 1.1 Jeugdwet, indien het gevaar bestaat dat het kind wordt onttrokken aan een bevel tot afgifte. De rechter kan hiertoe overgaan wanneer er redenen zijn om aan te nemen dat het kind verborgen zal worden gehouden. In de uitspraak van 9 juli 2019 (ECLI:NL:RBDHA:2019:10197) wordt het verzoek van de vader (woonachtig in Spanje) om een instantie aan te wijzen die wordt belast met de voorlopige voogdij over het kind (dat in Nederland verblijft) toegewezen. De vader weet de precieze verblijfplaats van het kind niet, heeft geen (tot weinig) contact met het kind, weet niet of het kind naar school gaat en hoe het verder met hem gaat. Hij maakt zich grote zorgen en acht het bovendien een reëel risico dat de moeder – indien de teruggeleiding naar Spanje wordt toegewezen – met het kind onderduikt of naar een adres buiten Nederland vertrekt. In de uitspraak van het Hof Den Haag van 10 november 2021 (ECLI:NL:GHDHA:2021:2278) buigt het hof zich over het verzoek van de moeder tot teruggeleiding van de minderjarige naar de Filipijnen. De vader doet een beroep op artikel 13 lid 1 sub b HKOV. In dat verband overweegt het hof dat deze bepaling restrictief dient te worden toegepast. In dit licht is het hof van oordeel dat geen van de stellingen van de vader leiden tot de vaststelling van een ondragelijke toestand voor de minderjarige in de zin van artikel 13 lid 1 sub b HKOV. Het gegeven dat de Filipijnen een minder welvarend land is dan Nederland levert nog geen ondragelijke toestand op voor de minderjarige. Dat geldt eveneens voor de stelling dat de (medische) voorzieningen in dat land beperkt zijn. De moeder heeft voldoende aannemelijk gemaakt dat zij met de minderjarige over een geschikte woonruimte op de Filipijnen kan beschikken en dat zij in staat is in de basisbehoefte van de minderjarige te voorzien. Het hof concludeert dat de kinderen terug moeten naar de Filipijnen. Het hof sluit in dat kader niet uit dat de daadwerkelijke teruggeleiding van de minderjarige naar de Filipijnen – praktische – problemen oplevert. De vader heeft gesteld dat hij niet met het kind naar de Filipijnen kan omdat hij daar niet veilig is en de moeder heeft gesteld dat zij financieel gezien geen mogelijkheden heeft om de minderjarige in Nederland te komen ophalen. Het hof acht het van belang dat er een jeugdbeschermer is die de teruggeleiding van de minderjarige naar de Filipijnen begeleidt en in goede banen leidt ter afwending van het gevaar van onttrekking van de minderjarige aan teruggeleiding naar de Filipijnen. Het hof ziet daarom aanleiding ambtshalve te voorzien in de voorlopige voogdij. Het hof benoemt het Leger des Heils tot voogd als bedoeld in artikel 13 lid 4 van de Uitvoeringswet internationale kinderontvoering.

4. Afgifte – kostenveroordeling – schorsing gedurende hoger beroep (lid 5). Afgifte. Wanneer de rechter het verzoek toewijst beveelt hij de afgifte van het kind aan degene die met het gezag belast is, of als dit niet meteen mogelijk is, aan een stichting als bedoeld in art. 1 onderdeel f WJZ. De beschikking is uitvoerbaar bij voorraad, zie in deze zin o.a. Hof Amsterdam 5 augustus 1999, *NIPR* 2001/2 en Rb. Haarlem 2 december 2003, *NIPR* 2004/124. Rb. Middelburg 17 mei 2001, *NIPR* 2002/246 overweegt dat op grond van art. 13 de beslissing van rechtswege uitvoerbaar bij voorraad is en dat de rechter niet de bevoegdheid toekomt anders te beslissen. **Kostenveroordeling.** Tevens kan de rechter elke persoon die (mede) verantwoordelijk is voor de ontvoering veroordelen tot betaling aan de centrale autoriteit of aan degene die met het gezag belast is van de door deze in verband met de ontvoering en teruggeleiding gemaakte kosten. De beschikking is uitvoerbaar bij voorraad. Zie bijvoorbeeld Hof Den Haag 11 februari 2002 waarin het hof de beslissing van Rb. Rotterdam 23 januari 2002 heeft bekrachtigd, in welke beslissing de rechtbank de ontvoerende ouder heeft veroordeeld om de kosten van terugkeer van de kinderen naar hun vader in Canada voor haar rekening te nemen. Het hof meent dat art. 13 lid 5 op dit punt een discretionaire bevoegdheid van de rechter betreft. Het hof is voorts van oordeel dat de rechter gelet op de omstandigheden van het geval op juiste wijze van deze bevoegdheid gebruik heeft gemaakt. In Hof Den Haag 26 mei 2014, ECLI:NL:GHDHA:2014:1796 oordeelt het hof dat de minderjarige ongeoorloofd door de moeder is overgebracht vanuit Polen naar Nederland en wordt op grond van art. 12 lid 1 de onmiddellijke terugkeer naar Polen gelast. Betreffende de proceskosten verzoekt de vader kostenveroordeling van de moeder, de moeder verzoekt kostenveroordeling van de vader. Het hof overweegt dat de moeder ingevolge art. 24 lid 4 Haags Kinderontvoeringsverdrag 1980 respectievelijk art. 13 lid 5 Uitvoeringswet kinderontvoeringsverdragen veroordeeld kan worden tot betaling van de door de vader in verband met de ontvoering en teruggeleiding van het kind gemaakte kosten. In deze zaak heeft de moeder de hoogte van het bedrag niet betwist, maar wel gesteld dat zij deze kosten niet kan betalen, terwijl de vader de kosten voldoende heeft onderbouwd. Het hof veroordeelt de moeder tot betaling van de door de vader gemaakte kosten. Het verzoek van de moeder tot kostenveroordeling van de vader wordt afgewezen. Zie ook in deze zin: Hof Den Haag 7 mei 2014, ECLI:NL:GHDHA:2014:1589. In Hof Den Haag 31 mei 2014, ECLI:NL:GHDHA:2014:1149 stond vast dat de overbrenging van de minderjarige uit Mexico naar Nederland geoorloofd was. In geschil was de vraag of sprake was van ongeoorloofde achterhouding van de minderjarige. Het kind is met toestemming van de moeder naar Nederland vertrokken. Dat dit slechts voor familiebezoek was blijkt niet uit de feiten. Naar het oordeel van het hof is niet komen vast te staan dat het kind daarna zou terugkeren naar Mexico. Volgens het hof blijkt uit de feiten dat de moeder het kind aan de vader heeft toevertrouwd om haar eigen leven op orde te krijgen. Het hof concludeert dat geen sprake is van een ongeoorloofde achterhouding van het kind door de vader. Vanwege de familierechtelijke aard van de procedure compenseert het hof de proceskosten in hoger beroep. In de uitspraak van het Hof Den Haag van 14 februari 2018 (ECLI:NL:GHDHA:2018:296) wordt de teruggeleiding van vier kinderen afgewezen op grond van art. 13 lid 1 onderdeel b (ondragelijke toestand) Haags Kinderontvoeringsverdrag 1980. Met verwijzing naar art. 13 lid 5 Uitvoeringswet kinderontvoeringsverdragen wordt de door de vader verzochte kostenveroordeling afgewezen nu zijn verzoek tot teruggeleiding is afgewezen. De proceskosten in hoger beroep worden gecompenseerd waarbij iedere partij de eigen kosten draagt. Zie in deze zin ook Hof Den Haag 25 maart

2020 (ECLI:NL:GHDHA:2020:710). Voor wat betreft de proceskosten overweegt het hof dat op grond van artikel 13 lid 5 van de Uitvoeringswet internationale kinderontvoering de rechter, desverzocht of ambtshalve elke persoon die voor de internationale ontvoering van het kind verantwoordelijk is, of medeverantwoordelijk is, kan veroordelen tot betaling aan de Centrale Autoriteit, of aan de persoon aan wie het gezag over het kind toekomt, van de door deze in verband met de ontvoering en de teruggeleiding van het kind gemaakte kosten. Het hof ziet, gelet op de aard van en de feiten en omstandigheden in deze zaak, geen aanleiding om een van betrokkenen te veroordelen in de kosten van deze procedure. De kosten worden gecompenseerd in die zin dat iedere partij de eigen proceskosten draagt. **Schorsing gedurende hoger beroep.** In Rb. Den Haag 3 mei 2013, ECLI:NL:RBDHA:2013:CA2368 beveelt de rechtbank de onmiddellijke terugkeer van het kind naar Polen. Daarbij overweegt de rechtbank dat het wenselijk is dat de minderjarige een eventuele uitspraak in hoger beroep in Nederland kan afwachten. Onder verwijzing naar art. 13 lid 5 – schorsing van de tenuitvoerlegging van de beslissing tot teruggeleiding gedurende hoger beroep – oordeelt de rechtbank daarom dat de terugkeer van de minderjarige naar Polen uiterlijk dient plaats te vinden op de eerste dag na afloop van de termijn waarbinnen hoger beroep kan worden ingediend. Deze lijn wordt in latere rechtspraak gevolgd (zie bijv. Rb. Den Haag 9 oktober 2014, ECLI:NL:RBDHA:2014:12375). Zie ook Rb. Den Haag 9 april 2020 (ECLI:NL:RBDHA:2020:3737): de rechtbank acht het wenselijk dat het kind een eventuele uitspraak in hoger beroep in Nederland kan afwachten, en wijst het verzoek van de vader om de beslissing uitvoerbaar bij voorraad te verklaren af. In deze zin ook de rechtbank Den Haag in de uitspraak van 29 november 2021 (ECLI:NL:RBDHA:2021:13228). De rechtbank acht het wenselijk dat de minderjarigen een eventuele uitspraak in hoger beroep in Kenia kunnen afwachten. Om die reden wordt het verzoek van de vader om de beslissing uitvoerbaar bij voorraad te verklaren afgewezen. De rechtbank zal de terugkeer gelasten op uiterlijk 16 december 2021, zijnde de derde dag na afloop van de termijn waarbinnen hoger beroep tegen onderhavige beslissing kan worden ingediend. In de uitspraak van 26 november 2021 overweegt de rechtbank Den Haag (ECLI:NL:RBDHA:2021:13070) dat ingevolge artikel 13 lid 5 van de Uitvoeringswet een eventueel hoger beroep de tenuitvoerlegging van de beschikking schorst, tenzij de rechter in het belang van het kind op verzoek of ambtshalve anders bepaalt. De rechtbank is van oordeel dat het in het belang van de minderjarigen is dat zij zo snel mogelijk terugkeren naar Nederland, nu de situatie van beide kinderen ongewis is. De rechtbank verklaart de beschikking daarom uitvoerbaar bij voorraad.

5. Medewerking OM (lid 6). Zo nodig verleent het openbaar ministerie (door aanwijzing van politieambtenaren) zijn medewerking bij de afgifte van het kind.

6. Hoger beroep (lid 7). Binnen twee weken na dagtekening van de beschikking kan de verzoeker (de met het gezag beklede ouder of de centrale autoriteit) hoger beroep instellen. Voorts kan ook de ontvoerder in beroep gaan tegen de eindbeslissing. De zeer korte termijn past in het streven van een voortvarende behandeling van zaken van internationale kinderontvoering (zie Hof 's-Hertogenbosch 8 november 1991, *NJ* 1992/519). Een termijnoverschrijding werd verschoonbaar geacht in Hof Amsterdam 19 februari 2010, *LJN* BL8848. In de zaak die ten grondslag lag aan Hof Den Haag 5 december 2012, ECLI:NL:GHSGR:2012:BZ3740 liep de beroepstermijn af op 15 november 2012. Het hoger beroep werd een dag later ingediend, op 16 november 2012. Het hof overweegt dat de termijnen voor het instellen van een rechtsmiddel van openbare orde zijn. De vader wordt niet-ontvankelijk verklaard in zijn hoger beroep.

7. Geen gewoon rechtsmiddel (lid 8). Het nieuwe lid 8 bevat een belangrijke wijziging en houdt een beperking in op de mogelijkheid van het cassatieberoep tegen beslissingen inzake teruggeleiding. Lid 8 sluit cassatieberoep uit, met dien verstande dat de mogelijkheid van cassatie in het belang der wet in te stellen door de P-G onverlet is gelaten. De ontvoerende ouder kan echter niet meer in cassatie bij de Hoge Raad gaan. De belangrijkste reden voor het op deze manier beperken van cassatieberoep is gelegen aan het terugdringen van het tijdsbestek in teruggeleidingsprocedures, waarin alle rechtsmiddelen kunnen worden aangewend. Gemiddeld duurde een procedure in drie instanties een jaar. Tussen de datum van de ontvoering en de daadwerkelijke teruggeleiding kon deze periode tot een paar jaar uitlopen, bijvoorbeeld wanneer een executiegeschil werd opgeworpen en ook in die procedure alle rechtsmiddelen werden aangewend. Deze langjarige procedures hebben tot de onwenselijke situaties geleid waarin een kind reeds geruime tijd in Nederland verbleef, hier een nieuw leven had gekregen en dan alsnog terug moest worden geleid naar het land waar het vóór de overbrenging zijn gewone verblijfplaats had. In de uitspraak van de Hoge Raad van 5 juli 2019 (ECLI:NL:HR:2019:1085) legt de Hoge Raad de uitsluiting van cassatieberoep aldus uit dat deze niet ziet op de beslissing van het hof dat de Nederlandse rechter geen rechtsmacht heeft om kennis te nemen van een verzoek tot gedwongen afgifte en teruggeleiding. De uitsluiting van cassatieberoep is immers aanvaardbaar geacht ervan uitgaande dat een teruggeleidingszaak in twee instanties (rechtbank en hof) inhoudelijk wordt behandeld, wat niet het geval is indien het hof zich onbevoegd verklaart om van de zaak kennis te nemen. Gewezen wordt hier op het belang dat de teruggeleidingsprocedure als geheel zoveel mogelijk wordt bespoedigd enerzijds en het belang van de rechtsbescherming van kind en ouder dat wordt gewaarborgd door een inhoudelijke behandeling van de zaak in twee instanties anderzijds. Art. 13 lid 8 Uwik staat volgens de Hoge Raad niet in de weg aan cassatieberoep tegen de beslissing van het hof dat de Nederlandse rechter geen rechtsmacht heeft om kennis te nemen van een verzoek tot gedwongen afgifte en teruggeleiding. Doorbreking van het rechtsmiddelenverbod is aan de orde gekomen in HR 13 juli 2012, ECLI:NL:HR:2012:BW7476, *NJ* 2013/257, m.nt. Th.M. de Boer. Deze zaak betrof een teruggeleiding naar Nigeria, waartoe Hof Den Haag in hoger beroep gelast had (uitspraak 18 januari 2012). In haar cassatieberoep doet de moeder een beroep op doorbreking van het rechtsmiddelenverbod. De Hoge Raad overweegt dat cassatieberoep, ofschoon in deze zaak uitgesloten ingevolge art. 13 lid 8, (toch) ontvankelijk is, indien geklaagd wordt dat de rechter een bepaalde regeling ten onrechte niet heeft toegepast, buiten het toepassingsgebied van de regeling is getreden of bij het nemen van zijn beslissing een zodanig fundamenteel rechtsbeginsel heeft veronachtzaamd dat niet meer kan worden gesproken van een eerlijke en onpartijdige behandeling van de zaak (waarbij verwezen wordt naar HR 22 januari 1999, *LJN* ZC2824, *NJ* 1999/243). Het middel voert klachten van deze strekking aan, zodat de moeder ontvankelijk is. Echter, het middel faalt volgens de Hoge Raad. Het hof heeft het verzoek tot teruggeleiding naar Nigeria (een niet-verdragsstaat) op de voet van art. 13 lid 3 kunnen toetsen aan de weigeringsgronden van het Haags Kinderontvoeringsverdrag. Door toewijzing van het verzoek is het hof niet buiten het toepassingsgebied van de regeling getreden. Verder overweegt de Hoge Raad dat schending van art. 8 EVRM geen doorbreking van het rechtsmiddelenverbod oplevert. Zie ook: HR 13 juli 2012, ECLI:NL:PHR:2012:BW7476 (concl. PHR).

Artikel 14

1. Ieder die in Nederland het gezag uitoefent over een kind kan de rechter verzoeken, de in het tweede lid bedoelde beslissingen te geven terzake van het omgangsrecht met betrekking tot dat kind, indien het zich in verband met de uitoefening daarvan buiten Nederland moet begeven. De beslissingen kunnen worden gegeven voor een of meer bepaalde bezoeken of voor bepaalde tijdvakken waarin het omgangsrecht met betrekking tot het kind kan worden uitgeoefend.

2. De in het eerste lid bedoelde beslissingen zijn:

a. vaststelling dat het wettig gezag aan de verzoeker toekomt in gevallen dat zulks niet reeds vaststaat door een rechterlijke beslissing;

b. regeling van de plaats en de duur van het verblijf van het kind buiten Nederland en, zonodig, andere omstandigheden met betrekking tot het verblijf, zulks met inachtneming van reeds van kracht zijnde beslissingen inzake het omgangsrecht;

c. het richten van een verzoek aan de bevoegde autoriteiten van de Staat waar het kind tijdens de uitoefening van het omgangsrecht verblijft toezicht te houden of te doen houden op de juiste naleving van dat recht, in het bijzonder wat de plaats en de duur ervan betreft en voorts, indien nodig, maatregelen te treffen tot teruggeleiding van het kind na ommekomst van de termijn van uitoefening van dat recht.

[02-05-1990, Stb. 202, i.w.tr. 01-09-1990/kamerstukken 20462]

[Omgangsrecht]

1. Omgangsrecht (lid 1). De verdragsbepaling betreft het omgangsrecht en beoogt een bescherming te bieden in die gevallen wanneer het kind zich in het kader van een omgangsregeling buiten Nederland begeeft. Het beoogt de ontvoering of vasthouding van het kind te voorkomen. Wanneer het kind in het kader van een omgangsregeling tijdelijk buiten Nederland zal verblijven, kan op grond van dit artikel aan de rechter een beslissing gevraagd worden waarmee vasthouding van het kind na afloop van de bezoekregeling mogelijk voorkomen kan worden. Aldus wordt het bezoekrecht beschermd door een rechterlijke beslissing die in het land waar het bezoekrecht wordt uitgeoefend, kan worden erkend en ten uitvoer gelegd (MvT op de uitvoeringswet, *Kamerstukken II* 20 462, nr. 3, p. 16). Een ieder die het gezag over het kind uitoefent kan zo'n verzoek indienen.

2. Beslissingen (lid 2). Dit artikellid geeft aan welke beslissingen mogelijk zijn: vaststelling dat de verzoeker het wettig gezag heeft in die gevallen waarin dit niet reeds uit een rechterlijke beslissing blijkt (onder sub a), regeling van plaats en duur van het verblijf buiten Nederland met inachtneming van eerdere beslissingen inzake het omgangsrecht (onder sub b), een verzoek aan de bevoegde autoriteiten van de staat waar het kind zal verblijven om toezicht te houden op de naleving van de omgangsregeling en – indien nodig – om maatregelen te treffen tot teruggeleiding van het kind na beëindiging van de duur van het verblijf buitenslands volgens de omgangsregeling (onder sub c). Deze laatste beslissing zal het meest effectief zijn wanneer het een verzoek betreft dat gericht is aan een bevoegde autoriteit van een mede-verdragsstaat. In dit verband verdient vermelding het arrest van het Hof Amsterdam van 11 november 2004 (*NIPR* 2005/212). Partijen hebben zowel de Nederlandse als de Marokkaanse nationaliteit. Zij zijn in Nederland van echt gescheiden. De ouders oefenen gezamenlijk het ouderlijk gezag uit over de kinderen. De kinderen verblijven bij de moeder. Betreffende de omgangsregeling is onder meer bepaald dat de vader de kinderen bij zich mag hebben gedurende de helft van de schoolvakanties. De moeder gaat hiervan in hoger beroep. Zij vreest dat de vader zich blijvend in Marokko zal vestigen en de kinderen niet zal laten terugkeren. Zij verzoekt te bepalen dat de omgang gedurende de vakanties slechts in Nederland mag plaatsvinden (onder afgifte van het paspoort van de vader) en subsidiair dat alleen de zomervakantie in Marokko mag worden doorgebracht in een periode waarin ook zij in Marokko verblijft. De moeder wijst er nog op dat Marokko geen partij is bij het Haags Kinderontvoeringsverdrag. De vader betwist dat hij zich blijvend in Marokko wil vestigen. Hij wijst op zijn Nederlandse nationaliteit en op zijn vaste aanstelling in het onderwijs in Nederland. Hij heeft voorts ten overstaan van het hof uitdrukkelijk verklaard niet van plan te zijn de kinderen tegen de wil van hun moeder bij zich in Marokko te houden. Het hof ziet geen aanleiding om aan de omgang de voorwaarde te verbinden dat deze uitsluitend in Nederland mag plaatsvinden. Wel meent het hof dat het in het belang van de kinderen is om geen lange reizen te maken gedurende kortere vakanties. Het hof komt aldus tot het oordeel dat het de vader wordt toegestaan gedurende de helft van de schoolvakanties omgang te hebben met de kinderen, waarvan hij alleen in de zomervakantie naar Marokko mag gaan. De voorwaarde dat zulks alleen kan wanneer de moeder zich ook in Marokko bevindt, wordt hieraan niet verbonden. Wel merkt het hof op dat niets haar belet in dezelfde periode naar Marokko te gaan.

Artikel 15

De rechter die moet beslissen met betrekking tot het gezag over een kind ten aanzien van hetwelk een verzoek tot teruggeleiding is gedaan bij de centrale autoriteit, houdt zijn beslissing aan totdat op dat verzoek onherroepelijk is beslist. Indien nog geen verzoek tot teruggeleiding is gedaan houdt de rechter zijn beslissing gedurende een redelijke termijn aan, indien hij goede gronden heeft om aan te nemen dat het kind internationaal is ontvoerd in de zin van artikel 1 onder d en dat een verzoek tot zijn teruggeleiding zal worden ingediend.

[09-02-2022, Stb. 72, i.w.tr. 01-08-2022/kamerstukken 35888]

[Aanhouden gezagsbeslissing]

Betekenis. Wanneer door de ontvoerende ouder een gezagsvoorziening wordt verzocht betreffende een ontvoerd kind ten aanzien waarvan een verzoek tot teruggeleiding is gedaan, dient de rechter de gezagsbeslissing aan te houden totdat op het verzoek tot teruggeleiding definitief is beslist (eerste zin). Aldus wordt getracht te voorkomen dat de ontvoerder nog vóór over de teruggeleiding is beslist een voor hem gunstige beslissing inzake het gezagsrecht verkrijgt. Het verzoek tot teruggeleiding heeft dus voorrang boven het verzoek inzake het gezag. Wanneer er nog geen verzoek tot teruggeleiding is gedaan en de rechter goede gronden heeft om aan te nemen dat het om een internationale ontvoering gaat en een verzoek tot teruggeleiding naar verwachting zal worden ingediend, houdt de rechter zijn beslissing gedurende een redelijke termijn aan. De toelichting geeft geen nadere invulling van 'een redelijke termijn' in de zin van dit artikel.

Art. 16 van het Haags Ontvoeringsverdrag noemt een termijn van één jaar. Het ligt in de rede ervan uit te gaan dat (in iedere geval) deze termijn als een redelijke termijn in de zin van art. 15 mag worden aangemerkt.

Artikel 16

1. Ieder die in verband met de toepassing van een verdrag of de verordening als bedoeld in artikel 1 of in verband met de toepassing van deze wet in Nederland in rechte wil optreden en daartoe rechtsbijstand behoeft, kan zonodig daarop recht doen gelden op de voet van de Wet op de rechtsbijstand.
2. De in het eerste lid bedoelde personen zijn vrijgesteld van het stellen van zekerheid voor de betaling van kosten, schaden en interessen waarin zij zouden kunnen worden verwezen.
[09-02-2022, Stb. 72, i.w.tr. 01-08-2022/kamerstukken 35888]

[Vergoeding rechtsbijstand]

Betekenis. Bij de toepassing van de beide ontvoeringsverdragen, Brussel II-ter en de uitvoeringswet kan een ieder die in rechte wil optreden en daartoe rechtsbijstand zoekt, zo nodig een beroep doen op de (Nederlandse) Wet op de rechtsbijstand (zie ook art. 22 en 25 Haags Ontvoeringsverdrag (nr. 48) en art. 5 lid 3 Europees Ontvoeringsverdrag (nr. 49)) (lid 1). **Cautio judicatun solvi (lid 2).** Voor degenen als bedoeld in lid 1 geldt een vrijstelling voor het stellen van zekerheid voor de betaling van kosten, schaden en interessen.

TITEL 4
Internationale samenwerking van gerechten

Artikel 16a

Artikel 24 van de Uitvoeringswet internationale kinderbescherming is van overeenkomstige toepassing in gevallen die door de verordening worden bestreken.
[09-02-2022, Stb. 72, i.w.tr. 01-08-2022/kamerstukken 35888]

[Schakelbepaling]

Betekenis. Artikel 24 bevat de schakelbepaling waaruit blijkt dat artikel 24 van de Uitvoeringswet internationale kinderbescherming van overeenkomstige toepassing is in door Brussel II-ter bestreken gevallen. Artikel 24 van deze laatste wet betreft de internationale samenwerking van gerechten. Deze bepaling ziet op consultatie van of door de rechter in het buitenland in procedures onder het Kinderbeschermingsverdrag en Brussel II-ter.

TITEL 5
Slotbepalingen

Artikel 17

Bij en krachtens algemene maatregel van bestuur kunnen nadere bepalingen worden vastgesteld met betrekking tot de wijze van uitvoering van deze wet.
[02-05-1990, Stb. 202, i.w.tr. 01-09-1990/kamerstukken 20462]

[Slotbepalingen]

Betekenis. Er zijn geen nadere regels vastgesteld.

Artikel 18

Deze wet treedt in werking op een bij koninklijk besluit te bepalen tijdstip.
[02-05-1990, Stb. 202, i.w.tr. 01-09-1990/kamerstukken 20462]

[Inwerkingtreding]

Betekenis. De wet is in werking getreden op 1 september 1990.

Artikel 19

Deze wet wordt aangehaald als: Uitvoeringswet internationale kinderontvoering.
[10-11-2011, Stb. 530, i.w.tr. 01-01-2012/kamerstukken 32358]

[Citeertitel]

Betekenis. Het nieuw ingevoegde art. 19 geeft de citeertitel van deze wet aan: Uitvoeringswet internationale kinderontvoering.

MEERDERJARIGHEID

Burgerlijk Wetboek Boek 10 (Relevante artikelen)

AFDELING 3
(gereserveerd)

[Inleidende opmerkingen]

1. Algemeen. Op 1 januari 2012 is voor Nederland de Vaststellings- en Invoeringswet Boek 10 Burgerlijk Wetboek van 19 mei 2011 (*Stb.* 272) in werking getreden (*Kamerstukken* 32137). Boek 10 codificeert een belangrijk gedeelte van het Nederlandse internationaal privaatrecht, voor zover niet neergelegd in verordeningen en verdragen. De algemene bepalingen van Titel 1 Boek 10 BW (art. 10:1-10:17 BW) – die regels van algemene aard geven – waren voorheen grotendeels ongeschreven recht. De overige bepalingen van Boek 10 BW zien op onderwerpen die voor een belangrijk deel eerder waren vastgelegd in afzonderlijke wettelijke regelingen. Al deze wetten zijn – met enige aanpassingen – samengevoegd in Boek 10 BW. Wel beschouwd, codificeert én consolideert Boek 10 BW dus een belangrijk gedeelte van het Nederlandse internationaal privaatrecht. Bij de codificatie en consolidatie als bedoeld in Boek 10 BW gaat het om regelingen van (overwegend) conflictenrecht. Met behulp van het conflictenrecht of verwijzingsrecht is het mogelijk om in internationale of grensoverschrijdende gevallen te bepalen door welke rechtsregels feitencomplexen met een privaatrechtelijk karakter worden beheerst. Regels met betrekking tot de internationale bevoegdheid of rechtsmacht zijn, voor zover niet neergelegd in verordeningen en verdragen, *onder meer* te vinden in Titel 1 van Boek 1 van het Wetboek van Burgerlijke Rechtsvordering (art. 1-14 Rv). Blijkens de Memorie van Toelichting (*Kamerstukken* 32137, 3, p. 1) is het doel van Boek 10 BW om een groot aantal voor de praktijk van belang zijnde regels van internationaal privaatrecht 'op systematische en samenhangende wijze' bijeen te brengen.

2. Boek 10, Titel 7, Afdeling 3. Boek 10, Titel 7, Afdeling 3 is gereserveerd voor één wetsbepaling, namelijk art. 10:115 BW. De wetgever is van plan om in art. 10:115 BW een verwijzing op te nemen naar het Verdrag inzake de internationale bescherming van volwassenen (*Trb.* 2000, 10), hierna afgekort als HVV, zodra dit verdrag door Nederland is geratificeerd (vgl. *Kamerstukken* 32137, 3, p. 65 en 66). Het HVV is namelijk wel door het Koninkrijk der Nederlanden op 13 januari 2000 ondertekend, maar daarentegen hebben de goedkeuring en de ratificatie ervan nog steeds niet plaatsgevonden. Het HVV, een verdrag dat niet tot stand is gekomen in het kader van de Europese Unie maar in het verband van de Haagse Conferentie voor Internationaal Privaatrecht, is op 1 januari 2009 in werking getreden voor Duitsland, Frankrijk en het Verenigd Koninkrijk *(zij het enkel voor Schotland!)*. Inmiddels hebben meer staten het HVV geratificeerd, waaronder België, Cyprus, Finland, Monaco, Oostenrijk, Portugal en Zwitserland.

3. Vooralsnog geen ratificatie HVV door Nederland. Het ziet er op dit moment (nog) niet naar uit dat Nederland het HVV op korte termijn gaat ratificeren. De – in elk geval oorspronkelijke – reden die aan het uitblijven van ratificatie ten grondslag ligt, is van financiële aard. Op een daartoe strekkende vraag antwoordde de (toenmalige) Staatssecretaris van wat toen nog het ministerie van Veiligheid en Justitie heette op 4 oktober 2013 namelijk, dat ratificatie en uitvoering van het HVV inzet van tijd en middelen vraagt. De inzet van een Centrale Autoriteit vergt jaarlijks kosten. Volgens de (toenmalige) staatssecretaris moe(s)ten er in de huidige financiële tijd echter keuzes worden gemaakt (vgl. *Kamerstukken*, 33054, C, p. 2). Ter verduidelijking; evenals bij onder meer het Haags Kinderbeschermingsverdrag 1996 (HKV 1996; *Trb.* 1997, 299) het geval is, voorziet het HVV in de verplichte instelling van een Centrale Autoriteit. Dit mede teneinde de internationale samenwerking te bevorderen en de doelstellingen van het HVV te verwezenlijken (zie in dit verband onder meer art. 28 HVV).

4. Anticiperende toepassing HVV. Is het HVV door Nederland vooralsnog niet geratificeerd en blijft het in Afdeling 3 van Titel 7 van Boek 10 BW daardoor vooralsnog bij een reservering voor een toekomstig art. 10:115 BW, bepalingen uit het HVV worden in de Nederlandse rechtspraktijk inmiddels anticiperend toegepast. Zo oordeelde de Hoge Raad op 2 februari 2018 (ECLI:NL:HR:2018:147; zie voor het verdere verloop van het geding HR 19 juli 2019, ECLI:NL:HR:2019:1239) dat nu het commune internationaal privaatrecht geen regeling bevat voor kwesties betreffende meerderjarigenbescherming (op art. 10:11 BW na, ten aanzien waarvan de regering voorrang van het HVV erkent) en nu de wetgever in art. 10:115 BW een verwijzing naar het HVV heeft voorzien, moet worden aanvaard dat in voorkomend geval ruimte bestaat voor anticiperende toepassing van bepalingen uit het HVV. Uit het op 4 oktober 2013 door de (toenmalige) Staatssecretaris van Veiligheid en Justitie gegeven antwoord valt af te leiden dat de Nederlandse regering anticiperende toepassing van het HVV onderschrijft. De praktijk redt zich dan ook zonder dat Nederland partij is bij het HVV, aldus destijds de staatssecretaris (*Kamerstukken* 33054, C, p. 2). Dat het HVV tot stand is gebracht in het kader van de Haagse Conferentie voor Internationaal Privaatrecht en dat het Nederlandse Ministerie van Buitenlandse Zaken depositaris van dit verdrag is (zie art. 53 lid 2 HVV) is dus kennelijk minder van belang voor de (huidige) Nederlandse regering. Dat is buitengewoon spijtig daargelaten nog, dat het om de bescherming van een kwetsbare groep van personen gaat. Niet zozeer financiële belangen als wel de belangen van kwetsbare volwassenen zouden hier dan ook de belangrijkste drijfveer behoren te zijn (zie ook de preambule bij het HVV). Vgl. verder *Asser/Vonken & Ibili 10-II* 2021/718 en A-G Vlas in zijn (eerste) conclusie vóór HR 2 februari 2018, ECLI:NL:PHR:2017:937 (met name bij 2.4). In de meergenoemde uitspraak van 2 februari 2018 paste de Hoge Raad in het hem voorliggende geval de erkenningsregels van het HVV anticiperend toe. Eerder al werd, in de regel door middel van anticiperende dan wel analoge toepassing van het HVV, in het Nederlandse commune internationaal privaatrecht in beginsel aangeknoopt bij de gewone verblijfplaats van de meerderjarige persoon die bescherming behoefde (en dus niet zoals voorheen bij zijn of haar nationaliteit). Het recht van de gewone verblijfplaats van de volwassene die bescherming behoeft, is, zeker nu volgens de Hoge Raad moet worden aanvaard dat in voorkomend geval ruimte bestaat voor anticiperende toepassing van bepalingen van het HVV, daarmee in beginsel bepalend voor de vraag, welke beschermingsmaatregelen kunnen worden getroffen en welk recht daarop van toepassing is. Voorbeelden van maatregelen ter bescherming van meerderjarigen kunnen bijv. curatele, mentorschap, bewind en gedwongen opname in een psychiatrische instelling zijn.

5. 'Samenval'. Doordat de Nederlandse rechter in de regel ook zijn internationale bevoegdheid op de gewone verblijfplaats van de betrokken meerderjarige baseert (zie, onder meer, ook art. 3a Rv), vindt 'Gleichlauf' oftewel samenval van rechtsmacht en toepasselijk recht plaats. Heeft de betrokken meerderjarige dus bijv. zijn of haar gewone verblijfplaats in Nederland, dan past de Nederlandse rechter in beginsel Nederlands recht toe op de te treffen beschermingsmaatregel (vgl. art. 5 en 13 lid 1 HVV; zie echter ook de uitzondering van art. 13 lid 2 HVV).

6. Internationale of grensoverschrijdende gevallen. Het dient dan wel, nu het hier om internationaal privaatrecht gaat, om internationale of grensoverschrijdende gevallen te gaan. In dit verband kan onder meer worden gedacht aan een aan de Nederlandse rechter gedaan verzoek tot het treffen van beschermingsmaatregelen met betrekking tot de persoon of het vermogen van een in Nederland wonende meerderjarige die de nationaliteit van een andere staat bezit. Ook kan worden gedacht aan een aan de Nederlandse rechter gedaan verzoek tot het nemen van beschermingsmaatregelen met betrekking tot in Nederland gelegen vermogensbestanddelen van een meerderjarige, die in het buitenland zijn gewone verblijfplaats heeft. En verder kan, als voorbeeld van een internationaal geval, worden gedacht aan een aan de Nederlandse rechter gedaan verzoek tot machtiging tot gedwongen opname in een psychiatrische instelling, waaronder een psychiatrisch ziekenhuis, van een meerderjarige die tijdens diens kort verblijf in Nederland een gevaar voor zichzelf en/of voor anderen vormt. Anders gesteld: een zaak moet niet alleen met Nederland, maar ook met het buitenland relevante aanknopingspunten hebben. Daarvan hoeft op zichzelf nog geen sprake te zijn, indien, in een zaak van meerderjarigenbescherming, het enige internationale aspect bestaat uit de omstandigheid dat de *verzoeker* in kwestie een buitenlandse nationaliteit heeft.

7. (Beperkte) rechtskeuze verdedigbaar. Hoewel het onder het huidige Nederlandse commune internationaal privaatrecht nog steeds een onderwerp heet te zijn dat niet 'ter vrije bepaling' van partijen staat, lijkt, reeds gelet op de voortdurend voortschrijdende partijautonomie c.q. de rechtsontwikkeling die na de totstandkoming van het HVV in 2000 uiteraard niet is gestopt, mij in elk geval een beperkte rechtskeuzemogelijkheid (in de geest van art. 15 HVV; zie i.h.a. ook HR 2 februari 2018, ECLI:NL:HR:2018:147) verdedigbaar waar het gaat om het op internationale beschermingsmaatregelen van volwassenen toe te passen recht.

8. Openbare orde-exceptie. In het geval van zowel een (beperkte) rechtskeuzemogelijkheid als het ontbreken van een (beperkte) rechtskeuzemogelijkheid, mag het op grond van het door de Nederlandse conflictregel aangewezen buitenlandse recht in elk geval niet worden toegepast, indien de toepassing ervan kennelijk, dat wil zeggen evident, onverenigbaar is met de fundamentele waarden en beginselen van de Nederlandse rechtsorde: zie art. 10:6 BW (vgl. ook art. 21 HVV). Daarbij gaat het uitsluitend om die uitzonderlijke gevallen waarin het buitenlandse recht zelf, dan wel de toepassing daarvan in het concrete geval, onverenigbaar is met fundamentele beginselen van de Nederlandse rechtsorde (vgl. HR 15 mei 2020, ECLI:NL:HR:2020:885 en HR 19 november

2021, ECLI:NL:HR:2021:1721). Overigens beoogt art. 10:6 BW geen gehele terzijdestelling van het buitenlandse recht, maar alleen terzijdestelling van die onderdelen daarvan die kennelijk onverenigbaar zijn met de Nederlandse openbare orde.

9. Mogelijke toekomstige ontwikkelingen. Zoals het zich nu laat aanzien, zal, in het kader van de Haagse Conferentie voor Internationaal Privaatrecht, in de loop van 2022 mogelijk een bijzondere commissie bijeenkomen die, kort samengevat, de praktische werking van het HVV zal gaan toetsen (vgl. art. 52 HVV). Met het oog op deze mogelijke bijeenkomst zijn vragenlijsten aan staten gestuurd. Ook is er inmiddels een ontwerp voor een praktisch handboek over de werking van het HVV 2000 tot stand gebracht (zie *SC 2000 Protection of Adults, Prel. Doc. No 4 of Februari 2022*, te vinden op www.hcch.net). Uit de vragenlijsten, voor zover thans al beschikbaar en ingevuld, valt onder meer af te leiden dat ratificatie van het HVV door Nederland nog niet valt te verwachten. Verschillende ambtenaren van het Ministerie voor Justitie en Veiligheid antwoordden althans bij herhaling: "There is no urgent need to become a Contracting Party. The rules of the treaty are applied in practice." (zie onder meer *SC 2000 Protection of Adults, Prel. Doc. No 2 of September 2020*, te vinden op www.hcch.net). In overigens de op 7 juni 2021 aangenomen "*Conclusies van de Raad over de bescherming van kwetsbare volwassenen in de hele EU*" (*PbEU* 2021, C 330 I/01) wordt onder meer het belang van het HVV benadrukt en worden EU-lidstaten onder meer uitgenodigd zo spoedig mogelijk te starten met en/of verder te werken aan overleg over een mogelijke toetreding tot het HVV. Verder wordt in de door de Raad aangenomen conclusies de Commissie onder meer gevraagd na te gaan of er binnen de EU een juridisch kader nodig is om het vrij verkeer van gerechtelijke en buitengerechtelijke beslissingen inzake de bescherming van kwetsbare volwassenen in burgerrechtelijke zaken te vergemakkelijken, met inbegrip van vertegenwoordigingsbevoegdheden.

10. Enkele websites. Onder meer de praktijkjurist dient voortdurend alert te blijven op nieuwe (rechts)ontwikkelingen. Zijn er inmiddels bijv. nieuwe regelingen van toepassing geworden of in werking getreden? En voor welke staat geldt op een bepaald moment welke regeling(en)? Welke gerechten zijn internationaal bevoegd? Bij de beantwoording van dergelijke actuele vragen kan, naast de met de *Tekst & Commentaar* verband houdende websites, ook onder meer de website van de Haagse Conferentie voor Internationaal Privaatrecht (www.hcch.net) en de website van de Nederlandse overheid (https://wetten.overheid.nl) in voorkomend gevallen al enige uitkomst bieden. Zie voorts *Asser/Vonken & Ibili 10-II* 2021/713-777.

Verdrag inzake de internationale bescherming van volwassenen (Haags meerderjarigheidsverdrag 2000)

Verdrag van 13 januari 2000, Trb. 2008, 139 (i.w.tr. 01-01-2009)

De Staten die dit Verdrag hebben ondertekend,
Gelet op de noodzaak te voorzien in de bescherming in internationale situaties van volwassenen die vanwege een stoornis in of ontoereikendheid van hun persoonlijke vermogens niet in staat zijn hun belangen te behartigen,
Geleid door de wens conflicten te vermijden tussen hun rechtsstelsels ten aanzien van de bevoegdheid, het toepasselijke recht, de erkenning en de tenuitvoerlegging van maatregelen ter bescherming van volwassenen,
Herinnerend aan het belang van internationale samenwerking voor de bescherming van volwassenen,
Verklarend dat de belangen van de volwassene en de eerbiediging van zijn of haar waardigheid en onafhankelijkheid voorop dienen te staan,
Hebben overeenstemming bereikt over de volgende bepalingen:

[Inleidende opmerkingen]

1. Inleiding. Het Verdrag inzake de internationale bescherming van volwassenen is tot stand gekomen in het kader van de Haagse Conferentie voor Internationaal Privaatrecht (en daarmee dus niet in het kader van de Europese Unie die het Verenigd Koninkrijk op 31 januari 2020 heeft verlaten). De Haagse Conferentie voor Internationaal Privaatrecht richt zich op de eenmaking van regels van internationaal privaatrecht. In dat kader zijn inmiddels veel ipr-verdragen tot stand gebracht, waaronder het zojuist genoemde verdrag. Dit verdrag wordt, kortweg, ook wel aangeduid als het Haags Meerderjarigenbeschermingsverdrag of als het Haags Volwassen(en)beschermingsverdrag 2000, in deze tekst gemakshalve afgekort als HVV. Het HVV is op 1 januari 2009 in werking getreden voor Duitsland, Frankrijk en het Verenigd Koninkrijk (zij het enkel voor Schotland!). Inmiddels zijn meer staten partij bij het HVV, waaronder België, Cyprus, Finland, Letland, Monaco, Oostenrijk, Portugal en Zwitserland. Nederland heeft het HVV op 13 januari 2000 ondertekend, maar vooralsnog nog niet geratificeerd. Voor een actueel overzicht: zie www.hcch.net.

2. Aanvulling HKV 1996. Het HVV vult, wat betreft het ipr, in het bijzonder het HKV 1996 aan (waarover L.Th.L.G. Pellis in *T&C Personen- en familierecht;* zie verder bijv. ook *Asser/Vonken & Ibili 10-II* 2021/519-604). Dit verdrag vervangt 'in de betrekkingen tussen de Verdragsluitende Staten' het HKV 1961 (vgl. art. 51 HKV 1996) en is voor Nederland sinds 1 mei 2011 van kracht. Inmiddels is een groot aantal staten partij bij het HKV 1996.

Hierdoor speelt, in elk geval vanuit Nederlands perspectief, het HKV 1961 in de praktijk amper nog een rol van betekenis. **Aanvulling in verband met noodzaak continuering.** Het HVV vormt in de ipr-praktijk (derhalve) met name een aanvulling op het HKV 1996. Het HKV 1996 is van toepassing op, kort gesteld, beschermingsmaatregelen met betrekking tot de persoon en het vermogen van kinderen vanaf het tijdstip van hun geboorte totdat zij de leeftijd van achttien jaar hebben bereikt. In bepaalde gevallen zal het echter noodzakelijk blijken te zijn dat een beschermingsmaatregel ook ná iemands achttiende levensjaar wordt voortgezet. Deze beschermingsmaatregel is dan weliswaar niet langer in het belang van het kind, maar wél in het belang van de betrokken meerderjarige of volwassene. Dit laatste kan met zich brengen dat, hoewel nog steeds strekkende ter bescherming van een bepaalde persoon of diens vermogen, de maatregel op een andere (wettelijke) grondslag dient te worden gebaseerd dan voorheen het geval was. De betrokken minderjarige is immers inmiddels meerderjarig geworden. **Aanvulling in verband met 'vergrijzing'.** Met het klimmen der jaren wordt, in elk geval statistisch gezien, de kans op allerlei gebreken groter. Daarbij komt dat, door de bank genomen, de wereldbevolking steeds ouder wordt. De wereldbevolking wordt ook steeds mobieler, mede waardoor het internationaal, grensoverschrijdend rechtsverkeer in omvang toeneemt. Ook dit maakt(e) de noodzaak steeds groter om op het terrein van het internationaal privaatrecht een regeling tot stand te brengen die ziet op de bescherming van volwassenen die vanwege een stoornis in of ontoereikendheid van hun persoonlijke vermogens niet in staat zijn hun belangen te behartigen. Immers, ook in het internationale geval kan zich bijv. de situatie voordoen dat vanwege iemands tanende geestelijke vermogens een beschermingsmaatregel is geboden. Maar naar welk recht moet dan bijv. worden beoordeeld of, en zo ja, welke beschermingsmaatregel kan worden getroffen? Gedacht kan bijv. worden aan een dementerende gepensioneerde van Nederlandse komaf die in Frankrijk zijn gewone verblijfplaats heeft, maar zowel in Frankrijk als in Zwitserland over vermogensbestanddelen beschikt. Welke rechter is in zo'n geval trouwens internationaal bevoegd? Alleen dit willekeurige voorbeeld maakt reeds duidelijk dat op het terrein van het internationaal privaatrecht niet alleen aan 'kinderbeschermingsverdragen', maar zeker ook (en steeds meer!) aan 'volwassenenbeschermingsverdragen' behoefte bestaat. Het HVV voorziet in die behoefte, zodat (ook) Nederland hopelijk spoedig dit verdrag eindelijk eens ratificeert (zie verder met name de Inleidende opmerkingen bij Boek 10, Titel 7, Afdeling 3, BW, i.h.b. bij 4). **Anticipatie.** In de Nederlandse rechtspraak worden bepalingen uit het HVV anticiperend toegepast. Zo oordeelde de Hoge Raad op 2 februari 2018 (ECLI:NL:HR:2018:147; zie voor het verdere verloop van het geding Hoge Raad 19 juli 2019, ECLI:NL:HR:2019:1239) dat nu het commune internationaal privaatrecht geen regeling bevat voor kwesties betreffende meerderjarigenbescherming (op art. 10:11 BW na, ten aanzien waarvan de regering voorrang van het HVV erkent) en nu de wetgever in art. 10:115 BW een verwijzing naar het HVV heeft voorzien, moet worden aanvaard dat in voorkomend geval ruimte bestaat voor anticiperende toepassing van bepalingen uit het HVV. Zie verder onder meer ook Hof Den Haag 14 maart 2018 (ECLI:NL:GHDHA:2018:731). Zie over de vraag of alle bepalingen van het HVV (dus bijv. ook de rechtsmachtregels) zich – zonder meer – lenen voor anticiperende toepassing in het bijzonder de annotatie van Th.M. de Boer bij HR 2 februari 2018 in *NJ* 2018/409. **Nog geen geldend recht.** Men zij er echter op bedacht dat, hoewel in de rechtspraktijk bepalingen uit het HVV in voorkomend geval anticiperend worden toegepast, het HVV voor Nederland op dit moment nog niet in werking is getreden. Dit betekent tevens dat de bespreking van het HVV iets minder uitgebreid zal zijn dan de bespreking van het HKV 1996. **Mogelijke toekomstige ontwikkelingen.** Zoals het zich nu laat aanzien, zal, in het kader van de Haagse Conferentie voor Internationaal Privaatrecht, in de loop van 2022 mogelijk een bijzondere commissie bijeenkomen die, kort samengevat, de praktische werking van het HVV zal gaan toetsen (vgl. art. 52 HVV). Met het oog op deze mogelijke bijeenkomst zijn vragenlijsten aan staten gestuurd. Ook is er inmiddels een ontwerp voor een praktisch handboek over de werking van het HVV 2000 tot stand gebracht (zie *SC 2000 Protection of Adults, Prel. Doc. No 4 of Februari 2022*, te vinden op www.hcch.net). Uit de vragenlijsten, voor zover thans al beschikbaar en ingevuld, valt onder meer af te leiden dat ratificatie van het HVV door Nederland nog niet valt te verwachten. Verschillende ambtenaren van het Ministerie voor Justitie en Veiligheid antwoordden althans bij herhaling: "There is no urgent need to become a Contracting Party. The rules of the treaty are applied in practice." (zie onder meer *SC 2000 Protection of Adults, Prel. Doc. No 2 of September 2020*, te vinden op www.hcch.net). In overigens de op 7 juni 2021 aangenomen "*Conclusies van de Raad over de bescherming van kwetsbare volwassenen in de hele EU*" (*PbEU* 2021, C 330 I/01) wordt onder meer het belang van het HVV benadrukt en worden EU-lidstaten onder meer uitgenodigd zo spoedig mogelijk te starten met en/of verder te werken aan overleg over een mogelijke toetreding tot het HVV. Verder wordt in de door de Raad aangenomen conclusies de Commissie onder meer gevraagd na te gaan of er binnen de EU een juridisch kader nodig is om het vrij verkeer van gerechtelijke en buitengerechtelijke beslissingen inzake de bescherming van kwetsbare volwassenen in burgerrechtelijke zaken te vergemakkelijken, met inbegrip van vertegenwoordigingsbevoegdheden. **Harmoniserende interpretatiemethode.** Uit het voorgaande bleek al dat het HVV nauw is verbonden met het HKV 1996. Die verbondenheid ziet op zowel de ontstaansgeschiedenis als de inhoud. Daarom kan de beschikbare literatuur over het HKV 1996 in voorkomende gevallen ook functioneel zijn voor de uitlegging van bepalingen van het HVV. Mede in dit verband spreekt men in de literatuur van de zogenoemde harmoniserende interpretatiemethode. Deze methode houdt in dat voor de uitleg van een verdragsregeling aansluiting wordt gezocht bij de oplossing van andere verdragsregelingen. Zie nader over de harmoniserende interpretatiemethode *Asser/Vonken & Ibili 10-II* 2021/716.

3. Doel van het verdrag. Het doel van het HVV blijkt uit art. 1 lid 2 van dit verdrag. Blijkens deze bepaling heeft het verdrag tot doel: 1. de staat aan te wijzen waarvan de autoriteiten bevoegd zijn maatregelen te nemen ter bescherming van de persoon of het vermogen van de volwassene; 2. het recht aan te wijzen dat door die autoriteiten in de uitoefening van hun bevoegdheid dient te worden toegepast; 3. het recht aan te wijzen dat op de vertegenwoordiging van de volwassene dient te worden toegepast; 4. te voorzien in de erkenning en de tenuitvoerlegging van de bedoelde beschermende maatregelen in alle bij het HVV aangesloten staten; en 5. tussen de autoriteiten van de bij de HVV aangesloten staten een zodanige samenwerking tot stand te brengen als noodzakelijk is voor het verwezenlijken van de doelstellingen van het HVV. Het HVV is in internationale situaties van toepassing op de bescherming van volwassenen. Volwassenen zijn in de zin van het HVV personen die de leeftijd van achttien jaar hebben bereikt en die 'vanwege een stoornis in of ontoereikendheid van hun persoonlijke vermogens' niet in staat zijn hun belangen te behartigen. De belangen van de volwassene en de eerbiediging van zijn of haar waardigheid en onafhankelijkheid dienen bij de toepassing van het HVV voorop te staan. Dat blijkt uit de preambule bij dit verdrag.

4. Opzet van het verdrag. Het HVV bestaat uit zeven hoofdstukken. Daarbij gaat het achtereenvolgens om: 1. het toepassingsgebied van het verdrag (art. 1-4); 2. de bevoegdheid van autoriteiten om beschermingsmaatregelen te nemen (art. 5-12); 3. het recht dat van toepassing is op deze beschermingsmaatregelen (art. 13-21); 4. de erkenning en de tenuitvoerlegging van beschermingsmaatregelen (art. 22-27); 5. de samenwerking tussen Centrale Autoriteiten (art. 28-37); 6. algemene bepalingen (art. 38-52); en 7. slotbepalingen (art. 53-59). Daarbij kan thans reeds de opmerking worden gemaakt, dat, behalve de opzet, ook een aantal bepalingen uit het HVV letterlijk aan het Haags Kinderbeschermingsverdrag 1996 is ontleend.

5. Toelichting verdrag. Bij het HVV behoort een toelichtend rapport. Dit rapport, dat zowel in de Engelse als in de Franse taal is opgesteld, is van de hand van P. Lagarde, hierna *Rapport Lagarde*. Het rapport staat in 'Actes et Documents de la Commission spéciale à caractère diplomatique', 20 septembre au 2 octobre 1999/Proceedings of the Special Commission with a diplomatic character 20 September to 2 October 1999, Protection des adultes/Protection of adults, 2003, p. 390-451. Het rapport dat in 2016 werd gereviseerd door diezelfde Lagarde (hierna: *Rapport Lagarde* 2016) en inmiddels is vertaald in de (meeste) officiële talen van de Europese Unie waaronder ook de Nederlandse taal, kan ook worden gedownload via de website van de Haagse Conferentie voor Internationaal Privaatrecht (www.hcch.net).

HOOFDSTUK I
Toepassingsgebied van het verdrag

[Inleidende opmerkingen]

Betekenis. Art. 1-4 zijn kernbepalingen. Uit deze bepalingen blijkt welke onderwerpen door het HVV worden bestreken. Steeds zal aan de hand van art. 1-4 moeten worden bezien, of, gelet op het onderwerp, de voorliggende casus wel of niet wordt bestreken door het HVV.

Artikel 1

1. Dit Verdrag is in internationale situaties van toepassing op de bescherming van volwassenen die vanwege een stoornis in of ontoereikendheid van hun persoonlijke vermogens niet in staat zijn hun belangen te behartigen.

2. Het heeft tot doel

a. de Staat aan te wijzen waarvan de autoriteiten bevoegd zijn maatregelen te nemen ter bescherming van de persoon of het vermogen van de volwassene;

b. het recht aan te wijzen dat door die autoriteiten in de uitoefening van hun bevoegdheid dient te worden toegepast;

c. het recht aan te wijzen dat op de vertegenwoordiging van de volwassene dient te worden toegepast;

d. te voorzien in de erkenning en de tenuitvoerlegging van de bedoelde beschermende maatregelen in alle Verdragsluitende Staten;

e. tussen de autoriteiten van de Verdragsluitende Staten een zodanige samenwerking tot stand te brengen als noodzakelijk is voor het verwezenlijken van de doelstellingen van dit Verdrag.

[13-01-2000, Trb. 139, i.w.tr. 01-01-2009]

[Doel]

1. Materiële toepassingsgebied (lid 1). Art. 1 lid 1 omschrijft op autonome wijze het materiële toepassingsgebied van het HVV. Blijkens dit artikellid is het HVV in internationale situaties van toepassing op de bescherming van volwassenen die vanwege een stoornis in of ontoereikendheid van hun persoonlijke vermogens niet in staat zijn hun belangen te behartigen. Het betreft hier een feitelijke, geen juridische omschrijving. De stoornis in of ontoereikendheid van de persoonlijke vermogens kan zowel van tijdelijke aard zijn als een meer permanent karakter hebben. Bij 'ontoereikendheid' van de persoonlijke vermogens kan worden gedacht aan zowel lichamelijke als geestelijke beperkingen. Gaat het om een 'stoornis' van de persoonlijke vermogens dan zal het nogal eens volwassenen betreffen die ouderdomsgebreken hebben. Gedacht kan onder meer worden aan de ziekte van Alzheimer, een veel voorkomende vorm van dementie onder ouderen. Karakterologische gebreken zoals verkwisting of drankmisbruik vallen niet binnen het materiële toepassingsgebied van het HVV, tenzij dergelijke gebreken, in combinatie met andere factoren, een indicatie zijn van een stoornis in de persoonlijke vermogens van de volwassene welke stoornis een beschermingsmaatregel in de zin van het HVV noodzakelijk maakt (zie *Rapport Lagarde* 2016, nr. 9). Het begrip 'belangen' dient ruim te worden uitgelegd. Het gaat niet alleen om vermogensrechtelijke belangen, maar ook om belangen van persoonlijke aard zoals verpleging, verzorging en begeleiding. Daarbij dient de beschermingsmaatregel zich steeds op de eigen belangen van de betrokken volwassene te richten en dus niet op de belangen van derden die van een stoornis in of ontoereikendheid van de persoonlijke vermogens van de volwassene nadeel kunnen ondervinden. Steeds is wel vereist dat het om een 'internationale situatie' oftewel om een grensoverschrijdend geval gaat. Daarvan zal sprake zijn, indien (bepaalde) feitelijke aspecten aan de zaak in de richting van verschillende staten wijzen. Gaat het om de erkenning en de tenuitvoerlegging van een beschermingsmaatregel, dan is overigens sprake van een internationale situatie of grensoverschrijdend geval wanneer om de erkenning en de tenuitvoerlegging wordt verzocht in een andere (verdragsluitende) staat dan de (verdragsluitende) staat van de (gerechtelijke of administratieve) autoriteit die de beschermingsmaatregel heeft genomen. **Voorbeeld.** Om een simpel voorbeeld te geven: een meerderjarige heeft zijn gewone verblijfplaats in staat A, maar tevens vermogensbestanddelen in staat B. Dit betreft een 'internationale situatie' als bedoeld in het HVV. Men zij erop bedacht dat enkel de buitenlandse nationaliteit van een *verzoeker* in zaken van meerderjarigenbescherming op zichzelf nog geen relevant aanknopingspunt met dat buitenland oplevert en dus niet automatisch noopt tot het oordeel, dat er sprake is van een 'internationale situatie' als bedoeld in het HVV.

2. Doelstellingen (lid 2). Art. 1 lid 2 geeft, door middel van een soort inhoudsopgave, aan wat de doelstellingen van het HVV zijn. Daaruit blijkt, zeer kort samengevat, dat het HVV het navolgende beoogt te regelen: de internationale bevoegdheid of rechtsmacht, het toepasselijke recht, de erkenning en de tenuitvoerlegging van (bepaalde) beschermingsmaatregelen en de internationale samenwerking tussen de autoriteiten van de bij het HVV aangesloten staten. Zo op grond van het HVV de gerechtelijke of administratieve autoriteiten van een bepaalde verdragsluitende staat internationaal bevoegd blijken te zijn tot het nemen van maatregelen die strekken tot de bescherming van de persoon of het vermogen van een volwassene (als bedoeld in het HVV), het wordt dan vervolgens aan het nationale, interne procesrecht van die betrokken verdragsluitende staat overgelaten om te bepalen welke autoriteit vervolgens absoluut en relatief bevoegd is ten aanzien van de verzochte maatregel. Het HVV regelt namelijk uitsluitend de internationale bevoegdheid oftewel de rechtsmacht.

Artikel 2

1. Voor de toepassing van dit Verdrag is een volwassene een persoon die de leeftijd van 18 jaar heeft bereikt.

2. Het Verdrag is eveneens van toepassing op maatregelen met betrekking tot een volwassene die op het tijdstip waarop de maatregelen werden genomen, de leeftijd van 18 jaar niet had bereikt.

[13-01-2000, Trb. 139, i.w.tr. 01-01-2009]

[Personeel toepassingsgebied]

Betekenis. Blijkens art. 2 lid 1 ziet het HVV op de bescherming van personen die de leeftijd van 18 jaar hebben bereikt. Daarentegen ziet het Haags Kinderbeschermingsverdrag 1996 op de bescherming van personen vanaf het tijdstip van hun geboorte totdat zij de leeftijd van 18 jaar hebben bereikt (vgl. art. 2 van dit verdrag). Zo beschouwd, sluit het HVV naadloos aan op het Haags Kinderbeschermingsverdrag 1996. Daarbij komt dat, ingevolge art. 2 lid 2, het HVV eveneens van toepassing is op maatregelen met betrekking tot een volwassene die op het tijdstip waarop de maatregelen werden genomen, de leeftijd van 18 jaar nog niet had bereikt. Daardoor wordt, ook bij het bereiken van de leeftijd van 18 jaar de continuïteit van een al voor het 18e levensjaar genomen beschermingsmaatregel zo nodig gewaarborgd (zie hierover nader *Rapport Lagarde*, nr. 15, p. 29).

Artikel 3

De in artikel 1 bedoelde maatregelen kunnen met name betrekking hebben op:

a. de vaststelling van handelingsonbekwaamheid en de instelling van een beschermend regime;

b. de plaatsing van de volwassene onder de bescherming van een gerechtelijke of administratieve autoriteit;

c. voogdij, curatele en overeenkomstige rechtsinstellingen;

d. de aanwijzing en de taken van enige persoon of lichaam, belast met de zorg voor de persoon of het vermogen van de volwassene, of die de volwassene vertegenwoordigt of bijstaat;

e. de plaatsing van de volwassene in een inrichting of op een andere plaats waar bescherming kan worden geboden;

f. het beheer over, de instandhouding of de vervreemding van het vermogen van de volwassene;

g. **de machtiging tot een bijzondere interventie ter bescherming van de persoon of het vermogen van de volwassene.**

[13-01-2000, Trb. 139, i.w.tr. 01-01-2009]

[Materieel toepassingsgebied]

Betekenis. Art. 3 bevat een opsomming van mogelijke, specifieke maatregelen ter bescherming van volwassenen als bedoeld in art. 1 HVV. De opsomming is illustratief en dus niet-uitputtend bedoeld. Dat blijkt ook uit de aanhef van art. 3: "De in artikel 1 bedoelde maatregelen kunnen *met name* (curs. LP) betrekking hebben op (...)." Ook andere maatregelen dan de in art. 3 genoemde kunnen dus in voorkomend geval onder het HVV worden begrepen. Van belang is dan steeds wel dat dergelijke maatregelen (evenzeer) strekken tot 'de bescherming van volwassenen die vanwege een stoornis in of ontoereikendheid van hun persoonlijke vermogens niet in staat zijn hun belangen te behartigen'. Het moet in het kader van het HVV dus steeds gaan om *specifieke* maatregelen op het terrein van het volwassenenbeschermingsrecht. Deze maatregelen moeten zijn genomen door een gerechtelijke of administratieve autoriteit en een juridisch karakter hebben; uitsluitend feitelijke maatregelen zijn dus geen maatregelen in de zin van het HVV. Bovendien moet het steeds om internationale situaties gaan. Dat vloeit immers voort uit art. 1 lid 1 HVV! Op de in art. 4 HVV limitatief opgesomde maatregelen, is het HVV hoe dan ook niet van toepassing. Uit het Nederlandse interne recht bekende maatregelen als bijv. curatele, onderbewindstelling ter bescherming van meerderjarigen, mentorschap ten behoeve van meerderjarigen en verschillende vormen van zorg waaronder een gedwongen opname kunnen onder meer als maatregelen in de zin van het HVV worden aangemerkt. **Formeel toepassingsgebied.** Evenmin als het Haags Kinderbeschermingsverdrag 1996, geeft het HVV aan wat het formele toepassingsgebied is van de in hoofdstuk II HVV neergelegde bepalingen inzake de internationale bevoegdheid; ter vergelijking: in het Haags Kinderbeschermingsverdrag 1961 is bepaald dat dit verdrag alleen van toepassing is als het kind zijn gewone verblijfplaats heeft in een verdragsluitende staat (art. 13 lid 1). Dit betekent dat in het kader van het HVV het formele toepassingsgebied per onderwerp c.q. per individuele bevoegdheidsbepaling zal moeten worden vastgesteld. Daartoe dient te worden gekeken naar de wijze waarop elke bevoegdheidsbepaling is geformuleerd. Op basis daarvan kan men dan (al dan niet in combinatie met aanvullende rechtspraak) vaststellen, wat de ruimtelijke werkingssfeer van de desbetreffende bevoegdheidsbepaling is. Om een voorbeeld te geven: als, zoals bij art. 5 lid 1 HVV, de gerechtelijke of administratieve autoriteiten van de staat waar een volwassene zijn gewone verblijfplaats heeft bevoegd zijn maatregelen te nemen, dan is deze bevoegdheidsregel van toepassing op alle volwassenen mits die maar hun gewone verblijfplaats hebben in een verdragsluitende staat. Zo beschouwd, stelt art. 5 lid 1 HVV dus beperkingen aan de ruimtelijke werkingssfeer van deze bepaling. Maar dat kan voor andere bepalingen uit het HVV anders liggen. Zo heeft, waar het de kwestie van het toepasselijke recht betreft, de verwijzingsregeling van het conflictenrecht in het HVV in beginsel een onbeperkt of universeel formeel toepassingsgebied. Dit betekent dat het in principe mogelijk is dat zelfs het recht van een niét bij het HVV aangesloten staat op de beschermingsmaatregel van toepassing is (zie art. 18 HVV; vgl. ook art. 20 Haags Kinderbeschermingsverdrag 1996).

Artikel 4

1. Het Verdrag is niet van toepassing op:

a. onderhoudsverplichtingen;

b. de sluiting, de nietigverklaring of de ontbinding van een huwelijk of van een daarmee gelijk te stellen relatie, alsmede de scheiding van tafel en bed;

c. huwelijksvermogensregimes of soortgelijke regimes die van toepassing zijn op met het huwelijk gelijk te stellen relaties;

d. trusts of erfopvolging;

e. sociale zekerheid;

f. overheidsmaatregelen van algemene aard op het gebied van gezondheidszorg;

g. maatregelen, met betrekking tot een persoon genomen op grond van door die persoon begane strafbare feiten;

h. beslissingen inzake het recht op asiel en inzake toelating;

j. maatregelen uitsluitend gericht op de openbare veiligheid.

2. Het eerste lid laat met betrekking tot de daarin bedoelde aangelegenheden onverlet de bevoegdheid van een persoon om als vertegenwoordiger van de volwassene op te treden.

[13-01-2000, Trb. 139, i.w.tr. 01-01-2009]

[Uitgesloten onderwerpen]

Betekenis. Art. 4 bevat een uitputtend bedoelde opsomming van onderwerpen c.q. maatregelen waarop het HVV niet van toepassing is. De onderliggende redenen hiervoor zijn niet steeds hetzelfde. Zo houdt de uitsluiting van 'onderhoudsverplichtingen' (zie art. 4 aanhef en onderdeel a HVV) verband met de omstandigheid dat dit onderwerp al voorwerp vormde en nog steeds vormt van andere internationale regelingen (vgl. met name het zogenoemde Haags Alimentatieprotocol, *Trb.* 2011, 145, waarover o.a. L.Th.L.G. Pellis, in: *GS Personen- en Familierecht*, commentaar op Titel 1.17, ipr). De uitsluiting van 'beslissingen inzake het recht op asiel en inzake toelating' (zie art. 4 aanhef en onderdeel h HVV) houdt daarentegen verband met het publiekrechtelijke, de soevereiniteit van elke afzonderlijke staat rakende, karakter ervan. **Medische maatregelen.** Blijkens art. 4 aanhef en onderdeel f is het HVV niet van toepassing op 'overheidsmaatregelen van algemene aard op het gebied van gezondheidszorg'. Bij dergelijke medische maatregelen kan bijv. worden gedacht aan een algemene vaccinatieplicht die – tevens – betrekking heeft op volwassenen als bedoeld in art. 1 lid 1 HVV. Daarentegen worden *individuele* behandelingen op het gebied van gezondheidszorg wél door het HVV bestreken, indien en voor zover die moeten worden ondergaan door volwassenen als omschreven in art. 1 lid 1 HVV. Indachtig de strekking van het HVV gaat het daarbij niet om de medische handeling als zodanig, maar om de door de gerechtelijke of administratieve autoriteit te geven of gegeven beschermingsmaatregel die in het geval van een beschermingsbehoeftige volwassene een dergelijke handeling mogelijk maakt(e). Gedacht kan bijv. worden aan de door een gerechtelijke of administratieve autoriteit gegeven benoeming van een vertrouwenspersoon (zoals een curator of een mentor), die vervolgens toestemming kan geven voor een bepaalde medische ingreep.

HOOFDSTUK II
Bevoegdheid

[Inleidende opmerkingen]

Betekenis. De bevoegdheidsregeling van het HVV – 'een compleet en gesloten systeem' (*Rapport Lagarde* 2016, nr. 89) – bestaat uit art. 5-12. Daarbij gaat het uitsluitend om de regeling van de internationale bevoegdheid of rechtsmacht. Op de vraag, welke gerechtelijke of administratieve autoriteit absoluut en/of relatief bevoegd is om een beschermingsmaatregel te nemen ten aanzien van een volwassene als bedoeld in art. 1 en 2 HVV, geeft het verdrag dus geen antwoord. Het antwoord op dergelijke vragen zal dan ook moeten worden gevonden in het interne procesrecht van de verdragsstaat alwaar de autoriteit zetelt die ingevolge de bevoegdheidsregeling van het HVV internationale bevoegdheid of rechtsmacht blijkt te bezitten voor de met betrekking tot de meerderjarige te nemen beschermingsmaatregel. Voor Nederland zou art. 12 Uitvoeringswet internationale kinderbescherming (*Stb.* 2022, 72, *Kamerstukken* 35888) analoog kunnen worden toegepast. Ingevolge analogische toepassing van deze bepaling zou, kort samengevat, dan absoluut en relatief bevoegd zijn de in Nederland zetelende rechtbank binnen wier rechtsgebied de volwassene zijn gewone verblijfplaats heeft (vgl. ook *Asser/Vonken & Ibili 10-II* 2021/718-719 en 727).

Artikel 5

1. De gerechtelijke of administratieve autoriteiten van de Verdragsluitende Staat waar de volwassene zijn gewone verblijfplaats heeft, zijn bevoegd maatregelen te nemen die strekken tot de bescherming van diens persoon of vermogen.
2. In geval van verplaatsing van de gewone verblijfplaats van de volwassene naar een andere Verdragsluitende Staat, zijn de autoriteiten van de Staat van de nieuwe gewone verblijfplaats bevoegd.
[13-01-2000, Trb. 139, i.w.tr. 01-01-2009]

[Bevoegdheid]

1. Hoofdregel: gewone verblijfplaats van de volwassene (lid 1). In art. 5 HVV is het uitgangspunt en daarmee tevens de hoofdregel van de internationale bevoegdheidsregeling van het HVV neergelegd. Op deze hoofdregel geeft art. 6-12 HVV een aantal verfijningen. Ingevolge art. 5 lid 1 zijn de gerechtelijke of administratieve autoriteiten van de bij het HVV aangesloten staat waar de volwassene zijn gewone verblijfplaats heeft, internationaal bevoegd maatregelen te nemen die strekken tot de bescherming van diens persoon of vermogen. Deze gerechten worden geacht het best in staat te zijn om in het belang van de volwassene (zie art. 1 en 2 HVV) beschermingsmaatregelen te nemen (vgl. ook Hof Arnhem-Leeuwarden 23 februari 2017, ECLI:NL:GHARL:2017:1553, r.o. 4.4). Het in het HVV gehanteerde begrip 'gewone verblijfplaats' wordt in het HVV niet nader gedefinieerd. Dat is overigens in het kader van bijv. het Haags Kinderbeschermingsverdrag 1996, de Verordening Brussel II-bis (*PbEG* 2003, L 338; van toepassing sinds 1 maart 2005) of de Verordening Brussel II-ter (*PbEU* 2019, L 178: van toepassing sinds 1 augustus 2022) niet anders. Voor de uitleg van het begrip 'gewone verblijfplaats' uit het HVV kan evenwel aansluiting worden gezocht bij de uitleg die aan het begrip 'gewone verblijfplaats' wordt gegeven bij zowel de toepassing van de bevoegdheidsregeling van het Haags Kinderbeschermingsverdrag 1996 als de uitleg die door het Hof van Justitie van de EU aan dit begrip wordt gegeven in het kader van de Verordening Brussel II-bis dan wel de Verordening Brussel II-ter. Dit heet ook wel 'harmoniserende interpretatie' (zie *Asser/Vonken & Ibili 10-II* 2021/541 en 729). Per saldo leidt dit ertoe dat bij de uitleg van het begrip 'gewone verblijfplaats' in het kader van het HVV onder meer rekening moet worden gehouden met de duur, de regelmatigheid, de omstandigheden en de intentie van het verblijf op het grondgebied van een staat en de verhuizing van de volwassene respectievelijk het gezin naar die staat en de familiale en sociale banden van de volwassene met die staat. Steeds zijn de concrete omstandigheden van elk geval bepalend. Daarbij zijn, aansluiting zoekend bij de door het Hof van Justitie van de EU in het kader van de Verordening Brussel II-bis gevestigde rechtspraak a) de wil van de betrokkene om het gewone centrum van zijn belangen op een bepaalde plaats te vestigen en b) de omstandigheid dat de betrokkene met een voldoende mate van bestendigheid aanwezig is op het grondgebied van de betrokken lidstaat de voor de uitleg van het begrip "gewone verblijfplaats" kenmerkende aspecten. In elk geval spelen de in art. 1:10 e.v. BW neergelegde criteria geen rol, omdat deze criteria invulling geven aan het begrip 'juridische woonplaats' en daarmee dus enkel juridisch van aard zijn. Overigens kan onder omstandigheden de juridische woonplaats samenvallen met de werkelijke woonplaats van de betrokken volwassene. **Parallel met art. 5 HKV 1996.** Art. 5 lid 1 (en trouwens ook art. 5 lid 2) HVV is gelijkluidend aan art. 5 HKV 1996 zij het uiteraard, dat het bij het HVV om 'de volwassene' en bij het Haags Kinderbeschermingsverdrag 1996 om 'het kind' gaat. Per saldo betekent dit dat onder zowel het HVV als het Haags Kinderbeschermingsverdrag 1996 bij de invulling van het begrip 'gewone verblijfplaats' moet worden gelet op allerhande feiten en omstandigheden van persoonlijke en sociale aard, zoals met name dus de duur(zaamheid) en de omstandigheden en de intentie van het verblijf. **Wisselende of meervoudige gewone verblijfplaats.** Wanneer een bepaalde volwassene verschillende, aan jaargetijden of seizoenen gekoppelde gewone verblijfplaatsen heeft, kan de gewone verblijfplaats van deze volwassene worden gelokaliseerd op de plaats waar betrokkene in het licht van het jaargetijde of het seizoen doorgaans verblijft. Gedacht kan bijv. worden aan een gepensioneerde die in de zomer in Nederland woont, maar daarentegen in de winter in zijn andere huis in Portugal woonachtig is omdat dat zijn voorkeur heeft. Of, in het kader van art. 5 lid 1, – bijv. bij gepensioneerden of "pensionado's" – kan worden gesproken van een wisselende of meervoudige gewone verblijfplaats, hangt uiteraard sterk af van de concrete omstandigheden van elk individueel geval. Blijkens de literatuur moet een wisselende of meervoudige verblijfplaats niet te snel worden aangenomen (zie nader *Asser/Vonken & Ibili 10-II* 2021/729). Het Hof van Justitie van de EU heeft in elk geval in het kader van de Verordening Brussel II-bis in verband met een verzoek tot echtscheiding onder meer overwogen, dat noch art. 3 lid 1, onder a, noch andere bepalingen van deze verordening voorzien in de mogelijkheid dat een en dezelfde persoon gelijktijdig meerdere gewone verblijfplaatsen of een gewone verblijfplaats op meerdere plaatsen heeft. Dit zou met name afbreuk doen aan de rechtszekerheid (HvJ EU 25 november 2021, zaak C-289/20, ECLI:EU:C:2021:955 (*IB/FA*)).

2. Verplaatsing van de gewone verblijfplaats van de volwassene (lid 2). Wordt de gewone verblijfplaats van de volwassene naar een andere, bij het HVV aangesloten staat verplaatst, dan zijn de autoriteiten van de nieuwe gewone verblijfplaats bevoegd. Met die verplaatsing verliezen de autoriteiten van de vorige gewone verblijfplaats hun bevoegdheid tot het nemen van maatregelen in de zin van het HVV. Het zogeheten perpetuatio fori-beginsel speelt in het kader van art. 5 HVV dus geen rol, evenmin als dit beginsel trouwens een rol speelt in het kader van art. 5 HKV 1996. Het beginsel van perpetuatio fori houdt in dat de aangezochte rechter ook bevoegd blijft als in de loop van het rechtsgeding de omstandigheden wijzigen op grond waarvan de rechter zijn bevoegdheid heeft aangenomen. Daarbij maakt, in het kader van het perpetuatio fori-beginsel, het geen verschil of de omstandigheden zich wijzigen tijdens de procedure in eerste aanleg dan wel tijdens de procedure in bijv. hoger beroep. In het geval van het HVV moet het beginsel van perpetuatio fori wijken voor het belang van de beschermingsbehoeftige volwassene. Dit, omdat de opstellers van het HVV van oordeel waren dat na een verplaatsing van de gewone verblijfplaats de autoriteiten van de nieuwe gewone verblijfplaats in een betere positie verkeren om te oordelen over de behoefte aan bescherming van de volwassene. Die autoriteiten zijn in beginsel dan ook in staat om de meest adequate beschermingsmaatregel te nemen. Zie voor het geval dat de volwassene zijn gewone verblijfplaats verplaatst van een bij het HVV aangesloten staat naar een niet bij het HVV aangesloten staat, *Rapport Lagarde* 2016, nr. 52.

3. Een bewuste en vrijwillige keuze? Blijkens art. 1 lid 1 HVV is het HVV in internationale situaties van toepassing op de bescherming van volwassenen 'die vanwege een stoornis in of ontoereikendheid van hun persoonlijke vermogens niet in staat zijn hun belangen te behartigen'. Dit maakt dat een wijziging van de woonplaats niet onder alle omstandigheden kan worden aangemerkt als het resultaat van 'een bewuste en vrijwillige keuze' (vgl. in verband met dit laatste aspect Hof 's-Hertogenbosch 18 september 2014, ECLI:NL:GHSHE:2014:3743).

Artikel 6

1. Ten aanzien van volwassen vluchtelingen en volwassenen die ten gevolge van onlusten die in hun land plaatsvinden naar een ander land zijn verplaatst, hebben de autoriteiten van de Verdragsluitende Staat op het grondgebied waarvan deze volwassenen ten gevolge van hun verplaatsing aanwezig zijn, de bevoegdheid bedoeld in het eerste lid van artikel 5.

2. Het bepaalde in het vorige lid is eveneens van toepassing op volwassenen van wie de gewone verblijfplaats niet kan worden vastgesteld.

[13-01-2000, Trb. 139, i.w.tr. 01-01-2009]

[Vluchtelingen]

Betekenis. Art. 6 HVV is, behalve dat het in deze bepaling niet om kinderen maar om volwassenen gaat, gelijkluidend aan art. 6 HKV 1996. Daarbij ziet art. 6 lid 1 HVV op volwassen vluchtelingen en volwassenen die ten gevolge van onlusten die in hun land plaatsvinden naar een bij het HVV aangesloten staat zijn verplaatst. In dergelijke gevallen komt de bevoegdheid tot het nemen van maatregelen in de zin van het HVV toe aan de autoriteiten van de verdragsstaat op het grondgebied waarvan de volwassene ten gevolge van zijn verplaatsing aanwezig is, dat wil zeggen zijn of haar feitelijke woonplaats heeft. Kan de gewone verblijfplaats van een volwassene simpelweg niet worden vastgesteld – bijv. omdat hij of zij in korte tijd zo vaak verhuist dat van een gewone verblijfplaats in het geheel geen sprake (meer) is – dan komt de bevoegdheid tot het nemen van maatregelen in de zin van het HVV toe aan de autoriteiten van de verdragsstaat op wiens grondgebied de volwassene aanwezig is (vgl. art. 6 lid 1). Kan zelfs die aanwezigheid niet worden vastgesteld, dan mist art. 6 lid 2 uiteraard toepassing.

Artikel 7

1. Behalve ten aanzien van volwassen vluchtelingen of volwassenen die ten gevolge van onlusten die in hun land plaatsvinden, naar een ander land zijn verplaatst, zijn de autoriteiten van een Verdragsluitende Staat waarvan de volwassene de nationaliteit heeft, bevoegd maatregelen te nemen ter bescherming van de persoon of het vermogen van de volwassene, indien zij van oordeel zijn dat zij beter in staat zijn de belangen van de volwassene te beoordelen, en nadat zij de autoriteiten die ingevolge artikel 5 of artikel 6, tweede lid, bevoegd zijn, daarvan mededeling hebben gedaan.
2. Deze bevoegdheid wordt niet uitgeoefend indien de autoriteiten die ingevolge artikel 5, artikel 6, tweede lid, of artikel 8 bevoegd zijn, de autoriteiten van de Staat waarvan de volwassene de nationaliteit heeft, hebben medegedeeld, dat zij de door de omstandigheden vereiste maatregelen hebben genomen, of dat zij hebben besloten dat geen maatregelen moeten worden genomen dan wel dat een procedure bij hen aanhangig is.
3. De maatregelen die ingevolge het eerste lid zijn genomen, houden op van kracht te zijn zodra de autoriteiten die ingevolge artikel 5, artikel 6, tweede lid, of artikel 8 bevoegd zijn, de door de omstandigheden vereiste maatregelen hebben genomen of hebben besloten dat geen maatregelen moeten worden genomen. Deze autoriteiten doen dienovereenkomstig mededeling aan de autoriteiten die de maatregelen in overeenstemming met het eerste lid hebben genomen.
[13-01-2000, Trb. 139, i.w.tr. 01-01-2009]

[Autoriteiten staat waarvan volwassene nationaliteit bezit]

Betekenis. Art. 7 HVV staat het, behalve in onder meer het geval van volwassen vluchtelingen, onder bepaalde voorwaarden toe dat ook de autoriteiten van een bij het HVV aangesloten staat waarvan de volwassene de nationaliteit heeft, bevoegd zijn om maatregelen te nemen ter bescherming van de persoon of het vermogen van de volwassene. Deze autoriteiten zullen dan van oordeel (moeten) zijn dat zij beter in staat zijn de belangen van deze volwassene, die zijn gewone verblijfplaats of bij het ontbreken hiervan zijn feitelijk verblijf in een andere bij het HVV aangesloten staat heeft, te beoordelen. Willen de autoriteiten van de bij het HVV aangesloten staat waarvan de volwassene de nationaliteit bezit daadwerkelijk hun rechtsmacht kunnen uitoefenen en zodoende in het belang van de betrokken volwassene beschermingsmaatregelen nemen, dan zullen zij de autoriteiten die op grond van art. 5 (of art. 6 lid 2) HVV internationaal bevoegd zijn, van dit voornemen wel eerst op de hoogte moeten stellen door hiervan mededeling te doen. Overigens kan, zo maakt art. 7 lid 2 HVV duidelijk, de bevoegdheid niet altijd (meer) worden uitgeoefend. Bovendien, zo blijkt uit art. 7 lid 3 HVV, houden de door de autoriteiten van de verdragsluitende staat waarvan de volwassene de nationaliteit bezit genomen maatregelen op van kracht te zijn, zodra de in art. 5, 6 lid 2 of art. 8 HVV bedoelde autoriteiten een beslissing hebben gegeven. En dit ongeacht of in het kader van zo'n beslissing de maatregel ter bescherming van de persoon of het vermogen van de volwassene is toegewezen of afgewezen (zie *Rapport Lagarde* 2016, nr. 64). **Meervou-**

dige nationaliteit. In het geval een volwassene meerdere nationaliteiten bezit, komt op de voet van art. 7 HVV aan alle bij het HVV aangesloten staten waarvan de betrokken volwassene de nationaliteit bezit rechtsmacht toe tot het nemen van beschermingsmaatregelen. Een effectiviteitstoets bij meervoudige nationaliteit of een realiteitstoets bij een enkelvoudige nationaliteit is in het kader van art. 7 HVV niet toegestaan (vgl. *Rapport Lagarde* 2016, nr. 58). Dit betekent dus dat in het kader van art. 7 HVV het enkel formeel onderdaan zijn van de in deze bepaling bedoelde lidstaat reeds volstaat.

Artikel 8

1. De autoriteiten van een Verdragsluitende Staat die ingevolge de artikelen 5 of 6 bevoegd zijn, kunnen, indien zij van oordeel zijn dat zulks in het belang is van de volwassene, uit eigen beweging of op verzoek van de autoriteit van een andere Verdragsluitende Staat, de autoriteiten van een van de in het tweede lid genoemde Staten verzoeken maatregelen te nemen ter bescherming van de persoon of het vermogen van de volwassene. Het verzoek kan betrekking hebben op alle of bepaalde aspecten van deze bescherming.

2. De Verdragsluitende Staten wier autoriteiten op de in het vorige lid bedoelde wijze kunnen worden aangezocht, zijn:

a. een Staat waarvan de volwassene de nationaliteit heeft;

b. de Staat waar de volwassene zijn vorige gewone verblijfplaats had;

c. een Staat waar vermogen van de volwassene is gelegen;

d. de Staat waarvan de autoriteiten schriftelijk zijn gekozen door de volwassene om maatregelen te nemen die strekken tot zijn of haar bescherming;

e. de Staat van de gewone verblijfplaats van een persoon die een nauwe band met de volwassene heeft en bereid is zorg te dragen voor zijn of haar bescherming;

f. de Staat op het grondgebied waarvan de volwassene aanwezig is, waar het betreft de bescherming van diens persoon.

3. Indien de overeenkomstig de voorgaande leden aangewezen autoriteit haar bevoegdheid niet aanvaardt, blijven de ingevolge artikel 5 of 6 bevoegde autoriteiten van de Verdragsluitende Staat bevoegd.

[13-01-2000, Trb. 139, i.w.tr. 01-01-2009]

[Overdracht zaak andere verdragsstaat]

Betekenis. Dankzij art. 8 HVV kunnen, indien zij althans van oordeel zijn dat dit in het belang van de volwassene in kwestie is, de autoriteiten die op grond van art. 5 HVV dan wel art. 6 HVV rechtsmacht bezitten, de zaak overdragen aan de autoriteiten van een andere verdragsluitende staat. Deze overdracht kan zowel uit eigen beweging als op verzoek van de autoriteit van een andere verdragsluitende staat plaatsvinden. De volwassene zelf beschikt dus niet over de mogelijkheid om overdracht van de bevoegdheid aan een buitenlandse autoriteit te verzoeken. Dit kan uitsluitend door tussenkomst van een bevoegde autoriteit als bedoeld in art. 5 of 6 HVV. **Aan welke staten overgedragen kan worden.** Niet aan alle bij het HVV aangesloten staten kan de zaak worden overgedragen. Overdracht van een zaak kan namelijk enkel plaatsvinden aan een verdragsluitende staat als genoemd in art. 8 lid 2 HVV. Tot de in dit artikellid opgesomde staten behoort onder meer de staat waar vermogen van de volwassene is gelegen (waarmee niet is gezegd dat in die staat vervolgens enkel maatregelen ter bescherming van dat vermogen en dus niet tevens ter bescherming van de persoon kunnen worden genomen!), de staat waarvan de autoriteiten vooraf door de volwassene schriftelijk zijn aangewezen om jegens hem beschermingsmaatregelen te nemen (zie over deze forumkeuze met een indirect karakter nader *Asser/Vonken & Ibili 10-II* 2021/738; vgl. ook *Rapport Lagarde* 2016, nr. 71), en de staat waar zich de gewone verblijfplaats bevindt van een persoon die een nauwe band met de volwassene heeft en die bereid is zorg te dragen voor zijn of haar bescherming (dit kunnen behalve familieleden bijv. ook vrienden zijn die de volwassene bijstaan: zie *Rapport Lagarde* 2016, nr. 72). **Geen verplichting.** De autoriteiten van een verdragsluitende staat als bedoeld in art. 8 lid 2 zijn niet verplicht bevoegdheid te aanvaarden. Indien de bevoegdheid inderdaad niet wordt aanvaard, welke niet-aanvaarding kan worden afgeleid uit zowel een formele weigering als het (aanhoudend) uitblijven van een reactie, blijven de ingevolge art. 5 HVV of art. 6 HVV aangewezen autoriteiten internationaal bevoegd (vgl. art. 8 lid 3 HVV).

Artikel 9
De autoriteiten van een Verdragsluitende Staat waar vermogen van de volwassene is gelegen, zijn bevoegd beschermende maatregelen te nemen ten aanzien van dat vermogen, voorzover deze maatregelen verenigbaar zijn met de maatregelen genomen door de ingevolge de artikelen 5 tot en met 8 bevoegde autoriteiten.
[13-01-2000, Trb. 139, i.w.tr. 01-01-2009]

[Autoriteiten staat van vermogen volwassene]

Betekenis. Ingevolge art. 9 HVV zijn de autoriteiten van een verdragsluitende staat waar vermogen van de volwassene is gelegen, bevoegd beschermende maatregelen te nemen ten aanzien van dat vermogen, voor zover deze maatregelen verenigbaar zijn met beschermingsmaatregelen die al zijn genomen door de ingevolge art. 5-8 HVV bevoegde autoriteiten. Dat zullen, gelet op de in art. 5 neergelegde hoofdregel, in de regel de autoriteiten van de gewone verblijfplaats van de volwassene zijn. Art. 9 HVV kan goed van pas komen wanneer de betrokken volwassene in verdragsstaat A zijn gewone verblijfplaats heeft, maar in verdragsstaat B (tevens) over vermogensbestanddelen beschikt. Vereist bijv. het recht van de ligging van een bepaalde onroerende zaak een rechterlijke machtiging voor de verkoop ervan waar het recht van de gewone verblijfplaats van de volwassene dit type machtiging in het geheel niet kent, dan kan het praktisch(er) zijn om de kwestie van de verkoop voor te leggen aan de autoriteiten van staat B in plaats van de autoriteiten van staat A (zie voor een ander voorbeeld, *Rapport Lagarde* 2016, nr. 75). De beschermingsmaatregelen die door de ingevolge art. 9 HVV bevoegde autoriteiten zijn genomen, moeten wel verenigbaar zijn met de beschermingsmaatregelen die reeds eerder door de ingevolge art. 5-8 HVV bevoegde autoriteiten zijn genomen. Zijn laatstgenoemde maatregelen later genomen, dan houden de maatregelen die door de ingevolge art. 9 HVV bevoegde autoriteiten zijn genomen op van kracht te zijn voor zover althans die maatregelen onverenigbaar zijn met de later genomen maatregelen door de ingevolge art. 5-8 HVV bevoegde autoriteiten (vgl. het *Rapport Lagarde* 2016, nr. 76). Zie bijv. ook Hof Den Haag 8 september 2021, ECLI:NL:GHDHA:2021:2645 in welke uitspraak, ter rechtvaardiging van anticiperende toepassing van het HVV, overigens ten onrechte de suggestie wordt gewekt dat het gehele Verenigd Koninkrijk zou zijn aangesloten bij het HVV: zie voor de actuele stand van zaken steeds www.hcch.net.

Aanhakend bij de uitgangspunten/de opmerking van de staatssecretaris. Aanhakend bij de uitgangspunten van het HVV kwam Hof Arnhem-Leeuwarden 23 februari 2017, ECLI:NL:GHARL:2017:1553 tot onder meer het oordeel, dat een onbevoegdverklaring op haar plaats was voor zover het inleidend verzoek zag op de onderbewindstelling van de in Marokko gelegen vermogensbestanddelen van de moeder. Daarvoor had dit hof al overwogen dat het aansluiting zocht bij de internationale rechtsontwikkeling zoals vastgelegd in het HVV. In een eerdere, op 1 november 2016 gedane uitspraak had het Hof Den Haag onder meer met een verwijzing naar een opmerking van de Staatssecretaris van Justitie in *Kamerstukken* 33054, C, p. 2 al eens overwogen: "De staatssecretaris stelt dus dat het Verdrag (d.i. het HVV, *opm. LP*) eigenlijk toegepast zou moet worden. Dat betekent dat er inmiddels eigenlijk geen goede grond meer is om het Verdrag niet (analoog) toe te passen." (ECLI:NL:GHDHA:2016:3755, r.o. 16; zie in verband met dit arrest overigens ook HR 2 februari 2018, ECLI:NL:HR:2018:147).

Artikel 10

1. In alle spoedeisende gevallen zijn de autoriteiten van iedere Verdragsluitende Staat op het grondgebied waarvan de volwassene of het vermogen van de volwassene zich bevindt, bevoegd om alle noodzakelijke beschermende maatregelen te nemen.
2. De maatregelen die ingevolge het voorgaande lid zijn genomen ten aanzien van een volwassene die zijn gewone verblijfplaats heeft in een Verdragsluitende Staat vervallen zodra de ingevolge de artikelen 5 tot en met 9 bevoegde autoriteiten de door de omstandigheden vereiste maatregelen hebben genomen.
3. De maatregelen die ingevolge het eerste lid zijn genomen ten aanzien van een volwassene die zijn gewone verblijfplaats heeft in een niet-Verdragsluitende Staat vervallen in elke Verdragsluitende Staat zodra de door de omstandigheden vereiste maatregelen, welke zijn genomen door de autoriteiten van een andere Staat, in de betrokken Verdragsluitende Staat worden erkend.
4. De autoriteiten die ingevolge het eerste lid maatregelen hebben genomen, doen daarvan zo mogelijk mededeling aan de autoriteiten van de Verdragsluitende Staat waar de volwassene zijn gewone verblijfplaats heeft.
[13-01-2000, Trb. 139, i.w.tr. 01-01-2009]

[Spoedeisende gevallen]

Betekenis. Behoudens dat aan deze bepaling nog een lid 4 is toegevoegd, is art. 10 HVV in essentie identiek aan art. 11 HKV 1996. In art. 10 lid 4 HVV is een mededelingsplicht neergelegd. In vergelijking met de in art. 7 lid 1 HVV verankerde mededelingsplicht, is de in art. 10 lid 4 HVV neergelegde mededelingsplicht vrijblijvender van aard althans heeft zij een minder verplichtend karakter. Eerst namelijk nadat de in art. 10 lid 1 HVV bedoelde maatregelen zijn genomen en dan nog 'zo mogelijk' doen de autoriteiten die de ingevolge art. 10 lid 1 bedoelde maatregelen hebben genomen, daarvan mededeling aan de autoriteiten van de verdragsluitende staat alwaar de volwassene zijn gewone verblijfplaats heeft. Bevoegd tot het nemen van alle noodzakelijke beschermende maatregelen in spoedeisende gevallen zijn de autoriteiten van iedere bij het HVV aangesloten staat waar de volwassene zich bevindt (in de zin van feitelijk verblijf) of op het grondgebied waarvan zich vermogen van de volwassene bevindt. Het is, anders dan bij de overige (subsidiaire) bevoegdheidsregels zoals die zijn neergelegd in art. 7, 9 en

11 HVV, in het geval van art. 10 *HVV* geen vereiste dat de volwassene in een (andere) verdragsstaat zijn gewone verblijfplaats heeft. Als voorbeeld van een spoedeisend geval als bedoeld in art. 10 HVV kan worden gedacht aan een volwassene die in Nederland op vakantie is en tijdens die vakantie wegens psychische problemen met spoed dient te worden opgenomen in een bepaalde instelling. Vgl. verder nog Rb. Den Haag 16 april 2021, ECLI:NL:RBDHA:2021:4854.

Artikel 11

1. Bij wijze van uitzondering zijn de autoriteiten van een Verdragsluitende Staat op het grondgebied waarvan de volwassene zich bevindt, bevoegd om ter bescherming van diens persoon tijdelijke maatregelen te nemen waarvan de territoriale werking beperkt is tot die Staat, voor zover dergelijke maatregelen verenigbaar zijn met maatregelen die reeds door de ingevolge de artikelen 5 tot en met 8 bevoegde autoriteiten zijn genomen en na daarvan mededeling te hebben gedaan aan de ingevolge artikel 5 bevoegde autoriteiten.

2. De ingevolge het voorgaande lid genomen maatregelen ten aanzien van een volwassene die zijn gewone verblijfplaats heeft in een Verdragsluitende Staat, houden op van kracht te zijn zodra de ingevolge de artikelen 5 tot en met 8 bevoegde autoriteiten zich hebben uitgesproken over de door de omstandigheden mogelijk vereiste maatregelen.

[13-01-2000, Trb. 139, i.w.tr. 01-01-2009]

[Tijdelijke maatregelen]

Betekenis. Een belangrijke inspiratiebron voor art. 11 HVV vormde art. 12 HKV 1996. Ook deze bepaling voorziet namelijk in de mogelijkheid tijdelijke of voorlopige maatregelen te nemen. Daarbij dient bedacht dat, evenals dat bij het Haags Kinderbeschermingsverdrag 1996 het geval is, ook het HVV een onderscheid maakt tussen spoedeisende gevallen (art. 10) en gevallen waarin een tijdelijke maatregel wordt verzocht (art. 11). Anders echter dan bij art. 12 HKV 1996 dat zowel op de persoon als het vermogen van het kind ziet, strekken de in het kader van art. 11 HVV te nemen tijdelijke, voorlopige, maatregelen *uitsluitend ter bescherming van de persoon* van de volwassene als bedoeld in art. 1 en 2 HVV. Anders geformuleerd: op grond van art. 11 HVV kunnen geen maatregelen worden genomen die strekken tot de bescherming van het vermogen van de volwassene. Daarentegen kunnen in het kader van art. 12 HKV 1996 wel (tevens) tijdelijke maatregelen worden genomen die strekken tot de bescherming van het vermogen van de minderjarige. Ook dient bedacht dat art. 11 HVV slechts bij wijze van uitzondering rechtsmacht toekent aan de autoriteiten van een verdragsluitende staat op het grondgebied waarvan de volwassene, die overigens zijn gewone verblijfplaats in een van de bij het HVV aangesloten staten dient te hebben, zich bevindt (in de zin van feitelijk verblijf). De door deze autoriteiten te nemen maatregelen hebben beperkte territoriale werking in die zin, dat de werking van deze maatregelen is beperkt tot het territorium van de staat van de autoriteiten die op grond van art. 11 HVV de tijdelijke maatregelen hebben getroffen. **Aan welke tijdelijke maatregelen gedacht kan worden.** Bij art. 11 HVV gaat het om de bevoegdheid tot het nemen van tijdelijke maatregelen (met beperkte territoriale werking), zelfs in niet-spoedeisende gevallen (vgl. immers ook art. 10 HVV). Daarbij kan onder meer worden gedacht aan een verleende machtiging of gegeven toestemming met betrekking tot een tijdelijke plaatsing van een volwassene in een kliniek, aan bepaalde palliatieve maatregelen of aan een ontwenningskuur. Daarentegen zijn geen tijdelijke maatregelen als bedoeld in art. 11 HVV bijv. medische ingrepen met een definitief, in beginsel onomkeerbaar, karakter zoals een abortus, een sterilisatie of de amputatie van een ledemaat (zie nader *Asser/Vonken & Ibili 10-II* 2021/741; vgl. ook *Rapport Lagarde* 2016, nr. 84).

Artikel 12

Onverminderd het bepaalde in artikel 7, derde lid, blijven de maatregelen die met toepassing van de artikelen 5 tot en met 9 zijn genomen van kracht overeenkomstig het daarin bepaalde, ook indien een verandering in de omstandigheden de grond waarop de bevoegdheid was gebaseerd, heeft weggenomen, zolang de ingevolge het Verdrag bevoegde autoriteiten deze maatregelen niet hebben gewijzigd, vervangen of beëindigd.

[13-01-2000, Trb. 139, i.w.tr. 01-01-2009]

[Geldigheid maatregel]

Betekenis. Art. 12 HVV, dat betrekking heeft op de geldigheidsduur van beschermingsmaatregelen, is in essentie identiek aan art. 14 HKV 1996. **Voorbeeld.** De strekking van art. 12 HVV is ervoor te zorgen dat eerder genomen beschermingsmaatregelen kunnen worden gecontinueerd, zolang deze maatregelen door de daartoe bevoegde autoriteiten niet zijn gewijzigd, vervangen of beëindigd. Daarbij kan bijv. worden gedacht aan het geval van een in staat A onder curatele gestelde volwassene die nadien verhuist naar staat B. Uit het oogpunt van voortzetting van de bescherming van deze volwassene is het dan vooralsnog noodzakelijk, dat de curator ook na de verhuizing van de curandus zijn taken kan blijven uitoefenen. Weliswaar verleent art. 5 lid 2 HVV aan de gerechtelijke of administratieve autoriteiten van de nieuwe gewone verblijfplaats van de betrokken volwassene de bevoegdheid tot het nemen van beschermingsmaatregelen, maar zolang dit nog niet is gebeurd (in de vorm van een wijziging, vervanging of beëindiging van de in de andere staat genomen maatregelen), is het uit het oogpunt van voortzetting van de bescherming van de betrokken volwassene van belang dat de in staat A genomen beschermingsmaatregelen ook in staat B van kracht blijven (*Rapport Lagarde* 2016, nr. 86). In verband met art. 12 HVV dient verder bedacht dat, onverminderd het bepaalde in art. 7 lid 3 HVV, deze bepaling uitsluitend van toepassing is op maatregelen die met toepassing van art. 5-9 HVV zijn genomen. Art. 12 HVV ziet dus nadrukkelijk niet op maatregelen die ingevolge art. 10 (spoedeisende gevallen) dan wel op de voet van art. 11 (tijdelijke maatregelen) zijn genomen. **Verandering van omstandigheden.** Bij een 'verandering van omstandigheden' in de zin van art. 12 kan, zoals trouwens ook al uit het hierboven gegeven voorbeeld bleek, onder meer worden gedacht aan het geval dat de gewone verblijfplaats van de volwassene inmiddels is verplaatst naar een andere, bij het HVV aangesloten staat. Ook zou bijv. kunnen worden gedacht aan het geval dat vermogen van de volwassene in kwestie inmiddels is gelegen in een andere, bij het HVV aangesloten staat.

HOOFDSTUK III
Toepasselijk recht

[Inleidende opmerkingen]

Betekenis. Hfdst. III HVV omvat art. 13-21. Deze bepalingen bevatten regels voor de aanwijzing van het toepasselijke recht dat door de autoriteiten in de uitoefening van hun bevoegdheid dient te worden toegepast (vgl. art. 1 lid 2 onderdeel b HVV) dan wel wijzen deze bepalingen het recht aan dat op de vertegenwoordiging van de volwassene dient te worden toegepast (vgl. art. 1 lid 2 onderdeel c HVV). Uiteraard gaat het dan steeds om volwassenen als bedoeld in het HVV (zie art. 1 lid 1 en art. 2 HVV).

Artikel 13

1. De autoriteiten van de Verdragsluitende Staten oefenen de bevoegdheid die hun ingevolge het bepaalde in Hoofdstuk II is toegekend uit onder toepassing van hun eigen recht.
2. Zij kunnen echter, voorzover de bescherming van de persoon of het vermogen van de volwassene dit vereist, bij wijze van uitzondering het recht van een andere Staat waarmee de omstandigheden nauw verband houden, toepassen of daarmee rekening houden.
[13-01-2000, Trb. 139, i.w.tr. 01-01-2009]

[Toepasselijk recht maatregelen]

1. Uitgangspunt: samenval bevoegdheid en toepasselijk recht (lid 1). Wat betreft het op de beschermingsmaatregelen jegens volwassenen toe te passen recht, hebben de opstellers van het HVV, in navolging van de opstellers van het Haags Kinderbeschermingsverdrag 1996, in beginsel geopteerd voor samenval (in het ipr doorgaans 'Gleichlauf' genoemd) tussen internationale bevoegdheid en toepasselijk recht. Dit blijkt uit art. 13 lid 1 HVV. Uit deze bepaling, die de hoofdregel van de bevoegdheidsregeling van het HVV vormt, blijkt immers dat de autoriteiten van de verdragsluitende staten de bevoegdheid die hun ingevolge het bepaalde in hfdst. II (dat zijn art. 5-12 HVV) is toegekend, uitoefenen 'onder toepassing van hun eigen recht'. **Voorbeeld.** Komt dus bijv. de rechter van staat X op grond van art. 5 lid 1 HVV rechtsmacht toe, dan past de rechter van staat X ingevolge art. 13 lid 1 HVV zijn eigen recht, en daarmee dus het recht van staat X, toe. Dit komt, normaliter gesproken, onder meer de kwaliteit van de rechtstoepassing en de voortgang van de procedure ten goede. De rechter van staat X is met het recht van staat X immers vertrouwd, althans in beginsel vertrouwder dan met het recht van staat Y of staat Z. Daarbij gaat het om de toepassing van het eigen, interne recht (en niet – tevens – om regels van conflictenrecht). Dit, omdat op grond van art. 19 HVV terug- of doorverwijzing, ook wel renvoi genoemd, naar een ander rechtsstelsel is uitgesloten. **Voorbeeld anticiperende toepassing met Rv als grondslag voor rechtsmacht.** Nederland heeft het HVV weliswaar op 13 januari 2000 ondertekend, maar vooralsnog nog niet geratificeerd. Toch worden bepalingen uit het HVV dan wel de aan deze bepalingen ten grondslag liggende beginselen (steeds meer) anticiperend of analogisch toegepast. Daarbij gaat het in het bijzonder – dus niet uitsluitend – om art. 13 lid 1 HVV. Een voorbeeld van hoe dit in de rechtspraktijk uitpakt, vormt de beschikking van Hof Arnhem-Leeuwarden, ECLI:NL:GHARL:2016:314. Nadat het had overwogen dat ingevolge art. 3 aanhef en onderdeel a Rv de Nederlandse rechter rechtsmacht toekwam, reeds omdat curanda in Nederland haar gewone verblijfplaats had, overwoog dit hof dat 'aansluiting zoekend bij de internationale rechtsontwikkeling, meer in het bijzonder art. 13 lid 1' HVV, Nederlands recht van toepassing was op het ontslag van de moeder van curanda als curator en vervolgens de benoeming van de broer van curanda als (nieuwe) curator.

2. De uitzondering op het uitgangspunt (lid 2). Toch kan het zijn dat de bevoegde rechter van staat X in voorkomend geval niet zijn eigen recht, maar het recht van een andere staat, dus bijv. toch het recht van staat Y, toepast op de maatregel die strekt tot de bescherming van de persoon of het vermogen van de volwassene. Art. 13 lid 2 HVV staat dit onder bepaalde voorwaarden toe. Ingevolge deze bepaling namelijk kunnen de ingevolge hfdst. II HVV bevoegde autoriteiten, voor zover de bescherming van de persoon of het vermogen van de volwassene dit althans vereist, bij wijze van uitzondering het recht van een andere staat waarmee de omstandigheden nauw verband houden, toepassen of daarmee rekening houden. Dat hoeft overigens niet noodzakelijkerwijs het recht van een bij het HVV aangesloten staat te zijn (vgl. ook art. 18 HVV). **Bij wijze van uitzondering.** Art. 13 lid 2 HVV dient enkel 'bij wijze van uitzondering' te worden toegepast. Dat is ook logisch, omdat in art. 13 lid 1 HVV de hoofdregel en daarmee het uitgangspunt van de bevoegdheidsregeling van het HVV is neergelegd. Met een (te) ruimhartige toepassing van art. 13 lid 2, zou art. 13 lid 1 in de praktijk de status van hoofdregel verliezen. **Betere bescherming volwassene.** De in art. 13 lid 2 HVV neergelegde uitzondering is niet gebaseerd op het beginsel van de nauwste betrokkenheid, maar is geënt op de gedachte dat met de toepassing of met het rekening houden van een bepaald ander recht de bescherming van de persoon of het vermogen van de volwassene beter wordt gediend dan met het op grond van art. 13 lid 1 HVV aangewezen recht. Bij het in art. 13 lid 2 HVV bedoelde recht gaat het dan om het recht van een andere staat waarmee de omstandigheden in een bepaald, concreet geval nauw verband houden. **Voorbeeld.** Gedacht kan bijv. worden aan het geval waarin een machtiging wordt verzocht aan de gerechtelijke of administratieve autoriteiten van de gewone verblijfplaats van de volwassene (en daarmee dus niet aan de in art. 9 HVV bedoelde autoriteiten wier bevoegdheid is gebaseerd op de ligging van het vermogen) om een in het buitenland gelegen onroerende zaak van de volwassene te mogen verkopen. Het heeft dan de voorkeur dat de autoriteiten van de gewone verblijfplaats van de betrokken volwassene over de mogelijkheid beschikken om het recht van de staat van ligging van de desbetreffende onroerende zaak te kunnen toepassen of hiermee rekening te kunnen houden bij het verlenen van de machtiging, indien het recht van ligging van de onroerende zaak in zo'n machtiging voorziet. Aan het voorgaande doet niet af, dat het recht van de staat van de in dezen aangezochte en bevoegde autoriteiten van de gewone verblijfplaats van de volwassene zelf een dergelijke machtiging niet zou hebben vereist (vgl. *Rapport Lagarde* 2016, nr. 92). **Nog een voorbeeld.** Een ander voorbeeld waarin bij wijze van uitzondering de exceptieclausule van art. 13 lid 2 HVV toepassing zou kunnen vinden is het geval waarin de autoriteiten de bevoegdheid tot het nemen van beschermingsmaatregelen ontlenen aan art. 7 HVV. Deze bepaling is gebaseerd op de nationaliteit van de volwassene. Wanneer, in het kader van art. 7 HVV, de rechtsmacht enkel op de niet-effectieve nationaliteit van de betrokken volwassene kan worden gebaseerd, wordt de bescherming van de persoon of het vermogen van betrokkene mogelijk beter gediend wanneer daarvoor wordt aangeknoopt bij het interne recht van de gewone verblijfplaats van deze volwassene. In zo'n geval vindt weliswaar geen samenval van bevoegdheid met toepasselijk recht plaats, maar dit komt in een geval als dit uiteindelijk het materieelrechtelijke belang van betrokkene in beginsel ten goede.

Artikel 14

Indien een in een Verdragsluitende Staat genomen maatregel in een andere Verdragsluitende Staat wordt uitgevoerd, wordt de wijze van uitvoering ervan beheerst door het recht van die andere Staat.

[13-01-2000, Trb. 139, i.w.tr. 01-01-2009]

[Wijze uitvoering maatregel]

Betekenis. Blijkens art. 14 HVV wordt, indien de in een verdragsluitende staat genomen maatregel in een andere verdragsluitende staat wordt uitgevoerd, de wijze van uitvoering beheerst door het recht van die andere staat (vgl. art. 15 lid 3 HVV). Blijkens het *Rapport Lagarde* (2016, nr. 94), alwaar enkele voorbeelden worden gegeven, dient de in art. 14 HVV gebezigde uitdrukking 'wijze van uitvoering' ruim te worden opgevat. **Voorbeelden.** Het Hof Den Haag oordeelde in een op 14 maart 2018 gewezen arrest (ECLI:NL:GHDHA:2018:731) dat het wijzigen van de persoon van de curator valt onder de uitvoering van de beschermingsmaatregel. Eerder, namelijk op 2 februari 2018, had, onder verwijzing naar onder meer het *Rapport Lagarde*, de Hoge Raad al geoordeeld dat het verkrijgen, door de wettelijk vertegenwoordiger, van een rechterlijke machtiging voor het voeren van een gerechtelijke procedure, moet worden gezien als een uitvoeringshandeling in de zin van art. 14 HVV (ECLI:NL:HR:2018:147).

Artikel 15

1. Het bestaan, de omvang, de wijziging en het tenietgaan van vertegenwoordigingsbevoegdheden die zijn verleend door een volwassene, hetzij bij een overeenkomst, hetzij bij een eenzijdige rechtshandeling, teneinde te worden uitgeoefend wanneer deze volwassene niet in staat zal zijn om zijn belangen te behartigen, worden beheerst door het recht van de Staat waar de volwassene op het tijdstip van de overeenkomst of de rechtshandeling zijn gewone verblijfplaats heeft, tenzij een van de in het tweede lid genoemde rechtsstelsels uitdrukkelijk schriftelijk is aangewezen.

2. De Staten waarvan het recht kan worden aangewezen, zijn:

a. een Staat waarvan de volwassene de nationaliteit bezit;

b. een Staat waar de volwassene eerder zijn gewone verblijfplaats had;

c. een Staat waar vermogen van de volwassene is gelegen, met betrekking tot dat vermogen;

3. De wijze waarop deze vertegenwoordigingsbevoegdheden worden uitgeoefend, wordt beheerst door het recht van de Staat waarin zij worden uitgeoefend.

[13-01-2000, Trb. 139, i.w.tr. 01-01-2009]

[Vertegenwoordigingsbevoegdheid]

Betekenis. Art. 15 ziet op de vertegenwoordigingsbevoegdheid die door een volwassene (vgl. art. 2 lid 1 HVV) is verleend bij hetzij een overeenkomst, hetzij een eenzijdige rechtshandeling. Deze vertegenwoordigingsbevoegdheid – ook wel aangeduid met de term 'zorgvolmacht' – wordt door een wilsbekwame volwassene verleend voor de periode dat hij of zij niet langer bekwaam is om zijn belangen te behartigen (op grond waarvan deze vertegenwoordigingsbevoegdheid zich reeds onderscheidt van de vertegenwoordigingsbevoegdheid als bedoeld in het Haags Vertegenwoordigingsverdrag 1978, *Trb.* 1987, 138; vgl. ook art. 10:125 BW). Een zorgvolmacht kan zowel zien op kwesties van vermogensrechtelijke aard (zakelijke, financiële belangen) als van persoonlijke aard (medische en persoonlijke zaken zoals bijv. de instructie om bij een ongeneeslijke ziekte elke geneeskundige behandeling te weigeren). Behoudens het in de Nederlandse notariële rechtspraktijk ontwikkelde zogeheten levenstestament dat (evenzeer) onder het materiële toepassingsgebied van art. 15 HVV kan worden begrepen, kent de Nederlandse wet enkel een specifieke regeling van de zorgvolmacht in art. 7:465 lid 3 BW. Kwesties nu die met de in art. 15 HVV bedoelde vertegenwoordigingsbevoegdheid samenhangen en dan met name het bestaan, de omvang, de wijziging en het tenietgaan van de vertegenwoordigingsbevoegdheden, worden ingevolge art. 15 lid 1 HVV in beginsel beheerst door het recht van de staat waar de volwassene (volmachtgever) op het tijdstip van de overeenkomst of de eenzijdige rechtshandeling zijn gewone verblijfplaats heeft. **Rechtskeuze onder voorwaarden mogelijk.** Art. 15 lid 1 HVV staat onder voorwaarden evenwel ook een (conflictenrechtelijk bedoelde) rechtskeuze toe. Gaat het inderdaad om een rechtskeuze die onder het HVV is toegestaan, dan heeft dit tot gevolg dat het ingevolge deze rechtskeuze toepasselijke recht de in art. 15 HVV bedoelde kwesties met betrekking tot de vertegenwoordigingsbevoegdheid beheerst en daarmee dus niet (langer) het recht van de staat waar de volwassene op het tijdstip van de overeenkomst of de eenzijdige rechtshandeling zijn gewone verblijfplaats heeft. Het moet, wil de rechtskeuze in effect sorteren, dan wel gaan om een internationaal geval. Ook moet de rechtskeuze uitdrukkelijk en schriftelijk zijn gedaan. Dit laatste betekent onder meer dat op grond van art. 15 HVV een impliciete rechtskeuze niet is toegestaan. **Niet alle rechtsstelsels kunnen worden gekozen.** Blijkens art. 15 lid 2 HVV kunnen, in het kader van art. 15 lid 1 HVV, niet alle rechtsstelsels worden gekozen. De staten waarvan het recht wel kan worden gekozen zijn: 1. de staat waarvan de volwassene de nationaliteit bezit (in het kader van welke nationaliteit of nationaliteiten geen enkele toets mag worden aangelegd, dus geen realiteitstoets of effectiviteitstoets); dan wel 2. de staat waar de volwassene eerder zijn gewone verblijfplaats had (dat hoeft overigens niet noodzakelijkerwijs de staat van de laatste gewone verblijfplaats van de volwassene te zijn); dan wel 3. de staat waar vermogen van de volwassene is gelegen, met betrekking tot het aldaar gelegen vermogen. In het kader van een rechtskeuze als bedoeld in art. 15 HVV, is dépeçage (als gevolg waarvan niet op alle onderdelen van de verleende vertegenwoordigingsbevoegdheid hetzelfde – gekozen – rechtsstelsel van toepassing is) in beginsel toegestaan. Blijkt overigens dat de volwassene door middel van een rechtskeuze een op het volmachtstatuut toepasselijk recht heeft aangewezen dat de rechtsfiguur van de zorgvolmacht niet kent of mogelijk zelfs verbiedt, dan komt geen rechtsgeldige zorgvolmacht tot stand. Afgaande op het *Rapport Lagarde* (2016, nr. 105), kan dan vervolgens niet worden uitgeweken naar art. 15 lid 1 HVV en daarmee naar de in dit artikellid neergelegde objectieve aanknoping bij de gewone verblijfplaats van de volwassene. **Wijze uitvoering vertegenwoordigingsbevoegdheid.** Wat betreft de wijze waarop de in art. 15 bedoelde vertegenwoordigingsbevoegdheid wordt uitgeoefend, bevat art. 15 lid 3 HVV een specifieke regel (vgl. art. 14 HVV). **Voorbeelden.** Zoals hierboven al bleek, kan de zorgvolmacht zien op zowel kwesties van vermogensrechtelijke aard als van persoonlijke aard. In het *Rapport Lagarde* (2016, nr. 96) wordt aangegeven dat in de praktijk de zorgvolmacht nogal eens ziet op de persoonlijke verzorging in die zin, dat de volwassene aan de gevolmachtigde de instructie geeft om elke geneeskundige behandeling te weigeren in geval van een ongeneeslijke ziekte.

Artikel 16

Wanneer vertegenwoordigingsbevoegdheden als bedoeld in artikel 15 niet worden uitgeoefend op een wijze die de bescherming van de persoon of het vermogen van de volwassene voldoende verzekert, kunnen zij worden ingetrokken of gewijzigd door maatregelen, genomen door een autoriteit die ingevolge het Verdrag bevoegd is. Wanneer dergelijke vertegenwoordigings-bevoegdheden worden ingetrokken of gewijzigd, dient zoveel mogelijk rekening te worden gehouden met het ingevolge artikel 15 aangewezen recht.

[13-01-2000, Trb. 139, i.w.tr. 01-01-2009]

[Intrekking of wijziging vertegenwoordigingsbevoegdheid]

Betekenis. Art. 16 HVV, dat tot op zekere hoogte correspondeert met art. 18 HKV 1996, ziet op het geval dat de vertegenwoordigingsbevoegdheden als bedoeld in art. 15 HVV niet meer worden uitgeoefend op een wijze, die de bescherming van de persoon of het vermogen van de volwassene voldoende verzekert. Blijkt dit inderdaad het geval, dan kunnen de vertegenwoordigingsbevoegdheden worden ingetrokken of gewijzigd door maatregelen, genomen door een autoriteit die ingevolge het HVV rechtsmacht bezit. Daarbij wordt zoveel mogelijk rekening gehouden met het ingevolge art. 15 HVV aangewezen recht. Met dit laatste hebben de opstellers van het HVV beoogd zoveel als mogelijk is de eerder door de volwassene uitgebrachte uitdrukkelijke schriftelijke rechtskeuze te respecteren. Het is evident dat art. 16 HVV enkel in beeld komt, wanneer de ingevolge het HVV bevoegde autoriteit tot het oordeel komt dat de wijze waarop de verleende vertegenwoordigingsbevoegdheid tot dan toe werd uitgeoefend 'slecht of inadequaat' (*Rapport Lagarde* 2016, nr. 108, 4e alinea) is. In de kern van de zaak gaat het dan om een zich voordoend objectief gevaar voor de bescherming van de persoon of het vermogen van de volwassene in kwestie. Gedacht kan bijv. worden aan het geval dat de gevolmachtigde de volmacht misbruikt of aan het geval dat er een conflict optreedt tussen de belangen van de volwassene en de eigen belangen van de gevolmachtigde.

Artikel 17

1. De geldigheid van een rechtshandeling, tot stand gekomen tussen een derde en een andere persoon die op grond van het recht van de Staat waar de rechtshandeling tot stand is gekomen bevoegd zou zijn als vertegenwoordiger van de volwassene op te treden, kan niet worden aangetast en de derde kan niet aansprakelijk worden gesteld op de enkele grond dat ingevolge het door de bepalingen van dit hoofdstuk aangewezen recht de ander niet bevoegd was als vertegenwoordiger van de volwassene op te treden, tenzij de derde wist of had moeten weten dat deze bevoegdheid door dit recht werd beheerst.

2. Het voorgaande lid is alleen van toepassing indien de rechtshandeling tot stand is gekomen tussen personen die zich op het grondgebied van eenzelfde Staat bevinden.
[13-01-2000, Trb. 139, i.w.tr. 01-01-2009]

[Derdenbescherming]

Betekenis. Art. 17 HVV is geïnspireerd door art. 19 HKV 1996. De bepaling beoogt, kort samengevat, de derde te goeder trouw te beschermen. Overigens is, daargelaten het in art. 17 lid 2 HVV neergelegde vereiste, art. 17 lid 1 HVV uitsluitend van toepassing in het geval van een rechtshandeling tussen een derde en de ogenschijnlijke vertegenwoordiger van de volwassene. Heeft de derde niet met diens ogenschijnlijke vertegenwoordiger doch met de volwassene (als bedoeld in het HVV) zelf gehandeld, dan kan de beschermingsregel van art. 10:11 lid 2 BW in verbinding met art. 13 Rome I (*PbEU* 2008, L 177, rectificatie *PbEU* 2009, L 309 en *PbEU* 2019, L 230; vgl. onder meer ook art. 10:153 BW), mogelijk uitkomst bieden.

Artikel 18
De bepalingen van dit hoofdstuk zijn van toepassing, zelfs indien het daardoor aangewezen recht het recht is van een Staat die niet een Verdragsluitende Staat is.
[13-01-2000, Trb. 139, i.w.tr. 01-01-2009]

[Universeel toepassingsgebied]

Betekenis. Ingevolge art. 18 HVV zijn de bepalingen van hfdst. III HVV, dat zijn art. 13-21, van toepassing, zelfs indien het door deze bepalingen aangewezen recht het recht van een niet bij het HVV aangesloten staat is. Daarmee heeft hfdst. III een universeel karakter. Als gevolg van art. 18 HVV hoeft de voorliggende kwestie dus niet noodzakelijkerwijs raakpunten (bijv. vanwege het land van ligging van de gewone verblijfplaats van de volwassene in kwestie) met één of meer bij het HVV aangesloten staten te hebben, want ook op een (internationale) casus die niet op enigerlei wijze is verbonden met een bij het HVV aangesloten staat, is hfdst. III HVV immers van toepassing.

Artikel 19
In dit hoofdstuk wordt onder 'recht' verstaan het in een Staat geldende recht, met uitsluiting van regels van conflictenrecht van die Staat.
[13-01-2000, Trb. 139, i.w.tr. 01-01-2009]

[Uitsluiting renvoi]

Betekenis. Onder de werking van het HVV is renvoi of herverwijzing uitgesloten. Art. 19 HVV maakt dat duidelijk door te bepalen dat in hfdst. III HVV onder 'recht' wordt verstaan het in een staat geldende recht, met uitsluiting van regels van conflictenrecht van die staat. Als gevolg van art. 19 HVV dient in het kader van hfdst. III HVV enkel acht te worden geslagen op het in een bepaald buitenland geldende materiële (privaat)recht en dus niet tevens op het in dat bepaalde buitenland geldende conflictenrecht. Steeds dient, daargelaten de eventuele doorwerking van zogenoemde voorrangsregels (art. 20 HVV) en de mogelijke toepasselijkheid van de conflictenrechtelijke openbare orde-exceptie (art. 21 HVV), bij een verwijzing op grond van hfdst. III HVV dus uitsluitend het materiële (privaat)recht van een bepaalde staat, verdragsstaat of niet, te worden toegepast.

Artikel 20

Dit hoofdstuk laat onverlet de bepalingen van het recht van de Staat waarin de volwassene dient te worden beschermd, die dwingend van toepassing zijn, ongeacht het recht dat anders van toepassing zou zijn.

[13-01-2000, Trb. 139, i.w.tr. 01-01-2009]

[Voorrangsregels]

Betekenis. Art. 20 HVV laat, ongeacht het recht dat anders van toepassing zou zijn, onverlet de dwingendrechtelijke bepalingen van het recht van de staat waar de bescherming van de volwassene moet worden geëffectueerd, voor zover die bepalingen althans als voorrangsregels (vgl. in het algemeen art. 10:7 BW) kunnen worden aangemerkt. Hoewel zeker niet beperkt tot maatregelen van geneeskundige aard, zullen vooral bepalingen die een machtiging voor een medische ingreep verlenen als voorrangsregels in de zin van art. 20 HVV kunnen worden beschouwd (zie voor een aantal voorbeelden op basis van rechtsvergelijkend onderzoek, *Asser/Vonken & Ibili 10-II* 2021/764). **Harmoniserende interpretatiemethode.** In de literatuur (zoals *Asser/Vonken & Ibili 10-II* 2021/764) is bepleit om, nu art. 20 HVV hiervan zelf geen nadere omschrijving geeft, op grond van een harmoniserende interpretatie aansluiting te zoeken bij de thans in art. 9 lid 1 Rome I (*PbEU* 2008, L 177, rectificatie *PbEU* 2009, L 309 en *PbEU* 2019, L 230) neergelegde omschrijving van 'bepalingen van bijzonder dwingend recht' oftewel voorrangsregels. Ingevolge lid 1 zijn bepalingen van bijzonder dwingend recht 'bepalingen aan de inachtneming waarvan een land zoveel belang hecht voor de handhaving van zijn openbare belangen zoals zijn politieke, sociale of economische organisatie, dat zij moet worden toegepast op elk geval dat onder de werkingssfeer ervan valt, ongeacht welk recht overeenkomstig deze verordening overigens van toepassing is op de overeenkomst.' Zie over de verschillende typen voorrangsregels de op 20 maart 2020 door A-G Vlas genomen conclusie (ECLI:NL:PHR:2020:267, par. 2.5. e.v.) vóór HR 18 september 2020 (ECLI:NL:HR:2020:1443).

Artikel 21

De toepassing van het door de bepalingen van dit hoofdstuk aangewezen recht kan slechts worden geweigerd indien deze toepassing kennelijk in strijd zou zijn met de openbare orde.

[13-01-2000, Trb. 139, i.w.tr. 01-01-2009]

[Openbare orde-exceptie]

Betekenis. In art. 21, de laatste bepaling van hfdst. III HVV, is de zogenoemde conflictenrechtelijke openbare orde-exceptie neergelegd. Als gevolg van deze bepaling kan de toepassing van het door de bepalingen van hfdst. III HVV aangewezen *buitenlandse* recht worden geweigerd, indien deze toepassing kennelijk, dat wil zeggen evident, in strijd zou zijn met de openbare orde van, kort gesteld, de forumstaat of de staat van de aangezochte bevoegde autoriteit. De in art. 21 HVV neergelegde openbare orde-exceptie mag slechts bij uitzondering worden toegepast. Gedacht kan worden aan buitenlands recht dat, bezien vanuit Nederlands perspectief, afbreuk doet aan de beginselen en waarden die in de eigen, Nederlandse rechtsorde als fundamenteel worden beschouwd. Overigens moet onder het begrip openbare orde niet uitsluitend de openbare orde van de forumstaat te worden verstaan, maar moet bij de invulling van dit begrip ook worden gedacht aan bepaalde normen en rechtsbeginselen die in supranationaal verband zijn tot stand gebracht. Daarbij kan het kader van, in dit geval, art. 21 HVV inspiratie worden ontleend aan bijvoorbeeld het VN-Verdrag inzake de rechten van personen met een handicap (*Trb.* 2007, 169). Zie nader *Asser/Vonken & Ibili 10-II* 2021/720 en 765.

HOOFDSTUK IV
Erkenning en tenuitvoerlegging

[Inleidende opmerkingen]

Betekenis. Hfdst. IV HVV, dat zijn art. 22-27, heeft betrekking op de erkenning en de tenuitvoerlegging van de door de autoriteiten van een verdragsluitende staat genomen maatregelen in een andere verdragsluitende staat. Qua opzet is hfdst. IV HVV identiek aan hfdst. IV HKV 1996. Hier verdient het reeds vermelding dat blijkens een door de Hoge Raad op 2 februari gewezen arrest (ECLI:NL:HR:2018:147; zie voor het verdere verloop van het geding HR 19 juli 2019, ECLI:NL:HR:2019:1239) moet worden aanvaard dat in voorkomend geval ruimte bestaat voor anticiperende toepassing van bepalingen uit het HVV. In deze zaak ging het onder meer over de vraag, of een door de Spaanse rechter gewezen vonnis waarbij de beschermingsmaatregel van 'tutela' was uitgesproken in Nederland kon worden erkend. Spanje noch het Koninkrijk der Nederlanden is op dit moment partij bij het HVV. De maatregel van tutela is gelijk te stellen met de Nederlandse maatregel van curatele (vgl. art. 1:378 e.v. BW). Zo lang een wettelijke regeling ontbreekt die ertoe strekt namens Nederland nader uitvoering te geven aan een aantal bepalingen van het HVV, zouden, mits dit mogelijk en noodzakelijk is, bepalingen van de Uitvoeringswet internationale kinderbescherming (*Stb.* 2006, 123, laatstelijk gewijzigd bij *Stb.* 2022, 72, *Kamerstukken* 35888) analoog kunnen worden toegepast, zoals, in het geval van erkenning en tenuitvoerlegging, de art. 15-17 van deze uitvoeringswet.

Artikel 22

1. De door de autoriteiten van een Verdragsluitende Staat genomen maatregelen worden van rechtswege in alle andere Verdragsluitende Staten erkend.

2. Erkenning kan evenwel worden geweigerd:

a. indien de maatregel is genomen door een autoriteit waarvan de bevoegdheid niet gebaseerd was op of niet in overeenstemming was met een van de in de bepalingen van hoofdstuk II bedoelde gronden;

b. indien de maatregel, behoudens in een spoedeisend geval, is genomen in het kader van een gerechtelijke of administratieve procedure, zonder dat de volwassene in de gelegenheid is gesteld te worden gehoord, zulks met schending van fundamentele beginselen van procesrecht van de aangezochte Staat;

c. indien de erkenning kennelijk in strijd is met de openbare orde van de aangezochte Staat, of in strijd is met een bepaling van het recht van die Staat, die dwingend van toepassing is, ongeacht het recht dat anders van toepassing zou zijn;

d. **indien de maatregel onverenigbaar is met een maatregel die naderhand is genomen in een niet-Verdragsluitende Staat die ingevolge de artikelen 5 tot en met 9 bevoegd zou zijn geweest, en deze latere maatregel voldoet aan de vereisten voor erkenning in de aangezochte Staat;**

e. **indien de in artikel 33 bedoelde procedure niet in acht is genomen.**

[13-01-2000, Trb. 139, i.w.tr. 01-01-2009]

[Erkenning van rechtswege]

Betekenis. Uitgangspunt. Onder het HVV is het uitgangspunt, dat de door de autoriteiten van een bij het HVV aangesloten staat genomen maatregelen van rechtswege, zowel in als buiten rechte, in alle andere bij het HVV aangesloten staten worden erkend. Dat blijkt uit art. 22 lid 1 HVV. Het spreekt voor zich dat het daarbij gaat om maatregelen als bedoeld in het HVV, dus om maatregelen die strekken tot de bescherming van de persoon of het vermogen van de volwassene (vgl. art. 1 en 2 HVV). De in art. 22 lid 1 HVV neergelegde verplichting tot erkenning van rechtswege heeft overigens geen betrekking op een in het buitenland verleende zorgvolmacht in de zin van art. 15 HVV. Immers, zoals reeds blijkt uit de aanhef van art. 22 HVV ziet de erkenning van rechtswege uitsluitend op de door autoriteiten van verdragsluitende staten genomen maatregelen. Ingevolge een door de Hoge Raad op 2 februari 2018 gewezen arrest (ECLI:NL:HR:2018:147; zie voor het verdere verloop van het geding HR 19 juli 2019, ECLI:NL:HR:2019:1239) bestaat geen bezwaar tegen anticiperende toepassing van de regels van het HVV in (onder meer) het geval dat er sprake is van de erkenning van een rechterlijke beslissing uit een land dat geen partij is bij het HVV. In deze zaak ging het onder meer over de vraag of een door de Spaanse rechter gewezen vonnis waarbij de beschermingsmaatregel van 'tutela' was uitgesproken, in Nederland kon worden erkend. Spanje noch het Koninkrijk der Nederlanden is partij bij het HVV. De maatregel van tutela is gelijk te stellen met de Nederlandse maatregel van curatele (vgl. art. 1:378 e.v. BW). De Hoge Raad oordeelde onder meer dat nu zich geen weigeringsgronden voordeden als bedoeld in art. 22 lid 2 HVV (waarover hierna) het vonnis van de Spaanse rechter in Nederland moest worden erkend. **Uitzonderingen.** In bepaalde gevallen kán erkenning evenwel worden geweigerd. Dit kan gebeuren in het kader van de in art. 23 HVV bedoelde preventieve procedure maar bijvoorbeeld ook plaatsvinden in het kader van een lopende gerechtelijke procedure gedurende welke procedure tevens een beroep op de genomen buitenlandse beschermingsmaatregel wordt gedaan. Verzet de partij tegen wie de beschermingsmaatregel wordt ingeroepen zich tegen de erkenning van deze maatregel, het is aan hem of haar om een grond voor niet-erkenning aan te voeren als omschreven in art. 22 lid 2 HVV (vgl. *Rapport Lagarde* 2016, nr. 116). Art. 22 lid 2 HVV bevat een uitputtende opsomming van weigeringsgronden. Het gaat in art. 22 lid 2 HVV om in totaal vijf en daarmee slechts een beperkt aantal weigeringsgronden. De in art. 22 lid 2 HVV genoemde weigeringsgronden stemmen in grote lijnen overeen met de weigeringsgronden van art. 23 lid 2 HKV 1996. **Voorbeelden van weigeringsgronden.** De erkenning kan bijv. worden geweigerd, indien de beschermingsmaatregel is genomen door een autoriteit waarvan de bevoegdheid niet was gebaseerd op of niet in overeenstemming was (dit laatste in verband met het bepaalde in art. 2 lid 2 HVV; zie hierover nader het *Rapport Lagarde*, 2016, nr. 119) met hfdst. II HVV, dat zijn art. 5-12 (vgl. art. 22 lid 2 onderdeel a HVV). Ook kan de erkenning bijv. worden geweigerd, indien de volwassene (vgl. art. 2 HVV) niet in de gelegenheid is gesteld in de procedure te worden gehoord, zulks met schending van fundamentele beginselen van procesrecht van de aangezochte staat, behoudens in spoedeisende gevallen (art. 22 lid 2 onderdeel b HVV). Verder vormt ook kennelijke, dat wil zeggen evidente, strijd met de openbare orde van de desbetreffende, bij het HVV aangesloten, staat een voorbeeld van weigeringsgrond als bedoeld in art. 22 lid 2 HVV (zie art. 22 lid 2 onderdeel c HVV).

Artikel 23

Onverminderd artikel 22, eerste lid, kan iedere belanghebbende persoon de bevoegde autoriteiten van een Verdragsluitende Staat verzoeken een beslissing te nemen over de erkenning of de niet-erkenning van een in een andere Verdragsluitende Staat genomen maatregel. De procedure wordt beheerst door het recht van de aangezochte Staat.

[13-01-2000, Trb. 139, i.w.tr. 01-01-2009]

[Beslissing over (niet-)erkenning]

Betekenis. Niettegenstaande het in art. 22 lid 1 HVV neergelegde uitgangspunt dat maatregelen uit de ene verdragsstaat in de andere verdragsstaat van rechtswege, zowel in als buiten rechte, worden erkend, kan iedere belanghebbende in een procedure – die op tegenspraak dient te zijn (zie het *Rapport Lagarde* 2016, nr. 124) – verzoeken een beslissing over de erkenning of de niet-erkenning van een maatregel (in de zin van het HVV) te nemen. De belanghebbende vraagt dan om een declaratoir. Een rechterlijke beslissing is declaratoir, indien daarbij een bestaande rechtstoestand of rechtsverhouding wordt vastgesteld. Art. 23 HVV nu voorziet in de mogelijkheid van een declaratoir.
Uitsluitend maatregelen. Daarbij dient wel goed voor ogen te worden gehouden dat het declaratoir op verzoek als bedoeld in art. 23 HVV is beperkt tot de vraag of een bepaalde beschermingsmaatregel al dan niet kan worden erkend. Daarmee ziet het declaratoir als bedoeld in art. 23 HVV dus nadrukkelijk niet op bijv. de vraag, of in een bepaald geval al dan niet een rechtsgeldige zorgvolmacht door de volwassene is verleend (aldus *Rapport Lagarde* 2016, nr. 124). In essentie is het onder de werking van art. 24 HKV 1996 overigens niet anders.

Artikel 24

De autoriteit van de aangezochte Staat is gebonden aan de vaststelling van de feiten waarop de autoriteit van de Staat waar de maatregel is genomen haar bevoegdheid heeft gebaseerd.

[13-01-2000, Trb. 139, i.w.tr. 01-01-2009]

[Gebonden aan vaststelling van feiten]

Betekenis. Uit art. 24 HVV blijkt dat de autoriteit van een verdragsluitende staat is gebonden aan de vaststelling van de feiten waarop de autoriteit van de verdragsstaat waar de maatregel is genomen haar bevoegdheid heeft gebaseerd. Dit heeft in het bijzonder als consequentie dat, in verband met de weigeringsgrond van art. 22 aanhef en onderdeel a HVV, bij het mogelijke onderzoek naar de vraag of de autoriteit van de staat van herkomst van de maatregel zijn bevoegdheid heeft gebaseerd op een van de in hfdst. II HVV genoemde bevoegdheidsgronden dan wel of die bevoegdheid in overeenstemming was met een van de in de bepalingen van hfdst. II HVV bedoelde gronden (dit laatste in verband met het bepaalde in art. 2 lid 2 HVV; zie hierover nader het *Rapport Lagarde* 2016, nr. 119), de in het kader van de erkenning aangezochte autoriteit gebonden is aan de feiten waarop de autoriteit in de staat van oorsprong van de maatregel zijn bevoegdheid heeft gebaseerd. Het betreft dan bijv. de feiten op grond waarvan de autoriteit van de staat van oorsprong van de maatregel uiteindelijk heeft geoordeeld dat de volwassene in die staat van oorsprong zijn gewone verblijfplaats heeft (vgl. art. 5 lid 1 HVV). Het is dan vervolgens niet aan de aangezochte autoriteit om in het kader van de erkenning die feiten nog eens opnieuw tegen het licht te houden. Art. 24 HVV staat dat immers niet toe.

Artikel 25

1. Indien maatregelen die in een Verdragsluitende Staat zijn genomen en daar uitvoerbaar zijn, in een andere Verdragsluitende Staat ten uitvoer moeten worden gelegd, worden zij op verzoek van een belanghebbende partij in die andere Staat uitvoerbaar verklaard of voor tenuitvoerlegging geregistreerd volgens de procedure die in het recht van laatstgenoemde Staat is voorzien.
2. Elke Verdragsluitende Staat gebruikt voor de verklaring van uitvoerbaarheid of de registratie een eenvoudige en snelle procedure.
3. De verklaring van uitvoerbaarheid of de registratie kan slechts op een van de in artikel 22, tweede lid, voorziene gronden worden geweigerd.
[13-01-2000, Trb. 139, i.w.tr. 01-01-2009]

[Tenuitvoerlegging in andere staat]

Betekenis. Art. 25 ziet op het geval dat een in het HVV genomen maatregel in een andere bij het HVV aangesloten staat ten uitvoer moet worden gelegd. Is dat de bedoeling, dan schrijft art. 25 voor dat de maatregel, die dan uitvoerbaar moet zijn in de staat alwaar de maatregel is genomen, op verzoek van een belanghebbende partij uitvoerbaar wordt verklaard in de verdragsstaat van tenuitvoerlegging dan wel aldaar wordt geregistreerd. Zo lang een wettelijke regeling ontbreekt die ertoe strekt namens Nederland nader uitvoering te geven aan een aantal bepalingen van het HVV, zouden, mits dit mogelijk en noodzakelijk is, bepalingen van de Uitvoeringswet internationale kinderbescherming (*Stb.* 2006, 123, laatstelijk gewijzigd bij *Stb.* 2022, 72, *Kamerstukken* 35888) analoog kunnen worden toegepast, zoals bijv. de art. 15-17 van deze uitvoeringswet. **'Uitvoerbaar'.** Het begrip 'uitvoerbaar' in art. 25 HVV ziet uitsluitend op de formele uitvoerbaarheid van de in een andere bij het HVV aangesloten staat genomen beschermingsmaatregel (heeft de beslissing aldaar bijv. inmiddels kracht van gewijsde gekregen?) en dus niet — tevens — op de voorwaarden waaronder die maatregel in de staat van herkomst ten uitvoer kan worden gelegd. **Weigeringsgronden.** De uitvoerbaarverklaring dan wel de registratie kán (dus niet: moet!) worden geweigerd, maar dan uitsluitend op een van de in art. 22 lid 2 HVV genoemde gronden. Dit blijkt uit art. 25 lid 3 HVV. Dit betekent dus dat, evenals dit in het kader van de erkenning het geval is, in verband met het verzoek tot uitvoerbaarverklaring of registratie van de maatregel geen andere weigeringsgronden kunnen worden ingeroepen dan die in art. 22 lid 2 worden genoemd.

Artikel 26

Behoudens de toetsing die in verband met de toepassing van de voorgaande artikelen noodzakelijk is, mag geen toetsing plaatsvinden van de gronden waarop een genomen maatregel berust.

[13-01-2000, Trb. 139, i.w.tr. 01-01-2009]

[Marginale toetsing]

Betekenis. Art. 26 HVV bevat een zogenoemd verbod van révision au fond. Dit verbod, dat verband houdt met zowel de erkenning als de uitvoerbaarverklaring of registratie van een in een andere verdragsluitende staat genomen maatregel, houdt in dat geen toetsing plaatsvindt van de gronden waarop de getroffen maatregel berust, behoudens de toetsing die is toegestaan op grond van aan art. 26 voorafgaande artikelen (zoals bijv. bij art. 22 lid 2 aanhef en onderdeel a het geval bleek). Anders geformuleerd: ingevolge art. 26 HVV mag niet de materiële inhoud c.q. de juistheid van de beslissing worden onderzocht. Hoewel dit niet met zoveel woorden in het HVV staat, mag de aangezochte autoriteit van een verdragsluitende staat ook steeds nagaan en daarmee dus toetsen of de in een andere verdragsluitende staat genomen beschermingsmaatregel binnen het materiële toepassingsgebied van het HVV valt (zie art. 1, 3 en 4). Van de uitkomst van deze toets, hangt de al dan niet toepasselijkheid van, in dit geval, hfdst. IV HVV af en daarmee dus de toepasselijkheid van art. 22-27.

Artikel 27

Maatregelen genomen in een Verdragsluitende Staat en uitvoerbaar verklaard of voor tenuitvoerlegging geregistreerd in een andere Verdragsluitende Staat, worden in laatstgenoemde Staat ten uitvoer gelegd alsof deze maatregelen door de autoriteiten van die Staat waren genomen. De tenuitvoerlegging vindt plaats overeenkomstig het recht van de aangezochte Staat binnen de door dat recht voorziene grenzen.

[13-01-2000, Trb. 139, i.w.tr. 01-01-2009]

[Tenuitvoerlegging in andere staat]

Betekenis. In art. 27 HVV is het beginsel neergelegd, dat maatregelen die in de ene verdragsstaat zijn genomen en in een andere verdragsstaat uitvoerbaar zijn verklaard (of voor tenuitvoerlegging zijn geregistreerd), in die andere verdragsstaat worden ten uitvoer gelegd als waren deze maatregelen (zelf) genomen door de autoriteiten van de verdragsstaat van tenuitvoerlegging. Het gaat, doordat de maatregel per saldo dezelfde rechtskracht krijgt als een lokale maatregel, bij art. 27 HVV dus in zekere zin om naturalisatie van de maatregel in de staat waar zij ten uitvoer zal worden gelegd. **Voorbeeld.** Het *Rapport Lagarde* (2016, nr. 128) noemt als voorbeeld het geval waarin de gerechtelijke of administratieve autoriteiten van de gewone verblijfplaats van de volwassene deze volwassene bij wege van beschermingsmaatregel onder het toezicht van een lokale instantie (bijv. een bewindvoerder) plaatsen, waarna de volwassene in kwestie verhuist naar een andere, bij het HVV aangesloten staat. De tenuitvoerlegging van de in eerste verdragsstaat genomen beschermingsmaatregel is in de andere, tweede verdragsstaat alleen dan mogelijk, wanneer de gerechtelijke of administratieve autoriteiten van die tweede verdragsstaat op grond van hun eigen recht bevoegd zijn om de toezichthoudende taak waarmee de lokale instantie van de eerste verdragsstaat (bijv. een bewindvoerder) werd belast, uit te voeren. Deze werkzaamheid naar vreemd recht zal daarmee – ook – een grondslag dienen te hebben in het eigen recht. Is dat niet het geval en valt de werkzaamheid dus niet binnen de functie van de gerechtelijke of administratieve autoriteiten in de aangezochte tweede verdragsstaat, de autoriteiten van de tweede verdragsstaat dienen de in de eerste verdragsstaat genomen beschermingsmaatregel aan te passen of te wijzigen (vgl. art. 5 lid 2 HVV). Daarbij kan, zoals in de literatuur is opgemerkt (zie onder meer *Asser/Vonken & Ibili 10-II* 2021/771) inspiratie worden geput uit art. 54 van de Herschikte verordening Brussel I-bis, ook wel de Herschikte EEX-Verordening geheten (*PbEU* 2012, L 351, laatstelijk gewijzigd bij *PbEU* 2015, L 54, rectificatie *PbEU* 2017, L 104). Deze verordening is sinds 10 januari 2015 voor onder meer Nederland van toepassing.

HOOFDSTUK V
Samenwerking

[Inleidende opmerkingen]

Betekenis. Hoofdstuk V, dat zijn art. 28-37, bevat regels inzake de samenwerking tussen de autoriteiten van de bij het HVV aangesloten staten. Deze samenwerking draagt bij tot de verwezenlijking van de doelstellingen van het HVV (vgl. de preambule bij het HVV alsook art. 1 lid 2 HVV). Evenals dat bij hoofdstuk IV HVV het geval bleek, sluit ook de opzet van hoofdstuk V HVV in essentie aan bij het Haags Kinderbeschermingsverdrag 1996, in dit geval hoofdstuk V HKV 1996. Immers, ook onder de werking van het HVV hebben de Centrale autoriteiten onder meer tot taak de uitwisseling van informatie tussen de bevoegde autoriteiten te bevorderen (art. 30 aanhef en onderdeel a HVV; vgl. art. 31 aanhef en onderdeel a HKV 1996), het verlenen van bijstand bij het opsporen van een volwassene, indien het ernaar uitziet dat de volwassene zich op het grondgebied van de aangezochte staat bevindt en bescherming nodig heeft (art. 30 aanhef en onderdeel b HVV; vgl. art. 31 aanhef en onderdeel c HKV 1996), het bewerkstelligen van minnelijke schikkingen voor de bescherming van de persoon of het vermogen van de volwassene in de omstandigheden waarin het HVV van toepassing is (art. 31 HVV; vgl. art. 31 aanhef en onderdeel b HKV 1996) alsook hulp en bijstand te verlenen bij de plaatsing van een volwassene vanuit een bij het HVV aangesloten staat in een instelling of op een andere plaats waar bescherming kan worden geboden in een andere bij het HVV aangesloten staat (art. 33 HVV; vgl. art. 33 HKV 1996; vgl. ook art. 22 lid 2 onderdeel e HVV en art. 23 lid 2 onderdeel f HKV 1996). Verder bevat hoofdstuk V HVV, evenals hoofdstuk V HKV 1996, nog bepalingen in het kader van het verstrekken van bepaalde informatie dan wel het achterwege laten van bepaalde informatie (art. 32, 34 en 35 HVV; vgl. art. 34, 36 en 37 HKV 1996), een bepaling in verband met de kosten (art. 36 HVV; vgl. art. 38 HKV 1996) en een artikel dat voorziet in de mogelijkheid aanvullende verdragen te sluiten met het oog op de verbetering van de toepassing van hoofdstuk V (art. 37 HVV; vgl. art. 39 HKV 1996).

Artikel 28

1. Elke Verdragsluitende Staat wijst een Centrale Autoriteit aan die is belast met de naleving van de door het Verdrag aan haar opgelegde verplichtingen.

2. Federale Staten, Staten waarin meer dan een rechtsstelsel geldt en Staten die autonome territoriale eenheden omvatten, staat het vrij meer dan een Centrale Autoriteit aan te wijzen en de territoriale of personele reikwijdte van hun taken aan te geven. Een Staat die meer dan een Centrale Autoriteit heeft aangewezen, wijst de Centrale Autoriteit aan waaraan alle mededelingen kunnen worden gedaan met het oog op overbrenging daarvan aan de bevoegde Centrale Autoriteit binnen deze Staat.
[13-01-2000, Trb. 139, i.w.tr. 01-01-2009]

Artikel 29

1. De Centrale Autoriteiten werken onderling samen en bevorderen de samenwerking tussen de bevoegde autoriteiten in hun Staten teneinde de doelstellingen van het Verdrag te verwezenlijken.
2. Zij nemen, in verband met de toepassing van het Verdrag, passende maatregelen om informatie te verstrekken over de wetgeving van en de beschikbare diensten in hun Staat op het gebied van de bescherming van volwassenen.
[13-01-2000, Trb. 139, i.w.tr. 01-01-2009]

Artikel 30

De Centrale Autoriteit van een Verdragsluitende Staat neemt, hetzij rechtstreeks, hetzij via overheidsinstanties of andere instellingen, alle passende maatregelen teneinde:
a. de informatie-uitwisseling, met alle middelen, tussen de bevoegde autoriteiten te bevorderen in omstandigheden waarop het Verdrag van toepassing is;
b. op verzoek van een bevoegde autoriteit van een andere Verdragsluitende Staat bijstand te verlenen bij het opsporen van de volwassene, indien het ernaar uitziet dat de volwassene zich op het grondgebied van de aangezochte Staat bevindt en bescherming nodig heeft.
[13-01-2000, Trb. 139, i.w.tr. 01-01-2009]

Artikel 31

De bevoegde autoriteiten van een Verdragsluitende Staat kunnen, hetzij rechtstreeks, hetzij via andere instellingen, de aanwending van bemiddeling, verzoening of daarmee vergelijkbare methoden aanmoedigen teneinde minnelijke schikkingen te bewerkstelligen voor de bescherming van de persoon of het vermogen van de volwassene in de omstandigheden waarin het Verdrag van toepassing is.
[13-01-2000, Trb. 139, i.w.tr. 01-01-2009]

Artikel 32

1. Wanneer een beschermende maatregel wordt overwogen, kunnen de ingevolge het Verdrag bevoegde autoriteiten, indien de omstandigheden van de volwassene dit vereisen, elke autoriteit van een andere Verdragsluitende Staat die informatie heeft die van belang is voor de bescherming van de volwassene, verzoeken deze informatie mede te delen.
2. Een Verdragsluitende Staat kan verklaren dat verzoeken ingevolge het eerste lid slechts via zijn Centrale Autoriteit aan zijn autoriteiten kunnen worden doorgeleid.

3. De bevoegde autoriteiten van een Verdragsluitende Staat kunnen de autoriteiten van een andere Verdragsluitende Staat verzoeken bijstand te verlenen bij de uitvoering van de ingevolge dit Verdrag genomen beschermende maatregelen.
[13-01-2000, Trb. 139, i.w.tr. 01-01-2009]

Artikel 33

1. Indien een ingevolge de artikelen 5 tot en met 8 bevoegde autoriteit de plaatsing van de volwassene in een instelling of op een andere plaats waar bescherming kan worden geboden overweegt, en indien deze plaatsing dient te geschieden in een andere Verdragsluitende Staat, pleegt zij eerst overleg met de Centrale Autoriteit of een andere bevoegde autoriteit van laatstgenoemde Staat. Daartoe verstrekt zij een rapport over de volwassene, vergezeld van de redenen voor de voorgestelde plaatsing.
2. De beslissing over de plaatsing mag in de verzoekende Staat niet worden genomen indien de Centrale Autoriteit of een andere bevoegde autoriteit van de aangezochte Staat binnen een redelijke termijn blijk geeft van haar bezwaar.
[13-01-2000, Trb. 139, i.w.tr. 01-01-2009]

Artikel 34

In alle gevallen waarin een volwassene is blootgesteld aan een ernstig gevaar, doen de bevoegde autoriteiten van de Verdragsluitende Staat waar maatregelen voor de bescherming van de volwassene zijn genomen of worden overwogen, indien hun wordt medegedeeld dat de verblijfplaats van de volwassene is overgebracht naar of dat de volwassene zich bevindt in een andere Staat, aan de autoriteiten van die andere Staat mededeling van dit gevaar en de genomen of in overweging zijnde maatregelen.
[13-01-2000, Trb. 139, i.w.tr. 01-01-2009]

Artikel 35

Een autoriteit vraagt of verstrekt geen informatie ingevolge dit hoofdstuk, indien volgens haar aannemelijk is dat een dergelijke handeling de persoon of het vermogen van de volwassene in gevaar zou kunnen brengen, of een ernstige bedreiging zou vormen voor de vrijheid of het leven van een familielid van de volwassene.
[13-01-2000, Trb. 139, i.w.tr. 01-01-2009]

Artikel 36

1. Onverminderd de mogelijkheid om voor het verlenen van diensten een redelijke kostenvergoeding te vragen dragen Centrale Autoriteiten en andere overheidsinstanties van de Verdragsluitende Staten bij de toepassing van de bepalingen van dit hoofdstuk hun eigen kosten.
2. Een Verdragsluitende Staat kan met een of meer andere Verdragsluitende Staten overeenkomsten sluiten inzake de onderlinge verdeling van de kosten.
[13-01-2000, Trb. 139, i.w.tr. 01-01-2009]

Artikel 37

Een Verdragsluitende Staat kan met een of meer andere Verdragsluitende Staten overeenkomsten sluiten met het oog op verbetering van de toepassing van dit hoofdstuk

in hun onderlinge betrekkingen. De Staten die een zodanige overeenkomst hebben gesloten, zenden een afschrift daarvan aan de depositaris van het Verdrag.
[13-01-2000, Trb. 139, i.w.tr. 01-01-2009]

HOOFDSTUK VI
Algemene bepalingen

[Inleidende opmerkingen]

Betekenis. Hfdst. VI HVV, dat zijn art. 38-52, bevat onder meer bepalingen die verband houden met de uitvoering van het verdrag (zie bijv. art. 38; vgl. bijv. art. 40 HKV 1996) en bepalingen die erop zijn gericht om in de praktijk tot een betere uitvoering van het verdrag te geraken (zie art. 52; vgl. art. 56 HKV 1996). Verder bevat hfdst. VI bijv. ook nog bepalingen die beogen de vertrouwelijke behandeling te garanderen van gegevens en informatie die op grond van het HVV zijn verzameld (zie art. 39 en 40; vgl. art. 41 en 42 HKV 1996), bepalingen over de toepasselijkheid in de tijd van het verdrag (art. 50; vgl. art. 53 HKV 1996) en bepalingen over de verhouding met andere verdragen in het geval van samenloop (zie art. 48 en 49; vgl. art. 50-52 HKV 1996). **Verklaring inzake vertegenwoordigingsbevoegdheid.** Een voor de praktijk belangrijke, met art. 40 HKV 1996 te vergelijken bepaling, is art. 38 HVV. Deze bepaling zal dan ook meteen hieronder, bij art. 38 HVV, kort worden besproken.

Artikel 38
1. De autoriteiten van de Verdragsluitende Staat waar een beschermende maatregel is genomen of een vertegenwoordigingsbevoegdheid is bevestigd, kunnen aan de persoon aan wie de bescherming van de persoon of het vermogen van de volwassene is toevertrouwd, op zijn verzoek, een verklaring verstrekken waarin wordt aangegeven in welke hoedanigheid die persoon kan optreden en welke bevoegdheden hem zijn verleend.
2. De in de verklaring aangegeven hoedanigheid en bevoegdheden worden geacht vast te staan met ingang van de datum van de verklaring, behoudens bewijs van het tegendeel.
3. Elke Verdragsluitende Staat wijst de autoriteiten aan die bevoegd zijn de verklaring op te stellen.
[13-01-2000, Trb. 139, i.w.tr. 01-01-2009]

[Verstrekken van verklaringen]

Betekenis. Ingevolge art. 38 lid 1 HVV kan de persoon aan wie de bescherming van de persoon of het vermogen van de volwassene is toevertrouwd om een verklaring (ook wel certificaat genoemd) vragen bij bepaalde autoriteiten van een bij het HVV aangesloten staat (vgl. art. 40 HKV 1996). In deze verklaring dient dan te worden aangegeven in welke hoedanigheid die persoon kan optreden en welke bevoegdheden aan hem of haar zijn verleend. De in deze verklaring aangegeven hoedanigheid en bevoegdheden – bijv. door een volwassene aan een gevolmachtigde verleend in het kader van een zogeheten zorgvolmacht (vgl. art. 15 HVV) – worden geacht vast te staan met ingang van de datum van de verklaring, behoudens bewijs van het tegendeel. Dat blijkt uit art. 38

lid 2 HVV. De bij het HVV aangesloten staten zijn overigens niet verplicht het in art. 38 HVV bedoelde certificaat in te voeren. Zo bezien, heeft het in art. 38 HVV voorziene internationaal certificaat dan ook een facultatief karakter. De idee achter art. 38 HVV is dat de (internationale) praktijk behoefte heeft aan zekerheid met betrekking tot de persoon van de volwassene en, meer nog, met betrekking tot het vermogen van de volwassene. Daarbij was het gevoelen dat een verklaring die bewijskracht heeft zowel kosten als geschillen zou kunnen voorkomen (vgl. het *Rapport Lagarde* 2016, nr. 144). Met het oog op onder meer de in art. 38 HVV bedoelde verklaring, zijn in het *Rapport Lagarde* uit 2016 modelformulieren opgenomen (zie in verband met art. 38 HVV p. 27-31 van dit rapport).

Artikel 39

Persoonlijke gegevens die op grond van het Verdrag zijn verzameld of verstrekt, mogen slechts worden gebruikt voor de doeleinden waarvoor zij zijn verzameld of verstrekt.

[13-01-2000, Trb. 139, i.w.tr. 01-01-2009]

Artikel 40

De autoriteiten aan wie informatie wordt verstrekt, garanderen de vertrouwelijkheid daarvan in overeenstemming met het recht van hun Staat.

[13-01-2000, Trb. 139, i.w.tr. 01-01-2009]

Artikel 41

Alle ingevolge dit Verdrag verzonden of afgegeven bescheiden zijn vrijgesteld van legalisatie of enige andere soortgelijke formaliteit.

[13-01-2000, Trb. 139, i.w.tr. 01-01-2009]

Artikel 42

Elke Verdragsluitende Staat kan de autoriteiten aanwijzen tot wie de verzoeken bedoeld in de artikelen 8 en 33 dienen te worden gericht.

[13-01-2000, Trb. 139, i.w.tr. 01-01-2009]

Artikel 43

1. Van de aanwijzingen bedoeld in de artikelen 28 en 42 wordt uiterlijk op de datum van de nederlegging van de akte van bekrachtiging, aanvaarding of goedkeuring van het Verdrag of van toetreding daartoe mededeling gedaan aan het Permanent Bureau van de Haagse Conferentie voor Internationaal Privaatrecht. Wijzigingen daarin worden eveneens medegedeeld aan het Permanent Bureau.

2. De in het tweede lid van artikel 32 bedoelde verklaring wordt afgelegd bij de depositaris van het Verdrag.

[13-01-2000, Trb. 139, i.w.tr. 01-01-2009]

Artikel 44

Een Verdragsluitende Staat met verschillende rechtsstelsels of verzamelingen rechtsregels met betrekking tot de bescherming van de persoon of het vermogen van de volwassene is niet gehouden de bepalingen van het Verdrag toe te passen op conflicten die slechts deze verschillende rechtsstelsels of verzamelingen rechtsregels betreffen.

[13-01-2000, Trb. 139, i.w.tr. 01-01-2009]

Artikel 45

Ten aanzien van een Staat die op het gebied van enige bij dit Verdrag geregelde aangelegenheid twee of meer rechtsstelsels of verzamelingen rechtsregels heeft die binnen verschillende territoriale eenheden van toepassing zijn,

a. wordt een verwijzing naar de gewone verblijfplaats in die Staat uitgelegd als een verwijzing naar de gewone verblijfplaats in een territoriale eenheid;
b. wordt een verwijzing naar de aanwezigheid van de volwassene in die Staat uitgelegd als een verwijzing naar aanwezigheid in een territoriale eenheid;
c. wordt een verwijzing naar de ligging van vermogen van de volwassene in die Staat uitgelegd als een verwijzing naar de ligging van vermogen van de volwassene in een territoriale eenheid;
d. wordt een verwijzing naar de Staat waarvan de volwassene de nationaliteit heeft, uitgelegd als een verwijzing naar de door het recht van die Staat aangewezen territoriale eenheid of, bij gebreke van ter zake dienende regels, naar de territoriale eenheid waarmee de volwassene de nauwste betrekkingen heeft;
e. wordt een verwijzing naar de Staat waarvan de autoriteiten door de volwassene zijn gekozen, uitgelegd
   - als een verwijzing naar de territoriale eenheid indien de volwassene de autoriteiten van deze territoriale eenheid heeft gekozen;
   - als een verwijzing naar de territoriale eenheid waarmee de volwassene de nauwste betrekkingen heeft, indien de volwassene de autoriteiten van de Staat heeft gekozen zonder een bepaalde territoriale eenheid binnen de Staat te vermelden;
f. wordt een verwijzing naar het recht van een Staat waarmee de situatie nauw verband houdt uitgelegd als een verwijzing naar het recht van een territoriale eenheid waarmee de situatie nauw verband houdt;
g. wordt een verwijzing naar het recht, de procedure of de autoriteit van de Staat waarin een maatregel is genomen, uitgelegd als een verwijzing naar het in die territoriale eenheid geldende recht of de daar geldende procedure of naar de autoriteit van de territoriale eenheid waarin die maatregel is genomen;
h. wordt een verwijzing naar het recht, de procedure of de autoriteit van de aangezochte Staat uitgelegd als een verwijzing naar het in die territoriale eenheid geldende recht of de daar geldende procedure of naar de autoriteit van de territoriale eenheid waarin om erkenning of tenuitvoerlegging wordt verzocht;
i. wordt een verwijzing naar de Staat waar een beschermende maatregel dient te worden uitgevoerd, uitgelegd als een verwijzing naar de territoriale eenheid waar de maatregel dient te worden uitgevoerd;
j. wordt een verwijzing naar instellingen of autoriteiten van die Staat, anders dan Centrale Autoriteiten, uitgelegd als een verwijzing naar instellingen of autoriteiten die bevoegd zijn op te treden in de desbetreffende territoriale eenheid.

[13-01-2000, Trb. 139, i.w.tr. 01-01-2009]

Artikel 46

Teneinde het op grond van hoofdstuk III toepasselijke recht aan te wijzen ten aanzien van een Staat die twee of meer territoriale eenheden omvat met ieder hun eigen rechtsstelsel of verzameling rechtsregels op het gebied van enige aangelegenheid die onder dit Verdrag valt, zijn de volgende regels van toepassing:

a. indien in die Staat regels van kracht zijn waarin wordt vastgesteld van welke territoriale eenheid het recht van toepassing is, wordt het recht van die eenheid toegepast;
b. bij gebreke van dergelijke regels is het recht van de desbetreffende territoriale eenheid, zoals in artikel 45 aangewezen, van toepassing.

[13-01-2000, Trb. 139, i.w.tr. 01-01-2009]

Artikel 47

Teneinde het krachtens hoofdstuk III toepasselijke recht aan te wijzen ten aanzien van een Staat die twee of meer rechtsstelsels of verzamelingen rechtsregels heeft die op verschillende categorieën personen van toepassing zijn op het gebied van enige aangelegenheid die onder dit Verdrag valt, zijn de volgende regels van toepassing:
a. indien in die Staat regels van kracht zijn waarin wordt vastgesteld welk van deze stelsels van toepassing is, vindt het desbetreffende stelsel toepassing;
b. bij gebreke van dergelijke regels is het recht of de verzameling rechtsregels van toepassing waarmee de volwassene de nauwste band heeft.

[13-01-2000, Trb. 139, i.w.tr. 01-01-2009]

Artikel 48

In de betrekkingen tussen de Verdragsluitende Staten treedt dit Verdrag in de plaats van het *Verdrag betreffende de curatele en soortgelijke maatregelen van bescherming*, ondertekend te 's-Gravenhage op 17 juli 1905.

[13-01-2000, Trb. 139, i.w.tr. 01-01-2009]

Artikel 49

1. Het Verdrag laat onverlet andere internationale regelingen waarbij Verdragsluitende Staten Partij zijn en die bepalingen bevatten over in dit Verdrag geregelde onderwerpen, tenzij een andersluidende verklaring wordt afgelegd door de Staten die Partij zijn bij een dergelijke regeling.
2. Dit Verdrag laat onverlet de mogelijkheid dat een of meer Verdragsluitende Staten overeenkomsten sluiten die ten aanzien van volwassenen die hun gewone verblijfplaats hebben in een van de Staten die Partij zijn bij dergelijke overeenkomsten bepalingen bevatten over bij dit Verdrag geregelde onderwerpen.
3. Overeenkomsten die door een of meer Verdragsluitende Partijen worden gesloten over onderwerpen die door dit Verdrag worden geregeld, doen in de betrekkingen van deze Staten met andere Verdragsluitende Staten geen afbreuk aan de toepassing van de bepalingen van dit Verdrag.
4. De voorgaande leden zijn eveneens van toepassing op eenvormige wetten die hun grondslag vinden in het bestaan van speciale banden van regionale of andere aard tussen de desbetreffende Staten.

[13-01-2000, Trb. 139, i.w.tr. 01-01-2009]

Artikel 50

1. Het Verdrag is slechts van toepassing op maatregelen die zijn genomen in een Staat nadat het Verdrag ten aanzien van die Staat in werking is getreden.

2. Het Verdrag is van toepassing op de erkenning en de tenuitvoerlegging van maatregelen die zijn genomen nadat het in werking is getreden in de betrekkingen tussen de Staat waar de maatregelen zijn genomen en de aangezochte Staat.
3. Het Verdrag is vanaf het tijdstip waarop het in een Verdragsluitende Staat in werking treedt, van toepassing op vertegenwoordigingsbevoegdheden die eerder zijn verleend onder voorwaarden welke overeenstemmen met die genoemd in artikel 15.
[13-01-2000, Trb. 139, i.w.tr. 01-01-2009]

Artikel 51

1. Mededelingen aan de Centrale Autoriteit of een andere autoriteit van een Verdragsluitende Staat worden gedaan in de oorspronkelijke taal en gaan vergezeld van een vertaling in de officiële taal of in een van de officiële talen van de andere Staat of, wanneer deze vertaling bezwaarlijk kan worden vervaardigd, van een vertaling in het Frans of in het Engels.
2. Een Verdragsluitende Staat kan echter, door het maken van het in artikel 56 bedoelde voorbehoud, bezwaar maken tegen het gebruik van hetzij het Frans, hetzij het Engels, doch niet tegen beide.
[13-01-2000, Trb. 139, i.w.tr. 01-01-2009]

Artikel 52

De Secretaris-Generaal van de Haagse Conferentie voor Internationaal Privaatrecht roept periodiek een Bijzondere Commissie bijeen teneinde de praktische werking van het Verdrag te toetsen.
[13-01-2000, Trb. 139, i.w.tr. 01-01-2009]

HOOFDSTUK VII
Slotbepalingen

[Inleidende opmerkingen]

Betekenis. Hoofdstuk VII HVV – dat zijn art. 53-59 – bevat slotbepalingen, die in het kader van door de Haagse Conferentie voor Internationaal Privaatrecht tot stand gekomen verdragen gebruikelijk zijn. Het zijn bepalingen die onder meer zien op de ondertekening, bekrachtiging, aanvaarding of goedkeuring (art. 53 HVV; vgl. art. 57 HKV 1996), de toetreding (art. 54 HVV; vgl. art. 58 HKV 1996), op het maken van het voorbehoud als bedoeld in art. 51 lid 2 HVV (art. 56 HVV; vgl. art. 60 HKV 1996 dat overigens voorziet in de mogelijkheid van het maken van twee voorbehouden in plaats van één voorbehoud zoals onder het HVV), de inwerkingtreding (art. 57 HVV; vgl. art. 61 HKV 1996) en de opzegging (art. 58 HVV; vgl. art. 62 HKV 1996).

Artikel 53

1. Het Verdrag staat open voor ondertekening door de Staten die op 2 oktober 1999 lid waren van de Haagse Conferentie voor Internationaal Privaatrecht.
2. Het Verdrag dient te worden bekrachtigd, aanvaard of goedgekeurd en de akten van bekrachtiging, aanvaarding of goedkeuring dienen te worden nedergelegd bij het

Ministerie van Buitenlandse Zaken van het Koninkrijk der Nederlanden, depositaris van het Verdrag.
[13-01-2000, Trb. 139, i.w.tr. 01-01-2009]

Artikel 54
1. Iedere andere Staat kan tot het Verdrag toetreden nadat het overeenkomstig artikel 57, eerste lid, in werking is getreden.
2. De akte van toetreding dient te worden nedergelegd bij de depositaris.
3. De toetreding heeft slechts gevolg in de betrekkingen tussen de toetredende Staat en die Verdragsluitende Staten die niet binnen zes maanden na de ontvangst van de in artikel 59, letter b, bedoelde kennisgeving bezwaar hebben gemaakt tegen de toetreding van deze Staat. Een dergelijk bezwaar kan ook door een Staat worden gemaakt op het tijdstip van bekrachtiging, aanvaarding of goedkeuring indien deze na een toetreding plaatsvindt. Van elk bezwaar wordt aan de depositaris kennisgeving gedaan.
[13-01-2000, Trb. 139, i.w.tr. 01-01-2009]

Artikel 55
1. Indien een Staat twee of meer territoriale eenheden heeft waarin verschillende rechtsstelsels van toepassing zijn betreffende in dit Verdrag geregelde aangelegenheden, kan hij op het tijdstip van ondertekening, bekrachtiging, aanvaarding, goedkeuring of toetreding verklaren dat dit Verdrag op al deze territoriale eenheden of slechts op een of meer daarvan van toepassing is en kan hij te allen tijde deze verklaring wijzigen door een nieuwe verklaring af te leggen.
2. Elke verklaring wordt ter kennis gebracht van de depositaris en daarin worden uitdrukkelijk de territoriale eenheden vermeld waarop het Verdrag van toepassing is.
3. Indien een Staat geen verklaring aflegt krachtens dit artikel, is het Verdrag van toepassing op alle territoriale eenheden van die Staat.
[13-01-2000, Trb. 139, i.w.tr. 01-01-2009]

Artikel 56
1. Elke Staat kan, uiterlijk op het tijdstip van de bekrachtiging, aanvaarding, goedkeuring of toetreding, of op het tijdstip waarop de verklaring bedoeld in artikel 55 wordt afgelegd, het in artikel 51, tweede lid, bedoelde voorbehoud maken. Andere voorbehouden zijn niet toegestaan.
2. Elke Staat kan te allen tijde een gemaakt voorbehoud intrekken. De intrekking wordt ter kennis gebracht van de depositaris.
3. Het voorbehoud houdt op van kracht te zijn op de eerste dag van de derde kalendermaand na de in het voorgaande lid bedoelde kennisgeving.
[13-01-2000, Trb. 139, i.w.tr. 01-01-2009]

Artikel 57
1. Het Verdrag treedt in werking op de eerste dag van de maand volgend op het verstrijken van een termijn van drie maanden na de nederlegging van de derde akte van bekrachtiging, aanvaarding of goedkeuring, bedoeld in artikel 53.
2. Vervolgens treedt het Verdrag in werking
a. voor iedere Staat die het Verdrag daarna bekrachtigt, aanvaardt of goedkeurt, op de eerste dag van de maand volgend op het verstrijken van een termijn van

drie maanden na de nederlegging van zijn akte van bekrachtiging, aanvaarding, goedkeuring of toetreding;

b. voor iedere Staat die toetreedt, op de eerste dag van de maand volgend op het verstrijken van de termijn van drie maanden na afloop van de periode van zes maanden bedoeld in artikel 54, derde lid;

c. voor een territoriale eenheid waartoe het Verdrag overeenkomstig artikel 55 is uitgebreid, op de eerste dag van de maand volgend op het verstrijken van een termijn van drie maanden na de kennisgeving bedoeld in dat artikel.

[13-01-2000, Trb. 139, i.w.tr. 01-01-2009]

Artikel 58

1. Een Staat die Partij is bij het Verdrag kan dit opzeggen door middel van een schriftelijke kennisgeving gericht aan de depositaris. De opzegging kan beperkt worden tot bepaalde territoriale eenheden waarop het Verdrag van toepassing is.

2. De opzegging wordt van kracht op de eerste dag van de maand volgend op het verstrijken van een termijn van twaalf maanden nadat de kennisgeving door de depositaris is ontvangen. Wanneer in de kennisgeving een langere opzegtermijn is aangegeven, wordt de opzegging van kracht na het verstrijken van zulk een langere termijn.

[13-01-2000, Trb. 139, i.w.tr. 01-01-2009]

Artikel 59

De depositaris geeft de lidstaten van de Haagse Conferentie voor Internationaal Privaatrecht en de Staten die overeenkomstig artikel 54 zijn toegetreden, kennis van het volgende:

a. de ondertekeningen, bekrachtigingen, aanvaardingen en goedkeuringen bedoeld in artikel 53;

b. de toetredingen en de bezwaren tegen toetredingen bedoeld in artikel 54;

c. de datum waarop het Verdrag in werking treedt overeenkomstig artikel 57;

d. de verklaringen bedoeld in artikel 32, tweede lid, en artikel 55;

e. de overeenkomsten bedoeld in artikel 37;

f. het voorbehoud bedoeld in artikel 51, tweede lid, en de intrekking bedoeld in artikel 56, tweede lid;

g. de opzeggingen bedoeld in artikel 58.

[13-01-2000, Trb. 139, i.w.tr. 01-01-2009]

Verordening (EU) nr. 606/2013 betreffende de wederzijdse erkenning van beschermingsmaatregelen in burgerlijke zaken

Verordening van het Europees Parlement en de Raad van 12 juni 2013 betreffende de wederzijdse erkenning van beschermingsmaatregelen in burgerlijke zaken, PbEU 2013, L 181 (i.w.tr. 19-07-2013)

HET EUROPEES PARLEMENT EN DE RAAD VAN DE EUROPESE UNIE,

Gezien het Verdrag betreffende de werking van de Europese Unie, en met name artikel 81, lid 2, onder a), e) en f),

Gezien het voorstel van de Europese Commissie,

Na toezending van het ontwerp van wetgevingshandeling aan de nationale parlementen,

Na raadpleging van het Europees Economisch en Sociaal Comité,

Gezien het advies van het Comité van de Regio's [1],

Handelend volgens de gewone wetgevingsprocedure [2],

Overwegende hetgeen volgt:

(1) De Unie heeft zich ten doel gesteld een ruimte van vrijheid, veiligheid en recht te handhaven en te ontwikkelen waarin het vrije verkeer van personen gewaarborgd is en de toegang tot de rechter wordt vergemakkelijkt, met name door het beginsel van wederzijdse erkenning van gerechtelijke en buitengerechtelijke beslissingen in burgerlijke zaken. Met het oog op de geleidelijke totstandbrenging van die ruimte dient de Unie maatregelen vast te stellen op het gebied van de justitiële samenwerking in burgerlijke zaken met grensoverschrijdende gevolgen, met name wanneer dit nodig is voor de goede werking van de interne markt.

(2) Artikel 81, lid 1, van het Verdrag betreffende de werking van de Europese Unie (VWEU) bepaalt dat de justitiële samenwerking in burgerlijke zaken met grensoverschrijdende gevolgen dient te berusten op het beginsel van de wederzijdse erkenning van rechterlijke uitspraken en van beslissingen in buitengerechtelijke zaken.

(3) In een gemeenschappelijke justitiële ruimte zonder binnengrenzen zijn bepalingen die een snelle en eenvoudige erkenning en, in voorkomend geval, de tenuitvoerlegging van de in een andere lidstaat gelaste beschermingsmaatregelen in een lidstaat waarborgen, van essentieel belang om ervoor te zorgen dat de bescherming die een natuurlijke persoon in de ene lidstaat geniet, wordt gehandhaafd en voortgezet in elke andere lidstaat waarnaar die persoon reist of verhuist. Er moet voor worden

---

(1) *PB* C 113 van 18.4.2012, blz. 56.

(2) Standpunt van het Europees Parlement van 22 mei 2013 (nog niet bekendgemaakt in het *Publicatieblad*) en besluit van de Raad van 6 juni 2013.

gezorgd dat de rechtmatige uitoefening, door burgers van de Unie, van hun recht om vrij te reizen en te verblijven op het grondgebied van de lidstaten, overeenkomstig artikel 3, lid 2, van het Verdrag betreffende de Europese Unie (VEU) en artikel 21 van het VWEU, niet leidt tot een verlies van die bescherming.

(4) Wederzijds vertrouwen in de rechtsbedeling binnen de Unie en de wil om het verkeer van beschermingsmaatregelen in de Unie vlotter te laten verlopen en goedkoper te maken, vormen de rechtvaardiging voor het beginsel volgens hetwelk in één lidstaat gelaste beschermingsmaatregelen in alle andere lidstaten worden erkend zonder dat enige bijzondere procedure moet worden gevolgd. Bijgevolg moet een beschermingsmaatregel die in een lidstaat ('lidstaat van oorsprong') is gelast op dezelfde wijze worden behandeld als een beschermingsmaatregel die in de lidstaat waar de erkenning wordt gevraagd, ('aangezochte lidstaat') zou zijn gelast.

(5) Met het oog op het vrije verkeer van beschermingsmaatregelen is het nodig en passend de regels inzake de erkenning en, in voorkomend geval, de tenuitvoerlegging van beschermingsmaatregelen in een bindend en rechtstreeks toepasselijk rechtsinstrument van de Unie neer te leggen.

(6) Deze verordening dient van toepassing te zijn op beschermingsmaatregelen die gelast worden om een persoon te beschermen als er gegronde redenen zijn om aan te nemen dat diens leven, fysieke of psychische integriteit, persoonlijke vrijheid, veiligheid of seksuele integriteit wordt bedreigd, bijvoorbeeld maatregelen ter voorkoming van enige vorm van gendergerelateerd geweld of geweld binnen persoonlijke relaties, zoals lichamelijk geweld, pesterijen, seksuele agressie, belaging, intimidatie of andere vormen van indirecte dwang. Het is van belang te onderstrepen dat deze verordening van toepassing is op alle slachtoffers, ongeacht of zij slachtoffers zijn van gendergerelateerd geweld.

(7) Richtlijn 2012/29/EU van het Europees Parlement en de Raad van 25 oktober 2012 tot vaststelling van minimumnormen voor de rechten, de ondersteuning en de bescherming van slachtoffers van strafbare feiten [(3)] garandeert dat slachtoffers van strafbare feiten passende informatie en ondersteuning krijgen.

(8) Deze verordening strekt tot aanvulling van Richtlijn 2012/29/EU. Het feit dat een persoon op grond van een in een burgerlijke zaak getroffen beschermingsmaatregel wordt beschermd, hoeft niet te beletten dat die persoon als 'slachtoffer' in de zin van die richtlijn wordt aangemerkt.

(9) Het toepassingsgebied van deze verordening behoort tot het gebied van de justitiële samenwerking in burgerlijke zaken in de zin van artikel 81 VWEU. Deze verordening is uitsluitend van toepassing op in burgerlijke zaken gelaste beschermingsmaatregelen. In strafzaken opgelegde beschermingsmaatregelen worden beheerst door Richtlijn 2011/99/EU van het Europees Parlement en de Raad van 13 december 2011 betreffende het Europees beschermingsbevel [(4)].

(10) Het begrip burgerlijke zaken moet autonoom worden uitgelegd, overeenkomstig de beginselen van het Unierecht. Het burgerrechtelijk, bestuursrechtelijk of strafrechtelijk karakter van de instantie die een beschermingsmaatregel gelast, is niet doorslaggevend bij de beoordeling of een beschermingsmaatregel al dan niet van burgerrechtelijke aard is.

---

(3) *PB* L 315 van 14.11.2012, blz. 57.

(4) *PB* L 338 van 21.12.2011, blz. 2.

(11) Deze verordening mag de werking van Verordening (EG) nr. 2201/2003 van de Raad van 27 november 2003 betreffende de bevoegdheid en de erkenning en tenuitvoerlegging van beslissingen in huwelijkszaken en inzake de ouderlijke verantwoordelijkheid [(5)] ('verordening Brussel II bis') niet doorkruisen. Beslissingen genomen onder verordening Brussel II bis dienen ook verder op grond van die verordening te worden erkend en ten uitvoer gelegd.

(12) Deze verordening houdt rekening met de verschillende rechtstradities van de lidstaten, en laat de nationale regelingen voor het gelasten van beschermingsmaatregelen onverlet. Deze verordening verplicht de lidstaten niet om hun nationale systemen te wijzigen teneinde het gelasten van beschermingsmaatregelen in burgerlijke zaken mogelijk te maken, of om voor de toepassing van deze verordening beschermingsmaatregelen in burgerlijke zaken te introduceren.

(13) Om rekening te houden met de verschillende typen instanties die in de lidstaten beschermende maatregelen in burgerlijke zaken gelasten, en in tegenstelling tot in andere gebieden van justitiële samenwerking, moet deze verordening van toepassing zijn op zowel beslissingen van rechterlijke als van administratieve instanties, mits deze laatste garanties bieden met betrekking tot, in het bijzonder, hun onpartijdigheid en het recht van de partijen op toetsing door de rechter. In geen geval zullen instanties die deel uit maken van de politie worden beschouwd als instanties van afgifte in de zin van deze verordening.

(14) Op grond van het beginsel van wederzijdse erkenning moeten beschermingsmaatregelen in burgerlijke zaken die in de lidstaat van oorsprong zijn gelast, overeenkomstig deze verordening in de aangezochte lidstaat eveneens als burgerrechtelijke beschermingsmaatregelen erkend worden.

(15) Conform het beginsel van wederzijdse erkenning stemt de erkenning overeen met de duur van de beschermingsmaatregel. Gezien het feit dat de beschermingsmaatregelen op grond van het recht van de lidstaten evenwel sterk uiteenlopen, in het bijzonder wat hun looptijd betreft, en gezien deze verordening doorgaans in dringende gevallen zal worden toegepast, moeten de gevolgen van erkenning krachtens deze verordening bij wijze van uitzondering worden beperkt tot een termijn van twaalf maanden vanaf de afgifte van het certificaat waarin deze verordening voorziet, ongeacht of die beschermingsmaatregel zelf – zij het naar haar aard een voorlopige of in de tijd beperkte maatregel of een maatregel van onbepaalde tijd – een langere looptijd heeft.

(16) In gevallen waarin de geldigheidsduur van een beschermingsmaatregel langer is dan twaalf maanden, dient de beperking van de gevolgen van de erkenning uit hoofde van deze verordening het recht van de beschermde persoon om zich op die beschermingsmaatregel te beroepen op grond van elke andere beschikbare rechtshandeling van de Unie die in erkenning voorziet, of om in de aangezochte lidstaat de toepassing van een nationale beschermingsmaatregel te vragen, onverlet te laten.

(17) De beperking van de gevolgen van de erkenning is uitzonderlijk gezien de bijzondere aard van de materie van deze verordening, en dient geen precedent te vormen voor andere instrumenten in burgerlijke en handelszaken.

(18) Deze verordening betreft uitsluitend de erkenning van de bij de beschermingsmaatregel opgelegde verplichting. De procedures voor de toepassing of de tenuitvoerleg-

(5) *PB* L 338 van 23.12.2003, blz. 1.

ging van de beschermingsmaatregel worden niet bij deze verordening geregeld; de eventuele sancties die zouden kunnen worden opgelegd indien in de aangezochte lidstaat inbreuk wordt gemaakt op de beschermingsmaatregel vallen evenmin onder deze verordening. Die kwesties worden door het recht van die lidstaat geregeld. Overeenkomstig de algemene beginselen van het Unierecht, met name het beginsel van wederzijdse erkenning, moeten de lidstaten er evenwel voor zorgen dat de onder deze verordening erkende beschermingsmaatregelen rechtsgevolgen kunnen hebben in de aangezochte lidstaat.

(19) De onder deze verordening vallende beschermingsmaatregelen dienen de beschermde persoon bescherming te verlenen op zijn of haar verblijfplaats of werkplek, of op een andere plaats die hij of zij regelmatig bezoekt, zoals de verblijfplaats van nauwe verwanten of de school of onderwijsinstelling van zijn of haar kinderen. Ongeacht of de desbetreffende plaats of de afbakening van het door de beschermingsmaatregel bestreken gebied, in de beschermingsmaatregel wordt omschreven door middel van één of meer specifieke adressen of door middel van een wel omschreven gebied dat de persoon van wie de dreiging uitgaat, naargelang het geval, niet mag naderen of niet mag binnentreden (of een combinatie van beide), houdt de erkenning van de verplichting die door de beschermingsmaatregel wordt opgelegd, verband met het doel dat deze plaats voor de beschermde persoon dient, en niet met het specifieke adres.

(20) In het licht van het bovenstaande en mits de aard en de essentiële elementen van de beschermingsmaatregel behouden blijven, moet het de bevoegde instantie van de aangezochte lidstaat worden toegestaan de feitelijke elementen van de beschermingsmaatregel aan te passen wanneer dit noodzakelijk is om de erkenning van de beschermingsmaatregel in de praktijk effect te doen sorteren in de aangezochte lidstaat. Tot de feitelijke elementen behoren het adres, de algemene locatie of de minimumafstand die de persoon van wie de dreiging uitgaat ten opzichte van de beschermde persoon, het adres of de algemene locatie in acht moet nemen. Het soort en de burgerrechtelijke aard van de beschermingsmaatregel moet door die aanpassing evenwel onverlet worden gelaten.

(21) Teneinde elke aanpassing van een beschermingsmaatregel te vergemakkelijken, dient het certificaat te vermelden of het in de beschermingsmaatregel opgegeven adres de verblijfplaats, de werkplek of een door de beschermde persoon regelmatig bezochte plaats is. Voorts moet, in voorkomend geval, het wel omschreven gebied (een bij benadering aangegeven straal vanaf het specifieke adres) waarbinnen de verplichting van toepassing is die bij de beschermingsmaatregel is opgelegd aan de persoon van wie de dreiging uitgaat, in het certificaat worden vermeld.

(22) Om het vrije verkeer van beschermingsmaatregelen in de Unie te vergemakkelijken, dient deze verordening te voorzien in een uniform model van certificaat en in een daartoe strekkend meertalig standaardformulier. Het certificaat moet op verzoek van de beschermde persoon door de instantie van afgifte worden afgegeven.

(23) Vrije tekstvelden in het meertalig standaardformulier voor het certificaat dienen zo beperkt mogelijk te blijven, opdat de vertaling of transliteratie in de meeste gevallen kan worden verstrekt zonder de beschermde persoon kosten aan te rekenen, door gebruik te maken van het standaardformulier in de toepasselijke taal. Eventuele noodzakelijke vertaalkosten voor een tekst die niet in het meertalige standaard-

formulier is opgenomen, worden toegerekend volgens het recht van de lidstaat van oorsprong.

(24) Indien een certificaat vrije tekstvelden bevat, dient de bevoegde instantie van de aangezochte lidstaat te bepalen of een vertaling of transliteratie aan de orde is. Dit belet de beschermde persoon of de instantie van afgifte van de lidstaat van oorsprong niet, om op eigen initiatief, een vertaling of transliteratie te verstrekken.

(25) Om er voor te zorgen dat het recht van verweer van de persoon van wie de dreiging uitgaat, wordt geëerbiedigd, dient het certificaat alleen te worden afgegeven indien die persoon de gelegenheid heeft gehad zich tegen de beschermingsmaatregel te verdedigen wanneer de beschermingsmaatregel bij verstek is gelast of in een procedure waarin voorafgaande kennisgeving aan de persoon van wie de dreiging uitgaat, niet verplicht is ('niet-contradictoire procedure'). Om omzeiling te voorkomen en rekening houdend met het doorgaans dringende karakter van zaken waarin beschermingsmaatregelen geboden zijn, is het niet nodig te bepalen dat de verweertermijn verstreken moet zijn alvorens een certificaat kan worden afgegeven. Het certificaat moet worden afgegeven zodra de beschermingsmaatregel uitvoerbaar is in de lidstaat van oorsprong.

(26) Gezien de doelstellingen van eenvoud en snelheid, voorziet deze verordening in simpele en snelle methoden om proceshandelingen ter kennis te brengen van de persoon van wie de dreiging uitgaat. Die specifieke methoden van kennisgeving dienen alleen in het kader van deze verordening van toepassing te zijn, gezien de bijzondere aard van de materie van deze verordening, en dienen geen precedent te vormen voor andere instrumenten in burgerlijke en handelszaken, noch van invloed te zijn op de verplichtingen van een lidstaat die met betrekking tot de betekening en de kennisgeving in het buitenland van gerechtelijke en buitengerechtelijke stukken in burgerlijke zaken, voortvloeien uit een tussen die lidstaat en een derde land gesloten bilaterale of multilaterale overeenkomst.

(27) Bij de kennisgeving van het certificaat aan de persoon van wie de dreiging uitgaat en ook bij elke aanpassing van feitelijke elementen van een beschermingsmaatregel in de aangezochte lidstaat, moet terdege worden gelet op het belang dat de beschermde persoon erbij heeft dat de plaats waar hij of zij zich ophoudt noch andere contactgegevens worden onthuld. Deze gegevens mogen niet aan de persoon van wie de dreiging uitgaat, worden bekendgemaakt, tenzij een dergelijke mededeling nodig is om te kunnen voldoen aan de beschermingsmaatregel of om deze ten uitvoer te kunnen leggen.

(28) Tegen de afgifte van het certificaat behoort geen beroep te kunnen worden ingesteld.

(29) Het certificaat moet worden verbeterd indien het, ten gevolge van een duidelijke vergissing of onnauwkeurigheid, zoals een tikfout, fouten bij het transcriberen of kopiëren, geen correcte weergave is van de beschermingsmaatregel; het moet worden ingetrokken indien het kennelijk ten onrechte is toegekend, bijvoorbeeld wanneer het is gebruikt voor een maatregel die buiten de werkingssfeer van deze verordening valt of indien bij de afgifte de voorwaarden van afgifte zijn geschonden.

(30) De instantie van afgifte in de staat van oorsprong moet de beschermde persoon, op verzoek, bijstaan om informatie te verkrijgen betreffende de instanties in de aangezochte lidstaat voor dewelke men zich op de beschermingsmaatregel beroept of bij dewelke de tenuitvoerlegging ervan wordt gevraagd.

(31) Met het oog op een harmonieuze rechtspleging moet worden voorkomen dat in twee lidstaten beslissingen worden genomen die onderling onverenigbaar zijn. Daarom dient deze verordening te voorzien in een grond tot weigering van erkenning of tenuitvoerlegging van de beschermingsmaatregel in gevallen van onverenigbaarheid met een beslissing die genomen of erkend is in de aangezochte lidstaat.

(32) Overwegingen van algemeen belang kunnen in uitzonderlijke gevallen rechtvaardigen dat de rechterlijke instantie van de aangezochte lidstaat de erkenning of tenuitvoerlegging van een beschermingsmaatregel weigert, wanneer de toepassing daarvan kennelijk onverenigbaar is met de openbare orde van die lidstaat. Niettemin mag de rechterlijke instantie de exceptie van openbare orde niet toepassen om de erkenning of tenuitvoerlegging van een beschermingsmaatregel te weigeren wanneer dat in strijd zou zijn met het Handvest van de grondrechten van de Europese Unie, en met name artikel 21 daarvan.

(33) Indien de beschermingsmaatregel in de lidstaat van oorsprong wordt opgeschort of ingetrokken, of indien het certificaat in de lidstaat van oorsprong wordt ingetrokken, moet de bevoegde instantie van de aangezochte lidstaat, op voorlegging van het relevante certificaat, de gevolgen van de erkenning en, indien van toepassing, de tenuitvoerlegging van de beschermingsmaatregel opschorten of intrekken.

(34) Een beschermde persoon moet in andere lidstaten effectieve toegang tot de rechter hebben. Om effectieve toegang te garanderen in procedures die onder deze verordening vallen, moet in rechtsbijstand worden voorzien overeenkomstig Richtlijn 2003/8/EG van de Raad van 27 januari 2003 tot verbetering van de toegang tot de rechter bij grensoverschrijdende geschillen, door middel van gemeenschappelijke minimumvoorschriften betreffende rechtsbijstand bij die geschillen (6).

(35) Om de toepassing van deze verordening te vergemakkelijken, moeten de lidstaten, in het kader van het Europees justitieel netwerk in burgerlijke en handelszaken, opgericht bij Beschikking 2001/470/EG van de Raad (7), worden verplicht om bepaalde informatie betreffende hun nationale regelgeving en procedures inzake beschermingsmaatregelen in burgerlijke zaken mede te delen. De informatie die door de lidstaten moet worden verstrekt, dient via het Europees portaal voor e-justitie toegankelijk te zijn.

(36) Om eenvormige voorwaarden voor de uitvoering van deze verordening te waarborgen, moeten aan de Commissie uitvoeringsbevoegdheden worden toegekend met betrekking tot de vaststelling en wijziging van de formulieren waarin bij deze verordening wordt voorzien. Die bevoegdheden moeten worden uitgeoefend overeenkomstig Verordening (EU) nr. 182/2011 van het Europees Parlement en de Raad van 16 februari 2011 tot vaststelling van de algemene voorschriften en beginselen die van toepassing zijn op de wijze waarop de lidstaten de uitoefening van de uitvoeringsbevoegdheden door de Commissie controleren (8).

(37) De onderzoeksprocedure dient te worden gebruikt voor de vaststelling van uitvoeringshandelingen tot invoering en tot wijziging van de formulieren waarin bij deze verordening wordt voorzien.

---

(6) *PB* L 26 van 31.1.2003, blz. 41.
(7) *PB* L 174 van 27.6.2001, blz. 25.
(8) *PB* L 55 van 28.2.2011, blz. 13.

(38) Deze verordening eerbiedigt de grondrechten en neemt de in het Handvest van de grondrechten van de Europese Unie erkende beginselen in acht. In het bijzonder strekt de verordening ertoe het recht van verdediging en het recht op een eerlijk proces, zoals neergelegd in de artikelen 47 en 48 van het Handvest, te waarborgen. Deze verordening moet worden toegepast met inachtneming van deze rechten en beginselen.

(39) Aangezien de doelstelling van deze verordening, met name het neerleggen van reglementering voor een eenvoudig en snel systeem voor de erkenning van de beschermingsmaatregelen gelast door een lidstaat in burgerlijke zaken, niet voldoende door de lidstaten zelf kan worden verwezenlijkt, en die doelstelling derhalve beter op het niveau van de Unie kan worden bereikt, kan de Unie, overeenkomstig het in artikel 5 VEU neergelegde subsidiariteitsbeginsel, maatregelen nemen. Overeenkomstig het in hetzelfde artikel neergelegde evenredigheidsbeginsel, gaat deze verordening niet verder dan wat nodig is om die doelstelling te verwezenlijken.

(40) Het Verenigd Koninkrijk en Ierland hebben, overeenkomstig artikel 3 van Protocol nr. 21 betreffende de positie van het Verenigd Koninkrijk en Ierland ten aanzien van de ruimte van vrijheid, veiligheid en recht, gehecht aan het VEU en het VWEU, kennis gegeven van hun wens deel te nemen aan de vaststelling en toepassing van deze verordening.

(41) Overeenkomstig de artikelen 1 en 2 van Protocol nr. 22 betreffende de positie van Denemarken, gehecht aan het VEU en het VWEU, neemt Denemarken niet deel aan de vaststelling van deze verordening; deze verordening is bijgevolg niet bindend voor, noch van toepassing op Denemarken.

(42) De Europese Toezichthouder voor gegevensbescherming heeft op 17 oktober 2011 [(9)] een op artikel 41, lid 2, van Verordening (EG) nr. 45/2001 van het Europees Parlement en de Raad van 18 december 2000 betreffende de bescherming van natuurlijke personen in verband met de verwerking van persoonsgegevens door de communautaire instellingen en organen en betreffende het vrije verkeer van die gegevens [(10)] gebaseerd advies uitgebracht,

HEBBEN DE VOLGENDE VERORDENING VASTGESTELD:

[Inleidende opmerkingen]

1. Datum toepassing, welke EU-lidstaten, eventuele gevolgen Brexit. De Verordening (EU) 606/2013 van het Europees Parlement en de Raad van 12 juni 2013 betreffende de wederzijdse erkenning van beschermingsmaatregelen in burgerlijke zaken (*PbEU* 2013, L 181), hierna: Verordening burgerlijke beschermingsmaatregelen, is op 11 januari 2015 van toepassing geworden. De Verordening burgerlijke beschermingsmaatregelen geldt voor alle huidige lidstaten van de Europese Unie, met uitzondering van Denemarken. Zij is van toepassing op beschermingsmaatregelen die zijn gelast op of na 11 januari 2015, ongeacht het tijdstip waarop de procedure is ingeleid. Dat de Verordening burgerlijke beschermingsmaatregelen niet bindend is voor, noch van toepassing op Denemarken houdt verband met art. 1 en 2 Protocol betreffende de positie van Denemarken. Dit protocol is aan het Verdrag betreffende de Europese Unie (hierna: VEU) en het Verdrag betreffende

(9) *PB* C 35 van 9.2.2012, blz. 10.

(10) *PB* L 8 van 12.1.2001, blz. 1.

de werking van de Europese Unie (hierna: VWEU) gehecht (zie ook overweging 41 van de Verordening burgerlijke beschermingsmaatregelen).

2. Ontstaansgeschiedenis. In 2010 deed, gesteund door een aantal andere EU-lidstaten, Spanje een voorstel voor een Europees beschermingsbevel. Het voorstel omvatte zowel strafrechtelijke maatregelen als civielrechtelijke en bestuurlijke maatregelen. Mede omdat alleen de Europese Commissie in burgerrechtelijke zaken het initiatiefrecht had, paste de groep initiatiefnemers in 2011 het voorstel voor een Europees beschermingsbevel aan. Zij deed dit door het voorstel te beperken tot beschermingsmaatregelen in strafzaken. Dit aangepaste voorstel heeft uiteindelijk geleid tot de totstandkoming van Richtlijn 2011/99/EU van het Europees parlement en de Raad van 13 december 2011 betreffende het Europees beschermingsbevel (*PbEU* 2011, L 338). De ten behoeve van deze richtlijn vervaardigde implementatiewet is op 1 maart 2015 in werking getreden (*Stb.* 2015, 40 en *Stb.* 2015, 81). Door deze wet werd de EU-richtlijn Europees beschermingsbevel in het Nederlandse Wetboek van Strafvordering geïmplementeerd door in Boek 5 na titel 3 een nieuwe titel in te voegen (art. 5:3:1 e.v.). Het gaat, kort samengevat, om de wederzijdse erkenning binnen de EU van een, naar nationaal recht, in een strafzaak opgelegd contact-, locatie- of benaderverbod. Daardoor kunnen, zo is de gedachte, slachtoffers van criminaliteit die naar een andere EU-staat vertrekken of reizen hun beschermingsmaatregel op een eenvoudige manier meenemen. De Europese Commissie, die, zoals hiervoor al bleek, in burgerrechtelijke zaken het initiatiefrecht heeft, deed op haar beurt het voorstel dat uiteindelijk zou leiden tot de Verordening burgerlijke beschermingsmaatregelen. Daarbij gaat het om, kort samengevat, de wederzijdse erkenning van beschermingsmaatregelen die zijn genomen in civiele zaken. Vanaf 11 januari 2015 is het nu ook in burgerlijke (civiele) zaken in beginsel mogelijk om bij een verhuizing naar of verblijf in een andere EU-lidstaat een beschermingsmaatregel op eenvoudige manier mee te nemen. Per saldo bestaan er naar huidig recht dus twee instrumenten, waarmee de bescherming die een natuurlijk persoon in een EU-lidstaat geniet kan worden uitgebreid naar een andere EU-lidstaat: (1) een richtlijn voor beschermingsmaatregelen in strafzaken en (2) een verordening voor beschermingsmaatregelen in civiele zaken. Behoort bij de richtlijn een implementatiewet, bij de verordening behoort een uitvoeringswet. Deze uitvoeringswet is voor Nederland op 12 maart 2015 van kracht geworden (zie hierna aant. 8).

3. Doel van de Verordening burgerlijke beschermingsmaatregelen. Aan de bepalingen van de Verordening burgerlijke beschermingsmaatregelen gaan 42 overwegingen vooraf. Deze overwegingen maken onder meer duidelijk wat de doelstellingen van deze verordening zijn. Blijkens overweging 3 e.v. van de Verordening burgerlijke beschermingsmaatregelen is het doel van deze verordening om een instrument in te voeren waarmee burgerlijke beschermingsmaatregelen die in de ene EU-lidstaat zijn verkregen op snelle en eenvoudige wijze via de weg van erkenning en, in voorkomend gevallen, tenuitvoerlegging kunnen worden 'meegenomen' naar een andere EU-lidstaat. Daardoor maakt de natuurlijke persoon in kwestie in de aangezochte EU-lidstaat aanspraak op dezelfde bescherming als in de EU-lidstaat van oorsprong. Dit betekent dus dat betrokkene in beginsel niet opnieuw een procedure in die andere EU-lidstaat behoeft te beginnen voor het verkrijgen van een nieuwe beschermingsmaatregel. Voorwaarde is dan onder meer uiteraard wel dat de Verordening burgerlijke beschermingsmaatregelen voor beide EU-staten geldt.

4. Welke beschermingsmaatregelen. Bij beschermingsmaatregelen als bedoeld in de Verordening burgerlijke beschermingsmaatregelen gaat het om tijdelijke en preventieve maatregelen die worden genomen ter bescherming van een natuurlijk persoon wanneer er een ernstig risico bestaat dat de lichamelijke en/of psychische integriteit of de vrijheid van betrokkene in het gedrang komt. Overweging 6 werkt dit risico als volgt uit: gegronde reden om aan te nemen dat in het geval van een natuurlijk persoon diens leven, fysieke of psychische integriteit, persoonlijke vrijheid, veiligheid of seksuele integriteit wordt bedreigd. Als voorbeelden van maatregelen noemt overweging 6 maatregelen ter voorkoming van enige vorm van gender gerelateerd geweld of geweld binnen persoonlijke relaties, zoals lichamelijk geweld, pesterijen, seksuele agressie, belaging, intimidatie of andere vormen van indirecte dwang. Het zal uiteindelijk van de nationale wetgeving van elke EU-lidstaat afhangen, welke tijdelijke en preventieve burgerlijke beschermingsmaatregelen precies mogelijk zijn. De Verordening burgerlijke beschermingsmaatregelen beoogt in elk geval niet om veranderingen aan te brengen in het nationale recht van de EU-lidstaten op het terrein van burgerlijke beschermingsmaatregelen. Evenmin verplicht de Verordening burgerlijke beschermingsmaatregelen de lidstaten om voor de toepassing van deze verordening beschermingsmaatregelen in burgerlijke zaken te introduceren (zie nader overweging 12). Wel wil, met het oog op de (verbetering van de) bescherming van de hiervoor bedoelde slachtoffers, de Verordening burgerlijke beschermingsmaatregelen een uniforme regeling in het leven roepen voor de wederzijdse erkenning en, in voorkomende gevallen, tenuitvoerlegging van burgerlijke beschermingsmaatregelen binnen de EU. In de praktijk zal het gaan om civiele contact-, locatie- of benaderverboden, die slachtoffers van bijv. huiselijk geweld of stalking willen meenemen als zij naar een andere EU-staat gaan met het oog op een verhuizing dan wel een (tijdelijk) verblijf.

5. Niet enkel door de burgerlijke rechter genomen beschermingsmaatregelen. Het gaat, in het kader van de Verordening burgerlijke beschermingsmaatregelen, om maatregelen als hiervoor (aant. 4) omschreven. Dergelijke maatregelen kunnen in voorkomende gevallen ook door een andere instantie dan – enkel – een burgerlijke rechter worden bevolen. Anders gesteld: het gaat om de aard van de maatregel, niet om het type instantie dat de maatregel heeft gelast. Dit betekent dus dat bijv. ook een door een bestuursrechter getroffen tijdelijke of preventieve beschermingsmaatregel in voorkomende gevallen door de Verordening burgerlijke beschermingsmaatregelen wordt bestreken. Of zoals overweging 10 het formuleert: 'Het burgerrechtelijk, bestuursrechtelijk of strafrechtelijk karakter van de instantie die een beschermingsmaatregel gelast, is niet doorslaggevend bij de beoordeling of een beschermingsmaatregel al dan niet van burgerrechtelijke aard is.' Wat Nederland betreft, kunnen beschermingsmaatregelen als bedoeld in de Verordening burgerlijke beschermingsmaatregelen niet alleen worden gelast in het kader van – met name – een procedure op grond van een onrechtmatige daad, maar ook in het kader van een procedure op grond van de Wet van 9 oktober 2008 houdende regels strekkende tot het opleggen van een tijdelijk huisverbod aan personen van wie een ernstige bedreiging van huiselijk geweld uitgaat (*Stb.* 2008, 421; laatstelijk gewijzigd bij *Stb.* 2020, 67; *Kamerstukken* 35299). Op grond van deze op 1 januari 2009 van kracht geworden wet, hierna: Wet tijdelijk huisverbod, kan onder meer de burgemeester een tijdelijk huisverbod opleggen. Dit reeds maakt duidelijk dat de beschermingsmaatregelen niet noodzakelijkerwijs door de burgerlijke rechter dienen te zijn genomen, willen zij onder het toepassingsbereik van de Verordening burgerlijke beschermingsmaatregelen vallen en daarmee in een andere EU-staat in beginsel voor erkenning in aanmerking komen. Wel van belang is onder meer dat het om in burgerlijke zaken genomen en dus niet om in strafzaken getroffen beschermingsmaatregelen gaat. Voor beschermingsmaatregelen in strafzaken geldt immers een ander instrument (zie hiervoor aant. 2).

6. Autonome uitleg. Blijkens overweging 10 moet het begrip burgerlijk zaken in de zin van de Verordening burgerlijke beschermingsmaatregelen autonoom worden uitgelegd, overeenkomstig de beginselen van het Unierecht. Dit betekent onder meer dat rekening moet wordt gehouden met de context van die bepalingen en het doel van de betrokken regeling (zie ook *Asser/Vonken 10-I* 2018/145). Daarbij dient men er steeds op bedacht te zijn dat de uitleg van een begrip of woord in het ene Europese instrument (verordening/ richtlijn) niet één op één en onverkort kan worden gebruikt bij de uitleg van een taalkundig gelijkluidend begrip of woord in het andere Europese instrument (zie bijv. HvJ EU 14 september 2017, C-168/16 en C-169/16, r.o. 65 (*Nogueira* e.a.)). Verder dient men zich te realiseren dat, zelfs binnen één en hetzelfde Europees instrument, een eerdere uitleg van hetzelfde begrip in de ene afdeling vervolgens niet zonder meer in een andere afdeling van datzelfde Europese instrument mag worden gehanteerd (zie bijv. HvJ EU 20 juli 2017, C-340/16, ECLI:EU:C:2017:576, r.o. 32 (*KABEG*)).

7. Het certificaat. In het kader van de Verordening burgerlijke beschermingsmaatregelen speelt het certificaat een sleutelrol. Op verzoek van de beschermde persoon, dat wil zeggen de bedreigde persoon die door een beschermingsmaatregel wordt beschermd, wordt namelijk een certificaat afgegeven. Met dit certificaat wordt een beschermingsmaatregel die in een bepaalde lidstaat is gelast, automatisch erkend in de andere lidstaten. Daardoor kan, wanneer hij bijv. verhuist naar een andere lidstaat, de beschermde persoon in beginsel op dezelfde bescherming aanspraak blijven maken als in de lidstaat van oorsprong, dat is de lidstaat waar de beschermingsmaatregel is gelast. Een nieuwe procedure is, dankzij het certificaat, dus niet nodig. Wel zijn de rechtsgevolgen van erkenning beperkt tot een termijn van maximaal twaalf maanden. Het certificaat wordt afgegeven met behulp van een meertalig standaardformulier. Dit formulier is vastgesteld door de Europese Commissie bij Uitvoeringsverordening (EU) 939/2014 van 2 september 2014 (*PbEU* 2014, L 263).

8. Uitvoeringswet. Bij de Verordening burgerlijke beschermingsmaatregelen behoort (ook) wat Nederland betreft een uitvoeringswet (*Stb.* 2015, 105; *Kamerstukken* 34021). Deze wet, de Wet van 4 maart 2015 tot uitvoering van Verordening (EU) 606/2013 van het Europees parlement en de Raad van 12 juni 2013 betreffende de wederzijdse erkenning van beschermingsmaatregelen in burgerlijke zaken (*PbEU* 2013, L 181) (hierna: Uitvoeringswet verordening burgerlijke beschermingsmaatregelen), is enkele maanden na het van toepassing worden van de Verordening burgerlijke beschermingsmaatregelen voor Nederland van kracht geworden, namelijk op 12 maart 2015. Gelet op de rechtstreekse toepasselijkheid van de Verordening burgerlijke beschermingsmaatregelen – aan welk karakter een omzetting van de verordening in bepalingen van nationaal recht afbreuk zou doen – worden in de Uitvoeringswet verordening burgerlijke beschermingsmaatregelen alleen die aspecten geregeld die niet uit de verordening voortvloeien. Tot die aspecten behoren onder meer de aanwijzing van de bevoegde autoriteit om het certificaat (zie hiervoor aant. 7) af te geven, in te trekken of te verbeteren, alsmede de procedure die daarvoor dient te worden gevolgd.

9. Samenloop. Gevallen van samenloop doen zich in beginsel voor, indien en voor zover een casus valt onder het materieel, formeel en temporeel toepassingsgebied van meer dan een internationale of Europese regeling. De Verordening burgerlijke beschermingsmaatregelen voorkomt bij voorbaat al samenloopproblemen met de Verordening Brussel II-bis (*PbEG* 2003, L 338; laatstelijk gewijzigd bij *PbEG* 2004, L 367) door in art. 2 lid 3 te bepalen dat de Verordening burgerlijke beschermingsmaatregelen niet van toepassing is op beschermingsmaatregelen die onder de Verordening Brussel II-bis vallen. Wanneer een rechter dus bijv. een contact- of omgangsregeling tussen een ouder en een kind van tien jaar heeft vastgesteld die inhoudt dat buiten deze regeling geen contact tussen hen beiden mag plaatsvinden, dan valt de erkenning van deze beslissing in een andere lidstaat rechtstreeks onder de werking van de Verordening Brussel II-bis (mits uiteraard aan alle overige voorwaarden van deze verordening is voldaan) en daarmee dus niet onder de Verordening burgerlijke beschermingsmaatregelen. Reeds logischerwijs geredeneerd, wordt dat laatste niet anders met de komst van de Verordening Brussel II-ter (*PbEU* 2019, L 178), welke verordening met ingang van 1 augustus 2022 voor onder meer Nederland van toepassing is (zie art. 105 lid 2 Verordening Brussel II-ter; vgl. voor het overgangsrecht art. 100 Verordening Brussel II-ter). Dit betekent dus wanneer een rechter bijv. een contact- of omgangsregeling tussen een ouder en een kind van tien jaar heeft vastgesteld die inhoudt dat buiten deze regeling geen contact tussen hen beiden mag plaatsvinden, dat dan de erkenning van deze beslissing in een andere lidstaat rechtstreeks onder de werking van de Verordening Brussel II-ter valt (mits uiteraard aan alle overige voorwaarden van deze verordening is voldaan) en daarmee dus niet onder de Verordening burgerlijke beschermingsmaatregelen. Is de Verordening burgerlijke beschermingsmaatregelen materieel niet van toepassing op beschermingsmaatregelen die onder de materiële reikwijdte van Verordening Brussel II-bis of de Verordening Brussel II-ter vallen, anders ligt dit in relatie met Verordening Brussel I of EEX-Verordening (*PbEG* 2001, L 12) en, naar mag worden aangenomen, ook in relatie met de 'herschikte' Verordening Brussel I of EEX-Verordening II (*PbEU* 2012, L 351; laatstelijk gewijzigd bij *PbEU* 2015, L 54). Deze laatste verordening is met ingang van 10 januari 2015 van toepassing. Op procedures die aanhangig zijn gemaakt vóór 10 januari 2015 blijft de Verordening Brussel I of EEX-Verordening van toepassing. Wanneer nu de casus valt onder het materieel, formeel en temporeel toepassingsgebied van zowel de Verordening burgerlijke beschermingsmaatregelen als de EEX-Verordening I/II, heeft de Verordening burgerlijke beschermingsmaatregelen voorrang boven de EEX-Verordening I/II. Dit, omdat de Verordening burgerlijke beschermingsmaatregelen een uitsluitend op burgerlijke beschermingsmaatregelen toegespitste regeling kent. Vanwege dit bijzondere, speciale karakter heeft deze verordening voorrang boven een algemeen opgezette en daarmee ook andere zaken dan enkel burgerlijke beschermingsmaatregelen omvattende regeling als de EEX-Verordening I/II. In wezen gaat het dus om een moderne, IPR-achtige toepassing van de aloude, nationaalrechtelijke regel: '*lex specialis derogat legi generali*' (zie nader over het *lex specialis*-beginsel in het kader van samenlopende regelingen, *Asser/Vonken 10-I* 2018/121).

10. De Haagse Conferentie/literatuur. Tot besluit van de bovenstaande Inleidende opmerkingen bij de Verordening burgerlijke beschermingsmaatregelen (met bijbehorende uitvoeringswet) nog het volgende. Ook in het kader van de Haagse Conferentie voor Internationaal Privaatrecht hebben beschermingsmaatregelen in burgerlijke of civiele zaken de aandacht. Daarbij gaat het in het bijzonder om het onderwerp 'Recognition and Enforcement of Foreign Civil Protection Orders' (zie nader www.hcch.net, onder 'Projects'). Wat betreft de vrij schaarse bronnen in het kader van (de totstandkoming van) de Verordening burgerlijke beschermingsmaatregelen, wordt kortheidshalve verwezen naar: a. het Voorstel voor een verordening van het Europees Parlement en de Raad betreffende de wederzijdse erkenning van beschermingsmaatregelen van 18 mei 2011, *COM(2011)/276*; b. *Kamerstukken* 34021 (Uitvoeringswet verordening wederzijdse erkenning van beschermingsmaatregelen in burgerlijke zaken); en c. *Asser/Vonken & Ibili 10-II* 2021/773-777.

HOOFDSTUK I
Onderwerp, toepassingsgebied en definities

[Inleidende opmerkingen]

Betekenis. Hoofdstuk I bestaat uit drie artikelen. Daarbij gaat het om kernbepalingen. Immers, in art. 1-3 wordt achtereenvolgens aangegeven waartoe de verordening strekt, op wat voor soort van beschermingsmaatregelen de verordening ziet en, tot slot, welke betekenis bepaalde begrippen uit de verordening hebben. Met het laatste wordt voorkomen dat in de bij de Verordening burgerlijke beschermingsmaatregelen aangesloten staten de uitleg van bepaalde begrippen — en daarmee mogelijk zelfs het toepassingsgebied van de verordening als zodanig — uiteen gaat lopen.

Artikel 1
Onderwerp
Deze verordening stelt regels vast voor een eenvoudige en snelle regeling voor de erkenning van beschermingsmaatregelen die in een lidstaat in burgerlijke zaken zijn gelast.
[12-06-2013, PbEU L 181, i.w.tr. 19-07-2013/regelingnummer 606/2013]

Betekenis. Art. 1 geeft kort en krachtig weer waartoe de Verordening burgerlijke beschermingsmaatregelen strekt: regels met het oog op een eenvoudige en snelle erkenning van beschermingsmaatregelen die in een lidstaat in burgerlijke zaken zijn gelast. Daarmee geeft deze bepaling nader vorm aan met name art. 81 VWEU. Ingevolge dit artikel dient, kort samengevat, de justitiële samenwerking in burgerlijke zaken met grensoverschrijdende gevolgen te berusten op het beginsel van de wederzijdse erkenning van onder meer rechterlijke uitspraken. Voorkomen moet namelijk worden dat de rechtmatige uitoefening door burgers van de Europese Unie van hun recht om vrij te reizen en te verblijven op het grondgebied van de lidstaten leidt tot verlies van bescherming. Het is dan ook van wezenlijk belang dat de bescherming die een natuurlijk persoon in de ene lidstaat geniet, wordt voortgezet in elke andere lidstaat waarnaar die persoon verhuist of naar toe reist, het laatste bijv. met het oog op een studie of een vakantie. Wederzijds vertrouwen in de rechtsbedeling binnen de Europese Unie en onder meer de wil om het verkeer van beschermingsmaatregelen binnen diezelfde Unie vlotter te laten verlopen, maakten vervolgens een erkenningsregeling mogelijk als neergelegd in de Verordening burgerlijke beschermingsmaatregelen. Met deze op 12 juni 2013 tot stand gebrachte en op 11 januari 2015 van toepassing geworden verordening (zie in verband met het laatste art. 22) krijgt, in de vorm van een bindend en rechtstreeks toepasselijk instrument, het vrije verkeer van beschermingsmaatregelen in burgerlijke of civiele zaken in de Europese Unie juridisch gestalte.

Artikel 2
Toepassingsgebied

1. Deze verordening is van toepassing op beschermingsmaatregelen in burgerlijke zaken die door een instantie in de zin van artikel 3, punt 4, worden gelast.
2. Deze verordening is van toepassing op grensoverschrijdende zaken. In deze verordening wordt onder grensoverschrijdende zaak verstaan, een zaak waarin de erkenning van een in een lidstaat gelaste beschermingsmaatregel wordt gevraagd in een andere lidstaat.
3. Deze verordening is niet van toepassing op beschermingsmaatregelen die onder Verordening (EG) nr. 2201/2003 vallen.
[12-06-2013, PbEU L 181, i.w.tr. 19-07-2013/regelingnummer 606/2013]

1. Algemeen. Art. 2 geeft aan op wat voor soort beschermingsmaatregelen de Verordening burgerlijke beschermingsmaatregelen ziet. Iets anders en vrijer geformuleerd: art. 2 geeft – veelal in algemene bewoordingen – aan wat het materieel en formeel toepassingsgebied van de Verordening burgerlijke beschermingsmaatregelen is. Door in lid 3 aan te geven dat de Verordening burgerlijke beschermingsmaatregelen niet van toepassing is op beschermingsmaatregelen die onder Verordening (EG) 2201/2003 vallen beter bekend als de zogenoemde Verordening Brussel II-bis (*PbEG* 2003, L 338; laatstelijk gewijzigd bij *PbEG* 2004, L 367) – doet zich geen samenloop(probleem) tussen beide verordeningen voor. Reeds logischerwijs geredeneerd, zal dat met de komst van de Verordening Brussel II-ter (*PbEU* 2019, L 178), welke verordening met ingang van 1 augustus 2022 voor onder meer Nederland van toepassing is (zie art. 105 lid 2 Verordening Brussel II-ter; vgl. voor het overgangsrecht art. 100 Verordening Brussel II-ter) niet anders worden. Ook dan zal zich dus geen samenloop(probleem) voordoen.

2. Beschermingsmaatregelen in burgerlijke zaken (lid 1). Art. 2 lid 1 heeft het enkel in algemene bewoordingen over 'beschermingsmaatregelen in burgerlijke zaken'. Daarmee rijst meteen al de vraag hoe deze, met het oog op de afbakening van het materiële toepassingsgebied van de Verordening burgerlijke beschermingsmaatregelen cruciale, uitdrukking moet worden begrepen. Duidelijk is in elk geval dat de Verordening burgerlijke beschermingsmaatregelen geen betrekking heeft op in strafzaken opgelegde beschermingsmaatregelen. In strafzaken opgelegde beschermingsmaatregelen worden immers beheerst door Richtlijn 2011/99/EU van het Europees parlement en de Raad van 13 december 2011 betreffende het Europees beschermingsbevel (*PbEU* 2011, L 338). Aan deze richtlijn is door Nederland uitvoering gegeven door middel van de op 1 maart 2015 in werking getreden implementatiewet. Daarbij zijn in Boek 5 van het Nederlandse Wetboek van Strafvordering art. 5:3:1 e.v. ingevoegd. Overigens behoeft het zijn van 'slachtoffer' in de zin van Richtlijn 2011/99/EU niet te beletten dat een natuurlijk persoon (tevens) op grond van de Verordening burgerlijke beschermingsmaatregelen wordt beschermd (vgl. overweging 8 van de Verordening burgerlijke beschermingsmaatregelen). Grofweg geformuleerd, kan als (eerste) vuistregel worden geformuleerd dat het in het kader van de Verordening burgerlijke beschermingsmaatregelen in elk geval gaat om beschermingsmaatregelen die niet door Richtlijn 2011/99/EU (met implementatiewet) worden bestreken. Verder zal het in het kader van de Verordening burgerlijke beschermingsmaatregelen gaan om (civiele) locatie-, contact- of benaderverboden. Dit volgt namelijk uit art. 3 onderdeel 1. Uit art. 3 onderdeel 4 – waarnaar in art. 2 lid 1 wordt verwezen – volgt dan tot slot nog dat het niet noodzakelijk is dat de beschermingsmaatregel is gelast door een civielrechtelijke instantie. Ook bijv. de bestuursrechter kan dus een beschermingsmaatregel gelasten die wordt bestreken door de Verordening burgerlijke beschermingsmaatregelen. Daarmee komt ook zo'n beschermingsmaatregel in aanmerking voor een snelle en eenvoudige erkenning in de andere lidstaten. Niet de aard van de instantie, maar de aard van de maatregel is dus bepalend met het oog op de afbakening van het materiële toepassingsgebied van de Verordening burgerlijke beschermingsmaatregelen. Per saldo zal het echter steeds van de in een bepaalde lidstaat geldende regelgeving afhangen, of en, zo ja, welk type instantie een burgerlijke beschermingsmaatregel kan gelasten. In Nederland bijvoorbeeld kunnen beschermingsmaatregelen niet alleen door de burgerlijke rechter, maar ook door een burgemeester (of een door hem gemandateerde hulpofficier van justitie) worden opgelegd. In het laatste geval gaat het dan om een tijdelijk huisverbod op grond van de op 1 januari 2009 van kracht geworden Wet tijdelijk huisverbod (*Stb.* 2008, 421; laatstelijk gewijzigd bij *Stb.* 2020, 67).

3. Grensoverschrijdende zaken (lid 2). Blijkens art. 2 lid 2 is de in de Verordening burgerlijke beschermingsmaatregelen neergelegde regeling uitsluitend bedoeld voor grensoverschrijdende zaken. Daarvan is in het kader van de verordening sprake, wanneer in een zaak de erkenning van een in een lidstaat gelaste beschermingsmaatregel wordt gevraagd in een andere lidstaat. Daaraan zal onder meer behoefte bestaan wanneer een natuurlijk persoon die bijv. slachtoffer is van (dreigend) lichamelijk geweld van de ene naar de andere lidstaat verhuist. Heeft deze persoon nu in zijn oorspronkelijke woonland in een civiele zaak een beschermingsmaatregel verkregen op grond waarvan het de persoon van wie de dreiging uitgaat wordt verboden om zich binnen een bepaalde afstand van de woning van de bedreigde persoon te bevinden, dan zal die bedreigde persoon de beschermingsmaatregel willen mee laten verhuizen oftewel meenemen naar zijn nieuwe woonland indien hij vermoedt dat de persoon van wie de dreiging uitgaat hem ook daar snel zal komen 'opzoeken'. Onder dergelijke omstandigheden zal de bedreigde persoon er waarschijnlijk weinig behoefte aan hebben om in zijn nieuwe woonland een nieuwe, mogelijk tijdrovende en kostbare, procedure te moeten beginnen opdat ook daar een vergelijkbare beschermingsmaatregel als in zijn oude woonland zal wordt gelast, áls in zijn nieuwe woonland al een (dergelijke) beschermingsmaatregel kan worden gelast. In zo'n geval is het eenvoudiger – en in de regel ook sneller en goedkoper – om (al dan niet onder aanpassing van de feitelijke gegevens: vgl. art. 11) – te verzoeken om erkenning in het nieuwe woonland van de in het oorspronkelijke woonland gelaste beschermingsmaatregel. De Verordening burgerlijke beschermingsmaatregelen biedt die mogelijkheid met het oog op het vrije verkeer van beschermingsmaatregelen binnen de Europese Unie. De beschermde persoon zal dan overigens wel de in zijn oorspronkelijke woonland zetelende instantie die de beschermingsmaatregel heeft gelast, om een certificaat moeten vragen (waartoe van een standaardformulier gebruik kan worden gemaakt: zie art. 5 jo. art. 19). Deze instantie geeft dus niet ambtshalve en bij voorbaat al een certificaat af. Dit zou namelijk de werkbelasting onnodig vergroten nu in (veruit) de meeste zaken geen sprake zal zijn van grensoverschrijdende problematiek (vgl. *Ka-*

merstukken 34021, 3, onder 5, p. 6). En dan is het verspilde tijd en moeite als dan toch in alle zaken een certificaat zou moeten worden opgesteld (met daarin de in art. 7 bedoelde informatie). Dit neemt niet weg, zo gaf de toenmalige Staatssecretaris van Veiligheid en Justitie destijds te kennen, dat de Verordening burgerlijke beschermingsmaatregelen 'voor die enkele gevallen daadwerkelijk een uitkomst zal kunnen bieden en voorkomen wordt dat betrokkene in meerdere lidstaten van de Europese Unie telkens nieuwe beschermingsmaatregelen zal moeten vragen. De boodschap voor de persoon van wie de dreiging uitgaat is met dit instrument en de uitvoeringswetgeving duidelijk gegeven: de beschermingsmaatregel heeft rechtskracht in alle lidstaten die door de verordening gebonden zijn' (*Kamerstukken* 34021, 6, onder 3, p. 3-4).

4. De Verordening Brussel II-bis (lid 3). Ingevolge art. 2 lid 3 is de Verordening burgerlijke beschermingsmaatregelen niet van toepassing op beschermingsmaatregelen die onder Verordening (EG) 2201/2003, beter bekend als de Verordening Brussel II-bis, vallen. Deze verordening (*PbEG* 2003, L 338; laatstelijk gewijzigd bij *PbEG* 2004, L 367) is ook voor Nederland van toepassing en wel sinds 1 maart 2005. Bij de Verordening Brussel II-bis behoort een uitvoeringswet die voor (enkel) Nederland van kracht is sinds 1 mei 2006. Deze wet wordt kortweg de Uitvoeringswet internationale kinderbescherming genoemd (*Stb.* 2006, 123; laatstelijk gewijzigd bij *Stb.* 2022, 72, over welke wet L.Th.L.G. Pellis, in: *T&C PFR*, Uitvoeringswet internationale kinderbescherming, Inl. opm. e.v.). Het materieel toepassingsgebied van de Verordening Brussel II-bis heeft betrekking op 'ouderlijke verantwoordelijkheid'. Daaronder wordt, blijkens art. 2 onderdeel 7, in het kader van deze verordening onder meer verstaan alle rechten en verplichtingen die ingevolge een beslissing, van rechtswege of bij een rechtsgeldige overeenkomst aan een natuurlijk persoon zijn toegekend met betrekking tot de persoon of het vermogen van een kind. De term omvat, zo maken de bewoordingen van art. 2 onderdeel 7 duidelijk, onder meer het gezagsrecht en het omgangsrecht. Denkbaar is nu bijv. dat de rechter op grond van de Verordening Brussel II-bis een contactregeling (vaak ook wel omgangsregeling genoemd) tussen een ouder en een kind heeft vastgesteld, waarbij buiten de aldus vastgestelde contactregeling geen contact tussen die ouder en dat kind mag plaatsvinden. De erkenning van een dergelijke, met de ouderlijke verantwoordelijkheid samenhangende regeling valt, zo volgt uit art. 2 lid 3, uitsluitend onder Verordening Brussel II-bis, meer in het bijzonder art. 21 e.v., en dus niet tevens onder de erkenningsregeling van de Verordening burgerlijke beschermingsmaatregelen. Op zich was dat mogelijk geweest, want het verbod om buiten de vastgestelde regeling contact te hebben, kan in beginsel als een beschermingsmaatregel in een burgerlijke zaak worden getypeerd. Zo art. 2 lid 3 niet had bestaan, had zich samenloop van de Verordening burgerlijke beschermingsmaatregelen met de Verordening Brussel II-bis kunnen voordoen. Van samenloop is sprake wanneer een casus valt onder het materieel, formeel en temporeel toepassingsgebied van meer dan één internationale of Europese regeling (vgl. *Asser/Vonken 10-I* 2018/120 e.v.). Doordat art. 2 lid 3 echter wel degelijk bestaat, doet zich geen samenloop van de Verordening burgerlijke beschermingsmaatregelen met de Verordening Brussel II-bis voor, reeds doordat bovenstaande casus nu maar onder het materieel toepassingsgebied van slechts één Europese regeling valt, dat is de Verordening Brussel II-bis. Overigens zal dat bij het op 1 augustus 2022 van toepassing worden van de Verordening Brussel II-ter (*PbEU* 2019, L 178) niet anders worden, ook al verwijst het huidige art. 2 lid 3 (nog) niet naar ook deze nieuwe verordening, reeds omdat het materieel toepassingsgebied van de Verordening Brussel II-ter identiek is aan dat van de Verordening Brussel II-bis (zie art. 2 onderdeel 7 Brussel II-ter) en het, formeel bezien, bij de Verordening Brussel II-ter enkel om een zogeheten herschikking van de Verordening Brussel II-bis gaat (zie overweging 1 bij de Verordening Brussel II-ter). De Verordening Brussel II-ter is van toepassing op gerechtelijke procedures die zijn ingesteld, authentieke akten die zijn verleden en overeenkomsten die zijn geregistreerd op of na 1 augustus 2022 (zie art. 100 lid 1 Brussel II-ter; zie ook art. 100 lid 2 Brussel II-ter). De erkenning en tenuitvoerlegging van beslissingen in de Verordening Brussel II-ter zijn geregeld in de art. 30 e.v.

5. Brussel I/Brussel I-bis. Zowel de EEX-Verordening I (ook wel de Verordening Brussel I genoemd, *PbEG* 2001, L 12) als de Brussel I-bis (ook wel de Herschikte Verordening Brussel I geheten, *PbEU* 2012, L 351; laatstelijk gewijzigd bij *PbEU* 2015, L 54) bevat onder meer een regeling inzake de erkenning van een in een lidstaat gegeven beslissing in de andere lidstaten (zie met betrekking tot art. 36 e.v. Brussel I-bis). Het gaat dan om burgerlijke en handelszaken of, iets anders geformuleerd, de erkenning van buitenlandse rechterlijke beslissingen in vermogensrechtelijke aangelegenheden. Brussel I-bis is op 10 januari 2015 van toepassing geworden voor onder meer Nederland (op procedures die aanhangig zijn gemaakt vóór 10 januari 2015 blijft Brussel I van toepassing). Gaat het bij Brussel I/I-bis om een algemene regeling – 'burgerlijke en handelszaken' –, bij de Verordening burgerlijke beschermingsmaatregelen gaat om een specifieke, bijzondere regeling: 'beschermingsmaatregelen in burgerlijke zaken'. Afgaande nu op de toelichting op het voorstel van de Europese Commissie uit mei 2011 (*COM(2011)*276 van 18 mei 2011) mag worden aangenomen, dat in het geval een casus valt onder het materieel, formeel en temporeel toepassingsgebied van zowel Brussel I als de Verordening burgerlijke beschermingsmaatregelen en er zich dus samenloop voordoet, laatstgenoemde verordening voorrang heeft boven de eerstgenoemde. Aangenomen mag worden deze voorrang ook geldt wanneer de Verordening burgerlijke beschermingsmaatregelen samenloopt met Brussel I-bis. Dat Brussel I-bis een herschikking is van Brussel I maakt nog niet, dat daarmee ook het karakter van de regeling is veranderd. Het is ook nu nog steeds een algemeen (executie-)verdrag met betrekking tot burgerlijke en handelszaken (vgl. reeds de toelichting op het voorstel van de Europese Commissie uit 2011, 3.3, Article 1, Scope, p. 6, *COM(2011)276* van 18 mei 2011).

Artikel 3
Definities

In deze verordening wordt verstaan onder:

1. 'beschermingsmaatregel': elke beslissing die, ongeacht de benaming ervan, werd bevolen door de instantie van afgifte van de lidstaat van oorsprong overeenkomstig het nationale recht van die lidstaat en waarbij één of meer van de volgende verplichtingen worden opgelegd aan de persoon van wie de dreiging uitgaat, ter bescherming van een andere persoon, wiens fysieke of psychische integriteit mogelijk in gevaar is:
   a) een verbod op of een regeling inzake het betreden van de plaats waar de beschermde persoon zijn verblijfplaats heeft, werkt, of die hij regelmatig bezoekt of waar hij regelmatig verblijf houdt;

b) een verbod op of een regeling inzake elke vorm van contact met de beschermde persoon, waaronder per telefoon, elektronische of gewone post, fax of anderszins;

c) een verbod om de beschermde persoon binnen een voorgeschreven afstand te benaderen, of een regeling ter zake;

2. 'beschermde persoon': een natuurlijke persoon die door een beschermingsmaatregel wordt beschermd;

3. 'persoon van wie de dreiging uitgaat': een natuurlijke persoon aan wie één of meer van de in punt 1 bedoelde verplichtingen zijn opgelegd;

4. 'instantie van afgifte': iedere rechterlijke instantie, en voorts iedere andere instantie die door een lidstaat is aangewezen als zijnde bevoegd voor zaken die binnen het toepassingsgebied van deze verordening vallen, op voorwaarde dat een dergelijke andere instantie de partijen garanties biedt inzake onpartijdigheid en dat haar beslissingen met betrekking tot de beschermingsmaatregel krachtens het recht van de lidstaat waar de instantie actief is, voor rechterlijke toetsing vatbaar is en dezelfde werking heeft als een beslissing van een rechterlijke instantie aangaande dezelfde aangelegenheid;

5. 'lidstaat van oorsprong': de lidstaat waar de beschermingsmaatregel wordt gelast;

6. 'aangezochte lidstaat': de lidstaat waar de erkenning en, in voorkomend geval, de tenuitvoerlegging van de beschermingsmaatregel wordt gevraagd.

[12-06-2013, PbEU L 181, i.w.tr. 19-07-2013/regelingnummer 606/2013]

Betekenis. Art. 3 geeft een aantal definities althans omschrijvingen van in de Verordening burgerlijke beschermingsmaatregelen gebruikte (kern-)begrippen. Daaruit blijkt onder meer dat het bij beschermingsmaatregelen in burgerlijke zaken om, kort samengevat, (civiele) locatie-, contact- of benaderverboden gaat en dat de aard van de instantie die de beschermingsmaatregel heeft gelast er niet toe doet, zolang de beschermingsmaatregelen maar in burgerlijke of civiele zaken zijn gelast. Het hoeven zelfs niet noodzakelijkerwijs rechterlijke instanties te zijn, mits de andere, administratieve, instanties die door een lidstaat zijn aangewezen als zijnde bevoegd voor zaken die binnen het toepassingsgebied van de Verordening burgerlijke beschermingsmaatregelen vallen maar aan bepaalde voorwaarden voldoen. Die voorwaarden zijn: a. onpartijdigheid; b. voor rechterlijke toetsing vatbare beslissingen; en c. beslissingen die dezelfde werking hebben als een rechterlijke beslissing aangaande dezelfde aangelegenheid. Blijkens overweging 13 mogen in geen geval instanties die deel uitmaken van de politie worden beschouwd als instanties van afgifte in de zin van de Verordening burgerlijke beschermingsmaatregelen. Die kunnen dus hoe dan ook niet worden begrepen onder de definitie van het begrip 'instantie van afgifte' als omschreven in art. 3 onderdeel 4. In Nederland is naast de rechter ook de burgemeester of (de door de burgemeester gemandateerde hulpofficier van justitie) bevoegd een civiele beschermingsmaatregel te gelasten en wel op grond van de Wet tijdelijk huisverbod (*Stb.* 2008, 421; laatstelijk gewijzigd bij *Stb.* 2020, 67). Als gevolg van deze wet bestaat de mogelijkheid om in een situatie waarin huiselijk geweld dreigt, de persoon van wie de dreiging uitgaat gedurende een bepaalde, beperkte, periode de toegang tot het huis te ontzeggen waar hij of zij woont. Een dergelijk huisverbod is in wezen een bijzondere vorm van een locatieverbod. Het tijdelijk huisverbod is verder een beschikking in de zin van art. 1:3 lid 2 Algemene wet bestuursrecht (hierna: Awb), in het kader waarvan de uithuisgeplaatste in beginsel wordt gehoord, en die al zeker in hoger beroep voor rechterlijke toetsing vatbaar is (zie nader *Kamerstukken* 34021, 3, bij art. 2 lid 4; vgl. verder ook *Kamerstukken* 34021, 6, onder 5; zie verder art. 8:1 Awb).

HOOFDSTUK II
Erkenning en tenuitvoerlegging van beschermingsmaatregelen

[Inleidende opmerkingen]

Betekenis. Hoofdstuk II bestaat uit elf artikelen. Daarbij gaat het om bepalingen waarbij het in het kader van deze verordening in hoofdzaak om draait: de wederzijdse erkenning van burgerlijke beschermingsmaatregelen binnen de Europese Unie opdat de bedreigde persoon niet opnieuw een procedure aanhangig behoeft te maken voor het verkrijgen van een nieuwe beschermingsmaatregel. Immers, de in art. 4-14 neergelegde regeling maakt het in beginsel mogelijk de in de ene lidstaat verkregen beschermingsmaatregel als het ware mee te verhuizen of mee te nemen naar een andere lidstaat waarvoor deze verordening geldt. Dat zijn alle huidige lidstaten van de Europese Unie, met uitzondering van Denemarken. In het kader van de erkenning van een burgerlijke beschermingsmaatregel speelt het certificaat een sleutelrol. In feite is het certificaat het paspoort dat de beschermde persoon in beginsel in staat stelt een beschermingsmaatregel mee te nemen naar een andere EU-staat. Daarmee leidt het recht van een beschermde persoon, tevens burger van de Unie, om vrij te reizen en te verblijven op het grondgebied van de lidstaten, dus in principe niet tot verlies van bescherming (vgl. reeds de toelichting bij het voorstel van de Europese Commissie, 1. Context of proposal, p. 2, onderaan, *COM(2011)276* van 18 mei 2011).

Artikel 4
Erkenning en tenuitvoerlegging

1. Een in een lidstaat gelaste beschermingsmaatregel wordt in de andere lidstaten erkend zonder dat een bijzondere procedure moet worden gevolgd en is er uitvoerbaar zonder dat een verklaring van uitvoerbaarheid is vereist.
2. Een beschermde persoon die in de aangezochte lidstaat een in de lidstaat van oorsprong gelaste beschermingsmaatregel wenst in te roepen, legt aan de bevoegde instantie van de aangezochte lidstaat over:
a) een afschrift van de beschermingsmaatregel, dat voldoet aan de eisen voor vaststelling van de echtheid;
b) het in de lidstaat van oorsprong uit hoofde van artikel 5 afgegeven certificaat; en
c) indien nodig, een transliteratie en/of een vertaling van het certificaat overeenkomstig artikel 16.
3. Het certificaat heeft slechts werking binnen de grenzen van de uitvoerbaarheid van de beschermingsmaatregel.
4. Ongeacht de langere looptijd van de beschermingsmaatregel, blijven de rechtsgevolgen van de erkenning uit hoofde van lid 1 beperkt tot een termijn van twaalf maanden, te rekenen vanaf de datum waarop het certificaat is afgegeven.
5. De procedure voor de tenuitvoerlegging van beschermingsmaatregelen wordt beheerst door het recht van de aangezochte lidstaat.
[12-06-2013, PbEU L 181, i.w.tr. 19-07-2013/regelingnummer 606/2013]

Betekenis. Art. 4 maakt bovenal en in de eerste plaats duidelijk dat de in de ene lidstaat gelaste beschermingsmaatregel zonder verdere formaliteiten in de andere lidstaten wordt erkend. Immers, blijkens art. 4 lid 1 (vgl. in dit verband overigens ook art. 6 Uitvoeringswet burgerlijke beschermingsmaatregelen) wordt de in een lidstaat gelaste beschermingsmaatregel in de andere lidstaat erkend zonder dat een bijzondere procedure moet worden gevolgd. In wezen komt het er dus op neer dat een burgerlijke beschermingsmaatregel die in de ene lidstaat is gelast, in beginsel (zie namelijk bijv. ook art. 13) automatisch, dus zonder verlofprocedure, wordt erkend in de andere lidstaten (vgl. bijv. ook de Verordening Brussel II-bis, *PbEG* 2003, L 338; laatstelijk gewijzigd bij *PbEG* 2004, L 367 en de Verordening Brussel II-ter, *PbEU* 2019, L 178). Wel dient, met het oog op de automatische erkenning in de andere lidstaten van een beschermingsmaatregel als bedoeld in de Verordening burgerlijke beschermingsmaatregelen, dan wel een certificaat te worden overgelegd. Dat volgt onder meer uit art. 4 lid 2. De rechtsgevolgen van de erkenning uit hoofde van art. 4 lid 1 blijven evenwel beperkt tot een termijn van twaalf maanden, te rekenen vanaf de datum waarop het certificaat is afgegeven. Dit geldt ook als de voor erkenning vatbare maatregel een langere looptijd blijkt te hebben, zo maken de bewoordingen van art. 4 lid 4 duidelijk. Daarmee is de in art. 4 lid 4 bedoelde termijn van twaalf maanden dus een maximumtermijn. Als gevolg hiervan zal de beschermde persoon zo nodig en zo mogelijk bij de daartoe bevoegde autoriteit tijdig een nieuwe beschermingsmaatregel moeten aanvragen, indien hij of zij na ommekomst van de termijn als omschreven in art. 4 lid 4 nog steeds bescherming door middel van een civiel locatie-, contact- of benaderverbod behoeft. De beperking van de gevolgen van de erkenning is uitzonderlijk en dient geen precedent te vormen voor andere instrumenten in burgerlijke en handelszaken, aldus de waarschuwing in overweging 17 (vgl. verder ook de waarschuwing in overweging 26). Behalve dat art. 4 voorziet in automatische erkenning, is de in de ene lidstaat gelaste beschermingsmaatregel in de andere lidstaten uitvoerbaar zonder dat een verklaring van uitvoerbaarheid (in onder meer Nederland ook wel exequatur genoemd) is vereist. Dit volgt uit art. 4 lid 1. De Verordening burgerlijke beschermingsmaatregelen voorziet dus ook in automatische tenuitvoerlegging. Wel maakt art. 4 lid 5 vervolgens duidelijk dat de procedure voor tenuitvoerlegging van beschermingsmaatregelen wordt beheerst door het recht van de aangezochte lidstaat. Anders geformuleerd: voor de feitelijke effectuering van een beschermingsmaatregel als bedoeld in de Verordening burgerlijke beschermingsmaatregelen is de beschermde persoon afhankelijk van de inhoud van het nationale recht van de aangezochte staat. Dienaangaande voorziet de Verordening burgerlijke beschermingsmaatregelen dus niet in een nadere regeling. De Verordening burgerlijke beschermingsmaatregelen kent overigens evenmin een regeling ten aanzien van sancties die zouden kunnen worden opgelegd, indien in de aangezochte lidstaat inbreuk wordt gemaakt op de eerder in een andere lidstaat opgelegde beschermingsmaatregel die elders voor erkenning vatbaar is. In het kader van de Uitvoeringswet burgerlijke beschermingsmaatregelen meer in het bijzonder art. 6, heeft Nederland hiervoor – dan ook – een nadere voorziening getroffen.

Artikel 5
Certificaat

1. De instantie van uitgifte van de lidstaat van oorsprong geeft, op verzoek van de beschermde persoon, het certificaat af door gebruik te maken van het overeenkomstig

artikel 19 opgestelde meertalige standaardformulier dat de in artikel 7 bedoelde informatie bevat.
2. Tegen de afgifte van het certificaat staat geen beroep open.
3. Op verzoek van de beschermde persoon, wordt een transliteratie en/of vertaling van het certificaat door de instantie van afgifte van de lidstaat van oorsprong afgegeven door middel van het overeenkomstig artikel 19 opgestelde meertalige standaardformulier.
[12-06-2013, PbEU L 181, i.w.tr. 19-07-2013/regelingnummer 606/2013]

Betekenis. Zoals hiervoor bleek, vervult het certificaat een spilfunctie. Zonder overlegging van een certificaat is op basis van de Verordening burgerlijke beschermingsmaatregelen automatische erkenning noch tenuitvoerlegging mogelijk in de lidstaten waarvoor deze verordening geldt. Het certificaat wordt afgegeven onder gebruikmaking van een meertalig standaardformulier. Daartoe verwijst art. 5 lid 1 naar onder meer art. 19. Het standaardformulier dat door de Europese Commissie op de voet van art. 19 is vastgesteld, is vastgesteld bij Uitvoeringsverordening (EU) 939/2014 van 2 september 2014 (*PbEU* 2014, L 263). Het certificaat wordt, zo maken de bewoordingen van art. 5 lid 1 duidelijk, afgegeven door 'de instantie van uitgifte van de lidstaat van oorsprong' (vgl. art. 2 Uitvoeringswet burgerlijke beschermingsmaatregelen). De beschermde persoon zal, zo hij of zij hierom al niet eerder had verzocht in het kader van de procedure waarin de beschermingsmaatregel werd verkregen (zie nader *Kamerstukken* 34021, B, MvA, onder 2, p. 2), zich dus tot de (bevoegde) instantie dienen te wenden die oorspronkelijk de beschermingsmaatregel heeft gelast. Het certificaat zal worden afgegeven zodra aan de vereisten voor afgifte als bedoeld in art. 6 is voldaan. Het aldus in de lidstaat van oorsprong van de beschermingsmaatregel verkregen certificaat dient, naast een afschrift van de beschermde maatregel zelf (zie immers art. 4 lid 2 onderdeel a), met het oog op de erkenning en, in voorkomend geval, de tenuitvoerlegging vervolgens te worden overgelegd in de andere lidstaten. Zodoende kan ook aldaar aanspraak op de eerder bevolen beschermingsmaatregel worden gemaakt. Dat in één of meer van de andere lidstaten die beschermingsmaatregel onbekend is omdat zij in bijv. de nationale wetgeving aldaar niet voorkomt, doet aan de aanspraak op erkenning ervan niet af. Wel kan dit uiteraard tot gevolg hebben dat na ommekomst van de termijn van twaalf maanden als omschreven in art. 4 lid 4 geen of geen vergelijkbare beschermingsmaatregel meer kan worden verzocht door de persoon te wiens gunste de oorspronkelijke beschermingsmaatregel werd gelast. Immers, de Verordening burgerlijke beschermingsmaatregelen verplicht de aangesloten lidstaten niet hun nationale systemen te wijzigen teneinde het gelasten van beschermingsmaatregelen in burgerlijke zaken mogelijk te maken, of om voor de toepassing van deze verordening beschermingsmaatregelen in burgerlijke zaken te introduceren (zie overweging 12). Art. 5 lid 2 bepaalt dat tegen de afgifte van het certificaat geen hoger beroep openstaat. Dit draagt bij aan de eenvoud en de snelheid, belangrijke doelstellingen van de Verordening burgerlijke beschermingsmaatregelen. In Nederland zijn het de rechtbanken en de gerechtshoven en, als de beschermingsmaatregel is afgegeven op grond van de Wet tijdelijk huisverbod (*Stb.* 2008, 421; laatstelijk gewijzigd bij *Stb.* 2020, 67), onder meer de burgemeester van de plaats waarin de locatie ligt waarvoor het tijdelijk huisverbod is afgegeven bevoegd om zowel de beschermingsmaatregel te gelasten als het certificaat af te geven (zie ook art. 2 Uitvoeringswet burgerlijke beschermingsmaatregelen).

Artikel 6
Voorschriften voor de afgifte van het certificaat

1. Het certificaat mag enkel worden afgegeven als de persoon van wie de dreiging uitgaat overeenkomstig het recht van de lidstaat van oorsprong in kennis is gesteld van de beschermingsmaatregel.

2. Indien de beschermingsmaatregel bij verstek is bevolen, kan het certificaat pas worden afgegeven indien aan de persoon van wie de dreiging uitgaat – tijdig en op zodanige wijze als nodig is met het oog op de verdediging van de persoon van wie de dreiging uitgaat – het stuk dat de procedure inleidt of een gelijkwaardig stuk is betekend of ter kennis is gebracht, dan wel, in voorkomend geval, hij of zij anderszins overeenkomstig het recht van de lidstaat van oorsprong in kennis is gesteld van het inleiden van de procedure.

3. Indien een beschermingsmaatregel is gelast uit hoofde van een procedure waarin niet voor zien is in voorafgaande kennisgeving aan de persoon van wie de dreiging uitgaat (niet-contradictoire procedure), kan het certificaat pas worden afgegeven als die persoon van wie de dreiging uitgaat krachtens het recht van de lidstaat van oorsprong het recht had om de beschermingsmaatregel aan te vechten.

[12-06-2013, PbEU L 181, i.w.tr. 19-07-2013/regelingnummer 606/2013]

Betekenis. Vormen, zoals hiervoor al bleek, eenvoud en snelheid belangrijke doelstellingen van de Verordening burgerlijke beschermingsmaatregelen, het blijft desalniettemin wel van wezenlijk belang dat onder meer zowel het recht van verdediging als het recht op een eerlijk proces wordt gewaarborgd. De Verordening burgerlijke beschermingsmaatregelen moet dan ook worden toegepast met inachtneming van onder meer deze in het Handvest van de grondrechten van de Europese Unie van 7 december 2000 (*PbEG* 2000, C 364; laatstelijk gewijzigd bij *PbEU* 2007, C 303) neergelegde rechten of beginselen. Naar onder meer (art. 47 en 48 van) dit Handvest – sinds 1 december 2009 juridisch bindend en blijkens art. 6 lid 1 VEU behorende tot het primaire recht van de EU – wordt in de Verordening burgerlijke beschermingsmaatregelen dan ook verwezen (overweging 38; vgl. ook overweging 32). Art. 6 (vgl. verder bijv. ook art. 8) beschermt de rechten van de persoon van wie de dreiging uitgaat aldus door, kort samengevat, te bepalen dat het certificaat dat door de beschermde persoon is verzocht door de bevoegde autoriteit pas mag worden afgegeven wanneer is vast komen te staan, dat de persoon van wie de dreiging uitgaat in kennis is gesteld van de (procedure die heeft geleid tot de) beschermingsmaatregel zodat hij of zij zich daartegen heeft kunnen verweren (vgl. verder ook art. 2 lid 3 Uitvoeringswet burgerlijke beschermingsmaatregelen).

Artikel 7
Inhoud van het certificaat

Het certificaat bevat de volgende informatie:

a) de benaming en het adres/de contactgegevens van de instantie van afgifte;
b) het referentienummer van het dossier;
c) datum van afgifte van het certificaat;
d) de contactgegevens betreffende de beschermde persoon: naam, geboortedatum en -plaats, indien beschikbaar, en adres voor de kennisgevingen, voorafgegaan door een duidelijke waarschuwing dat dat adres kan worden meegedeeld aan de persoon van wie de dreiging uitgaat;

e) **informatie betreffende de persoon van wie de dreiging uitgaat: naam, geboortedatum en -plaats, indien beschikbaar, en adres voor de kennisgevingen;**
f) **alle gegevens die noodzakelijk zijn voor de tenuitvoerlegging van de beschermingsmaatregel, waaronder, in voorkomend geval, het soort maatregel en de aan de persoon van wie de dreiging uitgaat opgelegde verplichting, en voorts de vermelding van de functie van de plaats die en/of het wel omschreven gebied dat de persoon van wie de dreiging uitgaat, naargelang het geval, niet mag betreden en/of de afstand die hij daarvan in acht moet nemen;**
g) **de duur van de beschermingsmaatregel;**
h) **de duur van de gevolgen van de erkenning overeenkomstig artikel 4, lid 4;**
i) **een verklaring dat is voldaan aan de voorwaarden neergelegd in artikel 6;**
j) **informatie over de bij de artikelen 9 en 13 toegekende rechten;**
k) **duidelijkheidshalve, de volledige titel van deze verordening.**

[12-06-2013, PbEU L 181, i.w.tr. 19-07-2013/regelingnummer 606/2013]

Betekenis. Art. 7 – waarnaar in art. 5 lid 1 wordt verwezen – bevat een opsomming van de informatie die het certificaat dient te bevatten. Tot die informatie behoren feitelijke elementen als de contactgegevens van zowel de beschermde persoon als de persoon van wie de dreiging uitgaat. Ook dient het certificaat 'alle gegevens te bevatten die noodzakelijk zijn voor de tenuitvoerlegging van de beschermingsmaatregel'. Tot deze gegevens behoren, in voorkomende gevallen, ook de algemene locatie of de minimumafstand die de persoon van wie de dreiging uitgaat ten opzichte van de beschermde persoon, het adres of de algemene locatie in acht moet nemen. Het spreekt voor zich dat, met het oog op de erkenning en zo nodig de tenuitvoerlegging, een beschermingsmaatregel in feitelijk opzicht zal moeten worden aangepast, indien de bedreigde persoon bijv. verhuist van de ene bij de Verordening burgerlijke beschermingsmaatregelen aangesloten lidstaat naar de andere bij de Verordening burgerlijke beschermingsmaatregelen aangesloten lidstaat. Heeft de beschermde persoon bijv. van de Nederlandse rechter een beschermingsmaatregel verkregen waarbij het de persoon van wie de dreiging uitgaat is verboden om het aan de Catharinastraat (nr. 24-g) te Breda gelegen appartement van de beschermde persoon te betreden, dan heeft de erkenning van deze maatregel in Luxemburg weinig waarde als de beschermde persoon inmiddels is verhuisd naar een appartement aan de Rue Jean-Pierre Sauvage (nr. 9) in Luxemburg-stad. Nu kan, echter, op de voet van art. 11, de beschermingsmaatregel indien nodig en voor zover nodig in feitelijk opzicht worden aangepast door de bevoegde instantie van de aangezochte lidstaat. Het is dan, teneinde die aanpassing te vergemakkelijken, echter wel praktisch om in het certificaat tevens te vermelden dat het bijv. bij het in de beschermingsmaatregel opgegeven adres gaat om het woonadres van de beschermde persoon. Vandaar dat art. 7 onderdeel f onder meer aangeeft dat het certificaat 'de functie van de plaats' dient te vermelden. Het kan dan om de vaste verblijfplaats, de werkplek dan wel een door de beschermde persoon regelmatig bezochte plaats gaan zoals bijvoorbeeld de school van zijn of haar kinderen (zie in verband met art. 7 ook de overwegingen 20 en 21; vgl. verder nog art. 5 lid 1 Uitvoeringswet burgerlijke beschermingsmaatregelen).

Artikel 8

Kennisgeving van het certificaat aan de persoon van wie de dreiging uitgaat

1. De instantie van afgifte in de lidstaat van oorsprong doet aan de persoon van wie de dreiging uitgaat kennisgeving van het certificaat, en van het feit dat de afgifte ervan leidt tot de erkenning en, in voorkomend geval, de uitvoerbaarheid van de beschermingsmaatregel in alle lidstaten overeenkomstig artikel 4.

2. Indien de persoon van wie de dreiging uitgaat, zijn woonplaats heeft in de lidstaat van oorsprong, wordt de kennisgeving verricht volgens het recht van die lidstaat. Indien de persoon van wie de dreiging uitgaat, zijn verblijfplaats in een andere dan de lidstaat van oorsprong heeft of in een derde land, wordt de kennisgeving verricht bij aangetekende zending met ontvangstbevestiging of een gelijkwaardige zending. Indien het adres van de persoon van wie de dreiging uitgaat, niet bekend is of indien de betrokkene weigert de kennisgeving in ontvangst te nemen, is het recht van de lidstaat van oorsprong van toepassing.

3. De plaats waar de beschermde persoon zich ophoudt of andere contactgegevens worden niet onthuld aan de persoon van wie de dreiging uitgaat, tenzij deze gegevens nodig zijn om de beschermingsmaatregel te kunnen naleven of om de maatregel ten uitvoer te kunnen leggen.

[12-06-2013, PbEU L 181, i.w.tr. 19-07-2013/regelingnummer 606/2013]

Betekenis. Belangrijke doelstellingen van de Verordening burgerlijke beschermingsmaatregelen zijn eenvoud en snelheid. Met het oog hierop voorziet art. 8 in, wat overweging 26 in algemeen bewoordingen noemt, 'simpele en snelle methoden om proceshandelingen ter kennis te brengen van de persoon van wie de dreiging gaat'. Overweging 26 vervolgt dan: "Die specifieke methoden van kennisgeving dienen alleen in het kader van deze verordening van toepassing te zijn, gezien de bijzondere aard van de materie van deze verordening, en dienen geen precedent te vormen voor andere instrumenten in burgerlijke en handelszaken, noch van invloed te zijn op de verplichtingen van een lidstaat die met betrekking tot de betekening en de kennisgeving in het buitenland van gerechtelijke en buitengerechtelijke stukken in burgerlijke zaken, voortvloeien uit een tussen die lidstaat en een derde land gesloten bilaterale of multilaterale overeenkomst." Eerder, maar nu in verband met art. 4 lid 4, werd er, in overweging 17, eveneens op gewezen dat de beperking van de gevolgen van de erkenning (tot maximaal twaalf maanden, te rekenen vanaf de datum waarop het certificaat is afgegeven) geen precedent dient te vormen voor andere instrumenten in burgerlijke en handelszaken. In zowel overweging 17 als overweging 26 vormt de 'bijzondere aard van de materie' van de Verordening burgerlijke beschermingsmaatregelen de reden voor zowel de beperking van art. 4 lid 4 als de specifieke methoden van kennisgeving als bedoeld in art. 8. Laatstgenoemde bepaling komt er in hoofdzaak op neer dat de instantie die het certificaat heeft afgegeven de persoon van wie de dreiging uitgaat in kennis dient te stellen van de afgifte van het certificaat aan de beschermde persoon en ook van de gevolgen die deze afgifte heeft voor de erkenning en de tenuitvoerlegging van de beschermingsmaatregel in de overige lidstaten (zie ook art. 2 lid 3 Uitvoeringswet burgerlijke beschermingsmaatregelen). Op deze manier wil men tegemoetkomen aan de rechten van de persoon van wie de dreiging uitgaat. Een vergelijkbare strekking heeft onder meer art. 6.

Artikel 9

Verbetering of intrekking van het certificaat

1. Onverminderd artikel 5, lid 2, wordt het certificaat, op verzoek van de beschermde persoon of de persoon van wie de dreiging uitgaat aan de instantie van afgifte van de lidstaat van oorsprong, dan wel door die instantie zelf:

a) verbeterd, indien het certificaat door een materiële fout afwijkt van de beschermingsmaatregel; of

b) ingetrokken, indien het, gelet op de voorwaarden neergelegd in artikel 6 en het toepassingsgebied van deze verordening, kennelijk ten onrechte is toegekend.

2. De procedure ter verbetering of intrekking van het certificaat, hoger beroep tegen de verbetering of intrekking daaronder begrepen, wordt beheerst door het recht van de lidstaat van oorsprong.

[12-06-2013, PbEU L 181, i.w.tr. 19-07-2013/regelingnummer 606/2013]

Betekenis. Het is mogelijk dat een certificaat bijvoorbeeld een tikfout, of om wat voor reden dan ook, een spelfout in de naam of adres van bijvoorbeeld de beschermde persoon bevat, een verschrijving in de geldigheidsduur van het certificaat kent, of dat, om nog een ander voorbeeld te geven, er iets is misgegaan bij het omzetten van het ene alfabet en/of schriftsysteem in het andere (vgl. art. 4 lid 2 onderdeel c). Ook is het mogelijk dat de beschermingsmaatregel er (toch) niet één blijkt te zijn als bedoeld in de Verordening burgerlijke beschermingsmaatregelen (vgl. art. 2 en art. 3 onderdeel 1) of, indien de beschermingsmaatregel wel onder het toepassingsgebied van de Verordening burgerlijke beschermingsmaatregelen valt, bij de afgifte daarvan de in art. 6 bedoelde voorschriften zijn geschonden, welke voorschriften strekken ter bescherming van de natuurlijke persoon van wie de dreiging uitgaat. En wellicht dat de gelaste burgerlijke beschermingsmaatregel inmiddels in hoger beroep blijkt te zijn vernietigd. In al dit soort van gevallen zou het mogelijk moeten zijn om het certificaat alsnog te verbeteren dan wel het certificaat alsnog in te trekken. Dat is blijkens art. 9 ook mogelijk. Het certificaat kan (a) worden verbeterd indien het door een materiële fout afwijkt van de (onderliggende) beschermingsmaatregel of (b) worden ingetrokken, indien het, gelet op de voorwaarden neergelegd in art. 6 en het toepassingsgebied van deze verordening, kennelijk ten onrechte is toegekend (zie ook overweging 29). Aangenomen mag worden dat onder 'ingetrokken' als bedoeld in art. 9 lid 1 onderdeel b ook het zojuist als voorbeeld gegeven geval kan worden begrepen, dat – met kracht van gewijsde – de gelaste beschermingsmaatregel in hoger beroep blijkt te zijn vernietigd (vgl. *Kamerstukken* 34021, 3, onder art. 4, p. 18). Verder duidt het woordje 'kennelijk' als bedoeld in datzelfde art. 9 lid 1 onderdeel b erop dat sprake moet zijn van een evidente vergissing (vgl. ook *Kamerstukken* 34021, 6, onder 6, p. 7). Blijkens art. 9 lid 1 aanhef kan het certificaat worden verbeterd of ingetrokken op verzoek van de beschermde persoon, de persoon van wie de dreiging uitgaat, dan wel door de instantie van afgifte van de lidstaat van oorsprong. In het laatste geval gaat het dus om een ambtshalve beslissing. De procedure tot verbetering of intrekking van het certificaat, wordt beheerst door het recht van de lidstaat van oorsprong, dus door het recht van de lidstaat waar de beschermingsmaatregel werd gelast. Dit volgt uit art. 9 lid 2 jo. art. 3 onderdeel 5. Art. 9 lid 2 maakt duidelijk dat ook het hoger beroep tegen de verbetering of intrekking van het certificaat wordt beheerst door het recht van de lidstaat van oorsprong. Wat betreft Nederland, geven art. 3 en 4 Uitvoeringswet burgerlijke beschermingsmaatregelen nader invulling aan de procedure die ter zake dient te worden gevolgd. Daaruit blijkt onder meer dat op grond van deze wet tegen de verbetering of tegen de intrekking van een certificaat geen voorziening openstaat (zie hierover en over de eventuele mogelijkheid van een doorbreking van het appelverbod naar Nederlands recht het commentaar op de Uitvoeringswet burgerlijke beschermingsmaatregelen).

Artikel 10
Bijstand voor de beschermde persoon

De beschermde persoon wordt op zijn verzoek door de instantie van afgifte van de lidstaat van oorsprong bijgestaan om de overeenkomstig de artikelen 17 en 18 beschikbaar gemaakte gegevens te verkrijgen betreffende de instanties in de aangezochte lidstaat voor dewelke men zich op de beschermingsmaatregel beroept of bij dewelke de tenuitvoerlegging ervan wordt gevraagd.

[12-06-2013, PbEU L 181, i.w.tr. 19-07-2013/regelingnummer 606/2013]

Betekenis. Een natuurlijk persoon die door een beschermingsmaatregel wordt beschermd en die in verband met bijv. een verhuizing of een studieverblijf die beschermingsmaatregel wil meeverhuizen of meenemen naar een andere EU-lidstaat waarvoor de Verordening burgerlijke beschermingsmaatregelen geldt, zal in de regel niet of niet meteen weten bij welke instanties hij of zij moet aankloppen met het oog op het beroep op de erkenning en, zo nodig, het verzoek tot tenuitvoerlegging van de al eerder verkregen beschermingsmaatregel. Toch kan haast zijn geboden. Immers, de beschermingsmaatregel — een locatie-, contact- of toenaderingsverbod — werd nu juist opgelegd omdat 'de fysieke of psychische integriteit mogelijk in gevaar is' (vgl. art. 3 onderdeel 1) door het gedrag of het handelen van de persoon van wie de dreiging uitgaat. Dat gevaar houdt niet per se op zodra de beschermde persoon een bepaalde staat — tijdelijk — verlaat. Ook in het nieuwe woon- of verblijfland kan bijvoorbeeld het gevaar van stalking of contact dreigen wanneer de persoon van wie de dreiging uitgaat achter het woon- of verblijfadres van de beschermde persoon komt. De 'electronische snelweg' stoort zich zonder meer al niet aan de klassieke landsgrenzen. Art. 10 maakt het nu mogelijk dat, op zijn of haar verzoek, de beschermde persoon wordt bijgestaan door de instantie van afgifte van de lidstaat van oorsprong om de in art. 17 en 18 bedoelde informatie te verkrijgen (vgl. ook overweging 30). Deze informatie is van belang met het oog op het beroep op automatische erkenning van de beschermingsmaatregel en, in voorkomend geval, een verzoek tot tenuitvoerlegging ervan. Om de toepassing van de Verordening burgerlijke beschermingsmaatregelen, in dit geval art. 10 in het bijzonder, te vergemakkelijken, zijn de lidstaten bij deze verordening verplicht om bepaalde informatie met betrekking tot hun nationale wetgeving en procedures inzake burgerlijke beschermingsmaatregelen mee te delen. In dit kader doelt art. 17, waarnaar in art. 10 onder meer wordt verwezen, op Beschikking 2001/470/EG van de Raad van 28 mei 2001 betreffende de oprichting van een Europees justitieel netwerk in burgerlijke en handelszaken (*PbEG* 2001, L 174; laatstelijk gewijzigd bij *PbEU* 2009, L 168). De door de lidstaten verstrekte informatie — die voortdurend dient te worden bijgewerkt — moet via het zogenoemde EU-portaal voor e-justice toegankelijk zijn (vgl. overweging 35). Tot die informatie behoort ook informatie over de instanties ten overstaan waarvan men zich kan beroepen op een in een andere lidstaat gelaste beschermingsmaatregel en/of die bevoegd zijn om een beschermingsmaatregel ten uitvoer te leggen. In Nederland zijn de instanties ten overstaan waarvan men zich kan beroepen op een in een andere lidstaat gelaste beschermingsmaatregel en/of die bevoegd zijn om een beschermingsmaatregel ten uitvoer te leggen, de deurwaarder en, in geval van een beschermingsmaatregel die is afgegeven op grond van de Wet tijdelijk huisverbod, de politie.

Artikel 11
Aanpassing van de beschermingsmaatregel

1. De beschermingsmaatregel wordt indien nodig en voor zover nodig door de bevoegde instantie van de aangezochte lidstaat in feitelijk opzicht zo aangepast, dat in die lidstaat uitvoering aan de beschermingsmaatregel kan worden gegeven.
2. De procedure voor de aanpassing van de beschermingsmaatregel wordt beheerst door het recht van de aangezochte lidstaat.
3. De aanpassing van de beschermingsmaatregel wordt ter kennis gebracht aan de persoon van wie de dreiging uitgaat.
4. Indien de persoon van wie de dreiging uitgaat zijn verblijfplaats heeft in de aangezochte lidstaat, wordt de kennisgeving verricht volgens het recht van die lidstaat. Indien de persoon van wie de dreiging uitgaat, zijn woonplaats in een andere dan de aangezochte lidstaat heeft of in een derde land, wordt de kennisgeving verricht bij aangetekende zending met ontvangstbevestiging of een gelijkwaardige zending. Indien het adres van de persoon van wie de dreiging uitgaat, niet bekend is of indien de betrokkene weigert de kennisgeving in ontvangst te nemen, is het recht van de aangezochte lidstaat van toepassing.
5. De beschermde persoon of de persoon van wie de dreiging uitgaat, kan tegen de aanpassing van de beschermingsmaatregel beroep instellen. De beroepsprocedure wordt beheerst door het recht van de aangezochte lidstaat. Het instellen van hoger beroep heeft echter geen schorsende werking.
[12-06-2013, PbEU L 181, i.w.tr. 19-07-2013/regelingnummer 606/2013]

Betekenis. Eerder, in verband met art. 7, werd onder meer al ingegaan op de noodzaak dat het certificaat onder meer informatie bevat over de functie die de plaats vervult die de persoon van wie de dreiging uitgaat niet mag betreden (bijv. dat het om het woonadres van de bedreigde persoon gaat) en/of de afstand die de persoon van wie de dreiging uitgaat in acht moet nemen (bijv. met betrekking tot dat woonadres). Heeft, zo gaf het voorbeeld bij art. 7 reeds aan, de beschermde persoon van de Nederlandse rechter een beschermingsmaatregel verkregen waarbij het de persoon van wie de dreiging uitgaat is verboden om het aan de Catharinastraat (nr. 24-g) te Breda gelegen appartement van de beschermde persoon te betreden, dan heeft de erkenning van deze maatregel in Luxemburg weinig waarde als de beschermde persoon inmiddels is verhuisd naar een appartement aan de Rue Jean-Pierre Sauvage (nr. 9) in Luxemburg-stad. Op de voet van art. 11, kan de beschermingsmaatregel dan echter in feitelijk opzicht worden aangepast door de bevoegde instantie van de aangezochte lidstaat. Het is dan, juist om die aanpassing te vergemakkelijken, praktisch om in het certificaat tevens te vermelden dat het bijv. bij het in de beschermingsmaatregel opgegeven adres om het woonadres van de beschermde persoon gaat (vgl. ook *Kamerstukken* 34021, 3, onder 7, p. 11 en p. 20). Wanneer een beschermingsmaatregel 'indien nodig en voor zover nodig' wordt aangepast door de bevoegde instantie van de lidstaat waar de bescherming wordt ingeroepen, kan vervolgens in die lidstaat feitelijk uitvoering aan deze beschermingsmaatregel worden gegeven. Daardoor hoeft, met het oog op de bescherming van zijn of haar fysieke of psychische integriteit, de beschermde persoon niet een geheel nieuwe procedure te beginnen in de lidstaat waar betrokkene een beschermingsmaatregel als bedoeld in de Verordening burgerlijke beschermingsmaatregelen wenst in te roepen. Ingevolge art. 11 lid 2 wordt de procedure voor de aanpassing van de beschermingsmaatregel beheerst door het recht van de lidstaat alwaar de beschermde persoon zich beroept op de automatische erkenning en/of alwaar betrokkene het verzoek heeft gedaan tot tenuitvoerlegging van de in de lidstaat van oorsprong verkregen beschermingsmaatregel. Wat betreft Nederland zal het verzoek tot aanpassing van een buitenlandse burgerlijke beschermingsmaatregel moeten worden gedaan bij de voorzieningenrechter van de Rechtbank Den Haag. Dit volgt uit art. 5 Uitvoeringswet burgerlijke beschermingsmaatregelen (waarover hierna, bij de Uitvoeringswet burgerlijke beschermingsmaatregelen). Evenals als het geval bleek bij onder meer art. 8, voorziet art. 11 in waarborgen teneinde tegemoet te komen aan de rechten van de persoon van wie de dreiging uitgaat. De persoon van wie de dreiging uitgaat dient namelijk in kennis te worden gesteld van de aanpassing van de beschermingsmaatregel.

Artikel 12
Verbod van inhoudelijke toetsing

In geen geval mag een in de lidstaat van oorsprong gelaste beschermingsmaatregel inhoudelijk worden getoetst in de aangezochte lidstaat.

[12-06-2013, PbEU L 181, i.w.tr. 19-07-2013/regelingnummer 606/2013]

Betekenis. Art. 12 bevat het verbod van *révision au fond.* In geen geval mag de in de lidstaat van oorsprong gelaste beschermingsmaatregel namelijk inhoudelijk worden getoetst in de aangezochte lidstaat. Anders geformuleerd: bij de erkenning en, zo nodig, tenuitvoerlegging mag de materiële inhoud van de maatregel c.q. de juistheid van de beslissing niet door de bevoegde instantie van de aangezochte lidstaat worden onderzocht.

Artikel 13
Weigering van erkenning of tenuitvoerlegging

1. De erkenning en, in voorkomend geval, de tenuitvoerlegging van de beschermingsmaatregel wordt geweigerd, op verzoek van de persoon van wie de dreiging uitgaat, voor zover de erkenning:

a) kennelijk strijdig is met de openbare orde van de aangezochte lidstaat; of

b) onverenigbaar is met een in de aangezochte lidstaat gegeven of erkende beslissing.

2. Het verzoek om weigering van erkenning of tenuitvoerlegging wordt gericht tot de rechterlijke instantie van de aangezochte lidstaat die overeenkomstig artikel 18, lid 1, onder a), iv), door die lidstaat aan de Commissie is opgegeven.

3. De erkenning van de beschermingsmaatregel mag niet worden geweigerd omdat het recht van de aangezochte lidstaat op grond van dezelfde feiten niet in een dergelijke maatregel voorziet.

[12-06-2013, PbEU L 181, i.w.tr. 19-07-2013/regelingnummer 606/2013]

1. Betekenis. Op verzoek van de persoon van wie de dreiging uitgaat wordt onder omstandigheden de erkenning en, in voorkomend geval, de tenuitvoerlegging van de beschermingsmaatregel geweigerd. Het moet dan wel gaan om uitzonderlijke gevallen. Zou weigering van de erkenning en/of de tenuitvoerlegging van een beschermingsmaatregel namelijk vaak voorkomen, dan zou dit leiden tot een wezenlijke aantasting van het wederzijds vertrouwen in de rechtsbedeling binnen de Europese Unie en in het bijzonder afbreuk doen aan de wil, het verkeer van beschermingsmaatregelen in de Europese Unie vlotter te laten verlopen en goedkoper te maken. De Verordening burgerlijke beschermingsmaatregelen wil nota bene gestalte geven aan het streven naar 'een vrij verkeer van burgerlijke beschermingsmaatregelen' in Europa. Desalniettemin kan het met het oog op een harmonieuze rechtspleging of op grond van overwegingen van algemeen belang soms gerechtvaardigd zijn dat de bevoegde instantie van de aangezochte lidstaat de erkenning of de tenuitvoerlegging van een beschermingsmaatregel weigert. Dat is op grond van art. 13 lid 1 – aan welke bepaling art. 7 Uitvoeringswet burgerlijke beschermingsmaatregelen nader uitvoering geeft door te bepalen dat het in art. 13 lid 1 bedoelde verzoek wordt ingediend bij de voorzieningenrechter van de Rechtbank Den Haag – dan ook mogelijk. Bepaalde, het toch al andersluidende, art. 12 van het voorstel van de Europese Commissie (*COM(2011)276* van 18 mei 2011) nog dat de erkenning of tenuitvoerlegging mocht worden geweigerd, art. 13 bepaalt thans dat de erkenning en, in voorkomend geval, de tenuitvoerlegging wórdt geweigerd.

2. Openbare orde. Het gaat in art. 13 lid 1 om twee weigeringsgronden. De eerste weigeringsgrond waarvan art. 13 lid 1 gewag maakt, is dat de beschermingsmaatregel 'kennelijk strijdig is met de openbare orde van de aangezochte lidstaat'. Het gebruik van het woord kennelijk in art. 13 lid 1 onderdeel a (vgl. ook art. 9 lid 1 onderdeel b) duidt er reeds op, dat het moet gaan om evidente, aperte, gevallen. Dit betekent dus al dat, wil het slagen, er hoge eisen aan een beroep op de openbare orde worden gesteld. Het enkele argument bijv. dat de in de staat van oorsprong gelaste beschermingsmaatregel in het rechtstelsel van de aangezochte lidstaat volstrekt onbekend is of daar een andere inhoud heeft, zal dus niet opgaan. Daarentegen vindt de openbare orde-exceptie van art. 13 lid 1 onderdeel a bijv. wél toepassing, wanneer de erkenning of tenuitvoerlegging van de burgerlijke beschermingsmaatregel in strijd zou zijn met het Handvest van de grondrechten van de Europese Unie van 7 december 2000 (*PbEG* 2000, C 364; laatstelijk gewijzigd bij *PbEU* 2007, C 303), en met name art. 21 daarvan (overweging 32; vgl. ook overweging 38). In art. 21 Handvest Grondrechten EU is het beginsel van non-discriminatie neergelegd. Dit betekent onder meer dat iedere discriminatie op grond van geslacht, ras, kleur, etnische of sociale afkomst, genetische kenmerken, godsdienst, politieke denkbeelden, handicap, leeftijd of seksuele gerichtheid is verboden (zie nader art. 21; zie in het algemeen ook overweging 6).

3. Onverenigbare beslissingen. De tweede weigeringsgrond waarvan art. 13 lid 1 gewag maakt, is dat de beschermingsmaatregel 'onverenigbaar is met een in de aangezochte lidstaat gegeven of erkende beslissing'. Daarmee wil, met het oog op een harmonieuze rechtspleging, art. 13 lid 1 onderdeel b voorkomen dat in twee, bij de Verordening burgerlijke beschermingsmaatregelen aangesloten lidstaten beslissingen worden genomen die onderling onverenigbaar zijn (overweging 31; vgl. reeds het voorstel van de Europese Commissie, Article 12, p. 8, (*COM(2011)276* van 18 mei 2011)).

4. Veiligheidsklep. Zekerheidshalve bepaalt art. 13 lid 3 verder nog, dat de erkenning van de beschermingsmaatregel niet mag worden geweigerd omdat het recht van de aangezochte lidstaat op grond van dezelfde feiten niet in een dergelijke maatregel voorziet. Dat is ook daarom logisch, nu de Verordening burgerlijke beschermingsmaatregelen de lidstaten immers enerzijds niet verplicht hun nationale systemen te wijzigen (vgl. overweging 12), maar anderzijds wel berust op het beginsel van wederzijdse erkenning van burgerlijke beschermingsmaatregelen (vgl. overweging 2).

Artikel 14
Schorsing of intrekking van erkenning of tenuitvoerlegging

1. Indien de beschermingsmaatregel in de lidstaat van oorsprong wordt geschorst of ingetrokken of de uitvoerbaarheid ervan wordt geschorst of beperkt, of indien het certificaat overeenkomstig artikel 9, lid 1, onder b), wordt ingetrokken, verstrekt de instantie van afgifte in de lidstaat van oorsprong op verzoek van de beschermde persoon of de persoon van wie de dreiging uitgaat een certificaat waarin de opschorting, de beperking of de intrekking wordt vermeld, door gebruik te maken van het overeenkomstig artikel 19 opgestelde standaardformulier.
2. Indien de beschermde persoon of de persoon van wie de dreiging uitgaat het overeenkomstig lid 1 afgegeven certificaat bij de bevoegde autoriteit indient, worden de gevolgen van de erkenning en, in voorkomend geval, de tenuitvoerlegging van de beschermingsmaatregel door die bevoegde autoriteit van de aangezochte lidstaat geschorst of ingetrokken.
[12-06-2013, PbEU L 181, i.w.tr. 19-07-2013/regelingnummer 606/2013]

Betekenis. Art. 14 geeft een praktische oplossing voor het geval in de lidstaat van oorsprong een beschermingsmaatregel wordt geschorst of ingetrokken of de uitvoerbaarheid ervan wordt geschorst of beperkt, of indien het certificaat overeenkomstig art. 9 lid 1 onderdeel b wordt ingetrokken. In die gevallen kan op verzoek van de beschermde persoon dan wel op verzoek van de persoon van wie de dreiging uitgaat een bij de situatie passend certificaat worden verstrekt. Na indiening van dit certificaat bij de bevoegde autoriteit, worden dan vervolgens de gevolgen van de erkenning en, in voorkomend geval, de tenuitvoerlegging van de beschermingsmaatregel door die bevoegde autoriteit van de aangezochte lidstaat geschorst of ingetrokken. Evenals bij art. 5 wordt ook in het geval van art. 14 gebruikgemaakt van het standaardformulier dat door de Europese Commissie op de voet van art. 19 is vastgesteld bij Uitvoeringsverordening (EU) 939/2014 van 2 september 2014 (*PbEU* 2014, L 263; vgl. ook overweging 36).

HOOFDSTUK III
Algemene bepalingen en slotbepalingen

[Inleidende opmerkingen]

Betekenis. Hoofdstuk III, het derde en laatste hoofdstuk van de Verordening burgerlijke beschermingsmaatregelen, bestaat uit acht artikelen, namelijk art. 15-22. Deze 'algemene bepalingen en slotbepalingen' hebben betrekking op onderwerpen als het verbod van legalisatie, de informatie en de inlichtingen die door de betrokken lidstaten moeten worden verstrekt aan het publiek respectievelijk aan de Europese Commissie en zien verder bijvoorbeeld ook op de datum van het van toepassing worden van de Verordening burgerlijke beschermingsmaatregelen.

Artikel 15

Legalisatie en soortgelijke formaliteiten

Met betrekking tot de in het kader van deze verordening in een lidstaat afgegeven documenten mag geen legalisatie of soortgelijke formaliteit worden geëist.

[12-06-2013, PbEU L 181, i.w.tr. 19-07-2013/regelingnummer 606/2013]

Betekenis. Art. 15 is een voorbeeld van een algemene bepaling die, zij het in verschillende varianten, ook in andere verordeningen en verdragen voorkomt (zie bijv. art. 61 Brussel I-bis, ook wel de Herschikte Verordening Brussel I geheten, *PbEU* 2012, L 351; laatstelijk gewijzigd bij *PbEU* 2015, L 54, en verder bijv. art. 43 HKV 1996, over welk verdrag L.Th.L.G. Pellis, in: *T&C PFR*). Het komt er, kort samengevat, op neer dat de oorsprong van een document niet mag worden gecontroleerd. Dit betekent onder meer dat dient te worden uitgegaan van de echtheid van de handtekening in een door de lidstaat afgegeven document en dat (ook) in het kader van de Verordening burgerlijke beschermingsmaatregelen dus geen bevestigende verklaring mag worden geëist omtrent de echtheid van onder meer die handtekening.

Artikel 16

Transliteratie of vertaling

1. Elke op grond van deze verordening vereiste transliteratie of vertaling, wordt opgesteld in de officiële taal van de aangezochte lidstaat of in een van de officiële talen van de instellingen van de Unie waarvan die lidstaat heeft verklaard deze te kunnen aanvaarden.

2. Behoudens artikel 5, lid 3, wordt elke vertaling uit hoofde van deze verordening uitgevoerd door een persoon die in een van de lidstaten daartoe gemachtigd is.

[12-06-2013, PbEU L 181, i.w.tr. 19-07-2013/regelingnummer 606/2013]

Betekenis. Art. 16 is in de kern van de zaak vergelijkbaar met onder meer art. 57 Brussel I-bis, ook wel de Herschikte Verordening Brussel I geheten (*PbEU* 2012, L 351; laatstelijk gewijzigd bij *PbEU* 2015, L 54). Transliteratie is, kort samengevat, het omzetten van het ene alfabet of schriftsysteem in het andere. Nederland heeft, ook gelet op het bepaalde in art. 18 lid 1 onderdeel b, de Europese Commissie medegedeeld dat Nederlands de taal is die wordt aanvaard voor de in art. 16 lid 1 bedoelde vertalingen.

Artikel 17

Informatie die ter beschikking van het publiek wordt gesteld

De lidstaten verstrekken, in het kader van het bij Beschikking 2001/470/EG ingestelde Europees justitieel netwerk in burgerlijke en handelszaken en teneinde deze gegevens openbaar te maken, een beschrijving van de nationale voorschriften en procedures betreffende beschermingsmaatregelen in burgerlijke zaken, met inbegrip van informatie over welke instanties bevoegd zijn voor de onder deze verordening vallende zaken.

Die informatie wordt door de lidstaten voortdurend bijgewerkt.

[12-06-2013, PbEU L 181, i.w.tr. 19-07-2013/regelingnummer 606/2013]

Betekenis. Om de toepassing van de Verordening burgerlijke beschermingsmaatregel te vergemakkelijken zijn de lidstaten waarvoor deze verordening geldt verplicht om bepaalde informatie met betrekking tot hun nationale wetgeving en procedures inzake burgerlijke beschermingsmaatregelen ter beschikking van het publiek te stellen. In dit kader refereert art. 17 aan Beschikking 2001/470/EG van de Raad van 28 mei 2001 betreffende de oprichting van een Europees justitieel netwerk in burgerlijke en handelszaken (*PbEG* 2001, L 174; laatstelijk gewijzigd bij *PbEU* 2009, L 168). De door de lidstaten verstrekte informatie – die voortdurend dient te worden bijgewerkt – moet via het zogenoemde EU-portaal voor e-justice toegankelijk zijn (vgl. overweging 35). Nederland heeft in het kader van art. 17 het volgende medegedeeld: "Slachtoffers die in Nederland een beschermingsmaatregel willen verkrijgen moeten daarvoor een civiele procedure (kort geding) voeren. Men dient zich daarvoor te wenden tot een advocaat. Deze kan informatie geven over de te volgen procedure en de procedure namens het slachtoffer voeren." Zie verder onder meer ook hiervoor, bij art. 5, 10, 11 en 13, en hierna, bij art. 18.

Artikel 18
Mededeling van informatie door de lidstaten

1. De lidstaten delen uiterlijk op 11 juli 2014 aan de Commissie de volgende informatie mee:

a) welke instanties bevoegd zijn voor de onder deze verordening vallende zaken, daarbij, in voorkomend geval, onderscheid makend tussen:
   i) de instanties die bevoegd zijn beschermingsmaatregelen te gelasten en het certificaat af te geven overeenkomstig artikel 5;
   ii) de instanties waarvoor men zich kan beroepen op een in een andere lidstaat gelaste beschermingsmaatregel en/of die bevoegd zijn om een beschermingsmaatregel ten uitvoer te leggen;
   iii) de instanties die bevoegd zijn voor het aanpassen van een beschermingsmaatregel overeenkomstig artikel 11, lid 1;
   iv) de rechterlijke instanties bij wie overeenkomstig artikel 13 het verzoek tot weigering van erkenning en, in voorkomend geval, van tenuitvoerlegging wordt ingediend;

b) de taal die wordt/de talen die worden aanvaard voor de in artikel 16, lid 1, bedoelde vertalingen.

2. De Commissie maakt de in de eerste alinea bedoelde informatie met alle passende middelen openbaar, met name via de website van het Europees justitieel netwerk in burgerlijke en handelszaken.

[12-06-2013, PbEU L 181, i.w.tr. 19-07-2013/regelingnummer 606/2013]

Betekenis. Art. 18 bevat een opsomming van de informatie die de lidstaten in het kader van deze verordening aan de Europese commissie dienen mede te delen. Zie voor deze informatie onder meer hiervoor, bij art. 5, 10, 11, 13 en 16 en, uiteraard, het zogenoemde EU-portaal voor e-justice, ook wel Europees e-justitieportaal genoemd, https://e-justice.europa.eu.

Artikel 19
Opstelling en wijziging van de formulieren

De Commissie stelt uitvoeringshandelingen vast voor het opstellen en het wijzigen van de formulieren als bedoeld in de artikelen 5 en 14. Die uitvoeringshandelingen worden volgens de in artikel 20 bedoelde onderzoeksprocedure vastgesteld.

[12-06-2013, PbEU L 181, i.w.tr. 19-07-2013/regelingnummer 606/2013]

Betekenis. Het standaardformulier dat door de Europese Commissie op de voet van art. 19 is vastgesteld, is vastgesteld bij Uitvoeringsverordening (EU) 939/2014 van 2 september 2014 (*PbEU* 2014, L 263). Zie ook hiervoor, bij art. 5 en 14.

Artikel 20
Comitéprocedure

1. De Commissie wordt bijgestaan door een comité. Dat comité is een comité in de zin van Verordening (EU) nr. 182/2011.
2. Wanneer naar dit lid wordt verwezen, is artikel 5 van Verordening (EU) nr. 182/2011 van toepassing.
[12-06-2013, PbEU L 181, i.w.tr. 19-07-2013/regelingnummer 606/2013]

Betekenis. De verordening waaraan art. 20 refereert is Verordening (EU) 182/2011 van het Europees Parlement en de Raad van 16 februari 2011 tot vaststelling van de algemene voorschriften en beginselen die van toepassing zijn op de wijze waarop de lidstaten de uitoefening van de uitvoeringsbevoegdheden door de Commissie controleren (*PbEU* 2011, L 55). Daarvan heeft art. 5 Verordening (EU) 182/2011 betrekking op de onderzoeksprocedure. In art. 2 lid 2 Verordening (EU) 182/2011 wordt onder meer aangegeven wanneer de onderzoeksprocedure met name van toepassing is.

Artikel 21
Evaluatie

Uiterlijk op 11 januari 2020 dient de Commissie bij het Europees Parlement, de Raad en het Europees Economisch en Sociaal Comité een verslag in over de toepassing van deze verordening. Het verslag gaat zo nodig vergezeld van voorstellen tot wijziging.
[12-06-2013, PbEU L 181, i.w.tr. 19-07-2013/regelingnummer 606/2013]

Betekenis. Art. 21 is een voorbeeld van een slotbepaling die, zij het in verschillende varianten, ook in andere verordeningen en verdragen voorkomt (zie bijv. art. 73 Brussel I of EEX-Verordening (*PbEG* 2001, L 12) en art. 56 HKV 1996 (over welk verdrag L.Th.L.G. Pellis, in: *T&C PFR*)). Dat bepalingen als art. 21 ook daadwerkelijk effect kunnen hebben, blijkt onder meer uit de totstandkoming en vervolgens het van toepassing worden van de Herschikte Verordening Brussel I of EEX-Verordening II (*PbEU* 2012, L 351; laatstelijk gewijzigd bij *PbEU* 2015, L 54).

Artikel 22
Inwerkingtreding

Deze verordening treedt in werking op de twintigste dag na die van de bekendmaking ervan in het *Publicatieblad van de Europese Unie*.
Zij is van toepassing met ingang van 11 januari 2015.
Deze verordening is van toepassing op beschermingsmaatregelen die zijn gelast op of na 11 januari 2015, ongeacht het tijdstip waarop de procedure is ingeleid.
[12-06-2013, PbEU L 181, i.w.tr. 19-07-2013/regelingnummer 606/2013]

Betekenis. Art. 22 maakt duidelijk vanaf welke datum zij van toepassing is, namelijk op vanaf 11 januari 2015 gelaste beschermingsmaatregelen als bedoeld in deze verordening. Dat de procedure die tot de gelaste beschermingsmaatregel heeft geleid mogelijk al eerder is ingeleid, doet hieraan niet af. Het tijdstip waarop een bevoegde instantie in een lidstaat de beschermingsmaatregel heeft gelast, is dus bepalend. Is dat op of na 11 januari 2015 gebeurd, dan is de Verordening burgerlijke beschermingsmaatregel dus temporeel van toepassing.

Uitvoeringswet verordening wederzijdse erkenning van beschermingsmaatregelen in burgerlijke zaken

Wet van 4 maart 2015 tot uitvoering van Verordening (EU) Nr. 606/2013 van het Europees parlement en de Raad van 12 juni 2013 betreffende de wederzijdse erkenning van beschermingsmaatregelen in burgerlijke zaken (*PbEU* 2013, L181), Stb. 2015, 105 (i.w.tr. 12-03-2015)

Wij Willem-Alexander, bij de gratie Gods, Koning der Nederlanden, Prins van Oranje-Nassau, enz. enz. enz.
Allen, die deze zullen zien of horen lezen, saluut! doen te weten:
Alzo Wij in overweging genomen hebben, dat Verordening (EU) Nr. 606/2013 van het Europees parlement en de Raad van 12 juni 2013 betreffende de wederzijdse erkenning van beschermingsmaatregelen in burgerlijke zaken (*PbEU* 2013, L 181) moet worden uitgevoerd;
Zo is het, dat Wij, de Afdeling advisering van de Raad van State gehoord, en met gemeen overleg der Staten-Generaal, hebben goedgevonden en verstaan, gelijk Wij goedvinden en verstaan bij deze:

[Inleidende opmerkingen]

1. De Verordening burgerlijke beschermingsmaatregelen. Op 11 januari 2015 is de Verordening (EU) 606/2013 van het Europees Parlement en de Raad van 12 juni 2013 betreffende de wederzijdse erkenning van beschermingsmaatregelen in burgerlijke zaken (*PbEU* 2013, L 181), hierna: Verordening burgerlijke beschermingsmaatregelen, van toepassing geworden. De Verordening burgerlijke beschermingsmaatregelen geldt voor alle huidige lidstaten van de Europese Unie, met uitzondering van Denemarken, en is van toepassing op beschermingsmaatregelen die zijn gelast op of na 11 januari 2015, ongeacht het tijdstip waarop de procedure is ingeleid. Blijkens overweging 3 e.v. van de Verordening burgerlijke beschermingsmaatregelen is het doel van deze verordening om een instrument in te voeren waarmee burgerlijke beschermingsmaatregelen die in de ene EU-lidstaat zijn verkregen op snelle en eenvoudige wijze, via wederzijdse erkenning, kunnen worden meegenomen naar een andere EU-lidstaat. Daardoor kan de betrokken natuurlijke persoon aanspraak blijven maken op dezelfde bescherming als in de EU-lidstaat van oorsprong. Dit betekent dus dat betrokkene in beginsel niet opnieuw een procedure in die andere EU-lidstaat behoeft te beginnen voor het verkrijgen van een nieuwe beschermingsmaatregel. Bij beschermingsmaatregelen als bedoeld in de Verordening burgerlijke beschermingsmaatregelen gaat het om tijdelijke en preventieve maatregelen die worden genomen ter bescherming van een natuurlijk persoon wanneer er een ernstig risico bestaat dat de lichamelijke en/of psychische integriteit of de vrijheid van betrokkene in het gedrang komt. Het zal uiteindelijk van de nationale wetgeving van elke EU-lidstaat afhangen, welke tijdelijke en preventieve burgerlijke beschermingsmaatregelen mogelijk zijn. Vast staat echter wel dat maatregelen als bedoeld in de Verordening burgerlijke beschermingsmaatregelen in voorkomende gevallen ook door een andere instantie dan – enkel – een burgerlijke rechter kunnen worden getroffen. Dit betekent bijv. dus dat ook een door een bestuursrechter getroffen tijdelijke of preventieve beschermingsmaatregel door de Verordening burgerlijke beschermingsmaatregelen wordt bestreken, indien en voor zover het om een beschermingsmaatregel als bedoeld in deze verordening gaat (vgl. de in art. 3 onderdeel 1 Verordening burgerlijke beschermingsmaatregelen gegeven definitie). Wat Nederland betreft, kunnen beschermingsmaatregelen als bedoeld in de Verordening burgerlijke beschermingsmaatregelen niet alleen worden gelast in het kader van – met name – een procedure op grond van een onrechtmatige daad, maar ook in het kader van een procedure op grond van de wet van 9 oktober 2008 houdende regels strekkende tot het opleggen van een tijdelijk huisverbod aan personen van wie een ernstige bedreiging van huiselijk geweld uitgaat (*Stb.* 2008, 421, *Kamerstukken* 30657; laatstelijk gewijzigd bij *Stb.* 2020, 67, *Kamerstukken* 35299). Op grond van deze op 1 januari 2009 van kracht geworden wet, hierna: Wet tijdelijk huisverbod, kan onder meer de burgemeester een tijdelijk huisverbod opleggen.

2. Uitvoeringswet. Bij de Verordening burgerlijke beschermingsmaatregelen behoort (ook) wat Nederland betreft een uitvoeringswet (*Stb.* 2015, 105; *Kamerstukken* 34021). Deze wet, de Wet van 4 maart 2015 tot uitvoering van Verordening (EU) 606/2013 van het Europees parlement en de Raad van 12 juni 2013 betreffende de wederzijdse erkenning van beschermingsmaatregelen in burgerlijke zaken (*PbEU* 2013, L 181) (hierna: Uitvoeringswet verordening burgerlijke beschermingsmaatregelen), is enkele maanden na het van toepassing worden van de Verordening burgerlijke beschermingsmaatregelen voor Nederland van kracht geworden, namelijk op 12 maart 2015. Gelet op de rechtstreekse toepasselijkheid van de Verordening burgerlijke beschermingsmaatregelen – aan welk karakter een omzetting van de verordening in bepalingen van nationaal recht afbreuk zou doen – worden in de Uitvoeringswet verordening burgerlijke beschermingsmaatregelen alleen die aspecten geregeld die niet uit de verordening voortvloeien. Dit betreft in de eerste plaats de aanwijzing van de bevoegde autoriteit om een certificaat af te geven, in te trekken of te verbeteren, alsmede de procedure die daarvoor dient te worden gevolgd (vgl. art. 5 en 9 Verordening burgerlijke beschermingsmaatregelen). In de tweede plaats betreft dit de aanwijzing van de bevoegde autoriteit die een in een andere lidstaat opgelegde beschermingsmaatregel (waarover art. 3, onderdeel 1 Verordening burgerlijke beschermingsmaatregelen) zodanig kan aanpassen dat, als gevolg van deze aanpassing, daar in Nederland uitvoering aan kan worden gegeven (vgl. art. 11 Verordening burgerlijke beschermingsmaatregelen). In de derde plaats regelt de Uitvoeringswet verordening burgerlijke beschermingsmaatregelen dat de beschermde persoon (waarover art. 3 onderdeel 2 Verordening burgerlijke beschermingsmaatregelen) de voorzieningenrechter in de Rechtbank Den Haag kan verzoeken aan een in een andere lidstaat opgelegde beschermingsmaatregel een dwangmiddel te verbinden om de persoon van wie de dreiging uitgaat (waarover art. 3 onderdeel 3 Verordening burgerlijke beschermingsmaatregelen) te prikkelen om hetgeen in de beschermingsmaatregel is bepaald na te leven. Dit laatste schrijft de Verordening burgerlijke beschermingsmaatregelen niet voor, maar zij sluit het evenmin uit, zo staat in de Memorie van Toelichting bij de Uitvoeringswet burgerlijke beschermingsmaatregelen te lezen (*Kamerstukken* 34021, 3, Algemeen, bij 7, p. 9).

Artikel 1

In deze wet wordt verstaan onder verordening: Verordening (EU) Nr. 606/2013 van het Europees parlement en de Raad van 12 juni 2013 betreffende de wederzijdse erkenning van beschermingsmaatregelen in burgerlijke zaken (*PbEU* 2013, L 181).

[04-03-2015, Stb. 105, i.w.tr. 12-03-2015/kamerstukken 34021]

[Verordening]

Betekenis. Art. 1 Uitvoeringswet burgerlijke beschermingsmaatregelen maakt duidelijk dat steeds waar in de bepalingen van deze wet wordt gesproken over (de) 'verordening' (zie bijvoorbeeld art. 2 lid 1, art. 4 lid 1, art. 5 lid 1, art. 6 lid 2 en art. 7) daarmee de Verordening burgerlijke beschermingsmaatregelen wordt bedoeld.

Artikel 2

1. Een certificaat, als bedoeld in artikel 5 van de verordening, voor de erkenning van een beschermingsmaatregel in een andere lidstaat wordt bij verzoekschrift gevraagd aan de rechter die de beschermingsmaatregel heeft bevolen. Het verzoekschrift kan zonder tussenkomst van een advocaat worden ingediend.

2. Bij het verzoekschrift, bedoeld in het eerste lid, wordt een afschrift van de beslissing waarin de beschermingsmaatregel wordt bevolen overgelegd. Het verzoekschrift bevat daarnaast de gegevens, als bedoeld in artikel 7 van de verordening, die de rechter nodig heeft om het certificaat volgens het op basis van artikel 19 van de verordening opgestelde meertalige standaardformulier te kunnen afgeven.

3. De in het eerste lid bedoelde rechter beslist onverwijld op het verzoek. De persoon van wie de dreiging uitgaat behoeft niet te worden opgeroepen. Indien het verzoek wordt toegewezen wordt aan de persoon van wie de dreiging uitgaat daarvan een kennisgeving, als bedoeld in artikel 8, eerste lid, van de verordening gezonden overeenkomstig het bepaalde in artikel 291 van het Wetboek van burgerlijke rechtsvordering.

4. Het eerste en tweede lid zijn van overeenkomstige toepassing op de afgifte van een certificaat voor de erkenning van een beschermingsmaatregel die is opgelegd op grond van de Wet tijdelijk huisverbod. De afgifte van een certificaat wordt in dat geval gevraagd aan de burgemeester of de hulpofficier als bedoeld in artikel 3, eerste lid, van de Wet tijdelijk huisverbod, die de beschermingsmaatregel oplegt of heeft opgelegd. Indien het verzoek wordt toegewezen wordt aan de persoon van wie de dreiging uitgaat daarvan een kennisgeving, als bedoeld in artikel 8, eerste lid, van de verordening gezonden. Indien de persoon aan wie een tijdelijk huisverbod is opgelegd zijn zienswijze niet vooraf naar voren heeft kunnen brengen, wordt het certificaat niet afgegeven voordat op een door de uithuisgeplaatste ingesteld beroep is beslist, dan wel drie dagen na het opleggen van de maatregel zijn verstreken en de uithuisgeplaatste geen beroep heeft ingesteld.

[04-03-2015, Stb. 105, i.w.tr. 12-03-2015/kamerstukken 34021]

[Certificaat verzoekschrift]

Betekenis. Art. 2 Uitvoeringswet burgerlijke beschermingsmaatregelen geeft nader uitvoering aan art. 5 Verordening burgerlijke beschermingsmaatregelen. Laatstgenoemde bepaling houdt verband met de afgifte van het zogeheten certificaat. Dit certificaat vervult in het kader van de Verordening burgerlijke beschermingsmaatregelen een spilfunctie. Zonder overlegging van een certificaat is op basis van de Verordening burgerlijke beschermingsmaatregelen namelijk geen automatische erkenning noch tenuitvoerlegging mogelijk in de lidstaten waarvoor deze verordening geldt. Het certificaat wordt, zo maken de bewoordingen van art. 5 lid 1 Verordening burgerlijke beschermingsmaatregelen duidelijk, afgegeven door 'de instantie van uitgifte van de lidstaat van oorsprong'. Blijkens art. 2 Uitvoeringswet burgerlijke beschermingsmaatregelen kan dat, wat Nederland betreft, zowel de rechter (dat wil zeggen rechtbanken en gerechtshoven) zijn die de beschermingsmaatregel heeft bevolen als, indien de beschermingsmaatregel is afgegeven op grond van het Wet tijdelijk huisverbod (*Stb.* 2008, 421; laatstelijk gewijzigd bij *Stb.* 2020, 67), de burgemeester van de plaats waarin de locatie ligt waarvoor het tijdelijk huisverbod is afgegeven dan wel de hulpofficier als bedoeld in art. 3 lid 1 Wth. In het kader van het verzoek om afgifte dienen de in art. 2 lid 2 Uitvoeringswet burgerlijke beschermingsmaatregelen bedoelde gegevens te worden overgelegd. Met het oog op de bescherming van de rechten van de persoon van wie de dreiging uitgaat, bevat art. 2 lid 3 (in het geval de rechter beslist op het verzoek om een certificaat) en art. 2 lid 4 (in het geval dat de burgemeester of de hulpofficier van justitie beslist op het verzoek om een certificaat) bepaalde processuele waarborgen. Duidelijk is steeds dat onverwijld althans met spoed op het verzoek om een certificaat – als bedoeld in art. 5 Verordening burgerlijke beschermingsmaatregelen – zal moeten worden beslist. Tussenkomst van een advocaat is niet vereist, nu, naar het oordeel van de toenmalige Staatssecretaris van Veiligheid en Justitie, het verzoek om een certificaat van 'zeer eenvoudige aard' is (*Kamerstukken* 34021, 3, bij art. 2 lid 1 en 2, p. 15). Desalniettemin achtte, naar aanleiding van vragen vanuit de Eerste Kamer, diezelfde staatssecretaris het denkbaar dat, bijv. omdat er sprake is van dreigende eerwraak, een verzoek niet zonder bijstand van een advocaat zal kunnen worden afgehandeld (zie nader *Kamerstukken* 34021, B, bij 2, Inrichting van de uitvoeringswet, p. 2-3). Wordt op verzoek van de beschermde persoon een certificaat afgegeven, dan staat daartegen geen beroep open. Dit volgt echter niet uit art. 2 Uitvoeringswet burgerlijke beschermingsmaatregelen, maar uit art. 5 lid 2 Verordening burgerlijke beschermingsmaatregelen (zie voor een uitgebreide toelichting van L.Th.L.G. Pellis in *T&C Personen- en Familierecht* op deze en andere bepalingen van de Verordening burgerlijke beschermingsmaatregelen, hierboven, vóór het commentaar op de Uitvoeringswet burgerlijke beschermingsmaatregelen; vgl. ook *Asser/Vonken & Ibili 10-II* 2021/773-777).

Artikel 3

1. De rechter of burgemeester of hulpofficier van justitie als bedoeld in artikel 3, eerste lid, van de Wet tijdelijk huisverbod die het certificaat heeft afgegeven kan op verzoek van de beschermde persoon of de persoon van wie de dreiging uitgaat of ambtshalve het certificaat verbeteren, indien dit door een kennelijke verschrijving afwijkt van de beschermingsmaatregel. Er vindt geen oproeping van belanghebbenden plaats. Aan

de persoon van wie de dreiging uitgaat en aan de beschermde persoon wordt een kennisgeving verzonden van de afgifte van het verbeterde certificaat.
2. Tegen de verbetering van een certificaat of weigering daarvan staat geen voorziening open.
[04-03-2015, Stb. 105, i.w.tr. 12-03-2015/kamerstukken 34021]

[Verbetering certificaat]

Betekenis. Beroep althans een voorziening staat evenmin open tegen de verbetering van het certificaat of weigering daarvan. Dit nu vloeit echter niet voort uit de Verordening burgerlijke beschermingsmaatregelen, maar uit art. 3 lid 2 Uitvoeringswet burgerlijke beschermingsmaatregelen. Art. 9 lid 2 Verordening burgerlijke beschermingsmaatregelen maakt een regeling als neergelegd in art. 3 lid 2 ook mogelijk door onder meer te bepalen dat het hoger beroep tegen de verbetering van het certificaat wordt beheerst door het recht van de lidstaat van de oorsprong. Daarmee is tevens duidelijk dat, ook gelet op de in art. 3 onderdeel 5 Verordening burgerlijke beschermingsmaatregelen gegeven definitie, de in Nederland zetelende rechter dan wel de burgemeester of hulpofficier als bedoeld in art. 3 lid 1 Wth die het certificaat heeft afgegeven, ook over de verbetering van het certificaat gaat. Blijkens art. 3 lid 1 Uitvoeringswet burgerlijke beschermingsmaatregelen kan een verbetering van het certificaat op verzoek van de beschermde persoon, op verzoek van de persoon van wie de dreiging uitgaat dan wel ambtshalve plaatsvinden, steeds 'indien dit door een kennelijke verschrijving afwijkt van de beschermingsmaatregel'. De kennelijke verschrijving dient uit de oorspronkelijke beschermingsmaatregel zelf te blijken en daarmee dus rechtstreeks uit de stukken. Gedacht kan bijv. worden aan een spelfout in de naam of het adres van (een van) de betrokkenen en/of een verschrijving in de geldigheidsduur van het certificaat. Indien het certificaat nadat het is verbeterd nog steeds door één of meer kennelijke verschrijvingen afwijkt van de (onderliggende) beschermingsmaatregel, kan op de voet van art. 3 lid 1 Uitvoeringswet burgerlijke beschermingsmaatregelen het certificaat wederom worden verbeterd. Het Nederlandse Wetboek van Burgerlijke Rechtsvordering, meer in het bijzonder art. 31 Rv, kende al vóór de totstandkoming van de Uitvoeringswet burgerlijke beschermingsmaatregelen de mogelijkheid om vonnissen, arresten en beschikkingen op eenvoudige wijze te verbeteren bij kennelijke rekenfouten, schrijffouten of andere kennelijke fouten die zich voor eenvoudig herstel lenen. Daarover wordt, in het kader van art. 3 Uitvoeringswet burgerlijke beschermingsmaatregelen gesteld: "Overwogen is om voor de verbetering van het certificaat artikel 31 Rv van toepassing te doen zijn. Artikel 31 Rv betreft evenwel een procedure op tegenspraak, hetgeen het snelle en eenvoudige erkenningsmechanisme te zeer zou aantasten. De afgifte van het certificaat geschiedt ex parte, wat wil zeggen zonder dat de persoon van wie de dreiging uitgaat wordt opgeroepen. Het ligt daarom in de rede om een eventuele kennelijke verschrijving eveneens ex parte te kunnen verbeteren" (*Kamerstukken* 34021, 3, bij art. 3, p. 17-18).

Artikel 4

1. Intrekking van een certificaat overeenkomstig artikel 9, eerste lid, van de verordening, geschiedt door de rechter die het heeft afgegeven. Als een verzoek daartoe wordt gedaan door de beschermde persoon of de persoon van wie de dreiging uitgaat kan het worden ingediend zonder tussenkomst van een advocaat.

2. De eerste volzin van het eerste lid is van overeenkomstige toepassing op een certificaat dat is afgegeven door een burgemeester of de hulpofficier van justitie als bedoeld in artikel 3, eerste lid, van de Wet tijdelijk huisverbod, met dien verstande dat in dat geval de burgemeester of hulpofficier van justitie het certificaat intrekt.
3. Tegen de intrekking van een certificaat of weigering daarvan staat geen voorziening open.
[04-03-2015, Stb. 105, i.w.tr. 12-03-2015/kamerstukken 34021]

[Intrekking certificaat]

Betekenis. Ziet art. 3 Uitvoeringswet burgerlijke beschermingsmaatregelen op de mogelijkheid het certificaat te verbeteren, art. 4 Uitvoeringswet burgerlijke beschermingsmaatregelen heeft betrekking op de mogelijke intrekking van het certificaat. Evenals art. 3, geeft art. 4 uitvoering aan art. 9 Verordening burgerlijke beschermingsmaatregelen. En evenals art. 3 bepaalt dat tegen de verbetering van het certificaat of weigering daarvan geen voorziening openstaat, bepaalt art. 4 dat tegen de intrekking van een certificaat of weigering daarvan geen voorziening openstaat zij het, dat dergelijke onmogelijkheden aan een doorbreking van het rechtsmiddelenverbod althans aan doorbrekingsgronden niet in de weg behoeven te staan (vgl. ook *Kamerstukken* 34021, 6, bij 6, Inrichting van de uitvoeringswet, p. 7-8). Intrekking van het certificaat is, zo maken de bewoordingen van art. 9 lid 1 en onderdeel b Verordening burgerlijke beschermingsmaatregelen duidelijk, mogelijk indien het certificaat, gelet op de voorwaarden neergelegd in art. 6 en het toepassingsgebied van deze verordening, 'kennelijk ten onrechte is toegekend'. Uit het commentaar op art. 9 Verordening burgerlijke beschermingsmaatregelen bleek onder meer al, dat onder 'ingetrokken' als bedoeld in art. 9 lid 1 onderdeel b Verordening burgerlijke beschermingsmaatregelen ook het geval kan worden begrepen, dat – met kracht van gewijsde– de gelaste beschermingsmaatregel in hoger beroep blijkt te zijn vernietigd (vgl. ook *Kamerstukken* 34021, 3, onder art. 4, p. 18). Verder bleek toen ook al dat het woordje 'kennelijk' als bedoeld in datzelfde art. 9 lid 1 onderdeel b erop duidt dat sprake moet zijn van een evidente vergissing (vgl. ook *Kamerstukken* 34021, 6, onder 6, p. 7). Het is uiteindelijk de rechter die de beschermingsmaatregel heeft bevolen en, indien de beschermingsmaatregel is afgegeven op grond van het Wet tijdelijk huisverbod (*Stb.* 2008, 421; laatstelijk gewijzigd bij *Stb.* 2020, 67), de burgemeester van de plaats waarin de locatie ligt waarvoor het tijdelijk huisverbod is afgegeven dan wel de hulpofficier als bedoeld in art. 3 lid 1 Wth, die over de intrekking van het certificaat beslist. Evenals het geval bleek bij art. 2 Uitvoeringswet burgerlijke beschermingsmaatregelen, is ook in het geval van art. 4 Uitvoeringswet burgerlijke beschermingsmaatregelen geen tussenkomst van een advocaat nodig. Dit omdat óók voor de intrekking van een certificaat geldt dat slechts getoetst dient te worden aan de voorwaarden van art. 6 Verordening burgerlijke beschermingsmaatregelen 'en deze toetsing van zeer eenvoudige aard is' (*Kamerstukken* 34021, 3, bij art. 4, p. 19). Het certificaat wordt verbeterd of ingetrokken op verzoek van de beschermde persoon, de persoon van wie de dreiging uitgaat of, ambtshalve, door de instantie van afgifte van de lidstaat van oorsprong. Dit volgt uit art. 9 lid 1 aanhef Verordening burgerlijke beschermingsmaatregelen.

Artikel 5

1. Indien een in een andere lidstaat bevolen beschermingsmaatregel de aanduiding van een plaats bevat, zoals omschreven in artikel 3, onder 1, onderdelen a en c, van de verordening, kan de beschermde persoon de voorzieningenrechter in de rechtbank Den Haag verzoeken deze plaats te wijzigen in een plaats in Nederland rekening houdend met het doel dat dit adres of deze locatie voor de beschermde persoon dient. Het verzoek kan worden ingediend zonder tussenkomst van een advocaat. De persoon van wie de dreiging uitgaat wordt niet opgeroepen.
2. De beschermde persoon legt bij het in het eerste lid bedoelde verzoek de gegevens, bedoeld in artikel 4, tweede lid, van de verordening over.
[04-03-2015, Stb. 105, i.w.tr. 12-03-2015/kamerstukken 34021]

[Wijziging plaats]

Betekenis. Art. 5 Uitvoeringswet burgerlijke beschermingsmaatregelen houdt verband met art. 11 Verordening burgerlijke beschermingsmaatregelen. Deze bepaling maakt het mogelijk dat een in de lidstaat van oorsprong gelaste beschermingsmaatregel in feitelijk opzicht wordt aangepast door de bevoegde instantie van de lidstaat waar de erkenning en, in voorkomend geval, de tenuitvoerlegging van de beschermingsmaatregel wordt gevraagd. Heeft, zo bleek uit het voorbeeld bij het commentaar op zowel art. 7 als art. 11 Verordening burgerlijke beschermingsmaatregelen, de beschermde persoon van de Nederlandse rechter een beschermingsmaatregel verkregen waarbij het de persoon van wie de dreiging uitgaat is verboden om het aan de Catharinastraat (nr. 24-g) te Breda gelegen appartement van de beschermde persoon te betreden, dan heeft de erkenning van deze maatregel in Luxemburg weinig waarde als de beschermde persoon inmiddels is verhuisd naar een appartement aan de Rue Jean-Pierre Sauvage (nr. 9) in Luxemburg-stad. Wordt vervolgens echter een beschermingsmaatregel 'indien nodig en voor zover nodig' in feitelijk opzicht aangepast door de bevoegde instantie van de lidstaat waar de bescherming wordt ingeroepen, dan kan vervolgens in die lidstaat feitelijk uitvoering aan deze beschermingsmaatregel worden gegeven. Daardoor hoeft, met het oog op de bescherming van zijn of haar fysieke of psychische integriteit, de beschermde persoon niet een geheel nieuwe procedure te beginnen in de lidstaat waar betrokkene een beschermingsmaatregel als bedoeld in de Verordening burgerlijke beschermingsmaatregelen wenst in te roepen, in ons voorbeeld Luxemburg. Ingevolge art. 11 lid 2 Verordening burgerlijke beschermingsmaatregelen wordt de procedure voor de aanpassing van de beschermingsmaatregel beheerst door het recht van de lidstaat alwaar de beschermde persoon zich beroept op de automatische erkenning en/of alwaar betrokkene het verzoek heeft gedaan tot tenuitvoerlegging van de in de lidstaat van oorsprong verkregen beschermingsmaatregel. Wat betreft Nederland zal het verzoek tot aanpassing van een buitenlandse burgerlijke beschermingsmaatregel moeten worden gedaan bij de voorzieningenrechter in de Rechtbank Den Haag. Dit volgt uit art. 5 Uitvoeringswet burgerlijke beschermingsmaatregelen. De persoon van wie de dreiging uitgaat dient in kennis te worden gesteld van de aanpassing van de beschermingsmaatregel. Hij of zij wordt in het kader van het verzoek om feitelijke aanpassing van de beschermingsmaatregel weliswaar niet opgeroepen, omdat dit, 'evenals verplichte procesvertegenwoordiging de snelheid en eenvoud van het instrument te zeer (zou) aantasten' (*Kamerstukken* 34021, 3, p. 12), maar betrokkene kan eventueel (spoed-)appel instellen tegen de aanpassing van de beschermingsmaatregel. In Nederland is het gerechtshof Den Haag de instantie die over het ingestelde hoger beroep beslist. Ook de beschermde persoon kan tegen de aanpassing van de beschermingsmaatregel hoger beroep instellen. Zo kan hij of zij bijv. van oordeel zijn dat, in verhouding tot de oorspronkelijke beschermingsmaatregel, de aanpassing van de beschermingsmaatregel per saldo tot een engere bescherming heeft geleid. Zo een gelaste beschermingsmaatregel uitvoerbaar bij voorraad is verklaard – hetgeen in Nederland gebruikelijk is – zal een ingesteld hoger beroep de uitvoerbaarheid van de beschermingsmaatregel niet opschorten. Immers, het belangrijkste gevolg van uitvoerbaarverklaring bij voorraad is dat de executie-schorsende werking van de gewone rechtsmiddelen (waartoe het hoger beroep behoort) is opgeheven.

Artikel 6

1. De voorzieningenrechter in de rechtbank Den Haag kan op verzoek van een beschermde persoon die in Nederland gebruik wil maken van de bescherming die een in de lidstaat van oorsprong gelaste beschermingsmaatregel biedt, een door de wet toegelaten dwangmiddel opleggen, dan wel de beschermde persoon machtiging verlenen de naleving van de beschermingsmaatregel te bewerkstelligen met behulp van de sterke arm.
2. De in het eerste lid bedoelde persoon legt bij het verzoek de gegevens, bedoeld in artikel 4, tweede lid, van de verordening over.
[04-03-2015, Stb. 105, i.w.tr. 12-03-2015/kamerstukken 34021]

[Oplegging dwangmiddel]

Betekenis. Ingevolge art. 6 Uitvoeringswet burgerlijke beschermingsmaatregelen kan de beschermde persoon de voorzieningenrechter in de Rechtbank Den Haag verzoeken aan een in een andere lidstaat opgelegde beschermingsmaatregel een dwangmiddel te verbinden om de persoon van wie de dreiging uitgaat te prikkelen om hetgeen in de beschermingsmaatregel is bepaald, na te leven. Daarbij gaat het om de oplegging van een door de wet opgelegd dwangmiddel, dan wel om het de beschermde persoon machtiging verlenen de naleving van de beschermingsmaatregel te bewerkstelligen met behulp van de sterke arm. Hoewel de Verordening burgerlijke beschermingsmaatregelen geen betrekking heeft op de eventuele sancties die aan civiele beschermingsmaatregelen zijn of kunnen worden verbonden – zie dienaangaande met name overweging 18 – sluit deze verordening dit evenmin uit. Als gevolg van de thans in art. 6 Uitvoeringswet burgerlijke beschermingsmaatregelen neergelegde regeling kan aan een beschermde persoon die in Nederland een beroep doet op de bescherming die een buitenlandse beschermingsmaatregel hem of haar biedt, in beginsel dezelfde bescherming worden geboden als aan degene die in Nederland een beschermingsmaatregel heeft verkregen. Als in Nederland een beschermingsmaatregel wordt gelast, kan daaraan op verzoek een dwangmiddel als bijvoorbeeld een dwangsom worden verbonden. Ook komt het voor dat, met name bij een locatie- of gebiedsverbod, de rechter de beschermde persoon machtigt om naleving van de beschermingsmaatregel te bewerkstelligen met behulp van de sterke arm, zodat de hulp van de politie kan worden ingeroepen om de persoon van wie de dreiging uitgaat te – doen – verwijderen uit een bepaalde locatie of uit een bepaald gebied. Verder is onder omstandigheden lijfsdwang mogelijk. Deze dwangmiddelen kunnen, als gevolg van art. 6, nu ook worden opgelegd in het kader van een in een andere lidstaat opgelegde beschermingsmaatregel waarvan de beschermde persoon in Nederland gebruik wil maken. Omdat hier altijd een belangenafweging noodzakelijk is in het licht van alle omstandigheden, zal de beslissing van niet zo eenvoudige aard zijn als bijvoorbeeld de afgifte van een certificaat. Daarom is in art. 6 Uitvoeringswet burgerlijke beschermingsmaatregelen, anders dan bijvoorbeeld in art. 2 van diezelfde wet, dan ook niet bepaald dat het verzoek zonder tussenkomst van een advocaat kan worden ingediend. Bovendien zal, behalve dat hier dus wél de tussenkomst van een advocaat noodzakelijk is, de persoon van wie de dreiging uitgaat dienen te worden opgeroepen. Een verzoek als bedoeld in art. 6 Uitvoeringswet burgerlijke beschermingsmaatregelen kan separaat worden gedaan, maar eventueel ook tegelijkertijd met het verzoek om feitelijke aanpassing van de beschermingsmaatregel als bedoeld in art. 5 van die wet (vgl. ook *Kamerstukken* 34021, 3, p. 13).

Artikel 7

Het verzoek om weigering van de erkenning of tenuitvoerlegging van de beschermingsmaatregel van de persoon van wie de dreiging uitgaat, als bedoeld in artikel 13, eerste lid, van de verordening, wordt ingediend bij de voorzieningenrechter in de rechtbank Den Haag.

[04-03-2015, Stb. 105, i.w.tr. 12-03-2015/kamerstukken 34021]

[Weigering erkenning of tenuitvoerlegging]

Betekenis. Art. 7 Uitvoeringswet burgerlijke beschermingsmaatregelen geeft nader uitvoering aan art. 13 Verordening burgerlijke beschermingsmaatregelen. Laatstgenoemde bepaling (waarover hierboven, vóór het commentaar op de Uitvoeringswet burgerlijke beschermingsmaatregelen) maakt het mogelijk dat de erkenning en, in voorkomend geval, de tenuitvoerlegging wordt geweigerd op verzoek van de persoon van wie de dreiging uitgaat en wel op basis van uitsluitend de in art. 13 genoemde gronden. Ter uitvoering hiervan bepaalt art. 7 Uitvoeringswet burgerlijke beschermingsmaatregelen dat het in art. 13 lid 1 bedoelde verzoek wordt ingediend bij de voorzieningenrechter in de Rechtbank Den Haag. In verband met art. 7 valt in de memorie van toelichting op deze bepaling onder meer te lezen: "Het centraal beleggen van dit verzoek (tot weigering van de erkenning of tenuitvoerlegging, *LP*) sluit aan bij de verzoeken die de beschermde persoon kan doen tot eventuele aanpassing van de beschermingsmaatregel en het eraan verbinden van een dwangmiddel (waarover de art. 5 en 6 van de Uitvoeringswet burgerlijke beschermingsmaatregelen, *LP*). Het ligt in de rede dat als de persoon van wie de dreiging uitgaat meent dat de beschermingsmaatregel in Nederland niet erkend kan worden, hij daarvoor dezelfde rechter adieert, opdat voorkomen wordt dat bij verschillende gerechten verschillende procedures naast elkaar gaan lopen" (*Kamerstukken* 34021, 3, p. 22).

Artikel 8

Deze wet treedt in werking met ingang van de dag na de datum van uitgifte van het *Staatsblad* waarin zij wordt geplaatst.

[04-03-2015, Stb. 105, i.w.tr. 12-03-2015/kamerstukken 34021]

[Inwerkingtreding]

Betekenis. De Uitvoeringswet burgerlijke beschermingsmaatregelen is op 12 maart 2015 van kracht geworden. Dat was enkele maanden nadat de Verordening burgerlijke beschermingsmaatregelen voor (ook) Nederland van toepassing was geworden. Dat was immers op 11 januari 2015, ongeacht het tijdstip waarop de procedure was of is ingeleid (zie art. 22 Verordening burgerlijke beschermingsmaatregelen). De omstandigheid dat de Uitvoeringswet burgerlijke beschermingsmaatregelen uiteindelijk later in werking is getreden dan de Verordening burgerlijke beschermingsmaatregelen, heeft geen invloed gehad op de rechtskracht van de verordening nu een verordening immers bindend is in al haar onderdelen. De met een verordening verband houdende uitvoeringswetgeving dient er dan ook enkel toe om 'de rechtspraktijk handvatten te bieden om met het oog op de rechtseenheid het in de verordening bepaalde op zo praktisch mogelijk wijze uit te voeren' (*Kamerstukken* 34021, 6, bij 6, Inrichting van de uitvoeringswet, p. 9). Destijds werd onder meer de verwachting uitgesproken dat de rechtspraktijk gedurende de periode dat de uitvoeringswetgeving nog geen rechtskracht had erop zou anticiperen (*Kamerstukken* 34021, 6, bij 6, Inrichting van de uitvoeringswet, p. 9).

Artikel 9

Deze wet wordt aangehaald als: Uitvoeringswet verordening wederzijdse erkenning van beschermingsmaatregelen in burgerlijke zaken.

[04-03-2015, Stb. 105, i.w.tr. 12-03-2015/kamerstukken 34021]

[Citeertitel]

Betekenis. Art. 9 heeft uiteraard enkel praktische betekenis. Dat, in het kader van het commentaar op zowel de verordening zelf als op de hierbij verband houdende uitvoeringswet, een andere citeertitel is aangehouden dan art. 9 voorschrijft, houdt enkel verband met de lengte van de in deze bepaling genoemde citeertitel. Die is, met het oog op de leesbaarheid ervan, in het kader van het onderhavige commentaar te lang.

LEVENSONDERHOUD

Burgerlijk Wetboek Boek 10 (Relevante artikelen)

AFDELING 4
Levensonderhoud

Artikel 116

Het recht dat toepasselijk is op verplichtingen tot levensonderhoud wordt bepaald door:

a. het op 23 november 2007 te 's-Gravenhage tot stand gekomen Protocol inzake het recht dat van toepassing is op onderhoudsverplichtingen (*PbEU* L 331/17),

b. het op 2 oktober 1973 te 's-Gravenhage tot stand gekomen Verdrag inzake de wet die van toepassing is op onderhoudsverplichtingen (*Trb.* 1974, 86), of

c. het op 24 oktober 1956 te 's-Gravenhage tot stand gekomen Verdrag nopens de wet welke op alimentatieverplichtingen jegens kinderen toepasselijk is (*Trb.* 1956, 144).

[29-09-2011, Stb. 460, i.w.tr. 01-01-2012/kamerstukken 32617]

[Internationale regelingen]

Betekenis. Kwesties met betrekking tot het op het levensonderhoud toepasselijke recht en met betrekking tot de erkenning en de tenuitvoerlegging van buitenlandse alimentatiebeslissingen worden heden ten dage volgens Nederlands internationaal privaatrecht geheel geregeld in enkele internationale regelingen. In art. 116 van de vierde Afdeling van Titel 7 is een verwijzing opgenomen naar drie verschillende internationale regelingen. Het Haags Verdrag van 2 oktober 1973 inzake de wet die van toepassing is op onderhoudsverplichtingen, *Trb.* 1974, 86 (onder b) heeft in de betrekkingen tussen staten die daarbij partij zijn het eerdere op dat onderwerp betrekking hebbende verdrag vervangen (Verdrag van 24 oktober 1956 nopens de wet welke op onderhoudsverplichtingen jegens kinderen toepasselijk is, *Trb.* 1956, 144 en 159, 20) (onder c). Zie voor het verdrag van 1973 de Rijkswet van 1 oktober 1980, *Stb.* 535, alsmede *Kamerstukken* 15669 (R 1125) en voor het verdrag van 1956 de Rijkswet van 21 april 1962, *Stb.* 134 alsmede *Kamerstukken* 5543 (R147). Op 23 november 2007 is te 's-Gravenhage een nieuw mondiaal Alimentatieverdrag tot stand gekomen (Verdrag inzake de internationale inning van levensonderhoud voor kinderen en andere familieleden) waarin met name de administratieve samenwerking, de erkenning en de tenuitvoerlegging worden geregeld. Dit verdrag is op 1 januari 2013 in werking getreden, en op 1 augustus 2014 in werking getreden binnen de Europese Unie. Bij het verdrag behoort een Protocol inzake het recht dat van toepassing is op onderhoudsverplichtingen (*PbEU* 2009, L 331/19). Op 18 december 2008 is voorts tot stand gekomen Verordening (EG) 4/2009 betreffende de bevoegdheid, het toepasselijke recht, de erkenning en de tenuitvoerlegging van beslissingen, en de samenwerking op het gebied van onderhoudsverplichtingen, *PbEU* 2008, L 7/1. Art. 15 van deze verordening verwijst voor de bepaling van het toepasselijke recht, naar het genoemde Haagse Protocol van 2007. De verordening is op 18 juni 2011 van kracht geworden en zal in de betrekkingen tussen EU-lidstaten gelden. Het voornoemde Alimentatie Protocol is op 8 april 2010 door de Europese Unie geratificeerd (met uitzondering van Denemarken en het Verenigd Koninkrijk). Hoewel het Protocol op 18 juni 2011 niet in werking was getreden, heeft de Europese Unie de regels van het Protocol voorlopig toegepast. Sinds 1 augustus 2013 is het Protocol in werking getreden, waardoor men sinds die datum het Protocol rechtstreeks kan toepassen. In *T&C Personen- en familierecht* wordt zowel de Alimentatieverordening als het Haags Alimentatieprotocol en het Haags Alimentatieverdrag 2007 artikelsgewijs van commentaar voorzien. Art. 10:116 BW heeft een signaalfunctie, Het artikel signaleert op het bestaan van enkele internationale instrumenten op een bepaald gebied, in dit geval het alimentatierecht. Het probleem met art. 10:116 BW is dat de lijst niet compleet is. Men had de lijst op twee verschillende manieren compleet kunnen maken. Ten eerste had men alle relevante ipr-regelingen kunnen opvoeren. Dit zou betekenen dat men naar de Alimentatieverordening, alsmede alle relevant erkenning en tenuitvoerleggingsinstrumenten had moeten verwijzen (denk hierbij aan het Haags Alimentatie-executieverdrag 1958, Haags Alimentatie-executieverdrag 1973, Haags Alimentatieverdrag 2007, Levensonderhoudsverdrag Nederland-VS). Ten tweede had de wetgever – op zijn minst – een *volledige* lijst van alle bronnen op het gebied van het toepasselijke recht moeten opnemen. Een belangrijke omissie in de huidige lijst is art. 15 Verordening (EG) 4/2009. Deze bepaling brengt het Haags Alimentatieprotocol 2007 binnen de werkingssfeer van het Unierecht. Zie ook HvJ EU 7 juni 2018, C-83/17, *NJ* 2018/406, punt 25; HvJ EU 20 september 2018, C-214/17, ECLI:EU:C:2018:744 (*Mölk/Mölk*), punt 23. Dit betekent dat prejudiciële vragen over de werking van het Protocol aan het Hof van Justitie van de Europese Unie kunnen worden voorgelegd. Art. 15 Verordening (EG) 4/2009 is derhalve het sleutelstuk in de correcte toepassing van de verschillende regels van het toepasselijk recht op het terrein van het alimentatierecht en had derhalve in art. 10:116 BW moeten worden opgenomen. Vermelding verdient hier ten slotte, dat bij zowel de Alimentatieverordening als het Haags Alimentatieverdrag 2007 een uitvoeringswet behoort. Dit is de Uitvoeringswet internationale inning levensonderhoud (Wet van 29 september 2011, *Stb.* 460, tot uitvoering van het op 23 november 2007 te 's-Gravenhage tot stand gekomen Verdrag inzake de internationale inning van levensonderhoud voor kinderen en andere familieleden (*PbEU* 2011, L 192/51) en van de Verordening (EG) nr. 4/2009 van de Raad van 18 december 2008 betreffende de bevoegdheid, het toepasselijke recht, de erkenning en de tenuitvoerlegging van beslissingen, en de samenwerking op het gebied van onderhoudsverplichtingen (*PbEU* L 7/1)). Zie met betrekking tot de parlementaire geschiedenis van deze uitvoeringswet: *Kamerstukken* 2010/11, 32617. Deze uitvoeringswet, die op 26 oktober 2011 van kracht is geworden, komt bij de bespreking van de Alimentatieverordening en het Haags Alimentatieverdrag 2007 aan de orde. Zie nader *Asser/Vonken & Ibili 10-II* 2021/605-712.

Verordening (EG) nr. 4/2009 betreffende de bevoegdheid, het toepasselijke recht, de erkenning en de tenuitvoerlegging van beslissingen, en de samenwerking op het gebied van onderhoudsverplichtingen

Verordening van de Raad van 18 december 2008 betreffende de bevoegdheid, het toepasselijke recht, de erkenning en de tenuitvoerlegging van beslissingen, en de samenwerking op het gebied van onderhoudsverplichtingen, PbEU 2009, L 7, zoals laatstelijk gewijzigd op 10 december 2018, PbEU 2018, L 314 (i.w.tr. 31-12-2018)

DE RAAD VAN DE UROPESE (*red.*: lees: EUROPESE) UNIE,

Gelet op het Verdrag tot oprichting van de Europese Gemeenschap, en met name op artikel 61, onder c), en artikel 67, lid 2,

Gezien het voorstel van de Commissie,

Gezien het advies van het Europees Parlement (1),

Gezien het advies van het Europees Economisch en Sociaal Comité (2)

Overwegende hetgeen volgt:

(1) De Gemeenschap heeft zich ten doel gesteld een ruimte van vrijheid, veiligheid en recht te handhaven en te ontwikkelen waarin het vrije verkeer van personen gewaarborgd is. Met het oog op de geleidelijke totstandbrenging daarvan moet de Gemeenschap onder meer maatregelen op het gebied van de justitiële samenwerking in burgerlijke zaken met grensoverschrijdende gevolgen aannemen, voor zover nodig voor de goede werking van de interne markt.

(2) Overeenkomstig artikel 65, punt b), van het Verdrag dient het daarbij onder meer te gaan om maatregelen ter bevordering van de verenigbaarheid van de in de lidstaten geldende regels voor collisie- en jurisdictiegeschillen.

(3) In dat kader heeft de Gemeenschap onder meer reeds de volgende maatregelen aangenomen: Verordening (EG) nr. 44/2001 van de Raad van 22 december 2000 betreffende de rechterlijke bevoegdheid, de erkenning en de tenuitvoerlegging van beslissingen in burgerlijke en handelszaken (3), Beschikking 2001/470/EG van de Raad van 28 mei 2001 betreffende de oprichting van een Europees justitieel netwerk in burgerlijke en handelszaken (4), Verordening (EG) nr. 1206/2001 van de Raad van 28 mei 2001 betreffende de samenwerking tussen de gerechten van de lidstaten

(1) Advies uitgebracht op 13 december 2007 (nog niet bekendgemaakt in het *Publicatieblad*) en advies uitgebracht op 4 december 2008 na een nieuwe raadpleging (nog niet bekendgemaakt in het *Publicatieblad*).

(2) Advies uitgebracht na een niet-verplichte raadpleging (*PB* C 185 van 8.8.2006, blz. 35).

(3) *PB* L 12 van 16.1.2001, blz. 1.

(4) *PB* L 174 van 27.6.2001, blz. 25.

op het gebied van bewijsverkrijging in burgerlijke en handelszaken [5], Richtlijn 2003/8/EG van de Raad van 27 januari 2003 tot verbetering van de toegang tot de rechter bij grensoverschrijdende geschillen, door middel van gemeenschappelijke minimumvoorschriften betreffende rechtsbijstand bij die geschillen [6], Verordening (EG) nr. 2201/2003 van de Raad van 27 november 2003 betreffende de bevoegdheid en de erkenning en tenuitvoerlegging van beslissingen in huwelijkszaken en inzake de ouderlijke verantwoordelijkheid [7], Verordening (EG) nr. 805/2004 van het Europees Parlement en de Raad van 21 april 2004 tot invoering van een Europese executoriale titel voor niet-betwiste schuldvorderingen [8] en Verordening (EG) nr. 1393/2007 van het Europees Parlement en de Raad van 13 november 2007 inzake de betekening en de kennisgeving in de lidstaten van gerechtelijke en buitengerechtelijke stukken in burgerlijke of in handelszaken ('de betekening en de kennisgeving van stukken') [9].

(4) De Europese Raad van Tampere van 15 en 16 oktober 1999 heeft de Raad en de Commissie verzocht speciale gemeenschappelijke procedureregels vast te stellen ter vereenvoudiging en versnelling van de beslechting van grensoverschrijdende geschillen over onder andere levensonderhoud. Hij heeft tevens opgeroepen tot de afschaffing van de intermediaire maatregelen die nog altijd noodzakelijk zijn voor de erkenning en de tenuitvoerlegging in de aangezochte staat van een in een andere lidstaat gewezen beslissing, met name een beslissing inzake levensonderhoud.

(5) Op 30 november 2000 hebben de Commissie en de Raad een gemeenschappelijk programma van maatregelen vastgesteld voor de uitvoering van het beginsel van wederzijdse erkenning van beslissingen in burgerlijke en handelszaken [10]. Dit programma voorziet in de afschaffing van de exequaturprocedure voor aanspraken op levensonderhoud, opdat onderhoudsgerechtigden hun rechten op een meer doeltreffende wijze geldend kunnen maken.

(6) De Europese Raad, op 4 en 5 november 2004 te Brussel bijeen, heeft een nieuw programma aangenomen, met als titel 'Haagse Programma: versterking van vrijheid, veiligheid en recht in de Europese Unie' (hierna te noemen 'het Haagse Programma') [11].

(7) Op 2 en 3 juni 2005 heeft de Raad een actieplan van de Raad en de Commissie aangenomen dat het Haagse Programma in concrete acties vertaalt en dat de noodzaak vermeldt om voorstellen inzake onderhoudsverplichtingen aan te nemen [12].

(8) De Gemeenschap en haar lidstaten hebben deelgenomen aan onderhandelingen in het kader van de Haagse Conferentie voor Internationaal Privaatrecht, die op 23 november 2007 hebben geresulteerd in de aanneming van het Verdrag inzake de internationale inning van levensonderhoud voor kinderen en andere familieleden (hierna 'het Haagse Verdrag van 2007') en van het Haagse protocol inzake het recht

(5) *PB* L 174 van 27.6.2001, blz. 1.
(6) *PB* L 26 van 31.1.2003, blz. 41.
(7) *PB* L 338 van 23.12.2003, blz. 1.
(8) *PB* L 143 van 30.4.2004, blz. 15.
(9) *PB* L 324 van 10.12.2007, blz. 79.
(10) *PB* C 12 van 15.1.2001, blz. 1.
(11) *PB* C 53 van 3.3.2005, blz. 1.
(12) *PB* C 198 van 12.8.2005, blz. 1.

dat van toepassing is op onderhoudsverplichtingen (hierna 'het Haagse Protocol van 2007'). In het kader van deze verordening moet derhalve met deze twee instrumenten rekening worden gehouden.

(9) Een onderhoudsgerechtigde dient in een lidstaat gemakkelijk een beslissing te kunnen verkrijgen die automatisch, zonder enige andere formaliteit uitvoerbaar is in een andere lidstaat.

(10) Om deze doelstelling te bereiken, is het wenselijk een communautair instrument inzake onderhoudsverplichtingen te creëren waarin alle voorschriften inzake bevoegdheid en toepasselijk recht, erkenning en uitvoerbaarheid, tenuitvoerlegging van beslissingen, rechtsbijstand en samenwerking tussen centrale autoriteiten worden verenigd.

(11) Alle onderhoudsverplichtingen die voortvloeien uit familiebetrekkingen, bloedverwantschap, huwelijk of aanverwantschap, dienen binnen de werkingssfeer van de verordening te vallen, dit om de gelijke behandeling van alle onderhoudsgerechtigden te garanderen. Voor de toepassing van deze verordening moet het begrip 'onderhoudsverplichting' autonoom geïnterpreteerd worden.

(12) Teneinde rekening te houden met de verschillende wijzen waarop kwesties inzake onderhoudsverplichtingen in de lidstaten worden geregeld, dient deze verordening toepasselijk te zijn op zowel rechterlijke beslissingen als beslissingen van administratieve autoriteiten, mits deze laatste autoriteiten waarborgen bieden, met name inzake onpartijdigheid en het recht van partijen om te worden gehoord. Deze administratieve autoriteiten dienen bijgevolg alle voorschriften van deze verordening in acht te nemen.

(13) Om de bovengenoemde redenen dient deze verordening ook de erkenning en de tenuitvoerlegging van gerechtelijke schikkingen en authentieke akten te verzekeren zonder dat zulks afbreuk doet aan het recht van de ene of de andere partij bij een dergelijke schikking of akte om een zodanig document voor een gerecht van de lidstaat van oorsprong te betwisten.

(14) De verordening dient te bepalen dat de term 'onderhoudsgerechtigde' in het verband van een verzoek om erkenning en tenuitvoerlegging van beslissingen inzake onderhoudsverplichtingen mede omvat openbare lichamen die gerechtigd zijn namens de onderhoudsgerechtigde op te treden dan wel de terugbetaling te vorderen van bij wijze van levensonderhoud aan de onderhoudsgerechtigde gedane uitkeringen. Wanneer een openbaar lichaam in die hoedanigheid optreedt, dient dit het recht te hebben op dezelfde diensten en dezelfde rechtsbijstand als een onderhoudsgerechtigde.

(15) Teneinde de behartiging van de belangen van onderhoudsgerechtigden te waarborgen en een goede rechtsbedeling in de Europese Unie te bevorderen, dienen de bevoegdheidsregels die voortvloeien uit Verordening (EG) nr. 44/2001 te worden aangepast. Het feit dat de verweerder zijn gewone verblijfplaats in een derde staat heeft, mag niet langer een reden zijn om de toepassing van communautaire bevoegdheidsregels uit te sluiten, en er dient geen enkele verwijzing naar de bevoegdheidsregels van het nationale recht meer te worden opgenomen. In deze verordening dient dus te worden bepaald in welk gevallen een gerecht van lidstaat een subsidiaire bevoegdheid kan uitoefenen.

(16) Teneinde meer in het bijzonder een voorziening te bieden voor gevallen van rechtsweigering, dient in deze verordening ook een forum necessitatis (noodbevoegdheid)

te worden opgenomen, waardoor een gerecht van een lidstaat in uitzonderlijke omstandigheden kennis kan nemen van een geschil dat een nauwe band met een derde staat heeft. Een dergelijk uitzonderlijk geval zou zich kunnen voordoen wanneer een procedure in de betrokken derde staat onmogelijk blijkt, bijvoorbeeld door een burgeroorlog, of wanneer van de verzoeker redelijkerwijs niet kan worden verlangd dat hij in dat land een procedure aanhangig maakt of voert. De op het forum necessitatis gebaseerde bevoegdheid kan evenwel alleen worden uitgeoefend als het geschil voldoende nauw verbonden is met de lidstaat van het gerecht waar de zaak aanhangig is gemaakt, bijvoorbeeld door de nationaliteit van een van de partijen.

(17) In een aanvullende bevoegdheidsregel dient te worden bepaald dat de onderhoudsplichtige, behoudens specifieke omstandigheden, een procedure tot wijziging van een bestaande onderhoudsbeslissing of tot verkrijging van een nieuwe beslissing alleen aanhangig kan maken in de staat waar de onderhoudsgerechtigde zijn gewone verblijfplaats had toen de beslissing werd gegeven en waar hij nog steeds gewoonlijk verblijft. Om te verzekeren dat het Haagse Verdrag van 2007 en deze verordening goed op elkaar aansluiten, dient dit voorschrift ook te gelden voor beslissingen van een derde staat die partij is bij het genoemde verdrag, voor zover dit tussen de betrokken staat en de Gemeenschap in werking is getreden en in de betrokken staat en in de Gemeenschap dezelfde onderhoudsverplichtingen dekt.

(18) Voor de toepassing van deze verordening dient te worden bepaald dat het begrip 'nationaliteit' in Ierland wordt vervangen door het begrip 'woonplaats' ('domicile'), evenals in het Verenigd Koninkrijk, voor zover deze verordening in die lidstaat van toepassing wordt overeenkomstig artikel 4 van het Protocol betreffende de positie van het Verenigd Koninkrijk en Ierland, dat aan het Verdrag betreffende de Europese Unie en aan het Verdrag tot oprichting van de Europese Gemeenschap is gehecht.

(19) Teneinde de rechtszekerheid, de voorspelbaarheid en de autonomie van partijen te vergroten, dient deze verordening partijen de mogelijkheid te bieden in onderlinge overeenstemming het bevoegde gerecht te kiezen op basis van bepaalde aanknopingsfactoren. Met het oog op de bescherming van de zwakkere partij moet een dergelijke forumkeuze worden uitgesloten voor onderhoudsverplichtingen ten aanzien van kinderen jonger dan achttien jaar.

(20) In de verordening dient te worden bepaald dat voor de door het Haagse Protocol van 2007 gebonden lidstaten de collisieregels van dat protocol toepasselijk zijn. Te dien einde dient een verwijzing naar genoemd protocol te worden opgenomen. Het Haagse Protocol van 2007 zal door de Gemeenschap tijdig worden gesloten om de toepassing van deze verordening mogelijk te maken. Ten einde rekening te houden met de mogelijkheid dat het Haagse Protocol van 2007 niet in alle lidstaten toepasselijk zou zijn, dient, wat de erkenning, de uitvoerbaarheid en de tenuitvoerlegging van beslissingen betreft, onderscheid te worden gemaakt tussen lidstaten die door het Haagse Protocol van 2007 gebonden zijn en lidstaten die niet door het Protocol gebonden zijn.

(21) Gepreciseerd zij dat deze collisieregels in het kader van deze verordening alleen het recht, toepasselijk op onderhoudsverplichtingen bepalen, maar niet recht dat van toepassing is op de vaststelling van de familiebetrekkingen waarop de onderhoudsverplichtingen zijn gebaseerd. De vaststelling van de familiebetrekkingen blijft vallen onder het nationale recht van de lidstaten, met inbegrip van hun regels van internationaal privaatrecht.

(22) Om een snelle en efficiënte inning van levensonderhoud te waarborgen en vertraging door beroepsprocedures te voorkomen, dienen de in een lidstaat gegeven beslissingen inzake onderhoudsverplichtingen in beginsel bij voorraad uitvoerbaar te zijn. Derhalve dient in deze verordening te worden bepaald dat het gerecht van oorsprong de beslissing bij voorraad uitvoerbaar kan verklaren, zelfs indien het nationale recht niet in uitvoerbaarheid van rechtswege voorziet en zelfs indien naar nationaal recht een rechtsmiddel tegen de beslissing is ingesteld of nog kan worden ingesteld.

(23) Teneinde de kosten verbonden aan de door deze verordening geregelde procedures te beperken, is het nuttig dat zoveel mogelijk gebruik wordt gemaakt van moderne communicatietechnologieën, met name bij het horen van partijen.

(24) De door de toepassing van de collisieregels geboden waarborgen rechtvaardigen dat onderhoudsbeslissingen, gegeven in een lidstaat die gebonden is door het Haagse Protocol van 2007, zonder enige procedure of inhoudelijke toetsing in de lidstaat van tenuitvoerlegging, in alle andere lidstaten worden erkend en uitvoerbaar zijn.

(25) De erkenning in een lidstaat van een beslissing inzake onderhoudsverplichtingen heeft uitsluitend ten doel de inning van het in de beslissing vastgestelde levensonderhoud mogelijk te maken. De erkenning houdt niet in de erkenning, door de betrokken lidstaat, van de familiebetrekkingen, de bloedverwantschap, het huwelijk of de aanverwantschap die ten grondslag liggen aan de onderhoudsverplichting die tot de beslissing heeft geleid.

(26) Voor beslissingen die in een niet door het Haagse Protocol van 2007 gebonden lidstaat zijn gegeven, dient de verordening te voorzien in een procedure voor erkenning en uitvoerbaarverklaring. Deze procedure dient te worden ingericht volgens het model van de procedure en de gronden voor weigering van erkenning van Verordening (EG) nr. 44/2001. Teneinde de procedure te versnellen en de onderhoudsgerechtigde in staat te stellen zijn aanspraak snel geldend te maken, dient te worden bepaald dat het gerecht waarbij de zaak aanhangig is gemaakt binnen vaste termijnen uitspraak doet, tenzij zich uitzonderlijke omstandigheden voordoen.

(27) Voorts dienen formaliteiten voor de tenuitvoerlegging die de kosten voor de onderhoudsgerechtigde kunnen opdrijven, zoveel mogelijk te worden beperkt. Met het oog daarop bepaalt deze verordening dat de onderhoudsgerechtigde niet gehouden is in de lidstaat van tenuitvoerlegging over een postadres of een bevoegde vertegenwoordiger te beschikken, zonder dat overigens afbreuk wordt gedaan aan de interne organisatie van de lidstaten op het stuk van procedures van tenuitvoerlegging.

(28) Teneinde de met de procedures van tenuitvoerlegging gepaard gaande kosten te beperken, mogen geen vertalingen worden verlangd, behalve indien de tenuitvoerlegging betwist wordt en onverminderd de op de betekening en kennisgeving van stukken toepasselijke voorschriften.

(29) Om te waarborgen dat de vereisten van een eerlijk proces worden geëerbiedigd, dient deze verordening te bepalen dat de verweerder die niet voor het gerecht van oorsprong van een door het Haagse Protocol van 2007 gebonden lidstaat is verschenen, het recht heeft om, wanneer de tegen hem gegeven beslissing ten uitvoer wordt gelegd, om heroverweging van deze beslissing te verzoeken. De verweerder dient een verzoek om heroverweging evenwel in te dienen binnen een bepaalde termijn, die moet aanvangen uiterlijk op de dag waarop hij, in de fase van de procedure van tenuitvoerlegging, de beschikking over zijn goederen geheel of ten dele verliest. Het recht op heroverweging is een buitengewoon rechtsmiddel dat ter beschikking staat

van de verweerder tegen wie verstek is verleend. Het laat onverlet de mogelijkheid van een beroep op andere buitengewone rechtsmiddelen die zijn voorzien in het recht van de lidstaat van oorsprong, mits deze niet onverenigbaar zijn met het recht op heroverweging uit hoofde van de verordening.

(30) Teneinde de tenuitvoerlegging van een beslissing van een door het Haagse Protocol van 2007 gebonden lidstaat in een andere lidstaat te bespoedigen, is er aanleiding de gronden voor weigering of schorsing van de tenuitvoerlegging die de onderhoudsplichtige wegens het grensoverschrijdende karakter van de aanspraak op levensonderhoud kan inroepen, te beperken. Deze beperking mag geen afbreuk doen aan de gronden voor weigering of schorsing die in het nationale recht zijn voorzien en die niet onverenigbaar zijn met de in deze verordening genoemde gronden, zoals de vereffening van de schuld door de onderhoudsplichtige op het moment van de tenuitvoerlegging of het feit dat bepaalde goederen niet vatbaar zijn voor beslag.

(31) Ter vergemakkelijking van de grensoverschrijdende inning van levensonderhoud dient een regeling te worden getroffen voor de samenwerking van de door de lidstaten aangewezen centrale autoriteiten. Deze autoriteiten dienen onderhoudsgerechtigden en onderhoudsplichtigen bij te staan bij het in een andere lidstaat doen gelden van hun rechten, door de indiening van verzoeken tot erkenning, uitvoerbaarverklaring en tenuitvoerlegging van gegeven beslissingen, tot wijziging van zodanige beslissingen of tot verkrijging van een beslissing. Zij dienen ook informatie uit te wisselen om onderhoudsplichtigen en onderhoudsgerechtigden te lokaliseren en, voor zover nodig, hun inkomen en vermogen vast te stellen. Zij dienen, ten slotte, onderling samen te werken en algemene informatie uit te wisselen, alsmede de samenwerking van bevoegde autoriteiten van hun lidstaat te bevorderen.

(32) Elke overeenkomstig deze verordening aangewezen centrale autoriteit dient, behoudens welomschreven uitzonderingen, haar eigen kosten te dragen en iedere verzoeker die in haar lidstaat verblijft bij te staan. De maatstaf voor de bepaling van het recht van een persoon om bijstand van een centrale autoriteit te vragen, dient minder streng te zijn dan de aanknopingsfactor 'gewone verblijfplaats' die elders in deze verordening wordt gebruikt. Het criterium 'verblijfplaats' sluit echter de enkele aanwezigheid uit.

(33) Om onderhoudsgerechtigden en onderhoudsplichtigen volledig te kunnen bijstaan en de grensoverschrijdende inning van levensonderhoud zo goed mogelijk te bevorderen, dienen de centrale autoriteiten te kunnen beschikken over een aantal persoonsgegevens. Deze verordening dient de lidstaten bijgevolg te verplichten ervoor te zorgen dat hun centrale autoriteiten toegang hebben tot deze gegevens bij de overheidsinstanties of -administraties die in het kader van hun gebruikelijke activiteiten over deze gegevens beschikken. Iedere lidstaat dient echter vrij te zijn om te bepalen op welke wijze toegang wordt verleend. Zo zou een lidstaat de overheidsinstanties of -administraties moeten kunnen aanwijzen die overeenkomstig deze verordening de gegevens aan de centrale autoriteit dienen te verstrekken, in voorkomend geval daaronder begrepen de overheidsinstanties of -administraties die reeds zijn aangewezen in het kader van andere regelingen inzake toegang tot gegevens. Wanneer een lidstaat overheidsdiensten of -administraties aanwijst, moet hij ervoor zorgen dat zijn centrale autoriteit overeenkomstig deze verordening toegang kan krijgen tot de gevraagde informatie waarover zij beschikken. Een lidstaat dient voorts zijn centrale autoriteit te kunnen machtigen om toegang te verkrijgen

tot de gevraagde informatie waarover enige andere rechtspersoon beschikt en voor de behandeling waarvan deze verantwoordelijk is.

(34) Wat de toegang tot, en het gebruik en de verstrekking van persoonsgegevens betreft, dienen de vereisten van Richtlijn 95/46/EG van het Europees Parlement en de Raad van 24 oktober 1995 betreffende de bescherming van natuurlijke personen in verband met de verwerking van persoonsgegevens en betreffende het vrije verkeer van die gegevens [13], zoals omgezet in de nationale wetgeving van de lidstaten, in acht te worden genomen.

(35) Voor de toepassing van deze verordening dienen de specifieke voorwaarden voor de toegang tot persoonsgegevens, het gebruik en de verstrekking van deze gegevens evenwel nader te worden omschreven. In dit verband is rekening gehouden met het advies van de Europese Toezichthouder voor gegevensbescherming [14]. De kennisgeving aan de persoon over wie de informatie is verzameld, dient overeenkomstig het nationale recht van de aangezochte lidstaat te geschieden. Het dient echter mogelijk te zijn om de kennisgeving uit te stellen om te voorkomen dat de onderhoudsplichtige zijn bezittingen overbrengt en aldus de inning van levensonderhoud in het gedrang brengt.

(36) Gezien de kosten van procedures, dient in een zeer gunstige rechtsbijstandsregeling te worden voorzien, namelijk in een volledige tegemoetkoming in de kosten verbonden aan procedures betreffende onderhoudsverplichtingen jegens kinderen jonger dan 21 jaar die door tussenkomst van de centrale autoriteiten aanhangig worden gemaakt. De bestaande rechtsbijstandsregeling in het kader van de Europese Unie, op grond van Richtlijn 2003/8/EG, dient bijgevolg te worden aangevuld met specifieke regels die een bijzonder regime creëren voor rechtsbijstand op het gebied van onderhoudsverplichtingen. In dat verband dient de bevoegde autoriteit van de aangezochte lidstaat in uitzonderlijke gevallen de kosten te kunnen verhalen op een verzoeker die kosteloze rechtsbijstand heeft genoten en die in het ongelijk is gesteld, voor zover diens financiële situatie dit toelaat. Dat zou met name het geval zijn voor een bemiddelde persoon die te kwader trouw heeft gehandeld.

(37) Voor andere dan de in de vorige overweging bedoelde onderhoudsverplichtingen dient te worden gewaarborgd dat op het gebied van rechtsbijstand alle partijen dezelfde behandeling krijgen bij de tenuitvoerlegging van een beslissing in een andere lidstaat. Zo dienen de bepalingen betreffende de continuïteit van de rechtsbijstand aldus te worden begrepen dat zij ook voorzien in de verlening van zodanige bijstand aan een partij die, terwijl zij geen rechtsbijstand heeft genoten tijdens de procedure strekkende tot verkrijging of wijziging van een beslissing in de lidstaat van oorsprong, vervolgens in diezelfde lidstaat wel rechtsbijstand heeft genoten in het kader van een verzoek tot tenuitvoerlegging van de beslissing. Ook dient een partij die kosteloos heeft geprocedeerd ten overstaan van een administratieve autoriteit als in bijlage X genoemd, in de lidstaat van tenuitvoerlegging de meest gunstige rechtsbijstand of de ruimste vrijstelling van kosten en uitgaven te genieten, mits zij aantoont dat zij daarvoor in de lidstaat van oorsprong in aanmerking zou zijn gekomen.

---

(13) *PB* L 281 van 23.11.1995, blz. 31.
(14) *PB* C 242 van 7.10.2006, blz. 20.

(38) Teneinde de kosten voor het vertalen van bewijsstukken te beperken, dient het gerecht waarbij een zaak aanhangig is gemaakt, alleen als dat nodig is vertaling van stukken te verlangen, onverminderd de rechten van de verdediging en de voorschriften voor de betekening en de kennisgeving van stukken.

(39) Om de toepassing van deze verordening te vergemakkelijken, dienen de lidstaten te worden verplicht de namen en contactgegevens van hun centrale autoriteiten alsook andere informatie aan de Commissie mede te delen. Deze gegevens dienen ter beschikking van de betrokken beroepsbeoefenaren en het publiek te worden gesteld door middel van bekendmaking in het *Publicatieblad van de Europese Unie* of langs elektronische weg via het bij Besluit 2001/470/EG opgerichte Europees justitieel netwerk in burgerlijke en handelszaken. Voorts dient het gebruik van de in deze verordening vervatte formulieren de communicatie tussen centrale autoriteiten te vereenvoudigen en te versnellen en de elektronische indiening van verzoeken mogelijk te maken.

(40) Er dient een regeling te worden getroffen voor de verhouding tussen deze verordening en de bilaterale of multilaterale overeenkomsten inzake onderhoudsverplichtingen waarbij de lidstaten partij zijn. In dat verband dient te worden bepaald dat de lidstaten die partij zijn bij de Overeenkomst van 23 maart 1962 tussen Zweden, Denemarken, Finland, IJsland en Noorwegen inzake het verhaal van levensonderhoud, deze overeenkomst kunnen blijven toepassen, aangezien zij op het stuk van erkenning en tenuitvoerlegging gunstiger bepalingen bevat dan die waarin deze verordening voorziet. Wat toekomstige bilaterale overeenkomsten met derde landen op het gebied van onderhoudsverplichtingen betreft, dienen de procedures en de voorwaarden voor machtiging van lidstaten om zelf met derde landen over dergelijke overeenkomsten te onderhandelen en deze te sluiten, te worden vastgesteld in het kader van de besprekingen over een desbetreffend Commissievoorstel.

(41) Voor de berekening van de in deze verordening voorziene termijnen dient Verordening (EEG, Euratom) nr. 1182/71 van de Raad van 3 juni 1971 houdende vaststelling van de regels die van toepassing zijn op termijnen, data en aanvangs- en vervaltijden [15], te worden toegepast.

(42) De voor de uitvoering van deze verordening vereiste maatregelen dienen te worden vastgesteld overeenkomstig Besluit 1999/468/EG vandeRaad van 28 juni 1999 tot vaststelling van de voorwaarden voor de uitoefening van de aan de Commissie verleende uitvoeringsbevoegdheden [16].

(43) De Commissie dient met name te worden gemachtigd om elke wijziging van de formulieren die in deze verordening zijn voorzien, aan te nemen volgens de in artikel 3 van Besluit 1999/468/EG bedoelde raadplegingsprocedure. Voor de opstelling van de lijst van administratieve autoriteiten die onder deze verordening vallen, dient de Commissie evenwel te worden gemachtigd om volgens de in artikel 4 van dat besluit bedoelde beheersprocedure te handelen.

(44) Deze verordening dient Verordening (EG) nr. 44/2001 te wijzigen door in de plaats te treden van de bepalingen daarvan die betrekking hebben op onderhoudsverplichtingen. Onder voorbehoud van de overgangsbepalingen van de onderhavige verordening dienen de lidstaten vanaf de datum waarop zij van kracht wordt, op

(15) *PB* L 124 van 8.6.1971, blz. 1.
(16) *PB* L 184 van 17.7.1999, blz. 23.

onderhoudsverplichtingen de bepalingen van deze verordening over bevoegdheid, erkenning, uitvoerbaarheid en tenuitvoerlegging van beslissingen, en over rechtsbijstand, toe te passen in plaats van die van Verordening (EG) nr. 44/2001.

(45) Daar de doelstellingen van deze verordening, namelijk het treffen van een aantal maatregelen om de daadwerkelijke inning van levensonderhoud in grensoverschrijdende gevallen te waarborgen en derhalve het vrije verkeer van personen in de Europese Unie te vergemakkelijken, niet voldoende door de lidstaten kunnen worden verwezenlijkt en derhalve, wegens de omvang en de gevolgen van deze verordening, beter door de Gemeenschap kunnen worden verwezenlijkt, mag de Gemeenschap maatregelen nemen overeenkomstig het in artikel 5 van het Verdrag neergelegde subsidiariteitsbeginsel. Overeenkomstig het in hetzelfde artikel neergelegde evenredigheidsbeginsel gaat deze verordening niet verder dan nodig is om deze doelstellingen te verwezenlijken.

(46) Overeenkomstig artikel 3 van het Protocol betreffende de positie van het Verenigd Koninkrijk en Ierland, dat is gehecht aan het Verdrag betreffende de Europese Unie en het Verdrag tot oprichting van de Europese Gemeenschap, heeft Ierland kennis gegeven van zijn wens deel te nemen aan de aanneming en toepassing van deze verordening.

(47) Overeenkomstig de artikelen 1 en 2 van het Protocol betreffende de positie van het Verenigd Koninkrijk en Ierland, gehecht aan het Verdrag betreffende de Europese Unie en het Verdrag tot oprichting van de Europese Gemeenschap, neemt het Verenigd Koninkrijk niet deel aan de aanneming van deze verordening en is bijgevolg niet door de verordening gebonden noch gehouden deze toe te passen. Dat laat onverlet de mogelijkheid voor het Verenigd Koninkrijk om mede te delen dat het voornemens is deze verordening, na de aanneming ervan, overeenkomstig artikel 4 van genoemd protocol te aanvaarden.

(48) Overeenkomstig de artikelen 1 en 2 van het Protocol betreffende de positie van Denemarken, dat is gehecht aan het Verdrag betreffende de Europese Unie en het Verdrag tot oprichting van de Europese Gemeenschap, neemt Denemarken niet deel aan de aanneming van de voorgestelde verordening, en is daardoor niet gebonden noch gehouden deze toe te passen, onverminderd de mogelijkheid voor Denemarken om, overeenkomstig artikel 3 van de Overeenkomst tussen de Europese Gemeenschap en het Koninkrijk Denemarken betreffende de rechterlijke bevoegdheid, de erkenning en de tenuitvoerlegging van beslissingen in burgerlijke en handelszaken [17], de inhoud van de wijzigingen die thans in Verordening (EG) nr. 44/2001 worden aangebracht, toe te passen,

HEEFT DE VOLGENDE VERORDENING VASTGESTELD:

HOOFDSTUK I
Toepassingsgebied en definities

Artikel 1
Toepassingsgebied

1. Deze verordening is van toepassing op onderhoudsverplichtingen die voortvloeien uit familiebetrekkingen, bloedverwantschap, huwelijk of aanverwantschap.

(17) *PB* L 299 van 16.11.2005, blz. 62.

2. In deze verordening wordt onder 'lidstaat' verstaan, de lidstaten waarop deze verordening van toepassing is.
[18-12-2008, PbEU L 7, i.w.tr. 30-01-2009/regelingnummer 4/2009]

1. Algemeen. De Europese alimentatieverordening is alleen van toepassing op de in het artikel genoemde onderhoudsverplichtingen. Het gaat om onderhoudsverplichtingen die voortvloeien uit de wet en gebaseerd zijn op, kort gezegd, familieverhoudingen. Dit begrip dient autonoom te worden geïnterpreteerd (considerans 11). **Administratieve beslissingen.** De Europese alimentatieverordening is tevens van toepassing op zowel rechterlijke beslissingen als beslissingen van administratieve autoriteiten, mits deze waarborgen bieden met name inzake onpartijdigheid en het recht van partijen om te worden gehoord (considerans 12). **Bijstandsverhaal.** De Europese alimentatieverordening is ook van toepassing op het verhaal van openbare lichamen ter zake van uitkeringen die ter vervanging van alimentatie zijn gedaan (art. 64, aant. 1). **Voorlopige voorzieningen.** Gelet op art. 14 Europese alimentatieverordening is de verordening ook van toepassing op maatregelen betreffende voorziene voorlopige of bewarende maatregelen. **Alimentatieovereenkomsten.** De vraag rijst of onderhoudsverplichtingen van zuiver contractuele aard waar geen wettelijke verplichtingen aan ten grondslag liggen (denk bijvoorbeeld aan een onderhoudsverplichting tussen samenwoners) onder de verordening vallen. In principe vallen dergelijke verplichtingen niet onder de reikwijdte van de verordening nu zij niet uit het familierecht voortvloeien. Vorderingen gebaseerd op dergelijke afspraken zouden derhalve binnen de Europese Unie onder de Brussel I-bis verordening en Rome I verordening vallen. **Afbakening met betrekking tot huwelijksvermogensrecht.** Gelet op de wens om het materiële toepassingsgebied van de Europese alimentatieverordening niet te beperken ten opzichte van de Brussel I Verordening, zal nog steeds rekening moeten worden gehouden met de jurisprudentie van het Hof van Justitie (HvJ) met betrekking tot het materiële toepassingsgebied van de EEX-verordening. In HvJ EG 27 februari 1997, C-220/95, *NJ* 1999/112, m.nt. P. Vlas (*Van den Boogaard/Laumen*), was de vraag aan de orde of een vordering tot reallocatie van huwelijksvermogen tot het terrein van de onderhoudsverplichtingen behoort. Het HvJ EG oordeelde dat de rechter het specifieke doel van de gegeven beslissing voor ogen moet hebben. Een beslissing dient als een alimentatiebeslissing te worden aangemerkt indien het een prestatie behelst die bedoeld is om het onderhoud van een behoeftige echtgenoot te verzekeren, of indien de behoeften en de middelen van elk der echtgenoten in aanmerking worden genomen voor de bepaling van het te betalen bedrag (r.o. 22). Wanneer de beslissing daarentegen alleen strekt tot een verdeling van goederen tussen de echtgenoten, dan valt deze onder het huwelijksvermogensrecht.

2. Verhouding met het Haags alimentatieverdrag 2007. Voor de lidstaten van de Europese Unie was in eerste instantie een uitbreiding van het toepassingsgebeid van het Haags alimentatieverdrag 2007 beoogd tot alle onderhoudsverplichtingen die voortvloeien uit familiebetrekkingen, bloedverwantschap, huwelijk of aanverwantschap, zijnde het toepassingsgebied van de Alimentatieverordening, maar dit bleek niet haalbaar. Dit betekent dat de Alimentatieverordening in principe een breder materiële toepassingsgebied kent dan het Haags alimentatieverdrag 2007.

3. Lidstaten. De Europese alimentatieverordening is in beginsel van toepassing op 25 lidstaten van de Europese Unie (inclusief Kroatië). Gelet dient te worden op de uitzonderingssituatie van Ierland, het Verenigd Koninkrijk en Denemarken. **Ierland.** Deze lidstaat heeft ten tijde van de totstandkoming van de verordening aangegeven deel te nemen aan de verordening (considerans 46). **Verenigd Koninkrijk.** Ten tijde van de totstandkoming van de verordening heeft het Verenigd Koninkrijk aangegeven geen partij te willen zijn bij de verordening (considerans 47). Bij brief van 15 januari 2009 heeft het Verenigd Koninkrijk de Commissie ervan in kennis gesteld dat het de verordening wenst te aanvaarden, zodat de verordening ook van toepassing wordt voor het Verenigd Koninkrijk. Bij beschikking van de Commissie van 8 juni 2009 is de verordening ook van toepassing verklaard op het Verenigd Koninkrijk (*PbEU* L 149/73). Het Verenigd Koninkrijk heeft echter het Haags alimentatieprotocol 2007 niet geratificeerd, waardoor er belangrijke verschillen optreden met betrekking tot de situatie van het Verenigd Koninkrijk onder de Verordening (zie art. 15 Europese alimentatieverordening). Hoewel het Verenigd Koninkrijk geen lidstaat meer is van de Europese Unie, geldt op basis van artikel 67 lid 1 onder d en lid 2 onder c van het Akkoord inzake de terugtrekking van het Koninkrijk van Groot-Brittannië en Noord-Ierland uit de Europese Unie (*Publicatieblad van de EU*, 2019/C 66 1/01) een overgangsperiode tot en met 31 december 2020. Gedurende deze overgangsperiode blijft de Alimentatieverordening van kracht ten aanzien van en in verhouding met het Verenigd Koninkrijk. Vanaf 1 januari 2021 is het Verenigd Koninkrijk geen lidstaat meer van de Europese Unie waardoor de Alimentatie Verordening nu niet meer van toepassing is in het Verenigd Koninkrijk. **Denemarken.** Overeenkomstig art. 3 Overeenkomst EG-Denemarken van 19 oktober 2005, *PbEU* L 299, bestaat voor Denemarken de mogelijkheid de inhoud van de wijzigingen die door de verordening thans in de Brussel I verordening worden aangebracht, toe te passen. Denemarken zal derhalve de bepalingen van de verordening toepassen op de betrekkingen tussen de EU en Denemarken, met uitzondering van de bepalingen van hoofdstuk III (toepasselijk recht) en hoofdstuk VII (Centrale autoriteiten). De bepalingen van art. 2 en hoofdstuk IX van de verordening zijn slechts van toepassing voor zover zij betrekking hebben op de bevoegdheid, de erkenning en de tenuitvoerlegging van beslissingen en de toegang tot de rechter (*PbEU* L 149/80). **Aruba, Curaçao en Sint Maarten.** Deze landen maken geen deel uit van de aangesloten lidstaten bij de Europese alimentatieverordening. In de verhouding tussen Aruba en de andere Europese lidstaten geldt het EEX-verdrag. Dit verdrag geldt niet tussen Aruba enerzijds en Nederland anderzijds, omdat er in die verhouding geen sprake is van verschillende verdragsluitende staten. Curaçao en Sint Maarten zijn geen partij bij het EEX-verdrag. In de verhouding tussen Nederland enerzijds en Aruba, Curaçao en Sint Maarten anderzijds bestaat een wetgevingsvacuüm. De Europese rechtsinstrumenten zijn niet van toepassing en in de MvT bij het wetsontwerp dat leidde tot het huidige hoofdstuk 1 Rv is uitdrukkelijk te kennen gegeven dat '[met] 'internationaal;' [niet] wordt (…) gedoeld op zaken afkomstig van andere delen of zich afspelend tussen verschillende delen van het Koninkrijk. De regeling heeft met andere woorden geen betrekking op interregionale betrekkingen of zaken.' (*Kamerstukken II* 1999/2000, 26855, 3, p. 22). Op het moment dat de ratificatie van het EVEX II door deze eilanden geratificeerd wordt, zal dit het EEX-verdrag vervangen (art. 69 lid 7 EVEX II). Recentelijk heeft de Hoge Raad wel bepaald dat bepalingen uit de Europese alimentatieverordening analoog kunnen worden toegepast (HR 2 mei 2014, ECLI:NL:HR:2014:1063, *NJB* 2014/984). **BES-eilanden.** Bij brief van 19 juni 2008 van de Staatssecretaris van Binnenlandse Zaken en Koninkrijksrelaties aan de Tweede Kamer der Staten Generaal is al gemeld dat de delegaties van Nederland, Bonaire, Sint Eustatius en Saba overeen zijn gekomen dat de LGO-status (Land of Gebied Overzee) voorlopig blijft gehandhaafd voor de BES-eilanden. Vijf jaar na toetreding van de BES-eilanden tot het Nederlandse staatsbestel zal opnieuw gekeken worden naar de gewenste relatie van Bonaire, Sint Eustatius en Saba met de Europese Unie. Het kabinetsstandpunt naar aanleiding van de juridische en economische impactstudie zoals dit op 30 september 2008 per brief naar de Tweede Kamer der Staten-Generaal is gezonden, herhaalt dit standpunt. Dit betekent dat op dit ogenblik de Europese alimentatieverordening geen toepassing vindt op de BES-eilanden en dat de BES-eilanden zich in dezelfde situatie bevinden als Curaçao en Sint Maarten. Zie nader over deze alimentatie-verordening *Asser/Vonken & Ibili 10-II* 2021/607-610; Lewin, Interregionaal Privaatrecht 2014.

Artikel 2
Definities

1. In deze verordening wordt verstaan onder:

1. **'beslissing', een door een gerecht van een lidstaat gegeven beslissing inzake onderhoudsverplichtingen, ongeacht de daaraan gegeven benaming, zoals arrest, vonnis, beschikking of rechterlijk bevel tot tenuitvoerlegging, alsmede de vaststelling door de griffier van het bedrag van de proceskosten. Voor de toepassing van de hoofdstukken VII en VIII wordt onder 'beslissing' mede verstaan, een in een derde land gegeven beslissing inzake onderhoudsverplichtingen;**
2. **'gerechtelijke schikking', een schikking inzake onderhoudsverplichtingen die door een gerecht is goedgekeurd of tijdens een procedure voor een gerecht is getroffen;**
3. **'authentieke akte',**
   - **a) een akte inzake onderhoudsverplichtingen die als authentieke akte is verleden of geregistreerd in de lidstaat van herkomst en waarvan de authenticiteit:**
     - **i) betrekking heeft op de ondertekening en de inhoud van de akte, en**
     - **ii) is vastgesteld door een overheidsinstantie of andere daartoe bevoegd verklaarde instantie, of**
   - **b) een afspraak inzake onderhoudsverplichtingen die met administratieve autoriteiten van de lidstaat van herkomst is gemaakt of die door deze autoriteiten authentiek is verklaard;**
4. **'lidstaat van herkomst', de lidstaat waar, naar gelang van het geval, de beslissing is gegeven, de gerechtelijke schikking is goedgekeurd of getroffen, of de authentieke akte is opgesteld;**
5. **'lidstaat van tenuitvoerlegging', de lidstaat waar om tenuitvoerlegging van de beslissing, de gerechtelijke schikking of de authentieke akte wordt gevraagd;**
6. **'verzoekende lidstaat', de lidstaat waarvan de centrale autoriteit het verzoek in de zin van hoofdstuk VII verzendt;**
7. **'aangezochte lidstaat', de lidstaat waarvan de centrale autoriteit het verzoek in de zin van hoofdstuk VII in ontvangst neemt;**
8. **'Haagse Verdrag-staat', een staat die partij is bij het Haagse Verdrag van 23 november 2007 inzake de internationale inning van levensonderhoud voor kinderen en andere familieleden (hierna 'het Haagse Verdrag van 2007'), voor zover dit verdrag van toepassing is tussen de Gemeenschap en die staat;**

9. ‘gerecht van herkomst’, het gerecht dat de ten uitvoer te leggen beslissing heeft gegeven;
10. ‘onderhoudsgerechtigde’, elke natuurlijke persoon aan wie levensonderhoud verschuldigd is of van wie gesteld wordt dat levensonderhoud aan hem verschuldigd is;
11. ‘onderhoudsplichtige’, elke natuurlijke persoon die levensonderhoud verschuldigd is of ten aanzien van wie gesteld wordt dat hij levensonderhoud verschuldigd is.

2. Voor de toepassing van deze verordening omvat het begrip ‘gerecht’ ook administratieve autoriteiten van de lidstaten die bevoegd zijn op het gebied van onderhoudsverplichtingen, voor zover zij waarborgen bieden wat betreft onpartijdigheid en het horen van de partijen en voor zover hun beslissingen overeenkomstig het recht van de lidstaat waar zij gevestigd zijn

i) vatbaar zijn voor een rechtsmiddel ten overstaan van een gerechtelijke autoriteit of voor toetsing door een zodanige autoriteit, en
ii) dezelfde kracht en dezelfde uitwerking hebben als een beslissing van een gerechtelijke autoriteit over dezelfde aangelegenheid.

Deze administratieve autoriteiten staan vermeld in bijlage X. Deze bijlage is opgesteld en wordt gewijzigd volgens de in artikel 73, lid 2, genoemde beheersprocedure, op verzoek van de lidstaat waar de betrokken administratieve autoriteit gevestigd is.

3. Voor de toepassing van de artikelen 3, 4 en 6 vervangt het begrip ‘woonplaats’ (‘domicile’) ‘nationaliteit’ in de lidstaten waar dit begrip in familierechtelijke zaken als aanknopingsfactor wordt gebruikt.

Voor de toepassing van artikel 6 worden partijen die hun woonplaats (‘domicile’) in verschillende territoriale eenheden van eenzelfde lidstaat hebben, geacht hun gemeenschappelijke woonplaats (‘domicile’) in die lidstaat te hebben.

[18-12-2008, PbEU L 7, i.w.tr. 30-01-2009/regelingnummer 4/2009]

Betekenis. Gerechtelijke schikking. Ingevolge de verordening worden gerechtelijke schikkingen en authentieke akten in een andere lidstaat erkend en zijn deze uitvoerbaar als beslissingen overeenkomstig hoofdstuk IV over de erkenning, uitvoerbaarheid en tenuitvoerlegging van beslissingen (art. 48 Europese alimentatieverordening). Art. 2 lid 1 onderdeel 2 Europese alimentatieverordening geeft een definitie van een gerechtelijke schikking en van een authentieke akte. Deze definitie is ook te vinden in het voorgestelde art. 4 onderdeel 10 van het voorstel voor een verordening van het Europees Parlement en de Raad tot vaststelling van een Europees bevel tot conservatoir beslag op bankrekeningen om de grensoverschrijdende inning van schuldvorderingen in burgerlijke en handelszaken te vergemakkelijken (COM(2011)455 def). **Beslissing, lidstaat van herkomst en lidstaat van tenuitvoerlegging.** Al deze termen zijn ook te vinden in de definities in art. 4 EET-verordening en art. 2 Brussel II-bis. De inhoud en strekking van alle vier de definities is hetzelfde gebleven. **Authentieke akte.** Deze definitie stemt overeen met art. 4 onderdeel 3 EET-verordening. In art. 2 lid 1 onderdeel b Europese alimentatieverordening wordt echter het woord ‘regeling’ vervangen door ‘afspraak’ en de term ‘administratieve autoriteiten’ door ‘bestuurlijke autoriteiten’. Deze verschillen zijn niet inhoudelijk van aard, maar zijn meer toegespitst op de gebruikelijke terminologie in het kader van alimentatie. **Onderhoudsgerechtigde.** Deze term wordt autonoom gedefinieerd in art. 2 lid 1 onderdeel 10 Europese alimentatieverordening. In de definitie staat dat elk natuurlijk persoon aan wie levensonderhoud verschuldigd is of van wie gesteld wordt dat levensonderhoud aan hem verschuldigd is, als onderhoudsgerechtigde in de zin van de verordening moet worden beschouwd. Ingevolge considerans 14 is ook duidelijk geworden dat deze term mede omvat een openbaar lichaam dat gerechtigd is namens de onderhoudsgerechtigde op te treden in het kader van een verzoek om erkenning en tenuitvoerlegging van een beslissing. Wanneer een openbaar lichaam in deze hoedanigheid optreedt, dient deze het recht te hebben op dezelfde diensten en dezelfde rechtsbijstand als een onderhoudsgerechtigde (zie hierover art. 44-47 Europese alimentatieverordening). De vraag rijst echter in het kader van kinderalimentatie of de onderhoudsgerechtigde het kind betreft of de wettelijke vertegenwoordiger (e.g. de juridische ouder). Vooral in het kader van de toepassing van art. 6 Europese alimentatieverordening is dit van belang. **Domicilie en nationaliteit.** Zoals inmiddels gebruikelijk is in Europese verordeningen, is een bepaling opgenomen om de aanknopingsfactor van nationaliteit te vervangen door het *common law* begrip *domicilie* (zie bijvoorbeeld art. 3 Brussel II-bis). **Gerecht.** Om rekening te houden met het feit dat levensonderhoudsbijdragen vaak door administratieve organen worden vastgesteld wordt een ruime definitie van de term 'gerecht' gebruikt. Hierin wordt echter wel een belangenafweging gemaakt tussen respect voor de (buiten)gerechtelijke organisatie van de lidstaten en het recht op een eerlijk proces van de verweerder. Door minimumeisen te stellen aan de mogelijkheid om een rechtsmiddel in te stellen en de rechtskracht van de beslissing, wordt hieraan voldaan. Bovendien worden al deze instanties opgenomen in bijlage X, die door een ieder kan worden geraadpleegd.

HOOFDSTUK II
Bevoegdheid

Artikel 3
Algemene bepalingen

In de lidstaten zijn op het gebied van onderhoudsverplichtingen bevoegd:

a) het gerecht van de plaats waar de verweerder zijn gewone verblijfplaats heeft, of

b) het gerecht van de plaats waar de onderhoudsgerechtigde zijn gewone verblijfplaats heeft, of

c) het gerecht dat volgens het recht van het forum bevoegd is om kennis te nemen van een verzoek betreffende de staat van personen, indien het verzoek inzake een onderhoudsverplichting een nevenverzoek is dat verbonden is met dit verzoek, tenzij deze bevoegdheid uitsluitend op de nationaliteit van een der partijen berust, of

d) het gerecht dat volgens het recht van het forum bevoegd is om kennis te nemen van een verzoek betreffende de ouderlijke verantwoordelijkheid, indien het verzoek inzake een onderhoudsverplichting een nevenverzoek is dat verbonden is met dit verzoek, tenzij deze bevoegdheid uitsluitend op de nationaliteit van een der partijen berust.

[18-12-2008, PbEU L 7, i.w.tr. 30-01-2009/regelingnummer 4/2009]

1. Universele karakter. Het feit dat de verweerder zijn gewone verblijfplaats in een derde staat heeft, is niet langer een reden om de toepassing van bevoegdheidsregels van de verordening uit te sluiten en er is dan ook geen enkele verwijzing naar de bevoegdheidsregels van het nationale recht meer opgenomen, zoals thans het geval is in art. 4

Brussel I/EEX-verordening. Kortom, dit betekent dat de Nederlandse rechter altijd zijn bevoegdheid moet toetsen aan de hand van de rechtsmachtregels van de Verordening.

2. Forum rei. Art. 3 onderdeel a Alimentatieverordening geeft een weergave van de voormalige hoofdregel van de EEX-verordening namelijk de *forum rei*: wie in een lidstaat gewone verblijfplaats, mag voor de gerechten van dat land worden opgeroepen. In vergelijking met tot art. 2 EEX-verordening zijn er twee grote verschillen. Ten eerste spreekt art. 3 Alimentatieverordening van de *gewone verblijfplaats* van de verweerder in plaats van de *woonplaats*. Ten tweede regelt art. 3 Alimentatieverordening zowel de absolute als de relatieve bevoegdheid van de rechter.

3. Forum actoris. Art. 3 onderdeel b Alimentatieverordening is te vergelijken met de bepaling van art. 5 lid 2 EEX-verordening. Het artikel kent in alimentatiezaken bevoegdheid toe aan het gerecht van de plaats waar de onderhoudsgerechtigde zijn of haar gewone verblijfplaats heeft. Ten opzichte van art. 5 lid 2 EEX-verordening kent art. 3 onderdeel b Alimentatieverordening geen mogelijkheid om te procederen bij het gerecht van de woonplaats van de onderhoudsgerechtigde. Heeft bijvoorbeeld een kind op grond van art. 1:12 BW een afhankelijke woonplaats bij een van de ouders maar verblijft het feitelijk in een ander land, dan kan de verzoeker niet meer kiezen voor het gerecht van de plaats waar het kind woonplaats heeft, tenzij natuurlijk die rechter bevoegd is op grond van een andere bepaling van de Alimentatieverordening.

4. Bijkomende eis bij staatbeslissing. Voorts houdt het artikel in dat de rechter die over een staatkwestie oordeelt, tevens over de onderhoudsvordering als bijkomende eis mag oordelen indien hij daartoe volgens zijn eigen recht bevoegd is en deze bevoegdheid niet slechts steunt op de nationaliteit van één der partijen. Wordt bijvoorbeeld tot de Nederlandse rechter een verzoek gericht tot echtscheiding van twee Nederlanders die in Duitsland woonachtig zijn, dan mag hij ook oordelen over een nevenverzoek tot vaststelling van alimentatie, nu het Nederlandse recht hem daartoe de bevoegdheid geeft (art. 3 lid 1 onderdeel b Brussel II-bis) en deze bevoegdheid niet slechts is gebaseerd op de nationaliteit van één der partijen. Art. 3 onderdeel c Europese alimentatieverordening komt inhoudelijk overeen met het bepaalde in art. 5 lid 2 laatste gedeelte Brussel I.

5. Samenhangend verzoek. In art. 3 onderdeel d Alimentatieverordening wordt een vergelijkbaar resultaat bereikt als in art. 3 onderdeel c Alimentatieverordening in het kader van samenhangende verzoeken met betrekking tot een verzoek betreffende de ouderlijke verantwoordelijkheid. Indien de Nederlandse rechter volgens zijn eigen recht bevoegd is om kennis te nemen van een geschil inzake ouderlijke verantwoordelijkheid dan is hij tevens bevoegd om kennis te nemen van het verzoek betreffende alimentatie. Gelet op de mogelijkheid om op grond van art. 9, 10 en 12 Brussel II-bis een verzoek betreffende ouderlijke verantwoordelijkheid in te dienen bij een rechter anders dan bij de rechter waar het kind zijn of haar gewone verblijfplaats heeft, voegt art. 3 onderdeel d Alimentatieverordening een belangrijke aanvulling toe. Recentelijk heeft Hof van Justitie EU bepaald dat indien een rechter bevoegd is op grond van artikel 3 lid 1 sub b Brussel II-bis Verordening om kennis te nemen van een verzoek tot echtscheiding, dezelfde rechter niet automatisch bevoegd is om kennis te nemen van een verzoek ten aanzien van het gezagsrecht (tenzij de rechter bevoegd is op grond van de artikelen 8, 9, 10, 12 of

15 Brussel II-bis) en tevens niet bevoegd is om kennis te nemen van een verzoek tot vaststelling van de kinderalimentatie op grond van artikel 3 sub d Alimentatieverordening (HvJEU 16 januari 2018, ECLI:EU:C:2018:10 (*PM t. AH*)). In de zaak *OF t. PG* heeft het Hof van Justitie EU verder uitgelegd dat als de rechter in een dergelijk geval bevoegd is om kennis te nemen van het verzoek inzake ouderlijke verantwoordelijkheid op grond van artikel 12 Brussel II-bis, de rechtbank in dat geval wel bevoegd is om kennis te nemen van het verzoek inzake kinderalimentatie op grond van artikel 3 sub d Alimentatieverordening (HvJEU 3 oktober 2019, C-759/18, ECLI:EU:C:2019:816 (*OF v. PG*)).

6. Verhouding artikel 3 sub c en 3 sub d. De keuze tussen het adiëren van een rechter op grond van onderdeel a, b, c of d wordt gemaakt door de verzoeker. Recentelijk heeft het Hof van Justitie EU hier echter een kleine nuance in gebracht. Aan het hof is de verhouding tussen art. 3 onderdeel c en d voorgelegd. *In casu* waren A en B, alsmede hun twee minderjarige kinderen, Italiaanse staatsburgers en verbleven permanent in Londen. Bij verzoekschrift heeft A de Italiaanse rechter verzocht de echtscheiding uit te spreken, het gezag over de twee kinderen aan hen beiden toe te kennen en de hoofdverblijfplaats bij de moeder te bepalen. Hij heeft tevens verzocht om een bedrag ten aanzien van de kinderalimentatie vast te stellen. In reconventie heeft zij partneralimentatie verzocht. Bij beschikking heeft de Italiaanse rechter zich onbevoegd verklaard ten aanzien van het verzoek met betrekking tot de kinderen omdat de kinderen hun gewone verblijfplaats in het Verenigd Koninkrijk hadden. De vraag was derhalve of de Italiaanse rechter bevoegd was met betrekking tot een verzoek betreffende de vaststelling van een bijdrage in het levensonderhoud van de kinderen. Het Hof van Justitie heeft aangegeven dat uit de bewoordingen, de nagestreefde doelstellingen en de context van art. 3 onderdeel c en d, naar voren komt dat wanneer enerzijds een verzoek betreffende de scheiding is ingediend bij een gerecht, en een ander verzoek betreffende de ouderlijke verantwoordelijkheid bij een ander gerecht, een verzoek slechts kan worden gezien als een nevenverzoek bij het verzoek op het gebied van ouderlijke verantwoordelijkheid (HvJ EU 16 juli 2015, C-184/14, *NJ* 2015/423 (*A. v. B*)). Zie verder Curry-Sumner, *REP* 2016, p. 36-37; *Asser/Vonken & Ibili 10-II* 2021/633.

7. Verhouding artikel 3 sub a en 3 sub d. Het Hof van Justitie EU heeft recentelijk wederom kans gekregen om zich uit te laten over de verhouding tussen de verschillende bevoegdheidsbepalingen in artikel 3 (HvJEU 5 september 2019, C-468/18, ECLI:EU:C:2019:666 (*R t. P*)). In deze zaak heeft het Hof uitgelegd dat een rechtbank die bevoegd is om kennis te nemen van een verzoek tot echtscheiding, maar niet bevoegd is om kennis te nemen van een verzoek inzake ouderlijke verantwoordelijkheid, toch bevoegd is om kennis te nemen van het verzoek inzake kinderalimentatie indien de verweerder gewone verblijfplaats heeft in die lidstaat. De rechtbank is namelijk in dat geval bevoegd op grond van artikel 3 sub a Alimentatieverordening.

Artikel 4
Forumkeuze

1. Partijen kunnen overeenkomen dat ter zake van geschillen die tussen hen zijn gerezen of zullen rijzen in verband met onderhoudsverplichtingen, het volgende gerecht of de volgende gerechten bevoegd zijn:

a) een gerecht of de gerechten van een lidstaat waar een hunner haar gewone verblijfplaats heeft,
b) een gerecht of de gerechten van een lidstaat waarvan een hunner de nationaliteit heeft,
c) in het geval van onderhoudsverplichtingen tussen echtgenoten of voormalige echtgenoten:
   i) het gerecht dat bevoegd is om kennis te nemen van hun geschillen in huwelijkszaken, of
   ii) een gerecht of de gerechten van de lidstaat waar zij laatstelijk gedurende ten minste één jaar hun gemeenschappelijke gewone verblijfplaats hebben gehad.

De in de punten a), b) of c) genoemde voorwaarden moeten vervuld zijn op het tijdstip waarop de forumkeuzeovereenkomst wordt gesloten of op het tijdstip waarop de zaak aanhangig wordt gemaakt.

De bij overeenkomst verleende bevoegdheid is exclusief, tenzij partijen anders zijn overeengekomen.

2. De forumkeuzeovereenkomst wordt schriftelijk gesloten. Als schriftelijk wordt aangemerkt elke elektronische mededeling waardoor de overeenkomst duurzaam wordt vastgelegd.

3. Dit artikel is niet van toepassing op geschillen betreffende een onderhoudsverplichting jegens een kind dat jonger is dan 18 jaar.

4. Indien partijen zijn overeengekomen exclusieve bevoegdheid te verlenen aan een gerecht of de gerechten van een staat die partij is bij het op 30 oktober 2007 te Lugano ondertekende Verdrag betreffende de rechterlijke bevoegdheid en de tenuitvoerlegging van beslissingen in burgerlijke en handelszaken [(18)] (hierna 'Verdrag van Lugano') en die geen lidstaat is, is dit verdrag, behalve waar het betreft in lid 3 bedoelde geschillen, van toepassing.

[18-12-2008, PbEU L 7, i.w.tr. 30-01-2009/regelingnummer 4/2009]

1. Achtergrond. De Alimentatieverordening biedt, om de rechtszekerheid, de voorspelbaarheid en de autonomie van partijen te vergroten, partijen de mogelijkheid in onderlinge overeenstemming het bevoegde gerecht te kiezen op basis van bepaalde aanknopingsfactoren. Partijen wordt op grond van art. 4 lid 1 Alimentatieverordening de mogelijkheid geboden om een bepaald gerecht (relatief bevoegde rechter) of de gerechten van een land (absoluut bevoegde rechter) aan te wijzen indien zij aan bepaalde voorwaarden voldoen. In het geval dat partijen de absoluut bevoegde gerechten hebben aangewezen, zal de relatief bevoegde rechter op grond van eigen recht moeten worden vastgesteld.

2. Peildatum. Partijen mogen een dergelijke forumkeuzeovereenkomst afspreken zowel alvorens een geschil is gerezen als erna. Omdat dergelijke aanknopingspunten na verloop van tijd kunnen veranderen, is ervoor gekozen om twee verschillende tijdstippen te kiezen, hetzij het tijdstip waarop de zaak aanhangig is gemaakt, hetzij het tijdstip waarop de forumkeuzeovereenkomst wordt gesloten. Hierbij dient derhalve te worden gekeken naar de datum waarop de overeenkomst tot stand is gekomen. Met betrekking tot de forumovereenkomst tussen (ex-)echtgenoten brengt dit mee dat echtgenoten

---

(18) *PB* L 339 van 21.12.2007, blz. 3.

alvorens te huwen mogen afspreken dat een bepaalde rechter bevoegd zal zijn met betrekking tot eventuele geschillen betreffende onderhoudsverplichtingen. Indien zij aldaar ten minste één jaar voorafgaand aan het sluiten van de forumkeuzeovereenkomst hun gemeenschappelijke gewone verblijfplaats hebben, is voldaan aan de voorwaarden van art. 4 lid 1 onderdeel c onder (ii) Alimentatieverordening.

3. Forumkeuzeovereenkomst. In dezelfde trant als art. 23 EEX-verordening dient een forumkeuzeovereenkomst schriftelijk te worden gesloten. Verdere vormvereisten worden niet gesteld. Het is derhalve niet noodzakelijk dat een dergelijke forumovereenkomst met tussenkomst van een advocaat of notaris wordt opgesteld. Ondanks de opmerking van het Europese Parlement dat de tekst van art. 4 lid 2 'buitensporig vaag' was, werd die bepaling opgenomen overeenkomstig de tekst van art. 23 lid 2 EEX-verordening.

4. Uitsluiting van kinderalimentatie. Met het oog op de bescherming van de zwakkere partij is een dergelijke forumkeuze uitgesloten voor onderhoudsverplichtingen ten aanzien van kinderen jonger dan achttien jaar.

5. Verhouding met Lugano-Verdrag 2007. Op 30 oktober 2007 is, ter vervanging van het Verdrag van Lugano 1988, een tweede verdrag te Lugano tot stand gekomen, ditmaal tussen de EG enerzijds en Denemarken (dat op basis van het uitzonderingsprotocol niet via de EG gebonden wordt, maar verdragsluitende partij is), IJsland, Noorwegen en Zwitserland anderzijds (*PbEU* 2007, L 339/3). Indien partijen een gerecht of de gerechten van Zwitserland, Noorwegen of IJsland hebben aangewezen, dan is het Verdrag van Lugano 2007 van toepassing. Denemarken wordt in het kader van hoofdstuk II als lidstaat aangemerkt (zie art. 1 Alimentatieverordening, aant. 4).

Artikel 5
Bevoegdheid gebaseerd op de verschijning van de verweerder

Buiten de gevallen waarin zijn bevoegdheid voortvloeit uit andere bepalingen van deze verordening, is het gerecht van een lidstaat waarvoor de verweerder verschijnt bevoegd. Dit voorschrift is niet van toepassing indien de verschijning ten doel heeft de bevoegdheid te betwisten.

[18-12-2008, PbEU L 7, i.w.tr. 30-01-2009/regelingnummer 4/2009]

Betekenis. De tekst van art. 5 Alimentatieverordening is afkomstig van art. 24 EEX-verordening. Er dient derhalve rekening te worden gehouden met de jurisprudentie en literatuur die over dat artikel is verschenen. Deze bepaling mag slechts worden gebruikt indien de aangezochte rechter zijn bevoegdheid niet op andere bepalingen van de Alimentatieverordening kan baseren (inclusief de forumkeuzebepaling in art. 4). Indien aan dit vereiste is voldaan, mag de rechter zich bevoegd verklaren, indien de verweerder voor hem verschijnt (stilzwijgende forumkeuze oftewel stilzwijgende aanvaarding van rechtsmacht). Evenwel is in de tweede volzin van het artikel bepaald dat art. 5 niet van toepassing is, indien de verschijning ten doel heeft de bevoegdheid te betwisten. Gezien de universele werking van de Alimentatieverordening wordt geen vereiste gesteld ten aanzien van de gewone verblijfplaats van de verschenen verweerder.

Artikel 6
Subsidiaire bevoegdheid
Indien geen enkel gerecht van een lidstaat op grond van de artikelen 3, 4 en 5 bevoegd is, en indien geen enkel gerecht van een staat die partij is bij het Verdrag van Lugano, maar die geen lidstaat is, op grond van de bepalingen van genoemd verdrag bevoegd is, zijn de gerechten van de lidstaat van de gemeenschappelijke nationaliteit van de partijen bevoegd.
[18-12-2008, PbEU L 7, i.w.tr. 30-01-2009/regelingnummer 4/2009]

1. Achtergrond. Art. 6 en 7 Europese alimentatieverordening vormen samen de uitkomst van een politiek compromis van de Raad (Justitie en Binnenlandse Zaken) dat in juni 2008 tot stand kwam. Uiteindelijk is besloten dat een bepaling inzake subsidiaire bevoegdheid zou moeten worden opgenomen. Met volledige inachtneming van dat compromis heeft het voorzitterschap in de eerste plaats een bevoegdheidsregel voorgesteld die gebaseerd is op de gemeenschappelijke nationaliteit van de partijen (art. 6), en in de tweede plaats een bevoegdheidsregel die gegrond is op het *forum necessitatis* (art. 7). Er dient echter rekening te worden gehouden met de mogelijkheid om bevoegdheid op grond van art. 6 te beperken op grond van art. 8 Europese alimentatieverordening. In art. 6 wordt gesproken over 'de partijen'. De vraag rijst wie hiermee wordt bedoeld? Gaat het hier om de procespartijen of gaat het hier om de onderhoudsgerechtigde en de onderhoudsplichtige? In het kader van een verzoek betreffende de vaststelling van een bijdrage in het levensonderhoud van een kind, kan dit verschillend uitpakken. In sommige lidstaten wordt het kind als onderhoudsgerechtigde aangemerkt, terwijl het in andere lidstaten gaat om de wettelijke vertegenwoordiger die namens het kind gerechtigd is de bijdrage te ontvangen. Aangezien deze termen autonoom dienen te worden uitgelegd, zal nadere uitleg van het Hof van Justitie nodig zijn.

2. Nationaliteit als aanknopingspunt. De verordening zegt niets over de gevolgen van dubbele of verwaterde nationaliteit. De Nederlandse wetgever heeft ook geen algemene bepalingen opgenomen in Boek 10 BW met betrekking tot de realiteits- c.q. effectiviteitstoets. Er is gekozen om telkens bij een bijzondere regeling aan te geven of een realiteits- c.q. effectiviteitstoets dient te worden toegepast. Bij gebrek aan een regel op nationaal of Europees niveau, ligt het op dit punt voor de hand om de oplossing met betrekking tot Brussel II-bis analoog toe te passen, vooral gelet op de behoefte aan uniforme uitleg van Europese regelgeving. Blijkens het *Rapport Borrás* (nr. 33) moet elke rechter vragen rondom een realiteits- c.q. effectiviteitstoets aan de hand van intern recht beoordelen. Het Nederlandse recht heeft voor de beoordeling van de bevoegdheid inzake alimentatie nooit een effectiviteitstoets toegelaten. Er is derhalve ook geen ruimte voor een realiteitstoets.

3. Ambtshalve bevoegdheidstoets. Alvorens art. 6 Alimentatieverordening toe te kunnen passen, dient de rechter eerst vast te stellen dat geen enkel gerecht van een lidstaat bevoegd is op grond van de bevoegdheidsbepalingen van de art. 3, 4 en 5 Alimentatieverordening. Deze zinsnede brengt met zich dat de rechter gehouden is om ambtshalve te toetsen of een andere rechter bevoegd is (zie verder art. 10 Alimentatieverordening, aant. 1).

Artikel 7
Forum necessitatis

Indien geen enkel gerecht van een lidstaat op grond van de artikelen 3, 4, 5 en 6 bevoegd is, kunnen de gerechten van een lidstaat in uitzonderingsgevallen kennis nemen van een geschil indien in een derde staat waarmee het geschil nauw verbonden is, redelijkerwijs geen procedure aanhangig kan worden gemaakt of gevoerd, of een procedure daar onmogelijk blijkt.

Het geschil moet voldoende nauw verbonden zijn met de lidstaat waar de zaak aanhangig wordt gemaakt.

[18-12-2008, PbEU L 7, i.w.tr. 30-01-2009/regelingnummer 4/2009]

1. Algemeen. Deze bepaling – samen met art. 6 – is het gevolg van een politiek compromis (zie art. 6 Alimentatieverordening, aant. 1) om ervoor te zorgen dat een subsidiaire bevoegdheidsregeling zou worden opgenomen in de verordening. Het heeft betrekking op uitzonderingsgevallen waarin een procedure redelijkerwijs niet kan worden ingesteld, gevoerd of onmogelijk blijkt in een derde staat waarmee het geschil nauw is verbonden. Art. 7 Alimentatieverordening kan slechts worden geraadpleegd als *ultimum remedium*; slechts in het geval dat er *geen enkel gerecht* bevoegd is op grond van art. 3, 4, 5 en 6 Alimentatieverordening kan een beroep op art. 7 Alimentatieverordening worden gehonoreerd. In die gevallen erkent de Verordening de bevoegdheid van een gerecht van een lidstaat om kennis te nemen van het geschil, voor zover dat geschil voldoende nauw verbonden is met die lidstaat. Grote terughoudendheid moet worden betracht bij de toepassing van dit artikel, aangezien art. 7 een uitzonderingsbepaling is ten opzichte van de algemene rechtsmachtregels.

2. Onmogelijk of onaanvaardbaar. Ten eerste dient vast komen te staan dat een procedure in de betrokken derde staat onmogelijk of onaanvaardbaar is. Dit kan zowel betrekking hebben op een juridische onmogelijkheid (er is in het buitenland geen bevoegde rechter te vinden), als een feitelijke onmogelijkheid (als gevolg van natuurrampen, (burger)oorlog of aan situaties waar aan het behoren tot een bepaalde deelgroep van de bevolking ernstige beperkingen in het maatschappelijk verkeer zijn verbonden met als gevolg dat voor leden van die groep in feite een behoorlijke rechtsgang redelijkerwijs niet gewaarborgd is, bijvoorbeeld op grond van religie). Feiten en omstandigheden die meebrengen dat van een dergelijke onaanvaardbaarheid sprake is, moeten door de verzoeker worden gesteld en, bij betwisting, worden bewezen.

3. Voldoende betrokkenheid. Ten tweede rijst de vraag wanneer een situatie voldoende betrokken is bij de rechtssfeer van de aangezochte lidstaat. Uit punt 16 van de considerans blijkt dat de nationaliteit van partijen een rol zou kunnen spelen in dergelijke gevallen.

4. Vergelijkbare bepalingen. Deze bepaling is te vergelijken met de Nederlandse oplossing onder art. 9 Rv. Bij de parlementaire behandeling van art. 9 Rv – onder verwijzing naar art. 3 van de Zwitserse Federale Wet op het Internationaal Privaatrecht – werd opgemerkt dat een staat de toegang tot zijn gerechten behoort te openen voor allen die nergens anders een forum kunnen vinden, of slechts in een land waar zulks voor hen zeer bezwaarlijk is (zie *Kamerstukken II* 1999/2000, 26855, 3, p. 41).

Artikel 8
Beperking ten aanzien van procedures

1. Is een beslissing gegeven in een lidstaat of in een staat die partij is bij het Haagse Verdrag van 2007 waar de onderhoudsgerechtigde zijn gewone verblijfplaats heeft, dan kan de onderhoudsplichtige niet in een andere lidstaat een procedure aanhangig maken om de beslissing te wijzigen of een nieuwe beslissing te verkrijgen zolang de onderhoudsgerechtigde zijn gewone verblijfplaats behoudt in de staat waar de beslissing is gegeven.

2. Lid 1 is niet van toepassing indien:

a) de partijen overeenkomstig artikel 4 zijn overeengekomen dat de gerechten van die andere lidstaat bevoegd zijn,

b) de onderhoudsgerechtigde zich op grond van artikel 5 onderwerpt aan de bevoegdheid van de gerechten van die andere lidstaat,

c) de bevoegde autoriteit in de staat van herkomst die partij is bij het Haagse Verdrag van 2007 haar bevoegdheid tot wijziging van de beslissing of tot het geven van een nieuwe beslissing niet kan uitoefenen of weigert deze uit te oefenen, of

d) de in de staat van herkomst die partij is bij het Haagse Verdrag van 2007 gegeven beslissing niet kan worden erkend of uitvoerbaar verklaard in de lidstaat waar een procedure tot wijziging van de beslissing of tot verkrijging van een nieuwe beslissing wordt overwogen.

[18-12-2008, PbEU L 7, i.w.tr. 30-01-2009/regelingnummer 4/2009]

1. Beperking bij wijzigingsverzoeken. Bij het indienen van een verzoek tot wijziging van alimentatie, dient de bevoegdheid van de rechter opnieuw te worden vastgesteld aan de hand van de bevoegdheidsregels van hoofdstuk II van de Alimentatieverordening. Onder de regeling van EEX-verordening was dat de rechter die de oorspronkelijke beslissing heeft gegeven, dus niet reeds uit dien hoofde bevoegd tot wijziging (*Rapport Schlosser*, nr. 98-108). Op grond van art. 8 Alimentatieverordening wordt een belangrijke beperking op deze regel aangebracht. Indien de oorspronkelijke beslissing werd gegeven in een lidstaat of een verdragsluitende staat bij het Haags alimentatieverdrag 2007 en de onderhoudsgerechtigde in die staat nog zijn of haar gewone verblijfplaats heeft, dan kan de onderhoudsplichtige een procedure tot wijziging van een bestaande onderhoudsbeslissing of tot verkrijging van een nieuwe beslissing, slechts in die staat aanhangig maken zolang de onderhoudsgerechtigde zijn of haar gewone verblijfplaats in die staat behoudt.

2. Ratio. Om deze beperking te begrijpen dient men kennis te hebben van de totstandkoming van het Haags alimentatieverdrag 2007. Het Haags alimentatieverdrag 2007 bevat geen rechtsmachtregeling. Vanaf het begin van de onderhandelingen was al duidelijk dat de grote motor achter het Verdrag, de Verenigde Staten van Amerika, zich niet kon vinden in een rechtsmachtbepaling gebaseerd op de gewone verblijfplaats van de onderhoudsgerechtigde. Op grond van het Amerikaanse recht is in elk geval een zekere band tussen de onderhoudsplichtige en het forum vereist. Een dergelijke band heeft ook betrekking op verzoeken om wijziging van bestaande beslissingen. Op dit punt is een politiek compromis bereikt door de bevoegdheid van de rechter om bestaande beslissingen te wijzigen te beperken. Deze consensus heeft geleid tot art. 18 Haags alimentatieverdrag 2007, met het corresponderende art. 8 Alimentatieverordening.

3. Uitzonderingen. Op deze regel zijn een aantal uitzonderingen geformuleerd in art. 8 lid 2 Europese alimentatieverordening. Deze uitzonderingen zijn in twee categorieën te verdelen, enerzijds de gevallen met betrekking tot de toepassing van de Europese alimentatieverordening (art. 8 lid 2 onderdeel a en b) en anderzijds de gevallen met betrekking tot de toepassing van het Haags Alimentatieverdrag 2007 (art. 8 lid 2 onderdeel c en d). Met betrekking tot de eerste twee uitzonderingen (onder a en b) wordt gekeken naar de gevallen waarin hetzij beide partijen hetzij de onderhoudsgerechtigde van de door art. 11 geboden bescherming afstand wenst te nemen. Deze bepalingen zijn derhalve goed te passen in de toenemende toegekende partij autonomie op dit terrein. Omdat het Haags Alimentatieverdrag 2007 een uitgebreide regeling bevat ten aanzien van de erkenning, exequatur en tenuitvoerleggingsprocedures, bevat art. 8 de mogelijkheid om ondanks art. 8 lid 1 toch in een andere staat te procederen indien de voorgeschreven procedurele problemen zich voordoen (namelijk onmogelijkheid of geen bereidheid om toegekende bevoegdheid uit te oefenen (art. 8 lid 2 onderdeel c) of niet-erkenning van gegeven beslissing (art. 8 lid 2 onderdeel d)). Nu het Haags Alimentatieverdrag 2007 op 1 augustus 2014 voor de Europese Unie in werking is getreden, speelt art. 8 een steeds toenemende rol. Inmiddels is het verdrag van toepassing in 44 landen ter wereld, inclusief de Verenigde Staten van Amerika, Verenigd Koninkrijk, Noorwegen en Turkije.

Artikel 9
Aanhangigmaking van een zaak bij een gerecht

Voor de toepassing van dit hoofdstuk wordt een zaak geacht bij een gerecht te zijn aangebracht:

a) op het tijdstip waarop het stuk dat het geding inleidt of een gelijkwaardig stuk bij het gerecht wordt ingediend, mits de verzoeker vervolgens niet heeft nagelaten te doen wat hij met het oog op de betekening of de kennisgeving van het stuk aan de verweerder moest doen, of,

b) indien het stuk betekend of medegedeeld moet worden voordat het bij het gerecht wordt ingediend, op het tijdstip waarop de autoriteit die verantwoordelijk is voor de betekening of kennisgeving het stuk ontvangt, mits de verzoeker vervolgens niet heeft nagelaten te doen wat hij met het oog op de indiening van het stuk bij het gerecht moest doen.

[18-12-2008, PbEU L 7, i.w.tr. 30-01-2009/regelingnummer 4/2009]

Betekenis. Dit artikel bepaalt op welk tijdstip een zaak geacht moet worden bij een gerecht aanhangig te zijn gemaakt. Het artikel komt overeen met een reeks van andere artikelen, namelijk art. 16 Brussel II-bis, art. 11 lid 4 Brussel II en art. 30 EEX-verordening. In het kader van de litispendentieregeling is dit tijdstip van belang. Onder het EEX-verdrag werd de aanhangigheid bepaald door het nationale procesrecht, hetgeen tot onwenselijke resultaten heeft geleid. Voor verdere toelichting zie bijvoorbeeld Schmidt/Vonken, *T&C Personen- en familierecht*, art. 16 Verordening (EG) 2201/2003, aant. 4.

Artikel 10
Toetsing van de bevoegdheid

Indien een zaak bij een gerecht van een lidstaat aanhangig is gemaakt waarvoor het volgens deze verordening niet bevoegd is, verklaart het zich ambtshalve onbevoegd.

[18-12-2008, PbEU L 7, i.w.tr. 30-01-2009/regelingnummer 4/2009]

Betekenis. Wordt een rechter aangezocht die geen bevoegdheid aan de verordening kan ontlenen, dan dient de aangezochte rechter zich ambtshalve onbevoegd te verklaren. De tekst van deze bepaling is ontleend aan art. 17 Brussel II-bis. Er zijn echter wel tekstuele verschillen tussen de twee bepalingen. Deze verschillen kunnen worden verklaard door het feit dat de Alimentatieverordening een universele werking kent, in tegenstelling tot het beperkte formele toepassingsgebied van Brussel II-bis. Er kan immers geen bevoegdheid worden ontleend aan de hand van nationale bevoegdheidsregels.

Artikel 11
Toetsing van de ontvankelijkheid

1. Indien de verweerder die zijn gewone verblijfplaats in een andere staat heeft dan de lidstaat waar de zaak aanhangig is gemaakt, niet verschijnt, houdt het bevoegde gerecht zijn uitspraak aan zolang niet vaststaat dat de verweerder tijdig genoeg kennis heeft kunnen nemen van de het stuk (*red.*: lees: het stuk) dat het geding inleidt of een gelijkwaardig stuk om verweer te kunnen voeren, of dat daartoe al het nodige is gedaan.
2. In plaats van lid 1 van dit artikel is artikel 19 van Verordening (EG) nr. 1393/2007 van toepassing indien het stuk dat het geding inleidt of een gelijkwaardig stuk volgens die verordening vanuit een lidstaat naar een andere lidstaat diende te worden verzonden.
3. Indien de bepalingen van Verordening (EG) nr. 1393/2007 niet van toepassing zijn, is artikel 15 van het Verdrag van 's-Gravenhage van 15 november 1965 inzake de betekening en de kennisgeving in het buitenland van gerechtelijke en buitengerechtelijke stukken in burgerlijke en handelszaken van toepassing ingeval het stuk dat het geding inleidt of een gelijkwaardig stuk overeenkomstig dat verdrag naar het buitenland diende te worden verzonden.
[18-12-2008, PbEU L 7, i.w.tr. 30-01-2009/regelingnummer 4/2009]

Betekenis. Art. 11 Alimentatieverordening beschermt het recht op verdediging van de niet verschenen verweerder die zijn gewone verblijfplaats heeft in een andere staat dan de lidstaat waar de zaak is aangebracht. Indien de verweerder niet verschijnt, moet de rechter de zaak aanhouden totdat vaststaat dat het inleidend gedingstuk aan de verweerder is betekend.

Artikel 12
Aanhangigheid

1. Wanneer voor gerechten van verschillende lidstaten tussen dezelfde partijen verzoeken aanhangig zijn die hetzelfde onderwerp betreffen en op dezelfde oorzaak berusten, houdt het gerecht waarbij de zaak het laatst is aangebracht zijn uitspraak ambtshalve aan totdat de bevoegdheid van het gerecht waarbij de zaak het eerst is aangebracht, vaststaat.
2. Wanneer de bevoegdheid van het gerecht waarbij de zaak het eerst is aangebracht, vaststaat, verklaart het gerecht waarbij de zaak het laatst is aangebracht, zich onbevoegd.
[18-12-2008, PbEU L 7, i.w.tr. 30-01-2009/regelingnummer 4/2009]

1. Algemeen. Art. 12 Alimentatieverordening, overeenstemmend met art. 27 EEX-verordening en art. 21 EEX-verdrag, strekt ertoe parallelle procedures in verschillende EU-lidstaten te voorkomen. Naar aanleiding van HvJ EG 9 december 2003 dient aan dit begrip een ruime uitleg te worden gegeven (HvJ EG 9 december 2003, C-116/02, *Jur*. 2003, p. I-14693, *NJ* 2007/151 (*Gasser/MISAT*)). In beginsel vallen alle situaties hieronder waarin voor gerechten van verschillende EU-lidstaten dezelfde verzoeken aanhangig zijn gemaakt. Dit brengt met zich dat art. 12 geen bevoegdheidscheppende bepaling betreft, maar slechts van procedurele aard is. Tijdstip voor aanhangigheid wordt autonoom bepaald door art. 9 Alimentatieverordening).

2. Voorwaarden (art. 12 lid 1). Er is een aantal voorwaarden dat uit de bewoordingen van art. 12 lid 1 Alimentatieverordening kan worden geconcretiseerd. Ten eerste is er slechts sprake van litispendentie indien de verzoeken binnen het materiële toepassingsgebied van de Alimentatieverordening vallen. Met andere woorden dienen de verzoeken 'hetzelfde onderwerp' te betreffen, op 'dezelfde oorzaak [te] berusten', en bovendien 'tussen dezelfde partijen' aanhangig te zijn. Deze voorwaarden zijn exclusief en cumulatief (HvJ EG 8 december 1987, 144/86, *Jur*. 1987, p. 4861, *NJ* 1989/420 (*Gubisch/Palumbo*)). Ten tweede dient er rekening te worden gehouden met het feit dat art. 12 slechts ziet op gevallen waarin verzoeken aanhangig zijn voor de gerechten van verschillende lidstaten van de Europese Unie. De bepaling geldt derhalve niet wanneer verzoeken aanhangig zijn voor het gerecht van een lidstaat van de Europese Unie en het gerecht dat zich niet in een lidstaat van de Europese Unie bevindt. Hoewel Van Iterson aangeeft dat het probleem van aanhangigheid van een procedure in een derde staat onder de aandacht werd gebracht (D. van Iterson, 'IPR-aspecten van de nieuwe mondiale en Europese regelgeving op het gebied van alimentatie', *FJR* 2009, §6), is het niet gelukt om in de verordening een algemene litispendentieregel in de trant van art. 12 Rv te doen opnemen. In het kader van de herziening van de EEX-verordening zal dit onderwerp onder de aandacht worden gebracht, hetgeen eventueel gevolgen zou kunnen hebben voor art. 12 Alimentatieverordening.

3. Gevolgen. Indien er sprake is van litispendentie, dan is de rechter waarbij de zaak het laatst is aangebracht verplicht om de zaak aan te houden. Vervolgens dient hij zich onbevoegd te verklaren indien de bevoegdheid van het gerecht waarbij de zaak het eerst is aangebracht vaststaat. Hieruit kan men afleiden dat het gerecht waarbij de zaak het laatst is aangebracht de bevoegdheid van de eerste aangezochte rechter niet zelf kan toetsen, dat dient door de eerst aangezochte rechter te worden gedaan. Indien het gerecht waarbij de zaak het eerst is aangebracht zich bevoegd verklaart, dan dient het gerecht waarbij de zaak het laatst is aangebracht zich onbevoegd te verklaren. Art. 12 Alimentatieverordening houdt dus, net als art. 27 EEX-verordening, een verplichting in dat een gerecht zich onbevoegd moet verklaren indien vast komt te staan dat het gerecht waarbij de zaak het eerst is aangebracht zich bevoegd verklaart (art. 12 lid 2).

Artikel 13
Samenhang

1. Indien samenhangende verzoeken aanhangig zijn voor gerechten van verschillende lidstaten, kan het gerecht waarbij de zaak het laatst is aangebracht, zijn uitspraak aanhouden.

2. Indien deze verzoeken in eerste aanleg aanhangig zijn, kan het gerecht waar de zaak het laatst is aangebracht, op verzoek van een der partijen, ook tot verwijzing

overgaan mits het gerecht waarbij de zaak het eerst is aangebracht bevoegd is van de desbetreffende verzoeken kennis te nemen en zijn recht de voeging ervan toestaat.
3. Samenhangend in de zin van dit artikel zijn verzoeken die zo nauw verbonden zijn dat een goede rechtsbedeling vraagt om gelijktijdige behandeling en berechting, teneinde te vermijden dat bij afzonderlijke berechting van de zaken onverenigbare beslissingen zouden kunnen worden gegeven.
[18-12-2008, PbEU L 7, i.w.tr. 30-01-2009/regelingnummer 4/2009]

1. Algemeen. Art. 13 Alimentatieverordening, overeenstemmend met art. 28 EEX-verordening. Net als onder art. 28 EEX-verordening is niet vereist dat de samenhangende verzoeken tussen dezelfde partijen aanhangig zijn. Door samenhangende verzoeken bij hetzelfde gerecht onder te brengen, heeft de Alimentatieverordening tot doel om een betere coördinatie van de uitoefening van de rechterlijke bevoegdheid binnen de Europese Unie te bereiken (vgl. HvJ EG 6 december 1994, C-406/92, *Jur.* 1994, p. I-5439 (*Tatry/Macieji Rataj*)). Bovendien, net zoals onder art. 12 Alimentatieverordening schept art. 13 geen bevoegdheid, maar dient als procedurevoorschrift te worden beschouwd. Wanneer samenhangende vorderingen in eerste aanleg aanhangig zijn, kan het laatst aangezochte gerecht zijn uitspraak aanhouden (art. 13 lid 1 Alimentatieverordening) of, op verzoek van een der partijen, ook tot verwijzing overgaan naar het gerecht waarbij de zaak het eerst is aangebracht mits dat gerecht bevoegd is van de desbetreffende vorderingen kennis te nemen en zijn interne wetgeving de voeging ervan toestaat (art. 13 lid 2 Alimentatieverordening).

2. Samenhangend. Het begrip 'samenhangend' wordt autonoom gedefinieerd in art. 13 lid 3 Alimentatieverordening: verzoeken die zo nauw verbonden zijn dat een goede rechtsbedeling vraagt om hun gelijktijdige behandeling en berechting. Het begrip dient op dezelfde wijze als art. 28 EEX-verordening te worden uitgelegd (zie voor uitgebreide informatie, P. Vlas, *T&C Burgerlijke Rechtsvordering*, commentaar op art. 28 Rv).

3. Geen verplichting. Indien er aan de voorwaarden van art. 13 Alimentatieverordening is voldaan, dan ontstaat er geen verplichting om de zaak aan te houden. Anders dan bij art. 12 Alimentatieverordening, is het laatst aangezochte gerecht niet verplicht om zijn uitspraak aan te houden onder art. 13 Alimentatieverordening.

Artikel 14
Voorlopige maatregelen en maatregelen tot bewaring van recht

Door het recht van een lidstaat voorziene voorlopige of bewarende maatregelen kunnen bij de gerechten van die staat worden aangevraagd, zelfs indien een gerecht van een andere lidstaat krachtens deze verordening bevoegd is om van het bodemgeschil kennis te nemen.
[18-12-2008, PbEU L 7, i.w.tr. 30-01-2009/regelingnummer 4/2009]

Betekenis. Het artikel, overeenkomend met art. 24 EEX-verdrag en art. 31 EEX-verordening, heeft in het Nederlandse alimentatierecht vooral betekenis voor voorlopige alimentatie op grond van art. 821 en 822 Rv. De discussie rondom de al dan niet toepasselijkheid van art. 31 EEX-verordening met betrekking tot voorlopige alimentatieverzoeken, lijkt inmiddels tot het verleden te behoren. Art. 14 Alimentatieverordening voorziet immers in een specifieke regeling met betrekking tot voorlopige en bewarende maatregelen op het gebied van alimentatie. Niet valt te denken dat een verzoek tot voorlopige alimentatie op grond van art. 821 c.q. 822 Rv hieronder niet zou vallen. Art. 14 Alimentatieverordening laat derhalve toe dat de Nederlandse rechter voorlopige alimentatie toekent op grond van de bevoegdheidsbepalingen van de verordening, ondanks het feit dat een andere lidstaat bevoegd is om kennis te nemen van het bodemgeschil.

HOOFDSTUK III
Toepasselijk recht

Artikel 15
Bepaling van het toepasselijke recht

Het recht dat van toepassing is op onderhoudsverplichtingen wordt bepaald overeenkomstig het Haagse Protocol van 23 november 2007 inzake het recht dat van toepassing is op onderhoudsverplichtingen (hierna 'het Haagse Protocol van 2007') in de lidstaten die door dit protocol gebonden zijn.
[18-12-2008, PbEU L 7, i.w.tr. 30-01-2009/regelingnummer 4/2009]

1. Algemeen. Op grond van art. 15 Alimentatieverordening wordt een koppeling gemaakt tussen de Alimentatieverordening enerzijds en het Haags alimentatieprotocol 2007 anderzijds. Om ervoor te zorgen dat er afstemming plaatsvond tussen de Europese instrumenten en de Haagse instrumenten inzake het internationale alimentatierecht, diende er een bepaling in de verordening te worden opgenomen om te bepalen dat voor de door het Haags alimentatieprotocol 2007 gebonden lidstaten de conflictenregels van dat protocol toepasselijk zijn (zie ook considerans 20). Het Haags alimentatieprotocol 2007 is inmiddels door de Europese Unie (behalve het Verenigd Koninkrijk en Denemarken) geratificeerd. Teneinde rekening te houden met de mogelijkheid dat het Haags alimentatieprotocol 2007 niet in alle lidstaten toepasselijk zou zijn (hetgeen nu het geval is), maakt de verordening vervolgens onderscheid tussen de toepasselijke regels betreffende de erkenning, de uitvoerbaarheid en de tenuitvoerlegging van beslissingen van staten die het Haagse protocol toepassen enerzijds (afdeling 1, hoofdstuk IV) en niet-gebonden staten anderzijds (afdeling 2, hoofdstuk IV). Zoals Vonken ook aangeeft, brengt deze verwijzing in art. 15 Alimentatieverordening met zich dat prejudiciële vragen aan het Hof van Justitie EU moeten worden voorgelegd over de interpretatie van het Haags alimentatieprotocol 2007 (*Asser/Vonken & Ibili 10-II* 2021/660. Vanwege het feit dat de Europese Unie zelf lid is geworden van het Haags alimentatieprotocol 2007, is het Haags alimentatieprotocol 2007 tevens onderdeel geworden van het Unierecht. Inmiddels heeft het Hof van Justitie EU uitleg gegeven over het Protocol in de zaak *Mölk*, 20 september 2018, C214/17 (ECLI:EU:C:2018:744) en *KP t. LO* 7 juni 2018 C-83/17 (ECLI:EU:C:2018:408).

2. Verenigd Koninkrijk en Denemarken. Art. 15 Alimentatieverordening bepaalt slechts dat de conflictregels van het Haagse alimentatieprotocol 2007 van toepassing zijn in lidstaten die door het Haags alimentatieprotocol 2007 gebonden zijn. Art. 15 Alimentatieverordening zwijgt over de aanwijzing van het toepasselijk recht in staten die niet gebonden zijn. Wegens het gebrek aan een bepaling, blijven de conflictregels voorafgaande aan de inwerkingtreding van de verordening in de desbetreffende lidstaten nog steeds van kracht. Dit betekent bijvoorbeeld dat de Engelse rechter nog steeds de *lex fori* (dus Engels recht) in onderhoudszaken zal toepassen.

3. Reikwijdte. Opgemerkt zij dat deze regels in het protocol alleen het recht bepalen dat toepasselijk is op onderhoudsverplichtingen en niet het recht dat van toepassing is op de vaststelling van de familiebetrekkingen waarop de onderhoudsverplichtingen zijn gebaseerd. De vaststelling van de familiebetrekkingen blijft vallen onder het nationale recht van de lidstaten, met inbegrip van hun regels van internationaal privaatrecht.

HOOFDSTUK IV
Erkenning, uitvoerbaarheid en tenuitvoerlegging van beslissingen

Artikel 16
Toepassingsgebied van dit hoofdstuk

1. Dit hoofdstuk regelt de erkenning, de uitvoerbaarheid en de tenuitvoerlegging van de onder deze verordening vallende beslissingen.
2. Afdeling 1 is van toepassing op beslissingen gegeven in lidstaten die door het Haagse Protocol van 2007 gebonden zijn.
3. Afdeling 2 is van toepassing op beslissingen gegeven in lidstaten die niet door het Haagse Protocol van 2007 gebonden zijn.
4. Afdeling 3 is van toepassing op alle beslissingen.
[18-12-2008, PbEU L 7, i.w.tr. 30-01-2009/regelingnummer 4/2009]

1. Algemeen. Dit artikel geeft de structuur van hoofdstuk IV aan. Het hoofdstuk is opgedeeld in drie afdelingen. Het onderscheidend criterium ligt in de vraag of de buitenlandse beslissing waarvoor erkenning of tenuitvoerlegging wordt verzocht, gegeven is in een lidstaat die door het Haags Alimentatie Protocol 2007 gebonden is. Indien de buitenlandse beslissing afkomstig is uit een land dat gebonden is, dan dient afdeling 1 te worden toegepast. Indien het Haags Alimentatie Protocol 2007 niet van toepassing is, dan dient afdeling 2 te worden toegepast. Ongeacht dient afdeling 3 altijd te worden toegepast.

2. Ratio. Het onderscheid is het resultaat van een politiek compromis dat op het allerlaatste moment is bereikt. Enerzijds had het Verenigd Koninkrijk aangegeven geen deel te willen uitmaken van een Europees instrument met uniforme regels betreffende het toepasselijk recht. Anderzijds had de Europese Unie de afschaffing van het exequatur willen bereiken en wilde hiermee een koppeling maken tussen het afschaffen van het exequatur en uniforme regels inzake toepasselijk recht. Het eindresultaat is de bovengenoemde splitsing in hoofdstuk IV. De exequaturprocedure van afdeling 2 is nagenoeg dezelfde als die van het EEX-Vo regime. Zoals Van Iterson aangeeft kan men zeker vraagtekens zetten bij de wenselijkheid en noodzakelijkheid van een dergelijke splitsing. Blijkbaar had de Nederlandse delegatie liever dat 'er geen verband was gelegd tussen de afschaffing van het exequatur en het toepasselijke recht'. Van Iterson heeft beweerd dat een Nederlandse rechter 'geen probleem mee zou hebben om een Britse beslissing zonder exequatur ten uitvoer te leggen, ook al is daarop de *lex fori* toegepast in plaats van het door het protocol aangewezen recht' (D. van Iterson, 'IPR-aspecten van de nieuwe mondiale en Europese regelgeving op het gebied van alimentatie' *FJR* 2009/94, § 7).

AFDELING 1
Beslissingen gegeven in lidstaten die door het Haagse Protocol van 2007 gebonden zijn

Artikel 17
Afschaffing van het exequatur

1. Een beslissing, gegeven in een door het Haagse Protocol van 2007 gebonden lidstaat, wordt in een andere lidstaat erkend zonder dat daartoe een procedure vereist is en zonder mogelijkheid om tegen de erkenning op te komen.
2. De beslissing gegeven in een door het Haagse Protocol van 2007 gebonden lidstaat welke in die lidstaat uitvoerbaar is, is in een andere lidstaat uitvoerbaar zonder dat een uitvoerbaarverklaring vereist is.
[18-12-2008, PbEU L 7, i.w.tr. 30-01-2009/regelingnummer 4/2009]

1. Algemeen. Art. 17 Alimentatieverordening stemt inhoudelijk overeen met art. 5 EET-verordening en toont sterke gelijkenis met artikel 36 en 39 van de Brussel I-bis Vo. Bij de invoering van de Alimentatieverordening was het principe van afschaffing van de exequatur algemeen aanvaard, maar werd er hevig gediscussieerd over de voorwaarden waarop deze mogelijk zou moeten zijn. Art. 17 Alimentatieverordening, opgenomen in afd. 1, is slechts van toepassing op beslissingen die zijn gegeven in een lidstaat die gebonden is aan het Haags alimentatieprotocol 2007. Art. 17 Alimentatieverordening vormt derhalve de kern van de vernieuwing die door de Alimentatieverordening is bereikt. Hoewel alimentatiebeslissingen voorheen ook onder de werking van de EET-verordening vielen, is de EET-verordening slechts van toepassing op niet-betwiste schuldvorderingen. De Alimentatieverordening daarentegen is van toepassing op alle alimentatiebeslissingen ongeacht of deze zijn betwist. Zodra de formaliteiten van art. 20 Alimentatieverordening zijn voldaan, kan de bevoegde autoriteit die met de tenuitvoerlegging is belast, overgaan tot daadwerkelijke tenuitvoerlegging van de buitenlandse beslissing. De Alimentatieverordening heeft in zoverre de basis gelegd voor de stap naar afschaffing van exequatur in de Brussel I-bis Vo regime.

2. Voorwaarden voor afschaffing van exequatur. Het uiteindelijke politieke compromis met betrekking tot de voorwaarden voor afschaffing van de exequatur houdt drie voorwaarden in. Ten eerste zijn er bepalingen opgenomen met betrekking tot de oorspronkelijke procedure (zie art. 10 en 11 Alimentatieverordening). Ten tweede biedt art. 19 Alimentatieverordening ook een mogelijkheid voor de verweerder die niet in de oorspronkelijke procedure is betrokken. Ten slotte is, zoals eerder aangegeven, deze afdeling slechts van toepassing op lidstaten die gebonden zijn aan het Haags alimentatieprotocol 2007. Dit betekent dat men weet dat dezelfde conflictregels in het land van oorsprong zijn gehanteerd als in de lidstaat van tenuitvoerlegging wordt verzocht.

3. Openbare orde. De vraag rijst of een lidstaat een buitenlandse beslissing moet erkennen als er sprake is van strijd met de nationale openbare orde. Hoewel in de Kamerstukken verwezen wordt naar art. 24 Alimentatieverordening, ziet deze bepaling slechts op de erkenning van beslissingen uit lidstaten die niet gebonden zijn aan het Haags alimentatieprotocol 2007 (*Kamerstukken II* 2010/11, 32617, 6, p. 9), namelijk het Verenigd Koninkrijk en Denemarken. Ten aanzien van beslissingen uit andere lidstaten van de Europese Unie die gebonden zijn aan het Haags alimentatieprotocol 2007 dient een onderscheid te worden gemaakt tussen beslissingen waarbij slechts erkenning wordt verzocht en beslissingen waarbij tenuitvoerlegging wordt verzocht. Indien een partij tenuitvoerlegging verzoekt, dan bestaat de mogelijkheid om de tenuitvoerlegging te weigeren op grond van in het nationale recht toegestane gronden. Aangezien de meerderheid van de lidstaten een grond van strijd met de openbare orde in hun nationale rechtssysteem kennen, lijkt een beroep op een dergelijke grond in de meeste gevallen wel mogelijk (zie art. 21 lid 1 Alimentatieverordening). Indien een partij slechts een buitenlandse beslissing wil laten erkennen (bijvoorbeeld in het kader van een andere procedure), dan lijkt er geen mogelijkheid om de openbare orde toets in te roepen. Art. 21 Alimentatieverordening ziet slechts op de tenuitvoerlegging van een beslissing, art. 24 ziet slechts op beslissingen uit het Verenigd Koninkrijk (gegeven voor de Brexit) en Denemarken (als zijnde lidstaten die niet gebonden zijn aan het Haags alimentatieprotocol 2007), en art. 40 bevat geen weigeringsgrond met betrekking tot de openbare orde (zie anders Verburgt, *Commentaar Relatierecht*, Sdu 2013, p. 1681).

Artikel 18
Bewarende maatregelen

Uitvoerbare beslissingen houden van rechtswege het verlof in bewarende maatregelen te treffen volgens het recht van de lidstaat van tenuitvoerlegging.

[18-12-2008, PbEU L 7, i.w.tr. 30-01-2009/regelingnummer 4/2009]

[Bewarende maatregelen]

Betekenis. Art. 17 geeft aan dat uitvoerbare beslissingen van rechtswege het verlof inhouden om bewarende maatregelen te treffen die volgens het recht van de lidstaat van tenuitvoerlegging mogelijk zijn. In Nederland zal executoriaal beslag (art. 435 Rv) of conservatoir beslag (bijv. art. 720 Rv) mogelijk zijn. Bovendien zou tevens kunnen worden overgegaan tot lijfsdwang indien de onderhoudsplichtige weigert te voldoen aan een executoriale titel.

Artikel 19
Recht om heroverweging te vragen

1. **De verweerder die in de lidstaat van herkomst niet is verschenen, heeft het recht om het bevoegde gerecht van die lidstaat te verzoeken de beslissing te heroverwegen, indien:**

a) het stuk dat het geding inleidt of een gelijkwaardig stuk niet zo tijdig en op zodanige wijze als met het oog op zijn verdediging nodig was, aan hem is betekend of meegedeeld, of

b) hij de aanspraak op levensonderhoud door overmacht of buitengewone omstandigheden buiten zijn wil niet heeft kunnen betwisten,

tenzij de verweerder tegen de beslissing geen rechtsmiddel heeft aangewend terwijl hij daartoe in staat was.

2. **De termijn waarbinnen om heroverweging kan worden verzocht, gaat in op de dag waarop de verweerder daadwerkelijk kennis heeft gekregen van de inhoud van de beslissing en in staat was om op te treden, zij het uiterlijk op de dag van de eerste tenuitvoerleggingsmaatregel waardoor hij de beschikking over zijn goederen geheel**

of gedeeltelijk verliest. De verweerder handelt zonder verwijl en in ieder geval binnen een termijn van 45 dagen. De termijn kan niet op grond van afstand worden verlengd.
3. Indien het gerecht het in lid 1 bedoelde verzoek tot heroverweging afwijst omdat aan geen van de aldaar genoemde voorwaarden voor heroverweging is voldaan, blijft de beslissing van kracht.
Indien het gerecht beslist dat de heroverweging gegrond is omdat aan een van de in lid 1 genoemde voorwaarden is voldaan, is de beslissing nietig. De onderhoudsgerechtigde verliest echter niet de voordelen voortvloeiend uit stuiting van de verjaring of uit verval van de aanspraak, of het recht om voor het verleden aanspraak op levensonderhoud te maken dat hij op grond van het oorspronkelijke verzoek zou hebben verkregen.
[18-12-2008, PbEU L 7, i.w.tr. 30-01-2009/regelingnummer 4/2009]

1. Algemeen. De verweerder die in de lidstaat van herkomst niet is verschenen, heeft in bepaalde gevallen het recht om het bevoegde gerecht van die lidstaat te verzoeken de beslissing te heroverwegen. Het recht op een eerlijk proces (onder andere in art. 6 EVRM neergelegd) dient namelijk te worden geëerbiedigd. Het recht op heroverweging is een buitengewoon rechtsmiddel dat ter beschikking staat aan de verweerder tegen wie verstek is verleend. De vergelijkbare bepaling komt ook voor in andere Europese verordeningen waar de exequatur is afgeschaft, namelijk art. 19 EET-verordening, art. 20 EBB-verordening en art. 9 Verordening (EG) 861/2007 tot vaststelling van een Europese procedure voor geringe vorderingen. Over dit artikel is hevig gediscussieerd tijdens de onderhandelingen omdat de mogelijkheid bestaat dat er misbruik van kan worden gemaakt. Desalniettemin is het uiteindelijke doel toch belangrijker geweest dan een mogelijkheid van misbruik.

2. Gronden. Op grond van art. 19 Alimentatieverordening, dient de heroverweging mogelijk te zijn in twee gevallen. Ten eerste indien het het geding inleidende stuk aan de verweerder niet tijdig en op zodanige wijze als met het oog op zijn verdediging nodig was is betekend of ter kennis is gebracht. In vergelijking met art. 19 EET-verordening valt het op dat de woorden 'buiten zijn schuld' er niet meer in voor komen. De slotzin van art. 19 lid 1 Alimentatieverordening geeft echter wel aan dat als de verweerder tegen de beslissing een rechtsmiddel had kunnen aanwenden en daartoe ook in staat was, dat een beroep op art. 19 lid 1 onderdeel a Alimentatieverordening niet zal slagen. Ten tweede dient de mogelijkheid tot heroverweging te bestaan indien de schuldenaar de vordering niet heeft kunnen betwisten wegens overmacht of wegens buitengewone omstandigheden buiten de wil van de schuldenaar gelegen.

3. Procedure. In tegenstelling tot de procedure onder de EET-verordening, waarbij de termijn waarbinnen een dergelijke heroverweging diende plaats te vinden, schrijft de Alimentatieverordening zelf een aantal termijnen voor. In art. 19 lid 2 Alimentatieverordening wordt bepaald dat de termijn waarbinnen om heroverweging kan worden verzocht, ingaat op de dag waarop de verweerder daadwerkelijk kennis heeft gekregen van de inhoud van de beslissing en in staat was om op te treden. De verweerder heeft vervolgens een termijn van 45 dagen, die door afstand niet kan worden verlengd. Op grond van art. 8 lid 4 onderdeel a Uitvoeringswet EET-verordening moet het rechtsmiddel van verzet worden ingesteld binnen vier weken nadat de schuldenaar met de beslissing bekend is geworden. Dit betekent dat onder de Alimentatieverordening de verweerder een ruimere termijn heeft gekregen dan onder de EET-verordening gold.

Artikel 20
Stukken voor de tenuitvoerlegging

1. Om in een andere lidstaat tenuitvoerlegging van een beslissing te verkrijgen, verstrekt de verzoeker de volgende stukken aan de bevoegde autoriteiten die met de tenuitvoerlegging belast zijn:

a) een afschrift van de beslissing die voldoet aan de vereisten om haar echtheid vast te stellen;

b) een uittreksel van de beslissing, afgegeven door het gerecht van herkomst door middel van het formulier waarvan het model in bijlage I is opgenomen;

c) in voorkomend geval, een stuk waaruit de betalingsachterstanden blijken, onder vermelding van de datum waarop deze zijn berekend;

d) in voorkomend geval, een transliteratie of een vertaling van het in punt b) bedoelde formulier in de officiële taal van de lidstaat van tenuitvoerlegging, of, indien er in die lidstaat verscheidene officiële talen bestaan, in een officiële rechtstaal van de plaats waar de beslissing ten uitvoer moet worden gelegd, zulks overeenkomstig het recht van die lidstaat, of in een andere taal die de lidstaat van tenuitvoerlegging heeft aangegeven te aanvaarden. Iedere lidstaat kan mededelen welke officiële taal of talen van de instellingen van de Europese Unie hij naast zijn eigen taal of talen, voor de invulling van het formulier kan aanvaarden.

2. De bevoegde instanties van de lidstaat van tenuitvoerlegging kunnen van de verzoeker geen vertaling van de beslissing verlangen. Een vertaling kan echter wel worden verlangd indien de tenuitvoerlegging van de beslissing wordt aangevochten.

3. De vertaling moet worden gemaakt door een persoon die tot het maken van vertalingen in een van de lidstaten bevoegd is.

[18-12-2008, PbEU L 7, i.w.tr. 30-01-2009/regelingnummer 4/2009]

1. Algemeen. Art. 20 Alimentatieverordening bepaalt welke stukken dienen te worden overhandigd aan de bevoegde autoriteiten die met de tenuitvoerlegging zijn belast. Nederland heeft te kennen gegeven dat de gerechtsdeurwaarders de bevoegde autoriteiten in Nederland zijn. De contactgegevens van de Koninklijke beroepsorganisatie van Gerechtsdeurwaarders (KBvG) zijn: Prinses Margrietplantsoen 49, 2995 AM Den Haag, telefoon: +31 (0)70 890 3530, fax: +31 (0)70 890 3531, website: www.kbvg.nl.

2. Stukken (lid 1). Art. 20 Alimentatieverordening komt voor een groot deel overeen met art. 20 EET-verordening. De onderhoudsgerechtigde dient een aantal stukken of bescheiden te overhandigen aan de tot tenuitvoerlegging bevoegde instanties (voor tenuitvoerlegging in Nederland lees: gerechtsdeurwaarder): a. Ten eerste dient een afschrift van de beslissing te worden overlegd die voldoet aan de vereisten om de echtheid te controleren (art. 20 lid 1 onderdeel a Alimentatieverordening, cfm. art. 20 lid 1 onderdeel a EET-verordening). Net als onder de EET is een dergelijk afschrift nodig, omdat het bijlage I-formulier de beslissing niet omvat. Noch een bewijs van betekening zelf, noch een bewijs van de betekening van de beslissing aan de onderhoudsplichtige is vereist. b. Ten tweede dient een uittreksel van de beslissing te worden overlegd. Het uittreksel dient te worden afgegeven door het gerecht van herkomst door middel van het formulier waarvan het model in bijlage I is opgenomen. In tegenstelling tot de EET-verordening, waar art. 9 lid 2 EET-verordening bepaalt dat een 'waarmerking als Europese executoriale titel wordt verstrekt in de taal van de beslissing', zwijgt de Alimentatieverordening over de vraag in welke taal het bijlage I-formulier dient te worden opgemaakt. Vooral gelet op doel en strekking van de verordening (bijv. de bepaling onder art. 20 lid 1 onderdeel d jo. art. 20 lid 2 Alimentatieverordening), dient mijns inziens het formulier, net als onder de EET-verordening, in de taal van de beslissing te worden verstrekt. In tegenstelling tot de uitvoering van de EET-verordening, heeft Nederland aangegeven – zoals onder art. 71 lid 1 onderdeel g is verplicht – dat in Nederland slechts de tenuitvoerlegging van een beslissing met een in het Nederlands ingevuld formulier mogelijk zal zijn (onder de EET-verordening was ook een in het Engels ingevuld bewijs van waarmerking toegestaan, art. 10 lid 2 Uitvoeringswet EET-verordening). c. Ten derde geeft de Alimentatieverordening expliciet aan dat indien er sprake is van een betalingsachterstand, de onderhoudsgerechtigde een stuk moet overleggen waaruit de betalingsachterstanden blijken, onder de vermelding van de datum (art. 20 lid 1 onderdeel c). In de Alimentatieverordening wordt de mogelijkheid van het innen van betalingsachterstand, in tegenstelling tot eerdere verordeningen zoals de EEX-verordening en de EET-verordening, wel uitdrukkelijk genoemd. De onderhoudsgerechtigde dient aan de autoriteiten die bevoegd zijn tot tenuitvoerlegging een stuk te overleggen waaruit de betalingsachterstanden blijken onder de vermelding van de datum. De betalingsachterstand wordt derhalve los genoemd van het uittreksel dat wordt ingevuld door de rechter van de staat van herkomst. Daarnaast staat in de verordening dat de centrale autoriteit maatregelen moet nemen om de doorlopende tenuitvoerlegging van alimentatiebeslissingen, met inbegrip van achterstallige bedragen, te vergemakkelijken (zie art. 51 lid 2 onderdeel e Alimentatieverordening). Expliciete verwijzing naar de achterstallige betalingen is toe te juichen, vooral gelet op de vaak hoge bedragen die door de jaren heen oplopen in niet-betaalde alimentatie.

Artikel 21
Weigering of schorsing van de tenuitvoerlegging

1. De in het recht van de lidstaat van tenuitvoerlegging voorziene gronden voor weigering of schorsing van de tenuitvoerlegging zijn van toepassing voor zover zij niet onverenigbaar zijn met de toepassing van de leden 2 en 3.

2. Op verzoek van de onderhoudsplichtige weigert de bevoegde autoriteit van de lidstaat van tenuitvoerlegging de tenuitvoerlegging van de beslissing van het gerecht van herkomst geheel of gedeeltelijk, indien het recht om de beslissing van het gerecht van herkomst ten uitvoer te leggen, is verjaard, hetzij volgens het recht van de lidstaat van herkomst, hetzij volgens het recht van de lidstaat van tenuitvoerlegging, waarbij de langste termijn geldt.

Voorts kan, op verzoek van de onderhoudsplichtige, de bevoegde autoriteit van de lidstaat van tenuitvoerlegging de tenuitvoerlegging van de beslissing van het gerecht van herkomst geheel of gedeeltelijk weigeren indien die beslissing onverenigbaar is met een beslissing die in de lidstaat van tenuitvoerlegging is gegeven, of met een in een andere lidstaat of in een derde staat gegeven beslissing die aan de voorwaarden voor erkenning in de lidstaat van tenuitvoerlegging voldoet.

Een beslissing die op grond van gewijzigde omstandigheden tot gevolg heeft dat een eerdere beslissing over onderhoudsverplichtingen wordt gewijzigd, wordt niet beschouwd als een onverenigbare beslissing in de zin van de tweede alinea.

3. Op verzoek van de onderhoudsplichtige kan de bevoegde instantie van de lidstaat van tenuitvoerlegging de tenuitvoerlegging van de beslissing van het gerecht van herkomst geheel of gedeeltelijk schorsen, indien bij het bevoegde gerecht van de lidstaat van herkomst overeenkomstig artikel 19 een verzoek tot heroverweging van de beslissing van het gerecht van herkomst is ingediend.
Voorts schorst de bevoegde instantie van de lidstaat van tenuitvoerlegging op verzoek van de onderhoudsplichtige de tenuitvoerlegging van de beslissing van het gerecht van herkomst, indien de uitvoerbaarheid ervan in de lidstaat van herkomst is geschorst.
[18-12-2008, PbEU L 7, i.w.tr. 30-01-2009/regelingnummer 4/2009]

Artikel 22
Geen gevolgen voor het bestaan van familiebetrekkingen

De erkenning en de tenuitvoerlegging van een beslissing over onderhoudsverplichtingen op grond van deze verordening houden op generlei wijze de erkenning in van de familiebetrekkingen, de bloedverwantschap, het huwelijk of de aanverwantschap die ten grondslag liggen aan de onderhoudsverplichtingen die tot de beslissing aanleiding hebben gegeven.
[18-12-2008, PbEU L 7, i.w.tr. 30-01-2009/regelingnummer 4/2009]

1. Algemeen. De erkenning in een lidstaat van een beslissing inzake onderhoudsverplichtingen heeft uitsluitend ten doel de inning van het in de beslissing vastgestelde levensonderhoud mogelijk te maken. De erkenning houdt derhalve niet in de erkenning, door de betrokken lidstaat, van de familierechtelijke betrekkingen die ten grondslag liggen aan de onderhoudsverplichting die tot de beslissing heeft geleid (considerans 25). Deze bepaling is uitermate belangrijk in het kader van de reikwijdte van de verordening.

2. Voorbeeld. In een Nederlandse beslissing is vastgesteld dat een man alimentatie dient te betalen aan zijn ex-man (zij waren in Nederland getrouwd geweest). Vervolgens reist één van de mannen af naar Polen. In Polen wenst de man erkenning en tenuitvoerlegging van de Nederlandse beslissing. Het huwelijk dat ten grondslag heeft gelegen aan de alimentatieplicht zou in Polen niet worden erkend. De erkenning en tenuitvoerlegging van de beslissing inzake de onderhoudsverplichting zou in Polen geen grondslag vormen voor aanspraak op de erkenning van het huwelijk c.q. echtscheiding van personen van hetzelfde geslacht.

AFDELING 2
Beslissingen gegeven in een niet door het Haagse Protocol van 2007 gebonden lidstaat

Artikel 23
Erkenning

1. Een beslissing, gegeven in een niet door het Haagse Protocol van 2007 gebonden lidstaat, wordt in de overige lidstaten erkend zonder dat daartoe een procedure vereist is.
2. Indien de erkenning van een beslissing wordt betwist, kan iedere belanghebbende partij die zich ten principale op de erkenning beroept, van de in deze afdeling bedoelde procedures gebruikmaken om de erkenning te doen vaststellen.

3. Wordt voor een gerecht van een lidstaat de erkenning bij wege van tussenverzoek ingeroepen, dan is dit gerecht bevoegd om van dat verzoek kennis te nemen.
[18-12-2008, PbEU L 7, i.w.tr. 30-01-2009/regelingnummer 4/2009]

1. Algemeen. Net als onder het regime van de EEX-verordening, bepaalt art. 23 Alimentatieverordening dat de in een lidstaat gegeven beslissingen zonder vorm van proces in de overige lidstaten worden erkend. Geen procedure is vereist, hetgeen betekent dat erkenning automatisch gebeurt. Slechts ingeval één van de gronden voor weigering opgesomd in art. 24 zich voordoet, kan in de fase van het rechtsmiddel (art. 32) sprake zijn van geen erkenning. Hoewel in de Nederlandstalige versie de Alimentatieverordening spreekt van een procedure, terwijl in de EEX-verordening er over een 'vorm van proces' wordt gesproken, is in andere taalversies geen verschil te merken (*'procedure'*, *'Verfahrens'*, *'procédure'*, *'procedimiento'*). Hierbij kan ook naar considerans 26 worden verwezen waarin duidelijk staat dat de procedure voor erkenning en tenuitvoerlegging van beslissingen die onder hfdst. IV, afd. 2 vallen 'dient te worden ingericht volgens het model van de procedure en de gronden voor weigering van erkenning van Verordening (EG) 44/2001'.

2. Reikwijdte. Dit artikel is slechts van toepassing op de erkenning van een beslissing die is gegeven in een lidstaat die niet door het Haags alimentatieprotocol 2007 is gebonden. Met inachtneming van de geografische reikwijdte van de Alimentatieverordening (zie art. 1, aant. 3) betekent dit dat beslissingen uit het Verenigd Koninkrijk onder de reikwijdte van art. 23 zullen vallen. Beslissingen uit Denemarken vallen hier ook onder gezien het feit dat Denemarken niet gebonden is aan het Haags alimentatieprotocol 2007 (zoals duidelijk is door de afgelegde verklaring door de Europese Unie aan het Permanent Bureau van de Haagse Conferentie op grond van art. 24 Haags alimentatieprotocol 2007). Wel dient rekening te worden gehouden met het uittreden van de Verenigd Koninkrijk uit de Europese Unie. Op basis van communicatie van de Europese Unie, zal de erkenning en tenuitvoerlegging van beslissingen uit het Verenigd Koninkrijk na afloop van de overgangsperiode op grond van het Haags Alimentatieverdrag 2007 moeten worden geregeld (https://ec.europa.eu/info/sites/info/files/notice_to_stakeholders_brexit_civil_justice_rev1_final.pdf).

3. Betekenis van erkenning. De tekst van art. 23 Alimentatieverordening stemt overeen met art. 33 EEX-verordening (die ook weer overeenstemt met art. 26 EEX-verdrag). Dit betekent dat de uitleg van het HvJ in de zaak *Hoffmann/Krieg* (145/86) hier in de context van alimentatie ook zou moeten gelden, namelijk dat door de erkenning aan de buitenlandse beslissing in beginsel dezelfde werking zou moeten toekomen als zij in de staat van herkomst heeft.

4. Erkenning ten principale (lid 2). Hoewel de Nederlandstalige versie van art. 23 lid 2 Alimentatieverordening afwijkt van de tekst van art. 33 lid 2 EEX-verordening, heeft dit geen inhoudelijke gevolgen (de andere taalversies wijken beduidend minder af van de vergelijkbare teksten van de EEX-verordening). Art. 23 beoogt geen rechtsgang te creëren om een beslissing met betrekking tot de erkenning te verzoeken. Dit wijkt dus af van de procedures onder art. 14 lid 3 en art. 21 lid 3 Brussel II-bis. Krachtens art. 23 lid 2 Alimentatieverordening dient de erkenning te worden betwist (ook hier verschillen de Nederlandstalige teksten van de Alimentatieverordening en de EEX-verordening van elkaar. In de andere taalversies is er geen verschil, vooral de Duitstalige versie loopt volledig gelijk).

Artikel 24
Gronden voor weigering van de erkenning

Een beslissing wordt niet erkend indien:

a) de erkenning kennelijk strijdig is met de openbare orde van de aangezochte lidstaat. De bevoegdheidsregels zijn niet onderworpen aan de openbare ordetoets;

b) het stuk dat het geding inleidt of een gelijkwaardig stuk, niet zo tijdig en op zodanige wijze als met het oog op zijn verdediging nodig was, aan de verweerder tegen wie verstek werd verleend, betekend of meegedeeld is, tenzij de verweerder tegen de beslissing geen rechtsmiddel heeft aangewend terwijl hij daartoe in staat was;

c) zij onverenigbaar is met een beslissing die tussen dezelfde partijen is gegeven in de aangezochte lidstaat;

d) zij onverenigbaar is met een beslissing die vroeger in een andere lidstaat of in een derde land tussen dezelfde partijen is gegeven in een geschil dat hetzelfde onderwerp betreft en op dezelfde oorzaak berust, mits deze laatste beslissing voldoet aan de voorwaarden voor erkenning in de aangezochte lidstaat.

Een beslissing die tot gevolg heeft dat op basis van veranderde omstandigheden een eerdere beslissing inzake onderhoudsverplichtingen wordt gewijzigd, wordt niet beschouwd als een onverenigbare beslissing in de zin van de punten c) of d).

[18-12-2008, PbEU L 7, i.w.tr. 30-01-2009/regelingnummer 4/2009]

1. Algemeen. De gronden voor weigering van de erkenning zijn in art. 24 Alimentatieverordening limitatief opgenomen. De gronden zijn gelijk aan de gronden in art. 34 EEX-verordening. Met betrekking tot de limitatieve gronden voor weigering van de erkenning, sluit de Alimentatieverordening helemaal aan bij de vereenvoudiging en versoepeling die de EEX-verordening heeft bereikt ten opzichte van het EEX-verdrag. Doordat de rechter die het verlof tot tenuitvoerlegging moet verlenen, de gronden voor weigering van de erkenning niet ambtshalve dient te toetsen, verkrijgt de verzoeker veel sneller en efficiënter het verlof tot tenuitvoerlegging. Het systeem van de Alimentatieverordening met betrekking tot beslissingen die onder Afd. 2 van Hfdst. IV vallen brengt met zich, dat de rechter vrijwel nooit het verzoek om tenuitvoerlegging zal afwijzen. De gronden die in art. 24 Alimentatieverordening worden genoemd spelen pas een rol in de fase van het rechtsmiddel (zie art. 32 Alimentatieverordening).

2. Openbare orde (onder a). Art. 24 Alimentatieverordening zet de lijn voort die door art. 34 EEX-verordening is uitgestippeld met het gebruik van het woord 'kennelijk'. Door het gebruik van dit woord, wordt aangegeven dat de openbare orde een *ultimum remedium* is. Hierdoor wordt duidelijk aangesloten bij de bestaande internationale praktijk (zie bijvoorbeeld P. Vlas, *GS Burgerlijke Rechtsvordering*, artikel 34 EEX-Verordening, aant. 2). In het kader van de openbare ordetoets, is echter één verandering ingetreden ten opzichte van de EEX-verordening. Expliciet wordt benadrukt dat de bevoegdheidsregels niet aan de openbare ordetoets onderworpen zijn.

3. Rechten van verdediging (onder b). Beslissingen worden niet erkend, op grond van art. 24 onderdeel b Alimentatieverordening indien het stuk dat het geding inleidt of een gelijkwaardig stuk, niet regelmatig en zo tijdig als met het oog op zijn verdediging nodig was, aan de verweerder tegen wie verstek werd verleend, is betekend of is medegedeeld, tenzij de verweerder tegen de beslissing geen rechtsmiddel heeft aangewend terwijl hij daartoe wel in staat was. In dezelfde zin als onder de EEX-verordening, geldt art. 24 lid 2 Alimentatieverordening ook voor gevallen waarin verweerder gewone verblijfplaats buiten de lidstaten heeft (en is daardoor verschillend ten opzichte van een vergelijkbare bepaling in art. 13 Alimentatieverordening). Dit betekent dat art. 13 en 24 Alimentatieverordening samen moeten worden bezien als een dubbele bescherming voor de verweerder (zie voor een uitgebreide behandeling van art. 34 EEX-verordening, P. Vlas, *GS Burgerlijke Rechtsvordering*, artikel 34 EEX-Verordening, aant. 3).

4. Onverenigbaarheid (onder c en d). Art. 24 onderdeel c en d Alimentatieverordening stemt volledig overeen met art. 34 onderdeel 3 EEX-verordening en art. 27 onderdeel 3 EEX-verdrag. Het is te verwachten dat door de werking van art. 12 en 13 Alimentatieverordening het niet vaak zal voorkomen dat er gebruik dient te worden gemaakt van de bepalingen van art. 24 onderdeel c of d Alimentatieverordening. Het verschil tussen art. 24 onderdeel c en art. 24 onderdeel d ligt in de staat die de beslissing heeft gewezen die de onverenigbaarheid heeft veroorzaakt. Is de beslissing die heeft geleid tot de niet-erkenning door de aangezochte lidstaat gewezen, dan is onderdeel c van toepassing. Indien de beslissing in een andere lidstaat of in een derde staat gewezen is, dan dient men art. 24 onderdeel d te raadplegen.

5. Veranderde omstandigheden (laatste zin). Een beslissing die tot gevolg heeft dat op basis van veranderde omstandigheden een eerdere beslissing wordt gewijzigd wordt niet beschouwd als onverenigbaar in de zin van art. 24 onderdeel c of art. 24 onderdeel d. Ofschoon erg logisch, zou een strikte interpretatie van art. 24 onderdeel c of d Alimentatieverordening anders kunnen leiden tot een situatie waarin alle beslissingen inzake de wijziging van een vastgestelde onderhoudsbijdrage niet in aanmerking zouden komen voor erkenning. De laatste zin neemt enige verwarring en mogelijke discussie weg.

Artikel 25
Aanhouden van de erkenningsprocedure

Het gerecht van een lidstaat waarbij de erkenning wordt ingeroepen van een beslissing gegeven in een niet door het Haagse Protocol van 2007 gebonden lidstaat, houdt zijn uitspraak aan indien de uitvoerbaarheid van die beslissing door een daartegen aangewend rechtsmiddel in de lidstaat van herkomst is geschorst.

[18-12-2008, PbEU L 7, i.w.tr. 30-01-2009/regelingnummer 4/2009]

1. Algemeen. Art. 25 Alimentatieverordening regelt de situatie dat een gerecht van een lidstaat wordt verzocht om over te gaan tot erkenning van een beslissing van een in een andere lidstaat gegeven beslissing, terwijl er tegen deze eerste beslissing een gewoon rechtsmiddel is ingesteld. Art. 25 Alimentatieverordening, inhoudelijk overeenstemmend met art. 37 EEX-verordening en art. 30 EEX-verdrag, maar wel met één groot verschil. Hoewel de situaties waarin er sprake kan zijn van aanhouding van een uitspraak hetzelfde zijn, bestaat er onder de Alimentatieverordening *wel* een verplichting om aan te houden, terwijl er onder de EEX-verordening geen verplichting bestaat. De reden hiervoor is juist om nog sterker op te kunnen treden met betrekking tot tegenstrijdige beslissingen.

2. Reikwijdte. Er gelden twee essentiële restricties ten opzichte van de toepassing van art. 25 Alimentatieverordening. Ten eerste bevindt art. 25 Alimentatieverordening zich in afd. 2 en heeft derhalve slechts toepassing op beslissingen gegeven in een niet door het Haags alimentatieprotocol 2007 gebonden lidstaat. Dit betekent dat art. 25 slechts betrekking heeft op beslissingen uit het Verenigd Koninkrijk en Denemarken. Ten tweede geldt art. 25 Alimentatieverordening uitsluitend in het geval van erkenning bij wege van tussenverzoek (art. 23 lid 2 Alimentatieverordening) en niet in geval van erkenning ten principale. Art. 23 lid 3 Alimentatieverordening verwijst in het geval van erkenning ten principale naar de procedure voor het doen vaststellen van de erkenning (met andere woorden de tenuitvoerleggingsprocedure van art. 26 Alimentatieverordening e.v.).

Artikel 26
Uitvoerbaarheid

Een beslissing die is gegeven in een niet door het Haagse Protocol van 2007 gebonden lidstaat en die daar uitvoerbaar is, kan in een andere lidstaat ten uitvoer worden gelegd nadat zij aldaar, op verzoek van een belanghebbende partij, uitvoerbaar is verklaard.
[18-12-2008, PbEU L 7, i.w.tr. 30-01-2009/regelingnummer 4/2009]

1. Algemeen. Art. 26 Alimentatieverordening stemt overeen met art. 38 EEX-verordening (en ook met art. 31 EEX-verdrag). Net als onder de EEX-verordening kent de Alimentatieverordening een eigen tenuitvoerleggingsprocedure. Krachtens art. 8 jo. 5 Nederlandse Uitvoeringswet internationale inning levensonderhoud (*Stb.* 2011, 460) zijn art. 985-991 Rv niet van toepassing op de uitvoerbaarheidsverklaring als bedoeld in art. 26 Alimentatieverordening. De versoepeling en vereenvoudiging van het verkrijgen van verlof tot tenuitvoerlegging die onder de EEX-verordening al werd bewerkstelligd, wordt onder de Alimentatieverordening derhalve voortgezet. De rechter die in eerste instantie moet beslissen over het verlenen van de verklaring van uitvoerbaarheid, dient uitsluitend te toetsen of aan de formele vereisten van art. 28 is voldaan (zie art. 30 Alimentatieverordening). De gronden voor weigering van de erkenning en de tenuitvoerlegging worden in dit stadium niet aan de orde gesteld. Deze weigeringsgronden kunnen slechts in het fase van het rechtsmiddel worden ingeroepen (op grond van art. 32 jo. 24 Alimentatieverordening).

2. 'Aldaar ... uitvoerbaar is verklaard'. Slechts beslissingen die in de staat van herkomst uitvoerbaar zijn geworden, komen in aanmerking voor een verklaring van uitvoerbaarheid op grond van art. 26 Alimentatieverordening. Dit vereiste stemt ook overeen met hetgeen onder de EEX-verordening al bekend was. Wellicht ten overvloede dient te worden opgemerkt dat niet noodzakelijk is dat de buitenlandse beslissing in kracht van gewijsde is gegaan (zoals kan worden afgeleid uit art. 35 Alimentatieverordening).

3. Belanghebbende partij. Krachtens art. 26 Alimentatieverordening kan iedere belanghebbende partij een verklaring van uitvoerbaarheid verzoeken. Zoals Vlas stelt in zijn commentaar behorende tot art. 28 EEX-verordening geldt in het algemeen dat als belanghebbende partij 'kan worden aangemerkt een ieder die zich in de Staat van herkomst op de beslissing kan beroepen en de tenuitvoerlegging kan verzoeken. Hieronder vallen ook de rechtsopvolgers van de in het gelijk gestelde partij. Of men *in casu* als rechtsopvolger moet worden beschouwd, dient te worden bepaald door het materiële recht van de Staat van herkomst, of door het aan de hand van het IPR van de Staat van herkomst aangewezen vreemde materiële recht.' (Vlas, *T&C Burgerlijke Rechtsvordering*, commentaar op artikel 38 Rv).

4. Gemachtigden. Op grond van art. 8 Nederlandse Uitvoeringswet internationale inning levensonderhoud mag het LBIO een verzoek namens de verzoeker indienen. Op grond van art. 5 lid 3 Uitvoeringswet mag tevens een advocaat of deurwaarder een dergelijk verzoek indienen. Op grond van art. 5 lid 4 Uitvoeringswet is dit vereiste ook niet noodzakelijk, indien het bedrag dat de partij tegen wie de uitvoerbaarheid en tenuitvoerlegging wordt gevraagd, moet voldoen in hoofdsom aan een bedrag dat niet hoger is dan het bedrag dat in art. 93 onderdeel a Rv is genoemd (op dit moment bedraagt dit € 25.000).

Artikel 27
Relatief bevoegd gerecht

1. Het verzoek om een uitvoerbaarverklaring wordt gericht tot het gerecht of de bevoegde autoriteit van de lidstaat van tenuitvoerlegging, waarvan de naam door deze lidstaat overeenkomstig artikel 71 aan de Commissie is medegedeeld.
2. De relatieve bevoegdheid wordt bepaald door de gewone verblijfplaats van de partij tegen wie de tenuitvoerlegging wordt gevraagd, of door de plaats van tenuitvoerlegging.
[18-12-2008, PbEU L 7, i.w.tr. 30-01-2009/regelingnummer 4/2009]

1. Absolute bevoegdheid (lid 1). Op grond van art. 71 Alimentatieverordening zijn lidstaten verplicht om de naam en contactgegevens door te geven van de gerechten of autoriteiten die bevoegd zijn overeenkomstig art. 27 lid 1 Alimentatieverordening voor het behandelen van het verzoek om een uitvoerbaarverklaring. Dit betekent dat veranderingen in de bevoegde instanties snel en makkelijk kunnen worden medegedeeld aan de Commissie overeenkomstig art. 71 Alimentatieverordening. Op grond van de verplichting van art. 71 heeft Nederland medegedeeld dat de voorzieningenrechter van de rechtbank bevoegd is tot het behandelen van het verzoek om een uitvoerbaarverklaring.

2. Relatief bevoegde gerecht (lid 2). Op grond van de mededeling krachtens art. 71 Alimentatieverordening wordt een bepaalde soort rechter aangewezen in elke lidstaat. Op grond van art. 27 lid 2 Alimentatieverordening wordt daarnaast de relatief bevoegde rechter ook aangewezen. De tekst van deze bepaling wijkt niet af van art. 39 EEX-verordening, zij het dat het begrip 'domicile' vervangen wordt door het begrip 'gewone verblijfplaats'. Dit is ook conform andere bepalingen in de Alimentatieverordening (zie bijvoorbeeld art. 3 onderdeel a Alimentatieverordening). Er dient derhalve aansluiting te worden gezocht bij de uitleg van art. 39 EEX-verordening en art. 32 EEX verdrag (zie hiervoor P. Vlas, *Tekst & Commentaar Burgerlijke Rechtsvordering*, art. 39, aant. 2).

Artikel 28
Procedure

1. Het verzoek om een uitvoerbaarverklaring gaat vergezeld van de volgende stukken:

a) een afschrift van de beslissing die voldoet aan de vereisten voor vaststelling van haar echtheid;

b) een uittreksel van de beslissing, afgegeven door het gerecht van herkomst door middel van het formulier waarvan het model in bijlage II is opgenomen, onverminderd artikel 29;

c) in voorkomend geval, een transliteratie of een vertaling van het onder b) bedoelde formulier in de officiële taal van de lidstaat van tenuitvoerlegging, of, indien er in die lidstaat verscheidene officiële talen bestaan, in een officiële rechtstaal van de plaats waar het verzoek wordt ingediend, zulks overeenkomstig het recht van die lidstaat, of in een andere taal die de lidstaat van tenuitvoerlegging heeft aangegeven te aanvaarden, iedere lidstaat kan mededelen welke officiële taal of talen van de instellingen van de Europese Unie hij naast zijn eigen taal of talen, voor de invulling van het formulier kan aanvaarden.

2. Het gerecht of de bevoegde autoriteit waarbij het verzoek wordt ingediend, kan van de verzoeker geen vertaling van de beslissing verlangen. Een vertaling kan wel worden verlangd voor de behandeling van het in artikel 32 of 33 bedoelde rechtsmiddel.

3. De vertaling moet worden gemaakt door een persoon die tot het maken van vertalingen in een van de lidstaten bevoegd is.

[18-12-2008, PbEU L 7, i.w.tr. 30-01-2009/regelingnummer 4/2009]

1. Algemeen. Art. 28 Alimentatieverordening bevat een lijst van bescheiden die door de verzoeker dienen te worden overgelegd in het kader van het verkrijgen van een verklaring van uitvoerbaarheid voor een beslissing die is gegeven in een lidstaat die niet is gebonden aan het Haags alimentatieprotocol 2007. Deze lijst stemt overeen met de in art. 20 Alimentatieverordening opgenomen lijst inzake beslissingen die in een lidstaat zijn gegeven die wel is gebonden aan het Haags alimentatieprotocol 2007. Deze lijst stemt ook voor een groot deel overeen met vergelijkbare bepalingen in de EEX-verordening en de EET-verordening. Bijvoorbeeld art. 28 lid 1 onderdeel a Alimentatieverordening stemt overeen met art. 20 lid 1 onderdeel a Alimentatieverordening, art. 53 lid 1 EEX-verordening en art. 20 lid 1 onderdeel a EET-verordening.

2. Verschillen ten opzichte van art. 20 Alimentatieverordening. Twee verschillen dienen te worden genoemd tussen art. 20 en 28 Alimentatieverordening. Ten eerste dient in het kader van art. 28 gebruik van bijlage II te worden gemaakt in plaats van bijlage I. Tussen deze twee bijlagen is er geen inhoudelijk of tekstueel verschil. Ten tweede is een vergelijkbare bepaling als in art. 20 lid 1 onderdeel c Alimentatieverordening niet opgenomen in art. 28 Alimentatieverordening. Gezien de relatie tussen afd. 2 van hoofdstuk IV (waarin art. 28 is opgenomen) en de tenuitvoerleggingsprocedure onder de EEX-verordening (zie ook considerans 26), dient naar de EEX-verordening te worden gekeken. Er dient onderscheid te worden gemaakt naar drie verschillende situaties waarin de achterstand kan zijn ontstaan. Ten eerste kan de achterstand ontstaan voor de alimentatiebeslissing in het land van herkomst. In dit geval vormt de achterstand immers een onderdeel van de oorspronkelijke beslissing en levert verder geen bijzondere problemen op. Ten tweede kan achterstand ontstaan tussen het moment dat de beslissing is gewezen en de tenuitvoerleggingsprocedure op de voet van art. 28 Alimentatieverordening. Verschillende opties zijn hier denkbaar. De eerste optie is dat de onderhoudsgerechtigde in het land waar de beslissing is gegeven een gerechtelijke procedure start voor het verhalen van de achterstand. Deze weg is kostbaar en tijdrovend. De tweede optie is dat de onderhoudsgerechtigde een nieuwe procedure start in het land waar de beslissing ten uitvoer moet worden gelegd (bijv. HR 3 maart 2006 *LJN* AU8179). De derde optie is dat de onderhoudsgerechtigde probeert om, nadat de verklaring tot uitvoerbaarheid is verleend, zowel de alimentatie als de achterstand ten uitvoer te leggen. Indien hier gebruik van zou worden gemaakt, dan zou een onderhoudsplichtige de vastgestelde achterstand slechts in de fase van het rechtsmiddel kunnen betwisten. De vierde en laatste optie is als de achterstand al wordt meegenomen in de exequaturprocedure. In dit laatste geval dient te worden gekeken of de onderhoudsplichtige een gerechtvaardigd vertrouwen had dat de onderhoudsgerechtigde zijn of haar aanspraak niet meer geldend zou maken (bijv. Rb. Zutphen 15 april 2008, *LJN* BC9867, en Rb. 's-Hertogenbosch 21 juli 2009, 175850, FA RK 08-2816).

3. Mee te zenden stukken. Naast een afschrift van de beslissing, dient een uittreksel van de beslissing te worden verzonden door middel van het modelformulier in Bijlage II.

Artikel 29
Niet-overlegging van een uittreksel

1. Wordt het in artikel 28, lid 1, onder b), bedoelde uittreksel niet overgelegd, dan kan het gerecht of de bevoegde autoriteit voor de overlegging een termijn bepalen of gelijkwaardige documenten aanvaarden, dan wel, indien het gerecht of de autoriteit zich voldoende voorgelicht acht, van de overlegging vrijstelling verlenen.
2. Indien het gerecht of de bevoegde autoriteit dat verlangt, wordt van de documenten een vertaling overgelegd. De vertaling wordt gemaakt door een persoon die tot het maken van vertalingen in een van de lidstaten bevoegd is.
[18-12-2008, PbEU L 7, i.w.tr. 30-01-2009/regelingnummer 4/2009]

1. Algemeen. Art. 29 Alimentatieverordening stemt letterlijk overeen met art. 55 EEX-verordening en art. 48 EEX-verdrag. De bedoeling hiervan is om 'overdreven formalisme' te vermijden. Indien een uittreksel als bedoeld in art. 28 lid 1 onderdeel b Alimentatieverordening niet wordt overhandigd, dan beschikt de aangezochte rechter toch over de bevoegdheid om een termijn vast te stellen voor de overlegging van dit document of een gelijkwaardig document. Net als onder het EEX-verordeningsregime, wordt ook in het kader van de uitvoering van de Alimentatieverordening de mogelijkheid geboden om gelegenheid tot aanvulling te verlenen 'bij ongenoegzaamheid van de bij het verzoekschrift overgelegde documenten' (zie art. 8 lid 3 Uitvoeringswet internationale inning levensonderhoud).

2. Vertaling (lid 2). Ingevolge art. 29 lid 2 Alimentatieverordening kan het gerecht of de bevoegde autoriteit een vertaling van de overgelegde documenten verlangen. De vertaling moet worden gemaakt door een persoon die bevoegd is in de lidstaten. De vertaler hoeft derhalve niet beëdigd of bevoegd te zijn in de aangezochte lidstaat.

Artikel 30
Uitvoerbaarverklaring

De beslissing wordt, zodra de formaliteiten van artikel 28 zijn vervuld en uiterlijk binnen 30 dagen na de voltooiing van deze formaliteiten, zonder onderzoek uit hoofde van artikel 24, uitvoerbaar verklaard, tenzij dit als gevolg van uitzonderlijke omstandigheden onmogelijk blijkt. De partij tegen wie tenuitvoerlegging wordt gevraagd, wordt bij deze stand van de procedure niet gehoord.

[18-12-2008, PbEU L 7, i.w.tr. 30-01-2009/regelingnummer 4/2009]

1. Uitvoerbaarverklaring. Art. 30 Alimentatieverordening stemt overeen met art. 41 EEX-verordening. Zodra de formaliteiten van art. 28 Alimentatieverordening zijn voldaan wordt de buitenlandse beslissing uitvoerbaar verklaard. Evenals onder de EEX-verordening is de exequaturprocedure unilateraal en de partij tegen wie tenuitvoerlegging wordt gevraagd, wordt in deze fase niet gehoord. Hierdoor wordt het verrassingseffect gehandhaafd in de context van de tenuitvoerlegging van alimentatiebeslissingen. Het recht van de verweerder op een eerlijk proces wordt hierdoor niet geschaad omdat hij een rechtsmiddel kan instellen tegen de beslissing op het verzoek om uitvoerbaarverklaring (art. 32 Alimentatieverordening).

2. Weigering. In de praktijk wordt een verzoek tot de verlening van uitvoerbaarverklaring slechts geweigerd indien vereiste documenten ontbreken. Indien vereiste documenten ontbreken dan kan de voorzieningenrechter de verzoeker de gelegenheid geven om deze documenten alsnog te overhandigen (zie art. 29 Alimentatieverordening jo. art. 8 lid 3 Uitvoeringswet internationale inning levensonderhoud).

Artikel 31
Kennisgeving van de beslissing op het verzoek om uitvoerbaarverklaring

1. De beslissing over het verzoek om uitvoerbaarverklaring wordt onmiddellijk ter kennis van de verzoeker gebracht op de wijze als is bepaald in het recht van de lidstaat van tenuitvoerlegging.

2. De uitvoerbaarverklaring wordt betekend of medegedeeld aan de partij tegen wie de tenuitvoerlegging wordt gevraagd en gaat vergezeld van de beslissing, indien deze nog niet aan haar is betekend of medegedeeld.

[18-12-2008, PbEU L 7, i.w.tr. 30-01-2009/regelingnummer 4/2009]

1. Algemeen. Art. 31 Alimentatieverordening stemt letterlijk overeen met de tekst van art. 42 EEX-verordening. Art. 42 EEX-verordening is op zijn beurt qua strekking hetzelfde als art. 35 EEX-verdrag. De beslissing over het verzoek om uitvoerbaarverklaring wordt onmiddellijk ter kennis van de verzoeker gebracht. Het recht van de aangezochte lidstaat moet vervolgens worden geraadpleegd om de wijze te bepalen waarop dit dient te geschieden. Net als onder de EEX, dient naar art. 290 lid 3 Rv te worden gekeken waarin vermeld staat dat de griffier een afschrift van de eindbeschikking zo spoedig mogelijk aan de verzoeker dient te verstrekken.

2. Verrassingseffect. De vernieuwing die in art. 42 lid 2 EEX-verordening is doorgevoerd ten opzichte van het EEX-verdrag is tevens opgenomen in art. 31 lid 2 Alimentatieverordening. Dit betekent dat in het kader van alimentatiebeslissingen het nog steeds niet nodig is dat de oorspronkelijke beslissing reeds is betekend of medegedeeld, een uitvoerbaarverklaring kan nog steeds worden verzocht. Het belang van dit artikel is niet te overschatten gezien het verrassingseffect dat de uitvoerbaarverklaring op deze wijze kan hebben. Hiermee wordt het moeilijker voor een onderhoudsplichtige schuldenaar om vermogen te onttrekken. De aanvang van de termijn voor de fase van het rechtsmiddel op grond van art. 32 Alimentatieverordening wordt bepaald door de betekening van de uitvoerbaarverklaring (zie verder art. 32 Alimentatieverordening).

Artikel 32
Rechtsmiddelen tegen de beslissing op het verzoek

1. Elke partij kan een rechtsmiddel instellen tegen de beslissing op het verzoek om uitvoerbaarverklaring.
2. Het rechtsmiddel wordt ingesteld bij het gerecht waarvan de naam door de betrokken lidstaat overeenkomstig artikel 71 aan de Commissie is meegedeeld.
3. Het rechtsmiddel wordt volgens de regels van de procedure op tegenspraak behandeld.
4. Indien de partij tegen wie de tenuitvoerlegging wordt gevraagd, niet verschijnt voor het gerecht dat over het door de verzoeker ingestelde rechtsmiddel oordeelt, is artikel 11 van toepassing, ook wanneer de partij tegen wie de tenuitvoerlegging wordt gevraagd, geen gewone verblijfplaats heeft op het grondgebied van een der lidstaten.
5. Het rechtsmiddel tegen de uitvoerbaarverklaring wordt ingesteld binnen 30 dagen na de betekening of kennisgeving hiervan. Indien de partij tegen wie de tenuitvoerlegging wordt gevraagd haar gewone verblijfplaats heeft in een andere lidstaat dan die waar de uitvoerbaarverklaring is gegeven, is de termijn waarbinnen het rechtsmiddel moet worden ingesteld, 45 dagen met ingang van de dag waarop de beslissing aan de partij in persoon of op haar verblijfplaats is betekend of daarvan kennis is gegeven. De termijn mag niet op grond van afstand worden verlengd.
[18-12-2008, PbEU L 7, i.w.tr. 30-01-2009/regelingnummer 4/2009]

1. Algemeen. Art. 32 Alimentatieverordening stemt overeen met de tekst van art. 43 EEX-verordening. **Partij.** Art. 32 lid 1 Alimentatieverordening dient op dezelfde manier als art. 43 lid 1 EEX-verordening te worden uitgelegd dat een schuldeiser geen rechtsmiddel kan instellen tegen een beslissing op een verzoek om verklaring van uitvoerbaarheid, wanneer hij niet formeel als procespartij is opgetreden in het geding waarin een andere schuldeiser van die schuldenaar om die verklaring vroeg (HvJ EG 23 april 2009, C-167/08 (*Draka Cables Ltd. e.a./Omnipol Ltd*)). **Rechtsmiddel.** Ongeacht welke partij er gebruik van maakt, wordt gesproken over een rechtsmiddel. De Alimentatieverordening volgt derhalve het regime van de EEX-verordening op, die op zijn beurt afweek van het EEX-verdrag waar een onderscheid werd gemaakt tussen verzet (in te stellen door degene tegen wie de tenuitvoerlegging in eerste instantie is toegestaan) en beroep (in te stellen tegen een afwijzing van het verzoek om tenuitvoerlegging door degene die om de tenuitvoerlegging heeft verzocht).

2. Werking van het artikel. In principe is de uitvoerbaarverklaring een eenzijdig proces. De partij die tenuitvoerlegging vraagt krijgt in de overgrote meerderheid van de gevallen een uitvoerbaarverklaring, vooral gelet op de formaliteiten van art. 28 Alimentatieverordening en de mogelijkheid om de documenten aan te vullen op grond van art. 29 Alimentatieverordening.

3. Bevoegde rechter. Op grond van art. 32 lid 2 Alimentatieverordening dient het rechtsmiddel te worden ingesteld bij het gerecht waarvan de naam door de betrokken lidstaat overeenkomstig art. 71 Alimentatieverordening aan de Commissie is medegedeeld. Voor Nederland is aangewezen de rechtbank waarvan de voorzieningenrechter op een verzoek om een uitvoerbaarverklaring te verkrijgen heeft beschikt (art. 9 lid 1 Uitvoeringswet internationale inning levensonderhoud).

4. Termijn. De gestelde termijnen voor het instellen van een rechtsmiddel tegen de uitvoerbaarverklaring zijn verkort ten opzichte van art. 43 EEX-verordening. Het rechtsmiddel tegen de uitvoerbaarverklaring dient binnen 30 dagen (in plaats van een maand) na de betekening of kennisgeving hiervan te worden ingesteld. Deze termijn is derhalve niet echt afwijkend van hetgeen onder art. 43 EEX-verordening al werd voorgeschreven. Met betrekking tot de termijn voor de verweerder indien hij of zij in een andere lidstaat woont dan die waar de uitvoerbaarverklaring is gegeven, is de termijn teruggebracht van twee maanden naar 45 dagen.

5. Rechtsmiddelprocedure. De behandeling van het rechtsmiddel geschiedt ingevolge art. 32 lid 3 Alimentatieverordening, volgens de regels van de procedure op tegenspraak. Het aanwenden van het rechtsmiddel van art. 32 Alimentatieverordening en de rechtsgang na het aanwenden van dit rechtsmiddel verloopt geheel volgens de regels van de verzoekschriftprocedure (*Kamerstukken II* 2010/11, 32617, 3, p. 37).

6. Niet-verschijning van de partij tegen wie de tenuitvoerlegging wordt gevraagd. Art. 32 lid 4 Alimentatieverordening heeft dezelfde inhoud en strekking als art. 43 lid 4 EEX-verordening en art. 40 tweede alinea EEX-verdrag. In het geval dat de partij tegen wie de tenuitvoerlegging wordt gevraagd niet verschijnt voor het gerecht dat over het door het verzoek ingestelde rechtsmiddel oordeelt, dan is art. 11 Alimentatieverordening van toepassing. De consequente verandering van woonplaats in gewone verblijfplaats heeft in art. 32 lid 4 Alimentatieverordening ook plaatsgevonden.

Artikel 33
Rechtsmiddel tegen de op het rechtsmiddel gegeven beslissing

Tegen de op het rechtsmiddel gegeven beslissing kan slechts het rechtsmiddel worden aangewend waarvan de Commissie overeenkomstig artikel 71 door de betrokken lidstaat in kennis is gesteld.

[18-12-2008, PbEU L 7, i.w.tr. 30-01-2009/regelingnummer 4/2009]

1. Algemeen. Op grond van art. 33 jo. 71 Alimentatieverordening dient iedere lidstaat gebonden aan de Alimentatieverordening de Commissie mede te delen welk rechtsmiddel op grond van art. 33 kan worden aangewend tegen de op het rechtsmiddel gegeven beslissing. Nederland heeft aangegeven dat het in art. 33 Alimentatieverordening toegestane rechtsmiddel beroep in cassatie is (art. 9 lid 4 Uitvoeringswet internationale inning levensonderhoud). Beroep in cassatie wordt ingesteld bij het hoogste rechtscollege binnen de gewone rechterlijke macht, de Hoge Raad der Nederlanden. Het doel van de cassatierechtspraak is de rechtseenheid, rechtsontwikkeling en rechtsbescherming te verzekeren en te bevorderen. In cassatie kunnen alleen rechtsvragen aan de orde komen.

2. Verzoekschriftprocedure. Bovendien dient de behandeling van het rechtsmiddel ingevolge art. 33 Alimentatieverordening volgens de regels van de procedure op tegenspraak te geschieden. Het aanwenden van het rechtsmiddel van art. 33 Alimentatieverordening en de rechtsgang na het aanwenden van dit rechtsmiddel verloopt geheel volgens de regels van de verzoekschriftprocedure. In verzoekschriftprocedures wordt er een verzoekschrift ingediend dat de middelen dient te bevatten waarop het verzoek steunt. De verweerder kan binnen drie weken of binnen een andere door de Hoge Raad vastgestelde termijn na verzending van het verzoekschrift een verweerschrift indienen.

Artikel 34
Weigering of intrekking van een uitvoerbaarverklaring

1. Het gerecht dat oordeelt over een rechtsmiddel, bedoeld in artikel 32 of 33, kan de uitvoerbaarverklaring slechts op een van de in artikel 24 genoemde gronden weigeren of intrekken.
2. Onverminderd artikel 32, lid 4, beslist het gerecht dat oordeelt over een rechtsmiddel in de zin van artikel 32, binnen een termijn van 90 dagen nadat het verzoek aanhangig is gemaakt, tenzij dit als gevolg van uitzonderlijke omstandigheden onmogelijk is.
3. Het gerecht dat oordeelt over een rechtsmiddel in de zin van artikel 33, doet onverwijld uitspraak.
[18-12-2008, PbEU L 7, i.w.tr. 30-01-2009/regelingnummer 4/2009]

1. Algemeen. Een beroep op art. 34 Alimentatieverordening kan worden gedaan in het kader van de procedures die in art. 32 en 33 Alimentatieverordening uiteen worden gezet. Art. 34 Alimentatieverordening, die overeenstemt met art. 45 EEX-verordening, geeft aan dat de grondslag voor de weigering of intrekking van een verklaring van uitvoerbaarheid slechts op een van de in art. 24 Alimentatieverordening limitatief opgesomde gronden kan worden gebaseerd. In geen geval kan worden overgegaan tot een onderzoek van de juistheid van de buitenlandse beslissing (zie art. 42 Alimentatieverordening).

2. Termijn. In tegenstelling tot art. 45 EEX-verordening, bepaalt art. 34 lid 2 Alimentatieverordening dat een beslissing op het rechtsmiddel binnen negentig dagen dient te worden genomen nadat het verzoek aanhangig is gemaakt.

Artikel 35
Aanhouding van de uitspraak

Het gerecht dat oordeelt over een rechtsmiddel in de zin van de artikelen 32 of 33, kan op verzoek van de partij tegen wie de tenuitvoerlegging wordt gevraagd, zijn uitspraak aanhouden indien de uitvoerbaarheid is geschorst door een in de lidstaat van herkomst ingesteld rechtsmiddel.
[18-12-2008, PbEU L 7, i.w.tr. 30-01-2009/regelingnummer 4/2009]

Betekenis. Krachtens art. 35 Alimentatieverordening houdt de rechter op verzoek van de partij tegen wie de tenuitvoerlegging wordt gevraagd, zijn uitspraak aan indien de uitvoerbaarheid is geschorst door een in de lidstaat van herkomst ingesteld rechtsmiddel. Art. 35 Alimentatieverordening, inhoudelijk overeenstemmend – in grote mate – met art. 46 EEX-verordening, vormt derhalve een parallelbepaling in de tenuitvoerleggingsprocedure als door art. 25 Alimentatieverordening wordt vervuld met betrekking tot de erkenningsprocedure. Er lijken twee grote verschillen te zijn tussen art. 35 Alimentatieverordening en art. 46 EEX-verordening. Ten eerste: ingevolge art. 25 Alimentatieverordening lijkt het alsof de rechter de vrijheid heeft om de zaak aan te houden. Deze conclusie is mijns inziens niet correct. In de Engelstalige ('shall' in plaats van 'may'), Franstalige ('peut' is verwijderd) en Duitstalige ('kann' is verwijderd) versies wordt juist gesproken van een verplichting. Vooral gelet op de strekking van art. 25 Alimentatieverordening dient hier te worden uitgegaan van een verplichting in plaats van een discretionaire bevoegdheid. Ten tweede ontbreekt iedere verwijzing in art. 35 Alimentatieverordening naar een mogelijkheid om een termijn te bepalen voor het instellen van een rechtsmiddel, indien deze niet is verstreken.

Artikel 36
Voorlopige maatregelen en maatregelen tot bewaring van recht

1. Indien een beslissing overeenkomstig deze afdeling moet worden erkend, belet niets dat de verzoeker zich beroept op voorlopige of bewarende maatregelen waarin de wetgeving van de lidstaat van tenuitvoerlegging voorziet, zonder dat daartoe een uitvoerbaarverklaring in de zin van artikel 30 is vereist.
2. De uitvoerbaarverklaring houdt van rechtswege het verlof in bewarende maatregelen te treffen.
3. Gedurende de termijn, voorzien in artikel 32, lid 5, voor het instellen van een rechtsmiddel tegen de uitvoerbaarverklaring, en totdat daarover uitspraak is gedaan, kunnen slechts bewarende maatregelen worden genomen ten aanzien van de goederen van de partij tegen wie de tenuitvoerlegging is gevraagd.
[18-12-2008, PbEU L 7, i.w.tr. 30-01-2009/regelingnummer 4/2009]

1. Algemeen. Art. 36 Alimentatieverordening stemt – in grote mate – overeen met art. 47 EEX-verordening en heeft betrekking op voorlopige en bewarende maatregelen die genomen kunnen worden voordat de beslissing uitvoerbaar is verklaard. Art. 36 Alimentatieverordening kent een vergelijkbare bepaling in art. 14 Alimentatieverordening met betrekking tot de regels omtrent de bevoegdheid van de Nederlandse rechter. Vooral in het kader van het verhaal van onderhoudsbijdrage is het belangrijk om op te merken dat art. 36 lid 1 Alimentatieverordening in verschillende lidstaten tegelijkertijd kan worden ingezet. Dit kan derhalve vermogensverschuivingen tegengaan.

2. 'Van rechtswege' (lid 2). Op het eerste gezicht lijkt art. 36 lid 2 Alimentatieverordening af te wijken van de tekst van art. 47 EEX-verordening. Dit is echter niet het geval. Ook onder de EEX-verordening hield de beslissing waarbij de tenuitvoerlegging werd toegestaan tevens het verlof in bezwarende maatregelen te nemen. Een aparte rechterlijke uitspraak was derhalve ook onder de EEX-verordening niet vereist. Art. 36 lid 2 Alimentatieverordening brengt daar nog meer duidelijkheid in door expliciet de woorden 'van rechtswege' toe te voegen aan de bepaling.

3. Maatregelen. Op grond van het Nederlandse recht kunnen voorlopige voorzieningen worden verzocht in echtscheidingszaken (art. 821 en 822 aanhef onderdeel d en e Rv). Gelet op het type procedure (namelijk een voorlopige voorziening hangende een verzoek tot uitvoerbaarverklaring van een alimentatiebeslissing in een echtscheidingsprocedure) vindt art. 821 Rv geen toepassing (art. 821 lid 4 Rv). Naast deze voorlopige maatregelen, mag de rechter ook overgaan tot bewarende maatregelen, namelijk het opleggen van conservatoir beslag.

Artikel 37
Gedeeltelijke uitvoerbaarheid

1. Indien in de beslissing uitspraak is gedaan over meer dan één punt van het verzoek, en de uitvoerbaarverklaring niet kan worden verleend voor het geheel, verleent het gerecht of de bevoegde autoriteit deze voor één of meer onderdelen daarvan.
2. De verzoeker kan verlangen dat de uitvoerbaarverklaring een gedeelte van de beslissing betreft.
[18-12-2008, PbEU L 7, i.w.tr. 30-01-2009/regelingnummer 4/2009]

Betekenis. Art. 37 Alimentatieverordening komt inhoudelijk overeen met art. 48 EEX-verordening en art. 42 EEX-verdrag en is al lang bekend in nationale IPR-codificaties. Om deelexequatur te kunnen verlenen, dient uiteraard de beslissing in verschillende delen te kunnen worden onderscheiden. Een verzoek tot gedeeltelijke uitvoerbaarheid kan ambtshalve (art. 37 lid 1) of op verzoek van de verzoeker (art. 37 lid 2) geschieden.

Artikel 38
Geen belasting, recht of heffing

Ter zake van de procedure tot afgifte van een uitvoerbaarverklaring wordt in de lidstaat van tenuitvoerlegging geen belasting, recht of heffing, evenredig aan het geldelijke belang van de zaak, geheven.
[18-12-2008, PbEU L 7, i.w.tr. 30-01-2009/regelingnummer 4/2009]

Betekenis. Art. 38 Alimentatieverordening stemt qua inhoud en strekking overeen met art. 52 EEX-verordening en art. III van het bij het EEX-Verdrag behorende protocol. Vanwege de inhoudelijke en tekstuele overeenstemming kan gebruik worden gemaakt van het Rapport-Jenard waarover in art. III van het protocol wordt opgemerkt dat door deze bepaling het evenwicht wordt hersteld 'dat verstoord was omdat voor het exequatur in sommige landen een vast recht en in andere landen een evenredig recht wordt geheven'. Art. 28 verbiedt derhalve iedere heffing van belasting, recht of heffing evenredig aan het geldelijke belang van de zaak.

AFDELING 3
Gemeenschappelijke bepalingen

Artikel 39
Uitvoerbaarheid bij voorraad

Het gerecht van herkomst kan de beslissing bij voorraad uitvoerbaar verklaren, zelfs indien het nationaal recht niet in uitvoerbaarheid van rechtswege voorziet.
[18-12-2008, PbEU L 7, i.w.tr. 30-01-2009/regelingnummer 4/2009]

Betekenis. Om een snelle en efficiënte inning van levensonderhoud te waarborgen en vertraging door beroepsprocedures te voorkomen, is de mogelijkheid gecreëerd om de in een lidstaat gegeven beslissing inzake onderhoudsverplichtingen in beginsel uitvoerbaar bij voorraad te verklaren. Deze mogelijkheid bestaat ook indien het nationale recht niet in uitvoerbaarheid van rechtswege voorziet en zelfs indien naar nationaal recht een rechtsmiddel tegen de beslissing is ingesteld of nog kan worden ingesteld (zie ook considerans 22 Alimentatieverordening).

Artikel 40
Inroepen van een erkende beslissing

1. De partij die een in de zin van artikel 17, lid 1, of van afdeling 2 erkende beslissing in een andere lidstaat wenst in te roepen, legt een afschrift van de beslissing over, die voldoet aan de vereisten voor vaststelling van haar echtheid.
2. In voorkomend geval kan het gerecht waarvoor de erkende beslissing wordt ingeroepen, de partij die de beslissing inroept verzoeken een door het gerecht van herkomst afgegeven uittreksel over te leggen volgens het modelformulier dat in bijlage I of, naar gelang van het geval, in bijlage II is opgenomen.
Het gerecht van herkomst geeft dit uittreksel tevens af op verzoek van iedere belanghebbende partij.
3. In voorkomend geval verstrekt de partij die de erkende beslissing inroept, een transliteratie of een vertaling van de inhoud van het in lid 2 bedoelde formulier in de officiële taal van de betrokken lidstaat, of indien er in die lidstaat verscheidene officiële talen bestaan, in een officiële rechtstaal van de plaats waar de erkende beslissing wordt ingeroepen, zulks overeenkomstig het recht van die lidstaat, of in een andere taal die de betrokken lidstaat heeft aangegeven te aanvaarden. Iedere lidstaat kan mededelen welke officiële taal of talen van de instellingen van de Europese Unie hij, naast zijn eigen taal of talen, voor de invulling van het formulier kan aanvaarden.
4. De vertaling moet worden gemaakt door een persoon die tot het maken van vertalingen in een van de lidstaten bevoegd is.
[18-12-2008, PbEU L 7, i.w.tr. 30-01-2009/regelingnummer 4/2009]

Artikel 41
Procedure van en voorwaarden voor tenuitvoerlegging

1. Onverminderd de bepalingen van deze verordening, wordt de procedure voor de tenuitvoerlegging van een in een andere lidstaat gegeven beslissing beheerst door het recht van de lidstaat van tenuitvoerlegging. Een in een lidstaat gegeven beslissing die in de lidstaat van tenuitvoerlegging uitvoerbaar is, wordt er onder dezelfde voorwaarden ten uitvoer gelegd als een in die lidstaat van tenuitvoerlegging gegeven beslissing.
2. Van de partij die om de tenuitvoerlegging van een in een andere lidstaat gegeven beslissing vraagt, wordt niet verlangd dat zij in de lidstaat van tenuitvoerlegging beschikt over een postadres of een gemachtigd vertegenwoordiger, onverminderd de voor de procedure van tenuitvoerlegging bevoegde personen.
[18-12-2008, PbEU L 7, i.w.tr. 30-01-2009/regelingnummer 4/2009]

1. Toepasselijk recht (lid 1). Bepaalde lidstaten, waaronder Duitsland, kennen een onderscheid tussen de exequaturprocedure en de tenuitvoerleggingsprocedure. Hoewel de exequaturprocedure is afgeschaafd met betrekking tot beslissingen die zijn gegeven in lidstaten die gebonden zijn aan het Haags alimentatieprotocol 2007, zullen zij in sommige lidstaten nog steeds worden gehouden aan een nationale tenuitvoerleggingsprocedure. Art. 41 Alimentatieverordening bepaalt immers dat de tenuitvoerlegging van een in een andere lidstaat gegeven beslissing beheerst wordt door het recht van de lidstaat van tenuitvoerlegging. Het is derhalve ook van belang om op te merken dat art. 41 Alimentatieverordening geldt voor zowel beslissingen die gegeven zijn in een lidstaat die is gebonden aan het Haags alimentatieprotocol 2007, alsmede beslissingen die gegeven zijn in lidstaten die niet gebonden zijn aan het Haags alimentatieprotocol 2007. De tenuitvoerlegging dient onder dezelfde voorwaarden te geschieden als een in die lidstaat van tenuitvoerlegging gegeven beslissing. Art. 41 lid 1 Alimentatieverordening stemt inhoudelijk overeen met art. 20 lid 1 EET-verordening (M. Zilinsky, *Groene Serie Burgerlijke Rechtsvordering*, art. 20 EET-verordening, aant. 1).

2. Postadres (lid 2). Formaliteiten met betrekking tot de tenuitvoerleggingsprocedure die de kosten voor de onderhoudsgerechtigde kunnen opdrijven dienen zoveel mogelijk te worden beperkt. Met het oog daarop bepaalt deze verordening dat de onderhoudsgerechtigde niet gehouden is in de lidstaat van tenuitvoerlegging over een postadres of een bevoegde vertegenwoordiger te beschikken, zonder dat overigens afbreuk wordt gedaan aan de interne organisatie van de lidstaten op het stuk van procedures van tenuitvoerlegging (considerans 27).

3. Rechtstreekse verzoeken. Op 9 februari 2017 heeft het Hof van Justitie van de Europese Unie bepaald dat art. 41 lid 1 aldus moet worden uitgelegd dat een alimentatiegerechtigde die in een lidstaat een gunstige beslissing heeft verkregen en in een andere lidstaat de tenuitvoerlegging daarvan wenst te verkrijgen, zijn verzoek rechtstreeks bij de bevoegde autoriteit van deze laatste lidstaat kan indienen, zoals een gespecialiseerd gerecht, en niet verplicht kan worden dat verzoek via de centrale autoriteit van de lidstaat van tenuitvoerlegging bij dat gerecht in te dienen (HvJ EU 9 februari 2017, ECLI:EU:C:2017:104 (*MS/PS*)).

Artikel 42
Ontbreken van inhoudelijke toetsing van de beslissing

In geen geval wordt in de lidstaat waar erkenning, uitvoerbaarheid of tenuitvoerlegging wordt gevraagd, overgegaan tot een onderzoek naar de juistheid van de in een lidstaat gegeven beslissing.

[18-12-2008, PbEU L 7, i.w.tr. 30-01-2009/regelingnummer 4/2009]

Betekenis. Art. 42 Alimentatieverordening komt overeen met de vergelijkbare bepalingen opgenomen in art. 36 en 45 lid 2 EEX-Verordening (Brussel I). Deze bepaling is in afd. 3 opgenomen omdat het betrekking heeft op zowel beslissingen gegeven in een lidstaat die door het Haags alimentatieprotocol 2007 gebonden is, als beslissingen gegeven in een lidstaat die niet gebonden is. In alle gevallen wordt niet overgegaan tot een onderzoek van de juistheid van de buitenlandse beslissing. Het zogenoemde verbod van 'révision au fond'. Het verbod heeft betrekking op zowel de juistheid van de procedure, als op de feiten en het door de rechter toegepaste conflictenrecht en materiële recht.

Artikel 43
Niet-prioritair verhalen van kosten

De kosten in verband met de toepassing van deze verordening worden niet met voorrang boven de onderhoudsuitkeringen verhaald.

[18-12-2008, PbEU L 7, i.w.tr. 30-01-2009/regelingnummer 4/2009]

1. Algemeen. Art. 43 Alimentatieverordening stemt overeen met art. 43 lid 1 Haags Alimentatieverdrag 2007. Deze bepaling bepaalt de rangorde van de verschillende kostenposten die worden gemaakt in het kader van een internationaal alimentatiegeschil.

2. Soorten kosten. Het is van belang om onderscheid te maken tussen de kosten in art. 43 Alimentatieverordening en de kosten in art. 2 lid 1 onderdeel 1 Alimentatieverordening. De kosten in art. 2 lid 1 onderdeel 1 zijn de proceskosten in het land van herkomst met betrekking tot het verkrijgen van de oorspronkelijke beslissing. De kosten in art. 43 daarentegen zijn kosten die zijn gemaakt ten aanzien van de toepassing van de verordening. Het feit dat de 'kosten in verband met de toepassing van de verordening' worden afgezet tegen de 'onderhoudsuitkeringen', dan zijn slechts verzoeken jegens de schuldenaar hierdoor gedekt. In het Toelichtend Rapport bij het Haags Alimentatieverdrag 2007 wordt een voorbeeld gegeven van een centrale autoriteit die kosten heeft gemaakt in het kader van het laten uitvoeren van DNA-tests. Dergelijke kosten zouden onder de reikwijdte van het begrip 'kosten in verband met de toepassing van deze verordening' (*Rapport Borrás*, nr. 619) vallen en zouden derhalve niet met voorrang boven de onderhoudsuitkeringen kunnen worden verhaald.

HOOFDSTUK V
Toegang tot de rechter

Artikel 44
Recht op rechtsbijstand

1. De partijen in een geschil in de zin van deze verordening hebben, onder de voorwaarden bepaald in dit hoofdstuk, in een andere lidstaat daadwerkelijke toegang tot de rechter, met name wat de tenuitvoerleggingsprocedures en de rechtsmiddelen betreft. In de gevallen bedoeld in hoofdstuk VII wordt deze daadwerkelijke toegang door de aangezochte lidstaat gewaarborgd aan elke verzoeker die zijn verblijfplaats in de verzoekende lidstaat heeft.

2. Teneinde deze toegang te verzekeren, verlenen de lidstaten overeenkomstig dit hoofdstuk rechtsbijstand tenzij lid 3 van toepassing is.

3. In de gevallen bedoeld in hoofdstuk VII is een lidstaat niet verplicht rechtsbijstand te verlenen indien en voor zover de procedures van die lidstaat de partijen in staat stellen op te treden zonder een beroep te behoeven doen op rechtsbijstand, en de centrale autoriteit kosteloos de nodige diensten verstrekt.

4. De voorwaarden voor verkrijging van rechtsbijstand zijn niet restrictiever dan in soortgelijke binnenlandse zaken.

5. Geen zekerheid, borgtocht of pand, in welke vorm ook, kan worden verlangd voor de betaling van de kosten en uitgaven in verband met procedures betreffende onderhoudsverplichtingen.

[18-12-2008, PbEU L 7, i.w.tr. 30-01-2009/regelingnummer 4/2009]

1. Algemeen. Art. 44 Alimentatieverordening komt overeen met art. 14 Haags alimentatieverdrag 2007. Om daadwerkelijk de mogelijkheid voor de vereenvoudigde inning van alimentatie te bieden, bepaalt de Alimentatieverordening dat de aangezochte staat verzoekers effectieve toegang dient te verlenen tot de rechter in de zin van geschillen in het kader van de verordening (art. 44 lid 1). Met betrekking tot verzoeken via de centrale autoriteiten wordt deze daadwerkelijke toegang door de aangezochte lidstaat gewaarborgd aan elke verzoeker die zijn verblijfplaats in de verzoekende lidstaat heeft (zie ook commentaar bij art. 55 Alimentatieverordening). Op grond van art. 44 lid 3 Alimentatieverordening wordt bepaald dat in de gevallen van een verzoek via de centrale autoriteit geen rechtsbijstand verplicht is als de procedures van die lidstaat de partijen in staat stellen op te treden zonder een beroep te hoeven doen op rechtsbijstand en de centrale autoriteit kosteloos de nodige diensten verstrekt.

2. Begrippen 'toegang tot de rechter' en 'rechtsbijstand'. Ondanks de terminologische verschillen tussen het Haags alimentatieverdrag 2007 en de Alimentatieverordening ('effectieve toegang tot procedures' onder het verdrag en 'effectieve toegang tot de rechter' onder de verordening), dienen deze begrippen op dezelfde wijze te worden uitgelegd. Bovendien wordt in de andere taalversies van de verordening duidelijk dat de strekking van art. 44 verder gaat dan slechts toegang tot de rechter ('*effective access to justice*', '*un accès effectif à la justice*', '*effektiven Zugang zum Recht*'). Hoewel er in de Engelstalige versie een terminologisch verschil tussen beide instrumenten bestaat (*legal assistance* in het verdrag en *legal aid* in de verordening), bestaat er in de Nederlandstalige versie geen verschil tussen deze begrippen.

Artikel 45
Inhoud van de rechtsbijstand

Onder rechtsbijstand, uit hoofde van dit hoofdstuk te verlenen, wordt verstaan de bijstand die de partijen nodig hebben om hun rechten te kennen en te doen gelden en om te waarborgen dat hun verzoek, dat via de centrale autoriteiten of rechtstreeks bij de bevoegde autoriteiten wordt ingediend, volledig en doeltreffend zal worden behandeld. Zij dekt in voorkomend geval de volgende kosten:

a) de kosten van advies in de precontentieuze fase, ter beslechting van een geschil voordat dit aan de rechter wordt voorgelegd;

b) juridische bijstand om een zaak bij een rechterlijke of andere autoriteit aanhangig te maken en vertegenwoordiging in rechte;

c) de vrijstelling van of de tegemoetkoming in de proceskosten, en het honorarium van lasthebbers die zijn aangewezen om in de procedure op te treden;

d) in lidstaten waar de in het ongelijk gestelde partij aansprakelijk is voor de kosten van de wederpartij, indien de begunstigde van de rechtsbijstand de zaak verliest, de door de wederpartij gemaakte kosten, die zouden zijn gedekt indien de begunstigde zijn gewone verblijfplaats zou hebben in de lidstaat waar de zaak aanhangig is gemaakt;

e) de kosten van vertolking;

f) de kosten van vertaling van de voor de afdoening van de zaak benodigde stukken die door de rechter of de bevoegde autoriteit worden verlangd en door de begunstigde van de rechtsbijstand worden overgelegd, en

g) **de reiskosten die voor rekening van de begunstigde van de rechtsbijstand komen, voor zover de wet of het gerecht van de betreffende lidstaat verlangt dat, wanneer de zaak voorkomt, de bij het aanhangig maken van de zaak betrokken personen zelf ter terechtzitting aanwezig zijn en de rechter beslist dat zij niet anderszins ten genoegen van de rechter kunnen worden gehoord.**

[18-12-2008, PbEU L 7, i.w.tr. 30-01-2009/regelingnummer 4/2009]

Betekenis. In art. 45 Alimentatieverordening wordt als definitie van rechtsbijstand gegeven 'de bijstand die partijen nodig hebben om hun rechten te kennen en te doen gelden en om te waarborgen dat hun verzoek, dat via de centrale autoriteiten of rechtstreeks bij de bevoegde autoriteiten wordt ingediend, volledig en doeltreffend zal worden behandeld'. Vervolgens wordt een niet-limitatieve lijst gegeven van aspecten die onder dit begrip vallen, bijvoorbeeld de kosten van advies in de precontentieuze fase (ter beslechting van een geschil voordat dit aan de rechter wordt voorgelegd) (onder a), juridische bijstand om een zaak bij een rechterlijke of andere autoriteit aanhangig te maken en vertegenwoordiging in rechte (onder b), tegemoetkoming in of vrijstelling van proceskosten en het honorarium van lasthebbers die zijn aangewezen om in de procedure op te treden (onder c), kosten van vertolking (onder d), kosten van vertaling van door de begunstigde van rechtsbijstand overgelegde stukken (onder e) en reiskosten (onder f). Deze kosten zijn vergelijkbaar met die genoemd in art. 3 en 7 Richtlijn 2003/8/EG van de raad van 27 januari 2003 tot verbetering van de toegang tot de rechter bij grensoverschrijdende geschillen, door middel van gemeenschappelijke minimumvoorschriften betreffende rechtsbijstand bij die geschillen. Een vergelijkbaar artikel ontbreekt in het Haags alimentatieverdrag 2007.

Artikel 46
Kosteloze rechtsbijstand voor het via de centrale autoriteiten ingediende verzoek betreffende onderhoudsverplichtingen jegens kinderen

1. De aangezochte lidstaat verleent kosteloze rechtsbijstand voor elk door een onderhoudsgerechtigde op grond van artikel 56 ingediend verzoek betreffende onderhoudsverplichtingen jegens een persoon jonger dan 21 jaar, die voortvloeien uit een ouder-kindrelatie.

2. In afwijking van lid 1 kan de bevoegde autoriteit van de aangezochte lidstaat met betrekking tot verzoeken anders dan uit hoofde van artikel 56, lid 1, onder a) en b), de verlening van kosteloze rechtsbijstand weigeren indien zij van oordeel is dat het verzoek of enig rechtsmiddel kennelijk ongegrond is.

[18-12-2008, PbEU L 7, i.w.tr. 30-01-2009/regelingnummer 4/2009]

1. Algemeen. In zowel het Haags alimentatieverdrag 2007 als de Alimentatieverordening wordt voorzien in een volledige tegemoetkoming in de kosten verbonden aan procedures betreffende onderhoudsverplichtingen jegens kinderen jonger dan 21 jaar die door tussenkomst van de centrale autoriteiten aanhangig worden gemaakt (art. 15 lid 1 Haags alimentatieverdrag 2007 en art. 46 lid 1 Alimentatieverordening). Voor rechtstreekse verzoeken geldt deze regel derhalve niet. In de verordening (overweging 36) is aangegeven dat in een zeer gunstige rechtsbijstandregeling dient te worden voorzien, namelijk in een volledige tegemoetkoming in de kosten verbonden aan procedures betreffende onderhoudsverplichtingen jegens kinderen jonger dan 21 jaar die door tussenkomst van de centrale autoriteiten aanhangig worden gemaakt. De bestaande uitvoering van de Europese Rechtsbijstandsrichtlijn wordt aangevuld met specifieke regels die een bijzonder regime creëren voor rechtsbijstand op het gebied van onderhoudsverplichtingen. Deze richtlijn is in Nederland geïmplementeerd in hfdst. IIIa Wet op de rechtsbijstand (art. 23a-23k). De regeling van kosteloze rechtsbijstand geldt alleen voor onderhoudsgerechtigden en niet voor onderhoudsplichtigen. In het Toelichtend Rapport bij het verdrag wordt hierover opgemerkt, dat hoewel er veel te zeggen valt voor een gelijke behandeling van onderhoudsplichtigen en onderhoudsgerechtigden, een onderscheid hier gerechtvaardigd wordt geacht. Er wordt op gewezen dat een onderhoudsplichtige geen kosteloze rechtsbijstand dient te ontvangen voor een verzoek tot vermindering van de vastgestelde kinderalimentatie (*Rapport Borrás*, nr. 384).

2. Weigering. Art. 46 lid 2 Alimentatieverordening dient samen met art. 58 lid 8 Alimentatieverordening te worden gelezen waarin is bepaald dat een aangezochte centrale autoriteit de behandeling van een verzoek alleen kan weigeren als 'kennelijk niet aan de vereisten van deze verordening is voldaan'. Als aan de voorwaarden van de verordening is voldaan, dan schept art. 46 lid 2 Alimentatieverordening de mogelijkheid om het verzoek in behandeling te nemen maar geen kosteloze rechtsbijstand te verlenen wegens het feit dat het verzoek 'kennelijk ongegrond' is. Deze weigeringsgrond geldt echter slechts voor andere verzoeken dan de verzoeken in het kader van erkenning en tenuitvoerlegging dan wel verzoek tot uitvoerbaarverklaring (art. 15 lid 2 Haags alimentatieverdrag 2007 en art. 46 lid 2 Alimentatieverordening). Hiervan kan sprake zijn als de financiële middelen van de verzoeker meer dan toereikend zijn en die van de onderhoudsplichtige heel gering zijn of als er geen grondslag bestaat voor het verzoek (*Rapport Borrás*, nr. 390).

Artikel 47
Niet in artikel C (*red.*: lees: artikel 46) bedoelde gevallen

1. In niet in artikel 46 bedoelde gevallen kan, onder voorbehoud van de artikelen 44 en 45, kosteloze rechtsbijstand worden verleend overeenkomstig het nationale recht, met name wat betreft de voorwaarden voor toetsing van de draagkracht van de verzoeker of de gegrondheid van het verzoek.
2. In afwijking van lid 1 heeft de partij die in de lidstaat van herkomst voor het geheel of een gedeelte rechtsbijstand of vrijstelling van kosten en uitgaven heeft genoten, in iedere procedure van erkenning, van uitvoerbaarverklaring of van tenuitvoerlegging recht op de meest gunstige rechtsbijstand of de meest ruime vrijstelling van kosten en uitgaven waarin het recht van de lidstaat van tenuitvoerlegging voorziet.
3. In afwijking van lid 1 heeft de partij die in de lidstaat van herkomst kosteloos een procedure voor een in bijlage X genoemde administratieve autoriteit heeft kunnen voeren, in iedere procedure van erkenning, van uitvoerbaarverklaring of van tenuitvoerlegging recht op rechtsbijstand overeenkomstig lid 2. Hiertoe legt zij een door de bevoegde autoriteit van de lidstaat van herkomst opgesteld stuk over, waaruit blijkt dat zij voldoet aan de financiële voorwaarden om voor het geheel of een gedeelte in aanmerking te komen voor rechtsbijstand of vrijstelling van kosten en uitgaven.
De in dit lid bedoelde bevoegde autoriteiten staan vermeld in bijlage XI. Deze bijlage wordt opgesteld en gewijzigd volgens de beheersprocedure, bedoeld in artikel 73, lid 2.
[18-12-2008, PbEU L 7, i.w.tr. 30-01-2009/regelingnummer 4/2009]

1. Draagkrachttoets. Voor andere verzoeken dan de verzoeken aangaande kinderalimentatie voor kinderen jonger dan 21 jaar, kan de verlening van kosteloze rechtsbijstand afhankelijk worden gesteld van een draagkrachttoets of een onderzoek naar de gegrondheid van het onderzoek (art. 17 onderdeel a Haags alimentatieverdrag 2007 en art. 47 lid 1 Alimentatieverordening). Het Toelichtend Rapport bij het Haags alimentatieverdrag 2007 noemt hier onder meer: a. de verzoeken met betrekking tot een kind ouder dan 21 jaar; b. een verzoek door een onderhoudsplichtige; en c. een verzoek aangaande een onderhoudsverplichting die op een andere familierelatie ziet. Het is evident dat deze beperking zou betekenen dat in bovengenoemde gevallen lidstaten minder vaak kosteloos rechtsbijstand zullen moeten verlenen.

2. Erkenning en tenuitvoerleggingsprocedures. De verzoeken zijn niet beperkt tot hfdst. III-verzoeken (verzoeken via de Centrale Autoriteiten). Een verzoeker die in de staat van herkomst kosteloze rechtsbijstand heeft genoten, heeft in alle erkennings- of tenuitvoerleggingsprocedures onder dezelfde voorwaarden recht op kosteloze rechtsbijstand in ten minste dezelfde mate als vastgesteld in het recht van de aangezochte staat in dezelfde omstandigheden (art. 47 lid 2 Alimentatieverordening). Een vergelijkbare regel wordt in art. 17 onderdeel b Haags alimentatieverdrag 2007 gegeven. Ook de EEX-verordening kent een dergelijke bepaling (art. 50). Op grond van art. 46 Alimentatieverordening wordt kosteloos rechtsbijstand verleend voor elk door een onderhoudsgerechtigde op grond van art. 56 Alimentatieverordening ingediend verzoek. Art. 47 regelt daarentegen het verlenen van rechtsbijstand in andere gevallen.

3. Administratieve autoriteiten. Art. 47 lid 3 Alimentatieverordening bepaalt voorts dat ook een partij die kosteloos heeft geprocedeerd ten overstaan van een administratieve autoriteit als in Bijlage X van de verordening genoemd, in de lidstaat van tenuitvoerlegging de meest gunstige rechtsbijstand of de ruimste vrijstelling van kosten en uitgaven te genieten, mits zij aantoont dat zij daarvoor in de lidstaat van oorsprong in aanmerking zou zijn gekomen. Dit kan slechts indien de instantie is opgenomen in Bijlage XI. Deze bepaling geldt derhalve slechts voor Finland.

4. Uitwerking voor Nederland. Voor de uitwerking van de bepalingen over de effectieve toegang en de kosteloze rechtsbijstand in het Nederlandse recht is het volgende van belang. Het LBIO treedt thans in procedures onder het Verdrag van New York reeds op als ontvangende en verzendende autoriteit en voert als ontvangende autoriteit procedures ten behoeve van een buitenlandse verzoeker. Op grond van art. 6 Verdrag van New York neemt het LBIO als ontvangende instelling, in naam van de schuldeiser alle geëigende maatregelen ter verzekering van het verhaal van onderhoud, daaronder begrepen het sluiten van een dading en, indien nodig, het instellen en vervolgen van een rechtsvordering tot onderhoud en de tenuitvoerlegging van een uitspraak, bevel of andere gerechtelijke akte. Het LBIO treedt in procedures inzake internationale alimentatie in eigen naam op. Door de Hoge Raad is bevestigd dat de ontvangende instelling op grond van het Verdrag van New York bevoegd is om als procespartij op te treden (HR 18 november 1988, *NJ* 1989/158). Van het LBIO wordt in verzoekschriftprocedures geen griffierecht geheven. Het LBIO brengt met betrekking tot gevoerde procedures aan een buitenlandse verzoeker geen gemaakte kosten in rekening. Art. 14 lid 3 Haags alimentatieverdrag 2007 en art. 44 lid 3 Europese Alimentatieverordening kunnen overeenkomstig de onder het

Verdrag van New York bestaande praktijk worden toegepast. De verzoeker wordt immers in staat gesteld de zaak aanhangig te maken zonder rechtsbijstand (in de zin van procesvertegenwoordiging door een rechtsbijstandverlener) omdat de Centrale Autoriteit, het LBIO, zelf kosteloos de noodzakelijke diensten verricht. Opgemerkt zij dat als de Centrale Autoriteit zelf kosten maakt, deze kosten in beginsel voor haar eigen rekening komen (zie art. 8 Haags alimentatieverdrag 2007 en art. 54 Europese Alimentatieverordening). Een regeling met betrekking tot kosteloze rechtsbijstand is dan niet aan de orde.

HOOFDSTUK VI
Gerechtelijke schikkingen en authentieke akten

Artikel 48
Toepassing van de verordening op gerechtelijke schikkingen en authentieke akten

1. In de lidstaat van herkomst uitvoerbare gerechtelijke schikkingen en authentieke akten worden in een andere lidstaat erkend en zijn uitvoerbaar als beslissingen, overeenkomstig hoofdstuk IV.
2. De bepalingen van deze verordening zijn, voor zoveel nodig, van toepassing op gerechtelijke schikkingen en authentieke akten.
3. De bevoegde autoriteit van de lidstaat van herkomst geeft op verzoek van elke belanghebbende partij een uittreksel van de gerechtelijke schikking of de authentieke akte af door middel van het modelformulier in de bijlagen I en II, respectievelijk de bijlagen III en IV.
[18-12-2008, PbEU L 7, i.w.tr. 30-01-2009/regelingnummer 4/2009]

Betekenis. Partijen kunnen ook onderling afspraken maken met betrekking tot hun onderhoudsverplichtingen. De vraag rijst of deze afspraken onder de reikwijdte van de Europese alimentatieverordening (dan wel Haags Alimentatieverdrag 2007 vallen). Het antwoord op deze vraag is anders op basis van het Haags Alimentatieverdrag 2007 dan op basis van de Europese alimentatieverordening. Door het feit dat de exequatur is afgeschaafd is de definitie strikter uitgevallen onder de Europese alimentatieverordening dan onder het Haags Alimentatieverdrag 2007. In de Europese alimentatieverordening zijn alimentatieovereenkomsten onder de term 'authentieke akte' gebracht en vallen derhalve onder de reikwijdte van art. 48. Ingevolge art. 48 worden gerechtelijke schikkingen en authentieke akten in een andere lidstaat erkend en zijn deze uitvoerbaar als beslissingen overeenkomstig hoofdstuk IV over de erkenning, uitvoerbaarheid en tenuitvoerlegging van beslissingen. Art. 2 geeft een definitie van gerechtelijke schikking en van authentieke akte. Onder gerechtelijke schikking wordt verstaan een schikking inzake onderhoudsverplichtingen die door een gerecht is goedgekeurd of tijdens een procedure voor een gerecht is getroffen. Een authentieke akte is a. een akte inzake onderhoudsverplichtingen die als authentieke akte is verleden of geregistreerd in de lidstaat van herkomst en waarvan de authenticiteit betrekking heeft op de ondertekening en de inhoud van de akte en is vastgesteld door een overheidsinstantie of andere daartoe bevoegd verklaarde instantie, of b. een afspraak inzake onderhoudsverplichtingen die met administratieve autoriteiten van de lidstaat van herkomst is gemaakt of die door deze autoriteiten authentiek is verklaard. Afspraken die door ongehuwde samenwoners worden gemaakt en onderhoudsverplichtingen bevatten, vallen niet onder de materiële toepassingsgebied van de verordening en vallen derhalve niet onder de reikwijdte van art. 48.

HOOFDSTUK VII
Samenwerking tussen centrale autoriteiten

Artikel 49
Aanwijzing van centrale autoriteiten

1. Elke lidstaat wijst een centrale autoriteit aan die belast is met de haar door deze verordening opgelegde taken.
2. Een federale lidstaat, een lidstaat met meer dan één rechtsstelsel of een lidstaat die autonome territoriale eenheden omvat, is vrij om meer dan één centrale autoriteit aan te wijzen onder vermelding van de territoriale of de personele reikwijdte van hun taken. De lidstaat die van deze mogelijkheid gebruik maakt, bepaalt aan welke centrale autoriteit de mededelingen kunnen worden gedaan ter doorgeleiding aan de binnen deze lidstaat bevoegde centrale autoriteit. Is een mededeling toegezonden aan een centrale autoriteit die niet bevoegd is, dan zendt deze de mededeling aan de bevoegde centrale autoriteit door en stelt zij de afzender daarvan in kennis.
3. Elke lidstaat deelt de aanwijzing van de centrale autoriteit of de centrale autoriteiten, hun contactgegevens en, in voorkomend geval, de reikwijdte van hun taken in de zin van lid 2, overeenkomstig artikel 71 aan de Commissie mede.
[18-12-2008, PbEU L 7, i.w.tr. 30-01-2009/regelingnummer 4/2009]

1. Algemeen. Art. 49 Alimentatieverordening komt overeen met art. 4 Haags Alimentatieverdrag 2007. Voor interpretatie van de tekst kan er gebruik worden gemaakt van het Toelichtend Rapport bij het Haags Alimentatieverdrag 2007 (*Rapport Borrás*).

2. Aanwijzing van centrale autoriteit (lid 1). De verplichting om een centrale autoriteit aan te wijzen is een bekend onderdeel van vele nieuwe Haagse en Europese instrumenten (zie bijvoorbeeld het Haags Adoptieverdrag 1993 en het Haags Kinderontvoeringsverdrag 1980). Deze autoriteiten fungeren als aanspreekpunt voor internationale samenwerkingsverbanden en zijn uiteindelijk verantwoordelijk voor het goed functioneren van de naleving van de instrumenten. Vooral gelet op de diversiteit in administratieve systemen, wordt de term 'centrale autoriteit' niet gedefinieerd (dit kan tot problemen leiden, zie bijvoorbeeld I. Curry-Sumner, 'Administrative co-operation and free legal aid in international child maintenance recovery. What is the added value of the European Maintenance Regulation?', *NIPR* 2010, p. 611-621).

3. Mededeling van aanwijzing (lid 3). Accurate en actuele informatie met betrekking tot de contactgegevens van de centrale autoriteit is van essentieel belang voor het goed functioneren van de Alimentatieverordening. Slechts als men over accurate gegevens beschikt kan men snel en efficiënt samenwerken (considerans 31). Overeenkomstig art. 71 Alimentatieverordening heeft Nederland al medegedeeld dat het Landelijk Bureau Inning Onderhoudsbijdragen (LBIO) als centrale autoriteit voor Nederland zal optreden: LBIO, Marten Meesweg 109-111, PO Box 8901, 3009 AX Rotterdam, telefoon: +31(0)10 2894895, fax: +31(0)10 2894882, website: www.lbio.nl.

4. Verschil ten opzichte van New York Verdrag 1956. Onder het New York Verdrag 1956 waren verdragsluitende staten verplicht om autoriteiten aan te wijzen zowel voor inkomende als uitgaande zaken. Hoewel in Nederland dezelfde instantie verantwoordelijk was voor beide taken, waren in andere landen verschillende autoriteiten verantwoordelijk voor ingaande en uitgaande zaken (bijvoorbeeld Denemarken). Onder de Alimentatieverordening (alsmede onder het Haags Alimentatieverdrag 2007) zijn staten verplicht om slechts één autoriteit aan te wijzen die verantwoordelijk is voor zowel ingaande als uitgaande zaken. De verwachting is dat de efficiëntie hierdoor verbeterd zal worden.

Artikel 50

Algemene taken van de centrale autoriteiten

1. De centrale autoriteiten:

a) werken onderling samen, mede door het uitwisselen van informatie, en bevorderen de samenwerking tussen de bevoegde autoriteiten in hun lidstaten, teneinde de doelstellingen van deze verordening te verwezenlijken;

b) zoeken zo veel mogelijk een oplossing voor de moeilijkheden die zich bij de toepassing van deze verordening voordoen.

2. De centrale autoriteiten nemen maatregelen om de toepassing van deze verordening te vergemakkelijken en hun onderlinge samenwerking te versterken. Daartoe wordt gebruikgemaakt van het bij Beschikking 2001/470/EG ingestelde Europese justitiële netwerk in burgerlijke en handelszaken.

[18-12-2008, PbEU L 7, i.w.tr. 30-01-2009/regelingnummer 4/2009]

1. Onderscheid tussen algemene en speciale taken (art. 50 en 51). Art. 50 stemt inhoudelijk en qua strekking overeen met art. 5 Haags Alimentatieverdrag 2007. Onderscheid wordt gemaakt tussen de algemene taken van centrale autoriteiten (art. 50 Alimentatieverordening) en de bijzondere taken van centrale autoriteiten (art. 51 Alimentatieverordening). Dit onderscheid beoogt een balans te vinden tussen zekerheid en flexibiliteit. Deze flexibiliteit betekent dat rekening kan worden gehouden met de verschillende beperkingen die in sommige rechtsstelsels aanwezig zijn, vooral gelet op financiële beperkingen.

2. Taken (art. 50 lid 1). Centrale autoriteiten staan onder een algemene verplichting om samen te werken, onder andere door het uitwisselen van informatie. Deze verplichting tot uitwisseling van informatie dient zowel in individuele gevallen als breder te worden gezien, vooral gelet op de verplichting om regelmatig te vergaderen over de toepassing van de verordening (art. 60 Alimentatieverordening). Art. 50 lid 1 Alimentatieverordening dient derhalve als een inspanningsverplichting te worden bestempeld.

3. Het Europese justitiële netwerk (art. 50 lid 2). In het kader van de uitwisseling van informatie dient gebruik te worden gemaakt van de informatiekanalen uiteengezet door het Europese justitiële netwerk in burgerlijke en handelszaken, een toevoeging die logischerwijs ontbreekt in art. 5 Haags Alimentatieverdrag 2007.

Artikel 51

Specifieke taken van de centrale autoriteiten

1. Centrale autoriteiten verlenen bijstand met betrekking tot verzoeken als voorzien in artikel 56, met name door:

a) die verzoeken te verzenden en in ontvangst te nemen;

b) procedures in verband met deze verzoeken aanhangig te maken of het aanhangig maken ervan te vergemakkelijken.

2. Met betrekking tot deze verzoeken nemen de centrale autoriteiten alle passende maatregelen om:

a) wanneer de omstandigheden het vereisen, rechtsbijstand te verlenen of de verkrijging van rechtsbijstand te vergemakkelijken;

b) de onderhoudsplichtige en de onderhoudsgerechtigde te helpen lokaliseren, met name met toepassing van de artikelen 61, 62 en 63;

c) te assisteren bij de verkrijging van relevante informatie over het inkomen en, indien nodig, het vermogen van de onderhoudsplichtige of de onderhoudsgerechtigde, het lokaliseren van goederen daaronder begrepen, met name met toepassing van de artikelen 61, 62 en 63;

d) indien passend door de gebruikmaking van bemiddeling, verzoening of soortgelijke methoden te streven naar een minnelijke schikking met het oog op de vrijwillige betaling van levensonderhoud;

e) de doorlopende tenuitvoerlegging van beslissingen inzake onderhoudsverplichtingen, met inbegrip van achterstallige bedragen, te vergemakkelijken;

f) de inning en de onverwijlde overmaking van betalingen van levensonderhoud te vergemakkelijken;

g) de verkrijging van schriftelijk of ander bewijs te vergemakkelijken, onverminderd Verordening (EG) nr. 1206/2001;

h) bijstand te verlenen bij de vaststelling van de afstamming wanneer dat nodig is voor de inning van levensonderhoud;

i) procedures aanhangig te maken of het aanhangig maken ervan te vergemakkelijken, ter verkrijging van voorlopige maatregelen van territoriale aard die ertoe strekken dat een aanhangig verzoek om levensonderhoud tot resultaat leidt;

j) de betekening en de kennisgeving van stukken te vergemakkelijken, onverminderd Verordening (EG) nr. 1393/2007.

3. De taken van de centrale autoriteit overeenkomstig dit artikel kunnen, voor zover het recht van de betrokken lidstaat dit toestaat, worden uitgeoefend door openbare lichamen of andere lichamen die onder toezicht staan van de bevoegde autoriteiten van die lidstaat. De aanwijzing van deze openbare of andere lichamen, alsook hun contactgegevens en hun bevoegdheid, worden overeenkomstig artikel 71 door de lidstaat aan de Commissie medegedeeld.

4. Noch dit artikel, noch artikel 53 legt de centrale autoriteiten de verplichting op bevoegdheden uit te oefenen die volgens het recht van de aangezochte lidstaat slechts door gerechtelijke autoriteiten kunnen worden uitgeoefend.

[18-12-2008, PbEU L 7, i.w.tr. 30-01-2009/regelingnummer 4/2009]

1. Algemeen. Art. 51 Alimentatieverordening stemt inhoudelijk overeen met art. 6 Haags Alimentatieverdrag 2007. De precieze omvang van de specifieke verplichtingen, alsmede de zorg dat centrale autoriteiten niet met onredelijke lasten zouden moeten worden opgezadeld, heeft geleid tot hevige discussie tijdens de totstandkoming van art. 6 Haags Alimentatieverdrag 2007. De art. 51 Alimentatieverordening-taken mogen echter, in tegenstelling tot de taken opgenomen in art. 50 Alimentatieverordening door andere instanties worden uitgevoerd.

2. Onderscheid lid 1 en 2. Tijdens de Tweede Bijzondere Commissie bij de totstandkoming van het Haags Alimentatieverdrag 2007 werd uitvoerig gedebatteerd over de precieze formulering van de verplichtingen van de centrale autoriteiten. Bovendien werd ook veel gesproken over het relatieve gewicht van de verschillende taken. Uiteindelijk zijn twee van de specifieke taken uitgelicht en in art. 6 lid 1 Haags Alimentatieverdrag 2007 neergezet. Met betrekking tot deze verplichtingen zijn centrale autoriteiten verplicht om deze volledig taken uit te voeren. Het gebruik van 'alle passende maatregelen' is hier niet genoeg. Hetzelfde onderscheid is ook te zien in art. 51 lid 1 en 2 Alimentatieverordening. Ten slotte worden in beide instrumenten, en in tegenstelling tot het huidige systeem voor administratieve samenwerking (New York-Verdrag 1956), specifieke taken daadwerkelijk genoemd.

3. Art. 51 lid 1. Art. 51 Alimentatieverordening somt de specifieke taken van de centrale autoriteiten op. De lijst is echter niet limitatief (zie de woorden 'met name door') in art. 51 lid 1 Alimentatieverordening. De twee taken in art. 51 lid 1 Alimentatieverordening zijn bovendien dwingend van aard.

4. Art. 51 lid 2. Om de taken in art. 51 lid 2 Alimentatieverordening te vervullen dienen centrale autoriteiten 'alle passende maatregelen' te gebruiken. Deze verplichting betekent dat staten alles moeten doen binnen redelijke financiële en juridische grenzen. Art. 51 lid 2 is niet bedoeld om onrealistische rechterlijke functies aan centrale autoriteiten toe te wijzen. De meeste taken in art. 51 lid 2 worden geïntroduceerd met werkwoorden zoals 'assisteren', 'vergemakkelijken', 'helpen' enz. Deze keuze is expres gedaan (*Rapport Borrás*, nr. 107) en geeft blijk van de belangenafweging die is gemaakt tussen flexibiliteit en zekerheid (art. 49, aant. 1 Alimentatieverordening). *Voorbeeld*: In het eerste werkdocument van het Haags Alimentatieverdrag 2007 werd bijvoorbeeld de verplichting opgelegd om 'de onderhoudsplichtige te lokaliseren'. Uiteindelijk is de verplichting in art. 51 lid 2 onderdeel b om 'de onderhoudsplichtige (...) te helpen lokaliseren'. De verzachting van de verplichting was essentieel om tot een politiek compromis te komen.

Artikel 52
Volmacht

De centrale autoriteit van de aangezochte lidstaat kan van de verzoeker alleen een volmacht eisen indien zij namens hem in rechte of in procedures ten overstaan van andere autoriteiten optreedt, of teneinde daartoe een vertegenwoordiger aan te wijzen.
[18-12-2008, PbEU L 7, i.w.tr. 30-01-2009/regelingnummer 4/2009]

Betekenis. Het doel van art. 52 Alimentatieverordening (dat overeenstemt met art. 42 Haags Alimentatieverdrag 2007) is om formaliteiten voor de verzoekende partij te verminderen. In het licht van een efficiënte en snelle afhandeling van verzoeken, zal art. 52 Alimentatieverordening een belangrijke rol gaan spelen. Onder het huidige systeem van administratieve samenwerking (namelijk het New York-Verdrag 1956) eisen sommige verdragsluitende partijen zulke formele documenten. Dit artikel zal derhalve een versoepeling in de procedurele vereisten met zich meebrengen.

Artikel 53
Verzoek om specifieke maatregelen

1. Indien geen verzoek in de zin van artikel 56 aanhangig is, kan de centrale autoriteit aan een andere centrale autoriteit een met redenen omkleed verzoek richten om passende specifieke maatregelen als voorzien in artikel 51, lid 2, punten b), c), g), h), i) en j), te treffen. De aangezochte centrale autoriteit treft maatregelen die passend blijken indien zij deze nodig acht om een mogelijke verzoeker bijstand te verlenen bij het indienen van een verzoek als bedoeld in artikel 56 of bij het bepalen of een zodanig verzoek moet worden ingediend.
2. Wordt een verzoek met het oog op de maatregelen als voorzien in artikel 51, lid 2, punten b) en c), ingediend, dan wint de aangezochte centrale autoriteit, indien nodig met toepassing van artikel 61, de benodigde informatie in. De in artikel 61, lid 2, punten b), c) en d), bedoelde informatie kan evenwel slechts worden ingewonnen indien de onderhoudsgerechtigde een afschrift van een ten uitvoer te leggen beslissing, gerechtelijke schikking of authentieke akte overlegt, in voorkomend geval vergezeld van het uittreksel bedoeld in de artikelen 20, 28 of 48.
De aangezochte centrale autoriteit verstrekt de verkregen informatie aan de verzoekende centrale autoriteit. Deze informatie heeft, indien met toepassing van artikel 61 verkregen, uitsluitend betrekking op het adres van de mogelijke verweerder in de aangezochte lidstaat. In het kader van een verzoek met het oog op een erkenning, een uitvoerbaarverklaring of een tenuitvoerlegging, heeft de informatie voorts uitsluitend betrekking op de vraag of de onderhoudsplichtige in deze staat over inkomsten of vermogen beschikt.
Indien de aangezochte centrale autoriteit de gevraagde gegevens niet kan verstrekken, deelt zij dit onverwijld en met opgave van redenen aan de verzoekende centrale autoriteit mede.
3. Een centrale autoriteit kan op verzoek van een andere centrale autoriteit specifieke maatregelen treffen in verband met een in de verzoekende lidstaat aanhangige zaak met een internationaal aspect die betrekking heeft op de inning van levensonderhoud.
4. Een verzoek op grond van dit artikel wordt door de centrale autoriteiten gedaan door middel van het formulier waarvan het model in bijlage V is opgenomen.
[18-12-2008, PbEU L 7, i.w.tr. 30-01-2009/regelingnummer 4/2009]

1. Algemeen. Een verzoek voor specifieke maatregelen moet worden beschouwd als een verzoek voor beperkte assistentie. Een verzoek voor het nemen van een specifieke maatregel mag alvorens een verzoek in de zin van art. 56 Alimentatieverordening aanhangig is gemaakt. Een schuldeiser die twijfels heeft of een schuldenaar woonachtig is in Frankrijk of België mag derhalve een specifieke maatregel verzoeken om de locatie van de schuldenaar te achterhalen.

2. Procedure. Onder art. 53 lid 2 Alimentatieverordening en art. 7 lid 1 Haags Alimentatieverdrag 2007 kan een centrale autoriteit een andere centrale autoriteit verzoeken om een specifieke maatregel te treffen. Het gebruik van het woord 'kan' geeft aan dat het hier om een discretionaire bevoegdheid gaat. Zodra de aangezochte centrale autoriteit besloten heeft om een specifieke maatregel te verzoeken, dan is de andere centrale autoriteit wel verplicht om stappen te ondernemen mits aan twee cumulatieve voorwaarden is voldaan. Ten eerste dient het verzoek passend te zijn en ten tweede dient het nodig te worden geacht om een mogelijke verzoeker bijstand te verlenen bij het indienen van een verzoek als bedoeld in art. 56 Alimentatieverordening. Geen criteria zijn echter voorgeschreven met betrekking tot de invulling van het begrip 'passend' of 'nodig'. Het is derhalve te verwachten dat er op dit punt geen uniformiteit van beslissing zal voortvloeien en dat er hierover zal worden geprocedeerd.

3. Specifieke maatregel inzake lokaliseren van schuldenaar. Hoewel zowel het Haags Alimentatieverdrag 2007 als de Alimentatieverordening allebei de term 'specifieke maatregelen' gebruiken (oftewel '*specific measures*' of '*mesures spécifiques*'), treedt er een verschil op tussen de twee instrumenten met betrekking tot het nemen van een specifieke maatregel om de schuldeiser te helpen met het lokaliseren van de schuldenaar (op grond van art. 51 lid 2 onderdeel b of c Alimentatieverordening). Op grond van art. 53 jo. 61 Alimentatieverordening wordt de discretionaire bevoegdheid van de aangezochte lidstaat vervangen door de niet-discretionaire verplichting.

Artikel 54
Kosten van de centrale autoriteit

1. Elke centrale autoriteit draagt haar eigen kosten voor de toepassing van deze verordening.
2. Centrale autoriteiten mogen de verzoeker voor de krachtens deze verordening verstrekte diensten geen andere kosten in rekening brengen dan uitzonderlijke kosten die voortvloeien uit een verzoek om een specifieke maatregel als voorzien in artikel 53.
Voor de toepassing van dit lid worden de kosten in verband met de lokalisering van de onderhoudsplichtige niet beschouwd als uitzonderlijke kosten.
3. De aangezochte centrale autoriteit mag zich de in lid 2 bedoelde uitzonderlijke kosten niet doen vergoeden zonder dat de verzoeker heeft toegestemd in die dienstverlening tegen zodanige kosten.
[18-12-2008, PbEU L 7, i.w.tr. 30-01-2009/regelingnummer 4/2009]

1. Algemeen. Art. 54 Alimentatieverordening stemt inhoudelijk overeen met art. 8 Haags Alimentatieverdrag 2007. De Alimentatieverordening bepaalt dat onverminderd art. 54 (dat de centrale autoriteit haar eigen kosten voor de toepassing van de verordening dient te dragen) de bevoegde autoriteit van de aangezochte lidstaat bij uitzondering de kosten kan terugvorderen van de in het ongelijk gestelde partij die krachtens art. 46 Alimentatieverordening kosteloze rechtsbijstand heeft genoten, indien de financiële omstandigheden van een partij dit mogelijk maken (art. 67 Alimentatieverordening). In de overwegingen van de verordening is aangegeven dat de bevoegde autoriteit van de aangezochte lidstaat in uitzonderlijke gevallen de kosten dient te kunnen verhalen (is het hier dient te verhalen? of dat de bevoegde autoriteit de kosten kan verhalen?) op een verzoeker die kosteloze rechtsbijstand heeft genoten en die in het ongelijk is gesteld, voor zover diens financiële situatie dit toelaat. Dit zou met name het geval zijn met betrekking tot een bemiddelend persoon die te kwader trouw heeft gehandeld (considerans 36). Vergelijkbare bepalingen als art. 54 Alimentatieverordening zijn in andere Europese internationaal privaatrechtelijke instrumenten te vinden bijvoorbeeld art. 57 lid 4 Verordening Brussel II-bis.

2. Kosten voor specifieke maatregelen (lid 2 en 3). Op grond van art. 53 Alimentatieverordening kan een centrale autoriteit worden verzocht om specifieke maatregelen te nemen alvorens een verzoek in de zin van art. 56 aanhangig is gemaakt. Indien een dergelijk verzoek wordt ingediend en een centrale autoriteit kosten hiermee maakt, mag de aangezochte centrale autoriteit bepaalde kosten verhalen. Slechts de uitzonderlijke kosten komen in aanmerking voor vergoeding. Het begrip uitzonderlijk is verder niet gedefinieerd, behalve dat de kosten met betrekking tot de lokalisering van de onderhoudsplichtige hier niet onder vallen. Een dergelijke mogelijkheid tot kostenverhaal betekent dat zogenaamde 'fishing expeditions' minder vaak voor zullen komen.

Artikel 55
Verzoek via de centrale autoriteiten

Een verzoek in de zin van dit hoofdstuk wordt door tussenkomst van de centrale autoriteit van de lidstaat waar de verzoeker verblijft bij de centrale autoriteit van de aangezochte lidstaat ingediend.

[18-12-2008, PbEU L 7, i.w.tr. 30-01-2009/regelingnummer 4/2009]

1. Algemeen. Art. 55 Alimentatieverordening komt inhoudelijk overeen met art. 9 Haags Alimentatieverdrag 2007. Hierin wordt bepaald welke verzoeken onder de reikwijdte van de Alimentatieverordening vallen. Slechts verzoeken die worden ingediend in de lidstaat waar de verzoeker verblijft en dienen doorgestuurd te worden naar de centrale autoriteit van de aangezochte lidstaat, vallen onder de regels inzake administratieve samenwerking neergelegd in de verordening. *Voorbeeld*: Stel een onderhoudsgerechtigde beschikt over een Nederlandse beslissing, maar is intussen verhuisd naar Duitsland, waar zij verblijft. De onderhoudsplichtige wenst vervolgens over te gaan tot tenuitvoerlegging van de Nederlandse beslissing in Nederland. Indien de onderhoudsplichtige zich rechtstreeks tot de Nederlandse centrale autoriteit zou wenden, dan zou een dergelijk verzoek niet onder de reikwijdte van de verordening vallen. Indien zij zich tot de Duitse centrale autoriteit zou wenden (als centrale autoriteit van de plaats waar zij verblijft), dan zou een dergelijk verzoek wel onder hfdst. VII van de verordening vallen.

2. 'Verblijft'. De opstellers van beide instrumenten waren van mening, dat een kind financiële steun nodig heeft ongeacht waar hij of zij woonachtig is en dient derhalve niet aan strikte woonplaatsvereisten te voldoen. Om dit doel te bewerkstelligen is in art. 55 Alimentatieverordening, in tegenstelling tot de rest van de verordening, slechts 'verblijfplaats' vereist. Hetzelfde geldt voor het Haags Alimentatieverdrag 2007. De maatstaf voor de bepaling van het recht van een persoon om bijstand van een centrale autoriteit te vragen, dient derhalve minder streng te zijn dan de aanknopingsfactor 'gewone verblijfplaats' die elders in de verordening wordt gebruikt. Hoewel in art. 9 Haags Alimentatieverdrag 2007 een expliciete bepaling is opgenomen met betrekking tot het begrip 'verblijfplaats', ontbreekt een dergelijke bepaling in de tekst van de Alimentatieverordening. Considerans 32 van de verordening strekt echter wel tot hetzelfde doel, waardoor beide instrumenten op dezelfde wijze dienen te worden uitgelegd. Wel kan worden afgevraagd of de Europese wetgever een specifieke intentie had door deze zinsnede uitdrukkelijk in de preambule op te nemen in plaats van in de tekst van de verordening zelf (I. Curry-Sumner, 'Administrative co-operation and free legal aid in international child maintenance recovery. What is the added value of the European Maintenance Regualtion?', *NIPR* 2010, p. 611-621).

Artikel 56

Toegestane verzoeken

1. De onderhoudsgerechtigde die op grond van deze verordening levensonderhoud beoogt te innen, kan de volgende verzoeken indienen:

a) erkenning of erkenning en uitvoerbaarverklaring van een beslissing;

b) tenuitvoerlegging van een in de aangezochte lidstaat gegeven of erkende beslissing;

c) vaststelling van een beslissing in de aangezochte lidstaat indien er geen beslissing voorhanden is, indien nodig daaronder begrepen de vaststelling van de afstamming;

d) vaststelling van een beslissing in de aangezochte lidstaat, indien de erkenning en de uitvoerbaarverklaring van een in een andere staat dan de aangezochte lidstaat gegeven beslissing niet mogelijk zijn;

e) wijziging van een in de aangezochte lidstaat gegeven beslissing;

f) wijziging van een in een andere staat dan de aangezochte lidstaat gegeven beslissing.

2. De onderhoudsplichtige tegen wie een beslissing inzake onderhoudsverplichtingen is gegeven, kan de volgende verzoeken indienen:

a) erkenning van een beslissing die leidt tot schorsing of beperking van de tenuitvoerlegging van een eerdere beslissing in de aangezochte lidstaat;

b) wijziging van een in de aangezochte lidstaat gegeven beslissing;

c) wijziging van een in een andere staat dan de aangezochte lidstaat gegeven beslissing.

3. Met betrekking tot een verzoek in de zin van dit artikel worden bijstand en vertegenwoordiging als bedoeld in artikel 45, punt b), door de centrale autoriteit van de aangezochte lidstaat hetzij rechtstreeks, hetzij door tussenkomst van overheidslichamen of andere lichamen of personen verleend.

4. Behoudens voor zover in deze verordening anders is bepaald, worden verzoeken als bedoeld in de leden 1 en 2 behandeld overeenkomstig het recht van de aangezochte lidstaat en met inachtneming van de in die lidstaat toepasselijke bevoegdheidsregels.

[18-12-2008, PbEU L 7, i.w.tr. 30-01-2009/regelingnummer 4/2009]

1. Algemeen. Art. 56 Alimentatieverordening regelt de verzoeken die via de centrale autoriteiten kunnen worden ingediend. Onderscheid dient te worden gemaakt tussen verzoeken die door de onderhoudsgerechtigde kunnen worden ingediend en verzoeken die door de onderhoudsplichtige kunnen worden ingediend.

2. Verzoeken door de onderhoudsgerechtigde. De verzoeken die door een onderhoudsgerechtigde op grond van de verordening (art. 56 lid 1 Alimentatieverordening) via de centrale autoriteiten kunnen worden ingediend: a. erkenning dan wel erkenning en tenuitvoerlegging (terminologie verdrag) onderscheidenlijk erkenning en uitvoerbaarverklaring (terminologie verordening) van een beslissing (beslissing dient van een verdragsluitende staat respectievelijk lidstaat afkomstig te zijn, hoeft niet van verzoekende staat zelf te zijn); b. tenuitvoerlegging van een in de aangezochte staat gegeven of erkende beslissing (bijvoorbeeld als de onderhoudsgerechtigde niet meer in de aangezochte staat woont); c. vaststelling van een beslissing in de aangezochte staat, indien er nog geen beslissing voorhanden is, zo nodig met inbegrip van de vaststelling van de afstamming; d. vaststelling van een beslissing in de aangezochte staat, indien de erkenning en de tenuitvoerlegging onderscheidenlijk uitvoerbaarverklaring van een in een andere staat gegeven beslissing niet mogelijk zijn. Het verdrag noemt hier ook de weigering van de erkenning en tenuitvoerlegging op bepaalde gronden; e. wijziging van een in de aangezochte staat gegeven beslissing; f. wijziging van een in een andere staat dan de aangezochte staat gegeven beslissing. Deze verzoeken komen overeen met de verzoeken die op grond van art. 10 lid 1 Haags Alimentatieverdrag 2007 kunnen worden ingediend.

3. Verzoeken door de onderhoudsplichtige. De verzoeken die door een onderhoudsplichtige op grond van art. 56 lid 2 Alimentatieverordening (en art. 10 lid 2 Haags Alimentatieverdrag 2007) kunnen worden ingediend zijn: a. erkenning van een beslissing die leidt tot opschorting (terminologie verdrag) onderscheidenlijk schorsing of beperking (terminologie verordening) van de tenuitvoerlegging van een eerdere beslissing in de aangezochte staat; b. wijziging van een in de aangezochte staat gegeven beslissing; c. wijziging van een in een andere dan de aangezochte staat gegeven beslissing.

4. Toepasselijk recht. Art. 56 lid 4 Alimentatieverordening bepaalt in vergelijkbare zin als art. 10 lid 3 Haags Alimentatieverdrag 2007 dat, behalve voor zover in de verordening anders is bepaald, de verzoeken worden behandeld overeenkomstig het recht van de aangezochte lidstaat en met inachtneming van de in die lidstaat toepasselijke bevoegdheidsregels.

Artikel 57
Inhoud van het verzoek

1. Een verzoek als bedoeld in artikel 56 wordt ingediend met gebruikmaking van het formulier waarvan het model in bijlage VI of bijlage VII is opgenomen.

2. Een verzoek als bedoeld in artikel 56 omvat ten minste:

a) een verklaring over de aard van het verzoek of de verzoeken;

b) de naam van de verzoeker en diens contactgegevens, waaronder zijn adres en geboortedatum;

c) de naam van de verweerder en, indien bekend, zijn adres en geboortedatum;

d) de naam en de geboortedatum van elke persoon voor wie levensonderhoud wordt gevraagd;

e) de gronden waarop het verzoek berust;

f) indien het verzoek afkomstig is van de onderhoudsgerechtigde, gegevens over de plaats waar de betalingen moeten worden gedaan of elektronisch overgemaakt;

g) de naam en contactgegevens van de persoon of de afdeling van de centrale autoriteit van de verzoekende lidstaat die verantwoordelijk is voor de behandeling van het verzoek.

3. Voor de toepassing van lid 2, punt b), kan, in gevallen van huiselijk geweld, in plaats van het persoonlijke adres van de verzoeker een ander adres worden opgegeven, in-

dien het nationale recht van de aangezochte lidstaat niet vereist dat de verzoeker zijn persoonlijk adres opgeeft om de procedure te kunnen inleiden.

4. Zo nodig en voor zover bekend bevat het verzoek tevens:

a) gegevens over de financiële omstandigheden van de onderhoudsgerechtigde;

b) gegevens over de financiële omstandigheden van de onderhoudsplichtige, daaronder begrepen de naam en het adres van zijn werkgever, alsook de aard van zijn goederen en de plaats waar deze zich bevinden;

c) alle andere gegevens die van nut kunnen zijn voor de opsporing van de verweerder.

5. Het verzoek gaat vergezeld van alle noodzakelijke gegevens of bewijsstukken, waaronder, in voorkomend geval, stukken waaruit blijkt dat de verzoeker recht heeft op rechtsbijstand. De in artikel 56, lid 1, punten a) en b), en lid 2, punt a), bedoelde verzoeken gaan, naar gelang van het geval, alleen vergezeld van de documenten als bedoeld in de artikelen 20, 28 of 48, of in artikel 25 van het Haagse Verdrag van 2007.
[18-12-2008, PbEU L 7, i.w.tr. 30-01-2009/regelingnummer 4/2009]

Betekenis. Art. 57 Alimentatieverordening (vergelijk art. 11 Haags Alimentatieverdrag 2007) bepaalt wat elk verzoek dat via de centrale autoriteiten op grond van art. 56 wordt gedaan, in ieder geval dient in te houden. Dit betreft: a. een verklaring omtrent de aard van het verzoek of de verzoeken, b. de naam en de contactgegevens van de verzoeker en c. de naam en indien bekend het adres en de geboortedatum van de verweerder, d. de naam en geboortedatum van de persoon voor wie om levensonderhoud wordt verzocht, e. de gronden waarop het verzoek berust en f. gegevens over de plaats waar de betalingen moeten worden gedaan of elektronisch moeten worden overgemaakt, en de naam en de contactgegevens van de persoon of afdeling van de centrale autoriteit van de verzoekende staat die verantwoordelijk is voor de behandeling van het verzoek, g. Alimentatieverordening en h. Haags Alimentatieverdrag 2007). Verder worden gegevens voor zover bekend en nodig verstrekt en gaat het verzoek vergezeld van alle noodzakelijke ondersteunende informatie of documenten, waaronder stukken waaruit blijkt dat de verzoeker recht heeft op kosteloze rechtsbijstand. De verordening bepaalt dat de in art. 56 lid 1 onderdeel a en b (erkenning of erkenning en uitvoerbaarverklaring van een beslissing en de tenuitvoerlegging van een in de aangezochte lidstaat gegeven beslissing) en art. 56 lid 2 onderdeel a (erkenning van een beslissing die leidt tot schorsing of beperking van de tenuitvoerlegging van een eerdere beslissing in de aangezochte lidstaat) bedoelde verzoeken naar gelang van het geval alleen vergezeld gaan van de documenten als bedoeld in art. 20 (stukken voor de tenuitvoerlegging), art. 28 (stukken bij verzoek om uitvoerbaarverklaring) of art. 48 (uittreksel gerechtelijke schikking of authentieke akte).

Artikel 58
Verzending, ontvangst en behandeling van verzoeken en zaken door tussenkomst van de centrale autoriteiten

1. De centrale autoriteit van de verzoekende lidstaat staat de verzoeker bij teneinde te verzekeren dat het verzoek vergezeld gaat van alle gegevens en stukken die, voor zover haar bekend, voor de behandeling van het verzoek zijn vereist.

2. Na zich ervan te hebben vergewist dat het verzoek voldoet aan de vereisten van deze verordening voldoet, verzendt de centrale autoriteit van de verzoekende lidstaat het aan de centrale autoriteit van de aangezochte lidstaat.
3. Binnen 30 dagen na de datum van ontvangst van het verzoek bevestigt de centrale autoriteit de ontvangst ervan door middel van het formulier waarvan het model in bijlage VIII is opgenomen; zij stelt de centrale autoriteit van de verzoekende lidstaat in kennis van de eerste stappen die zijn of zullen worden ondernomen voor de behandeling van het verzoek, en zij kan verdere stukken en gegevens opvragen die zij nodig acht. Binnen dezelfde termijn van 30 dagen verstrekt de aangezochte centrale autoriteit de verzoekende centrale autoriteit de naam en contactgegevens van de persoon of afdeling die belast is met de beantwoording van vragen over de voortgang van de behandeling van het verzoek.
4. Binnen 60 dagen na de bevestiging stelt de aangezochte centrale autoriteit de verzoekende centrale autoriteit in kennis van de stand van het verzoek.
5. De verzoekende en de aangezochte centrale autoriteit stellen elkaar in kennis van:
a) de persoon of de afdeling die met een bepaalde zaak is belast;
b) de voortgang van de behandeling van de zaak;
en zij geven tijdig antwoord op vragen.
6. De centrale autoriteiten behandelen de zaak zo spoedig als een gedegen onderzoek van de inhoud ervan het toelaat.
7. De centrale autoriteiten maken gebruik van de snelste en meest efficiënte communicatiemiddelen waarover zij beschikken.
8. Een aangezochte centrale autoriteit kan de behandeling van een verzoek alleen weigeren als kennelijk niet aan de vereisten van deze verordening is voldaan. In dat geval stelt zij de verzoekende centrale autoriteit onverwijld in kennis van de redenen voor de weigering door middel van het formulier waarvan het model in bijlage IX is opgenomen.
9. De aangezochte centrale autoriteit kan een verzoek niet weigeren op de enkele grond dat aanvullende stukken of gegevens nodig zijn. Zij kan evenwel de verzoekende centrale autoriteit om deze stukken of gegevens verzoeken. Indien de verzoekende centrale autoriteit hierop niet binnen 90 dagen of een door de aangezochte centrale autoriteit gestelde langere termijn ingaat, kan de aangezochte centrale autoriteit beslissen het verzoek niet verder te behandelen. In dat geval stelt zij de verzoekende centrale autoriteit daarvan in kennis door middel van het formulier dat in bijlage IX is opgenomen.
[18-12-2008, PbEU L 7, i.w.tr. 30-01-2009/regelingnummer 4/2009]

Betekenis. Een onderhoudsgerechtigde kan een verzoek indienen via een centrale autoriteit op grond van art. 56 Alimentatieverordening. De centrale autoriteit die een dergelijk verzoek ontvangt dient dit verzoek door te sturen naar een andere centrale autoriteit, normaal gesproken de centrale autoriteit van de woonplaats van de onderhoudsplichtige. De centrale autoriteit die het verzoek in ontvangst neemt van de onderhoudsgerechtigde, is de verzoekende centrale autoriteit. De centrale autoriteit van de woonplaats van de onderhoudsplichtige is de aangezochte centrale autoriteit. De centrale autoriteit van de verzoekende lidstaat dient dit verzoek op te sturen naar de centrale autoriteit in de aangezochte lidstaat zodra duidelijk is dat aan alle vereisten van de verordening is voldaan (lid 1 en 2). Binnen 30 dagen na datum van ontvangst van het verzoek, bevestigt de aangezochte centrale autoriteit de ontvangst ervan door middel van het formulier in bijlage VII. De aangezochte centrale autoriteit dient dan binnen dezelfde termijn aan de verzoekende centrale autoriteit de naam- en adresgegevens van de persoon te verstrekken die belast is met het beantwoording van vragen over de voortgang van de procedure (lid 3). De aangezochte centrale autoriteit kan een verzoek niet weigeren op de enkele grond dat aanvullende stukken of gegevens nodig zijn. De aangezochte centrale autoriteit dient in een dergelijk geval de verzoekende centrale autoriteit te verzoeken om ontbrekende stukken of documenten te versturen. De verzoekende centrale autoriteit heeft dan 90 dagen om deze stukken te versturen. Na het verstrijken van de 90 dagen kan de aangezochte centrale autoriteit de verzoekende centrale autoriteit informeren dat zij het verzoek niet meer in behandeling zullen nemen (lid 9). Hiervoor dient gebruik te worden gemaakt van het formulier in bijlage IX. Deze sanctie is echter slechts van toepassing indien het verzoek niet compleet is. De aangezochte centrale autoriteit is verplicht om de verzoekende centrale autoriteit binnen 60 dagen na bevestiging van ontvangst in kennis te stellen van de stand van het verzoek (lid 4). Deze rapportage dient slechts informatie te bevatten omtrent de 'stand' van het verzoek en houdt geen resultaatsverplichting in. Op grond van lid 6 hebben de centrale autoriteiten wel de verplichting om de zaak zo spoedig mogelijk te behandelen.

Artikel 59
Talen

1. Het formulier voor een verzoek wordt ingevuld in de officiële taal van de aangezochte lidstaat of, indien er verscheidene officiële talen in die lidstaat zijn, in de officiële taal of een van de officiële talen van de plaats van vestiging van de betrokken centrale autoriteit of in een andere officiële taal van de instellingen van de Europese Unie die de aangezochte lidstaat heeft verklaard te kunnen aanvaarden, tenzij de centrale autoriteit van deze lidstaat vrijstelling van vertaling heeft verleend.
2. Onverminderd de artikelen 20, 28, 40 en 66, worden de stukken waarvan het formulier met het verzoek vergezeld gaat, alleen in de overeenkomstig lid 1 bepaalde taal vertaald als zulks nodig is om de gevraagde bijstand te kunnen verlenen.
3. Alle andere mededelingen tussen de centrale autoriteiten geschieden in de overeenkomstig lid 1 bepaalde taal, tenzij de centrale autoriteiten onderling anders regeling overeenkomen (*red.*: lees: anders overeenkomen).
[18-12-2008, PbEU L 7, i.w.tr. 30-01-2009/regelingnummer 4/2009]

Betekenis. De verordening bepaalt dat het formulier voor een verzoek (als bedoeld in art. 56 Alimentatieverordening, derhalve een verzoek aan de centrale autoriteit) wordt ingevuld in de officiële taal van de aangezochte lidstaat of in een andere officiële taal die de aangezochte lidstaat heeft verklaard te kunnen aanvaarden, tenzij de centrale autoriteit van deze lidstaat vrijstelling van de vertaling heeft verleend (art. 59 lid 1 Alimentatieverordening). Nederland heeft aangegeven, in tegenstelling tot eerdere instrumenten, geen andere taal te willen aanvaarden dan de Nederlandse taal. De stukken waarvan het formulier met het verzoek vergezeld gaat worden alleen in de in lid 1 bedoelde taal vertaald als dit nodig is om de gevraagde bijstand te verlenen, onverminderd art. 20, 28 en 40 Alimentatieverordening (vertaling van het formulier inzake het uittreksel van een beslissing) en art. 66 Alimentatieverordening (vertaling van bewijsstukken). De centrale autoriteiten dienen ook in de in art. 59 lid 1 genoemde taal te communiceren tenzij onderling anders is geregeld. In de praktijk communiceren de meeste centrale autoriteiten toch in het Engels.

Artikel 60
Vergaderingen

1. Op gezette tijden worden vergaderingen van de centrale autoriteiten gehouden om de toepassing van deze verordening te vergemakkelijken.
2. De bijeenroeping van deze vergaderingen geschiedt overeenkomstig Beschikking 2001/470/EG.
[18-12-2008, PbEU L 7, i.w.tr. 30-01-2009/regelingnummer 4/2009]

Betekenis. Art. 60 Alimentatieverordening bevat de grondslag voor het doorlopende toezicht dat kan worden gehouden over de toepassing van de verordening. Vergelijkbare bepalingen zijn vaak opgenomen in verschillende Haagse verdragen (zie bijvoorbeeld art. 42 Haags Adoptieverdrag 1993, art. 54 Haags Kinderbeschermingsverdrag 1996, art. 52 Haags Meerderjarigenbeschermingsverdrag 2000 en art. 54 Haags Alimentatieverdrag 2007). In het kader van de toepassing van de Haagse verdragen leert de ervaring dat regelmatige bijeenkomsten over de uitvoering van de verdragen de effectiviteit ten goede komt.

Artikel 61
Toegang voor de centrale autoriteiten tot informatie

1. Op de voorwaarden, voorzien in dit hoofdstuk en in afwijking van artikel 51, lid 4, wendt de aangezochte centrale autoriteit alle passende en redelijke middelen aan om de in lid 2 bedoelde informatie in te winnen teneinde in een gegeven zaak de verkrijging, de wijziging, de erkenning, de uitvoerbaarverklaring of de tenuitvoerlegging van een beslissing te vergemakkelijken.
Overheidsinstanties of -administraties die in het kader van hun gebruikelijke activiteiten in de aangezochte lidstaat over de in lid 2 bedoelde informatie beschikken en met de verwerking ervan in de zin van Richtlijn 95/46/EG zijn belast, verstrekken deze informatie, onder voorbehoud van de beperkingen omwille van de nationale of de openbare veiligheid, aan de aangezochte centrale autoriteit. De verstrekking geschiedt op haar verzoek ingeval zij niet rechtstreeks toegang heeft tot die informatie.
De lidstaten kunnen de overheidsinstanties of -administraties aanwijzen die aan de aangezochte centrale autoriteit de in lid 2 bedoelde informatie kunnen verstrekken. Een lidstaat die tot een dergelijke aanwijzing overgaat, ziet er daarbij op toe dat bij die keuze van instanties en administraties zijn centrale autoriteit, conform dit artikel, toegang kan krijgen tot de gevraagde informatie.
Elke andere rechtspersoon die in de aangezochte lidstaat over de in lid 2 bedoelde informatie beschikt en met de verwerking ervan in de zin van Richtlijn 95/46/EG is belast, verstrekt deze informatie op verzoek aan de aangezochte centrale autoriteit indien zij daartoe volgens het recht van de aangezochte lidstaat gemachtigd is.
De aangezochte centrale autoriteit verstrekt de aldus verkregen informatie, voor zover nodig, aan de verzoekende centrale autoriteit.
2. Het betreft informatie als in dit artikel bedoeld, die reeds in het bezit is van de in lid 1 bedoelde overheidsinstanties, -administraties of personen. De informatie moet toereikend, ter zake dienend en niet bovenmatig zijn en heeft betrekking op:

a) het adres van de onderhoudsplichtige of van de onderhoudsgerechtigde;
b) de inkomsten van de onderhoudsplichtige;
c) de gegevens omtrent de werkgever van de onderhoudsplichtige en/of de bankrekening of bankrekeningen van de onderhoudsplichtige, en
d) het vermogen van de onderhoudsplichtige.

Ten behoeve van de verkrijging of de wijziging van een beslissing kan de aangezochte centrale autoriteit uitsluitend de in punt a) bedoelde informatie opvragen.

Ten behoeve van de erkenning, de uitvoerbaarverklaring of de tenuitvoerlegging van een beslissing kan de aangezochte centrale autoriteit alle in de eerste alinea bedoelde informatie opvragen. De in punt d), bedoelde informatie kan evenwel alleen worden opgevraagd voor zover de in de punten b) en c), bedoelde informatie niet volstaat om de beslissing ten uitvoer te kunnen leggen.

[18-12-2008, PbEU L 7, i.w.tr. 30-01-2009/regelingnummer 4/2009]

Betekenis. Artikel 61 geeft aan hoe de centrale autoriteit informatie moet inwinnen over de onderhoudsplichtige en geeft aan welke informatie mag worden ingewonnen en voor welk doel. Artikel 61 lid 1 geeft aan dat de centrale autoriteit alle passende en redelijke middelen dient aan te wenden om de verkrijging, wijziging, erkenning, uitvoerbaarverklaring en/of tenuitvoerlegging te vergemakkelijken. Artikel 61 lid 2 geeft aan welke informatie kan worden ingewonnen. Deze informatie heeft betrekking op: (a) het adres van de onderhoudsplichtige of van de onderhoudsgerechtigde; (b) de inkomsten van de onderhoudsplichtige; (c) de gegevens omtrent de werkgever van de onderhoudsplichtige en/of de bankrekening of bankrekeningen van de onderhoudsplichtige, en (d) het vermogen van de onderhoudsplichtige. Deze informatie mag bovendien slechts worden ingewonnen en gebruikt indien het dienend en niet bovenmatig is.

Artikel 62
Verstrekking en gebruik van informatie

1. Centrale autoriteiten verstrekken binnen hun lidstaat, naar gelang van het geval, de in artikel 61, lid 2, bedoelde informatie aan de bevoegde gerechten, de voor de kennisgeving of betekening van stukken bevoegde autoriteiten en de met de tenuitvoerlegging van een beslissing belaste bevoegde autoriteiten.

2. Elke autoriteit en elk gerecht waaraan overeenkomstig artikel 61 informatie is verstrekt, mag deze alleen gebruiken om de inning van levensonderhoud te vergemakkelijken.

Met uitzondering van de informatie betreffende het al dan niet bestaan van een adres, inkomsten of vermogen in de aangezochte lidstaat, mogen de in artikel 61, lid 2, bedoelde gegevens niet worden verstrekt aan de persoon die de zaak bij de verzoekende centrale autoriteit aanhangig heeft gemaakt, onverminderd de in rechte toepasselijke regels voor de procesvoering.

3. Elke autoriteit die de haar met toepassing van artikel 61 verstrekte informatie verwerkt, mag deze informatie niet langer bewaren dan nodig is voor het doel waarvoor zij is verstrekt.

4. Elke autoriteit die gegevens verwerkt welke haar met toepassing van artikel 61 zijn verstrekt, verzekert de vertrouwelijkheid daarvan overeenkomstig het nationale recht.

[18-12-2008, PbEU L 7, i.w.tr. 30-01-2009/regelingnummer 4/2009]

Betekenis. Als aanvulling op artikel 61, geeft artikel 62 aan wie de aangezochte centrale autoriteit is die informatie kan verstrekken. Hieruit blijkt dat de informatie slechts kan worden gebruikt om de inning van levensonderhoud te vergemakkelijken (lid 2). Bovendien mag de informatie niet langer worden bewaard dan strikt noodzakelijk is, waarbij rekening wordt gehouden met het doel waarvoor de informatie is opgevraagd.

Artikel 63
Kennisgeving aan de persoon over wie informatie is verzameld

1. De kennisgeving, aan de persoon over wie informatie is verzameld, van de volledige of gedeeltelijke verstrekking daarvan, geschiedt overeenkomstig het nationale recht van de aangezochte lidstaat.
2. Indien er gevaar is dat deze kennisgeving afbreuk doet aan de daadwerkelijke inning van het levensonderhoud, kan zij worden uitgesteld voor een termijn van ten hoogste 90 dagen vanaf de datum waarop de informatie aan de aangezochte centrale autoriteit is verstrekt.
[18-12-2008, PbEU L 7, i.w.tr. 30-01-2009/regelingnummer 4/2009]

Betekenis. Artikel 63 lid 1 geeft aan dat de aangezochte rechter zelf de partij wiens informatie is gebruikt op de hoogte moet stellen van de maatregelen De kennisgeving geschiedt in Nederland op grond van de Algemene verordening gegevensbescherming (AVG, voorheen de Wet bescherming persoonsgegevens, Wbp).

HOOFDSTUK VIII
Openbare lichamen

Artikel 64
Openbare lichamen in de hoedanigheid van verzoeker

1. Met het oog op een verzoek om erkenning en uitvoerbaarverklaring van een beslissing of een verzoek om tenuitvoerlegging van een beslissing wordt onder 'onderhoudsgerechtigde' tevens verstaan een openbaar lichaam dat optreedt in plaats van degene aan wie de onderhoudsverplichtingen is verschuldigd of een lichaam waaraan uitkeringen die bij wijze van levensonderhoud zijn verstrekt, moeten worden terugbetaald.
2. Het recht van een openbaar lichaam om op te treden in de plaats van degene aan wie levensonderhoud is verschuldigd, of om terugbetaling te vragen van uitkeringen die bij wijze van levensonderhoud aan de onderhoudsgerechtigde zijn verstrekt, wordt beheerst door het recht waaraan dat lichaam is onderworpen.
3. Een openbaar lichaam kan de erkenning en de uitvoerbaarverklaring, dan wel de tenuitvoerlegging vragen van:
a) een beslissing welke tegen een onderhoudsplichtige is gegeven op verzoek van een openbaar lichaam dat terugbetaling vraagt van bij wijze van levensonderhoud verstrekte uitkeringen;
b) de tussen een onderhoudsgerechtigde en een onderhoudsplichtige gegeven beslissing, ten belope van de bij wijze van levensonderhoud aan de onderhoudsgerechtigde verstrekte uitkeringen.

4. Het openbare lichaam dat om erkenning en uitvoerbaarverklaring of om tenuitvoerlegging van een beslissing vraagt, verstrekt desverzocht alle stukken aan de hand

waarvan het recht dat hem ingevolge lid 2 toekomt en de aan de onderhoudsgerechtigde verstrekte uitkeringen, kunnen worden vastgesteld.
[18-12-2008, PbEU L 7, i.w.tr. 30-01-2009/regelingnummer 4/2009]

Betekenis. Met betrekking tot verzoeken om erkenning en uitvoerbaarverklaring van een beslissing, of een verzoek om tenuitvoerlegging van een beslissing, wordt in art. 64 Alimentatie Verordening voor een openbaar lichaam de mogelijkheid gecreëerd om gebruik te kunnen maken van de diensten van de centrale autoriteit. De eerste zinsnede refereert aan de mogelijke verzoeken die opgesomd staan in art. 56. Het is duidelijk dat een verzoek tot vaststelling niet onder de reikwijdte van deze bepaling valt, hetgeen ook betekent dat een openbaar lichaam geen bevoegdheid heeft om een dergelijk verzoek in te dienen onder de Alimentatie Verordening. Dit artikel heeft betrekking op bijvoorbeeld een gemeente die bijstand heeft uitgekeerd aan een onderhoudsgerechtigde en dit bedrag aan bijstand geheel of gedeeltelijk wil verhalen op de onderhoudsplichtige (*Kamerstukken II* 2010/11, 32617, 3, p. 18). Het recht van een openbaar lichaam om op te treden in plaats van een persoon aan wie levensonderhoud is verschuldigd of om terugbetaling te vragen van uitkeringen die bij wijze van levensonderhoud aan de onderhoudsgerechtigde zijn verstrekt, wordt beheerst door het recht waaraan dat openbaar lichaam is onderworpen. Art. 64 stemt inhoudelijk overeen met onder andere art. 9 Haags Alimentatieverdrag 1973 en art. 36 Haags Alimentatieverdrag 2007.

HOOFDSTUK IX
Algemene bepalingen en slotbepalingen

Artikel 65
Legalisatie of soortgelijke formaliteit

Geen legalisatie of soortgelijke formaliteit mag in het kader van deze verordening worden geëist.
[18-12-2008, PbEU L 7, i.w.tr. 30-01-2009/regelingnummer 4/2009]

Betekenis. Verschillende landen stellen verschillende eisen aan de afgifte van officiële documenten. Om ervoor te zorgen dat alle documenten over minimum kwaliteitseisen beschikken, worden vaak legalisatievereisten gesteld. In het kader van een verzoek onder deze verordening kan echter geen legalisatie of soortgelijke formaliteit worden gevergd. Dit artikel bevordert derhalve de uitwisseling van documenten zonder enige vorm van extra formaliteiten binnen de Europese Unie.

Artikel 66
Vertaling van ter staving dienende stukken

Onverminderd de artikelen 20, 28 en 40, kan het geadieerde gerecht van de partijen een vertaling van bewijsstukken in een andere taal dan de procestaal alleen dan verlangen indien het de vertaling nodig acht om uitspraak te kunnen doen of om de rechten van de verdediging in acht te nemen.
[18-12-2008, PbEU L 7, i.w.tr. 30-01-2009/regelingnummer 4/2009]

Betekenis. De Alimentatieverordening bepaalt dat het formulier voor een verzoek (als bedoeld in art. 56 Alimentatieverordening) wordt ingevuld in de officiële taal van de aangezochte lidstaat of in een andere officiële taal die de aangezochte lidstaat heeft verklaard te kunnen aanvaarden, tenzij de centrale autoriteit van deze lidstaat vrijstelling van de vertaling heeft verleend (art. 59 lid 1 Alimentatieverordening). Op grond van art. 71 lid 1 onderdeel g Alimentatieverordening dient iedere lidstaat aan te geven of andere talen zullen worden aanvaard in het kader van de vertaling van de in art. 20, 28 en 40 bedoelde stukken. Nederland heeft te kennen gegeven dat geen taal dan de Nederlandse taal zal worden aanvaard. De stukken waarvan het formulier met het verzoek vergezeld gaan, worden alleen in de in het eerste lid bedoelde taal vertaald als dit nodig is om de gevraagde bijstand te verlenen, onverminderd art. 20, 28, en 40 van de verordening (vertaling van het formulier inzake het uittreksel van een beslissing) en art. 66 (vertaling van bewijsstukken) van de Alimentatieverordening. Art. 66 Alimentatieverordening betekent dat het geadieerde gerecht van partijen een vertaling van bewijsstukken kan verlangen die in een andere taal dan de Nederlandse taal zijn opgesteld. De eis wordt wel gesteld dat het geadieerde gerecht dit nodig moet achten om een uitspraak te kunnen doen. De reden hiervoor is het beperken van de kosten voor het vertalen van bewijsstukken (considerans 38 Alimentatieverordening).

Artikel 67
Verhalen van kosten

Onverminderd artikel 54 kan de bevoegde autoriteit van de aangezochte lidstaat bij uitzondering de kosten terugvorderen van de in het ongelijk gestelde partij die krachtens artikel 46 kosteloze rechtsbijstand geniet, indien de financiële omstandigheden van die partij dit mogelijk maken.

[18-12-2008, PbEU L 7, i.w.tr. 30-01-2009/regelingnummer 4/2009]

Betekenis. De bemiddelende rol die de Centrale Autoriteiten op grond van de Alimentatieverordening op zich moeten gaan nemen, vergt veel financiële middelen. Zowel de Alimentatieverordening als het Haags Alimentatieverdrag 2007 hebben gekozen om de kosten voor deze activiteiten bij de Centrale Autoriteiten en derhalve bij de lidstaten neer te leggen (zie art. 54 Alimentatieverordening en art. 8 Haags Alimentatieverdrag 2007). Art. 67 maakt hierop een belangrijke uitzondering. Op grond van art. 67 kan de Centrale Autoriteit de gemaakte kosten terugvorderen van de in het ongelijk gestelde partij indien deze persoon van kosteloze rechtsbijstand heeft genoten en de financiële omstandigheden van de partij het mogelijk maken om de gemaakte kosten terug te vorderen. Considerans 36 geeft aan dat dit het geval zou kunnen zijn als een persoon te kwader trouw heeft gehandeld.

Artikel 68
Verhouding tot andere communautaire regelgeving

1. Onder voorbehoud van artikel 75, lid 2, wijzigt deze verordening Verordening (EG) nr. 44/2001, door de bepalingen inzake onderhoudsverplichtingen van die verordening te vervangen.
2. Deze verordening vervangt, op het gebied van onderhoudsverplichtingen, Verordening (EG) nr. 805/2004, behalve voor zover het betreft Europese executoriale titels inzake onderhoudsverplichtingen, afgegeven in een lidstaat die niet gebonden is door het Haagse Protocol van 2007.

3. Op het gebied van de onderhoudsverplichtingen laat deze verordening, onder voorbehoud van hoofdstuk V, de toepassing van Richtlijn 2003/8/EG onverlet.
4. Deze verordening laat de toepassing van Richtlijn 95/46/EG onverlet.
[18-12-2008, PbEU L 7, i.w.tr. 30-01-2009/regelingnummer 4/2009]

1. Verhouding tot EEX-verordening. De Alimentatieverordening vervangt de EEX-verordening voor zover de EEX-verordening betrekking heeft op onderhoudsverplichtingen. Vooral met betrekking tot art. 5 lid 2 EEX-verordening is dit van belang. De andere artikelen van de EEX-verordening blijven nog steeds geldig ten opzichte van andere burgerlijke en handelszaken. Bovendien blijven op grond van art. 75 lid 2 Alimentatieverordening de desbetreffende bepalingen van de EEX-verordening onderhoudsverplichtingen beheersen indien aan de in dat artikel gestelde voorwaarden is voldaan (zie art. 75 Alimentatieverordening).

2. Verhouding tot EET-verordening. Op grond van Afd. 1, Hoofdstuk IV Alimentatieverordening wordt geen exequatur meer vereist in verband met de tenuitvoerlegging van een buitenlandse alimentatiebeslissing. Afschaffing van de exequatur voor alle alimentatiebeslissingen betekent dat men de Europese Executoriale Titel Verordening (Verordening (EG) 805/2004, afgekort EET-verordening) niet meer nodig zal hebben in het kader van alimentatieverzoeken. De EET-verordening was namelijk beperkt tot nietbetwiste schuldvorderingen. Afd. 1, Hoofdstuk IV Alimentatieverordening geldt echter niet ten opzichte van beslissingen uit lidstaten die niet gebonden zijn door het Haags alimentatieprotocol 2007. Beslissingen uit het Verenigd Koninkrijk en Denemarken zijn derhalve nog steeds aan een exequaturprocedure onderhevig via Afd. 2 van Hoofdstuk IV Alimentatieverordening (alsmede uitspraken via art. 75 lid 2 nog steeds door Brussel I worden beheerst). Art. 68 lid 2 bewerkstelligt dat alimentatiebeslissingen uit landen die niet door het Haags alimentatieprotocol 2007 zijn gebonden nog steeds de voordelige tenuitvoerleggingsregels van de EET-verordening kunnen gebruiken. De EET-verordening is echter slechts van toepassing in het Verenigd Koninkrijk.

Artikel 69
Verhouding tot bestaande internationale verdragen en overeenkomsten

1. Deze verordening laat onverlet de toepassing van bilaterale of multilaterale verdragen en overeenkomsten waarbij een of meer lidstaten op het tijdstip van de vaststelling van de verordening partij zijn en die betrekking hebben op aangelegenheden waarop deze verordening van toepassing is, onverminderd de verplichtingen van de lidstaten op grond van artikel 307 van het Verdrag.
2. Niettegenstaande lid 1 en onverminderd lid 3, heeft deze verordening tussen de lidstaten voorrang boven verdragen en overeenkomsten die betrekking hebben op de in deze verordening geregelde materie en waarbij lidstaten partij zijn.
3. Deze verordening vormt geen beletsel voor de toepassing van de Overeenkomst van 23 maart 1962 tussen Zweden, Denemarken, Finland, IJsland en Noorwegen inzake de inning van levensonderhoud door de lidstaten die daarbij partij zijn, omdat genoemde overeenkomst ter zake van erkenning, uitvoerbaarheid en tenuitvoerlegging van beslissingen:
a) vereenvoudigt en versnelde procedures voor de tenuitvoerlegging van beslissingen inzake onderhoudsverplichtingen voorziet, en

b) **een gunstiger rechtsbijstandsregeling voorziet dan die welke is vervat in hoofdstuk V van deze verordening.**

De toepassing van genoemde overeenkomst ontzegt de verweerder evenwel niet de bescherming die hij geniet op basis van de artikelen 19 en 21 van deze verordening.

[18-12-2008, PbEU L 7, i.w.tr. 30-01-2009/regelingnummer 4/2009]

1. Verhouding tot bilaterale en multilaterale verdragen. De Europese alimentatieverordening laat onverlet de toepassing van andere bilaterale of multilaterale verdragen inzake onderhoudsverplichtingen. Indien het een instrument betreft waarbij slechts lidstaten betrokken zijn, dan claimt de verordening echter voorrang (art. 69 lid 2). **Bevoegdheid.** Ingewikkeld ligt de relatie tussen het Lugano-Verdrag 1988 en het Lugano-Verdrag 2007 enerzijds en de verordening anderzijds. Wel lijkt de verordening voorrang te claimen in de relatie tussen de instrumenten indien de desbetreffende bepalingen tegenstrijdig zijn (zie bijvoorbeeld T. de Boer, 'Nieuwe regels voor de internationale alimentatie', *FJR* 2011/121, § 2, zie ook anders Rb. Overijssel 4 februari 2016, ECLI:NL:RBOVE:2016:1952). **Erkenning en tenuitvoerlegging.** Voor Nederland is art. 69 interessant met betrekking tot het bilaterale verdrag tussen Nederland en de Verenigde Staten (Washington-Verdrag 2001). De betekenis van het laatstgenoemd verdrag zal steeds minder worden nu het Haags Alimentatieverdrag 2007 in werking is getreden in zowel de Europese Unie (1 augustus 2014) als de Verenigde Staten van Amerika (1 januari 2017). Daarnaast vervangt de verordening ook het Haags alimentatie-executieverdrag 1958 en het Haags Alimentatie-executieverdrag 1973 in de verhouding tussen lidstaten. Deze verdragen dienen nu nog alleen te worden toegepast als een verdragsluitende staat betrokken is die geen lidstaat is van de Europese Unie.

2. Verhouding tot Noordse Overeenkomst 1962. Tussen de Noordse landen bestaat al meer dan vijftig jaar ervaring met een efficiënte manier van internationale inning van onderhoudsbijdragen. Krachtens art. 69 lid 3 Alimentatieverordening mogen deze landen (waarvan er drie lidstaten zijn bij de Europese Unie) het verdrag alsnog toepassen, ondanks de bepaling van art. 69 lid 3 Alimentatieverordening.

Artikel 70
Informatie die ter beschikking van het publiek wordt gesteld

De lidstaten verstrekken, in het kader van het bij Beschikking 2001/470/EG ingestelde Europees justitieel netwerk in burgerlijke en handelszaken, de volgende gegevens teneinde deze voor het publiek toegankelijk te maken:

a) **een beschrijving van de nationale wetgeving en procedures betreffende onderhoudsverplichtingen;**

b) **een beschrijving van de maatregelen die zijn genomen om aan de verplichtingen in de zin van artikel 51 te voldoen;**

c) **een beschrijving van de wijze waarop, overeenkomstig artikel 44, daadwerkelijk toegang tot de rechter wordt verzekerd;**

d) **een beschrijving van de nationale voorschriften en procedures voor de tenuitvoerlegging, met inbegrip van informatie over alle met betrekking tot de tenuit-**

voerlegging geldende beperkingen, met name de voorschriften ter bescherming van de onderhoudsplichtige en inzake verval- of verjaringstermijnen.

Deze informatie wordt door de lidstaten voortdurend geactualiseerd.

[18-12-2008, PbEU L 7, i.w.tr. 30-01-2009/regelingnummer 4/2009]

Artikel 71

Informatie betreffende contactgegevens en talen

1. Uiterlijk op 18 september 2010 doen de lidstaten aan de Commissie mededeling van:

a) de naam en de contactgegevens van de gerechten of autoriteiten die bevoegd zijn voor het behandelen van het verzoek om een uitvoerbaarverklaring, overeenkomstig artikel 27, lid 1, en voor het rechtsmiddel tegen een beslissing over dit verzoek, overeenkomstig artikel 32, lid 2;

b) het in artikel 33 bedoelde rechtsmiddel;

c) de procedure voor heroverweging ingevolge artikel 19, alsmede de naam en de contactgegevens van de bevoegde gerechten;

d) de naam en de contactgegevens van hun centrale autoriteiten en, in voorkomend geval, de reikwijdte van hun bevoegdheid, overeenkomstig artikel 49, lid 3;

e) de naam en de contactgegevens van de openbare of andere lichamen en, in voorkomend geval, de reikwijdte van hun bevoegdheid, overeenkomstig artikel 51, lid 3;

f) de naam en de contactgegevens van de autoriteiten die voor de toepassing van artikel 21 bevoegd zijn tot tenuitvoerlegging;

g) de talen die zij aanvaarden voor de vertaling van de in de artikelen 20, 28 en 40 bedoelde stukken;

h) de talen die hun centrale autoriteiten aanvaarden bij de in artikel 59 bedoelde mededelingen aan andere centrale autoriteiten.

De lidstaten stellen de Commissie in kennis van iedere wijziging van deze informatie.

2. De overeenkomstig lid 1 meegedeelde informatie, met uitzondering van de adressen en overige contactgegevens van de in de punten a), c) en f), bedoelde gerechten en instanties, wordt door de Commissie in het *Publicatieblad van de Europese Unie* bekendgemaakt.

3. Alle overeenkomstig lid 1 meegedeelde informatie wordt door de Commissie met alle andere passende middelen, in het bijzonder via het bij Besluit 2001/470/EG ingestelde Europees justitieel netwerk in burgerlijke en handelszaken, voor het publiek toegankelijk gemaakt.

[18-12-2008, PbEU L 7, i.w.tr. 30-01-2009/regelingnummer 4/2009]

Artikel 72

Wijziging van formulieren

Elke wijziging van de formulieren waarin deze verordening voorziet, wordt volgens de in artikel 73, lid 3, bedoelde raadplegingsprocedure aangenomen.

[18-12-2008, PbEU L 7, i.w.tr. 30-01-2009/regelingnummer 4/2009]

Artikel 73

Comité

1. De Commissie wordt bijgestaan door het bij artikel 70 van Verordening (EG) nr. 2201/2003 ingestelde comité.

2. In de gevallen waarin naar dit lid wordt verwezen, zijn de artikelen 4 en 7 van Besluit 1999/468/EG van toepassing.
De in artikel 4, lid 3, van Besluit 1999/468/EG bedoelde termijn wordt vastgesteld op drie maanden.
3. In de gevallen waarin naar dit lid wordt verwezen, zijn de artikelen 3 en 7 van Besluit 1999/468/EG van toepassing.
[18-12-2008, PbEU L 7, i.w.tr. 30-01-2009/regelingnummer 4/2009]

Artikel 74
Herzieningsclausule

Uiterlijk 5 jaar na de volgens artikel 76, derde alinea, vastgestelde datum van toepassing brengt de Commissie aan het Europees Parlement, de Raad en het Europees Economisch en Sociaal Comité verslag uit over de toepassing van deze verordening, met inbegrip van een evaluatie van de ervaringen die in de praktijk met de samenwerking tussen de centrale autoriteiten zijn opgedaan, met name ten aanzien van de toegang die zij hebben tot de informatie waarover overheidsinstanties en -administraties beschikken, en een evaluatie van de werking van de procedure voor erkenning, uitvoerbaarverklaring en tenuitvoerlegging die van toepassing is op beslissingen die zijn gegeven in een niet door het Haagse Protocol van 2007 gebonden lidstaat. Het verslag gaat zo nodig vergezeld van voorstellen tot aanpassing.
[18-12-2008, PbEU L 7, i.w.tr. 30-01-2009/regelingnummer 4/2009]

Artikel 75
Overgangsbepalingen

1. Onder voorbehoud van de leden 2 en 3 is deze verordening slechts van toepassing op de procedures die zijn ingesteld, de gerechtelijke schikkingen die zijn goedgekeurd of getroffen, en de authentieke akten die zijn opgesteld vanaf de datum waarop de verordening van toepassing is geworden.
2. De afdelingen 2 en 3 van hoofdstuk IV zijn van toepassing:
a) op beslissingen, in lidstaten gegeven voordat de verordening van toepassing wordt, en waarvan vanaf dat tijdstip erkenning en uitvoerbaarverklaring wordt gevraagd;
b) op beslissingen die vanaf de datum waarop de verordening van toepassing wordt, worden gegeven in procedures die voor dat tijdstip zijn begonnen,

voor zover deze beslissingen, wat erkenning en tenuitvoerlegging betreft, binnen het toepassingsgebied van Verordening (EG) nr. 44/2001 vallen.
Verordening (EG) nr. 44/2001 blijft van toepassing op de procedures inzake erkenning en tenuitvoerlegging die aanhangig zijn op het tijdstip waarop de onderhavige verordening van toepassing wordt.
De eerste en de tweede alinea zijn van overeenkomstige toepassing op gerechtelijke schikkingen die worden goedgekeurd of getroffen, en authentieke akten die worden opgesteld in de lidstaten.
3. Hoofdstuk VII betreffende samenwerking tussen de centrale autoriteiten is van toepassing op verzoeken die de centrale autoriteit in ontvangst neemt met ingang van de datum waarop deze verordening van toepassing wordt.
[18-12-2008, PbEU L 7, i.w.tr. 30-01-2009/regelingnummer 4/2009]

1. Algemeen. De Alimentatieverordening is ingevolge art. 76 Alimentatieverordening op 18 juni 2011 in werking getreden. Op grond van art. 75 Alimentatieverordening is de verordening slechts van toepassing op procedures die zijn ingesteld na deze datum. Dit geldt ook met betrekking tot gerechtelijke schikkingen die zijn goedgekeurd of getroffen na 18 juni 2011 en authentieke akten die zijn opgesteld na 18 juni 2011. In relatie tot de bepalingen omtrent de administratieve samenwerking is op grond van art. 75 lid 4 Alimentatieverordening van toepassing op verzoeken die in ontvangst worden genomen na 18 juni 2011 (lid 4).

2. Uitzonderingen. Van het uitgangspunt van art. 75 lid 1 Alimentatieverordening worden er echter uitzonderingen gemaakt. De uitzonderingen hebben betrekking op verzoeken omtrent de erkenning en tenuitvoerlegging van beslissingen. In de volgende gevallen van erkenning c.q. tenuitvoerlegging worden afdelingen 2 en 3 van Hoofdstuk IV toegepast en wordt afdeling 1 niet toegepast (ondanks het feit dat de beslissing afkomstig is van een lidstaat die gebonden is aan het Haags alimentatieprotocol 2007): 1. De beslissing is gegeven vóór 18 juni 2011 en erkenning wordt verzocht na 18 juni 2011. 2. De beslissing is gegeven na 18 juni 2011, maar de procedure is begonnen voor 18 juni 2011, indien de beslissing binnen de het toepassingsgebied van Brussel I valt. Daarnaast wordt de erkenning c.q. tenuitvoerlegging van een beslissing op basis van Brussel I voortgezet indien de procedure al aanhangig is op 18 juni 2011 (op grond van art. 75 lid 2 voorlaatste alinea Alimentatieverordening).

Artikel 76
Inwerkingtreding

Deze verordening treedt in werking op de twintigste dag volgende op die van haar bekendmaking in het *Publicatieblad van de Europese Unie*.

De artikelen 2, lid 2, 47, lid 3, 71, 72 en 73, zijn van toepassing met ingang van 18 september 2010.

Deze verordening, met uitzondering van de in de tweede alinea vermelde bepalingen, is van toepassing met ingang van 18 juni 2011, onder voorbehoud dat op dat tijdstip het Haagse Protocol van 2007 in de Gemeenschap van toepassing is. Bij gebreke hiervan is zij van toepassing met ingang van de datum waarop het genoemde protocol in de Gemeenschap van toepassing is.

[18-12-2008, PbEU L 7, i.w.tr. 30-01-2009/regelingnummer 4/2009]

BIJLAGE I

Uittreksel van een beslissing/gerechtelijke schikking inzake onderhoudsverplichtingen die niet onderworpen is aan een procedure van erkenning en uitvoerbaarverklaring

(artikelen 20 en 48 van Verordening (EG) nr. 4/2009 van de Raad van 18 december 2008 betreffende de bevoegdheid, het toepasselijke recht, de erkenning en de tenuitvoerlegging van beslissingen, en de samenwerking op het gebied van onderhoudsverplichtingen [1])

---

(1) *PB* L 7 van 10.1.2009, blz. 1.

BELANGRIJK
Af te geven door het gerecht van herkomst
Uitsluitend af te geven indien de beslissing of de gerechtelijke schikking uitvoerbaar is in de lidstaat van herkomst
Alleen de gegevens vermelden die in de beslissing of de gerechtelijke schikking zijn opgegeven of die aan het gerecht van herkomst ter kennis zijn gebracht

1. SOORT STUK

□ Beslissing □ Gerechtelijke schikking

Datum en referentienummer: ...

De beslissing/gerechtelijke schikking wordt erkend en is uitvoerbaar in een andere lidstaat zonder mogelijkheid om tegen de erkenning op te komen en zonder dat een uitvoerbaarverklaring nodig is (artikelen 17 en 48 van Verordening 4/2009).

2. GERECHT VAN HERKOMST

2.1. Naam: ...
2.2. Adres:
2.2.1. Straat en huisnummer/postbus: ...
2.2.2. Plaats en postcode: ...
2.2.3. lidstaat

□ België □ Bulgarije □ Tsjechië □ Duitsland □ Estland □ Ierland □ Griekenland □ Spanje □ Frankrijk □ Kroatië □ Italië □ Cyprus □ Letland □ Litouwen □ Luxemburg □ Hongarije □ Malta □ Nederland □ Oostenrijk □ Polen □ Portugal □ Roemenië □ Slovenië □ Slowakije □ Finland □ Zweden

2.3. Telefoon/fax/e-mail: ...

3. VERZOEKER(S) (2)(3)

3.1. **Persoon A**
3.1.1. Naam en voornaam/voornamen: ...
3.1.2. Geboortedatum (dd/mm/jjjj) en -plaats: ...
3.1.3. Identiteitskaartnummer of socialezekerheidsnummer/burgerservicenummer: ...
3.1.4. Adres:
3.1.4.1. Straat en huisnummer/postbus: ...
3.1.4.2. Plaats en postcode: ...
3.1.4.3. Land: ...
3.1.5. Heeft genoten
3.1.5.1. rechtsbijstand:

□ Ja □ Neen

3.1.5.2. vrijstelling van kosten en uitgaven:

□ Ja □ Neen

---

(2) Indien de partijen in de beslissing of de gerechtelijke schikking niet als verzoeker of verweerder zijn opgetreden: de partijen zonder onderscheid vermelden als verzoeker of als verweerder.
(3) Gelieve een extra blad toe te voegen indien de beslissing of de gerechtelijke schikking betrekking heeft op meer dan drie schulden.

3.1.5.3. een kosteloze procedure voor een administratieve autoriteit als genoemd in bijlage X van Verordening (EG) nr. 4/2009:
□ Ja □ Neen
3.2. **Persoon B**
3.2.1. Naam en voornaam/voornamen: ...
3.2.2. Geboortedatum (dd/mm/jjjj) en -plaats: ...
3.2.3. Identiteitskaartnummer of socialezekerheidsnummer/burgerservicenummer: ...
3.2.4. Adres:
3.2.4.1. Straat en huisnummer/postbus: ...
3.2.4.2. Plaats en postcode: ...
3.2.4.3. Land: ...
3.2.5. Heeft genoten
3.2.5.1. rechtsbijstand:
□ Ja □ Neen
3.2.5.2. vrijstelling van kosten en uitgaven:
□ Ja □ Neen
3.2.5.3. een kosteloze procedure voor een administratieve autoriteit als genoemd in bijlage X van Verordening (EG) nr. 4/2009:
□ Ja □ Neen
3.3. **Persoon C**
3.3.1. Naam en voornaam/voornamen: ...
3.3.2. Geboortedatum (dd/mm/jjjj) en -plaats: ...
3.3.3. Identiteitskaartnummer of socialezekerheidsnummer/burgerservicenummer: ...
3.3.4. Adres:
3.3.4.1. Straat en huisnummer/postbus: ...
3.3.4.2. Plaats en postcode: ...
3.3.4.3. Land: ...
3.3.5. Heeft genoten
3.3.5.1. rechtsbijstand:
□ Ja □ Neen
3.3.5.2. vrijstelling van kosten en uitgaven:
□ Ja □ Neen
3.3.5.3. een kosteloze procedure voor een administratieve autoriteit als genoemd in bijlage X van Verordening (EG) nr. 4/2009:
□ Ja □ Neen

4. *VERWEERDER(S)* (4)(5)
4.1. **Persoon A**
4.1.1. Naam en voornaam/voornamen: ...
4.1.2. Geboortedatum (dd/mm/jjjj) en -plaats: ...

(4) Indien de partijen in de beslissing of de gerechtelijke schikking niet als verzoeker of verweerder zijn opgetreden: de partijen zonder onderscheid vermelden als verzoeker of als verweerder.
(5) Gelieve een extra blad toe te voegen indien de beslissing of de gerechtelijke schikking betrekking heeft op meer dan drie schulden.

4.1.3. Identiteitskaartnummer of socialezekerheidsnummer/burgerservicenummer: ...
4.1.4. Adres:
4.1.4.1. Straat en huisnummer/postbus: ...
4.1.4.2. Plaats en postcode: ...
4.1.4.3. Land: ...
4.1.5. Heeft genoten
4.1.5.1. rechtsbijstand:
□ Ja □ Neen
4.1.5.2. vrijstelling van kosten en uitgaven:
□ Ja □ Neen
4.1.5.3. een kosteloze procedure voor een administratieve autoriteit als genoemd in bijlage X van Verordening (EG) nr. 4/2009:
□ Ja □ Neen
4.2. **Persoon B**
4.2.1. Naam en voornaam/voornamen: ...
4.2.2. Geboortedatum (dd/mm/jjjj) en -plaats: ...
4.2.3. Identiteitskaartnummer of socialezekerheidsnummer/burgerservicenummer: ...
4.2.4. Adres:
4.2.4.1. Straat en huisnummer/postbus: ...
4.2.4.2. Plaats en postcode: ...
4.2.4.3. Land: ...
4.2.5. Heeft genoten
4.2.5.1. rechtsbijstand:
□ Ja □ Nee
4.2.5.2. vrijstelling van kosten en uitgaven:
□ Ja □ Neen
4.2.5.3. een kosteloze procedure voor een administratieve autoriteit als genoemd in bijlage X van Verordening (EG) nr. 4/2009:
□ Ja □ Neen
4.3. **Persoon C**
4.3.1. Naam en voornaam/voornamen: ...
4.3.2. Geboortedatum (dd/mm/jjjj) en -plaats: ...
4.3.3. Identiteitskaartnummer of socialezekerheidsnummer/burgerservicenummer: ...
4.3.4. Adres:
4.3.4.1. Straat en huisnummer/postbus: ...
4.3.4.2. Plaats en postcode: ...
4.3.4.3. Land: ...
4.3.5. Heeft genoten
4.3.5.1. rechtsbijstand:
□ Ja □ Neen
4.3.5.2. vrijstelling van kosten en uitgaven:
□ Ja □ Neen

4.3.5.3. een kosteloze procedure voor een administratieve autoriteit als genoemd in bijlage X van Verordening (EG) nr. 4/2009:

☐ Ja ☐ Neen

5. BESCHIKKEND GEDEELTE VAN DE BESLISSING/GERECHTELIJKE SCHIKKING

5.1. **Valuta**

☐ Euro (EUR) ☐ Bulgaarse lev (BGN) ☐ Tsjechische kroon (CZK) ☐ Kroatische kuna (HRK) ☐ Hongaarse forint (HUF) ☐ Poolse zloty (PLN) ☐ Roemeense leu (RON) ☐ Zweedse kroon (SEK) ☐ Andere (gelieve de ISO-code te vermelden): ...

5.2. **Verschuldigd levensonderhoud**(6)

5.2.1. *Schuld A*

5.2.1.1. Het verschuldigde levensonderhoud dient te worden uitgekeerd
door ... (naam en voornaam/voornamen)
aan ... (naam en voornaam/voornamen van de persoon aan wie het bedrag daadwerkelijk moet worden uitgekeerd)
Persoon voor wie levensonderhoud verschuldigd is:
... (naam en voornaam/voornamen)

5.2.1.2. ☐ Uitkering ineens
In voorkomend geval, tijdvak:
... (datum (dd/mm/jjjj) tot datum (dd/mm/jjjj) of gebeurtenis)
Betaaldatum: ... (dd/mm/jjjj)
Bedrag: ...

5.2.1.3. ☐ Uitkering in termijnen

Betaaldatum (dd/mm/jjjj)	Bedrag

5.2.1.4. ☐ Periodieke uitkering
☐ Wekelijks
☐ Maandelijks
☐ Andere (gelieve periodiciteit te vermelden): ...
Bedrag: ...
Vanaf: ... (dd/mm/jjjj)
Datum/betaaldatum: ...
☐ In voorkomend geval, tot (datum (dd/mm/jjjj) of gebeurtenis): ...
Indien het verschuldigde levensonderhoud geïndexeerd is, gelieve te vermelden hoe de indexering wordt berekend: ...
...
Indexering van toepassing met ingang van: ... (dd/mm/jjjj)

(6) Gelieve een extra blad toe te voegen indien de beslissing of de gerechtelijke schikking betrekking heeft op meer dan drie schulden.

5.2.1.5. □ Met terugwerkende kracht verschuldigde bedrag
Tijdvak: ... ((dd/mm/jjjj) tot (dd/mm/jjjj))
Bedrag: ...
Betalingswijze: ...

5.2.1.6. □ Rente (indien in de beslissing/gerechtelijke schikking vermeld)
Indien over het verschuldigde levensonderhoud rente is verschuldigd, gelieve de rentevoet te vermelden: ...
Rente verschuldigd met ingang van: ... (dd/mm/jjjj)

5.2.1.7. □ Betaling in natura (gelieve te preciseren): ...

5.2.1.8. □ Andere betalingswijze (gelieve te preciseren): ...

5.2.2. *Schuld B*

5.2.2.1. Het verschuldigde levensonderhoud dient te worden uitgekeerd door ... (naam en voornaam/voornamen) aan ... (naam en voornaam/voornamen van de persoon aan wie het bedrag daadwerkelijk moet worden uitgekeerd)
Persoon voor wie levensonderhoud verschuldigd is:
... (naam en voornaam/voornamen)

5.2.2.2. □ Uitkering ineens
In voorkomend geval, tijdvak:
... (datum (dd/mm/jjjj) tot datum (dd/mm/jjjj) of gebeurtenis)
Betaaldatum: ...(dd/mm/jjjj)
Bedrag: ...

5.2.2.3. □ Uitkering in termijnen

Betaaldatum (dd/mm/jjjj)	Bedrag

5.2.2.4. □ Periodieke uitkering
□ Wekelijks
□ Maandelijks
□ Andere (gelieve periodiciteit te vermelden): ...
Bedrag: ...
Vanaf: ... (dd/mm/jjjj)
Datum/betaaldatum: ...
□ In voorkomend geval, tot (datum (dd/mm/jjjj) of gebeurtenis): ...
Indien het verschuldigde levensonderhoud geïndexeerd is, gelieve te vermelden hoe de indexering wordt berekend: ...
Indexering van toepassing met ingang van: ... (dd/mm/jjjj)

5.2.2.5. □ Met terugwerkende kracht verschuldigde bedrag
Tijdvak: ...((dd/mm/jjjj) tot (dd/mm/jjjj))
Bedrag: ...
Betalingswijze: ...

5.2.2.6. □ Rente (indien in de beslissing/gerechtelijke schikking vermeld)
Indien over het verschuldigde levensonderhoud rente is verschuldigd, gelieve de rentevoet te vermelden: ...
Rente verschuldigd met ingang van: ... (dd/mm/jjjj)
5.2.2.7. □ Betaling in natura (gelieve te preciseren): ...
5.2.2.8. □ Andere betalingswijze (gelieve te preciseren): ...
5.3. **Kosten**
Op grond van de beslissing/gerechtelijke schikking moet ... (naam en voornaam/voornamen) de som van ... betalen aan ... (naam en voornaam/voornamen)

Gelieve het aantal bladzijden te vermelden indien u extra bladen toevoegt: ...
Gedaan te: ... op: ... (dd/mm/jjjj)
Handtekening en/of stempel van het gerecht van herkomst:
...

[17-02-2015, PbEU L 49, i.w.tr. 12-03-2015/regelingnummer 2015/228]

[Inleidende opmerkingen]

Betekenis. Bijlage I Europese Alimentatieverordening dient te worden ingevuld door een gerecht van een lidstaat dat is gebonden aan het Haags alimentatieprotocol 2007 op het moment dat een beslissing betreffende een onderhoudsverplichting wordt gegeven. In Nederland betekent dit dat gerechten Bijlage I zullen moeten gebruiken op het moment dat zij een beslissing inzake een onderhoudsverplichting afgeven.

BIJLAGE II

Uittreksel van een beslissing/gerechtelijke schikking inzake onderhoudsverplichtingen die onderworpen is aan een procedure van erkenning en uitvoerbaarverklaring

(artikel 28 en artikel 75, lid 2, van Verordening (EG) nr. 4/2009 van de Raad van 18 december 2008 betreffende de bevoegdheid, het toepasselijke recht, de erkenning en de tenuitvoerlegging van beslissingen, en de samenwerking op het gebied van onderhoudsverplichtingen [(1)])

BELANGRIJK
Af te geven door het gerecht van herkomst
Uitsluitend af te geven indien de beslissing of de gerechtelijke schikking uitvoerbaar is in de lidstaat van herkomst
Alleen de gegevens vermelden die in de beslissing of de gerechtelijke schikking zijn opgegeven of die aan het gerecht van herkomst ter kennis zijn gebracht

1. SOORT STUK
□ Beslissing □ Gerechtelijke schikking
Datum en referentienummer: ...

2. GERECHT VAN HERKOMST

(1) *PB* L 7 van 10.1.2009, blz. 1.

2.1. Naam: …
2.2. Adres:
2.2.1. Straat en huisnummer/postbus: …
2.2.2. Plaats en postcode: …
2.2.3. lidstaat
□ België □ Bulgarije □ Tsjechië □ Denemarken □ Duitsland □ Estland □ Ierland □ Griekenland □ Spanje □ Frankrijk □ Kroatië □ Italië □ Cyprus □ Letland □ Litouwen □ Luxemburg □ Hongarije □ Malta □ Nederland □ Oostenrijk □ Polen □ Portugal □ Roemenië □ Slovenië □ Slowakije □ Finland □ Zweden □ Verenigd Koninkrijk
2.3. Telefoon/fax/e-mail: …

3. VERZOEKER(S) (2)(3)
3.1. **Persoon A**
3.1.1. Naam en voornaam/voornamen: …
3.1.2. Geboortedatum (dd/mm/jjjj) en -plaats: …
3.1.3. Identiteitskaartnummer of socialezekerheidsnummer/burgerservicenummer: …
3.1.4. Adres:
3.1.4.1. Straat en huisnummer/postbus: …
3.1.4.2. Plaats en postcode: …
3.1.4.3. Land: …
3.1.5. Heeft genoten
3.1.5.1. rechtsbijstand:
□ Ja □ Neen
3.1.5.2. vrijstelling van kosten en uitgaven:
□ Ja □ Neen
3.1.5.3. een kosteloze procedure voor een administratieve autoriteit als genoemd in bijlage X van Verordening (EG) nr. (4) 4/2009:
□ Ja □ Neen
3.2. **Persoon B**
3.2.1. Naam en voornaam/voornamen: …
3.2.2. Geboortedatum (dd/mm/jjjj) en -plaats: …
3.2.3. Identiteitskaartnummer of socialezekerheidsnummer/burgerservicenummer: …
3.2.4. Adres:
3.2.4.1. Straat en huisnummer/postbus: …
3.2.4.2. Plaats en postcode: …

(2) Indien de partijen in de beslissing of de gerechtelijke schikking niet als verzoeker of verweerder zijn opgetreden: de partijen zonder onderscheid vermelden als verzoeker of als verweerder.

(3) Gelieve een extra blad toe te voegen indien de beslissing of de gerechtelijke schikking betrekking heeft op meer dan drie schulden.

(4) Voor Denemarken de administratieve autoriteiten die vermeld staan in de Overeenkomst tussen de Europese Gemeenschap en het Koninkrijk Denemarken betreffende de rechterlijke bevoegdheid, de erkenning en de tenuitvoerlegging van beslissingen in burgerlijke en handelszaken (*PB* L 251 van 21.9.2013, blz. 1).

3.2.4.3. Land: ...
3.2.5. Heeft genoten
3.2.5.1. rechtsbijstand:
□ Ja □ Neen
3.2.5.2. vrijstelling van kosten en uitgaven:
□ Ja □ Neen
3.2.5.3. een kosteloze procedure voor een administratieve autoriteit als genoemd in bijlage X van Verordening (EG) nr. (5) 4/2009:
□ Ja □ Neen
3.3. **Persoon C**
3.3.1. Naam en voornaam/voornamen: ...
3.3.2. Geboortedatum (dd/mm/jjjj) en -plaats: ...
3.3.3. Identiteitskaartnummer of socialezekerheidsnummer/burgerservicenummer: ...
3.3.4. Adres:
3.3.4.1. Straat en nummer/postbus: ...
3.3.4.2. Plaats en postcode: ...
3.3.4.3. Land: ...
3.3.5. Heeft genoten
3.3.5.1. rechtsbijstand:
□ Ja □ Neen
3.3.5.2. vrijstelling van kosten en uitgaven:
□ Ja □ Neen
3.3.5.3. een kosteloze procedure voor een administratieve autoriteit als genoemd in bijlage X van Verordening (EG) nr. (6) 4/2009:
□ Ja □ Neen

4. *VERWEERDER(S)* (7)(8)
4.1. **Persoon A**
4.1.1. Naam en voornaam/voornamen: ...
4.1.2. Geboortedatum (dd/mm/jjjj) en -plaats: ...
4.1.3. Identiteitskaartnummer of socialezekerheidsnummer/burgerservicenummer: ...
4.1.4. Adres:
4.1.4.1. Straat en huisnummer/postbus: ...

---

(5) Voor Denemarken de administratieve autoriteiten die vermeld staan in de Overeenkomst tussen de Europese Gemeenschap en het Koninkrijk Denemarken betreffende de rechterlijke bevoegdheid, de erkenning en de tenuitvoerlegging van beslissingen in burgerlijke en handelszaken (*PB* L 251 van 21.9.2013, blz. 1).
(6) Voor Denemarken de administratieve autoriteiten die vermeld staan in de Overeenkomst tussen de Europese Gemeenschap en het Koninkrijk Denemarken betreffende de rechterlijke bevoegdheid, de erkenning en de tenuitvoerlegging van beslissingen in burgerlijke en handelszaken (*PB* L 251 van 21.9.2013, blz. 1).
(7) Indien de partijen in de beslissing of de gerechtelijke schikking niet als verzoeker of verweerder zijn opgetreden: de partijen zonder onderscheid vermelden als verzoeker of als verweerder.
(8) Gelieve een extra blad toe te voegen indien de beslissing of de gerechtelijke schikking betrekking heeft op meer dan drie schulden.

4.1.4.2. Plaats en postcode: ...
4.1.4.3. Land: ...
4.1.5. Heeft genoten
4.1.5.1. rechtsbijstand:
□ Ja □ Neen
4.1.5.2. vrijstelling van kosten en uitgaven:
□ Ja □ Neen
4.1.5.3. een kosteloze procedure voor een administratieve autoriteit als genoemd in bijlage X van Verordening (EG) nr. 4/2009 (9):
□ Ja □ Neen
4.2. **Persoon B**
4.2.1. Naam en voornaam/voornamen: ...
4.2.2. Geboortedatum (dd/mm/jjjj) en -plaats: ...
4.2.3. Identiteitskaartnummer of socialezekerheidsnummer/burgerservicenummer: ...
4.2.4. Adres:
4.2.4.1. Straat en huisnummer/postbus: ...
4.2.4.2. Plaats en postcode: ...
4.2.4.3. Land: ...
4.2.5. Heeft genoten
4.2.5.1. rechtsbijstand:
□ Ja □ Neen
4.2.5.2. vrijstelling van kosten en uitgaven:
□ Ja □ Neen
4.2.5.3. een kosteloze procedure voor een administratieve autoriteit als genoemd in bijlage X van Verordening (EG) nr. 4/2009 (10):
□ Ja □ Neen
4.3. **Persoon C**
4.3.1. Naam en voornaam/voornamen: ...
4.3.2. Geboortedatum (dd/mm/jjjj) en -plaats: ...
4.3.3. Identiteitskaartnummer of socialezekerheidsnummer/burgerservicenummer: ...
4.3.4. Adres:
4.3.4.1. Straat en huisnummer/postbus: ...
4.3.4.2. Plaats en postcode: ...
4.3.4.3. Land: ...
4.3.5. Heeft genoten

(9) Voor Denemarken de administratieve autoriteiten die vermeld staan in de Overeenkomst tussen de Europese Gemeenschap en het Koninkrijk Denemarken betreffende de rechterlijke bevoegdheid, de erkenning en de tenuitvoerlegging van beslissingen in burgerlijke en handelszaken (*PB* L 251 van 21.9.2013, blz. 1).

(10) Voor Denemarken de administratieve autoriteiten die vermeld staan in de Overeenkomst tussen de Europese Gemeenschap en het Koninkrijk Denemarken betreffende de rechterlijke bevoegdheid, de erkenning en de tenuitvoerlegging van beslissingen in burgerlijke en handelszaken (*PB* L 251 van 21.9.2013, blz. 1).

4.3.5.1. rechtsbijstand:

□ Ja □ Neen

4.3.5.2. vrijstelling van kosten en uitgaven:

□ Ja □ Neen

4.3.5.3. een kosteloze procedure voor een administratieve autoriteit als genoemd in bijlage X van Verordening (EG) nr. 4/2009 (11):

□ Ja □ Neen

5. BESCHIKKEND GEDEELTE VAN DE BESLISSING/GERECHTELIJKE SCHIKKING

5.1. Valuta

□ Euro (EUR) □ Bulgaarse lev (BGN) □ Tsjechische kroon (CZK) □ Deense kroon (DKK) □ Pond sterling (GBP) □ Kroatische kuna (HRK) □ Hongaarse forint (HUF) □ Poolse zloty (PLN) □ Roemeense leu (RON) □ Zweedse kroon (SEK) □ Andere (gelieve de ISO-code te vermelden): ...

5.2. Verschuldigd levensonderhoud(12)

5.2.1. *Schuld A*

5.2.1.1. Het verschuldigde levensonderhoud dient te worden uitgekeerd door ... (naam en voornaam/voornamen) aan ... (naam en voornaam/voornamen van de persoon aan wie het bedrag daadwerkelijk moet worden uitgekeerd)

Persoon voor wie levensonderhoud verschuldigd is:

... (naam en voornaam/voornamen)

5.2.1.2. □ Uitkering ineens

In voorkomend geval, tijdvak:

... (datum (dd/mm/jjjj) tot datum (dd/mm/jjjj) of gebeurtenis)

Betaaldatum: ... (dd/mm/jjjj)

Bedrag: ...

5.2.1.3. □ Uitkering in termijnen

Betaaldatum (dd/mm/jjjj)	Bedrag

(11) Voor Denemarken de administratieve autoriteiten die vermeld staan in de Overeenkomst tussen de Europese Gemeenschap en het Koninkrijk Denemarken betreffende de rechterlijke bevoegdheid, de erkenning en de tenuitvoerlegging van beslissingen in burgerlijke en handelszaken (*PB* L 251 van 21.9.2013, blz. 1).

(12) Gelieve een extra blad toe te voegen indien de beslissing of de gerechtelijke schikking betrekking heeft op meer dan drie schulden.

5.2.1.4. □ Periodieke uitkering
□ Wekelijks
□ Maandelijks
□ Andere (gelieve periodiciteit te vermelden): ...
Bedrag: ...
Vanaf: ... (dd/mm/jjjj)
Datum/betaaldatum: ...
□ In voorkomend geval, tot (datum (dd/mm/jjjj) of gebeurtenis):
...
Indien het verschuldigde levensonderhoud geïndexeerd is, gelieve te vermelden hoe de indexering wordt berekend: ...
Indexering van toepassing met ingang van: ... (dd/mm/jjjj)

5.2.1.5. □ Met terugwerkende kracht verschuldigde bedrag
Tijdvak: ... ((dd/mm/jjjj) tot (dd/mm/jjjj))
Bedrag: ...
Betalingswijze: ...

5.2.1.6. □ Rente (indien in de beslissing/gerechtelijke schikking vermeld)
Indien over het verschuldigde levensonderhoud rente is verschuldigd, gelieve de rentevoet te vermelden: ...
Rente verschuldigd met ingang van: ... (dd/mm/jjjj)

5.2.1.7. □ Betaling in natura (gelieve te preciseren): ...

5.2.1.8. □ Andere betalingswijze (gelieve te preciseren): ...

5.2.2. *Schuld B*

5.2.2.1. Het verschuldigde levensonderhoud dient te worden uitgekeerd door ... (naam en voornaam/voornamen) aan ... (naam en voornaam/voornamen van de persoon aan wie het bedrag daadwerkelijk moet worden uitgekeerd)
Persoon voor wie levensonderhoud verschuldigd is:
... (naam en voornaam/voornamen)

5.2.2.2. □ Uitkering ineens
In voorkomend geval, tijdvak:
...
(datum (dd/mm/jjjj) tot datum (dd/mm/jjjj) of gebeurtenis)
Betaaldatum: ... (dd/mm/jjjj)
Bedrag: ...

5.2.2.3. □ Uitkering in termijnen

Betaaldatum (dd/mm/jjjj)	Bedrag

5.2.2.4. □ Periodieke uitkering
□ Wekelijks
□ Maandelijks
□ Andere (gelieve periodiciteit te vermelden): ...
Bedrag: ...
Vanaf: ... (dd/mm/jjjj)
Datum/betaaldatum: ...
□ In voorkomend geval, tot (datum (dd/mm/jjjj) of gebeurtenis):
...
Indien het verschuldigde levensonderhoud geïndexeerd is, gelieve te vermelden hoe de indexering wordt berekend: ...
Indexering van toepassing met ingang van: ... (dd/mm/jjjj)

5.2.2.5. □ Met terugwerkende kracht verschuldigde bedrag
Tijdvak: ... ((dd/mm/jjjj) tot (dd/mm/jjjj))
Bedrag: ...
Betalingswijze: ...

5.2.2.6. □ Rente (indien in de beslissing/gerechtelijke schikking vermeld)
Indien over het verschuldigde levensonderhoud rente is verschuldigd, gelieve de rentevoet te vermelden: ...
Rente verschuldigd met ingang van: ... (dd/mm/jjjj)

5.2.2.7. □ Betaling in natura (gelieve te preciseren): ...

5.2.2.8. □ Andere betalingswijze (gelieve te preciseren): ...

5.2.3. *Schuld C*

5.2.3.1. Het verschuldigde levensonderhoud dient te worden uitgekeerd door ... (naam en voornaam/voornamen) aan ... (naam en voornaam/voornamen van de persoon aan wie het bedrag daadwerkelijk moet worden uitgekeerd)
Persoon voor wie levensonderhoud verschuldigd is:
... (naam en voornaam/voornamen)

5.2.3.2. □ Uitkering ineens
In voorkomend geval, tijdvak:
... (datum (dd/mm/jjjj) tot datum (dd/mm/jjjj) of gebeurtenis)
Betaaldatum: ... (dd/mm/jjjj)
Bedrag: ...

5.2.3.3. □ Uitkering in termijnen

Betaaldatum (dd/mm/jjjj)	Bedrag

5.2.3.4. □ Periodieke uitkering
□ Wekelijks
□ Maandelijks
□ Andere (gelieve periodiciteit te vermelden): ...
Bedrag: ...
Vanaf: ... (dd/mm/jjjj)
Datum/betaaldatum: ...
□ In voorkomend geval, tot (datum (dd/mm/jjjj) of gebeurtenis):
...
Indien het verschuldigde levensonderhoud geïndexeerd is, gelieve te vermelden hoe de indexering wordt berekend: ...
Indexering van toepassing met ingang van: ... (dd/mm/jjjj)
5.2.3.5. □ Met terugwerkende kracht verschuldigde bedrag
Tijdvak: ... ((dd/mm/jjjj) tot (dd/mm/jjjj))
Bedrag: ...
Betalingswijze: ...
5.2.3.6. □ Rente (indien in de beslissing/gerechtelijke schikking vermeld)
Indien over het verschuldigde levensonderhoud rente is verschuldigd, gelieve de rentevoet te vermelden: ...
Rente verschuldigd met ingang van: ... (dd/mm/jjjj)
5.2.3.7. □ Betaling in natura (gelieve te preciseren): ...
5.2.3.8. □ Andere betalingswijze (gelieve te preciseren): ...
5.3. **Kosten**
Op grond van de beslissing/gerechtelijke schikking moet
... (naam en voornaam/voornamen) de som van ... betalen aan ... (naam en voornaam/voornamen)

Gelieve het aantal bladzijden te vermelden indien u extra bladen toevoegt: ...
Gedaan te: ... op: ... (dd/mm/jjjj)
Handtekening en/of stempel van het gerecht van herkomst:
...

[17-02-2015, PbEU L 49, i.w.tr. 12-03-2015/regelingnummer 2015/228]

[Inleidende opmerkingen]

Betekenis. Bijlage II dient te worden ingevuld in lidstaten die het Haags alimentatieprotocol 2007 niet hebben geratificeerd, namelijk het Verenigd Koninkrijk en Denemarken. Dit betekent dat Bijlage II in Nederland slechts een rol zal spelen op het moment dat er wordt verzocht om een beslissing uit het Verenigd Koninkrijk of Denemarken in Nederland te erkennen of ten uitvoer te leggen.

BIJLAGE III

Uittreksel van een authentieke akte inzake onderhoudsverplichtingen die niet onderworpen is aan een procedure van erkenning en uitvoerbaarverklaring

(artikel 48 van Verordening (EG) nr. 4/2009 van de Raad van 18 december 2008 betreffende de bevoegdheid, het toepasselijke recht, de erkenning en de tenuitvoerlegging van beslissingen, en de samenwerking op het gebied van onderhoudsverplichtingen [1])

BELANGRIJK
Af te geven door de bevoegde autoriteit van de lidstaat van herkomst
Uitsluitend af te geven indien de authentieke akte uitvoerbaar is in de lidstaat van herkomst
Alleen de gegevens opgeven die in de authentieke akte vermeld zijn of die aan de bevoegde autoriteit ter kennis zijn gebracht

1. DATUM EN REFERENTIENUMMER VAN DE AUTHENTIEKE AKTE: ...

De authentieke akte wordt erkend en is uitvoerbaar in een andere lidstaat zonder mogelijkheid om tegen de erkenning op te komen en zonder dat een uitvoerbaarverklaring nodig is (artikel 48 van Verordening (EG) nr. 4/2009).

2. AARD VAN DE AUTHENTIEKE AKTE

2.1. □ Akte, verleden of geregistreerd op: ... (dd/mm/jjjj)
□ Overeenkomst, gesloten of authentiek verklaard op: ... (dd/mm/jjjj)

2.2. Bevoegde instantie:
2.2.1. Naam: ...
2.2.2. Adres:
2.2.2.1. Straat en huisnummer/postbus: ...
2.2.2.2. Plaats en postcode: ...
2.2.2.3. lidstaat
□ België □ Bulgarije □ Tsjechië □ Duitsland □ Estland □ Ierland □ Griekenland □ Spanje □ Frankrijk □ Kroatië □ Italië □ Cyprus □ Letland □ Litouwen □ Luxemburg □ Hongarije □ Malta □ Nederland □ Oostenrijk □ Polen □ Portugal □ Roemenië □ Slovenië □ Slowakije □ Finland □ Zweden
2.2.3. Telefoon/fax/e-mail: ...

3. ONDERHOUDSGERECHTIGDE(N) [2]

3.1. **Persoon A**
3.1.1. Naam en voornaam/voornamen: ...
3.1.2. Geboortedatum (dd/mm/jjjj) en -plaats: ...
3.1.3. Identiteitskaartnummer of socialezekerheidsnummer/burgerservicenummer: ...
3.1.4. Adres:
3.1.4.1. Straat en huisnummer/postbus: ...
3.1.4.2. Plaats en postcode: ...

---

(1) *PB* L 7 van 10.1.2009, blz. 1.

(2) Gelieve een extra blad toe te voegen indien de authentieke akte betrekking heeft op meer dan drie onderhoudsgerechtigden of schuldenaren.

3.1.4.3. Land: ...

3.2. **Persoon B**

3.2.1. Naam en voornaam/voornamen: ...

3.2.2. Geboortedatum (dd/mm/jjjj) en -plaats: ...

3.2.3. Identiteitskaartnummer of socialezekerheidsnummer/burgerservicenummer: ...

3.2.4. Adres:

3.2.4.1. Straat en huisnummer/postbus: ...

3.2.4.2. Plaats en postcode: ...

3.2.4.3. Land: ...

3.3. **Persoon C**

3.3.1. Naam en voornaam/voornamen: ...

3.3.2. Geboortedatum (dd/mm/jjjj) en -plaats: ...

3.3.3. Identiteitskaartnummer of socialezekerheidsnummer/burgerservicenummer: ...

3.3.4. Adres:

3.3.4.1. Straat en huisnummer/postbus: ...

3.3.4.2. Plaats en postcode: ...

3.3.4.3. Land: ...

4. ONDERHOUDSPLICHTIGE(N) (3)

4.1. **Persoon A**

4.1.1. Naam en voornaam/voornamen: ...

4.1.2. Geboortedatum (dd/mm/jjjj) en -plaats: ...

4.1.3. Identiteitskaartnummer of socialezekerheidsnummer/burgerservicenummer: ...

4.1.4. Adres:

4.1.4.1. Straat en huisnummer/postbus: ...

4.1.4.2. Plaats en postcode: ...

4.1.4.3. Land: ...

4.2. **Persoon B**

4.2.1. Naam en voornaam/voornamen: ...

4.2.2. Geboortedatum (dd/mm/jjjj) en -plaats: ...

4.2.3. Identiteitskaartnummer of socialezekerheidsnummer/burgerservicenummer: ...

4.2.4. Adres:

4.2.4.1. Straat en huisnummer/postbus: ...

4.2.4.2. Plaats en postcode: ...

4.2.4.3. Land: ...

4.3. **Persoon C**

4.3.1. Naam en voornaam/voornamen: ...

4.3.2. Geboortedatum (dd/mm/jjjj) en -plaats: ...

4.3.3. Identiteitskaartnummer of socialezekerheidsnummer/burgerservicenummer: ...

(3) Gelieve een extra blad toe te voegen indien de authentieke akte betrekking heeft op meer dan drie onderhoudsgerechtigden of schuldenaren.

4.3.4. Adres:
4.3.4.1. Straat en huisnummer/postbus: …
4.3.4.2. Plaats en postcode: …
4.3.4.3. Land: …

5. INHOUD VAN DE AUTHENTIEKE AKTE

5.1. Valuta

□ Euro (EUR) □ Bulgaarse lev (BGN) □ Tsjechische kroon (CZK) □ Kroatische kuna (HRK) □ Hongaarse forint (HUF) □ Poolse zloty (PLN) □ Roemeense leu (RON) □ Zweedse kroon (SEK) □ Andere (gelieve de ISO-code te vermelden):

5.2. Verschuldigd levensonderhoud(4)

5.2.1. *Schuld A*

5.2.1.1. Het verschuldigde levensonderhoud dient te worden uitgekeerd door … (naam en voornaam/voornamen) … aan … (naam en voornaam/voornamen van de persoon aan wie het bedrag daadwerkelijk moet worden uitgekeerd)
Persoon voor wie levensonderhoud verschuldigd is:
… (naam en voornaam/voornamen)

5.2.1.2. □ Uitkering ineens
In voorkomend geval, tijdvak:
… (datum (dd/mm/jjjj) tot datum (dd/mm/jjjj) of gebeurtenis)
Betaaldatum: … (dd/mm/jjjj)
Bedrag: …

5.2.1.3. □ Uitkering in termijnen

Betaaldatum (dd/mm/jjjj)	Bedrag

5.2.1.4. □ Periodieke uitkering
□ Wekelijks
□ Maandelijks
□ Andere (gelieve periodiciteit te vermelden): …
Bedrag: …
Vanaf: … (dd/mm/jjjj)
Datum/betaaldatum: …
□ In voorkomend geval, tot (datum (dd/mm/jjjj) of gebeurtenis): …
Indien het verschuldigde levensonderhoud geïndexeerd is, gelieve te vermelden hoe de indexering wordt berekend: …
Indexering van toepassing met ingang van: … (dd/mm/jjjj)

(4) Gelieve een extra blad toe te voegen indien de authentieke akte betrekking heeft op meer dan drie onderhoudsverplichtingen.

5.2.1.5. □ Met terugwerkende kracht verschuldigde bedrag
Tijdvak: ... ((dd/mm/jjjj) tot (dd/mm/jjjj))
Bedrag: ...
Betalingswijze: ...

5.2.1.6. □ Rente (indien in de authentieke akte vermeld)
Indien over het verschuldigde levensonderhoud rente is verschuldigd, gelieve de rentevoet te vermelden: ...
Rente verschuldigd met ingang van: ... (dd/mm/jjjj)

5.2.1.7. □ Betaling in natura (gelieve te preciseren): ...

5.2.1.8. □ Andere betalingswijze (gelieve te preciseren): ...

5.2.2. *Schuld B*

5.2.2.1. Het verschuldigde levensonderhoud dient te worden uitgekeerd door ... (naam en voornaam/voornamen) aan ... (naam en voornaam/voornamen van de persoon aan wie het bedrag daadwerkelijk moet worden uitgekeerd)
Persoon voor wie levensonderhoud verschuldigd is:
... (naam en voornaam/voornamen)

5.2.2.2. □ Uitkering ineens
In voorkomend geval, tijdvak:
... (datum (dd/mm/jjjj) tot datum (dd/mm/jjjj) of gebeurtenis)
Betaaldatum: ... (dd/mm/jjjj)
Bedrag: ...

5.2.2.3. □ Uitkering in termijnen

Betaaldatum (dd/mm/jjjj)	Bedrag

5.2.2.4. □ Periodieke uitkering
□ Wekelijks
□ Maandelijks
□ Andere (gelieve periodiciteit te vermelden): ...
Bedrag: ...
Vanaf: ... (dd/mm/jjjj)
Datum/betaaldatum: ...
□ In voorkomend geval, tot (datum (dd/mm/jjjj) of gebeurtenis): ...
Indien het verschuldigde levensonderhoud geïndexeerd is, gelieve te vermelden hoe de indexering wordt berekend: ...
Indexering van toepassing met ingang van: ... (dd/mm/jjjj)

5.2.2.5. □ Met terugwerkende kracht verschuldigde bedrag
Tijdvak: ... ((dd/mm/jjjj) tot (dd/mm/jjjj))
Bedrag: ...
Betalingswijze: ...

5.2.2.6. □ Rente (indien in de authentieke akte vermeld)
Indien over het verschuldigde levensonderhoud rente is verschuldigd, gelieve de rentevoet te vermelden: ...
Rente verschuldigd met ingang van: ... (dd/mm/jjjj)

5.2.2.7. □ Betaling in natura (gelieve te preciseren): ...

5.2.2.8. □ Andere betalingswijze (gelieve te preciseren): ...

5.2.3. *Schuld C*

5.2.3.1. Het verschuldigde levensonderhoud dient te worden uitgekeerd door ... (naam en voornaam/voornamen) aan ... (naam en voornaam/voornamen van de persoon aan wie het bedrag daadwerkelijk moet worden betaald)
Persoon voor wie levensonderhoud verschuldigd is:
... (naam en voornaam/voornamen)

5.2.3.2. □ Uitkering ineens
In voorkomend geval, tijdvak:
... (datum (dd/mm/jjjj) tot datum (dd/mm/jjjj) of gebeurtenis)
Betaaldatum: ... (dd/mm/jjjj)
Bedrag: ...

5.2.3.3. □ Uitkering in termijnen

Betaaldatum (dd/mm/jjjj)	Bedrag

5.2.3.4. □ Periodieke uitkering
□ Wekelijks
□ Maandelijks
□ Andere (gelieve periodiciteit te vermelden): ...
Bedrag: ...
Vanaf: ... (dd/mm/jjjj)
Datum/betaaldatum: ...
□ In voorkomend geval, tot (datum (dd/mm/jjjj) of gebeurtenis): ...
Indien het verschuldigde levensonderhoud geïndexeerd is, gelieve te vermelden hoe de indexering wordt berekend: ...
Indexering van toepassing met ingang van: ... (dd/mm/jjjj)

5.2.3.5. □ Met terugwerkende kracht verschuldigde bedrag
Tijdvak: ... ((dd/mm/jjjj) tot (dd/mm/jjjj))
Bedrag: ...
Betalingswijze: ...

5.2.3.6. □ Rente (indien in de authentieke akte vermeld)
Indien over het verschuldigde levensonderhoud rente is verschuldigd, gelieve de rentevoet te vermelden: ...
Rente verschuldigd met ingang van: ... (dd/mm/jjjj)

5.2.3.7. □ Betaling in natura (gelieve te preciseren): ...

5.2.3.8. □ Andere betalingswijze (gelieve te preciseren): ...

5.3. **Kosten**
Op grond van de authentieke akte moet
... (naam en voornaam/voornamen) de som van ... betalen aan ... (naam en voornaam/voornamen)

Gelieve het aantal bladzijden te vermelden indien u extra bladen toevoegt: ...
Gedaan te: ... op: ... (dd/mm/jjjj)
Handtekening en/of stempel van de bevoegde autoriteit:
...

[17-02-2015, PbEU L 49, i.w.tr. 12-03-2015/regelingnummer 2015/228]

[Inleidende opmerkingen]

Betekenis. Bijlage III dient te worden ingevuld door een bevoegde autoriteit die een authentieke akte inzake onderhoudsverplichtingen afgeeft in een lidstaat die gebonden is aan het Haags alimentatieprotocol 2007. Dit betekent dat Bijlage III slechts een rol in Nederland zal gaan spelen in het kader van de erkenning en tenuitvoerlegging van buitenlandse beslissingen. Vooral in landen waar alimentatiebedragen door administratieve autoriteiten worden vastgesteld zal er gebruik van Bijlage III worden gemaakt.

BIJLAGE IV
Uittreksel van een authentieke akte inzake onderhoudsverplichtingen die onderworpen is aan een procedure van erkenning en uitvoerbaarverklaring
(artikel 48 en artikel 75, lid 2, van Verordening (EG) nr. 4/2009 van de Raad van 18 december 2008 betreffende de bevoegdheid, het toepasselijke recht, de erkenning en de tenuitvoerlegging van beslissingen, en de samenwerking op het gebied van onderhoudsverplichtingen [(1)])

BELANGRIJK
Af te geven door de bevoegde autoriteit van de lidstaat van herkomst
Uitsluitend af te geven indien de authentieke akte uitvoerbaar is in de lidstaat van herkomst
Alleen de gegevens opgeven die in de authentieke akte vermeld zijn of die aan de bevoegde autoriteit ter kennis zijn gebracht

1. DATUM EN REFERENTIENUMMER VAN DE AUTHENTIEKE AKTE: ...

2. AARD VAN DE AUTHENTIEKE AKTE

2.1. □ Akte, verleden of geregistreerd op: ... (dd/mm/jjjj)
□ Overeenkomst, gesloten of authentiek verklaard op: ... (dd/mm/jjjj)
2.2. Bevoegde instantie:
2.2.1. Naam: ...
2.2.2. Adres:
2.2.2.1. Straat en huisnummer/postbus: ...
2.2.2.2. Plaats en postcode: ...

(1) *PB* L 7 van 10.1.2009, blz. 1.

2.2.2.3. lidstaat
□ België □ Bulgarije □ Tsjechië □ Denemarken □ Duitsland □ Estland □ Ierland □ Griekenland □ Spanje □ Frankrijk □ Kroatië □ Italië □ Cyprus □ Letland □ Litouwen □ Luxemburg □ Hongarije □ Malta □ Nederland □ Oostenrijk □ Polen □ Portugal □ Roemenië □ Slovenië □ Slowakije □ Finland □ Zweden □ Verenigd Koninkrijk

2.2.3. Telefoon/fax/e-mail: ...

3. ONDERHOUDSGERECHTIGDE(N) (2)

3.1. **Persoon A**
3.1.1. Naam en voornaam/voornamen: ...
3.1.2. Geboortedatum (dd/mm/jjjj) en -plaats: ...
3.1.3. Identiteitskaartnummer of socialezekerheidsnummer/burgerservicenummer: ...
3.1.4. Adres:
3.1.4.1. Straat en huisnummer/postbus: ...
3.1.4.2. Plaats en postcode: ...
3.1.4.3. Land: ...

3.2. **Persoon B**
3.2.1. Naam en voornaam/voornamen: ...
3.2.2. Geboortedatum (dd/mm/jjjj) en -plaats: ...
3.2.3. dentiteitskaartnummer of socialezekerheidsnummer/burgerservicenummer: ...
3.2.4. Adres:
3.2.4.1. Straat en huisnummer/postbus: ...
3.2.4.2. Plaats en postcode: ...
3.2.4.3. Land: ...

3.3. **Persoon C**
3.3.1. Naam en voornaam/voornamen: ...
3.3.2. Geboortedatum (dd/mm/jjjj) en -plaats: ...
3.3.3. Identiteitskaartnummer of socialezekerheidsnummer/burgerservicenummer: ...
3.3.4. Adres:
3.3.4.1. Straat en huisnummer/postbus: ...
3.3.4.2. Plaats en postcode: ...
3.3.4.3. Land: ...

4. ONDERHOUDSPLICHTIGE(N) (3)

4.1. **Persoon A**
4.1.1. Naam en voornaam/voornamen: ...
4.1.2. Geboortedatum (dd/mm/jjjj) en -plaats: ...

---

(2) Gelieve een extra blad toe te voegen indien de authentieke akte betrekking heeft op meer dan drie onderhoudsgerechtigden of schuldenaren.

(3) Gelieve een extra blad toe te voegen indien de authentieke akte betrekking heeft op meer dan drie onderhoudsgerechtigden of schuldenaren.

4.1.3. Identiteitskaartnummer of socialezekerheidsnummer/burgerservicenummer: ...
4.1.4. Adres:
4.1.4.1. Straat en huisnummer/postbus: ...
4.1.4.2. Plaats en postcode: ...
4.1.4.3. Land: ...
4.2. **Persoon B**
4.2.1. Naam en voornaam/voornamen: ...
4.2.2. Geboortedatum (dd/mm/jjjj) en -plaats: ...
4.2.3. Identiteitskaartnummer of socialezekerheidsnummer/burgerservicenummer: ...
4.2.4. Adres:
4.2.4.1. Straat en huisnummer/postbus: ...
4.2.4.2. Plaats en postcode: ...
4.2.4.3. Land: ...
4.3. **Persoon C**
4.3.1. Naam en voornaam/voornamen: ...
4.3.2. Geboortedatum (dd/mm/jjjj) en -plaats: ...
4.3.3. Identiteitskaartnummer of socialezekerheidsnummer/burgerservicenummer: ...
4.3.4. Adres:
4.3.4.1. Straat en huisnummer/postbus: ...
4.3.4.2. Plaats en postcode: ...
4.3.4.3. Land: ...

5. INHOUD VAN DE AUTHENTIEKE AKTE

5.1. **Valuta**

□ Euro (EUR) □ Bulgaarse lev (BGN) □ Tsjechische kroon (CZK) □ Deense kroon (DKK) □ Pond sterling (GBP) □ Kroatische kuna (HRK) □ Hongaarse forint (HUF) □ Poolse zloty (PLN) □ Roemeense leu (RON) □ Zweedse kroon (SEK) □ Andere (gelieve de ISO-code te vermelden):

5.2. **Verschuldigd levensonderhoud**(4)

5.2.1. *Schuld A*

5.2.1.1. Het verschuldigde levensonderhoud dient te worden uitgekeerd door ... (naam en voornaam/voornamen) aan ... (naam en voornaam/voornamen van de persoon aan wie het bedrag daadwerkelijk moet worden uitgekeerd)
Persoon voor wie levensonderhoud verschuldigd is:
... (naam en voornaam/voornamen)

5.2.1.2. □ Uitkering ineens
In voorkomend geval, tijdvak:
... (datum (dd/mm/jjjj) tot datum (dd/mm/jjjj) of gebeurtenis)
Betaaldatum: ... (dd/mm/jjjj)
Bedrag: ...

(4) Gelieve een extra blad toe te voegen indien de authentieke akte betrekking heeft op meer dan drie onderhoudsverplichtingen.

5.2.1.3. □ Uitkering in termijnen

Betaaldatum (dd/mm/jjjj)	Bedrag

5.2.1.4. □ Periodieke uitkering
□ Wekelijks
□ Maandelijks
□ Andere (gelieve periodiciteit te vermelden): …
Bedrag: …
Vanaf: … (dd/mm/jjjj)
Datum/betaaldatum: …
□ In voorkomend geval, tot (datum (dd/mm/jjjj) of gebeurtenis):
…
Indien het verschuldigde levensonderhoud geïndexeerd is, gelieve te vermelden hoe de indexering wordt berekend: …
Indexering van toepassing met ingang van: … (dd/mm/jjjj)

5.2.1.5. □ Met terugwerkende kracht verschuldigde bedrag
Tijdvak: … ((dd/mm/jjjj) tot (dd/mm/jjjj))
Bedrag: …
Betalingswijze: …

5.2.1.6. □ Rente (indien in de authentieke akte vermeld)
Indien over het verschuldigde levensonderhoud rente is verschuldigd, gelieve de rentevoet te vermelden: …
Rente verschuldigd met ingang van: … (dd/mm/jjjj)

5.2.1.7. □ Betaling in natura (gelieve te preciseren):

5.2.1.8. □ Andere betalingswijze (gelieve te preciseren): …

5.2.2. *Schuld B*

5.2.2.1. Het verschuldigde levensonderhoud dient te worden betaald door … (naam en voornaam/voornamen) aan … (naam en voornaam/voornamen van de persoon aan wie het bedrag daadwerkelijk moet worden uitgekeerd)
…
Persoon voor wie levensonderhoud verschuldigd is: … (naam en voornaam/voornamen)

5.2.2.2. □ Uitkering ineens
In voorkomend geval, tijdvak:
… (datum (dd/mm/jjjj) tot datum (dd/mm/jjjj) of gebeurtenis)
Betaaldatum: … (dd/mm/jjjj)
Bedrag: …

5.2.2.3. □ Uitkering in termijnen

Betaaldatum (dd/mm/jjjj)	Bedrag

5.2.2.4. □ Periodieke uitkering
□ Wekelijks
□ Maandelijks
□ Andere (gelieve periodiciteit te preciseren): ...
Bedrag: ...
Vanaf: ... (dd/mm/jjjj)
Datum/betaaldatum: ...
□ In voorkomend geval, tot (datum (dd/mm/jjjj) of gebeurtenis):
...
Indien het verschuldigde levensonderhoud geïndexeerd is, gelieve te vermelden hoe de indexering wordt berekend: ...
Indexering van toepassing met ingang van: ... (dd/mm/jjjj)

5.2.2.5. □ Met terugwerkende kracht verschuldigde bedrag
Tijdvak: ... ((dd/mm/jjjj) tot (dd/mm/jjjj))
Bedrag: ...
Betalingswijze: ...

5.2.2.6. □ Rente (indien in de authentieke akte vermeld)
Indien over het verschuldigde levensonderhoud rente is verschuldigd, gelieve de rentevoet te vermelden: ...
Rente verschuldigd met ingang van: ... (dd/mm/jjjj)

5.2.2.7. □ Betaling in natura (gelieve te preciseren): ...

5.2.2.8. □ Andere betalingswijze (gelieve te preciseren): ...

5.2.3. *Schuld C*

5.2.3.1. Het verschuldigde levensonderhoud dient te worden uitgekeerd door ... (naam en voornaam/voornamen) aan ... (naam en voornaam/voornamen van de persoon aan wie het bedrag daadwerkelijk moet worden uitgekeerd)
...
Persoon voor wie levensonderhoud verschuldigd is: ... (naam en voornaam/voornamen)

5.2.3.2. □ Uitkering ineens
In voorkomend geval, tijdvak:
... (datum (dd/mm/jjjj) tot datum (dd/mm/jjjj) of gebeurtenis)
Betaaldatum: ... (dd/mm/jjjj)
Bedrag: ...

5.2.3.3. □ Uitkering in termijnen

Betaaldatum (dd/mm/jjjj)	Bedrag

5.2.3.4. □ Periodieke uitkering
□ Wekelijks
□ Maandelijks
□ Andere (gelieve periodiciteit te vermelden): ...
Bedrag: ...
Vanaf: ... (dd/mm/jjjj)
Datum/betaaldatum: ...
□ In voorkomende geval, tot (datum (dd/mm/jjjj) of gebeurtenis): ...
Indien het verschuldigde levensonderhoud geïndexeerd is, gelieve te vermelden hoe de indexering wordt berekend: ...
Indexering van toepassing met ingang van: ... (dd/mm/jjjj)
5.2.3.5. □ Met terugwerkende kracht verschuldigde bedrag
Tijdvak: ... ((dd/mm/jjjj) tot (dd/mm/jjjj))
Bedrag: ...
Betalingswijze: ...
5.2.3.6. □ Rente (indien in de authentieke akte vermeld)
Indien over het verschuldigde levensonderhoud rente is verschuldigd, gelieve de rentevoet te vermelden: ...
Rente verschuldigd met ingang van: ... (dd/mm/jjjj)
5.2.3.7. □ Betaling in natura (gelieve te preciseren): ...
5.2.3.8. □ Andere betalingswijze (gelieve te preciseren): ...
5.3. **Kosten**
Op grond van de authentieke akte moet
... (naam en voornaam/voornamen) de som van ... betalen aan ... (naam en voornaam/voornamen)

Gelieve het aantal bladzijden te vermelden indien u extra bladen toevoegt: ...
Gedaan te: ... op: ... (dd/mm/jjjj)
Handtekening en/of stempel van de bevoegde autoriteit:
...

[17-02-2015, PbEU L 49, i.w.tr. 12-03-2015/regelingnummer 2015/228]

[Inleidende opmerkingen]

Betekenis. Bijlage IV dient te worden ingevuld door bevoegde instanties die authentieke akten afgeven in landen die niet aangesloten zijn bij het Haags alimentatieprotocol 2007. Aangezien Nederland het Haags alimentatieprotocol 2007 heeft geratificeerd, hoeft Bijlage IV nooit in Nederland te worden ingevuld. Wel kunnen Nederlandse autoriteiten geconfronteerd worden met dergelijke formulieren uit het Verenigd Koninkrijk of Denemarken.

BIJLAGE V

Verzoek om een specifieke maatregel

(artikel 53 van Verordening (EG) nr. 4/2009 van de Raad van 18 december 2008 betreffende de bevoegdheid, het toepasselijke recht, de erkenning en de tenuitvoerlegging van beslissingen, en de samenwerking op het gebied van onderhoudsverplichtingen [(1)])

A. In te vullen door de verzoekende centrale autoriteit

1. VERZOEKENDE CENTRALE AUTORITEIT

1.1. Naam: ...
1.2. Adres:
1.2.1. Straat en huisnummer/postbus: ...
1.2.2. Plaats en postcode: ...
1.2.3. lidstaat
□ België □ Bulgarije □ Tsjechië □ Duitsland □ Estland □ Ierland □ Griekenland □ Spanje □ Frankrijk □ Kroatië □ Italië □ Cyprus □ Letland □ Litouwen □ Luxemburg □ Hongarije □ Malta □ Nederland □ Oostenrijk □ Polen □ Portugal □ Roemenië □ Slovenië □ Slowakije □ Finland □ Zweden □ Verenigd Koninkrijk
1.3. Telefoon: ...
1.4. Fax ...
1.5. E-mail: ...
1.6. Referentienummer: ...
1.7. Met de behandeling van het verzoek belaste persoon:
1.7.1. Naam en voornaam/voornamen: ...
1.7.2. Telefoon: ...
1.7.3. E-mail: ...

2. AANGEZOCHTE CENTRALE AUTORITEIT

2.1. Naam: ...
2.2. Adres:
2.2.1. Straat en huisnummer/postbus: ...
2.2.2. Plaats en postcode: ...
2.2.3. lidstaat
□ België □ Bulgarije □ Tsjechië □ Duitsland □ Estland □ Ierland □ Griekenland □ Spanje □ Frankrijk □ Kroatië □ Italië □ Cyprus □ Letland □ Litouwen □ Luxemburg □ Hongarije □ Malta □ Nederland □ Oostenrijk □ Polen □ Portugal □ Roemenië □ Slovenië □ Slowakije □ Finland □ Zweden □ Verenigd Koninkrijk

(1) *PB* L 7 van 10.1.2009, blz. 1.

3. *VERZOEK*

3.1. **De specifieke maatregel heeft ten doel:**

3.1.1. □ De onderhoudsplichtige en de onderhoudsgerechtigde te helpen lokaliseren (zie punten 3.3. en 3.4.)

3.1.2. □ Assistentie bij de verkrijging van informatie over het inkomen of het vermogen van de onderhoudsplichtige of de onderhoudsgerechtigde (zie punten 3.3. en 3.4)

3.1.3. □ de verkrijging van bewijsstukken of ander bewijs te vergemakkelijken;

3.1.4. □ Bijstand bij het vaststellen van de bloedverwantschap te verkrijgen

3.1.5. □ Een procedure ter verkrijging van voorlopige maatregelen aanhangig te maken of het aanhangig maken daarvan te vergemakkelijken

3.1.6. □ De betekening en de kennisgeving van stukken te vergemakkelijken

3.2. **Motivering van het verzoek:**

...

3.3. **De gevraagde gegevens hebben betrekking op:**

3.3.1. □ de volgende onderhoudsplichtige:

3.3.1.1. Naam en voornaam/voornamen: ...

3.3.1.2. Geboortedatum (dd/mm/jjjj) en -plaats (2): ...

3.3.1.3. Laatst bekende adres: ...

3.3.1.4. Identiteitskaartnummer of socialezekerheidsnummer/burgerservicenummer (3): ...

3.3.1.5. Andere nuttige gegevens (4):

...

3.3.2. □ de volgende onderhoudsgerechtigde:

3.3.2.1. Naam en voornaam/voornamen: ...

3.3.2.2. Geboortedatum (dd/mm/jjjj) en -plaats (5): ...

3.3.2.3. Laatst bekende adres: ...

3.3.2.4. Identiteitskaartnummer of socialezekerheidsnummer/burgerservicenummer (6): ...

3.3.2.5. Andere nuttige gegevens (7):

...

3.4. **Gevraagde gegevens**

3.4.1. □ Huidig adres van de onderhoudsplichtige/onderhoudsgerechtigde

3.4.2. □ Inkomsten van de onderhoudsplichtige/onderhoudsgerechtigde:

3.4.3. □ Vermogen van de onderhoudsplichtige/onderhoudsgerechtigde, inclusief de lokalisering van de goederen van de onderhoudsplichtige/onderhoudsgerechtigde

---

(2) Indien deze gegevens beschikbaar zijn.

(3) Indien deze gegevens beschikbaar zijn.

(4) Bijvoorbeeld naam van een vorige werkgever, naam en adres van familieleden, gegevens over een voertuig of onroerend goed waarvan de betrokken persoon eigenaar zou zijn.

(5) Indien deze gegevens beschikbaar zijn.

(6) Indien deze gegevens beschikbaar zijn.

(7) Bijvoorbeeld naam van een vorige werkgever, naam en adres van familieleden, gegevens over een voertuig of onroerend goed waarvan de betrokken persoon eigenaar zou zijn.

De onderhoudsgerechtigde heeft een afschrift van een beslissing, een gerechtelijke schikking of een authentieke akte overgelegd, eventueel vergezeld van het desbetreffende formulier

□ Ja □ Neen

□ De kennisgeving aan de persoon over wie de informatie wordt verzameld zou afbreuk kunnen doen aan de daadwerkelijke inning van het levensonderhoud (artikel 63, lid 2, van Verordening (EG) nr. 4/2009)

Gedaan te … op: … (dd/mm/jjjj)

Naam en handtekening van de gemachtigde functionaris van de verzoekende centrale autoriteit:

…

B. In te vullen door de aangezochte centrale autoriteit

4. REFERENTIENUMMER VAN DE AANGEZOCHTE CENTRALE AUTORITEIT:

5. MET DE BEHANDELING VAN HET VERZOEK BELASTE PERSOON: …

5.1. Naam en voornaam/voornamen: …
5.2. Telefoon: …
5.3. Fax …
5.4. E-mail: …

6. GENOMEN MAATREGELEN EN RESULTATEN

…

7. INGEWONNEN INFORMATIE:

7.1. In geval van niet toepassing van de artikelen 61, 62 en 63 van Verordening (EG) nr. 4/2009:

7.1.1. Adres van de onderhoudsplichtige/onderhoudsgerechtigde:
□ Neen □ Ja (namelijk):
…

7.1.2. Inkomsten van de onderhoudsplichtige/onderhoudsgerechtigde:
□ Neen □ Ja (namelijk):
…

7.1.3. Vermogen van de onderhoudsplichtige/onderhoudsgerechtigde:
□ Neen □ Ja (namelijk):
…

7.2. In geval van toepassing van de artikelen 61, 62 en 63 van Verordening (EG) nr. 4/2009:

7.2.1. Adres van de onderhoudsplichtige/onderhoudsgerechtigde:
□ Neen □ Ja (namelijk):
…

7.2.2. De onderhoudsplichtige beschikt over inkomsten
□ Neen □ Ja

7.2.3. De onderhoudsplichtige beschikt over vermogen
□ Neen □ Ja

Belangrijk
In geval van toepassing van de artikelen 61, 62 en 63 van Verordening (EG) nr. 4/2009:
Met uitzondering van de informatie betreffende het al dan niet bestaan van een adres, inkomsten of vermogen in de aangezochte lidstaat, mogen de in artikel 61, lid 2, bedoelde gegevens niet worden verstrekt aan de persoon die de zaak bij de verzoekende centrale autoriteit aanhangig heeft gemaakt, onverminderd de in rechte toepasselijke regels voor de procesvoering (artikel 62, lid 2, tweede alinea, van Verordening (EG) nr. 4/2009).

8. ONMOGELIJKHEID OM DE GEVRAAGDE INFORMATIE TE VERSTREKKEN
De aangezochte centrale autoriteit kan de gevraagde informatie om de volgende redenen niet verstrekken:
...

Gedaan te ... op: ... (dd/mm/jjjj) Naam en handtekening van de gemachtigde functionaris van de aangezochte centrale autoriteit:
...
[17-02-2015, PbEU L 49, i.w.tr. 12-03-2015/regelingnummer 2015/228]

[Inleidende opmerkingen]

Betekenis. Op grond van art. 53 Alimentatieverordening kunnen Centrale Autoriteiten een verzoek bij een andere Centrale Autoriteit indienen om een specifieke maatregel te nemen. Indien geen verzoek aanhangig is in de zin van art. 56 Alimentatieverordening, kan de Centrale Autoriteit aan een andere Centrale Autoriteit een met redenen omkleed verzoek richten om een passende specifieke maatregel te nemen. Een dergelijk verzoek dient te worden ingediend met behulp van Bijlage V, ongeacht of het verzoek afkomstig is uit een land dat is gebonden aan het Haags alimentatieprotocol 2007.

BIJLAGE VI
Aanvraagformulier met het oog op de erkenning, de uitvoerbaarverklaring of de tenuitvoerlegging van een beslissing inzake onderhoudsverplichtingen
(artikel 56 en artikel 57 van Verordening (EG) nr. 4/2009 van de Raad van 18 december 2008 betreffende de bevoegdheid, het toepasselijke recht, de erkenning en de tenuitvoerlegging van beslissingen, en de samenwerking op het gebied van onderhoudsverplichtingen [(1)])

A. In te vullen door de verzoekende centrale autoriteit

1. VERZOEK
- □ Verzoek om erkenning of verzoek om erkenning en uitvoerbaarverklaring van een beslissing (artikel 56, lid 1, punt a))
- □ Verzoek om erkenning van een beslissing (artikel 56, lid 2, punt a))
- □ Verzoek om tenuitvoerlegging van een in de aangezochte lidstaat gegeven of erkende beslissing (artikel 56, lid 1, punt b))

(1) *PB* L 7 van 10.1.2009, blz. 1.

2. ***VERZOEKENDE CENTRALE AUTORITEIT***

2.1. Naam: ...
2.2. Adres:
2.2.1. Straat en huisnummer/postbus: ...
2.2.2. Plaats en postcode: ...
2.2.3. lidstaat

□ België □ Bulgarije □ Tsjechië □ Duitsland □ Estland □ Ierland □ Griekenland □ Spanje □ Frankrijk □ Kroatië □ Italië □ Cyprus □ Letland □ Litouwen □ Luxemburg □ Hongarije □ Malta □ Nederland □ Oostenrijk □ Polen □ Portugal □ Roemenië □ Slovenië □ Slowakije □ Finland □ Zweden □ Verenigd Koninkrijk

2.3. Telefoon: ...
2.4. Fax ...
2.5. E-mail: ...
2.6. Referentienummer van het verzoek: ...
Te behandelen samen met het verzoek/de verzoeken met het/de volgende referentienummer(s): ...
2.7. Met de behandeling van het verzoek belaste persoon:
2.7.1. Naam en voornaam/voornamen: ...
2.7.2. Telefoon: ...
2.7.3. E-mail: ...

3. ***AANGEZOCHTE CENTRALE AUTORITEIT***

3.1. Naam: ...
3.2. Adres:
3.2.1. Straat en huisnummer/postbus: ...
3.2.2. Plaats en postcode: ...
3.2.3. lidstaat

□ België □ Bulgarije □ Tsjechië □ Duitsland □ Estland □ Ierland □ Griekenland □ Spanje □ Frankrijk □ Kroatië □ Italië □ Cyprus □ Letland □ Litouwen □ Luxemburg □ Hongarije □ Malta □ Nederland □ Oostenrijk □ Polen □ Portugal □ Roemenië □ Slovenië □ Slowakije □ Finland □ Zweden □ Verenigd Koninkrijk

4. ***BIJ HET VERZOEK TE VOEGEN STUKKEN*** (2) ***INDIEN HET EEN IN EEN LIDSTAAT GEWEZEN BESLISSING BETREFT***

□ Een expeditie van de beslissing/gerechtelijke schikking/authentieke akte
□ Een uittreksel van de beslissing/gerechtelijke schikking/authentieke akte door middel van het formulier in bijlage I, bijlage II, bijlage III of bijlage IV
□ Een transliteratie of een vertaling van de inhoud van het formulier in bijlage I, bijlage II, bijlage III of bijlage IV
□ Eventueel een kopie van de uitvoerbaarverklaring
□ Een stuk waarin het bedrag van de achterstallige betalingen wordt vastgesteld, met vermelding van de berekeningsdatum

---

(2) Gelieve de desbetreffende vakjes aan te kruisen en de bijlagen te nummeren.

- □ Een stuk waarin wordt verklaard dat de verzoeker rechtsbijstand of vrijstelling van kosten en uitgaven heeft genoten
- □ Een stuk waarin wordt verklaard dat de verzoeker in de lidstaat van herkomst een kosteloze procedure voor een administratieve autoriteit heeft genoten en dat hij voldoet aan de financiële criteria om voor rechtsbijstand of vrijstelling van kosten en uitgaven in aanmerking te komen
- □ Een stuk waarin het recht van het openbare lichaam op terugbetaling van aan de onderhoudsgerechtigde verstrekte uitkeringen wordt aangetoond en de verstrekking van de uitkeringen wordt gestaafd
- □ Andere (specificeren) ...

5. BIJ HET VERZOEK TE VOEGEN STUKKEN [3] INDIEN HET EEN IN EEN DERDE LAND GEWEZEN BESLISSING BETREFT

- □ De volledige tekst van de beslissing
- □ Een samenvatting of uittreksel van de beslissing, opgesteld door de bevoegde instantie van de lidstaat van herkomst
- □ Een stuk waarin wordt vastgesteld dat de beslissing in de lidstaat van herkomst uitvoerbaar is en, als het om een beslissing van een administratieve autoriteit gaat, een stuk waarin wordt vastgesteld dat aan de voorwaarden van artikel 19, lid 3, van het Verdrag van 's-Gravenhage van 2007 is voldaan
- □ Indien de verweerder niet is verschenen of niet is vertegenwoordigd in de procedures in de lidstaat van herkomst, een stuk of stukken waarin, naar gelang van het geval, wordt bevestigd dat de verweerder naar behoren is ingelicht over de procedure en de mogelijkheid heeft gehad gehoord te worden, dan wel naar behoren in kennis is gesteld van de beslissing en de mogelijkheid heeft gehad om deze aan te vechten of een rechtsmiddel in te stellen, in feite en in rechte
- □ Een stuk waarin het bedrag van de achterstallige betalingen wordt vastgesteld, met vermelding van de berekeningsdatum
- □ Een stuk met nuttige informatie voor de nodige berekeningen in geval van een beslissing met automatische indexering
- □ Een stuk waarin wordt vermeld in welke mate de betrokkene in de lidstaat van herkomst kosteloze rechtsbijstand heeft genoten
- □ Andere, namelijk: ...

Aantal aan het aanvraagformulier gehechte stukken: ...
Gedaan te: ... op ... (dd/mm/jjjj)
Naam en handtekening van de gemachtigde functionaris van de verzoekende centrale autoriteit: ...

(3) Gelieve de desbetreffende vakjes aan te kruisen en de bijlagen te nummeren.

B. In te vullen door de verzoeker of, in voorkomend geval, door de persoon/autoriteit die in de verzoekende lidstaat gemachtigd is om namens de verzoeker een formulier in te vullen

6. VERZOEK

6.1. □ Verzoek om erkenning of verzoek om erkenning en uitvoerbaarverklaring van een beslissing Grond van het verzoek:

6.1.1. □ Hoofdstuk IV, afdeling 2, van Verordening (EG) nr. 4/2009

6.1.2. □ Het Verdrag van 's-Gravenhage van 2007

6.1.2.1. Grondslag voor de erkenning en tenuitvoerlegging uit hoofde van artikel 20 van dit verdrag: ...

6.1.2.2. De verweerder is verschenen of vertegenwoordigd in de procedures in de lidstaat van herkomst:

Ja □ Neen □

6.1.3. □ Nationaal recht van de aangezochte lidstaat

6.1.4. □ Andere (preciseer) ...

6.2. □ Verzoek om tenuitvoerlegging van de in de aangezochte lidstaat gegeven of erkende beslissing

7. BESLISSING

7.1. Datum en referentienummer: ...

7.2. Naam van het gerecht van herkomst: ...

8. VERZOEKER

8.1. **Natuurlijke persoon**

8.1.1. Naam en voornaam/voornamen: ...

8.1.2. Geboortedatum (dd/mm/jjjj) en -plaats: ...

8.1.3. Identiteitskaartnummer of socialezekerheidsnummer/burgerservicenummer (4): ...

8.1.4. Nationaliteit: ...

8.1.5. Beroep: ...

8.1.6. Burgerlijke staat: ...

8.1.7. Adres:

□ Het onderstaande adres is het persoonlijke adres van de verzoeker.

□ De verzoeker heeft te maken met huiselijk geweld (5). Het onderstaande adres is een adres ten behoeve van: ... (naam en voornaam/voornamen)

8.1.7.1. Straat en huisnummer/postbus: ...

8.1.7.2. Plaats en postcode: ...

---

(4) Indien deze gegevens beschikbaar zijn.

(5) Het nationale recht van de aangezochte rechtsstaat kan echter vereisen dat de verzoeker zijn persoonlijk adres opgeeft om de procedure te kunnen inleiden (zie artikel 57, lid 3, van Verordening (EG) nr. 4/2009).

8.1.7.3. lidstaat

□ België □ Bulgarije □ Tsjechië □ Duitsland □ Estland □ Ierland □ Griekenland □ Spanje □ Frankrijk □ Kroatië □ Italië □ Cyprus □ Letland □ Litouwen □ Luxemburg □ Hongarije □ Malta □ Nederland □ Oostenrijk □ Polen □ Portugal □ Roemenië □ Slovenië □ Slowakije □ Finland □ Zweden □ Verenigd Koninkrijk

8.1.8. Telefoon/e-mail: ...

8.1.9. Heeft genoten:

8.1.9.1. rechtsbijstand:

□ Ja □ Neen

8.1.9.2. vrijstelling van kosten en uitgaven:

□ Ja □ Neen

8.1.9.3. een kosteloze procedure voor een administratieve autoriteit als genoemd in bijlage X van Verordening (EG) nr. 4/2009:

□ Ja □ Neen

8.1.10. In voorkomend geval, naam, voornaam/voornamen en contactgegevens van de vertegenwoordiger van de verzoeker (advocaat ...): ...

8.2. **Openbaar lichaam:**

8.2.1. Naam: ...

8.2.2. Adres:

8.2.2.1. Straat en huisnummer/postbus: ...

8.2.2.2. Plaats en postcode: ...

8.2.2.3. lidstaat

□ België □ Bulgarije □ Tsjechië □ Duitsland □ Estland □ Ierland □ Griekenland □ Spanje □ Frankrijk □ Kroatië □ Italië □ Cyprus □ Letland □ Litouwen □ Luxemburg □ Hongarije □ Malta □ Nederland □ Oostenrijk □ Polen □ Portugal □ Roemenië □ Slovenië □ Slowakije □ Finland □ Zweden □ Verenigd Koninkrijk

8.2.3. Telefoon/fax/e-mail: ...

8.2.4. Naam van de persoon die in de procedures optreedt voor de overheidsinstantie (6):

...

8.2.5. Met de behandeling van het verzoek belaste persoon:

8.2.5.1. Naam en voornaam/voornamen: ...

8.2.5.2. Telefoon: ...

8.2.5.3. Fax ...

8.2.5.4. E-mail: ...

9. VERWEERDER

9.1. Naam en voornaam/voornamen: ...

9.2. Geboortedatum (dd/mm/jjjj) en -plaats (7): ...

9.3. Identiteitskaartnummer of socialezekerheidsnummer/burgerservicenummer (8): ...

---

(6) Indien relevant.

(7) Indien deze gegevens beschikbaar zijn.

(8) Indien deze gegevens beschikbaar zijn.

9.4. Nationaliteit [9]: ...
9.5. Beroep [10]: ...
9.6. Burgerlijke staat [11]: ...
9.7. Adres [12]:
9.7.1. Straat en huisnummer/postbus: ...
9.7.2. Plaats en postcode: ...
9.7.3. lidstaat
□ België □ Bulgarije □ Tsjechië □ Duitsland □ Estland □ Ierland □ Griekenland □ Spanje □ Frankrijk □ Kroatië □ Italië □ Cyprus □ Letland □ Litouwen □ Luxemburg □ Hongarije □ Malta □ Nederland □ Oostenrijk □ Polen □ Portugal □ Roemenië □ Slovenië □ Slowakije □ Finland □ Zweden □ Verenigd Koninkrijk

10. ALLE ANDERE GEGEVENS DIE VAN NUT KUNNEN ZIJN VOOR DE OPSPORING VAN DE VERWEERDER: ...

11. PERSOON VOOR WIE LEVENSONDERHOUD WORDT GEVRAAGD OF VERSCHULDIGD IS [13]

11.1. □ Dezelfde persoon als de verzoeker in punt 8
11.2. □ Dezelfde persoon als de verweerder in punt 9
11.3. □ De verzoeker □ De verweerder
is de wettelijke vertegenwoordiger [14] van de belangen van de volgende persoon/personen:
11.3.1. *Persoon A*
11.3.1.1. Naam en voornaam/voornamen: ...
11.3.1.2. Geboortedatum (dd/mm/jjjj) en -plaats: ...
11.3.1.3. Identiteitskaartnummer of socialezekerheidsnummer/burgerservicenummer [15]: ...
11.3.1.4. Nationaliteit [16]: ...
11.3.1.5. Beroep [17]: ...
11.3.1.6. Burgerlijke staat [18]: ...
11.3.2. *Persoon B*
11.3.2.1. Naam en voornaam/voornamen: ...
11.3.2.2. Geboortedatum (dd/mm/jjjj) en -plaats: ...

(9) Indien deze gegevens beschikbaar zijn.
(10) Indien deze gegevens beschikbaar zijn.
(11) Indien deze gegevens beschikbaar zijn.
(12) Indien deze gegevens beschikbaar zijn.
(13) Gelieven een extra blad toe te voegen indien er meer dan drie personen zijn.
(14) Bijvoorbeeld de persoon die de ouderlijke verantwoordelijkheid uitoefent of de voogd van een beschermde meerderjarige.
(15) Indien deze gegevens beschikbaar en/of relevant zijn.
(16) Indien deze gegevens beschikbaar en/of relevant zijn.
(17) Indien deze gegevens beschikbaar en/of relevant zijn.
(18) Indien deze gegevens beschikbaar en/of relevant zijn.

11.3.2.3. Identiteitskaartnummer of socialezekerheidsnummer/burgerservicenummer [(19)]: ...
11.3.2.4. Nationaliteit [(20)]: ...
11.3.2.5. Beroep [(21)]: ...
11.3.2.6. Burgerlijke staat [(22)]: ...
11.3.3. *Persoon C*
11.3.3.1. Naam en voornaam/voornamen: ...
11.3.3.2. Geboortedatum (dd/mm/jjjj) en -plaats: ...
11.3.3.3. Identiteitskaartnummer of socialezekerheidsnummer/burgerservicenummer [(23)]: ...
11.3.3.4. Nationaliteit [(24)]: ...
11.3.3.5. Beroep [(25)]: ...
11.3.3.6. Burgerlijke staat [(26)]: ...

12. ONDERHOUDSPLICHTIGE

12.1. □ Dezelfde persoon als de verzoeker in punt 8
12.2. □ Dezelfde persoon als de verweerder in punt 9
12.3. □ De verzoeker □ De verweerder
is de wettelijke behartiger [(27)] van de belangen van de volgende persoon:
12.3.1. Naam en voornaam/voornamen: ...
12.3.2. Geboortedatum (dd/mm/jjjj) en -plaats: ...
12.3.3. Identiteitskaartnummer of socialezekerheidsnummer/burgerservicenummer [(28)]: ...
12.3.4. Nationaliteit [(29)]: ...
12.3.5. Beroep [(30)]: ...
12.3.6. Burgerlijke staat [(31)]: ...

13. GEGEVENS OVER DE BETALING INDIEN HET VERZOEK UITGAAT VAN DE ONDERHOUDSGERECHTIGDE

13.1. **Elektronische betaling**
13.1.1. Naam van de bank: ...
13.1.2. BIC of andere relevante bankcode: ...
13.1.3. Rekeninghouder: ...

(19) Indien deze gegevens beschikbaar en/of relevant zijn.
(20) Indien deze gegevens beschikbaar en/of relevant zijn.
(21) Indien deze gegevens beschikbaar en/of relevant zijn.
(22) Indien deze gegevens beschikbaar en/of relevant zijn.
(23) Indien deze gegevens beschikbaar en/of relevant zijn.
(24) Indien deze gegevens beschikbaar en/of relevant zijn.
(25) Indien deze gegevens beschikbaar en/of relevant zijn.
(26) Indien deze gegevens beschikbaar en/of relevant zijn.
(27) Bijvoorbeeld de persoon die de ouderlijke verantwoordelijkheid uitoefent of de voogd van een beschermde meerderjarige.
(28) Indien deze gegevens beschikbaar zijn.
(29) Indien deze gegevens beschikbaar zijn.
(30) Indien deze gegevens beschikbaar zijn.
(31) Indien deze gegevens beschikbaar zijn.

13.1.4. Internationaal bankrekeningnummer (IBAN): ...
13.2. **Betaling per cheque**
13.2.1. Cheque ten name van: ...
13.2.2. Cheque te sturen aan
13.2.2.1. Naam en voornaam/voornamen: ...
13.2.2.2. Adres:
13.2.2.2.1. Straat en nummer/postbus: ...
13.2.2.2.2. Plaats en postcode: ...
13.2.2.2.3. Land: ...

14. EVENTUELE AANVULLENDE INFORMATIE:

...

Gedaan te: ... op ... (dd/mm/jjjj)
Handtekening van de aanvrager: ... en/of, in voorkomend geval:
Naam en handtekening van de persoon/autoriteit die in de verzoekende lidstaat gemachtigd is om namens de verzoeker een formulier in te vullen:
...

[17-02-2015, PbEU L 49, i.w.tr. 12-03-2015/regelingnummer 2015/228]

[Inleidende opmerkingen]

Betekenis. Op grond van art. 57 lid 1 Alimentatieverordening dient Bijlage VI te worden ingevuld indien een Centrale Autoriteit een verzoek indient om een alimentatiebeslissing te erkennen en/of ten uitvoer te leggen in een andere lidstaat. Dit betekent dat Bijlage VI dient te worden ingevuld indien het verzoek gebaseerd is op art. 56 lid 1 onderdeel a of onderdeel b, of art. 56 lid 2 onderdeel a Alimentatieverordening.

BIJLAGE VII
Aanvraagformulier voor de verkrijging of de wijziging van een beslissing inzake onderhoudsverplichtingen
(artikel 56 en artikel 57 van Verordening (EG) nr. 4/2009 van de Raad van 18 december 2008 betreffende de bevoegdheid, het toepasselijke recht, de erkenning en de tenuitvoerlegging van beslissingen, en de samenwerking op het gebied van onderhoudsverplichtingen (1))

A. In te vullen door de verzoekende centrale autoriteit

1. VERZOEK

□ Verzoek om vaststelling van een beslissing (artikel 56, lid 1, punt c))
□ Verzoek om vaststelling van een beslissing (artikel 56, lid 1, punt d))
□ Verzoek om wijziging van een beslissing (artikel 56, lid 1, punt e))
□ Verzoek om wijziging van een beslissing (artikel 56, lid 1, punt f))
□ Verzoek om wijziging van een beslissing (artikel 56, lid 2, punt b))
□ Verzoek om wijziging van een beslissing (artikel 56, lid 2, punt c))

(1) *PB* L 7 van 10.1.2009, blz. 1.

2. VERZOEKENDE CENTRALE AUTORITEIT

2.1. Naam: ...

2.2. Adres:

2.2.1. Straat en huisnummer/postbus: ...

2.2.2. Plaats en postcode: ...

2.2.3. lidstaat

□ België □ Bulgarije □ Tsjechië □ Duitsland □ Estland □ Ierland □ Griekenland □ Spanje □ Frankrijk □ Kroatië □ Italië □ Cyprus □ Letland □ Litouwen □ Luxemburg □ Hongarije □ Malta □ Nederland □ Oostenrijk □ Polen □ Portugal □ Roemenië □ Slovenië □ Slowakije □ Finland □ Zweden □ Verenigd Koninkrijk

2.3. Telefoon: ...

2.4. Fax ...

2.5. E-mail: ...

2.6. Referentienummer van het verzoek: ...

Te behandelen samen met het verzoek/de verzoeken met het/de volgende referentienummer(s): ...

2.7. Met de behandeling van het verzoek belaste persoon:

2.7.1. Naam en voornaam/voornamen: ...

2.7.2. Telefoon: ...

2.7.3. E-mail: ...

3. AANGEZOCHTE CENTRALE AUTORITEIT

3.1. Naam: ...

3.2. Adres:

3.2.1. Straat en huisnummer/postbus: ...

3.2.2. Plaats en postcode: ...

3.2.3. lidstaat

□ België □ Bulgarije □ Tsjechië □ Duitsland □ Estland □ Ierland □ Griekenland □ Spanje □ Frankrijk □ Kroatië □ Italië □ Cyprus □ Letland □ Litouwen □ Luxemburg □ Hongarije □ Malta □ Nederland □ Oostenrijk □ Polen □ Portugal □ Roemenië □ Slovenië □ Slowakije □ Finland □ Zweden □ Verenigd Koninkrijk

4. NAAR GELANG VAN HET GEVAL BIJ HET VERZOEK TE VOEGEN STUKKEN (2)

□ Beslissing van de aangezochte lidstaat waarbij de erkenning of de uitvoerbaarverklaring is geweigerd

□ Afschrift van de te wijzigen beslissing

□ Uittreksel van de te wijzigen beslissing

□ Stuk(ken) ter staving van gewijzigde inkomenspositie of van andere gewijzigde omstandigheden

□ Geboorteakte(n) of daarmee gelijkgesteld stuk

□ Erkenning van bloedverwantschap door de onderhoudsplichtige

□ Stuk ter staving van de biologische afstamming

(2) Gelieve de desbetreffende vakjes aan te kruisen en de bijlagen te nummeren.

- □ Beslissing van een bevoegde autoriteit met betrekking tot de bloedverwantschap
- □ Resultaten van genetisch onderzoek
- □ Adoptieakte
- □ Huwelijksakte of akte van andere samenlevingsvorm
- □ Stukken ter staving van datum van echtscheiding/scheiding van tafel en bed
- □ Stuk ter staving van de samenwoning van partijen
- □ Bewijs/bewijzen van schoolopleiding
- □ Stuk(ken) ter staving van de financiële situatie
- □ Andere, namelijk: ...

Aantal aan het aanvraagformulier gehechte stukken: ...
Gedaan te: ... op ... (dd/mm/jjjj)
Naam en handtekening van de gemachtigde functionaris van de verzoekende centrale autoriteit:
...

B. In te vullen door de verzoeker of, in voorkomend geval, door de persoon/de autoriteit die in de verzoekende lidstaat gemachtigd is om namens de verzoeker het formulier in te vullen

5. VERZOEK

5.1. □ Verzoek om vaststelling van een beslissing
5.1.1. □ De bloedverwantschap is niet vastgesteld
5.1.2. □ Er is geen beslissing
5.1.3. □ De bestaande beslissing kan niet worden erkend en uitvoerbaar verklaard
5.1.4. □ Bedrag waarop aanspraak wordt gemaakt: ...
5.2. □ Verzoek om wijziging van een beslissing
5.2.1. □ De beslissing is gegeven in de aangezochte lidstaat
5.2.2. □ De beslissing is gegeven in een andere staat dan de aangezochte lidstaat
5.2.3. Datum (dd/mm/jjjj) en referentienummer van de beslissing: ...
5.2.4. Naam van het gerecht van herkomst: ...
5.2.5. Opgetreden verandering in de omstandigheden:

- □ Verandering van inkomsten:
  - □ van de persoon/personen voor wie levensonderhoud wordt gevraagd of verschuldigd is
  - □ van de persoon die de persoon (personen) voor wie levensonderhoud wordt gevraagd of verschuldigd is, hoofdzakelijk ten laste heeft
  - □ van de onderhoudsplichtige
- □ Verandering van de uitgaven en lasten:
  - □ van de persoon/personen voor wie levensonderhoud wordt gevraagd of verschuldigd is
  - □ van de persoon die de persoon (personen) voor wie levensonderhoud wordt gevraagd of verschuldigd is, hoofdzakelijk ten laste heeft
  - □ van de onderhoudsplichtige
- □ Verandering in de situatie van het kind (de kinderen)

□ Wijziging van de burgerlijke staat:

□ van de persoon/personen voor wie levensonderhoud wordt gevraagd of verschuldigd is

□ van de persoon die de persoon (personen) voor wie levensonderhoud wordt gevraagd of verschuldigd is, hoofdzakelijk ten laste heeft

□ van de onderhoudsplichtige

□ Andere, namelijk: …

5.2.6. Gevraagde wijziging(en):

□ Verhoging van de onderhoudsuitkering:

□ De onderhoudsuitkering dient te worden verhoogd met (gelieve te preciseren): …

□ De nieuwe onderhoudsuitkering dient te bedragen (gelieve te preciseren):

Valuta

□ Euro (EUR) □ Bulgaarse lev (BGN) □ Tsjechische kroon (CZK) □ Pond sterling (GBP) □ Kroatische kuna (HRK) □ Hongaarse forint (HUF) □ Poolse zloty (PLN) □ Roemeense leu (RON) □ Zweedse kroon (SEK) □ Andere (gelieve de ISO-code te vermelden): …

□ Verlaging van de onderhoudsuitkering:

□ De onderhoudsuitkering dient te worden verlaagd met (specificeren): …

□ De nieuwe onderhoudsuitkering dient te bedragen (specificeren):

Valuta

□ Euro (EUR) □ Bulgaarse lev (BGN) □ Tsjechische kroon (CZK) □ Pond sterling (GBP) □ Kroatische kuna (HRK) □ Hongaarse forint (HUF) □ Poolse zloty (PLN) □ Roemeense leu (RON) □ Zweedse kroon (SEK) □ Andere (gelieve de ISO-code te vermelden): …

□ Wijziging van de frequentie van de uitkeringen (gelieve te preciseren): …

□ Wijziging van de betalingswijze (gelieve te preciseren): …

□ Wijziging van de aard van de betalingen (gelieve te preciseren): …

□ Opheffing van de onderhoudsverplichting (gelieve te preciseren): …

□ Andere, namelijk …

6. *VERZOEKER*

6.1. Naam en voornaam/voornamen: …

6.2. Adres:

□ Het onderstaande adres is het persoonlijke adres van de verzoeker.

□ De verzoeker heeft te maken met huiselijk geweld [(3)]. Het onderstaande adres is een adres ten behoeve van: … (naam en voornaam/voornamen)

6.2.1. Straat en huisnummer/postbus: …

6.2.2. Plaats en postcode: …

(3) Het nationale recht van de aangezochte rechtsstaat kan echter vereisen dat de verzoeker zijn persoonlijk adres opgeeft om de procedure te kunnen inleiden (zie artikel 57, lid 3, van Verordening (EG) nr. 4/2009).

6.2.3. lidstaat

□ België □ Bulgarije □ Tsjechië □ Duitsland □ Estland □ Ierland □ Griekenland □ Spanje □ Frankrijk □ Kroatië □ Italië □ Cyprus □ Letland □ Litouwen □ Luxemburg □ Hongarije □ Malta □ Nederland □ Oostenrijk □ Polen □ Portugal □ Roemenië □ Slovenië □ Slowakije □ Finland □ Zweden □ Verenigd Koninkrijk

6.3. Telefoon/e-mail: …

6.4. Geboortedatum (dd/mm/jjjj) en -plaats: …

6.5. Identiteitskaartnummer of socialezekerheidsnummer/burgerservicenummer (4): …

6.6. Nationaliteit: …

6.7. Beroep: …

6.8. Burgerlijke staat: …

6.9. In voorkomend geval, naam, voornaam/voornamen en contactgegevens van de vertegenwoordiger van de verzoeker (advocaat …):

7. *VERWEERDER*

7.1. Naam en voornaam/voornamen: …

7.2. Adres (5):

7.2.1. Straat en huisnummer/postbus: …

7.2.2. Plaats en postcode: …

7.2.3. lidstaat

□ België □ Bulgarije □ Tsjechië □ Duitsland □ Estland □ Ierland □ Griekenland □ Spanje □ Frankrijk □ Kroatië □ Italië □ Cyprus □ Letland □ Litouwen □ Luxemburg □ Hongarije □ Malta □ Nederland □ Oostenrijk □ Polen □ Portugal □ Roemenië □ Slovenië □ Slowakije □ Finland □ Zweden □ Verenigd Koninkrijk

7.3. Geboortedatum (dd/mm/jjjj) en -plaats (6): …

7.4. Identiteitskaartnummer of socialezekerheidsnummer/burgerservicenummer (7): …

7.5. Nationaliteit (8): …

7.6. Beroep (9): …

7.7. Burgerlijke staat (10): …

8. *ALLE ANDERE GEGEVENS DIE VAN NUT KUNNEN ZIJN VOOR DE OPSPORING VAN DE VERWEERDER:*

…

(4) Indien deze gegevens beschikbaar zijn.
(5) Indien deze gegevens beschikbaar zijn.
(6) Indien deze gegevens beschikbaar zijn.
(7) Indien deze gegevens beschikbaar zijn.
(8) Indien deze gegevens beschikbaar zijn.
(9) Indien deze gegevens beschikbaar zijn.
(10) Indien deze gegevens beschikbaar zijn.

9. *PERSOON VOOR WIE LEVENSONDERHOUD WORDT GEVRAAGD OF VERSCHULDIGD IS* (11)

9.1. □ Dezelfde persoon als de verzoeker in punt 6

9.2. □ Dezelfde persoon als de verweerder in punt 7

9.3. □ De verzoeker □ De verweerder

is de wettelijke vertegenwoordiger (12) van de belangen van de volgende persoon/personen:

9.3.1. *Persoon A*

9.3.1.1. Naam en voornaam/voornamen: ...

9.3.1.2. Geboortedatum (dd/mm/jjjj) en -plaats: ...

9.3.1.3. Identiteitskaartnummer of socialezekerheidsnummer/burgerservicenummer (13): ...

9.3.1.4. Nationaliteit (14): ...

9.3.1.5. Beroep (15): ...

9.3.1.6. Burgerlijke staat (16): ...

9.3.1.7. Onderhoudsverplichting voortvloeiend uit:

□ Bloedverwantschap (gelieve de band te preciseren): ...
□ Huwelijk
□ Andere samenlevingsvorm
□ Aanverwantschap (gelieve de band te preciseren): ...
□ Andere (gelieve te preciseren) ...

9.3.2. *Persoon B*

9.3.2.1. Naam en voornaam/voornamen: ...

9.3.2.2. Geboortedatum (dd/mm/jjjj) en -plaats: ...

9.3.2.3. Identiteitskaartnummer of socialezekerheidsnummer/burgerservicenummer (17): ...

9.3.2.4. Nationaliteit (18): ...

9.3.2.5. Beroep (19): ...

9.3.2.6. Burgerlijke staat (20): ...

9.3.2.7. Onderhoudsverplichting voortvloeiend uit:

□ Bloedverwantschap (gelieve de band te preciseren): ...
□ Huwelijk
□ Andere samenlevingsvorm
□ Aanverwantschap (gelieve de band te preciseren): ...
□ Andere (gelieve te preciseren) ...

---

(11) Gelieven een extra blad toe te voegen indien er meer dan drie personen zijn.
(12) Bijvoorbeeld de persoon die de ouderlijke verantwoordelijkheid uitoefent of de voogd van een beschermde meerderjarige.
(13) Indien deze gegevens beschikbaar en/of relevant zijn.
(14) Indien deze gegevens beschikbaar en/of relevant zijn.
(15) Indien deze gegevens beschikbaar en/of relevant zijn.
(16) Indien deze gegevens beschikbaar en/of relevant zijn.
(17) Indien deze gegevens beschikbaar en/of relevant zijn.
(18) Indien deze gegevens beschikbaar en/of relevant zijn.
(19) Indien deze gegevens beschikbaar en/of relevant zijn.
(20) Indien deze gegevens beschikbaar en/of relevant zijn.

9.3.3. *Persoon C*
9.3.3.1. Naam en voornaam/voornamen: ...
9.3.3.2. Geboortedatum (dd/mm/jjjj) en -plaats: ...
9.3.3.3. Identiteitskaartnummer of socialezekerheidsnummer/burgerservicenummer [21]: ...
9.3.3.4. Nationaliteit [22]: ...
9.3.3.5. Beroep [23]: ...
9.3.3.6. Burgerlijke staat [24]: ...
9.3.3.7. Onderhoudsverplichting voortvloeiend uit:
□ Bloedverwantschap (gelieve de band te preciseren):
□ Huwelijk
□ Andere samenlevingsvorm
□ Aanverwantschap (gelieve de band te preciseren): ...
□ Andere (gelieve te preciseren) ...

10. ONDERHOUDSPLICHTIGE

10.1. □ Dezelfde persoon als de verzoeker in punt 6
10.2. □ Dezelfde persoon als de verweerder in punt 7
10.3. □ De verzoeker □ De verweerder
is de wettelijke behartiger [25] van de belangen van de volgende persoon:
10.3.1. Naam en voornaam/voornamen: ...
10.3.2. Geboortedatum (dd/mm/jjjj) en -plaats: ...
10.3.3. Identiteitskaartnummer of socialezekerheidsnummer/burgerservicenummer [26]: ...
10.3.4. Nationaliteit [27]: ...
10.3.5. Beroep [28]: ...
10.3.6. Burgerlijke staat [29]: ...
10.3.7. Levensonderhoud voortvloeiend uit:
□ Bloedverwantschap (gelieve de band te preciseren): ...
□ Huwelijk
□ Andere samenlevingsvorm
□ Aanverwantschap (gelieve de band te preciseren): ...
□ Andere (gelieve te preciseren) ...

(21) Indien deze gegevens beschikbaar en/of relevant zijn.
(22) Indien deze gegevens beschikbaar en/of relevant zijn.
(23) Indien deze gegevens beschikbaar en/of relevant zijn.
(24) Indien deze gegevens beschikbaar en/of relevant zijn.
(25) Bijvoorbeeld de persoon die de ouderlijke verantwoordelijkheid uitoefent of de voogd van een beschermde meerderjarige.
(26) Indien deze gegevens beschikbaar zijn.
(27) Indien deze gegevens beschikbaar zijn.
(28) Indien deze gegevens beschikbaar zijn.
(29) Indien deze gegevens beschikbaar zijn.

11. *GEGEVENS OVER DE FINANCIËLE TOESTAND VAN DE PERSONEN OP WIE HET VERZOEK BETREKKING HEEFT (ALLEEN DE GEGEVENS VERMELDEN DIE RELEVANT ZIJN VOOR HET VASTSTELLEN OF WIJZIGEN VAN EEN BESLISSING)*

11.1. **Valuta**

□ Euro (EUR) □ Bulgaarse lev (BGN) □ Tsjechische kroon (CZK) □ Pond sterling (GBP) □ Kroatische kuna (HRK) □ Hongaarse forint (HUF) □ Poolse zloty (PLN) □ Roemeense leu (RON) □ Zweedse kroon (SEK) □ Andere (gelieve de ISO-code te vermelden): ...

11.2. **De persoon (personen) voor wie levensonderhoud wordt gevraagd of verschuldigd is en de persoon die deze persoon (personen) in hoofdzaak onderhoudt**

11.2.1. *Bruto-inkomen*

□ op maandbasis □ op jaarbasis	Persoon die de persoon (de personen) voor wie levensonderhoud wordt gevraagd of verschuldigd is, in hoofdzaak onderhoudt	Huidige echtgeno(o)t(e) of partner van de persoon die de persoon (personen) voor wie levensonderhoud wordt gevraagd of verschuldigd is, in hoofdzaak onderhoudt	Persoon voor wie levensonderhoud wordt gevraagd of verschuldigd is (Persoon A)	Persoon voor wie levensonderhoud wordt gevraagd of verschuldigd is (Persoon B)	Persoon voor wie levensonderhoud wordt gevraagd of verschuldigd is (Persoon C)
Inkomsten uit arbeid in loondienst (inclusief voordelen in natura), ouderdomspensioen, invaliditeitspensioen, levensonderhoud, rente, lijfrente en werkloosheidsuitkeringen					
Inkomen uit arbeid anders dan in loondienst					
Inkomen uit effecten/roerende waarden/onroerende inkomsten					

Andere bronnen van inkomsten	
TOTAAL	

11.2.2. *Uitgaven en lasten*

□ op maandbasis □ op jaarbasis	Persoon die de persoon (de personen) voor wie levensonderhoud wordt gevraagd of verschuldigd is, in hoofdzaak onderhoudt	Huidige echtgeno(o)t(e) of partner van de persoon die de persoon (personen) voor wie levensonderhoud wordt gevraagd of verschuldigd is, in hoofdzaak onderhoudt	Persoon voor wie levensonderhoud wordt gevraagd of verschuldigd is (Persoon A)	Persoon voor wie levensonderhoud wordt gevraagd of verschuldigd is (Persoon B)	Persoon voor wie levensonderhoud wordt gevraagd of verschuldigd is (Persoon C)
Heffingen en belastingen					
Verzekeringspremies, verplichte sociale en beroepsmatige afdrachten					
Huur/kosten van mede-eigenaarschap, aflossing van hypothecaire leningen					
Kosten voor voeding en kleding					
Medische kosten					
Uitkeringen van levensonderhoud aan een derde uit hoofde van een wettelijke verplichting en/of uitgaven voor andere dan de in het verzoek bedoelde personen ten laste van de onderhoudsplichtige					
Studiekosten van de kinderen					

Afbetaling van leningen, andere schulden		
Andere uitgaven		
TOTAAL		

11.2.3. *Andere vermogensbestanddelen*

...

11.3. De onderhoudsplichtige

11.3.1. *Bruto-inkomsten*

☐ op maandbasis ☐ op jaarbasis	Onderhouds-plichtige	Huidige echtgeno(o)t(e) of partner van de onderhoudsplichtige
Inkomsten uit arbeid in loondienst (inclusief voordelen in natura), ouderdomspensioen, invaliditeitspensioen, levensonderhoud, rente, lijfrente en werkloosheidsuitkeringen		
Inkomen uit arbeid anders dan in loondienst		
Inkomen uit effecten/roerende waarden/onroerende inkomsten		
Andere inkomensbronnen		
TOTAAL		

11.3.2. Uitgaven en lasten

☐ op maandbasis ☐ op jaarbasis	Onderhouds-plichtige	Huidige echtgeno(o)t(e) of partner van de onderhoudsplichtige
Heffingen en belastingen		
Verzekeringspremies, verplichte sociale en beroepsmatige afdrachten		
Huur/kosten van mede-eigenaarschap, aflossing van hypothecaire leningen		
Kosten voor voeding en kleding		
Medische kosten		
Uitkeringen van levensonderhoud aan een derde uit hoofde van een wettelijke verplichting en/of uitgaven voor andere dan de in het verzoek bedoelde personen ten laste van de onderhoudsplichtige		
Studiekosten van de kinderen		
Afbetaling van leningen, andere schulden		
Andere uitgaven		
TOTAAL		

11.3.3. Andere vermogensbestanddelen

...

12. GEGEVENS OVER DE BETALING INDIEN HET VERZOEK UITGAAT VAN DE ONDERHOUDSGERECHTIGDE

12.1. Elektronische betaling
12.1.1. Naam van de bank: ...
12.1.2. BIC of andere relevante bankcode: ...
12.1.3. Rekeninghouder: ...
12.1.4. Internationaal bankrekeningnummer (IBAN): ...
12.2. Betaling per cheque
12.2.1. Cheque ten name van: ...
12.2.2. Cheque te sturen aan
12.2.2.1. Naam en voornaam/voornamen: ...
12.2.2.2. Adres:
12.2.2.2.1. Straat en nummer/postbus: ...
12.2.2.2.2. Plaats en postcode: ...
12.2.2.2.3. Land: ...

13. EVENTUELE AANVULLENDE INFORMATIE:

...

Gedaan te: ... op ... (dd/mm/jjjj)
Handtekening van de aanvrager: ... en/of, in voorkomend geval:
Naam en handtekening van de persoon/autoriteit die in de verzoekende lidstaat gemachtigd is om namens de verzoeker een formulier in te vullen:
...

[17-02-2015, PbEU L 49, i.w.tr. 12-03-2015/regelingnummer 2015/228]

[Inleidende opmerkingen]

Betekenis. Op grond van art. 57 lid 1 Alimentatieverordening dient Bijlage VII te worden ingevuld indien een Centrale Autoriteit een verzoek indient om een alimentatiebeslissing te wijzigen of te laten vaststellen. Dit betekent dat Bijlage VII dient te worden ingevuld indien het verzoek gebaseerd is op art. 56 lid 1 onderdeel c, onderdeel d, onderdeel e of onderdeel f, of art. 56 lid 2 onderdeel b of onderdeel c Alimentatieverordening.

BIJLAGE VIII

Bevestiging van ontvangst van een verzoek

(artikel 58, lid 3, van Verordening (EG) nr. 4/2009 van de Raad van 18 december 2008 betreffende de bevoegdheid, het toepasselijke recht, de erkenning en de tenuitvoerlegging van beslissingen, en de samenwerking op het gebied van onderhoudsverplichtingen [(1)])

(1) *PB* L 7 van 10.1.2009, blz. 1.

Deze ontvangstbevestiging dient uiterlijk 30 dagen na ontvangst van het verzoek te worden toegezonden

1 VERZOEKENDE CENTRALE AUTORITEIT

1.1. Referentienummer van de verzoekende centrale autoriteit: …

1.2. Naam en voornaam/voornamen van de met de behandeling van het verzoek belaste persoon: …

2 AANGEZOCHTE CENTRALE AUTORITEIT

2.1. Referentienummer van de aangezochte centrale autoriteit: …

2.2. Met de behandeling van het verzoek belaste persoon:

2.2.1. Naam en voornaam/voornamen: …

2.2.2. Telefoon: …

2.2.3. Fax: …

2.2.4. E-mail: …

3 INGEKOMEN:…(DD/MM/JJJJ)

4 EERSTE STAPPEN DIE ZIJN OF ZULLEN WORDEN ONDERNOMEN VOOR DE BEHANDELING VAN HET VERZOEK

…

…

…

…

5 □ BENODIGDE BIJKOMENDE STUKKEN OF GEGEVENS (GELIEVE TE PRECISEREN WELKE)

…

…

…

Een voortgangsbericht volgt binnen een termijn van 60 dagen.
Gedaan te:…op:…(dd/mm/jjjj)
Naam en handtekening van de gemachtigde functionaris van de aangezochte centrale autoriteit:
…
[18-12-2008, PbEU L 7, i.w.tr. 30-01-2009/regelingnummer 4/2009]

[Inleidende opmerkingen]

Betekenis. Een Centrale Autoriteit kan een andere Centrale Autoriteit verzoeken om stappen te ondernemen zodat onderhoudsverplichtingen worden nagekomen. Binnen dertig dagen na de datum van ontvangst van het verzoek dient de Centrale Autoriteit de ontvangst van het verzoek te bevestigen met het gebruik van Bijlage VIII.

BIJLAGE IX

Bericht van weigering om een verzoek in behandeling te nemen of van stopzetting van de behandeling van het verzoek

(Artikel 58, leden 8 en 9, van Verordening (EG) nr. 4/2009 van de Raad van 18 december 2008 betreffende de bevoegdheid, het toepasselijke recht, de erkenning en de tenuitvoerlegging van beslissingen, en de samenwerking op het gebied van onderhoudsverplichtingen [(1)])

1. Verzoekende centrale autoriteit

1.1. Referentienummer van de verzoekende centrale autoriteit: ...

1.2. Naam en voornaam/voornamen van de met de behandeling van het verzoek belaste persoon: ...

2. Aangezochte centrale autoriteit

2.1. Referentienummer van de aangezochte centrale autoriteit: ...

2.2. Met de behandeling van het verzoek belaste persoon:

2.2.1. Naam en voornaam/voornamen: ...

2.2.2. Telefoon: ...

2.2.3. Fax: ...

2.2.4. E-mail: ...

3. □ De aangezochte centrale autoriteit weigert de aanvraag te behandelen omdat kennelijk niet aan de vereisten is voldaan.

Redenen (gelieve te preciseren):

...

...

...

...

...

...

...

4. □ De aangezochte centrale autoriteit behandelt het verzoek niet verder omdat de verzoekende centrale autoriteit de aanvullende stukken of gegevens waar de aangezochte centrale autoriteit om heeft verzocht, niet binnen 90 dagen of een door de aangezochte autoriteit gestelde langere termijn, heeft verstrekt.

Gedaan te:...op:...(dd/mm/jjjj)

Naam en handtekening van de gemachtigde functionaris van de aangezochte centrale autoriteit:

...

[18-12-2008, PbEU L 7, i.w.tr. 30-01-2009/regelingnummer 4/2009]

(1) *PB* L 7 van 1.10.2009 (*red.*: lees: 10.1.2009), blz. 1.

[Inleidende opmerkingen]

Betekenis. Een centrale autoriteit kan een verzoek in de zin van hfdst. VII Alimentatie Verordening indienen op grond van art. 55. De toegestane verzoeken zijn vermeld in art. 56. De centrale autoriteit van de verzoekende lidstaat staat de verzoeker bij teneinde te verzekeren dat het verzoek vergezeld gaat van alle gegevens en stukken die voor de behandeling van het verzoek zijn vereist. De ontvangende autoriteit dient bijlage VIII te gebruiken om de ontvangst van het verzoek te bevestigen. Indien de ontvangende centrale autoriteit het verzoek wenst af te wijzen dan dient zij gebruik te maken van het modelformulier opgenomen in bijlage IX (zie art. 58 lid 8 Alimentatie Verordening).

BIJLAGE X

De in artikel 2, lid 2, van Verordening (EG) nr. 4/2009 bedoelde administratieve autoriteiten zijn:

- in Letland, het alimentatiewaarborgfonds ('Uzturlīdzekļu Garantiju Fonds');
- in Finland, de sociale dienst ('Sosiaalilautakunta/Socialnämnd');
- in Zweden, de tenuitvoerleggingsinstantie ('Kronofogdemyndigheten');
- in het Verenigd Koninkrijk:
  a) in Engeland en Wales en Schotland, het Ministerie van Werk en Pensioenen ('Department for Work and Pensions'), met inbegrip van het administratieve kantoor voor kinderbescherming ('Child Support Agency') en voor onderhoudsverplichtingen ('Child Maintenance Service');
  b) in Noord-Ierland, de afdeling onderhoudsverplichtingen ('Child Maintenance Service').

[10-12-2018, PbEU L 314, i.w.tr. 31-12-2018/regelingnummer 2018/1937]

[Inleidende opmerkingen]

Betekenis. In sommige lidstaten worden beslissingen inzake kinderalimentatie door administratieve autoriteiten vastgelegd. Art. 2 lid 2 Alimentatieverordening geeft aan dat de namen van deze autoriteiten in Bijlage X zijn opgenomen. Deze lijst kan op grond van art. 73 lid 2 Alimentatieverordening worden aangepast.

BIJLAGE XI

De in artikel 47, lid 3, van Verordening (EG) nr. 4/2009 bedoelde bevoegde autoriteiten zijn:

- in Finland, het Bureau voor rechtsbijstand ('Oikeusaputoimisto/Rättshjälpsbyrå').

[10-11-2011, PbEU L 293, i.w.tr. 12-11-2011/regelingnummer 1142/2011]

[Inleidende opmerkingen]

Betekenis. Art. 47 lid 1 geeft een partij de mogelijkheid om kosteloos rechtsbijstand te verkrijgen overeenkomstig het nationale recht. In afwijking van deze bepaling heeft de partij die in de lidstaat van herkomst voor het geheel of een gedeelte rechtsbijstand of vrijstelling van kosten en uitgaven heeft genoten, in iedere procedure van erkenning, van uitvoerbaarverklaring of van tenuitvoerlegging recht op de meest gunstige rechtsbijstand of de meest ruime vrijstelling van kosten en uitgaven waarin het recht van de lidstaat van tenuitvoerlegging voorziet. Deze uitzondering ziet echter op een gerechtelijke procedure. In sommige lidstaten kunnen administratieve autoriteiten alimentatiebedragen vaststellen. Deze autoriteiten zijn in Bijlage X opgenomen. Het gaat hierbij om autoriteiten uit drie lidstaten, namelijk Finland, Zweden en het Verenigd Koninkrijk. Art. 47 lid 3 geeft aan dat in afwijking van art. 47 lid 1 een persoon gebruik kan maken van art. 47 lid 2 ook al heeft die persoon voor een autoriteit geprocedeerd die op de lijst van Bijlage X vermeld staat. Dit kan slechts indien de autoriteit vermeld staat op de lijst in Bijlage XI. Dit geldt derhalve slechts voor Finland.

Protocol inzake het recht dat van toepassing is op onderhoudsverplichtingen

Protocol van 23 november 2007, Trb. 2011, 145 (i.w.tr. 01-08-2013)

Preambule
De Staten die dit Protocol hebben ondertekend,
Geleid door de wens gemeenschappelijke bepalingen vast te stellen inzake het recht dat van toepassing is op onderhoudsverplichtingen,
Geleid door de wens het *Verdrag van 's-Gravenhage van 24 oktober 1956 nopens de wet welke op alimentatieverplichtingen jegens kinderen toepasselijk is* en het *Verdrag van 's-Gravenhage van 2 oktober 1973 inzake de wet die van toepassing is op onderhoudsverplichtingen te moderniseren,*
Geleid door de wens algemene regels inzake het toepasselijk recht te ontwikkelen die het *Verdrag van Den Haag van 23 november 2007 inzake de internationale inning van levensonderhoud voor kinderen en andere familieleden* kunnen aanvullen,
Hebben besloten hiertoe een Protocol te sluiten en zijn de volgende bepalingen overeengekomen:

Artikel 1
Toepassingsgebied

1. Dit Protocol bepaalt het recht dat van toepassing is op onderhoudsverplichtingen die voortvloeien uit een familiebetrekking, bloedverwantschap, huwelijk of aanverwantschap, met inbegrip van onderhoudsverplichtingen jegens kinderen, ongeacht de burgerlijke staat van de ouders.
2. Beslissingen, gegeven met toepassing van dit Protocol, houden geen oordeel in over het bestaan van de banden bedoeld in het eerste lid.
[23-11-2007, Trb. 145, i.w.tr. 01-08-2013]

1. Algemeen. Het protocol is alleen van toepassing op de in het artikel genoemde onderhoudsverplichtingen. Het gaat om onderhoudsverplichtingen die voortvloeien uit de wet en gebaseerd zijn op, kort gezegd, familieverhoudingen. Het protocol wijst alleen het recht aan dat toepasselijk is op de in art. 1 lid 1 genoemde onderhoudsverplichtingen, niet het recht dat de familieverhoudingen beheerst waarop die onderhoudsverplichtingen zijn gebaseerd. Het is derhalve denkbaar dat bijvoorbeeld voor afstammingsverhoudingen een andere verwijzingsregel geldt dan voor de op de afstammingsverhoudingen gebaseerde onderhoudsverplichtingen. In tegenstelling tot het Haags alimentatieverdrag 1973 is in het Haags alimentatieprotocol 2007 een expliciete verwijzing naar een dergelijke beperking niet opgenomen (zie art. 2 lid 1 Haags alimentatieverdrag 1973). Deze omissie moet echter niet worden gelezen als een beleidswijziging. Het feit dat het protocol slechts het recht aanwijst dat toepasselijk is op de in art. 1 lid 1 genoemde onderhoudsverplichtingen, wordt geacht duidelijk te zijn op grond van de titel van het protocol en art. 1 lid 1 (zie *Rapport Bonomi*, nr. 23). Enkele belangrijke kwalificatievragen kunnen zich hier voordoen, vooral met betrekking tot de afbakening van de kwalificaties huwelijksvermogensrecht en erfrecht. Het verschil tussen onderhoud en huwelijksvermogensrecht is al eerder uiteengezet door het Hof van Justitie in de *De Cavel*-uitspraak (HvJ EG C-143/78 [1979] ECR 1055) en later in *Van Den Boogaard/Laumen* (HvJ EG C-220/95, [1997] ECR I-1147). Hoewel deze uitspraken in het licht van het oude EEX-verdrag werden gegeven, ligt het voor de hand dat deze uitspraken nog steeds relevant zijn in het kader van de huidige uitleg van het begrip 'onderhoudsverplichting' onder de nieuwe alimentatie-instrumenten (zie M. Torga, in P. Beaumont *et al, Recovery of Maintenance in the EU and Worldwide*, Hart 2014, p. 425-442). Hoewel het protocol zwijgt over de vraag of alimentatieovereenkomsten onder de reikwijdte van het protocol vallen, zijn er indicaties dat dit wel het geval is (bijvoorbeeld het feit dat partijen inmiddels een rechtskeuze mogen uitbrengen). Zie verder *Rapport Bonomi* nr. 32; L. Pellis, in: T. de Boer en F. Ibili (red.), *Nederlands Internationaal Personen- en Familierecht*, 2e druk, p. 221; *Asser/Vonken & Ibili 10-II* 2021/665.

2. Relaties van paren van gelijk geslacht (lid 1). Het bestaan en de geldigheid van formele relaties tussen paren van gelijk geslacht wordt steeds door het nationale recht bepaald en niet door het protocol. Het protocol wijst slechts het toepasselijk recht aan met betrekking tot het recht op onderhoud. Desalniettemin rijst de vraag of staten vrij zijn om relaties tussen paren van hetzelfde geslacht onder de reikwijdte van art. 5 Haags alimentatieprotocol 2007 te brengen. Hoewel er hierover werd gediscussieerd is uiteindelijk besloten om niets in de protocoltekst op te nemen. Dit betekent dat staten vrij zullen zijn om art. 5 toe te passen bij relaties van paren van gelijk geslacht, maar dat andere protocolsluitende staten ook vrij zullen zijn om het tegenovergestelde te doen (*Rapport Bonomi*, nr. 31 en *Asser/Vonken & Ibili 10-II* 2021/612). Met betrekking tot geregistreerde partnerschappen kan de vraag rijzen of dergelijke relaties onder de reikwijdte van het protocol vallen. Hoewel deze auteur van mening is dat dergelijke relaties wel onder de reikwijdte van het protocol dienen te vallen, zal in andere protocolsluitende staten een andere mening waarschijnlijk kunnen heersen. Gelet op art. 10:90 BW, hetgeen uitdrukkelijk naar de toepasselijkheid van het Haags alimentatieprotocol 2007 in dergelijk gevallen verwijst, zullen onderhoudsverplichtingen voortvloeiend uit een in Nederland of in het buitenland geregistreerd partnerschap onder de werking van het Haags alimentatieprotocol 2007 vallen.

3. Voorvragen. Het artikel laat zich niet expliciet uit over zogenaamde voorvragen, dat zijn vragen die kunnen rijzen bij toepassing van het aangewezen alimentatierecht en die aan een andere verwijzingsregel onderworpen kunnen zijn dan de alimentatie zelf. Een dergelijke vraag doet zich bijvoorbeeld voor wanneer een vrouw alimentatie wenst van haar ex-echtgenoot, doch deze laatste de geldigheid van het huwelijk bestrijdt. De alimentatievraag is de hoofdvraag, de vraag naar de geldigheid van het huwelijk is de voorvraag. Nemen wij aan dat de rechter van land A, die over de vordering moet oordelen, de alimentatie op grond van het protocol onderwerpt aan recht B. Welk recht beheerst in deze casus de geldigheid van het huwelijk? Het protocol geeft hier geen antwoord op. Het Toelichtend Rapport geeft duidelijk aan dat een voorkeur bestaat voor de doorzetting van de meest gebruikelijke oplossing onder de 1956- en 1973-verdragen, namelijk een afhankelijke aanknoping zodat het toepasselijke recht op de alimentatieverplichtingen ook van toepassing is op de voorvraag (*Rapport Bonomi*, nr. 24). Het rapport geeft echter ook aan dat deze oplossing niet bindend is voor protocolsluitende staten, en dat staten vrij zijn om een zelfstandige aanknoping te prefereren. Ongeacht welke oplossing wordt gekozen, dient steeds rekening te worden gehouden met de beperking van lid 2. Zie nader *Asser/Vonken & Ibili 10-II* 2021/667. Desalniettemin is in het Nederlands commune IPR in art. 10:4 BW voor een zelfstandige aanknoping gekozen, hetgeen betekent dat het recht dat van toepassing op de voorvraag kan afwijken van het recht dat van toepassing is op de hoofdvraag.

4. Rechtsgevolgen van beslissing op grond van het protocol (lid 2). Het is denkbaar dat de rechter zich uitlaat over het bestaan van een familierelatie als in art. 1 lid 1 Haags alimentatieprotocol 2007 genoemd, zonder dat het de bedoeling is om een dergelijke relatie vast te stellen. Vooral wanneer de rechter een eventuele voorvraag oplost volgens een ander rechtsstelsel dan hij zou toepassen wanneer die voorvraag zich als zelfstandige vraag zou aandienen, moet voorkomen worden dat er aan de overwegingen inzake een familiebetrekking een te ver gaande betekenis wordt toegekend. Daarom bepaalt art. 1 lid 2 Haags alimentatieprotocol 2007 uitdrukkelijk dat de krachtens het protocol gegeven beslissing niet het bestaan van de art. 1 lid 1 genoemde betrekkingen onverlet laat. Dit geldt uiteraard alleen voor zover de beslissing op het protocol is gebaseerd.

5. Verhouding met Haags Alimentatieverdrag 2007. De reikwijdte van het Haags alimentatieprotocol 2007 is breder dan het Haags Alimentatieverdrag 2007 (*Rapport Bonomi*, nr. 26 en 27). De reden hiervoor is dat de opstellers de ambitie hadden om het materiële toepassingsgebied van het protocol gelijk te laten lopen met het Haags alimentatieverdrag 1973.

Artikel 2
Universele toepassing

Dit Protocol is van toepassing ook indien het toepasselijke recht dat van een niet-Verdragsluitende Staat is.

[23-11-2007, Trb. 145, i.w.tr. 01-08-2013]

Betekenis. Het recht dat door het protocol wordt aangewezen is toepasselijk, ook wanneer het niet het recht is van een protocolsluitende staat. Evenmin behoeft er op enige andere wijze (bijvoorbeeld door de gewone verblijfplaats of nationaliteit van een der partijen) een verband te bestaan met een andere protocolsluitende staat. Er is derhalve geen wederkerigheidsvereiste voor de toepassing van het protocol.

Artikel 3
Algemene regel inzake toepasselijk recht

1. Tenzij dit Protocol anders bepaalt, worden onderhoudsverplichtingen beheerst door het recht van de Staat waar de onderhoudsgerechtigde zijn gewone verblijfplaats heeft.

2. In geval van verandering van de gewone verblijfplaats van de onderhoudsgerechtigde, is het recht van de Staat van de nieuwe gewone verblijfplaats van toepassing vanaf het tijdstip waarop de verandering intreedt.
[23-11-2007, Trb. 145, i.w.tr. 01-08-2013]

1. Algemeen. Het artikel geeft de hoofdregel van het protocol. Uitzonderingen zijn geformuleerd in art. 4-8. De grondslag voor de verwijzing naar de gewone verblijfplaats van de onderhoudsgerechtigde is het beschermingsbeginsel. Dit beginsel is in overeenstemming met de uitgangspunten van de Haagse alimentatieverdragen van 1956 en 1973.

2. Ratio. Naast het algemene beschermingsbeginsel heeft de keuze voor de gewone verblijfplaats van de schuldeiser bepaalde voordelen. Ten eerste wordt het onderhoudsbedrag vastgesteld op basis van de juridische en feitelijke omstandigheden in het land waar de schuldeiser woont (*Rapport Verwilghen*, nr. 138). Ten tweede wordt hierdoor gelijkheid gecreëerd tussen schuldeisers in hetzelfde land. Daarnaast wordt de gewone verblijfplaats meestal ook gebruikt in het kader van de bevoegdheidsregels (zie bijvoorbeeld art. 3 onderdeel b Europese Alimentatie Verordening). Door hetzelfde aanknopingspunt te gebruiken om het toepasselijke recht vast te stellen, zal de bevoegde autoriteit in de meeste gevallen de *lex fori* moeten toepassen.

3. Gewone verblijfplaats (lid 1). Met de term 'gewone verblijfplaats' wordt het conflictenrechtelijk woonplaatsbeginsel aangeduid, dat meer feitelijk van aard is dan het woonplaatsbegrip zoals dat in de meeste nationale rechtsstelsels bekend is. Het protocol biedt echter geen definitie van dit begrip. De aangezochte autoriteiten dienen wel rekening te houden met de uniforme uitleg van het protocol (zie art. 20). Zie nader uitleg Gerechtshof Amsterdam 18 februari 2014 (ECLI:NL:GHAMS:2014:1192), Gerechtshof Arnhem-Leeuwarden 11 maart 2014 (ECLI:NL:GHARL:2014:1981), Rechtbank Overijssel 6 juni 2018 (ECLI:NL:RBOVE:2018:2771).

4. Wijziging van gewone verblijfplaats (lid 2). Bij wijziging van de gewone verblijfplaats van de onderhoudsgerechtigde wordt het recht van het land van de nieuwe gewone verblijfplaats van toepassing zodra de verandering intreedt. Deze oplossing is hetzelfde als in art. 1 lid 2 Haags alimentatieverdrag 1956 en art. 4 lid 2 Haags alimentatieverdrag 1973. Het dient te worden opgemerkt dat dit artikel slechts toepassing heeft op het moment dat de schuldeiser een nieuwe *gewone* verblijfplaats heeft. Indien de schuldeiser tijdelijk naar een ander land verhuist, dan is art. 4 lid 2 niet van toepassing.

Artikel 4
Bijzondere regels die bepaalde onderhoudsgerechtigden begunstigen

1. De volgende bepalingen zijn van toepassing in geval van onderhoudsverplichtingen van:

a. ouders jegens hun kinderen;
b. personen niet zijnde ouders jegens personen die de leeftijd van 21 jaren nog niet hebben bereikt, met uitzondering van verplichtingen voortvloeiend uit de betrekkingen bedoeld in artikel 5; en
c. kinderen jegens hun ouders.

2. **Indien de onderhoudsgerechtigde op grond van het recht, bedoeld in artikel 3, geen levensonderhoud van de onderhoudsplichtige kan verkrijgen, is het recht van het forum van toepassing.**
3. **In afwijking van artikel 3 is, indien de onderhoudsgerechtigde de zaak aanhangig maakt bij de bevoegde autoriteit van de Staat waar de onderhoudsplichtige zijn gewone verblijfplaats heeft, het recht van het forum van toepassing. Indien de onderhoudsgerechtigde op grond van dit recht echter geen levensonderhoud van de onderhoudsplichtige kan verkrijgen, is het recht van de Staat van de gewone verblijfplaats van de onderhoudsgerechtigde van toepassing.**
4. **Indien de onderhoudsgerechtigde op grond van de rechtsstelsels, bedoeld in artikel 3 en in het tweede en derde lid van dit artikel, geen levensonderhoud van de onderhoudsplichtige kan verkrijgen, is het recht van de Staat van hun gemeenschappelijke nationaliteit, indien zij er een bezitten, van toepassing.**
[23-11-2007, Trb. 145, i.w.tr. 01-08-2013]

1. Algemeen. Art. 4 Haags alimentatieprotocol 2007 beschrijft een uitzondering op de in art. 3 neergelegde hoofdregel. De ratio achter deze uitzondering is dat voor bepaalde categorieën van onderhoudsgerechtigden de toepassing van het recht van de gewone verblijfplaats van de onderhoudsgerechtigde ongunstige resultaten met zich mee kan brengen. Art. 4 betekent echter niet dat andere bepalingen van het protocol geen toepassing vinden. Art. 3 blijft van toepassing, zij het vaak niet als eerste aanknopingsfactor. Art. 6 is bovendien in bepaalde gevallen ook van toepassing en art. 7 en 8 laten de mogelijkheid toe om een rechtskeuze te maken.

2. Categorieën. Om in aanmerking te komen voor de gunstiger conflictenregels, dient eerst te worden vastgesteld of er sprake is van de in art. 4 lid 1 Haags alimentatieprotocol 2007 limitatief opgesomde relaties. Er zijn drie relaties die profijt krijgen van de gunstigere regels. Ten eerste bepaalt art. 4 lid 1 onderdeel a Haags alimentatieprotocol 2007 dat onderhoudsverplichtingen van ouders jegens hun kinderen onder de reikwijdte van art. 4 vallen. Dit betekent echter niet dat het kind ongeacht zijn of haar leeftijd te allen tijde alimentatie zal kunnen ontvangen, want dit is afhankelijk van de materieelrechtelijke bepalingen van het aangewezen recht. Ten tweede zijn de bepalingen van art. 4 ook van toepassing in het geval van onderhoudsverplichtingen van andere personen dan ouders jegens personen die nog geen 21 jaar zijn, behalve voor verplichtingen die voortvloeien uit de in art. 5 bedoelde betrekkingen. In de praktijk betekent deze bepaling dat onderhoudsverplichtingen op grond van bloedverwantschap in de zij- of rechte lijn en aanverwantschap eronder zullen vallen. Deze begunstiging is echter wel begrensd door de mogelijkheid om art. 6 in te roepen. Tijdens de onderhandelingen werd stevig gediscussieerd over de vraag of de leeftijd van 18 of 21 jaar moet worden gekozen. Uiteindelijk is voor de leeftijd van 21 jaar gekozen om aan te sluiten bij de mondiale ontwikkeling om het recht op alimentatie toe te kennen aan jongvolwassenen in hoger onderwijs (*Rapport Bonomi*, nr. 57). Ten derde is art. 4 van toepassing op onderhoudsverplichtingen van kinderen jegens hun ouders. Deze verbreding van de begunstiging heeft brede steun gevonden tijdens de Bijzondere Commissie in mei 2007. Art. 6 geldt ook in het kader van de toepassing van art. 4 lid 1 onderdeel c Haags alimentatieprotocol 2007.

3. Toepassing van lex fori (lid 2). Indien de onderhoudsverplichting onder de reikwijdte van art. 4 lid 1 valt, dan geniet de onderhoudsgerechtigde van een subsidiair aanknopingspunt naar de *lex fori*. Deze oplossing is niet nieuw. Het vond namelijk al toepassing onder art. 3 Haags alimentatieverdrag 1956 en art. 6 Haags alimentatieverdrag 1973. Het artikel biedt echter slechts begunstiging aan indien het recht van gewone verblijfplaats van de onderhoudsgerechtigde geen enkel recht op onderhoud toekent. Kan de onderhoudsgerechtigde aan dit rechtsstelsel aanspraak op onderhoud ontlenen, die echter door bijzondere omstandigheden niet kan worden geëffectueerd, dan biedt het artikel geen oplossing (*Rapport Bonomi*, nr. 62). Ook kan het artikel niet worden gebruikt om te ontkomen aan de problemen die kunnen rijzen bij het achterhalen van de inhoud van het recht van de gewone verblijfplaats.

4. Omwisseling van lex fori en recht van gewone verblijfplaats (lid 3). Art. 4 lid 3 Haags alimentatieprotocol 2007 bepaalt dat de *lex fori* als uitgangspunt dient te worden gebruikt indien de schuldeiser de zaak aanhangig heeft gemaakt in de staat waar de schuldenaar zijn of haar gewone verblijfplaats heeft. Indien de schuldeiser echter niet op grond van dit recht onderhoud van de schuldenaar kan verkrijgen, is het recht van de staat waar de schuldenaar zijn gewone verblijfplaats heeft, van toepassing. Twee voorwaarden liggen hierin besloten. Ten eerste moet de zaak aanhangig worden gemaakt in de staat waar de schuldenaar zijn of haar gewone verblijfplaats heeft. Ten tweede dient het verzoek door de schuldeiser te zijn ingediend (*Rapport Bonomi*, nr. 65-69). Het Hof van Justitie de Europese Unie heeft bepaald dat art. 4 lid 3 aldus moet worden uitgelegd dat als deze bepaling is gebruikt om de onderhoudsbijdrage vast te stellen, uit deze bepaling niet volgt dat dit recht ook van toepassing is op een later verzoek van de onderhoudsplichtige om de onderhoudsbijdrage te verlagen. In dat geval dient de rechterlijke instantie opnieuw het toepasselijk recht vast te stellen door middel van de verwijzingsladder van art. 3 en 4 van het Protocol (HvJ EU 20 september 2018, C-214/17, ECLI:EU:C:2018:744 (*Molk*)).

5. Toepassing van lex patriae (lid 4). Indien de schuldeiser geen recht op onderhoud heeft op grond van art. 3, 4 lid 2 of 4 lid 3, dan is het recht van de gemeenschappelijke nationaliteit van toepassing. De voorwaarde 'geen recht op onderhoud' dient op dezelfde manier te worden uitgelegd als onder art. 4 lid 2 (zie aant. 2). De gemeenschappelijke nationaliteit als aanknoping is ook in het Haags alimentatieverdrag 1973 terug te vinden, maar aldaar wordt eerst naar het recht van de nationaliteit gekeken alvorens de *lex fori* toe te passen. Het protocol geeft geen antwoord op de vraag of er een realiteits- c.q. effectiviteitstoets dient te worden toegepast. In tegenstelling tot het *Rapport Verwilghen* met betrekking tot het Haags alimentatieverdrag 1973, stelt het toelichtend rapport bij het Haags alimentatieprotocol 2007 dat er noch een realiteitstoets noch een effectiviteitstoets dient te worden toegepast in het kader van de toepassing van art. 4 lid 4 (*Rapport Bonomi*, nr. 76).

6. Uiteindelijke aanknopingsladder. Door art. 3 en 4 Haags alimentatieprotocol 2007 samen te bekijken, kan worden geconstateerd dat er twee verschillende aanknopingsladders zijn afhankelijk van de plaats waar de zaak aanhangig is gemaakt en door wie de zaak aanhangig wordt gemaakt. Indien de zaak door de onderhoudsgerechtigde aanhangig is gemaakt in de staat waar de onderhoudsplichtige zijn gewone verblijfplaats heeft en de onderhoudsverplichting valt in één van de in art. 4 lid 1 uiteengezette categorieën dan dient ten eerste de *lex fori* te worden toegepast (art. 4 lid 2 jo. lid 3). Indien de onderhoudsgerechtigde geen recht heeft op onderhoud onder dit recht, dan dient het recht van de gewone verblijfplaats van de onderhoudsgerechtigde te worden toegepast (art. 4 lid 3 jo. art. 3). Indien de onderhoudsgerechtigde noch op grond van het recht van zijn of haar gewone verblijfplaats noch op grond van de *lex fori* recht heeft op onderhoud, dan dient het recht van de gemeenschappelijke nationaliteit te worden toegepast (art. 4 lid 4). Indien de zaak aanhangig is gemaakt in een staat anders dan waar de onderhoudsplichtige zijn of haar gewone verblijfplaats heeft (of in dat land aanhangig wordt gemaakt maar door iemand anders dan de onderhoudsgerechtigde) en de onderhoudsverplichting valt in één van de in art. 4 lid 1 uiteengezette categorieën, dan dient ten eerste het recht van de gewone verblijfplaats van de onderhoudsplichtige te worden toegepast (art. 4 lid 3 jo. art. 3). Indien de onderhoudsgerechtigde geen recht heeft op onderhoud onder dit recht, dan dient de *lex fori* te worden toegepast (art. 4 lid 2 jo. lid 3). Indien de onderhoudsgerechtigde noch op grond van het recht van zijn of haar gewone verblijfplaats noch op grond van de *lex fori* recht heeft op onderhoud dan dient het recht van de gemeenschappelijke nationaliteit te worden toegepast (art. 4 lid 4).

Artikel 5
Bijzondere regel met betrekking tot echtgenoten en ex-echtgenoten

In geval van onderhoudsverplichtingen tussen echtgenoten, ex-echtgenoten of tussen partijen bij een nietig verklaard huwelijk, is artikel 3 niet van toepassing indien een van de partijen zich daartegen verzet en het recht van een andere Staat, in het bijzonder dat van de Staat van hun laatste gemeenschappelijke gewone verblijfplaats, nauwer verbonden is met het huwelijk. In dat geval is het recht van die andere Staat van toepassing.

[23-11-2007, Trb. 145, i.w.tr. 01-08-2013]

1. Algemeen. Art. 5 Haags alimentatieprotocol 2007 bevat een bijzondere regel voor onderhoudsverplichtingen tussen echtgenoten en ex-echtgenoten. Indien één van de partijen verzoekt dat het recht van de gewone verblijfplaats van de onderhoudsgerechtigde niet dient te worden toegepast omdat het recht van een ander land nauwer is verbonden met het (voormalige) huwelijk van partijen. Art. 8 Haags alimentatieverdrag 1973 kent ook een bijzondere regel voor onderhoudsverplichtingen tussen (ex-)echtgenoten, maar art. 5 Haags alimentatieprotocol 2007 wijkt daar substantieel van af in meerdere opzichten.

2. Ratio. Verschillende redenen liggen ten grondslag aan het opnemen van art. 5 Haags alimentatieprotocol 2007. In sommige rechtsstelsels wordt slechts in uitzonderlijke situaties alimentatie toegekend aan een (ex-)echtgenote. In andere landen wordt onverkorte toepassing van het recht van de gewone verblijfplaats van de onderhoudsgerechtigde als onwenselijk geacht. De oplossing die onder het Haags alimentatieverdrag 1973 werd gebruikt (koppeling van het recht op de onderhoudsverplichtingen met het recht dat van toepassing is of was op de echtscheiding) heeft veel kritiek gekregen. In de zoektocht naar een goed compromis tussen de verschillende belangen in dergelijke situaties, heeft de Diplomatieke Sessie geopteerd voor een flexibele oplossing. Het recht van de gewone verblijfplaats van de schuldeiser is in beginsel van toepassing tenzij op verzoek van één van de partijen een beroep wordt gedaan op het recht van een ander land dat nauwer met het huwelijk is verbonden (*Rapport Bonomi*, nr. 78-82).

3. Verzoek door één partij. Deze oplossing is ongebruikelijk in de internationaal privaatrechtelijke instrumenten en codificaties. Het voordeel van een dergelijke bepaling is dat het rechtszekerheid verstrekt. Slechts in een geval waarin één van de partijen erom verzoekt zal er onduidelijkheid zijn met betrekking tot het toepasselijk recht. Het is derhalve niet mogelijk om artikel ambtshalve toe te passen (zie ook Gerechtshof Arnhem-Leeuwarden 12 maart 2019, ECLI:NL:GHARL:2019:2191). Het protocol zelf zwijgt over de vraag wanneer een dergelijk verzoek kan worden ingediend. Het toelichtend rapport geeft aan dat dit niet mogelijk zou moeten zijn indien de procedure al te ver gevoerd is.

4. Nauwere band. Een ingediend verzoek resulteert niet automatisch in een opzijzetting van de hoofdregel. De bevoegde autoriteit dient vervolgens vast te stellen of een ander rechtsstelsel nauwer is verbonden met het huwelijk. Om te bepalen of het huwelijk een nauwere band heeft met een ander land, dienen alle factoren meegenomen te worden. Factoren die in het toelichtend rapport expliciet zijn genoemd zijn de gewone verblijfplaats/domicilie van de echtgenoten tijdens het huwelijk, de nationaliteit(en) van partijen, de plaats van voltrekking van het huwelijk, plaats waar de echtscheiding is uitgesproken. Art. 5 kent bijzondere betekenis toe aan de laatste gemeenschappelijke gewone verblijfplaats van de echtgenoten. Normaal gesproken zal dit land sterk met het huwelijk verbonden zijn. De echtgenoten hoeven niet te hebben samengewoond, maar dienen wel in hetzelfde land te hebben gewoond. Zie bijvoorbeeld Gerechtshof Amsterdam 26 maart 2013, ECLI:NL:GHAMS:2013:932 en Gerechtshof Arnhem-Leeuwarden 17 februari 2019, ECLI:NL:GHARL:2019:1257.

5. Reikwijdte. Tijdens huwelijk. Art. 5 is van toepassing op ex-echtgenoten en echtgenoten tijdens het huwelijk. In die zin is de reikwijdte van art. 5 breder dan de vergelijkbare regel onder het Haags alimentatieverdrag 1973 met betrekking tot echtgenoten. Dit betekent dat hetzelfde recht van toepassing zou zijn vooraf en na een echtscheiding. Deze continuïteit was de voornaamste reden voor de Bijzondere Commissie om de reikwijdte uit te breiden. **Nietige huwelijken.** Nietige huwelijken vallen onder de reikwijdte van art. 5 aldus het toelichtend rapport (*Rapport Bonomi*, nr. 91). **Niet-huwelijkse geregistreerde relaties.** Rechtstelsels die een vorm van niet-huwelijkse geregistreerde relatievorm kennen, zoals het geregistreerd partnerschap in Nederland, mogen art. 5 toepassen op deze relaties. Dit betekent dat er uiteenlopende antwoorden zullen resulteren.

Artikel 6
Bijzondere regel voor verweer

In geval van onderhoudsverplichtingen anders dan die welke voort vloeien uit een ouder-kindrelatie jegens een kind en dan die bedoeld in artikel 5, kan de onderhoudsplichtige zich tegen een aanspraak van de onderhoudsgerechtigde verweren op grond dat een dergelijke verplichting niet bestaat ingevolge zowel het recht van de Staat van de gewone verblijfplaats van de onderhoudsplichtige als het recht van de Staat van de gemeenschappelijke nationaliteit van de partijen, indien zij er een bezitten.
[23-11-2007, Trb. 145, i.w.tr. 01-08-2013]

1. Algemeen. Met betrekking tot onderhoudsverplichtingen buiten ouders jegens hun kinderen (art. 4 lid 1 onderdeel a) en (ex-)echtgenoten (art. 5), geeft art. 6 Haags alimentatieprotocol 2007 de schuldenaar het recht om het verzoek van de onderhoudsgerechtigde aan te vechten op grond van dat er geen recht op onderhoud bestaat op grond van zowel het recht van de staat van de gewone verblijfplaats van de schuldenaar als het recht van de gemeenschappelijke nationaliteit van de partijen. Deze bepaling werd geïnspireerd door art. 7 Haags alimentatieverdrag 1973.

2. Reikwijdte. In tegenstelling tot art. 7 Haags alimentatieverdrag 1973, is art. 6 niet beperkt tot onderhoudsverplichtingen tussen bloed- c.q. aanverwanten. Er zijn twee soorten gevallen waarin art. 6 toepassing vindt. Ten eerste kan het als correctiemechanisme fungeren bij de toepassing van art. 3 Haags alimentatieprotocol 2007. In deze gevallen zou het recht van de gewone verblijfplaats van de onderhoudsgerechtigde de onderhoudsverplichting beheersen. De schuldenaar kan deze verplichting vervolgens aantasten op grond van art. 6. In de tweede categorie van gevallen kan het art. 6-verweer worden gebruikt tegen een onderhoudsverplichting aangewezen op grond van art. 3 of 4. Dit betekent dat in deze gevallen eerst moet worden vastgesteld welk recht de verplichting beheerst met gebruik van de aanknopingsladder van art. 3 en 4, en vervolgens dient er te worden gekeken of het art. 6-verweer dient te worden toegewezen.

3. Procedure. De bevoegde autoriteit dient eerst vast te stellen welk recht van toepassing is op de onderhoudsverplichting, op grond van art. 3 of 4 Haags alimentatieprotocol 2007. Indien dit recht een onderhoudsverplichting toekent, dan mag de schuldenaar verweer voeren op grond van art. 6 dat deze verplichting niet bestaat onder het recht van zijn of haar eigen gewone verblijfplaats. Dit zal genoeg zijn om te bewijzen indien de partijen geen gemeenschappelijke nationaliteit bezitten. Indien de partijen een gemeenschappelijke nationaliteit bezitten dan dient ook volgens dit recht door de schuldenaar te worden bewezen dat er geen onderhoudsverplichting bestaat. Net als onder art. 4, stelt het toelichtend rapport dat er geen realiteits- c.q. effectiviteitstoets dient te worden toegepast (*Rapport Bonomi*, nr. 106 en 107).

Artikel 7
Aanwijzing van het toepasselijke recht ten behoeve van een bepaalde procedure

1. In afwijking van de artikelen 3 tot en met 6 kunnen de onderhoudsgerechtigde en de onderhoudsplichtige uitsluitend ten behoeve van een bepaalde procedure in een bepaalde Staat uitdrukkelijk het recht van die Staat als toepasselijk aanwijzen op een onderhoudsverplichting.
2. Een aanwijzing die geschiedt voordat een dergelijke procedure aanhangig wordt gemaakt, dient te worden vastgelegd in een overeenkomst die door beide partijen wordt ondertekend en op schrift wordt gesteld of vastgelegd op zodanige wijze dat de inhoud ervan toegankelijk blijft voor raadpleging op een later tijdstip.
[23-11-2007, Trb. 145, i.w.tr. 01-08-2013]

1. Algemeen. Art. 7 Haags alimentatieprotocol 2007 geeft partijen de mogelijkheid om een rechtskeuze uit te brengen voor de *lex fori* tijdens een specifieke procedure. De keuze is toegestaan in procedures met betrekking tot onderhoudsverplichtingen tussen (ex-)

echtgenoten alsmede jegens kinderen. De protocolopstellers waren van mening dat de voordelen van de mogelijkheid om de *lex fori* toe te passen meer gewicht in de schaal legden dan de risico's die gepaard gaan met de toenemende partijautonomie.

2. Specifieke procedure (lid 1). Toepassing van dit artikel veronderstelt dat de onderhoudsgerechtigde of de onderhoudsplichtige een verzoek al heeft ingediend of een verzoek gaat indienen voor een specifieke autoriteit. Op dat moment hebben partijen op grond van art. 7 Haags alimentatieprotocol 2007 de mogelijkheid om een rechtskeuze uit te brengen. De rechtskeuze heeft slechts gevolgen voor de specifieke procedure en geldt derhalve niet voor latere procedures of wijzigingsprocedures ook al gaat het om dezelfde partijen (*Rapport Bonomi*, nr. 116). Dit neemt echter niet weg dat met betrekking tot onderhoudsverplichtingen tussen personen ouder dan achttien jaar, partijen vrij zijn om een rechtskeuze op grond van art. 8 Haags alimentatieprotocol 2007 uit te brengen (zie art. 8 Haags alimentatieprotocol 2007, aant. 2). Als partijen een rechtskeuze uitbrengen tijdens een procedure kan de vraag rijzen of de rechtskeuze dient te worden gekwalificeerd als een keuze die onder art. 7 of 8 valt. Indien het gekozen recht niet de *lex fori* is, dan dient de keuze als een keuze onder art. 8 te worden beschouwd. Indien de keuze voor de *lex fori* is, dan dient eerst te worden bepaald of een dergelijke keuze binnen of buiten het bereik van de mogelijkheden onder art. 8 valt. Indien niet, dan is een dergelijke keuze een keuze onder art. 7. Indien wel, dan zal het antwoord afhankelijk zijn van de intentie van partijen.

3. Vormvereisten (lid 2). Art. 7 lid 2 Haags alimentatieprotocol 2007 bepaalt dat de rechtskeuze schriftelijk dient te geschieden of op een medium waarvan de inhoud toegankelijk is zodat er later naar kan worden verwezen. Hierdoor zullen er minder geschillen ontstaan met betrekking tot het bestaan of interpretatie van een dergelijke rechtskeuze (*Rapport Bonomi*, nr. 119). Bovendien zorgt het op schrift stellen van een rechtskeuze ervoor dat partijen stilstaan bij de vergaande gevolgen van een dergelijke keuze. Verdere vereisten ten aanzien van de precieze momenten waarop een keuze kan worden uitgebracht, worden niet gesteld. Het protocol stelt ten slotte ook geen vereisten met betrekking tot de vorm en wijze van een rechtskeuze tijdens een procedure. Deze vragen dienen derhalve door de *lex fori* te worden bepaald (*Rapport Bonomi*, nr. 122).

Artikel 8
Aanwijzing van het toepasselijke recht

1. In afwijking van de artikelen 3 tot en met 6 kunnen de onderhoudsgerechtigde en de onderhoudsplichtige te allen tijde een van de volgende rechtsstelsels als toepasselijk aanwijzen op een onderhoudsverplichting:

a. het recht van een Staat waarvan een van de partijen op het tijdstip van de aanwijzing de nationaliteit bezit;

b. het recht van de Staat waar een van de partijen op het tijdstip van de aanwijzing zijn gewone verblijfplaats heeft;

c. het recht dat door partijen als toepasselijk op hun vermogensregime is aangewezen, of het recht dat daadwerkelijk daarop is toegepast;

d. het recht dat door partijen als toepasselijk op hun echtscheiding of hun scheiding van tafel en bed is aangewezen of het recht dat daadwerkelijk daarop is toegepast.

2. **De daartoe strekkende overeenkomst wordt op schrift gesteld of op zodanige wijze vastgelegd dat de inhoud ervan toegankelijk blijft voor raadpleging op een later tijdstip, en wordt door beide partijen ondertekend.**
3. Het eerste lid is niet van toepassing op onderhoudsverplichtingen jegens een persoon jonger dan 18 jaren of jegens een volwassene die wegens een aantasting of ontoereikendheid van zijn persoonlijke vermogens niet in staat is zijn eigen belangen te behartigen.
4. In afwijking van het door de partijen in overeenstemming met het eerste lid aangewezen recht, wordt de vraag of de onderhoudsgerechtigde afstand kan doen van zijn recht op levensonderhoud, bepaald door het recht van de Staat waar de onderhoudsgerechtigde op het tijdstip van de aanwijzing zijn gewone verblijfplaats heeft.
5. Tenzij de partijen op het tijdstip van de aanwijzing volledig geïnformeerd waren en zich bewust waren van de gevolgen van de aanwijzing, blijft het door de partijen aangewezen recht buiten toepassing indien toepassing van dat recht voor een van de partijen kennelijk onbillijke of onredelijke gevolgen zou hebben.
[23-11-2007, Trb. 145, i.w.tr. 01-08-2013]

1. Algemeen. In tegenstelling tot art. 7, schept art. 8 Haags alimentatieprotocol 2007 de mogelijkheid om een algemene rechtskeuze uit te brengen. Het gekozen recht is bedoeld om de onderhoudsverplichtingen tussen de partijen te regelen vanaf het moment van het uitbrengen van een rechtskeuze tot het moment dat de rechtskeuze wordt ingetrokken of gewijzigd (Zie bijvoorbeeld P. Vlas, 'Rechtskeuzes op postdivociële alimentatie onder het Haags Protocol 2007', *Strikwerda's Conclusies, Bundel Strikwerda*, Kluwer, 2011).

2. Mogelijke keuzes (lid 1). Hoewel partijen de vrijheid hebben om een rechtskeuze te allen tijde uit te spreken, beschikken zij niet over een totale vrijheid met betrekking tot de gekozen rechtsstelsel zelf. Uit oogpunt van bescherming van de onderhoudsgerechtigde, geeft art. 8 zelf aan welke rechtsstelsels gekozen mogen worden. a. *Nationale recht van één der partijen*: Partijen mogen kiezen voor het nationale recht van één van hen ten tijde van de keuze (art. 8 lid 1 onderdeel a Haags alimentatieprotocol 2007). Het toelichtend rapport geeft duidelijk de voorkeur aan geen effectiviteits- of realiteitstoets (*Rapport Bonomi*, nr. 131). b. *Gewone verblijfplaats van één der partijen*: Partijen mogen kiezen voor het recht van de gewone verblijfplaats van één van hen (art. 8 lid 1 onderdeel b Haags alimentatieprotocol 2007). Net als met betrekking tot de nationaliteit van partijen, is het peilmoment voor de vaststelling van de gewone verblijfplaats het moment van het uitbrengen van de rechtskeuze. c. *Huwelijksvermogensrecht regime:* Op grond van art. 8 lid 1 onderdeel c Haags alimentatieprotocol 2007 mogen partijen ook kiezen voor het recht dat door de partijen is aangewezen als toepasselijk op hun vermogensstelsel of het recht dat daarop feitelijk van toepassing is. Art. 8 lid 1 onderdeel c schept geen bevoegdheid om het toepasselijk recht op het vermogensstelsel te kiezen. Art. 8 lid 1 onderdeel c maakt het mogelijk voor partijen om zowel het vermogensrechtstelsel als het alimentatiestatuut onder één toepasselijk recht te brengen. d. *Toepasselijke recht op de echtscheiding*: Onder art. 8 lid 1 onderdeel d Haags alimentatieprotocol 2007 mogen partijen ook kiezen voor het recht dat door de partijen is aangewezen als toepasselijk op hun echtscheiding of scheiding van tafel van bed of het recht dat daarop feitelijk van toepassing is.

3. Verandering in nationaliteit of gewone verblijfplaats (lid 1 onderdeel a en b). De vraag rijst hoe een dergelijke rechtskeuze dient te worden uitgelegd indien er verandering in de nationaliteit of gewone verblijfplaats is ingetreden sinds het uitbrengen van de rechtskeuze. Het toelichtend rapport bepaalt dat een wijziging in de nationaliteit of gewone verblijfplaats van partijen geen effect zou moeten hebben op de geldigheid van de rechtskeuze (*Rapport Bonomi*, nr. 133). Een andere vraag is of een rechtskeuze voor een staat waarvan ten tijde van het maken van de rechtskeuze beide partijen noch onderdaan waren noch gewone verblijfplaats daar hadden door latere verkrijging van de nationaliteit of gewone verblijfplaats geldig wordt. Het antwoord daarop lijkt negatief te zijn gelet op de peildatum vastgesteld in art. 8 lid 1 onderdeel a en b Haags alimentatieprotocol 2007.

4. Vormvereisten (lid 2). De rechtskeuze dient schriftelijk te zijn vastgelegd en door beide partijen ondertekend. De mogelijkheid om gebruik te maken van elektronische middelen laat de voorwaarde van ondertekening onverlet.

5. Uitgesloten onderhoudsverplichtingen (lid 3). Op grond van art. 8 lid 3 Haags alimentatieprotocol 2007 is de mogelijkheid voor een rechtskeuze uitgesloten met betrekking tot onderhoudsverplichtingen jegens een persoon die jonger is dan 18 jaar of jegens een volwassene van wie de persoonlijke capaciteiten zodanig beperkt zijn dat hij niet in staat is om voor zijn eigen belangen op te komen.

6. Beperkingen (lid 4 en 5). Aangezien een rechtskeuze grotere beperkingen met zich kan brengen met betrekking tot het recht van de onderhoudsgerechtigde op onderhoud zijn belangrijke beperkingen opgenomen in art. 8 lid 4 en 5 Haags alimentatieprotocol 2007. a. *Afzien van onderhoud*: Onverminderd het door de partijen aangewezen recht, bepaalt het recht van de staat waar de schuldeiser op het tijdstip van de aanwijzing zijn of haar gewone verblijfplaats heeft, of de schuldeiser kan afzien van zijn of haar recht op onderhoud (lid 4). De toekenning van een som ineens wordt in het kader van lid 4 niet gelijkgesteld met afzien van het recht (*Rapport Bonomi*, nr. 148). Een strikte lezing van art. 8 lid 4 zou betekenen dat de onderhoudsgerechtigde expliciet moet afzien van het recht op onderhoud. De ratio van de bepaling zou zich echter ook uitstrekken tot een impliciet afzien van het recht op onderhoud doordat de onderhoudsgerechtigde een rechtskeuze heeft uitgebracht voor het recht van een staat die geen recht op onderhoud voorziet ten voordele van de onderhoudsgerechtigde. b. *Rechterlijke matiging*: De aangezochte autoriteit beschikt op grond van art. 8 lid 5 over de bevoegdheid om de rechtskeuze niet toe te passen indien de toepassing ervan zou leiden tot voor één van de partijen kennelijk onbillijke of onredelijke gevolgen. In plaats hiervan dienen art. 3-5 te worden toegepast. Deze bevoegdheid is echter niet geheel onbeperkt en kan slechts worden toegepast als de partijen op het tijdstip van de aanwijzing niet ten volle kennis en besef hadden van de gevolgen van hun keuze. Deze bepaling betekent niet dat partijen slechts geïnformeerd moeten zijn, maar ook dat zij de kennis hadden moeten kunnen begrijpen (*Rapport Bonomi*, nr. 150).

Artikel 9
Woonplaats ('domicile') in plaats van nationaliteit

Een Staat die in familierechtelijke aangelegenheden het begrip woonplaats ('domicile') als aanknopingsfactor hanteert, kan het Permanent Bureau van de Haagse Conferentie

voor Internationaal Privaatrecht me dedelen dat in zaken die voor zijn autoriteiten komen het begrip 'nationaliteit' in de artikelen 4 en 6 wordt vervangen door woonplaats ('domicile') zoals omschreven in die Staat.
[23-11-2007, Trb. 145, i.w.tr. 01-08-2013]

1. Algemeen. Staten die het begrip 'domicile' als aanknopingsfactor gebruiken in het familierecht, mogen op grond van art. 9 Haags alimentatieprotocol 2007 het Permanent Bureau van de Haagse Conferentie op de hoogte stellen van hun wens om het begrip 'nationaliteit' te vervangen door het begrip 'domicile' met betrekking tot de toepassing van art. 4-6 Haags alimentatieprotocol 2007. Vergelijkbare bepalingen zijn in veel Europese instrumenten te vinden, bijv. in art. 3 lid 2 en 6 onderdeel b Brussel II-bis (zie bijvoorbeeld art. 3 Brussel II-bis aant. 7).

2. Staten die voorzien in het begrip domicile. Op basis van art. 9 Haags alimentatieprotocol 2007 kan iedere staat die voorziet in het begrip *domicile* gebruik maken van deze regeling. De ratio achter deze bepaling is om de toepassing van de regeling te faciliteren voor *common law* stelsels. Welke landen dat precies zijn is niet bekend, maar in ieder geval hadden de opstellers van het protocol de *common law* landen in gedachten. Wat echter wel duidelijk is, is dat landen die gebruik maken van de nationaliteitsaanknoping ongeacht of dit subsidiaire of primaire aanknoping is, geen gebruik mogen maken van deze bepaling (cfm. *Notulen nr. 5 Bijzondere Commissie II*, nr. 31 en *Rapport Bonomi*, nr. 154).

3. Geen reciprociteit. De vervanging van het begrip nationaliteit door domicile zal slechts effect hebben voor de protocolsluitende staten die gebruik hebben gemaakt van het recht om dit begrip te vervangen. Andere protocolsluitende staten zullen nog steeds worden geacht het nationaliteitsbegrip te hanteren. Toepassing van art. 9 is derhalve niet gehouden aan het beginsel van reciprociteit. De vervanging heeft bovendien geen effect op het gebruik van de term nationaliteit in art. 8 Haags alimentatieprotocol 2007 (*Rapport Bonomi*, nr. 158).

Artikel 10
Overheidslichamen

Het recht van een overheidslichaam op terugbetaling van een uitkering die in plaats van levensonderhoud aan de onderhoudsgerechtigde is verstrekt, wordt beheerst door het recht waaraan dat lichaam is onderworpen.
[23-11-2007, Trb. 145, i.w.tr. 01-08-2013]

1. Algemeen. Het artikel heeft betrekking op het recht van overheidsinstanties, oftewel openbare instellingen, om uitkeringen die aan een onderhoudsgerechtigde zijn gedaan terug te vorderen van de onderhoudsplichtige. Het artikel onderwerpt deze regels aan het recht dat de overheidsinstantie beheerst. De maximale hoogte van het te verhalen bedrag is beperkt op de wijze zoals vastgesteld in art. 11 onderdeel f Haags alimentatieprotocol 2007. Dit betekent dat, indien de alimentatieverplichting wordt beheerst door buitenlands recht dat geen of slechts weinig alimentatie toekent, er ook geen of slechts gering verhaal mogelijk is (zie met toepassing van het Haags alimentatieverdrag 1973: Hof 's-Hertogenbosch 19 januari 2001, *NIPR* 99. Anders Rb. Arnhem 8 augustus 1995, *NJ* 1996/340, m.nt. De Boer).

2. Verschillen ten opzichte van het Haags alimentatieverdrag 1973. De regeling van art. 10 Haags alimentatieprotocol 2007 is niet nieuw en de grondslag is terug te vinden in art. 9 Haags alimentatieverdrag 1973. Wel zijn er een aantal tekstuele verschillen ten opzichte van het Haags alimentatieverdrag 1973. Ten eerste is de term '*institution publique*' van de Franstalige versie vervangen door '*organisme public*'. De reden hiervoor is om consistentie tussen het Haags alimentatieprotocol 2007 en het Haags Alimentatieverdrag 2007 te bewerkstelligen (*Rapport Bonomi*, nr. 160). Dit verschil in terminologie brengt derhalve geen inhoudelijk verschil met zich ten opzichte van het Haags Alimentatieverdrag 2007. Ten tweede is in de Engelstalige versie de term '*right to obtain reimbursement*' vervangen door '*right to seek reimbursement*'. Deze wijziging heeft als doel het verschil tussen de reikwijdte van art. 10 en 11 Haags alimentatieprotocol 2007 duidelijk te maken (zie art. 11, aant. 5 en *Rapport Bonomi*, nr. 163).

Artikel 11
Reikwijdte van het toepasselijke recht

Het recht dat van toepassing is op de onderhoudsverplichting bepaalt onder andere:

a. of, in welke mate en van wie de onderhoudsgerechtigde aanspraak kan maken op levensonderhoud;

b. in hoeverre de onderhoudsgerechtigde met terugwerkende kracht aanspraak heeft op levensonderhoud;

c. de grondslag voor de berekening van het bedrag aan levensonderhoud en de indexatie;

d. wie gerechtigd is procedures ter zake van van levensonderhoud in te stellen, behoudens aangelegenheden die betrekking hebben op de bevoegdheid om in rechte op te treden en de procesvertegenwoordiging;

e. verjarings- en vervaltermijnen;

f. de omvang van de verplichting van de onderhoudsplichtige, indien een overheidslichaam terugbetaling vraagt van uitkeringen die in plaats van levensonderhoud aan een onderhoudsgerechtigde zijn verstrekt.

[23-11-2007, Trb. 145, i.w.tr. 01-08-2013]

1. Algemeen. Art. 11 Haags alimentatieprotocol 2007 geeft aan welke onderwerpen door het toepasselijk recht worden bestreken. Het artikel geeft een niet-limitatieve opsomming van onderwerpen die beheerst worden door het recht dat krachtens art. 3, 4, 5, 7 en 8 van het protocol de alimentatie regelt. Dat dit recht de onderwerpen onder art. 11 onderdeel a Haags alimentatieprotocol 2007 omvat spreekt voor zich. De omvang van de verplichting omvat niet alleen de basis voor de berekening van het onderhoudsbedrag (art. 11 onderdeel c Haags alimentatieprotocol 2007), maar ook de mate waarin de schuldeiser met terugwerkende kracht onderhoud kan vorderen (art. 11 onderdeel b Haags alimentatieprotocol 2007).

2. Vaststelling hoogte alimentatie. Een van de belangrijkste onderwerpen die onder het alimentatiestatuut vallen, is uiteraard de hoogte van de alimentatie. Bij de vaststelling daarvan zullen zich vaak bijzondere vragen voordoen die voortvloeien uit het internationale karakter van de casus. Zo kunnen er extra reiskosten zijn in verband met omgangsregelingen, de fiscale aftrekbaarheid van betaalde alimentatie, en de belastbaarheid van ontvangen alimentatie kunnen van land tot land verschillen en partijen kunnen hun gewone verblijfplaats in verschillende landen hebben met een verschillende levensstandaard (Rb. Den Haag 17 november 1993, *NIPR* 1994/93). Deze vragen zullen net zo vaak voorkomen en even ingewikkeld zijn onder het Haags alimentatieprotocol 2007 als onder het Haags alimentatieverdrag 1973. Er is echter geen reden om een wezenlijk andere aanpak toe te passen dan onder het Haags Alimentatieverdrag 1973.

3. Indexering. Of wettelijke indexeringsregelingen moeten worden toegepast, werd in het kader van het Haags alimentatieverdrag 1973 betwijfeld. Na veel discussie tijdens de onderhandelingen heeft de Bijzondere Commissie besloten om de wettelijke indexering van het onderhoudsbedrag onder de reikwijdte van het aangewezen toepasselijk recht te brengen.

4. Verjaring. Net zoals in art. 10 lid 2 Haags alimentatieverdrag 1973, worden vraagstukken rondom de verjaring ook door het aangewezen recht bestreken. Daarmee staat vast dat deze onderwerpen, hoewel in sommige rechtsstelsels als procesrechtelijk gekwalificeerd, beoordeeld moeten worden naar het recht dat de alimentatie beheerst (*Rapport Bonomi*, nr. 172). Een andere vraag is of de termijn waarvoor achterstallige onderhoudsbetalingen kunnen worden teruggevorderd door het protocol wordt bestreken. Hoewel het protocol geen expliciet antwoord geeft op die vraag, biedt art. 32 lid 5 Haags Alimentatieverdrag 2007 daar wel antwoord op, namelijk: 'iedere beperking in de periode waarvoor achterstallige onderhoudsbetalingen kunnen worden teruggevorderd wordt beheerst door het recht van de staat die de oorspronkelijke beslissing heeft gewezen of de *lex fori*, hetgeen de langst periode voorschrijft'. Nu het Haags Alimentatieverdrag 2007 op 1 augustus 2014 in de Europese Unie in werking is getreden is deze verduidelijking relevant.

5. Terugbetaling aan overheid. De bepaling in art. 11 onderdeel f Haags alimentatieprotocol 2007 komt volledig overeen met hetgeen in art. 10 lid 3 Haags alimentatieverdrag 1973 werd bepaald, namelijk dat in gevallen waarin een overheidsinstantie terugbetaling verzoekt, de vraag of een alimentatieverplichting bestaat, en zo ja de omvang daarvan, wordt beheerst door het aangewezen toepasselijk recht. Deze bepaling moet worden gelezen in samenhang met art. 10 Haags alimentatieprotocol 2007. Het recht van een overheidsinstantie om de terugbetaling te vorderen van uitkeringen die in plaats van het onderhoud aan de schuldeiser zijn verstrekt, wordt beheerst door het recht dat deze instantie beheerst (*Rapport Bonomi*, nr. 173).

Artikel 12
Uitsluiting van renvoi

In het Protocol wordt onder de term 'recht' verstaan het in een Staat geldende recht, met uitsluiting van de regels van conflictenrecht.

[23-11-2007, Trb. 145, i.w.tr. 01-08-2013]

Betekenis. In het Haags alimentatieverdrag 1973 werd artikelsgewijs *renvoi* uitgesloten. Het Haags alimentatieprotocol 2007 brengt daar verandering in door één artikel op te nemen om door- en herverwijzing voor de werking van het gehele protocol uit te sluiten. Ingeval het internationale privaatrecht van het aangewezen land andere verwijzingsregels zou hanteren dan die in het protocol zijn opgenomen, dan worden deze verwijzingsregels niet gevolgd (*Rapport Bonomi*, nr. 174).

Artikel 13
Openbare orde

De toepassing van het ingevolge dit Protocol aangewezen recht kan slechts worden geweigerd indien de gevolgen ervan kennelijk in strijd zijn met de openbare orde van het forum.
[23-11-2007, Trb. 145, i.w.tr. 01-08-2013]

1. Algemeen. Het artikel regelt in welke gevallen de toepassing van het door het verdrag aangewezen recht achterwege mag worden gelaten wegens strijd met de openbare orde. Hiermee wordt bedoeld: de internationaal privaatrechtelijke openbare orde van het eigen recht. Met de term 'kennelijk strijdig' wordt aangeduid dat de bepaling slechts kan worden toegepast wanneer er strijd is met fundamentele waarden en beginselen van het eigen recht (*Rapport Bonomi*, nr. 176). Het enkele gegeven dat het buitenlandse recht afwijkt van het eigen recht, is, ook wanneer de verschillen aanzienlijk zijn en ook wanneer het vreemde recht afwijkt van regels die in het eigen recht als dwingend worden beschouwd, geen reden om tot in strijd zijn met de openbare orde te concluderen. Het protocol voorziet echter niet in de mogelijkheid om regels van bijzonder dwingend recht toe te passen (zogenaamde *mandatory rules* of *lois de police*).

2. Voorbeelden. Om gebruik te kunnen maken van de openbare orde exceptie, is het niet toereikend dat de familieverhouding waaruit de alimentatieverplichting voortvloeit tegen de openbare orde van het eigen recht is. Het is noodzakelijk dat het feit dat men de ene persoon verplicht om alimentatie te betalen aan een andere persoon op grond van een dergelijke relatie tegen de fundamentele waarden van het eigen recht moet zijn. Dit subtiel verschil is van cruciaal belang, vooral wanneer de alimentatieverplichting wordt gebaseerd op controversiële relaties zoals polygame relaties of relaties tussen personen van het gelijke geslacht (*Rapport Bonomi*, nr. 177). In de context van het Haags alimentatieverdrag 1973 noemt het *Rapport Verwilghen* (nr. 176) wel een aantal terreinen waar zich, gezien de ervaringen met andere verdragen, openbare orde kwesties zouden kunnen voordoen, namelijk voorvragen, verval- en verjaringstermijnen en het fixeren van het verschuldigde alimentatiebedrag.

Artikel 14
Vaststelling van het bedrag van het levensonderhoud

Ook wanneer het toepasselijke recht anders bepaalt, wordt bij de vaststelling van het bedrag van het levensonderhoud rekening gehouden met de behoeften van de onderhoudsgerechtigde en de draagkracht van de onderhoudsplichtige alsmede met eventuele vergoedingen die de onderhoudsgerechtigde zijn toegekend in plaats van periodiek uit te keren levensonderhoud.
[23-11-2007, Trb. 145, i.w.tr. 01-08-2013]

1. Algemeen. Het doel van de bepaling is een materieelrechtelijke correctie te bieden indien het aangewezen recht niet toestaat rekening te houden met de behoefte van de onderhoudsplichtige. De strekking van de bepaling biedt zowel bescherming aan de onderhoudsplichtige als aan de onderhoudsgerechtigde. De tekst komt sterk overeen met art. 11 lid 1 Haags alimentatieverdrag 1973. Het dient te worden opgemerkt dat indirect rekening houden met de behoefte van de onderhoudsgerechtigde en de draagkracht van de onderhoudsplichtige voldoet aan de eisen van art. 14 Haags alimentatieprotocol 2007. Het gebruik maken van administratieve forfaitaire tabellen betekent derhalve niet *per se* dat art. 14 wordt geschonden (*Rapport Bonomi*, nr. 182).

2. Verschillen ten opzichte van het Haags alimentatieverdrag 1973. Er zijn echter twee fundamentele verschillen tussen art. 14 Haags alimentatieprotocol 2007 en art. 11 lid 2 Haags alimentatieverdrag 1973. Ten eerste is art. 14 Haags alimentatieprotocol 2007 losgekoppeld van de openbare orde exceptie. Op het eerste gezicht lijkt dit niet van essentieel belang te zijn, maar de loskoppeling betekent dat art. 14 Haags alimentatieprotocol 2007 ook moet worden toegepast als de *lex fori* als toepasselijk recht wordt aangewezen door de verwijzingsregels van het protocol. Ten tweede is als laatste zinsnede toegevoegd: 'alsook met eventuele compensaties die in de plaats van periodieke onderhoudsuitkeringen aan de schuldeiser zijn toegekend'. Hiermee is een voorstel van de Europese Unie dat gedaan is tijdens de onderhandelingen opgenomen in de uiteindelijke tekst. Deze zin heeft vooral betrekking op de 'clean break' oplossing die in verschillende rechtstelsels wordt gebruikt zodat er geen, of geringe financiële verplichtingen blijven bestaan na de beëindiging van het huwelijk, bijvoorbeeld de situatie waarin de ene echtgenoot een som of vermogen in een keer van de andere echtgenoot heeft gekregen opdat de alimentatieverplichtingen kwijtgescholden konden worden. (*Rapport Bonomi*, nr. 184).

Artikel 15
Niet-toepasselijkheid van het Protocol op interne conflicten

1. Een Verdragsluitende Staat waarin verschillende rechtsstelsels of verzamelingen rechtsregels van toepassing zijn op het gebied van onderhoudsverplichtingen, is niet gehouden de regels van het Protocol toe te passen op conflicten die uitsluitend deze verschillende rechtsstelsels of verzamelingen rechtsregels betreffen.
2. Dit artikel is niet van toepassing op Regionale Organisaties voor Economische Integratie.
[23-11-2007, Trb. 145, i.w.tr. 01-08-2013]

Betekenis. Uit deze bepaling volgt dat het protocol slechts van toepassing is op internationale conflicten en niet geldt voor zuiver interne gevallen, ook niet wanneer deze zich voordoen binnen een staat dat een pluriform rechtsstelsel kent (*Rapport Bonomi*, nr. 185). Deze beperking geldt zowel ten opzichte van staten die verschillende territoriale eenheden kennen (interregionaal recht) alsook voor staten die aan verschillende groepen van mensen verschillende rechtsstelsels toekennen (interpersoneel recht), bijvoorbeeld op grond van religie. Staten mogen vrijwillig beslissen of het protocol ook van toepassing is om interne conflicten op te lossen. Deze bepaling lijkt uitkomst te kunnen bieden voor interterritoriale conflicten, maar biedt weinig soelaas voor interpersonele conflicten.

Artikel 16
Niet-geünificeerde rechtsstelsels – territoriaal

1. Ten aanzien van een Staat die met betrekking tot bij dit Protocol geregelde aangelegenheden twee of meer rechtsstelsels of verzamelingen rechtsregels heeft die binnen verschillende territoriale eenheden van toepassing zijn,

a. wordt een verwijzing naar het recht van een Staat in voorkomend geval uitgelegd als een verwijzing naar het in de desbetreffende territoriale eenheid geldende recht;
b. wordt een verwijzing naar de bevoegde autoriteiten of overheidslichamen van die Staat in voorkomend geval uitgelegd als een verwijzing naar de autoriteiten of overheidslichamen die bevoegd zijn op te treden in de desbetreffende territoriale eenheid.
c. wordt een verwijzing naar de gewone verblijfplaats in die Staat in voorkomend geval uitgelegd als een verwijzing naar de gewone verblijfplaats in de desbetreffende territoriale eenheid;
d. wordt een verwijzing naar de Staat waarvan twee personen de nationaliteit gemeenschappelijk hebben, uitgelegd als een verwijzing naar de door het recht van die Staat aangewezen territoriale eenheid of, bij gebreke van ter zake dienende regels, naar de territoriale eenheid waarmee de onderhoudsverplichting het nauwst verbonden is;
e. wordt een verwijzing naar de Staat waarvan een persoon de nationaliteit bezit, uitgelegd als een verwijzing naar de door het recht van die Staat aangewezen territoriale eenheid of, bij gebreke van ter zake dienende regels, naar de territoriale eenheid waarmee de persoon de nauwste banden heeft.

2. Teneinde het op grond van het Protocol toepasselijke recht aan te wijzen in geval van een Staat die twee of meer territoriale eenheden omvat met ieder hun eigen rechtsstelsel of verzameling rechtsregels met betrekking tot bij dit Protocol geregelde aangelegenheden, zijn de volgende regels van toepassing:

a. indien in die Staat regels van kracht zijn die de territoriale eenheid aanwijzen waarvan het recht van toepassing is, wordt het recht van die eenheid toegepast;
b. bij gebreke van zodanige regels is het recht van de ingevolge het eerste lid aangewezen territoriale eenheid van toepassing.

3. Dit artikel is niet van toepassing op Regionale Organisaties voor Economische Integratie.

[23-11-2007, Trb. 145, i.w.tr. 01-08-2013]

Betekenis. In het artikel wordt aangegeven welke stappen moeten worden ondernomen indien de verwijzingsregels van het protocol een land aanwijzen dat meerdere territoriale rechtsstelsels kent. Art. 16 lid 2 Haags alimentatieprotocol 2007 bepaalt dat er eerst gebruik moet worden gemaakt van de interne regels van de staat wiens recht is aangewezen op basis van het Haags alimentatieprotocol 2007 (art. 16 lid 2 Haags alimentatieprotocol 2007). Slechts bij gebrek aan dergelijke regels is het recht van de betrokken territoriale eenheid van toepassing. Om te bepalen welke territoriale eenheid dat is dient gebruik te worden gemaakt van de bepaling uit art. 16 lid 1 Haags alimentatieprotocol 2007. *Voorbeeld*: Een onderhoudsgerechtigde heeft zijn gewone verblijfplaats in Staat A en de onderhoudsplichtige in Staat B. Staat A heeft drie territoriale eenheden en geen regels waarin wordt vastgesteld welk recht van welke territoriale eenheid van toepassing is.

Op basis van de conflictenregels van het protocol is het recht van Staat A van toepassing (art. 3 lid 1 Haags alimentatieprotocol 2007). Er dient eerst te worden gekeken of Staat A regels heeft met betrekking tot het vaststellen van het recht van welke territoriale eenheid van toepassing is. Dat is in dit scenario niet het geval en er dient derhalve gebruik te worden gemaakt van art. 16 lid 1 Haags alimentatieprotocol 2007.

Artikel 17
Niet-geünificeerde rechtsstelsels – personeel

Teneinde het op grond van het Protocol toepasselijke recht aan te wijzen in geval van een Staat die met betrekking tot bij dit Protocol geregelde aangelegenheden twee of meer rechtsstelsels of verzamelingen rechtsregels omvat die op verschillende categorieën personen van toepassing zijn, wordt een verwijzing naar het recht van een dergelijke Staat uitgelegd als een verwijzing naar het rechtsstelsel dat wordt aangewezen door de regels die in die Staat van kracht zijn.
[23-11-2007, Trb. 145, i.w.tr. 01-08-2013]

Betekenis. Dit artikel biedt een oplossing voor het geval het door het protocol aangewezen recht een rechtsstelsel aanwijst met verschillende stelsels met betrekking tot verschillende categorieën van personen. Wanneer een staat twee of meer rechtsstelsels kent die op verschillende groepen van personen van toepassing zijn, dan wordt onder de wet van die staat verstaan het rechtsstelsel waarnaar door het recht van die staat wordt verwezen. In tegenstelling tot andere instrumenten wordt hier geen regeling getroffen voor het geval het interne recht geen regels kent.

Artikel 18
Samenloop met eerdere Haagse verdragen inzake levensonderhoud

In de onderlinge betrekkingen tussen de Verdragsluitende Staten treedt dit Protocol in de plaats van het *Verdrag van 's-Gravenhage van 2 oktober 1973 inzake de wet die van toepassing is op onderhoudsverplichtingen* en het *Verdrag van 's-Gravenhage van 24 oktober 1956 nopens de wet welke op alimentatieverplichtingen jegens kinderen toepasselijk is*.
[23-11-2007, Trb. 145, i.w.tr. 01-08-2013]

1. Algemeen. Dit artikel geeft duidelijk aan dat de strekking van het protocol is om het Haags alimentatieverdrag 1956 en het Haags alimentatieverdrag 1973 te vervangen. In die zin komt art. 18 Haags alimentatieprotocol 2007 overeen met het gelijkluidende art. 18 Haags alimentatieverdrag 1973.

2. Verhouding met het Haags alimentatieverdrag 1956. Wanneer beide staten beide instrumenten hebben geratificeerd, claimt het protocol voorrang. Een dergelijke lezing zou tot de conclusie kunnen leiden dat als een protocolsluitende staat vrijheid heeft om het Haags alimentatieverdrag 1956 toe te passen ten aanzien van een staat die het protocol niet heeft geratificeerd maar het Haags alimentatieverdrag 1956 wel. Hoewel een strikte lezing van art. 18 Haags alimentatieprotocol 2007 een dergelijk resultaat lijkt te ondersteunen, dient men vooral de strekking van art. 18 in ogenschouw te houden. In dergelijke situaties verdient het de voorkeur om het Haags alimentatieprotocol 2007 toe te passen (*Rapport Bonomi*, nr. 196). In de praktijk zal een dergelijke vraag zelden voorkomen gezien het feit dat nagenoeg alle verdragsluitende staten bij het Haags alimentatieverdrag 1956 inmiddels partij zijn bij het Haags alimentatieverdrag 1973 oftewel het Haags alimentatieprotocol 2007.

3. Verhouding met het Haags alimentatieverdrag 1973. Zowel het Haags alimentatieverdrag 1973 als het Haags alimentatieprotocol 2007 hebben een universeel formeel toepassingsgebied. Met betrekking tot situaties waarin beide staten partij zijn bij het protocol, leidt art. 18 tot toepassing van het Haags alimentatieprotocol 2007. Vergelijkbare problemen zoals onder het Haags alimentatieverdrag 1956 doen zich hier ook voor met betrekking tot de situaties waarin de ene staat het protocol heeft geratificeerd en de andere niet. In het licht van het doel van het protocol om een modern systeem te creëren dat het Haags alimentatieverdrag 1973 uiteindelijk zou vervangen, verdient het sterk de voorkeur om in dergelijke situaties het protocol toe te passen. Bovendien biedt art. 19 Haags alimentatieverdrag 1973 hiertoe de mogelijkheid (*Rapport Bonomi*, nr. 197). Dit resultaat lijkt ook de voorkeur van een deel van de literatuur te hebben (L. Strikwerda, *Inleiding tot Nederlands Internationaal Privaatrecht* 2015, nr. 135). Deze lijn is ook de heersende leer geworden in de jurisprudentie, waarin er geen enkele uitspraak te vinden is waarin het Haags alimentatieverdrag 1973 is toegepast in plaats van het Haags alimentatieprotocol 2007. In andere zin *Asser/Vonken &Ibili 10-II* 2021/661.

Artikel 19
Samenloop met andere instrumenten

1. Dit Protocol laat onverlet andere internationale instrumenten waarbij Verdragsluitende Staten Partij zijn of worden en die bepalingen bevatten over in dit Protocol geregelde aangelegenheden, tenzij een andersluidende verklaring wordt afgelegd door de Staten die Partij zijn bij dergelijke instrumenten.
2. Het eerste lid is eveneens van toepassing op eenvormige wetten die hun grondslag vinden in het bestaan van speciale banden van regionale of andere aard tussen de desbetreffende Staten.
[23-11-2007, Trb. 145, i.w.tr. 01-08-2013]

Betekenis. Het is niet het doel van het Haags alimentatieprotocol 2007 om andere regelingen uit te schakelen (behalve de Haagse alimentatieverdragen 1956 en 1973). Het protocol derogeert derhalve niet aan eerdere of latere instrumenten die dezelfde onderwerpen regelen, tenzij de staten die partij zijn bij een dergelijk instrument een andersluidende verklaring afleggen.

Artikel 20
Uniforme uitlegging

Bij de uitlegging van dit Protocol dient rekening te worden gehouden met het internationale karakter ervan alsmede met de noodzaak de uniforme toepassing ervan te bevorderen.
[23-11-2007, Trb. 145, i.w.tr. 01-08-2013]

Betekenis. Art. 20 Haags alimentatieprotocol 2007 is de gebruikelijke clausule van alle traditionele instrumenten op het gebied van toepasselijk recht, namelijk dat alle staten die het instrument hebben geratificeerd rekening dienen houden met het internationale karakter van het instrument. Hiermee beoogt het artikel een uniforme uitleg van de regels en legt onder andere de verplichting op dat staten rekening houden met de beslissingen van andere protocolsluitende staten voor zover mogelijk (*Rapport Bonomi*, nr. 200).

Artikel 21
Toetsing van de werking van het Protocol in de praktijk

1. De Secretaris-Generaal van de Haagse Conferentie voor Internationaal Privaatrecht roept wanneer nodig een Bijzondere Commissie bijeen teneinde de werking van het Protocol in de praktijk te toetsen.
2. Te dien einde werken de Verdragsluitende Staten samen met het Permanent Bureau van de Haagse Conferentie voor Internationaal Privaatrecht bij het verzamelen van jurisprudentie betreffende de toepassing van het Protocol.
[23-11-2007, Trb. 145, i.w.tr. 01-08-2013]

1. Bijzondere Commissies. Om de goede functionering van het protocol te bewerkstelligen, stelt art. 21 Haags alimentatieprotocol 2007 de secretaris-generaal van de Haagse Conferentie in staat om een bijzondere commissie bijeen te roepen om de praktische werking van het protocol te beoordelen. Er ontbreekt echter de verplichting op grond van art. 21 lid 1 Haags alimentatieprotocol 2007 om periodiek overleg te plegen (conform art. 42 Haags adoptieverdrag 1993 en art. 54 lid 1 Haags alimentatieverdrag 2007). De reden hiervoor ligt in de aard van het protocol. De andere instrumenten bevatten namelijk regels omtrent internationale administratieve samenwerking. Deze regels vergen meer regelmatig overleg, dan regels omtrent het toepasselijk recht. Indien de secretaris-generaal van de Haagse Conferentie regelmatig overleg noodzakelijk zou achten dan heeft hij op grond van art. 21 lid 1 Haags alimentatieprotocol 2007 deze bevoegdheid.

2. Verzameling van rechtspraak. Met het oog op de uniforme toepassing van het protocol (zie art. 20 Haags alimentatieprotocol 2007), werken de protocolsluitende staten samen met de Haagse Conferentie op grond van art. 21 lid 2 Haags alimentatieprotocol 2007 om rechtspraak waarin het protocol is toegepast te verzamelen (*Rapport Bonomi*, nr. 200 en 201). Dergelijke verzamelingen hebben de werking van andere Haagse verdragen enorm bevorderd (bijv. INCADAT in het kader van het Haags Kinderontvoeringsverdrag 1980).

Artikel 22
Overgangsbepalingen

Dit Protocol is niet van toepassing op vorderingen inzake levensonderhoud in een Verdragsluitende Staat die betrekking hebben op een tijdvak voorafgaand aan de inwerkingtreding ervan in die Staat.
[23-11-2007, Trb. 145, i.w.tr. 01-08-2013]

1. Algemeen. Krachtens art. 22 Haags alimentatieprotocol 2007 is het protocol niet van toepassing op alimentatie die in een protocolsluitende staat wordt gevorderd met betrekking tot een periode voorafgaand aan de inwerkingtreding van het protocol. Het doel van deze bepaling is te voorkomen dat de nieuwe regels een impact zouden hebben op de rechten en plichten van partijen voorafgaand aan de inwerkingtreding van het instrument. Deze oplossing correspondeert met art. 12 Haags alimentatieverdrag 1973 (*Rapport Bonomi*, nr. 203).

2. Binnen de Europese Unie. In tegenstelling tot de oplossing van art. 22 Haags alimentatieprotocol 2007, heeft de Europese Unie ervoor gekozen om de regels van het protocol ook van toepassing te verklaren op onderhoudsvorderingen voor een periode die voorafgaat aan de inwerkingtreding van het protocol. Om dit resultaat te bewerkstelligen heeft de Europese Unie de volgende verklaring afgelegd (art. 5 Besluit 2009/941/EG betreffende de sluiting door de Europese Gemeenschap van het Protocol van Den Haag van 23 november 2007 inzake het recht dat van toepassing is op onderhoudsverplichtingen): "De Europese Gemeenschap verklaart dat zij de regels van het protocol ook zal toepassen op onderhoud dat in een van haar lidstaten wordt gevorderd voor een periode die voorafgaat aan de inwerkingtreding of voorlopige toepassing van het protocol in de Gemeenschap in de gevallen waarin, krachtens Verordening (EG) 4/2009 van de raad van 18 december 2008 betreffende de bevoegdheid, het toepasselijke recht, de erkenning en de tenuitvoerlegging van beslissingen, en de samenwerking op het gebied van onderhoudsverplichtingen (1), procedures zijn ingesteld, gerechtelijke schikkingen zijn goedgekeurd of getroffen, en authentieke akten zijn opgesteld met ingang van 18 juni 2011, de datum waarop bovengenoemde verordening van toepassing wordt."

Artikel 23
Ondertekening, bekrachtiging en toetreding

1. Dit Protocol staat open voor ondertekening door alle Staten.
2. Dit Protocol dient door de ondertekenende Staten te worden bekrachtigd, aanvaard of goedgekeurd.
3. Dit Protocol staat open voor toetreding door alle Staten.
4. De akten van bekrachtiging, aanvaarding, goedkeuring of toetreding dienen te worden nedergelegd bij het Ministerie van Buitenlandse Zaken van het Koninkrijk der Nederlanden, depositaris van het Protocol.
[23-11-2007, Trb. 145, i.w.tr. 01-08-2013]

Betekenis. Het Haags alimentatieprotocol 2007 staat open voor toetreding van 'alle staten', zijnde staten die wel lid zijn van de Haagse Conferentie voor Internationaal Privaatrecht of geen lid. Dit artikel heeft bijzondere betekenis in de context van een instrument met de naam 'protocol', omdat het aangeeft dat het protocol ook los van het Haags alimentatieverdrag 2007 kan worden geratificeerd. Iedere staat mag derhalve het protocol ondertekenen, ratificeren of goedkeuren, ook al heeft die staat het Haags alimentatieverdrag 2007 niet ondertekend, geratificeerd of goedgekeurd (*Rapport Bonomi*, nr. 205 en 206).

Artikel 24
Regionale Organisaties voor Economische Integratie

1. Een Regionale Organisatie voor Economische Integratie die uitsluitend is samengesteld uit soevereine Staten en die bevoegd is ter zake van sommige of alle aangelegenheden die in dit Protocol worden geregeld, kan dit Protocol eveneens ondertekenen, aanvaarden, goedkeuren of hiertoe toetreden. De Regionale Organisatie voor Economische Integratie heeft in dat geval de rechten en verplichtingen van een Verdrag-

sluitende Staat voor zover de organisatie bevoegd is ter zake van de aangelegenheden waarop het Protocol van toepassing is.
2. De Regionale Organisatie voor Economische Integratie doet, op het tijdstip van ondertekening, aanvaarding, goedkeuring of toetreding, de depositaris schriftelijk mededeling van de in het Protocol geregelde aangelegenheden ter zake waarvan de bevoegdheid door haar lidstaten aan die Organisatie is overgedragen. De Organisatie doet de depositaris onverwijld schriftelijk mededeling van wijzigingen van haar bevoegdheid als vermeld in de meest recente kennisgeving ingevolge dit lid.
3. Op het tijdstip van ondertekening, aanvaarding, goedkeuring of toetreding kan een Regionale Organisatie voor Economische Integratie in overeenstemming met artikel 28 verklaren dat zij de bevoegdheid uitoefent ter zake van alle aangelegenheden waarop het Protocol van toepassing is en dat haar lidstaten die hun bevoegdheid op dat gebied hebben overgedragen aan de Regionale Organisatie voor Economische Integratie, door het Protocol gebonden zullen zijn als gevolg van de ondertekening, aanvaarding, goedkeuring of toetreding door de organisatie.
4. Voor de inwerkingtreding van het Protocol telt een akte die wordt nedergelegd door een Regionale Organisatie voor Economische Integratie niet mee, tenzij de Regionale Organisatie voor Economische Integratie een verklaring aflegt in overeenstemming met het derde lid.
5. Alle verwijzingen naar een 'Verdragsluitende Staat' of een 'Staat' in het Protocol zijn in voorkomend geval eveneens van toepassing op een Regionale Organisatie voor Economische Integratie die Partij bij het Protocol is. In het geval dat een Regionale Organisatie voor Economische Integratie een verklaring in overeenstemming met het derde lid heeft afgelegd, zijn alle verwijzingen naar een 'Verdragsluitende Staat' of een 'Staat' in het Protocol in voorkomend geval eveneens van toepassing op de betreffende lidstaten van de Organisatie.
[23-11-2007, Trb. 145, i.w.tr. 01-08-2013]

Betekenis. Net zoals het Haags alimentatieverdrag 2007 (zie art. 59), bevat het Haags alimentatieprotocol 2007 een bepaling waarin de voorwaarden voor toetreding van een regionale organisatie voor economische integratie (de zogenaamde REIO) uiteen worden gezet. Een artikel met een dergelijke strekking is een nieuwe toevoeging in alle recente instrumenten van de Haagse Conferentie (zie bijv. art. 29 Haags Forumkeuze Verdrag 2005, art. 18 Haags Effectenverdrag 2006 en art. 26 Haags Executieverdrag 2019). Deze ontwikkeling hangt sterk samen met de ontwikkelingen binnen de Europese Unie, die op grond van het Verdrag van Amsterdam externe bevoegdheid heeft gekregen op het gebied van het ipr. De Europese Gemeenschap werd lid van de Haagse Conferentie op 3 april 2007. Desalniettemin is art. 24 Haags alimentatieprotocol 2007 in algemene termen opgeschreven opdat andere REIO's ook gebruik zouden kunnen maken van deze mogelijkheid (*Rapport Bonomi*, nr. 207 en 208). De Europese Unie heeft gebruik gemaakt van deze mogelijkheid door het Haags alimentatieprotocol 2007 op 8 april 2010 te ondertekenen. Het protocol is op 1 augustus 2013 in de Europese Unie in werking getreden.

Artikel 25
Inwerkingtreding

1. Het Protocol treedt in werking op de eerste dag van de maand volgend op het verstrijken van drie maanden na de nederlegging van de tweede akte van bekrachtiging, aanvaarding, goedkeuring of toetreding, bedoeld in artikel 23.
2. Vervolgens treedt het Protocol in werking:
a. voor elke Staat of in artikel 24 bedoelde Regionale Organisatie voor Economische Integratie die het Protocol daarna bekrachtigt, aanvaardt, goedkeurt of ertoe toetreedt, op de eerste dag van de maand volgend op het verstrijken van drie maanden na de nederlegging van de akte van bekrachtiging, aanvaarding, goedkeuring of toetreding;
b. voor een territoriale eenheid waartoe het Protocol overeenkomstig artikel 26 is uitgebreid, op de eerste dag van de maand volgend op het verstrijken van drie maanden na de kennisgeving bedoeld in dat artikel.
[23-11-2007, Trb. 145, i.w.tr. 01-08-2013]

1. Aantal ratificaties. Slechts twee ratificaties zijn nodig voor de inwerkingtreding van het protocol. Deze oplossing is hetzelfde als voor het Haags alimentatieverdrag 2007 (conform art. 60) alsmede voor een aantal andere recente Haagse verdragen (conform art. 31 Haags Forumkeuze Verdrag 2005).

2. Protocol binnen de Europese Unie. Omdat op het moment dat de Europese Alimentatieverordening in werking trad (namelijk 18 juni 2011), het Haags alimentatieprotocol 2007 nog niet in werking was getreden, werden de regels van het protocol vanaf 18 juni 2011 voorlopig toegepast binnen de Europese Unie (art. 4 Besluit 2009/941/EG betreffende de sluiting door de Europese Gemeenschap van het Protocol van Den Haag van 23 november 2007 inzake het recht dat van toepassing is op onderhoudsverplichtingen). Bij de sluiting van het protocol heeft de Europese Gemeenschap de volgende verklaring afgegeven: "De Europese Gemeenschap verklaart dat zij de regels van het protocol vanaf 18 juni 2011 – de datum waarop Verordening (EG) 4/2009 van de raad van 18 december 2008 betreffende de bevoegdheid, het toepasselijke recht, de erkenning en de tenuitvoerlegging van beslissingen, en de samenwerking op het gebied van onderhoudsverplichtingen van toepassing wordt – voorlopig zal toepassen indien het protocol overeenkomstig art. 25 lid 1, op die datum niet in werking is getreden." Aangezien het Haags alimentatieprotocol 2007 op 1 augustus 2013 binnen de Europese Unie in werking is getreden, is de betekenis van dit artikel komen te vervallen.

Artikel 26
Verklaringen ten aanzien van niet-geünificeerde rechtsstelsels

1. Indien een Staat twee of meer territoriale eenheden omvat waarin met betrekking tot bij dit Protocol geregelde aangelegenheden verschillende rechtsstelsels van toepassing zijn, kan hij op het tijdstip van ondertekening, bekrachtiging, aanvaarding, goedkeuring of toetreding in overeenstemming met artikel 28 verklaren dat het Protocol op al deze territoriale eenheden of slechts op een of meer daarvan van toepassing is en kan hij te allen tijde deze verklaring wijzigen door een nieuwe verklaring af te leggen.
2. Van elke verklaring wordt aan de depositaris mededeling gedaan en daarin worden uitdrukkelijk de territoriale eenheden vermeld waarop het Protocol van toepassing is.

3. **Indien een Staat geen verklaring aflegt krachtens dit artikel, is het Protocol van toepassing op alle territoriale eenheden van die Staat.**
4. **Dit artikel is niet van toepassing op een Regionale Organisatie voor Economische Integratie.**
[23-11-2007, Trb. 145, i.w.tr. 01-08-2013]

Betekenis. Dit artikel bevat een standaard regeling om staten met twee of meer territoriale eenheden met verschillende rechtsstelsels de mogelijkheid te bieden om te bepalen voor welke territoriale onderdelen het protocol geldt. Bij gebrek aan een dergelijke verklaring treedt het protocol in werking voor alle territoriale eenheden conform art. 26 lid 3 Haags alimentatieprotocol 2007.

Artikel 27
Voorbehouden

Bij dit Protocol kan geen enkel voorbehoud worden gemaakt.
[23-11-2007, Trb. 145, i.w.tr. 01-08-2013]

Betekenis. Dit artikel benadrukt het dwingend karakter van het protocol. Ingevolge art. 27 Haags alimentatieprotocol 2007 zijn voorbehouden op het protocol niet toegestaan. Terzijde zij opgemerkt dat de verklaringen van art. 28 van het protocol niet als voorbehouden worden aangemerkt. Deze oplossing is derhalve anders dan de gekozen oplossing onder het Haags alimentatieverdrag 1973. Krachtens art. 24 Haags alimentatieverdrag 1973 waren Verdragsluitende Staten vrij om verschillende voorbehouden te maken zoals omschreven in de art. 13-15 Haags alimentatieverdrag 1973. Deze voorbehouden gaven Verdragsluitende Staten de mogelijkheid om de werking van het Verdrag te beperken tot bepaalde onderhoudsverplichtingen (art. 13), bepaalde verplichtingen uit te sluiten van de werking van het Verdrag (art. 14) of de voorkeur te geven aan de *lex fori* onder bepaalde omstandigheden (art. 15). Art. 27 Haags alimentatieprotocol 2007 maakt duidelijk dat dergelijke voorbehouden niet toegestaan zijn.

Artikel 28
Verklaringen

1. **De in de artikelen 24, derde lid, en 26, eerste lid, bedoelde verklaringen kunnen worden afgelegd bij de ondertekening, bekrachtiging, aanvaarding, goedkeuring of toetreding of op enig tijdstip daarna, en kunnen te allen tijde worden gewijzigd of ingetrokken.**
2. **Van verklaringen, wijzigingen en intrekkingen wordt aan de depositaris mededeling gedaan.**
3. **Een verklaring die is afgelegd op het tijdstip van ondertekening, bekrachtiging, aanvaarding, goedkeuring of toetreding wordt van kracht op het tijdstip waarop dit Protocol voor de betrokken Staat in werking treedt.**
4. **Een op een later tijdstip afgelegde verklaring, en elke wijziging of intrekking van een verklaring, worden van kracht op de eerste dag van de maand volgend op het verstrijken van een tijdvak van drie maanden na de datum waarop de kennisgeving door de depositaris is ontvangen.**
[23-11-2007, Trb. 145, i.w.tr. 01-08-2013]

Artikel 29
Opzegging

1. Een Staat die Partij is bij dit Protocol kan dit opzeggen door middel van een schriftelijke kennisgeving gericht aan de depositaris. De opzegging kan worden beperkt tot bepaalde territoriale eenheden van een niet-geünificeerd rechtsstelsel waarop het Protocol van toepassing is.
2. De opzegging wordt van kracht op de eerste dag van de maand volgend op het verstrijken van een termijn van twaalf maanden na de datum waarop de kennisgeving door de depositaris is ontvangen. Wanneer in de kennisgeving een langere opzegtermijn is aangegeven, wordt de opzegging van kracht na het verstrijken van deze langere termijn, na de datum waarop de kennisgeving door de depositaris is ontvangen.
[23-11-2007, Trb. 145, i.w.tr. 01-08-2013]

Artikel 30
Kennisgeving

De depositaris geeft de Leden van de Haagse Conferentie voor Internationaal Privaatrecht, en andere Staten en Regionale Organisaties voor Economische Integratie die in overeenstemming met de artikelen 23 en 24 zijn overgegaan tot ondertekening, bekrachtiging, aanvaarding, goedkeuring of toetreding, kennis van het volgende:
a. de in de artikelen 23 en 24 bedoelde ondertekeningen en bekrachtigingen, aanvaardingen, goedkeuringen en toetredingen;
b. de datum waarop dit Protocol in werking treedt overeenkomstig artikel 25;
c. de verklaringen bedoeld in de artikelen 24, derde lid, en 26, eerste lid;
d. de opzeggingen bedoeld in artikel 29.
[23-11-2007, Trb. 145, i.w.tr. 01-08-2013]

Betekenis. In art. 28-30 Haags alimentatieprotocol 2007 zijn de gebruikelijke clausules van de Haagse verdragen met betrekking tot verklaringen, opzeggingen en kennisgeving opgenomen. Tot nu toe heeft geen enkele staat het Haags alimentatieprotocol 2007 opgezegd.

Verdrag inzake de internationale inning van levensonderhoud voor kinderen en andere familieleden (Haags alimentatieverdrag 2007)

Verdrag van 23 november 2007, Trb. 2011, 144 (i.w.tr. 01-01-2013)

De staten die dit Verdrag hebben ondertekend,
Geleid door de wens de samenwerking tussen staten ten behoeve van de internationale inning van levensonderhoud voor kinderen en andere familieleden te verbeteren,
Zich bewust van de noodzaak van resultaatgerichte procedures die toegankelijk, snel, efficiënt, kosteneffectief en rechtvaardig zijn en tegemoetkomen aan de behoeften,
Geleid door de wens voort te bouwen op de sterke punten van bestaande Haagse verdragen en andere internationale instrumenten, met name het Verdrag van de Verenigde Naties *inzake het verhaal in het buitenland van uitkeringen tot onderhoud* van 20 juni 1956,
Ernaar strevend gebruik te maken van de technologische vooruitgang en een flexibel systeem te creëren dat verder kan worden ontwikkeld naarmate de behoeften veranderen en kan worden aangepast aan verdere ontwikkelingen op technologisch gebied die nieuwe mogelijkheden creëren,
Eraan herinnerend dat op grond van de artikelen 3 en 27 van het Verdrag van de Verenigde Naties *inzake de rechten van het kind* van 20 november 1989,

— bij alle maatregelen betreffende kinderen het belang van het kind een eerste overweging vormt,
— elk kind recht heeft op een levensstandaard die toereikend is voor zijn lichamelijke, geestelijke, intellectuele, morele en maatschappelijke ontwikkeling,
— de ouder(s) of anderen die verantwoordelijk zijn voor het kind, de primaire verantwoordelijkheid hebben voor het waarborgen, naar vermogen en binnen de grenzen van hun financiële mogelijkheden, van de levensomstandigheden die nodig zijn voor de ontwikkeling van het kind, en
— de staten die partij zijn alle passende maatregelen nemen, met inbegrip van het sluiten van internationale overeenkomsten, om de inning te waarborgen van het levensonderhoud van het kind bij de ouder(s) of andere personen die de verantwoordelijkheid voor het kind dragen, met name wanneer deze personen in een andere staat wonen dan het kind,

Hebben besloten dit Verdrag te sluiten en hebben overeenstemming bereikt omtrent de volgende bepalingen:

HOOFDSTUK I
Doelstelling, toepassingsgebied en begripsomschrijvingen

Artikel 1
Doelstelling

Doelstelling van dit Verdrag is de effectieve internationale inning van levensonderhoud voor kinderen en andere familieleden te waarborgen, in het bijzonder door:
a. een allesomvattend systeem van samenwerking tussen de autoriteiten van de verdragsluitende staten in te stellen;
b. verzoeken met het oog op de vaststelling van beslissingen inzake levensonderhoud mogelijk te maken;
c. te zorgen voor de erkenning en tenuitvoerlegging van beslissingen inzake levensonderhoud; en
d. effectieve maatregelen te eisen voor de snelle tenuitvoerlegging van beslissingen inzake levensonderhoud.

[23-11-2007, Trb. 144, i.w.tr. 01-01-2013]

[Doelstelling]

Betekenis. Het Haags Alimentatieverdrag 2007 bevat slechts regels met betrekking tot de erkenning en tenuitvoerlegging van beslissingen, alsmede de administratieve samenwerking tussen centrale autoriteiten. Hoewel dit instrument het nieuwste instrument is op het gebied van alimentatieverplichtingen, komt dit verdrag niet vaak in aanmerking voor toepassing binnen de Europese Unie. Op grond van art. 69 lid 2 Europese alimentatieverordening wordt de Europese alimentatieverordening namelijk toegepast in intra-EU gevallen. Een bijzondere samenloop bepaling is in art. 51 lid 4 te vinden. Op basis van deze bepaling kan er gebruikt worden gemaakt van de Europese alimentatieverordening in het kader van de erkenning en tenuitvoerlegging van beslissingen ondanks het feit dat het Haags Alimentatieverdrag eerder tot stand is gekomen. Deze terugtredbepaling is belangrijk, omdat de voorwaarden voor erkenning en tenuitvoerlegging onder de verordening soepeler zijn dan onder het verdrag. Het Haags Alimentatieverdrag zal meestal een rol spelen bij de erkenning en tenuitvoerlegging van beschikkingen van verdragsluitende staten buiten de Europese Unie (voor een recent voorbeeld zie Rechtbank Midden-Nederland 18 april 2019 (ECLI:NL:RBMNE:2019:1621)). Op het moment van schrijven heeft dit betrekking op: Albanië (1 januari 2013), Bosnië (1 februari 2013), Brazilië (1 november 2017), Ecuador (1 juli 2022), Guyana (7 maart 2020), Honduras (19 oktober 2018), Kazachstan (14 juni 2019), Montenegro (1 januari 2017), Nicaragua (18 april 2020), Nieuw-Zeeland (1 november 2021), Noorwegen (1 januari 2013), Oekraïne (1 november 2013), Servië (1 februari 2021), Turkije (1 februari 2017), Wit-Rusland (1 juni 2018), en de Verenigde Staten (1 januari 2017). Burkina Faso, Canada, Filipijnen en Noord Macedonië hebben het verdrag ondertekend, maar nog niet geratificeerd. Het Haags Alimentatieverdrag 2007 zal op dit moment een waarschijnlijk belangrijker rol spelen ten aanzien van de rechtshulp die via de Centrale Autoriteiten kan worden verkregen. Ten opzichte van de bovengenoemde verdragsluitende staten kan de Nederlandse centrale autoriteit worden verzocht om verzoeken tot rechtshulp in behandeling te nemen en mogen centrale autoriteiten uit deze landen tevens om rechtshulp verzoeken.

Artikel 2
Toepassingsgebied

1. Dit Verdrag is van toepassing op:
a. onderhoudsverplichtingen die voortvloeien uit een ouder-kindrelatie jegens een persoon jonger dan 21 jaar;
b. de erkenning en tenuitvoerlegging dan wel de tenuitvoerlegging van een beslissing inzake onderhoudsverplichtingen tussen echtgenoten en ex-echtgenoten wanneer het verzoek wordt ingediend samen met een vordering die valt binnen het toepassingsgebied van onderdeel a; en
c. met uitzondering van de hoofdstukken II en III, op onderhoudsverplichtingen tussen echtgenoten en ex-echtgenoten.

2. Elke verdragsluitende staat kan zich in overeenstemming met artikel 62 het recht voorbehouden de toepassing van het Verdrag, wat het eerste lid, onderdeel a), betreft, te beperken tot personen die de leeftijd van 18 jaar nog niet hebben bereikt. Een verdragsluitende staat die een dergelijk voorbehoud maakt, heeft niet het recht de toepassing te verlangen van het Verdrag op personen die vanwege hun leeftijd door zijn voorbehoud zijn uitgesloten.

3. Elke verdragsluitende staat kan in overeenstemming met artikel 63 verklaren dat hij de toepassing van het gehele Verdrag of een deel ervan uitbreidt tot andere onderhoudsverplichtingen die voortvloeien uit familiebetrekkingen, bloedverwantschap, huwelijk of aanverwantschap, waaronder in het bijzonder verplichtingen jegens kwetsbare personen. Een dergelijke verklaring doet alleen verplichtingen ontstaan tussen twee verdragsluitende staten indien hun verklaringen betrekking hebben op dezelfde onderhoudsverplichtingen en dezelfde delen van het Verdrag.

4. De bepalingen van dit Verdrag zijn van toepassing op kinderen ongeacht de burgerlijke staat van de ouders.
[23-11-2007, Trb. 144, i.w.tr. 01-01-2013]

[Toepassingsgebied]

Betekenis. Art. 2 geeft – in positieve zin – de materiële werking van het verdrag aan. Het artikel geeft eerst de kernonderwerpen aan die onder het verdrag vallen (lid 1). In lid 2 worden onderwerpen genoemd waarbij staten een voorbehoud kunnen maken. Wit-Rusland en Montenegro hebben bijvoorbeeld aangegeven het verdrag slechts toe te passen op kinderen onder 18 jaar. In lid 3 worden onderwerpen genoemd die staten kunnen aangeven die ook onder de werking van het verdrag vallen. Bijvoorbeeld Albanië en de Europese Unie hebben aangegeven onder art. 2 lid 3 het verdrag ook toe te passen op partneralimentatie waarbij er geen kinderalimentatie wordt gevorderd. Turkije heeft aangegeven kinderalimentatieverzoeken totdat het kind 25 jaar oud is onder het verdrag te brengen, mits deze een opleiding volgt.

Artikel 3
Begripsomschrijvingen

Voor de toepassing van dit Verdrag wordt verstaan onder:
a. 'onderhoudsgerechtigde': een persoon aan wie levensonderhoud is verschuldigd of van wie wordt gesteld dat levensonderhoud aan hem is verschuldigd;

b. 'onderhoudsplichtige': een persoon die levensonderhoud is verschuldigd of ten aanzien van wie wordt gesteld dat hij levensonderhoud is verschuldigd;

c. 'rechtsbijstand': de bijstand die verzoekers nodig hebben om hun rechten te kennen en te doen gelden en om te waarborgen dat verzoeken volledig en effectief worden behandeld in de aangezochte staat. Deze bijstand kan in voorkomend geval worden verleend in de vorm van juridisch advies, bijstand om een zaak bij een autoriteit aanhangig te maken, vertegenwoordiging in rechte en vrijstelling van proceskosten;

d. 'schriftelijke overeenkomst': een overeenkomst die is vastgelegd in een gegevensdrager, waarvan de inhoud toegankelijk en bruikbaar is voor inzage op een later tijdstip;

e. 'regeling inzake levensonderhoud': een schriftelijke overeenkomst met betrekking tot de betaling van levensonderhoud die:

i. als authentieke akte formeel is verleden of geregistreerd door een bevoegde autoriteit; of

ii. authentiek is verklaard of is geregistreerd door, of gesloten, met of nedergelegd bij een bevoegde autoriteit;

en door een bevoegde autoriteit kan worden getoetst en gewijzigd;

f. 'kwetsbare persoon': een persoon die vanwege een aantasting of ontoereikendheid van zijn persoonlijke vermogens niet in staat is zichzelf te onderhouden.

[23-11-2007, Trb. 144, i.w.tr. 01-01-2013]

[Begripsomschrijvingen]

Betekenis. Art. 3 geeft een aantal belangrijke definities weer. In het algemeen refereert de term 'onderhoudsgerechtigde' aan de persoon die de onderhoudsbijdrage zou moeten ontvangen. Ten aanzien van kinderalimentatie ontvangt in sommige landen de verzorgende ouder de onderhoudsbijdrage, terwijl in andere landen de minderjarige zelf als onderhoudsgerechtigde wordt aangemerkt. In het Toelichtend Rapport is wel duidelijk aangegeven dat een kind in ieder geval onder het begrip valt (p. 74). Art. 3 onderdeel e geeft een definitie van de term 'authentieke akte'. Hiermee worden onderhoudsovereenkomsten ook onder de werking van het verdrag gebracht. De definitie stelt echter wel voorwaarden aan een dergelijke authentieke akte. In sommige landen, zoals Frankrijk en België mag een notaris een door partijen opgestelde overeenkomst controleren en verifiëren, waarbij dit document als authentieke akte in deze landen geldt en derhalve een executoriale titel verkrijgt (art. 3 onderdeel e onder i). In andere landen, zoals Duitsland en Oostenrijk, zijn onderhoudsovereenkomsten vaak gesloten met de *Jugendamt*. Op basis van art. 3 onderdeel e onder ii wordt derhalve een dergelijke overeenkomst onder de werking van de term 'authentieke akte' gebracht en daardoor onder de werking van de regels inzake erkenning en tenuitvoerlegging onder het verdrag.

HOOFDSTUK II
Administratieve samenwerking

Artikel 4
Aanwijzing van centrale autoriteiten

1. Elke verdragsluitende staat wijst een centrale autoriteit aan die is belast met de haar door dit Verdrag oplegde taken.
2. Federale staten, staten met meer dan één rechtsstelsel of staten die autonome territoriale eenheden omvatten, staat het vrij meer dan één centrale autoriteit aan te wijzen, en de territoriale of personele reikwijdte van hun taken aan te geven. Een staat die meer dan één centrale autoriteit heeft aangewezen, wijst de centrale autoriteit aan waaraan alle mededelingen kunnen worden gericht met het oog op doorgeleiding daarvan aan de bevoegde centrale autoriteit binnen deze staat.
3. De verdragsluitende staat stelt het Permanent Bureau van de Haagse Conferentie voor Internationaal Privaatrecht in kennis van de aanwijzing van de centrale autoriteit of centrale autoriteiten, hun contactgegevens en, indien van toepassing, de reikwijdte van hun taken zoals omschreven in het tweede lid, op het tijdstip waarop de akte van bekrachtiging of toetreding wordt nedergelegd of wanneer een verklaring in overeenstemming met artikel 61 wordt afgelegd. De verdragsluitende staten stellen het Permanent Bureau onverwijld in kennis van eventuele wijzigingen.
[23-11-2007, Trb. 144, i.w.tr. 01-01-2013]

[Aanwijzing van centrale autoriteiten]

Betekenis. Voor commentaar over art. 4 Haags Alimentatieverdrag 2007, zie het commentaar op art. 49 Europese alimentatieverordening.

Artikel 5
Algemene taken van de centrale autoriteiten

De centrale autoriteiten:
a. werken onderling samen en bevorderen de samenwerking tussen de bevoegde autoriteiten in hun staten teneinde de doelstellingen van het Verdrag te verwezenlijken;
b. zoeken zoveel mogelijk naar oplossingen voor moeilijkheden die zich voordoen bij de toepassing van het Verdrag.

[23-11-2007, Trb. 144, i.w.tr. 01-01-2013]

[Algemene taken van de centrale autoriteiten]

Betekenis. Voor commentaar over art. 5 Haags Alimentatieverdrag 2007, zie het commentaar op art. 50 Europese alimentatieverordening.

Artikel 6
Specifieke taken van de centrale autoriteiten

1. De centrale autoriteiten verlenen bijstand met betrekking tot verzoeken in de zin van hoofdstuk III. In het bijzonder door:
a. dergelijke verzoeken te verzenden en te ontvangen;

b. procedures in verband met dergelijke verzoeken in te stellen of het instellen ervan te vergemakkelijken.

2. Met betrekking tot deze verzoeken nemen zij alle passende maatregelen om:

a. wanneer de omstandigheden het vereisen, rechtsbijstand te verlenen of de verkrijging van rechtsbijstand te vergemakkelijken;

b. de onderhoudsplichtige of onderhoudsgerechtigde te helpen lokaliseren;

c. de verkrijging van relevante informatie over het inkomen en, indien nodig, andere financiële omstandigheden van de onderhoudsplichtige of de onderhoudsgerechtigde te vergemakkelijken, met inbegrip van het lokaliseren van vermogensbestanddelen;

d. indien passend door de gebruikmaking van bemiddeling, verzoening of soortgelijke methoden een minnelijke schikking te bevorderen met het oog op het bewerkstelligen van vrijwillige betaling van levensonderhoud;

e. de doorlopende tenuitvoerlegging van beslissingen inzake levensonderhoud, met inbegrip van achterstallige bedragen, te vergemakkelijken;

f. de inning en snelle overmaking van betalingen van levensonderhoud te vergemakkelijken;

g. de verkrijging van bewijsstukken of ander bewijs te vergemakkelijken;

h. bijstand te verlenen bij de vaststelling van de afstamming wanneer dat noodzakelijk is voor de inning van levensonderhoud;

i. procedures in te stellen of het instellen ervan te vergemakkelijken, ter verkrijging van voorlopige maatregelen van territoriale aard die ten doel hebben de uitkomst van een aanhangig verzoek inzake levensonderhoud zeker te stellen;

j. de betekening en de kennisgeving van stukken te vergemakkelijken.

3. De taken van de centrale autoriteit krachtens dit artikel kunnen, voor zover het recht van de betrokken staat dit toestaat, worden uitgeoefend door overheidslichamen of andere lichamen die onder toezicht staan van de bevoegde autoriteiten van die staat. De verdragsluitende staat stelt het Permanent Bureau van de Haagse Conferentie voor Internationaal Privaatrecht in kennis van de aanwijzing van dergelijke overheidslichamen of andere lichamen, van hun contactgevens alsmede van de reikwijdte van hun taken. De verdragsluitende staten stellen het Permanent Bureau onverwijld in kennis van eventuele wijzigingen.

4. Niets in dit artikel of in artikel 7 mag aldus worden uitgelegd, dat een centrale autoriteit de verplichting wordt opgelegd bevoegdheden uit te oefenen die krachtens het recht van de aangezochte staat slechts door gerechtelijke autoriteiten kunnen worden uitgeoefend.

[23-11-2007, Trb. 144, i.w.tr. 01-01-2013]

[Specifieke taken van de centrale autoriteiten]

Betekenis. Voor commentaar over art. 6 Haags Alimentatieverdrag 2007, zie het commentaar op art. 51 Europese alimentatieverordening.

Artikel 7
Verzoeken om specifieke maatregelen

1. Indien geen verzoek op grond van artikel 10 aanhangig is, kan een centrale autoriteit aan een andere centrale autoriteit een met redenen omkleed verzoek richten

om passende specifieke maatregelen te treffen in de zin van artikel 6, tweede lid, onderdeel b), c), g), h), i) en j). De aangezochte centrale autoriteit treft passende maatregelen indien zij deze noodzakelijk acht om een mogelijke verzoeker bij te staan bij het indienen van een in artikel 10 bedoeld verzoek of bij het bepalen of een dergelijk verzoek moet worden ingediend.
2. Een centrale autoriteit kan op verzoek van een andere centrale autoriteit tevens specifieke maatregelen treffen in verband met een in de verzoekende staat aanhangige zaak met een internationaal aspect die betrekking heeft op de inning van levensonderhoud.
[23-11-2007, Trb. 144, i.w.tr. 01-01-2013]

[Verzoeken om specifieke maatregelen]

Betekenis. Voor commentaar over art. 7 Haags Alimentatieverdrag 2007, zie het commentaar op art. 53 Europese alimentatieverordening.

Artikel 8
Kosten van de centrale autoriteit

1. Elke centrale autoriteit draagt haar eigen kosten voor de toepassing van dit Verdrag.
2. Centrale autoriteiten mogen de verzoeker voor de krachtens dit Verdrag verleende diensten geen kosten in rekening brengen, afgezien van uitzonderlijke kosten die voortvloeien uit een verzoek om specifieke maatregelen in de zin van artikel 7.
3. De aangezochte centrale autoriteit mag zich de kosten van de in het tweede lid bedoelde dientsverlening niet doen vergoeden zonder dat de verzoeker heeft ingestemd met die dienstverlening tegen zodanige kosten.
[23-11-2007, Trb. 144, i.w.tr. 01-01-2013]

[Kosten van de centrale autoriteit]

Betekenis. Voor commentaar over art. 8 Haags Alimentatieverdrag 2007, zie het commentaar op art. 54 Europese alimentatieverordening.

HOOFDSTUK III
Verzoeken via centrale autoriteiten

Artikel 9
Verzoek via centrale autoriteiten

Een verzoek in de zin van dit hoofdstuk wordt via de centrale autoriteit van de verdragsluitende staat waar de verzoeker verblijft, ingediend bij de centrale autoriteit van de aangezochte staat. Voor de toepassing van deze bepaling wordt onder verblijf niet de enkele aanwezigheid verstaan.
[23-11-2007, Trb. 144, i.w.tr. 01-01-2013]

[Verzoek via centrale autoriteiten]

Betekenis. Voor commentaar over art. 9 Haags Alimentatieverdrag 2007, zie het commentaar op art. 55 Europese alimentatieverordening.

Artikel 10
Beschikbare verzoeken

1. Een onderhoudsgerechtigde die op grond van dit Verdrag levensonderhoud wil innen, kan in een verzoekende staat de volgende soorten verzoeken indienen:
a. erkenning dan wel erkenning en tenuitvoerlegging van een beslissing;
b. tenuitvoerlegging van een in de aangezochte staat gegeven of erkende beslissing;
c. vaststelling van een beslissing in de aangezochte staat, indien er nog geen beslissing voorhanden is, zo nodig met inbegrip van de vaststelling van de afstamming;
d. vaststelling van een beslissing in de aangezochte staat indien erkenning en tenuitvoerlegging van een beslissing niet mogelijk is, dan wel wordt geweigerd vanwege het ontbreken van een in artikel 20 vermelde grondslag voor erkenning en tenuitvoerlegging of om de in artikel 22, onderdeel b) of e), vermelde redenen;
e. wijziging van een in de aangezochte staat gegeven beslissing;
f. wijziging van een in een andere dan de aangezochte staat gegeven beslissing.

2. Een onderhoudsplichtige tegen wie een beslissing inzake levensonderhoud is gegeven, kan in een verzoekende staat de volgende soorten verzoeken indienen:
a. erkenning van een beslissing of een vergelijkbare procedure die leidt tot opschorting of beperking van de tenuitvoerlegging van een eerdere beslissing in de aangezochte staat;
b. wijziging van een in de aangezochte staat gegeven beslissing;
c. wijziging van een in een andere dan de aangezochte staat gegeven beslissing.

3. Tenzij anders is bepaald in dit Verdrag, worden de in het eerste en tweede lid bedoelde verzoeken behandeld overeenkomstig het recht van de aangezochte staat en worden de in het eerste lid, onderdeel c) tot en met f), en tweede lid, onderdeel b) en c), bedoelde verzoeken onderworpen aan de bevoegdheidsregels die van toepassing zijn in de aangezochte staat.
[23-11-2007, Trb. 144, i.w.tr. 01-01-2013]

[Beschikbare verzoeken]

Betekenis. Voor commentaar over art. 10 Haags Alimentatieverdrag 2007, zie het commentaar op art. 56 Europese alimentatieverordening.

Artikel 11
Inhoud van het verzoek

1. Alle verzoeken in de zin van artikel 10 bevatten ten minste:
a. een verklaring omtrent de aard van het verzoek of de verzoeken;
b. de naam en contactgegevens, met inbegrip van het adres en de geboortedatum van de verzoeker;
c. de naam en, indien bekend, het adres en de geboortedatum van de verweerder;
d. de naam en geboortedatum van de persoon voor wie om levensonderhoud wordt verzocht;
e. de gronden waarop het verzoek berust;
f. indien het verzoek afkomstig is van de onderhoudsgerechtigde, gegevens over de plaats waar de betalingen moeten worden gedaan of elektronisch moeten worden overgemaakt;

g. behalve bij het verzoek in de zin van artikel 10, eerste lid, onderdeel a), en tweede lid, onderdeel a), alle informatie of stukken die zijn vermeld in een door de aangezochte staat in overeenstemming met artikel 63 afgelegde verklaring;
h. de naam en contactgegevens van de persoon of de afdeling van de centrale autoriteit van de verzoekende staat die verantwoordelijk is voor de behandeling van het verzoek.

2. Zo nodig en voor zover bekend bevat het verzoek tevens:
a. gegevens over de financiële omstandigheden van de onderhoudsgerechtigde;
b. gegevens over de financiële omstandigheden van de onderhoudsplichtige, met inbegrip van de naam en het adres van zijn werkgever, alsmede de aard en locatie van de vermogensbestanddelen van de onderhoudsplichtige;
c. alle andere informatie die van nut kan zijn bij het lokaliseren van de verweerder.

3. Het verzoek gaat vergezeld van alle noodzakelijke ondersteunende informatie of documenten, waaronder stukken waaruit blijkt dat de verzoeker recht heeft op kosteloze rechtsbijstand. Verzoeken in de zin van artikel 10, eerste lid 1, onderdeel a), en tweede lid, onderdeel a), gaan alleen vergezeld van de in artikel 25 vermelde stukken.

4. Verzoeken in de zin van artikel 10 kunnen worden gedaan middels het door de Haagse Conferentie voor Internationaal Privaatrecht aanbevolen en bekendgemaakte formulier.

[23-11-2007, Trb. 144, i.w.tr. 01-01-2013]

[Inhoud van het verzoek]

Betekenis. Voor commentaar over art. 11 Haags Alimentatieverdrag 2007, zie het commentaar op art. 57 Europese alimentatieverordening.

Artikel 12
Verzending, ontvangst en behandeling van verzoeken en zaken door centrale autoriteiten

1. De centrale autoriteit van de verzoekende staat staat de verzoeker bij teneinde te verzekeren dat het verzoek vergezeld gaat van alle informatie en stukken die, voor zover haar bekend, voor de behandeling van het verzoek noodzakelijk zijn.

2. Na zich ervan te hebben vergewist dat het verzoek voldoet aan de vereisten van het Verdrag, verzendt de centrale autoriteit van de verzoekende staat het verzoek namens en met instemming van de verzoeker aan de centrale autoriteit van de aangezochte staat. Het verzoek gaat vergezeld van het in bijlage 1 opgenomen verzendformulier. Op verzoek van de centrale autoriteit van de aangezochte staat verstrekt de centrale autoriteit van de verzoekende staat een volledig afschrift, gewaarmerkt door de bevoegde autoriteit van de staat van herkomst, van elk stuk in de zin van artikel 16, derde lid, artikel 25, eerste lid, onderdeel a), b) en d), en derde lid, onderdeel b), en artikel 30, derde lid.

3. De aangezochte centrale autoriteit bevestigt de ontvangst binnen zes weken na de datum van ontvangst van het verzoek met behulp van het in bijlage 2 opgenomen formulier en stelt de centrale autoriteit van de verzoekende staat in kennis van de eerste stappen die zijn of zullen worden genomen voor de behandeling van het verzoek, en kan verdere stukken en informatie opvragen die zij noodzakelijk acht. Binnen deze termijn van zes weken verstrekt de aangezochte centrale autoriteit de verzoekende

centrale autoriteit de naam en contactgegevens van de persoon of afdeling die is belast met de beantwoording van vragen met betrekking tot de voortgang van het verzoek.
4. Binnen drie maanden na de ontvangstbevestiging stelt de aangezochte centrale autoriteit de verzoekende centrale autoriteit in kennis van de stand van zaken omtrent het verzoek.
5. De verzoekende en de aangezochte centrale autoriteit stellen elkaar in kennis van:
a. de persoon of afdeling die verantwoordelijk is voor een bepaalde zaak;
b. de voortgang van de zaak,
en zij antwoorden tijdig op verzoeken om inlichtingen.
6. De centrale autoriteiten behandelen een zaak zo spoedig als een gedegen onderzoek van de inhoud ervan het toelaat.
7. De centrale autoriteiten maken gebruik van de snelste en meest efficiënte communicatiemiddelen waarover zij beschikken.
8. Een aangezochte centrale autoriteit kan de behandeling van een verzoek alleen weigeren als kennelijk niet aan de vereisten van het Verdrag is voldaan. In dat geval stelt de centrale autoriteit de verzoekende centrale autoriteit onverwijld in kennis van de redenen voor haar weigering.
9. De aangezochte centrale autoriteit kan een verzoek niet weigeren op de enkele grond dat aanvullende stukken of informatie nodig zijn. De aangezochte centrale autoriteit kan de verzoekende centrale autoriteit evenwel verzoeken deze aanvullende stukken of informatie te verstrekken. Indien de verzoekende centrale autoriteit hierop niet binnen drie maanden of binnen een langere door de aangezochte centrale autoriteit vermelde termijn ingaat, kan de aangezochte centrale autoriteit beslissen het verzoek niet verder te behandelen. In dat geval stelt zij de verzoekende centrale autoriteit in kennis van deze beslissing.
[23-11-2007, Trb. 144, i.w.tr. 01-01-2013]

[Verzending, ontvangst en behandeling van verzoeken en zaken door centrale autoriteiten]

Betekenis. Een van de uitgangspunten van het Haags Alimentatieverdrag was dat het nieuwe systeem de inning van grensoverschrijdend alimentatie zou moeten verbeteren. Er werd gezien dat het procesrechtelijke kader waarin verzoeken moesten worden behandeld verbeterd kon worden en dat deadlines voor het uitvoeren van bepaalde taken hierin een rol kon spelen. Het verdrag gaat uit van een procedure die relatieve simpel, efficiënt zou moeten zijn en natuurlijk ook nog lage kosten. Art. 12 stelt de basiseisen voor een effectieve en efficiënte casebehandeling. Hierin wordt benadrukt dat alle fasen tijdig (lid 5), zo spoedig mogelijk (lid 6) en met de snelste en meeste efficiënte communicatiemiddelen (lid 7) worden behandeld.

Artikel 13
Communicatiemiddelen

Een verzoek via de centrale autoriteiten van de verdragsluitende staten in overeenstemming met dit hoofdstuk en elk daarbij gevoegd of door een centrale autoriteit verstrekt stuk of informatie, kan door de verweerder niet op de enkele grond van

het tussen de betrokken centrale autoriteiten gebruikte communicatiemedium of -middel worden betwist.
[23-11-2007, Trb. 144, i.w.tr. 01-01-2013]

[Communicatiemiddelen]

Betekenis. Art. 13 biedt de mogelijkheid dat verzoeken en bijhorende stukken elektronisch zouden kunnen worden ingediend. Ten tijde van de totstandkoming van het verdrag was dit niet mogelijk in alle verdragsluitende staten, maar het verdrag laat de mogelijkheid wel open.

Artikel 14
Effectieve toegang tot procedures

1. De aangezochte staat verstrekt verzoekers effectieve toegang tot procedures, waaronder tenuitvoerleggings- en beroepsprocedures, die voortvloeien uit verzoeken op grond van dit hoofdstuk.
2. Tenzij het derde lid van toepassing is, verleent de aangezochte staat ten behoeve van deze effectieve toegang, kosteloze rechtsbijstand in overeenstemming met de artikelen 14 tot en met 17.
3. De aangezochte staat is niet verplicht deze kosteloze rechtsbijstand te verlenen indien en voor zover de procedures van die staat de verzoeker in staat stellen de zaak aanhangig te maken zonder dergelijke bijstand en de centrale autoriteit kosteloos de noodzakelijke diensten verleent.
4. De voorwaarden voor verkrijging van kosteloze rechtsbijstand mogen niet restrictiever zijn dan de voorwaarden gesteld in soortgelijke binnenlandse zaken.
5. Geen zekerheid, borgtocht of depot, ongeacht de omschrijving, kan worden vereisr om de betaling van de kosten en uitgaven in verband met procedures op grond van het Verdrag te verzekeren.
[23-11-2007, Trb. 144, i.w.tr. 01-01-2013]

[Effectieve toegang tot procedures]

Betekenis. Voor commentaar over art. 14 Haags Alimentatieverdrag 2007, zie het commentaar op art. 44 Europese alimentatieverordening.

Artikel 15
Kosteloze rechtsbijstand voor verzoeken om levensonderhoud voor kinderen

1. De aangezochte staat verleent kosteloze rechtsbijstand voor elk door een onderhoudsgerechtigde op grond van dit hoofdstuk ingediend verzoek betreffende onderhoudsverplichtingen die voortvloeien uit een ouder-kindrelatie jegens een persoon jonger dan 21 jaar.
2. In afwijking van het eerste lid kan de aangezochte staat met betrekking tot andere verzoeken dan de in artikel 10, eerste lid, onderdeel a) en b), bedoelde verzoeken en met betrekking tot de onder artikel 20, vierde lid, vallende zaken, de verlening van

kosteloze rechtsbijstand weigeren indien hij van oordeel is dat het verzoek of enig beroep kennelijk ongegrond is.
[23-11-2007, Trb. 144, i.w.tr. 01-01-2013]

[Kosteloze rechtsbijstand voor verzoeken om levensonderhoud voor kinderen]

Betekenis. Voor commentaar over art. 15 Haags Alimentatieverdrag 2007, zie het commentaar op art. 46 Europese alimentatieverordening.

Artikel 16
Verklaring houdende toestemming voor het gebruik van een op het kind gerichte toetsing van de middelen

1. In afwijking van artikel 15, eerste lid, kan een staat in overeenstemming met artikel 63 verklaren dat hij met betrekking tot andere verzoeken dan de in artikel 10, eerste lid, onderdeel a) en b), bedoelde verzoeken en met betrekking tot de onder artikel 20, vierde lid, vallende zaken, kosteloze rechtsbijstand verleent op voorwaarde van een toetsing gebaseerd op een raming van de middelen van het kind.
2. Op het ogenblik van het afleggen van een dergelijke verklaring, verstrekken staten het Permanent Bureau van de Haagse Conferentie voor Internationaal Privaatrecht informatie over de wijze waarop de raming van de middelen van het kind zal worden verricht, met inbegrip van de financiële criteria waaraan moet worden voldaan.
3. Een verzoek als bedoeld in het eerste lid, gericht aan een staat die de in dat lid bedoelde verklaring heeft afgelegd, dient een formele verklaring van de verzoeker te omvatten waarin wordt vermeld dat de middelen van het kind voldoen aan de in het tweede lid bedoelde criteria. De aangezochte staat kan alleen om nader bewijs van de middelen van het kind verzoeken indien hij redelijke gronden heeft om aan te nemen dat de door de verzoeker verstrekte informatie onjuist is.
4. Indien de gunstigste rechtsbijstand die is vastgesteld in het recht van de aangezochte staat voor op grond van dit hoofdstuk ingediende verzoeken betreffende onderhoudsverplichtingen die voortvloeien uit een ouder-kindrelatie jegens een kind, gunstiger is dan die welke wordt vastgesteld in overeenstemming met het eerste tot en met derde lid, dient de gunstigste rechtsbijstand te worden verleend.
[23-11-2007, Trb. 144, i.w.tr. 01-01-2013]

[Verklaring houdende toestemming voor het gebruik van een op het kind gerichte toetsing van de middelen]

Betekenis. Voor commentaar over art. 16 Haags Alimentatieverdrag 2007, zie het commentaar op art. 46 Europese alimentatieverordening.

Artikel 17
Niet onder artikel 15 of artikel 16 vallende verzoeken

Voor de verzoeken op grond van dit Verdrag die niet onder artikel 15 of artikel 16 vallen:

a. kan de verlening van kosteloze rechtsbijstand afhankelijk worden gesteld van een draagkrachttoets of een onderzoek naar de gegrondheid van het verzoek;

b. een verzoeker die in de staat van herkomst kosteloze rechtsbijstand heeft genoten, heeft in alle erkenning- of tenuitvoerleggingsprocedures recht op kosteloze rechtsbijstand in ten minste dezelfde mate als vastgesteld in het recht van de aangezochte staat in dezelfde omstandigheden.

[23-11-2007, Trb. 144, i.w.tr. 01-01-2013]

[Niet onder art. 15 of art. 16 vallende verzoeken]

Betekenis. Voor commentaar over art. 17 Haags Alimentatieverdrag 2007, zie het commentaar op art. 47 Europese alimentatieverordening.

HOOFDSTUK IV

Beperkingen ten aanzien van het instellen van procedures

Artikel 18

Beperking ten aanzien van procedures

1. Indien een beslissing is gegeven in een verdragsluitende staat waar de onderhoudsgerechtigde zijn gewone verblijfplaats heeft, kan de onderhoudsplichtige in een andere verdragsluitende staat geen procedure instellen tot wijziging van de beslissing of tot het geven van een nieuwe beslissing zolang de onderhoudsgerechtigde zijn gewone verblijfplaats heeft in de staat waar de beslissing is gegeven.

2. Het eerste lid is niet van toepassing indien:

a. de partijen schriftelijk overeenstemming hebben bereikt over de bevoegdheid van die andere verdragsluitende staat, evenwel met uitzondering van geschillen inzake onderhoudsverplichtingen jegens kinderen;

b. de onderhoudsgerechtigde zich onderwerpt aan de bevoegdheid van die andere verdragsluitende staat, hetzij uitdrukkelijk hetzij door zich ten gronde te verweren zonder zich bij de eerste gelegenheid te verzetten tegen die bevoegdheid;

c. de bevoegde autoriteit in de staat van herkomst haar bevoegdheid tot wijziging van de beslissing of tot het geven van een nieuwe beslissing niet kan uitoefenen of weigert deze uit te oefenen; of

d. de in de staat van herkomst gegeven beslissing niet kan worden erkend of niet uitvoerbaar kan worden verklaard in de verdragsluitende staat waar procedures tot wijziging van de beslissing of tot het geven van een nieuwe beslissing worden overwogen.

[23-11-2007, Trb. 144, i.w.tr. 01-01-2013]

[Beperking ten aanzien van procedures]

Betekenis. Voor commentaar over art. 18 Haags Alimentatieverdrag 2007, zie het commentaar op art. 8 Europese alimentatieverordening.

HOOFDSTUK V
Erkenning en tenuitvoerlegging

Artikel 19
Toepassingsgebied van het hoofdstuk

1. Dit hoofdstuk is van toepassing op beslissingen met betrekking tot onderhoudsverplichtingen die zijn gegeven door gerechtelijke of administratieve autoriteiten. Onder de term "beslissing' wordt mede verstaan een schikking of overeenkomst gesloten ten overstaan van of goedgekeurd door een dergelijke autoriteit. Een beslissing kan automatische indexering omvatten en de verplichting achterstallige bedragen, levensonderhoud met terugwerkende kracht of interest te betalen, alsook de vaststelling van kosten of uitgaven.
2. Indien een beslissing niet alleen betrekking heeft op een onderhoudsverplichting, beperkt de werking van dit hoofdstuk zich tot de delen van de beslissing die betrekking hebben op onderhoudsverplichtingen.
3. Voor de toepassing van het eerste lid wordt verstaan onder 'administratieve autoriteit' een overheidslichaam waarvan de beslissingen krachtens het recht van de staat waar het is gevestigd:
a. onderworpen kunnen worden aan een beroep bij of toetsing door een gerechtelijke autoriteit; en
b. dezelfde kracht en uitwerking hebben als een beslissing van een gerechtelijke autoriteit over dezelfde aangelegenheid.
4. Dit hoofdstuk is eveneens van toepassing op regelingen inzake levensonderhoud in overeenstemming met artikel 30.
5. De bepalingen van dit hoofdstuk zijn van toepassing op verzoeken om erkenning en tenuitvoerlegging die in overeenstemming met artikel 37 rechtstreeks worden gedaan aan een bevoegde autoriteit van de aangezochte staat.
[23-11-2007, Trb. 144, i.w.tr. 01-01-2013]

[Toepassingsgebied van het hoofdstuk]

Betekenis. De bepalingen op het gebied van erkenning en tenuitvoerlegging zijn van toepassing op zowel gerechtelijke als administratieve autoriteiten. Artikel 19 geeft aan welke 'beslissingen' onder de reikwijdte van Hoofdstuk V vallen. Hoewel deze bepaling geen sluitende definitie van de term 'beslissing' geeft, wordt een aantal typen beslissingen wel expliciet onder de reikwijdte van het verdrag gebracht. Artikel 19 geeft namelijk aan dat beslissingen van administratieve autoriteiten onder de werking van het verdrag vallen. Deze expliciete verwijzing betekent dat administratieve vaststellingen van alimentatie zoals gebruikelijk is in Scandinavische landen onder de werking van het verdrag vallen. Bovendien worden schikkingen en bekrachtigingen ook onder het verdrag gebracht, hetgeen in het Nederlandse rechtssysteem gebruikelijk is in het kader van echtscheidingsconvenanten. Artikel 19 lid 2 geeft aan dat het verdrag de erkenning en tenuitvoerlegging van een beslissing regelt voor wat betreft de onderdelen van een beslissing die betrekking hebben op de materie van het verdrag, namelijk onderhoudsverplichtingen. Een beslissing waarin het vaderschap gerechtelijk wordt vastgesteld en een alimentatieplicht tevens wordt opgelegd, zal slechts onder de werking van het verdrag vallen voor wat betreft de onderhoudsverplichting.

Artikel 20
Gronden voor erkenning en tenuitvoerlegging

1. Een beslissing gegeven in een verdragsluitende staat ('de staat van herkomst') wordt in de andere verdragsluitende staten erkend en ten uitvoer gelegd indien:

a. de verweerder zijn gewone verblijfplaats had in de staat van herkomst op het tijdstip waarop de procedure werd ingesteld;
b. de verweerder zich heeft onderworpen aan de bevoegdheid, hetzij uitdrukkelijk hetzij door zich ten gronde te verweren zonder zich bij de eerste gelegenheid te verzetten tegen de bevoegdheid;
c. de onderhoudsgerechtigde zijn gewone verblijfplaats had in de staat van herkomst op het tijdstip waarop de procedure werd ingesteld;
d. het kind voor wie levensonderhoud is toegekend zijn gewone verblijfplaats had in de staat van herkomst op het tijdstip waarop de procedure werd ingesteld, mits de verweerder met het kind in die staat heeft gewoond of in die staat heeft verbleven en aldaar voorzag in het levensonderhoud van het kind;
e. de partijen schriftelijk overeenstemming hebben bereikt over de bevoegdheid, met uitzondering van geschillen inzake onderhoudsver plichtingen jegens kinderen; of
f. de beslissing is gegeven door een autoriteit die bevoegd is inzake een kwestie van de persoonlijke staat of van ouderlijke verantwoordelijkheid, tenzij deze bevoegdheid alleen was gebaseerd op de nationaliteit van een van de partijen.

2. Een verdragsluitende staat kan in overeenstemming met artikel 62 ten aanzien van het eerste lid, onderdeel c), e) of f), een voorbehoud maken.

3. Een verdragsluitende staat die een voorbehoud maakt krachtens het tweede lid zorgt voor de erkenning en tenuitvoerlegging van een beslissing, indien zijn autoriteiten krachtens zijn recht in soortgelijke feitelijke omstandigheden bevoegd zijn of zouden zijn om een dergelijke beslissing te geven.

4. Indien erkenning van een beslissing onmogelijk is ten gevolge van een voorbehoud krachtens het tweede lid, en de onderhoudsplichtige zijn gewone verblijfplaats in een verdragsluitende staat heeft, neemt deze staat alle passende maatregelen teneinde ten behoeve van de onderhoudsgerechtigde een beslissing vast te stellen. De voorgaande volzin is niet van toepassing op rechtstreekse verzoeken om erkenning en tenuitvoerlegging krachtens artikel 19, vijfde lid, en evenmin op de in artikel 2, eerste lid, onderdeel b), bedoelde vorderingen tot levensonderhoud.

5. Beslissingen ten gunste van een kind jonger dan 18 jaar die niet kunnen worden erkend alleen vanwege een voorbehoud ten aanzien van het eerste lid, onderdeel c), e) of f), worden aanvaard als vaststelling dat het kind in aanmerking komt voor levensonderhoud in de aangezochte staat.

6. Een beslissing wordt alleen erkend wanneer zij in de staat van herkomst effect sorteert, en wordt alleen ten uitvoer gelegd wanneer zij in de staat van herkomst voor tenuitvoerlegging vatbaar is.

[23-11-2007, Trb. 144, i.w.tr. 01-01-2013]

Betekenis. Op grond van artikel 20 lid 1 wordt erkenning en tenuitvoerlegging van een beslissing onderworpen aan een reeks van indirecte bevoegdheidsregels. Met andere woorden, erkenning van een alimentatiebeslissing op grond van het verdrag is voorbehouden aan beslissingen uit een andere Verdragsluitende Staat indien de beslissende autoriteit bevoegd was op een van de in artikel 20 opgenomen bevoegdheidsgronden. Als aan een van de voorwaarden van artikel 20 is voldaan, dan ontstaat een verplichting tot erkenning op grond van artikel 20 lid 1 (de aanhef van artikel 20 spreekt van 'wordt erkend' in plaats van 'kan erkend'). De bevoegdheidsgronden in artikel 20 lid 1 komen grotendeels overeen met de bevoegdheidsregels uit de Europese alimentatieverordening (nr. 4/2009). Aangezien artikel 20 lid 1 sub c van het verdrag binnen de Europese Unie een geaccepteerde bevoegdheidsgrondslag is, voegt artikel 20 lid 1 sub d niets toe. Voor landen die een voorbehoud voor artikel 20 lid 1 sub c hebben gemaakt, zal artikel 20 lid 1 sub d wel van toegevoegde waarde zijn (zie bijvoorbeeld de Verenigde Staten van Amerika). Aangezien de Europese Unie geen voorbehoud op grond van artikel 20 heeft gemaakt, hebben de leden 3 tot en met 5 van artikel 20 geen betekenis binnen de Europese Unie ten aanzien van de erkenning van buitenlandse beslissingen binnen de Europese Unie. Deze leden hebben wel betekenis op het moment dat erkenning wordt verzocht van een alimentatiebeslissing uit een EU-lidstaat in een verdragsluitende staat dat een voorbehoud op grond van artikel 20 lid 2 wél heeft gemaakt, bijvoorbeeld in de Verenigde Staten. Een voorbeeld: een Nederlandse rechtbank heeft zich bevoegd verklaard op grond van de gewone verblijfplaats van de onderhoudsgerechtigde (artikel 3 sub b alimentatieverordening) terwijl de voorwaarden van artikel 20 lid 1 sub d Haags Alimentatie Verdrag 2007 niet zijn vervuld. In dit geval komt de Nederlandse beslissing niet in aanmerking voor erkenning in de Verenigde Staten omdat artikel 20 lid 1 sub c niet geldt in de Verenigde Staten vanwege het Amerikaanse voorbehoud. Artikel 20 lid 3 van het verdrag geeft echter aan dat de Nederlandse beslissing alsnog zal worden erkend en ten uitvoer gelegd indien de Amerikaanse rechter onder vergelijkbare omstandigheden bevoegd zou zijn geweest. Deze bepaling geeft derhalve een mogelijkheid tot verruiming van de mogelijkheid op erkenning van de beslissing in landen die een voorbehoud op grond van artikel 20 lid 2 hebben gemaakt. Artikel 20 lid 6 geeft aan dat een beslissing slechts kan worden erkend indien deze gezag van gewijsde heeft tussen de partijen. Voor tenuitvoerlegging dient de beslissing ook nog uitvoerbaar te zijn in het land van herkomst. In vergelijking van een vergelijkbare bepaling in artikel 4 Haags Alimentatie (Erkennings- en tenuitvoerleggings-) Verdrag 1973 is de tekst van artikel 20 lid 6 verduidelijkt. Hiermee is tot uitdrukking gebracht dat de beslissing nog steeds vatbaar kan zijn voor wijziging, hetgeen vaak voorkomt in het kader van alimentatiebeslissingen.

Artikel 21

Deelbaarheid en gedeeltelijke erkenning en tenuitvoerlegging

1. Indien de aangezochte staat een beslissing niet volledig kan erkennen of ten uitvoer leggen, gaat hij over tot erkenning of tenuitvoerlegging van de delen van de beslissing die wel kunnen worden erkend of ten uitvoer gelegd.

2. Te allen tijde kan worden verzocht om gedeeltelijke erkenning of tenuitvoerlegging van een beslissing.

[23-11-2007, Trb. 144, i.w.tr. 01-01-2013]

Betekenis. Artikel 21 werkt als een complementaire bepaling bij artikel 19 lid 2. Aangezien het Haags Alimentatie Verdrag 2007 slechts werking heeft op het gebied van de erkenning en tenuitvoerlegging van beslissingen op het gebied van onderhoudsverplichtingen, kan de situatie zich voordoen dat andere onderdelen van een buitenlandse beslissing niet in aanmerking komen voor erkenning. In dat geval geeft artikel 21 lid 1 aan dat het onderdeel dat wel erkend kan worden, gescheiden kan worden van de rest van de beslissing. Dit betekent dat partiële erkenning en tenuitvoerlegging mogelijk is onder dit verdrag.

Artikel 22
Gronden voor weigering van erkenning en tenuitvoerlegging

Erkenning en tenuitvoerlegging van een beslissing kunnen worden geweigerd indien:

a. erkenning en tenuitvoerlegging van de beslissing kennelijk onverenigbaar zijn met de openbare orde ('ordre public') van de aangezochte staat;
b. de beslissing is verkregen door middel van bedrog begaan in de procedure;
c. een procedure tussen dezelfde partijen en met hetzelfde doel aanhangig is bij een autoriteit van de aangezochte staat en deze procedure als eerste aanhangig is gemaakt;
d. de beslissing onverenigbaar is met een beslissing die tussen dezelfde partijen met hetzelfde doel is gegeven hetzij in de aangezochte staat hetzij in een andere staat, mits de laatstbedoelde beslissing voldoet aan de vereisten voor erkenning en tenuitvoerlegging in de aangezochte staat;
e. in een zaak waarin de verweeder niet is verschenen en niet werd vertegenwoordigd in procedures in de staat van herkomst:
i. indien het recht van de staat van herkomst voorziet in inkennisstelling van procedures en de verweerder niet naar behoren in kennis is gesteld en niet in de gelegenheid is gesteld te worden gehoord; of
ii. indien het recht van de staat van herkomst niet voorziet in een inkennisstelling van procedures en de verweerder niet naar behoren in kennis is gesteld van de beslissing en niet de mogelijkheid heeft gehad om daartegen bezwaar aan te tekenen of ertegen beroep in te stellen op grond van de feiten of het recht; of
f. de beslissing is gegeven in strijd met artikel 18.

[23-11-2007, Trb. 144, i.w.tr. 01-01-2013]

1. Algemeen. Een van de doelen van het Haags Alimentatieverdrag 2007 is om de erkenning en tenuitvoerlegging van alimentatiebeslissingen te vergemakkelijken en vergroten. Artikel 20 legt derhalve de basis voor een dergelijke erkenningsregel. Artikel 22 stelt echter bepaalde grenzen aan deze ruime erkenningsregel. Artikel 22 geeft namelijk aan welke gronden kunnen worden aangewend om de erkenning van een buitenlandse beslissing te weigeren. Gebruik van de term 'of' aan het einde van artikel 22 sub e onder ii geeft duidelijk aan dat deze gronden niet cumulatief zijn, maar alternatief werken. Als bovendien een van de gronden in artikel 22 zich voordoet dan is de aangezochte staat niet verplicht om de erkenning van de beslissing te weigeren; de aangezochte staat mag alsnog overgaan tot erkenning (gebruik van de term 'mag' in de aanhef van artikel 22 geeft deze discretionaire bevoegdheid duidelijk aan).

2. Openbare orde (sub a). Zoals in andere Haagse verdragen (onder andere het Haags Alimentatie (Erkennings- en tenuitvoerleggings-) Verdrag 1973) kan op grond van artikel 22 sub a de erkenning van een buitenlandse beslissing geweigerd worden wegens strijd met de openbare orde. Het feit dat de buitenlandse beslissing niet overeenstemt met het nationale recht is niet voldoende voor een geslaagd beroep op de openbare-orde-exceptie.

3. Fraude (sub b). Het opnemen van deze weigeringsgrond in artikel 22 sub b heeft tot veel discussie geleid in de Bijzondere Commissies. Volgens het Toelichtend Rapport betekent fraude 'dishonesty or deliberate wrongdoing' (*Boras/Degeling Rapport*, nr. 480). Een voorbeeld is als een verzoeker het verzoekschrift expres naar een verkeerd adres stuurt of bepaald bewijs expres verbergt. Deze bepaling is vergelijkbaar met artikel 5 uit het Haags Alimentatie (tenuitvoerleggings)verdrag 1973.

4. Dezelfde partijen (sub c). Artikel 22 sub c (dat inhoudelijk ook overeenkomst met artikel 5 Haags Alimentatie (Erkennings- en tenuitvoerleggings-) Verdrag 1973) bevat tot op zekere hoogte een *lis pendens*-regel. In het geval dat een procedure al aanhangig is in de aangezochte staat, kan de erkenning van de buitenlandse beslissing worden geweigerd. Een voorwaarde voor de toepassing van deze bepaling is dat de buitenlandse beslissing tussen dezelfde partijen hetzelfde doel betreft. In tegenstelling tot de Alimentatieverordening, wordt in het Haags Alimentatieverdrag 2007 geen definitie gegeven van het moment waarop een procedure aanhangig wordt gemaakt. Hier zal naar het interne procesrecht van de aangezochte staat moeten worden gekeken.

5. Onverenigbaarheid (sub d). Artikel 22 sub d voorziet in de situatie dat een andere beslissing al is afgegeven, terwijl artikel 22 sub c uitgaat van de situatie dat de zaak nog aanhangig is. Als de andere beslissing afkomstig is van de aangezochte staat dan worden er geen extra voorwaarden aan deze weigeringsgrond gekoppeld. Als de andere beslissing afkomstig is uit een andere staat, dan dient de latere beslissing erkend te kunnen worden in de aangezochte staat. Bijvoorbeeld de New Yorkse rechter heeft een alimentatiebeslissing afgegeven, maar daarna heeft de Turkse rechter een beslissing afgegeven. Als de Turkse beslissing in aanmerking komt voor erkenning in Nederland, dan kan de erkenning van de New Yorkse beslissing worden geweigerd op grond van artikel 22 sub d.

6. Verschijning en vertegenwoordiging (sub e). Artikel 22 sub e voorziet in een weigeringsgrond die zowel in een gerechtelijke als administratieve procedures geldt. Sub (i) is toegespitst op gerechtelijke procedures en sub (ii) geldt voor administratieve procedures. In beide gevallen kan de erkenning van de buitenlandse beslissing worden geweigerd als de verweerder niet is verschenen of niet vertegenwoordigd werd in de procedure en niet naar behoren in kennis is gesteld van de gelegenheid om te worden gehoord.

7. Strijd met artikel 18 (sub f). Artikel 18 voorziet in een vergelijkbare bepaling als artikel 8 Europese alimentatieverordening. Als de buitenlandse beslissing is gegeven in strijd met artikel 18, dan levert dit een grond op om de erkenning en tenuitvoerlegging van de buitenlandse beslissing te weigeren.

Artikel 23
Procedure voor verzoeken om erkenning en tenuitvoerlegging

1. Onder voorbehoud van de bepalingen van het Verdrag is het recht van de aangezochte staat van toepassing op erkennings- en tenuitvoerleggingsprocedures.

2. Indien een verzoek om erkenning en tenuitvoerlegging van een beslissing via de centrale autoriteiten in overeenstemming met hoofdstuk III is gedaan, zal de aangezochte centrale autoriteit onverwijld:

a. het verzoek doorzenden naar de bevoegde autoriteit die de beslissing onverwijld uitvoerbaar verklaart of voor tenuitvoerlegging registreert; of
b. deze maatregelen zelf nemen, indien zij zelf de bevoegde autoriteit is.
3. Indien het verzoek rechtstreeks aan een bevoegde autoriteit in de aangezochte staat is gericht in overeenstemming met artikel 19, vijfde lid, verklaart deze autoriteit de beslissing onverwijld uitvoerbaar of registreert zij de beslissing voor tenuitvoerlegging.
4. Een verklaring of registratie kan alleen worden geweigerd op de in artikel 22, onderdeel a), vermelde grond. In dit stadium kan noch de verzoeker noch de verweerder bezwaar aantekenen.
5. De verzoeker en de verweerder worden onverwijld in kennis gesteld van de verklaring of registratie op grond van het tweede en derde lid, of de weigering daarvan in overeenstemming met het vierde lid, en kunnen daartegen bezwaar aantekenen of beroep instellen op feitelijke of rechtsgronden.
6. Bezwaar of beroep dient binnen 30 dagen na de kennisgeving krachtens het vijfde lid te worden aangetekend. Indien de partij die bezwaar of beroep aantekent niet in de verdragsluitende staat verblijft waar de verklaring of registratie is gedaan of is geweigerd, dient het bezwaar of beroep binnen 60 dagen na de kennisgeving te worden aangetekend.
7. Een bezwaar of beroep kan alleen worden gebaseerd op:
a. de in artikel 22 vermelde gronden voor het weigeren van erkenning en tenuitvoerlegging;
b. de gronden voor erkenning en tenuitvoerlegging in de zin van van (*red.*: lees: van)artikel 20;
c. de authenticiteit of integriteit van een in overeenstemming met artikel 25, eerste lid, onderdeel a), b), of d), of derde lid, onderdeel b), verzonden stuk.
8. Een bezwaar of beroep van een verweerder kan ook worden gebaseerd op voldoening van de schuld indien de erkenning en tenuitvoerlegging betrekking hebben op vervallen termijnen van betalingen.
9. De verzoeker en verweerder worden onverwijld in kennis gesteld van de beslissing op het bezwaar of beroep.
10. Behalve in buitengewone omstandigheden heeft een hoger beroep, indien wettelijk toegestaan in de aangezochte staat, niet tot gevolg dat de tenuitvoerlegging van de beslissing wordt opgeschort.
11. De bevoegde autoriteit treedt voortvarend op bij het geven van beslissingen inzake erkenning en tenuitvoerlegging, met inbegrip van beroep.
[23-11-2007, Trb. 144, i.w.tr. 01-01-2013]

Betekenis. Het is belangrijk om een onderscheid te maken tussen de strekking van artikel 23 enerzijds en artikel 34 anderzijds. Artikel 23 lid 1 geeft aan dat het recht van de aangezochte staat van toepassing is op de procedure voor erkenning en tenuitvoerlegging. In Nederland is deze procedure opgenomen in de Uitvoeringswet Internationale Inning Levensonderhoud. Artikel 34 daarentegen gaat over het toepasselijk recht op de tenuitvoerleggingsmogelijkheden.

Artikel 24
Alternatieve procedure voor een verzoek om erkenning en tenuitvoerlegging

1. In afwijking van artikel 23, tweede tot en met elfde lid, kan een staat in overeenstemming met artikel 63 verklaren de in dit artikel vastgestelde procedure voor erkenning en tenuitvoerlegging toe te passen.
2. Indien een verzoek om erkenning en tenuitvoerlegging van een beslissing via de centrale autoriteiten in overeenstemming met hoofdstuk III is gedaan, dient de aangezochte centrale autoriteit onverwijld:
a. het verzoek door te zenden naar de bevoegde autoriteit die beslist over het verzoek om erkenning en tenuitvoerlegging; of
b. deze beslissing zelf te nemen, indien zij zelf de bevoegde autoriteit is.
3. Beslissingen inzake erkenning en tenuitvoerlegging worden door de bevoegde autoriteit gegeven zodra de verweerder naar behoren en onverwijld in kennis is gesteld van de procedure en beide partijen voldoende in de gelegenheid zijn gesteld te worden gehoord.
4. De bevoegde autoriteit kan de in artikel 22, onderdeel a), c) en d), bedoelde gronden voor het weigeren van erkenning en tenuitvoerlegging ambtshalve toetsen. Zij kan de in de artikelen 20, 22, en 23, zevende lid, onderdeel c), bedoelde gronden toetsen indien de verweerder deze aanvoert of indien er, op basis van de in overeenstemming met artikel 25 ingediende stukken, twijfel bestaat omtrent deze gronden.
5. Weigering van erkenning en tenuitvoerlegging kan ook worden gebaseerd op voldoening van de schuld indien de erkenning en tenuitvoerlegging betrekking hebben op vervallen termijnen van betalingen.
6. Behalve in buitengewone omstandigheden heeft beroep, indien wettelijk toegestaan in de aangezochte staat, niet tot gevolg dat de tenuitvoerlegging van de beslissing wordt opgeschort.
7. De bevoegde autoriteit treedt voortvarend op bij het geven van beslissingen inzake erkenning en tenuitvoerlegging, met inbegrip van beroep.
[23-11-2007, Trb. 144, i.w.tr. 01-01-2013]

Betekenis. Artikel 24 voorziet in de mogelijkheid om een andere erkennings- en tenuitvoerleggingsprocedure te gebruiken. Binnen de Europese Unie heeft geen lidstaat gebruik gemaakt van deze mogelijkheid.

Artikel 25
Stukken

1. Verzoeken om erkenning en tenuitvoerlegging op grond van artikel 23 of artikel 24 gaan vergezeld van:
a. de volledige tekst van de beslissing;
b. een stuk waarin wordt verklaard dat de beslissing uitvoerbaar is in de staat van herkomst en, in het geval van beslissingen door administratieve autoriteiten, een stuk waarin wordt verklaard dat aan de vereisten van artikel 19, derde lid, is voldaan, tenzij die staat in overeenstemming met artikel 57 heeft aangegeven dat beslissingen van zijn administratieve autoriteiten altijd voldoen aan die vereisten;
c. indien de verweerder niet was verschenen en niet was vertegenwoordigd in de procedure in de staat van herkomst, een stuk of stukken, naargelang het geval,

waarin wordt bevestigd dat de verweerder naar behoren in kennis is gesteld van de procedure en in de gelegenheid is gesteld te worden gehoord of dat de verweerder naar behoren in kennis is gesteld van de beslissing en in de gelegenheid is gesteld bezwaar of beroep aan te tekenen op feitelijke of rechtsgronden;

d. indien noodzakelijk, een stuk met het bedrag aan achterstallige betalingen en de datum waarop dat bedrag is berekend;

e. indien noodzakelijk, in het geval van een beslissing die in een automatische indexering voorziet, een stuk met de vereiste inlichtingen voor het maken van de desbetreffende berekeningen;

f. indien noodzakelijk stukken waaruit blijkt in welke mate de verzoeker kosteloze rechtsbijstand heeft ontvangen in de staat van herkomst.

2. Bij bezwaar of beroep ingevolge artikel 23, zevende lid, onderdeel c), of op verzoek van de bevoegde autoriteit van de aangezochte staat, wordt een volledig afschrift van het desbetreffende stuk, gewaarmerkt door de bevoegde autoriteit van de staat van herkomst, onverwijld verstrekt:

a. door de centrale autoriteit van de verzoekende staat waar het verzoek is gedaan in overeenstemming met hoofdstuk III;

b. door de verzoeker indien het verzoek rechtstreeks aan een bevoegde autoriteit van de aangezochte staat is gedaan.

3. Een verdragsluitende staat kan in overeenstemming met artikel 57 bepalen dat:

a. een volledig afschrift van de beslissing, gewaarmerkt door de bevoegde autoriteit van de staat van herkomst, het verzoek moet vergezellen;

b. er omstandigheden zijn waarin hij in plaats van de volledige tekst van de beslissing een samenvatting of uittreksel van de beslissing opgesteld door de bevoegde autoriteit van de staat van herkomst aanvaardt, die of dat kan worden opgesteld met behulp van het door de Haagse Conferentie voor Internationaal Privaatrecht aanbevolen en bekendgemaakte formulier; of

c. hij geen stuk vereist waarin wordt verklaard dat is voldaan aan de vereisten van artikel 19, derde lid.

[23-11-2007, Trb. 144, i.w.tr. 01-01-2013]

Betekenis. Artikel 25 geeft aan welke documenten meegestuurd moeten worden met het verzoek om erkenning en/of tenuitvoerlegging. In alle omstandigheden dienen de documenten in sub a en b te worden meegestuurd. De documenten in sub c tot en met sub f hoeven niet in alle omstandigheden te worden overhandigd. Voor veel van de documenten die moeten worden overhandigd heeft de *Forms Working Group* standaard formulieren ontwikkeld. Deze formulieren zijn niet verplicht maar kunnen worden gebruikt om ervoor te zorgen dat alle benodigde informatie verstrekt wordt. Deze formulieren zijn te raadplegen op de website van de Haagse Conferentie (www.hcch.net). Sub a geeft aan dat het verzoek dient te worden vergezeld met de 'volledige tekst' van de beslissing. Dit betekent dat de gehele beslissing dient te worden meegestuurd, hoewel het hier niet per se om de originele beslissing gaat. Een elektronische versie is voldoende.

Artikel 26

Procedure voor een verzoek om erkenning

Dit hoofdstuk is van overeenkomstige toepassing op verzoeken om erkenning van een beslissing, zij het dat het vereiste van uitvoerbaarheid is vervangen door het vereiste dat de beslissing in de staat van herkomst effect sorteert.

[23-11-2007, Trb. 144, i.w.tr. 01-01-2013]

Betekenis. Indien de verzoeker enkel erkenning van een buitenlandse beslissing verzoekt, dan geeft artikel 26 aan dat de procedure hetzelfde is als in artikel 23 is beschreven voor de erkenning en tenuitvoerlegging van een buitenlandse beslissing. In dit geval wordt de term 'uitvoerbaarheid' vervangen door 'effect sorteert' (ofwel dat de beslissing gezag van gewijsde heeft).

Artikel 27

Vaststelling van de feiten

De bevoegde autoriteit van de aangezochte staat is gebonden aan de vaststelling van de feiten waarop de autoriteit van de staat van herkomst haar bevoegdheid heeft gebaseerd.

[23-11-2007, Trb. 144, i.w.tr. 01-01-2013]

Betekenis. De feiten waarop de autoriteit van de staat van herkomst haar bevoegdheid baseert zijn bindend in de staat van herkomst. Deze bepaling stemt overeen met de tekst van artikel 9 Haags Alimentatie (Erkennings- en tenuitvoerleggings-) Verdrag 1973. Deze bepaling geeft wel indirect aan hoe belangrijk het is om de feiten waarop de internationale bevoegdheid van de rechter is gebaseerd expliciet in de beslissing op te nemen.

Artikel 28

Verbod van inhoudelijke toetsing

De bevoegde autoriteit van de aangezochte staat toetst beslissingen niet inhoudelijk.

[23-11-2007, Trb. 144, i.w.tr. 01-01-2013]

Betekenis. Deze bepaling is inmiddels een standaardbepaling in internationale instrumenten op het gebied van erkenning en tenuitvoerlegging.

Artikel 29

Fysieke aanwezigheid van het kind of de verzoeker niet vereist

De fysieke aanwezigheid van het kind of de verzoeker is niet vereist in de op grond van dit hoofdstuk ingestelde procedures in de aangezochte staat.

[23-11-2007, Trb. 144, i.w.tr. 01-01-2013]

Betekenis. Fysieke aanwezigheid van het kind of de verzoeker is niet vereist op grond van artikel 29 van het verdrag. Deze bepaling sluit aan bij de uitgangspunten onder het VN-Verdrag Inning Alimentatie 1956, waar fysiek aanwezig zijn niet verplicht is.

Artikel 30
Regelingen inzake levensonderhoud

1. Een in een verdragsluitende staat getroffen regeling inzake levensonderhoud moet in aanmerking komen voor erkenning en tenuitvoerlegging als een beslissing op grond van dit hoofdstuk, mits zij in de staat van herkomst uitvoerbaar is als een beslissing.

2. Voor de toepassing van artikel 10, eerste lid, onderdeel a) en b), en tweede lid, onderdeel a), wordt onder de term 'beslissing' mede verstaan een regeling inzake levensonderhoud.

3. Verzoeken om erkenning en tenuitvoerlegging van een regeling inzake levensonderhoud gaan vergezeld van:

a. de volledige tekst van de regeling inzake levensonderhoud; en
b. een stuk waarin wordt verklaard dat de desbetreffende regeling inzake levensonderhoud in de staat van herkomst uitvoerbaar is als een beslissing.

4. Erkenning en tenuitvoerlegging van een regeling inzake levensonderhoud kan worden geweigerd indien:

a. de erkenning en tenuitvoerlegging kennelijk onverenigbaar zijn met de openbare orde van de aangezochte staat;
b. de regeling inzake levensonderhoud is verkregen door fraude of vervalsing;
c. de regeling inzake levensonderhoud onverenigbaar is met een beslissing die tussen dezelfde partijen en met hetzelfde doel is gegeven, hetzij in de aangezochte staat hetzij in een andere staat, mits de laatstbedoelde beslissing voldoet aan de vereisten voor erkenning en tenuitvoerlegging in de aangezochte staat.

5. De bepalingen van dit hoofdstuk, met uitzondering van de artikelen 20, 22, 23, zevende lid, en artikel 25, eerste en derde lid, zijn van overeenkomstige toepassing op de erkenning en tenuitvoerlegging van een regeling inzake levensonderhoud, met dien verstande dat:

a. een verklaring of registratie in overeenstemming met artikel 23, tweede en derde lid, alleen kan worden geweigerd op de in het vierde lid, onderdeel a), vermelde grond;
b. een in artikel 23, zesde lid, bedoeld bezwaar of beroep alleen kan worden gebaseerd op:
   i. de in het vierde lid vermelde gronden voor het weigeren van erkenning en tenuitvoerlegging;
   ii. de authenticiteit of integriteit van een in overeenstemming met het derde lid verzonden stuk;
c. de bevoegde autoriteit kan met betrekking tot de procedure op grond van artikel 24, vierde lid, de in het vierde lid, onderdeel a), van dit artikel bedoelde grond voor het weigeren van erkenning en tenuitvoerlegging ambtshalve toetsen. Zij kan alle in het vierde lid van dit artikel vermelde gronden toetsen alsook de authenticiteit of integriteit van elk in overeenstemming met het derde lid verzonden stuk, indien de verweerder daarom verzoekt of indien er, op basis van die stukken, twijfel bestaat omtrent deze gronden.

6. Procedures tot erkenning en tenuitvoerlegging van een regeling inzake levensonderhoud worden opgeschort indien een bezwaar betreffende de regeling aanhangig is bij een bevoegde autoriteit van een verdragsluitende staat.

7. **Een staat kan in overeenstemming met artikel 63 verklaren dat verzoeken om erkenning en tenuitvoerlegging van een regeling inzake levensonderhoud alleen via centrale autoriteiten mogen worden gedaan.**
8. **Een verdragsluitende staat kan zich in overeenstemming met artikel 62 het recht voorbehouden een regeling inzake levensonderhoud niet te erkennen en niet ten uitvoer te leggen.**
[23-11-2007, Trb. 144, i.w.tr. 01-01-2013]

Betekenis. Artikel 30 heeft betrekking op alimentatieregelingen in de vorm van convenanten of overeenkomsten. De uiteindelijke tekst van artikel 30 heeft betrekking op zowel alimentatieregelingen als authentieke akten. In lid 1 wordt aangegeven dat regelingen onder de werking van de verordening vallen, mits zij uitvoerbaar zijn als een rechterlijke beslissing in de staat van oorsprong waar ze gemaakt zijn. Als een regeling als een contract wordt beschouwd in de lidstaat waar het is opgemaakt, komt een dergelijke regeling niet in aanmerking voor erkenning onder de verordening. Aangezien artikel 25 lid 1 en 3 niet van toepassing is op alimentatieregelingen, geeft artikel 30 lid 3 aan welke documenten moeten worden overhandigd in het kader van de erkenning en tenuitvoerlegging van de beslissing. Artikel 30 lid 4 geeft aan welke gronden gebruikt kunnen worden om de erkenning en/of tenuitvoerlegging tegen te houden of te weigeren. Er wordt een uitputtende lijst van gronden vermeld, namelijk artikel 22 sub a (in strijd met de openbare orde), artikel 22 sub b (gebruik van fraude) en artikel 22 sub d (onverenigbaarheid met een andere beslissing).

Artikel 31
Beslissingen die tot stand komen door het gecombineerde effect van voorlopige bevelen en bevelen tot bevestiging

Indien een beslissing tot stand komt door het gecombineerde effect van een voorlopig bevel in de ene staat en van een bevel van een autoriteit in een andere staat ('de bevestigende staat') waarmee het voorlopige bevel wordt bevestigd:

a. **worden voor de toepassing van dit hoofdstuk beide staten beschouwd als staat van herkomst;**
b. **wordt voldaan aan de vereisten van artikel 22, onderdeel e), indien de verweerder naar behoren in kennis is gesteld van de procedure in de bevestigende staat en in de gelegenheid is gesteld bezwaar aan te tekenen tegen de bevestiging van het voorlopige bevel;**
c. **wordt aan het vereiste van artikel 20, zesde lid, dat een beslissing uitvoerbaar moet zijn in de staat van herkomst voldaan indien de beslissing uitvoerbaar is in de bevestigende staat; en**
d) **belet artikel 18 niet dat een procedure tot wijziging van de beslissing wordt ingesteld in een van beide staten.**

[23-11-2007, Trb. 144, i.w.tr. 01-01-2013]

Betekenis. Deze bepaling is specifiek geschreven voor de situatie dat een voorlopige beslissing wordt afgegeven in het ene land en wordt bekrachtigd in een ander land. In dit geval rijst de vraag welk van deze twee landen als de staat van herkomst dient te worden beschouwd. Deze situatie komt vaak voor in landen die hun oorsprong hebben in de Britse Gemenebest. Een beslissing wordt soms afgegeven in het land waar de onderhoudsgerechtigde woont, maar kan niet worden ten uitvoer gelegd in het land waar de onderhoudsplichtige woont totdat de beslissing bekrachtigd wordt. Hoewel de bepaling in eerste instantie voor de landen van de Britse Gemenebest is geschreven, bleek tijdens de Bijzondere Commissies dat de situatie zich ook kan voordoen in andere landen.

HOOFDSTUK VI

Tenuitvoerlegging door de aangezochte staat

[Inleidende opmerkingen]

Betekenis. Nadat een beslissing erkend is en uitvoerbaar is verklaard, kunnen maatregelen worden ingezet of gebruikt om de daadwerkelijke tenuitvoerlegging van de buitenlandse beslissing te bewerkstelligen. Hoofdstuk VI bevat een aantal bepalingen op dit terrein en is van toepassing op verzoeken die via Centrale Autoriteiten worden ingediend, alsmede directe verzoeken.

Artikel 32

Tenuitvoerlegging krachtens het nationale recht

1. Met inachtneming van de bepalingen van dit hoofdstuk geschiedt tenuitvoerlegging in overeenstemming met het recht van de aangezochte staat.
2. Tenuitvoerlegging geschiedt onverwijld.
3. In het geval van verzoeken via de centrale autoriteiten, indien een beslissing uitvoerbaar is verklaard of geregistreerd voor tenuitvoerlegging op grond van hoofdstuk V, geschiedt tenuitvoerlegging zonder dat verdere stappen door de verzoeker zijn vereist.
4. Gevolg wordt gegeven aan de in de staat van herkomst toepasselijke voorschriften betreffende de duur van de onderhoudsverplichting.
5. Elke beperking van de termijn waarvoor achterstallige bedragen ten uitvoer kunnen worden gelegd, wordt bepaald op grond van het recht van de staat van herkomst van de beslissing of op grond van het recht van de aangezochte staat, al naargelang welk recht voorziet in de langste termijn.
[23-11-2007, Trb. 144, i.w.tr. 01-01-2013]

Artikel 33

Non-discriminatie

De aangezochte staat voorziet in ten minste dezelfde methoden voor tenuitvoerlegging voor zaken uit hoofde van dit Verdrag als die welke beschikbaar zijn voor nationale zaken.
[23-11-2007, Trb. 144, i.w.tr. 01-01-2013]

Betekenis. Op het moment dat een buitenlandse beslissing kan worden ten uitvoer gelegd moeten dezelfde maatregelen kunnen worden gebruikt als voor een nationale beslissing.

Artikel 34
Tenuitvoerleggingsmaatregelen

1. De verdragsluitende staten stellen in hun nationale recht effectieve maatregelen beschikbaar voor de uitvoerlegging van beslissingen waarop dit Verdrag van toepassing is.
2. Deze maatregelen kunnen omvatten:
a. inhouding van loon;
b. beslaglegging op bankrekeningen en andere bronnen;
c. inhoudingen van socialezekerheidsuitkeringen;
d. verpanding of gedwongen verkoop van bezittingen;
e. inhouding van belastingteruggaven;
f. inhouding van of beslaglegging op pensioenuitkeringen;
g. melding aan kredietinformatiebureaus;
h. ontzegging, opschorting of intrekking van diverse vergunningen (bijvoorbeeld rijbewijzen);
i. toepassing van bemiddeling, verzoening of soortgelijke processen om vrijwillige nakoming te bewerkstelligen.

[23-11-2007, Trb. 144, i.w.tr. 01-01-2013]

Betekenis. Effectieve tenuitvoerlegging van de beslissingen is een doelstelling van het verdrag. Om dit te realiseren wordt getracht dat Verdragsluitende Staten de meest effectieve middelen inzetten om dit doel te bereiken. In lid 2 worden er negen maatregelen genoemd die kunnen worden gebruikt om betaling te effectueren. Deze lijst is niet uitputtend en dient als een inspiratiebron te fungeren. Sommige van de maatregelen zijn bedoeld om betaling te effectueren (bijv. inhouding van loon), terwijl andere maatregelen zijn bedoeld als een stimulans om over te gaan tot betaling (bijv. ontzegging van vergunning).

Artikel 35
Overmaking van gelden

1. De verdragsluitende staten worden aangemoedigd het gebruik te stimuleren, onder meer met behulp van internationale overeenkomsten, van de meest kosteneffectieve en de meest efficiënte methoden die beschikbaar zijn voor het overmaken van verschuldigde levensonderhoudsgelden.
2. Een verdragsluitende staat waarvan het recht de overmaking van gelden beperkt, verleent de hoogste prioriteit aan de overmaking van krachtens dit Verdrag verschuldigde gelden.

[23-11-2007, Trb. 144, i.w.tr. 01-01-2013]

Betekenis. Aangezien een van de hoofddoelen van het verdrag is de effectieve internationale inning van levensonderhoud in grensoverschrijdende gevallen, is de vergemakkelijking van de overdracht van de betaling onderdeel van dit proces. In het kader van deze bepaling heeft het Permanent Bureau van de Haagse Conferentie het iSupport systeem ontwikkeld waarmee een elektronisch casemanagementsysteem werd ontwikkeld voor communicatie en overdracht van gelden tussen centrale autoriteiten. Op dit moment zijn negen Verdragsluitende Staten en drie organisaties betrokken bij het ontwikkelen van dit systeem.

HOOFDSTUK VII
Overheidslichamen

[Inleidende opmerkingen]

Betekenis. De bepalingen in Hoofdstuk VII zijn overgenomen uit artikelen 18 tot en met 20 Haags alimentatieverdrag 1973. Aangezien dat verdrag meer dan 30 jaar verouderd is, zijn de bepalingen in het Haags Alimentatieverdrag 2007 gemoderniseerd. Hoewel de eerste verantwoordelijkheid om te betalen bij de onderhoudsplichtige ligt, hebben veel landen systemen ontwikkeld waardoor de onderhoudsgerechtigde toch in geld wordt voorzien indien de onderhoudsplichtige niet betaald. Omdat deze systemen veel van elkaar verschillen, is dit hoofdstuk dusdanig opgeschreven dat rekening kan worden gehouden met veel uiteenlopende situaties.

Artikel 36
Overheidslichamen in de hoedanigheid van verzoeker

1. Ten behoeve van verzoeken om erkenning en tenuitvoerlegging krachtens artikel 10, eerste lid, onderdeel a) en b), en van onder artikel 20, vierde lid, vallende zaken, wordt onder 'onderhoudsgerechtigde' tevens verstaan een overheidslichaam dat optreedt in plaats van een persoon aan wie levensonderhoud is verschuldigd of een lichaam waaraan terugbetaling is verschuldigd van uitkeringen die bij wijze van levensonderhoud zijn verstrekt.
2. Het recht van een overheidslichaam om op te treden in plaats van een persoon aan wie levensonderhoud is verschuldigd of om terugbetaling te vragen van uitkeringen die bij wijze van levensonderhoud aan de onderhoudsgerechtigde zijn verstrekt, wordt beheerst door het recht dat op het orgaan van toepassing is.
3. Een overheidslichaam kan de erkenning of de tenuitvoerlegging vragen van:
a. een beslissing die tegen een onderhoudsplichtige is gegeven op verzoek van een overheidslichaam dat betaling vordert van bij wijze van levensonderhoud verstrekte uitkeringen;
b. een tussen een onderhoudsgerechtigde en een onderhoudsplichtige gegeven beslissing, ten belope van de bij wijze van levensonderhoud aan de onderhoudsgerechtigde verstrekte uitkeringen.
4. Het overheidslichaam dat om erkenning verzoekt of tenuitvoerlegging vordert van een beslissing, verstrekt op verzoek elk stuk aan de hand waarvan zijn recht uit hoofde van het tweede lid en de aan de onderhoudsgerechtigde verstrekte uitkeringen, kan worden vastgesteld.
[23-11-2007, Trb. 144, i.w.tr. 01-01-2013]

Betekenis. Artikel 36 is bedoeld om verzoeken te dekken die ingediend worden door overheidslichamen. Artikel 36 geeft aan dat de term 'verzoeker' in het kader van een verzoek tot erkenning en tenuitvoerlegging op grond van artikel 10 lid 1 sub a en sub b, alsmede artikel 20 lid 4 aldus dient te worden uitgelegd dat een overheidslichaam eronder valt. Aangezien artikel 10 lid 1 sub c en sub d niet genoemd zijn is het in principe niet mogelijk voor een overheidslichaam om een verzoek tot vaststelling in te dienen, tenzij de specifieke situatie van artikel 20 lid 4 aan de orde is. Op grond van artikel 36 lid 1 moet het overheidslichaam wel optreden in plaats van een persoon aan wie levensonderhoud is verschuldigd of waaraan terugbetaling is verschuldigd van uitkeringen die bij wijze van levensonderhoud zijn verstrekt.

HOOFDSTUK VIII
Algemene bepalingen

Artikel 37
Rechtstreekse verzoeken aan bevoegde autoriteiten
1. Het Verdrag sluit de mogelijkheid niet uit dat gebruik wordt gemaakt van eventueel krachtens het nationale recht van een verdragsluitende staat beschikbare procedures waarbij een persoon (een verzoeker) zich rechtstreeks kan wenden tot een bevoegde autoriteit van die staat betreffende een aangelegenheid waarop het Verdrag van toepassing is, waaronder, met inachtneming van artikel 18, de vaststelling of wijziging van een beslissing inzake levensonderhoud.
2. Artikel 14, vijfde lid, en artikel 17, onderdeel b), en de bepalingen van de hoofdstukken V, VI, VII en dit hoofdstuk, met uitzondering van artikel 40, tweede lid, artikel 42, artikel 43, derde lid, artikel 44, derde lid, en de artikelen 45 en 55, zijn van toepassing op verzoeken om erkenning en tenuitvoerlegging die rechtstreeks worden ingediend bij een bevoegde autoriteit van een verdragsluitende staat.
3. Voor de toepassing van het tweede lid, is artikel 2, eerste lid, onderdeel a), van toepassing op een beslissing tot toekenning van levensonderhoud aan een kwetsbare persoon ouder dan de in dat onderdeel vermelde leeftijd, indien deze beslissing is gegeven voordat die persoon die leeftijd had bereikt en indien zij, gelet op de aantasting van zijn vermogens, voorziet in levensonderhoud boven die leeftijd.
[23-11-2007, Trb. 144, i.w.tr. 01-01-2013]

Betekenis. Rechtstreekse verzoeken zijn mogelijk onder het verdrag. Dit betekent dat inroepen van de hulp van een centrale autoriteit niet verplicht is. Indien men overgaat tot een rechtstreeks verzoek dan zijn een aantal beperkte bepalingen van toepassing (zoals vermeld in artikel 37 lid 2).

Artikel 38
Bescherming van persoonsgegevens
Persoonsgegevens die in het kader van het Verdrag zijn verzameld of verzonden mogen slechts worden gebruikt voor de doeleinden waarvoor zij zijn verzameld of verzonden.
[23-11-2007, Trb. 144, i.w.tr. 01-01-2013]

Betekenis. Deze bepaling is inmiddels een standaardbepaling in alle Haagse verdragen. De term 'persoonsgegevens' is in dit verdrag gebruikt in plaats van de 'persoonlijke data'. Deze term is gekozen in lijn met de andere Haagse verdragen en duidt niet op een terminologisch verschil. De term 'persoonsgegevens' omvat informatie zoals naam, geboortedatum, adres en andere contactinformatie.

Artikel 39
Vertrouwelijkheid
Elke autoriteit die gegevens verwerkt, waarborgt de vertrouwelijkheid daarvan in overeenstemming met het recht van haar staat.
[23-11-2007, Trb. 144, i.w.tr. 01-01-2013]

Betekenis. Artikel 39 vormt een verdere uitwerking van artikel 38. Artikel 39 geeft aan dat informatie vertrouwelijk zal worden beschouwd in lijn met het recht van land waar de informatie wordt verwerkt, cf. artikel 30 Haags Adoptieverdrag 1993, artikel 42 Haags Kinderbeschermingsverdrag 1996 en artikel 49 Haags Volwassenbeschermingsverdrag 2000.

Artikel 40
Niet-bekendmaking van informatie
1. Autoriteiten maken geen informatie die voor de toepassing van dit Verdrag is verzameld of verzonden, bekend noch bevestigen zij deze, indien zij vaststellen dat zulks ten koste zou kunnen gaan van de gezondheid, veiligheid of vrijheid van een persoon.
2. Indien een centrale autoriteit tot een dergelijke vaststelling komt, wordt daar door andere centrale autoriteiten rekening mee gehouden, met name in het geval van huiselijk geweld.
3. Niets in dit artikel belet de verzameling en verzending van informatie door en tussen autoriteiten, voor zover zulks noodzakelijk is voor het nakomen van de verplichtingen uit hoofde van het Verdrag.
[23-11-2007, Trb. 144, i.w.tr. 01-01-2013]

Betekenis. Deze bepaling dient in samenhang met artikel 39 te worden gelezen. Hoewel informatie mag worden verstrekt in verband met het voorbereiden van een alimentatiezaak, mag geen informatie worden verstrekt die ten koste zou kunnen gaan van de gezondheid, veiligheid of vrijheid van een persoon. Deze algemene beperking wordt verder uitgelegd in lid 2 en lid 3. Lid 3 geeft aan dat de verzameling en verzending van informatie niet moet worden belemmerd door de strekking van artikel 40 lid 1. De bedoeling is om partijen te beschermen tegen bepaalde risico's, en niet om onderhoudsplichtigen te beschermen tegen betaling.

Artikel 41
Geen legalisatie
Legalisatie of soortgelijke formaliteiten worden niet vereist in het kader van dit Verdrag.
[23-11-2007, Trb. 144, i.w.tr. 01-01-2013]

Betekenis. Zoals gebruikelijk in andere Haagse verdragen, geeft artikel 41 aan dat legalisatie van documenten niet is vereist. In het Toelichtend Rapport wordt aangegeven dat deze bepaling ook geldt voor rechtstreekse verzoeken (*Bonomi Rapport*, nr. 616).

Artikel 42
Volmacht

De centrale autoriteit van de aangezochte staat kan van de verzoeker alleen een volmacht eisen indien zij namens hem in gerechtelijke procedures of ten overstaan van andere autoriteiten optreedt, of teneinde daartoe een vertegenwoordiger aan te wijzen.
[23-11-2007, Trb. 144, i.w.tr. 01-01-2013]

Betekenis. Het doel van artikel 42 is om de formaliteiten die zouden kunnen worden opgelegd in een erkennings- c.q. tenuitvoerleggingsprocedure te verminderen. Artikel 42 kan in dit verband worden gezien in het licht van artikel 8. Artikel 42 heeft betrekking op de relatie tussen de centrale autoriteit en de verzoeker, terwijl artikel 8 betrekking heeft op de relatie tussen de centrale autoriteiten onderling.

Artikel 43
Inning van kosten

1. De inning van kosten ontstaan bij de toepassing van dit Verdrag krijgt geen voorrang boven de inning van levensonderhoud.
2. Staten kunnen kosten verhalen op in het ongelijk gestelde partijen.
3. Ten behoeve van een verzoek krachtens artikel 10, eerste lid, onderdeel b), wordt om kosten te verhalen op een in het ongelijk gestelde partij in overeenstemming met het tweede lid, onder de term 'onderhoudsgerechtigde' in artikel 10, eerste lid, mede verstaan een staat.
4. Dit artikel laat artikel 8 onverlet.
[23-11-2007, Trb. 144, i.w.tr. 01-01-2013]

Betekenis. Artikel 43 heeft betrekking op de kosten die ontstaan bij toepassing van het verdrag, en moeten daarvoor onderscheiden worden van de kosten die gepaard gaan met het verkrijgen van een beslissing op grond van artikel 19 lid 1. Het gebruik van de term 'geen voorrang boven de inning van levensonderhoud' geeft aan dat deze bepaling betrekking heeft op kosten tegen de onderhoudsplichtige. Bijvoorbeeld: de centrale autoriteit heeft kosten gemaakt in verband met het verkrijgen van een DNA-test. Deze kosten krijgen geen voorrang boven de betaling van het levensonderhoud. Lid 2 geeft echter aan dat de Staat kosten kan verhalen op de partij die in het ongelijk is gesteld. Dit betekent dat de Staat ook kosten zou kunnen verhalen op een verzoeker in het geval dat het verzoek wordt afgewezen.

Artikel 44
Taalvoorschriften

1. Verzoeken en bijbehorende stukken worden opgesteld in de oorspronkelijke taal en gaan vergezeld van een vertaling in een officiële taal van de aangezochte staat of in een andere taal die de aangezochte staat in een verklaring in overeenstemming met artikel 63 heeft aangegeven te aanvaarden, tenzij de bevoegde autoriteit van die staat vrijstelling verleent van vertaling.
2. Een verdragsluitende staat met meerdere officiële talen die op grond van zijn nationale recht stukken in een van die talen niet voor zijn gehele grondgebied kan aanvaarden, vermeldt in een verklaring in overeenstemming met artikel 63 de taal waarin

dergelijke stukken of vertalingen daarvan dienen te worden opgesteld voor indiening in de omschreven delen van zijn grondgebied.
3. Tenzij anders is overeengekomen door de centrale autoriteiten geschieden overige mededelingen tussen deze autoriteiten in een offi ciële taal van de aangezochte staat of in de Engelse of de Franse taal. Een verdragsluitende staat kan echter, door het maken van een voorbehoud in de zin van artikel 62, bezwaar maken tegen het gebruik van hetzij de Engelse, hetzij de Franse taal.
[23-11-2007, Trb. 144, i.w.tr. 01-01-2013]

Betekenis. Op basis van artikel 44 worden verzoeken en bijbehorende stukken in de oorspronkelijke taal van de staat van herkomst opgesteld, maar moeten ook worden voorzien van een vertaling in één van de officiële talen van de aangezochte staat. Verdragsluitende staten mogen aangeven dat ze verzoeken in andere talen zullen accepteren. Nederland heeft geen andere taal aangegeven, hetgeen betekent dat alle verzoeken dienen te worden vergezeld van een Nederlandse vertaling. Op grond van artikel 44 lid 3 heeft Nederland een voorbehoud gemaakt tegen het gebruik van de Franse taal voor communicatie tussen de centrale autoriteiten.

Artikel 45
Middelen en kosten van vertalingen

1. In het geval van verzoeken in de zin van hoofdstuk III, kunnen de centrale autoriteiten in afzonderlijke gevallen of in het algemeen overeenkomen dat vertalingen uit de oorspronkelijke taal of uit een andere overeengekomen taal in een officiële taal van de aangezochte staat worden gemaakt in de aangezochte staat. Indien er geen overeenstemming is en het voor de verzoekende centrale autoriteit niet mogelijk is te voldoen aan de vereisten van artikel 44, eerste en tweede lid, mogen het verzoek en de bijbehorende stukken samen met een vertaling in de Engelse of de Franse taal worden verzonden voor verdere vertaling in een officiële taal van de aangezochte staat.
2. Tenzij anders is overeengekomen door de centrale autoriteiten van de betrokken staten, worden de kosten van vertaling die voortvloeien uit de toepassing van het eerste lid gedragen door de verzoekende staat.
3. In afwijking van artikel 8 kan de verzoekende centrale autoriteit een verzoeker de kosten van de vertaling van een verzoek en van de bijbehorende stukken in rekening brengen, tenzij deze kosten vallen onder haar stelsel van rechtsbijstand.
[23-11-2007, Trb. 144, i.w.tr. 01-01-2013]

Betekenis. In individuele gevallen mag de centrale autoriteit beslissen dat een vertaling wordt gemaakt in het land van herkomst vanuit de oorspronkelijke taal of een andere taal. In sommige gevallen kan het moeilijk zijn om een vertaler te vinden die van de brontaal naar de doeltaal kan vertalen. Denk bijvoorbeeld aan de vertaling van een Maltese beslissing naar het Ests. In dit geval kunnen de centrale autoriteiten beslissen om via een andere taal te gaan vertalen.

Artikel 46
Niet-geünificeerde rechtsstelsels – uitlegging

1. Ten aanzien van een staat die met betrekking tot bij dit Verdrag geregelde aangelegenheden twee of meer rechtsstelsels of juridische regelingen heeft die binnen verschillende territoriale eenheden van toepassing zijn:

a. wordt elke verwijzing naar het recht of de procedure van een staat in voorkomend geval uitgelegd als een verwijzing naar het in de desbetreffende territoriale eenheid geldende recht of de daar geldende procedure;
b. wordt elke verwijzing naar een beslissing gegeven, erkend, erkend en ten uitvoer gelegd of ten uitvoer gelegd en gewijzigd in die staat in voorkomend geval uitgelegd als een verwijzing naar een in de desbetreffende territoriale eenheid gegeven, erkende, erkende en ten uitvoer gelegde of ten uitvoer gelegde en gewijzigde beslissing;
c. wordt elke verwijzing naar een gerechtelijke of administratieve autoriteit in die staat in voorkomend geval uitgelegd als een verwijzing naar een gerechtelijke of administratieve autoriteit in de desbetreffende territoriale eenheid;
d. wordt elke verwijzing naar bevoegde autoriteiten, overheidslichamen en andere lichamen van die staat, anders dan de centrale autoriteiten, in voorkomend geval uitgelegd als een verwijzing naar autoriteiten of lichamen die bevoegd zijn op te treden in de desbetreffende territoriale eenheid;
e. wordt elke verwijzing naar woonplaats of gewone verblijfplaats in die staat in voorkomend geval uitgelegd als een verwijzing naar een woonplaats of gewone verblijfplaats in de desbetreffende territoriale eenheid;
f. wordt elke verwijzing naar een locatie van vermogensbestanddelen in die staat in voorkomend geval uitgelegd als een verwijzing naar een locatie van vermogensbestanddelen in de desbetreffende territoriale eenheid;
g. wordt elke verwijzing naar een wederkerige regeling die in die staat van kracht is in voorkomend geval uitgelegd als een verwijzing naar een wederkerige regeling in de desbetreffende territoriale eenheid;
h. wordt elke verwijzing naar kosteloze rechtsbijstand in die staat in voorkomend geval uitgelegd als een verwijzing naar kosteloze rechtsbijstand in de desbetreffende territoriale eenheid;
i. wordt elke verwijzing naar een regeling inzake levensonderhoud getroffen in een staat in voorkomend geval uitgelegd als een verwijzing naar een regeling inzake levensonderhoud in de desbetreffende territoriale eenheid;
j. wordt elke verwijzing naar de inning van kosten door een staat in voorkomend geval uitgelegd als een verwijzing naar de inning van kosten door de desbetreffende territoriale eenheid.

2. Dit artikel is niet van toepassing op regionale organisaties voor economische integratie.

[23-11-2007, Trb. 144, i.w.tr. 01-01-2013]

Betekenis. Deze tekst stemt inhoudelijk overeen met artikel 25 Haags Forumkeuzeverdrag 2005. Deze bepaling is inmiddels een standaardbepaling geworden in de meeste Haagse verdragen. Artikel 46 voorziet in interpretatie van termen die in het verdrag worden gebruikt in het geval dat de verdragsluitende staat in kwestie een niet-geünificeerd systeem kent. Aangezien de Europese Unie geen niet-geünificeerd systeem is, is artikel 46 lid 1 niet van toepassing op de Europese Unie.

Artikel 47
Niet-geünificeerde rechtsstelsels — materiële regels

1. Een verdragsluitende staat met twee of meer territoriale eenheden waarin verschillende rechtsstelsels gelden, is niet gehouden dit Verdrag toe te passen op situaties waarbij alleen die verschillende territoriale eenheden zijn betrokken.
2. Een bevoegde autoriteit in een territoriale eenheid van een verdragsluitende staat met twee of meer territoriale eenheden waarin verschillende rechtsstelsels gelden, is niet gehouden een beslissing van een andere verdragsluitende staat te erkennen of ten uitvoer te leggen alleen omdat de beslissing uit hoofde van dit Verdrag in een andere territoriale eenheid van dezelfde verdragsluitende staat is erkend of ten uitvoer is gelegd.
3. Dit artikel is niet van toepassing op regionale organisaties voor economische integratie.
[23-11-2007, Trb. 144, i.w.tr. 01-01-2013]

Betekenis. Artikel 47 voorziet in een standaardbepaling dat verdragsluitende staten niet verplicht zijn om het verdrag toe te passen in situaties dat een zaak enkel verband houdt met verschillende nationale territoriale eenheden. Bovendien staat in artikel 47 lid 3 dat deze bepaling geen toepassing vindt binnen de Europese Unie.

Artikel 48
Samenloop met eerdere Haagse verdragen inzake levensonderhoud

In de betrekkingen tussen de verdragsluitende staten vervangt dit Verdrag, met inachtneming van artikel 56, tweede lid, het Haags Verdrag *van 2 oktober 1973 inzake de erkenning en de tenuitvoerlegging van beslissingen over onderhoudsverplichtingen* en het Haags Verdrag *van 15 april 1958 nopens de erkenning en de tenuitvoerlegging van beslissingen over onderhoudsverplichtingen jegens kinderen*, voor zover het toepassingsgebied daarvan tussen deze staten samenvalt met het toepassingsgebied van dit Verdrag.
[23-11-2007, Trb. 144, i.w.tr. 01-01-2013]

Betekenis. Het Haags Alimentatieverdrag 2007 vervangt zowel het Haags Alimentatie (Erkennings- en tenuitvoerleggings-)verdrag 1973 als het Haags Alimentatieverdrag 1958. Aangezien het Haags Alimentatieverdrag 2007 geen regels bevat inzake het toepasselijk recht wordt het Haags Alimentatie (Toepasselijk Recht) Verdrag 1973 niet door het Haags Alimentatieverdrag 2007 vervangen. De vervanging van het Haags Alimentatie (Toepasselijk Recht) Verdrag 1973 is geregeld in het Haags Alimentatieprotocol 2007.

Artikel 49
Samenloop met het Verdrag van New York van 1956

In de betrekkingen tussen de verdragsluitende staten vervangt dit Verdrag het Verdrag van de Verenigde Naties *inzake het verhaal in het buitenland van uitkeringen tot onderhoud* van 20 juni 1956, voor zover het toepassingsgebied daarvan tussen deze staten samenvalt met het toepassingsgebied van dit Verdrag.
[23-11-2007, Trb. 144, i.w.tr. 01-01-2013]

Betekenis. In de betrekkingen tussen contracterende staten bij het 1956 VN Onderhoudsverdrag dient het Haags Alimentatieverdrag 2007 te worden toegepast. Dit betekent dat Nederland het 1956 VN verdrag niet meer zal toepassen in verhouding met andere landen die het Haags Alimentatieverdrag 2007 hebben geratificeerd.

Artikel 50
Relatie tot eerdere Haagse verdragen inzake de betekening en de kennisgeving van stukken en de verkrijging van bewijs

Dit Verdrag laat onverlet het Verdrag van 's-Gravenhage *van 1 maart 1954 betreffende de burgerlijke rechtsvordering*, het Verdrag van 's-Gravenhage *van 15 november 1965 inzake de betekening en de kennisgeving in het buitenland van gerechtelijke en buitengerechtelijke stukken in burgerlijke en in handelszaken*, en het Verdrag van 's-Gravenhage *18 maart 1970 inzake de verkrijging van bewijs in het buitenland in burgerlijke en in handelszaken.*

[23-11-2007, Trb. 144, i.w.tr. 01-01-2013]

Betekenis. Artikel 50 verklaart dat het Haags Alimentatieverdrag 2007 de toepassing van het Haags Rechtsvorderingsverdrag 1954, het Haags Betekeningsverdrag 1965 en het Haags Bewijsverdrag 1970 onverlet laat. Voor de mogelijke toepassing van deze verdragen in het kader van de bevoegdheden van de centrale autoriteiten, zie artikel 6 lid 2 sub g en sub j.

Artikel 51
Samenloop met instrumenten en aanvullende verdragen

1. Dit Verdrag laat onverlet alle vóór dit Verdrag gesloten internationale instrumenten waarbij de verdragsluitende partijen partij zijn en die bepalingen bevatten die van toepassing zijn op in dit Verdrag geregelde aangelegenheden.

2. Elke verdragsluitende staat kan met een of meer verdragsluitende staten verdragen sluiten die bepalingen bevatten inzake in dit Verdrag geregelde aangelegenheden teneinde de toepassing van het Verdrag tussen hen te verbeteren, mits deze verdragen verenigbaar zijn met de doelstellingen van het Verdrag en de toepassing van de bepalingen van het Verdrag in de betrekkingen van deze staten met andere verdragsluitende staten onverlet laten. De staten die een dergelijk verdrag hebben gesloten, zenden een afschrift daarvan aan de depositaris van het Verdrag.

3. Het eerste en tweede lid zijn ook van toepassing op wederkerige regelingen en op eenvormige wetten die zijn gebaseerd op het bestaan van bijzondere banden tussen de betrokken staten.

4. Dit Verdrag laat de toepassing onverlet van instrumenten van een regionale organisatie voor economische integratie die partij is bij dit Verdrag, die zijn aangenomen na het sluiten van het Verdrag inzake in het Verdrag geregelde aangelegenheden, mits deze instrumenten de toepassing van de bepalingen van het Verdrag in de betrekkingen van lidstaten van de regionale organisatie voor economische integratie met andere verdragsluitende staten onverlet laten. Wat de erkenning of tenuitvoerlegging van beslissingen tussen lidstaten van de regionale organisatie voor economische integratie betreft, laat het Verdrag de regels van de regionale organisatie voor econo-

mische integratie onverlet, ongeacht of deze voor of na het sluiten van het Verdrag zijn aangenomen.
[23-11-2007, Trb. 144, i.w.tr. 01-01-2013]

1. Algemene regels. Artikel 51 regelt de verhouding tussen het Haags Alimentatieverdrag 2007 en andere internationale instrumenten. Gebruik van de term 'voor dit verdrag gesloten' heeft vooral betekenis in verband met het Lugano Verdrag 2007. Dit verdrag was namelijk op 30 oktober 2007 tot stand gekomen, maar was op 23 november 2007 (datum totstandkoming van het Haags Alimentatieverdrag 2007) nog niet in werking getreden.

2. Verhouding met Europese Alimentatie Verordening. Artikel 51 lid 4 laat de toepassing van instrumenten van een REIO (dat wil zeggen de Europese Unie) onverlet indien deze zijn aangenomen na het sluiten van het verdrag. Dit is een belangrijke bepaling aangezien de Europese Alimentatie Verordening pas na inwerkingtreding van het Haags Alimentatieverdrag 2007 tot stand is gekomen. Bovendien laat de slotzin van artikel 51 lid 4 de mogelijkheid open dat de erkenning en tenuitvoerlegging van beslissingen binnen de Europese Unie geregeld kunnen worden door andere instrumenten ook al zijn deze voor de inwerkingtreding van het Haags Alimentatieverdrag 2007 tot stand gekomen. Deze laatste bepaling betekent dat erkenning en tenuitvoerlegging binnen de Europese Unie nog steeds op grond van de Brussel I, Brussel I-bis en EET-Verordening mogelijk is.

Artikel 52
Meest doeltreffende regel

1. Dit Verdrag belet niet de toepassing van verdragen, regelingen of internationaal instrumenten die van kracht zijn tussen de verzoekende staat en de aangezochte staat noch van wederkerige regelingen die van kracht zijn in de aangezochte staat, die voorzien in:

a. ruimere gronden voor erkenning van beslissingen inzake levensonderhoud, onverminderd artikel 22, onderdeel f), van het Verdrag;
b. vereenvoudigde, snellere procedures voor verzoeken om erkenning of erkenning en tenuitvoerlegging van beslissingen inzake levensonderhoud;
c. gunstiger rechtsbijstand dan vastgesteld in de artikelen 14 tot en met 17; of
d. procedures die verzoekers van een verzoekende staat in staat stellen hun verzoek rechtstreeks bij de centrale autoriteit van de aangezochte staat in te dienen.

2. Dit Verdrag belet niet de toepassing van een in de aangezochte staat van kracht zijnde wet die voorziet in doeltreffender voorschriften in de zin van het eerste lid, onderdeel a) tot en met c). Wat betreft vereenvoudigde, snellere procedures, zoals bedoeld in het eerste lid, onderdeel b), moeten zij evenwel verenigbaar zijn met de bescherming die de partijen wordt geboden krachtens de artikelen 23 en 24, in het bijzonder wat betreft het recht van de partijen naar behoren in kennis te worden gesteld van de procedures en voldoende in de gelegenheid te worden gesteld te worden gehoord, alsmede wat betreft de gevolgen van een bezwaar of beroep.
[23-11-2007, Trb. 144, i.w.tr. 01-01-2013]

Betekenis. Artikel 52 laat de toepassing van andere instrumenten onverlet als deze instrumenten regels bevatten die gunstiger zijn voor de erkenning dan wel tenuitvoerlegging van buitenlandse alimentatiebeslissingen. Aan deze bepaling ligt derhalve het het *favor executionis* beginsel ten grondslag.

Artikel 53
Uniforme uitlegging
Bij de uitlegging van dit Verdrag dient rekening te worden gehouden met het internationale karakter ervan en met de noodzaak de uniforme toepassing ervan te bevorderen.
[23-11-2007, Trb. 144, i.w.tr. 01-01-2013]

Betekenis. Artikel 53 beoogt uniformiteit in interpretatie van de bepalingen uit het verdrag in de verschillende verdragsluitende staten bij het verdrag. Deze bepaling stemt overeen met artikel 16 Haags Koopcontracten Verdrag 1986, Haags Zekerheidsverdrag 2006 en artikel 23 Haags Forumkeuzeverdrag 2005.

Artikel 54
Toetsing van de werking van het Verdrag in de praktijk
1. De Secretaris-Generaal van de Haagse Conferentie voor Internationaal Privaatrecht roept op gezette tijden een bijzondere commissie bijeen teneinde de werking van het Verdrag in de praktijk te toetsen en de ontwikkeling van beproefde methoden krachtens dit Verdrag aan te moedigen.
2. Ten behoeve van deze toetsing werken de verdragsluitende staten samen met het Permanent Bureau van de Haagse Conferentie voor Internationaal Privaatrecht bij het verzamelen van informatie, met inbegrip van statistieken en jurisprudentie, betreffende de werking van het Verdrag in de praktijk.
[23-11-2007, Trb. 144, i.w.tr. 01-01-2013]

Betekenis. Artikel 54 heeft betrekking op het monitoren van het verdrag en vindt zijn grondslag in artikel 42 Haags Adoptieverdrag 1993, artikel 54 Haags Kinderbeschermingsverdrag 1996 en artikel 52 Haags Volwassenbeschermingsverdrag.

Artikel 55
Wijziging van formulieren
1. De in de bijlagen bij dit Verdrag opgenomen formulieren kunnen worden gewijzigd bij een beslissing van een bijzondere commissie bijeengeroepen door de Secretaris-Generaal van de Haagse Conferentie voor Internationaal Privaatrecht waarvoor alle verdragsluitende staten en alle leden worden uitgenodigd. Een kennisgeving van het voorstel tot wijziging van de formulieren wordt opgenomen in de agenda voor de bijeenkomst.
2. Wijzigingen aangenomen door de verdragsluitende staten die aanwezig zijn bij de bijzondere commissie worden voor alle verdragsluitende partijen van kracht op de eerste dag van de zevende kalendermaand na de datum waarop de depositaris ze aan alle verdragsluitende staten heeft toegezonden.
3. Gedurende het in het tweede lid bedoelde tijdvak kan elke verdragsluitende staat in overeenstemming met artikel 62 bij schriftelijke kennisgeving aan de depositaris een voorbehoud maken ten aanzien van de wijziging. Een staat die een dergelijk

voorbehoud maakt, wordt tot het tijdstip waarop het voorbehoud wordt ingetrokken, behandeld als een staat die ter zake van die wijziging geen partij is bij dit Verdrag.
[23-11-2007, Trb. 144, i.w.tr. 01-01-2013]

Betekenis. Twee verschillende formulieren werden ontwikkeld in het kader van de totstandkoming van het Haags Alimentatieverdrag. Een probleem ontstaat echter op het moment dat het formulier aangepast of gewijzigd moet worden. Artikel 55 vormt de juridische grondslag voor de aanpassing van de formulieren. De formulieren kunnen via de Bijzondere Commissie worden aangepast in plaats van via de Diplomatieke Sessie.

Artikel 56
Overgangsbepalingen

1. Het Verdrag is van toepassing op elk geval:
a. waarin een verzoek uit hoofde van artikel 7 of een verzoek uit hoofde van hoofdstuk III wordt ontvangen door de centrale autoriteit van de aangezochte staat nadat het Verdrag in werking is getreden tussen de verzoekende staat en de aangezochte staat;
b. waarin een rechtstreeks verzoek om erkenning en tenuitvoerlegging is ontvangen door de bevoegde autoriteit van de aangezochte staat nadat het Verdrag in werking is getreden tussen de staat van herkomst en de aangezochte staat.
2. Wat betreft de erkenning en tenuitvoerlegging van beslissingen tussen verdragsluitende staten bij dit Verdrag die tevens partij zijn bij een van de in artikel 48 genoemde Haagse verdragen inzake levensonderhoud, indien de voorwaarden voor erkenning en tenuitvoerlegging in de zin van dit Verdrag de erkenning en tenuitvoerlegging van een in de staat van herkomst gegeven beslissing voordat dit Verdrag voor die staat in werking trad, beletten, die anders zou zijn erkend en ten uitvoer gelegd krachtens de bepalingen van het verdrag dat van kracht was op het tijdstip waarop de beslissing werd gegeven, zijn de voorwaarden van dat verdrag van toepassing.
3. De aangezochte staat is krachtens dit Verdrag niet gehouden een beslissing of regeling inzake levensonderhoud ten uitvoer te leggen betreffende betalingen die verschuldigd waren voordat het Verdrag tussen de staat van herkomst en de aangezochte staat in werking is getreden, met uitzondering van onderhoudsverplichtingen die voortvloeien uit een ouder-kindrelatie jegens een persoon jonger dan 21 jaar.
[23-11-2007, Trb. 144, i.w.tr. 01-01-2013]

Betekenis. Artikel 56 lid 1 bevat de algemene overgangsregel, en lid 2 en lid 3 bevatten bijzondere regels. Op grond van artikel 28 Weens Verdragenverdrag 1969, heeft een verdrag geen retroactieve werking. Ten aanzien van verzoeken via de centrale autoriteit moet het verdrag in werking zijn getreden in beide landen nadat het verzoek is ingediend in het land van herkomst (lid 1 sub a). Ten aanzien van rechtstreekse verzoeken moet het verdrag in werking zijn getreden in de aangezochte staat op het moment dat het verzoek wordt ingediend (sub b).

Artikel 57
Verstrekken van inlichtingen betreffende wetten, procedures en diensten

1. Een verdragsluitende staat verstrekt op het tijdstip van de nederlegging van zijn akte van bekrachtiging of toetreding of bij het indienen van een verklaring overeen-

komstig artikel 61 van het Verdrag het Permanent Bureau van de Haagse Conferentie voor Internationaal Privaatrecht:

a. een beschrijving van zijn wetgeving en procedures betreffende onderhoudsverplichtingen;
b. een beschrijving van de maatregelen die hij zal nemen om aan de verplichtingen in de zin van artikel 6 te voldoen;
c. een beschrijving van de manier waarop hij verzoekers daadwerkelijk toegang zal verschaffen tot procedures, zoals voorgeschreven in artikel 14;
d. een beschrijving van zijn tenuitvoerleggingsvoorschriften en -procedures, met inbegrip van beperkingen ten aanzien van tenuitvoerlegging, in het bijzonder aangaande de voorschriften voor de bescherming van onderhoudsplichtigen en verjaringstermijnen;
e. nadere omschrijvingen bedoeld in artikel 25, eerste lid, onderdeel b), en derde lid.

2. De verdragsluitende staten kunnen bij het nakomen van hun verplichtingen uit hoofde van het eerste lid, gebruikmaken van een door de Haagse Conferentie voor Internationaal Privaatrecht aanbevolen en bekendgemaakt formulier voor een landprofiel (country profile form).
3. De inlichtingen worden geactualiseerd door de verdragsluitende staten.
[23-11-2007, Trb. 144, i.w.tr. 01-01-2013]

Betekenis. Artikel 57 legt de grondslag voor het creëren van een landenprofiel. Een landenprofiel bevat informatie over onder andere de procedure voor de erkenning en tenuitvoerlegging van alimentatiebeslissingen. Deze landenprofielen zijn vrij toegankelijk op de website van de Haagse Conferentie (www.hcch.net).

HOOFDSTUK IX
Slotbepalingen

Betekenis. Deze bepalingen zijn redelijk standaard in de meeste Haagse verdragen, maar hier en daar zijn er kleine aanpassingen om rekening te houden met de bijzondere aard van het verdrag of om rekening te houden met nieuwe ontwikkelingen.

Artikel 58
Ondertekening, bekrachtiging en toetreding

1. Het Verdrag staat open voor ondertekening door de staten die lid waren van de Haagse Conferentie voor Internationaal Privaatrecht op het tijdstip van haar eenentwintigste zitting en door de overige staten die aan die zitting deelnamen.
2. Het Verdrag wordt bekrachtigd, aanvaard of goedgekeurd en de akten van bekrachtiging, aanvaarding of goedkeuring worden nedergelegd bij het Ministerie van Buitenlandse Zaken van het Koninkrijk der Nederlanden, depositaris van het Verdrag.
3. Elke andere staat of regionale organisatie voor economische integratie kan tot het Verdrag toetreden nadat het overeenkomstig artikel 60, eerste lid 1 (*red.*: lees: eerste *lid*), *in werking is* getreden.
4. De akte van toetreding wordt nedergelegd bij de depositaris.
5. Deze toetreding heeft slechts gevolgen in de betrekkingen tussen de toetredende staat en die verdragsluitende staten die niet binnen twaalf maanden na de ontvangst

van de in artikel 65 bedoelde kennisgeving bezwaar hebben gemaakt tegen de toetreding van deze staat. Een dergelijk bezwaar kan ook door een staat worden gemaakt op het tijdstip van bekrachtiging, aanvaarding of goedkeuring van het Verdrag na een toetreding. Van elk bezwaar wordt kennisgeving gedaan aan de depositaris.
[23-11-2007, Trb. 144, i.w.tr. 01-01-2013]

Betekenis. De oplossing die in artikel 58 wordt geboden is standaard in de Haagse verdragen.

Artikel 59
Regionale organisaties voor economische integratie

1. Een regionale organisatie voor economische integratie die alleen uit soevereine staten is samengesteld en die bevoegd is ter zake van sommige of alle aangelegenheden die in dit Verdrag worden geregeld, kan dit Verdrag ook ondertekenen, aanvaarden, goedkeuren of hiertoe toetreden. In dat geval heeft de regionale organisatie voor economische integratie de rechten en verplichtingen van een verdragsluitende staat, voor zover de organisatie bevoegd is ter zake van de aangelegenheden waarop het Verdrag van toepassing is.
2. Op het tijdstip van ondertekening, aanvaarding, goedkeuring of toetreding stelt de regionale organisatie voor economische integratie de depositaris schriftelijk in kennis van de in dit Verdrag geregelde aangelegenheden ter zake waarvan bevoegdheid aan die organisatie door haar lidstaten is overgedragen. De organisatie stelt de depositaris onverwijld schriftelijk in kennis van wijzigingen van haar bevoegdheid als vermeld in de meest recente kennisgeving krachtens dit lid.
3. Op het tijdstip van ondertekening, aanvaarding, goedkeuring of toetreding kan een regionale organisatie voor economische integratie in overeenstemming met artikel 63 verklaren dat zij bevoegdheid uitoefent ter zake van alle aangelegenheden waarop dit Verdrag van toepassing is en dat haar lidstaten die hun bevoegdheid op dat gebied hebben overgedragen aan de regionale organisatie voor economische integratie, door dit Verdrag gebonden zullen zijn krachtens de ondertekening, aanvaarding, goedkeuring of toetreding door de organisatie.
4. Voor de inwerkingtreding van dit Verdrag wordt een door een regionale organisatie voor economische integratie nedergelegde akte niet meegeteld, tenzij de regionale organisatie voor economische integratie een verklaring aflegt in overeenstemming met het derde lid.
5. Elke verwijzing in dit Verdrag naar een 'verdragsluitende staat' of naar een 'staat' is in voorkomend geval eveneens van toepassing op een regionale organisatie voor economische integratie die partij is bij het Verdrag. In het geval dat een regionale organisatie voor economische integratie een verklaring in overeenstemming met het derde lid heeft afgelegd, zijn alle verwijzingen in dit Verdrag naar een 'verdragsluitende staat' of een 'staat' in voorkomend geval eveneens van toepassing op de desbetreffende lidstaten van de organisatie.
[23-11-2007, Trb. 144, i.w.tr. 01-01-2013]

Betekenis. Artikel 59 maakt het mogelijk voor regionale organisaties voor economische integratie (afgekort in het Engels met REIO) om toe te treden tot het verdrag. Twee mogelijkheden worden geboden. Ten eerste is dat zowel de REIO als de individuele staten bij de REIO verdragsluitende staat worden (artikel 59 lid 1 en 2). Ten tweede kan de REIO alleen als verdragsluitende staat toetreden (artikel 59 lid 3). De Europese Unie heeft gebruikgemaakt van de tweede optie, namelijk op grond van artikel 59 lid 3.

Artikel 60
Inwerkingtreding

1. Het Verdrag treedt in werking op de eerste dag van de maand volgend op het verstrijken van drie maanden na de nederlegging van de tweede akte van bekrachtiging, aanvaarding of goedkeuring, bedoeld in artikel 58.
2. Vervolgens treedt het Verdrag in werking:
a. voor elke staat of in artikel 59, eerste lid, bedoelde regionale organisatie voor economische integratie die dit Verdrag daarna bekrachtigt, aanvaardt of goedkeurt op de eerste dag van de maand volgend op het verstrijken van drie maanden na de nederlegging van de akte van bekrachtiging, aanvaarding of goedkeuring;
b. voor elke staat of in artikel 58, derde lid, bedoelde regionale organisatie voor economische integratie op de dag na het verstrijken van de termijn gedurende welke bezwaar kan worden gemaakt overeenkomstig artikel 58, vijfde lid;
c. voor een territoriale eenheid waartoe het Verdrag in overeenstemming met artikel 61 is uitgebreid, op de eerste dag van de maand volgend op het verstrijken van drie maanden na de in dat artikel bedoelde kennisgeving.
[23-11-2007, Trb. 144, i.w.tr. 01-01-2013]

Betekenis. Deze bepaling stemt tekstueel overeen met artikel 19 Haags Zekerheidsverdrag 2006 en artikel 31 Haags Forumkeuze Verdrag 2005.

Artikel 61
Verklaringen ten aanzien van niet-geünificeerde rechtsstelsels

1. Indien een staat twee of meer territoriale eenheden heeft waarin verschillende rechtsstelsels van toepassing zijn betreffende in dit Verdrag geregelde aangelegenheden, kan hij op het tijdstip van ondertekening, bekrachtiging, aanvaarding, goedkeuring of toetreding in overeenstemming met artikel 63 verklaren dat dit Verdrag op al deze territoriale eenheden of slechts op een of meer daarvan van toepassing is en kan hij te allen tijde deze verklaring wijzigen door een nieuwe verklaring af te leggen.
2. Elke verklaring wordt de depositaris ter kennis gebracht en daarin worden uitdrukkelijk de territoriale eenheden vermeld waarop het Verdrag van toepassing is.
3. Indien een staat geen verklaring aflegt uit hoofde van dit artikel, is het Verdrag van toepassing op alle territoriale eenheden van die staat.
4. Dit artikel is niet van toepassing op regionale organisaties voor economische integratie.
[23-11-2007, Trb. 144, i.w.tr. 01-01-2013]

Betekenis. Deze bepaling stemt overeen met artikel 28 Haags Forumkeuze Verdrag 2005. Deze bepaling biedt de mogelijkheid voor landen die meerdere territoriale eenheden kennen om het verdrag toe te passen op bepaalde delen van hun land. Bijvoorbeeld het Verenigd Koninkrijk zou kunnen aangeven dat het verdrag slechts voor Schotland geldt of China slechts voor Hong Kong. Als geen verklaring wordt afgelegd dan geldt het verdrag in alle territoriale eenheden van die verdragsluitende staat.

Artikel 62
Voorbehouden

1. Elke verdragsluitende staat kan, uiterlijk op het tijdstip van bekrachtiging, aanvaarding, goedkeuring of toetreding, of op het tijdstip waarop een verklaring bedoeld in artikel 61 wordt afgelegd, een of meer van de voorbehouden bedoeld in artikel 2, tweede lid, artikel 20, tweede lid, artikel 30, achtste lid, artikel 44, derde lid, en artikel 55, derde lid, maken. Andere voorbehouden zijn niet toegestaan.
2. Elke staat kan te allen tijde een gemaakt voorbehoud intrekken. De intrekking wordt de depositaris ter kennis gebracht.
3. Het voorbehoud houdt op van kracht te zijn op de eerste dag van de derde kalendermaand na de in het tweede lid bedoelde kennisgeving.
4. Met uitzondering van het in artikel 2, tweede lid 2, bedoelde voorbehoud hebben voorbehouden uit hoofde van dit artikel geen wederkerige gevolgen.
[23-11-2007, Trb. 144, i.w.tr. 01-01-2013]

Betekenis. Slechts vijf voorbehouden zijn mogelijk op grond van het verdrag, namelijk artikel 2 lid 2, 20 lid 2, 30 lid 8, 44 lid 3 en 55 lid 3. Geen andere voorbehouden zijn toegestaan. Een voorbehoud kan uiterlijk op het tijdstip van bekrachtiging, aanvaarding, goedkeuring of toetreding worden gemaakt. De intrekking van een voorbehoud kan daarentegen ten alle tijde worden gemaakt. Slechts het voorbehoud op artikel 2 lid 2 is gebaseerd op het beginsel van reciprociteit. Zie verder de aantekening bij artikel 2 lid 2.

Artikel 63
Verklaringen

1. De in artikel 2, derde lid, artikel 11, eerste lid, onderdeel g), artikel 16, eerste lid, artikel 24, eerste lid, artikel 30, zevende lid, artikel 44, eerste en tweede lid, artikel 59, derde lid, en artikel 61, eerste lid, bedoelde verklaringen mogen worden afgelegd bij de ondertekening, bekrachtiging, aanvaarding, goedkeuring of toetreding of op enig tijdstip daarna, en mogen te allen tijde worden gewijzigd of ingetrokken.
2. Verklaringen, wijzigingen en intrekkingen worden de depositaris ter kennis gebracht.
3. Een verklaring die op het tijdstip van ondertekening, bekrachtiging, aanvaarding, goedkeuring of toetreding is afgelegd, wordt gelijktijdig met de inwerkingtreding van dit Verdrag voor de betrokken staat van kracht.
4. Een op een later tijdstip afgelegde verklaring en elke wijziging of intrekking van een verklaring, worden van kracht op de eerste dag van de maand die volgt op het verstrijken van een tijdvak van drie maanden na de datum waarop de kennisgeving door de depositaris is ontvangen.
[23-11-2007, Trb. 144, i.w.tr. 01-01-2013]

Betekenis. In tegenstelling tot voorbehouden, mogen verdragsluitende staten een verklaring afleggen zowel ten tijde van ondertekening, bekrachtiging, aanvaarding, goedkeuring of toetreding, als op ieder moment daarna. Deze flexibiliteit biedt verdragsluitende staten de mogelijkheid om verklaringen te wijzigen of in te trekken op een later moment. Van deze mogelijkheid heeft het Verenigd Koninkrijk recentelijk veelvuldig gebruikgemaakt in het kader van de onduidelijkheid omtrent de datum waarop het Verenigd Koninkrijk uit de Europese Unie zou gaan treden.

Artikel 64
Opzegging

1. Een staat die partij is bij het Verdrag kan dit opzeggen door middel van een schriftelijke kennisgeving gericht aan de depositaris. De opzegging kan worden beperkt tot bepaalde territoriale eenheden van een staat met meerdere eenheden waarop dit Verdrag van toepassing is.
2. De opzegging wordt van kracht op de eerste dag van de maand volgend op het verstrijken van een termijn van twaalf maanden na de datum waarop de kennisgeving door de depositaris is ontvangen. Wanneer in de kennisgeving een langere opzegtermijn is aangegeven, wordt de opzegging van kracht na het verstrijken van deze langere termijn, na de datum waarop de kennisgeving door de depositaris is ontvangen.
[23-11-2007, Trb. 144, i.w.tr. 01-01-2013]

Betekenis. Deze bepaling is overgenomen uit artikel 58 Haags Volwassenbeschermingsverdrag 2000 en artikel 33 Haags Forumkeuzeverdrag 2005. Deze bepaling voorziet in de mogelijkheid om het verdrag op te zeggen. De opzegging kan ook beperkt worden tot een bepaald deel van een verdragsluitende staat.

Artikel 65
Kennisgeving

De depositaris stelt de leden van de Haagse Conferentie voor Internationaal Privaatrecht, en andere staten en regionale organisaties voor economische integratie die in overeenstemming met de artikelen 58 en 59 hebben ondertekend, bekrachtigd, aanvaard, goedgekeurd of zijn toegetreden, in kennis van het volgende:
a. de in de artikelen 58 en 59 bedoelde ondertekeningen, bekrachtigingen, aanvaardingen en goedkeuringen;
b. de toetredingen en de bezwaren tegen toetredingen bedoeld in artikel 58, derde en vijfde lid, en in artikel 59;
c. de datum waarop het Verdrag in werking treedt in overeenstemming met artikel 60;
d. de verklaringen bedoeld in artikel 2, derde lid, artikel 11, eerste lid, onderdeel g), artikel 16, eerste lid, artikel 24, eerste lid, artikel 30, zevende lid, artikel 44, eerste en tweede lid, artikel 59, derde lid, en artikel 61, eerste lid;
e. de in artikel 51, tweede lid, bedoelde verdragen;
f. de voorbehouden bedoeld in artikel 2, tweede lid, artikel 20, tweede lid, artikel 30, achtste lid, artikel 44, derde lid, en artikel 55, derde lid, en de intrekkingen bedoeld in artikel 62, tweede lid;
g. de opzeggingen bedoeld in artikel 64.
[23-11-2007, Trb. 144, i.w.tr. 01-01-2013]

[Kennisgeving]

1. Betekenis. Art. 58-65 bevatten de voor de Haagse verdragen gebruikelijke slotbepalingen inzake bekrachtiging, aanvaarding en goedkeuring.

2. Toetreding en ratificering. Het verdrag staat open voor toetreding door iedere staat, dus ook voor staten die geen lid van de Haagse Conferentie zijn (art. 58 lid 3). Het verdrag kan ook geratificeerd worden door een Regionale Organisatie voor Economische Integratie (in het Engels: *Regional Economic Integration Organisation*, REIO) (art. 59). Deze bepaling is expliciet bedoeld zodat de EU het verdrag *zelf* kon ratificeren.

BIJLAGE 1

Verzendformulier in de zin van artikel 12, tweede lid

Mededeling van vertrouwelijkheid en bescherming van persoonsgegevens
Persoonsgegevens die op grond van het Verdrag zijn verzameld of verzonden, mogen slechts worden gebruikt voor de doeleinden waarvoor zij zijn verzameld of verzonden.
Elke autoriteit die dergelijke gegevens verwerkt, waarborgt de vertrouwelijkheid daarvan in overeenstemming met het recht van haar staat.
Autoriteiten maken geen informatie die voor de toepassing van dit Verdrag is verzameld of verzonden, bekend noch bevestigen zij deze, indien zij vaststellen dat zulks ten koste zou kunnen gaan van de gezondheid, veiligheid of vrijheid van een persoon, in overeenstemming met artikel 40.
□ *Een centrale autoriteit is in overeenstemming met artikel 40 tot een vaststelling van niet-bekendmaking gekomen.*

1.	**Verzoekende centrale autoriteit**	**2.**	**Contactpersoon in de verzoekende staat**
a.	**Adres**	**a.**	**Adres (indien verschillend)**
b.	**Telefoonnummer**	**b.**	**Telefoonnummer (indien verschillend)**
c.	**Faxnummer**	**c.**	**Faxnummer (indien verschillend)**
d.	**E-mail**	**d.**	**E-mail (indien verschillend)**
e.	**Referentienummer**	**e.**	**Ta(a)l(en)**

---

3. Aangezochte centrale autoriteit ...
Adres ...
...

4. Gegevens van de verzoeker
a. Achterna(a)m(en):
b. Voorna(a)m(en):
c. Geboortedatum: **(dd/mm/jjjj)**
of
a. Naam van het overheidslichaam:

5. Gegevens van de perso(o)n(en) voor wie om levensonderhoud wordt verzocht of voor wie levensonderhoud is verschuldigd
a. □ De persoon is dezelfde als de verzoeker vermeld onder punt 4
b. i. Achterna(a)m(en): ...
Voorna(a)m(en): ...
Geboortedatum: ... **(dd/mm/jjjj)**
ii. Achterna(a)m(en): ...
Voorna(a)m(en): ...
Geboortedatum: ... **(dd/mm/jjjj)**
iii. Achterna(a)m(en): ...
Voorna(a)m(en): ...

Geboortedatum: … (dd/mm/jjjj)

6. **1. Gegevens van de onderhoudsplichtige**[1]

- a. □ **De persoon is dezelfde als de verzoeker vermeld onder punt 4**
- b. **Achterna(a)m(en): …**
- c. **Voorna(a)m(en):**
- d. **Geboortedatum:**

7. **Dit verzendformulier betreft en gaat vergezeld van een verzoek ingevolge:**

- □ **Artikel 10, eerste lid, onderdeel** *a)*
- □ **Artikel 10, eerste lid, onderdeel** *b)*
- □ **Artikel 10, eerste lid, onderdeel** *c)*
- □ **Artikel 10, eerste lid, onderdeel** *d)*
- □ **Artikel 10, eerste lid, onderdeel** *e)*
- □ **Artikel 10, eerste lid, onderdeel** *f)*
- □ **Artikel 10, tweede lid, onderdeel** *a)*
- □ **Artikel 10, tweede lid, onderdeel** *b)*
- □ **Artikel 10, tweede lid, onderdeel** *c)*

8. **De volgende stukken worden bij het verzoek gevoegd:**

a. **Ten behoeve van een verzoek krachtens artikel 10, eerste lid, onderdeel** *a)*, **en:**
in overeenstemming met artikel 25:

- □ **De volledige tekst van de beslissing (artikel 25, eerste lid, onderdeel** *a)***)**
- □ **Samenvatting of uittreksel van de beslissing opgesteld door de bevoegde autoriteit van de staat van herkomst (artikel 25, derde lid, onderdeel** *b)***) (indien van toepassing)**
- □ **Een stuk waarin wordt verklaard dat de beslissing uitvoerbaar is in de staat van herkomst en, in het geval van beslissingen door administratieve autoriteiten, een stuk waarin wordt verklaard dat aan de vereisten van artikel 19, derde lid, is voldaan, tenzij die staat in overeenstemming met artikel 57 heeft aangegeven dat beslissingen van zijn administratieve autoriteiten altijd voldoen aan die vereisten (artikel 25, eerste lid, onderdeel** *b)***) of indien artikel 25, derde lid, onderdeel c) van toepassing is**
- □ **Indien de verweerder niet is verschenen en niet was vertegenwoordigd in de procedure in de staat van herkomst, een stuk of stukken, naargelang het geval, waaruit blijkt dat de verweerder naar behoren in kennis is gesteld van de procedure en in de gelegenheid is gesteld te worden gehoord of dat de verweerder naar behoren in kennis is gesteld van de beslissing en in de gelegenheid is gesteld bezwaar of beroep aan te tekenen op feitelijke of rechtsgronden (artikel 25, eerste lid, onderdeel** *c)*

(1) Overeenkomstig artikel 3 van het Verdrag wordt verstaan onder 'onderhoudsplichtige' een persoon die levensonderhoud is verschuldigd of ten aanzien van wie wordt gesteld dat hij levensonderhoud is verschuldigd.

- ☐ **Indien noodzakelijk, een stuk met het bedrag aan achterstallige betalingen en de datum waarop dat bedrag is berekend (artikel 25, eerste lid, onderdeel** *d)*)
- ☐ **Indien noodzakelijk, in het geval van een beslissing die in een automatische indexering voorziet, een stuk met de vereiste inlichtingen voor het maken van de desbetreffende berekeningen (artikel 25, eerste lid, onderdeel** *e)*);
- ☐ **Indien noodzakelijk stukken waaruit blijkt in welke mate de verzoeker kosteloze rechtsbijstand heeft ontvangen in de staat van herkomst (artikel 25, eerste lid, onderdeel** *f)*)

In overeenstemming met artikel 30, derde lid:

- ☐ **De volledige tekst van de regeling inzake levensonderhoud (artikel 30, derde lid, onderdeel** *a)*)
- ☐ **Een stuk waarin verklaard wordt dat de desbetreffende regeling inzake levensonderhoud in de staat van herkomst uitvoerbaar is als een beslissing (artikel 30, derde lid, onderdeel** *b)*)
- ☐ **Elk ander stuk dat bij het verzoek is gevoegd (bv. indien voorgeschreven, een stuk ten behoeve van artikel 36, vierde lid)):**

...

...

b. Ten behoeve van een verzoek krachtens artikel 10, eerste lid, onderdeel b), c), d), e) of f), en tweede lid, onderdeel a), b) of c), het volgende aantal bewijsstukken (exclusief het verzendformulier en het verzoek zelf) in overeenstemming met artikel 11, derde lid:

- ☐ **Artikel 10, eerste lid, onderdeel** *b)* ...
- ☐ **Artikel 10, eerste lid, onderdeel** *c)* ...
- ☐ **Artikel 10, eerste lid, onderdeel** *d)* ...
- ☐ **Artikel 10, eerste lid, onderdeel** *e)* ...
- ☐ **Artikel 10, eerste lid, onderdeel** *f)* ...
- ☐ **Artikel 10, eerste lid, onderdeel** *a)* ...
- ☐ **Artikel 10, eerste lid, onderdeel** *b)* ...
- ☐ **Artikel 10, eerste lid, onderdeel** *c)* ...

Naam: ... **(in blokletters) Datum: (dd/mm/jjjj)**
Gemachtigde vertegenwoordiger van de centrale autoriteit
[23-11-2007, Trb. 144, i.w.tr. 01-01-2013]

BIJLAGE 2
Ontvangstbevestigingsformulier in de zin van artikel 12, derde lid

Mededeling van vertrouwelijkheid en bescherming van persoonsgegevens
Persoonsgegevens die op grond van het Verdrag zijn verzameld of verzonden, mogen slechts worden gebruikt voor de doeleinden waarvoor zij zijn verzameld of verzonden. Elke autoriteit die dergelijke gegevens verwerkt, waarborgt de vertrouwelijkheid daarvan in overeenstemming met het recht van haar staat. Autoriteiten maken geen informatie die voor de toepassing van dit Verdrag is verzameld of verzonden, bekend noch bevestigen zij deze, indien zij

vaststellen dat zulks ten koste zou kunnen gaan van de gezondheid, veiligheid of vrijheid van een persoon, in overeenstemming met artikel 40.

□ *Een centrale autoriteit is in overeenstemming met artikel 40 tot een vaststelling van niet-bekendmaking gekomen.*

1. Aangezochte centrale autoriteit	**2. Contactpersoon in de aangezochte staat**
a. Adres	**a. Adres (indien verschillend)**
b. Telefoonnummer	**b. Telefoonnummer (indien verschillend)**
c. Faxnummer	**b. Faxnummer (indien verschillend)**
d. E-mail	**d. E-mail (indien verschillend)**
e. Referentienummer	**e. Ta(a)l(en)**

3. Verzoekende centrale autoriteit ...
Contactpersoon ...
Adres ...

4. De aangezochte centrale autoriteit bevestigt ontvangst op ... (dd/mm/jjjj) van het verzendformulier van de verzoekende centrale autoriteit (referentienummer ...); d.d.... (dd/mm/jjjj)) betreffende het volgende verzoek ingevolge:

- □ **Artikel 10, eerste lid, onderdeel** *a)*
- □ **Artikel 10, eerste lid, onderdeel** *b)*
- □ **Artikel 10, eerste lid, onderdeel** *c)*
- □ **Artikel 10, eerste lid, onderdeel** *d)*
- □ **Artikel 10, eerste lid, onderdeel** *e)*
- □ **Artikel 10, eerste lid, onderdeel** *f)*
- □ **Artikel 10, tweede lid, onderdeel** *a)*
- □ **Artikel 10, tweede lid, onderdeel** *b)*
- □ **Artikel 10, tweede lid, onderdeel** *c)*

Achterna(a)m(en) van de verzoeker: ...
Achterna(a)m(en) van de perso(o)n(en) voor wie om levensonderhoud wordt verzocht of voor wie levensonderhoud is verschuldigd: ...
...
...

Achterna(a)m(en) van de onderhoudsplichtige: ...

5. Eerste stappen genomen door de aangezochte centrale autoriteit:

- □ **Het dossier is volledig en in behandeling genomen**
  - □ **Zie bijgevoegd verslag over de status van het verzoek**
  - □ **Een verslag over de status van het verzoek volgt**
- □ **Gelieve de volgende aanvullende informatie en/of stukken te verstrekken:**
  ...
  ...
- □ **De aangezochte centrale autoriteit weigert dit verzoek te behandelen aangezien kennelijk niet aan de vereisten van het Verdrag is voldaan (artikel 12, achtste lid). De redenen:**
  - □ **zijn uiteengezet in een bijgevoegd document**
  - □ **zullen in een nog toe te zenden document worden uiteengezet**

De aangezochte centrale autoriteit verzoekt de verzoekende centrale autoriteit haar in kennis te stellen van elke wijziging in de status van het verzoek.

Naam: ... **(in blokletters)** **Datum:** ...
Gemachtigde vertegenwoordiger van de centrale autoriteit **(dd/mm/jjjj)**
[23-11-2007, Trb. 144, i.w.tr. 01-01-2013]

Uitvoeringswet internationale inning levensonderhoud

Wet van 29 september 2011 tot uitvoering van het op 23 november 2007 te 's-Gravenhage tot stand gekomen Verdrag inzake de internationale inning van levensonderhoud voor kinderen en andere familieleden (PbEU 2011, L 192/51) en van de verordening (EG) nr. 4/2009 van de Raad van 18 december 2008 betreffende de bevoegdheid, het toepasselijke recht, de erkenning en de tenuitvoerlegging van beslissingen, en de samenwerking op het gebied van onderhoudsverplichtingen (PbEU L 7/1), Stb. 2011, 460, zoals laatstelijk gewijzigd op 9 februari 2022, Stb. 2022, 72 (i.w.tr. 01-08-2022)

Wij Beatrix, bij de gratie Gods, Koningin der Nederlanden, Prinses van Oranje-Nassau, enz. enz. enz.

Allen, die deze zullen zien of horen lezen, saluut! doen te weten:

Alzo Wij in overweging hebben genomen dat wetgeving nodig is ter uitvoering van het op 23 november 2007 te 's-Gravenhage tot stand gekomen Verdrag inzake de internationale inning van levensonderhoud voor kinderen en andere familieleden (*PbEU* 2011, L 192/51), van het op 23 november 2007 te 's-Gravenhage gesloten protocol inzake het recht dat van toepassing is op onderhoudsverplichtingen(*PbEU* 2009, L 331/17) en van de verordening (EG) nr. 4/2009 van de Raad van 18 december 2008 betreffende de bevoegdheid, het toepasselijke recht, de erkenning en de tenuitvoerlegging van beslissingen, en de samenwerking op het gebied van onderhoudsverplichtingen (*PbEU* L 7/1);

Zo is het, dat Wij, de Raad van State gehoord, en met gemeen overleg der Staten-Generaal, hebben goedgevonden en verstaan, gelijk Wij goedvinden en verstaan bij deze:

§ 1
Algemene bepalingen

Artikel 1

In deze wet wordt verstaan onder:

a. *het verdrag:* het op 23 november 2007 te 's-Gravenhage tot stand gekomen Verdrag inzake de internationale inning van levensonderhoud voor kinderen en andere familieleden (*PbEU* 2011, L 192/51);

b. *de verordening:* de verordening (EG) nr. 4/2009 van de Raad van 18 december 2008 betreffende de bevoegdheid, het toepasselijke recht, de erkenning en de tenuitvoerlegging van beslissingen, en de samenwerking op het gebied van onderhoudsverplichtingen (*PbEU* L 7/1).

[29-09-2011, Stb. 460, i.w.tr. 26-10-2011/kamerstukken 32617]

Artikel 2

1. Als centrale autoriteit als bedoeld in artikel 4 van het verdrag en artikel 49 van de verordening wordt aangewezen het Landelijk Bureau Inning Onderhoudsbijdragen.
2. De centrale autoriteit is belast met de in hoofdstuk II en III van het verdrag onderscheidenlijk de in hoofdstuk VII van de verordening omschreven taken.
[29-09-2011, Stb. 460, i.w.tr. 26-10-2011/kamerstukken 32617]

Artikel 3

1. De centrale autoriteit treedt op verzoek van de centrale autoriteit van een verzoekende staat in en buiten rechte op ten behoeve van degene die zich met een verzoek als bedoeld in artikel 10 van het verdrag of artikel 56 van de verordening tot de centrale autoriteit van de verzoekende staat heeft gewend. De centrale autoriteit treedt eveneens in en buiten rechte op ten behoeve van de centrale autoriteit die zich met een verzoek als bedoeld in artikel 7 van het verdrag of artikel 53 van de verordening tot haar heeft gewend.
2. De centrale autoriteit behoeft, indien zij in rechte optreedt, in zaken waarbij in eerste aanleg en in hoger beroep een verzoek wordt ingediend, niet de bijstand van een advocaat.
[13-07-2016, Stb. 290, i.w.tr. 01-09-2017/kamerstukken 34212]

Artikel 4

Voor het optreden van de centrale autoriteit als bedoeld in artikel 3, eerste lid, wordt in verzoekprocedures, geen griffierecht geheven.
[13-07-2016, Stb. 290, i.w.tr. 01-09-2017/kamerstukken 34212]

§ 2
Erkenning en tenuitvoerlegging op grond van het verdrag

Artikel 5

1. Verzoeken die betrekking hebben op de erkenning en de tenuitvoerlegging van beslissingen inzake levensonderhoud op grond van het verdrag worden ingediend bij de voorzieningenrechter van de rechtbank. Ten aanzien van het verlof tot tenuitvoerlegging zijn de artikelen 985 tot en met 990 van het Wetboek van Burgerlijke rechtsvordering niet van toepassing.
2. In zaken betreffende de verzoeken, bedoeld in het eerste lid, is bevoegd de voorzieningenrechter van de rechtbank binnen wier rechtsgebied de persoon jegens wie de erkenning en tenuitvoerlegging wordt gevraagd gewone verblijfplaats heeft of de voorzieningenrechter van de rechtbank binnen wier rechtsgebied de tenuitvoerlegging plaats dient te vinden.
3. Een verzoek als bedoeld in het eerste lid wordt ingediend door de centrale autoriteit of, in geval van een verzoek waarbij de centrale autoriteit niet als verzoeker optreedt, door een advocaat of deurwaarder. In het geval van indiening door een advocaat of deurwaarder geldt het kantoor van de advocaat of deurwaarder als gekozen woonplaats van de verzoeker.
4. In afwijking van het derde lid is, in het geval van een verzoek waarbij de centrale autoriteit niet als verzoeker optreedt, de bijstand van een advocaat of deurwaarder niet vereist indien het bedrag dat de partij tegen wie de tenuitvoerlegging wordt ge-

vraagd, moet voldoen in hoofdsom niet hoger is dan het bedrag, genoemd in artikel 93, onder a, van het Wetboek van Burgerlijke Rechtsvordering. Is het eerstbedoelde bedrag uitgedrukt in een andere munteenheid dan de euro, dan moet het worden omgerekend tegen de koers van de dag van de indiening van het verzoek om verlof tot tenuitvoerlegging. De verzoeker die zonder bijstand van een advocaat of deurwaarder een verzoek indient, dient woonplaats te kiezen binnen Nederland.
5. Een verzoek als bedoeld in het eerste lid wordt in de Nederlandse taal gesteld, onverminderd artikel 7 van de Wet gebruik Friese taal in het rechtsverkeer. De bij het verzoek horende stukken moeten in de Nederlandse taal zijn vertaald.
6. Bij ongenoegzaamheid van de bij het verzoek overgelegde documenten wordt gelegenheid tot aanvulling gegeven.
7. Inwilliging van een verzoek als bedoeld in het eerste lid geschiedt in de vorm van een eenvoudig verlof, dat op het overgelegde afschrift van de beslissing, dat door de bevoegde autoriteit is gewaarmerkt, wordt gesteld.
8. De voorzieningenrechter veroordeelt de schuldenaar in de kosten welke op de afgifte van het verlof zijn gevallen.
9. De voorzieningenrechter verklaart het verlof tot tenuitvoerlegging uitvoerbaar bij voorraad.
10. Voor de toepassing van de Wet griffierechten burgerlijke zaken wordt een verzoek als bedoeld in het eerste lid geacht geen eis tot betaling van een bepaalde geldsom te zijn.
[13-07-2016, Stb. 290, i.w.tr. 01-09-2017/kamerstukken 34212]

Artikel 6

1. De rechtbank waarvan de voorzieningenrechter op een verzoek als bedoeld in artikel 5, eerste lid, heeft beschikt, neemt kennis van het rechtsmiddel bedoeld in artikel 23, vijfde lid, van het verdrag tegen die beschikking.
2. Het in artikel 23, tiende lid, van het verdrag bedoelde toegestane rechtsmiddel is beroep in cassatie.
3. Voor de toepassing van de Wet griffierechten burgerlijke zaken wordt het bij een rechtsmiddel gedaan verzoek geacht geen eis tot betaling van een bepaalde geldsom te zijn.
[29-09-2011, Stb. 460, i.w.tr. 26-10-2011/kamerstukken 32617]

§ 3
Erkenning en tenuitvoerlegging op grond van de verordening

Artikel 7

1. Een verzoek tot heroverweging op grond van artikel 19 van de verordening kan worden gedaan op de in dat artikel genoemde gronden en binnen de in dit artikel genoemde termijnen aan het gerecht dat de beslissing heeft gegeven.
2. Voor de indiening van een verzoek tot heroverweging is de bijstand van een advocaat niet vereist.
[29-09-2011, Stb. 460, i.w.tr. 26-10-2011/kamerstukken 32617]

Artikel 8

1. Op de verzoeken die betrekking hebben op de erkenning en de tenuitvoerlegging van beslissingen inzake levensonderhoud op grond van afdeling 2 van hoofdstuk IV van de verordening is artikel 5, eerste, derde, vierde, vijfde lid, eerste volzin, zevende tot en met tiende lid, van overeenkomstige toepassing.
2. Het in artikel 28, eerste lid, onder b, van de verordening bedoelde formulier wordt in de Nederlandse taal vertaald.
3. Onverminderd het bepaalde in artikel 29 van de verordening wordt bij ongenoegzaamheid van de bij het verzoekschrift overgelegde documenten gelegenheid tot aanvulling gegeven.
[29-09-2011, Stb. 460, i.w.tr. 26-10-2011/kamerstukken 32617]

Artikel 9

1. De rechtbank waarvan de voorzieningenrechter op een verzoek als bedoeld in artikel 8, eerste lid, heeft beschikt, neemt kennis van het rechtsmiddel, bedoeld in artikel 32 van de verordening.
2. Het rechtsmiddel, bedoeld in artikel 32 van de verordening, wordt, indien het wordt ingesteld door de verzoeker en is gericht tegen een weigering om een verzoek als bedoeld in artikel 8, eerste lid, in te willigen, ingesteld binnen een maand na de dagtekening van de beschikking.
3. Artikel 6, derde lid, is van toepassing.
4. Het in artikel 33 van de verordening toegestane rechtsmiddel is beroep in cassatie.
[29-09-2011, Stb. 460, i.w.tr. 26-10-2011/kamerstukken 32617]

Artikel 9a

1. Voor de toepassing van het Tweede Boek van het Wetboek van Burgerlijke Rechtsvordering op een beslissing uit een andere lidstaat worden het afschrift van de beslissing en het formulier, bedoeld in artikel 20, eerste lid, onder a en b, van de verordening tezamen als een executoriale titel in de zin van artikel 430 van het Wetboek van Burgerlijke Rechtsvordering aangemerkt.
2. Onverminderd artikel 48 van de verordening is het eerste lid van overeenkomstige toepassing op gerechtelijke schikkingen en authentieke akten uit een andere lidstaat.
[09-02-2022, Stb. 72, i.w.tr. 01-08-2022/kamerstukken 35888]

§ 4
Wijzigingen in andere wetten

Artikel 10

(Bevat wijzigingen in artikel 2 van de Wet Landelijk Bureau Inning Onderhoudsbijdragen.)
[29-09-2011, Stb. 460, i.w.tr. 26-10-2011/kamerstukken 32617]

Artikel 11

(Bevat wijzigingen in de artikelen 90 en 116 van het Burgerlijk Wetboek Boek 10.)
[29-09-2011, Stb. 460, i.w.tr. 26-10-2011/kamerstukken 32617]

§ 5
Slotbepalingen

Artikel 12
Deze wet treedt in werking op een bij koninklijk besluit te bepalen tijdstip.
[29-09-2011, Stb. 460, i.w.tr. 26-10-2011/kamerstukken 32617]

Artikel 13
Deze wet wordt aangehaald als: Uitvoeringswet internationale inning levensonderhoud.
[29-09-2011, Stb. 460, i.w.tr. 26-10-2011/kamerstukken 32617]

Verdrag inzake het verhaal in het buitenland van uitkeringen tot onderhoud (New York)

Verdrag van 20 juni 1956, Trb. 1957, 121 (i.w.tr. 25-05-1957)

Preambule
Overwegende dat het dringend noodzakelijk is een oplossing te geven voor het humanitaire probleem dat voortvloeit uit de positie van personen die onderstand van node hebben en die voor het onderhoud waarop zij rechtens aanspraak kunnen maken, afhankelijk zijn van personen in het buitenland,
Overwegende dat het aanhangig maken en vervolgen van vorderingen tot onderhoud of de tenuitvoerlegging van rechterlijke beslissingen dienaangaande ernstige moeilijkheden, zowel van rechtskundige als van feitelijke aard, opleveren, wanneer zulks in het buitenland moet geschieden,
Vastbesloten te voorzien in maatregelen om zodanige problemen op te lossen en zodanige moeilijkheden te overwinnen,
Zijn de Verdragsluitende Partijen overeengekomen als volgt:

[Inleidende opmerkingen]

1. Doel van het verdrag. Het verdrag is een rechtshulpverdrag. Het dient tot vergemakkelijking van de verkrijging van levensonderhoud in internationale gevallen. Het verdrag verplicht de verdragsluitende partijen tot het oprichten van de nader te bespreken verzendende en ontvangende instellingen, die de rechtzoekende behulpzaam zijn bij het geldend maken van zijn aanspraken op levensonderhoud in internationale gevallen. Of er aanspraken tot onderhoud bestaan en voor welke rechter zij geldend kunnen worden gemaakt, wordt niet in het verdrag geregeld, evenmin als de vraag of een beslissing uit het ene land in het andere kan worden ten uitvoer gelegd. Deze onderwerpen worden geregeld in andere verdragen en in nationale wetgeving. De ontvangende instelling kan dus slechts optreden wanneer de bevoegdheid van de aan te zoeken rechter dan wel de uitvoerbaarheid van de te executeren beslissing op grond van deze andere verdragen of nationaal recht vaststaat.

2. Europese Alimentatieverordening. De Verordening (EG) 4/2009 van de raad van 18 december 2008 betreffende de bevoegdheid, het toepasselijke recht, de erkenning en de tenuitvoerlegging van beslissingen, en de samenwerking op het gebied van onderhoudsverplichtingen is op 18 juni 2011 in werking getreden. In de verhouding tussen de lidstaten heeft de verordening het onderhavige verdrag volledig vervangen, mits het verzoek binnen de toepassingsgebieden van de Europese Alimentatie Verordening valt (art. 69 lid 2 Verordening (EG) 4/2009 en zie B. Hess en S. Spancken, in P. Beaumont *et al, The Recovery of Maintenance in the EU and Worldwide*, Hart 2014, p. 399-410).

3. Andere verdragen. De materie van het verdrag wordt tevens bestreken door het tussen de EU-lidstaten gesloten verdrag tot vereenvoudiging van de procedures voor het verhaal van vorderingen inzake onderhoudsverplichtingen, Rome 6 november 1990 (*Trb.* 1991, 58, EEG-Verdrag onderhoudsverhaal). Dit laatste verdrag is niet in werking getreden en inwerkingtreding wordt niet meer verwacht. In de betrekkingen tussen de Verenigde Staten en Nederland wordt de materie geregeld door het bilaterale Verdrag tussen het Koninkrijk der Nederlanden en de Verenigde Staten van Amerika inzake geldendmaking van verplichtingen tot levensonderhoud, Washington 2001. Op 23 november 2007 is tot stand gekomen het Haags Alimentatieverdrag 2007 (Convention of 23 November 2007 on the International Recovery of Child Support and Other Forms of Family Maintenance). Dit verdrag is op 1 januari 2013 in werking getreden, en op 1 augustus 2014 in werking getreden binnen de Europese Unie. Het verdrag voorziet ten eerste in samenwerking door middel van Centrale Autoriteiten tot het verhaal van alimentatie ten behoeve van kinderen. In dit opzicht vervangt het het onderhavige verdrag, maar slechts in de relatie met andere Verdragsluitende Staten. Op 1 augustus 2014 waren er slechts vier andere Verdragsluitende Staten, namelijk Albanië, Bosnië, Noorwegen en Oekraïne. Inmiddels is dit verdrag in 41 landen van toepassing, inclusief de Verenigde Staten van Amerika en Noorwegen. Op partneralimentatie hebben de hoofdstukken van het Haagse Alimentatieverdrag 2007 over de Centrale Autoriteiten alleen betrekking wanneer het gaat om de erkenning en/of de tenuitvoerlegging van beslissingen én wanneer deze erkenning of tenuitvoerlegging aan de orde komt in combinatie met een vordering of verzoek inzake kinderalimentatie. In andere gevallen blijft het onderhavige verdrag gelden. In de tweede plaats zal het nieuwe verdrag de erkenning en de tenuitvoerlegging tussen Verdragsluitende Staten regelen van beslissingen inzake kinder- of partneralimentatie. Samenloop problemen tussen deze instrumenten zullen derhalve in deze overgangsperiode waarschijnlijk vaak voorkomen hoewel deze waarschijnlijk op een praktische en pragmatische manier zullen worden opgelost.

4. Goedkeuringswet. Het verdrag is goedgekeurd bij rijkswet van 27 september 1961, *Stb.* 302 (hierna: Goedkeuringswet). Het in art. 2 van deze wet gemaakte voorbehoud wordt besproken in het commentaar op art. 17.

5. Uitvoeringswetgeving. De uitvoering van het verdrag voor Nederland is geregeld bij wet van 27 september 1961, *Stb.* 303, gewijzigd bij wet van 24 december 1970, *Stb.* 612 en bij wet van 23 maart 1995, *Stb.* 198 (hierna: de Uitvoeringswet) en bij KB van 28 februari 1962, *Stb.* 58, gewijzigd bij KB van 16 september 1982, *Stb.* 534 en bij KB van 19 december 1996, *Stb.* 679.

6. Datum inwerkingtreding. Het verdrag en de Uitvoeringswet zijn voor Nederland in werking getreden op 30 augustus 1962. Het verdrag geldt mede voor Aruba (sinds 1 januari 1986), alsmede het Koninkrijk buiten Europa (de BES-eilanden), Curaçao en Sint Maarten (sinds 1 oktober 2010). Voor gegevens over de andere verdragspartijen zie https://untreaty.un.org. Een lijst van verzendende en ontvangende instellingen (en daarmee ook van verdragsluitende partijen) is opgenomen op https://hcch.e-vision.nl/index_en.php, onder Work in progress/Maintenance obligations.

Artikel 1
Draagwijdte van het Verdrag

1. Dit Verdrag heeft ten doel aan een persoon, hierna te noemen de schuldeiser, die zich bevindt op het grondgebied van een der Verdragsluitende Partijen, het verhaal van uitkeringen tot onderhoud te vergemakkelijken, waarop die persoon aanspraak maakt tegenover een persoon, hierna te noemen de schuldenaar, die aan de rechtsmacht van een andere Verdragsluitende Partij is onderworpen. De instellingen, van wier diensten hiertoe gebruik zal worden gemaakt, worden hierna als verzendende instellingen en als ontvangende instellingen aangeduid.
2. De rechtsmiddelen, waarin dit Verdrag voorziet, zijn een aanvulling van, en komen niet in de plaats van, rechtsmiddelen, die krachtens het nationale of internationale recht bestaan.
[20-06-1956, Trb. 121, i.w.tr. 25-05-1957]

1. Materieel toepassingsgebied (lid 1, aanvang). Het artikel stelt de draagwijdte van het verdrag vast. Het doel van het Verdrag wordt omschreven als de vergemakkelijking van het verkrijgen van verhaal van uitkeringen tot onderhoud. Onder 'verhaal' moet niet alleen worden verstaan het verhalen van door de rechter vastgestelde beslissingen, doch ook het bij de rechter aanhangig maken van een alimentatieverzoek of het treffen van een schikking. De vergemakkelijking wordt nagestreefd door het aanwijzen van verzendende en ontvangende instellingen. De schuldeiser behoeft niet zelf in het buitenland te procederen of een gegeven beslissing ten uitvoer te leggen, maar kan zich wenden tot de verzendende instelling in zijn eigen land. Deze zendt zijn verzoek tot het verhalen van onderhoud door naar de ontvangende instelling in het land onder welks rechtsmacht de schuldenaar valt. Dat zal meestal het land zijn waar de schuldenaar zijn woonplaats of gewone verblijfplaats heeft, maar kan bijvoorbeeld ook het land zijn waar hij vermogen bezit. De ontvangende instelling poogt onderhoud te verkrijgen voor de schuldeiser, hetzij minnelijk, hetzij door gerechtelijke maatregelen als het starten van een procedure of de tenuitvoerlegging van een in het buitenland gegeven beslissing. **Onderhoud.** Met aanspraken tot onderhoud wordt gedoeld op aanspraken die zijn gegrond op de wet (dus niet enkel op een overeenkomst) en voortvloeien uit wettige of niet-wettige verwantschap, familiebetrekking, huwelijk of gewezen huwelijk. Aanspraken op grond van verzekering of sociale verzekering vallen niet onder het verdrag (MvT, *Kamerstukken II* 5924, 3, p. 4). **Natuurlijke personen.** Schuldeiser en schuldenaar moeten personen zijn. Daarmee wordt bedoeld: natuurlijke personen. Dit impliceert onder andere dat gemeenten of andere openbare instellingen voor het verhalen op de schuldenaar van aan de onderhoudsgerechtigde verstrekte bijstand geen beroep kunnen doen op het verdrag.

2. Formeel toepassingsgebied (lid 1, vervolg). a. Schuldeiser. De schuldeiser moet 'zich bevinden' op het grondgebied van een verdragsluitende partij. Het gaat dus om feitelijk verblijf en niet om de juridische woonplaats. Wel moet er voldoende duurzaamheid zijn om een verzoek zinvol te maken: toeristisch verblijf is bijvoorbeeld onvoldoende om een verzoek aanhangig te maken (MvT, *Kamerstukken II* 5924, 3, p. 5). **b. Schuldenaar.** De schuldenaar moet onderworpen zijn aan de rechtsmacht van een andere verdragsluitende partij. Dat zal meestal het land zijn waar hij zijn woonplaats of gewone verblijfplaats heeft, maar kan bijvoorbeeld ook het land zijn waar hij vermogen bezit.

3. Aanvullende werking verdrag (lid 2). Het verdrag vult de bestaande rechtsmiddelen aan, doch vervangt ze niet. Men blijft vrij om zonder tussenkomst van de verzendende en ontvangende instellingen verhaal te zoeken.

Artikel 2
Aanwijzing van de instellingen

1. Iedere Verdragsluitende Partij wijst, op het tijdstip van de nederlegging van de akte van bekrachtiging of toetreding, een of meer administratieve of rechterlijke autoriteiten aan, die in haar gebied de functies van verzendende instellingen zullen vervullen.
2. Iedere Verdragsluitende Partij wijst, op het tijdstip van nederlegging van de akte van bekrachtiging of toetreding, een overheidsorgaan of particulier lichaam aan, dat in haar gebied de functies van ontvangende instelling zal vervullen.
3. Iedere Verdragsluitende Partij doet de Secretaris-Generaal van de Verenigde Naties onverwijld mededeling van de aanwijzingen krachtens lid 1 en lid 2 en van de eventueel daarin aangebrachte wijzigingen.
4. De verzendende en ontvangende instellingen kunnen rechtstreeks in verbinding treden met de verzendende en de ontvangende instellingen van de andere Verdragsluitende Partijen.
[20-06-1956, Trb. 121, i.w.tr. 25-05-1957]

1. Verzendende en ontvangende instellingen (lid 1 en 2). Elk land dat partij is bij het verdrag wijst een of meer verzendende instellingen en één ontvangende instelling aan. Er mag slechts één ontvangende instelling per land zijn. Hiermee wordt voorkomen dat de verzendende instellingen moeten uitzoeken tot welke ontvangende instellingen zij zich moeten wenden of dat zij het risico lopen zich tot een niet-bevoegde ontvangende instelling te wenden. Wel mogen er in een land meer verzendende instellingen zijn.

2. Mededeling aan Secretaris-Generaal VN (lid 3). Elk land deelt aan de Secretaris-Generaal van de Verenigde Naties mee welke instellingen zijn aangewezen als verzendende en ontvangende instellingen. De Secretaris-Generaal zendt de mededelingen aan, onder andere, de andere verdragsluitende partijen (art. 19), zodat de verzendende en ontvangende instellingen elkaar steeds weten te vinden.

3. Rechtstreeks contact tussen verzendende en ontvangende instellingen (lid 4). Verzendende en ontvangende instellingen uit verschillende landen kunnen rechtstreeks met elkaar in verbinding treden. Diplomatieke tussenkomst is niet vereist.

4. Instelling in Nederland. Nederland kent één instelling die zowel verzendende als ontvangende instelling is: het Landelijk Bureau Inning Onderhoudsbijdragen (hierna: LBIO), Marten Meesweg 109-111, PO Box 8901, 3009 AX Rotterdam, telefoon: +31 (0)10 289 4895, fax: +31 (0)10 289 4882, website: www.lbio.nl. De bevoegdheden van het LBIO zijn geregeld in de art. 6, 7 en 8 Uitvoeringswet (zie aant. 5, en voorts art. 3, aant. 3 en art. 6, aant. 1).

5. Woonplaats verzoeker bij ontvangende instelling. Art. 8 lid 2 Uitvoeringswet bepaalt dat de verzoeker, onverminderd art. 133 Rv, geacht wordt woonplaats te kiezen bij de ontvangende instelling en dat alle stukken, voor hem bestemd en zijn onderhoudsaanspraak betreffend, aldaar kunnen worden betekend. '[O]ntvangende instelling' betekent hier: de Nederlandse ontvangende instelling. De bepaling geldt dus alleen voor verzoeken die door een buitenlandse verzendende instelling aan de Nederlandse ontvangende instelling zijn verzonden.

Artikel 3
Indiening van het verzoek bij de verzendende instelling

1. Wanneer een schuldeiser zich op het grondgebied van een Verdragsluitende Partij bevindt, hierna te noemen de Staat van de schuldeiser, en de schuldenaar is onderworpen aan de rechtsmacht van een andere Verdragsluitende Partij, hierna te noemen de Staat van de schuldenaar, kan de schuldeiser een verzoek indienen bij de verzendende instelling van de Staat waar hij zich bevindt, dat er toe strekt onderhoud van de schuldenaar te verkrijgen.
2. Iedere Verdragsluitende Partij doet de Secretaris-Generaal mededeling, welk bewijs krachtens de wet van de Staat van de ontvangende instelling normaal wordt vereist om verzoeken om onderhoud te staven, op welke wijze dat bewijs moet worden geleverd, en aan welke andere vereisten krachtens genoemde wet moet worden voldaan.
3. Het verzoek dient vergezeld te gaan van alle ter zake dienende documenten, waaronder voor zover nodig een volmacht, waarbij de ontvangende instelling wordt gemachtigd in naam van de schuldeiser op te treden of een persoon aan te wijzen, die bevoegd is in naam van de schuldeiser op te treden; het verzoek dient voorts vergezeld te gaan van een foto van de schuldeiser en, indien mogelijk, van een foto van de schuldenaar.
4. De verzendende instelling neemt alle redelijke maatregelen om te verzekeren dat aan de vereisten van de wet van de Staat van de ontvangende instelling wordt voldaan; onverminderd het in die wet bepaalde moet het verzoek de volgende gegevens bevatten:
a) de naam en voornamen, het adres, de geboortedatum, de nationaliteit en het beroep van de schuldeiser, en in voorkomend geval de naam en het adres van de wettelijke vertegenwoordiger van de schuldeiser;
b) de naam en voornamen van de schuldenaar en, voor zover aan de schuldeiser bekend, de achtereenvolgende adressen van de schuldenaar gedurende de laatste vijf jaren, zijn geboortedatum, zijn nationaliteit en zijn beroep;
c) een uitvoerige uiteenzetting van de gronden van het verzoek, het onderwerp daarvan en alle andere ter zake dienende inlichtingen, met name betrekking hebbende op de financiële en familieomstandigheden van de schuldeiser en van de schuldenaar.

[20-06-1956, Trb. 121, i.w.tr. 25-05-1957]

1. Verzoek (lid 1). De schuldeiser kan zich wenden tot de verzendende instelling in zijn eigen land, die zich vervolgens in verbinding stelt met de ontvangende instelling in het land van de schuldenaar. Een van de belangrijkste taken van de verzendende instelling is, ervoor te zorgen dat de juiste documenten verzonden worden. De schuldeiser kan zich niet zelf rechtstreeks tot de ontvangende instelling wenden.

2. Bekendmaking gegevens (lid 2). Elke verdragsluitende partij doet mededeling van bepaalde gegevens omtrent zijn interne recht aan de Secretaris-Generaal van de Verenigde Naties. De Secretaris-Generaal zendt de mededelingen aan, onder andere, de andere verdragsluitende partijen (art. 19). Het beschikken over deze gegevens is uiteraard van groot belang voor de verzendende instellingen bij het bepalen welke gegevens, documenten en bewijsmiddelen aan de ontvangende instellingen verzonden moeten worden en bij het formuleren van het verzoek aan de ontvangende instelling.

3. Over te leggen documenten (lid 3). De kans van slagen van het verzoek hangt in vele gevallen af van het verzenden van de juiste documenten. Blijkens art. 3 lid 3 moeten 'alle ter zake dienende documenten' worden verzonden. Daarvan worden er enkele genoemd. **Volmacht.** De Nederlandse ontvangende instelling mag ook zonder uitdrukkelijke volmacht optreden (art. 6 Uitvoeringswet). Daarom is bij verzending naar Nederland een schriftelijke volmacht niet noodzakelijk. **Foto's.** Voor zover bekend vragen ontvangende instellingen geen nakoming meer van het vereiste dat foto's worden meegezonden. **Overige documenten.** Bij het verzamelen van de te verzenden documenten dient vooral acht te worden geslagen op de vereisten van de staat van de ontvangende instelling, waarbij uiteraard rekening moet worden gehouden met de aard van het verzoek dat gedaan wordt. Is het verzoek erop gericht dat een nieuwe alimentatieprocedure aanhangig wordt gemaakt, dan zullen meestal andere documenten benodigd zijn dan wanneer tenuitvoerlegging van een reeds gegeven beslissing wordt verzocht. In het laatste geval is tevens het in art. 5 bepaalde van belang.

4. Minimaal te verstrekken gegevens (lid 4). Niet alleen de te overleggen documenten, ook de te verstrekken gegevens moeten voldoende zijn om de ontvangende instelling in staat te stellen haar taak te verrichten. Art. 3 lid 4 noemt de gegevens die minimaal verstrekt moeten worden. **a. Gegevens omtrent de schuldeiser.** Het zal doorgaans niet moeilijk zijn deze gegevens te verstrekken. **b. Gegevens omtrent de schuldenaar.** Hier kunnen praktische problemen rijzen. Minimaal wordt vereist dat de naam en de voornamen van de schuldenaar worden meegedeeld. Geboortedatum, nationaliteit, beroep en adresgegevens moeten worden meegedeeld 'indien deze aan de schuldeiser bekend zijn'. Zijn deze gegevens echter in het geheel niet bekend, dan zal het uiteraard voor de ontvangende instelling veelal onmogelijk zijn om de schuldenaar op te sporen. In hoeverre het mogelijk is om de schuldenaar te vinden aan de hand van bijvoorbeeld verouderde adresinformatie, verschilt van land tot land. **c. Gronden en onderwerp van het verzoek.** Uiteraard moet ook bij het formuleren van de gronden en het onderwerp van het verzoek en bij het verstrekken van verdere gegevens als onder c) genoemd, gezorgd worden dat de ontvangende instelling bij het treffen van maatregelen kan voldoen aan de eisen die het recht van haar land stelt.

Artikel 4
Verzending van de stukken

1. De verzendende instelling verzendt de stukken aan de ontvangende instelling die door de Staat van de schuldenaar is aangewezen, tenzij de verzendende instelling het verzoek als geheel ongegrond beschouwt.
2. Alvorens de stukken te verzenden vergewist de verzendende instelling zich, dat de stukken voldoen aan de vormvereisten van de Staat van de schuldeiser.

3. De verzendende instelling kan aan de ontvangende instelling haar oordeel mededelen over de gegrondheid van het verzoek en aanbevelen aan de schuldeiser kosteloze rechtsbijstand en vrijstelling van kosten te verlenen.
[20-06-1956, Trb. 121, i.w.tr. 25-05-1957]

1. Toetsing van gegrondheid verzoek (lid 1 en 3). De verzendende instelling mag verzending van de stukken alleen weigeren wanneer evident is dat het verzoek ongegrond is. Wel mag zij in alle gevallen haar mening over de gegrondheid van het verzoek kenbaar maken aan de ontvangende instelling. Eveneens kan zij de ontvangende instelling adviseren aan de schuldeiser kosteloze rechtsbijstand en vrijstelling van kosten te verlenen. De ontvangende instelling is aan deze adviezen niet gebonden.

2. Vormvereisten te verzenden stukken (lid 2). Alleen stukken die voldoen aan de vormvereisten van de staat van verzending, mogen worden verzonden. Voor stukken die vanuit Nederland worden verzonden dient deze formele geldigheid op grond van (de facultatieve werking van) art. 10:12 lid 1 BW te worden beoordeeld naar het recht van de plaats waar het stuk tot stand is gekomen dan wel naar het recht dat de materiële rechtsverhouding beheerst waarop het stuk betrekking heeft.

Artikel 5
Verzending van rechterlijke uitspraken en van andere gerechtelijke stukken

1. De verzendende instelling verzendt, op verzoek van de schuldeiser en in overeenstemming met de bepalingen van artikel 4, iedere voorlopige en definitieve beslissing of andere gerechtelijke akte, waarbij door een bevoegd gerecht van een der Verdragsluitende Partijen onderhoud ten behoeve van de schuldeiser is toegekend, en, indien noodzakelijk en mogelijk, de stukken van het geding waarin de beslissing is genomen.
2. De in het vorige lid bedoelde gerechtelijke beslissingen en akten kunnen in de plaats treden van de stukken, genoemd in artikel 3, dan wel die stukken aanvullen.
3. De procedure, bedoeld bij artikel 6, kan volgens de wet van de Staat van de schuldenaar, zijn hetzij een exequaturprocedure of registratieprocedure, hetzij een nieuwe rechtsvordering, die gegrond wordt op de ingevolge de bepalingen van lid 1 verzonden beslissing.
[20-06-1956, Trb. 121, i.w.tr. 25-05-1957]

1. Algemeen. Het lijkt voor de hand te liggen om gerechtelijke stukken, waaronder rechterlijke uitspraken, te rekenen tot de 'ter zake dienende documenten' waarvan gesproken wordt in art. 3 lid 1. Niettemin wordt de mogelijkheid tot verzending van deze stukken afzonderlijk geregeld in art. 5.

2. Wijze van en voorwaarden voor verzending (lid 1 en 2). Verzending ter keuze van de schuldeiser. Gerechtelijke stukken worden verzonden op verzoek van de schuldeiser (lid 1). Verzending ervan geschiedt naast of in plaats van de stukken die in art. 3 zijn genoemd (lid 2). De keuze voor het wel of niet verzenden van gerechtelijke stukken en voor het wel of niet meezenden van andere documenten hangt uiteraard samen met de keuze tussen het verzoeken van exequatur op een bestaande beslissing en het instellen van een nieuwe procedure (zie over deze keuze tevens art. 6, aant. 1). **Beslissingen door gerechten van**

verdragsluitende partijen. Het artikel spreekt alleen van beslissingen van gerechtelijke autoriteiten van een der verdragsluitende partijen. Verdedigbaar is dat het meezenden van beslissingen uit niet-verdragslanden op dezelfde voet mogelijk is (zie art. 6, aant. 1). **Meezenden stukken van het geding.** De stukken van het geding waarin de beslissing is genomen, worden 'indien noodzakelijk en mogelijk' meegezonden. Voor het verkrijgen van exequatur op grond van een van de in Nederland geldende verdragen zullen veelal niet alle stukken van het geding behoeven te worden meegezonden, nu herziening ten gronde krachtens van deze verdragen verboden is. Wel zal het meezenden van andere documenten veelal vereist zijn (zie in het bijzonder art. 4 Haags Kinderalimentatie-executieverdrag 1958, art. 17 Haags Alimentatie-executieverdrag 1973, art. 53-56 EEX-verordening, art. 46 en 47 EEX-verdrag/EVEX, en art. 20 en 28 Alimentatieverordening).

3. Keuze tussen exequatur en hernieuwde bodemprocedure (lid 3). Wordt een elders gewezen beslissing aan de ontvangende instelling toegezonden, dan kan deze zowel gebruikt worden bij het verkrijgen van exequatur en tenuitvoerlegging als bij het starten van een nieuwe procedure. Bij de keuze tussen deze mogelijkheden dient rekening te worden gehouden met het besprokene in art. 6, aant. 1.

Artikel 6
Functies van de ontvangende instelling

1. Optredende binnen de grenzen van de bevoegdheden die haar door de schuldeiser zijn verleend, neemt de ontvangende instelling in naam van de schuldeiser alle geëigende maatregelen ter verzekering van het verhaal van onderhoud, daaronder begrepen het sluiten van een dading en, indien nodig, het instellen en vervolgen van een rechtsvordering tot onderhoud en de tenuitvoerlegging van een uitspraak, bevel of andere gerechtelijke akte.
2. De ontvangende instelling houdt de verzendende instelling voortdurend op de hoogte. De ontvangende instelling deelt, indien zij niet kan optreden, de redenen daarvan mede aan de verzendende instelling en zij zendt alsdan de stukken terug.
3. Ongeacht de bepalingen van dit Verdrag, beheerst de wet van de Staat van de schuldenaar, daaronder begrepen het internationaal privaatrecht, de rechtsvorderingen als hierboven bedoeld en alle aangelegenheden die daarmede verband houden.
[20-06-1956, Trb. 121, i.w.tr. 25-05-1957]

1. Alle geëigende maatregelen (lid 1). De ontvangende instelling neemt maatregelen ter verzekering van het verhaal van onderhoud. De schuldeiser bepaalt de grenzen waarbinnen de ontvangende instelling opereert. Hij kan met name vaststellen hoever de ontvangende instelling mag gaan met het treffen van een schikking en of er, indien geen schikking getroffen kan worden, wel of geen procedure gevoerd mag worden. Het ligt voor de hand dat de schuldeiser de ontvangende instelling voldoende vrijheid laat om op te treden. Wenst de schuldeiser een eenvoudig te bewandelen weg uit te sluiten, dan zal hij niet altijd van de ontvangende instelling kunnen eisen dat deze de resterende mogelijkheden benut indien dat extra werk of kosten voor haar meebrengt. ***Keuze tussen exequatur en nieuwe procedure.*** Bij de keuze tussen het starten van een nieuwe procedure en het verkrijgen van een exequatur op een reeds eerder gegeven beslissing moet men zich realiseren dat indien er een voor tenuitvoerlegging vatbare beslissing is, een nieuw verzoek er op zal kunnen afstuiten dat er tussen partijen reeds een bindende beslissing bestaat. Dit is uiteraard anders indien het nieuwe verzoek als wijzigingsverzoek wordt ingediend, er gronden voor wijziging bestaan en de rechter bevoegd is om van het wijzigingsverzoek kennis te nemen. **Exequatur op beslissing uit niet-verdragsland.** Art. 7 Uitvoeringswet geeft de Nederlandse ontvangende instelling bevoegdheid om exequatur te verzoeken op buitenlandse alimentatiebeslissingen die uit een verdragsland afkomstig zijn. Ook art. 5 lid 1 Verdrag beperkt zich tot beslissingen en akten die afkomstig zijn van een bevoegd gerecht van een der verdragsluitende partijen. Redelijke toepassing van art. 6 lid 1 brengt mee, dat de ontvangende instelling ook exequatur kan verzoeken op beslissingen uit niet-verdragslanden die haar vanuit een verdragsland worden toegezonden en die in haar land voor tenuitvoerlegging in aanmerking komen. Anders: *Burgerlijke Rechtsvordering*, Verdragen, Onderhoudsverhaal buitenland 1956 (Vlas, art. 5). **Hoger beroep.** De bevoegdheid van de ontvangende instelling omvat tevens het instellen van hoger beroep en andere rechtsmiddelen. Een verplichting tot het instellen van rechtsmiddelen zal in de regel niet kunnen worden aangenomen. Indien de lagere rechter een verzoek afwijst en de ontvangende instelling van mening is dat zulks op goede gronden is geschied, zijn de 'geëigende maatregelen' uitgeput. Is echter de beslissing van de lagere rechter evident onjuist, dan kan verdedigd worden dat het instellen van een rechtsmiddel tot de geëigende maatregelen behoort waartoe de ontvangende instelling redelijkerwijs verplicht is. **Geen advocaat of procureur.** Art. 8 Uitvoeringswet bepaalt dat de Nederlandse ontvangende instelling in rechte kan optreden zonder de bijstand van een procureur of advocaat, tenzij de procedure aanvangt met een dagvaarding. **Formele procespartij.** De ontvangende instelling treedt op in naam van de schuldeiser. De schuldeiser is de formele procespartij in eventuele procedures. **Behoud bevoegdheden schuldeiser.** Het optreden van de ontvangende instelling neemt op zich niet weg dat de schuldeiser bevoegd blijft ook zelf maatregelen te nemen. Ook is de schuldeiser bevoegd rechtsmiddelen in te stellen.

2. Onmogelijkheid tot optreden (lid 2). Alleen als optreden redelijkerwijs onmogelijk is, kan de ontvangende instelling van actie afzien. Zij stelt dan de verzendende instelling gemotiveerd op de hoogte en zendt de stukken terug. De onmogelijkheid tot optreden kan voortvloeien uit verschillende omstandigheden, zoals: de schuldenaar kan niet worden gevonden, de overgelegde documenten zijn onvoldoende, de aan te zoeken rechter zal zich onbevoegd verklaren of het in te dienen exequaturverzoek maakt geen kans.

3. Toepasselijk recht (lid 3). De door de ontvangende instelling aan te zoeken rechter zal een alimentatieverzoek beoordelen aan de hand van het recht dat door zijn eigen internationaal privaatrecht wordt aangewezen en hij zal een exequaturverzoek beoordelen aan de hand van de in zijn land geldende regels inzake de erkenning en tenuitvoerlegging van buitenlandse beslissingen. Art. 6 lid 3 bepaalt niet anders dan dat het verdrag hieraan niet afdoet. Er zij uitdrukkelijk op gewezen dat lid 3 niets zegt over de verwijzingsregel die zou moeten gelden in het land van de verzendende instelling.

Artikel 7
Rogatoire commissies

1. Indien de wet van de twee betrokken Verdragsluitende Partijen rogatoire commissies toelaat, zijn de volgende regels van toepassing:

a) Het gerecht, waarbij de vordering tot onderhoud is ingesteld, kan ter verkrijging van stukken of andere bewijsmiddelen een rogatoire commissie richten tot het bevoegde gerecht van de andere Verdragsluitende Partij of tot iedere andere autoriteit of instelling, die is aangewezen door de Verdragsluitende Partij, in wier gebied de commissie moet worden uitgevoerd.

b) Opdat de partijen tegenwoordig kunnen zijn of zich kunnen laten vertegenwoordigen, is de aangezochte autoriteit verplicht de betrokken verzendende instelling en de betrokken ontvangende instelling alsmede de schuldenaar te verwittigen van de datum waarop en de plaats waar de gevraagde handeling zal plaats vinden.

c) De rogatoire commissie moet met bekwame spoed worden uitgevoerd; indien zij niet is uitgevoerd binnen vier maanden na ontvangst door de aangezochte autoriteit, moet de aanvragende autoriteit worden verwittigd van de redenen van de niet-uitvoering of van de vertraging.

d) De uitvoering van de rogatoire commissie geeft geen aanleiding tot terugbetaling van heffingen of kosten van welke aard ook.

e) De uitvoering van de rogatoire commissie kan slechts worden geweigerd:

1) Indien de authenticiteit van het stuk niet vaststaat.

2) Indien de Verdragsluitende Partij, in wier gebied de uitvoering zou moeten plaats hebben, oordeelt, dat deze inbreuk zou kunnen maken op haar soevereiniteit of op haar veiligheid.

[20-06-1956, Trb. 121, i.w.tr. 25-05-1957]

1. Betekenis. Indien de wet van beide betrokken landen rogatoire commissies toelaat, geeft het artikel nadere regels daaromtrent. Nederland laat rogatoire commissies toe. Geldt hetzelfde voor het andere betrokken land, dan kunnen rogatoire commissies over en weer alleen geweigerd worden op de onder e) genoemde gronden.

2. Uitvoeringswetgeving. Nadere regels omtrent rogatoire commissies zijn gegeven in art. 9 Uitvoeringswet.

Artikel 8
Wijziging van rechterlijke beslissingen

De bepalingen van dit Verdrag zijn eveneens van toepassing op verzoeken die strekken tot wijziging van rechterlijke beslissingen inzake onderhoud.

[20-06-1956, Trb. 121, i.w.tr. 25-05-1957]

Betekenis. De weg van het verdrag staat niet alleen open wanneer het gaat om een eerste vaststelling van alimentatie, maar ook wanneer het gaat om een wijzigingsverzoek. Het is in dat geval niet nodig dat bij het verkrijgen van de eerste beslissing een beroep op het verdrag is gedaan en evenmin wordt door het verdrag geëist dat de eerste beslissing in hetzelfde land is gegeven als waar de wijziging wordt gevraagd. De schuldenaar kan voor wijzigingsverzoeken de weg van het verdrag niet volgen. Krachtens art. 1 werken de verzendende en ontvangende instellingen immers alleen ten behoeve van de schuldeiser.

Artikel 9
Vrijstellingen en voorrechten

1. In de procedures die door dit Verdrag worden beheerst, genieten schuldeisers de behandeling en de vrijstelling van betaling van kosten welke worden toegekend aan schuldeisers die woonplaats hebben in de Staat waar de procedures aanhangig zijn of die onderdanen van die Staat zijn.
2. Schuldeisers worden niet op grond van de omstandigheid dat zij vreemdeling zijn of ter plaatse geen woonplaats hebben verplicht tot de cautio judicatum solvi of tot een storting of zekerheidstelling.
3. De verzendende en de ontvangende instellingen kunnen voor de krachtens dit Verdrag verleende diensten geen vergoeding in rekening brengen.
[20-06-1956, Trb. 121, i.w.tr. 25-05-1957]

1. Gelijke behandeling (lid 1 en 2). Schuldeisers worden bij het voeren van een procedure op dezelfde wijze behandeld als onderdanen of inwoners van het land waar de procedure wordt gevoerd. Dit betekent dat zij op dezelfde voet voor gefinancierde rechtsbijstand in aanmerking komen en vrijstelling van betaling van kosten verkrijgen, en voorts dat geen cautio iudicatum solvi of andere zekerheidsstelling mag worden gevorderd die van eigen onderdanen of inwoners niet gevorderd wordt. Voor procedures in Nederland regelt art. 10 Uitvoeringswet de wijze waarop een in het buitenland verblijvende schuldeiser een bewijs van onvermogen kan verkrijgen. Op grond van dit artikel dient een verklaring te worden overlegd met zo volledig mogelijke gegevens omtrent zijn ambt, beroep of bedrijf en zijn gezin en omtrent de stand van de inkomsten en het vermogen van hem en zijn gezin. Deze verklaring dient te zijn afgegeven door de autoriteiten van de gewone verblijfplaats van de schuldeiser of, bij gebreke daarvan, door de autoriteiten van zijn werkelijk verblijf. Zij wordt kosteloos gelegaliseerd door een diplomatieke of consulaire ambtenaar van Nederland. De ontvangende instelling kan, al dan niet op verzoek van de rechter, de verzendende instelling, welke de stukken aan haar heeft toegezonden, om aanvullende gegevens verzoeken.

2. Kosten van en vergoedingen voor verzendende en ontvangende instellingen (lid 3). De verzendende en ontvangende instellingen brengen geen vergoedingen voor hun verleende diensten in rekening. Wel kunnen zij gemaakte kosten in rekening brengen.

3. Vergelijkbare bepalingen. Enkele andere verdragen kennen vergelijkbare bepalingen als in lid 1 en 2 zijn opgenomen. Deze kunnen onder omstandigheden voor de rechtzoekende tot een gunstiger resultaat leiden dan het onderhavige artikel. Zie in het bijzonder art. 9 Haags Kinderalimentatie-executieverdrag 1958, art. 15 Haags Alimentatie-executieverdrag 1973 en art. 50 EEX-verordening (art. 44 EEX-verdrag/EVEX). In hoofdstuk V Alimentatieverordening en art. 15 Haags Alimentatieverdrag 2007 zijn gunstige bepalingen opgenomen met betrekking tot het recht op rechtsbijstand.

Artikel 10
Overmaking van gelden

De Verdragsluitende Partijen, krachtens wier wet de overmaking van gelden naar het buitenland aan beperkingen is onderworpen, verlenen de hoogst mogelijke voorrang

aan de overmaking van gelden die bestemd zijn tot betaling van onderhoud of tot dekking van kosten van procedures uit hoofde van dit Verdrag.
[20-06-1956, Trb. 121, i.w.tr. 25-05-1957]

Betekenis. Wetgeving die het overmaken van geld naar het buitenland beperkt, mag de betaling van onderhoud en het voeren van procedures daarover zo weinig mogelijk in de weg staan. Geheel uitgesloten wordt de werking van dergelijke wetgeving echter niet.

Artikel 11
Federale clausule

In het geval van een federale of niet-eenheidsstaat zijn de volgende bepalingen van toepassing:

(a) Wat betreft de artikelen van dit Verdrag welke vallen binnen de wetgevende bevoegdheid van de federale wetgevende macht, zullen de verplichtingen van de federale regering in dit opzicht dezelfde zijn als die van de Partijen die geen federale Staten zijn;

(b) Wat betreft de artikelen van dit Verdrag welke vallen binnen de wetgevende bevoegdheid van de samenstellende Staten, provincies of kantons, die krachtens het constitutionele stelsel van de federatie niet gehouden zijn wetgevende maatregelen te nemen, zal de federale regering bedoelde artikelen zo spoedig mogelijk met een gunstige aanbeveling ter kennis brengen van de bevoegde autoriteiten der Staten, provincies of kantons;

(c) Een federale Staat die Partij is bij dit Verdrag, zal, op het door tussenkomst van de Secretaris-Generaal overgebrachte verzoek van enige andere Verdragsluitende Partij, een verklaring verstrekken van de in de federatie en haar samenstellende delen geldende wetten en gebruiken met betrekking tot enige bepaling van het Verdrag, waaruit blijkt in hoeverre door een wettelijke of andere maatregel uitvoering is gegeven aan die bepaling.

[20-06-1956, Trb. 121, i.w.tr. 25-05-1957]

Betekenis. Het artikel regelt de toepassing van het verdrag in federale staten. Uit de bepaling onder b) volgt, dat het niet uitgesloten kan worden dat het verdrag in een of meer van de samenstellende delen van een federatie niet of niet geheel wordt uitgevoerd. Krachtens de bepaling onder c) zijn de federale staten verplicht om informatie te verschaffen waaruit blijkt in hoeverre het verdrag in hun staat wordt uitgevoerd.

Artikel 12
Territoriale toepassing

De bepalingen van dit Verdrag strekken zich uit tot of zijn eveneens van toepassing op alle niet-zelfbesturende, trust- of andere gebieden voor welker internationale betrekkingen een Verdragsluitende Partij verantwoordelijk is, tenzij deze ten tijde van de bekrachtiging van of toetreding tot dit Verdrag heeft medegedeeld, dat het Verdrag niet van toepassing zal zijn op een of meer van die gebieden. Iedere Verdragsluitende Partij die een dergelijke mededeling doet kan te allen tijde daarna door middel van een tot de Secretaris-Generaal gerichte kennisgeving de toepassing van het Verdrag tot een zodanig gebied of alle zodanige gebieden uitbreiden.
[20-06-1956, Trb. 121, i.w.tr. 25-05-1957]

Betekenis. Het artikel regelt de wijze waarop verdragsluitende partijen de werking van het verdrag voor hun staat territoriaal kunnen beperken.

Artikel 13
Ondertekening, bekrachtiging en toetreding

1. Dit Verdrag staat tot 31 december 1956 open ter ondertekening namens ieder Lid der Verenigde Naties, iedere Staat welke daarvan geen lid is doch die Partij is bij het Statuut van het Internationale Gerechtshof, of lid van een gespecialiseerde organisatie, en iedere andere Staat welke geen lid is van de Verenigde Naties, doch die door de Economische en Sociale Raad is uitgenodigd Partij te worden bij dit Verdrag.
2. Dit Verdrag moet worden bekrachtigd. De akten van bekrachtiging worden nedergelegd bij de Secretaris-Generaal.
3. De in lid 1 van dit artikel bedoelde Staten kunnen te allen tijde tot dit Verdrag toetreden. De akten van toetreding worden nedergelegd bij de Secretaris-Generaal.
[20-06-1956, Trb. 121, i.w.tr. 25-05-1957]

Artikel 14
Inwerkingtreding

1. Dit Verdrag treedt in werking op de dertigste dag volgende op de dag van de nederlegging van de derde akte van bekrachtiging of toetreding overeenkomstig de bepalingen van artikel 13.
2. Ten aanzien van iedere Staat die het Verdrag bekrachtigt of ertoe toetreedt na de nederlegging van de derde akte van bekrachtiging of toetreding, treedt het Verdrag in werking op de dertigste dag volgende op de dag waarop die Staat zijn akte van bekrachtiging of toetreding nederlegt.
[20-06-1956, Trb. 121, i.w.tr. 25-05-1957]

Artikel 15
Opzegging

1. Iedere Verdragsluitende Partij kan dit Verdrag opzeggen door middel van een kennisgeving aan de Secretaris-Generaal. Een dergelijke opzegging kan eveneens van toepassing zijn op enkele of alle der in artikel 12 genoemde gebieden.
2. De opzegging wordt van kracht een jaar na de datum waarop de kennisgeving door de Secretaris-Generaal is ontvangen, met dien verstande dat de opzegging niet geldt ten aanzien van gevallen welke op het ogenblik waarop de opzegging van kracht wordt, nog in behandeling zijn.
[20-06-1956, Trb. 121, i.w.tr. 25-05-1957]

Artikel 16
Beslechting van geschillen

Indien er tussen de Verdragsluitende Partijen een geschil mocht ontstaan ten aanzien van de uitlegging of toepassing van dit Verdrag, en indien een dergelijk geschil niet langs andere weg is opgelost, wordt het geschil verwezen naar het Internationale Gerechtshof. Het geschil wordt aan het Hof voorgelegd hetzij door middel van de mededeling van een speciale overeenkomst hetzij door middel van de eenzijdige aanvraag van een der bij het geschil betrokken partijen.
[20-06-1956, Trb. 121, i.w.tr. 25-05-1957]

Betekenis. Art. 13-16 regelen de ondertekening van, bekrachtiging van en toetreding tot het verdrag, de inwerkingtreding van het verdrag, de wijze waarop het verdrag kan worden opgezegd en de wijze waarop geschillen tussen verdragsluitende partijen kunnen worden beslecht.

Artikel 17
Voorbehouden

1. Indien een Staat ten tijde van de bekrachtiging of toetreding een voorbehoud maakt ten aanzien van een of meerdere der artikelen van dit Verdrag, doet de Secretaris-Generaal aan alle Staten die partij zijn bij dit Verdrag en aan alle andere in artikel 13 bedoelde Staten mededeling van de tekst van het voorbehoud. Iedere Verdragsluitende Partij die bezwaar heeft tegen het voorbehoud kan, binnen een tijdvak van negentig dagen te rekenen van de datum der mededeling af, de Secretaris-Generaal ervan kennis geven dat zij het voorbehoud niet aanvaardt, en het Verdrag treedt dan niet in werking tussen de Staat die bezwaar maakt en de Staat die het voorbehoud heeft gemaakt. Iedere Staat die op een later tijdstip toetreedt kan ten tijde van zijn toetreding een dergelijke kennisgeving richten aan de Secretaris-Generaal.
2. Een Verdragsluitende Partij kan een op een vroeger tijdstip gemaakt voorbehoud te allen tijde intrekken en doet de Secretaris-Generaal mededeling van die intrekking.
[20-06-1956, Trb. 121, i.w.tr. 25-05-1957]

1. Algemeen. Het artikel regelt de wijze waarop verdragsluitende partijen een voorbehoud kunnen maken of intrekken.

2. Nederlands voorbehoud. Nederland heeft het volgende voorbehoud gemaakt: "De Regering van het Koninkrijk behoudt zich ten aanzien van art. 1 van het verdrag voor, dat het verhaal van uitkeringen tot onderhoud niet overeenkomstig dat artikel wordt vergemakkelijkt, indien, gesteld dat de schuldeiser en de schuldenaar zich beiden in Nederland, onderscheidenlijk Suriname, de Nederlandse Antillen of Nederlands Nieuw-Guinea zouden bevinden en dat aan de schuldeiser hulp op grond van de Armenwet of een soortgelijke regeling zou worden verleend, voor die hulp, in verband met de omstandigheden van het geval, in het algemeen geen verhaal zou worden uitgeoefend op de schuldenaar." Het voorbehoud geeft de Nederlandse autoriteiten de bevoegdheid om in bepaalde gevallen niet mee te werken aan onderhoudsverhaal conform het verdrag. Om te weten of een dergelijk geval zich voordoet, moet men zich afvragen of, indien partijen zich beiden in Nederland zouden bevinden en aan de schuldeiser bijstand zou zijn verleend, voor die bijstand, in verband met de omstandigheden van het geval, in het algemeen geen verhaal zou worden uitgeoefend op de schuldenaar. Ten tijde van het maken van het voorbehoud werd vastgesteld dat het voorbehoud in elk geval geen invloed heeft op alimentatie van ouders aan hun minderjarige kinderen en op alimentatie tussen (ex-)echtgenoten onderling, daar in deze betrekkingen bijstandsverhaal pleegt plaats te vinden (Nota naar aanleiding van het verslag, *Kamerstukken II* 5924, 7, p. 2). **Behoud rechten schuldeiser.** Het voorbehoud laat onverlet dat de schuldeiser zonder tussenkomst van verzendende en ontvangende instellingen zijn rechten rechtstreeks geldend kan maken (Nota naar aanleiding van het verslag, *Kamerstukken II* 5924, 7, p. 2). **Geen rechtstreekse werking.** Het voorbehoud heeft geen rechtstreekse werking. De Nederlandse autoriteiten mogen zich jegens de andere verdragsluitende partijen op het voorbehoud beroepen, maar zijn daartoe jegens de onderhoudsplichtige niet verplicht (HR 5 januari 1990, *NJ* 1991/591). De Nederlandse ontvangende instelling kan in een dergelijk geval dus onverplicht gehoor geven aan een uit het buitenland afkomstig verzoek.

Artikel 18
Wederkerigheid

Een Verdragsluitende Partij heeft niet het recht zich tegenover andere Verdragsluitende Partijen op de bepalingen van dit Verdrag te beroepen, behalve voor zover zij zelf door het Verdrag gebonden is.
[20-06-1956, Trb. 121, i.w.tr. 25-05-1957]

Betekenis. Het artikel voorkomt dat de ene verdragsluitende partij zich jegens de andere op het verdrag beroept zonder daar zelf aan gebonden te zijn. Een verdragsluitende partij kan zich dus niet op het verdrag beroepen in een situatie waarin zij zelf een voorbehoud zou kunnen inroepen. Dit geldt ook wanneer de wederpartij dat voorbehoud niet heeft gemaakt.

Artikel 19
Kennisgevingen door de Secretaris-Generaal

1. De Secretaris-Generaal doet aan alle Leden der Verenigde Naties en aan alle in artikel 13 bedoelde Staten die geen lid zijn, mededeling van:
(a) mededelingen uit hoofde van lid 3 van artikel 2;
(b) mededelingen uit hoofde van lid 2 van artikel 3;
(c) mededelingen en kennisgevingen uit hoofde van artikel 12;
(d) ondertekeningen, bekrachtigingen en toetredingen uit hoofde van artikel 13;
(e) de datum waarop het Verdrag krachtens lid 1 van artikel 14 in werking is getreden;
(f) opzeggingen gedaan uit hoofde van lid 1 van artikel 15;
(g) voorbehouden en kennisgevingen uit hoofde van artikel 17.

2. De Secretaris-Generaal doet alle Verdragsluitende Partijen eveneens mededeling van alle krachtens de bepalingen van artikel 20 ontvangen verzoeken tot herziening en de antwoorden daarop.
[20-06-1956, Trb. 121, i.w.tr. 25-05-1957]

Artikel 20
Herziening

1. Iedere Verdragsluitende Partij kan te allen tijde door middel van een tot de Secretaris-Generaal gerichte kennisgeving een verzoek doen tot herziening van het Verdrag.
2. De Secretaris-Generaal geeft de kennisgeving door aan iedere Verdragsluitende Partij met het verzoek binnen vier maanden te antwoorden of zij wenst dat een Conferentie bijeen wordt geroepen om de voorgestelde herziening in overweging te nemen. Indien een meerderheid der Verdragsluitende Partijen voor het bijeenroepen van een conferentie is, wordt de conferentie bijeengeroepen door de Secretaris-Generaal.
[20-06-1956, Trb. 121, i.w.tr. 25-05-1957]

Artikel 21
Talen en nederlegging van het Verdrag

Het origineel van dit Verdrag waarvan de Chinese, Engelse, Franse, Russische en Spaanse teksten gelijkelijk authentiek zijn, wordt nedergelegd bij de Secretaris-Generaal, die gewaarmerkte afschriften ervan zal doen toekomen aan alle in artikel 13 bedoelde Staten.

[20-06-1956, Trb. 121, i.w.tr. 25-05-1957]

Betekenis. Art. 19-21 bepalen op welke wijze de Secretaris-Generaal van de Verenigde Naties kennisgevingen doet aan de in art. 13 bedoelde staten, op welke wijze een verzoek tot herziening van het Verdrag kan worden gedaan en welke talen (gelijkelijk) authentiek zijn. Bestaan er tussen de Nederlandse vertaling van het verdrag en de verdragstekst in de in art. 21 genoemde talen betekenisverschillen, dan is slechts de verdragstekst in die talen doorslaggevend.

Verdrag tussen het Koninkrijk der Nederlanden en de Verenigde Staten van Amerika inzake de geldendmaking van verplichtingen tot levensonderhoud (Washington 2001)

Verdrag van 30 mei 2001, Trb. 2001, 134 (i.w.tr. 01-05-2002)

De Regering van de Verenigde Staten van Amerika
en
de Regering van het Koninkrijk der Nederlanden
(hierna te noemen: de Partijen),
Hebbende besloten een eenvormig beleidskader te scheppen voor de geldendmaking van verplichtingen tot levensonderhoud en de erkenning en de tenuitvoerlegging van beslissingen over levensonderhoud,
In overeenstemming met de procedures voor de totstandkoming van overeenkomsten inzake wederzijdse geldendmaking van verplichtingen tot levensonderhoud, neergelegd in de wet van het Koninkrijk der Nederlanden, en met machtiging van het Parlement van de Verenigde Staten, als voorzien in artikel 459A van de *Social Security Act* (Wet op de Sociale Verzekering), Titel 42, *United States Code* (Wetboek van de Verenigde Staten), artikel 659A,
Zijn het volgende overeengekomen:

[Inleidende opmerkingen]

Betekenis. De Verenigde Staten zijn geen partij bij de Haagse Alimentatie-executieverdragen of het Verdrag van New York inzake onderhoudsverhaal. Inmiddels heeft de Verenigde Staten het Haags Alimentatieverdrag 2007 op 1 januari 2017 geratificeerd. Dit betekent dat de meeste vragen over de erkenning van vonnissen uit de Verenigde Staten in Nederland onder de werking van het Haags Alimentatieverdrag 2007 zullen vallen. Door de verschillen in toepassingsgebied tussen de twee verdragen kan gebruik nog steeds worden gemaakt van het Verdrag van Washington op het moment dat de casus buiten de toepassing van het Haags Alimentatie Verdrag 2007 valt, maar binnen de toepassing van het Verdrag van Washington. In de materie van die verdragen – erkenning van elkaars alimentatiebeslissingen en internationale samenwerking om de inning van alimentatie te realiseren – wordt echter in de relatie tussen Nederland en de Verenigde Staten voorzien door het hier te bespreken bilaterale verdrag. Het Washington Verdrag is in werking getreden op 1 mei 2001. Gewezen zij op het ongebruikelijke temporele toepassingsgebied: het verdrag is mede toepasselijk op beslissingen die vóór zijn inwerkingtreding zijn gegeven (art. X lid 2). **Nieuw multilateraal verdrag.** Op 23 november 2007 is tot stand gekomen het Haags Alimentatieverdrag 2007 (Convention of 23 November 2007 on the International Recovery of Child Support and Other Forms of Family Maintenance).

Hoewel dit verdrag op 1 augustus 2014 binnen de Europese Unie in werking is getreden, hebben de Verenigde Staten dit verdrag pas op 1 januari 2017 geratificeerd. Vanaf deze datum is de materie van het onderhavige verdrag voor een groot deel, doch niet volledig bestrijken door het Haags Alimentatieverdrag 2007. Het verdrag sluit de voortgezette toepassing van het onderhavige verdrag niet uit, noch voor onderwerpen die buiten de toepassingssfeer van het Haags Alimentatieverdrag 2007 vallen, noch voor onderwerpen die daarbinnen vallen maar voor de oplossing waarvan het onderhavige verdrag meer mogelijkheden biedt (art. 51 en 52 Haags Alimentatieverdrag 2007).

Artikel I
Doelstelling

1. De Partijen bij deze Verdrag beogen, met inachtneming van de daarin opgenomen bepalingen, voorzieningen te treffen voor:

a. de inning of het verhaal van levensonderhoud dat een onderhoudsgerechtigde dan wel een openbaar lichaam dat uitkeringen heeft gedaan aan een onderhoudsgerechtigde die onderwerpen (*red.:* lees: onderworpen) is aan de rechtsmacht van de ene Partij (hierna te noemen de schuldeiser) gerechtigd is te ontvangen van een onderhoudsplichtige die onderworpen is aan de rechtsmacht van de andere Partij (hierna te noemen de schuldenaar), en

b. de erkenning en de tenuitvoerlegging van beslissingen houdende oplegging of verhaal van levensonderhoud alsmede schikkingen inzake levensonderhoud (hierna te noemen onderhoudsbeslissingen) welke tot stand zijn gebracht op het grondgebied van een Partij of aldaar zijn erkend.

[30-05-2001, Trb. 134, i.w.tr. 01-05-2002]

1. Algemeen. Het verdrag regelt zowel de wederzijdse rechtshulp bij de inning van alimentatievorderingen, te verlenen door centrale autoriteiten op een vergelijkbare wijze als onder het multilaterale Verdrag van New York inzake onderhoudsverhaal (art. III-VI), als de erkenning en tenuitvoerlegging van Amerikaanse beslissingen in Nederland en omgekeerd (art. VII). Voor de in alimentatiekwesties toe te passen procedurele en materiële regels wordt verwezen naar het recht, met inbegrip van het internationaal privaatrecht, van elk der partijen (art. VIII). Het artikel heeft één lid, dat echter wel genummerd is.

2. Inning en verhaal van levensonderhoud (lid 1 onderdeel a). Het faciliteren van de inning en het verhaal van levensonderhoud is de functie van het verdrag die aansluit op het Verdrag van New York inzake onderhoudsverhaal. Evenals onder het Verdrag van New York wordt dit doel nagestreefd door het instellen van centrale autoriteiten die de onderhoudsgerechtigde behulpzaam zijn, hetzij bij het ten uitvoer leggen van rechterlijke beslissingen waarin reeds alimentatie is vastgesteld, hetzij bij het verkrijgen van dergelijke beslissingen of het treffen van een schikking. Er zijn echter enkele verschillen met het Verdrag van New York. **Verhaal door openbaar lichaam.** Anders dan bij het Verdrag van New York valt het verhaal door een openbaar lichaam dat uitkeringen heeft gedaan aan een onderhoudsgerechtigde wel onder het onderhavige verdrag. De centrale autoriteiten kunnen dus mede namens een openbaar lichaam optreden. Beslissingen die in het ene land ten gunste van een openbaar lichaam zijn gewezen kunnen in het andere land worden erkend indien zij voldoen aan de criteria van het Haags Alimentatie-executieverdrag 1973 respectievelijk de Amerikaanse eenvormige wet, als omschreven in art.

VII. **Onderworpen aan de rechtsmacht van partijen.** Vereist is, dat de schuldeiser onderworpen is aan de rechtsmacht van de ene verdragsluitende partij en dat de schuldenaar onderworpen is aan de rechtsmacht van de andere Verdragsluitende Partij. Volgens de Toelichtende Nota (*Kamerstukken I/II*, 28213, 223/1, p. 5) is fysieke aanwezigheid niet vereist maar is het voldoende 'dat de rechter van de betrokken Partij rechtsmacht heeft ter zake van levensonderhoud'. Het artikel verwijst echter niet naar de rechtsmacht inzake het geschil maar naar de rechtsmacht inzake de betrokken personen, en eist dat die aan de rechtsmacht van verschillende staten onderworpen zijn. Wanneer een bepaalde persoon wel of niet aan de rechtsmacht van een bepaalde staat onderworpen is, blijkt niet uit het artikel.

3. Erkenning en tenuitvoerlegging (lid 1 onderdeel b). De erkenning en tenuitvoerlegging van beslissingen is de tweede functie van het verdrag, nader uitgewerkt in art. VII. De formulering 'welke tot stand zijn gebracht op het grondgebied van een Partij of aldaar zijn erkend' suggereert dat ook beslissingen uit derde landen welke in een van de verdragsluitende staten worden erkend, onder het verdrag vallen en dus in de andere verdragsluitende staat worden erkend. Het is echter hoogst onwaarschijnlijk dat dit de bedoeling is geweest, daar het strijdig zou zijn met het beginsel dat een exequatur in het ene land in het andere land geen titel voor tenuitvoerlegging oplevert ('exequatur sur exequatur ne vaut'). Ook regelt art. VII alleen de erkenning van beslissingen die in de andere verdragsluitende staat gegeven zijn, en niet van beslissingen uit derde landen die aldaar zijn erkend.

Artikel II
Toepassingsgebied

1. Deze Verdrag heeft betrekking op verplichtingen tot levensonderhoud voortvloeiend uit familierechtelijke betrekkingen of verwantschap, met inbegrip van de verplichting tot levensonderhoud jegens een buiten huwelijk geboren kind. Verplichtingen tot levensonderhoud jegens een echtgenoot of vroegere echtgenoot ingeval er geen minderjarige kinderen zijn, worden op grond van deze Verdrag echter uitsluitend geldend gemaakt in staten en andere territoriale eenheden van de Verenigde Staten die verkiezen zulks te doen.
2. Deze Verdrag is van toepassing op de inning van achterstallige bedragen, verschuldigd uit hoofde van een geldige verplichting tot levensonderhoud, en de eventueel over zodanige achterstallige bedragen verschuldigde rente, alsmede op de wijziging daarvan of de wijziging van rechtswege van bedragen die op grond van een bestaande beslissing inzake levensonderhoud verschuldigd zijn.
3. De in deze Verdrag voorziene rechtsmiddelen treden niet in de plaats van en laten onverlet eventuele andere rechtsmiddelen ter geldendmaking van een geldige verplichting tot levensonderhoud.
[30-05-2001, Trb. 134, i.w.tr. 01-05-2002]

1. Verplichtingen tot levensonderhoud (lid 1). In lid 1 wordt afgebakend welke alimentatieverplichtingen onder het verdrag vallen. De formulering is ontleend aan art. 1 Haags Alimentatie-executieverdrag 1973. De redactionele verschillen hangen samen met de Amerikaanse terminologie en hebben geen inhoudelijke betekenis. Zowel het Haagse Alimentatie-executieverdrag 1973 als het onderhavige verdrag hebben betrekking op verplichtingen tot levensonderhoud die hun grondslag vinden in het familierecht (Toelichtende Nota, *Kamerstukken I/II* 28213, 223 en 1, p. 5-6). Volgens de Toelichtende Nota (p. 5) is de hier gegeven omschrijving van de onderhoudsverplichtingen die onder het verdrag vallen vooral van belang omdat het verdrag mede ziet op de erkenning en tenuitvoerlegging van beslissingen. Daaruit kan echter niet worden afgeleid dat zij niet van belang zou zijn voor de centrale autoriteiten bij de afbakening van hun taak. Bovendien sluit zij aan bij de afbakening van het toepassingsgebied van het Verdrag van New York inzake onderhoudsverhaal (zie art. 1, aant. 1). **Partneralimentatie soms uitgesloten.** Een aantal staten van de Verenigde Staten beperkt de mogelijkheid van partneralimentatie tot gevallen waarin er minderjarige kinderen zijn. Deze beperking geldt ook in de interstatelijke samenwerking en de autoriteiten van deze staten mogen ook weigeren mee te werken aan de inning of het verhaal van alimentatie ten behoeve van een in Nederland wonende (ex-)partner indien er geen minderjarige kinderen zijn, alsmede aan de tenuitvoerlegging van Nederlandse beslissingen waarbij in een dergelijk geval partneralimentatie is vastgesteld. Van Amerikaanse zijde wordt ernaar gestreefd, deze beperkingen in de internationale samenwerking op te heffen. Nederland weigert zijn medewerking niet wanneer vanuit de Verenigde Staten de effectuering van partneralimentatie wordt verzocht op grond van het verdrag.

2. Omvang van de onderhoudsverplichtingen (lid 2). Het verdrag heeft niet alleen betrekking op onderhoudsverplichtingen die verschuldigd raken nadat er een beroep op het Verdrag wordt gedaan, maar ook op achterstanden en de daarover verschuldigde rente. Ook wijzigingen en wettelijke indexering worden onder de te verhalen bedragen begrepen.

3. Facultatieve toepassing verdrag (lid 3). Het staat de onderhoudsgerechtigde vrij om van de mogelijkheden van het verdrag gebruik te maken of andere wegen te zoeken om zijn vordering af te dwingen. Ook het laten ten uitvoer leggen van een beslissing uit het ene verdragsland in het andere op grond van art. VII, echter door andere autoriteiten dan de onder art. III aangewezen centrale autoriteiten, is mogelijk. Bij de keuze tussen het verdrag en andere mogelijkheden tot het verkrijgen van verhaal dient men zich er wel van bewust te zijn dat een eenmaal verkregen en voor erkenning vatbare beslissing voor partijen bindend is. Komt een beslissing voor erkenning in het andere land in aanmerking op grond van art. VII, dan staat het de onderhoudsgerechtigde dus niet meer vrij om met voorbijgaan aan het verdrag in het andere land een nieuwe vaststelling te vragen, tenzij de omstandigheden zodanig zijn veranderd dat wijziging van een eenmaal vastgesteld bedrag te rechtvaardigen valt.

Artikel III
Centrale autoriteiten

1. De Partijen wijzen elk een lichaam aan als centrale autoriteit die tot taak heeft de naleving van de bepalingen van deze Verdrag te bevorderen.
2. De centrale autoriteit voor het Koninkrijk der Nederlanden is de verzendende en ontvangende instelling, bedoeld in het op 20 juni 1956 te New York tot stand gekomen verdrag inzake het verhaal in het buitenland van uitkeringen tot onderhoud, als aangewezen in de Nederlandse wetgeving ter uitvoering van dat verdrag. De rechten en

de verplichtingen van de Nederlandse centrale autoriteit uit hoofde van deze Verdrag omvatten mede die welke in die wetgeving zijn neergelegd.

3. De centrale autoriteit voor de Verenigde Staten van Amerika is het *Office of Child Support Enforcement* (Bureau Inning Levensonderhoud Kinderen) van het *Department of Health and Human Services* (Ministerie van Volksgezondheid en Sociale Voorzieningen), als gemachtigd door Titel IV-D van de *Social Security Act* (Wet op de sociale verzekering). De rechten en de verplichtingen van de centrale autoriteit van de Verenigde Staten uit hoofde van deze Verdrag omvatten mede die welke in die wetgeving zijn neergelegd.

4. De Partijen kunnen andere openbare lichamen aanwijzen ter uitvoering van de bepalingen van deze Verdrag in samenwerking met de centrale autoriteit.

5. Wijzigingen met betrekking tot de aanwijzing van de centrale autoriteit of andere openbare lichamen door de ene Partij zullen onverwijld ter kennis worden gebracht van de centrale autoriteit van de andere Partij.

6. Kennisgevingen worden door de centrale autoriteit of een ander openbaar lichaam van de ene Partij rechtstreeks gericht aan de centrale autoriteit of het andere verantwoordelijke openbare lichaam van de andere Partij, als aangewezen door die Partij.

[30-05-2001, Trb. 134, i.w.tr. 01-05-2002]

Betekenis. Het artikel wijst de centrale autoriteiten aan die de naleving van het verdrag bevorderen en in het bijzonder de taken van de art. IV en V uitvoeren. Voor Nederland is dat dezelfde centrale autoriteit als aangewezen voor de uitvoering van het Verdrag van New York inzake onderhoudsverhaal, te weten het Landelijk Bureau Inning Onderhoudsbijdragen (LBIO), Marten Meesweg 109-111, PO Box 8901, 3009 AX Rotterdam, telefoon: +31 (0)10 289 4895, fax: +31 (0)10 289 4882, website: www.lbio.nl. Het LBIO heeft bij de uitvoering van deze taak dezelfde rechten en verplichtingen als die welke op grond van de uitvoeringswetgeving van het Verdrag van New York aan hem zijn toegekend. Lid 4, 5 en 6 van het artikel openen de mogelijkheid dat taken worden opgedragen aan andere openbare lichamen, uit te voeren in samenwerking met de centrale autoriteit.

Artikel IV
Verzoeken, toezending van stukken en rechtshulp

1. Een verzoek om inning of verhaal van levensonderhoud van een schuldenaar die onderworpen is aan de rechtsmacht van de ene Partij (hierna te noemen de Aangezochte Partij) wordt gedaan door de centrale autoriteit of een ander daartoe aangewezen openbaar lichaam van de andere Partij (hierna te noemen de Verzoekende Partij) overeenkomstig de geldende procedurevoorschriften van de Verzoekende Partij.

2. Het verzoek wordt gedaan op een in overeenstemming tussen de centrale autoriteiten van beide Partijen vastgesteld standaardformulier in de Engelse taal, vergezeld van alle ter zake dienende stukken. Alle stukken worden in het Engels vertaald, of, indien de centrale autoriteit van het Koninkrijk der Nederlanden zulks mocht verlangen, in het Nederlands.

3. De centrale autoriteit of het andere daartoe aangewezen openbare lichaam van de Verzoekende Partij zendt de in het tweede en vijfde lid van dit artikel bedoelde stukken toe aan de centrale autoriteit of het andere daartoe aangewezen openbare lichaam van de Aangezochte Partij.

4. Alvorens de stukken aan de Aangezochte Partij toe te zenden, vergewist de centrale autoriteit of het andere aangewezen openbare lichaam van de Verzoekende Partij zich ervan dat deze in overeenstemming zijn met het recht van de Verzoekende Partij en met de vereisten van deze Verdrag.
5. Indien het verzoek is gegrond op, dan wel indien de stukken mede omvatten een beslissing, gegeven door een bevoegde gerechtelijke instantie of overheidslichaam, houdende vaststelling van het vaderschap of oplegging van een verplichting tot levensonderhoud:
- **a. zendt de centrale autoriteit van de Verzoekende Partij een overeenkomstig de voorschriften van de Aangezochte Partij gewaarmerkte kopie van de desbetreffende beslissing toe;**
- **b. gaat de beslissing vergezeld van een verklaring dat deze kracht van gewijsde heeft of, indien zulks niet het geval is, van een uitvoerbaarverklaring, alsmede van stukken waaruit blijkt dat de schuldenaar in de procedure is verschenen dan wel is opgeroepen of in de gelegenheid is gesteld te verschijnen;**
- **c. stelt de centrale autoriteit of het andere daartoe aangewezen openbare lichaam van de Verzoekende Partij de centrale autoriteit of het andere daartoe aangewezen openbare lichaam van de Aangezochte Partij in kennis van eventuele wijzigingen van rechtswege van het bedrag van de verplichting die op grond van de beslissing geldend moet worden gemaakt;**

6. Bij de uitvoering van hun taken op grond van deze Verdrag zullen Partijen elkaar hulp en informatie verstrekken binnen de grenzen van het recht van elke Partij en in overeenstemming met tussen Partijen geldende verdragen op het gebied van rechtshulp.
7. Alle stukken die op grond van deze Verdrag worden overgelegd, zijn vrijgesteld van legalisatie.
[30-05-2001, Trb. 134, i.w.tr. 01-05-2002]

1. Verzoeken (lid 1). Het artikel regelt de wijze waarop de centrale autoriteiten met elkaar samenwerken. Het bestrijkt dezelfde materie die in art. 3, 4, 5 en 7 Verdrag van New York inzake onderhoudsverhaal wordt behandeld. De onderhoudsgerechtigde richt zich tot de centrale autoriteit van zijn land (of, indien er een ander openbaar lichaam is aangewezen, tot dat lichaam). Deze centrale autoriteit richt zich tot de centrale autoriteit (c.q. het andere openbaar lichaam) van de andere verdragsluitende partij met het verzoek om de alimentatie te innen bij of te verhalen op de onderhoudsplichtige. De eerstgenoemde centrale autoriteit wordt de centrale autoriteit van de verzoekende partij genoemd, de laatste is de centrale autoriteit van de aangezochte partij. Zij komen overeen met, respectievelijk, de verzendende en de ontvangende instelling van het Verdrag van New York.

2. Toezending van documenten (lid 2-5). Er wordt gebruik gemaakt van een standaardformulier in het Engels, dat aan de centrale autoriteit van de aangezochte partij wordt toegezonden. Alle ter zake dienende stukken worden bijgevoegd. Betreft het een verzoek om tenuitvoerlegging van een reeds gegeven beslissing, dan worden daaraan in lid 5 nadere eisen gesteld. **Vertalingen.** De naar de Verenigde Staten meegezonden stukken moeten in het Engels vertaald worden. Worden stukken naar Nederland gezonden, dan mag de Nederlandse centrale autoriteit een vertaling in het Nederlands eisen, maar zij zal dat als regel niet doen. **Extra vereisten bij toezending van ten uitvoer te leggen beslissingen.** Wordt de centrale autoriteit van de aangezochte partij verzocht om een reeds gegeven beslissing ten uitvoer te leggen, dan dienen de in lid 5 onderdeel a en b genoemde documenten te worden overlegd. De gewaarmerkte kopie van de beslissing, de verklaring dat de beslissing kracht van gewijsde heeft dan wel uitvoerbaar is en de stukken waaruit blijkt dat de verweerder verschenen is dan wel is opgeroepen of in de gelegenheid is gesteld te verschijnen moeten voldoen aan de vereisten die voor een exequaturprocedure in het aangezochte land worden gesteld. **Indexering.** De verzoekende centrale autoriteit stelt de aangezochte centrale autoriteit uit eigen beweging op de hoogte van de hoogte van wettelijke indexeringen die moeten worden toegepast bij de tenuitvoerlegging van een overgelegde beslissing.

3. Hulp en informatie (lid 6). Bij de in lid 6 genoemde rechtshulp moet in het bijzonder worden gedacht aan de rechtshulp bij de betekening van stukken op grond van het Haags Betekeningsverdrag 1965 en aan rogatoire commissies op grond van het Haags Bewijsverdrag 1970, bij welke verdragen zowel de Verenigde Staten als Nederland partij zijn. Ook andere vormen van hulp en informatie zijn toegelaten, voor zover zij geen inbreuk vormen op het recht van de verdragsluitende partijen.

4. Geen legalisatie vereist (lid 7). Stukken die op grond van het verdrag worden overgelegd, behoeven niet gelegaliseerd te worden.

Artikel V
Taken van de centrale autoriteit van de Aangezochte Partij

De centrale autoriteit of het andere daartoe aangewezen openbare lichaam van de Aangezochte Partij neemt namens de schuldeiser alle passende maatregelen met het oog op de inning of het verhaal van levensonderhoud, met inbegrip van het instellen en het voeren van procedures inzake levensonderhoud, waar nodig de vaststelling van het vaderschap, de erkenning en de tenuitvoerlegging van beslissingen inzake levensonderhoud alsmede de incasso en de overdracht van ontvangen bedragen.
[30-05-2001, Trb. 134, i.w.tr. 01-05-2002]

Betekenis. Het artikel omschrijft de taken van de aangezochte centrale autoriteit. Deze taken komen in grote lijnen overeen met die van de ontvangende centrale autoriteit onder het Verdrag van New York inzake onderhoudsverhaal. **Dading.** Anders dan in art. 6 Verdrag van New York wordt in het onderhavige artikel niet het aangaan van een dading genoemd. Gezien de parallel met het Verdrag van New York is aan te nemen dat de mogelijkheid van een dading of, ruimer gezegd, het aangaan van een overeenkomst met de onderhoudsplichtige wel tot de bevoegdheden van de aangezochte centrale autoriteit behoort. **Vaststelling vaderschap.** Opmerkelijk is dat, anders dan in het Verdrag van New York, het instellen van een procedure tot vaststelling van het vaderschap expliciet als bevoegdheid van de aangezochte centrale autoriteit wordt genoemd. Uit de Toelichtende Nota (*Kamerstukken I/II* 28213, 223/1, p. 7) blijkt niet of dit slechts betekent dat het vaderschap als voorvraag in een alimentatieprocedure aan de orde kan komen of dat er uit moet worden afgeleid dat de aangezochte centrale autoriteit namens de onderhoudsgerechtigde een procedure kan instellen tot gerechtelijke vaststelling van het vaderschap. Aan te nemen valt dat dit laatste niet mogelijk is.

Artikel VI

Kosten van dienstverlening

Alle in deze Verdrag beschreven procedures, met inbegrip van de dienstverlening van de centrale autoriteit en eventueel vereiste juridische en administratieve bijstand, worden door de Aangezochte Partij gevoerd onderscheidenlijk verleend zonder kosten voor de schuldeiser. De kosten van bloed- of weefselonderzoek ter vaststelling van het vaderschap zullen worden gedragen door de Partij voor wier gerechtelijke instanties de procedure plaatsvindt. Een Partij is gerechtigd een raming te maken van kosten van een procedure tegen de schuldenaar die voor de gerechtelijke instanties van die Partij verschijnt.

[30-05-2001, Trb. 134, i.w.tr. 01-05-2002]

Betekenis. Het artikel gaat verder dan art. 9 Verdrag van New York inzake onderhoudsverhaal. In dat artikel is bepaald dat een schuldeiser wordt behandeld als ware hij woonachtig in de staat waar geprocedeerd wordt of als ware hij een onderdaan van die staat. In het onderhavige artikel wordt bepaald dat de schuldeiser kosteloos kan procederen. Een voorziening als art. 9 lid 2 Verdrag van New York (inzake de vrijstelling van de cautio judicatum solvi) is dan ook achterwege gelaten daar zij voor het onderhavige verdrag overbodig is. Ook kosten van bloed- of weefselonderzoek worden niet door de onderhoudsgerechtigde gedragen maar door de staat waar de procedure plaatsvindt.

Artikel VII

Erkenning en tenuitvoerlegging van beslissingen inzake levensonderhoud

1. Beslissingen inzake levensonderhoud, met inbegrip van zodanige beslissingen die zijn gebaseerd op een vaststelling van het vaderschap, afkomstig uit de Verenigde Staten, worden in het Koninkrijk der Nederlanden erkend en ten uitvoer gelegd voor zover de feiten van de zaak grond opleveren voor erkenning en tenuitvoerlegging overeenkomstig het op 2 oktober 1973 te 's-Gravenhage tot stand gekomen Verdrag inzake de erkenning en de tenuitvoerlegging van beslissingen over onderhoudsverplichtingen, als ware dit verdrag van kracht tussen de Partijen.

2. Beslissingen inzake levensonderhoud, met inbegrip van zodanige beslissingen die zijn gebaseerd op een vaststelling van het vaderschap, afkomstig uit het Koninkrijk der Nederlanden, worden in de Verenigde Staten erkend en ten uitvoer gelegd voor zover de feiten van de zaak grond opleveren voor erkenning en tenuitvoerlegging overeenkomstig de *Uniform Interstate Family Support Act* (Eenvormige wet inzake de inning van levensonderhoud tussen staten van de Verenigde Staten), als ware deze wet van kracht tussen de Partijen.

[30-05-2001, Trb. 134, i.w.tr. 01-05-2002]

1. Algemeen. Het artikel geeft een basis voor de erkenning en tenuitvoerlegging van beslissingen inzake levensonderhoud. Er kan een beroep op gedaan worden door de centrale autoriteiten bij de uitoefening van hun taak, maar niets belet partijen zich rechtstreeks op het artikel te beroepen, bijvoorbeeld in een exequaturprocedure die door de onderhoudsgerechtigde wordt ingesteld zonder tussenkomst van de centrale autoriteiten. Soms zal de tussenkomst van de centrale autoriteiten zelfs niet mogelijk zijn. **Een voorbeeld.** Tussen partijen is een beslissing gewezen toen zij (of een van hen) in de Verenigde Staten woonden. Thans wonen beiden in Nederland en wil de schuldeiser de beslissing ten uitvoer leggen. Tussenkomst van de centrale autoriteiten is niet mogelijk omdat schuldeiser en schuldenaar niet aan de rechtsmacht van verschillende verdragsluitende partijen onderworpen zijn (art. 1 lid 1 onderdeel a); voor de erkenning en tenuitvoerlegging van de beslissing wordt deze eis echter niet gesteld (art. 1 lid 1 onderdeel b). **Asymmetrische erkenningsgronden.** Opmerkelijk is, dat de erkenningsgronden asymmetrisch zijn. Amerikaanse beslissingen worden in Nederland erkend overeenkomstig de bepalingen van het Haags Alimentatie-executieverdrag 1973; Nederlandse beslissingen worden in de Verenigde Staten ten uitvoer gelegd overeenkomstig de bepalingen van de aldaar geldende Uniform Interstate Family Support Act (hierna: UIFSA). Dat betekent dat de erkenningsgronden kunnen verschillen. Het is echter niet te verwachten dat een beslissing in het ene land moet worden erkend die in het andere land niet voor erkenning in aanmerking zou komen. **Een voorbeeld.** Na echtscheiding verhuist de vrouw met het kind van partijen naar Nederland. Zij vraagt hier alimentatie voor zichzelf en het kind. De rechter en Nederlandse vrouw vraagt alimentatie voor haar kind. De Nederlandse rechter heeft rechtsmacht op grond van art. 3 onderdeel b Alimentatieverordening. De beslissing wordt in de Verenigde Staten niet erkend omdat niet voldaan is aan de erkenningscriteria voor de UIFSA. Weliswaar zou in een spiegelbeeldig geval (vrouw verhuist na echtscheiding naar de Verenigde Staten, man woont in Nederland) een Amerikaanse beslissing in Nederland wel erkend worden op grond van het onderhavige artikel in verbinding met art. 4 lid 1 en 7 lid 1 Haags Alimentatie-executieverdrag 1973, maar een dergelijke beslissing zal niet door de vrouw verkregen worden omdat de Amerikaanse rechter in een dergelijk geval geen rechtsmacht zou aanvaarden. **Toetsing aan feitelijke omstandigheden.** Zowel onder het Haags Alimentatie-executieverdrag 1973 als onder de UIFSA wordt voor de erkenning van een beslissing onder meer de voorwaarde gesteld dat de bevoegdheid van de rechter die de beslissing gegeven heeft, aan bepaalde criteria voldeed. Van belang is, dat niet onderzocht moet worden of de rechter zijn bevoegdheid heeft gebaseerd op gronden die door de UIFSA respectievelijk het Haags Verdrag worden aanvaard, maar wat de feitelijke omstandigheden zijn geweest. **Een voorbeeld.** Een vrouw vraagt alimentatie voor haar in Nederland wonende kind. De vader heeft in het verleden met haar en het kind een gezin gevormd in Nederland maar woont thans in de Verenigde Staten. De Nederlandse rechter baseert zijn rechtsmacht op art. 3 Rv (woonplaats verzoeker); erkenning in de Verenigde Staten kan plaatsvinden omdat voldaan is aan een van de criteria van Section 201 UIFSA, te weten dat de verweerder en het kind in het verleden samen in het land hebben gewoond waar de beslissing gegeven is. **Vaststelling van het vaderschap.** Erkend worden onder meer beslissingen inzake levensonderhoud die zijn gebaseerd op een vaststelling van het vaderschap. Het eventuele staatgevolg van de vaderschapsvaststelling is echter niet onder deze erkenningsregeling begrepen.

2. Erkenning Amerikaanse beslissingen in Nederland (lid 1). Beslissingen uit de Verenigde Staten worden in Nederland erkend en ten uitvoer gelegd in overeenstemming met het Haags Alimentatie-executieverdrag 1973.

3. Erkenning Nederlandse beslissingen in de Verenigde Staten (lid 2). In de Verenigde Staten is de reeds genoemde Uniform Interstate Family Support Act (UIFSA) opgesteld. Dit is een modelwet, die echter in het recht van elk der Verenigde Staten is opgenomen. De UIFSA voorziet in de erkenning van alimentatiebeslissingen uit andere staten in het interstatelijk verkeer, maar is krachtens het verdrag ook van toepassing verklaard op beslissingen die uit Nederland afkomstig zijn. Het voornaamste toetsingscriterium bij de erkenning is, of de rechtsmacht van de Nederlandse rechter voldoet aan de criteria van de UIFSA. Aan die criteria is voldaan: indien de onderhoudsplichtige in de staat van het forum woonachtig ('resident') was; indien het verzoek in de staat van het forum aan de onderhoudsplichtige is betekend; indien de onderhoudsplichtige zich vrijwillig aan de rechtsmacht van deze staat heeft onderworpen door te verschijnen of verweer te voeren; indien hij met het kind in die staat woonachtig is geweest; indien hij in die staat woonachtig is geweest en daar zwangerschapskosten heeft vergoed of levensonderhoud voor het kind heeft verschaft; indien het kind door toedoen van de onderhoudsplichtige of op diens aanwijzing in de staat van het forum verblijft; indien de onderhoudsplichtige in die staat geslachtsgemeenschap heeft gehad en het kind daardoor kan zijn verwekt; indien de onderhoudsplichtige zich in die staat als verwekker heeft laten registreren; of indien er sprake is van een andere grondslag voor uitoefening van rechtsmacht die verenigbaar is met de grondwet van die staat en met die van de Verenigde Staten. De enkele woonplaats van de verzoeker levert geen constitutioneel aanvaardbare bevoegdheid op. Heeft de Nederlandse rechter zijn bevoegdheid gebaseerd op de enkele woonplaats van de verzoeker, dan zal vaak echter toch aan een of meer van de hier bovengenoemde bevoegdheidscriteria van de UIFSA voldaan zijn. In dergelijke gevallen zal de beslissing toch kunnen worden erkend. **Geen ambtshalve toetsing.** De Amerikaanse rechter toetst niet ambtshalve of aan deze bevoegdheidscriteria is voldaan. Bewijsstukken waaruit zulks blijkt, behoeven dus pas te worden overlegd nadat de verweerder bestrijdt dat aan genoemde criteria is voldaan.

Artikel VIII
Toepasselijk recht

1. Alle uit hoofde van deze Verdrag door een Partij te nemen maatregelen en in acht te nemen procedures zullen worden uitgevoerd met toepassing van het recht, met inbegrip van het internationaal privaatrecht alsmede de procedurevoorschriften van die Partij.

2. De fysieke aanwezigheid van het kind of de ouder die het gezag over hem heeft, is niet vereist in procedures uit hoofde van deze Verdrag voor de gerechtelijke instanties van de Aangezochte Partij.

[30-05-2001, Trb. 134, i.w.tr. 01-05-2002]

Betekenis. De rechter voor wie een procedure wordt gevoerd, past het door zijn eigen internationaal privaatrecht aangewezen recht toe. Voor Nederland is dat het recht dat wordt aangewezen door het Haags alimentatieprotocol 2007. Voor de Verenigde Staten kunnen de verwijzingsregels van staat tot staat verschillen. Het tweede lid garandeert dat wanneer een procedure wordt gevoerd ten behoeve van een kind, dat kind noch de met het gezag belaste ouder in persoon behoeft te verschijnen.

Artikel IX
Territoriale toepassing

1. Wat het Koninkrijk der Nederlanden betreft, geldt deze Verdrag voor het grondgebied van het Koninkrijk in Europa. De toepasselijkheid van de Verdrag kan, in zijn geheel of met de eventueel noodzakelijke wijzigingen, door middel van een schriftelijke Verdrag tussen de Partijen worden uitgebreid tot de Nederlandse Antillen of Aruba.

2. In geval van een uitbreiding van de toepasselijkheid van deze Verdrag tot de Nederlandse Antillen en/of Aruba, is elke Partij gerechtigd de toepassing van deze Verdrag voor enig deel van het Koninkrijk te beëindigen in overeenstemming met de procedures voor beëindigen van artikel 11.
3. Wat de Verenigde Staten van Amerika betreft, geldt deze Verdrag voor de vijftig staten van de Verenigde Staten, Amerikaans Samoa, het District Columbia, Guam, Porto Rico, de Maagdeneilanden van de Verenigde Staten en enige andere territoriale eenheid van de Verenigde Staten die Titel IV-D van de *Social Security Act* (Wet op de Sociale Verzekering) uitvoert.
[30-05-2001, Trb. 134, i.w.tr. 01-05-2002]

Betekenis. Het artikel regelt de territoriale reikwijdte van het verdrag. Wat het Koninkrijk der Nederlanden betreft, geldt het verdrag alleen voor Nederland (*Trb.* 2002, 130). Het artikel maakt het mogelijk, de toepasselijkheid van het verdrag uit te breiden voor het Koninkrijk buiten Europa (dat wil zeggen de BES-eilanden), Aruba, Curaçao en Sint Maarten.

Artikel X
Inwerkingtreding

1. Deze Verdrag treedt in werking op de dag waarop de Regering van het Koninkrijk der Nederlanden aan de Regering van de Verenigde Staten van Amerika kennis geeft dat aan de grondwettelijke vereisten van het Koninkrijk der Nederlanden voor de inwerkingtreding is voldaan.
2. Deze Verdrag is van toepassing op een eventueel reeds gegeven beslissing over levensonderhoud alsmede op levensonderhoud dat op grond van een zodanige beslissing verschuldigd is, ongeacht het tijdstip waarop die beslissing is gegeven.
[30-05-2001, Trb. 134, i.w.tr. 01-05-2002]

Betekenis. Het verdrag is in werking getreden op 1 mei 2002. Anders dan gebruikelijk bij executieverdragen worden ook beslissingen erkend en ten uitvoer gelegd die voor deze datum gewezen zijn. Aan die beslissingen worden geen andere vereisten gesteld dan aan beslissingen van na die datum.

Artikel XI
Beëindiging

1. Elk der Partijen kan deze Verdrag beëindigen door middel van een schriftelijke kennisgeving aan de andere Partij langs diplomatieke weg. De beëindiging wordt van kracht op de eerste dag van de derde maand na de ontvangst van de kennisgeving.
2. Ingeval een partij op grond van zijn interne recht in de onmogelijkheid verkeert om zijn verplichtingen uit hoofde van deze Verdrag na te komen, kan die Partij overgaan tot opschorting van de toepassing van de Verdrag of, met instemming van de andere Partij, van enig deel van deze Verdrag dan wel van de toepassing van de Verdrag op een deel van zijn grondgebied. Van de opschorting en, in voorkomend geval, de instemming van de andere Partij met de gedeeltelijke opschorting, wordt schriftelijk langs diplomatieke weg kennis gegeven.
3. De opschorting wordt van kracht op de dag van ontvangst van de kennisgeving van opschorting, met dien verstande echter dat zij niet eerder van kracht wordt dan dertig dagen nadat ingevolge het vierde lid kennis is gegeven van de omstandigheid

dat er een gerede aanleiding is om aan te nemen dat zich een situatie als bedoeld in het tweede lid zal voordoen. Een gedeeltelijke opschorting wordt van kracht op het tijdtip (*red.*: lees: tijdstip) van ontvangst van de kennisgeving van de instemming van de andere Partij met een gedeeltelijke opschorting.
4. **Ingeval een partij oordeelt dat er een gerede aanleiding is om aan te nemen dat zich een situatie als bedoeld in het tweede lid zal voordoen, stelt die Partij de andere Partij daarvan in kennis zo lang mogelijk voordat zij kennis geeft van de opschorting. In dat geval treden de Partijen met elkaar in overleg over de wijze waarop eventuele ongunstige gevolgen voor de voortgezette erkenning en geldendmaking van onder deze Verdrag vallende verplichtingen tot levensonderhoud tot een minimum kunnen worden beperkt.**
5. **In geval van opschorting of beëindiging trachten de Partijen, voor zoveel mogelijk op grond van het interne recht, ongunstige gevolgen voor de voortgezette erkenning en geldendmaking van onder deze Verdrag vallende verplichtingen tot levensonderhoud tot een minimum te beperken.**
6. **De beëindiging of de opschorting ingevolge dit artikel heeft geen gevolgen voor de juridische status van enige beslissing inzake levensonderhoud die reeds is geregistreerd of uitvoerbaar verklaard op grond van het interne recht van een Partij.**
[30-05-2001, Trb. 134, i.w.tr. 01-05-2002]

Betekenis. Het artikel regelt de beëindiging van het verdrag. De bepalingen over mogelijke opschorting zijn opgenomen op voorstel van de Verenigde Staten. Daarbij is gedacht aan de – niet uit te sluiten – mogelijkheid dat het interne Amerikaanse recht wijzigingen zou ondergaan die het tijdelijk onmogelijk zouden maken de verplichtingen uit het verdrag volledig na te komen.

MENSENRECHTEN

Europees Verdrag tot bescherming van de rechten van de mens en de fundamentele vrijheden (EVRM)

Verdrag van 4 november 1950, Trb. 1951, 154, zoals laatstelijk gewijzigd op 24 juni 2013, Trb. 2013, 233 (i.w.tr. 01-02-2022)

De Regeringen die dit Verdrag hebben ondertekend, Leden van de Raad van Europa,
Gelet op de Universele Verklaring van de Rechten van de Mens die op 10 december 1948 door de Algemene Vergadering van de Verenigde Naties is afgekondigd;
Overwegende, dat deze Verklaring ten doel heeft de universele en daadwerkelijke erkenning en toepassing van de rechten die daarin zijn nedergelegd te verzekeren;
Overwegende, dat het doel van de Raad van Europa is het bereiken van een grotere eenheid tussen zijn Leden en dat een van de middelen om dit doel te bereiken is de handhaving en de verdere verwezenlijking van de rechten van de mens en de fundamentele vrijheden;
Opnieuw haar diep geloof bevestigende in deze fundamentele vrijheden die de grondslag vormen voor gerechtigheid en vrede in de wereld en welker handhaving vooral steunt enerzijds op een waarlijk democratische regeringsvorm, anderzijds op het gemeenschappelijk begrip en de gemeenschappelijke eerbiediging van de rechten van de mens waarvan die vrijheden afhankelijk zijn;
Vastbesloten om, als Regeringen van gelijkgestemde Europese staten, die een gemeenschappelijk erfdeel bezitten van politieke tradities, idealen, vrijheid en heerschappij van het recht, de eerste stappen te doen voor de collectieve handhaving van sommige der in de Universele Verklaring vermelde rechten;
Bevestigend dat de Hoge Verdragsluitende Partijen, in overeenstemming met het beginsel van subsidiariteit, de primaire verantwoordelijkheid hebben de rechten en vrijheden die in dit Verdrag en de Protocollen daarbij zijn omschreven te waarborgen en dat zij daarbij over een beoordelingsmarge beschikken, die onderworpen is aan het toezicht door het Europees Hof voor de Rechten van de Mens zoals opgericht in dit Verdrag;
Zijn het volgende overeengekomen:

[Inleidende opmerkingen]

1. Normstelling/internationaal toezicht. Het EVRM bevat enerzijds waarborgen ten behoeve van de bescherming van de individuele burger tegen zijn eigen staat en anderzijds een voorziening voor onafhankelijk internationaal toezicht op de naleving van de in het verdrag en de daarbij behorende protocollen gegarandeerde mensenrechten. **a. Materiele normen.** De materiële normen zijn opgenomen in art. 1-18 EVRM en in het Eerste, Vierde, Zesde en Zevende Protocol bij het EVRM. Art. 2, 5, 6, 8 en 12 zijn in deze uitgave van commentaar voorzien. **b. Internationaal toezicht/klachtrecht.** Het internationale toezichtmechanisme is geregeld in art. 19-51 en het Tweede, Achtste, Negende, Tiende, Elfde en Veertiende Protocol bij het EVRM. Protocol 11 EVRM is in werking getreden op 1 november 1998 en heeft ingrijpende wijzigingen in het toezichtmechanisme met zich meegebracht (zie art. 19, aant. 2). Het toezichtmechanisme is van twee rechtsprekende instanties, namelijk de Europese Commissie voor de Rechten van de Mens en het Europees Hof voor de Rechten van de Mens teruggebracht tot één rechtsprekende instantie, het Europese Hof voor de Rechten van de Mens. Omdat ook de uitspraken van de Europese Commissie van groot belang zijn geweest voor de jurisprudentie zal in het navolgende nog steeds aandacht worden besteed aan belangwekkende uitspraken van de Europese Commissie. Protocol 14 EVRM, aanvaard op 13 mei 2004, houdt een vereenvoudiging in van de werkwijze nu daarin de enkelvoudige rechter is ingevoerd en een grotere bevoegdheid is gegeven aan het comité van drie rechters. Het Hof wordt met een toenemend aantal klachten geconfronteerd, waardoor een vereenvoudiging van de procedure noodzakelijk werd. Dit protocol is op 1 juni 2010 in werking getreden. De wijzigingen in de werkwijze van het Europese Hof in Protocol 14 EVRM zijn bedoeld om de doelmatigheid van het Europese Hof voor de Rechten van de Mens ook voor de langere termijn te verzekeren door de selectie van verzoekschriften die in aanmerking komen voor inhoudelijke beoordeling en de afhandeling van verzoekschriften te optimaliseren. Op 1 augustus 2018 is Protocol 16 EVRM in werking getreden voor de eerste tien staten die het protocol hebben geratificeerd. In dit protocol wordt het mogelijk gemaakt prejudiciële vragen te stellen aan het EHRM. Dit protocol is voor Nederland op 1 juli 2019 in werking getreden. Alleen de hoogste rechterlijke instanties in de lidstaten kunnen vragen stellen aan het Europese Hof over de uitleg en toepassing van het EVRM. Op 1 augustus 2021 is het vijftiende protocol in werking getreden (*Trb.* 2013, 130). Daarbij is aan het einde van de preambule de laatste overweging toegevoegd. **c. Living instrument.** Het EVRM is een *living instrument*, dat 'must be interpreted in the light of present-day conditions' (EHRM 25 april 1978, 5856/72 (*Tyrer/VK*)). Dit betekent dat het EHRM dat in 1959 is ingesteld en zijn eerste uitspraak deed in 1961, een uitleg geeft aan de EVRM-rechten die aansluit bij hedendaagse rechtsopvattingen (zie EHRM 7 juli 1989, 14038/88 (*Soering/VK*); EHRM (GC) 23 maart 1995, 15318/89 (*Loizidou/Turkije*) en EHRM (GC) 8 juli 2004, 53924/00 (*Vo/Frankrijk*)).

2. Garanties ten aanzien van een ieder. De waarborgen van het EVRM gelden voor een ieder, die onder de jurisdictie van een verdragsstaat valt, ongeacht diens nationaliteit (art. 1). Het verdrag richt zich in de eerste plaats op de verdragssluitende staten. De nationale autoriteiten dienen zorg te dragen voor de naleving van de in het EVRM gegarandeerde rechten en vrijheden.

3. Territoriale werking. Het Verdrag is van toepassing op het gehele territoir van een lidstaat, inclusief die gebieden waarvan de buitenlandse betrekkingen onder de verantwoordelijkheid van die lidstaat vallen, indien de verdragsstaat ex art. 56 (63 oud) EVRM hiermee heeft ingestemd en een daartoe strekkende kennisgeving heeft gericht aan de Secretaris-Generaal van de Raad van Europa. Nederland heeft een dergelijke verklaring afgelegd voor de Nederlandse Antillen.

4. Temporele werking. Het Verdrag is niet van toepassing op feiten die hebben plaatsgevonden voor de inwerkingtreding van het Verdrag en de ratificatie door de desbetreffende lidstaat. EHRM 8 juni 1995, Mansur, Publ. ECHR, series A, vol. 321. Zie ook van *Dijk/van Hoof* 2006, p. 23-26.

5. Interne werking. De bepalingen van het EVRM hebben ingevolge art. 92-95 Gw in Nederland interne werking. Dat wil zeggen dat de burger voor de nationale rechter rechtstreeks een beroep op de bepalingen van het EVRM kan doen. In geval van strijd van een nationale bepaling met een artikel uit het Verdrag moet de rechter de strijdige nationale bepaling opzij zetten en de Verdragsbepaling toepassen.

6. Rechtstreekse werking. Niet alle bepalingen uit het EVRM hebben rechtstreekse werking. Voor iedere bepaling uit het EVRM moet worden uitgemaakt of deze zich voor rechtstreekse toepassing leent, met andere woorden self-executing is, zodat een individu zich voor de rechter rechtstreeks op een dergelijke bepaling kan beroepen. **a. Self-executing.** Een internationaal-rechtelijke bepaling wordt als self-executing gezien, wanneer de inhoud van een dergelijke bepaling in een concreet geval kan worden toegepast, zonder dat daarvoor aanvullende maatregelen van de kant van de nationale autoriteit vereist zijn. Vrijwel alle bepalingen van Titel 1 van de Conventie worden als self-executing beschouwd. In de rechtspraak (HR 24 februari 1960, *NJ* 1960/483) is de rechtstreekse werking van art. 13 ontkend. **b. Geen autonome werking.** Art. 13 (recht op een effectieve nationale rechtsgang), art. 14 (verbod van discriminatie), art. 15 (beperkingen in verband met noodtoestand), art. 16 (beperkingen politieke activiteiten vreemdelingen), art. 17 (verbod op verdergaande beperkingen dan het Verdrag toestaat) en art. 18 (verbod van détournement de pouvoir) hebben geen autonome werking en kunnen slechts in verband met een schending van art. 2-12 of een van de in de protocollen gegarandeerde rechten worden ingeroepen. Het zijn vooral de sociale, culturele en economische rechten, waarbij van nationale autoriteiten een bepaald handelen wordt verlangd, die zich niet voor rechtstreekse toepassing lenen. Op 4 november 2000 is het 12e protocol aanvaard. Nederland heeft dit protocol inmiddels geratificeerd. Het is voor Nederland in werking getreden op 1 april 2005. In het 12e protocol wordt een algemeen discriminatiebeginsel aanvaard. Art. 1 van dit protocol luidt: "Artikel 1. Algemeen verbod van discriminatie. 1. Het genot van elk in de wet neergelegd recht moet worden verzekerd zonder enige discriminatie op welke grond dan ook, zoals geslacht, ras, kleur, taal, godsdienst, politieke of andere mening, nationale of maatschappelijke afkomst, het behoren tot een nationale minderheid, vermogen, geboorte of andere status. 2. Niemand mag worden gediscrimineerd door enig openbaar gezag op, met name, een van de in het eerste lid vermelde gronden."

7. Derdenwerking. In beginsel geldt het EVRM alleen in de verhouding overheid burgers. In de Nederlandse jurisprudentie wordt derdenwerking van de bepalingen uit het EVRM aangenomen. In Straatsburg kan krachtens art. 33 en 34 (24 en 25 oud) EVRM niet rechtstreeks geklaagd worden over schending van een recht uit de conventie door een particulier. Deze schending zal in Straatsburg via een indirecte weg aan de kaak moeten worden gesteld. De Staat moet steeds bij de schending worden betrokken, als wetgever, rechter of op andere wijze.

8. Positieve verplichtingen. De staat moet niet alleen afzien van inbreuken op de in het Verdrag gegarandeerde rechten en verplichtingen, maar heeft de positieve verplichting actief op te treden om een inbreuk te voorkomen, EHRM 13 juni 1979, *ECHR, Series A,* vol. 31 (*Marckx*) en EHRM 4 december 2007, 44362/04 (*Dickson/Verenigd Koninkrijk*). Zie ook art. 2, aant. 2.

9. Beperking van verdragsrechten. De maatschappelijke behoefte vraagt om een reglementering van de uitoefening van sommige rechten. Daartoe zijn ook in de Europese Conventie beperkingsclausules opgenomen. Hiertoe behoren de algemene beperkingen van art. 15, 16, 17 en 18 EVRM, de bijzondere beperkingen van art. 8, 9, 10, 11 lid 2 EVRM en art. 2 lid 3 Protocol 4 EVRM. Art. 7 lid 2 bevat een uitzondering op het hoofdbeginsel, evenals art. 2 lid 2; art. 4 lid 3 bevat een beperking ten aanzien van het verbod van dwangarbeid of verplichte arbeid; art. 5 lid 1 geeft eveneens een aantal beperkingen aan; art. 12 verwijst naar de nationale rechten. Weinig rechten uit het EVRM zijn absoluut geformuleerd, tot die weinige behoren art. 3, art. 4 lid 1, art. 6 EVRM evenals art. 1, 3 en 4 van Protocol 4 EVRM. Maar ook ten aanzien van art. 6 bijvoorbeeld heeft de Commissie beperkingen toegelaten. Zij interpreteerde dan vanuit de strekking van de verdragsbepalingen en liet beperkingen toe die deze strekking niet aantasten. De Commissie hield ook nauwkeurig toezicht op de wijze waarop en de gevallen waarin de staten beperkingen op de grondrechten aanbrengen. Zij toetste de inhoud en de omvang van de toegestane beperkingen. Ook het Hof toetst of bepaalde maatregelen in een democratische samenleving, gezien de omstandigheden, noodzakelijk kunnen worden geacht. De staten wordt daarbij een grote mate van vrijheid van beoordeling gelaten, de zogenaamde 'margin of appreciation'. **a. Margin of appreciation.** Deze 'margin of appreciation'-theorie wordt al heel lang in de jurisprudentie van de Commissie en het Hof gehanteerd. En wel voor het eerst met betrekking tot art. 15 in de zaak *Griekenland versus Verenigd Koninkrijk*, Yearbook 2 (1958/1959). p. 174. Later heeft de Commissie deze margin of appreciation ook uitgebreid tot andere beperkingsgronden dan art. 15 en met name tot de specifieke beperkingsgronden van art. 8-10 EVRM. De Commissie maakte in de Belgische taalzaak, Series B, vol. 3 (1967), p. 306, een onderscheid tussen twee soorten bepalingen in de Conventie en wel bepalingen die het te regelen recht nauwkeurig en op uitputtende wijze definiëren en de verplichtingen van de verdragsstaten dienovereenkomstig vastleggen en aan de andere kant bepalingen die niet duidelijk de gewaarborgde rechten definiëren. In het geval dat het Verdrag uitdrukkingen of ideeën gebruikt die voor meerdere uitleg vatbaar zijn, heeft de Staat een bepaalde beleidsvrijheid bij de invulling van haar verplichtingen. ***Uitleg Hof.*** Ook het Hof past de 'margin of appreciation'-leer toe. In de *Handyside*-zaak, 7 december 1976, Series A, vol. 24 (1976), p. 22, was het Hof van oordeel dat de verdragsstaten door hun direct en voortdurend contact met datgene wat er in hun land gebeurt beter dan de internationale rechter in staat zijn om te beoordelen of een beperking noodzakelijk is. Het is aan de nationale autoriteiten om een eerste beoordeling te geven van de wezenlijkheid van de dringende sociale behoefte, aangeduid door het begrip 'necessity' in deze context en dus moet aan de staten in dat opzicht een 'margin of appreciation' worden gelaten. Het Hof reageerde met de *margin of appreciation* op het argument dat een seksueel expliciet boek voor jongeren in sommige verdragsstaten wel en in andere niet als strijdig met de openbare orde was aangemerkt. Het Hof gaf aan dat dit niet problematisch was vanwege de *margin of appreciation*, en constateerde geen schending door het publicatieverbod in Engeland. Echter het Europese Hof heeft de beslissende stem over de vraag of er een schending heeft plaatsgevonden. De margin of appreciation van de verdragsstaat gaat aldus hand in hand met de Europese supervisie, die zich uitstrekt tot toezicht op zowel het doel als de noodzaak van de betwiste regeling. Dit *Handyside*-arrest wordt als uitgangspunt gebruikt voor latere jurisprudentie om de beoordelingsbevoegdheid van de nationale autoriteiten en die van de Europese Commissie en Hof nader af te bakenen. Er is echter geen absolute formulering gegeven hoever de nationale 'margin of appreciation' strekt, dat hangt van de verschillende factoren in ieder concreet geval af. Op familierechtgebied lijkt er ook een nauwe samenhang te zijn met de opvattingen in de diverse verdragsstaten, zie bijvoorbeeld EHRM 28 november 2006, 42971/05 (*Parry tegen het Verenigd Koninkrijk*), waarin het Hof van oordeel was dat de effecten van een geslachtsverandering voor het huwelijk binnen de margin of appreciation vallen na eerst een overweging te hebben gewijd aan de openstelling van het huwelijk binnen de diverse verdragsstaten. Ook vertoont de jurisprudentie van Commissie en Hof in dit opzicht geen al te consistent beeld. Soms wordt een aangeklaagde staat een veel grotere beoordelingsvrijheid gegeven en toetsen Commissie en Hof marginaal, een andere keer beperken Commissie en Hof zich niet tot een marginale toetsing, maar stellen een uitvoerig zelfstandig onderzoek in, zonder dat daarvoor een reden gegeven kan worden. Zie bijvoorbeeld EHRM 11 oktober 2001, *NJ* 2002/417 (*Sahin/Duitsland*) waarin Wortmann in haar noot vermeldt dat het Hof te veel op de stoel van de nationale rechter is gaan zitten. De Grand Chamber van het Hof heeft in deze zaak later dan ook anders beslist (EHRM 8 juli 2003, 30943/96). **b. De algemene beperkingsgronden van art. 15, 16, 17 en 18 EVRM.** ***Art. 15 EVRM.*** In art. 15 EVRM worden de omstandigheden aangegeven waarin een staat kan afwijken van zijn verplichtingen in gevolge het Verdrag, onder de voorwaarde dat de maatregelen niet verder gaan dan de toestand vereist en niet in strijd zijn met andere verplichtingen uit het internationale recht. Lid 2 van dat artikel bepaalt dat niet mag afgeweken worden van art. 2, behalve in geval van dood als gevolg van geoorloofde oorlogshandeling, evenmin als van art. 3, 4, lid 1 en 7. Dit worden de 'notstandsfeste' bepalingen genoemd. Art. 15 lid 3 bevat een rapportageplicht aan de secretaris-generaal van de Raad van Europa. Bij een toepassing van art. 15 wordt aan de aangeklaagde staat vrijwel altijd een ruime margin of appreciation gelaten. Of er sprake is van een situatie die het bestaan van de natie bedreigt, hangt af van allerlei feitelijke omstandigheden. Die beoordeling kan in eerste instantie dan ook het best gebeuren door de nationale autoriteiten. ***Art. 16 EVRM.*** Art. 16 houdt een beperking in van de politieke activiteiten van vreemdelingen met betrekking tot art. 10, 11 en 14. De nadruk ligt hier op politieke activiteiten. Alleen in geval van politieke activiteiten mogen de rechten uit art. 10, 11 en 14 worden beperkt ten aanzien van vreemdelingen. De bepaling van art. 16 hoort eigenlijk niet thuis in een conventie die ex art. 1 en 14 EVRM het genot van de opgenomen rechten en vrijheden garandeert aan een ieder die onder de rechtsmacht van een der verdragsstaten ressorteert, ongeacht nationaliteit, temeer nu art. 10 en 11 zelf al een beperkingsgrond kennen in het belang van 's lands veiligheid of openbare veiligheid. ***Art. 17 EVRM.*** Art. 17 verbiedt onder andere misbruik van grondrechten. Art. 17 stelt, dat geen enkele bepaling van de Conventie een rechtvaardiging kan vormen voor daden, die erop gericht zijn een van de rechten en vrijheden vermeld in de Conventie, te vernietigen of verder te beperken dan in de Conventie is voorzien. Ook art. 17 heeft geen zelfstandig karakter; schending van art. 17 moet verband houden met een of meer van de rechten en vrijheden van de Conventie. Art. 17 houdt niet alleen een verbod in voor staten, maar ook voor groepen of individuele personen. Bij artikelen die zelf reeds vrij ruime beperkingsmogelijkheden bevatten, zal art. 17 slechts zelden met succes tegen een staat kunnen worden ingeroepen. Bij artikelen waarin geen beperkingsgronden zijn voorzien of deze minder ruim zijn omschreven, kan art. 17 wel een rol spelen. ***Art. 18 EVRM.*** Art. 18 verbiedt misbruik van bevoegdheid 'détournement de pouvoir' bij het aanleggen van beperkingen. De Commissie hield zich ten aanzien van art. 18 op de vlakte. Dit valt te verklaren uit het feit dat als er sprake is van schending van art. 18 er veelal sprake is van kwade trouw van de aangeklaagde staat. Aan een dergelijke gevoelige kwestie heeft de Commissie haar vingers niet willen branden. **c. De bijzondere beperkingsgronden van art. 8-11 lid 2 en art. 2 lid 3 Protocol 4 EVRM.** Art. 8-11 van de Conventie bevatten beperkingen volgens de methode van de doelcriteria, dat wil zeggen dat aangegeven wordt ter bescherming van welke belangen de wetgever beperkingen mag aanbrengen. De beperkingen moeten bij de wet voorzien zijn (prescribed by law/in accordance with the law), nodig zijn in een democratische samenleving (necessary in a democratic society) en strekken ter bescherming van een uitdrukkelijk genoemd belang (in the interest of .../ for the protection of). De te beschermen belangen zijn in de Conventie limitatief opgesomd. ***Prescribed by law.*** Art. 9 lid 2, art. 10 lid 2 en art. 11 lid 2 van de Conventie eisen dat de beperkingsgronden moeten zijn 'prescribed by law' en art. 8 lid 2 EVRM en art. 2 lid 3 en 4 Protocol 4 EVRM dat de beperkingen moeten zijn 'in accordance with the law'. In de praktijk heeft deze verschillende formulering nauwelijks enige betekenis. De Franse tekst gebruikt in alle genoemde artikelen de formulering 'prévue par la loi'. Het woord 'law' is aanvaard voor wetten in formele zin, maar ook voor wetten in materiële zin, waaronder koninklijke besluiten, noodverordeningen en zelfs is als 'law' aanvaard op de wet gebaseerde interne reglementen. ***Noodzakelijk in een democratische samenleving.*** De voorwaarde 'noodzakelijk in een democratische samenleving in het belang van/of ter bescherming van' wil zeggen dat een beperking alleen dan gerechtvaardigd is, wanneer deze met het oog op de belangen in kwestie en afgewogen tegen de eisen die een democratic society stelt, noodzakelijk is. De belangen verschillen in geringe mate in de genoemde artikelen, maar algemeen zijn: openbare veiligheid, de bescherming van de openbare orde, de bescherming van de gezondheid of de goede zeden en de bescherming van de rechten en vrijheden van anderen. Incidenteel zijn dan nog genoemd: 's lands veiligheid (art. 8 lid 2, 10 lid 2, 11 lid 2 EVRM, art. 2 lid 3 Protocol 4 EVRM), economisch welzijn van het land (art. 8 lid 2), territoriale onschendbaarheid of openbare veiligheid (art. 10 lid 2), het voorkomen van strafbare feiten (art. 8 lid 2, art. 10 lid 2, art. 11 lid 2 EVRM, art. 2 lid 3 Protocol 4 EVRM), de bescherming van de goede naam (art. 10 lid 2); het voorkomen van de verspreiding van vertrouwelijke mededelingen of het waarborgen van het gezag en de onpartijdigheid van de rechterlijke macht (art. 10 lid 2). ***De toetsing door het Hof.*** De toetsing door het Hof vindt meestal op de volgende wijze plaats. Nadat is vastgesteld dat er een inbreuk is gepleegd op het in het eerste lid van bovengenoemde artikelen neergelegde recht, wordt onderzocht of die inbreuk wellicht gerechtvaardigd wordt door het bepaalde in het tweede lid. Dit laatste onderzoek vindt in drie fases plaats. Eerst wordt onderzocht of de inbreuk 'in accordance with the law' is. Vervolgens wordt gekeken of de wetgeving waarop de inbreuk berust, de bescherming beoogt van een van de in het tweede lid genoemde belangen. Als laatste wordt dan getoetst of de inbreuk met het oog op het te beschermen belang geacht kan worden noodzakelijk te zijn in een democratische samenleving. Het moeilijkst te beantwoorden is de vraag naar de noodzakelijkheid van de inbreuk. Bij de beoordeling van de vraag of een bepaalde beperking noodzakelijk is, wordt aan de nationale instanties een ruime margin of appreciation gelaten. **d. Inherent limitations.** De theorie van de inherent limitations is door de Commissie ontwikkeld om beperking van grondrechten te rechtvaardigen van personen die in een bijzondere relatie tot de overheid staan, zoals in het bijzonder ambtenaren en gedetineerden. Deze impliciete beperkingen zijn anders dan de expliciete beperkingsgronden, geen rechtvaardiging van een inbreuk op deze rechten en vrijheden, maar zijn in deze rechten en vrijheden zelf belichaamd, zodat er, zolang zij in acht worden genomen, geen sprake van een inbreuk is en de Commissie geen beroep hoeft te doen op de uitdrukkelijk in het Verdrag voorziene beperkingsgronden. ***Bijzondere positie.*** Deze beperkingen zijn een gevolg van de bijzondere positie waarin de betrokkene verkeert. Deze bijzondere status kan met zich mee brengen, dat niet alle rechten en vrijheden in hun normale omvang kunnen worden genoten (zie: P. van Dijk/G.J.H. van Hoof, *De Europese Conventie in theorie en praktijk*, Nijmegen 2006). Zo kan een gedetineerde niet volledig gebruik maken van zijn recht op eerbiediging van het gezinsleven, of van zijn recht op eerbiediging van zijn briefwisseling ten gevolge van de beperkingen die een vrijheidsbeneming nu eenmaal met zich meebrengt. ***Standpunt Hof.*** Deze theorie is door het Hof afgewezen met betrekking tot die artikelen van de Conventie, waarbij de beperkingsgronden uitdrukkelijk zijn geformuleerd, ten aanzien van de bijzondere beperkingen van art. 8-11 lid 2 EVRM en art. 2 lid 3 Protocol 4 EVRM dus. De daar genoemde beperkingsgronden zijn volgens het Hof limitatief en er is dus geen ruimte voor 'inherent limitations'. Ook het Hof is dus onder bepaalde stringente voorwaarden bereid te differentiëren ten aanzien van personen in een bijzondere rechtspositie. In geval er een klacht plaatsvindt over schending van een artikel waarin geen expliciete beperkingsgronden zijn geformuleerd, zijn inherent limitations door het Hof wel aanvaard. ***Kern recht.*** Het Europese Hof stelt wel als eis dat de beperking niet zover mag gaan dat het desbetreffende recht in zijn kern wordt aangetast, de beperking dient te strekken tot de behartiging van een legitiem doel en er dient sprake te zijn van een redelijke verhouding tussen de zwaarte van de verplichting waartoe de beperking strekt en het doel dat ermee wordt gediend. (Zie Th.L. Bellekom, 'Het Hof voor de Rechten van de Mens en de beperkingsclausules van het EVRM', in: *40 jaar EVRM*, Leiden 1990, p. 59 e.v.).

10. Organen van toezicht. Met het toezicht op de naleving van het EVRM waren tot 1 november 1998 belast: de Europese Commissie voor de Rechten van de Mens (ECRM) en het Europese Hof voor de Rechten van de Mens (EHRM), gevestigd in Straatsburg. Door de inwerkingtreding van het elfde protocol op 1 november 1998 is de Europese Commissie afgeschaft. Het Comité van Ministers van de Raad van Europa (art. 46, 47, 49 en 54 EVRM) en de Secretaris-Generaal van de Raad van Europa (art. 52 EVRM) hebben ook een rol in het toezichtmechanisme. Sinds 1 juni 2010 is de werkwijze van het Europese Hof efficiënter geworden door de inwerkingtreding van het veertiende protocol. De alleensprekende rechter is ingevoerd (zie art. 26 en 27 EVRM). Het Europese Hof staat echter aan kritiek bloot. Het zou ten aanzien van alle 47 lidstaten een grootste gemene deler opdringen en onvoldoende *margin of appreciation* laten aan staten. Het Hof vat aldus de critici zijn eigen bevoegdheden te ruim op en geeft een vrije (dynamische, teleologische) interpretatie aan het EVRM. Het Hof is ondemocratisch Zie het artikel van Spijkerboer, 'Het debat over het Europese Hof voor de rechten van de mens', *NJB* 2012, p. 254.

11. De binding aan de Europese normen. Het toezichtmechanisme van het EVRM is uniek en onderscheidt zich op dit punt duidelijk van de andere mensenrechtenverdragen, die geen eigen rechtsprekende instanties kennen. **De Europese Commissie.** De Europese Commissie had tot 1 november 1998 als taken het beoordelen van de ontvankelijkheid van een klacht, het tot stand brengen van een minnelijke schikking, dan wel het opstellen van een rapport waarin de Commissie haar oordeel gaf over de vraag of het verdrag is geschonden. De beslissingen over de al dan niet ontvankelijkheid van een klacht waren van invloed op de nationale jurisprudentie met betrekking tot de uitleg van het EVRM. **Het Europese Hof.** Het Europese Hof is sinds 1 november 1998 de enige rechtsprekende instantie en beslist over de zaken die door de verdragsstaten, of de klager worden voorgelegd. Naast deze instantie heeft het Comité van Ministers een belangrijke rol bij de naleving van de verdragsbepalingen. **Het Comité van Ministers.** Het Comité van Ministers is belast met het toezicht op de tenuitvoerlegging van de uitspraken van het Hof (art. 46 EVRM). In 2010 is een nieuwe inbreukprocedure in werking getreden. Deze procedure geeft het 'Committee of Ministers' de bevoegdheid een procedure te starten indien een verdragssluitende staat weigert om een arrest van het EHRM uit te voeren. Op 5 december 2017 heeft het Committee of Ministers besloten om deze procedure te starten tegen Azerbeidzjan vanwege niet-uitvoering van het arrest in de zaak-*Mammadov* (EHRM 5 december 2017 (*Mammadov/Azerbeidzjan*)). **Binding beslissingen.** Voor de uitspraken van het Hof geldt in principe dat zij alleen de betrokken partijen binden (art. 46 EVRM). Het Europese Hof heeft niet de bevoegdheid om uitspraken van de nationale rechter te casseren. Neemt het Europese Hof een schending aan van een verdragsbepaling, dan is de Staat weliswaar gehouden maatregelen te nemen die de schending opheffen, maar de Staat is vrij in de keuze van de middelen. Is er een schending geconstateerd dan is wetswijziging meestal de aangewezen weg. Aangezien wetswijzigingen een lange periode in beslag kunnen nemen, zal in de tussenliggende tijd met name de rechter de dubieuze nationale bepaling verdragsconform moeten toepassen. Tegen Nederland gewezen arresten van het Europese Hof zijn ex art. 46 EVRM voor Nederland in ieder geval verbindend. **Incorporatie-constructie.** Tegen andere landen gewezen arresten oefenen hun invloed uit via de zogenaamde incorporatie-constructie: de gezaghebbende interpretaties van het Hof worden geacht deel uit te maken van de een ieder verbindende verdragsbepalingen, waarop ze betrekking hebben. De verdragsbepalingen worden dus toegepast op de wijze waarop het Hof ze uitlegt. **Resoluties.** Naast het EVRM zijn als Europese normen de resoluties van het Comité van Ministers van de Raad van Europa van belang. Alkema, 'De Europese Conventie: begin van een Europese Constitutie?', in: *40 jaar EVRM*, Leiden 1990, p. 339 e.v. wijst erop dat deze resoluties, hoewel niet bindend, brede steun genieten, doordat zij met eenstemmigheid tot stand zijn gekomen. Ook zijn de resoluties meestal actueler dan de Conventie. Aanbevelingen van de Parlementaire Vergadering hebben een nog steviger politieke basis.

Artikel 1
Verplichting tot eerbiediging van de rechten van de mens

De Hoge Verdragsluitende Partijen verzekeren een ieder die ressorteert onder haar rechtsmacht de rechten en vrijheden die zijn vastgesteld in de Eerste Titel van dit Verdrag.

[11-05-1994, Trb. 165, i.w.tr. 01-11-1998]

Betekenis. De waarborgen van het EVRM gelden voor een ieder, die onder de jurisdictie van een verdragsstaat valt, ongeacht diens nationaliteit. Het Verdrag richt zich in de eerste plaats op de verdragssluitende staten. De nationale autoriteiten dienen zorg te dragen voor de naleving van de in het EVRM gegarandeerde rechten en vrijheden.

TITEL I
Rechten en vrijheden

Artikel 2
Recht op leven

1. Het recht van een ieder op leven wordt beschermd door de wet. Niemand mag opzettelijk van het leven worden beroofd, behoudens door de tenuitvoerlegging van een gerechtelijk vonnis wegens een misdrijf waarvoor de wet in de doodstraf voorziet.
2. De beroving van het leven wordt niet geacht in strijd met dit artikel te zijn geschied ingeval zij het gevolg is van het gebruik van geweld, dat absoluut noodzakelijk is:
a. ter verdediging van wie dan ook tegen onrechtmatig geweld;
b. teneinde een rechtmatige arrestatie te bewerkstelligen of het ontsnappen van iemand die op rechtmatige wijze is gedetineerd, te voorkomen;
c. teneinde in overeenstemming met de wet een oproer of opstand te onderdrukken.
[11-05-1994, Trb. 165, i.w.tr. 01-11-1998]

1. Doelstelling. Art. 2 EVRM kent niet rechtstreeks een recht op leven toe, maar legt aan de verdragspartijen de plicht op het recht van een ieder op leven te beschermen door de wet. Het met art. 2 EVRM corresponderende art. 6 IVBPR bepaalt daarentegen wel dat een ieder recht heeft op leven en vervolgt met te stellen dat dit recht door de wet moet worden beschermd. Beide artikelen stellen dat niemand van het leven mag worden beroofd. Art. 2 EVRM gebruikt daarbij de term 'intentionally' tegen 'arbitrarily' van art. 6 IVBPR. Dit laatste artikel noemt niet uitdrukkelijk de rechtvaardigingsgronden. Art. 2 wordt niet alleen aangevoerd in de abortus- en euthanasiediscussie, maar ook de moderne medische voortplantingstechnieken roepen vragen op ten aanzien van de interpretatie van art. 2. Gediscussieerd wordt over de vraag of 'everyone' alleen reeds geboren personen omvat, of dat ook de ongeboren vrucht of zelfs het embryo in het petri-schaaltje onder de bescherming van art. 2 EVRM valt. Uit de jurisprudentie van de Europese Commissie en Hof (zie aant. 4) valt een voorzichtige tendens naar een zekere bescherming van de ongeboren vrucht te bespeuren. Het EHRM 6 maart 2018 (*Haastrup/VK*, applicationnr. 9865/18) verklaarde een klacht van de vader over het stopzetten van de behandeling van een twaalf maanden oude baby die sinds de geboorte in het ziekenhuis in leven wordt gehouden en waarbij de artsen de behandeling wilden staken, niet ontvankelijk, nu er geen schending was van een van de artikelen van de Conventie. Zie ook EHRM 21 april 2021, ECLI:CE:ECHR:2021:0420DEC001853321 waarin het Europese Hof de moeder van een ernstig zieke vijfjarige niet-ontvankelijk verklaarde in haar klacht. De nationale rechter heeft op juiste gronden toestemming gegeven om de medische behandeling te beëindigen.

2. Recht op een kind? Het recht op voortplanting als zodanig is in het EVRM niet terug te vinden. Art. 12 EVRM kent een ieder het recht toe om te huwen en een gezin te stichten, maar dat impliceert niet dat het recht op een kind 'een claimrecht' is, de gemeenschap heeft niet de plicht om iemand kinderen te verschaffen, indien hij/zij ze niet op eigen kracht kan krijgen. Het krijgen van kinderen is een vrijheidsrecht, dit wil zeggen het mag niemand worden verhinderd, maar het kan niet van iemand afgedwongen worden. Aan art. 2 EVRM kan geen recht op het doorgeven van leven worden ontleend. In EHRM 4 december 2007, 44362/04 (*Dickson/Verenigd Koninkrijk*) heeft het Europese Hof geoordeeld dat het weigeren faciliteiten voor kunstmatige inseminatie beschikbaar te stellen aan een vrouw en haar wegens moord tot levenslange gevangenisstraf veroordeelde echtgenoot in strijd is met art. 8 EVRM. In EHRM 1 april 2010, 57813/00 (*S.H. en anderen/Oostenrijk*), oordeelde het Europese Hof dat staten op grond van het EVRM niet verplicht zijn ivf-behandeling wettelijk mogelijk te maken, maar indien zij daartoe overgaan, dan moet de wetgeving wel consistent zijn en mag deze niet discriminatoir zijn. Het Oostenrijkse verbod op ivf-behandeling met gebruikmaking van gedoneerde sperma- of eicellen levert een schending van art. 8 en 14 EVRM op. De Grote kamer oordeelde echter op 3 november 2011 anders en oordeelde dit verbod gelet op de *margin of appreciation* en de maatschappelijke ontwikkelingen verenigbaar met art. 8 EVRM. Gelet op de gevoelige morele en ethische vragen die kunstmatige voortplanting oproept, de snelle ontwikkelingen in de medische wetenschap en het ontbreken van een sterk verankerde consensus in Europa, komt de staat een ruime beoordelingsvrijheid toe. Evenwel dienen staten hun wetgeving op dit gebied voortdurend te heroverwegen. In EHRM 10 april 2007, 6339/05 (*Evans/Verenigd Koninkrijk*) en 7 maart 2006 was de Grote kamer van oordeel dat de Engelse regeling waarbij bevruchte eicellen alleen mogen worden teruggeplaatst met toestemming van zowel de mannelijke als de vrouwelijke donor geen strijd oplevert met art. 2 EVRM, ook niet als de embryo's bij het intrekken van toestemming door de man vernietigd worden. De regeling met een absolute eis van beider toestemming voor terugplaatsing van de bevruchte eicellen levert, mede in het licht van het ontbreken van een Europese consensus hierover, geen ongerechtvaardigde inbreuk op art. 8 EVRM van de vrouw op. In EHRM 14 januari 2018, ECLI:CE:ECHR:2018:0116JUD007003510 (*Nedescu/Roemenië*) was het Hof van oordeel dat de weigering om teruggave van inbeslaggenomen embryo's aan de wensouders na sluiting van de kliniek een schending oplevert van art. 8 EVRM. Zie over commercieel draagmoederschap EHRM 24 januari 2017, 25358/12 (*Paradiso en Campanelli/Italië*). Zie EHRM 19 november 2019, C en E tegen Frankrijk, applicationnr. 17348/18 over de klacht over een weigering door Frankrijk om gegevens uit een buitenlandse geboorteakte bij ouders bij wie hoogtechnologisch draagmoederschap was toegepast te veranderen in de geboorteakte. De klacht werd niet-ontvankelijk verklaard omdat de *weigering om bij draagmoederschap het juridische moederschap over te nemen uit buitenlandse geboorteakte proportioneel is vanwege de mogelijkheid van partneradoptie.* **Samenhang met art. 12 EVRM.** Art. 12 EVRM kent het recht toe om te huwen en een gezin te stichten, maar dit moet meer beschouwd worden als een verbod voor de overheid om door bijv. sterilisatieverplichting of door een verplicht voorschrijven van anticonceptie het stichten van een gezin te verhinderen. Dit behelst ook een verbod aan de overheid om onvruchtbaarheidsopheffende technieken geheel te verbieden.

3. Wrongful life/birth. De beantwoording van de vraag of een kind recht heeft om niet geboren te worden is verre van eenvoudig. De wrongful birth actie door ouders in te stellen tegen een arts (bijvoorbeeld na een mislukte sterilisatie), ziekenhuis of farmaceut, wordt ook in Nederlandse jurisprudentie erkend, HR 21 februari 1997, *NJ* 1999/145, evenals de wrongful life actie, de actie van het kind tegen arts, ziekenhuis of farmaceut (zie HR 18 maart 2005, AR 5213 (*baby Kelly*)). Zowel de wrongful birth als de wrongful life actie zijn civielrechtelijke schadevergoedingsacties, die voorbij gaan aan de vraag of er een fundamenteel recht bestaat om niet geboren te worden.

4. Recht op leven van de ongeboren vrucht. De Europese Commissie sluit een absoluut recht op leven van de foetus als strijdig met object en doel van de Conventie uit (ECHR 19 mei 1992, *NJCM* 1993/65 (*Hercz/Noorwegen*)). De Commissie is van oordeel dat zij niet hoeft te beslissen of de foetus een zekere mate van bescherming geniet onder art. 2 EVRM, maar de Commissie sluit zeker niet uit dat dat onder bepaalde omstandigheden het geval is. De Commissie neemt daarbij in aanmerking dat er binnen de verschillende verdragsstaten een aanzienlijk verschil van opvattingen bestaat of en in welke mate art. 2 het ongeboren leven beschermt. In EHRM 8 juli 2004, 53924/00 (*Vo/Frankrijk*), heeft het Europese Hof geen principiële uitspraak willen geven over de vraag wie een persoon is en wanneer het recht op leven begint. Met betrekking tot de vraag vanaf welk moment gesproken kan worden van 'leven' genieten de Verdragspartijen een aanzienlijke *margin of appreciation*. Het Hof is van oordeel dat de vraag wanneer het recht op leven begint, beslist moet worden op nationaal niveau. Het Hof komt tot dit oordeel omdat op dit moment geen consensus bestaat in Europa over de wetenschappelijke en juridische definitie van het 'begin van leven'. Er is geen overeenstemming over de aard en de juridische status van het embryo en/of foetus. Hooguit kan men vaststellen dat de Europese staten gemeenschappelijk van mening zijn dat een embryo/foetus behoort tot het menselijke ras en dat het gezien zijn capaciteit om zich te ontwikkelen tot een mens bescherming behoeft op basis van menselijke waardigheid, zonder dat dit betekent dat een embryo/foetus een persoon is met een recht op leven zoals bedoeld in art. 2 EVRM. Op basis van de huidige stand van zaken acht het Hof het derhalve onwenselijk en zelfs onmogelijk om in abstracto een antwoord te geven op de vraag of het ongeboren kind een 'persoon' is in de zin van art. 2 EVRM. Zie ook EHRM 20 maart 2007, 5410/03 (*Tysiac/Polen*), waarin een schending van art. 8 EVRM werd aangenomen nu de staat de positieve verplichting heeft om de lichamelijke integriteit van de zwangere vrouw te beschermen. In casu leverde de zwangerschap gezondheidsrisico's op voor de vrouw. In een recentere zaak EHRM 26 mei 2011, 27617/04 (*R.R./Polen*), herhaalde het Europese Hof dat een abortusverbod in geval van dreigende schade aan de gezondheid of het welzijn van de vrouw een inbreuk oplevert op het recht op respect voor privéleven. Bij een beslissing over abortus heeft de vrouw in ieder geval het recht persoonlijk te worden gehoord, moeten haar gezichtspunten worden meegenomen in de afweging en moet de bevoegde autoriteit de beslissing schriftelijk motiveren. Zie ook EHRM 16 december 2010, 25579/05 (*A, B en C/Ierland*), waarin het Europese Hof nogmaals wijst op de ruime *margin of appreciation*. De afwezigheid van een Europese consensus over de wetenschappelijke en juridische definitie van het begin van leven en de omstandigheid dat het recht op leven van de foetus en van de vrouw nauw met elkaar zijn verweven, impliceren dat de beoordelingsmarge van staten bij het afwegen van botsende belangen van de foetus en van de vrouw even groot is als bij vraagstukken rond het begin van het leven. Zie ook EHRM 30 oktober 2012, 57375/08 (*P en S/Polen*) waarin het Europese Hof stelde dat de Poolse regelgeving inzake abortus onduidelijk is. Onlangs herhaalde het EHRM dat er geen consensus bestaat in de verdragsstaten over de status van embryo's, maar dat de weigering van de Roemeense autoriteiten om restembryo's over te brengen naar een kliniek die werd aangewezen door de wensouders zelf een ontoelaatbaar inmenging vormt in hun gezinsleven, EHRM 16 januari 2018, Nedescu tegen Roemenië applicationnr. 70035/10.

Artikel 3
Verbod van foltering

Niemand mag worden onderworpen aan folteringen of aan onmenselijke of vernederende behandelingen of bestraffingen.
[11-05-1994, Trb. 165, i.w.tr. 01-11-1998]

Betekenis. Art. 3 EVRM heeft vooral betekenis voor het strafrecht. Op het gebied van het personen- en familierecht kan art. 3 EVRM betekenis hebben in geval van kindermishandeling. In EHRM 10 mei 2001, 29392/95 (*Z/Verenigd Koninkrijk*) concludeerde het Europese Hof tot een schending van art. 3 EVRM in een kindermishandelingszaak. Het Hof was van oordeel dat een staat alle maatregelen dient te nemen om te verzekeren dat een ieder onder zijn rechtsmacht niet wordt onderworpen aan mishandeling, inclusief mishandeling toegebracht door andere burgers. Deze maatregelen moeten een effectieve bescherming bieden, met name in het geval van kinderen en andere kwetsbare personen. In EHRM 23 maart 2010, 4591/05 40146/06 (*M.A.K. en R.K./Verenigd Koninkrijk*) oordeelde het Europese Hof in een incestzaak dat kinderbeschermingsmaatregelen ouders in het algemeen leed en in bepaalde gevallen vernedering zullen berokkenen. Tegelijkertijd bestaat er de verantwoordelijkheid van de autoriteiten op grond van art. 3 EVRM om kinderen te beschermen tegen ernstig misbruik (lichamelijk of geestelijk). Het zou volgens het Hof in tegenspraak zijn met de effectieve bescherming van rechten van kinderen op grond van deze bepaling om de autoriteiten automatisch aansprakelijk te houden als zij, op redelijke gronden of anderszins, een fout maken bij de uitoefening van deze verantwoordelijkheid. Zie in een gelijksoortige zaak EHRM 27 september 2011, 29032/04 (*M en C/Roemenië*). Het Nederlandse pakket van zowel strafrechtelijke reacties als civielrechtelijke maatregelen van kinderbescherming lijkt voldoende waarborgen te bieden tegen kindermishandeling. De Nederlandse staat dient echter adequaat op te treden. Art. 3 EVRM wordt ook als kapstokartikel gebruikt om rechten en vrijheden onder te brengen die het EVRM niet expliciet kent, zoals het recht van een vreemdeling om in Nederland te blijven. Ook voor klachten over discriminatoire behandeling werd art. 3 EVRM gebruikt, nu het EVRM tot voor kort geen zelfstandige anti-discriminatiebepaling kende (zie het commentaar op art. 14). Ook huiselijk geweld kan onder de vigueur van art. 3 EVRM vallen. In EHRM 28 mei 2013, 3564/11 (*Eremia en anderen/Moldavië*) oordeelde het Europese Hof dat er sprake was van een schending van art. 3 EVRM nu de staat niet had voorkomen dat een politieagent herhaaldelijk zijn vrouw ernstig mishandelde, terwijl de autoriteiten van deze mishandelingen op de hoogte waren. Het Hof betrok daarbij tevens dat de beide dochters van het echtpaar getuige waren van deze mishandelingen en daar psychologische schade van hebben opgelopen. Gelet op deze lakse houding van de autoriteiten stelt het Hof een schending van het recht op familieleven ten aanzien van het gezin en schendingen van het verbod op onmenselijke behandeling van de vrouw vast. In EHRM 3 september 2015, 10161/13 (*M. en M./Kroatië*) oordeelde het Europese Hof dat Kroatië onvoldoende heeft gedaan om kindermishandeling door de vader te voorkomen. Het Hof kwam tot schending van art. 3 EVRM nu Kroatië geen grondig onderzoek heeft gedaan naar de beschuldigingen van moeder en kind aan het adres van vader. Tevens was er sprake van schending van art. 8 EVRM door de lengte van de procedure en het feit dat het betreffende kind in de procedure helemaal niet is betrokken/gehoord. In EHRM 22 juni 2021, ECLI:CE:ECHR:2021:0622JUD002259716 (*R.B. tegen Estland*) kwam het Hof tot een schending van art. 3 EVRM, nu in een strafzaak tegen de vader op grond van incest met zijn vijfjarige dochter de verklaring van de minderjarige niet bruikbaar werd geacht omdat niet de juiste instructies waren gegeven voorafgaand aan het verhoor en de vader daarop werd vrijgesproken.

Artikel 4
Verbod van slavernij en dwangarbeid

1. Niemand mag in slavernij of dienstbaarheid worden gehouden.
2. Niemand mag gedwongen worden dwangarbeid of verplichte arbeid te verrichten.
3. Niet als 'dwangarbeid of verplichte arbeid' in de zin van dit artikel worden beschouwd:
a. elk werk dat gewoonlijk wordt vereist van iemand die is gedetineerd overeenkomstig de bepalingen van artikel 5 van dit Verdrag, of gedurende zijn voorwaardelijke invrijheidstelling;
b. elke dienst van militaire aard of, in het geval van gewetensbezwaarden in landen waarin hun gewetensbezwaren worden erkend, diensten die gevorderd worden in plaats van de verplichte militaire dienst;
c. elke dienst die wordt gevorderd in het geval van een noodtoestand of ramp die het leven of het welzijn van de gemeenschap bedreigt;
d. elk werk of elke dienst die deel uitmaakt van normale burgerplichten.
[11-05-1994, Trb. 165, i.w.tr. 01-11-1998]

Artikel 5
Recht op vrijheid en veiligheid

1. Een ieder heeft recht op vrijheid en veiligheid van zijn persoon. Niemand mag zijn vrijheid worden ontnomen, behalve in de navolgende gevallen en overeenkomstig een wettelijk voorgeschreven procedure:
a. indien hij op rechtmatige wijze is gedetineerd na veroordeling door een daartoe bevoegde rechter;
b. indien hij op rechtmatige wijze is gearresteerd of gedetineerd, wegens het niet naleven van een overeenkomstig de wet door een gerecht gegeven bevel of teneinde de nakoming van een door de wet voorgeschreven verplichting te verzekeren;
c. indien hij op rechtmatige wijze is gearresteerd of gedetineerd teneinde voor de bevoegde rechterlijke instantie te worden geleid, wanneer er een redelijke verdenking bestaat, dat hij een strafbaar feit heeft begaan of indien het redelijkerwijs noodzakelijk is hem te beletten een strafbaar feit te begaan of te ontvluchten nadat hij dit heeft begaan;
d. in het geval van rechtmatige detentie van een minderjarige met het doel toe te zien op zijn opvoeding of in het geval van zijn rechtmatige detentie, teneinde hem voor de bevoegde instantie te geleiden;
e. in het geval van rechtmatige detentie van personen ter voorkoming van de verspreiding van besmettelijke ziekten, van geesteszieken, van verslaafden aan alcohol of verdovende middelen of van landlopers;
f. in het geval van rechtmatige arrestatie of detentie van een persoon teneinde hem te beletten op onrechtmatige wijze het land binnen te komen, of van een persoon waartegen een uitwijzings- of uitleveringsprocedure hangende is.

2. Een ieder die gearresteerd is moet onverwijld en in een taal die hij verstaat op de hoogte worden gebracht van de redenen van zijn arrestatie en van alle beschuldigingen die tegen hem zijn ingebracht.
3. Een ieder die is gearresteerd of gedetineerd, overeenkomstig lid 1.*c* van dit artikel, moet onverwijld voor een rechter worden geleid of voor een andere magistraat die door de wet bevoegd verklaard is rechterlijke macht uit te oefenen en heeft het recht binnen een redelijke termijn berecht te worden of hangende het proces in vrijheid te worden gesteld. De invrijheidstelling kan afhankelijk worden gesteld van een waarborg voor de verschijning van de betrokkene ter terechtzitting.
4. Een ieder, wie door arrestatie of detentie zijn vrijheid is ontnomen, heeft het recht voorziening te vragen bij het gerecht opdat deze spoedig beslist over de rechtmatigheid van zijn detentie en zijn invrijheidstelling beveelt, indien de detentie onrechtmatig is.
5. Een ieder die het slachtoffer is geweest van een arrestatie of een detentie in strijd met de bepalingen van dit artikel, heeft recht op schadeloosstelling.
[11-05-1994, Trb. 165, i.w.tr. 01-11-1998]

1. Doelstelling. Doelstelling van art. 5 is de bescherming van de persoonlijke vrijheid en veiligheid. In art. 5 lid 1 EVRM worden de gronden die een vrijheidsberoving kunnen rechtvaardigen limitatief opgesomd. Deze gevallen, waarin iemand rechtmatig van zijn vrijheid mag worden beroofd, zijn vrijwel alle rechtstreeks gericht tegen de staat.

2. Vrijheidsberoving. Art. 5 EVRM is slechts toepasselijk als men van zijn vrijheid wordt beroofd. De vrijheidsberoving mag niet willekeurig zijn en dient op rechtmatige wijze te geschieden. Het gaat hier om fysieke vrijheidsberoving. In EHRM 6 november 1980, Series A, vol. 39 (*Guzzardi*), wijst het Hof op het betrekkelijke karakter van het onderscheid tussen een vrijheidsberoving en een vrijheidsbeperking. Er is slechts sprake van een gradueel verschil. Het verschil tussen vrijheidsberoving en vrijheidsbeperking hangt vooral af van de mate van intensiteit van de desbetreffende maatregel. Om te bepalen of iemand van zijn vrijheid is beroofd, moet men de concrete situatie van het individu nemen als uitgangspunt. Vervolgens moet men verscheidene criteria in ogenschouw nemen: de aard, de duur, de gevolgen en de uitvoeringsmodaliteiten van de straf of van de maatregel, waarvan men het vrijheidsberovend karakter wenst te onderzoeken. Bovendien is vrijheidsberoving slechts rechtmatig, indien ze doelmatig is. **Gijzeling.** De gijzeling als dwangmiddel in het familierecht is een vorm van vrijheidsberoving, die door de rechter wordt uitgesproken en ook overigens voldoet aan de voorwaarden van art. 5 lid 1 onderdeel b.

3. Maatregelen van kinderbescherming (lid 1 onderdeel d). Art. 5 lid 1 onderdeel d verschaft de mogelijkheid om de minderjarige van zijn vrijheid te beroven met het doel in te grijpen in zijn opvoeding of in het geval van zijn rechtmatige gevangenhouding, teneinde hem voor het bevoegde gezag te brengen. Bij gevangenhouding in art. 5 lid 1 onderdeel d moet niet alleen gedacht worden aan opsluiting in een cel, maar aan iedere werkelijke belemmering van de vrijheid van een minderjarige. **a. Uithuisplaatsing.** In het kader van een ondertoezichtstelling (ots) kan een kind uit huis worden geplaatst (art. 1:265b BW). Of een uithuisplaatsing een vrijheidsberoving oplevert in de zin van art. 5 EVRM hangt af van de concrete situatie van het betrokken individu, waarbij verschillende criteria in acht genomen moeten worden. Een uithuisplaatsing kan een vrijheidsberoving van de minderjarige opleveren gezien de criteria die het Europese Hof stelt. Iedere ingreep in de persoonlijke vrijheid van een minderjarige van een aard, een duur en een intensiteit die de op die leeftijd gebruikelijke vrijheidsbeperkingen te boven gaat levert vrijheidsberoving op. Een uithuisplaatsing in een inrichting, zeker als deze gesloten is, levert een vrijheidsberoving op. Sinds de inwerkingtreding op 1 januari 2005 van de Wet op de jeugdzorg is de machtiging plaatsing in een gesloten inrichting vervangen door een machtiging plaatsing in een justitiële jeugdinrichting en sinds de inwerkingtreding van de Jeugdwet op 1 januari 2015 spreken we van een machtiging gesloten jeugdhulp (art. 6.1.1 e.v. Jeugdwet). Een dergelijke machtiging kan slechts worden verleend, als deze plaatsing vereist is vanwege ernstige gedragsproblemen van de minderjarige. De minderjarige van twaalf jaar en ouder krijgt bovendien een advocaat toegevoegd. Het Europese Hof heeft in een zaak tegen Nederland (EHRM 7 juni 2011, 277/05 (*S/Nederland*)), geoordeeld dat als er sprake is van een machtiging gesloten jeugdzorg de procedure effectief en snel moet gebeuren. Zo niet dan levert dat een schending van art. 5 lid 4 EVRM op. Als een persoon van zijn vrijheid beroofd is geweest, kan hij na zijn vrijlating nog wel degelijk een belang hebben bij de beoordeling van de rechtmatigheid van zijn detentie, bijvoorbeeld met het oog op een mogelijke schadeclaim. In HR 24 juni 2011, *LJN* BQ2292 heeft de Hoge Raad naar aanleiding van deze uitspraak gebroken met eerdere uitspraken en beslist dat aangenomen moet worden dat aan degene die een rechtsmiddel instelt tegen een tijdelijke maatregel als gevolg waarvan hem zijn vrijheid is ontnomen, zijn procesbelang niet behoort te worden ontzegd op de enkele grond dat de periode waarvoor de maatregel gold inmiddels is verstreken. In HR 14 oktober 2011, *LJN* BR5151 ging de Hoge Raad nog een stap verder door te oordelen dat dit ook geldt voor een machtiging uithuisplaatsing. In Blyudik tegen Rusland applicationnr. 46401/08 oordeelde het EHRM op 25 juni 2019 dat sprake was van schending van art. 5 lid 5 EVRM, nu de vader van een gesloten geplaatste dochter naar Russisch recht geen effectieve mogelijkheid had om schadevergoeding te krijgen vanwege de ongegronde gesloten plaatsing van zijn dochter. In HR 31 mei 2013, ECLI:NL:HR:2013:BZ5422 oordeelde de Hoge Raad dat ook een voorlopige machtiging op de voet van art. 29c WJZ een vrijheidsbenemende maatregel van een jeugdige inhoudt. De naleving van de wettelijke eis omtrent de instemming van een gedragswetenschapper en de vraag wanneer die naleving feitelijk onmogelijk is, moeten daarom mede worden bezien tegen de achtergrond van art. 5 lid 1 aanhef en onderdeel d EVRM. Zie ook: HR 29 mei 2015, ECLI:NL:HR:2015:1414. **b. Gesloten jeugdzorg achttien plus.** Art. 29a WJZ regelde dat de machtiging gesloten jeugdzorg ook van toepassing was op de jeugdige die de leeftijd van 21 jaar nog niet heeft bereikt. In de jurisprudentie van de feitenrechters ging men er in zijn algemeenheid van uit dat deze bepaling strijd opleverde met art. 5 EVRM. Hof Den Haag 26 maart 2009, BH9207 heeft dit genuanceerd door te oordelen dat er bijzondere situaties denkbaar zijn waarin vrijheidsbeneming voor korte duur van een jong meerderjarige niet in strijd is met art. 5 EVRM. Hof Arnhem 9 juni 2009, *BJ* 3967 oordeelde dat gesloten jeugdzorg van een inmiddels achttienjarige slechts mogelijk is als er in ieder geval sprake is van voortzetting van een voor het achttiende jaar aangevangen behandeling met concreet uitzicht op afronding van die behandeling binnen korte en afzienbare tijd na het bereiken van de leeftijd van achttien jaar. In de nieuwe Jeugdwet is deze jurisprudentie gecodificeerd in art. 6.1.2 lid 4 Jeugdwet. **c. Beperking bevoegdheden.** Art. 5 lid 1 onderdeel d geeft de overheid vergaande bevoegdheden. Het Europese Hof heeft in zijn jurisprudentie getracht hieraan paal en perk te stellen. Zo verduidelijkte het Hof in EHRM 29 februari

1988, *ECHR, Series A*, vol. 129 (*Bouamar*), dit onderdeel in zoverre dat het Hof van oordeel was dat vrijheidsbeneming met een opvoedkundig oogmerk alleen als rechtmatig kan worden beschouwd als de autoriteiten de nodige institutionele voorzieningen treffen, die voldoen aan de veiligheidseisen en geschikt zijn voor opvoedkundige doeleinden. In de tweede zinsnede van deze bepaling – zo blijkt uit de travaux préparatoires – gaat het om de inhechtenisneming en voorgeleiding van minderjarigen met het oogmerk hen uit een schadelijke omgeving weg te halen, niet dus de grond van art. 5 lid 1 onderdeel c het vermoeden van het begaan van een strafbaar feit, of vluchtgevaar. Toch kunnen de omstandigheden van dien aard zijn dat de minderjarige onmiddellijk uit zijn omgeving moet worden verwijderd om vervolgens voor de 'competent legal authority' te worden gebracht. Hiervan is sprake als een kind bijvoorbeeld na echtscheiding ontvoerd wordt door een van zijn ouders, bij een gedwongen opname door de ouders van een minderjarige in een inrichting bijvoorbeeld om af te kicken van alcohol of drugsgebruik en eveneens bij de toepassing van maatregelen van kinderbescherming.

4. Ouderlijk gezag (lid 1 onderdeel d). In EHRM 28 november 1988, Series A, vol. 144 (*Nielsen*), is het Europese Hof van mening dat de garanties van art. 5 EVRM ook voor minderjarigen gelden. In casu vond een opname op de gesloten afdeling van een psychiatrisch ziekenhuis van de twaalfjarige klager plaats op verzoek van de moeder die als enige het gezag bezat. De Europese Commissie was van mening dat de opname van verzoeker een vrijheidsberoving was, omdat het ging om een verblijf in een psychiatrische afdeling van een twaalfjarige jongen, die niet geestelijk gestoord was, maar integendeel in staat was zijn situatie te begrijpen en duidelijk zijn mening te kennen te geven en, in de tweede plaats, omdat de verzoeker toen hij uit het ziekenhuis vluchtte, door de politie werd opgespoord en teruggebracht naar het ziekenhuis. Het Hof huldigde een andere opvatting dan de Commissie, hoewel het Hof toegaf dat de rechten van degene, die de ouderlijke macht uitoefent, niet onbeperkt waren en dat het de plicht van de staat is middelen tegen misbruik te verschaffen. Het Hof was echter van oordeel dat, omdat verzoeker niet in de hoedanigheid van geestelijk gestoorde was opgenomen en het ziekenhuis in het algemeen niet gebruikt werd voor de verzorging van psychiatrische patiënten, de beperkingen die aan verzoeker waren opgelegd niet vergeleken konden worden met een vrijheidsberoving als bedoeld in art. 5 lid 1 EVRM. Verzoeker moest ook beschouwd worden op een leeftijd te zijn waar het nog normaal is dat er beslissingen door een ouder genomen worden die tegen zijn wil ingaan.

5. Recht van voorziening (lid 4). Geeft aan een ieder, die door arrestatie of gevangenhouding van zijn vrijheid is beroofd, het recht voorziening te vragen bij de rechter, opdat deze op korte termijn beslist over de wettigheid van de gevangenhouding en zijn invrijheidstelling beveelt, indien de gevangenhouding onrechtmatig is. Ook aan minderjarigen komt een recht op rechterlijk gehoor toe teneinde de rechtmatigheid van de vrijheidsbeperking in het kader van een maatregel van kinderbescherming getoetst te zien. Zie hetgeen is opgemerkt over EHRM 7 juni 2011, *RFR* 2011/92; HR 24 juni 2011, *LJN* BQ2292 en HR 14 oktober 2011, *RFR* 2012/1 onder 5.3.a maatregelen van kinderbescherming.

Artikel 6

Recht op een eerlijk proces

1. Bij het vaststellen van zijn burgerlijke rechten en verplichtingen of bij het bepalen van de gegrondheid van een tegen hem ingestelde vervolging heeft een ieder recht op een eerlijke en openbare behandeling van zijn zaak, binnen een redelijke termijn, door een onafhankelijk en onpartijdig gerecht dat bij de wet is ingesteld. De uitspraak moet in het openbaar worden gewezen maar de toegang tot de rechtszaal kan aan de pers en het publiek worden ontzegd, gedurende de gehele terechtzitting of een deel daarvan, in het belang van de goede zeden, van de openbare orde of nationale veiligheid in een democratische samenleving, wanneer de belangen van minderjarigen of de bescherming van het privé leven van procespartijen dit eisen of, in die mate als door de rechter onder bijzondere omstandigheden strikt noodzakelijk wordt geoordeeld, wanneer de openbaarheid de belangen van een behoorlijke rechtspleging zou schaden.

2. Een ieder tegen wie een vervolging is ingesteld, wordt voor onschuldig gehouden totdat zijn schuld in rechte is komen vast te staan.

3. Een ieder tegen wie een vervolging is ingesteld, heeft in het bijzonder de volgende rechten:

a. onverwijld, in een taal die hij verstaat en in bijzonderheden, op de hoogte te worden gesteld van de aard en de reden van de tegen hem ingebrachte beschuldiging;

b. te beschikken over de tijd en faciliteiten die nodig zijn voor de voorbereiding van zijn verdediging;

c. zich zelf te verdedigen of daarbij de bijstand te hebben van een raadsman naar eigen keuze of, indien hij niet over voldoende middelen beschikt om een raadsman te bekostigen, kosteloos door een toegevoegd advocaat te kunnen worden bijgestaan, indien de belangen van een behoorlijke rechtspleging dit eisen;

d. de getuigen à charge te ondervragen of te doen ondervragen en het oproepen en de ondervraging van getuigen à décharge te doen geschieden onder dezelfde voorwaarden als het geval is met de getuigen à charge;

e. zich kosteloos te doen bijstaan door een tolk, indien hij de taal die ter terechtzitting wordt gebezigd niet verstaat of niet spreekt.

[11-05-1994, Trb. 165, i.w.tr. 01-11-1998]

1. Doelstelling. Art. 6 EVRM garandeert in lid 1 een ieder bij het vaststellen van zijn burgerlijke rechten en plichten of bij het bepalen van de gegrondheid van een tegen hem ingestelde strafvervolging het recht op een eerlijke en openbare behandeling van zijn zaak, binnen een redelijke termijn, door een onafhankelijke en onpartijdige rechterlijke instantie welke bij de wet is ingesteld. **a. Recht op toegang tot de rechter.** Art. 6 EVRM houdt niet alleen procedurele garanties in voor rechterlijke procedures, maar geeft tevens het recht op een rechterlijke procedure voor de in dat artikel genoemde gevallen. Met andere woorden art. 6 EVRM garandeert ook het recht op toegang tot de rechter. Het recht op toegang tot de rechter is een impliciet element van art. 6 EVRM en onderhevig aan impliciete beperkingen. Deze impliciete beperkingen zijn van belang voor het recht op toegang tot de rechter van de minderjarige. De wetgever kan bepaalde beperkende regels stellen aan het recht op toegang tot de rechter, o.a. voor minderjarigen, mits echter de kern van het recht op toegang tot de rechter niet wordt aangetast. Bovendien moeten de beperkingen een gerechtvaardigd doel hebben, waarbij er een redelijke verhouding dient te zijn tussen de gehanteerde middelen en het doel dat wordt nagestreefd. In HR

27 mei 2005, AS 7054, is de Hoge Raad van oordeel dat ook een vader die nimmer het gezamenlijk gezag met de moeder heeft gehad, op grond van art. 6 EVRM ontvankelijk is in zijn eenzijdig verzoek om gezamenlijk gezag. Zie ook HR 15 februari 2008, *NJ* 2008/107, waarin de Hoge Raad van oordeel is dat art. 1:253o tweede volzin BW in strijd is met art. 6 EVRM. **b. Recht op openbare behandeling.** De behandeling van familiezaken geschiedt in het algemeen achter gesloten deuren. In EHRM 24 april 2001, 36377/97 en 35974/97 (*B en P/Verenigd Koninkrijk*) oordeelde het Europese Hof dit niet in strijd met art. 6 EVRM, nu het in gezagszaken essentieel is dat ouders zich vrijelijk kunnen uitlaten over hoogst persoonlijke kwesties zonder de angst van publieke nieuwsgierigheid of commentaar. In EHRM 21 september 2006, 12643/02 (*Moser/Oostenrijk*) was het Hof van oordeel dat sprake was van schending van art. 6 EVRM, nu de zaak waarin de moeder het gezag was ontnomen achter gesloten deuren was behandeld en ook de uitspraak niet in het openbaar had plaatsgevonden. Hoewel het beginsel van openbaarheid van procedures uitzondering lijdt onder andere in zaken waarin jeugdigen zijn betrokken, is het Hof van oordeel dat een ongeclausuleerde uitzondering op de openbaarheid voor alle familiezaken in strijd kan zijn met art. 6 EVRM. In casu was er geen mogelijkheid in de wetgeving om de zaak bij afweging van belangen in het openbaar te behandelen en was bovendien de andere partij geen particulier, maar een overheidsinstelling voor jeugdzorg. Inmiddels is op 1 januari 2013 de wet tot wijziging van het Wetboek van Burgerlijke Rechtsvordering en enkele andere wetten teneinde nader inhoud te geven aan het beginsel van openbaarheid van de behandeling van zaken betreffende het personen- en familierecht in werking getreden (*Stb.* 2012, 200). In deze wet wordt het mogelijk gemaakt om op grond van zwaarwegende belangen een familiezaak in het openbaar te behandelen. Uitgangspunt blijft echter een behandeling achter gesloten deuren. De Nederlandse wetgeving is zo in overeenstemming gebracht met deze uitspraak van het Europese Hof. **c. Duur procedure.** In de zaak-*Berchy/Nederland* werd de klacht van de vader over schending van art. 6 EVRM nu de procedure inzake de omgangsregeling onredelijk lang heeft geduurd waardoor zijn zoons van hem vervreemd zijn en hij al drie jaar geen contact heeft met zijn zoons ongegrond verklaard. De procedure had drie jaar en negen maanden geduurd, maar deze duur was niet onredelijk gelet op de complexiteit van de zaak en de houding van partijen. Wel herhaalt het Hof het standpunt dat zaken betreffende een omgangsregeling met de nodige voortvarendheid moeten worden behandeld. In een kinderontvoeringszaak werd geklaagd over de duur van de procedure. Nadat rechtbank en Hof de teruggeleiding hadden geweigerd, had de Hoge Raad de uitspraak van het Hof vernietigd en de zaak verwezen naar Hof Den Haag. Dit hof gelastte de teruggeleiding, waarop de moeder opnieuw cassatie instelde. In EHRM 2 november 2010, 7239/08 (*Van den Berg/Nederland*), was het Europese Hof van oordeel dat de lengte van de procedure (twee jaar, negen maanden en 22 dagen) gezien de omstandigheden van het geval (onder meer een procedure in vijf instanties) en het feit dat geen periodes van inactiviteit aan de nationale autoriteiten kunnen worden toegeschreven, niet onredelijk is. De klacht op grond van art. 6 en 8 EVRM (zie het commentaar bij art. 8 EVRM) is kennelijk ongegrond. Het Hof oordeelt ten slotte dat het feit dat klaagster niet is gehoord door de rechter in Turijn de eerlijkheid van de Nederlandse procedure niet aantast. Daarbij stelt het Hof dat uit het Haagse Kinderontvoeringsverdrag volgt dat de rechter van de gewone verblijfplaats van het kind (Italië) moet oordelen over het ouderlijk gezag. De klacht op grond van art. 6 EVRM is kennelijk ongegrond. Op 8 februari 2022 oordeelde het EHRM in de zaak *Q en R/*

Slovenië, 19938/20 dat art. 6 is geschonden nu de procedure over een pleeggezinplaatsing zes jaar had geduurd. Corona is daarvoor geen excuus.

2. Procespositie minderjarige. Er zijn diverse procedures waarbij de minderjarige betrokken is, maar niet zelf als verzoeker of verweerder partij is. In procedures over het treffen van een maatregel van kinderbescherming, in echtscheidingsprocedures (gezagsvoorziening, gezagswijziging, omgangsrecht), in adoptiezaken en overigens in alle zaken betreffende het ouderlijk gezag en voogdij dient de minderjarige van twaalf jaar en ouder ex art. 809 Rv gehoord te worden. In EHRM 11 oktober 2001, *NJ* 2002/417 (*Sahi/ Duitsland*), oordeelde een kamer van het Europese Hof dat de Duitse rechter onvoldoende gemotiveerd het horen van een vijfjarig kind achterwege had gelaten. Wortmann stelt in haar noot onder dit arrest dat zij geen aanleiding ziet om het in het algemeen zeer zorgvuldige beleid van Nederlandse rechters inzake advisering door deskundigen en het horen van minderjarigen in dit soort zaken aan te scherpen. In EHRM 8 juli 2003, 30943/96, was the Grand Chamber in deze zaak daarentegen van oordeel dat art. 8 EVRM niet was geschonden, nu het te ver gaat om te stellen dat de nationale rechters altijd een kind moeten horen in omgangszaken. De noodzaak om een kind te horen hangt af van de specifieke omstandigheden van ieder geval, waarbij rekening moet worden gehouden met de leeftijd en rijpheid van het kind. Het EHRM heeft in de zaak-*M en M/ Kroatië* het niet-horen van een minderjarige die tijdens de vele procedures tussen haar ouders over het gezag tussen de negen en dertien jaar oud was in strijd geacht met art. 8 EVRM. Het Hof verwees daarbij uitdrukkelijk naar art. 12 IVRK, het recht van kinderen om in procedures die hen betreffen gehoord te worden. **Formele procespartij.** De minderjarige is geen formele partij in procedures en wordt dit door het horen ook niet. De minderjarige heeft naar Nederlands recht geen zelfstandige rechtsingang, behoudens de in de wet genoemde uitzonderingen. De minderjarige moet in rechte steeds vertegenwoordigd worden door zijn ouders of voogd dan wel door een bijzondere curator indien er strijd bestaat tussen de belangen van ouder(s) en kind(eren). In HR 31 oktober 2003, *LJN* AJ3261, oordeelde de Hoge Raad over een verzoek tot gegrondverklaring van de ontkenning van het vaderschap, dat door de bijzondere curator namens een nog zeer jeugdig kind is ingediend. Er kunnen zich omstandigheden voordoen waarin het belang van een zeer jeugdig kind meebrengt dat over ontkenning van het vaderschap niet wordt beslist voordat het kind zelf zich daarover een weloverwogen oordeel kan vormen. Daarvan is geen sprake in dit geval, waarin het kind wordt opgevoed in het gezin van zijn moeder en biologische vader, die bereid is het kind te erkennen, terwijl de wettige vader geen bezwaar heeft tegen inwilliging van het verzoek, naar het oordeel van de bijzondere curator het belang van het kind zich ertegen verzet dat de juridische band met de wettige vader blijft voortduren totdat het kind zelf zich daarover een weloverwogen oordeel kan vormen en naar het oordeel van de bijzondere curator het belang van het kind is gediend met erkenning door de biologische vader, opdat de juridische status van het kind niet langer afwijkt van zijn fysieke, sociale en maatschappelijke werkelijkheid. In HR 5 december 2014, ECLI:NL:HR:2014:3535 was de Hoge Raad van oordeel dat noch uit art. 6 lid 1 EVRM, noch uit art. 12 IVRK voortvloeit dat van een effectieve uitoefening van bedoeld recht slechts sprake kan zijn indien de minderjarige zonder tussenkomst van een (wettelijk) vertegenwoordiger kennis kan nemen van alle gedingstukken in de procedure waarin hij of zij wordt gehoord. In HR 29 mei 2015, ECLI:NL:HR:2015:1409 werd dit nader uitgewerkt: Een minderjarige dient in alle familierechtelijke zaken hem betreffend te worden aangemerkt als belanghebbende als bedoeld in art. 798 lid 1 Rv. Hij kan de processuele bevoegdheden evenwel niet zonder tussenkomst van een wettelijke vertegenwoordiger of een daartoe benoemde bijzondere curator uitoefenen, behoudens voor zover de wet daarin voorziet. Dat laatste is het geval ten aanzien van een verzoek tot benoeming van een bijzondere curator. Een minderjarige wiens verzoek tot benoeming van een bijzondere curator is afgewezen, kan daartegen dus zonder te worden vertegenwoordigd, een rechtsmiddel aanwenden. Voor een informeel verzoek tot toekennen van eenhoofdig gezag aan een van de ouders of tot (wijziging van) een contactregeling geldt dat de minderjarige wel in hoger beroep kan komen, maar daarbij dient te worden vertegenwoordigd door een wettelijke vertegenwoordiger of een bijzondere curator. Het Europese Hof heeft in een zaak tegen België geoordeeld dat het recht op toegang tot de rechter voor de minderjarigen was geschonden. Terwijl de klagers minderjarig zijn, begint de verjaringstermijn voor een vordering te lopen. De wettelijk vertegenwoordiger weigert te procederen. Op het moment dat ze meerderjarig worden en zelfstandig een procedure kunnen starten, is de termijn verstreken en wordt hun zaak niet-ontvankelijk verklaard. Het Europese Hof constateert een disproportionele beperking van het recht op toegang tot de rechter (EHRM 7 juli 2009, 1062/07 (*Stagno/België*)).

3. Informele rechtsingang. De minderjarige van twaalf jaar en ouder heeft de mogelijkheid om de rechter op informele wijze van zijn wensen ten aanzien van het gezag na echtscheiding of ten aanzien van de omgangsregeling te doen blijken. De rechtbank kan indien haar blijkt dat de minderjarige van twaalf jaar of ouder daar prijs op stelt ambtshalve een beslissing geven ten aanzien van het gezag na echtscheiding (art. 1:251a), of een omgangsregeling vaststellen of een bestaande omgangsregeling wijzigen (art. 1:377g BW). Hetzelfde geldt ten aanzien van de minderjarige die jonger is dan twaalf jaar, maar in staat kan worden geacht tot een redelijke waardering van zijn belangen ter zake. In de jurisprudentie wordt aangenomen dat de minderjarige ook een informele rechtsingang heeft ten aanzien van de verblijfplaats of de verdeling van de zorg- en opvoedingstaken van art. 1:253a BW. De minderjarige heeft, behoudens de in de wet genoemde uitzonderingen, naar Nederlands recht geen zelfstandige rechtsingang en kan zich dus niet zelfstandig tot de nationale rechter wenden, indien een van zijn rechten uit het EVRM worden geschonden. Zie echter de hiervoor genoemde uitspraak van de Hoge Raad van 29 mei 2015, ECLI:NL:HR:2015:1409.

4. Rechtsingang voor de Europese instanties. De minderjarige kan zich wel rechtstreeks, dit wil zeggen zonder wettelijke vertegenwoordiger, tot de Europese Commissie en het Europese Hof wenden met een klacht over schending van een van de artikelen uit het EVRM. In art. 34 (25 oud) EVRM is het individuele klachtrecht toegekend aan ieder natuurlijke persoon, iedere (andere dan een regerings-)organisatie of iedere groep van particulieren, die beweert het slachtoffer te zijn van een schending door een verdragspartij van een van de rechten uit het Verdrag. De Europese Commissie overwoog dienaangaande reeds in 1962 dat art. 25 EVRM aan iedere persoon het klachtrecht garandeert en dat art. 25 geen onderscheidt maakt tussen volwassenen of minderjarigen. **a. Uitputting nationale rechtsmiddelen.** Voordat de procedure in Straatsburg gestart kan worden moeten ex art. 35 EVRM eerst de nationale rechtsmiddelen zijn uitgeput. Indien echter een recht van de Nederlandse minderjarige uit het EVRM wordt geschonden en zijn wettelijke vertegenwoordiger weigert te procederen, dan staat de Nederlandse minderjarige alleen de weg van art. 250 Boek 1 BW open. Weigert de rechter een bijzondere curator te benoemen dan kan de minderjarige rechtstreeks een klacht indienen bij de Europese Commissie. ***Sosjale Joenitzaak.*** In EHRM 16 december 1974, 6753/74, D en R 2 (1975) (*Sosjale Joenit*), heeft de Commissie impliciet aanvaard dat een minderjarige zonder tussenkomst van haar wettelijke vertegenwoordiger, een klacht kan indienen over een geschil, waarin de belangen van de minderjarige en zijn vertegenwoordiger tegenover elkaar staan. De klachten van minderjarigen worden door de Europese Commissie en het Europese Hof op dezelfde wijze behandeld als klachten die door meerderjarigen worden ingediend. In ieder geval worden zij niet op deze grond niet-ontvankelijk verklaard. **b. Kern recht op toegang tot de rechter.** Onzeker is of het hoorrecht in geval van een gezagsvoorziening of ingeval van een maatregel van kinderbescherming betekent dat het recht op toegang tot de rechter niet in zijn kern wordt aangetast. De informele rechtsingang bij het gezag na echtscheiding en de omgangsregeling vormt weliswaar een beperking van het recht op toegang tot de rechter, maar dit recht wordt hier niet in zijn kern aangetast. In EHRM 25 februari 1992, Series A, vol. 226 (1992) (*Andersson*), was het Europese Hof van oordeel dat art. 13 niet vereist dat een twaalfjarige jongen zelfstandig een procedure zou moeten kunnen voeren in het kader van het opleggen van een maatregel van kinderbescherming. Zijn moeder had als wettelijke vertegenwoordiger daartoe de mogelijkheid en daaraan deed niet af het feit dat in casu de contacten tussen moeder en zoon beperkt waren. Ook uit de zaak-*Nielsen* blijkt dat het Hof weinig voelt voor eigen rechten van minderjarigen van twaalf jaar en ouder in de verhouding tot het ouderlijk gezag.

5. Toegang tot de rechter voor een biologische vader bij adoptie. In EHRM 26 mei 1994, Series A, vol. 290, *NJ* 1995/247 (*Keegan*) werd door de biologische vader geklaagd dat hij geen toegang tot de rechter had tijdens de adoptieprocedure van zijn biologisch kind en dat hij niet in de procedure was betrokken. Het Hof achtte dit in strijd met art. 6 EVRM. Naar Nederlands recht heeft de verwekker geen procesrechtelijke bevoegdheden. Alleen de ouder die met het kind in familierechtelijke betrekking staat wordt in de adoptieprocedure betrokken. Dit zou gelet op genoemd arrest van het Europese Hof in strijd kunnen zijn met art. 6 EVRM.

6. Procespositie curandus. Ex art. 6 lid 1 EVRM dienen de bepalingen betreffende curatele zo te worden uitgelegd dat niet wordt te kort gedaan aan het recht van onder curatele gestelden op een effectieve toegang tot de rechter, ook voor het geval die toegang nodig is in verband met een geschil tussen de curandus en zijn curator. Ingeval een onmiddellijke voorziening in kort geding nodig is in verband met een conflict met zijn curator betreffende zijn verzorging of verpleging – daaronder begrepen een conflict over zijn verblijfplaats – kan de curandus op de voet van art. 886 Rv zelfstandig in rechte optreden en aan zijn advocaat een desbetreffende opdracht geven, tenzij hij, ook met behulp van zijn advocaat, niet tot een redelijke waardering van zijn bij dit conflict betrokken belangen in staat is. De bevoegdheid om zelfstandig in rechte op te treden brengt tevens mee dat in beginsel ook recht bestaat op de daartoe noodzakelijke rechtshulp, in het bijzonder op onverwijlde, ongestoorde en voldoende contacten met de betrokken advocaat, waaraan des te meer behoefte zal bestaan naar gelang met beperkingen van het inzicht van de curandus in zijn belangen meer rekening moet worden gehouden. Dergelijke contacten, en meer in het algemeen vrij verkeer tussen de advocaat en de curandus, zal de curator dan ook in beginsel niet mogen verbieden of belemmeren. In aanmerking genomen dat de wettelijke taak van de curator mede de zorg en de verantwoordelijkheid voor de persoon van de curandus omvat, brengt een redelijke uitleg van het grondrecht op rechtshulp echter mee dat de curator tot zodanig verbod wél bevoegd is ingeval, gelet op de geestelijke en lichamelijke gezondheidstoestand van zijn curandus, eventueel in samenhang met de wijze van optreden van de advocaat, van vrij verkeer tussen raadsman en curandus een zo ongunstige uitwerking op die gezondheidstoestand is te vrezen, dat dit verkeer met het oog op die uitwerking onverantwoord moet worden geacht (HR 28 januari 1994, *NJ* 1994/687).

Artikel 7
Geen straf zonder wet

1. Niemand mag worden veroordeeld wegens een handelen of nalaten, dat geen strafbaar feit naar nationaal of internationaal recht uitmaakte ten tijde dat het handelen of nalaten geschiedde. Evenmin mag een zwaardere straf worden opgelegd dan die, die ten tijde van het begaan van het strafbare feit van toepassing was.
2. Dit artikel staat niet in de weg aan de berechting en bestraffing van iemand, die schuldig is aan een handelen of nalaten, dat ten tijde van het handelen of nalaten, een misdrijf was overeenkomstig de algemene rechtsbeginselen die door de beschaafde volken worden erkend.
[11-05-1994, Trb. 165, i.w.tr. 01-11-1998]

Artikel 8
Recht op eerbiediging van privé-, familie- en gezinsleven

1. Een ieder heeft recht op respect voor zijn privé leven, zijn familie- en gezinsleven, zijn woning en zijn correspondentie.
2. Geen inmenging van enig openbaar gezag is toegestaan in de uitoefening van dit recht, dan voor zover bij de wet is voorzien en in een democratische samenleving noodzakelijk is in het belang van de nationale veiligheid, de openbare veiligheid of het economisch welzijn van het land, het voorkomen van wanordelijkheden en strafbare feiten, de bescherming van de gezondheid of de goede zeden of voor de bescherming van de rechten en vrijheden van anderen.
[11-05-1994, Trb. 165, i.w.tr. 01-11-1998]

1. Doelstelling. Art. 8 EVRM garandeert het recht van een ieder op eerbiediging van zijn privéleven, zijn familie- en gezinsleven, zijn woning en zijn briefwisseling. Oorspronkelijk was art. 8 bedoeld om de burger te behoeden voor al te veel staatsinmenging in zijn familie- en gezinsleven. Hof en Commissie zijn van oordeel dat op de staten een positieve plicht rust om de rechten uit de Conventie te waarborgen. Niet voldoende is dat de staten zich onthouden van inbreuken op het privéleven van de burger, maar de staat heeft de positieve verplichting om beschermende maatregelen te treffen. In EHRM 26 maart 1985, *NJ* 1985/525 (*Nederland*), was het Europese Hof uitdrukkelijk van oordeel dat de overheid zich niet afzijdig kan houden bij duidelijke schendingen in horizontale verhoudingen van bij de Conventie beschermde rechten. In casu was sprake van een leemte in het Wetboek van Strafrecht, waardoor een zedendelict gepleegd bij een geestelijk gehandicapt meisje van zestien jaar oud niet vervolgd kon worden (art. 65 lid 1 Sr). De positieve verplichting die lidstaten hebben is echter niet oneindig, zo oordeelde het EHRM op 1 februari 2018 in de zaak-*Hadzhieva/Bulgarije*, ECLI:CE:ECHR:2018:0201JUD004528512. **Doorwerking**

in familierechtelijke betrekkingen. In EHRM 13 juni 1979, *NJ* 1980/462 (*Marckx*), was het Hof van oordeel dat staten hun nationale wetgeving zo moeten inrichten dat personen die gezinsbanden met elkaar hebben een normaal gezinsleven met elkaar kunnen leiden. Aldus opgevat dwingt art. 8 EVRM ook tot doorwerking in familierechtelijke betrekkingen tussen burgers onderling. Het *Marckx*-arrest heeft de aanzet gegeven tot vele klachten over art. 8 EVRM, zowel voor de nationale rechter als voor de Straatsburgse instanties. Als de rechter na echtscheiding een omgangsregeling ontzegt aan de niet met het gezag belaste ouder beroept deze laatste zich in Straatsburg op schending van art. 8 EVRM door de staat hoewel in feite sprake is van een conflict tussen man en vrouw. Horizontale werking van art. 8 EVRM wordt aldus via rechter of wetgever bereikt. De Hoge Raad heeft naar aanleiding van het *Marckx*-arrest een aantal belangrijke materiële rechten geformuleerd, zoals bijvoorbeeld het recht op voortzetting van de ouderlijke macht na echtscheiding, het recht op gezamenlijk gezag buiten huwelijk en het recht op het kunnen vestigen van familierechtelijke betrekkingen tussen de biologische vader en zijn kind, mits er sprake is van family life tussen hen beiden.

2. Family life. De vraag wanneer er sprake is van 'family life' vormt een steeds weer terugkerend onderwerp in de jurisprudentie van Europese Commissie en Hof. Van 'family life' is sprake in de volgende gevallen: **a. Tussen echtgenoten.** Indien er sprake is van een wettig en echt huwelijk, ook al wonen zij niet samen (EHRM 28 mei 1985, Series A, vol. 94, *NJ* 1988/187, m.nt. EAA: 62 (*Abdulaziz*)). Het Hof is in deze uitspraak van oordeel dat art. 8 EVRM het bestaan van een 'family' vooronderstelt, maar dat betekent niet dat ieder voorgenomen 'family life' helemaal buiten de werkingssfeer valt. Wat het woord 'family' ook betekent, het impliceert in ieder geval de betrekking tussen man en vrouw in een wettig en echt huwelijk, zelfs als dit 'family life' nog niet volledig gerealiseerd is doordat partijen niet hebben kunnen samenwonen. **b. Tussen een man en een vrouw met een relatie die lijkt op een huwelijk.** Zij die een zodanige relatie hebben dat deze te vergelijken valt met een huwelijk, waarbij samenwonen niet absoluut vereist is (EHRM 27 oktober 1994, Series A, vol. 297-C, *NJ* 1995/248, m.nt. JdB (*Kroon*)). Het Hof heeft in eerdere uitspraken al gesteld dat de betekenis van 'family life' in art. 8 niet beperkt is tot betrekkingen die voortvloeien uit een huwelijk, maar ook andere de facto 'family ties' kan omvatten, waarin partijen samenleven buiten huwelijk (EHRM 26 mei 1994, Series A, vol. 290 (*Keegan/Ireland*)). Hoewel in principe samenleven een vereiste kan zijn voor een dergelijke relatie, kunnen in uitzonderlijke gevallen andere factoren aantonen dat een relatie voldoende constant is om de facto 'family ties' tot stand te brengen, hetgeen in casu was dat er sinds 1987 vier kinderen waren geboren uit de latrelatie van mevrouw Kroon en de heer Zerrouk. **c. Tussen de ouders en hun wettige minderjarige kind.** Enkel en alleen al door de geboorte, mits sprake is van een wettig en echt huwelijk, ook al wonen de ouders op het moment van de geboorte niet samen (EHRM 21 juni 1988, Series A, vol. 138, *NJ* 1988/746, m.nt. EAA (*Berrehab*)). Het Hof beschouwt samenwonen niet als een sine qua non voor het bestaan van 'family life' tussen ouders en minderjarige kinderen. De relatie tussen echtgenoten levert 'family life' op. Daarom volgt uit het begrip 'family' van art. 8 dat een kind geboren uit een dergelijke relatie ipso jure deel uitmaakt van die relatie. Daaruit vloeit voort dat vanaf het moment van de geboorte en door het enkele feit van de geboorte er 'family life' tussen ouders en kind bestaat, zelfs als de ouders dan niet samenwonen. **d. Tussen langdurig ongehuwd samenwonende man en vrouw en hun kind.** Ook een ongehuwd paar en hun kind kunnen recht hebben op de bescherming van art. 8 EVRM (EHRM 18 december 1986, Series A, vol. 112, *NJ* 1989/97, m.nt. EAA (*Johnsson/Ierland*)). **e. Tussen moeder en kind, zowel binnen als buiten huwelijk.** Louter door de geboorte. Art. 8 EVRM maakt geen onderscheid tussen de wettige en onwettige 'family'. De alleenstaande moeder en haar kind vormen een gezin dat niet minder is dan andere gezinsvormen. Vanaf de geboorte heeft de moeder voor haar kind gezorgd en dus is er sprake van 'family life' (EHRM 13 juni 1979, Series A, vol. 31, *NJ* 1980/462, m.nt. EAA (*Marckx/België*)). **f. Tussen de man die een kind erkend heeft en het kind.** Zie HR 22 oktober 1993, *NJ* 1994/153. **g. Tussen de biologische vader en het kind mits er 'bijkomende omstandigheden' zijn.** Zie HR 10 november 1989, *NJ* 1990/628 en HR 22 februari 1991, *NJ* 1991/376, alsmede HR 5 juni 1998, *NJ* 1999/129. Deze bijkomende omstandigheden kunnen onder meer bestaan uit feitelijke contacten met het kind (samenleving, verzorging, omgang) na de geboorte, maar ook door de relatie met de moeder welke in voldoende mate met die van een huwelijk op één lijn valt te stellen, ook als de geboorte plaatsvindt nadat de samenleving tussen de ouders is verbroken of hun relatie geëindigd. In EHRM 26 mei 1994, Series A, vol. 290, *NJ* 1995/247 (*Keegan*), was het Hof van oordeel dat de betekenis van 'family life' in art. 8 niet beperkt is tot betrekkingen die voortvloeien uit een huwelijk, maar ook andere de facto 'family ties' kan omvatten, waarin partijen samenleven buiten huwelijk. Een kind geboren uit een dergelijke relatie is ipso jure een onderdeel van die gezinsvorm vanaf het moment van de geboorte en door het enkele feit van de geboorte. Er bestaat tussen het kind en diens ouders 'family life' zelfs als ten tijde van de geboorte de ouders niet langer samenleven of hun relatie hebben beëindigd. In casu had de relatie twee jaar bestaan waarvan de partijen een jaar hadden samengewoond. Het Hof hechtte veel waarde aan het feit dat de verwekking van het kind gepland was en dat de ouders huwelijksplannen hadden. De relatie toen viel onder de term 'family life'. Dat de relatie verbroken werd nog voordat bekend was dat de vrouw zwanger was en dat er sindsdien geen enkel contact was geweest doet niet aan het bestaan van 'family life' tussen vader en kind af. In EHRM 27 oktober 1994, Series A, vol. 297-C, *NJ* 1995/248, m.nt. JdB (*Kroon*), was het Hof van oordeel dat tussen het kind en de verwekker vanaf de geboorte 'amily life' bestaat ongeacht de mate van betrokkenheid van de laatste in de verzorging en opvoeding. In EHRM 1 juni 2004, 45582/99 (*Lebbink/Nederland*), was het Hof van oordeel dat er sprake was van 'family life' tussen de verwekker en het kind, nu het kind is geboren uit een driejarige liefdesrelatie tussen de man en de vrouw, de man enkele maanden toeziende voogd was en de relatie pas is beëindigd toen het kind zestien maanden oud was. Het Hof merkt verder op dat de man bij de geboorte van het kind aanwezig was, dat hij de vrouw en het kind regelmatig bezocht tot de relatie met de moeder eindigde, hij een paar keer de luiers van het kind heeft verschoond, één of twee keer op haar heeft gepast en dat hij verschillende keren met de vrouw heeft overlegd over de gehoorproblemen van het kind. Onder die omstandigheden oordeelt het Hof dat er bij de beëindiging van de verhouding tussen de man en de vrouw – naast het biologisch vaderschap – banden tussen de vader en het kind waren die voldoende inhoudelijk waren om de relatie tussen de man en het kind onder de bescherming van art. 8 te doen vallen. **h. Tussen naaste verwanten, zoals tussen grootouders en kleinkind.** Het 'family life' van art. 8 omvat zeker de betrekkingen tussen naaste bloedverwanten als kleinkind en grootouders, nu dergelijke relaties zeer belangrijk zijn in het gezinsleven (EHRM 13 juni 1979, Series A, vol. 31, *NJ* 1980/462, m.nt. EAA (*Marckx*)). Zie ook: HR 13 december 1991, *NJ* 1992/575 en HR 19 november 1993, *NJ* 1994/330. Zie echter HR 3 juni 2005, *NJ* 2005/349, waarin de Hoge Raad een voogdijwijzigingsverzoek door de grootouders niet-ontvankelijk verklaarde en van oordeel was dat dit niet in strijd was met art. 8 EVRM, nu grootouders een andere band hebben met hun kleinkind dan ouders met hun kind. Er moet dan sprake zijn van nauwe persoonlijke betrekkingen. **i. Tussen pleegouders/opvangouders en het kind.** Zie HR 6 november 1987, *NJ* 1988/829, m.nt. EAA; HR 10 maart 1989, *NJ* 1990/24 en HR 23 maart 1990, *NJ* 1991/149 en *NJ* 1991/150. Zie ook: EHRM V.D. tegen Rusland, 9 april 2019 applicationnr. 72931/10 waarin schending van art. 8 EVRM werd aangenomen nu de pleegmoeder 9 jaar voor het kind had gezorgd en de Russische staat geen omgang toestond omdat de pleegmoeder geen juridische of biologische band met het kind had. **j. Tussen kind en niet-biologische ouder.** Zie EHRM 22 april 1997 (*X, Y en Z/het Verenigd Koninkrijk*). X is door een chirurgische ingreep van geslacht veranderd. Hij leeft als man met Y samen. X en Y hebben samen gekozen voor een KID-behandeling. Tijdens de zwangerschap van Y en na de geboorte van Z vervult X de vaderrol. In deze omstandigheden neemt het Hof 'family life' aan.

3. Verbreken 'family life'. Niet uitgesloten is dat 'family life' door latere gebeurtenissen wordt verbroken (EHRM 21 juni 1988, Series A, vol. 138, *NJ* 1988/746 (*Berrehab*)). Ook door adoptie kan 'family life' verbroken worden (EHRM 8 juli 1987, Series A, vol. 120 (*H/United Kingdom*)). **a. Strenge eisen.** Aan de verbreking moeten strenge eisen gesteld worden. EHRM 19 februari 1996, Series A, vol. 120 (*Gül*): Tussen een ouder en het kind dat tijdens huwelijk is geboren bestaat 'family life', dat behoudens uitzonderlijke omstandigheden niet verbroken kan worden. Zie ook HR 11 juni 1993, *NJ* 1993/560 en HR 26 november 1999, *NJ* 2000/85. Hoe hechter de band was, hoe zwaarder de vereisten zullen zijn om te kunnen aannemen dat de band verbroken is, HR 17 december 1993, *NJ* 1994/360. Zie ook: HR 14 oktober 2005, AT 8250: mishandeling door de vader van de moeder leidt niet tot de conclusie dat daarmee ook het 'family life' tussen de vader en de kinderen is verbroken of dat de man zich daar niet langer op zou mogen beroepen. **b. Verbreken 'family life' tussen echtgenoten.** EHRM 26 maart 1992, Series A, vol. 234-A. 76 (*Beldjoudi*). Het gegeven dat een echtgenoot langere tijd gedetineerd is betekent niet dat het 'family life' tussen de echtgenoten is geëindigd. Van geval tot geval wordt door de context waarin op de bescherming van deze verdragsbepaling een beroep wordt gedaan, bepaald wat de gevolgen zijn van 'family life': in de ene context is er wel, in de andere context wellicht geen 'family life' tussen dezelfde personen.

4. Gevolgen 'family life'. Uit het bestaan van 'family life' vloeit voort: **a. Het recht op de vestiging van familierechtelijke betrekkingen.** Dit recht geldt vanaf de geboorte met de moeder of zo spoedig daarna als praktisch mogelijk is: EHRM 27 oktober 1994, Series A, vol. 297-C, *NJ* 1995/248, m.nt. JdB: 32 (*Kroon*). Zodra er sprake is van een familieband met een kind, moet de staat deze band respecteren en moeten er wettelijke waarborgen zijn die de integratie van het kind in het gezin vanaf het moment van de geboorte of zodra dat mogelijk is bewerkstelligen. **b. Het recht van een kind om onder omstandigheden niet erkend te worden (door zijn biologische vader).** Zie HR 8 december 1995, *NJ* 1996/405. **c. Omgangsrecht.** Zie EHRM 8 juli 1987, Series A, vol. 121, *NJ* 1988/828, m.nt. EAA (*W/UK*). Het wederzijds genieten door ouder en kind van elkaars gezelschap is een fundamenteel onderdeel van 'family life'. Bovendien wordt de natuurlijke gezinsband niet beëindigd door een maatregel van kinderbescherming ook niet ingeval van een uithuisplaatsing. **d. Het recht (van ouder en kind) op verzorging en opvoeding van het**

kind door de ouder. Zie EHRM Series A, vol. 291 (*Keegan*) en HR 15 april 1994, *NJ* 1994/576. **e. Informatierecht jegens de ouder die het gezag uitoefent.** Zie HR 17 december 1993, *NJ* 1994/360. **f. Het gezag.** Zie EHRM 8 juli 1987, Series A, vol. 121 (*R/UK*). Het ouderlijk gezag is een fundamenteel onderdeel van het gezinsleven. Zie ook: EHRM 28 november 1988, Series A, vol. 144, *NJ* 1991/541, m.nt. EAA (*Nielsen*). Gezinsleven houdt in de aangesloten verdragsstaten een groot scala in aan ouderlijke rechten en verantwoordelijkheden met betrekking tot de verzorging en opvoeding van minderjarige kinderen. Het is normaal en noodzakelijk, volgens het Hof, dat deze verzorgings- en opvoedingsplicht van de ouders met zich meebrengt dat ouders beslissen waar het kind verblijft en zelf of anderen machtigen bepaalde beperkingen aan te brengen aan de vrijheid van het kind. Zo moeten kinderen op school of in andere instellingen zich houden aan bepaalde regels die hun vrijheid van beweging of hun vrijheid anderszins beperken. Zo ook mag een kind in een ziekenhuis worden opgenomen voor een medische behandeling. Ook deze vorm van gezinsleven en in het bijzonder de rechten van ouders om op een verantwoorde wijze het ouderlijk gezag over hun kinderen uit te oefenen worden erkend en beschermd door art. 8 van het Verdrag. **g. Het gezamenlijk gezag voor elk der ouders.** Zie HR 4 mei 1984, *NJ* 1985/510; HR 21 maart 1986, *NJ* 1986/585. **h. Het recht op een juiste procedure bij kinderbeschermingsmaatregelen.** In EHRM 8 juli 1987, Series A, vol. 121, *NJ* 1988/828, m.nt. EAA (*W/UK*), stelde het Europese Hof nadrukkelijk dat, gelet op de ernstige gevolgen van beslissingen met betrekking tot maatregelen van kinderbescherming ouders in het besluitvormingsproces betrokken moeten worden en wel op zodanige wijze dat met hun belangen behoorlijk rekening wordt gehouden. Is dat niet het geval dan is er sprake van een inbreuk op hun gezinsleven, en is de inmenging die het gevolg is van een zodanige procedure niet noodzakelijk in de zin van art. 8 lid 2. Zie ook EHRM 17 december 2002, 35731/97 (*Venema/Nederland*), waarin het Hof van oordeel was dat het feit dat de ouders niet in de besluitvorming waren betrokken over de uithuisplaatsing van hun zeer jonge kind in strijd was met art. 8 EVRM. ***Lengte procedure.*** Rekening moet worden gehouden met de lengte van de procedure. Er bestaat in deze procedures altijd het gevaar dat procedurele vertragingen zullen leiden tot een de facto beslissing, die bepaald wordt door het belang van het kind om gelet op het tijdsverloop de vroegere situatie niet meer te herstellen. Een daadwerkelijke eerbiediging van het gezinsleven vereist dat over toekomstige betrekkingen tussen ouder en kind alleen in het licht van alle relevante overwegingen wordt beslist en dat de beslissing niet slechts door louter tijdsverloop wordt genomen. Zie ook EHRM 24 februari 1995, Series A, vol. 307, *NJ* 1995/594 (*McMichael*). Ouders hebben in een kinderbeschermingsprocedure recht op inzage van de rapporten. **i. Het recht van ouders met hun kind herenigd te worden.** Na de toepassing van kinderbeschermingsmaatregelen (EHRM 23 september 1994, Series A, vol. 299-A (*Hokkanen*)). Art. 8 beschermt ook het recht van ouders op maatregelen die genomen dienen te worden om hen met hun kind te herenigen. Ook als een kind aanvankelijk vrijwillig door een ouder in het pleeggezin van bijvoorbeeld de grootouders is geplaatst, dient de staat die partij is bij het Verdrag, alle maatregelen te nemen om als de grootouders weigerachtig blijven het kind naar de ouder terug te laten gaan, de terugkeer van het kind mogelijk te maken. De staat past hier dus een actieve houding. Zie ook EHRM 25 januari 2000 (*Ignacollo Zenide*). De Roemeense autoriteiten hebben in een internationale kinderontvoeringszaak niet de door art. 8 EVRM vereiste maatregelen genomen. Spoed is daarbij geboden. Ook indien het belang van kinderen zich verzet tegen dwangmaatregelen is het nog altijd mogelijk sancties te treffen tegen ouder die de rechterlijke uitspraken negeert. Zie ook: EHRM 29 april 2003, 56673/00 (*Gil/Spanje*), waarin het Hof in een internationale kinderontvoeringszaak oordeelde dat art. 8 EVRM het recht bevat van een ouder dat gepaste maatregelen worden genomen om hem met zijn kind te herenigen. Een staat dient adequate en effectieve maatregelen te nemen. **j. Het recht van echtgenoten onder omstandigheden ontslagen te worden van de samenwoningsplicht.** Het recht op eerbiediging van het gezinsleven kan soms met zich meebrengen dat echtgenoten niet verplicht kunnen worden om samen te leven (EHRM 9 oktober 1979, Series A, vol. 32, *NJ* 1980/376, m.nt. EAA (*Airey*)). **k. Een aanspraak op onderhoud.** Zie HR 26 april 1996, *NJ* 1997/119. De hoofdregel dat een kind slechts jegens zijn wettige ouders aanspraak heeft op voorziening in de kosten van verzorging en opvoeding kan op grond van art. 8 EVRM worden doorbroken. Art. 8 EVRM kan een positieve verplichting opleggen om het kind een aanspraak op levensonderhoud jegens zijn biologische vader toe te kennen. Zie anders HR 10 augustus 2001, *NJ* 2002/278: Uit art. 8 EVRM kan niet worden afgeleid dat deze bepaling een positieve verplichting oplegt om een kind een aanspraak op levensonderhoud toe te kennen jegens de voormalige vrouwelijke partner van zijn moeder, zodat moet worden aangenomen dat de beperking in art. 1:394 BW van het begrip 'levensgezel' tot mannelijke levensgezel niet een schending oplevert van art. 8 EVRM. Zie anders: Rb. Breda 19 november 2011, *LJN* BM7254. In HR 18 februari 2011, *LJN* BO9841 was de Hoge Raad van oordeel dat art. 8 EVRM eist dat de kinderen een aanspraak op levensonderhoud jegens hun biologische vader hebben voor zover de wettige vader geen draagkracht heeft. In EHRM 28 september 2010, 37060/06 (*J.M./het Verenigd Koninkrijk*) was het Hof van oordeel dat met betrekking tot een alimentatieregeling een lidstaat een relatie tussen partners van gelijk geslacht niet anders mag behandelen dan een heteroseksuele relatie. **l. Recht op erfrecht.** Erfrecht tussen naaste bloedverwanten is nauw verbonden met gezinsleven. Gezinsleven impliceert niet alleen sociale, morele of culturele betrekkingen, maar omvat ook belangen van materiële aard, zoals bijvoorbeeld de onderhoudsverplichting en het erfrecht van een naaste bloedverwant (EHRM 13 juni 1979, Series A, vol. 31, *NJ* 1980/462, m.nt. EAA (*Marckx*)). In EHRM 3 oktober 2000 (*Bourimi/Nederland*), is het Europese Hof van oordeel dat hoewel art. 8 als zodanig niet een recht om te erven garandeert, het Hof reeds eerder heeft geaccepteerd dat erfrecht tussen nauwe verwanten niettemin valt binnen de reikwijdte van dit artikel omdat het een element van 'family' vertegenwoordigt. In EHRM 13 januari 2004, 36983/97 (*Haas/Nederland*) is het Europese Hof van oordeel dat art. 8 EVRM niet het recht beschermt om als erfgenaam te worden erkend. **m. Recht op de geslachtsnaam.** Hoewel art. 8 van het Verdrag niet uitdrukkelijk het naamrecht noemt, valt dit naamrecht niettemin onder het begrip privé- of gezinsleven, nu de naam een persoonlijke identificatie is en een band met een gezin kan aangeven (EHRM 22 februari 1994, Series A, vol. 280-B, *NJ* 1996/12, m.nt. EAA (*Burghartz/Switzerland*); zie ook EHRM 25 november 1994, Series A, vol. 299-B (*Stjerna*), en EHRM 27 april 2000, 42973/98 (*Bijleveld/Nederland*)). EHRM 16 november 2004, 29865/96 (*Ünal/Turkije*): het Turkse naamrecht dat gehuwde vrouwen niet de mogelijkheid biedt hun meisjesnaam te voeren is in strijd met art. 8 EVRM. Volgens de Hoge Raad (23 september 1988, *NJ* 1989/740) wordt een recht van ouders op een door hen te kiezen achternaam voor hun kinderen in ieder geval gewaarborgd door art. 26 IVBPR. Het is echter slechts aan de wetgever om te bepalen op welke wijze op het onderhavige terrein het best aan het beginsel van art. 26 IVBPR kan worden voldaan. Gelet op de Europese jurisprudentie zal echter bij strijd met een verdragsbepaling de rechter toch moeten beslissen. **n. Recht op identiteit en**

persoonlijke ontwikkeling. Art. 8 EVRM beschermt een recht op identiteit en persoonlijke ontwikkeling. Dit recht omvat tevens een recht op het verkrijgen van informatie over belangrijke aspecten van iemands identiteit, zoals over de identiteit van natuurlijke ouders, EHRM 13 februari 2003, 42326/98 (*Odièvre/Frankrijk*). De omstandigheden waarin een kind wordt geboren vormen een onderdeel van het privéleven van de betreffende persoon, zoals dit bescherming vindt in art. 8 EVRM. **o. Recht op kunstmatige inseminatie.** In EHRM 4 december 2007, 44362/04 (*Dickson/het Verenigd Koninkrijk*) heeft het Europese Hof geoordeeld dat het weigeren faciliteiten voor kunstmatige inseminatie beschikbaar te stellen aan een vrouw en haar wegens moord tot levenslange gevangenisstraf veroordeelde echtgenoot in strijd is met art. 8 EVRM.

5. Naamrecht. Het recht op de naam valt onder de bescherming van art. 8 EVRM. Zie voor geslachtsnamen aant. 4. In EHRM 27 april 2000, 42973/98 (*Bijleveld*), heeft het Europese Hof het huidige Nederlandse naamrecht niet in strijd geacht met art. 8 jo. 14 EVRM. Wettelijke beperkingen van de mogelijkheid tot geslachtsnaamwijziging kunnen in het algemeen belang gerechtvaardigd zijn. De verdragsstaten hebben een ruime *margin of appreciation*. Het Hof constateert daarnaast dat er weliswaar een verschil in behandeling is tussen de gehuwde man en de gehuwde vrouw, nu deze laatste haar geslachtsnaam alleen kan doorgeven aan haar kind als man en vrouw het daarover eens zijn. Het Europese Hof acht het onwenselijk dat een kind geen geslachtsnaam zou hebben, zolang de ouders geen overeenstemming hebben bereikt over de te maken keuze en vindt het acceptabel dat een staat om een dergelijke situatie te voorkomen een keuze maakt. Anders lag dit in een recente uitspraak van EHRM 7 januari 2014, 77/07 (*Cusan en Fazzo/Italië*), waarin het Europese Hof een schending van art. 8 EVRM aannam, nu de Italiaanse wet ouders niet toestaat om te kiezen dat hun kind louter de achternaam van de moeder zal dragen. Het Hof benadrukt het belang van gelijkheid der seksen en het uitbannen van discriminatie op het gebied van naamgevingswetten. Met betrekking tot voornamen heeft het Hof in EHRM 24 oktober 1996 (*Guillot/Frankrijk*), geoordeeld dat hoewel art. 8 geen expliciete voorziening bevat ten aanzien van voornamen, deze laatste wel, net als geslachtsnamen, betrekking hebben op het privé- en gezinsleven omdat ze een middel vormen om personen te identificeren binnen hun familie en de samenleving. Zie voor uitspraken waarin het Europese Hof een schending van art. 8 EVRM aannam omdat vrouwen anders dan mannen na het huwelijk hun oorspronkelijke achternaam niet mogen gebruiken: EHRM 28 mei 2013, 7971/07 (*Leventoglu/Turkije*). De Hoge Raad heeft op 14 april 2006, *RFR* 2006/70 geoordeeld dat noch art. 8 noch art. 14 EVRM meebrengen dat na gerechtelijke vaststelling van vaderschap het kind tegen de wil van de vader zijn geslachtsnaam moet kunnen krijgen.

6. Ontkenning vaderschap. In EHRM 27 oktober 1994, Series A, vol. 297 C (*Kroon, Zerrouk en M'Hallem Driss/Nederland*), heeft het Europese Hof art. 1:198 en 1:199 BW met betrekking tot de ontkenning van het vaderschap van een staande huwelijk geboren kind in strijd geacht met art. 8 EVRM. In de opvatting van het Hof vereist eerbiediging van het gezinsleven dat biologische en sociale werkelijkheid prevaleren boven een wettelijk vermoeden van vaderschap (herhaald in EHRM 2 juni 2005, 77785/01 (*Znamenskaya/Rusland*)), een vaderschap dat in casu indruist tegen de werkelijkheid en de wensen van partijen. Niemand was gebaat bij het vasthouden aan het wettelijk vermoeden van vaderschap. Het Hof stelt uitdrukkelijk rekening te hebben gehouden met de margin of appreciation van de Nederlandse staat (zie de Inleidende opmerkingen bij aant. 9a), maar oordeelt desondanks de Nederlandse wetgeving in strijd met art. 8 van het Verdrag. Inmiddels is per 1 april 1998 de wetgeving op dit punt gewijzigd (art. 1:200-1:202 BW). In EHRM 24 november 2005, 74826/01 (*Shofman/Rusland*), was het Hof van oordeel dat er geen sprake is van een eerlijke belangenafweging en van schending van art. 8 EVRM nu het Russische recht een inflexibele tijdslimiet kent voor het instellen van een procedure ontkenning vaderschap. Het gegeven dat deze limiet begint ongeacht de wetenschap van de vermeende vader van omstandigheden die twijfel zaaien aan zijn vaderschap is met name onevenredig en in strijd met klagers recht op eerbiediging van zijn privéleven.

7. Gedwongen erkenning/gerechtelijke vaststelling vaderschap. Een beroep op art. 8 EVRM om een man te dwingen een kind te erkennen werd in eerste instantie door de Rechtbank Rotterdam gehonoreerd. De Hoge Raad is echter van oordeel dat de Nederlandse wetgeving geen mogelijkheid kent om, ingeval de man een door hem verwekt kind niet wenst te erkennen, de ambtenaar van de Burgerlijke Stand te gelasten een akte van erkenning op te maken. Wellicht is er een mogelijkheid op grond van een onrechtmatige daad (art. 3:300 en 3:326 BW), HR 3 april 1992, *NJ* 1993/286. Vanaf 1 april 1998 kent de wet in art. 1:207 BW de mogelijkheid van de gerechtelijke vaststelling van het vaderschap. In HR 22 september 2000, *NJ* 2001/647 heeft de Hoge Raad in een verzoek om gerechtelijke vaststelling van het vaderschap geoordeeld dat de rechter kan beslissen dat de inbreuk van een DNA-onderzoek op de lichamelijke integriteit van de man gerechtvaardigd is. Het Hof Leeuwarden heeft op 24 januari 2001 geoordeeld dat de inbreuk die door het DNA-onderzoek wordt gemaakt op het bepaalde in art. 8 lid 1 EVRM toelaatbaar is op grond van art. 8 lid 2 EVRM. In EHRM 13 januari 2004, 36983/97 (*Haas/Nederland*), is het Europese Hof van oordeel dat een niet-erkende zoon die alleen een erfrechtelijke procedure voerde, zich niet kan beroepen op de bescherming van art. 8 EVRM. Zie ook EHRM 13 juli 2006, 58757/00 (*Jäggi/Zwitserland*). In HR 26 januari 2007, *RFR* 2007/42 heeft de Hoge Raad geoordeeld dat gerechtelijke vaststelling van het vaderschap na erkenning op grond van art. 8 en 14 EVRM mogelijk is. In EHRM 2 juni 2005, 77785/01 (*Znamenskaya/Rusland*), was het Europese Hof van oordeel dat de afwijzing door de rechter van het verzoek van de moeder om het vaderschap alsnog te erkennen van een doodgeboren kind nu de vader is overleden voordat hij het kind heeft kunnen erkennen, in strijd is met het 'private life' van de moeder. Ook een onjuist uitgevoerde DNA-procedure kan in strijd zijn met art. 8 EVRM (EHRM 7 mei 2009, 3451/05 (*Kalacheva/Rusland*)). Het Hof stelt nogmaals dat op grond van art. 8 EVRM rechters bij de beoordeling van het vaderschap speciale aandacht moeten geven aan de vraag wat het meest in het belang van het kind is. Het Hof overweegt dat het cruciaal was om de resultaten van een DNA-test te verkrijgen via deze – enige wetenschappelijke – methode teneinde in het belang van het kind het vaderschap vast te stellen. Nu de resultaten van de eerste DNA-test wegens procedurele gebreken niet gebruikt konden worden, had de nationale rechter het uitvoeren van een tweede DNA-test moeten gelasten. Dit temeer, nu de procedurele gebreken toe te schrijven waren aan een onderzoeksinstituut van de staat. Het Hof concludeert dat de staat hiermee zijn positieve verplichting heeft geschonden om een goede afweging te maken tussen de strijdige belangen van de moeder en – vermoedelijke – vader met inachtneming van het belang van het kind. Zie ook EHRM 25 februari 2014, 12546/06 (*Ostace/Roemenië*). In Mifsud tegen Malta nr. 62257/15 oordeelde het

EHRM op 29 januari 2019 dat dwang bij afname van DNA voor een vaderschapsonderzoek geen inbreuk vormt op het recht op private life van de verwekker.

8. Toestemming moeder bij erkenning. Art. 8 EVRM brengt met zich mee dat de biologische vader die family life heeft (gehad) met het kind het recht heeft het kind te erkennen. Dit recht van de vader kan op grond van art. 8 lid 2 beperkt worden door de rechten van de moeder of van het kind. De ex art. 224 lid 1 onderdeel d vereiste toestemming van de moeder voor erkenning kan vervangen worden door een rechterlijke uitspraak als de weigering van de moeder slechts als misbruik van haar bevoegdheid kan worden opgevat, HR 8 april 1988, *NJ* 1989/170; de Hoge Raad heeft op 18 mei 1990, *NJ* 1991/374 en *NJ* 1991/375 als criterium gesteld dat de moeder geen enkel te respecteren belang heeft bij haar weigering. In HR 22 februari 1991, *NJ* 1991/376 en HR 20 december 1991, *NJ* 1992/598 heeft de Hoge Raad in de ongebruikelijke opvoedingssituatie, waarin de vader een groter aandeel heeft gehad in de opvoeding dan de moeder, de rechten van de vader zwaarder laten wegen. In HR 8 december 1995, *NJ* 1996/405 is de Hoge Raad van oordeel dat na de dood van de moeder het toestemmingsvereiste niet meer geldt, maar dat de rechten van het kind ex art. 8 EVRM zich kunnen verzetten tegen een erkenning. Inmiddels is de wetgeving op dit punt aangepast op 1 april 1998 (art. 1:204 BW). Zie ook HR 16 februari 2001, *NJ* 2001/571: Art. 1:204 lid 3 BW stelt niet de eis dat tussen de verwekker die wil erkennen en het kind 'family life' als bedoeld in art. 8 EVRM bestaat. Hof 's-Hertogenbosch was op 15 oktober 2002, *LJN* AF2801 van oordeel dat toestemming van de moeder tot erkenning aan haar partner, niet zijnde de biologische vader van het kind, niet in strijd is met art. 8 EVRM, nu de moeder een gerechtvaardigd belang had. Het Europese Hof achtte de onmogelijkheid voor een biologische vader zijn kind te erkennen, nu hij geen toestemming van de moeder verkreeg en ook niet kon erkennen na haar dood, niet in strijd met art. 8 EVRM, nu het belang van het kind met zich meebracht dat het niet erkend zou worden. Het Hof herhaalt dat bij een afweging van belangen, de belangen van het kind de doorslag geven (EHRM 5 november 2002, 33711/96 (*Yousef/Nederland*)). In EHRM 15 september 2011, 17080/07 (*Schneider/Duitsland*), was het Europese Hof van oordeel dat de onmogelijkheid voor de verwekker van een kind een sociale band op te bouwen in strijd is met art. 8 EVRM. Het betrof hier een man die een relatie had gehad met een getrouwde vrouw. Het kind was tijdens huwelijk geboren en dus het juridisch kind van de vrouw en haar echtgenoot. De verwekker werd een omgangsregeling geweigerd. Het Hof stelt voorop dat de toepasselijkheid van art. 8 EVRM normaal gesproken meer vereist dan de enkele biologische band tussen vader en kind. In de regel moeten ouder en kind dan een periode samen hebben gewoond waardoor sprake is van gezinsleven. In uitzonderlijke gevallen wijkt het Hof van deze regel af. Eén van die gevallen betreft de situatie dat van voorgenomen gezinsleven sprake is. Wordt dit gezinsleven niet gerealiseerd en is dit niet toe te rekenen aan de klager, dan kan diens klacht onder de reikwijdte van art. 8 EVRM vallen. In dat verband speelt onder meer de aard van de relatie tussen de ouders van het kind, en de getoonde belangstelling van de vader voor het kind een rol. Het Hof stelt vast dat in het geval van *Schneider* geen sprake is van gezinsleven nu hij nooit met het kind heeft samengewoond, het zelfs nog nooit heeft ontmoet, en evenmin duidelijk is of hij de biologische vader is. Dit kan echter niet aan *Schneider* worden tegengeworpen. Contact met het kind was onmogelijk omdat de (juridische) ouders hieraan niet wilden meewerken. Het Hof stelt daarom vast dat de weigering door de nationale rechter om *Schneider* toegang tot het kind te geven een inbreuk maakt op zijn rechten onder art. 8 EVRM. Dit kan echter gerechtvaardigd zijn door de belangen van het kind op grond van art. 8 lid 2. Het Hof wijst er op dat het in 2010 (*Anayo/Duitsland*), al tot de conclusie kwam dat in een dergelijk geval te weinig het belang van de biologische vader wordt meegewogen en concludeert dan ook tot schending van art. 8 EVRM.

9. Erkenning door gehuwde man. In HR 10 november 1989, *NJ* 1990/450 is de Hoge Raad van oordeel dat de vraag of een bij de wet voorziene inmenging met betrekking tot het in art. 8 lid 1 bedoelde recht in een democratische samenleving nodig is in het belang van de bescherming van de rechten en vrijheden van anderen, slechts kan worden beantwoord door in het licht van de omstandigheden van het geval tegen elkaar af te wegen enerzijds de ernst van de door die inmenging op het bedoelde recht gemaakte inbreuk en anderzijds de belangen welke die wettelijke regeling beoogt te beschermen. Uit vaste rechtspraak van het Europese Hof voor de Rechten van de Mens volgt voorts dat een inmenging als bedoeld in art. 8 lid 2 slechts 'nodig' is indien zij beantwoordt aan een dringende maatschappelijke behoefte en, in het bijzonder, evenredig is aan het legitieme doel dat ermee wordt nagestreefd (zie laatstelijk EHRM 21 juni 1988, *NJ* 1988/746, Series A, vol. 138 (*Berrehab*)). Een wettelijke bepaling als art. 1:224 lid 1 onderdeel b (oud) BW die het onder alle omstandigheden onmogelijk maakte dat een onwettig kind door zijn vader wordt erkend zolang deze gehuwd is, is in strijd met art. 8 EVRM, nu deze bepaling een concrete belangenafweging als vorenbedoeld uitsluit en het door het Europese Hof tot uitdrukking gebrachte evenredigheidsvereiste miskent. Hierop is de wetgeving aangepast en kan een gehuwde man indien er sprake is van een nauwe persoonlijke betrekking toch een kind erkennen. Sinds 1 april 2014 kan een gehuwde man zonder meer erkennen.

10. Familierechtelijke banden tussen transseksueel en kind. In EHRM 22 april 1997, *NJCM-Bulletin* 1997, p. 636 (*X, Y en Z/het Verenigd Koninkrijk*), heeft het Europese Hof geoordeeld dat er geen sprake is van een gemeenschappelijke Europese norm met betrekking tot het toekennen van ouderschapsrechten aan transseksuelen. Het betreft hier een kwestie waarover binnen de Raad van Europa weinig overeenstemming bestaat. Gelet daarop moet aan de Engelse staat, die geweigerd had de transseksuele partner van de moeder als de vader van het kind te registreren, een ruime beoordelingsvrijheid worden gelaten. Het Hof concludeert dat nu transseksualiteit een heel complex van wetenschappelijke, juridische, morele en sociale kwesties doet rijzen ten aanzien waarvan er geen algemene benadering bestaat onder de verdragsstaten, art. 8 in deze context niet zo kan worden uitgelegd dat het een verplichting omvat voor de staat om formeel een persoon die niet de biologische vader is van het kind, te erkennen als de vader van het kind.

11. Recht op afstammingsvoorlichting. Uitgangspunt van de Hoge Raad (HR 15 april 1994, *NJ* 1994/608) is dat het aan grondrechten als het recht op respect voor het privéleven, het recht op vrijheid van gedachte, geweten en godsdienst en het recht op vrijheid van meningsuiting ten grondslag liggende algemene persoonlijkheidsrecht mede omvat het recht om te weten van welke ouders men afstamt. Dit recht heeft ook internationaal erkenning gevonden in art. 7 Verdrag inzake de rechten van het kind van 20 november 1989. Het recht om te weten van welke ouders men afstamt is niet absoluut. Het moet wijken voor de rechten en vrijheden van anderen wanneer deze in het gegeven geval zwaarder wegen. Er is sprake van een afweging van belangen. Wat betreft de onderlinge rangorde tussen enerzijds het recht van een meerderjarig natuurlijk kind om te weten door wie het is verwekt, en anderzijds het (in het recht op respect voor haar privéleven besloten) recht van de moeder om zulks ook tegenover haar kind verborgen te houden, moet worden geoordeeld dat het recht van het kind prevaleert. Behalve door het vitaal belang van dit recht voor het kind wordt deze voorrang daardoor gewettigd dat de natuurlijke moeder in de regel mede verantwoordelijkheid draagt voor het bestaan van dat kind. Het Europese Hof denkt hier genuanceerder over. In EHRM 13 februari 2003, 42326/98 (*Odièvre-Frankrijk*), oordeelt het Hof dat art. 8 EVRM weliswaar een recht op identiteit en persoonlijke ontwikkeling beschermt en dat dit recht tevens een recht omvat op het verkrijgen van informatie over belangrijke aspecten van iemands identiteit, zoals over de identiteit van natuurlijke ouders, maar dat er een belangenafweging dient plaats te vinden en dat de Franse rechter mocht oordelen dat het recht op eerbiediging van het privéleven van de moeder alsook het recht op leven, dat de Franse wetgeving beoogt te beschermen, zwaarder wegen dan het belang van het kind. In EHRM 25 september 2012, 33783/09 (*Godelli/Italië*), oordeelde het Europese Hof dat de Italiaanse wetgeving onvoldoende rekening houdt met het belang van kinderen om al dan niet identificeerbare gegevens van hun biologische ouders te achterhalen. In EHRM 16 juli 2020, 11288/2018 (*D tegen Frankrijk*) was het Hof van oordeel dat de weigering van de Franse autoriteiten om de gegevens van de genetische moeder te registreren geen inbreuk maakte op het recht op privacy van het kind.

12. Vernietiging erkenning. In EHRM 14 januari 2016, 30955/12 (*Mandet/Frankrijk*) oordeelde het Europese Hof dat de vernietiging van een erkenning in strijd is met het recht op eerbiediging van het privéleven van een kind. Het kind in kwestie was geboren kort nadat de scheiding tussen klager en zijn toenmalige echtgenote was uitgesproken. Het kind was verwekt in de tijd dat klager en zijn toenmalige echtgenote formeel nog getrouwd waren, maar zijn echtgenote al een exclusieve relatie had met een andere man C. Niettemin erkent klager het kind als het zijne. Een paar jaar later hertrouwen klager en zijn echtgenote en zij voeden het kind op. Het vaderschap van klager wordt echter ter discussie gesteld door C. Aan een door de rechtbank bevolen genetische test werken klager, zijn echtgenote en het kind niet mee, waarna het hof de erkenning door klager vernietigt en vaststelt dat C de vader is. Het hof neemt in aanmerking dat het belang van het kind om de waarheid te weten overlapt met het belang van klager.

13. Adoptie. In EHRM 1 juli 1998 (*Akin/Nederland*) heeft de Europese Commissie het standpunt van Commissie en Hof herhaald dat het recht om te adopteren als zodanig geen recht is dat door het EVRM wordt gegarandeerd. Op staten rust geen positieve verplichting een persoon op basis van art. 8 EVRM de status van adoptieouder of adoptiekind toe te kennen. Dit laat overigens onverlet de plicht van staten om personen die in een adoptierelatie tot elkaar staan, in overeenstemming met art. 8 EVRM, daadwerkelijk gezinsleven toe te staan. Ook art. 12 EVRM biedt geen recht op adoptie of het recht op een andere manier een kind in het gezin op te nemen dat niet het natuurlijk kind van een echtpaar is. **a. De voorwaarden.** Hof Amsterdam heeft op 16 maart 2000, *FJR* 2000/148 met een beroep op art. 8 EVRM toegestaan dat een meerderjarige werd geadopteerd. Het Hof was van oordeel dat in casu waar het kind vrijwel haar hele leven in het gezin was opgevoed en allen de adoptie wensten, art. 8 EVRM met zich meebracht dat in dit geval adoptie mogelijk diende te zijn, anders Hof 's-Hertogenbosch 12 juli 2007, *LJN* BB2617. In HR 30 juni 2000, *NJ* 2001/258 heeft de Hoge Raad geoordeeld dat de leeftijdsgrenzen van art. 1:228 BW geen strijd opleveren met art. 8 EVRM. Rb. Groningen 4 juli 2000, *FJR* 2000, p. 289, heeft de termijn voor de herroeping van stiefouderadoptie van art. 1:231 lid 2 BW in strijd geacht met art. 8 EVRM. **b. Adoptie en biologische vader.** In EHRM 26 mei 1994, Series A, vol. 290 (*Keegan/Ierland*), is het Europese Hof van oordeel dat art. 8 waarborgen inhoudt voor de positie van de biologische vader bij adoptie. Het Hof is van mening dat er al sprake is van family life tussen de biologische vader en zijn kind als de ouders ooit hebben samengewoond – ook al is deze samenwoning lang voor de geboorte van het kind verbroken – en er sprake is van een gewenste zwangerschap. Een geheime plaatsing voor adoptie zonder medeweten of toestemming van de biologische vader is een inbreuk op het recht op eerbiediging van het gezinsleven. Een plaatsing voor adoptie houdt in dat een kind geplaatst wordt in een pleeggezin, waarin het kind na verloop van tijd zich zal wortelen. Het is dan niet in het belang van het kind om deze nieuwe banden te verbreken. Daardoor wordt niet alleen een juiste ontwikkeling van de banden tussen vader en kind in gevaar gebracht, maar ook wordt een onomkeerbaar proces in gang gezet. In EHRM 28 oktober 1998, 24484/94 (*Söderback/Zweden*), heeft het Europese Hof geen schending van art. 8 EVRM geconstateerd, na een stiefouderadoptie waarbij de biologische vader in de procedure is gehoord en er sprake is geweest van een zorgvuldige besluitvorming. De staat heeft een ruime margin of appreciation, nu de nationale instanties in een betere positie verkeren dan het Europese Hof om een afweging te maken tussen de verschillende belangen. In HR 21 april 2006, *RFR* 2006/107 heeft de Hoge Raad geoordeeld dat een zaaddonor op grond van art. 8 EVRM belanghebbende is bij een adoptieprocedure. **c. Stiefouderadoptie.** In EHRM 3 maart 2005, 64848/1 (*Kuijper/Nederland*) is het Europese Hof van oordeel dat de Nederlandse stiefouderadoptie weliswaar een inmenging vormt in het familieleven van de juridische moeder, maar dat deze inmenging gerechtvaardigd is door de rechten van het kind. Het Hof benadrukt dat de nationale autoriteiten vanwege hun rechtstreekse contact met de betrokkenen beter in staat zijn een afweging van belangen te maken, daarbij wegen de belangen van het kind zwaarder dan de belangen van de ouders. **d. Eenouderadoptie door lesbische vrouw.** Hoewel in EHRM 22 januari 2008, 43546/02 (*E.B./Frankrijk*) het Europese Hof begint met vast te stellen dat het begrip gezinsleven in art. 8 EVRM niet als zodanig een recht op adoptie inhoudt en evenmin het recht omvat om een gezin te stichten, is het Hof van oordeel dat art. 8 EVRM ook verwijst naar het bredere concept gezinsleven, dat onder meer het vestigen en ontwikkelen van relaties met anderen omvat. Als een staat door het erkennen van een recht op eenouderadoptie verder is gegaan dan strikt genomen wordt vereist door art. 8 EVRM, eist art. 14 EVRM dat dit recht zonder discriminatie wordt toegekend en werd de weigering van eenouderadoptie aan een lesbische vrouw een verboden onderscheid naar seksuele geaardheid gevonden. Zie ook EHRM 19 februari 2013, 19010/07 (*X en anderen/Oostenrijk*), waarin het Hof van oordeel was dat er geen plicht is voor staten om ongetrouwde stellen toe te staan het kind van de partner te adopteren, maar dat er in ieder geval geen verschil mag worden gemaakt tussen homoseksuele en heteroseksuele stellen. **e. Reflectieperiode bij adoptie.** Als de moeder het kind heeft afgestaan ter adoptie kan zij daar na een (korte) termijn voor bedenking niet meer op terugkomen. In Frankrijk is die termijn twee maanden. In EHRM 10 januari 2008, 35991/04 (*Kearns/Frankrijk*), was het Europese Hof van oordeel dat nu er geen consensus is in de lidstaten over een reflectieperiode bij adoptie en evenmin over de lengte van een termijn voor het intrekken van toestemming tot adoptie en er verschillende belangen spelen, het belang van het kind boven alles gaat. Het Hof accepteert het argument van Frankrijk dat het in het belang van het kind is om zo snel mogelijk te hechten in het nieuwe gezin. Belangrijk is dat het Hof concludeert dat het belang van het kind boven alles gaat.

14. Het gezag. In EHRM 28 november 1988, *ECHR, Series A*, vol. 144 (*Nielsen/Denemarken*), is het Europese Hof van oordeel dat tot het family life een breed scala van ouderlijke rechten en plichten hoort. Het recht van ouders om gezag over hun kinderen uit te oefenen wordt beschermd door art. 8 EVRM. Daartoe behoort ook het recht van een ouder om te beslissen waar een kind verblijft, ook als daardoor beperkingen worden opgelegd aan de vrijheid van een kind, zoals in casu de opname van een twaalfjarige jongen in een gesloten inrichting van een psychiatrisch ziekenhuis. Zie ook HR 25 september 1998, *NJ* 1999/379: ouderlijk gezag omvat, ook in het kader van art. 8 EVRM, de bevoegdheid te beslissen over de vraag waar het kind moet verblijven. Wel dient met de mening van het kind van een bepaalde leeftijd rekening te worden gehouden. **a. Gezag na echtscheiding.** In EHRM 23 juni 1993, *ECHR, Series A*, vol. 255-C (*Hoffmann/Oostenrijk*), oordeelde het Hof dat nu het ouderlijk gezag na echtscheiding niet aan moeder was opgedragen in verband met haar lidmaatschap van de Jehova's getuigen er een schending had plaatsgevonden van art. 8 jo. art. 14 EVRM. Zie ook EHRM 16 december 2003, 64927/01 (*Palau-Martinez/Frankrijk*) en EHRM 16 september 2021, 20741/10 (*X tegen Polen*) waarin schending van de artt. 8 en 14 EVRM werd aangenomen in een gezagszaak waarin seksuele geaardheid een rol speelde. In EHRM 21 december 1999 (*Salgueiro da Silva Mouta/Portugal*), oordeelde het Europese Hof tot schending van art. 8 jo. art. 14 EVRM, nu de motivering van de nationale rechter om de vader het gezag te ontnemen was gebaseerd op diens seksuele geaardheid. In HR 15 februari 2008, *NJ* 2008/107 heeft de Hoge Raad de jurisprudentie van de feitenrechters bevestigd dat de eis van art. 1:253o BW dat een verzoek om alsnog gezamenlijk met het gezag over de kinderen te worden belast, slechts van beide ouders afkomstig kan zijn, in strijd is met art. 8 EVRM. Zie ook HR 28 oktober 2005, *LJN* AT6845 waarin de Hoge Raad van oordeel is dat het belang van het kind dat de maatstaf is bij de beoordeling van een op art. 1:253c lid 2 BW gebaseerd verzoek een voldoende rechtvaardiging vormt voor de inbreuk op het family life van de moeder. Daarbij moet in aanmerking worden genomen dat het bij de beoordeling van een verzoek om eenhoofdig gezag door de vader in plaats van de moeder ook gaat om family life van de vader. In EHRM 12 juni 2008, 71127/01 (*Bevacqua en S./Bulgarije*), oordeelde het Europese Hof ten aanzien van de lange duur van de voorlopige procedure over het ouderlijk gezag dat hier juist bijzondere spoed was vereist gezien de enorme spanningen tussen de ouders en de negatieve gevolgen daarvan voor hun destijds driejarige zoon en constateerde een schending van art. 8 EVRM. **b. Gezamenlijk gezag homoseksuele paren.** De Europese Commissie achtte de klacht van twee Nederlandse lesbische vrouwen die gezamenlijk gezag over hun kind wilde hebben, welk verzoek in HR 24 februari 1989, *NJ* 1989/741 door de Hoge Raad was afgewezen, niet ontvankelijk. De Commissie is van oordeel dat een stabiele homoseksuele relatie tussen twee vrouwen niet valt onder het recht op bescherming van het gezinsleven. De Commissie merkt op dat de drie klagers niet door wettelijke bepalingen worden gehinderd om gezamenlijk te leven als een gezin. Ten aanzien van de onmogelijkheid voor de eerste klaagster om in familierechtelijke betrekking te staan tot het kind is de Commissie van oordeel dat ook de positieve verplichtingen die art. 8 aan een staat oplegt, niet zo ver gaan dat zij eisen dat een vrouw die samenleeft met de moeder van het kind en het kind zelf, recht zou hebben op ouderlijke macht. Er is geen schending van art. 8 EVRM. Ook is er geen schending van art. 8 jo. art. 14 EVRM, nu een homoseksueel paar met betrekking tot ouderlijke macht over een kind niet gelijk kan worden gesteld met een man en een vrouw die samenwonen. De klacht is 'manifestly illfounded' (ECRM 19 mei 1992, ongepubliceerd (*Catharina J. Kerkhoven, Anna. M. Hinke en Stijn Hinke/Nederland*)). Zie ook Hof Arnhem 18 oktober 2005, *LJN* AU4705, waarin het Hof van oordeel is dat de sociale ouder (de vrouwelijke partner van de moeder) die wel family life heeft, maar geen familierechtelijke betrekkingen, niet op grond van art. 8 EVRM gezamenlijk gezag kan krijgen tegen de zin van de moeder. **c. Gezamenlijk gezag ongehuwde ouders.** Klagers, die ongehuwd zijn, willen de gezamenlijke ouderlijk macht over hun kind. De vader heeft het kind niet erkend, omdat partijen willen dat het kind de geslachtsnaam van de moeder houdt. In HR 24 februari 1989, *NJ* 1989/742 heeft de Hoge Raad het verzoek afgewezen. De Europese Commissie is van oordeel dat nu de vader ervoor kiest niet te erkennen waardoor geen gezamenlijk gezag mogelijk is en man en vrouw niet willen trouwen uitsluitend zijzelf verantwoordelijk zijn voor de daaruit voortvloeiende consequenties. De klacht is niet ontvankelijk (Europese Commissie 5 mei 1993 (*Steens en Kooi/Nederland*)). Een verzoek om gezamenlijk gezag van een vader die nooit samen met de moeder het gezag heeft gehad is ontvankelijk gelet op art. 6 en 8 EVRM, HR 27 mei 2005, *LJN* AS7054. **d. Internationale kinderontvoering.** EHRM 29 april 2003, 56673/00 (*Iglesias Gil/Spanje*): Art. 8 EVRM bevat het recht van een ouder dat gepaste maatregelen worden genomen om hem met zijn kind te herenigen (zie ook EHRM 25 januari 2002, 31679/96 (*Ignaccolo-Zenide/Roemenië*)). Bij de interpretatie van deze positieve verplichtingen van de staat moet aansluiting worden gezocht bij het Haags Kinderontvoeringsverdrag 1980 (HKOV). HR 28 september 2007, *LJN* BB3192: de weigeringsgronden van het HKOV zijn niet in strijd met art. 8 EVRM. In kinderontvoeringszaken wordt met een beroep op art. 8 EVRM gepleit om teruggeleiding te weigeren. In EHRM 6 juli 2010, *RFR* 2010/94 (*Neulinger en Shuruk/Duitsland*), heeft het Europese Hof geoordeeld dat teruggeleiding van een kind in strijd is met art. 8 EVRM. In zaken van internationale kinderontvoering dient art. 8 EVRM in samenhang te worden bezien met het HKOV. In alle zaken betreffende kinderen dient hun belang de eerste overweging te vormen. Uit art. 8 EVRM volgt niet dat als het HKOV van toepassing is, het kind per definitie teruggeleid dient te worden. Het belang van het kind dient afgewogen te worden, waarbij de staten een grote *margin of appreciation* hebben. In dit uitzonderlijk geval kwam het Hof tot de conclusie dat teruggeleiding in strijd was met art. 8 EVRM. In een latere uitspraak van EHRM 2 november 2010 (*Van den Berg en Sarri/Nederland*), is het Hof van oordeel dat de teruggeleiding van Noa naar Italië niet in strijd is met art. 8 EVRM. Een belangrijke uitspraak over de samenhang tussen art. 8 EVRM en het HKOV gaf EHRM 26 november 2013, 27853/09 (*X/Letland*), waarin het Hof zijn standpunt in de zaak-*Neulinger en Shuruk* herhaalde. Het Europese Hof oordeelde op 1 maart 2016, 30813/14 (*K.J./Polen*) in een ontvoeringszaak van een kind van Engeland naar Polen dat er een schending had plaatsgevonden van art. 8 EVRM. Klager, de Engelse vader, had bij de Poolse rechter een procedure aangespannen op grond van het Haags Kinderontvoeringsverdrag 1980, die hij verloor. Het EHRM oordeelt dat de nationale rechter ten onrechte geen rekening heeft gehouden met een psychologisch rapport en met het gegeven dat niet was gebleken dat de vader op enige wijze voornemens was om de moeder omgang met het kind te ontzeggen. Ook heeft de procedure te lang geduurd (twaalf maanden). Zie ook EHRM 8 oktober 2015, 56163/12 (*Vujica/Kroatië*).

Huiselijk geweld door ouders is volgens het EHRM ontoelaatbaar. Een staat hoeft een kind niet terug te sturen naar een mishandelende ouder (EHRM 21 mei 2019, O.C.J. en anderen tegen Roemenië, applicationnr. 49450/17). Zie over de wisselwerking HKOV en art. 8 EVRM: J. Silvis, *Prevention of child abduction: return to the state of origin*, p. 577-587 in Liber amicorum Dean Spielman, WLP 2015. Zie ook EHRM 6 maart 2018, Royer tegen Hongarije, applicationnr. 9114/16 en EHRM 14 januari 2019, Rinau tegen Litouwen, applicationnr. 10926/09.

15. Omgang/zorgregeling. Een ieder die family life met een kind heeft, heeft in principe recht op omgang. Op grond van art. 8 lid 2 kan dit recht hem echter worden ontzegd. In EHRM 4 oktober 2007, 12148/03 (*Sanchez Cardenas/Noorwegen*), heeft het Europese Hof geoordeeld dat als de omgang ontzegd wordt omdat er mogelijk sprake is van seksueel misbruik de Noorse rechter het vermoeden van seksueel misbruik nader had behoren te onderzoeken of niet moeten meenemen in de beoordeling. De beslissing van de rechter heeft gevolgen voor de eer en de reputatie van klager en dat heeft zijn recht op privéleven en familieleven en zijn (geestelijke) gezondheid geschaad. In HR 29 juni 2001, *NJ* 2001/598 is de Hoge Raad van oordeel dat de rechter niet de bevoegdheid heeft de raad voor de kinderbescherming te belasten met de taak de door hem vastgestelde omgangsregeling te begeleiden. De wet houdt geen bepaling in volgens welke de raad deze taak heeft, terwijl de wet ook niet aan de rechter de bevoegdheid toekent de raad voor de kinderbescherming deze taak op te leggen. Dat de raad deze taak zou hebben vloeit ook niet voort uit art. 16 IVRK, noch uit art. 8 EVRM. Het Europese Hof achtte een klacht van een vader over de beëindiging van de omgangsregeling met zijn dochter niet ontvankelijk (EHRM 5 december 2000, 32048/96 (*Zander/Nederland*)). Het Hof herhaalt dat het genot van een kind en een ouder van elkaars gezelschap een essentieel element is van family life, zelfs indien de relatie tussen de ouders onderling is verbroken, maar het Hof merkt op dat het belang van het kind zwaarder kan wegen dan het belang van de ouder. Beëindiging van de omgangsregeling was gebaseerd op het belang van het kind en leverde derhalve geen schending op van art. 8 EVRM. Zie ook EHRM 23 september 2003, 36141/97 (*Hansen/Turkije*), waarin een schending van het recht ex art. 8 EVRM wordt geconstateerd nu de staat niet al het mogelijke had gedaan om een omgangsregeling tussen de moeder en de kinderen tot stand te brengen. In HR 17 januari 2014, ECLI:NL:HR:2014:91 en HR 28 maart 2014, ECLI:NL:HR:2014:748 heeft de Hoge Raad benadrukt dat de rechter gehouden is passende maatregelen te nemen om de met het gezag belaste ouder te bewegen mee te werken aan een omgangsregeling. Deze gehoudenheid berust op de uit art. 8 EVRM voortvloeiende verplichting van de nationale autoriteiten, onder wie de rechter, zich zoveel mogelijk in te spannen om het recht op family life tussen ouders en kinderen mogelijk te maken. Het EHRM 6 april 2017, 66997/13, 77760/14, 50240/15 (*Aneva en anderen/Bulgarije*) benadrukt dat de verdragsverplichting die op de verdragspartijen rust om het contact tussen ouders en kinderen te beschermen, positieve verdragsverplichtingen meebrengt, maar dat deze verplichting van de staten ook weer geen absoluut karakter kent. Wat wel verwacht mag worden is dat overheden 'redelijke maatregelen' treffen, al naargelang de feiten en omstandigheden van het geval. Snel en effectief handelen is in beginsel wel steeds van groot belang om de ouder-kindrelatie geen blijvende schade te berokkenen, aldus het Hof. Het Europese Hof kwam wel tot een schending van art. 8 EVRM in een zaak waarin een doofstomme vader een onbegeleide omgang wilde hebben met zijn eveneens doofstomme zoon. De Poolse rechter had dit in het belang van het kind afgewezen, maar het EHRM vond dat de nationale autoriteiten zich meer inspanningen hadden moeten getroosten (EHRM 10 januari 2017, 32407/13 (*Kacper Nowakowski/Polen*)). Ook in de zaak A.B.V. tegen Rusland, applicationnr. 56987/15 kwam het EHRM op 2 oktober 2018 tot een schending van art. 8 EVRM nu de Russische autoriteiten onvoldoende inspanningen hadden verricht om omgang tussen vader en dochter tot stand te brengen. In A.V. tegen Slovenië, applicationnr. 878/13 van 9 april 2019 benadrukte het EHRM dat de verplichting om het kind te horen in een omgangsprocedure nog niet betekent dat kinderen een vetorecht hebben. De verplichting voor nationale overheden om omgang te faciliteren is niet absoluut, eerder een inspanningsverbintenis dan een resultaatsverbintenis. **Private life.** In EHRM 15 september 2011, 17080/07 (*Schneider/Duitsland*), was het Europese Hof van oordeel dat de onmogelijkheid voor de verwekker van een kind een sociale band op te bouwen in strijd is met art. 8 EVRM. Het betrof hier een man die een relatie had gehad met een getrouwde vrouw. Het kind was tijdens huwelijk geboren en dus het juridisch kind van de vrouw en haar echtgenoot. De verwekker werd een omgangsregeling geweigerd. Het Hof stelt voorop dat de toepasselijkheid van art. 8 EVRM normaal gesproken meer vereist dan de enkele biologische band tussen vader en kind. In de regel moeten ouder en kind dan een periode samen hebben gewoond waardoor sprake is van gezinsleven. In uitzonderlijke gevallen wijkt het Hof van deze regel af. Een van die gevallen betreft de situatie dat van voorgenomen gezinsleven sprake is. Wordt dit gezinsleven niet gerealiseerd en is dit niet toe te rekenen aan de klager, dan kan diens klacht onder de reikwijdte van art. 8 EVRM vallen. In dat verband speelt onder meer de aard van de relatie tussen de ouders van het kind, en de getoonde belangstelling van de vader voor het kind een rol. Het Hof stelt vast dat in het geval van *Schneider* geen sprake is van gezinsleven nu hij nooit met het kind heeft samengewoond, het zelfs nog nooit heeft ontmoet, en evenmin duidelijk is of hij de biologische vader is. Dit kan echter niet aan *Schneider* worden tegengeworpen. Contact met het kind was onmogelijk omdat de (juridische) ouders hieraan niet wilden meewerken. Het Hof stelt daarom vast dat de weigering door de nationale rechter om *Schneider* toegang tot het kind te geven een inbreuk maakt op zijn rechten onder art. 8 EVRM. Dit kan echter gerechtvaardigd zijn door de belangen van het kind op grond van art. 8 lid 2. Het Hof wijst er op dat het in 2010 (*Anayo/Duitsland*), al tot de conclusie kwam dat in een dergelijk geval te weinig het belang van de biologische vader wordt meegewogen en concludeert dan ook tot schending van art. 8 EVRM. Ook de Hoge Raad oordeelde onlangs op 18 maart 2016, ECLI:NL:HR:2016:452 dat ingevolge art. 8 EVRM en art. 1:377a lid 1 BW het kind en degene die in een nauwe persoonlijke betrekking tot hem staat recht hebben op omgang met elkaar. Bij gebreke van zodanige betrekking vloeit hetzelfde voort uit het eveneens in art. 8 EVRM gewaarborgde recht op private life (zie onder meer EHRM 21 december 2010, 20578/07, *NJ* 2011/508). **Duur procedure.** In de zaak-*Berchy/Nederland* werd de klacht van de vader over schending van art. 6 en 8 EVRM nu de procedure inzake de omgangsregeling onredelijk lang heeft geduurd waardoor zijn zoons van hem vervreemd zijn en hij al drie jaar geen contact heeft met zijn zoons ongegrond verklaard. De procedure had drie jaar en negen maanden geduurd, maar deze duur was niet onredelijk gelet op de complexiteit van de zaak en de houding van partijen. In R.I. tegen Roemenië benadrukt het EHRM op 4 december 2018, applicationnr. 57077/16 het belang van snel en doeltreffend handelen bij het behoud van de band na echtscheiding tussen ouders en kinderen. **Ontzegging omgang.** In HR 27 februari 2009, *LJN* BG5045 is de Hoge Raad van oordeel dat art. 8 EVRM de geldingsduur van een afwijzing van het verzoek tot vaststelling van een omgangsregeling tussen ouder en kind beperkt. Een nieuw verzoek is mogelijk bij wijziging van omstandigheden en in ieder geval na verloop van een jaar; heroverweging van HR 18 november 2005, *NJ* 2005/574. Zie ook: HR 7 mei 2010, *LJN* BL7040. ***a. Omgangsrecht donor.*** De Europese Commissie is van oordeel dat in een situatie waarin een man uitsluitend sperma ter beschikking stelt om een vrouw, middels kunstmatige inseminatie in de gelegenheid te stellen zwanger te worden, de donor op zichzelf niet het recht heeft op erkenning van 'family life' met het kind. Ook heeft klager op geen andere wijze blijk gegeven van betrokkenheid op basis waarvan geconcludeerd zou moeten worden dat er 'family life' bestaat (ECRM 8 februari 1993 (*X/Nederland*), vervolg op HR 10 november 1989, *NJ* 1990/628). In HR 11 april 2008, *LJN* BC3927 is de Hoge Raad van oordeel dat uit art. 8 EVRM volgt dat het bij de beoordeling van het verzoek tot het treffen van een omgangsregeling in beginsel niet langer gerechtvaardigd is onderscheid te maken tussen de juridische vader en de biologische vader die in een nauwe persoonlijke betrekking tot het kind staat. Het betrof hier een zaaddonor die afspraken had gemaakt over contacten met het kind. Bij een verzoek tot het treffen van een omgangsregeling in de zin van art. 1:377f BW moet worden onderzocht of zich een van de in art. 1:377a lid 3 BW vermelde ontzeggingsgronden voordoet. ***b. Omgang met andere familieleden.*** In de zaak-*Boyle/Verenigd Koninkrijk*, niet gepubliceerd, was de Europese Commissie van oordeel dat er een schending van art. 8 EVRM had plaatsgevonden, nu klager de omgang was geweigerd met zijn neefje, ten aanzien van wie een maatregel van kinderbescherming was getroffen gepaard gaande met plaatsing in een pleeggezin, en hij niet de mogelijkheid had deze weigering aan een rechter voor te leggen. Klager had veel tijd met zijn neefje doorgebracht en er was een nauwe band tussen hen ontstaan. De Europese Commissie is van oordeel dat de relatie tussen klager en diens neef, die nooit hadden samengewoond, valt onder de bescherming van art. 8 EVRM, waarbij zij stelt dat samenwoning geen conditio sine qua non is voor het aannemen van 'family life'. De Europese Commissie is van oordeel dat er verschil bestaat in een relatie ouder-kind of oom-neef en dat er derhalve verschil in benadering is. Als een ouder de omgang met zijn kind wordt ontzegd, dan is er in beginsel een inmenging in het gezinsleven. Dit is niet noodzakelijkerwijs het geval in een relatie tussen een kind en andere verwanten. In casu was de oom echter niet betrokken in de procedure en had hij op geen enkele wijze de weigering om omgang te hebben met het kind kunnen laten toetsen. Dat nu leverde een ongerechtvaardigde inmenging in zijn 'family life' op. Zie ook: ECRM 9 maart 1988, *D&R* 55 (*Angela en Rodney Price/Verenigd Koninkrijk*) en ECRM (*Kenneth and Eileen Branton/Verenigd Koninkrijk*) niet gepubliceerd. Zie voor de omgang van grootouders de belangwekkende conclusie van de A-G over family life grootouders-kleinkinderen bij HR 16 maart 2007, *LJN* AZ6222. ***c. Omgang kind met donor.*** De Hoge Raad is met betrekking tot het door een negenjarige jongen verzochte omgangsrecht met diens verwekker van oordeel dat de eisen die aan het bestaan van 'family life' gesteld moeten worden, afhankelijk zijn van de context waarin op art. 8 EVRM een beroep wordt gedaan, dat daarbij mede van belang is wie het beroep doet, en dat, indien een kind de bescherming van art. 8 inroept teneinde enige vorm van contact met zijn biologische vader te realiseren, niet dezelfde voorwaarden behoeven te worden gesteld als wanneer de biologische vader op enige vorm van contact met een door hem verwekt maar niet erkend kind aanspraak maakt. Mede in het licht van de rechtspraak van het EHRM moet echter worden aangenomen dat óók in de context van een verzoek van de zijde van een kind om vaststelling van een omgangsregeling met zijn biologische vader, niet kan worden gesproken van een als 'family life' in de zin van art. 8 aan te merken betrekking op de enkele grond dat het kind door de biologische vader is verwekt. De aard en de bestendigheid van de aan de geboorte van het kind voorafgegane relatie tussen de moeder en de verwekker mogen niet buiten beschouwing worden gelaten (HR 22 december 1995, *NJ* 1996/419). ***d. Stiefvader belanghebbende.*** Hof 's-Hertogenbosch 21 juni 2000, *FJR* 2000, p. 292, is van oordeel dat een stiefvader, die met de kinderen in gezinsverband samenwoont, in een betrekking tot die kinderen staat die kan worden aangemerkt als familie- en gezinsleven in de zin van art. 8 EVRM en dat het treffen van een omgangsregeling tussen de vader en de kinderen derhalve een inmenging is in het 'family life' van de stiefvader. Het recht op 'family life' van de stiefvader brengt met zich mee dat hij als belanghebbende in de zin van art. 798 Rv dient te worden aangemerkt. Inmiddels is art. 798 Rv sinds 1 januari 2015 aangepast. ***e. Omgang kind met biologische vader.*** In haar noot onder de uitspraak van EHRM 11 oktober 2001, *NJ* 2002/417 (*Sahin/Duitsland*), waarschuwt Wortmann dat het onderscheid dat de Nederlandse wet maakt in art. 1:377a en 1:377f BW ten aanzien van het omgangsrecht van de ouder respectievelijk de verwekker in strijd kan zijn met art. 8 EVRM als er sprake is van een nauwe persoonlijke betrekking tussen de verwekker en het kind, nu in art. 1:377f BW anders dan in art. 1:377a BW geen recht op omgang ligt besloten. Op 8 juli 2003 (30943/96) heeft de Grote kamer bevestigd dat er geen ongerechtvaardigd onderscheid gemaakt mag worden tussen wettige vaders en vaders van kinderen die buiten huwelijk geboren zijn, zodat de waarschuwing van Wortmann terecht is. Zie echter in andere zin: HR 7 oktober 2005, *LJN* AT8249, waarbij de Hoge Raad onderscheid blijft maken tussen de vader die het ene kind heeft erkend en dezelfde vader die een ander kind niet heeft erkend. Er gelden dan de diverse criteria van art. 1:377a en 1:377f BW. In HR 11 april 2008, *LJN* BC3927, heeft de Hoge Raad echter geoordeeld, dat uit art. 8 EVRM volgt dat het bij de beoordeling van het verzoek tot het treffen van een omgangsregeling in beginsel niet langer gerechtvaardigd is onderscheid te maken tussen de juridische vader en de biologische vader die in een nauwe persoonlijke betrekking tot het kind staat. Sinds de inwerkingtreding op 1 maart 2009 van de Wet verantwoord ouderschap en zorgvuldige scheiding (30145) is dit onderscheid vervallen. In EHRM 1 juni 2004, 45582/99 (*Lebbink/Nederland*), was het Hof van oordeel dat de verwekker die door de Hoge Raad niet-ontvankelijk was verklaard in zijn verzoek om omgang wel degelijk 'family life' heeft met het kind, nu het kind is geboren uit een driejarige liefdesrelatie tussen de man en de vrouw, de man enkele maanden toeziend voogd was en de relatie pas is beëindigd toen het kind zestien maanden oud was. Het Hof merkt verder op dat de man bij de geboorte van het kind aanwezig was, dat hij de vrouw en het kind regelmatig bezocht tot de relatie met de moeder eindigde, hij een paar keer de luiers van het kind heeft verschoond, één of twee keer op haar heeft gepast en dat hij verschillende keren met de vrouw heeft overlegd over de gehoorproblemen van het kind. Onder die omstandigheden oordeelt het Hof dat er bij de beëindiging van de verhouding tussen de man en de vrouw – naast het biologisch vaderschap – banden tussen de vader en het kind waren die voldoende inhoudelijk waren om de relatie tussen de man en het kind onder de bescherming van art. 8 te doen vallen. ***f. Omgang biologische moeder met kind na adoptie.*** De biologische moeder die haar kinderen ter adoptie heeft afgestaan is geen ouder en is alleen ontvankelijk in haar verzoek tot omgang als er sprake is van een nauwe persoonlijke betrekking met het kind (HR 21 december 2007, *LJN* BB9235). ***g. Omgang pleegmoeder.*** In V.D. tegen Rusland, applicationnr. 72931/10 oordeelde het EHRM op 9 april 2019 dat art. 8 EVRM was geschonden nu de pleegmoeder 9 jaar voor het kind had gezorgd en de Russische staat geen omgang toestond omdat de pleegmoeder geen juridische of biologische band met het kind had.

16. De maatregelen van kinderbescherming. Europese Commissie en Hof beschouwen inbreuken op het gezag als inmenging in het 'family life'. Blijkt er inderdaad sprake te zijn van een inmenging in het 'family life' dan zal onderzocht moeten worden of deze inmenging gerechtvaardigd is op grond van het bepaalde in art. 8 lid 2. **a. Geoorloofd doel.** In zijn algemeenheid zullen de kinderbeschermingsmaatregelen een geoorloofd doel dienen, namelijk de bescherming van de lichamelijk of geestelijke gezondheid van het kind. Het Europese Hof heeft echter met name schending van art. 8 aangenomen als de inbreuk niet nodig was in een democratische samenleving, dat wil zeggen als de inmenging in het gezinsleven niet in een redelijke verhouding staat tot het doel dat wordt nagestreefd. De lidstaten wordt hierbij wel een zekere mate van beleidsvrijheid gelaten. Het Europese Hof toetst niet alleen de beslissing tot de maatregel, maar ook alle daarmee verband houdende beslissingen, zoals beslissingen over een uithuisplaatsing, de verlenging daarvan, de omgangsregeling in het geval van een verblijf elders en de wijze van uitvoering van de maatregel. Een kinderbeschermingsmaatregel in zijn algemeenheid impliceert een inbreuk op het recht op eerbiediging van het gezinsleven. Het wederzijds genieten van elkaars gezelschap door ouders en kind vormt naar het oordeel van het Europese Hof een fundamenteel onderdeel van het 'family life'. In EHRM 30 september 2008, 38000/05 (*R.K. en A.K./Verenigd Koninkrijk*), herhaalt het Hof dat verkeerde beslissingen of beoordelingen van deskundigen niet noodzakelijkerwijs kinderbeschermingsmaatregelen onverenigbaar maken met art. 8 EVRM. De sociale en medische autoriteiten hebben een zorgplicht voor kinderen en kunnen niet aansprakelijk zijn voor elke keer dat echte en redelijke zorgen over de veiligheid van kinderen ten opzichte van hun familie achteraf onwaar blijken. De uithuisplaatsing van een baby van negen maanden die is geboren door middel van een draagmoederschapovereenkomst met als overweging dat het algemeen belang van een verbod op draagmoederschap prevaleert boven het belang van het individuele kind leverde strijd met art. 8 EVRM op (EHRM 27 januari 2015, 25358/12 (*Paradiso en Campanelli/Italië*)). **b. Verbreking banden.** De natuurlijke banden tussen ouders en kind worden niet verbroken door een maatregel van kinderbescherming. Wel kunnen door een langdurige pleeggezinplaatsing en/of een adoptie of anderszins deze banden worden verbroken. Vaak blijken met name de gevolgen van de zwaardere maatregelen als de beëindiging van het gezag onomkeerbaar. Bij de besluitvorming over zodanige maatregelen behoren de ouders in ieder geval in voldoende mate te worden betrokken, opdat voldoende met hun belangen rekening kan worden gehouden. Zo niet dan is er sprake van een inbreuk op het gezinsleven, die niet als noodzakelijk in de zin van art. 8 lid 2 kan worden beschouwd. In Strand Lobben en anderen tegen Noorwegen nr. 37283/13 oordeelde het EHRM op 10 september 2019 dat de staat in zijn besluitvorming niet zorgvuldig te werk was gegaan door de adoptie toe staan van een uit huis geplaatst kind en na gezagsbeëindiging van de moeder. In Pedersen en anderen tegen Noorwegen (applicationnr. 39710/15) oordeelde het EHRM op 10 maart 2020 dat in de procedure die uiteindelijk tot de adoptie heeft geleid onvoldoende is onderkend dat uithuisplaatsing tijdelijk is en dat moet worden gestreefd naar gezinshereniging zodra dat redelijkerwijs mogelijk is. Er is onvoldoende gedaan om dat laatste te faciliteren. Gelet hierop en mede gelet op het zeer beperkte contactrecht leidt dit tot een schending van artikel 8 EVRM. Aan het voorgaande doet niet af dat het hier ging om een adoptie met een "open" karakter. Zie ook EHRM 10 december 2021, 15379/16 (*Abdi Ibrahim/Noorwegen*) en EHRM 20 januari 2022, 60083/19 (*D.M./Italië*). **c. Procedure.** Daarbij kijkt het Europese Hof ook naar de duur van de procedure. Het moet niet zo zijn dat procedurele vertraging in dit soort zaken kan neerkomen op een feitelijke beslissing. Zeer belangrijk is de evenredigheidseis. De inmenging moet evenredig zijn aan dan wel in een redelijke verhouding staan tot het geoorloofde doel en een dringende maatschappelijke behoefte dienen. Daarbij is niet voldoende of de staat redelijk, te goeder trouw en zorgvuldig te werk is gegaan, maar van belang is of de redenen voor de inmenging zowel relevant als voldoende zijn in het licht van de omstandigheden van het geval. De evenredigheidseis impliceert ook dat als volstaan kan worden met een ots niet een ontheffing of ontzetting uitgesproken mag worden. De HR is op eerdere jurisprudentie inhoudende dat als de ouder zich duurzaam bereid verklaart het kind in het pleeggezin te laten geen ontheffing kan worden uitgesproken teruggekomen in HR 4 april 2008, *LJN* BC5726. Op 17 december 2002 waarschuwde het Europese Hof dat het besluitvormingsproces in jeugdbeschermingszaken met de nodige waarborgen dient te worden omringd. Als ouders niet (voldoende) in de besluitvorming worden betrokken, kan dit leiden tot een schending van art. 8 EVRM (EHRM 17 december 2002, 35731/97 (*Venema/Nederland*)). In EHRM 21 september 2006, 12643/02 (*Moser/Oostenrijk*), was het Hof van oordeel dat op staten een extra zware verantwoordelijkheid rust om te zoeken naar alternatieven voor de vergaande maatregel van ontneming van het gezag, te meer nu de maatregel was gebaseerd op een gebrek aan passende accommodatie, financiële middelen en de onzekere verblijfsstatus van de moeder. In deze zaak was het Hof van oordeel dat ook sprake was van schending van art. 6 EVRM, nu de moeder onvoldoende is betrokken in de procedure, maar ook omdat de zaak achter gesloten deuren was behandeld en ook de uitspraak niet in het openbaar had plaatsgevonden. Zie ook: EHRM 6 oktober 2015, 58455/13 (*N.P./Moldavië*) waarin geklaagd werd over de ontzetting uit het ouderlijk gezag van klaagster in verband met verwaarlozing van haar vier jarige dochter. Klaagster stelde zich op het standpunt dat deze maatregelen disproportioneel waren, onder meer omdat zij haar leven inmiddels beter op orde had. Het Hof oordeelde dat de autoriteiten onvoldoende informatie hebben vergaard en te weinig hebben aangedragen om deze ingrijpende maatregelen te rechtvaardigen. Ook de Hoge Raad was in HR 30 maart 2018, ECLI:NL:HR:2018:463 van oordeel dat een persoon die aanspraak kan maken op bescherming van zijn familie- en gezinsleven, dan wel zijn privéleven in de zin van art. 8 lid 1 EVRM, tevens aanspraak erop kan maken dat hij in voldoende mate betrokken wordt in het besluitvormingsproces dat kan leiden tot een inmenging in dat familie- en gezinsleven respectievelijk dat privéleven. In deze zaak ging het om de beëindiging van het gezag van ouders. Vader was in appel gekomen van de beëindiging van zijn gezag. De vraag was of moeder belanghebbende is in de zaak van de vader. De Hoge Raad was van oordeel dat die aanspraak mede ziet op de gerechtelijke procedure, welke procedure op zichzelf tevens moet voldoen aan de eisen die voortvloeien uit art. 6 EVRM. De door art. 8 EVRM vereiste mate waarin en wijze waarop de belanghebbende bij het besluitvormingsproces wordt betrokken, is afhankelijk van de bijzondere omstandigheden van het geval en de aard en de mate van ingrijpendheid van de te nemen maatregelen. De rechter dient derhalve de vraag of een betrokkene belanghebbende is in de zin van art. 798 lid 1 eerste volzin Rv, te beantwoorden met inachtneming van de uit art. 8 EVRM voortvloeiende eisen.

17. Het huwelijk en buitenhuwelijkse relaties. De wettelijke onmogelijkheid om een huwelijk aan te gaan met een persoon van hetzelfde geslacht maakt geen ontoelaatbare inbreuk op art. 8 EVRM, nu het recht om een huwelijk aan te gaan zijn regeling en afbakening vindt in art. 12 EVRM. Voorts kan niet gesproken worden van een met art. 14 EVRM strijdig onderscheid dat de wettelijke regeling van het huwelijk maakt tussen enerzijds personen van verschillend geslacht en anderzijds personen van gelijk geslacht, nu dit onderscheid eigen is aan het in art. 12 EVRM verzekerde recht om te huwen (HR 19 oktober 1990, *NJ* 1992/129). Sinds 1 april 2001 is een huwelijk tussen twee mensen van gelijk geslacht toegestaan. In EHRM 11 juli 2002 (*Goodwin/Verenigd Koninkrijk*), houdt het Europese Hof minder star vast aan het traditionele huwelijk. Na jarenlang de onmogelijkheid in o.a. Groot-Brittannië voor een transseksueel om te huwen niet in strijd te hebben geacht met art. 8 jo. art. 12 EVRM, is het Hof nu van oordeel dat art. 8 EVRM voortaan juridische erkenning van geslachtsverandering vereist. In EHRM 28 november 2006, 42971/05 (*Parry/Verenigd Koninkrijk*), was het Europese Hof van oordeel dat de effecten van een geslachtsverandering voor het huwelijk binnen de *margin of appreciation* vallen na eerst een overweging te hebben gewijd aan de openstelling van het huwelijk binnen de diverse verdragsstaten. In EHRM 24 juni 2010, 30141/04 (*Schalk en Kopf/Oostenrijk*), stelde het Hof vast dat er tussen de Verdragspartijen geen consensus bestaat over het homohuwelijk. Het Hof oordeelde dat niet langer kan worden volgehouden dat het recht om te huwen in alle omstandigheden enkel is voorbehouden aan paren van verschillend geslacht. Echter, omdat het huwelijk diepgewortelde sociale en culturele connotaties heeft die sterk van land tot land verschillen, zijn nationale autoriteiten het meest geschikt om de maatschappelijke noden op dit gebied te beoordelen. Art. 12 EVRM legt aan staten geen verplichting op om paren van gelijk geslacht toegang te bieden tot het burgerlijk huwelijk. Unaniem concludeert het Hof dan ook dat deze bepaling niet is geschonden. Gelet op de snelle ontwikkelingen van het afgelopen decennium in maatschappelijke opvattingen ten aanzien van relaties tussen personen van gelijk geslacht, oordeelt het Hof dat de langdurige relatie van de samenlevende *Schalk en Kopf* binnen het begrip 'familie- en gezinsleven' in de zin van art. 8 EVRM valt. Omdat partners van gelijk geslacht evenzeer als partners van ongelijk geslacht in staat zijn om stabiele en toegewijde relaties aan te gaan, oordeelt het Hof dat klagers zich in een wezenlijk vergelijkbare situatie bevinden als paren van ongelijk geslacht voor wat betreft hun behoefte aan wettelijke erkenning van hun relatie. Een zelfde standpunt huldigde het Europese Hof ten aanzien van de onmogelijkheid voor homostellen in Griekenland een geregistreerd partnerschap aan te gaan, EHRM 12 november 2013, 29381/09 (*Vallianatos/Griekenland*). Het Europese Hof is van oordeel in EHRM 21 juli 2015, 18766/11 (*Oliari ea./Italië*) en EHRM 23 februari 2016, 68453/13 (*Pajic/Kroatië*) dat paren van gelijk geslacht die een stabiele relatie hebben vallen onder de definitie van family life als bedoeld in art. 8 EVRM. De margin of appreciation wordt gelet op de maatschappelijke ontwikkelingen kleiner. Het EHRM oordeelde op 8 december 2015, 60119/12 (*Z.H. en R.H./Zwitserland*) dat het niet erkennen van een religieus huwelijk van een veertienjarig meisje gerechtvaardigd is. In *Babiarz/Polen*, 1955/10 oordeelde het EHRM op 10 januari 2017 dat een recht om te scheiden niet is af te leiden uit het recht om te huwen zolang je nog getrouwd bent. De man wilde opnieuw trouwen, maar zijn echtgenote weigerde te scheiden. In Theodorou en Tsotsorou tegen Griekenland (applicationnr. 57854/15) werd door het EHRM op 5 september 2019 schending van art. 12 EVRM aangenomen omdat de Griekse wetgeving een huwelijk tussen voormalige schoonbroers en schoonzussen verbiedt. In Rusland is het voor paren van gelijk geslacht niet mogelijk een huwelijk te sluiten. Het EHRM heeft dat op 13 juli 2021, 40792/10 (*Fedotova e.a./Rusland*), in strijd geoordeeld met art. 8 EVRM. De zaak is op 22 november 2021 verwezen naar de Grote Kamer. **Burgerlijke stand.** HR 30 maart 2007, *LJN* AZ5686: De wettelijke onmogelijkheid om een geslachtsaanduiding in de geboorteakte van een niet-geseksueerd persoon door te halen zonder een nieuwe geslachtsaanduiding aan te brengen is niet in strijd met art. 8 EVRM.

18. Alimentatie. Ingevolge het wettelijk stelsel van afd. 1 van titel 17 van Boek 1 BW heeft een wettig kind – afgezien van mogelijke aanspraken jegens een stiefouder – slechts jegens zijn wettige ouders aanspraak op voorziening in de kosten van zijn verzorging en opvoeding. Indien echter tussen het kind en zijn biologische vader een als familie- en gezinsleven in de zin van art. 8 EVRM aan te merken betrekking bestaat – wordt voormelde regel doorbroken, voor zover art. 8 zulks eist omdat het in zoverre een positieve verplichting oplegt om het kind een aanspraak op levensonderhoud jegens zijn biologische vader toe te kennen (HR 26 april 1996, *NJ* 1997/119). Een zodanige doorbreking van het in de wet neergelegde stelsel moet met name worden aangenomen voor het geval dat blijkt dat de wettige vader niet in staat is om in het levensonderhoud van het kind te voorzien of dat zulks op andere grond niet in rechte kan worden afgedwongen dan wel dat van de moeder redelijkerwijs niet kan worden gevergd dat zij hem ter zake aanspreekt. In HR 18 februari 2011, *LJN* BO9841 was de Hoge Raad van oordeel dat art. 8 EVRM eist dat de kinderen een aanspraak op levensonderhoud jegens hun biologische vader hebben voor zover de wettige vader geen draagkracht heeft. Het EHRM 28 september 2010, 37060/06 (*J.M./Verenigd Koninkrijk*), was het Europese Hof van oordeel dat met betrekking tot een alimentatieregeling een lidstaat een relatie tussen partners van gelijk geslacht niet anders mag behandelen dan een heteroseksuele relatie. **Onderhoudsplicht vrouwelijke partner moeder.** In HR 10 augustus 2001, *NJ* 2002/278 was de Hoge Raad van oordeel dat het betoog dat de beperking van de onderhoudsplicht in art. 1:394 BW tot de mannelijke levensgezel die heeft ingestemd met een daad die de verwekking van het kind tot gevolg heeft gehad, in strijd is met art. 8 jo. 14 EVRM faalt. Uit art. 8 EVRM kan niet worden afgeleid dat deze bepaling een positieve verplichting oplegt om een kind een aanspraak op levensonderhoud toe te kennen jegens de (voormalige) vrouwelijke partner van zijn moeder, zodat moet worden aangenomen dat de beperking in art. 1:394 BW van het begrip levensgezel tot mannelijke levensgezel niet een schending oplevert van art. 8 EVRM. Zie anders: Rb. Breda 19 november 2009, *LJN* BM7254. Sinds 1 april 2014 bestaat in een dergelijke situatie ook voor de vrouwelijke levensgezel deze verplichting. **Duur alimentatieprocedure.** Het EHRM oordeelde op 7 januari 2016, 39380/13 (*Vrtar/Kroatië*) dat een kinderalimentatieprocedure van 12 jaar onredelijk lang is en in strijd met art. 6 en 13 EVRM.

19. Beperkingen (lid 2). In art. 8 lid 2 zijn de beperkingen op de door art. 8 lid 1 gewaarborgde rechten geformuleerd. Deze beperkingen zijn van groot belang. Art. 8 bevat beperkingen volgens de methode van de doelcriteria, dat wil zeggen dat aangegeven wordt ter bescherming van welke belangen de wetgever beperkingen mag aanbrengen. De beperkingen moeten bij de wet voorzien zijn, noodzakelijk zijn in een democratische samenleving in het belang van de nationale veiligheid, de openbare veiligheid of het economisch welzijn van het land, het voorkomen van wanordelijkheden en strafbare feiten dan wel strekken ter bescherming van de gezondheid of de goede zeden of voor de bescherming van de rechten en vrijheden van anderen. **Toetsing.** De toetsing door Commissie en Hof vindt meestal op de volgende wijze plaats. Nadat eerst is vastgesteld dat er een inbreuk is gepleegd op het recht op eerbiediging van het familie- en gezinsleven, wordt onderzocht of die inbreuk wellicht gerechtvaardigd wordt door het bepaalde in lid 2. Dit laatste onderzoek vindt in drie fases plaats. Eerst wordt onderzocht of de inbreuk 'bij de wet is voorzien'. Vervolgens wordt gekeken of de wetgeving waarop de inbreuk berust, de bescherming beoogt van een van de in lid 2 genoemde belangen. Als laatste wordt dan getoetst of de inbreuk met het oog op het te beschermen belang geacht kan worden noodzakelijk te zijn in een democratische samenleving. Het moeilijkst te beantwoorden is de vraag naar de noodzakelijkheid van de inbreuk. Maar bij de beoordeling van de vraag of een bepaalde beperking noodzakelijk is, wordt aan de nationale instanties een ruime beoordelingsvrijheid gelaten.

Artikel 9
Vrijheid van gedachte, geweten en godsdienst

1. Een ieder heeft recht op vrijheid van gedachte, geweten en godsdienst; dit recht omvat tevens de vrijheid om van godsdienst of overtuiging te veranderen, alsmede de vrijheid hetzij alleen, hetzij met anderen, zowel in het openbaar als privé zijn godsdienst te belijden of overtuiging tot uitdrukking te brengen in erediensten, in onderricht, in practische toepassing ervan en in het onderhouden van geboden en voorschriften.
2. De vrijheid zijn godsdienst te belijden of overtuiging tot uiting te brengen kan aan geen andere beperkingen worden onderworpen dan die die bij de wet zijn voorzien en in een democratische samenleving noodzakelijk zijn in het belang van de openbare veiligheid, voor de bescherming van de openbare orde, gezondheid of goede zeden of voor de bescherming van de rechten en vrijheden van anderen.
[11-05-1994, Trb. 165, i.w.tr. 01-11-1998]

Betekenis. Voor het familierecht heeft art. 9 EVRM in zoverre betekenis dat ook kinderen vrij zijn in het belijden van hun godsdienst of levensovertuiging. Over de gevolgen van de vrijheid van godsdienst na echtscheiding is in EHRM 23 juni 1993, Series A, vol. 255-C (*Hoffmann/Oostenrijk*), door het Europese Hof geoordeeld dat nu het ouderlijk gezag na echtscheiding niet aan moeder was opgedragen in verband met haar lidmaatschap van de Jehova's getuigen er een schending had plaatsgevonden van art. 8 jo. 14 EVRM. In leerplichtwetzaken wordt regelmatig een beroep gedaan op art. 9 EVRM. In EHRM 11 september 2006, 35504/03 (*Konrad/Duitsland*), heeft het Hof geoordeeld dat de inbreuk kan worden gerechtvaardigd op grond van lid 2 van dat artikel. Het EHRM was op 20 juli 2021, 12886/16 (*Polat tegen Oostenrijk*) van oordeel dat er sprake was van schending van de artt. 8 en 9 EVRM nu de beslissing van het ziekenhuis om tegen de wil van de ouders die belijdend moslim zijn een post-mortemonderzoek te doen bij een twee dagen oude overleden baby het belang van de publieke gezondheid onjuist is afgewogen tegen de rechten en belangen van de ouders.

Artikel 10
Vrijheid van meningsuiting

1. Een ieder heeft recht op vrijheid van meningsuiting. Dit recht omvat de vrijheid een mening te koesteren en de vrijheid om inlichtingen of denkbeelden te ontvangen of te verstrekken, zonder inmenging van enig openbaar gezag en ongeacht grenzen.

Dit artikel belet Staten niet radio-omroep-, bioscoop- of televisieondernemingen te onderwerpen aan een systeem van vergunningen.
2. Daar de uitoefening van deze vrijheden plichten en verantwoordelijkheden met zich brengt, kan zij worden onderworpen aan bepaalde formaliteiten, voorwaarden, beperkingen of sancties, die bij de wet zijn voorzien en die in een democratische samenleving noodzakelijk zijn in het belang van de nationale veiligheid, territoriale integriteit of openbare veiligheid, het voorkomen van wanordelijkheden en strafbare feiten, de bescherming van de gezondheid of de goede zeden, de bescherming van de goede naam of de rechten van anderen, om de verspreiding van vertrouwelijke mededelingen te voorkomen of om het gezag en de onpartijdigheid van de rechterlijke macht te waarborgen.
[11-05-1994, Trb. 165, i.w.tr. 01-11-1998]

Artikel 11
Vrijheid van vergadering en vereniging

1. Een ieder heeft recht op vrijheid van vreedzame vergadering en op vrijheid van vereniging, met inbegrip van het recht met anderen vakverenigingen op te richten en zich bij vakverenigingen aan te sluiten voor de bescherming van zijn belangen.
2. De uitoefening van deze rechten mag aan geen andere beperkingen worden onderworpen dan die, die bij de wet zijn voorzien en die in een democratische samenleving noodzakelijk zijn in het belang van de nationale veiligheid, de openbare veiligheid, het voorkomen van wanordelijkheden en strafbare feiten, voor de bescherming van de gezondheid of de goede zeden of de bescherming van de rechten en vrijheden van anderen. Dit artikel verbiedt niet dat rechtmatige beperkingen worden gesteld aan de uitoefening van deze rechten door leden van de krijgsmacht, van de politie of van het ambtelijk apparaat van de Staat.
[11-05-1994, Trb. 165, i.w.tr. 01-11-1998]

Artikel 12
Recht te huwen

Mannen en vrouwen van huwbare leeftijd hebben het recht te huwen en een gezin te stichten volgens de nationale wetten die de uitoefening van dit recht beheersen.
[11-05-1994, Trb. 165, i.w.tr. 01-11-1998]

1. Algemeen. Art. 12 EVRM garandeert mannen en vrouwen van huwbare leeftijd het recht te huwen en een gezin te stichten volgens de nationale wetten, welke de uitoefening van dit recht beheersen. De wijze waarop art. 12 is geformuleerd laat aan de nationale wetgever voldoende ruimte om voorwaarden te stellen aan en voor het sluiten van een huwelijk, de rechtsgevolgen van het huwelijk te regelen en regelingen te stellen aangaande het gezin en de daaruit voortvloeiende rechtsbetrekkingen. Art. 12 garandeert niet aan een ieder het recht om te huwen. Vereist is dat men de huwbare leeftijd heeft bereikt. De vrijheid die de nationale wetgever heeft, laat ook toe dat de nationale wetgever de huwelijksleeftijd vaststelt. Dit betekent niet dat de wetgever de volledige vrijheid heeft. In het begrip huwbare leeftijd zit wel enige ruimte, maar rekening dient te worden gehouden met de algemeen aanvaarde normen. De leeftijdsgrens mag niet zo hoog zijn dat daardoor het wezen van het recht wordt aangetast. Zolang er een redelijke relatie bestaat tussen die leeftijdsgrens en het begrip huwbare leeftijd wordt het wezen van het recht niet aangetast. In EHRM 5 januari 2010, 22933/02 (*Frasik/Polen*), was het Europese Hof van oordeel dat het weigeren van toestemming aan een verdachte om het slachtoffer te trouwen in strijd is met art. 12 EVRM. Nationale autoriteiten mogen zich niet mengen in de keuze voor een bepaalde huwelijkspartner. Zoals uit eerdere rechtspraak blijkt, hebben ook gedetineerden het recht om te huwen.

2. Homohuwelijk. Volgens de Hoge Raad in zijn beschikking van 19 oktober 1990, *NJ* 1992/129 geeft art. 12 EVRM geen recht aan personen van gelijk geslacht om een huwelijk aan te gaan. De Hoge Raad baseerde zich daarbij op het oordeel van het Europese Hof in de zaak-*Rees* dat het recht om te huwen, zoals neergelegd in art. 12 EVRM, betrekking heeft op het traditionele huwelijk tussen personen van verschillend geslacht. Dit blijkt ook uit de bewoordingen van het artikel dat duidelijk maakt dat art. 12 hoofdzakelijk bedoeld is om het huwelijk als de basis van het gezin te beschermen (EHRM 17 oktober 1986, *NJ* 1987/945 (*Rees/Engeland*)). Het Europese Hof houdt in EHRM 11 juli 2002, 28975/95 (*Goodwin/het Verenigd Koninkrijk*), minder star vast aan het traditionele huwelijk tussen man en vrouw. Na jarenlang de onmogelijkheid in o.a. Groot-Brittannië voor een transseksueel om te huwen niet in strijd te hebben geacht met art. 8 EVRM, is het Hof nu van oordeel dat art. 8 EVRM voortaan juridische erkenning van geslachtsverandering vereist. Nu *Goodwin* na haar geslachtsverandering niet in staat is met een man te huwen, wordt haar recht om te huwen in de kern aangetast. De staat mag de voorwaarden bepalen waaronder een transseksueel mag huwen, maar het is niet gerechtvaardigd om een huwelijk onder alle omstandigheden uit te sluiten. Zie EHRM 28 november 2006, 42971/05 (*Parry/het Verenigd Koninkrijk*), waarin het Hof een ruime margin of appreciation aan staten toekent ten aanzien van de mogelijkheid om na erkenning van geslachtsverandering hun huwelijk te kunnen voortzetten. Zie ook art. 8, aant. 17. In EHRM 24 juni 2010, 30141/04 (*Schalk en Kopf/Oostenrijk*), stelde het Hof vast dat er tussen de Verdragspartijen geen consensus bestaat over het homohuwelijk. Het Hof oordeelde dat niet langer kan worden volgehouden dat het recht om te huwen in alle omstandigheden enkel is voorbehouden aan paren van verschillend geslacht. Echter, omdat het huwelijk diepgewortelde sociale en culturele connotaties heeft die sterk van land tot land verschillen, zijn nationale autoriteiten het meest geschikt om de maatschappelijke noden op dit gebied te beoordelen. Art. 12 EVRM legt aan staten geen verplichting op om paren van gelijk geslacht toegang te bieden tot het burgerlijk huwelijk. Unaniem concludeert het Hof dan ook dat deze bepaling niet is geschonden. Gelet op de snelle ontwikkelingen van het afgelopen decennium in maatschappelijke opvattingen ten aanzien van relaties tussen personen van gelijk geslacht, oordeelt het Hof dat de langdurige relatie van de samenlevende *Schalk en Kopf* binnen het begrip 'familie- en gezinsleven' in de zin van art. 8 EVRM valt. Omdat partners van gelijk geslacht evenzeer als partners van ongelijk geslacht in staat zijn om stabiele en toegewijde relaties aan te gaan, oordeelt het Hof dat klagers zich in een wezenlijk vergelijkbare situatie bevinden als paren van ongelijk geslacht voor wat betreft hun behoefte aan wettelijke erkenning van hun relatie.

3. Recht op een kind. Het stichten van een gezin is geen claimrecht, maar een vrijheidsrecht. Dit betekent dat er een verbod is voor de overheid om door het verplicht voorschrijven van anticonceptiva of door het dwingen tot het ondergaan van een abortus ofwel door een sterilisatieverplichting het stichten van een gezin te verhinderen. Niet kan aan art. 12 een positieve verplichting tot toegang tot kunstmatige voortplantingstechnieken van de staat worden afgeleid. Zie EHRM 4 december 2007, 44362/04 (*Dickson/het Verenigd Koninkrijk*), art. 2, aant. 2.

4. Adoptie. Uit jurisprudentie van de Europese Commissie – zie bijvoorbeeld *X en Y/Engeland*, D en R 12 (1978) – komt naar voren dat het zijn van een paar essentieel is voor adoptie. Uit deze uitspraken kan ook afgeleid worden dat het moet gaan om een heteroseksueel paar. Het gaat immers om men and women of marriable age. Niet staat vast dat het moet gaan om een echtpaar. De Europese Commissie laat echter aan de nationale wetgever een ruime mate van beleidsvrijheid, waardoor niet gauw strijd met art. 12 EVRM zal worden aangenomen. In de zaak-*Akin/Nederland* van 1 juli 1998 heeft de Europese Commissie het standpunt van Commissie en Hof herhaald dat het recht om te adopteren als zodanig geen recht is dat door het EVRM wordt gegarandeerd. Op staten rust geen positieve verplichting een persoon op basis van art. 8 EVRM de status van adoptieouder of adoptiekind toe te kennen. Dit laat overigens onverlet de plicht van staten om personen die in een adoptierelatie tot elkaar staan, in overeenstemming met art. 8 EVRM, daadwerkelijk gezinsleven toe te staan. Ook art. 12 EVRM biedt geen recht op adoptie of het recht op een andere manier een kind in het gezin op te nemen dat niet het natuurlijk kind van een echtpaar is. Hof Arnhem 24 juli 1990, *FJR* 1991/104, waarbij adoptie na echtscheiding werd uitgesproken, was van oordeel dat in art. 12 EVRM mede een recht van verzoekster en haar pleegzoon op bestendiging van hun gezinsleven door de vaststelling van een familierechtelijke betrekking dient te worden gelezen.

Artikel 13
Recht op een daadwerkelijk rechtsmiddel

Een ieder wiens rechten en vrijheden die in dit Verdrag zijn vermeld, zijn geschonden, heeft recht op een daadwerkelijk rechtsmiddel voor een nationale instantie, ook indien deze schending is begaan door personen in de uitoefening van hun ambtelijke functie.
[11-05-1994, Trb. 165, i.w.tr. 01-11-1998]

Betekenis. Art. 13 EVRM is een accessoire bepaling en niet rechtstreeks werkend, maar als er sprake is van een schending van een van de bepalingen uit het Verdrag die geen civil right is, is art. 13 van belang. Nu art. 6 EVRM ook een right of access to court inhoudt overlappen deze artikelen elkaar op dit punt. In EHRM 25 februari 1992, Series A, vol. 226 (*Andersson*), is door de zoon mede geklaagd over schending van art. 13 EVRM. Het Europese Hof is van oordeel dat art. 13 van het Verdrag niet vereist dat een twaalf jaar oud kind in staat is een procedure over een maatregel van kinderbescherming of een omgangsbeperking te voeren. Het volstaat dat een wettelijke vertegenwoordiger dit ten behoeve van het kind doet. In EHRM 30 september 2008, 38000/05 (*R.K. en A.K./Verenigd Koninkrijk*), heeft het Europese Hof een klacht over schending van art. 13 EVRM gegrond verklaard. De klacht over de inbreuk op het gezinsleven door de uithuisplaatsing van de baby is volgens het Hof 'arguable'. Er bestond op nationaal niveau echter geen rechtsmiddel om deze klacht te laten onderzoeken en schadevergoeding van de autoriteiten te verkrijgen.

Artikel 14
Verbod van discriminatie

Het genot van de rechten en vrijheden die in dit Verdrag zijn vermeld, moet worden verzekerd zonder enig onderscheid op welke grond ook, zoals geslacht, ras, kleur, taal, godsdienst, politieke of andere mening, nationale of maatschappelijke afkomst, het behoren tot een nationale minderheid, vermogen, geboorte of andere status.
[11-05-1994, Trb. 165, i.w.tr. 01-11-1998]

Betekenis. Art. 14 verplicht de verdragsstaten de rechten en vrijheden, vermeld in het Verdrag, te garanderen zonder discriminatie op welke grond dan ook. De opsomming van discriminatiegronden is niet limitatief. Deze bepaling is een ieder verbindend en komt voor rechtstreekse toepassing door de rechter in aanmerking. Discriminatie wordt echter alleen verboden voor zover het de uitoefening van de in het Verdrag neergelegde rechten betreft. Art. 14 verleent geen zelfstandig recht op vrijwaring van discriminatie. Een dergelijk fundamenteel recht is nu neergelegd in het 12e protocol, dat voor Nederland op 1 april 2005 in werking is getreden. De jurisprudentie van Commissie en Hof vertoont een ontwikkeling die tendeert naar een zekere zelfstandigheid van art. 14. De Commissie heeft art. 14 tot een in zekere mate autonome bepaling gemaakt, mits art. 14 door de klager maar tegelijk met een of meer andere bepalingen wordt ingeroepen en daarmee enig verband heeft. Ook het Hof heeft aan art. 14 een min of meer zelfstandig karakter toegekend. Art. 14 heeft een zelfstandig, maar complementair karakter ten aanzien van de materiële rechten en vrijheden van het EVRM. Merkwaardig is wel dat, wanneer er een schending door Commissie of Hof is vastgesteld van een recht uit het EVRM er in de regel geen zelfstandig onderzoek meer volgt naar een schending van art. 14 in combinatie met de geschonden bepaling. **a. Criteria.** Commissie en Hof hebben in hun jurisprudentie criteria ontwikkeld, waaraan getoetst kan worden of een bepaalde handeling in strijd is met het discriminatieverbod van art. 14. Van strijd met art. 14 jo. een andere bepaling van titel 1 EVRM is sprake, wanneer de volgende drie gegevens in een bepaalde zaak zijn aangetroffen: 1) er is sprake van een verschillende behandeling; 2) deze verschillende behandeling heeft geen gerechtvaardigd doel; dit wil zeggen dat er geen objectieve en redelijke rechtvaardiging is voor het doel en de gevolgen van de betwiste maatregel; 3) er is geen redelijke proportionaliteit tussen de gebruikte middelen en de beoogde doelstelling (zie: EHRM 23 juli 1968, Series A, vol. 6, p. 34 (*Belgische taal*)). ***Proportionaliteit.*** Van discriminatie is dus sprake indien er geen objectieve en redelijke rechtvaardiging bestaat voor het verschil in behandeling, danwel indien geen legitiem doel gediend wordt of indien er geen redelijke verhouding van proportionaliteit bestaat tussen de gebruikte middelen en het nagestreefde doel (o.a. EHRM 28 november 1984, Series A, vol. 87, *NJ* 1986/4, m.nt. EAA en EAAL (*Rasmussen*)). In EHRM 27 april 2000 (*Bijleveld/Nederland*), was het Europese Hof van oordeel dat voor het verschil in behandeling tussen man en vrouw in het Nederlandse naamrecht, waar bij onenigheid de naam van de vader voor gaat, een objectieve en redelijke rechtvaardiging bestaat, nu het onwenselijk is dat een kind geen geslachtsnaam zou hebben, zolang de ouders geen overeenstemming hebben bereikt over de te maken keuze. **b. 12e Protocol.** Op 4 november 2000 is in Rome het 12e protocol tot stand gekomen en voor ondertekening opengesteld. Het 12e protocol bevat een algemeen discriminatiebeginsel, dat voor Nederland op 1 april 2005 in werking is getreden.

Artikel 15

Afwijking in geval van noodtoestand

1. In tijd van oorlog of in geval van enig andere algemene noodtoestand die het bestaan van het land bedreigt, kan iedere Hoge Verdragsluitende Partij maatregelen nemen die afwijken van zijn verplichtingen ingevolge dit Verdrag, voor zover de ernst van de situatie deze maatregelen strikt vereist en op voorwaarde dat deze niet in strijd zijn met andere verplichtingen die voortvloeien uit het internationale recht.

2. De voorgaande bepaling staat geen enkele afwijking toe van artikel 2, behalve ingeval van dood als gevolg van rechtmatige oorlogshandelingen, en van de artikelen 3, 4, eerste lid, en 7.

3. Elke Hoge Verdragsluitende Partij die gebruik maakt van dit recht om af te wijken, moet de Secretaris-Generaal van de Raad van Europa volledig op de hoogte houden van de genomen maatregelen en van de beweegredenen daarvoor. Zij moet de Secretaris-Generaal van de Raad van Europa eveneens in kennis stellen van de datum waarop deze maatregelen hebben opgehouden van kracht te zijn en de bepalingen van het Verdrag opnieuw volledig worden toegepast.

[11-05-1994, Trb. 165, i.w.tr. 01-11-1998]

Betekenis. In art. 15 EVRM worden de omstandigheden aangegeven waarin een staat kan afwijken van zijn verplichtingen in gevolge het Verdrag, onder de voorwaarde dat de maatregelen niet verder gaan dan de toestand vereist en niet in strijd zijn met andere verplichtingen uit het internationale recht. Lid 2 bepaalt dat niet mag afgeweken worden van art. 2, behalve ingeval van dood als gevolg van geoorloofde oorlogshandeling, evenmin als van art. 3, 4 lid 1 en 7. Dit worden de 'notstandsfeste' bepalingen genoemd. Art. 15 lid 3 bevat een rapportageplicht aan de Secretaris-Generaal van de Raad van Europa. Bij een toepassing van art. 15 wordt aan de aangeklaagde staat vrijwel altijd een ruime margin of appreciation gelaten. Of er sprake is van een situatie die het bestaan van de natie bedreigt, hangt af van allerlei feitelijke omstandigheden. Die beoordeling kan in eerste instantie dan ook het best gebeuren door de nationale autoriteiten.

Artikel 16

Beperkingen op politieke activiteiten van vreemdelingen

Geen der bepalingen van de artikelen 10, 11 en 14 mag beschouwd worden als een beletsel voor de Hoge Verdragsluitende Partijen beperkingen op te leggen aan politieke activiteiten van vreemdelingen.

[11-05-1994, Trb. 165, i.w.tr. 01-11-1998]

Betekenis. Art. 16 houdt een beperking in van de politieke activiteiten van vreemdelingen met betrekking tot art. 10, 11 en 14. De nadruk ligt hier op politieke activiteiten. Alleen ingeval van politieke activiteiten mogen de rechten uit art. 10, 11 en 14 worden beperkt ten aanzien van vreemdelingen. De bepaling van art. 16 hoort eigenlijk niet thuis in een conventie die ex art. 1 en 14 EVRM het genot van de opgenomen rechten en vrijheden garandeert aan ieder die onder de rechtsmacht van een der verdragsstaten ressorteert, ongeacht nationaliteit, te meer nu art. 10 en 11 zelf al een beperkingsgrond kennen in het belang van 's lands veiligheid of openbare veiligheid.

Artikel 17
Verbod van misbruik van recht

Geen der bepalingen van dit Verdrag mag worden uitgelegd als zou zij voor een Staat, een groep of een persoon een recht inhouden enige activiteit aan de dag te leggen of enige daad te verrichten met als doel de rechten of vrijheden die in dit Verdrag zijn vermeld teniet te doen of deze verdergaand te beperken dan bij dit Verdrag is voorzien.
[11-05-1994, Trb. 165, i.w.tr. 01-11-1998]

Betekenis. Art. 17 stelt, dat geen enkele bepaling van de Conventie een rechtvaardiging kan vormen voor daden, die erop gericht zijn een van de rechten en vrijheden vermeld in de Conventie, te vernietigen of verder te beperken dan in de Conventie is voorzien. Ook art. 17 heeft geen zelfstandig karakter; schending van art. 17 moet verband houden met een of meer van de rechten en vrijheden van de Conventie. Art. 17 houdt niet alleen een verbod in voor staten, maar ook voor groepen of individuele personen. Bij artikelen die zelf reeds vrij ruime beperkingsmogelijkheden bevatten, zal art. 17 slechts zelden met succes tegen een staat kunnen worden ingeroepen. Bij artikelen waarin geen beperkingsgronden zijn voorzien of deze minder ruim zijn omschreven, kan art. 17 wel een rol spelen.

Artikel 18
Inperking van de toepassing van beperkingen op rechten

De beperkingen die volgens dit Verdrag op de omschreven rechten en vrijheden zijn toegestaan, mogen slechts worden toegepast ten behoeve van het doel waarvoor zij zijn gegeven.
[11-05-1994, Trb. 165, i.w.tr. 01-11-1998]

Betekenis. Art. 18 verbiedt misbruik van bevoegdheid 'détournement de pouvoir' bij het aanleggen van beperkingen. De Commissie houdt zich ten aanzien van art. 18 op de vlakte. Dit valt te verklaren uit het feit dat als er sprake is van schending van art. 18 er veelal sprake is van kwade trouw van de aangeklaagde staat. Aan een dergelijke gevoelige kwestie zal de Commissie haar vingers niet willen branden.

TITEL II
Europees Hof voor de Rechten van de Mens

Artikel 19
Instelling van het Hof

Teneinde de nakoming te verzekeren van de verplichtingen die de Hoge Verdragsluitende Partijen in het Verdrag en de Protocollen daarbij op zich hebben genomen, wordt een Europees Hof voor de Rechten van de Mens ingesteld, hierna te noemen 'het Hof'. Het functioneert op een permanente basis.
[11-05-1994, Trb. 165, i.w.tr. 01-11-1998]

1. Algemeen. Met het toezicht op de naleving van het verdrag waren tot 1 november 1998 twee rechtsprekende instanties belast: de Europese Commissie voor de Rechten van de Mens (ECRM) en het Europese Hof voor de Rechten van de Mens (EHRM), beide gevestigd in Straatsburg (art. 19 oud EVRM). Het Comité van Ministers van de Raad van

Europa (art. 46 EVRM) en de Secretaris-Generaal van Raad van Europa (art. 52 EVRM) hadden en hebben ook een rol bij de naleving.

2. Protocol 11 EVRM. Op 1 oktober 1997 heeft Italië als laatste staat het protocol ondertekend. Op 1 november 1998 is daarop het Protocol 11 EVRM in werking getreden (zie uitgebreid over Protocol 11 EVRM *NJCM-Bulletin* 1997/7). **a. Procedure.** In plaats van twee toezichthoudende instanties, de Europese Commissie en het Europese Hof, is er nu één nieuw Hof dat de functies van beide organen heeft overgenomen. Het huidige Europese Hof functioneert op permanente basis. Het Comité van Ministers speelt nu geen rol meer in de nieuwe klachtprocedure. Het Comité van Ministers blijft wel toezicht uitoefenen op de naleving van de uitspraken van het nieuwe Europese Hof. **b. Individueel klachtrecht.** Het huidige art. 34 van het Verdrag maakt het individuele klachtrecht niet langer optioneel. Iedere staat die het huidige EVRM heeft geratificeerd heeft ook het individuele klachtrecht erkend. **c. Rechtsmacht Hof.** Er geldt een verplichte aanvaarding van de rechtsmacht van het Hof, zowel met betrekking tot statenklachten (art. 33) als met betrekking tot individuele klachten (art. 34). Alleen ten aanzien van gebieden waarvoor in overeenstemming met art. 56 (art. 63 oud) een verklaring is afgelegd, die deze gebieden onder de werking van het EVRM plaatst, blijft de aanvaarding van rechtsmacht optioneel. Het betreft hier gebieden voor welker buitenlandse betrekkingen een bepaalde verdragsstaat verantwoordelijk is, zoals buiten Europa gelegen koloniën. Voor Aruba en de Nederlandse Antillen is door Nederland in 1979 een verklaring tot erkenning van het individueel klachtrecht en de rechtsmacht van het Hof afgelegd. Deze verklaring geldt tot wederopzegging. **d. Ambtstermijn rechters.** De ambtstermijn van rechters is negen jaar. Herkiezing is niet meer mogelijk. Het rechterschap is een fulltime functie die permanent verblijf in Straatsburg met zich meebrengt. Kandidaten dienen volgens art. 21 lid 2 zoals gewijzigd door de inwerkingtreding per 1 augustus 2021 van het vijftiende protocol tot wijziging van het EVRM jonger te zijn dan 65 jaar op de datum waarop de Parlementaire Vergadering om de ontvangst van de lijst van drie kandidaten heeft verzocht in aansluiting op art. 22 EVRM. De eerdere leeftijdsgrens van 70 jaar is daarbij losgelaten. Lid 2 van art. 23 EVRM is gewijzigd, waarbij de zin is verwijderd dat de ambtstermijn eindigt wanneer een rechter de leeftijd van 70 jaar heeft bereikt. De huidige eis dat niet twee rechters uit één land zitting mogen hebben in het Hof is vervallen. **e. Werkwijze Hof.** Het Hof werkt in Comités van drie rechters, Kamers van zeven rechters en een Grote Kamer (Grand Chamber) van zeventien rechters. Het systeem van comités en Kamers is overgenomen van de vroegere werkwijze van de Commissie. Zowel de Comités van drie rechters (art. 26 onderdeel b) als de Kamers van zeven rechters (art. 27 lid 1) worden voor bepaalde tijd ingesteld. De Grote Kamer zal in ieder geval bestaan uit de president en de vice-presidenten van het Hof, de presidenten van de Kamers en nationale rechter van de staat tegen wie de desbetreffende klacht is gericht. Nederland heeft ook de alleensprekende rechter aanvaard (zie het commentaar op art. 27). **f. Bevoegdheid Kamer.** Een klacht die bij het Hof wordt ingediend, wordt in eerste instantie behandeld door een Comité van drie rechters. Dit Comité kan unaniem een klacht niet ontvankelijk verklaren (art. 28) of van de rol schrappen, als het Comité van mening is dat dit zonder nader onderzoek kan gebeuren. Een besluit tot niet-ontvankelijk verklaren is bindend, er staat geen beroep tegen open. Is er binnen een Comité geen eenstemmigheid over de niet-ontvankelijkheid van een klacht, dan wordt die klacht voorgelegd aan een Kamer van zeven rechters voor nader onderzoek. Deze Kamer doet vervolgens eerst een uitspraak over de ontvankelijkheid en daarna over een eventuele schending van het verdrag (art. 29). De wijze waarop een Kamer een klacht behandelt zal grotendeels gelijk zijn aan de huidige werkwijze van de Commissie. Er vindt een schriftelijke wisseling van stukken plaats en vervolgens een hoorzitting. Is een Kamer van oordeel dat een zaak belangrijk is voor de interpretatie van het verdrag of de daarbij behorende protocollen of reden geeft tot afwijking van eerdere jurisprudentie, dan kan die Kamer de zaak verwijzen naar de Grote Kamer. Tot de inwerkingtreding van het vijftiende protocol konden partijen hiertegen bezwaar maken (art. 30). Protocol 11 EVRM heeft geen verandering gebracht in de ontvankelijkheidsvereisten of de termijnen (art. 35). **g. Intern appel.** De uitspraken van de Kamers zijn in principe einduitspraken. In uitzonderlijke gevallen staat tegen de uitspraak van een Kamer appel open op de Grote Kamer. Het betreft hier een rehearing binnen hetzelfde Hof en er is dus geen sprake van een echt hoger beroep. Het appel moet worden ingesteld binnen drie maanden na de uitspraak van de Kamer en kan worden ingesteld door elke bij de zaak betrokken partij (art. 43). Wordt binnen de termijn van drie maanden een verzoek tot voorlegging aan de Grote Kamer gedaan, dan beoordeelt een college van vijf rechters uit de Grote Kamer eerst of de zaak inderdaad aanleiding geeft tot een ernstige vraag betreffende de interpretatie of toepassing van het verdrag of de protocollen, dan wel een ernstige kwestie van algemeen belang. **h. Einduitspraak.** Ingevolge art. 46 hebben de verdragsstaten zich ertoe verplicht zich te houden aan de beslissingen van het EHRM in zaken waarin zij partij zijn. Dit houdt in dat de verdragsstaat gehouden is maatregelen te nemen die de verdragsschending opheffen. Dit betekent in de eerste plaats het toekennen van genoegdoeningen aan de klager indien daartoe gronden bestaan en in de tweede plaats het voorkomen van gelijksoortige schendingen in de toekomst. De staat is echter vrij in de daartoe te kiezen middelen afhankelijk van de aard van de verdragsverplichting (zie Van der Velde, 'Het toezicht op de naleving van het EVRM en de implementatie van Straatsburgse beslissingen in Nederland', in A.W. Heringa/J.G.C. Schokkenbroek/J. van der Velde (red.), *40 jaar Europees Verdrag voor de Rechten van de Mens*, p. 166-168). **i. Overgangsrecht.** Alle zaken die per 1 november 1998 in behandeling waren bij het oude Hof, moeten door de Grote Kamer worden behandeld. Alle zaken die op 1 november 1998 bij de Europese Commissie aanhangig waren en waarover nog geen beslissing was genomen met betrekking tot de ontvankelijkheid, zijn doorgeleid naar het nieuwe Hof. Op deze zaken wordt de nieuwe ontvankelijkheidsprocedure toegepast. De Commissie heeft nog gedurende een jaar, tot 1 november 1999, bestaan om de behandeling van de reeds ontvankelijk verklaarde zaken af te ronden. Ten aanzien van iedere zaak waarin de Commissie een zogenaamd art. 31-rapport aanneemt en die naar het Hof verwezen was, bepaalt een panel van het nieuwe Hof of de zaak door een Kamer dan wel door de Grote Kamer zal worden beslist. Alle zaken die de Commissie gedurende het overgangsjaar niet heeft kunnen afronden, zijn per 1 november 1999 doorgeleid naar het nieuwe Hof. Ten aanzien van verzoekschriften waarvoor de Commissie, na de inwerkingtreding van het elfde Protocol, een rapport heeft aangenomen in overeenstemming met het oude art. 31 van het Verdrag, is het rapport toegezonden aan de partijen, die niet de vrijheid hebben dit openbaar te maken. In overeenstemming met de bepalingen die vóór de inwerkingtreding van dit protocol van toepassing waren, kan een zaak worden verwezen naar het Hof. Het college van de Grote Kamer beslist of één van de Kamers dan wel de Grote Kamer in de zaak uitspraak zal doen. Indien een Kamer uitspraak doet, geldt de uitspraak van de Kamer als einduitspraak. Zaken die niet naar het Hof worden verwezen, worden behandeld door het Comité van Ministers, dat handelt in overeenstemming met de bepalingen van het oude art. 32 van het Verdrag. Zaken die bij het oude Hof aanhangig waren en die op de datum van inwerkingtreding van dit protocol nog niet waren afgehandeld, zijn doorgezonden naar de Grote Kamer van het Hof, die ze behandelt in overeenstemming met de bepalingen van dit Protocol. Zaken die bij het Comité van Ministers aanhangig waren en die op de datum van inwerkingtreding van dit protocol nog niet waren afgehandeld ingevolge het oude art. 32 van het verdrag, zijn door het Comité van Ministers afgedaan in overeenstemming met dat artikel. **j. Adressering van klachten.** Klachten dienen per 1 november 1998 te worden gericht aan The Registrar of the European Court of Human Rights, Council of Europe, F-67 075, Strasbourg-Cedex, France. Tel. 00-333 88 41 2018. Fax. 00-333 88 41 2730. Internetsite: www.dhcour.coe.fr.

3. Het Veertiende protocol. Het Europese Hof werd geconfronteerd met een aanzienlijk aantal zaken en een enorme achterstand. Veel zaken blijken niet-ontvankelijk of betreffen zaken die identiek zijn aan eerder door het Hof besliste zaken. Door de inwerkingtreding van Protocol 14 EVRM op 1 juni 2010 is de werkwijze van het hof vereenvoudigd door de invoering van de alleensprekende rechter en het toekennen van grotere bevoegdheid aan het comité van drie rechters. Ter behandeling van bij het Hof aanhangig gemaakte zaken, houdt het Hof zitting als alleenzittende rechter, in comités van drie rechters, in Kamers van zeven rechters en in een Grote Kamer van zeventien rechters. Zie hierover uitvoerig: R.A.A. Bäcker, 'Protocol nr. 14 bij het EVRM, Hervorming van de hervorming', *NJB* 2004, p. 1840. Inmiddels zijn er een aantal kleine wijzigingen met betrekking tot de organisatie ingevoerd in het 15e protocol, dat protocol is nog niet in werking getreden. **a. Alleensprekende rechter.** Alleenzittende rechters behandelen geen verzoekschriften ingediend tegen hun eigen staat (art. 26). De alleenzittende rechter kan een op grond van art. 34 ingediend verzoekschrift niet-ontvankelijk verklaren of van de rol van het Hof schrappen, indien deze beslissing zonder nader onderzoek kan worden genomen. De beslissing geldt als einduitspraak. Indien de alleenzittende rechter een verzoekschrift ontvankelijk verklaart of niet van de rol schrapt, verwijst deze het door naar een comité of Kamer voor verdere behandeling (art. 27). De alleenzittende rechter wordt bijgestaan door rapporteurs, die deel uitmaken van de griffie. Het is de bedoeling dat de rapporteurs zich zullen bezighouden met zaken uit die lidstaten, waarvan ze de taal en het rechtssysteem kennen. Gelet op het verbod van behandeling van zaken door de nationale rechter als alleenzittende rechter is dit praktisch (art. 24). **b. Comité van drie rechters.** De comités van drie rechters zijn nu ook bevoegd naast hun reeds bestaande bevoegdheid klachten niet-ontvankelijk te verklaren of van de rol te schrappen identieke zaken ten gronde te behandelen. Voor de invoering van Protocol 14 EVRM moest dit door een Kamer van zeven rechters worden behandeld. Omdat het verdrag niet voorziet in automatische deelname van de 'nationale rechter' in de comités, hetgeen kan gaan betekenen dat klachten gegrond kunnen worden verklaard zonder dat die rechter zich ermee heeft bemoeid, is ter compensatie daarvan een bepaling opgenomen die inhoudt dat het comité op ieder gewenst moment de 'nationale rechter' kan uitnodigen zitting te nemen, waarbij acht wordt geslagen op alle relevante factoren, met inbegrip van de vraag of de aangeklaagde staat de toepassing van de vereenvoudigde procedure heeft aangevochten (art. 28 lid 1 onderdeel b). **c. Ontvankelijkheid.** Het vijftiende protocol heeft de termijn voor in behandeling nemen van een zaak door het hof gewijzigd van zes maanden na de datum van de definitieve nationale beslissing in vier maanden na die datum (lid 1 van art. 35). Aan art. 35 lid 3 EVRM (voorwaarden voor ontvankelijkheid) is door het veertiende protocol toegevoegd dat een klacht niet-ontvankelijk kan worden verklaard, als de verzoeker geen wezenlijk nadeel heeft geleden, tenzij de eerbiediging van de in het verdrag en de protocollen daarbij omschreven rechten van de mens noopt tot onderzoek van het verzoekschrift naar de gegrondheid ervan en mits op deze grond geen zaken worden afgewezen die niet naar behoren zijn behandeld door een nationaal gerecht. Door de inwerkingtreding per 1 augustus 2021 van het vijftiende protocol is het laatste onderdeel van lid 3 onder b het zinsdeel vanaf en mits geschrapt. Doel is het verminderen van de werklast van het Hof door het buiten behandeling laten van de minst ernstige categorie klachten, dat wil zeggen, de klachten waarbij de klager een gering nadeel heeft geleden. Zie voor kritiek hierop: R.A.A. Bäcker, 'Protocol nr. 14 bij het EVRM, Hervorming van de hervorming', *NJB* 2004, p. 1840. Als overgangsrecht geldt dat het protocol wordt toegepast op alle zaken die aanhangig zijn op het moment van inwerkingtreding van het protocol. In afwijking daarvan is tevens bepaald dat het nieuwe ontvankelijkheidscriterium niet kan worden ingeroepen in zaken die op dat moment reeds ontvankelijk waren verklaard en dat het criterium bovendien in de eerste twee jaar na inwerkingtreding van het protocol uitsluitend mag worden toegepast door de Kamers en de Grote Kamer van het Hof. Dat wil dus zeggen dat de comités van drie rechters en de unus iudex in die eerste twee jaar niet bevoegd zijn het criterium toe te passen. **d. Flexibele omvang van Kamers.** De omvang van de Kamers kan onder voorwaarden verkleind worden van zeven naar vijf rechters. Het uitgangspunt blijft Kamers van zeven rechters. Daarom is bepaald dat het Comité van Ministers de beslissing tot verkleining van de Kamers uitsluitend kan nemen op verzoek van het Hof in volle vergadering bijeen en voor een vooraf vastgestelde termijn (art. 26 lid 2). Een dergelijke beslissing zou een uitbreiding van het huidige aantal van vier Kamers naar zes Kamers mogelijk maken. **e. Minnelijke schikking.** Het Hof kan zich in elke fase van de procedure dus ook vóórdat een beslissing is genomen over de ontvankelijkheid, ter beschikking van partijen stellen met het doel te komen tot een minnelijke schikking. Ook is het toezicht op de tenuitvoerlegging van de minnelijke schikking opgedragen aan het Comité van Ministers (art. 39). **f. Ambtstermijn.** Sinds de inwerkingtreding van Protocol 11 EVRM werden iedere drie jaar voor de helft van de rechtersfuncties verkiezingen gehouden voor een ambtstermijn van zes jaar. Herverkiezing was mogelijk. Door de inwerkingtreding van Protocol 14 EVRM geldt voortaan een éénmalige ambtsperiode van negen jaar (art. 23). Het overgangsrecht bepaalt dat zittende rechters op het ogenblik van inwerkingtreding van Protocol 14 EVRM niet meer herkiesbaar zijn. Ter compensatie daarvan, en teneinde het nieuwe systeem op de kortst mogelijke termijn ingang te doen vinden, krijgen alle rechters die zich in hun eerste termijn bevinden op het moment van inwerkingtreding van Protocol 14 EVRM, een 'bonus' waardoor hun termijn automatisch wordt verlengd tot negen jaar. Zittende rechters die zich in een tweede of volgende termijn bevinden krijgen allen een bonus van twee jaar (art. 21). Protocol 14 EVRM voorziet in een verplichting voor de lidstaten om een lijst met potentiële rechters ad hoc bij het Hof in te dienen, waaruit de President van het Hof in voorkomende gevallen, bijvoorbeeld bij langdurige ziekte van een rechter, een keuze kan maken. **g. Commissaris voor de Mensenrechten van de Raad van Europa.** Protocol 14 EVRM kent een nieuwe bevoegdheid toe aan de Commissaris Mensenrechten van de Raad van Europa. In art. 36 lid 3 is nu bepaald dat in alle zaken die voor een Kamer of de Grote Kamer aanhangig zijn, de Commissaris voor de Mensenrechten van de Raad van Europa schriftelijke conclusies kan indienen en aan hoorzittingen kan deelnemen. **h. toezicht op de tenuitvoerlegging.** Aan het Comité van Ministers wordt de bevoegdheid toegekend het Hof te vragen om een interpretatie van een uitspraak, indien de tenuitvoerlegging van die uitspraak wordt gehinderd door een verschil van interpretatie tussen de lidstaten (art. 46 lid 3). Op de tweede plaats kan het Comité van Ministers de niet-tenuitvoerlegging van een Hofuitspraak door een lidstaat als zelfstandige schending van het verdrag aan het Hof voorleggen (art. 46 lid 4). In beide gevallen kan het Comité bij meerderheid van tweederde besluiten van zijn bevoegdheid gebruik te maken. In art. 36 lid 5 is bepaald dat indien het Hof constateert dat er sprake is van een schending van het eerste lid, het de zaak voorlegt aan het Comité van Ministers teneinde te overwegen welke maatregelen dienen te worden getroffen. Indien het Hof constateert dat er geen sprake is van een schending van het eerste lid, legt het de zaak voor aan het Comité van Ministers dat het onderzoek van de zaak sluit. **i. Prejudiciële vragen.** Op 1 augustus 2018 treedt Protocol 16 EVRM in werking. Dit protocol regelt het stellen van prejudiciële vragen van hoogste nationale rechters in nationaal lopende procedures aan het EHRM. De Nederlandse goedkeuringswet is eind april 2017 aan de Eerste Kamer aangeboden. **j. Het vijftiende protocol.** Op 1 augustus 2021 is het vijftiende protocol tot wijziging van het EVRM in werking getreden (*Trb.* 2013, 233). Gewijzigd zijn de art. 21 en 23 over de leeftijd van rechters, art. 30 waarbij is geschrapt dat partijen bezwaar kunnen maken tegen een verwijzing naar de Grote Kamer, art. 35 lid 1 over de termijn van in behandeling nemen van een klacht door het hof en art. 35 lid 3 over de ontvankelijkheid van een klacht door het schrappen van de laatste woorden: "en mits op deze grond geen zaken worden afgewezen die niet naar behoren zijn behandeld door een nationaal gerecht".

Artikel 20
Aantal rechters

Het Hof bestaat uit een aantal rechters dat gelijk is aan het aantal Hoge Verdragsluitende Partijen.

[11-05-1994, Trb. 165, i.w.tr. 01-11-1998]

Betekenis. Bij het oude Europese Hof was het niet mogelijk dat twee rechters uit hetzelfde land zitting zouden hebben in het Hof. Deze voorwaarde is nu vervallen. Dit maakt het voor kleine staatjes als Liechtenstein en Andorra mogelijk om bijvoorbeeld een Duitse, Zwitserse of Franse rechter voor te dragen. Per januari 2010 zijn er 47 verdragsstaten. Daar is sindsdien geen staat meer bij gekomen.

Artikel 21
Voorwaarden voor uitoefening van de functie

1. De rechters moeten het hoogst mogelijk zedelijk aanzien genieten en in zich verenigen de voorwaarden die worden vereist voor het uitoefenen van een hoge functie bij de rechterlijke macht, ofwel rechtsgeleerden zijn van erkende bekwaamheid.

2. Kandidaten dienen jonger te zijn dan 65 jaar op de datum waarop de Parlementaire Vergadering om de ontvangst van de lijst van drie kandidaten heeft verzocht, in aansluiting op artikel 22.

3. De rechters hebben zitting in het Hof op persoonlijke titel.

4. Gedurende hun ambtstermijn mogen de rechters geen activiteiten verrichten die onverenigbaar zijn met hun onafhankelijkheid, onpartijdigheid of met de eisen van

een volledige dagtaak; het Hof beslist over alle vragen met betrekking tot de toepassing van dit lid.
[24-06-2013, Trb. 233, i.w.tr. 01-08-2021]

Artikel 22
Verkiezing van rechters

1. Voor elke Hoge Verdragsluitende Partij worden de rechters gekozen door de Parlementaire Vergadering, met een meerderheid van de uitgebrachte stemmen, uit een lijst van drie kandidaten, voorgedragen door de Hoge Verdragsluitende Partij.
[13-05-2004, Trb. 285, i.w.tr. 01-06-2010]

Artikel 23
Ambtstermijn en ontheffing uit het ambt

1. De rechters worden gekozen voor een periode van negen jaar. Zij zijn niet herkiesbaar.
2. De rechters blijven in functie tot hun vervanging. Zij handelen evenwel de zaken af die zij reeds in behandeling hebben.
3. Een rechter kan slechts van zijn functie worden ontheven indien de overige rechters bij een meerderheid van tweederde besluiten dat die rechter niet meer aan de vereiste voorwaarden voldoet.
[24-06-2013, Trb. 233, i.w.tr. 01-08-2021]

Betekenis. De ambtstermijn van rechters was door Protocol 11 EVRM teruggebracht van negen jaar voor rechters uit het oude Hof naar zes jaar voor rechters in het nieuwe Hof. Dit zou te maken hebben met het feit dat het rechterschap van het Europese Hof een volledige functie wordt, waarbij permanent verblijf in Straatsburg nodig was. De rechters konden worden herbenoemd. In ieder geval eindigde hun termijn na twaalf jaar. Nadeel van het permanente verblijf in Straatsburg was dat een rechter minder voeling zal hebben met het nationale recht. Mede met het oog hierop was gekozen voor een maximale termijn. Er kleefden toch veel nadelen aan dit systeem. Daarom is nu weer gekozen voor een eenmalige periode van negen jaar. Het overgangsrecht bepaalt dat zittende rechters op het ogenblik van inwerkingtreding van Protocol 14 EVRM niet meer herkiesbaar zijn. Ter compensatie daarvan, en teneinde het nieuwe systeem op de kortst mogelijke termijn ingang te doen vinden, krijgen alle rechters die zich in hun eerste termijn bevinden op het moment van inwerkingtreding van Protocol 14 EVRM, een regeling waardoor hun termijn automatisch wordt verlengd tot negen jaar. Zittende rechters die zich in een tweede of volgende termijn bevinden krijgen allen een termijn van twee jaar. Protocol 14 EVRM voorziet in een verplichting voor de lidstaten om een lijst met potentiële rechters ad hoc bij het Hof in te dienen, waaruit de President van het Hof in voorkomende gevallen, bijvoorbeeld bij langdurige ziekte van een rechter, een keuze kan maken. **a. Leeftijdsgrens.** Kandidaten dienen volgens art. 21 lid 2 zoals gewijzigd door de inwerkingtreding per 1 augustus 2021 van het vijftiende protocol tot wijziging van het EVRM jonger te zijn dan 65 jaar op de datum waarop de Parlementaire Vergadering om de ontvangst van de lijst van drie kandidaten heeft verzocht in aansluiting op art. 22 EVRM. De eerdere leeftijdsgrens van 70 jaar is daarbij losgelaten. Lid 2 van art. 23 EVRM is gewijzigd, waarbij de zin is verwijderd dat de ambtstermijn eindigt wanneer een rechter de leeftijd van 70 jaar heeft bereikt. **b. Ontheffing rechter.** Een rechter kan slechts van zijn functie worden ontheven indien de overige rechters bij een meerderheid van tweederde besluiten dat die rechter niet meer aan de vereiste voorwaarden voldoet.

Artikel 24
Griffie en rapporteurs

1. Het Hof beschikt over een griffie, waarvan de taken en de organisatie worden vastgesteld in het reglement van het Hof.
2. Indien het Hof zitting houdt als alleenzittende rechter, wordt het bijgestaan door rapporteurs die fungeren onder de bevoegdheid van de President van het Hof. Zij maken deel uit van de griffie van het Hof.
[13-05-2004, Trb. 285, i.w.tr. 01-06-2010]

1. Algemeen. Rechters worden bijgestaan door zogenaamde legal secretaries, een soort persoonlijke assistenten en de griffie. De rechter heeft een grote vrijheid met betrekking tot het zich al dan niet laten bijstaan door legal secretaries en zo ja welke legal secretary, evenals de vraag welke taken hij aan hem/haar opdraagt. De griffie van het Hof heeft eveneens een belangrijke inhoudelijke taak. Daarmee is de kans groot dat de taakafbakening tussen griffie en legal secretaries onduidelijk is en tot problemen aanleiding kan geven. Voor de alleensprekende rechter is de bijstand van rapporteurs nu uitdrukkelijk geregeld. Het is de bedoeling dat de rapporteurs zich zullen bezighouden met zaken uit die lidstaten, waarvan ze de taal en het rechtssysteem kennen. Gelet op het verbod van behandeling van zaken door de nationale rechter als alleenzittende rechter is dit praktisch.

2. Capaciteit. Het Hof zal een groot aantal klachten moeten afdoen. Daarbij is het belangrijk dat er een goede griffie is. De griffie zal immers zeer nauwkeurig elke zaak moeten beoordelen en bezien of er een serieuze vraag is betreffende de interpretatie en de toepassing van het verdrag.

Artikel 25
Hof in voltallige vergadering bijeen

Het Hof in voltallige vergadering bijeen:
a. kiest zijn President en één of twee Vice-Presidenten voor een periode van drie jaar; zij zijn herkiesbaar;
b. stelt Kamers in, voor bepaalde tijd;
c. kiest de Voorzitters van de Kamers van het Hof; zij zijn herkiesbaar;
d. neemt het reglement van het Hof aan;
e. kiest de Griffier en één of twee Plaatsvervangend Griffiers;
f. dient verzoeken in uit hoofde van artikel 26, tweede lid.
[13-05-2004, Trb. 285, i.w.tr. 01-06-2010]

Huishoudelijk reglement. Met de inwerkingtreding van het Veertiende protocol is het oude art. 26 vernummerd naar 25. Inhoudelijk is er niets veranderd. Op 4 november 1998 is een nieuw reglement voor het Hof aangenomen, welk reglement is gewijzigd per 1 december 2005, 1 juli 2009 en per 1 februari 2012. Zie hiervoor de bijlage. De regels 31-81 bevatten de voor de klachtprocedure relevante bepalingen, de regels 100-105 bevatten de bepalingen met betrekking tot gratis rechtsbijstand en de regels 106-109 de overgangsbepalingen.

Artikel 26
Alleenzittende rechters, comités, Kamers en Grote Kamer

1. Ter behandeling van bij het Hof aanhangig gemaakte zaken, houdt het Hof zitting als alleenzittende rechter, in comités van drie rechters, in Kamers van zeven rechters en in een Grote Kamer van zeventien rechters. De Kamers van het Hof stellen comités in voor bepaalde tijd.
2. Op verzoek van het Hof in voltallige vergadering bijeen, kan het Comité van Ministers, bij eenparig besluit, en voor een bepaalde termijn, het aantal rechters van de Kamers beperken tot vijf.
3. Alleenzittende rechters behandelen geen verzoekschriften ingediend tegen de Hoge Verdragsluitende Partij voor welke die rechters zijn gekozen.
4. De rechter die is gekozen voor de betrokken Hoge Verdragsluitende Partij maakt van rechtswege deel uit van de Kamer en de Grote Kamer. In geval van ontstentenis of belet van die rechter, wijst de President van het Hof een persoon van een vooraf door die Partij overgelegde lijst aan om daarin als rechter zitting te hebben.
5. De Grote Kamer bestaat mede uit de President van het Hof, de Vice-Presidenten, de Voorzitters van de Kamers en andere rechters, aangewezen overeenkomstig het reglement van het Hof. Wanneer een zaak op grond van artikel 43 naar de Grote Kamer wordt verwezen, mag een rechter van de Kamer die uitspraak heeft gedaan, geen zitting nemen in de Grote Kamer, met uitzondering van de voorzitter van de Kamer en de rechter die daarin zitting had voor de betrokken Hoge Verdragsluitende Partij.
[13-05-2004, Trb. 285, i.w.tr. 01-06-2010]

Betekenis. Het systeem van comités en kamers is overgenomen van de Europese commissie. Daar is dus nu de unus iudex aan toegevoegd. Zowel de comités van drie rechters als de Kamers van zeven rechters worden voor bepaalde tijd ingesteld. Ter behandeling van bij het Hof aanhangig gemaakte zaken, houdt het Hof zitting als alleenzittende rechter, in comités van drie rechters, in Kamers van zeven rechters en in een Grote Kamer van zeventien rechters. De Grote Kamer van het Hof bestaat in ieder geval uit de president, de vicepresidenten, de voorzitters van de Kamers en de nationale rechter van de staat tegen wie de klacht is gericht. De omvang van de Kamers kan onder voorwaarden verkleind worden van zeven naar vijf rechters. Het uitgangspunt blijft Kamers van zeven rechters. Daarom is bepaald dat het Comité van Ministers de beslissing tot verkleining van de Kamers uitsluitend kan nemen op verzoek van het Hof in volle vergadering bijeen en voor een vooraf vastgestelde termijn (art. 26 lid 2). Een dergelijke beslissing zou een uitbreiding van het huidige aantal van vier Kamers naar zes Kamers mogelijk maken. **a. Algemeen.** Het systeem van comités en kamers is overgenomen van de Europese commissie. Daar is dus nu de unus iudex aan toegevoegd. Zowel de comités van drie rechters als de Kamers van zeven rechters worden voor bepaalde tijd ingesteld. Ter behandeling van bij het Hof aanhangig gemaakte zaken, houdt het Hof zitting als alleenzittende rechter, in comités van drie rechters, in Kamers van zeven rechters en in een Grote Kamer van zeventien rechters. De Grote Kamer van het Hof bestaat in ieder geval uit de president, de vicepresidenten, de voorzitters van de Kamers en de nationale rechter van de staat tegen wie de klacht is gericht. De omvang van de Kamers kan onder voorwaarden verkleind worden van zeven naar vijf rechters. Het uitgangspunt blijft Kamers van zeven rechters. Daarom is bepaald dat het Comité van Ministers de beslissing tot verkleining van de Kamers uitsluitend kan nemen op verzoek van het Hof in volle vergadering bijeen en voor een vooraf vastgestelde termijn (art. 26 lid 2). Een dergelijke beslissing zou een uitbreiding van het huidige aantal van vier Kamers naar zes Kamers mogelijk maken. **b. Nationale rechter.** De rechter die is gekozen door het land waar tegen een klacht is ingediend maakt ex officio deel uit van de Kamer en van de Grote Kamer. Het is niet voorgeschreven dat deze deel uit maakt van het Comité van drie rechters, maar het is ook niet verboden. De comités van drie rechters zijn nu ook bevoegd naast hun reeds bestaande bevoegdheid klachten niet-ontvankelijk te verklaren of van de rol te schrappen identieke zaken ten gronde te behandelen. Voor de invoering van het Veertiende protocol moest dit door een Kamer van zeven rechters worden behandeld. Omdat het verdrag niet voorziet in automatische deelname van de 'nationale rechter' in de comités, hetgeen kan gaan betekenen dat klachten gegrond kunnen worden verklaard zonder dat die rechter zich ermee heeft bemoeid, is ter compensatie daarvan een bepaling opgenomen die inhoudt dat het comité op ieder gewenst moment de 'nationale rechter' kan uitnodigen zitting te nemen, waarbij acht wordt geslagen op alle relevante factoren, met inbegrip van de vraag of de aangeklaagde staat de toepassing van de vereenvoudigde procedure heeft aangevochten (art. 28 lid 1 onderdeel b). Alleenzittende rechters behandelen geen verzoekschriften ingediend tegen hun eigen staat. **c. Verkiezing.** Niet expliciet is voorgeschreven dat de leden van de comités worden gekozen uit de Kamers zelf. Niet duidelijk is waarom is gekozen voor samenstelling door de Kamers en niet voor samenstelling door het plenaire Hof. Er waren dan meer mogelijkheden geweest voor een betere taakafbakening tussen de verschillende comités (zie H. von Hebel, 'Het elfde protocol: een grote stap maar is die ook voorwaarts?', *NJCM-bulletin* 1997, p. 831). De Kamers van zeven rechters worden wel door het plenaire Hof samengesteld.

Artikel 27
Bevoegdheden van de alleenzittende rechters

1. De alleenzittende rechter kan een op grond van artikel 34 ingediend verzoekschrift niet-ontvankelijk verklaren of van de rol van het Hof schrappen, indien deze beslissing zonder nader onderzoek kan worden genomen.

2. De beslissing geldt als einduitspraak.

3. Indien de alleenzittende rechter een verzoekschrift niet niet-ontvankelijk verklaart of niet van de rol schrapt, verwijst deze het door naar een comité of Kamer voor verdere behandeling.

[13-05-2004, Trb. 285, i.w.tr. 01-06-2010]

Betekenis. Het Europese Hof werd geconfronteerd met een aanzienlijk aantal zaken en een enorme achterstand. Veel zaken blijken niet-ontvankelijk of betreffen zaken die identiek zijn aan eerder door het Hof besliste zaken. Door de inwerking treding van het 14e protocol op 1 juni 2010 is de werkwijze van het hof vereenvoudigd door de invoering van de alleensprekende rechter en het toekennen van grotere bevoegdheid aan het comité van drie rechters. Ter behandeling van bij het Hof aanhangig gemaakte zaken, houdt het Hof zitting als alleenzittende rechter, in comités van drie rechters, in Kamers van zeven rechters en in een Grote Kamer van zeventien rechters. Zie hierover uitvoerig: R.A.A. Bäcker, Protocol nr. 14 bij het EVRM, Hervorming van de hervorming,

NJB 2004/1840. **Alleensprekende rechter.** Alleenzittende rechters behandelen geen verzoekschriften ingediend tegen hun eigen staat (art. 26). De alleenzittende rechter kan een op grond van artikel 34 ingediend verzoekschrift niet-ontvankelijk verklaren of van de rol van het Hof schrappen, indien deze beslissing zonder nader onderzoek kan worden genomen. De beslissing geldt als einduitspraak. Indien de alleenzittende rechter een verzoekschrift ontvankelijk verklaart of niet van de rol schrapt, verwijst deze het door naar een comité of Kamer voor verdere behandeling (art. 27). De alleenzittende rechter word bijgestaan door rapporteurs, die deel uitmaken van de griffie. Het is de bedoeling dat de rapporteurs zich zullen bezighouden met zaken uit die lidstaten, waarvan ze de taal en het rechtssysteem kennen. Gelet op het verbod van behandeling van zaken door de nationale rechter als alleenzittende rechter is dit praktisch (art. 24).

Artikel 28
Bevoegdheden van comités

1. Ter zake van een op grond van artikel 34 ingediend verzoekschrift kan het comité, met eenparigheid van stemmen,
a. het niet-ontvankelijk verklaren of van de rol schrappen, wanneer deze beslissing zonder nader onderzoek kan worden genomen; of
b. het ontvankelijk verklaren en tegelijkertijd uitspraak doen over de gegrondheid, indien de onderliggende vraag van de zaak, betreffende de interpretatie of de toepassing van het Verdrag of de Protocollen daarbij, reeds behoort tot de vaste rechtspraak van het Hof.
2. Beslissingen en uitspraken op grond van het eerste lid gelden als einduitspraken.
3. Indien de rechter die voor de betrokken Hoge Verdragsluitende Partij is gekozen geen lid is van het comité, kan het comité die rechter in elk stadium van de procedure uitnodigen de plaats in te nemen van een van de leden van het comité, met inachtneming van alle relevante factoren, waaronder de vraag of die Partij bezwaar heeft gemaakt tegen de toepassing van de procedure vervat in het eerste lid, onderdeel b.
[13-05-2004, Trb. 285, i.w.tr. 01-06-2010]

Betekenis. De comités van drie rechters zijn nu ook bevoegd naast hun reeds bestaande bevoegdheid klachten niet-ontvankelijk te verklaren of van de rol te schrappen identieke zaken ten gronde te behandelen. Voor de invoering van het Veertiende protocol moest dit door een Kamer van zeven rechters worden behandeld. Omdat het verdrag niet voorziet in automatische deelname van de 'nationale rechter' in de comités, hetgeen kan gaan betekenen dat klachten gegrond kunnen worden verklaard zonder dat die rechter zich ermee heeft bemoeid, is ter compensatie daarvan een bepaling opgenomen die inhoudt dat het comité op ieder gewenst moment de 'nationale rechter' kan uitnodigen zitting te nemen, waarbij acht wordt geslagen op alle relevante factoren, met inbegrip van de vraag of de aangeklaagde staat de toepassing van de vereenvoudigde procedure heeft aangevochten (art. 28 lid 1 onderdeel b).

Artikel 29
Beslissingen van Kamers inzake ontvankelijkheid en gegrondheid

1. Indien geen beslissing ingevolge artikel 27 of 28 is genomen, of geen uitspraak is gedaan uit hoofde van artikel 28, doet een Kamer uitspraak over de ontvankelijk-heid

en gegrondheid van individuele verzoekschriften ingediend op grond van artikel 34. De beslissing inzake ontvankelijkheid kan afzonderlijk worden genomen.
2. Een Kamer doet uitspraak over de ontvankelijkheid en de gegrondheid van interstatelijke verzoekschriften, ingediend op grond van artikel 33. De beslissing inzake de ontvankelijkheid wordt afzonderlijk genomen, tenzij het Hof, in uitzonderlijke gevallen, anders beslist.
[13-05-2004, Trb. 285, i.w.tr. 01-06-2010]

Artikel 30
Afstand van rechtsmacht ten gunste van de Grote Kamer
Indien de bij een Kamer aanhangige zaak aanleiding geeft tot een ernstige vraag betreffende de interpretatie van het Verdrag of de Protocollen daarbij of wanneer de oplossing van een vraag aanhangig voor een Kamer een resultaat kan hebben dat strijdig is met een eerdere uitspraak van het Hof, kan de Kamer, te allen tijde voordat zij uitspraak doet, afstand doen van rechtsmacht ten gunste van de Grote Kamer.
[24-06-2013, Trb. 233, i.w.tr. 01-08-2021]

1. Procedure. Een klacht die bij het Hof wordt ingediend, wordt in eerste instantie behandeld door een Comité van drie rechters. Een klacht wordt onderzocht door een rapporteur, op wiens aanwijzing een comité van drie rechters een klacht unaniem niet ontvankelijk kan verklaren (art. 28) of van de rol schrappen, als het Comité van mening is dat dit zonder nader onderzoek kan gebeuren. Een besluit tot niet-ontvankelijk verklaren is bindend, er staat geen beroep tegen open. Is er binnen een Comité geen eenstemmigheid over de niet-ontvankelijkheid van een klacht, dan wordt die klacht voorgelegd aan een Kamer van zeven rechters voor nader onderzoek. Deze Kamer doet vervolgens eerst een uitspraak over de ontvankelijkheid en daarna over een eventuele schending van het verdrag (art. 29). De wijze waarop een Kamer een klacht behandelt zal grotendeels gelijk zijn aan de vroegere werkwijze van de Commissie, met dien verstande dat de behandeling ook ten aanzien van de ontvankelijkheidsvraag in het openbaar plaats vindt. Er vindt een schriftelijke wisseling van stukken plaats en vervolgens een hoorzitting. Is een Kamer van oordeel dat een zaak belangrijk is voor de interpretatie van het verdrag of de daarbij behorende protocollen of reden geeft tot afwijking van eerdere jurisprudentie, dan kan die Kamer de zaak verwijzen naar de Grote Kamer, tenzij een van de partijen daar tegen bezwaar maakt (art. 30). Het Elfde protocol heeft geen verandering gebracht in de ontvankelijkheidsvereisten of de termijnen (art. 35). Het Veertiende protocol heeft wel wijzigingen aangebracht ten aanzien van de ontvankelijkheid.

2. 14e Protocol. Op 1 juni 2010 is het 14e protocol (*Trb.* 2004, 191) in werking getreden. Doel van dit protocol is om een betere en efficiëntere werkwijze bij het toenemende aantal klachten mogelijk te maken. **a. De unus iudex.** De unus iudex krijgt de bevoegdheid zaken niet-ontvankelijk te verklaren of van de rol te schrappen, als deze beslissing zonder nader onderzoek kan worden genomen. Indien nader onderzoek nodig is, kan de unus iudex de zaak verwijzen naar een Comité van drie rechters of een Kamer van zeven rechters. De unus iudex wordt geadviseerd door een rapporteur die de besluitvorming door de rechter moet voorbereiden. **b. Well – established case – laws.** Een comité van drie rechters zal zich ten gronde mogen uitspreken over zaken die identiek zijn aan zaken die al door het EHRM zijn behandeld en waarvan de klacht gegrond is verklaard.

Zij blijven hun huidige bevoegdheid houden om zaken niet-ontvankelijk te verklaren of van de rol te schrappen. **c. Nieuwe voorwaarde voor ontvankelijkheid.** Aan art. 35 wordt toegevoegd dat een klacht niet-ontvankelijk kan worden verklaard indien de klager door de schending een gering nadeel heeft geleden. **d. Grootte van de Kamers.** Het protocol maakt het mogelijk dat op voordracht van de plenaire zitting van het Europese Hof, het Comité van Ministers unaniem de beslissing neemt om de grootte van de Kamers te verkleinen van zeven naar vijf rechters voor een vooraf vastgestelde periode. **e. Minnelijke schikking.** Het Hof stond tot de inwerkingtreding van het Veertiende protocol in de periode tussen de beslissing over de ontvankelijkheid en de uitspraak ten gronde ter beschikking van partijen om te komen tot een minnelijke schikking. Het 14e protocol stelt voor dat het EHRM zich in elke fase van de procedure ter beschikking kan stellen van partijen voor een minnelijke schikking. **f. Samenstelling Hof.** De rechters zullen voor een periode van negen jaar worden gekozen. Na deze negen jaar zijn zij niet herkiesbaar. Indien de nationale rechter in het Hof niet in staat is een bepaalde zaak tegen de eigen lidstaat te behandelen, wordt een ad hoc rechter aangewezen uit die lidstaat om de zaak te behandelen. De president van het Hof kiest uit een vooraf door de lidstaat ingediende lijst met kandidaten deze ad hoc rechter. **g. Toezicht op naleving uitspraken.** Het Comité van Ministers krijgt de bevoegdheid het Hof om een interpretatie van een uitspraak te vragen, indien tenuitvoerlegging van die uitspraak wordt gehinderd door verschil in interpretatie tussen de lidstaten. Bovendien kan het Comité van Ministers, bij weigering van een lidstaat om een uitspraak na te leven, de zaak aan het Hof voorleggen wegens schending van het verdrag. **h. Toetreding EU.** Het Veertiende protocol maakt het mogelijk dat de EU toetreedt tot het verdrag. Dat is tot op heden nog niet gebeurd. Waarschijnlijk wordt daar in een vijftiende protocol in voorzien. **i. Overgangsrecht.** De bepalingen van het Veertiende protocol zijn na de inwerkingtreding van het protocol direct van toepassing op alle zaken die het Hof in behandeling heeft. Het nieuwe ontvankelijkheidscriterium mag de eerste twee jaar niet door de unus iudex en door het Comité van drie rechters afgehandeld worden, maar alleen door de Kamers en de Grand Chamber.

3. Intern appel. De uitspraken van de Kamers zijn in principe einduitspraken. In uitzonderlijke gevallen staat tegen de uitspraak van een Kamer appel open op de Grote Kamer. Het betreft hier een rehearing binnen hetzelfde Hof en er is dus geen sprake van een echt hoger beroep. Het appel moet worden ingesteld binnen drie maanden na de uitspraak van de Kamer en kan worden ingesteld door elke bij de zaak betrokken partij (art. 43). Wordt binnen de termijn van drie maanden een verzoek tot voorlegging aan de Grote Kamer gedaan, dan beoordeelt een college van vijf rechters uit de Grote Kamer eerst of de zaak inderdaad aanleiding geeft tot een ernstige vraag betreffende de interpretatie of toepassing van het verdrag of de protocollen, dan wel een ernstige kwestie van algemeen belang.

Artikel 31
Bevoegdheden van de Grote Kamer

De Grote Kamer,

a. **doet uitspraak over op grond van artikel 33 of artikel 34 ingediende verzoekschriften wanneer een Kamer ingevolge artikel 30 afstand van rechtsmacht heeft gedaan of wanneer de zaak ingevolge artikel 43 naar de Grote Kamer is verwezen;**

b. doet uitspraak over door het Comité van Ministers in overeenstemming met artikel 46, vierde lid, aan het Hof voorgelegde kwesties; en
c. behandelt verzoeken om advies, gedaan ingevolge artikel 47.
[13-05-2004, Trb. 285, i.w.tr. 01-06-2010]

Artikel 32
Rechtsmacht van het Hof

1. De rechtsmacht van het Hof strekt zich uit tot alle kwesties met betrekking tot de interpretatie en de toepassing van het Verdrag en de Protocollen daarbij die aan het Hof worden voorgelegd zoals bepaald in de artikelen 33, 34, 46 en 47.
2. In geval van een meningsverschil met betrekking tot de vraag of het Hof rechtsmacht heeft, beslist het Hof.
[13-05-2004, Trb. 285, i.w.tr. 01-06-2010]

Artikel 33
Interstatelijke zaken

Elke Hoge Verdragsluitende Partij kan elke vermeende niet-nakoming van de bepalingen van het Verdrag en de Protocollen daarbij door een andere Hoge Verdragsluitende Partij bij het Hof aanhangig maken.
[11-05-1994, Trb. 165, i.w.tr. 01-11-1998]

Betekenis. Het huidige art. 34 van het Verdrag maakt het individuele klachtrecht niet langer optioneel. Iedere staat die het huidige EVRM heeft geratificeerd heeft ook het individuele klachtrecht erkend. Er geldt een verplichte aanvaarding van de rechtsmacht van het Hof, zowel met betrekking tot statenklachten (art. 33) als met betrekking tot individuele klachten (art. 34). Tot 1 november 1998 kon het EHRM alleen kennis nemen van zaken indien de aangeklaagde staat de rechtsmacht van het Hof had aanvaard. Dit kon een algemene aanvaarding zijn of een voorwaardelijke, een aanvaarding voor onbepaalde of bepaalde tijd, of een aanvaarding ipso facto: ad hoc ten aanzien van een bepaalde zaak. (Zie uitgebreider: P. van Dijk/G.J.H. van Hoof. *De Europese Conventie in theorie en praktijk* 1998). Wanneer een Hoge Verdragsluitende Partij door middel van een verklaring ingevolge het oude art. 25 of het oude art. 46 van het Verdrag slechts de bevoegdheid van de Commissie of de rechtsmacht van het Hof heeft erkend ten aanzien van zaken die zijn ontstaan na of zijn gebaseerd op feiten die zich hebben voorgedaan na bedoelde verklaring, blijft deze beperking gelden voor de rechtsmacht van het Hof op grond van het Elfde protocol.

Artikel 34
Individuele verzoekschriften

Het Hof kan verzoekschriften ontvangen van ieder natuurlijk persoon, iedere niet-gouvernementele organisatie of iedere groep personen die beweert slachtoffer te zijn van een schending door een van de Hoge Verdragsluitende Partijen van de rechten die in het Verdrag of de Protocollen daarbij zijn vervat. De Hoge Verdragsluitende Partijen verplichten zich ertoe de doeltreffende uitoefening van dit recht op generlei wijze te belemmeren.
[11-05-1994, Trb. 165, i.w.tr. 01-11-1998]

1. Algemeen. Als een nationale procedure in hoogste instantie geen bevredigend resultaat heeft opgeleverd of als er geen nationale rechtsmiddelen zijn, waardoor een schending van het verdrag niet aan de orde kan worden gesteld, kan ex art. 34 bij het Europese Hof geklaagd worden. Het nieuwe art. 34 van het Verdrag maakt het individuele klachtrecht niet langer optioneel. Iedere staat die het huidige EVRM heeft geratificeerd, heeft ook het individuele klachtrecht erkend. **Hof.** Er geldt een verplichte aanvaarding van de rechtsmacht van het Hof, zowel met betrekking tot statenklachten (art. 33) als met betrekking tot individuele klachten (art. 34). Alleen ten aanzien van gebieden waarvoor in overeenstemming met art. 56 (art. 63 oud) een verklaring is afgelegd, die deze gebieden onder de werking van het EVRM plaatst, blijft de aanvaarding van rechtsmacht optioneel. Het betreft hier gebieden voor welker buitenlandse betrekkingen een bepaalde verdragsstaat verantwoordelijk is, zoals bijv. buiten Europa gelegen koloniën. Voor Aruba en de Nederlandse Antillen is door Nederland in 1979 een verklaring tot erkenning van het individueel klachtrecht en de rechtsmacht van het Hof afgelegd. Deze verklaring geldt tot wederopzegging en blijft dus in beginsel ook na inwerkingtreding van het Elfde protocol van kracht.

2. Procedure. De klager heeft rechtstreeks toegang tot het Europese Hof. In tegenstelling tot de procedure bij de Europese Commissie is de procedure bij het Hof van het begin af aan openbaar. Na binnenkomst van een klacht wordt deze eerst geregistreerd en vervolgens toegewezen aan een rechter-rapporteur. Deze begeleidt de zaak in de verdere procedure, waar bij gekozen dient te worden voor behandeling in een comité van drie rechters of een Kamer van zeven rechters. Op grond van art. 28 kan een comité met eenstemmigheid een zaak niet-ontvankelijk verklaren of van de rol schrappen. Deze werkwijze van het comité is vergelijkbaar met die van de vroegere Europese Commissie.

3. Indiening klacht. De klacht dient schriftelijk te worden ingediend bij The Registrar of the European Court of Human Rights, Council of Europe, F-67 075 Strasbourg-Cedex, France. Tel: 00-333 88 41 2018. Fax: 00-333 88 41 2730. Internetsite: www.echr.coe.int. Zie ook de lijst met aandachtspunten voor het opstellen en indienen van individuele klachten op Internet: https://www.echr.coe.int/Pages/home.aspx?p=applicants&c=. **a. Klachtformulier.** De klacht moet worden ingediend op een door het secretariaat van het Europese Hof te verstrekken klachtformulier (regel 47 van het Reglement van het Europese Hof), dat in voorgedrukte vorm vragen bevat over de navolgende gegevens: 1. de personalia van de klager (naam, leeftijd, beroep en adres); 2. de naam, het beroep en adres van diens vertegenwoordiger; 3. de naam van de staat waartegen de klacht gericht is; 4. een aanduiding van de bepalingen van het EVRM die geschonden zijn; 5. de feiten van de zaak; 6. gegevens betreffende de rechterlijke beslissingen, c.q. relevante documenten indien er geen nationale rechtsgang is en bijvoorbeeld een brief van een overheidsinstantie als beslissing dient te worden aangemerkt; 7. genoegdoening, die de klager wenst ingevolge art. 41 EVRM; 8. informatie over de uitputting van de rechtsmiddelen en inachtneming van de zes maanden termijn; 9. of de zaak aan een andere internationale instantie ter toetsing of regeling is voorgelegd; 10. in welke taal (Engels of Frans) de klager correspondentie en beslissingen wenst te ontvangen; 11. of de klager bezwaar heeft tegen bekendmaking van zijn identiteit bij publicatie van beslissingen van het Europese Hof; het klachtformulier kan bij de griffie van het EHRM op voornoemd adres worden aangevraagd of in alle talen gedownload van de internetsite van het EHRM.

b. Klacht bij gewone brief. Een brief wordt als klacht aangemerkt indien daaruit blijkt wie de klager is en waar hij woont, tegen welke beslissing de klacht zich richt, informatie over de inhoud van de klacht en welke bepaling uit het EVRM is geschonden. Voor de vraag of de klacht is ingediend binnen de termijn van zes maanden wordt in de praktijk de datum van de eerste brief van de klager, mits deze voldoende substantiële gegevens bevat, als doorslaggevende datum aangemerkt, EHRM 23 mei 1991, *Publ. ECHR*, Series A, vol. 204 (*Oberschlick*). Indien de klacht per brief wordt ingediend, wordt door de griffie van het EHRM alsnog het klachtformulier toegezonden, dat moet worden ingevuld en teruggezonden. In verband met de in acht te nemen termijn van zes maanden, is aangetekende verzending van de brief of het klachtformulier aan te raden. Verzending per fax is ook mogelijk. Door het Europese Hof wordt de dag van verzending van de brief (poststempel op de enveloppe) als datum van indiening aangemerkt. **c. Machtiging.** Een schriftelijke machtiging tot het indienen van een klacht, ondertekend door de klager moet worden meegezonden, dan wel later nagezonden, indien de klacht wordt ingediend door een vertegenwoordiger of advocaat. **d. Indiening klacht op nader aan te voeren gronden.** De indiening van een klacht op nader aan te voeren gronden is mogelijk. Het Europese Hof geeft dan een termijn voor het aanvullen van de gegevens en de gronden van de klacht. **e. Vermelden alle schendingen van belang.** Het is van groot belang van begin af aan alle schendingen en geschonden bepalingen in het klachtformulier te vermelden. Als een beroep wordt gedaan op een nieuwe schending na de ontvankelijkverklaring bij het onderzoek naar de hoofdzaak, kan op de nieuwe schending geen acht meer worden geslagen. **f. Voertaal.** De officiële voertalen in de klachtprocedure zijn Engels en Frans. Op het klachtformulier kan een voorkeur worden aangegeven. De klacht kan ook in de eigen landstaal van de klager worden ingediend, evenals nadere memories en verdere correspondentie. Ook bij hoorzittingen van het Europese Hof kan op verzoek het woord in de eigen landstaal worden gevoerd (regel 54 Reglement Europese Hof). **g. Anonimiteit klager.** Een klacht kan niet anoniem worden ingediend (art. 35). Op het klachtformulier kan wel worden aangegeven of de klager bij publicatie van uitspraken van het Europese Hof anoniem wil blijven dan wel geen bezwaar heeft tegen openbaarmaking van zijn naam. Nu de procedure in het beginsel openbaar is, moet klager gemotiveerd aangeven waarom hij anoniem wil blijven.

4. Onderzoek van de klacht. a. Onderzoek door griffie EHRM. Na de indiening van de klacht zorgt de griffie van het Europese Hof voor completering van het dossier door zoveel mogelijk informatie over de zaak te verzamelen. Als de griffie de klacht bij voorbaat kansloos acht bijvoorbeeld op grond van vaste jurisprudentie van het Europese Hof of niet ontvankelijk bijvoorbeeld vanwege overschrijding van de zesmaandentermijn van art. 35 krijgt de klager een advies de klacht in te trekken. De klager is vrij om dit advies op te volgen of niet en kan staan op een voortzetting van de behandeling. Is alle relevante informatie verzameld en heeft de klager ondanks negatief advies aangegeven dat hij de zaak wil doorzetten, dan wordt het verzoekschrift van een nummer voorzien en geregistreerd. De griffie vervult een belangrijke functie als eerste zeef voor het groot aantal klachten dat jaarlijks wordt ingediend. Van de geregistreerde klachten wordt 90% niet-ontvankelijk verklaard en een nog groter percentage van de ingediende klachten werd door de griffie van het Europese Hof niet geregistreerd, omdat klagers na een negatief advies de klacht introkken. Zie L.F. Zwaak/T. Zwart, 'De kuilen in de weg naar Straatsburg: de ontvankelijkheidseisen', in: A.W. Heringa/J.G.C. Schokkenbroek/J. van der Velde, *40 jaar Europees Verdrag voor de Rechten van de Mens 1990*, p. 95 e.v. **b. Onderzoek ontvankelijkheid.** Nadat de klacht geregistreerd is, wordt een rapporteur aangewezen, die een onderzoek instelt naar de ontvankelijkheid van de klacht (regel 49 van het Reglement van het Europese Hof). De rapporteur kan aan de staat of aan de klager nadere informatie vragen en beslist of de zaak wordt verwezen naar een comité of naar een Kamer. Het comité kan op grond van art. 28 EVRM met eenparigheid van stemmen een klacht niet-ontvankelijk verklaren of van de rol schrappen, als het comité van mening is dat dit zonder nader onderzoek kan gebeuren. Een dergelijk besluit tot niet-ontvankelijkverklaring is bindend en er staat geen beroep tegen open. Als er binnen een comité geen eenstemmigheid is over de niet-ontvankelijkheid van een klacht, wordt de klacht voorgelegd aan een Kamer van zeven rechters voor verder onderzoek. Dit gebeurt eveneens als de rapporteur van mening is dat de klacht al meteen door een Kamer moet worden behandeld. Hij brengt dan schriftelijk verslag uit over de feiten, de mogelijke vraagpunten en doet een voorstel omtrent de ontvankelijkheid. Deze Kamer doet een uitspraak over de ontvankelijkheid en vervolgens over een eventuele schending van het EVRM (art. 29 EVRM). De wijze waarop een Kamer zaken afdoet zal grotendeels gelijk zijn aan de vroegere werkwijze van de Europese Commissie, namelijk wisseling van schriftelijke stukken en zo nodig hoorzittingen. Als een klacht niet ontvankelijk wordt verklaard betekent dat het einde van de procedure. De Kamer kan een afzonderlijke gemotiveerde beslissing (decision) geven over de ontvankelijkheid, waarin wordt weergegeven hoe de stemverhouding binnen de Kamer is (regel 56 Reglement Europese Hof). **c. Onderzoek merites van de zaak.** Zowel gelijktijdig met het onderzoek naar de ontvankelijkheid als na de ontvankelijkverklaring wordt een onderzoek ingesteld naar de merites van de zaak. Is de klacht ontvankelijk dan kan een minnelijke schikking worden beproefd (art. 38 EVRM). Indien er een minnelijke schikking komt, schrapt het Hof de zaak van de rol onder een summiere vermelding van de feiten en de oplossing (art. 39 EVRM). De Kamer kan al een voorlopig oordeel geven over de gegrondheid van de klacht (regel 62 Reglement). De Kamer kan bij een verder onderzoek de partijen verzoeken schriftelijk te reageren op vragen of een hoorzitting houden. Het EHRM kan besluiten tot een hoorzitting, maar een partij kan hier ook om verzoeken (regel 59 van het Reglement van het Europese Hof). Als een Kamer meent dat een zaak van belang is voor de interpretatie van het EVRM of dat er reden is om af te wijken van eerdere jurisprudentie, kan de zaak worden door verwezen naar de Grote Kamer, tenzij een van de betrokken partijen daartegen bezwaar maakt (art. 30 EVRM). **d. Openbaarheid/vertrouwelijkheid procedure.** De zittingen zijn openbaar, tenzij het Hof wegens buitengewone omstandigheden anders beslist. Ook de stukken die ter griffie zijn gedeponeerd zijn voor inzage beschikbaar, tenzij de president van het Hof anders beslist. Als het Hof een verzoekschrift ontvankelijk verklaart kan het zich ter beschikking stellen voor een minnelijke schikking. Deze procedure is vertrouwelijk. De klager en zijn raadsman mogen bij de behandeling aanwezig zijn. De Staat wordt vertegenwoordigd door een vaste agent die soms wordt bijgestaan door een of meer adviseurs. De pleidooien mogen in de eigen landstaal worden gevoerd. Door een tolk wordt simultaan in het Frans en Engels vertaald. Van de hoorzitting wordt een bandopname gemaakt, die letterlijk wordt uitgewerkt en na de hoorzitting aan de partijen ter correctie wordt gezonden. Advocaten zijn niet verplicht in toga's te verschijnen. De rechters dragen wel toga's. **e. Ontvankelijkheid.** Het elfde protocol heeft geen verandering gebracht in de ontvankelijkheidsvereisten of de termijnen (art. 35). Het veertiende protocol wel. Aan art. 35 lid 3 EVRM (voorwaarden voor ontvankelijkheid) wordt toegevoegd dat een klacht niet ontvankelijk kan worden verklaard, als de verzoeker geen wezenlijk nadeel heeft geleden, tenzij de eerbiediging van de in het verdrag en de protocollen daarbij omschreven rechten van de mens noopt tot onderzoek van het verzoekschrift naar de gegrondheid ervan en mits op deze grond geen zaken worden afgewezen die niet naar behoren zijn behandeld door een nationaal gerecht. Doel is het verminderen van de werklast van het Hof door het buiten behandeling laten van de minst ernstige categorie klachten, dat wil zeggen, de klachten waarbij de klager een gering nadeel heeft geleden. Zie voor kritiek hierop: R.A.A. Bäcker, 'Protocol nr. 14 bij het EVRM, Hervorming van de hervorming', *NJB* 2004/1840. Als overgangsrecht geldt dat het protocol wordt toegepast op alle zaken die aanhangig zijn op het moment van inwerkingtreding van het protocol. In afwijking daarvan is tevens bepaald dat het nieuwe ontvankelijkheidscriterium niet kan worden ingeroepen in zaken die op dat moment reeds ontvankelijk waren verklaard en dat het criterium bovendien in de eerste twee jaar na inwerkingtreding van het protocol uitsluitend mag worden toegepast door de Kamers en de Grote Kamer van het Hof. Dat wil dus zeggen dat de comités van drie rechters en de unus iudex in die eerste twee jaar niet bevoegd zijn het criterium toe te passen. **f. Uitspraak.** De uitspraken van de Kamers zijn in principe einduitspraken. Behandeling van een zaak door een kamer kan dus uitmonden in het niet-ontvankelijk verklaren van een zaak of het schrappen van een zaak van de rol (art. 35 en 37 EVRM), een schikking (art. 39 EVRM), het afstand doen van rechtsmacht ten behoeve van de Grote Kamer (art. 30 EVRM) of een – voor beroep op de Grote Kamer vatbare – beslissing geven over de merites van de zaak (art. 43 EVRM). In uitzonderlijke gevallen staat tegen de uitspraak van een Kamer appel open op de Grote Kamer. Het betreft hier een rehearing binnen hetzelfde Hof en er is dus geen sprake van een echt hoger beroep. Het appel moet worden ingesteld binnen drie maanden na de uitspraak van de Kamer en kan worden ingesteld door elke bij de zaak betrokken partij (art. 43). Wordt binnen de termijn van drie maanden een verzoek tot voorlegging aan de Grote Kamer gedaan, dan beoordeelt een college van vijf rechters uit de Grote Kamer eerst of de zaak inderdaad aanleiding geeft tot een ernstige vraag betreffende de interpretatie of toepassing van het verdrag of de protocollen, dan wel een ernstige kwestie van algemeen belang. **g. Kosten procedure.** De procedure bij het Europese Hof is kosteloos voor partijen. De kosten worden gedragen door de Raad van Europa. Ook ten aanzien van de kosten van getuigen, deskundigen en anderen die in het kader van de zaak worden gehoord kan het Hof bepalen dat deze door de Raad van Europa worden gedragen. **h. Openbaarmaking uitspraken.** Alle beslissingen op individuele klachten worden openbaar gemaakt. De beslissingen en rapporten van de Europese Commissie zijn gepubliceerd door de Raad van Europa in: *Decisions and Reports of the European Commission of Human Rights*. Samenvattingen zijn opgenomen in: *Yearbook on the European Convention on Human Rights*. De beslissingen van het Comité van Ministers, de resoluties, zijn gepubliceerd in een uitgave van de Raad van Europa, *Collection of resolutions adopted by the Committee of Ministers in application of Articles 32 and 54 of the European Convention on Human Rights.* Tot 1 januari 1996 zijn alle beslissingen van het Europese Hof gepubliceerd in de zogenaamde *Series A*. Sinds 1 januari 1996 worden de beslissingen van het Europese Hof gepubliceerd in *Reports of Judgments and Decisions*. Deze serie wordt uitgegeven door Carl Heymanns Verlag K.G., Luxemburgerstrasse 449, D-5000 Köln 41. Agent voor Nederland is Jongbloed en zoon, Noordeinde 39, 2514 GC Den Haag. Samenvattingen zijn opgenomen in het *Yearbook on the European Convention on Human Rights*. Tegenwoordig zijn de uitspraken ook te vinden op internet https://www. echr.coe.int. HUDOC (HUman rights DOCumentation) is een databank die de hele jurisprudentie met betrekking tot het EVRM bevat, gratis toegankelijk via deze website.

5. Rechtsbijstand. a. Geen verplichte rechtsbijstand. Bij indiening van een klacht bij het Hof is rechtsbijstand niet verplicht. De klager kan zich laten bijstaan door een advocaat of een andere persoon. Alle rechtsbijstandverleners ook advocaten, moeten schriftelijk door de klager worden gemachtigd en deze machtiging aan de Europese Hof doen toekomen. Voor bijstand van een niet-advocaat is toestemming nodig van de president van het Hof. **b. Verplichte rechtsbijstand.** Rechtsbijstand is verplicht bij zittingen en tijdens de procedure over de hoofdzaak. De klager kan de president echter verzoeken zijn belangen zelf te mogen behartigen. (Regel 36 Reglement van het Europese Hof). **c. Gratis rechtsbijstand.** Het Europese Hof voorziet niet in een regeling voor vergoeding van rechtsbijstand voor de indiening van de klacht of advisering daarover. Op grond van art. 12 lid 2 onderdeel f Wet op de rechtsbijstand kan een toevoeging worden verkregen, op grond waarvan, onder vaststelling van een eigen bijdrage door de klager, vergoeding voor rechtsbijstand kan worden verkregen voor de fase van de indiening van de klacht tot aan de schriftelijke reactie van de staat op de klacht dan wel tot aan de niet ontvankelijkverklaring. Het Europese Hof kan op verzoek van de klager of ambtshalve gratis rechtsbijstand toekennen aan een klager vanaf het moment dat de klacht is voorgelegd aan de aangeklaagde staat en deze een memorie heeft ingediend bij het Hof met betrekking tot de ontvankelijkheid van de klacht of vanaf het moment dat de klacht ontvankelijk is verklaard (regel 91-96 Reglement van het Europese Hof). ***Voorwaarden.*** De voorwaarden daartoe zijn: 1. Gratis rechtsbijstand wordt toegekend ingeval rechtsbijstand voor een behoorlijke taakvervulling van het Europese Hof noodzakelijk is. 2. De klager dient aan te tonen dat hij niet in staat is de kosten van rechtsbijstand zelf te dragen door overlegging van een verklaring omtrent zijn inkomen en vermogen, die door de daartoe aangewezen nationale autoriteiten dient te worden gecertificeerd (in Nederland de verklaring omtrent het inkomen en vermogen die in de woonplaats van de klager door de gemeente wordt gecontroleerd en gecertificeerd). 3. Betalingen in verband met rechtsbijstand worden alleen gedaan aan advocaten of personen met een gelijkwaardige juridische scholing bijv. hoogleraren. In een zaak kan voor meerdere advocaten of juristen een vergoeding voor rechtsbijstand worden verkregen. De vergoedingen worden in overleg met de griffier van het Europese Hof per handeling vastgesteld. Ook kan een vergoeding voor reis- en verblijfskosten worden vastgesteld. De toegekende bedragen vormen geen volledige vergoeding van alle kosten. Een volledige vergoeding kan bij wijze van schadeloosstelling bij gegrondverklaring van de klacht door het Europese Hof in het kader van art. 41 EVRM worden gevorderd.

6. Spoedprocedure. Het Hof kan aan spoedeisende zaken voorrang geven (regel 41 Reglement van het Europese Hof). Deze voorrang wordt in de praktijk alleen verleend als de feiten prima facie een schending van de Conventie aannemelijk maken. Bovendien moet het gevallen betreffen waarbij het achterwege laten van de voorgestelde maatregelen zou leiden tot onherstelbare schade aan belangen van partijen of aan het verloop van het onderzoek. Het gaat hierbij meestal om dreigende uitzettingen of uitleveringen. Het Hof kan ambtshalve of op verzoek van de klager op grond van regel 39 van het Reglement van het Europese Hof de aangeklaagde staat voorstellen om voorlopige voorzieningen te treffen. Afhankelijk van de urgentie kan al binnen enkele dagen een voorlopige voorziening worden aanbevolen. Hoewel de aanbevelingen niet door een staat behoeven te worden opgevolgd, blijkt in de praktijk dat staten dit wel doen.

7. Slachtoffer. a. Direct slachtoffer. De klager moet zelf het concrete slachtoffer zijn van een schending van een van de artikelen uit het EVRM. Niet kan in abstracto geklaagd worden over algemene regelgeving die in strijd zou zijn met het EVRM. Zie P. Van Dijk/G.J.H. van Hoof, *De Europese Conventie in theorie en praktijk* 1998, p. 46-60. **b. Indirect slachtoffer.** Ook een indirect slachtoffer kan van de klachtprocedure gebruik maken. Als indirecte slachtoffers gelden: naaste bloedverwanten, personen die een nauwe band hebben met het directe slachtoffer, personen die schade hebben ondervonden van schendingen van andermans rechten of die er belang bij hebben dat aan deze schending een einde komt. **c. Toekomstig slachtoffer.** Degene die aannemelijk kan maken dat hij in de toekomst slachtoffer zal worden van een wet kan ook klagen (Zaak 6854/74 40 *(moeders/Zweden)*, Yearbook XX, (1977) p. 214 e.v.). **d. Potentieel slachtoffer.** Ook als men een reëel risico loopt om slachtoffer te worden kan men klagen. Te denken valt hierbij aan scholen waar lijfstraffen worden toegediend en waar een kind mee te maken kan krijgen (ECRM 16 mei 1980 Campbell en Cosans, Series B, vol. 42).

8. Duur van de procedure. Nog niet valt te voorspellen hoelang de nieuwe procedure bij het Hof gaat duren. De werkdruk bij de Europese Commissie werd door de toename van het aantal zaken steeds hoger. In 1997 werden 12.143 klachten ontvangen. Van deze klachten werden 4758 formeel geregistreerd. Het aantal afgehandelde zaken bedroeg 3400. De achterstand in de afhandeling van de zaken bleef oplopen. Dit betekende lange wachttijden. Over het algemeen duurde het een tot twee jaar voordat er een beslissing werd genomen over de ontvankelijkheid en daarna nog een jaar voordat een rapport werd uitgebracht door de Europese Commissie over de merites van de zaak. Werd de zaak vervolgens aan het Hof voorgelegd, dan duurde het nog een jaar voordat een eindbeslissing genomen was. De totale duur bedroeg dus vier jaar. **Elfde protocol.** Gelet op deze lange duur en de toenemende werkdruk is door de Raad van Europa op 9 oktober 1993 besloten tot samenvoeging van de Europese Commissie en het Europese Hof tot één nieuw Hof dat permanent zitting houdt. Het Elfde protocol dat deze samenvoeging regelt is op 21 januari 1997 door Nederland geratificeerd. en is dus sinds 1 november 1998 in werking gereden. In 2009 ontving het EHRM ruim 57.000 klachten. De toenemende werkdruk heeft dus nu ook geleid tot een 14e protocol (zie art. 30, aant. 2). In 2011 ontving het Europese Hof 64.500 klachten en werden 52.188 zaken afgedaan. Zie ook: G. Corstens en R. Kuiper, 'Help, het EHRM verzuipt', *NJB* 11 maart 2012.

9. Veertiende protocol. Door de inwerkingtreding van het Veertiende protocol op 1 juni 2010 is de werkwijze van het Hof vereenvoudigd door de invoering van de alleensprekende rechter en het toekennen van grotere bevoegdheid aan het comité van drie rechters. Aan art. 35 lid 3 EVRM (voorwaarden voor ontvankelijkheid) wordt toegevoegd dat een klacht niet-ontvankelijk kan worden verklaard, als de verzoeker geen wezenlijk nadeel heeft geleden, tenzij de eerbiediging van de in het verdrag en de protocollen daarbij omschreven rechten van de mens noopt tot onderzoek van het verzoekschrift naar de gegrondheid ervan en mits op deze grond geen zaken worden afgewezen die niet naar behoren zijn behandeld door een nationaal gerecht. Doel is het verminderen van de werklast van het Hof door het buiten behandeling laten van de minst ernstige categorie klachten, dat wil zeggen, de klachten waarbij de klager een gering nadeel heeft geleden. Zie voor kritiek hierop: R.A.A. Bäcker, 'Protocol nr. 14 bij het EVRM, Hervorming van de hervorming', *NJB* 2004/1840. Als overgangsrecht geldt dat het protocol wordt toegepast op alle zaken die aanhangig zijn op het moment van inwerkingtreding van het protocol. In afwijking daarvan is tevens bepaald dat het nieuwe ontvankelijkheidscriterium niet kan worden ingeroepen in zaken die op dat moment reeds ontvankelijk waren verklaard en dat het criterium bovendien in de eerste twee jaar na inwerkingtreding van het protocol uitsluitend mag worden toegepast door de Kamers en de Grote Kamer van het Hof. Dat wil dus zeggen dat de comités van drie rechters en de unus iudex in die eerste twee jaar niet bevoegd zijn het criterium toe te passen. De omvang van de Kamers kan onder voorwaarden verkleind worden van zeven naar vijf rechters. Het uitgangspunt blijft Kamers van zeven rechters. Daarom is bepaald dat het Comité van Ministers de beslissing tot verkleining van de Kamers uitsluitend kan nemen op verzoek van het Hof in volle vergadering bijeen en voor een vooraf vastgestelde termijn (art. 26 lid 2). Een dergelijke beslissing zou een uitbreiding van het huidige aantal van vier Kamers naar zes Kamers mogelijk maken.

Artikel 35
Voorwaarden voor ontvankelijkheid

1. Het Hof kan een zaak pas in behandeling nemen nadat alle nationale rechtsmiddelen zijn uitgeput, overeenkomstig de algemeen erkende regels van internationaal recht, en binnen een termijn van vier maanden na de datum van de definitieve nationale beslissing.

2. Het Hof behandelt geen enkel individueel verzoekschrift, ingediend op grond van artikel 34, dat

a. anoniem is; of

b. in wezen gelijk is aan een zaak die reeds eerder door het Hof is onderzocht of reeds aan een andere internationale instantie voor onderzoek of regeling is voorgelegd en geen nieuwe feiten bevat.

3. Het Hof verklaart elk individueel verzoekschrift, ingediend op grond van artikel 34, niet ontvankelijk, wanneer het van oordeel is dat:

a. het verzoekschrift niet verenigbaar is met de bepalingen van het Verdrag of de Protocollen daarbij, kennelijk ongegrond is of een misbruik betekent van het recht tot het indienen van een verzoekschrift; of

b. de verzoeker geen wezenlijk nadeel heeft geleden, tenzij de eerbiediging van de in het Verdrag en de Protocollen daarbij omschreven rechten van de mens noopt tot onderzoek van het verzoekschrift naar de gegrondheid ervan.

4. Het Hof verwerpt elk verzoekschrift dat het ingevolge dit artikel als niet ontvankelijk beschouwt. Dit kan het in elk stadium van de procedure doen.

[24-06-2013, Trb. 233, i.w.tr. 01-02-2022]

1. Doelstelling. Een klacht kan pas in behandeling worden genomen door internationale toezichthoudende organen nadat de nationale instanties de mogelijkheid hebben gehad een schending ongedaan te maken. De klager moet dus eerst een schending van een van de verdragsbepalingen aan de nationale rechter voorleggen. Daarbij moeten alle nationale rechtsgangen tot in hoogste instantie zijn doorlopen. Er hoeft niet expliciet een beroep te worden gedaan op bepalingen uit het EVRM, als dit maar 'in substance' (EHRM van *Oosterwijck/België*, 6 november 1980, Series A, vol. 40) is gebeurd. Zie ook: EHRM 29 april 2008, 13378/05 (*Burden/het Verenigd Koninkrijk*). **Niet ontvankelijkheid.** Zijn de nationale rechtsmiddelen door de klager niet uitgeput, dan leidt dit tot een niet ontvankelijkheid van de klacht. In dat geval is de klachtprocedure geëindigd. Er staat geen rechtsmiddel tegen open. Als na de niet ontvankelijkheid op deze grond alsnog de nationale rechtsmiddelen kunnen worden uitgeput en er volgens de klager nog steeds sprake is van een schending van het verdrag, kan er opnieuw een klacht bij het Hof worden ingediend. Kunnen de nationale rechtsmiddelen bijv. door het verstrijken van termijnen in de tijd dat de klacht bij het Europese Hof aanhangig was, niet meer worden uitgeput, dan zal het van de omstandigheden afhangen of er een niet ontvankelijkverklaring zal volgen. Als het laten verlopen van termijnen klager niet kan worden verweten, dan kan de klacht alsnog ontvankelijk worden verklaard (EHRM 28 juni 1984 (*Campbell en Fell/Engeland*), Series A, vol. 80). Zie P. van Dijk/G.J.H. van Hoof, *De Europese Conventie in theorie en praktijk*, Nijmegen 1998, p. 127-153.

2. Termijn indienen klacht. Binnen zes maanden nadat de hoogste nationale instantie uitspraak heeft gedaan moet de klacht bij het Europese Hof worden ingediend. In Protocol 15 EVRM, dat in werking is getreden per 1 augustus 2021, is de termijn teruggebracht tot vier maanden. De termijn begint te lopen op het moment dat de definitieve nationale beslissing aan de klager is meegedeeld, tenzij de klager tevoren op de hoogte was van het tijdstip van de uitspraak. In dat geval begint de termijn te lopen op de dag van de uitspraak. Zolang de rechtsmiddelen niet zijn uitgeput, begint de termijn niet te lopen. Het verdient aanbeveling om als de klager twijfelt of en welke rechtsmiddelen nog moeten worden aangewend, tegelijkertijd met het nog aan te wenden rechtsmiddel een klacht bij het Europese Hof in te dienen. Als het Europese Hof een rechtsmiddel niet effectief acht, dan is in ieder geval de klacht ingediend binnen de termijn en loopt de klager niet het risico om niet ontvankelijk verklaard te worden. Is het Europese Hof daarentegen van oordeel dat de rechtsmiddelen nog niet zijn uitgeput, dan kan er alsnog een klacht worden ingediend nadat de rechtsmiddelen zijn uitgeput. **Stuiting termijn: verzenddatum.** Door het Europese Hof wordt de dagtekening (poststempel) van de brief waarbij de klacht wordt ingediend als datum van indiening aangemerkt. Is de definitieve nationale beslissing genomen op 2 januari 2001, dan is de laatst mogelijke verzenddag waarop de brief gepost of gefaxt kan worden 1 juli 2001.

3. Ontvankelijkheidsvoorwaarden. Art. 35 bevat een opsomming van situaties waarin het Europese Hof de klacht niet ontvankelijk dient te verklaren. Ook als het Europese Hof niet bevoegd is wordt de zaak niet ontvankelijk verklaard. Art. 35 is gewijzigd door de inwerkingtreding van het vijftiende protocol per 1 augustus 2021.

4. Anonimiteit (lid 2 onderdeel a). Het Europese Hof neemt geen anonieme klachten in behandeling. Zijn de personalia van de klager in eerste instantie niet duidelijk dan kunnen deze nog aangevuld worden.

5. Niet gelijk aan reeds onderzochte klacht (lid 2 onderdeel b). Deze bepaling ziet alleen op klachten die gelijk zijn aan reeds eerder ingediende klachten door dezelfde klager. Identieke klachten van verschillende klagers worden wel in behandeling genomen. Vaak worden dergelijke klachten gevoegd behandeld. Van een nieuw feit is sprake als er een wijziging is opgetreden in de feitelijke of juridische gegevens naar aanleiding waarvan de Europese Commissie of het Europese Hof een eerdere niet-ontvankelijkheid heeft uitgesproken. Zo is van een nieuw feit sprake als een klacht eerder niet ontvankelijk is verklaard omdat niet voldaan was aan het vereiste van de uitputting van nationale rechtsmiddelen en vervolgens dezelfde klacht weer aanhangig wordt gemaakt nadat de rechtsmiddelen wel zijn uitgeput.

6. Andere internationale instantie. Als een klacht reeds is voorgelegd aan een andere internationale instantie, zoals bijv. bij het Mensenrechtencomité in Genève in geval van gelijktijdige schending van een bepaling uit het IVBPR en er zich nadien geen nieuwe feiten hebben voorgedaan, kan geen gebruik gemaakt worden van de klachtprocedure van het EVRM. Daarentegen staat de weg naar Genève wel open nadat in Straatsburg de procedure is afgerond. Voor het IVBPR geldt bovendien geen termijn waarbinnen de klacht moet zijn ingediend.

7. Niet verenigbaar met het verdrag (lid 3). Onverenigbaar. Als er geklaagd wordt over schending van een recht dat niet gegarandeerd wordt door het verdrag is sprake van niet-verenigbaarheid met de bepalingen van het verdrag. Ook als een klacht wordt ingediend tegen een Staat die het klachtrecht niet heeft aanvaard, is sprake van niet verenigbaarheid met de bepalingen van het verdrag. Een klacht die niet gericht is tegen een overheidsinstelling, maar tegen een individuele burger of particuliere instantie, is eveneens onverenigbaar met het verdrag. In het *Marckx*-arrest (EHRM 13 juni 1979, *Series A, vol. 31*) heeft het Europese Hof echter geoordeeld dat een staat niet alleen moet afzien van een inbreuk op de in de Conventie vervatte rechten, maar soms ook actief moet optreden om een inbreuk te voorkomen. Geschillen tussen particulieren kunnen dus het voorwerp zijn van een klacht als de klager stelt dat de overheid hem had moeten beschermen tegen een inbreuk door een andere burger. Op grond van art. 57 EVRM kan een staat een voorbehoud maken ten aanzien van een specifieke bepaling. Als er geklaagd wordt over een artikel waar een staat een voorbehoud op heeft gemaakt, dan is de klacht eveneens niet verenigbaar met de bepalingen van het EVRM. Nederland heeft geen voorbehouden gemaakt.

8. Kennelijk ongegrond. Het grootste deel van de niet-ontvankelijkverklaring van klachten vindt plaats omdat de klacht kennelijk ongegrond is. Een klacht is kennelijk ongegrond als de feiten waarover geklaagd wordt geen schending opleveren van het EVRM of als deze feiten niet kunnen worden aangetoond of onjuist zijn. De bewijslast met betrekking tot de feiten ligt bij de klager. Klachten die niet voldoende door bewijs worden ondersteund, werden door de Europese Commissie met een standaardoverweging verworpen: 'An examination by the Commission of this complaint as it has been submitted does not disclose any appearance of a violation of the rights and freedoms set out in the Convention.'

9. Misbruik van bevoegdheid. De klager kan niet ontvankelijk worden verklaard wegens misbruik van bevoegdheid indien hij enkel uit politieke of publicitaire overwegingen een klacht indient, die geen enkel verband houdt met een schending van rechten gegarandeerd in het Verdrag, dan wel indien hij opzettelijk valse informatie geeft aan het Europese Hof.

10. Verwerping van verzoekschrift (lid 4). De sanctie op het niet voldoen aan de in art. 35 gestelde voorwaarden, is de niet-ontvankelijkheid van de klacht. Ook op een eerdere ontvankelijkverklaring kan het Europese Hof nog terugkomen en alsnog concluderen tot niet-ontvankelijkheid.

Artikel 36
Tussenkomst door derden

1. In alle zaken die voor een Kamer of de Grote Kamer aanhangig zijn, heeft een Hoge Verdragsluitende Partij waarvan een onderdaan verzoeker is het recht schriftelijke conclusies in te dienen en aan zittingen deel te nemen.
2. De President van het Hof kan, in het belang van een goede rechtsbedeling, elke Hoge Verdragsluitende Partij die geen partij bij de procedure is of elke belanghebbende die niet de verzoeker is, uitnodigen schriftelijke conclusies in te dienen of aan zittingen deel te nemen.
3. In alle zaken die voor een Kamer of de Grote Kamer aanhangig zijn, kan de Commissaris voor de Mensenrechten van de Raad van Europa schriftelijke conclusies indienen en aan hoorzittingen deelnemen.
[13-05-2004, Trb. 285, i.w.tr. 01-06-2010]

Betekenis. Protocol nr. 14 kent een nieuwe bevoegdheid toe aan de Commissaris Mensenrechten van de Raad van Europa. In art. 36 lid 3 is nu bepaald dat in alle zaken die voor een Kamer of de Grote Kamer aanhangig zijn, de Commissaris voor de Mensenrechten van de Raad van Europa schriftelijke conclusies kan indienen en aan hoorzittingen kan deelnemen.

Artikel 37
Schrapping van de rol

1. Het Hof kan in elk stadium van de procedure beslissen een verzoekschrift van de rol te schrappen wanneer de omstandigheden tot de conclusie leiden dat
a. de verzoeker niet voornemens is zijn verzoekschrift te handhaven; of
b. het geschil is opgelost; of
c. het om een andere door het Hof vastgestelde reden niet meer gerechtvaardigd is de behandeling van het verzoekschrift voort te zetten.
Het Hof zet de behandeling van het verzoekschrift evenwel voort, indien de eerbiediging van de in het Verdrag en de Protocollen daarbij omschreven rechten van de mens zulks vereist.
2. Het Hof kan beslissen een verzoekschrift opnieuw op de rol te plaatsen wanneer het van oordeel is dat de omstandigheden zulks rechtvaardigen.
[11-05-1994, Trb. 165, i.w.tr. 01-11-1998]

Betekenis. Het Europese Hof is te allen tijde bevoegd een verzoekschrift van de rol te schrappen. De klager kan zijn verzoekschrift zonder opgave van redenen intrekken. In lid 1 onderdeel a en b betreft het situaties waarin de klager eigenlijk geen belang meer heeft bij het voortzetten van de klacht. In lid 1 onderdeel c kan het gaan om de meest uiteenlopende gevallen. Meestal gaat het echter om klachten, waarbij de klager na indiening niet meer reageert op brieven en verzoeken van het secretariaat. Is het Europese Hof echter van oordeel dat het afvoeren van de rol zich niet verdraagt met het algemeen belang, bijvoorbeeld omdat in de aangeklaagde staat een met het Verdrag strijdige situatie bestaat, wordt de behandeling van de zaak voortgezet.

Artikel 38
Behandeling van de zaak

Het Hof behandelt de zaak tezamen met de vertegenwoordigers van de partijen en verricht, indien nodig, nader onderzoek, voor de goede voortgang waarvan de betrokken Hoge Verdragsluitende Partijen alle noodzakelijke faciliteiten leveren.
[13-05-2004, Trb. 285, i.w.tr. 01-06-2010]

Artikel 39
Minnelijke schikkingen

1. In elk stadium van de procedure kan het Hof zich ter beschikking stellen van de betrokken partijen teneinde tot een minnelijke schikking van de zaak te komen op basis van eerbiediging van de in het Verdrag en de Protocollen daarbij omschreven rechten van de mens.
2. De in het eerste lid omschreven procedure is vertrouwelijk.
3. Indien het tot een minnelijke schikking komt, schrapt het Hof de zaak van de rol bij een beslissing, die beperkt blijft tot een korte uiteenzetting van de feiten en de bereikte oplossing.
4. De beslissing wordt toegezonden aan het Comité van Ministers dat toeziet op de tenuitvoerlegging van de voorwaarden van de minnelijke schikking als vervat in de beslissing.
[13-05-2004, Trb. 285, i.w.tr. 01-06-2010]

1. Algemeen. Het Hof kan zich in elke fase van de procedure dus ook vóórdat een beslissing is genomen over de ontvankelijkheid, ter beschikking van partijen stellen met het doel te komen tot een minnelijke schikking. Deze procedure is vertrouwelijk. Geheimhouding is een belangrijke factor bij het bereiken van een minnelijke schikking, omdat meestal concessies van beide partijen worden verlangd. Het toezicht op de tenuitvoerlegging van de minnelijke schikking is opgedragen aan het Comité van Ministers. Zie voor een familierechtelijk geschil EHRM 26 februari 2018 (*Haastrup/Engeland*), waar de vader zich verzette tegen stopzetting van een medische behandeling van zijn zoon.

2. Bestanddelen schikking. Bij de schikkingsonderhandelingen zijn drie bestanddelen van belang: a. Compensatie. De klager kan compensatie in de vorm van schadevergoeding of een andere genoegdoening eisen. b. Vergoeding rechtsbijstand. De klager kan vergoeding vragen voor de door hem gemaakte kosten voor de rechtsbijstand bij het indienen van de klacht. c. Algemeen belang. Er kan alleen geschikt worden indien de schikking in overeenstemming is met de bepalingen van het EVRM. Het Europese Hof ziet erop toe dat er geen met de bepalingen van het EVRM strijdige situatie blijft bestaan in de aangeklaagde staat. Het komt geregeld voor dat de aangeklaagde staat in het kader van een schikking toezegt bepaalde regelgeving of een bepaalde praktijk waardoor bepalingen van het EVRM geschonden worden aan te passen aan de bepalingen van het

EVRM. Indien het Hof van oordeel is dat de inhoud van de schikking in strijd is met het algemeen belang kan zij weigeren de schikking te aanvaarden en wordt doorgegaan met de behandeling van de zaak. Het belang van de klager wijkt dan voor het algemeen belang (zie P. van Dijk/G.J.H. van Hoof, *De Europese Conventie in theorie en praktijk*, Nijmegen 2006, p 178-190). Als een staat de schikking niet nakomt zal het Comité van Ministers maatregelen nemen.

Artikel 40
Openbare zittingen en toegang tot de stukken

1. De zittingen zijn openbaar, tenzij het Hof wegens buitengewone omstandigheden anders beslist.
2. De ter griffie gedeponeerde stukken zijn toegankelijk voor het publiek, tenzij de President van het Hof anders beslist.
[11-05-1994, Trb. 165, i.w.tr. 01-11-1998]

Artikel 41
Billijke genoegdoening

Indien het Hof vaststelt dat er een schending van het Verdrag of van de Protocollen daarbij heeft plaatsgevonden en indien het nationale recht van de betrokken Hoge Verdragsluitende Partij slechts gedeeltelijk rechtsherstel toelaat, kent het Hof, indien nodig, een billijke genoegdoening toe aan de benadeelde.
[11-05-1994, Trb. 165, i.w.tr. 01-11-1998]

1. Genoegdoening bij schending. Als een klager in het gelijk wordt gesteld en een beslissing of maatregel van een staat geheel of gedeeltelijk in strijd wordt geoordeeld met het EVRM, kan het EHRM aan klager op diens verzoek een schadevergoeding toekennen, indien volgens het nationale recht van de klager geen volledig rechtsherstel kan volgen (zie P. van Dijk/G.J.H. van Hoof, *De Europese Conventie in theorie en praktijk* 2006, p. 239). Het EHRM hoeft dit echter niet direct te doen en kan ook bepalen dat het vaststellen van de schending van het EVRM in het arrest reeds voldoende genoegdoening oplevert. Als het EHRM een schadevergoeding vaststelt, dan is de veroordeelde staat verplicht die schadevergoeding uit te betalen (zie ook: M.L. van Emmerik, *Schadevergoeding bij schending van mensenrechten*, dissertatie 1997).

2. Moment van instelling van vordering. De klager dient tezamen met het indienen van de klacht ex art. 34 aan te geven welke schadevergoeding hij wenst, als de klacht gegrond wordt verklaard. Deze vordering dient na de ontvankelijkverklaring van de klacht schriftelijk te worden onderbouwd. Meestal wordt de klager door het EHRM, indien hij geen vordering heeft ingesteld, uitgenodigd tijdig voorstellen met betrekking tot een schadevergoeding te doen (regel 60 Reglement van het Europese Hof).

3. Beslissing op vordering ex art. 41. Het EHRM beslist gelijktijdig met de uitspraak in de hoofdzaak of daarna bij afzonderlijk arrest over de toe te kennen vergoeding bij een schending.

4. Aard van genoegdoening. a. Schadevergoeding. Alleen schade die het gevolg is van een schending komt voor vergoeding in aanmerking. Het EHRM is niet bevoegd bepaalde maatregelen aan de verdragsstaat op te leggen ter opheffing van de schending (zie voor factoren die van belang zijn voor het vaststellen van de schade en uitgebreid jurisprudentie-overzicht: P. van Dijk/G.J.H. van Hoof, *De Europese Conventie in theorie en praktijk* 1998, p. 249). **b. Geen herziening van nationale beslissing.** Het is niet mogelijk in Nederland een (onherroepelijke) uitspraak van de Nederlandse rechter te herzien als die achteraf onverenigbaar is met een uitspraak van het EHRM. Inmiddels is een wet aangenomen die herziening van strafvonnissen op grond van een uitspraak van het EHRM mogelijk maakt. Tijdens die behandeling heeft de regering toegezegd een wetsvoorstel in te dienen voor herroeping van civiele vonnissen en beschikkingen na een uitspraak van het EHRM. **c. Kosten rechtsbijstand.** Ook de kosten voor rechtsbijstand kunnen onderdeel uitmaken van een vergoeding. **d. Hoogte schadevergoeding.** In de zaak *Bourimi/Nederland* van 3 oktober 2000 (zie art. 8, aant. 12 EVRM) heeft het Europese Hof een uitzonderlijk hoge schadevergoeding toegekend. Ten gevolge van het oude stelsel van brieven van wettiging werd een kind dat na de dood van zijn vader werd geboren en later gewettigd geen erfgenaam van de vader. Het EHRM oordeelde deze bepaling in strijd met art. 8 *jo.* art. 14 EVRM. De totale waarde van de nalatenschap van de vader van dit kind, geschat op ruim f 560.000 werd door het Europese Hof toegewezen, naast een bedrag van f 6750 voor immateriële schade en een bedrag voor advocaatkosten.

Artikel 42
Uitspraken van Kamers

Uitspraken van Kamers gelden als einduitspraak in overeenstemming met de bepalingen van artikel 44, tweede lid.

[11-05-1994, Trb. 165, i.w.tr. 01-11-1998]

Artikel 43
Verwijzing naar de Grote Kamer

1. Binnen een termijn van drie maanden na de datum van de uitspraak van een Kamer kan elke bij de zaak betrokken partij, in uitzonderlijke gevallen, verzoeken om verwijzing van de zaak naar de Grote Kamer.

2. Een college van vijf rechters van de Grote Kamer aanvaardt het verzoek indien de zaak aanleiding geeft tot een ernstige vraag betreffende de interpretatie of toepassing van het Verdrag of de Protocollen daarbij, dan wel een ernstige kwestie van algemeen belang.

3. Indien het college het verzoek aanvaardt, doet de Grote Kamer uitspraak in de zaak.

[11-05-1994, Trb. 165, i.w.tr. 01-11-1998]

Intern appel. De uitspraken van de Kamers zijn in principe einduitspraken. In uitzonderlijke gevallen staat tegen de uitspraak van een Kamer appel open op de Grote Kamer. Het betreft hier een rehearing binnen hetzelfde Hof en er is dus geen sprake van een echt hoger beroep, maar van een verwijzing. Het appel moet worden ingesteld binnen drie maanden na de uitspraak van de Kamer en kan worden ingesteld door elke bij de zaak betrokken partij. Wordt binnen de termijn van drie maanden een verzoek tot voorlegging aan de Grote Kamer gedaan, dan beoordeelt een college van vijf rechters uit de Grote Kamer eerst of de zaak inderdaad aanleiding geeft tot een ernstige vraag betreffende de interpretatie of toepassing van het Verdrag of de Protocollen, dan wel een ernstige kwestie van algemeen belang.

Artikel 44
Einduitspraken

1. De uitspraak van de Grote Kamer geldt als einduitspraak.
2. De uitspraak van een Kamer geldt als einduitspraak
a. wanneer de partijen verklaren dat zij niet zullen verzoeken om verwijzing van de zaak naar de Grote Kamer; of
b. drie maanden na de datum van de uitspraak, indien niet is verzocht om verwijzing van de zaak naar de Grote Kamer; of
c. wanneer het college van de Grote Kamer het in artikel 43 bedoelde verzoek verwerpt.
3. De einduitspraak wordt openbaar gemaakt.
[11-05-1994, Trb. 165, i.w.tr. 01-11-1998]

Artikel 45
Redenen die aan uitspraken en beslissingen ten grondslag liggen

1. Uitspraken, alsmede beslissingen waarbij verzoekschriften al dan niet ontvankelijk worden verklaard, dienen met redenen te worden omkleed.
2. Indien een uitspraak niet, geheel of gedeeltelijk, de eenstemmige mening van de rechters weergeeft, heeft iedere rechter het recht een uiteenzetting van zijn persoonlijke mening toe te voegen.
[11-05-1994, Trb. 165, i.w.tr. 01-11-1998]

Betekenis. Het EHRM beslist met meerderheid van stemmen. In het arrest wordt steeds aangegeven hoe de stemverhouding liggen ten aanzien van de mening van de leden van het EHRM over de vraag of het EVRM al dan niet geschonden is (regel 73, lid 1, k Reglement van het Europese Hof). De leden die hebben deelgenomen aan de beraadslaging en stemming over de klacht zijn bevoegd hun individuele mening aan het rapport te hechten (regel 74, Reglement van het Europese Hof). **a. Dissenting opinion.** Indien een individueel lid van het Hof een andere mening heeft dan het meerderheidsstandpunt wordt dit een dissenting opinion genoemd. **b. Concurring opinion.** Indien een individueel lid het eens is met het meerderheidsstandpunt, maar daaraan nog een individuele overweging wil toevoegen of een andere motivering wil geven, dan wordt dit een concurring opinion genoemd.

Artikel 46
Bindende kracht en tenuitvoerlegging van uitspraken

1. De Hoge Verdragsluitende Partijen verbinden zich ertoe zich te houden aan de einduitspraak van het Hof in de zaken waarbij zij partij zijn.
2. De einduitspraak van het Hof wordt toegezonden aan het Comité van Ministers dat toeziet op de tenuitvoerlegging ervan.
3. Indien het Comité van Ministers van mening is dat het toezicht op de tenuitvoerlegging van een einduitspraak wordt belemmerd vanwege een probleem met de interpretatie van de uitspraak, kan het de zaak voorleggen aan het Hof voor een uitspraak over vragen betreffende de interpretatie. Beslissingen tot verwijzing dienen te worden genomen met een tweederde meerderheid van de vertegenwoordigers die gerechtigd zijn in het Comité zitting te hebben.

4. Indien het Comité van Ministers van mening is dat een Hoge Verdragsluitende Partij weigert zich te houden aan een einduitspraak in een zaak waarbij zij partij is, kan het, na die Partij daarvan formeel in kennis te hebben gesteld en op grond van een beslissing genomen met een meerderheid van tweederden van de vertegenwoordigers die gerechtigd zijn in het Comité zitting te hebben, aan het Hof de vraag voorleggen of die Partij verzuimd heeft te voldoen aan haar verplichtingen uit hoofde van het eerste lid.
5. Indien het Hof constateert dat er sprake is van een schending van het eerste lid, legt het de zaak voor aan het Comité van Ministers teneinde te overwegen welke maatregelen dienen te worden getroffen. Indien het Hof constateert dat er geen sprake is van een schending van het eerste lid, legt het de zaak voor aan het Comité van Ministers dat het onderzoek van de zaak sluit.
[13-05-2004, Trb. 285, i.w.tr. 01-06-2010]

1. Tenuitvoerlegging. a. Consequentie arrest EHRM. Ingevolge dit artikel hebben de verdragsstaten zich ertoe verplicht zich te houden aan de beslissingen van het EHRM in zaken waarin zij partij zijn. Dit houdt in dat de verdragsstaat gehouden is maatregelen te nemen die de verdragsschending opheffen. Dit betekent in de eerste plaats het toekennen van genoegdoeningen aan de klager indien daartoe gronden bestaan en in de tweede plaats het voorkomen van gelijksoortige schendingen in de toekomst. De staat is echter vrij in de daartoe te kiezen middelen afhankelijk van de aard van de verdragsverplichting (zie Van der Velde, 'Het toezicht op de naleving van het EVRM en de implementatie van Straatsburgse beslissingen in Nederland', in *A.W. Heringa/J.G.C. Schokkenbroek/J. van der Velde (red.), 40 jaar Europees Verdrag voor de Rechten van de Mens*, p. 166-168). **b. Nationale rechterlijke uitspraak blijft in stand.** Het arrest van het EHRM is declaratoir en vernietigt de uitspraak van de nationale instantie niet. In sommige verdragsstaten (Noorwegen, Zwitserland en Luxemburg) is voorzien in een revisiemogelijkheid van de nationale rechterlijke uitspraak, in het geval dat door het EHRM een verdragsschending is vastgesteld. Inmiddels is in Nederland een wet aangenomen die herziening van strafvonnissen op grond van een uitspraak van het EHRM mogelijk maakt. Tijdens die behandeling heeft de regering toegezegd een wetsvoorstel in te dienen voor herroeping van civiele vonnissen en beschikkingen na een uitspraak van het EHRM. **c. Rechterlijke implementatie.** In Nederland komt de implementatie van beslissingen van het EHRM vooral toe aan de rechterlijke macht, die in voorkomende gevallen direct de arresten van het EHRM dient toe te passen. **d. Implementatie door wetgeving.** Implementatie van uitspraken van het EHRM dient echter in de eerste plaats door wetgeving te geschieden. Voorbeelden daarvan zijn met name te vinden in de op 1 april 1998 in werking getreden Wet afstammingsrecht, waarin bijvoorbeeld de ontkenning van het vaderschap van het tijdens huwelijk geboren kind in navolging van het arrest-*Kroon*, EHRM 27 oktober 1994, *NJ* 1995/248 is aangepast. **e. Veertiende protocol.** Protocol 14 EVRM heeft drie leden toegevoegd aan art. 46. Aan het Comité van Ministers wordt de bevoegdheid toegekend het Hof te vragen om een interpretatie van een uitspraak, indien de tenuitvoerlegging van die uitspraak wordt gehinderd door een verschil van interpretatie tussen de lidstaten (art. 46 lid 3). Op de tweede plaats kan het Comité van Ministers de niet-tenuitvoerlegging van een hofuitspraak door een lidstaat als zelfstandige schending van het Verdrag aan het Hof voorleggen (art. 46 lid 4). In beide gevallen kan het Comité bij meerderheid van tweederde besluiten van zijn bevoegdheid gebruik te maken. In art. 46 lid 5 is bepaald dat indien het Hof constateert dat er sprake is van een schending van het eerste lid, het de zaak voorlegt aan het Comité van Ministers teneinde te overwegen welke maatregelen dienen te worden getroffen. Indien het Hof constateert dat er geen sprake is van een schending van het eerste lid, legt het de zaak voor aan het Comité van Ministers dat het onderzoek van de zaak sluit. Op 5 december 2017 heeft de Comité van Ministers besloten om deze procedure te starten tegen Azerbeidzjan vanwege niet-uitvoering van het arrest in de zaak-*Mammadov*.

2. Toezicht op tenuitvoerlegging door Comité van Ministers. a. Algemeen. De naleving van de verplichting uit art. 46 lid 1 is opgedragen aan het Comité van Ministers. Het Comité nodigt de betrokken staat uit deze te informeren over de maatregelen die zijn genomen naar aanleiding van de beslissing van het EHRM en verklaart zijn functie te hebben vervuld nadat kennis is genomen van de door de staat verstrekte informatie en is vastgesteld dat de genoegdoening (ex art. 41) is voldaan aan de benadeelde partij. De beslissingen van het Comité van Ministers worden gepubliceerd in de vorm van een resolutie. Het Comité van Ministers is geregeld in het Statuut van de Raad van Europa en bestaat uit de Ministers van Buitenlandse Zaken van de lidstaten van de Raad van Europa. Het Comité van Ministers is vooral een politiek beleidsorgaan. **b. Taak Comité voor 1 november 1998.** Tot 1 november 1998 had het Comité van Ministers nog een actieve rol bij het toezien op de naleving van de bepalingen uit het Verdrag. Op grond van art. 32 (oud) EVRM besliste het Comité van Ministers, indien de zaak niet aan het Hof was voorgelegd, of er een schending was van het Verdrag. De betrokkenheid van het Comité van Ministers bij het toezichtsmechanisme van het EVRM is ontstaan als een compromis tussen staten die het toezicht uitsluitend aan de Europese Commissie en het Europese Hof wilden opdragen en staten die het toezicht behalve aan Commissie en Hof in laatste instantie wilden overlaten aan het Comité van Ministers. Het Comité van Ministers heeft weinig betekenis gehad voor de ontwikkeling van de jurisprudentie van het EVRM. Meestal volgde het Comité van Ministers het rapport van de ECRM en verzocht vervolgens de aangeklaagde staat, indien een schending van het verdrag wordt vastgesteld de klager schadeloos te stellen. Zie P. van Dijk/G.J. H. van Hoof, *De Europese Conventie in theorie en praktijk* 1998 en J. van der Velde, 'Het toezicht op de naleving van het EVRM en de implementatie van Straatsburgse beslissingen in Nederland', in: *A.W. Heringa/J.G.C. Schokkenbroek/J. van der Velde (red.), 40 jaar Europees Verdrag voor de Rechten van de Mens* 1990, p. 164-168; Y.S. Klerk, *Het ECRM-toezichtmechanisme* 1995, p. 403 e.v.). **c. Publicatie resoluties.** De resoluties van het Comité van Ministers zijn openbaar en in de praktijk werden daarbij ook alle rapporten van de Europese Commissie openbaar gemaakt. De resoluties zijn gepubliceerd in een uitgave van de Raad van Europa: *Collection of resolutions adopted by the Committee of Ministers in application of Articles 32 and 54 of the European Convention on Human Rights* (1959-1989) met supplementen voor de daaropvolgende jaren.

Artikel 47
Adviezen

1. Het Hof kan, op verzoek van het Comité van Ministers, adviezen uitbrengen over rechtsvragen betreffende de interpretatie van het Verdrag en de Protocollen daarbij.
2. Deze adviezen mogen geen betrekking hebben op vragen die verband houden met de inhoud of strekking van de in Titel I van het Verdrag en de Protocollen daarbij omschreven rechten en vrijheden, noch op andere vragen waarvan het Hof of het

Comité van Ministers kennis zou moeten kunnen nemen ten gevolge van het instellen van een procedure overeenkomstig het Verdrag.

3. Besluiten van het Comité van Ministers waarbij het Hof om advies wordt gevraagd, dienen te worden genomen met een meerderheid van de vertegenwoordigers die gerechtigd zijn in het Comité zitting te hebben.

[11-05-1994, Trb. 165, i.w.tr. 01-11-1998]

Artikel 48

Bevoegdheid van het Hof met betrekking tot adviezen

Het Hof beslist of een verzoek om advies van het Comité van Ministers behoort tot zijn bevoegdheid als omschreven in artikel 47.

[11-05-1994, Trb. 165, i.w.tr. 01-11-1998]

Artikel 49

Redenen die aan adviezen ten grondslag liggen

1. Adviezen van het Hof dienen met redenen te worden omkleed.
2. Indien een advies niet, geheel of gedeeltelijk, de eenstemmige mening van de rechters weergeeft, heeft iedere rechter het recht een uiteenzetting van zijn persoonlijke mening toe te voegen.
3. Adviezen van het Hof worden ter kennis gebracht van het Comité van Ministers.

[11-05-1994, Trb. 165, i.w.tr. 01-11-1998]

Artikel 50

Kosten van het Hof

De kosten van het Hof worden gedragen door de Raad van Europa.

[11-05-1994, Trb. 165, i.w.tr. 01-11-1998]

Artikel 51

Voorrechten en immuniteiten van de rechters

De rechters genieten, gedurende de uitoefening van hun functie, de voorrechten en immuniteiten bedoeld in artikel 40 van het Statuut van de Raad van Europa en de op grond van dat artikel gesloten overeenkomsten.

[11-05-1994, Trb. 165, i.w.tr. 01-11-1998]

TITEL III

Diverse bepalingen

Artikel 52

Verzoeken om inlichtingen van de Secretaris-Generaal

Iedere Hoge Verdragsluitende Partij verschaft op verzoek van de Secretaris-Generaal van de Raad van Europa een uiteenzetting van de wijze waarop haar nationaal recht de daadwerkelijke uitvoering waarborgt van iedere bepaling van dit Verdrag.

[11-05-1994, Trb. 165, i.w.tr. 01-11-1998]

Betekenis. Het zwaartepunt van de huidige functie van de secretaris-generaal is het vergaren van informatievoorziening vanuit de verdragsstaten over de wijze waarop de daadwerkelijke garantie van de bepalingen uit de Conventie in het nationale recht worden uitgevoerd. De secretaris-generaal is de hoogste ambtelijke instantie van de Raad van Europa en wordt op grond van art. 36 van het Statuut van de Raad van Europa voor een periode van vijf jaar gekozen door de Parlementaire vergadering.

Artikel 53
Waarborging van bestaande rechten van de mens

Geen bepaling van dit Verdrag zal worden uitgelegd als beperkingen op te leggen of inbreuk te maken op de rechten van de mens en de fundamentele vrijheden die verzekerd kunnen worden ingevolge de wetten van enige Hoge Verdragsluitende Partij of ingevolge enig ander Verdrag waarbij de Hoge Verdragsluitende Partij partij is.

[11-05-1994, Trb. 165, i.w.tr. 01-11-1998]

Artikel 54
Bevoegdheden van het Comité van Ministers

Geen bepaling van dit Verdrag maakt inbreuk op de bevoegdheden door het Statuut van de Raad van Europa verleend aan het Comité van Ministers.

[11-05-1994, Trb. 165, i.w.tr. 01-11-1998]

Artikel 55
Uitsluiting van andere wijzen van geschillenregeling

De Hoge Verdragsluitende Partijen komen overeen dat zij, behoudens bijzondere overeenkomsten, zich niet zullen beroepen op tussen haar van kracht zijnde verdragen, overeenkomsten of verklaringen om door middel van een verzoekschrift een geschil, hetwelk is ontstaan uit de interpretatie of toepassing van dit Verdrag te onderwerpen aan een andere wijze van regeling dan die die bij dit Verdrag zijn voorzien.

[11-05-1994, Trb. 165, i.w.tr. 01-11-1998]

Artikel 56
Territoriale werkingssfeer

1. Iedere Staat kan, ten tijde van de bekrachtiging of op elk later tijdstip door middel van een kennisgeving gericht aan de Secretaris-Generaal van de Raad van Europa verklaren, dat dit Verdrag met inachtneming van het vierde lid van dit artikel van toepassing zal zijn op alle of op één of meer van de gebieden voor welker buitenlandse betrekkingen hij verantwoordelijk is.

2. Het Verdrag zal van toepassing zijn op het gebied of op de gebieden die in de kennisgeving zijn vermeld, vanaf de dertigste dag die volgt op die waarop de Secretaris-Generaal van de Raad van Europa deze kennisgeving heeft ontvangen.

3. In de voornoemde gebieden zullen de bepalingen van dit Verdrag worden toegepast, evenwel met inachtneming van de plaatselijke behoeften.

4. Iedere Staat die een verklaring heeft afgelegd overeenkomstig het eerste lid van dit artikel, kan op elk later tijdstip, met betrekking tot één of meer van de gebieden die in de verklaring worden bedoeld, verklaren dat hij de bevoegdheid van het Hof aanvaardt om kennis te nemen van verzoekschriften van natuurlijke personen, (niet gouvernementele) organisaties of groepen van particulieren, zoals bepaald in artikel 34 van het Verdrag.

[11-05-1994, Trb. 165, i.w.tr. 01-11-1998]

Betekenis. Alleen ten aanzien van gebieden waarvoor in overeenstemming met art. 56 (art. 63 oud) een verklaring is afgelegd, die deze gebieden onder de werking van het EVRM plaatst, blijft de aanvaarding van rechtsmacht optioneel. Het betreft hier gebieden voor welker buitenlandse betrekkingen een bepaalde verdragsstaat verantwoordelijk is, zoals bv. buiten Europa gelegen koloniën. Voor Aruba en de Nederlandse Antillen is door Nederland in 1979 een verklaring tot erkenning van het individueel klachtrecht en de rechtsmacht van het Hof afgelegd. Deze verklaring geldt tot wederopzegging en blijft dus in beginsel ook na inwerkingtreding van het elfde protocol van kracht.

Artikel 57
Voorbehouden

1. Iedere Staat kan, ten tijde van de ondertekening van dit Verdrag of van de nederlegging van zijn akte van bekrachtiging, een voorbehoud maken met betrekking tot een specifieke bepaling van dit Verdrag, voor zover een wet die op dat tijdstip op zijn grondgebied van kracht is, niet in overeenstemming is met deze bepaling. Voorbehouden van algemene aard zijn niet toegestaan krachtens dit artikel.
2. Elk voorbehoud hetwelk overeenkomstig dit artikel wordt gemaakt, dient een korte uiteenzetting van de betrokken wet te bevatten.
[11-05-1994, Trb. 165, i.w.tr. 01-11-1998]

Artikel 58
Opzegging

1. Een Hoge Verdragsluitende Partij kan dit Verdrag slechts opzeggen na verloop van een termijn van 5 jaar na de datum waarop het Verdrag voor haar in werking is getreden en met een opzeggingstermijn van 6 maanden, vervat in een kennisgeving gericht aan de Secretaris-Generaal van de Raad van Europa, die de andere Hoge Verdragsluitende Partijen hiervan in kennis stelt.
2. Deze opzegging kan niet tot gevolg hebben dat zij de betrokken Hoge Verdragsluitende Partij ontslaat van de verplichtingen, nedergelegd in dit Verdrag, die betrekking hebben op daden die een schending van deze verplichtingen zouden kunnen betekenen en door haar gepleegd zouden zijn voor het tijdstip waarop de opzegging van kracht werd.
3. Onder dezelfde voorwaarden zal iedere Hoge Verdragsluitende Partij die ophoudt Lid van de Raad van Europa te zijn, ophouden Partij bij dit Verdrag te zijn.
4. Het Verdrag kan worden opgezegd overeenkomstig de bepalingen van de voorafgaande leden met betrekking tot ieder gebied waarop het overeenkomstig artikel 56 van toepassing is verklaard.
[11-05-1994, Trb. 165, i.w.tr. 01-11-1998]

Artikel 59
Ondertekening en bekrachtiging

1. Dit Verdrag is voor ondertekening door de Leden van de Raad van Europa opengesteld. Het zal worden bekrachtigd. De akten van bekrachtiging zullen worden nedergelegd bij de Secretaris-Generaal van de Raad van Europa.
2. De Europese Unie kan toetreden tot dit Verdrag.
3. Dit Verdrag zal in werking treden na de nederlegging van tien akten van bekrachtiging.

4. Met betrekking tot iedere ondertekenaar die het daarna bekrachtigt, zal het Verdrag in werking treden op de dag van de nederlegging der akte van bekrachtiging.
5. De Secretaris-Generaal van de Raad van Europa geeft aan alle Leden van de Raad van Europa kennis van de inwerkingtreding van het Verdrag, van de namen der Hoge Verdragsluitende Partijen die het bekrachtigd hebben, evenals van de nederlegging van iedere akte van bekrachtiging die later heeft plaats gehad.
[13-05-2004, Trb. 285, i.w.tr. 01-06-2010]

Artikel 60-66
(Door vernummering zijn deze artikelen vervallen.)
[11-05-1994, Trb. 165, i.w.tr. 01-11-1998]

Handvest van de grondrechten van de Europese Unie

Handvest van 7 december 2000, PbEG 2000, C 364, zoals laatstelijk gewijzigd op 12 december 2007, PbEU 2007, C 303 (i.w.tr. 01-12-2009)

Preambule

De volkeren van Europa hebben besloten een op gemeenschappelijke waarden gegrondveste vreedzame toekomst te delen door onderling een steeds hechter verbond tot stand te brengen.

De Unie, die zich bewust is van haar geestelijke en morele erfgoed, heeft haar grondslag in de ondeelbare en universele waarden van menselijke waardigheid en van vrijheid, gelijkheid en solidariteit. Zij berust op het beginsel van democratie en het beginsel van de rechtsstaat. De Unie stelt de mens centraal in haar optreden, door het burgerschap van de Unie in te stellen en een ruimte van vrijheid, veiligheid en recht tot stand te brengen.

De Unie draagt bij tot de instandhouding en de ontwikkeling van deze gemeenschappelijke waarden, met inachtneming van de verscheidenheid van cultuur en traditie van de volkeren van Europa, alsmede van de nationale identiteit van de lidstaten en van hun staatsinrichting op nationaal, regionaal en lokaal niveau. Zij streeft ernaar een evenwichtige en duurzame ontwikkeling te bevorderen en bewerkstelligt het vrije verkeer van personen, diensten, goederen en kapitaal, alsook de vrijheid van vestiging.

Te dien einde moet in het licht van de ontwikkelingen in de maatschappij, de sociale vooruitgang en de wetenschappelijke en technologische ontwikkelingen de bescherming van de grondrechten worden versterkt door deze rechten beter zichtbaar te maken in een Handvest.

Dit Handvest bevestigt, met inachtneming van de bevoegdheden en taken van de Unie en van het subsidiariteitsbeginsel, de rechten die in het bijzonder voortvloeien uit de constitutionele tradities en de internationale verplichtingen die de lidstaten gemeen hebben, uit het Europees Verdrag tot bescherming van de rechten van de mens en de fundamentele vrijheden, uit de door de Unie en de Raad van Europa aangenomen sociale handvesten, alsook uit de jurisprudentie van het Hof van Justitie van de Europese Unie en van het Europees Hof voor de rechten van de mens. In dit verband zullen de rechterlijke instanties van de Unie en van de lidstaten bij de uitlegging van het Handvest naar behoren rekening houden met de toelichtingen die zijn opgesteld onder het gezag van het praesidium van de Conventie die het Handvest heeft opgesteld en bijgewerkt onder de verantwoordelijkheid van het praesidium van de Europese Conventie.

Het genot van deze rechten brengt verantwoordelijkheden en plichten mede jegens de medemens, de mensengemeenschap en de toekomstige generaties.

Derhalve erkent de Unie de hieronder genoemde rechten, vrijheden en beginselen.

[Inleidende opmerkingen]

1. Algemeen. Sinds 1 december 2009 (inwerkingtreding Verdrag van Lissabon) geldt in het recht van de Europese Unie het bindende Handvest van de grondrechten van de Europese Unie. Het Handvest heeft in art. 6 VEU dezelfde status gekregen als de verdragen. In art. F lid 1 Verdrag van Amsterdam (Verdrag van Amsterdam houdende wijziging van het Verdrag betreffende de Europese Unie, enz. (*Trb.* 1998, 11)) is bepaald dat de Unie is gegrondvest op de beginselen van vrijheid, democratie, eerbiediging van de rechten van de mens en de fundamentele vrijheden, en van de rechtsstaat, welke beginselen de lidstaten gemeen hebben en in art. F lid 2 VEU (versie tot 1 mei 1999) dat de Unie de grondrechten eerbiedigt zoals die worden gewaarborgd door het EVRM en zoals zij uit de gemeenschappelijke constitutionele tradities van de lidstaten voortvloeien als algemene beginselen van het Unierecht. Deze grondrechten zijn nu neergelegd in het Handvest van de grondrechten van de Europese Unie. De meest wezenlijke uitgangspunten en beginselen van het unierecht zijn gecodificeerd in dit Handvest (zie hierover: T.T. Barkhuysen, A.W. Bos en F. ten Have, 'Een verkenning van de betekenis van het handvest van de grondrechten van de Europese Unie voor het privaatrecht', *NTBR* 2011/68 en *NTBR* 2011/76). Het Handvest is nu nog minder bekend dan het EVRM. Het Handvest bevat deels dezelfde rechten als het EVRM, maar biedt op sommige onderdelen een betere bescherming dan het EVRM nu het handvest van veel recentere datum is. Art. 6 lid 1 VEU en art. 52 lid 7 onderstrepen het belang van de Algemene Toelichting bij het Handvest Grondrechten EU voor de uitleg en toepassing ervan. Zie: Sybe de Vries e.a., *The European Charter of fundamental rights as a binding instrument: five years old and still growing*, Oxford: Wolters Kluwer 2018 en J. Gerards, H. de Waele en K. Zwaan, *Vijf jaar bindend EU-Grondrechtenhandvest*, Deventer: Wolters Kluwer 2015 en J. Krommendijk, H. de Waele en K. Zwaans, *Tien jaar EU-Grondrechtenhandvest in Nederland*, Wolter-Kluwer 2019.

2. Verhouding tot EVRM. De bescherming van de mensenrechten zoals gegarandeerd door het EVRM is in principe nu nog gescheiden van de Europese Unie en zal dat zijn totdat de EU tot het EVRM zal zijn toegetreden. Het Europese Hof in Straatsburg staat los van het Hof van Justitie in Luxemburg. De procedures voor deze hoven zijn verschillend en ook de insteek verschilt. Zo wordt in Straatsburg vooral geklaagd over individuele zaken, terwijl de zaken voor het Hof van Justitie een meer internationale (unierechtelijke) dimensie hebben. De Raad van Europa heeft daarnaast een groter aantal verdragsstaten dan de Europese Unie. Op grond van art. 52 lid 3 hebben rechten die corresponderen met rechten uit het EVRM dezelfde inhoud en reikwijdte zoals het EVRM (en de rechtspraak van het EHRM) deze toekent met dien verstande dat in de slotzin van art. 52 lid 3 is bepaald dat het recht van de Unie een ruimere bescherming kan bieden en dat art. 53 nog meldt dat in de verhouding EVRM en EU het hoogste niveau van bescherming gegarandeerd wordt. Uitgangspunt is dus dat rechten uit het Handvest die corresponderen met rechten uit het EVRM minimaal dezelfde bescherming moeten bieden, maar dat de bescherming ook groter kan/mag zijn. Zie ook: T. Vandamme, 'Het EU-Handvest van de grondrechten en het EVRM ná Protocol 16: conflict of co-existentie?', in: *SEW* 2019, nr. 10.

3. Rechten en beginselen. In het Handvest Grondrechten EU wordt onderscheid gemaakt tussen grondrechten en beginselen. Het onderscheid is van belang voor de toepassing en het toepassingsbereik van de grondrechten. Uit art. 51 volgt dat rechten worden geëerbiedigd en beginselen worden nageleefd. Art. 52 bepaalt dat de rechterlijke bevoegdheid ten aanzien van bepalingen die beginselen inhouden, beperkt blijft tot de uitleg en toetsing van de zogenaamde wetgevings- en uitvoeringshandelingen: handelingen door de EU- instellingen of lidstaten via welke de beginselen worden toegepast (J.M. Emaus, 'Rechten, beginselen en horizontale directe werking van de grondrechten uit het EU-Handvest', *NTBR* 2015/10). Beginselen zijn dus beperkter dan rechten en leiden niet tot bij de rechter afdwingbare positieve maatregelen door instellingen van de Unie of de lidstaten. Het onderscheid is niet altijd duidelijk. De Toelichting bij het handvest noemt onder andere als voorbeeld van beginselen: de rechten van ouderen (art. 25), de rechten van gehandicapten (art. 26). De bescherming van de gelijkheid van mannen en vrouwen (art. 23) van het beroeps- en gezinsleven (art. 33) bevatten volgens de Toelichting elementen van zowel een recht als een beginsel.

4. Horizontale werking. Het Handvest Grondrechten EU regelt in art. 51 het toepassingsgebied, maar bepaalt niets over de mogelijkheid van toepassing van het Handvest op relaties tussen particulieren. De rechtspraak van het Europese Hof van Justitie (HvJ EU 15 januari 2014, *NJ* 2014/246 (*Association de Médiation Sociale*)) geeft echter aanleiding te denken dat er een zekere doorwerking in privaatrechtelijke verhoudingen van bepalingen die zich formeel tot de lidstaten richten, mogelijk is, indien dat ten minste nodig is om de effectieve werking van een dergelijke bepaling te garanderen. Die redenering kan ook ten aanzien van het Handvest worden benut (zie T.T. Barkhuysen, A.W. Bos en F. ten Have, 'Een verkenning van de betekenis van het handvest van de grondrechten van de Europese Unie voor het privaatrecht', *NTBR* 2011/68 en *NTBR* 2011/76 en J.M. Emaus, 'Rechten, beginselen en horizontale directe werking van de grondrechten uit het EU-Handvest', *NTBR* 2015/10). Het HvJEU heeft in zijn uitspraak van 6 november 2018, zaken C 569/16 en C-570/16 Bauer e.a. niet alleen de horizontale werking van het Handvest principieel bevestigd, maar ook de toe te passen criteria nauwkeurig uiteengezet. Zie ook de conclusie van A-G Bot (ECLI:EU:C:2018:337) met daarin een overzicht van de ontwikkeling met literatuurverwijzingen.

5. Toezichtsmechanisme. Het Hof van Justitie van de Europese Unie in Luxemburg is belast met toezicht op de naleving van het Handvest Grondrechten EU. Een van de belangrijkste taken van het Europese Hof is het beantwoorden van prejudiciële vragen. Pas recent is de mogelijkheid geopend om prejudiciële vragen te stellen aan het Europese Hof in Straatsburg. Het 16e Protocol bij het EVRM dat mogelijk maakt dat de hoogste nationale rechter in een lopende procedure aan het EHRM prejudiciële vragen stelt, is op 19 januari 2019 voor Nederland officieel in werking getreden. Met dit Protocol is het voor de hoogste nationale rechters mogelijk geworden om 'advisory opinions' aan het Europees Hof voor de Rechten van de Mens (EHRM) te vragen over de interpretatie en toepassing van het EVRM. Vanaf 1 juni 2019 kunnen deze prejudiciële vragen gesteld worden. Tot die tijd kon men dus alleen prejudiciële vragen stellen aan het HvJ over interpretaties van het Handvest Grondrechten EU, hetgeen als voordeel had dat men sneller een uitspraak kreeg dan van het Europese Hof in Straatsburg. Het Hof van Justitie heeft het Handvest met name toegepast in het kader van de Brussel II-bis verordening. Kort na de inwerkingtreding van het Handvest Grondrechten EU beantwoordde het HvJ prejudiciële vragen in de zaak *McB* (HvJ EU 5 oktober 2010, ECLI:EU:C:2010:582). Het HvJ oordeelde in deze zaak van een vader van een kind dat buiten huwelijk was geboren en die geen gezag had dat art. 7 niet vereist dat voor de doeleinden van de Brussel II-bis verordening de vader van rechtswege het gezag over een buiten huwelijk geboren kind verkrijgt.

6. Temporele werking. Het Handvest Grondrechten EU is vanaf 1 december 2009 bindend. Vanaf 1 december 2009 kan de rechter dus rechtstreeks toetsen aan de bepalingen van het Handvest. Over de ambtshalve toepassing door de rechter van bepalingen uit het Handvest bestaat nog onzekerheid zie hierover: T.T. Barkhuysen, A.W. Bos en F. ten Have, 'Een verkenning van de betekenis van het Handvest van de grondrechten van de Europese Unie voor het Privaatrecht', *NTBR* 2011/68.

7. Indeling Handvest. Het Handvest Grondrechten EU is verdeeld in zeven titels: 1 Waardigheid, 2 Vrijheden, 3 Gelijkheid, 4 Solidariteit, 5 Burgerschap, 6 Rechtspleging en 7 Algemene bepalingen over de uitleg en toepassing van het Handvest. In het navolgende zullen alleen die artikelen van commentaar worden voorzien die van belang zijn voor het familierecht (art. 2, 3, 4, 6, 7, 8, 9, 21, 24 en 25) en de artikelen die van belang zijn voor de toepassing van het Handvest Grondrechten EU (art. 51, 52 en 53). Nu er nog niet veel jurisprudentie op het gebied van het familierecht is, zal het commentaar beperkt zijn.

TITEL I
Waardigheid

Artikel 1
De menselijke waardigheid

De menselijke waardigheid is onschendbaar. Zij moet worden geëerbiedigd en beschermd.

[12-12-2007, PbEU C 303, i.w.tr. 01-12-2009/regelingnummer 2007/C303/01]

Artikel 2
Het recht op leven

1. **Eenieder heeft recht op leven.**

2. **Niemand wordt tot de doodstraf veroordeeld of terechtgesteld.**

[12-12-2007, PbEU C 303, i.w.tr. 01-12-2009/regelingnummer 2007/C303/01]

[Het recht op leven]

Betekenis. Art. 2 correspondeert met art. 2 EVRM, maar kent niet uitdrukkelijk de beperkingsgronden, zoals neergelegd in art. 2 lid 2 EVRM. Het verbod van de doodstraf is in het EVRM geregeld in het zesde protocol. Volgens de Toelichting bij het Handvest Grondrechten EU heeft dit artikel dezelfde inhoud en reikwijdte als het corresponderende artikel uit het EVRM.

Artikel 3
Het recht op menselijke integriteit

1. **Eenieder heeft recht op lichamelijke en geestelijke integriteit.**

2. **In het kader van de geneeskunde en de biologie moeten met name in acht worden genomen:**

a) de vrije en geïnformeerde toestemming van de betrokkene, volgens de bij de wet bepaalde regels;
b) het verbod van eugenetische praktijken, met name die welke selectie van personen tot doel hebben;
c) het verbod om het menselijk lichaam en bestanddelen daarvan als zodanig als bron van financieel voordeel aan te wenden;
d) het verbod van het reproductief kloneren van mensen.

[12-12-2007, PbEU C 303, i.w.tr. 01-12-2009/regelingnummer 2007/C303/01]

[Het recht op menselijke integriteit]

Betekenis. Art. 3 komt overeen met (de toepassing zoals gegeven in de jurisprudentie over) art. 3 EVRM (verbod van foltering), maar is ruimer geformuleerd en sluit beter aan bij de medische ontwikkelingen en heeft daardoor een ruimere reikwijdte.

Artikel 4
Het verbod van folteringen en van onmenselijke of vernederende behandelingen of bestraffingen

Niemand mag worden onderworpen aan folteringen of aan onmenselijke of vernederende behandelingen of bestraffingen.

[12-12-2007, PbEU C 303, i.w.tr. 01-12-2009/regelingnummer 2007/C303/01]

[Het verbod van folteringen en van onmenselijke of vernederende behandelingen of bestraffingen]

Betekenis. Art. 4 correspondeert met art. 3 EVRM en heeft volgens de Toelichting bij het Handvest Grondrechten EU dezelfde inhoud en reikwijdte als het corresponderende artikel uit het EVRM.

Artikel 5
Het verbod van slavernij en dwangarbeid

1. Niemand mag in slavernij of dienstbaarheid worden gehouden.
2. Niemand mag gedwongen worden dwangarbeid of verplichte arbeid te verrichten.
3. Mensenhandel is verboden.

[12-12-2007, PbEU C 303, i.w.tr. 01-12-2009/regelingnummer 2007/C303/01]

TITEL II
Vrijheden

Artikel 6
Het recht op vrijheid en veiligheid

Eenieder heeft recht op vrijheid en veiligheid van zijn persoon.

[12-12-2007, PbEU C 303, i.w.tr. 01-12-2009/regelingnummer 2007/C303/01]

[Het recht op vrijheid en veiligheid]

Betekenis. Art. 6 correspondeert met art. 5 EVRM en heeft volgens de Toelichting bij het Handvest Grondrechten EU dezelfde inhoud en reikwijdte als het corresponderende artikel uit het EVRM.

Artikel 7
De eerbiediging van het privé-leven en van het familie- en gezinsleven

Eenieder heeft recht op eerbiediging van zijn privé-leven, zijn familie- en gezinsleven, zijn woning en zijn communicatie.
[12-12-2007, PbEU C 303, i.w.tr. 01-12-2009/regelingnummer 2007/C303/01]

[De eerbiediging van het privéleven en van het familie- en gezinsleven]

Betekenis. Art. 7 komt overeen met art. 8 EVRM, zij het dat het Handvest Grondrechten EU met het woord communicatie een groter bereik heeft dan het woord correspondentie in art. 8 EVRM. Daarnaast is in art. 8 Handvest Grondrechten EU afzonderlijk geregeld het recht op bescherming van persoonsgegevens, wat in het EVRM onder de eerbiediging van het privéleven valt. Belangwekkend is de uitspraak van het HvJ in de zaak *Google Spain/AEPD en Costeja González* van 13 mei 2014, *NJ* 2014/385 (zie M. Emaus, 'Rechten, beginselen en horizontale directe werking van de grondrechten uit het EU-Handvest', *NTBR* 2015/10). In de zaak *McB* (HvJ EU 5 oktober 2010, ECLI:EU:C:2010:582) oordeelde het HvJ in de zaak van een vader van een kind dat buiten huwelijk was geboren en die geen gezag had dat art. 7 niet vereist dat voor de doeleinden van de Brussel II-bis verordening de vader van rechtswege het gezag over een buiten huwelijk geboren kind verkrijgt. HvJ 14 december 2021 – zaak C-490/20 – Stolichna obshtina, rayon "Pancharevo" (V.M.A.) tegen Bulgarije – Grote Kamer – ECLI:EU:C:2021:1008: Artikel 4, lid 2, VEU, de artikelen 20 en 21 VWEU en de artikelen 7, 24 en 45 van het Handvest Grondrechten EU, gelezen in samenhang met artikel 4, lid 3, van richtlijn 2004/38/EG moeten aldus worden uitgelegd dat, met betrekking tot een minderjarig kind dat Unieburger is en wiens door de bevoegde autoriteiten van het gastland afgegeven geboorteakte twee personen van hetzelfde geslacht als ouders aanwijst, de lidstaat waarvan dit kind onderdaan is, verplicht is om, ten eerste, het kind een identiteitskaart of een paspoort te verstrekken zonder te vereisen dat door de nationale autoriteiten van deze lidstaat eerst een geboorteakte wordt opgesteld en om, ten tweede, net als elke andere lidstaat, het door het gastland afgegeven document te erkennen waarmee dat kind met elk van zijn beide ouders zijn recht kan uitoefenen om vrij op het grondgebied van de lidstaten te reizen en te verblijven.

Artikel 8
De bescherming van persoonsgegevens

1. Eenieder heeft recht op bescherming van zijn persoonsgegevens.
2. Deze gegevens moeten eerlijk worden verwerkt, voor bepaalde doeleinden en met toestemming van de betrokkene of op basis van een andere gerechtvaardigde grondslag waarin de wet voorziet. Eenieder heeft recht van inzage in de over hem verzamelde gegevens en op rectificatie daarvan.
3. Een onafhankelijke autoriteit ziet erop toe dat deze regels worden nageleefd.
[12-12-2007, PbEU C 303, i.w.tr. 01-12-2009/regelingnummer 2007/C303/01]

[De bescherming van persoonsgegevens]

Betekenis. In art. 8 is afzonderlijk geregeld het recht op bescherming van persoonsgegevens, wat in het EVRM in art. 8 onder de eerbiediging van het privéleven valt. Uitdrukkelijk is bepaald dat men ook het recht heeft op inzage in de verzamelde gegevens.

Artikel 9
Het recht te huwen en het recht een gezin te stichten

Het recht te huwen en het recht een gezin te stichten worden gewaarborgd volgens de nationale wetten die de uitoefening van deze rechten beheersen.
[12-12-2007, PbEU C 303, i.w.tr. 01-12-2009/regelingnummer 2007/C303/01]

[Het recht te huwen en het recht een gezin te stichten]

Betekenis. Art. 9 correspondeert met art. 12 EVRM, maar volgens de Toelichting bij het Handvest Grondrechten EU is de reikwijdte ruimer, omdat de werkingssfeer is uitgebreid tot andere vormen van huwelijk als de nationale wetgeving andere vormen dan het huwelijk erkent om een gezin te stichten.

Artikel 10
De vrijheid van gedachte, geweten en godsdienst

1. Eenieder heeft recht op vrijheid van gedachte, geweten en godsdienst. Dit recht omvat tevens de vrijheid om van godsdienst en overtuiging te veranderen en de vrijheid, hetzij alleen, hetzij met anderen, zowel in het openbaar als privé, zijn godsdienst te belijden of zijn overtuiging tot uitdrukking te brengen in erediensten, in onderricht, in de praktische toepassing ervan en in het onderhouden van geboden en voorschriften.
2. Het recht op dienstweigering op grond van gewetensbezwaren wordt erkend volgens de nationale wetten die de uitoefening van dit recht beheersen.
[12-12-2007, PbEU C 303, i.w.tr. 01-12-2009/regelingnummer 2007/C303/01]

Artikel 11
De vrijheid van meningsuiting en van informatie

1. Eenieder heeft recht op vrijheid van meningsuiting. Dit recht omvat de vrijheid een mening te hebben en de vrijheid kennis te nemen en te geven van informatie of ideeën, zonder inmenging van enig openbaar gezag en ongeacht grenzen.
2. De vrijheid en de pluriformiteit van de media worden geëerbiedigd.
[12-12-2007, PbEU C 303, i.w.tr. 01-12-2009/regelingnummer 2007/C303/01]

Artikel 12
De vrijheid van vergadering en vereniging

1. Eenieder heeft op alle niveaus, met name op politiek, vakverenigings- en maatschappelijk gebied, het recht op vrijheid van vreedzame vergadering en op vrijheid van vereniging, hetgeen mede omvat eenieders recht, ter bescherming van zijn belangen samen met anderen vakverenigingen op te richten of zich daarbij aan te sluiten.
2. Politieke partijen op het niveau van de Unie dragen bij tot de uiting van de politieke wil van de burgers van de Unie.
[12-12-2007, PbEU C 303, i.w.tr. 01-12-2009/regelingnummer 2007/C303/01]

Artikel 13

De vrijheid van kunsten en wetenschappen

De kunsten en het wetenschappelijk onderzoek zijn vrij. De academische vrijheid wordt geëerbiedigd.

[12-12-2007, PbEU C 303, i.w.tr. 01-12-2009/regelingnummer 2007/C303/01]

Artikel 14

Het recht op onderwijs

1. Eenieder heeft recht op onderwijs en op toegang tot beroepsopleiding en bijscholing.

2. Dit recht houdt de mogelijkheid in, verplicht onderwijs kosteloos te volgen.

3. De vrijheid om met inachtneming van de democratische beginselen instellingen voor onderwijs op te richten en het recht van ouders om zich voor hun kinderen te verzekeren van het onderwijs en de opvoeding die overeenstemmen met hun godsdienstige, hun levensbeschouwelijke en hun opvoedkundige overtuiging, worden geëerbiedigd volgens de nationale wetten die de uitoefening ervan beheersen.

[12-12-2007, PbEU C 303, i.w.tr. 01-12-2009/regelingnummer 2007/C303/01]

Artikel 15

De vrijheid van beroep en het recht te werken

1. Eenieder heeft het recht te werken en een vrijelijk gekozen of aanvaard beroep uit te oefenen.

2. Iedere burger van de Unie is vrij, in iedere lidstaat werk te zoeken, te werken, zich te vestigen en diensten te verrichten.

3. Onderdanen van derde landen die het toegestaan is op het grondgebied van de lidstaten te werken, hebben recht op arbeidsvoorwaarden die gelijkwaardig zijn aan die welke de burgers van de Unie genieten.

[12-12-2007, PbEU C 303, i.w.tr. 01-12-2009/regelingnummer 2007/C303/01]

Artikel 16

De vrijheid van ondernemerschap

De vrijheid van ondernemerschap wordt erkend overeenkomstig het recht van de Unie en de nationale wetgevingen en praktijken.

[12-12-2007, PbEU C 303, i.w.tr. 01-12-2009/regelingnummer 2007/C303/01]

Artikel 17

Het recht op eigendom

1. Eenieder heeft het recht de goederen die hij rechtmatig heeft verkregen, in eigendom te bezitten, te gebruiken, erover te beschikken en te vermaken. Niemand mag zijn eigendom worden ontnomen, behalve in het algemeen belang, in de gevallen en onder de voorwaarden waarin de wet voorziet en mits het verlies tijdig op billijke wijze wordt vergoed. Het gebruik van de goederen kan bij wet worden geregeld, voor zover het algemeen belang dit vereist.

2. Intellectuele eigendom is beschermd.

[12-12-2007, PbEU C 303, i.w.tr. 01-12-2009/regelingnummer 2007/C303/01]

Artikel 18
Het recht op asiel

Het recht op asiel is gegarandeerd met inachtneming van de voorschriften van het Verdrag van Genève van 28 juli 1951 en het Protocol van 31 januari 1967 betreffende de status van vluchtelingen, en overeenkomstig het Verdrag betreffende de Europese Unie en het Verdrag betreffende de werking van de Europese Unie (hierna: 'de Verdragen' genoemd).
[12-12-2007, PbEU C 303, i.w.tr. 01-12-2009/regelingnummer 2007/C303/01]

Artikel 19
Bescherming bij verwijdering, uitzetting en uitlevering

1. Collectieve uitzetting is verboden.
2. Niemand mag worden verwijderd of uitgezet naar, dan wel worden uitgeleverd aan een staat waar een ernstig risico bestaat dat hij aan de doodstraf, aan folteringen of aan andere onmenselijke of vernederende behandelingen of bestraffingen wordt onderworpen.
[12-12-2007, PbEU C 303, i.w.tr. 01-12-2009/regelingnummer 2007/C303/01]

TITEL III
Gelijkheid

Artikel 20
Gelijkheid voor de wet

Eenieder is gelijk voor de wet.
[12-12-2007, PbEU C 303, i.w.tr. 01-12-2009/regelingnummer 2007/C303/01]

Artikel 21
Non-discriminatie

1. Iedere discriminatie, met name op grond van geslacht, ras, kleur, etnische of sociale afkomst, genetische kenmerken, taal, godsdienst of overtuiging, politieke of andere denkbeelden, het behoren tot een nationale minderheid, vermogen, geboorte, een handicap, leeftijd of seksuele gerichtheid, is verboden.
2. Binnen de werkingssfeer van de Verdragen en onverminderd de bijzondere bepalingen ervan, is iedere discriminatie op grond van nationaliteit verboden.
[12-12-2007, PbEU C 303, i.w.tr. 01-12-2009/regelingnummer 2007/C303/01]

[Non-discriminatie]

Betekenis. Het corresponderende artikel in het EVRM is art. 14. Art. 21 Handvest Grondrechten EU heeft volgens de Toelichting bij het Handvest dezelfde inhoud en reikwijdte als het corresponderende artikel uit het EVRM.

Artikel 22
Verscheidenheid van cultuur, godsdienst en taal

De Unie eerbiedigt de verscheidenheid van cultuur, godsdienst en taal.
[12-12-2007, PbEU C 303, i.w.tr. 01-12-2009/regelingnummer 2007/C303/01]

Artikel 23
De gelijkheid van vrouwen en mannen

De gelijkheid van vrouwen en mannen moet worden gewaarborgd op alle gebieden, met inbegrip van werkgelegenheid, beroep en beloning.
Het beginsel van gelijkheid belet niet dat maatregelen worden gehandhaafd of genomen waarbij specifieke voordelen worden ingesteld ten gunste van het ondervertegenwoordigde geslacht.
[12-12-2007, PbEU C 303, i.w.tr. 01-12-2009/regelingnummer 2007/C303/01]

Artikel 24
De rechten van het kind

1. Kinderen hebben recht op de bescherming en de zorg die nodig zijn voor hun welzijn. Zij mogen vrijelijk hun mening uiten. Aan hun mening in hen betreffende aangelegenheden wordt in overeenstemming met hun leeftijd en rijpheid passend belang gehecht.
2. Bij alle handelingen in verband met kinderen, ongeacht of deze worden verricht door overheidsinstanties of particuliere instellingen, vormen de belangen van het kind een essentiële overweging.
3. Ieder kind heeft het recht, regelmatig persoonlijke betrekkingen en rechtstreekse contacten met zijn beide ouders te onderhouden, tenzij dit tegen zijn belangen indruist.
[12-12-2007, PbEU C 303, i.w.tr. 01-12-2009/regelingnummer 2007/C303/01]

[De rechten van het kind]

Betekenis. In het EVRM wordt niet expliciet stilgestaan bij de rechten van kinderen. Aansluiting kan gezocht worden bij de bepalingen uit het IVRK (art. 3, 5 en 12 IVRK). Kuipers en Post ('Het EU-handvest en het internationaal privaatrecht', in: *Vijf jaar bindend EU-Grondrechtenhandvest*, Wolters Kluwer 2015, p. 409-437) wijzen erop dat art. 24 jo. art. 7 een betere bescherming biedt bij internationale kinderontvoering dan art. 8 EVRM (zie het commentaar op art. 8 EVRM). Zie bijvoorbeeld HvJ EU 22 december 2010, ECLI:EU:C:2010:828, *NJ* 2011/460, m.nt. De Boer (*Zarraga*) waarin het met name ging om het recht van een kind om gehoord te worden in een dergelijke zaak. Zie ook HvJ EU 1 juli 2010, ECLI:EU:C:2010:400, *NJ* 2011/459, m.nt. De Boer (*Povse/Alpago*). Op 14 januari 2021, ECLI:EU:C:2021:9 heeft het Hof van Justitie van de EU antwoord gegeven op prejudiciële vragen in een vreemdelingrechtelijke procedure over een niet begeleide minderjarige die Nederland uitgezet dreigde te worden. HvJ EU: "In art. 24, lid 2, van het Handvest is bepaald dat bij alle handelingen in verband met kinderen, ongeacht of deze worden verricht door overheidsinstanties of particuliere instellingen, de belangen van het kind een essentiële overweging vormen. Deze bepaling, gelezen in samenhang met art. 51, lid 1, van het Handvest, bevestigt het fundamentele karakter van de rechten van het kind, mede in het kader van de terugkeer van onderdanen van derde landen die illegaal in een lidstaat verblijven. Derhalve moet de lidstaat bij de beslissing omtrent de uitvaardiging van een terugkeerbesluit tegen een niet-begeleide minderjarige terdege rekening houden met meerdere aspecten, zoals de leeftijd, het geslacht, de bijzondere kwetsbaarheid, de fysieke en mentale gezondheid, het verblijf in een pleeggezin, het opleidingsniveau en de sociale omgeving van die minderjarige." HvJ 14 december 2021

– zaak C-490/20 – Stolichna obshtina, rayon "Pancharevo" (V.M.A.) tegen Bulgarije – Grote Kamer – ECLI:EU:C:2021:1008: Artikel 4, lid 2, VEU, de artikelen 20 en 21 VWEU en de artikelen 7, 24 en 45 van het Handvest Grondrechten EU, gelezen in samenhang met artikel 4, lid 3, van richtlijn 2004/38/EG moeten aldus worden uitgelegd dat, met betrekking tot een minderjarig kind dat Unieburger is en wiens door de bevoegde autoriteiten van het gastland afgegeven geboorteakte twee personen van hetzelfde geslacht als ouders aanwijst, de lidstaat waarvan dit kind onderdaan is, verplicht is om, ten eerste, het kind een identiteitskaart of een paspoort te verstrekken zonder te vereisen dat door de nationale autoriteiten van deze lidstaat eerst een geboorteakte wordt opgesteld en om, ten tweede, net als elke andere lidstaat, het door het gastland afgegeven document te erkennen waarmee dat kind met elk van zijn beide ouders zijn recht kan uitoefenen om vrij op het grondgebied van de lidstaten te reizen en te verblijven.

Artikel 25
De rechten van ouderen

De Unie erkent en eerbiedigt het recht van ouderen, een waardig en zelfstandig leven te leiden en aan het maatschappelijk en cultureel leven deel te nemen.
[12-12-2007, PbEU C 303, i.w.tr. 01-12-2009/regelingnummer 2007/C303/01]

[De rechten van ouderen]

Betekenis. Art. 25 is volgens de Toelichting bij het Handvest Grondrechten EU een beginsel. Beginselen zijn beperkter dan rechten en leiden niet tot bij de rechter afdwingbare positieve maatregelen door instellingen van de Unie of de lidstaten. Van de overheid kan weliswaar actief optreden worden verwacht, maar dat kan hier niet worden afgedwongen.

Artikel 26
De integratie van personen met een handicap

De Unie erkent en eerbiedigt het recht van personen met een handicap op maatregelen die beogen hun zelfstandigheid, hun maatschappelijke en beroepsintegratie en hun deelname aan het gemeenschapsleven te bewerkstelligen.
[12-12-2007, PbEU C 303, i.w.tr. 01-12-2009/regelingnummer 2007/C303/01]

[De integratie van personen met een handicap]

Betekenis. Art. 26 is volgens de Toelichting bij het Handvest Grondrechten EU een beginsel. Beginselen zijn beperkter dan rechten en leiden niet tot bij de rechter afdwingbare positieve maatregelen door instellingen van de Unie of de lidstaten. Van de overheid kan weliswaar actief optreden worden verwacht, maar dat kan hier niet worden afgedwongen.

TITEL IV
Solidariteit

Artikel 27
Het recht op informatie en raadpleging van de werknemers binnen de onderneming
Werknemers en hun vertegenwoordigers moeten in de gevallen en onder de voorwaarden waarin het recht van de Unie en de nationale wetgevingen en praktijken voorzien, de zekerheid hebben, dat zij op passende niveaus tijdig worden geïnformeerd en geraadpleegd.
[12-12-2007, PbEU C 303, i.w.tr. 01-12-2009/regelingnummer 2007/C303/01]

Artikel 28
Het recht op collectieve onderhandelingen en op collectieve actie
Werkgevers en werknemers of hun respectieve organisaties hebben overeenkomstig het recht van de Unie en de nationale wetgevingen en praktijken het recht, op passende niveaus collectief te onderhandelen en collectieve arbeidsovereenkomsten te sluiten, alsmede, in geval van belangenconflicten, collectieve actie te ondernemen ter verdediging van hun belangen, met inbegrip van staking.
[12-12-2007, PbEU C 303, i.w.tr. 01-12-2009/regelingnummer 2007/C303/01]

Artikel 29
Het recht op toegang tot arbeidsbemiddeling
Eenieder heeft recht op toegang tot kosteloze arbeidsbemiddeling.
[12-12-2007, PbEU C 303, i.w.tr. 01-12-2009/regelingnummer 2007/C303/01]

Artikel 30
Bescherming bij kennelijk onredelijk ontslag
Iedere werknemer heeft overeenkomstig het recht van de Unie en de nationale wetgevingen en praktijken recht op bescherming tegen iedere vorm van kennelijk onredelijk ontslag.
[12-12-2007, PbEU C 303, i.w.tr. 01-12-2009/regelingnummer 2007/C303/01]

Artikel 31
Rechtvaardige en billijke arbeidsomstandigheden en -voorwaarden
1. Iedere werknemer heeft recht op gezonde, veilige en waardige arbeidsomstandigheden.
2. Iedere werknemer heeft recht op een beperking van de maximumarbeidsduur en op dagelijkse en wekelijkse rusttijden, alsmede op een jaarlijkse vakantie met behoud van loon.
[12-12-2007, PbEU C 303, i.w.tr. 01-12-2009/regelingnummer 2007/C303/01]

Artikel 32
Het verbod van kinderarbeid en de bescherming van jongeren op het werk
Kinderarbeid is verboden. De minimumleeftijd voor toelating tot het arbeidsproces mag niet lager zijn dan de leeftijd waarop de leerplicht ophoudt, onverminderd voor jongeren gunstiger regels en behoudens beperkte afwijkingen.

Werkende jongeren hebben recht op arbeidsvoorwaarden die aangepast zijn aan hun leeftijd en zij moeten worden beschermd tegen economische uitbuiting en tegen arbeid die hun veiligheid, hun gezondheid of hun lichamelijke, geestelijke, morele of maatschappelijke ontwikkeling kan schaden, dan wel hun opvoeding in gevaar kan brengen.
[12-12-2007, PbEU C 303, i.w.tr. 01-12-2009/regelingnummer 2007/C303/01]

Artikel 33
Het beroeps- en gezinsleven

1. Het gezin geniet bescherming op juridisch, economisch en sociaal vlak.
2. Teneinde beroeps- en gezinsleven te kunnen combineren, heeft eenieder recht op bescherming tegen ontslag om een reden die verband houdt met moederschap, alsmede recht op betaald moederschapsverlof en recht op ouderschapsverlof na de geboorte of de adoptie van een kind.
[12-12-2007, PbEU C 303, i.w.tr. 01-12-2009/regelingnummer 2007/C303/01]

Artikel 34
Sociale zekerheid en sociale bijstand

1. De Unie erkent en eerbiedigt onder de door het recht van de Unie en de nationale wetgevingen en praktijken gestelde voorwaarden het recht op toegang tot socialezekerheidsvoorzieningen en sociale diensten die bescherming bieden in omstandigheden zoals moederschap, ziekte, arbeidsongevallen, afhankelijkheid of ouderdom, alsmede bij verlies van arbeid.
2. Eenieder die legaal in de Unie verblijft en zich daar legaal verplaatst, heeft recht op socialezekerheidsvoorzieningen en sociale voordelen overeenkomstig het recht van de Unie en de nationale wetgevingen en praktijken.
3. Om sociale uitsluiting en armoede te bestrijden, erkent en eerbiedigt de Unie het recht op sociale bijstand en op bijstand voor huisvesting, teneinde eenieder die niet over voldoende middelen beschikt, onder de door het recht van de Unie en de nationale wetgevingen en praktijken gestelde voorwaarden een waardig bestaan te verzekeren.
[12-12-2007, PbEU C 303, i.w.tr. 01-12-2009/regelingnummer 2007/C303/01]

Artikel 35
De gezondheidszorg

Eenieder heeft recht op toegang tot preventieve gezondheidszorg en op medische verzorging onder de door de nationale wetgevingen en praktijken gestelde voorwaarden. Bij de bepaling en de uitvoering van het beleid en het optreden van de Unie wordt een hoog niveau van bescherming van de menselijke gezondheid verzekerd.
[12-12-2007, PbEU C 303, i.w.tr. 01-12-2009/regelingnummer 2007/C303/01]

Artikel 36
De toegang tot diensten van algemeen economisch belang

De Europese Unie erkent en eerbiedigt overeenkomstig de Verdragen de toegang tot diensten van algemeen economisch belang die in de nationale wetgevingen en praktijken is geregeld, teneinde de sociale en territoriale samenhang van de Unie te bevorderen.
[12-12-2007, PbEU C 303, i.w.tr. 01-12-2009/regelingnummer 2007/C303/01]

Artikel 37
Milieubescherming

Een hoog niveau van milieubescherming en verbetering van de kwaliteit van het milieu moeten worden geïntegreerd in het beleid van de Unie en worden gewaarborgd overeenkomstig het beginsel van duurzame ontwikkeling.
[12-12-2007, PbEU C 303, i.w.tr. 01-12-2009/regelingnummer 2007/C303/01]

Artikel 38
Consumentenbescherming

In het beleid van de Unie wordt zorg gedragen voor een hoog niveau van consumentenbescherming.
[12-12-2007, PbEU C 303, i.w.tr. 01-12-2009/regelingnummer 2007/C303/01]

TITEL V
Burgerschap

Artikel 39
Actief en passief kiesrecht bij de verkiezingen voor het Europees Parlement

1. Iedere burger van de Unie heeft actief en passief kiesrecht bij de verkiezingen voor het Europees Parlement in de lidstaat waar hij verblijf houdt, onder dezelfde voorwaarden als de onderdanen van die staat.
2. De leden van het Europees Parlement worden gekozen door middel van rechtstreekse, vrije en geheime algemene verkiezingen.
[12-12-2007, PbEU C 303, i.w.tr. 01-12-2009/regelingnummer 2007/C303/01]

Artikel 40
Actief en passief kiesrecht bij de gemeenteraadsverkiezingen

Iedere burger van de Unie heeft actief en passief kiesrecht bij de gemeenteraadsverkiezingen in de lidstaat waar hij verblijf houdt, onder dezelfde voorwaarden als de onderdanen van die staat.
[12-12-2007, PbEU C 303, i.w.tr. 01-12-2009/regelingnummer 2007/C303/01]

Artikel 41
Recht op behoorlijk bestuur

1. Eenieder heeft er recht op dat zijn zaken onpartijdig, billijk en binnen een redelijke termijn door de instellingen, organen en instanties van de Unie worden behandeld.
2. Dit recht behelst met name:
a) het recht van eenieder te worden gehoord voordat jegens hem een voor hem nadelige individuele maatregel wordt genomen;
b) het recht van eenieder om inzage te krijgen in het hem betreffende dossier, met inachtneming van het gerechtvaardigde belang van de vertrouwelijkheid en het beroeps- en het zakengeheim;
c) de plicht van de betrokken diensten, hun beslissingen met redenen te omkleden.

3. Eenieder heeft recht op vergoeding door de Unie van de schade die door haar instellingen of door haar personeelsleden in de uitoefening van hun functies is veroorzaakt, overeenkomstig de algemene beginselen die de rechtsstelsels der lidstaten gemeen hebben.

4. Eenieder kan zich in een van de talen van de Verdragen tot de instellingen van de Unie wenden en moet ook in die taal antwoord krijgen.
[12-12-2007, PbEU C 303, i.w.tr. 01-12-2009/regelingnummer 2007/C303/01]

Artikel 42
Recht van inzage in documenten
Iedere burger van de Unie en iedere natuurlijke of rechtspersoon met verblijfplaats of statutaire zetel in een lidstaat heeft een recht van inzage in de documenten van de instellingen, organen en instanties van de Unie, ongeacht het medium waarop zij zijn vastgelegd.
[12-12-2007, PbEU C 303, i.w.tr. 01-12-2009/regelingnummer 2007/C303/01]

Artikel 43
Europees Ombudsman
Iedere burger van de Unie en iedere natuurlijke of rechtspersoon met verblijfplaats of statutaire zetel in een lidstaat heeft het recht zich tot de Europese ombudsman te wenden in verband met gevallen van wanbeheer in het optreden van de instellingen, organen en instanties van de Unie, met uitzondering van het Hof van Justitie van de Europese Unie bij de uitoefening van zijn gerechtelijke taak.
[12-12-2007, PbEU C 303, i.w.tr. 01-12-2009/regelingnummer 2007/C303/01]

Artikel 44
Recht van petitie
Iedere burger van de Unie en iedere natuurlijke of rechtspersoon met verblijfplaats of statutaire zetel in een lidstaat heeft het recht een verzoekschrift tot het Europees Parlement te richten.
[12-12-2007, PbEU C 303, i.w.tr. 01-12-2009/regelingnummer 2007/C303/01]

Artikel 45
Vrijheid van verkeer en van verblijf
1. Iedere burger van de Unie heeft het recht zich vrij op het grondgebied van de lidstaten te verplaatsen en er vrij te verblijven.
2. De vrijheid van verkeer en van verblijf kan overeenkomstig de Verdragen worden toegekend aan onderdanen van derde landen die legaal op het grondgebied van een lidstaat verblijven.
[12-12-2007, PbEU C 303, i.w.tr. 01-12-2009/regelingnummer 2007/C303/01]

Artikel 46
Diplomatieke en consulaire bescherming
Iedere burger van de Unie geniet op het grondgebied van derde landen waar de lidstaat waarvan hij onderdaan is, niet vertegenwoordigd is, de bescherming van de diplomatieke en consulaire instanties van de andere lidstaten, onder dezelfde voorwaarden als de onderdanen van die lidstaat.
[12-12-2007, PbEU C 303, i.w.tr. 01-12-2009/regelingnummer 2007/C303/01]

TITEL VI
Rechtspleging

Artikel 47
Recht op een doeltreffende voorziening in rechte en op een onpartijdig gerecht

Eenieder wiens door het recht van de Unie gewaarborgde rechten en vrijheden zijn geschonden, heeft recht op een doeltreffende voorziening in rechte, met inachtneming van de in dit artikel gestelde voorwaarden.
Eenieder heeft recht op een eerlijke en openbare behandeling van zijn zaak, binnen een redelijke termijn, door een onafhankelijk en onpartijdig gerecht dat vooraf bij wet is ingesteld. Eenieder heeft de mogelijkheid zich te laten adviseren, verdedigen en vertegenwoordigen.
Rechtsbijstand wordt verleend aan degenen die niet over toereikende financiële middelen beschikken, voor zover die bijstand noodzakelijk is om de daadwerkelijke toegang tot de rechter te waarborgen.
[12-12-2007, PbEU C 303, i.w.tr. 01-12-2009/regelingnummer 2007/C303/01]

[Recht op een doeltreffende voorziening in rechte en op een onpartijdig gerecht]

Betekenis. Art. 47 geeft een ruimere bescherming dan het corresponderende art. 6 EVRM.

Artikel 48
Vermoeden van onschuld en rechten van de verdediging

1. Eenieder tegen wie een vervolging is ingesteld, wordt voor onschuldig gehouden totdat zijn schuld in rechte is komen vast te staan.
2. Aan eenieder tegen wie een vervolging is ingesteld, wordt de eerbiediging van de rechten van de verdediging gegarandeerd.
[12-12-2007, PbEU C 303, i.w.tr. 01-12-2009/regelingnummer 2007/C303/01]

Artikel 49
Legaliteitsbeginsel en evenredigheidsbeginsel inzake delicten en straffen

1. Niemand mag worden veroordeeld wegens een handelen of nalaten dat geen strafbaar feit naar nationaal of internationaal recht uitmaakte ten tijde van het handelen of nalaten. Evenmin mag een zwaardere straf worden opgelegd dan die, die ten tijde van het begaan van het strafbare feit van toepassing was. Indien de wet na het begaan van het strafbare feit in een lichtere straf voorziet, is die van toepassing.
2. Dit artikel staat niet de berechting en bestraffing in de weg van iemand die schuldig is aan een handelen of nalaten dat ten tijde van het handelen of nalaten een misdrijf was volgens de door de volkerengemeenschap erkende algemene beginselen.
3. De zwaarte van de straf mag niet onevenredig zijn aan het strafbare feit.
[12-12-2007, PbEU C 303, i.w.tr. 01-12-2009/regelingnummer 2007/C303/01]

Artikel 50
Recht om niet tweemaal in een strafrechtelijke procedure voor hetzelfde delict te worden berecht of gestraft

Niemand wordt opnieuw berecht of gestraft in een strafrechtelijke procedure voor een strafbaar feit waarvoor hij in de Unie reeds onherroepelijk is vrijgesproken of veroordeeld overeenkomstig de wet.
[12-12-2007, PbEU C 303, i.w.tr. 01-12-2009/regelingnummer 2007/C303/01]

TITEL VII
Algemene bepalingen betreffende de uitlegging en de toepassing van het Handvest

Artikel 51
Toepassingsgebied

1. De bepalingen van dit Handvest zijn gericht tot de instellingen, organen en instanties van de Unie met inachtneming van het subsidiariteitsbeginsel, alsmede, uitsluitend wanneer zij het recht van de Unie ten uitvoer brengen, tot de lidstaten. Derhalve eerbiedigen zij de rechten, leven zij de beginselen na en bevorderen zij de toepassing ervan overeenkomstig hun respectieve bevoegdheden en met inachtneming van de grenzen van de bevoegdheden zoals deze in de Verdragen aan de Unie zijn toegedeeld.
2. Dit Handvest breidt het toepassingsgebied van het recht van de Unie niet verder uit dan de bevoegdheden van de Unie reiken, schept geen nieuwe bevoegdheden of taken voor de Unie, noch wijzigt het de in de Verdragen omschreven bevoegdheden en taken.
[12-12-2007, PbEU C 303, i.w.tr. 01-12-2009/regelingnummer 2007/C303/01]

[Toepassingsgebied]

Betekenis. Het Handvest Grondrechten EU regelt in art. 51 het toepassingsgebied, maar bepaalt niets over de mogelijkheid van toepassing van het Handvest Grondrechten EU op relaties tussen particulieren. De rechtspraak van het Europese Hof van Justitie (o.a. HvJ EU 15 januari 2014, *NJ* 2014/246 (*Association de Médiation Sociale*)) geeft echter aanleiding te denken dat er een zekere doorwerking in privaatrechtelijke verhoudingen van bepalingen die zich formeel tot de lidstaten richten, mogelijk is, indien dat ten minste nodig is om de effectieve werking van een dergelijke bepaling te garanderen. Die redenering kan ook ten aanzien van het Handvest Grondrechten EU worden benut (zie T.T. Barkhuysen, A.W. Bos en F. ten Have, 'Een verkenning van de betekenis van het handvest van de grondrechten van de Europese Unie voor het privaatrecht', *NTBR* 2011/68 en *NTBR* 2011/76 en J.M. Emaus, 'Rechten, beginselen en horizontale directe werking van de grondrechten uit het EU-Handvest', *NTBR* 2015/10). Alle instellingen, organen en instanties van de Unie zijn in ieder geval gebonden aan het Handvest Grondrechten EU. Richtlijnen, verordeningen en beschikkingen zijn vernietigbaar als ze in strijd met het handvest zijn.

Artikel 52
Reikwijdte en uitlegging van de gewaarborgde rechten en beginselen

1. Beperkingen op de uitoefening van de in dit Handvest erkende rechten en vrijheden moeten bij wet worden gesteld en de wezenlijke inhoud van die rechten en vrijheden

eerbiedigen. Met inachtneming van het evenredigheidsbeginsel kunnen slechts beperkingen worden gesteld, indien zij noodzakelijk zijn en daadwerkelijk beantwoorden aan door de Unie erkende doelstellingen van algemeen belang of aan de eisen van de bescherming van de rechten en vrijheden van anderen.
2. De door dit Handvest erkende rechten die voorkomen in bepalingen van de Verdragen, worden uitgeoefend onder de voorwaarden en binnen de grenzen die door deze Verdragen zijn gesteld.
3. Voor zover dit Handvest rechten bevat die corresponderen met rechten welke zijn gegarandeerd door het Europees Verdrag tot bescherming van de rechten van de mens en de fundamentele vrijheden, zijn de inhoud en reikwijdte ervan dezelfde als die welke er door genoemd verdrag aan worden toegekend. Deze bepaling verhindert niet dat het recht van de Unie een ruimere bescherming biedt.
4. Voor zover dit Handvest grondrechten erkent zoals die voortvloeien uit de constitutionele tradities die de lidstaten gemeen hebben, moeten die rechten in overeenstemming met die tradities worden uitgelegd.
5. Aan de bepalingen van dit Handvest die beginselen bevatten, kan uitvoering worden gegeven door wetgevings- en uitvoeringshandelingen van de instellingen, organen en instanties van de Unie en door handelingen van de lidstaten wanneer zij het recht van de Unie ten uitvoer brengen, bij de uitoefening van hun respectieve bevoegdheden. De rechterlijke bevoegdheid ten aanzien van die bepalingen blijft beperkt tot de uitlegging van genoemde handelingen en de toetsing van de wettigheid ervan.
6. Met de nationale wetgevingen en praktijken moet ten volle rekening worden gehouden, zoals bepaald in dit Handvest.
7. De toelichting, die is opgesteld om richting te geven aan de uitlegging van dit Handvest van de grondrechten, wordt door de rechterlijke instanties van de Unie en van de lidstaten naar behoren in acht genomen.
[12-12-2007, PbEU C 303, i.w.tr. 01-12-2009/regelingnummer 2007/C303/01]

[Reikwijdte en uitlegging van de gewaarborgde rechten en beginselen]

Betekenis. Op grond van art. 52 lid 3 hebben rechten die corresponderen met rechten uit het EVRM dezelfde inhoud en reikwijdte zoals het EVRM (en de rechtspraak van het EHRM) deze toekent, met dien verstande dat in de slotzin van art. 52 lid 3 is bepaald dat het recht van de Unie een ruimere bescherming kan bieden en dat art. 53 nog meldt dat in de verhouding EVRM en EU het hoogste niveau van bescherming gegarandeerd wordt. Art. 6 lid 1 VEU en art. 52 lid 7 onderstrepen het belang van de Algemene Toelichting bij het Handvest Grondrechten EU voor de uitleg en toepassing ervan.

Artikel 53
Beschermingsniveau

Geen van de bepalingen van dit Handvest mag worden uitgelegd als zou zij een beperking vormen van of afbreuk doen aan de rechten van de mens en de fundamentele vrijheden welke binnen hun respectieve toepassingsgebieden worden erkend door het recht van de Unie, het internationaal recht en de internationale overeenkomsten waarbij de Unie of alle lidstaten partij zijn, met name het Europees Verdrag tot be-

scherming van de rechten van de mens en de fundamentele vrijheden, alsmede door de grondwetten van de lidstaten.
[12-12-2007, PbEU C 303, i.w.tr. 01-12-2009/regelingnummer 2007/C303/01]

[Beschermingsniveau]

Betekenis. Op grond van art. 52 lid 3 hebben rechten die corresponderen met rechten uit het EVRM dezelfde inhoud en reikwijdte zoals het EVRM (en de rechtspraak van het EHRM) deze toekent, met dien verstande dat in de slotzin van art. 52 lid 3 is bepaald dat het recht van de Unie een ruimere bescherming kan bieden en dat art. 53 nog meldt dat in de verhouding EVRM en EU het hoogste niveau van bescherming gegarandeerd wordt.

Artikel 54
Verbod van misbruik van recht

Geen van de bepalingen van dit Handvest mag worden uitgelegd als zou zij het recht inhouden enige activiteit te ontplooien of enige daad te verrichten met als doel de in dit Handvest erkende rechten of vrijheden teniet te doen of de rechten en vrijheden verdergaand te beperken dan door dit Handvest is toegestaan.
[12-12-2007, PbEU C 303, i.w.tr. 01-12-2009/regelingnummer 2007/C303/01]

Verdrag inzake de rechten van het kind

Verdrag van 20 november 1989, Trb. 1990, 170, zoals laatstelijk gewijzigd op 12 december 1995, Trb. 1996, 188 (i.w.tr. 18-11-2002)

Preambule

De Staten die partij zijn bij dit Verdrag,
Overwegende dat, in overeenstemming met de in het Handvest van de Verenigde Naties verkondigde beginselen, erkenning van de waardigheid inherent aan, alsmede van de gelijke en onvervreemdbare rechten van, alle leden van de mensengemeenschap de grondslag is voor vrijheid, gerechtigheid en vrede in de wereld,
Indachtig dat de volkeren van de Verenigde Naties in het Handvest hun vertrouwen in de fundamentele rechten van de mens en in de waardigheid en de waarde van de mens opnieuw hebben bevestigd en hebben besloten sociale vooruitgang en een hogere levensstandaard in groter vrijheid te bevorderen,
Erkennende dat de Verenigde Naties in de Universele Verklaring van de Rechten van de Mens en in de Internationale Verdragen inzake de Rechten van de Mens hebben verkondigd en zijn overeengekomen dat een ieder recht heeft op alle rechten en vrijheden die daarin worden beschreven, zonder onderscheid van welke aard ook, zoals naar ras, huidskleur, geslacht, taal, godsdienst, politieke of andere overtuiging, nationale of sociale afkomst, eigendom, geboorte of andere status,
Eraan herinnerende dat de Verenigde Naties in de Universele Verklaring van de Rechten van de Mens hebben verkondigd dat kinderen recht hebben op bijzondere zorg en bijstand,
Ervan overtuigd dat aan het gezin, als de kern van de samenleving en de natuurlijke omgeving voor de ontplooiing en het welzijn van al haar leden en van kinderen in het bijzonder, de nodige bescherming en bijstand dient te worden verleend opdat het zijn verantwoordelijkheden binnen de gemeenschap volledig kan dragen,
Erkennende dat het kind, voor de volledige en harmonische ontplooiing van zijn of haar persoonlijkheid, dient op te groeien in een gezinsomgeving, in een sfeer van geluk, liefde en begrip,
Overwegende dat het kind volledig dient te worden voorbereid op het leiden van een zelfstandig leven in de samenleving, en dient te worden opgevoed in de geest van de in het Handvest van de Verenigde Naties verkondigde idealen, en in het bijzonder in de geest van vrede, waardigheid, verdraagzaamheid, vrijheid, gelijkheid en solidariteit,
Indachtig dat de noodzaak van het verlenen van bijzondere zorg aan het kind is vermeld in de Verklaring van Genève inzake de Rechten van het Kind van 1924 en in de Verklaring van de Rechten van het Kind, aangenomen door de Algemene Vergadering op 20 november 1959 en is erkend in de Universele Verklaring van de Rechten van de Mens, in het Internationaal Verdrag inzake Burgerrechten en Politieke Rechten (met name in de artikelen 23 en 24), in het Internationaal Verdrag inzake Economische, Sociale en

Culturele Rechten (met name in artikel 10) en in de statuten en desbetreffende akten van gespecialiseerde organisaties en internationale organisaties die zich bezighouden met het welzijn van kinderen,
Indachtig dat, zoals aangegeven in de Verklaring van de Rechten van het Kind, 'het kind op grond van zijn lichamelijke en geestelijke onrijpheid bijzondere bescherming en zorg nodig heeft, met inbegrip van geëigende wettelijke bescherming, zowel vóór als na zijn geboorte',
Herinnerende aan de bepalingen van de Verklaring inzake Sociale en Juridische Beginselen betreffende de Bescherming en het Welzijn van Kinderen, in het bijzonder met betrekking tot Plaatsing in een Pleeggezin en Adoptie, zowel Nationaal als Internationaal; de Standaard Minimumregels van de Verenigde Naties voor de Toepassing van het Recht op Jongeren (de Beijingregels); en de Verklaring inzake de Bescherming van Vrouwen en Kinderen in Noodsituaties en Gewapende Conflicten,
Erkennende dat er, in alle landen van de wereld, kinderen zijn die in uitzonderlijk moeilijke omstandigheden leven, en dat deze kinderen bijzondere aandacht behoeven,
Op passende wijze rekening houdend met het belang van de tradities en culturele waarde die ieder volk hecht aan de bescherming en de harmonische ontwikkeling van het kind,
Het belang erkennende van internationale samenwerking ter verbetering van de levensomstandigheden van kinderen in ieder land, in het bijzonder in de ontwikkelingslanden,
Zijn het volgende overeengekomen:

[Inleidende opmerkingen]

1. Algemeen. Het Verdrag inzake de rechten van het kind (IVRK) behoort tot de fundamentele mensenrechtenverdragen van de Verenigde Naties (VN). Het werd aangenomen door de Algemene Vergadering van de VN op 20 november 1989 en werd van kracht op 2 september 1990. Het is door 196 landen geratificeerd. Het wordt meestal het Kinderrechtenverdrag of het Internationaal Verdrag voor de Rechten van het Kind genoemd.

2. Ondertekening en ratificatie door Nederland. Nederland heeft het IVRK ondertekend op 26 januari 1990. Op 2 oktober 1992 heeft de regering het ontwerp van een goedkeuringswet aan de Tweede Kamer aangeboden (*Kamerstukken II* 1992/93, 22855 (R 1451), 1-3). In de memorie van toelichting wordt het IVRK artikelsgewijs behandeld. Het IVRK werd bij Rijkswet goedgekeurd voor het gehele Koninkrijk der Nederlanden op 24 november 1994 (*Stb.* 1994, 862). Nederland heeft het IVRK geratificeerd op 6 februari 1995. Het IVRK is voor Nederland in werking getreden op 8 maart 1995. De Engelse en Franse tekst zijn geplaatst in *Trb.* 1990, 46. De vertaling in het Nederlands is geplaatst in *Trb.* 1990, 170.

3. Inhoud en Facultatieve Protocollen. Het IVRK bevat een preambule en 54 artikelen verdeeld over drie delen. Deel I bevat de algemene bepalingen en de artikelen over de rechten van het kind. Deel II bevat de bepalingen over het internationaal toezicht. Deel III bevat de slotbepalingen en regelt ondertekening, ratificatie, toetreding, inwerkingtreding, wijzigingen, voorbehouden en opzegging. Het IVRK heeft drie aanvullende, facultatieve protocollen. Het Facultatief Protocol inzake de verkoop van kinderen, kinderprostitutie en kinderpornografie bij het Verdrag inzake de rechten van het kind werd aangenomen door de Algemene Vergadering van de VN op 25 mei 2000 en werd van kracht op

18 januari 2002. Nederland heeft het Facultatief Protocol geratificeerd op 23 augustus 2005 (*Trb.* 2006, 250). De Engelse en Franse teksten zijn geplaatst in *Trb.* 2001, 63. De vertaling in het Nederlands is geplaatst in *Trb.* 2001, 130. Het Facultatief Protocol bij het Verdrag inzake de rechten van het kind inzake de betrokkenheid van kinderen bij gewapende conflicten werd aangenomen door de Algemene Vergadering van de VN op 25 mei 2000 en werd van kracht op 12 februari 2002. Nederland heeft het Facultatief Protocol geratificeerd op 24 september 2009 (*Trb.* 2009, 192). De Engelse en Franse teksten zijn geplaatst in *Trb.* 2001, 36. De vertaling in het Nederlands is geplaatst in *Trb.* 2001, 131. **Klachtenprocedure.** Op 19 december 2011 heeft de Algemene Vergadering van de VN het Facultatief Protocol bij het Verdrag inzake de rechten van het kind inzake een communicatieprocedure aangenomen. Dit Facultatief Protocol voorziet in een klachtenprocedure over kinderrechtenschendingen voor individuele kinderen, een groep kinderen, als ook hun vertegenwoordigers en Staten die partij zijn bij het protocol. Het Facultatief Protocol bij het Verdrag inzake de rechten van het kind inzake een communicatieprocedure is in werking getreden op 14 april 2014. Nederland heeft dit Facultatief Protocol nog niet geratificeerd. **Uitspraken.** De jurisprudentie van het VN-Comité voor de Rechten van het Kind onder het Facultatief Protocol bij het Verdrag inzake de rechten van het kind inzake een communicatieprocedure is te vinden op de online database Leiden Children's Rights Observatory op https://www.universiteitleiden.nl/en/law/institute-of-private-law/child-law/leiden-childrens-rights-observatory. De jurisprudentie van het VN-Comité voor de Rechten van het Kind onder dit Facultatief Protocol is ook te vinden op de online database van het Comité op https://juris.ohchr.org/en/search/results?Bodies=5&sortOrder=Date.

4. Internationaal toezicht. Deel II van het IVRK voorziet in een internationaal toezichtmechanisme. Het voorziet in een rapportagesysteem waarbij de Staten die partij zijn iedere vijf jaar rapporteren aan het VN-Comité voor de Rechten van het Kind over de door hen genomen maatregelen die uitvoering geven aan de in het IVRK erkende rechten, alsmede over de vooruitgang die is geboekt ten aanzien van het genot van die rechten. Het VN-Comité voor de Rechten van het Kind is een toezichthoudend orgaan samengesteld uit achttien onafhankelijke deskundigen uit verschillende landen. Informatie over het IVRK en het werk van het Comité is te vinden op https://www.ohchr.org/en/treaty-bodies/crc. **a. Rapportage door Nederland.** Het Koninkrijk der Nederlanden heeft tot nu toe de volgende rapportages ingediend: 24 juli 1997, eerste Statenrapport Nederland (VN Doc. CRC/C/51/Add.1); 4 oktober 2001, eerste Statenrapport Nederlandse Antillen (VN Doc. CRC/C/61/Add.4); 5 juni 2003, tweede Statenrapport Nederland (VN Doc. CRC/C/117/Add.1); 17 juni 2003, eerste Statenrapport Aruba (VN Doc. CRC/C/117/Add.2); 8 januari 2008, eerste Statenrapport FP verkoop kinderen, kinderprostitutie en kinderpornografie (VN Doc. CRC/C/OPSC/NLD/1); 23 juli 2008, derde Statenrapport inclusief tweede rapport Nederlandse Antillen en Aruba (VN Doc. CRC/C/NLD/3); 3 maart 2014, eerste Statenrapport Nederland FP kinderen bij gewapende conflicten (VN Doc. CRC/C/OPAC/NLD/1); 19 september 2014, vierde Statenrapport Nederland (VN Doc. CRC/C/NLD/4); 5 november 2020, gecombineerde vijfde en zesde periodieke Nederlandse rapportage over het Verdrag inzake de rechten van het kind (https://www.rijksoverheid.nl/documenten/kamerstukken/2020/11/05/kamerbrief-over-gecombineerde-vijfde-en-zesde-periodieke-nederlandse-rapportage-over-het-verdrag-inzake-de-rechten-van-het-kind). De Concluding Observations van het VN-Comité voor de Rechten van het Kind zijn vervat in de documenten: 26 oktober 1999, aanbevelingen ter zake van eerste

Statenrapport Nederland (VN Doc. CRC/C/15/Add.114); 13 juni 2002, aanbevelingen ter zake van eerste Statenrapport Nederlandse Antillen (VN Doc. CRC/C/15/Add.186); 26 februari 2004, aanbevelingen ter zake van tweede Statenrapport Nederland en het initiële rapport van de Nederlandse Antillen en Aruba (VN Doc. CRC/C/15/Add.227); 27 maart 2009, aanbevelingen ter zake van derde Statenrapport Nederland inclusief Nederlandse Antillen en Aruba (VN Doc. CRC/C/NLD/CO/3); 6 mei 2009, aanbevelingen ter zake van eerste Statenrapport Nederland FP verkoop kinderen, kinderprostitutie en kinderpornografie (VN Doc. CRC/C/OPSC/NLD/CO/1); 8 juli 2015, aanbevelingen ter zake van eerste Statenrapport Nederland FP kinderen bij gewapende conflicten (VN Doc. CRC/C/OPAC/NDL/CO/1); 16 juli 2015, aanbevelingen ter zake van vierde Statenrapport Nederland (VN Doc. CRC/C/NLD/CO/4); 9 maart 2022, aanbevelingen terzake van de gecombineerde vijfde en zesde periodieke Nederlandse rapportage over het Verdrag inzake de rechten van het kind (VN. Doc CRC/C/NLD/CO/5-6). Het Kinderrechtencollectief heeft tot nu toe vijf NGO-rapportages ingediend bij het VN-Comité voor de Rechten van het Kind: in 1997; in 2003; in 2008; in augustus 2014; en in april 2021. De laatste rapportage door Nederland in november 2020 is gedaan via de nieuwe verkorte procedure (Simplified Reporting Procedure). De verkorte procedure houdt in dat het VN-Comité voor de Rechten van het Kind aan staten vraagt om in hun rapportage uitsluitend antwoord te geven op de list of issues van het Comité. Informatie over de rapportage door Nederland aan het Comité en de NGO-rapportage door het Kinderrechtencollectief is te vinden op https://www.kinderrechten.nl. **b. 'General Comments'.** Het VN-Comité voor de Rechten van het Kind publiceert haar interpretatie van de bepalingen in het IVRK door middel van Algemene Opmerkingen ('General Comments'). Tot nu toe zijn er 21 Algemene Opmerkingen gepubliceerd: General Comment No. 1 The aims of education (2001); General Comment No. 2 The role of independent human rights institutions (2002); General Comment No. 3 HIV/AIDS and the rights of the child (2003); General Comment No. 4 Adolescent health (2003); General Comment No. 5 General measures of implementation for the Convention on the Rights of the Child (2003); General Comment No. 6 Treatment of unaccompanied and separated children outside their country of origin (2005); General Comment No. 7 Implementing child rights in early childhood (2006); General Comment No. 8 The right of the child to protection from corporal punishment and other cruel or degrading forms of punishment (2006); General Comment No. 9 The rights of children with disabilities (2006); General Comment No. 10 Children's rights in Juvenile Justice (2007); General Comment No. 11 Indigenous children and their rights under the Convention (2009); General Comment No. 12 The right of the child to be heard (2009); General Comment No. 13 The right of the child to freedom from all forms of violence (2011); General Comment No. 14 on the right of the child to have his or her best interests taken as a primary consideration (2013); General Comment No. 15 on the right of the child to the enjoyment of the highest attainable standard of health (2013); General Comment No. 16 on State obligations regarding the impact of the business sector on children's rights (2013); General comment No. 17 on the right of the child to rest, leisure, play, recreational activities, cultural life and the arts (2013); General Comment No. 18 on harmful practices (2014); General Comment No. 19 on public budgeting for the realization of children's rights (2016); General Comment No. 20 on the implementation of the rights of the child during adolescence (2016); General Comment No. 21 on children in street situations (2017); General Comment No. 24 on children's rights in the child justice system (2019); General Comment No. 25 Children's rights in relation to the digital environment (2021). Het VN-

Comité voor de Rechten van het Kind heeft ook drie Joint General Comments opgesteld. Het eerste Joint General Comment is opgesteld met het VN-Comité inzake de Eliminatie van alle vormen van Discriminatie tegen Vrouwen: Joint general recommendation/general comment No. 31 of the Committee on the Elimination of Discrimination against Women and No. 18 of the Committee on the Rights of the Child on harmful practices (2014). De overige twee Joint General Comments zijn opgesteld met het VN-Comité voor de Bescherming van de Rechten van Migrantenwerkers en Familieleden (CMW): Joint General Comment No. 3 of the CMW and No. 22 of the CRC in the context of International Migration: General principles (2017) en Joint General Comment No. 4 of the CMW and No. 23 of the CRC in the context of International Migration: States parties' obligations in particular with respect to countries of transit and destination (2017).

5. Rechtstreekse werking. In de Memorie van Toelichting van de Goedkeuringswet wordt opgemerkt dat enkele verdragsbepalingen van het IVRK rechten betreffen die in andere verdragen zijn vervat in bepalingen ten aanzien waarvan rechtstreekse werking mogelijk moet worden geacht of reeds is vastgesteld (*Kamerstukken II* 1992/93, 22855 (R 1451), 3). Daarbij wordt verwezen naar: art. 7 lid 1 voor wat betreft het recht op registratie en op een naam (vgl. art. 24 Internationaal Verdrag inzake burgerrechten en politieke rechten (IVBPR)); het recht op deelname aan procedures (ingevolge art. 9 lid 1) in art. 9 lid 2 (vgl. art. 14 IVBPR en art. 6 Europees Verdrag tot bescherming van de rechten van de mens en de fundamentele vrijheden (EVRM)); het recht op contact met de ouders in art. 9 lid 3 (vgl. art. 23 lid 4 IVBPR en art. 8 EVRM); het recht zich vrijelijk te verplaatsen in art. 10 lid 1 (vgl. art. 12 IVBPR); het recht op vrijheid van meningsuiting in art. 13 (vgl. art. 19 IVBPR en art. 10 EVRM); het recht op vrijheid van godsdienst in art. 14 (vgl. art. 18 IVBPR en art. 9 EVRM); het recht op vrijheid van vereniging en van vreedzame vergadering in art. 15 (vgl. art. 21-22 IVBPR en art. 11 EVRM); het recht op privacy in art. 16 (vgl. art. 17 IVBPR en art. 8 EVRM); het recht op beleving van de eigen cultuur, belijden van de eigen godsdienst en bediening van de eigen taal voor kinderen van minderheden in art. 30 (vgl. art. 27 IVBPR); het recht op bescherming tegen foltering en wrede e.d. behandeling en bestraffing in art. 37 (vgl. art. 7, 9 en 10 lid 2 IVBPR en art. 3 en 5 EVRM); het recht op een rechtvaardige behandeling in strafzaken in art. 40 lid 2 (vgl. art. 9, 14 en 15 IVBPR en art. 5, 6 en 7 EVRM). Verder wordt opgemerkt dat, gezien de criteria met betrekking tot rechtstreekse werking, art. 12 lid 2 eveneens een ieder kan verbinden. Ten slotte wordt opgemerkt dat van enkele andere artikelen van het IVRK niet uitgesloten moet worden geacht dat zij rechtstreeks door de rechter kunnen worden toegepast, bijvoorbeeld art. 5 lid 1 en 12 lid 1. Uit de jurisprudentie blijkt dat art. 1-12, 14, 16, 18-29, 30-31, 33-34, 37-40 IVRK voor de rechter zijn ingeroepen en/of zijn toegepast. De jurisprudentie is volop in ontwikkeling. Zie J.H. de Graaf e.a., *De toepassing van het Internationaal Verdrag inzake de Rechten van het Kind in de Nederlandse rechtspraak, Deel II*, 2015. Zie ook drs. M.E. Blaak e.a., *Handboek Internationaal Jeugdrecht, Een toelichting voor rechtspraak en jeugdbeleid op het Internationaal Verdrag inzake de Rechten van het Kind en andere internationale regelgeving over de rechtspositie van minderjarigen* 2012.

DEEL I

Artikel 1

Voor de toepassing van dit Verdrag wordt onder een kind verstaan ieder mens jonger dan achttien jaar, tenzij volgens het op het kind van toepassing zijnde recht de meerderjarigheid eerder wordt bereikt.

[20-11-1989, Trb. 170, i.w.tr. 02-09-1990]

[Definitie van een kind]

Betekenis. De rechten die in het IVRK zijn vastgelegd, zijn van toepassing op kinderen. Art. 1 geeft van het begrip 'kind' een definitie. Het bepaalt dat voor de toepassing van het IVRK onder een 'kind' dient te worden verstaan: ieder mens jonger dan achttien jaar, tenzij volgens het op het kind van toepassing zijnde recht de meerderjarigheid eerder wordt bereikt. Zie General Comment No. 4 Adolescent health (2003) en General Comment No. 7 Implementing child rights in early childhood (2006) van het VN-Comité voor de Rechten van het Kind. **Het ongeboren kind.** Het IVRK bevat geen bindende verplichtingen ter bescherming van het ongeboren kind. Volgens de 'travaux préparatoires' liepen de meningen van de landen uiteen en kon geen overeenstemming bereikt worden. Bij wijze van compromis is besloten om wel naar de bescherming van het ongeboren kind te verwijzen in de preambule (par. 9) (VN Doc. E/CN.4/L.1542 (1980), nrs. 28-36; VN Doc. E/CN.4/1989/48, nrs. 32-47, 75-85).

Artikel 2

1. De Staten die partij zijn bij dit Verdrag, eerbiedigen en waarborgen de in het Verdrag beschreven rechten voor ieder kind onder hun rechtsbevoegdheid zonder discriminatie van welke aard ook, ongeacht ras, huidskleur, geslacht, taal, godsdienst, politieke of andere overtuiging, nationale, etnische of maatschappelijke afkomst, welstand, handicap, geboorte of andere omstandigheid van het kind of van zijn of haar ouder of wettige voogd.

2. De Staten die partij zijn, nemen alle passende maatregelen om te waarborgen dat het kind wordt beschermd tegen alle vormen van discriminatie of bestraffing op grond van de omstandigheden of de activiteiten van, de meningen geuit door of de overtuigingen van de ouders, wettige voogden of familieleden van het kind.

[20-11-1989, Trb. 170, i.w.tr. 02-09-1990]

[Discriminatieverbod]

1. Basisverplichting van de staten die partij zijn; discriminatieverbod (lid 1). Art. 2 lid 1 verplicht de staten die partij zijn de rechten die in het IVRK zijn vastgelegd, te eerbiedigen en te waarborgen voor ieder kind onder hun rechtsbevoegdheid (vgl. art. 1 EVRM en art. 2 lid 1 IVBPR). Deze basisverplichting dient gelezen te worden in samenhang met art. 4. Art. 2 lid 1 bevat tevens het discriminatieverbod. Iedere staat die partij is, is verplicht de rechten die in het IVRK zijn vastgelegd, te eerbiedigen en te waarborgen voor ieder kind onder hun rechtsbevoegdheid zonder discriminatie van welke aard ook, ongeacht ras, huidskleur, geslacht, taal, godsdienst, politieke of andere overtuiging, nationale, etnische of maatschappelijke afkomst, welstand, handicap, geboorte of andere omstandigheid van het kind of van zijn of haar ouder of wettige voogd (vgl. art. 2 lid 1 IVBPR en art. 2 lid 2 Internationaal Verdrag inzake economische, sociale en culturele rechten (IVESCR)). Het discriminatieverbod vervat in art. 2 lid 1 ziet alleen op discriminatie in relatie tot de rechten in het IVRK en verleent geen zelfstandig recht op vrijwaring van discriminatie (vgl. art. 14 EVRM en art. 26 IVBPR). **Recente uitspraken.** Zie HR 26 juni 2020, ECLI:NL:HR:2020:1148 (Overheidsaansprakelijkheid. Is de Staat gehouden om vrouwelijke IS-uitreizigers en hun kinderen te repatriëren of zich daartoe in te spannen? Mensenrechten; rechtsmacht buiten grondgebied Staat; art. 1 EVRM, art. 2 IVBPR en art. 2 IVRK. Zorgvuldigheidsnorm; art. 6:162 BW; belangenafweging; maatstaf rechterlijke toetsing bij vragen van veiligheid en buitenlands beleid; beleidsruimte; beoordelingsruimte).

2. Bescherming tegen discriminatie of bestraffing (lid 2). Art. 2 lid 2 betreft het recht van het kind om beschermd te worden tegen alle vormen van discriminatie of bestraffing op grond van de omstandigheden of de activiteiten van, de meningen geuit door of de overtuigingen van de ouders, wettige voogden of familieleden van het kind. Art. 2 lid 2 verplicht de Staten die partij zijn om alle passende maatregelen te nemen die nodig zijn om dit recht te waarborgen.

Artikel 3

1. Bij alle maatregelen betreffende kinderen, ongeacht of deze worden genomen door openbare of particuliere instellingen voor maatschappelijk welzijn of door rechterlijke instanties, bestuurlijke autoriteiten of wetgevende lichamen, vormen de belangen van het kind de eerste overweging.
2. De Staten die partij zijn, verbinden zich ertoe het kind te verzekeren van de bescherming en de zorg die nodig zijn voor zijn of haar welzijn, rekening houdend met de rechten en plichten van zijn of haar ouders, wettige voogden of anderen die wettelijk verantwoordelijk voor het kind zijn, en nemen hiertoe alle passende wettelijke en bestuurlijke maatregelen.
3. De Staten die partij zijn, waarborgen dat de instellingen, diensten en voorzieningen die verantwoordelijk zijn voor de zorg voor of de bescherming van kinderen voldoen aan de door de bevoegde autoriteiten vastgestelde normen, met name ten aanzien van de veiligheid, de gezondheid, het aantal personeelsleden en hun geschiktheid, alsmede bevoegd toezicht.
[20-11-1989, Trb. 170, i.w.tr. 02-09-1990]

[Het belang van het kind]

1. Belang van het kind (lid 1). Art. 3 lid 1 bevat een algemene richtlijn voor de uitleg en tenuitvoerlegging van het IVRK die van verstrekkende betekenis is. Zie General Comment No. 14 on the right of the child to have his or her best interests taken as a primary consideration (2013) van het VN-Comité voor de Rechten van het Kind. Het behelst het beginsel dat de belangen van het kind een eerste overweging dienen te vormen bij alle maatregelen die hem of haar betreffen. Art. 3 lid 1 is van toepassing in samenhang met de rechten in het IVRK, maar heeft ook een zelfstandige werking. Het heeft betrekking op alle maatregelen betreffende kinderen die genomen worden door openbare of particuliere instellingen voor maatschappelijk welzijn, rechterlijke instanties, bestuurlijke autoriteiten en wetgevende lichamen. Het heeft betrekking op zowel een maatregel die een bepaald kind betreft als een maatregel betreffende kinderen. Art. 3 lid 1 bepaalt dat de belangen van het kind altijd een overweging dienen te zijn. Het bepaalt tevens dat de belangen van het kind een eerste overweging dienen te vormen. Ten slotte bepaalt art. 3 lid 1 dat, in geval van conflict van belangen, de belangen van het kind in de regel de doorslag behoren te geven. 'In de regel' omdat de uitdrukking 'a primary consideration' wordt gebruikt en niet 'the primary consideration'. Volgens de 'travaux préparatoires' werd door een aantal landen naar voren gebracht dat er situaties kunnen zijn waar concurrerende belangen van rechtvaardigheid of van de maatschappij van gelijke betekenis, of zelfs van grotere, zijn dan de belangen van het kind. Het gebruik van de uitdrukking 'de eerste overweging' in de Nederlandse vertaling van het IVRK en niet 'een eerste overweging' zou aanleiding kunnen geven tot een andere en incorrecte interpretatie van art. 3 lid 1 (VN Doc. E/CN.4/L.1575, nrs. 19-26 (1981); VN Doc. E/CN.4/1989/48, nrs. 117-126). **Recente uitspraken.** Art. 3 lid 1 over het belang van het kind wordt in de jurisprudentie het meest frequent aan de orde gesteld, vaak in samenhang met een andere bepaling uit het IVRK en is rechtstreeks door een rechter toegepast. Zie bijvoorbeeld HR 25 februari 2022, ECLI:NL:HR:2022:311 (Art. 81 lid 1 RO. Kort geding. Vordering om aan minderjarige met Nederlandse nationaliteit en zijn moeder opvang te bieden, met voldoende geld om te voorzien in de basisbehoeften. Handelt de Staat in strijd met art. 3 of 8 EVRM en IVRK? Strijd met recht op verblijf op de voet van art. 20 VWEU?); Rb. Midden-Nederland 29 september 2021, ECLI:NL:RBMNE:2021:4667 (Verzet van moeder met gezag tegen het voornemen van de pleegouders om met de minderjarige (tijdelijk) te verhuizen naar het buitenland. Het hof ziet aanleiding om artikel 1:306 van het Burgerlijk Wetboek (BW) analoog toe te passen bij het beoordelen van de verzoeken van de moeder en de gecertificeerde instelling. De gecertificeerde instelling is in deze zaak niet belast met de voogdij over de minderjarige. Hoewel artikel 1:306 BW strikt genomen niet van toepassing is, sluit het hof aan bij de overweging van de rechtbank dat het onwenselijk is als een dergelijke (tijdelijke) plaatsing in het buitenland in het kader van een uithuisplaatsing binnen een ondertoezichtstelling zonder rechterlijke toestemming zou kunnen plaatsvinden. Bij de beslissing om wel of geen toestemming te verlenen aan de gecertificeerde instelling dient het belang van de minderjarige voorop te worden gesteld (artikel 3 IVRK)); Hof Den Haag 15 september 2021, ECLI:NL:GHDHA:2021:1727 (Vordering tot ontruiming van het azc door statushouders afgewezen. Het COA heeft bij de totstandkoming van het besluit dat er passende woonruimte aan gedaagden is aangeboden ten aanzien van de kinderen niet de zorgvuldigheid in acht genomen die van haar had mogen worden verwacht. Het COA heeft helemaal niet gekeken naar de belangen van de kinderen. Deze werkwijze van het COA is in strijd met artikel 3 lid 1 IVRK. Aannemelijk is geworden dat bij weging van de belangen van de kinderen het COA de gedaagden niet aan deze gemeente gekoppeld maar aan de gemeente Amersfoort of andere gemeente in de omgeving gekoppeld); Rb. Den Haag 1 juli 2021, ECLI:NL:RBDHA:2021:6761 (Kindje van nog geen 6 maanden oud heeft ernstige nierproblemen en is afhankelijk van medische hulp. Ouders verschillen fundamenteel van standpunt over hoe deze hulp moet worden vormgegeven. vOTS, mede gelet op art. 3 IVRK); Rb. Den Haag 14 april 2021, ECLI:NL:RBDHA:2021:4060 (Afwijzing verzoek gezagsbeëindiging van de moeder vanwege de feitelijke consequenties voor de ontwikkeling van de minderjarigen bij belasting van de vader met eenhoofdig gezag. Een wijzing in gezagsverhouding tussen de ouders leidt tot risico op een verstoring van de balans in de opvoedomgeving van de minderjarigen en een toename van de strijd tussen de ouders. Deze gevolgen zullen juist schadelijk zijn voor de ontwikkeling van de minderjarigen en kunnen opnieuw leiden tot een loyaliteitsconflict. Gezagsbeëindiging van de moeder is niet in het belang van de minderjarigen (artikel 3 IVRK)); Rb. Midden-Nederland 18 maart 2021, ECLI:NL:RBMNE:2021:1038 (Stiefouderadoptie. De rechtbank staat adoptie door de stiefvader toe ondanks dat er minder dan 18 jaar leeftijdsverschil is met één minderjarige. Rechtstreekse toepassing van artikel 3 IVRK en buiten beschouwing laten van artikel 1:228 lid 1 sub c BW); Hof 's-Hertogenbosch 17 december 2020, ECLI:NL:GHSHE:2020:3921 (Man ontvankelijk in hernieuwd verzoek vervangende toestemming erkenning. Artikel 236 Rv wordt beperkt door artikel 1:204 lid 3 BW; bij wijziging van omstandigheden nieuwe belangenafweging, mede in het licht van art. 3 IVRK); Rb. Den Haag 3 december 2020, ECLI:NL:RBDHA:2020:14431 (Analoge toepassing art. 811 lid 2 Rv ogv art. 3 IVRK. Ouders wordt afschrift onthouden van door de gecertificeerde instelling ingediende geheime stukken); Rb. Midden-Nederland 25 augustus 2020, ECLI:NL:RBMNE:2020:3457 (Afwijzing vovo leerlingenvervoer. Niet aannemelijk gemaakt dat dichtstbijzijnde school niet toegankelijk is; art. 3 IVRK niet geschonden; geen dusdanig bijzondere situatie dat hardheidsclausule moet worden toegepast); Rb. Amsterdam 9 juli 2020, ECLI:NL:RBAMS:2020:4056 (Jeugdrecht. Uithuisplaatsing. Kan de kinderrechter een machtiging tot uithuisplaatsing gegeven op de voet van art. 1:265b lid 1 BW beperken tot een specifieke voorziening? De kinderrechter stelt vast dat de minderjarige vanwege financiële overwegingen niet langer bij zorgaanbieder [zorginstelling] kan blijven wonen, terwijl de minderjarige daar zichtbaar goed gedijt. De kinderrechter concludeert dat het zeer onwenselijk en naar verwachting zelfs schadelijk is voor de ontwikkeling van de minderjarige als hij binnenkort wordt overgeplaatst naar een andere zorginstelling. Financiële overwegingen mogen volgens de kinderrechter gelet op artikel 3 IVRK niet leidend zijn bij een besluit tot overplaatsing. Het belang van het kind dient de eerste overweging te vormen voor dergelijke beslissingen. In het onderhavige geval zijn er bijzondere feiten en omstandigheden die een plaatsing in een specifieke instelling rechtvaardigen en zodoende bepaalt de kinderrechter dat de machtiging tot uithuisplaatsing in ieder geval de komende periode bij [zorginstelling] ten uitvoer gelegd dient te worden); Rb. Gelderland 3 juni 2020, ECLI:NL:RBGEL:2020:3699 (Deelname aan het Rijksvaccinatieprogramma. Een gezagsoverheveling op grond van artikel 1:265e BW is hiervoor te vergaand. De rechtbank geeft op grond van artikel 1:265h BW vervangende toestemming. Het belang van de minderjarigen (artikel 3 IVRK) prevaleert in dit geval boven het recht op vrijheid van godsdienst (artikel 8 EVRM), gelet op de bijzondere (medische) situatie van de minderjarigen); Rb. Noord-Holland 22 april 2020, ECLI:NL:RBNNE:2020:2015 (Afwijzing verzoek omgang wegens signalen van seksueel misbruik door de minderjarige. Minderjarige geeft zorgelijke signalen af over mannen en wil geen contact met de vader. Vader ontkent signalen. Geen ruimte bij de minderjarige voor begeleide omgang. Omgang niet in het belang van de minderjarige. Artikel 3 IVRK); Rb. Noord-Holland 13 maart 2020, ECLI:NL:RBNNE:2020:1401 (Verlenging ondertoezichtstelling voor een jaar en verlenging machtiging uithuisplaatsing voor vier maanden onder aanhouding van het overige. Perspectief van minderjarige nog niet duidelijk. Hulpverlening ziet, in tegenstelling tot de GI, nog mogelijkheden om het perspectief bij de ouders te laten zijn. Mede gelet op artikel 3 IVRK en het uitgangspunt dat een minderjarige in beginsel bij zijn ouders dient op te groeien, kan niet aan de adviezen van de hulpverlening voorbijgegaan worden. De ouders krijgen vier maanden de tijd om zich verder te ontwikkelen. De kinderrechter roept de GI en de ouders op om de pleegouders te ontlasten zodat plaatsing in een ander pleeggezin de komende periode niet nodig is); Rb. Gelderland 7 februari 2020, ECLI:NL:RBGEL:2020:1571 (Adoptie van minderjarige afkomstig uit Rusland door pleegouders. Rechtbank staat adoptie door pleegmoeder toe ondanks dat er minder dan 18 jaar leeftijdsverschil is met de minderjarige. Rechtstreekse toepassing van artikel 3 IVRK en buiten beschouwing laten van artikel 1:228 lid 1 onder c Burgerlijk Wetboek). **Socialezekerheidsrecht.** Zie Rb. Den Haag 20 december 2021, ECLI:NL:RBDHA:2021:14142 (WMO/maatschappelijke opvang/zelfredzaamheid/huisvestingsprobleem/geen strijd met art. 8 EVRM en art. 3 IVRK); Rb. Den Haag 26 maart 2021, ECLI:NL:RBDHA:2021:2991 (Uitgebreide overwegingen over IVRK, WMO, maatschappelijke opvang, daklozenloket, minderjarige kinderen, artikel 8 EVRM); Rb. Midden-Nederland 8 maart 2021, ECLI:NL:RBMNE:2021:1191 (Kinderbijslag, ingezetene, belang van het kind, IVRK, beroep ongegrond); Rb. Den Haag 16 juli 2021, ECLI:NL:RBDHA:2021:7569 (Afwijzing verzoek om opvang in het kader van de WMO 2015. Verzoekster behoort niet tot de doelgroep van de WMO 2015. Belangenafweging EVRM en IVRK. Verzoek om een voorlopige voorziening afgewezen); Rb. Noord-Holland 21 januari 2020, ECLI:NL:RBNHO:2020:700 (Weigering maatschappelijke opvang WMO en beëindiging buitenwettelijke opvang EU-burgers). **Bestuursrecht.** Zie RvS 9 februari 2022, ECLI:NL:RVS:2022:414 (Bij besluit van 27 februari 2020 heeft het college van burgemeester en wethouders van Almere een aanvraag van [appellante] om een urgentieverklaring afgewezen. [appellante] heeft een aanvraag ingediend voor een urgentieverklaring. Haar dochter [dochter] heeft narcolepsie en kataplexie. Het eerste is een slaapstoornis, waarbij het dagelijkse ritme onregelmatig is. Het tweede is een aandoening waardoor [dochter] het gevoel in haar spieren verliest, stuiptrekkingen krijgt of neervalt. Daardoor moet [dochter] gedurende de dag meerdere keren medicatie gebruiken en rustmomenten aanhouden. Het huidige appartement is volgens [appellante] ongeschikt voor haar gezin, omdat het van belang is dat [dochter] een eigen slaapkamer heeft waar ze in alle rust kan verblijven. Er is in het appartement slechts één slaapkamer die onder andere ook wordt gebruikt als kledingkamer. [appellante] slaapt nu in de woonkamer. De badkamer is alleen te betreden via de slaapkamer); Rb. Noord-Holland 3 juni 2020, ECLI:NL:RBNHO:2020:3975 (Verzoek om urgentie terecht afgewezen. Gescheiden leven van één van de minderjarige kinderen leidt niet tot het oordeel dat verweerder met toepassing van de hardheidsclausule urgentie had moeten verlenen. Geen strijd met IVRK. Verzoek om voorlopige voorziening afgewezen, beroep). **Vreemdelingenrecht.** Zie Rb. Den Haag 10 januari 2022, ECLI:NL:RBDHA:2022:557 (Afwijzing aanvraag verblijfsvergunning regulier op grond van het mvv-vereiste. Het beroep op de hardheidsclausule, artikel 8 EVRM en artikel 3 IVRK slaagt niet); Rb. Den Haag 28 juli 2021, ECLI:NL:RBDHA:2021:8483 (Afwijzing aanvraag afgifte document als bedoeld in artikel 9, eerste lid, Vreemdelingenwet 2000, arrest Charez-Vilchez, artikel 8 EVRM, IVRK, EU Handvest, hoorplicht, beroep ongegrond); Rb. Den Haag 8 juni 2021, ECLI:NL:RBDHA:2021:5860 (Bij besluit van 12 maart 2020 heeft verweerder de aanvraag van eiseres (Surinaamse nationaliteit) tot afgifte van een document als bedoeld in artikel 9, eerste lid, van de Vreemdelingenwet 2000 afgewezen omdat eiseres niet zou voldoen aan de criteria die zijn neergelegd in het arrest Chavez-Vilchez van het Hof. Tevens heeft verweerder op 12 maart 2020 een zwaar inreisverbod opgelegd (10 jaar). Verweerder stelt dat niet is gebleken dat eiseres daadwerkelijke zorg- en opvoedingstaken verricht voor haar zoon en dat geen sprake is van een zodanige afhankelijkheidsverhouding dat haar zoon gedwongen zou worden het grondgebied van de EU te verlaten, indien eiseres het gevraagde verblijfsrecht geweigerd zou worden. Eiseres zit sinds januari 2019 in de gevangenis en is veroordeeld tot een celstraf van 36 maanden. De daadwerkelijke zorg- en opvoedingstaken liggen sindsdien bij de stichting NIDOS. De rechtbank is van oordeel dat verweerder actief en zo nodig door middel van inschakeling van een deskundige gehouden was onderzoek te verrichten na de informatie die eiseres heeft aangeleverd waaruit blijkt dat er bij eiseres meer dan marginale betrokkenheid is bij de opvoeding van haar zoon. De rechtbank oordeelt voorts dat verweerder gehouden is de belangen van het kind voorop te stellen (artikel 3 IVRK). De rechtbank overweegt in dit kader dat verweerder niet heeft onderzocht of de zoon van eiseres terecht zou kunnen bij zijn erkende (niet-biologische) vader. Dit had zeker op de weg van verweerder gelegen nu deze vader niet meer in beeld is. Tot slot stelt de rechtbank vast dat verweerder bij het opleggen van het inreisverbod had moeten beoordelen of eiseres een werkelijk, actueel en voldoende ernstig gevaar voor de openbare vormt, waarbij tevens de belangen en grondrechten van de zoon moeten zijn betrokken. Het beroep tegen de afwijzing van het vaststellen van het verblijfsrecht en het beroep gericht tegen het inreisverbod zijn gegrond); Rb. Den Haag 3 juni 2021, ECLI:NL:RBDHA:2021:15801 (Afsluitingsregeling langdurig verblijvende kinderen, aanvraag terecht afgewezen vanwege onttrekken aan het toezicht en niet beschikbaar zijn voor vertrek. Beroep op artikel 8 EVRM, artikel 3 IVRK en art. 4:84 Awb slaagt niet. Beroep ogg en vovo afgewezen); Rb. Den Haag 2 februari 2021, ECLI:NL:RBDHA:2021:14448 (Afwijzing aanvraag verblijf als pleegkind; geen onaanvaardbare toekomst in Marokko; art. 8 EVRM; art. 3 IVRK; ongegrond); Rb. Den Haag 24 juli 2020, ECLI:NL:RBDHA:2020:6890 ("kafala kind" "Richtlijn 2004/38" "art 3 IVRK". Zorgtaken voor Kafala-kind onvoldoende aannemelijk gemaakt. Niet aangetoond dat sprake is van onaanvaardbare toekomst in Marokko. Geen beroep op verblijfsrichtlijn want geen gebruik gemaakt van recht op vrij verkeer. Belangen kind voldoende meegewogen); Rb. Den Haag 17 april 2020, ECLI:NL:RBDHA:2020:3566 (Reguliere verblijfsvergunning amv; toepassing buitenschuld beleid; adequate opvang; gelijkheidsbeginsel; Paragraaf B8/6.1 en 6.2 van de Vc Samenvatting: Eiser heeft onvoldoende bewijs geleverd dat in de periode van zijn minderjarigheid voor hem in Afghanistan geen opvang bij familieleden (meer) aanwezig is. De rechtbank oordeelt dat verweerder geen onjuiste toepassing geeft aan het buitenschuld-beleid. In dat beleid is voldoende rekenschap gegeven aan de belangen van minderjarige kinderen als bedoeld in artikel 3 van het IVRK. Verweerder heeft eiser ook mogen tegenwerpen dat hij zich niet actief heeft ingezet om zijn vertrek te realiseren. De rechtbank ziet geen reden om het beroep van eiser aan te houden in afwachting van de uitkomst van de prejudiciële vragen van zittingsplaats Den Bosch, ECLI:NL:RBDHA:2019:5967. Eiser heeft een reguliere vergunning buiten schuld aangevraagd en het terugkeerbesluit is al genomen in het asielbesluit dat hier in rechte vaststaat. Het beroep van eiser op het gelijkheidsbeginsel met de zaken van twee Afghaanse broers slaagt niet).

2. Welzijn van het kind (lid 2). Art. 3 lid 2 betreft het recht van het kind op de bescherming en de zorg die nodig zijn voor zijn of haar welzijn, rekening houdend met de rechten en plichten van de ouders, wettige voogden of anderen die wettelijk verantwoordelijk zijn voor het kind (zie art. 5, 18 en 27). Het verplicht de Staten die partij zijn om alle passende wettelijke en bestuurlijke maatregelen te nemen die nodig zijn om dit recht te verzekeren (zie art. 4).

3. Normen voor instellingen, diensten en voorzieningen die verantwoordelijk zijn voor de zorg voor of de bescherming van kinderen (lid 3). Ingevolge art. 3 lid 3 zijn de Staten die partij zijn, verplicht ervoor zorg te dragen dat de (openbare en particuliere) instellingen, diensten en voorzieningen die verantwoordelijk zijn voor de zorg voor of de bescherming van kinderen voldoen aan de door de bevoegde autoriteiten vastgestelde normen, met name ten aanzien van de veiligheid, de gezondheid, het aantal personeelsleden en hun geschiktheid, alsmede bevoegd toezicht (zie art. 3 lid 2, 18, 20 en 23).

Artikel 4

De Staten die partij zijn, nemen alle passende wettelijke, bestuurlijke en andere maatregelen om de in dit Verdrag erkende rechten te verwezenlijken. Ten aanzien van economische, sociale en culturele rechten nemen de Staten die Partij zijn deze maatregelen in de ruimste mate waarin de hun ter beschikking staande middelen dit toelaten en, indien nodig, in het kader van internationale samenwerking.
[20-11-1989, Trb. 170, i.w.tr. 02-09-1990]

[Realiseren van kinderrechten]

Betekenis. De eerste zin van art. 4 verplicht de Staten die partij zijn om alle passende wettelijke, bestuurlijke en andere maatregelen te nemen die nodig zijn om de rechten die in het IVRK zijn vastgelegd, te verwezenlijken (vgl. art. 2 lid 2 IVBPR en art. 2 lid 1 IVESCR). De tweede zin houdt een onderscheid in tussen de in het IVRK vastgelegde burgerrechten en politieke rechten en de economische, sociale en culturele rechten. Ten aanzien van laatstgenoemde rechten nemen de Staten die partij zijn de in de eerste zin van art. 4 aangegeven maatregelen in de ruimste mate waarin de hun ter beschikking staande middelen dit toelaten en, indien nodig, in het kader van internationale samenwerking. Ook het IVESCR kent, in tegenstelling tot het IVBPR, zo'n beperking (zie art. 2 lid 1 IVESCR). Art. 4 dient gelezen te worden in samenhang met art. 2 lid 1. Zie General Comment No. 5 General measures of implementation for the Convention on the Rights of the Child (2003) en General Comment No. 2 The role of independent human rights institutions (2002) van het VN-Comité voor de Rechten van het Kind.

Artikel 5

De Staten die partij zijn, eerbiedigen de verantwoordelijkheden, rechten en plichten van de ouders of, indien van toepassing, van de leden van de familie in ruimere zin of de gemeenschap al naar gelang het plaatselijk gebruik, van wettige voogden of anderen die wettelijk verantwoordelijk zijn voor het kind, voor het voorzien in passende leiding en begeleiding bij de uitoefening door het kind van de in dit Verdrag erkende rechten, op een wijze die verenigbaar is met de zich ontwikkelende vermogens van het kind.
[20-11-1989, Trb. 170, i.w.tr. 02-09-1990]

[De rol van ouders]

Betekenis. Art. 5 is voor de uitleg en toepassing van het gehele IVRK van belang. Het behelst de verplichting van de staten die partij zijn om de verantwoordelijkheden, rechten en plichten van ouders of, indien van toepassing, van anderen die wettelijk verantwoordelijk zijn voor het kind te eerbiedigen (vgl. art. 9, 16, 18 en 27). Deze verplichting geldt ten aanzien van het voorzien van het kind in passende leiding en begeleiding bij de uitoefening door het kind van de rechten in het IVRK, op een wijze die verenigbaar is met de zich ontwikkelende vermogens van het kind. Hiermee wordt tevens aangegeven dat, bij het leiden en begeleiden ter zake van rechten die door het IVRK aan het kind worden toegekend, ouders rekening dienen te houden met de zich ontwikkelende vermogens van het kind. **Rechtstreekse werking.** Volgens de Memorie van Toelichting van de Goedkeuringswet moet rechtstreekse werking van art. 5 mogelijk worden geacht (*Kamerstukken II* 1992/93, 22855 (R 1451), 3).

Artikel 6

1. De Staten die partij zijn, erkennen dat ieder kind het inherente recht op leven heeft.
2. De Staten die partij zijn, waarborgen in de ruimst mogelijke mate de mogelijkheden tot overleven en de ontwikkeling van het kind.
[20-11-1989, Trb. 170, i.w.tr. 02-09-1990]

[Recht op leven]

Betekenis. In art. 6 is het recht van het kind op leven neergelegd (vgl. art. 3 van de Universele verklaring van de rechten van de mens, art. 2 EVRM en art. 6 IVBPR). Dit recht heeft mede betrekking op de overleving en de ontwikkeling van het kind. Art. 6 lid 2 verplicht de Staten die partij zijn de mogelijkheden tot overleven en de ontwikkeling van het kind in de ruimst mogelijke mate te waarborgen. Art. 6 lid 2 is sterk verbonden met art. 24.

Artikel 7

1. Het kind wordt onmiddellijk na de geboorte ingeschreven en heeft vanaf de geboorte het recht op een naam, het recht een nationaliteit te verwerven en, voor zover mogelijk, het recht zijn of haar ouders te kennen en door hen te worden verzorgd.
2. De Staten die partij zijn, waarborgen de verwezenlijking van deze rechten in overeenstemming met hun nationale recht en hun verplichtingen krachtens de desbetreffende internationale akten op dit gebied, in het bijzonder wanneer het kind anders staatloos zou zijn.
[20-11-1989, Trb. 170, i.w.tr. 02-09-1990]

[Naam en nationaliteit]

1. Naam en inschrijving. Het recht op inschrijving (geboorteregistratie) en het recht op een naam waren reeds erkend in art. 24 lid 2 IVBPR. Hun voornaamste doel is om de juridische persoonlijkheid van het kind te beschermen. Het recht op een naam is zeer belangrijk voor kinderen geboren buiten het huwelijk. Geboorteregistratie draagt bij aan het tegengaan van kinderhandel, illegale adopties en verdwijningen van kinderen. **Rechtstreekse werking.** Volgens de Memorie van Toelichting van de Goedkeuringswet moet rechtstreekse werking van art. 7 lid 1, eerste zinsnede, voor wat betreft het recht op een naam en het recht op inschrijving, mogelijk worden geacht (vgl. art. 24 lid 2 IVBPR) (*Kamerstukken II* 1992/93, 22855 (R 1451), 3). **Recente uitspraken.** Zie Rb. Overijssel 6 april 2021, ECLI:NL:RBOVE:2021:1988 (Geslachtsnaam van een 15-jarig kind na adoptie door zijn pleegmoeder. De rechtbank is van oordeel dat in deze aansluiting dient te worden gezocht bij het bepaalde in artikel 1:7 lid 4 BW, zodat de minderjarige, na de adoptie zijn (bij Koninklijk Besluit gewijzigde) geslachtsnaam behoudt. Het is onverenigbaar met het bepaalde in artikel 8 EVRM, als dit er toe zou leiden dat het behouden van zijn huidige geslachtsnaam niet mogelijk zou zijn. Ook op grond van artikel 7 en 8 IVRK geldt dat het recht van het kind op zijn identiteit, met inbegrip van de naam, moet worden geëerbiedigd, zonder onrechtmatige inmenging); Rb. Amsterdam 27 november 2019, ECLI:NL:RBAMS:2019:8839 (Gegrondverklaring ontkenning vaderschap, gerechtelijke vaststelling vaderschap. Verzoeken met betrekking tot gegrondverklaring ontkenning moederschap en gerechtelijke vaststelling moederschap niet toegewezen. Adoptie); Rb. Den Haag 26 november 2019, ECLI:NL:RBDHA:2019:12537 (Draagmoederschap/afstamming/gezag/voogdij/adoptie/vaststellen geboortegegevens).

2. Nationaliteit. Art. 7 lid 1 bepaalt verder dat ieder kind recht heeft een nationaliteit te verkrijgen (vgl. art. 24 lid 3 IVBPR). Ingevolge art. 7 lid 2 hebben de Staten die partij zijn de ruimte, de verwezenlijking van de rechten in art. 7 te waarborgen in overeenstemming met hun nationale recht. Volgens de 'travaux préparatoires' is deze bepaling met name opgenomen in relatie tot het recht op een nationaliteit. De bedoeling was om aan te geven dat de Staten die partij zijn de vrijheid hebben zelf te beslissen of hun nationaliteitswetgeving uitgaat van het 'ius soli' beginsel of van het 'ius sanguinis' beginsel. De bedoeling was tevens de Staten die partij zijn de verplichting op te leggen ernaar te streven dat elk kind een nationaliteit heeft vanaf de geboorte, in het bijzonder wanneer het kind anders staatloos zou zijn. Daarom wordt er ook verwezen naar de verplichtingen van de Staten die partij zijn krachtens internationale verdragen, bijvoorbeeld het op 30 augustus 1961 tot stand gekomen Verdrag tot beperking van staatloosheid (*Trb.* 1967, 124) (VN Doc. E/CN.4/L.1542, nr. 37-43 (1980); VN Doc. E/CN.4/L.1575, nr. 12-18 (1981); VN Doc. E/CN.4/1989/48, nr. 92-116).

3. Recht om ouders te kennen en door hen te worden verzorgd. Art. 7 geeft het kind ten slotte het recht zijn of haar ouders te kennen en door hen te worden verzorgd. Volgens de 'travaux préparatoires' zijn de woorden 'voor zover mogelijk' opgenomen, omdat sommige delegaties bezorgd waren over vormen van adoptie in hun landen waarbij het kind niet mag worden voorgelicht omtrent zijn of haar ouderlijke herkomst (VN Doc. E/CN.4/1989/48, nr. 96). Dit recht is sterk verbonden met de bepalingen van art. 9, 18, 20 en 21. **Recente uitspraken.** Zie Rb. Den Haag 2 juni 2021, ECLI:NL:RBDHA:2021:5461 (en in de zaak met zaaknummer/rolnummer C/09/584962/HA ZA 19-1261. Anonimiteit zaaddonor onder de Wet donorgegevens kunstmatige bevruchting (Wdkb). Zaak tegen de Stichting Donorgegevens Kunstmatige Bevruchting (SDKB) en tegen de kliniek. De overgangsregeling uit de Wdkb moet buiten toepassing blijven vanwege strijd met artikel 8 EVRM en artikel 7 IVRK. SDKB moet de hoofdregel van artikel 3 Wdkb toepassen, waarin het bekendmaken van de donorgegevens uitgangspunt is, behoudens zwaarwegende belangen van de donor. De kliniek moet de medische behandelingsovereenkomsten met de moeders nakomen. Zij moet de donorgegevens verstrekken, tenzij er zwaarwegende redenen zijn van de donor om dat niet te doen); Rb. Gelderland 24 maart 2021, ECLI:NL:RBGEL:2021:1388 (Verbintenissenrecht. Kunstmatige donorinseminatie. Vordering van moeder en dochter tot verstrekking van gegevens van de zaaddonor door het ziekenhuis waar de ivf-behandeling heeft plaatsgevonden. De donor trekt zijn aanvankelijke instemming met het delen van zijn gegevens naderhand in. Beroep op overmacht van het ziekenhuis, gebaseerd op het overgangsrecht van de Wet donorgegevens kunstmatige bevruchting. Art. 7 lid 1 IVRK. Art. 8 EVRM. Buiten toepassing laten van wettelijke bepaling op grond van de derogerende werking van de redelijkheid en billijkheid. Afweging van de belangen van het kind en van de donor. Onbekendheid met de belangen van de donor, die anoniem is en geen partij is, maakt dat onmogelijk. Een deskundigenbericht gelasten biedt geen soelaas. Het beroep op overmacht slaagt. Afwijzing van het gevorderde, ook de gevorderde schadevergoeding).

Artikel 8

1. De Staten die partij zijn, verbinden zich tot eerbiediging van het recht van het kind zijn of haar identiteit te behouden, met inbegrip van nationaliteit, naam en familiebetrekkingen zoals wettelijk erkend, zonder onrechtmatige inmenging.
2. Wanneer een kind op niet rechtmatige wijze wordt beroofd van enige of alle bestanddelen van zijn of haar identiteit, verlenen de Staten die partij zijn passende bijstand en bescherming, teneinde zijn identiteit snel te herstellen.
[20-11-1989, Trb. 170, i.w.tr. 02-09-1990]

[Behoud van identiteit]

Betekenis. In art. 8 is het recht van het kind op behoud van zijn of haar identiteit neergelegd. Art. 8 bevat geen definitie van het begrip 'identiteit' maar geeft aan dat het de volgende aspecten omvat: nationaliteit, naam en familiebetrekkingen zoals wettelijk erkend. De staten die partij zijn, zijn verplicht dit recht te eerbiedigen en zich te onthouden van onrechtmatige inmenging, alsmede het kind daar tegen te beschermen. Art. 8 lid 2 verplicht de staten die partij zijn, passende bijstand en bescherming te verlenen aan ieder kind dat op niet rechtmatige wijze is beroofd van enige bestanddelen van zijn of haar identiteit, teneinde zijn of haar identiteit snel te herstellen. Art. 8 is sterk verbonden met art. 7. **Rechtstreekse werking.** Volgens de Memorie van Toelichting van de Goedkeuringswet moet rechtstreekse werking van art. 8 lid 1 mogelijk worden geacht (*Kamerstukken II* 1992/93, 22855 (R 1451), nr. 3). **Recente uitspraken.** Zie Rb. Overijssel 6 april 2021, ECLI:NL:RBOVE:2021:1988 (Geslachtsnaam van een 15-jarig kind na adoptie door zijn pleegmoeder. De rechtbank is van oordeel dat in deze aansluiting dient te worden gezocht bij het bepaalde in artikel 1:7 lid 4 BW, zodat de minderjarige, na de adoptie zijn (bij Koninklijk Besluit gewijzigde) geslachtsnaam behoudt. Het is onverenigbaar met het bepaalde in artikel 8 EVRM, als dit er toe zou leiden dat het behouden van zijn huidige geslachtsnaam niet mogelijk zou zijn. Ook op grond van artikel 7 en 8 IVRK geldt dat het recht van het kind op zijn identiteit, met inbegrip van de naam, moet worden geëerbiedigd, zonder onrechtmatige inmenging).

Artikel 9

1. De Staten die partij zijn, waarborgen dat een kind niet wordt gescheiden van zijn of haar ouders tegen hun wil, tenzij de bevoegde autoriteiten, onder voorbehoud van de mogelijkheid van rechterlijke toetsing, in overeenstemming met het toepasselijke recht en de toepasselijke procedures, beslissen dat deze scheiding noodzakelijk is in het belang van het kind. Een dergelijke beslissing kan noodzakelijk zijn in een bepaald geval, zoals wanneer er sprake is van misbruik of verwaarlozing van het kind door de ouders, of wanneer de ouders gescheiden leven en er een beslissing moet worden genomen ten aanzien van de verblijfplaats van het kind.

2. In procedures ingevolge het eerste lid van dit artikel dienen alle betrokken partijen de gelegenheid te krijgen aan de procedures deel te nemen en hun standpunten naar voren te brengen.
3. De Staten die partij zijn, eerbiedigen het recht van het kind dat van een ouder of beide ouders is gescheiden, op regelmatige basis persoonlijke betrekkingen en rechtstreeks contact met beide ouders te onderhouden, tenzij dit in strijd is met het belang van het kind.
4. Indien een dergelijke scheiding voortvloeit uit een maatregel genomen door een Staat die partij is, zoals de inhechtenisneming, gevangenneming, verbanning, deportatie, of uit een maatregel het overlijden ten gevolge hebbend (met inbegrip van overlijden, door welke oorzaak ook, terwijl de betrokkene door de Staat in bewaring wordt gehouden) van één ouder of beide ouders of van het kind, verstrekt die Staat, op verzoek, aan de ouders, aan het kind of, indien van toepassing, aan een ander familielid van het kind de noodzakelijke inlichtingen over waar het afwezige lid van het gezin zich bevindt of waar de afwezige leden van het gezin zich bevinden, tenzij het verstrekken van die inlichtingen het welzijn van het kind zou schaden. De Staten die partij zijn, waarborgen voorts dat het indienen van een dergelijk verzoek op zich geen nadelige gevolgen heeft voor de betrokkene(n).
[20-11-1989, Trb. 170, i.w.tr. 02-09-1990]

[Scheiding kind en ouder(s)]

1. Algemeen. Art. 9 heeft betrekking op nationale situaties van scheiding tussen kinderen en ouders, terwijl art. 10 betrekking heeft op internationale situaties van scheiding tussen kinderen en ouders. **Rechtstreekse werking.** Volgens de Memorie van Toelichting van de Goedkeuringswet moet rechtstreekse werking van art. 9 lid 2 betreffende het recht op deelname aan procedures (vgl. art. 14 IVBPR en art. 6 EVRM) en van art. 9 lid 3 betreffende het recht op contact met de ouders (vgl. art. 23 lid 4 IVBPR en art. 8 EVRM) mogelijk worden geacht (*Kamerstukken II* 1992/93, 22855 (R 1451), 3).

2. Scheiding kind en ouder(s) (lid 1). Art. 9 lid 1 betreft het recht van het kind om niet te worden gescheiden van zijn of haar ouders tegen hun wil, tenzij scheiding noodzakelijk is in het belang van het kind. Het verwijst daarbij naar gevallen van misbruik of verwaarlozing van het kind door de ouders (zie art. 19) en gevallen waar de ouders gescheiden leven en er een beslissing moet worden genomen ten aanzien van de verblijfplaats van het kind. Het bepaalt dat de beslissing tot scheiding tussen kind en ouder(s) alleen kan worden genomen door de daartoe bevoegde autoriteiten; onder voorbehoud van de mogelijkheid van rechterlijke toetsing; en in overeenstemming met het toepasselijke recht en de toepasselijke procedures (vgl. art. 8 EVRM). **Recente uitspraken.** Zie Hof 's-Hertogenbosch 7 oktober 2021, ECLI:NL:GHSHE:2021:3057 (Zeer ernstige (kind eigen) problematiek. Onduidelijkheid over de thuissituatie van de moeder en pedagogische vaardigheden. Verlenging machtiging uithuisplaatsing noodzakelijk en niet in strijd met het EVRM en IVRK); Hof Den Haag 28 september 2021, ECLI:NL:GHDHA:2021:2632 (Vordering verbod op uitlevering naar de VS; inbreuk art. 8 EVRM en art. 3, 9 en 11 IVRK? Vordering afgewezen); Hof 's-Hertogenbosch 14 mei 2020, ECLI:NL:GHSHE:2020:1574 (Verlenging machtiging uithuisplaatsing. Hoewel de moeder stabiel is in haar eigen verzorging, met de nodige ondersteuning van de vader, betekent dit niet dat de opvoedomgeving voor de minderjarige daarmee veilig is. Zorgen over moeder blijven bestaan. Geen strijd met IVRK).

3. Recht om gehoord te worden (lid 2). Art. 9 lid 2 verplicht de Staten die partij zijn de betrokken partijen in de in het eerst lid bedoelde procedures in de gelegenheid te stellen aan de procedures deel te nemen en hun standpunten naar voren te brengen. Dit recht om gehoord te moeten worden, volgt reeds uit art. 6 EVRM en art. 14 IVBPR. Voor wat betreft het recht van het kind om gehoord te worden, volgt dit recht uit art. 12 lid 2.

4. Recht op omgang (lid 3). Art. 9 lid 3 is van toepassing op een kind dat van zijn of haar ouder(s) is gescheiden. Het betreft het recht van zo'n kind op rechtstreeks contact en het onderhouden van persoonlijke betrekkingen met beide ouders op regelmatige basis, tenzij dit in strijd is met het belang van het kind (zie art. 3 lid 1). **Recente uitspraken.** Zie Rb. Noord-Holland 18 oktober 2021, ECLI:NL:RBNHO:2021:9360 (Vader heeft lang geen contact gehad met zijn inmiddels 9-jarige dochter. Nadat de vader een kortgedingprocedure is gestart om contactherstel te bewerkstelligen, is de moeder met de dochter naar Aruba verhuisd. Hoewel het ongebruikelijk is in kort-gedingprocedures om een Raadsonderzoek te gelasten, gaat de voorzieningenrechter daar in dit geval toch toe over. Doorslaggevend daarvoor is dat een dergelijk onderzoek in deze procedure wellicht de laatste reële mogelijkheid is om (binnen afzienbare tijd) te laten onderzoeken of een contact- dan wel omgangsregeling in het belang van de dochter moet worden geacht. Mede op grond van de artikelen 9, derde lid, en 3 van het Internationaal Verdrag voor de Rechten van het Kind (IVRK) is de voorzieningenrechter van oordeel dat er een toereikende wettelijke basis is om een dergelijk onderzoek te gelasten. In voornoemde artikelen is – kort samengevat – bepaald dat de aangesloten Staten ervoor zorgen dat zij het recht van een kind eerbiedigen op het onderhouden van contact met de ouder van wie het kind gescheiden leeft en dat de belangen van het kind de eerste overweging vormen bij alle maatregelen betreffende kinderen).

5. Scheiding door maatregelen zoals inhechtenisneming, gevangenneming, verbanning, deportatie (lid 4). Art. 9 lid 1 en 2 hebben betrekking op situaties waarin een kind door een overheidsmaatregel van zijn of haar ouder(s) wordt gescheiden omdat dat noodzakelijk is in het belang van het kind. Art. 9 lid 4 heeft betrekking op situaties waarin een scheiding tussen kind en ouder(s) teweeg wordt gebracht door een maatregel genomen door de Staat zoals de inhechtenisneming, gevangenneming, verbanning, of deportatie van de ouder(s) of van het kind. Het betreft het recht van de ouders, het kind en, indien van toepassing, een ander familielid van het kind op informatie over het verblijf van het afwezige familielid.

Artikel 10

1. In overeenstemming met de verplichting van de Staten die partij zijn krachtens artikel 9, eerste lid, worden aanvragen van een kind of van zijn ouders om een Staat die partij is, voor gezinshereniging binnen te gaan of te verlaten, door de Staten die partij zijn met welwillendheid, menselijkheid en spoed behandeld. De Staten die partij zijn, waarborgen voorts dat het indienen van een dergelijke aanvraag geen nadelige gevolgen heeft voor de aanvragers en hun familieleden.

2. Een kind van wie de ouders in verschillende Staten verblijven, heeft het recht op regelmatige basis, behalve in uitzonderlijke omstandigheden, persoonlijke betrekkingen en rechtstreekse contacten met beide ouders te onderhouden. Hiertoe, en in overeenstemming met de verplichting van de Staten die partij zijn krachtens artikel 9, eerste lid, eerbiedigen de Staten die partij zijn het recht van het kind en van zijn of haar ouders welk land ook, met inbegrip van het eigen land, te verlaten, en het eigen land binnen te gaan. Het recht welk land ook te verlaten is slechts onderworpen aan de beperkingen die bij de wet zijn voorzien en die nodig zijn ter bescherming van de nationale veiligheid, de openbare orde, de volksgezondheid of de goede zeden, of van de rechten en vrijheden van anderen, en verenigbaar zijn met de andere in dit Verdrag erkende rechten.
[20-11-1989, Trb. 170, i.w.tr. 02-09-1990]

[Gezinshereniging]

1. Algemeen. Art. 10 heeft betrekking op internationale situaties van scheidingen tussen kinderen en ouders, terwijl art. 9 betrekking heeft op nationale situaties van scheiding tussen kinderen en ouders.

2. Recht op gezinshereniging (lid 1). Art. 10 lid 1 betreft het recht van het kind op gezinshereniging. Het verplicht de Staten die partij zijn aanvragen van een kind of van zijn ouders om hun Staat voor gezinshereniging binnen te gaan of te verlaten met welwillendheid, menselijkheid en spoed te behandelen. Het legt de Staten die partij zijn tevens de verplichting op om te waarborgen dat het indienen van een dergelijke aanvraag geen nadelige gevolgen heeft voor de aanvragers en hun familieleden. **Rechtstreekse werking.** Volgens de Memorie van Toelichting van de Goedkeuringswet moet rechtstreekse werking van art. 10 lid 1 (vgl. art. 12 IVBPR) mogelijk worden geacht (*Kamerstukken II* 1992/93, 22855 (R 1451), 3). **Grondwet.** Art. 2 lid 4 van de Grondwet waarborgt dat een kind Nederland kan verlaten met het oog op gezinshereniging met ouders die buiten Nederland wonen.

3. Contact met beide ouders die in verschillende staten verblijven (lid 2). Art. 10 lid 2 is van toepassing op kinderen wier ouders in verschillende staten verblijven. Het betreft het recht van zo'n kind op het onderhouden van persoonlijke betrekkingen en rechtstreekse contacten met beide ouders op regelmatige basis, behalve in uitzonderlijke omstandigheden. Het betreft tevens het daarmee samenhangende recht van het kind en van zijn of haar ouders welk land ook, met inbegrip van het eigen land, te verlaten, en het eigen land binnen te gaan (vgl. art. 12 IVBPR en art. 2 en 3 Protocol 4 EVRM).

Artikel 11

1. De Staten die partij zijn, nemen maatregelen ter bestrijding van de ongeoorloofde overbrenging van kinderen naar en het niet doen terugkeren van kinderen uit het buitenland.
2. Hiertoe bevorderen de Staten die partij zijn het sluiten van bilaterale of multilaterale overeenkomsten of het toetreden tot bestaande overeenkomsten.
[20-11-1989, Trb. 170, i.w.tr. 02-09-1990]

[Internationale kinderontvoering]

Betekenis. Art. 11 heeft betrekking op kinderontvoering naar het buitenland door een ouder. Het betreft het recht van het kind om beschermd te worden tegen de ongeoorloofde overbrenging van het kind naar en het niet doen terugkeren van het kind uit het buitenland. Het verplicht de Staten die partij zijn om maatregelen te nemen ter bestrijding van de ongeoorloofde overbrenging van kinderen naar en het niet doen terugkeren van kinderen uit het buitenland, waaronder het sluiten van bilaterale of multilaterale overeenkomsten of het toetreden tot bestaande overeenkomst (zie art. 4). Art. 11 dient onderscheiden te worden van art. 35, dat betrekking heeft op drie specifieke vormen van uitbuiting van kinderen: de ontvoering van kinderen; de verkoop van kinderen; en de handel in kinderen. Met ingang van 1 september 1990 zijn voor Nederland van kracht geworden het op 20 mei 1980 te Luxembourg tot stand gekomen Europees Verdrag betreffende de erkenning en tenuitvoerlegging van beslissingen inzake het gezag over kinderen (*Trb.* 1980, 134; vertaling in het Nederlands *Trb.* 1981, 10), en het op 25 oktober 1980 te 's-Gravenhage tot stand gekomen Verdrag inzake de burgerrechtelijke aspecten van internationale ontvoering van kinderen (*Trb.* 1987, 139).

Artikel 12

1. De Staten die partij zijn, verzekeren het kind dat in staat is zijn of haar eigen mening te vormen, het recht die mening vrijelijk te uiten in alle aangelegenheden die het kind betreffen, waarbij aan de mening van het kind passend belang wordt gehecht in overeenstemming met zijn of haar leeftijd en rijpheid.
2. Hiertoe wordt het kind met name in de gelegenheid gesteld te worden gehoord in iedere gerechtelijke en bestuurlijke procedure die het kind betreft, hetzij rechtstreeks, hetzij door tussenkomst van een vertegenwoordiger of een daarvoor geschikte instelling, op een wijze die verenigbaar is met de procedureregels van het nationale recht.
[20-11-1989, Trb. 170, i.w.tr. 02-09-1990]

[Recht op participatie en om gehoord te worden]

1. Algemeen. Art. 12 dient onderscheiden te worden van art. 13, dat betrekking heeft op het recht van het kind op vrijheid van meningsuiting in algemene zin. **Rechtstreekse werking.** Volgens de Memorie van Toelichting van de Goedkeuringswet moet rechtstreekse werking van art. 12 mogelijk worden geacht (*Kamerstukken II* 1992/93, 22855 (R 1451), 3).

2. Recht op participatie (lid 1). Art. 12 is van toepassing op kinderen die in staat zijn hun eigen mening te vormen. Art. 21 lid 1 betreft het recht van ieder zo'n kind om zijn of haar mening vrijelijk te uiten in alle aangelegenheden die hem of haar betreffen, waarbij aan zijn of haar mening passend belang wordt gehecht in overeenstemming met zijn of haar leeftijd en rijpheid.

3. Recht om gehoord te worden (lid 2). Het recht op participatie in art. 12 lid 1 omvat tevens het recht om gehoord te worden in iedere gerechtelijke en bestuurlijke procedure die het kind betreft, waarbij aan zijn of haar mening passend belang wordt gehecht in overeenstemming met zijn of haar leeftijd en rijpheid. Dit recht houdt in dat het kind in de gelegenheid dient te worden gesteld, gehoord te worden, hetzij rechtstreeks, hetzij door tussenkomst van een vertegenwoordiger of een daarvoor geschikte instelling. Zie General Comment No. 12 The right of the child to be heard (2009) van het VN-Comité voor de Rechten van het Kind. **Recente uitspraken.** Zie Hof Amsterdam 2 juli 2019, ECLI:NL:GHAMS:2019:2635 (Verdeling van de zorg- en opvoedingstaken, verzoek tot horen minderjarige); Hof Arnhem-Leeuwarden 2 april 2019, ECLI:NL:GHARL:2019:3073 (Omgang vader/zoon. Sinds 2011 verschillende hulpverleningsprojecten ingezet om ouders te laten stoppen met de strijd. Niet gelukt. Met name door houding en persoonlijkheid van de vader. Ook een laatste kans grijpt de vader niet. Omgang gestopt in belang zoon, ook al zegt de zoon de omgang te missen).

Artikel 13

1. Het kind heeft het recht op vrijheid van meningsuiting; dit recht omvat mede de vrijheid inlichtingen en denkbeelden van welke aard ook te vergaren, te ontvangen en door te geven, ongeacht landsgrenzen, hetzij mondeling, hetzij in geschreven of gedrukte vorm, in de vorm van kunst, of met behulp van andere media naar zijn of haar keuze.

2. De uitoefening van dit recht kan aan bepaalde beperkingen worden gebonden, doch alleen aan de beperkingen die bij de wet zijn voorzien en die nodig zijn:

a. voor de eerbiediging van de rechten of de goede naam van anderen; of

b. ter bescherming van de nationale veiligheid of van de openbare orde, de volksgezondheid of de goede zeden.

[20-11-1989, Trb. 170, i.w.tr. 02-09-1990]

[Vrijheid van meningsuiting]

Betekenis. In art. 13 is voor kinderen het recht op vrijheid van meningsuiting neergelegd. Dit recht is ook voorzien in art. 10 EVRM en art. 19 IVBPR. De uitoefening van dit recht kan alleen aan beperkingen worden gebonden die in overstemming zijn met de voorschriften van art. 13 lid 2. Art. 13 is sterk verbonden met art. 12 en 17. **Rechtstreekse werking.** Volgens de Memorie van Toelichting van de Goedkeuringswet moet rechtstreekse werking van art. 13 mogelijk worden geacht (vgl. art. 19 IVBPR en art. 10 EVRM) (*Kamerstukken II* 1992/93, 22 855 (R 1451), nr. 3). **Grondwet.** Het recht van vrijheid van meningsuiting is neergelegd in art. 7 van de Grondwet. Art. 7 lid 3 van de Grondwet bepaalt dat de wet het geven van vertoningen toegankelijk voor personen jonger dan zestien jaar ter bescherming van de goede zeden kan regelen (vgl. art. 10 lid 1 EVRM).

Artikel 14

1. De Staten die partij zijn, eerbiedigen het recht van het kind op vrijheid van gedachte, geweten en godsdienst.

2. De Staten die partij zijn, eerbiedigen de rechten en plichten van de ouders en, indien van toepassing, van de wettige voogden, om het kind te leiden in de uitoefening van zijn of haar recht op een wijze die verenigbaar is met de zich ontwikkelende vermogens van het kind.

3. De vrijheid van een ieder zijn godsdienst of levensovertuiging tot uiting te brengen kan slechts in die mate worden beperkt als wordt voorgeschreven door de wet en noodzakelijk is ter bescherming van de openbare veiligheid, de openbare orde, de

volksgezondheid of de goede zeden, of van de fundamentele rechten en vrijheden van anderen.
[20-11-1989, Trb. 170, i.w.tr. 02-09-1990]

[Vrijheid van gedachte, geweten en godsdienst]

1. Betekenis. In art. 14 is voor kinderen het recht op vrijheid van gedachte, geweten en godsdienst neergelegd. Dit recht is ook vastgelegd in art. 9 EVRM en art. 18 IVBPR. De uitoefening van dit recht kan alleen aan beperkingen worden gebonden die in overeenstemming zijn met de voorschriften van art. 14 lid 3. **Rechtstreekse werking.** Volgens de Memorie van Toelichting van de Goedkeuringswet moet rechtstreekse werking van art. 14 mogelijk worden geacht (vgl. art. 18 IVBPR en art. 9 EVRM) (*Kamerstukken II* 1992/93, 22855 (R 1451), 3). **Grondwet.** Het recht op vrijheid van godsdienst en levensovertuiging is neergelegd in art. 6 van de Grondwet.

2. Rol van de ouders (lid 2). Anders dan in art. 18 lid 1 IVBPR is het recht van het kind om een door hem of haarzelf gekozen godsdienst of levensovertuiging te hebben of te aanvaarden niet expliciet opgenomen in art. 14 lid 1. Volgens de 'travaux préparatoires' kon geen overeenstemming hierover worden bereikt, met name door de mening van verscheidene delegaties dat ouders of voogden beslissen over de godsdienstige opvoeding van hun kinderen. Bij wijze van compromis werd art. 14 lid 2 aangenomen (vgl. art. 5). De Nederlandse regering is van mening dat art. 14 ruim moet worden opgevat en heeft de volgende interpretatieve verklaring afgelegd: 'De regering van het Koninkrijk der Nederlanden verklaart met betrekking tot art. 14 van het verdrag, dat zij dit artikel opvat als zijnde in overeenstemming met de termen van art. 18 van het Internationaal Verdrag inzake burgerrechten en politieke rechten (tekst en vertaling in het Nederlands in *Trb.* 1969, 99, zie ook laatstelijk *Trb.* 1984, 19) en dat dit artikel mede omvat de vrijheid van het kind een door hem- of haarzelf gekozen godsdienst of levensovertuiging te hebben of te aanvaarden zodra het kind daartoe, gelet op zijn of haar leeftijd of rijpheid, in staat is' (*Kamerstukken II* 1992/93 22855 (R 1451), 3, bijlage 1).

Artikel 15

1. De Staten die partij zijn, erkennen de rechten van het kind op vrijheid van vereniging en vrijheid van vreedzame vergadering.
2. De uitoefening van deze rechten kan aan geen andere beperkingen worden onderworpen dan die welke in overeenstemming met de wet worden opgelegd en die in een democratische samenleving geboden zijn in het belang van de nationale veiligheid of de openbare veiligheid, de openbare orde, de bescherming van de volksgezondheid of de goede zeden, of de bescherming van de rechten en vrijheden van anderen.
[20-11-1989, Trb. 170, i.w.tr. 02-09-1990]

[Vrijheid van vereniging en vergadering]

Betekenis. In art. 15 zijn voor kinderen de rechten op vrijheid van vereniging en op vrijheid van vreedzame vergadering neergelegd. Deze rechten zijn ook voorzien in art. 11 EVRM en art. 21-22 IVBPR. De uitoefening van deze rechten kan alleen aan beperkingen worden gebonden die in overeenstemming zijn met de voorschriften van art. 15 lid 2.

Rechtstreekse werking. Volgens de Memorie van Toelichting van de Goedkeuringswet moet rechtstreekse werking van art. 15 mogelijk worden geacht (vgl. art. 21-22 IVBPR en art. 11 EVRM) (*Kamerstukken II* 1992/93, 22855 (R 1451), 3). **Grondwet.** Het recht tot vereniging is neergelegd in art. 8 van de Grondwet. Het recht tot vergadering en betoging is neergelegd in art. 9 van de Grondwet.

Artikel 16

1. Geen enkel kind mag worden onderworpen aan willekeurige of onrechtmatige inmenging in zijn of haar privéleven, in zijn of haar gezinsleven, zijn of haar woning of zijn of haar correspondentie, noch aan enige onrechtmatige aantasting van zijn of haar eer en goede naam.
2. Het kind heeft recht op bescherming door de wet tegen zodanige inmenging of aantasting.
[20-11-1989, Trb. 170, i.w.tr. 02-09-1990]

[Privacy]

Betekenis. Art. 16 lid 1 bevat het verbod van willekeurige of onrechtmatige inmenging in het privéleven van een kind, in het gezinsleven van een kind, in de woning van een kind en in de correspondentie van een kind. Het bevat tevens het verbod van de onrechtmatige aantasting van de eer en goede naam van een kind. Art. 16 lid 2 bepaalt dat het kind recht heeft op bescherming door de wet tegen zodanige inmenging of aantasting (vgl. art. 8 lid 2 EVRM en art. 17 lid 2 IVBPR). **Rechtstreekse werking.** Volgens de Memorie van Toelichting van de Goedkeuringswet moet rechtstreekse werking van art. 16 mogelijk worden geacht (vgl. art. 17 IVBPR en art. 8 EVRM) (*Kamerstukken II* 1992/93, 22855 (R 1451), 3). **Grondwet.** Het recht op eerbiediging van de persoonlijke levenssfeer is neergelegd in art. 10 Grondwet. Art. 11-13 Grondwet hebben betrekking op het recht op eerbiediging van lichaam, woning- en brief-, telefoon- en telegraafgeheim. **Recente uitspraken.** Zie Hof Amsterdam 23 juli 2019, ECLI:NL:GHAMS:2019:2729 (Verzoek vervangende toestemming tot deelname minderjarige aan het rijksvaccinatieprogramma. Hof is van oordeel dat deelname in het belang van de minderjarige is. Verzoek de beschikking uitvoerbaar bij voorraad te verklaren wordt toegewezen).

Artikel 17

De Staten die partij zijn, erkennen de belangrijke functie van de massamedia en waarborgen dat het kind toegang heeft tot informatie en materiaal uit een verscheidenheid van nationale en internationale bronnen, in het bijzonder informatie en materiaal gericht op het bevorderen van zijn of haar sociale, psychische en morele welzijn en zijn of haar lichamelijke en geestelijke gezondheid. Hiertoe dienen de Staten die partij zijn:

a. **de massamedia aan te moedigen informatie en materiaal te verspreiden die tot sociaal en cultureel nut zijn voor het kind en in overeenstemming zijn met de strekking van artikel 29;**
b. **internationale samenwerking aan te moedigen bij de vervaardiging, uitwisseling en verspreiding van dergelijke informatie en materiaal uit een verscheidenheid van culturele, nationale en internationale bronnen;**
c. **de vervaardiging en verspreiding van kinderboeken aan te moedigen;**

d. de massamedia aan te moedigen in het bijzonder rekening te houden met de behoeften op het gebied van de taal van het kind dat tot een minderheid of tot de oorspronkelijke bevolking behoort;
e. de ontwikkeling aan te moedigen van passende richtlijnen voor de bescherming van het kind tegen informatie en materiaal die schadelijk zijn voor zijn of haar welzijn, indachtig de bepalingen van de artikelen 13 en 18.
[20-11-1989, Trb. 170, i.w.tr. 02-09-1990]

[Recht op toegang tot informatie]

Betekenis. Art. 17 betreft het recht van het kind op toegang tot informatie en materiaal uit een verscheidenheid van nationale en internationale bronnen, in het bijzonder informatie en materiaal gericht op het bevorderen van zijn of haar sociale, psychische en morele welzijn en zijn of haar lichamelijke en geestelijke gezondheid. Het verplicht de Staten die partij zijn om de stappen te nemen, genoemd in onderdelen a-e teneinde dit recht te waarborgen. Art. 17 is sterk verbonden met art. 13.

Artikel 18

1. De Staten die partij zijn, doen alles wat in hun vermogen ligt om de erkenning te verzekeren van het beginsel dat beide ouders de gezamenlijke verantwoordelijkheid dragen voor de opvoeding en de ontwikkeling van het kind. Ouders of, al naar gelang het geval, wettige voogden, hebben de eerste verantwoordelijkheid voor de opvoeding en de ontwikkeling van het kind. Het belang van het kind is hun allereerste zorg.
2. Om de toepassing van de in dit Verdrag genoemde rechten te waarborgen en te bevorderen, verlenen de Staten die partij zijn passende bijstand aan ouders en wettige voogden bij de uitoefening van hun verantwoordelijkheden die de opvoeding van het kind betreffen, en waarborgen zij de ontwikkeling van instellingen, voorzieningen en diensten voor kinderzorg.
3. De Staten die partij zijn, nemen alle passende maatregelen om te waarborgen dat kinderen van werkende ouders recht hebben op gebruikmaking van diensten en voorzieningen voor kinderzorg waarvoor zij in aanmerking komen.
[20-11-1989, Trb. 170, i.w.tr. 02-09-1990]

[Verantwoordelijkheden van ouders]

1. Gezamenlijke verantwoordelijkheid (lid 1 eerste zin). Art. 18 lid 1 verplicht de Staten die partij zijn alles te doen wat in hun vermogen ligt om de erkenning te verzekeren van het beginsel dat beide ouders de gezamenlijke verantwoordelijkheid dragen voor de opvoeding en de ontwikkeling van het kind. Dit beginsel vloeit ook voort uit art. 23 lid 4 IVBPR. Volgens laatstgenoemd artikel behoren echtgenoten tijdens en bij gelegenheid van de ontbinding van het huwelijk gelijke rechten en verantwoordelijkheden te hebben. De 'travaux préparatoires' van het IVRK laten zien dat sommige delegaties vonden dat het beginsel dat beide ouders de gezamenlijke verantwoordelijkheid dragen voor de opvoeding en de ontwikkeling van het kind geïnterpreteerd moest worden overeenkomstig art. 5 onderdeel b van het op 18 december 1979 te New York tot stand gekomen Verdrag inzake de uitbanning van alle vormen van discriminatie van vrouwen (*Trb.* 1980, 46; vertaling in het Nederlands in *Trb.* 1981, 61). Andere delegaties vonden dat het beginsel geïnterpreteerd moest worden overeenkomstig art. 16 van datzelfde verdrag (VN document E/CN.4/L.1575, nrs. 82-95 (1981)). Krachtens bovenvermeld art. 5 onderdeel b nemen de Staten die partij zijn alle passende maatregelen om ervoor zorg te dragen dat onderwijs over het gezin een juist begrip van het moederschap als sociale functie, en de erkenning van de gezamenlijke verantwoordelijkheid van mannen en vrouwen bij het grootbrengen en de ontwikkeling van kinderen bevat, met dien verstande dat het belang van de kinderen in alle gevallen voorop staat. Bovenvermeld art. 16 handelt over gelijke rechten en verantwoordelijkheden van mannen en vrouwen ten opzichte van kinderen.

2. Primaire verantwoordelijkheid (lid 1 tweede zin). In art. 18 lid 1 is tevens het beginsel vastgelegd dat ouders of, al naar gelang het geval, wettige voogden, de eerste verantwoordelijkheid hebben voor de opvoeding en de ontwikkeling van het kind. Volgens de 'travaux préparatoires' is hiermee bedoeld aan te geven dat de staten die partij zijn, ouders moeten beschermen tegen te zwaar ingrijpen door de staat en tevens dat ouders niet altijd van een staat kunnen verlangen dat deze ingrijpt, juist omdat de opvoeding en ontwikkeling van hun kinderen in de eerste plaats hun verantwoordelijkheid is (VN document E/CN.4/L.1575, nr. 91 (1981)). Deze bepaling is sterk verbonden met art. 5, 9, 16 en 27 lid 2.

3. Bijstand aan ouders (lid 2). Art. 18 lid 2 verplicht de staten die partij zijn, passende bijstand aan ouders en wettige voogden te verlenen bij de uitoefening van hun verantwoordelijkheden die de opvoeding van het kind betreffen (zie art. 27 lid 3).

4. Instellingen, voorzieningen en diensten voor kinderzorg; Kinderen van werkende ouders (leden 2 en 3). Art. 18 lid 2 verplicht de Staten die partij zijn om de ontwikkeling van instellingen, voorzieningen en diensten voor kinderzorg te waarborgen (zie art. 3 lid 2 en 3). Art. 18 lid 3 betreft het recht van een kind van werkende ouders op diensten en voorzieningen voor kinderzorg. Het verplicht de Staten die partij zijn om alle passende maatregelen te nemen die nodig zijn om te waarborgen dat kinderen van werkende ouders recht hebben op gebruikmaking van diensten en voorzieningen voor kinderzorg waarvoor zij in aanmerking komen (zie art. 3 lid 2 en 3).

Artikel 19

1. De Staten die partij zijn, nemen alle passende wettelijke en bestuurlijke maatregelen en maatregelen op sociaal en opvoedkundig gebied om het kind te beschermen tegen alle vormen van lichamelijk of geestelijk geweld, letsel of misbruik, lichamelijke of geestelijke verwaarlozing of nalatige behandeling, mishandeling of exploitatie, met inbegrip van sexueel misbruik, terwijl het kind onder de hoede is van de ouder(s), wettige voogd(en) of iemand anders die de zorg voor het kind heeft.
2. Deze maatregelen ter bescherming dienen, indien van toepassing, doeltreffende procedures te omvatten voor de invoering van sociale programma's om te voorzien in de nodige ondersteuning van het kind en van degenen die de zorg voor het kind hebben, alsmede procedures voor andere vormen van voorkoming van en voor opsporing, melding, verwijzing, *onderzoek*, behandeling en follow-up van gevallen van kindermishandeling zoals hierboven beschreven, en, indien van toepassing, voor inschakeling van rechterlijke instanties.
[20-11-1989, Trb. 170, i.w.tr. 02-09-1990]

[Bescherming tegen kindermishandeling]

Betekenis. Art. 19 betreft het recht van het kind om beschermd te worden tegen alle vormen van lichamelijk of geestelijk geweld, letsel of misbruik, lichamelijk of geestelijke verwaarlozing of nalatige behandeling, mishandeling of exploitatie, met inbegrip van seksueel misbruik, terwijl het kind onder de hoede is van de ouder(s), wettige voogd(en) of iemand anders die de zorg voor het kind heeft. Het verplicht de staten die partij zijn om alle passende wettelijke en bestuurlijke maatregelen en maatregelen op sociaal en opvoedkundig gebied te nemen die nodig zijn om dit recht te waarborgen. Art. 19 lid 2 verwijst daarbij naar doeltreffende procedures voor de invoering van sociale programma's om te voorzien in de nodige ondersteuning van het kind en van degenen die de zorg voor het kind hebben, alsmede procedures voor andere vormen van voorkoming van en voor opsporing, melding, verwijzing, onderzoek, behandeling en follow-up van gevallen van kindermishandeling, en, indien van toepassing, voor inschakeling van rechterlijke instanties. Art. 19 is sterk verbonden met art. 28 lid 2, 34, 37 lid 1, en 39. Zie General Comment No. 8 The right of the child to protection from corporal punishment and other cruel or degrading forms of punishment (2007), General Comment No. 13 The right of the child to freedom from all forms of violence (2011) en General Comment No. 18 on harmful practices (2014) van het VN-Comité voor de Rechten van het Kind.

Artikel 20

1. Een kind dat tijdelijk of blijvend het verblijf in het gezin waartoe het behoort, moet missen, of dat men in zijn of haar eigen belang niet kan toestaan in het gezin te blijven, heeft recht op bijzondere bescherming en bijstand van staatswege.

2. De Staten die partij zijn, waarborgen, in overeenstemming met hun nationale recht, een andere vorm van zorg voor dat kind.

3. Deze zorg kan, onder andere, plaatsing in een pleeggezin omvatten, kafalah volgens het Islamitische recht, adoptie, of, indien noodzakelijk, plaatsing in geschikte instellingen voor kinderzorg. Bij het overwegen van oplossingen wordt op passende wijze rekening gehouden met de wenselijkheid van continuïteit in de opvoeding van het kind en met de etnische, godsdienstige en culturele achtergrond van het kind en met zijn of haar achtergrond wat betreft de taal.

[20-11-1989, Trb. 170, i.w.tr. 02-09-1990]

[Kinderen zonder ouderlijke zorg]

Betekenis. Art. 20 is van toepassing op een kind dat tijdelijk of blijvend het verblijf in het gezin waartoe het behoort, moet missen, of dat men in zijn of haar belang niet kan toestaan in het gezin te blijven. Het betreft het recht van zo'n kind op bijzondere bescherming en bijstand van staatswege. Dit recht houdt mede in dat de staten die partij zijn, verplicht zijn om een andere vorm van zorg voor zo'n kind te waarborgen (art. 20 lid 2). Deze zorgplicht mag worden vormgegeven in overeenstemming met het nationale recht. Art. 20 lid 3 stelt een aantal niet dwingende oplossingen voor omtrent de invulling van de zorgplicht van de staat, namelijk plaatsing in een pleeggezin, kafalah volgens het islamitische recht, adoptie of, indien noodzakelijk, plaatsing in geschikte instellingen voor kinderzorg. De woorden 'indien noodzakelijk' zijn gebruikt om aan te geven dat de oplossing van plaatsing in een geschikte instelling voor kinderzorg slechts gekozen dient te worden als er geen ander alternatief is. De tweede zin van art. 20 lid 3 bepaalt dat bij het overwegen van oplossingen voor een kind op passende wijze rekening dient te worden houden met de wenselijkheid van continuïteit in de opvoeding van het kind en met de etnische, godsdienstige en culturele achtergrond van het kind en met zijn of haar achtergrond wat betreft de taal. Art. 20 is sterk verbonden met art. 9, 19 en 21. **Recente uitspraken.** Zie Hof Amsterdam 2 juli 2019, ECLI:NL:GHAMS:2019:2261 (Beëindiging gezag ex artikel 1:266 lid 1 BW. Beoordeling subsidiair verzochte omgangs- en informatieregeling); Rb. Den Haag 29 maart 2019, ECLI:NL:RBDHA:2019:3632 (Vervangt Stichting Jeugdbescherming west Zuid-Holland door Stichting Leger des Heils Jeugdbescherming & Reclassering; wijst het verzoek tot machtiging tot uithuisplaatsing van minderjarige 2 in een accommodatie van een jeugdhulpaanbieder en aansluitend in een pleeggezin of een gezinshuis af; wijst het verzoek tot machtiging tot uithuisplaatsing van minderjarige 1 in een accommodatie van een jeugdhulpaanbieder af); Rb. Noord-Nederland 12 februari 2019, ECLI:NL:RBNNE:2019:498 (Gezag. Anders dan de rechtbank ziet het hof een gezagsbeëindigende maatregel als een te vergaande maatregel om het beoogde doel, de voortzetting van het verblijf van de minderjarige in de instelling en geen terugkeer gedurende de minderjarigheid van de minderjarige naar de ouders thuis, te bewerkstelligen).

Artikel 21

De Staten die partij zijn en die de methode van adoptie erkennen en/of toestaan, waarborgen dat het belang van het kind daarbij de voornaamste overweging is, en:

a. waarborgen dat de adoptie van een kind slechts wordt toegestaan mits daartoe bevoegde autoriteiten, in overeenstemming met de van toepassing zijnde wetten en procedures en op grond van alle van belang zijnde en betrouwbare gegevens, bepalen dat de adoptie kan worden toegestaan gelet op de verhoudingen van het kind met zijn of haar ouders, familieleden en wettige voogden, en mits, indien vereist, de betrokkenen, na volledig te zijn ingelicht, op grond van de adviezen die noodzakelijk worden geacht, daarmee hebben ingestemd;

b. erkennen dat interlandelijke adoptie kan worden overwogen als andere oplossing voor de zorg voor het kind, indien het kind niet in een pleeg- of adoptiegezin kan worden geplaatst en op geen enkele andere passende wijze kan worden verzorgd in het land van zijn of haar herkomst;

c. verzekeren dat voor het kind dat bij een interlandelijke adoptie is betrokken waarborgen en normen gelden die gelijkwaardig zijn aan die welke bestaan bij adoptie in het eigen land;

d. nemen alle passende maatregelen om te waarborgen dat, in het geval van interlandelijke adoptie, de plaatsing niet leidt tot ongepast geldelijk voordeel voor de betrokkenen;

e. bevorderen, wanneer passend, de verwezenlijking van de doeleinden van dit artikel door het aangaan van bilaterale of multilaterale regelingen of overeenkomsten, en spannen zich in om, in het kader daarvan, te waarborgen dat de plaatsing van het kind in een ander land wordt uitgevoerd door bevoegde autoriteiten of instellingen.

[20-11-1989, Trb. 170, i.w.tr. 02-09-1990]

tionele stoornissen bij, gehandicapte kinderen, met inbegrip van de verspreiding van en de toegang tot informatie betreffende revalidatiemethoden, onderwijs en beroepsopleidingen, met als doel de Staten die partij zijn, in staat te stellen hun vermogens en vaardigheden te verbeteren en hun ervaring op deze gebieden te verruimen. Wat dit betreft wordt in het bijzonder rekening gehouden met de behoeften van ontwikkelingslanden.

[20-11-1989, Trb. 170, i.w.tr. 02-09-1990]

[Kinderen met een handicap]

Betekenis. Art. 23 lid 1 betreft het recht van een kind met een geestelijk of lichamelijk handicap op een volwaardig en behoorlijk leven, in omstandigheden die de waardigheid van het kind verzekeren, zijn of haar zelfstandigheid bevorderen en zijn of haar actieve deelneming aan het gemeenschapsleven vergemakkelijken. Art. 23 lid 2 betreft het recht van een kind met een geestelijke of lichamelijke handicap op bijzondere zorg. Dit recht houdt mede in dat de Staten die partij zijn, verplicht zijn om te stimuleren en te waarborgen dat bijstand wordt verleend aan het kind en degenen die verantwoordelijk zijn voor zijn of haar verzorging die passend is gezien de gesteldheid van het kind en de omstandigheden van de ouders of anderen die voor het kind zorgen. De geboden bijstand dient, wanneer mogelijk, gratis te worden verleend, rekening houdend met de financiele middelen van de ouders of anderen die voor het kind zorgen. De bijstand dient erop gericht te zijn te waarborgen dat het gehandicapte kind daadwerkelijk toegang heeft tot onderwijs, opleiding, voorzieningen voor gezondheidszorg en revalidatie, voorbereiding voor een beroep, en recreatiemogelijkheden, op een wijze die ertoe bijdraagt dat het kind een zo volledig mogelijke integratie in de maatschappij en persoonlijke ontwikkeling bereikt, met inbegrip van zijn of haar culturele en intellectuele ontwikkeling (art. 23 lid 3). Zie General Comment No. 9 The rights of children with disabilities (2007) van het VN-Comité voor de Rechten van het Kind.

Artikel 24

1. **De Staten die partij zijn, erkennen het recht van het kind op het genot van de grootst mogelijke mate van gezondheid en op voorzieningen voor de behandeling van ziekte en het herstel van de gezondheid. De Staten die partij zijn, streven ernaar te waarborgen dat geen enkel kind zijn of haar recht op toegang tot deze voorzieningen voor gezondheidszorg wordt onthouden.**

2. **De Staten die partij zijn, streven de volledige verwezenlijking van dit recht na en nemen passende maatregelen, met name:**

a. **om baby- en kindersterfte te verminderen;**

b. **om de verlening van de nodige medische hulp en gezondheidszorg aan alle kinderen te waarborgen, met nadruk op de ontwikkeling van de eerste-lijnsgezondheidszorg;**

c. **om ziekte, ondervoeding en slechte voeding te bestrijden, mede binnen het kader van de eerste-lijnsgezondheidszorg, door onder andere het toepassen van gemakkelijk beschikbare technologie en door het voorzien in voedsel met voldoende voedingswaarde en zuiver drinkwater, de gevaren en risico's van milieuverontreiniging in aanmerking nemend;**

d. **om passende pre- en postnatale gezondheidszorg voor moeders te waarborgen;**

e. **om te waarborgen dat alle geledingen van de samenleving, met name ouders en kinderen, worden voorgelicht over, toegang hebben tot onderwijs over, en worden gesteund in het gebruik van de fundamentele kennis van de gezondheid van en de voeding van kinderen, de voordelen van borstvoeding, hygiëne en sanitaire voorzieningen en het voorkomen van ongevallen;**

f. **om preventieve gezondheidszorg, begeleiding voor ouders, en voorzieningen voor en voorlichting over gezinsplanning te ontwikkelen.**

3. De Staten die partij zijn, nemen alle doeltreffende en passende maatregelen teneinde traditionele gebruiken die schadelijk zijn voor de gezondheid van kinderen af te schaffen.

4. De Staten die partij zijn, verbinden zich ertoe internationale samenwerking te bevorderen en aan te moedigen teneinde geleidelijk de algehele verwezenlijking van het in dit artikel erkende recht te bewerkstelligen. Wat dit betreft wordt in het bijzonder rekening gehouden met de behoeften van ontwikkelingslanden.

[20-11-1989, Trb. 170, i.w.tr. 02-09-1990]

[Recht op gezondheid en gezondheidszorg]

Betekenis. Art. 24 betreft het recht van het kind op het genot van de grootst mogelijke mate van gezondheid en op voorzieningen voor de behandeling van ziekte en het herstel van de gezondheid (vgl. art. 12 IVESCR en art. 11 Europees Sociaal Handvest (ESH)). Dit recht omvat het recht van ieder kind op toegang tot deze voorzieningen voor gezondheidszorg. Art. 24 lid 2 verplicht de Staten die partij zijn om de volledige verwezenlijking van dit recht na te streven en alle passende maatregelen te nemen daartoe, in het bijzonder maatregelen gericht op de doeleinden genoemd in onderdeel a-f (zie art. 4 tweede zin). Zie General Comment No. 3 HIV/AIDS and the rights of the child (2003) en General Comment No. 15 on the right of the child to the enjoyment of the highest attainable standard of health (2013) van het VN-Comité voor de Rechten van het Kind. **Toegang tot voorzieningen voor gezondheidszorg (lid 1).** De 'travaux préparatoires' laten zien dat sommige delegaties een bepaling wilden opnemen over gratis toegang tot voorzieningen voor gezondheidszorg. Andere delegaties waren daar tegen. Als compromis is besloten de Staten die partij zijn te verplichten ernaar te streven om te waarborgen dat geen enkel kind zijn of haar recht op toegang tot voorzieningen voor gezondheidszorg wordt onthouden. **Traditionele gebruiken (lid 3).** Art. 24 lid 3 betreft het recht van het kind om beschermd te worden tegen traditionele gebruiken die schadelijk zijn voor zijn of haar gezondheid. Het verplicht de Staten die partij zijn om alle doeltreffende en passende maatregelen te nemen teneinde zulke traditionele af te schaffen. Het IVRK vormt het eerste mensenrechtenverdrag waarin een expliciete bepaling is opgenomen over traditionele gebruiken die schadelijk zijn voor de gezondheid van kinderen, bijvoorbeeld genitale verminking van meisjes. Zie General Comment No. 18 on harmful practices (2014) van het VN-Comité voor de Rechten van het Kind.

Artikel 25

De Staten die partij zijn, erkennen het recht van een kind dat door de bevoegde autoriteiten uit huis is geplaatst ter verzorging, bescherming of behandeling in verband met zijn of haar lichamelijke of geestelijke gezondheid, op een periodieke evaluatie

van de behandeling die het kind krijgt en van alle andere omstandigheden die verband houden met zijn of haar plaatsing.
[20-11-1989, Trb. 170, i.w.tr. 02-09-1990]

[Uit huis geplaatste kinderen]

Betekenis. Art. 25 is van toepassing op kinderen die door de bevoegde autoriteiten uit huis zijn geplaatst ter verzorging, bescherming of behandeling in verband met hun lichamelijke of geestelijke gezondheid. Het betreft het recht van zo'n kind op een periodieke evaluatie van de behandeling die hij of zij krijgt en van alle andere omstandigheden die verband houden met zijn of haar plaatsing. Art. 25 is sterk verbonden met art. 9, 20 en 37 lid 3.

Artikel 26

1. De Staten die partij zijn, erkennen voor ieder kind het recht de voordelen te genieten van voorzieningen voor sociale zekerheid, met inbegrip van sociale verzekering, en nemen de nodige maatregelen om de algehele verwezenlijking van dit recht te bewerkstelligen in overeenstemming met hun nationale recht.
2. De voordelen dienen, indien van toepassing, te worden verleend, waarbij rekening wordt gehouden met de middelen en de omstandigheden van het kind en de personen die verantwoordelijk zijn voor zijn of haar onderhoud, alsmede iedere andere overweging die van belang is voor de beoordeling van een verzoek daartoe dat door of namens het kind wordt ingediend.
[20-11-1989, Trb. 170, i.w.tr. 02-09-1990]

[Recht op sociale zekerheid]

Betekenis. Art. 26 betreft het recht van het kind om de voordelen te genieten van voorzieningen voor sociale zekerheid, met inbegrip van sociale verzekering (vgl. art. 9 IVESCR en art. 12-13 ESH). Dit recht houdt mede in dat bij de verlening van de voordelen, indien van toepassing, rekening dient te worden gehouden met de middelen en de omstandigheden van het kind en de personen die verantwoordelijk zijn voor zijn of haar onderhoud, alsmede iedere andere overweging die van belang is voor de beoordeling van een verzoek daartoe dat door of namens het kind wordt ingediend (art. 26 lid 2). De Staten die partij zijn, zijn verplicht om alle nodige maatregelen te nemen om de algehele verwezenlijking van dit recht te verwezenlijken (zie art. 4 tweede zin). **Zelfstandig recht van kinderen op sociale zekerheid.** Art. 26 lid 2 verwijst naar een verzoek tot het verlenen van de voordelen van voorzieningen van sociale zekerheid dat door het kind of namens het kind wordt ingediend. Nederland heeft een voorbehoud gemaakt ten aanzien van de erkenning in art. 26 van een zelfstandig recht van kinderen op sociale zekerheid. **Voorbehoud door Nederland.** 'Het Koninkrijk der Nederlanden aanvaardt het bepaalde in art. 26 van het verdrag, onder het voorbehoud dat deze bepaling niet verplicht tot een zelfstandig recht van kinderen op sociale zekerheid, daarbij inbegrepen sociale verzekering.' (Rijkswet van 24 november 1994, *Stb.* 862).

Artikel 27

1. De Staten die partij zijn, erkennen het recht van ieder kind op een levensstandaard die toereikend is voor de lichamelijke, geestelijke, intellectuele, zedelijke en maatschappelijke ontwikkeling van het kind.

2. De ouder(s) of anderen die verantwoordelijk zijn voor het kind, hebben de primaire verantwoordelijkheid voor het waarborgen, naar vermogen en binnen de grenzen van hun financiële mogelijkheden, van de levensomstandigheden die nodig zijn voor de ontwikkeling van het kind.

3. De Staten die partij zijn, nemen, in overeenstemming met de nationale omstandigheden en met de middelen die hun ten dienste staan, passende maatregelen om ouders en anderen die verantwoordelijk zijn voor het kind te helpen dit recht te verwezenlijken, en voorzien, indien de behoefte daaraan bestaat, in programma's voor materiële bijstand en ondersteuning, met name wat betreft voeding, kleding en huisvesting.

4. De Staten die partij zijn, nemen alle passende maatregelen om het verhaal te waarborgen van uitkeringen tot onderhoud van het kind door de ouders of andere personen die de financiële verantwoordelijkheid voor het kind dragen, zowel binnen de Staat die partij is als vanuit het buitenland. Met name voor gevallen waarin degene die de financiële verantwoordelijkheid voor het kind draagt, in een andere Staat woont dan die van het kind, bevorderen de Staten die partij zijn de toetreding tot internationale overeenkomsten of het sluiten van dergelijke overeenkomsten, alsmede het treffen van andere passende regelingen.

[20-11-1989, Trb. 170, i.w.tr. 02-09-1990]

[Recht op een toereikende levensstandaard]

1. Toereikende levensstandaard. Art. 27 betreft het recht van het kind op een levensstandaard die toereikend is voor de lichamelijke, geestelijke, intellectuele, zedelijke en maatschappelijke ontwikkeling van het kind (vgl. art. 11 IVESCR). Art. 27 lid 2 bepaalt dat de ouders of, indien van toepassing, anderen die verantwoordelijk zijn voor het kind de primaire verantwoordelijkheid hebben voor het waarborgen, naar vermogen en binnen de grenzen van hun financiële mogelijkheden, van de levensomstandigheden die nodig zijn voor de ontwikkeling van het kind (vgl. art. 18 lid 1). Art. 27 lid 3 verplicht de Staten die partij zijn om alle passende maatregelen te nemen om ouders en anderen die verantwoordelijk zijn voor het kind te helpen, opdat het kind een levensstandaard geniet die toereikend is voor de lichamelijke, geestelijke, intellectuele, zedelijke en maatschappelijke ontwikkeling van het kind (zie art. 4 tweede zin). De Staten die partij zijn, hebben verder de verplichting om, indien de behoefte daaraan bestaat, in programma's voor materiële bijstand en ondersteuning te voorzien, met name wat betreft voeding, kleding en huisvesting. **Recente uitspraken.** Zie HR 25 februari 2022, ECLI:NL:HR:2022:311 (art. 81 lid 1 RO. Kort geding. Vordering om aan minderjarige met Nederlandse nationaliteit en zijn moeder opvang te bieden, met voldoende geld om te voorzien in de basisbehoeften. Handelt de Staat in strijd met art. 3 of 8 EVRM en IVRK? Strijd met recht op verblijf op de voet van art. 20 VWEU?); Rb. Den Haag 27 september 2021, ECLI:NL:RBDHA:2021:10604 (WMO/maatschappelijke opvang/geen sprake van opvangprobleem maar huisvestingsprobleem/geen strijd met EVRM of IVRK of EU); CRvB 20 januari 2022, ECLI:NL:CRVB:2022:146 (Aanspraak op kinderbijslag, peildata, ingezetene van Nederland. Appellante heeft gesteld dat zij bij terugkeer direct de intentie had zich definitief weer in Nederland te vestigen, maar deze intentie werd op dat moment niet door objectieve factoren ondersteund. Appellante was dus op de peildata van het eerste, tweede en derde kwartaal van 2019 niet verzekerd voor de AKW. Dat zij vanaf 19 november 2018 een bijstandsuitkering ontving, dat zij een zorgverzekeringspolis had en dat zij in december 2018 was ingeschreven in de brp, leidt niet tot een ander oordeel. Naar het oordeel van de Raad kan niet worden gezegd dat de Svb zich bij zijn besluitvorming onvoldoende rekenschap heeft gegeven van de belangen van [naam zoon]. Wat hiervoor is overwogen leidt tot de conclusie dat de Svb terecht kinderbijslag aan appellante heeft geweigerd over het eerste tot en met het derde kwartaal van 2019. De aangevallen uitspraken zullen dan ook worden bevestigd); CRVB 22 oktober 2020, ECLI:NL:CRVB:2020:2607 (De Raad stelt voorop dat noch uit de parlementaire geschiedenis van de Wet hervorming kindregelingen, noch uit het debat over het in 4.6 genoemde subamendement, kan worden afgeleid dat de gevolgen van handhaving van (oorspronkelijk) artikel 7a van de AKW per 1 januari 2015 en per 1 september 2015 in alle opzichten volledig zijn overzien. Dit maakt echter nog niet dat sprake is van niet door de wetgever verdisconteerde omstandigheden als bedoeld in het *Harmonisatiewet-arrest.* Niet is gebleken van niet-verdisconteerde omstandigheden die zo bijzonder en uitzonderlijk zijn dat strikte toepassing zozeer in strijd zou zijn met algemene rechtsbeginselen of (ander) ongeschreven recht dat die toepassing achterwege moet blijven. Beroep op artikelen 3 en 27 IVRK slaagt niet. Niet kan worden gezegd dat de Svb zich bij de besluitvorming onvoldoende rekenschap heeft gegeven van de belangen van haar zoon. Beroep op artikel 1 van het Eerste Protocol bij het EVRM slaagt evenmin. Appellante heeft onvoldoende onderbouwd dat zij door de besluitvorming daadwerkelijk een onevenredig zware last heeft moeten dragen).

2. Verhaal van uitkeringen tot onderhoud van het kind (lid 4). Art. 27 lid 4 verplicht de Staten die partij zijn om alle passende maatregelen te nemen om het verhaal te waarborgen van uitkeringen tot onderhoud van het kind door de ouders of andere personen die de financiële verantwoordelijkheid voor het kind dragen, zowel binnen de Staat die partij is als vanuit het buitenland. Dit omvat de verplichting om de toetreding tot internationale overeenkomsten of het sluiten van dergelijke overeenkomsten, alsmede het treffen van andere passende regelingen, te bevorderen, met name voor gevallen waarin degene die de financiële verantwoordelijkheid voor het kind draagt in een andere Staat woont dan die van het kind. Voor het verhaal in het buitenland van uitkeringen tot levensonderhoud zijn in het bijzonder van belang het op 20 juni 1956 te New York tot stand gekomen Verdrag inzake het verhaal in het buitenland van uitkeringen tot onderhoud (tekst en vertaling in het Nederlands in *Trb.* 1957, 121) en het op 6 november 1990 te Rome tot stand gekomen Verdrag tussen de Lid-Staten van de Europese Gemeenschappen betreffende de procedures voor het verhaal van vorderingen inzake onderhoudsverplichtingen (Nederlandse, Franse en Engelse tekst in *Trb.* 1991, 58).

Artikel 28

1. De Staten die partij zijn, erkennen het recht van het kind op onderwijs, en teneinde dit recht geleidelijk en op basis van gelijke kansen te verwezenlijken, verbinden zij zich er met name toe:

a. primair onderwijs verplicht te stellen en voor iedereen gratis beschikbaar te stellen;

b. de ontwikkeling van verschillende vormen van voortgezet onderwijs aan te moedigen, met inbegrip van algemeen onderwijs en beroepsonderwijs, deze vormen voor ieder kind beschikbaar te stellen en toegankelijk te maken, en passende maatregelen te nemen zoals de invoering van gratis onderwijs en het bieden van financiële bijstand indien noodzakelijk;

c. met behulp van alle passende middelen hoger onderwijs toegankelijk te maken voor een ieder naar gelang zijn capaciteiten;

d. informatie over en begeleiding bij onderwijs- en beroepskeuze voor alle kinderen beschikbaar te stellen en toegankelijk te maken;

e. maatregelen te nemen om regelmatig schoolbezoek te bevorderen en het aantal kinderen dat de school vroegtijdig verlaat, te verminderen.

2. De Staten die partij zijn, nemen alle passende maatregelen om te verzekeren dat de wijze van handhaving van de discipline op scholen verenigbaar is met de menselijke waardigheid van het kind en in overeenstemming is met dit Verdrag.

3. De Staten die partij zijn, bevorderen en stimuleren internationale samenwerking in aangelegenheden die verband houden met onderwijs, met name teneinde bij te dragen tot de uitbanning van onwetendheid en analfabetisme in de gehele wereld, en de toegankelijkheid van wetenschappelijke en technische kennis en moderne onderwijsmethoden te vergroten. In dit opzicht wordt met name rekening gehouden met de behoeften van de ontwikkelingslanden.

[20-11-1989, Trb. 170, i.w.tr. 02-09-1990]

[Recht op onderwijs]

Betekenis. Art. 28 betreft het recht van het kind op onderwijs (vgl. art. 13 IVESCR en art. 2 Protocol 1 EVRM). De Staten die partij zijn, dienen dit recht op basis van gelijke kansen te verwezenlijken. Met name dient hierbij vermelding van het op 15 december 1960 te Parijs tot stand gekomen (UNESCO) Verdrag nopens de bestrijding van discriminatie in het onderwijs (tekst en vertaling in het Nederlands in *Trb.* 1964, 69; zie ook laatstelijk *Trb.* 1972, 134). De Staten die partij zijn, verbinden zich tot een geleidelijke verwezenlijking van het recht van het kind op onderwijs en om met name de stappen te nemen, genoemd in onderdeel a-e (zie art. 4 tweede zin). **Discipline op scholen.** Art. 28 lid 2 betreft het recht van het kind op een wijze van handhaving van de discipline op school die verenigbaar is met de menselijke waardigheid van het kind en in overeenstemming is met het IVRK. Het verplicht de Staten die partij zijn om alle passende maatregelen te nemen die nodig zijn om dit recht te verzekeren. Art. 28 lid 2 is sterk verbonden met art. 19 en 37 onderdeel a. Zie General Comment No. 8 The right of the child to protection from corporal punishment and other cruel or degrading forms of punishment (2007) van het VN-Comité voor de Rechten van het Kind.

Artikel 29

1. De Staten die partij zijn, komen overeen dat het onderwijs aan het kind dient te zijn gericht op:

a. de zo volledig mogelijke ontplooiing van de persoonlijkheid, talenten en geestelijke en lichamelijke vermogens van het kind;

b. het bijbrengen van eerbied voor de rechten van de mens en de fundamentele vrijheden, en voor de in het Handvest van de Verenigde Naties vastgelegde beginselen;
c. het bijbrengen van eerbied voor de ouders van het kind, voor zijn of haar eigen culturele identiteit, taal en waarden, voor de nationale waarden van het land waar het kind woont, het land waar het is geboren, en voor andere beschavingen dan de zijne of hare;
d. de voorbereiding van het kind op een verantwoord leven in een vrije samenleving, in de geest van begrip, vrede, verdraagzaamheid, gelijkheid van geslachten, en vriendschap tussen alle volken, etnische, nationale en godsdienstige groepen en personen behorend tot de oorspronkelijke bevolking;
e. het bijbrengen van eerbied voor de natuurlijke omgeving.

2. Geen enkel gedeelte van dit artikel of van artikel 28 mag zo worden uitgelegd dat het de vrijheid aantast van individuele personen en rechtspersonen, onderwijsinstellingen op te richten en daaraan leiding te geven, evenwel altijd met inachtneming van de in het eerste lid van dit artikel vervatte beginselen, en van het vereiste dat het aan die instellingen gegeven onderwijs voldoet aan de door de Staat vastgestelde minimumnormen.

[20-11-1989, Trb. 170, i.w.tr. 02-09-1990]

[Onderwijsdoelstellingen]

1. Doelstellingen van onderwijs (lid 1). Art. 29 betreft het recht van het kind op onderwijs dat is gericht op de doeleinden vermeld in lid 1 onderdelen a-e (vgl. art. 13 lid 1 IVESCR). Het verplicht de Staten die partij zijn om alle passende maatregelen te nemen om te waarborgen dat zowel openbare als particuliere onderwijsinstellingen voor kinderen deze doeleinden in acht nemen, alsmede om te waarborgen dat het door die instellingen gegeven onderwijs voldoet aan de door de Staat vastgestelde minimumnormen (zie art. 3 lid 3, 4 en 29 lid 2). Zie General Comment No. 1 The aims of education (2001) van het VN-Comité voor de Rechten van het Kind.

2. Vrijheid van individuele personen en rechtspersonen onderwijsinstellingen op te richten en daaraan leiding te geven (lid 2). Art. 29 lid 2 bepaalt dat geen enkel gedeelte van art. 28 of van art. 29 zo mag worden uitgelegd dat het de vrijheid aantast van individuele personen en rechtspersonen, onderwijsinstellingen op te richten en om daaraan leiding te geven (vgl. art. 13 lid 4 IVESCR, art. 18 lid 4 IVBPR en art. 2 van het Eerste Protocol bij het EVRM).

Artikel 30

In die Staten waarin etnische of godsdienstige minderheden, taalminderheden of personen behorend tot de oorspronkelijke bevolking voorkomen, wordt het kind dat daartoe behoort niet het recht ontzegd te zamen met andere leden van zijn of haar groep zijn of haar cultuur te beleven, zijn of haar eigen godsdienst te belijden en ernaar te leven, of zich van zijn of haar eigen taal te bedienen.

[20-11-1989, Trb. 170, i.w.tr. 02-09-1990]

[Kinderen uit minderheidsgroepen]

Betekenis. In art. 30 is een aantal speciale rechten vastgelegd voor kinderen uit minderheidsgroepen en kinderen die behoren tot de oorspronkelijke bevolking in een Staat (vgl. art. 27 IVBPR). Deze rechten hebben betrekking op het recht op beleving van eigen cultuur, belijden van de eigen godsdienst en bediening van de eigen taal (zie art. 17(d), 14, 29 en 31). Art. 30 is van toepassing op kinderen uit etnische minderheden, godsdienstige minderheden en taalminderheden, en kinderen die behoren tot de oorspronkelijke bevolking. Zie General Comment No. 11 Indigenous children and their rights under the Convention (2009) van het VN-Comité voor de Rechten van het Kind. **Rechtstreekse werking.** Volgens de Memorie van Toelichting van de Goedkeuringswet moet rechtstreekse werking van art. 30 mogelijk worden geacht (vgl. art. 27 IVBPR) (*Kamerstukken II* 1992/93, 22855 (R 1451), 3).

Artikel 31

1. De Staten die partij zijn, erkennen het recht van het kind op rust en vrije tijd, op deelneming aan spel en recreatieve bezigheden passend bij de leeftijd van het kind, en op vrije deelneming aan het culturele en artistieke leven.

2. De Staten die partij zijn, eerbiedigen het recht van het kind volledig deel te nemen aan het culturele en artistieke leven, bevorderen de verwezenlijking van dit recht, en stimuleren het bieden van passende en voor ieder gelijke kansen op culturele, artistieke en recreatieve bezigheden en vrijetijdsbesteding.

[20-11-1989, Trb. 170, i.w.tr. 02-09-1990]

[Recht op vrije tijd, recreatie en cultuur]

Betekenis. Art. 31 betreft het recht van het kind op rust en vrije tijd. Het betreft daarnaast het recht van het kind op deelneming aan spel en recreatieve bezigheden passend bij de leeftijd van het kind. Volgens de 'travaux préparatoires' zijn beide rechten onder meer van toepassing op het gebied van arbeid en onderwijs. Art. 31 betreft tenslotte het recht van het kind op vrije deelneming aan het culturele en artistieke leven (vgl. art. 15 IVESCR). Dit recht omvat het recht van het kind om volledig deel te nemen aan het culturele en artistieke leven. Art. 31 lid 2 verplicht de Staten die partij zijn om de verwezenlijking van dit recht te bevorderen en om gelijke kansen en het bieden van passende culturele, artistieke en recreatieve bezigheden en vrijetijdsbesteding te stimuleren. Zie General Comment No. 17 on the right of the child to rest, leisure, play, recreational activities, cultural life and the arts van het VN-Comité voor de Rechten van het Kind. **Grondwet.** Art. 22 lid 3 van de Grondwet voorziet in een verplichting van de overheid tot het scheppen van voorwaarden voor maatschappelijke en culturele ontplooiing en voor vrijetijdsbesteding.

Artikel 32

1. De Staten die partij zijn, erkennen het recht van het kind te worden beschermd tegen economische exploitatie en tegen het verrichten van werk dat naar alle waarschijnlijkheid gevaarlijk is of de opvoeding van het kind zal hinderen, of schadelijk zal zijn voor de gezondheid of de lichamelijke, geestelijke, intellectuele, zedelijke of maatschappelijke ontwikkeling van het kind.

2. De Staten die partij zijn, nemen wettelijke, bestuurlijke en sociale maatregelen en maatregelen op onderwijsterrein om de toepassing van dit artikel te waarborgen. Hiertoe, en de desbetreffende bepalingen van andere internationale akten in acht nemend, verbinden de Staten die partij zijn zich er in het bijzonder toe:

a. een minimumleeftijd of minimumleeftijden voor toelating tot betaald werk voor te schrijven;

b. voorschriften te geven voor een passende regeling van werktijden en arbeidsvoorwaarden;

c. passende straffen of andere maatregelen voor te schrijven ter waarborging van de daadwerkelijke uitvoering van dit artikel.

[20-11-1989, Trb. 170, i.w.tr. 02-09-1990]

[Bescherming tegen economische exploitatie en schadelijk werk]

Betekenis. Art. 32 betreft het recht van het kind om beschermd te worden tegen economische exploitatie. Het betreft daarnaast het recht van het kind om beschermd te worden tegen het verrichten van gevaarlijk werk, van werk dat de opvoeding van het kind zal hinderen, en van werk dat schadelijk is voor de gezondheid of de lichamelijke, geestelijke, intellectuele, zedelijke of maatschappelijke ontwikkeling van het kind (vgl. art. 10 lid 3 IVESCR en art. 7 ESH). Art. 32 lid 2 verplicht de Staten die partij zijn om wettelijke, bestuurlijke en sociale maatregelen en maatregelen op onderwijsterrein te nemen om deze rechten te waarborgen (zie art. 4). In het bijzonder, en met inachtneming van de verplichtingen krachtens andere internationale verdragen zoals die van de Internationale Arbeidsorganisatie (ILO), zijn zij verplicht: a) een minimumleeftijd of minimumleeftijden voor toelating tot betaald werk voor te schrijven; b) voorschriften te geven voor een passende regeling van werktijden en arbeidsvoorwaarden; c) passende straffen of andere maatregelen voor te schrijven ter waarborging van de daadwerkelijke uitvoering van art. 32. Art. 32 is sterk verbonden met art. 33-36 en 39.

Artikel 33

De Staten die partij zijn, nemen alle passende maatregelen, met inbegrip van wettelijke, bestuurlijke en sociale maatregelen en maatregelen op onderwijsterrein, om kinderen te beschermen tegen het illegale gebruik van verdovende middelen en psychotrope stoffen zoals omschreven in de desbetreffende internationale verdragen, en om inschakeling van kinderen bij de illegale produktie van en de sluikhandel in deze middelen en stoffen te voorkomen.

[20-11-1989, Trb. 170, i.w.tr. 02-09-1990]

[Bescherming tegen drugs]

Betekenis. Illegaal gebruik van verdovende middelen en psychotrope stoffen. Art. 33 betreft het recht van het kind om beschermd te worden tegen het illegaal gebruik van verdovende middelen en psychotrope stoffen zoals omschreven in de desbetreffende internationale verdragen. Het verplicht de Staten die partij zijn om alle passende maatregelen, met inbegrip van wettelijke, bestuurlijke en sociale maatregelen en maatregelen op onderwijsterrein, te nemen om dit recht te waarborgen (zie art. 4). **Inschakeling van kinderen bij de illegale productie van en sluikhandel in verdovende middelen en**

psychotrope stoffen. Art. 33 betreft daarnaast het recht van het kind op bescherming tegen de inschakeling van kinderen bij de illegale productie van en de sluikhandel in verdovende middelen en psychotrope stoffen zoals omschreven in de desbetreffende internationale verdragen. Dit is een vorm van exploitatie van kinderen (zie ook art. 32-36). Art. 33 verplicht de Staten die partij zijn om alle passende maatregelen, met inbegrip van wettelijke, bestuurlijke en sociale maatregelen en maatregelen op onderwijsterrein, te nemen om deze vorm van uitbuiting van kinderen te voorkomen (zie art. 4). Art. 33 is sterk verbonden met art. 32-36 en 39. **Internationale verdragen.** De woorden 'desbetreffende internationale verdragen' verwijzen met name naar: het op 30 maart 1961 te New York tot stand gekomen Enkelvoudig Verdrag inzake verdovende middelen (*Trb.* 1962, 30, laatstelijk *Trb.* 1988, 66; vertaling in het Nederlands in *Trb.* 1963, 81); het op 25 maart 1972 te Genève tot stand gekomen Protocol tot wijziging van het Enkelvoudig Verdrag inzake verdovende middelen (tekst en vertaling in het Nederlands in *Trb.* 1980, 184, laatstelijk *Trb.* 1987, 89); het op 21 februari 1971 te Wenen tot stand gekomen Verdrag inzake psychotrope stoffen (tekst en vertaling in het Nederlands in *Trb.* 1989, 129); het op 20 december 1988 te Wenen tot stand gekomen Verdrag tegen sluikhandel in verdovende middelen en psychotrope stoffen (*Trb.* 1989, 97).

Artikel 34

De Staten die partij zijn, verbinden zich ertoe het kind te beschermen tegen alle vormen van sexuele exploitatie en sexueel misbruik. Hiertoe nemen de Staten die partij zijn met name alle passende nationale, bilaterale en multilaterale maatregelen om te voorkomen dat:

a. een kind ertoe wordt aangespoord of gedwongen deel te nemen aan onwettige sexuele activiteiten;

b. kinderen worden geëxploiteerd in de prostitutie of andere onwettige sexuele praktijken;

c. kinderen worden geëxploiteerd in pornografische voorstellingen en pornografisch materiaal.

[20-11-1989, Trb. 170, i.w.tr. 02-09-1990]

[Bescherming tegen seksuele exploitatie en seksueel misbruik]

Betekenis. Art. 34 betreft het recht van het kind om beschermd te worden tegen alle vormen van seksuele exploitatie. Art. 34 betreft daarnaast het recht van het kind om beschermd te worden tegen alle vormen van seksueel misbruik (zie art. 19). Het verplicht de Staten die partij zijn om met name alle passende nationale, bilaterale en multilaterale maatregelen te nemen ter voorkoming van seksueel misbruik (art. 34 onderdeel a), kinderprostitutie (art. 34 onderdeel b) en kinderpornografie (art. 34 onderdeel c). Art. 34 is sterk verbonden met art. 19, 32-33, 35-36 en 39. **Facultatief Protocol.** Het Facultatief Protocol inzake de verkoop van kinderen, kinderprostitutie en kinderpornografie bij het Verdrag inzake de rechten van het kind werd aangenomen door de Algemene Vergadering van de VN op 25 mei 2000 en werd van kracht op 18 januari 2002. Nederland heeft het Facultatief Protocol geratificeerd op 23 augustus 2005 (*Trb.* 2006, 250). De Engelse en Franse teksten zijn geplaatst in *Trb.* 2001, 63. De vertaling in het Nederlands is geplaatst in *Trb.* 2001, 130.

Artikel 35

De Staten die partij zijn, nemen alle passende nationale, bilaterale en multilaterale maatregelen ter voorkoming van de ontvoering of de verkoop van of van de handel in kinderen voor welk doel ook of in welke vorm ook.
[20-11-1989, Trb. 170, i.w.tr. 02-09-1990]

[Bescherming tegen de ontvoering en de verkoop van kinderen en de handel in kinderen]

Betekenis. Art. 35 heeft betrekking op drie specifieke vormen van exploitatie van kinderen. Het betreft het recht van het kind op bescherming tegen de ontvoering en de verkoop van kinderen en de handel in kinderen. Het verplicht de Staten die partij zijn om alle passende nationale, bilaterale en multilaterale maatregelen te nemen ter voorkoming van de ontvoering en de verkoop van kinderen en de handel in kinderen voor welk doel ook of in welke vorm ook. Art. 35 moet onderscheiden worden van art. 11 dat betrekking heeft op kinderontvoering naar het buitenland door een ouder. Art. 35 is sterk verbonden met art. 32-34, 36 en 39. **Facultatief Protocol.** Het Facultatief Protocol inzake de verkoop van kinderen, kinderprostitutie en kinderpornografie bij het Verdrag inzake de rechten van het kind werd aangenomen door de Algemene Vergadering van de VN op 25 mei 2000 en werd van kracht *top* 18 januari 2002. Nederland heeft het Facultatief Protocol geratificeerd op 23 augustus 2005 (*Trb.* 2006, 250). De Engelse en Franse teksten zijn geplaatst in *Trb.* 2001, 63. De vertaling in het Nederlands is geplaatst in *Trb.* 2001, 130.

Artikel 36

De Staten die partij zijn, beschermen het kind tegen alle andere vormen van exploitatie die schadelijk zijn voor enig aspect van het welzijn van het kind.
[20-11-1989, Trb. 170, i.w.tr. 02-09-1990]

[Bescherming tegen exploitatie]

Betekenis. Art. 32-35 hebben betrekking op een aantal specifieke vormen van exploitatie van kinderen. Art. 36 betreft het recht van het kind op bescherming tegen alle andere vormen van exploitatie die schadelijk zijn voor enig aspect van het welzijn van het kind. Zie ook art. 39.

Artikel 37

De Staten die partij zijn, waarborgen dat:

a. geen enkel kind wordt onderworpen aan foltering of aan een andere wrede, onmenselijke of onterende behandeling of bestraffing. Doodstraf noch levenslange gevangenisstraf zonder de mogelijkheid van vrijlating wordt opgelegd voor strafbare feiten gepleegd door personen jonger dan achttien jaar;

b. geen enkel kind op onwettige of willekeurige wijze van zijn of haar vrijheid wordt beroofd. De aanhouding, inhechtenisneming of gevangenneming van een kind geschiedt overeenkomstig de wet en wordt slechts gehanteerd als uiterste maatregel en voor de kortst mogelijke passende duur;

c. ieder kind dat van zijn of haar vrijheid is beroofd, wordt behandeld met menselijkheid en met eerbied voor de waardigheid inherent aan de menselijke persoon,

en zodanig dat rekening wordt gehouden met de behoeften van een persoon van zijn of haar leeftijd. Met name wordt ieder kind dat van zijn of haar vrijheid is beroofd, gescheiden van volwassenen tenzij het in het belang van het kind wordt geacht dit niet te doen, en heeft ieder kind het recht contact met zijn of haar familie te onderhouden door middel van correspondentie en bezoeken, behalve in uitzonderlijke omstandigheden;

d. ieder kind dat van zijn of haar vrijheid is beroofd het recht heeft onverwijld te beschikken over juridische en andere passende bijstand, alsmede het recht de wettigheid van zijn vrijheidsberoving te betwisten ten overstaan van een rechter of een andere bevoegde, onafhankelijke en onpartijdige autoriteit, en op een onverwijlde beslissing ten aanzien van dat beroep.

[20-11-1989, Trb. 170, i.w.tr. 02-09-1990]

[Verbod van foltering; Recht op vrijheid en veiligheid van persoon; Waarborgen bij vrijheidsbeneming]

1. Algemeen. De bepalingen van art. 37 voor wat betreft vrijheidsbeneming van kinderen zijn gebaseerd op art. 9-10 IVBPR en op de (niet bindende) United Nations Standard Minimum Rules for the Administration of Juvenile Justice (The Beijing Rules) (1985) en de United Nations Rules for the Protection of Juveniles Deprived of their Liberty (1990). Deze bepalingen zijn sterk verbonden met art. 40. Zie General Comment No. 10 Children's rights in Juvenile Justice (2007) van het VN-Comité voor de Rechten van het Kind. **Rechtstreekse werking.** Volgens de Memorie van Toelichting van de Goedkeuringswet moet rechtstreekse werking van art. 37 voor wat betreft het recht op bescherming tegen foltering en wrede e.d. behandeling en bestraffing mogelijk worden geacht (vgl. art. 7, 9 en 10 lid 2 IVBPR en art. 3 en 5 EVRM) (*Kamerstukken II* 1992/93, 22 855 (R 1451, nr. 3)). **Voorbehoud door Nederland.** 'Het Koninkrijk der Nederlanden aanvaardt voor Nederland het bepaalde in art. 37, onder c, van het verdrag, onder het voorbehoud dat deze bepaling niet belet dat op kinderen in de leeftijd van zestien jaar of ouder het volwassenenstrafrecht kan worden toegepast, indien aan in de wet te bepalen criteria is voldaan' (Rijkswet van 24 november 1994, *Stb.* 862).

2. Foltering en andere wrede, onmenselijke of onterende behandeling of bestraffing (onderdeel a). In art. 37 onderdeel a is het verbod van foltering en andere wrede, onmenselijke of onterende behandeling of bestraffing neergelegd (vgl. art. 3 EVRM en art. 7 IVBPR). Art. 37 onderdeel a is sterk verbonden met art. 39. Zie ook General Comment No. 8 The right of the child to protection from corporal punishment and other cruel or degrading forms of punishment (2007) van het VN-Comité voor de Rechten van het Kind.

3. Doodstraf en levenslange gevangenisstraf zonder de mogelijkheid van vrijlating (onderdeel a). In art. 37 onderdeel a is het verbod van de doodstraf voor strafbare feiten gepleegd door personen jonger dan achttien jaar neergelegd (vgl. art. 6 lid 5 IVBPR en het Zesde Protocol bij het EVRM). Art. 37 onderdeel a behelst tevens het verbod van de oplegging van levenslange gevangenisstraf zonder de mogelijkheid van vrijlating voor strafbare feiten gepleegd door personen jonger dan achttien jaar.

4. Vrijheidsbeneming van kinderen (onderdeel b-d). In art. 37 onderdeel b is het recht van het kind op vrijheid en veiligheid van zijn of haar persoon neergelegd (vgl. art. 5 EVRM en art. 9 IVBPR). Dit recht houdt in dat geen enkel kind mag worden onderworpen aan willekeurige of onwettige vrijheidsbeneming. Dit recht houdt tevens in dat de aanhouding, inhechtenisneming of gevangenneming van een kind moet geschieden overeenkomstig de wet, en slechts gehanteerd mag worden als uiterste maatregel en voor de kortst mogelijke passende duur. Art. 37 onderdeel c betreft het recht van een kind dat van zijn of haar vrijheid is beroofd om te worden behandeld met menselijkheid en met eerbied voor de waardigheid inherent aan de menselijke persoon, en zodanig dat rekening wordt gehouden met de behoeften van een persoon van zijn of haar leeftijd. Dit recht houdt onder meer in dat een kind dat van zijn of haar vrijheid is beroofd, gescheiden wordt van volwassenen, tenzij het in het belang van het kind wordt geacht dit niet te doen en het recht heeft contact met zijn of haar familie te onderhouden door middel van correspondentie en bezoeken, behalve in uitzonderlijke omstandigheden (vgl. art. 10 IVBPR). Krachtens art. 37 onderdeel d heeft een kind dat van zijn of haar vrijheid is beroofd het recht onverwijld te beschikken over juridische en andere passende bijstand, alsmede het recht de wettigheid van zijn vrijheidsberoving te betwisten ten overstaan van een rechter of een andere bevoegde, onafhankelijke en onpartijdige autoriteit, en op een onverwijlde beslissing ten aanzien van dat beroep (vgl. art. 5 EVRM en art. 9-10 IVBPR).

Artikel 38

1. De Staten die partij zijn, verbinden zich ertoe eerbied te hebben voor en de eerbiediging te waarborgen van tijdens gewapende conflicten op hen van toepassing zijnde regels van internationaal humanitair recht die betrekking hebben op kinderen.
2. De Staten die partij zijn, nemen alle uitvoerbare maatregelen om te waarborgen dat personen jonger dan vijftien jaar niet rechtstreeks deelnemen aan vijandelijkheden.
3. De Staten die partij zijn, onthouden zich ervan personen jonger dan vijftien jaar in hun strijdkrachten op te nemen of in te lijven. Bij het opnemen of inlijven van personen die de leeftijd van vijftien jaar hebben bereikt, maar niet de leeftijd van achttien jaar, streven de Staten die partij zijn ernaar voorrang te geven aan diegenen die het oudste zijn.
4. In overeenstemming met hun verplichtingen krachtens het internationale humanitaire recht om de burgerbevolking te beschermen in gewapende conflicten, nemen de Staten die partij zijn alle uitvoerbare maatregelen ter waarborging van de bescherming en de verzorging van kinderen die worden getroffen door een gewapend conflict.
[20-11-1989, Trb. 170, i.w.tr. 02-09-1990]

[Kinderen in gewapende conflicten]

1. Algemeen. Art. 38 heeft betrekking op kinderen in oorlogssituaties en is sterk verbonden met art. 39. Het betreft het recht van zo'n kind op bescherming en verzorging. Het bevat daarnaast het verbod van de opneming of inlijving van personen jonger dan vijftien jaar in de strijdkrachten. **Facultatief Protocol.** Het Facultatief Protocol inzake de betrokkenheid van kinderen bij gewapende conflicten bij het Verdrag inzake de rechten van het kind werd aangenomen door de Algemene Vergadering van de VN op 25 mei 2000 en werd van kracht op 12 februari 2002. Nederland heeft het Facultatief Protocol geratificeerd op 24 september 2009 (*Trb.* 2009, 192). De Engelse en Franse teksten zijn geplaatst in *Trb.* 2001, 36. De vertaling in het Nederlands is geplaatst in *Trb.* 2001, 131.

2. Regels van internationaal humanitair recht (lid 1 en 4). Art. 38 lid 1 verplicht de Staten die partij zijn om de tijdens gewapende conflicten op hen van toepassing zijnde regels van internationaal humanitair recht die betrekking hebben op kinderen te eerbiedigen en te waarborgen. Art. 38 lid 4 verplicht de Staten die partij zijn om alle uitvoerbare maatregelen te nemen ter waarborging van de bescherming en verzorging van kinderen die worden getroffen door een gewapend conflict, in overeenstemming met hun verplichtingen krachtens het internationale recht. De voornaamste bronnen van regels van internationaal humanitair recht (die betrekking hebben op kinderen) zijn te vinden in de vier op 12 augustus 1949 te Genève tot stand gekomen (Rode Kruis-)Verdragen van Genève en de twee Aanvullende Protocollen bij de vier Verdragen.

3. Deelnemen aan vijandelijkheden; Inlijving in de strijdkrachten (lid 2 en 3). Art. 38 lid 2 betreft het recht van personen jonger dan vijftien jaar op bescherming tegen rechtstreekse deelneming aan vijandelijkheden. Het verplicht de Staten die partij zijn om alle uitvoerbare maatregelen te nemen om dit recht te waarborgen. Art. 38 lid 3 bevat het verbod van opneming of inlijving van personen jonger dan vijftien jaar in de strijdkrachten. Het bevat tevens de verplichting om bij het opnemen of inlijven van personen die de leeftijd van vijftien jaar hebben bereikt, maar niet de leeftijd van achttien jaar, voorrang te geven aan diegenen die het oudste zijn. Het Eerste Aanvullend Protocol bij de Verdragen van Genève (inzake internationale gewapende conflicten) schrijft voor dat partijen bij dit Protocol alle mogelijke maatregelen zullen nemen om inlijving van kinderen, jonger dan vijftien jaar, in de strijdkrachten te voorkomen. Het Tweede Aanvullend Protocol (inzake interne gewapende conflicten) legt ter zake een verbod op. Tijdens de onderhandelingen over art. 38 hebben sommige delegaties, waaronder de Nederlandse, zich ingezet voor verhoging van de minimumleeftijd voor het rekruteren van kinderen in het leger en versterking van de verplichtingen van de Staten ter zake. Het merendeel van de delegaties bleek echter daartoe niet bereid. **Interpretatieve verklaring door Nederland.** Nederland heeft de volgende interpretatieve verklaring afgelegd: 'De regering van het Koninkrijk der Nederlanden verklaart met betrekking tot art. 38 van het verdrag, dat zij van mening is dat het Staten niet toegestaan zou mogen zijn kinderen direct of indirect te betrekken in vijandelijkheden, en dat de minimumleeftijd voor inlijving of opname in de strijdkrachten hoger dient te zijn dan vijftien jaar. In tijden van gewapend conflict zal de meest verstrekkende bescherming van kinderen, gewaarborgd door internationaal recht, prevaleren, zoals vastgelegd in art. 41 van het verdrag' (*Kamerstukken II* 1992/93, 22 855 (R 1451), nr. 3, bijlage 1).

Artikel 39

De Staten die partij zijn, nemen alle passende maatregelen ter bevordering van het lichamelijk en geestelijk herstel en de herintegratie in de maatschappij van een kind dat het slachtoffer is van: welke vorm ook van verwaarlozing, exploitatie of misbruik; foltering of welke andere vorm ook van wrede, onmenselijke of onterende behandeling of bestraffing; of gewapende conflicten. Dit herstel en deze herintegratie vinden

plaats in een omgeving die bevorderlijk is voor de gezondheid, het zelfrespect en de waardigheid van het kind.
[20-11-1989, Trb. 170, i.w.tr. 02-09-1990]

[Kindslachtoffers]

Betekenis. Art. 39 is van toepassing op kinderen die het slachtoffer zijn van: welke vorm ook van verwaarlozing, exploitatie of misbruik; foltering of welke andere vorm ook van wrede, onmenselijke of onterende behandeling of bestraffing; of gewapende conflicten. Art. 39 betreft het recht van zo'n kind op de bevordering van zijn of haar lichamelijk en geestelijk herstel en herintegratie in de maatschappij. Dit recht houdt mede in dat dit herstel en deze herintegratie dienen plaats te vinden in een omgeving die bevorderlijk is voor de gezondheid, het zelfrespect en de waardigheid van het kind. Art. 39 verplicht de Staten die partij zijn om alle passende maatregelen te nemen om dit recht te waarborgen (zie art. 4). Art. 39 is sterk verbonden met art. 19, 32-36, 37 onderdeel a en 38.

Artikel 40

1. De Staten die partij zijn, erkennen het recht van ieder kind dat wordt verdacht van, vervolgd wegens of veroordeeld terzake van het begaan van een strafbaar feit, op een wijze van behandeling die geen afbreuk doet aan het gevoel van waardigheid en eigenwaarde van het kind, die de eerbied van het kind voor de rechten van de mens en de fundamentele vrijheden van anderen vergroot, en waarbij rekening wordt gehouden met de leeftijd van het kind en met de wenselijkheid van het bevorderen van de herintegratie van het kind en van de aanvaarding door het kind van een opbouwende rol in de samenleving.

2. Hiertoe, en met inachtneming van de desbetreffende bepalingen van internationale akten, waarborgen de Staten die partij zijn met name dat:

a. geen enkel kind wordt verdacht van, vervolgd wegens of veroordeeld terzake van het begaan van een strafbaar feit op grond van enig handelen of nalaten dat niet volgens het nationale of internationale recht verboden was op het tijdstip van het handelen of nalaten;

b. ieder kind dat wordt verdacht van of vervolgd wegens het begaan van een strafbaar feit, ten minste de volgende garanties heeft:

(i) dat het voor onschuldig wordt gehouden tot zijn of haar schuld volgens de wet is bewezen;

(ii) dat het onverwijld en rechtstreeks in kennis wordt gesteld van de tegen hem of haar ingebrachte beschuldigingen, indien van toepassing door tussenkomst van zijn of haar ouders of wettige voogd, en dat het juridische of andere passende bijstand krijgt in de voorbereiding en het voeren van zijn of haar verdediging;

(iii) dat de aangelegenheid zonder vertraging wordt beslist door een bevoegde, onafhankelijke en onpartijdige autoriteit of rechterlijke instantie in een eerlijke behandeling overeenkomstig de wet, in aanwezigheid van een rechtskundige of anderszins deskundige raadsman of -vrouw, en, tenzij dit wordt geacht niet in het belang van het kind te zijn, met name gezien zijn of haar leeftijd of omstandigheden, in aanwezigheid van zijn of haar ouders of wettige voogden;

(iv) dat het er niet toe wordt gedwongen een getuigenis af te leggen of schuld te bekennen; dat het getuigen à charge kan ondervragen of doen ondervragen en dat het de deelneming en ondervraging van getuigen à decharge op gelijke voorwaarden kan doen geschieden;

(v) indien het schuldig wordt geacht aan het begaan van een strafbaar feit, dat dit oordeel en iedere maatregel die dientengevolge wordt opgelegd, opnieuw wordt beoordeeld door een hogere bevoegde, onafhankelijke en onpartijdige autoriteit of rechterlijke instantie overeenkomstig de wet;

(vi) dat het kind kosteloze bijstand krijgt van een tolk indien het de gebruikte taal niet verstaat of spreekt;

(vii) dat zijn of haar privéleven volledig wordt geëerbiedigd tijdens alle stadia van het proces.

3. De Staten die partij zijn, streven ernaar de totstandkoming te bevorderen van wetten, procedures, autoriteiten en instellingen die in het bijzonder bedoeld zijn voor kinderen die worden verdacht van, vervolgd wegens of veroordeeld terzake van het begaan van een strafbaar feit, en, in het bijzonder:

a. de vaststelling van een minimumleeftijd onder welke kinderen niet in staat worden geacht een strafbaar feit te begaan;

b. de invoering, wanneer passend en wenselijk, van maatregelen voor de handelwijze ten aanzien van deze kinderen zonder dat men zijn toevlucht neemt tot gerechtelijke stappen, mits de rechten van de mens en de wettelijke garanties volledig worden geëerbiedigd.

4. Een verscheidenheid van regelingen, zoals rechterlijke bevelen voor zorg, begeleiding en toezicht; adviezen; jeugdreclassering; pleegzorg; programma's voor onderwijs en beroepsopleiding en andere alternatieven voor institutionele zorg dient beschikbaar te zijn om te verzekeren dat de handelwijze ten aanzien van kinderen hun welzijn niet schaadt en in de juiste verhouding staat zowel tot hun omstandigheden als tot het strafbare feit.

[20-11-1989, Trb. 170, i.w.tr. 02-09-1990]

[Jeugdstrafrecht]

1. Betekenis. Art. 40 handelt over de rechten van het kind in de toepassing van het (jeugd)strafrecht en is sterk verbonden met art. 37. Het is gebaseerd op art. 14 IVBPR en op de (niet bindende) United Nations Standard Minimum Rules for the Administration of Juvenile Justice (The Beijing Rules) (1985) en de United Nations Rules for the Protection of Juveniles Deprived of their Liberty (1990). Een pedagogische aanpak staat centraal. Art. 40 lid 1 betreft het recht van ieder kind dat wordt verdacht van, vervolgd wegens of veroordeeld ter zake van het begaan van een strafbaar feit, op een wijze van behandeling die geen afbreuk doet aan het gevoel van waardigheid en eigenwaarde van het kind, die de eerbied van het kind voor de rechten van de mens en de fundamentele vrijheden van anderen vergroot, en waarbij rekening wordt gehouden met de leeftijd van het kind en met de wenselijkheid van het bevorderen van de herintegratie van het kind en van de aanvaarding door het kind van een opbouwende rol in de samenleving. Zie General Comment No. 24 on children's rights in the child justice system (2019). **Recente uitspraken.** *Strafrecht.* Zie Rb. Limburg 25 februari 2021, ECLI:NL:RBLIM:2021:1670 (Toestemming om beveiligingswerkzaamheden te mogen verrichten onthouden omdat eiser zich o.a. schuldig heeft gemaakt aan een mishandeling en vernieling. Geen strijd met artikel 40, eerste lid, IVRK. Beroep ongegrond); Hof 's-Hertogenbosch 25 maart 2020, ECLI:NL:GHSHE:2020:1306 (Gepubliceerd in verband met ingesteld cassatiebe-roep. Jeugdzaak. Hof verwerpt verweer verdediging inzake niet-ontvankelijkheid OM i.v.m. overschrijding redelijke termijn (art. 6 EVRM en art. 40 IVRK). Schuldigverklaring zonder oplegging van straf (rechterlijk pardon ex art. 9a Sr) t.a.v. bewezen verklaarde feiten); Parket HR 18 februari 2020, ECLI:NL:HR:2020:626, *NJ* 2020/264 (Vordering tot cassatie in belang der wet. Wet DNA-onderzoek bij veroordeelden. Dient een onderscheid te worden gemaakt tussen meerderjarige en minderjarige veroordeelden bij de beoordeling van een bezwaarschrift tegen de verwerking en opname van hun DNA-profiel? Een DNA-bevel is in beginsel verplicht voor een bepaalde categorie veroordeelden en in de wet wordt geen onderscheid gemaakt tussen minderjarige en meerderjarige veroordeelden. In zijn eerdere uitspraken heeft de Hoge Raad bepaald dat slechts plaats is voor een tweetal beperkt uit te leggen wettelijke uitzonderingen en geen ruimte bestaat voor een generieke uitzondering voor minderjarigen. De rechtspraak is echter verdeeld op dit punt terwijl het VN-Mensenrechtencomité op 18 juli 2017 in een tweetal klachten tegen Nederland de wet ten aanzien van minderjarigen in strijd heeft geacht met art. 17 IVBPR. In deze vordering wordt aan de Hoge Raad gevraagd zich uit te spreken over de vraag of minderjarigheid, gelet op de uitspraken van het Mensenrechtencomité moet worden meegewogen bij de vraag of er sprake is van een uitzonderingsgrond zoals bedoeld in art. 2 lid 1 onder b Wet DNA-onderzoek bij veroordeelden. De conclusie van de vordering is dat de rechter bij de beoordeling van een bezwaarschrift tegen de opslag van een DNA-profiel de minderjarigheid van de veroordeelde dient mee te wegen als bijzondere omstandigheid waaronder het misdrijf is gepleegd).

2. Recht op een rechtvaardige behandeling in strafzaken (lid 2). Art. 40 lid 2 heeft betrekking op het recht op een rechtvaardige behandeling in strafzaken. Art. 40 lid 2 onderdeel a ('nullum crimen sine lege' beginsel) is gebaseerd op art. 15 IVBPR (vgl. art. 7 EVRM). De procesrechtelijke (minimum) waarborgen neergelegd in art. 40 lid 2 onderdeel b zijn gebaseerd op art. 14 IVBPR en op de (niet bindende) United Nations Standard Minimum Rules for the Administration of Juvenile Justice (The Beijing Rules) (1985). Zie voor het recht van een aangehouden minderjarige om voor de aanvang van zijn eerste verhoor te worden gewezen op zijn recht op raadpleging van een advocaat (HR 20 juni 2009, *LJN* BH3079 en Bruning in *FJR* 2010, 2, p. 54-57). **Rechtstreekse werking.** Volgens de Memorie van Toelichting van de Goedkeuringswet moet rechtstreekse werking van art. 40 lid 2 mogelijk worden geacht (vgl. art. 14-15 IVBPR en art. 6-7 EVRM) (*Kamerstukken II* 1992/93, 22 855 (R 1451), nr. 3). **Voorbehoud door Nederland.** 'Het Koninkrijk der Nederlanden aanvaardt het bepaalde in art. 40 van het verdrag, onder het voorbehoud dat in gevallen van delicten van lichte aard de berechting plaats kan vinden buiten aanwezigheid van een raadsman en dat voor die delicten gehandhaafd blijft dat niet in alle gevallen is voorzien in de mogelijkheid van een nieuwe beoordeling van de feiten en enige dientengevolge opgelegde maatregel.' (Rijkswet van 24 november 1994, *Stb.* 862).

3. Een kindgericht jeugdstrafrechtsysteem (lid 3). Art. 40 lid 3 verplicht de Staten die partij zijn om speciale kindgerichte jeugdstrafsystemen tot stand te brengen in hun landen, met wetten, procedures, autoriteiten en instellingen die in het bijzonder bedoeld zijn voor personen jonger dan achttien jaar. Art. 40 lid 3 onderdelen a en b hebben betrekking op twee specifieke onderdelen daarvan: een minimumleeftijd onder welke kinderen niet in staat worden geacht een strafbaar feit te begaan; en 'diversion', oftewel maatregelen voor de handelwijze ten aanzien van kinderen zonder dat men zijn toevlucht neemt tot gerechtelijke stappen.

4. Alternatieven voor vrijheidsbeneming (lid 4). Art. 40 lid 4 is sterk verbonden met art. 37 onderdeel b. Het verplicht de Staten die partij zijn om te waarborgen dat een verscheidenheid van alternatieven voor institutionele zorg beschikbaar zijn, om te verzekeren dat de handelwijze ten aanzien van kinderen hun welzijn niet schaadt en in de juiste verhouding staat zowel tot hun omstandigheden als tot het strafbare feit.

Artikel 41

Geen enkele bepaling van dit Verdrag tast bepalingen aan die meer bijdragen tot de verwezenlijking van de rechten van het kind en die zijn vervat in:

a. het recht van een Staat die partij is; of

b. het in die Staat geldende internationale recht.

[20-11-1989, Trb. 170, i.w.tr. 02-09-1990]

[Meest gunstige bepaling]

Betekenis. Art. 41 bepaalt dat geen enkele bepaling van het IVRK bepalingen aantast die meer bijdragen tot de verwezenlijking van de rechten van het kind en die zijn vervat in het recht van een Staat die partij is of in het in die Staat geldende internationaal recht (vgl. art. 60 EVRM en art. 5 lid 2 IVBPR).

DEEL II

[Inleidende opmerkingen]

Betekenis. Deel II van het IVRK regelt het internationaal toezicht. Art. 43-45 voorzien in een internationaal toezichtmechanisme waarbij de Staten die partij zijn iedere vijf jaar moeten rapporteren aan het VN-Comité voor de Rechten van het Kind, een toezichthoudend orgaan samengesteld uit achttien onafhankelijke deskundigen. De conclusies en aanbevelingen van het Comité ('Concluding observations') worden met de landen besproken en gepubliceerd. Art. 42 verplicht de Staten die partij zijn om de beginselen en de bepalingen van het IVRK op passende en doeltreffende wijze algemeen bekend te maken, zowel aan volwassenen als aan kinderen. Op 19 december 2011 heeft de Algemene Vergadering van de VN het Facultatief Protocol bij het Verdrag inzake de rechten van het kind inzake een communicatieprocedure aangenomen. Dit Facultatief Protocol voorziet in een klachtenprocedure over kinderrechtenschendingen voor individuele kinderen, een groep kinderen, alsook hun vertegenwoordigers en Staten die partij zijn bij het protocol. Het Facultatief Protocol bij het Verdrag inzake de rechten van het kind inzake een communicatieprocedure is in werking getreden op 14 april 2014. De jurisprudentie van het VN-Comité voor de Rechten van het Kind onder dit Facultatief Protocol is te vinden op de online database Leiden Children's Rights Observatory op https://www.universiteitleiden.nl/en/law/institute-of-private-law/child-law/leiden-childrens-rights-observatory. De jurisprudentie van het VN-Comité voor de Rechten van het Kind onder dit Facultatief Protocol is ook te vinden op de online database van het Comité op https://juris.ohchr.org/en/search/results?Bodies=5&sortOrder=Date.

Artikel 42

De Staten die partij zijn, verbinden zich ertoe de beginselen en de bepalingen van dit Verdrag op passende en doeltreffende wijze algemeen bekend te maken, zowel aan volwassenen als aan kinderen.

[20-11-1989, Trb. 170, i.w.tr. 02-09-1990]

Artikel 43

1. Ter beoordeling van de voortgang die de Staten die partij zijn, boeken bij het nakomen van de in dit Verdrag aangegane verplichtingen, wordt een Comité voor de Rechten van het Kind ingesteld, dat de hieronder te noemen functies uitoefent.

2. Het Comité bestaat uit achttien deskundigen van hoog zedelijk aanzien en met erkende bekwaamheid op het gebied dat dit Verdrag bestrijkt. De leden van het Comité worden door de Staten die partij zijn, gekozen uit hun onderdanen, en treden op in hun persoonlijke hoedanigheid, waarbij aandacht wordt geschonken aan een evenredige geografische verdeling, alsmede aan de vertegenwoordiging van de voornaamste rechtsstelsels.

3. De leden van het Comité worden bij geheime stemming gekozen van een lijst van personen die zijn voorgedragen door de Staten die partij zijn. Iedere Staat die partij is, mag één persoon voordragen, die onderdaan van die Staat is.

4. De eerste verkiezing van het Comité wordt niet later gehouden dan zes maanden na de datum van inwerkingtreding van dit Verdrag, en daarna iedere twee jaar. Ten minste vier maanden vóór de datum waarop een verkiezing plaatsvindt, richt de Secretaris-Generaal van de Verenigde Naties aan de Staten die partij zijn een schriftelijk verzoek hun voordrachten binnen twee maanden in te dienen. De Secretaris-Generaal stelt vervolgens een alfabetische lijst op van alle aldus voorgedragen personen, onder aanduiding van de Staten die partij zijn die hen hebben voorgedragen, en legt deze voor aan de Staten die partij zijn bij dit Verdrag.

5. De verkiezingen worden gehouden tijdens vergaderingen van de Staten die partij zijn, belegd door de Secretaris-Generaal, ten hoofdkantore van de Verenigde Naties. Tijdens die vergaderingen, waarvoor twee derde van de Staten die partij zijn het quorum vormen, zijn degenen die in het Comité worden gekozen die voorgedragen personen die het grootste aantal stemmen op zich verenigen alsmede een absolute meerderheid van de stemmen van de aanwezige vertegenwoordigers van de Staten die partij zijn en die hun stem uitbrengen.

6. De leden van het Comité worden gekozen voor een ambtstermijn van vier jaar. Zij zijn herkiesbaar indien zij opnieuw worden voorgedragen. De ambtstermijn van vijf van de leden die bij de eerste verkiezing zijn gekozen, loopt na twee jaar af; onmiddellijk na de eerste verkiezing worden deze vijf leden bij loting aangewezen door de Voorzitter van de vergadering.

7. Indien een lid van het Comité overlijdt of aftreedt of verklaart om welke andere reden ook niet langer de taken van het Comité te kunnen vervullen, benoemt de Staat die partij is die het lid heeft voorgedragen een andere deskundige die onderdaan van die Staat is om de taken te vervullen gedurende het resterende gedeelte van de ambtstermijn, onder voorbehoud van de goedkeuring van het Comité.

8. Het Comité stelt zijn eigen huishoudelijk reglement vast.
9. Het Comité kiest zijn functionarissen voor een ambtstermijn van twee jaar.
10. De vergaderingen van het Comité worden in de regel gehouden ten hoofdkantore van de Verenigde Naties of op iedere andere geschikte plaats, te bepalen door het Comité. Het Comité komt in de regel eens per jaar bijeen. De duur van de vergaderingen van het Comité wordt vastgesteld en, indien noodzakelijk, herzien door een vergadering van de Staten die partij zijn bij dit Verdrag, onder voorbehoud van de goedkeuring van de Algemene Vergadering.
11. De Secretaris-Generaal van de Verenigde Naties stelt de nodige medewerkers en faciliteiten beschikbaar voor de doeltreffende uitoefening van de functies van het Comité krachtens dit Verdrag.
12. Met de goedkeuring van de Algemene Vergadering ontvangen de leden van het krachtens dit Verdrag ingesteld Comité emolumenten uit de middelen van de Verenigde Naties op door de Algemene Vergadering vast te stellen voorwaarden.
[12-12-1995, Trb. 188, i.w.tr. 18-11-2002]

Artikel 44

1. De Staten die partij zijn, nemen de verplichting op zich aan het Comité door tussenkomst van de Secretaris-Generaal van de Verenigde Naties, verslag uit te brengen over de door hen genomen maatregelen die uitvoering geven aan de in dit Verdrag erkende rechten, alsmede over de vooruitgang die is geboekt ten aanzien van het genot van die rechten:
a. binnen twee jaar na de inwerkingtreding van het Verdrag voor de betrokken Staat die partij is;
b. vervolgens iedere vijf jaar.
2. In de krachtens dit artikel opgestelde rapporten dienen de factoren en eventuele moeilijkheden te worden aangegeven die van invloed zijn op de nakoming van de verplichtingen krachtens dit Verdrag. De rapporten bevatten ook voldoende gegevens om het Comité een goed inzicht te verschaffen in de toepassing van het Verdrag in het desbetreffende land.
3. Een Staat die partij is die een uitvoerig eerste rapport aan het Comité heeft overgelegd, behoeft in de volgende rapporten die deze Staat in overeenstemming met het eerste lid, letter *b*, overlegt, basisgegevens die eerder zijn verstrekt, niet te herhalen.
4. Het Comité kan Staten die partij zijn verzoeken om nadere gegevens die verband houden met de toepassing van het Verdrag.
5. Het Comité legt aan de Algemene Vergadering, door tussenkomst van de Economische en Sociale Raad, iedere twee jaar rapporten over aangaande zijn werkzaamheden.
6. De Staten die partij zijn, dragen er zorg voor dat hun rapporten algemeen beschikbaar zijn in hun land.
[20-11-1989, Trb. 170, i.w.tr. 02-09-1990]

Artikel 45

Teneinde de daadwerkelijke toepassing van het Verdrag te bevorderen en internationale samenwerking op het gebied dat het Verdrag bestrijkt, aan te moedigen:
a. hebben de gespecialiseerde organisaties, het Kinderfonds van de Verenigde Naties en andere organen van de Verenigde Naties het recht vertegenwoordigd te zijn bij

het overleg over de toepassing van die bepalingen van dit Verdrag welke binnen de werkingssfeer van hun mandaat vallen. Het Comité kan de gespecialiseerde organisaties, het Kinderfonds van de Verenigde Naties en andere bevoegde instellingen die zij passend acht, uitnodigen deskundig advies te geven over de toepassing van het Verdrag op gebieden die binnen de werkingssfeer van hun onderscheiden mandaten vallen. Het Comité kan de gespecialiseerde organisaties, het Kinderfonds van de Verenigde Naties en andere organen van de Verenigde Naties uitnodigen rapporten over te leggen over de toepassing van het Verdrag op gebieden waarop zij werkzaam zijn;

b. doet het Comité, naar hij passend acht, aan de gespecialiseerde organisaties, het Kinderfonds van de Verenigde Naties en andere bevoegde instellingen, alle rapporten van Staten die partij zijn, toekomen die een verzoek bevatten om, of waaruit een behoefte blijkt aan, technisch advies of technische ondersteuning, vergezeld van eventuele opmerkingen en suggesties van het Comité aangaande deze verzoeken of deze gebleken behoefte;

c. kan het Comité aan de Algemene Vergadering aanbevelen de Secretaris-Generaal te verzoeken namens het Comité onderzoeken te doen naar specifieke thema's die verband houden met de rechten van het kind;

d. kan het Comité suggesties en algemene aanbevelingen doen gebaseerd op de ingevolge de artikelen 44 en 45 van dit Verdrag ontvangen gegevens. Deze suggesties en algemene aanbevelingen worden aan iedere betrokken Staat die partij is, toegezonden, en medegedeeld aan de Algemene Vergadering, vergezeld van eventuele commentaren van de Staten die partij zijn.

[20-11-1989, Trb. 170, i.w.tr. 02-09-1990]

DEEL III

[Inleidende opmerkingen]

Betekenis. Deel III van het IVRK bevat de slotbepalingen. Art. 46-53 regelen ondertekening, ratificatie, toetreding, inwerkingtreding, wijzigingen, voorbehouden, opzegging en de depositaris van het IVRK. Art. 54 geeft aan dat de officiële tekst van het IVRK is nedergelegd bij de Secretaris-Generaal van de VN in zes talen en dat die tekst gelijkelijk authentiek zijn.

Artikel 46

Dit Verdrag staat open voor ondertekening door alle Staten.
[20-11-1989, Trb. 170, i.w.tr. 02-09-1990]

Artikel 47

Dit Verdrag dient te worden bekrachtigd. De akten van bekrachtiging worden nedergelegd bij de Secretaris-Generaal van de Verenigde Naties.
[20-11-1989, Trb. 170, i.w.tr. 02-09-1990]

Artikel 48

Dit Verdrag blijft open voor toetreding door iedere Staat. De akten van toetreding worden nedergelegd bij de Secretaris-Generaal van de Verenigde Naties.

[20-11-1989, Trb. 170, i.w.tr. 02-09-1990]

Artikel 49

1. Dit Verdrag treedt in werking op de dertigste dag die volgt op de datum van nederlegging bij de Secretaris-Generaal van de Verenigde Naties van de twintigste akte van bekrachtiging of toetreding.

2. Voor iedere Staat die dit Verdrag bekrachtigt of ertoe toetreedt na de nederlegging van de twintigste akte van bekrachtiging of toetreding, treedt het Verdrag in werking op de dertigste dag na de nederlegging door die Staat van zijn akte van bekrachtiging of toetreding.

[20-11-1989, Trb. 170, i.w.tr. 02-09-1990]

Artikel 50

1. Iedere Staat die partij is, kan een wijziging voorstellen en deze indienen bij de Secretaris-Generaal van de Verenigde Naties. De Secretaris-Generaal deelt de voorgestelde wijziging vervolgens mede aan de Staten die partij zijn, met het verzoek hem te berichten of zij een conferentie van Staten die partij zijn, verlangen teneinde de voorstellen te bestuderen en in stemming te brengen. Indien, binnen vier maanden na de datum van deze mededeling, ten minste een derde van de Staten die partij zijn een dergelijke conferentie verlangt, roept de Secretaris-Generaal de vergadering onder auspiciën van de Verenigde Naties bijeen. Iedere wijziging die door een meerderheid van de ter conferentie aanwezige Staten die partij zijn en die hun stem uitbrengen, wordt aangenomen, wordt ter goedkeuring voorgelegd aan de Algemene Vergadering

2. Een wijziging die in overeenstemming met het eerste lid van dit artikel wordt aangenomen, treedt in werking wanneer zij is goedgekeurd door de Algemene Vergadering van de Verenigde Naties en is aanvaard door een meerderheid van twee derde van de Staten die partij zijn.

3. Wanneer een wijziging in werking treedt, is zij bindend voor de Staten die partij zijn die haar hebben aanvaard, terwijl de andere Staten die partij zijn gebonden zullen blijven door de bepalingen van dit Verdrag en door iedere voorgaande wijziging die zij hebben aanvaard.

[20-11-1989, Trb. 170, i.w.tr. 02-09-1990]

Artikel 51

1. De Secretaris-Generaal van de Verenigde Naties ontvangt de teksten van de voorbehouden die de Staten op het tijdstip van bekrachtiging of toetreding maken, en stuurt deze rond aan alle Staten.

2. Een voorbehoud dat niet verenigbaar is met doel en strekking van dit Verdrag is niet toegestaan.

3. Een voorbehoud kan te allen tijde worden ingetrokken door een daartoe strekkende mededeling gericht aan de Secretaris-Generaal van de Verenigde Naties, die vervolgens alle Staten hiervan in kennis stelt. Deze mededeling wordt van kracht op de datum van ontvangst door de Secretaris-Generaal.

[20-11-1989, Trb. 170, i.w.tr. 02-09-1990]

Artikel 52

Een Staat die partij is, kan dit Verdrag opzeggen door een schriftelijke mededeling aan de Secretaris-Generaal van de Verenigde Naties. De opzegging wordt van kracht één jaar na de datum van ontvangst van de mededeling door de Secretaris-Generaal.
[20-11-1989, Trb. 170, i.w.tr. 02-09-1990]

Artikel 53

De Secretaris-Generaal van de Verenigde Naties wordt aangewezen als de depositaris van dit Verdrag.
[20-11-1989, Trb. 170, i.w.tr. 02-09-1990]

Artikel 54

Het oorspronkelijke exemplaar van dit Verdrag, waarvan de Arabische, de Chinese, de Engelse, de Franse, de Russische en de Spaanse tekst gelijkelijk authentiek zijn, wordt nedergelegd bij de Secretaris-Generaal van de Verenigde Naties.
[20-11-1989, Trb. 170, i.w.tr. 02-09-1990]

TREFWOORDENREGISTER

Aanverwantschap BW 1:3 lid 2 en 3

Adeldom Wet adeldom
Erkenning Wet adeldom 2 lid 4
Hoge Raad van Adel Wet adeldom 6
Inlijving Wet adeldom 2 lid 3, 8
Overgang adeldom Wet adeldom 3
Taxa Wet adeldom 4
Verheffing Wet adeldom 2 lid 2
Verlening adeldom Wet adeldom 1-2
Vermelding adeldom Wet adeldom 5
Wet op de Adeldom Wet adeldom

Adoptie BW 1:227-232
Besluit klachtencommissie vergunninghouders interlandelijke adoptie
– benoeming leden klachtencommissie Besl. klachtencie. vergunninghouders interland. adoptie 4
– informatieplicht vergunninghouders Besl. klachtencie. vergunninghouders interland. adoptie 7
– inwerkingtreding Besl. klachtencie. vergunninghouders interland. adoptie 9
– klachtencommissie Besl. klachtencie. vergunninghouders interland. adoptie 1
– openbaar verslag klachtencommissie Besl. klachtencie. vergunninghouders interland. adoptie 8
– reglement klachtencommissie Besl. klachtencie. vergunninghouders interland. adoptie 6
– samenstelling klachtencommissie Besl. klachtencie. vergunninghouders interland. adoptie 3
– taak klachtencommissie Besl. klachtencie. vergunninghouders interland. adoptie 2
– vereisten commissieleden Besl. klachtencie. vergunninghouders interland. adoptie 5
Besluit onderzoek buitenlandse contacten aspirant-adoptiefouders
– aan te leggen maatstaven Besl. onderzoek buitenl. contacten asp.-adoptiefouders 1-2
– tijdstip inwerkingtreding; wijze van aanhaling besluit Besl. onderzoek buitenl. contacten asp.-adoptiefouders 3
Besluit opneming buitenlandse kinderen ter adoptie
– aan rechtspersoon te stellen eisen Besl. opn. buitenl. kinderen ter adoptie 2
– aanwijzing rechtspersoon Besl. opn. buitenl. kinderen ter adoptie 1

– begroting bureau Besl. opn. buitenl. kinderen ter adoptie 7
– behuizing vergunninghouder Besl. opn. buitenl. kinderen ter adoptie 15
– benaming aangewezen rechtspersoon, bureau Besl. opn. buitenl. kinderen ter adoptie 4
– financiële verslaglegging Besl. opn. buitenl. kinderen ter adoptie 10
– inhoud algemene voorlichting Besl. opn. buitenl. kinderen ter adoptie 11
– intrekking aanwijzing rechtspersoon Besl. opn. buitenl. kinderen ter adoptie 3
– kennisgeving statutenwijziging en samenstelling bestuur Besl. opn. buitenl. kinderen ter adoptie 13
– kosten algemene voorlichting Besl. opn. buitenl. kinderen ter adoptie 6
– medewerkingsplicht vergunninghouder Besl. opn. buitenl. kinderen ter adoptie 17
– samenstelling bestuur Besl. opn. buitenl. kinderen ter adoptie 12
– schriftelijke vastlegging afspraken Besl. opn. buitenl. kinderen ter adoptie 16
– statutenwijziging en ontbinding bureau Besl. opn. buitenl. kinderen ter adoptie 5
– subsidie Besl. opn. buitenl. kinderen ter adoptie 8 en 9
– vrijwilligers Besl. opn. buitenl. kinderen ter adoptie 14
Eenouderadoptie BW 1 titel 12
Gronden van adoptie BW 1:227
Grootouderadoptie (verbod) BW 1:228
Herroeping van de adoptie
– rechtsgevolgen BW 1:232
– wijze en gronden BW 1:231
Homoadoptie BW 1 titel 12
Internationaal privaatrecht-boek 10 *Zie:* Internationaal privaatrecht-boek 10
Latere vermelding rechterlijke uitspraak BBS 53-54
Minderjarige bekwaam in rechte op te treden BW 1:227 lid 6
Postume adoptie BW 1:227
Recht op gezinsleven EVRM 8
Rechtsgevolgen van adoptie BW 1:229
Rechtsgevolgen van adoptie; tijdstip intreden BW 1:230
Richtlijnen opneming buitenlandse kinderen ter adoptie 2000 Rtl. opn. buitenl. kind. ter adoptie 2000
Stiefouderadoptie BW 1 titel 12, BW 1:228
Verdrag inzake de bescherming van kinderen en de samenwerking op het gebied van interlandelijke adoptie 1993 (Haags adoptieverdrag)
– bemiddeling; vergunning Haags adoptieverdrag 10
– bijzondere commissies Haags adoptieverdrag 42
– centrale autoriteit Haags adoptieverdrag 6
– contactverbod Haags adoptieverdrag 29
– doelstelling Haags adoptieverdrag 1
– erkenning van de adoptie; gevolgen Haags adoptieverdrag 26
– erkenning van rechtswege Haags adoptieverdrag 23
– gegevensbescherming Haags adoptieverdrag 31
– gegevensbewaring Haags adoptieverdrag 30
– informatie over verloop adoptieprocedure Haags adoptieverdrag 20

– informatieplicht aan Permanent Bureau Haags adoptieverdrag 13
– interpersoneel recht Haags adoptieverdrag 37
– interregionaal recht Haags adoptieverdrag 36
– leeftijd kind; beperking toepassingsgebied Haags adoptieverdrag 3
– maatregelen in staat van herkomst Haags adoptieverdrag 4
– maatregelen in staat van opvang Haags adoptieverdrag 5
– machtiging voor optreden vergunninghouder elders Haags adoptieverdrag 12
– nadere afspraken door verdragstaten Haags adoptieverdrag 25
– niet-naleving verdragsbepalingen Haags adoptieverdrag 33
– omzetting van zwakke adoptie in sterke adoptie Haags adoptieverdrag 27
– ongeschiktheid aspirant-adoptiefouders Haags adoptieverdrag 21
– openbare orde-clausule Haags adoptieverdrag 24
– overgangsrecht; temporele werking Haags adoptieverdrag 41
– passende maatregelen Haags adoptieverdrag 9
– rapport in staat van herkomst Haags adoptieverdrag 16
– rapport in staat van opvang Haags adoptieverdrag 15
– samenloop met andere verdragen Haags adoptieverdrag 39
– samenloop met interne regelgeving Haags adoptieverdrag 38
– samenwerking Haags adoptieverdrag 7
– slotbepalingen Haags adoptieverdrag 43-48
– toepassingsgebied Haags adoptieverdrag 2
– toezicht; kinderhandel Haags adoptieverdrag 8
– uitvoeringswet UW Haags adoptieverdrag
– verbod vergaring ongerechtvaardigd voordeel Haags adoptieverdrag 32
– vereisten voor overbrenging Haags adoptieverdrag 18 en 19
– vergunningen voor feitelijke overbrenging Haags adoptieverdrag 18
– vergunninghoudende instelling Haags adoptieverdrag 11
– vergunninghouders en particuliere bemiddelaars Haags adoptieverdrag 22
– verhouding tot andere wetgeving Haags adoptieverdrag 28
– vertaling document Haags adoptieverdrag 34
– verzoek aspirant-adoptieouders Haags adoptieverdrag 14
– voorbehouden Haags adoptieverdrag 40
– voorwaarden voor toevertrouwing Haags adoptieverdrag 17
Verklaring inzake kunstmatige donorbevruchting BW 1:227 lid 4; WDGKB 3a
Verruiming adoptiemogelijkheden BW 1 titel 12, BW 1:227
Voorwaarden voor adoptie BW 1:228
Wet opneming buitenlandse kinderen ter adoptie Wobka
– aan te leggen dossier Wobka 17b
– aantal buitenlandse kinderen Wobka 3
– administratie; boekhouding; verslaglegging Wobka 23
– afwijzing beslissing Wobka 17
– ambtshalve instellen onderzoek Wobka 11
– beginseltoestemming Wobka 2-7a
– begripsbepalingen Wobka 1
– beheer centrale wachtlijst Wobka 24
– bemiddeling Wobka 20
– beslissing minister Wobka 12

– bevoegdheid toezichthoudende ambtenaren Wobka 26
– bezwaar; beroep Wobka 7 en 13
– geldigheidsduur Wobka 3
– geldigheidsduur vergunning; verlenging Wobka 16a
– gezinsonderzoek Wobka 5
– gezinsonderzoek na binnenkomst in Nederland van tijdens verblijf in buitenland opgenomen buitenlands kind Wobka 11-14
– inkennisstelling Minister bij overschrijving Wobka 22
– inlichtingen aan derden Wobka 17e
– inschrijving aspirant-adoptiefouders Wobka 21
– intrekking beginseltoestemming Wobka 6
– intrekking vergunning Wobka 18
– inzage en afschrift bescheiden Wobka 17d
– jaar verzorging in buitenland Wobka 14
– klachtencommissie Wobka 24a
– kosten verzorging, opvoeding en terugkeer Wobka 9
– leeftijdsgrens aspirant-adoptiefouders Wobka 3
– opneming buitenlands kind Wobka 8-10
– procedure zelfdoeners Wobka 7a
– slotbepalingen Wobka 29-34
– straf bij handelen uit winstbejag Wobka 27
– straf bij overtreding Wobka 28
– toezicht en strafbepalingen Wobka 25-28
– toezicht naleving bepalingen Wobka Wobka 25
– vergunning vereist Wobka 15
– vergunninghouders Wobka 15-24
– vervolgrapportage Wobka 17c
– voorlopige voogdij Wobka 10
– voortzetting en beëindiging werkzaamheden Wobka 19
– voorwaarden Wobka 8
– voorwaarden in behandeling nemen verzoek Wobka 4
– voorwaarden verlening vergunning Wobka 16
– weigeringsgronden voor inlichtingenverstrekking Wobka 17f
– werkzaamheden en taak vergunninghouder Wobka 17a

Afstamming BW 1:197-212
Bijzondere curator BW 1:212
Erkenning BW 1:203-206
– akte van erkenning BBS 49-52
– nietigheid van erkenning BW 1:204
– recht op gezinsleven EVRM 8
– vernietiging van erkenning BW 1:205
– vernietiging van erkenning; duomoeder BW 1:205a
– vernietiging van erkenning; rechtsgevolgen BW 1:206
– wijze van erkenning BW 1:203
Familierechtelijke betrekking BW 1:197; EVRM 8
Gerechtelijke vaststelling van het ouderschap BW 1:207-208

– gelijktijdige vaststelling alimentatie BW 1:208
– en verkrijging Nederlanderschap RWN 4
Internationaal privaatrecht-boek 10 *Zie:* Internationaal privaatrecht-boek 10
Inroeping of betwisting van staat
– afstamming volgens geboorteakte BW 1:209
– geen verjaring BW 1:210
– inroeping; voortzetting procedure door erfgenamen BW 1:211
Juridisch ouderschap BW 1 titel 11
Kunstmatige voortplanting en draagmoederschap BW 1 titel 11
Lesbisch ouderschap BW 1 titel 11, BW 1:198
Moeder van het kind BW 1:198
– definitie BW 1:198
– moederschap door erkenning BW 1:198
– moederschap van rechtswege van de vrouwelijke partner van de moeder BW 1:198
Ontkenning moederschap BW 1:202a-202b
– lesbisch ouderschap BW 1:202a
– na overlijden ouders of kind BW 1:202b
Ontkenning vaderschap BW 1:200-202; EVRM 8
– akte van ontkenning BBS 49-52
– na overlijden ouders of kind BW 1:201
– rechtsgevolgen BW 1:202
– termijnen BW 1:200
Overeenkomst inzake wettiging door huwelijk (1970)
– begrip nationale wet Ovk. wettiging door huwelijk 10
– beperkte werking ongeldigheid wettiging Ovk. wettiging door huwelijk 4
– formele reikwijdte Ovk. wettiging door huwelijk 5
– kennisgeving van huwelijk Ovk. wettiging door huwelijk 7
– materiële reikwijdte Ovk. wettiging door huwelijk 1
– mededelingsplicht ongeacht nationaliteit Ovk. wettiging door huwelijk 9
– openbare orde Ovk. wettiging door huwelijk 3
– uittreksels van geboorteakte Ovk. wettiging door huwelijk 8
– vermelding wettiging in registers Ovk. wettiging door huwelijk 6
– voorbehouden Ovk. wettiging door huwelijk 2
Vader van het kind BW 1:199
– definitie BW 1:199

Afstand van de huwelijksgemeenschap BW 1:103-108

Afwezigheid, onderbewindstelling in geval van BW 1:409-411
Bewindvoerder BW 1:409-410
– beloning van de bewindvoerder BW 1:410 lid 2
– benoeming van de bewindvoerder BW 1:409
– ontslag van de bewindvoerder BW 1:410 lid 5
Einde van het bewind BW 1:411
Machtiging bewindvoerder voor andere dan vermogensbelangen BW 1:410 lid 4
Omschrijving afwezigheid BW 1:409

Overeenkomstige toepassing bepalingen over bewind van de voogd BW 1:410
Rekening en verantwoording BW 1:410 lid 3

Akten *Zie:* Burgerlijke stand

Alimentatie *Zie:* levensonderhoud

Alimentatieverordening *Zie:* Levensonderhoud en ipr

Beginselenwet justitiële jeugdinrichtingen *Zie:* Jeugdzorgrecht

Beschermingsbewind BW 1:431-449
Aansprakelijkheid van de bewindvoerder jegens rechthebbende BW 1:444
Aansprakelijkheid van de rechthebbende BW 1:442 lid 2
Beheer en beschikking over de goederen BW 1:438
Belanghebbende Rv 798 lid 2
Beloning van de bewindvoerders BW 1:447
Benoeming bewindvoerder of tijdelijk bewindvoerder BW 1:435
– kwaliteitseisen BW 1:435 lid 7
– personen die niet tot bewindvoerder kunnen worden benoemd BW 1:435 lid 6
Bescherming van de wederpartij van bewindvoerder BW 1:442 lid 1
Besluit kwaliteitseisen curatoren, beschermingsbewindvoerders en mentoren Besl. kwal.eisen curatoren, beschermingsbewindv. en mentoren
Derdenbescherming BW 1:439
Einde van de taak van de bewindvoerder BW 1:448
– ontslag wegens gewichtige redenen BW 1:448 lid 2 en 5
Einde van het bewind BW 1:449
– opheffing van bewind BW 1:449 lid 2
– verlenging van bewind BW 1:449 lid 3
Goederen die aan de meerderjarige toebehoren BW 1:431 lid 5
Grond voor onderbewindstelling BW 1:431
– lichamelijke of geestelijke toestand BW 1:431 lid 1a
– verkwisting of het hebben van problematische schulden BW 1:431 lid 1b
Horen betrokkene door rechter Rv 809 lid 2
Instelling bewind op verzoek, op vordering of ambtshalve BW 1:432
Levenstestament BW 1 titel 19
Machtiging tot procederen BW 1:443
Omvang en inwerkingtreding van het bewind BW 1:434
Omzetting van curatele in beschermingsbewind BW 1:432 lid 3 en 4
Omzetting van de bestuursopdracht in beschermingsbewind BW 1:432 lid 5
Rekening en verantwoording BW 1:445
Taak van de bewindvoerder BW 1:441
Toestemming of machtiging voor bepaalde handelingen BW 1:441 lid 2
Twee of meer bewindvoerders BW 1:437
Uitbrengen van verslag aan kantonrechter door bewindvoerder BW 1:446a
Uitkering van de opbrengst en afdracht van goederen BW 1:446
Verhaalsrecht van schuldeisers BW 1:440

Verhouding van onderbewindstelling tot curatele BW 1 titel 19
Verplichtingen van de bewindvoerder BW 1:436
– boedelbeschrijving BW 1:436 lid 1
– inzage en afschrift BW 1:436 lid 6
– openen van een rekening BW 1:436 lid 4
– publicatie betreffende registergoederen BW 1:436 lid 3
– verplichting tot het verstrekken van inlichtingen BW 1:436 lid 5
– zekerheidstelling BW 1:436 lid 2
Wettelijk adviesrecht gemeenten in geval van problematische schulden en/of verkwisting BW 1:432a
Zaaksvervanging; uitbreiding en inkrimping van het bewind BW 1:433

Besluit basisregistratie personen *Zie:* Burgerlijke stand

Besluit bericht omtrent toelating *Zie:* Nederlanderschap

Besluit bijzondere akten van de burgerlijke stand *Zie:* Burgerlijke stand

Besluit burgerlijke stand 1994 *Zie:* Burgerlijke stand

Besluit DNA-onderzoek vaderschap *Zie*: Vaderschap

Besluit donorgegevens kunstmatige bevruchting *Zie*: Donorgegevens kunstmatige bevruchting

Besluit externe klachtencommissie Raad voor de Kinderbescherming *Zie*: Raad voor de Kinderbescherming

Besluit geslachtsnaamswijziging *Zie:* Naamrecht

Besluit gezagsregisters *Zie*: Gezag

Besluit huwelijksgoederenregister 1969 *Zie*: Huwelijksgoederenregister

Besluit klachtencommissie vergunninghouders interlandelijke adoptie *Zie:* Adoptie

Besluit kwaliteitseisen curatoren, beschermingsbewindvoerders en mentoren *Zie:* Beschermingsbewind, Curatele en Mentorschap

Besluit op de jeugdverblijven *Zie:* Wet op de jeugdverblijven

Besluit naturalisatietoets *Zie: Nederlanderschap*

Besluit onderzoek buitenlandse contacten aspirant adoptiefouders *Zie:* Adoptie

Besluit opneming buitenlandse kinderen ter adoptie *Zie:* Adoptie

Besluit optie- en naturalisatiegelden 2002 *Zie:* Nederlanderschap

Besluit tijdelijk huisverbod *Zie:* Huisverbod

Besluit verkrijging en verlies Nederlanderschap *Zie:* Nederlanderschap

Bestuur (van huwelijksgemeenschap) *Zie:* Rechten en verplichtingen van echtgenoten

Bewind *Zie:* Voogdij

Bloedverwantschap BW 1:3 lid 1

Boek 10 *Zie:* Internationaal privaatrecht-boek 10

Brussel II-bis verordening *Zie:* Echtscheiding

Burgerlijke stand BW 1:16-29f
Aanvulling, verbetering, latere vermeldingen BW 1:20-20g, 1:24-24b
– aanvulling, doorhaling, verbetering BW 1:24
– kennelijke misslagen BW 1:24a
– latere vermeldingen BW 1:20-20g
– nieuwe akte BW 1:24b
Akten en partijen daarbij
– afgifte uittreksels BW 1:23b
– afschriften en uittreksels akte BW 1:18d; BBS 25-26
– bewijskracht BW 1:22-22a
– centrale bewaarplaats afschriften akten en dubbelen BBS 30-32
– dubbelen BW 1:18d; BBS 6-10
– dubbelen; openbaarheid BW 1:23c; BBS 9
– elektronische aangifte BW 1:18b
– inhoud en opmaken akte BW 1:18; BBS 36-67
– inzage BW 1:23a
– klappers op de akten BBS 11-14
– latere vermeldingen BW 1:20-20g; BBS 15-24, 53-54
– openbaarheid BW 1:23
– partijen bij de akte BW 1:18a
– rechterlijke uitspraken (inschrijving van) BW 1:21
– verklaring voor recht BW 1:27a
– weigering opmaken akte BW 1:18c, 1:27-27b
Ambtenaar van de burgerlijke stand BW 1:16-16d; BBS 1-5
– aanwijzing BW 1:16; BBS 2
– locatie verrichting werkzaamheden BBS 1, 3
– openingstijden bureau BW 1:16c
– procesbevoegdheid BW 1:16b
– regels voor taakuitoefening BW 1:16d; BBS 1-5
– taken BW 1:16a; BBS 5

– voorzieningen voor taakuitoefening BBS 3
Basisregistratie personen BW 1 titel 4, BW 1:23, 1:29a
– besluit basisregistratie personen Besl. basisregistratie pers.
– wet basisregistratie personen Wet basisregistratie personen
Besluit bijzondere akten van de burgerlijke stand Besl. BABS
Besluit burgerlijke stand 1994 BBS
Bewijskracht
– akten burgerlijke stand BW 1:22
– authentieke afschriften of uittreksels BW 1:22a
Buitenlandse akten
– inschrijving buitenlandse akte BW 1:25
– toevoeging latere vermelding BW 1:20b, 1:25b
– verbetering buitenlandse akte BW 1:25a
– verklaring voor recht omtrent geldigheid BW 1:26-26e
– vervangende geboorteakte BW 1:25c
– vervangende (overige) akten BW 1:25g
– wijziging vervangende geboorteakte BW 1:25d, 1:25f
Centraal kantmeldingenregister Ckm
Commissie van advies burgerlijke staat, nationaliteit
– commissie van advies BW 1:29
– organisatie en samenstelling BW 1:29a
– rapportage aan minister BW 1:29f
– taken BW 1:29b
– taken; nadere regels BW 1:29e
– verplicht advies BW 1:29c, 29d
Erkenning (akte) BBS 49-52
Geboorte
(elektronische) aangifte van geboorte BW 1:19e; BBS 27
– akte van geboorte BW 1:19, 1:19j; BBS 34-37, 43-48
– attestatie de vita BW 1:19k
– in voer- of vaartuig (mobiele geboorte) BW 1:19a
– latere toevoegingen in akte BW 1:20-20a
– levenloze geboorte BW 1:19i
– plaats van geboorte BW 1:19
– twijfel aan geslacht BW 1:19d
– verklaring arts of verloskundige BBS 27
– vondeling BW 1:19b, 19c
Gemeentelijke basisadministratie *Zie:* Burgerlijke stand, Basisregistratie personen
Geregistreerd partnerschap BW 1:17, 1:17a, 1:20, 1:20a, 1:23b, 1:25, 1:27; BBS 28, 36-37
Openbaarheid akten burgerlijke stand BW 1:23
Overlijden
– aangifte van overlijden BW 1:19h
– akte van overlijden BW 1:19f, 1:19j; BBS 36-37, 61-67
– gevonden lijk BW 1:19f lid 2
– in voer- of vaartuig BW 1:19g
– op installatie ter zee BW 1:19f lid 3

– overlijden vóór geboorteaangifte BW 1:19i
Regeling papier en schrijfmiddelen voor de burgerlijke stand 1994 Reg. papier en schrijfmiddelen voor de BS 1994
Registers van de burgerlijke stand
– archieven BW 1:17a
– beheerder archieven BW 1:17b
– houden van registers door consulaire ambtenaren BBS 33-35
– inrichting registers BW 1:17c; BBS 6-14
– soorten registers BW 1:17
Transseksualiteit BW 1:28-28c
– baren of verwekken van een kind BW 1:28c lid 3
– deskundigenverklaring BW 1:28a
– deskundigenverklaring; inhoud BW 1:28a lid 2
– gevolgen van de wijziging BW 1:28c
– recht op gezinsleven EVRM 8
– vermelding geslachtswijziging BW 1:28b
– wijziging kunne in geboorteakte BW 1:28
– wijziging van de voornamen BW 1:28b lid 2
Zie ook: Huwelijk

Centraal kantmeldingenregister *Zie:* Burgerlijke stand

Crisismaatregel *Zie:* Hoofdstuk 7 Wet verplichte geestelijke gezondheidszorg

Curatele BW 1:378-391
Aanbevelingen Landelijk Overleg Vakinhoud Civiele en Kantonsectoren BW 1 titel 16
Aanvang BW 1:381
Belanghebbende Rv 798 lid 2
Beschermingsbewind BW 1 titel 16
Besluit kwaliteitseisen curatoren, beschermingsbewindvoerders en mentoren Besl. kwal.eisen curatoren, beschermingsbewindv. en mentoren
Bevoegdheid tot verzoek of vordering BW 1:379
Curateleregister BW 1:391
Curator
– aanvang taak curator BW 1:383 lid 11, 1:385 lid 1
– beloning curator BW 1:386
– benoeming curator BW 1:383
– bewind van curator BW 1:386
– einde provisioneel bewind BW 1:383 lid 12
– gevolgen vernietiging beschikking tot ondercuratelestelling BW 1:384
– kwaliteitseisen BW 1 titel 16, BW 1:383 lid 7-9
– personen die niet tot curator kunnen worden benoemd BW 1:383 lid 5
– *toepasselijke bepalingen op* bewind van curator BW 1:386
– toepasselijkheid van bepalingen over voogdij op curatele BW 1:385
Einde curatele BW 1:389
Feitelijke onbekwaamheid BW 1 titel 16

Geregistreerd partnerschap BW 1:379, 1:383 lid 3, 1:386 lid 5
Gronden voor ondercuratelestelling BW 1:378
– drugsverslaving BW 1:378 lid 1b
– gewoonte van drankmisbruik BW 1:378 lid 1b
– lichamelijke of geestelijke toestand BW 1:378 lid 1a
Handelingsonbekwaamheid, -bekwaamheid BW 1:381-382
– beschikking over gelden voor levensonderhoud BW 1:381 lid 5
– hoofdregel: handelingsonbekwaamheid BW 1:381 lid 2
– specifieke uitzonderingen op handelingsonbekwaamheid BW 1:381
– verrichten van familierechtelijke handelingen BW 1:382
Horen curandus door rechter Rv 809 lid 2
Huwelijk BW 1:37, 1:38
Levenstestament BW 1 titel 16
Mentorschap BW 1 titel 16, BW 1:450-462
Omzetting van curatele in beschermingsbewind BW 1:432 lid 3 en 4
Openbare registers BW 1:391
Procespositie curandus EVRM 6
Provisioneel bewind BW 1:380, 1:383 lid 11 en 12
Publicatie BW 1:390
Vóór meerderjarigheid BW 1:378 lid 2
Zie ook: beschermingsbewind en mentorschap

Curator, bijzondere BW 1:212, 1:250

Derdenbescherming
Bij beschermingsbewind BW 1:439
In het huwelijksvermogensrecht BW 1:89 lid 2, 1:92

Donorgegevens kunstmatige bevruchting
Besluit donorgegevens kunstmatige bevruchting *Zie: Besl.* donorgeg. kunstmatige bevruchting
Wet donorgegevens kunstmatige bevruchting *Zie:* Wet donorgegevens kunstmatige bevruchting

Dwaling
Niet van toepassing op verdeling van gemeenschappen BW 3:199

Echtscheiding BW 1:150-167
Echtscheidingsgrond: duurzame ontwrichting BW 1:151, 1:154
Gebruik woning andere echtgenoot BW 1:165
Hertrouwen van gescheiden echtgenoten BW 1:166
Inschrijving echtscheidingsbeschikking BW 1:163
Ontbinding van de gemeenschap BW 1:99
Op gemeenschappelijk verzoek BW 1:154
Op verzoek van één der echtgenoten BW 1:151, 1:153
Pensioenrechtenverevening BW 1:155; *Zie:* Pensioenrechtenverevening

Rechtsmacht Nederlandse rechter Rv 814 (vervallen)
Schadevergoeding bij benadeling gemeenschap BW 1:164

Echtscheiding en ipr
Verordening betreffende de bevoegdheid en de erkenning en tenuitvoerlegging van beslissingen in huwelijkszaken en inzake ouderlijke verantwoordelijkheid en tot intrekking van Verordening (EG) nr. 1347/2000 (vervallen) Brussel II-bis
- aanhangigheid en onderling samenhangende procedures Brussel II-bis 19
- aanhangigmaking van een zaak Brussel II-bis 16
- aanhouding van de uitspraak Brussel II-bis 27 en 35
- algemene bevoegdheid Brussel II-bis 3
- behoud bevoegdheid vorige gewone verblijfplaats kind Brussel II-bis 9
- beslissing van de rechterlijke instantie Brussel II-bis 31
- bevoegdheid in geval van kinderontvoering Brussel II-bis 10
- bevoegdheid op basis aanwezigheid kind Brussel II-bis 13
- bevoegdheid ter zake ouderlijke verantwoordelijkheid Brussel II-bis 8
- certificaten volgens het modelformulier Brussel II-bis 39
- definities Brussel II-bis 2
- erkenning van een beslissing Brussel II-bis 21
- exclusieve aard van bevoegdheden Brussel II-bis 6
- gedeeltelijke tenuitvoerlegging beslissing Brussel II-bis 36
- geen toetsing bevoegdheid oorspronkelijk gerecht Brussel II-bis 24
- geen toetsing van juistheid beslissing Brussel II-bis 26
- gronden tot weigering van de erkenning van beslissingen betreffende ouderlijke verantwoordelijkheid Brussel II-bis 23
- gronden tot weigering van erkenning van beslissingen ter zake van echtscheiding, scheiding van tafel Brussel II-bis 22
- kennisgeving van de beslissing Brussel II-bis 32
- materiële toepassingsgebied Brussel II-bis 1
- omgangsrecht en de terugkeer van het kind Brussel II-bis 40-45
- omzetting scheiding tafel en bed in echtscheiding Brussel II-bis 5
- overgangsbepalingen Brussel II-bis 64
- procedure Brussel II-bis 30
- prorogatie van rechtsmacht Brussel II-bis 12
- rechtsmiddelen Brussel II-bis 33-34
- relatief bevoegd gerecht Brussel II-bis 29
- residuele bevoegdheid Brussel II-bis 7 en 14
- samenwerking autoriteiten inzake ouderlijke verantwoordelijkheid Brussel II-bis 53-58
- slotbepalingen Brussel II-bis 65-72
- stukken Brussel II-bis 37-38
- tegenvordering Brussel II-bis 4
- terugkeer van het kind Brussel II-bis 11
- toetsing bevoegdheid Brussel II-bis 17
- toetsing ontvankelijkheid Brussel II-bis 18
- uitvoerbare beslissingen Brussel II-bis 28
- verhouding verordening tot andere instrumenten Brussel II-bis 59-63

– verschillen in toepasselijkheid recht Brussel II-bis 25
– verwijzing naar ander gerecht Brussel II-bis 15
– voorlopige en bewarende maatregelen Brussel II-bis 20
Verordening (EU) 2019/1111 betreffende de bevoegdheid, de erkenning en tenuitvoerlegging van beslissingen in huwelijkszaken en inzake de ouderlijke verantwoordelijkheid, en betreffende internationale kinderontvoering Brussel II-ter
– bevoegdheid inzake echtscheiding, scheiding van tafel en bed en nietigverklaring huwelijk Brussel II-ter 1-6
– bevoegdheid inzake ouderlijke verantwoordelijkheid Brussel II-ter 7-16
– definities Brussel II-ter 2
– erkenning Brussel II-ter 30-50
– internationale kinderontvoering Brussel II-ter 22-29
– procedure Brussel II-ter 17-21
– uitvoerbaarheid en tenuitvoerlegging Brussel II-ter 45-75
– samenwerking autoriteiten inzake ouderlijke verantwoordelijkheid Brussel II-ter 76-84
Voorzieningen bij bestaand vooruitzicht op uitkeringen BW 1:153
Wet verevening pensioenrechten bij scheiding *Zie:* Pensioenrechtenverevening
Zie ook: Gezag; Levensonderhoud; Omgang en informatie

Embryowet Embryowet
Begripsbepalingen Embryowet 1
Instellingsprotocol Embryowet 2
Onderzoeksprotocol Embryowet 3
Rapportageplicht Embryowet 4
Slotbepalingen Embryowet 29-34
Strafbepalingen Embryowet 28
Verboden handelingen met geslachtscellen en embryo's Embryowet 24-27
– bijzondere combinaties Embryowet 25
– geslachtskeuze Embryowet 26
– non-commercialiteit Embryowet 27
– verboden handelingen Embryowet 24
Wetenschappelijk onderzoek met embryo's Embryowet 10-18
– bescherming persoonlijke levenssfeer Embryowet 14 en 18
– informed consent Embryowet 12 en 17
– onderzoeksprotocol Embryowet 3
– plicht tot inlichten Embryowet 15 en 18
– toetsingscriteria Embryowet 10 en 16
– verantwoordelijkheid uitvoerder Embryowet 13 en 18
Wetenschappelijk onderzoek met foetussen Embryowet 19-23
– beperking doel Embryowet 20
– bescherming persoonlijke levenssfeer Embryowet 23
– informed consent Embryowet 21
– onderzoeksprotocol Embryowet 3
– ongunstig verloop Embryowet 22
– plicht tot inlichten Embryowet 23
– toetsingscriteria Embryowet 19

– verantwoordelijkheid uitvoerder Embryowet 23
Zeggenschap over geslachtscellen en embryo's Embryowet 5-9a
– procedurele voorwaarden Embryowet 6
– terbeschikkingstelling van embryo's Embryowet 8
– terbeschikkingstelling van geslachtscellen Embryowet 5, 9, 9a
– vernietiging Embryowet 7

Europees kinderontvoeringsverdrag *Zie:* Kinderontvoering

Europees verdrag betreffende erkenning inzake gezag (1980) *Zie:* Kinderontvoering

Europees verdrag tot bescherming van de rechten van de mens en de fundamentele vrijheden EVRM
Diverse bepalingen EVRM 52-59
Europese hof EVRM 19-51
– aantal rechters EVRM 20
– adviezen, bevoegdheid van het Hof EVRM 47-48
– afstand van rechtsmacht ten gunste Grote Kamer EVRM 30
– ambtstermijn en ontheffing EVRM 23
– behandeling van de zaak EVRM 38
– beslissingen kamers inzake ontvankelijkheid en gegrondheid EVRM 29
– bevoegdheden alleen zittende rechters EVRM 27
– bevoegdheden comités EVRM 28
– bevoegdheid Grote Kamer EVRM 31
– billijke genoegdoening EVRM 41
– bindende kracht en tenuitvoerlegging uitspraken EVRM 46
– comités, Kamers en Grote Kamer EVRM 26
– einduitspraken EVRM 44
– griffie en rapporteurs EVRM 24
– individuele verzoekschriften EVRM 34
– instelling van het Hof EVRM 19
– interstatelijke zaken EVRM 33
– kosten van het hof EVRM 50
– minnelijke schikking EVRM 39
– openbaarheid EVRM 40
– rechtsmacht Hof EVRM 32
– redenen die aan adviezen ten grondslag liggen EVRM 49
– redenen uitspraken en beslissingen EVRM 45
– schrapping van de rol EVRM 37
– tussenkomst door derden EVRM 36
– uitspraken van Kamers EVRM 42
– verkiezing van rechters EVRM 22
– verwijzing naar de Grote Kamer EVRM 43
– voltallige vergadering Hof EVRM 25
– voorrechten en immuniteit EVRM 51
– voorwaarden functie rechter EVRM 21

– voorwaarden ontvankelijkheid EVRM 35
Mensenrechten EVRM 1-18
– discriminatieverbod EVRM 14
– doelgebonden beperkingen EVRM 18
– family life EVRM 8
– folterverbod EVRM 3
– legaliteitsvereiste bij veroordeling EVRM 7
– oorlog of noodtoestand EVRM 15
– politieke activiteiten vreemdelingen EVRM 16
– recht om te huwen EVRM 12
– recht op daadwerkelijk rechtsmiddel EVRM 13
– recht op gezinsleven EVRM 8
– recht op leven EVRM 2
– recht op toegang tot de rechter EVRM 6
– recht op vrijheid EVRM 5
– rechten voor een ieder EVRM 1
– slavernijverbod EVRM 4
– verbod op dwangarbeid EVRM 4
– verbod op tenietdoen verdragsrechten EVRM 17
– vrijheid van gedachte, geweten en godsdienst EVRM 9
– vrijheid van meningsuiting EVRM 10
– vrijheid van vereniging en vergadering EVRM 11
Zie ook: IVRK

Familieprocesrecht Rv
Andere dan echtscheidingszaken Rv 798-813
– adviesfunctie raad voor de kinderbescherming Rv 810
– afgifte van rechtswege Rv 812
– behandeling door kinderrechter Rv 808
– behandeling met gesloten deuren Rv 803
– belanghebbende Rv 798
– contra-expertise Rv 810a
– crisissituaties Rv 809 lid 3
– datum beschikking Rv 804
– definitie belanghebbende Rv 798
– hoger beroep Rv 806
– hoger beroep uitgesloten Rv 807
– horen buiten gerechtsgebouw Rv 802
– horen minderjarigen Rv 809
– inhoud verzoekschrift Rv 799
– inhoud verzoekschrift: aanvullende eisen Rv 799a
– inzage en afschrift bescheiden; belanghebbenden Rv 811
– oproeping belanghebbenden Rv 800
– oproeping belanghebbenden in alimentatiezaken Rv 801
– tenuitvoerlegging; rol openbaar ministerie Rv 813
– vermelding belanghebbenden in verzoekschrift Rv 799
– vermelding van informanten in verzoekschrift Rv 799

– verzending afschrift beschikking Rv 805
Echtscheidingszaken Rv 814-827
– betekening verzoekschrift eenzijdige procedure; termijn verweer Rv 816
– geen of geconcentreerde behandeling ter zitting Rv 818
– geestelijke stoornis echtgenoot-verweerder Rv 817
– gemeenschappelijk verzoek; onderlinge regelingen Rv 819
– hoger beroep en cassatie scheidingsbeschikking Rv 820
– inhoud verzoekschrift Rv 815
– nevenvoorzieningen Rv 827
– ouderschapsplan Rv 815
– rechtsmacht Nederlandse rechter Rv 814 (vervallen)
Echtscheidingszaken; voorlopige voorzieningen Rv 821-826
– geen hoger beroep, wel wijziging Rv 824
– geldigheidsduur Rv 826
– inzage en afschrift bescheiden Rv 825
– ondertoezichtstelling Rv 823
– opsomming Rv 822
– procedures Rv 821
– tijdstip aanvang voorlopige voorzieningen Rv 822 lid 2
Mediation Rv 818 lid 2

Familierechtelijke betrekking *Zie:* Afstamming

Forensische zorg Wfz Wet verplichte geestelijke gezondheidszorg, Wet zorg en dwang psychogeriatrische en verstandelijk gehandicapte cliënten, Wet forensische zorg

Begripsbepalingen Wfz 1.1
- begripsbepalingen Wfz 1.1
Doelstelling, reikwijdte en zorgcontinuïteit en algemene bepalingen Wfz 2.1-2.7
- aansluitende zorg Wfz 2.5
- herstel patiënt en vermindering recidive Wfz 2.1
- nadere regelgeving Wfz 2.7
- toezicht op de naleving van de voorwaarden voor de verlening van forensische zorg Wfz 2.4
- verlening en tenuitvoerlegging forensische zorg Wfz 2.2
- verwerking persoonsgegevens Wfz 2.6
- zorgmachtiging ingevolge Wvggz en rechterlijke machtiging ingevolge Wzd Wfz 2.3
Indicatiestelling Wfz 5.1-5.3
- bevoegd orgaan Wfz 5.2
- indicatiestelling Wfz 5.1
- nadere regelgeving Wfz 5.3
Inkoop Wfz 4.1-4.2
- inkoop zorg en observatieplaatsen Wfz 4.1
- nadere regelgeving Wfz 4.2
Instellingen Wfz 3.1-3.5
- nadere regelgeving Wfz 3.5

- private instelling Wfz 3.2
- private instelling; huisregels en geven van aanwijzing aan patiënt Wfz 3.4
- private instelling; organisatie en vereisten Wfz 3.3
- rijksinstelling Wfz 3.1
Overgangs- en slotbepalingen Wfz 8.1-8.3
- citeertitel Wfz 8.2
- inwerkingtreding Wfz 8.3
- verslag over de doeltreffendheid en de effecten van deze wet Wfz 8.1
Plaatsing, overplaatsing en overbrenging Wfz 6.1-6.11
- bijzondere voorvallen Wfz 6.10
- machtiging tot opneming en ontslag Wfz 6.4
- meldcode Wfz 6:10a
- nadere regelgeving Wfz 6:11
- overbrenging naar een instelling Wfz 6.9
- overbrenging naar psychiatrische instelling Wfz 6.7
- overwegingen bij plaatsing en overplaatsing Wfz 6.2
- penitentiair programma Wfz 6.6
- plaatsing van de patiënt Wfz 6.1
- sociale verzorging en hulpverlening Wfz 6.8
- termijn waarbinnen plaatsing plaatsvindt Wfz 6.3
- tijdelijke overplaatsing Wfz 6.5
Wijzigingen in andere wetten Wfz 7.1-7.21

Geboorteaangifte *Zie:* Burgerlijke stand

Geestelijke stoornis
Bij huwelijk BW 1:32, 1:73
Grond voor curatele BW 1:378 lid 1a
Grond voor mentorschap BW 1:450
Grond voor onderbewindstelling BW 1:431
– lichamelijke of geestelijke toestand BW 1:431 lid 1a
– verkwisting of het hebben van problematische schulden BW 1:431 lid 1b

Gemeenschap BW 3:166-200
Aandeel in gemeenschap
– beschikkingsbevoegdheid deelgenoten (bijzondere gemeenschap) BW 3:191
– gerechtigdheid voor gelijke delen BW 3:166 lid 2
Aandeel in gemeenschappelijk goed
– beschikkingsbevoegdheid deelgenoten BW 3:175 lid 1-2, 3:190
– uitwinning van aandeel door schuldeisers BW 3:175 lid 3
– verkrijging van aandeel of een beperkt recht daarop BW 3:176
Beheersregeling
– bij overeenkomst tussen de deelgenoten BW 3:168 lid 1
– bij rechterlijke uitspraak BW 3:168 lid 2 en 5
– gebondenheid van rechtsverkrijgenden BW 3:168 lid 4
– wijziging wegens onvoorziene omstandigheden BW 3:168 lid 3
Bijzondere gemeenschappen BW 3:189-194

– bevoegdheid tot beschikking BW 3:190-191
– toepasselijke bepalingen BW 3:189
– verhaal voor tot de gemeenschap behorende schulden BW 3:192
Definitie BW 3:166 lid 1
Oplegregel BW 3:197
Rechten en bevoegdheden van deelgenoten
– machtiging door de rechter tot te gelde maken of bezwaren BW 3:174
– op vruchten en andere voordelen BW 3:172
– tot beheer BW 3:170 lid 1-2
– tot beschikking BW 3:170 lid 3
– tot gebruik BW 3:169
– tot procederen BW 3:171
Redelijkheid en billijkheid tussen deelgenoten BW 3:166 lid 3
Verblijvingsbeding BW 3:186
Verplichtingen van deelgenoten
– bijdragen in de uitgaven BW 3:172
– rekening en verantwoording over gevoerd beheer BW 3:173
Zaaksvervanging BW 3:167
Zie ook: Verdeling (van gemeenschappen)

Gemeenschap van goederen (beperkt; huwelijken na 1 januari 2018) BW 1:93-113
Afstand van de gemeenschap BW 1:103-108
– afstand door erfgenamen BW 1:105
– dubbele afstand BW 1:108
– gevolgen van afstand van de gemeenschap BW 1:103 lid 2-6
– het recht om afstand te doen BW 1:103
– inschrijving van de akte van afstand BW 1:104
– verlenging van de termijn voor inschrijving BW 1:106
– verlies van het recht van afstand BW 1:107 lid 1
– verlies van ontheffing van aansprakelijkheid BW 1:107 lid 2
Afwijking bij huwelijkse voorwaarden BW 1:93
Bestuur van de gemeenschap BW 1:97
Eigen onderneming echtgenoot BW 1:95a
Omvang van de gemeenschap; beperking BW 1:94
Ontbinding van de gemeenschap BW 1:99-108
– aandeel in de ontbonden gemeenschap BW 1:100 lid 1
– aansprakelijkheid voor gemeenschapsschulden BW 1:102
– afstand van de gemeenschap BW 1:103-108
– draagplicht BW 1:100
– draagplicht bij negatief saldo gemeenschap BW 1:100 lid 2
– gronden voor ontbinding BW 1:99 lid 1
– verhaal van schuldeisers BW 1:100 lid 3
– voorkeursrecht tot toedeling BW 1:101
– vordering tot verdeling van de gemeenschap BW 1:99 lid 2
Overnemingsrecht BW 1:96 lid 3
Opheffing van de gemeenschap bij beschikking BW 1:109-113
– gronden voor opheffing van de gemeenschap BW 1:109

– herstel van de gemeenschap BW 1:113
– rechtsgevolgen van beschikking tot opheffing BW 1:111
– verzoek tot opheffing van de gemeenschap BW 1:110
Overeenkomst tussen echtgenoten BW 1:96b
Premies sommenverzekering BW 1:96a
Récompense BW 1:96 lid 5
Reprise BW 1:96 lid 4
Vergoedingsrecht eigen onderneming echtgenoot BW 1:95a BW
Verhaal schulden BW 1:96
Verhaal schulden door privéschuldeisers; beperking tot helft executieopbrengst BW 1:96 lid 3 BW
Verknochte goederen en schulden BW 1:94 lid 5, 1:101
Zaaksvervanging; vergoeding BW 1:95
Zie ook: Huwelijksvermogensrecht en ipr

Gemeenschap van goederen (wettelijke; huwelijken vóór 1 januari 2018) BW 1:93-96b, 100, 130 (zie Bijlage De wettelijke gemeenschap van goederen (huwelijken gesloten vóór 1 januari 2018))
Afwijking bij huwelijkse voorwaarden BW 1:93
Bewijs van buiten de gemeenschap gehouden goederen (huwelijkse voorwaarden) BW 1:130
Eigen onderneming echtgenoot BW 1:95a
Omvang van de gemeenschap BW 1:94
Ontbinding van de gemeenschap BW 1:99-108
– aandeel in de ontbonden gemeenschap BW 1:100 lid 1
– draagplicht BW 1:100
– verhaal van schuldeisers BW 1:100 lid 3
Overeenkomst tussen echtgenoten BW 1:96b
Premies sommenverzekering BW 1:96a
Récompense BW 1:96 lid 4
Reprise BW 1:96 lid 3
Toepasselijkheid bepalingen gewone gemeenschap BW 3:189
Vergoedingsrecht eigen onderneming echtgenoot BW 1:95a BW
Verhaal schulden BW 1:96
Verknochte goederen en schulden BW 1:94 lid 3
Zaaksvervanging; vergoeding BW 1:95
Zie ook: Huwelijksvermogensrecht en ipr

Geneeskundige behandelingsovereenkomst BW 7:446-468
Anonieme stoffen BW 7:467
Beperking van aansprakelijkheid uitgesloten BW 7:463
Definitie BW 7:446
Dossierplicht BW 7:454-458b
– dossierplicht BW 7:454
– geheimhouding BW 7:457
– geheimhouding; uitzonderingen BW 7:458
– recht op inzage BW 7:456

– recht op inzage voor nabestaanden BW 7:458a
– recht op inzage voor nabestaanden bij vermoeden medische fout BW 7:458b
– vernietiging op verzoek patiënt BW 7:455
Dwingend recht BW 7:468
Geen toepassing bij medische keuring BW 7:446 lid 4
Goed hulpverlener BW 7:453
Informatieplicht
– informatie- en medewerkingsplicht patiënt BW 7:452
– informatieplicht hulpverlener BW 7:448
– patiënt wil geen informatie BW 7:449
Loon BW 7:461
Mede-aansprakelijkheid ziekenhuis BW 7:462-463
Minderjarigen
– aansprakelijkheid van minderjarige BW 7:447 lid 2
– bekwaamheid tot aangaan overeenkomst BW 7:447 lid 1
– vertegenwoordiging van de wilsonbekwame patiënt BW 7:465
Opzegging door hulpverlener in beginsel niet mogelijk BW 7:460
Recht op privacy BW 7:459
Toepassing op geneeskundige handelingen zonder behandelingsovereenkomst BW 7:464
Toestemming patiënt BW 7:450-451
– niet in staat tot redelijke waardering belangen BW 7:450 lid 3
– toestemming minderjarige BW 7:450 lid 2
– toestemmingsvereiste BW 7:450 lid 1
– vastlegging toestemming BW 7:451
– verrichting zonder toestemming BW 7:466
Wetenschappelijk onderzoek
– anonieme stoffen BW 7:467
– uitzondering op geheimhoudingsplicht BW 7:458
Ziekenhuis BW 7:462-463

Geregistreerd partnerschap
Akte van aangifte BBS 55a
Akte van registratie BBS 57a-59
Akte van toestemming BBS 56a
Beschermingsbewind BW 1:432, 1:435
Curatele BW 1:379, 1:383 lid 3, 1:386 lid 5
Einde partnerschap BW 1:80c-e
– ontbinding door rechter BW 1:80e
– reparatieregistratie BW 1:80f
– wederzijds goedvinden BW 1:80d; BBS 60a
– wijzen van beëindiging BW 1:80c
Internationaal privaatrecht-boek 10 *Zie:* Internationaal privaatrecht-boek 10
Lesbisch ouderschap BW 1 titel 5A
Mentorschap BW 1:451 lid 1, 1:452 lid 4
Omzetting in een huwelijk BW 1:80g
Ontstaan aanverwantschap BW 1:3 lid 2

Openstelling huwelijk en geregistreerd partnerschap BW 1 titel 5A en 11,BW 1:198
Overeenkomstige toepassing bepalingen
– ontbinding BW 1:80e; Rv 828
– partnerschapsgoederenregime BW 1:80b
– rechten en verplichtingen partners BW 1:80b
Rechtsgevolgen in buitenland aant. 6 vóór BW 1:80a
Reparatieregistratie BW 1:80f
Verhouding tot huwelijk BW 1 titel 5A
Verordening (EU) 2016/1104 tot uitvoering van de nauwere samenwerking op het gebied van de bevoegdheid, het toepasselijke recht en de erkenning en tenuitvoerlegging van beslissingen op het gebied van de vermogensrechtelijke gevolgen van geregistreerde partnerschappen
Voorwaarden voor registratie BW 1:80a; BBS 28-29
Zie ook: Burgerlijke stand; Rechten en verplichtingen van echtgenoten

Geslachtsnaam *Zie:* Naamrecht

Gezag BW 1:245-278
Afgifte beschikkingen inzake gezag Rv 812
Beëindiging van het ouderlijk gezag BW 1:266-278
– andere ouder oefent gezag uit BW 1:274
– bewind over het vermogen van het kind; rekening en verantwoording BW 1:276
– geen gezag van de ouders; benoeming voogd BW 1:275
– gronden voor gezagsbeëindiging: ernstige bedreiging ontwikkeling kind BW 1:266 lid 1a
– gronden voor gezagsbeëindiging: misbruik van gezag BW 1:266 lid 1b
– ondertoezichtstelling in plaats van gezagsbeëindiging BW 1:267a
– ondertoezichtstelling in plaats van schorsing BW 1:269
– schorsing ouderlijk gezag; voorlopige voogdij BW 1:268
– verzoek tot herstel in gezag BW 1:277
– verzoek tot herstel in gezag (door raad voor de kinderbescherming); proeftijd BW 1:278
– verzoekers gezagsbeëindiging BW 1:267
Besluit gezagsregisters Besl. gezagsregisters
Bewind van de ouders BW 1:253i-253m
– bewind en vertegenwoordiging BW 1:253i
– goed bewindvoerder BW 1:253j
– ouderlijk vruchtgenot BW 1:253l
– toepasselijke bepalingen BW 1:253k
– uitsluiting vruchtgenot BW 1:253m
Bijzondere curator BW 1:250
Co-ouderschap BW 1:251
Eenoudergezag anders dan na scheiding BW 1:253b-253h
– gezag na overlijden BW 1:253f
– gezag na overlijden; alleen met gezag belaste ouder BW 1:253g

– ontbreken van gezag BW 1:253d
– uitoefening door moeder alleen BW 1:253b
– verlies gezag BW 1:253e
– verzoek door tot het gezag bevoegde ouder aan rechtbank BW 1:253c
– wijziging van gezagstoewijzing aan voogd BW 1:253h
Gemeenschappelijke bepalingen BW 1:253n-253s
– aanvang van het gezag BW 1:253p
– beëindiging gezamenlijk gezag BW 1:253n
– blokkaderecht pleegouders BW 1:253s
– blokkaderecht stiefouders BW 1:253s
– feitelijke onmogelijkheid tot uitoefening gezag BW 1:253r
– gevolgen van onbevoegdheid BW 1:253q
– wijziging eenhoofdig ouderlijk gezag BW 1:253o
Gezag: ouderlijk gezag of voogdij BW 1:245
Gezag na meerderjarigverklaring BW 1:253ha
Gezagsregisters bij rechtbanken BW 1:244
Gezamenlijk gezag en éénoudergezag na scheiding BW 1:251-253a
– éénoudergezag na scheiding BW 1:251a
– geschillen over gezamenlijke gezagsuitoefening BW 1:253a
– gezamenlijk ouderlijk gezag BW 1:251
– gezamenlijk ouderlijk gezag van ongehuwden BW 1:252
– gezamenlijk ouderlijk gezag van ongehuwden van rechtswege BW 1:251, 1:252
Goed ouderschap; zeven kernen BW 1:247
Meeroudergezag BW 1:245
– herleving ouderlijk gezag na hertrouwen BW 1:253
– klem- en verlorencriterium BW 1:251a
Gezamenlijk gezag ouder en niet-ouder BW 1:253sa-253y
– aanvang BW 1:253u
– einde BW 1:253y
– onderhoudsplicht BW 1:253w
– overlijden van de gezagsouder BW 1:253x
– toepasselijke bepalingen BW 1:253v
– van rechtswege BW 1:253sa
– voorwaarden BW 1:253t
Gezamenlijk gezag ouders binnen geregistreerd partnerschap BW 1:253aa
Omvang ouderlijk gezag BW 1:247
– overeenkomstige toepassing BW 1:248
Onbevoegdheid tot gezag BW 1:246
Ondertoezichtstelling van minderjarigen BW 1:254-265k
– aanwijzingen; van gecertificeerde instelling BW 1:263
– aanwijzingen; vervallenverklaring door kinderrechter BW 1:264
– aanwijzingen; verzoek tot intrekking BW 1:265
– ambtshalve ondertoezichtstelling broertjes/zusjes BW 1:255 lid 5
– belang van het kind centraal BW 1 titel 14 afd. 4
– beperking contact ouder en kind BW 1:265f lid 1
– bevoegd tot verzoek BW 1:255 lid 2

– bevoegd tot verzoek; burgemeester BW 1:255 lid 3
– bijzondere curator BW titel 14 afd. 4
– duur BW 1:258
– gecertificeerde instelling; aanwijzingen BW 1:263-265
– gecertificeerde instelling; definitie BW 1:254
– gecertificeerde instelling; gedeeltelijke gezagsuitoefening BW 1:265e lid 1
– gecertificeerde instelling; rol BW 1 titel 14 afd. 4
– gecertificeerde instelling; toezicht en steun BW 1:262 lid 1
– gecertificeerde instelling; vervanging BW 1:259
– geschillen kunnen aan de kinderrechter worden voorgelegd BW 1:262b
– grond voor ondertoezichtstelling; ernstige bedreiging ontwikkeling kind BW 1:255 lid 1
– horen minderjarige BW 1:265g
– horen raad voor de kinderbescherming Rv 810 lid 4
– medische behandeling BW 1:265h
– minderjarige niet processueel bekwaam BW 1 titel 14 afd. 4
– minderjarige vreemdeling BW 1:256 lid 1
– netwerkberaad/familiegroepsplan BW 1 titel 14 afd. 4, BW 1:254, 1:262a
– op verzoek door rechter Rv 823
– opheffing BW 1:261
– procedurevoorschriften BW 1:265k
– toestemming van kinderrechter voor wijziging in verblijf BW 1:265i lid 1
– toetsende taak raad voor de kinderbescherming BW 1:265j
– uithuisplaatsing BW 1:265a-e; EVRM 5
– uithuisplaatsing; beëindiging door gecertificeerde instelling BW 1:265d lid 1
– uithuisplaatsing; beëindiging op verzoek van anderen BW 1:265d lid 2
– uithuisplaatsing; bevoegd tot het verzoek BW 1:265b lid 1 en 2
– uithuisplaatsing; duur machtiging BW 1:265c
– uithuisplaatsing; gedeeltelijke gezagsuitoefening door de gecertificeerde instelling BW 1:265e lid 1
– uithuisplaatsing; gesloten jeugdhulp BW 1:265b lid 4
– uithuisplaatsing; gronden BW 1:265b lid 1
– uithuisplaatsing; uitsluitend met machtiging BW 1:265a
– verdeling zorg- en opvoedingstaken (omgangsregeling) BW 1:265g
– verlenging BW 1:260
– vervangen van gecertificeerde instelling BW 1:259
– voorlopige ondertoezichtstelling BW 1:257
– wie zijn bevoegd tot verzoek? BW 1:255 lid 2
– zelfstandige minderjarige BW 1:262 lid 2
Openbare gezagsregisters bij de rechtbanken BW 1:244; Besl gezagsregisters
Ouderlijk vruchtgenot BW 1:253l
Ouderschapsplan BW 1 titel 14 afd. 4, BW 1:247 lid 5, 1:247a
Partnerdoding, benoeming bijzonder curator BW 1:250 lid 2
Recht op gezinsleven EVRM 8
Verbod geweld in opvoeding BW 1:247
Verordening bevoegdheid, erkenning en tenuitvoerlegging beslissingen inzake echtscheiding en inzake ouderlijk gezag Brussel II-ter

Verplichtingen van het minderjarige kind BW 1:249
Verzorging en opvoeding BW 1:247 lid 2, 1:248
Vrijheidsberoving EVRM 5
Zie ook: Internationale kinderbescherming; Kinderontvoering; Voogdij

Haags adoptieverdrag *Zie:* Adoptie

Haags huwelijksgevolgenverdrag *Zie:* Huwelijksvermogensrecht en ipr

Haags huwelijksverdrag *Zie:* Huwelijk

Haags huwelijksvermogensverdrag *Zie:* Huwelijksvermogensrecht en ipr

Haags kinderbeschermingsverdrag 1996 *Zie:* Internationale kinderbescherming

Haags kinderontvoeringsverdrag *Zie:* Kinderontvoering

Haags meerderjarigheidsverdrag HVV
Bevoegdheid HVV 5-12
– autoriteiten staat van vermogen volwassene HVV 9
– autoriteiten staat waarvan volwassene nationaliteit bezit HVV 7
– geldigheid maatregel HVV 12
– hoofdregel HVV 5
– overdracht zaak andere verdragsstaat HVV 8
– spoedeisende gevallen HVV 10
– tijdelijke maatregelen HVV 11
– vluchtelingen HVV 6
Erkenning en tenuitvoerlegging HVV 22-27
– beslissing over (niet-)erkenning HVV 23
– erkenning van rechtswege HVV 22
– gebonden aan vaststelling van feiten HVV 24
– marginale toetsing HVV 26
– tenuitvoerlegging in andere staat HVV 25 en 27
Samenwerking HVV 28-37
Toepasselijk recht HVV 13-21
– derdenbescherming HVV 17
– intrekking of wijziging vertegenwoordigingsbevoegdheid HVV 16
– openbare orde-exceptie HVV 21
– toepasselijk recht maatregelen HVV 13
– uitsluiting renvoi HVV 19
– universeel toepassingsgebied HVV 18
– vertegenwoordigingsbevoegdheid HVV 15
– voorrangsregels HVV 20
– wijze uitvoering maatregel HVV 14
Toepassingsgebied HVV 1-4
– doel HVV 1
– materieel toepassingsgebied HVV 3

– personeel toepassingsgebied HVV 2
– uitgesloten onderwerpen HVV 4

Haags protocol inzake alimentatie 2007 *Zie:* Levensonderhoud en ipr

Haags verdrag inzake internationale inning levensonderhoud voor kinderen en andere familieleden 2007 *Zie:* Levensonderhoud en ipr

Handelingsprotocol gezag, contact/omgang en hulp na partnerdoding waarbij minderjarige kinderen zijn betrokken *Zie:* Partnerdoding

Handvest van de grondrechten van de Europese Unie
Burgerschap Handvest Grondrechten EU 39-46
Gelijkheid Handvest Grondrechten EU 20-26
– integratie van personen met een handicap Handvest Grondrechten EU 26
– non-discriminatie Handvest Grondrechten EU 21
– rechten van het kind Handvest Grondrechten EU 24
– rechten van ouderen Handvest Grondrechten EU 25
Horizontale werking Handvest Grondrechten EU 51
Rechtspleging Handvest Grondrechten EU 47-50
– recht op een doeltreffende voorziening in rechte en op een onpartijdig gerecht Handvest Grondrechten EU 47
Solidariteit Handvest Grondrechten EU 27-38
Uitleg en toepassing Handvest Grondrechten EU 51-54
– beschermingsniveau Handvest Grondrechten EU 53
– reikwijdte en uitlegging Handvest Grondrechten EU 52
– toepassingsgebied Handvest Grondrechten EU 51
Vrijheden Handvest Grondrechten EU 6-19
– bescherming van persoonsgegevens Handvest Grondrechten EU 8
– eerbiediging privéleven en familie- en gezinsleven Handvest Grondrechten EU 7
– recht op vrijheid en veiligheid Handvest Grondrechten EU 5
– recht te huwen en recht een gezin te stichten Handvest Grondrechten EU 9
Waardigheid Handvest Grondrechten EU 1-5
– recht op leven Handvest Grondrechten EU 2
– recht op menselijke integriteit Handvest Grondrechten EU 3
– verbod van folteringen en van onmenselijke of vernederende behandelingen of straffen Handvest Grondrechten EU 4

Hoofdelijke verbondenheid
Gevallen waarin hoofdelijke verbondenheid bestaat
– verkrijging van aandeel in gemeenschappelijk goed BW 3:176 lid 2-3

Huisverbod
Begripsomschrijving Wet tijdelijk huisverbod 1; Besl. tijdelijk huisverbod 1
Besluit tijdelijk huisverbod Besl. tijdelijk huisverbod
Binnentreden woning Wet tijdelijk huisverbod 4

Procedure opleggen huisverbod Wet tijdelijk huisverbod 2-3; Besl. tijdelijk huisverbod 2
Rechtsbijstand uithuisgeplaatste Wet tijdelijk huisverbod 5
Verlenging huisverbod Wet tijdelijk huisverbod 9
Wet tijdelijk huisverbod Wet tijdelijk huisverbod

Huwelijk BW 1:30-80
Bewijs van het bestaan BW 1:78-80
– bij betwisting wettigheid van kind BW 1:80
– door getuigen of bescheiden BW 1:79
– door huwelijksakte BW 1:78
Burgerlijk huwelijk BW 1:30
– burgerlijk huwelijk vóór kerkelijk huwelijk BW 1:68
Formaliteiten vóór huwelijksvoltrekking BW 1:44-49a
– geldigheidsduur aangifte BW 1:46
– hertrouwen van ouder BW 1:48
– huwelijksaangifte (ondertrouw) BBS 55
– schending trouwbeloften BW 1:49
– vereiste gegevens BW 1:44-46; BBS 28-29
– verklaring van huwelijksbevoegdheid BW 1:49a
Haags huwelijksverdrag HHV
Hertrouwen
– hertrouwen ouder-voogd BW 1:48
– hertrouwen van gescheiden echtgenoten BW 1:166
– monogamie BW 1:33
Huwelijksakte
– bewijs huwelijk door akte BW 1:78
– opmaken en inhoud BW 1:67 lid 2; BBS 57-59
Huwelijksbeletselen BW 1 titel 5 afd. 1
Internationaal privaatrecht-boek 10 *Zie:* Internationaal privaatrecht-boek 10
Niet-huwelijkse samenlevingsvormen BW 1 titel 5
Nietigverklaring van een huwelijk BW 1:69-77
– alleen op grond van uitdrukkelijke wetsbepaling BW 1:76
– bevoegdheid tot verzoek BW 1:69
– dwaling BW 1:71 lid 2
– dwang BW 1:71 lid 1
– geen gronden voor nietigverklaring BW 1:72
– geestelijke stoornis BW 1:73
– gronden voor nietigverklaring BW 1:31-42, 1:70-75
– niet de vereiste leeftijd BW 1:74
– niet het vereiste aantal getuigen BW 1:70
– onbevoegde ambtenaar BW 1:70
– ontbreken van toestemming derden BW 1:75
– rechtsgevolgen BW 1:77
– schijnhuwelijk BW 1:71a
Ontbinding van het huwelijk, gronden BW 1:149
– door de dood BW 1:149 sub a

– door echtscheiding BW 1:149 sub c
– door ontbinding na scheiding van tafel en bed BW 1:149 sub d
– door vermissing BW 1:149 sub b
Openstelling huwelijk
– en geregistreerd partnerschap BW 1 titel 5A en 11, BW 1:198
– voor personen van gelijk geslacht BW 1 titel 5
Recht om te huwen EVRM 12
Recht op gezinsleven EVRM 8
Stuiting van het huwelijk BW 1:50-57
– bekendheid ambtenaar met huwelijksbeletselen BW 1:57
– bevoegden tot stuiten BW 1:51-53
– bloedverwantschap in derde of vierde graad BW 1:50
– door openbaar ministerie BW 1:53
– gronden voor stuiting BW 1:50
– opheffing stuiting BW 1:55; BBS 29
– rechtsgevolgen stuiting BW 1:56
– schijnhuwelijk BW 1:50
– wegens bestaand huwelijk BW 1:52
– wijze van stuiten BW 1:54
Vereisten en beletselen voor het aangaan BW 1:31-42
– derde of vierdegraads bloedverwanten BW 1:41a, 1:50
– geregistreerd partnerschap BW 1:42
– gestoorde geestvermogens BW 1:32, 1:38, 1:73
– minimumleeftijd BW 1:31
– monogamie BW 1:33, 1:42, 1:52
– opkomen tegen verleende toestemming BW 1:39
– toestemming (akte) BBS 56
– toestemming bij curatele BW 1:37, 1:38, 1:39
– toestemming bij minderjarigheid BW 1:39
– vereiste gegevens aangifte BW 1:44
– vervangende toestemming door kantonrechter/rechtbank BW 1:37 lid 2, 1:38, 1:39
– verwantschap BW 1:41
Voltrekking van het huwelijk BW 1:58-68
– aantonen identiteit BW 1:63 lid 2
– akte (inhoud) BBS 57
– bij volmacht BW 1:66
– getuigen BW 1:63 lid 1, 1:64
– godsdienstige plechtigheden BW 1:68
– in bijzonder huis BW 1:64
– in gemeentehuis BW 1:63
– verklaring ambtenaar BW 1:67 lid 2
– verklaring rechtmatig verblijf BW 1:58
– verklaringen echtgenoten BW 1:67 lid 1
– verschijning in persoon BW 1:65
– wachttijd BW 1:62

Zie ook: Echtscheiding; Gemeenschap van goederen (beperkt; huwelijken na 1 januari 2018); Gemeenschap van goederen (wettelijke; huwelijken vóór 1 januari 2018); Geregistreerd partnerschap; Huwelijkse voorwaarden; Rechten en verplichtingen van echtgenoten; Scheiding van tafel en bed

Huwelijkse voorwaarden BW 1:114-143
Aangaan huwelijkse voorwaarden bij notariële akte BW 1:115 lid 1
Bewijs van buiten de gemeenschap gehouden goederen BW 1:130 (vervallen per 1 januari 2018; zie voor huwelijken van vóór 1 januari 2018: Bijlage Huwelijk)
Finale verrekenbedingen BW 1:142-143
– afwijking bij schriftelijke overeenkomst BW 1:142 lid 2
– beschrijving te verrekenen vermogen BW 1:143
– peildata, samenstelling en omvang BW 1:142 lid 1
Gebrek aan bewijs tussen echtgenoten BW 1:131
Handelingsbekwaamheid minderjarigen en curandi BW 1:117 lid 1, 1:118
Huwelijksgoederenregister Besl. huwelijksgoederenregister 1969
Inhoud huwelijkse voorwaarden BW 1:121
Pensioenverevening BW 1:155
Periodieke verrekenbedingen BW 1:141
– aanwezig vermogen bij einde huwelijk BW 1:141 lid 3
– einde periode waarover verrekend moet worden BW 1:141 lid 2
– gereserveerde winsten BW 1:141 lid 4
– niet uitgevoerde verrekenverplichting BW 1:141 lid 1
– onderneming op eigen naam BW 1:141 lid 5
– peildatum BW 1:141 lid 2
– verjaring BW 1:141 lid 6
Tijdens huwelijk gemaakte of gewijzigde voorwaarden BW 1:118-120
– aanvang werking BW 1:120 lid 1
– goedkeuring rechtbank BW 1:119
– toestemming curator BW 1:118
– werking jegens derden BW 1:116, 1:120 lid 2
Vergoedingsrechten BW 1 titel 8 afd. 1
Verrekenbedingen BW 1:132-143
– algemene regels voor verrekenbedingen BW 1:132-140
– bereik regeling BW 1:132 lid 1
– betalingsregeling BW 1:140
– compensatie BW 1:137 lid 2
– evenredige verrekening BW 1:135 lid 1
– evenredigheidsmaatstaf bij belegging BW 1:136 lid 1
– gebrek aan bewijs, rechtsvermoeden BW 1:136 lid 2
– geen verantwoording voor bestuur BW 1:138 lid 1
– inbetalinggeving van goederen BW 1:137 lid 3
– overeenkomstige toepassing regels verdeling gemeenschap BW 1:135 lid 2
– regelend en dwingend recht BW 1:132 lid 2
– schadevergoeding bij benadeling BW 1:139 lid 2
– uitsluitingsclausule BW 1:134
– vermogensopgave BW 1:138 lid 2

– verrekenen inkomsten en vermogen BW 1:133 lid 2
– verrekening geschiedt in geld BW 1:137 lid 1
– verzoek tot opheffing wederzijdse verplichting BW 1:139 lid 1
– verzwijgen, zoekmaken, verborgen houden goederen BW 1:135 lid 3
– wederkerige verplichtingen tot verrekening BW 1:133 lid 1
Volmacht tot aangaan huwelijkse voorwaarden BW 1:115 lid 2
Vóór of tijdens het huwelijk op te maken BW 1:114
Vóór het huwelijk gemaakte voorwaarden BW 1:117
Zie ook: Huwelijksvermogensrecht en ipr; Pensioenrechtenverevening

Huwelijksgemeenschap
Zie ook: Gemeenschap van goederen (beperkt; huwelijken na 1 januari 2018); Gemeenschap van goederen (wettelijke; huwelijken vóór 1 januari 2018); Huwelijkse voorwaarden

Huwelijksgoederenregister
Besluit huwelijksgoederenregister 1969

Huwelijksvermogensrecht en ipr
Haags Huwelijksgevolgenverdrag (1905) HHGV
Haags Huwelijksvermogensverdrag (1978) Haags huwelijksvermogensverdrag
– automatische wijzigingen Haags huwelijksvermogensverdrag 7
– gebreken bij wilsovereenstemming rechtskeuze Haags huwelijksvermogensverdrag 10
– geldigheidsduur verdrag Haags huwelijksvermogensverdrag 30
– gemeenschappelijke nationaliteit Haags huwelijksvermogensverdrag 15
– graden van onderdaanschap Haags huwelijksvermogensverdrag 26
– intern interregionaal geval Haags huwelijksvermogensverdrag 18
– interpersoneel recht Haags huwelijksvermogensverdrag 19
– interregionaal recht; aanknoping aan nationaliteit Haags huwelijksvermogensverdrag 16
– interregionaal recht; aanknoping aan verblijfplaats Haags huwelijksvermogensverdrag 17
– inwerkingtreding Haags huwelijksvermogensverdrag 29
– kennisgeving aan lidstaten Haags huwelijksvermogensverdrag 31
– materiële werkingsomvang Haags huwelijksvermogensverdrag 1
– objectieve verwijzingsregel Haags huwelijksvermogensverdrag 4
– ondubbelzinnige aanwijzing gekozen recht Haags huwelijksvermogensverdrag 11
– openbare orde Haags huwelijksvermogensverdrag 14
– rechtsbetrekkingen tussen echtgenoten en derden Haags huwelijksvermogensverdrag 9
– rechtskeuze staande huwelijk Haags huwelijksvermogensverdrag 6
– rechtskeuze vóór huwelijkssluiting Haags huwelijksvermogensverdrag 3
– toepassing op overige gebiedsdelen Haags huwelijksvermogensverdrag 25
– universele werkingsomvang Haags huwelijksvermogensverdrag 2
– verhouding tot andere verdragen Haags huwelijksvermogensverdrag 20

– verklaringen, kennisgeving Haags huwelijksvermogensverdrag 28
– verklaringen van nationaliteitsverdragslanden Haags huwelijksvermogensverdrag 5
– voorbehouden op verdrag verboden Haags huwelijksvermogensverdrag 27
– vormvereisten huwelijkse voorwaarden Haags huwelijksvermogensverdrag 12
– vormvereisten rechtskeuze Haags huwelijksvermogensverdrag 13
– werking ex nunc Haags huwelijksvermogensverdrag 21
– wijziging toepasselijk recht, wagonstelsel Haags huwelijksvermogensverdrag 8
Huwelijksvermogensstelsels Verordening (EU) 2016/1103 tot uitvoering van de nauwere samenwerking op het gebied van de bevoegdheid, het toepasselijke recht en de erkenning en tenuitvoerlegging van beslissingen op het gebied van huwelijksvermogensstelsels

Inboedel
Toestemming voor vervreemding inboedelgoederen tijdens huwelijk BW 1:88 lid 1a

Internationaal namenrecht
Internationaal privaatrecht-boek 10 *Zie:* Internationaal privaatrecht-boek 10
Overeenkomst betreffende de afgifte van een verklaring van verscheidenheid van familienaam Ovk. CIEC
– beperking bewijskracht verklaring Ovk. CIEC 3
– betekenis verklaring van verscheidenheid van familienaam Ovk. CIEC 1
– bevoegde autoriteiten Ovk. CIEC 11
– gelijkstelling vluchtelingen en staatlozen met onderdanen Ovk. CIEC 4
– modelformulier Ovk. CIEC 5-10
– personele reikwijdte Ovk. CIEC 2
Overeenkomst inzake de verandering van geslachtsnamen en voornamen Ovk. Istanbul
– exclusieve rechtsmacht nationale autoriteiten Ovk. Istanbul 2
– materiële toepassingsgebied Ovk. Istanbul 1
– van rechtswege uitvoerbare beslissingen Ovk. Istanbul 3
– vernietiging of herroeping van naamsverandering Ovk. Istanbul 4
– voorbehouden Ovk. Istanbul 5
Overeenkomst inzake het recht dat van toepassing is op geslachtsnamen en voornamen Ovk. München

Internationaal Privaatrecht-Boek 10
Adoptie BW 10:103-112
– algemene bepalingen BW 10:103-104
– erkenning van buitenlandse adoptie BW 10:107-111
– in Nederland uit te spreken adoptie BW 10:105-106
– overgangsrecht BW 10:112
Afstamming BW 10:92-102
– erkenning van buitenslands tot stand gekomen rechterlijke beslissingen en rechtsfeiten BW 10:100-101

– familierechtelijke betrekkingen door erkenning of gerechtelijke vaststelling van het vaderschap BW 10:95-97
– familierechtelijke betrekkingen door geboorte BW 10:92-94
– familierechtelijke betrekkingen door wettiging BW 10:98
– inhoud familierechtelijke betrekkingen uit hoofde van afstamming BW 10:99
– overgangsrecht BW 10:102
Algemene bepalingen BW 10:1-17
– ambtshalve toepassing van recht BW 10:2
– algemene exceptieclausule BW 10:8
– bewijslast en wettelijke vermoedens BW 10:13
– fait accompli exceptie BW 10:9
– meervoudige rechtsstelsels BW 10:15
– minderjarigheid en handelingsbekwaamheid BW 10:11
– openbare orde exceptie BW 10:6
– rechtskeuze BW 10:10
– renvoi BW 10:5
– staatloosheid en het niet kunnen vaststellen van iemands nationaliteit BW 10:16
– verjaring BW 10:14
– vluchtelingen BW 10:17
– voorrang van internationale en Europese regelingen BW 10:1
– voorrangsregels BW 10:7
– voorvraag BW 10:4
– vormvoorschriften BW 10:12
– wijze van procederen BW 10:3
Erkenning buiten Nederland aangegaan geregistreerd partnerschap BW 10:61-63
– hoofd- of voorvraag BW 10:63
– openbare orde BW 10:62
Erkenning van buitenlandse adoptie BW 10:107-111
– erkenning van rechtswege BW 10:108
– erkenningsprocedure BW 10:109
– gevolgen BW 10:110
– niet-verdragsadopties BW 10:107
– omzetting van zwakke adoptie in sterke adoptie BW 10:111
Familierechtelijke betrekkingen door erkenning of gerechtelijke vaststelling van het ouderschap BW 10:95-97
– ontstaan BW 10:95
– vaststelling ouderschap BW 10:97
– vernietiging erkenning BW 10:96
Familierechtelijke betrekkingen door geboorte BW 10:92-94
– familierechtelijke betrekkingen tussen het kind en zijn ongehuwde moeder BW 10:94
– ontkenning van het ouderschap BW 10:93
– ontstaan BW 10:92
Geregistreerd partnerschap BW 10:60-91
– aangaan geregistreerd partnerschap in Nederland BW 10:60
– beëindiging in Nederland van geregistreerd partnerschap BW 10:86-87

– erkenning buiten Nederland aangegaan geregistreerd partnerschap BW 10:61-63
– erkenning buiten Nederland tot stand gekomen beëindiging geregistreerd partnerschap BW 10:88-89
– levensonderhoud BW 10:90
– overgangsrecht BW 10:91
– partnerschapsvermogensregime BW 10:70-85
– rechtsbetrekkingen tussen geregistreerde partners BW 10:64-69
Huwelijk BW 10:27-59; Haags huwelijksverdrag; Haags huwelijksvermogensverdrag
– huwelijksvermogensregime BW 10:42-53
– ontbinding van het huwelijk en scheiding van tafel en bed BW 10:54-59
– rechtsbetrekkingen tussen echtgenoten BW 10:35-41
– voltrekking en erkenning van de geldigheid van huwelijken BW 10:27-34
Huwelijksvermogensregime BW 10:42-53
– inschrijving buitenlands huwelijksvermogensrecht in het huwelijksgoederenregister BW 10:45
– rechtskeuzes uitgebracht vóór 1 september 1992 BW 10:53
– toepasselijk recht ten aanzien van pensioenverevening BW 10:51
– Verordening (EU) nr. 2016/1103 van de Raad van 24 juni 2016 tot uitvoering van de nauwere samenwerking op het gebied van de bevoegdheid, het toepasselijke recht en de erkenning en tenuitvoerlegging van beslissingen op het gebied van huwelijksvermogensstelsels (Verordening huwelijksvermogensstelsels) regelt toepasselijkheid huwelijksvermogensregime BW 10:42
– verrekening voordeel; Näherberechtigung BW 10:47
Internationale ontvoering van kinderen BW 10:114
– verwijzing BW 10:114
Levensonderhoud BW 10:116
– internationale regelingen BW 10:116
Naam BW 10:18-26
– erkenning van in het buitenland vastgestelde of gewijzigde namen BW 10:24
– naam Nederlander; geen effectiviteitstoets BW 10:20
– naam vreemdeling; meervoudige nationaliteit BW 10:19
– overeenkomst van München primair recht BW 10:18
– overgangsrecht BW 10:26
– recht op naamskeuze in internationale gevallen BW 10:25
– uitzondering op ambtshalve toepassing vreemd recht BW 10:23
– voeren naam volgens het recht dat niet op de naam is toegepast BW 10:21
– wijzigen nationaliteit in de tijd BW 10:22
Ontbinding van het huwelijk en scheiding van tafel en bed BW 10:54-59
– erkenning van buitenlandse echtscheidingen BW 10:57
– erkenning van buitenlandse verstotingen BW 10:58
– exclusieve bevoegdheid Nederlandse rechter BW 10:55
– openbare orde-exceptie BW 10:59
– toepasselijk recht BW 10:56
– verhouding internationale regelingen tot de regeling van afdeling 4 BW 10:54
Ouderlijke verantwoordelijkheid en bescherming van kinderen BW 10:113

– internationale regelingen BW 10:113
Partnerschapsvermogensregime BW 10:70-85
– inschrijving notariële akte BW 10:79
– pensioenverevening BW 10:85
– rechtskeuze; toepasselijk recht BW 10:70
– verrekening BW 10:81
Rechtsbetrekkingen tussen echtgenoten BW 10:34a-38
– gemeenschappelijke nationaliteit BW 10:37
– gevolgen van de rechtskeuze BW 10:38
– objectieve verwijzingsregel indien echtgenoten niet onder de werking van de Verordening huwelijksvermogensstelsels vallen BW 10:36
– rechtskeuzebevoegdheid van echtgenoten indien echtgenoten niet onder de werking van de Verordening huwelijksvermogensstelsels vallen BW 10:35
– Verordening (EU) nr. 2016/1103 van de Raad van 24 juni 2016 tot uitvoering van de nauwere samenwerking op het gebied van de bevoegdheid, het toepasselijke recht en de erkenning en tenuitvoerlegging van beslissingen op het gebied van huwelijksvermogensstelsels (Verordening huwelijksvermogensstelsels) BW 10:34a
Rechtsbetrekkingen tussen geregistreerde partners BW 10:64-66
– geen rechtskeuze toepasselijk recht indien echtgenoten niet onder de werking van de Verordening geregistreerde partnerschappen vallen BW 10:65
– rechtskeuze; toepasselijk recht indien echtgenoten niet onder de werking van de Verordening geregistreerde partnerschappen vallen BW 10:64
– Verordening (EU) nr. 2016/1104 van de Raad van 24 juni 2016 tot uitvoering van de nauwere samenwerking op het gebied van de bevoegdheid, het toepasselijke recht en de erkenning en tenuitvoerlegging van beslissingen op het gebied van de vermogensrechtelijke gevolgen van geregistreerde partnerschappen (Verordening geregistreerde partnerschappen) BW 10:63a
– wijziging toepasselijk recht BW 10:66
Voltrekking en erkenning van de geldigheid van huwelijken BW 10:27-34
– erkenning van een buiten Nederland rechtsgeldig gesloten huwelijk BW 10:31
– materiële huwelijksvereisten BW 10:28
– materiële reikwijdte BW 10:27
– openbare orde exceptie BW 10:32
– overgangsregeling BW 10:34
– verdrag inzake de voltrekking en de erkenning van de geldigheid van huwelijken Haags huwelijksverdrag
– voorvraag BW 10:33
– vorm van de huwelijkssluiting BW 10:30

Internationale kinderbescherming

Haags kinderbeschermingsverdrag 1996 HKV 1996
– aanwijzing HKV 1996, 44
– aanwijzing; mededeling HKV 1996, 45
– andere internationale regelingen of overeenkomsten HKV 1996, 52
– andere staat beter in beoordeling kind HKV 1996, 9
– autoriteiten gehouden aan intern recht HKV 1996, 15

– bijstand verlenen HKV 1996, 35
– centrale autoriteit HKV 1996, 29
– centrale autoriteit; kosten HKV 1996, 38
– centrale autoriteit; maatregelen HKV 1996, 31
– centrale autoriteit; verzoeken HKV 1996, 32
– connexe bevoegdheid echtscheidingsrechter HKV 1996, 10
– definitie recht HKV 1996, 21
– derdenbescherming HKV 1996, 19
– doel van het verdrag HKV 1996, 1
– eerbiedigende werking HKV 1996, 50
– erkenning HKV 1996, 23
– erkenning; beslissing over (niet)-erkenning HKV 1996, 24
– ernstig gevaar voor kind HKV 1996, 36
– gebonden aan vaststelling van feiten HKV 1996, 25
– gebruik persoonlijke gegevens HKV 1996, 41
– geen informatieplicht HKV 1996, 37
– geen maatregelen nemen HKV 1996, 13
– geldigheid maatregelen HKV 1996, 14
– gewone verblijfplaats kind HKV 1996, 5
– grensoverschrijdende plaatsing HKV 1996, 33
– indeplaatsstelling HKV 1996, 51
– marginale toetsing HKV 1996, 27
– materieel toepassingsgebied HKV 1996, 3
– meerdere rechtsstelsels in verdragsstaat HKV 1996, 47
– mededeling aanwijzing HKV 1996, 45
– mededeling van informatie HKV 1996, 34
– niet toepasselijk bij interne conflicten verdragsstaat HKV 1996, 46
– ontvoerde kinderen HKV 1996, 7
– ouderlijke verantwoordelijkheid HKV 1996, 16
– ouderlijke verantwoordelijkheid; beëindiging HKV 1996, 18
– ouderlijke verantwoordelijkheid; uitoefening HKV 1996, 17
– overeenkomst tussen verdragsluitende staten HKV 1996, 39
– overgangsrecht HKV 1996, 53
– personeel toepassingsgebied HKV 1996, 2
– samenwerking HKV 1996, 30
– slotbepalingen HKV 1996, 57-63
– spoedeisende gevallen HKV 1996, 11
– strijd met de openbare orde HKV 1996, 22
– taal HKV 1996, 54
– tenuitvoerlegging in andere staat HKV 1996, 26 en 28
– toepasselijk recht HKV 1996, 49
– toepasselijk recht; verdragsstaat met meerdere rechtsstelsels HKV 1996, 48
– toetsing HKV 1996, 56
– uitgesloten onderwerpen HKV 1996, 4
– verstrekken van verklaringen HKV 1996, 40
– vertrouwelijkheid garanderen HKV 1996, 42
– verwijzen naar andere verdragsluitende staat HKV 1996, 8

– verwijzing naar recht van niet-verdragsluitende staat HKV 1996, 20
– vluchtelingenkinderen HKV 1996, 6
– voorbehoud verdragsluitende staat HKV 1996, 55
– voorlopige beschermingsmaatregelen HKV 1996, 12
– vrijgesteld van legalisatie HKV 1996, 43
Kinderontvoeringsverdragen UW HKV 1996, 14
– kosteloze verstrekking inlichtingen UW HKV 1996, 7
– leeftijd kind UW HKV 1996, 3
– medewerking dienaren openbare macht UW HKV 1996, 8
– niet-toepasselijkheid art. BW 1:26 UW HKV 1996, 21
– onverwijld uitspraak; uitvoerbaarheid bij voorraad UW HKV 1996, 16
– opdracht aan Raad voor de Kinderbescherming UW HKV 1996, 6
– plaatsing van een kind vanuit een andere staat in Nederland UW HKV 1996, 10 en 11
– plaatsing van een kind vanuit Nederland in een andere staat UW HKV 1996, 9
– rechtsmiddel ex art. 33 Brussel II-ter UW HKV 1996, 20
– samenloop UW HKV 1996, 26
– slotbepalingen UW HKV 1996, 30-32
– stichting belast met voorlopige voogdij UW HKV 1996, 11
– toepasselijkheid art. 31 Rv UW HKV 1996, 23
– uitbreiding toepassingsgebied UW HKV 1996, 2
– unilaterale procedure; eenvoudig verlof UW HKV 1996, 19
– verklaring inzake ouderlijke verantwoordelijkheid UW HKV 1996, 25
– vertegenwoordiging buiten rechte UW HKV 1996, 5
– verzoekschrift UW HKV 1996, 13
– wijzigingen van andere wetten UW HKV 1996, 27-29
Uitvoeringswet internationale kinderbescherming UW HKV 1996
– bevoegde rechter UW HKV 1996, 12
– bevoegdheid verzoeken inzake (niet)erkenning UW HKV 1996, 15 en 18
– centrale autoriteit UW HKV 1996, 4
– certificaat omgangsrecht UW HKV 1996, 22
– definities UW HKV 1996, 1
– hoger beroep UW HKV 1996, 17
– internationale samenwerking UW HKV 1996, 24

IVRK *Zie:* Verdrag inzake de rechten van het kind

Jeugdwet BW 1 titel 14 afd. 4; Jeugdwet
AWBZ-aanspraken Jeugdwet 10.1
– begripsbepaling Jeugdwet 10.2a
– geestelijke gezondheidszorg Jeugdwet 10.2
– jeugdzorg Jeugdwet 10.3
– verwerking persoonsgegevens Jeugdwet 10.4
Begripsbepalingen Jeugdwet 1.1
Besluit Jeugdwet Besl. Jeugdwet
Financiën en verantwoording Jeugdwet 8.1.1-8.4.4
– financiële verantwoording Jeugdwet 8.3.1-8.3.2

– informatieplicht aan college van ouders en jeugdigen Jeugdwet 8.1.2
– informatieplicht van college jegens jeugdige en diens ouders Jeugdwet 8.1.6
– levering van hulp in natura Jeugdwet 8.1.5
– ouderbijdrage Jeugdwet 8.2.1-8.2.7 (vervallen per 28 februari 2017)
– persoonsgebonden budget Jeugdwet 8.1.1
– persoonsgebonden budget; heroverweging Jeugdwet 8.1.3
– persoonsgebonden budget; herziening of intrekking Jeugdwet 8.1.4
– verplichtingen Jeugdwet 8.2.1
– verwerking van persoonsgegevens Jeugdwet 8.4.2-8.4.4
Gebruik van burgerservicenummer Jeugdwet 7.2.1-7.2.9
– afwijken van gebruik BSN Jeugdwet 7.2.6
– autorisatielijst Jeugdwet 7.2.7
– beveiligingseisen Jeugdwet 7.2.5
– gebruik van BSN Jeugdwet 7.2.1
– geen BSN Jeugdwet 7.2.4
– gegevensverstrekking over jeugdige met jeugdreclassering Jeugdwet 7.2.9
– nadere regelgeving Jeugdwet 7.2.8
– raadplegen nummerregister Jeugdwet 7.2.3
– vaststellen van BSN Jeugdwet 7.2.2
Gecertificeerde instellingen Jeugdwet 3.1-3.5
– aanwijzing door minister van certificerende instelling Jeugdwet 3.4
– bepaling jeugdhulp Jeugdwet 3.5
– definitie BW 1:254; Jeugdwet 3.5
– onderzoek noodzaak van de kinderbeschermingsmaatregel Jeugdwet 3.1
– uitvoering van kinderbeschermingsmaatregelen Jeugdwet 3.2
– waarheid en volledigheid Jeugdwet 3.3
Gegevensverwerking Jeugdwet 7.4.0-7.4.5
– door de betrokken instanties Jeugdwet 7.4.3
– door de gemeente Jeugdwet 7.4.0, 7.4.1 lid 2
– door de ministers Jeugdwet 7.4.1
– informatieverstrekking door college aan het Rijk Jeugdwet 7.4.2
– nadere regelgeving Jeugdwet 7.4.5
– persoonsgegevens Jeugdwet 7.4.4
Gemeente Jeugdwet 2.1-2.15
– aanbesteding Jeugdwet 2.11
– beperking uitvoeringslasten jeugdhulp Jeugdwet 2.15
– doel gemeentelijk beleid Jeugdwet 2.1
– nadere regelgeving Jeugdwet 2.14
– passende jeugdhulp Jeugdwet 2.5
– samenwerking van colleges van gemeenten Jeugdwet 2.8
– treffen van individuele voorzieningen en overleg met school Jeugdwet 2.7-2.7a
– uitvoering van kinderbeschermingsmaatregelen Jeugdwet 2.4
– vaststelling gemeentelijk beleid inzake preventie en jeugdhulp Jeugdwet 2.2
– verantwoordelijkheden college van B en W Jeugdwet 2.6
– verordening individuele voorzieningen en budget Jeugdwet 2.9
– verordening ter waarborging prijs-kwaliteitverhouding Jeugdwet 2.12
– verplichtingen gemeenten bij noodzaak tot jeugdhulp Jeugdwet 2.3

- vertrouwenspersoon Jeugdwet 2.5
- zorg voor personeel bij overstap van gemeente naar andere zorgaanbieder Jeugdwet 2.13

Gesloten jeugdhulp Jeugdwet 6.1.1-6.5.3
- behandelmethoden Jeugdwet 6.3.2
- beperking brief-, telefoon-, en internetverkeer en beperking contact Jeugdwet 6.3.3
- controlemaatregelen Jeugdwet 6.3.4
- dossierplicht Jeugdwet 6.1.13
- dwangmaatregelen Jeugdwet 6.3.1
- dwangmaatregelen; hulpverleningsplan Jeugdwet 6.3.6
- dwangmaatregelen; vastlegging in dossier Jeugdwet 6.3.9
- familiegroepsplan Jeugdwet 6.1.10 lid 2
- gronden tot plaatsing Jeugdwet 6.1.2
- horen van belanghebbenden Jeugdwet 6.1.10 lid 1
- huisregels Jeugdwet 6.2.4
- leerplicht Jeugdwet 6.2.3
- machtiging Jeugdwet 6.1.1
- machtiging; inwerkingtreding en vereisten Jeugdwet 6.1.12
- machtiging; tenuitvoerlegging Jeugdwet 6.2.1-6.2.2
- nadere regelgeving Jeugdwet 6.1.14
- spoedmachtiging Jeugdwet 6.1.3
- toezending afschrift beschikking Jeugdwet 6.1.11
- toezicht op naleving voorwaarden Jeugdwet 6.1.6
- veiligheidsmaatregelen bij vervoer Jeugdwet 6.3.5
- verlof Jeugdwet 6.4.1
- verzoek tot machtiging; in te dienen bescheiden Jeugdwet 6.1.9
- verzoek tot machtiging; kring van verzoekers Jeugdwet 6.1.8
- voorwaardelijke plaatsingsmogelijkheid Jeugdwet 6.1.4
- wijziging hulpverleningsplan Jeugdwet 6.1.5, 6.1.7

Inspectie gezondheidszorg en jeugd Jeugdwet 9.1
- met het IJZ-toezicht belaste ambtenaren Jeugdwet 9.2
- openbaarmaking door Inspectie van informatie inzake toezicht Jeugdwet 9.7
- termijn openbaarmaking Jeugdwet 9.8
- voorhangprocedure Jeugdwet 9.10

Klachtrecht Jeugdwet 4.2.1-4.2.3, 6.5.1-6.5.3
- ernstig structureel falen van instantie Jeugdwet 4.2.2
- klachtenregeling Jeugdwet 4.2.1
- klachtenregeling niet van toepassing bij onvrijwillige plaatsing Jeugdwet 4.2.3
- schorsing van beslissing Jeugdwet 6.5.2
- uitwerking Jeugdwet 6.5.1

Kwaliteit jeugdhulpaanbieders en gecertificeerde instellingen Jeugdwet 4.0.1-4.1.9
- familiegroepsplan BW 1:254; Jeugdwet 4.1.2
- hulpverleningsplan Jeugdwet 4.1.3
- kwaliteit en kwaliteitsverbetering Jeugdwet 4.1.4
- nadere regelgeving Jeugdwet 4.1.5

– verantwoorde hulp Jeugdwet 4.1.1
– verklaring omtrent gedrag Jeugdwet 4.1.6
– verplichte meldcode Jeugdwet 4.1.7
– verplichte melding van calamiteiten Jeugdwet 4.1.8
– vertrouwenspersoon Jeugdwet 4.1.9
Landelijke voorzieningen Jeugdwet 1a.1, 1a.2
- eisen aan vertrouwenspersoon Jeugdwet 1a.2
- kindertelefoon Jeugdwet 1a.1 lid 1
- vertrouwenspersoon Jeugdwet 1a.1 lid 2
- verwerking persoonsgegevens Jeugdwet 1a.2 lid 4
Maatschappelijke verantwoording Jeugdwet 4.3.1-4.3.2
– verslag; openbaarmaking Jeugdwet 4.3.2
– verslag; verplicht over naleving van de wet Jeugdwet 4.3.1
Medezeggenschap Jeugdwet 4.2.4-4.2.5
– cliëntenraad, 4.2.4
– pleegouderraad Jeugdwet 4.2.5
Nieuwe wijzigingen Jeugdwet inl. opm.
Overgangsrecht Jeugdwet 10.0-11.7
Pleegzorg Jeugdwet 5.1-5.4
– pleegcontract; inhoud Jeugdwet 5.2
– pleegcontract; verplichting tot het sluiten Jeugdwet 5.1
– vergoeding voor verzorging en opvoeding Jeugdwet 5.3
– verstrekken van inlichtingen Jeugdwet 5.4
Regeling Jeugdwet R. Jeugdwet
Reikwijdte Jeugdwet 1.2
– geen plicht college B en W tot het treffen van voorzieningen Jeugdwet 1.2 lid 1
– plicht college B en W tot het treffen van voorzieningen Jeugdwet 1.2 lid 2 en 3
Slotbepalingen Jeugdwet 12.1-12.8
Toepassingsbereik Jeugdwet 1.3
– rechtmatig in Nederland verblijvende vreemdelingen Jeugdwet 1.3 lid 2
Toestemming, dossier en privacy Jeugdwet 7.3.1-7.3.17
– beslissing genomen door een ander dan een bestuursorgaan Jeugdwet 7.3.17
– dossierplicht van jeugdhulpverlener Jeugdwet 7.3.8
– geheimhoudingsplicht van jeugdhulpverlener Jeugdwet 7.3.11
– informatieplicht van jeugdhulpverlener Jeugdwet 7.3.2
– inzage dossier Jeugdwet 7.3.10-7.3.12b
– inzage dossier overleden betrokkene Jeugdwet 7.3.12a
– inzage dossier overleden betrokkene bij vermoeden medische fout Jeugdwet 7.3.12b
– medewerker van gecertificeerde instelling Jeugdwet 7.3.1
– toestemmingsvereiste Jeugdwet 7.3.4
Toezicht en handhaving Jeugdwet 9.1-9.6
– aanwijzing van ministers Jeugdwet 9.3
– beleidsregels over herinspecties na een negatieve uitkomst van controle en onderzoek Jeugdwet 9.9
– bestuurlijke boete Jeugdwet 9.6
– bestuursdwang Jeugdwet 9.5

Uitgangspunten Jeugdwet inl. opm.
Verwijsindex Jeugdwet 7.1.1.1-7.1.5.2
- algemene bepalingen Jeugdwet 7.1.1.1
- doel Jeugdwet 7.1.2.1
- coördinator Jeugdwet 7.1.3.3
- gebruik en organisatie van de aansluiting Jeugdwet 7.1.3.1
- gemeente als regievoerder Jeugdwet 7.1.3.2
- informatieverstrekking aan en rechten van de betrokkene Jeugdwet 7.1.5.1
- informatieverstrekking aan het college Jeugdwet 7.1.5.2
- koppeling aan burgerservicenummer Jeugdwet 7.1.4.2
- melding; bewaartermijn Jeugdwet 7.1.4.5
- melding; bijzondere persoonsgegevens Jeugdwet 7.1.4.4
- melding; historisch archief Jeugdwet 7.1.4.6
- melding; inhoud en signaal Jeugdwet 7.1.4.3
- melding; soorten risico's Jeugdwet 7.1.4.1
- meldingsbevoegden Jeugdwet 7.1.1.2
- technische beschrijving Jeugdwet 7.1.2.3
- verantwoordelijken Jeugdwet 7.1.2.2
Vreemdelingen Jeugdwet 1.3
Wet medezeggenschap cliënten zorginstellingen 2018 Jeugdwet 4.2.4, 4.2.5
Wijziging van andere wetten Jeugdwet 11.1-11.8

Jeugdzorgrecht
Beginselenwet justitiële jeugdinrichtingen BJJ
Besluit Jeugdwet Besl. Jeugdwet
Jeugdwet *Zie:* Jeugdwet
Regeling Jeugdwet R. Jeugdwet
Reglement justitiële jeugdinrichtingen Regl. just. jeugdinr.

Kinderbescherming *Zie:* Internationaal privaatrecht-boek 10; Gezag; Minderjarigheid; Voogdij

Kinderontvoering
Europees verdrag betreffende erkenning inzake gezag (Europees kinderontvoeringsverdrag (1980)) Eur. kinderontv.verdr. 1980
- aanwijzing centrale autoriteiten Eur. kinderontv.verdr. 1980, 2
- bezoekrecht Eur. kinderontv.verdr. 1980, 11
- definities Eur. kinderontv.verdr. 1980, 1
- door autoriteiten te treffen maatregelen Eur. kinderontv.verdr. 1980, 5
- eenvoudige procedure Eur. kinderontv.verdr. 1980, 14
- erkenning en tenuitvoerlegging Eur. kinderontv.verdr. 1980, 7
- exequaturprocedure Eur. kinderontv.verdr. 1980, 4
- horen van het kind Eur. kinderontv.verdr. 1980, 15
- latere gezagsbeslissing Eur. kinderontv.verdr. 1980, 12
- onderlinge samenwerking autoriteiten Eur. kinderontv.verdr. 1980, 3
- onmiddellijke teruggeleiding Eur. kinderontv.verdr. 1980, 8
- over te leggen documenten Eur. kinderontv.verdr. 1980, 13

- samenloop Eur. kinderontv.verdr. 1980, 19
- slotbepalingen Eur. kinderontv.verdr. 1980, 21-30
- te gebruiken taal Eur. kinderontv.verdr. 1980, 6
- verhouding tot andere verdragen Eur. kinderontv.verdr. 1980, 20
- voorbehouden Eur. kinderontv.verdr. 1980, 17 en 18
- vrijwillige legalisatie Eur. kinderontv.verdr. 1980, 16
- weigeringsgronden; additionele Eur. kinderontv.verdr. 1980, 10
- weigeringsgronden; beperkte Eur. kinderontv.verdr. 1980, 9

Internationale ontvoering van kinderen BW 10:114
- verwijzing BW 10:114

Omgang en informatie BW 1 titel 15

Uitvoeringswet internationale kinderontvoering UW int. kinderontvoering
- aanhouding van de gezagsbeslissing UW int. kinderontvoering 15
- aanwijzing centrale autoriteit UW int. kinderontvoering 4
- afwijzing behandeling van verzoek tot teruggeleiding UW int. kinderontvoering 6
- bevoegde rechter UW int. kinderontvoering 11
- bevoegdheden centrale autoriteit UW int. kinderontvoering 5
- definities UW int. kinderontvoering 1
- delegatie van taken aan raad voor de kinderbescherming UW int. kinderontvoering 7
- formeel toepassingsbereik UW int. kinderontvoering 2
- kennisgeving van verzoek tot teruggeleiding UW int. kinderontvoering 10
- kosteloze verschaffing inlichtingen UW int. kinderontvoering 8
- kosten van rechtsbijstand UW int. kinderontvoering 16
- materieel toepassingsbereik UW int. kinderontvoering 3
- medewerking door openbaar ministerie UW int. kinderontvoering 9
- omgangsrecht UW int. kinderontvoering 14
- procedure (verzoek) UW int. kinderontvoering 12
- rechterlijke beslissing UW int. kinderontvoering 13
- slotbepalingen UW int. kinderontvoering 17-19

Verdrag inzake burgerrechtelijke aspecten van internationale kinderontvoering (Haags kinderontvoeringsverdrag (1980)) HKOV 1980
- aanwijzing centrale autoriteiten HKOV 1980, 6
- afwijzing van een verzoek HKOV 1980, 27
- beslissing of verklaring inzake ontvoering HKOV 1980, 15
- bevordering terugkeer door autoriteiten HKOV 1980, 11
- cautio judicatum solvi HKOV 1980, 22
- definitie ontvoering HKOV 1980, 3
- definities gezagsrecht en omgangsrecht HKOV 1980, 5
- doelstelling; reciprociteit HKOV 1980, 1
- formeel en materieel toepassingsbereik HKOV 1980, 4
- geen beslissing over gezagsrecht HKOV 1980, 16
- geen legalisatie of formaliteiten HKOV 1980, 23
- gelasting tot onmiddellijke terugkeer HKOV 1980, 12 en 13
- gezagsbeslissing vormt geen weigeringsgrond HKOV 1980, 17
- kosten van toepassing van het verdrag HKOV 1980, 26

– naleving omgangsrecht HKOV 1980, 21
– overlegging van stukken HKOV 1980, 30
– pluriform rechtsstelsel HKOV 1980, 31-33
– recht op rechtsbijstand HKOV 1980, 25
– rechtstreekse toegang tot de rechter HKOV 1980, 29
– samenloop met andere verdragen en wetten HKOV 1980, 34
– samenwerking tussen autoriteiten HKOV 1980, 7
– slotbepalingen HKOV 1980, 37-45
– te gebruiken taal HKOV 1980, 24
– temporele werking HKOV 1980, 35
– terugkeer altijd mogelijk HKOV 1980, 18
– terugkeer heeft geen invloed op gezagsrecht HKOV 1980, 19
– toepassing buitenlands recht HKOV 1980, 14
– verplichting tot hanteren van snelle procedures HKOV 1980, 2
– vertegenwoordiging van de verzoeker HKOV 1980, 28
– verzoek om terugkeer; procedure HKOV 1980, 9
– verzoek om terugkeer; vereisten HKOV 1980, 8
– vrijwillige terugkeer HKOV 1980, 10
– weigeringsgronden voor terugkeer HKOV 1980, 13 en 20
Verplichting tot maatregelen ter bestrijding IVRK 11
Zie ook: Echtscheiding en ipr

Lesbisch ouderschap BW titel 5A en 11, BW 1:198
– ontkenning moederschap BW 1:202a

Levensonderhoud
Aanvang en einde verplichting bij door rechter vastgesteld bedrag BW 1:402
Betaling in termijnen BW 1:402
Bij echtscheiding BW 1:150-160
– alimentatieovereenkomst BW 1:158
– beding van niet-wijziging alimentatieovereenkomst BW 1:159
– duur partneralimentatieplicht BW 1:157
– einde alimentatieverplichting BW 1:157, 1:160
– nihilbeding BW 1:159a
– uitkering tot levensonderhoud BW 1:156
Bij scheiding van tafel en bed BW 1:169 lid 2 en 3
Bijstandsverhaal BW 1:159a, BW 1 titel 17
Criterium voor bestaan van onderhoudsplicht: behoeftigheid BW 1:392 lid 2
Dwingend recht BW 1:400 lid 2
Indexering onderhoudsbijdrage BW 1:402a
Internationaal privaatrecht-boek 10 *Zie:* Internationaal privaatrecht-boek 10
Limitering van alimentatie BW 1:157 lid 3-6
Matiging van de onderhoudsverplichting BW 1:399
Onderhoudsplicht bij gezamenlijke voogdij BW 1:253w, 1:282
Onderhoudsplicht van kinderen BW 1:392 lid 1b
– van behuwd kind jegens schoonouders BW 1:392 lid 1c, 1:396
Onderhoudsplicht van ouders BW 1:392 lid 1a

– bepaling uitkeringsbedrag bij niet-nakoming BW 1:406
– bij gezamenlijk gezag BW 1:253w
– invordering door LBIO BW 1:408 lid 2-13
– jegens kind van 18 tot 21 jaar BW 1:395a
– omzetting tijdens meerderjarigheid van door rechter vastgesteld bedrag BW 1:395b
– onderhoudsplicht naar draagkracht BW 1:404
– rechtstreekse betaling aan onderhoudsgerechtigde BW 1:408 lid 1
– van schoonouders en behuwdkinderen BW 1:392 lid 1c, 1:396
– van stiefouders BW 1:392 lid 1c, 1:395, 1:395a lid 2
– van verwekker jegens niet-erkend kind BW 1:394, 1:395a lid 1, 1:406a
– wijziging van het bedrag BW 1:407
Onderhoudsplichtigen BW 1:392
– behuwdkinderen, schoonouders en stiefouders BW 1:392 lid 1c
– kinderen BW 1:392 lid 1b
– ouders BW 1:392 lid 1a
Oproeping belanghebbenden in alimentatiezaken Rv 801
Rangorde onderhoudsgerechtigden BW 1:400
Recht op gezinsleven EVRM 8
Samenloop van onderhoudsverplichtingen BW 1:392 lid 3
Vaststelling bedrag voor levensonderhoud BW 1:397
Vervaltermijn voor niet voldane periodes BW 1:403
Voldoening onderhoudsplicht door inwoning BW 1:398
Wijziging of intrekking van onderhoudsbijdrage, gronden BW 1:401
Zie ook: Levensonderhoud en ipr

Levensonderhoud en ipr
Haags protocol inzake alimentatie 2007
– aanwijzing van het toepasselijke recht Haags alimentatieprotocol 2007, 8
– aanwijzing van het toepasselijke recht ten behoeve van een bepaalde procedure Haags alimentatieprotocol 2007, 7
– algemene regel inzake toepasselijk recht Haags alimentatieprotocol 2007, 3
– bijzondere regel met betrekking tot echtgenoten en ex-echtgenoten Haags alimentatieprotocol 2007, 5
– bijzondere regel voor verweer Haags alimentatieprotocol 2007, 6
– bijzondere regels die bepaalde onderhoudsgerechtigden begunstigen Haags alimentatieprotocol 2007, 4
– niet-geünificeerde rechtsstelsels; personeel Haags alimentatieprotocol 2007, 17
– niet-geünificeerde rechtsstelsels; territoriaal Haags alimentatieprotocol 2007, 16
– niet-toepasselijkheid op interne conflicten Haags alimentatieprotocol 2007, 15
– openbare orde Haags alimentatieprotocol 2007, 13
– overgangsbepalingen Haags alimentatieprotocol 2007, 22-30
– overheidslichamen Haags alimentatieprotocol 2007, 10

Haags verdrag inzake internationale inning levensonderhoud voor kinderen en andere familieleden 2007 Haags alimentatieverdrag 2007
Internationaal privaatrecht-boek 10 *Zie:* Internationaal privaatrecht-boek 10
Regionale Organisaties voor Economische Integratie Haags alimentatieprotocol 2007, 24
– reikwijdte van het toepasselijke recht Haags alimentatieprotocol 2007, 11
– samenloop met andere instrumenten Haags alimentatieprotocol 2007, 19
– samenloop met eerdere Haagse verdragen Haags alimentatieprotocol 2007, 18
– toepassingsgebied Haags alimentatieprotocol 2007, 1
– toetsing van de werking in de praktijk Haags alimentatieprotocol 2007, 21
– uitsluiting van renvoi Haags alimentatieprotocol 2007, 12
– uniforme uitlegging Haags alimentatieprotocol 2007, 20
– universele toepassing Haags alimentatieprotocol 2007, 2
– vaststelling van het bedrag van het levensonderhoud Haags alimentatieprotocol 2007, 14
– verklaring ten aanzien van niet-geünificeerde rechtsstelsels Haags alimentatieprotocol 2007, 26
– voorbehouden Haags alimentatieprotocol 2007, 27
– woonplaats ('domicile') in plaats van nationaliteit Haags alimentatieprotocol 2007, 9
Uitvoeringswet internationale inning levensonderhoud UW internationale inning levensonderhoud
Verdrag inzake geldendmaking van verplichtingen tot het levensonderhoud, Washington 2001 (Levensonderhoudsverdrag Nederland-VS)
– beëindiging Levensonderhoudsverdrag Ned.-VS, XI
– centrale autoriteiten Levensonderhoudsverdrag Ned.-VS, III
– doelstelling verdrag Levensonderhoudsverdrag Ned.-VS, I
– erkenning en tenuitvoerlegging beslissingen levensonderhoud Levensonderhoudsverdrag Ned.-VS, VII
– inwerkingtreding Levensonderhoudsverdrag Ned.-VS, X
– kosten van dienstverlening Levensonderhoudsverdrag Ned.-VS, VI
– rechtshulp Levensonderhoudsverdrag Ned.-VS, IV
– taken centrale autoriteit van aangezocht partij Levensonderhoudsverdrag Ned.-VS, V
– territoriale toepassing Levensonderhoudsverdrag Ned.-VS, IX
– toepasselijk recht Levensonderhoudsverdrag Ned.-VS, VIII
– toepassingsgebied Levensonderhoudsverdrag Ned.-VS, II
– toezending van stukken Levensonderhoudsverdrag Ned.-VS, IV
– verzoeken Levensonderhoudsverdrag Ned.-VS, IV
Verdrag van New York inzake onderhoudsverhaal (1956)
– aanwijzing van de instellingen Verdr. onderhoudsverhaal buitenland 1956, 2
– doel van het verdrag Verdr. onderhoudsverhaal buitenland 1956, 1
– federale clausule Verdr. onderhoudsverhaal buitenland 1956, 11
– functies van de ontvangende instelling Verdr. onderhoudsverhaal buitenland 1956, 6
– geschillenbeslechting Verdr. onderhoudsverhaal buitenland 1956, 16

– herziening van het verdrag Verdr. onderhoudsverhaal buitenland 1956, 20
– indiening van het verzoek bij de verzendende instelling Verdr. onderhoudsverhaal buitenland 1956, 3
– inwerkingtreding van het verdrag Verdr. onderhoudsverhaal buitenland 1956, 14
– kennisgevingen door secretaris-generaal Verdr. onderhoudsverhaal buitenland 1956, 19
– ondertekening, bekrachtiging, toetreding Verdr. onderhoudsverhaal buitenland 1956, 13
– ontvangende instellingen, omschrijving Verdr. onderhoudsverhaal buitenland 1956, 1 lid 1
– opzegging van het verdrag Verdr. onderhoudsverhaal buitenland 1956, 15
– overmaking van gelden Verdr. onderhoudsverhaal buitenland 1956, 10
– rogatoire commissies Verdr. onderhoudsverhaal buitenland 1956, 7
– talen van het verdrag Verdr. onderhoudsverhaal buitenland 1956, 21
– territoriale toepassing Verdr. onderhoudsverhaal buitenland 1956, 12
– verzendende instellingen, omschrijving Verdr. onderhoudsverhaal buitenland 1956, 1 lid 1
– verzending van stukken Verdr. onderhoudsverhaal buitenland 1956, 4
– verzending van stukken; gerechtelijke stukken Verdr. onderhoudsverhaal buitenland 1956, 5
– voorbehouden Verdr. onderhoudsverhaal buitenland 1956, 17
– vrijstellingen en voorrechten Verdr. onderhoudsverhaal buitenland 1956, 9
– wederkerigheid als vereiste voor inroeping Verdr. onderhoudsverhaal buitenland 1956, 18
– wijziging van rechterlijke beslissingen Verdr. onderhoudsverhaal buitenland 1956, 8

Verordening nr. 4/2009 inzake bevoegdheid, erkenning en samenwerking op het gebied van onderhoudsverplichtingen (Alimentatieverordening) Alimentatie Vo.
– aanhangigheid Alimentatie Vo. 12
– aanhangigmaking van een zaak bij een gerecht Alimentatie Vo. 9
– aanhouden van de erkenningsprocedure Alimentatie Vo. 25
– aanhouding van de uitspraak Alimentatie Vo. 35
– aanwijzing van centrale autoriteiten Alimentatie Vo. 49
– afschaffing van het exequatur Alimentatie Vo. 17
– beperking ten aanzien van procedures Alimentatie Vo. 8
– bevoegdheid Alimentatie Vo. 3-14
– bevoegdheid gebaseerd op verschijning van verweerder Alimentatie Vo. 5
– bewarende maatregelen Alimentatie Vo. 18
– centrale autoriteiten; algemene taken Alimentatie Vo. 50
– centrale autoriteiten; kosten Alimentatie Vo. 54
– centrale autoriteiten; specifieke taken Alimentatie Vo. 51
– centrale autoriteiten; toegang en gebruik van informatie Alimentatie Vo. 61-63
– centrale autoriteiten; vergaderingen Alimentatie Vo. 60
– definities Alimentatie Vo. 2

- erkenning Alimentatie Vo. 23
- forum necessitatis Alimentatie Vo. 7
- forumkeuze Alimentatie Vo. 4
- gedeeltelijke uitvoerbaarheid Alimentatie Vo. 37
- geen belasting, recht of heffing Alimentatie Vo. 38
- geen gevolgen voor het bestaan van familiebetrekkingen Alimentatie Vo. 22
- gerechtelijke schikkingen en authentieke akten Alimentatie Vo. 48
- gronden voor weigering van de erkenning Alimentatie Vo. 24
- inroepen van een erkende beslissing Alimentatie Vo. 40
- kennisgeving van de beslissing op het verzoek om uitvoerbaarverklaring Alimentatie Vo. 31
- niet-overlegging van een uittreksel Alimentatie Vo. 29
- niet-prioritair verhalen van kosten Alimentatie Vo. 43
- ontbreken van inhoudelijke toetsing van de beslissing Alimentatie Vo. 42
- openbare lichamen in de hoedanigheid van verzoeker Alimentatie Vo. 64
- procedure Alimentatie Vo. 28
- procedure van en voorwaarden voor tenuitvoerlegging Alimentatie Vo. 41
- recht om heroverweging te vragen Alimentatie Vo. 19
- rechtsbijstand Alimentatie Vo. 44-47
- rechtsbijstand; inhoud Alimentatie Vo. 45
- rechtsbijstand; kosteloos Alimentatie Vo. 46 en 47
- rechtsmiddel tegen de op het rechtsmiddel gegeven beslissing Alimentatie Vo. 33
- rechtsmiddelen tegen de beslissing op het verzoek Alimentatie Vo. 32
- relatief bevoegd gerecht Alimentatie Vo. 27
- samenhang Alimentatie Vo. 13
- stukken voor de tenuitvoerlegging Alimentatie Vo. 20
- subsidiaire bevoegdheid Alimentatie Vo. 6
- toepasselijk recht Alimentatie Vo. 15
- toepassingsgebied Alimentatie Vo. 1
- toepassingsgebied; hoofdstuk IV van de Vo. Alimentatie Vo 16
- toetsing van de bevoegdheid Alimentatie Vo. 10
- toetsing van de ontvankelijkheid Alimentatie Vo. 11
- uitvoerbaarheid Alimentatie Vo. 26
- uitvoerbaarheid bij voorraad Alimentatie Vo. 39
- uitvoerbaarverklaring Alimentatie Vo. 30
- verhouding tot andere communautaire regelgeving Alimentatie Vo. 68
- verhouding tot bestaande internationale verdragen en overeenkomsten Alimentatie Vo. 69
- verzoek; inhoud Alimentatie Vo. 57
- verzoek; toegestane verzoeken Alimentatie Vo. 56
- verzoek; verzending, ontvangst en behandeling Alimentatie Vo. 58
- verzoek; via centrale autoriteiten Alimentatie Vo. 55
- verzoek om specifieke maatregelen Alimentatie Vo. 53
- volmacht Alimentatie Vo. 52
- voorlopige en bewarende maatregelen Alimentatie Vo. 14 en 36

– weigering of intrekking van een uitvoerbaarverklaring Alimentatie Vo. 34
– weigering of schorsing van de tenuitvoerlegging Alimentatie Vo. 21

Levering
Bijzondere gevallen van levering
– na verdeling van gemeenschap BW 3:186

Mensenrechten *Zie:* EVRM; Handvest van de grondrechten van de Europese Unie; IVRK

Mentorschap BW 1:450-462
Aansprakelijkheid tijdens mentorschap BW 1:455
Belanghebbende Rv 798 lid 2
Benoeming mentor of tijdelijk mentor BW 1:452
– kwaliteitseisen BW 1:452 lid 7 en 8
– personen die niet tot mentor kunnen worden benoemd BW 1:452 lid 6
Besluit kwaliteitseisen curatoren, beschermingsbewindvoerders en mentoren Besl. kwal.eisen curatoren, beschermingsbewindv. en mentoren
Bevoegdheid tot verzoeken mentorschap BW 1:451
Einde mentorschap BW 1:462
– opheffing van mentorschap BW 1:462 lid 2
– verlenging van mentorschap BW 1:462 lid 3
Einde taak mentor BW 1:461
Gevolgen mentorschap, handelingsonbevoegdheid BW 1:453
Grond voor mentorschap BW 1:450
Handelingsonbevoegdheid BW 1:453
Horen betrokkene door rechter Rv 809 lid 2
Inwerkingtreding mentorschap BW 1:451 lid 5
Machtiging door betrokkene of kantonrechter BW 1:456
Mentorschap en ouderlijk gezag BW 1:453a
Mentorschap en rechterlijke machtiging BW 1:450 (aant. 4)
Samenloop beschermingsbewind en mentorschap BW 1:458
Vergoeding onkosten en beloning mentor BW 1:460
Vernietigbare rechtshandelingen BW 1:457
Verplichtingen en aansprakelijkheid mentor BW 1:454
Verschillen met curatele en beschermingsbewind BW 1 titel 20
Verslag aan de kantonrechter BW 1:459

Minderjarigheid BW 1:233-244
Bevoegdheid tot het doen afgeven van minderjarigen Rv 812
Definitie BW 1:233
Handelingsonbekwaamheid, -bekwaamheid BW 1:234
Handlichting BW 1:235-237
– door de kantonrechter BW 1:235 lid 1
– intrekking van de handlichting BW 1:236
– publicatie BW 1:237
Horen minderjarige door rechter Rv 809

Inzage en afschrift bescheiden in procedure Rv 811
Openbare gezagsregisters bij de rechtbanken BW 1:244, 1:252; Besl. gezagsregisters
Processuele onbekwaamheid BW 1:234, 1:245
Wettelijke vertegenwoordiger BW 1:234
Zie ook: Gezag; Internationale kinderbescherming; Jeugdzorgrecht; Kinderontvoering

Moeder *Zie:* Afstamming

Monogamie BW 1:33, 1:52

Naamrecht BW 1:4-9
Akte van naamskeuze BBS 52a
Geslachtsnaam
- bewijs geslachtsnaam BW 1:6
- onbevoegdelijk voeren geslachtsnaam van ander BW 1:8
- verkrijging geslachtsnaam BW 1:5
- voeren geslachtsnaam (gewezen) echtgenoot BW 1:9

Geslachtsnaamswijziging BW 1:7; Besl. geslachtsnaamswijziging
- besluit geslachtsnaamswijziging Besl. geslachtsnaamswijziging
- wijziging en vaststelling geslachtsnaam door Koning BW 1:7

Internationaal privaatrecht-boek 10 *Zie:* Internationaal privaatrecht-boek 10
Recht op gezinsleven EVRM 8
Verzoeken tot naamswijziging en tot naamsvaststelling
- regelen betreffende verzoeken tot naamswijziging en tot naamsvaststelling R. verzoeken naamswijz. en naamsvastst.

Voeren van de naam van een ander
- van (gewezen) echtgenoot/geregistreerd partner BW 1:9
- zonder toestemming BW 1:8

Voornaam BW 1:4
- ambtshalve verstrekking voornaam BW 1:4, 3
- verkrijging voornaam BW 1:4, 1
- weigering voornaam in akte burgerlijke stand BW 1:4, 2
- wijziging voornaam door rechter BW 1:4, 4

Zie ook: Internationaal namenrecht

Nationaliteit *Zie:* Nederlanderschap

Nederlanderschap
Besluit bericht omtrent toelating Besl. bericht omtrent toelating
Besluit naturalisatietoets Besl. naturalisatietoets
Besluit optie- en naturalisatiegelden 2002 Besl. optie- en naturalisatiegelden 2002
Besluit verkrijging en verlies Nederlanderschap Besl. verkrijging en verlies Nederlanderschap
Regeling naturalisatietoets Aruba R. naturalisatietoets Aruba

Regeling naturalisatietoets Nederland R. naturalisatietoets Nederland
Regeling verkrijging en verlies Nederlanderschap R. verkrijging en verlies Nederlanderschap
Rijkswet op het Nederlanderschap *Zie:* Rijkswet op het Nederlanderschap
Wijzigingsrijkswet Rijkswet op het Nederlanderschap *Zie:* Wijzigingsrijkswet Rijkswet op het Nederlanderschap

Nietigheid
– ontbreken noodzakelijke medewerking (verdeling gemeenschap) BW 3:195

Omgang en informatie BW 1:377a-377g
Aanvang uitoefening recht op omgang BW 1:377d
Beperking contact tussen kind en ouders tijdens uithuisplaatsing BW 1:265f lid 1
Effectuering van de omgang BW 1:377a
Informatie
– informatie en consultatie door gezagsouder BW 1:377b
– recht op informatie van derden BW 1:377b, 1:377c
Omgang met niet-gezagsouder BW 1:377a
Omgang met niet-ouder BW 1:377a
Omgangsbemiddeling en -begeleiding BW 1 titel 15
Omgangsregeling tijdens ondertoezichtstelling BW 1:265g
Ontzeggingsgronden BW 1:377a lid 3
Partnerdoding; wijziging ontzegging omgang BW 1:377e lid 3
Recht op gezinsleven EVRM 8
Rechtsingang van kind, informele BW 1:377g
Wijziging omgangsregeling BW 1:377e
Zie ook: Jeugdzorgrecht; Kinderontvoering

Onderbewindstelling *Zie:* Beschermingsbewind

Ondertoezichtstelling van kinderen BW 1:254-265k
Zie ook: Gezag

Ongeboren vrucht BW 1:2; EVRM 2

Ontbinding van het huwelijk *Zie:* Huwelijk

Onvoorziene omstandigheden
Bij beheersregeling in geval van gemeenschap BW 3:168 lid 3

Overeenkomst betreffende de afgifte van een verklaring van verscheidenheid van familienaam *Zie:* Internationaal namenrecht

Overeenkomst inzake de verandering van geslachtsnamen en voornamen *Zie:* Internationaal namenrecht

Overeenkomst inzake geneeskundige behandeling BW 7:446-468
Zie ook: Geneeskundige behandelingsovereenkomst

Overeenkomst inzake het recht dat van toepassing is op geslachtsnamen en voornamen *Zie:* Internationaal namenrecht

Overeenkomst inzake wettiging door huwelijk (1970) *Zie:* Afstamming

Overlijden, vaststelling in bijzondere gevallen BW 1:426-430
Verklaring van overlijden door de rechtbank BW 1:426
– akte van inschrijving in overlijdensregister BW 1:429
– akte van inschrijving geldt als overlijdensakte BW 1:430
– inhoud beschikking van verklaring van overlijden BW 1:427
– verklaring van overlijden bij overlijden buiten Nederland BW 1:426 lid 2
– verklaring van overlijden in geval van vermissing BW 1:426 lid 1

Overlijdensaangifte *Zie:* Burgerlijke stand

Partnerdoding
Benoeming bijzonder curator BW 1:250 lid 2
Handelingsprotocol gezag, contact/omgang en hulp na partnerdoding waarbij minderjarige kinderen zijn betrokken
Recht op contact met kind BW 1:242a
Wijziging ontzegging omgang BW 1:377e lid 3

Partnerschap *Zie:* Geregistreerd partnerschap

Pensioenrechtenverevening BW 1:155; WVPRS
Verwijzing naar Wet verevening pensioenrechten BW 1:155
Wet verevening pensioenrechten bij scheiding WVPRS
– afkoop van pensioen WVPRS 7 lid 3
– afwijkende verdelingsmethodes WVPRS 4
– beschikkingsbevoegdheid over pensioen WVPRS 7 lid 2
– behoud aanspraak op partnerpensioen in geval van scheiding WVPRS 3a
– beslaglegging op pensioen WVPRS 7 lid 1
– conversie WVPRS 5
– definities WVPRS 1
– geregistreerd partnerschap WVPRS inl. opm.
– kosten van verevening WVPRS 6
– informatieplicht betrokkenen WVPRS 9
– overgangsrecht WVPRS 10-11
– recht op pensioenverevening en uitbetaling WVPRS 2
– scheidingen vóór 27 november 1981 WVPRS 12
– toepassingsgebied Wet verevening pensioenrechten WVPRS 1
– vaststelling van het te verevenen pensioen WVPRS 3, 10
– verhouding tot huwelijksvermogensrecht BW 1:155; WVPRS inl. opm., WVPRS 4-5, 11

– waardeoverdracht WVPRS 7
– wijziging van het uit te betalen bedrag WVPRS 8

Persoonlijke vrijheid BW 1:1

Procesrecht *Zie:* Familieprocesrecht

Raad voor de kinderbescherming BW 1:238-243
Adviesfunctie in rechte Rv 810
Algemene maatregel van bestuur BW 1:238 lid 5
Besluit externe klachtencommissie Raad voor de kinderbescherming Besl. externe klachtencie. RvdK
Bevoegdheid tot optreden ten behoeve van de minderjarige BW 1:239
Doorbreking beroepsgeheim BW 1:240
Klachtbehandeling Besl. externe klachtencie. RvdK
Kosteloze diensten aan de raad BW 1:243
Overwegen van maatregelen door de raad BW 1:242
Partnerdoding; recht op contact met kind BW 1:242a
Recht op gezinsleven EVRM 8
Reorganisatie BW 1 titel 13 afd. 3
Samenwerking, documentatie, advies BW 1:238 lid 3
Taak en bevoegdheden BW 1:238 lid 2
Vestigingsplaats BW 1:238 lid 1
Voorziening in gezagsuitoefening, voorlopige voogdij BW 1:241, 1:241a

Rechten en verplichtingen van echtgenoten BW 1:81-92a
Bestuur BW 1:90, 1:97
– bestuursbevoegdheid BW 1:90 lid 1
– bevoegdheid tot vertegenwoordiging BW 1:91 lid 4
– definitie BW 1:90 lid 2
– derdenbescherming BW 1:92
– overlaten van bestuur BW 1:90 lid 3
– rechterlijke bestuursopdracht BW 1:91
– toetreding BW 1:90 lid 4
Geregistreerd partnerschap; overeenkomstige toepassing bepalingen BW 1:80b
Gewone gang van de huishouding BW 1:85
– aansprakelijkheid voor huishoudelijke schulden BW 1:85
– opheffing aansprakelijkheid voor huishoudelijke schulden BW 1:86
Inlichtingen BW 1:83
Kosten van de huishouding BW 1:84
– draagplicht BW 1:84 lid 1
– fourneerplicht BW 1:84 lid 2
Plicht tot getrouwheid, hulp en bijstand BW 1:81
Toepasselijkheid bepalingen bij scheiding van tafel en bed BW 1:92a
Toestemming andere echtgenoot vereist voor bepaalde rechtshandelingen BW 1:88-89
– bescherming woonmilieu BW 1:88 lid 1a

– giften BW 1:88 lid 1b
– goederenkrediet BW 1:88 lid 1d
– internationaal privaatrecht; bijzonder dwingend recht; niet-handelende echtgenoot met gewone verblijfplaats in Nederland BW 1:88 lid 7
– rechtshandeling verricht door bestuurder n.v. of b.v. BW 1:88 lid 5
– vernietiging van onbevoegd verrichte rechtshandelingen BW 1:89
– vervangende toestemming door de rechtbank BW 1:88 lid 6
– zekerheidstelling ten behoeve van derden BW 1:88 lid 1c
Vergoedingsplicht BW 1:87
Verzorging en opvoeding van de kinderen BW 1:82
Zie ook: Huwelijk; Huwelijkse voorwaarden

Rechten van het kind *Zie:* IVRK

Rechtsbevoegdheid BW 1:1-2

Redelijkheid en billijkheid
Verhouding tussen deelgenoten BW 3:166 lid 3

Regelen betreffende verzoeken tot naamswijziging en tot naamsvaststelling *Zie:* Naamrecht

Regeling naturalisatietoets Aruba *Zie:* Nederlanderschap

Regeling naturalisatietoets Nederland *Zie:* Nederlanderschap

Regeling papier en schrijfmiddelen voor de burgerlijke stand 1994 *Zie:* Burgerlijke stand

Regeling verkrijging en verlies Nederlanderschap *Zie:* Nederlanderschap

Registers van de burgerlijke stand *Zie:* Burgerlijke stand

Reglement justitiële jeugdinrichtingen *Zie:* Jeugdzorgrecht

Richtlijnen opneming buitenlandse kinderen ter adoptie *Zie:* Adoptie

Rijkswet op het Nederlanderschap RWN
Algemene uitgangspunten RWN 2
Begripsbepalingen RWN 1
Nederlander door geboorte RWN 3
– verdragsadoptie in het buitenland RWN 5a
Overgangsbepalingen RWN 25-29
Rechtsbescherming RWN 22A-22C *(hoofdstuk 7A vervalt per 1 maart 2022)*
– beroep tegen besluit intrekking wegens nationale veiligheid RWN 22A
– last tot toevoeging RWN 22C
– rechtsbijstand RWN 22B

Slotbepalingen RWN 23-24
Vaststelling van het Nederlanderschap RWN 17-20
– onzekerheid over Nederlanderschap RWN 20
– procedure RWN 18
– verzoek RWN 17
– werking beschikking RWN 19
Verklaringen en register RWN 21-22
– aanwijzingen autoriteiten en ambtenaren RWN 21
– openbaar register RWN 22
Verkrijging van het Nederlanderschap door optie RWN 6-6a
– meervoudige nationaliteit RWN 6a
– schriftelijke verklaring; vereisten RWN 6
Verkrijging van het Nederlanderschap van rechtswege RWN 4-5b
– adoptie RWN 5
– adoptie in het buitenland; overige gevallen RWN 5b
– gerechtelijke vaststelling van ouderschap RWN 4
Verlening van het Nederlanderschap RWN 7-13
– afwijzingsgronden RWN 9
– bijzondere gevallen RWN 10
– kinderen van genaturaliseerde RWN 11
– naturalisatie RWN 7
– vaststelling van naam RWN 12
– vereisten RWN 8
– verschuldigd recht RWN 13
Verlies van het Nederlanderschap RWN 14-16A
– bedrog RWN 14 lid 1; nationale veiligheid RWN 14 lid 4
– onherroepelijke veroordeling RWN 14 lid 2
– verlies voor meerderjarigen RWN 15, 15A
– verlies voor minderjarigen RWN 16, 16 A
– verlies Nederlanderschap RWN 14
– vervallen van familierechtelijke betrekking RWN 14 lid 6
– vreemde krijgsdienst RWN 14 lid 3
Wijzigingsrijkswet Rijkswet op het Nederlanderschap *Zie:* Wijzigingsrijkswet Rijkswet op het Nederlanderschap
Zie ook: Nederlanderschap

Scheiding van tafel en bed BW 1:169-178
Alimentatie BW 1:169 lid 2 en 3
Gebruik woning andere echtgenoot BW 1:175
Grond voor scheiding van tafel en bed BW 1:169 lid 1
Ontbinding huwelijk na scheiding van tafel en bed BW 1:179-183
– inschrijving ontbindingsbeschikking BW 1:183; BBS 60
– ontbinding van de gemeenschap BW 1:99
– *op* gemeenschappelijk verzoek BW 1:181
– op verzoek van één der echtgenoten BW 1:179
– termijn van drie of één jaar BW 1:179
– toepasselijke bepalingen BW 1:182, 1:183

– voorzieningen bij bestaand vooruitzicht op uitkeringen BW 1:180
Rechtsgevolgen
– titel 6 Boek 1 niet van toepassing BW 1:92a
Schadevergoeding bij benadeling van de gemeenschap BW 1:174
Totstandkoming scheiding van tafel en bed BW 1:173
Verzoening BW 1:176
Zie ook: Echtscheiding; Gezag; Levensonderhoud; Omgang en informatie

Schijnhuwelijk BW 1 titel 5, BW 1:50, BW 1:71a

Slavernijverbod BW 1:1 lid 2; EVRM 4

Transgenders *Zie:* Burgerlijke stand (Transseksualiteit)

Transseksualiteit *Zie:* Burgerlijke stand

Uitvoeringswet internationale inning levensonderhoud *Zie:* Levensonderhoud en ipr

Uitvoeringswet internationale kinderbescherming *Zie:* Internationale kinderbescherming

Uitvoeringswet verdragen inzake kinderontvoering *Zie:* Kinderontvoering

Vaderschap
Besluit DNA-onderzoek vaderschap Besl. DNA-onderzoek vaderschap

Vaderschapsactie: BW 1:394
Zie ook: Levensonderhoud

Verdeling (van gemeenschappen) BW 3:177-188, 3:193-200
Benoeming van onzijdig persoon BW 3:181
Boedelbeschrijving (bijzondere gemeenschappen) BW 3:194
Definitie BW 3:182
Door de rechter BW 3:185
Nietige verdelingen BW 3:195
Rechtsgevolgen van verdeling
– in geval van bij toedeling bedongen pand- of hypotheekrecht BW 3:177 lid 3
– levering vereist voor overgang van het toegedeelde BW 3:186
– papieren en bewijzen van eigendom BW 3:187
– vergoeding van schade BW 3:188
– voor beperkt recht op aandeel in gemeenschappelijk goed BW 3:177
Toerekening van schuld aan gemeenschap BW 3:184
Verblijvingsbeding BW 3:186
Vernietigbare verdelingen
– benadeling als grond van vernietigbaarheid BW 3:196
– dwalingsregeling niet van toepassing BW 3:199

- verval van rechtsvordering tot vernietiging BW 3:200
- wijziging in plaats van vernietiging BW 3:197-198
Verzoek tot benoeming vereffenaar (bijzondere gemeenschappen) BW 3:193
Vordering tot verdeling
- door deelgenoot BW 3:178-179
- door schuldeiser BW 3:180
Vorm van de verdeling BW 3:183

Verdrag inzake burgerrechtelijke aspecten van internationale kinderontvoering (1980) *Zie:* Kinderontvoering

Verdrag inzake de bescherming van kinderen en de samenwerking op het gebied van interlandelijke adoptie 1993 *Zie:* Adoptie

Verdrag inzake de internationale bescherming van volwassenen *Zie: Haags* Meerderjarigenbeschermingsverdrag

Verdrag inzake de rechten van het kind IVRK
Adoptie IVRK 21
Behoud van identiteit IVRK 8
Belang van het kind IVRK 3
Bescherming tegen drugs IVRK 33
Bescherming tegen kindermishandeling IVRK 19
Bescherming van kinderen die niet in het eigen gezin kunnen opgroeien IVRK 20
Bescherming van kinderen in gewapende conflicten IVRK 38
Briefgeheim IVRK 16
Comité inzake de Rechten van het Kind IVRK 43-45
- oprichting IVRK 43
- rapportages IVRK 44
- betrokkenheid van IGO's en NGO's IVRK 45
Definitie kind IVRK 1
Eer en goede naam IVRK 16
Exploitatie van het kind
- bescherming tegen andere vormen van exploitatie IVRK 36
- kinderarbeid IVRK 32
- ontvoering van, verkoop van en handel in kinderen IVRK 35
- seksuele exploitatie IVRK 34
Folteringsverbod en andere waarborgen bij vrijheidsberoving IVRK 37
Gezinshereniging IVRK 10
Gezinsleven IVRK 16
Gezond en gezondheidszorg IVRK 24
Informatie over het Verdrag IVRK 42
Internationale kinderontvoering IVRK 11
Kinderen die in aanraking komen met politie en justitie IVRK 40
Kinderen met een handicap IVRK 23
Kinderen uit minderheidsgroepen IVRK 30

Levensstandaard IVRK 27
Meest gunstige bepaling geldt IVRK 41
Naam en nationaliteit IVRK 7
Onderwijs
– doelstellingen van onderwijs IVRK 29
– recht op onderwijs IVRK 28
Ontvoering IVRK 35
Privéleven IVRK 16
Recht om gehoord te worden IVRK 12 lid 2
Recht op informatie en toegang tot de media IVRK 17
Recht op leven en ontwikkeling IVRK 6
Rol van de ouders IVRK 5
Scheiding kind en ouders IVRK 9
Slotbepalingen van het verdrag IVRK 46-54
– amendement IVRK 50
– depot IVRK 53
– in werking treden IVRK 49
– officiële teksten IVRK 54
– ondertekening IVRK 46
– opzegging IVRK 52
– ratificaties IVRK 47
– toetreding IVRK 48
– voorbehoud IVRK 51
Sociale zekerheid IVRK 26
Uithuisplaatsing IVRK 25
Verantwoordelijkheid van de ouders IVRK 18
Verbod van discriminatie IVRK 2
Verplichting tot verwezenlijking rechten van kind IVRK 4
Vluchtelingenkinderen IVRK 22
Vrije tijd, cultuur en recreatie IVRK 31
Vrijheid van gedachte, geweten en godsdienst IVRK 14
Vrijheid van meningsuiting IVRK 12 lid 1, 13
Vrijheid van vereniging en vergadering IVRK 15
Zorg aan slachtoffers IVRK 39
Zie ook: Kinderontvoering

Verdrag inzake de voltrekking en de erkenning van de geldigheid van huwelijken Haags huwelijksverdrag

Verdrag inzake het recht dat van toepassing is op het huwelijksvermogensregime *Zie:* Huwelijksvermogensrecht en ipr

Verdrag inzake het verhaal in het buitenland van uitkeringen tot onderhoud New York 1956 *Zie:* Levensonderhoud en ipr

Verdrag tussen het Koninkrijk der Nederlanden en de Verenigde Staten van Amerika inzake de geldendmaking van verplichtingen tot levensonderhoud *Zie:* Levensonderhoud en ipr

Vermissing BW 1:412-430
Akte van overlijden BW 1:417
Gevolgen van onjuiste overlijdensakte BW 1:423
Machtiging tot uitoefening van het recht van erfgenaam of legataris BW 1:412
Procedure oproeping vermiste BW 1:414
Staat van kinderen vóór het nieuwe huwelijk geboren BW 1:425
Terugkeer vermiste of onjuiste overlijdensdatum BW 1:422
Vaststelling van overlijden
– akte van inschrijving in overlijdensregister BW 1:429-430
– verklaring van overlijden BW 1:426 lid 1
– verklaring van overlijden; inhoud BW 1:427
Verklaring van rechtsvermoeden van overlijden BW 1:413
Verplichtingen van de echtgenoot BW 1:421
Verplichtingen voor erfgenamen en legatarissen BW 1:418
– akte van verdeling BW 1:418 lid 4
– boedelbeschrijving BW 1:418 lid 2
– neerlegging akten bij griffie BW 1:419
– sanctie bij niet-nakoming: benoeming bewindvoerder BW 1:420
– verstrekken van inlichtingen BW 1:418 lid 6
– verval van verplichtingen BW 1:418 lid 7
– vervreemding en bezwaring van registergoederen BW 1:418 lid 3
– zekerheidstelling BW 1:418 lid 1
Wetsvoorstel vermissing van personen BW 1 titel 18

Vernietigbaarheid
Benadeling (verdeling van gemeenschappen) BW 3:196-198
– wijziging in plaats van vernietiging BW 3:197-198
Nietigverklaring van een huwelijk BW 1:69-77
Ontbreken vereiste toestemming (rechtshandelingen tijdens huwelijk) BW 1:89
Van rechtshandelingen bij mentorschap BW 1:457
Van rechtshandelingen bij voogdij BW 1:347

Verordening (EG) 2201/2003 betreffende de bevoegdheid en de erkenning en tenuitvoerlegging van beslissingen inzake echtscheiding en inzake ouderlijk gezag (Brussel II-bis, vervallen) *Zie:* Echtscheiding en ipr

Verordening (EG) 4/2009 inzake bevoegdheid, erkenning en samenwerking op het gebied van onderhoudsverplichtingen *Zie:* Levensonderhoud en ipr

Verordening (EU) 2016/1103 tot uitvoering van de nauwere samenwerking op het gebied van de bevoegdheid, het toepasselijke recht en de erkenning en tenuitvoerlegging van beslissingen op het gebied van huwelijksvermogensstelsels *Zie:* Huwelijksvermogensrecht en ipr

Verordening (EU) 2016/1104 tot uitvoering van de nauwere samenwerking op het gebied van de bevoegdheid, het toepasselijke recht en de erkenning en tenuitvoerlegging van beslissingen op het gebied van de vermogensrechtelijke gevolgen van geregistreerde partnerschappen *Zie:* Geregistreerd partnerschap

Verordening (EU) 2019/1111 betreffende de bevoegdheid, de erkenning en tenuitvoerlegging van beslissingen in huwelijkszaken en inzake de ouderlijke verantwoordelijkheid, en betreffende internationale kinderontvoering (Brussel II-ter) *Zie:* **Echtscheiding** en ipr

Verplichte geestelijke gezondheidszorg Wvggz Wet verplichte geestelijke gezondheidszorg, Wet zorg en dwang psychogeriatrische en verstandelijk gehandicapte cliënten, Wet forensische zorg inl. opm.

Aanpassing andere wetgeving Wvggz 14:1-14:29
Algemene bepalingen Wvggz, 1:1-1:8
- begripsbepalingen Wvggz 1:1
- bevoegde rechter Wvggz 1:6
- informatie in begrijpelijke taal Wvggz 1:8
- instemming of verzet kinderen Wvggz 1:4
- last tot toevoeging advocaat Wvggz 1:7
- opgave gegevens zorgaanbieder aan Minister voor openbaar register Wvggz 1:2
- tolk Wvggz 1:8
- vaststelling wilsonbekwaamheid Wvggz 1:5
- vertegenwoordiger Wvggz 1:3

Algemene uitgangspunten Wvggz 2:1-2:4
- ambulante verplichte zorg Wvggz 2:4
- beleidsplan zorgaanbieder Wvggz 2:2
- geneesheer-directeur aanwijzing en onafhankelijkheid Wvggz 2:3
- proportionaliteit, subsidiariteit, doelmatigheid Wvggz 2:1
- ultimum remedium Wvggz 2:1 lid 2
- vrijwilligheid Wvggz 2:1 lid 1

Bijzondere bepalingen ten aanzien van personen met een strafrechtelijke titel Wvggz 9:1-9:11

Personen met een strafrechtelijke titel die worden geplaatst in een accommodatie
- aanwijzing zorgverantwoordelijke door geneesheer-directeur Wvggz 9:3
- beperking bezoek, communicatiemiddelen en bewegingsvrijheid Wvggz 9:9
- dwangbehandeling Wvggz 9:6
- dwangmiddelen of -maatregelen Wvggz 9:8
- interne rechtspositie van forensische patiënten/tbs'ers Wvggz 9:1
- opstellen zorgplan Wvggz 9:4
- overeenkomstige toepassing bepaalde wetsartikelen Wvggz 9:10
- verlof, ontslag of overplaatsing; verzoek aan Minister Wvggz 9 2
- voorwaarden voor behandeling Wvggz 9:5
- zelfbindingsverklaring en zorgplan Wvggz 9:7

Vaststellen identiteit forensische patiënten

- vaststellen identiteit bij opname via DNA-onderzoek Wvggz 9:11
Crisismaatregel, machtiging tot voortzetting daarvan en aansluitend verzoek voor een zorgmachtiging Wvggz 7:1-7:11
Beroep
- beroep tegen crisismaatregel Wvggz 7:6
Crisismaatregel door de burgemeester
- bijstand advocaat Wvggz 7:2 lid 3 en 4
- crisismaatregel door burgemeester; vereisten Wvggz 7:1
- inhoud crisismaatregel Wvggz 7:2
- verschaffing persoonsgegevens aan patiëntenvertrouwenspersoon Wvggz 7:2 lid 5
Geldigheidsduur
- geldigheidsduur crisismaatregel Wvggz 7:4
- verval crisismaatregel Wvggz 7:5
Tijdelijke verplichte zorg voorafgaand aan een crisismaatregel
- rol politie en marechausse Wvggz 7:3 lid 5 en 6
- tijdelijke verplichte zorg in afwachting van crisismaatregel Wvggz 7:3
Verlenging crisismaatregel
- duur machtiging tot voortzetting Wvggz 7:9
- machtiging tot voortzetting Wvggz 7:7
- procedure verzoek machtiging tot voortzetting Wvggz 7:8
- verval van de machtiging tot voortzetting Wvggz 7:10
Verzoek zorgmachtiging aansluitend op verlenging crisismaatregel
- zorgmachtiging die aansluit op een machtiging tot voorzetting van de crisismaatregel; procedure Wvggz 7:11
Criteria voor en doelen van verplichte zorg Wvggz 3:1-3:4
- criteria verplichte zorg; doeltreffendheid, proportionaliteit, subsidiariteit Wvggz 3:3
- doelen verplichte zorg Wvggz 3:4
- grondslag verplichte zorg Wvggz 3:1
- invulling verplichte zorg Wvggz 3:2
De toepassing van art. 2.3 van de Wet forensische zorg Wvggz 5:19
- toepassing van art. 2.3 wet forensische zorg Wvggz 5:19
De zelfbindingsverklaring Wvggz 4:1-4:3
- afschrift zelfbindingsverklaring Wvggz 4:2 lid 2
- ondertekening zelfbindingsverklaring en autorisatie door geneesheer-directeur Wvggz 4:2
- wijziging en intrekking zelfbindingsverklaring Wvggz 4:3
- zelfbindingsverklaring voor en door wilsbekwame 16-plussers Wvggz 4:1
Familievertrouwenspersoon
- geheimhoudingsplicht Wvggz 12:4
- recht op inlichtingen, medewerking en inzage in dossier Wvggz 12:3
- taken familievertrouwenspersoon Wvggz 12:1
- toegang tot de betrokkene Wvggz 12:2
Klachtenprocedure en schadevergoeding Wvggz 10:1-10:13
Beroep
- beroep bij de rechter Wvggz 10:7

- beslissing rechter Wvggz 10:10
- geen hoger beroep Wvggz 10:9 lid 3
- hoorplicht Wvggz 10:8
- procedure beroep Wvggz 10:9

De klachtprocedure
- behandeling klacht Wvggz 10:4
- beslissing klachtencommissie Wvggz 10:5, 10:6
- indiening klacht Wvggz 10:3

Geheimhouding
- geheimhoudingsplicht m.b.t. vertrouwelijke gegevens Wvggz 10:13

Instelling en taakomschrijving van de klachtencommissie
- aansluiting bij klachtencommissie Wvggz 10:1
- vereisten klachtencommissie Wvggz 10:2

Schadevergoeding
- schadevergoeding bij wetsschending Wvggz 10:12
- verzoek tot en vaststelling van schadevergoeding Wvggz 10:11

Overgangsbepalingen Wvggz 15:1-15:2
- opname Bopz-ziekenhuis of –instelling in het register ex art. 1:2 Wvggz 15:2
- overgangsbepaling Wet Bopz Wvggz 15:1

Patiëntenvertrouwenspersoon Wvggz 11:1-11:5
- geheimhoudingsplicht Wvggz 11:4
- recht op inlichtingen, medewerking en inzage in dossier Wvggz 11:3
- taken patiëntenvertrouwenspersoon Wvggz 11:1
- toegang tot de betrokkene Wvggz 11:2
- verschoningsrecht Wvggz 11:5

Rechten en plichten bij de tenuitvoerlegging en uitvoering van de crisismaatregel, machtiging tot voortzetting van de crisismaatregel en zorgmachtiging Wvggz 8:1-8:34

Gegevensverwerking
- aanleveren van informatie door het OM Wvggz 8:23
- analyse zorgaanbieder over verleende zorg Wvggz 8:25
- beschikbaarheid digitale gegevens bij zorgaanbieder Wvggz 8:24
- bewaartermijn gegevens Wvggz 8:32
- gegevens die verwerkt worden Wvggz 8:22
- gegevensuitwisseling Wvggz 8:29
- geheimhoudingsplicht Wvggz 8:34
- inzage in de zelfbindingsverklaring door de zorgaanbieder aan de psychiater Wvggz 8:26
- inzage in dossier overleden betrokkene Wvggz 8:27
- inzage in dossier overleden betrokkene door onafhankelijke arts bij vermoeden medische fout Wvggz 8:27a
- periodiek overleg Wvggz 8:31
- vernietiging gegevens Wvggz 8:33
- verstrekking gegevens zonder toestemming voor wetenschappelijk onderzoek Wvggz 8:28
- verzamelen beleidsinformatie voor de ministers Wvggz 8:30

Overplaatsing, tijdelijke onderbreking en beëindiging

- aanvraag beëindiging bij officier van justitie Wvggz 8:19
- beëindiging verplichte zorg tijdens looptijd wegens wegvallen noodzaak Wvggz 8:18
- evaluatie van de maatregel of machtiging Wvggz 8:21
- gevolgen van niet-tijdige of afwijzende beslissing op aanvraag tot beëindiging verplichte zorg Wvggz, 8:19
- overplaatsing of verwijzing van de betrokkene Wvggz 8:16
- tijdelijke onderbreking van de verplichte zorg met toestemming Minister Wvggz 8:17
- voorwaarden en beperkingen bij beslissing tot onderbreking of beëindiging verplichte zorg, Wvggz 8:20

Tenuitvoerlegging en uitvoering van de crisismaatregel, machtiging tot voortzetting crisismaatregel en zorgmachtiging
- bevoegdheden voor tenuitvoerlegging; binnentreden, ontneming Wvggz 8:2
- tenuitvoerlegging zorgmachtiging en (voortzetting) crisismaatregel Wvggz 8:1

Tijdelijke verplichte zorg in noodsituaties
- beslissing tijdelijke verplichte zorg op schrift; zorgvuldigheidseisen Wvggz 8:13
- duur tijdelijke verplichte zorg Wvggz 8:12
- nadere regels tijdelijke verplichte zorg Wvggz 8:12
- tijdelijke verplichte zorg ter afwending van noodsituatie Wvggz 8:11

Uitvoering van de crisismaatregel, machtiging tot voortzetting crisismaatregel en zorgmachtiging
- aantekeningen in het dossier Wvggz 8:4
- informatieverplichtingen van de zorgaanbieder Wvggz 8:3
- inroepen hulp deskundigen en politie Wvggz 8:10
- multidisciplinaire richtlijn voor toepassing verplichte zorg Wvggz 8:5
- regels voor veiligheid, toezicht en kwaliteit zorg binnen de accommodatie Wvggz 8:6
- verplichting zorgaanbieder inzake zorgkaart Wvggz 8:8
- verplichting zorgaanbieder tot verlening zorg Wvggz 8:7
- verplichtingen zorgverantwoordelijke bij beslissing tot verlenen verplichte zorg Wvggz 8:9

Veiligheidsonderzoek en huisregels
- huisregels Wvggz 8:15
- onderzoek in verband met veiligheid binnen de accommodatie Wvggz 8:14

Slotbepalingen Wvggz 16:1-16:4
- citeertitel Wvggz 16:4
- intrekking Wet Bopz Wvggz 16:2
- inwerkingtreding Wvggz 16:3
- periodieke evaluatie van de wet Wvggz 16:1

Toezicht en handhaving Wvggz 13:1-13:6

Bestuursrechtelijke handhaving
- bestuurlijke boete Wvggz 13:4

Strafrechtelijke handhaving
- geldboete bij overtredingen bepalingen deze wet Wvggz 13:6

- gevangenisstraf of geldboete bij opzettelijke vrijheidsberoving door opname zonder maatregel of machtiging Wvggz 13:5
Toezicht
- meldingsplicht c.q. signaleringsrecht bij tekortschietende uitvoering van zorg Wvggz 13:2
- onttrekking aan zorg; meldingsplichten Wvggz 13:3
- opsporingsbevoegdheden bij onttrekking aan zorg Wvggz 13:3a
- toezicht door inspectie Wvggz 13:1
Voorbereiden zorgmachtiging Wvggz 5:1-5:19
Beslissing officier van justitie
- beslissing officier van justitie; mededeling aan o.a. betrokkene Wvggz 5:16
- indiening verzoekschrift zorgmachtiging bij rechter door officier van justitie Wvggz 5:17
- weigering indiening verzoekschrift door officier van justitie; aanvraag alsnog indienen verzoek Wvggz, 5:18
De medische verklaring
- beëindiging voorbereiding verzoekschrift door officier van justitie bij afwezigheid psychische stoornis of gevaar Wvggz 5:11 lid 2
- eisen aan de psychiater; onafhankelijkheid Wvggz 5:7
- inhoud medische verklaring Wvggz 5:9
- medische verklaring afgegeven door psychiater volgens vastgesteld model Wvggz 5:8
- verstrekking gegevens aan psychiater door geneesheer-directeur Wvggz 5:10
- verstrekking medische verklaring aan officier van justitie Wvggz 5:11
De toepassing van artikel 2.3 van de Wet forensische zorg
- toepassing van artikel 2.3 van de Wet forensische zorg
De zorgkaart en het zorgplan
- beoordeling zorgplan door geneesheer-directeur Wvggz 5:15
- bijstand bij opstellen zorgkaart Wvggz 5:12 lid 2 en 3
- bijstand bij opstellen zorgplan Wvggz 5:13 lid 2
- inhoud zorgplan Wvggz 5:14
- opstelling zorgkaart Wvggz 5:12
- opstelling zorgplan Wvggz 5:13
- overdracht zorgplan en zorgkaart aan officier van justitie Wvggz 5:15 lid 2
Melding en aanvraag voorbereiding zorgmachtiging
- melding bij B&W Wvggz 5:2
- taak B&W Wvggz 5:1
- verkennend onderzoek naar noodzaak Wvggz 5:2
- voorbereiding verzoekschrift door officier van justitie Wvggz 5:3
Voorbereiding zorgmachtiging
- aanwijzing zorgverantwoordelijke Wvggz 5:6
- besluit over eigen plan van aanpak ter voorkoming verplichte zorg Wvggz 5:5
- voorbereiding van de zorgmachtiging Wvggz 5:4
Zorgmachtiging Wvggz 6:1-6:6
Afgifte zorgmachtiging
- duur zorgmachtiging Wvggz 6:5
- hoger beroep niet mogelijk Wvggz 6:3

- horen betrokkene, getuigen en deskundigen Wvggz 6:1
- termijn uitspraak rechter Wvggz 6:2
- verlies geldigheid zorgmachtiging Wvggz 6:6
- voorwaarden Wvggz 6:4

Vertegenwoordiging
Bij bestuurshandelingen van echtgenoten BW 1:91 lid 4
Bij verschijning voor ambtenaar burgerlijke stand BW 1:18a
Bij voogdij BW 1:337

Vervaltermijnen
Bij verdeling van gemeenschappen BW 3:200

Verwekker BW 1 titel 11

Voogdij BW 1:280-377
Aanvang BW 1:280
Bewind van de voogd BW 1:337-371a
- aanvaarden of verwerpen erfenis BW 1:353
- aanwijzingen en machtiging kantonrechter BW 1:356
- belegging vermogen BW 1:350
- bewaargeving gelden; effecten BW 1:344
- bewind over gemeenschappelijke goederen BW 1:369
- gezamenlijke voogdij BW 1:337a
- goedkeuring kantonrechter voor kopen, huren, pachten BW 1:346
- handelingsbevoegdheid voogd BW 1:343
- hertrouwen ouder BW 1:355
- inventarisatie en boedelbeschrijving BW 1:338
- kennisgeving eigenmachtig of slecht bewind BW 1:366
- kennisgeving in gebreke blijven voogd BW 1:365
- kosten van maatregel BW 1:357
- machtiging kantonrechter BW 1:345
- mogelijke ontzetting voogd BW 1:367
- nietigheid van bepaalde overeenkomsten BW 1:348
- onderbewindstelling BW 1:370
- ontbreken machtiging BW 1:352
- oproeping ten verhore BW 1:354
- procesvoering voogd BW 1:349
- rekening; bewaring van BW 1:361
- rekening; periodiek BW 1:359
- rekening; verbetering en onderzoek BW 1:360
- schadevergoeding bij slecht bewind BW 1:362
- tussentijdse boedelbeschrijving BW 1:342
- uitgaven en beloning BW 1:358
- verklaring in plaats van boedelbeschrijving BW 1:339
- verlenging termijn boedelbeschrijving, verklaring BW 1:340
- vernietiging rechtshandeling BW 1:347

– vertegenwoordiging minderjarige BW 1:337
– voortzetten onderneming BW 1:351
– vordering van voogd op minderjarige BW 1:341, 1:376
– woonplaats voogd; verandering BW 1:371, 1:371a
– zekerheidstelling; door voogd BW 1:363
– zekerheidstelling; einde BW 1:364
Door rechter opgedragen voogdij (datieve voogdij) BW 1:295-301
– benoeming op verzoek of ambtshalve BW 1:299
– bevoegde rechter BW 1:295
– kennisgevingen ambtenaar burgerlijke stand BW 1:301
– schorsing voogdij BW 1:298
– tijdelijke voogdij BW 1:296, 1:297
– voogdijverzoek pleegouders BW 1:299a
Einde voogdij BW 1:281
Gezamenlijke voogdij
– bevoegdheden voogd BW 1:337a
– einde gezamenlijke voogdij BW 1:282a
– einde gezamenlijke voogdij; door ontslag BW 1:323
– gronden voor ontslag van voogdij BW 1:322 lid 2
– onderbewindstelling BW 1:370
– overlijden voogd BW 1:282b
– rekening; periodiek BW 1:359 lid 3
– rekening; verbetering en onderzoek BW 1:360 lid 5
– rekening en verantwoording; aan wie BW 1:373 lid 2
– schadevergoeding bij slecht bewind BW 1:362
– tijdelijke voogdij ter vervanging van voogd BW 1:297
– voorlopige voogdij in ontzettingsprocedure BW 1:331
– voorwaarden BW 1:282
Onbevoegdheid tot voogdij BW 1:324
Ondertoezichtstelling voogdijkinderen BW 1:326
Ontslag van de voogdij
– gronden voor ontslag BW 1:322
– ontslag bij gezamenlijke voogdij BW 1:323
– ontslag wegens onbevoegdheid BW 1:324
Ontzetting van voogdij BW 1:327-335
– gevolgen ontzetting BW 1:334
– gronden voor ontzetting BW 1:327
– ondertoezichtstelling; alternatief BW 1:331a, 1:332a
– ontzetting is definitief BW 1:335
– ontzetting rechtspersoon-voogd BW 1:328
– op verzoek, vordering of ambtshalve BW 1:329
– schorsing en voorlopige voogdij BW 1:332
– schorsing of ondertoezichtstelling BW 1:331a
– schorsing voogdij BW 1:331
– voorziening bij ontzetting BW 1:334
Rekening en verantwoording bij einde voogdij BW 1:372-377
– aan wie? BW 1:373

– geen rente over schuld aan voogd BW 1:376
– rekening en verantwoording, kosten BW 1:372
– ten overstaan van kantonrechter BW 1:374
– verjaring BW 1:377
– vernietigbare rechtshandelingen BW 1:375
Testamentaire voogdij BW 1:292-293
– aanwijzing voogd BW 1:292
– getroffen regeling heeft geen gevolg of vervalt BW 1:293
Toezicht van de voogd
– blokkaderecht pleegouders BW 1:336a
– taken voogd BW 1:336
Voogdij van rechtspersonen BW 1:302-306a
– aansprakelijkheid bestuurders rechtspersoon BW 1:304
– opdracht voogdij aan rechtspersoon BW 1:302
– plaatsing buiten Nederland BW 1:306
– rechten en plichten rechtspersoon BW 1:303
– voorlopige voogdij BW 1:306a
Zie ook: Jeugdzorgrecht; Internationale kinderbescherming

Vrijheid tot genot van burgerlijke rechten BW 1:1 lid 1

Wet basisregistratie personen *Zie:* Burgerlijke stand

Wet donorgegevens kunstmatige bevruchting WDGKB
Begripsbepalingen WDGKB 1
Naleving en strafbepaling WDGKB 10, 10a, 11
Overgangs- en slotbepalingen WDGKB 12-15
Stichting donorgegevens kunstmatige bevruchting WDGKB 4-9
– bewaartermijn WDGKB 8
– gegevensverstrekking door de Stichting WDGKB 3
– goedkeuring reglementen; ontbinding van de Stichting WDGKB 6
– informatie uit het bevolkingsregister WDGKB 9
– kosten WDGKB 7
– samenstelling bestuur; benoeming en ontslag WDGKB 5
– taken WDGKB 4
– terbeschikkingstelling van gegevens aan de Stichting WDGKB 2
Verklaring kunstmatige donorbevruchting WDGKB 3a

Wet forensische zorg *Zie:* Forensische zorg

Wet medezeggenschap cliënten zorginstellingen 2018 *Zie:* Jeugdwet, onder Medezeggenschap

Wet op de adeldom *Zie:* Adeldom

Wet op de jeugdverblijven Wet op de jeugdverblijven
Aanwijzing Wet op de jeugdverblijven 9

Begripsbepaling Wet op de jeugdverblijven 1
Besluit op de jeugdverblijven Besl. op de jeugdverblijven
Bezoek aan jeugdverblijf Wet op de jeugdverblijven 8
Interbestuurlijk toezicht Wet op de jeugdverblijven 11
Kwaliteitskader Wet op de jeugdverblijven 3
Mededeling door houder Wet op de jeugdverblijven 2
Nadere regelgeving Wet op de jeugdverblijven 5
Sluiting van jeugdverblijf Wet op de jeugdverblijven 10
Taak college en toezichthouders Wet op de jeugdverblijven 7
Verklaring omtrent gedrag Wet op de jeugdverblijven 6
Verslag betreffende monitoring Wet op de jeugdverblijven 12
Vertrouwenspersoon Wet op de jeugdverblijven 4

Wet opneming buitenlandse kinderen ter adoptie *Zie:* adoptie

Wet tijdelijk huisverbod *Zie:* Huisverbod

Wet verevening pensioenrechten bij scheiding *Zie:* Pensioenrechtenverevening

Wet verplichte geestelijke gezondheidszorg *Zie:* Verplichte geestelijke gezondheidszorg

Wet zorg en dwang psychogeriatrische en verstandelijk gehandicapte cliënten *Zie:* Zorg en dwang psychogeriatrische en verstandelijk gehandicapte cliënten

Wijzigingsrijkswet Rijkswet op het Nederlanderschap Wijzigingswet Rw Ned
Aanvang tienjaar-termijn art. 15 lid 1 onderdeel c Wijzigingswet Rw Ned IV
Inwerkingtreding Wijzigingswet Rw Ned VII
Reparatiebepaling art. 15 onderdeel c Wijzigingswet Rw Ned V
Terugwerkende kracht art. 14 Wijzigingswet Rw Ned II
Terugwerkende kracht art. 14 lid 2 en 16 lid 2 onderdeel a, b, c en d Wijzigingswet Rw Ned III

Woonplaats BW 1:10-15
Afhankelijke woonplaats BW 1:12
- mentorschap BW 1:12 lid 3
- minderjarige BW 1:12 lid 1
- onderbewindgestelde BW 1:12 lid 2
- ondercuratelegestelde BW 1:12 lid 1

Natuurlijk persoon BW 1:10 lid 1
- sterfhuis BW 1:13
- verlies woonplaats BW 1:11 lid 1
- vermoeden van verplaatsing woonplaats BW 1:11 lid 2
- woonplaats minderjarige BW 1:12 lid 1

Rechtspersoon BW 1:10 lid 2
Woonplaats in verband met kantoor of filiaal BW 1:14
Woonplaatskeuze BW 1:15

Zaaksvervanging
Bij beschermingsbewind BW 1:433
Bij gemeenschap BW 3:167
Bij wettelijke gemeenschap van goederen BW 1:95

Zekerheidstelling
Bij beschermingsbewind BW 1:436 lid 2
Door echtgenoot voor schuld van derde BW 1:88 lid 1c
Door erfgenamen en legatarissen bij vermissing BW 1:418 lid 1
Door voogd BW 1:363-364

Zelfbinding(sverklaring) *Zie:* Hoofdstuk 4 Wet verplichte geestelijke gezondheidszorg

Zorg en dwang psychogeriatrische en verstandelijk gehandicapte cliënten Wet verplichte geestelijke gezondheidszorg, Wet zorg en dwang psychogeriatrische en verstandelijk gehandicapte cliënten, Wet forensische zorg inl. opm.
Begripsbepaling en reikwijdte Wzd 1-4d
- aanwijzing Wzd-functionaris door zorgaanbieder Wzd 2b
- advocaat Wzd 4b
- begripsbepalingen Wzd 1
- beslissing over zorg door cliënt of vertegenwoordiger Wzd 3
- bevoegde rechter; beschikking rechter Wzd 4
- instemming en verzet Wzd 3a
- kosten van door de rechter opgeroepen getuigen en deskundigen ten laste van de Staat Wzd 4a lid 2
- onvrijwillige zorg Wzd 2
- overeenkomstige toepassing bepalingen verzoekschriftprocedure Rv Wzd 4a
- overeenkomstige toepassing bepalingen WvSv op toevoeging en taak advocaat Wzd 4b
- taal en tolk Wzd 4a lid 3 en 4
- vertegenwoordiger cliënt Wzd 3 lid 4-8
- vormen van onvrijwillige zorg Wzd 2a
Cliënten voor wie Onze Minister van Veiligheid en Justitie medeverantwoordelijkheid draagt Wzd 49-51a
- beperkingen recht op ontvangen van bezoek, bewegingsvrijheid en gebruik communicatiemiddelen Wzd 51a
- cliënt met tbs- of PIJ-maatregel Wzd 49
- vaststellen identiteit bij opname via DNA-onderzoek Wzd 51
- verlof, ontslag en overplaatsing; beslissing Minister Wzd 50
Cliëntvertrouwenspersoon Wzd 57-59
- geheimhoudingsplicht Wzd 59
- recht op inlichtingen, medewerking en inzage in dossier Wzd 58 lid 2
- taak en vereisten cliëntvertrouwenspersoon Wzd 57
- toegang tot cliënt Wzd 58
Klachtenprocedure en schadevergoeding Wzd 52-56h
- overzicht toekomende rechten Wzd 52

Beroep
- beslismogelijkheden rechter Wzd 56f
- beslistermijn; schorsing beslissing Wzd 56e
- procedure bij de rechter; hoorplicht Wzd 56d
- uitsluiting hoger beroep Wzd 56e
- verzoekschrift ter verkrijging beslissing rechter Wzd 56c
De klachtprocedure
- behandeling klacht Wzd 56
- beslissing klachtencommissie; inhoud Wzd 56a, 56b
- klachtrecht Wzd 55
Geheimhouding
- geheimhoudingsplicht Wzd 56h
- verschoningsrecht cliëntvertrouwenspersoon Wzd 56h lid 2
Instelling en taakomschrijving van de klachtencommissie
- eisen aan klachtencommissie Wzd 54
- klachtencommissie; samenstelling Wzd 53
Schadevergoeding
- schadevergoeding; verzoek en toekenning Wzd 56g
Opname en verblijf in een accommodatie Wzd 21-48
Administratieve voorschriften bij opname en verblijf
- huisregels Wzd 45
- voorschriften opname; afschrift besluit, rechterlijke machtiging of beschikking Wzd 46
Onvrijwillige opname en verblijf
De aanvraag
- aanvraag indiening verzoek tot rechterlijke machtiging door CIZ Wzd 25
De rechterlijke machtiging
- afschrift beschikking; verzending door griffier Wzd 41
- beschikking rechter; beslistermijn Wzd 39
- inkennisstelling naasten en instanties Wzd 42
- machtiging tot opname onder toezicht gestelde minderjarige maakt machtiging uithuisplaatsing overbodig Wzd 40
- nadere regelgeving Wzd 43
- procedure rechterlijke machtiging Wzd 38
De reguliere onvrijwillige opname en verblijf of voortgezet verblijf
- rechterlijke machtiging vereist bij onvrijwillige opname Wzd 24
De toepassing van art. 2.3 van de Wet forensische zorg
- doorzending en tenuitvoerlegging machtiging Wzd 28c
- tenuitvoerlegging rechterlijke machtiging met toepassing art. 2.3 Wfz Wzd 28b
- verzoek rechterlijke machtiging met toepassing art. 2.3 Wfz Wzd 28a
Het verzoek
- doorzending aanvraag tot indiening verzoek tot rechterlijke machtiging aan officier van justitie Wzd 28
- verklaring van arts Wzd 27
- verzoek tot rechterlijke machtiging; wijze van indiening Wzd 26

Opname en verblijf in crisissituaties
- aantekening van gegevens op beschikking Wzd 32
- beschikking tot inbewaringstelling burgemeester Wzd 29
- bevel aan zorgaanbieder tot opname Wzd 34
- bijstand advocaat Wzd 31
- inkennisstelling CIZ en inspectie Wzd 35
- inkennisstelling naasten Wzd 36
- machtiging tot voortzetting van de inbewaringstelling Wzd 37
- opdracht aan politie tot tenuitvoerlegging; bevoegdheden politie Wzd 33
- voorwaarden voor gelasten inbewaringstelling; verklaring arts Wzd 30

Schadevergoeding
- schadevergoeding bij wetsschending Wzd 44

Voorwaardelijke machtiging jongvolwassenen
- geldigheidsduur en verlenging voorwaardelijke machtiging jongvolwassenen Wzd 28ab
- opname in geregistreerde accommodatie door zorgverantwoordelijke Wzd 28ac
- verzoek beslissing rechter m.b.t. opname in geregistreerde accommodatie Wzd 28ad
- voorwaardelijke machtiging jongvolwassenen Wzd 28aa

Opname en verblijf zonder rechterlijke machtiging
- aanvraag besluit tot opname en verblijf Wzd 22
- besluit CIZ tot opname en verblijf Wzd 21
- nadere regelgeving opname en verblijf Wzd 23

Verlof en ontslag
- ontslag uit accommodatie Wzd 48
- verlof tot verblijf buiten de accommodatie Wzd 47

Overgangs- en slotbepalingen Wzd 76-80
- citeertitel Wzd 80
- inwerkingtreding Wzd 79
- opname Bopz-ziekenhuis of –instelling in het register ex art. 20 lid 1 Wzd 77a
- overgangsbepaling Wet Bopz Wzd 76
- wijzigingsbepaling Wzd 78

Toezicht en handhaving Wzd 60-64

Bestuursrechtelijke handhaving
- bestuursrechtelijke sancties Wzd 61

Evaluatie
- periodieke evaluatie van de wet Wzd 64

Strafrechtelijke handhaving
- geldboete bij overtreding bepalingen deze wet Wzd 63
- gevangenisstraf of geldboete bij opzettelijke vrijheidsberoving door opname zonder maatregel of machtiging Wzd 62

Toezicht
- bevoegdheden met toezicht belaste ambtenaren van de inspectie Wzd 60
- melding bij inspectie van tekortschietende zorg Wzd 60a

Wijzigingsbepalingen andere wetten Wzd 74

Zorg door een zorgaanbieder Wzd 5-20

Administratieve voorschriften en verplichtingen tot het verstrekken van gegevens
- analyse over verplichte onvrijwillige zorg ten behoeve van inspectie Wzd 18
- beleidsplan Wzd 19
- bewaartermijn gegevens en bescheiden Wzd 18a
- digitale gegevens ten behoeve van inspectie Wzd 17
- dossier Wzd 16
- gegevensuitwisseling, gegevensverwerking Wzd 18c
- inzage in dossier en zorgplan CIZ Wzd 18b lid 1 en 4
- inzage in dossier overleden cliënt Wzd 18b lid 2-5
- inzage in dossier overleden cliënt door onafhankelijke arts bij vermoeden medische fout Wzd 18 ba
- registratie zorgaanbieders in openbaar register Wzd 20

Heroverweging van het zorgplan
- voorkomen onvrijwillige zorg; onderzoek naar alternatieve vormen van zorg Wzd 9

Onvrijwillige zorg in het zorgplan
- aanpassing zorgplan Wzd 10 lid 8
- beoordeling zorgplan door Wzd-functionaris Wzd 11a lid 2
- overlegging zorgplan aan Wzd-functionaris Wzd 11a
- overleg over onvrijwillige zorg Wzd 10 lid 3-10
- ultimum remedium Wzd 10
- verplichte adviesaanvraag Wzd 11

Opstellen van het zorgplan
- aanwijzing zorgverantwoordelijke door zorgaanbieder Wzd 5
- opstellen zorgplan Wzd 7
- periodieke evaluatie zorgplan Wzd 8
- zorgverlening uitsluitend op basis van zorgplan, tenzij er geen zorgplan is Wzd 6

Uitvoeren van het zorgplan
- geneeskundige behandeling; beslissing over uitvoeren zorgplan Wzd 14
- uitvoeren zorgplan bij verzet Wzd 12
- uitvoering onvrijwillige zorg Wzd 13

Zorg in onvoorziene situaties
- onvrijwillige zorg in onvoorziene situaties Wzd 15

Zorgkaart en zorgplan *Zie:* Hoofdstuk 5 Wet verplichte geestelijke gezondheidszorg, Hoofdstuk 2 Wet zorg en dwang psychogeriatrische en verstandelijk gehandicapte cliënten

Zorgmachtiging *Zie: o.m.* Hoofdstuk 5 en 6 Wet verplichte geestelijke gezondheidszorg

Aantekeningen

Aantekeningen

Aantekeningen

Aantekeningen

Aantekeningen

Aantekeningen